||||||||||||||||||||
D1677101

Diplom-Geograph
Ulrich Stüdemann
Büro für Umwelt- und Stadtplanung
Im Erlengrund 27   35510 Butzbach

Kohlhammer

Baunutzungsverordnung

Kommentar

unter besonderer Berücksichtigung des deutschen und gemeinschaftlichen Umweltschutzes mit ergänzenden Rechts- und Verwaltungsvorschriften

von

Prof. Dr. jur. Hans Carl Fickert
Ltd. Ministerialrat a. D.

Dipl.-Ing. Herbert Fieseler
Ltd. Ministerialrat a. D.

Dipl.-Ing. Dietrich Determann
Ltd. Stadtbaudirektor a. D.

Dr. Hans Ulrich Stühler
Ltd. Stadtrechtsdirektor

11., grundlegend bearbeitete und ergänzte Auflage

Verlag W. Kohlhammer

Die Autoren:

Prof. Dr. jur. Hans Carl Fickert
Ltd. Ministerialrat a. D.
vorm. Ministerium für Wirtschaft,
Mittelstand und Verkehr
des Landes Nordrhein-Westfalen

Dipl.-Ing. Herbert Fieseler
Ltd. Ministerialrat a. D.
vorm. Ministerium für
Stadtentwicklung, Wohnen und Verkehr
des Landes Nordrhein-Westfalen

Dipl.-Ing. Dietrich Determann
Ltd. Stadtbaudirektor a. D.
vorm. Stadt Reutlingen

Dr. Hans Ulrich Stühler
Ltd. Stadtrechtsdirektor
Stadt Reutlingen

11. Auflage 2008

Alle Rechte vorbehalten
© 2008 Verlag W. Kohlhammer GmbH Stuttgart
Gesamtherstellung: W. Kohlhammer
Druckerei GmbH + Co. KG Stuttgart
Printed in Germany
ISBN 978-3-17-020174-3

Vorwort
zur 11. Auflage

Die 10. Auflage des Kommentars ist im Jahr 2002 erschienen. Die der 10. Auflage zu Grunde liegende Fassung der Baunutzungsverordnung 1990 ist seitdem nicht geändert worden. Eine Änderung der BauNVO war zwar im Regierungsentwurf zum Bau- und Raumordnungsgesetz 1998 – BauROG – als Artikel 3 noch vorgesehen, sie ist jedoch wegen der Herausnahme der BauNVO aus dem BauROG (BGBl. I S. 2081) nicht zustandegekommen, so dass nach wie vor die BauNVO 1990 gilt (Näheres vgl. 10. Auflage, Einführung Abschn. 11).

In der Zwischenzeit sind zahlreiche und umfangreiche europarechtliche Vorschriften bzw. Richtlinien erschienen, die eine Anpassung des nationalen Rechts erforderlich machten. So sind insbesondere Vorschriften des Naturschutzrechts, Umweltrechts und Raumordnungsrechts geändert worden. Im Bereich des Bauplanungsrechts sind als bedeutende Änderungen das Europarechtsanpassungsgesetz Bau 2004 und das Gesetz zur Erleichterung von Planungsvorhaben für die Innenentwicklung der Städte (BauGB-Novelle 2006) hervorzuheben, durch die das BauGB den Gemeinden u. a. verfahrensmäßige Vereinfachungen für die Bauleitplanung und bessere Steuerungsmöglichkeiten des großflächigen (Einzel-)Handels zur Stärkung der Innenstädte bietet.

Alle aufgeworfenen Fragen sind in bewährter Gründlichkeit und Ausführlichkeit, zum Teil auch kritisch, behandelt worden. Dabei sind neue Erkenntnisse und Erfahrungen z. B. über Themen des Umweltschutzes und seiner Teilbereiche als seither wichtiges Anliegen des Kommentars besonders vertieft worden. Die Rechtsprechung ist, soweit veröffentlicht, bis Mitte 2007 berücksichtigt. Die in früheren Auflagen bereits behandelten Probleme haben sich zwischenzeitlich vielfach nicht erledigt, sondern mussten – teils intensiv bearbeitet – fortgeschrieben werden. Wegen der Vielfalt der behandelten – auch neu hinzugekommenen – Probleme musste die vorliegende Auflage leider erweitert werden. In dem Anhang sind wegen der Bedeutung für die Gemeinden die wichtigsten sachbezogenen Vorschriften und Regelwerke zumindest auszugsweise aufgenommen worden. Auf einzelne wichtige Anhänge musste aus Gründen der Platzersparnis verzichtet werden; jedoch ist auf sie durch Anmerkungen hingewiesen.

Verlag und Verfasser hoffen, mit der 11. Auflage wiederum ein praxisnahes Erläuterungswerk vorzulegen. Sie sagen für manche Hinweise sowie Beiträge Dank; sie sind auch künftig für Anregungen und Hinweise sehr dankbar.

Ratingen/Essen/Reutlingen, im Februar 2008

Die Verfasser

Inhaltsverzeichnis

	Seite
Vorwort	V
Abkürzungsverzeichnis	XI
Schrifttumsverzeichnis (allgemein)	XIX
Anmerkungen zur Handhabung der Erläuterungen	XXV

Teil A:	Einführung	1
Teil B:	Text der Baunutzungsverordnung	13
Teil C:	Erläuterung der Baunutzungsverordnung	27

Erster Abschnitt: Art der baulichen Nutzung

§ 1	Allgemeine Vorschriften für Bauflächen und Baugebiete	27
	Vorbemerkung zu den §§ 2 bis 9, 12 bis 14	163
	1. Grundsätzliches zur Systematik der Baugebietsvorschriften und zur begrifflichen Abgrenzung der Nutzungen (Anlagen und Betriebe)	174
	2. Grundsätze für die Zulässigkeit bzw. Zulassungsfähigkeit von Nutzungen (Anlagen und Betrieben); Befreiungsmöglichkeit nach § 31 Abs. 2 BauGB	181
	3. Der Beurteilungsrahmen bei (störenden) Anlagen, Nutzungen und Betrieben; Notwendigkeit der Typisierung; Grundsatz der Gebietsverträglichkeit	195
	4. Anlagen für kirchliche, kulturelle, soziale, gesundheitliche Zwecke und für sportliche Zwecke	218
	5. Anlagen und Einrichtungen nach den §§ 12 bis 14	257
	6. Der bodenrechtlich relevante Begriff der baulichen Anlage; die Bebauungsgenehmigung, Begriff und Verfahren zu ihrer Erlangung; Grundsätzliches zur Nutzungsänderung	258
	7. Einige grundsätzliche Anmerkungen zum öffentlich-rechtlichen Nachbarschutz bei der Zulässigkeit von (Bau-)Vorhaben und zum Gebot der gegenseitigen Rücksichtnahme	263
§ 2	Kleinsiedlungsgebiete	294
§ 3	Reine Wohngebiete	330
§ 4	Allgemeine Wohngebiete	409
§ 4a	Gebiete zur Erhaltung und Entwicklung der Wohnnutzung (besondere Wohngebiete)	499
§ 5	Dorfgebiete	558
§ 6	Mischgebiete	624
§ 7	Kerngebiete	667
§ 8	Gewerbegebiete	693
§ 9	Industriegebiete	749
§ 10	Sondergebiete, die der Erholung dienen	770
§ 11	Sonstige Sondergebiete	813

Inhaltsverzeichnis

§ 12	Stellplätze und Garagen	892
§ 13	Gebäude und Räume für freie Berufe	917
§ 14	Nebenanlagen	932
§ 15	Allgemeine Voraussetzungen für die Zulässigkeit baulicher und sonstiger Anlagen	958

Zweiter Abschnitt: Maß der baulichen Nutzung

§ 16	Bestimmung des Maßes der baulichen Nutzung	1017
§ 17	Obergrenzen für die Bestimmung des Maßes der baulichen Nutzung	1048
§ 18	Höhe baulicher Anlagen	1071
§ 19	Grundflächenzahl, zulässige Grundfläche	1073
§ 20	Vollgeschosse, Geschossflächenzahl, Geschossfläche	1085
§ 21	Baumassenzahl, Baumasse	1098
§ 21a	Stellplätze, Garagen und Gemeinschaftsanlagen	1102

Dritter Abschnitt: Bauweise, überbaubare Grundstücksfläche

§ 22	Bauweise	1116
§ 23	Überbaubare Grundstücksfläche	1132

Vierter Abschnitt:

§ 24	*weggefallen*	1154

Fünfter Abschnitt: Überleitungs- und Schlussvorschriften

§ 25	Fortführung eingeleiteter Verfahren	1154
§ 25a	Überleitungsvorschriften aus Anlass der zweiten Änderungsverordnung	1160
§ 25b	Überleitungsvorschriften aus Anlass der dritten Änderungsverordnung	1161
§ 25c	Überleitungsvorschriften aus Anlass der vierten Änderungsverordnung	1161
§ 26	Berlin-Klausel	1163
§ 26a	Überleitungsregelungen aus Anlass der Herstellung der Einheit Deutschlands	1163
§ 27	Inkrafttreten	1164

Teil D: Kurzerläuterung des Baugesetzbuches (§ 34 BauGB 2006 – Auszug)

§ 34	BauGB: Zulässigkeit von Vorhaben innerhalb der im Zusammenhang bebauten Ortsteile (Absätze 1 u. 2)	1165

Teil E: Anhang

1.	Baugesetzbuch (BauGB) – Auszug –	1195
2.	Planzeichenverordnung (PlanzV 1990) – Anmerkung –	1212
3.	Bundes-Immissionsschutzgesetz (BImSchG) – Auszug –	1213
4.	Verordnung über genehmigungsbedürftige Anlagen (4. BImSchV)	1225
5.	Technische Anleitung zum Schutz gegen Lärm 1998 (TA Lärm 1998) – Auszug –	1252

Inhaltsverzeichnis

6.	Technische Anleitung zur Reinhaltung der Luft (TA Luft) – Anmerkung –	1265
7.	Verkehrslärmschutzverordnung (16. BImSchV) – Auszug –	1267
7.1	Schallschutz im Städtebau – DIN 18 005, Teil 1, Vereinfachtes Berechnungsverfahren, Beiblatt über Orientierungswerte	1275
7.2	Sportanlagenlärmschutzverordnung (18. BImSchV)	1286
8.	Ansiedlung von Einzelhandelsgroßbetrieben (»Einzelhandelserlasse« der Länder) – Anmerkung –	1296
9.	Abstandserlass Nordrhein-Westfalen 1998 – Erläuterung	1297
10.	Gesetz über die Umweltverträglichkeitsprüfung (UVPG) – § 17 UVPG	1299

Stichwortverzeichnis 1301

Abkürzungsverzeichnis

aA, a. A., aA.	anderer Ansicht
a. a. O., aaO.	am angeführten Orte
AB	Ausführungsbestimmungen
abgedr.	abgedruckt
ABl.	Amtsblatt
Abs.	Absatz
abw.	abweichend
aE	am Ende
Änd.	Änderung
ÄndVO	ÄnderungsVO
a. F., aF	alte Fassung
Ag.	Antragsgegner(-in)
aM	anderer Meinung
Amtl. Begr.	Amtliche Begründung
Anh.	Anhang
Anm.	Anmerkung
AöR, ArchöR	Archiv des öffentlichen Rechts (Zeitschrift), Jahrgang
ARGEBAU	Arbeitsgemeinschaft der Bauminister und -senatoren der Länder
Art.	Artikel
AS	Amtliche Sammlung
Ast.	Antragsteller(-in)
AufbauG	Aufbaugesetz (der jeweiligen Länder)
Aufl.	Auflage
AVAVG	Gesetz über Arbeitsvermittlung und Arbeitslosenversicherung i. d. F. v. 3.4.1957 (BGBl. I S. 321) nebst Ergänzungen
B., Beschl.	Beschluss
BAnz.	Bundesanzeiger
BauGB	Baugesetzbuch
BauGB-MaßnG	Maßnahmegesetz zum Baugesetzbuch
BauNVO 1962	Baunutzungsverordnung vom 26.6.1962 (BGBl. I S. 429)
BauNVO 1968	Baunutzungsverordnung i. d. F. der Bekanntmachung v. 26.11.1968 (BGBl. I S. 1237)
BauNVO 1977	Baunutzungsverordnung i. d. F. der Bekanntmachung v. 15.9.1977 (BGBl. I S. 1763)
BauO NW	Bauordnung für das Land Nordrhein-Westfalen – Landesbauordnung (BauONW)
BauO	Bauordnung
BauPolVO	Baupolizeiverordnung
BauR	Baurecht (Zeitschrift)
BauRegVO	Verordnung über die Regelung der Bebauung v. 15.2.1936 (RGBl. I S. 104)
BauROG	Gesetz zur Änderung des Baugesetzbuchs und zur Neuregelung des Rechts der Raumordnung
BauZVO	Bauplanungs- und Zulassungsverordnung (der DDR)
Bay, bay	Bayern, bayerisch
BayBgm	Bayerischer Bürgermeister (Zeitschrift)
BayBO	Bayerische Bauordnung
BayVBl.	Bayerische Verwaltungsblätter
BayVGH	Bayerischer Verwaltungsgerichtshof
BB	Der Betriebsberater (Zeitschrift)
BBauBl.	Bundesbaublatt (Zeitschrift)
BBauG	Bundesbaugesetz

Abkürzungsverzeichnis

Bd.	Band
Begr.	Begründung
Bek.	Bekanntmachung
Bem.	Bemerkung
Besch.	Bescheid
Beschl.	Beschluss
BFH	Bundesfinanzhof
BGB	Bürgerliches Gesetzbuch
BGBl.	Bundesgesetzblatt
BGH	Bundesgerichtshof
BGHZ	Entscheidungen des Bundesgerichtshofes in Zivilsachen, Band, Seite
BImSchG	Bundes-Immissionsschutzgesetz
BImSchV	Verordnung zur Durchführung des Bundes-Immissionsschutzgesetzes
BlGBW	Blätter für Grundstücks-, Bau- und Wohnungsrecht (Zeitschrift)
Bln	Berlin
BMBau	Bundesminister für Raumordnung, Bauwesen und Städtebau
BMV	Bundesminister für Verkehr
BMZ	Baumassenzahl
BNatSchG	Bundesnaturschutzgesetz
BO	Bauordnung
B-Plan	Bebauungsplan
BR	Deutscher Bundesrat
Brb	Brandenburg
BR-Drucks.	Drucksachen des Bundesrats
Brem.	Bremen
BRS	Thiel/Gelzer/Upmeier, Baurechtssammlung, Band, Seite/Nr.
BT	Deutscher Bundestag
BT-Drucks.	Drucksachen des Deutschen Bundestages (Wahlperiode, Nummer)
Buchst.	Buchstabe
Buchholz	Sammel-Nachschlagewerk der Rechtsprechung des Bundesverwaltungsgerichts, Hrsg. v. Buchholz (seit 1957)
BuG	Bauamt und Gemeindebau (Zeitschrift)
BVerfG	Bundesverfassungsgericht
BVerfGE	Entscheidungen des Bundesverfassungsgerichts
BVerwG	Bundesverwaltungsgericht
BVFG	Bundesvertriebenengesetz i. d. F. v. 15.8.1957 (BGBl. I S. 1215)
BW	Baden-Württemberg
BWGZ	Baden-Württembergische Gemeindezeitung (Zeitschrift)
BWVBl.	Baden-Württembergische Verwaltungsblätter
BWVPr	Baden-Württembergische Verwaltungspraxis (Zeitschrift)
bzw.	beziehungsweise
CPlVO	Campingplatzverordnung
DB	Deutsche Bundesbahn, Deutsche Bahn AG
dergl./dgl.	dergleichen
DIfU	Deutsches Institut für Urbanistik
DIN	Deutsche Industrienorm
Diss.	Dissertation
DÖV	Die öffentliche Verwaltung (Zeitschrift)
Drucks.	Drucksache
ds. E.	diesseitigen Erachtens
DStT	Der Städtetag (Zeitschrift)

Abkürzungsverzeichnis

DVBl.	Deutsches Verwaltungsblatt (Zeitschrift)
DVO (DV)	Durchführungsverordnung
DWW	Deutsche Wohnungswirtschaft (Zeitschrift)
E (Entsch)	Entscheidungen
EMRK	Europäische Menschenrechtskonvention
EGMR	Europäischer Gerichtshof für Menschenrechte
Eildienst	Zeitschrift des Landkreistages NW
Einf.	Einführung
Einl.	Einleitung
Entsch.	Entscheidung
entspr.	entsprechend
Entw.	Entwurf
EPlaR	Entscheidungen zum Planungsrecht von Bonath
Erl.	Erlass
ESVGH	Entscheidungssammlung des Hessischen VGH und des VGH Baden-Württemberg
EuR, europ.	Europarecht, europäisch
E/Z/B/K	Ernst/Zinkahn/Bielenberg/Krautzberger, Baugesetzbuch, Komm.
f. d.	für das, für den
Festschr.	Festschrift
ff.	folgende (Seiten)
FluchtlG	Preußisches Fluchtliniengesetz v. 2.7.1875 (GS. S. 561)
Fn.	Fußnote
FN-Plan	Flächennutzungsplan
FS	Festschrift
FStrG	Bundesfernstraßengesetz
Fundst./Fdst.	Fundstelle
Fußn.	Fußnote
G	Gesetz
GaststG	Gaststättengesetz
GBl.	Gesetzblatt
GBO	Grundbuchordnung
G/B/R	Gelzer/Bracher/Reidt, Bauplanungsrecht
gem.	gemäß
Gem. Amtsbl.	Gemeinsames Amtsblatt
GewArch.	Gewerbearchiv (Zeitschrift)
GewO	Gewerbeordnung
GFZ	Geschossflächenzahl
GG	Grundgesetz für die Bundesrepublik Deutschland vom 23.5.1949 (BGBl. S. 1) mit Änderungen
ggf.	gegebenenfalls
GMBl.	Gemeinsames Ministerialblatt (Herausgegeben vom Bundesministerium des Innern)
GO	Gemeindeordnung
GR	Grundfläche
GRZ	Grundflächenzahl
GS.NW.	Sammlung des bereinigten Landesrechts Nordrhein-Westfalen 1945–1956
GV	Gesetz- und Verordnungsblatt
GVBl. (GVOBl.)	Gesetz- und Verordnungsblatt
GWW	Gemeinnütziges Wohnungswesen (Zeitschrift)
Halbs.	Halbsatz
Hamb.	Hamburg

Abkürzungsverzeichnis

HandwO	Gesetz zur Ordnung des Handwerks (Handwerksordnung)
Hess., hess.	Hessen, hessisch
Hess.VGH	Hessischer Verwaltungsgerichtshof
HGBR NA	Fischer/Ingenstau/Knaup, Handbuch des Grundstücks- und Baurechts
hM	herrschende Meinung
i. A.	im Allgemeinen, im Auftrag
ID DVHW	Informationsdienst des deutschen Volksheimstättenwerkes
i. d. F.	in der Fassung
i. d. R.	in der Regel
i. e. S.	im engeren Sinne
IFSP	Immissionswirksamer flächenbezogener Schallleistungspegel
IGW	Immissionsgrenzwert(-e)
IHK	Industrie- und Handelskammer
ImschG	Immissionsschutzgesetz
i. d. F. v.	in der Fassung von
insbes.	insbesondere
i. V. m.	in Verbindung mit
i. Verh. z.	im Verhältnis zum (zur)
i. S. d./v.	im Sinne des/der/von
i. w. S.	im weiteren Sinne
J/D/W	Jäde/Dirnberger/Weiss, Baugesetzbuch, Komm.
Jb	Jahrbuch
JuS	Juristische Schulung (Zeitschrift)
JZ	Juristenzeitung (Zeitschrift)
KdL	Kampf dem Lärm (Zeitschrift)
Kfz.	Kraftfahrzeug
KG	Kammergericht
Komm.	Kommentar
K/R/S	König/Roeser/Stock, Komm. zur Baunutzungsverordnung
LAG	Lastenausgleichsgesetz v. 14. August 1952 (BGBl. I S. 446)
LAI	Länderausschuss für Immissionsschutz
LANa	Länderarbeitsgemeinschaft für Naturschutz, Landschaftspflege und Erholung
LAWA	Länderarbeitsgemeinschaft Wasser
LBauO	Landesbauordnung
Leits.	Leitsatz
Lit.	Literatur
LKV	Landes- und Kommunalverwaltung (Zeitschrift)
LPlG	Landesplanungsgesetz
LS	Leitsatz
LT, LT-Drucks.	Landtag, Landtagsdrucksache
m. a. W.	mit anderen Worten
MIV	Motorisierter Individualverkehr
MBl.	Ministerialblatt
MBl. NW.	Ministerialblatt für das Land Nordrhein-Westfalen
MBO	Musterbauordnung 2002 (www.is-argebau.de)
MDR	Monatsschrift für Deutsches Recht (Zeitschrift)
Min	Minister, Ministerium
MinBl.	Ministerialblatt
Mio.	Million(-en)
Mitt.	Mitteilungen
MusterbauO	Musterbauordnung (s. MBO)

Abkürzungsverzeichnis

M-V	Mecklenburg-Vorpommern
m. w. N.	mit weiteren Nachweisen
Nds., nds.	Niedersachsen, niedersächsisch
n. F.	neue Fassung
NJW	Neue Juristische Wochenschrift (Zeitschrift)
NordÖR	Zeitschrift für öffentliches Recht in Norddeutschland
Nr.	Nummer
NuR	Natur und Recht (Zeitschrift)
n. v.	nicht veröffentlicht
NVwZ	Neue Zeitschrift für Verwaltungsrecht
NVwZ-RR	NVwZ-Rechtsprechungsreport Verwaltungsrecht (Zeitschrift)
NW, nw	Nordrhein-Westfalen, nordrhein-westfälisch
NWVBl	Nordrhein-Westfälische Verwaltungsblätter
OLG	Oberlandesgericht
OVG	Oberverwaltungsgericht
OVGE	Entscheidungen der Oberverwaltungsgerichte Münster und Lüneburg, Band, Seite
Pkw	Personenkraftwagen
PlanzV 1990	Planzeichenverordnung v. 18.12.1990
PR (preuss.)	Preußisch
PrEinheitsBauO	Preußische Einheitsbauordnung
PrfluchtlG	Preußisches Fluchtliniengesetz v. 1875
Pr.OVGE	Entscheidungen des Preußischen Oberverwaltungsgerichts
ProstG	Prostitutionsgesetz
RdErl.	Runderlass
RdL	Recht der Landwirtschaft (Zeitschrift)
Rdn., Rn	Randnummer
RegE	Regierungsentwurf
RG	Reichsgericht
RGZ	Entscheidungen des Reichsgerichts in Zivilsachen
RGBl.	Reichsgesetzblatt
RGarO	Reichsgaragenordnung
RhPf	Rheinland-Pfalz
Rn	Randnummer
ROG	Raumordnungsgesetz
Rspr.	Rechtsprechung
RuS	Raum und Siedlung (Zeitschrift)
S.	Seite, Satz
s.	siehe
Saarl., saarl.	Saarland, saarländisch
sächs.	sächsisch
SächsVBl.	Sächsische Verwaltungsblätter
SchlH, SH	Schleswig-Holstein
SGV.NW.	Sammlung des bereinigten Gesetz- und Verordnungsblattes für das Land Nordrhein-Westfalen
SMBl.NW.	Sammlung des bereinigten Ministerialblattes für das Land Nordrhein-Westfalen
Sp.	Spalte
SpuRt	Sport und Recht (Zeitschrift)
StBauFG	Städtebauförderungsgesetz
StGB	Städte- und Gemeindebund
StuGR	Städte- und Gemeinderat (Zeitschrift)

Abkürzungsverzeichnis

str.	streitig
StrG	StraßenG der Länder
st. Rspr.	ständige Rechtsprechung
StT	Der Städtetag (Zeitschrift)
StrWG	Straßen- und Wegegesetz
St.u.GB	Städte- und Gemeindebund (Zeitschrift)
St- u. KommV	Staats- und Kommunalverwaltung (Zeitschrift)
StVO	Straßenverkehrsordnung
SZ	Süddeutsche Zeitung
TA Lärm	Technische Anleitung zum Schutz gegen Lärm
TA Luft	Technische Anleitung zur Reinhaltung der Luft
Thür., thür.	Thüringen, thüringisch
Thür.VBl.	Thüringer Verwaltungsblatt
TKG	Telekommunikationsgesetz
Tn	Textnummer
TÜV	Technischer Überwachungsverein
Tz	Textziffer
u.	und
U.	Urteil
UA	Unterausschuss
UAbs.	Unterabsatz
u. a.	unter anderem
u. Ä.	und Ähnliche
UBA	Umweltbundesamt
unstr.	unstreitig
UPR	Umwelt- und Planungsrecht (Zeitschrift)
Urt.	Urteil
u. U.	unter Umständen
UVP	Umweltverträglichkeitsprüfung
UVPG	Gesetz über die Umweltverträglichkeitsprüfung
v.	vom
VA	Verwaltungsakt
VBl. BW	Verwaltungsblätter für Baden-Württemberg
VDI-Richtlinie	Richtlinie des Vereins Deutscher Ingenieure
V+E-Plan	Vorhaben- und Erschließungsplan
VerfGH	Verfassungsgerichtshof
Verw. Arch.,	Verwaltungsarchiv (Zeitschrift)
VF	Verkehrsfläche
VG	Verwaltungsgericht
VGH	Verwaltungsgerichtshof
vgl.	vergleiche
VkBl.	Verkehrsblatt des Bundesministers für Verkehr
VO(-en)	Verordnung(-en)
VOgeber	Verordnungsgeber
Vorbem.	Vorbemerkung
VR	Vermessungswesen und Raumordnung (Zeitschrift)
VRspr.	Verwaltungsrechtsprechung in Deutschland, herausgegeben von Ziegler
VwGO	Verwaltungsgerichtsordnung
VwVfG	Verwaltungsverfahrensgesetz
WassG	Wassergesetz
WiVerw.	Wirtschaft und Verwaltung, Vierteljahresbeilage zu GewArch. und WPR (Zeitschrift)

Abkürzungsverzeichnis

WM	Wertpapier-Mitteilungen
II. WobauG	Zweites Wohnungsbaugesetz
Z	Zahl der Vollgeschosse
z. B.	zum Beispiel
ZfBR	Zeitschrift für deutsches und internationales Baurecht
ZfL	Zeitschrift für Lärmbekämpfung (früher: Kampf dem Lärm)
ZMR	Zeitschrift für Miet- und Raumrecht
ZUR	Zeitschrift für Umweltrecht
z. T.	zum Teil
zzt.	zurzeit

Schrifttum (allgemein)

A. Lehrbücher, Monografien, (grundsätzliche) Abhandlungen zum öffentlichen Baurecht (soweit für die Kommentierung herangezogen oder von allgemeinem Interesse)

ARGEBAU	Altlasten im Städtebau – Arbeitshilfe in der Bauleitplanung und beim Baugenehmigungsverfahren, 1989
Ausschuss für Begriffsdefinitionen aus der Handels- und Absatzwirtschaft	Begriffsdefinitionen aus der Handels- und Absatzwirtschaft, Katalog E, 3. Ausgabe, September 1982; Institut für Handelsforschung a. d. Universität Köln; zit: »Begriffsdefinitionen«
Bartlsperger	Planungsrechtliche Optimierungsgebote, DVBl. 1996, 1
Boeddinghaus/ Hahn/Schulte	Landesbauordnung NW, Komm., Stand 1.10.2006
Bork/Köster	Landesbauordnung Nordrhein-Westfalen, Komm., 2. Aufl., 2002
Bundesarbeitsgemeinschaft der Mittel- und Großbetriebe des Einzelhandels e.V.	Stellplätze – Bilanz und Perspektive –, Schriftenreihe der Bundesarbeitsgemeinschaft der Mittel- und Großbetriebe des Einzelhandels e. V., 1983
Dyong/Söfker/ Mainczyk/ Krautzberger/ Birkl/Jäde	Das öffentliche Baurecht in Leitsätzen der Rechtsprechung
Fickert	Straßenrecht in Nordrhein-Westfalen, 3. Aufl., 1989
–	Zur Zumutbarkeit bei Beeinträchtigungen durch Straßenverkehrslärm und ihre rechtliche Behandlung, BauR 1976, 1
Finkelnburg/ Ortloff	Öffentliches Baurecht, Bd. I: Bauplanungsrecht, 5. Aufl., 1998; Bd. II: Bauordnungsrecht, Nachbarschutz, Rechtsschutz, 5. Aufl. 2005
Forschungsgesellschaft für Straßen- und Verkehrswesen	Richtlinien für den Lärmschutz an Straßen (RLS–90)
Gädtke/Böckenförde/Temme/ Heintz	Landesbauordnung Nordrhein-Westfalen, 10. Aufl., 2003
Grabe	Bauliche Nutzung von Grundstücken – technische, planerische und baurechtliche Erläuterungen –, Vermessungswesen und Raumordnung 1976, 19
Hoppe	Zur Struktur von Normen des Planungsrechts, DVBl. 1974, 641
–	Die Schranken der planerischen Gestaltungsfreiheit, BauR 1970, 15
Hoppe/Bönker/ Grotefels	Öffentliches Baurecht, München 3. Aufl., 2004
Klages	Der Nachbarschaftsgedanke und die nachbarliche Wirklichkeit in der Großstadt, 2. Aufl., 1968
Kormann (Hrsg.)	Konflikte baulicher Nutzungen, UPR Special, Bd. 4, 1994

XIX

Schrifttum

Landmann/ Rohmer/Eyermann/Fröhle	Komm. zur Gewerbeordnung (Loseblatt)
Landmann/ Rohmer	Umweltrecht, 4 Bände, Loseblatt
Mampel	Nachbarschutz im öffentlichen Baurecht – Materielles Recht, 1994
Mang/Simon	Bayerische Bauordnung, Loseblatt-Komm.
Michel/Kienzle/ Pauly	Das Gaststättengesetz, Komm., 14. Aufl., 2003
Redeker	Neuordnung der Verfahrensabläufe bei nachbarlichen Rechtsbehelfen im Baurecht, BauR 1991, 525
Redeker/ von Oertzen	Verwaltungsgerichtsordnung, 14. Aufl., 2004
Schink	Altlasten im Baurecht, BauR 1987, 397
Scholtissek	Das Planen und Bauen in den fünf neuen Bundesländern, GewArch. 1991, 15
Sendler	Zum Wandel der Auffassung vom Eigentum, DÖV 1974, 73
–	Über Wechselwirkungen zwischen Rechtsprechung und Gesetzgebung im Bau- und Umweltrecht, in: Festschrift für Weyreuther 1993, 3 ff.
Stelkens/Bonk/ Sachs	Verwaltungsverfahrensgesetz, Komm., 6. Aufl., 2001
Stich/Wiegand	Regelungen über die Art und das Ausmaß der baulichen Nutzung, die Bauweise und die überbaubare Grundstücksfläche im Planungs- und Baurecht von England, Frankreich, der Niederlande und der Schweiz, ZfBR 1989, 239
Stüer	Handbuch des Bau- und Fachplanungsrechts, 3. Aufl., 2005
Thiel/Gelzer/ Upmeier	Baurechtssammlung (BRS), Rechtsprechung des Bundesverwaltungsgerichts, der Oberverwaltungsgerichte der Länder und anderer Gerichte zum Bau- und Bodenrecht (Bde. nach Jahrgängen)
Weyreuther	Bundes- und Landesrecht, BauR 1972, 1
Willecke	Zur Definition der baulichen Anlage i.S. des Planungsrechts, BauR 1973, 349

B. Kommentare, Monografien, Abhandlungen und dergl. (allgemein), besondere Regelungen zum Städtebaurecht (Bauplanungsrecht)

Ahrendt	Bauplanerische Maßnahmen zum Schutz der Kur- und Erholungsgebiete, Städte- und Gemeindebund 1985, 13
Battis	Baurechtlicher Nachbarschutz in Gebieten nach § 34 BauGB gemäß Art. 14 GG und Gebot der Rücksichtnahme: aktuelle Bedeutung, in: Festschr. für Weyreuther 1993, 305 ff.
–	Öffentliches Baurecht und Raumordnungsrecht, 4. Aufl., 1999
Battis/Krautzberger/Löhr	Baugesetzbuch, Komm., 10. Aufl., 2007
Bielenberg	Planungsrecht und Wohnungseigentumsgesetz – zur Problematik in Kur- und Erholungsgemeinden, ZfBR 1982, 7

Schrifttum

Bielenberg/ Krautzberger/ Söfker	Baugesetzbuch BauNVO, Leitfaden und Kommentierung, 5. Aufl. 1998
Boeddinghaus	Konfliktbewältigung bei der Bestimmung von Gebäudeabständen in der Bauleitplanung, UPR 1986, 1
–	Über die Schwierigkeiten, im Immissionsschutzrecht und im Bauplanungsrecht zu gemeinsamen Begriffen zu kommen, BauR 1994, 713
–	Eingliederung des § 50 BImSchG in das Planungsrecht, UPR 1985, 1
Brohm	Öffentliches Baurecht, 3. Aufl., 2002
Brügelmann	Komm. z. Baugesetzbuch (Loseblatt)
Bünermann	Schallschutz bei der Bauleitplanung, Städte- und Gemeindebund 1985, 10
Ehren	Umweltschutz im Bauplanungsrecht, UPR 1985, 284
Ernst/Zinkahn/ Bielenberg/ Krautzberger	Baugesetzbuch, Komm. (Loseblatt)
Fickert	Einige aktuelle Grundsatzfragen zu Nutzungen in festgesetzten Baugebieten und im nicht beplanten Innenbereich (§ 34 BBauG), BauR 1985, 1
–	Grundlagen, Entwicklung und Reichweite des Rechtsinstituts Bestandsschutz, seine bauplanungsrechtliche Fortbildung und seine Bedeutung innerhalb des Städtebaurechts, in: Festschrift für Weyreuther 1993, 319 ff.
–	Die Bauleitplanung 1997 – Ein Leitfaden
Fieseler	Bauleitplanung – Siedlungsschwerpunkte und Berücksichtigung landesplanerischer Dichteangaben, Städte- und Gemeinderat, 1976, 370
–	Die Bedeutung fachtechnischer Anforderungen für die Berücksichtigung der Belange des Immissionsschutzes, UPR 1995, 49
Gaentzsch	Baugesetzbuch – BauGB, Komm., 1991
Gelzer/Birk	Bauplanungsrecht, 5. Aufl., 1991
Gelzer/Bracher/ Reidt	Bauplanungsrecht, 7. Aufl., 2004
Hoppenberg	Handbuch des öffentlichen Baurechts,
Hoppe/Stüer	Die Rechtsprechung zum Bauplanungsrecht, 1995
Hüttenbrink	Neuere Tendenzen der Rechtsprechung auf dem Gebiet des Bauplanungsrechts, DVBl. 1989, 69
Jäde/Dirnberger/ Weiss	BauGB-BauNVO, 5. Aufl., 2007
König/Roeser/ Stock	BauNVO, 2. Aufl., 2003
Kraft	Immissionsschutz und Bauleitplanung – Ein Beitrag zur dogmatischen Harmonisierung der beiden Rechtsbereiche sowie zur Kritik der Typisierungsmethode, in: Schriften zum Umweltrecht, Bd. 9, 1988
Kunig	Die Umweltverträglichkeitsprüfung in der Bauleitplanung, in: Festschr. für Weyreuther 1993, 157 ff.

Schrifttum

Minister für Stadtentwicklung NW	Baustein 8 »Wohnen und Arbeiten – Anwendungsbeispiele und Arbeitshilfen Landes- und zum Planungserlass NW«, 1986
Rabe/Steinfort/ Heintz	Bau- und Planungsrecht, 4. Aufl., 1997
Schlichter/Stich	Berliner Komm. zum Baugesetzbuch, 2. Aufl. 1995
Schmidt-Aßmann	Grundfragen des Städtebaurechts, 2. Aufl. 1993
Schrödter u. a.	Baugesetzbuch, 7. Aufl., 2006
Söfker	Der Beitrag des Bauplanungsrechts zur Lösung von Problemen in Gebieten mit Gemengelagen, Städte- und Gemeindebund 1981, 255
–	Besondere städtebauliche Fragen bei der Aufschließung und Überplanung von Flächen für Gewerbe- und Industriezwecke, WiVerw. 1991, 165
Steinebach	Planungstechnische Überlegungen zu Bebauungsplänen in nicht auflösbaren Gemengelagen, BauR 1983, 393
–	Lärm- und Luftgrenzwerte. Entstehung, Aussagewert, Bedeutung für Bebauungspläne, ZfBR 1987, 225
Stich	Sicherung einer menschenwürdigen Umwelt durch städtebauliche Planung, ZfBR 1978, 58
–	Die drei Baunutzungsverordnungen 1961, 1968 und 1979 – Hauptanliegen, Unterschiede und Anwendungsbereiche, DÖV 1978, 537
Stich/Porger/ Steinebach	Planen und Bauen in immissionsbelasteten Gemengelagen, Verwaltungspraxis – Rechtsprechung – Novellierungsvorschläge, 1983
Stüer	Bauleitplanung im Konflikt – Gemengelagen – Verbrauchermärkte – Spielhallen – Altlasten – Lärmschutz, StGR 1989, 8
–	Bauleitplanung, Sonderdruck aus: Handbuch des öffentlichen Baurechts, 2. Aufl., 1997
Weyreuther	Rechtliche Bindung und gerichtliche Kontrolle planender Verwaltung im Bereich des Bodenrechts, BauR 1977, 293
Wilke	Bundesbaugesetz und Immissionsschutzgesetz, WiVerw. 1984, 205
Ziegler	Garage und Stellplatz im Baugenehmigungsverfahren, BlGBW 1977, 107
–	Der Gebrauch allgemeiner städtebaulicher Kriterien im Bundesbaugesetz, ZfBR 1979, 140

Schrifttum

C. Kommentare, Abhandlungen und dergl., soweit sie zur Verwirklichung von B-Plänen aufgrund der BauNVO 1962 und BauNVO 1968 (noch) von Bedeutung sein können (Abhandlungen allgemeiner Art zur jeweiligen Neufassung bzw. Änderung der BauNVO sollen künftig entfallen)

Bielenberg	Baunutzungsverordnung und Planzeichenverordnung, Komm., Sonderausgabe aus Ernst/Zinkahn/Bielenberg, BBauG 1973 (zur Baunutzungsverordnung i. d. F. 1962 und 1968)
Ehrenforth	Zur BauNVO, BB 1962, 786
Forschungsinstitut für Wirtschafspolitik an der Universität Mainz	Auswirkungen der 1977 neugefaßten Baunutzungsverordnung auf die Ansiedlung von Handelsbetrieben und die räumliche Struktur des Handels, 1984
Franßen	Kommentar zur BauNVO, 1964
Gaisbauer	Die Rechtsprechung zur BauNVO 1968 bis 1971, BlGBW 1973, 187
Müller/Neuffer	Die Baunutzungsverordnung, Komm., 4. Aufl., 1973
Pahl	Die Anwendung der BauNVO von 1962 in der Praxis, Untersuchung im Auftrag des Bundesministeriums für Wohnungswesen, Städtebau und Raumordnung, 1965
Reisnecker	Abweichungsmöglichkeit bei übergeleiteten Baulinien, BayVBl. 1966, 84
Schöning	Die Baunutzungsverordnung. Über ihre Möglichkeiten, über ihre Anwendungen in der Praxis und über ihre Auslegung bei der Handhabung, Der Architekt 1965, 249
Schöning/Wolf	Kommentar zur Baunutzungsverordnung, 2. Aufl., 1970
Schroer	Die Anwendung der Baunutzungsverordnung auf bestehende Bauleitpläne, DVBl. 1963, 616

D. Kommentare, Abhandlungen und dergl. zur BauNVO 1977

Bielenberg	Baunutzungsverordnung, Komm., in: Loseblatt-Komm. Ernst/Zinkahn/Bielenberg
Boeddinghaus/Franßen/Rohde	Baunutzungsverordnung, Komm., 1978
Boeddinghaus/Franßen	Neue Baunutzungsverordnung – Alte Probleme, Stadtbauwelt 1979, 451
Brehmer/Crone/Erdmann	Baunutzungsverordnung, Hrsg. Deutscher Industrie- und Handelstag, 1977
Fieseler	Neue Möglichkeiten der Baunutzungsverordnung, DWW 1978, 88
Förster	Baunutzungsverordnung, Kommentar, Sonderdruck aus dem Kohlhammer-Komm. zum BBauG, 3. Aufl., 1978; vgl. auch die Neubearbeitung im Kohlhammer-Komm.
–	Probleme der neuen BauNVO, VR 1978, 279
Gaentzsch	Baunutzungsverordnung 1977, Komm., 1977
Knaup/Stange	Baunutzungsverordnung, Komm., 7. Aufl., 1983
Kromik/Schwager	Die neue Baunutzungsverordnung. Eine praxisorientierte Darstellung der neuen Rechtsvorschriften 1978

XXIII

Schrifttum

Leder	Baunutzungsverordnung, Planzeichenverordnung, Komm., 3. Aufl., 1983
Müller/Weiss	Die Baunutzungsverordnung, Kommentar, 5. Aufl., 1981 (Neubearbeitung von: Müller/Neuffer, Die Baunutzungsverordnung, Kommentar, 4. Aufl. 1973)
Schlez	Baunutzungsverordnung, Komm., 1978
Stelkens	Die neuere Rechtsprechung zu den in den Baugebieten nach der Baunutzungsverordnung zulässigen Vorhaben, UPR 1982, 287
Ziegler	Zur BauNVO. Geltungsbereich der 5 Fassungen, »Wohngebäude«, besondere Wohngebiete, Vergnügungsstätten der BauNVO 1962/86, ZfBR 1994, 160

E. Kommentare, Abhandlungen und dergl. zur BauNVO 1990

Boeddinghaus	Baunutzungsverordnung – BauNVO –, Komm., 5. Aufl., 2005
Fickert	Anmerkung zum Urteil des Bundesverwaltungsgerichts vom 18.5.1995 – 4 C 20.94 –, DVBl. 1996, 250
–	Einige aktuelle Fragen im Zusammenhang mit Regelungen über die »Art der baulichen Nutzung« aufgrund der (Vierten) Änderungsverordnung 1990 zur BauNVO (Teil 1) BauR 1990, 263; (Teil 2) BauR 1990, 418
Fickert/Fieseler	Quo vadis Baunutzungsverordnung? Ein Beitrag zur Frage: Ist die Novellierung der BauNVO wirklich notwendig?, DVBl. 1996, 329
Heintz	Baunutzungsverordnung 1990 – Auswirkungen der geänderten Maßvorschriften, BauR 1990, 166
Knaup/Stange	Kommentar zur Baunutzungsverordnung, 8. Aufl., 1996
Leder/Scholtissek	Baunutzungsverordnung, Planzeichenverordnung, 5. Aufl., 1992
Lemmel	Änderungen der Baunutzungsverordnung 1990 und ihre Bedeutung für die Anwendung bestehender Bebauungspläne, in: Festschr. f. Weyreuther 1993, 273 ff.
Lenz	Die neue Baunutzungsverordnung – Art der baulichen Nutzung –, BauR 1990, 157
Müller/Weiß	Die BauNVO – Komm., 7. Aufl., 1991
Scholtissek	Rechtsprechung zur BauNVO, UPR 1990, 417
Stemmler	Zur Novellierung der Baunutzungsverordnung, DVBl. 1996, 714
Stock	Schwerpunkte der neuen Baunutzungsverordnung, ZfBR 1990, 123
Ziegler	Zu den Nutzungsbegriffen des § 1 Abs. 4–9 BauNVO insbesondere im Hinblick auf die Festsetzung von Emissionswerten, ZfBR 1991, 196
–	Zur Auslegung und Anwendung des § 15 Abs. 1 Satz 2 BauNVO, ZfBR 1996, 114
–	Zur beabsichtigten BauNVO-Novelle, ZfBR 1996, 187

Anmerkungen zur Handhabung der Erläuterungen

Die Erläuterungen sind – wie bisher – ganz auf die bauplanerische Praxis ausgerichtet. Die Rspr. wird nicht zu jeder planungsrechtlichen Allgemeingültigkeit als Bestätigung bemüht, zumal die alljährlich herauskommenden (verwaltungs-)gerichtlichen Entscheidungen und das zu zahlreichen städtebaulichen Streitfragen stetig angewachsene wissenschaftliche Schrifttum es bereits schwierig machen, das Erläuterungswerk als »Handkommentar« für die Praxis beizubehalten. Die höchstrichterliche und obergerichtliche Rspr. wird selbstverständlich bei den (streitigen) Grundsatzfragen angeführt, vor allem immer dann, wenn unterschiedliche Auffassungen zur diesseitigen Ansicht bestehen.

Die Fundstellen zur Rspr. sind i. d. R. mehrfach in verschiedenen Zeitschriften angeführt, der jeweils genaue Titel ist im Abkürzungsverzeichnis enthalten. Neuere Entscheidungen (etwa ab dem Jahr 2001) sind auch über das Internet abrufbar. Für BW und NW sowie das BVerwG ist der Zugriff kostenlos. Entscheidungen aus diesen drei Quellen sind ggf. mit der Internetadresse angegeben. Entsprechendes gilt für im Anhang erwähnte, aber nicht abgedruckte Erlasse o. Ä.

Das Auffinden von Erläuterungstexten zu einzelnen Absätzen der Paragraphen der BauNVO wird dadurch erleichtert, dass bei allen Abschnitten, in denen speziell die einzelnen Absätze behandelt werden, die Absatznummer in der Kopfzeile der entsprechenden Seite zusätzlich zum Paragraphen vermerkt ist. Bei den Abschnitten, in denen nicht direkt zu einzelnen Absätzen erläutert wird, fehlt dann in der Kopfzeile der Absatzhinweis. Die Abschnitte mit Erläuterung der Absätze sind in den Übersichten bei den einzelnen Paragraphen durch Vermerk des jeweiligen Absatzes auf dem Seitenrand gekennzeichnet.

Auf die historische Entwicklung verschiedener Baugebietsvorschriften und die (unterschiedlichen) Erwägungen im Zuge der jeweiligen Änderungsvorschriften zur BauNVO wird nur insoweit eingegangen, als bestimmte Überlegungen sich auf den Sinngehalt der betreffenden Vorschrift ausgewirkt haben. Für bestehendes Interesse an der historischen Entwicklung des planungsrechtlichen Geschehens i. A., der Fortentwicklung des Instrumentariums im Besonderen, u. a. vorlaufende (frühere) Regelungen, deren Kenntnisse für die heutige praktische Handhabung des Bauplanungsrechts und der BauNVO jedoch nicht wissensnotwendig sind, wird auf die Loseblatt-(Groß-)Kommentare z. BauGB, vor allem bei *Bielenberg* in E/Z/B/K und bei *Ziegler* in *Brügelmann* verwiesen.

Beim Ersten Abschnitt »Art der baulichen Nutzung« (§§ 1–15) sind in Bezug auf die Baugebietsvorschriften der §§ 2–9 und die sie ergänzenden Vorschriften der §§ 12–14 die notwendigen Ausführungen zu dem alle Baugebietsvorschriften gleichermaßen betreffenden Aufbau, zu den Grundsätzen, die Systematik betreffend, ferner zu generellen Fragen der Typisierung, des Nachbarschutzes, der Nutzungsänderung, des Bestandsschutzes und weiteren Problemen sowie zu bestimmten Anlagen wie Vergnügungsstätten oder Anlagen für sportliche Zwecke zur Vermeidung von Wiederholungen bei den jeweiligen Vorschriften in »Vorbemerkungen« zusammengefasst. Dadurch können sich die Ausführungen bei den Baugebiets-vorschriften auf die Zulässigkeit bzw. Zulassungsfähigkeit der beim betreffenden Baugebiet aufgeführten Anlagen

Anmerkungen zur Handhabung

und Nutzungen konzentrieren, um deren *Einordnung* in die vorgegebene gemeindliche Planung und gleichzeitig die möglichst störungsfreie Zuordnung innerhalb des jeweiligen Baugebiets zu ermöglichen.

Einführung

1. Gegenstand der BauNVO

Die Baunutzungsverordnung (BauNVO) ergänzt den Ersten Teil (Bauleitplanung) und den Ersten Abschnitt des Dritten Teils (Regelung der baulichen und sonstigen Nutzung; Entschädigung) des Ersten Kapitels des Baugesetzbuchs (BauGB) und ist nach ihrem Inhalt **Bauplanungsrecht**. Sie bildet einerseits den materiellen Rahmen, den die Gemeinden bei der Aufstellung ihrer Bauleitpläne, insbesondere der B-Pläne, einzuhalten und auszufüllen haben, andererseits regelt sie die Zulässigkeit von Vorhaben in den (festgesetzten) Baugebieten sowie unter den Voraussetzungen des § 34 Abs. 2 BauGB im nicht beplanten Innenbereich. Die BauNVO enthält das Instrumentarium, mit dem die Gemeinden ihre städtebauliche Entwicklung unter Berücksichtigung der Ziele der Raumordnung, einer etwa vorhandenen eigenen Entwicklungsplanung sowie der Planungsgrundsätze des § 1 BauGB sinnvoll und funktionsgerecht gestalten können. Die vorgegebenen Grundsätze, Ziele und Rechtsvorschriften bilden die Grenze, innerhalb deren die Gemeinden ihr Planungsermessen (»Planungshoheit« i. S. planerischer Gestaltungsfreiheit) frei ausüben können; d. h., dass die BauNVO nur soweit ausgenutzt werden darf, wie diese Grenzen eingehalten werden. Die BauNVO lässt andere Rechtsvorschriften wie immissionsschutzrechtliche Regelungen oder bauordnungsrechtliche Vorschriften der Länder unberührt (vgl. § 12 Abs. 7, § 20 Abs. 4, § 21 Abs. 3, § 23 Abs. 5; zum Verhältnis von bauplanungsrechtlichen Vorschriften zum Bauordnungsrecht vgl. § 23 Rn 8).

2. Die verschiedenen Fassungen der BauNVO

a) Allgemeines zur Geltung der BauNVO

Fassungen der BauNVO	Erlassen *Verkündet*	BGBl. I S.	in Kraft	Kurzbezeichnung
BauNVO	26.6.1962 *30.6.1962*	429	1.8.1962	**BauNVO 1962**
1. VO zur Änderung der BauNVO	26.11.1968 *29.11.1968*	1233 + 1237	1.1.1969	**BauNVO 1968**
2. VO zur Änderung der BauNVO	15.9.1977 *20.9.1977*	1757 + 1763	1.10.1977	**BauNVO 1977**
3. VO zur Änderung der Bau NVO	19.11.1986 *30.12.1987*	2665	1.1.1987	nur Änd. in § 11 Abs. 3
4. VO zur Änderung der BauNVO	23.1.1990 *26.1.1990*	127	27.1.1990	**BauNVO 1990**

Durch die ÄndVOen wurden die **vorhergehenden Fassungen nicht aufgehoben**. Die Fassungen der BauNVO 1962, 1968 und 1977 gelten für die in ihrem Geltungszeitraum aufgestellten oder geänderten Bauleitpläne unverändert fort (vgl. § 25 BauNVO 1968, §§ 25, 25a BauNVO 1977, § 25b Abs. 1 der 3. ÄndVO, § 25c Abs. 1 der 4. ÄndVO). Durch die Änderungen der BauNVO sind die unter der Geltung einer früheren Fassung zustandegekommenen Bauleitpläne somit nicht kraft des späteren Rechts geändert worden; die Festsetzungen der B-Pläne blieben als Ortsrecht vielmehr unverändert. Dies ist deshalb von Bedeutung, weil in den ÄndVOen die Baugebietsbegriffe teilweise andere Inhalte erhalten haben. Die Frage einer umfassenden Rückwirkung der 4. ÄndVO auf rechtsverbindliche B-Pläne wurde vor Erlass der VO mit negativem Ergebnis geprüft. Die in die 4. ÄndVO (1990) aufgenommenen rückwirkenden Vorschriften des § 25c Abs. 2 und 3 sind – nachdem die Rspr. sie bereits für nichtig bzw. unwirksam erklärt hatte – durch Art. 3 des **Investitionserleichterungs- und Wohnbaulandgesetzes** (Inv-WoBaulG) aufgehoben worden.

Aufgrund der zzt. geltenden **BauNVO 1990** folgt nunmehr in den alten Bundesländern die »vierte Generation« von B-Plänen. Da bereits vor der BauNVO 1962 B-Pläne nach dem BBauG und vor der Geltung des BBauG dem B-Plan entsprechende Pläne und Rechtsvorschriften nach älterem Baurecht entstanden und nach § 173 Abs. 3 BBauG mit z.T. unbefristeter Geltungsdauer übergeleitet sind, wird es noch weiterhin eine Vielfalt unterschiedlichen Planungsrechts geben. Dies ist zu bedauern, weil sich aus den gleichlautenden, z.T. jedoch unterschiedlichen Baugebietsinhalten Schwierigkeiten für die Praxis ergeben können. Der BR hat hierauf in einer Entschließung vom 21.12.1989 anlässlich seiner Zustimmung zur 4. ÄndVO eindringlich hingewiesen (BR-Drucks. 354/1/89). Soweit B-Pläne nicht zügig an das neue Planungsrecht angepasst werden können, sollten sie zur Rechtsklarheit zumindest mit Hinweisen auf die für den Planinhalt jeweils geltende Fassung der BauNVO versehen werden.

b) Anpassung bestehender B-Pläne an die BauNVO 1990. Will die Gemeinde alte B-Pläne den geänderten Vorschriften der BauNVO 1990 anpassen, muss sie die Pläne gem. § 3 BauGB ändern oder ergänzen. Eine vereinfachte Änderung nach § 13 BauGB kommt nur in Frage, wenn durch die Anpassung die Grundzüge der Planung nicht berührt werden. Die Anpassung liegt im Planungsermessen der Gemeinde, das sich jedoch zur Planungspflicht verdichtet, »sobald und soweit es für die städtebauliche Entwicklung und Ordnung erforderlich ist« (§ 1 Abs. 3 BauGB; zur Erforderlichkeit der Planung s. § 1 Rn 8–12). Die Änderung von B-Plänen zwecks Anpassung an die BauNVO 1990 kann zu Entschädigungsverpflichtungen nach §§ 39ff. BauGB führen; das gilt jedoch nur, wenn die durch die Änderung ausgeschlossene Nutzung zulässig war und durch die Änderung eine **nicht nur unwesentliche Wertminderung** der Grundstücke eintritt. Eine Entschädigung setzt voraus, dass der B-Plan formell und materiell rechtsgültig und die Erschließung rechtlich und tatsächlich gesichert war. Diese Voraussetzungen sind, insbes. bei älteren oder übergeleiteten B-Plänen, nicht immer gegeben, so dass die Bedenken mancher Gemeinde gegenüber einer Anpassung älterer B-Pläne an neues Planungsrecht meist nicht berechtigt sind. Die Entschädigungsverpflichtung verringert sich nach Ablauf der 7-Jahres-Frist nach § 42 Abs. 3 BauGB auf die Entschädigung für Eingriffe lediglich in die ausgeübte Nutzung. Dies wird die Änderung von B-Plänen erheblich erleichtern.

Die Anpassung bestehender B-Pläne an die Regelungen der BauNVO 1990 kann durch **B-Plan** erfolgen (§ 9 BauGB), ggf. in einem Verfahren für alle betreffenden Pläne, wenn und soweit dies erforderlich ist. Gegen eine pauschale Überleitung alter B-Pläne auf neues Planungsrecht durch einen B-Plan ohne nähere Begründung der Erforderlichkeit für den jeweiligen B-Plan bestehen im Hinblick auf die Anforderungen der Rspr. gewisse Bedenken (vgl. u.a. Hess. VGH, U. v. 25.1.1974, BRS 27 Nr. 2, und BVerwG, U. v. 30.1.1976, BauR 1976, 175 = NJW 1976, 1329), weil es ohne eine gebietsbezogene Begründung an einem individuell konkreten Bezug zum betroffenen Plangebiet fehlt.

3. Rechtsgrundlagen für den Erlass der BauNVO

a) **Die Ermächtigung für die BauNVO 1962 und 1968.** Sie war enthalten in § 2 Abs. 10 BBauG 1960 (nähere Einzelheiten hierzu s. 10. Aufl., Einführung Abs. 3a).

b) **Die Ermächtigung für die BauNVO 1977.** Sie war enthalten in § 2 Abs. 8 BBauG 1976 (vom 18.8.1976). Die BauNVO 1977 beschränkte sich auf die Ausnutzung des zweiten Teils dieser Ermächtigung (Vorschriften über die Festsetzung verschiedenartiger Nutzungen und Anlagen in übereinanderliegenden Geschossen in § 1 Abs. 7). Der bis zur BauNVO 1968 noch enthaltene § 24 ist entfallen, weil § 34 Abs. 2 BBauG/BauGB eine entspr. Regelung für den nicht beplanten Innenbereich vorsieht (nähere Einzelheiten s. 10. Aufl., Einführung Abs. 3b).

c) **Die Ermächtigung für die BauNVO 1990.** Die Ermächtigung – jetzt in § 2 Abs. 5 BauGB – ist im Wesentlichen unverändert geblieben (nähere Einzelheiten s. 10. Aufl., Einführung Abs. 3c).

d) **Ermächtigung für eine erneute Änderung der BauNVO.** In dem durch das BauROG geänderten BauGB 1998 ist der allgemeine Ermächtigungsrahmen für die BauNVO nicht geändert worden. Lediglich in § 9 Abs. 3 BauGB 1998 (Grundlage für die sog. »vertikale Gliederung« in der BauNVO) ist die bisher erforderliche »Rechtfertigung durch besondere städtebauliche Gründe« entfallen. Somit sind auch die in verschiedenen Vorschriften der BauNVO aufgeführten »besonderen städtebaulichen Gründe«, soweit sie auf § 9 Abs. 3 BauGB gründen, unbeachtlich. Eine Anpassung der BauNVO an diese Änderung ist bisher nicht erfolgt.

4. Zur BauNVO 1962

Die BauNVO kodifizierte erstmalig bundeseinheitlich das bis dahin in den Ländern unterschiedlich entwickelte Bauplanungsrecht. Ausgehend von dem traditionellen System der in den BauOen der Länder enthaltenen Baugebiete verschiedener Funktionen entsprach sie noch städtebaulichen Leitbildern früherer Jahrzehnte. Die starren Baugebietstypen wurden als zu wenig flexibel empfunden und standen neuzeitlichen Lösungen oftmals entgegen; die BauNVO »hinkte« hinter der tatsächlichen Entwicklung her. Für individuelle Planungsvorstellungen konnte sie häufig nicht die gewünschten städtebaulich vertretbaren Festsetzungsmöglichkeiten bieten. Von der Fachwelt wurde daher schon kurz nach ihrem Erlass eine Novellierung zur Anpassung an neuzeitliche und dem internationalen Standard entspr. städtebauliche Grundsätze gefordert.

5. Zur BauNVO 1968

Der äußere Aufbau wurde durch die ÄnderungsVO 1968 nicht verändert. Lediglich § 21a wurde neu eingefügt. Er enthält begünstigende Anrechnungsvorschriften für Stellplätze, Garagen und Gemeinschaftsanlagen, die z. T. in § 19 Abs. 5 BauNVO 1962 enthalten waren.

Die novellierte Fassung kam den Wünschen der Praxis nach mehr Flexibilität durch eine Differenzierung des Festsetzungsinstrumentariums entgegen. Für das WA-, MI- und MK-Gebiet wurde das Element der »**vertikalen Planung**« (Sicherung einzelner Geschosse für bestimmte Nutzungen) eingeführt (§ 4 Abs. 5, § 6 Abs. 4 und § 7 Abs. 4). Entspr. der bereits aus § 8 Abs. 4 und § 9 Abs. 4 BauNVO 1962 bekannten »horizontalen Gliederung« der GE- und GI-

Gebiete wurde eine horizontale Gliederung nach der Art der zulässigen Nutzung auch für MD- und MK-Gebiete vorgesehen (§ 5 Abs. 3, § 7 Abs. 5). Dadurch konnten bestimmte Arten von Nutzungen (z. B. Einzelhandelsbetriebe innerhalb eines WA-Gebiets zu einem Ladenzentrum) räumlich zusammengefasst werden, ohne dass eine städtebaulich nicht vertretbare kleinteilige Baugebietsfestsetzung erforderlich wurde.

Das **Wohnen in der Innenstadt** wurde durch Zulassung sonstiger Wohnungen oberhalb eines im B-Plan bestimmten Geschosses erleichtert (§ 7 Abs. 2 Nr. 7). Forderungen des **Umweltschutzes**, insbes. hinsichtlich des Immissionsschutzes, fanden in einer **Erweiterung der Gliederungsmöglichkeiten** für GE- und GI-Gebiete auch nach den besonderen Bedürfnissen und Eigenschaften der Betriebe und Anlagen ihren Niederschlag (§ 8 Abs. 4 und § 9 Abs. 4). Die von einem schärferen Wettbewerb beeinflusste Entwicklung von Handel und Wirtschaft sowohl in den Innenstädten als auch »auf der grünen Wiese« und deren städtebauliche Folgen führten zu einer neu aufgenommenen **Deklarationspflicht für Einkaufszentren und Verbrauchermärkte**, damit diese durch Bauleitplanung in die geordnete städtebauliche Entwicklung eingefügt werden konnten (§ 11 Abs. 3 i. V. m. §§ 8 und 9).

Dem Ende der sechziger Jahre aufgekommenen Zug zur **städtebaulichen Verdichtung**, die das Leitbild der »gegliederten und aufgelockerten Stadt« ablöste, wurde durch eine vertretbare Anhebung der Höchstwerte für das Maß der baulichen Nutzung um durchschnittlich 20 % Rechnung getragen (§ 17). Die Vorschriften zur Überschreitung der Höchstwerte unter bestimmten Voraussetzungen (§ 17 Abs. 8 und 9) ermöglichten jedoch Großbauformen und Bebauungsdichten, die aus heutiger Sicht insbes. wegen ihrer Nachteile, vor allem im zwischenmenschlichen, gesellschaftlichen und stadtgestalterischen Bereich, häufig als Fehlleistungen angesehen werden.

Im Zuge der starken Entwicklung des individuellen Verkehrs wurden in dem neuen § 21a **Vergünstigungen** zur Unterbringung des **ruhenden Verkehrs** vorgesehen.

Mit den durch die BauNVO 1968 gebotenen Möglichkeiten einer größeren Flexibilität eröffnete sich den Gemeinden eine vielfältige Gestaltungsfreiheit, die nach damaligem Verständnis kaum noch Wünsche offen ließ. Doch der Städtebau ist dem Wandel aufgrund geänderter gesellschaftlicher Auffassungen unterworfen. Die BauNVOen 1962 und 1968 waren noch in den Jahren des Aufbaues entstanden und daher in erster Linie auf den Stadtneubau ausgerichtet. Auf die bereits **überwiegend bebauten Gebiete** mit und ohne älterem Baurecht – vorwiegend die Cityrandgebiete und Gebiete der »Gründerzeit« –, die zumeist nach § 34 BBauG zu beurteilen waren, war auch die BauNVO 1968 nur unvollkommen anwendbar. So blieben solche Gebiete nach wie vor häufig unbeplant, obwohl eine Planung erforderlich gewesen wäre, oder die Beplanung erfolgte im Wege einer Totalsanierung. Die nach der BauNVO dann durchgeführte Neubebauung erwies sich manchmal als wenig einfallsreich und fügte sich in den Stadtorganismus häufig nicht ein. **Der Wandel vom Stadtneubau zum Stadtumbau und zur Stadterneuerung,** die notwendige Revitalisierung der Innenstädte und der Trend zu einer gesunden Nutzungsmischung anstelle von Monostrukturen, nicht zuletzt die stärkere Berücksichtigung des Umweltschutzes sowie das ungelöste Problem der Ansiedlung von Einkaufszentren und Verbrauchermärkten waren – neben der Neufassung des BBauG 1976 – die auslösenden Kriterien für eine weitere Änderung der BauNVO.

6. **Zur BauNVO 1977**

Schwerpunkte der ÄndVO waren bei der **Art der baulichen Nutzung** insbes. die Neuregelung des Problems der **Ansiedlung von Einkaufszentren und großflächigen Einzelhandelsbetrieben**, die Erweiterung des **Instrumentariums für die Abwandlung der Baugebietstypen** (auch »Feinsteuerung der Planung«) sowie die Einführung des **besonderen Wohngebiets** als neuer Baugebietstyp.

Die Änderungen stellten eine Fortentwicklung der bereits in der ÄndVO 1968 enthaltenen Ansätze einer Auflockerung des bundeseinheitlichen Planungsrechts dar; dabei wurde eine Kurskorrektur in Richtung Stadtumbau vorgenommen, ohne dass die durch die BauNVO 1968 bereits gebotenen Planungserleichterungen eingeschränkt worden sind. Die Anwendung des erweiterten Planungsinstrumentariums des § 1 auf die Baugebiete, die Festsetzung von besonderen Wohngebieten und Sondergebieten ließ nunmehr eine Vielfalt von Baugebietsvariationen zu, die alle denkbaren Planungsfälle weitgehend abdecken sollten. Das Planungsrecht wurde dadurch gegenüber der BauNVO 1968 differenzierter und letztlich komplizierter.

Im Einzelnen sind folgende Änderungen hervorzuheben:

In § 1 wurden alle in der BauNVO 1968 noch verstreuten **Instrumente zur Abwandlung der Baugebietstypen** zusammengefasst (»vor die Klammer gezogen«) und bedarfsgerecht erweitert. Die bereits aus der BauNVO 1962 bekannte und in der BauNVO 1968 erweiterte **räumliche** (»**horizontale**«) **Gliederung** von Gewerbe- und Industriegebieten wurde – mit Ausnahme der reinen Wohngebiete, Kleinsiedlungsgebiete und Sondergebiete, die der Erholung dienen – auf alle Baugebiete ausgedehnt (**Abs. 4**). Danach können diese Baugebiete oder Teile von ihnen (§ 1 Abs. 8) nicht nur nach der Art der zulässigen Nutzung, sondern auch nach der Art der Betriebe und Anlagen und deren besonderen Bedürfnissen und Eigenschaften gegliedert werden. Während die verschiedenen Gewerbe- und Industriegebiete einer Gemeinde im Verhältnis zueinander gegliedert werden können, können die übrigen Baugebiete nur jeweils in sich gegliedert werden. Im Interesse des Umweltschutzes wurde ermöglicht, bestimmte **Arten von Nutzungen** oder bei Rechtfertigung durch besondere städtebauliche Gründe sogar bestimmte **Arten von baulichen oder sonstigen Anlagen** aus dem Katalog der meisten Baugebiete auszuschließen oder in eine Ausnahme umzuwandeln (Abs. 5 und 9).

Die bereits aus § 1 Abs. 4 und 5 BauNVO 1968 bekannten Möglichkeiten des **Ausschlusses von ausnahmsweise zuzulassenden Anlagen** (»gesetzliche Ausnahmen«) oder deren **Umwandlung in eine allgemeine Zulässigkeit** wurden in Abs. 6 fast unverändert übernommen. I.V.m. den Abs. 8 und 9 ist zugelassen, diese Modifizierung wiederum auf Teile des Baugebiets und bei Rechtfertigung durch besondere städtebauliche Gründe auf Arten von Anlagen zu beschränken.

Der neue Abs. 7 eröffnete die Möglichkeit, für Baugebiete in **bestimmten Geschossen, Ebenen und sonstigen Teilen der baulichen Anlagen** festzusetzen

- die Beschränkung auf bestimmte allgemein zulässige Nutzungen,
- den Ausschluss bestimmter zulässiger Nutzungen als Regelfestsetzung oder Ausnahme,
- den Ausschluss aller oder bestimmter Ausnahmen oder deren Umwandlung in eine allgemeine Zulässigkeit, wenn dabei die allgemeine Zweckbestimmung des Baugebiets gewahrt bleibt.

Auch diese Regelung kann sich **auf Teile des Baugebiets** beziehen und nach § 1 Abs. 9 bei Rechtfertigung durch besondere städtebauliche Gründe **auf Anlagen** beschränkt werden.

Mit dem **besonderen Wohngebiet** (§ 4a) wurde ein neuer Baugebietstyp eingeführt, der eine Beplanung der meist dicht bebauten älteren Innenstadt- und Cityrandgebiete besser ermöglichen sollte. Diese i. d. R. vorwiegend dem Wohnen dienenden Gebiete waren mit den herkömmlichen Wohngebietstypen WR und WA oder dem MI-Gebiet nicht befriedigend beplanbar, so dass sie im Geltungsbereich des § 34 BBauG verblieben. Es galt jedoch, ein das Wohnen fortentwickelndes Gebiet zu schaffen, in dem gleichermaßen wohnverträgliche Gewerbebetriebe zulässig sind. Immissionsschutzmäßig ist das WB-Gebiet – obwohl den Wohngebieten zugeordnet – etwa zwischen dem WA- und dem MI-Gebiet einzustufen. Es ist ein praktikables Instrument zur planungsrechtlichen Absicherung von – noch – wohnverträglichen Gemengelagensituationen.

Die allgemeine Zweckbestimmung des **Dorfgebiets** (§ 5) wurde dahin eingeschränkt, dass Dorfgebiete nicht mehr schlechthin dem Wohnen, sondern vorwiegend dem Wohnen im Zusammenhang mit der Bewirtschaftung land- und forstwirtschaftlicher Betriebe dienen sollten, um diese Betriebe nicht durch Überwiegen des sonstigen Wohnens in Schwierigkeiten wegen der von ihnen ausgehenden Belästigungen zu bringen.

In Fortentwicklung der BauNVO 1968 ermöglichte eine Änderung des **Kerngebiets** (§ 7), dass zur Sicherung und Weiterentwicklung einer vorhandenen Wohnnutzung bei Rechtfertigung durch besondere städtebauliche Gründe in Teilen des Gebiets die Wohnnutzung oberhalb eines bestimmten Geschosses oder in einem bestimmten Anteil **zwingend festgesetzt** werden konnte, auch wenn dadurch die allgemeine Zweckbestimmung des MK-Gebiets nicht eingehalten werden konnte (§ 7 Abs. 4).

Die bisher unsystematische Heraushebung des **Wochenendhausgebiets** aus den Sondergebieten wurde durch die Zusammenfassung der SW-Gebiete mit anderen beispielhaft genannten **der Erholung dienenden Sondergebieten** in einer Vorschrift (§ 10) beseitigt.

Die bereits in der BauNVO 1968 enthaltene Regelung des **§ 11 Abs. 3** für die Zulässigkeit von **Einkaufszentren und Verbrauchermärkten** bzw. **großflächigen Einzelhandelsbetrieben** hat die bei ihrer Einführung erhoffte Wirkung nicht entfalten können. Die Ansiedlung von Verbrauchermärkten entzog sich vielfach der Kontrolle durch die Planung, weil der maßgebliche Begriff »der übergemeindlichen Versorgung dienend« als Kriterium für die Erforderlichkeit der Planung insbes. wegen der kommunalen Gebietsreform kaum noch zutraf. Die Vielzahl der ungeplant entstandenen großflächigen Einkaufsgelegenheiten außerhalb der gemeindlichen Zentren hat – abgesehen von Wettbewerbskämpfen im Handel – zu nachteiligen städtebaulichen Folgen in Bezug auf die Zentren und das zentralörtliche Gliederungssystem geführt; eine Unterversorgung nichtmotorisierter Bevölkerungskreise durch Geschäftsaufgaben in den Zentren der Gemeinden ist die Folge gewesen. Um die Ansiedlung großflächiger Einkaufsgelegenheiten planungsrechtlich zu kontrollieren und zu steuern, mussten neue Kriterien für die Erforderlichkeit der Bauleitplanung entwickelt werden; dabei kamen, da aus rechtssystematischen Gründen (mangelnde Ermächtigungsgrundlage) wirtschaftliche Gesichtspunkte, vor allem solche des Wettbewerbs ausschieden, nur bodenrelevante Kriterien in Betracht.

Die 1977 novellierte Vorschrift enthält eine Begriffsbestimmung, die nach damaliger Erkenntnis alle in Frage kommenden Betriebsformen des Handels erfasst, und nennt als Kriterien für die Erforderlichkeit der Bauleitplanung »nicht nur unwesentliche raumordnerische und städtebauliche Auswirkungen« der Betriebe. Bei Erfüllung dieser Voraussetzungen sind solche Betriebe – außer in Kerngebieten – nur in für sie festgesetzten Sondergebieten zulässig und damit in allen anderen Baugebieten unzulässig. Zur Erleichterung der Auslegung dieser unbestimmten Rechtsbegriffe im Baugenehmigungsverfahren ist als widerlegliche Vermutung eine Kenngröße von 1.500 m² Geschossfläche eingeführt worden, bei deren Überschreitung »Auswirkungen« anzunehmen sind.

Diese Kenngröße wurde in der 3. ÄndVO 1986 auf 1.200 m² reduziert (§ 11 Rn 26.3).

In bestimmten Baugebieten wurden durch eine Änderung des § 12 auch **Stellplätze und Garagen für störende Kfz-Anhänger** ausgeschlossen. Für bestimmte Bereiche können Gemeinden aus städtebaulichen Gründen (z. B. Fußgängerbereiche) die Stellplatzpflicht einschränken, wenn das Landesrecht dies zulässt.

Die durch die Rspr. entstandene Unsicherheit über die Zulässigkeit der **Kleintierhaltung** in einzelnen Baugebieten als Nebenanlagen wurde durch eine entspr. Klarstellung in § 14 beseitigt.

Dem fortgeschrittenen Umweltschutzgedanken entspr. wurden die **allgemeinen Voraussetzungen für die Zulässigkeit baulicher und sonstiger Anlagen** (§ 15) dahin geändert, dass in den Baugebieten zulässige Anlagen auch dann unzulässig sind, wenn von ihnen unzumutbare Belästigungen oder Störungen über die Baugebietsgrenzen hinausgehen. Die Fassung der BauNVO 1968 ließ insoweit noch Zweifel zu.

Im FN-Plan und B-Plan kann seit 1977 auch die **Begrenzung der Höhe der baulichen Anlagen** dargestellt bzw. festgesetzt werden (§ 16 Abs. 1 und 3). Die **Zahl der Vollgeschosse** für die WS-Gebiete wurde auf zwei erhöht. Für **Ferienhausgebiete** und **besondere Wohngebiete** wurde das Maß der baulichen Nutzung ergänzt.

Die Vorschrift des **§ 24 Abs. 2** konnte entfallen, weil § 34 Abs. 3 BBauG eine entspr. Regelung enthielt.

7. Zur 3. Änderungsverordnung 1986

Im Vorgriff auf die 4. ÄndVO wurde wegen der Dringlichkeit des Problems der **großflächigen Einzelhandelsbetriebe** die BauNVO lediglich in einer Bestimmung – **§ 11 Abs. 3 Satz 3 und 4** – geändert bzw. ergänzt. Dabei wurde die Kenngröße des **Satzes 3** entspr. den inzwischen gewonnenen Erfahrungen von 1.500 m² auf 1.200 m² herabgesetzt. Der neu angefügte **Satz 4** enthält lediglich eine Klarstellung dessen, was schon immer galt, nämlich einen Hinweis auf die notwendige Flexibilität bei Anwendung des Satzes 3.

8. Zur BauNVO 1990

Allgemeines zur 4. ÄndVO 1990

Anlass der Novellierung war in erster Linie ein entspr. vom BT bei der Verabschiedung des BauGB bekundeter Wunsch (vgl. BT-Drucks. 10/6252). Ursprünglich war überlegt worden, in einer »Gesamtnovellierung des Städtebaurechts« zeitgleich auch die BauNVO zu überarbeiten und sie den inzwischen gewandelten städtebaulichen Aufgaben anzupassen. Diese wurden insbes. in der Innenentwicklung anstelle der Freirauminanspruchnahme sowie der Bestandspflege in den Städten und Gemeinden gesehen. Darüber hinaus waren in der Planungspraxis verschiedene Einzelprobleme aufgetreten, die mit der Novelle einer Lösung zugeführt werden sollten. Die Bundesregierung hielt es jedoch für erforderlich, die Gesamtnovellierung der BauNVO auf einen späteren Zeitpunkt zu verschieben, um eine gründlichere Vorbereitung zu ermöglichen. (Zu den zahlreichen Änderungsvorschlägen s. 10. Aufl., Einf. Abs. 8.) Die 4. ÄndVO geht von der **Beibehaltung des bewährten Systems** der BauNVO aus und enthält nur die sich aus der Praxis ergebenden *zwingend notwendigen* sowie aus dem politischen Raum vorgetragenen Änderungen:

- eine Verbesserung der Instrumente für die bestandsorientierte Planung,
- die Stärkung der Entwicklungsmöglichkeiten landwirtschaftlicher Betriebe im Dorfgebiet,
- die Erleichterung der Unterbringung bestimmter Anlagen für sportliche Zwecke in einzelnen Baugebieten,
- eine verbesserte Regelung für die Zulässigkeit von Vergnügungsstätten, z. B. Spielhallen,
- einzelne Regelungen zur Berücksichtigung des Umweltschutzes,
- eine Vereinfachung und zugleich noch flexiblere Gestaltung der Vorschriften über das Maß der baulichen Nutzung.

Im **Einzelnen** sind folgende **wesentliche Änderungen** hervorzuheben (in Stichworten):

a) Bei der Art der **Nutzung in Sondergebieten** besteht keine Bindung an § 1 Abs. 4 bis 10.

b) Erleichterung der **bestandsorientierten Planung** durch eingefügten **Abs. 10** des § 1.

c) **Anlagen für sportliche Zwecke** sind auch im WA-, MK- und GE-Gebiet *allgemein zulässig* sowie auch im WR-Gebiet *ausnahmsweise zulassungsfähig*.

d) Abschließende Regelung der **Zulässigkeit von Vergnügungsstätten:** *Nicht zulässig* im WS, WR, WA, GI; **Vergnügungsstätten aller Art** *uneingeschränkt zulässig* nur im MK-Gebiet. Im MI-Gebiet sind nur in den überwiegend gewerblich geprägten Gebietsteilen nur **nicht kerngebietstypische Vergnügungsstätten** *allgemein zulässig*. Im WB- und MD-Gebiet sowie in den nicht überwiegend gewerblich geprägten Teilen des MI-Gebiets sind lediglich *nicht kerngebietstypische* Vergnügungsstätten nur *ausnahmsweise zulassungsfähig*. Lediglich im GE-Gebiet können auch Vergnügungsstätten aller Art *ausnahmsweise zugelassen* werden.

e) Im **Kleinsiedlungsgebiet** (§ 2) ist das **sonstige Wohnen** (der Kleinsiedlung »entsprechende«) erleichtert.

f) Im **reinen Wohngebiet** (§ 3) können ausnahmsweise auch Anlagen für soziale Zwecke und gebietsbezogene Infrastruktureinrichtungen zugelassen werden.

g) Im **Dorfgebiet** (§ 5) ist die Stellung der land- und forstwirtschaftlichen Betriebe stärker als nach früherem Recht, da alle anderen Nutzungen auf sie »einschließlich ihrer Entwicklungsmöglichkeiten« **vorrangig** Rücksicht zu nehmen haben. Die **Anhebung des Störgrades** der sonstigen Gewerbebetriebe auf »nicht wesentlich störend« entspricht einer längst fälligen Anpassung an die tatsächliche Wesensart des MD-Gebiets, unabhängig davon, dass die der Versorgung der Bewohner des Gebiets dienenden Handwerksbetriebe wie früher – unabhängig von ihrem Störgrad – zulässig sind.

h) Auch für das **Kerngebiet** (§ 7) ist eine Anpassung durch **Anhebung des Störgrades auf »nicht wesentlich störend«** erfolgt.

i) Bei den **sonstigen Sondergebieten** (§ 11) wurde der – nicht abschließende – Katalog möglicher Zweckbestimmungen in Abs. 1 um aktuelle Gebietstypen wie die *Fremdenverkehrsgebiete* (vgl. § 22 BauGB) und Gebiete für Anlagen zur *Nutzung erneuerbarer Energien* (Wind- und Sonnenenergie) erweitert.

j) Eine sinnvolle Ergänzung der in den Baugebieten ausnahmsweise zulassungsfähigen **Nebenanlagen** (§ 14) ist die Aufführung der (früher »vergessenen«) *fernmeldetechnischen Anlagen* sowie der *Anlagen für erneuerbare Energien* in Abs. 2.

k) Die Vorschrift über die **Allgemeinen Voraussetzungen für die Zulässigkeit** (§ 15) enthält die Regelung, dass die im Baugebiet zulässigen Anlagen im Einzelfall nicht nur **unzulässig** sind, wenn von ihnen unzumutbare Belästigungen oder Störungen ausgehen können, sondern auch, **wenn sie** (passiv) solchen **Belästigungen oder Störungen** ausgesetzt werden. Diese kritisch zu sehende Umkehr des Verursacherprinzips wird mit dem Gebot der gegenseitigen Rücksichtnahme begründet. Wegen der von verschiedenen Seiten vorgebrachten erheblichen Bedenken sollte sie bei der im Entwurf des BauROG noch vorgesehenen Änderung der BauNVO auch gestrichen werden. Der Wegfall der Vorschrift ist jedoch wegen der Herausnahme der Änderung der BauNVO aus dem BauROG nicht zustandegekommen. In Abs. 3 ist klargestellt, dass die **Zulässigkeit von Anlagen unabhängig von deren immissionsschutzrechtlicher Einordnung** zu beurteilen ist.

l) Die Vorschrift über die **Bestimmung des Maßes der baulichen Nutzung** (§ 16) wurde zwar neugefasst und dabei auch flexibler gestaltet, materiell und instrumentell gegenüber dem bisherigen **Recht** aber **nicht verändert**.

m) § 17 (früher irreführend »Zulässiges Maß der baulichen Nutzung«) ist zur Klarstellung der Anwendung nur auf die Bauleitpläne als **Obergrenze für die Bestimmung des Maßes der baulichen Nutzung** bezeichnet. Die vereinfachte und systematisch aufgebaute Vorschrift ist hinsichtlich der Obergrenzen des Abs. 1 an die tatsächliche Entwicklung angepasst. Durch Fortfall des Bezugs der Obergrenzen auf die Zahl der Vollgeschosse ist den Gemeinden mehr Entwicklungsspielraum gegeben.

n) Die früher in § 18 enthaltenen **Regelungen für Vollgeschosse** sind systemgerecht unverändert nach § 20 Abs. 1 übernommen worden.

o) Eine *wesentliche Änderung* hat die **Anrechnung von Nebenanlagen auf die zulässige Grundfläche** (§ 19 Abs. 4) gebracht. Diese Anlagen sind anders als früher zusammen mit der Hauptanlage grundsätzlich anzurechnen; eine Überschreitung der zulässigen Grundfläche durch diese Nebenanlagen darf um bis zu 50 % der zulässigen Grundfläche, höchstens jedoch bis zu einer »Kappungsgrenze« von GRZ = 0,8 erfolgen. Die Gemeinde kann im B-Plan Abweichendes festsetzen.

p) Im Interesse eines erleichterten Dachgeschossausbaues ist die früher zwingende **Anrechnung von Aufenthaltsräumen** in Nicht-Vollgeschossen auf die **Geschossfläche** (§ 20 Abs. 3) entfallen. Die Gemeinde kann durch besondere

Festsetzung im B-Plan selbst bestimmen, ob und inwieweit eine derartige Anrechnung zu erfolgen oder ausnahmsweise nicht zu erfolgen hat. Die in § 25c Abs. 2 der BauNVO 1990 ursprünglich enthaltene Rückwirkung dieser Regelung auf alte B-Pläne ist durch Art. 3 Inv-WoBaulG aufgehoben worden. Eine entspr., jedoch abgewandelte Vorschrift war in § 4 Abs. 1 BauGB-MaßnahmenG enthalten.

q) Die Vorschrift über die Möglichkeit der **Überschreitung der zulässigen Grundfläche** bei **Stellplätzen, Garagen und Gemeinschaftseinrichtungen** (**§ 21a Abs. 3**) stellt in Anpassung an die Regelung des § 19 Abs. 4 die Einhaltung dessen Rahmen sicher. Im Übrigen ist § 21a gegenüber früher inhaltlich unverändert.

r) Der frühere § 24 ist entfallen, weil er nur Selbstverständliches regelte.

9. Auswirkungen des Bau-, Raumordnungs- und Umweltrechts auf die Anwendung der BauNVO bei der Bauleitplanung

Bereits in dem durch das **Bau- und Raumordnungsgesetzes 1998 – BauROG – geänderten BauGB 1998** sind Belange des Umweltschutzes stärker herausgestellt worden, so in der Vorschrift des § 1a. Bei dem **sparsamen und schonenden Umgang mit Grund und Boden** sind Bodenversiegelungen auf das notwendige Maß zu begrenzen (§ 1a Abs. 1 BauGB). Dies ist z.B. bei der Bestimmung und Ermittlung der Grundflächenzahl (§§ 16 bzw. 19 BauNVO) von Bedeutung.

Nach § 21 BNatSchG i. d. F. der Bek. vom 25. März 2002 (BGBl. I S. 1193) ist über den **Ausgleich und Ersatz** bei **Eingriffen in Natur und Landschaft**, die aufgrund von Bauleitplänen oder Satzungen nach dem BauGB erfolgen, nach den **Vorschriften des BauGB** zu entscheiden. Die entspr. Vorschriften sind auch im BauGB enthalten.

Aufgrund der von der **Europäischen Union** erlassenen Umweltschutz-Richtlinien (RL Nr. 85/337 + 97/11 RL Nr. 92/43 und 79/409 EWG – Flora/Fauna/Habitat-RL; Vogelschutzrichtlinie) hat die Bundesrepublik das **Gesetz zur Umsetzung der UVP-Änderungsrichtlinie, der IVU-Richtlinie und weiterer EG-Richtlinien zum Umweltschutz** vom 27. Juli 2001 (BGBl. I S. 1950) erlassen. Dieses Artikelgesetz hat geändert u. a.

a) das **Gesetz über die Umweltverträglichkeitsprüfung (UVPG)**, Bek. der Neufassung vom 5. September 2001 (BGBl. I S 2350),

b) das **Bundes-Immissionsschutzgesetz (BImSchG)**, Fassung vom 27.7.2001, mit den Durchführungsverordnungen über Kleinfeuerungsanlagen (1. BImSchV), genehmigungsbedürftige Anlagen (4. BImSchV) und Genehmigungsverfahren (9. BImSchV),

c) das **Baugesetzbuch (BauGB)**, Fassung vom 27.7.2001.

Zu näheren Einzelheiten s. 10. Aufl. Abschn. 10 und Erl. zu § 1 Abschn. 4b.

10. Anpassung des BauGB an Vorgaben der Europäischen Union

Das **Gesetz zur Anpassung des Baugesetzbuchs an EU-Richtlinien** (Europarechtsanpassungsgesetz Bau – **EAG Bau**) vom 24. Juni 2004 (BGBl. I S. 1359) mit der dadurch veranlassten Bekanntmachung einer Neufassung des BauGB v. 23.9.2004 diente der Umsetzung verschiedener EU-Richtlinien über die Prüfung der Umweltauswirkungen bestimmter Pläne und Programme und die Beteiligung der Öffentlichkeit bei der Ausarbeitung bestimmter umweltbezogener Pläne und Programme. Folge dieser Vorschriften ist vor allem eine

Neufassung der Vorschriften über die **Aufstellung der Bauleitpläne**, in die insbes. spezifische Elemente der EU-rechtlichen Umweltprüfung und der dazu erforderlichen Verfahrensschritte eingeflossen sind. Zur Sicherung Zentraler Versorgungsbereiche wurde für den nicht beplanten Innenbereich die Regelung des § 34 Abs. 3 BauGB eingeführt, nach der von Vorhaben keine schädlichen Auswirkungen auf zentrale Versorgungsbereiche zu erwarten sein dürfen. Zu diesem Zweck wurde auch die **interkommunale Abstimmungspflicht** in § 2 Abs. 2 durch einen Satz 2 in diesem Sinne verstärkt. Im Übrigen sind auch in den sonstigen Vorschriften des BauGB zahlreiche Änderungen erfolgt (nähere Einzelheiten s. *Söfker*, Einführung zum BauGB Abschn. 12 in Beck-Texte im dtv BauGB, 38. Aufl., 2005; *Fickert/Fieseler* 10. Aufl., § 1 Abschn. 4b Rn 40.1-40.2).

11. Erleichterung der Innenentwicklung der Städte

Mit dem **Gesetz zur Erleichterung von Planungsvorhaben für die Innenentwicklung der Städte** vom 9. Dezember 2006 (**BauGB-Novelle 2006**; BGBl. I S. 3316) zur Änderung des BauGB soll das Bau- und Planungsrecht für entspr. Vorhaben zur Stärkung der Innenentwicklung vereinfacht und beschleunigt werden. Dazu wird in § 13a ein neues beschleunigtes Verfahren für B-Pläne der Innenentwicklung eingeführt, bei dem bestimmte Verfahrensanforderungen – ggf. auch der Umweltprüfung – erleichtert werden.

Besonderes Anliegen des Gesetzes ist die verstärkte **Sicherung Zentraler Versorgungsbereiche** in den Städten und Gemeinden. Dafür können nach dem neu eingefügten § 9 Abs. 2a in einem einfachen B-Plan (ohne Baugebiete) für den nicht beplanten Innenbereich (§ 34) i.S. planerischer Feinsteuerung bestimmte Arten der nach § 34 zulässigen Arten der baulichen Nutzung eingeschränkt oder ausgeschlossen werden. Damit kann z.B. Einzelhandel dort ausgeschlossen werden, wo er zentrale Versorgungsbereiche beeinträchtigt. Im Übrigen enthält der bereits 2004 im EAG Bau in § 34 BauGB eingefügte Abs. 3a in Satz 2 eine Vorschrift, nach der die in Satz 1 gebotenen Möglichkeiten des Abweichens vom Erfordernis des Einfügens keine Anwendung auf Einzelhandelsbetriebe finden, die die verbrauchernahe Versorgung der Bevölkerung beeinträchtigen oder schädliche Auswirkungen auf zentrale Versorgungsbereiche haben können (Näheres in den Erl. zu § 11 Abs. 3 BauNVO und § 34 BauGB). § 34 Abs. 3a ist jetzt auch für Wohnbauvorhaben im nicht beplanten Innenbereich anwendbar.

Eine Übersicht über die BauGB-Änderungen enthält die Vorb. zu Anh. 1.

12. Zur Frage einer etwa erforderlichen Änderung der BauNVO

Die Diskussion über eine etwaige Änderung der BauNVO ist weiterhin, wie am Ende der Einf. zur 10. Aufl. ausgeführt, abgeschlossen und seit 2002 nicht wieder aufgeflammt. Die im Zusammenhang mit der Verabschiedung der BauGB-Novelle im Rahmen des BauROG im Jahr 1997 geäußerte formelle Bitte von BT und BR für eine Gesamtnovellierung der BauNVO kann als überholt angesehen werden, zumal sich die gesetzgebenden Gremien seitdem dreimal (2001, 2004 und 2006) mit erheblichen Änderungen des Planungsrechts befasst haben (s. Anh. 1, Vorbem.), ohne diese Bitte erneut vorzutragen.

Die unmittelbar nach dem Beschluss der BauGB-Novelle 1998 vorgetragenen Argumente gegen eine Novellierung der BauNVO gelten heute noch:

Einf

- Der Novellierung einzelner Bestimmungen der BauNVO wird hauptsächlich die Sorge vor weiteren sog. »Schichtenbebauungsplänen« entgegengehalten.
- Festsetzungen, die auf die bauliche Nutzung bezogen sind, können mit geringem Planungsaufwand getroffen werden.
- Die BauNVO sollte als sehr flexibles Instrument der Arbeitsvereinfachung und auch als bewährtes Mittel der Konfliktvermeidung und -regelung beibehalten und auch nicht radikal verändert werden. Die BauNVO dient auch der Planverständlichkeit.

Auch die im Dezember 2006 abgeschlossene Übernahme der EU-Vorgaben in das nationale Planungsrecht hat bisher keine Anhaltspunkte für eine Änderung oder Erweiterung der BauNVO gebracht. Kleinere, eher formale Gründe für eine BauNVO-Novelle ergeben sich aus Änderungen anderer Vorschriften, auf die in der BauNVO Bezug genommen wird:

- Wegfall der »besonderen städtebaulichen Gründe«, soweit sie auf § 9 Abs. 3 BauGB gründen (s. Nr. 3 d) dieser Einf.);
- Erforderlichkeit einer Vollgeschossdefinition bei Wegfall der bisherigen Definitionen aus dem Landesrecht (s. folgenden Abschnitt dieser Einf.).

13. Zum Zusammenwirken von Bauordnungsrecht der Länder und Planungsrecht (MBO 2002)

Die verfassungsrechtlich verursachte Trennung von Bauordnungsrecht (Länderkompetenz) und Planungsrecht (Bundeskompetenz) benötigt einen Verknüpfungspunkt, der von Anfang an in § 29 BauGB enthalten war. (Erläuterung zu § 19 BauNVO, Rn 5 f.). Diese Verknüpfung ist seit 1990 durch die damals beginnende »Deregulierung« in Mitleidenschaft gezogen, mindestens jedoch wesentlich komplizierter geworden. Die erste Konsequenz war die Neuregelung in § 29 BauGB 1998. Nach mehreren, durchaus z.T. unterschiedlichen Lösungsbeispielen für die Abstandsregelungen in novellierten LBOen hat die Bauministerkonferenz im November 2002 einstimmig eine Neufassung der MBO beschlossen (Text und Begründung im Internet: www.is-argebau.de, s. auch *Jäde*, ZfBR 2003, 221; *ders.*, NVwZ 2003, 668).

Die MBO und die LBOen überhaupt haben mit der *Vollgeschossdefinition* auch noch einen direkten Bezug gerade zur BauNVO. § 20 Abs. 1 BauNVO verweist auf Landesrecht, also auf die BauOen der Länder, was im Hinblick auf eine Harmonisierung zwischen Bauplanungs- und Bauordnungsrecht so lange richtig war, wie im Bauordnungsrecht bei den Abstandsflächen auf einen landesrechtlichen Vollgeschossbegriff Bezug genommen wurde, was indes seit längerem (*schon lange vor 1990*) durch Umstellung des bauordnungsmäßigen Abstandsrechts nicht mehr zutrifft. Deshalb verzichtet die MBO folgerichtig auch auf die bisher in § 2 Abs. 4 enthaltenen Vollgeschossdefinition. Einstweilen sichert eine Übergangsvorschrift (§ 87 Abs. 2 MBO) den Fortbestand der bisherigen Rechtslage. *Jäde* drückte 2003 noch die Erwartung aus, dass *»bei der anstehenden BauGB-Novelle Gelegenheit«* für die anstehende bundesrechtlich zu treffende Vollgeschossdefinition wäre. Dazu ist es jedoch bei den beiden zurückliegenden BauGB-Novellen (2004 und 2006) nicht gekommen. Richtigerweise gehört diese Definition dann auch in § 20 BauNVO, wenn es denn zu einer BauNVO-Novelle kommen sollte (s. vorigen Abschnitt dieser Einf.).

Verordnung über die bauliche Nutzung der Grundstücke (Baunutzungsverordnung – BauNVO)

i. d. F. der Bekanntmachung vom 23. Januar 1990 (BGBl. I S. 132)*, geändert durch Artikel 3 des Gesetzes vom 22. April 1993 (BGBl. I S. 466)

Inhaltsübersicht

Erster Abschnitt: **Art der baulichen Nutzung**
§ 1   Allgemeine Vorschriften für Bauflächen und Baugebiete
§ 2   Kleinsiedlungsgebiete
§ 3   Reine Wohngebiete
§ 4   Allgemeine Wohngebiete
§ 4a Gebiete zur Erhaltung und Entwicklung der Wohnnutzung (besondere Wohngebiete)
§ 5   Dorfgebiete
§ 6   Mischgebiete
§ 7   Kerngebiete
§ 8   Gewerbegebiete
§ 9   Industriegebiete
§ 10 Sondergebiete, die der Erholung dienen
§ 11 Sonstige Sondergebiete
§ 12 Stellplätze und Garagen
§ 13 Gebäude und Räume für freie Berufe
§ 14 Nebenanlagen
§ 15 Allgemeine Voraussetzungen für die Zulässigkeit baulicher und sonstiger Anlagen

Zweiter Abschnitt: **Maß der baulichen Nutzung**
§ 16 Bestimmung des Maßes der baulichen Nutzung
§ 17 Obergrenzen für die Bestimmung des Maßes der baulichen Nutzung
§ 18 Höhe baulicher Anlagen
§ 19 Grundflächenzahl, zulässige Grundfläche
§ 20 Vollgeschosse, Geschossflächenzahl, Geschossfläche
§ 21 Baumassenzahl, Baumasse
§ 21a Stellplätze, Garagen und Gemeinschaftsanlagen

Dritter Abschnitt: **Bauweise, überbaubare Grundstücksfläche**
§ 22 Bauweise
§ 23 Überbaubare Grundstücksfläche

Vierter Abschnitt
§ 24 (weggefallen)

Fünfter Abschnitt: **Überleitungs- und Schlussvorschriften**
§ 25 Fortführung eingeleiteter Verfahren
§ 25a Überleitungsvorschriften aus Anlass der zweiten Änderungsverordnung
§ 25b Überleitungsvorschrift aus Anlass der dritten Änderungsverordnung
§ 25c Überleitungsvorschrift aus Anlass der vierten Änderungsverordnung
§ 26 Berlin-Klausel
§ 26a Überleitungsregelungen aus Anlass der Herstellung der Einheit Deutschlands
§ 27 Inkrafttreten

---

* In Kraft getreten am 27.1.1990.

§ 1

Erster Abschnitt: **Art der baulichen Nutzung**

§ 1 Allgemeine Vorschriften für Bauflächen und Baugebiete

(1) Im Flächennutzungsplan können die für die Bebauung vorgesehenen Flächen nach der allgemeinen Art ihrer baulichen Nutzung (Bauflächen) dargestellt werden als
1. Wohnbauflächen (W)
2. gemischte Bauflächen (M)
3. gewerbliche Bauflächen (G)
4. Sonderbauflächen (S).

(2) Die für die Bebauung vorgesehenen Flächen können nach der besonderen Art ihrer baulichen Nutzung (Baugebiete) dargestellt werden als
1. Kleinsiedlungsgebiete (WS)
2. reine Wohngebiete (WR)
3. allgemeine Wohngebiete (WA)
4. besondere Wohngebiete (WB)
5. Dorfgebiete (MD)
6. Mischgebiete (MI)
7. Kerngebiete (MK)
8. Gewerbegebiete (GE)
9. Industriegebiete (GI)
10. Sondergebiete (SO).

(3) Im Bebauungsplan können die in Absatz 2 bezeichneten Baugebiete festgesetzt werden. Durch die Festsetzung werden die Vorschriften der §§ 2 bis 14 Bestandteil des Bebauungsplans, soweit nicht aufgrund der Absätze 4 bis 10 etwas anderes bestimmt wird. Bei Festsetzung von Sondergebieten finden die Vorschriften über besondere Festsetzungen nach den Absätzen 4 bis 10 keine Anwendung; besondere Festsetzungen über die Art der Nutzung können nach den §§ 10 und 11 getroffen werden.

(4) Für die in den §§ 4 bis 9 bezeichneten Baugebiete können im Bebauungsplan für das jeweilige Baugebiet Festsetzungen getroffen werden, die das Baugebiet
1. nach der Art der zulässigen Nutzung,
2. nach der Art der Betriebe und Anlagen und deren besonderen Bedürfnissen und Eigenschaften

gliedern. Die Festsetzungen nach Satz 1 können auch für mehrere Gewerbegebiete einer Gemeinde im Verhältnis zueinander getroffen werden; dies gilt auch für Industriegebiete. Absatz 5 bleibt unberührt.

(5) Im Bebauungsplan kann festgesetzt werden, dass bestimmte Arten von Nutzungen, die nach den §§ 2, 4 bis 9 und 13 allgemein zulässig sind, nicht zulässig sind oder nur ausnahmsweise zugelassen werden können, sofern die allgemeine Zweckbestimmung des Baugebiets gewahrt bleibt.

(6) Im Bebauungsplan kann festgesetzt werden, dass alle oder einzelne Ausnahmen, die in den Baugebieten nach den §§ 2 bis 9 vorgesehen sind,
1. nicht Bestandteil des Bebauungsplans werden oder
2. in dem Baugebiet allgemein zulässig sind, sofern die allgemeine Zweckbestimmung des Baugebiets gewahrt bleibt.

(7) In Bebauungsplänen für Baugebiete nach den §§ 4 bis 9 kann, wenn besondere städtebauliche Gründe dies rechtfertigen (§ 9 Abs. 3 des Baugesetzbuchs), festgesetzt werden, dass in bestimmten Geschossen, Ebenen oder sonstigen Teilen baulicher Anlagen
1. nur einzelne oder mehrere der in dem Baugebiet allgemein zulässigen Nutzungen zulässig sind,
2. einzelne oder mehrere der in dem Baugebiet allgemein zulässigen Nutzungen unzulässig sind oder als Ausnahme zugelassen werden können oder
3. alle oder einzelne Ausnahmen, die in den Baugebieten nach den §§ 4 bis 9 vorgesehen sind, nicht zulässig oder, sofern die allgemeine Zweckbestimmung des Baugebiets gewahrt bleibt, allgemein zulässig sind.

(8) Die Festsetzungen nach den Absätzen 4 bis 7 können sich auch auf Teile des Baugebiets beschränken.

(9) Wenn besondere städtebauliche Gründe dies rechtfertigen, kann im Bebauungsplan bei Anwendung der Absätze 5 bis 8 festgesetzt werden, dass nur bestimmte Arten der in den Baugebieten allgemein oder ausnahmsweise zulässigen baulichen oder sonstigen Anlagen zulässig oder nicht zulässig sind oder nur ausnahmsweise zugelassen werden können.

(10) Wären bei Festsetzung eines Baugebiets nach den §§ 2 bis 9 in überwiegend bebauten Gebieten bestimmte vorhandene bauliche und sonstige Anlagen unzulässig, kann im Bebauungsplan festgesetzt werden, dass Erweiterungen, Änderungen, Nutzungsänderungen und Erneuerungen dieser Anlagen allgemein zulässig sind oder ausnahmsweise zugelassen werden können. Im Bebauungsplan können nähere Bestimmungen über die Zulässigkeit getroffen werden. Die allgemeine Zweckbestimmung des Baugebiets muss in seinen übrigen Teilen gewahrt bleiben. Die Sätze 1 bis 3 gelten auch für die Änderung und Ergänzung von Bebauungsplänen.

§ 2   Kleinsiedlungsgebiete

(1) Kleinsiedlungsgebiete dienen vorwiegend der Unterbringung von Kleinsiedlungen einschließlich Wohngebäuden mit entsprechenden Nutzgärten und landwirtschaftlichen Nebenerwerbsstellen.

(2) Zulässig sind
1. Kleinsiedlungen einschließlich Wohngebäude mit entsprechenden Nutzgärten, landwirtschaftliche Nebenerwerbsstellen und Gartenbaubetriebe,
2. die der Versorgung des Gebiets dienenden Läden, Schank- und Speisewirtschaften sowie nicht störenden Handwerksbetriebe.

(3) Ausnahmsweise können zugelassen werden
1. sonstige Wohngebäude mit nicht mehr als zwei Wohnungen,
2. Anlagen für kirchliche, kulturelle, soziale, gesundheitliche und sportliche Zwecke,
3. Tankstellen,
4. nicht störende Gewerbebetriebe.

§ 3   Reine Wohngebiete

(1) Reine Wohngebiete dienen dem Wohnen.

(2) Zulässig sind Wohngebäude.

(3) Ausnahmsweise können zugelassen werden
1. Läden und nicht störende Handwerksbetriebe, die zur Deckung des täglichen Bedarfs für die Bewohner des Gebiets dienen, sowie kleine Betriebe des Beherbergungsgewerbes,
2. Anlagen für soziale Zwecke sowie den Bedürfnissen der Bewohner des Gebiets dienende Anlagen für kirchliche, kulturelle, gesundheitliche und sportliche Zwecke.

(4) Zu den nach Absatz 2 sowie den §§ 2, 4 bis 7 zulässigen Wohngebäuden gehören auch solche, die ganz oder teilweise der Betreuung und Pflege ihrer Bewohner dienen.

§ 4   Allgemeine Wohngebiete

(1) Allgemeine Wohngebiete dienen vorwiegend dem Wohnen.

(2) Zulässig sind
1. Wohngebäude,
2. die der Versorgung des Gebiets dienenden Läden, Schank- und Speisewirtschaften sowie nicht störenden Handwerksbetriebe,
3. Anlagen für kirchliche, kulturelle, soziale, gesundheitliche und sportliche Zwecke.

(3) Ausnahmsweise können zugelassen werden
1. Betriebe des Beherbergungsgewerbes,
2. sonstige nicht störende Gewerbebetriebe,
3. Anlagen für Verwaltungen,
4. Gartenbaubetriebe,
5. Tankstellen.

§ 4a Gebiete zur Erhaltung und Entwicklung der Wohnnutzung (besondere Wohngebiete)

(1) Besondere Wohngebiete sind überwiegend bebaute Gebiete, die aufgrund ausgeübter Wohnnutzung und vorhandener sonstiger in Absatz 2 genannter Anlagen eine besondere Eigenart aufweisen und in denen unter Berücksichtigung dieser Eigenart die Wohnnutzung erhalten und fortentwickelt werden soll. Besondere Wohngebiete dienen vorwiegend dem Wohnen; sie dienen auch der Unterbringung von Gewerbebetrieben und sonstigen Anlagen im Sinne der Absätze 2 und 3, soweit diese Betriebe und Anlagen nach der besonderen Eigenart des Gebiets mit der Wohnnutzung vereinbar sind.

(2) Zulässig sind
1. Wohngebäude,
2. Läden, Betriebe des Beherbergungsgewerbes, Schank- und Speisewirtschaften,
3. sonstige Gewerbebetriebe,
4. Geschäfts-und Bürogebäude,
5. Anlagen für kirchliche, kulturelle, soziale, gesundheitliche und sportliche Zwecke.

(3) Ausnahmsweise können zugelassen werden
1. Anlagen für zentrale Einrichtungen der Verwaltung,
2. Vergnügungsstätten, soweit sie nicht wegen ihrer Zweckbestimmung oder ihres Umfangs nur in Kerngebieten allgemein zulässig sind,
3. Tankstellen.

(4) Für besondere Wohngebiete oder Teile solcher Gebiete kann, wenn besondere städtebauliche Gründe dies rechtfertigen (§ 9 Abs. 3 des Baugesetzbuchs), festgesetzt werden, dass
1. oberhalb eines im Bebauungsplan bestimmten Geschosses nur Wohnungen zulässig sind oder
2. in Gebäuden ein im Bebauungsplan bestimmter Anteil der zulässigen Geschossfläche oder eine bestimmte Größe der Geschossfläche für Wohnungen zu verwenden ist.

§ 5 Dorfgebiete

(1) Dorfgebiete dienen der Unterbringung der Wirtschaftsstellen land- und forstwirtschaftlicher Betriebe, dem Wohnen und der Unterbringung von nicht wesentlich störenden Gewerbebetrieben sowie der Versorgung der Bewohner des Gebiets dienenden Handwerksbetrieben. Auf die Belange der land- und forstwirtschaftlichen Betriebe einschließlich ihrer Entwicklungsmöglichkeiten ist vorrangig Rücksicht zu nehmen.

(2) Zulässig sind
1. Wirtschaftsstellen land- und forstwirtschaftlicher Betriebe und die dazugehörigen Wohnungen und Wohngebäude,
2. Kleinsiedlungen einschließlich Wohngebäude mit entsprechenden Nutzgärten und landwirtschaftliche Nebenerwerbsstellen,
3. sonstige Wohngebäude,
4. Betriebe zur Be-und Verarbeitung und Sammlung land- und forstwirtschaftlicher Erzeugnisse,
5. Einzelhandelsbetriebe, Schank- und Speisewirtschaften sowie Betriebe des Beherbergungsgewerbes,
6. sonstige Gewerbebetriebe,

7. Anlagen für örtliche Verwaltungen sowie für kirchliche, kulturelle, soziale, gesundheitliche und sportliche Zwecke,
8. Gartenbaubetriebe,
9. Tankstellen.

(3) Ausnahmsweise können Vergnügungsstätten im Sinne des § 4a Abs. 3 Nr. 2 zugelassen werden.

§ 6 Mischgebiete

(1) Mischgebiete dienen dem Wohnen und der Unterbringung von Gewerbebetrieben, die das Wohnen nicht wesentlich stören.

(2) Zulässig sind
1. Wohngebäude,
2. Geschäfts-und Bürogebäude,
3. Einzelhandelsbetriebe, Schank- und Speisewirtschaften sowie Betriebe des Beherbergungsgewerbes,
4. sonstige Gewerbebetriebe,
5. Anlagen für Verwaltungen sowie für kirchliche, kulturelle, soziale, gesundheitliche und sportliche Zwecke,
6. Gartenbaubetriebe,
7. Tankstellen,
8. Vergnügungsstätten im Sinne des § 4a Abs. 3 Nr. 2 in den Teilen des Gebiets, die überwiegend durch gewerbliche Nutzungen geprägt sind.

(3) Ausnahmsweise können Vergnügungsstätten im Sinne des § 4a Abs. 3 Nr. 2 außerhalb der in Absatz 2 Nr. 8 bezeichneten Teile des Gebiets zugelassen werden.

§ 7 Kerngebiete

(1) Kerngebiete dienen vorwiegend der Unterbringung von Handelsbetrieben sowie der zentralen Einrichtungen der Wirtschaft, der Verwaltung und der Kultur.

(2) Zulässig sind
1. Geschäfts-, Büro- und Verwaltungsgebäude,
2. Einzelhandelsbetriebe, Schank- und Speisewirtschaften, Betriebe des Beherbergungsgewerbes und Vergnügungsstätten,
3. sonstige nicht wesentlich störende Gewerbebetriebe,
4. Anlagen für kirchliche, kulturelle, soziale, gesundheitliche und sportliche Zwecke,
5. Tankstellen im Zusammenhang mit Parkhäusern und Großgaragen,
6. Wohnungen für Aufsichts- und Bereitschaftspersonen sowie für Betriebsinhaber und Betriebsleiter,
7. sonstige Wohnungen nach Maßgabe von Festsetzungen des Bebauungsplans.

(3) Ausnahmsweise können zugelassen werden
1. Tankstellen, die nicht unter Absatz 2 Nr. 5 fallen,
2. Wohnungen, die nicht unter Absatz 2 Nr. 6 und 7 fallen.

(4) Für Teile eines Kerngebiets kann, wenn besondere städtebauliche Gründe dies rechtfertigen (§ 9 Abs. 3 des Baugesetzbuchs), festgesetzt werden, dass
1. oberhalb eines im Bebauungsplan bestimmten Geschosses nur Wohnungen zulässig sind oder
2. in Gebäuden ein im Bebauungsplan bestimmter Anteil der zulässigen Geschossfläche oder eine bestimmte Größe der Geschossfläche für Wohnungen zu verwenden ist.

Dies gilt auch, wenn durch solche Festsetzungen dieser Teil des Kerngebiets nicht vorwiegend der Unterbringung von Handelsbetrieben sowie der zentralen Einrichtungen der Wirtschaft, der Verwaltung und der Kultur dient.

§ 8 Gewerbegebiete

(1) Gewerbegebiete dienen vorwiegend der Unterbringung von nicht erheblich belästigenden Gewerbebetrieben.

(2) Zulässig sind
1. Gewerbebetriebe aller Art, Lagerhäuser, Lagerplätze und öffentliche Betriebe,
2. Geschäfts-, Büro- und Verwaltungsgebäude,
3. Tankstellen,
4. Anlagen für sportliche Zwecke.

(3) Ausnahmsweise können zugelassen werden
1. Wohnungen für Aufsichts- und Bereitschaftspersonen sowie für Betriebsinhaber und Betriebsleiter, die dem Gewerbebetrieb zugeordnet und ihm gegenüber in Grundfläche und Baumasse untergeordnet sind,
2. Anlagen für kirchliche, kulturelle, soziale und gesundheitliche Zwecke,
3. Vergnügungsstätten.

§ 9 Industriegebiete

(1) Industriegebiete dienen ausschließlich der Unterbringung von Gewerbebetrieben, und zwar vorwiegend solcher Betriebe, die in anderen Baugebieten unzulässig sind.

(2) Zulässig sind
1. Gewerbebetriebe aller Art, Lagerhäuser, Lagerplätze und öffentliche Betriebe,
2. Tankstellen.

(3) Ausnahmsweise können zugelassen werden
1. Wohnungen für Aufsichts- und Bereitschaftspersonen sowie für Betriebsinhaber und Betriebsleiter, die dem Gewerbebetrieb zugeordnet und ihm gegenüber in Grundfläche und Baumasse untergeordnet sind,
2. Anlagen für kirchliche, kulturelle, soziale, gesundheitliche und sportliche Zwecke.

§ 10 Sondergebiete, die der Erholung dienen

(1) Als Sondergebiete, die der Erholung dienen, kommen insbesondere in Betracht
Wochenendhausgebiete,
Ferienhausgebiete,
Campingplatzgebiete.

(2) Für Sondergebiete, die der Erholung dienen, sind die Zweckbestimmung und die Art der Nutzung darzustellen und festzusetzen. Im Bebauungsplan kann festgesetzt werden, dass bestimmte, der Eigenart des Gebiets entsprechende Anlagen und Einrichtungen zur Versorgung des Gebiets und für sportliche Zwecke allgemein zulässig sind oder ausnahmsweise zugelassen werden können.

(3) In Wochenendhausgebieten sind Wochenendhäuser als Einzelhäuser zulässig. Im Bebauungsplan kann festgesetzt werden, dass Wochenendhäuser nur als Hausgruppen zulässig sind oder ausnahmsweise als Hausgruppen zugelassen werden können. Die zulässige Grundfläche der Wochenendhäuser ist im Bebauungsplan, begrenzt nach dem besonderen Eigenart des Gebiets, unter Berücksichtigung der landschaftlichen Gegebenheiten festzusetzen.

(4) In Ferienhausgebieten sind Ferienhäuser zulässig, die aufgrund ihrer Lage, Größe, Ausstattung, Erschließung und Versorgung für den Erholungsaufenthalt geeignet und dazu bestimmt sind, überwiegend und auf Dauer einem wechselnden Personenkreis zur Erholung zu dienen. Im Bebauungsplan kann die Grundfläche der Ferienhäuser, begrenzt nach der besonderen Eigenart des Gebiets, unter Berücksichtigung der landschaftlichen Gegebenheiten festgesetzt werden.

(5) In Campingplatzgebieten sind Campingplätze und Zeltplätze zulässig.

§ 11 Sonstige Sondergebiete

(1) Als sonstige Sondergebiete sind solche Gebiete darzustellen und festzusetzen, die sich von den Baugebieten nach den §§ 2 bis 10 wesentlich unterscheiden.

(2) Für sonstige Sondergebiete sind die Zweckbestimmung und die Art der Nutzung darzustellen und festzusetzen. Als sonstige Sondergebiete kommen insbesondere in Betracht
Gebiete für den Fremdenverkehr, wie Kurgebiete und Gebiete für die Fremdenbeherbergung,
Ladengebiete,
Gebiete für Einkaufszentren und großflächige Handelsbetriebe,
Gebiete für Messen, Ausstellungen und Kongresse,
Hochschulgebiete,
Klinikgebiete,
Hafengebiete,
Gebiete für Anlagen, die der Erforschung, Entwicklung oder Nutzung erneuerbarer Energien, wie Wind- und Sonnenenergie, dienen.

(3) 1. Einkaufszentren,
2. großflächige Einzelhandelsbetriebe, die sich nach Art, Lage oder Umfang auf die Verwirklichung der Ziele der Raumordnung und Landesplanung oder auf die städtebauliche Entwicklung und Ordnung nicht nur unwesentlich auswirken können,
3. sonstige großflächige Handelsbetriebe, die im Hinblick auf den Verkauf an letzte Verbraucher und auf die Auswirkungen den in Nummer 2 bezeichneten Einzelhandelsbetrieben vergleichbar sind,

sind außer in Kerngebieten nur in für sie festgesetzten Sondergebieten zulässig. Auswirkungen im Sinne des Satzes 1 Nr. 2 und 3 sind insbesondere schädliche Umwelteinwirkungen im Sinne des § 3 des Bundes-Immissionsschutzgesetzes sowie Auswirkungen auf die infrastrukturelle Ausstattung, auf den Verkehr, auf die Versorgung der Bevölkerung im Einzugsbereich der in Satz 1 bezeichneten Betriebe, auf die Entwicklung zentraler Versorgungsbereiche in der Gemeinde oder in anderen Gemeinden, auf das Orts- und Landschaftsbild und auf den Naturhaushalt. Auswirkungen im Sinne des Satzes 2 sind bei Betrieben nach Satz 1 Nr. 2 und 3 in der Regel anzunehmen, wenn die Geschossfläche 1.200 qm überschreitet. Die Regel des Satzes 3 gilt nicht, wenn Anhaltspunkte dafür bestehen, dass Auswirkungen bereits bei weniger als 1.200 qm Geschossfläche vorliegen oder bei mehr als 1.200 qm Geschossfläche nicht vorliegen; dabei sind in Bezug auf die in Satz 2 bezeichneten Auswirkungen insbesondere die Gliederung und Größe der Gemeinde und ihrer Ortsteile, die Sicherung der verbrauchernahen Versorgung der Bevölkerung und das Warenangebot des Betriebs zu berücksichtigen.

§ 12 Stellplätze und Garagen

(1) Stellplätze und Garagen sind in allen Baugebieten zulässig, soweit sich aus den Absätzen 2 bis 6 nichts anderes ergibt.

(2) In Kleinsiedlungsgebieten, reinen Wohngebieten und allgemeinen Wohngebieten sowie Sondergebieten, die der Erholung dienen, sind Stellplätze und Garagen nur für den durch die zugelassene Nutzung verursachten Bedarf zulässig.

(3) Unzulässig sind
1. Stellplätze und Garagen für Lastkraftwagen und Kraftomnibusse sowie für Anhänger dieser Kraftfahrzeuge in reinen Wohngebieten,
2. Stellplätze und Garagen für Kraftfahrzeuge mit einem Eigengewicht über 3,5 Tonnen sowie für Anhänger dieser Kraftfahrzeuge in Kleinsiedlungsgebieten und allgemeinen Wohngebieten.

(4) Im Bebauungsplan kann, wenn besondere städtebauliche Gründe dies rechtfertigen (§ 9 Abs. 3 des Baugesetzbuchs), festgesetzt werden, dass in bestimmten Geschossen nur Stellplätze oder Garagen und zugehörige Nebeneinrichtungen (Garagengeschosse) zulässig sind. Eine Festsetzung nach Satz 1 kann auch für

Geschosse unterhalb der Geländeoberfläche getroffen werden. Bei Festsetzungen nach den Sätzen 1 und 2 sind Stellplätze und Garagen auf dem Grundstück nur in den festgesetzten Geschossen zulässig, soweit der Bebauungsplan nichts anderes bestimmt.

(5) Im Bebauungsplan kann, wenn besondere städtebauliche Gründe dies rechtfertigen (§ 9 Abs. 3 des Baugesetzbuchs), festgesetzt werden, dass in Teilen von Geschossen nur Stellplätze und Garagen zulässig sind. Absatz 4 Satz 2 und 3 gilt entsprechend.

(6) Im Bebauungsplan kann festgesetzt werden, dass in Baugebieten oder bestimmten Teilen von Baugebieten Stellplätze und Garagen unzulässig oder nur in beschränktem Umfang zulässig sind, soweit landesrechtliche Vorschriften nicht entgegenstehen.

(7) Die landesrechtlichen Vorschriften über die Ablösung der Verpflichtung zur Herstellung von Stellplätzen und Garagen sowie die Verpflichtung zur Herstellung von Stellplätzen und Garagen außerhalb der im Bebauungsplan festgesetzten Bereiche bleiben bei Festsetzungen nach den Absätzen 4 bis 6 unberührt.

§ 13 Gebäude und Räume für freie Berufe

Für die Berufsausübung freiberuflich Tätiger und solcher Gewerbetreibender, die ihren Beruf in ähnlicher Art ausüben, sind in den Baugebieten nach den §§ 2 bis 4 Räume, in den Baugebieten nach den §§ 4a bis 9 auch Gebäude zulässig.

§ 14 Nebenanlagen

(1) Außer den in den §§ 2 bis 13 genannten Anlagen sind auch untergeordnete Nebenanlagen und Einrichtungen zulässig, die dem Nutzungszweck der in dem Baugebiet gelegenen Grundstücke oder des Baugebiets selbst dienen und die seiner Eigenart nicht widersprechen. Soweit nicht bereits in den Baugebieten nach dieser Verordnung Einrichtungen und Anlagen für die Tierhaltung zulässig sind, gehören zu den untergeordneten Nebenanlagen und Einrichtungen im Sinne des Satzes 1 auch solche für die Kleintierhaltung. Im Bebauungsplan kann die Zulässigkeit der Nebenanlagen und Einrichtungen eingeschränkt oder ausgeschlossen werden.

(2) Die der Versorgung der Baugebiete mit Elektrizität, Gas, Wärme und Wasser sowie zur Ableitung von Abwasser dienenden Nebenanlagen können in den Baugebieten als Ausnahme zugelassen werden, auch soweit für sie im Bebauungsplan keine besonderen Flächen festgesetzt sind. Dies gilt auch für fernmeldetechnische Nebenanlagen sowie für Anlagen für erneuerbare Energien, soweit nicht Absatz 1 Satz 1 Anwendung findet.

§ 15 Allgemeine Voraussetzungen für die Zulässigkeit baulicher und sonstiger Anlagen

(1) Die in den §§ 2 bis 14 aufgeführten baulichen und sonstigen Anlagen sind im Einzelfall unzulässig, wenn sie nach Anzahl, Lage, Umfang oder Zweckbestimmung der Eigenart des Baugebiets widersprechen. Sie sind auch unzulässig, wenn von ihnen Belästigungen oder Störungen ausgehen können, die nach der Eigenart des Baugebiets im Baugebiet selbst oder in dessen Umgebung unzumutbar sind, oder wenn sie solchen Belästigungen oder Störungen ausgesetzt werden.

(2) Die Anwendung des Absatzes 1 hat nach den städtebaulichen Zielen und Grundsätzen des § 1 Abs. 5 des Baugesetzbuchs zu erfolgen.

(3) Die Zulässigkeit der Anlagen in den Baugebieten ist nicht allein nach den verfahrensrechtlichen Einordnungen des Bundes-Immissionsschutzgesetzes und der auf seiner Grundlage erlassenen Verordnungen zu beurteilen.

Zweiter Abschnitt: Maß der baulichen Nutzung

§ 16 Bestimmung des Maßes der baulichen Nutzung

(1) Wird im Flächennutzungsplan das allgemeine Maß der baulichen Nutzung dargestellt, genügt die Angabe der Geschossflächenzahl, der Baumassenzahl oder der Höhe baulicher Anlagen.

(2) Im Bebauungsplan kann das Maß der baulichen Nutzung bestimmt werden durch Festsetzung
1. der Grundflächenzahl oder der Größe der Grundflächen der baulichen Anlagen,
2. der Geschossflächenzahl oder der Größe der Geschossfläche, der Baumassenzahl oder der Baumasse,
3. der Zahl der Vollgeschosse,
4. der Höhe baulicher Anlagen.

(3) Bei Festsetzung des Maßes der baulichen Nutzung im Bebauungsplan ist festzusetzen
1. stets die Grundflächenzahl oder die Größe der Grundflächen der baulichen Anlagen,
2. die Zahl der Vollgeschosse oder die Höhe baulicher Anlagen, wenn ohne ihre Festsetzung öffentliche Belange, insbesondere das Orts- und Landschaftsbild, beeinträchtigt werden können.

(4) Bei Festsetzung des Höchstmaßes für die Geschossflächenzahl oder die Größe der Geschossfläche, für die Zahl der Vollgeschosse und die Höhe baulicher Anlagen im Bebauungsplan kann zugleich ein Mindestmaß festgesetzt werden. Die Zahl der Vollgeschosse und die Höhe baulicher Anlagen können auch als zwingend festgesetzt werden.

(5) Im Bebauungsplan kann das Maß der baulichen Nutzung für Teile des Baugebiets, für einzelne Grundstücke oder Grundstücksteile und für Teile baulicher Anlagen unterschiedlich festgesetzt werden; die Festsetzungen können oberhalb und unterhalb der Geländeoberfläche getroffen werden.

(6) Im Bebauungsplan können nach Art und Umfang bestimmte Ausnahmen von dem festgesetzten Maß der baulichen Nutzung vorgesehen werden.

§ 17 Obergrenzen für die Bestimmung des Maßes der baulichen Nutzung

(1) Bei der Bestimmung des Maßes der baulichen Nutzung nach § 16 dürfen, auch wenn eine Geschossflächenzahl oder eine Baumassenzahl nicht dargestellt oder festgesetzt wird, folgende Obergrenzen nicht überschritten werden:

1	2	3	4
Baugebiet	Grundflächenzahl (GRZ)	Geschossflächenzahl (GFZ)	Baumassenzahl (BMZ)
in Kleinsiedlungsgebieten (WS)	0,2	0,4	–
in reinen Wohngebieten (WR) allgem. Wohngebieten (WA) Ferienhausgebieten	0,4	1,2	–
in besonderen Wohngebieten (WB)	0,6	1,6	–
in Dorfgebieten (MD) Mischgebieten (MI)	0,6	1,2	–
in Kerngebieten (MK)	1,0	3,0	–

§§ 18, 19

1	2	3	4
Baugebiet	Grund- flächenzahl (GRZ)	Geschoss- flächenzahl (GFZ)	Baumassen- zahl (BMZ)
in Gewerbegebieten (GE) Industriegebieten (GI) sonstigen Sondergebieten	0,8	2,4	10,0
in Wochenendhausgebieten	0,2	0,2	–

(2) Die Obergrenzen des Absatzes 1 können überschritten werden, wenn
1. besondere städtebauliche Gründe dies erfordern,
2. die Überschreitungen durch Umstände ausgeglichen sind oder durch Maßnahmen ausgeglichen werden, durch die sichergestellt ist, dass die allgemeinen Anforderungen an gesunde Wohn- und Arbeitsverhältnisse nicht beeinträchtigt, nachteilige Auswirkungen auf die Umwelt vermieden und die Bedürfnisse des Verkehrs befriedigt werden, und
3. sonstige öffentliche Belange nicht entgegenstehen.
Dies gilt nicht für Wochenendhausgebiete und Ferienhausgebiete.

(3) In Gebieten, die am 1. August 1962 überwiegend bebaut waren, können die Obergrenzen des Absatzes 1 überschritten werden, wenn städtebauliche Gründe dies erfordern und sonstige öffentliche Belange nicht entgegenstehen. Absatz 2 Satz 1 Nr. 2 ist entsprechend anzuwenden.

§ 18 Höhe baulicher Anlagen

(1) Bei Festsetzung der Höhe baulicher Anlagen sind die erforderlichen Bezugspunkte zu bestimmen.

(2) Ist die Höhe baulicher Anlagen als zwingend festgesetzt (§ 16 Abs. 4 Satz 2), können geringfügige Abweichungen zugelassen werden.

§ 19 Grundflächenzahl, zulässige Grundfläche

(1) Die Grundflächenzahl gibt an, wieviel Quadratmeter Grundfläche je Quadratmeter Grundstücksfläche im Sinne des Absatzes 3 zulässig sind.

(2) Zulässige Grundfläche ist der nach Absatz 1 errechnete Anteil des Baugrundstücks, der von baulichen Anlagen überdeckt werden darf.

(3) Für die Ermittlung der zulässigen Grundfläche ist die Fläche des Baugrundstücks maßgebend, die im Bauland und hinter der im Bebauungsplan festgesetzten Straßenbegrenzungslinie liegt. Ist eine Straßenbegrenzungslinie nicht festgesetzt, so ist die Fläche des Baugrundstücks maßgebend, die hinter der tatsächlichen Straßengrenze liegt oder die im Bebauungsplan als maßgebend für die Ermittlung der zulässigen Grundfläche festgesetzt ist.

(4) Bei der Ermittlung der Grundfläche sind die Grundflächen von
1. Garagen und Stellplätzen mit ihren Zufahrten,
2. Nebenanlagen im Sinne des § 14,
3. baulichen Anlagen unterhalb der Geländeoberfläche, durch die das Baugrundstück lediglich unterbaut wird,
mitzurechnen. Die zulässige Grundfläche darf durch die Grundflächen der in Satz 1 bezeichneten Anlagen bis zu 50 vom Hundert überschritten werden, höchstens jedoch bis zu einer Grundflächenzahl von 0,8; weitere Überschreitungen in geringfügigem Ausmaß können zugelassen werden. Im Bebauungsplan können von Satz 2 abweichende Bestimmungen getroffen werden. Soweit der Bebauungsplan nichts anderes festsetzt, kann im Einzelfall von der Einhaltung der sich aus Satz 2 ergebenden Grenzen abgesehen werden

1. bei Überschreitungen mit geringfügigen Auswirkungen auf die natürlichen Funktionen des Bodens oder
2. wenn die Einhaltung der Grenzen zu einer wesentlichen Erschwerung der zweckentsprechenden Grundstücksnutzung führen würde.

§ 20 Vollgeschosse, Geschossflächenzahl, Geschossfläche

(1) Als Vollgeschosse gelten Geschosse, die nach landesrechtlichen Vorschriften Vollgeschosse sind oder auf ihre Zahl angerechnet werden.

(2) Die Geschossflächenzahl gibt an, wieviel Quadratmeter Geschossfläche je Quadratmeter Grundstücksfläche im Sinne des § 19 Abs. 3 zulässig sind.

(3) Die Geschossfläche ist nach den Außenmaßen der Gebäude in allen Vollgeschossen zu ermitteln. Im Bebauungsplan kann festgesetzt werden, dass die Flächen von Aufenthaltsräumen in anderen Geschossen einschließlich der zu ihnen gehörenden Treppenräume und einschließlich ihrer Umfassungswände ganz oder teilweise mitzurechnen oder ausnahmsweise nicht mitzurechnen sind.

(4) Bei der Ermittlung der Geschossfläche bleiben Nebenanlagen im Sinne des § 14, Balkone, Loggien, Terrassen sowie bauliche Anlagen, soweit sie nach Landesrecht in den Abstandsflächen (seitlicher Grenzabstand und sonstige Abstandsflächen) zulässig sind oder zugelassen werden können, unberücksichtigt.

§ 21 Baumassenzahl, Baumasse

(1) Die Baumassenzahl gibt an, wieviel Kubikmeter Baumasse je Quadratmeter Grundstücksfläche im Sinne des § 19 Abs. 3 zulässig sind.

(2) Die Baumasse ist nach den Außenmaßen der Gebäude vom Fußboden des untersten Vollgeschosses bis zur Decke des obersten Vollgeschosses zu ermitteln. Die Baumassen von Aufenthaltsräumen in anderen Geschossen einschließlich der zu ihnen gehörenden Treppenräume und einschließlich ihrer Umfassungswände und Decken sind mitzurechnen. Bei baulichen Anlagen, bei denen eine Berechnung der Baumasse nach Satz 1 nicht möglich ist, ist die tatsächliche Baumasse zu ermitteln.

(3) Bauliche Anlagen und Gebäudeteile im Sinne des § 20 Abs. 4 bleiben bei der Ermittlung der Baumasse unberücksichtigt.

(4) Ist im Bebauungsplan die Höhe baulicher Anlagen oder die Baumassenzahl nicht festgesetzt, darf bei Gebäuden, die Geschosse von mehr als 3,50 m Höhe haben, eine Baumassenzahl, die das Dreieinhalbfache der zulässigen Geschossflächenzahl beträgt, nicht überschritten werden.

§ 21a Stellplätze, Garagen und Gemeinschaftsanlagen

(1) Garagengeschosse oder ihre Baumasse sind in sonst anders genutzten Gebäuden auf die Zahl der zulässigen Vollgeschosse oder auf die zulässige Baumasse nicht anzurechnen, wenn der Bebauungsplan dies festsetzt oder als Ausnahme vorsieht.

(2) Der Grundstücksfläche im Sinne des § 19 Abs. 3 sind Flächenanteile an außerhalb des Baugrundstücks festgesetzten Gemeinschaftsanlagen im Sinne des § 9 Abs. 1 Nr. 22 des Baugesetzbuchs hinzuzurechnen, wenn der Bebauungsplan dies festsetzt oder als Ausnahme vorsieht.

(3) Soweit § 19 Abs. 4 nicht entgegensteht, ist eine Überschreitung der zulässigen Grundfläche durch überdachte Stellplätze und Garagen bis zu 0,1 der Fläche des Baugrundstücks zulässig; eine weitergehende Überschreitung kann ausnahmsweise zugelassen werden
1. in Kerngebieten, Gewerbegebieten und Industriegebieten,
2. in anderen Baugebieten, soweit solche Anlagen nach § 9 Abs. 1 Nr. 4 des Baugesetzbuchs im Bebauungsplan festgesetzt sind.

(4) Bei der Ermittlung der Geschossfläche oder der Baumasse bleiben unberücksichtigt die Flächen oder Baumassen von
1. Garagengeschossen, die nach Absatz 1 nicht angerechnet werden,
2. Stellplätzen und Garagen, deren Grundflächen die zulässige Grundfläche unter den Voraussetzungen des Absatzes 3 überschreiten,
3. Stellplätzen und Garagen in Vollgeschossen, wenn der Bebauungsplan dies festsetzt oder als Ausnahme vorsieht.

(5) Die zulässige Geschossfläche oder die zulässige Baumasse ist um die Flächen oder Baumassen notwendiger Garagen, die unter der Geländeoberfläche hergestellt werden, insoweit zu erhöhen, als der Bebauungsplan dies festsetzt oder als Ausnahme vorsieht.

Dritter Abschnitt: **Bauweise, überbaubare Grundstücksfläche**

§ 22 Bauweise

(1) Im Bebauungsplan kann die Bauweise als offene oder geschlossene Bauweise festgesetzt werden.

(2) In der offenen Bauweise werden die Gebäude mit seitlichem Grenzabstand als Einzelhäuser, Doppelhäuser oder Hausgruppen errichtet. Die Länge der in Satz 1 bezeichneten Hausformen darf höchstens 50 m betragen. Im Bebauungsplan können Flächen festgesetzt werden, auf denen nur Einzelhäuser, nur Doppelhäuser, nur Hausgruppen oder nur zwei dieser Hausformen zulässig sind.

(3) In der geschlossenen Bauweise werden die Gebäude ohne seitlichen Grenzabstand errichtet, es sei denn, dass die vorhandene Bebauung eine Abweichung erfordert.

(4) Im Bebauungsplan kann eine von Absatz 1 abweichende Bauweise festgesetzt werden. Dabei kann auch festgesetzt werden, inwieweit an die vorderen, rückwärtigen und seitlichen Grundstücksgrenzen herangebaut werden darf oder muss.

§ 23 Überbaubare Grundstücksfläche

(1) Die überbaubaren Grundstücksflächen können durch die Festsetzung von Baulinien, Baugrenzen oder Bebauungstiefen bestimmt werden. § 16 Abs. 5 ist entsprechend anzuwenden.

(2) Ist eine Baulinie festgesetzt, so muss auf dieser Linie gebaut werden. Ein Vor- oder Zurücktreten von Gebäudeteilen in geringfügigem Ausmaß kann zugelassen werden. Im Bebauungsplan können weitere nach Art und Umfang bestimmte Ausnahmen vorgesehen werden.

(3) Ist eine Baugrenze festgesetzt, so dürfen Gebäude und Gebäudeteile diese nicht überschreiten. Ein Vortreten von Gebäudeteilen in geringfügigem Ausmaß kann zugelassen werden. Absatz 2 Satz 3 gilt entsprechend.

(4) Ist eine Bebauungstiefe festgesetzt, so gilt Absatz 3 entsprechend. Die Bebauungstiefe ist von der tatsächlichen Straßengrenze ab zu ermitteln, sofern im Bebauungsplan nichts anderes festgesetzt ist.

(5) Wenn im Bebauungsplan nichts anderes festgesetzt ist, können auf den nicht überbaubaren Grundstücksflächen Nebenanlagen im Sinne des § 14 zugelassen werden. Das Gleiche gilt für bauliche Anlagen, soweit sie nach Landesrecht in den Abstandsflächen zulässig sind oder zugelassen werden können.

Vierter Abschnitt

§ 24 *weggefallen*

Fünfter Abschnitt: Überleitungs- und Schlussvorschriften

§ 25 Fortführung eingeleiteter Verfahren

Für Bauleitpläne, deren Aufstellung oder Änderung bereits eingeleitet ist, sind die dieser Verordnung entsprechenden bisherigen Vorschriften weiterhin anzuwenden, wenn die Pläne bei dem Inkrafttreten dieser Verordnung bereits ausgelegt sind.

§ 25a Überleitungsvorschriften aus Anlass der zweiten Änderungsverordnung

(1) Für Bauleitpläne, deren Aufstellung oder Änderung bereits eingeleitet ist, gilt diese Verordnung in ihrer bis zum Inkrafttreten der Zweiten Verordnung zur Änderung dieser Verordnung vom 15. September 1977 (BGBl. I S. 1757) gültigen Fassung, wenn die Pläne bei Inkrafttreten der zweiten Änderungsverordnung nach § 2a Abs. 6 des Bundesbaugesetzes oder § 2 Abs. 6 des Bundesbaugesetzes in der bis zum 1. Januar 1977 geltenden Fassung ausgelegt sind.

(2) Von der Geltung der Vorschriften der zweiten Änderungsverordnung über gesonderte Festsetzungen für übereinanderliegende Geschosse und Ebenen sowie sonstige Teile baulicher Anlagen sind solche Bebauungspläne ausgenommen, auf die § 9 Abs. 3 des Bundesbaugesetzes in der ab 1. Januar 1977 geltenden Fassung nach Maßgabe des Artikels 3 § 1 Abs. 3 des Gesetzes zur Änderung des Bundesbaugesetzes vom 18. August 1976 (BGBl. I S. 2221) keine Anwendung findet. Auf diese Bebauungspläne finden die Vorschriften dieser Verordnung über gesonderte Festsetzungen für übereinanderliegende Geschosse und Ebenen und sonstige Teile baulicher Anlagen in der bis zum Inkrafttreten der zweiten Änderungsverordnung gültigen Fassung weiterhin Anwendung.

§ 25b Überleitungsvorschrift aus Anlass der dritten Änderungsverordnung

(1) Ist der Entwurf eines Bebauungsplans vor dem Inkrafttreten der dritten Änderungsverordnung nach § 2a Abs. 6 des Bundesbaugesetzes öffentlich ausgelegt worden, ist auf ihn § 11 Abs. 3 Satz 3 in der bis zum Inkrafttreten der dritten Änderungsverordnung geltenden Fassung anzuwenden. Das Recht der Gemeinde, das Verfahren zur Aufstellung des Bebauungsplans erneut einzuleiten, bleibt unberührt.

(2) Auf Bebauungspläne, auf die § 11 Abs. 3 in der Fassung der Bekanntmachung vom 15. September 1977 Anwendung findet, ist § 11 Abs. 3 Satz 4 entsprechend anzuwenden.

§§ 25c–27

§ 25c Überleitungsvorschrift aus Anlass der vierten Änderungsverordnung[1]

Ist der Entwurf eines Bauleitplans vor dem 27. Januar 1990 nach § 3 Abs. 2 des Baugesetzbuchs öffentlich ausgelegt worden, ist auf ihn diese Verordnung in der bis zum 26. Januar 1990 geltenden Fassung anzuwenden. Das Recht der Gemeinde, das Verfahren zur Aufstellung des Bauleitplans erneut einzuleiten, bleibt unberührt.

§ 26 Berlin-Klausel[2]

Diese Verordnung gilt nach § 14 des Dritten Überleitungsgesetzes in Verbindung mit § 247 des Baugesetzbuchs auch im Land Berlin.

§ 26a Überleitungsregelungen aus Anlass der Herstellung der Einheit Deutschlands[3]

(1) In dem in Artikel 3 des Einigungsvertrages genannten Gebiet[4] ist § 17 Abs. 3 auf Gebiete anzuwenden, die am 1. Juli 1990 überwiegend bebaut waren.

(2) Soweit in dieser Verordnung auf Vorschriften verwiesen wird, die in dem in Artikel 3 des Einigungsvertrages genannten Gebiet[4] keine Anwendung finden, sind die entsprechenden Vorschriften der Deutschen Demokratischen Republik anzuwenden. Bestehen solche Vorschriften nicht oder würde ihre Anwendung dem Sinn der Verweisung widersprechen, gelten die Vorschriften, auf die verwiesen wird, entsprechend.

§ 27 (Inkrafttreten)[5]

---

1 Die folgenden Abs. 2 und 3 wurden durch Art. 3 des Inv-WoBaulG vom 22.3.1993 mit Wirkung vom 1.5.1993 aufgehoben:
»*(2) Wird in Gebieten mit Bebauungsplänen, auf die § 20 Abs. 2 Satz 2 in einer früheren Fassung anzuwenden ist, die zulässige Geschossfläche durch Flächen von Aufenthaltsräumen in anderen als Vollgeschossen überschritten, kann die Überschreitung zugelassen werden, wenn öffentliche Belange nicht entgegenstehen.*
(3) Die Vorschriften dieser Verordnung über die Zulässigkeit von Vergnügungsstätten in den Baugebieten sind auch in Gebieten mit Bebauungsplänen anzuwenden, die auf der Grundlage einer früheren Fassung dieser Verordnung aufgestellt worden sind; besondere Festsetzungen in diesen Bebauungsplänen über die Zulässigkeit von Vergnügungsstätten bleiben unberührt. In den im Zusammenhang bebauten Gebieten, auf die § 34 Abs. 1 des Baugesetzbuchs Anwendung findet, können in einem Bebauungsplan aus besonderen städtebaulichen Gründen Bestimmungen über die Zulässigkeit von Vergnügungsstätten festgesetzt werden, um eine Beeinträchtigung
1. von Wohnnutzungen oder
2. von anderen schutzbedürftigen Anlagen, wie Kirchen, Schulen und Kindertagesstätten, oder
3. der sich aus der vorhandenen Nutzung ergebenden städtebaulichen Funktion des Gebiets
zu verhindern; in Gebieten mit überwiegend gewerblicher Nutzung können solche Bestimmungen nur zum Schutz der in Nummer 2 bezeichneten Anlagen oder zur Verhinderung einer städtebaulich nachteiligen Massierung von Vergnügungsstätten festgesetzt werden. Von den Sätzen 1 und 2 unberührt bleiben am 27. Januar 1990 vorhandene baurechtlich genehmigte Vergnügungsstätten einschließlich notwendiger Änderungen, die sich aus behördlichen Auflagen oder gewerberechtlichen Bestimmungen ergeben.«
2 Gegenstandslos geworden aufgrund des Sechsten Überleitungsgesetzes vom 25.9.1990 (BGBl. I S. 2106).
3 Eingefügt nach Maßgabe der Anlage 1 Kapitel XIV Abschnitt II Nr. 2 des Einigungsvertrages vom 31. August 1990 (BGBl. I S. 855), in Kraft getreten am 3. Oktober 1990.
4 Brandenburg, Mecklenburg-Vorpommern, Sachsen, Sachsen-Anhalt, Thüringen, Berlin (Ost).
5 Die vierte Änderungsverordnung vom 23.1.1990 ist am 27.1.1990 in Kraft getreten. Die dritte Änderungsverordnung vom 19.12.1986, die – der vierten Änderungsverordnung vorgezogen – § 11 Abs. 3 novellierte, ist am 1.1.1987 in Kraft getreten.

§1

Erläuterungen der Baunutzungsverordnung

Erster Abschnitt: **Art der baulichen Nutzung**

§ 1 Allgemeine Vorschriften für Bauflächen und Baugebiete

(1) Im Flächennutzungsplan können die für die Bebauung vorgesehenen Flächen nach der allgemeinen Art ihrer baulichen Nutzung (Bauflächen) dargestellt werden als
1. Wohnbauflächen (W)
2. gemischte Bauflächen (M)
3. gewerbliche Bauflächen (G)
4. Sonderbauflächen (S)

(2) Die für die Bebauung vorgesehenen Flächen können nach der besonderen Art ihrer baulichen Nutzung (Baugebiete) dargestellt werden als
1. Kleinsiedlungsgebiete (WS)
2. reine Wohngebiete (WR)
3. allgemeine Wohngebiete (WA)
4. besondere Wohngebiete (WB)
5. Dorfgebiete (MD)
6. Mischgebiete (MI)
7. Kerngebiete (MK)
8. Gewerbegebiete (GE)
9. Industriegebiete (GI)
10. Sondergebiete (SO).

(3) Im Bebauungsplan können die in Absatz 2 bezeichneten Baugebiete festgesetzt werden. Durch die Festsetzung werden die Vorschriften der §§ 2 bis 14 Bestandteil des Bebauungsplans, soweit nicht aufgrund der Absätze 4 bis 10 etwas anderes bestimmt wird. Bei Festsetzung von Sondergebieten finden die Vorschriften über besondere Festsetzungen nach den Absätzen 4 bis 10 keine Anwendung; besondere Festsetzungen über die Art der Nutzung können nach den §§ 10 und 11 getroffen werden.

(4) Für die in den §§ 4 bis 9 bezeichneten Baugebiete können im Bebauungsplan für das jeweilige Baugebiet Festsetzungen getroffen werden, die das Baugebiet
1. nach der Art der zulässigen Nutzung,
2. nach der Art der Betriebe und Anlagen und deren besonderen Bedürfnissen und Eigenschaften

gliedern. Die Festsetzungen nach Satz 1 können auch für mehrere Gewerbegebiete einer Gemeinde im Verhältnis zueinander getroffen werden; dies gilt auch für Industriegebiete. Absatz 5 bleibt unberührt.

(5) Im Bebauungsplan kann festgesetzt werden, dass bestimmte Arten von Nutzungen, die nach den §§ 2, 4 bis 9 und 13 allgemein zulässig sind, nicht zulässig sind oder nur ausnahmsweise zugelassen werden können, sofern die allgemeine Zweckbestimmung des Baugebiets gewahrt bleibt.

(6) Im Bebauungsplan kann festgesetzt werden, dass alle oder einzelne Ausnahmen, die in den Baugebieten nach den §§ 2 bis 9 vorgesehen sind,
1. nicht Bestandteil des Bebauungsplans werden oder
2. in dem Baugebiet allgemein zulässig sind, sofern die allgemeine Zweckbestimmung des Baugebiets gewahrt bleibt.

(7) In Bebauungsplänen für Baugebiete nach den §§ 4 bis 9 kann, wenn besondere städtebauliche Gründe dies rechtfertigen (§ 9 Abs. 3 des Baugesetzbuchs), festgesetzt werden, dass in bestimmten Geschossen, Ebenen oder sonstigen Teilen baulicher Anlagen
1. nur einzelne oder mehrere der in dem Baugebiet allgemein zulässigen Nutzungen zulässig sind,

§ 1

2. einzelne oder mehrere der in dem Baugebiet allgemein zulässigen Nutzungen unzulässig sind oder als Ausnahme zugelassen werden können oder
3. alle oder einzelne Ausnahmen, die in den Baugebieten nach den §§ 4 bis 9 vorgesehen sind, nicht zulässig oder, sofern die allgemeine Zweckbestimmung des Baugebiets gewahrt bleibt, allgemein zulässig sind.

(8) Die Festsetzungen nach den Absätzen 4 bis 7 können sich auch auf Teile des Baugebiets beschränken.

(9) Wenn besondere städtebauliche Gründe dies rechtfertigen, kann im Bebauungsplan bei Anwendung der Absätze 5 bis 8 festgesetzt werden, dass nur bestimmte Arten der in den Baugebieten allgemein oder ausnahmsweise zulässigen baulichen oder sonstigen Anlagen zulässig oder nicht zulässig sind oder nur ausnahmsweise zugelassen werden können.

(10) Wären bei Festsetzung eines Baugebiets nach den §§ 2 bis 9 in überwiegend bebauten Gebieten bestimmte vorhandene bauliche und sonstige Anlagen unzulässig, kann im Bebauungsplan festgesetzt werden, dass Erweiterungen, Änderungen, Nutzungsänderungen und Erneuerungen dieser Anlagen allgemein zulässig sind oder ausnahmsweise zugelassen werden können. Im Bebauungsplan können nähere Bestimmungen über die Zulässigkeit getroffen werden. Die allgemeine Zweckbestimmung des Baugebiets muss in seinen übrigen Teilen gewahrt bleiben. Die Sätze 1 bis 3 gelten auch für die Änderung und Ergänzung von Bebauungsplänen.

BauNVO 1977: Allgemeine Vorschriften für Bauflächen und Baugebiete

(1) Im Flächennutzungsplan sind, soweit es erforderlich ist, die für die Bebauung vorgesehenen Flächen (§ 5 Abs. 2 Nr. 1 des Bundesbaugesetzes) nach der allgemeinen Art ihrer baulichen Nutzung (Bauflächen) darzustellen als
1. Wohnbauflächen (W)
2. gemischte Bauflächen (M)
3. gewerbliche Bauflächen (G)
4. Sonderbauflächen (S).

(2) Soweit es erforderlich ist, sind die für die Bebauung vorgesehenen Flächen nach der besonderen Art ihrer baulichen Nutzung (Baugebiete) darzustellen als
1. Kleinsiedlungsgebiete (WS)
2. reine Wohngebiete (WR)
3. allgemeine Wohngebiete (WA)
4. besondere Wohngebiete (WB)
5. Dorfgebiete (MD)
6. Mischgebiete (MI)
7. Kerngebiete (MK)
8. Gewerbegebiete (GE)
9. Industriegebiete (GI)
10. Sondergebiete (SO).

(3) Im Bebauungsplan sind, soweit es erforderlich ist, die in Absatz 2 bezeichneten Baugebiete festzusetzen. Durch die Festsetzung werden die Vorschriften der §§ 2 bis 14 Bestandteil des Bebauungsplans, soweit nicht aufgrund der Absätze 4 bis 9 etwas anderes bestimmt wird.

(4) Für die in den §§ 4 bis 9 und 11 bezeichneten Baugebiete können im Bebauungsplan für das jeweilige Baugebiet Festsetzungen getroffen werden, die das Baugebiet
1. nach der Art der zulässigen Nutzung,
2. nach der Art der Betriebe und Anlagen und deren besonderen Bedürfnissen und Eigenschaften
gliedern. Die Festsetzungen nach Satz 1 können auch für mehrere Gewerbegebiete einer Gemeinde im Verhältnis zueinander getroffen werden; dies gilt auch für Industriegebiete. Absatz 5 bleibt unberührt.

(5) *unverändert.*

(6) *unverändert.*

(7) In Bebauungsplänen für Baugebiete nach den §§ 4 bis 9 und 11 kann, wenn besondere städtebauliche Gründe dies rechtfertigen (§ 9 Abs. 3 des Bundesbaugesetzes), festgesetzt werden, dass in bestimmten Geschossen, Ebenen oder sonstigen Teilen baulicher Anlagen
1. nur einzelne oder mehrere der in dem Baugebiet allgemein zulässigen Nutzungen zulässig sind,
2. einzelne oder mehrere der in dem Baugebiet allgemein zulässigen Nutzungen unzulässig sind oder als Ausnahme zugelassen werden können oder

3. alle oder einzelne Ausnahmen, die in den Baugebieten nach den §§ 4 bis 9 vorgesehen sind, nicht zulässig oder, sofern die allgemeine Zweckbestimmung des Baugebiets gewahrt bleibt, allgemein zulässig sind.

(8) *unverändert.*

(9) *unverändert.*

(10) *fehlte.*

BauNVO 1968: Gliederung in Bauflächen und Baugebiete

(1) *wie BauNVO 1977.*

(2) Soweit es erforderlich ist, sind die für die Bebauung vorgesehenen Flächen nach der besonderen Art ihrer baulichen Nutzung (Baugebiete) darzustellen als
1. Kleinsiedlungsgebiete (WS)
2. reine Wohngebiete (WR)
3. allgemeine Wohngebiete (WA)
4. Dorfgebiete (MD)
5. Mischgebiete (MI)
6. Kerngebiete (MK)
7. Gewerbegebiete (GE)
8. Industriegebiete (GI)
9. Wochenendhausgebiete (SW)
10. Sondergebiete (SO).

(3) Im Bebauungsplan sind, soweit es erforderlich ist, die in Absatz 2 bezeichneten Baugebiete festzusetzen. Durch die Festsetzung werden die Vorschriften der §§ 2 bis 10 und 12 bis 14 Bestandteil des Bebauungsplanes, soweit nicht aufgrund der Absätze 4 und 5 etwas anderes bestimmt wird.

(4) Im Bebauungsplan kann festgesetzt werden, dass Ausnahmen, die in den einzelnen Baugebieten nach den §§ 2 bis 9 vorgesehen sind, ganz oder teilweise nicht Bestandteil des Bebauungsplanes werden.

(5) Im Bebauungsplan kann festgesetzt werden, dass Anlagen, die in den einzelnen Baugebieten nach den §§ 2 bis 9 ausnahmsweise zugelassen werden können, in dem jeweiligen Baugebiet ganz oder teilweise allgemein zulässig sind, sofern die Eigenart des Baugebietes im Allgemeinen gewahrt bleibt.

(6–9) *fehlte.*

BauNVO 1962: Gliederung in Bauflächen und Baugebiete

(1) *wie BauNVO 1977.*

(2) Soweit es erforderlich ist, sind die Bauflächen nach der besonderen Art ihrer baulichen Nutzung in Baugebiete (§ 5 Abs. 2 Nr. 1 Bundesbaugesetz) zu gliedern, und zwar:
1. die Wohnbauflächen in
    a) Kleinsiedlungsgebiete (WS)
    b) reine Wohngebiete (WR)
    c) allgemeine Wohngebiete (WA)
2. die gemischten Bauflächen in
    a) Dorfgebiete (MD)
    b) Mischgebiete (MI)
    c) Kerngebiete (MK)
3. die gewerblichen Bauflächen in
    a) Gewerbegebiete (GE)
    b) Industriegebiete (GI)
4. die Sonderbauflächen in
    a) Wochenendhausgebiete (SW)
    b) Sondergebiete (SO).

(3) Im Bebauungsplan sind, soweit es erforderlich ist, die in Absatz 2 bezeichneten Baugebiete festzusetzen. Durch die Festsetzung werden die Vorschriften der §§ 2 bis 10 und 12 bis 14 Bestandteil des Bebauungsplanes, soweit nicht aufgrund der Absätze 4 und 5 etwas anderes bestimmt wird.

(4) Im Bebauungsplan kann festgesetzt werden, dass Ausnahmen, die in den einzelnen Baugebieten nach den §§ 2 bis 9 vorgesehen sind, ganz oder teilweise nicht Bestandteil des Bebauungsplanes werden.

§ 1

Erläuterungen

Übersicht

		Rn	
1.	**Stellung der BauNVO im System des Planungsrechts des BauGB**	1 – 21	
	a) Bauflächen und Baugebiete	1 – 2	
	b) Stufensystem der Bauleitplanung	3 – 8	
	c) Planungsermessen und Erforderlichkeit der Planung	8.1 – 12.2	
	d) Rechtskontrolle der Bauleitpläne	13 – 19	
	e) Normenkontrollverfahren für Bebauungspläne	20 – 21	
2.	**Darstellung von Bauflächen und Baugebieten im Flächennutzungsplan**	22 – 30	
Abs. 1 a)	Darstellung von Bauflächen	22 – 25	
Abs. 2 b)	Darstellung von Baugebieten	26 – 30	
Abs. 2, 3 3.	**Allgemeine Gesichtspunkte bei der Planung von Baugebieten im Flächennutzungsplan und Bebauungsplan**	31 – 39.1	
	a) Baugebiet – Begriffsbestimmung	31	
	b) Größe des Baugebiets – zur Frage der Einzelfallplanung	32 – 37	
	c) Baugebiet – Baugebietsgrenzen – Nutzungsgrenzen	38 – 38.1	
	d) Einrichtungen und Anlagen sowie Flächen für den Gemeinbedarf	39 – 39.1	
4.	**Anordnung von Baugebieten nach Gesichtspunkten des Umweltschutzes**	40 – 40.2	
	a) Allgemeines	40	
	b) Umweltprüfung	40.1 – 40.2	
5.	**Anordnung von Baugebieten nach Gesichtspunkten des Immissionsschutzes**	41 – 49.2	
	a) Allgemeines, Grundsätze	41 – 41.6	
	b) Der planungsrechtliche Belang des Immissionsschutzes	42	
	c) Der Begriff »Schädliche Umwelteinwirkungen«	43 – 43.1	
	d) Die Erheblichkeit (Zumutbarkeit) von Einwirkungen	44 – 44.4	
	e) Maßnahmen des vorbeugenden Immissionsschutzes	45	
	f) Planungsinstrumente und ihre Rechtsgrundlagen	45.1	
	g) Der Vorsorgegrundsatz in Neuplanungsfällen	46 – 46.8	
	h) Die Verbesserung bestehender Konfliktsituationen (Gemengelagen) durch situationsgeprägte Planung	47 – 47.14	
	i) Das Gebot der gegenseitigen Rücksichtnahme, Berücksichtigung der Vorbelastung	48 – 48.3	
	j) Bestandsschutz, Planveranlassung, Entschädigung	49 – 49.2	
6.	**Städtebaulicher Immissionsschutz gegen Luftverunreinigungen**	50 – 52.7	
	a) Allgemeines	50	
	b) Anforderungen des deutschen und europäischen Rechts	50.1 – 50.31	
	c) Der Begriff Luftverunreinigungen	50.4	
	d) Planerische Maßnahmen der Länder und Regionen zur Luftreinhaltung	50.5	
	e) Maßnahmen der Gemeinden und Genehmigungsbehörden	50.6 – 51.21	
	f) Festsetzungen im Bebauungsplan; Allgemeines	51.22 – 51.26	
	g) Gebiete mit Verwendungsverboten bzw. -beschränkungen	51.3 – 51.8	

§ 1

h)	Ortsrechtliche Vorschriften aufgrund landesrechtlicher Regelungen	51.9			
i)	Luftverunreinigungen durch gewerbliche Gerüche	52	–	52.2	
j)	Luftverunreinigungen durch landwirtschaftliche Gerüche	52.3	–	52.7	
7.	**Schallschutz im Städtebau**	**53**	**–**	**66**	
a)	Allgemeines	53	–	54	
b)	Schallermittlung und -bewertung nach DIN 18005 Teil 1 (Juni 2002)	55			
c)	Schalltechnische Orientierungswerte für Baugebiete nach dem Beiblatt 1 der DIN 18005	56	–	57	
d)	Zuordnung von Orientierungswerten zu Baugebieten der BauNVO und sonstigen überwiegend bebauten Gebieten	58	–	59	
e)	Anwendung der Orientierungswerte	60	–	61.3	
f)	Geräuschkontingentierung nach DIN 45691 (Dezember 2006)	61.2	–	61.3	
g)	Baugebiete in Lärmschutzbereichen von Flughäfen	62			
h)	Verkehrslärmschutz	65	–	66	
8.	**Stadtklima und Städtebau**	**67**	**–**	**67.7**	
a)	Berücksichtigung des Klimas im Städtebau	67	–	67.4	
b)	Festsetzungen von baulichem Wärmeschutz an Gebäuden nach § 9 Abs. 1 Nr. 24 BauGB zur Senkung des Energieverbrauchs	67.5	–	67.6	
c)	Einsatz erneuerbarer Energien und alternativer Möglichkeiten	67.7			
9.	**Flächen für Sportplätze und -anlagen sowie die Planung von Anlagen für sportliche Zwecke**	**68**	**–**	**68.3**	
a)	Darstellung von Flächen für Sportplätze im FN-Plan	68			
b)	Festsetzungen im B-Plan für Anlagen für sportliche Zwecke	68.1			
c)	Planung von Anlagen für sportliche Zwecke	68.2	–	68.3	
10.	**weggefallen**	**69**	**–**	**69.4**	
11.	**Festsetzung der Baugebiete im Bebauungsplan**	**70**	**–**	**73**	**Abs. 3**
a)	Entwickeln aus dem Flächennutzungsplan	70	–	71	**Satz 1**
b)	Wirkung der Festsetzung der Baugebiete	72	–	73	**Satz 2**
12.	**»Horizontale« und »vertikale« Gliederung, Ausschluss** und Umwandlung von Nutzungsarten, Anlagen und Ausnahmen	**74**	**–**	**81**	**Abs. 4–9**
a)	Allgemeines	74	–	77	
b)	Begriffe »Nutzung«, »Betrieb«, »Anlage«	78			
aa)	Nutzung	79	–	79.2	
bb)	Betrieb	80	–	80.1	
cc)	Anlage	81			
13.	**Gliederung der Baugebiete im B-Plan**	**82**	**–**	**99**	**Abs. 4**
a)	Allgemeines	82			
b)	Voraussetzungen und Grenzen der Gliederungsmöglichkeit	83	–	84	
c)	Form der Gliederung	85			
d)	Gliederung nach der Art der zulässigen Nutzung	86	–	87	
e)	Gliederung nach der Art der Betriebe und Anlagen	88	–	90	
f)	Gliederung nach den besonderen Bedürfnissen	91			
g)	Gliederung nach besonderen Eigenschaften	92	–	98	
h)	Sonderregelung für Gewerbe- und Industriegebiete	99			**Satz 2**

§ 1

Abs. 5	14. Ausschluss von Arten von Nutzungen oder ihre Umwandlung in Ausnahmen	100	–	103
Abs. 6	15. Ausschluss von Ausnahmen und ihre Umwandlung in eine allgemeine Zulässigkeit	104	–	110
	a) Allgemeines	104		
	b) Begriff »Ausnahmen«	105	–	106
Nr. 1	c) Ausschluss von Ausnahmen	107		
Nr. 2	d) Umwandlung von Ausnahmen in eine allgemeine Zulässigkeit	108	–	110
Abs. 7	16. Schichtenweise Festsetzung in Baugebieten (»vertikale« Gliederung)	111	–	124
	a) Allgemeines	111	–	111.1
	b) Voraussetzungen und Grenzen der vertikalen Gliederung	112	–	113
	c) Rechtfertigung durch besondere städtebauliche Gründe	114	–	116
	d) Geschosse, Ebenen, sonstige Teile baulicher Anlagen	117		
Nr. 1	e) Beschränkung auf allgemein zulässige Nutzungen	118	–	119
Nr. 2	f) Ausschluss allgemein zulässiger Nutzungen oder ihre Umwandlung in Ausnahmen	120	–	121
Nr. 3	g) Ausschluss von Ausnahmen oder ihre Umwandlung in eine allgemeine Zulässigkeit	122	–	124
Abs. 8	17. Beschränkung auf Teile des Baugebiets	125		
Abs. 9	18. Weitere Differenzierung nach Arten von baulichen und sonstigen Anlagen	126	–	129.1
Abs. 10	19. Erweiterte Festsetzungsmöglichkeit bei bestandsorientierter Planung – »Fremdkörperfestsetzung«	130	–	150
	a) Allgemeines	130		
	aa) Anlass der Ergänzung durch die ÄndVO 1990	130		
	bb) Zweck und Wesen der Vorschrift	131	–	137
	b) Anwendungsvoraussetzungen des Abs. 10	138	–	141
	c) Erweiterungen, Änderungen, Nutzungsänderungen, Erneuerungen	142	–	143.1
Satz 2	d) Nähere Bestimmungen über die Zulässigkeit im Bebauungsplan	144	–	147
	e) Wahrung der allgemeinen Zweckbestimmung »im Übrigen«	148	–	150

Schrifttum zu § 1

Battis/Krautzberger/Löhr   Die Umsetzung des neuen UVP-Rechts in der Bauleitplanung, NVwZ 2001, 961

Baumeister   Rechtswidrigwerden statt Funktionslosigkeit von Bebauungsplänen, GewArch. 1996, 318

Birk   Die Wertung der öffentlichen Belange im Bauplanungsrecht, BayVBl. 1977, 625

–   Der Ausschluss von Einzelhandelsflächen in Bebauungsplänen, VBlBW 1988, 286 = NWVBl. 1989, 73

Bischopink   Immissionsschutz in der Bauleitplanung, BauR 2006, 1070

Boecker	Zur Lösung von Umweltkonflikten durch Grunddienstbarkeiten und Baulasten, BauR 1985, 149
Boeddinghaus	Immissionsschutz in der Bauleitplanung, Städte- und Gemeinderat, 1983, 304
–	Das Gebot der Konfliktbewältigung in der städtebaulichen Planungspraxis, ZfBR 1984, 167
–	Zum Verhältnis der unterschiedlichen Festsetzungen eines Bebauungsplans zueinander, ZfBR 1990, 168
–	Zur Eindeutigkeit zeichnerischer Festsetzungen im Bebauungsplan, hier: »die Perlenschnur«, ZfBR 1993, 161
Bundesminister für Umwelt, Naturschutz und Reaktorsicherheit	Bericht der Bundesregierung »Sport und Umwelt« v. 14.4.1988
–	Bericht der Arbeitsgruppe »Sport und Umwelt« v. 24.2.1987
–	»Hinweise für die Beurteilung der durch Freizeitanlagen verursachten Geräusche«, BT-Drucks. 11/2134
–	Bericht der Projektgruppe Gewerbelärm 1988
Busche	Schallschutz bei neuen Gewerbeflächen, RWTÜV, Schriftenreihe, Essen 1994
Chotjewitz	Die neue TA-Lärm – eine Antwort auf die offenen Fragen beim Lärmschutz, LKV 1999, 47
David	Das erschlossene Grundstück in der Rechtsprechung des BVerwG, BauR 1983, 120
Derichs	Hochhäuser neben niedrigeren Wohngebäuden, BauR 1972, 206
Dolde/Menke	Das Recht der Bauleitplanung, NJW 1996, 2616
–	Das Bebauungsrecht, NJW 1996, 2905
–	Das Recht der Bauleitplanung 1996–1998, NJW 1999, 1070
–	Bebauungsrecht 1996 bis 1998, NJW 1999, 2150
Dolderer	Die städtebauliche Gemengelage, bisherige Lösungen und neue Entwicklungen, DÖV 1998, 414
Dürr	Die Entwicklung der Rechtsprechung zur Antragsbefugnis bei der Normenkontrolle von Bebauungsplänen, NVwZ 1996, 105
Feldhaus	Bundes-Immissionsschutzrecht, Komm., 16. Aufl., 2004
–	Einführung in die TA Lärm 1998, UPR 1999, 1
Finkelnburg	Die Änderungen des Baugesetzbuchs durch das Europarechtsanpassungsgesetz Bau, NVwZ 2004, 897
Fischer	Zur Bauleitplanung für überwiegend bebaute Gebiete, DVBl. 2002, 950
Fischer/Tegeder	Geräuschkontingentierung – DIN 45691, BauR 2007, 323
Fieseler	Nutzungsarten – Gegenseitige Rücksichtnahme statt räumlicher Trennung? Expertentagung der Konrad-Adenauer-Stiftung 3./4.12.1987, St. Augustin
–	Die Bedeutung fachtechnischer Anforderungen für die Berücksichtigung der Belange des Immissionsschutzes in der Bauleitplanung, UPR 1995, 49
Friege	Die Regelungen der TA Lärm 1998 im Überblick, ThürVBl. 1999, 245

§ 1

Gaentzsch	Die Entwicklung des Bauplanungsrechts in der Rechtsprechung des BVerwG, NVwZ 2000, 993
Gassner	Die immissionsschutzrechtliche Steuerung der nutzungsbestimmten Flächenzuordnung in UPR Spezial, Band 4, Konflikte baulicher Nutzungen – Aktuelle Ansätze zur Lösung eines alten Problems
Gierke	Anmerkungen zum U. d. OVG Berlin v. 29.8.1983 – 2 A – 3.81 – zum Kohlekraftwerk Berlin, DVBl. 1984, 149; im Anschl. daran: BVerwG, U. v. 17.2.1984 – 4 B 191.83 – ZfBR 1984, 90.
Glück	Möglichkeiten zur Erstellung und Verwendung von Lärmkarten als Hilfsmittel für die Stadtplanung, Schriftenreihe des BMBau, Bd. 03013
Hagen	Privates Immissionsschutzrecht und öffentliches Baurecht, NVwZ 1991, 817
Hansmann	Rechtsprobleme bei der Bewertung von Lärm, GewArch. 1996, 318
Hauth	Der Ausschluss bestimmter Arten von baulichen Nutzungen bzw. Anlagen durch (einfachen) Bebauungsplan gemäß § 1 Abs. 5 und Abs. 9 BauNVO, BauR 1986, 648
–	Werten statt rechnen, ZfBR 1993, 209
Holleben, von	Die Festsetzung von Emissions- und Immissionswerten in Bebauungsplänen, UPR 1983, 76
–	Heranrückende Wohnbebauung – Gefahr für Gewerbebetriebe, DVBl. 1981, 903 m. w. N
Hoppe	Die »Zusammenstellung des Abwägungsmaterials« und die »Einstellung der Belange« in die Abwägung »nach Lage der Dinge« bei der Planung, DVBl. 1977, 136
–	Planungsrechtliche Grundsätze für die Überplanung gewachsener Strukturen und zur Lösung von Standortkonflikten, FS für Ernst 1980, S. 215
–	Das Abwägungsgebot in der Novellierung des Baugesetzbuchs, DVBl. 1994, 1033
–	Verwirrungen und Entwirrungen beim Abwägungsgebot (§ 1 Abs. 6 BauGB) UPR 1995, 201
–	Der Grundsatz der Planerhaltung im neuen Städtebaurecht, DVBl. 1997, 1407
–	Die Abwägung im EAG Bau nach Maßgabe des § 1 Abs. 7 BauGB, NVwZ 2004, 903
–	Entwicklungen von Grundstrukturen des Planungsrechts durch das BVerwG, DVBl. 2003, 697
Hüttenbrink	Tendenzen der Rechtsprechung auf dem Gebiet des Bauplanungsrechts im Veröffentlichungszeitraum 1995/96, DVBl. 1997, 941
Innenministerium Baden-Württemberg	Städtebauliche Lärmfibel 2005
Jarass	Europäisierung des Planungsrechts, DVBl. 2000, 945
Kesseler	Wärmeschutzbezogene Festsetzungen im Bebauungsplan?, BauR 1996, 309
Klosterkötter	Neue Erkenntnisse über Lärmwirkungen, KdL 1974, 103
–	Grenzwerte und Richtwerte für Geräuschimmissionen, KdL 1976, 1

–	Die Situation der Lärmbelästigung durch den Verkehr aus medizinischer Sicht – Schlussfolgerungen für die Durchführung des BImSchG, DIfU, Lärm in der Stadt, 15
Koch	Immissionsschutzrecht in der Bauleitplanung, FS für Hoppe, S. 549
–	Immissionsschutz durch Baurecht, 1991
–	Aktuelle Probleme des Lärmschutzes, NVwZ 2000, 490
Koch/Mengel	Gemeindliche Kompetenzen für Maßnahmen des Klimaschutzes, DVBl. 2000, 953
Koch/Schütte	Bodenschutz und Altlasten in der Bauleitplanung, DVBl. 1997, 1414
Kraft	Aktuelle Fragen immissionsschutzrechtlicher Festsetzungen in Bebauungsplänen, DVBl. 1998, 1048
Kratzenberg	Bodenschutz in der Bauleitplanung, UPR 1997, 177
Krautzberger/ Stemmler	Die Neuregelungen zur UVP in der Bebauungsplanung durch die UVP-Novelle 2001, UPR 2001, 374
Krautzberger/Stüer	Städtebaurecht 2004: Umweltprüfung und Abwägung, DVBl. 2004, 903
Kügel	Die Entwicklung des Altlasten- und Bodenschutzrechts, NJW 2004, 1570
Kunert	Alte und neue Probleme beim Lärmschutz, NuR 99, 430
Kuschnerus	Die »Nachhaltigkeit« im Abwägungsprozess und in der gerichtlichen Überprüfung, ZfBR 2000, 15
–	Die Umweltverträglichkeitsprüfung in der Bauleitplanung, BauR 2001, 1346
–	Immissionsschutzrechtliche Festsetzungen in der Bauleitplanung, Institut für Städtebau Berlin, Vortragsmanuskript 452/6
Kutschheidt	Die Neufassung der TA Lärm, NVwZ 1999, 577
Landel/Vogg/ Wüterich	Komm. zum Bundes-Bodenschutzgesetz, 2000
Leidig	Nachhaltigkeit als umweltplanungsrechtliches Entscheidungskriterium, UPR 2000, 371
Limberger/ Bartholomäi	Das Baurecht der Hochhaustürme, ZfBR 1991, 242
Louis/Wolf	Die erforderlichen Abstände zwischen Betrieben nach der Störfall-Verordnung und Wohngebieten oder anderen schutzwürdigen Bereichen nach § 50 S. 1 BImSchG, NuR 2007, 1
Mayen	Die Festsetzung von Lärmgrenzwerten in Bebauungsplänen, NVwZ 1991, 842
Menke	Das Gebot planerischer Konfliktbewältigung bei der Überplanung von Gemengelagen, UPR 1985, 111
Minister für Arbeit, Gesundheit u. Soziales NW	Immissionsschutz in der Bauleitplanung, 1983
Min. für Landes- und Stadtentwicklung u. a. NW	Berücksichtigung von Emissionen und Immissionen bei der Bauleitplanung sowie bei der Genehmigung von Vorhaben (Planungserlass NW) v. 8.7.1982 (MBl. NW 1982 S. 1366/SMBl. NW 2311)

§ 1

Minister für Landes- und Stadtentwicklung NW	Baustein 8 »Wohnen und Arbeiten – Anwendungsbeispiele und Arbeitshilfen zum Planungserlass NW«, 1986
Minister für Umwelt, Raumordnung und Landwirtschaft NW	Lärmminderungspläne – Ziele und Maßnahmen, 1986
Mitschang	Umweltverträglichkeitsprüfung in der Bauleitplanung, ZfBR 2001, 231
Müller	Bebauungsplan in Gemengelagen; mögliche planerische Festsetzungen Teil I BauR 1994, 991; Teil II BauR 1994, 294
Porger	Immissionsschutz in Bebauungsplänen, 1995
Rieger	Das Verhältnis zwischen aktivem und passivem Lärmschutz im Lärmschutzsystem des § 41 BImSchG, VBlBW 1998, 41
Roller	Wärmeschutzbezogene Festsetzungen im Bebauungsplan, BauR 1995, 185
Sarnighausen	Abwägungsmängel bei Bebauungsplänen, NJW 1993, 3229
RWTÜV	Recht und Technik des Lärmschutzes in der Bauleitplanung, Schriftenreihe Heft 29, 1984
–	Lärmschutz im Städtebau, Seminarbericht, Essen 1994
–	Zum Begriff der Vorbelastung im Baunachbarrecht, NJW 1994, 1375
Schink	Altlasten im Baurecht, BauR 1987, 397
–	Die Umweltverträglichkeitsprüfung – offene Konzeptfragen, DVBl. 2001, 321
–	Verantwortlichkeit für die Gefahrenabwehr und die Sanierung schädlicher Bodenveränderungen nach dem BBodSchG, DÖV 1999, 797
–	Nachverdichtung, Baulandmobilisierung und Umweltschutz, UPR 2001, 161
Schlichter	Immissionsschutz und Planung, NuR 1982, 121
Schmidt-Aßmann	Die Berücksichtigung situationsbedingter Abwägungselemente bei der Bauleitplanung, 1981
–	Das bebauungsrechtliche Planerfordernis bei §§ 34, 35 BBauG, Recht – Technik – Wirtschaft, Bd. 25, 1982
Schütz	Das Recht auf gerechte Abwägung im Bauplanungsrecht, NVwZ 1999, 929
Schulze-Fielitz	Lärmschutz bei der Planung von Verkehrsvorhaben, DÖV 2001, 181
Sendler	Zum Schlagwort von der Konfliktbewältigung im Planungsrecht, WiVerw. 1985, 211
–	Die Bedeutung des Abwägungsgebots bei § 1 Abs. 6 BauGB für die Berücksichtigung des Umweltschutzes in der Bauleitplanung, UPR 1995, 41
Silagi	Zu den Grenzen des Verkehrslärmschutzes, UPR 1997, 272
Söfker	Fragen bei immissionserheblichen Entscheidungen im Rahmen der Abwägung nach § 1 Abs. 7 BBauG, ZfBR 1979, 10

§ 1

–	Lösung städtebaulicher Probleme in Gebieten mit Gemengelagen, BBauBl. 1980, 628
–	Lösung von Standortkonflikten bei engem Nebeneinander von Industrie und Wohnen, ZRP 1980, 321
–	Der Beitrag des Bauplanungsrechts zur Lösung von Problemen in Gebieten mit Gemengelagen, Städte- und Gemeindebund 1981, 255
–	Besondere städtebaurechtliche Fragen bei der Aufschließung und Überplanung von Flächen für Gewerbe- und Industriezwecke, Wi-Verw. 1991, 165
Sparwasser/ Komorowski	Die neue TA Lärm in der Anwendung, VBlBW 2000, 348
Steinebach	Die Bedeutung von Emissions- und Immissionswerten für Bauleitpläne, ZfBR 1987, 225
–	Lärm- und Luftgrenzwerte, 1987
–	Planungstechnische Überlegungen zu Bebauungsplänen in nicht auflösbaren Gemengelagen, BauR 1983, 393
Steinebach	Verwaltungspraxis – Novellierungsvorschläge, 1983
Stüber/Fritz	Ermittlung der Schallemission großflächiger Industrieanlagen, Müller-BBM GmbH, München, im Auftrag des Umweltbundesamtes Berlin
Stüer	Bauleitplanung im Konflikt, Städte- und Gemeinderat 1989, 8
–	Antragsbefugnis im Normenkontrollverfahren – stürzt die Abwägungs- und Rechtsschutzpyramide ein?, BauR 1999, 1221
–	BauNVO-Normenkontrolle, DVBl. 2004, 83
Stüer/Rude	Bauleitplanung, Städtebaurecht, Rechtsprechungsbericht, DVBl. 1999, 312
Stühler	Das Gebot der Rücksichtnahme im Bauplanungsrecht, vor allem bei der Abwägung nach § 1 Abs. 7 BBauG, VBlBW 1986, 122
–	Heranrückende Wohnbebauung, VBlBW 1988, 201 und 241
–	Zur Auslegung des Verwendungsverbots gem. § 9 Abs. 1 Nr. 23 BauGB, VBlBW 1996, 328
–	Neue Entwicklungen beim Verwendungsverbot gem. § 9 Abs. 1 Nr. 23 BauGB, BWGZ 2000, 454
–	Gemeindenachbarrecht und zwischengemeindliches Abstimmungsgebot bei der Aufstellung von Bebauungsplänen, VBlBW 1999, 206
–	Harmoniert das öffentliche mit dem privaten Immissionsschutzrecht?, BauR 2004, 614
Tegeder	Geräusch-Immissionsschutz in der Bauleitplanung, UPR 1995, 210
Upmeier	Einführung zu den Neuerungen durch das Europarechtsanpassungsgesetz Bau (EAG Bau), BauR 2004, 1382
Vallendar	Das Abwägungsgebot – ein alter Hut mit neuen Federn, UPR 1999, 121
–	Verkehrslärmschutz im Spiegel der aktuellen Rechtsprechung des Bundesverwaltungsgerichts, UPR 2001, 171
Verein Deutscher Ingenieure (VDI)	VDI-Richtlinie 2718 (Entwurf) Schallschutz im Städtebau – Hinweise für die Planung, 1975

–	VDI-Richtlinie 3471 Emissionsminderung; Tierhaltung – Schweine, 1986
–	VDI-Richtlinie 3472 Emissionsminderung; Tierhaltung – Hühner, 1986
–	VDI-Richtlinie 2058 Blatt 1, Beurteilung von Arbeitslärm in der Nachbarschaft, 1985
Vogel	Praktische Überlegungen zu Bebauungsplänen in nicht auflösbaren Gemengelagen, BauR 1983, 330
Wahlhäuser	Drohende Planungsschäden als Hindernis einer modernen städtebaulichen Planung, BauR 2003, 1488
Weidemann	Abstandswahrung durch staatliche Ansiedlungsüberwachung – zu den Folgen der Seveso II-Richtlinie im Städtebaurecht und im Immissionsschutzrecht –, DVBl. 2006, 1143
von Heyl	Ökologische Festsetzungen zur Wahrung der Belange des § 1 Abs. 5 Nr. 7 BauGB, insbesondere der Energieeinsparung und des Naturschutzes, BauR 1997, 232
Weyreuther	Über die Erforderlichkeit von Bebauungsplänen, DVBl. 1981, 369
Ziegler, A.	Zum Anlagenbegriff nach dem Bundes-Immissionsschutzgesetz, UPR 1986, 170
Ziegler, J.	Zu den »städtebaulichen Gründen« und den »Grundzügen der Planung« im BBauG, ZfBR 1980, 173
–	Überplanung bebauter Gebiete, insbesondere von Gemengelagen, ZfBR 1984, 110
–	Zur BauNVO: Geltungsbereich der 5 Fassungen, »Wohngebäude«, besondere Wohngebiete, Vergnügungsstätten der BauNVO 1962/68, Sonstiges, ZfBR 1994, 160
–	Zu den Nutzungsbegriffen des § 1 Abs. 4–9 BauNVO insbesondere im Hinblick auf die Festsetzung von Emissionswerten, ZfBR 1991, 196
–	Differenzierende Festsetzungen in den Baugebieten; zur Auslegung des § 1 Abs. 4 bis 9 BauNVO und zu den Sondergebieten, ZfBR 1994, 51
Zoubek/Menke	Dynamische Konfliktlösungen für städtebauliche Gemengelagen in unbeplanten Innenbereichen, UPR 1984, 249 und 290

1. Stellung der BauNVO im System des Planungsrechts des BauGB

1 a) **Bauflächen und Baugebiete.** § 1 wendet sich an den Träger der Bauleitplanung (die Gemeinde, den Planungsverband nach § 205 BauGB oder die nach § 206 BauGB bestimmte Gebietskörperschaft), nicht dagegen an den Einzelnen.

Bauflächen sind nur für Darstellungen im FN-Plan vorgesehen, während **Baugebiete** sowohl im FN-Plan dargestellt als auch im B-Plan festgesetzt werden können. Erst die Festsetzung von Baugebieten im B-Plan bildet als unmittelbar geltendes Ortsrecht die Grundlage für die Beurteilung im Baugenehmigungsverfahren und weitere zum Vollzug des BauGB erforderliche Maßnahmen (§ 8 Abs. 1 BauGB).

2 Die »Katalog«-Baugebiete können im B-Plan **abgewandelt** und/oder **gegliedert** werden (auch als »planerische Feinsteuerung« oder »Differenzierung« bezeichnet).

b) **Stufensystem der Bauleitplanung.** Die Bauleitplanung ist ein zweistufiges 3
Planungssystem:
erste Stufe: FN-Plan für das gesamte Gemeindegebiet. Hier können je nach Erfordernis Bauflächen und/oder Baugebiete dargestellt werden.
zweite Stufe: B-Plan (für einen abgegrenzten Planbereich), der aus dem FN-Plan zu entwickeln ist und rechtsverbindlich festgesetzte Baugebiete enthält.

entf. 4, 5

Die Kurzbezeichnungen für Bauflächen (je ein Buchstabe) und Baugebiete (jeweils zwei Buchstaben) erleichtern die zeichnerische Darstellung. Sie sind gemäß der Anlage zur Planzeichenverordnung (PlanzV) Planzeichen. Seit 1.4.1991 gilt die PlanzV 1990 v. 18.12.1990 (BGBl. I 1991 S. 58, **Anh. 2**). Gemäß § 2 können die in der Anlage zur PlanzV enthaltenen Planzeichen ergänzt oder bei Fehlen entsprechender Planzeichen aus den angegebenen Planzeichen sinngemäß entwickelt werden. Andere als die genannten Kurzbezeichnungen sind in den Bauleitplänen für die Bauflächen und -gebiete nicht zulässig. Bei Verwendung der Kurzzeichen bedarf es einer zusätzlichen Zitierung des Wortlauts der Bauflächen und -gebiete nicht. Wegen der unten beschriebenen Unterschiede in der Bedeutung der Baugebiete je nach verwendeter Fassung der BauNVO (Rn 7) wird zur Vermeidung von Unklarheiten allerdings empfohlen, für die Baugebiete die jeweils geltende Fassung der BauNVO auf dem B-Plan anzugeben oder – besser – die Zulässigkeitskataloge der betreffenden Baugebiete dem B-Plan beizufügen. 6

§ 2 Abs. 1 PlanzV 1990 ist zwar eine Sollvorschrift, um die Einheitlichkeit der Bauleitpläne zu wahren, es müssten aber schon besondere Gründe für ein Abweichen von der Regel erfordern. Auch bei einem Abweichen von der PlanzV wird die Bestimmtheit des B-Plans nicht in Frage gestellt, wenn der Inhalt der Festsetzung gleichwohl hinreichend deutlich erkennbar ist (vgl. BVerwG, B. vom 10.1.2001 – 4 BN 42.00 – BauR 2001, 1061 = ZfBR 2001, 420 = NVwZ-RR 2001, 22, hier allerdings zum Maß der baulichen Nutzung). Nach § 2 Abs. 4 PlanzV 1990 sollen die verwendeten Planzeichen im Bauleitplan erklärt werden. Das Fehlen einer entsprechenden Zeichenerklärung stellt die Rechtsgültigkeit eines B-Plans zwar nicht in Frage, die Lesbarkeit des Plans würde dadurch aber erheblich erschwert.

Mit den verschiedenen **ÄndVOen** haben die in den §§ 2 bis 10 bezeichneten Baugebiete teilweise andere Inhalte erhalten, weil die Zulässigkeit oder ausnahmsweise Zulassung einzelner Anlagen gegenüber der jeweils früheren Fassung der BauNVO verändert worden ist. Beispielsweise sind im MK-Gebiet nach der BauNVO 1968 »sonstige« Wohnungen oberhalb eines im B-Plan bestimmten Geschosses allgemein zulässig, während »sonstige« Wohnungen nach der BauNVO 1962 im MK-Gebiet nur ausnahmsweise zugelassen werden konnten. Im GE-Gebiet nach der BauNVO 1962 sind »*Gewerbebetriebe aller Art*« zulässig, während im *GE-Gebiet nach der BauNVO 1968 nur noch »Gewerbebetriebe aller Art mit Ausnahme von Einkaufszentren und Verbrauchermärkten im Sinne des § 11 Abs. 3«* zulässig und im GE-Gebiet nach der BauNVO 1977 darüber hinaus auch sonstige großflächige Handelsbetriebe i. S. v. § 11 Abs. 3 BauNVO 1977 unzulässig sind. 7

Diese – nicht abschließenden – Beispiele zeigen, dass es vier Generationen von Baugebieten mit derselben Bezeichnung gibt. Die alten nach früheren Fassungen der BauNVO aufgestellten B-Pläne sind in Kraft geblieben, neue dürfen nur noch nach der BauNVO 1990 aufgestellt werden. Da für »alte« und »neue« Baugebiete dieselbe Bezeichnung der beiden Verordnungen gilt, ist einem B-Plan nicht ohne weiteres zu entnehmen, um welche Baugebietsgeneration es sich handelt. Das **Datum der öffentlichen Auslegung** des B-Plans **ist maßgebend**. 8

§ 1

Übersicht BauNVO § 1

Wortlaut der Vorschrift	Erläuterung
(1) Im Flächennutzungsplan können die für die Bebauung vorgesehenen Flächen nach der allgemeinen Art ihrer baulichen Nutzung (Bauflächen) dargestellt werden als 1. Wohnbauflächen (**W**) 2. gemischte Bauflächen (**M**) 3. gewerbliche Bauflächen (**G**) 4. Sonderbauflächen (**S**).	Erste Stufe der Bauleitplanung: **Flächennutzungsplan**
(2) Die für die Bebauung vorgesehenen Flächen können nach der besonderen Art ihrer baulichen Nutzung (Baugebiete) dargestellt werden als 1. Kleinsiedlungsgebiete (**WS**) 2. reine Wohngebiete (**WR**) 3. allgemeine Wohngebiete (**WA**) 4. besondere Wohngebiete (**WB**) 5. Dorfgebiete (**MD**) 6. Mischgebiete (**MI**) 7. Kerngebiete (**MK**) 8. Gewerbegebiete (**GE**) 9. Industriegebiete (**GI**) 10. Sondergebiete (**SO**)	 § 2 § 3 § 4 § 4a § 5 § 6 § 7 § 8 § 9 §§ 10+11
(3) Im Bebauungsplan können die in Absatz 2 bezeichneten Baugebiete festgesetzt werden. Durch die Festsetzung werden die Vorschriften der §§ 2 bis 14 Bestandteil des Bebauungsplans, soweit nicht aufgrund der Absätze 4 bis 10 etwas anderes bestimmt wird. Bei Festsetzung von Sondergebieten finden die Vorschriften über besondere Festsetzungen nach den Absätzen 4 bis 10 keine Anwendung; besondere Festsetzungen über die Art der Nutzung können nach den §§ 10 und 11 getroffen werden.	Zweite Stufe der Bauleitplanung: **Bebauungsplan**
(4) Für die in den §§ 4 bis 9 bezeichneten Baugebiete können im Bebauungsplan für das jeweilige Baugebiet Festsetzungen getroffen werden, die das Baugebiet 1. nach der Art der zulässigen Nutzung, 2. nach der Art der Betriebe und Anlagen und deren besonderen Bedürfnissen und Eigenschaften gliedern. Die Festsetzungen nach Satz 1 können auch für mehrere Gewerbegebiete einer Gemeinde im Verhältnis zueinander getroffen werden; dies gilt auch für Industriegebiete. Absatz 5 bleibt unberührt.	**Horizontale Gliederung** der Baugebiete nach Nutzungen, Betrieben und Anlagen
(5) Im Bebauungsplan kann festgesetzt werden, dass bestimmte Arten von Nutzungen, die nach den §§ 2, 4 bis 9 und 13 allgemein zulässig sind, nicht zulässig sind oder nur ausnahmsweise zugelassen werden können, sofern die allgemeine Zweckbestimmung des Baugebiets gewahrt bleibt.	**Ausschluss** allgemein zulässiger Arten von Nutzungen/ **Umwandlung** in Ausnahmen

Wortlaut der Vorschrift	Erläuterung
(6) Im Bebauungsplan kann festgesetzt werden, dass alle oder einzelne Ausnahmen, die in den Baugebieten nach den §§ 2 bis 9 vorgesehen sind, 1. nicht Bestandteil des Bebauungsplans werden oder 2. in dem Baugebiet allgemein zulässig sind, sofern die allgemeine Zweckbestimmung des Baugebiets gewahrt bleibt.	**Ausschluss** von Ausnahmen/ **Umwandlung** in eine allgemeine Zulässigkeit
(7) In Bebauungsplänen für Baugebiete nach den §§ 4 bis 9 kann, wenn besondere städtebauliche Gründe dies rechtfertigen (§ 9 Abs. 3 des Baugesetzbuchs), festgesetzt werden, dass in bestimmten Geschossen, Ebenen oder sonstigen Teilen baulicher Anlagen 1. nur einzelne oder mehrere der in dem Baugebiet allgemein zulässigen Nutzungen zulässig sind, 2. einzelne oder mehrere der in dem Baugebiet allgemein zulässigen Nutzungen unzulässig sind oder als Ausnahme zugelassen werden können oder 3. alle oder einzelne Ausnahmen, die in den Baugebieten nach den §§ 4 bis 9 vorgesehen sind, nicht zulässig oder, sofern die allgemeine Zweckbestimmung des Baugebiets gewahrt bleibt, allgemein zulässig sind.	Vertikale Gliederung: schichtenweise Festsetzung für Geschosse, Ebenen oder sonstige Teile baulicher Anlagen 1. Zulässigkeit nur bestimmter Nutzungen 2. Ausschluss zulässiger Nutzungen/Umwandlung in Ausnahmen 3. Ausschluss von Ausnahmen/Umwandlung in allgemeine Zulässigkeit
(8) Die Festsetzungen nach den Absätzen 4 bis 7 können sich auch auf Teile des Baugebiets beschränken.	**Teile** von Baugebieten
(9) Wenn besondere städtebauliche Gründe dies rechtfertigen, kann im Bebauungsplan bei Anwendung der Absätze 5 bis 8 festgesetzt werden, dass nur bestimmte Arten der in den Baugebieten allgemein oder ausnahmsweise zulässigen baulichen oder sonstigen Anlagen zulässig oder nicht zulässig sind oder nur ausnahmsweise zugelassen werden können.	**Unterarten von Nutzungen** weiter gehende Regelung für Arten baulicher und sonstiger Anlagen
(10) Wären bei Festsetzung eines Baugebiets nach den §§ 2 bis 9 in überwiegend bebauten Gebieten bestimmte vorhandene bauliche und sonstige Anlagen unzulässig, kann im Bebauungsplan festgesetzt werden, dass Erweiterungen, Änderungen, Nutzungsänderungen und Erneuerungen dieser Anlagen allgemein zulässig sind oder ausnahmsweise zugelassen werden können. Im Bebauungsplan können nähere Bestimmungen über die Zulässigkeit getroffen werden. Die allgemeine Zweckbestimmung des Baugebiets muss in seinen übrigen Teilen gewahrt bleiben. Die Sätze 1 bis 3 gelten auch für die Änderung und Ergänzung von Bebauungsplänen.	**Fremdkörperfestsetzung** Bestandssicherungsregelung für im Baugebiet vorhandene, an sich unzulässige Anlagen (in überwiegend bebauten Gebieten)

§ 1 8.1–8.4

8.1 c) **Planungsermessen und Erforderlichkeit der Planung.** Nach § 1 Abs. 1, 2 und 3 *können* Bauflächen bzw. Baugebiete ohne besondere Voraussetzungen im FN-Plan dargestellt (Abs. 1 und 2) bzw. Baugebiete im B-Plan festgesetzt (Abs. 3) werden. Die Formulierung »können« stellt klar, dass die Abs. 1, 2 und 3 als Ermächtigungsnormen für die Planungen der Gemeinden lediglich die möglichen Darstellungen bzw. Festsetzungen in den Bauleitplänen nennen. Die Frage, von welcher der beiden unterschiedlichen Möglichkeiten die Gemeinde Gebrauch macht, richtet sich im Wesentlichen nach den Grundsätzen im BauGB (§ 1, Abs. 3 [Planungserfordernis], § 1 Abs. 5 und § 1 Abs. 6) sowie nach dem von der Rspr. entwickelten **Grundsatz der planerischen Zurückhaltung** (vgl. BVerwG, U. v. 11.3.1988 – 4 C 56.84 – ZfBR 1988, 189 = DVBl. 1988, 686 = BRS 48 Nr. 8 = NVwZ 1989, 659).

8.2 Die **Bauleitplanung** ist zwar eine **eigenverantwortliche Selbstverwaltungsangelegenheit** der Gemeinde und Ausdruck ihrer »*Planungshoheit*«, die ihr vor allem einen mehr oder weniger ausgedehnten Spielraum an *Gestaltungsfreiheit* einräumt (BVerwG, U. v. 12.12.1969 – IV C 105.66 – BVerwGE 34, 301 = BauR 1970, 31 = DVBl. 1970, 414 = BayVBl. 1970, 80 = BRS 22 Nr. 4). Das durch das BVerwG in st. Rspr. mit planerischer Gestaltungsfreiheit umschriebene Planungsermessen ist aber nicht frei, sondern u.a. durch den aus dem Rechtsstaatsprinzip hergeleiteten Verfassungsgrundsatz der Erforderlichkeit gebunden; er hat sich an den Verfassungsrang beanspruchenden Grundsätzen der »Geeignetheit«, der »Verhältnismäßigkeit« und des »geringstmöglichen Eingriffs« in Freiheit und Eigentum auszurichten, um vor dem **Grundsatz des Übermaßverbots** bestehen zu können. Die Frage, ob und wann geplant werden darf oder muss und inwieweit geplant werden muss oder darf, umreißt die Grenzen des **Planungsermessens**, das sich zur **Planungspflicht** verdichtet, *wenn es erforderlich ist*. Fehlt es an der Erforderlichkeit, so ist der B-Plan nichtig (BVerwG, U. v. 14.7.1972 – IV C 69.70 – BVerwGE 40, 274 = DÖV 1972, 824 = BRS 25 Nr. 168). **Erforderlich** ist eine B-Planung, wenn sie *»vernünftigerweise geboten«* ist (st. Rspr. des BVerwG). Die Grenzen des Planungsermessens werden überschritten, *wenn* und *soweit* die Planung *nicht erforderlich ist*. In diesem Sinn ist das Planungsermessen von zeitlichen (»sobald«) und räumlichen (»soweit«) Kriterien abhängig; das Kriterium »soweit« bestimmt darüber hinaus auch die zulässige **Regelungsdichte der Planung.**

8.3 Maßgebliche Kriterien für die Erforderlichkeit bestimmter Festsetzungen sind nach Auffassung des BVerwG (B. v. 17.5.1995 – 4 NB 30.94 – UPR 1995, 311 = BRS 57 Nr. 2) die konkrete Planungssituation und die jeweilige planerische Konzeption der Gemeinde. So könne ein mit erheblichen Lärmimmissionen verbundenes Verkehrsvorhaben nicht geplant werden, ohne dass die Gemeinde in Anwendung der für den Lärmschutz an Verkehrswegen maßgeblichen §§ 41 f. BImSchG ein geeignetes Schutzkonzept entwickele. Darin sei die Möglichkeit aktiven Lärmschutzes zu prüfen, und bei unverhältnismäßig hohen Kosten, dafür habe die Gemeinde auch Maßnahmen des passiven Lärmschutzes (§ 41 Abs. 2 BImSchG), zu berücksichtigen. Auf deren Festsetzung könne allerdings verzichtet werden, sofern angesichts des Eigeninteresses der betroffenen Eigentümer damit zu rechnen sei, dass diese die erforderlichen Maßnahmen gegen Kostenerstattung selbst vornehmen. Sei diese Annahme jedoch wegen der Vielzahl der Betroffenen von vornherein verfehlt, müsse die Gemeinde die betreffenden Maßnahmen des passiven Schallschutzes nach § 9 Abs. 1 Nr. 24 BauGB festsetzen und notfalls auch durchsetzen (z.B. mit Baugeboten nach § 176 Abs. 1 Nr. 2 BauGB).

8.4 Die **Planungspflicht** besteht z.B. bei vorhandener Konfliktsituation, die nicht anders als durch Planung bewältigt werden kann. Hierfür verlangt das aus den Planungsgrundsätzen abzuleitende **Gebot der planerischen Konfliktbewälti-**

gung, dass die Eignung festgesetzter Flächen für die festgesetzte Nutzungsart nicht offenbleibt. Soll die Planung vor Art. 14 GG Bestand haben, muss sie, weil Eigentum die wichtigste Schranke ist, u. a. entweder nachbarschädliche Auswirkungen einer Festsetzung durch hinreichend wirksame und planerische Maßnahmen auf ein zumutbares Maß reduzieren oder anderenfalls die betroffenen Grundstücke durch Aufhebung oder Änderung ihrer zulässigen Nutzung ausdrücklich in Anspruch nehmen und dadurch die Voraussetzungen für eine Entschädigung des Eigentümers schaffen (BVerwG, U. v. 1.11.1974 – IV C 38/71 – BVerwGE 47, 444 = BRS 28 Nr. 6 = BauR 1975, 35 = NJW 1975, 841 = DÖV 1975, 101; OVG Lüneburg, B. v. 15.3.1978 – VI C 3/76 –, BRS 33 Nr. 8). Es liegt z. B. auf der Hand, dass die Berücksichtigung der von einer festgesetzten Verkehrsfläche ausgehenden Immissionen nicht an den räumlichen Grenzen eines B-Plans Halt machen und die jenseits dieser Grenzen ausgelösten Konflikte ganz außer Betracht lassen darf (BVerwG, B. v. 21.7.1989 – 4 NB 18/88 – NVwZ 1990, 256). Dies bedeutet, dass Konflikte nicht durch eine willkürliche, zu enge Begrenzung des B-Plans ausgeklammert werden dürfen. Das ist nämlich häufig der Fall, um dadurch der Konfliktbewältigung vermeintlich entgehen zu können. Ist die Konfliktbewältigung nur in verschiedenen Bauleitplänen (auch FN-Planänderungen für größere Stadtteilbereiche) möglich, so muss deren sachlicher und rechtlicher Zusammenhang auf der Grundlage eines Gesamtkonzepts (z. B. Stadtteil-Entwicklungsplan) hergestellt werden, z. B. durch Abhängigkeit ihres Inkrafttretens voneinander).

Das Gebot der Konfliktbewältigung bedeutet daher vor allem bei Immissionskonflikten, dass die Gemeinde bei den durch die Planung aufgeworfenen Konflikten nach geeigneten Lösungsmöglichkeiten suchen sowie die Konflikte und Lösungen in den Planungsunterlagen (Begründung) in angemessener Form darlegen und bewerten muss. Dabei ist auch zu untersuchen, inwieweit die Konflikte bereits in anderen Verfahren (Baugenehmigung bzw. immissionsschutzrechtliche Genehmigung) befriedigend gelöst werden können und insoweit »planerische Zurückhaltung« (BVerwG, B. v. 28.8.1987 – 4 N 1.87 – DVBl. 1987, 1273; BVerwG, U. v. 11.3.1988 – 4 C 56.84 – DVBl. 1988, 845) möglich ist oder ob noch Defizite verbleiben, die nur durch die Bauleitplanung lösbar sind. Bestehen z. B. nur im B-Plan geeignete Lösungsmöglichkeiten, so kann sich der Verzicht auf entsprechende Festsetzungen als ein erheblicher Abwägungsfehler erweisen (vgl. *A. Schmidt*, Bauleitplanung und Immissionsschutz für gewerbliche Anlagen, 1992, 92).

Darüber hinaus wird das Planungsermessen der Gemeinde eingeengt durch höherrangige Vorschriften, insbesondere **Ziele der Raumordnung** (§ 1 Abs. 4 BauGB), die Planungsleitsätze des § 1 Abs. 5 BauGB, das Abwägungsgebot des § 1 Abs. 7 BauGB und durch sonstige Rechtsvorschriften (vgl. Art. 28 GG), die sich i. A. restriktiv i. S. einer Planungslenkung oder -verhinderung, in bestimmten Fällen aber auch i. S. eines aktiven Anpassungszwangs auswirken (z. B. Anpassungspflichten nach den Landesplanungsgesetzen oder an Bundesfachplanungen, beispielsweise nach § 16 Abs. 2 FStrG; landesplanerische Planungsgebote). So ist z. B. ein B-Plan nichtig, soweit der Ausnutzung seiner Festsetzungen (höherrangige) natur- und landschaftsschutzrechtliche Bestimmungen entgegenstehen (OVG Frankfurt/O., U. v. 21.6.1996 – 3 D 15/94.NE – NuR 1997, 98). Die das Planungsermessen der Gemeinde bindende Erforderlichkeit zeigt sich auch daran, dass nur ein *objektiv feststellbares Bedürfnis* die Gemeinde zur erstmaligen Aufstellung und nur eine nachträglich eingetretene wesentliche Änderung des Bedürfnisses sie zur Änderung der Planung berechtigt. Eine Bauleitplanung, die zur Ordnung der städtebaulichen Entwicklung nicht in Beziehung steht, kann keinen Bestand haben. Im Hinblick auf Art. 14 Abs. 1 GG ist im Verhältnis der Bauleitplanung zu den durch sie betroffenen subjektiven Rechten die von der Planung ausgehende Eigentumsbeschränkung *rechtfertigungsbedürftig* und trägt nicht etwa bis zum Beweis des Gegenteils ihre Rechtfertigung schon in sich (BVerwG, U. v. 5.7.1974 – IV C 50.72 – BVerwGE 45, 309 = BauR 1974, 311 = DÖV 1975, 92 = DVBl. 1974, 767 = BRS 28 Nr. 4).

10 Ein Grundstückseigentümer muss darauf vertrauen können, dass die Gemeinde den Bebauungscharakter seines Grundstücks nur aus besonderem Anlass ändert. Ist sein Grundstück einer bestimmten Nutzungsart zugeführt, benötigt er eine gewisse Sicherheit, dass es hierbei verbleibt, weil er nach dieser Nutzungsart nunmehr seine Baupläne ausrichtet und danach entscheidet, wie er sein Grundstück ggf. verwerten will. Deshalb ist es notwendig, dass wesentliche, erkennbare und *plausible Gründe* für die Planung oder ihre Änderung in der Begründung zum Bauleitplan dargelegt werden. Dazu gehört auch die öffentliche Darlegung sich wesentlich unterscheidender Lösungen (*Planungsalternativen*) bei der Beteiligung der Öffentlichkeit nach § 3 Abs. 1 BauGB. Der Verzicht auf die Einbeziehung von möglichen Alternativen in die Planung kann ein Abwägungsfehler sein. In die Begründung des Bauleitplans ist nach § 2a BauGB ein **Umweltbericht** aufzunehmen, der bestimmte dort aufgeführte Angaben enthalten muss. Nach § 12 BauGB kann aufgrund nur eines Durchführungsplansplans über ein Bauprojekt (Vorhaben- und Erschließungsplans) eines Vorhabenträgers ein **vorhabenbezogener B-Plan** aufgestellt werden (zur Unzulässigkeit von Einzelfallplanungen im Übrigen s. Rn 34, 35).

Fehlt es von vornherein an allen zur Rechtfertigung eines Bauleitplans geeigneten, d.h. bodenrechtlich relevanten Elementen einer Ordnung der städtebaulichen Entwicklung, ist für eine Bauleitplanung kein Raum (so bereits BVerwG, U. v. 5.7.1974, aaO.). Fehlt einem B-Plan die *Begründung* oder ist eine vorliegende Entwurfsbegründung nicht geeignet, die Aufgaben einer Planbegründung zu erfüllen, weil ihr zu zentralen Punkten des B-Plans – auch zur Erforderlichkeit der Umweltprüfung – begründete Hinweise fehlen, hatte das bereits nach früherer Rspr. die Unwirksamkeit des B-Plans zur Folge (BGH, U. v. 11.11.1976 – III ZR 114/75 – BRS 30 Nr. 6 = BauR 1977, 49).

11 Rechtsprechung zur Erforderlichkeit und Planrechtfertigung:

Ob eine Planung i. S. d. § 1 Abs. 3 BauGB erforderlich ist, hängt nicht von dem Gewicht der für oder gegen sie sprechenden privaten Interessen ab. Als zur Rechtfertigung geeignete städtebauliche Gründe kommen **allein öffentliche Belange** in Betracht. Nicht erforderlich sind nur solche Bauleitpläne, die einer positiven Plankonzeption entbehren und ersichtlich der Förderung von Zielen dienen, für deren Verwirklichung die Planungsinstrumente des BauGB nicht bestimmt sind. Davon ist beispielsweise auszugehen, wenn eine planerische Festsetzung lediglich dazu dient, private Interessen zu befriedigen, oder eine positive städtebauliche Zielsetzung nur vorgeschoben wird (vgl. BVerwG, B. v. 11.5.1999 – 4 NB 15.99 – ZfBR 1999, 279 = BauR 1999, 1136 = BRS 62 Nr. 19). Der **Ausschluss von Einzelhandelsbetrieben** in einem GE-Gebiet kann im Vorgriff auf künftige Entwicklungen erforderlich sein (BVerwG, B. v. 8.9.1999 – 4 BN 14.99 – ZfBR 2000, 275 = BRS 62 Nr. 2). Trotz der Erteilung des Einvernehmens (§ 36 Abs. 1 Satz 1 BauGB) hinsichtlich eines bestimmten Vorhabens ist die Gemeinde grundsätzlich nicht gehindert, eine die Zulässigkeit des Vorhabens ausschließende Bauleitplanung (**Ausschluss von Spielhallen**) zu betreiben (BVerwG, B. v. 26.10.1998 – 4 NB 43.98 –, VwRR BY 1999, 103). Gemeinden und Städten ist es verwehrt, im Gewande des Städtebaurechts **Denkmalschutz** zu betreiben. Bauplanerische Festsetzungen, die nur vorgeschoben sind, in Wirklichkeit aber Zwecken des Denkmalschutzes dienen, sind rechtswidrig (§ 1 Abs. 1 und 3 BauGB – BVerwG, U. v. 18.5.2001 – 4 CN 4.00 – BauR 2001, 1692). Ein B-Plan, der die Errichtung eines **Einkaufszentrums** ermöglicht, kann auch dann – bei entsprechendem gutachterlichen

Nachweis – städtebaulich gerechtfertigt sein, wenn sich ein privater Investor als Gegenleistung für die Übereignung der gemeindlichen Flächen, auf denen das Einkaufszentrum errichtet werden soll, gegenüber der Gemeinde zur Errichtung eines Sportstadions verpflichtet (sog. Utrechter Modell – vgl. OVG NW, U. v. 7.12.2000 – 7a D 60/99.NE – BauR 2001, 1054 = BRS 63 Nr. 34). Setzt eine Gemeinde in einem B-Plan »**Flächen für die Landwirtschaft**« zu dem Zweck fest, den Bereich bis zur Ausweisung eines zweiten Wohnbauabschnitts gegen eindringende Bebauung zu sichern, so ist diese Festsetzung mangels Erforderlichkeit ungültig (Bay VGH, U. v. 3.4.2000 – 14 N 98.3624 –BRS 63 Nr. 6 = BauR 2000, 1836). Verfolgt die Gemeinde mit der Festsetzung einer Fläche für die Landwirtschaft (Streuobstwiese) maßgeblich auch landschaftspflegerische und klimatologische Zwecke (Kaltluftschneise), so liegt allein darin noch keine sog. Negativplanung, die – weil lediglich »vorgeschoben« – nach § 1 Abs. 3 BauGB unzulässig wäre (BVerwG, B. v. 27.1.1999 – 4 B 129.98 – NVwZ 1999, 878 = UPR 1999, 191 = BauR 1999, 611 = DVBl. 1999, 800). Eine »Negativplanung« ist nicht schon dann wegen eines Verstoßes gegen § 1 Abs. 3 BauGB nichtig, wenn ihr Hauptzweck in der Verhinderung bestimmter städtebaulich relevanter Nutzungen besteht. Sie ist nur dann unzulässig, wenn sie nicht dem planerischen Willen der Gemeinde entspricht, sondern nur vorgeschoben ist, um eine andere Nutzung zu verhindern (so bereits BVerwG, U. v. 18.12.1990 – 4 NB 8.90 – NVwZ 1991, 875 = BBauBl. 1991, 763 = ZfBR 1991, 123; VGH Kassel, B. v. 19.11.1992 – 3 N 2463/87 – NVwZ 1993, 906). Der Gemeinde ist nicht verwehrt, auch bereits **bebaute Ortsteile** zu **überplanen.** Dabei ist sie nicht darauf beschränkt, den vorgefundenen Bestand festzuschreiben. Unter Berücksichtigung des in § 1 Abs. 5 Satz 2 Nr. 4 BauGB aufgeführten Belangs kann sie sich das planerische Ziel setzen, einen vorhandenen Ortsteil fortzuentwickeln. Dabei kann sie sich ggf. auch über die tatsächlichen Verhältnisse hinwegsetzen, was sich nach der jeweiligen Erforderlichkeit bestimmt (vgl. BVerwG, B. v. 6.6.1997, BauR 1997, 803).

Die Bebauungsplanung kann auch aus Anlass eines an sich **unzulässigen Einzelfalles erforderlich** werden. Vorhaben können nämlich von einer bestimmten Größenordnung an nur durch ein ordnungsgemäßes Bauleitplanverfahren in die Umwelt eingefügt werden. Ein Vorhaben bedarf wegen seines Umfanges dann der förmlichen Bauleitplanung, wenn die Koordinierung der in seinem »Gebiet« potenziell betroffenen Interessen nicht mehr dem Bauherrn überlassen bleiben kann, sondern eine spezifisch planerische und für das Ergebnis auch gleichsam amtlich einstehende Abwägung erfordert (so bereits BVerwG, U. v. 26.11.1976 – IV C 69.74 – BRS 30 Nr. 34 = NJW 1977, 1978). Dies ist beispielsweise bei der Ansiedlung von *Einkaufszentren und großflächigen Handelsbetrieben* der Fall, für die nach § 11 Abs. 3 unter bestimmten Voraussetzungen die Bauleitplanung erforderlich wird.

12

Zu unterscheiden sind zwei Fälle:
- die *städtebaulich begründete* und somit im öffentlichen Interesse liegende planungsrechtliche *Erforderlichkeit* von B-Plänen zur Umsetzung bestimmter städtebaulicher Ziele der Gemeinde,
- das *bebauungsrechtliche Erfordernis von Planung*, das sich erst aus dem Koordinationsbedürfnis eines bei Bauantragstellung noch unzulässigen Vorhabens im Einzelfall ergibt

§ 1   12.1–13

(vgl. *Weyreuther*, DVBl. 1981, 369). Während die planungsrechtliche Erforderlichkeit sich zur Planungspflicht verdichten kann, begründet das bebauungsrechtliche Planerfordernis keine Planungspflicht der Gemeinde. Auf die – aus Anlass eines Einzelfalls erforderliche – Bebauungsplanung besteht kein Anspruch; es liegt im Ermessen der Gemeinde, ob sie einem an sich unzulässigen Vorhaben durch Planung zur Rechtmäßigkeit verhelfen will.

12.1 Im *nicht beplanten Innenbereich* kann das bebauungsrechtliche Planerfordernis einem nach § 34 Abs. 1 BBauG zu beurteilenden Vorhaben nicht als öffentlicher Belang entgegengehalten werden (so bereits BVerwG, U. v. 24.10.1980 – 4 C 3.78 – DVBl. 1981, 401 noch zu § 34 Abs. 1 BBauG). Fügt sich das Vorhaben ein, so müssen ihm schon andere öffentliche Belange entgegengehalten werden, um es verhindern zu können. In § 34 Abs. 1 BauGB sind die im BBauG noch aufgeführten »öffentlichen Belange« entfallen; dieses Merkmal wird von dem Begriff des »Einfügens« umfasst (Näheres bei § 34 BauGB).

12.2 Eine bauplanerische Festsetzung tritt nach Auffassung des BVerwG wegen **Funktionslosigkeit** außer Kraft, wenn und soweit die Verhältnisse, auf die sie sich bezieht, in der tatsächlichen Entwicklung einen Zustand erreicht haben, der eine Verwirklichung der Festsetzung auf unabsehbare Zeit ausschließt, und die Erkennbarkeit dieser Tatsache einen Grad erreicht hat, der einem etwa dennoch in die Fortgeltung der Festsetzung gesetzten Vertrauen die Schutzwürdigkeit nimmt. Eine Festsetzung, die überhaupt keinen sinnvollen Gegenstand oder keinen denkbaren Adressaten hat oder eine schlechthin unmögliche Regelung trifft, kann nicht in Kraft treten und tritt außer Kraft, wenn sich der Mangel der Funktionslosigkeit nachträglich einstellt (st. Rspr. des BVerwG, so U. v. 17.6.1993 – 4 C 7.91 – NVwZ 1994, 281 = ZfBR 1993, 304; OVG Berlin, U. v. 26.1.79 – II A 5.77 – BauR 1980, 239 = NJW 1980, 1121). Die Plankonzeption, die einer Festsetzung zugrunde liegt, wird nach Auffassung des BVerwG jedoch nicht schon dann sinnlos, wenn sie nicht mehr überall im Plangebiet umgesetzt werden kann.

So ist z. B. ein B-Plan (für GE-Gebiet) nicht bereits ganz oder teilweise wegen Funktionslosigkeit außer Kraft getreten, weil auf einer Teilfläche eine singuläre planwidrige Nutzung (Einrichtungshaus mit 13.000 m^2 VF) entstanden ist (vgl. BVerwG, B. v. 21.12.1999 – 4 BN 48.99 – NVwZ-RR 2000, 411 = UPR 2000, 229 = ZfBR 2000, 274 = BauR 2000, 854). Erst wenn die tatsächlichen Verhältnisse vom Planinhalt so massiv und so offenkundig abweichen, dass der B-Plan insoweit eine städtebauliche Gestaltungsfunktion unmöglich zu erfüllen mag, könne von einer Funktionslosigkeit gesprochen werden (BVerwG, B. v. 6.6.1997 – 4 NB 6.97 – UPR 1997, 469 = BauR 1997, 803). So wird die Festsetzung eines Dorfgebiets in einem B-Plan wegen Funktionslosigkeit unwirksam, wenn in dem maßgeblichen Bereich nur noch Wohnhäuser und keine Wirtschaftsstellen land- oder forstwirtschaftlicher Betriebe (mehr) vorhanden sind und auch auf unabsehbare Zeit mit ihrer Errichtung nicht mehr gerechnet werden kann (vgl. BVerwG, B. v. 29.5.2001 – 4 B 33.01 – BauR 2001, 1550). Auf landesrechtlicher Grundlage erlassene (in den B-Plan übernommene) Gestaltungsfestsetzungen können funktionslos werden, wenn die der jeweiligen Festsetzung zugrunde liegende planerische Konzeption nicht mehr zu verwirklichen ist (vgl. OVG NW, U. v. 25.8.1999 – 7 A 4459/96 – BauR 2000, 250 = BRS 62 Nr. 155).

13 d) **Rechtskontrolle der Bauleitpläne.** Die Bauleitplanung ist rechtlich gebunden und in dieser Bindung auch rechtlich kontrollierbar. Die inhaltliche Bestimmung und Anwendung der im BauGB sowie in der BauNVO enthaltenen Begriffe und die Verfahrensregelungen sind der gerichtlichen Kontrolle und somit auch – B-Pläne zumindest noch teilweise – der *Rechtskontrolle* durch die *höhere Verwaltungsbehörde* im Genehmigungsverfahren (FN-Plan nach § 6, B-Pläne nach § 10; Prüfungspflicht der Genehmigungsbehörde nach § 216

BauGB) unterworfen. In § 10 Abs. 2 BauGB ist 1998 das Genehmigungsverfahren gegenüber früheren Fassungen des BauGB wesentlich vereinfacht worden. So sind B-Pläne, die aus dem FN-Plan entwickelt sind, weder zu genehmigen noch anzuzeigen (§ 10 Abs. 2 BauGB).

Die Rechtskontrolle der B-Pläne ist in diesen Fällen nur noch gerichtlich möglich und zwar entweder *inzidenter*, d.h. anhand der Prüfung eines auf einen B-Plan gestützten Einzelfalles gem. § 68 ff. VwGO oder im Wege des *Normenkontrollverfahrens* (s. Rn 20–21). Die bei Beachtung der übergeordneten Rechtsvorschriften, Grundsätze und Ziele der Gemeinde tatsächlich noch verbleibende Gestaltungsfreiheit (Planungsermessen) ist von den Gerichten und – soweit noch eingeschaltet – von den Genehmigungsbehörden zu respektieren.

Demgegenüber ist die Gewichtung der verschiedenen Belange, die **Abwägung** nach § 1 Abs. 7 BauGB, der richterlichen Kontrolle nur beschränkt zugänglich. Die Kontrolle beschränkt sich darauf, ob im Einzelfall die gesetzlichen Grenzen der Gestaltungsfreiheit überschritten sind oder ob von der Gestaltungsfreiheit in einer der Ermächtigung nicht entsprechenden Weise Gebrauch gemacht ist. Das Gebot der gerechten Abwägung ist danach verletzt, wenn

- eine sachgerechte Abwägung überhaupt nicht stattfindet,
- in die Abwägung an Belangen nicht eingestellt wird, was nach Lage der Dinge in sie eingestellt werden muss,
- die Bedeutung der privaten Belange verkannt oder wenn der Ausgleich zwischen den von der Planung berührten öffentlichen Belangen in einer Weise vorgenommen wird, der zur objektiven Gewichtigkeit einzelner Belange außer Verhältnis steht.

Innerhalb des so gezogenen Rahmens wird das **Abwägungsgebot** jedoch nicht verletzt, wenn sich die Gemeinde in der Kollision zwischen verschiedenen Belangen für die Bevorzugung des einen und damit notwendig für die Zurückstellung eines anderen entscheidet. Innerhalb dieses Rahmens ist das Vorziehen oder Zurücksetzen bestimmter Belange kein nachvollziehbarer Vorgang der Abwägung, sondern eine elementare planerische Entschließung, die zum Ausdruck bringt, wie und in welcher Richtung sich eine Gemeinde städtebaulich geordnet fortentwickeln will (BVerwG, U. v. 12.12.1969 – 4 C 105.66 – BVerwGE 34, 301 = DÖV 1970, 277 = DVBl. 1970, 414). Diese Anforderungen gelten grundsätzlich sowohl für den *Abwägungsvorgang* als auch für das *Abwägungsergebnis* (dazu BVerwG, U. v. 5.7.1974, aaO. Rn 9; *Hoppe*, DVBl. 1977, 136; *Weyreuther*, DÖV 1980, 389, 391 f.).

Die nicht abschließende **Aufzählung** der Belange in § 1 Abs. 6 BauGB bedeutet keine Rangfolge. Ein auch nur relativer Vorrang eines in der Vorschrift benannten Belanges gegenüber einem anderen lässt sich nicht abstrakt festlegen (BVerwG, B. v. 5.4.93 – 4 NB 3.91 –, BVerwGE 92, 231 = DVBl. 93, 622 = ZfBR 93, 197 = UPR 93, 271). Auch die in § 1a BauGB zusammengefassten und hervorgehobenen umweltschützenden Belange (insbes. die naturschutzrechtliche Eingriffsregelung) sind nach § 1a Abs. 2 in dem Abwägungsvorgang nach § 1 Abs. 7 zu berücksichtigen. Aus den Gesetzesunterlagen ist eine etwa vorrangige Berücksichtigung dieser Belange nicht zu entnehmen (vgl. BT-Drucks. 13/7589, S. 31, 36).

Für einen **Mangel des Abwägungsvorgangs** kommt es auf dessen *Erheblichkeit* an. Unerhebliche Fehler berühren die Rechtswirksamkeit eines B-Plans nicht

§ 1 17, 18

(vgl. die Planerhaltungsvorschriften der §§ 214–216 BauGB). Mängel im Abwägungsvorgang sind nur dann erheblich, wenn sie *offensichtlich und* auf das Abwägungs*ergebnis* von Einfluss gewesen sind. Dabei ist für die Abwägung die Sach- und Rechtslage im Zeitpunkt der Beschlussfassung über den B-Plan maßgebend (§ 214 Abs. 3 BauGB). Mängel der Abwägung sind jedoch dann unbeachtlich, wenn sie nicht innerhalb von 7 Jahren seit Bekanntmachung des FN-Plans oder B-Plans schriftlich gegenüber der Gemeinde geltend gemacht worden sind (§ 215 Abs. 1 Nr. 2 BauGB); für Verfahrens- und Formfehler beträgt die Frist nur 1 Jahr. Mängel, die nicht nach den §§ 214, 215 BauGB unbeachtlich sind und durch ein ergänzendes Verfahren behoben werden können, führen nach § 215a BauGB nicht zur Nichtigkeit des B-Plans. Bis zur Behebung der Mängel entfaltet der B-Plan jedoch keine Rechtswirkungen.

17 Eine sachliche Verkürzung des abschließenden Abwägungsvorganges durch eine **Vorwegnahme der Entscheidung** in anderer Weise widerspricht grundsätzlich dem Abwägungsgebot und führt zu einem Abwägungsdefizit, das allerdings u. U. dadurch ausgeglichen werden kann, dass

- die Vorwegnahme der Entscheidung – auch unter dem Gesichtswinkel des dadurch belasteten Auslegungsverfahrens – sachlich gerechtfertigt ist,
- die planungsrechtliche Zuständigkeit des Gemeinderates (soweit ihm die Planung obliegt) dadurch gewahrt bleibt, dass ihm durch eine entsprechende Mitwirkung auch die Vorentscheidung zugerechnet werden kann,
- die vorgezogene Entscheidung unter Beachtung ihrer planerischen Auswirkungen auch inhaltlich nicht zu beanstanden ist.

Dies führt zur Notwendigkeit sowohl eines sachgerechten Abwägungsvorganges als auch eines nicht zu missbilligenden Abwägungsergebnisses auch schon für die vorweggenommene Entscheidung (BVerwG, U. v. 5.7.1974, aaO. Rn 9; ferner BGH, U. v. 28.5.1976 – III ZR 137/74 – BGHZ 66, 322 = BRS 30 Nr. 5 = DVBl. 1976, 776).

Eine **unzulässige Vorwegbindung** liegt nach der Rspr. jedoch nicht schon dann vor, wenn eine Gemeinde intensiv mit Interessenten oder Betroffenen zusammenarbeitet. Das gilt selbst dann, wenn etwa Bauträger eigene Planentwürfe ausarbeiten und zur Verfügung stellen (VG BW, NK-U. v. 11.7.1995 – 3 S 1242/95 – UPR 1996, 115). Auch wenn die Gemeinde auf der Grundlage eines solchen Projektentwurfs einen B-Plan aufstellt, ohne selbst alternative Entwürfe zu fertigen, macht dies den B-Plan für sich noch nicht abwägungsfehlerhaft (BVerwG, B. v. 28.8.1987 – 4 N 1.86 – NVwZ 1988, 351). Eine Zusammenarbeit mit Dritten kann sich durchaus als sachgerecht und sogar als notwendig erweisen, um umfangreiche Planungen effektiv, schnell und kostengünstig realisieren zu können. Ein Abwägungsausfall der Gemeinde liegt nur dann vor, wenn vorgeschaltete tatsächliche oder rechtliche Bindungen die Interessenabwägung des Gemeinderats beim abschließenden Satzungsbeschluss erkennbar verkürzen, der Gemeinderat mithin nicht mehr »abwägungsbereit« ist. Der Gemeinderat muss – positiv ausgedrückt – trotz solcher Bindungen »Herr des Bebauungsplanverfahrens« bleiben und die Ziele und Zwecke i. S. des § 1 BauGB eigenständig vorgeben (VGH BW, NK-U. v. 16.4.1999 – 8 S 5/99 –).

18 Auf die **Aufstellung**, Änderung, Ergänzung und Aufhebung **von Bauleitplänen** und städtebaulichen Satzungen besteht im Übrigen grundsätzlich **kein Anspruch** (§ 1 Abs. 3 S. 2 BauGB). Der Einzelne hat daher keinen Anspruch darauf, dass die Gemeinde eine eingeleitete Planung zu Ende führt oder einen Verfahrens- oder Formfehler behebt (BVerwG, B. v. 9.10.1996 – 4 B 180.96 – BauR 1997, 263; VGH BW, B. v. 22.3.2000 – 5 S 444/2000 – BRS 63 Nr. 40 = ZfBR 2000, 417 = BauR 2000, 1704). Der Anspruch eines Vorhabenträgers auf ermessensfehlerfreie Entscheidung über die beantragte Einleitung des B-Planverfahrens nach § 12 Abs. 2 BauGB erschöpft sich in einem Anspruch darauf, dass die Gemeinde überhaupt entscheidet, ob sie das Satzungsverfahren einleitet. Ein Anspruch auf einen bestimmten Inhalt der Entscheidung besteht nicht. Die Gemeinde kann sich auch nicht zum Erlass eines B-Plans verpflichten bzw. – spiegelbildlich dazu – vertraglich zusichern, dass ein bestehender B-Plan auf Dauer nicht geändert wird. Diese Einschränkungen gelten auch gegenüber einer anderen Gebietskörperschaft (z. B. Nachbargemeinde), weil das interkommunale Abstimmungsgebot (§ 2 Abs. 2 BauGB) das Verbot nach § 1 Abs. 3 S. 2 nicht modifiziert (BVerwG, B. v. 28.12.2005 – 4 BN 40.05 – BauR 2005, 802).

Ein **Anspruch** auf Erlass oder Änderung eines B-Plans kann auch nicht **durch** einen **Vertrag** begründet werden (§ 1 Abs. 3 S. 2 BauGB); (BVerwG, U. v. 11.3.1977 – 4 C 45.75 – DVBl. 1971, 529 = BauR 1977, 241 = NJW 1977, 1979 = BRS 32 Nr. 1). Macht eine Gemeinde die Änderung eines B-Plans (hier: Ausweisung eines Außenbereichsgrundstücks als Wohngebiet) in einem verwaltungsrechtlichen Vertrag davon abhängig, dass der bauwillige Eigentümer an Stelle eines nicht mehr festsetzbaren Erschließungsbeitrages an sie einen Geldbetrag für einen gemeinnützigen Zweck (hier: Unterhaltung städtischer Kinderspielplätze) leistet, so verletzt sie damit das sog. **Koppelungsverbot**; der Vertrag ist gemäß § 59 Abs. 2 Nr. 4 VwVfG nichtig (BVerwG, U. v. 16.5.2000 – 4 C 4.99 – BVerwGE 111, 162 = NVwZ 2000, 1285 = ZfBR 2000, 491 = BauR 2000, 1699). Unzulässig ist auch die vertragliche Vereinbarung, dass eine Gemeinde sich gegenüber einem Investor verpflichtet, die Ansiedlung eines Konkurrenzunternehmens zu verhindern. Zulässig ist dagegen die vertragliche Regelung, dass eine Gemeinde sich gegenüber einem Investor verpflichtet, die Aufstellung eines B-Plans zu Gunsten eines konkurrierenden dritten Investors zu unterlassen (VGH BW, U. v. 21.2.1978 – 8 660/77 – ESVGH 28, 152; a. A. Hess. VGH, B. v. 6.3.1985 – 3 N 207/85 – ESVGH 35, Nr. 59). Nichtige B-Planabreden können zu Ersatzansprüchen des privaten Vertragspartners führen (*Dolde/Uechtritz*, Ersatzansprüche aus Bauplanungsabreden, DVBl. 1987, 446 sowie BGH, U. v. 11.5.1989 – 3 ZR 88/87 – NJW 1990, 245). Ältere Rspr. zur Erforderlichkeit der Bauleitpläne und Abwägung s. 9. Aufl., § 1 Rn 16–19.

e) **Normenkontrollverfahren für Bebauungspläne.** Nach § 47 VwGO können u. a. *rechtsverbindliche* Satzungen nach dem BauGB, so auch B-Pläne auf Antrag durch die OVG im Rahmen einer **Normenkontrollklage** anhand des Bundesrechts sowie des Landesrechts, soweit dies nicht ausschließlich durch das Verfassungsgericht des Landes nachzuprüfen ist, auf ihre Gültigkeit überprüft werden.

Nicht überprüfbar im Wege einer vorbeugenden Unterlassungsklage sind B-Plan*entwürfe* – auch solche nach § 33 BauGB – und FN-Pläne (vgl. BVerwG, B. v. 20.7.1990 – 4 N 3.88 – ZfBR 1990, 296 = UPR 1991, 65; BayVGH, B. v. 30.10.1999 – 26 NE 99.2007 –, UPR 1999, 398).

Viele hier zitierte Fälle aus der Rspr. sind Urteile aus solchen Normenkontrollverfahren, z. T. auch des BverwG (im Fall einer Revisionsentscheidung). Den Antrag kann jede natürliche oder juristische Person innerhalb von 1 Jahr seit Bekanntmachung (§ 215 Abs. 3 Nr. 1 BauGB) stellen, die geltend macht, durch die Rechtsvorschrift oder deren Anwendung **in ihren Rechten verletzt** zu sein oder in absehbarer Zeit verletzt zu werden. Neu eingeführt wurde mit dem **Gesetz zur Erleichterung von Planungsvorhaben für die Innenentwicklung der Städte** vom 21.12.2006 (BGBl. I 2006, S. 3316) die sog. Präklusionsklausel

§ 1   **20.1**

des § 3 Abs. 2 S. 2 BauGB, wonach ein solcher Antrag unzulässig ist, soweit mit ihm Einwendungen geltend gemacht werden, die vom Antragsteller im Rahmen der Auslegung nicht oder verspätet geltend gemacht wurden, aber hätten geltend gemacht werden können.

Wegen der Ersetzung des Begriffs »Nachteil« nach früherem Recht (§ 47 Abs. 2 S. 1 VwGO a. F.) durch den Begriff »Rechtsverletzung« nach dem 6. VwGO-ÄndG v. 1.11.1996 (BGBl. I S. 1126) sind im Ergebnis keine höheren Anforderungen als vorher zu stellen (BVerwG, U. v. 24.9.1998 – 4 CN 2.98 – BVerwGE 107, 215 = BauR 1999, 134 = UPR 1999, 27 = DVBl. 1999, 199).

Antragsbefugt sind z. B., auch wenn sie außerhalb des Plangebiets wohnen,

- *Eigentümer* der durch die Festsetzung unmittelbar betroffenen Grundstücke (BVerwG, U. v. 10.3.1998 – 4 CN 6.97 – BauR 1998, 740 = ZfBR 1998, 205 = UPR 1998, 348; B. v. 22.8.2000 – 4 BN 38.00 – NVwZ 2000, 1413 = ZfBR 2000, 564 = BauR 2000, 1834: Antragsbefugnis wegen Verbauung einer Aussichtslage jedoch abgelehnt),
- (Dauer-)*Mieter* (BVerwG, B. v. 11.11.1988 – 4 NB 5.88 – BauR 89, 304; OVG Lüneburg, U. v. 19.5.1981 – 6 C 16/80 – BRS 38 Nr. 46 = BauR 1982, 138), auch wenn sie außerhalb des Plangebiets wohnen (vgl. VGH BW, U. v. 30.11.1993 – 3 S 2120/92 – UPR 1994, 156),
- *Anwohner einer Straße* mit planbedingtem *erheblich* erhöhtem Verkehrslärm (BVerwG, B. v. 18.3.1994 – 4 NB 24.93 – BauR 1994, 490 = BRS 56 Nr. 30 = DVBl. 1994, 701),
- *Pächter* eines im Plangebiet liegenden landwirtschaftlichen Betriebs (BVerwG, U. v. 5.11.1999 – 4 CN 3.99 –BauR 2000, 689 = DVBl. 2000, 830 = NVwZ 2000, 806 = UPR 2000, 190 = BRS 62 Nr. 50),
- *Bauantragsteller*, die eine Bebauung auf einem Fremdgrundstück im Einvernehmen mit dessen Eigentümer beabsichtigt, sowie
- jede *Behörde*, jedoch nur, wenn sie ein Rechtsschutzbedürfnis hat (z. B. die höhere Verwaltungsbehörde, die einen von ihr genehmigten fehlerhaften B-Plan wegen mangelnder Verwerfungskompetenz jedoch anwenden muss; vgl. BVerwG, U. v. 11.8.1989 – 4 C 22.83 – ZfBR 1989, 272 = NVwZ 1990, 57 = UPR 1990, 25 = BRS 49 Nr. 40, B. v. 26.6.1998 – 4 NB 29.97 – Sächs.VBl. 1998, 236).

Zur Entwicklung der Rspr. zur Antragsbefugnis bei der Normenkontrolle von B-Plänen s. auch *Dürr*, NVwZ 1996, 105.

20.1 Die Antragsbefugnis der **Gemeinde** gegen einen **B-Plan einer Nachbargemeinde** kommt nur in Betracht, sofern sie eine *Rechtsverletzung*, z. B. in ihrer *eigenen Planungshoheit* geltend machen kann (BVerwG, B. v. 15.3.1989, – 4 NB 10.88 – NVwZ 1989, 654). Vorausgesetzt ist, dass es sich um eine gleichsam grenzüberschreitende Planung handelt (BVerwG, U. v. 11.5.1984 – 4 C 83.80 – BRS 42 Nr. 1 = DÖV 1985, 113; VGH BW, U. v. 27.2.1987 – 5 S 2472/86 – BauR 1987, 417 = UPR 1987, 398) und wenn das (materielle) gemeindenachbarliche **Gebot der Abstimmung** mit der eigenen Bauleitplanung des § 2 Abs. 2 BauGB verletzt ist.

Der **Abstimmungspflicht** bedarf es bereits dann, wenn unmittelbare Auswirkungen gewichtiger Art auf die städtebauliche Ordnung und Entwicklung der Nachbargemeinde in Betracht kommen. Voraussetzung ist – anders als durch die rechtliche Betroffenheit einer Gemeinde durch eine Fachplanung – nicht, dass eine hinreichend bestimmte Planung der Nachbargemeinde nachhaltig gestört wird oder dass wesentliche Teile von deren Gebiet einer durchsetzbaren Planung entzogen werden. Für die gemeindenachbarliche Abstimmungspflicht nach § 2 Abs. 2 BauGB kommt es nicht auf ein unmittelbares Angrenzen der Gemeinden an (BVerwG, B. v. 9.1.1995 – 4 NB 42.94 – UPR 1995, 195 = GewArch. 1995, 210 = ZfBR 1995, 148 = BauR 1995, 354 = NVwZ 1995, 694 = NuR 1996, 30 = BRS 57 Nr. 5; im Anschluss an U. v. 15.12.1989 – 4 C 36.86 – BVerwGE 84, 209).

Ein solcher Nachteil bzw. eine solche Rechtsverletzung liegt z. B. vor, wenn

- eine Gemeinde im Landesentwicklungsprogramm als Mittelzentrum ausgewiesen ist und in dieser Funktion durch die Ausweisung eines SO-Gebiets für ein Einkaufszentrum in einer benachbarten Gemeinde ohne zentralörtliche Funktion nachteilig betroffen wird (OVG RhPf, U. v. 19.10.1988 – 10 C 27/87 – NVwZ 1989, 983; vgl. BVerwG, B. v. 9.1.1995 – 4 NB 42.94 – aaO.), oder
- die Massierung der Verkaufsflächen für Einzelhandelsbetriebe in unmittelbarer Nähe der antragstellenden Gemeinde erhebliche Auswirkungen auf deren städtebauliche Entwicklung und Ordnung haben kann, ohne dass eine materielle Abstimmung erfolgt ist (BVerwG, U. v. 2.6.1992 – NB 8.92 – JURIS; vgl. auch BVerwG, U. v. 15.12.1989 – 4 C 36.86 – BVerwGE 84, 209 = NVwZ 1990, 464 = DVBl. 1990, 42).

20.2 Das Gleiche gilt auch für einen **Vorhaben- und Erschließungsplan** (§ 12 BauGB) für einen großflächigen Einzelhandelsbetrieb in der Nachbargemeinde (BVerwG, U. v. 9.5.1994 – 4 NB 18.94 – BauR 1994, 492 = UPR 1994, 307 = ZfBR 1994, 243). Eine Gemeinde ist durch den B-Plan einer Nachbargemeinde jedoch nicht nachteilig betroffen, wenn sie selbst keine eigene hinreichend konkrete Planung hat, die eine materielle Abstimmung mit der Nachbargemeinde erfordert (VGH BW, U. v. 27.2.1987 aaO.).

Nach § 47 Abs. 5 VwGO hat das OVG eine für **ungültig erkannte Rechtsnorm** für **nichtig** zu erklären. Die Entscheidung hat allgemeinverbindliche Wirkung, ergeht durch Urteil und ist vom Antragsgegner zu veröffentlichen. Können festgestellte Mängel jedoch durch ein ergänzendes Verfahren nach BauGB 215a BauGB 1998 behoben werden, so erklärt das OVG die Satzung bzw. den B-Plan bis zur Behebung der Mängel für nicht wirksam; diese Erklärung ist ebenso wie ein Normenkontroll-Urteil des OVG zu veröffentlichen.

Die Nichtigkeit einzelner Festsetzungen eines B-Plans führt dann nicht zur Gesamtnichtigkeit des B-Plans, wenn die übrigen Festsetzungen für sich betrachtet noch den Anforderungen des § 1 BauGB gerecht werdende sinnvolle städtebauliche Ordnung bewirken können und anzunehmen ist, dass die Gemeinde auch einen Plan dieses eingeschränkten Inhalts beschlossen hätte (BVerwG, B. v. 29.3.1993 – 4 NB 10.91 – DVBl. 1993, 661 = UPR 1993, 269 = NVwZ 1994, 271 = BRS 55 Nr. 30). Erweist sich jedoch die *Gebietsfestsetzung* als unwirksam, so fehlt dem B-Plan die Kernaussage seines Konzepts, auf dem er beruht und die Nichtigkeit dieser Festsetzung erfasst regelmäßig alle übrigen Festsetzungen des B-Plans (BVerwG, B. v. 8.8.1989 – 4 NB 2.89 – ZfBR 1989, 274). Denn eine ordnungsgemäße Abwägung im Hinblick auf Festsetzungen zum Maß der baulichen Nutzung ist kaum vorstellbar, wenn die Art der Gebietsnutzung offen bleibt (vgl. BVerwG, U. v. 27.1.1978 – 7 C 44.76 – DVBl. 1978, 536). Lebt dadurch jedoch die bisherige Gebietsausweisung wieder auf und lassen sich die übrigen Festsetzungen damit vereinbaren, führt die Nichtigkeit der Gebietsausweisung ausnahmsweise nicht zur Gesamtnichtigkeit des B-Plans (vgl. VGH BW, B. v. 5.6.1996 – 8 S 487/96 – VBlBW 1996, 376 = NVwZ-RR 1997, 684 = BRS 58 Nr. 19).

21 Wenn es zur Abwehr *schwerer Nachteile* oder aus anderen wichtigen Gründen dringend geboten ist, kann das OVG nach § 47 Abs. 6 VwGO als vorläufige Maßnahme eine **einstweilige Anordnung** zur Aussetzung der Vollziehbarkeit des B-Plans erlassen. Gegen einen *aufgehobenen* oder *außer Kraft getretenen* B-Plan ist das Normenkontrollverfahren zulässig, wenn dessen frühere Gültigkeit für künftige Entscheidungen noch erheblich sein kann (BVerwG, B. v. 2.9.1983 – 4 N 1.83 – BRS 40 Nr. 99 = BauR 1984, 156; *Rasch*, BauR 1981, 409, 414 m. w. N.).

Andererseits fehlt es an einem erkennbaren Nachteil und somit an dem erforderlichen Rechtsschutzbedürfnis für eine Normenkontrollklage gegen Festsetzungen eines rechtsverbindlichen B-Plans, zu dessen Verwirklichung schon eine unanfechtbar gewordene Genehmigung erteilt worden ist und wenn die Rechtsstellung des Antragstellers durch eine Nichtigkeitserklärung des B-Plans nicht verbessert werden kann (vgl. BVerwG, B. v. 28.8.1987 – 4 N 3.86 – ZfBR 1988, 41 = BauR 1987, 661; OVG Lüneburg, U. v. 12.3.1980 – 6 C 12/78 – BRS 36 Nr. 32 = BauR 1980, 540). Zu weiteren Einzelheiten des Normenkontrollverfahrens s. z. B. *Redeker/von Oertzen*, Verwaltungsgerichtsordnung, 13. Aufl., § 47; zu Normenkontrollverfahren hinsichtlich gemeindenachbarlicher Abstimmungen bei großflächigen Einzelhandelsbetrieben § 11 Rn 11.21, zur Rspr. § 11 Rn 34).

2. Darstellung von Bauflächen und Baugebieten im Flächennutzungsplan

22 a) **Darstellung von Bauflächen (Abs. 1).** Die Darstellung von Bauflächen bzw. Baugebieten ist alternativ oder kumulativ möglich (Rn 3). Soweit für die beabsichtigte städtebauliche Entwicklung nach den voraussehbaren Bedürfnissen der Gemeinde für das Bauland noch keine konkreten Planungsaussagen erforderlich oder möglich sind, genügt die Darstellung der *allgemeinen Art der baulichen Nutzung* (§ 5 Abs. 2 Nr. 1 BauGB), für die Abs. 1 abschließend vier Arten von Bauflächen nennt. Sie beziehen sich im Wesentlichen auf die Grundfunktionen des menschlichen Daseins: Wohnen, Arbeiten, Versorgung, Erholung. Ihr Inhalt ist so allgemein, dass mit ihnen die städtebauliche Entwicklung nicht geleitet, sondern nur vorbereitet werden kann. Andere Arten von Bauflächen oder nur »Bauflächen« (ohne Zusatz) können nicht dargestellt werden; sie sind – ebenso wie »Reserve-Bauflächen« oder eine zeitliche Reihenfolge von Bauflächen – nicht zulässig.

23 Die Darstellung von Bauflächen als weniger verbindliche Planungsform erleichtert die Planung, weil die notwendige Entscheidung zur Detailplanung auf einen späteren Zeitpunkt verschoben wird. Im Hinblick auf die durch jede Planung erfolgende Beschränkung des Grundeigentums ist es ohnehin geboten, die Detailplanung *so spät wie möglich* und *nicht früher als nötig (erforderlich)* durchzuführen. Dabei müssen die Nachteile der Unverbindlichkeit in Kauf genommen werden; denn mangels ins Einzelne gehender Planungsvorstellungen kann ein »ungegliederter« FN-Plan ohne Außenwirkung haben, die konkrete Planungen entfalten (BVerwG, U. v. 28.2.1975 – IV C 74.72 – BVerwGE 48, 70 = BRS 29 Nr. 8 = BayVBl. 1975, 564 = DVBl. 1975, 661 = BauR 1975, 256). Er gibt Betroffenen und Beteiligten insbes. nicht hinreichend Aufschluss über Planungsinhalte und -folgen.

24 Die Frage, ob und inwieweit die **Darstellung von Bauflächen genügt** oder bereits die Darstellung von Baugebieten **erforderlich ist**, hängt von den jeweiligen Verhältnissen der Gemeinde, insbesondere ihrer Größe, Funktion im Raum und ihrer Struktur ab. Maßgebend für das »ob und inwieweit« der Darstellung von Bauflächen bzw. Baugebieten im FN-Plan ist die Bindung »sobald und soweit es für die städtebauliche Entwicklung und Ordnung erforderlich ist« (§ 1 Abs. 3 BauGB). Die **Darstellung von Bauflächen** ist z. B. angebracht

- bei **Gemeinden mit großer Gebietsfläche,** weil der FN-Plan wegen der Größe der Gemeinde in einem großen Maßstab gehalten sein muss und die Baugebietsdarstellung zu kleinräumig wäre. Werden zur Verdeutlichung für Teilbereiche Planausschnitte in kleinerem Maßstab mit Baugebieten beigefügt oder später als Änderung ins Verfahren gebracht, muss bestimmt werden, inwieweit der Gesamtplan bzw. die Planausschnitte konstitutive Wirkung haben,
- bei der Planung neuer Stadtteile oder Siedlungen »auf der grünen Wiese«, wenn konkrete Planungen noch unzweckmäßig sind, **insbes. für Wohnbauflächen,**
- bei der geplanten **Ansiedlung von Gewerbebetrieben,** wenn deren Emissionsgrad und Einordnung nach § 4 BImSchG noch unbekannt sind.

25 Empfehlungen, von der Darstellung von Baugebieten zwecks eines einfacheren Entwickelns der B-Pläne im Allgemeinen abzusehen, gehen zu weit. Dies widerspricht auch der Aufwertung des FN-Plans durch die im BauGB 1998 weitgehend weggefallenen Rechtskontrolle der B-Pläne. Sonder*bauflächen* ohne Angabe einer Zweckbestimmung enthalten ebenso wie »Bauflächen« keine materielle Aussage i. S. des § 1 Abs. 1 und des § 5 Abs. 2 Nr. 1 BauGB über die allgemeine Art der baulichen Nutzung. Falls nicht bereits Sonder*gebiete* darzustellen sind, ist für Sonderbauflächen eine *allgemeine Zweckbestimmung* anzugeben (BVerwG, U. v. 18.2.1994 – 4 C 4.92 – BauR 1994, 486 = UPR 1994, 301 = StGR 1994, 252 = ZfBR 1994, 234), z. B. »für großflächigen Einzelhandel«, »für Zwecke des Bundes« bei militärischen Anlagen oder »für Erholungszwecke«, soweit eine Gliederung nach den in § 10 beispielhaft genannten »Baugebieten, die der Erholung dienen« noch nicht erfolgen soll. Die Darstellung von gemischten Bauflächen lässt der Gemeinde bereits einen erheblichen gestalterischen Raum; sie kommt z. B. in Betracht, wenn der genaue Standort der Kerngebiete noch offen ist und eine Darstellung von Dorfgebieten ausscheidet. Im Hinblick auf die Problematik der in MK-Gebieten zulässigen Einzelhandelsgroßbetriebe ist es u. U. schon aus raumordnerischen Gründen erforderlich, bereits im FN-Plan die MK-Gebiete darzustellen (§ 11 Abs. 3, Rn 22, 23, 28.2).

Bauflächen oder Baugebiete im FN-Plan können Bedeutung bei der Zulassung von privilegierten oder sonstigen Vorhaben im Außenbereich (§ 35 Abs. 1 und 2 BauGB) haben. Ihre Darstellung ist u. U. ein öffentlicher Belang, der einem Vorhaben entgegenstehen oder durch Zulassung eines Vorhabens beeinträchtigt werden kann, so im Außenbereich nach § 35 Abs. 3 Satz 1 Nr. 1 BauGB (vgl. BVerwG, U. v. 22.5.1987 – 4 C 57.84 – BauR 1987, 651 = DÖV 1987, 1015), nicht dagegen aber bei der Beurteilung nach § 34 Abs. 1 BauGB (s. § 34 BauGB, Rn 11.2).

Zu einer anderen, aber vergleichbaren Frage zur zulässigen oder zu weitgehenden Detailliertheit des FN-Plan hat das BVerwG im Revisionsurteil (v. 18.8.2005 – 4C 1304 –) zu einer Entscheidung des OVG Lüneburg ausgeführt, dass die Gemeinde durchaus – auch über die Möglichkeit, Baugebiete im FN-Plan darzustellen – weitere ins Einzelne gehende Darstellungen in den FN-Plan aufnehmen darf. Das ergibt sich nach dem Urteil bereits aus den Aufzählungen in § 5 Abs. 2 Nr. 1 und Nr. 6 BauGB. Im konkreten Fall ging es um die Wirksamkeit der FN-Plandarstellung eines Streifens des Gemeindegebietes entlang der Küste als Fläche für Kur- und Erholungseinrichtungen. Zum Schutz des Fremdenverkehrs vor negativen Einflüssen von Massentierhaltungen. Im Gegensatz zum OVG sah das BVerwG die Bestimmung von § 5 Abs. 1 S. 1 BauGB (nur »Planungsgrundzüge« im FN-Plan) nicht verletzt durch die Darstellung von Emissionsgrenzwerten im FN-Plan, die gem. § 35 Abs. 1 i. V. mit Abs. 3 Nr. 1 BBauG als öffentlicher Belang dem Vorhaben »Geflügelmaststall für 29990 Tiere« entgegengehalten werden können.

b) Darstellung von Baugebieten (Abs. 2). Abs. 2 betrifft nur den FN-Plan. **26** Dies ergibt sich aus der Stellung der Vorschrift und dem Wort »darstellen« (vgl. § 5 Abs. 1 BauGB). Die **Aufzählung der Baugebiete ist** abschließend; andere dürfen nicht dargestellt (bzw. im B-Plan festgesetzt) werden (h. M.). Der Gemeinde steht kein bauplanerisches Festsetzungserfindungsrecht zu. So ist beispielsweise ein »Wohngebiet für Einheimische« nicht zulässig (BVerwG, U. v. 11.2.1993 – 4 C 18.91 – ZfBR 1993, 299). Mit den angegebenen Baugebieten und deren Differenzierungsmöglichkeiten im B-Plan nach den Abs. 4– 10 sind die wesentlichen Planungsfälle im Städtebau abgedeckt. Werden Darstellungen für Nutzungen erforderlich, die in die Baugebiete nach Nr. 1 bis 9 nicht einzuordnen sind, können *Sondergebiete* dargestellt werden, die sich von den übrigen Baugebieten allerdings wesentlich unterscheiden müssen, wobei die Art ihrer Zweckbestimmung besonders anzugeben ist (BVerwG, B. v. 7.7.1997 – 4 NB 11.97 – ZfBR 1997, 314 = BauR 1997, 972).

§ 1 Abs. 2 27–29

27 Die in der BauNVO 1962 noch bestehende formale **Zuordnung bestimmter Baugebiete zu bestimmten Bauflächen** ist bereits in der BauNVO 1968 zwecks größerer Flexibilität entfallen. In der BauNVO 1977 wurde auch die Überschrift des § 1 entspr. geändert. An die ursprüngliche starre Zuordnung erinnern nur noch die ersten Buchstaben der Kurzbezeichnungen (z. B. WA an W), allerdings ohne zwingenden Charakter (zu Bedenken dagegen s. 9. Aufl., § 1 Rn 27). Die Vorschrift lässt ds. E. zu, beispielsweise im Randbereich einer Wohnbaufläche ein MI-Gebiet oder MK-Gebiet zu entwickeln oder im Bereich einer gemischten Baufläche ein besonderes Wohngebiet vorzusehen. Gerade die Aufnahme des *besonderen Wohngebiets* in den Baugebietskatalog stützt die Auffassung, dass die starre rechtliche Bindung entfallen ist. Wenn das WB-Gebiet dem Wortlaut nach auch den Wohnbauflächen zuzuordnen ist, so kommt es nach seiner Zweckbestimmung nur für wesentlich bebaute Gebiete, und zwar für solche innerstädtischen Gebiete in Betracht, die sonst als MI- oder MK-Gebiete festgesetzt werden müssten oder als solche bereits vorhanden sind. Es bestehen daher keine Bedenken, beispielsweise ein WB-Gebiet aus einer gemischten Baufläche zu entwickeln, sofern ein solches Gebiet den Voraussetzungen des § 4a entspricht.

28 Dabei darf zur Vermeidung einer ungeordneten städtebaulichen Entwicklung nur in städtebaulich *sinnvoller Auslegung* verfahren werden; eine *missbräuchliche* Anwendung z. B. durch die Entwicklung eines Gewerbegebiets aus einer Wohnbaufläche, verbietet sich aufgrund der allgemeinen Planungsgrundsätze des § 1 BBauG von selbst. Erfolgt eine von den Bauflächen nach den Kennbuchstaben abweichende Baugebietsdarstellung oder deren Festsetzung im B-Plan, müssen unter Beachtung der Grundsätze des Urt. des BVerwG v. 28.2.1975 (aaO. Rn 23) hierfür einleuchtende Gründe angegeben werden (zum »Entwickeln« Rn 70–71). Das bedeutet, dass z. B. im Grenzbereich zwischen den Wohnbauflächen und den gemischten Bauflächen gewisse städtebaulich begründete Abweichungen durchaus möglich sind, während solche Abweichungen zwischen den gewerblichen Bauflächen einerseits und den Wohnbauflächen sowie den gemischten Bauflächen andererseits wegen der grundsätzlich unterschiedlichen Zweckbestimmung dieser Bauflächen kaum in Betracht kommen. Eine **rechtlich bedeutsame Zuordnung** der Kurzbezeichnungen von Baugebieten zu Bauflächen dergestalt, dass – sofern nicht andere Gründe hinzutreten – allein schon wegen der Nichtübereinstimmung der Kennbuchstaben ein Baugebiet rechtswidrig wäre, **besteht nicht**. Sonst hätte die Änderung der Vorschrift durch die ÄnderungsVO 1968 keinen Sinn gehabt; es hätte vielmehr bei der Fassung der BauNVO von 1962 verbleiben müssen.

29 Die **Darstellung von Baugebieten** und nicht nur Bauflächen im FN-Plan – auch nur für Teile des FN-Plans – ist trotz der Kann-Bestimmung in Abs. 2 dann geboten, wenn und soweit sich dies aus § 1 Abs. 3 BauGB ergibt (Rn 24).

Die Darstellung von Baugebieten kann z. B. erforderlich sein,

- wenn **Ziele der Raumordnung** einen über die Bauflächendarstellung hinausgehenden Konkretisierungsgrad des FN-Plans erfordern (der FN-Plan darf nicht hinter den Zielen der Raumordnung zurückbleiben),
- wenn für **überwiegend bebaute Gebiete** die konkrete Nutzung bereits bekannt oder durch B-Pläne festgesetzt ist und sich keine Änderung abzeichnet,
- um **öffentlichen Planungsträgern** (§ 7 BauGB) und **Behörden** sowie **Trägern öffentlicher Belange** (§§ 4, 4a BauGB) bei ihrer Beteiligung Anhaltspunkte und Vorgaben für ihre eigenen Planungen oder Stellungnahmen zu geben, insbes. hinsichtlich der Gemeindestruktur, des Umwelt-, insbes. Immissionsschutzes,
    - der Standorte der Kerngebiete und Sondergebiete z. B. im Hinblick auf die Ansiedlung großflächiger Einzelhandelsbetriebe,
    - der Ausnutzung vorhandener oder der Schaffung neuer Infrastruktureinrichtungen wie Verkehrsanlagen, Abwassersammlungs- und -beseitigungsanlagen (Abflussbeiwerte),

- der Grundausstattung des Gemeindegebiets zur Versorgung der Bevölkerung mit Einrichtungen und Anlagen z. B. der Bildung, Gesundheitsfürsorge, der Kultur, Freizeit und Erholung,
- um der **Öffentlichkeit bei ihrer Beteiligung** bei der Planung nach § 3 BauGB und bei der Auslegung der Pläne nach § 3 Abs. 2 BauGB hinreichende Anhaltspunkte über den Inhalt und die Auswirkungen der Pläne zu geben,
- für sonstige Sondergebiete (§ 11 Abs. 2 und 3), da es anderenfalls an einer ausreichenden Konkretisierung fehlen würde.

Der FN-Plan darf nicht durch Auslassen von *erforderlichen* Baugebietsdarstellungen Nutzungskonflikte »vorprogrammieren« und die Lösung dann dem B-Plan überlassen. Z. B. können die Planbeteiligten aus einer »gemischten Baufläche« nicht die Verteilung von Gewerbe und Handel, speziell des großflächigen Einzelhandels, der nur im MK-Gebiet zulässig ist, ablesen, die Handwerkskammer nicht auf den Ansatz des Handwerks schließen, die Immissionsschutzbehörde aus einer »gewerblichen Baufläche« nicht den Emissionsgrad des Gebiets voreinschätzen. Es liegt daher im Interesse der Gemeinden selbst, zur Vermeidung späterer Konfliktsituationen – auch i. S. des Immissionsschutzgebots des § 50 BImSchG (s. Rn 41) – im FN-Plan frühzeitig Klarheit über ihre Planungsabsichten zu schaffen.

3. **Allgemeine Gesichtspunkte bei der Planung von Baugebieten im Flächennutzungsplan und Bebauungsplan (Abs. 2 und 3)**

a) **Baugebiet – Begriffsbestimmung.** Nach § 5 Abs. 2 Nr. 1 BauGB sind *die für die Bebauung vorgesehenen Flächen* ausschließlich durch die **besondere Art ihrer baulichen Nutzung** als **Baugebiete** definiert. Die Art der baulichen Nutzung umfasst die §§ 2–15 BauNVO mit den Baugebieten nach § 2–11, den die Baugebiete ergänzenden allgemeinen Vorschriften der §§ 12–14 und der allgemeinen Vorschrift des § 15 über die Zulässigkeit baulicher und sonstiger Anlagen. Das früher noch zusätzlich erforderliche Merkmal des *allgemeinen Maßes der baulichen Nutzung* ist 1977 *(Inkrafttreten des BauGB)* entfallen (vgl. dazu die 7. Aufl. § 1 Rn 31).

Die **Festsetzung** von (Katalog-)Baugebieten einschließlich der allgemeinen Vorschriften der §§ 12, 13 und 14 **im B-Plan** nach § 1 Abs. 3 (zur Festsetzung von Baugebieten s. Rn 70–73) hat kraft Bundesrecht grundsätzlich **nachbarschützende Funktion** (BVerwG, U. v. 16.9.1993 – 4 C 28.91 – BVerwGE 94, 151 = UPR 1994, 69 = DVBl. 1994, 284 = ZfBR 1994, 97 = DÖV 1994, 263 = BauR 1994, 223 = BRS 55 Nr. 110). Auch Gebietsfestsetzungen in übergeleiteten Baustufenplänen vermitteln nachbarlichen Drittschutz, auch wenn ihnen oder der zu ihnen ermächtigenden gesetzlichen Regelung seinerzeit ein nachbarschützender Gehalt nicht zuerkannt wurde (BVerwG, U. v. 23.8.1996 – 4 C 13.94 – ZfBR 1996, 328 = DÖV 1997, 32 = DVBl. 1997, 61 = BauR 1997, 72 = UPR 1997, 39). Dagegen sind die Festsetzungen, die für ein Baugebiet – abweichend von den Katalog-Baugebieten – im Wege der Gliederung nach § 1 Abs. 4 BauNVO getroffen werden, nach Auffassung des VGH BW (B. v. 5.3.1996 – 10 S 2830/95 – DVBl. 1996, 687 = NVwZ 1997, 401) nicht schon kraft Bundesrechts nachbarschützend. So kommt z. B. der im Wege der Gliederung eines GE-Gebiets als Pufferzone zu einem angrenzenden WA-Gebiet erfolgten Festsetzung einer »Zone für Wohnbebauung«, in der ausschließlich eine betriebsbezogene Wohnnutzung i. S. von § 8 Abs. 3 Nr. 1 BauNVO zulässig ist, nur hinsichtlich der Grundstücke im WA-Gebiet nachbarschützende

§ 1   Abs. 2, 3   32, 33

Wirkung zu. Die Eigentümer der innerhalb der Zone liegenden Grundstücke werden dagegen durch diese Planfestsetzung nicht begünstigt (vgl. VGH BW, U. v. 7.5.1997 – 3 S 288/96 – ZfBR 1997, 332). Es kommt daher im Einzelfall darauf an, welches Planungsziel die Gemeinde mit der Gliederung eines Baugebiets verfolgt.

Baugebiete i. S. des BauGB und der BauNVO sind nur die im Rahmen der gemeindlichen Planungshoheit durch Bauleitpläne verbindlich beplanten örtlichen Gebiete. Gebiete i. S. des § 34 BauGB sind – auch wenn sie eine einheitliche Struktur aufweisen und als Gebiete nach § 34 Abs. 2 BauGB anzusehen sind – keine Baugebiete (vgl. bereits BVerwG, U. v. 23.4.1969 – IV C 12.67 –, BRS 22 Nr. 42 = DÖV 1969, 751 = DVBl. 1970, 69 = BBauBl. 1970, 446). Letztere Gebiete werden gelegentlich allenfalls als *faktische Baugebiete* bezeichnet.

32 b) **Größe des Baugebiets – zur Frage der Einzelfallplanung.** Besondere Bestimmungen über *Größe* oder *Begrenzung* der Baugebiete bestehen nicht. Bei der Festlegung des räumlichen Geltungsbereichs eines B-Plans ist die Gemeinde grundsätzlich frei. Unter Beachtung der Grundregeln des § 1 BauGB darf sie die Grenzen des Plangebiets nach ihrem planerischen Ermessen festsetzen und sich dabei auch von Zweckmäßigkeitserwägungen unter Berücksichtigung ihrer Planungs- und Durchführungskapazität und der Finanzierbarkeit der städtebaulichen Maßnahmen leiten lassen (BVerwG, B. v. 20.11.1995 – 4 NB 23.94 – NuR 1997, 184 = BRS 57 Nr. 3; vgl. *Gierke* in *Brügelmann*, BauGB, 1989, § 9 Rn 93; *Gaentzsch* in Berliner Kommentar zum BauGB, 2. Aufl. 1995, § 9 Rdn. 78). Es ist anerkannt, dass sie ihre planerische Tätigkeit auf diejenigen Bereiche beschränken darf, in denen ein »akuter« planerischer Handlungsbedarf besteht (BVerwG, B. v. 18.12.1990 – 4 NB 8.90 – BRS 50 Nr. 9 = DVBl. 1991, 445 = DÖV 1991, 74 = BauR 1991, 123). Aus dem Rechtscharakter des B-Plans als Satzung ergibt sich zwar, dass die Festsetzung eines Baugebiets nicht einem VA zur **Regelung eines Einzelfalls** gleichkommen darf. Eine *Einzelplanung* ist somit grundsätzlich nicht ausgeschlossen, wenn dadurch die Gesamtkonzeption nicht leidet (so bereits OVG Münster, U. v. 25.1.1968 – X A 122/67 – BRS 20 Nr. 6 = DVBl. 1968, 529 = DÖV 1969, 148 = HGBR NA Rspr. 3 Nr. 52). Das ist aber nur von der Planungsidee her zu beurteilen. Die Bauleitplanung dient ihrem Wesen nach nicht der Regelung des Einzelfalls, sondern der Ordnung des Ganzen. Sie wird als städtebauliches Ordnungsprinzip daher nur dann Bestand haben können, wenn sie auf sachgemäßen städtebaulichen Überlegungen beruhend, eine räumliche *Ordnung* gestaltet, die auf die Bedürfnisse der örtlichen Gemeinschaft in sachgerechter Weise zugeschnitten ist.

33 Ein Baugebiet muss nicht notwendig auf einen durch Verkehrsflächen umschlossenen Baublock beschränkt sein, sondern kann auch mehrere durch Straßen voneinander getrennte Baublöcke umfassen. Dies hat Bedeutung für die Anwendung der Planungsinstrumente der Abs. 4–10, so dass eine Differenzierung oder Abwandlung der Baugebiete nach diesen Vorschriften auch blockweise erfolgen kann. Maßgeblich für den Begriff des Baugebiets ist der *städtebauliche Zusammenhang* eines Bereichs, z. B. das zusammenhängende durch Erschließungsstraßen unterteilte MK-Gebiet der Innenstadt. Die gegenteilige Auslegung, als ein Baugebiet nur die jeweils von Straßen umschlossene Fläche anzunehmen (so *Boeddinghaus*, ZfBR 1993, 161; *Ziegler*, in *Brügel-*

mann, BauNVO § 1 Rn. 174), ist zu eng und würde bei Anwendung der Abs. 4–10 nicht zu den beabsichtigten städtebaulichen Ergebnissen führen.

Ein B-Plan ist nicht allein deswegen nichtig, weil er lediglich wenige Grundstücke und in der Hauptsache nur ein Grundstück erfasst. In den B-Plänen waltet als herrschender allgemeiner Gesichtspunkt nicht die Folgerichtigkeit formaler Gleichbehandlung, sondern eine andere, auf das *Planungsziel* ausgerichtete und zu ungleicher Auswirkung auf die Betroffenen führende zweckrationale Folgerichtigkeit räumlich-geometrischer Ordnung (so bereits BVerwG, B. v. 6.11.1968 – IV B 47.68 – BRS 22 Nr. 1 = DVBl. 1969, 276 = NJW 1969, 1076 = DÖV 1969, 644; vgl. Hess. VGH, B. v. 15.3.1968 – R IV 2/66 – BRS 20 Nr. 13 = DVBl. 1968, 948; VGH BW, B. v. 29.10.1969 – II 313/68 – BRS 22 Nr. 2; *Gelzer/Birk* Rn. 246 f.). **34**

Dieser innerhalb der Kategorie der Rechtssätze eine Sonderstellung einnehmende Gesichtspunkt verbietet es, einem B-Plan allein wegen seiner Beschränkung auf wenige Grundstücke den Vorwurf einer gleichheitswidrigen Einzelfallgesetzgebung zu machen (vgl. BVerwG, B. v. 23.6.1992 – 4 B 55.92 – NVwZ-RR 1993, 456). *Entscheidend* ist, ob der Plan ein Planungsziel verfolgt, das den insbes. in § 1 BauGB niedergelegten Zwecken der Bauleitplanung gerecht wird (BVerwG, B. v. 24.8.1993 – 4 NB 12.93 – ZfBR 1994, 100; B. v. 20.11.1995 – 4 NB 23.94 –, NuR 1997, 184 = BRS 57 Nr. 3). Ist dies nicht der Fall, weil der Plan, statt eine sinnvolle Ordnung der städtebaulichen Entwicklung einzuleiten, eine Einzelregelung im vorgeschobenen privaten Interesse eines Einzelnen trifft, die jede Planung letzten Endes zerstören muss, bestehen gegen einen auf ein Grundstück beschränkten Plan Bedenken (BVerwG, B. v. 8.7.1992 – 4 NB 25.92 –, n. v.; OVG Saarl., U. v. 17.10.1969 – II R 46/69 – BRS 22 Nr. 5; auch U. v. 27.9.1965, BRS 16 Nr. 6 = BBauBl. 1966, 463; BVerwG, B. v. 6.11.1968, aaO.). Entscheidend ist ferner, dass der B-Plan nicht *missbräuchlich* generell formulierte Tatbestandsmerkmale dergestalt zusammenfasst, dass diese nur auf die konkreten Sachverhalte eines bestimmten Einzelfalls oder einer Gruppe von Einzelfällen Anwendung finden können, auf die die Norm zugeschnitten ist (z. B. ein »eingeschränktes GE-Gebiet«, das nur eine gerade auf den speziellen Betrieb und Produktionsablauf bezogene gleichsam »maßgeschneiderte« Nutzung zulässt, vgl. OVG NW, U. v. 18.11.1993 – 10a NE 81/90 – UPR 1994, 155 = BRS 55 Nr. 9). Der generelle Charakter des B-Plans muss sich daraus ergeben, dass der Plan nicht nur den derzeitigen Eigentümer, sondern auch alle zukünftigen sowie alle zu dem Grundstück in Rechtsbeziehungen tretenden Personen betrifft (OVG Münster, U. v. 25.1.1968, aaO.). Nur wenn durch eine Vielzahl kleiner Plangebiete gleichsam eine »Atomisierung« des Gemeindegebiets droht und die in § 1 Abs. 5 BauGB geregelten Anforderungen an die Bauleitplanung nicht mehr verwirklicht werden könnten, wäre ein kleines Plangebiet bedenklich. Soweit es um einzelne Festsetzungen des B-Plans geht, ist auch deren Beschränkung auf ein Grundstück zulässig (BVerwG, B. v. 16.8.1993 – 4 NB 29.93 – ZfBR 1994, 101 = BRS 55 Nr. 3).

Der Grundsatz, dass in besonderen Fällen, insbes. unter Berücksichtigung der in § 1 Abs. 5 BauGB enthaltenen Planungsleitsätze, eine grundstücksbezogene Einzelplanung zulässig oder sogar geboten ist, widerspricht auch nicht der Kataster- und Grundbuchordnung, wonach ein Grundstück (§ 19 Rn. 3) ebenso wie das Baugrundstück hinsichtlich seiner Größe nicht festgelegt ist. Ein Gebiet, auf dem ein Bauträger eine größere Wohnsiedlung plant, kann *ein* Grundstück im Rechtssinne sein (z. B. ein Bauernhof mit der gesamten Feldflur), für das die Festsetzung eines selbständigen Baugebiets zulässig ist, sofern es nach städtebaulichen Gesichtspunkten geplant wird. Mit der bei mehreren Novellierungen der BauNVO erfolgten stetigen Verfeinerung der Planungsinstrumente ist die **Einzelfallplanung** (vgl. Rn 10) für ein **vorhabenbezogenes Baugebiet** durch den VOgeber für bestimmte Fälle selbst eingeführt worden und ist damit in diesen Fällen nicht nur zulässig, sondern kann sogar *geboten* sein. So sind die in § 11 Abs. 3 Satz 1 Nr. 2 und 3 genannten Handelsbetriebe außer in MK-Gebieten nur *in für sie festgesetzten* SO-Gebieten zulässig. Auch **35**

§ 1 Abs. 2, 3 36–38

der durch die **ÄndVO 1990 eingefügte § 1 Abs. 10** beinhaltet eine einzelfallbezogene Regelung zugunsten von Maßnahmen an bestimmten vorhandenen baulichen oder sonstigen Anlagen, die nur durch eine **anlagenbezogene Nutzungsabgrenzung** umsetzbar ist.

36 Für die Zulässigkeit der Festsetzung eines Baugebiets für ein Einzelgrundstück müssen Planungsüberlegungen derart maßgebend sein, dass die Festsetzungen z. B.

- aus städtebaulichen Gründen *erforderlich* sind,
- diese Gründe erkennbar und gerechtfertigt sind,
- ein öffentliches Interesse an der Planung besteht,
- der Gleichheitsgrundsatz nicht i. S. einer einseitigen Begünstigung oder schikanösen Benachteiligung verletzt wird,
- der Nachbar- und Immissionsschutz berücksichtigt wird,
- sonstige öffentliche oder private Belange nicht beeinträchtigt werden (zustimmend *Clasen*, BuG 1970, 86).

Nach dieser beispielhaften Aufzählung ist z. B. die Festsetzung eines GE-Gebiets für ein innerhalb eines zusammenhängenden Wohngebiets gelegenes Einzelgrundstück (sog. »Briefmarkenplanung«), auf dem sich ein baurechtlich genehmigter Gewerbebetrieb befindet, i. d. R. als unzulässig zu erachten. Die Festsetzung lediglich zur *Bestandssicherung* eines an einem Standort städtebaulich *nicht zu vertretenden Betriebs* dient nicht einer geordneten städtebaulichen Entwicklung. Dagegen kann es in Ausnahmefällen, z. B. in *Gemengelagen* mit nicht auflösbarem Nebeneinander von Wohnen und Gewerbe, durchaus zweckmäßig und zulässig sein, einen B-Plan zum Zweck der planerischen Konfliktbewältigung auch mit sehr kleinteiligen, teilweise grundstücksgenauen Baugebietsgrenzen aufzustellen. Dies kann der *Betriebsstandortsicherung* dienen, wenn der Betrieb *wohnverträglich* gemacht werden kann.

Ein typisches hierfür ausdrücklich vorgesehenes Planungsinstrument ist die Anwendung des **§ 1 Abs. 10** (sog. »Fremdkörperfestsetzung«, s. Rn 130–150; zur Gemengelagenproblematik im Übrigen vgl. Rn 48 f.). Auch die Neuansiedlung eines im Rahmen der städtebaulichen Entwicklung erwünschten Gewerbebetriebs kann ggf. die Darstellung und Festsetzung eines GE- oder GI-Gebiets auf nur *einem* – auch größeren – Grundstück erfordern. Schließlich enthält jetzt **§ 12 BauGB** Vorschriften über den **anlagenbezogenen B-Plan**, der auf der Grundlage des aus früherem Recht übernommenen Vorhaben- und Erschließungsplans aufgestellt werden und selbstverständlich auch ein einzelnes Vorhaben bzw. Grundstück umfassen kann.

37 Für die planungsrechtliche Zulässigkeit einer Einzelfallplanung kommt es entscheidend auf deren städtebauliche Rechtfertigung i. S. des Leitgedankens des § 1 Abs. 3 BauGB an, wonach mit der Planung eine städtebauliche Entwicklung und Ordnung herbeigeführt werden soll. Damit scheiden solche Einzelfall-Baugebiete als unzulässig aus, deren Festsetzung nicht erkennbar der städtebaulichen Entwicklung und Ordnung dient, z. B. Splittersiedlungen, willkürlich zugunsten privater Interessen einzelner festgesetzte »Gefälligkeitsplanungen«, Baugebiete, die nur einen schlechten Bestand sichern.

38 c) **Baugebiet – Baugebietsgrenzen – Nutzungsgrenzen.** Ähnliche Gesichtspunkte sind bei der **Begrenzung von Baugebieten** oder unterschiedlichen Nutzungen (**Nutzungsgrenzen**) zu berücksichtigen. Häufig werden solche Begrenzungen, z. B. die rückwärtige Baugebietsgrenze längs einer Straßenrandbebauung, an unterschiedlich tiefe Grundstücke angepasst und verspringend festgesetzt. Es liegt zwar nahe, die Grenzen zur Berücksichtigung der privaten

Verwertbarkeit des betroffenen Grundeigentums und somit zur Berücksichtigung privater Belange mit Flurstücksgrenzen zusammenzulegen, die Begrenzung muss aber nicht notwendigerweise den Grundstücksgrenzen folgen, da sich diese ändern können oder im Fall der Umlegung sogar ändern sollen, so dass die Baugebiets- und Nutzungsgrenzen dann »in der Luft hängen« würden. Im Übrigen sind Flur- und Grundstücksgrenzen nicht Gegenstand der Bauleitplanung (so bereits OVG Münster, U. v. 3.10.1968 – X A 989/67 – BRS 20 Nr. 39). Auf jeden Fall muss die Begrenzung **städtebaulich sinnvoll** sein und kann privaten Grundstücksgrenzen nur folgen, soweit dies zu einer städtebaulich sinnvollen Abgrenzung führt. Denn es muss der Grundsatz der *Homogenität der Baulandqualität* gelten, die sich ohne erkennbaren Grund nicht grundstücksweise ändern kann. Die Begrenzung darf jedoch nicht allein etwa durch kartografische Zufälligkeiten (wie den Rand des Kartenblattes) bedingt sein (Hess. VGH, U. v. 6.6.1986 – 4 OE 65/83 – ZfBR 1986, 295).

Wenn nicht planerische Überlegungen oder besondere Anforderungen ein Abweichen erfordern, sollten Baugebiets-/Nutzungsgrenzen den in der Örtlichkeit erkennbaren Grenzen wie Verkehrswegen, Gewässern, Böschungen, Energieleitungen u. dgl. – soweit diese nicht verändert werden – angepasst werden. Sind solche Grenzen nicht erkennbar und bestehen keine besonderen Planungsabsichten, sollten die Baugebietsgrenzen möglichst gestreckt verlaufen. Liegen beispielsweise in einer Straße drei gleich breite Grundstücke mit unterschiedlichen Tiefen von 40, 50 und 70 m nebeneinander, so bietet es sich an, die rückwärtige Baugebietsgrenze mit einem Durchschnittsmaß von z. B. 55 m festzusetzen. Insbes. bei Grundstücken von erheblicher Größe oder übergroßer Tiefe kann die Gemeinde bei der Festsetzung von Bauland nicht an die grundbuchliche und baurechtliche Grundstücksgrenze gebunden sein (so schon PrOVG, B. v. 4.5.1911, Pr.OVGE 58, 262). Im Hinblick auf die beabsichtigte städtebauliche Entwicklung und Ordnung wäre es z.B. unvertretbar, ein mehrere hundert Meter tiefes Grundstück, das mit seinem vorderen bebauten Teil an der Straße, mit dem übrigen unbebauten, land- und forstwirtschaftlich genutzten Teil jedoch im Außenbereich liegt, allein aus der Erwägung, dass es sich um *ein* Grundstück i. S. des Baurechts handelt, als Ganzes dem Bauland zuzurechnen (OVG Münster, U. v. 3.10.1968, aaO.). Es liegt allerdings kein Verstoß gegen den Gleichheitsgrundsatz darin, den Nachbarn eine größere *Bebauungstiefe* zu gestatten, wenn hierfür u. a. sachliche Gründe bestehen, z. B. der Baugestaltung (BVerwG, B. v. 30.8.1965 – IV B 81.65 – BBauBl. 1965, 567).

Der Begriff »Bau*gebiet*« schließt z. B. auch aus, dass lediglich eine kleine 15 × 30 m große für die Errichtung einer Fabrikationshalle vorgesehene Fläche auf dem hinteren Teil eines größeren gewerblichen Grundstücks ohne eigenen Anschluss an die Straße als besonderes Baugebiet, z. B. GI-Gebiet festgesetzt wird, während die Fläche umgebenden Grundstücksflächen als GE-Gebiet festgesetzt werden. Ein Baugebiet muss zumindest an eine Straße angeschlossen und so groß sein, dass es nicht nur eine Halle, sondern einen größeren Teil eines Gewerbebetriebs aufnehmen kann und in ihm ausreichende Freiflächen entspr. der festgesetzten GRZ verbleiben können.

d) Einrichtungen und Anlagen sowie Flächen für den Gemeinbedarf. Für die der Allgemeinheit dienenden öffentlichen und privaten baulichen Anlagen und Einrichtungen des Gemeinbedarfs (§ 5 Abs. 2 Nr. 2 BauGB) kann im FN-Plan ein *Standortsymbol* entweder *allein* oder mit *zusätzlicher Fläche* dargestellt werden (Nr. 4 der Anl. zur PlanzV 1990). Im B-Plan sind für diese Anlagen und Einrichtungen, soweit für sie eine gesonderte Festsetzung getroffen wird, stets *Flächen für den Gemeinbedarf* festzusetzen (§ 9 Abs. 1 Nr. 5 BauGB). In bestimmten Baugebieten sind Anlagen und Einrichtungen des Gemeinbedarfs auch ohne besondere Festsetzung allgemein zulässig oder ausnahmsweise zulassungsfähig (Vorb. §§ 2 ff. Rn 11–15). Die Flächen für Gemeinbedarf gehören begrifflich nicht zu den Baugebieten (vgl. die besondere Aufführung in § 5 Abs. 2 Nr. 2 BauGB). Sie sind von der Ermächtigung des § 2 Abs. 5 BauGB nicht erfasst und konnten daher in der BauNVO nicht geregelt werden. Mit

§ 1 Abs. 2, 3   39.1

der Darstellung oder Festsetzung scheidet die Fläche für Gemeinbedarf aus dem umgebenden Baugebiet aus (OVG Bremen, U. v. 15.9.1970 – I BA 25/70 – BRS 23 Nr. 9 = BauR 1971, 29 noch zum BBauG 1960, das BauGB hat daran nichts geändert; so auch *Stange*, NWVBl. 1992, 153 Fn 10). Die Vorschriften der BauNVO finden daher auf sie keine Anwendung (OVG Bremen, U. v. 15.9.1970 aaO.; VGH BW, U. v. 27.1.1972 – II 217/70 – BRS 25 Nr. 18; *Gelzer/Birk*, Rn. 108). Gleichwohl kann die **Art** der baulichen Nutzung auch durch Festsetzung einzelner Bestimmungen des § 9 Abs. 1 BauGB/BBauG (z. B. Nr. 5, 9, 12) bestimmt werden (BVerwG, B. v. 13.7.1989 – 4 B 140.88 – BauR 1989, 703). Außer der erforderlichen Festsetzung der konkreten Zweckbestimmung durch ein Planzeichen nach der Anl. zur PlanzV gibt es für die Flächen für Gemeinbedarf keine Vorschriften über Art und Maß der baulichen Nutzung sowie über Bauweise und überbaubare Grundstücksflächen. Derartige Festsetzungen (z. B. »Schule und Anlagen für soziale und sportliche Zwecke«) reichen als Konkretisierung der Fläche für Gemeinbedarf meistens aus (BVerwG, B. v. 11.3.1988 – 4 C 56.84 – DÖV 1988, 686 = ZfBR 1988, 189; s. auch Vorb. §§ 2 ff. Rn 11 ff.). Zwar sind verschiedentlich keine Bedenken dagegen geäußert worden, dass auch für die Flächen (früher Baugrundstücke) für den Gemeinbedarf die sonst für das Bauland vorgesehenen Festsetzungen zulässig seien und dafür die Festsetzungsmittel der BauNVO herangezogen werden könnten (OVG Bremen, U. v. 15.9.1970, aaO.; *Förster*, § 1 Anm. 8 b; *Brügelmann*, § 9 BBauG Bem. II 1f cc; *Bielenberg*, § 9 BBauG Rn. 9); diese Auffassung überzeugt aber nicht, weil eine einwandfreie *rechtliche Bindung* der – auch privaten – Grundstückseigentümer an die Vorschriften der BauNVO, insbes. an deren vielfältige Ausnahmeregelungen, damit nicht erfolgen kann. Dem Planungsträger des Gemeinbedarfs muss – soweit nicht städtebauliche Gründe die Unterordnung seiner Bauabsichten unter die Planungsvorstellungen der Gemeinde erfordern – ein gewisser Spielraum verbleiben, damit er seinen i. A. aus dem Rahmen üblicher Maßvorstellungen fallenden speziellen baulichen Aufgaben (z. B. Kirche, Theater) nachkommen kann. Wegen der durch ihre Eigenart gegebenen Eindeutigkeit ist bei den meisten Einrichtungen und Anlagen (wie Kirchen und Theatern) die Unbestimmtheit der Art- und Maßfestsetzungen unerheblich. In bestimmten Fällen, sofern nämlich die Gemeinde nicht selbst Bauherr ist, ist die Einbeziehung der Fläche für den Gemeinbedarf in ein Baugebiet durch **Doppelfestsetzung** zweckmäßig, damit Art und Maß der baulichen Nutzung rechtlich eindeutig bestimmt werden.

39.1 Beispielsweise darf auf einer von einem WR-Gebiet umgebenen festgesetzten Fläche für »Kirchen und kirchlichen Zwecken dienende Gebäude und Einrichtungen«, die selbst kein Baugebiet ist, eine Kirche oder ein Betraum einer sonstigen Religionsgemeinschaft (z. B. eine Moschee), ein konfessionelles Gemeindezentrum mit Veranstaltungssaal und Restauration, ein Kindergarten oder eine Kindertagesstätte errichtet werden. Das Beispiel zeigt, dass trotz der Festsetzung »Fläche für den Gemeinbedarf« mit besonderer Kennzeichnung noch ein erheblicher Spielraum für Art und Maß der Nutzung verbleibt. Dadurch kann der Rahmen eines oder mehrerer angrenzender Baugebiete u. U. gesprengt werden. Durch Einbeziehung der Fläche für den Gemeinbedarf in ein Baugebiet im Wege der Doppelfestsetzung, die nach § 9 BauGB und nach der PlanzV zulässig ist, kann die Unbestimmtheit beseitigt und zugleich auch dem Immissions- und Nachbarschutz Rechnung getragen werden. Die Einbeziehung darf aber nur in ein Baugebiet erfolgen, in dem die Errichtung der Anlage allgemein zulässig ist oder zugelassen werden kann (§ 1 Rn. 21; *Bielenberg* § 1 Rn. 35). Sie sollte auch nur erfolgen, wenn sonst die zulässige Nutzung nicht eindeutig bestimmbar ist und infolge dessen Immissions- und Nachbarkonflikte nicht auszuschließen sind.

Nicht für zulässig hält das OVG Münster die Doppelfestsetzung wegen einer dadurch erfolgenden unzulässigen Einschränkung des Nutzungskatalogs der

Baugebiete auf nur eine bestimmte Nutzungsart. Dies könne enteignungsähnliche Wirkung haben. Das Gericht empfiehlt für die Festsetzung von Anlagen und Einrichtungen des Gemeinbedarfs grundsätzlich das Sondergebiet (OVG Münster, U. v. 8.12.1983 – 11a NE 52/82 – BRS 40 Nr. 6). Der Auffassung kann nicht gefolgt werden (ebenso *Bielenberg*, § 1 Rn. 36; *Stange*, NWVBl. 1992, 153 Fn 12); bei sachgerechter Anwendung der Doppelfestsetzung können die befürchteten Probleme vermieden werden; der Vorschlag der Festsetzung eines SO-Gebiets ist keine Lösung und würde zu einer Vielzahl von SO-Gebieten führen. In der Praxis hat sich das Instrument der Doppelfestsetzung als brauchbares Planungselement durchaus bewährt.

4. Anordnung von Baugebieten nach Gesichtspunkten des Umweltschutzes

a) **Allgemeines.** In den über 40 Jahren seit dem Erlass des BBauG 1960 sind der bereits in Ansätzen vorhandene **Umweltschutz** und der **Immissionsschutz** stetig weiterentwickelt worden (zur Historie s. 9. Aufl., § 1 Rn 40, 40.1). § 1 Abs. 6 Nr. 7 BauGB enthält als bei der Bauleitplanung zu berücksichtigen »gemäß § 1a die **Belange des Umweltschutzes,** auch durch Nutzung erneuerbarer Energien, des Naturschutzes und der Landschaftspflege, insbesondere des Naturhaushalts, des Wassers, der Luft und des Bodens einschließlich seiner Rohstoffvorkommen, sowie das Klima«. In dieser nicht systematischen und nicht abschließenden Aufzählung ist der **Umweltschutz** der **Oberbegriff,** unter den auch die übrigen in § 1 Abs. 6 Nr. 7 und § 1a genannten Belange fallen. Unter den Oberbegriff Umweltschutz fallen jedoch auch zahlreiche in der Nr. 7 nicht aufgeführte Belange, wie z.B. der wichtige Belang des **Immissionsschutzes.** In den folgenden Ausführungen werden – wie bereits in den Vorauflagen – nur die für den Städtebau bei der Bauleitplanung und der Anwendung der BauNVO besonders bedeutsamen Bereiche des Umweltschutzes, nämlich UVP, Immissionsschutz einschließlich Lärmschutz, Verkehrslärmschutz, Erschütterungsschutz und Schutz vor Luftverunreinigungen, Klima und Städtebau, Orts- und Landschaftsbild, Bodenschutz – nicht erschöpfend, sondern praxisgerecht – behandelt. Andere wichtige Bereiche wie Naturschutz und Landschaftspflege einschließlich der Eingriffs- und Ausgleichsregelung, Artenschutz, Gewässerschutz, Denkmalschutz u.a. können hier nicht behandelt werden. Zur Information über diese Bereiche wird auf *Fickert/Fieseler*, Handbuch »Umweltschutz und Städtebau«, 2002, verwiesen.

b) **Umweltprüfung.** Der Umweltschutz wird in zunehmendem Maße durch Vorgaben der **Europäischen Union** (EU) bestimmt, die von den Nationalstaaten innerhalb bestimmter Fristen umgesetzt werden müssen. Die EU hat mit Wirkung für die Bauleitplanung drei umweltbezogene Prüfungen durch Richtlinien (RL) geregelt:

- die **Projekt-UVP** (RL Nr. 85/337 + 97/11),
- die **FFH-Verträglichkeitsprüfung** (RL Nr. 92/43 und 79/409 EWG) für bestimmte »Natura 2000«-Gebiete (z.B. nach der Flora/Fauna/Habitat-RL, Vogelschutzrichtlinie),
- die **Plan-UVP** (2001/42).

Die Bundesrepublik hat diese RL in verschiedenen Stufen umgesetzt durch

- das **Gesetzes über die Umweltverträglichkeitsprüfung** (UVPG v. 12.2.1990) i.d.F. der Bek. v. 5.92001 (BGBl. I S. 2359), wesentlich geändert durch EAG Bau v. 24.8.2004 (BGBl. I S. 1359) und zuletzt geändert durch das **Gesetz zur Einführung der Strategischen Umweltprüfung und**

zur Umsetzung der Richtlinie 2001/42/EG (SUPG) v. 25.6.2005 (BGBl. I S. 1746),
- das **Bundes-Immissionsschutzgesetz** (BimSchG, **Anh. 3**) und – u. a. – dessen folgende Durchführungsverordnungen:
- Verordnung über **Kleinfeuerungsanlagen** – 1. BImSchV,
- Verordnung über **genehmigungsbedürftige Anlagen** – 4. BImSchV (mit Änderung des Anhangs, **Anh. 4**),
- Verordnung über das **Genehmigungsverfahren** – 9. BImSchV,
- das **Baugesetzbuch** (BauGB Bek. v. 27.8.1997, geändert 2001 und 2002) i. d. F. der Bek. v. 23.9.2004 (BGBl. I S. 2414) zuletzt geändert durch das **Gesetz zur Einführung der Strategischen Umweltprüfung und zur Umsetzung der Richtlinie 2001/42/EG (SUPG) v. 25.6.2005 (BGBl. I S. 1746), Anh. 1**).

Die neuen Vorschriften enthalten gegenüber dem früheren Recht keine erhöhten materiellen Umweltstandards, sondern sind im Wesentlichen verfahrensrechtliche Regelungen zur Art und zum Umfang der UVP und zur UVP-Pflicht von Plänen und Vorhaben.

40.2 Nach dem UVPG ist für die in einer »Liste UVP-pflichtige Vorhaben«(Anl. 1 zum Gesetz) enthaltenen Vorhaben eine UVP erforderlich. Die Liste enthält neben Vorhaben, die meist nur im GE oder GI zulässig sind, unter den Nrn. 18.1 – 18.9 »Bauvorhaben« wie Ferienhaus- und Campingplatzanlagen, Industriezonen, Einkaufszentren und sonstige »Städtebauprojekte« ab einer Grundfläche von 20.000 m².

Mit dem **Europarechtsanpassungsgesetz Bau** (EAG Bau) v. 24.8.2004 (BGBl. I S. 1359) wurden die Verfahrensregeln für die unterschiedlichen umweltrelevanten Prüfungen systematisiert und neu geregelt, nachdem die im Jahr 2001 auf die Bauleitplanung zugeschnittenen Projekt-UVP zusammen mit detaillierten Unterscheidungen in unterschiedliche Intensitäten der Prüfung zu eher komplizierten Verfahren geführt hatten.

Die Regelung von 2001 ist in der 10. Aufl. in einer Vorbemerkung zum Anhang 10 und in den Rn. 5–5.5 zu § 9 sowie Rn 36.2–36.3 zu § 10 ausführlich beschrieben.

§ 17 **UVPG** neuester Fassung (**Anh. 10**) besagt nun, dass bei B-Plänen die Umweltprüfung nach dem BauGB durchzuführen ist. Im **BauGB** ist das Verfahren jetzt vollständig ohne Rückgriff auf das UVPG und dessen »Liste UVP-pflichtige Vorhaben« in der Vorschrift über den Umweltbericht als Teil der Begründung zu den Bauleitplänen in §§ 2 Abs. 4 und 2a BauGB sowie in der zu diesen Vorschriften gehörigen Anlage zum BauGB geregelt (**Anh. 1**).

Eine gewisse Unsicherheit zur vorstehenden Aussage ist deshalb entstanden, weil einerseits 2004 die »Strategische Umweltprüfung« zunächst noch ohne jede Definition nur in § 17 Abs. 2 UVPG angesprochen wurde. Mit dem **Gesetz zur Einführung der Strategischen Umweltprüfung** (SUPG) von 2005 wurden dann die Bestimmungen zur Strategischen Umweltprüfung (§§ 14a–14o UVPG) in das UVPG eingefügt. Diese Regelungen könnten als Ergänzung der verfahrensrechtlichen Vorschriften im BauGB zur Umweltprüfung betrachtet werden. Diese Betrachtung ist jedoch durch die eindeutige Regelung des § 17 UVPG in der Fassung von 2004, die mit dem SUPG von 2005 nicht geändert wurde, unzutreffend. Die Gemeinde ist bei der Umweltprüfung im Rahmen der Bebauungsplanung z. B. nicht verpflichtet, nach § 14f, Abs. 4 UVPG zu verfahren, wonach die Behörden, deren umweltbezogenen Aufgabenbereich durch den Bauleitplan berührt werden, bereits bei der Festlegung des Untersuchungsrahmens formell zu beteiligen sind (Scoping).

Die gleiche Auffassung auch in: *W. Schrödter u.a. Kommentar zum BauGB, 7. Aufl., 2006, Rn 74h–j,* dort auch ausführlichere Hinweise zur Entstehungsgeschichte (einschl. Zitat aus der amtlichen Begründung zum SUPG).

5. Anordnung von Baugebieten nach Gesichtspunkten des Immissionsschutzes

a) Allgemeines, Grundsätze. § 1 Abs. 6 Nr. 7 BauGB *(§ 1 Abs. 5 Satz 2 BauGB a. F.)* regelt nur, *dass* bei der Aufstellung der Bauleitpläne die Belange des Umweltschutzes und damit des Immissionsschutzes zu berücksichtigen sind, jedoch nicht *wie*. Zwar sind dabei zu berücksichtigen u. a. die Vermeidung von *Emissionen* (Nr. 7 Buchst. e), die Nutzung *erneuerbarer Energien* sowie die sparsame und effiziente Nutzung von Energie (Nr. 7 Buchst. f), die Darstellungen z. B. von Plänen des *Immissionsschutzrechts* (Nr. 7 Buchst. g), die Erhaltung der *bestmöglichen Luftqualität* in Gebieten, in denen die durch Rechtsverordnung zur Erfüllung von bindenden Beschlüssen der Europäischen Gemeinschaften festgelegten Immissionsgrenzwerte nicht überschritten werden (Nr. 7 Buchst. h). Außer diesen allgemeinen Planungsgrundsätzen enthält das BauGB noch eine Reihe von immissionsschutzbezogenen Vorschriften für Darstellungen im FN-Plan (§ 5 BauGB) und Festsetzungen im B-Plan (§ 9 BauGB). Diese haben aber insgesamt ausschließlich instrumentellen Charakter, enthalten jedoch keine materiellen Vorgaben dafür, *wie* bzw. in *welchem Ausmaß* der Immissionsschutz in der Bauleitplanung zu berücksichtigen ist.

Diese ergeben sich erst aus dem externen Planungsgrundsatz des § 50 BImSchG:

Bei raumbedeutsamen Planungen und Maßnahmen sind die für eine bestimmte Nutzung vorgesehenen Flächen einander so zuzuordnen, dass schädliche Umwelteinwirkungen und von schweren Unfällen i. S. des Art. 3 Nr. 5 der Richtlinie 96/82/EG in Betriebsbereichen hervorgerufene Auswirkungen auf die ausschließlich oder überwiegend dem Wohnen dienenden Gebiete sowie auf sonstige schutzbedürftige Gebiete *soweit wie möglich vermieden werden.*

§ 50 BImSchG ist ein verbindlicher Planungsgrundsatz und lex specialis gegenüber den allgemeinen Planungsleitsätzen des § 1 Abs. 6 BauGB *(§ 1 Abs. 5 BauGB a. F.,* h. M.). Auch das BVerwG hatte bereits in seinem U. v. 5.7.1974 – IV C 50.72 – Flachglasfall – (BVerwGE 45, 396 = DVBl. 1974, 767 = BauR 1974, 311 = BRS 28 Nr. 4) »*keinen Zweifel daran, dass Wohngebiete und die nach ihrem Wesen umgebungsbelastenden Industriegebiete ›möglichst‹ nicht nebeneinander liegen sollten und dass darin ein wesentliches Element städtebaulicher Entwicklung (§ 1 Abs. 1 BBauG) und deshalb ein in der Tat elementarer Grundsatz städtebaulicher Planung gesehen werden muss. Dieser Grundsatz wird für das geltende Recht durch § 50 BImSchG bestätigt*«.

Der im Flachglas-Urt. v. 5.7.1974 (aaO.) vom BVerwG entwickelte **Grundsatz der räumlichen Trennung** sich gegenseitig beeinträchtigender Nutzungen – häufig als *Trennungsgrundsatz* bezeichnet – ist verschiedentlich unmittelbar aus § 50 BImSchG hergeleitet worden. Diese Auffassung hat die Aufstellung von B-Plänen für Konfliktbereiche erheblich erschwert. § 50 BImSchG fordert jedoch nicht die *räumliche Trennung,* sondern die *Zuordnung* der Flächen derart, dass schädliche Umwelteinwirkungen »soweit wie möglich« vermieden werden (vgl. *Schmidt-Aßmann,* aaO. S. 43; *Dolde,* DVBl. 1983, 732; OVG RP, U. v. 19.12.2003 – 1 C 10624/03 – BauR 2004, 1111). Das Wort »soweit« ist nicht räumlich, sondern als *Relativierung* des Möglichen zu verstehen; § 50 BImSchG ist also kein Trennungsgrundsatz, sondern ein **Grundsatz der Vermeidung von Immissionen.**

Diese können nämlich auch durch andere Maßnahmen als nur durch die räumliche Trennung vermieden werden.

Das BVerwG hat im B. v. 15.1.1980 (– 4 B 265.79 – BRS 36 Nr. 5 = ZfBR 1980, 146) klargestellt, dass sich seine Ausführungen im Flachglasfall nur auf die Neuansiedlung eines großen Industriebetriebs in unmittelbarer Nachbarschaft einer ausgedehnten Wohnbebauung bezogen, dass der **Grundsatz der räumlichen Trennung** bei der Überplanung einer vorhandenen Gemengelage durchaus einer Durchbrechung fähig sei und **nicht ausnahmslos** gelte (vgl. BVerwG, B. v. 20.1.1992 – 4 B 71.90 – DVBl. 1992, 577 = UPR 1992, 188 = ZfBR 1992, 138 = BauR 1992, 344 = NVwZ 1992, 663 = BRS 54 Nr. 18). Diese Auffassung hat das BVerwG im B. v. 13.5.2004 – 4 BN 15.04 – bestätigt. Der Grundsatz lasse insbes. dann Ausnahmen zu, wenn das Nebeneinander von Wohnen und Gewerbe bereits seit längerer Zeit und offenbar ohne größere Probleme bestanden habe.

So verstößt es auch nicht gegen den »Trennungsgrundsatz«, wenn die Gemeinde z. B. neben einem MD-Gebiet ein eingeschränktes GE-Gebiet festsetzt (VGH BW, B. v. 15.3.1991 – 8 S 1592/90 – UPR 1991, 356 = BRS 55 Nr. 15) oder ein GE-Gebiet unmittelbar neben einem Wohngebiet, wenn das GE-Gebiet derart gegliedert ist, dass in unmittelbarer bzw. näherer Nachbarschaft zur Wohnbebauung nur nicht bzw. nicht wesentlich störende gewerbliche Nutzungen zugelassen werden (OVG NW, U. v. 17.10.1996 – 7a D 122/94. NE – NWVBl. 1997, 210 = DVBl. 1997, 440 = BRS 58 Nr. 30).

41.3 Zu den **raumbedeutsamen Planungen** i. S. von § 50 BImSchG gehören auch die Bauleitpläne. Sie haben die Belange des Immissionsschutzes zu *berücksichtigen*. Diese sind bei der Bauleitplanung jedoch *nicht strikt zu beachten*; sie – auch nicht die Abstandserlasse einzelner Länder – sind für die Träger der Bauleitplanung *nicht verbindlich*. Dies bedeutet jedoch nicht, dass sie außer Acht gelassen werden dürfen. »*Berücksichtigen*« heißt in diesem Kontext, dass die Bauleitpläne inhaltlich so zu gestalten sind, dass der *anlagenbezogene* Immissionsschutz im Verwaltungsvollzug bei den Einzelentscheidungen »soweit wie möglich« (§ 50 BImSchG!) sichergestellt werden kann, dass also die durch die Bauleitplanung ermöglichten bzw. planungsrechtlich zulässigen Einzelanlagen auch unter Einhaltung der Vorschriften des Immissionsschutzrechts (wozu § 29 Abs. 2 BauGB zwingt) genehmigt werden können.

Im Übrigen enthält bereits die BauNVO durch die Staffelung der Katalogbaugebiete und deren besondere Differenzierungsmöglichkeiten sowie den zulässigen Störgrad bzw. die Störempfindlichkeit der in ihnen zulässigen Nutzungen einen »**antizipierten Immissionsschutz**«. Die aufeinander abgestimmten Baugebiete umschreiben jeweils in ihrem Abs. 1 mit der allgemeinen Zweckbestimmung den **Gebietscharakter** und Aufgabenbereich des Baugebiets. Zu beachten ist, dass die darin enthaltenen Begriffe des Störens rein städtebauliche Begriffe sind und mehr als nur den Immissionsschutz umfassen (Näheres s. Vorb. §§ 2 Rn. 8 f.).

41.4 Das BauGB – soweit es die **Bauleitplanung** regelt – ist keine *Schutz*norm, sondern eine *Planungs*norm. Die flächenbezogene Bauleitplanung ist kein Instrument des Immissions*schutzes*, sondern ein **Instrument der Vorsorgeplanung**. Sie gilt nicht unmittelbar für Einzelvorhaben, sondern schafft erst die planungsrechtlichen Voraussetzungen für deren Zulassung im Einzelfall durch besonderen Verwaltungsakt (z. B. Baugenehmigung). Sie hat somit *keine unmittelbare Schutzfunktion* gegenüber Betroffenen vor unzumutbaren Immissionen und kann insoweit auch keine Abwehransprüche begründen.

Gegenüber dem Bauplanungsrecht bzw. der Bauleitplanung hat das **BImSchG** einen ganz anderen Regelungsbereich. Es gilt nämlich im Wesentlichen für einzelne emittierende Anlagen bzw. Vorhaben und regelt deren **immissionsschutzrechtliche Genehmigungsbedürftigkeit** (§ 4 BImSchG). Wegen dieses anderen Regelungsbereichs kann die Bauleitplanung den Immissionsschutz nicht ersetzen (es kann keine »Harmonisierung« zwischen dem Bauplanungsrecht und dem Immissionsschutzrecht geben); vielmehr bleiben bei der Zulassung von Vorhaben nach dem BauGB andere öffentlich-rechtliche Vorschriften und damit (weiter gehende) Anforderungen des Immissionsschutzes ausdrücklich unberührt (§ 29 Abs. 2 BauGB). Inwieweit das öffentliche mit dem privaten Immissionsschutzrecht vor allem im Bereich des Freizeitlärms (z. B. hinsichtlich der Anwendung von §§ 906, 1004 BGB) harmoniert, s. im Einzelnen *Stühler*, BauR 2004, 614.

41.5 So sind z. B. bei der Planung von emittierenden Gebieten (z. B. GI- oder GE-Gebieten, Verkehrseinrichtungen) und deren Zuordnung zu schutzbedürftigen Nutzungen (z. B. Wohngebieten, Klinikgebieten, Freizeiteinrichtungen) die nur für die Zulassung von emittierenden Anlagen geltenden immissionsschutzrechtlichen Vorschriften und Richtlinien nach dem BImSchG (wie die TA Luft und die TA Lärm) für die Bauleitplanung nicht unmittelbar bindend. Wegen der **Vorsorgefunktion der Bauleitplanung** müssen sie im Hinblick auf die gebotene Verwirklichung der Planung jedoch berücksichtigt, d. h. in die Abwägung nach § 1 Abs. 7 BauGB eingestellt werden, da die Bauleitplanung sonst nicht vollziehbar ist und an Abwägungsmängeln leidet. Ein nicht vollziehbarer B-Plan bzw. nicht vollziehbare Festsetzungen sind nach st. Rspr. unwirksam.

Es hat daher wenig Sinn, z. B. in der Nachbarschaft eines Wohngebiets ein neues GI-Gebiet festzusetzen, in dem die zur Ansiedlung vorgesehenen Industriebetriebe aus Gründen des Immissionsschutzes nicht zugelassen werden können. Dies bedeutet, dass ein nach planungsrechtlichen Vorschriften zulässiges (Bau-)Vorhaben aufgrund immissionsschutzrechtlicher Vorschriften unzulässig sein kann, so dass die planungsrechtliche Zulässigkeit insoweit nicht ausgenutzt werden kann. Ebensowenig kann auch die eröffnete planungsrechtliche Zulässigkeit eines Vorhabens aufgrund der »unter Berücksichtigung des Immissionsschutzes« getroffenen Festsetzungen eines B-Plans dahin ausgelegt werden, dass nunmehr zwangsläufig auch die immissionsschutzrechtliche Genehmigung erteilt werden müsse. Diese ist jedoch unter den Vorgaben des Immissionsschutzrechts zu beurteilen.

41.6 Bei **Standortplanungen** von **emittierenden Bereichen** (z. B. GI-Gebieten) in Nachbarschaft zu schutzbedürftigen Nutzungen (z. B. Wohngebieten) sowie in Gemengelagen (Rn 47 f.) ist eine sorgfältige und erkennbare Bestandsaufnahme der vorhandenen Nutzungen und der bestehenden Immissionssituation erforderlich (vgl. OVG NW, U. v. 14.5.2004 – 10a D 2/02.NE – UPR 2004, 396 = BRS 67 Nr. 14). Daher ist aufgrund von Prognosen und/oder Erfahrungen rückwärts zu ermitteln,

- welche und wie viel Emissionen (§ 3 Abs. 3 BImSchG) von einer Anlage oder einem Gebiet ausgehen werden,
- welche Immissionsarten an dem Wohngebiet ankommen bzw. auf es einwirken werden,
- wie viel der jeweiligen Immissionsart bzw. in welcher Charakteristik und Größenordnung sie auf das Wohngebiet einwirken werden,
- wie viel der jeweiligen Immissionsart nach dem Immissionsschutzrecht zumutbar sind,
- um wie viel die einwirkenden Immissionen die festgelegten Grenz- oder Richtwerte überschreiten,
- um wie viel die Emissionen entweder auf der emittierenden Fläche oder auf dem Ausbreitungsweg bzw. die Immissionen am Immissionsort gesenkt werden müssen, damit sie das zumutbare Maß nicht überschreiten,
- welche planungsrechtlichen oder sonstigen (auch flankierenden) emissions- bzw. immissionsmindernden Instrumente dafür in Frage kommen

(zustimmend *Bischopink*, BauR 2006, 1070 Fn 17).

Umgekehrt ist bei der Entscheidung über die **immissionsschutzrechtliche Genehmigung**, die Konzentrationswirkung hat, das geltende Ortsplanungsrecht **zu beachten**. Dies ergibt sich aus § 6 Abs. 1 Nr. 2 BImSchG, wonach die Genehmigung zu erteilen ist, wenn andere öffentlich-rechtliche Vorschriften – zu denen auch das geltende Ortsplanungsrecht gehört – der Errichtung und dem Betrieb der Anlage nicht entgegenstehen. Um dies festzustellen, holt die für den Immissionsschutz zuständige Behörde (Genehmigungsbehörde) gem. § 10 Abs. 5 BImSchG die Stellungnahmen der Behörden ein, deren Aufgabenbereich durch das Vorhaben berührt wird – dies ist auch die zuständige Baugenehmigungsbehörde bzw. die Gemeinde.

So darf z. B. ein Industriebetrieb, der *typischerweise* in ein GI-Gebiet gehört, immissionsschutzrechtlich nicht in einem GE-Gebiet genehmigt werden, weil er dort planungsrechtlich nicht zulässig ist. Die für die immissionsschutzrechtliche Genehmigung zuständige Verwaltungsbehörde hat nämlich keine planungsrechtliche Entscheidungskompetenz.

Andererseits sind auch bei der planungsrechtlichen **Zulassung von Vorhaben** die immissionsschutzrechtlichen Anforderungen zu beachten. So sind nach § 22 Abs. 1 BImSchG auch immissionsschutzrechtlich nicht genehmigungsbedürftige Anlagen (Vorhaben nach § 29 f. BauGB) so zu errichten und zu betreiben, dass

1. schädliche Umwelteinwirkungen verhindert werden, die nach dem Stand der Technik vermeidbar sind,
2. nach dem Stand der Technik unvermeidbare schädliche Umwelteinwirkungen auf ein Mindestmaß beschränkt werden,
3. die bei einem Betrieb der Anlagen entstehenden Abfälle ordnungsgemäß beseitigt werden können.

42 **b) Der planungsrechtliche Belang des Immissionsschutzes.** Der Immissionsschutz ist nur einer von vielen bei der Bauleitplanung zu berücksichtigenden Belange. Ihm kommt bei der **Abwägung** (§ 1 Abs. 6 a. F. bzw. § 1 Abs. 7 n. F. BauGB) nicht von vornherein ein naturgegebener Vorrang vor anderen Belangen zu (BVerwG, U. v. 14.2.1975 – IV C 21.74 – BVerwGE 48, 56 = DVBl. 1975, 713 = BauR 1975, 191 = BRS 29 Nr. 6; *Schlichter*, NuR 1982, 123). Ein auch nur *relativer* Vorrang eines in der Vorschrift benannten Belanges gegenüber einem anderen lässt sich nicht abstrakt festlegen (BVerwG, B. v. 5.4.1993 – 4 NB 3.91 – BVerwGE 1992, 231 = DVBl. 1993, 622 = ZfBR 1993, 197 = UPR 1993, 271 = NVwZ 1994). Die Gleichrangigkeit der Belange des Immissionsschutzes zu anderen Belangen ergibt sich einerseits aus der ranglosen Aufzählung in § 1 Abs. 5 a. F. bzw. § 1 Abs. 6 n. F. BauGB (vgl. BVerwG, B. v. 5.4.1993 – 4 NB 3.91 – NVWZ 1994, 288 = BRS 55 Nr. 37 = NWVBl. 1993, 456), andererseits aus dem einschränkenden unbestimmten Rechtsbegriff »soweit wie möglich« in § 50 BImSchG. So kann auch der Immissionsschutz in der Abwägung beim Überwiegen anderer Belange – ggf. relativ entspr. der objektiven Inhaltsbewertung und Gewichtigkeit – zurückgestellt werden (BVerwG, U. v. 14.2.1975 – IVC 21.74 – aaO.). **Nicht zurückgestellt** werden können als einzige Belange die allgemeinen Anforderungen an gesunde Wohn- und Arbeitsverhältnisse und die Sicherheit der Wohn- und Arbeitsbevölkerung gem. § 1 Abs. 5 Satz 2 Nr. 1 a. F. bzw. § 1 Abs. 6 Nr. 1 n. F. BauGB (vgl. BVerwG, U. v. 23.9.1999 – 4 C 6.98 – BauR 2000, 234, nach dem für das Ausmaß der Verringerung des Immissionsschutzniveaus die äußere Grenze bei der Schwelle zur **Gesundheitsgefährdung** zu ziehen ist; vgl. auch OVG NW, B. v. 21.9.2005 – 10 B9/05.NE – BauR 2006, 1091).

43 **c) Der Begriff »Schädliche Umwelteinwirkungen«.** Der Begriff »schädliche Umwelteinwirkungen«, wie er in § 50 BImSchG sowie § 5 Abs. 2 Nr. 6 und § 9 Abs. 1 Nr. 24 BauGB verwendet wird, ist in § 3 Abs. 1 BImSchG, der Begriff »Immissionen« in § 3 Abs. 2 BImSchG definiert (Anh. 3). »Gefahren« sind mit Wahrscheinlichkeit eintretende schwerwiegende Beeinträchtigungen von Rechtspositionen, insbes. Gefahr für Leib und Leben. Eine Zurückstellung des Immissionsschutzes über die Gefahrengrenze hinaus widerspräche beispielsweise dem Grundrecht auf körperliche Unversehrtheit (Art. 2 GG). »Nachteil« ist jede Beeinträchtigung einer Rechtsposition, insbes. des Vermögens, ohne zu einem unmittelbaren Schaden zu führen. »Belästigungen« sind Beeinträchtigungen des körperlichen und seelischen Wohlbefindens des Menschen. Nachteile und Belästigungen sind i. S. des Immissionschutzes nur schädlich, wenn sie *erheblich* sind. Einwirkungen können gefährlich sein, ohne zu belästigen (z. B. giftige, nicht wahrnehmbare Gase).

Die Zuordnung bestimmter Immissionswerte zur *Gefahrengrenze* ist nicht verbindlich geregelt. Die TA Luft v. 24.7.2002 (GMBl. S. 511, Anh. 6) unterscheidet jedoch bereits nach Immissionswerten zum Schutz vor Gesundheits*gefahren* (Nr. 4.2.1), solchen zum Schutz vor erheblichen Nachteilen und Belästigungen durch Staubniederschlag (Nr. 4.3) und zum Schutz vor erheblichen Nachteilen durch Gase (z. B. für Ökosysteme und Vegetation, Nr. 4.4). Die TA Lärm 1998 (Anh. 5) dagegen enthält einen solchen Unterschied nicht. Die in Nr. 6.1 TA Lärm 1998 festgelegten Immissions*richtwerte* für Immissionsorte außerhalb von Gebäuden sind keinesfalls mit der Gefahrengrenze gleichzusetzen, weil es sich um *Richtwerte* handelt, die im Einzelfall nach Nr. 3.2.1 Abs. 2 bis 5 TA Lärm 1998 überschritten werden können. Das Gleiche gilt für die Immissionsrichtwerte nach § 2 der SportanlagenlärmschutzV (Anh. 7.2), die im Einzelfall überschritten werden dürfen. Sie enthält in § 5 Abs. 5 jedoch nicht zu überschreitende Höchstwerte, die erheblich über den Immissionsrichtwerten liegen. Die Gefährdungsgrenze bei Lärm liegt allgemein wesentlich höher als die (Immissions-)Werte der TA Lärm und der SportanlagenlärmschutzV. Dies ergibt sich schon daraus, dass in GI- und GE-Gebieten ausnahmsweise Wohnungen zugelassen werden können, obwohl für solche Gebiete nach Nr. 6.1 TA Lärm 1998 tagsüber und nachts ein Immissionsrichtwert von 70 dB(A) festgelegt ist. Läge die Gefahrengrenze z. B. für Wohnungen bei 60/45 dB(A), wären Wohnungen im GI-Gebiet auch nicht ausnahmsweise zulassungsfähig. § 2 der VerkehrslärmschutzVO (Rn 65) sowie das Fluglärmgesetz (Rn 62) gehen gleichfalls von höheren Werten aus, unterhalb derer eine Gesundheitsgefahr für durchschnittlich empfindende Lärmbetroffene auszuschließen ist. Die Festlegung der Gefahrengrenze entzieht sich der politischen Wertung, sie hängt allein von sachverständiger Beurteilung ab und dürfte nicht allzu weit unterhalb der Grenze zur Polizeigefahr anzusetzen sein (BGH, U. v. 1.10.1981 – III ZR 109/80 – ZfBR 1982, 91).

43.1 Gegenüber dem früher verwendeten Begriff der Gesundheit (§ 1 Abs. 4 BBauG 1960) ist der Begriff der schädlichen Umwelteinwirkungen (§ 50 BImSchG), der *erhebliche* Nachteile und Belästigungen unterhalb der Schwelle der Gesundheitsbeeinträchtigungen einschließt, eine beabsichtigte Verstärkung des Immissionsschutzes. Aufgrund des § 50 BImSchG sind bereits bei erheblichen Belästigungen bestimmte Lärmpegel-Werte einzuhalten, an deren Überschreitungen bestimmte Rechtsfolgen geknüpft werden (z. B. die Versagung der Genehmigung nach § 4 BImSchG bzw. Auflagen über entsprechende Schutzvorkehrungen). Ob sich aus der Formulierung »soweit wie möglich« in § 50 BImSchG über die Vermeidung erheblicher Belästigungen hinausgehende – an sich wünschenswerte – Anforderungen an den Städtebau (wie Einhaltung der Orientierungswerte des Beiblattes 1 der DIN 18005 »Schallschutz im Städtebau«) herleiten lassen, ist dagegen zu bezweifeln. Derartige Anforderungen können allenfalls aus dem Belang des Immissionsschutzes in § 1 Abs. 5 a. F. bzw. § 1 Abs. 6 n. F. BauGB, nicht dagegen aus § 50 BImSchG hergeleitet werden; denn § 50 BImSchG verlangt die Vermeidung von nur *erheblichen*, nicht dagegen sonstigen (nicht erheblichen) Belästigungen.

44 d) **Die Erheblichkeit (Zumutbarkeit) von Einwirkungen.** Nur **erhebliche Belästigungen** (und Nachteile) sind **schädliche Umwelteinwirkungen** i. S. d. BImSchG. Da nach dem grundlegenden U. d. BVerwG v. 11.2.1977 (– IV C 9.75 – BRS 32 Nr. 134 = DVBl. 1977, 770 = NJW 1978, 64) nur solche Belästigungen erheblich sind, die den davon Betroffenen nicht zuzumuten sind, ist **die Zumutbarkeit für die Bestimmung der Erheblichkeit entscheidend**. Belästigungen (und Nachteile), die der Umgebung und Allgemeinheit zuzumuten sind, sind demnach *nicht erheblich* i. S. d. BImSchG.

Die für die Bestimmung der **Erheblichkeit** heranzuziehende Zumutbarkeit von Einwirkungen bezeichnet dagegen *nicht die Schwelle*, jenseits derer sich ein mittelbarer Eingriff in das

Eigentum als »schwer und unerträglich« und deshalb in einem **enteignungsrechtlichen Sinn** als unzumutbar erweist (BVerwG, U. v. 14.12.1973 – IV C 71.71 – BVerwGE 44, 244 = BRS 27 Nr. 157 = DÖV 1974, 381 = BauR 1974, 189; U. v. 21.6.1974 – IV C 14.74 – BRS 28 Nr. 138 = BauR 1974, 330 = DÖV 1974) und die – wesentlich höher liegend – etwa bei der Gefahrengrenze anzusiedeln ist. Sie bewegt sich vielmehr noch deutlich im Vorfeld dessen, was der Eigentumsschutz nach Art. 14 GG unter enteignungsrechtlichen Gesichtspunkten fordert (BVerwG, U. v. 25.2.1977 – IV C 22.75 – BVerwGE 52, 122 = DVBl. 1977, 722 = BRS 32 Nr. 55 = BauR 1977, 244; U. v. 14.12.1979 – 4 C 10/77 – NJW 1980, 2368). Immissionen, die das nach § 5 Abs. 1 Nr. 1 BImSchG zulässige Maß nicht überschreiten, begründen keinen schweren und unerträglichen Eingriff in das Eigentum (BVerwG, U. v. 30.9.1983 – 4 C 74.78 – ZfBR 1984, 92). Zwischen der Zumutbarkeitsgrenze im Vorfeld der Enteignung und der enteignungsrechtlichen Unzumutbarkeitsgrenze liegt daher ein Raum, der der gemeindlichen Abwägung nach § 1 Abs. 6 a. F. bzw. § 1 Abs. 7 n. F. BauGB zugänglich ist.

44.1 Zur **Grenze des noch Zumutbaren** i. S. der erheblichen Einwirkung kann von der medizinischen Wissenschaft nur eine sehr begrenzte Entscheidungshilfe angeboten werden. Die Erheblichkeit einer Belästigung wird von Betroffenen unterschiedlich eingestuft und hängt sehr stark von individuellen Faktoren (Herkömmlichkeit, Empfindsamkeit, Gesundheitszustand, Alter, Gewöhnungseffekt sowie deren Erwartungshorizont) ab (vgl. BVerwG, U. v. 29.4.1988 – 7 C 33.87 – DÖV 1989, 397). Die Bestimmung der rechtlich relevanten Erheblichkeit ist deshalb primär eine *politische Entscheidung* und daher auch nicht mit der »Gesundheitsbeeinträchtigung« gleich zu setzen (vgl. § 15 Rn 13, 14).

44.2 Das BVerwG hatte bereits in seinen Grundsatzentscheidungen zum **Verkehrslärmschutz** (vgl. u. a. U. v. 21.5.1976 – IV C 80.74 – BVerwGE 51, 3 = DÖV 1976, 782 = NJW 1976, 1760 = DVBl. 1976, 779) die **Grenze des Zumutbaren** i. S. der erheblichen Belästigung im Grundsatz für eine vorrangig politische Entscheidung gehalten, die nur der Gesetzgeber selbst treffen kann. Darüber hinaus differenzierte es die Zumutbarkeitsgrenze nach der Art der baulichen Nutzung (Baugebiete), der tatsächlichen oder plangegebenen Immissionsvorbelastung und dem Erwartungshorizont der Betroffenen. Der Rechtsbegriff des Zumutbaren lässt – wie ausgeführt (Rn 44) – im Vorfeld des »enteignungsrechtlich Erheblichen« der Gesetzgebung einen nicht unbedeutenden Spielraum. Dies gilt nicht nur für den Bundes- oder Landesgesetzgeber, sondern gleichermaßen für den Ortsgesetzgeber, d. h. für die Gemeinde, die die Zumutbarkeit von Immissionen mittelbar durch Festsetzung von Baugebieten und Verkehrsflächen bestimmt. Solange der Bundesgesetzgeber eine Festlegung von Zumutbarkeitsgrenzen *für die Bauleitplanung* nicht getroffen hat, ist die Gemeinde in ihren Entscheidungen rechtlich nicht gebunden. Grenzwerte aus Richtlinien, DIN-Normen und VDI-Vorschriften (z. B. TA Lärm, DIN 18 005) sind **für die Bauleitplanung nicht verbindlich** (vgl. BVerwG, U. v. 22.5.1987 – 4 C 33 – 35.83 – BVerwGE 1977, 285 = DÖV 1987, 913). Auch nach Inkrafttreten der VerkehrslärmSchV fehlt es an einer gesetzlichen Normierung von Grenzwerten zur Zumutbarkeit von Lärmbelastungen in Wohngebieten; sie könnte nur im Wege demokratisch legitimierter Rechtssetzung getroffen werden (BVerwG, B. v. 18.12.1990 – 4 N 6.88 – ZfBR 1991, 120 = DVBl. 1991, 442 = UPR 1991, 151 = NVwZ 1991, 881 = BRS 50 Nr. 25). Über Grenzwerte für Lärm ist bisher i. A. durch Richterrecht aufgrund der Besonderheiten des Einzelfalls entschieden worden.

44.3 Die Zumutbarkeit (oder Unzumutbarkeit) bestimmt sich weiter nach der **konkreten Schutzwürdigkeit** und **Schutzbedürftigkeit** der betroffenen Rechtsgüter, die ihrerseits – abgesehen von der besonderen Situation eines baulichen Bestandsschutzes – erstens von der bebauungsrechtlichen Situation und zweitens von der **tatsächlichen oder planerischen Vorbelastung** abhängt (BVerwG, U. v. 11.2.1977 – IV C 9.75 – aaO., Rn 44 und U. v. 21.5.1976 – IV C 80.74 –, aaO., Rn 44.2 sowie U. v. 21.1.1983 – 4 C 59.79 – ZfBR 1983, 139 = BauR 1983, 143 = NVwZ 1983, 609). Sie ist daher entspr. den im B-Plan festgesetzten Baugebieten oder – bei fehlender Festsetzung – entspr. der Schutzbedürftigkeit der Gebiete und Einrichtungen zu beurteilen (vgl. die Zuordnung des

Immissionsortes nach Nr. 6.6 zu den abgestuften Immissionsrichtwerten nach Nr. 6.1 TA Lärm 1998, Anh. 5). Maßgebend sind dabei die für die einzelnen Gebiete jeweils festgelegten Immissionsrichtwerte, verglichen mit den Beurteilungspegeln, die aus den Mittelungspegeln und ggf. aus Zuschlägen für Ton- und Informationshaltigkeit, Impulshaltigkeit und für Tageszeiten mit erhöhter Empfindlichkeit zu bilden sind (vgl. Nr. 2.10 TA Lärm 1998 und Nr. A.1.4 der Anlage zur TA Lärm 1998).

In Teilbereichen ist eine Festlegung von Grenz- bzw. Richtwerten durch RechtsVO erfolgt. So enthält die als 16. BImSchV erlassene **VerkehrslärmschutzV** (Anh. 7) nach Baugebieten der BauNVO abgestufte Immissions*grenz*werte, die als 18. BImSchV erlassene **SportanlagenlärmschutzV** (Anh. 7.2) bestimmt ebenfalls abgestufte Immissions*richt*werte.

44.4 Für die gemeindliche Abwägung ergeben sich unter Berücksichtigung von § 1 Abs. 5 BauGB (menschenwürdige Umwelt, Wohnbedürfnisse, Umweltschutz) und der u. a. aus § 50 BImSchG herzuleitenden **Zumutbarkeit** bzw. **Erheblichkeit** von Belästigungen verschiedene **Abwägungsspielräume:**

- Von der Erfüllung optimaler Immissionsschutzanforderungen (keine Belästigungen) bis an die Grenze noch unerheblicher = noch zumutbarer Belästigungen ohne rechtliche Folgen.
- von der Überschreitung der immissionsschutzrechtlichen Zumutbarkeitsgrenze bis an die enteignungsrechtliche Unzumutbarkeitsgrenze bei gebotener teilweiser Zurückstellung des Immissionsschutzes unter Einsatz – so weit wie möglich – aktiver oder passiver Schutzmaßnahmen;
- von der Überschreitung der enteignungsrechtlichen Zumutbarkeitsschwelle unter weitgehender Zurückstellung des Immissionsschutzes zugunsten anderer Belange mit der Folge der Entschädigungsverpflichtung bis an die Gefahrengrenze. Die der Gemeinde entstehenden Kosten für Schutzmaßnahmen oder Entschädigungen müssen in die Abwägung eingestellt werden.

45 e) **Maßnahmen des vorbeugenden Immissionsschutzes.** Für die Berücksichtigung des Immissionsschutzes stehen in der Bauleitplanung verschiedene Möglichkeiten von unterschiedlichen Maßnahmen zur Wahl, deren Für und Wider die Gemeinde sorgsam abwägen muss. Die jeweilige Maßnahme steht weitgehend im Planungsermessen der Gemeinde; sie hängt von verschiedenen Faktoren ab, insbes. von anderen, ggf. überwiegenden Belangen, von der Intensität und Zumutbarkeit der Umwelteinwirkungen, von der Art der emittierenden und betroffenen Nutzung, den Kosten sowie der Realisierungsmöglichkeit der Maßnahmen unter Beachtung des Gebots der Verhältnismäßigkeit.

Folgende Maßnahmen kommen in Betracht:

- ausreichend große Abstände zwischen Emittent (Anlage) und Akzeptor (immissionsbetroffene Nutzung) ohne besondere Maßnahme (Grundsatz der räumlichen Trennung, Rn 41.2),
- anlagenbezogene Maßnahmen (Einschränkung der Emissionen beim Emittenten),
- akzeptorenbezogene Maßnahmen (Einschränkungen oder Schutzmaßnahmen bei der betroffenen Nutzung),
- transmissionsbezogene Maßnahmen (Schutz- oder immissionsmindernde Maßnahmen auf dem Ausbreitungsweg)

sowie verschiedene Kombinationen dieser Maßnahmen und als »ultima ratio«

- die Entflechtung einer Gemengelage durch Verlagerung einer Nutzung.

45.1 f) **Planungsinstrumente und ihre Rechtsgrundlagen.** Für Immissionsschutzmaßnahmen stehen im Rahmen der Bauleitplanung verschiedene Möglichkeiten der Darstellung im FN-Plan und der Festsetzung im B-Plan zur Verfügung:

- Darstellung von Flächen für Nutzungsbeschränkungen oder für Vorkehrungen zum Schutz gegen schädliche Umwelteinwirkungen (§ 5 Abs. 2 Nr. 6 BauGB), z. B. Grenzwerte für Geruchsemissionen eines Geflügelmaststalles im Außenbereich (BVerwG, U. v. 18.8.2005 – 4 C 13.04 – BauR 2006, 52), deren Festsetzung sonst eigentlich nur im B-Plan möglich ist. Aus der Begründung:

> Will die Gemeinde die städtebauliche Entwicklung im Außenbereich mittels Bauleitplanung steuern, darf sie sich grundsätzlich auf den Außenbereich beschränken. Sie ist insoweit nicht darauf verwiesen, ihre planerischen Vorstellungen durch Erlass eines weite Teile des Außenbereichs erfassenden B-Plans zur Geltung zu bringen. Im FN-Plan dargestellte Grenzwerte können einem nach § 35 Abs. 1 BauGB im Außenbereich privilegierten Vorhaben als öffentlicher Belang, der der nachvollziehenden Abwägung unterliegt, entgegengehalten werden (w. N. i. Begr. d. Urt.; vgl. auch Rn 51.21).

- Festsetzung von Schutzflächen und ihrer Nutzung, von Flächen für besondere Anlagen und Vorkehrungen zum Schutz vor schädlichen Umwelteinwirkungen sowie der zu treffenden baulichen und sonstigen technischen Vorkehrungen (§ 9 Abs. 1 Nr. 24 BauGB),
- Festsetzungen von Gebieten, in denen
  - zum Schutz vor schädlichen Umwelteinwirkungen i. S. d. BImSchG bestimmte luftverunreinigende Stoffe nicht oder nur beschränkt verwendet werden dürfen (§ 9 Abs. 1 Nr. 23a BauGB),
  - bei der Errichtung von Gebäuden bestimmte bauliche Maßnahmen für den Einsatz erneuerbarer Energien wie insbesondere Solarenergie getroffen werden müssen(§ 9 Abs. 1 Nr. 23b BauGB),
- Kennzeichnung von Flächen, bei deren Bebauung besondere bauliche Vorkehrungen gegen äußere Einwirkungen erforderlich sind (§ 5 Abs. 3 und § 9 Abs. 5 Nr. 1 BauGB), z. B. Belastungsgebiete,
- (Horizontale) Gliederung von Baugebieten im B-Plan (§ 1 Abs. 4 BauNVO),
- Ausschluss oder Umwandlung bestimmter Arten von Nutzungen oder Anlagen (§ 1 Abs. 5 bzw. Abs. 9 BauNVO),
- Ausschluss von Ausnahmen (§ 1 Abs. 6 BauNVO),
- (Vertikale) Gliederung von Baugebieten nach § 1 Abs. 7 BauNVO,
- »Fremdkörperplanung« in Bestandsgebieten (§ 1 Abs. 10 BauNVO),
- städtebauliche Sanierung nach § 136 BauGB zur Verlagerung der störenden oder betroffenen Nutzung.

Es ist jedoch nicht immer erforderlich, das gesamte zur Verfügung stehende Instrumentarium der Bauleitplanung einzusetzen, wenn sich der verfolgte Zweck auch mit **flankierenden Maßnahmen außerhalb der Bauleitplanung** erreichen lässt. So darf die Gemeinde vorbeugenden Immissionsschutz außer durch Bauleitplanung auch mit Mitteln der standortbezogenen gewerblichen Investitionsförderung (Kommunale Wirtschaftsförderung) verfolgen (vgl. BVerwG, U. v. 14.4.1989 – 4 C 52.87 – DÖV 1989, 772 = UPR 1989, 352 = BRS 49 Nr. 15). Die Gemeinde kann sich z. B. in einem **öffentlich-rechtlichen Vertrag** (§ 54 f. VwVfG) als Gegenleistung für eine Förderung einen Einvernehmensvorbehalt einräumen lassen, bei einer Betriebserweiterung eine Erhöhung bereits bestehender Immissionen zu vermeiden (vgl. BVerwG, U. v. 15.12.1989 – 7 C 6.88 – ZfBR 1990, 151). Sie kann jetzt auch durch einen **städtebaulichen Vertrag** z. B. die Förderung und Sicherung der mit der Bauleitplanung verfolgten Ziele, insbes. die Grundstücksnutzung, auch hinsichtlich einer Befristung oder Bedingung, mit dem Vertragspartner vereinbaren (§ 11 Abs. 1 Nr. 2 BauGB). Dazu können auch immissionsmäßige Regelungen gehören.

46 g) **Der Vorsorgegrundsatz in Neuplanungsfällen.** Im Unterschied zur Planung im Bestand bestehen bei Neuplanungen in unvorbelasteten Bereichen noch ausreichende Möglichkeiten einer Immissionsschutzvorsorge i. S. des »soweit wie möglich« des § 50 BImSchG bzw. weiter gehender Umweltschutzanforderungen des § 1 Abs. 5 BauGB.

Als Neuplanungen sind hier zu verstehen
- *gleichzeitige Neuplanung* von emittierenden gewerblichen Flächen und schutzbedürftiger Nutzung,
- *heranrückende Wohnbebauung* an vorhandene emittierende gewerbliche Flächen,
- *heranrückende gewerbliche Bebauung* an vorhandene Wohnbaugebiete,
- Beplanung von *überwiegend bebauten Flächen* ohne besondere Immissionskonflikte.

In diesen Fällen gilt der *Grundsatz der räumlichen Trennung* (Rn 41.2), planerisch umgesetzt durch größtmögliche bzw. ausreichende Schutzabstände.

46.1 Anhaltspunkte für aus Immissionsschutzgründen ausreichende **Schutzabstände** zwischen GI- und GE-Gebieten und Wohngebieten geben die etwa gleich lautenden **Abstandserlasse** einiger Länder, z. B. der *Abstandserlass NW* (Anh. 9). Die den Erlassen als Anlage beigefügte Abstandsliste gibt für bestimmte in **Abstandsklassen** aufgeführte Betriebsarten die entspr. dem neuesten Stand der Immissionsschutztechnik ermittelten Abstände an, bei deren Einhaltung i. d. R. Gefahren, erhebliche Nachteile und erhebliche Belästigungen durch den Betrieb der Anlage in den umliegenden Wohngebieten nicht entstehen, wenn die Anlage dem Stand der Technik entspricht.

Die Abstandserlasse sind *verwaltungsinterne* Weisungen der obersten für den Immissionsschutz zuständigen Behörden an die jeweils nachgeordneten Behörden und **für Gemeinden nicht verbindlich**. Sie dienen nur zur Vereinheitlichung der Stellungnahmen der für den Immissionsschutz zuständigen Behörden bei der Beteiligung in der Bauleitplanung als Träger öffentlicher Belange. Sie entbinden die Gemeinden jedoch nicht von der Abwägungspflicht. In begründeten Fällen bei ordnungsgemäßer Abwägung kann sich die Gemeinde beim Überwiegen anderer Belange über die Stellungnahme der Immissionsschutzbehörde hinwegsetzen und die geforderten Abstände verringern (vgl. OVG NW, U. v. 17.10.1996 – 7a D 122/94. NE –, aaO. Rn 41.2), z. B. bei einer notwendigen Konzentration der Siedlungsentwicklung, zur Sicherung von Freiräumen und Schonung der Landschaft sowie zum sparsamen und schonenden Umgang mit Grund und Boden (vgl. § 1a Abs. 1 BauGB). Werden bei der Planung die in der Abstandsliste angegebenen Abstände unterschritten (hier: Standort einer Müllverbrennungsanlage im Regionalplan bzw. im GI-Gebiet), so bedeutet das noch nicht, dass der geplanten Flächenzuordnung immissionsschutzrechtliche Bedenken entgegenstehen. Dies ist – verfassungsrechtlich – nicht zu beanstanden, wenn die immissionsschutzrechtliche Situation nicht offensichtlich verkannt oder eindeutig fehlerhaft abgewogen worden ist (NWVerfGH, U. v. 11.7.1995 – VerfGH 21/93 – NVwZ 1996, 262).

46.2 Die **Abstandsliste** der Abstandserlasse ist eine Typisierung von Gewerbebetrieben nach gleichem Abstandserfordernis; sie entbindet nicht von der notwendigen Einzelfallprüfung in atypischen Fällen (Vorb. §§ 2 ff. Rn 10). Zur richtigen Wertung der Abstandsliste ist die Kenntnis des jeweiligen Abstandserlasses unerlässlich; er enthält zahlreiche Anwendungshinweise, insbes. auch zur Nichtanwendung der Abstandsliste auf bestehende Immissionssituationen (Gemengelagen) und in Genehmigungsverfahren (vgl. Nrn. 2.2.3 und 3 *Abstandserlass NW 98*, Anh. 9). Weitere Abstandsregelungen zur Luftreinhaltung (Tierische Gerüche) s. Rn 52.1, zum Schallschutz im Städtebau s. Rn 97.

In § 50 BImSchG ist unter dem Eindruck der Folgen des Seveso-Unglücks aufgrund der Seveso II-Richtlinie 96/82/EG, geändert durch Richtlinie 2003/105/EG, der sog. Trennungsgrundsatz auf Anlagen nach der Störfallverordnung ausgeweitet worden (Rn 41). Bei der Ansiedlung solcher gefährlicher Anlagen sind besondere staatlich zu überwachende Schutzabstände erforderlich. In den Abstandserlassen der Länder sind diese nicht erfasst. Nähere Einzelheiten hierzu s. die Abhandlungen von *Weidemann* (DVBl. 2006, 1143) und *Louis/Wolf* (NUR 2007, 1).

46.3 Bei einer – ungeachtet des allgemeinen »Trennungsgrundsatzes« – **heranrückenden Wohnbebauung**, d. h. bei der Neufestsetzung eines Wohngebiets in der Nähe bzw. im Einwirkungsbereich einer im Planbereich oder außerhalb des Planbereichs vorhandenen emittierenden Anlage, ist zwar grundsätzlich vom Bestandsschutz dieser Anlage auszugehen, wenn sie rechtmäßig errichtet worden ist, dem Stand der Technik entspricht und insoweit legal emittiert (zum Bestandsschutz Vorb. §§ 2 ff. Rn 10.6 f.). Gerät die in den Vorbelastungsbereich der Anlage eindringende Wohnbebauung dadurch aber unter Einwirkung erheblicher (= unzumutbarer) Belästigungen, so hat dies nach dem immissionsschutzrechtlichen Verursacherprinzip zur Folge, dass die Anlage i.d.R. mit nachträglichen Anordnungen nach § 17 Abs. 1 Satz 2 BImSchG – ggf. §§ 24, 25 BImSchG – rechnen muss, wenn nach ihrer Genehmigung festgestellt wird, dass die (herangerückte) Nachbarschaft nicht ausreichend vor schädlichen Umwelteinwirkungen geschützt ist. Der Gesetzgeber hat den Konflikt zwischen ansässigen Betrieben und heranrückender Wohnbebauung – abgesehen von § 15 Abs. 1 Satz 2 BauNVO – zwar grundsätzlich zugunsten der Wohnbebauung und zu Lasten der Betriebe geregelt; das Prioritätsprinzip gilt – anders als beim Verkehrslärm – im Immissionsschutzrecht grundsätzlich nicht (*Feldhaus*, § 17 Anm. 5; *von Holleben*, DVBl. 1981, 903). Dies erschwert bei den Betrieben notwendige Modernisierungs- und Marktanpassungsmaßnahmen, kann trotz des Bestandsschutzes zu einer Einengung und Entwicklungs-»bremse« für die Betriebe sowie letztlich zu deren notwendiger Verlagerung oder Schließung führen.

Das BVerwG hat aber keine Bedenken gegen eine in einen vorbelasteten Bereich heranrückende Wohnbebauung, wenn die Zumutbarkeitsgrenze des § 5 Abs. 1 BImSchG eingehalten wird und die Wohnnutzung keiner stärkeren Vorbelastung ausgesetzt sein wird als eine bereits vorhandene Wohnnutzung (BVerwG, U. v. 30.9.1983 – 4 C 74.78 – NJW 1984, 250 = ZfBR 1984, 92; B. v. 5.3.1984 – 4 B 171.83 – ZfBR 1984, 147; U. v. 16.3.1984 – 4 C. 50.80 – ZfBR 1984, 148). Im Übrigen ist die Regelung des § 17 Abs. 1 BImSchG nur eine »Kann«-Vorschrift, von deren Anwendung die zuständige Behörde bei einer vom Betreiber nicht zu vertretenden Verschärfung des Immissionskonflikts durch heranrückende Bebauung absehen kann und (nach Satz 2) sogar absehen muss, wenn nachträgliche Anordnungen unverhältnismäßig sind. Allerdings entbindet die tatsächliche Vorbelastung eines Wohngebiets durch Immissionen eines bestandsgeschützten Gewerbebetriebs die Gemeinde bei der Planung eines neu anzulegenden, der Wohnbebauung benachbarten Gewerbegebiets nicht von der Pflicht, die besondere Schutzbedürftigkeit der Wohnbebauung in die Abwägung einzustellen (BVerwG, B. v. 18.12.1990 – 4 N 6.88 – NVwZ 1991, 881 = DVBl. 1991, 442 = UPR 1991, 151 = ZfBR 1991, 120 = BRS 50 Nr. 25).

46.4 Auch für die **heranrückende Wohnbebauung** gilt die Berücksichtigung der Belange des Umweltschutzes und der Wirtschaft und somit auch der aus § 50 BImSchG abgeleitete »Trennungsgrundsatz«. Aufgrund der o.a. nachteiligen Folgen haben ansässige Betriebe gegenüber heranrückender Wohnbebauung entspr. dem von dieser zu beachtenden Gebot der (einseitigen) Rücksichtnahme, insbes., wenn die Wohnbebauung auch an anderer Stelle des Gemeindegebiets festgesetzt werden kann, ein grundsätzliches Abwehrrecht, beispielsweise im Normenkontrollverfahren gegen einen B-Plan (OVG RhPf, U. v. 6.3.1979 – 10 C 3/79 – ZfBR 1979, 173; BayVGH, U. v. 22.3.1982 – 25 XIV/78 – NJW 1983, 297; BVerwG, U. v. 10.12.1982 – 4 C 28.81 – BRS 39 Nr. 57 = BauR 1983, 140 = UPR 1983, 168). Ergibt eine ordnungsgemäß durchgeführte Abwägung, dass die Wohnbebauung an dieser Stelle zwingend erforderlich ist, d.h. überwiegen die Belange der Neuplanung, muss die Wohnbebauung, da sie einen Konfliktfall erstmalig schafft, nach dem **Veranlasserprinzip** auch die Folgen tragen. Dies bedeutet, dass die heranrückende Wohnbebauung die notwendigen Schutzmaßnahmen (z.B. Lärmschutzwall) zu ihren Lasten vorzusehen hat. Die Gemeinde muss mit planungsrechtlichen Mitteln Vorsorge treffen, dass sich das immissionsschutzrechtliche **Verursacherprinzip** (d.h. der Emittent haftet immer für die Folgen der Immissionen) nicht auf den

Betrieb auswirken kann (*Sendler*, WiVerw. 1977, 94; *Ziegler*, KStZ 1981, 147). Soweit Immissionen nicht weit genug verringert werden können, müssen die »*herangerückten*« Anwohner nach dem Gebot der Rücksichtnahme auch höhere Immissionen hinnehmen (Tunnelofen-Urt., BVerwG v. 12.12.1975 – IV C 71.73 – BverwGE 50, 49), so dass die Zumutbarkeitsschwelle entspr. höher liegt (Rn 44 f.; vgl. BVerwG, U. v. 19.1.1989 – 7 C 77.87 – BVerwGE 1981, 197 [206] = DVBl. 1989, 463 = BRS 49 Nr. 203 = DÖV 1989, 675 = NJW 1989, 1291 = NVwZ 1989, 556; Hess. VGH, U. v. 4.11.1992, NVwZ 1993, 1004).

46.5 Diese gebotene Rücksichtnahme auf vorhandene legal emittierende Betriebe ist durch die 4. ÄndVO 1990 für das **Dorfgebiet** besonders herausgestellt worden. Nach § 5 Abs. 1 Satz 2 BauNVO ist auf die Belange der land- und forstwirtschaftlichen Betriebe einschließlich ihrer Entwicklungsmöglichkeiten vorrangig Rücksicht zu nehmen. Die Anwohner (und auch später neu Hinzukommende) können in solchen Fällen nicht verlangen, dass die Immissionen unter die vorgegebene Vorbelastung abgesenkt werden; die Immissionsschutzbehörden sollten solche Forderungen unter Hinweis auf das Gebot der Rücksichtnahme, das aus einem immissionsschutzrechtlichen Fall entwickelt wurde, zurückweisen. Voraussetzung ist, dass der heranrückenden Wohnbebauung die vorhandene Vorbelastung bekannt ist. Aus diesem Grunde ist es unerlässlich, die **Vorbelastung im B-Plan kenntlich zu machen** (nicht festzusetzen) und in der Begründung zu erläutern, damit sich die Betroffenen darauf einstellen können. Aus Grundrechten abgeleitete Ansprüche auf Lärmsanierung scheiden jedenfalls dann aus, wenn der Eigentümer des betroffenen Grundstücks sehenden Auges in bereits die enteignungsrechtliche Zumutbarkeitsschwelle überschreitenden Lärm »hineinbaut« (so zu Recht VGH München, B. v. 12.10.1995 – 20 B 94.1188 – NuR 1997, 95). Erst recht ist der »hineinbauende« Eigentümer zur Duldung solcher Immissionen verpflichtet, die sich in den Grenzen der zulässigen Richtwerte halten (vgl. BGH, U. v. 6.7.2001 – V ZR 246/00 – BauR 2001, 1859 zum Industrielärm einer ordnungsmäßig genehmigten und länger betriebenen Hammerschmiede; Entscheidung auf der Grundlage von §§ 906 Abs. 1 Satz 1, Abs. 2 Satz 1, 1004 Abs. 1 BGB).

46.6 Ein Abwehrrecht gegen heranrückende Wohnbebauung ist nur für einen *genehmigten Betrieb* gegeben. Die Festsetzung eines Wohngebiets in der Nähe eines Gewerbebetriebs führt nicht regelmäßig zu einem Abwägungsfehler, z. B. wenn es sich um einen ungenehmigten Betrieb handelt (BayVGH, U. v. 11.2.1980 – Nr. 81 XIV 78 – BauR 1981, 172). Immissionsschutzprobleme können nicht nur zugunsten eines emittierenden Betriebs gelöst werden und diesem kann nicht von vornherein eine Schutzzone zugebilligt werden, in die die Wohnbebauung nicht eindringen darf. Denn Immissionsschutzmaßnahmen durch Planung können auch auf der Seite des Emittenten getroffen werden, z. B. durch Maßnahmen nach § 9 Abs. 1 Nr. 24 BauGB oder § 1 Abs. 4 bis 10 BauNVO. Auch in den rechtlich gesicherten Bestand kann bei ordnungsgemäßer Abwägung eingegriffen werden (z. Bestandsschutz Vorb. §§ 2 ff. Rn 10.6 und *Schenke*, NuR 1989, 8).

Das Gebot der planerischen Konfliktbewältigung (Rn 8.4) erfordert es, dass in diesem Fall das betroffene Betriebsgrundstück durch Einbeziehung in die Planung, ggf. durch Einschränkung oder Aufhebung seiner zulässigen Nutzung, in Anspruch genommen wird und somit die Voraussetzungen für eine Entschädigung des Betreibers für nicht nur unwesentliche Wertminderungen seines Betriebsgrundstücks nach §§ 39 f. BauGB geschaffen werden (vgl. BVerwG, U. v. 1.11.1974 aaO. Rn 8.4). Ein Entschädigungsanspruch ist jedoch nur bei einem Eingriff in die *zulässige* Nutzung gegeben. Ungenehmigte und planerisch nicht abgesicherte Betriebe unterliegen vor ihrer Genehmigung uneingeschränkt dem Verursacherprinzip.

46.7 Für das Abwehrrecht eines materiell legalen Betriebs gegen eine heranrückende Wohnbebauung kann nur der Bestand sowie eine »normale Betriebsentwicklung« in Rechnung gestellt werden. Wenn betriebliche Entwicklungen auch weitgehend marktorientiert und daher Änderungen unterworfen sind, so kann das nicht bedeuten, dass praktisch alle denkbaren Entwicklungsmöglichkeiten eines Betriebs bei der Abwägung über die heranrückende Wohnbebauung zu berücksichtigen sind.

So kann auf berechtigte Abwehransprüche der »herangerückten« Grundstückseigentümer gegen spätere unvorhersehbare schädliche Immissionen des Betriebs nicht durch dinglich gesicherte Erklärung verzichtet werden. Ein auf einen solchen Verzicht aufbauender B-Plan ist nichtig (OVG Lüneburg, U. v. 4.1.1983 – 1 C 2/81 – BRS 40 Nr. 34 = UPR 1983, 385). Berechtigte Abwehransprüche können auch nicht durch »Herauskaufen« beseitigt werden. Die Unverträglichkeit unterschiedlicher Nutzungen wird durch einen Verzicht auf Abwehransprüche nicht behoben (*Boecker*, BauR 1985, 149). Auch das BVerwG misst dem privaten Verzicht auf öffentliche Belange keine Bedeutung bei (BVerwG, U. v. 28.4.1978 – 4 C 53.76 – BRS 33 Nr. 66 = DVBl. 1979, 622 = BauR 1978, 385).

46.8 Für die an vorhandene Wohnnutzung heranrückende gewerbliche Bebauung durch Neufestsetzung eines GE- bzw. GI-Gebiets gilt ebenso das Veranlasserprinzip und für den einzelnen Betrieb voll das Verursacherprinzip. Die gewerbliche Bebauung hat auf die vorhandene Wohnnutzung Rücksicht zu nehmen; die heranrückenden Baugebiete sind ggf. planerisch in ihrer Nutzung einzuschränken (z. B. durch Gliederung, Ausschluss von Nutzungen oder »aktive« Schutzmaßnahmen beim Emittenten). Selbst bei Neuplanungen kann der Immissionsschutz gewisse Einschränkungen erfahren, z. B. wenn eine Industrieansiedlung zugunsten anderer überwiegender Belange des Umweltschutzes (z. B. bei einem Naturschutzgebiet) nicht den optimalen Abstand von Wohngebieten einhalten kann oder wenn anderenfalls unverzichtbare Freiflächen geopfert werden müssten, für die dann – ggf. an anderen Standorten – ein Ausgleich erforderlich wird (vgl. § 1a BauGB).

47 **h) Die Verbesserung bestehender Konfliktsituationen (Gemengelagen) durch situationsgeprägte Planung.** Gewachsene städtebauliche Strukturen sind i. A. nicht – wie häufig in der Vergangenheit – als Fehlentwicklungen anzusehen. Sie haben durch Aufnahme der »Erhaltung, Erneuerung und Fortentwicklung vorhandener Ortsteile« in die zu berücksichtigenden Belange nach § 1 Abs. 5 Satz 2 Nr. 4 (a. F.) bzw. § 1 Abs. 6 Nr. 4 (n. F.) BauGB die erforderliche Aufwertung erfahren. Soweit dort keine städtebaulichen Missstände vorliegen, die i. d. R. nur im Wege der Sanierung z. B. durch Betriebsverlagerung oder Aussiedlung von Wohnungen behoben werden können, weisen Gemengelagen gegenüber Monostrukturen manche Vorteile auf. Sie gilt es zu bewahren und gleichzeitig die Immissionskonflikte i. S. eines *Verbesserungsgebotes* soweit wie möglich zu beseitigen oder zumindest zu entschärfen. Es gibt keine nicht beplanbaren Bereiche. Soweit eine Planung erforderlich und die in Gemengelagen besonders schwierige Abwägung fehlerfrei erfolgt ist, muss es *eine* rechtlich einwandfreie Lösung für die Planung – z. B. die Betriebsstandortsicherung in empfindlicher Nachbarschaft – geben. Bei Ausschöpfung des planungsrechtlichen Instrumentariums und dessen sinnvoller Anwendung sowie bei sorgfältiger Abwägung und Einsatz flankierender Maßnahmen sind durchaus Lösungen erreichbar, die sowohl die Entwicklungsabsichten der Gewerbebetriebe als auch den erforderlichen Schutz der Nachbarschaft in ausreichender Weise gewährleisten (s. dazu entsprechende Erlasse der Länder).

Abgesehen von der »Fremdkörperfestsetzung« nach § 1 Abs. 10 BauNVO sind für »normale« **B-Pläne in Bestandsgebieten** nachfolgende Grundüberlegungen hilfreich. Das BauGB unterscheidet nicht nach *Neu*planungen und *Über*planungen (auch nicht bei dem durch das BauGB 2006 in § 9 Abs. 2a neu eingefügten einfachen B-Plan für den nicht beplanten Innenbereich gem. § 34). Sie sind rechtlich kein Ausnahmefall (*Schmidt-Aßmann*, aaO., S. 138), sondern nach denselben planungsrechtlichen Grundsätzen wie für Neuplanungen aufzustellen. Gleichwohl ist es geboten, für Neu- und Überplanungen unterschiedliche Planungsüberlegungen anzustellen. In der Gemengelage kann es bei Konflikten vorhandener aufeinandertreffender Nutzungen – insbes. bei vorhandener Vorbelastung –, wenn eine der beiden Nutzungen nicht verlagert werden kann oder muss, nur einen Kompromiss i.S. eines verträglichen Nebeneinanders geben. Richtschnur dafür ist das **Gebot der gegenseitigen Rücksichtnahme** (Rn 48 f.). Dabei ist stets eine Verbesserung der vorhandenen Verhältnisse (nicht nur des Immissionsschutzes) anzustreben, eine Verschlechterung in jedem Fall zu vermeiden. Häufig können Verbesserungen nicht in einem Zuge, sondern nur schrittweise – ggf. mit flankierenden Maßnahmen – erreicht werden.

47.1 Das Ziel, für die betroffenen Betriebe eine Standortsicherung und für die Wohnbevölkerung einen möglichst umfassenden Umwelt- und Immissionsschutz zu erreichen, ist in Gemengelagen i.d.R. nur bei Beachtung des in der Planung allgemein geltenden **Gebots der gegenseitigen Rücksichtnahme** (s. Rn 48 f.) möglich. Dazu müssen beide Seiten – Emittent und Betroffene – Maximalpositionen aufgeben und sich auf eine Art »Mittelwert« i.S. eines gedeihlichen Zusammenlebens einrichten. Denn auch der Immissionsschutz als Teil des Umweltschutzes genießt gegenüber anderen Belangen keinen Vorrang und kann beim Überwiegen anderer Belange, z.B. in Gemengelagen im Interesse der Betriebsstandortsicherung – ggf. in gewissem Grad –, zurückgestellt werden. Die Grenze ist die Schwelle zur Gesundheitsgefahr. Städtebauliche Missstände dürfen dabei jedoch nicht festgeschrieben werden.

Beim B-Plan für Gemengelagen müssen für die ordnungsgemäße Abwägung besondere Voraussetzungen vorliegen und bestimmte Gesichtspunkte beachtet werden. Der Begriff »Gemengelage« wird gesetzlich nicht verwendet und ist planungsrechtlich nicht definiert. Zu verstehen sind darunter überwiegend bebaute Bereiche mit vorhandenen oder zu erwartenden Immissionskonflikten zwischen Nutzungen, die schädliche Umwelteinwirkungen hervorrufen, und Wohnnutzungen bzw. sonstigen schutzbedürftigen Nutzungen. Gemengelagen werden i.A. unterschieden nach »Kleingemengelagen«, »Nahtstellen« und »Großgemengelagen« (so z.B. Hess.VGH, U. v. 31.5.1985 – IV OE 55/82 – UPR 1986, 352).

47.2 B-Pläne für Konfliktbereiche erfordern wegen der vielschichtigen Probleme zwangsläufig eine *größere Regelungsdichte*. Dafür muss das weitgefächerte Planungsinstrumentarium des § 1 Abs. 4–9 mit seinen vielfältigen Modifizierungs- und Differenzierungselementen sowie nach Abs. 10 erforderlichenfalls auch voll ausgeschöpft werden. Hilfreich sind das Planungsrecht flankierende Maßnahmen, z.B. die Förderung aus öffentlichen Mitteln, der Abschluss städtebaulicher oder öffentlich-rechtlicher Verträge bzw. die Eintragung von Baulasten.

Gemengelagen-B-Pläne erfordern eine enge Zusammenarbeit der an der Planung Beteiligten, insbes. der für den Umwelt- und Immissionsschutz zuständigen Behörden, der Kammern der gewerblichen Wirtschaft, der Betreiber der gewerblichen Anlagen sowie eine intensive Beteiligung der berührten Bürger im Rahmen der frühzeitigen Bürgerbeteiligung. Besondere Planungshilfen bieten z.B. einschlägige Erlasse und Planungshilfen der Länder, der Baustein Nr. 8 des MLS NW sowie das umfangreiche Schrifttum (s. Schrifttum zu § 1) an.

§ 1

47.3 In Gemengelagen ist die Vermeidung schädlicher Umwelteinwirkungen zwar anzustreben (§ 50 BImSchG), dies lässt sich wegen vorhandener Vorbelastungen i. A. aber nicht immer voll erreichen. Die vorhandene Situation ist *soweit wie möglich* zu verbessern (»Verbesserungsgebot«), eine Verschlechterung zumindest jedoch zu verhindern. Dies schließt die Zulässigkeit eines B-Plans ein, durch den ein insgesamt erhaltenswerter Zustand zwar nicht verbessert, aber gesichert wird. Eine Verbesserung liegt bereits vor, wenn schädliche Umwelteinwirkungen um ein bestimmtes – mit vertretbarem Aufwand (Grundsatz der Verhältnismäßigkeit!) erreichbares – Maß gesenkt werden können, auch wenn die anzustrebenden immissionsschutzrechtlichen Grenz- oder Richtwerte (z. B. der TA Lärm bzw. TA Luft) noch nicht eingehalten werden. Die Verbesserung kann u. U. nicht in einem Zug erreicht werden, sondern muss ggf. in zeitlicher Staffelung und mit instrumenteller Differenzierung erfolgen. Der statische B-Plan lässt solche Möglichkeiten nicht zu. Ein schrittweises Vorgehen mit Zwischenlösungen kann angebracht sein.

Beispielsweise können entsprechende Vorüberlegungen im Rahmen von zu berücksichtigenden von der Gemeinde beschlossenen städtebaulichen Entwicklungskonzepten oder sonstigen städtebaulichen Planungen (§ 1 Abs. 6 Nr. 11 BauGB bzw. Abs. 5 Satz 2 Nr. 10 BauGB a. F.) wie Rahmenplänen, Stadtteilentwicklungskonzepten u. dergl. angestellt und im B-Plan sowie ggf. durch flankierende Maßnahmen umgesetzt werden. Eine zeitlich gestaffelte Senkung von Emissionen eines Gewerbebetriebs kann z. B. durch entsprechende Auflagen im immissionsschutzrechtlichen Genehmigungsverfahren nach § 4 BImSchG oder durch die freiwillige Verpflichtung eines Gewerbebetriebs gegenüber der Gemeinde zur Einhaltung eines bestimmten Immissionsschutzkonzepts sichergestellt werden. Diese Verpflichtung als Voraussetzung für die Aufstellung eines B-Plans bzw. die Zulässigkeit von Wohnbauvorhaben in einem – noch – vorbelasteten Bereich sollte durch *städtebaulichen oder öffentlich-rechtlichen Vertrag* (s. Rn 48) bzw. durch eine befristete oder bedingte Zulässigkeitsfestsetzung (§ 9 Abs. 2 BauGB) abgesichert werden.

47.4 Unabdingbare Voraussetzungen für die ordnungsgemäße Abwägung eines Gemengelagen-B-Plans sind dessen *Erforderlichkeit* (Rn 8.1 f.) und das Ausscheiden aller denkbaren bzw. sinnvollen *Alternativen*. Insbes. ist die Möglichkeit der Konfliktlösung durch Entflechtung (räumliche Trennung durch Verlagerung einer Nutzung) zu untersuchen und deren Unmöglichkeit (z. B. wegen fehlender Ersatzflächen sowie der Finanzierung) *nachzuweisen*. Der Grundsatz der »räumlichen Trennung« ist in Gemengelagen nämlich einer Durchbrechung fähig (Rn 41.2; vgl. BVerwG, B. v. 13.5.2004 – 4 BN 15.04).

Die Auffassung des OVG Münster, nach dem »Trennungsgrundsatz« müsste die Gemeinde in einer Gemengelage das Gebiet entweder zugunsten der Wohnbebauung oder zugunsten der gewerblichen Bebauung sanieren (U. v. 10.11.1980 – 11a NE 45/78 – BRS 36 Nr. 3), wird nicht geteilt. Das OVG hätte der Gemeinde die Entflechtung durch Sanierung nicht vorschreiben dürfen, weil dies ein unzulässiger Eingriff in die Planungshoheit der Gemeinde ist. Ist die Abwägung unter Einbeziehung denkbarer und sinnvoller Alternativen einwandfrei i. S. der Rspr. des BVerwG erfolgt (Rn 15), dann ist der B-Plan rechtens.

Unter dieser Voraussetzung ist es auch zulässig, in besonderen Fällen eine *vorhandene industrielle* Nutzung unmittelbar neben einer *vorhandenen* Wohnnutzung als GI-Gebiet bzw. als Wohngebiet (WA) festzusetzen; denn der Grundsatz der räumlichen Trennung von Wohnen und Gewerbe gilt in der Gemengelage nicht ausnahmslos (vgl. BVerwG, B. v. 20.1.1992 – 4 B 71.90 – BRS 54 Nr. 18 = DVBl. 1992, 577 = UPR 1992, 188 = ZfBR 1992, 138 = BauR 1992, 344 = NVwZ 1992, 663; vgl. BVerwG, B. v. 13.5.2004 – 4 BN 15.04 –, OVG RP, U. v. 19.12.2003 – 1 C – 10624/03 – BauR 2004, 1111). Städtebaulich wäre es nicht vertretbar, lediglich wegen der Einhaltung bestimmter Immissionswerte die Nutzungen als GE- bzw. MI-Gebiet festzusetzen, obwohl diese Festsetzungen der tatsächlichen Eigenart der vorhandenen Nutzungen nicht entsprechen und eine Strukturänderung nicht beabsichtigt ist (sog. »Etikettenschwindel«, vgl. OVG NW, U. v. 19.10.1993 – 10a NE 41/89 – UPR 1994, 191; im Ergebnis ebenso *Ziegler*, in: Brügelmann, § 6 Rn 19). Voraussetzung dafür ist in jedem Fall, dass die Grenze der Gesundheitsgefährdung (Rn 43) nicht überschritten ist.

Nicht überzeugend ist jedenfalls auch die Auffassung des VGH BW (B. v. 27.2.1991 – 3 S 557/90 – UPR 1991, 355 = BRS 52 Nr. 3), bei Gemengelagen sei die Festsetzung eines WA-Gebiets neben einem GI-Gebiet dann fehlerhaft, wenn die Konfliktlage durch die Errichtung weiterer Wohngebäude verschärft würde, wenn der VGH gleichzeitig anstatt des WA-Gebiets ein MI-Gebiet für vertretbar hält, in dem ebenfalls Wohnungen und darüber hinaus noch ggf. unerwünschte bisher nicht vorhandene Gewerbebetriebe allgemein zulässig sind.

47.5 Wesentliches Abwägungskriterium in Gemengelagen ist die **planerische Konfliktbewältigung** (Rn 8.4). Sie verlangt nicht nur die räumliche Einbeziehung der konfliktberührten Bereiche in das Plangebiet, sondern auch die gebotene bzw. zulässige Anwendung der immissionsbezogenen planungsrechtlichen Instrumente. Dabei ist nach wie vor offen, mit welcher Regelungsdichte insbes. »anlagenbezogene« B-Pläne i. S. der Erforderlichkeit ausgestattet werden müssen. Aus der Formulierung »soweit wie möglich« des § 50 BImSchG lässt sich die frühzeitige Regelung des Immissionsschutzes schon in der Bauleitplanung durch Aufnahme möglichst vieler und spezieller Festsetzungen herleiten.

In diesem Sinne hatte das OVG Berlin im U. v. 29. 8.1983 – 2 A 3.81 – ZfBR 1983, 278 = DVBl. 1984, 147 = UPR 1984, 166, einen anlagenbezogenen B-Plan für ein Heizkraftwerk zwar für nichtig erklärt, weil durch fehlende Regelungen nach § 9 Abs. 1 Nrn. 23 und 24 BBauG die Lösung der Immissionskonflikte in vollem Umfang in das immissionsschutzrechtliche Genehmigungsverfahren verlagert worden sei. Das BVerwG hat im B. v. 17.2.1984 – 4 B 191.83 – (BVerwGE 69, 30 = DVBl. 1984, 343 = NVwZ 1984, 235 = BRS 42 Nr. 3 = ZfBR 1984, 90 = UPR 1984, 165) dazu aber zu Recht Zweifel geäußert; es spreche einiges dafür, dass es nicht Aufgabe der Bauleitplanung sei, Entscheidungen zu treffen, die nach den Bestimmungen des BImSchG dem jeweiligen Genehmigungsverfahren vorbehalten sind. Im Übrigen seien auch die Ratsmitglieder überfordert, wenn sie bereits im B-Plan Festsetzungen treffen müssten, die die Fachbehörden zu treffen haben (vgl. *Gierke*, DVBl. 1984, 149).

47.6 Bei der notwendigen Konfliktbewältigung muss die Gemeinde nicht alle Einzelheiten des Immissionsschutzes regeln (vgl. *Menke*, UPR 1985, 111 Fn 1, 35). Trotz der vielfältigen Möglichkeiten im Planungsrecht ist i. S. des **Grundsatzes der planerischen Zurückhaltung** (Rn 8.1) daher zu empfehlen, nur solche Festsetzungen in – insbes. anlagenbezogene – B-Pläne aufzunehmen, die nicht bereits nach dem Immissionsschutzrecht im Genehmigungsverfahren vorgesehen werden können, da der B-Plan sonst leicht überfrachtet wird und die Gefahr der Nichtigkeit bzw. Unwirksamkeit in sich birgt. Ein B-Plan dient nicht dazu, evtl. Versäumnissen im Genehmigungsverfahren vorzubeugen oder der Genehmigungsbehörde ihre Aufgabe abzunehmen. Emissionsbeschränkungen als Festsetzungen im B-Plan sind daher nur berechtigt, soweit die Gemeinde kraft ihrer Planungshoheit ein Mehr an Immissionsschutz erreichen will, als nach dem BImSchG möglich ist (z. B. in Kurorten).

So kann es nicht Aufgabe der Bauleitplanung sein, in einem anlagenbezogenen B-Plan über den bodenrechtlichen Regelungsbereich hinausgehende Festsetzungen zu treffen, wie das Vorschreiben bestimmter Filteranlagen, Regelungen über Standorte, Anzahl oder Größe von Flüssigkeitsbehältern oder die Aufstellung bestimmter Maschinen u. dergl. Anders kann der Fall bei einem anlagenbezogenen B-Plan mit Festsetzungen nach § **1 Abs. 10** liegen, wenn die Gemeinde im B-Plan »nähere Bestimmungen« festsetzt (s. Rn 144), oder bei einem nicht an die Vorschriften des § 9 BauGB und der BauNVO gebundenen Vorhaben- und Erschließungsplan (§ 12 BauGB).

47.7 Die notwendige Überplanung gewachsener Bestände ist nur unter dem Gesichtspunkt des **Ausgleichs** zwischen Eigentum und Umweltschutz i. S. einer Kompromissbereitschaft der sich gegenseitig beeinträchtigenden Nutzungen denkbar. Der Ausgleich muss zu einem verträglichen Nebeneinander führen. Richtschnur dafür ist das **Gebot der gegenseitigen Rücksichtnahme** (Rn 48 f.).

§ 1   47.8, 47.9

Für den Gemengelagen-B-Plan bedeutet dies, dass der Emittent seine Emissionen unter Ausschöpfung des Standes der Technik soweit wie möglich vermindern muss, dass jedoch die danach verbleibenden Immissionen von den Betroffenen hinzunehmen sind, soweit die Grenze der Gesundheitsgefährdung nicht überschritten ist.

Zur Erreichung dieses Ziels steht ein vielfältiges Festsetzungsinstrumentarium zur Verfügung, und zwar insbesondere

- auf der Emittentenseite durch Einschränkung der Emissionen
  - durch Gliederung der GE-/GI-Gebiete nach Art der Betriebe und Anlagen oder deren Eigenschaften bzw. deren flächenhaftem Emissionsverhalten (Zonierung, häufig als »eingeschränktes GE-/GI-Gebiet« bezeichnet, z. B. »GEe«),
  - durch Einhausung von Emissionsquellen (z. B. Baukörperstellung, bauliche bzw. technische Vorkehrungen an Betriebsgebäuden nach § 9 Abs. 1 Nr. 24 BauGB),
- auf dem Ausbreitungsweg (Transmission)
  - durch Festsetzung von Maßnahmen oder Vorkehrungen nach § 9 Abs. 1 Nr. 24 BauGB,
  - durch abschirmende Schutzbauwerke (z. B. Lärmschutzwälle, -wände),
- auf der Seite der Betroffenen durch Objektschutzmaßnahmen
  - z. B. durch Stellung der Baukörper, Organisation der Wohngrundrisse, Anordnung baulicher Schutzmaßnahmen.

47.8   Welche Maßnahmen und mit welchem Wirkungsgrad festgesetzt werden müssen, ist Gegenstand der Abwägung und nach den Besonderheiten des Einzelfalls zu entscheiden, wobei die **Belange des Bestandsschutzes** gebührend mit einfließen müssen. Im Grundsatz sollten zunächst die Minderung der Emissionen an der Quelle und der Immissionen auf dem Ausbreitungsweg in Betracht gezogen werden, bevor Eingriffe in die betroffene Nutzung (z. B. durch Anordnung passiver Schutzmaßnahmen) angeordnet werden. Passive **Schutzmaßnahmen** bei der betroffenen Nutzung müssen immer die **letzte Maßnahme** (ultima ratio) sein. Nach dem Immissionsschutzrecht ist es ausgeschlossen, das Schutzniveau gegenüber einer gebietsbezogenen Zumutbarkeitsschwelle abzusenken. Das bedeutet, dass das Schutzniveau im Rahmen der städtebaulichen Abwägung nicht durch Festsetzung passiver Schutzmaßnahmen abgesenkt werden kann (vgl. OVG NW, B. v. 1.9.2005 – 8 A 2810/03 –; *Bischopink*, BauR 2006, 1070). Ggf. können auf der Emittentenseite auch bereits durch kleinere Maßnahmen (z. B. die Schließung von Baulücken zwischen Werkshallen durch Gebäuderiegel oder Schallschutzwände) große Verbesserungen erzielt werden. Die nach dem BImSchG zuständige Behörde muss mit der planenden Gemeinde Hand in Hand gehen; mögliche Maßnahmen nach dem BImSchG sollten in die Abwägung eingestellt werden, sie sind ggf. außerhalb des Bauleitplanverfahrens öffentlich-rechtlich (z. B. durch öffentlich-rechtlichen Vertrag nach § 54 VwVfG) abzusichern. Dem Einfallsreichtum des Planers in der Kombination der verschiedenen Instrumente sind bei einem Gemengelagen-B-Plan keine Grenzen gesetzt, sofern die Instrumente bodenrechtlich legitimiert und zur Konfliktlösung erforderlich sowie städtebaulich plausibel begründet sind.

47.9   Nicht zulässig ist die **Festsetzung von Immissions(grenz)werten** am Immissionsort, z. B. auf einem betroffenen Wohngrundstück, weil eine derartige Festsetzung von dem Betroffenen nicht vollzogen werden kann und nicht vollziehbare Festsetzungen nichtig bzw. unwirksam sind (BVerwG, B. v. 2.3.1994 – 4 NB 3.93 – ZfBR 1994, 147 = DÖV 1994, 570 = UPR 1994, 233 = BayVBl. 1994, 570). Der Betroffene ist nicht in der Lage, etwa von außen kommende Einwirkungen z. B. durch Luftverunreinigungen auf seinem Grundstück zu mindern oder abzuwehren (vgl. *Fischer/Tegeder*, BauR 2007, 323). Auch die Quellen solcher Einwirkungen (Emittenten) sind nicht immer eindeutig auszumachen, so dass der Nachweis, bestimmten Einwirkungen ausschließlich bestimmten Emittenten zuzuordnen, nicht mit der für eine Satzung notwendigen Bestimmtheit und Eindeutigkeit geführt werden kann.

Auch der BayVGH hält z.B. die Festsetzung eines Planungsrichtpegels (jetzt: Orientierungswert) nach DIN 18005 für nicht hinreichend bestimmt; da es sich um einen Summenpegel handele, hänge das Maß des Zulässigen davon ab, was andere Grundstückseigentümer noch »übrig ließen« (BayVGH, U. v. 22.3.1982 – 25 XIV/78 – NJW 1983, 297). Zur eindeutigen Bestimmtheit muss eine Festsetzung zur Minderung von Immissionen daher immer gegen den Grundstückseigentümer gerichtet sein, der sie vollziehen soll und kann. Sie muss stets die Zulässigkeit von Vorhaben betreffen und beschreiben, weil § 30 BauGB und die BauNVO ausschließlich von der Zulässigkeit von Vorhaben ausgehen. Richtig ist es daher, eine auf die Emittentenfläche bezogene Emissions(grenz)wert-Festsetzung zu treffen, anstatt die Zulässigkeit von zu errichtenden gewerblichen Anlagen von der Einhaltung bestimmter Werte an anderwärts festgelegten (u.U. weit entfernten) Immissionspunkten abhängig zu machen, die ggf. noch unter Fremdeinflüssen liegen und auf deren Höhe der Emittent nur beschränkt Einfluss nehmen kann. So ist es auch unzulässig, zum Schutz von Wohnungen oder Büros die Einhaltung eines maximalen Innenraumpegels festzusetzen, wenn die äußere Lärmbelästigung nicht eindeutig in den B-Plan-Unterlagen bestimmt ist. Konkret und ausreichend bestimmt wäre dagegen die Festsetzung von Wandbauteilen mit einem bestimmten Schalldämmmaß.

Der Einsatz der verschiedenen Instrumente muss dem **Grundsatz der Verhältnismäßigkeit** und damit zugleich dem **Übermaßverbot** entsprechen. Ist dies nicht der Fall, kann der Plan an einem Abwägungsfehler leiden. **47.10**

So wäre z.B. die Festsetzung eines Lärmschutzwalls zwischen einem GI-Gebiet und einem WA-Gebiet in Frage zu stellen, wenn die Schirmwirkung des Walls nur etwa 6 dB(A) an den beiden untersten Geschossen, nicht dagegen an den Obergeschossen der zu schützenden Wohnbebauung betragen würde und außerdem in einem bestimmten Bereich erst noch Wohnungen abgebrochen werden müssen. Zielt eine Planung von vornherein nur auf eine derartige Lösung ab, z.B. weil die Wohngebäude aus sozialen Erwägungen nicht mehr erwünscht sind, ohne jedoch mögliche Alternativen zu untersuchen (z.B. betrieblicher Schallschutz, Möglichkeiten innerbetrieblicher Umorganisation, Maßnahmen nach BImSchG), kann ein Abwägungsfehler vorliegen. Auch ein geringwertiger Wohnungsbestand kann unter dem Gesichtspunkt der Verhältnismäßigkeit noch erhaltenswert sein, wenn er günstige Mieten ermöglicht und noch modernisierungsfähig ist. Insbes. bei der Anwendung verschiedener Instrumente ist eine Kosten-Nutzen-Rechnung als Grundlage für eine ordnungsmäßige Abwägung unerlässlich.

Der eine vorhandene industrielle Anlage be- bzw. überplanende **Gemengelagen-B-Plan** muss – insbes. unter Berücksichtigung des Gebots der gegenseitigen Rücksichtnahme und der daraus folgenden Regelungen für den industriellen Bereich – i.d.R. auf den speziellen Fall zugeschnittene **anlagenbezogene Festsetzungen** enthalten. **47.11**

So wäre eine nur »normale« Überplanung einer störenden gewerblichen Anlage etwa durch ein WA-Gebiet nur gerechtfertigt, wenn sie die Belange des Eigentümers nicht unverhältnismäßig hinter andere Belange zurückstellt (vgl. BVerwG, U. v. 23.1.1981 – 4 C 4.78 – BVerwGE 61, 295 u. B. v. 21.2.1991 – 4 NB 16.90 – DÖV 1991, 510 = BRS 52 Nr. 27). In der Abwägung sind auch etwaige Kapazitätserweiterungen und Modernisierungen der Anlagen zwecks Erhaltung der Konkurrenzfähigkeit zu berücksichtigen. Der Gemeinde ist zwar eine Überplanung eines vorgefundenen Bestandes nicht verwehrt. Das setzt aber voraus, dass gewichtige Gründe für eine Umgestaltung des Gebietscharakters vorliegen und die erforderlichen Veränderungen – z.B. durch Verlagerung eines Betriebs – zumindest langfristig realisierbar und finanzierbar sind (OVG NW, U. v. 8.3.1993 – 11a NE 53/89 – NWVBl. 1993, 425 = BRS 55 Nr. 12).

Die **anlagenbezogene Planung** dagegen erlaubt eine genauere Ermittlung des Abwägungsmaterials und ermöglicht somit eine bessere Auswahl unter den sich für den Konfliktfall anbietenden Lösungen und Instrumenten. Sie hat gegenüber einer abstrakten Regelung den Vorzug der besseren Verständlichkeit, jedoch den Nachteil, dass sie nur auf *einen* Fall (einen Betreiber) zugeschnitten ist und für eine andere Nutzung (Nachfolgenutzung) nicht mehr passt, so dass **47.12** der B-Plan ggf. geändert oder dass von seinen Festsetzungen befreit werden muss. Die früher noch als systemwidrig angesehene »Einzelfallplanung« (s. Rspr. in 9. Aufl., § 1 Rn 48.14) ist nach § 1 Abs. 10 BauNVO (s. Rn 130 k–150) und dem Vorhaben- und Erschließungsplan nach § 12 BauGB zulässig.

Als besonderes Problem erweist sich in der Praxis die teilweise fehlende **Bindungswirkung von anlagenbezogenen Festsetzungen** im B-Plan gegenüber nachfolgenden immissionsschutzrechtlichen Genehmigungsverfahren (*Dolde*, DVBl. 1983, 732).

Enthält der B-Plan z. B. »schärfere« Anforderungen als das Immissionsschutzrecht (TA Luft, TA Lärm), so greifen die planungsrechtlichen Festsetzungen, weil die immissionsschutzrechtliche Einzelgenehmigung die planungsrechtliche Zulässigkeit des Vorhabens voraussetzt und somit den ortsrechtlichen Festsetzungen nicht widersprechen darf. Das führt dazu, dass immissionsschutzrechtlich zulässige Grenz- oder Richtwerte im Einzelfall nicht ausgenutzt werden können. Sind im B-Plan dagegen entspr. dem Grundsatz der gegenseitigen Rücksichtnahme »mildere« Werte zugrunde gelegt, als sie nach Immissionsschutzrecht einzuhalten sind, so können diese meist nicht ausgenutzt werden, weil die immissionsschutzrechtlichen Vorschriften nach § 29 Abs. 2 BauGB unberührt bleiben, d. h. die Werte der TA Luft und TA Lärm für das immissionsschutzrechtliche Genehmigungsverfahren vorgehen. Die Bemühungen um eine kompromissgerechte Konfliktlösung in Gemengelagen durch einen B-Plan werden so oftmals durch eine unflexible Anwendung immissionsschutzrechtlicher Vorschriften zunichte gemacht, B-Pläne für Gemengelagen vielfach gar nicht erst aufgestellt.

47.13 Wegen dieser Rechtsfolge wird gelegentlich die gesetzliche »Harmonisierung« des Planungs- und Immissionsschutzrechts gefordert (vgl. *Schmidt-Aßmann*, aaO., S. 136; *Söfker*, ZPR 1980, 324; *Dolde*, DVBl. 1983, 732), d. h. die immissionsschutzrechtliche Genehmigung soll an das im B-Plan i. S. einer Art von »Zwischenwert« gefundene Abwägungsergebnis gebunden sein, damit die Regelungen des Gemengelagen-B-Plans auch ausgenutzt werden können (vgl. Rn 41.4). Dagegen spricht, dass im B-Plan zugrunde gelegte (nicht festgesetzte!) *flächenbezogene Summenwerte* und im Einzelfall anzuwendende *anlagenbezogene Grenz- oder Richtwerte* nach Immissionsschutzrecht nicht ohne weiteres miteinander vergleichbar sind. Von Seiten der Immissionsschutzbehörden wird auch befürchtet, dass eine durch B-Plan auf höhere »Zwischenwerte« festgeschriebene Immissionssituation künftig nicht mehr verbesserungsfähig wäre, selbst wenn ein verbesserter Stand der Technik dies ermöglichen würde oder eine Nachfolgenutzung unter anderen Voraussetzungen zu genehmigen wäre. Die Chance einer künftigen Verbesserung der Immissionssituation würde somit vorzeitig aufgegeben. Diese Argumentation ist unter dem Gesichtspunkt einer langfristigen Umweltpolitik nicht von der Hand zu weisen, eine gesetzliche Harmonisierung von Immissionsschutzrecht und Planungsrecht daher in Frage zu stellen und beim BauGB auch nicht erfolgt.

47.14 Für die Praxis ergeben sich Lösungsmöglichkeiten durch eine sinnvolle Anwendung des Gebots der *gegenseitigen Rücksichtnahme* (s. Rn 48 f.) nicht nur im B-Plan, sondern auch im *immissionsschutzrechtlichen Genehmigungsverfahren*. Dabei ist es z. B. möglich, in Gemengelagen gewisse Zuschläge zu den Werten der TA Lärm zuzulassen; dabei sollen die Immissionsrichtwerte für Kern-, Dorf- und Mischgebiete nicht überschritten werden. Die notwendige Flexibilität im immissionsschutzrechtlichen Verfahren ist somit bereits nach dem geltenden Recht durchaus möglich. Wenn auch eine rechtliche Bindung der immissionsschutzrechtlich zuständigen Behörde an solche dem B-Plan etwa zugrunde gelegten (nicht festgesetzten) höheren Immissionswerte nicht besteht, so lassen ihr z. B. die *Richtwerte* der TA Lärm im Genehmigungsverfahren nach § 4 BImSchG doch eine Anpassung an solche im B-Plan-Verfahren zugrunde gelegten »Zwischenwerte« zu (vgl. Nr. 6.7 TA Lärm 1998).

Anders wäre es, wenn nach dem Immissionsschutzrecht durch RechtsVO nach §§ 7 oder 23 BImSchG Grenzwerte festgelegt wären, die nicht überschritten werden dürften. Auch ein B-Plan darf nicht etwa durch Zugrundelegung höherer »*Zwischenwerte*« für seine Festsetzungen spätere unzulässige Überschreitungen von *Grenzwerten* im immissionsschutzrechtlichen Genehmigungs- oder Baugenehmigungsverfahren »vorprogrammieren«, weil eine derartige Festsetzung nicht vollziehbar und somit nichtig bzw. unwirksam wäre. Die in den §§ 7 und 23 BImSchG enthaltenen Ermächtigungen zum Erlass von RechtsVOen mit Grenzwerten hat die Bundesregierung jedoch bisher nicht ausgeschöpft. Durch die nach § 23 BImSchG erlassene **SportanlagenlärmschutzV** (Anh. 7.2) sind lediglich *Immissionsrichtwerte* festgelegt worden, die ebenfalls in bestimmten Fällen überschritten werden können (besondere Ausnahmen sind zugelassen für internationale oder nationale Sportveranstaltungen von herausragender Bedeutung durch 1. ÄndVO v. 9.2.2006, BGBl. I S. 324). Auch für Sportanlagen in Gemengelagen dürften im Übrigen daher dieselben Grundsätze wie für gewerbliche Anlagen in Gemengelagen gelten.

i) Das Gebot der gegenseitigen Rücksichtnahme, Berücksichtigung der Vorbelastung. Treffen in **Gemengelagen** vorhandene Bereiche von unterschiedlicher Qualität und Schutzwürdigkeit zusammen, so ist die Grundstücksnutzung mit einer spezifischen **gegenseitigen Pflicht zur Rücksichtnahme** belastet. Das führt nicht nur zur Pflichtigkeit dessen, der Belästigungen verbreitet, sondern auch – i. S. der »Bildung einer Art von Mittelwert« – zu einer die Tatsachen respektierenden Duldungspflicht derer, die sich in der Nähe von – als solchen legalen – Belästigungsquellen ansiedeln (Tunnelofen-Urt., BVerwG v. 12.12.1975 – IV C 71.73 – BVerwGE 50, 49; weitere Fundst. Vorb. §§ 2 ff. 10.8). Unter Berücksichtigung dieses **Gebots der gegenseitigen Rücksichtnahme** ist eine vorhandene **Vorbelastung** durch Immissionen (zum Begriff s. *Sarnighausen*, NJW 1994, 1375) bei der Zumutbarkeit in Rechnung zu stellen. Die Vorbelastung z. B. durch Lärm sollte in den B-Plan-Unterlagen kenntlich gemacht werden, damit der Bauwillige weiß, was auf ihn zukommt. Sie ist nicht festsetzbar und ihre Kenntlichmachung nicht geeignet, den Bewohnern dieser Gebiete den Schutz zu entziehen, der mit der Festsetzung des Gebietstyps hinsichtlich des einzuhaltenden Immissionsschutzniveaus verbunden ist (vgl. OVG Lüneburg, U. v. 25.6.2001 – 1 K 1850/00 – NVWZ-RR 2002, 172 = BauR 2001, 1862).

Sind z. B. im Einwirkungsbereich eines Emittenten mit entsprechender Vorbelastung bereits Wohngebäude vorhanden und sind für diese die Einwirkungen unter Berücksichtigung des Gebots der gegenseitigen Rücksichtnahme *zumutbar*, können dieselben Einwirkungen für neue Wohngebäude, die nicht näher, sondern weiter oder gleich weit zum Emittenten errichtet werden, *nicht unzumutbar* sein, z. B. bei der Füllung von Baulücken. Die Zumutbarkeit von Immissionen ist zwar nach *unterschiedlicher* Schutzbedürftigkeit zu differenzieren, sie kann aber bei *gleicher* Schutzbedürftigkeit betroffener Nutzungen und vergleichbarer Lage nicht grundstücksweise unterschiedlich sein.

Zwar gilt für Gemengelagen das Verbesserungs*gebot* bzw. das Verschlechterungs*verbot*. Ein **Auffüllen von Baulücken** im Einwirkungsbereich einer emittierenden Anlage – gelegentlich fälschlicherweise auch als »heranrückende Bebauung« bezeichnet, denn es handelt sich nicht um Neuplanung in dem hier zu verstehenden Sinne – wird von gewerblichen Betrieben allgemein als Verschlechterung ihrer Situation empfunden. Der Grund liegt in der Befürchtung, der Einwirkungsbereich könne mehr in Richtung Wohnen »umkippen« und zu nachträglichen Anordnungen nach § 17 BImSchG zur Erfüllung der sich aus diesem Gesetz ergebenden Pflichten führen. Dies darf jedoch nicht zu Lasten des Betriebs gehen (s. Rn 49; vgl. Hess VGH, U. v. 31.5.1985 – IV OE 55/82 – UPR 1986, 352).

Es ist kein sachlicher Grund ersichtlich, bei der immissionsschutzrechtlichen Bestimmung der Erheblichkeit im Hinblick auf zumutbare Vorbelastungen zwischen alter und neuer Wohnbebauung zu differenzieren. Da das Tunnelofen-Urt. v. 12.12.1975 (aaO. Rn 48) die »*Duldungspflicht derer, die sich in der Nähe von – als solchen legalen – Belästigungsquellen ansiedeln*«, ausdrücklich herausstellt, sind die in einer Vorbelastungszone Neuansiedelnden zur Duldung der Vorbelastung gleichermaßen verpflichtet wie die bereits Ansässigen. Neue Wohnvorhaben, die in voller Kenntnis der tatsächlichen Vorbelastung durch einen genehmigten Produktionsbetrieb realisiert werden, haben daher keinen höheren Schutzanspruch als die bereits vorhandene Wohnnutzung. Eine vorhandene (oder auch plangegebene) Vorbelastung kann die Erheblichkeit bzw. Zumutbarkeit von Belästigungen und damit auch die Schutzwürdigkeit hinzukommender Nutzungen (z. B. heranrückende Wohnbebauung) in ihrem Umfang mindern (vgl. BVerwG, B. v. 21.5.1976 – 4 C 80.74 –, aaO. Rn 44.2), jedoch maximal bis zur Gefahrengrenze. Zu berücksichtigen ist dabei allerdings, ob die Neuansiedlung von Wohnungen aufgrund **bestehenden Planungsrechts** (etwa nach §§ 30, 34 BauGB) oder erst durch Aufstellung eines B-Plans erfolgen soll. Nach § 34 Abs. 1 BauGB z. B. fügen sich neue Wohnungsvorhaben in Bezug auf die von ihnen hinzunehmenden gewerblichen Immissionen in eine derart »vorbelastete« Eigenart der näheren Umgebung ein, wenn sie nicht stärkeren Belästigungen ausgesetzt sein werden als die bereits vorhandene Wohnbebauung; die gewerbliche Nutzung braucht folglich gegenüber der hinzukommenden Wohnnutzung nicht mehr Rücksicht zu nehmen als gegenüber der bereits vorhandenen Wohnnutzung.

48.2 Halten sich die von dem Gewerbebetrieb ausgehenden Belästigungen in den Grenzen des der Wohnnutzung i. S. eines »Mittelwerts« *Zumutbaren*, so hat der Gewerbebetrieb keine immissionsschutzrechtlichen Beschränkungen seines Betriebs infolge der hinzukommenden Wohnbebauung zu befürchten. Überschreiten die Belastungen diese Grenze, so hat der Betrieb Einschränkungen bereits wegen der vorhandenen und nicht erst wegen der hinzukommenden Wohnbebauung hinzunehmen (BVerwG, B. v. 5.3.1984 – 4 B 171.83 – ZfBR 1984, 147 = BRS 42 Nr. 66 = BauR 1985, 174 = DÖV 1984, 856). Nach dem durch die **ÄndVO 1990 in § 15 Abs. 1 Satz 2 neu eingeführten Halbsatz** ist bei Vorhaben in festgesetzten Baugebieten (§ 30 BauGB) auch zu prüfen, ob sie bei Vorliegen *unzumutbarer* Belästigungen trotz einer allgemeinen Zulässigkeit unzulässig sind (s. § 15 Abs. 1 Satz 2 und die diesseitige Kritik in § 15 Rn 24 f.; Anmerkung von *Fickert* zu BVerwG, U. v. 18.5.1994 – 4 C 20.94 – DVBl. 1996, 251; wie hier *Hauth*, ZfBR 1993, 209 Fn 54).

48.3 Die Ausführungen zum Gebot der gegenseitigen Rücksichtnahme gelten auch für die **Neuansiedlung von Wohnbauvorhaben** aufgrund eines **aufzustellenden B-Plans**. Dabei ist im Rahmen der Abwägung zu prüfen, ob die Neuansiedlung mit der Folge, dass mehr Einwohner als vorher von der Vorbelastung betroffen werden, gerade an *diesem* Standort erforderlich ist und ob andere Belange überwiegen, die die teilweise Zurückstellung des Immissionsschutzes rechtfertigen. Erfolgt die Neuansiedlung durch B-Plan, muss in den B-Plan-Unterlagen auf die *vorhandene Vorbelastung* hingewiesen werden, und zwar nicht als »Festsetzung«, weil eine Vorbelastung durch Immissionen nicht festgesetzt werden kann, sondern in der Begründung mit einer entsprechenden Kenntlichmachung auf dem Plan (nach § 9 Abs. 5 Nr. 1 BauGB). Dies dient der Unterrichtung der vom B-Plan Betroffenen über die Immissionsverhältnisse im Planbereich und der berechtigten Abwehr von ungerechtfertigten Ansprüchen Betroffener durch den Betrieb, die in Kenntnis der Vorbelastung siedeln. Voraussetzung dafür ist, dass sich die Immissionssituation nicht nachträglich durch Änderungen des Betriebs verschlechtern kann.

49 j) **Bestandsschutz, Planveranlassung, Entschädigung.** Sowohl für Neuplanungsfälle als auch für die Überplanung von Gemengelagen sind die durch den

B-Plan sich ergebenden Lasten und Kosten wichtige Abwägungselemente. Bestandsgerechte und immissionsschutzgerechte B-Pläne können vom Planungsrecht her zwar aufgestellt werden, werden wegen der finanziellen Folgen aber häufig nicht aufgestellt. Im Hinblick auf den **Bestandsschutz** (hierzu s. Vorb. §§ 2 ff. Rn 10.6 f.) muss nach dem **Gebot der Rücksichtnahme** (Rn 48 f.) grundsätzlich die neu hinzukommende Nutzung auf den materiell rechtmäßigen Bestand Rücksicht nehmen. Der Veranlasser der neu hinzukommenden Nutzung hat die notwendigen Schutzmaßnahmen daher selbst zu vertreten bzw. gegen sich gelten zu lassen. Dieses **Veranlasserprinzip**, nach dem der durch die Planinitiative Begünstigte, d. h. in dessen Interesse der Plan aufgestellt wird, die Auswirkungen der Planung tragen muss, hat u. U. Bedeutung für die Frage, in welcher Reihenfolge und auf welchen Flächen notwendige Schutzmaßnahmen vorzusehen sind (s. auch Rn 46.4).

Rückt z. B. ein Industriegebiet an ein Wohngebiet heran, treffen die notwendigen Immissionsschutzmaßnahmen die industrielle Nutzung. Rückt umgekehrt ein Wohngebiet an eine vorhandene Industrieanlage heran (heranrückende Wohnbebauung), würden nach dem immissionsschutzrechtlichen Verursacherprinzip notwendige Immissionsschutzmaßnahmen wiederum den Industriebetrieb treffen. Nach dem Veranlasserprinzip ist mit planungsrechtlichen Mitteln Vorsorge zu tragen, dass eine derartige – ungerechte – Rechtsfolge nicht eintritt. Durch geeignete Festsetzungen zum Schutz – jedoch zu Lasten der Wohnnutzung – sowie durch Kenntlichmachung der Vorbelastung im B-Plan ist sicherzustellen, dass der Industriebetrieb nicht in seiner Nutzung eingeschränkt werden oder nachträglichen Immissionsschutzanforderungen nachkommen muss.

Es besteht jedoch **kein absoluter Anspruch auf Planfortbestand** oder planungsrechtliche Absicherung vorhandener Nutzungen. Die Gemeinde kann beim Überwiegen anderer Belange in einen vorgefundenen Bestand durch rechtmäßige Abwägung eingreifen. Wird dabei die zulässige Nutzung eines Grundstücks aufgehoben oder geändert und tritt dadurch eine nicht nur unwesentliche Wertminderung ein, ist dafür **Entschädigung** zu leisten (§ 42 Abs. 1 BauGB). Dient die Festsetzung der Beseitigung oder Minderung von Auswirkungen, die von der Nutzung eines (anderen) Grundstücks ausgehen, ist der Eigentümer (dieses anderen Grundstücks) zur Entschädigung verpflichtet, wenn er mit der Festsetzung einverstanden war. Ist der Eigentümer (des anderen Grundstücks) aufgrund anderer gesetzlicher Vorschriften (z. B. BImSchG) verpflichtet, von seinem Grundstück ausgehende Auswirkungen zu beseitigen oder zu mindern, so ist er auch ohne Einverständnis zur Entschädigung verpflichtet, soweit er durch die Festsetzung Aufwendungen erspart. Erfüllt er seine Entschädigungsverpflichtung nicht, tritt die Gemeinde im Wege der Ersatzvornahme ein (§ 44 Abs. 2 BauGB).

49.1

Wird z. B. auf dem Grundstück eines Dritten ein Lärmschutzwall nach § 9 Abs. 1 Nr. 24 BauGB festgesetzt, der ein industriell zu nutzendes Grundstück gegenüber einem vorhandenen Wohngebiet abschirmen soll, hat der Eigentümer des Industriegrundstücks die Entschädigung zu leisten, soweit er dadurch eigene Aufwendungen – z. B. zur Abschirmung der Produktionsstätten – auf eigenem Grundstück erspart.

Eine **Begrenzung der Entschädigungspflicht** ergibt sich aus § 42 Abs. 2, 3 BauGB. Wird die Nutzung eines Grundstücks erst nach Ablauf von 7 Jahren ab Zulässigkeit des Vorhabens aufgehoben oder geändert, besteht Anspruch auf Entschädigung nur für die tatsächlich ausgeübte Nutzung. Die 7-Jahres-Frist begann in den alten Bundesländern frühestens am 1.1.1984 bzw. nach Vorliegen der Zulässigkeitsvoraussetzungen einschließlich der gesicherten Erschließung (BGH, U. v. 10.4.1997 – 3 ZR 104/96 – NJW 1997, 2115 = BGHZ 135, 192). Eine Wertminderung des Grundstücks wegen Aufhebung oder Änderung der – bisher zulässigen aber nicht ausgeübten – Nutzbarkeit kommt

49.2

nach dem Ablauf dieser Frist grundsätzlich nicht mehr in Betracht. Zusätzlich bestimmt § 43 Abs. 3 S. 2 BauGB (als sog. Harmonisierungsklausel), dass in den Fällen der §§ 40, 41 solche Wertminderungen nicht zu berücksichtigen sind, die bei Anwendung des § 42 nicht zu entschädigen waren.

Mit U. v. 6.5.1999 – 3 ZR 174/98 – NJW 1999, 3488 = DVBl. 1999, 1282 (mit krit. Anm. von *Berkemann*) hat der BGH eine Ausnahme von der 7-Jahres-Frist nach § 42 Abs. 2 BauGB angenommen, wenn bei einem Übernahmeverlangen nach § 40 Abs. 2 BauGB das ursprüngliche Grundstück über 7 Jahre lang – ohne Verwirklichung dieser Nutzung – Wohnbauland war, jedoch anschließend durch einen B-Plan, der die bauliche Nutzbarkeit im übrigen Plangebiet unverändert lässt, als Gemeinbedarfsfläche für eine kommunale Kindertagesstätte ausgewiesen worden ist. In diesem Fall verbleibt es dabei, dass der Bodenwert bei der Enteignungsentschädigung als Wohnbauland zu bewerten ist. Dies ergibt sich aus dem verfassungsmäßig verankerten Grundsatz der Lastengleichheit (– *wird weiter ausgeführt*).

6. Städtebaulicher Immissionsschutz gegen Luftverunreinigungen

50 a) **Allgemeines.** Ein solcher Schutz ist mit Mitteln der Bauleitplanung nur vorbeugend und mittelbar zu erreichen. Die von potenziellen Emittenten ausgehenden schädlichen Einwirkungen breiten sich meist über größere Gebiete aus; die Herkunft von Immissionen am Immissionsort ist nur schwer nachweisbar, insbes. wenn Hausbrand- und Verkehrsimmissionen hinzutreten und komplizierte Ausbreitungsverhältnisse herrschen (z. B. Inversionswetterlagen). Lediglich bodennahe Emissionen und Immissionen, die bestimmten Emittenten zugeordnet werden können, sind leichter zu ermitteln und können durch geeignete Maßnahmen gemindert oder verhindert werden. Die großräumige Luftreinhaltung ist in erster Linie eine überörtliche Aufgabe der Raumordnung der nach Landesrecht zuständigen Behörden (i. A. die Landes- und Regionalplanungsbehörden) sowie der für den Immissionsschutz zuständigen Fachbehörden. Anders als bei der Immissionsart Lärm, deren Einwirkungsbereich i. d. R. in einem örtlich begrenzten und überschaubaren Raum liegt und deren Abwehr oder Verminderung im Rahmen der Bauleitplanung durch vielfältig anwendbare Instrumente ermöglicht wird, bieten sich für die Luftreinhaltung auf dem Gebiet der Bauleitplanung wegen deren ausschließlich städtebaulichem Bezug nur verhältnismäßig wenig Einsatzmöglichkeiten.

50.1 b) **Anforderungen des deutschen und europäischen Rechts.** Für den Schutz vor schädlichen Luftverunreinigungen gilt ebenso wie für alle anderen Immissionsarten der Planungsgrundsatz des § 50 **BImSchG**, dass die von schädlichen Immissionen hervorgerufenen Auswirkungen auf schutzbedürftige Gebiete soweit wie möglich vermieden werden sollen (vgl. Rn 41). Eine weitergehende Konkretisierung der Anforderungen besteht im Bauplanungsrecht nicht, sondern nur im Immissionsschutzrecht (BImSchG, 1., 2., 4., 13., 17., 22., 23. BImSchV und TA Luft [s. Anh. 3, 4 und 6]). Die deutschen Rechts- und Verwaltungsvorschriften zum Schutz vor Luftverunreinigungen, insbes. hinsichtlich ihrer Grenz- und Schwellenwerte (wie in der TA Luft und der 22. BImSchV) entsprechen nicht mehr in allen Punkten den neueren Anforderungen. Auch die bislang erlassenen EU-Richtlinien zur Bekämpfung der Luftverunreinigung erfassten die Umweltverschmutzung lediglich in einzelnen Bereichen. Deshalb bedurfte es eines die Umwelt insgesamt schützenden, integrierten Konzepts. Inzwischen hat die EU die Richtlinie 96/61 EG des Rates vom 14.9.1996 über die integrierte Vermeidung und Verminderung der Umweltverschmutzung – **IVU-Richtlinie** – erlassen. Sie erfasst Emissionen in Luft, Wasser und Boden und bezieht die Abfallwirtschaft mit ein. Die genannten Emissionen sollen vermieden, und wenn dies nicht möglich ist, vermindert werden.

Die deutschen Rechts- und Verwaltungsvorschriften sind aufgrund europarechtlicher Vorgaben in einer ersten Stufe angepasst bzw. geändert und durch **Gesetz vom 27.7.2001** (BGBl. I S. 1950) (teilweise) in deutsches Recht umgesetzt worden. Die Luftverunreinigungen betreffenden Änderungen erfassen u.a. das BImSchG, die 1. BImSchV (Kleinfeuerungsanlagen), die 4. BImSchV (genehmigungsbedürftige Anlagen mit Änderung des Anhangs) und die 9. BImSchV (Genehmigungsverfahren).

50.2

Neben verfahrensrechtlichen Vorgaben, die im deutschen Recht weitgehend erfüllt werden, regelt die IVU-RL schwerpunktmäßig **Luftqualitätsgrenzwerte**, wie sie zu einem wesentlichen Teil bereits durch die **Luftqualitätsrahmenrichtlinie** der EU (RL 1996/62/EG des Rates vom 27.9.1996 über die Beurteilung und die Kontrolle der Luftqualität [Abl. EG Nr. L 296, S. 55, geändert am 29.9.2003, Abl. EG L 296, S. 1] – im Folgenden »Rahmen-RL«) festgelegt sind. Aufgrund der Rahmen-RL sind sog. **Tochterrichtlinien** (Tochter-RL) vorgesehen, die sehr strenge Anforderungen stellen und gegenüber dem deutschen Recht z.T. deutlich niedrigere Grenzwerte z.B. als die **TA Luft** und die **22. BImSchG** enthalten. Bisher zulässige Emissionen und Immissionen sind daraufhin zu überprüfen, ob sie die neugefassten Grenzwerte einhalten und ggf. z.T. deutlich gesenkt werden müssen (vgl. *Gerhold/Weber*, Verschärfung von Immissionswerten durch EG-Richtlinie und ihre Folgen, NVwZ 2000, 1138; *Staupe*, Luftqualitätsgrenzwerte der EU und ihre Umsetzung in deutsches Recht, Thesen zum Referat, Dresden 8/2000). Die **erste Tochter-RL** 1999/30/EG des Rates vom 22.4.1999 (Abl. EG Nr. L 163 1999 S. 41/Abl. EG Nr. L 278 2001 S. 35) enthält Grenzwerte für Schwefeldioxid, Stickstoffdioxid und Stickstoffoxide, Partikel und Blei in der Luft. Die **zweite Tochter-RL** 2000/69/EG vom 16.11.2000 (Abl. EG L 313 2000 S. 12/111 2001, S. 31) enthält Grenzwerte für Benzol und Kohlenmonoxid, die **dritte Tochter-R** 2002/3/EG vom 12.2.2002 (Abl. EG C 56 E S. 40) enthält Grenz- und/oder Zielwerte für Ozon. Die Auswirkungen der in den RLn bzw. ihren Anhängen festgelegten Grenzwerte für bestimmte Schadstoffe haben Änderungen des deutsche Immissionsschutzrechts zur Folge (vgl. *Gerhold/Weber*, aaO., Abschn. II und IV.) Weitere RLn für polyzyklische aromatische Kohlenwasserstoffe, Kadmium, Arsen, Nickel und Quecksilber sind in Anhang 1 der Rahmen-RL vorgesehen und befinden sich in Vorbereitung.

Hinsichtlich der **Auswirkungen der RLn** enthält die Rahmen-RL allgemeine Anforderungen für Maßnahmen der Mitgliedstaaten zur Verbesserung der Luftqualität, während die Tochter-RLn konkrete Grenz- und Richtwerte vorgeben und deren Anwendung regeln. Zur Umsetzung der RLn sind rechtliche und tatsächliche Maßnahmen erforderlich. Die Umsetzung in deutsches Recht musste bzw. muss bis zu vorgegebenen Fristen erfolgen. Soweit die RLn noch nicht umgesetzt sind, sind die noch nicht umgesetzten Teile der RLn unmittelbar anzuwenden und von den Verwaltungen bei Entscheidungen zu beachten.

50.3

In einer zweiten Stufe zur Anpassung des Baugesetzbuchs an EU-Richtlinien ist am 20.7.2004 das Europarechtsanpassungsgesetz Bau – EAG Bau – in Kraft getreten (BGBl. I S. 1359). Ziel ist eine Umweltprüfung mit umfassender Öffentlichkeitsbeteiligung schon auf der räumlichen Planungsebene. Das Gesetz enthält insbes. Verfahrensregelungen, z.B. der Integration der Umweltprüfung in die bestehenden Vorschriften der Bauleitplanung und zur Vereinfachung der Planverfahren. Neue Anforderungen an die Luftreinhaltung sind nicht erfolgt (Näheres s. z.B. *Upmeier*, Einführung zu den Neuerungen durch das Europarechtsanpassungsgesetz Bau [EAG Bau], BauR 2004, 1382, und *Finkelnburg*, Die Änderungen des Baugesetzbuchs durch das Europarechtsanpassungsgesetz Bau, NVwZ 2004, 897). Auch hierdurch ergeben sich keine Änderungen des materiellen Rechts der Luftreinhaltung.

50.31

c) Der Begriff Luftverunreinigungen. Er umfasst nach § 3 Abs. 4 BImSchG »Veränderungen in der Zusammensetzung der Luft, insbesondere durch Rauch, Ruß, Staub, Gase, Aerosole, Dämpfe oder Geruchsstoffe«. Durch die nicht abschließende Aufzählung (»insbesondere«) werden auch weitere luftverunreinigende Stoffe erfasst. Luftverunreinigungen sind bei der Produktion anfallende Endprodukte (von Industrie, Gewerbe, Energie- und Wärmeversor-

50.4

gung, Hausbrand, Kraftfahrzeugverkehr, Landwirtschaft u. a.). Sie treten beim Produzenten (Emittenten) als Emissionen aus Punktquellen (z. B. aus dem Schornstein) oder in größeren Bereichen (z. B. Industriegebieten, Verkehrsanlagen) flächenhaft auf und schlagen sich am mehr oder weniger weit entfernten Immissionsort als Immissionen nieder. Wenn in § 9 Abs. 1 Nr. 23a BauGB »bestimmte luftverunreinigende Stoffe«, die nicht verwendet werden dürfen, aufgeführt sind, dann sind dies nicht die Endprodukte nach der Verbrennung, sondern die Einsatzstoffe (z. B. feste, flüssige oder gasförmige Brennstoffe). Soweit Luftverunreinigungen durch Bauleitpläne überhaupt eingeschränkt werden können, dann stets nur als Emissionen, niemals als Immissionen.

50.5 d) **Planerische Maßnahmen der Länder und Regionen zur Luftreinhaltung.** Für nach § 44 Abs. 2 BImSchG durch RechtsVO der Landesregierungen festgesetzte **Belastungsgebiete** sind nach § 47 BImSchG **Luftreinhaltepläne** (LP) aufzustellen, wenn dort schädliche Umwelteinwirkungen durch Luftverunreinigungen auftreten oder zu erwarten sind. Die Grundlagen hierfür sind durch ein *Emissionskataster* (§ 46 BImSchG) sowie durch ein *Immissionskataster* (§ 47 Satz 3 Nr. 1 BImSchG) mit entsprechender Auswertung zu schaffen. Der LP enthält u. a. die Maßnahmen zur Verminderung der Luftverunreinigungen und zur Vorsorge. Diese können sowohl auf die *Ziele der Raumordnung* wie auch mittelbar auf die *Bauleitpläne* wirken (vgl. *LAI*, Durchsetzung von Luftreinhalte- und Lärmminderungsplänen gem. §§ 47 Abs. 3, 47a Abs. 4 BImSchG, UPR 91, 334).

Danach ist der LP für die *Träger öffentlicher Verwaltungen* grundsätzlich verbindlich, nicht dagegen für die satzunggebenden *Gemeinden*. Diese sind zur Umsetzung des LP nicht verpflichtet. Der LP ist weder ein Ziel der Raumordnung noch eine Rechtsvorschrift i. S. der §§ 6 Abs. 2 und 10 Abs. 2 BauGB, konkretisiert jedoch die Belange der **gesunden Wohn- und Arbeitsverhältnisse** sowie des **Umweltschutzes** und ist daher bei der Bauleitplanung zu *berücksichtigen* und in die Abwägung der Belange nach § 1 Abs. 7 (n. F., bzw. Abs. 6 a. F.) BauGB und § 1 Abs. 6 Nr. 7 Buchst. g und h (n. F.) bzw. § 1a Abs. 2 Nr. 1 (a. F.) BauGB einzustellen. So kann z. B. in einem Belastungsgebiet die Genehmigung eines neuen GI-Gebiets – ungeachtet einer ggf. ohnehin erforderlichen Umweltprüfung – davon abhängig gemacht werden, dass bestimmte nach dem LP nicht mehr zulässige Emissionen durch planungsrechtliche Mittel (z. B. durch Gliederung nach § 1 Abs. 4 BauNVO) ausgeschlossen werden, wenn sonst die Belange der Gesundheit bzw. des Umweltschutzes unverhältnismäßig zurückgestellt würden. Andererseits können gegen einen B-Plan mit der Festsetzung eines Wohngebiets in einem Belastungsgebiet rechtliche Bedenken erhoben werden, wenn der LP unzumutbare schädliche Umwelteinwirkungen durch Luftverunreinigungen feststellt (vgl. *Landesregierung NW*, Umweltschutz in Nordrhein-Westfalen, 1977, 61 f.).

Die Landesregierungen können für bestimmte vor Luftverunreinigungen *besonders schutzbedürftige Gebiete* durch **RechtsVO** nach **§ 49 Abs. 1** BImSchG ferner vorschreiben, dass u. a. ortsfeste Anlagen nicht errichtet werden dürfen, soweit sie schädliche Umwelteinwirkungen durch Luftverunreinigungen hervorrufen, die auch durch Auflagen nicht verhindert werden können. Eine solche RechtsVO schränkt unbeschränkt festgesetzte GI-Gebiete unmittelbar ein (§ 29 Abs. 2 BauGB); neue GI-Gebiete können dann nur unter Berücksichtigung der sich aus der VO ergebenden Einschränkung festgesetzt werden. Nach § 49 **Abs. 2** BImSchG können die Landesregierungen durch RechtsVO **Gebiete** festsetzen, in denen während *austauscharmer Wetterlagen* ein starkes Anwachsen schädlicher Umwelteinwirkungen durch Luftverunreinigungen zu befürchten ist (sog. »**Smogverordnung**«). In der RechtsVO kann vorgeschrieben werden, dass in diesen Gebieten u. a. ortsfeste Anlagen (z. B. auch gewerbliche Anlagen) nur zu bestimmten Zeiten betrieben oder Brennstoffe, die in besonderem Maße Luftverunreinigungen hervorrufen, in Anlagen nicht oder nur beschränkt verwendet werden dürfen, sobald die austauscharme Wetterlage von der zuständigen Behörde bekanntgegeben wird.

50.6 e) **Maßnahmen der Gemeinden und Genehmigungsbehörden.** Im Rahmen der Erläuterungen zu Maßnahmen gegen Luftverunreinigungen werden hier nur Luftverunreinigungen aus gewerblicher und landwirtschaftlicher Nutzung behandelt. Luftverunreinigungen aus dem Straßenverkehr haben keinen unmittelbaren Bezug zur BauNVO und bleiben daher außer Betracht.

Verbindlich dargestellte *Ziele der Raumordnung* (z.B. in einem Regionalplan), die auf Bauleitpläne einen Anpassungszwang gem. § 1 Abs. 4 BauGB ausüben, können von notwendigen Luftreinhaltemaßnahmen, die bei einer Überschreitung der Immissionswerte der TA Luft (s. unten) erforderlich werden, derart überlagert werden, dass sie in die Bauleitpläne nicht oder nicht voll umgesetzt werden können.

Zur planerischen Kollision kann es z.B. kommen, wenn die Gemeinde zur *Industrieansiedlung* in Anpassung an ein regionalplanerisches Ziel ein GI-Gebiet festsetzen möchte, wegen der Luftbelastung jedoch nur ein GE-Gebiet oder eingeschränktes GI-Gebiet festsetzen darf. In derartigen Kollisionsfällen entbindet die regionalplanerische Zielvorgabe die Immissionsschutzbehörden nicht von der Einzelprüfung und die Gemeinden nicht von der Abwägung nach § 1 Abs. 7 BauGB, so dass trotz entsprechender regionalplanerischer Vorgaben im Einzelfall u.U. bestimmte Industriebetriebe nicht ansiedlungsfähig sind und die Bauleitpläne Emissionsbeschränkungen (Rn 93) enthalten müssen. Vor einer geplanten Industrieansiedlung sollten die Gemeinden daher insbes. den **Belang der Luftreinhaltung** möglichst frühzeitig auch im Hinblick auf Rechtsstreitigkeiten abklären, damit nicht Bauleitpläne aufgestellt werden, die für ansiedlungswillige Betriebe später die erforderliche sichere Rechtsgrundlage nicht abgeben können.

Liegen ein Luftreinhalteplan oder sonstige Vorgaben nicht vor, ist bei der Darstellung und Festsetzung von GI-Gebieten die *Hauptwindrichtung* zu beachten (emittierende Gebiete auf der Lee-Seite der Wohnbauflächen; Stellungnahme der Immissionsschutzbehörde zur Einschätzung von zu erwartenden Luftverunreinigungen). Bei Industrieansiedlungen sind bereits im Planungsstadium etwa notwendige Einschränkungen vorzusehen; uneingeschränkt festgesetzte GI-Gebiete gewähren zwar **planungsrechtlich** einen Anspruch auf Zulassung *jeder* industriellen Nutzung, im **immissionsschutzrechtlichen** Genehmigungsverfahren (§§ 4 f. BImSchG) können im Einzelfall wegen Überschreitung von Immissionswerten der Nr. 2.4 **TA Luft** (**Anm. Anh. 6**) aber Einschränkungen einzelner Anlagen oder gar die Versagung der Genehmigung für den gesamten Gewerbebetrieb erforderlich werden. Nach § 29 Abs. 2 BauGB bleiben immissionsschutzrechtliche Vorschriften unberührt.

Nach der Rspr. des BVerwG, das sich von seiner früheren Rechtsfigur der **TA Luft** als »antizipiertes Sachverständigengutachten« verabschiedet hat, enthält die TA Luft als **normenkonkretisierende Verwaltungsvorschrift** grundsätzlich verbindliche Regelungen, Festlegungen und Vorgaben für die mit Genehmigungen, nachträglichen Anordnungen und Ermittlungsanordnungen befassten Verwaltungsbehörden (BVerwG, B. v. 10.1.1995 – 7 B 112.94 – DVBl. 1995, 516 = NVwZ 1995, 994; Näheres zur Bedeutung der TA Luft s. **Anh. 6**). Die Neufassung der TA Luft ist am 1.10.2002 in Kraft getreten.

Mit der **neuen TA Luft** wurde die TA Luft von 1986 abgelöst. Wie diese hat auch die neue TA Luft einen Immissions- und einen Emissionsteil. Der Immissionsteil enthält Vorschriften zum Schutz der Nachbarn vor unvertretbar hohen Schadstoffbelastungen aus Industrieanlagen. Der Emissionsteil enthält Grenzwerte zur Vorsorge gegen schädliche Umwelteinwirkungen und legt entsprechende Emissionswerte für alle relevanten Luftschadstoffe fest. Dabei werden nicht nur neue Industrieanlagen erfasst, sondern auch Anforderungen an Altanlagen formuliert. Sie müssen nach angemessenen Übergangsfristen grundsätzlich an den Stand der Technik und damit an das Emissionsniveau von Neuanlagen herangeführt werden. Obwohl die TA Luft weiterhin eine **Vorschrift zur Luftreinhaltung** ist, wurden die Emissionswerte auch unter integrativer Betrachtung aller Umweltbereiche (Luft, Wasser, Boden) sowie unter gleichzeitiger Berücksichtigung der Anlagensicherheit, der Energieeffizienz u.a. betroffener Bereiche festgelegt. Damit wird sichergestellt, dass die künftigen Anforderungen der TA Luft einen wesentlichen Beitrag zum Erreichen eines hohen Schutzniveaus für die Umwelt insgesamt leisten (Näheres zur TA Luft s. **Anh. 6** und Umwelt 3/02, 214).

Zu den Entwicklungszielen einer Gemeinde kann es auch gehören, mehrere Gewerbebetriebe mit gleichartigen Emissionen innerhalb des Gemeindegebiets zuzulassen. Hierzu kann es zweckmäßig sein, im B-Plan Festsetzungen über die Zulässigkeit von Nutzungen bzw. Begrenzung von Emissionen so zu treffen, dass der für Immissionen zur Verfügung stehende Freiraum nicht bereits durch *eine* Anlage ausgeschöpft wird. Die Gemeinde kann in Ausübung ihres Planungsermessens bei Vorliegen städtebaulicher Gründe (z. B. ein Luftkurort, der Gewerbe ansiedeln muss) im B-Plan auch festsetzen, dass nur solche Gewerbebetriebe im GI- bzw. GE-Gebiet zulässig sind, die keine belästigenden Luftverunreinigungen hervorrufen können.

51.2 Eine derartige Festsetzung bedarf einer plausiblen städtebaulichen Begründung und der Abstimmung mit der Immissionsschutzbehörde. Nach dem Grundsatz der planerischen Zurückhaltung und der hierzu ergangenen Rspr. (Rn 8.1) sind nur solche planungsrechtlichen Festsetzungen zulässig, die nicht bereits aufgrund immissionsschutzrechtlicher Vorschriften getroffen werden können, d. h. i. d. R. schärfere Anforderungen als nach der TA Luft. Wenn solche Festsetzungen in Aussicht genommen werden, dann sollten sie nur *bodennahe Luftverunreinigungen* betreffen. Die über hohe Schornsteine abzuleitenden *bodenfernen Luftverunreinigungen* können in Ermangelung konkreter städtebaulicher Begründungen und der die Gemeindegrenze weit überschreitenden Einwirkungsbereiche nicht Gegenstand der Bauleitplanung sein, sondern sind ausschließlich nach Immissionsschutzrecht zu regeln.

51.21 Im **FN-Plan** können nach § 5 Abs. 2 Nr. 6 BauGB **Flächen für Nutzungsbeschränkungen** oder **für Vorkehrungen** zum Schutz gegen schädliche Umwelteinwirkungen i. S. des BImSchG aus städtebaulichen Gründen dargestellt werden. So kann z. B. – vorbereitend für den B-Plan – dargestellt werden, dass in bestimmten GI-Gebieten einer Gemeinde, z. B. eines Kurortes, keine Betriebe und Anlagen angesiedelt werden sollen, von denen schädliche Luftverunreinigungen ausgehen können, wenn sonst die Luftqualität speziell in diesem Kurort beeinträchtigt werden könnte. Unter der Voraussetzung der »Grundzüge der Planung« können nach dem BVerwG im FN-Plan auf Flächen für Nutzungsbeschränkungen sogar Emissions- und Immissionsgrenzwerte dargestellt werden (BVerwG, U. v. 18.8.2005 – 4 C 13.04 – BauR 2006, 52). Diese unterliegen jedoch der nachvollziehenden Abwägung, d. h. im B-Plan sind nach § 9 BauGB allenfalls Emissionsgrenzwerte i. V. m. der Festsetzung von Betrieben und Anlagen festsetzbar. Im FN-Plan »festgelegte Immissionsgrenzwerte« können bei der Entwicklung des B-Plans nur ein unverbindlicher Anhalt für Zielvorstellungen zum Umweltschutz sein. Die Nutzungsbeschränkungen sind im B-Plan umzusetzen, soweit zulässig. Die Darstellung einer Nutzungsbeschränkung setzt stets eine andere von ihr überlagerte Nutzungsart voraus.

Die Darstellung von **Flächen für Vorkehrungen** im FN-Plan kann sowohl als selbständige als auch als überlagernde Darstellung einer anderen Nutzungsart erfolgen. So kann etwa auf einer Fläche allein dargestellt werden, dass Vorkehrungen z. B. zum Schutz vor Luftverunreinigungen erforderlich sind. Welche Vorkehrungen und in welcher Art und Ausführung in Frage kommen, bleibt wegen der Beschränkung des FN-Plans auf die Grundzüge der beabsichtigten Bodennutzung der Festsetzung im B-Plan bzw. dem (Bau-)Genehmigungsverfahren überlassen (vgl. *Löhr* in *Battis/Krautzberger/Löhr*, BauGB 7. Aufl., § 5 Rn 25). Auf die Art der Vorkehrung (z. B. Immissionsschutzwall mit spezieller Bepflanzung gegen Staub) sollte bereits in der Legende hingewiesen werden. Anders als im B-Plan, in dem nach § 9 Abs. 1 Nr. 24 BauGB nur bauliche und sonstige technische Vorkehrungen festgesetzt werden können, sind die im FN-Plan darzustellenden Vorkehrungen nicht derart eingeschränkt, sondern können auch andere Bereiche umfassen (z. B. ein Wald als **Schutzwald** i. S. des § 12 BWaldG als Schutz einer Wohnsiedlung vor Staub).

51.22 f) **Festsetzungen im Bebauungsplan; Allgemeines.** Im B-Plan können grundsätzlich nur **Emissionsbeschränkungen** und nur i. V. m. der Zulässigkeit von Nutzungen, Betrieben und Anlagen sowie nur aus **städtebaulichen Gründen** (§ 9 Abs. 1 BauGB) festgesetzt werden. Nicht festgesetzt werden können **Immissionsgrenzwerte** als »Summenpegel«, die als sog. Zaunwerte nicht eindeutig einem bestimmten Emittenten zugeordnet werden können und nicht vollziehbar sind (nach st. Rspr. des BVerwG nichtig bzw. unwirksam; s. jedoch den vom OVG NW im U. v. 17.1.2006 – 10 A 3413/03 – BauR 2006, 1992 behandelten Sonderfall zum Lärmimmissionsgrenzwert, Rn 61.1). Diese Voraussetzungen schränken die Anwendungsmöglichkeiten von Festsetzungen zum Schutz gegen Luftverunreinigungen weitgehend ein. Nicht festgesetzt werden können Emissionsbeschränkungen von Luftverunreinigungen nach § 9

Abs. 1 Nr. 24 BauGB, weil nach dieser Vorschrift außer den *Flächen für* Anlagen und Vorkehrungen zum Schutz vor schädlichen Umwelteinwirkungen nur die zum *Schutz vor oder zur Vermeidung oder Minderung von* solchen Einwirkungen zu treffenden **baulichen** und sonstigen **technische Vorkehrungen** festgesetzt werden können. Emissionsbeschränkungen sind keine baulichen und technischen Vorkehrungen.

Emissionsbeschränkungen bei Festsetzung von Baugebieten können im Wege der **Gliederung von Baugebieten** (§ 1 Abs. 4 BauNVO, s. Rn 82 f.) nach »**Art der zulässigen Nutzung**« (Satz 1 Nr. 1) bzw. »**Art der Betriebe und Anlagen**« (Satz 1 Nr. 2) derart gegliedert werden, dass in den Randzonen eines im übrigen unbeschränkten Baugebiets (z. B. GI) nur Betriebe und/oder Anlagen zulässig sind, die keine schädlichen Luftverunreinigungen emittieren. Solche Festsetzungen können auch für mehrere GE- und GI-Gebiete einer Gemeinde im Verhältnis zueinander getroffen werden (Satz 2).

51.23

So können z. B. in bestimmten GI-Gebieten eines *Luftkurorts* (städtebauliche Begründung!) nur Betriebe und Anlagen ohne Luftverunreinigungs-Emissionen zugelassen werden. Bereits so kann eine bestimmte Emissionsart ausgeschlossen werden. Dies führt noch nicht zu einer Änderung der Zweckbestimmung eines GI-Gebiets, weil die übrigen zulässig bleibenden Emissionsarten (z. B. Lärm, Erschütterungen) noch ein GI-Gebiet erfordern.

Weiter kann eine Emissionsbeschränkung durch Gliederung nach Art der Betriebe und Anlagen und deren »**besonderen Eigenschaften**« (Satz 1 Nr. 2) erfolgen. Zu den Eigenschaften der Betriebe und Anlagen rechnet auch deren Emissionsverhalten.

51.24

Dabei können je nach Erfordernis aus der Emissionsart »Luftverunreinigungen« auch nur einzelne Unterarten wie »Staub«, »Aerosole«, »Dämpfe« oder »tierische Gerüche« eingeschränkt oder ausgeschlossen werden. Ob und inwieweit aus einem GI-Gebiet für eine chemische Fabrik, die eine Vielzahl von Produkten herstellt und aus der an kaum zu kontrollierenden Stellen (»aus tausend Knopflöchern«) eine nicht überschaubare Anzahl und Menge von verschiedenen luftverunreinigenden Stoffen emittiert werden, einzelne oder bestimmte Emissionen nach Art und Umfang eingeschränkt oder ausgeschlossen werden können, kann nur im konkreten Fall beurteilt werden und hängt entscheidend von der **Erforderlichkeit** i. S. d. § 1 Abs. 3 BauGB und der **städtebaulichen Begründung** i. S. d. § 9 Abs. 1 BauGB sowie der **Bestimmtheit** und **Vollziehbarkeit** solcher Festsetzungen ab. Das Vorliegen dieser Voraussetzungen im Einzelfall nachzuweisen und plausibel zu begründen, dürfte nicht einfach sein. Bereits wegen dieser Schwierigkeiten kommen derart weitgehende Festsetzungen i. d. R. kaum in Betracht. Hinzu kommt, dass es sich dabei um fachspezifische Details des Immissionsschutzrechts handelt, die nicht mehr dem Bodenrecht zuzurechnen sind und für deren Beurteilung in der Abwägung die für die B-Planung zuständigen Ratsmitglieder der Gemeinde meist überfordert sind, so dass für die Gemeinde insoweit eine **planerische Zurückhaltung** bzw. ein Übermaßverbot geboten ist und sie die Beurteilung dieser Sachverhalte besser der Immissionsschutzbehörde überlässt (vgl. BVerwG, B. v. 28.8.87 – 4 N 1.87 – DVBl. 1997, 1273; U. v. 11.3.1988 – 4 C 56.84 – DVBl. 1988, 845).

Denkbar ist der Fall einer spezifischen Emissionsbeschränkung, wenn z. B. ein Luftreinhalteplan (§ 47 Abs. 1 BImSchG, Rn 50.5) festlegt, dass wegen der bereits hohen Belastung des Luftraumes mit SO_2 weitere SO_2-Emissionen nicht mehr zuzulassen und vorhandene zu reduzieren sind. Sind im Bereich des Luftreinhalteplans planungsrechtliche Festlegungen vorgesehen, haben gem. § 47 Abs. 3 Satz 2 BImSchG die zuständigen Planungsträger – auch Gemeinden – zu befinden, ob und inwieweit Planungen in Betracht zu ziehen sind, d. h., ob z. B. neue GI-Gebiete überhaupt noch geplant werden können oder, wenn ja, inwieweit bei der Festsetzung der GI-Gebiete Anlagen mit SO_2-Emissionen nach § 1 Abs. 4 BauNVO auszuschließen sind.

Die Frage, ob es im Hinblick auf die Erforderlichkeit und das Übermaßverbot angebracht und zulässig ist, anstatt des Gesamtausschlusses einer bestimmten Emissionsart in einem Gebiet nur eine **bestimmte Emissionsrate** (z. B. »35 %

51.25

des Emissionsgrenzwertes nach Nr.. .. TA Luft«) festzusetzen, kann nur unter dem Gesichtspunkt der städtebaulichen Begründung beantwortet werden.

Die Gemeinde kann von sich aus eine solche Festsetzung städtebaulich kaum begründen und ist auf eine entsprechende Anregung der Immissionsschutzbehörde angewiesen. Diese hat jedoch vorweg zu prüfen, ob das angestrebte Umweltziel nicht bereits durch eine *immissionsschutzrechtliche Emissionsbegrenzung* nach § 5 Abs. 1 Nr. 2 BImSchG erreichbar ist (vgl. BVerwG, B. v. 10.6.1998 – 7 B 25.98 – NVwZ 1998, 1181 = UPR 1998, 393 – Thermoselect-Anlage, im Anschluss an B. v. 30.8.1996 – 7 VR 2.96 – NVwZ 1997, 497; zum Vorsorgegebot des § 5 Abs. 1 Nr. 2 BImSchG und der Systematik der TA Luft VGH Kassel, U. v. 11.2.1998 – 14 UE 1095/95 –) bzw. nach Nr. 2.1.5 TA Luft (vgl. *Hansmann*, Auslegungs- und Anwendungsfragen der TA Luft, UPR 1989, 321). Erst wenn immissionsschutzrechtliche Instrumente – insbesondere bei einer Angebotsplanung von GI-Gebieten mit noch unbekannten Nutzern – hierfür im Sinn der Vorsorge nicht ausreichen, kann die Gemeinde eine solche Festsetzung in Betracht ziehen, muss jedoch die immissionsschutzmäßigen Gesichtspunkte von der Fachbehörde beiziehen und die daraus folgende städtebauliche Begründung darlegen.

51.26 Eine weitere Möglichkeit zur Luftreinhaltung ist in den Ländern mit **Abstandserlass** gegeben. Die **Schutzabstände** der Abstandsklassen in den Abstandslisten sind auch unter dem Gesichtspunkt der Luftreinhaltung ermittelt worden. So können GI- und GE-Gebiete nach § 1 Abs. 4 Nr. 2 BauNVO unter dem Gesichtspunkt der Eigenschaft »Abstandserfordernis« in Zonen gegliedert werden, in denen jeweils nach dem erforderlichen Abstand zu Wohngebieten Betriebe und Anlagen bestimmter Abstandsklassen nicht zulässig (Negativfestsetzung) oder zulässig (Positivfestsetzung) sind (Näheres Rn 48.1 k–48.3).

51.3 g) Gebiete mit Verwendungsverboten bzw. -beschränkungen. Im B-Plan können nach **§ 9 Abs. 1 Nr. 23a (Nr. 23 a. F.) BauGB Gebiete** festgesetzt werden, in denen »zum Schutz vor schädlichen Umwelteinwirkungen im Sinne des BImSchG« **bestimmte luftverunreinigende Stoffe nicht** oder nur **beschränkt** verwendet werden dürfen (sog. »Verwendungsverbot bzw. -beschränkung«)

Hierbei handelt es sich um eine der wenigen unmittelbaren Festsetzungsmöglichkeiten im B-Plan zur Luftreinhaltung.

Voraussetzung für die Zulässigkeit der Anwendung dieser Festsetzung ist also, dass

- sie erforderlich (§ 1 Abs. 3 BauGB) ist,
- sie dem Schutz der Nachbarschaft oder Allgemeinheit vor schädlichen Umwelteinwirkungen dient,
- sie bestimmte luftverunreinigende Stoffe bezeichnet, die nicht oder nur beschränkt verwendet werden dürfen, und
- die notwendige Energieversorgung ggf. auf andere Weise gesichert ist.

Fehlt eine dieser Voraussetzungen, ist eine solche Festsetzung nicht zulässig.

51.31 **Nur städtebaulich begründete Festsetzungen sind zulässig** (§ 9 Abs. 1 BauGB): Die Vorschrift dient speziell dem **Immissionsschutz auf örtlicher Ebene.** Dieses städtebaulich motivierte Umweltschutzziel kann die Gemeinde im gesamten Gemeindegebiet verfolgen, ohne dafür besondere städtebauliche Gründe anführen zu müssen. Die nach dem BauGB a. F. noch geforderten »besonderen« städtebaulichen Gründe sind im BauGB ebenso entfallen wie die Möglichkeit von ausschließlich immissionsschutzbezogenen Festsetzungen ohne bodenrechtlichen Bezug – etwa zugunsten des allgemeinen Klimaschutzes, der nicht Aufgabe der Bauleitplanung ist. Die Festsetzung ist nicht an Baugebiete i. S. der BauNVO und nicht an deren Grenzen gebunden; sie kann auch z. B. für Versorgungsflächen sowie ggf. in einem einfachen B-Plan auch für den nicht beplanten Innenbereich (§ 34 BauGB) getroffen werden. Von der Festsetzung können auch einzelne Grundstücke im Geltungsbereich des B-Plans ausgenommen werden (vgl. *Gaentzsch*, in: Berliner Kommentar, 2. Aufl., § 9 Rn 53; BVerwG, B. v. 16.12.1988 – 4 NB 1.88 – DVBl. 1989, 369 = NVwZ 1989, 664 = ZfBR 1989, 74).

Voraussetzung für die Festsetzung ist, dass die städtebauliche Zielsetzung einen über die Vorgaben des Immissionsschutzrechts hinausgehenden – städtebaulich begründeten – Schutz gebietet. Eine solche (städtebauliche) Immissionsschutzvorsorge ist z.B. dann gerechtfertigt, wenn ein spezielles »Gebiet«, z.B. in Kurorten, Erholungsgebieten oder einem Klinikgebiet i.S. von § 11 Abs. 2 BauNVO, in besonderem Maße schutzbedürftig ist. Sie ist z.B. auf Baugebiete anwendbar, die sich in einer inversionsgefährdeten Klimazone befinden (z.B. in einem Talkessel, in einem tiefen Geländeeinschnitt oder in einer Hanglage). Sie kann auch erforderlich sein, wenn ein anderer schutzbedürftiger Bereich durch aus dem »Gebiet« emittierte Luftverunreinigungen beaufschlagt wird/werden kann. Mit Festsetzungen nach § 9 Abs. 1 Nr. 23a BauGB kann bereits einer zu erwartenden Luftverunreinigung vorbeugend begegnet werden (vgl. BVerwG, U. v. 17.2.1984 – 7 C 8.82 – NVwZ 1984, 371). Es ist nicht erforderlich, dass die Belastung bereits vorliegt. Die Gemeinde darf ihre Bauleitplanung vielmehr auch darauf ausrichten, derartige Verhältnisse gar nicht erst entstehen zu lassen (BVerwG, B. v. 16.12.1988 – 4 NB 1.88 – aaO.).

Der Zielsetzung von Verwendungsverboten würde es widersprechen, wenn an deren Zulässigkeit besonders hohe **Anforderungen** gestellt würden (BVerwG, B. v. 16.12.1988 – aaO.) Nach Auffassung des BVerwG ist ein städteplanerisches Konzept einer Gemeinde, das mit der Festsetzung von Verbrennungs- bzw. Verwendungsverboten bezweckt, nach und nach im gesamten Stadtgebiet die Gebäudeheizungen auf Fernwärme, Strom oder Gas umzustellen, jedenfalls dann vernünftigerweise geboten und damit erforderlich i.S. d. § 1 Abs. 3 BauGB, wenn es von einer **starken lufthygienischen Vorbelastung des Stadtgebiets** ausgeht. Eine starke lufthygienische Vorbelastung wird immer dann angenommen werden können, wenn es sich um städtische Verdichtungsräume handelt, die vor allem durch Kraftfahrzeugverkehr und durch Heizgase im Winter erheblichen Luftverunreinigungen ausgesetzt sind (BVerwG, aaO.). Ein Indiz dafür ist auch die Aufnahme der Gemeinde in die jeweilige Liste der Smogwarngebiete (Rn 50.5) durch die Landesregierung (*Stühler*, VBlBW 1996, 328, 332).

Die zur Festsetzung des Verwendungsverbots zulässigen Stoffe: Der Begriff »Luftverunreinigende Stoffe« geht auf den Begriff »Luftverunreinigungen« nach § 3 Abs. 4 BImSchG zurück. Das sind »Veränderungen der natürlichen Zusammensetzung der Luft, insbesondere durch Rauch, Ruß, Staub, Gase, Aerosole, Dämpfe oder Geruchsstoffe«. Luftverunreinigungen können auch durch Verwendung bestimmter fossiler Heizstoffe wie Kohle oder Heizöl, Produktionsstoffe, Abfallstoffe (z.B. Gülle) entstehen. Zu »schädlichen Umwelteinwirkungen« verdichten sich luftverunreinigende Stoffe dann, wenn sie »nach Art, Ausmaß oder Dauer geeignet sind, Gefahren, erhebliche Nachteile oder erhebliche Belästigungen für die Allgemeinheit oder die Nachbarschaft herbeizuführen« (§ 3 Abs. 1 BImSchG). Inwieweit sich die Festsetzungen auch auf andere Stoffe erstrecken, durch deren Bearbeitung, Verarbeitung oder Verbrauch – etwa in der chemischen Industrie – Luftverunreinigungen entstehen, bedarf einer Prüfung im Einzelfall. Von der Festsetzung erfasst werden nur sog. **Einsatzstoffe**, nicht dagegen Auswurfstoffe bzw. Endprodukte, selbst wenn diese ihrerseits wiederum Luftverunreinigungen verursachen können, wie z.B. Kraftstoffe aus Erdölraffinerien, sowie Stoffe, die lediglich im Störfall austreten können, da es sich dabei nicht um eine bestimmungsmäßige Verwendung des betreffenden Stoffs handelt (vgl. *Gierke*, in: *Brügelmann*, BauGB, 2005, § 9 Rn 417; *Porger*, WiVerw. 1997, 27).

51.32

Bei den Festsetzungen nach § 9 Abs. 1 Nr. 23a BauGB kommt es auf die erforderliche **Bestimmtheit** an. Der B-Plan muss die verunreinigenden Einsatzstoffe ausdrücklich bezeichnen, z.B. zur Vermeidung von SO_2-Immissionen das Verbot einer Befeuerung mit Kohle oder Heizöl enthalten (vgl. BVerwG, B. v. 16.12.1988 – 4 NB 1.88 – aaO.; zum Heizöl s. jedoch Rn 51.6). Der 5. Senat des VGH BW hat in zwei Entscheidungen die Formulierung »im Plangebiet ist die Verbrennung von flüssigen und festen Brennstoffen unzulässig« wegen Verstoßes gegen das Bestimmtheitsgebot für nichtig erklärt (NK-B. v.

51.4

§ 1   51.5

25.2.1994 – 5 S 317/93 – VBlBW 1994, 491 = DVBl. 1994, 1153; NK-B. v. 30.5.1994 – 5 S 1190/93 – VBlBW 1994, 452). Dieser Auffassung kann nicht gefolgt werden, da die Begriffe »feste und flüssige Brennstoffe« ohne weiteres durch Auslegung konkretisiert werden können, wie sich auch aus zahlreichen Umweltschutzvorschriften ergibt (vgl. *Stühler*, VBlBW 1996, 330 und VGH BW, NK-B. v. 2.12.1997 – 8 S 1477/97 – VBlBW 1998, 219).

51.5 Nicht zulässige Festsetzungen: Die Verwendung luftverunreinigender Stoffe darf nur in **ortsfesten** Anlagen (§ 3 Abs. 5 Nr. 1 BImSchG) verboten oder eingeschränkt werden. Durch die Ermächtigung in § 9 Abs. 1 Nr. 23a BauGB nicht gedeckt und daher **nicht zulässig** sind Festsetzungen des Verbots oder der Einschränkung von

- **festen oder flüssigen Brennstoffen**, um z.B. den Stadtwerken den **Verkauf von Erdgas** aus Rentabilitätsgründen zu erleichtern (VGH BW, B. v. 26.11.1993 – 8 S 611/93 –); Brennstoffhändler, die durch den Erlass des Verwendungsverbots wirtschaftlich beeinträchtigt werden, sind im NK-Verfahren nicht antragsbefugt (OVG NRW, U. v. 29.10.1981 – 11a NE 41/90 – BRS 38 Nr. 50),
- **bestimmten Kraftstoffen** bei sonstigen durch Vorschriften des Baurechts nicht erfassten Anlagen, z.B. Kraftfahrzeugen, Maschinen, sonstigen technische Einrichtungen,
- **offenen Feuerstellen** (Kaminen, Kachelöfen usw.; vgl. OVG NW, B. v. 27.3.1998 – 10a D 188/97.NE – BauR 1998, 981),
- **Feuerstätten für feste Brennstoffe** (BayVGH, U. v. 7.4.2000 – 2 N 98.320 –, BayVBl. 2001, 19),
- (zusätzlichen) **Rauchquellen an Gebäuden** (Schornsteinen, Kachelöfen, Kaminen usw.; OVG NW, B. v. 2.3.1994 – 11a B 184/94.NE – UPR 1994, 312), zumal dann nicht, wenn eine solche Maßnahme *nicht* aus Gründen des *vorbeugenden Immissionsschutzes* gerechtfertigt ist. Vorbeugender Immissionsschutz ist nicht allein deshalb erforderlich, weil das B-Plangebiet dem Einzugsbereich eines Blockheizwerks zugehört (OVG NW, B. v. 24.7.2000 – 7 aD 179/98 NE – BauR 2001, 62),
- **technischen Anforderungen an Heizungsanlagen**, etwa bezogen auf die bei ihrem Betrieb auftretenden Abgasverluste und den Ausstoß bestimmter Schadstoffe (OVG NW, U. v. 17.10.1996 – 7a D 164/94.NE – BauR 1997, 269 = NWVBl. 1997, 217; a.A. *Koch/Mengel*, DVBl. 2000, 953/958 f.); bei einer solchen Festsetzung wird der Einsatz bestimmter Brennstoffe weder ganz untersagt noch deren Verwendung beschränkt. Der Plangeber hat dadurch nicht die Verwendung der Heizstoffe beschränkt, sondern, ohne die in Frage kommenden Brennstoffe selbst einer Regelung zu unterziehen, an die Heizungsanlagen eigene technische Anforderungen gestellt. Er hat damit im Rahmen des Ortsrechts eigene Anforderungen an die Beschaffenheit und den Betrieb von schadstoffemittierenden Anlagen festgelegt. Hierzu hat der Gesetzgeber im Rahmen seiner konkurrierenden Gesetzgebung nach Art. 74 Abs. 1 Nr. 24 GG durch § 23 BImSchG nur die Bundesregierung ermächtigt, die von dieser Ermächtigung mit der 1. BImSchV Gebrauch gemacht hat (vgl. OVG NW, U. v. 17.10.1996 – 7a D 164/94.NE – aaO.). Für dementsprechende kommunale Regelungen im B-Plan ist daher kein Raum mehr.

Im Einzelfall zu prüfen (Regelung sollte der Immissionsschutzbehörde überlassen bleiben):

- **Stoffe,** durch deren **Bearbeitung, Verarbeitung** oder **Verbrauch** – etwa in der **chemischen Industrie** – Luftverunreinigungen entstehen können. Bei der Vielzahl der dort zum Einsatz kommenden Rohstoffe ist eine städtebaulich zu begründende vorsorgende Festsetzung nach Nr. 23a kaum denkbar;
- **Hausmüll,** gehört zu den in Müllverbrennungsanlagen (MVA)»verwendeten« Einsatzstoffen, so dass eine Festsetzung nach Nr. 23a für eine Versorgungsfläche »MVA« denkbar wäre. Hausmüll ist jedoch kein »bestimmter« luftverunreinigender Stoff, sondern setzt sich – auch örtlich unterschiedlich – aus verschiedenen Komponenten zusammen, so dass deren Luftverunreinigungsart nicht einwandfrei bestimmbar ist.

Hauptanwendungsgebiet ist ein Verwendungsverbot von (fossilen) Heizstoffen wie Kohle oder Heizöl, u. U. auch Holz. Bei **leichtem Heizöl EL** ergeben sich jedoch Probleme im Hinblick auf die Richtlinie des Rates der EG über den Schwefelgehalt flüssiger Brennstoffe v. 23.3.1993 (Nr. 93/12/EWG, ABl. EG L 74/81), da nach Art. 4 der RL das Inverkehrbringen von Ölen, die den Anforderungen der RL entsprechen, nicht behindert werden darf. **Ausgeschlossen** ist danach ein **Verwendungsverbot** allein wegen des **Schwefelgehalts,** nicht dagegen wegen anderer Emissionen wie Staub, Rauch, Ruß oder Kohlenwasserstoff (vgl. *Löhr* aaO., § 9 BauGB Rn 83; *Bielenberg* in E/Z/B/K, § 9 BauGB Rn 135; VGH Mannheim, B. v. 8.10.1987 – 8 S 568/87 –; *Porger,* WiVerw. 1997, 29, *Stühler,* aaO. m. w. N. auf die frühere Rspr. des VGH BW sowie VGH BW, NK-B. v. 2.12.1997 – 8 S 1477/97 – VBlBW 1998, 219 = BWGZ 1998, 313). Dennoch setzen Gemeinden gelegentlich ein **Verwendungsverbot von leichtem Heizöl** bei gleichzeitiger Zulassung von Erdgas fest, weil wissenschaftlich nachgewiesen sei, dass Erdgas im Vergleich mit leichtem Heizöl die emissionsärmere Energieart ist. Die Frage, ob leichtes Heizöl eine schlechtere Schadstoffbilanz als Erdgas hat oder nicht, wird in der Praxis – so in unterschiedlichen sich z. T. widersprechenden Rechtsgutachten, Studien, Verlautbarungen verschiedener für den Umweltschutz zuständigen amtlichen Stellen und Öko-Instituten – noch unterschiedlich beurteilt, worauf *Stühler* im Einzelnen hinweist (*Stühler,* aaO., BWGZ 2000, 454 m. w. N.).

51.6

Da ein **Anschluss- und Benutzungszwang von Erdgas** nicht im B-Plan festgesetzt werden kann, wird eine solche Verpflichtung bei Grundstückskaufverträgen der Gemeinden an Bauwillige mit **privatrechtlichen Mitteln** durch eine schuldrechtliche oder dingliche Vereinbarung begründet, was nach der Rspr. des BGH (NJW 1984, 924) und *Stühler* (BWGZ 2000, 454, 455 m. w. N. aus der Rspr. des BGH und des BVerwG) zulässig ist. Da ein **bauplanungsrechtliches** Verwendungsverbot zulässig sein kann, ist es auch zulässig, eine **zivilrechtliche Erdgasbezugsverpflichtung** in einen **Grundstückskaufvertrag** aufzunehmen.

51.7

Die Ölwirtschaft wendet sich gegen ein derartiges Verwendungsverbot, weil sie der Annahme ist, dass leichtes Heizöl keine schlechtere **Schadstoffbilanz** als Erdgas hat. Zugleich hält sie das Verfahren der privatrechtlichen Vereinbarung einer **Anschluss- und Abnahmeverpflichtung** hinsichtlich einer bestimmten Art der Energieversorgung (Erdgas, Elektrizität, Fernwärme) unter Ausschluss fossiler Energieträger (Heizöl, Kohle) in einem Grundstückskaufvertrag zwischen einer Gemeinde als Verkäufer und einem privaten Käufer für wettbewerbswidrig (§ 1 UWG) und kartellrechtswidrig (§ 26 Abs. 4 u. 5 GWB). Die Auffassung des Ölhandels, hier liege ein Verstoß gegen § 1 UWG vor, geht jedoch fehl (so aber OLG Schleswig, U. v. 11.7.2000 – 6 U Kart 78/99 – NVwZ 2001, 236 = MDR 2001, 1088).

Die Auffassung, dass aufgrund der technischen Entwicklung bei neuen Anlagen die Unterschiede in den Emissionen von kleineren, **modernen mit Heizöl EL und mit Erdgas gefeuerten Heizungsanlagen** – abgesehen von Schwefeldi-

51.8

oxid – vernachlässigbar gering sind, ist wohl unzutreffend; denn neuere wissenschaftliche Untersuchungen beweisen das Gegenteil (N. bei *Stühler*, VBlBW 1996, 328, 324 und BWGZ 2000, 454, 458). So hat der VGH BW unter Zurückweisung dieser Argumentation das Verwendungsverbot von »festen und flüssigen Brennstoffen« für zulässig erachtet. Er hat sich der Ansicht, dass die Unterschiede in den Emissionen von mit Heizöl und Heizgas gefeuerten Heizungsanlagen mit Ausnahme von SO_2 vernachlässigt werden können und daher ein Verwendungsverbot bei gleichzeitiger Zulassung von Heizgas nicht rechtfertigen könnten, nicht angeschlossen (VGH BW, B. v. 2.12.1997 – 8 S 1477/97 – BWGZ 1998, 313 = VBlBW 1998, 219; so auch *Stühler* aaO., BWGZ 2000, 454).

Mit Erfolg werden z. B. in BW folgende Regelungen eines Verwendungsverbots in den B-Plan aufgenommen:

»...Im gesamten Geltungsbereichs des B-Plans ist die **Verwendung von festen und flüssigen Brennstoffen** *zur Raumheizung und für Prozesswärme nicht zulässig. Solche Brennstoffe sind dann zugelassen, wenn bei der Verbrennung keine stärkeren Luftverunreinigungen an Hand der Schadstoffe Schwefeldioxid, Stickoxid, Staub, Kohlendioxid, Kohlenmonoxid und Kohlenwasserstoffe als bei der Verbrennung von Erdgas, »H« auftreten. Ausnahmsweise ist die Verwendung von leichtem Heizöl (HEL) zulässig, wenn der jeweilige Jahresmassenstrom der in Abs. 1 genannten Schadstoffe nicht überschritten wird.*

Ausnahmsweise kann in Wohnungen die Verwendung fester Brennstoffe in offenen Kaminen und Kaminöfen, die die Raumheizung nicht generell ersetzen, zugelassen werden«.

51.9 h) **Ortsrechtliche Vorschriften aufgrund landesrechtlicher Regelungen.** § 3 BImSchG lässt **landesrechtliche Ermächtigungen** zum Erlass **ortsrechtlicher Vorschriften** der Gemeinden mit Regelungen zum Schutz der Bevölkerung vor schädlichen Umwelteinwirkungen durch Luftverunreinigungen oder Geräusche **unberührt**. Einige Länder haben davon Gebrauch gemacht entweder in den Landesimmissionsschutzgesetzen (wie NW und Bay) oder in den Landesbauordnungen (wie BW, Hamb., Hess., RhPf und Saarl.). Ob derartige kommunale Vorschriften, deren Bestimmungen sich weitgehend mit den Festsetzungsmöglichkeiten nach § 9 Abs. 1 Nr. 23a BauGB überschneiden, nach § 9 Abs. 4 BauGB als Festsetzungen in den B-Plan übernommen werden können und inwieweit die Vorschriften des BauGB Anwendung finden oder ob sie nach § 9 Abs. 6 BauGB nur nachrichtlich übernommen werden können, hängt von der Regelung im jeweiligen Landesrecht ab (vgl. die jeweiligen Vorschriften der LBOen und LImSchGe; *Porger*, Immissionsschutz und Bauleitplanung, Rn 156–160 m. w. N.).

52 i) **Luftverunreinigungen durch gewerbliche Gerüche.** Geruchsbelästigungen können durch Luftverunreinigungen aus **gewerblichen Betrieben und Anlagen** (s. 4. BImSchV) wie Chemieanlagen, Mineralölraffinerien, Lebensmittelfabriken, Tierintensivhaltungs- und Abfallbehandlungsanlagen sowie aus dem Kraftfahrzeugverkehr, aus Hausbrand, und Landwirtschaft verursacht werden. Die Beurteilung dieser Belästigungen bereitet Schwierigkeiten. I. d. R. können Immissionen durch Luftverunreinigungen als Massenkonzentration mithilfe physikalisch-chemischer Messverfahren objektiv nachgewiesen werden. Der Vergleich gemessener oder ggf. berechneter Immissionskonzentrationen mit Immissionswerten bereitet dann i. A. keine besonderen Schwierigkeiten.

Hingegen entzieht sich die Erfassung und **Beurteilung** von **Geruchsimmissionen** weitgehend einem solchen Verfahren. Da Geruchsbelästigungen meist schon bei sehr niedrigen Stoffkonzentrationen und im Übrigen durch das Zusammenwirken verschiedener Substanzen hervorgerufen werden, ist ein Nachweis mittels physikalisch-chemischer Messverfahren äußerst aufwendig oder überhaupt nicht möglich. Hinzu kommt, dass die belästigende Wirkung von Geruchsimmissionen sehr stark von der Sensibilität und der subjektiven Einstellung der Betroffenen abhängt. Dies erfordert, dass bei Erfassung, Beurteilung und Bewertung von Geruchsimmissionen eine Vielzahl von Kriterien in Betracht zu ziehen ist. So hängt die Frage, ob derartige Belästigungen als erheblich und damit als schädliche Umwelteinwirkungen anzusehen sind, nicht nur von der jeweiligen Immissionskonzentration, sondern auch von der Geruchsart, der tages- und jahreszeitlichen Verteilung der Einwirkungen, dem Rhythmus, in dem die Belästigungen auftreten, der Nutzung des beeinträchtigten Gebietes sowie von weiteren Kriterien ab (so *Länderausschuss für Immissionsschutz* [LAI], 93. Sitzung am 12.1.1993). Der LAI hat den Ländern die von ihm erarbeitete **Geruchsimmissions-Richtlinie (GIRL** – LAI-Schriftenreihe, Band 5, 1994) zur Umsetzung in entsprechende Verwaltungsvorschriften oder zur Verbindlichmachung in entspr. anderer Weise für die Genehmigungs- und Überwachungsbehörden empfohlen. Die RL als Verwaltungsvorschrift eingeführt haben – soweit ersichtlich – die Länder Nds. (MU mit Erl. v. 14.3.1996), NRW (MUNLV v. 21.9./10.11.2004) und Sachsen (vgl. NVwZ 1995, 46). Für die übrigen Länder ist die GIRL (noch) nicht verbindlich.

Die **Geruchsimmissions-Richtlinie (GIRL)** enthält insbes. Angaben über

- Immissionswerte (abgestuft nach Baugebieten; relative Häufigkeiten der Geruchsstunden) und deren Anwendung,
- Erheblichkeit der Immissionsbeiträge,
- Ermittlung der Kenngrößen (zeitliche Wahrnehmbarkeit oberhalb einer bestimmten Intensität = Erkennbarkeitsschwelle), unterschieden nach vorhandener und zu erwartender Zusatzbelastung,
- Ermittlung im Überwachungsverfahren (ggf. entscheidend für nachträgliche Anordnungen),
- Kenngröße für eine vorhandene Belastung mit den einzelnen Schritten im Ermittlungsverfahren,
- Kenngröße für die zu erwartende Belastung,
- Auswertung sowie
- Sonderfallprüfungen.

Anhang B enthält **Geruchsschwellenwerte** für anorganische und organische Stoffe, **Anhang C** Anforderungen an das **olfaktometrische** *(d. h. den Geruchsnerv betreffende, d. Verf.)* **Messverfahren** (zur Bedeutung der GIRL vgl. Nds. OVG, U. v. 11.4.1997 – 1 L 7648/95 – NdsVBl. 1997, 259).

Anwendung der Geruchsimmissions-RL (GIRL): Da die **TA Luft** keine näheren Vorschriften über die Prüfungsmethode zur Feststellung einer erhebliche Belästigung durch Geruchsimmissionen enthält, sind bis zum Erlass entsprechender bundeseinheitlicher Verwaltungsvorschriften die in der GIRL beschriebenen Regelungen im Interesse einheitlicher Maßstäbe und Beurteilungsverfahren zu beachten. Die GIRL gilt für **Anlagen**, die einer **Genehmigung nach § 4 BImSchG bedürfen**. Sie betrifft nur Gerüche von Stoffen, für die die Anlage B der GIRL Geruchsschwellenwerte enthält. Unabhängig von einer etwaigen Schädlichkeit der Geruchsstoffe ist auch der Grad der Belästigung zu prüfen, ob der Geruch als unangenehm empfunden wird und daher den Betroffenen nicht zuzumuten ist.

Ekelerregend werden chemische Gerüche nur in seltenen Fällen und nur bei hoher Konzentration sein. Doch auch kurzzeitig als nicht unangenehm empfundene Gerüche wie die einer Schokoladenfabrik, Kaffeerösterei oder die Gerüche des Abmalzens einer Brauerei können auf Dauer als widerlich und abstoßend empfunden werden oder bei empfindlichen Menschen sogar zum Brechreiz führen.

Maßnahmen zur Verringerung oder Minderung von Gerüchen aus den dem BImSchG unterliegenden Anlagen sind von den Immissionsschutzbehörden nach dem BImSchG zu treffen. Gem. § 22 BImSchG ist die GIRL zumindest sinngemäß (vgl. LAI aaO.) auch **bei**

nicht genehmigungsbedürftigen Anlagen anzuwenden, nicht dagegen bei landwirtschaftlichen Betrieben. Zwar unterliegen bestimmte landwirtschaftliche Anlagen wegen ihrer Größe bzw. ihres Umfangs nach Nr. 7.1 des Anhangs zur 4. BImSchV dem (normalen) Genehmigungsverfahren nach § 10 BImSchG. Da die GIRL für landwirtschaftliche Gerüche aber keine Geruchsschwellenwerte enthält, ist sie dabei nicht anwendbar.

52.3 **j) Luftverunreinigungen durch landwirtschaftliche Gerüche.** Die von landwirtschaftlichen Gerüchen wie der Silohaltung, der Düngung und insbes. der **tierischen Gerüche,** die den Hauptanteil an den landwirtschaftlich bedingten Luftverunreinigungen ausmachen, verursachten Belästigungen können i. S. von § 5 Nr. 1 BImSchG dann erheblich sein, wenn sie den davon Betroffenen nicht zuzumuten sind (so schon BVerwG, U. v. 11.2.1977 – IV C 9/75 – NJW 1978, 64).

Gerade die **Gerüche tierischer Exkremente** können aufgrund ihrer ekelerregenden Wirkung häufig eher zu einer Beeinträchtigung des Menschen führen, als die etwa von chemischen Anlagen herrührenden Gerüche, bei denen eine ekelerregende Wirkung i. A. nicht oder erst bei einer höheren Konzentration des Geruchsstoffes eintritt (OVG Münster, U. v. 21.1.1976 – X A 775/73 – ZMR 1976, 238). Auswirkungen von Geruchsimmissionen sind objektiv nicht messbar. Es ist noch nicht befriedigend möglich, für die Geruchsstoffe aus der Tierhaltung landwirtschaftlicher Betriebe Emissions- oder Immissionswerte anzugeben (BayVGH, U. v. 30.4.1993 – 26 B 91.1284 – NVwZ-RR 1994, 140), und ihr Einwirkungsbereich ist mathematisch nicht erfassbar. Die Verbreitung der Geruchsfahne hängt vielmehr entscheidend von der Hauptwindrichtung, der Windstärke und Geländegestaltung ab; insbes. bei schwachen Luftbewegungen ist Geruch wegen seiner geringeren Verwirbelung eher wahrnehmbar. Die örtliche Situation kann daher eine Verkürzung der Mindestabstände der VDI-Richtlinien (s. Rn 52.1) rechtfertigen; auch in diesem Fall ist eine Sonderbeurteilung durch Fachbehörden oder Sachverständige angezeigt (BayVGH, U. v. 5.8.1991 – 2 CS 91.1618 – NuR 1993, 234).

52.4 **Abstandsregelungen als Instrument zur Konfliktbewältigung:** Anhaltspunkte dafür, ob Geruchsimmissionen zu erheblichen Belästigungen für die Nachbarschaft führen können und damit unzumutbar sind, sind in der **VDI-Richtlinie 3471 – Emissionsminderung; Tierhaltung – Schweine** (Ausg. Juni 1986), der **VDI-Richtlinie 3472 – Emissionsminderung; Tierhaltung – Hühner** (Ausg. Juni 1986) und der **VDI-Richtlinie 3473 – Emissionsminderung Tierhaltung – Rinder** enthalten (s. VDI-Handbuch Reinhaltung der Luft, Band 3). Auch die VDI-Richtlinie 3474 (Entwurf) ist eine brauchbare Orientierungshilfe, um die Zumutbarkeit von Geruchsimmissionen aus Tierhaltung zu bewerten (Hess. VGH, U. v. 8.12.2005 – 4 UE 1207/05 – BRS 69 Nr. 103).

Die Richtlinien befassen sich mit Emissionen luftverunreinigender Stoffe aus der Tierhaltung und berücksichtigen den derzeitigen Stand der Technik. Anstelle von Emissions- oder Immissionsgrenzwerten enthalten sie **Abstandsregelungen.** Die Mindestabstände wurden aus den Geruchsschwellenwerten von Praxiserhebungen zuzüglich eines Sicherheitsabstandes gewonnen. Sie sind so konzipiert, dass sie an die erstmalige Erkennbarkeit des spezifischen Stallgeruchs anknüpfen Die in den VDI-Richtlinien empfohlenen Abstände werden zwischen Stallanlagen und Wohnbebauung bzw. dem Wohnen ausschließlich oder vorwiegend dienenden Baugebieten (WR, WA, WB, MI-Gebieten) und entsprechenden Ortsteilen nach § 34 BauGB *empfohlen.* Sie beziehen sich auf Abstände der Tierhaltung zur **Wohnbebauung** einschließlich der Außenwohnbereiche und nicht zu **Wohngrundstücken** bzw. Grundstücksgrenzen. Auf *dem Wohngrundstück befindliche* Stallgebäude bleiben außer Betracht (vgl. Nds. OVG, B. v. 4.8.1999 – 1 M 2974/99 – BRS 62 Nr. 105 = BauR 2000, 364).

52.5 Die Rspr. bezeichnet mehrheitlich die **VDI-Richtlinien 3471 u. 3472** – insbes. die RL 3471 hinsichtlich von Schweinemastbetrieben – als **antizipiertes Sachverständigengutachten** (statt vieler VGH BW, U. v. 25.7.1995 – 3 S 2123/93 – ZfBR 1996, 189 = NVwZ-RR 1996, 310). Auch nach Auffassung des BVerwG können technische Regelwerke wie die **VDI-Richtlinien 3471 und**

3472 hinsichtlich der Geruchsbelastungen oder die **DIN 18005** (Schallschutz im Städtebau), i. S. sog. **antizipierter Sachverständigengutachten** einen guten Anhalt vermitteln. Solange es für die **Rinderhaltung** keine Regelwerte gibt, die »eine gewisse Orientierung geben könnten«, kann das BVerwG diesem Umstand nicht durch »eigene« Orientierungswerte abhelfen. Es muss *bei einer auf den Einzelfall ausgerichteten Beurteilung verbleiben«* (BVerwG, B. v. 27.1.1994 – 4 B 16.94 – NVwZ 1995, 6). **Grundlagen** für die **Abstandsermittlungen** sind einerseits die Tierbestände nach typisierten Kategorien und andererseits die betriebstechnischen Modalitäten der Tierhaltung (Näheres zu den Abstandsermittlungen s. § 5 Rn 9.11).

Die Methode, aus ermittelten und im B-Plan entspr. festgesetzten sog. »maximal zulässigen **Immissionsradien**« (das sind kreisförmige Mindestabstände bzw. auf der Grundlage von Windhäufigkeiten errechnete unregelmäßige Linien) je nach den vorhandenen oder vorgesehenen baulichen und technischen Vorkehrungen die höchstzulässigen Großvieheinheiten zu errechnen, stößt beim VGH BW auf erhebliche Bedenken. Hierbei handelt es sich nicht darum, bebaute Flächen von nicht bebaubaren abzugrenzen, sondern lediglich um Bemessungsgrößen, aus denen im Rückschluss die Zahl der zulässigen Großvieheinheiten und die damit korrespondierenden baulichen und technischen Vorkehrungen zu bestimmen sind. Nach Ansicht des VGH können bei dem dabei angewendeten Computer-unterstützten »Empirischen Modell zur Bestimmung der Häufigkeiten von Immissionen in Promille der Jahresstunden« – EMIAK – zwar besser die Geruchsimmissionen dargestellt werden als nach der VDI-Richtlinie 3471, es ergeben sich aber Probleme bei der Umrechnung in Immissionsabstände gem. VDI-Richtlinie und TA Luft (Einzelheiten hierzu vgl. VGH BW, NK-Urt. v. 7.1.1998 – 8 S 1337/97 – BauR 1998, 984).

Werden die empfohlenen **Abstände unterschritten**, ist damit noch keine abschließende Aussage über die Zumutbarkeit bzw. Unzumutbarkeit der ggf. auftretenden Geruchsimmissionen getroffen. Die Richtlinien enthalten keine Angaben darüber, ab welcher zeitlichen und/oder qualitativen Intensität die Gerüche die Zumutbarkeitsschwelle überschreiten. Die Entscheidung, ob geringere als die angegebenen Abstände zumutbar sind, bedarf stets einer Sonderbeurteilung. Auch im Nahbereich (unter 100 m) kann regelmäßig auf eine **Sonderbeurteilung** durch ein konkretes betriebsbezogenes Gutachten nicht verzichtet werden (BVerwG, B. v. 8.7.1998 – BauR 1998, 1207 zur VDI-Richtlinie 3471, auch für die anderen Richtlinien zutreffend). Auch für MK-, WS-, GE-, GI- und SO-Gebiete sowie entsprechende Ortsteile nach § 34 BauGB ist nach den Richtlinien eine Sonderbeurteilung erforderlich (vgl. Rn 52.3; im Einzelnen dazu § 5 Rn 8.53).

Die VDI-Richtlinien sind bei der Bauleitplanung einer interpretierenden Bewertung anhand rechtlicher Maßstäbe ohne weiteres zugänglich (BayVGH, U. v. 30.4.1993 – 26 B 91.1284 – NVwZ-RR 1994, 139). In vielen Entscheidungen sowohl zur Bauleitplanung als auch zum Einzelvorhaben wird von dem sog. *Trennungsgrundsatz* unter Anwendung der angeführten Abstandsregelungen ausgegangen. Die geforderten Abstände unterliegen im konkreten Fall der Abwägung nach § 1 Abs. 7 BauGB. Dabei ist vor allem in Gemengelagen unter Berücksichtigung der Ortsüblichkeit und der Umstände des Einzelfalls auch bei Geruchsbelästigungen die **Bildung von** »**Zwischenwerten**« (ähnlich wie beim Lärm, Vorb. Rn 10.8) vertretbar (BVerwG, U. v. 28.9.1993 – 4 B 151.93 – NVwZ-RR 1994, 139 = BRS 55 Nr. 165). Gegenüber **MD-Gebieten**, in denen die Landwirtschaft einschließlich ihrer Entwicklungsmöglichkeiten nach § 5 Abs. 1 Satz 2 BauNVO ohnehin eine vorrangige Rücksichtnahme beanspruchen kann, entsprechenden Ortsteilen nach § 34 BauGB und **Wohnhäusern im Außenbereich** ist ein höheres Maß an Geruchsstoffimmissionen zumutbar (s. dazu § 5 Rn 9.21).

7. Schallschutz im Städtebau

a) **Allgemeines.** Grundsätzlich müssten bei der *städtebaulichen Planung* aus der Sicht des Lärmbetroffenen die verschiedenen Geräuscharten (wie Gewerbe-, Verkehrs-, Luftverkehrs-, Sportlärm), falls sie sich bei vergleichbarer Geräuschcharakteristik überlagern bzw. »addieren«, bei der betroffenen Nutzung in ihrem *Zusammenwirken* berücksichtigt werden. Die unterschiedlichen Wirkungen der einzelnen Lärmarten, insbes. deren unterschiedlicher Informationsgehalt (z. B. Lärm eines Fußballplatzes im Vergleich zu Gewerbelärm) und die damit einhergehende unterschiedliche Einstellung der Betroffenen zum Lärm haben dazu geführt, dass die einzelnen Geräuscharten *getrennt zu ermitteln und zu bewerten* sind. Ihre Beurteilung erfolgt folgerichtig nach unterschiedlichen Rechtsgrundlagen (*Fluglärm* nach FluglärmG [Rn 62], *Verkehrslärm* nach 16. BImSchV [Anh. 7], *Sportlärm* nach 18. BImSchV [Anh. 7.2]; vgl. Rn 44.3, 68.3).

53.1 Die zur Vermeidung und Minderung anlagenbezogener *gewerblicher Geräusche* **für den Einzelfall** geltenden Rechts- und Verwaltungsvorschriften des *Immissionsschutzrechts* sowie entsprechenden Richtlinien (Näheres s. § 15 Rn 13) lassen sich nicht ohne weiteres auf die städtebauliche Planung übertragen. Mittelbar haben sie jedoch Auswirkungen auf die Bauleitplanung. Denn die von einzelnen gewerblichen Anlagen ausgehenden *Schallemissionen*, die bei einer betroffenen Nutzung als *unzumutbare Immissionen* i. S. des § 3 BImSchG auftreten, können bei der Genehmigung nach § 4 BImSchG oder im Wege einer Nachbarklage entspr. der nach der jeweiligen Schutzbedürftigkeit abgestuften Zumutbarkeitsschwelle eingeschränkt oder verhindert werden (vgl. BGH, U. v. 14.10.1994 – V ZR 76/93 – NJW 1995, 132).

Da die **städtebauliche Planung** i. d. R. **flächenbezogen** ist, der B-Plan als Norm nur abstrakte Festsetzungen enthält und eine anlagenbezogene Genehmigung nicht vorwegnehmen kann, können für die städtebauliche Planung keine *anlagenbezogenen* Schall*schutz*anforderungen, insbes. keine verbindlichen Grenzwerte (wie Immissionsgrenzwerte) herangezogen werden. Die Bauleitplanung muss vielmehr im Wege der *planerischen Vorsorge* geeignete Darstellungen und Festsetzungen derart treffen (z. B. durch Zuordnung von Baugebieten und sonstigen Nutzungen zueinander entspr. dem Optimierungsgebot des § 50 BImSchG, vgl. Rn 41), dass der anlagenbezogene Schallschutz im Einzelfall nach Immissionsschutzrecht auch möglich ist. Für die städtebauliche Planung kommen daher nur allgemeine, rechtlich nicht verbindliche Hinweise und Empfehlungen für die Berücksichtigung von Schallemissionen und -immissionen in Betracht. Die Berücksichtigung solcher Hinweise und Empfehlungen sowie die Einhaltung etwaiger dabei empfohlener **Orientierungswerte** in der Bauleitplanung bedeutet keine Garantie für die Einhaltung entsprechender Grenz- oder Richtwerte im Einzelfall; sie begründet keinen Rechtsanspruch darauf. Spätere Abwehrmaßnahmen im Einzelfall gegen eine emittierende Anlage nach BImSchG, Nachbar- oder Zivilrecht (§§ 1004, 906 BGB) bleiben unberührt (§ 29 Abs. 2 BauGB). Hinsichtlich der Probleme bei der Bewertung der Erheblichkeit von Lärm im Anwendungsbereich verschiedener Regelwerke (TA Lärm, FluglärmG, Verkehrs-LärmSchV und sonstige Regelungen), insbes. beim Zusammentreffen von Lärmeinwirkungen verschiedener Quellen (Summation), s. nähere Ausführungen bei *Hansmann*, NuR 1997, 53.

54 Hinweise für die bei der **städtebaulichen Planung** unter Berücksichtigung der Schallschutz*vorsorge* anzustrebenden, d. h. wünschenswerten Zielwerte einer möglichst nicht zu überschreitenden Lärmbelastung von schutzwürdigen Nutzungen sowie deren Ermittlung enthält die **DIN 18 005- 1** »Schallschutz im Städtebau Teil 1 – »Grundlagen und Hinweise für die Planung« (Juli 2002) mit ihrem (unveränderten) **Beiblatt 1** »Schalltechnische Orientierungswerte für die städtebauliche Planung« (Mai 1987, Anh. 7.1). Die DIN 18005-1 (Juli 2002) ersetzt die frühere DIN 18005 Teil 1 (Mai 1987). Die Norm enthält – wie die ersetzte Norm – lediglich das Ermittlungsverfahren **ohne** Immissionswerte; solche Werte sind als unverbindliche **Orientierungswerte** im fortgeltenden **Beiblatt 1** enthalten, das nicht Bestandteil der Norm ist; sie können als Belang des Schallschutzes in die Planung eingestellt werden, unterliegen jedoch voll der gemeindlichen Abwägung (s. Vorb. zu Anh. 7.; vgl. BVerwG, B. v. 18.12.1990 – 4 N 6.88 – ZfBR 1991, 120 = DVBl. 1991, 442 = UPR 1991, 151 = BRS 50 Nr. 25). Auf die frühere DIN 18 005 Teil 1 (Mai 1987) nebst Beiblatt 1, insbes. auf die Anwendung der *Orientierungswerte,* ist von den meisten Ländern durch Erlass – entspr. einem **Mustererlass der ARGEBAU** – hingewiesen worden (s. den gleichlautenden Erlass NW, Anh. 7.1). Darüber hinaus enthalten die Ländererlasse ein von der ARGEBAU entwickeltes **vereinfachtes Ermittlungsverfahren** für Schallimmissionen in frühzeitigen Planungsstadien oder bei Fehlen detaillierter Eingangsdaten.

b) Schallermittlung und -bewertung nach DIN 18 005 Teil 1 (Juli 2002). Die Norm richtet sich an Gemeinden, Städteplaner, Architekten und Bauaufsichtsbehörden. Sie gibt Hinweise zur Berücksichtigung des Schallschutzes bei der städtebaulichen Planung. Sie gilt nicht für die Anwendung in Genehmigungs- und Planfeststellungsverfahren. Die Ermittlung der Schallimmissionen der verschiedenen Arten von Schallquellen wird nur sehr vereinfachend dargestellt. Die in der Norm 1987 noch enthaltenen Rechenverfahren wurden durch Verweise auf andere – in der Norm angegebene – Regelwerke ersetzt. Für die genaue Berechnung wird auf diese verwiesen. Ermittelt werden können Schallemissionen bzw. -immissionen für verschiedene Geräuscharten (z. B. Straßen- und Schienenverkehr, Wasserverkehr, Industrie- und Gewerbe), die Ausbreitungsbedingungen für die Geräusche sowie die sich daraus ergebenden Beurteilungspegel am Immissionsort. Zur vorsorgenden Planung sind für einige Arten von Verkehrswegen sowie für Industrie- und Gewerbegebiete beispielhaft Schutzabstände angegeben. Für die zur Abschätzung der zu erwartenden Schallimmissionen von Straßen-, Schienen- und Schiffsverkehr werden im Anhang A einfache Schätzverfahren mit Diagrammen angegeben.

Im Übrigen verweist die Norm auf die für andere Geräuscharten bestehenden Sonderregelungen, z. B. für den Fluglärm, den Verkehrslärm, den Sportlärm (s. Rn 53.1), für Lärm aus Freizeitanlagen und -einrichtungen. Die speziellen Berechnungsverfahren führen zwar zu für die Bauleitplanung hinreichend genauen Ergebnissen, sie setzen aber verhältnismäßig genaue Eingangsdaten mit entsprechendem Arbeitsaufwand und dafür eine bereits fortgeschrittene Planung (Darstellung von Baugebieten im FN-Plan) voraus, die nicht immer schon vorliegt oder erforderlich ist. Das von der ARGEBAU entwickelte **vereinfachte Ermittlungsverfahren** soll für den Planer im frühen Planungsstadium ein verhältnismäßig einfaches, wegen seiner Grafiken griffiges Instrument an die Hand geben, das naturgemäß nur eine grobe Abschätzung der künftigen Schallimmissionen darstellen kann, bei der die ermittelten Beurteilungspegel jedoch im sicheren Bereich liegen. Überschreiten die Beurteilungspegel die Orientierungswerte oder weichen die tatsächlichen Eingangsdaten von den dem Schätzverfahren zugrunde liegenden Standardeingangsdaten wesentlich ab, empfiehlt sich eine detailliertere Ermittlung nach der DIN-Norm durchzuführen. Dabei werden sich i. d. R. genauere niedrigere Beurteilungspegel ergeben (vgl. Ländererlass »Berücksichtigung des Schallschutzes«, Anh. 7.1).

c) Schalltechnische Orientierungswerte für Baugebiete nach dem Beiblatt 1 der DIN 18 005. In Nr. 1.1 des Beiblattes 1 der DIN 18 005 Teil 1 (Anh. 7.1) sind verschiedenen schutzbedürftigen Nutzungen **Orientierungswerte** für den nach der Norm ermittelten Beurteilungspegel zugeordnet. Ihre Einhaltung oder Unterschreitung ist *wünschenswert,* um die mit der Eigenart des betreffenden Baugebiets oder der schutzbedürftigen Nutzung verbundenen Erwartungen auf angemessenen Schutz vor Lärmbelastungen zu erfüllen. Die Orientierungswerte sind als eine *sachverständige Konkretisierung* der Anforderungen an die Schallschutzvorsorge in der *städtebaulichen Planung* aufzufassen. Sie sind weder Immissions*richt-* noch *-grenz*werte für die Zumutbarkeit von

§ 1   56.1

Schallbelastungen im Einzelfall; denn sie dienen nicht als Beurteilungsgrundlage für die Zulassung von Vorhaben, sondern ausschließlich als **Orientierungshilfe** für die städtebauliche Planung.

Die Orientierungswerte sind nur **Anhaltswerte für die Planung** und unterliegen der Abwägung, d. h. beim Überwiegen anderer Belange kann von den Orientierungswerten nach oben abgewichen werden, z. B. in vorbelasteten Bereichen, bei vorhandener Bebauung, bestehenden Verkehrswegen und in Gemengelagen. Umgekehrt kann in immissionsschutzmäßig besonders gelagerten Fällen, z. B. zum Schutz besonders schutzbedürftiger Nutzungen oder zur Erhaltung oder Schaffung besonders ruhiger Wohnlagen (wie in Kurorten), u. U. auch eine Abweichung von den Werten nach unten geboten sein (vgl. OVG Münster, U. v. 25.9.1980 – 10a NE 36/79 – DÖV 1981, 346 = BRS 36 Nr. 8).

Auch das BVerwG sieht – anders als noch im U. v. 22.5.1987 – 4 C 33 – 35.83 – BVerwGE 77, 285 = NJW 1987, 2886) im U. v. 18.12.1990 – 4 N 6.88 – DVBl. 1991, 442 = BRS 50 Nr. 25 keine Bedenken, diese **Norm als Orientierungshilfe** zu benutzen (so bereits BGH, U. v. 10.12.1987 – III ZR 204/86 – UPR 1988, 142) oder als »groben Anhalt« heranzuziehen (BVerwG, U. v. 19.1.1989 – 7 C 77.87 – BVerwGE 81, 197 = DVBl. 1989, 463 = BRS 49 Nr. 203), solange keine substantiierten Einwendungen gegen die Werte der DIN 18 005 bekannt würden und auch aus den Umständen des jeweiligen einzelnen Sachverhalts keine Besonderheiten erkennbar sind. Da die Werte der DIN 18 005 lediglich eine Orientierungshilfe für die Bauleitplanung seien, dürfe im Rahmen der Abwägung nach § 1 Abs. 6 (a. F.) BauGB von ihnen abgewichen werden. Eine Überschreitung des Orientierungswertes von 5 dB(A) könne das Ergebnis einer gerechten Abwägung sein. Nach seinem B. v. 26.5.2004 – 4 BN 24.04 – BauR 2005, 830 verdeutlicht das BVerwG seine bisherige Auffassung jedoch dahin, dass damit **nicht** gesagt sei, dass der Wert von 5 dB(A) **die äußerste Grenze** dessen markiert, was durch Abwägung überwunden werden kann. Der Senat habe seinerzeit betont, dass die Ermittlung eines Grenzwertes immer nur das Ergebnis einer tatrichterlichen Beurteilung des Einzelfalles sei und sich auch der zulässige Grad der Abweichung nach den jeweiligen Umständen des Einzelfalles richte.

Werden die nach Abschn. 4.5 i. V. mit Abschn. 1.1 der DIN-Norm berechneten **Schutzabstände** zwischen schutzbedürftigen und emittierenden Baugebieten bzw. Nutzungen eingehalten, kann davon ausgegangen werden, dass diese Gebiete bei typischer Nutzung ohne besondere planungsrechtliche Schallschutzmaßnahmen bestimmungsmäßig genutzt werden können. Dabei sollten die Orientierungswerte bereits auf den Rand der Baugebiete oder überbaubaren Grundstücksflächen bzw. Flächen sonstiger Nutzungen bezogen werden. Bei Überschreitungen der Orientierungswerte sollten entsprechende planungsrechtliche Maßnahmen zur Gewährleistung des objektbezogenen Schallschutzes im Erläuterungsbericht zum FN-Plan oder in der Begründung zum B-Plan beschrieben und ggf. in den Plänen *gekennzeichnet* werden (z. B. Belastungsflächen an Verkehrsstraßen zwecks Anordnung »passiver« Schallschutzmaßnahmen). Eine *Festsetzung* von *Orientierungswerten* oder anderen *Immissionswerten* im B-Plan ist nicht zulässig, weil nicht vollziehbar (auf von außen wirkende Immissionen hat der betroffene Grundstückseigentümer keine Einflussmöglichkeit). Im Übrigen ist auf Abschn. 1.2 »Hinweise für die Anwendung der Orientierungswerte« des Beiblatts 1 der DIN 18 005 sowie auf den Ländererlass (Anh. 7.1) zu verweisen.

56.1 Im Unterschied zu den in Nr. 6 TA Lärm 1998 (Anh. 5; früher Nr. 2.211 TA Lärm 1968) enthaltenen *Immissionsrichtwerten*, die im Einwirkungsbereich einer gewerblichen Anlage – nach Nr. 3.2.1. Abs. 1 TA Lärm 1998 i. d. R. *auch unter Berücksichtigung einwirkender Fremdgeräusche* (Ausnahmen davon s. Nr. 3.2.1. Abs. 2 bis 5 TA Lärm 1998) – nicht überschritten werden sollen und daher *anlagenbezogen* sind, sowie dem entsprechenden Immissionsrichtwert der SportanlagenlärmschutzV (Anh. 7.2) ist der Orientierungswert ein *flächenbezogener*, nicht die einzelne Anlage betreffender Wert. Der mit dem Orientierungswert zu vergleichende resultierende Beurteilungspegel ist ein *Summenpegel* und ergibt sich aus der logarithmischen Addition verschiedener *Einzelpegel* gleicher Geräuschart. Beurteilungspegel verschiedener Geräuscharten (z. B. Industrie- und Gewerbegeräusche zum einen sowie Verkehrsgeräusche zum anderen) sollten nach Nr. 5.3 der DIN

18 005 Teil 1 (Mai 1987) wegen der unterschiedlichen Geräuschcharakteristiken nicht zusammengefasst, sondern getrennt berechnet und beurteilt werden. Dieser Hinweis ist zwar in der neuen DIN 18005-1 (Juli 2007) nicht mehr enthalten, Abschn. 4.4 enthält aber nur ein Verfahren für das Zusammenwirken *gleichartiger Schallquellen*, so dass sich insoweit nichts geändert hat.

Da der Beurteilungspegel, der den Orientierungswert möglichst nicht überschreiten soll, i.d.R. ein aus mehreren Einzelpegeln sich zusammensetzender Summenpegel ist, entfällt bei mehreren Schallquellen bzw. Emittenten auf jeden u.U. nur ein Immissionsanteil, damit der Summenpegel beim Zusammenwirken aller Schallquellen nicht überschritten wird. Beispielsweise darf von einem im GI-Gebiet liegenden Industriebetrieb nach Nr. 6.1 TA Lärm 1998 nur ein Geräusch ausgehen, das in einem benachbarten WR-Gebiet am Tage einen Immissionsrichtwert von 50 dB(A) nicht überschreitet. Tragen mehrere Anlagen unterschiedlicher Betreiber relevant zum Entstehen schädlicher Umwelteinwirkungen bei, so hat nach Nr. 5.3 TA Lärm 1998 (Anh. 5) die Behörde die (schwierige [*Anm. d. Verf.*]) Entscheidung über die Auswahl der zu ergreifenden Abhilfemaßnahmen und der Adressaten sowie entsprechender Anordnungen nach pflichtgemäßem Ermessen unter Beachtung des Verhältnismäßigkeitsgrundsatzes zu treffen. Wirken z.B. zwei gleich laute gewerbliche Schallquellen von je 50 dB(A) auf dasselbe WR-Gebiet ein, so erhöht sich der Beurteilungspegel bereits um 3 dB(A) auf 53 dB(A) (vgl. Nr. 4.4 der Norm) und bei mehreren Schallquellen entspr. weiter, so dass der Orientierungswert von 50 dB(A) für WR-Gebiete überschritten wird. Das Gleiche gilt für den Immissionsrichtwert nach TA Lärm. Soll der Orientierungswert für WR-Gebiete i.S. einer zweckmäßigen Immissionsvorsorge (z.B. zur Ansiedlung mehrerer Gewerbebetriebe in einem neuen GI-Gebiet) jedoch insgesamt eingehalten werden, setzt dies bereits bei der Planung die vorsorgliche »Zuteilung von Immissionsraten« für jeden einzelnen Betreiber bzw. eine »Geräuschkontingentierung« nach der neuen DIN 45691 (Näheres s. Rn 61.2) und somit einen entspr. niedrigeren Orientierungswert voraus, der zu einem größeren Abstand führt. Dies kann z.B. auch Gegenstand eines – vorbereitenden – Lärmminderungsplans nach § 47a BImSchG sein (vgl. Nr. 5.3 Abs. 2 Buchst. a) TA Lärm 1998).

Die **Orientierungswerte** sind in dem Beiblatt 1 zur DIN 18 005 wie folgt angegeben: **57**

Baugebiet/Nutzung	Orientierungswert in dB(A)	
	tags	nachts
Reine Wohngebiete (WR), Wochenendhausgebiete, Ferienhausgebiete	50	40/35
Allgemeine Wohngebiete (WA), Kleinsiedlungsgebiete (WS), Campingplatzgebiete	55	45/40
Friedhöfe, Kleingartenanlagen, Parkanlagen	55	55
Besondere Wohngebiete (WB)	60	45/40
Dorfgebiete (MD), Mischgebiete (MI)	60	50/45
Kerngebiete (MK), Gewerbegebiete (GE)	65	55/50
Sonstige Sondergebiete (SO), soweit sie schutzbedürftig sind, je nach Nutzungsart	45–65	35–65
Industriegebiete (GI)*		

*) Für Industriegebiete kann – soweit keine Gliederung nach § 1 Abs. 4 und 9 BauNVO erfolgt – kein Orientierungswert angegeben werden. Die Schallemission der GI-Gebiete ist nach Teil 1, Abschnitt 4.5 zu bestimmen.

Bei zwei angegebenen Nachtwerten soll der niedrigere für Industrie-, Gewerbe- und Freizeitlärm sowie für Geräusche von vergleichbaren öffentlichen Betrieben gelten. Dies ist damit begründet, dass diese Geräusche eher als lästig empfunden werden als Verkehrsgeräusche, denen wegen ihrer höheren Akzeptanz infolge des Gewöhnungseffekts ein Bonus zugebilligt wird (vgl. VGH BW, B. v. 20.7.1995 – 3 S 3538/94 – DVBl. 1996, 267).

58 d) **Zuordnung von Orientierungswerten zu Baugebieten der BauNVO und sonstigen überwiegend bebauten Gebieten.** Für nach der BauNVO festgesetzte, noch nicht bebaute Baugebiete ist die künftige Gebietsstruktur nicht immer schon eindeutig vorauszusehen. Die zahlreichen Variationsmöglichkeiten der Baugebiete nach § 1 Abs. 4 bis 10 sowie die teilweise umfassenden Inhalte einzelner Nutzungsbegriffe (z. B. der »Sonstigen Gewerbebetriebe«) können zu einer örtlich unterschiedlichen Eigenart desselben Baugebietstyps führen. Dies wird besonders deutlich am Mischgebiet und Dorfgebiet. Selbst ohne gebietsinterne Gliederung (§ 1 Abs. 4) können sich die Gebiete je nach Überwiegen der einen oder anderen Nutzung mehr in Richtung Wohnen oder Gewerbe entwickeln, ohne dass die Gemeinde oder Bauaufsichtsbehörde hierauf – abgesehen von der Anwendung des § 15 Abs. 1 – Einfluss nehmen kann. Auch die Festsetzung von besonderen Wohngebieten ist nach § 4a an die Voraussetzung geknüpft, dass sie eine **besondere Eigenart** aufweisen müssen (vgl. § 4a Rn 9). Die mit **§ 1 Abs. 10** gegebene Möglichkeit der **bestandsorientierten Planung** durch Standortsicherung von vorhandenen, an sich unzulässigen Nutzungen (»Fremdkörperfestsetzung«) soll die Planung für Gebiete z. B. in Gemengelagen erleichtern, die früher für unbeplanbar gehalten wurden. Dieser in der Natur der Bauleitplanung liegenden Flexibilität werden *feste Immissionswerte* ohne Variationsbreite und somit auch die *Orientierungswerte* nicht gerecht. Bei einer Differenzierung der Baugebiete durch Anwendung des § 1 Abs. 4–9 sowie einer örtlich gegebenen besonderen Eigenart der Baugebiete ist es daher angebracht, ggf. von den Orientierungswerten abweichende Werte zugrundezulegen (nicht festzusetzen!).

59 Orientierungswerte haben bewusst keinen *Richt- oder Grenzwert*charakter, sondern dienen nur der *Orientierung* und sollen nicht unmittelbar herangezogen werden. Orientierungswerte werden nicht »festgelegt«, sondern der Planung nur zugrunde gelegt. Sie sind nur *eine* Möglichkeit zur Ermittlung wünschenswerter Abstände von Baugebieten, jedoch nicht die einzige. Eine Überschreitung der Orientierungswerte im Einzelfall begründet keinen Anspruch auf Schutz- bzw. Abwehrmaßnahmen oder Entschädigung; ebenso besteht kein Anspruch auf Einhaltung bestimmter Orientierungswerte im Einzelfall.

60 e) **Anwendung der Orientierungswerte.** Damit die Orientierungswerte am Immissionsort (am Rand des betroffenen Baugebiets bzw. der baulichen Nutzung) später möglichst nicht überschritten werden, sind verschiedene planerische bzw. planungsrechtliche Maßnahmen möglich, deren Auswahl die Gemeinde unter Berücksichtigung der bei der Abwägung einzustellenden verschiedenen Belange vorzunehmen hat. Dabei hat sie insbes. auch den *Grundsatz der Verhältnismäßigkeit* der Mittel zu beachten, damit nicht Maßnahmen ausgewählt werden, die zu dem erzielten Ergebnis in keinem vertretbaren Verhältnis stehen. Insbes. folgende Maßnahmen kommen in Betracht:

- *Zwischenzonen* unempfindlicher Nutzung (ausreichende Schutzabstände zwischen unverträglichen Nutzungen; Trennungsgrundsatz),
- *Abschirmung* durch Schallhindernisse, Baukörperstellung, Bauweise,
- *Einschränkungen der Emissionen* beim Emittenten bzw. emittierenden Gebiet, z. B. durch *Differenzierung* bzw. *Gliederung* von Baugebieten nach § 1 Abs. 4–9,
- Anordnung von Baugebieten nach *abgestuften Orientierungswerten* (als Regelmaßnahme, wenn keine anderen Belange beeinträchtigt werden, sonst – vor allem in Gemengelagen – abweichend),
- *Schutzmaßnahmen* bei der betroffenen schutzwürdigen Nutzung.

Grundsätzlich sollte nach dem immissionsschutzrechtlichen *Verursacherprinzip* zunächst die emittierende Nutzung an der Schallquelle eingeschränkt, dann die Schallausbreitung beschränkt und erst zuletzt die betroffene Nutzung durch Maßnahmen in Anspruch genommen werden. Wichtig sind dabei auch das *Veranlasserprinzip* und die Frage der *Priorität* bzw. des *Bestandsschutzes* für die Verpflichtung zur Übernahme der Maßnahmen bzw. deren Kosten. Praktische Beispiele für eine schallschutzgerechte Bauleitplanung s. *UBA*, Umweltqualität und Wohnstandorte; *Minister für Landes- und Stadtentwicklung NW*, Baustein 8 »Wohnen und Arbeiten – Anwendungsbeispiele« sowie entsprechende Erlasse der Länder.

Als *Zwischenzonen unempfindlicher Nutzung* kommen insbes. Freiflächen, Flächen für die Land- und Forstwirtschaft, Grünflächen, Wasserflächen (Vorsicht vor Reflexionen!) u. Ä. in Betracht, deren notwendige Tiefe sich unter Berücksichtigung der Schutzbedürftigkeit des Gebiets, der zu erwartenden Immissionen, der Topografie und (eingeschränkt) der Vegetation aus DIN 18 005 Teil 1 ermitteln lässt. Einen Anhalt für den wünschenswerten Abstand zwischen Wohngebieten sowie GI- und GE-Gebieten in Neuplanungsfällen geben die *Abstandserlasse einiger Länder* (NW aaO.).

60.1

Eine *Abschirmung* gegen Schallquellen kann bei *nicht ausreichenden Abständen bzw. nicht geeigneter Zwischenzone* durch Schallhindernisse wie Schutzwände, Schutzwälle, Tunnelführung oder Geländeeinschnitt (bei Verkehrswegen) sowie (mit Einschränkung wegen geringer Wirkung) durch Bepflanzung erfolgen. Schallschutzwände und -wälle lassen sich einschließlich ihrer Höhe und Querprofile sowie der ergänzenden Bepflanzung nach § 9 Abs. 1 Nr. 24 und Nr. 25a BauGB festsetzen. Nach § 127 Abs. 2 Nr. 5 BauGB sind solche Anlagen auch als *beitragsfähige Erschließungsanlagen* zu behandeln, auch wenn sie nicht Bestandteil der Erschließungsanlagen sind, d. h. z. B. außerhalb der Straßenbegrenzungslinie festgesetzt werden (hierzu *Reinhardt*, NJW 1977, 2301). Die Schallpegelminderung durch Hindernisse wird nach Nr. 5.5 der Norm DIN 18 005 Teil 1, bei Verkehrsanlagen nach der Richtlinie für den Schallschutz an Straßen (RLS-90) der Forschungsgesellschaft für das Straßenwesen e. V. berechnet.

Die früher gelegentlich vertretene Auff., die den Orientierungswerten entsprechenden *Planungsrichtpegel* von aneinandergrenzenden Baugebieten nach der Vornorm DIN 18 005 Blatt 1 sollten sich um nicht mehr als 5 dB(A) unterscheiden (so noch Nr. 4.4.1 der VDI-Richtlinie 2718 E 75), lässt sich aus städtebaulicher Sicht nicht aufrechterhalten. Nach dieser aus Umweltschutzgesichtspunkten wünschenswerten Forderung dürfte ein MI-Gebiet nicht an ein WR-Gebiet oder ein MK-Gebiet nicht an ein WA-Gebiet grenzen (Pegeldifferenz jeweils > 5 dB(A)). In überwiegend bebauten Gebieten, insbes. in Gemengelagen, lässt sich eine derartige »ideale« Schallschutzplanung nicht durchführen. Es wäre planerisch verfehlt – wie in der Praxis oft üblich und von Immissionsschutzämtern empfohlen –, lediglich wegen der Einhaltung bestimmter Immissionswerte ein MI-Gebiet festzusetzen, obwohl nach der Eigenart, der Funktion und Schutzbedürftigkeit des Gebiets sowie der Planung der Gemeinde ein Wohngebiet festgesetzt werden müsste. Dies hätte zur Folge, dass in dem schutzbedürftigen Gebiet unverträgliche Gewerbebetriebe zugelassen werden müssten, die bei Festsetzung eines Wohngebiets nicht zulässig wären.

61

Nicht zuletzt derart überzogene Forderungen haben schließlich zur Einführung der Orientierungswerte und deren Herausnahme aus der Norm geführt. Der Charakter der Orientierungswerte ist in der Norm, dem Beiblatt und den entsprechenden Erlassen der Länder ausdrücklich klargestellt. Damit ist nach wie vor eine nur formale planerische Umwandlung eines Gebiets in eine andere Art der Nutzung, nur um dadurch die Anwendung anderer Immissionswerte zu ermöglichen, ohne beabsichtigten Strukturwandel städtebaulich nicht zu rechtfertigen.

Es gibt keinen Planungsgrundsatz, nach dem gewerbliche Baugebiete und Wohngebiete in Ausnahmefällen oder gewachsenen Situationen wie in Ge-

§ 1 61.1

mengelagen nicht unmittelbar aneinander grenzen dürfen (vgl. BVerwG, B. v. 15.1.1980 – 4 B 265.79 – BRS 36 Nr. 5 = ZfBR 1980, 146; OVG Lüneburg, U. v. 28.6.1993 – 6 K 3147/91 – MDR 1993, 758). Auch Arbeitersiedlungen wurden früher oft neben Industriebetrieben angesiedelt. In solchen Wohngebieten ist wegen der vorhandenen Vorbelastung und des individuellen Gewöhnungseffekts ohnehin ein höherer Schallpegel zumutbar (vgl. BVerwG, U. v. 20.10.1989 – 4 C 12.87 – BVerwGE 84, 31 = DVBl. 1990, 419; zur Vorbelastung Rn 48 f.). Bei der Abwägung der Belange kann in solchen Fällen der Bestandsschutz die Belange des Schallschutzes überwiegen. Durch planerische Maßnahmen (z. B. nach § 1 Abs. 4–9) sowie ggf. durch »aktive« oder »passive« Schutzmaßnahmen bei den Emittenten bzw. den Betroffenen sind jedoch schädliche Auswirkungen »soweit wie möglich« (§ 50 BImSchG) zu mindern. Wie auch bei anderen *Richtwert*regelungen, kann eine *schematische* Anwendung der Orientierungswerte nicht in Betracht kommen (vgl. BVerwG, B. v. 18.12.1990 – 4 N 6.88 –, aaO. Rn 56; B. v. 26.5.2004 – 4 BN 24.04 – BauR 2005, 830).

61.1 Eine *Einschränkung* der (flächenhaften) *Schallemission* gewerblicher Baugebiete (GI, GE) kann auch durch Festsetzung von *Emissionswerten* für die Betriebe und Anlagen im B-Plan erfolgen. Die früher vielfach angewandte Methode, eine derartige Nutzungsbeschränkung durch *unmittelbare* Festsetzung von Emissions- oder Immissionsgrenzwerten als »Vorkehrungen« unter Bezug auf § 9 Abs. 1 Nr. 24 BBauG zu bewirken (so noch OVG Bremen, U. v. 22.12.1981 – 1 BA 13/81 – DVBl. 1982, 946), wurde diess. schon immer für unzulässig gehalten (vgl. dazu 7. Aufl., Rn 61.1 m. w. N.). Es musste sich dabei nämlich um Vorkehrungen handeln, denen die konkret vorzunehmenden Maßnahmen mit hinreichender Bestimmtheit entnommen werden können (BVerwG, B. v. 7.9.1988 – 4 N 1.87 – BRS 48 Nr. 15). Emissions- und Immissionswerte sind aber keine Vorkehrungen, sondern legen nur das Ziel des Immissionsschutzes fest. Reine Zielvorstellungen sind auch nach den übrigen Nr. des § 9 Abs. 1 BBauG/BauGB nicht festsetzbar (BVerwG, B. v. 18.12.1990 – 4 N 6.88 – aaO.).

In § 9 Abs. 1 Nr. 24 BauGB ist eindeutig **klargestellt**, dass nach dieser Vorschrift nur **bauliche** und **sonstige technische Vorkehrungen** für die Immissionsschutzvorsorge (wie Schallschutzwände und -wälle) festgesetzt werden können. Die konkret vorzunehmenden Maßnahmen müssen hinreichend *genau bestimmt* sein. Eine Festsetzung »Lärmschutz (vegetativ) Höhe 3 m über Gradiente« einer Straße (OVG NW, B. v. 10.12.1993 – 11a B 2255/93.NE – NVwZ 1994, 1016) oder »Lärmschutz H = 5m« (Nds. OVG, U. v. 9.11.2000 – 1 K 3742/99 – BauR 01, 363) reicht nicht. Zur Konkretisierung solcher Maßnahmen brauchen (Immissions-)Grenzwerte nicht festgesetzt zu werden. Deren *zusätzliche* Festsetzung kann jedoch unschädlich sein (vgl. BVerwG, B. v. 8.8.1989 – 4 NB 2.89 – ZfBR 1989, 274 = BRS 49 Nr. 35). Isolierte Emissions- oder Immissionsgrenzwerte wie flächenbezogene Schallleistungspegel sind keine »Vorkehrungen« und können nach *dieser* Vorschrift nicht festgesetzt werden. Derartige Festsetzungen (z. B. der »**immissionswirksame flächenbezogene Schallleistungspegel**« (IFSP) bzw. jetzt »**Geräuschkontingentierung**« (s. Rn 61.2 und 95) können aber nach § 1 Abs. 4 Satz 1 Nr. 2 Satz 2 BauNVO (als »besondere Eigenschaft der Betriebe und Anlagen«) getroffen werden (BVerwG, B. v. 27.1.1998 – 4 NB 3.97 – StuGR 1998, 339; B. v. 18.12.1990 – 4 N 6.88 – aaO.; vgl. BVerwG, B. v. 2.3.1994 – 4 NB 3.94 – aaO. Rn 47.9 und v. 7.3.1997 – 4 NB 38.96 – GewArch. 1997, 385). Nicht zulässig ist die Festsetzung von sog. Zaunwerten als Summenpegel am Rand von emittierenden Gebieten (vgl. BVerwG, U. v. 16.12.1999 – CN 7.98 – BRS 62 Nr. 44 m. w. N.). Nach dem OVG NW beinhaltet die Festlegung einer Messlinie für Lärmimmissionen an der Grenze des Plangebiets keinen unzulässigen

Zaunwert, wenn die Einhaltung des »Planungsrichtpegels« an dieser Grenze jeweils auf die einzelne, zur Überprüfung anstehende Anlage bezogen ist und somit kein Summenpegel festgesetzt wird (OVG NW, U. v. 17.1.2006 – 10 A 3413/03 – BauR 2006, 1992).

f) Geräuschkontingentierung nach DIN 45691 (Dezember 2006). Zur Vereinheitlichung der bisher nicht geregelten Handhabung des »immissionswirksamen flächenbezogenen Schallleistungspegels« (IFSP) hat das Deutsche Institut für Normung die DIN 45691 »Geräuschkontingentierung« herausgegeben (Beuth Verlag, Berlin). Die Norm baut auf den bisher durch Lit. und Rspr. anerkannten Verfahren auf. Sie definiert Verfahren und eine einheitliche Terminologie als fachliche Grundlage zur Geräuschkontingentierung in B-Plänen (der bisherige IFSP heißt jetzt Emissionskontingent L_{EK}). Als Neuerung enthält Anh. A ein Verfahren für eine gerechtere Verteilung der Emissionskontingente in GE- und GI-Gebieten. Weil bei der bisherigen Bestimmung der Emissionskontingente (durch IFSP) die mögliche *Richtwirkung der Schallabstrahlung* außer Acht gelassen wurde, mussten die Emissionskontingente für alle Teilflächen des Gebiets so niedrig angesetzt werden, dass von allen zusammen bei ungerichteter Abstrahlung auch am kritischsten Immissionsort der IRW nicht überschritten wurde. Befindet sich jedoch bei gleichem Abstand von einer Teilfläche in einer Richtung ein Wohngebiet und in der entgegengesetzten Richtung ein Gewerbegebiet, wäre danach eine Anlage auf dieser Teilfläche nur zulässig, wenn sie auch in dem Gewerbegebiet keinen höheren Beurteilungspegel erzeugt als in dem Wohngebiet zulässig (*Schreiber*, ZfL 2004, 129). Anh. A enthält ein Verfahren zur Erhöhung der Emissionskontingente für einzelne Richtungssektoren, um den beschriebenen Mangel zu vermeiden und die Emissionskontingente gegenüber weniger schutzbedürftigen Gebieten besser ausnutzen zu können (Näheres Rn 59 und *Fischer/Tegeder*, BauR 2007, 323).

Somit ist es den Gemeinden nicht verwehrt, zur Immissionsschutzvorsorge schalltechnische Regelungen durch Festsetzung im B-Plan zu treffen. Es dürfen jedoch auch nach § 1 Abs. 4 BauNVO keine *isolierten Grenzwerte* festgesetzt werden, sondern es muss sich stets um eine *Gliederung der Baugebiete* nach § 1 Abs. 4 BauNVO nach der Art der Betriebe und Anlagen und deren *besonderen Eigenschaften* handeln. Zu den Eigenschaften gehört auch das *Emissionsverhalten* der Betriebe und Anlagen. Festgesetzt werden kann also nur die Zulässigkeit von Betrieben und Anlagen mit einer bestimmten *Eigenschaft* (Näheres s. Rn 92 f.).

Zulässig ist eine solche Gliederung nur in den in § 1 Abs. 4 genannten Baugebieten. In **SO-Gebieten** ist § 1 Abs. 4 nicht anzuwenden. Für sonstige SO-Gebiete sind nach § 11 Abs. 2 die Zweckbestimmung und die Art der Nutzung darzustellen und festzusetzen. Dabei ist die Gemeinde nicht an die in §§ 2–10 BauNVO angeführten Nutzungsarten gebunden. Verwendet sie den Nutzungskatalog trotzdem, ist sie nicht gehindert, ihn entspr. der besonderen Zweckbestimmung des SO-Gebiets zur Konkretisierung der von ihr verfolgten Planungsabsichten, zu denen auch der Schutz eines angrenzenden WR-Gebiets gehören kann, einzusetzen und abzuwandeln (vgl. BVerwG, B. v. 16.9.1998 – 4 B 60.98 – BauR 1999, 146). So können in einem SO-Gebiet den Vorschriften des § 1 Abs. 4–10 vergleichbare Regelungen zum Immissionsschutz, z.B. zur Emissionseinschränkung, wie durch Festsetzung sog. immissionswirksamer flächenbezogener Schallleistungspegel (jetzt Geräuschkontingentierung) getroffen werden (vgl. VGH BW, U. v. 24.3.2005 – 8 S 595/04 – BauR 2005, 1743 im Anschluss an BVerwG, U. v. 28.2.2002 – 4 C 5.01 – DVBl. 2002, 1121).

g) Baugebiete in Lärmschutzbereichen von Flugplätzen. Das bisher geltende seither nahezu unverändert gebliebene **Gesetz zum Schutz gegen Fluglärm** aus dem Jahr 1971 (FluglärmG – Einzelheiten s. 10. Aufl. § 1 Rn 62 f.) gilt als veraltet. Weder entspricht es den aktuellen Erkenntnissen der Lärmwirkungsforschung noch entfaltet es ausreichende Wirkung, weil die zumeist in den 1970er Jahren festgesetzten Lärmschutzbereiche oftmals nicht sehr weit über das Flugplatzgelände hinausreichen. Es ist damit weder in der Lage, die Siedlungsentwicklung im Umland der größeren Flugplätze unter Lärmschutzgesichtspunkten wirksam zu steuern, noch vermittelt es angemessene, den heutigen Erkenntnissen über Fluglärmwirkungen Rechnung tragende Ansprüche auf passiven Schallschutz für die von Fluglärm betroffenen Flugplatzanwohner.

Am 1.6.2007 hat der Bundestag das **Gesetz zur Verbesserung des Schutzes vor Fluglärm in der Umgebung von Flugplätzen** – Novelle Fluglärmgesetz – beschlossen. Es ist am 7.6.2007 in Kraft getreten (BGBl. I S. 986).

Mit der Novellierung des Gesetzes zum Schutz gegen Fluglärm soll der Schutz der Menschen vor Fluglärm in der Umgebung der größeren zivilen und militärischen Flugplätze deutlich verbessert und ein auf Dauer tragfähiger Ausgleich der Belange der Luftfahrt einerseits sowie der berechtigten Lärmschutzinteressen der betroffenen Flugplatzanwohner andererseits erreicht werden.

Mit der Gesetzesnovelle werden vor allem die für die Festsetzung des Lärmschutzbereichs um die größeren zivilen und militärischen Flugplätze maßgeblichen Grenzwerte um 10–15 Dezibel abgesenkt und das Verfahren für die Berechnung der Lärmbelastung modernisiert. Bei den Grenzwerten wird zwischen bestehenden und neuen bzw. wesentlich baulich erweiterten Flugplätzen sowie zwischen zivilen und militärischen Flugplätzen differenziert. Außerdem wird für Flugplätze mit relevantem Nachtflugbetrieb erstmals innerhalb des Lärmschutzbereichs eine Nacht-Schutzzone eingerichtet.

Eine vorausschauende Siedlungsplanung im lärmbelasteten Flugplatzumland soll darüber hinaus gewährleisten, dass dem Entstehen neuer Belastungssituationen und künftiger Lärmkonflikte durch ein unverträglich enges Nebeneinander von Lärm emittierendem Flugplatz und immissionsempfindlicher (Wohn-)Nutzung durch Bauverbote und Baubeschränkungen vorgebeugt wird. Dabei wird der aktuelle Erkenntnisstand der Lärmwirkungsforschung berücksichtigt. Zugleich schränkt die Gesetzesnovelle den Neubau von Wohnungen außerhalb geschlossener Siedlungsbereiche und die Errichtung von sonstigen schutzbedürftigen Einrichtungen im näheren Flugplatzumland deutlich ein, um dem Entstehen künftiger Lärmkonflikte besser vorzubeugen und um Freiräume um die Flughäfen zu sichern.

Aufgrund des jetzt deutlich ausgeweiteten Umfangs des Lärmschutzbereichs muss der Flugplatzbetreiber nunmehr in weiteren hoch belasteten Bereichen die aufgrund der aktuellen Erkenntnisse der Lärmwirkungsforschung erforderlichen baulichen Schallschutzmaßnahmen an bereits bestehenden Wohnungen finanzieren, vor allem den Einbau von Schallschutzfenstern (vgl. Begr. zum Gesetzentwurf der Bundesregierung, BT-Drucks. 16/508; zu näheren Einzelheiten s. den Gesetzestext des FluglärmG 2007 und die Ausführungen in der 10. Aufl. § 1 Rn 62–64).

63–64 entf.

65 h) **Verkehrslärmschutz.** Schallimmissionen aus Verkehrsgeräuschen bedürfen ebenso der gesetzlichen Regelung wie solche aus anderen Geräuscharten (Gewerbelärm, Fluglärm u. a.). Das BImSchG enthält in den §§ 41–43 Regelungen für **alle öffentlichen Straßen und Schienenwege**. Danach ist beim Bau oder der wesentlichen Änderung der Verkehrswege sicherzustellen, dass durch diese keine vermeidbaren schädlichen Umwelteinwirkungen durch Verkehrsgeräusche hervorgerufen werden können. § 42 BImSchG regelt *Entschädigungsleistungen* beim Überschreiten bestimmter *Immissionsgrenzwerte* (IGW) bzw. *Aufwendungsersatz* für erforderliche passive Schallschutzmaßnahmen. Die IGW, bei deren Überschreiten die Rechtsfolgen eintreten, sind durch die **Verkehrslärmschutzverordnung – VerkLärmSchV – (16. BImSchV)** vom 12.6.1990 (BGBl. I. S. 1036, **Anh. 7**) bestimmt, und zwar nur für den Bau und die wesentliche Änderung von öffentlichen Straßen sowie von Schienenwegen der Eisen- und Straßenbahnen, nicht dagegen – wegen fehlender Ermächtigung nach § 43 BImSchG – für die Lärmsanierung (zu Entstehungsgeschichte und Problemen der 16. BImSchV s. 9. Aufl., § 1 Rn 65–66).

Die **Höhe der IGW** ist in § 2 VerkLärmSchV, abgestuft nach der Schutzbedürftigkeit der Baugebiete bzw. baulicher Anlagen, geregelt. Sonstige Anlagen sind entspr. ihrer Schutzbedürftigkeit, bauliche Anlagen im Außenbereich entspr. § 2 Nrn. 1, 3 und 4 zu beurteilen. Der Lärmschutz an Straßen braucht sich grundsätzlich nicht an möglichen Spitzenbelastungen, sondern nur an der vorausschätzbaren Durchschnittsbelastung auszurichten (BVerwG, U. v. 21.3.1996 – 4 A 10.95 – NuR 1997, 76). Welches Maß an Lärmschutz der Planungsträger bei Anwendung des § 2 Abs. 2 der 16. BImSchV zu gewährleisten hat, bestimmt sich grundsätzlich nach der baulichen Qualität, die dem betroffenen Bereich im Zeitpunkt der Planfeststellung zukommt. Den insoweit maßgeblichen Anknüpfungspunkt bildet in überplanten Bereichen die jeweils einschlägige Festsetzung und im nicht beplanten Innenbereich die tatsächlich vorhandene Bebauung (BVerwG, U. v. 21.3.1996 aaO.). Ein bereits vorhandener Verkehrslärm (Vorbelastung) und die durch den Bau und die Änderung einer öffentlichen Straße entstehende zusätzliche Lärmbeeinträchtigung dürfen zu keiner Gesamtbelastung führen, die eine *Gesundheitsgefährdung* darstellt. Bei der für diesen Maßstab vorzunehmenden Gesamtbewertung darf eine künftig geringere Verkehrsbelastung auf einer normalen Bundesstraße, zu deren Entlastung eine Autobahn errichtet wird, berücksichtigt werden (vgl. BVerwG, U. v. 11.1.2001 – 4 A 13.99 – BauR 2001, 900). Jedoch auch die Festsetzung passiven Lärmschutzes für eine eingeschossige Wohnbebauung (Einzel- und Doppelhäuser) auf 25–30 m tiefen Grundstücken neben einer verkehrsreichen Kreisstraße stellt keine angemessene Konfliktbewältigung dar, wenn die Terrassen bzw. Hausgärten zu dieser Straße ausgerichtet sind (vgl. Nds. OVG, B. v. 16.11.2000 – 1 M 3076/00 – BauR 2001, 367). Zu Lärmsanierungsansprüchen bei bestimmten Pegelüberschreitungen s. VGH München, U. v. 5.3.1996 – 20 B 92.1055 – NVwZ-RR 1997, 159, zu den Grenzen des Verkehrslärmschutzes *Silagi*, UPR 97, 272. Zum Kreis der nach § 1 Abs. 6 (a.F.) BauGB zu berücksichtigen abwägungserheblichen Belange gehört auch das Interesse, vor *vermehrten Verkehrslärmimmissionen* bewahrt zu bleiben. Als abwägungserheblich ist das Lärmschutzinteresse nicht erst, wenn die Geräuschbeeinträchtigung als schädliche Umwelteinwirkungen zu qualifizieren sind. Auch Verkehrslärm, der nicht aufgrund der Wertungen des einfachen oder des Verfassungsrechts als unzumutbar einzustufen ist, kann im Rahmen der Abwägungsentscheidung den Ausschlag geben. In die Abwägung braucht er nur dann nicht eingestellt zu werden, wenn das Interesse, vor ihm bewahrt zu bleiben, nicht schutzwürdig ist (vgl. BVerwG, B. v. 8.6.2004 – 4 BN 19.04 – BauR 2005, 829).

Die VerkLärmSchV ist in der Bauleitplanung in den Fällen *unmittelbar anzuwenden*, in denen durch B-Plan der VO unterfallende gemeindliche Verkehrswege (Straßen, Schienenwege) geplant werden, oder bei B-Plänen, die eine Planfeststellung ersetzen (§ 17 Abs. 3 FStrG). Im Übrigen *zu berücksichtigen* bei der Abwägung sind die IGW der VO, wenn an einen (vorhandenen oder plangegebenen) Verkehrsweg eine schutzwürdige Bebauung heranrückt, damit die Grenzwerte möglichst eingehalten werden können. Ggf. ist dabei die Zumutbarkeit der Verkehrsgeräusche anhand einer umfassenden Würdigung aller Umstände des Einzelfalls und insbes. der speziellen Schutzwürdigkeit des jeweiligen Baugebiets zu bestimmen (vgl. OVG NW, B. v. 28.8.1998 – 10 B 1353/98 – BauR 1999, 1012 m.w.N.).

§ 41 BImSchG und die 16. BImSchV erfassen nur den Lärm, der von der zu bauenden oder zu ändernden Straße selbst ausgeht. Nimmt als Folge des Straßenbauvorhabens der Verkehr auf einer anderen, vorhandenen Straße zu, ist der von ihr ausgehende Lärmzuwachs im Rahmen der Abwägung nach § 17 Abs. 1 Satz 2 FStrG zu berücksichtigen, wenn er mehr als unerheblich ist und ein eindeutiger Ursachenzusammenhang zwischen dem planfestgestellten Straßenbauvorhaben und der zu erwartenden Verkehrszunahme auf der anderen Straße besteht (vgl. BVerwG, U. v. 17.3.2005 – 4 A 18.04 – BauR 2005, 1611). Die für die Einhaltung der Immissionsgrenzwerte der 16. BImSchV maßgebenden Beurteilungspegel sind für jeden Verkehrsweg gesondert zu berechnen. Mehrere rechtlich selbständige Straßen können, wenn für ihren Bau gem. § 78 Abs. 1 VwVfG nur ein Planfeststellungsverfahren stattfindet, nicht als ein Verkehrsweg i.S.d. 16. BImSchV angesehen werden (BVerwG, U. v. 23.2.2005 – 4 A 5.04 – BauR 2005, 1274).

8. Stadtklima und Städtebau

67 a) **Berücksichtigung des Klimas im Städtebau.** Nach § 1 Abs. 5 Satz 2 Nr. 7 (a. F.) bzw. Abs. 6 Nr. 7 Buchst. a (n. F.) BauGB ist bei der Aufstellung der Bauleitpläne u. a. auch das »Klima« zu berücksichtigen, und zwar einerseits die Auswirkungen *auf das* **Klima**, andererseits die Auswirkungen *des* **Klimas** auf den Menschen und seine Gesundheit bzw. die Bevölkerung insgesamt sowie auf Kultur- und sonstige Sachgüter (§ 1 Abs. 6 Nr. 7 Buchst. i BauGB (n. F.). Der **Schutz des Klimas** ist vorrangig ein **überörtliches** bzw. **globales Ziel**, das auch in erster Linie mit überörtlichen bzw. globalen Maßnahmen anzustreben ist. Sowohl im Raumordnungsrecht als auch im Immissionsschutzrecht und Naturschutzrecht ist der Schutz des Klimas ein besonderes Ziel. Die Gemeinde als unterste Planungsebene kann dazu verhältnismäßig wenig beitragen. Festsetzungen im B-Plan – etwa zum Zweck des Klimaschutzes – können, d. h. dürfen nach § 9 Abs. 1 BauGB **nur aus städtebaulichen Gründen** getroffen und müssen vorwiegend auf das örtliche Kleinklima beschränkt werden.

Die objektive Bedeutung der klimatologischen Auswirkungen z. B. eines B-Plans hängt davon ab, ob sie in eine Bedrohung oder Gefährdung der Gesundheit umschlagen, die allgemeinen Anforderungen an gesunde Wohn- und Arbeitsverhältnisse verletzen (§ 1 Abs. 5 Satz 2 Nr. 1 BauGB) oder sich unzumutbar belästigend auf das allgemeine Wohlbefinden auswirken. Unterhalb dieser Schwelle sind die örtlichen Klimabezüge als öffentlicher umweltbezogener Belang in die Abwägung einzustellen (§ 1 Abs. 6 Nr. 1 BauGB) und, soweit unvermeidbar, auszugleichen oder zu mindern (§ 19 Abs. 1 und 2 BNatSchGNeuregG, früher § 2 Abs. 1 Nr. 8 und § 8a BNatSchG). Innerhalb dieses Rahmens sind Klimabelange durch andere städtebauliche Belange überwindbar und genießen diesen gegenüber keine Priorität (so VGH BW, U. v. 12.7.1995 – 3 S 3167/94 – NVwZ-RR 1996, 497 = BRS 57 Nr. 43). Nicht jede Auswirkung auf das Klima kann jedoch durch Bauleitplanung beeinflusst werden. So muss nach dem Grundsatz der planerischen Zurückhaltung der Gefahr der Veränderung des Kleinklimas nicht bereits durch B-Planfestsetzung Rechnung getragen werden, wenn ihr in dem erforderlichen Umfang auch bei Erteilung von Baugenehmigungen begegnet werden kann (so OVG NW, U. v. 24.1.94 – 11a D 60/93.NE – NVwZ 1995, 713).

67.1 Der Einfluss des Klimas auf den Städtebau kann situationsbedingt landschaftlich und örtlich unterschiedliche Siedlungsentwicklungen und -formen sowie Bauweisen und -gestaltungen erfordern. In einer Bestandsaufnahme ist der **Einfluss auf die Siedlungsentwicklung insbes. nach folgenden Merkmalen zu ermitteln:**

- Lage der Gemeinde in der Landschaft (z. B. Meeresküste, norddeutsches Flachland, Hügelland, Mittelgebirge, Hochebene, Hochgebirge),
- Höhenlage über NN, Geländegestalt (Berg- und Tal, Neigungen), Oberflächenrelief,
- durchschnittliche Sonneneinstrahlung,
- Windeinflüsse (vorrangige Windrichtung, -geschwindigkeit bzw. -stärke, -häufigkeit),
- durchschnittliche Niederschläge (Regen, Nebel, Schnee), Wolkenbildung,
- durchschnittliche Temperaturen,
- situationsbedingte Häufigkeit bestimmter Wetterlagen (austauschintensive, austauschschwächere, Inversionswetterlagen),
- Luftaustauschbedingungen in der Gemeinde.

Es empfiehlt sich, bei der Planung eine klimatologische Stellungnahme beizuziehen.

Ziele zur Berücksichtigung des Einflusses des Klimas **auf den Städtebau, z. B.:**

- **gute Durchlüftung** im Städtebau durch Gewährleistung einer ausreichenden Frischluftzufuhr zur Vermeidung von Stauungen von Abgasen und Staub und einer verminderten Sonneneinstrahlung,
- **Schutz vor extremen klimatischen Einflüssen,** insbes. von Wind, Sturm, Niederschlägen, extremen Temperaturen und bei Wetterkatastrophen.

Maßnahmen zur Berücksichtigung des Einflusses des Klimas **auf den Städtebau:**   67.2

- Erhaltung und Schaffung ausreichend großer Flächen zur **Frischluft/Kaltluft-Produktion**
  - außerhalb der Siedlung (Wälder, Wiesen, Freiland, Wasserflächen),
  - als innerstädtische Grünflächen (bioökologische Komfortflächen),
- Erhaltung bzw. Schaffung von auf die Wirkungsräume (radial auf das Stadtzentrum und bis in die Siedlungen hinein) ausgerichteten **Frisch(Kalt-)luftleitbahnen bzw. -schneisen** (z. B. Tälern),
  - Sicherung ausreichender Querschnitte,
  - Vermeidung von die Leitbahnen abriegelnden Hindernissen (geschlossene Straßen- und Bahndämme, Bauriegel quer zur Streichrichtung der Täler),
  - offene Hangbebauung,
  - Vermeidung hangparalleler Zeilenbauweise,
  - Gewährleistung der Durchlässigkeit von Siedlungsrändern (> 50%, keine geschlossene Randbebauung, sondern offene Bauweise),
  - Vermeidung von dem natürlichen Windfeld abgekoppelter Bebauung (belastete Blockinnenhöfe),
- Erhaltung/Schaffung eines hohen **öffentlichen und privaten Grünflächenanteils** in der Stadt i. V. mit dem sparsamen und schonenden Umgang mit Grund und Boden, z. B. durch
  - keine zu große zusammenhängende und dichte Bebauung (geringere Grundflächenzahlen, Geschosszahlen, Geschossflächenzahlen),
  - ausreichende Abstände von Gebäuden,
  - offene Bauweise,
  - Beschränkung der Versiegelung von Grundstücken (Festsetzung der Grundflächenzahl, s. §§ 17, 19 BauNVO),
  - Entsiegelungsmaßnahmen (vgl. § 1a Abs. 1 BauGB),
  - Aufwertung und Entkernung von dichtbebauten Blockinnenhöfen (Sanierung),
  - Begrünung und Bepflanzung der nicht überbauten Grundstücksflächen,
  - Aufforstung von Brachflächen, Bestandsschutz für Bäume (Baumschutzsatzungen), Verpflanzung von Bäumen anstatt Fällen wegen Baumaßnahmen,
- Schutz vor **negativen Wind- und Wettereinflüssen:**
  - Berücksichtigung der Hauptwindrichtungen und Windstärken zum Windschutz,
  - Vermeidung von Düsen- und Kanalisierungseffekten sowie Turbulenzen durch Gebäudeschluchten und -durchlässe (Windstress),
  - Vermeidung von Bebauung auf windanfälligen Bergen und Kuppen (Abkühlung),
  - Vermeidung von Bebauung in durch Wetterkatastrophen gefährdeten Bereichen (Lawinen- und Bergrutschgefahr, Windbruch an Waldrändern, Überschwemmungsgebiete),
  - Zuordnung von Grünflächen zu emissionsempfindlichen Nutzungen (»Sanitäres Grün«),
  - Erhöhung der Oberflächenrauhigkeit von Freiflächen (Windbremsen),
  - Windschutzanlagen (Wälder, Gehölze und Hecken mit Schutzfunktion, Wirkung abhängig von Pflanzenarten, Höhe, Tiefe und Länge der Bepflanzung),
  - Ortsrandbepflanzungen und Biotopvernetzungen (zugleich für das Landschaftsbild).

Der Einfluss des Städtebaues auf das Schutzgut »Klima«: Schutzziele müssen   67.3
insbes. sein, die natürlichen Klimafaktoren wie Lufttemperatur, Luftfeuchtigkeit, Luftqualität, Luftbewegungen möglichst nicht negativ zu beeinflussen. Vorrangig ist der Schadstoffausstoß (Emissionen) zu verringern und dem Treibhauseffekt entgegenzuwirken, soweit dies im Rahmen des Städtebaues mit planungsrechtlichen Mitteln möglich und (nach § 9 Abs. 1 BauGB) zulässig ist.

Maßnahmen zum Schutz des Klimas:

- **zur Verminderung der Aufheizung des Stadtgebiets,**
  - Vermeidung zu dichter und zusammenhängender Bebauung,
  - Anordnung gebäudenaher Laubvegetation als Schattenspender im Sommer,

- Vermeidung unnötig komplizierter Gebäudeformen,
- Anstreben von kompakten Gebäudeformen (Optimierung des A[nsicht]/V[olumen]-Faktors, geschlossene Bauweisen),
- Fassaden- und Dachbegrünung (z. B. von Flachdächern).

• Zur Verminderung der schadstoffbedingten Luftverschmutzung zur Vermeidung von Kondensationskernen, vor allem wegen der Gefährdung der Begünstigung von Inversionswetterlagen (Smoggefahr),
  - günstige Standortwahl für klimabeeinflussende und klimaabhängige Nutzungen und Anlagen sowie deren planerische Zuordnung zueinander (emittierende Baugebiete und Nutzungen, schutzbedürftige Nutzungen),
  - Einschränkung der Emissionen von emittierenden Baugebieten, Nutzungen und Anlagen (§ 1 Abs. 4 BauNVO),
  - Einschränkung oder Ausschluss der Verwendung von bestimmten die Luft verunreinigenden Stoffen (§ 9 Abs. 1 Nr. 23 Buchst. a BauGB),
  - Fernwärmeversorgung bei gleichzeitigem Ausschluss anderer Heizformen, z. B. durch kommunale Satzung zum Anschluss- und Benutzungszwang nach Landeskommunalrecht (jedoch keine Festsetzungsmöglichkeit der Fernwärmeversorgung nach § 9 BauGB im B-Plan),
  - Maßnahmen der Verkehrsplanung, z. B.
    - Bündelung von Hauptverkehrsströmen, Vermeidung unnötiger Verkehrsbeziehungen,
    - Förderung des ÖPNV, Verknüpfung der Systeme, flächendeckendes Angebot, Park & Ride-System an Haltepunkten des ÖPNV,
    - Verringerung der Durchlässigkeit für den motorisierten Individualverkehr (MIV), Geschwindigkeitsbegrenzungen,
    - Rückbau und Begrünung von überdimensionierten Straßenräumen,
    - Bündelung der Erschließung, Vermeidung von Übererschließung,
    - Verkehrsberuhigung in Wohngebieten,
    - Minimierung des Straßennetzes für den MIV,
    - kommunale Stellplatzsatzungen nach Landesbauordnungsrecht zur Untersagung oder Einschränkung der Herstellung von Stellplätzen in bestimmten Bereichen (z. B. Innenstädten), wenn die dort entfallenden Stellplätze in zumutbarer Entfernung zur Verfügung stehen,
    - Sammelparkplätze und Parkbauten am Rande der Innenstadt, Pendelbus (Citybus) in die City,
    - Grüngestaltung von Parkierungs- und Stellplatzanlagen, Entsiegelung durch Rasengittersteine,
  - Förderung des Rad- und Fußgängerverkehrs
    - Zusammenhängendes Radwegenetz mit hohem Fahrkomfort (im FN-Plan können die örtlichen und überörtlichen Radwegenetze dargestellt werden [§ 5 Abs. 2 Nr. 3 BauGB]; zu empfehlen ist ein besonderer Fahrradstadtplan [ggf. als Beiplan zum FN-Plan]; im B-Plan können die Radverkehrsflächen als Verkehrsflächen besonderer Zweckbestimmung [§ 9 Abs. 1 Nr. 11 BauGB] gesondert festgesetzt werden),
    - Trennung der Radfahrstreifen von Fahrbahnen (möglichst durch Grünstreifen),
    - kreuzungsfreie Querung von Fahrbahnen (z. B. durch Unterführungen, über Brücken),
    - bei engen Straßen markierte Radstreifen im Fahrbahnraum,
    - eigene markierte Abbiegestreifen an Knotenpunkten,
    - Kombistreifen von Fahrrad und Bus bei Fehlen besonderer Fahrstreifen,
    - sog. »aufgeblasene« Radwege in ungeordneten Knotenzufahrten,
    - Bike & Ride-Anlagen an Haltepunkten des ÖPNV.

• zur Verminderung des Verbrauchs fossiler Energien im Städtebau (Energieeinsparung)
  - Kompaktheit der Baukörper (geringere Abkühlungsflächen, geschlossene Bauweisen),
  - Reihenhäuser anstatt Einzelhäuser,
  - Geschosswohnungsbau anstatt Flachbauten,
  - Vermeidung des Bauens in windanfälligen Lagen (Bergkuppen, Kaltluftmulden),
  - Vegetation als Windbrecher (im Abstand zur Bebauung),
  - Fernwärmeversorgung bei gleichzeitigem Ausschluss anderer Heizformen,
  - Blockheizkraftwerke zur örtlichen Energie- und Wärmeversorgung,
  - (Biologische) Energie- und Wärmegewinnung, z. B. aus Faulgasen von Kläranlagen, aus Abfall, aus Biogasanlagen,

- ggf. Maßnahmen zur höheren Wärmedämmung von Gebäudehüllen (im B-Plan nur festsetzbar, soweit städtebaulich begründet, sonst nur auf vertraglicher Basis; s. Rn 67.5 f.),
- Ausnutzung der aktiven und passiven Sonnenenergie:
  Ost-West-Zeilen statt Nord-Süd-Zeilen,
- Abstandoptimierung zur Gewährleistung der Besonnung von Südfassaden,
- Vermeidung der Verschattung durch Bebauung (sonnengerechte Höhenstaffelung),
- Ausnutzung anderer erneuerbarer Energien, wie Windenergie, Windkraftanlagen, Wasserkraft.

Abwägungsgesichtspunkte: In der Abwägung ist zu berücksichtigen, dass sich einzelne Ziele des Klimaschutzes u. U. widersprechen und damit gegenseitig ausschließen können. So kann z. B. die Forderung nach kompakter Bauweise zwecks geringer Abkühlungsflächen und Energieeinsparung der Forderung nach einer guten Durchlüftung der Siedlungsbereiche und Durchlässigkeit der Siedlungsränder zur Vermeidung der Aufheizung der Innenstädte widersprechen. In der Abwägung ist daher die örtliche Situation mit ihren jeweils unterschiedlichen Einflüssen zu berücksichtigen. **67.4**

Zu Darstellungen und Festsetzungen in den Bauleitplänen wird auf die §§ 5, 9 BauGB sowie ebenso auf weitere Lit. wie die Ausführungen in *Fickert/Fieseler*, Umweltschutz im Städtebau, 2002, Rn B 132–133 und Rn B 141 verwiesen.

b) Festsetzung von baulichem Wärmeschutz an Gebäuden nach § 9 Abs. 1. Nr. 24 BauGB zur Senkung des Energieverbrauchs. Zur Verwirklichung des zur Senkung des Energieverbrauchs erforderlichen **baulichen Wärmeschutzes an Gebäuden** hatten manche Gemeinden im B-Plan für die Gebäudehüllen (Außenwände, Dächer, Fenster, Türen) einen mindestens einzuhaltenden **Wärmedurchgangskoeffizienten (k-Wert)** nach der am 31.1.2002 außer Kraft getretenen Wärmeschutzverordnung 1995 als bauliche und sonstige technische Vorkehrung nach § 9 Abs. 1 Nr. 24 BauGB festgesetzt. **67.5**

Diese Festsetzungsmethode war umstritten, weil ihr der nach § 9 Abs. 1 BauGB erforderliche **unmittelbare städtebauliche Bezug fehle**, sie jedoch der über die konkrete Gemeinde hinausgreifenden allgemeinen Klimaverbesserung diene und somit ein regionales bzw. globales Problem sei. Auch diess. wurde eine derartige Festsetzung nur in wenigen Fällen bei einer städtebaulichen Begründung – z. B. in bei Inversionswetterlagen gefährdeten Städten in extremen Tallagen – für zulässig erachtet (zur Diskussion über die Zulässigkeit bzw. Unzulässigkeit der Festsetzung s. 9. Aufl., § 1 Rn 67.1 f.).

Inzwischen hat die Bundesregierung eine neue **Verordnung über energiesparenden Wärmeschutz und energiesparende Anlagentechnik bei Gebäuden (Energiesparverordnung – EnEV – (BGBl. I 2001 S. 3085)** erlassen, die am 1. Februar 2002 in Kraft getreten ist. Aufgrund dieser VO müssen bereits alle neu zu errichtenden Gebäude einen klimagerechten nutzungsbezogenen Mindestwärmeschutz aufweisen, der gegenüber dem bisherigen Recht höhere Anforderungen stellt. Angesichts dieses bereits bundesrechtlich vorgegebenen Mindestwärmeschutzes ist eine zusätzliche bauplanungsrechtliche Festsetzung eines Gebäudewärmeschutzes in gleicher Höhe i. S. des § 1 Abs. 3 BauGB im Allgemeinen **nicht erforderlich** und daher **unzulässig**. Ob dagegen in besonderen Fällen ein noch über die Anforderungen der VO hinausgehender höherer Wärmeschutz, wie oben angeführt, festgesetzt werden darf, ist zweifelhaft und bedarf – wenn überhaupt erforderlich – der plausiblen »besonderen städtebaulichen« Gründe.

Festsetzung von Energiekennzahlen: Gelegentlich wurden im B-Plan nach § 9 Abs. 1 Nr. 24 BauGB anstelle von k-Werten **Energiekennzahlen** festgesetzt, die den Wärmebedarf für Gebäude auf einen bestimmten kWh-Verbrauch pro m^2 und Jahr begrenzen. Diese Festsetzung ist ebenfalls ein Mittel zur Begrenzung des Energieverbrauchs und somit mittelbar des Schadstoffausstoßes, lässt dem Bauherrn jedoch eine größere Wahlmöglichkeit, wie er im Einzelnen den Wär- **67.6**

§ 1 67.7, 68

meverlust begrenzen kann. Zur Zulässigkeit der Festsetzung gelten die Ausführungen in Rn 67.5 entspr. (vgl. 9. Aufl., § 1 Rn 67.2).

67.7 c) **Einsatz erneuerbarer Energien und alternative Möglichkeiten.** Durch das Europarechtsanpassungsgesetz Bau 2004 – EAG Bau – vom 24.6.2004 (BGBl. I S. 1359) wurde in § 9 Abs. 1 Nr. 23 Buchst. b) eingefügt die Festsetzung von Gebieten, »in denen bei der Errichtung von Gebäuden bestimmte bauliche Maßnahmen für den Einsatz erneuerbarer Energien wie insbesondere Solarenergie getroffen werden müssen«. Dies wurde verbunden mit Ergänzung der Vorschriften über städtebauliche Verträge (s. § 11 Abs. 1 Nr. 4 BauGB) und Vorhaben- und Erschließungspläne (§ 12 BauGB).

Auch diese Festsetzung ist im B-Plan nur beim Vorliegen *städtebaulicher Gründe* (§ 9 Abs. 1 BauGB) erforderlich und somit zulässig. Diese müssen in der Begr. schlüssig nachgewiesen werden. Da die Einsparung der Energie aus öffentlichem Netz durch gebäudeeigene Solaranlagen i.d.R. nicht dem örtlichen, sondern dem allgemeinen bzw. regionalen Klimaschutz dient, ist die städtebauliche Begründung schwierig nachzuweisen, es sei denn, die Einsparung würde zu einer Reduzierung des Schadstoffausstoßes aus einem Kraftwerk innerhalb der Gemeinde und damit – bei entsprechender Topografie bzw. Tallage der Gemeinde – zu einer Reduzierung der Schadstoffbelastung (z.B. bei Smoggefahr) *in der Gemeinde* führen. Da die Vorschrift nur für die *Errichtung* von Gebäuden gilt, kommt sie nur für *Neubaugebiete* in Frage. Die *bestimmten* baulichen Maßnahmen müssen im B-Plan eindeutig festgesetzt und mit den privaten Belangen sowie mit den Belangen des Denkmalschutzes, der Denkmalpflege und der Gestaltung des Orts- und Landschaftsbildes (§ 1 Abs. 6 Nr. 5 BauGB) sorgfältig abgewogen werden. Einfacher ist die Durchsetzung eines solchen Ziels im Rahmen von städtebaulichen Verträgen sowie Vorhaben- und Erschließungsplänen zu realisieren, die der Gemeinde einen erweiterten Handlungsspielraum eröffnen, weil sie dabei nicht an die insoweit einschränkenden Vorschriften des § 9 BauGB und der BauNVO gebunden ist. Insbes., wenn die Gemeinde Grundstückseigentümerin ist, kann sie bei der Vergabe von Grundstücken an Bauwillige in den Kaufverträgen solche Bestimmungen vorsehen.

9. Flächen für Sportplätze und -anlagen sowie die Planung von Anlagen für sportliche Zwecke (s. ausführlich in Vorb. §§ 2 ff. Rn 11–15.1)

68 a) **Darstellung von Flächen für Sportplätze im FN-Plan.** Bereits im **FN-Plan** *kann* die Gemeinde nach § 5 Abs. 2 Nr. 5 BauGB – wie bereits nach BBauG – Flächen für Sport-, Spiel- und Badeplätze als Teil von **Grünflächen** darstellen. Die Darstellung *muss* nach der Erforderlichkeit gem. § 1 Abs. 3 BauGB *erfolgen*, wenn durch solche Sportplätze die Grundzüge der Planung und insbes. Belange des § 1 Abs. 5 BauGB berührt werden.

Dies ist z.B. der Fall bei Sportplätzen besonderer Größe mit einer starken Besucherfrequenz, einem größeren Verkehrsaufkommen sowie sonstigen Umwelteinwirkungen und Einwirkungen auf die Nachbarschaft durch Lärm und Flutlicht. Bei größeren Sportplätzen ist i.d.R. eine Flächendarstellung erforderlich, im Übrigen reicht i.A. eine Standortdarstellung aus (Nr. 9 Anl. PlanzV 1990, Anh. 2). Da die frühzeitige Standortentscheidung im FN-Plan die spätere Genehmigung des Sportplatzes z.T. vorwegnimmt, kommt ihr im Hinblick auf zu erwartende Immissionskonflikte besondere Bedeutung zu. Dabei gelten im Grundsatz dieselben planerischen Gesichtspunkte wie für emittierende gewerbliche Anlagen; die planerische Konfliktbewältigung muss auf den Standort und die Zweckbestimmung bezogen daher bereits im FN-Plan erfolgen (vgl. Rn 47.5 f.). Es ist daher zu empfehlen, auch Flächen für kleinere Sportplätze dann im FN-Plan – zumindest durch

Standortsymbol – zu planen, wenn **Immissions- und Nachbarkonflikte** oder sonstige Umweltkonflikte zu erwarten sind. Eine Darstellung allein von »Grünfläche« reicht nicht aus; auch im FN-Plan muss – ebenso wie im B-Plan (Rn 68.1) – die Grünfläche durch die Zweckbestimmung (ergänzendes Planzeichen, Hinweis im Erläuterungsbericht, ggf. Sportstätten-Entwicklungsplan) näher erläutert werden.

b) **Festsetzungen im B-Plan für Anlagen für sportliche Zwecke.** Die Schaffung von Planungsrecht für Anlagen für sportliche Zwecke kann im B-Plan durch Festsetzungen verschiedener Art erfolgen. Zum einen sind baugebietstypische Anlagen für sportliche Zwecke in den Baugebieten ohne Standortvorgabe bereits allgemein zulässig oder ausnahmsweise zulässigungsfähig, in deren Gebietskatalog sie aufgeführt sind. Zum anderen können für sie nach § 9 Abs. 1 Nr. 15 BauGB entweder **öffentliche oder private Grünflächen** mit Angabe der besonderen Zweckbestimmung **als Bestandteil von Grünflächen** (z. B. zusammenhängender Grünzüge) *oder* – sofern sie nicht Teil von Grünflächen sind – nach § 9 Abs. 1 Nr. 5 BauGB **Flächen für Sport- und Spielanlagen** gesondert außerhalb von Baugebieten festgesetzt werden.

68.1

Die Festsetzung entsprechender Baugebiete ermöglicht bereits pauschal die allgemeine oder ausnahmsweise Zulassung gebietstypischer Sportanlagen durch die Baugenehmigungsbehörde ohne Einflussmöglichkeit der Gemeinde auf den Standort der Anlage; Immissions- und Nachbarschaftskonflikte können daher nicht durch Planung ausgetragen werden, sondern bleiben dem Baugenehmigungsverfahren – ggf. unter Anwendung des § 15 Abs. 1 – überlassen, d. h. praktisch an jeder Stelle eines Baugebiets ist eine Sportanlage unter den gegebenen Voraussetzungen zulässig bzw. ausnahmsweise zulässigungsfähig. Dies wirft naturgemäß besondere Probleme im reinen Wohngebiet auf, in das die ausnahmsweise Zulassungsfähigkeit von Anlagen für sportliche Zwecke erst bei der ÄndVO 1990 eingebracht worden ist (zu den dagegen seinerzeit bestehenden Bedenken s. 9. Aufl., § 1 Rn 68.1).

c) **Planung von Anlagen für sportliche Zwecke.** Die Festsetzung einer gesonderten Fläche für Sportanlagen nach § 9 Abs. 1 Nr. 5 BauGB kann sowohl innerhalb eines Baugebiets (d. h. von dem Baugebiet umgeben; sie scheidet damit aus dem Baugebiet aus) als auch am Rande oder außerhalb des Baugebiets erfolgen. Im Hinblick auf den notwendigen Umweltschutz einerseits und aus Gründen der Förderung des wohnungsnahen Sports andererseits erfordert dies zwar die gebotene Rücksichtnahme auf die Wohnruhe der Bevölkerung, jedoch nicht unbedingt die Einhaltung großer Abstände, weil durch Festsetzung konkreter baulicher und technischer Vorkehrungen und der Art der auf der Sportanlage zuzulassenden und auszuübenden Sportarten genügend Möglichkeiten in der Planung gegeben sind, dem Grundsatz der Vermeidung schädlicher Umwelteinwirkungen (§ 50 BImSchG) ausreichend Rechnung zu tragen. Dies erfordert eine **hinreichende Konkretisierung der Sportanlage im B-Plan,** weil nur so über die möglichen Auswirkungen der Anlage ausreichend informiert werden kann. Zwar hat das BVerwG in dem U. v. 19.1.1989 (– 7 C 77.88 – BauR 1989, 172 = NJW 1989, 1291) die Festsetzung eines Sportplatzes mit der allgemeinen Festsetzung »Grünfläche (Sportplatz)« neben einem Wohngebiet wegen mangelnder räumlicher Festlegung der Fußballfelder und anderer Anlagen nicht für unzulässig erachtet, es kommt aber zu dem Ergebnis, dass damit nicht ohne weiteres jegliche Art von Sport zugelassen sei. Dies sei vielmehr aus der örtlichen Situation heraus auszulegen und bedeute, dass ohne nähere Konkretisierung nur solche Sportarten zulässig seien, die mit der benachbarten Wohnnutzung verträglich sind.

68.2

Eine nähere Konkretisierung der Festsetzung »Fläche für Sportanlagen« ist trotz des abschließenden Katalogs des § 9 BauGB – ebenso wie beim SO-Gebiet – nicht nur – auch nach Auffassung des BVerwG (U. v. 19.1.1989 aaO.) – zulässig, sondern kann im Hinblick

68.3

§ 1   **Abs. 3**   69–69.4, 70, 71

auf die Konfliktbewältigung wegen des zu allgemeinen Begriffs »Sportanlagen« geradezu geboten sein, d. h. die Festsetzung muss die zulässigen und unzulässigen Sportarten erkennen lassen (dazu ausführlich *Birk*, NVwZ 1985, 689 und Vorb. §§ 2 ff. Rn 12.100; *Stange*, NWVBl. 1992, 153 Fn 20). So ist die Errichtung einer Vereinssportanlage (Tennisanlage) in einer öffentlichen Grünfläche – Freizeitgelände – bauplanungsrechtlich unzulässig (Hess. VGH, B. v. 9.3.1990 – 4 TG 1478/89 – BauR 1990, 709). Darüber hinaus sind die sich aus der **SportanlagenlärmschutzV – 18. BImSchV – (Anh. 7.2)** ergebenden Anforderungen des Schallschutzes frühzeitig und vorbeugend in die Planung einzustellen und bei der Abwägung zu berücksichtigen. Das bedeutet, dass die sich aus der gebotenen Einhaltung der Immissionsrichtwerte der VO ergebenden Schutzmaßnahmen nach § 9 Abs. 1 Nr. 24 BauGB wie Abstände, Flächen für Schutzanlagen und Vorkehrungen sowie die Schutzanlagen und die baulichen und technischen Vorkehrungen ggf. im B-Plan festgesetzt werden müssen. Etwa erforderliche *zeitliche Betriebsbeschränkungen* können nicht im B-Plan festgesetzt werden; diese müssen ggf. mit der Baugenehmigung verbunden werden. Auf das Erfordernis hierzu sollte in der Begr. zum B-Plan hingewiesen werden (Näheres zu Sportanlagen und zur 18. BImSchV s. Vorb. §§ 2 ff. Rn 12.92, 12.77, zum Sportlärm § 15 Rn 19.82).

69–69.4 entf.

10. weggefallen

11. **Festsetzung der Baugebiete im Bebauungsplan (Abs. 3)**

70 a) **Entwickeln aus dem Flächennutzungsplan (Satz 1).** Im B-Plan *können* die in Abs. 2 bezeichneten Baugebiete festgesetzt werden. Die Kann-Bestimmung verdeutlicht die Wahlmöglichkeit der Gemeinde unter den bezeichneten Baugebieten. B-Pläne sind nach § 8 Abs. 2 BauGB aus dem FN-Plan zu entwickeln, soweit nicht ein selbständiger (§ 2 Abs. 2 Satz 2 BauGB) oder vorzeitiger B-Plan (§ 8 Abs. 4) ohne Entwicklung aus dem FN-Plan aufgestellt werden darf. Baugebiete im B-Plan können sowohl aus »entsprechenden« Bauflächen als auch aus gleichlautenden Baugebieten des FN-Plans entwickelt werden. Inwieweit bereits im FN-Plan die Darstellung von Baugebieten geboten ist, hängt von der Erforderlichkeit ab (Rn 25–29). Der Begriff Entwickeln bedeutet nicht, dass der B-Plan lediglich als Vollzug oder Ergänzung des FN-Plans zu werten wäre. Er umfasst nicht nur die Ausfüllung des groben FN-Plans mit genaueren Festsetzungen, sondern ermöglicht darüber hinaus, innerhalb des durch den FN-Plan vorgegebenen Rahmens eigenständig zu planen. Er gestattet in begrenztem Umfang, von den Darstellungen des FN-Plans hinsichtlich der Art der Nutzung *abzuweichen*, sofern sich der B-Plan innerhalb der Grundzüge der Planung hält (zu Abweichungsmöglichkeiten im Einzelnen s. 9. Aufl., § 1 Rn 70.2 und OVG NW, U. v. 30.6.1999 – 7a D 184/97.NE – BauR 2000, 358).

71 Die Baugebiets*grenzen* sind grundsätzlich an die entsprechenden Grenzen der Bauflächen und Baugebiete des FN-Plans gebunden. Gewisse Abweichungen werden sich jedoch schon aus dem unterschiedlichen Maßstab der Bauleitpläne ergeben. *Je allgemeiner* Bauflächen- oder Baugebietsgrenzen im FN-Plan dargestellt sind, *desto flexibler* können daraus B-Pläne entwickelt werden. Je konkreter i. S. einer »Parzellenschärfe« die Darstellungen im FN-Plan sind, desto weniger Spielraum verbleibt bei der B-Planung. Das zulässige Maß für Abweichungen der Baugebietsgrenzen ergibt sich aus Maßstab, Ausführungsgrad und Aktualität des FN-Plans sowie aus der Größenordnung der Gemeinde. Mit der Aufwertung des FN-Plans durch das BauGB 1998 und der verstärkten Berücksichtigung des Umweltschutzes bei der Planung (Rn 40–40.2) ist eine mehr als geringfügige Verschiebung von Baugebietsgrenzen in den Außenbereich bzw. in Grünflächen wesentlich kritischer als früher zu werten und nicht mehr als »entwickelt« anzusehen. Ist dies aus Gründen der städtebaulichen Entwicklung, z. B. wegen der notwendigen Ansiedlung größerer Vorhaben erforderlich, so kann die für erforderlich gehaltene FN-Planänderung im **Parallelverfahren** unter Durchführung der dazugehörigen Umweltprüfung erfolgen (§ 8 Abs. 3 Satz 1 BauGB). Im Übrigen sind die bei Verstößen gegen das Entwicklungsgebot früher aufgetretenen Probleme durch die *Planerhaltungsvorschriften* der §§ 214–216 BauGB weitgehend entschärft worden (Hinweise hierzu s. 9. Aufl., § 1 Rn 71).

b) **Wirkungen der Festsetzung der Baugebiete (Satz 2).** Die Festsetzung der in Abs. 2 bezeichneten Katalogbaugebiete im B-Plan hat zur Folge, dass mit seinem Inkrafttreten (§ 10 Abs. 3 BauGB) die Vorschriften der §§ 2 bis 14 Bestandteil des B-Plans und damit unmittelbar geltendes Baurecht werden. Soweit im B-Plan aufgrund der Abs. 4–10 davon abweichende Festsetzungen (z. B. durch Gliederung oder Ausschluss von Arten der zulässigen Nutzung oder durch Umwandlung von Ausnahmen in eine allgemeine Zulässigkeit) getroffen werden, gelten diese speziellen Festsetzungen. Die **Festsetzung von Baugebieten hat grundsätzlich nachbarschützende Funktion** (BVerwG, U. v. 16.9.1993 – 4 C 28/91 –, aaO. Rn 31; B. v. 20.8.1998 – 4 B 79.98 – BauR 1999, 32 = UPR 1999, 26 = NVwZ-RR 1999, 105). Die in den §§ 2–14 aufgeführten Nutzungen und Anlagen sind städtebaurechtliche Begriffe und somit Vorhaben i. S. von §§ 29 f. BauGB. Sonstige Anlagen sind Vorhaben nur, wenn sie bodenrechtlich (bauplanungsrechtlich) relevant sind (BVerwG, U. v. 16.12.1993 – 4 C 22.92 – ZfBR 1994, 148). **72**

So sind z. B. Werbeanlagen der Außenwerbung, die Fremdwerbung zum Gegenstand haben und bauliche Anlagen i. S. v. § 29 BauGB sind, eigenständige Hauptnutzungen gem. §§ 2 f. und als gewerbliche Nutzungen zu beurteilen (BVerwG, U. v. 3.12.1992 – 4 C 27.91 – NVwZ 1993, 938 = BRS 54 Nr. 126).

Es ist zwar nicht erforderlich, den gesamten Katalog der in den einzelnen Baugebieten zulässigen oder ausnahmsweise zulassungsfähigen Anlagen in den B-Plan als Text zu übernehmen; es genügt die Aufnahme der in der Anlage zur PlanzV enthaltenen Planzeichen. Wegen der mehrmaligen Änderungen der BauNVO (bisher »vier Generationen« von Baugebieten ([Rn 8]), die sich auch auf die Vorschriften der §§ 2–14 bezogen haben, ist es zweckmäßig trotzdem die Zulässigkeitskataloge der jeweiligen Baugebiete im B-Plan anzugeben. Auf alle Fälle ist im B-Plan auf die jeweils geltende Fassung der BauNVO hinzuweisen. Die Festsetzungen müssen die erforderliche Planklarheit und Bestimmtheit aufweisen (BVerwG, U. v. 18.2.1982 – 4 C 18.81 – BRS 40 Nr. 64; OVG NW, U. v. 27.11.1992 – 11a NE 40/80 – NVwBl. 1993, 387); Widersprüche führen zur Nichtigkeit (Hess. VGH, B. v. 1.9.1981 – 4 N 18/80 – BRS 38 Nr. 11), soweit sie geringfügige Teile, z. B. den Randbereich des B-Plans betreffen, ggf. nur zur Teilnichtigkeit (BVerwG, U. v. 4.1.1994 – 4 NB 30.93 – UPR 1994, 159 = ZfBR 1994, 138 = DÖV 1994, 570 = NVwZ 1994, 684 = DVBl. 1994, 699 abweichend von OVG NW, U. v. 18.2.1993 – 10a D 171/91 – NE – NWVBl. 1993, 389). Die Festsetzungen müssen aus dem B-Plan selbst hervorgehen; sie dürfen nicht von Voraussetzungen abhängen, die außerhalb des Plans liegen (sog. »dynamische Verweisungen«); sie müssen unmissverständlich und ohne zusätzliche Erläuterung erkennen lassen, wo und wie gebaut werden darf (VGH BW, B. v. 2.3.1977 – III 1810/76 – BRS 32 Nr. 6).

Welches Maß an **Konkretisierung der Festsetzungen** erforderlich und der jeweiligen Situation angemessen ist, ist eine Frage des Einzelfalles und bestimmt die Gemeinde. Dabei kann zwar eine gewisse **planerische Zurückhaltung** durchaus der Funktion des B-Plans **72.1** entsprechen (vgl. BVerwG, U. v. 11.3.1988 – 4 C 56.84 – DÖV 1988, 686 = ZfBR 1988, 189; vgl. auch Rn 8.1). Die Gemeinde muss dann aber u. U. damit rechnen, dass im Rahmen dieser Festsetzung nicht jede Art des von der Festsetzung ermöglichten Anlagentyps, sondern nur ein im Verhältnis zur Umgebung verträglicher Anlagentyp zulässig ist (vgl. BVerwG, U. v. 19.1.1989, aaO. Rn 68.2).

73 Soweit die Gemeinde nach den Abs. 4–10 nichts anderes bestimmt, werden die nach den §§ 2–9 ausnahmsweise zulassungsfähigen Anlagen durch Festsetzung der Baugebiete »gesetzliche« Ausnahmen i. S. des § 31 Abs. 1 BauGB (im Unterschied zu den nach der BauNVO zwar vorgesehenen, aber jeweils durch Einzelentscheidung erst werdenden Ausnahmebestimmungen; vgl. z. B. § 16 Abs. 6 u. § 23 Abs. 2 Satz 2). Die nach § 31 Abs. 1 BauGB geforderte Voraussetzung für die Zulassung der Ausnahmen, nämlich, dass sie im B-Plan nach Art und Umfang ausdrücklich vorgesehen sind, ist damit erfüllt. Ihr Umfang ist darüber hinaus durch die allgemeinen Voraussetzungen des § 15 eingrenzbar. Die Ausnahmevorschriften der BauNVO sind damit unmittelbare Grundlage für die Zulassung der Ausnahmen durch die Baugenehmigungsbehörden.

Bei **Festsetzung von Sondergebieten** (§§ 10, § 11 Abs. 2) sind stets die *Zweckbestimmung* (z. B. »Kurgebiet«) und die *Art der Nutzung* (z. B. »Zulässig sind Anlagen für gesundheitliche, sportliche, kulturelle, soziale Zwecke, Betriebe des Beherbergungsgewerbes; ausnahmsweise können zugelassen werden Läden für Bedürfnisse der Kurgäste« o. Ä.) festzusetzen. Die Gemeinde ist dabei nicht an die in den §§ 2–9 aufgeführten Nutzungsarten und nicht an die in § 1 Abs. 4–9 für die Baugebiete eröffneten Möglichkeiten der Differenzierung nach *Nutzungstypen* gebunden. Bei Festsetzung von SO-Gebieten finden die Vorschriften über besondere Festsetzungen nach den Abs. 4–9 keine Anwendung (Satz 3 erster Halbs.). Die Art der Nutzung (nicht nur der *baulichen* Nutzung) bzw. die zulässigen und ausnahmsweise zulassungsfähigen baulichen und sonstigen Anlagen »können« zwar nach den §§ 10, 11 getroffen werden (Satz 3 2. Halbs.), sind aber stets ausdrücklich festzusetzen, weil dem B-Plan sonst die notwendige Bestimmtheit fehlt.

Dabei kann auch eine nähere Konkretisierung der Art der baulichen Nutzungen durch **bestimmte bauliche Merkmale** (z. B. »Beherbergungsbetriebe ohne selbständig nutzbare Wohnungen«, vgl. BVerwG, B. v. 7.9.1984 – 4 N 3.84 – BauR 1985, 173) oder durch Festsetzung einer höchstzulässigen Verkaufsfläche für Einzelhandelsbetriebe (BVerwG, U. v. 27.4.1990 – 4 C 36.87 – NVwZ 1990, 1071 = UPR 1990, 340 = ZfBR 1990, 242 = BauR 1990, 565) erfolgen (Näheres s. § 10, § 11 Abs. 2 Rn 9–9.3 und 10.2). Nicht dagegen können gebietsüberschreitend »**Zaunwerte**« als Lärm-Immissionsgrenzwerte für eine Gesamtheit unterschiedlicher Nutzungen in mehreren SO-Gebieten festgesetzt werden, weil es sich dabei nicht um eine *besondere Art der Nutzung* handelt (BVerwG, B. v. 10.8.1993 – 4 NB 2.93 – DVBl. 1993, 1098 = ZfBR 1994, 36 = NVwZ-RR 1994, 138 = BRS 55 Nr. 11; ebenso *Ziegler*, ZfBR 1994, 51).

12. »Horizontale« und »vertikale« Gliederung, Ausschluss und Umwandlung von Nutzungsarten, Anlagen und Ausnahmen (Abs. 4–9)

74 a) **Allgemeines.** § 1 Abs. 4–9 ermöglichen eine Differenzierung (auch »Modifizierung«, »planerische Feinsteuerung« genannt) der Baugebietstypen, um speziellen Anforderungen an die Planung und örtlichen Gegebenheiten besser gerecht werden zu können. Diese Vorschriften haben im Zuge der verschiedenen Änderungen der BauNVO bis zu der jetzt geltenden Fassung eine Wandlung und Anpassung an die gegenwärtigen Anforderungen erfahren (zur Entwicklung s. 9. Aufl., § 1 Rn 74–77). Die Differenzierung muss städtebaulich erforderlich sein (*das allgemeine Gebot in § 3 S. 1 BauGB für Bauleitpläne: »soweit es für die städtebauliche … erforderlich ist« gilt, wie überall, so auch* *hier)*, und sie darf nicht so weit gehen, dass die allgemeine Zweckbestimmung des jeweiligen Baugebiets nicht mehr gewahrt bleibt. Das ist in den einzelnen Abs. 4–9 z. T. ausdrücklich erwähnt, aber auch wo dieser Hinweis fehlt, ergibt es sich jeweils aus Abs. 1 der Baugebietsnorm in den §§ 4–9. (BVerwG, B. v. 22.12.1989 – 4 NB 32.89 – ZfBR 1990, 98 = BauR 1990, 186 = NVwZ-RR 1990, 171 = DVBl. 1990, 383 = BRS 49 Nr. 74; ähnlich *Bielenberg*, § 1 Rn 20 f). Die in einigen Abs. zur Voraussetzung gemachte Bedingung der »besonderen städtebaulichen Gründe« stammt noch aus einer früheren Phase der Rechtssetzung. Entsprechende Formulierungen im BauGB wurden bei der Novellierung 1998 entfernt (z. B. im § 9 Abs. 3, wo im BauGB 1986 noch »besondere städtebauliche Gründe » gefordert waren, s. Einführung Nr. 3 d).

Die differenzierenden Festsetzungen müssen sich auf bestimmte Arten der im Baugebiet allgemein oder ausnahmsweise zulässigen Arten oder Nutzungen beziehen, da nur objektiv bestimmte Typen von Anlagen erfasst werden, eine Planung *konkreter* einzelner Vorhaben ist nach § 1 Abs. 4–9 nicht gestattet (BVerwG U. v. 30.6.1989 – 4 C 16.88 – BRS 49,69). Insbes. bei der weiteren Differenzierung nach Abs. 9 kommt es stets darauf an, die festzusetzenden Anlagen durch einen *Gattungsbegriff*, eine ähnlich *typisierende Beschreibung* oder die Beschreibung von *Ausstattungsmerkmalen der Anlage* zutreffend zu kennzeichnen (Näheres s. Rn 126–128). Im entschiedenen Fall war unzulässigerweise festgesetzt worden, dass in einem »GI, eingeschränkt nach § 9 BauNVO« nur nicht erheblich belästigende Gewerbebetriebe i. S. des § 8 Abs. 2 BauNVO *und zum Zeitpunkt des Inkrafttretens des B-Plans bestehende Anlagen und deren Änderungen und Erweiterungen im Rahmen des Bestandsschutzes* zulässig seien. Die vorhandenen Nutzungen hätte in der Festsetzung in den Begriffen der BauNVO beschrieben werden müssen, dann wäre sie gültig gewesen.

Die Gliederung der Baugebiete war ursprünglich als eine räumliche Verteilung der Nutzungen innerhalb eines Baugebiets, also als eine Gliederung »in sich« zu verstehen, so dass innerhalb aller gegliederten Zonen eines Baugebiets alle Nutzungsarten des Gebiets zulässig sein mussten (so *Braun*, BauR 1977, 160). Danach wären ein Ausschluss eines Betriebs aus einem bestimmten Gebiet unzulässig gewesen. Diese formale Betrachtungsweise stand praktischen Erwägungen, insbes. Gesichtspunkten des Immissionsschutzes, entgegen.

Die Gliederungsmöglichkeiten haben – in unterschiedlicher Weise – Bedeutung nur für die nachfolgend genannten Baugebietsarten. Besonderheiten zur Anwendung bei diesen Gebietsarten sind in den in Klammern genannten Rn zu den entsprechenden §§ behandelt:

- Dorfgebiet (MD) (§ 5, Rn 21 – 21.2)
- Mischgebiet (MI) (§ 6, Rn 19 – 19.5)
- Kerngebiet (MK) (§ 7, Rn 17)
- Gewerbegebiet (GE) (§ 8, Rn 18 – 18.5)
- Industriegebiet (GI) (§ 9, Rn 11).

Einen Überblick über die nachfolgend in der Zusammenfassung behandelten Differenzierungsvorschriften gibt auch die Tabelle in Rn 3.

Abs. 4: (Rn 82–99) **horizontale Gliederung** der Baugebiete nach Nutzungen, Betrieben und Anlagen

§ 1 Abs. 4–9 78, 79

Abs. 5:	(Rn 100–103)	**Ausschluss** allgemein zulässiger Arten von Nutzungen/**Umwandlung** in Ausnahmen
Abs. 6:	(Rn 104–110)	**Ausschluss** von Ausnahmen/**Umwandlung** in eine allgemeine Zulässigkeit
Abs. 7:	(Rn 111–127)	**vertikale Gliederung:** schichtenweise Festsetzung für Geschosse, Ebenen oder sonstige Teile baulicher Anlagen 1. Zulässigkeit nur bestimmter Nutzungen. 2. Ausschluss zu-lässiger Nutzungen/Umwandlung in Ausnahmen. 3. Ausschluss von Ausnahmen/Umwandlung in allgemeine Zulässigkeit.
Abs. 8:	(Rn 125)	Gliederung auch für **Teile** von Baugebieten.
Abs. 9:	(Rn 126–129.1)	**Unterarten von Nutzungen** weitergehende Regelung für Arten baulicher und sonstiger Anlagen.

78 b) **Begriffe »Nutzung«, »Betrieb«, »Anlage«.** In der BauNVO werden an verschiedenen Stellen die Begriffe »Nutzung«, »Betrieb« und »Anlage« mit z. T. unterschiedlicher Bedeutung je nach der Art der Wortzusätze und -zusammenhänge verwendet, ohne dafür zugleich Begriffsbestimmungen zu geben. Das BVerwG U. v. 22.5.1987 – 4 C 77.84 – (BVerwGE 77, 317 = ZfBR 1987, 251 = BRS 47 Nr. 58 = DVBl. 1987, 1004 = NVwZ 1987, 1074 = UPR 1987, 435) hat die Begriffe geordnet.

79 aa) **Nutzung.** Zusammenhänge zwischen den Begriffen, den Fundstellen und der Bedeutung im Planungsrecht:

Begriff	BauGB	BauNVO	Bedeutung	
bauliche Nutzung	§ 1 Abs. 1		Nutzung in Gebäuden	
sonstige Nutzung			nichtbauliche Nutzung (Verkehrs- oder Grünflächen)	
Allg. Art der baul. Nutzung	§ 5 Abs. 2 Nr. 1		Darstellung **(F-Plan)** …	… auf Bauflächen
bes. Art der baul. Nutzung				… in Baugebieten
Art der baulichen Nutzung	§ 9a Nr. 1 a)		Ermächtigungsnorm für die §§ 2 bis 15 BauNVO **(B-Plan)**	Bauflächen und -gebiete
Zulässige bauliche und sonstige Anlagen	§ 9a Nr. 2	§ 1 Abs. 9		in den Baugebieten
Art der (baulichen) Nutzung		z. B. in § 1 Abs. 1	Übernahme von Formulierungen aus dem BauGB: § 2 Abs. 5. § 5 Abs. 2 Nr. 1 § 9 Abs. 1 Nr. 1 = Darstellung oder Festsetzung von Baugebieten	
best. Arten v. Nutzungen		§ 1 Abs. 5	**Differenzierung *unterhalb der Baugebietsebene:*** Wo der Begriff »Nutzung« oder »Nutzungsart« in der BauNVO in unterschiedlichen Wortverbindungen, jedoch unterhalb der Baugebietsebene verwendet wird, ist damit die einzelne Nutzung bzw. Anlage gemeint (**»Unterarten von Nutzungen«**)	
Art der Nutzung		§ 11 Abs. 2		
Art der zulässigen Nutzung		§ 1 Abs. 4		
einzelne … allgemein zulässige Nutzungen		§ 1 Abs. 7 Nr. 1		
zugelassene Nutzung		§ 12 Abs. 2		

79.1 Innerhalb der Baugebietsvorschriften sind die einzelnen Nutzungen z.T. in Nummern miteinander kombiniert. Zu dem daraus früher abgeleiteten sog. »Nummerndogma«, das eine vernünftige Anwendung der Vorschriften der Abs. 4–9 sehr erschwerte (vgl. 7. Aufl. § 1 Rn 79 bis 79.3), wurde im BVerwG U. v. 22.5.1987 (s. oben, Rn 78) entschieden, dass die Zusammenfassung einzelner Nutzungen in einer Nr., wenn sie auch unter dem Gesichtspunkt der Ähnlichkeit zustande gekommen sein mag, nur redaktionelle Bedeutung hat und materiell ohne Belang ist. Das bedeutet, dass **im B-Plan auch einzelne der unter einer Nr. zusammengefassten Nutzungen nach Abs. 5 bis 9 ausgeschlossen werden können.** Dies gilt auch für die Abs. 4, 6–9 und bezieht sich sowohl auf die zulässigen als auch auf die ausnahmsweise zulassungsfähigen Nutzungen nach den Abs. 2, 3 der Baugebietsvorschriften.

79.2 Die einzelne **Nutzung** (Nutzungsart) ist der **Oberbegriff** für verschiedene bauliche und sonstige **Anlagen**, Betriebsformen und Nutzungsformen **innerhalb dieser Nutzung.** Das BVerwG bezeichnet diese Anlagen, wie sie z.B. in § 1 Abs. 9 genannt sind, auch als **Unterarten von Nutzungen,** meint damit jedoch Arten von Anlagen bzw. bestimmbaren **Anlagentypen** (BVerwG, U. v. 22.5.1987 – 4 C 77/84 –, aaO.).

So sind beispielsweise Wohngebäude eine Nutzung und zugleich bauliche Anlagen, eine Tankstelle eine bauliche Anlage und zugleich ein Gewerbebetrieb und, da gesondert aufgeführt, auch eine Nutzung. Ein Raum für einen freien Beruf (§ 13) ist weder eine selbständige bauliche Anlage noch ein Betrieb, sondern nur eine Nutzung, die ohne bauliche Veränderung in eine andere Nutzung z.B. als Wohnraum geändert werden kann (»Nutzungsänderung«, vgl. § 29 Satz 1 BauGB). Wohnungen und Räume für freie Berufe (z.B. eine Arztpraxis) sind verschiedene Nutzungsformen innerhalb einer baulichen Anlage. Der Begriff »Nutzung« fasst alle vorgenannten Unterbegriffe zusammen. Auch die in § 12 Abs. 2 genannte **zugelassene Nutzung** umfasst alle vorgenannten Unterbegriffe, bedeutet jedoch die tatsächlich genehmigte Ausnutzung des Grundstücks, während die in § 4a Abs. 1 genannte **ausgeübte Wohnnutzung** nur Anlagen und Nebenanlagen für Wohnzwecke umfasst. Eine Nutzung kann zugleich Unterbegriff einer anderen Nutzung und Oberbegriff einer Unterart von Nutzungen (Anlagen) sein. So sind die Vergnügungsstätten eine Unterart der Gewerbebetriebe und zugleich Oberbegriff zu Spielhallen, Diskotheken u.Ä. (vgl. jedoch die abschließende Regelung der Vergnügungsstätten, Vorb. zu §§ 2 ff. Rn 4.7–4.9). Der großflächige Einzelhandel ist eine eigenständige Nutzungsart gegenüber dem sonstigen (kleinflächigen) Einzelhandel.

80 bb) **Betrieb.** Der Begriff **Betrieb** ist anders als der Begriff »Anlage« *funktionsbezogen* und drückt eine Tätigkeit aus, die nicht in jedem Fall mit einer Anlage verbunden sein muss. So kann z.B. ein Provisionsvertreter einen Betrieb ohne Anlage (von seinem Wohnzimmer aus) betreiben. **Betrieb** ist der **Oberbegriff** für **verschiedene Betriebsarten.** Soweit der Betrieb auf eine selbständige nachhaltige gewerbliche Betätigung, die mit *Gewinnabsicht* unternommen wird, ausgerichtet ist, handelt es sich um einen **Gewerbebetrieb,** wenn die Betätigung weder als Ausübung von Land- und Forstwirtschaft noch als Ausübung eines freien Berufs noch als eine andere selbständige Tätigkeit i.S. des Einkommensteuerrechts anzusehen ist (§ 1 Abs. 1 GewerbesteuerdurchführungsVO). Zu den Merkmalen eines hier interessierenden **Betriebs im bebauungsrechtlichen Sinne** gehört i.d.R. die organisatorische Zusammenfassung von Betriebs*anlagen* und Betriebs*mitteln* zu einem bestimmten *Betriebszweck* (BVerwG, B. v. 27.11.1987 – 4 B 230 u. 231.87 – ZfBR 1988, 143 = BauR 1988, 184 = BRS 47 Nr. 36). Selbst wenn der Betrieb keine eigene selbständige als solche auch äußerlich erkennbare Betriebsanlage aufweist, sondern nur eine »Nutzung« (ohne Anlage) darstellt, unterfällt ein solcher anlagenloser Betrieb nach § 29 Satz 1 BauGB dem Bauplanungsrecht, z.B. falls die Nutzung geändert wird. I. d. R. wird jedoch bei den hier interessierenden Betrieben zumindest eine *Betriebsstätte* in Betracht kommen.

Zu den Gewerbebetrieben gehören insbes. auch Handwerksbetriebe, Handelsbetriebe (Einzelhandel und Großhandel), Betriebe des Beherbergungsgewerbes, Schank- und Speisewirtschaften, Vergnügungsstätten (vgl. jedoch die abschließende Regelung der Vergnügungsstätten, Vorb. zu §§ 2 ff. Rn 4.7–4.9), Tankstellen und Industriebetriebe (zum Gewerbebetrieb § 2 Rn 24). Die Betriebe können nach *Betriebszweigen (Branchen)* und *Betriebsformen* unterschieden werden. Der einzelne Betrieb kann mehrere Betriebszweige umfassen (z. B. eine chemische Fabrik verschiedene Anlagen zur Herstellung unterschiedlicher Produkte). Bestimmte Gruppen von Betrieben können in verschiedenen *Betriebsformen* auftreten (z. B. Einzelhandelsbetriebe in Form von Ladengeschäften, Kaufhäusern, Warenhäusern, Supermärkten, Verbrauchermärkten, Einkaufszentren, § 5 Rn 15, 16).

80.1 Die Abgrenzung der Gewerbebetriebe gegenüber den **land- oder forstwirtschaftlichen Betrieben**, deren Wirtschaftsstellen nach § 5 Abs. 2 Nr. 1 im MD-Gebiet zulässig sind, ergibt sich aus § 201 BauGB, § 1 Grundstücksverkehrsg und dem Steuerrecht (Nr. 134 EStR zu § 15 EStG). Wesentliche Merkmale eines land- oder forstwirtschaftlichen Betriebs sind
- die Bodenwirtschaft und die mit der Bodennutzung verbundene Tierhaltung, wenn sie beide betrieben werden, um pflanzliche oder tierische Erzeugnisse zu gewinnen,
- das Vorhandensein auf Dauer angelegter Betriebsflächen, von Betriebsmitteln, Arbeitskräften, einer Betriebsplanung,
- die Nutzung des Bodens aus Gründen des Erwerbs und die Ernsthaftigkeit des Erwerbs (keine Liebhaberei),

unabhängig davon, ob es sich um eine Vollerwerbsstelle oder Nebenerwerbsstelle handelt (Näheres s. § 5 Rn 6.12 und § 2 Rn 7).

Nicht zu den Gewerbebetrieben im städtebaurechtlichen Sinn rechnen die in § 8 Abs. 2 Nr. 1 und § 9 Abs. 2 Nr. 1 genannten Lagerhäuser, Lagerplätze und öffentlichen Betriebe; sie sind aber Betriebe i. S. von § 1 Abs. 4 Satz 1 Nr. 2 (§ 8 Rn 9). Auch die Tätigkeit der freien Berufe sowie solcher Gewerbe treibender, die ihren Beruf in ähnlicher Art ausüben (hierzu § 13 Rn 4) fällt nicht unter den Begriff des Betriebs.

81 cc) **Anlage.** Die Ermächtigungsnorm des § 9a Nr. 2 BauGB enthält die Begriffe der **baulichen** und **sonstigen Anlagen**, ohne diese näher zu erläutern. Die BauNVO knüpft daran an, indem sie z. B. in § 15 Abs. 1 von den »in den §§ 2–14 aufgeführten baulichen und sonstigen Anlagen« spricht. Während in den §§ 2–11 im Wesentlichen *bauliche* Anlagen aufgeführt sind, sind z. B. die in § 12 aufgeführten Stellplätze *sonstige* Anlagen, wenn mit ihnen keine bauliche Verfestigung verbunden ist, sie also ebenerdig angelegt werden. Wird in der BauNVO der Begriff »Anlagen« verwendet (u. a. in § 1 Abs. 4 Satz 1 Nr. 1, § 2 Abs. 3 Nr. 2, § 14 Abs. 1 Satz 2), so ist er auch hier als *Oberbegriff für bauliche und sonstige Anlagen* zu verstehen. Von dem *planungs*rechtlichen Begriff der baulichen Anlage sind der *bauordnungs*rechtliche Begriff der baulichen Anlage (Vorb. §§ 2 ff. Rn 2 f., § 2 Rn 17–20) und der *immissionsschutz*rechtliche Begriff der Anlage (A. Ziegler, UPR 1986, 170), die einen anderen Inhalt haben, abzugrenzen. Der **Begriff** »**Anlage**« in der BauNVO ist die **weiteste Konkretisierung** der baulichen oder sonstigen Nutzung.

Die **Anlage** ist von der einzelnen **Nutzung** zu unterscheiden (Rn 79–79.2). Nach § 15 Abs. 1 sind die (baulichen und sonstigen) Anlagen in den §§ 2–14 »aufgeführt«. So sind z. B. Kleinsiedlungen, landwirtschaftliche Nebenerwerbsstellen und Gartenbaubetriebe verschiedene Anlagentypen und zugleich verschiedene Nutzungen. Eine Nutzung kann mehrere Anlagentypen umfassen, so z. B. die Nutzung »Gewerbebetriebe«, die Anlagen Kaufhaus, Tankstelle, Reisebüro, Schrottplatz u. dergl. Auch der einzelne Gewerbebetrieb kann wiederum mehrere einzelne zusammenhängende oder selbständige Anlagen umfassen (z. B. Chemische Werke als »Gewerbebetrieb« können Fabrikanlagen, Verwaltungs- und Sozialgebäude, Lagerplätze u. a. umfassen). Das BVerwG unterscheidet in dem U. v. 22.5.1987 –

4 C 77/84 – (aaO. Rn 78) zu § 1 Abs. 9 zwischen *Nutzungen* und *Unterarten von Nutzungen*, meint damit jedoch die *Art der Anlagen*, wobei es sich dabei um einen eindeutig und zutreffend zu kennzeichnenden *Anlagentyp* handeln muss (hier: Nachbarschaftsladen mit ca. 700 m² VF zur Abgrenzung von großflächigen Einzelhandelsbetrieben).

13. Gliederung der Baugebiete im B-Plan (Abs. 4)

a) **Allgemeines.** Nach **Abs. 4** können die in der Vorschrift genannten Baugebiete oder nach **Abs. 8** Teile von ihnen nach der **Art der zulässigen Nutzung**, nach der **Art der Betriebe und Anlagen** und deren **besonderen Bedürfnissen und Eigenschaften** gegliedert werden. Die Gliederung der Baugebiete ist ein wichtiges Instrument der städtebaulichen Planung, weil es sich in der Praxis insbesondere zur Berücksichtigung des Umwelt- und Immissionsschutzes in der Planung bestens bewährt hat. Früher bestehende Unklarheiten zu dem Begriff »Art der zulässigen Nutzung« sind durch das U. d. BVerwG v. 22.5.1987 – 4 N 4/86 – (aaO. Rn 78) beseitigt. Unter diesem Begriff sind die in den Baugebieten aufgeführten einzelnen Nutzungen zu verstehen (s. Rn 79 f.). Die Gliederung nach den genannten Merkmalen gibt die Möglichkeit der räumlichen Verteilung artverwandter, sich ergänzender oder auch miteinander verträglicher Nutzungen, Betriebe oder Anlagen innerhalb *eines* Baugebiets; die Baugebiete werden »in sich« gegliedert. Lediglich verschiedene GE- und GI-Gebiete einer Gemeinde können nach **Satz 2** auch im Verhältnis zueinander gegliedert werden. Bei einer »in-sich«-Gliederung nach **Satz 1** unterliegen alle in der Vorschrift genannten Baugebiete denselben Kriterien.

WS- und WR-Gebiete sind in die Regelung nicht einbezogen, weil für diese Baugebiete ein Gliederungsbedürfnis nicht gesehen wird.

Die Sondergebiete (§§ 10, 11) sind von der Gliederungsmöglichkeit *nach Abs. 4* ausgenommen (Abs. 3 Satz 2), weil die Gemeinde für SO-Gebiete die Art der Nutzung und somit auch eine Gliederung selbst bestimmen kann und es daher keiner zusätzlichen Ermächtigung bedarf. Folgerichtig hat das BVerwG entschieden, dass die gebietsüberschreitende Festsetzung von Emissionswerten durch einen flächenbezogenen Schallleistungspegel nicht auf § 11 Abs. 2 und 3 BauNVO gestützt werden kann, weil es sich hierbei nicht um eine besondere Festsetzung über die Art der baulichen Nutzung handelt (BVerwG, B. v. 10.8.1993 – 4 NB 2.93 – DÖV 1994, 40 = ZfBR 1994, 36 = BRS 55 Nr. 11).

b) **Voraussetzungen und Grenzen der Gliederungsmöglichkeit.** Durch die Gliederung eines Baugebiets können in Teilbereichen bestimmte Nutzungen (Abs. 4 Nr. 1), Betriebe und Anlagen (Abs. 4 Nr. 2) räumlich zusammengefasst werden. In einem derart gegliederten Teilbereich werden die übrigen in dem Baugebietskatalog aufgeführten Nutzungen, Betriebe und Anlagen unzulässig; dies kommt praktisch einem Ausschluss dieser Nutzungen, Betriebe und Anlagen wie nach Abs. 5 gleich. Eine andere Auslegung, etwa die, dass in dem gegliederten Teilbereich auch die übrigen Nutzungen, Betriebe und Anlagen des Baugebietskatalogs noch zulässig wären, würde dem Sinn der Gliederung widersprechen.

Wird ein Baugebiet in *mehrere* Teilbereiche für unterschiedliche Nutzungen, Betriebe und Anlagen gegliedert und würden dabei insgesamt eine oder mehrere der im Baugebietskatalog aufgeführten Nutzungen fortgelassen, so würde dies einen Ausschluss der fehlenden Nutzungen aus dem gesamten Baugebiet bedeuten. Ein **Ausschluss einer oder mehrerer Arten von Nutzungen aus dem gesamten Baugebiet darf nicht im Wege der Gliederung nach Absatz 4**, son-

§ 1 Abs. 4   83.1, 84

dern nur nach Abs. 5 erfolgen. Die Differenzierungsinstrumente der Abs. 4–9 können jedoch miteinander kombiniert werden (so auch *Bielenberg*, § 1 Abs. 4 Rdn. 20a); für Abs. 5 ist dies in Abs. 4 Satz 3, wonach Abs. 5 unberührt bleibt, ausdrücklich geregelt. Bei der Gliederung müssen – sofern nicht auch von einzelnen Regelungen nach den Abs. 5–9 Gebrauch gemacht wird – alle in dem Baugebietskatalog aufgeführten Nutzungen an irgendeiner Stelle des Baugebiets noch zulässig bzw. ausnahmsweise zulassungsfähig sein (s. Rn 74).

83.1 So dürfen z. B. aus einem MD-Gebiet nicht die Wirtschaftsstellen land- und forstwirtschaftlicher Betriebe insgesamt »herausgegliedert« werden, so dass faktisch ein Wohngebiet festgesetzt würde (vgl. BVerwG, B. v. 22.12.1989, aaO. Rn 83; OVG Frankfurt/O, U. v. 23.5.1995 – 3 D 16/93 NE – NVwZ-RR 1996, 3 = BRS 57 Nr. 28; im Einzelnen § 5 Rn 21). Dagegen können aus einem GE-Gebiet alle nicht erheblich belästigenden Gewerbebetriebe durch Gliederung ausgeschlossen werden, so dass nur noch nicht wesentlich störende Gewerbebetriebe zulässig sind (B. d. BVerwG v. 15.4.87 – 4 B 71.87 –, aaO. Rn 93). Für diesen Fall der Gliederung hat sich die fortentwickelte Gebietsbezeichnung »Eingeschränktes Gewerbegebiet (GEE) durchgesetzt, nachdem der zunächst in der Diskussion umgangssprachlich verwendete Begriff »Mischgebiet ohne Wohnen« wegen eines falschen Gebietsbegriffs nicht in Frage kam. Ein »Mischgebiet ohne Wohnen« kann es nicht geben, es wäre ein Verstoß gegen die auch bei Abs. 4 geltende Vorschrift, dass bei der Gliederung die »allgemeine Zweckbestimmung des Baugebiet gewahrt bleiben muss«, da eine der Hauptnutzungen nach § 6 Abs. 1 BauNVO ausgeschlossen wäre.

Bei einer Gliederung muss nicht jeder Teilbereich des gegliederten Baugebiets die Anforderungen der allgemeinen Zweckbestimmung erfüllen, sondern nur das gegliederte Baugebiet als Ganzes (vgl. BVerwG, B. v. 22.12.1989, aaO. Rn 74), sonst würden die mit der Gliederungsmöglichkeit verfolgten städtebaulichen Ziele nicht erreicht werden können. Es ist daher durchaus zulässig, aus einem Teilbereich des gegliederten Baugebiets eine »Hauptnutzung« auszuschließen, wenn die noch verbleibende Nutzung zu der allgemeinen Zweckbestimmung des Baugebiets einen sinnvollen Bezug hat.

Ein MK-Gebiet kann z. B. derart gegliedert werden, dass in einem Teilbereich nur Vergnügungsstätten, Schank- und Speisewirtschaften sowie Einzelhandelsbetriebe, aber keine Geschäfts-, Büro- und Verwaltungsgebäude sowie die übrigen Nutzungen des § 7 zulässig sind, wenn dieser Bereich in räumlichem Zusammenhang mit der Kernnutzung steht. Die Gliederung darf jedoch nicht so weit gehen, dass sie einer Umgehung der Vorschriften der BauNVO gleichkommt. So ist es unzulässig, ein MI-Gebiet derart zu gliedern, dass in einem Teilbereich nur Wohnungen, in dem anderen Teilbereich nur Gewerbebetriebe vorgesehen sind, weil dies der Zweckbestimmung des MI-Gebiets, nämlich der Mischung von Wohnen und (verträglichem) Gewerbe widersprechen würde (so auch BayVGH, U. v. 3.8.2000 – 1 B 98.3122 –, BauR 2001, 208). Ehrlicher wäre es in einem solchen Fall, neben einem Wohngebiet ein GE-Gebiet festzusetzen. Dagegen ist es unbedenklich, durch Gliederung nur einen Randstreifen etwa in Grundstückstiefe zum besonderen Schutz des Wohnens von nicht wesentlich störenden Gewerbebetrieben freizuhalten (so auch BayVGH, U. v. 12.9.2000 – 1 N 98.3549 – BauR 2001, 210 = DÖV 2001, 565). Denkbar ist eine Gliederung des MI-Gebiets auch so, dass an der Straße in Gebäudetiefe nur Läden und Wohnungen, im hinteren Grundstücksbereich dagegen die Werkstätten und Lager zugelassen werden, so dass noch ein echtes »Misch«gebiet verbleibt.

84 Inwieweit eine Gliederung im Einzelfall getroffen werden darf, hängt u. a. von der Auslegung des Begriffs »*Baugebiet*« ab. Würde man als ein Baugebiet stets nur den von Verkehrsflächen umschlossenen Baublock annehmen, dürfte eine Gliederung nur jeweils innerhalb eines solchen Baublocks zulässig sein. Dies würde – vor allem in den Innenstädten mit teilweise kleinräumigen Baublöcken – zu städtebaulich bedenklichen Konsequenzen führen, die vom VOgeber nicht beabsichtigt sein können. Ein Baugebiet muss schon aus diesem Grunde mehrere evtl. auch durch Straßen voneinander getrennte Baublöcke umfassen können, die aber in räumlicher und funktioneller Beziehung zueinander stehen müssen (z. B. das durch Erschließungsstraßen bzw. Fußgängerbereiche unterteilte MK-Gebiet der Innenstadt [Rn 32]). Ein solches MK-Gebiet kann beispielsweise in ein Bankenviertel, einen Einkaufsbereich und ein Vergnügungsviertel gegliedert werden. Eine Hauptverkehrsstraße oder sonst eine breitere Verkehrsstraße bedeutet eine derartige funktionelle und räumliche Trennung, dass beiderseits der Straße nicht mehr ein einheitliches Baugebiet angenommen werden kann. Maßgeblich für die Abgrenzung des Baugebiets i.S.d. § 1 Abs. 4 kann die *Darstellung des zusammenhängenden Baugebiets* im FN-Plan sein, der keine Erschließungsstraßen enthält, soweit Baugebiete und nicht nur Bauflächen dargestellt werden.

Die Gliederung der Baugebiete bedeutet gegenüber der Festsetzung eines ungegliederten Baugebiets einen weiter gehenden Eingriff in die Baufreiheit. Sie darf nur aus städtebaulichen Gründen (§ 9 Abs. 1 BauGB) und wenn sie erforderlich ist erfolgen, nicht dagegen zum Ziel haben, etwa aus Wettbewerbsgründen einzelne Nutzungen aus bestimmten Bereichen herauszuhalten (h. M.). Städtebauliche Gründe sind insbes. die in § 1 Abs. 5 BauGB aufgeführten Belange, vor allem Umweltschutz und Immissionsschutz, oder die allgemeinen, vom Einzelfall abstrahierten Bedürfnisse der Wirtschaft (*Förster*, § 15 Rn 5).

Eine Gliederung kann beispielsweise erforderlich werden, um
- Nutzungen, Betriebe oder Anlagen innerhalb des Gebiets voreinander zu schützen, also einen *innergebietlichen Nachbarschutz* sicherzustellen, der ohne eine solche Gliederung nicht oder nur durch Anwendung des § 15 zu erreichen wäre,
- benachbarte Gebiete vor *gebietsübergreifenden Immissionen* zu schützen,
- vorhandene oder geplante *Infrastruktureinrichtungen* gesamtwirtschaftlich besser *ausnutzen* zu können, z. B. Kanal- oder Gleisanschlüsse,
- artverwandte oder sich ergänzende *Nutzungen zusammenzufassen* und auf diese Weise bestimmte Funktionen zur Verbesserung der Gebietsstruktur oder der Versorgung der Bevölkerung zu konzentrieren (z. B. Wohnen, Arbeiten, Einkaufen, Vergnügungen).

In § 2a des am 31.12.1997 außer Kraft getretenen BauGB-MaßnahmenG waren als (besondere) städtebauliche Gründe für die Rechtfertigung von Bestimmungen über die Zulässigkeit von Vergnügungsstätten aufgeführt die Verhinderung einer Beeinträchtigung

1. von Wohnnutzungen oder
2. von anderen schutzbedürftigen Anlagen, wie Kirchen, Schulen und Kindertagesstätten, oder
3. der sich aus der vorhandenen Nutzung ergebenden städtebaulichen Funktion des Gebiets.

c) **Form der Gliederung.** Die Gliederung erfolgt durch Verwendung des **Planzeichens Nr. 15.14** der Anlage zur PlanzV und durch **textliche Festsetzung** der in den gegliederten Bereichen zulässigen Nutzung. Die Gliederung der GE- und GI-Gebiete einer Gemeinde im Verhältnis zueinander nach Abs. 4 Satz 2 erfolgt nur durch entsprechende textliche Festsetzungen. Im B-Plan können nur für das jeweilige Baugebiet Festsetzungen getroffen werden, die das Baugebiet gliedern. Es muss daher für jedes *einzelne Baugebiet* die *Gliederung besonders festgesetzt* und im Einzelnen inhaltlich bestimmt werden. Eine pauschale Gliederung mehrerer Baugebiete, etwa durch nur textliche Festsetzungen scheidet danach aus, weil es der Festsetzung an der notwendigen Rechtfertigung im Einzelfall fehlen würde (BVerwG, U. v. 30.1.1976 – IV C 26.74 – BRS 30 Nr. 17 = BlGBW 1976, 193).

Es ist schwer vorstellbar, dass etwa für mehrere **räumlich voneinander getrennt liegende** Baugebiete dieselbe Notwendigkeit der Gliederung in einem bestimmten Sinne gegeben ist. Fehlt einem B-Plan die Rechtfertigung oder fehlen der Begründung zu wichtigen Regelungen des B-Plans überzeugende Hinweise i. S. des ausgeübten Planungsermessens, hat das die Unwirksamkeit des B-Plans zur Folge (so bereits BGH, U. v. 11.11.1976, BauR 1977, 49; Rn 10). Sollte es geboten sein, z. B. alle GE- und GI-Gebiete einer Gemeinde zur Regelung des Problems der Einkaufszentren und großflächigen Handelsbetriebe (§ 11 Abs. 3) an die BauNVO 1990 anzupassen, wie es Ländererlasse empfehlen, kann dies zwar durch ausschließlich textliche Festsetzungen erfolgen, es muss aber jeder einzelne B-Plan in das – wenn auch gemeinsame – Verfahren zur Änderung einbezogen werden. Die Erforderlichkeit der Gliederung ist für jedes Baugebiet besonders zu begründen.

86 d) **Gliederung nach der Art der zulässigen Nutzung.** Als Gliederungskriterien sind die **Art der zulässigen Nutzung** und die **Art der Betriebe und Anlagen** und deren **besondere Bedürfnisse** und **Eigenschaften** unter zwei Nummern aufgeführt. Dies bedeutet keine Wertung; beide Gliederungsmöglichkeiten können *alternativ* oder *kumulativ* angewandt werden und schließen sich nicht gegenseitig aus. Ein Baugebiet kann daher in einem Teil nach der Art der *Nutzungen*, in einem anderen Teil nach der Art der *Betriebe und Anlagen* gegliedert werden.

Unter dem Begriff Art der zulässigen Nutzung sind sämtliche in dem Baugebietskatalog aufgeführten zulässigen und ausnahmsweise zulassungsfähigen einzelnen Nutzungen zu verstehen (Rn 82).

87 Die Gliederung nach der *Art der zulässigen Nutzung* ist nicht auf die in den Baugebietskatalogen jeweils als *eine* Nummer aufgeführte Art von Nutzungen beschränkt (hierzu BVerwG, U. v. 22.5.87 – 4 N 4.86 – zum »Nummerndogma«, Rn 78–79). Die »Gliederung« eines Baugebietsteils *allein* nach einer oder mehreren nur **ausnahmsweise zulassungsfähigen Arten von Nutzungen**, ohne dass zugleich in diesem Teil auch eine zulässige Hauptnutzung vorgesehen wäre, stellt keine zulässige Gliederung nach Abs. 4 dar, denn jede Ausnahme setzt eine Regelfestsetzung voraus, an der es hier fehlen würde.

Die ausnahmsweise zulassungsfähigen Nutzungen können jedoch unter der Voraussetzung des Abs. 6 Nr. 2 in allgemein zulässige Nutzungen umgewandelt und dann zugleich in die Gliederung einbezogen werden. Unzulässig ist es auch und von den Abs. 4, 9 nicht gedeckt, im MI-Gebiet eine Beschränkung des Wohnungsanteils auf einen bestimmten Prozentsatz der Geschossfläche oder eine Beschränkung der Wohnungen mit 2 Wohneinheiten je Gebäude festzusetzen (BVerwG, B. v. 12.12.1990 – 4 NB 13.90 – BauR 1991, 169 = ZfBR 1991, 119 = DVBl. 1991, 440 = UPR 1991, 150 = NVwZ-RR 1991, 455 = BRS 50 Nr. 16).

88 e) **Gliederung nach der Art der Betriebe und Anlagen.** Zu den **Betrieben** gehören nicht nur Gewerbebetriebe, Lagerhäuser, Lagerplätze und öffentliche Betriebe (§ 8 Abs. 2 Nr. 1, § 9 Abs. 2 Nr. 1), sondern auch land- und forstwirtschaftliche Betriebe (z. Begriff »Betrieb« Rn 80).

Obwohl der **Begriff Anlage** (z. Begriff Rn 81) i. V. m. dem in der Nr. 2 ebenfalls aufgeführten Begriff »Betrieb« zunächst eine enge Auslegung i. S. eines Teils eines Betriebs rechtfertigen könnte, muss er hier auch unter Berücksichtigung von § 15 Abs. 1 (»die in den §§ 2 bis 14 aufgeführten *baulichen und sonstigen Anlagen*«) weiter ausgelegt werden.

Zumindest fallen darunter die *Anlagen für kirchliche, kulturelle, soziale, gesundheitliche und sportliche Zwecke* (so auch *Bielenberg*, § 1 BauNVO Rn 20 e). Die Frage, ob darüber hinaus andere in den Baugebietsvorschriften aufgeführte Anlagen, die zugleich Nutzungen i. S. von Nr. 1 sind (z. B. Geschäftsgebäude, Bürogebäude, Wohngebäude, Tankstellen usw.), unter die Anlagen nach Nr. 2 fallen, d. h. ob der Begriff Anlagen hier umfassend zu verstehen ist, ist nicht von Bedeutung, weil diese Anlagen immer auch von dem Begriff Nutzungen (Abs. 4 Nr. 1) umfasst werden. Die Vorschrift gewährt damit den erwünschten Planungsspielraum. Jedenfalls können Anlagen *unselbständige Teile von Betrieben* sein; beispielsweise kann eine größere Fabrik aus mehreren Anlagen wie Produktionsanlagen, Verwaltungsgebäude, Sozialgebäude, Garagengebäude, Pförtnerhaus usw. bestehen.

Die Gliederung nach der **Art der Betriebe und Anlagen** kann alternativ oder kumulativ erfolgen. Wird nach der Art der *Betriebe* gegliedert, so muss nicht zugleich auch nach der Art der *Anlagen* gegliedert werden. In erster Linie kommt diese Gliederung für **GI- und GE-Gebiete** in Betracht. Dabei bietet sich an, die unter den Sammelbegriff »Gewerbebetriebe aller Art« (§ 9 Abs. 2 Nr. 1) fallenden verschiedenartigen **Gewerbezweige** (Branchen) nach der unterschiedlichen Art der betrieblichen Nutzung einschließlich der zum Betrieb gehörenden Anlagen und nach den für ihren Produktionsbereich und -ablauf wesentlichen Merkmalen zu gliedern, wobei wirtschaftlich zusammenhängende oder sich ergänzende Betriebs- und Anlagenarten zweckmäßig zusammengefasst werden.

So könnten z. B. **nach Art der Betriebe** zusammengefasst werden **89**
- metallerzeugende und -verarbeitende Betriebe, Schrottlagerplätze,
- Holzbearbeitungsbetriebe, Furnierfabriken, Betriebe zur Herstellung von Sperrholz- und Spanplatten, Holzlagerplätze, Holztrocknungshallen und dgl.,
- feinmechanische, optische Betriebe, Fotogroßlabors,
- Textilbetriebe, Kleiderfabriken, Zulieferfirmen usw.,
- Speditionsbetriebe, Lagerhäuser usw.

Die Festsetzung einer derartigen Gliederung darf jedoch nicht betriebs- oder anlagenbezogen sein, sondern muss dem Normencharakter des B-Plans entspr. so abstrakt wie möglich formuliert sein, damit der Gemeinde nicht der Vorwurf einer Wettbewerbsbeschränkung oder Begünstigung bestimmter Unternehmen gemacht werden kann.

Der VGH Mannheim hat im U. v. 22.9.2004 – 5 S 382/03 – auch die Festsetzung »GE – nur Hochregallager zulässig« für rechtmäßig gem. § 1 Abs. 4 erklärt, auch wenn sich die Gemeinde damit der unzulässigen Festsetzung eines konkreten Vorhabens stark annähere. Hochregallager könnten in diesem Zusammenhang als besondere Arten von Lagerhäusern (§ 8 Abs. 1 Nr. 1 BauNVO) gelten, für deren Standortwahl eigenständige städtebauliche Gesichtspunkte sprechen könnten.

Auch für **andere Baugebiete** kommt eine Gliederung nach *Art der Betriebe* in Betracht, wenn dafür städtebauliche Gründe vorliegen. Beispielsweise könnte es für ein MD-Gebiet erforderlich werden, die in § 5 Abs. 2 Nr. 4 aufgeführten Betriebe zur Be- und Verarbeitung und Sammlung land- und forstwirtschaftlicher Erzeugnisse (§ 5 Rn 12) räumlich zusammenzufassen und für sie verkehrsmäßig gut erreichbare Flächen am Dorfrand vorzusehen.

Der Begriff »Art der Betriebe« umfasst auch die verschiedenen **Betriebsformen**. So können die Handelsbetriebe nach Betrieben des Großhandels und Einzelhandels unterschieden werden. Einzelhandelsbetriebe treten in vielfachen Betriebsformen auf, z. B. als Ladengeschäfte, Verkaufsstellen, Kaufhäuser, Warenhäuser, Supermärkte, Verbrauchermärkte, Cash-and-carry-Märkte, Stubenhandel, Möbelmärkte, Selbstbedienungswarenhäuser usw. (§ 5 Rn 15; ferner »Begriffsdefinitionen aus der Handels- und Absatzwirtschaft, Katalog E«, aaO.). § 1 Abs. 4 Satz 1 Nr. 2 lässt eine Gliederung nach diesen Merkmalen zwar zu; ob sie aber im Einzelfall angebracht bzw. erforderlich ist, muss insbes. im Hinblick auf etwaige Wettbewerbsbeeinträchtigungen sorgsam geprüft werden (§ 11 Rn 14, 22). Die **Gliederung** darf nämlich **nur aus städtebaulichen Gründen** erfolgen.

Bei der Gliederung nach der **Art der Anlagen** können einerseits *selbständige* **90**
bauliche oder sonstige Anlagen räumlich zusammengefasst werden wie die sportlichen Zwecken dienenden Anlagen (Hallenbad, Turnhalle, Tennisanlage, Sportstadion und dergl.) oder Anlagen für kirchliche und soziale Zwecke (Kirche, Gemeindehaus, Kindergarten, Jugendheim, Altenheim und dergl.), andererseits können Anlagen auch als *unselbständige* Teile von einzelnen Nutzungen, Betrieben oder selbständigen Anlagen räumlich gegliedert werden. Auch die Gliederung nach der Art der Anlagen sollte sinnvoll nach *artverwandten* oder *zueinander in Beziehung stehenden* Typen erfolgen. Bei gewerblichen Anlagen kann die Gliederung nach Gewerbezweigen in Betracht kommen, bei anderen Anlagen sind insbes. die Funktion und die Verträglichkeit der Anlagen Gliederungsmerkmale. In den meisten Fällen wird auch die Glie-

derung nach der Art der Anlagen schon aus Immissionsschutzgründen erfolgen.

In GI- oder GE-Gebieten können z. B. in der gegliederten Randzone in der Nachbarschaft zu schützenswerten Nutzungen die weniger störenden oder belästigenden Anlagen von Gewerbebetrieben untergebracht werden wie Büro- und Verwaltungsgebäude, Sozialräume, Kantinen, Betriebssportanlagen, Kindertagesstätten, Werksfeuerwehr, privilegierte Betriebswohnungen, während die störenden oder belästigenden Fabrikations- und Produktionsanlagen im Innern des Baugebiets angeordnet werden.

Soweit in die Randzone Anlagen einbezogen werden, die in GI- oder GE-Gebieten nur *ausnahmsweise zulassungsfähig* sind, sollten diese Anlagen, wenn sie als Regelfall und nicht nur ausnahmsweise in Frage kommen, nach Abs. 6 in allgemein zulässige Anlagen umgewandelt werden. Voraussetzung dafür ist jedoch, dass diese Anlagen als Nebenanlagen oder Einrichtungen der Gewerbebetriebe *erforderlich* und diesen oder anderen Gewerbebetrieben desselben Baugebiets *zu dienen bestimmt* sind, also keine eigenständige über das Baugebiet hinausgehende Funktion wahrnehmen sollen. In diesem Fall bleibt der Charakter des GE- bzw. GI-Gebiets gewahrt. Nicht zulässig dürfte jedoch die von *Ziegler*, in: *Brügelmann* (§ 1 Rn 237) empfohlene Gliederung eines GI-Gebiets durch Reservierung für Anlagen, die einer Genehmigung nach § 4 BImSchG bedürfen, sein. Dabei handelt es sich weder um städtebauliche Begriffe noch Anlagentypen; § 15 Abs. 3 schließt die verfahrensrechtliche Einordnung des BImSchG als alleinige Beurteilungsgrundlage für die Zulässigkeit der Anlagen in den Baugebieten ausdrücklich aus (s. § 15 Rn 33, 33.1).

In **anderen Baugebieten** kann die Gliederung nach Art der Anlagen, die unselbständige Teile von baulichen Anlagen sind, aus städtebaulichen Gründen erforderlich sein, z. B. in einer als Fußgängerbereich vorgesehenen Einkaufsstraße im MI-Gebiet oder MK-Gebiet. Diese kann z. B. derart gegliedert werden, dass im Bereich der Vordergebäude im Erdgeschoss nur Läden sowie Schank- und Speisewirtschaften zulässig sind, während der dahinter liegende Teil bei rückwärtiger Anlieferung nur für Zubehöreinrichtungen der Hauptnutzung wie Lagerräume, Werkstätten, Büroräume, Küchen und dergl. festgesetzt wird. Auf diese Weise wird der Fußgängerbereich nicht durch andere Nutzungen unterbrochen oder durch Anlieferung gestört. Da eine derart weitgehende Gliederung die Entwicklung der einzelnen Betriebe erheblich einengen kann, müssen stichhaltige Gründe dafür vorliegen.

91 f) **Gliederung nach den besonderen Bedürfnissen.** Die **in Abs. 4** genannten Baugebiete können *alternativ oder zusätzlich* zu der Gliederung nach der Art der Betriebe und Anlagen auch nach deren **besonderen Bedürfnissen** und Eigenschaften gegliedert werden. I. d. R. kommt diese Gliederung zwar in erster Linie für gewerbliche Betriebe und Anlagen in Betracht, sie ist aber auch für andere Betriebe und Anlagen zulässig.

Die *besonderen* Bedürfnisse heben sich aus den *allgemeinen* Bedürfnissen der Betriebe und Anlagen heraus und müssen betriebs- bzw. anlagenspezifische Erfordernisse sein. Typische Bedürfnisse dieser Art sind z. B.

- **Standortbindungen:** z. B. besondere Anforderungen an die Bodengüte (Nebenerwerbsstellen, Kleinsiedlungen im Dorfgebiet, Gartenbaubetriebe); Notwendigkeit eines ausreichenden und qualitativen Grundwasserangebotes (Getränkebetrieb, Brauereien) oder Brauchwasserangebots (Kraftwerke, Papierfabriken); Gewinnung und Verarbeitung standortgebundener Rohstoffe (Bergbaubetriebe, Kalk- und Zementwerke, Kiesbaggereien, Betonwerke); Lage am Wasser oder im Hafengebiet (Werften, Reedereien);
- **Abhängigkeit von leistungsfähigen Verkehrsanschlüssen:** z. B. zur Bewältigung des Rohstoff-, Schwerlast-, Massengut- und Expressverkehrs durch Gleisanschluss, Anschluss an den Wasserweg, Lage in der Nähe eines Güterbahnhofs, einer Autobahnauffahrt, eines Flugplatzes;
- **Schutzbedürftigkeit:** z. B. vor Naturgewalten (Erdbeben), Bergbaueinwirkungen (Bergsenkungen, Bergschäden) und Immissionen (Erschütterungen, Staub und sonstige Luftverunreinigungen);
- **großer Flächenbedarf:** z. B. für flächenintensive Industrie-Großvorhaben, die zusammenhängende Flächen großer Ausdehnung benötigen;

- Klimatische Anforderungen: z. B. von Sanatorien in Kurorten und -Gebieten.

Bei Gliederung der Baugebiete nach den Bedürfnissen von Betrieben und Anlagen werden andere Betriebe und Anlagen ohne solche Bedürfnisse ausgeschlossen. Da eine derart spezielle Festsetzung die gegliederten Teile nur für wenige in Betracht kommende Betriebe und Anlagen reserviert, sollte im Hinblick auf die Schwierigkeit der Industrie- und Gewerbeansiedlung davon nur aus gegebenem Anlass Gebrauch gemacht werden. Wettbewerbsgesichtspunkte haben dabei auszuscheiden.

g) Gliederung nach besonderen Eigenschaften. Die Gliederungsmöglichkeit nach den **besonderen Eigenschaften der Betriebe und Anlagen** dient in besonderem Maß dem Umwelt- und Immissionsschutz. Zwar kann auch die Gliederung *nach den Bedürfnissen* in gewissem Maß schon nach Immissionsschutz-Gesichtspunkten (z. B. nach gleicher Schutzbedürftigkeit) erfolgen, die Gliederung nach den *Eigenschaften* der Betriebe und Anlagen ist aber für deren *Auswirkungen*, insbes. auf die Allgemeinheit und die Nachbarschaft, von Bedeutung. Bestimmte Merkmale können zugleich Bedürfnisse und Eigenschaften sein. So ist die Schutzbedürftigkeit vor äußeren Einwirkungen ein *Bedürfnis*, zugleich jedoch auch eine *Eigenschaft* eines Betriebs oder einer Anlage.

Zu den besonderen Eigenschaften gehören in erster Linie die **Umweltverträglichkeit**, insbes. in Bezug auf den **Grundwasser-** und **Bodenschutz** (z. B. grundwassergefährdende oder bodenverunreinigende Betriebe und Anlagen) sowie ein **bestimmtes Emissionsverhalten** (h. M.). Zwar ist auch der **allgemeine Störgrad** von Gewerbebetrieben (»nicht störend«, »nicht wesentlich störend«, »nicht erheblich belästigend« und – bei § 9 – »erheblich belästigend«) eine Eigenschaft, jedoch keine *besondere* Eigenschaft. Die Gliederung eines Baugebiets für Betriebe und Anlagen mit einem abweichenden Störgrad könnte eine der im Baugebiet zulässigen Hauptnutzungen wesentlich verändern und damit u. U. nicht mehr der allgemeinen Zweckbestimmung entsprechen.

So würde durch Gliederung eines GE-Gebiets für nur »nicht wesentlich störende Betriebe und Anlagen« der Störgrad eines MI-Gebiets und bei Gliederung eines GI-Gebiets für nur »nicht erheblich belästigende Betriebe und Anlagen« der Störgrad eines GE-Gebiets festgesetzt mit der Folge, dass das GE- bzw. GI-Gebiet nicht im Sinn der planerischen Zielsetzung ausnutzbar wäre. Eine so weitgehende Änderung wurde früher überwiegend für unzulässig erachtet (Bay VGH, U. v. 22.3.1982 – 25 XIV/78 – NJW 1983, 297; *Ernst/Hoppe*, 2. Aufl., Rn 357; *Bielenberg*, § 1 Rn 20 f.; *Förster*, § 1 Anm. 7a ee; a. A. *Dolde*, DVBl. 1983, 733, der eine »Herabstufung« von GI auf den Störgrad von GE bei Gliederung nach § 1 Abs. 4 Nr. 2 für zulässig hält).

Das BVerwG hält dagegen ein »eingeschränktes Gewerbegebiet«, in dem Gewerbebetriebe bzw. Handwerksbetriebe, die das Wohnen *nicht wesentlich stören*, ferner Geschäfts-, Büro- und Verwaltungsgebäude sowie Wohnungen für Aufsichts- und Bereitschaftspersonal, Betriebsinhaber und Betriebsleiter zulässig sind, nach seiner allgemeinen Zweckbestimmung noch für den Typus eines GE-Gebiets entspr. (BVerwG, B. v. 15.4.1987 – 4 B 71.87 – ZfBR 1987, 262 = BRS 47 Nr. 55 = DVBl. 1987, 904).

Das Gericht begründet dies damit, dass die Hauptnutzung des durch § 8 vorgeformten Gebietstyps (GE-Gebiet) nicht ausgeschlossen, sondern einer differenzierenden Regelung unterworfen sei. Das GE-Gebiet sei durch die Differenzierung auch nicht zu einem MI-Gebiet geworden, weil MI-Gebiete zugleich dem Wohnen und der Unterbringung von nicht wesentlich störenden Gewerbebetrieben dienen; in dem hier geschaffenen »eingeschränkten

§ 1 Abs. 4   94, 94.1

GE-Gebiet« sei eine allgemeine Wohnnutzung dagegen nicht vorgesehen; die privilegierten Betriebswohnungen entsprächen vielmehr gerade dem Charakter eines GE-Gebiets.

Diese an sich zu § 1 Abs. 5 ergangene Entscheidung des BVerwG gilt gleichermaßen auch für die Gliederung nach Abs. 4 und ist in der Begr. einleuchtend. Damit können im Interesse des Immissionsschutzes bei enger Nachbarschaft zu einer allgemeinen Wohnnutzung auch in GE-Gebieten durch Gliederung ausschließlich nur wohnverträgliche Betriebe und Anlagen zugelassen werden, sofern die allgemeine Zweckbestimmung des GE-Gebiets i. S. einer GE-gemäßen Gebietsstruktur gewahrt bleibt, ohne dass das GE-Gebiet damit zum MI-Gebiet wird. Die Gemeinde muss dann jedoch in Kauf nehmen, dass in dem Gebiet nur eine beschränkte Zahl der sonst im GE-Gebiet zulässigen Betriebstypen zulässig ist.

94   Eine Gliederung nach dem **Emissionsverhalten** kann mit ausreichender Bestimmtheit z. B. so erfolgen, dass aus den im Baugebiet (z. B. GI) zulässigen Emissionen einzelne Emissionsarten ausgeschlossen oder eingeschränkt werden. Die noch zulässigen übrigen Emissionsarten bzw. -raten erfordern dann immer noch die Festsetzung *dieses* Baugebiets (z. B. GI) und rechtfertigen nicht die Festsetzung eines Gebiets mit niedrigerem Störgrad.

Beispielsweise kann für ein GI-Gebiet in Bezug auf **Luftverunreinigungen** festgesetzt werden, dass »nur Betriebe und Anlagen zulässig sind, die kein SO_2 emittieren«, wenn z. B. der Luftreinhalteplan bereits eine nicht mehr vertretbare Belastung des Gebiets mit SO_2 ausweist. Der Vollzug dieser Vorschrift ist Angelegenheit der Immissionsschutzbehörde. Wird eine Emissionsart nicht insgesamt, sondern nur bis zu einem *bestimmten Grenzwert* ausgeschlossen, so ist die Einhaltung dieses Grenzwertes im Hinblick auf die in zeitlicher Reihenfolge anzusiedelnden Gewerbebetriebe schwierig; nimmt nämlich bereits der erste Gewerbebetrieb den Grenzwert der Luftbelastung für sich in Anspruch, können nachfolgende Gewerbebetriebe die insgesamt zugelassene Luftverunreinigung nicht mehr ausnutzen. Diese ungleiche Behandlung gleichberechtigter Grundstückseigentümer kann nur durch eine Festsetzung zulässiger Emissionen oder Emissionsraten in Bezug zur Fläche und Zeit ausgeglichen werden, z. B. wenn die Gemeinde in Ausübung ihres Planungsermessens dieses Planungsziel anstrebt (Rn 51.1).

So könnte für ein GI-Gebiet nach Abs. 4 z. B. festgesetzt werden, dass »nur Betriebe und Anlagen zulässig sind, deren Emission von Schwefeldioxid ... g/m² Grundstücksfläche/Tag nicht übersteigt« (gemessen im Monats- oder Jahresmittel). Dies wäre eine *bestimmte* und durch die Immissionsschutzbehörde zu vollziehende Festsetzung. Sie hätte zur Folge, dass jeder in dem GI-Gebiet zulässige Betrieb nur die seiner Betriebsfläche entspr. Menge an SO_2 emittieren darf, so dass die Gesamtmenge der Emissionen im GI-Gebiet voraus berechenbar wäre und an den Grenzwert angepasst werden könnte. Kommt nur *ein* Betrieb für eine SO_2-Emission in Betracht, könnten für diesen Betrieb die Emissionswerte entsprechend erhöht und für die übrigen Betriebe ausgeschlossen werden. Solange ein GI-Gebiet noch unbebaut ist und keine konkreten Betriebsansiedlungen in Aussicht sind, muss die Festsetzung möglichst abstrakt und nicht grundstücksbezogen erfolgen.

94.1   Eine derartige **Emissionsbeschränkung** ist im System der Bauleitplanung zwar grundsätzlich zulässig (so auch *von Holleben*, UPR 1983, 76, Fn 38–409), zu bedenken ist dabei aber, dass es nicht Aufgabe der Gemeinde sein kann, die nach dem BImSchG der Immissionsschutzbehörde zukommenden Aufgaben zu übernehmen (BVerwG, B. v. 17.12.1984 – 4 B 191. 83 – ZfBR 1984, 90 = UPR 1984, 165; Anm. von *Gierke* z. U. d. OVG Berlin 29.8.1983 – 2 A 3.81 – DVBl. 1984, 147, 149; *Ziegler*, ZfBR 1984, 111 Fn 52). Der Gemeinde kommt auch nicht die Aufgabe zu, den Stand der Technik fortzuschreiben. Gleichwohl muss ihr grundsätzlich das Recht zugebilligt werden, im Einzelfall aus städtebaulichen Gründen weiter gehende Anforderungen stellen zu dürfen, als sich aus dem Immissionsschutzrecht ergeben.

Emissions- und Immissionswerte können nicht nach § 9 Abs. 1 Nr. 24 BauGB **94.2**
festgesetzt werden (vgl. BVerwG, B. v. 2.3.1994 – 4 NB 3.94 –, aaO. Rn 61.1;
B. v. 18.12.1990 – 4 N 6.88 – DVBl. 1991, 442 = UPR 1991, 151 = BRS 50
Nr. 25 = ZfBR 1991, 120; B. v. 10.8.1993 – 4 NB 2.93 – BRS 55 Nr. 11 =
ZfBR 1994, 36 m. w. N.). Unberührt geblieben von dieser Regelung im BauGB
ist die Möglichkeit, **Emissionsgrenzwerte als** (aufzuweisende) **Eigenschaft der
Betriebe und Anlagen** nach § 1 Abs. 4 Satz 1 Nr. 2 Alt. 2 festzusetzen (vgl.
BVerwG, U. v. 18.12.1990 – 4 N 6.88 –, aaO.; *Steinebach*, ZfBR 1987, 225,
232; *Söfker*, in: *Bielenberg/Krautzberger/Söfker*, § 1 BauNVO Rn 62; *Mayen*,
NVwZ 1991, 842).

Solche Emissionsgrenzwerte können jedoch nie selbständig (isoliert), sondern immer nur i. V. m. zuzulassenden Betrieben und Anlagen *als deren Eigenschaften* festgesetzt werden. Ihre Festsetzung ist auch nur dann sinnvoll, wenn die Einhaltung solcher Werte nicht bereits von der Immissionsschutzbehörde bei der Genehmigung nach BImSchG gefordert werden kann. Dies kommt praktisch nur in Betracht, wenn die Gemeinde einen *weiter gehenden* Immissionsschutz erreichen will, als nach BImSchG möglich ist, oder *vorbeugend*, wenn sie ein unbebautes GI- oder GE-Gebiet besiedeln und den ansiedelnden Betrieben eine bestimmte Emissionsrate zuteilen will. Der Vollzug dieser Werte obliegt dann der Immissionsschutzbehörde.

Auch in anderen Vorschriften der BauNVO sind Nutzungsarten bzw. Betriebe zusätzlich mit ihren Eigenschaften bezeichnet, z. B. »nicht störende Handwerksbetriebe« (§ 2 Abs. 2 Nr. 2), »nicht wesentlich störende Gewerbebetriebe« (§ 5 Abs. 1), »nicht erheblich belästigende Gewerbebetriebe« (§ 8 Abs. 1). Zweifellos sind diese Störungsgrade zugleich auch *allgemeine Eigenschaften* der Betriebe und kennzeichnen nicht bereits Anlagetypen. Ein bestimmter Anlagetyp i. S. v. Abs. 9 aus der Nutzungsart »Gewerbebetrieb« ist z. B. eine Schreinerei, die mit der Eigenschaft »nicht erheblich belästigend« nur im GE- oder GI-Gebiet, mit der Eigenschaft »nicht wesentlich störend« jedoch auch im MI-Gebiet allgemein zulässig ist. Innerhalb der Nutzungsart »Landwirtschaftliche Betriebe« können z. B. die Anlagetypen »Schweinemastbetrieb«, »Hühnerhaltung«, »Rinderzucht«, »Reiterhof« (Pensionspferdehaltung) gebildet werden, die in Bezug auf ihren Störungsgrad unterschiedliche *besondere Eigenschaften* aufweisen können (z. B. »ekelerregende Gerüche«, »Tiergebrüll«, »Exhaustorengeräusche« usw.). Auch die Ableitung anderer Umweltbelastungen wie Luftverunreinigungen (Gerüche s. o.) oder Geräusche kann eine besondere Eigenschaft von Betrieben sein. Die Argumentation, Schallerzeugung sei eine Eigenschaft jedes Betriebes und keine besondere, überzeugt nicht, weil es auch »leise« Betriebe ohne nach außen wirkende Schallerzeugung gibt.

Hinsichtlich des **Lärms** kann i. d. R. gleichfalls nur nach dem *Emissionsverhalten*, nicht dagegen nach den Auswirkungen der Betriebe und Anlagen durch *Immissionen* gegliedert werden. Eine Möglichkeit besteht in der Festsetzung **95**
des **immissionswirksamen flächenbezogenen Schallleistungspegels** (IFSP), der
das logarithmische Maß für die im Mittel je m² Fläche abgestrahlte Schallleistung ist (s. Nr. 2.7 DIN 18 005 – Teil 1, Mai 1987, Anh. 7.1). Die Festsetzung des IFSP auf der Grundlage von **Abs. 4** ist von der Rspr. als zulässig anerkannt (BVerwG, B. v. 18.12.1990 – 4 N 6.88 –, aaO. Rn 94.2; B. v. 2.3.1994 – 4 NB 3.94 –, aaO. Rn 48.12; B v. 7.3.1997 – 4 NB 38.96 – UPR 1997, 331 = BRS 59 Nr. 25 = GewArch. 1997, 385; B. v. 27.1.1998 – 4 NB 3.97 – BauR 1998, 744 = NVwZ 1998, 1067 = DVBl. 1998, 891 = UPR 1998, 306; Nds. OVG, U. v. 28.6.1993 – 6 K 3147/91 – UPR 1993, 400 = MDR 1993, 758), auch für Betriebe und Anlagen mit unterschiedlichem Emissionsverhalten (BVerwG, B. v. 7.3.1997 – 4 NB 38.96 –, aaO.). Der durch Festsetzung des IFSP bezweckte Lärmschutz kann durch eine der Baugenehmigung beigefügte Nebenbestimmung auf Dauer gesichert werden (BVerwG, B. v. 27.1.1998 – 4 NB 3.97 –, aaO.). Im Einzelnen ist es für die Rechtmäßigkeit eines B-Planes mit IFSP-Vorkehrungen für den Lärmschutz der Nachbarschaft wichtig, dass alle Randerfordernisse, wie Berechnungsverfahren im nachfolgenden Baugenehmigungsverfahren usw. eindeutig und widerspruchslos in der Festsetzung enthal-

§ 1 Abs. 4 95

ten sind (im vom VGH Mannheim mit U. v. 24.3.2005 – 8 S 595/04 – aufgehobenen B-Plan wurde u. a. gerügt, dass die Ermittlungsmethode IFSP nicht eindeutig festgelegt sei, zum einen bezog die Gemeinde sich auf DIN 18005, zum anderen ging aus den Beratungsunterlagen des Gemeinderats hervor, dass die TA-Lärm angewendet werden solle).

Das OVG Koblenz hat im U. v. 19.12.2003 – 1C 10624/03 – ausgeführt, dass auch die **Gliederung eines GI nach immissionswirksamem flächenbezogenen Schallleistungspegel (IFSP)**, das erkennbar nur der Erweiterung eines konkreten Betriebes dienen soll, rechtlich möglich ist, um die verschiedenen Betriebsteile so und nur so anordnen zu können, dass der auf ein in der Nähe liegendes WA noch im Rahmen der Grenzwerte bleibt. Voraussetzung, für die Zulässigkeit dieser Gliederung ist nur, dass im Festsetzungstext nicht auf die konkret anzuordnenden Betriebsteile abgehoben wird, sondern dass so formuliert wird, dass auf den einzelnen Teilen des GI auch andere, selbständige Anlagen untergebracht werden könnten. Dann hat ein solcher Plan nicht den Charakter der verbotenen Einzelfallplanung.

Bei der Festsetzung des IFSP wird vorausgesetzt, dass die Schallemission gleichmäßig über die gesamte Fläche verteilt ist. Für ungegliederte GI-Gebiete mit noch nicht bekannten dort anzusiedelnden Gewerbebetrieben kann der Schallleistungspegel »Lw« näherungsweise mit etwa 65 dB(A) angenommen werden (Nr. 4.5.2 DIN 18005 Teil 1). Dies entspricht jedoch meist nicht dem tatsächlichen Besatz eines GI-Gebiets mit Schallquellen und deren Verteilung innerhalb einer großen Fläche. Wegen der von der Entfernung abhängigen Schallausbreitung kann den Schallquellen im Innern des GI-Gebiets eine höhere Schallleistung zugestanden werden als den Schallquellen am Rand des Gebiets in der Nachbarschaft von Wohnungen. Sind an einem Immissionsort (z. B. Wohnungen) zulässigen Immissionen bekannt, kann die zuzulassende Schallleistung aus den Ausbreitungsbedingungen errechnet werden. Zweckmäßig wird das Plangebiet dafür in mehrere Zonen eingeteilt, denen – je nach Entfernung zum Immissionsort – unterschiedlich hohe Schallleistungspegel zugeordnet werden. Damit kann eine eindeutige Bestimmung der zulässigen Emissionen von Betrieben und Anlagen erfolgen.

Für die Festsetzung des IFSP bietet sich ein zweistufiges Verfahren an:

In der **ersten Stufe** werden für den festzusetzenden IFSP die **Emissionswerte** aus den (zulässigen) Immissionswerten des Immissionsortes unter Zugrundelegung des Abstandes sowie nur der Luft- und Bodendämpfung **zurückgerechnet**. Die fehlenden Informationen (innere Abschirmungen im Baugebiet usw.) werden bis zur Prüfung des Vorhabens im Genehmigungsverfahren offengehalten. Das Maß der Zusatzdämpfung wird erst dann *konkret* berechnet. Der planerisch derart festgesetzte IFSP ist ein reiner Emissionswert. Er ist keine absolute Grenze, die über die Zulässigkeit des Ansiedlungsvorhabens im Hinblick auf Lärm abschließend entscheidet, sondern nur eine hinreichende, nicht dagegen notwendige Voraussetzung für die bauplanungsrechtliche Zulässigkeit eines Vorhabens. Aus der Überschreitung des festgesetzten IFSP allein folgt noch nicht zwingend die Unzulässigkeit des Vorhabens.

In einer **zweiten Stufe** ist zu prüfen, ob am Immissionsort mehr als das sich aus der Festsetzung des IFSP ergebende **anteilige Immissionskontingent »ankommt«** (daher »immissionswirksam«). Dieses anteilige Immissionskontingent (Differenz zwischen IFSP und Abstandsmaß) ist die verbindliche planerische Schranke für das Vorhaben, die notwendige Bedingung seiner planerischen Zulässigkeit; denn letztlich relevant ist nur der Anteil der Emissionen, der als Immissionen am Immissionsort »ankommt«.

Durch diese gestufte Prüfung kann der Vorhabenträger von eigenen bzw. sonstigen Abschirmmaßnahmen (z. B. Gebäuden oder Anlagen in der Abstandsfläche) profitieren. Das anteilige Immissionskontingent gestattet eine Überschreitung des festgesetzten Emissionsgrenzwerts bis zur tatsächlichen Grenze der Immissionsrelevanz. Dadurch werden sowohl die Interessen der Nachbarschaft als auch die der Emittenten optimal zum Ausgleich gebracht. Die Frage, ob die Festsetzung von IFSP mit dem darin enthaltenen anteiligen Immissionskontingent noch als Eigenschaft einer Anlage oder eines Betriebs i. S. d. § 1 Abs. 4 Satz 1 Nr. 2 BauNVO angesehen werden kann, hat das BVerwG im B. v. 27.1.1998 (aaO.) bejaht, da auch das anteilige Immissionskontingent auf der Betrachtung des einzelnen Betriebs aufbaue und sein Emissionsverhalten in den Blick nehme (Näheres s. *Tegeder*, Geräusch-Immissionsschutz in der Bauleitplanung, UPR 1995, 210; *Kraft*, DVBl. 1998, 1048; zu den früheren Problemen des IFSP – früher noch als FBS bezeichnet – und älterer Lit. s. 9. Aufl. Rn 95 Abs. 3).

Eine andere Möglichkeit ist die **Festsetzung von Beurteilungspegeln** am Rand eines GI- oder GE-Gebiets, die nicht überschritten werden dürfen und ebenfalls von den Immissionsorten zurückgerechnet werden können (auch »**Zaunwerte**« genannt; OVG Bremen, U. v. 22.12.1981, aaO. Rn 61.1). Genau genommen handelt es sich dabei nicht um Emissionen an der Schallquelle, sondern um die *Emission der Fläche;* diese ist am Messpunkt (»Zaun«) bereits eine *Transmission*. Es ist unerheblich, wie hoch die Schallleistung an der Quelle innerhalb der emittierenden Fläche ist, wenn nur der Transmissionswert am Messpunkt eingehalten werden kann, z. B. durch abschirmende Maßnahmen.

Der **Nachteil dieser Festsetzungsmethode** ist die Schwierigkeit des einwandfreien **Vollzugs**, wenn auf einen Messpunkt mehrere Schallquellen einwirken und sich so ein **Summenpegel** ergibt, dessen Einzelanteile u. U. nicht einwandfrei voneinander abgegrenzt werden können. Insbes. bei Einwirkung von Fremdgeräuschen, z. B. bei mehreren Betreibern von Industrieanlagen in einem GI-/GE-Gebiet, kann es schwierig werden. Auch bei großflächigen GI-Gebieten und in stark hängigem Gelände ist der Vollzug schwierig, vor allem bei hochliegenden Schallquellen und bei Reflexion des Schalls an Luftschichten. Sofern »Zaunwerte« nicht das Emissionsverhalten bestimmter Anlagen oder Betriebe kennzeichnen, sondern ein Immissionsgeschehen, das von einer Vielzahl unterschiedlicher Anlagen gemeinsam bestimmt wird und für das konkrete Emissionsverhalten letztlich unbeachtlich ist, bestehen dagegen Bedenken (vgl. bereits BVerwG, B. v. 10.8.1993 – 4 NB 2.93 – ZfBR 1994, 36 = BRS 55 Nr. 11, wenngleich dieser B. sich nicht auf § 1 Abs. 4, sondern auf § 1 Abs. 3 Satz 3 [bei SO-Gebieten finden die Vorschriften der Abs. 4–10 keine Anwendung] bezieht).

Das BVerwG hat im U. v. 16.12.1999 – 4 CN 7.98 – NuR 2000, 577 = NVwZ 2000, 815 = DVBl.2000, 804 = UPR 2000, 227) die frühere Rspr. im 2. und 3. Leitsatz abschließend zusammengefasst:

»2. Die Festsetzung eines Bebauungsplans, dass an der Grenze eines Kerngebiets zu einem Wohngebiet ein bestimmter Immissionsricht- oder -grenzwert (sog. Zaunwert) als ›Summenpegel‹ einzuhalten ist, ist weder nach § 9 BauGB noch nach der BauNVO, insbesondere deren § 1 Abs. 4 zulässig. Sie ist rechtlich unzulässig und nicht nur unwirksam.

3. Mit einem ›Summenpegel‹ wird keine Nutzungsart, insbesondere nicht das Immissionsverhalten als ›Eigenschaft‹ bestimmter Anlagen und Betriebe i. S. v. § 1 Abs. 4 S. 1 Nr. 2 BauNVO festgesetzt, sondern nur ein Immissionsgeschehen gekennzeichnet, das von einer Vielzahl unterschiedlicher Betriebe und Anlagen gemeinsam bestimmt wird und für das Immissionsverhalten der jeweiligen Anlage für sich genommen letztendlich unbeachtlich ist. Ein Zaunwert als Summenpegel ist ungeeignet, umgesetzt zu werden, weil er anders als ein immissionswirksamer flächenbezogener Schallleistungspegel (vgl. BVerwG, Beschluss v. 18.12.1990 – 4 N 6.88 – DVBl. 1991, 442; Beschluss v. 7.3.1997 – 4 NB 38.96 – NuR 1998, 222) nicht bestimmt, welche Emissionen von einer einzelnen Anlage oder einem einzelnen Betrieb ausgehen dürfen«.

Eine unmittelbare **Festsetzung** von **Immissionswerten** am Immissionsort (an der betroffenen Nutzung) etwa von Orientierungswerten des Beiblatts 1 der DIN 18005 sowohl für den nach § 1 Abs. 4 gegliederten Teilbereich als auch für die (außerhalb des Plangebiets gelegene) schutzbedürftige Nutzung ist wegen mangelnder Vollziehbarkeit **unzulässig**; denn dabei handelt es sich um

§ 1 Abs. 4 96, 97

Festsetzungen unbestimmten und undurchführbaren Inhalts, die die Nichtigkeit des Plans zur Folge haben (vgl. BVerwG, U. v. 14.7.1972 – IV C 8.70 – und U. v. 29.9.1978 – 4 C 30.76 – § 15 Rn 22.2). Der vom betroffenen Grundstückseigentümer einzuhaltende Festsetzungswert ist nämlich ein **Summenpegel** mehrerer im Einzelnen nicht bestimmter bzw. bestimmbarer Schallquellen. Wenn der erste Emittent den am Immissionsort festgesetzten Immissionswert bereits ausschöpft, würden gleich große Immissionen weiterer Emittenten zu einer unzulässigen Überschreitung des Immissionswertes führen, oder die weiteren Emittenten könnten die Festsetzung nicht ausnutzen. Hinzu kommen noch Fremdgeräusche, auf die der betroffene Grundstückseigentümer keinen Einfluss hat (so bereits Bay VGH, U. v. 22.3.1982 – 25 XIV/78 – NJW 1983, 297; *Hill*, ZfBR 1980, 223 Fn 52; *Gelzer*, BauR 1975, 145 [152]; *Steinebach*, ZfBR 1987, 225, Fn 62, 63). Das U. des BVerwG v. 16.12.1999 – 4 CN 7.98 – (aaO. Rn 95.1) zur Unzulässigkeit der Festsetzung eines Summenpegels trifft hier ebenfalls zu. Auch mit der Festsetzung, es seien nur Nutzungen und bauliche Anlagen zulässig, die keine für die angrenzenden Wohngebiete wirksamen Schallquellen hätten, werden keine *besonderen Eigenschaften* von *Betrieben* und Anlagen i. S. des § 1 Abs. 4 Satz 1 Nr. 2 BauNVO beschrieben (Nds. OVG, U. v. 3.7.2000 – 1 K 2107/99 – BRS 63 Nr. 19). Eine solche Festsetzung ist auch schon wegen ihrer Unbestimmtheit fehlerhaft.

96 Auch die Festsetzung von anlagenbezogenen **Immissionsrichtwerten nach TA Lärm** entspricht nicht den an den B-Plan zu stellenden rechtlichen Anforderungen (a. A. *Steinebach*, ZfBR 1987, 225). Nach Nr. 3.2.1 TA Lärm 1998 dürfen die Immissionsrichtwerte im Einwirkungsbereich einer Anlage (Nr. 2.2 TA Lärm 1998) zwar i. d. R. auch *ohne Berücksichtigung einwirkender Fremdgeräusche* nicht überschritten werden, der Einwirkungsbereich der Anlagen liegt aber meist *außerhalb* des Werksgrundstücks und oft sogar *außerhalb des Geltungsbereichs des B-Plans*. Der Ort der maßgeblichen Messungen (maßgeblicher Immissionsort nach Nr. 2.3 TA Lärm 1998 bzw. Nr. A.1.3 des Anhangs der TA Lärm 1998) ist nämlich unabhängig von der Grenze des Werksgeländes bei bebauten Flächen 0,5 m außerhalb vor der Mitte des geöffneten Fensters des vom Geräusch am stärksten betroffenen schutzbedürftigen Raumes, bei unbebauten Flächen an dem am stärksten betroffenen Rand der Fläche, wo nach dem Bau- und Planungsrecht Gebäude mit schutzbedürftigen Räumen erstellt werden dürfen. Der Messort kann somit außerhalb des B-Plan-Gebiets liegen. Bei bebautem Nachbargelände, dessen Bebauung sich durch Abbrüche oder Zubauten ändern kann, wäre die Einhaltung eines festgesetzten Immissionsrichtwertes nicht nachvollziehbar bzw. würde mit jeder Änderung der Bebauung verändert werden müssen. Macht der B-Plan Festsetzungen erforderlich, die sich in ihrer Auswirkung auf vom Plan nicht erfasste Nachbargrundstücke wie eine Enteignung darstellen, so darf der darin zum Ausdruck kommende Interessenkonflikt nicht einfach unbewältigt bleiben (BVerwG, U. v. 1.11.1974 – IV C 38.71 – BauR 1975, 35). Den Ausführungen des BVerwG ist zu entnehmen, dass Festsetzungen, die belastend auf Grundstücke gerichtet sind, die *außerhalb des Planbereichs* liegen, nichtig sein können (OVG Münster, U. v. 18.2.1975, aaO.). Dies trifft sinngemäß hier zu.

Die noch in der 9. Aufl. § 1 Rn 96 a. E. vertretene Auffassung, wegen der Schwierigkeit der Festsetzung von Lärm*emissionen in bestehenden Konfliktsituationen* eine brauchbare Regelung für die Praxis zu finden und dabei – wie früher häufig angewandt – ersatzweise auf die Festsetzung von Immissionswerten als »Eigenschaften« zurückzugreifen, ist nach der Rspr. des BVerwG (U. v. 16.12.99 – 4 CN 7.98 –, aaO. Rn 95.1) und der Fortentwicklung der Festsetzung des ISFP nicht haltbar und eine solche Festsetzung unzulässig.

97 Eine andere Möglichkeit, **nach besonderen Eigenschaften** zu gliedern, besteht darin, Betriebe und Anlagen nach ihren **notwendigen Schutzabständen zu Wohngebieten** zu gliedern und entsprechende Festsetzungen nach § 1 Abs. 4 BauNVO zu formulieren. Einige Länder haben in »**Abstandserlassen**« (Anh. 9; außerdem Rn 46.1) für bestimmte Industrie- und Gewerbearten notwendige Schutzabstände zu schutzwürdigen Gebieten, insbes. Wohngebieten, bekanntgemacht, bei deren Einhaltung oder Überschreitung Gefahren, erhebliche Nachteile und erhebliche Belästigungen durch den Betrieb der entsprechenden Anlage in den korrespondierenden Gebieten nicht entstehen, wenn die Anlagen dem Stand der Technik entsprechen. Diese Schutzabstände berücksichtigen das gesamte Emissionsverhalten der Betriebe und Anlagen und sind Ergebnisse der Auswertung einschlägiger Verwaltungsvorschriften, Richtlinien und Normen sowie Erfahrungen. Sie kennzeichnen mit dem Abstandserfordernis das Emissionsverhalten und somit eine *Eigenschaft* der Betriebe und Anlagen, zugleich sind sie als notwendige Abstände auch Bedürfnisse der Betriebe.

Die dem Abstandserlass jeweils beigefügte Abstandsliste ordnet die Betriebsarten verschiedenen Abstandsklassen zu. Dies ermöglicht, jeweils eine oder mehrere Abstandsklassen und nicht nur einzelne Betriebe in den zu gliedernden Bereichen als zulässig (positiv) bzw. nicht zulässig (negativ) festzusetzen, so dass die Gefahr einer Beeinträchtigung des Wettbewerbs nicht gegeben ist. So kann beispielsweise festgesetzt werden: »Zulässig sind Betriebe und Anlagen der Abstandsklassen IV bis VII« unter Beifügung der Abstandsliste des Abstandserlasses. Um einen gewissen Spielraum bei der Zulassung der Betriebe und Anlagen zu belassen, ist es zweckmäßig, entweder auch »Betriebe mit vergleichbarem Emissionsgrad« oder »mit gleichem Abstandserfordernis« als allgemein zulässig zu erklären (in ähnlichem Sinn OVG NW, U. v. 17.10.1996 – 7a D 122/94 – DVBl.19 97, 440 = Eildienst LKT NW 1997, 261) oder Ausnahmen in dem Sinn vorzusehen, dass »ausnahmsweise auch Betriebe und Anlagen einer höheren Abstandsklasse zugelassen werden können, wenn deren Emissionsverhalten den Betrieben und Anlagen einer niedrigeren Abstandsklasse entspricht« (vgl. Nr. 2.4.1.1 Buchst. b Abstandserlass NW). Diese Methode der Festsetzung ist ein geeignetes und damit städtebaulich sinnvolles Instrument des vorbeugenden Immissionsschutzes. Es dient dazu, dass Immissionskonflikte vor allem bei der Ansiedlung von Industrie und Gewerbe nicht erst den Genehmigungsverfahren überlassen bleiben, sondern so weit und so früh wie möglich (vgl. § 50 BImSchG) bereits bei der Planung gelöst werden (s. Rn 46.1). Auch für die Länder, in denen es solche Abstandserlasse nicht gibt ,ist es möglich und rechtlich zulässig, die Einteilung von Betriebsarten in Abstandsklassen für die Gliederung von GI oder GE zu verwenden, da der vorbeugende Wert der sachverständigen Aussage auch fremder Landesbehörden anerkannt wird. In einem solchen Fall ist die Abstandsliste der relevanten Abstandsklassen in geeigneter Weise der B-Planurkunde einzuverleiben (Anhang, direkte Aufnahme in den Festsetzungstext o. Ä.).

Für NW vertritt das OVG NW (U. v. 30.9.2005 – 7D 142/04 NE –) die Auffassung, die einzelnen Betriebsarten der jeweiligen Abstandsklasse müssten nicht selbst in der Planurkunde aufgelistet werden. Das OVG verweist auf die maßgebliche, für jedermann einsehbare Publikation der Abstandsliste im MBl. Dabei reiche es aus, wenn die erlassende Stelle und das Datum exakt angegeben seien. Diese Auffassung, gegen die ohnehin erhebliche Argumente der Praktikabilität und Bürgerfreundlichkeit sprechen, ist allenfalls außer in NW nur in den Ländern mit Abstandserlass relevant. Es muss jeweils vor Ort entschieden werden, ob Planverfasser und Satzungsgeber von der zunächst vereinfachenden Möglichkeit des Verweises auf das MBl. Gebrauch machen wollen, wobei sie sich für den Planvollzug in der Zukunft Schwierigkeiten einhandeln würden.

Neben dem Emissionsverhalten können auch **andere besondere Eigenschaften** Anlass zur Gliederung sein. So kann beispielsweise die Errichtung von **Gewerbebetrieben in Wasserschutzgebieten** nach § 19 WHG oder entsprechenden Wassereinzugsgebieten beschränkt werden. Diese Gebiete lassen wegen der Gefahr der Grundwasserverschmutzung die Ansiedlung von Gewerbebetrieben meist nur in begrenztem Umfang zu. Hier bietet sich z. B. eine Gliederung zur Unterbringung sog. »Trockenbetriebe« an, d. h. von Betrieben, die in ihrem Produktionsablauf keine flüssigen oder ähnlichen Abfallstoffe abzuleiten brauchen. Umgekehrt kann es erforderlich sein, in einer Gemeinde mit beschränktem Wasservorkommen ein GE-Gebiet für Betriebe vorzusehen, die für ihren Produktions- und Betriebsablauf kein Brauchwasser benötigen. Auch die bereits unter den Bedürfnissen aufgeführte **Schutzbedürftigkeit** (Rn 91) kann zugleich eine besondere Eigenschaft sein, die eine Gliederung rechtfertigt. So können z. B. MI-Gebiete, vor allem, wenn sie ausnahmsweise vorgesehen werden, um der Abschirmung von Wohngebieten gegenüber emittierenden Baugebieten zu dienen, so gegliedert werden, dass in den durch Immissionen belasteten Randbereichen nur die weniger schutzbedürftigen Nutzungen bzw. Anlagen zulässig sind.

99 h) **Sonderregelung für Gewerbe- und Industriegebiete (Abs. 4 Satz 2).** Während alle in Abs. 4 aufgeführten Baugebiete nur »in sich« gegliedert werden können, dürfen GE- und GI-Gebiete einer Gemeinde außerdem noch **im Verhältnis zueinander** gegliedert werden. Es können demnach die in den GE- und GI-Gebieten zulässigen Nutzungen, Betriebe und Anlagen auf verschiedene GE- bzw. GI-Gebiete einer Gemeinde verteilt werden; d. h. es braucht nicht für jedes einzelne Gebiet der volle Baugebietskatalog insgesamt zulässig zu sein.

Die Art der zulässigen Nutzung der einzelnen Gebiete einer Gemeinde kann sich selbstverständlich überschneiden; das jeweilige Gebiet kann auf diese Weise individuell gestaltet werden. Es ist also nicht erforderlich, dass bei zwei GE-Gebieten in dem *einen* bestimmte Nutzungen, in dem *anderen* die übrigen Nutzungen zulässig sind. In die Gliederungsmöglichkeit sind nicht nur die zulässigen, sondern auch die ausnahmsweise zulassungsfähigen Nutzungen, Betriebe und Anlagen einbezogen. Die Frage, ob die Verteilung auf verschiedene Gewerbe- bzw. Industriegebiete »in der Bilanz« dazu führen muss, dass alle in § 8 bzw. § 9 aufgeführten Anlagen zulässig bleiben (so OVG Lüneburg, U. v. 18.12.1984 – 6 C 21.83 – ZfBR 1985, 205), ist theoretischer Art und wird in der Praxis nicht vorkommen.

Hat eine Gemeinde ihre fünf GI-Gebiete z. B. nach jeweils verschiedenen Gewerbzweigen derart gegliedert, dass der Baugebietskatalog des § 9 insgesamt abgedeckt ist und muss die Gemeinde eines der GI-Gebiete aufheben, weil sich keine Interessenten ansiedeln wollen oder andere Gründe dies erfordern, werden die vier übrigen GI-Gebiete nicht deshalb unzulässig, weil sie insgesamt den Katalog des § 9 nicht mehr abdecken. Im Übrigen ist nicht in jeder Gemeinde von vornherein ein uneingeschränktes GI-Gebiet möglich; es gibt zahlreiche Gemeinden, in denen kein GI-Gebiet zugelassen werden kann. Es ist deshalb von der Sache her gerechtfertigt und zulässig, durch Gliederung von GE- und GI-Gebieten im Verhältnis zueinander – soweit erforderlich – einen Ausschluss einzelner Nutzungen, Betriebe oder Anlagen in einer Gemeinde zu bewirken, zumal diese Möglichkeit durch Abs. 4 Satz 3 ausdrücklich offengelassen ist.

Es ist ohnehin nicht erforderlich, dass die in Abs. 4 Satz 2 angesprochene Gliederung in einem einzigen Abwägungsvorgang erfolgt, in dem die Gemeinde gewissermaßen ihre sämtlichen GE- bzw. GI-Gebiete auf ihre Beschränktheit oder Unbeschränktheit hin überprüft. Eine derart pauschale Abwägung kommt schon wegen des individuellen Begründungszwangs für jedes einzelne Baugebiet und wegen des zeitlich unterschiedlichen Zustandekommens der entsprechenden B-Pläne nicht in Betracht. Falls überhaupt eine den gesamten Baugebietskatalog abdeckende Bilanz aller GE- bzw. GI-Gebiete einer Gemeinde erforderlich wäre – was oben bezweifelt wird –, würde es genügen, wenn ein unbeschränktes GE- bzw. GI-Gebiet i. S. des § 34 Abs. 2 BauGB tatsächlich vorhanden wäre (OVG Lüneburg, U. v. 18.12.1984 – 6 C 21.83 –, aaO.; *Ziegler,* in: *Brügelmann,* § 1 Rn 345). Es wäre eine überflüssige Formalität, würde man von der Gemeinde ohne sonstige städtebauliche Erfordernisse die Aufstellung eines B-Plans für solche nicht beplanten Gebiete nur zu dem Zweck verlangen, in *anderen* Gebieten Beschränkungen nach Abs. 4 vornehmen zu können (BayVGH, U. v. 16.7.1991 – 20 N 91.557 – ZfBR 1992, 92 = BRS 52 Nr. 10).

14. Ausschluss von Arten von Nutzungen oder ihre Umwandlung in Ausnahmen (Abs. 5)

100 Einige Baugebietsvorschriften enthalten eine Vielzahl zulässiger bzw. ausnahmsweise zulassungsfähiger Anlagen, die bei ihrer Zulassung für die Allgemeinheit oder Nachbarschaft nicht immer voraussehbare Auswirkungen haben. § 15 ist zwar ein Regulativ, durch das bauliche Anlagen, die der Eigenart des Gebiets widersprechen oder sonst unverträglich sind, im Einzelfall unzulässig sind, seine Anwendungsmöglichkeit ist aber begrenzt. Aus städtebaulicher Sicht kann es geboten sein, in bestimmten Baugebieten allgemein zulässige Anlagen von vornherein nicht zuzulassen, weil sie z. B. im konkreten Fall der Eigenart des Gebiets im Hinblick auf die umgebende Bebauung nicht entsprechen oder weil aus anderen Gründen, z. B. aus überörtlicher Sicht, bestimmte Anlagen in dem Gebiet nicht errichtet werden sollen. Auch im Hinblick auf die unterschiedlichen Gemeindegrößen und besonderen örtlichen Gegebenheiten wurde eine weitere Differenzierungsmöglichkeit erforderlich, um durch entspr. konkrete Festsetzungen im B-Plan Fehlnutzungen zu vermeiden (Begr. z. ÄndVO 1977, BR-Drucks. 261/77).

Abs. 5 ermöglicht, im B-Plan festzusetzen, dass bestimmte allgemein zulässige Arten von Nutzungen in den in der Vorschrift aufgeführten Baugebieten nicht zulässig sind oder nur ausnahmsweise zugelassen werden können, sofern die allgemeine Zweckbestimmung des Baugebiets gewahrt bleibt. Die Regelung umfasst nicht die WR-Gebiete (§ 3) und die SO-Gebiete (§§ 10, 11) sowie nicht die in allen Baugebieten zulässigen Stellplätze und Garagen, jedoch die Gebäude und Räume für freie Berufe (§ 13). WR-Gebiete enthalten nur eine zulässige Nutzungsart, deren Ausschluss nicht in Betracht kommt. Für SO-Gebiete kann die Gemeinde die Art der Nutzung selbst bestimmen und somit unerwünschte Nutzungen von vornherein ausschließen (§ 1 Abs. 3 Satz 3). Für Stellplätze und Garagen sind entsprechende Sonderregelungen in § 12 Abs. 2–6 enthalten. Die Vorschrift betrifft nur die in den Abs. 2 der Baugebietsnormen aufgeführten **zulässigen** Arten von Nutzungen; der Ausschluss der nach den Abs. 3 *ausnahmsweise zulassungsfähigen* Arten von Nutzungen erfolgt nach § 1 Abs. 6. Der Ausschluss von *bestimmten Arten von baulichen und sonstigen Anlagen* oder deren Umwandlung in Ausnahmen kann nur nach § 1 Abs. 9 i. V. m. Abs. 5 vorgesehen werden (Rn 114–116).

Die Anwendung der *Kann*-Vorschrift liegt im Planungsermessen der Gemeinde. Der Ausschluss von Nutzungen nach Abs. 5 muss erforderlich sein (§ 1 Abs. 3 BauGB) und ist nur aus **städtebaulichen Gründen** zulässig (§ 9 Abs. 1 BauGB); andere Gründe, z. B. des Wettbewerbs im Handel, scheiden aus. Der städtebauliche Grund muss die festgesetzte Abweichung von den vorgegebenen Gebietstypen tragen (vgl. BVerwG, U. v. 22.5.1987 – 4 C 77.84 –, aaO., Rn 78; *Birk*, NWVBl. 1989, 73).

Schließt eine Gemeinde in einem **GE-Gebiet** nach § 1 Abs. 5 Einzelhandelsbetriebe, Schank- und Speisewirtschaften sowie Vergnügungsstätten nachträglich aus, um das produzierende Gewerbe zu stärken, so ist das die planerische Begr. und es bedarf nicht des Nachweises, dass ohne diese Beschränkung andere Einzelhandelsstandorte gefährdet werden oder das Ortszentrum an Attraktivität verliert (vgl. BVerwG, B. v. 11.5.1999 – 4 BN 15.99 – BauR 1999, 1136 = UPR 1999, 352 = DVBl. 1999, 1293 = GewArch. 1999, 389). Der Ausschluss von Einzelhandelsbetrieben aus einem **GE-Gebiet** im Vorgriff auf künftige in einem absehbaren Zeitraum zu erwartende Entwicklungen kann erforderlich sein (BVerwG, B. v. 8.9.1999 – 4 BN 14.99 – ZfBR 2000, 275 = BRS 62 Nr. 2). Der Ausschluss von (sonstigen) Wohngebäuden in einem **Dorf (MD)** mit großen landwirtschaftlichen Hofstellen mit Hofeichen und Obstbaumwiesen zum Schutz des Ortsbildes ist zulässig (Nds. OVG, U. v. 4.5.2000 – 1 K 4196/98 – BauR 2000, 1710).

Der Ausschluss nach Abs. 5 kann wirksam sein, obwohl er nicht allein aus städtebaulichen Gründen erfolgt, wenn allein die städtebaulichen Gründe eine tragfähige Grundlage für die Festsetzung sind. Das kann allerdings dann nicht gelten, wenn die städtebaulichen Gründe nur vorgeschoben sind, d. h. wenn die Motive für die Festsetzung überhaupt nicht städtebaulicher Natur sind. So wäre es bedenklich, wenn die Gemeinde z. B. bestimmte

§ 1 Abs. 5

Nutzungen aus Gebieten, in denen sie zulässig sind, generell ausschließt und sie gleichzeitig in solche Gebiete verweist, in denen sie nur ausnahmsweise zulassungsfähig sind. Ein solches Vorgehen kann mit dem Abwägungsgebot des § 1 Abs. 6 BauGB insbes. dann unvereinbar sein, wenn es z. B. zu einer Entwertung schutzwürdiger Wohngebiete führen muss oder wenn die Gemeinde in Wirklichkeit in den Wohngebieten überhaupt keine Ausnahmen zulassen will (BVerwG, B. v. 29.7.1991 – 4 B 80.91 – NVwZ-RR 1992, 117 = BauR 1991, 713 = UPR 1991, 442 = BRS 50 Nr. 14 = DVBl. 1992, 32 = ZfBR 1992, 35 zum Ausschluss von **Vergnügungsstätten** aus dem **MK-Gebiet**).

Nicht zu den städtebaulichen Gründen gehören z. B. im Zusammenhang mit Vergnügungsstätten der Jugendschutz und die Vorsorge gegen die Ausbreitung der Spielleidenschaft (BVerwG, U. v. 22.5.1987 – 4 N 4.86 –, aaO.).

Das BVerwG hat mit U. v. 22.5.1987 (– 4 N 4.86 –, aaO., Rn 87) die bis dahin verbreitete Auffassung, unter »**bestimmten Arten von Nutzungen**« seien jeweils die in einer Nummer einer Baugebietsvorschrift zusammengefassten Nutzungen zu verstehen (»**Nummerndogma**«), gegenteilig ausgelegt und damit einer abschließenden Klärung zugeführt (vgl. auch z. Begriff »Nutzung« Rn 79).

102 Als Voraussetzung für die Zulässigkeit des Ausschlusses oder der Umwandlung in Ausnahmen muss die **allgemeine Zweckbestimmung des Baugebiets gewahrt bleiben**, wie sie jeweils in Abs. 1 der Baugebietsnorm festgelegt ist. Dabei kommt es nicht auf die *konkrete Eigenart* der vorhandenen Bebauung, die von der Zweckbestimmung u. U. abweichen kann, sondern allein darauf an, dass das durch die Zweckbestimmung der Baugebietsnorm festgelegte Ziel erreicht werden kann. Demnach dürfen nicht die der allgemeinen Zweckbestimmung dienenden *Hauptnutzungen* ausgeschlossen werden (OVG Lüneburg, U. v. 26.2.1981 – 6 C 40/80 – BauR 1981, 454 = BRS 38 Nr. 38; VGH BW, U. v. 30.4.1981 – 8 S 864/80 – VerwRspr. 1981, 1003). Das Baugebiet muss sich jedoch nicht mit dem Plangebiet decken (BVerwG, B. v. 22.12.1989, aaO., Rn 74).

Beispielsweise dürfen in einem **MK-Gebiet**, das nach § 7 Abs. 1 vorwiegend der *Unterbringung von Handelsbetrieben* sowie der *zentralen Einrichtungen der Wirtschaft, der Verwaltung und der Kultur* dient, nicht insgesamt die Einzelhandelsbetriebe, Schank- und Speisewirtschaften sowie Vergnügungsstätten ausgeschlossen werden. Soll ein besonderes »Büro-, Verwaltungs- und Bankenviertel« ohne der vorg. Nutzungen festgesetzt werden, so ist dies nicht nach Abs. 5, sondern durch Gliederung (eines größeren MK-Gebiets, ggf. über mehrere Baublöcke) nach Abs. 4 möglich. Ebenfalls darf nicht eine Ausnahme zum Hauptanwendungsfall erhoben und stattdessen der gesetzliche Regelfall ausgeschlossen werden (OVG NW, U. v. 3.3.1983 – 11a NE 50/80 – UPR 1983, 387). Beim Ausschluss allein von *Vergnügungsstätten* bleibt die allgemeine Zweckbestimmung des MK-Gebiets jedoch noch gewahrt, weil Vergnügungsstätten eine *auch* dem MK-Gebiet, aber nicht ausschließlich *ihm* zugewiesene Nutzungsart sind (BVerwG, U. v. 22.5.1987 – 4 N 4/86 –, aaO. Rn 87). Ein (umfassender) Ausschluss des Einzelhandels aus dem **MK-, MI- und MD-Gebiet** nach Abs. 5 wird vom BVerwG (B. v. 3.5.1993 – 4 NB 13.93 – Buchholz 406.12 § 1 BauNVO Nr. 16 und B. v. 18.12.1989 – 4 NB 26.89 – BauR 1990, 185 = BRS 49 Nr. 75 = ZfBR 1990, 99 = NVwZ-RR 1990, 229) zwar grundsätzlich für zulässig gehalten, zumindest für das MK- und MI-Gebiet dürften dagegen aber i. d. R. städtebauliche Bedenken wegen der allgemeinen Zweckbestimmung dieser Baugebiete bestehen. Ein Ausschluss nach Abs. 5 bedarf in einem solchen Fall daher einer plausiblen städtebaulichen Begründung. Gesichtspunkte des Wettbewerbs im Handel scheiden dabei aus.

Beispielfälle für **zulässige** Anwendung von Abs. 5:

- Ein »eingeschränktes« GE-Gebiet, in dem anstelle der *nicht erheblich belästigenden* nur *nicht wesentlich störende* Gewerbebetriebe zulässig sind, entspricht noch einem GE-Gebiet; die Grenze zum MI-Gebiet wäre erst bei uneingeschränkter Zulässigkeit des Wohnens überschritten *(BVerwG, B. v. 15.4.1987 – 4 B 71.87 – DVBl. 1987, 904 = NVwZ 1987, 970 = ZfBR 1987, 262 = BRS 47, 149 = UPR 1987, 386 = StädteT 1987, 674).*

- Der Ausschluss von Gaststätten im MI-Gebiet in einer Altstadt mit hoher Gaststättendichte zur Abwehr unerwünschter Strukturveränderungen und zur Verbesserung der Wohnruhe nach § 1 Abs. 5 BauNVO ist möglich. Erweiterungen bestehender Gaststätten in angemessenem Umfang sind nach § 1 Abs. 10 BauNVO abzusichern *(BayVGH, U. v. 8.11.1999 – 14 N 98.3623 – BauR 2000, 699)*.
- Eine Gemeinde darf auch dann in außerhalb ihrer Kernstadt gelegenen Bereichen Fachmärkte (z. B aus GE-Gebieten) entsprechend ihrem Einzelhandelskonzept ausschließen, wenn in umliegenden Städten (große) Märkte vorhanden sind, die das gleiche Warensortiment anbieten. (VGH Mannheim, U. v. 18.10.2002 – 8 S 2448/01 –).

Beispielfälle für **fehlerhafte** Anwendung von Abs. 5:

- Werden in einem B-Plan, der ein **WA-Gebiet** festsetzt, alle Nutzungen nach § 4 Abs. 2 Nrn. 2 und 3 BauNVO ausgeschlossen, wird damit im rechtlichen Ergebnis die Wirkung eines WR-Gebiets hergestellt, ohne dass dieses als solches festgesetzt wird. Mit dem festgesetzten Ausschluss ist der allgemeine Charakter des nach § 4 BauNVO zu beurteilenden Baugebietstypus eines WA-Gebiets nicht mehr gegeben (Verstoß gegen allgemeine Zweckbestimmung – *BVerwG, B. v. 8.2.1999 – 4 BN 1.99 – BauR 1999, 1435 = NVwZ 1999, 1340 = ZfBR 1999, 234 = VR 2000, 107)*.
- Wird in einem **eingeschränkten MI-Gebiet** die Art der baulichen Nutzung in der Weise festgesetzt, dass nur die in § 4 Abs. 2 Nrn. 1–3 BauNVO aufgeführten Nutzungen zulässig sind, so ist die allgemeine Zweckbestimmung des Baugebiets als MI-Gebiet nicht mehr gewahrt *(VGH BW, B. v. 20.6.1995 – 8 S 237/95 – NVwZ-RR 1996, 139)*.
- Nicht vertretbar wäre die Einschränkung eines **GI-Gebiets** in der Weise, dass in ihm nur die bei Inkrafttreten des B-Plans vorhandenen Anlagen nach § 9 Abs. 2 sowie deren Änderungen und Erweiterungen im Rahmen des Bestandsschutzes, im Übrigen aber nur nicht erheblich belästigende Gewerbebetriebe i.S. von § 8 Abs. 2 zulässig sind *(BVerwG, B. v. 6.5.1993 – 4 NB 32.92 – ZfBR 1993, 297 = NVwZ 1994, 292 = UPR 1994, 63 = DVBl. 1993, 1097 = BauR 1993, 693 = DÖV 1994, 37)*.
- Die allgemeine Zweckbestimmung eines **MD-Gebiets** wird beim Ausschluss von Wirtschaftsstellen landwirtschaftlicher Betriebe, d. h. wenn faktisch ein Wohngebiet festgesetzt wird, nicht mehr gewahrt *(BVerwG, B. v. 22.12.1989 – 4 NB 32.89 –, aaO. Rn 74; OVG Frankfurt/O, U. v. 23.5.1995 – 3 D 16/93. NE – NVwZ-RR 1996, 3)*.
- Der Ausschluss von »sonstigen«, d. h. nicht zu einem land- oder forstwirtschaftlichen Betrieb gehörenden Wohngebäuden in einem **MD-Gebiet** ist mit dessen allgemeiner Zweckbestimmung nicht vereinbar und verstößt daher gegen § 5 BauNVO *(VGH BW, B. v. 18.9.1996 – 8 S 1888/95 – ZfBR 1997, 332)*.
- Der Ausschluss von Räumen und Gebäuden für freie Berufe nach § 1 Abs. 5 BauNVO verfehlt den Zweck des **WB-Gebiets** *(Nds. OVG, U. v. 5.4.2000 – 1 K 2245/99, BauR 2000, 1441)*.

Für den Ausschluss kommen immer nur einzelne oder wenige Nutzungsarten in Betracht *(je nach der Differenzierung in den Aufzählungen der Abs. 2 u. 3 der Baugebietsvorschriften)*. Unter Berücksichtigung des Grundsatzes der Verhältnismäßigkeit dürfte es i. A. schon ausreichen, wenn die einzelnen unerwünschten oder nicht vertretbaren Nutzungen nicht ausgeschlossen, sondern mit dem milderen Mittel nur in ausnahmsweise zulassungfähige Nutzungsarten umgewandelt werden. Eine entsprechende Alternative sieht Abs. 5 auch vor. Es bleibt dann der Prüfung im Einzelfall überlassen, ob das jeweilige Vorhaben als Ausnahme zugelassen werden kann.

Die **Regelung des Abs. 5** kann auf **Teile des Baugebiets** beschränkt werden (Abs. 8); sie kann für verschiedene Teile eines Baugebiets unterschiedlich getroffen werden, etwa derart, dass in einem Teil eine bestimmte Nutzungsart ausgeschlossen, eine andere in eine Ausnahme umgewandelt wird, während in einem anderen Teil des Gebiets eine umgekehrte Regelung und in einem weiteren Teil weder ein Ausschluss noch eine Umwandlung vorgesehen werden. Auf diese Weise kann im Ergebnis eine Gliederung der Baugebiete wie nach Abs. 4 erzielt werden. Abs. 5 kann zusätzlich zu Abs. 4 angewandt werden, worauf Abs. 4 Satz 3 hinweist.

Ein Zusammenhang besteht ferner mit der überlagernden Vorschrift des Abs. 9, der den Ausschluss oder die Umwandlung in Ausnahmen über Abs. 5 hinausgehend auch für **bauliche und sonstige Anlagen**, sog. Unternutzungsarten zulässt. Danach können z.B. aus der Nutzungsart »Vergnügungsstätten« die Anlagen »Spielhallen« oder aus den »Einzelhandelsbetrieben« die Anlagen »großflächige Einzelhandelsbetriebe i. S. von § 11 Abs. 3« ausgeschlossen werden (Näheres Rn 126, Vorb. §§ 2 ff. Rn 4.4 f. zu Vergnügungsstätten sowie § 11 Abs. 3, Rn 10, 11 f.). Genau diese Feingliederungsmöglichkeit hat das weite Feld der differenzierten Regelung der Zulässigkeit bzw. Nichtzulässigkeit von Einzelhandelsarten sowie von Unterarten der Vergnügungsstätten erst eröffnet.

15. Ausschluss von Ausnahmen und ihre Umwandlung in eine allgemeine Zulässigkeit (Abs. 6)

104 a) **Allgemeines.** Die Regelung des Abs. 6, nach der alle oder einzelne in den Baugebieten vorgesehene Ausnahmen durch Festsetzung im B-Plan ausgeschlossen oder in eine allgemeine Zulässigkeit umgewandelt werden können, bildet eine sinnvolle Ergänzung des Abs. 5, der sich nur auf die allgemein zulässigen Arten von Nutzungen bezieht. Die Abs. 5 und 6 ermöglichen gemeinsam eine Variierung des gesamten Baugebietskatalogs zur Anpassung an örtliche Gegebenheiten, insbes. zur Berücksichtigung des Umwelt- und Nachbarschutzes sowie der besonderen Eigenart des Gebiets, ferner zur Anpassung an übergeordnete Anforderungen wie die Ziele der Raumordnung.

105 b) **Begriff »Ausnahmen«.** Der hier verwendete Begriff »Ausnahmen« knüpft an die Vorschrift des § 31 Abs. 1 BauGB an, nach der solche Ausnahmen zugelassen werden können, die im B-Plan nach Art und Umfang ausdrücklich vorgesehen sind. In der BauNVO ist der Begriff Ausnahmen an verschiedenen Stellen in unterschiedlichem Wortzusammenhang und Sinn gebraucht. Nutzungen oder Anlagen beispielsweise »sind ausnahmsweise zulässig« (§ 1 Abs. 9), »können ausnahmsweise zugelassen werden« (Abs. 3 der Baugebietsnormen), »können als Ausnahme zugelassen werden« (§ 1 Abs. 7 Nr. 2 und § 14 Abs. 2), »sind Ausnahmen, die vorgesehen sind« (§ 1 Abs. 6 und Abs. 7 Nr. 3). Im Ersten Abschnitt der BauNVO (§§ 1–15) haben alle genannten Wortzusammenhänge dieselbe Bedeutung, nämlich Nutzungen oder Anlagen, die **ausnahmsweise zugelassen werden können**; ihre Kurzbezeichnung ist entspre. § 31 Abs. 1 BBauG »Ausnahmen« (sie werden hier auch als »ausnahmsweise zulassungsfähige« Nutzungen oder Anlagen bezeichnet – die Verf.). Abweichend davon hat der im Zweiten und Dritten Abschnitt der BauNVO verwendete Begriff »Ausnahmen« in § 21a und § 23 eine andere Bedeutung.

106 Einzelne Ausnahmen i. S. des Abs. 6 sind die in den Abs. 3 der §§ 2–9 aufgeführten **einzelnen Nutzungen**, die ausnahmsweise zugelassen werden können. Für Abs. 6 gilt die Rspr. des BVerwG (U. v. 22.5.1987 – 4 N 4.86 –, Rn 87) zum sog. *Nummerndogma* entsprechend wie in den in den anderen Abs. behandelten Sachverhalten, d. h., dass nicht alle unter einer Nummer zusammengefassten ausnahmsweise zulassungsfähigen Nutzungen gemeinsam ausgeschlossen oder umgewandelt werden müssen; die Regelung des Abs. 6 gilt für die *einzelne* Nutzung. Die Formulierung »alle oder einzelne Ausnahmen« lässt zu, sowohl den gesamten Abs. 3 der Baugebietsnorm als auch nur einzelne Nummern daraus oder nur einzelne Nutzungen aus einer oder mehreren Nummern auszuschließen oder in eine allgemeine Zulässigkeit umzuwandeln. Eine weiter gehende Differenzierung der Ausnahmen nach der Art der **baulichen und sonstigen Anlagen** ist nur nach Abs. 9 zulässig. So dürfen z. B. nach Abs. 6 aus den »Anlagen für sportliche Zwecke« in § 4 Abs. 3 Nr. 3 nicht allein »Tennisanlagen« für allgemein zulässig erklärt werden.

Der Ausschluss der Ausnahmen oder deren Umwandlung in eine allgemeine Zulässigkeit kann nach Abs. 8 auch auf Teile des Baugebiets beschränkt werden. Dabei können für verschiedene Teile eines Baugebiets unterschiedliche Regelungen getroffen werden (Abs. 5, Rn 103).

c) **Ausschluss von Ausnahmen (Nr. 1).** Der Ausschluss von Ausnahmen ist durch Text festzusetzen. Da die allgemeine Zweckbestimmung der Baugebiete im Wesentlichen durch die allgemein zulässigen Nutzungen geprägt wird, bedarf es für den Ausschluss aller Ausnahmen **keiner städtebaulichen Begründung** und demzufolge auch keiner **besonderen** Rechtfertigung in der Begr. des B-Plans. Ein weiterer Grund liegt darin, dass die Zulassung einer Ausnahme an das Vorliegen von Ausnahmegründen gebunden ist (Vorb. §§ 2 ff. Rn 6 f.) und nur in seltenen Fällen das Ermessen der Gemeinde auf Null reduziert ist, so dass ein Rechtsanspruch darauf i. A. nicht besteht. Gleichwohl empfiehlt es sich, im Interesse der umfassenden Unterrichtung der Bürger die zum Ausschluss aller Ausnahmen führenden Überlegungen darzulegen. **107**

Werden in einem Baugebiet nicht alle, sondern nur einzelne Ausnahmen ausgeschlossen, sollten die Gründe dafür in die Begr. zum B-Plan aufgenommen werden. Dasselbe sollte für die Fälle gelten, in denen der Ausschluss von Ausnahmen nur für Teile des Baugebiets vorgesehen wird (Abs. 8), um dem Vorwurf der Planungswillkür vorzubeugen.

d) **Umwandlung von Ausnahmen in eine allgemeine Zulässigkeit (Nr. 2).** Die Festsetzungsmöglichkeit, auf die kein Rechtsanspruch besteht, kann die Baugebietskataloge erheblich verändern und somit den durch die BauNVO vorgegebenen Typenzwang unterlaufen; das gilt insbesondere für die Fälle, in denen alle oder mehrere Arten von Ausnahmen für allgemein zulässig erklärt werden. Ein WA-Gebiet z. B. würde durch Zulassung aller Ausnahmen annähernd zu einem MI-Gebiet, ein WS-Gebiet ebenfalls ein mischgebietähnliches Baugebiet. Diese Verwischung städtebaulicher Strukturen war nicht Absicht des VOgebers. Die Ermächtigung zur Umwandlung von Ausnahmen in eine allgemeine Zulässigkeit ist daher an die Voraussetzung gebunden, dass die **allgemeine Zweckbestimmung des Baugebiets gewahrt bleibt,** wie sie sich aus den jeweiligen Absätzen 1 der entsprechenden Baugebietsnorm ergibt. Dabei kommt es auf die **konkrete Eigenart eines bestimmten Gebiets** entsprechend der vorhandenen Bebauung nicht an (Begr. zur ÄndVO 1977, BR-Drucks. 261/77). **108**

So würde z.B. ein WR-Gebiet, das nach § 3 Abs. 1 dem Wohnen dient, bei allgemeiner Zulassung aller in § 3 Abs. 3 aufgeführten Nutzungen etwa zu einem WA-Gebiet, weil ein Gebiet mit einem derartigen Nutzungskatalog dem Wohnen nur noch vorwiegend dienen kann. Es kommt auch nicht darauf an, ob bei einer Umwandlung bestimmter Ausnahmen in allgemein zulässige Nutzungen diese wegen der vorhandenen Bebauung kaum noch zugelassen werden können und so die Gefahr einer Überfremdung des Baugebiets durch diese Nutzungen praktisch ausscheidet. Entscheidend ist allein die *Übereinstimmung* des bei einer Umwandlung von Ausnahmen sich ergebenden *Nutzungskatalogs* mit der allgemeinen Zweckbestimmung des *Abs. 1 der Baugebietsnorm.* So darf z.B. nicht eine Ausnahme zum alleinigen Inhalt der Gebietsausweisung erhoben und der gesetzliche Regelfall ausgeschlossen werden (OVG NW, U. v. 3.3.1983, aaO. Rn 102).

Durch die weitgehende Einschränkung der Ermächtigung des Abs. 6 Nr. 2 kommt die Umwandlung von Ausnahmen in allgemein zulässige Nutzungen sowohl für einzelne Ausnahmen als auch für einzelne Baugebiete nur in unterschiedlicher Weise in Betracht, d.h. bei bestimmten Baugebieten ist die Umwandlung bestimmter Ausnahmen von vornherein unzulässig, bei anderen unbedenklich, bei den meisten von Fall zu Fall zu beurteilen. **109**

Dabei ist auch zu berücksichtigen, nach welchen städtebaupolitischen Gesichtspunkten die Ausnahmeregelungen für bestimmte Nutzungen vorgenommen wurden. So wäre es im Hinblick auf die bei der ÄndVO 1990 geführte politische Diskussion über die Zulässigkeit

§ 1   Abs. 7   110, 111

von Vergnügungsstätten höchst bedenklich, die in den verschiedenen Baugebieten ausnahmsweise zulassungsfähigen (»nicht kerngebietstypischen«) Vergnügungsstätten i. S. des § 4a Abs. 3 Nr. 2 in eine allgemeine Zulässigkeit umzuwandeln. Bedenklich wäre die allgemeine Zulassung der in § 8 Abs. 4 ausnahmsweise zulassungsfähigen »privilegierten« Betriebswohnungen, weil dann praktisch auf jedem Gewerbegrundstück auch sonstige Wohnungen entstehen könnten und somit ein MI-Gebiet zustande kommen könnte; dies würde dem vom Bundesrat verfolgten Ziel bei der von ihm durchgesetzten Änderung des § 8 Abs. 3 Nr. 4 bei der ÄndVO 1990 zuwiderlaufen.

Die Anwendung des Abs. 6 wird i. A. nur für einzelne oder wenige Ausnahmen in Frage kommen, sofern die besonderen örtlichen Gegebenheiten oder bestimmte Planungsziele eine solche Abwandlung der Baugebietsnorm erfordern. Da nach Abs. 8 die Festsetzungen des Abs. 6 auf Teile des Baugebiets beschränkt werden können, genügt u. U. bereits eine solche räumliche Beschränkung zur Erreichung des Planungsziels. Auch in diesem Fall muss der nach Abs. 6 Nr. 2 geregelte räumliche Teil des Baugebiets für sich allein die allgemeine Zweckbestimmung der Baugebietsnorm wahren; es genügt nicht, dass – wie bei der Gliederung nach Abs. 4 (Rn 83) – die allgemeine Zweckbestimmung durch das Baugebiet insgesamt gewahrt bleibt.

110 Sofern städtebauliche Gründe (Rn 114–116) dies rechtfertigen, kann sich die Regelung des Abs. 6 nach Abs. 9 auch auf **bestimmte Arten von baulichen und sonstigen Anlagen** beziehen.

So können z. B. die im WA-Gebiet nach § 4 Abs. 3 ausnahmsweise zulassungsfähigen Tankstellen insoweit als allgemein zulässig festgesetzt werden, als sie nicht mehr als 2 Pflegehallen und keine Reparaturhalle aufweisen, um eine ausreichende Versorgung des Gebiets zu gewährleisten und gleichzeitig die Wohnruhe noch sicherzustellen. Dieses Beispiel zeigt jedoch, dass die zulässige gleichzeitige Anwendung des Abs. 6 Nr. 2 und Abs. 9 nicht leicht zu begründen ist. Es besteht nämlich die Gefahr, dass durch die Heraushebung einer bestimmten Art von Anlagen aus den Ausnahmen eine wettbewerbsregelnde Begünstigung dieser Anlagenart erfolgt. Der umgekehrte Fall der Nichtzulassung einer ausnahmsweise zulassungsfähigen Anlageart ist leichter zu begründen, z. B. mit dem Umwelt- oder Nachbarschutz. Im Falle der Anwendung von Abs. 6 Nr. 2 und Abs. 9 muss daher ein *besonderes Bedürfnis* gerade für diese bestimmte Art von Anlagen nachgewiesen werden.

Beispielsweise kann es für ein WA-Gebiet, das in einem Kur- oder Erholungsort liegt, wegen des großen Bedarfs an Fremdenbetten geboten sein, von den nach § 4 Abs. 3 Nr. 1 ausnahmsweise zulassungsfähigen Betrieben des Beherbergungsgewerbes nur die kleinen Betriebe (Pensionen), nicht dagegen die großen Betriebe (Hotels) als allgemein zulässig festzusetzen; die Großbetriebe würden den Maßstab des Gebiets sprengen und könnten damit die Wohnruhe und das Ortsbild beeinträchtigen. Gründe für die Umwandlung der Ausnahme wären im Bedarf an Fremdenbetten zu sehen; die besonderen städtebaulichen Gründe, die diese Differenzierung nach der Art der Anlagen rechtfertigen, wären Belange der konkreten städtebaulichen Gestaltung und des innergebietlichen Nachbarschutzes.

16. Schichtenweise Festsetzung in Baugebieten (»vertikale« Gliederung) (Abs. 7)

111 a) **Allgemeines.** Die Festsetzung muss sich im Rahmen des jeweiligen Baugebiets halten, d. h. es dürfen nur die in *diesem* Baugebiet zulässigen und ausnahmsweise zulassungsfähigen Nutzungen nach Abs. 7 geregelt werden. Die Ermächtigung des § 9 Abs. 3 BauGB zur möglichen schichtenweisen Überlagerung *verschiedener* Baugebiete wurde nicht ausgeschöpft.

Nicht ausgeschlossen ist die Überlagerung der Festsetzungen *eines* Baugebiets mit Festsetzungen für andere, nicht bauliche Nutzungen, z. B. Verkehrsflächen. Spezielle Regelungen der »vertikalen Gliederung« für bestimmte Baugebiete sind in § 4a Abs. 4 Nr. 1 und § 7 Abs. 4 Nr. 1 enthalten, jedoch nur für *Wohnungen* und für Geschosse *oberhalb eines im B-Plan bestimmten Geschosses,* also mindestens oberhalb des Erdgeschosses. Diese speziellen Regelungen können zusätzlich zur Regelung des Abs. 7 angewandt werden und sind durch Abs. 7 nicht ersetzbar, weil sie speziell der Fortentwicklung der Wohnnutzung im WB- und MK-Gebiet dienen sollen. Eine weitere Sonderregelung der »vertikalen Gliederung« enthält § 12 Abs. 4 und 5.

Die »vertikale Gliederung« kommt für WS- und WR-Gebiete nicht in Betracht, weil dafür kein Bedürfnis besteht. Für **SO-Gebiete** (§§ 10 und 11) kommt sie nicht in Betracht, weil die Gemeinde deren Art der Nutzung nach den §§ 10, 11 besonders festsetzen kann (§ 1 Abs. 3 Satz 3). Die Vorschrift schließt auch die im WA-Gebiet (§ 4) zulässigen Räume und in den Baugebieten nach den §§ 4a–9 zulässigen Gebäude für freie Berufe (§ 13) sowie die nach Maßgabe des § 12 in allen Baugebieten zulässigen Stellplätze und Garagen ein, auch wenn diese nicht besonders aufgeführt sind. Die nach § 12 Abs. 4 mögliche Festsetzung von Garagengeschossen kann auch durch Anwendung von § 1 Abs. 7 i. V. m. Abs. 9 erfolgen; insoweit handelt es sich um eine alternative Regelungsmöglichkeit mit demselben Ergebnis.

111.1

Die Vorschrift enthält **drei Fallgruppen** für die schichtenweise Festsetzung, und zwar

- die Beschränkung des Baugebietskatalogs auf nur einzelne oder mehrere allgemein zulässige Nutzungen, wobei diese *Positiv*-Festsetzung zugleich den Ausschluss der nicht genannten Nutzungen bedeutet (entspricht etwa der horizontalen Gliederung nach Abs. 4),
- den Ausschluss einzelner oder mehrerer zulässiger Nutzungen als Regelfestsetzung oder deren Umwandlung in Ausnahmen, wobei diese *Negativ*-Festsetzung zugleich die Zulässigkeit der nicht genannten Nutzungen bedeutet (entspricht Abs. 5),
- den Ausschluss aller oder einzelner Ausnahmen oder deren Umwandlung in allgemein zulässige Nutzungen, sofern die allgemeine Zweckbestimmung gewahrt bleibt (entspricht Abs. 6).

Diese drei Fallgruppen können sowohl innerhalb eines Geschosses als auch in Bezug auf verschiedene Geschosse alternativ oder kumulativ angewendet werden, so dass sich aus dem Baugebietskatalog jede beliebige Nutzungskombination zusammenstellen lässt, sofern diese sinnvoll ist und städtebaulich besonders begründet werden kann.

Beispielsweise könnte für das EG eines WA-Gebiets festgesetzt werden: »Zulässig sind nur die der Versorgung des Gebiets dienenden Läden, Schank- und Speisewirtschaften sowie Anlagen für Verwaltungen; ausnahmsweise können zugelassen werden Betriebe des Beherbergungsgewerbes, nicht störende Handwerksbetriebe und Tankstellen.« Für andere Geschosse sind andere Kombinationen möglich; die Zweckbestimmung des Baugebiets muss insgesamt gewahrt bleiben.

Nach Abs. 9 kann die vertikale Gliederung nicht nur nach Nutzungen, sondern auch nach baulichen und sonstigen Anlagen vorgenommen werden (zu den Begriffen Nutzungen und Anlagen Rn 78, 81). Die Regelung des Abs. 7 kann nach Abs. 8 auch auf Teile von Baugebieten beschränkt werden (Rn 125).

b) Voraussetzungen und Grenzen der vertikalen Gliederung. Die vertikale Gliederung bedeutet eine starke Einschränkung der Baufreiheit und damit einen Eingriff in das Eigentum. Sie kann vom Eigentümer nicht zu vertretende besondere Aufwendungen z. B. für die Gestaltung oder die Konstruktion der Gebäude erfordern, wenn sich dies aus der besonderen Nutzungsvorschrift für einzelne Geschosse zwingend ergibt.

112

Die vertikale Gliederung ist – besonders im Hinblick auf die Eigentumsgarantie – mit *besonderer Zurückhaltung* anzuwenden; eine derart weitreichende Festsetzung kann u. U. eine unzulässige Einzelfallregelung bedeuten und würde dann der Gemeinde mehr schaden als nützen. Außerdem bleiben Bedenken, dass durch eine derart detaillierte Festsetzung infolge einer zu starken

§ 1 Abs. 7 113, 114

Reglementierung der Eigentümer u. U. Entschädigungsansprüche auf die Gemeinde zukommen können. Der VOgeber hat daher die Anwendung der Regelung des Abs. 7 zu Recht an eine spezielle Begründung gebunden (»...besondere städtebauliche Gründe ...«, s. Rn 114).

113 Als weitere Voraussetzung der vertikalen Gliederung muss – obwohl in Abs. 7 nicht insgesamt, sondern nur in dessen Nr. 3 genannt – die **allgemeine Zweckbestimmung** entspr. Abs. 1 der jeweiligen Baugebietsnorm **gewahrt bleiben**. Auf die konkrete Eigenart eines bestimmten Gebietes kommt es dabei nicht an (Rn 102, Rn 108). Die Hauptnutzungen des Baugebiets dürfen nicht insgesamt ausgeschlossen werden (Rn 108). Nicht erforderlich ist es, dass bei Anwendung von Abs. 7 auf alle Geschosse auch sämtliche im Baugebiet aufgeführten Nutzungen noch zulässig oder ausnahmsweise zulassungsfähig bleiben. Die Regelung ist im Gegensatz zu Abs. 4 nicht als »Gliederung« bezeichnet und erlaubt zugleich auch den Ausschluss einzelner »Nebennutzungen«, zumal die Anwendung des Abs. 5 ohnehin zusätzlich möglich ist.

114 c) **Rechtfertigung durch besondere städtebauliche Gründe.** Die Formulierung in Abs. 7 geht zurück auf die Ermächtigung in § 9 Abs. 3 BauGB 1987, der diese Voraussetzung vorgab. Besondere städtebauliche Gründe müssen (bzw. mussten) mithin immer dann vorliegen, wenn eine besonders weitgehende Abweichung von der Baugebietsnorm oder deren feinerer Ausdifferenzierung vorgesehen wird, weshalb der Begriff dann auch in Abs. 9 übernommen wurde.

Der Inhalt des Begriffs »besondere städtebauliche Gründe« bereitete 10 Jahre lang Auslegungsschwierigkeiten, bis das BVerwG 1987 (U. v. 22.5.1987 – 4 C 77.84 –, aaO. Rn 78) zum Begriff »besondere städtebauliche Gründe« in § 1 Abs. 9 eine überzeugende und für die Praxis sehr hilfreiche Entscheidung getroffen hat, die für Abs. 7 gleichermaßen zutrifft.

Eine auf § 1 Abs. 5 bis 9 BauNVO gestützte Planung müsse – wie jede Planung aufgrund des BauGB – mit Argumenten begründet werden, die sich aus der jeweiligen konkreten Planungssituation ergeben und die geeignet sind, die jeweiligen Abweichungen von den gem. § 1 Abs. 2 und 3, §§ 2 bis 14 BauNVO vorgegebenen Gebietstypen zu tragen. Das BVerwG hat diese Argumentation ganz wesentlich mit dem Zusammenhang zwischen Abs. 9 und Abs. 5 begründet, was sinngemäß auch auf den hier behandelten Abs. 7 zutrifft (Näheres s. 9. Aufl., § 1 Rn 114).

Die Argumentation des BVerwG hat seit 1987 die mit der Planung erforderliche städtebauliche Begründung sehr erleichtert, weil nicht mehr »besondere« Gründe an den »Haaren herbeigezogen« werden müssen, sondern es genügt, **die sich aus der örtlichen Situation und der spezifischen planerischen Aufgabenstellung ergebenden »speziellen« Gründe plausibel darzulegen.**

Das BVerwG hat im B. v. 4.6.1991 – 4 NB 35.89 – (BVerwGE 88, 268 = DVBl. 1991, 1153 = ZfBR 1991, 269 = UPR 1991, 385 = BauR 1991, 718 = BRS 52 Nr. 9 = NVwZ 1992, 373) zu Abs. 7 ausgeführt, dass die sog. »vertikale Gliederung« einer städtebaulichen Begründung bedarf, die speziell auf eine nach Geschossen, Ebenen oder sonstigen Teilen baulicher Anlagen geordnete Verteilung bestimmter Nutzungsarten auf den einzelnen Grundstücken ausgerichtet ist und die damit verbundene qualifizierte Einschränkung der Eigentumsbefugnisse zu rechtfertigen vermag. Denn eine bestimmte vertikale Gliederung z. B. eines MI-Gebiets kann für die Eigentümer zur Folge haben, dass sie nicht nur oberhalb eines bestimmten Geschosses allein Wohnungen vorsehen dürfen, sondern gleichzeitig im unteren Bereich gewerbliche Nutzungen verwirklichen *müssen*. Dies bedeutet für den betroffenen Grundeigentümer eine Einschränkung seiner Disposition von besonderer Qualität und bedarf deshalb einer speziell darauf abgestellten Rechtfertigung. Das Ziel der »Bereitstellung von stadtnahem Wohnraum« rechtfertigt für sich allein eine geschossweise Festsetzung von Wohnnutzung in einem Mischgebiet nach § 1 Abs. 7 nicht (vgl. auch

BVerwG, B. v. 12.2.1990 – 4 B 240.89 – NVwZ 1990, 557 = BRS 50 Nr. 79). Ein weiteres negatives Beispiel ergäbe sich, wenn trotz fehlenden Bedarfs nicht nur im Erdgeschoss, sondern auch im Obergeschoss nur Einzelhandelsbetriebe, Speise- und Schankwirtschaften als zulässig festgesetzt werden, für die – im Vergleich zu einer Büro- oder Wohnnutzung – eine größere Geschosshöhe, stärkere Tragekonstruktionen, Lüftungsanlagen, eine zusätzliche Einkaufspassage und zusätzliche Treppen bzw. Fahrtreppen erforderlich werden. Wird diese zusätzliche Einkaufsebene vom Käufer wegen des fehlenden Bedarfs und ihrer ungünstigen Lage nicht angenommen, handelt es sich um eine Fehlplanung mit nachteiligen Folgen für Eigentümer und Mieter, deren Erforderlichkeit fraglich ist.

Besondere, d. h. **spezielle städtebauliche Gründe** können demgegenüber z. B. vorliegen, wenn 115

- in der Erdgeschosszone einer Fußgänger-Einkaufsstraße im MK-Gebiet nur Einzelhandelsbetriebe, Schank- und Speisewirtschaften, Betriebe des Beherbergungsgewerbes und sonstige Läden (wie Reisebüros) zugelassen werden sollen, damit nicht durch andere Nutzungen »tote Zonen« entstehen, die den Zusammenhang der Einkaufsstraßen unterbrechen und den Kundenstrom abreißen lassen,
- in MK-Gebieten Spielhallen und sonstige Vergnügungsstätten einen sog. »Trading-down-Effekt« bewirken können, der einen Ausschluss rechtfertigt (BVerwG, B. v. 21.12.1992 – 4 B 182.92 – BRS 55 Nr. 42; B. v. 15.12.1994 – 4 C 13.93 – BRS 56 Nr. 61),
- in MK-Gebieten Vergnügungsstätten zwar sonst allgemein zulässig bleiben, aber aus den Erdgeschossen ausgeschlossen werden sollen, um die Erdgeschosszonen in ihrer Attraktivität zu erhalten und eine Niveauabsenkung der Einkaufsstraßen zu vermeiden (vgl. BVerwG, U. v. 22.5.1987 – 4 N 4/86 –, aaO., Rn 78; OVG NW, U. v. 29.1.1997 – 11 A 2980/94 – GewArch. 1997, 385),
- im Rahmen von Sanierungsmaßnahmen oder sonst eine einheitliche Vorbereitung und zügige Durchführung vorgesehen ist, z. B. wenn in einem einheitlich geplanten Gebäudekomplex die verschiedenen Nutzungen einschl. Verkehrsflächen nicht nur in der Horizontalen, sondern auch in der Vertikalen sinnvoll einander zugeordnet werden sollen (z. B. im Keller Garagen, im EG Omnibusbahnhof, im 1. OG Ladenpassagen mit öffentlicher Fußgängerzone, Restaurants u. Ä., im 2. und 3. OG Büros, Verwaltungen und freie Berufe, darüber Wohnen),
- die ausschließliche Wohnnutzung oberhalb eines bestimmten Geschosses festgesetzt wird zur Erreichung des Planungsziels der Erhaltung einer gewachsenen Mischstruktur und der Verhinderung der Verödung eines Stadtbereichs – nicht dagegen nur zu dem Zweck »der Bereitstellung von stadtnahem Wohnraum« (vgl. BVerwG, B. v. 4.6.91 – NB 35.89 –, aaO. Rn 114).

Die Besonderheit eines städtebaulichen Grundes in einer bestimmten Gemeinde entfällt nicht dadurch, dass er dem Grunde nach auch in anderen Gemeinden vorliegen kann (vgl. BVerwG, B. v. 21.12.1992 – 4 B 182.92 –, aaO.).

Im BauGB 1998 hat die Ermächtigungsvorschrift des § 9 Abs. 3 BauGB, die die Grundlage für die schichtenweise Festsetzung bzw. die sog. »Vertikale Gliederung« nach § 1 Abs. 7 BauNVO ist, im ersten Satzteil die in der Einführung Nr. 3 d zitierte neue Fassung erhalten. 115.1

Zugleich sind zur Verdeutlichung, dass Festsetzungen immer städtebaulich gerechtfertigt sein müssen (s. § 1 Abs. 3 BauGB), am Anfang des Absatzes 1 die Worte »aus städtebaulichen Gründen« eingefügt worden. Die für derartige Festsetzungen bisher erforderliche **Rechtfertigung durch besondere städtebauliche Gründe ist im BauGB damit entfallen** (Begr. dazu s. 9. Aufl., § 1 Rn 115.1).

Wegen des Verzichts auf die 1997 an sich noch vorgesehene Änderung der BauNVO (s. Einf. Abschn. 11) weicht die BauNVO insoweit noch vom BauGB ab. Aufgrund der im BauGB erfolgten Änderung sind auch die verschiedentlich in der BauNVO aufgeführten »besonderen« städtebaulichen Gründe, soweit sie auf § 9 Abs. 3 BauGB gründen, unbeachtlich. Das Gleiche gilt wegen der Rspr. des BVerwG (s. o.) auch für die übrigen »besonderen« städtebaulichen Gründe.

§ 1 Abs. 7

116 Daraus, dass Abs. 7 nicht nur Geschosse und Ebenen, sondern auch **sonstige Teile baulicher Anlagen** aufführt, kann nicht geschlossen werden, diese Vorschrift ermögliche zugleich auch eine »horizontale« Gliederung *innerhalb der einzelnen baulichen Anlage*. Nach dem eindeutigen Wortlaut spricht die Formulierung dafür, dass »sonstige Teile« örtlich lokalisiert sein müssen, dass also mit »Teile« nicht auch (prozentuale) Anteile gemeint sind. Für diese Auslegung spricht auch, dass die BauNVO in § 4a Abs. 4 und § 7 Abs. 4 Nr. 2 ausdrücklich die Möglichkeit einräumt, für einen bestimmten Anteil der Geschoss*fläche* eine besondere Nutzungsregelung festzulegen. Daraus folgt, dass der VOgeber eine *Quotierung oder Kontingentierung von Nutzungsarten* nur in den genannten Fällen zulassen will, sonst hätte es der Spezialvorschriften in den §§ 4a Abs. 7 und 7 Abs. 4 nicht bedurft (vgl. BVerwG, B. v. 12.12.1990 – 4 NB 13.90 –, aaO. Rn 87; VGH BW, U. v. 15.10.1993 – 3 S 335/92 –). **§ 1 Abs. 7 lässt also eine zusätzliche horizontale Stockwerksgliederung für die einzelnen baulichen Anlagen nicht zu.** Eine zusätzlich mögliche horizontale Gliederung des Baugebiets nach Abs. 4 kann nach Abs. 8 höchstens auf Teile des Baugebiets, jedoch nicht darunter beschränkt werden.

117 d) **Geschosse, Ebenen, sonstige Teile baulicher Anlagen.** Die Regelung des Abs. 7 bezieht sich auf alle **Geschosstypen**, und zwar nicht nur auf **Vollgeschosse** (zum Begriff § 20 Abs. 1), sondern auch auf **andere Geschosse** (zu den Begriffen **Geschoss** § 20 Abs. 1, **andere Geschosse** § 20 Abs. 3). Es gehören dazu Kellergeschosse (zur Zulässigkeit der Festsetzung für Kellergeschosse s. OVG NW, U. v. 29.1.97 aaO. Rn 115), Dachgeschosse bzw. Dachräume (§ 20 Abs. 3). Zu den Vollgeschossen rechnen auch Luftgeschosse (Geschosse ohne Außenwände), zurückgesetzte Geschosse (Staffelgeschosse), höhenmäßig versetzte Geschosse. Die Festsetzungen können auch für *Geschosse unterhalb der Geländeoberfläche* getroffen werden.

Für Garagengeschosse ist dies bereits in § 12 Abs. 4 Satz 2 bestimmt. Dasselbe gilt auch für § 1 Abs. 7, auch wenn hier eine entsprechende Vorschrift fehlt. Die Auslassung ist nur ein redaktionelles Versehen des VOgebers. § 9 Abs. 3 BauGB führt die sonstigen Teile baulicher Anlagen dagegen auf. Besondere städtebauliche Gründe können es nämlich erfordern, dass beispielsweise im Zusammenhang mit einem unterirdischen Schnellbahnhof (S-Bahn, U-Bahn) ein oder mehrere Einkaufsgeschosse (»Basement«) unterhalb der Geländeoberfläche festgesetzt werden sollen. Die eindeutige Bestimmung des Geschosses sollte durch seine Bezeichnung (EG, 1. OG) usw. oder bei einheitlicher Planung besser durch Angabe seiner Höhenlage erfolgen.

Nicht immer werden die in den Baugebieten zulässigen und ausnahmsweise zulassungsfähigen baulichen und sonstigen Anlagen in Form von »Geschossen« errichtet. Wenn ein wesentliches Merkmal des Geschosses, z.B. die Geschossdecke, nicht vorhanden ist, handelt es sich nicht um ein Geschoss (§ 20 Abs. 1). Um solche Fälle gleichfalls erfassen zu können, sind auch **Ebenen als Teile baulicher Anlagen** in Abs. 7 einbezogen. So können beispielsweise die nach § 12 zulässigen Stellplätze auf Flachdächern von Gebäuden oder Parkpaletten vorgesehen werden. Durch Anwendung des Abs. 7 i.V.m. Abs. 9 kann z.B. festgesetzt werden, dass auf den in gleicher Höhe liegenden Flachdächern von Kaufhäusern in einem Einkaufszentrum nur Stellplätze als Zubehör zu den zulässigen oder ausnahmsweise zulassungsfähigen Nutzungen zulässig sind und zwischen den Dächern der verschiedenen Kaufhäuser verbindende Fahrbrücken vorgesehen werden. Der besondere städtebauliche Grund wäre darin zu sehen, dass dadurch der Parksuchverkehr erleichtert würde. Die Ebenen müssen nicht horizontal, sondern können auch geneigt sein. Die Bestimmung muss eindeutig durch Angabe der Höhenlage erfolgen (ggf. Beiblatt mit Schnitten).

Da Geschosse und Ebenen Teile baulicher Anlagen sind, können sonstige Teile baulicher Anlagen nur Teile sein, die nicht Geschosse und Ebenen sind. Was im Einzelnen darunter fällt, kann durch Beispiele nicht verdeutlicht werden.

e) **Beschränkung auf allgemein zulässige Nutzungen (Abs. 7 Nr. 1).** Nach der **118** Positivregelung des Abs. 7 Nr. 1 kann für einzelne oder mehrere der in dem Baugebiet **allgemein zulässigen Nutzungen** festgesetzt werden, dass sie in bestimmten Teilen baulicher Anlagen allein zulässig sind. Die übrigen in dem Baugebietskatalog aufgeführten Nutzungen einschließlich der Ausnahmen werden dadurch in diesen Teilen baulicher Anlagen unzulässig (so auch *Bielenberg/Dyong*, Rn 352). Die Vorschrift betrifft nur die *zulässigen* Nutzungen; die zusätzliche Anwendung der die *Ausnahmen* betreffenden Regelung der Nr. 3 bleibt davon unberührt (Rn 123). Für bestimmte Teile baulicher Anlagen kann daher auch festgesetzt werden, dass nur bestimmte Nutzungen zulässig sind und bestimmte der im Abs. 3 des Baugebietskatalogs aufgeführten Nutzungen ausnahmsweise zugelassen werden können. Es kann auch ein Geschoss auf eine einzelne Nutzung allein beschränkt werden. Dies muss nicht unbedingt eine der »Hauptnutzungen« des Baugebietskataloges sein; es genügt, wenn die allgemeine Zweckbestimmung des Baugebiets insgesamt gewahrt bleibt (Rn 102, 108, 113).

Zum Begriff »Nutzungen« s. Rn 78, 79. Der Begriff ist hier nicht so eng auszulegen, dass **119** die in den Baugebietskatalogen aufgeführten **Gebäude** wie Wohngebäude (§ 6 Abs. 2 Nr. 1) aus der Regelung herausfallen, nur weil begrifflich ein Gebäude nicht in einem Geschoss als zulässig festgesetzt werden kann. Die Vorschrift muss sinngemäß ausgelegt werden. Im MI-Gebiet beispielsweise sind u.a. Wohn*gebäude* sowie Geschäfts- und Büro*gebäude* zulässig, aber auch Gebäude, die Geschäfte, Büros und Wohnungen enthalten. Infolgedessen können in bestimmten Geschossen auch jeweils Geschäfts- und Büro*räume* bzw. Wohnungen als allein zulässige Nutzungen festgesetzt werden. Als Nutzung i.S. des Abs. 7 Nr. 1 ist mithin auch die jeweilige *Zweckbestimmung des Gebäudes* festzusetzen, sofern die Nutzung i.V.m. »-gebäude« aufgeführt ist. Bei Vorliegen besonderer städtebaulicher Gründe können unter Anwendung des Abs. 9 aus einer einzelnen Nutzung auch bestimmte **Arten von baulichen Anlagen** nach Abs. 7 Nr. 1 als allein zulässig festgesetzt werden.

So ist es denkbar, in einem MK-Gebiet anstatt »Einzelhandelsbetriebe« ohne jede Einschränkung nur »Einzelhandelsbetriebe mit Ausnahme der in § 11 Abs. 3 aufgeführten Betriebe« als zulässig festzusetzen, wenn die in § 11 Abs. 3 genannten Auswirkungen auch für das Kerngebiet zu befürchten sind, oder bestimmte Geschosse für »Hotels« als Unterfall der »Betriebe des Beherbergungsgewerbes« zu reservieren, weil in der Nähe eines Kongresszentrums Hotels fehlen. Da die Regelung des Abs. 9 gegenüber der des Abs. 7 weiter geht und in die Baufreiheit stärker eingreift, müssen auch die besonderen städtebaulichen Gründe weiter greifen und erkennen lassen, aus welchen Überlegungen schon die Festsetzung der einzelnen Nutzung nicht genügt, sondern noch eine bestimmte Art der baulichen Anlagen daraus ausgewählt werden muss.

f) **Ausschluss allgemein zulässiger Nutzungen oder ihre Umwandlung in Ausnahmen (Abs. 7 Nr. 2).** Die **Negativregelung des Abs. 7 Nr. 2,** nach der für bestimmte Teile baulicher Anlagen bestimmte zulässige Nutzungen als Regelfall ausgeschlossen oder in Ausnahmen umgewandelt werden können, entspricht der Regelung des Abs. 5 für das gesamte Baugebiet (Rn 100–103). Während bei Anwendung des Abs. 5 die *allgemeine Zweckbestimmung des Baugebiets gewahrt* bleiben muss, wird dies bei Anwendung des Abs. 7 Nr. 2 für einen bestimmten Teil der baulichen Anlagen (ein bestimmtes Geschoss) nicht vorausgesetzt. Die allgemeine Zweckbestimmung muss nur für das gesamte Baugebiet gewahrt bleiben (Rn 102, 108, 113). **Abs. 7 Nr. 2** ist die Umkehrung der Positivregelung der Nr. 1, führt jedoch zu gleichen Ergebnissen; lediglich die Ausnahmebestimmung ist zusätzlich aufgenommen worden. Da sowohl Nr. 1

§ 1 Abs. 7 121–123

als auch Nr. 2 die zulässigen Nutzungen betreffen, hätte es nahegelegen, beide Vorschriften der Übersichtlichkeit halber in einer Vorschrift zusammenzufassen.

Ihrem Wesen nach ist die Ausschlussregelung des Abs. 7 Nr. 2 in erster Linie dazu geeignet, durch Herausnahme potenzieller Störer den strukturellen Zusammenhang der jeweiligen Teile der baulichen Anlagen, insbes. der Geschosse, sicherzustellen. Typische Beispiele hierfür sind die »Verbannung« von Tankstellen im Zusammenhang mit Parkhäusern und Großgaragen oder Vergnügungsstätten aus dem Erdgeschoss eines MK-Gebiets, weil Tankstellen und der mit ihnen verbundene Betrieb oder Vergnügungsstätten den Zusammenhang eines MK-Gebiets empfindlich stören können (vgl. OVG NW, U. v. 29.1.1997 aaO., Rn 115).

121 Der Ausschluss einzelner oder mehrerer Nutzungen aus Geschossen, Ebenen oder sonstigen Teilen baulicher Anlagen bedeutet einen Eingriff in die Baufreiheit, der bei einer weiteren Untergliederung der Nutzungen in bestimmte Arten von baulichen Anlagen durch Anwendung von Abs. 9 noch stärker wird. Die Möglichkeit einer – wenn auch ungewollten – Wettbewerbsbeeinflussung ist dadurch nicht auszuschließen. Abs. 7 Nr. 2 bestimmt daher, dass im B-Plan als Alternative zur Unzulässigkeit der einzelnen Nutzungen deren **ausnahmsweise Zulassungsfähigkeit** festgesetzt werden kann, so dass es der Prüfung des Einzelfalls überlassen bleibt, ob das jeweilige Vorhaben zugelassen werden kann. Diese Alternative ist ein geringerer Eingriff. Sie dürfte in den meisten Fällen bereits genügen, zumal besondere nachprüfbare Ausnahmetatbestände vorliegen müssen, um eine Ausnahme realisieren zu können.

122 g) **Ausschluss von Ausnahmen oder ihre Umwandlung in eine allgemeine Zulässigkeit (Abs. 7 Nr. 3).** Die **Regelung des Abs. 7 Nr. 3**, nach der für bestimmte Teile von baulichen Anlagen festgesetzt werden kann, dass alle oder einzelne in den genannten Baugebieten vorgesehenen **Ausnahmen nicht zulässig sind,** oder, sofern die allgemeine Zweckbestimmung des Baugebiets gewahrt bleibt, allgemein **zulässig sind,** stimmt inhaltlich im Wesentlichen mit der Regelung des Abs. 6 überein, wenngleich in der Formulierung unbedeutende redaktionelle Unterschiede bestehen (hierzu Rn 104–110, zum **Begriff der Ausnahme** Rn 105–106). Sie kann für bestimmte Teile baulicher Anlagen entweder allein oder *auch in Verbindung* mit den Regelungen der Nrn. 1 oder 2 angewendet werden, so dass der gesamte Katalog der Abs. 2 und 3 der Baugebietsnormen innerhalb des zulässigen Rahmens veränderbar ist. Da der Ausschluss von Ausnahmen sowohl aus dem gesamten Baugebiet als auch aus bestimmten Teilen baulicher Anlagen die allgemeine Zweckbestimmung des Baugebiets nicht verändert, sind außer der allgemeinen Rechtfertigungspflicht durch städtebauliche Gründe keine weiteren Voraussetzungen daran geknüpft.

123 Die **Umwandlung von Ausnahmen** in allgemein zulässige Nutzungen kann – auch wenn dies nur in einem von vielen Geschossen vorgesehen würde – u. U. die allgemeine Zweckbestimmung des Baugebiets verändern, so dass die besondere Voraussetzung der **Wahrung der allgemeinen Zweckbestimmung des Baugebiets** erforderlich würde (Rn 102, 108, 113). Unzulässig soll die Festsetzung sein, dass für ein bestimmtes Geschoss nur eine der im Baugebiet ausnahmsweise zulassungsfähigen Nutzungen allein verwirklicht werden darf (Begr. zur ÄndVO 1977, BR-Drucks. 261/77, S. 20). Denn jede Ausnahme setzt eine dazugehörige Regelfestsetzung voraus.

Es ist daher nicht zulässig, eine Ausnahme zunächst nach Abs. 7 Nr. 3 in eine »allgemein zulässige Nutzung« umzuwandeln und sie dann als solche nach

Abs. 7 Nr. 1 für ein bestimmtes Geschoss als allein zulässige Nutzung festzusetzen. Abs. 7 betrifft nur die in dem *Baugebiet*, d. h. nach der Baugebietsnorm allgemein zulässigen Nutzungen, nicht dagegen die erst durch Umwandlung von Ausnahmen im B-Plan allgemein zulässig gewordenen Nutzungen. Eine in eine allgemein zulässige Nutzung umgewandelte Ausnahme kann jedoch zusammen mit einer allgemein zulässigen Nutzung für ein bestimmtes Geschoss als allein zulässig festgesetzt werden (Rn 118).

In einem WA-Gebiet dürfen z. B. im Erdgeschoss nicht nur Betriebe des Beherbergungsgewerbes, sonstige nicht störende Gewerbebetriebe oder Tankstellen als allein zulässige Nutzungen festgesetzt werden. Dies würde die allgemeine Zweckbestimmung des WA-Gebiets, die durch die Erdgeschossnutzung wesentlich mit geprägt wird, beeinträchtigen. Es ist dagegen beispielsweise möglich, im WA-Gebiet etwa die in § 4 Abs. 2 Nr. 2 aufgeführten Nutzungen und zusätzlich Anlagen für Verwaltungen (§ 4 Abs. 3 Nr. 3) für das Erdgeschoss als allein allgemein zulässig festzusetzen, womit die übrigen Ausnahmen ausgeschlossen werden, auch ohne dass dies nach Abs. 7 Nr. 3 besonders festgesetzt wird (Rn 118).

Wie bereits in den Fällen des Abs. 7 Nr. 1 und 2, so kann auch im Falle der Nr. 3 die Regelung des Abs. 9 angewendet werden, so dass nicht nur die in den Abs. 3 der Baugebietsnormen aufgeführten Ausnahmen, sondern auch nur bestimmte Arten von baulichen oder sonstigen Anlagen ausgeschlossen oder in allgemein zulässige Anlagen umgewandelt werden können; denn häufig reicht eine solche Einengung der Regelung aus. Da dies ein weiter gehender Eingriff in das Eigentum ist, müssen auch die besonderen städtebaulichen Gründe die Notwendigkeit dieser weiter gehenden Regelung erkennen lassen (Rn 119).

17. Beschränkung auf Teile des Baugebiets (Abs. 8)

Nach Abs. 8 können sich die Festsetzungen nach Abs. 4–7 auch auf Teile des Baugebiets beschränken (zum Begriff »Baugebiet« Rn 31); eine Beschränkung auf einzelne Grundstücke oder sogar Grundstücksteile ist – anders als etwa nach § 16 Abs. 5 – nicht vorgesehen und daher auch i. d. R. nicht zulässig, weil die Art der baulichen Nutzung entsprechend dem Normencharakter des B-Plans i. d. R. ohne Grundstücksbezug festgesetzt wird, während die Maßfaktoren GRZ, GFZ und BMZ einen Grundstücksbezug haben. Im Einzelfall können Grundstücke im Rechtssinn (§ 19 Rn 2, 3) jedoch u. U. so groß sein, dass sie einen größeren Teil des Baugebiets ausfüllen, so dass die Festsetzungen nach Abs. 4–7 sich nur auf ein Grundstück beziehen. Hier kommt es wesentlich auf die Größe der Grundstücke im Verhältnis zur Planung sowie auf den Kreis der von der Festsetzung Betroffenen an. Eine Einzelfallregelung (Rn 32–37) sollte möglichst vermieden werden. Auch unterschiedliche Festsetzungen nur für Baugebietsteile oder – im Ausnahmefall – für (größere) Einzelgrundstücke müssen *städtebaulich* gerechtfertigt sein und ein gerechtes Abwägungsergebnis gem. § 1 Abs. 7 BauGB darstellen; sie dürfen nicht zu einer Wettbewerbsregelung oder zur Verhinderung unerwünschter Nutzungen aus *anderen* als städtebaulichen Gründen führen. Außerdem muss auch bei Anwendung des Abs. 8 – obwohl nicht besonders gefordert – die allgemeine Zweckbestimmung gewahrt bleiben (s. Abs. 9, Rn 126).

18. Weitere Differenzierung nach Arten von baulichen und sonstigen Anlagen (Abs. 9)

Die Regelungen nach den Abs. 4–7 beziehen sich mit Ausnahme von Abs. 4 Nr. 2 auf Nutzungen (»Arten von Nutzungen«, »einzelne Nutzungen«) oder Ausnahmen, die in den Baugebietskatalogen jeweils in den Abs. 2 bzw. 3 *auf-*

§ 1 Abs. 9

geführt sind (zu den Begriffen Rn 79, 81). Diese haben als Nutzungs*typen* teilweise sehr pauschale Begriffsinhalte wie »Gewerbebetriebe« oder »Einzelhandelsbetriebe«, unter die vielfältige und in ihren städtebaulichen Außenwirkungen unterschiedliche Anlagenarten fallen. So umfasst z. B. der Nutzungsbegriff »Einzelhandelsbetrieb« als Anlagen u. a. Läden, Verkaufsstellen, Warenhäuser, Verbrauchermärkte, Supermärkte, Cash-and-carry-Märkte und somit Anlagen unterschiedlicher Größenordnung und Auswirkungen (vgl. hierzu § 11 Abs. 3). Nicht immer ist es erforderlich oder überhaupt erwünscht, alle unter *eine* der im Baugebietskatalog aufgeführten Nutzungsarten fallenden Unterarten von Nutzungen bzw. Anlagen nach Abs. 4–7 auszuschließen bzw. für ausnahmsweise zulassungsfähig oder allgemein zulässig zu erklären. Häufig ist es (*auch unter Beachtung des Grundsatzes der Verhältnismäßigkeit*) zweckmäßiger, nur einzelne oder wenige Unterarten von Nutzungen, d. h. Arten von Anlagen aus der Nutzungsart herauszugreifen und besonders zu regeln. **Abs. 9 gestattet daher, in Kombination mit den Abs. 5–8 auch einzelne Unterarten von Nutzungen sowie Anlagen mit planerischen Festsetzungen zu erfassen** (konkret für Abs. 5 entschieden, aber mit Geltung für die Abs. 4–8: BVerwG, U. v. 22.5.87 – 4 C 77.84 –, aaO., Rn 78). Damit kann einerseits die Planung flexibler gestaltet werden, indem mehr auf die tatsächlichen Erfordernisse eingegangen werden kann als bei den gröberen Regelungen der Abs. 4–7. Andererseits kann dies für den (negativ) betroffenen Eigentümer einen weiter gehenden Eingriff in die Bau- und Gewerbefreiheit bedeuten, z. B. wenn gerade die Einzelhandelsbranche ausgeschlossen wurde, die beabsichtigt wäre und auf dem Nachbargrundstück eine andere, vielleicht verwandte Branche weiterhin zulässig bleibt. Möglicherweise kann hier eine Einwirkung auf den Wettbewerb erfolgen. Voraussetzung ist aber, dass **städtebauliche Gründe** die Anwendung von Abs. 9 rechtfertigen:

Wie die Mehrzahl der Fälle in der hier zitierten Rspr. (Zusammenstellung Rn 129, 129.1) zeigt, kommt die Anwendung von Abs. 9 oft in Frage, um in einem bereits ganz oder teilweise bebauten Gebiet nachträgliche Korrekturen anzubringen. Bei solches Vorhaben wird es oft gewünscht, die im Gebiet bereits vorhandenen Unternutzungsarten nicht gleich mit auszuschließen, wodurch die rechtskonforme Formulierung dessen, was nicht zulässig sein soll, zusätzlich erschwert wird. Auf diese Weise sind vielfach Festsetzungen auch nicht an der Rechtswidrigkeit des Ausschlusses, sondern an der nicht anerkannten Formulierung von Ausnahmen gescheitert, die verhindern sollten, dass vorhandenen Nutzungen nicht auch unzulässig werden.

Wie in allen Fällen von planungsrechtlichen Festsetzungen dürfen ohnehin keine Festsetzungen getroffen werden, die über den Rahmen des Erforderlichen hinausgehen. Die besonderen städtebaulichen Gründe sind jedoch nicht notwendig erschwerte Voraussetzungen. Vielmehr ist es nur erforderlich, dass es *spezielle* städtebauliche Gründe gerade für die gegenüber den in den Abs. 5–8 Genannten noch feinere Ausdifferenzierung der zulässigen Nutzungen gibt (BVerwG, U. v. 22.5.1987 – 4 C 77.84 –, aaO., Näheres zu den besonderen städtebaulichen Gründen s. Abs. 7, Rn 114, 115).

126.1 Auch nach § 173 Abs. 3 Satz 1 BBauG **übergeleitete B-Pläne** mit Regelungen alten Rechts über die Art der Nutzung können bei einer Änderung durch B-Plan nach Abs. 9 isoliert eingeschränkt werden, ohne dass in dem Änderungs-B-Plan ein Baugebiet der BauNVO festgesetzt wird (BVerwG, B. v. 15.8.1991 – 4 N 1.89 – BRS 52 Nr. 1 = UPR 1991, 444 = DÖV 1992, 71 = ZfBR 1992, 87). Da es nur noch verhältnismäßig wenig übergeleitete Pläne gibt, die geändert werden, wird zur Begr. des BVerwG auf die 9. Aufl., § 1 Rn 126.1 verwiesen. Wird in einem Änderungs-B-Plan ein Baugebiet festgesetzt, so darf kein von den Baugebietstypen der BauNVO abweichendes Baugebiet festgesetzt werden. Zur Beschreibung von Gebieten, in denen (nur) gem. Abs. 9 Einschränkungen festgesetzt werden, können jedoch abweichende (deklaratorische) Gebietsbezeichnungen festgesetzt werden (vgl. BVerwG, aaO.).

127 Aufgrund der Vorschrift können aus den jeweils in den Abs. 2 und 3 der Baugebietsparagraphen genannten *zulässigen baulichen oder sonstigen Anlagen* »Unterarten von Nutzungen«, wie sie das BVerwG im U. v. 22.5.87 – 4 C 77.84 –, aaO., zutreffend bezeichnet hat, ausgesondert und mit den in den Abs. 5–8 vorgesehenen Wirkungen festgesetzt werden. Bei den »Unterarten …« muss es sich aber um **Anlagentypen** handeln, die von anderen Anlagen derselben Nutzungsart klar abgrenzbar sind. Hierzu hat das BVerwG in dem o. a. grundlegenden Urteil von 1987, das auch jetzt noch von den Obergerichten immer wieder zitiert wird, Folgendes ausgeführt:

»… *Der Bebauungsplan bzw. dessen Begründung muss erkennen lassen, dass mit den Festsetzungen ein bestimmter* **Typ von baulichen und sonstigen Anlagen** *erfasst wird. Für die Umschreibung und Abgrenzung des Typs der Anlage kann die Gemeinde dabei zwar auch auf besondere in ihrem Bereich vorherrschende Verhältnisse abstellen. Eine Planung konkreter einzelner Projekte ist ihr aber auch durch § 1 Abs. 9 nicht gestattet. – Dies wird, sofern die Gemeinde in ihrer Satzung* **Gattungsbezeichnungen** *oder ähnlich typisierende Beschreibungen wählt, i. d. R. keine Probleme aufwerfen. Sofern die Gemeinde aber – wie hier – die Zulässigkeit von Anlagen nach ihrer Größe, etwa nach der Verkaufsfläche von Handelsbetrieben, unterschiedlich regeln will, so wird die Festsetzung hierdurch zwar in besonderem Maße bestimmt und berechenbar. Dem § 1 Abs. 9 entspricht eine solche Planung aber nur, sofern gerade durch solche Angaben bestimmte Arten von baulichen oder sonstigen Anlagen zutreffend gekennzeichnet werden. Betriebe, bei denen die Verkaufsfläche eine bestimmte Größe überschreitet, sind nicht allein schon deshalb auch ›bestimmte Arten‹ von baulichen Anlagen. Die Begrenzung der höchstzulässigen Verkaufsfläche trägt die Umschreibung eines Typs von baulicher Anlage nicht gleichsam in sich selbst. Vielmehr muss die Gemeinde darlegen, warum Betriebe unter bzw. über einer bestimmten Größe generell oder doch jedenfalls unter Berücksichtigung der besonderen örtlichen Verhältnisse eine bestimmte Art von baulichen Anlagen darstellen. Diese Erläuterung des vom planerischen Zugriff erfassten Anlagen ist nicht gleichzusetzen mit den nach § 1 Abs. 9 erforderlichen besonderen städtebaulichen Gründen. Es bedarf vielmehr einer eigenständigen Begründung dafür, warum Anlagen einer bestimmten Größe eine bestimmte Art von Anlagen sind …*« (wird ausgeführt; Hervorhebungen v. Verf.; der Senat hat in seinem U. v. 22.5.1987 – 4 C 19.85 – ZfBR 1987, 254 = BRS 47, Nr. 56 = DVBl. 1987, 1006 = NVwZ 1987, 1076 die Grenze für den Typ des großflächigen Einzelhandels zur Abgrenzung vom »Nachbarschaftsladen« bei nicht wesentlich unter 700 m² Verkaufsfläche angenommen).

128 Nach dieser abschließenden Klärung durch das BVerwG können nur *objektiv bestimmbare Typen von Anlagen* erfasst werden; eine Planung *konkreter* einzelner Vorhaben ist nach § 1 Abs. 4–9 nicht gestattet (vgl. BVerwG, B. v. 6.5.1993 – 4 NB 32.92 –, aaO. Rn 102; OVG NW, U. v. 27.11.1992 – 11a NE 40/88 – NWVBl. 1993, 387 = DVBl. 1993, 1097 = GewArch. 1993, 433 = ZfBR 1993, 297 = BauR 1993, 639 = DÖV 1994, 37 = UPR 1994, 63 = NVwZ 1994, 292).

128.1 So können z. B. die »Anlagen für sportliche Zwecke«, nach dem **Gattungsbegriff** (z. B. »Stadion«, »Hallenbad«, »Tennisanlage«, »Turnhalle«, »Sportzentrum«), die »sonstigen Gewerbebetriebe« nach dem Gattungsbegriff (z. B. »Schreinereien«, »Schlossereien«, »Landmaschinenreparaturwerkstätten«), die »Vergnügungsstätten« nach dem Gattungsbegriff (z. B. »Spielhallen«, »Sex-Kinos«, »Video-Peep-Shows« u. Ä.), die »Tankstellen« nach den Ausstattungsmerkmalen (z. B. »mit nur 2 Pflegehallen, ohne Reparaturhalle«, »ohne Abgabe von Kraftstoffen an Lkw«) differenziert werden.

»Großflächige Einzelhandelsbetriebe« können z. B. nach den **Branchen** oder **Warengruppen** (z. B. »Nahrungs- und Genussmittel«, »Möbelhandel«, »Kraftfahrzeughandel«, »Gartencenter«, u. dergl., s. § 11 Abs. 3 Rn 33.6, 33.7) differenziert werden. Aber auch der Ein-

§ 1   Abs. 9   128.2, 128.3

zelhandel unterhalb der Schwelle des § 11 Abs. 3 kann – nur bei Vorliegen der weiteren materiellen Voraussetzungen – zumindest im theoretischen Ansatz – nach Branchen und Warengruppen differenziert werden (*Birk*, NWVBl. 1989, 73; VGH BW, U. v. 2.10.1992 – 8 S 548/92 – UPR 1993, 160), so z. B. auch Sex-Shops oder Erotikläden als Unterfall der »Einzelhandelsbetriebe« (VGH BW, B. v. 4.5.1998 – 8 S 159/98 – VBlBW 1999, 23, U. v. 3.3.2005 – 3 S 1524/04 – BauR 2005, 1892 NVwZ-RR 2006, 170 – VBlBW 2006, 142, OVG NW, UJ. v. 9.1.1989 – 10a NE 75/86 – NVwZ 1990, 85 und B. v 11.10.2001 – 10 A 2288/00 – a. A.: Nds. OVG, U. v. 11.9.1986 – 1 C 26/85 – NVwZ, 1987, 1091 = ZfBR 1987, 50).

Gegen die Festsetzung eines B-Plans, der in einem **GE-Gebiet** die Zulässigkeit von Einzelhandelsbetrieben **bestimmter Branchen** (hier: Haushaltswaren, Lebensmittel, Parfümerie- und Drogeriewaren, Schuh- und Lederwaren, Sportartikel mit Ausnahme von Großartikeln wie Booten) ausschließt, bestehen gem. § 1 Abs. 9 BauNVO keine Bedenken, wenn die Differenzierung marktüblichen Gegebenheiten entspricht (BVerwG, B. v. 27.7.1998 – 4 NB 31.98 – ZfBR 1998, 317 = UPR 1998, 459 = BauR 1998, 1197). So kann es z. B. gerechtfertigt sein, aus einem *GE-Gebiet* nur bestimmte Branchen des Einzelhandels auszuschließen, um die Marktfunktion des historischen Ortskerns zu fördern und außerdem das produzierende Gewerbe im GE-Gebiet zu sichern und zu erhalten (vgl. VG Würzburg, U. v. 18.5.1995 – W 6 K 94/29 – NVwZ-RR 1996, 136). Voraussetzung ist eine besondere städtebauliche Begr., die sich z. B. aus einer gutachterlichen Markt- und Standortuntersuchung ergeben kann (VGH BW, U. v. 2.10.1992, aaO.).

128.2 Eine Festsetzung oder Einschränkung von nur bestimmten Branchen oder Warengruppen in **MK-, MI-** oder **MD-Gebieten** lässt sich jedoch i. d. R. praktisch kaum städtebaulich begründen, sondern kommt schon einem Eingriff in den Wettbewerb des Handels nahe. Die in § 11 Abs. 3 aufgeführten städtebaulichen Gründe gelten nur für den *großflächigen* Einzelhandel und kommen bei der Beurteilung des *kleinflächigen* Einzelhandels nicht in Betracht. Der aus mancher Sicht erwünschte Branchenmix lässt sich in den genannten Baugebieten – anders als in SO-Gebieten – somit durch Festsetzungen nach Abs. 9 nicht erzwingen, eine unerwünschte Häufung einzelner Branchen (z. B. »zu viele Schuhgeschäfte im Kerngebiet«) ebensowenig verhindern. Hinzu kommt, dass z. B. in einen als Schuhgeschäft genutzten Laden nach dessen Auszug ohne bauliche Änderung und ohne Änderung der Stellplatzanforderungen anschließend ein Textilgeschäft oder ein Spielzeuggeschäft einziehen kann. Dabei handelt es sich nicht einmal um eine genehmigungspflichtige Nutzungsänderung und somit auch nicht um ein planungsrechtlich relevantes Vorhaben i. S. von § 29 BauGB, auf das die §§ 30 f. Anwendung finden könnten. Schon aus diesem Grund könnte eine zu starre Festsetzung von Branchen (positiv oder negativ) u. U. nicht vollziehbar und somit nichtig sein.

128.3 Der Einzelhandel mit **innenstadtrelevanten Hauptsortimenten** kann eine Nutzungsunterart i. S. der sog. Typenlehre bilden und deshalb bei Vorliegen entsprechender städtebaulichen Gründen aus einem GE-Gebiet ausgeschlossen werden (OVG RhPf, U. v. 24.8.2000 – 1 C 1457/99 – BauR 2001, 907; so auch VGH BW, U. v. 21.5.2001 – 5 S 901/99 –). Nach Auffassung des OVG RhPf haben die Begriffe der innenstadtrelevanten oder des nicht innenstadtrelevanten Sortiments nunmehr eine solche Verfestigung in der ökonomischen Realität des Einzelhandels und in der bauplanungsrechtlichen Praxis erfahren, dass sie als typusbildend i. S. v. § 1 Abs. 9 BauNVO für Einzelhandelsbetriebe eingesetzt werden können (aA. OVG NW, B. v. 1.10.1996 – 10a D 192/96. NE – BauR 1997, 436 = NWVBl. 1997, 268 = UPR 1997, 374, das den Begriff »zentrumstypische Einzelhandelsbetriebe« als typisierbare Unterart der Branche »Einzelhandel« verneint; ein solcher Begriff sei nicht hinreichend bestimmt, weil es dafür keine gesetzliche Definition gebe). Die bei den vorstehenden Entscheidungen erkennbare Sonderstellung des OVG NW mit schärferen Bedingungen für eine gültige Begründung nach Abs. 9 besteht offensichtlich fort, wenn man die unten angeführten Urteile (z. B. des Hess. VGH v. 8.12.2003 – 4 N 1372/01 –, (aaO., Rn 129) vergleicht mit den beiden ablehnenden Entscheidungen des OVG NW von 2005 (– /D-108/04.NE – und – 7 D-142/04.NE –, aaO., Rn 129.1). Der Auffassung des OVG NW ist aber nicht zu folgen, da das Gericht zu hohe Anforderungen an das Bestimmtheitsgebot planerischer Festsetzungen stellt. Maßgeblich ist nicht die gesetzliche Definition, sondern das Bestimmtheitsgebot, dem durch die inhaltliche Definition der Begriffe »zentrenrelevant«, »innenstadtrelevant« usw. mit Bezug auf den Einzelhandelserlass oder auf ein Einzelhandelsgutachten Genüge getan ist.

Die Festsetzung einer VF-Obergrenze von 2.000 m² in einem GE-/GI-Gebiet unter Bezugnahme auf § 1 Abs. 1 der **Warenhausverordnung** ist unzulässig, weil sie auf eine Vorschrift abstellt, die – als bauordnungsrechtliche Regelung zur Aufrechterhaltung der öffentlichen Sicherheit und Ordnung, insbes. durch Brandschutzvorkehrungen und Rettungseinrichtungen – nicht geeignet ist, i. S. v. § 1 Abs. 9 BauNVO die Anlagenart »großflächiger Einzelhandel« zu bestimmen (BayVGH, U. v. 25.10.2000 – 26 N 99.490 – BayVBl. 2001, 472).

Zeitliche und räumliche **Betriebsbeschränkungen** z. B. einer gaststättenrechtlichen Nutzung kennzeichnen keine bestimmte Art einer baulichen Anlage i. S. von Abs. 9 und dürfen nicht zu einer planerischen Festsetzung erhoben werden (VGH BW, B. v. 24.1.1991 – 3 S 1648/90 – NVwZ-RR 1992, 117).

Nicht zutreffend wäre die Auffassung, die Zugriffsmöglichkeit auf die besonderen Bedürfnisse und Eigenschaften der Betriebe und Anlagen, die Abs. 4 Satz 1 Nr. 2 Alt. 2 bietet, gelte auch für Abs. 9, ohne dass dies besonders geregelt sei. Die Regelung des Abs. 9 bezieht sich jedoch ausdrücklich nur auf die Abs. 5–8. Die speziellere Regelungsmöglichkeit des Abs. 4 kann schon deshalb nicht ohne weiteres auf die allgemeinere Regelungsmöglichkeit des Abs. 9 übertragen werden, weil die VO dies nicht vorsieht. Denn Abs. 4 Satz 1 Nr. 2 Alt. 2 betrifft (einengend) nur *Betriebe und Anlagen*, während Abs. 9 für *alle Nutzungen* gilt. Abs. 4 ist eine weiter gehende Regelung, weil die Anlagen nicht nur wie nach Abs. 9 mit einem Gattungsbegriff bezeichnet werden müssen, sondern *zusätzlich* auch mit ihren Bedürfnissen und Eigenschaften festgesetzt werden können.

128.4

(Besondere) städtebauliche Gründe (zum Begriff s. Rn 114, 115.1) **zur Rechtfertigung der Anwendung von Abs. 9 können z. B. gegeben sein** zum

129

• Schutz gewerblicher Flächen vor dem Verbrauch durch Vergnügungsstätten, Einzelhandel				
– GE	BVerwG	U	22.5.1987 – 4 C 19.85 –	ZfBR 1987, 254 = BRS 47, Nr. 56
	OVG NW	U	10.11.1988 – 11a NE 4/87 –	Städte- und Gemeinderat NW 1989, 285
Ausschluss großflächiger Handelsbetriebe wegen der Bereitstellung von Flächen für einen nachweislich bestehenden Bedarf an Baugrundstücken für die Ansiedlung von Handwerksbetrieben sowie Betrieben des produzierenden Gewerbes.				
– GE	BVerwG	B	1.3.1988 – 4 B 35.88 –	nicht veröffentlicht
Ausschluss von Spielhallen wegen der Befürchtung der Verdrängung anderer Nutzungen.				
– GE, GI	Hess. VGH	U	5.2.2004 – 4 N 360/03 –	BauR 2005, 1126
Vergnügungsstätten bzw. Bordelle können ganz oder teilweise ausgeschlossen werden, um die hochwertige Gebietsstruktur zu stärken (Vorbehalt für prod. u. verarbeitendes Gewerbe).				
• Ausschluss von Einzelhandel in anderen Gebieten zur Förderung der Kernzonen				
– GE	BVerwG	U	30.6.1989 – 4 C 16.88 –	ZfBR 1990, 27 = BRS 49 Nr. 3
Ausschluss von »isoliertem Einzelhandel«, aber Zulassung Verkaufsstellen von Handwerks- und produzierenden Gewerbebetrieben.				
– GE	VGH BW	U	21.5.2001 – 5 S 901/99 –	www.justizportal-bw.de Link »Entscheidungen«
Wenn »zentrenrelevante Sortimente« in der textlichen Festsetzung abschließend definiert und konkretisiert sind, verstößt eine darauf beruhende Festsetzung nicht gegen das Bestimmtheitsgebot.				

§ 1 Abs. 9   129

– GE	BVerwG	B	4.10.2001 – 4 BN 45.01 –	ZfBR 2002, 597

Zur Umschreibung von Anlagetypen i. S. von § 1 Abs. 9 und von Sortimentsbeschränkungen kommen Listen in Einzelhandelserlassen usw. in Betracht, wenn die konkrete Anlagenkennzeichnung den örtlichen und ökonomischen Gegebenheiten entspricht.

– GE	Hess. VGH	U	19.9.2002 – 3 N 78/00 –	ESVGH 53, 55

»Innenstadtrelevante Sortimente« als geeignete Ausschlusstypisierung auch ohne Gutachten aber mit plausiblen Überlegungen aufgrund regionaler und örtlicher Aspekte anerkannt.

– GE	OVG Nds	U	10.3.2003 – 1 KN 336/02 –	BauR 2004, 1108

Ausschluss zentrumsrelevanter Sortimente im Bestandsgebiet mit detailliertem Gutachtens.

– MK	Hess. VGH	U	4.12.2003 – 3 N 2463/01 –	BRS 66, 224

»SB-Markt« mit Sortimentsbeschreibung (für den täglichen Bedarf) ist eine gültige Nutzungsunterart für § 1 Abs. 9 BauNVO.

– GE	Hess. VGH	U	18.12.2003 – 4 N 1372/01 –	UPR 2004, 156

Ausschluss v. »innenstadtrelevantem« Einzelhandel auch ohne Gutachten, nur aufgrund des »inzwischen verfestigten« Begriffs mit örtlich belegter Ergänzung durch die Gemeinde selbst.

– GE	Hess. VGH	U	8.6.2004 – 3 N 1293/03 –	ESVGH 54, 227

Ausschluss v. Betrieben über 400 m² aufgrund detaillierter Begr. möglich, auch wenn schon größere Betriebe in der Nähe sind.

– GE	BVerwG	B	8.11.2004 – 4 BN 39.04 –	UPR 2005, 148

Einzelhandelsbetrieb v. »höchstens 400 m²« als Anlagentyp gem. § 1 Abs. 9 BauNVO geeignet.

– GE	VGH BW	U	5.11.2004 – 8 S 1076/04 –	www.justizportal-bw.de Link »Entscheidungen«

Branchengegliederter Ausschluss zum Schutz des Zentrums aufgrund eines Einzelhandelsgutachtens mit detaillierter Datenbasis.

– MI	BVerwG	B	10.11.2004 – 4 BN 33.04 –	BauR 2005, 818
	OVG NW	U	22.4.2004 – 7a D 142/02.NE –	ZfBR 2004, 570

Sortimentsbeschränkungen zu Gunsten der Kernzone sind auch dann legitim, wenn solche Sortimente noch nicht im Zentrum ansässig sind, das aber werden sollen.

– GE	VGH BW	U	30.1.2006 – 3 S 1259/05 –	www.justizportal-bw.de Link »Entscheidungen«

Innenstadtrelevante Sortimente, die es dort. nicht (mehr) gibt, können ausgeschlossen werden.

– GE	OVG NdS	U	14.6.2006 – 1 KN 155/05 –	BauR 2006, 1945

Regionalplanerische Festlegungen als Begründung für Nutzungsartenausschlüsse anerkannt.

– GE	OVG NW	U	28.8.2006 – 7D 112/ 05.NE –	www.justiz.nrw.de Link »Rechtsbibliothek«

Schutz des Zentrums und der Nahversorgung durch Sortimentsausschluss; ausnahmsweise werkstattgebundene Verkaufsflächen bis 50 m².

– GE	OVG RhPf	U	12.2.2007 – 8 A 1131. OVG –	www3.chamaeleon.de/ ovg_kos/

Ausschluss zentrenrelevanter Einzelhandelssortimente bei Vorliegen eines widerspruchsfreien Planungskonzeptes, dessen Verwirklichung nicht erkennbar ausgeschlossen ist.

- Schutz von Einkaufszonen durch Ausschluss von Spielhallen

– MI, MK	BVerwG	U	30.6.1989 – 4 C 16.88 –	ZfBR 1990, 27

Gegen Niveauabsinken einer Einkaufsstraße durch Häufung von Spielhallen, Unterbrechung der Schaufensterzonen und Ausbleiben der Kunden von Einzelhandelsgeschäften und eine dadurch erfolgende Gefährdung der Existenz und Verdrängung des zentrenorientierten Einzelhandels.

– MK	BVerwG	B	21.12.1992 – 4 B 182.92 –	BRS 55 Nr. 42

Abwehr eines Attraktivitätsverlusts durch einen »Trading-down-Effekt« infolge der Ansiedlung von Spielhallen.

– MK	BVerwG	B	5.1.1995 – 4 B 270.94 –	juris-Dok Nr. 444583

Verhinderung einer negativen Beeinflussung des bisherigen Charakters eines Stadtteilkerns mit seinem gehobenen und zentralen Versorgungsgebiet infolge Ansiedlung von Spielhallen.

– GE	OVG NdS	U	15.1.2004 – 1/KN 158/02 –	*nicht veröffentlicht*

Anerkennung des »Trading-down-Effekts« bei einem Bordell im Gewerbegebiet für den Ausschluss.

– GE, GI	Hess. VGH	U	13.10.2005 – 4 UE 3311/03 –	NVwZ-RR 2006, 764

Schutz der Flächen für produzierende Betriebe vor deren Verbrauch für Handel; Übernahme der Begr. aus der Regionalplanung.

- Schutz der Wohnbevölkerung durch Ausschluss einer Unternutzungsart

– MI	OVG Saar		27.8.1995 – 2 N 2/95 –	BauR 1997, 264

Ausschluss von chemischer Reinigungen, die nicht mit dem sog. Nassreinigungsverfahren arbeiten, wegen der Gesundheitsgefährdung durch bei diesen Betrieben als Lösungsmittel eingesetztes Perchlorethylen (PER) und Tetrachlorethen (Schutz der dichten Bebauung mit Wohnungen, Gastronomiebetrieben, Lebensmittelverkaufsstellen und Kindergarten).

§ 1   Abs. 9   129.1

129.1 Eine **Rechtfertigung** ist dagegen **nicht gegeben** z. B. bei den nachstehend geschilderten Fällen:

• Misslungeneer Einzelhandelsausschluss				
– GE	BVerwG	U	22.5.1987 – 4 N 4.86 –	aaO. (Rn 23.8)
	OVG NW	U	8.8.1989 – 4 NB 2.89 –	nicht veröffentlicht
»Lebensmittelgeschäfte bis 500 m²« und »Non-Foodläden bis 250 m²« sind **keine Anlagentypen.**				
– GE	OVG NW	U	9.10.2003 – 10a D 76/01.NE –	www.justiz.nrw.de Link »Rechtsbibliothek«
»Innenstadtbedeutsames Sortiment« als pauschale neue Wortbildung aus zwei Begriffen des Einzelhandelserlasses ohne detaillierte Untersuchung **reicht nicht** aus.				
– GE	OVG M-V	U	17.12.2003 – 3 K 6/1 –	BRS 66, 228
Ausschluss von »Einzelhandel« ist **nach § 1 Abs. 9 BauNVO nur mit genauer Prognose** über die Auswirkungen eines etwaigen Nichtausschlusses möglich.				
– GE	VGH BW	U	28.1.2005 – 8 S 2831/03 –	www.justizportal-bw.de
Nicht gerechtfertigter Ausschluss einzelnen Nutzungsarten (Einzelhandel) wg. fehlenden schlüssigen Plankonzeptes.				
– GE	VGH BW	U	2.5.2005 – 8 S 1848/04 –	www.justizportal-bw.de Link »Entscheidungen«
Die bloße Übernahme der Anlage zum Einzelhandelserlass ohne individuelle Betrachtung der örtlichen Situation reicht nicht aus, um eine gerechte Abwägung für einen Einzelhandelsausschluss vorzunehmen.				
– GE	OVG NW	U	19.8.2005 – 7 D 108/04.NE –	www.justiz.nrw.de Link »Rechtsbibliothek«
Die Bedingung: »… keine schädlichen Auswirkungen auf Zentren oder die Nahversorgung…« für eine Zulässigkeit ist **kein typisierendes Merkmal** für die Anwendung von § 1 Abs. 9 BauNVO.				
– GE	OVG NW	U	30.9.2005 – 7 D 142/04.NE –	www.justiz.nrw.de Link »Rechtsbibliothek«
Ausschluss von ausgewählten »zentren- u. nahversorgungsrelevanten Sortimentsgruppen« ohne nähere fachliche Begründung **ist rechtswidrig.**				
– GE	OVG NW	U	17.1.2006 – 10 A 3413/03 –	www.justiz.nrw.de Link »Rechtsbibliothek«
Vollst. Ausschluss v. Lebensmitteleinzelhandel ist ohne konkrete Angaben über die behauptete Schädigung **nicht rechtens.**				
• Spielhallen				
– MI	BVerwG		22.5.1987 – 4 N 4.86 –	aaO. Rn 78, vgl. Rn 101
Kein Ausschluss von Spielhallen wegen Jugendschutz oder Vorsorge gegen Spielleidenschaft.				

- sonstige rechtswidrige Versuche der Feinsteuerung

– GE	VG Würzburg	U	18. 5.1995 – W 6 K 94/29 –	NVwZ-RR 1996, 136
	Kein Ausschluss von freien Berufen (§ 13 BauNVO) mit der Begründung, diese Berufe gehörten zur Grundversorgung der umliegenden Bevölkerung und es bestehe die Gefahr des zunehmenden Attraktivitätsverlustes der Innenstadt durch die Niederlassung von freien Berufen in den Außenstadtbezirken. Freie Berufe sind nicht mit dem Einzelhandel vergleichbar. Es wurde auch kein Gutachten eingeholt oder Erhebungen angestellt.				
– GI	VGH BW,	U	23.8.2001 – 8 S 1119/01 –	VBlBW 2002, 74
	Kein Ausschluss bestimmter Anlagetypen, wenn die allgemein für unzulässig erklärten Anlagearten keine städtebaulich beachtlichen Merkmale aufweisen, die sie nachvollziehbar von den zugelassenen Arten unterscheiden. Der Mengendurchsatz der Betriebe pro benötigter Grundstücksfläche – so der Tenor der Begr. – sei nicht geeignet, die für den Ausschluss gewählte Differenzierung zu begründen. Es gebe auch weder Kennzahlen für den jeweiligen Mengendurchsatz der verschiedenen Anlagetypen noch Referenzgrößen bezüglich der von ihnen typischerweise in Anspruch genommenen Grundstücksfläche.				

Einen außergewöhnlichen Fall hat der VGH B-W (U. v. 10.1.2007 – 3 S 1251/06 – *www.justizportal-bw.de*) entschieden: Eine Gemeinde hatte im Bestand anlässlich der Baugenehmigung für die Umnutzung von einem Autohaus in einen Baumarkt eine spätere weitere Umnutzung in sonstigen, auch innenstadtrelevanten Einzelhandel dadurch verhindern wollen, dass der Eigentümer eine Baulast des Inhalts übernommen hat, dass er und seine Rechtsnachfolger nicht an Einzelhandelsunternehmen vermieten würde, die innenstadtrelevanten Handel betreiben. – Grundstück und Gebäude wurden an ein Einzelhandelsunternehmen verkauft, das selbst den von der Gemeinde nicht gewünschten Handel betreiben will und auch darf. Die Baulast wurde für unwirksam erklärt, weil sie ja nur den Vermietungsvorgang betreffen sollte, und ein solcher privatrechtlicher Vorgang, der nichts mit dem öffentlichen Baurecht zu tun habe, gar nicht Gegenstand einer Baulast sein könne. Nicht ausdrücklich angesprochen wurde der (hypothetische) Fall, dass die Baulast den Handel als solchen betroffen hätte, aber aus dem Zusammenhang der Gerichtsbegründung geht hervor, dass auch eine solche Baulast unwirksam gewesen wäre, weil man eine an sich wahrscheinlich rechtlich mögliche B-Planänderung nicht durch eine Baulast ersetzen kann.

19. Erweiterte Festsetzungsmöglichkeit bei bestandsorientierter Planung – »Fremdkörperfestsetzung« (Abs. 10)

a) Allgemeines. – aa) Anlass der Ergänzung durch die ÄndVO 1990. Die im Rahmen der Innenentwicklung der Städte erforderliche Aufstellung von B-Plänen für überwiegend bebaute Gebiete mit Immissions- oder Strukturkonflikten, insbes. in Sanierungsfällen, zur Erhaltung oder Erneuerung städtebaulicher Strukturen und zur Standortsicherung vorhandener Betriebe und Anlagen bei gleichzeitiger Verbesserung der Umweltverhältnisse stößt nach wie vor auf Schwierigkeiten.

Vom Bundestag und im Schrifttum wurden seit 1979 verschiedene Anstöße gegeben, um eine Lösung der Gemengelagenproblematik durch eine Verbesserung des Verwaltungsvollzugs oder durch Gesetzesänderungen zu bewirken. Diese hatten schließlich zur Einfügung des inzwischen wieder aufgehobenen Abs. 3 in § 34 BauGB (s. § 34 BauGB Rn 16 f.) und der Vorschrift des Abs. 10 durch die ÄnderungsVO 1990 geführt (Näheres zur Entstehungsgeschichte s. 7. Aufl. § 1 Rn 131).

§ 1 Abs. 10 131–133

131 bb) **Zweck und Wesen der Vorschrift.** Nach der Begr. zur **ÄndVO 1990** (BR-Drucks. 354/89) werden zur Unterstützung der Innenentwicklung und Absicherung von Investitionen insbes. an vorhandenen Gewerbestandorten mit **Abs. 10** die planerischen Differenzierungsmöglichkeiten des § 1 für die Bauleitplanung in überwiegend bebauten Gebieten verbessert. Nach vor 1990 geltendem Recht konnten sich rechtliche Hemmnisse daraus ergeben, dass die festzusetzenden Baugebiete mit den vorhandenen erhaltenswerten Nutzungen nicht voll übereinstimmen. Als wichtige Voraussetzung für die bestandsorientierte Planung entspr. dem Planungsleitsatz des § 1 Abs. 6 Nr. 4 BauGB (»Erhaltung, Erneuerung, Fortentwicklung, Anpassung und der Umbau vorhandener Ortsteile«) ist daher die Regelung, nach der mit der Festsetzung eines Baugebiets zugleich auch Festsetzungen zugunsten vorhandener nach der Baugebietsvorschrift nicht vorgesehener (d. h. unzulässiger) Nutzungen verbunden werden können, eingeführt worden.

132 Abs. 10 sieht vor, dass für bestimmte **vorhandene,** mit der Überplanung durch ein Baugebiet **unzulässig werdende Nutzungen** festgesetzt werden kann, dass **Erweiterungen, Änderungen, Nutzungsänderungen und Erneuerungen** dieser **unzulässig bleibenden** Nutzungen unter bestimmten Voraussetzungen **zulässig** oder **ausnahmsweise zulassungsfähig** sind. Eine entsprechende Gemengelagenvorschrift war für die *Zulassung von Vorhaben* durch die Baugenehmigungsbehörde bereits in § 34 Abs. 3 BauGB enthalten (diese Vorschrift ist jedoch durch das BauROG unter Hinweis auf die Anwendungsmöglichkeit des § 31 Abs. 2 BauGB gestrichen worden). Der VOgeber ging seinerzeit davon aus, dass ein dem § 34 Abs. 3 BauGB a. F. vergleichbares Instrument auch der Gemeinde für die *Planung* zur Verfügung stehen müsse. Die Vorschrift schafft somit die Rechtsgrundlage für einen durch Planung zu ermöglichenden **erweiterten Bestandsschutz** für »Fremdkörper« in einem andersartigen Baugebiet, der über den »normalen« sich aus der erteilten Baugenehmigung und der Rspr. ergebenden Bestandsschutz (s. Vorb. §§ 2 ff. Rn 10.6–10.95 u. U. weit hinausgeht. Als Besonderheit ist festzuhalten, dass die betreffenden Nutzungen, die verändert werden können, durch die Festsetzung des Baugebiets nicht etwa zulässig und somit in ihrem Bestand legalisiert werden, sondern weiterhin unzulässig und somit nur geduldet bleiben, während ihre »Zutaten« bzw. Veränderungen zulässig bzw. zulassungsfähig sind.

133 Mit dieser Vorschrift hat der VOgeber Neuland beschritten. Die Regelung fällt aus dem bisherigen System der Regel-Baugebietstypen (abgesehen von den SO-Gebieten) und Differenzierungsinstrumente heraus. Es handelt sich um eine bis dahin unübliche **anlagenbezogene Planung** i. S. einer Einzelfallregelung, bei der der an sich abstrakte Normencharakter des B-Plans verlassen wird und sich die Festsetzungen konkret auf bestimmte vorhandene Nutzungen beziehen, die jedoch veränderbar sind (etwa bei Aufgabe eines Gewerbebetriebs), so dass diese konkreten Festsetzungen dann gegenstandslos werden und der B-Plan u. U. für eine andere Nutzung geändert werden oder eine ausreichende Entwicklungsmöglichkeit zugunsten einer geeigneten Nachfolgenutzung aufweisen muss (vgl. *Söfker,* WiVerw. 1991, 165).

Es handelt sich weiter – ebenso wie bei dem früheren § 34 Abs. 3 BauGB a. F. – um eine gesetzlich normierte **Abweichens- bzw. Befreiungsregel für einzelne unzulässige Nutzungen** ohne gleichzeitige Bindung an konkrete Befreiungsvoraussetzungen. Deren nähere Bestimmung liegt nach Satz 2 vielmehr voll im Ermessen der Gemeinde; sie kann die näheren Bestimmungen über die Zulässigkeit im B-Plan treffen oder auch unterlassen. Andere Befreiungsvoraussetzungen, wie sie vergleichbar auch in § 31 Abs. 2 BauGB genannt sind, z. B. Gründe des Wohls der Allgemeinheit, die städtebauliche Vertretbarkeit oder eine bei Festsetzung des Baugebiets offenbar nicht beabsichtigte Härte sind gesetzlich nicht gefordert. Vielmehr reicht als einzige Voraussetzung für die Anwendung von Abs. 10 die Unzulässigkeit der vorhandenen Nutzung bei Überplanung, unabhängig davon, ob es sich um eine städtebaulich vertretbare oder unvertretbare Nutzung handelt. Die einzige übergeordnete Bindung ergibt sich aus den in § 1 Abs. 6 BauGB aufgeführten übrigen Belangen, die jedoch mit dem in § 1 Abs. 6 Nr. 4 BauGB aufgeführten Belang (s. o.) abgewogen werden müssen.

134 In dieser Ausformung unterscheidet sich die Vorschrift im Ergebnis nicht von der bisher in Gemengelagenbereichen möglichen bzw. üblichen »Briefmarkenplanung« für ein Fremdkörpergrundstück, d. h. der Festsetzung eines eigenen Baugebiets für den Fremdkörperbereich in einer andersartig festgesetzten Umgebung. Im Unterschied dazu wird durch die Festsetzung nach Abs. 10 jedoch der Anschein eines größeren homogenen Baugebiets erweckt, obwohl auch innerhalb dieses für einen begrenzten Bereich praktisch ein anderes Baugebiet festgesetzt wird, weil nach Satz 3 für diesen Bereich die allgemeine Zweckbestimmung des Baugebiets nicht gewahrt bleiben muss, d. h. abweichen darf. Die Gemeinde kann den Inhalt des Baugebiets weitgehend selbst bestimmen.

135 Damit ist die Vorschrift ein weiteres **flexibles Instrument** für die sich in Gemengelagen aus der konkreten örtlichen Situation ergebenden individuellen Planungsaufgaben und kann für die Praxis bei sachgerechter Anwendung sehr hilfreich sein. Insbes. ist die früher verbreitete Praxis, ohne beabsichtigten Strukturwandel nur mit Rücksicht auf einen gebietsfremden Gewerbebetrieb aus formalen Gründen ein anderes Baugebiet festzusetzen, als nach der städtebaulichen Struktur eigentlich erforderlich wäre, nur um die Anwendung anderer (höherer) Immissionswerte zu ermöglichen, nicht mehr vertretbar. Es darf jedoch nicht übersehen werden, dass wegen der Offenheit der Vorschrift die **Gefahr deren missbräuchlicher Anwendung** nicht auszuschließen ist, z. B. wenn bei der Abwägung der Belange die privaten Belange der unzulässigen vorhandenen Nutzung unverhältnismäßig stärker gewichtet werden als entgegenstehende öffentliche Belange, z. B. des Umweltschutzes.

136 So soll Abs. 10 nach den Vorstellungen des VOgebers (s. Begr. z. ÄndVO 1990, aaO.) in erster Linie zur **Standortsicherung von nicht gebietstypischen Gewerbebetrieben** dienen. Wegen ihrer allgemeinen Formulierung gilt die Vorschrift jedoch für **jede nicht gebietstypische Nutzung;** sie könnte daher auch im umgekehrten Sinn angewandt werden, etwa zur Standortsicherung von »sonstigen«, d. h. unzulässigen Wohnungen im GE-Gebiet, die durch Festsetzung nach Abs. 10 zudem noch erweiterungsfähig werden könnten. Ob ein solcher Anwendungsfall noch sachgerecht und vertretbar ist, mag dahin gestellt bleiben. **Auf keinen Fall** darf ein durch die vorhandene unzulässig werdende Nutzung bereits bestehender **städtebaulicher Missstand festgeschrieben** oder durch Erweiterung sogar noch verstärkt werden. Vielmehr gilt auch bei Anwendung des Abs. 10 das ungeschriebene, jedoch hier aus dem Zusammenhang mit den Vorschriften des § 1 Abs. 6 BauGB sich zwingend ergebende **Verbesserungsgebot** bzw. **Verschlechterungsverbot**.

137 Das bedeutet, dass gebietsfremde bzw. unzulässige Nutzungen, soweit sie nicht bereits gebietsverträglich sind, durch Anwendung des Abs. 10 gebietsverträglich gestaltet werden müssen. Etwa bestehende bodenrechtliche Spannungen müssen weitgehend beseitigt werden. Es können daher immer nur solche vorhandenen Nutzungen sein, die von ihrer Umgebung bisher bereits im Wesentlichen akzeptiert worden sind und nur aus mehr oder weniger formalen Gesichtspunkten »festgeschrieben« werden. Voraussetzung ist auch, dass die

§ 1 Abs. 10   138, 139

vorhandenen gebietsfremden Nutzungen **aus städtebaulicher Sicht erhaltenswert** sind, z. B. weil sie für den Ortsteil prägend sind, aus Gründen der Stadtgestaltung, des Denkmalschutzes, der Erhaltung und Sicherung von Arbeitsplätzen oder der Erhaltung einer ortstypischen Struktur. Im Wesentlichen kommen dafür – vergleichbar mit § 15 Satz 1 und 2 – zwei Anwendungsfälle in Betracht. Zum einen kommen vorhandene Nutzungen in Frage, die nur unzulässig sind, weil sie nicht unter die in den Abs. 2 und 3 der Baugebietsvorschriften aufgeführten zulässigen oder ausnahmsweise zulassungsfähigen Nutzungen fallen, jedoch keine Immissionskonflikte auslösen, zum anderen sind es im Wesentlichen Nutzungen, die wegen ihrer Immissionskonflikte dem Störgrad des jeweiligen Baugebiets nicht entsprechen und deshalb unzulässig sind.

138 b) **Anwendungsvoraussetzungen des Abs. 10.** Die Anwendung der besonderen Festsetzungen nach Abs. 10 setzt voraus, dass es sich um **überwiegend bebautes Gebiet** handelt. Derselbe Begriff wird auch an anderer Stelle der BauNVO verwendet (§ 4a Abs. 1 und § 17 Abs. 3) und hat die gleiche Bedeutung. »Gebiet« ist mindestens die für die Baugebietsfestsetzung vorgesehene Fläche, wird jedoch i. d. R. darüber hinausgehen und etwa den Bebauungszusammenhang i. S. v. § 34 Abs. 1 BauGB umfassen, weil nämlich *ein* Baugebiet *in* überwiegend bebauten Gebieten festzusetzen ist. Überwiegend bebaut ist ein Gebiet, wenn die Mehrzahl seiner im Bauland liegenden Grundstücke baulich genutzt ist. Dabei kommt es nicht auf genaues zahlenmäßiges Überwiegen der bebauten Grundstücke an, sondern das Übergewicht der Bebauung muss erkennbar sein und ins Auge fallen. Das BVerwG hat in einem Nichtvorlagebeschwerdebeschluss (6.3.2002 – 4 BN 11.02 – ZfBR 2002, 687) die vorstehende Aussage mit der Bemerkung relativiert, ob zur Unterscheidung der Eigenschaft »überwiegend bebaut« oder nicht unbedingt ein optische Eindruck bestehen müsse, sei fraglich, es komme auf den Gesamtzusammenhang an. Andererseits muss man ja den Zusammenhang irgendwie beurteilen, das tue man normalerweise dadurch, dass man ihn sich anschaut. Zusätzlich hat das Gericht noch darauf hingewiesen, dass »überwiegend« nicht mit der schärferen Bedingung »vorwiegend« verwechselt werden dürfe.

Nicht erforderlich ist es, dass die GRZ des Gebiets insgesamt mehr als 0,5 beträgt: auch ein Dorf mit einer durchschnittlichen GRZ von 0,3 kann überwiegend bebaut sein, wenn keine größeren Baulücken mehr vorhanden sind. Anders als nach § 17 Abs. 3 brauchte ein Gebiet nach Abs. 10 nicht schon am 1.8.1962 (dem Inkrafttreten der BauNVO 1962) bzw. am 3.10.1990 in den neuen Bundesländern überwiegend bebaut zu sein. Es genügt, wenn die überwiegende Bebauung zum Zeitpunkt der Planaufstellung gegeben ist. Das »Gebiet« braucht nicht unbeplant i. S. des früheren § 34 Abs. 1 BauGB a. F. zu sein; die Sätze 1–3 gelten nach **Satz 4** auch für die **Änderung und Ergänzung von B-Plänen**. Z. B. kann ein festgesetztes Baugebiet durch einen Strukturwandel funktionslos geworden sein, so dass es geändert werden muss, dabei jedoch ein »Fremdkörper« in dem Gebiet verbleibt, z. B. ein einzelner landwirtschaftlicher Betrieb in einem MD-Gebiet, das sich im Übrigen zu einem WA-Gebiet gewandelt hat.

139 Die Festsetzung nach Abs. 10 setzt **vorhandene bauliche oder sonstige Anlagen** voraus. Diese müssen tatsächlich vorhanden sein; bereits baurechtlich genehmigte, aber noch nicht ausgeführte Anlagen sind nicht »vorhanden«. Die vorhandenen Anlagen müssen zu irgendeinem Zeitpunkt baurechtlich oder immissionsschutzrechtlich genehmigt worden sein. Für ungenehmigte Schwarzbauten kann eine begünstigende Festsetzung nach Abs. 10 nicht in Anspruch genommen werden; hier mangelt es bereits am öffentlichen Interesse.

Diese Frage wird von anderen BauNVO Kommentaren (*E/Z/B/K* § 1 Rn 108, *Ziegler*, in: *Brügelmann*, § 1 Rn 408 und *K/R/S* § 1 Rn 105 anders gesehen: *Aus der Entstehungsgeschichte der Vorschrift ergebe sich, dass die Gemeinde auch nicht genehmigte bzw. nicht genehmigungsfähige Anlagen nachträglich legitimieren können solle*. Im Beschluss auf eine abschlägig beschiedenen Nichtvorlagebeschwerde hat das *OVG Nds.* (29.6.2004 – 1 LA 286/03 – *NVwZ-RR* 2004, 817) die hier vertretene Auffassung unter Verweis auf die Entscheidung des *BVerwG* (B. 6.3.2003 – 4BN 11 02 –) bestätigt: *Gegenstand einer begünstigenden Festsetzung nach § 1 Abs. 10 BauNVO können nur vorhandene Anlagen sein, die genehmigt wurden oder wenigstens passiven Bestandsschutz genießen* (bei passivem Bestandsschutz handelt es sich um solche Fälle, wo die Anlage zwar ohne Baugenehmigung errichtet wurde, aber aufgrund der seinerzeitigen Rechtslage genehmigungsfähig war).

Bei den »vorhandenen Anlagen« kann es sich immer nur um einzelne, im Verhältnis zur Größe des Baugebiets kleinere »Einsprengsel« von geringerem Flächenumfang handeln. Größere Anlagen mit erheblichem Umfang wie zusammenhängende Industrie- oder Gewerbeflächen erfordern regelmäßig die Festsetzung eines eigenen Baugebiets. Schließlich müssen die vorhandenen Anlagen **erhaltenswert** sein.

Die Anwendung von Abs. 10 setzt voraus, dass die vorhandenen Anlagen bei der Überplanung durch ein Baugebiet **unzulässig** werden. Dies bedeutet, dass die Anlagen normalerweise auf den Bestandsschutz beschränkt sind und im Wesentlichen nur Reparatur- und Erhaltungsaufwand betreiben, jedoch keine Betriebserweiterungen, Erneuerungen und Nutzungsänderungen vornehmen können (zum Bestandsschutz s. Vorb. §§ 2 ff. Rn 10.6–10.14). Die **Unzulässigkeit** kann sich einmal daraus ergeben, dass die betreffenden Anlagen in dem jeweiligen Baugebietskatalog nicht aufgeführt sind oder von ihm nicht umfasst werden und auch durch seine Differenzierung nach den Abs. 4–9 nicht zulässig oder ausnahmsweise zulassungsfähig werden können. Zum anderen können vorhandene Anlagen, obwohl in der Baugebietsvorschrift aufgeführt, nach § 15 Abs. 1 Satz 1 unzulässig sein, weil sie nach Anzahl, Lage, Umfang oder Zweckbestimmung der (tatsächlichen) Eigenart des Baugebiets widersprechen. Drittens kann die Unzulässigkeit bei durch Immissionen störenden Betrieben gegeben sein, wenn sie durch ein Baugebiet überplant werden, in dem nur nicht oder nicht wesentlich störende Betriebe zulässig sind, und diese Betriebe nicht ausgelagert werden können oder sollen, z.B. zur Erhaltung der Strukturmischung oder Nahversorgung der Bevölkerung.

140

Das OVG NW (U. v. 19.8.2005 – 7 D 108/04.NE – www.justiz.nrw.de) hat in einem Normenkontrollurteil die begünstigende Festsetzung eines Tankstellenshops mit 270 m² Verkaufsfläche (an Stelle der im übrigen GE max. zulässigen 150 m²) nicht beanstandet, obwohl die klassische Zielsetzung der Vorschrift (*Erweiterung, Änderung*) wegen der Einzelheiten der Festsetzung gar nicht zum Tragen kommt. Dem Gericht hat die Überlegung ausgereicht, dass mit der Regelung z.B. eine Erneuerung in gleicher Größe nach Zerstörung allgemein zulässig gemacht wurde.

Denkbare Beispielfälle für die Anwendung von Abs. 10:

141

- Tischlerei mit hochtourigen Holzbearbeitungsmaschinen im Innern eines Baublocks mit der Struktur MI-Gebiet; Betrieb hat seine Kundschaft in der näheren Umgebung (Planung: MI-Gebiet, Betrieb nach Abs. 10);
- Brauerei mit alter Tradition, in der näheren Umgebung Struktur WA-Gebiet, Brauereigebäude bestimmen Stadtbild und sprengen örtlichen Maßstab (Planung: WA-Gebiet, Brauerei nach Abs. 10);

§ 1   Abs. 10   142, 143

- Einzelner großflächiger Einzelhandelsbetrieb im GE-Gebiet nach BauNVO 1962, Ansiedlungsdruck weiterer unerwünschter Handelsbetriebe (Planung: GE-Gebiet, einzelner großflächiger Handelsbetrieb soll erhalten bleiben, Planung nach Abs. 10);
- Kerngebietstypische Nutzung, z. B. Versicherungskonzern, im WA-Gebiet; Probleme auch hinsichtlich der Einfügung nach Umfang; Planung nach Abs. 10;
- Größeres Hotel im WR-Gebiet (Planung: WR-Gebiet, Hotel nach Abs. 10);
- Einzelner landwirtschaftlicher Betrieb im ehemaligen Dorfgebiet, keine neuen landwirtschaftlichen Betriebe zu erwarten, Strukturwandel zum Wohnen (Planung: WA-Gebiet, landwirtschaftlicher Betrieb nach Abs. 10).

Nicht geeignet ist die Anwendung von Abs. 10 zur Erreichung z. B. des Planungsziels, in einem »eingeschränkten« GI-Gebiet nur die bestehenden Anlagen sowie deren Änderungen und Erweiterungen im Rahmen des Bestandsschutzes, im Übrigen aber nur nicht erheblich belästigende Gewerbebetriebe i. S. von § 8 Abs. 2 zuzulassen (BVerwG, B. v. 6.5.1993 – 4 NB 32.92 – ZfBR 1993, 297). Ein formell und materiell rechtswidriges Einkaufszentrum mit einer VF von 13.000 m² muss zwar bei einer Änderung des B-Plans berücksichtigt werden; die Interessen seiner Betreiber gehören zu den abwägungserheblichen privaten Belangen. Die Gemeinde darf sich aber in den Grenzen des § 1 Abs. 5–9 BauNVO über sie hinwegsetzen und kann grundsätzlich auch den Einzelhandel ganz oder teilweise (hier: in dem GE-Gebiet) ausschließen. Dabei bleibt die bisherige durch Baugenehmigung abgedeckte Nutzung von der Planänderung unberührt (BVerwG, B. v. 21.12.1999 – 4 BN 48.99 – NVwZ-RR 2000, 411 = UPR 2000, 229 = ZfBR 2000, 274 = BauR 2000, 854).

142 c) **Erweiterungen, Änderungen, Nutzungsänderungen, Erneuerungen.** Nach Abs. 10 kann festgesetzt werden, dass Erweiterungen, Änderungen, Nutzungsänderungen und Erneuerungen vorhandener **unzulässiger Anlagen** allgemein zulässig sind oder ausnahmsweise zugelassen werden können. **Erweiterung** und **Änderung** sind bauliche Maßnahmen, die eine Umgestaltung einer baulichen Anlage durch Anbau, Umbau, Ausbau sowie Vergrößerung oder Verkleinerung bewirken. **Nutzungsänderung** (mit oder ohne bauliche Maßnahmen) ist eine Änderung von der bisherigen in eine andere Nutzungsart; auch sie ist ein Vorhaben nach § 29 Satz 1 BauGB (s. Vorb. §§ 2 ff. Rn 21 f.). **Erneuerung** bedeutet die nach einem Verfall, einer Zerstörung oder einer Beseitigung der vorhandenen Anlage erfolgende **Neuerrichtung** einer der Altanlage gleichartigen Anlage von gleicher Nutzungsart an gleicher Stelle in moderner Form und Ausstattung.

143 Sind in einem durch B-Plan festgesetzten Baugebiet vorhandene bauliche Anlagen in Folge einer Änderung des B-Plans (hier: Ausschluss der Zulässigkeit von Einzelhandelsbetrieben in einem GE-Gebiet) i. S. von § 1 Abs. 10 S. 1 (i. V. m. Satz 4) BauNVO unzulässig geworden, so können Festsetzungen gemäß § 1 Abs. 10 S. 2 und 3 (i. V. m. S. 4) BauNVO über die Zulässigkeit bzw. die (ausnahmsweise) Zulassung von Erweiterungen, Änderungen, Nutzungsänderungen und Erneuerungen dieser Anlagen auch nachträglich durch eine weitere Änderung getroffen werden (vgl. BayVGH, U. v. 23.12.1998 – 26 N 98.1675 – BauR 1999, 873). Das BVerwG hat mit B. v. 11.5.1999 – 4 BN 15.99 – GewArch. 1999, 389 = UPR 1999, 352 = DVBl. 1999, 1293 das vorstehende U. des BayVGH bestätigt und dazu folgenden Leitsatz erlassen: »*§ 1 Abs. 10 S. 1 BauNVO ist auch dann anwendbar, wenn die Anlage in dem betreffenden Baugebiet unzulässig ist, weil sie einer Nutzungsart zuzurechnen ist, die dort einem Nutzungsausschluss nach § 1 Abs. 5 BauNVO unterliegt*«.

143.1 Werden in einem Altstadtquartier mit hoher Gaststättendichte zur Abwehr unerwünschter Strukturveränderungen und zur Verbesserung der Wohnruhe Schank- und Speisewirtschaften in einem Mischgebiet nach § 1 Abs. 5 BauNVO ausgeschlossen, so sind Veränderungs- und Erweiterungsinteressen bestehender Gaststätten in angemessenem Umfang nach § 1 Abs. 10 BauNVO abzusichern (erweiterter Bestandsschutz – BayVGH U. v. 8.11.1999 – 14 N 98.3623 – BauR 2000, 699).

§ 1 Abs. 10 BauNVO ermächtigt zu in einem Gewerbegebiet vorhandene Einzelhandelsbetriebe erfassenden Festsetzungen, wenn die Einzelhandelsbetriebe im Hinblick auf die an die Geschossfläche anknüpfende Regelvermutung des § 11 Abs. 3 Satz 3 BauNVO im GE-Gebiet an sich unzulässig sind. Die Festsetzungsmöglichkeit besteht ungeachtet der Frage, ob die vorhandenen Einzelhandelsbetriebe aufgrund individueller Besonderheiten die Schwelle zur Gebietsunverträglichkeit konkret noch nicht überschritten haben (OVG NRW, U. v. 8.2.2001 – 7a D 169/98.NE – NWVBl. 2001, 354 = BauR 2001, 1052).

d) Nähere Bestimmungen über die Zulässigkeit im Bebauungsplan (Satz 2). **144**
Die Vorschrift ist eine Kann-Bestimmung; es liegt im Ermessen der Gemeinde, von ihr Gebrauch zu machen oder nicht. Die vorstehenden Überlegungen zeigen jedoch, dass eine sinnvolle Regelung ohne nähere Bestimmungen nicht möglich ist, damit auch eine wirksame Verbesserung der Situation erzielt wird. Es wäre daher nicht zu vertreten und würde einen schweren Abwägungsfehler bedeuten, eine Festsetzung nach Abs. 10 ohne jegliche nähere Bestimmungen beispielsweise nur mit folgendem Text vorzusehen: »In dem gekennzeichneten Bereich der vorhandenen Anlage *(folgen die Bezeichnung der Anlage und die textliche bzw. zeichnerische Abgrenzung des Bereichs)* sind Erweiterungen, Änderungen, Nutzungsänderungen und Erneuerungen dieser Anlage zulässig.«. Eine derartige Festsetzung wäre viel zu unbestimmt; sie würde nicht einmal Aussagen über die Art der Nutzung der einzelnen Veränderungen enthalten und gäbe keine Möglichkeit, sich mit den berührten öffentlichen und privaten Belangen auseinanderzusetzen, die jedoch unbedingt berücksichtigt werden müssen. So könnte ein Grundstückseigentümer u. U. daraus einen Rechtsanspruch auf eine missbräuchliche Ausnutzung herleiten. Wegen des **Verbesserungsgebotes** schrumpft das gemeindliche Ermessen hinsichtlich einer Nichtanwendung des Satzes 2 auf Null, d. h. **nähere Bestimmungen sind fast immer** wegen der Abwägung der verschiedenen Belange **unverzichtbar.** Der VOgeber hätte diese Vorschrift besser als zwingend ausgestalten sollen.

Die Kann-Bestimmung muss so verstanden werden, dass der Gemeinde eine Wahlmöglich- **145** keit in der Art der zu bestimmenden Einzelheiten zusteht. Sie kann nähere Bestimmungen nicht nur zur Zulässigkeit, sondern selbstverständlich auch zur ausnahmsweisen Zulässigkeit treffen. Die Festsetzung nach Abs. 10 muss nicht zwingend immer mindestens ein gesamtes Baugrundstück umfassen; denkbar ist auch eine Begrenzung der Festsetzung nur auf bestimmte Grundstücksteile oder sogar einzelne Geschosse; z. B. kann nur eine Nutzungsänderung nur für bestimmte Geschosse wirken, das ggf. auch noch für einzelne Geschosse unterschiedlich zugelassen werden; dies ergibt sich aus den »näheren Bestimmungen«, durch die der Gemeinde ein erheblicher Gestaltungsspielraum zur Verfügung steht ähnlich wie beim SO-Gebiet. Oberster Grundsatz muss das **Verbesserungsgebot** im Sinn einer **Kompensation** sein, d. h. dafür, dass der – unzulässigen – Anlage durch Festsetzung ein erweiterter Bestandsschutz gewährt wird, hat sie zur Verbesserung der Situation, insbes. zur Umweltverbesserung, beizutragen. Bei Erweiterungen, Änderungen und Nutzungsänderungen sollte stets die zulässige bzw. ausnahmsweise zulassungsfähige Art der Nutzung bzw. Anlagen (entspr. § 1 Abs. 5 bzw. 9) festgesetzt werden.

§ 1 Abs. 10

146 Die **näheren Bestimmungen** sind naturgemäß **anlagenbezogen** und werden insbes. auch **technische Vorkehrungen** (vgl. § 9 Abs. 1 Nr. 24 BauGB) umfassen. Diese können u. U. auch über den engen Rahmen des Bodenrechts hinausgehen und Maßnahmen an der Anlage betreffen. Darüber hinaus sind nähere Bestimmungen auch zum **Betriebsablauf** denkbar (z. B. ein Verbot von Nachtschichten, Regelungen zum Werksverkehr über bestimmte Ausfahrten u. dergl.).

So kann z. B. bei einer im MI-Gebiet liegenden Zimmerei mit Kreissägen im Freien bestimmt werden, dass eine Erweiterung nur zum selben Nutzungszweck zulässig und so anzuordnen ist, dass die offenen Holzbearbeitungsmaschinen zum Lärmschutz durch eine geschlossene Halle zu umbauen sind. Dabei kann für die Außenwandbauteile einer solchen Halle ein bestimmtes Schalldämmmaß vorgeschrieben werden. Bei Gewerbebetrieben kann z. B. auch bestimmt werden, dass bestimmte Schallquellen zu beseitigen oder zu verlegen sind (z. B. Schließung von Ventilatoröffnungen in bestimmten Außenwänden, Verlegung von Exhaustoren, Verlegung bestimmter störender Betriebsteile an unempfindliche Standorte u. Ä.).

147 Selbstverständlich setzen solche Festsetzungen eine enge Abstimmung mit dem betreffenden Betrieb und der Immissionsschutzbehörde voraus; zweckmäßigerweise sollten dazu **flankierende Maßnahmen** wie Städtebauförderung zur Unterstützung der erforderlichen betrieblichen Investitionen zum Umweltschutz ins Auge gefasst werden, wie sie von den Ländern im Rahmen der Stadterneuerung und Betriebsstandortförderung gewährt werden. Sofern auch **Nutzungsänderungen** zugelassen werden, sollte der Rahmen der zulässigen Nutzungen auf jeden Fall näher bestimmt werden. Handelt es sich dabei um im Baugebiet ohnehin zulässige Nutzungen, bedarf es keiner weiteren »näheren Bestimmung«.

Wird z. B. eine Brauerei im WA-Gebiet aufgegeben und in Wohnungen umgenutzt, so ist dies ohne weiteres zulässig. Können Wohnungen dort jedoch wirtschaftlich nicht eingerichtet werden und kommt nur eine gewerbliche Folgenutzung in Betracht, so sollten »sonstige Gewerbebetriebe«, die nicht der Zweckbestimmung des Baugebiets entsprechen, dort nur ausnahmsweise und mit entspr. Maßgaben i. S. d. Verbesserungsgebotes zugelassen werden, damit die Gemeinde ein Steuerungsinstrument in der Hand behält.

148 e) **Wahrung der allgemeinen Zweckbestimmung »im Übrigen«.** Abs. 10 ermöglicht – ebenso wie die Abs. 5, 6, 7 und 9 durch Differenzierung der Nutzungen – durch die Sonderregelung für den Bereich gebietsfremder Anlagen eine u. U. erhebliche **Abweichung vom jeweiligen Baugebietstyp.** Während die Abweichungen nach Abs. 5, Abs. 6 Nr. 2 und Abs. 7 Nr. 3 an die Voraussetzung der **Wahrung der allgemeinen Zweckbestimmung,** wie sie in den Absätzen 1 der Baugebietsvorschriften enthalten ist (s. hierzu Rn 102), gebunden sind, kann diese Voraussetzung für den Bereich der Festsetzung nach Abs. 10 für gebietsfremde unzulässige Anlagen naturgemäß nicht eingehalten werden, weil bereits die vorhandenen Anlagen der Zweckbestimmung stets widersprechen; für den Teil des Baugebiets außerhalb der Festsetzung nach Abs. 10 »(im Übrigen)« ist die Wahrung der allgemeinen Zweckbestimmung jedoch erforderlich.

149 An den **Nutzungsgrenzen** zwischen der Festsetzung nach Abs. 10 und dem übrigen Baugebiet, die eigens festzusetzen sind, gelten die **Planungsgrundsätze** wie bei verschiedenen aneinandergrenzenden Baugebieten in **Gemengelagen** i. S. des § 50 BImSchG. Vorrangig ist dabei anzustreben, dass von den zuzulassenden Veränderungen der Altanlage keine Belästigungen oder Störungen ausgehen können, die für die Umgebung im übrigen Teil des Baugebiets oder in anderen Baugebieten unzumutbar sind; § 15 Abs. 1 Satz 2 gilt insoweit auch für die nach Abs. 10 zulässigen oder ausnahmsweise zulassungsfähigen Veränderungen der unzulässigen Altanlage. Lassen sich die Nutzungsgrenzen überschreitende Störungen oder Belästigungen jedoch nicht beseitigen oder vermeiden, so wird dadurch die allgemeine Zweckbestimmung der übrigen Teile des Baugebiets nicht beeinträchtigt. In diesem Fall ist – sofern keine Alternative zur Verbesserung gegeben ist – das **Gebot der gegenseitigen Rücksichtnahme** (Rn 48 f.) anzuwenden.

Soweit es sich um **grenzüberschreitende unzumutbare** Belästigungen oder Störungen handelt, könnte zwar eine im übrigen Teil des Baugebiets »heranrückende schutzwürdige Nutzung« formal wegen Unzulässigkeit nach dem durch die **ÄndVO 1990 eingefügten zweiten Satzteil des § 15 Abs. 1 Satz 2** abgewehrt werden. Dagegen bestehen jedoch erhebliche Bedenken, weil damit ein bei der Planung aufgrund bekannter Immissionsbelastungen bereits erkennbarer Konflikt nicht bewältigt wird und somit ein Abwägungsfehler gegeben ist. Bei einer derart anlagenbezogenen Planung wie nach Abs. 10 muss die **planerische Konfliktbewältigung** (Rn 8.4) so weitgehend erfolgen, dass eine spätere Anwendung des § 15 Abs. 1 Satz 2 zweiter Satzteil praktisch ausgeschlossen ist. Im Übrigen wird auf die allgemeinen Bedenken zu dieser Vorschrift verwiesen (§ 15 Rn 24–24.3). Schon aus immissionsschutzrechtlichen Gründen ist daher mit planerischen Mitteln dafür zu sorgen, dass solche unzumutbaren Belästigungen oder Störungen außerhalb der Nutzungsgrenzen nach Abs. 10 nicht einwirken können. Hierfür stehen vielfältige planerische Instrumente zur Verfügung (s. Rn 45.1), die ggf. auch mit dem Instrument des Baugebots (§ 176 BauGB) durchgesetzt werden können.

Vorbemerkung zu den §§ 2 bis 9, 12 bis 14

Grundsätzliches und Grundsätze zur Zulässigkeit und ausnahmsweisen Zulassung von Nutzungen (Anlagen und Betriebe) in den einzelnen Baugebieten und nach den §§ 12 bis 14

Übersicht	Rn	
1. Grundsätzliches zur Systematik der Baugebietsvorschriften und zur begrifflichen Abgrenzung der Nutzungen (Anlagen und Betriebe)	1	– 4.9
a) Zur Systematik der Baugebietsvorschriften	1	– 1.1
b) Städtebaurechtlicher Gehalt der für die Nutzungen (Anlagen und Betriebe) verwendeten Begriffe	2
c) Inhaltsbestimmung der Nutzungen (Anlagen und Betriebe) und die unterschiedliche Verwendung gleicher Nutzungsbegriffe entsprechend dem jeweiligen Baugebietscharakter	3	– 3.3
d) Auslegungsgrundsätze in Bezug auf »sonstige nicht störende Gewerbebetriebe«	3.4	– 4.3
e) Die Zulässigkeit von Vergnügungsstätten im Rahmen der baugebietlichen Systematik der BauNVO	4.4	– 4.9
2. Grundsätze für die Zulässigkeit bzw. Zulassungsfähigkeit von Nutzungen (Anlagen u. Betrieben); Befreiungsmöglichkeit nach § 31 Abs. 2 BauGB	5	– 7.12
a) Allgemeines, zur rechtssystematischen Einordnung	5	– 5.1
b) Zur ausnahmsweisen Zulassung von Nutzungen, Rechtsnatur; Handhabung i. d. Praxis	6	– 6.8

Vorbem §§ 2–9, 12–14

c)	Voraussetzungen, um die Zulassung von Nutzungen, die im B-Plan nicht oder anders festgesetzt sind, durch Befreiung (§ 31 Abs. 2 BauGB) zu erreichen	7	–	7.12
3.	**Der Beurteilungsrahmen bei (störenden) Anlagen, Nutzungen und Betrieben; Notwendigkeit der Typisierung; Grundsatz der Gebietsverträglichkeit**	8	–	10.95
a)	Der Begriff »Stören« in seinem bauplanungsrechtlich komplexen Verständnis; zum Störungsgrad von Anlagen, Betrieben und Nutzungen	8	–	8.9
b)	Erforderlichkeit einer (begrenzten) Typisierung bei Anlagen und Betrieben	9	–	9.1
c)	Der Grundsatz der Gebietsverträglichkeit	9.2		
d)	Die typisierende Betrachtungsweise im Baugenehmigungsverfahren	10	–	10.13
e)	Erforderlichkeit der Befreiung von Festsetzungen des B-Plans bei auszuschließender Störeigenschaft atypischer gewerblicher Anlagen in Gemengelagen?	10.2	–	10.56
f)	Zur Reichweite des Bestandsschutzes bei Änderungen, Erweiterungen. Nutzungsänderungen und Nutzungsunterbrechungen von gewerblichen Anlagen	10.6	–	10.95
aa)	Allgemeines zum Rechtsinstitut »Bestandsschutz«, Inhaltsbestimmung	10.6	–	10.63
bb)	Überwirkender Bestandsschutz	10.7	–	10.71
cc)	Reichweite des Eigentumsbegriffs	10.72	–	10.83
dd)	Bestandsschutz im Immissionsschutzrecht	10.84	–	10.87
ee)	Was bleibt vom Bestandsschutz?	10.9	–	10.92
ff)	Reichweite des Bestandsschutzes bei Nutzungsunterbrechungen (das Zeitproblem)	10.93	–	10.95
4.	**Anlagen für kirchliche, kulturelle, soziale, gesundheitliche u. für sportliche Zwecke**	11	–	15.1
a)	Reichweite des Begriffs, Allgemeines zur Festsetzung von Gemeinbedarfsanlagen u. zu deren Zweckbestimmung	11	–	11.7
b)	Allgemeines zur Behandlung von Anlagen für sportliche Zwecke; Sportanlagen u. Immissionsbeeinträchtigungen (Sport u. Umwelt); Umfang und Reichweite des zivilrechtlichen Nachbarschutzes gegen Sportanlagen; zur Sozialadäquanz	12	–	12.102
aa)	Allgemeines zum Anlagenbegriff und dessen Reichweite; Stellung des Sports in der Öffentlichkeit	12	–	12.61
bb)	Sportanlagen u. Gebietsverträglichkeit; (Immissions-)Beeinträchtigungen (»Sport u. Umwelt«)	12.7	–	12.77
cc)	Zur SportanlagenlärmSchVO (18. BImSchV)	12.78	–	12.89
dd)	Umfang und Reichweite des zivilrechtlichen Nachbarschutzes gegenüber Sportanlagen	12.9	–	12.99
ee)	Zum Vorrang und zur Sozialadäquanz von Sportanlagen	12.100	–	12.102
c)	Anlagen für kirchliche u. kulturelle Zwecke	13	–	13.1
d)	Anlagen für soziale Zwecke	14		
e)	Anlagen für gesundheitliche Zwecke	15		
f)	Anlagen für sportliche Zwecke	15.1		

5.	Anlagen und Einrichtungen nach den §§ 12 bis 14	16		
6.	Der bodenrechtlich relevante Begriff der baulichen Anlage; die Bebauungsgenehmigung, Begriff und Verfahren zu ihrer Erlangung; Grundsätzliches zur Nutzungsänderung	17	–	21.7
a)	Begriff der baulichen Anlage	17	–	18
b)	Begriff der Bebauungsgenehmigung	19		
c)	Verfahren bei der Bebauungsgenehmigung	20	–	20.1
d)	Grundsätzliches zur Nutzungsänderung	21	–	21.7
7.	Einige grundsätzliche Anmerkungen zum öffentlich-rechtlichen Nachbarschutz bei der Zulässigkeit von (Bau-)Vorhaben u. zum Gebot der gegenseitigen Rücksichtnahme	22	–	49.7
a)	Allgemeines	22	–	22.1
b)	Abgrenzung des städtebaurechtlich relevanten (baulichen) Nachbarrechts gegenüber dem übrigen Baunachbarrecht; Unterscheidung des öffentlich-rechtlichen vom bürgerlich-rechtlichen (Bau)Nachbarrecht	23	–	24.2
c)	Zu den materiell-rechtlichen Grundlagen und zur Handhabung des öffentlich-rechtlichen Nachbarschutzes	25	–	32
aa)	Im B-Planbereich	25	–	27
bb)	Die Befreiungsvorschrift des § 31 Abs. 2 BauGB als Ausgangspunkt für die Gewährleistung des öffentlich-rechtlichen Baunachbarschutzes im Planbereich	28	–	28.5
cc)	Drittschutz im nichtbeplanten Innenbereich (§ 34 BauGB) (baurechtliches Gebot der Rücksichtnahme)	29	–	32
d)	Welche öffentlich-rechtlichen für das Städtebaurecht relevanten Vorschriften können auch – und in welcher Weise – als nachbarschützend angesehen werden?; zur Schutznormtheorie	33	–	42
aa)	Allgemeines, Voraussetzungen zur Inanspruchnahme des Abwehrrechts	33	–	36
bb)	Welche planungsrechtlichen Vorschriften und Festsetzungen eines B-Plans können nachbarlichen Interessen dienen?	37	–	41
cc)	Unbeachtlichkeit des Nachbarschutzes (Drittschutzes) im Regelfall	42		
e)	Wer ist als abwehrberechtigter Nachbar anzusehen?	43	–	47.2
aa)	Hinsichtlich des Personenkreises	43	–	45
bb)	In sachlich-räumlicher Hinsicht	46	–	47.2
f)	Zur Frage, ob und inwieweit Nachbarrechtsschutz bei der Errichtung von Wohngebäuden auch im Freistellungs-, Anzeige- und vereinfachten Verfahren gegeben ist	47.3	–	47.6
g)	Bedeutsame Entscheidungen zum öffentlich-rechtlichen Nachbarschutz, insbesondere das Städtebaurecht betreffend (in Leitsätzen)	48	–	49.7

Schrifttum zu Vorbemerkung Abschnitt 1 bis 3

Appel   Der Eigentumsschutz von Nutzungsmöglichkeiten – ein (un-)gelöstes Problem des Eigentumsgrundrechts, NuR 2005, 427

Archele/Herr   Die Aufgabe des übergesetzlichen Bestandsschutzes und die Folgen. NVwZ 2003, 415

Bier	Immissionsschutzrechtlicher Nachbarschutz, ZfBR 1992, 15
Boecker	Zur Reduktion des Bestandsschutzes in der baurechtlichen Rechtsprechung des BVerwG, BauR 1998, 441
Broy-Bylow	Baufreiheit und baurechtlicher Bestandsschutz: Bau- und umweltrechtliche Eingriffsmöglichkeiten bei Erstellung. Erweiterung und Modernisierung baulicher Anlagen, jur. Diss. 1982
Claus	Nochmals: Befreiung gem. § 31 Abs. 2 BauGB ohne Atypik, DVBl. 2001, 241
Dolde	Bestandsschutz von Altanlagen im Immissionsschutzrecht, NVwZ 1986, 873
Dürr	Hat Art. 14 GG für das öffentliche Baurecht noch Bedeutung, VBlBW 2000, 457
Ehlers	Eigentumsschutz, Sozialbindung und Enteignung bei der Nutzung von Boden und Umwelt, VVDStRL Bd 51 (1992), 211
Erwe	Ausnahmen und Befreiungen im öffentlichen Baurecht; Baugesetzbuch – Baunutzungsverordnung – Landesbauordnungen, 1987
Feldhaus	Die Entwicklung des Immissionsschutzrechts, NVwZ 1998, 1138
Fickert	Grundlagen, Entwicklung und Reichweite des Rechtsinstituts Bestandsschutz, seine bauplanungsrechtliche Fortbildung und seine Bedeutung innerhalb des Städtebaurechts, in: Festschr. f. Weyreuther, 1993, 319
Fischer	Formelle und materielle Illegalität, NVwZ 2004, 1057
Friauf	Zum gegenwärtigen Stand des Bestandsschutzes, WiVerw. 1986, 87
–	Bestandsschutz bei gewerblichen Anlagen in: Festgabe z. 25jährigen Bestehen des BVerwG, 1978, 217
Gehrke/Brechsan	Genießt der baurechtliche Bestandsschutz noch Bestandsschutz?, NVwZ 1999, 932
Götze	Bestand und Wandel: Der passive Bestandsschutz im Baurecht auf dem Weg zu einem einfachrechtlichen Modell, SächsVBl. 2001, 257
Häußler	Bestandsschutz für Altanlagen im Immissionsschutzrecht, VBlBW 1999, 333
Hammann	Eigentum in der Zeit. Bestandsdauer von Eigentumspositionen, beispielhaft erläutert am Konfliktfeld Eigentum und Umweltschutz, Diss., 1986
Hösch	Bestandsschutz in der verwaltungsgerichtlichen Rechtsprechung, GewArch. 2002, 305
Hofmann	Wegfall der »Atypik« bei der planungsrechtlichen Befreiung gem. § 31 Abs. 2 BauGB?, BauR 1999, 445
Hoppe	Das Ermessen bei der Erteilung baurechtlicher Ausnahmen und Befreiungen. DVBl. 1969, 340; zit. »Ermessen«
Jäde	Bestandsschutz im Bauplanungsrecht, BayVBl. 2007, 641
Jankowski	Die Befreiung nach § 31 Abs. 2 BauGB als universelles Instrument der städtebaulichen Feinsteuerung, BauR 2005, 1270
–	Bestandsschutz für Industrieanlagen, 1999
Jarass	Effektivierung des Umweltschutzes gegenüber bestehenden Anlagen – nachträgliche Maßnahmen, Drittklagen, Absprachen und Kompensation, DVBl. 1985, 193

–	Reichweite des Bestandsschutzes industrieller Anlagen gegenüber umweltrechtlichen Maßnahmen – Anforderungen an bestehende Anlagen und ihre Durchsetzung mittels formaler und informaler Instrumente – DVBl. 1986, 314 m. zahlr. w. N.
Lieder	Der Bestandsschutz im Baurecht, ThürVBl. 2004, 53, 81
Lenz/Heintz	Bestandsschutz im Bau-, Gewerbe- und Planungsrecht, ZfBR 1989, 142
Magler	Die Neufassung des Befreiungstatbestandes gem. § 31 Abs. 2 BauGB 98, DVBl. 1999, 205
Mampel	Formelle und materielle Illegalität, BauR 1996, 13
–	Verkehrte Eigentumsordnung – Das Unwesen des verfassungsunmittelbaren Beststandsschutzes, ZfBR 2002, 327
Sarnighausen	Abschied vom Bestandsschutz *im* öffentlichen Baurecht?, DÖV 1993, 758
Schenke	Zur Problematik des Bestandsschutzes im Baurecht und Immissionsschutzrecht. NuR 1989, 8
Schlichter	Bebauungsplan und Baunutzungsverordnung – Gedanken zur Typisierungslehre, zum Bestandsschutz und zur Befreiung, ZfBR 1979, 53
Schmidt-Eichstaedt	Die Befreiung im Spannungsfeld zwischen Bauleitplanung und Einzelfallentscheidung – Ist eine Begrenzung der Befreiung nach § 31 Abs. 2 BauGB auf den »atypischen Sonderfall« gerechtfertigt?, DVBl. 1989, 1
–	Die Befreiung nach § 31 Abs. 2 BauGB und andere Abweichungen, NVwZ, 1998, 571
Sendler	Wer gefährdet wen: Eigentum und Bestandsschutz den Umweltschutz oder umgekehrt?, UPR 1983, 33, 73; vgl. auch Dokumentation zur 6. wissenschaftlichen Fachtagung der Gesellschaft für Umweltrecht e. V., 1983
–	Die Entwicklung des Umweltschutzes in der Rechtsprechung des Bundesverwaltungsgerichts, UPR 1991, 241
–	Bestandsschutz im Wirtschaftsleben, hier: Abschnitte III und IV, Bestandsschutz im Baurecht und Immissionsschutzrecht, WiVerw. 1993, 245
Stühler	Zur Reichweite des Bestandsschutzes bei Änderungen und Erweiterungen von gewerblichen Anlagen, BauR 2002, 1488
Uechtritz	Grenzen des baurechtlichen Bestandsschutzes bei Nutzungsunterbrechungen, DVBl. 1997, 347
–	Grenzen der Legalisierungswirkung der Baugenehmigung und des Bestandsschutzes bei Nutzungsänderungen und -unterbrechungen, in: Festschrift f. Gelzer, 1991, 259
Wahl	Abschied von den »Ansprüchen aus Art. 14 GG«, in: Festschr. f. K. Redeker, 1993, 245
Wickel	Verfassungsunmittelbarer oder einfach gesetzlicher Bestandsschutz im Baurecht?, BauR 1994, 557
Wilke	Die juristische Konstruktion der bebauungsrechtlichen Befreiung in der Rechtsprechung des Bundesverwaltungsgerichts, in: Festschr. f. Gelzer, 1991, 165
Ziegler	Zu den »städtebaulichen Gründen« und den »Grundzügen der Planung« im BBauG. Ein Beitrag zur Auslegung des § 31 Abs. 2 BBauG, ZfBR 1980, 173

– Zum baurechtlichen Bestandsschutz und zur eigentumskräftig verfestigten Anspruchsposition, ZfBR 1982, 146

Schrifttum zu Vorbemerkung Abschnitt 4

Berkemann	Sportstättenbau in Wohngebieten – Alte und neue bau- und immissionsschutzrechtliche Probleme, NVwZ 1992, 817
–	Sport- und Freizeitaktivitäten in der gerichtlichen Auseinandersetzung, NuR 1998, 565
Birk	Umwelteinwirkungen durch Sportanlagen, NVwZ 1985, 689
–	Die aktuelle Rechtsprechung zu Lärmeinwirkungen durch Sportanlagen, in: Forum für Stadtentwicklungs- und Kommunalpraxis, 1992 Bd 12/13
–	Sportanlagen im Bebauungsplanverfahren, VBlBW 2000, 97
Deutsch	Nachbarrecht und Sportstätte, VersR 1984, 1001
Gaentzsch	Sportanlagen im Wohnbereich, Rechtsproblematik aus öffentlich-rechtlicher Sicht, UPR 1985, 201
–	Ausbau des Individualschutzes gegen Umweltbelastungen als Aufgabe des bürgerlichen und des öffentlichen Rechts. NVwZ 1986, 601
–	Sport im Bauplanungs- und Immissionsschutzrecht, in: Festschr. f. Gelzer, 1991, 29
Gelzer	Zivilrechtliche und öffentlich-rechtliche Probleme bei der Nutzung von Spiel- und Sportanlagen in Wohngebieten, in: Festschr. Korbion, 1986, 117
Hagen	Privates Immissionsschutzrecht und öffentliches Baurecht, NVwZ 1991, 817
–	Sportanlagen im Wohnbereich, Rechtsproblematik aus bürgerlich-rechtlicher Sicht, UPR 1985, 192
Halfmann	Nachbarrechtliche Probleme bei Bau, Planung und Betrieb von Sportanlagen, Diss., 1990
Herr	Sportanlagen in Wohnnachbarschaft, Schutz der Wohnnachbarschaft gegen Geräuschimmissionen beim Betrieb von Sportanlagen nach den Vorschriften des öffentlichen Immissionsschutzrechts, 1998
Jäde	Probleme bei der »Anwendung« technischer Regelwerke in der Bauleitplanung und im Einzelgenehmigungsverfahren, ZfBR 1992, 107
Jellentrup	Individualrechtsschutz gegen Beeinträchtigungen durch kommunale Sportanlagen, Diss., 1990
Johlen	Unzumutbarkeit, Erheblichkeit und Beachtlichkeit tatsächlicher (»realer«) Wirkungen eines Vorhabens und ihre Rechtsfolgen, in: Festschr. f. Gelzer, 1991, 65
–	Bauplanungsrecht und privatrechtlicher Immissionsschutz (zugleich eine Anmerkung zum Tennisplatz-Urteil des BGH vom 17.12.1982 – V ZR 55.82 –, BauR 1983, 184), BauR 1984, 134
Ketteler	Die Bedeutung der Sportanlagenlärmschutzverordnung im Spannungsfeld zwischen Sport und Wohnen, BauR 1992, 459 Sportanlagenlärmschutzverordnung, 1998
–	Die Sportanlagenlärmschutzverordnung (18. BImSchV) in der Rechtsprechung und der behördlichen Praxis, NVwZ 2002, 1070

Knoche	Sportlärm: Privilegierung von Altanlagen, GewArch. 1997, 191
Koch/Maaß	Die rechtlichen Grundlagen zur Bewältigung von Freizeitlärm. NuR 2000, 69
Kuchler	Sind Freibäder Sportanlagen?, NuR 2000, 77
Kutscheidt	Rechtsprobleme bei der Bewertung von Geräuschimmissionen, NVwZ 1989, 193
Numberger	Probleme des Freizeitlärms, NVwZ 2002, 1064
Papier	Die planungsrechtliche Zulässigkeit von Tennisanlagen in Baugebieten, in: Festschr. f. Gelzer, 1991, 93
–	Der Bebauungsplan und die Baugenehmigung in ihrer Bedeutung für den zivilrechtlichen Nachbarschutz. in: Festschr. f. Weyreuther, 1993, 291
–	Sportstätten und Umwelt, UPR 1985, 73
–	Planungsrecht für Sportanlagen, in: Burmeister (Hrsg.), Sport im kommunalen Wirkungskreis, 1988, 21
Pickart/Gelzer/ Papier	Umwelteinwirkungen durch Sportanlagen, Rechtsgutachten, 1984
Rodewoldt/Wagner	Der Einfluss der Sportlärmschutzverordnung (18. BImSchV) auf die planungsrechtliche Zulässigkeit von Bolzplätzen, VBlBW 1996, 365
Stüer/ Middelbrock	Sportlärm bei Planung und Vorhabenzulassung, BauR 2003, 38
Salzwedel	Sportanlagen im Wohnbereich, Zusammenfassung der Ergebnisse der Podiumsdiskussion, UPR 1985, 210
Schink	Bau- und immissionsschutzrechtliche Probleme beim Sportstättenbau in Wohngebieten, DVBl. 1992, 515
Schmitz	Privat- und öffentliche Abwehransprüche gegen Sportlärm, NVwZ 1991, 1126
Stange	Bau- und immissionsschutzrechtliche Probleme beim Sportstättenbau in Wohngebieten, NWVBl. 1992, 153
Steiner	Staat, Sport und Verfassung, DÖV 1983, 173
–	Der Sport auf dem Weg ins Verfassungsrecht – Sportförderung als Staatsziel, SpuRt 1994, 2
Stock	Arztpraxen und Gemeinbedarfsanlagen im allgemeinen Wohngebiet, Anmerkung zum Urteil des BVerwG vom 12.12.1996 – 4 C 17.95 – ZfBR 1997, 219
Stühler	Zur Änderung der Sportanlagenlärmschutzverordnung, BauR 2006, 1671
Uechtritz	Zur baurechtlichen Bedeutung der Sportanlagenlärmschutzverordnung (18. BImSchVO), NVwZ 2000, 1006
–	Bewertung von Lärm in der Bauleitplanung, in: FS f. Hoppe, 2000, 567
–	Zur baurechtlichen Bedeutung der Sportanlagenlärmschutzverordnung besonders in Gemengelagen, NVwZ 2003, 1006
Viehweg	Sportanlagen und Nachbarrecht, JZ 1987, 1104

(weiteres Schrifttum unter §§ 3, 4)

Vorbem §§ 2–9, 12–14

Schrifttum zu Vorbemerkung Abschnitt 5/6

Bock	Die Verfahrensbeschleunigung im Baurecht und der Nachbarschutz, DVBl. 2006, 12
Meiendresch	Das gestufte Baugenehmigungsverfahren. Vorbescheid und Teilgenehmigung im Baurecht, 1991
Ortloff	Die fiktive Baugenehmigung, in: Festschr. f. Gelzer, 1991, 223
Rolshoven	Baugenehmigung im Eilverfahren, BauR 2003, 646
Sieckmann	Eigentumsgarantie und baurechtlicher Bestandsschutz, NVwZ 1997, 853
Uechtritz	Grenzen der Legalisierungswirkung der Baugenehmigung und des Bestandsschutzes bei Nutzungsänderungen und -unterbrechungen, in: Festschr. f. Gelzer 1991, 259

Schrifttum zu Vorbemerkung Abschnitt 7

Alexy	Das Gebot der Rücksichtnahme im baurechtlichen Nachbarschutz. DÖV 1984, 953
Battis	Baurechtlicher Nachbarschutz in Gebieten nach § 34 BauGB gemäß Art. 14 GG und Gebot der Rücksichtnahme: aktuelle Bedeutung, in: Festschr. f. Weyreuther, 1993, 305
Beckmann	Neue Rechtsprechung zum Schutz des Nachbarn im öffentlichen Baurecht, BauR 2006, 1676
Berliner Kommentar	3. Aufl., 2002, §§ 29 bis 35 Vorbemerkung Rn 1 bis 70
Berghäuser/Berg	Öffentlich-rechtliche Nachbarverzichtserklärung und Baulast im Widerstreit zum zivilrechtlichen Vormerkungsschutz, DÖV 2002, 512
Birkl (Hrsg.)	Nachbarschutz im Bau-, Umwelt- und Zivilrecht, Loseblattausgabe
Blümel	Vereinfachung des Baugenehmigungsverfahrens und Nachbarschutz, in: Festschr. f. Boujong, 1996, 521
Bönker	Baurechtlicher Nachbarschutz aus Art. 14 Abs. 1 Satz 1 GG? – Zur neueren Rechtsprechung des Bundesverwaltungsgerichts –, DVBl. 1994, 506
Breuer	Das baurechtliche Gebot der Rücksichtnahme – ein Irrgarten des Richterrechts, DVBl. 1982, 1065
–	Baurechtlicher Nachbarschutz, DVBl. 1983, 431
Brügelmann/Dürr	BauGB, § 30 Rn 22 bis 114
Bitzer	Die Bedeutung der Grenz- und Richtwerte im privaten Immissionsschutzrecht
Bock	Die Verfahrensbeschleunigung im Baurecht und der Nachbarschutz, DVBl. 2006, 12
Dolderer	Das Verhältnis des öffentlichen zum privaten Nachbarrecht, DVBl. 1998, 19
–	Abwehr- und Ausgleichsansprüche im öffentlich-rechtlichen Nachbarschaftsverhältnis, UPR 1999, 326
Dürr	Das Gebot der Rücksichtnahme – Eine Generalklausel des Nachbarschutzes im öffentlichen Baurecht, NVwZ 1985, 719

–	Probleme der Nachbarklage gegen einen Kinderspielplatz, NVwZ 1982, 296
–	Das öffentliche Baunachbarrecht, DÖV 1994, 841
–	Der baurechtliche Nachbarschutz gegenüber Stellplätzen und Garagen. BauR 1997, 7
–	Die Entwicklung des öffentlichen Baunachbarrechts, DÖV 2001, 625
Enders	Neubegründung des öffentlich-rechtlichen Nachbarschutzes aus der grundrechtlichen Schutzpflicht. AöR 15 (1990), 610
Ernst/Zinkahn/ Bielenberg	Loseblattkomm. z. BauGB, § 31 Rn 59 f.
Finkelnburg/ Ortloff	Öffentliches Baurecht II, S. 162 ff.
Gaentzsch	Ausbau des Individualschutzes gegen Umweltbelastungen als Aufgabe des bürgerlichen und öffentlichen Rechts, NVwZ 1986, 601
Heinz/Schmitt	Vorrang des Primärrechtsschutzes und ausgleichspflichtige Inhaltsbestimmung des Eigentums. NVwZ 1992, 513
Hösch	Der Begriff der schädlichen Umwelteinwirkung und das Gebot der Rücksichtnahme, GewArch. 1999, 402
Hoppenberg	Handbuch des öffentlichen Baurechts
Hüttenbrink	Zum nachbarschützenden Charakter des Rücksichtnahmegebots im unbeplanten Innenbereich gemäß § 34 BBauG – ein konturenloses Rechtsinstitut?, ZfBR 1983, 209
Ihlefeld	Das Gebot der Rücksichtnahme in der Diskussion um das subjektiv-öffentliche Recht des Nachbarn, 1988
Jäde	Der Mieter als Nachbar, UPR 1993, 330
–	Die Bindungswirkung der Nachbarzustimmung – eine unendlichen Geschichte, UPR 2005, 161
–	Terrorismus ist überall – oder: Die Auflösung des baurechtlichen Drittschutzes, ZfBR 2007, 751
Jäde/Dirnberger/ Weiss	BauGB-BauNVO, 5. Aufl., 2007, § 29 Rn 41–99
Jakob	Zur tatsächlichen Beeinträchtigung des Nachbarn im Baurecht, oder: minima non curat praetor?, BauR 1984, 1
Johlen	Weitere Annäherung von privatem und öffentlich-rechtlichem Immissionsschutz, BauR 2001, 1848
Jung	Gebot der Rücksichtnahme bei Änderung und Erweiterung von gewerblichen Anlagen, BauR 2002, 1488
Kleinlein	Das System des Nachbarrechts. Eine Darstellung anhand des BBauG, des privaten Nachbarrechts und des BImSchG, 1987
König	Drittschutz – Der Rechtsschutz Drittbetroffener gegen Bau- und Anlagengenehmigung im öffentlichen Baurecht, Immissionsschutzrecht und Atomrecht, Tübinger Schriften, Bd 19, 1993
Kraft	Entwicklungslinien im baurechtlichen Nachbarschutz, VerwArch. 1998, 264
Krebs	Öffentlich-rechtlicher Drittschutz im Bauplanungsrecht, in FS für Hoppe, 2000, 1055
Kruhl	Nachbarschutz und Rechtssicherheit im baurechtlichen Anzeigeverfahren, 1999

Kübler-Speidel	Handbuch des Baunachbarrechts, 1970
Lenz	Das baurechtliche Gebot der Rücksichtnahme in der täglichen Praxis. BauR 1985, 402
Mampel	Neubestimmung des Inhalts des Baunachbarrechtes, NuR 1993, 376
–	Aktuelle Entwicklungen im öffentlichen Baunachbarrecht, DVBl. 1994, 1053
–	Nachbarschutz durch Abstandflächenrecht und das Gebot der Rücksichtnahme – Anmerkungen zu einem scheinbar geklärten Konkurrenzverhältnis –, ZfBR 1997, 227
–	§ 34 Abs. 2 BauGB dient auch dem Schutz des Nachbarn – Überlegungen zur Harmonisierung des Drittschutzes im Plangebiet und im unbeplanten Innenbereich –, BauR 1994, 299
–	Der Mieter ist nicht Nachbar, UPR 1994, 8
–	Die tatsächliche Beeinträchtigung des Nachbarn im Baurecht – eine unendliche Geschichte, BauR 1993, 44
–	Modell eines neuen bauleitplanerischen Drittschutzes, BauR 1998, 697 Art. 14 GG findet sein Recht, NJW 1999, 975
–	Modell eines neuen Drittschutzes im unbeplanten Innenbereich, BauR 1999, 854
–	Drittschutz durch das bauplanungsrechtliche Gebot der Rücksichtnahme, DVBl. 2001, 1830
–	Der Gebietserhaltungsanspruch im Streit der Meinungen, BauR 2003, 1824
Martini	Baurechtsvereinfachung und Nachbarschutz, DVBl. 2001, 1488
Ortloff	Nachbarschutz durch Nachbarbeteiligung am Baugenehmigungsverfahren, NJW 1983, 961
Otto	Ausdehnung des Nachbarschutzes durch Berufung auf Gemeinschaftsrecht, ZfBR 2005, 21
Parodi	Baurechtlicher Nachbarschutz an Art. 14 GG gemessen, BauR 1985, 415
Pauli	Das Gebot der Rücksichtnahme und Drittschutz im Bauplanungsrecht, Diss., 2004
Petersen	Der Drittschutz in der Baunutzungsverordnung durch die Vorschriften über die Art der baulichen Nutzung, 1999
Quaas	Bundesgerichtshof und Bundesverwaltungsgericht – Berührungspunkte und Überschneidungen, in Festgabe 50 Jahre Bundesverwaltungsgericht, 2003, 37
Redeker	Das baurechtliche Gebot der Rücksichtnahme. DVBl. 1976, 688
–	Das baurechtliche Gebot der Rücksichtnahme, DVBl. 1984, 870
Sarnighausen	Zur Schutzwürdigkeit im Baunachbarrecht, NVwZ 1996, 110
–	Erweiterte Nachbarrechte im Bauplanungsrecht?, NJW 1995, 502
Schauwienold/ Jaeger	Die erdrückende Wirkung baulicher Anlagen als Unterfall des Rücksichtnahmegebotes – eine Frage der Perspektive –, BauR 2001, 889
Schenke	Baurechtlicher Nachbarschutz, NuR 1983, 81
Schlemminger/ Fuder	Der Verzicht auf nachbarrechtliche Abwehransprüche im Industrie- und Chemiepark, NVwZ 2004, 139

Schlichter	Stand und Entwicklungstendenzen des öffentlich-rechtlichen Nachbarschutzes in der Rechtsprechung des Bundesverwaltungsgerichts, ZfBR 1978, 12
–	Nochmals: Städtebau und Architektur im Spannungsfeld zum Baurecht, BauR 1983, 520
–	Baurechtlicher Nachbarschutz, NVwZ 1983, 641
–	Das baurechtliche Gebot der Rücksichtnahme, DVBl. 1985, 875
–	Schutznormtheorie und nachbarschützende Festsetzungen im Bebauungsplan, in: FS für Hoppe 2000, 1051
Schrödter u. a.	Baugesetzbuch, 7. Aufl., 2006, hier: § 30 Rn 28–43 u. § 31 Rn 42–98
Schröer/Dziallas	Öffentlich-rechtliche Nachbarvereinbarungen in der Praxis, NVwZ 2004, 134
Schwerdtfeger	Grundrechtlicher Drittschutz im Baurecht, NVwZ 1982, 5
Schütz	Gebietsübergreifende Wirkung des Anspruchs auf Wahrung des Gebietscharakters, VBlBW 2002, 371
Seibel	Die Harmonisierung von öffentlichem und privatem Nachbarrecht, BauR 2005, 1409
–	Das Rücksichtnahmegebot im öffentlichen Baurecht, BauR 2007, 1831
Seidel	Öffentlich-rechtlicher und privatrechtlicher Nachbarschutz, 2000
–	Obligatorisch Berechtigte im öffentlichen Baunachbarrecht, BauR 2003, 1674
–	Bauordnungsrechtliche Verfahrensprivatisierung und Rechtsschutz der Nachbarn, NVwZ 2004, 139
Sellmann	Entwicklung und Problematik der öffentlich-rechtlichen Nachbarklage im Baurecht, DVBl. 1963, 273
Sendler	Der Nachbarschutz im Städtebaurecht, BauR 1970, 4, 74
–	Grundfragen des öffentlichen Nachbarrechts, NJW 1984, 457
Steffen	Der Anspruch des Nachbarn auf Bewahrung der Gebietsart, BayVBl. 1999, 161
Stühler	Zur Geschichte und methodologischen Einordnung des Gebots der Rücksichtnahme im privaten und öffentlichen Nachbarrecht, VBlBW 1987, 126
–	Harmoniert das öffentliche mit dem privaten Immissionsschutzrecht?, BauR 2004, 614
–	Zum bauplanungsrechtlichen Grundsatz der Gebietsverträglichkeit, BauR 2007, 1350
Theis	Abwehrmöglichkeiten des Nachbarn gegen das Einfügungsverbot des § 34 Abs. 1 BauGB verletzende Baugenehmigung trotz Aussichtslosigkeit der Nachbarklage bei Gericht, BauR 2004, 1703
Troidl	Verwirkung von Nachbarrechten im öffentlichen Baurecht, NVwZ 2004, 315
Uechtritz	Nachbarrechtsschutz bei der Errichtung von Wohngebäuden im Freistellungs-, Anzeige- und vereinfachten Verfahren, NVwZ 1996, 640
Wasmuth	Überlegungen zur Dogmatik des öffentlichen Nachbarrechtsschutzes, NJW 1988, 322

Wenzel	Der Störer und seine verschuldensunabhängige Haftung im Nachbarrecht, NJW 2005, 241
Weyreuther	Das bebauungsrechtliche Gebot der Rücksichtnahme und seine Bedeutung für den Nachbarschutz, BauR 1975, 1
Wittinger	In der Nachbarschaft von Botschaften und Konsulaten: Kann das Baurecht vor den Gefahren des Terrorismus schützen?, DVBl. 2006, 17

(s. auch unter Schrifttum allgemein u. zu den §§ 3, 4, 15)

1. Grundsätzliches zur Systematik der Baugebietsvorschriften und zur begrifflichen Abgrenzung der Nutzungen (Anlagen und Betriebe)

1 a) **Zur Systematik der Baugebietsvorschriften.** Die §§ 2–9 haben – bis auf den durch die 2. ÄndVO 1977 eingefügten § 4a – einen einheitlichen Aufbau. Sie stehen durch eine kurzgefasste – allgemeine – Umschreibung des jeweiligen Baugebietscharakters i. S. seiner Zweckbestimmung als **Obersatz** und durch einen Katalog der zulässigen und ausnahmsweise zulassungsfähigen Anlagen und Nutzungen zur inhaltlichen Ausformung der Baugebiete in einer städtebaulich gewollten und hinsichtlich der Störintensität abgestuften Zuordnung zueinander. Die allgemeine Zweckbestimmung (**Abs. 1**) zusammen mit dem Zulässigkeitskatalog (**Abs. 2**) des jeweiligen Baugebiets bestimmen den **Grundcharakter** des Baugebietstypus. Dieser **Grundcharakter** wird ergänzt durch ausnahmsweise genehmigungsfähige Anlagen und Nutzungen, deren Zulassung aus der Natur der Sache **auf den Gebietstypus** ausgerichtet sein muss, ebenso wie die ergänzenden Vorschriften der §§ 12–14 materiell-rechtlich auf die verschiedenartigen Baugebietstypen abstellen.

1.1 Die Systematik der BauNVO hinsichtlich der Art der baulichen Nutzung in den §§ 2–9 (außer § 4a) und den §§ 12–14 trifft eine Aussage **zur jeweiligen Gebietstypik** und zur Abstufung der verschiedenen Baugebietstypen zueinander. Durch mehrmalige Änderung der BauNVO sind zwecks flexibler zu gestaltender städtebaulicher Ordnungs- und Entwicklungsvorstellungen und gleichzeitig zur Ermöglichung einer stärkeren Nutzungsmischung weit reichende Modifizierungselemente insbes. des § 1 Abs. 5–10 (vgl. 11 Rn 100–127) aufgenommen worden. Diese haben eine Durchbrechung der ursprünglichen »strengen« Systematik der Baugebietsvorschriften bewirkt. Die Modifizierungsmöglichkeiten sind daran ausgerichtet, dass »die allgemeine Zweckbestimmung des Baugebiets gewahrt bleibt« (§ 1 Abs. 5–7). Die größere Flexibilität zeigt sich u. a. an den durch die ÄndVO 1977 eingefügten Vorschriften des § 4a (besondere Wohngebiete) und des umgestalteten § 10 (SO-Gebiete), die der Erholung dienen (Näheres dort).

Die gewollte stärkere Nutzungsmischung zeigt sich gleichfalls u. a. in der Erweiterung des den Gebietscharakter umschreibenden Abs. 1 in § 2 (Kleinsiedlungsgebiete), der (erheblichen) Erweiterung der ausnahmsweise zulassungsfähigen Anlagen des WR-Gebiets (§ 3 Abs. 3 Nr. 2) und des gleichfalls durch die **ÄndVO 1990** neu aufgenommenen Abs. 4 in § 3 (Näheres bei § 3). Das allgemeine Wohngebiet (§ 4) ist durch Aufnahme der »Anlagen für sportliche Zwecke« bei den allgemein zulässigen Anlagen (s. § 4 Abs. 2 Nr. 3) gleichfalls i. S. möglicher Nutzungsmischung erweitert worden.

2 b) **Städtebaurechtlicher Gehalt der für die Nutzungen (Anlagen und Betriebe) verwendeten Begriffe.** Die in der BauNVO verwendeten Begriffe für die verschiedenen Anlagen und Betriebe wie »Läden«, »Handwerksbetriebe«, »Vergnügungsstätten« sind – auch wenn die Bezeichnungen zugleich in anderen, meistens eine bestimmte Materie in spezieller Weise regelnden Gesetzen enthalten sind – **städtebaurechtliche Begriffe**. Sind diese Begriffe in anderen Gesetzen enthalten, wie »Laden« im Ladenschlussgesetz, »Handwerksbetriebe« in der Handwerksordnung als Berufsausübungsgesetz oder »Einzelhandelsbetrieb« im Gesetz über die Berufsausübung im Einzelhandel, können die dort verwendeten Begriffsdefinitionen zwar hilfsweise zur Inhaltsbestimmung herangezogen werden. Für die planungsrechtliche Zulässigkeit der Anlagen und Betriebe in den verschiedenen Baugebieten ist aber ausschließlich maßgebend der **städtebaurechtliche Begriffsinhalt,** wie er sich aus dem Zulässigkeitskatalog i. V. m. der allgemeinen Charakterisierung des jeweiligen Baugebiets ergibt, unabhängig davon, ob die Zulässigkeit nach anderem Recht – z. B. Zivilrecht, Immissionsschutzrecht – anders zu beurteilen ist. Der Begriff empfängt seinen Sinngehalt von der anzustrebenden städtebaulichen Ordnung und Entwicklung, wie sie insbes. in den Hauptleitsätzen des § 1 Abs. 5 S. 1 und § 1a Abs. 2 und 3 BauGB ihren Ausdruck gefunden hat. Danach hat die Bauleitplanung u. a. zur Sicherung einer menschenwürdigen Umwelt beizutragen. Es sind neben zahlreichen anderen Leitsätzen insbes. die allgemeinen **Anforderungen an gesunde Wohn- und Arbeitsverhältnisse** zu berücksichtigen. Der Verwirklichung dieser Leitsätze dient die BauNVO mit ihrem planungsrechtlichen Begriffsinstrumentarium. Hinsichtlich des städtebaulichen Gehalts der Begriffe gilt nur dann etwas anderes, wenn die Legaldefinition in einem anderen Gesetz ausdrücklich für verbindlich erklärt worden ist und das Baurecht nicht eine eigene Begriffsdefinition enthält, wie das z. B. auf den Begriff der Kleinsiedlung in § 100 des früheren II. WoBauG zutrifft (s. § 2 Rn 4).

c) **Inhaltsbestimmung der Nutzungen (Anlagen und Betriebe) und die unterschiedliche Verwendung gleicher Nutzungsbegriffe entsprechend dem jeweiligen Baugebietscharakter.** So wie die BauNVO von Baugebietstypen ausgeht, die in einem abgestuften System zueinander stehen (Rn 1-1.1), liegt dem Katalog der zulässigen bzw. ausnahmsweise zulassungsfähigen Nutzungen gleichfalls eine teils ausdrücklich benannte, teils aus dem Gebietscharakter sich ergebende **Typisierung** der Anlagen und Betriebe zugrunde wie »Läden«, »nicht störende Handwerksbetriebe«, »Anlagen für Verwaltungen« oder »Vergnügungsstätten« (s. auch Rn 8–10). Stehen Nutzungen innerhalb der Baugebietsvorschriften miteinander in einem Konkurrenzverhältnis, bedürfen sie nach ihrem bauplanungsrechtlichen Begriffsinhalt **entsprechend dem Baugebietscharakter** (Rn 1) der jeweiligen Einstufung und begrifflichen Abgrenzung gegeneinander. 3

Die nach dem *jeweiligen* Baugebietstypus (insbes. im Hinblick auf die städtebauliche Zwecksetzung, ein bestimmtes Erscheinungsbild und hinsichtlich des Störungsgrades) sich in *etwa* entsprechenden Nutzungen, Anlagen und Betriebe sind jeweils unter einer Nummer zusammengefasst. Dabei bildet der *speziellere (Nutzungs-)Begriff* die **Leitlinie** für die »artverwandten« Nutzungen (Anlagen und Betriebe, § 1 Rn 78–81) *innerhalb* desselben Baugebiets. Die Zulässigkeit oder Zulassungsfähigkeit anderer im Katalog aufgeführter Nutzungen (Abs. 2 u. 3 der §§ 2 bis 9) desselben Baugebiets, die unter einem *allgemeineren* städtebaulichen (**Ober-)Begriff** erfasst werden können, haben sich nach dem durch die Zweckbestimmung (Abs. 1 der §§ 2–9) *allgemein* umschriebenen **Gebietscharakter** oder darüber hinaus nach der *Eigenart des Baugebiets* (§ 15 Abs. 1) zu richten. Das bedeutet, dass z. B. der Begriff »Läden«

mit der Einschränkung »der Versorgung des Gebiets dienende« (§§ 2, 4) oder »zur Deckung des täglichen Bedarfs« (§ 3) als der **speziellere Begriff** dafür bestimmend ist, dass andere »Einzelhandelsbetriebe« (bauplanungsrechtlich in den §§ 5, 6 und 7 gesondert erwähnt), die gleichzeitig unter den (noch) allgemeineren Begriff (nicht störende) »Gewerbebetriebe« (§ 2 Abs. 3 Nr. 4, § 4 Abs. 3 Nr. 2) fallen – etwa größere »Supermärkte« (bis zu 1.200 m^2) oder auf bestimmte Warengattungen spezialisierte Geschäfte – in einem WS-Gebiet oder WA-Gebiet i. A. auch nicht *ausnahmsweise* zulassungsfähig sind; es sei denn, dass diese Gewerbebetriebe unter bestimmten Voraussetzungen (s. dazu Rn 4.1 u. auch § 2 Rn 25 f.) zu den funktionell dem Gebiet dienenden Anlagen gerechnet werden können.

3.1 Entsprechendes gilt für das **Besondere Wohngebiet** (§ 4a). Außer den dort aufgeführten zulässigen **Läden** (Abs. 2 Nr. 2) sind »sonstige« Gewerbebetriebe (Abs. 2 Nr. 3) zulässig. Auch hier prägt der Begriff »Läden« nach seinem städtebaulichen Gehalt die nutzungsrechtliche Zulässigkeit »sonstiger« Gewerbebetriebe. Durch den Begriff »Läden« ist der weiter gehende (allgemeinere) Begriff »Einzelhandelsbetriebe«, zugleich unter »sonstige Gewerbebetriebe« fallend, in seinen verschiedenen Betriebsformen wie Kohlen- u. Brennstoffhandlungen, Supermärkte u. dergl. (§ 1 Rn 80) für das WB-Gebiet verbraucht. Sofern ein derartiger Einzelhandelsbetrieb infolge der *vorhandenen* Bebauung eines WB-Gebiets sich dort nicht bereits befindet, wäre er aus dem Gesichtspunkt der **Fortentwicklung** der Wohnnutzung *nach* Festsetzung des WB-Gebiets ohne Befreiungstatbestand nicht (mehr) genehmigungsfähig.

3.2 Der Begriff »Läden« (§ 2 Rn 10–12) ist zwar kein städtebaulicher (Wert-)Begriff »an sich«. Er bringt im Grundsatz aber eine *begrenzte Geschossfläche als Verkaufsfläche* zum Ausdruck, mag ihre Größe infolge Selbstbedienung, des Raumzuschnitts und aufgrund des von der Wohnbevölkerung gewünschten vielseitigen Warenangebots schwanken. Eine begrenzte Verkaufsfläche ist bauplanungsrechtlich für den Laden begriffsspezifisch, wenngleich die Obergrenze für einen »Nachbarschaftsladen« sich mehr nach den Bedürfnissen der Wohnumgebung als nach einer sonst für richtig gehaltenen Größenordnung richten sollte. Die Zulässigkeit von Läden ist hinsichtlich der zum Verkauf feilgehaltenen Waren in den §§ 2–4-Gebieten dennoch an Einschränkungen gebunden. die sich aus der Hauptnutzung, insbes. der vorwiegenden bzw. ausschließlichen Wohnnutzung ergeben. Das **WB-Gebiet** enthält für die dort zulässigen Läden (§ 4a Abs. 2 Nr. 2) keine solche Einschränkung. Daraus könnte geschlossen werden, wenn nicht auf Systematik und Sinngehalt des Vorschriftengeflechts zurückgegriffen, sondern lediglich nach dem Wortlaut entschieden würde, dass im WB-Gebiet jedweder Laden betrieben werden kann. Hier ist – wiederum nach der Systematik – die Beschränkung der Zulässigkeit von Läden aus der *allgemeinen* Umschreibung des Gebietscharakters (Rn 1) zu gewinnen. Die Unterbringung von Gewerbebetrieben (also auch von Läden) und sonstigen Anlagen ist nur insoweit zulässig als sie »nach der besonderen Eigenart des Gebiets mit der Wohnnutzung vereinbar sind«. Das könnte beispielsweise auf Sex-Shops zutreffen, weil der Begriff »stören« **städtebaurechtlich** umfassender ist als etwa der Begriff »schädliche Umwelteinwirkungen«, wie er in § 3 Abs. 1 BImSchG definiert ist. Der Begriff »Läden« in § 4a Abs. 2 Nr. 2, der unter den weiter gehenden Begriff »Einzelhandelsbetriebe« und den Oberbegriff »sonstige Gewerbebetriebe« fällt, bringt bauplanungsrechtlich zum Ausdruck, dass »sonstige Gewerbebetriebe« nach § 4a Abs. 2 Nr. 3, soweit sie z.B. auf eine Verkaufsfläche angewiesen sind, sich *zwecks funktionsgerechter Einordnung* in das fortzuentwickelnde WB-Gebiet hinsichtlich ihres Erscheinungsbildes, etwa dem Bauvolumen und der Größe der Geschossfläche, an dem Begriff »Läden« orientieren müssen. Die Nichtbeachtung der Systematik im Ersten Abschnitt der BauNVO muss (zwangsläufig) zu Fehlinterpretationen führen.

Hinsichtlich der Systematik der Nutzungsbegriffe besteht mit dem BVerwG Übereinstimmung darin, dass, wenn die BauNVO eine *»spezielle gewerbliche Nutzungsart bei anderen, ansonsten für Gewerbebetriebe offenen Baugebieten nicht im Katalog allgemein oder ausnahmsweise zulässiger Nutzungen aufführt, daraus entnommen werden kann, dass diese spezielle gewerbliche Nutzungsart wegen ihres typischen Erscheinungsbildes, insbesondere wegen der typischerweise mit ihr verbundenen städtebaulichen Auswirkungen und ihrer typischen Standortanforderungen, der Zweckbestimmung des Baugebiets in der Regel nicht entspricht«* (BVerwG, U. v. 25.11.1983 – 4 C 64.79 – BRS 40 Nr. 45 = DVBl. 1984, 340; Hervorhebung diesseits).

In diesem Sinne sind für die systemgerechte Handhabung der BauNVO die Ausführungen des BVerwG von Bedeutung,

»dass die Zweckbestimmung eines Baugebiets nicht allein aus der jeweiligen Baugebietsvorschrift der BauNVO abgeleitet werden kann, sondern dass diese auch davon beeinflusst wird, welche Funktion dem einzelnen Baugebiet im Verhältnis zu den anderen Baugebieten der BauNVO zukommt. Dabei ist nach der BauNVO nicht nur die unterschiedliche Immissionsträchtigkeit oder Immissionsverträglichkeit einzelner Nutzungen als Merkmal für die Typisierung und die Zuweisung unterschiedlicher Nutzungsarten (Typen) zu den einzelnen Baugebieten maßgebend. Der Zweck der Baugebiete und die Zulässigkeit von Nutzungen in ihnen werden vielmehr auch von anderen Maßstäben der städtebaulichen Ordnung bestimmt. Dem Leitbild, ›eine geordnete städtebauliche Entwicklung und eine dem Wohl der Allgemeinheit entsprechende Bodennutzung (zu) gewährleisten‹ (§ 1 Abs. 6 Satz 1 BBauG), könnte eine Planung nicht gerecht werden, die den Zweck der Baugebiete und die in ihnen zulässigen Nutzungen ausschließlich nach dem Störgrad oder der Störanfälligkeit von Nutzungen im Hinblick auf Immissionen bestimmen könnte«.

d) Auslegungsgrundsätze in Bezug auf »sonstige nicht störende Gewerbebetriebe«. Die auf den jeweiligen Baugebietstypus abstellende **Systematik** der BauNVO gewinnt besondere Bedeutung bei der gebietsspezifisch (richtigen) **Auslegung des Begriffs** »sonstige nicht störende Gewerbebetriebe« (§ 4 Abs. 3 Nr. 2) und (sonstige) »nicht störende Gewerbebetriebe« (§ 2 Abs. 3 Nr. 4) als ausnahmsweise zulassungsfähige Anlagen und Betriebe **in Wohngebieten.** Das zeigen zahlreiche dieserhalb geführte Verwaltungsstreitverfahren. Ohne Rückgriff auf den Sinngehalt der BauNVO als Instrumentarium zur Umsetzung der gewollten städtebaulichen Entwicklung und Ordnung (§ 1 Abs. 3 BauGB) könnte vermutet werden, der VOgeber habe einen generellen »Auffangtatbestand« für *die* Nutzungen (Anlagen und Betriebe) geschaffen, die er aus städtebaulichen Gründen einer besonderen Aufführung im Nutzungskatalog nicht für erwähnenswert hielt. Das ist jedoch nicht der Fall. Der VOgeber hat zwecks Erhaltung der erforderlichen Flexibilität offensichtlich davon abgesehen, eine weitgehende (enumerative) Aufzählung der zulässigen und zulassungsfähigen Nutzungen vorzunehmen. Diese Selbstbeschränkung sichert den stetigen Veränderungen einmal innerhalb der gewerblichen Wirtschaft (Handwerk und Industrie), zum anderen zur Berücksichtigung sich neu oder anders entwickelnder Nutzungen und Anlagen im Rahmen der sich wandelnden gesellschaftlichen Bedürfnisse – etwa die Behandlung von *Videotheken* in Wohngebieten – den erforderlichen planungsrechtlichen Spielraum.

Bei dem Begriff »sonstige nicht störende Gewerbebetriebe« (§ 4 Abs. 3 Nr. 2, § 2 Abs. 3 Nr. 4 – dass bei letzterer Vorschrift »sonstige« fehlt, ist als redaktionelles Versehen zu erklären und hat keine materiell-rechtliche Bedeutung –) gewinnt für eine den jeweiligen städtebaulichen Ordnungsvorstellungen entsprechende (richtige) Entscheidung der **Baugebietscharakter** besondere Bedeutung. Hat der VOgeber speziellere (einschränkende) städtebauliche Begriffe zur funktionsgerechten Ordnung und Entwicklung des betreffenden Baugebiets wie »Läden« oder »nicht störende Handwerksbetriebe« für die Wohnbaugebiete (§§ 2–4) im Zulässigkeitskatalog des **Abs. 2** normiert, in dem Katalog über ausnahmsweise zulassungsfähige Anlagen und Betriebe (**Abs. 3**) außer bestimmten weiteren Nutzungen wegen ihrer besonderen städtebaulichen Auswirkungen wie »Tankstellen« und/oder »Gartenbaubetriebe« lediglich einen allgemeinen planungsrechtlichen Oberbegriff gewählt, muss sich eine **städtebaugerechte Entscheidung** an dem jeweiligen **Baugebietscharakter** (allgemeine **Umschreibung** der Zweckbestimmung des Abs. 1, **verschränkt mit** dem **Zulässigkeitskatalog** des Abs. 2 – Rn 1) und der sich daraus ergebenden **Gebietsverträglichkeit** orientieren.

4.1 Infolge der weit gefassten Gestaltungs- und Ordnungskriterien des § 1, insbes. in den Abs. 5–8, und der dadurch *im Ergebnis* flexibleren funktionellen Zuordnungsmöglichkeit brauchen die **ausnahmsweise zulassungsfähigen Anlagen** nach § 2 Abs. 3 Nr. 4 und § 4 Abs. 3 Nr. 2 nicht in erster Linie der »Versorgung des Gebiets« i. S. von § 2 Abs. 2 Nr. 2 und § 4 Abs. 2 Nr. 2 zu dienen; sie dürfen sich jedoch *nicht in funktionellem* Widerspruch zu dem betreffenden Wohngebiet befinden. Darunter ist zu verstehen, dass es sich z.B. um nicht störende Handwerksbetriebe handeln kann, die zwar nicht direkt der *Versorgung* des Gebiets *dienen*, die aber für die Instandhaltung der Wohngebäude häufiger und regelmäßig benötigt werden, wie etwa ein Maler- oder Sanitärbetrieb. In den vielfach massierten Wohngebieten der neuen Bundesländer, teils abgesetzt von dem sonstigen Bebauungszusammenhang der Städte, mit nicht selten 20.000 Bewohnern und mehr, würden solche »nicht störende Gewerbebetriebe« keine »Fremdkörper« bilden; bei einer Festsetzung im B-Plan nach § 1 Abs. 6 S. 1 Nr. 2, dass alle oder einzelne Ausnahmen in dem Baugebiet allgemein zulässig sind, bliebe die allgemeine Zweckbestimmung des Baugebiets gewahrt.

4.11 Diese Feststellung ändert nichts daran, dass die Genehmigungsfähigkeit der Anlagen und Betriebe im Hinblick auf den Gebietscharakter nach der **funktionsgerechten Zuordnung** zu dem Gebiet zu beurteilen ist (insoweit aA. *Knaup/Stange*, § 2 Rn 69). Dass z.B. ein – nach dem Erscheinungsbild sicherlich nicht störendes – Juweliergeschäft, um es an einem Extremfall zu verdeutlichen, auch ausnahmsweise nicht dem Gebietscharakter eines WS- oder WA-Gebiets entspricht (obwohl die Umschreibung des WS-Gebiets allein vordergründig dafür nichts hergibt, worauf *Knaup/Stange* aaO. für ihre gegenteilige Ansicht hinweisen), bedarf nach diesseitiger Auffassung keiner besonderen Ausführungen. Auch die Zulassung anderer ladenmäßig betriebener Gewerbebetriebe wie ein Möbelgeschäft, die häufig auf Besichtigung der Auslagen geradezu angewiesen sind (vielfach Anfahrt mit dem Kfz), würde den WS- und WA-Gebieten nicht entsprechen. Deren Gebietscharakter wird infolge der mittelbaren bzw. unmittelbaren Zweckbestimmung zu vorwiegendem Wohnen (vgl. z. gewandelten Begriff der Kleinsiedlung § 2 Rn 4) davon geprägt, dass ein **hohes Maß an Wohnruhe** gewährleistet sein muss. An dieser Wohnruhe im umfassenden Sinne, die durch Maßnahmen zur **Verbesserung des Wohnumfeldes** und insbes. durch erhebliche Anstrengungen zur **Verkehrsberuhigung** der

Straßen, Wege und Plätze im modernen Städtebau einen besonderen Stellenwert erhalten hat, haben sich gleichfalls die ausnahmsweise zuzulassenden nicht störenden Gewerbebetriebe i.S. entsprechender funktioneller Zuordnung auszurichten.

4.12 Die von der diesseitigen abweichende Auffassung von *Knaup/Stange* (§ 2 Rn 69), gestützt u.a. auf *Gelzer/Birk* aaO., Rn 732, 711), wonach es auf die *funktionelle* Zuordnung der Nutzungen (Arten und Betriebe) im Hinblick auf den Gebietscharakter nicht entscheidend ankomme, vernachlässigt nach diesseitiger Auffassung den spezifischen Gebietscharakter. »Das Regulativ des § 15«, das nach der abweichenden Auffassung dann eingreifen würde, gibt nicht soviel her, dass mit dieser Vorschrift die *allgemeine* Zweckbestimmung des Gebiets gewährleistet werden kann (ausführlich dazu **§ 2 Rn 25**); vgl. dazu auch BVerwG, U. v. 12.12.1996 (– 4 C 17.95 – BauR 1997, 440 = BRS 58 Nr. 59). Mit Recht hat das BVerwG im Zusammenhang mit dem jeweiligen Gebietscharakter darauf hingewiesen, dass § 15 bei singulären Vorhaben eine Vermeidung gebietsunverträglicher Auswirkungen im Einzelfall ermöglicht. Bei in größerem Umfang »*in ein Wohngebiet drängenden Nutzungen ist er als Steuerungsinstrument für den Einzelfall*« wenig geeignet (BVerwG, aaO.). Die *Beschränkung* auf die Nutzungen entspr. dem Gebietscharakter wird sich aufgrund der Ausnahmevorschrift i.A. bereits aus der nur *ausnahmsweisen* Zulassungsfähigkeit (von selbst) ergeben (Rn 6–7).

4.2 Bei der Prüfung der Genehmigungsfähigkeit von »sonstigen nicht störenden Gewerbebetrieben« (§ 2 Abs. 3 Nr. 4, § 4 Abs. 3 Nr. 2) wie auch von sonstigen (nicht wesentlich störenden) Gewerbebetrieben (§ 6 Abs. 2 Nr. 4), (sonstigen) »nicht wesentlich störenden Gewerbebetrieben« (§ 5 Abs. 2 Nr. 6, § 7 Abs. 2 Nr. 3) kann **entsprechend dem jeweiligen Baugebietscharakter** im Grundsatz von einer **typisierenden** baurechtlichen **Beurteilung** ausgegangen werden (zur Typisierung s. Rn 8–10). Nach st. Rspr. ist die typisierende Beurteilung eines (Bau-)Vorhabens mit der Möglichkeit des Nachweises atypischer Betriebseinrichtungen und -abläufe durch den Baugesuchsteller (Rn 10) unvermeidbar und sachgerecht.

4.3 Enthält der Nutzungskatalog des jeweiligen Baugebietstyps keine einschränkenden planungsrechtlichen Begriffsdifferenzierungen wie »Läden«, »Einzelhandelsbetriebe« oder »Gartenbaubetriebe« und ist deren (Un-)Zulässigkeit auch nicht sonst aus dem Gebietscharakter des Baugebiets zu gewinnen. Sind solche Anlagen – z.B. in den GE- und GI-Gebieten (§§ 8, 9) –, in denen »Gewerbebetriebe aller Art« zulässig sind, dort im Grundsatz generell zulässig. Die Genehmigungsfähigkeit in den GE- und GI-Gebieten steht dann (lediglich) unter der allgemeinen Zulässigkeitsklausel des § 15.

4.4 **e) Die Zulässigkeit von Vergnügungsstätten im Rahmen der baugebietlichen Systematik der BauNVO.** Die systemgerechte **Zulassung von Vergnügungsstätten** außerhalb der Kerngebiete, in denen sie im Grundsatz seit jeher generell zulässig gewesen sind, hat die Genehmigungsbehörden und Verwaltungsgerichte vielfach beschäftigt. Es ging dabei um die Frage, ob Vergnügungsstätten – vor allem »Diskotheken« und »Spielhallen« unterschiedlichster Ausstattung und Betreibungsform als sinnfälliger Ausdruck unserer Wohlstandsgesellschaft und der stetig zunehmenden Freizeit – auch in den Baugebieten, die vorwiegend oder jedenfalls gleichrangig mit (nicht wesentlich störenden) Gewerbebetrieben dem Wohnen dienen, zulässig sind.

4.5 Die überwiegende Auffassung ist bis zur ÄndVO 1990 davon ausgegangen, dass Vergnügungsstätten als Gewerbebetriebe nicht nur in MK-Gebieten und ausnahmsweise in WB-Gebieten genehmigungsfähig sind, sondern auch in anderen Baugebieten, soweit Gewerbebetriebe dort jeweils zulässig sind (so *Bielenberg*, § 7 Rn 23, Nds. OVG, U. v. 22.2.1979 – IA 137/78 –, BRS 35 Nr. 35).

Das BVerwG hat in dem Grundsatzurt. v. 25.11.1983 (– 4 C 64.79 –, BRS 40 Nr. 45 = BauR 1984, 142 = DVBl. 1984, 340), zu einem Fall nach § 34 BBauG, wobei das Grundstück nach der Eigenart seiner näheren Umgebung als im MI-Gebiet liegend einzustufen war, in seinen im Ergebnis überzeugenden Gründen u. a. hervorgehoben: »*In einem Mischgebiet kann eine Vergnügungsstätte als ›sonstiger Gewerbebetrieb‹ nach § 6 Abs. 2 Nr. 4 BauNVO zulässig sein, wenn sie nicht dem Typus der Vergnügungsstätte, wie er für Einrichtungen im Kerngebiet kennzeichnend ist, entspricht und keine wesentlichen Störungen für die Wohnruhe vor allem am Abend und in der Nacht mit sich bringt.*« Beides ist für den entschiedenen Fall über eine Striptease-Tanzbar verneint worden. Das BVerwG hat mit Recht darauf hingewiesen, dass Vergnügungsstätten eine Nutzungsart sind, »*die die unterschiedliche Zweckbestimmung von Kerngebieten einerseits und Mischgebieten andererseits in besonderer Weise kennzeichnen*« und hat das im Einzelnen dargelegt (BVerwG, aaO.).

4.6 Der VOgeber hat die Auffassung des BVerwG in seinem Urt. v. 25.11.1983 (– 4 C 64.79 –, aaO.) geteilt. Maßgebend für die Neufassung war die Erkenntnis, dass **Vergnügungsstätten** vom städtebaulichen **Begriffstypus** her (s. Rn 1, 3) wegen ihres bekannten besonderen Erscheinungsbildes, dem mit Vergnügungsstätten zwangsläufig verbundenen »Drum und Dran« (s. § 4a Rn 22–24) – gleich ob es sich etwa um die vielfältigen Formen der Diskotheken oder Spielhallen handelt – eine eigenständige, abschließende Regelung erfordern.

4.7 Die negativen städtebaulichen Auswirkungen der Einrichtung und die sprunghafte Zunahme von Vergnügungsstätten, insbes. von Spielhallen, wie Verdrängung von Einzelhandelsgeschäften gerade an den städtebaulich vorgesehenen Standorten des Einzelhandels und die Beeinträchtigung der Wohnqualität insbes. durch Spielhallen in wohnnahen Bereichen waren für den VOgeber i. S. der Vorsorge für die städtebauliche geordnete Entwicklung (§ 1 Abs. 3 BauGB) maßgebend.

4.8 Der VOgeber hat die Andersartigkeit des Begriffs »Vergnügungsstätten« – besonders i. V. zu den sonstigen nicht wesentlich störenden Gewerbebetrieben – der den Baugebietsvorschriften zugrunde liegenden (Begriffs-)Systematik (Ausschluss des allgemeineren städtebaulichen [Ober-]Begriffs durch den *spezielleren* Nutzungsbegriff, s. Rn 1, 3) auf die Zulässigkeit von Vergnügungsstätten, d. h. auf alle vom **Begriff** »**Vergnügungsstätten**« erfassten Nutzungen (Anlagen und Betriebe – s. § 4a Rn 22–24), konsequent angewendet. Die gewollte **abschließende** Regelung ergibt sich aus dem Sinngehalt aufgrund der Begriffssystematik; die Begründung weist in Abschn. II, 1 g (BR-Drucks. 354/89) ausdrücklich darauf hin und ist für die Anwendung i. d. Praxis inzwischen Richtschnur. Danach gilt Folgendes:

- In *Kerngebieten* sind Vergnügungsstätten wie *vor der ÄndVO 1990* allgemein zulässig.
- Vergnügungsstätten sind und *neu* in den *Teilen von Mischgebieten*, die überwiegend gewerblich geprägt sind, **als nicht kerngebietstypische Vergnügungsstätten zulässig.**
- In *besonderen Wohngebieten, Dorfgebieten* und den übrigen Teilen der Mischgebiete können nicht kerngebietstypische Vergnügungsstätten **ausnahmsweise zugelassen** werden (Näheres bei den jeweiligen Vorschriften).

- In *Gewerbegebieten* sind Vergnügungsstätten jeglicher Art (nur) ausnahmsweise zulassungsfähig.
- In *Kleinsiedlungsgebieten, reinen und allgemeinen* Wohngebieten sind Vergnügungsstätten – wie vordem – generell unzulässig. Die Unzulässigkeit von Vergnügungsstätten gilt nunmehr auch für *Industriegebiete* (s. ÄndVO 1990, Begründung).

Die Regelungen betreffen nur »Vergnügungsstätten«. Eine spezielle Regelung für »*Spielhallen*« als Unterfall von »Vergnügungsstätten« konnte in der ÄndVO aus rechtssystematischen und allgemeinen (u. a. politischen) Gründen (»Diskriminierung«) nicht getroffen werden.

Die Möglichkeit der Gemeinden, im Rahmen der Festsetzungen von Baugebieten weiter gehende Beschränkungen aus städtebaulichen Gründen nach Maßgabe des § 1 Abs. 5 i. V. m. Abs. 9 vorzusehen, bleibt unberührt (vgl. § 1 Rn 126 f.).

Widersprechen Vergnügungsstätten im Einzelfall der Eigenart des betreffenden Baugebiets, etwa durch Massierung von Spielhallenbetrieben, kann die Anwendung des § 15 Abs. 1 zum Zuge kommen.

Aufgrund der konsequenten Regelung der Zulässigkeit von Vergnügungsstätten in den einzelnen Baugebieten bedarf es i. S. der typisierenden Betrachtungsweise keiner Zulässigkeitsprüfung in den »*klassischen*« *Wohnbaugebieten* (§§ 2–4), auch dann nicht, wenn der Antragsteller darlegt, dass die beantragte Vergnügungsstätte im Hinblick auf den Begriffstypus »Vergnügungsstätte« atypisch sei.

4.9

Sind Vergnügungsstätten beispielsweise nach § 4a Abs. 3 Nr. 2 oder § 5 Abs. 3 nur *ausnahmsweise* zulassungsfähig, kann in einem WB-Gebiet oder MD-Gebiet aufgrund des dort abschließend geregelten städtebaulichen Begriffstypus eine Vergnügungsstätte über den städtebaulichen Oberbegriff »sonstige Gewerbebetriebe« (§ 4 Abs. 2 Nr. 3) oder »nicht wesentlich störende Gewerbebetriebe« (§ 5 Abs. 2 Nr. 6) nicht dennoch genehmigt werden (in diesem Sinne auch BVerwG, B. v. 9.10.1990 – 4 B 120.90 –, BRS 50 Nr. 60). Die Regelung, spezielle Nutzungsarten aufgrund des spezifischen Begriffstypus wie »Vergnügungsstätten« für Baugebiete **im Ergebnis** auszuschließen, ist in Bezug auf die dadurch beschränkte Baufreiheit mit Art. 14 GG vereinbar. Zur Zulässigkeit von störintensiven Nutzungen – im weitesten Sinne verstanden – vgl. § 4a Rn 22 f., § 6 Rn 8, § 8 Rn 6 f.

2. **Grundsätze für die Zulässigkeit bzw. Zulassungsfähigkeit von Nutzungen (Anlagen und Betrieben); Befreiungsmöglichkeit nach § 31 Abs. 2 BauGB**

a) **Allgemeines zur rechtssystematischen Einordnung.** Für die Entscheidung über die Zulässigkeit bzw. ausnahmsweise Zulassung sind **allein städtebauliche Gesichtspunkte** maßgebend (§ 15 Abs. 2). Die Vorschriften des Bauordnungsrechts über Sicherheit und Ordnung und des Immissionsschutzrechts bleiben unberührt (§ 29 Abs. 2 BauGB). Desgleichen kann die Entscheidung im Einzelfall **nicht** etwa **von einer Bedürfnisprüfung** abhängig gemacht werden. Hängt die nutzungsrechtliche Zulässigkeit von weiteren einschränkenden unbestimmten Rechtsbegriffen ab, wie »der Versorgung des Gebiets dienenden« (§ 2 Abs. 2 Nr. 2) oder »Zur Deckung des täglichen Bedarfs« (§ 3 Abs. 3). handelt es sich auch insoweit um städtebauliche Ordnungskriterien. Es lässt

5

sich dennoch nicht ganz vermeiden, dass bei der Prüfung der Zulässigkeit oder Zulassungsfähigkeit im Rahmen des städtebaulichen Planungsrechts gewerbe- oder immissionsschutzrechtliche Ordnungsgrundsätze und Maßstäbe in die Entscheidung einbezogen werden müssen (vgl. § 15 Abs. 1 Satz 2 und § 22 Abs. 1 BImSchG). Das folgt daraus, dass aufgrund der Zweckbestimmung eines Baugebiets als dem erklärten Ziel der städtebaulichen Ordnung die zulässigen Nutzungen (Anlagen und Betriebe) auch Begriffsmerkmale des gewerberechtlichen Ordnungsrechts und des Immissionsschutzrechts enthalten, die die allgemeine Zulässigkeit der Anlagen und Betriebe entspr. dem Baugebietscharakter einschränken.

5.1 Die *allgemeinen* Grundsätze für die Zulässigkeit bzw. ausnahmsweise Zulassung finden eine *besondere* Zulässigkeitsbeschränkung durch die **Vorbehaltsklausel** des § 15. Nach dieser Vorschrift sind bauliche und sonstige Anlagen **im Einzelfall unzulässig,** wenn sie der städtebaulichen Zielsetzung nicht entsprechen. Gerade bei der Entscheidung darüber, ob und ggf. inwieweit Anlagen »nach Anzahl, Lage, Umfang oder Zweckbestimmung« der Eigenart des Baugebiets widersprechen, hat **jedwede Bedürfnisprüfung** zu unterbleiben. Dagegen wird die Unzulässigkeit von Anlagen insbes. danach zu beurteilen sein, ob und inwieweit von ihnen »Belästigungen oder Störungen ausgehen *können*, die nach der Eigenart des Baugebiets im Baugebiet selbst oder in dessen Umgebung unzumutbar sind, oder – nach der ÄndVO 1990 – »wenn sie solchen Belästigungen ausgesetzt werden« (§ 15 Abs. 1 Satz 2; Näheres dort, Rn 11–24.3).

6 b) **Zur ausnahmsweisen Zulassung von Nutzungen, Rechtsnatur; Handhabung i.d. Praxis.** Die Baugebietsnormen führen jeweils in ihrem **Abs. 3** die baulichen Anlagen und Betriebe auf, die ausnahmsweise zugelassen werden können; hierbei handelt es sich um »gesetzliche Ausnahmen« (ebenso *Schlichter* aaO., Abschn. 1) zum Unterschied von den Ausnahmen, die nicht in bestimmter Weise festgesetzt sind, wie beispielsweise nach § 21a Abs. 3 Satz 2. Für den **Umfang** der Ausnahme ist die Zweckbestimmung des Gebiets maßgebend; d.h., die ausnahmsweise zuzulassenden Anlagen haben sich nach **Funktion** und Umfang dem **Charakter des Gebiets** unterzuordnen.

Weitere ausnahmsweise zuzulassende Anlagen, die im Katalog für das jeweilige Baugebiet (Abs. 3) nicht benannt sind, darf die Gemeinde im B-Plan nicht vorsehen. Eine Festsetzung wäre daher nichtig, mit der für ein WA-Gebiet (§ 4) beispielsweise »sonstige nicht wesentlich störende Gewerbebetriebe i.S. von § 6 Abs. 2 Nr. 4« ausnahmsweise zugelassen werden können.

Durch Festsetzung der Baugebiete werden die nach den §§ 2 bis 9 ausnahmsweise zulassungsfähigen Anlagen und Betriebe nach § 1 Abs. 3 **Ausnahmen** i.S. des § 31 Abs. 1 BauGB, ohne dass es einer ausdrücklichen gesonderten Festsetzung im B-Plan nach Art und Umfang bedarf (Näheres s. § 1 Rn 73). Zur Vermeidung einer Übermaßregelung, und um örtlichen Gegebenheiten und Erfordernissen insbesondere in Gemengelagen besser gerecht werden zu können, kann es sich empfehlen, im B-Plan dennoch durch zusätzliche Ausführungen Ausnahmen für solche Anlagen und Betriebe darzulegen, die unter bestimmten Voraussetzungen hinsichtlich der Typisierung (Rn 8–10) auch in einem empfindlicheren Baugebiet zugelassen werden können. Die Voraussetzungen können dann im Einzelnen im Baugenehmigungsverfahren durch Bedingungen und/oder Auflagen erfüllt werden. Dabei kann – soweit GI- oder

GE-Gebiete in 13-Plänen nach dem Emissionsverhalten von Betrieben und Anlagen bzw. nach deren Abstandserfordernis von Wohngebieten gegliedert werden (z.B. in NW durch Gliederung nach Abstandsklassen der Abstandsliste des Abstandserlasses) – unter im B-Plan gleichfalls zu bestimmenden Voraussetzungen festgesetzt werden, dass – abweichend von der Stellungnahme des zur Beurteilung der Gewerbebetriebe zuständigen Staatlichen Gewerbeaufsichtsamtes oder des Umweltschutz-Fachamtes (entspr. der unterschiedlichen Bezeichnung in den Ländern) – ggf. auch mehr als nur eine Abstandsklasse übersprungen werden kann.

6.1 Die Ausnahmegewährung unterscheidet sich in ihrer Abgrenzung zur »Kann-Vorschrift« darin, dass in letzteren Fällen die Zulassung zwar in das pflichtgemäße Ermessen der Behörde gestellt ist; das Ermessen ist aber insoweit gebunden, als die Behörde von ihrem Ermessen nur dann Gebrauch machen darf, wenn die das Ermessen einschränkenden Voraussetzungen – evtl. Koppelung an unbestimmte Rechtsbegriffe – erfüllt sind.

6.2 Ausnahmeregelung und Kann-Vorschrift werden nicht immer exakt voneinander unterschieden. So wird die Kann-Vorschrift des § 23 Abs. 5 z.B. in der Kommentierung und Rspr. teilweise als *Ausnahmeregelung* behandelt (u.a. *Bielenberg*, § 23 Rn 57; Nds. OVG, U. v. 25.5.1978 – I A 71/77 – BRS 33 Nr. 149; Näheres bei § 23 Rn 19). Die Folge davon ist vielfach, dass das Vorliegenmüssen (besonderer) Ausnahmegründe vernachlässigt wird, auf die es jedoch gerade ankommen kann.

Maßgebend für die Ausnahme(-erteilung) ist, dass die Entscheidung über die beantragte Baugenehmigung nicht auf der Regelfestsetzung des Zulässigkeitskataloges des Abs. 2 der Baugebietsvorschriften beruht, sondern auf der ausdrücklich **im B-Plan vorgesehenen Ermächtigung,** bei den im Abs. 3 der Baugebietsvorschriften (§§ 2–9) aufgeführten Nutzungsfällen von der Regelfestsetzung abweichen zu können. Die Bindung der Baugenehmigung an die jeweilige Vorstellung der Gemeinde über ihre städtebauliche Ordnung und Entwicklung (§ 1 Abs. 3 BauGB), die sich in den (unterschiedlichen) Festsetzungen der Bebauungsplanung niederschlägt, zeigt deutlich zweierlei: Zum einen beruhen **Ausnahmeerteilung** und **Befreiung** nach § 31 Abs. 1 und Abs. 2 BauGB auf einer **ausdrücklichen Ermächtigung** des Gesetzgebers, in bestimmten Sonderfällen von Festsetzungen des B-Plans abweichen zu können. Zum anderen sind daraus zugleich die prinzipiellen Unterschiede in der Handhabung der **Ausnahmeerteilung** nach § 31 Abs. 1 BauGB im Zusammenhang mit den Festsetzungen des B-Plans und der Befreiung nach § 31 Abs. 2 BauGB (Näheres s. Rn 7) zu erkennen. Im Rahmen der Baugebietsvorschriften der §§ 2–9 **bestimmt die Gemeinde** aufgrund ihrer planerischen Gestaltungsfreiheit **selbst** Art und Umfang der Ausnahmen i.S. von § 31 Abs. 1 BauGB.

6.3 § 31 BauGB regelt, wenn die Festsetzungen des B-Plans »zu eng« geraten sind. § 31 Abs. 1 BauGB typisiert bereits die denkbaren Abweichungen in der Form von Ausnahmen; § 31 Abs. 2 BauGB geht darüber hinaus und schafft gleichsam die »nicht vorbedachte« Ausnahme i.S. der »Befreiung«. § 31 Abs. 1 BauGB ist anzuwenden bei qualifizierten, einfachen B-Plänen und nach § 173 Abs. 3 BBauG übergeleiteten baurechtlichen Vorschriften und festgestellten Plänen (vgl. zum letzteren BVerwG, U. v. 17.12.1998 – 4 C 16.97 –, BVerwGE 108, 190).

Die Ausnahmemöglichkeit bezieht sich nur auf die Festsetzungen eines B-Plans, nicht jedoch auf Verfahrensvorschriften oder bauordnungsrechtliche Vorschriften der Landesbauordnungen. Ebenso wenig ist eine Ausnahme vom Gebot der gesicherten Erschließung möglich, da es sich dabei nicht um eine Festsetzung handelt (BVerwG, U. v. 21.2.1986 – 4 C 10.83 – ZfBR 1986, 183). Die durch den B-Plan nach § 1 Abs. 3 S. 2 BauNVO festgesetzten Inhalte der §§ 2 ff. BauNVO erfassen auch die für die einzelnen Baugebiete bereits vorgesehenen zulässigen Ausnahmen in Abs. 3; dabei ist zu beachten, dass jeweils die Ausnahme-Fassung derjenigen BauNVO, die im Zeitpunkt der Beschlussfassung über den B-Plan galt, zugrundezulegen ist.

Feinsteuerung nach § 1 Abs. 5 f. BauNVO

6.4 Die Gemeinde kann Art und Umfang der zuzulassenden Ausnahmetatbestände so festsetzen, wie der VOgeber sie jeweils in Abs. 3 der Baugebietsvorschriften vorgesehen hat. Die Gemeinde kann nach § 1 Abs. 6 entsprechend *ihrer Vorstellung* über die geordnete Entwicklung des Gemeindegebiets im B-Plan auch abweichend davon festsetzen, dass alle oder einzelne Ausnahmen *nicht Bestandteil* des B-Plans werden oder in dem Baugebiet *allgemein zulässig* sind, »sofern die allgemeine Zweckbestimmung des Baugebiets gewahrt bleibt« (s. auch § 1 Rn 105–110). Es handelt sich hierbei um durch den B-Plan jeweils konkretisierte Ausnahmeermächtigungen als rechtsverbindliche Festsetzungen der Gemeinde **im Rahmen ihres Planungsermessens**. Da die **Ausnahmen** im B-Plan bereits vorgesehen sind, erfolgt mit der Zulassung nicht etwa die Begründung einer konkreten (neuen) Rechtslage **im Unterschied** zur Befreiung (Näheres s. Rn 7). Es wird lediglich eine »Rechtswohltat« erwiesen, die der Ortsgesetzgeber bei Vorliegen von Ausnahmetatbeständen bereithält. Die Gemeinde kann im B-Plan also individuell vorgehen. Das ist ihr jedoch nicht beliebig möglich, sondern nur im Rahmen der in § 1 Abs. 4 ff. eröffneten Möglichkeiten. Fehlerhaft wäre ein B-Plan, der reines Wohngebiet (WR) festsetzt, ausnahmsweise Mischgebiet (MI).

»Ausnahmen i. S. des § 31 Abs. 1 BBauG/BauGB müssen als solche ausdrücklich bestimmt und vom planerischen Willen umfasst sein. Bei Inkrafttreten des BBauG bestehende baurechtliche Vorschriften ... können nicht in der Weise ausgelegt werden, dass sie mit ... etwa mit den in der BauNVO für das entsprechende Baugebiet vorgesehenen Ausnahmen übergeleitet worden seien« (so BVerwG, U. v. 17.12.1998, aaO., Rn 6.3). Ähnlich hat der VGH BW in seinem B. v. 18.1.1995 (– 3 S 3153/94 –, VBlBW 1996, 24 – BRS 57 Nr. 215) grundsätzliche Ausführungen zur Erteilung einer Ausnahme gemacht:

«§ 31 Abs. 1 BauGB eröffnet der Gemeinde als dem örtlichen Satzungsgeber die Möglichkeit, in bestimmten, sachlich gerechtfertigten Fällen Abweichungen von den Festsetzungen eines B-Plans zuzulassen, um in flexibler Weise den Zielen des § 1 BauGB Rechnung zu tragen. ... Die Ausnahme ist zwar, anders als eine Befreiung nach § 31 Abs. 2 BauGB, im B-Plan selbst angelegt (planinternes Institut) und beschränkt sich daher nicht nur auf die Zulassung einzelner atypischer Sonderfälle im strengen Sinn (sog. Atypik), gleichwohl muss aber das der Ausnahme weseneigene Regel-Ausnahme-Verhältnis gewahrt bleiben. Die Erteilung einer Ausnahme darf nicht dazu dienen, den B-Plan in seinen Grundzügen zu verändern und die eigentlichen planerischen Festsetzungen in ihr Gegenteil zu verkehren. ...«

Festzuhalten ist, dass für die Erteilung einer Ausnahme kein atypischer Sachverhalt vorzuliegen braucht, jedoch müssen entsprechende konkrete Gründe für die Annahme einer Ausnahmeentscheidung nach § 31 Abs. 1 BauGB gegeben sein. Ausgeschlossen sind stets individuelle, (nur) in der Person des Bauherrn liegende sowie wirtschaftliche Gründe mit dem Ziel einer ökonomisch besseren (effektiveren) Nutzung des Grundstücks.

Die Zulassung einer Ausnahme steht als VA im pflichtgemäßen Ermessen der **6.5** Baugenehmigungsbehörde, die in der Ausübung ihres Ermessens jedoch an **Ausnahmetatbestände** gebunden ist, um von der Regelvorschrift abweichen zu können. Die Behörde darf Ausnahmen nicht ohne nähere Prüfung generell versagen, weil sie etwa »prinzipiell« von der Ermächtigung keinen Gebrauch zu machen gedenkt. Ein solches Verhalten hieße, dass die Behörde den Ausnahmeantrag gar nicht dahingehend überprüft hat, ob sachlich gerechtfertigte Gründe ein Abweichen von der Regelvorschrift erfordern *(E/Z/B/K, § 31 Rn 26)*. In solchen Fällen würde es sich um einen Ermessensnichtgebrauch in Gestalt des Ermessensmangels handeln. Soweit der VOgeber Ausnahmen vorgesehen hat, liegt darin gleichzeitig die *Verpflichtung zu* prüfen, ob in dem konkreten Begehren bei Vorliegen der erforderlichen Voraussetzungen eine Ausnahme gewährt werden kann).

Die Verpflichtung ergibt sich daraus, dass für das Baugenehmigungsverfahren als Verwaltungsverfahren der *Untersuchungsgrundsatz* gilt; d.h., die Baugenehmigungsbehörde hat im Grundsatz den maßgeblichen Sachverhalt von *Amts wegen zu* ermitteln (§ 24 VwVfG – für das Bauplanungsrecht i.V.m. § 208 BauGB). Im Falle einer Ausnahme ist die Baugenehmigungsbehörde jedoch in besonderer Weise auf die *Mitwirkung* des Baugesuchstellers i.S. von § 26 Abs. 2 VwVfG angewiesen. Die der Gemeinde vom VOgeber in den Baugebietsvorschriften der §§ 2–9 eingeräumte Möglichkeit, von der Regelfestsetzung Ausnahmen zuzulassen, ist nicht dahin (miss-)zuverstehen, dass die Baugenehmigungsbehörde die Ausnahmegründe von Amts wegen zu erforschen habe. Die Gewährung einer Ausnahme setzt zwar keinen gesonderten **förmlichen Antrag** voraus. Das Begehren kann sich bereits aus dem Antrag für das Bauvorhaben ergeben. In jedem Falle muss aber ein **Ausnahmeverlangen** ersichtlich und ein **Ausnahmegrund** erkennbar sein. Erst diese Tatbestände lösen die pflichtgemäße Ermessensprüfung der Genehmigungsbehörde aus.
Bei anderer Auffassung würde in der Handhabung einer Ausnahmevorschrift und einer Kann-Bestimmung kein Unterschied bestehen.

Sind in einem allgemeinen Wohngebiet *beispielsweise* nicht störende Hand- **6.6** werksbetriebe, die der Versorgung des Gebiets dienen, allgemein zulässig und können ausnahmsweise sonstige nicht störende Gewerbebetriebe zugelassen werden, so müssen die Ausnahmetatbestände im Regelfall in städtebaulichen Gründen beruhen. Der Antragsteller muss dartun, dass der von ihm zu errichtende Gewerbebetrieb nicht stört und in funktioneller Hinsicht das Versorgungsangebot des Gebiets im weitesten Sinne ergänzen kann (s. Rn 4.1) oder mit dem Stattgeben seines Ausnahmebegehrens jedenfalls die Zielsetzungen des städtebauliche Leitbildes für das betreffende Baugebiet nicht beeinträchtigt werden. Um die Eigenart des Gebiets zu wahren, kann die Ausnahme unter Bedingungen und Auflagen erteilt werden. Auch bei der **Abweichung von Maßvorschriften** muss aus dem Antrag die Ausnahmesituation hervorgehen. Der Bauantragsteller muss für seinen Ausnahmeantrag besondere, d.h. eben Ausnahmetatbestände anführen können, die es in seinem Baufall berechtigt erscheinen lassen, die von ihm angestrebte Anlage errichten zu dürfen. Anders als bei der bloßen Kann-Bestimmung genügt es hier nicht, dass jemand – etwa aus **wirtschaftlichen Gesichtspunkten** – die Errichtung einer Anlage beantragt mit der Begr., die Vorschrift sehe das vor.

Die bei der Ausübung des Ermessens zu berücksichtigenden Voraussetzungen können im Einzelfall den Entscheidungsspielraum der Behörde derart einengen, dass das Ermessen völlig geschrumpft und wie bei der Beurteilung unbestimmter Rechtsbegriffe nur **eine Entscheidung** möglich ist. In diesen Fällen verdichtet sich der Anspruch auf fehlerfreie Ausübung des Ermessens zum Rechtsanspruch auf Zulassung.

6.7 Gibt es keine städtebaulichen Gründe, die der Zulassung eines Vorhabens im Wege einer Ausnahme widersprechen könnten, bleibt für eine ablehnende Ermessensentscheidung kein Raum (VGH BW, U. v. 19.11.2003 – 5 S 2726/02 – DÖV 2004, 308 = BauR 2004, 1909 = BRS 66, 349 = VBlBW 2004, 141; Hess.VGH, U. v. 6.12.2004 – UE 2582/03 – GewArch. 2005, 214). In dem U. des VGH BW finden sich die nachfolgend zitierten überzeugenden Ausführungen:

»*Bei der Ermessensentscheidung nach § 31 Abs. 1 BauGB können nur städtebauliche Gründe berücksichtigt werden. Da die Ausnahme, anders als die Befreiung, im Bebauungsplan selbst angelegt ist, beschränkt sie sich nicht allein auf die Zulassung von Vorhaben in atypischen Einzelfällen, wie dies jedenfalls vor Änderung des § 31 Abs. 2 BauGB zum 1.1.1998 für die Befreiung angenommen worden ist. Eine Ausnahme darf aber andererseits nicht dazu dienen, den B-Plan in seinen Grundzügen zu verändern. Ausnahmsweise zugelassene Vorhaben müssen quantitativ deutlich hinter der Regelbebauung zurückbleiben. Sie dürfen keine prägende Wirkung auf das Baugebiet haben. Insbes. darf der Nutzungscharakter eines Baugebiets durch Ausnahmen nicht in seiner gesetzlichen Typik widersprechenden Weise verändert werden. Das Ermessen soll vor allem für den Umfang der Ausnahme von Bedeutung sein. Eine Ausnahme kann auch versagt werden, wenn durch sie eine Entwicklung eingeleitet würde, die zu einer Beeinträchtigung der Eigenart des Baugebiets führen könnte. Die Baurechtsbehörde kann so der Gefahr eines ›Umkippens‹ des Baugebiets begegnen. Schließlich genügt für die Versagung einer Ausnahme nicht jede städtebauliche Erwägung, mit der eine Gemeinde einen Bebauungsplan ändern könnte. Als Ermessenserwägungen sind Planänderungen vielmehr nur beachtlich, wenn sie ernsthaft und hinreichend konkret sind. Insoweit ausreicht der Wunsch der Gemeinde, ein bestimmtes Vorhaben zu verneinen ebenso wenig aus, wie er den Erlass einer Veränderungssperre rechtfertigen könnte.*«

Der VGH BW ist in diesem U. zu Recht zu dem Ergebnis gekommen, dass kleinen Mobilfunksendeanlagen nach der typisierenden Betrachtungsweise und dem Erfordernis der Gebietsverträglichkeit in einem allgemeinen Wohngebiet als nicht störende Gewerbebetriebe i. S. von § 4 Abs. 3 Nr. 2 BauNVO die Baugenehmigung nicht versagt werden kann.

6.8 Aufgrund des § 15 dürfen die in Abs. 3 der §§ 2–9 ausnahmsweise zuzulassenden Anlagen auch bei Vorliegen von Ausnahmegründen **im Einzelfall nicht** zugelassen werden, *wenn* sie nach Anzahl, Lage, Umfang oder Zweckbestimmung der Eigenart des Baugebiets widersprechen. In diesen Fällen hat die **Baugenehmigungsbehörde** für die ausnahmsweise zuzulassenden Anlagen auch dann, wenn sie nach Art und Umfang im B-Plan vorgesehen sind (§ 31 Abs. 1 BauGB) und Ausnahmegründe vorliegen, hinsichtlich der Genehmigungsfähigkeit **keinen Ermessensspielraum.**

7 c) Voraussetzungen, um die Zulassung von Nutzungen, die im B-Plan nicht oder anders festgesetzt sind, durch Befreiung (**§ 31 Abs. 2 BauGB**) zu erreichen. Die **planungsrechtliche Befreiung** nach § 31 Abs. 2 BauGB bezweckt die **Zulassung einer Nutzung**, die im B-Plan nach der jeweiligen Baugebietsvorschrift nicht – oder jedenfalls nicht so – festgesetzt und auch *nicht als ausnahmsweise* zulassungsfähig vorgesehen ist oder die wegen besonderer, in den *objektiven Verhältnissen* des Grundstücks liegender Gründe, wie atypischer Zuschnitt des Grundstücks, ungewöhnliche topografische Lage bei Durchführung des B-Plans, nicht zu verwirklichen wäre (zum Rechtsinstitut der Befreiung s. grundsätzlich *Erwe*, aaO., S. 94 ff.; *Bönker*, in: *Hoppe/Bönker/Grotenfels*, S. 263 f.; die einschlägigen [Groß-]Kommentare zu § 31 Abs. 2 BauGB und das weitere unter *Vorb.* §§ *2 ff.* angeführte Schrifttum).

Während die Festsetzung von *Art und Umfang* der **Ausnahmen** der planerischen Gestaltungsfreiheit der Gemeinde unterliegen, der Ortsgesetzgeber mithin die Tatbestandsvoraussetzungen zur Erteilung einer *Ausnahme selbst plant*, sind die Voraussetzungen (Bedingungen) zur Erteilung einer **Befreiung gesetzlich bestimmt.** Das Vorliegen der verschiedenen Alternativen, d. h., ob »Gründe des Wohls der Allgemeinheit« die Befreiung erfordern (Nr. 1) oder »die Abweichung städtebaulich vertretbar ist« (Nr. 2) oder »die Durchführung des B-Plans zu einer offenbar nicht beabsichtigten Härte führen würde« (Nr. 3), hängt entscheidend von den gemeindlichen Vorstellungen ab, die den Festsetzungen des B-Plans zugrunde liegen, d. h. wie *konkret* die Gemeinde geplant hat. Je sorgfältiger das Planungsermessen im Hinblick auf die geordnete städtebauliche Entwicklung gehandhabt und die Differenzierungsmöglichkeiten des § 1 Abs. 4–10 dazu angewandt worden sind, desto schwieriger werden sich Sonderfälle (Sonderinteressen) erweisen, die es rechtfertigen, die (hohen) Barrieren einer Abweichung von der Festsetzung des B-Plans zu überwinden.

7.1

Zweck u. Funktion der Befreiung sowie die verschiedenen Alternativen »unter Würdigung nachbarlicher Interessen« hat *Bönker* in: *Hoppe/Bönker/Grotefels*, S. 263 knapp und präzise dargelegt;. vgl. im Übrigen die (Groß-) Kommentare wie *E/Z/B/K, Berliner Komm., Battis/Krautzberger/Löhr, Brügelmann* zu § 31 Abs. 2 BauGB.

Zum Verständnis ist kurz auf die Änderungen der Befreiungsvorschrift im Zuge der Neufassung des BauGB 1998 und deren mögliche Rechtfolgen einzugehen. In § 31 Abs. 2 BauGB ist im Einleitungssatz das Tatbestandsmerkmal »im Einzelfall« entfallen. Eine Befreiung soll künftig auch in mehreren Fällen zulässig sein. Zur Begr.: Eine »**Atypik**« i. S. der bisherigen Rspr. müsse nicht mehr vorliegen. Die Grenze für mehrere Befreiungen solle jedoch erreicht sein, wenn es sich umso viele zu regelnde Fälle handele, dass gem. § 1 Abs. 3 BauGB die Schwelle des Planungserfordernisses überschritten werde (vgl. BR-Drucks. 695/96 S. 56). Bisher ist nicht abschließend geklärt, ob damit die »Atypik« beseitigt worden ist. Die überwiegende Auffassung im Schrifttum geht davon aus, dass auch nach der Änderung der Vorschrift an der Atypik als Befreiungsvoraussetzung festzuhalten ist (vgl. *Dolderer*, NVwZ 1998, 567; *G/B/R*, Rn 1941; *Jäde*, in: *J/D/W* Rn 13 zu § 31 BauGB:

7.2

»*Entscheidend ist aber darauf abzustellen, dass der Wegfall des Einzelfallkriteriums lediglich eine Klarstellung im Ergebnis dahin gehend bedeutet, dass – gewissermaßen – der atypische Einzelfall nicht notwendigerweise immer nur ein einziger Fall sein muss*«; *Rieger*, in: *Schrödter*, Rn 22 zu § 31; in der Rspr. neigt der BayVGH in seinen U. v. 19.10.1998 – 15 B 97.337 – BayVBl. 1999, 179 und v. 30.7.2001 – 2 B 99.1323 – BayVBl. 2002, 240 dazu, das Merkmal der Atypik weiterhin heranzuziehen; a. A., *Hoffmann*, BauR 1999, 445; *Schmidt-Eichstaedt*, NVwZ 1998, 571; *Hermann*, NVwZ 2004, 309; *Schütz*, VBlBW 2000, 355, 358 f.). Der 3. Senat des VGH BW hat in seinem U. v. 16.6.2003 (– 3 S 2324/02 – NVwZ 2004, 357 = BauR 2003, 1527 = UPR 2004, 190 = NuR 2004, 379 = VBlBW 2003, 438 entschieden, dass mit dem Wegfall des Einzelfallerfordernisses in § 31 Abs. 2 BauGB durch das Bau- und Raumordnungsgesetz 1998 die Erteilung einer Befreiung nach dieser Vorschrift keiner »Atypik« mehr bedarf und dies ausführlich begründet.). Das BVerwG hat zu der Frage bislang noch nicht grundsätzlich Stellung genommen (B. v. 5.3.1999 – 4 B 5.99 – ZfBR 1999, 283 = BauR 1999, 1280 = NVwZ 1999, 1110); es hat u. a. jedoch darauf hingewiesen, dass die Festsetzungen für das Baugenehmigungsverfahren strikt verbindlich sind.

»*Der Gesetzgeber stellt mit § 31 Abs. 2 BauGB ein Instrument zur Verfügung, das trotz dieser Rechtsbindung im Interesse der Einzelfallgerechtigkeit und der Wahrung der Verhältnismäßigkeit für Vorhaben, die den Festsetzungen zwar widersprechen, sich mit den planerischen Vorstellungen aber gleichwohl in Einklang bringen lassen, ein Mindestmaß an Flexibilität schafft. Er knüpft die Befreiung indes an genau umschriebene Voraussetzungen. Durch das Erfordernis der Wahrung der Grundzüge der Planung stellt er sicher, dass die Festsetzungen des Bebauungsplans nicht beliebig durch Verwaltungsakt außer Kraft gesetzt werden. ... Diese Regelung darf weiterhin nicht durch eine großzügige Befreiungspraxis aus den Angeln gehoben werden. Ob die Grundzüge der Planung berührt werden, hängt von der jeweiligen Planungssituation ab. Entscheidend ist, ob die Abweichung dem planerischen Grundkonzept zuwider läuft. ...*« (BVerwG, aaO.).

Eine Befreiung von nachbarschützenden Festsetzungen, insbes. hinsichtlich der Nutzungsart, ist nicht möglich, da der Nachbar im B-Plangebiet aufgrund des planerischen Austauschverhältnisses einen Anspruch auf Gebietswahrung hat, auch wenn er tatsächlich durch die Festsetzung nicht spürbar beeinträchtigt wird. Die Rspr. hat dies bislang dogmatisch noch nicht hinreichend erkannt, jedoch ist in allen Entscheidungen des BVerwG, in denen er den Gebietswahrungsanspruch bejaht hat, eine Befreiung konsequent abgelehnt worden.

7.21 Das BVerwG hat in seinem B. v. 2.2.2000 (– 4 B 87.99 – GewArch. 2000, 300 = VBlBW 2000, 361 = NVwZ 2000, 679) ausgeführt, dass die Frage, ob die Grundzüge einer Planung berührt werden, sich nicht einheitlich für alle denkbaren Gewerbegebiete beantworten lässt, sondern von den konkreten Umständen des jeweiligen Gebietes, insbes. auch von seiner Umgebung abhängt. Dagegen hat das BVerwG in seinem U. v. 24.2.2000 (– 4 C 23/98 –, NVwZ 2000, 1054 = ZfBR 2000, 423 = BauR 2000, 1306) die Ansicht vertreten, dass eine Diskothek als kerngebietstypische Vergnügungsstätte auch nicht im Wege der Befreiung in einem Industriegebiet zugelassen werden kann, weil die Abweichung von der festgesetzten Nutzungsart städtebaulich nicht vertretbar wäre. Dies folge aus der Unvereinbarkeit einer Diskothek mit der typischen Funktion eines Industriegebiets, wie sie sich nunmehr auch aus der Neuregelung in der BauNVO 1990 ergibt.

Es scheint, dass auch nach dem Wegfall des Einzelfallkriteriums die Atypik weiterhin dem Rechtsinstitut der Befreiung immanent ist und nicht etwa auf das Tatbestandsmerkmal »im Einzelfall« beschränkt war. Der Wegfall des Einzelfalls und die verbliebene Bedeutung der Atypik führen dazu, dass eine Befreiung nach § 31 Abs. 2 **Nr. 2** BauGB nur in wenigen Ausnahmefällen erteilt werden kann. Eine Norm nämlich, von deren Einhaltung selbst in Regelfällen befreit werden muss, ist in Wahrheit bereits als Norm zu beanstanden (so schon BVerwG, U. v. 14.7.1972, – IV C 69.70 – BVerwGE 40, 268 und U. v. 9.6.1978 – 4 C 54.75 –, BVerwGE 56, 71).

7.3 Bei der Neufassung des BauGB 1998 hat die Vorschrift des § **31 Abs.** 2 eine weitere Änderung erfahren. Eine Befreiung setzt nunmehr voraus, dass die »**Grundzüge der Planung**« nicht **berührt werden**. Was ein Grundzug der Planung ist, lässt sich nicht leicht allgemein beantworten. Durch das Erfordernis der Wahrung der Grundzüge der Planung will der Gesetzgeber sicherstellen, dass die Festsetzung des B-Plans nicht beliebig durch VA außer Kraft gesetzt werden kann. »Grundzüge der Planung« sind das jeweilige planerische Leitbild der Gemeinde. Dieses wird in zentralen Festsetzungen des B-Plans verbindlich dokumentiert. Zur Abklärung kann die Planbegründung erläuternd herangezogen werden. Je tiefer eine Abweichung von den Festsetzungen in das Interessengeflecht des Planes eingreift. desto näher liegt es, dass die Grundzüge der Planung berührt werden (BVerwG, U. v. 9.6.1978, aaO.). Abweichungen von minderem Gewicht, die die Planungskonzeption des B-Plans unangetastet lassen, berühren die Grundzüge der Planung nicht. Ob eine Abweichung in diesem Sinne von minderem Gewicht ist, beurteilt sich also nach dem im l3-Plan zum Ausdruck gebrachten planerischen Willen der Gemeinde (BVerwG, B. v. 15.3.2000 – 4 B 18.00 – BauR 2001, 207). Nach dem B. des BVerwG können i. d. R. bei einer **Änderung der Nutzungsart** die Grundzüge der Planung berührt werden. Ohne Bedenken könne jedoch eine Ausnahme von dieser Regel angenommen werden, wenn die Änderung der Nutzungsart lediglich darin besteht, dass anstatt eines reinen Wohngebiets ein allgemeines (eingeschränktes) Wohngebiet restgesetzt wird, und wenn sich die Änderung auf 4 Parzellen am Rande eines größeren Wohngebiets beschränkt. Als **Faustformel** gilt: Fügt sich das Vorhaben bei der Anwendung des § 34 Abs. 1 BauGB nicht in die nähere Umgebung ein, so kann es auch nicht im Wege der Befreiung von den Festsetzungen eines B-Plans genehmigt werden (BVerwG, U. v. 9.6.1978, aaO.).

Nachfolgend einige **Beispiele** aus Gerichtsentscheidungen der 2. u. 3. Instanz:

- Eine Befreiung für eine Kindertagesstätte in einem reinen Wohngebiet nach der BauNVO 1977 kann wegen einer Unvereinbarkeit mit den Grundzügen der Planung rechtswidrig sein, wenn es zur Konzeption des B-Planes für einen neuen Ortsteil gehört, dass solche Einrichtungen in den zentralen Flächen des reinen Kerngebiets und des allgemeinen Wohngebiets geschaffen werden sollten und nicht in den peripheren Flächen des reinen Wohngebiets (OVG Hamburg, U. v. 29.7.2004 – 2 Bf 107/01 –, BRS 67 Nr. 85).
- »Grundzüge der Planung im Sinne des § 31 Abs. 2 BauGB sind nicht stets berührt, weil eine Baugebietsfläche um die Flächen für eine Straßenbahntrasse vermindert wird« (VGH BW, U. v. 15.10.2004 – 5 S 2586/03 – UPR 2005, 153)
- »Durchschneidet die Trasse einer Straßenbahn, die allein dem innerörtlichen Verkehr dient, eine in einem Bebauungsplan festgesetzte Baugebietsfläche, müssen bei Erlass des Planfeststellungsbeschlusses die Voraussetzungen für die Erteilung einer Befreiung gem. § 31 Abs. 2 BauGB vorliegen« (VGH BW, U. v. 15.10.2004 aaO.).
- »Eine an topographischen Gegebenheiten (hier: steile Böschung) ausgerichtete Festsetzung über die überbaubare Grundstücksfläche kann einen Grundzug der Planung i.S. des § 31 Abs. 2 BauGB darstellen«(VGH BW, B. v. 9.12.2002 – 8 S 1985/02 – BauR 2003, 348). Von der Vorschrift des § 11 Abs. 3 BauNVO kann nicht gem. § 31 Abs. 2 BauGB befreit werden. Dies ergibt sich unmittelbar aus dem Gesetz (BVerwG, B. v. 29.11.2005 – 4 B 72.05 – S. 5 UA). Zur Begründung hat das BVerwG ausgeführt: »Gemäß § 31 Abs. 2 BauGB kann nur von den Festsetzungen eines Bebauungsplans befreit werden. § 11 Abs. 3 BauNVO bestimmt unabhängig davon, welche Festsetzungen der Bebauungsplan trifft, dass die dort bezeichnete großflächigen Betriebe nur in Kerngebieten oder für sie festgelegten Sondergebieten zulässig sind. Eine Befreiung von den Festsetzungen des Bebauungsplans kann die Geltung des § 11 Abs. 3 BauNVO somit nicht suspendieren«.
- Die Erteilung einer Befreiung von den Festsetzungen eines B-Plans setzt nicht voraus, dass der Bauwerber einen ausdrücklichen, gerade hierauf zielenden Antrag gestellt hat (BVerwG, B. v. 28.5.1990 – 4 B 56.90 – UPR 1990, 345 = ZfBR 1990, 250). Über die Befreiung wird also im Zusammenhang mit dem Antrag auf Erteilung der Baugenehmigung entschieden.

Zu den drei Tatbestandsalternativen 7.4

Die tatbestandlichen Voraussetzungen der Befreiung sind zwingendes Recht in Form von weitgehend unbestimmten Rechtsbegriffen. Sie unterliegen einer uneingeschränkten verwaltungsgerichtlichen Kontrolle. Für die Praxis ist von Bedeutung, inwieweit *Gründe des Wohls der Allgemeinheit* (§ 31 Abs. 2 **Nr. 1**

BauGB) eine Befreiung *erfordern* können. Nach der Rspr. des BVerwG erfordern Gründe des Allgemeinwohls eine Befreiung nicht erst dann, wenn den Belangen der Allgemeinheit auf keine andere Weise als durch eine Befreiung entsprochen werden könnte, sondern nach Sinn und Zweck der Vorschrift dann, **wenn** es zur Wahrnehmung des jeweiligen öffentlichen Interesses **vernünftigerweise geboten** ist (s. auch Rn 7.10).

Mit Recht hat das BVerwG in dem U. v. 9.6.1978 (– 4 C 54.75 – BVerwGE 56, 71 = BauR 1978, 387 = BRS 33 Nr. 150 = ZfBR 1978, 35) herausgestellt, dass sich die »Gründe des Wohls der Allgemeinheit« nicht *auf spezifisch bodenrechtliche* Belange beschränken, sondern alles erfassen, »*was gemeinhin unter den öffentlichen Belangen ... zu verstehen ist.*« Die *Gleichsetzung* der öffentlichen Belange mit den öffentlichen Interessen schlechthin unter Bezugnahme auf die beispielhafte Auflistung in § 1 Abs. 6 BBauG = § 1 Abs. 5 BauGB kann jedoch zu Missverständnissen führen und wird in diesem pauschalen Verständnis *nicht* geteilt; denn im Ergebnis würden »Gründe des Wohls der Allgemeinheit« den öffentlichen Interessen gleichgesetzt werden. Das »Wohl der Allgemeinheit« verlangt eine Bilanzierung aller berührten öffentlichen Interessen. Es genügt keineswegs ein irgendwie geartetes öffentliches Interesse, vielmehr müssen Interessen von Gewicht vorhanden sein, die es rechtfertigen können, eine gemeindliche Planung abzuändern. In aller Regel hat nämlich der B-Plan das Gemeinwohl bereits verbindlich festgelegt. Gründe des Gemeinwohls »erfordern« eine Befreiung dann, wenn dies zur Erfüllung oder Wahrnehmung öffentlicher Interessen oder Aufgaben vernünftigerweise geboten ist (BVerwG, aaO.). Dass die Befreiung dem Gemeinwohl nur irgendwie nützlich oder dienlich ist, reicht dagegen nicht aus.

Die Frage, wann eine Befreiung mit den öffentlichen (bodenrechtlichen) Belangen vereinbar ist, lässt sich nicht generell beantworten, maßgeblich sind die jeweiligen Umstände des konkreten Einzelfalls. Jedoch lässt sich verallgemeinernd sagen, dass der Schluss, eine Befreiung sei mit den öffentlichen (bodenrechtlichen) Belangen nicht vereinbar, umso näher liegt, je tiefer die Befreiung in das Interessengeflecht einer Planung eingreift. Was den B-Plan in seinen »Grundzügen« verändert, lässt sich nur durch (Um-)Planung ermöglichen, und darf nicht durch einen Verwaltungsakt der Baugenehmigungsbehörde zugelassen werden. Für die Befreiung kann als Faustregel hilfreich sein, dass ein Vorhaben wegen Unvereinbarkeit mit bodenrechtlichen Belangen dann nicht durch Befreiung ermöglicht werden dürfte, wenn es bei unterstellter Anwendbarkeit des § 34 BauGB wegen mangelnden Einfügens nicht zugelassen werden dürfte (BVerwG, aaO.).

7.5 Das **Wohl der Allgemeinheit** (Gemeinwohl, öffentliches Wohl, allgemeines Wohl), ist *begrifflich* zwar nicht für alle Fälle und Zeiten nach seinem Inhalt in gleicher Weise zu bestimmen. Nicht jedes öffentliche Interesse ist aber identisch mit dem Wohl der Allgemeinheit; es gibt viele denkbare Aufgaben und Vorhaben, deren Verwirklichung im öffentlichen Interesse liegt. **Erst ein gesteigertes, sachlich-objektives öffentliches Interesse kann dem Wohle der Allgemeinheit entsprechen** (so mit Recht schon BVerwG, U. v. 29.11.1956, DÖV 1957, 185). Auch öffentliche Belange, wie sie z. B. in den planungsrechtlichen Festsetzungen Ausdruck finden, sind nicht in jedem Falle identisch mit dem Begriff des Allgemeinwohls. Unter »Gründe des Wohls der *Allgemeinheit*« ist begrifflich im Regelfall eine der **öffentlichen Daseinsvor- und -fürsorge** verpflichtete Aufgabe mit erheblicher (komplexer) Ausstrahlung auf die Allgemeinheit zu verstehen. Eine Befreiung wird daher nur in Betracht kommen, wenn die damit erfolgende Abweichung von den bestehenden Festsetzungen durch **ein sachliches Bedürfnis der Allgemeinheit** an der Abänderung des B-Plans getragen wird. Eine solche aus der öffentlichen Daseinsvor- und -fürsorge verpflichtete Aufgabe kann sich z. B. aus einer besonderen Wohnungs(not)-Situation ergeben. Ein angemessenes Wohnen gehört zu den gesellschaftlichen Grundbedürfnissen in den Ländern der EU. Eine Befreiungsmöglichkeit würde die vielfältige Fürsorge des Staates auf dem Gebiet des Wohnens (durch Wohngeld, sozialen Wohnungsbau, zinsbegünstigte Darlehen und dergl. mehr) ergänzen.

Gründe des Wohls der Allgemeinheit erfordern eine Befreiung nach § 31 Abs. 2 BauNVO nicht erst, wenn den Belangen der Allgemeinheit auf keine andere Weise entsprochen werden könnte, sondern bereits dann, wenn es zur Wahrnehmung des jeweiligen öffentlichen Interesses »vernünftigerweise geboten« ist, mithilfe der Befreiung das Vorhaben an der vorgesehenen Stelle zu verwirklichen. Auch dann, wenn andere Möglichkeiten zur Erfüllung des Interesses zur Verfügung stehen, kann eine Befreiung zur Wahrnehmung des öffentlichen Interesses »vernünftigerweise geboten« sein. Maßgebend sind die Umstände des Einzelfalles; dabei kann es auch auf – nach objektiven Kriterien zu beurteilende – Fragen der Zumutbarkeit und Wirtschaftlichkeit ankommen (hier: Befreiung zugunsten eines optimalen Standorts einer Mobilfunkanlage; so BVerwG, B. v. 5.2.2004 – 110.03 – BauR 2004, 1124).

Im Zusammenhang mit dem Begriff »Allgemeinheit« zeigt sich, dass es sich bei den *Gemeinwohlinteressen* um *qualifizierte* öffentliche Interessen handeln muss. Das geht ferner daraus hervor, dass die Befreiung aus Gründen des Wohls der Allgemeinheit auch unter **Würdigung nachbarlicher Interessen** mit den *»öffentlichen Belangen«* vereinbar sein muss.

Das letztere Erfordernis deckt sich *nicht* etwa mit dem Wohl der Allgemeinheit in Nr. 1, sondern die öffentlichen Belange sind *zusätzlich* im Rahmen der Würdigung nachbarlicher Interessen bei den Ermessenserwägungen zu berücksichtigen. Dagegen sind die Gründe des Wohls der Allgemeinheit *auf der Tatbestandsseite als Voraussetzung* der Erteilung der Befreiung zu prüfen. Selbst wenn Gründe des Wohls der Allgemeinheit die Befreiung erfordern, ist diese ausgeschlossen, wenn dadurch die Grundzüge der Planung berührt werden (s. § 31 Abs. 2 Satz 1, 2. Halbs.).

7.6 Einig sind sich Rspr. und Schrifttum darin, dass das *Erfordern* der Befreiung – mit *»vernünftigerweise geboten«* umschrieben – nicht dahin missverstanden werden darf, für die Befreiung reiche es aus, wenn diese dem Gemeinwohl förderlich, dienlich oder sonst irgendwie nützlich sei (BVerwG, B. v. 19.2.1982 – 4 B 21.82 – BRS 39 Nr. 168) oder Gründe des Wohls der Allgemeinheit die Abweichung *rechtfertigen*.

Wie komplex die Abgrenzungsmerkmale des Erforderns zu handhaben sind u. U. einer gewissen »Gratwanderung« gleichkommen, ergibt sich daraus, dass die Gründe des Wohls der Allgemeinheit sich nicht auf die Verwirklichung des (der Allgemeinheit dienenden) Vorhabens, sondern auf die erforderliche **Abweichung von den Festsetzungen des B-Plans** beziehen müssen (worauf *Reidt in: G/B/R, Rdn 1739* mit Recht hinweist), obwohl **in der Praxis** sich vielfach zunächst das Bedürfnis nach einem bestimmten Vorhaben herausstellt, nach den Festsetzungen des B-Plans das Vorhaben jedoch nicht zulässig und auch nicht ausnahmsweise zulassungsfähig ist. Erst die Abweichung i. S. der **Konkretisierung im Einzelfall** muss also ermöglichen, dass das dem Wohl der Allgemeinheit dienende Vorhaben sonst, nämlich bei Beachtung der Festsetzungen des B-Plans, nicht verwirklicht werden könnte.

Streiten Gründe des Wohls der Allgemeinheit dafür, an einer bestimmten Stelle des Geltungsbereichs des B-Plans nicht das, was der B-Plan dort festgesetzt hat, sondern aus Gründen des Gemeinwohls etwas anderes zu verwirklichen, so ruft das Gemeinwohlinteresse gewissermaßen einen Sonderfall hervor. Er besteht darin, in einem derartigen Fall eine planerische Festsetzung nicht anzuwenden.

7.7 In diesem Sinne können Gründe des Wohls der Allgemeinheit es erfordern – wie in dem Beispielfall unten –, dass ein öffentlicher, von einem kirchlichen Träger getragener **Kindergarten** von den Festsetzungen des B-Plans für ein nach der BauNVO 1977 festgesetztes **reines Wohngebiet**, der Gemeinbedarfsanlagen dementsprechend nicht vorsieht, befreit wird; die Abweichung ist auch unter Würdigung der nachbarlichen Interessen mit den öffentlichen Belangen nach Ansicht der Baugenehmigungsbehörde (im Einvernehmen mit der Gemeinde, § 36 Abs. 1 Satz 1 BauGB) vereinbar.

Beispielfall: Bei dem vor mehr als einem Jahrzehnt festgesetzten B-Plan standen Überlegungen der größtmöglichen Wohnruhe und Schaffung eines Wohngebiets mit gehobenem Zuschnitt im Vordergrund. Deshalb waren die nach § 3 Abs. 3 an sich vorgesehenen Ausnahmen nach § 1 Abs. 6 und Nutzungen nach § 13 (§ 1 Abs. 5) ausgeschlossen worden. Im Laufe der Zeit wollten (oder mussten) zahlreiche (junge) Mütter aus dem etwas ausgedehnteren reinen Wohngebiet, das gerade junge Familien angezogen hatte, dem erlernten Beruf nachgehen; dadurch wurde das Bedürfnis nach einem Kindergarten i.S. einer Anlage für soziale Zwecke zur Unterbringung der Kleinkinder unabweisbar erforderlich (in der näheren Umgebung war ein Kindergarten nicht vorhanden und den Müttern sowie Kleinkindern sollten weitere [Fahr-] Wege erspart bleiben).

Ist im Falle des Kindergartens die Befreiung aus Gründen des Wohls der Allgemeinheit einsichtig und das Erfordernis aus dem Sonderinteresse vernünftigerweise geboten, muss gleichzeitig darauf hingewiesen werden, dass öffentliche (Bau-)Vorhaben nicht etwa aus sich heraus die Voraussetzungen des **§ 31 Abs. 2 Nr. 1 BauGB** eher (leichter) erfüllen, weil das »öffentliche Wohl« ihnen gleichsam von Amts wegen anhaftet. Diese Fehleinschätzung kann umso ungehemmter Platz greifen, je selbstverständlicher das öffentliche Wohl mit dem öffentlichen Interesse gleichgesetzt wird (s. Rn 7.3) und Baugenehmigungsbehörde sowie Gemeinde der Auffassung sind, dass die zwar planwidrige Nutzung eines in der öffentlichen Hand befindlichen Grundstücks letztlich jedoch im öffentlichen Interesse liege und dafür ggf. auch die Befreiung von bauordnungsrechtlichen Vorschriften rechtens sei (vgl. dazu die Beispielfälle bei *Reidt* in: *G/B/R*, Rn 1736.).

7.71 In dem reinen Wohngebiet (s. Rn 7.7) hat u.a. ein *Arzt* ein gut geschnittenes Wohngrundstück; seine Praxis für Allgemeinmedizin befindet sich in der Innenstadt (MK-Gebiet). Aufgrund verschiedener Beweggründe, u.a. Anraten von Bewohnern des WR-Gebiets selbst, beantragt der Arzt unter Nutzungsänderung des Wohngebäudes (dazu Rn 21 f.) und unter Befreiung von den Festsetzungen des B-Plans nach § 31 Abs. 2 BauGB die Genehmigung einer Arztpraxis i.S. von § 13. – Gründe des Wohls der Allgemeinheit i.S. von **§ 31 Abs. 2 Nr. 1** BauGB würden der Befreiung von den entgegenstehenden Festsetzungen des B-Plans zwar nicht erfordern, und auch die Härteklausel (**Nr. 3**) träfe auf sein Grundstück nicht zu, aber die Abweichung sei städtebaulich *vertretbar*, da im WR-Gebiet die Berufsausübung in Räumen nach § 13 i.V.m. § 1 Abs. 3 »an sich« üblicherweise zulässig sei; durch die Befreiung würden »die Grundzüge der Planung nicht berührt«. Die Nachbarn seien einverstanden, öffentliche Belange würden nicht beeinträchtigt, insbes. könne er der bauordnungsrechtlich geforderten Stellplatzpflicht in vollem Umfange nachkommen.

Die Baugenehmigungsbehörde hat den Antrag auf Nutzungsänderung und Befreiung von den entgegenstehenden Festsetzungen des B-Plans zu Recht abgelehnt. Die Inanspruchnahme des Befreiungstatbestandes scheitert daran, dass die *Nutzung als Arztpraxis städtebaulich nicht vertretbar* wäre. Das Merkmal der *»städtebaulichen Vertretbarkeit«* – erstmals im BauGB 1987 normiert – weicht von der entsprechenden Regelung im BBauG ab, wonach die erstrebte Befreiung von entgegenstehenden Festsetzungen »städtebaulich *gerechtfertigt*« sein musste (§ 31 Abs. 2 Nr. 2 BBauG).

7.8 In Bezug auf das Nichtberührtsein der Grundzüge der Planung kommt es **in erster Linie auf den in den Festsetzungen des B-Plans zum Ausdruck kommenden** – anhand städtebaulicher Leitvorstellungen über die geordnete Entwicklung des Gemeindegebiets zum Ausdruck gebrachten – **Willen des gemeindlichen Planungsträgers an.** Hat die Gemeinde – wie im Beispielfall – zur Erreichung größtmöglicher Wohnruhe (Rn 7.7), u.a. zwecks weitgehender Vermeidung des (sonst) zusätzlichen Kfz-Verkehrs, die nur ausnahmsweise zulassungsfähigen Anlagen und Betriebe (§ 3 Abs. 3) *sowie* die Nutzungen nach § 13 ausgeschlossen, kommen dadurch im Konzept des B-Plans »**die Grundzüge der Planung**« zum Ausdruck. Die planerische Grundentscheidung des B-Plans darf weder durch die Intensität einzelner Befreiungen noch durch die Vielzahl erteilter Befreiungen in Frage gestellt werden *(Dürr,* in: *Brügelmann,* § 31 Rn 34 m.w.N. aus dem Schrifttum). Was der **im B-Plan zum Ausdruck**

gebrachten städtebaulichen Entwicklung nicht entspricht, ist auch *nicht i.S. des § 31 Abs. 2 Nr. 2 BauGB städtebaulich vertretbar*. Hierin zeigt sich zugleich die weitgreifende **Bedeutung der Begründung** jedes B-Plans (§ 9 Abs. 8 BauGB). Je differenzierter die Festsetzungsmöglichkeiten des § 1 Abs. 5– 10 (§ 1 Rn 100 ff.) im Zuge der Bebauungsplanung unter entsprechender Begr. gehandhabt werden, desto weniger besteht die Besorgnis, dass über die Befreiungsmöglichkeit des § 31 Abs. 2 Nr. 2 BauGB ein »Planersatz« Platz greifen kann. Dazu bedarf es jedoch eindeutiger, teils auch »unbequemer« qualitativer Aussagen des gemeindlichen Planungsträgers durch entsprechende für jedermann rechtsverbindliche Festsetzungen.

§ 31 Abs. 2 **Nr. 2** BauGB (2. Alt.) behandelt die Befreiungsfälle, bei denen »die Abweichung städtebaulich vertretbar ist« (sein muss). Der Begriff der »städtebaulichen Vertretbarkeit« ist in der Rspr. bislang wenig behandelt worden. In einem strengeren Sinne ist städtebaulich vertretbar in aller Regel dasjenige, was i.S.d. Anforderungen der Planungsgrundsätze des § 1 Abs. 5 und 6 BauGB mit der städtebaulichen Entwicklung und Ordnung nach § 1 Abs. 3 BauGB vereinbar ist. § 31 Abs. 2 Nr. 2 BauGB ist kein Planungsersatz.

7.9

Dass die Offenheit des Begriffs der städtebaulichen Vertretbarkeit nicht zu unangemessenen Ergebnissen führt, wird durch die für alle Befreiungen geltenden Voraussetzungen gewährleistet, wonach die Grundzüge der Planung nicht berührt werden dürfen und die Abweichungen vom B-Plan *»auch unter Würdigung nachbarlicher Interessen mit den öffentlichen Belangen vereinbar«* sein müssen (BVerwG, B. v. 20.11.1989, – 4 B 163.89 –, NVwZ 1990, 556 = DÖV 1990, 746). Es müssen für § 31 Abs. 2 Nr. 2 BauGB solche – vor allem städtebaulichen – Gründe vorliegen, die ein Abweichen im Planbereich unter Zurücksetzung des Vertrauens anderer Grundeigentümer in den Bestand der planerischen Festsetzungen als vertretbar erscheinen lassen (BVerwG, aaO.). Eine städtebauliche Vertretbarkeit ist danach nicht gegeben, wenn die Gründe, die für eine Befreiung streiten, für jedes oder doch nahezu jedes andere Vorhaben im Plangebiet in gleicher Weise gegeben sind. Denn was allgemein gilt, widerspricht der gleichzeitigen Annahme, dass das Abweichen von den bauplanerischen Festsetzungen aus Gründen der Einzelfallgerechtigkeit und der erwünschten städtebaulichen Flexibilität verlangt wird (BVerwG, aaO.). Ein im allgemeinen Wohngebiet unzulässiges Hotel mit Restaurant und Konferenzbetrieb kann nicht im Wege der Befreiung genehmigt werden, wenn die angeführten Gründe für die Abweichung von der nachbarschützenden Festsetzung der Art der baulichen Nutzung auf alle oder die meisten anderen Grundstücke im maßgeblichen Planbereich ebenso zutreffen würden (OVG Berlin, B. v. 26.2.1993 – 2 S 1.93 – GewArch. 1993, 434 – BRS 55, Nr. 161).

Die 3. Alt. (§ 31 Abs. 2 Nr. 3 BauGB 1998) hat die Befreiungsfälle zum Gegenstand, die bei Durchführung des B-Plans »zu einer offenbar nicht beabsichtigten Härte führen würde«. Diese besteht, wenn die Durchführung (Beachtung des B-Plans) zu einem Ergebnis führen würde, das die Gemeinde beim Aufstellen des Plans nicht berücksichtigt hat oder nicht berücksichtigen konnte und bei dem anzunehmen ist, dass die Gemeinde dieses Ergebnis bei Kenntnis nicht als Folge sinnvoller Planung gewollt hätte. Die Gemeinde hat sich – vereinfacht gesagt – in der Auswirkung der gewollten planerischen Härten geirrt (gleich nicht bedacht), weil sie das einzelne Grundstück nicht in den Blick genommen hat. Die Zulässigkeit einer Befreiung nach der 3. Fallgruppe setzt voraus, dass der jeweilige Fall in bodenrechtlicher Beziehung Besonderheiten

7.10

aufweist, die ihn im Verhältnis zu der im B-Plan getroffenen Festsetzung als Sonderfall erscheinen lassen (BVerwG, U. v. 14.7.72 – IV C 8.70 – BVerwGE 40, 268). Eine Befreiung wegen unbeabsichtigter Härte nach § 31 Abs. 2 Nr. 3 BauGB ist nicht schon dann zulässig, wenn angenommen werden muss, dass der Plangesetzgeber eine bestimmte Möglichkeit nicht bedacht hat. Es muss ein echter Sonderfall vorliegen (BVerwG, B. v. 6.7.1977 – 4 B 53.77 –). Nach dem U. des BVerwG v. 16.5.1991 (– 4 C 17.90 – DVBl. 1991, 819 = BVerwGE 88, 191) kann »eine unbeabsichtigte Härte« i. S. einer (bauordnungsrechtlichen) Befreiungsvorschrift vorliegen, wenn geändertes (neues) Abstandsflächenrecht eine Nutzungsänderung eines in früherer Zeit legal errichteten Gebäudes verhindert. § 31 Abs. 2 Nr. 3 BauGB dient nicht der Legalisierung ungenehmigter Vorhaben (d. h. Schwarzbauten, BVerwG, B. v. 27.11.1978 – 4 B 120.78 – ZfBR 1979, 37 = BRS 33 Nr. 151).

7.11 Jede der drei Befreiungsalternativen verlangt die Prüfung, ob im Einzelfall gegenläufige öffentliche Belange oder Nachbarinteressen vorhanden sind und diese eine Abweichung nicht rechtfertigen können. Das bedingt eine Abwägung ähnlich der in § 1 Abs. 6 BauGB vorgesehenen Art.

7.12 Über die in den drei Tatbestandsalternativen aufgeführten unbestimmten Rechtsbegriffe hinaus steht der Baubehörde dem Grunde nach noch ein Ermessen zu. Diesen Gesichtspunkt hat der VGH BW in seinem U. v. 27.10.2000 (– 8 S 714/00 – VBlBW 2001, 185) überzeugend herausgearbeitet. Der Leits. d. U. lautet: »*Bei der Ausübung des Befreiungsermessens nach § 31 Abs. 2 BauGB kann die Baurechtsbehörde auch verfestigte Planungsvorstellungen der Gemeinde berücksichtigen, die nicht in einer Veränderungssperre oder einem Zurückstellungsantrag Ausdruck gefunden haben*«. In der Begr. hat das Gericht darauf abgestellt, dass das Vorliegen der tatbestandlichen Voraussetzungen des § 31 Abs. 2 BauGB keinen Rechtsanspruch auf die Befreiung gab. Vielmehr stand ihre Erteilung im Ermessen der Baurechtsbehörde, wobei die Nachteile berücksichtigt werden konnten, die bei einer Befreiung auf die Gemeinde zukommen würden. Dabei durfte diese auch berücksichtigen, dass das Vorhaben als solches ihren Planungsabsichten, keine weitere Verdichtung des Blockinnern zuzulassen, zuwiderlief, die bereits in Beschlüssen des Bezirksbeirats und des Ausschusses für Umwelt und Technik ihren Niederschlag gefunden hatten. Deshalb kann nicht beanstandet werden, dass sich die Gemeinde in ihrer ablehnenden Entscheidung und ebenfalls die Aufsichtsbehörde sich maßgebend von der Erwägung leiten ließen, angesichts der begonnenen Neuplanung, durch die eine Bebauung der streitigen Grundstücke gänzlich verhindert werden soll, könne für eine über den bestehenden Rechtszustand hinausgehenden Bebauung keine Befreiung erteilt werden. Das BVerwG hat mit U. v. 19.9.2002 (– 4 C 113.01 – BVerwGE 117, 50 = NVwZ 2003, 478 = DVBl. 2003, 526 = BauR 2003, 488 = ZfBR 2003, 260 = UPR 2003, 146) die Entscheidung des VGH BW v. 27.10.2000, aaO.) bestätigt und hierzu folgenden **Leits.** aufgestellt:

»*Die Absicht einer Gemeinde, einen bestehenden Bebauungsplan zu ändern, kann die Versagung einer Befreiung im Rahmen der Ermessensausübung rechtfertigen.*«

Aus den **Gründen:** Die Ermessenserwägung der Gemeinde muss jedoch ernsthaft und konkret sein. Ihr Wunsch, ein bestimmtes Vorhaben zu vermeiden, reicht ebensowenig aus, wie er den Erlass einer Veränderungssperre rechtfertigen könnte. Die Absicht der beklagten Gemeinde, aus klimatologischen Gründen eine Änderung des B-Plans mit dem Ziel herbeizuführen, die unbebauten und baumbestandenen Grundstücksflächen im Blockinnern der Bebaubarkeit zu entziehen, um eine allgemeine Blockentkernung und bessere

Durchgrünung des Baugebiets zu erreichen, hat das BVerwG als beachtliche Ermessenserwägung gebilligt und das Verhältnis der Befreiung zur Veränderungssperre mit dem 2. Leits. wie folgt umschrieben:

> »Kann ein den planerischen Vorstellungen der Gemeinde widersprechendes Verhalten nur im Wege der Befreiung zugelassen werden, so bedarf es zu seiner Verhinderung keiner Veränderungssperre oder Zurückstellung, wenn die Befreiung rechtmäßig versagt wird« (BVerwG, aaO.).

3. Der Beurteilungsrahmen bei (störenden) Anlagen, Nutzungen und Betrieben; Notwendigkeit der Typisierung; Grundsatz der Gebietsverträglichkeit

a) **Der Begriff »Stören« in seinem bauplanungsrechtlich komplexen Verständnis; zum Störungsgrad von Anlagen, Betrieben und Nutzungen.** Die Vorschriften der BauNVO über die Zulässigkeit oder ausnahmsweise Zulassungsfähigkeit von Anlagen und Betrieben in den verschiedenen Baugebieten stellen auf bestimmte **Baugebietstypen** ab, die nach der Erfahrung entsprechend dem jeweiligen Baugebietstypus »nicht stören« (WS, WR, WA). »nicht wesentlich stören« (MD, MI, MK), »nicht erheblich belästigen« (GE) und »stören« bzw. »belästigen« (GI) dürfen. Die Begriffe »stören« und »belästigen« sind keine vorgegebenen, aus sich heraus verständlichen und wertbaren Begriffe. Eine *generell zutreffende* **Umschreibung** dessen, was den Begriff »stören« (und »belästigen«) im bauplanungsrechtlichen Sinne umfasst bzw. umfassen kann, und eine allgemeingültige Bewertung der verschiedenen Faktoren, um danach den **Störungsgrad** von Anlagen, Betrieben und Nutzungen jeweils bestimmen zu können, kann nicht gegeben werden. Sie scheitert bereits daran, dass der Begriff »Stören« den wandelbaren und sich verändernden Vorstellungen und Einstellungen derjenigen unterliegt, die von störenden (oder belästigenden) Tatbeständen berührt werden. 8

Hinreichend bekannt ist z.B. die unterschiedliche Einstellung in der Gesellschaft zu sportlichen Aktivitäten, so dass eine **SportanlagenlärmschutzVO** (18. BImSchV) erforderlich wurde, um die Ausübung **sportlicher Tätigkeiten** mit der insbes. in den Wohngebieten zu beanspruchenden **Wohnruhe** in Einklang zu bringen (im Einzelnen dazu Rn 12.77). Mit der 18. BImSchV wurde geregelt, wann und in welcher Weise in welchen Baugebieten eine sportliche Betätigung mit den dazu gehörenden Begleiterscheinungen, dem »Drum und Dran«, den **Begriff des Störens** im bauplanungsrechtlichen Sinne erfüllt, und was zu beachten ist, damit *Störungen* i.S. einer geordneten städtebaulichen Entwicklung verhindert werden. 8.1

Ähnlich ist vordem bereits zur Verhinderung oder Minderung der **Einwirkungen des Verkehrslärms** auf die benachbarten Grundstücke der Straßen und Schienenwege die **VerkehrslärmschutzVO** (16. BImSchV) erlassen worden (im Einzelnen dazu § 1 Rn 65 f. § 3 Rn 7 und vor allem § 15 Rn 19 f.). 8.11

Der bauplanungsrechtliche Begriff »Stören«, wie er sich aus der Rechtssystematik der BauNVO ergibt, entspricht weder dem immissionsschutzrechtlichen Störbegriff; noch ist er etwa mit dem polizeirechtlichen oder ordnungsrechtlichen Störbegriff vergleichbar, wenngleich er jeweils Elemente der genannten Aufgabenbereiche enthält. Zum besseren Verständnis sollte darauf hingewiesen werden, dass die Definition des § 3 Abs. 1 BImSchG über die schädlichen Umwelteinwirkungen den Begriff »Stören« *nicht enthält*, sondern das Vorhandensein schädlicher Umwelteinwirkungen als »Gefahren, erhebliche Nachteile oder erhebliche Belästigungen« definiert; dennoch ist nicht zu verkennen, dass der bauplanungsrechtliche Begriff »Stören« im besonderen Maße durch Im- 8.2

missionen (z. B. Geräusche, Luftverunreinigungen wie Gerüche, Rauch, Gase) i. S. des BImSchG geprägt wird.

8.3 Der **Störbegriff nach der BauNVO** ergibt sich aus dem **jeweiligen Gebietscharakter** (Zweckbestimmung und Katalog der zulässigen sowie zulassungsfähigen Anlagen und Nutzungen). Der Störbegriff ist mithin vom Gebietstypus abhängig; darüber hinaus hängt er von der (besonderen) *Eigenart des jeweiligen* Baugebiets ab und ist zusätzlich nach Anzahl, Lage, Umfang und Zweckbestimmung der Anlagen, Nutzungen und Betriebe innerhalb der Baugebiete zu beurteilen. Daraus ist ersichtlich, dass die BauNVO von einem **relativen** Störbegriff ausgeht. Die **Störanfälligkeit** eines Baugebiets und damit gleichzeitig der zulässige **Störgrad** kommen in der Zweckbestimmung zum Ausdruck und werden teilweise zusätzlich durch die *Hauptnutzung(en)* begründet, soweit sie in der Zweckbestimmung zum Ausdruck kommt. So dienen reine Wohngebiete (WR) dem Wohnen. Unabhängig davon, dass die *Ausschließlichkeit* des Wohnens aufgegeben worden ist (dazu § 3 Rn 1 f.), sind nach § 3 Abs. 2 zulässig (nur) Wohngebäude. Mit dieser Gebäudenutzung ist verbunden das störungsfreie Wohnen und vor allem die Berücksichtigung der *Wohnruhe*. Hierdurch bekommt der Störbegriff Inhalt und Reichweite. Alles, was das Wohnen in seinem umfassenden Verständnis stören *kann,* unterfällt dem durch die Zweckbestimmung vorgeprägten Störbegriff (beim WA-Gebiet mit der Zweckbestimmung des *vorwiegenden* Wohnens liegt der zulässige Störgrad, insbes. hinsichtlich der Immissionen, zwar etwas höher als beim WR-Gebiet, die Störanfälligkeit insgesamt ist im WR-Gebiet aber nur unwesentlich niedriger anzusetzen).

8.4 Hier stellt sich die Frage, wie umfassend der Störbegriff – »alles das, was das Wohnen stören kann« – zu verstehen ist, mithin was von ihm erfasst wird.

Dass **Immissionen,** insbes. durch Lärm jeglicher Art (vom Verkehrslärm bis zum Freizeitlärm, s. u. a. Rn 8.1, 8.11) und Luftverunreinigungen in ihrem in § 3 Abs. 4 BImSchG definierten Umfang, an erster Stelle stehen, bedarf keiner besonderen Ausführungen. Die Reichweite des Störbegriffs geht in Bezug auf das Wohnen jedoch in verschiedener Hinsicht darüber hinaus; das gilt im Übrigen auch für das WB-Gebiet und die Mischgebiete. Er bezieht sich auf das, was mit der Zweckbestimmung des Baugebiets nicht verträglich ist (vgl. hierzu ausführlich Vorbem. Rn 9.2).Darüber bestehen in Rspr. und Schrifttum kaum noch unterschiedliche Auffassungen (vgl. u. a. BVerwG, U. v. 25.11.1983 – 4 C 21.83 – BRS 40 Nr. 52 = BauR 1984, 145; *Ziegler,* in: Brügelmann, § 1 Rn 155 u. 158). Das Nds. OVG stellt in seinem U. v. 9.1.1987 (– 6 A 6/85 – BauR 1988, 61) für die Unzulässigkeit einer Beton- und Terrazzo-Werkstatt im WA-Gebiet u. a. darauf ab, dass die Lagerung der Steinzeugprodukte als sichtbare »Fremdkörper« die Wohnqualität der benachbarten Wohngrundstücke beeinträchtigt.

8.5 Im Rahmen der *planerischen* Nutzungsfestsetzung kommt der – besonders für das Wohngebiet – umfassende Störbegriff bereits dadurch z. Ausdruck, dass z. B. *Vergnügungsstätten* in ihrem städtebaulichen Begriffsverständnis (vgl. dazu § 4a Rn 22 f.) auch bereits vor ihrer bauplanungsrechtlich eindeutigen Festlegung durch die ÄndVO 1990 (s. Rn 4.6 f.) wegen ihrer bekannten *Begleitumstände* (und nicht nur der Lärmverursachung durch die Besucher) in einem Wohngebiet auch nicht ausnahmsweise für zulässig gehalten wurden (vgl. dazu das Grundsatzurt. des BVerwG v. 25.11.1983 – 4 C. 64.79 –; Fundst. Rn 4.5). Zur Vorbeugung von Störungen der Wohnruhe in Wohngebieten sollte die *Gemeinde* bereits im Rahmen ihrer städtebaulichen Planung möglichst vermeiden, Industrie- oder auch Gewerbegebiete unmittelbar neben Wohngebieten ohne entsprechende Schutzmaßnahmen festzusetzen (vgl. § 50 BImSchG). Die entscheidende Verhinderung von Störungen wird jedoch der

Baugenehmigungsbehörde anhand der Zulässigkeitsvoraussetzungen des § 15 bei der Genehmigung baulicher und sonstiger Anlagen im konkreten Einzelfall obliegen müssen. Dabei wird es nicht nur auf die Zulässigkeit der begehrten Nutzung nach den Zulässigkeitskatalogen ankommen, sondern vielfach auch auf die zu genehmigenden **Nebenanlagen**, besonders in den Wohngebieten nach den §§ 3, 4 (s. dazu die Einzelfälle § 3 Rn 26 f., § 4 Rn 21.2 ff.). Gerade bei der Zulässigkeit von Nebenanlagen i. S. von § 14 Abs. 1 kann es in Bezug auf Störungen häufig besonders auf die Lage und den Zuschnitt des Grundstücks ankommen.

Unter den jeweiligen Störbegriff, insbes. in Bezug auf die Wohngebiete, fallen alle Nutzungen und Einwirkungen, die – außer der Verursachung von dem Baugebiet billigerweise nicht zumutbaren Immissionen – von den Bewohnern des betreffenden Baugebiets unter dem Gesichtspunkt der sich herausgebildeten städtebaulichen Ordnung als **Fremdkörper und der gewählten Ordnung nicht entsprechend** angesehen werden und demzufolge dem gedeihlichen Zusammenleben der Gebietsgemeinschaft abträglich sind. **8.6**

Die Auslotung des Begriffs »*Stören*« hat gezeigt, dass die BauNVO von einem **relativen Störbegriff** ausgeht (s. Rn 8.3). Das Relative des Störbegriffs zeigt sich noch in einer ganz anderen – erwähnensnotwendigen – Weise. Nach dem Zulässigkeitskatalog der §§ 2 und 4 (WS- und WA-Gebiete) sind nach Abs. 2 die der Versorgung dienenden Läden, Schank- und Speisewirtschaften sowie nicht störende Handwerksbetriebe zulässig; selbst in WR-Gebieten nach § 3 Abs. 3 können ausnahmsweise Läden und nicht störende Handwerksbetriebe zugelassen werden. Ferner können in diesen Wohngebieten Freiberufler i. S. von § 13 in Räumen beruflich tätig sein. Die genannten Betriebe und Nutzungen **kommen ohne einen Kfz-Verkehr** in verschiedenartiger Weise **nicht aus**. **8.7**

Der **Kfz-Verkehr** als in einer modernen Gesellschaft übliche Begleiterscheinung wird von der BauNVO im Rahmen der zulässigen (zulassungsfähigen) Betriebe und Nutzungen als unvermeidbar (und voraussetzungsgemäß selbstverständlich) hingenommen. Das gilt auch dann, wenn Grundstücke *unterschiedlich* häufig mit Kfz angefahren werden, etwa wenn sich eine Speisewirtschaft in einem WA-Gebiet zu einem – auch von außerhalb des Gebiets gern besuchten – Speiselokal (»Restaurant«) entwickelt hat. Diese Tatbestände, die von der modernen (mobilen) Gesellschaft gewohnheitsmäßig angenommen worden sind, erfüllen **nicht den Begriff des Störens im** bauplanungsrechtlichen Sinne, unabhängig von der Frage, ob anderweitige ordnungsrechtliche Tatbestände wie nächtliche Ruhestörung vorliegen. Das erklärt sich daraus, dass die in den §§ 2–4 zur Versorgung der Wohnbaugebiete zulässigen Betriebe und Nutzungen eine **dienende Funktion in Bezug auf das Wohnen** erfüllen.

Der **Kfz-Verkehr** gehört – selbst im WR-Gebiet – zu den üblichen Lebensgewohnheiten, das Kfz gehört mithin zum Inbegriff des Wohnens. Die mit einem Wohngrundstück objektiv entstehenden Kfz-Geräusche durch die Bewohner einschl. Besucher, Lieferanten und dergl. sind Teil des Wohnens in einer modernen Gesellschaft i. S. einer Art »Konvention des Zusammenlebens«. **8.8**

Das Gleiche gilt für den mit dem Wohnen (junger Familien) zwangsläufig verbundenen »**Lärm**« **durch (Klein-)Kinder** (im diesseitigen Verständnis bei Kindern im Alter bis 10–12 Jahre). Es ist mittlerweile jedoch überw. M. in Rspr. und Schrifttum, dass derartiger Kinderlärm zum Inbegriff des Wohnens gehört (s. dazu auch § 3 Rn 2, 25 f., § 4 Rn 20 f.) und dementsprechend nicht unter den bauplanungsrechtlichen Begriff des Störens fällt. **8.81**

8.9 Für das durch die ÄnderungsVO 1977 eingefügte besondere Wohngebiet (§ 4a) richtet sich der zulässige Störungsgrad nach dem Sinngehalt dieses Gebietes »zur Erhaltung und Entwicklung der Wohnnutzung«. Anders als die Vorschriften für die anderen Baugebiete enthält § 4a keine direkte Aussage zur Störanfälligkeit wie etwa § 4 für das allgemeine Wohngebiet; hier sind entspr. dem Gebiet zum vorwiegenden Wohnen nur Anlagen und Nutzungen zulässig und zulassungsfähig, die nach ihrer typischen Eigenart und der besonderen Eigenart des Gebiets »mit dem Wohnen vereinbar« sind. Da die WB-Gebiete gleichfalls »vorwiegend dem Wohnen« dienen und etwa zwischen dem WA- u. MI-Gebiet liegend einzustufen sind, ist davon auszugehen, dass der zulässige Störungsgrad nicht wesentlich größer sein darf als in einem WA-Gebiet (Näheres s. § 4a Rn 13).

9 **b) Erforderlichkeit einer (begrenzten) Typisierung bei Anlagen und Betrieben.** Der Katalog der zulässigen Nutzungen (Anlagen und Betriebe) in Abs. 2 der §§ 2–9 und der zulassungsfähigen Nutzungen jeweils in Abs. 3 geht von einer **Typisierung der Anlagen** aus. Dementsprechend muss bei der Genehmigung insbes. von Gewerbebetrieben gleichfalls von einer **Typisierung** ausgegangen werden. Bei der Beurteilung der Frage, welche Betriebe beispielsweise zu den nicht wesentlich störenden Gewerbebetrieben i. S. von § 6 zu zählen sind, darf von bestimmten Gewerbetypen ausgegangen werden. Das bedeutet, dass es nicht hei jedem Betrieb, der sich z. B. im Mischgebiet niederlassen will, der Prüfung bedarf, ob er sich im Einzelfall störend auswirken wird. Vielmehr gibt es Gruppen von Gewerbebetrieben, die wegen ihrer besonderen Eigenart in Gebieten, in denen größere Teile der Bevölkerung wohnen, wesensfremd sind und deshalb dort stets als unerträglich empfunden werden (so BVerwG, B. v. 10.7.1964 – 1 B 43.64 – BRS 15 Nr. 17; vgl. auch U. v. 13.6.1969 – IV C 21.67 – BRS 22 Nr. 3); zu der demgegenüber differenzierten Auffassung, insbes. aufgrund der fortgeschrittenen Regeln der Technik, s. Rn 10, 10.1, § 6 Rn 9.

Bei der Beurteilung von Lärmbeeinträchtigungen als dem Hauptfall des Störens kommt es im Regelfall nicht auf die jeweils von dem zu baugenehmigenden Betrieb ausgehenden, sondern von Betrieben dieses Anlagentyps *möglichen* Geräuschemissionen an. Es ist grundsätzlich auf die Störungen abzustellen, die eine funktionsgerechte Benutzung der baulichen Anlagen des jeweiligen Betriebstypus mit sich bringen **kann** (so z. B. BVerwG, U. v. 7.5.1971 – IV C 76.68 – BRS 24 Nr. 15). Dagegen kommt es nicht entscheidend auf die Umgebung an, in die der Betrieb gestellt wird, denn die den Betrieb umgebenden Anlagen und Betriebe innerhalb des Gebiets können sich hinsichtlich der von ihnen ausgehenden Störungen und Belästigungen im Laufe der Zeit (erheblich) ändern, so dass darauf nur bedingt abgestellt werden darf (wie hier *Ziegler*, in: *Brügelmann*, § 1 Rn 152 f. m. w. N. aus der Rspr.). Bei der Prüfung der Zulässigkeit von Gewerbebetrieben ist eine **typisierende baurechtliche Beurteilung** nach st. Rspr. des BVerwG i. d. R. sowohl sachgerecht als auch unvermeidbar. Eine **Abweichung** von der typisierenden Betrachtungsweise ist jedoch immer dann geboten, wenn ein Betrieb von dem Erscheinungsbild seines Betriebstypus abweicht (BVerwG, U. v. 7.5.1971, aaO.). Nur mit einer solchen Einschränkung kann es zulässig sein, »sich bei der Subsumtion unter einen bestimmten Rechtsbegriff einer typisierenden Betrachtungsweise zu bedienen« (so mit Recht OVG NW, U. v. 12.3.1975 – X A 1104/73 – BRS 29 Nr. 28 = BauR 1975, 396). In diesem Sinne ist auch der Abstandserlass NW v. 2.4.1998 (MBl. NW S. 744/SMBl. Nr. 283) anzuwenden.

Nach Nr. 3 des Abstandserlasses bietet die dem Erlass beigefügte Abstandsliste im Baugenehmigungsverfahren für gewerbliche Anlagen **lediglich einen Anhalt** dafür, ob bei der Erteilung der Genehmigung evtl. Gefahren, erhebliche Nachteile oder erhebliche Belästigungen für die Nachbarschaft oder die Allgemeinheit zu erwarten sind.

Die **Typisierung** bringt bei der Beurteilung des Emissionsverhaltens zum Ausdruck, dass *Erfahrungssätze* angewendet werden dürfen. *Ziegler*, in: *Brügelmann* (§ 1 Rn 128 f. u. 133) stellt allein auf Erfahrungswerte ab und verneint zu Unrecht eine Typisierung der Anlagen die durch Rechtsvorschriften vorgesehen ist. Bestimmte Betriebe, die im Wesentlichen gleiche Störungen, insbes. durch Emissionen, verursachen, werden aufgrund der allgemeinen Erfahrung, etwa der zum Betreiben einer üblichen *Schreinerei* benötigten Maschinen, zu einer Gruppe *zusammengefasst*. Hierdurch erfolgt die *Typisierung*; sie dient bei der Ermittlung des Sachverhalts gewissermaßen als »*Beweis des ersten Anscheins*«. Das ändert nichts daran, dass bei der Entscheidung über den Bauantrag stets das *konkrete* Vorhaben der planungsrechtlichen Beurteilung zugrunde zu legen ist (in diesem Sinne auch *Bielenberg/Söfker*, DVBl. 1988, 987, 993). Das BVerwG hat in seinem Grundsatzurt. v. 3.2.1984 zu § 11 Abs. 3 (– 4 C 54.80 – BRS 42 Nr. 50 = BauR 1984, 380 = DVBl. 1984, 62 = DÖV 1985, 849) die Notwendigkeit der Typisierung als »*ein die BauNVO tragender Systemgedanke*« in überzeugender Weise herausgearbeitet. In den Gründen heißt es:

»*Sie* (die Typisierung, der Verf.) *liegt den Vorschriften der §§ 2–9 über Baugebiete und darin zulässige Nutzungen allgemein zugrunde. Indem nämlich die Verordnung für die verschiedenen Baugebiete jeweils die allgemeine Zweckbestimmung vorgibt und sodann einen Katalog allgemein zulässiger Nutzungen anschließt, geht sie davon aus, dass diese Nutzungen im Regelfall – vom Typ her – der Zweckbestimmung des Baugebiets entsprechen. …Im Einzelfall können jedoch – was im Wesen jeder Typisierung liegt – Abweichungen auftreten; dann bedarf es der Korrektur. Fällt eine Nutzung begrifflich zwar unter eine der Nutzungsarten, die im jeweiligen Gebiet allgemein zulässig sind, ist sie aber in der Weise atypisch, dass sie der Eigenart des Baugebiets widerspricht, die wesentlich durch die ihm in der Baunutzungsverordnung zugedachte Zweckbestimmung geprägt wird, dann ist sie gemäß § 15 Abs. 1 Satz, 1 BauNVO unzulässig.*«

c) Der Grundsatz der Gebietsverträglichkeit. Aufbauend auf der typisierenden Betrachtungsweise hat die Rspr. die Lehre von dem **Erfordernis der Gebietsverträglichkeit** entwickelt (vgl. Stühler, BauR 2007, 1350). Sie enthält eine Aussage über die gebietstypische **Schutzwürdigkeit** und **Störungsempfindlichkeit** des Baugebietstyps, *Ziegler*, in: *Brügelmann* (§ 1 Rn 44–46) hat sich als erster mit diesem dogmatischen Grundsatz in der Literatur auseinandergesetzt.

Ziegler hat seine früher vertretene Auff., es handle sich um Anwendungsfälle des § 15 Abs. 1 S. 1 BauNVO als Instrument der Feinsteuerung im Falle der Atypik modifiziert. Danach ist die normale allgemeine Zweckbestimmung für die Auslegung und Anwendung der Nutzungsarten der Abs. 2, 3 der Baugebietsvorschriften maßgeblich (»Gebietsverträglichkeit«) (vgl. hierzu *Ziegler*, aaO. § 1 Rn 45a). Der Grundsatz der Gebietsverträglichkeit bzw. -unverträglichkeit ist auch von Bedeutung für den nachbarrechtlichen Gebietswahrungsanspruch bzw. Gebietserhaltungsanspruch. In einem B-Plan hat der »Nutzungsartgenosse« einen Anspruch auf Beachtung der Gebietsverträglichkeit durch das neue Bauvorhaben, gegründet auf das nachbarliche Austauschverhältnis, abgeleitet aus dem nachbarlichen Gemeinschaftsverhältnis. Die Gebietsverträglichkeit ergibt sich aus der spezifischen Zweckbestimmung des Baugebiets. Der jeweilige Gebietscharakter darf durch das Vorhaben nicht gefährdet werden. Die Zweckbestimmung kann nicht allein aus der jeweiligen Baugebietsvorschrift der BauNVO abgeleitet werden, sondern wird auch dadurch beeinflusst, welche Funktion dem einzelnen Baugebiet im Verhältnis zu anderen Baugebieten der

BauNVO zukommt (BVerwG, U. v. 24.2.2000 – 4 C 23/98 – NVwZ 2000, 1054: Unzulässigkeit einer Diskothek in einem Industriegebiet).

Das BVerwG hat in seinem U. v. 21.3.2002 (– 4 C 1.02 – BVerwGE 116, 155 = DVBl. 2002, 1421 = UPR 2002, 246: unzulässige Anlage für Verwaltung im allgemeinen Wohngebiet) ergänzend ausgeführt:

»*Die BauNVO konkretisiert mit ihrer Baugebietstypologie u. a. die an gesunde Wohn- und Arbeitsverhältnisse zu stellenden Anforderungen sowie das Interesse an einer verbrauchernahen Versorgung der Bevölkerung. Von maßgeblicher Bedeutung für die Bestimmung des jeweiligen Gebietscharakters sind die Anforderungen des Vorhabens an ein Gebiet, die Auswirkungen des Vorhabens auf ein Gebiet und die Erfüllung des spezifischen Gebietsbedarfs. Der Verordnungsgeber will durch die Zuordnungen von Nutzungen zu Baugebieten diese oft gegenläufigen Ziele zu einem schonenden Ausgleich im Sinne überlegter Städtebaupolitik bringen. Dieses Ziel kann nur erreicht werden, wenn die vom Verordnungsgeber dem jeweiligen Baugebiet zugewiesene allgemeine Zweckbestimmung den Charakter des Gebiets eingrenzend bestimmt*«.

Ähnlich lauten die Ausführungen des BVerwG in seinem B. v. 25.3.2004 (– 4 B 15.04 – BRS 67 Nr. 70: unzulässiger **Swinger-Club in einem allgemeinen Wohngebiet**):

»*Relevant für die Beurteilung der Gebietsunverträglichkeit sind alle mit der Zulassung des Betriebes nach seinem Gegenstand, seiner Struktur und Arbeitsweise typischerweise verbundenen Auswirkungen auf die nähere Umgebung wie insbesondere die Art und Weise der Betriebsvorgänge, der Umfang, die Häufigkeit und die Zeitpunkte dieser Vorgänge, der damit verbundene An- und Abfahrtsverkehr sowie der Einzugsbereich des Betriebes. Diese Sichtweise rechtfertigt sich daraus, daß die BauNVO die Anforderungen an gesunde Wohn- und Arbeitsverhältnisse in Gestalt einer Baugebietstypologie konkretisiert, die ihrerseits auf der typisierenden Zuordnung bestimmter Nutzungsarten und baulichen Anlagen zu einem (oder mehreren) der Baugebiete beruht*«.

Entscheidendes Kriterium der gebietsunverträglichen Störung ist nicht allein die Einhaltung der immissionsschutzrechtlichen Lärmwerte (BVerwG, U. v. 25.11.1983 – 4 C 64.79 – BVerwGE 68, 207 [210 f.]; B. v. 28.7.1988 – 4 B 119.88 – BauR 1988, 693: »*Die Zulässigkeit von Nutzungen in den einzelnen Baugebieten hängt dabei nicht nur von deren Immissionsträchtigkeit oder Immissionsverträglichkeit ab, sondern wird auch von anderen Maßstäben der städtebaulichen Ordnung bestimmt*« und U. v. 21.3.2002 – 4 C 1.02 – aaO.). Das **Erfordernis der Gebietsverträglichkeit ist abzugrenzen von § 15 Abs. 1 BauNVO**. Diese Vorschrift besitzt eine andere Aufgabe. Sie ermöglicht bei singulären Vorhaben eine Vermeidung gebietsunverträglicher Auswirkungen, nach Anzahl, Lage, Umfang und Zweckbestimmung im Einzelfall. § 15 Abs. 1 S. 1 BauNVO entscheidet nicht, ob ein Vorhaben überhaupt – also unabhängig vom Einzelfall – mit der Eigenart des Gebiets verträglich ist (BVerwG. U. v. 21.3.2002 – 4 C1.02 –, aaO.; zustimmend *Ziegler*, in: *Brügelmann*, § 1 Rn 45b u. 45c).

Das Erfordernis der Gebietsverträglichkeit bestimmt nicht nur die regelhafte Zulässigkeit, sondern erst recht den vom VOgeber vorgesehenen Ausnahmebereich. Zwischen der jeweiligen spezifischen Zweckbestimmung des Baugebietstypus und dem jeweils zugeordneten Ausnahmekatalog besteht ein gewollter, funktionaler Zusammenhang. Das bedeutet: Die normierte allgemeine Zweckbestimmung ist auch für die Auslegung und Anwendung der tatbestandlich normierten Ausnahmen bestimmend (BVerwG, U. v. 21.3.2002 – 4 C 1.02 –, aaO. und B. v. 13.5.2002 – 4 B 86.01 – NVwZ 2002, 1384 = BauR 2002, 1499 = UPR 2002, 448.).

Nach dem Erfordernis der Gebietsverträglichkeit sind z. B. **Beherbergungsbetriebe,** in denen gewohnt wird oder die wohnähnlich genutzt werden, in einem Gewerbegebiet unzulässig (BVerwG, U. v. 29.4.1992 – 4 C 43.89 – BVerwGE 90, 140, vgl. weitere Fundst. Rn 11.1 zu § 8). Dies gilt auch für **Seniorenpflegeheime** im Gewerbegebiet, da sie typischerweise eine wohnähnliche Unterbringung der betreuten Personen darstellen und im Gewerbegebiet nicht gewohnt werden darf (BVerwG, B. v. 13.5.2002 – 4 B 86.01 –, aaO.), aber auch für eine **Diskothek** als kerngebietstypische Vergnügungsstätte in einem Industriegebiet (BVerwG, U. v. 24.2.2000 – 4 C 23.98 –, aaO.), für ein **Krematorium** für menschliche Leichen mit einem Raum für eine Einäscherungszeremonie in einem Gewerbegebiet (BVerwG, B. v. 20.12.2005 – 4 B 71.05 – BauR 2006, 659 = DVBl. 2006, 457 = NVwZ 2006, 457 = ZfBR 2006, 285 = UPR 2006, 232), und für einen **Zustellstützpunkt** der Deutschen Bundespost AG in einem allgemeinen Wohngebiet wegen Störung des dem Wohngebiet immanenten »Ruhebedürfnisses« (BVerwG, U. v. 21.3.2002 – 4 C 1.02 –, aaO.) und für ein **Dialysezentrum** mit 33 Behandlungsplätzen in einem allgemeinen Wohngebiet (BVerwG, B. v. 28.2.2008 – 4 B 60.07 –). Weitere Beispiele für ein Gebietsunverträglichkeit sind nach der Rspr. des BVerwG ein **Swinger-Club** (Partnertreff) in einem allgemeinen Wohngebiet (B. v. 25.3.2004 – 4 B 15.04 – BRS 66 Nr. 70); die sog. **Wohnungsprostitution** in einem reinen oder allgemeinen Wohngebiet (B. v. 28.6.1995 – 4 B 137.95 – NVwZ-RR 1996, 84); ein **Kegelzentrum** in einem allgemeinen Wohngebiet, da es nach Art und Umfang der Eigenart des Wohngebiet nicht entspricht (B. v. 2.7.1991 – 4 R 1.91 – DÖV 1992, 78) und ein größerer **Gartenbaubetrieb** in einem allgemeinen Wohngebiet, da er wegen seiner Größe oder seiner Arbeitsweise mit der Zweckbestimmung des Wohngebiets nicht vereinbar ist (B. v. 15.7.1996 – 4 NB 23.96 – BauR 1996, 816 = NVwZ-RR 1997, 91). Eine **Asylbewerberunterkunft** ist in einem Industriegebiet nach § 9 BauNVO gebietsunverträglich (OVG NW, B. v. 4.11.2003 – 22 B 1345/03 – BauR 2004, 726), obwohl sie als Anlage für soziale Zwecke nach § 9 Abs. 3 Nr. 2 BauNVO ausnahmsweise zulässig wäre. Auch ein **Autohandelsbetrieb** mit einem Ausstellungsgelände für bis zu 60 Kraftfahrzeugen, Bürocontainer, Fahnenmasten und branchentypischen Werbeanlagen ist in einem faktisch allgemeinen Wohngebiet gebietsunverträglich, d. h. ein störender Gewerbebetrieb (OVG Berlin, U. v. 15.8.2003 – 2 B 18.01 – BauR 2003, 796 = DVBl. 2004, 391 = BRS 66 Nr. 74), da er wegen der optischen Dominanz des gewerblichen Erscheinungsbildes unvereinbar ist mit der Zweckbestimmung eines allgemeinen Wohngebiets, die insoweit eine optische Unterordnung gewerblicher Nutzungen voraussetzt.

Der Widerspruch eines Vorhabens zu der allgemeinen Zweckbestimmung kann also dazu führen, dass es aus einer der Nutzungsarten der Abs. 2 oder 3 des festgesetzten Baugebietstyps (§§ 2–9) herausfällt, obwohl es unter deren Wortlaut zu subsumieren ist (so zutreffend *Ziegler*, in: *Brügelmann*, § 1 Rn 45b). Dies wird auch dann der Fall sein, wenn das Verfahren gegenüber der von der BauNVO vorausgesetzten Beschaffenheit oder Auswirkung atypisch ist, so dass es der allgemeinen Zweckbestimmung widerspricht *(Ziegler*, aaO. Rn 44). Bei der Berücksichtigung des Erfordernisses der Gebietsverträglichkeit des Vorhabens anhand der Zweckbestimmung des Baugebiets ist darauf zu achten, dass nur städtebauliche Gesichtspunkte zu berücksichtigen sind und nicht sozialethische Wertvorstellungen, es sei denn sie weisen einen verfassungsrechtlichen Kern auf. Der planungsrechtliche Grundsatz der Gebietsverträglichkeit hat auch wenig gemeinsam mit den Rechtsinstituten der Sozialadäquanz und der zivilrechtlichen Ortsüblichkeit (vgl. hierzu ausführlich *Stühler*, BauR 2007, 1350).

d) Die typisierende Betrachtungsweise im Baugenehmigungsverfahren. Im **Baugenehmigungsverfahren** hat der Bauantragsteller die Möglichkeit, seinerseits den Nachweis zu führen, dass die künftig betriebene Anlage atypisch ist, d. h. dass die allgemein *seinen Betriebstyp* kennzeichnenden Störungen, insbes. durch Emissionen, auf seinen Betrieb nicht zutreffen. Die »Beweislast« liegt insoweit **beim Bauwilligen.** Die Beweislast, in Anführungszeichen gesetzt, soll zum Ausdruck bringen, dass es im öffentlichen Baurecht vom Grundsatz her keine Beweislast(-verteilungs-)regel wie im Zivilrecht gibt. Das bedeutet, dass die Baugenehmigungsbehörde bei der Frage, ob das beantragte Bauvorhaben genehmigt werden kann, zunächst von der jeweiligen Typisierung aufgrund der Erfahrungssätze ausgehen kann. **10**

Bei der Frage, **welche Pflichten** der Baugenehmigungsbehörde bei der Behandlung eines Bauantrags für ein *atypisches* Bauvorhaben obliegen, handelt es **10.1** sich um *eine der wichtigsten* Verfahrensregeln im Rahmen des Baugenehmigungsverfahrens. Das bauliche Nutzungsrecht wird von dem Grundsatz beherrscht, dass der Bauwillige, der *abweichend* von den Baurechtsvorschriften etwas Besonderes begehrt – hier: die Genehmigung eines für ein bestimmtes Baugebiet atypischen Vorhabens –, im Bauantrag die Einzelheiten der Atypik darlegen muss. Es ist im Grundsatz nicht Sache der Genehmigungsbehörde, sondern des Antragstellers, eine genehmigungsfähige Art der Betriebsführung zu entwickeln und zur Genehmigung zu stellen; es genügt nicht die allgemeine Bereitschaft, sich Auflagen zu unterwerfen (so schon BVerwG, B. v. 3.1.1973 – IV B 171. 72 – BRS 27 Nr. 123), wie vordem im U. d. BVerwG v. 1.12.1972 (– IV C 9.71 – BRS 25 Nr. 54).

10.11 Weist der Antragsteller die atypische Arbeitsweise nach, kann sein Vorhaben auch in einem Baugebiet zugelassen werden, in dem derartige Anlagen allgemein sonst nicht zulässig sind. In einem solchen Fall entspricht der atypisch arbeitende Betrieb der in dem anderen Baugebiet zulässigen planungsrechtlichen Nutzungsart (zur Frage der Befreiung nach § 31 Abs. 2 BauGB s. Rn 7 und 10.2–10.5). Eine atypische Arbeitsweise kann z.B. auf *Kfz-Reparaturwerkstätten* zutreffen, so dass sie entspr. ihrem Störungsgrad im WB-, MI-, GE- oder GI-Gebiet zulässig sind (Näheres s. § 6 Rn 23.1).

10.12 Bei der Zulässigkeit bzw. ausnahmsweisen Zulassung gewerblicher Anlagen und Betriebe, bei denen Störungen der Umgebung nur durch besondere Schutzeinrichtungen oder -maßnahmen ausgeschlossen werden können, darf die Möglichkeit des Ausfalls technischer Einrichtungen zur Minderung der Störungsquellen – etwa Stromausfall einer Absaugevorrichtung zur Vermeidung von Luftverunreinigungen – in die Entscheidung nicht einbezogen werden. Das Gleiche gilt für Schutzeinrichtungen und -maßnahmen, die bei *nachlässiger* Wartung oder nicht genügender sonstiger Beachtung durch die Betriebsangehörigen ausfallen und dann zu Störungen der Nachbarschaft führen können. Hierzu gilt ganz allgemein der Grundsatz, dass die **Versagung** einer Baugenehmigung **nicht aus Gründen zur Erleichterung der Überwachung** erfolgen darf.

10.13 Das Atypische des Betriebes muss durch Beschreibung der besonderen baulichen oder betrieblichen Eigenarten nachgewiesen werden, z.B. eine vorgesehene »Einbunkerung« oder sonstige Einkapselung der Lärmquellen; die Beschreibung ist besonders erforderlich bei Maßnahmen, die über den derzeitigen Stand der Technik hinausgehen. Bei einem Gewerbebetrieb, der im Hinblick auf seine atypische Art in einem empfindlicheren Baugebiet zugelassen wird, muss bei der Genehmigung von **Betriebserweiterungen** sichergestellt werden, dass Entwicklungen ausgeschlossen sind, die auf den »normalen« Betriebstyp ausgerichtet sind. Bei der Ansiedlung *neuer* und künftig *noch* entwicklungsfähiger Betriebe bedarf die Zulassung als »atypischer Betrieb« einer besonders sorgfältigen Prüfung; die Genehmigung wird wegen der potenziellen Entwicklungsmöglichkeiten der Betriebe häufig nicht in Betracht kommen. In Gemengelagen ist dagegen die Zulassung von Betrieben bzw. Betriebserweiterungen als atypisch im Einzelfall auf eine *angemessene* Erweiterung und zwecks notwendiger Bestandssicherung zu prüfen, sofern nicht durch Festsetzung nach § 1 Abs. 10 eine besondere Einzelfallplanung für einen atypischen Betrieb vorgesehen wird.

e) Erforderlichkeit der Befreiung von Festsetzungen des B-Plans bei auszu- 10.2 schließender Störeigenschaft atypischer gewerblicher Anlagen in Gemengelagen? Bei der Genehmigung von Vorhaben i. S. v. § 29 Satz 1 BauGB zur Errichtung, Änderung oder Nutzungsänderung von Gewerbebetrieben kommt im Rahmen der typisierenden Betrachtungsweise (Rn 9) der Frage einer etwa erforderlichen Befreiung nach § 31 Abs. 2 BauGB eine besondere Bedeutung zu. Handelt es sich um Gewerbebetriebe, die aufgrund der Störeigenschaften ihres Betriebstyps in Wohnbau- und teils in Mischgebieten (§§ 2–7) »an sich« nicht zulässig sind und in Wohnbaugebieten im Regelfall auch nicht ausnahmsweise zugelassen werden können, kann von Folgendem ausgegangen werden:

Weist der Antragsteller für seinen Betrieb eine atypische Betriebsweise nach, oder kann er betriebstypische Störeigenschaften aus sonstigen Gründen, z. B. über den Stand der Technik hinausgehende Schutzvorkehrungen, *auf Dauer* ausschließen (notwendig in WA-, MD- u. MK-Gebieten) oder in MI-Gebieten i. S. d. vorauszusetzenden nicht wesentlichen Störung nachhaltig vermindern, so bedarf es für die Zulassung solcher Gewerbebetriebe **keiner Befreiung** nach § 31 Abs. 2 BauGB. Das ergibt sich daraus, dass dieser Betrieb mit der Einschränkung seines Störgrades **planungsrechtlich zulässig** wird, weil er aus einem typischerweise **störenden** zu einem **im Einzelfall** nicht störenden (nicht wesentlich störenden) Betrieb wird. Für die Beurteilung der Störintensität des Betriebs ist die Stellungnahme der für die Beurteilung von Immissionen nach dem BImSchG zuständigen *Fachbehörde* des Landes (Gewerbeaufsichtsamt, Umweltschutz-Fachamt oder entspr. Behörde) maßgebend. Handelt es sich um die Genehmigung nachweislich nicht störender bzw. nicht wesentlich störender Gewerbebetriebe, die nach dem Zulassungskatalog nur *ausnahmsweise* zulassungsfähig sind, muss die bauaufsichtliche Genehmigung *zusätzlich* im Einvernehmen mit der Gemeinde (§ 36 Abs. 1 BauGB) erfolgen, soweit die Gemeinde keine eigene Baurechtsbehörde hat.

Handelt es sich um gewerbliche Anlagen, deren Zulassung dem *förmlichen* 10.3 *Genehmigungsverfahren* nach den §§ 4 ff. BImSchG i. V. m. § 2 Abs. 1 Nr. 1 der 4. BImSchV oder dem *vereinfachten Verfahren* nach § 19 BImSchG i. V. m. § 2 Abs. 1 Nr. 2 der 4. BImSchV unterliegen, ist *im Grundsatz* davon auszugehen, dass die betrieblichen Anlagen aufgrund ihrer Beschaffenheit und/oder ihrer Betriebsweise in besonderem Maß geeignet sind, schädliche Umwelteinwirkungen (§ 3 BImSchG) hervorzurufen. Die im Katalog des Anhangs der 4. BImSchV aufgeführten Anlagen erzeugen im Verhältnis zu ihrer Umgebung einen vermuteten (latenten) bodenrechtlich relevanten Widerspruch. Infolgedessen dürfen derartige Gewerbebetriebe (Anlagen und Nutzungsweisen) *im Regelfall* nur in GI- und SO-Gebieten nach § 11 oder sogar nur nach § 35 Abs. 1 Nr. 5 BauGB im Außenbereich zugelassen werden (§ 6 Rn 12). Durch die Neufassung des § 15 Abs. 3 aufgrund der 4. ÄndVO 1990 ist jedoch klargestellt, dass es **planungsrechtlich** lediglich auf den *tatsächlichen* Störgrad – unabhängig von der immissionsschutzrechtlichen Einordnung eines Betriebes – ankommt.

Begehrt jemand die Zulassung einer in der 4. BImSchV aufgeführten gewerblichen Anlage in einem GE- oder etwa einem MI-Gebiet, weil sein Vorhaben atypisch sei, so ist dieser Nachweis in dem förmlichen (§ 10 BImSchG) oder dem vereinfachten Genehmigungsverfahren (§ 19 BImSchG) zu führen. Weist der Antragsteller die atypischen (Stör-)Eigenschaften nach und muss das Vorhaben hinsichtlich des Immissionsschutzes als unbedenklich eingestuft werden, begründet dies in bodenrechtlicher Hinsicht Besonderheiten. In derartigen Fällen kann die nach §§ 4 ff. BImSchG genehmigungspflichtige Anlage in einem GE- oder (in besonderen städtebaulich zu rechtfertigenden Fällen) im MI-Gebiet zugelassen werden.

10.4 Mit dem Genehmigungserfordernis nach den §§ 4 ff. BImSchG i. V. m. der 4. BImSchV wird sichergestellt, dass die im Anhang zur 4. BImSchV als potenziell besonders störintensiv aufgeführten Anlagen durch die nach Landesrecht zuständige Fachbehörde (mit unterschiedlicher Bezeichnung) in Bezug auf ihre schädlichen Umwelteinwirkungen einer besonderen Prüfung unterzogen werden. Ergibt die immissionsrelevante Prüfung z. B., dass eine im MI-Gebiet zu errichtende *gewerbliche Anlage* nach dem im Antrag nachgewiesenen Stand der Technik i. S. v. § 3 Abs. 6 BImSchG atypisch und somit als »nicht wesentlich störend« einzustufen ist (Rn 10–10.13), so ist die Anlage in dem MI-Gebiet zuzulassen, obwohl ein Vorhaben dieser Art nach dem allgemeinen Betriebstypus dort »an sich« nicht zulässig wäre. Die Baugenehmigungsbehörde bzw. die **Gemeinde hat sich** im Rahmen ihrer Stellungnahme im Baugenehmigungsverfahren (§ 10 Abs. 5 BImSchG) lediglich **zu der städtebaulichen Situation**, etwa hinsichtlich der Erschließung oder einer Modifizierung des MI-Gebiets nach § 1 Abs. 4–8, zu äußern. Kann die Anlage als nicht wesentlich störender Gewerbebetrieb (§ 6 Abs. 2 Nr. 4) eingestuft werden – was im Einzelnen im Genehmigungsbescheid festzuschreiben wäre (Rn 10.1) –, ist mit der Genehmigung (§ 4 BImSchG) der (nur) vermutete bodenrechtlich relevante Widerspruch ausgeräumt. **Einer gesonderten Befreiung** nach § 31 Abs. 2 BauGB von Festsetzungen des B-Plans (von welchem auch?) **bedarf es hierzu nicht** (ebenso *Bielenberg*, § 6 Rn 29; von *Holleben*, DÖV 1975, 599; a. A. BVerwG, u. a. im U. v. 18.10.1974 – IV C 77.73 – BRS 28 Nr. 27; »Fallhammerurteil«; *Schlichter*, NuR 1982, 126).

10.5 Das ergibt sich aus Folgendem: Eine Befreiung im Einzelfall nach § 31 Abs. 2 BauGB ist nach h. M. **nur von zwingenden, d.h. festgesetzten Regelungen des B-Plans** erforderlich. Es besteht kein rechtliches Junktim zwischen der – nicht immer einleuchtenden und auch wechselnden – Aufführung von Anlagen im Katalog der 4. BImSchV und der daraus hergeleiteten Zuweisung dieser Anlagen ausschließlich zum GI-Gebiet (s. Rn 10.3); dieser Katalog ist nicht Gegenstand planungsrechtlicher Festsetzung im B-Plan, sondern hat nur formalrechtliche Bedeutung für die Unterwerfung der Vorhaben unter ein bestimmtes immissionsschutzrechtliches Genehmigungsverfahren.

Von dem **unbestimmten** *Rechtsbegriff* »Störungen« (stören) – zum Begriff »Stören« s. grundsätzlich Rn 8 ff.: – kann eine Befreiung nach § 31 Abs. 2 BauGB ebenso wenig erteilt werden wie etwa von den unbestimmten Rechtsbegriffen »*Unzumutbarkeit*« oder des sich »*Nicht-Einfügens*«. Bei einer sog. *zwingenden* Vorschrift handelt es sich nach der Wortbedeutung um eine eindeutige oder eindeutig bestimmbare Vorschrift, die wie die Vorschriften über Art und Maß der baulichen Nutzung, Abstandsregelungen oder die Festsetzung von Baulinien (genau) bestimmt oder festgesetzt werden können.

10.51 Das BVerwG hat zunächst eine strenge Typisierungslehre vertreten, wonach eine nach § 4 BImSchG genehmigungspflichtige Anlage nur in einem Industriegebiet und nicht in einem Gewerbe- oder Mischgebiet zulässig ist, ohne dass es dabei auf den tatsächlichen Grad der von ihr ausgehenden Störungen ankommt (BVerwG, U. v. 18.10.1974 – IV C 77.73 – DÖV 1975, 103 = NJW

1975, 460). Begründet wurde dies damit, dass genehmigungspflichtige Anlagen i. S. d. § 4 BImSchG das Wohnen wesentlich schon wegen ihrer potenziellen Nachteile. Gefahren oder Belästigungen stören (BVerwG, U. v. 24.9.1976 – IV C 58.75 – DVBl. 1977, 194 [196]). In einer neueren Entscheidung hat das BVerwG jedoch die strenge Typisierungslehre relativiert (U. v. 24.9.1992 – 7 C 7.92 – BRS 54 Nr. 56 = DVBl. 1993, 111 = UPR 1993, 215 = DÖV 1993, 253 = NVwZ 1993, 987). Man spricht deshalb von einer begrenzten Typisierung. Nach diesem Urteil bewirkt der Umstand, dass ein Gewerbebetrieb (hier: eine Schlachterei) eine gem. § 4 Abs. 1 BImSchG immissionsschutzrechtlich genehmigungsbedürftige Anlage ist, allein noch nicht, dass sie bauplanungsrechtlich nur in einem Industriegebiet gem. § 9 BauNVO zulässig ist (so der Leits.). Zur Begr. hat das BVerwG u. a. ausgeführt, dass die Typisierungen des Immissionsschutzrechts nicht undifferenziert in das Bauplanungsrecht übertragen werden dürfen; mit anderen Worten: »*Da die immissionsschutzrechtliche Genehmigungsbedürftigkeit eines Anlagentyps ein anlagentypisches Gefährdungspotenzial kennzeichnet, darf und muss bauplanungsrechtlich in aller Regel ein konkretes, die Gebietsprägung beeinträchtigendes Störpotenzial unterstellt werden. Etwas anderes gilt etwa dann, wenn das immissionsschutzrechtliche Genehmigungserfordernis für den Anlagentyp nicht oder jedenfalls nicht in erster Linie wegen der Gefahr schädlicher Umwelteinwirkungen für die Umgebung besteht oder aber wenn der jeweilige Betrieb in der Weise atypisch ist, dass er nach seiner Art oder Betriebsweise von vornherein keine Störungen befürchten lässt und damit seine Gebietsverträglichkeit dauerhaft und zuverlässig sichergestellt ist. In diesem Fall ist es baurechtlich auch unbedenklich, ohne dass es der Bewilligung einer Befreiung nach § 31 Abs. 2 BauGB bedürfte. Befreiungen kommen nur in Betracht, wenn es sich um eine typischerweise störenden Anlage handelt*« (aaO., Hervorhebungen durch Verf.).

10.52 Diese relativierte Typisierungslehre ist in der Zwischenzeit auch von der obergerichtlichen Rspr. praktiziert worden. So hat der VGH BW (B. v. 5.3.1996 – 10 S 2830/95 – DVBl. 1996, 687 und U. v. 11.3.1997 – 10 S 2815/96 – VBlBW 1997, 384 = NVwZ 1999, 439) eine Sortieranlage für Baustellenmischstoffe (genehmigungsbedürftig nach § 4 BImSchG i. V. m. § 1 und Anh. Nr. 8.4 Sp. 2b der 4. BImSchV) in einem Gewerbegebiet für zulässig erachtet, weil der Betrieb im vereinfachten Verfahren nach § 19 BImSchG zu genehmigen ist und weil das Sortieren der Baustellenmischstoffe in einer Hallenbaukonstruktion integriert (eingehaust) werden sollte. Zur Begr. wird weiter ausgeführt: Mit der Einhausung werde ein Großteil des Gefährdungspotenzials einer solchen Anlage, das insbes. aus der Erzeugung von Staub- und Lärmemissionen bestehe, von vornherein in seinen Auswirkungen auf die Nachbarschaft begrenzt. Wegen der Einhausung und der flankierenden auf die Beschränkung der Lärm- und Staubeinwirkungen gerichteten Auflagen in der Genehmigung sei auch nicht anzunehmen, dass die Anlage wegen ihrer besonderen Eigenart als staub- und lärmverursachende Sortieranlage für Baustellenmischstoffe schon bei typisierender Betrachtung in einem Gewerbegebiet nicht zulässig sei.

10.53 Auch eine **Go-Kart-Halle** (genehmigungsbedürftig nach § 4 BImSchG i. V. m. § 1 und Anh. Nr. 10.17 Sp. 2 der 4. BImSchV) ist nach der Rspr. weder wegen ihrer immissionsschutzrechtlichen Genehmigungsbedürftigkeit noch wegen ihres Gefährdungspotenzials grundsätzlich nur im Industriegebiet, sondern wegen atypischer Umstände, insbes. durch Einhausung auch in einem Gewerbegebiet zulässig (VGH BW, B. v. 23.8.1996 – 10 S 1492/96 – VBlBW 1997, 62 und Schlesw.-Holst. VG, B. v. 14.2.1997 – 12 B 10/97 – GewArch. 1997, 168). Damit werde ein Großteil des Gefährdungspotenzials einer solchen Anlage von vornherein in ihren die Nachbarschaft berührenden Auswirkungen begrenzt. Es dürfte deshalb nicht anzunehmen sein, dass die Anlage wegen der von ihr ausgehenden Lärmimmissionen schon bei typisierender Betrachtung in einem Gewerbegebiet nicht zulässig sei (aaO.).

10.54 Dagegen hat die Rspr. eine Anlage zum Brechen von natürlichem und künstlichem Gestein einschl. Abbruchmaterial (**Bauschuttrecyclinganlage**), genehmigungsbedürftig nach § 4 BImSchG i. V. m. § 1 4. BImSchV und Nr. 2.2 Sp. 2 des Anh.), in einem Gewerbegebiet für unzulässig gehalten, obwohl für derartige Anlagen das vereinfachte Genehmigungsverfahren nach § 19 BImSchG durchzuführen ist (VGH BW, U. v. 17.6.1999 – 10 S 44/99 – VBlBW 2000, 78; bestätigt durch BVerwG, B. v. 2.2.2000 – 4 B 87.99 – VBlBW 2000, 361 = NVwZ 2000, 679 = UPR 2000, 234 = BauR 2000, 1019 = DÖV 2000, 640; kritisch zu der Judikatur, Schütz, VBlBW 2000, 355). Obwohl es sich bei der Bauschuttrecyclinganlage hier um eine Anlage im vereinfachten Genehmigungsverfahren nach § 19 BImSchG i. V. m. § 1 4. BImSchV und Nr. 2.2 Sp. 2 des Anh. handelte, hat die Judikatur sie für einen erheblich belästigenden und daher nur in einem Industriegebiet nach § 9 BauNVO allgemein zulässigen Gewerbebetrieb gehalten. Zur Begr. hat der VGH BW ausgeführt, dass der Betrieb derartiger Brecheranlagen bzw. Bauschuttrecyclinganlagen ohne Einhausung in einem Gewerbegebiet regelmäßig ein erhebliches bauplanungsrechtliches Konfliktpotenzial in sich birgt (aaO.). Die Anlage und ihr Betrieb haben nach Auffassung des VGH BW keine Besonderheiten der Bauart, der Größe, der Leistung, der Betriebsweise der eingesetzten Stoffe und der Vorrichtungen zur Emissionsbegrenzung aufgewiesen, die in ihrer Gesamtheit eine gewerbegebietsverträgliche Atypik begründen könnten. Auch die von den Unternehmern vorgesehenen bzw. ihr aufgegebenen Vorkehrungen zur Begrenzung der Staub- und Geräuschemissionen würden den Anlagenbetrieb in der genehmigten Form nicht als atypisch erscheinen lassen. Eine Einhausung des Recyclingbetriebs sei nicht vorgesehen. Die das Betriebsgrundstück umgebenden Mauern und die im Anlagenbereich angebrachten Textilplanen seien als Staubfänger naturgemäß nur begrenzt wirksam. Die sonstigen Vorkehrungen gegen Staubemissionen wie Auflagen zur Befeuchtung des angelieferten und des behandelten Materials und zur Reinigung der Fahrzeuge innerhalb und außerhalb des Anlagenbereichs seien ganz überwiegend verhaltensbezogen; ihre Einhaltung setze ein arbeitsintensives Tätigwerden von Betriebsangehörigen des Unternehmens und deren wirksame Beaufsichtigung voraus (VGH BW, aaO.).
Sowohl der VGH BW als auch das BVerwG haben zutreffend – wenn auch mit etwas abweichender Begr. – einen Anspruch auf Befreiung nach § 31 Abs. 2 BauGB von der Festsetzung eines Gewerbegebiets zugunsten eines industriegebietstypischen Vorhabens verneint.

10.55 Aus der vorstehend geschilderten Rspr. zur Unzulässigkeit einer Sortieranlage für Baustellenmischstoffe (Bauschuttrecyclinganlage) ergibt sich, dass eine **Atypik dann vorliegt**, wenn zum einen die Anlage dem vereinfachten Genehmigungsverfahren nach § 19 BImSchG unterliegt, da sich aus dem vereinfachten Genehmigungsverfahren ein geringeres Störpotenzial ergibt, zum anderen ist eine Atypik dann zu bejahen, wenn die Anlage, die typischerweise im Freien betrieben wird, in einer Hallenkonstruktion integriert wird, weil damit ein Großteil des (»typischen«) Belästigungspotenzials einer solchen Anlage von vornherein auf seine Auswirkungen auf die Nachbarschaft begrenzt wird (so zutreffend Schütz, VBlBW 2000, 355).

10.56 Bei einer **Autoverwertungsanlage** nach Nr. 8.9 Spalte 2 des Anh. zu § 1 Abs. 1 S. 1 der 4. BImSchV handelt es sich grundsätzlich um einen erheblich belästigenden Gewerbebetrieb. Die Zulassung einer solchen Anlage in einem Gewerbegebiet nach § 8 BauNVO setzt voraus, dass es sich um eine in atypischer Weise betriebene Anlage handelt (hier verneint) (VGH BW, U. v. 20.6.2002 – 3 S 1915/01 – NVwZ 2003, 191). Das Gericht hat den Betrieb auch nicht im Wege der Befreiung nach § 31 Abs. 2 BauGB im Gewerbegebiet zugelassen, da die Grundsätze der Planung, nämlich die Beschränkung auf Zulassung gewerbegebietstypischen Nutzungen, berührt werden.

10.6 f) Zur Reichweite des Bestandsschutzes bei Änderungen, Erweiterungen, Nutzungsänderungen und Nutzungsunterbrechungen von gewerblichen Anlagen. – aa) Allgemeines zum Rechtsinstitut »Bestandsschutz«, Inhaltsbestim-

mung: Das Rechtsinstitut des Bestandsschutzes hat insbes. im letzten Jahrzehnt eine erhebliche Veränderung erfahren; es scheint, dass die Rechtsentwicklung vorerst zu einem Abschluss gekommen ist. Demzufolge ist es erforderlich, die noch in der Vorauflage dargelegte Auffassung entspr. anzupassen und gegenteilige Ausführungen aufzugeben. Seit langem wurde beim Bestandsschutz zwischen dem aktiven und passivem Bestandsschutz unterschieden und beim aktiven Bestandsschutz zwischen dem einfachen und dem erweiternden oder überwirkenden Bestandsschutz. Der Bestandsschutz selbst ist gesetzgeberisch nicht definiert worden. Er beruhte zunächst weitgehend auf Richterrecht, das zur Begründung auf Art. 14 Abs. 1 GG zurückgriff (vgl. *Friauf,* WiVerw. 1986, 87; *Dolde,* NVwZ 1986, 873; *Schenke,* NuR 1989, 8 jeweils m. w. N.; ferner *Lenz/Heintz,* ZfBR 1989, 142).
Der üblich gewordene Begriff hat sich dann im Baurecht herausgebildet.

Der **passive Bestandsschutz** beruht auf dem Recht des Betreibers der Anlage, des »Bauherrn«, seine einmal rechtmäßig errichtete Anlage entspr. ihrer ursprünglichen Genehmigung zu nutzen, und zwar auch dann (noch), wenn durch später erlassene öffentlich-rechtliche (wie baurechtliche oder immissionsschutzrechtliche) Vorschriften das Vorhaben heutigentags nicht mehr genehmigungsfähig wäre. Das Rechtsinstitut des »passiven« Bestandsschutzes schließt aufgrund der ursprünglichen oder zwischenzeitlichen **materiellen Legalität** spätere Änderungs- oder Beseitigungsanordnungen, ausgenommen durch Enteignung oder etwa ein Abbruchgebot nach § 179 BauGB, aus. Nach der Rspr. ist eine Abbruchsverfügung nur dann zulässig, wenn das Vorhaben seit seiner Fertigstellung fortdauernd im Widerspruch zum materiellen Baurecht steht und nicht durch eine Baugenehmigung gedeckt ist (z.B. VGH BW, NJW 1984, 319). Beim passiven Bestandsschutz sind die drei Hauptkriterien beachtlich: Der funktionsgerecht nutzbare Bestand, die frühere materielle Legalität und die Fortdauer der Nutzung. Von besonderer Bedeutung ist das zweite Kriterium, die **frühere materielle Legalität.** Sie besteht entweder im Zeitpunkt seiner Errichtung oder der Nutzungsaufnahme oder später während eines »nennenswerten«, »namhaften« oder »nicht unbeachtlichen« Zeitraumes. Es spricht vieles dafür, einen griffigen Mindestzeitraum von drei Monaten anzuerkennen *(Finkelnburg/Ortloff,* Öffentliches Baurecht, Bd. 2, 4. Aufl., S. 176). Nach Ansicht des BVerwG kann eine materielle Legalität nicht bestehen, »*wenn zur Zeit der Bauausführung die Voraussetzungen des § 15 BauGB vorlagen*«, d.h. eine Zurückstellung möglich war (U. v. 22.1.1971 – 4 C 62.66 – NJW 1971, 1624). Das Rechtsinstitut des passiven Bestandsschutzes wird von der Rspr. weiterhin aus Art. 14 Abs. 1 GG hergeleitet mit der Begr., der passive Bestandsschutz finde seine Rechtfertigung in der grundrechtlich gebotenen »Sicherung des durch Eigentumsausübung Geschaffenen«. In der Literatur haben sich *Söfker,* in: *E/Z/B/K,* Rn 183 zu § 35 BauGB; *Sieckmann,* NVwZ 1997, 853 (857) und *Gehrke/Brechsan,* NVwZ 1999, 932 (936) für die Auffassung der Rspr. ausgesprochen: Hinsichtlich des Eigentumsschutzes könne es keinen Unterschied machen, ob ein Bestand formal genehmigt wurde oder wegen seiner materiellen Baurechtmäßigkeit hätte genehmigt werden müssen und somit genehmigungsfähig war oder ist. Andere Autoren gehen nunmehr davon aus, dass formell und materiell illegal errichtete Bauwerke, die zwischenzeitlich materiell legal gewesen sind, keinen Schutz mehr genießen *(Götze.* Sächs.VBl. 2001, 257 [263]; *Aichele/Herr,* NVwZ 2003, 415 [419]; *Dürr,* VBlBW 2000, 457 [459] und *Fischer,* NVwZ 2004, 1057). Von der Grundposition eines vollständigen Abschieds verfassungsunmittelbaren Bestandsschutzes ausgehend, vertreten sie die Auffassung,

10.61

dass sich der Bestandsschutz nur aus einfachgesetzlichen Bestimmungen ergeben könne. Da in den Bauordnungen der Länder jedoch nur die Ermächtigungsgrundlagen für die Beseitigungsverfügungen enthalten seien, jedoch keine für passiven Bestandsschutz, könnten die »Schwarzbauer« sich auf keine für sie günstige Rechtsposition erfolgreich berufen. Z.T. wird versucht, in »Härtefällen« bei der Ermessensentscheidung der Abbruchsverfügung über eine verstärkte Beachtung des Verhältnismäßigkeitsprinzips Hilfe zu leisten *(Götze,* aaO., 257 [261]). Dies überzeugt jedoch nicht. *Mampel* (BauR 1996, 13) hat sogar darauf hingewiesen, dass die tatbestandliche Voraussetzung für den Erlass einer Abrissverfügung allein die materielle Illegalität der baulichen Anlage ist; ob das Bauwerk formell illegal oder formell legal errichtet worden ist, sei hingegen unerheblich. Auch dieser Auffassung wird nicht zugestimmt, da *Mampel* die Bestandskraft der Baugenehmigung unterschätzt. Es spricht vieles dafür, trotz aller Kritik in der Lit. an der traditionellen Faustformel bei Beseitigungsverfügungen festzuhalten und damit den bislang weitgehend gegebenen Konsens über den Schutz der materiellen legalen Rechtsausübung beizubehalten. Auch verfassungsrechtliche Dogmatik muss sich bei ihrer Anwendung bei den verschiedensten Fallgruppen an der Konsensfähigkeit ihres Ergebnisses in der Rechtsgemeinschaft orientieren. Die bloße Duldung einer baulichen Anlage begründet jedoch auf keinen Fall eine als Eigentum geschützte Rechtsposition (BGH, U. v. 8.5.2003 – III ZR 68/02 – ZfBR 2003, 688 [690]).

Aus den **Gründen:** »*Die dem Eigentümer im Einzelfall unter dem Gesichtspunkt, dass hoheitliche Eingriffe grundsätzlich nicht über das zur Gefahrenabwehr oder sonst zum Schutz öffentlicher Interessen Erforderliche hinausgehen dürfen und es deshalb im Falle eines behördlichen Beseitigungsverlangens der Abwägung zwischen dem jeweils geschützten Interesse und den privaten Belangen der Betroffenen bedarf, tatsächlich auf absehbare Zeit verschaffte Möglichkeit, eine formelle und materiell illegale Anlage oder Nutzung nach weiter aufrechterhalten, wird nicht vom Eigentumsrecht des Art. 14 GG umfasst* (BGHZ 140, 285)«.

10.62 Der **aktive Bestandsschutz** unterscheidet sich vom »*passiven*« Bestandsschutz dadurch, dass aus dem Vorhandensein einer (baulichen) Anlage der Anspruch auf **Genehmigung von Folgemaßnahmen** (weitere, andersartige Maßnahmen) hergeleitet wird.

Die Folgemaßnahmen werden als notwendig begründet, um die Anlage aufgrund ihrer genehmigten Errichtung weiterhin erhalten zu können, d.h. den Betrieb zu sichern und unter ggf. veränderten Gegebenheiten weiterhin funktionsgerecht zu nutzen *(Friauf,* WiVerw. 1986, S. 89). Dadurch geht der *aktive* Bestandsschutz über das (bloße) Abwehrrecht, etwa gegen nachträgliche Anforderungen, hinaus.

Der einfache (aktive) Bestandsschutz (von *Friauf* so bezeichnet, WiVerw. 1986, 90) räumt das Recht ein, dass der Anlagenbetreiber bzw. Inhaber des Vorhabens bauliche Änderungen (Modernisierungsmaßnahmen im Gebäude selbst i.S. qualitativer Verbesserungen), Veränderungen (z.B. Errichtung von [erforderlichen] Garagen auf dem Grundstück i.S. quantitativer Erweiterung) oder Sicherungsmaßnahmen (Reparatur- u. sonstige Erhaltungsmaßnahmen, die gleichzeitig auch wertmäßige Verbesserungen sein können) vornehmen kann.

Die Grenzen des (einfachen) aktiven Bestandsschutzes ergeben sich daraus, dass der Bestandsschutz nach Art. 14 Abs. 1 GG vom Grundsatz her an die Eigentumsausübung anknüpft u. sich in erster Linie auf den Schutz der ursprünglichen Bestandsnutzung erstreckt (VGII BW, U. v. 28.9.1979 – 111 1372/79 – BRS 35 Nr. 55) oder auf das, was geschaffen werden muss, um rechtmäßig Bestehendes zu erhalten oder weiterhin nutzen zu können (Hess. VGH, U. v. 22.6.1979 – IV OE 101/76 – BRS 35 Nr. 160; vgl. auch *Friauf* aaO., z. Entwicklung des Bestandsschutzes durch die Rspr. des BVerwG). »*Dreh- und Angelpunkt des Bestandsschutzes ist die verfassungsrechtlich gebotene Sicherung des durch Eigentumsausübung Geschaffenen*« (so BVerwG, U. v. 12.12.1975 – IV C 71.73 – BVerwGE 50, 49, 57 = DVBl. 1976, 214, 216; dazu auch *Uechtritz*, DVBl. 1993, 347).

10.63 Der einfache (aktive) **Bestandsschutz,** den die Rspr. aufgrund baurechtlicher Fälle entwickelt hat, wie das Rechtsinstitut des Bestandsschutzes überhaupt seinen Ausgang vom Baurecht und nicht etwa vom Gewerberecht genommen hat (vgl. *Friauf* WiVerw. 1986, 91 f.), bleibt von seinem Ansatz her einer Denkkategorie i. S. der (zeitgemäßen) **Sicherung** (Erhaltung) des Eigentums im Rahmen eines vorhandenen Bestandes *(Schenke*, aaO., S. 16 unter Rückgriff auf BVerwGE 42, 39 f.) verhaftet. Demgegenüber schien mit dem **überwirkenden Bestandsschutz,** durch die Rspr. des BVerwG (vgl. insbes. U. v. 14.11.1975 – IV C 2.74 – BVerwGE 49, 365 = BauR 1976, 195 = DVBl. 1976, 211; ferner U. v. 12.12.1975 – IV C 71.73 – BVerwGE 50, 49 = BRS 29 Nr. 135 = BauR 1976, 100 = DVBl. 1976, 214 = DÖV 1976, 387 = BayVBl. 1976, 248 = VRspr. 27, 857 – »Tunnelofen-Urt.«), ein dynamisches Element Platz gegriffen zu haben.

Der *überwirkende Bestandsschutz* sollte die Zulassung von Änderungs- und Erweiterungsmaßnahmen ermöglichen, die aufgrund des Funktionszusammenhangs zwingend erforderlich sind, um den vorhandenen Anlagen ihren Gebrauch zu sichern. Er verfolgt wie der einfache (aktive) Bestandsschutz das Ziel, den vorhandenen Bestand gegen ‚Verfall (und Entwertung) zu schützen. Nach der Rspr. des BVerwG war aufgrund des überwirkenden Bestandsschutzes auch die Ersetzung von veralteten, einer modernen Technik nicht mehr entspr. Betriebsanlagen zulässig; es musste dabei jedoch der Grundsatz erfüllt sein, dass zwischen dem verbleibenden Bestand und der betreffenden Erneuerungsmaßnahme ein untrennbarer Funktionszusammenhang bestehen müsste und dass infolge dieses Funktionszusammenhangs der Schutz des gegebenen Bestandes ohne die Zubilligung der Änderungs- oder gar Erweiterungsmaßnahmen schlechterdings gegenstandslos würde (BVerwG, U. v. 12.12.1975, aaO.. unter Rückgriff auf sein U. v. 14.11.1975, aaO.). Bei bestehendem Funktionszusammenhang ließ das BVerwG im Rahmen des Bestandsschutzes auch den Austausch wichtigerer Betriebsteile zu. Insoweit ging der *überwirkende* Bestandsschutz deutlich über den einfachen hinaus *(Friauf*, WiVerw. 1986, 93).

10.7 bb) Auch der *überwirkende Bestandsschutz* durfte nach Auffassung des BVerwG – wie der einfache – bei den auf der Grundlage des vorauszusetzenden Funktionszusammenhangs durchgeführten Maßnahmen keine quantitativen oder nach außen wirkenden qualitativen Erweiterungen zur Folge haben. Aus diesem Grunde hat das BVerwG in seinem U. v. 12.12.1975 (aaO.) die Errichtung des Tunnelofens (anstelle des veralteten Ringofens) deshalb nicht genehmigt, weil der Austausch des einen Ofens gegen den anderen mit dem etwaigen Funktionszusammenhang nur begründet werden könnte, wenn damit allenfalls nicht ins Gewicht fallende Erweiterungen verbunden gewesen wären. Das sei nicht der Fall, da die *Kapazität* von 11 Mio. auf ca. 20 Mio. Ziegel jährlich *gesteigert* würde (BVerwG, U. v. 12.12.1975, aaO.). Da das Vorhaben (des Tunnelofens) bereits aus dem quantitativen Grunde (Kapazitätsausweitung) sich der erfolgreichen Berufung auf den Bestandsschutz entzöge, brauchte – so das BVerwG – den weiteren Grenzen des (überwirkenden) Bestandsschutzes nicht nachgegangen zu werden.

Das Ergebnis zeigt, dass auch der überwirkende Bestandsschutz nach den vom BVerwG herausgestellten Voraussetzungen nur untergeordnete Betriebserweiterungen und keine wesentlichen Veränderungen im vorhandenen Bestand in qualitativer Hinsicht zuließ.

10.71 Das Ergebnis des vom BVerwG praktizierten überwirkenden Bestandsschutzes ist unbefriedigend. Sowohl im »Fallhammer-Urteil« (U. v. 18.10.1974 – IV C 77.73 – BRS 28 Nr. 27 = BauR 1975, 29 = DÖV 1975, 104 = NJW 1975, 460) als auch besonders im »Tunnelofen-Urteil« (U. v. 12.12.1975) hat das BVerwG bei der Beurteilung der Reichweite des Bestandsschutzes die **gewerbliche Anlage in ihrer Gesamtheit** i. S. des *eingerichteten und ausgeübten Ge-*

werbebetriebes nicht berücksichtigt. Das Abstellen in erster Linie auf *einzelne bauliche Anlagen bzw.* Betriebsteile unter Vernachlässigung der *gesamtheitlichen Betrachtungsweise* und des funktionellen Zusammenhangs der gewerblichen Betriebsstätte i. S. von § 3 Abs. 5 BImSchG musste zwangsläufig zu nicht befriedigenden Ergebnissen führen. So ist festzuhalten, dass das Rechtsinstitut des überwirkenden Bestandsschutzes in der Praxis nicht das gehalten hat, was es von seinem dogmatischen Aufwand her versprochen hat; eine positive Entscheidung des BVerwG zugunsten des gewerblichen Betriebes ist nie ergangen. Bei dieser Einengung soll der Bestandsschutz eines Grundstücks, das in seiner Eigentumsnutzung einer gewerblich genutzten Betriebsstätte (etwa einem metallverarbeitenden Betrieb) dient, i. S. des notwendigen Funktionszusammenhangs bereits nicht mehr gewahrt sein, wenn Betriebsteile zur Verbesserung der Produktionsweise ausgetauscht werden. Das soll nach Ansicht des BVerwG auch dann der Fall sein, wenn sich die bestehenden nachteiligen Auswirkungen des Betriebs dadurch zwar nicht erhöhen, aber damit eine (quantitative) Kapazitätsausweitung (und bessere Gewinnerzielung) und/oder meistens eine qualitative Verbesserung verbunden ist.

Friauf weist darauf hin, dass das BVerwG in seiner Argumentation erkennbar auf den *statischen Charakter* des Bestandsschutzes abstellt: Es hat nämlich herausgestellt, die Grenzen ergäben sich daraus, dass der durch Art. 14 Abs. 1 GG begründete Bestandsschutz an die Eigentumsausübung anknüpft und sich auf die Sicherung des durch Rechtsausübung Geschaffenen beschränkt. Darin läge auch die Rechtfertigung für die Terminologie »Bestandsschutz«, mit der auf das »tatsächlich Vorhandene« Bezug genommen werde *(Friauf,* WiVerw. 1986, 95, unter Bezugnahme auf einschlägige Entscheidungen des BVerwG).

10.72 cc) Zur Frage, ob die nur auf die *baurechtlich* vorhandene Situation und nicht auch auf notwendige betriebswirtschaftliche Zusammenhänge eines Gewerbebetriebes abstellenden Betrachtungsweise bei der Begr. des Bestandsschutzes überwunden werden kann, bedarf es eines Eingehens auf die **Reichweite des Eigentumsbegriffs.**

Die Bedeutung der Nassauskiesungs-Entscheidung

Nach dem Nassauskiesungs-Beschluss des BVerfG v. 15.7.1981 (– 1 BvL 77/78 – BVerfGE 58, 300, 336 = DVBl. 1982, 340) ergibt sich das durch Art. 14 Abs. 1 Satz 1 GG gewährleistete Eigentum **aus der** Gesamtheit der verfassungsmäßig erlassenen Gesetze, d. h. sowohl aus den öffentlich-rechtlichen als auch aus den privatrechtlichen Vorschriften. Die rechtmäßig errichtete Anlage untersteht danach dem Schutz des Art. 14 Abs. 1 Satz 1 GG; diese Rechtsposition ist *»Eigentum«* i. S. des Art. 14 GG (ebenso *Dolde,* aaO., S. 874 m. w. N. aus Rspr. und Schrifttum; *Friauf,* S. 96, 102 f.). **Inhalt und** Umfang des Bestandsschutzes legt der Gesetzgeber durch inhaltsbestimmende Gesetze i. S. v. Art. 14 Abs. 1 Satz 2 GG fest, die die Rechtsstellung des Anlagenbetreibers begründen und ausformen *(Dolde,* S. 875). Die Reichweite des Bestandsschutzes hängt deshalb von der Frage der verfassungsrechtlichen Grenzen der Gestaltungsbefugnis des Gesetzgebers ab. Es ist davon auszugehen, dass der Gesetzgeber sowohl die grundgesetzliche Anerkennung des Privateigentums nach Art. 14 Abs. 1 Satz 1 GG als auch das Sozialgebot des Art. 14 Abs. 2 GG zu beachten hat. Die Regelungsbefugnis des Art. 14 Abs. 1 *Satz* 2 GG hat sich am **Grundsatz der Verhältnismäßigkeit** auszurichten. Des Weiteren muss der Gesetzgeber eine sachgerechte Abwägung vornehmen (BVerfGE 58, 335). Das BVerfG hat sich in dieser Entscheidung in Abkehr von der Rspr. des BGH zum engen Eigentumsbegriff bekannt. Es führte in dieser und weiteren Entscheidungen aus, dass die konkrete Reichweite des Schutzes der Eigentumsgarantie sich allerdings erst aus der Bestimmung vom Inhalt und Schranken des Eigentums, die nach Art. 14 Abs. 1 Satz 2 GG Sache des Gesetzgebers ist, ergibt (BVerfGE 50, 290/339 f. und BVerfGE 91, 294/308). Der verfassungsrechtliche Schutz einer Eigentumsposition reicht nach Auffassung des BVerfG nicht weiter, als die mit ihr zulässigerweise verbundenen gesetzlich definierten Befugnisse (BVerfGE 95, 64/82). Der Gesetzgeber hat jedoch bei der Inhalts- und Schrankenbestimmung keine freie Hand. Er muss vielmehr die schützwürdigen Interessen des Eigentümers und die Belange des Gemeinwohls zu einem gerechten Ausgleich und in ein ausgewogenes Verhältnis bringen (BVerfGE 87, 114/138 und 91, 294/308). Darüber hinaus hat das BVerfG im Nassauskiesungs-Beschluss ausdrücklich der Rspr. des BGH widersprochen. Nach ihr fiel eine Nutzungsmöglichkeit, die sich nach Lage und Beschaffenheit objektiv anbiete, aber noch nicht ausgeübt worden sei, unter den Schutz des Art. 14 Abs. 1 GG. Nach dem BVerfG verkenne der BGH die Reichweite der verfassungsrechtlichen Eigentumsgewährleistung (BVerfGE 58, 300/352). In dem B. heißt es: »*Die Bestandsgarantie erfasst bei einer ausgeübten Grundstücksnutzung den rechtlichen und **tatsächlichen** (Hervorhebung diesseits) Zustand, der im Zeitpunkt der hoheitlichen Maßnahme besteht; sie gibt aber keinen Anspruch darauf, über den hiernach geschützten räumlichen Bereich hinauszugreifen. Das Argument, das weitere Ausgreifen sei von der Natur der Sache her gegeben und wirtschaftlich vernünftig, entbehrt der verfassungsrechtlichen Legitimation*« (BVerfGE 58, 300/352 f.).

Der B. der 1. Kammer des BVerfG v. 15.12.1995 (– 1 BvR 1713/92 – BauR 1996, 235 = NVwZ-RR 1996, 483 = BRS 57 Nr. 246) hat diese rechtlichen Überlegungen in aller Deutlichkeit wiederholt. Danach erstreckt sich der Bestandsschutz für bauliche Anlagen gegenüber der Baurechtsordnung aus der verfassungsrechtlichen Sicht des Art. 14 Abs. 1 S. 1 GG nur auf ihren genehmigten Bestand und ihre genehmigte Funktion. »*Er erfasst grundsätzlich nicht Bestands- oder Funktionsänderungen, weil diese über den genehmigten Zustand hinausgreifen würden, und ein solches hinausgreifen von den die Eigentümerstellung regelnden Bauvorschriften nicht gedeckt wäre*« (BVerfG, aaO.).

Nach dem B. der 3. Kammer des 1. Senats des BVerfG v. 24.7.2000 (– 1 BvR 151/89 – NVwZ, 2001, 424) liegt ein durch Art 14 Abs. 1 GG bewirkter Bestandsschutz nur vor, wenn der Bestand zu irgend einem Zeitpunkt genehmigt oder jedenfalls **genehmigungsfähig** gewesen wäre.

Ab Anfang der 1990er Jahre hat das BVerwG seine frühere Rspr. zum erweiternden Bestandsschutz aufgegeben mit der Begr., dass es außerhalb der gesetzlichen Regelungen keinen Anspruch auf Zulassung eines Vorhabens aus eigentumsrechtlichem Bestandsschutz gibt (BVerwG. U. v. 15.2.1990 – 4 C 23.86 – BVerwGE 84, 322/334 = NVwZ 1990, 755; U. v. 16.5.1991 – 4 C 17.90 – BVerwGE 88, 191 = DVBl. 1991, 819 = DÖV 1991, 886 = UPR 1991, 381 = BRS 52 Nr. 157; U. v. 12.3.1998 – 4 C 10/97 – NVwZ 1998, 842 = BVerwGE 106, 228 = UPR 1998, 228 = BauR 1998, 760 = ZfBR 1998, 259). Zur Aufgabe des Rechtsinstituts hat das BVerwG unter Hinweis auf die Rspr. des BVerfG ausgeführt:

»*Wie weit der Schutz der Eigentumsgarantie reicht, ergibt sich aus der Bestimmung von Inhalt und Schranken des Eigentums, die nach Art. 14 Abs. 1 S. 2 GG Sache des Gesetzgebers ist. Auch die Baufreiheit, die vom Schutzbereich des Eigentumsrechts umfasst wird, ist nur nach Maßgabe des einfachen Rechts gewährleistet. Verfassungsrechtlichen Schutz genießt eine Eigentumsposition im Bereich des Baurechts nur im Rahmen der mit ihr zulässigerweise verbundenen, gesetzlich definierten Befugnisse. Weist eine gesetzliche Regelung vor dem Hintergrund der Anforderungen des Art. 14 Abs. 1 S. 1 GG Defizite auf, die sich weder durch Auslegung noch im Wege der Analogie beheben lassen, so ist es den Fachgerichten verwehrt, unter Umgehung des einfachen Rechts unmittelbar auf der Grundlage der Verfassung Ansprüche zu gewähren, die von der Entscheidung des hierzu berufenen Gesetzgebers nicht gedeckt werden.*«

Art. 14 Abs. 1 S. 1 GG gibt keine eigenständige Anspruchsgrundlage, die sich als Mittel dafür benutzen lässt, die Inhalts- und Schrankenbestimmung des Gesetzgebers fachgerichtlich anzureichern (BVerwG, U. v. 12.3.1998, aaO.). Diese Umkehr der Rspr. ist *im Schrifttum* überwiegend auf Zustimmung gestoßen (*Wahl*, in: Festschr. für *Redeker*, 1994, S. 245; *Wickel*, BauR 1994, 557; *Sarnighausen*, DÖV 1993, 758; *Boecker*, BauR 1998, 441; *Aichele/Herr*, NVwZ 2003, 415; *Götze*, SächsVBl. 2001, 257; *Lieder*, ThürVBl. 2004. 8; *Appel*. NuR 2005, 427; kritisch zur Rspr. des BVerwG: *Sieckmann*, NVwZ 1997, 853; *Dürr*, VBlBW 2000, 457 und *Fickert*, in: Festschr. für *Weyreuther*, 1993, S. 319). Das BVerwG, ist damit konsequent dem BVerfG gefolgt und hat einen richterrechtlichen Bestandsschutz gestützt auf Art. 14 Abs. 1 S. 1 GG im Unterschied zu seiner früheren Rspr. abgelehnt.

10.8 Fraglich ist jedoch, ob diese Judikatur auch regelmäßig plausible, d.h. konsensfähige Ergebnisse erzielen kann. Gewerblichen Betrieben wird damit jegliche Erweiterung und wesentliche Änderung abgeschnitten, die eben nicht durch einfach gesetzliche Regelungen gewährt werden. Der aktive Bestandsschutz wird also im Grunde zum passiven Bestandsschutz. Während eine Baugenehmigung vom Grundsatz her nur den Bestand der baulichen Anlage gewährleistet, gewährt die Genehmigung nach den §§ 4ff. BImSchG – um derartige Anlagen geht es hier im Regelfall – ein *subjektiv-öffentliches Recht* auf Errichtung und Betrieb der Anlage (hM). Vermögenswerte subjektiv-öffentliche Rechte sind nach der Rspr. des BVerfG jedenfalls immer dann Eigentum i.S. des Art. 14 Abs. 1 Satz 1 GG, sofern sie durch eigene Leistung und/oder Kapitaleinsatz verfestigt worden sind (ebenso *Friauf*, S. 98; nach *Dolde*, S. 874. Fn 15, unterfallen der Anspruch auf Erteilung einer Betriebsgenehmigung wie der Anspruch auf Erteilung einer Baugenehmigung bereits dem Eigentumsschutz). Die Auffassung entspricht dem aus Art. 14 Abs. 1 Satz 1 GG abzuleitenden Bestandsschutz »*zur Sicherung des durch Eigentumsausübung Geschaffenen*« (BVerwG. U. v. 12.12.1975, aaO.; *Kutscheidt* in: *Landmann/Rohmer*, GewO., Bd. III vor § 4 BImSchG, Rn 25). Verfassungsrechtlich durch Art. 14 Abs. 1 Satz 1 GG gewährleistet ist mithin die gesamte im Gewerbebetrieb (durch Arbeit und Kapital) verkörperte Unternehmenstätigkeit aufgrund der erteilten Baugenehmigung bzw. Anlagenbetriebserlaubnis (ebenso *Friauf*, S. 99 m.w.N. aus Rspr. und Schrifttum). Zu einer funktionsgerechten Unternehmenstätigkeit gehören bei einem emittierenden Betrieb die mit ihm verbundenen, d.h. **der Genehmigung entsprechenden** Emissionen.

10.81 Das schließt nicht aus, dass der Gesetzgeber im Rahmen des Sozialgebots des Art. 14 Abs. 2 GG auch *nachträgliche Anordnungen i.S.* des § 17 BImSchG in Bezug auf Verminderung schädlicher Umweltbeeinträchtigungen als Inhalt und Schranken des Eigentums nach Art. 14 Abs. 1 Satz 2 GG regeln kann (dazu ausf. *Dolde*, aaO.; auch *Schenke*, aaO., S. 16f.). Bei der Regelungsbefugnis kommt es zur Beachtung des Grundsatzes der Verhältnismäßigkeit im Rahmen der Abwägung darauf an, »*bei der Regelung des Eigentumsinhalts die Belange der Gemeinschaft und die Individualinteressen in ein ausgewogenes Verhältnis zu bringen*« (BVerfGE 25, 112, 118: zit. bei *Friauf*, S. 97).

Bei Änderungen und Erweiterungen gewerblicher Anlagen werden nach dieser Auffassung Inhalt und Grenzen des Bestandsschutzes als Eigentumsposition, d.h. die Genehmigungsfähigkeit, nicht davon bestimmt, ob und inwieweit etwa mit der Änderung eines Betriebsteils zur Verbesserung der Produktionsweise eine quantitative und/oder qualitative Erhöhung des betrieblichen Umsatzes verbunden ist, sondern allein von dem *bodenrechtlichen* Spannungsverhältnis, in dem der Betrieb zu seiner Umgebung und der Allgemeinheit steht. Werden bodenrechtliche Spannungen nicht erhöht, d.h. wird die Situation nicht verschlechtert, sondern u.U. dabei noch verbessert, sind nach diesseitiger Auffassung auch qualitative sowie quantitative Änderungen vom Bestandsschutz gedeckt. Die immissionsschutzrechtliche Genehmigung für Anpassungsmaßnahmen an moderne Betriebsweisen sollte daher nicht an einer dem eingerichteten und ausgeübten Gewerbebetrieb als betriebswirtschaftliche Einheit nicht entspr. *zu engen Auslegung* des Begriffs »Bestandsschutz« scheitern.

Im Bereich des nicht beplanten Innenbereichs hat der Gesetzgeber des EAG Bau 2004 in § 34 Abs. 3a bestimmten bestehenden Betrieben zur Standortsicherung in Gemengelagen einen besonderen Bestands- und Weiterentwicklungsschutz gewährt. Damit sollen Investitionen zulässigerweise errichteter Gewerbe- oder Handwerksbetriebe erleichtert werden, auch wenn die Erweiterung, Änderung, Nutzungsänderung oder Erneuerung sich nicht in die Eigenart des der näheren Umgebung einfügen, sie städtebaulich vertretbar und auch unter Wahrung nachbarlicher Interessen vereinbar sind. Die anderenfalls notwendige Aufstellung eines Vorhaben- und Erschließungsplans kann dadurch vermieden werden. Der Gesetzgeber hatte sich im 2004 von der Vorstellung leiten lassen, dass gewerbliche Unternehmungen zum Zwecke der betrieblichen Existenzsicherung eher als die Wohnnutzung auf die Möglichkeit der Erweiterung angewiesen sind (ähnlich § 35 Abs. 4 S. 1 Nr. 6 BauGB). Damit hat der Gesetzgeber dem Vorhabenträger einen überwirkenden gesetzlichen Bestandsschutz gewährt, der allerdings restriktiver als der zwischenzeitlich aufgehobene ähnlich strukturierte § 34 Abs. 3 S. 1 Nr. 2 BauGB 1987 gewesen ist.

In dem Gesetz zur Erleichterung von Planungsvorhaben für die Innenentwicklung der Städte vom 21.12.2006 (BGBl. I 2006 S. 3316) ist dieser gesetzgeberische »**überwirkende Bestandsschutz**«, also das Absehen von dem Erfordernis des Einfügens, auch auf die Erweiterung, Änderung oder Erneuerung einer zulässigerweise errichteten baulichen Anlage zu Wohnzwecken unter den voranstehend zitierten Einschränkungen **ausgedehnt** worden.

10.82 Die Ablehnung eines aktiven verfassungsunmittelbaren Bestandsschutzes aus Art. 14 Abs. 1 S. 1 GG wirft insbes. Fragen auf für die Gewährleistung des passiven Bestandsschutzes, der nicht einfachgesetzlich geregelt ist. Fraglich ist, ob das vom BGH entwickelte **Rechtsinstitut des eingerichteten und ausgeübten Gewerbebetriebs** ein Recht auf Modernisierung, Erneuerung oder Erweiterung gibt, wenn das positive Recht dies dem Betrieb nicht zubilligt. Für den BGH steht der eingerichtete und ausgeübte Gewerbebetrieb unter dem Schutz der Eigentumsgarantie des Art. 14 GG (BGH, U. v. 28.1.1957 – 111 ZR 141/55 – BGHZ 25, 157; U. v. 23.1.1961 – III ZR 8/60 – BGHZ 34, 188/190; U. v. 10.11.1977 – III ZR 157/75 – NJW 1978, 373; U. v. 28.6.1984 – III ZR 35/83 – BGHZ 92, 34/46 = BauR 1984, 480/485; U. v. 7.6.1990 –III ZR 74/88 – BGHZ 111, 349/355). Dieser Schutz erstreckt sich auf die den Betrieb bildende Sach- und Rechtsgesamtheit, die gesamte Erscheinungsform und den Tätigkeitskreis, die geschäftlichen Verbindungen und Beziehungen, also auf alles, was in seiner Gesamtheit den wirtschaftlichen Wert des konkreten Gewerbebetriebes ausmacht (BGH, U. v. 11.1.1979 – 111 ZR 120/77 – NJW 1979, 1043; U. v. 28.1.1957, aaO., und U. v. 31.1.1966 – III ZR 110/64 – BGHZ 45, 150/155). So ist durch den BGH auch anerkannt worden, dass zu einem eingerichteten Gewerbebetrieb die Möglichkeit seiner dauernden Erneuerung und Modernisierung gehört. Nach der gefestigten Rspr. des BGH hat der Eigentumsschutz hinsichtlich des Gewerbebetriebes lediglich das Recht auf Fortsetzung des Betriebes aufgrund der schon getroffenen betrieblichen Veranstaltungen zum Gegenstand; es muss sich, wenn ein entschädigungspflichtiger Eingriff gegeben sein soll, um einen Eingriff in bereits **vorhandene** konkrete, im Rahmen des Betriebes wirkende Werte handeln. Dagegen ist es nicht notwendig, dass der Betrieb, in den eingegriffen wird, bereits in Gang gesetzt ist; es genügt, wenn er bereits so eingerichtet ist, dass er ohne den Eingriff unbeschränkt ausgeübt werden könnte (BGHZ 30, 338/355 f.; 34, 188/190 und BGH, DVBl. 1973, 137).

10.83 Die Rspr. des BGH konnte nach Erlass des Nassauskiesungs-Beschlusses des BVerfG nicht mehr aufrechterhalten werden. Nach dieser Entscheidung kann der Schutz des Gewerbebetriebes nicht weiter gehen als der Schutz, den seine wirtschaftliche Grundlage genießt (BVerfGE 58, 300/353 und 3. Kammer des

213

1. Senats, B. v. 29.7.1991 – 1 BvR 868/90 – NJW 1992, 36/37). Dies bedeutet, dass der Schutz des eingerichteten und ausgeübten Gewerbebetriebes sich nur auf den Bestand des Betriebes erstreckt. Er umfasst nicht die Ausdehnung des Betriebes auf andere, vom Betrieb bisher nicht erfasste Grundstücke (BVerwG, U. v. 13.4.1983 – 4 C 21.79 – UPR 1983, 335/337 = BauR 1984, 54/57). Dieser Auslegung des Rechts am eingerichteten und ausgeübten Gewerbebetrieb hat sich in der Zwischenzeit auch der BGH angeschlossen (U. v. 3.6.1982 – III ZR 28/76 – NJW 1982, 2488= BGHZ 84, 223). Aus alledem ergibt sich, dass auch aus dem Recht am eingerichteten und ausgeübten Gewerbebetrieb kein Recht auf Modernisierung, Erneuerung oder Erweiterung abgeleitet werden kann, da der Bestandsschutz für die ausgeübte Nutzung hier eine Grenze setzt. Die in der Vorauflage dargelegte Auffassung, dass über den aktiven Bestandsschutz sowie das Recht am eingerichteten und ausgeübten Gewerbebetrieb der gewerbliche Anlagenbetreiber notwendig werdende betriebliche Veränderungen und Modernisierungen wird vornehmen können, wird aufgegeben. Der aktive und passive Bestandsschutz hat heutzutage seine Bedeutung im Rahmen der Abwägung bei der Aufstellung von B-Plänen über das eigene gewerbliche Grundstück und über benachbarte Grundstücke, wenn deren immissionsempfindliche Nutzung an den emitierenden Betrieb herangeführt wird. Eine realistische Erwartung, dass der überwirkende Bestandsschutz Hilfe für Gewerbe treibende leisten kann, besteht gegenwärtig nicht. Die Hoffnung, den fortschreitenden Strukturwandel der gewerblichen Wirtschaft für Modernisierungs-, Anpassungs- und Erneuerungsmaßnahmen verfassungsrechtlich abzusichern, ist die obergerichtliche Rspr. nicht nachgekommen.

10.84 dd) **Der Bestandsschutz im Immissionsschutzrecht.** Während der passive Bestandsschutz im Baurecht stark ausgebaut ist, ist er im Immissionsschutzrecht von schwächerer Bedeutung. Der im Baurecht geltende Grundsatz, dass eine eingeräumte Rechtsposition im Allgemeinen zu belassen ist bzw. nur gegen Entschädigung entzogen werden kann, gilt nicht im Immissionsschutzrecht (BVerwG, U. v. 18.5.1982 – 7 C 42.80 – DVBl. 1982, 958 = BVerwGE 65, 313 und U. v. 18.5.1982 – 7 C 11.78 – GewArch. 1983, 103; zustimmend *Sendler,* UPR 1983, 33/44). Die gem. § 4 BImSchG rechtmäßig unanfechtbar erteilte immissionsschutzrechtliche Genehmigung gewährt dem Betreiber zwar einen Bestandsschutz gegen Beseitigungsverlangen aufgrund nachträglicher Rechtsänderungen. Dieser Bestandsschutz für die ausgenutzte immissionsschutzrechtliche Genehmigung ist jedoch nicht schrankenlos. Er ist vielmehr durch die sich aus §§ 5, 7, 17 und BImSchG ergebenden Regelungen eingeschränkt *(Jarass.* BImSchG-Komm., 6. Aufl.. Rn 32 zu § 6; BVerwG, B. v. 26.8.1988 – 7 B 124/88 – NVwZ 1989, 257: »*Der Bestandsschutz einer gewerblichen Anlage steht einer nachträglichen Anordnung zur Minderung vermeidbarer Lärmbelästigungen für die Wohnnachbarschaft nicht entgegen.*«) Insbes. ist der Bestandsschutz durch die in § 5 BImSchG enthaltenen dynamischen Grundsätze des Schutzes, der Vorsorge und der Entsorgung beschränkt. Danach enthält die immissionsschutzrechtliche Genehmigung von vornherein Anpassungspflichten des Betreibers. Die Mittel zu ihrer Konkretisierung und Durchsetzung sind Rechtsverordnungen nach § 7 BImSchG und nachträgliche Anordnungen nach § 17 BImSchG. Diese sind allerdings nur dann zulässig, wenn sie verhältnismäßig sind, vor allem wenn der mit der Erfüllung der Anordnung verbundene Aufwand nicht außer Verhältnis zu dem mit der Anordnung angestrebten Erfolg steht. Das BImSchG hat damit den Bestandsschutz weiter relativiert, in dem es den Betreiber zur ständigen Erfüllung der Grundpflichten und damit zur ständigen Anpassung seines Betriebes verpflichtet, diese Grundpflichten um das nicht an der Gefahrenabwehr orientierte Vorsorgeprinzip erweitert und die Durchsetzung dieser erweiterten Pflichten durch eine nachträgliche Anordnung nach § 17 BImSchG ermöglicht. Darin liegt das eigentlich Neue des Gesetzes, das dem Gewerbeeigentum »*eine vielleicht bestürzende Flexibilität, Innovationskraft und auch Opferbereitschaft*« abfordert *(Sendler*, UPR 1983, 43).

Auch der baurechtliche Bestandsschutz einer störenden Nutzung (hier: einer **Tankstelle in den Nachtstunden**) gewährt nicht jede Nutzungsmöglichkeit, die tatsächlich möglich ist. Er kann sich auch gegenüber einer später hinzukommenden oder ihrerseits bestandskräftig gewordenen empfindlichen Nutzung nur in den Grenzen entfalten, die ihm das dynamisch angelegte Immissionsschutzrecht lässt (OVG NW, B. v. 1.9.2005 – 8 A 2810/03 – BauR 2006, 82, 4. Leits. unter Hinweis auf BVerwG, U. v. 23.9.1999 – 4 C 6.98 – BVerwGE 109, 314 = BauR 2006, 234).

10.85 Der Gesetzgeber hat als Ergebnis einer Güterabwägung (Amtl. Begr. zu § 3 BImSchG, BT-Drucks. 7/179) zwischen der im Grundsatz uneingeschränkten eigentumsrechtlichen Nutzung von genehmigungsbedürftigen Gewerbebetrieben **nach** einmal erteilter Genehmigung einerseits und der Notwendigkeit der vorbeugenden Verhinderung sowie Verminderung schädlicher Umwelteinwirkungen dieser Betriebe einschließlich deren wesentlicher Änderung andererseits der Eigentumsnutzung bestimmte Verpflichtungen zugunsten des Umweltschutzes im weitesten Sinne auferlegt. **Die Pflichten des Betreibers,** die **Genehmigungsvoraussetzungen** und die **Anforderungen** an die Errichtung, die Beschaffenheit und den Betrieb genehmigungsbedürftiger Anlagen (§§ 5–7 BImSchG) halten sich im verfassungsrechtlichen Rahmen des Art. 14 Abs. 1 GG (ebenso *Kutscheidt*, aaO., m. w. N.).

»*Anders als die Emissionen sind die Immissionen nach der Legaldefinition in § 3 Abs. 2 nicht anlagebezogen. Von welchen Anlagen diese Immissionen hervorgerufen werden, spielt keine Rolle*« (BT-Drucks. 7/1513; zit. bei *Kutscheidt*, 16). Bei der Prüfung, ob der **Betrieb** der zur Genehmigung beantragten Anlage schädliche Umwelteinwirkungen hervorrufen wird, ist auf die Gesamtimmissionsbelastung nach Inbetriebnahme der Anlage abzustellen (so mit Recht *Kutscheidt*, aaO., unter Hinweis auf *Feldhaus*). Die Prüfung hat von der **vorhandenen Grundbelastung** auszugehen, der dann die zu erwartende Mehrbelastung hinzuzufügen ist.

10.86 Anlässlich der Änderung einer genehmigungsbedürftigen Anlage darf zwar nicht in den genehmigten Bestand eingegriffen werden, soweit dieser unverändert bleibt. In die Prüfung der Änderung muss aber alles einbezogen werden, was sie an Veränderungen im Gesamtbetrieb bewirkt (dazu *Kutscheidt*, aaO.); zur *Zumutbarkeit für* die Umgebung vgl. § 15 Rn 21 f., zur *Beachtlichkeit* der Immissionsrichtwerte Näheres § 15 Rn 13 f. Ebenso wie der Bestandsschutz keine Legitimation dafür sein kann, die Umweltsituation durch neue, mit nach heutigen Erkenntnissen geltenden Normen nicht vereinbare Investitionen zu beeinträchtigen, kommt es ebensowenig **für die planungsrechtliche Situation** (in die die immissionsschutzrechtlichen Auswirkungen stets einbezogen sind), darauf an, ob zwischen dem vorhandenen Bestand und den dem Betrieb dienenden Maßnahmen ein »untrennbarer« Funktionszusammenhang besteht.

10.87 Das Immissionsschutzrecht insgesamt ist dynamisch angelegt. Dies gilt nicht nur für die genehmigungsbedürftigen Anlagen, sondern auch für die nicht genehmigungsbedürftigen, auf die die §§ 22–25 BImSchG Anwendung finden. Nach der Rspr. des BVerwG sind die Grundpflichten aus § 22 Abs. 1 S. 1 BImSchG nicht nur im Zeitpunkt der Errichtung der Anlage, sondern in der gesamten Betriebsphase zu erfüllen. Ein dem Betreiber einer Sportanlage zukommender baurechtlicher Bestandsschutz kann sich daher nur in den Grenzen entfalten, die ihm das Immissionsschutzrecht lässt (U. v. 23.9.1999 –4 C 6/98 –, Fundst. Rn 12.87). Damit steht fest, dass sich der baurechtliche Bestandsschutz nur in den Grenzen entfalten kann, die ihm das Immissionsschutzrecht lässt (BVerwG, aaO.). Der Bestandsschutz hat damit insgesamt gesehen nach der obergerichtlichen Rspr. der letzten 10 Jahre eindeutig an Gewicht verloren.

10.9 ee) **Was bleibt vom Bestandsschutz?** Das berechtigte Anliegen des Rechtsinstituts des Bestandsschutzes wird man gegenwärtig nur dann wahrnehmen können, wenn ihm bei der Nachbarabwehrklage, im Normenkontrollverfahren bei der Bauleitplanung für die Fallgruppe der heranrückenden Wohnbebauung und für die Fallgruppe der Herab- oder Umzonungsfälle eine größere Bedeutung zugebilligt wird. Es sollte daher die Schaffung von Konfliktsituationen vermieden werden, die zu immissionsschutzrechtlichen Auflagen des Betriebes führen (vgl. zu der Problemlage *Stühler*, VBlBW 1988, 241/243). Bei der Abwägung nach § 1 Abs. 7 BauGB erscheint als besonders schützenswert die Substanz des Eigentums an gewerblichen Flächen. Die Gemeinde muss sich bereits im Rahmen der Abwägung Klarheit darüber verschaffen, ob die Nutzungsinteressen der Eigentümer bebauter Grundstücke, die den mit der Planung verfolgten Zielen zuwider laufen, so gewichtig sind, dass sie im Range den übrigen Belangen vorgehen (BVerwG, B. v. 12.5.1995 – 4 NB 5.95 – BRS 57 Nr. 7).

10.91 Es bleibt jedoch festzuhalten: Die **wirtschaftliche Einheit** des eingerichteten und ausgeübten Gewerbebetriebs **ist das für den Eigentümer maßgebende Schutzobjekt** (ebenso *Dolde*, aaO., S. 884; *Friauf*, aaO., S. 99; aA. *Schenke*, aaO., S. 17 f.). Würde sich der Bestandsschutz auf den immissionsschutzrechtlich genehmigungsbedürftigen Betriebsteil beschränken, könnte dies dahin führen, dass bei Wegfall des Bestandsschutzes für diesen Teil der Gesamtbetrieb betriebswirtschaftlich nicht mehr in wettbewerbsfähiger Weise fortgeführt werden kann. Es wäre wünschenswert, dass die für das Baurecht entwickelte Rechtsfigur für das vielfach komplexe Rechtsgebilde eines Gewerbebetriebes in Gemengelagen, das bei **angemessenen** Erweiterungen und Änderungen im Regelfall mit bauplanungsrechtlichen (bebauungsrechtlichen), immissionsschutzrechtlichen und nachbarschutzrechtlichen Bestimmungen verschränkt ist, weitere sinnvolle Dienste leistet.

10.92 Bei der **Überplanung gewerblich/industriell genutzter Grundstücke** zu einem Kerngebiet muss bspw. der Plangeber die abwägungsrelevanten privaten Belange der betroffenen Grundstückseigentümer und Gewerbe treibenden mit der ihnen zukommenden Bedeutung in die Abwägung einstellen (OVG NW, U. v. 26.10.1999 – 11 AD 173/96.NE – NWVBl. 2000, 187). Das OVG NW hat in diesem Fall gefordert, dass bei Überplanungen die erforderlichen Änderungen zumindest langfristig als durchführbar erscheinen müssen; ein Nutzungskonflikt zwischen unvereinbaren Nutzungen werde durch Überplanung dann nicht gelöst, wenn die Umgestaltung des Gebietscharakters nicht – zumindest langfristig – z. B. durch Aussiedlung als realisierbar und finanzierbar erscheint (im Anschluss an OVG NW, BRS 55 Nr. 12). Im konkreten Fall hat das OVG NW einen erheblichen Abwägungsfehler angenommen, weil der Plangeber für die Umsiedlung der überplanten Gewerbebetriebe (Spedition, Betonsteinwerk) kein schlüssiges Konzept entwickelt hatte. Nicht überzeugen kann dagegen das NK-Urt. d. VGH BW v. 30.11.2000 (– 5 S 3227/98 – BauR 2001, 1224), wonach die Überplanung eines bisher unbeplanten Gebiets, das im Randbereich seit Jahrzehnten mit 10 Gebäuden für Wohn- und Gewerbenutzung bebaut ist, mit einem Sondergebiet »Technologiepark« abwägungsfehlerfrei ist. Hier wird die besondere Bedeutung des Bestandsschutzes in Fällen der Umzonung oder Herabzonung verkannt.

Die sich aus einer etwa zu engen Auslegung des Bestandsschutzes ergebenden Schwierigkeiten lassen sich nunmehr durch eine **»anlagenbezogene« Planung für gebietsfremde Nutzungen** und Anlagen nach dem durch die ÄndVO 1990 eingefügten § 1 Abs. 10 weitgehend ausschalten: Die Gemeinde hat es in der Hand, derart einen Betriebsstandort planerisch weitgehend abzusichern. Zu den in der Bauleitplanung zu berücksichtigenden Belangen gehört auch das Interesse eines Betriebsinhabers nach der künftigen Ausweitung oder Umstellung seines Betriebes (OVG NW, U. v. 22.5.2000 – 10 aD 139/98.NE –BauR 2001, 84 = NWVBl. 2001, 59, und BVerwG, U. v. 5.11.1999 – 4 CN 3.99 – BauR 2000, 689). Die planende Gemeinde braucht in ihrer Abwägung Erweiterungs- und Entwicklungsabsichten jedoch nicht einzustellen, wenn diese Absichten noch unklar sind oder nicht an einem bereits vorhandenen schutzwürdigen Bestand anknüpfen (BVerwG, B. v. 10.11.1998 – 4 BN 44.98 – NVwZ-RR 1999, 423 = BRS 60 Nr. 3; B. v. 5.9.2000 – 4 B 56.00 – BauR 2001, 83/84 und OVG NW, U. v. 22.5.2000, aaO.).

ff) **Reichweite des Bestandsschutzes bei Nutzungsunterbrechungen (das Zeitproblem).** Im Zuge von Wechseln des Firmeninhabers oder Pächters, Konkurs des Unternehmens oder einer länger dauernden Produktionsumstellung (Anschaffung entsprechender Maschinen), ohne dass die Situation zu einer Nutzungs**änderung** Anlass gibt, stellt sich häufig die Frage, wie lange, bis zu welchem Zeitablauf, aufgrund der ursprünglich mit der Baugenehmigung erteilten Nutzung Bestandsschutz noch anzunehmen ist. Akuten Anlass zum Eingehen auf die Problematik hat das U. des BVerwG v. 18.5.1995 (– 4 C 20.94 – BR 57 Nr. 67 = BauR 1995, 807 = DVBl. 1996, 40) gegeben.

10.93

Für eine Autolackiererei war in einem allgemeinen Wohngebiet eine zwar fehlerhafte, aber in der Zwischenzeit bestandskräftige Baugenehmigung erteilt worden. Die Lackiererei wurde mehrere Jahre betrieben. Infolge des Konkurses eines Betreibers trat eine Betriebsunterbrechung ein. *Upmeier* ist in seinem Vorwort zum 57. Bd. der BRS kurz darauf eingegangen. *Uechtritz* (DVBl. 1997, 347 m. w. N. aus Schrifttum u. Rspr.) hat sich eingehend mit der Problematik befasst wie vordem bereits in der Festschr. für *Gelwer* 1991, S. 259 ff.

Bei dem Zeitproblem ist vor allem darauf einzugehen, ob es sich hierbei um eine bundesplanungsrechtliche oder etwa eine (landesrechtlich) zu bestimmende bauordnungsrechtliche Angelegenheit handelt. Das BVerwG hat die Problematik in zwei Leitsätzen zusammengefasst:

10.94

- Der Betrieb einer Anlage (hier: Autolackiererei), für den eine baurechtliche Genehmigung erteilt worden ist, wird vom Bestandsschutz nicht mehr gedeckt, wenn er einen Umfang erreicht, der eine immissionsschutzrechtliche Genehmigungsbedürftigkeit begründet.

- Ist die baurechtlich genehmigte Nutzung eines Gebäudes (hier: für eine Autolackiererei) für mehr als ein Jahr nicht ausgeübt worden, so ist auch die vor Ablauf des zweiten Jahres wieder aufgenommene Nutzung nicht mehr vom Bestandsschutz gedeckt, wenn Umstände vorlagen, aus denen nach der Verkehrsauffassung geschlossen werden könnte, mit der Wiederaufnahme der ursprünglichen Nutzung sei nicht mehr zu rechnen.

Uechtritz (DVBl. 1997, 347) kommt zu dem Ergebnis, dass es sich bei den Fragen der Regelung (zeitlichen Bestimmung) einer Nutzungsunterbrechung wie bei der Nutzungsänderung um eine landesrechtliche Angelegenheit handelt. *Uechtritz meint, »da die Frage der zeitlichen Geltungsgrenze einer Baugenehmigung eine landesrechtliche Frage ist, könnte jeder Landesgesetzgeber – entsprechend den Bestimmungen über das Erlöschen der Baugenehmigung bei Nichtausnutzung innerhalb bestimmter Fristen – auch Regelungen für den Fall von Nutzungsunterbrechungen in die Bauordnung aufnehmen«.*

10.95 Diese Auffassung wird **nicht geteilt.** Bei einer Nutzungsunterbrechung handelt es sich im Unterschied zu einer Nutzungsänderung nicht um eine der Sicherheit und Ordnung und damit dem Bauordnungsrecht unterfallenden Angelegenheit, ebenso wie dies bei § 35 Abs. 4 BauGB nicht der Fall ist. Das BVerwG ist nach diess. A., weil es sich um eine **bauplanungsrechtliche** Angelegenheit handelt – unabhängig davon, wo man den einfachrechtlichen Bestandsschutz ansiedelt –, berechtigt, über die Frage des richtigen Zeitmodells weiter vertieft nachzudenken. Die Probleme sind derart vielschichtig, dass es fraglich ist, ob eine (ganz) feste Zeitbegrenzung gefunden werden kann. Das klingt auch aus den Leitsätzen des U. des BVerwG v. 18.5.1995 (Fdst. Rn 10.93) heraus. Es wäre jedoch unerträglich, wenn jedes Land – evtl. noch aufgrund unterschiedlicher politischer Einflussnahme – eine eigene bauordnungsrechtliche Regelung erlassen könnte; zur Frage der Nutzungsunterbrechung vgl. auch OVG NW, U. v. 14.3.1997 (– 7 A 5179/95 – StGR 1997, 260).

4. Anlagen für kirchliche, kulturelle, soziale, gesundheitliche und für sportliche Zwecke

11 a) **Reichweite des Begriffs, Allgemeines zur Festsetzung von Gemeinbedarfsanlagen und zu deren Zweckbestimmung.** Bei den in allen Baugebieten der §§ 2–9 – jeweils im Einzelnen aufgeführten – zulässigen bzw. ausnahmsweise zuzulassenden Anlagen handelt es sich um **städtebauliche** Begriffsbestimmungen. Abgesehen von den Anlagen für sportliche Zwecke handelt es sich in erster Linie um *Anlagen* für den *Gemeinbedarf*, wie sie in § 5 Abs. 2 Nr. 2 BauGB umschrieben sind. Auf die gewerberechtliche, handelsrechtliche oder steuerrechtliche Einordnung der Anlagen und die Eigentumsverhältnisse kommt es für die städtebauliche Beurteilung des jeweiligen *speziellen städtebaulichen* Anlagenbegriffs nicht an. Es ist also nicht entscheidend, ob die Grundflächen sich in öffentlicher Hand befinden und/oder die Anlagen von privaten oder kirchlichen Institutionen betrieben werden.

Der in den §§ 2 ff. enthaltene, ersichtlich § 5 Abs. 2 Nr. 2 BauGB entlehnte Anlagenbegriff ist auch nicht auf selbständige bauliche Einheiten wie Gebäude beschränkt. Das BVerwG ist in seinem U. v. 12.12.1996 (– 4 C 17.95 – BauR 1997, 440 = BRS 58 Nr. 59) der (historischen) Entstehung des Anlagenbegriffs im BBauG und seiner systematischen Einordnung in den Anlagenbegriff der BauNVO ausführlich und überzeugend nachgegangen. Die historische Entwicklung zeigt, dass nach wie vor von Gemeinbedarfsanlagen und -einrichtungen ausgegangen worden ist; der VOgeber hat diese in Anlehnung an den Sprachgebrauch der BauNVO jedoch neu gefasst (BVerwG, aaO., S. 440/441).

Die **Festsetzung von Gemeinbedarfsanlagen** kann in **verschiedener Weise** erfolgen. Flächen für den Gemeinbedarf *können unabhängig* von den sie umgebenden Baugebieten und *auch zusätzlich* zu diesen festgesetzt werden (§ 1 Rn 39). Sie können ferner in Form der Doppelfestsetzung (§ 1 Rn 39) innerhalb des Baugebiets vorgesehen werden, wenn sie als Nutzungsart in dem Baugebiet allgemein zulässig oder ausnahmsweise zulassungsfähig sind (aA. OVG NW, U. v. 8.12.1983, aaO., Rn 39, die nicht geteilt wird). Das Maß der baulichen Nutzung muss sich in diesem Falle nach dem zulässigen Maß des jeweiligen Baugebiets richten. Soweit Baugrundstücke für nur ausnahmsweise zuzulassende Gemeinbedarfsanlagen (z.B. nach § 2 Abs. 3 Nr. 2) innerhalb des Baugebiets festgesetzt werden, handelt es sich um eine Anwendung des § 1 Abs. 6 Nr. 2. Auch in diesem Falle ist Voraussetzung für die allgemeine Zulässigkeit, dass die Zweckbestimmung des Baugebiets i.A. gewahrt bleibt (§ 1 Rn 102). So würden z.B. ein konfessionelles Gemeindezentrum mit Kirche, Pfarrhaus, Gemeindesaal usw. oder ein Fußballsportplatz mit Tribünen für die Zuschauer der Eigenart eines WS-Gebiets widersprechen.

11.1

Bei der Festsetzung kommt es entscheidend auf die hinreichende *Bestimmtheit* oder jedenfalls Bestimmbarkeit der festzusetzenden Gemeinbedarfsfläche an. In einem grundsätzlichen Urt. hat das BVerwG als **Leitsatz** herausgestellt, dass die Festsetzung einer Gemeinbedarfsfläche mit dem Zusatz »Schule und Anlagen für soziale und sportliche Zwecke« regelmäßig hinreichend konkretisiert ist (U. v. 11.3.1988 – 4 C 56.84 – BRS 48 Nr. 8 = DVBl. 1988, 846 = BauR 1988, 448 = ZfBR 1988, 189 = UPR 1988, 268 = DÖV 1988, 686).

11.2

In einem weiteren Leitsatz des Urt. hat das BVerwG zum Ausdruck gebracht, dass das erforderliche Maß der Konkretisierung von Festsetzungen eines B-Plans sich danach richtet, was nach den Umständen des Einzelfalles für die städtebauliche Entwicklung und Ordnung erforderlich ist und dem Gebot gerechter Abwägung der konkret berührten privaten und öffentlichen Belange entspricht (BVerwG, aaO.).

Die weitere Aussage in dem Leitsatz »*Dabei darf der Plangeber berücksichtigen, dass § 15 BauNVO die Lösung von Konflikten im Einzelgenehmigungsverfahren ermöglicht*« (BVerwG, U. v. 11.3.1988, aaO.), begegnet in dieser leitsatzmäßigen Verallgemeinerung *(erheblichen) Bedenken*. Das BVerwG hat wiederholt gerade herausgestellt, dass der B-Plan im Unterschied zu anderen Rechtsvorschriften seine rechtsverbindlichen Regelungen für die städtebauliche Ordnung grundsätzlich »*konkret-individuell*«, d. h. »*im Angesicht der konkreten Sachlage*« trifft (vgl. BVerwGE 50, 114, 119). Die fragliche festgesetzte Gemeinbedarfsfläche grenzt allseitig an Grundstücke eines festgesetzten allgemeinen Wohngebiets.

Im Angesicht der konkreten Sachlage hätten die Eigentümer der benachbarten Grundstücke an sich einen Anspruch auf eine planerische Aussage gehabt, welche von mehreren in Frage kommenden unterschiedlichen Nutzungen konkret im näheren Umfeld ihrer Grundstücke zulässig sein sollte, oder wenigstens durch negative Festsetzung, welche Gemeinbedarfsanlagen nach *Art* der Nutzung und dem *Maß* jedenfalls ausgeschlossen sein sollen. Das erkennbare Ergebnis nach ordnungsgemäß erfolgtem Abwägungsvorgang hätte wesentlich dem nachbarlichen Zusammenleben gedient.

11.3 Mit der Auffassung (U. v. 11.3.1988, aaO.), der B-Plan brauche »*nicht alle Probleme, die sich aus der in ihm enthaltenen grundsätzlichen Zulassung bestimmter Nutzungen im Plangebiet im Einzelfall für andere, insbesondere für nachbarliche Belange ergeben könnten, schon selbst abschließend zu bewältigen*«, scheint das BVerwG von einem weiteren Grundsatz seiner insoweit überzeugenden Rspr.. insbes. in den 1970er Jahren, abzurücken. Durch die damalige Rspr. war den gemeindlichen Planungsträgern die Notwendigkeit einer sorgfältigen, »konkret-individuell« erkennbaren Planung vermittelt worden, weil vor allem die vorwiegend *technische* Verwaltung, die die Planungen vorbereitet, den vom BVerwG herausgestellten und einleuchtenden **Grundsatz der umfassenden Problembewältigung** *in der Praxis* handhaben konnte.

Die *rechtstheoretisch* zwar richtigen ausführlichen Darlegungen über die Funktion des B-Plans als verbindlicher Rahmen sind nicht geeignet, der (technischen) Verwaltung in die Planungspraxis umsetzbare Grundsätze zu vermitteln. Mit Recht hat das Berufungsurt. des OVG NW v. 10.1.1984 – 7 A 2656/ 82 – herausgestellt, dass das Fehlen der gebotenen Konkretisierung und Abgrenzung der möglichen unterschiedlichen Nutzungen einen Mangel im Abwägungsvorgang erkennen lasse; ohne Festlegung der Standorte der verschiedenen Nutzungen könnten mögliche Belastungen für die Umgebung schlechthin nicht in die Abwägung einbezogen werden (Wiedergabe im U. des BVerwG v. 11.3.1988, aaO.).

11.4 Die Auff. des BVerwG, die *Konfliktbewältigung* im und durch den B-Plan selbst sei auch deswegen nicht abschließend geboten, weil »*die in § 15 Abs. 1 Satz 2 und Abs. 2 BauNVO enthaltene Regelung ein geeignetes Instrumentarium* (enthalte), *um im Einzelfall auftretende Konflikte zu lösen*«, verkennt nach diess. A. aufgrund langjähriger Praxis zum einen die nur begrenzten Möglichkeiten im Rahmen eines bauaufsichtlichen Genehmigungsverfahrens mit sehr unterschiedlichen Tendenzen in der Handhabung. Zum anderen würde die Genehmigungsbehörde *ohne* rechtliche Mitwirkungs-, d. h. Gestaltungsmöglichkeit der Gemeinde (des Rates) letztlich über im B-Plan nicht getroffene Festsetzungen entscheiden. Im Ergebnis würde die Gemeinde wesentliche Regelungen im Hinblick auf die städtebauliche Ordnung im Rahmen ihres planerischen Gestaltungsrechts aufgeben und die Entscheidungen würden auf die Genehmigungsbehörde verlagert, die u. U. eine (ganz) andere Auffassung vertritt. Es ist in dem Zusammenhang darauf hinzuweisen, dass § 15 eine Einvernehmensherstellung mit der Gemeinde i. S. von § 36 Abs. 1 BauGB nicht vorsieht; bei § 15 handelt es sich um eine *zwingende* Vorschrift.

11.5 Die leitsatzmäßige Hervorhebung der Lösungsmöglichkeit von Konflikten im Einzelgenehmigungsverfahren nach § 15 BauNVO durch das BVerwG darf nicht dahin missverstanden werden, dass die Gemeinde Belästigungen oder Störungen etwa von (Verkehrs-)Lärm o. a. schädliche Umwelteinwirkungen aufgrund von Festsetzungen des B-Plans nicht durch Regelung entspr. Abwehrmaßnahmen, z. B. nach § 9 Abs. 1 Nr. 24 BauGB, vorzubeugen braucht. Die Gemeinde darf dies dem (bauaufsichtlichen) Genehmigungsverfahren auch dann nicht überlassen, wenn sie in der *Begründung* zum B-Plan auf zu erwartende Lärmeinwirkungen hinweist, mit der gleichzeitigen Maßgabe, dass über die entspr. Maßnahmen im Genehmigungsverfahren entschieden werde.

Das würde den **Grundsätzen der konkret-individuellen Planung** und der **umfassenden Konfliktbewältigung** in dem B-Plan selbst, durch den die Immissionsbeeinträchtigungen hervorgerufen werden, widersprechen. Hinzu kommt, dass (öffentliche) **Anlagen für den Gemeinbedarf** nicht immer mit der gebotenen Sorgfalt im Hinblick auf Störungen und dergl. und Berücksichtigung der nachbarlichen Belange genehmigt werden. Zumindest äußerst missverständlich, wenn nicht dem VO-Text von § 15 widersprechend, ist der Leitsatz des BVerwG: »*Festsetzungen eines Bebauungsplans können durch § 15 nur ergänzt, nicht korrigiert werden*« (BVerwG, B. v. 6.3.1989 – 4 NB 8.89 – BRS 49 Nr. 44 = BauR 1989, 306 = DVBl. 1989, 661 = UPR 1989, 307 = NVwZ 1989, 960). Es zeigt sich an diesem Leitsatz einmal mehr, wie bedenklich ein aus dem Zusammenhang der Gründe herausgenommener und als *Leitsatz* abstrahierter Text sein kann, zumal er kraft der Autorität des BVerwG als generelle Geltung beanspruchend wirkt.

Die Baugenehmigungsbehörde kann im Rahmen des § 15 Abs. 1 die Festsetzungen eines B-Plans weder ergänzen noch abändern; sie hat keinerlei Planungsermessen. Das in den Gründen erwähnte Rücksichtnahmegebot »ergänzt« nicht die *Festsetzungen* des B-Plans, sondern es kann (nur) konkrete Konfliktsituationen, etwa die Frage der Regelung von Lärmbelästigungen, »vernünftig« lösen helfen,

Beispiele: Ein WR-Gebiet wird in der Nähe einer vorhandenen überörtlichen Straße festgesetzt, oder auf einem gemeindeeigenen Grundstück innerhalb eines WA-Gebiets ist die Errichtung von Tennisplätzen geplant. Dann muss aus den Festsetzungen des B-Plans dem *Grunde nach* bereits ersichtlich sein, dass die benachbarten Grundstücke Anspruch auf Lärmschutz nach der 16. bzw. 18. BImSchV haben, und dass die Einzelheiten der Regelungen im Baugenehmigungsverfahren erfolgen.

Bei Gemeinbedarfsanlagen, die innerhalb der Baugebiete nicht gesondert festgesetzt sind, handelt es sich i. A. um Anlagen, die wegen ihres geringen Umfanges und (oder) der baulichen Einpassung in die Umgebung in den Baugebieten an jeder Stelle errichtet werden können, ohne dass damit der Gebietscharakter verändert wird; das ist z.B. bei öffentlichen Leseräumen, gesundheitlichen oder sozialen Beratungsstellen, Pfarrhäusern, Gemeindeämtern (Pfarrkanzleien) und dergl. der Fall. Oft erfolgt die gesonderte Festsetzung deshalb nicht, weil zzt. der Aufstellung des B-Plans unklar ist, ob und welche Anlagen erforderlich werden. Soll eine der genannten Anlagen dagegen auf einem *bestimmten* Grundstück errichtet werden, etwa wegen des damit zu erreichenden räumlichen Zusammenhanges mit einer bereits bestehenden sachverwandten anderen Anlage, so müsste für das dafür vorgesehene Grundstück eine Festsetzung wiederum nach § 9 Abs. 1 Nr. 5 BauGB jedenfalls dann erfolgen, wenn sich das Grundstück nicht bereits im Eigentum des Gemeinbedarfträgers befindet und eine Enteignung nach § 85 Abs. 1 BauGB evtl. durchgeführt werden müsste. Das wäre z.B. der Fall, wenn beabsichtigt ist, einen von der Gemeinde einzurichtenden Kindergarten neben einem bereits bestehenden Kinderspielplatz zu errichten, der in den Komplex einbezogen werden soll, und das Grundstück sich nicht im Eigentum der Gemeinde befindet.

Hinsichtlich der **Einordnung** der Gemeinbedarfsanlagen nach **ihrem sachlichen Anliegen** können sich die einzelnen Zwecke u.U. überschneiden oder miteinander verzahnen; z.B. dient ein konfessioneller Kindergarten sowohl kirchlichen als auch sozialen Zwecken. Da die Gemeinbedarfsanlagen unter einer Nummer des Zulässigkeitskatalogs zusammengefasst sind, ist dies i. A. – außer Anlagen für sportliche Zwecke – ohne Bedeutung.

In seinen U. v. 30.6.2004 – 4 C 3.03 – NVwZ 2004, 13 = UPR 2004, 44 = BauR 2004, 1730 = ZfBR 2004, 796 und – 4 CN 7.03 – UPR 2004, 436 = NVwZ 2004, 1355 = BauR

2004, 1726 = ZfBR 2004, 792) hat das BVerwG sich mit der Festsetzung von **Flächen für den Gemeinbedarf** nach der Privatisierung der Post auseinandergesetzt. Danach können auch nach der Privatisierung der Deutschen Post »Flächen für den Gemeinbedarf« nach § 9 Abs. 1 Nr. 5 BauGB für die Grundversorgung mit Postdienstleistungen (Universaldienstleistung i. S. v. §§ 11 ff. Post festgesetzt werden (– 4 CN 7.03 –, aaO., 1. Leits.).

In früheren Entscheidungen hat das BVerwG den erforderlichen Gemeinwohlbelang einer Anlage oder Einrichtung bejaht, wenn mit staatlicher oder gemeindlicher Anerkennung eine öffentliche Aufgabe wahrgenommen wird, hinter der etwaiges privatwirtschaftliches Gewinnstreben eindeutig zurücktritt (BVerwG, B. v. 18.5.1994 – 4 NB 15/94 –, NVwZ 1994, 1004 f.; ebenso BVerwG, U. v. 12.12.1996 – 4 C 17.85 –, BVerwGE 102, 351/356). Auf dieser Grundlage ist der Gemeinbedarfscharakter des Verwaltungsgebäudes eines Sozialversicherungsträger (BVerwG, B. v. 23.12.1997 – 4 BN 23/97 –, NVwZ-RR 1998, 538), eines *»unabhängigen, selbstverwalteten Kultur- und Begegnungszentrums«* (BVerwG, NVwZ 1994, 1004) und einer (gemeinnützigen) ambulanten Einrichtung der Drogenhilfe (BVerwG, B. v. 6.12.2000 – 4 B 4/00 –, NVwZ-RR 2001, 217) vom BVerwG bejaht worden. Die Wahrnehmung *»einer dem bloßen privatwirtschaftlichen Streben entzogenen Aufgabe«* ist zwar ein herkömmliches, aber kein zwingendes Merkmal von Gemeinbedarfsanlagen i. S. des § 9 Abs. 1 Nr. 5 BauGB. Es ist als Abgrenzungskriterium entwickelt worden, bevor mit der Liberalisierung und Privatisierung ehemaliger Verwaltungsmonopole etwa in den Bereichen der Bahn, der Post und der Telekommunikation neue Formen der Grundversorgung der Allgemeinheit mit Dienstleistungen entstanden sind, die das Modell privatwirtschaftlicher Leistungserbringung zur Sicherung des Allgemeinwohls mit einer besonderen staatlichen Infrastrukturverantwortung verbinden, die marktwirtschaftlich bedingte Nachteile für die Bevölkerung verhindern soll. Die staatliche »Gewährleistungs- und Überwachungsverantwortlichkeit« kann geeignet sein, den in § 9 Abs. 1 Nr. 5 BauGB vorausgesetzten Gemeinwohlbezug auch solcher Anlagen und Einrichtungen herzustellen, deren Leistungserbringung sich nach privatwirtschaftlichen Grundsätzen vollzieht und auf Gewinnerzielung ausgerichtet ist (BVerwG, U. v. 30.6.2004 – 4 C 3.03 –, aaO.)

11.7 Die **gesonderte Festsetzung von Gemeinbedarfsanlagen** nach § 9 Abs. 1 Nr. 5 BauGB bietet sich immer dann an, wenn die Anlage infolge größerer Flächeninanspruchnahme und/oder der von ihr ausgehenden Störungen der Umgebung – z. B. bei Schulgrundstücken – besonderer Beplanung, z. B. als Grundlage für eine Enteignung, bedarf.

Stehen Anlagen insbes. für sportliche Zwecke nicht jedermann, sondern nur Mitgliedern eines Vereins, Klubs, Betriebsangehörigen o. dergl. zur Verfügung, handelt es sich nicht um Anlagen für *Gemeinbedarfszwecke*. Ist wegen der flächenmäßigen Ausdehnung eine sorgfältige Einplanung jedoch erforderlich und wegen möglicher Emissionen die Einpassung in die Umgebung von besonderer Bedeutung (z. B. beim Fußballplatz), können solche Flächen nach § 9 Abs. 1 Nr. 9 BauGB festgesetzt werden. Dies bietet sich z. B. an, wenn sich die Errichtung eines Sportplatzes, einer Tennisanlage (Sportzentrum), Minigolfanlage, Bowlingbahn, oder einer Reithalle bereits planerisch verfestigt hat.

12 b) **Allgemeines zur Behandlung von Anlagen für sportliche Zwecke; Sportanlagen u. Immissionsbeeinträchtigungen (Sport u. Umwelt); Umfang und Reichweite des zivilrechtlichen Nachbarschutzes gegen Sportanlagen; zur Sozialadäquanz.** – aa) Allgemeines zum Anlagenbegriff und dessen Reichweite; Stellung des Sports in der Öffentlichkeit: *»Anlagen für sportliche Zwecke«* ist ein umfassender **städtebaulicher** Begriff, der vom Grundsatz her keiner – etwa begrifflich bedingten – Beschränkung unterliegt. Er umfasst als städtebaulicher Begriff (s. oben Rn 11) den dörflichen Fußballplatz in gleicher Weise wie ein Stadion für Sportgroßveranstaltungen. Als städtebaulicher Begriff bedarf der Begriff »Anlagen für sportliche Zwecke« ebenso der Ausfüllung im Einzelfall entspr. der **jeweiligen Zweckbestimmung** des Gebiets, in dem die Sportanlagen zulässig bzw. ausnahmsweise zulassungsfähig sind, wie die Anlagen für die anderen, z. B. in § 2 Abs. 3 Nr. 2 aufgeführten Zwecke. Vom Grundsatz her können Anlagen für sportliche Zwecke *auf jedem* (Bau-)Grundstück des betreffenden Baugebiets zugelassen werden, *wenn* sie sich in den Gebietscharakter einfügen.

»Ein Bebauungsplan, der in Nachbarschaft zueinander ein reines Wohngebiet und einen Sportplatz festsetzt, muss nicht wegen der mit dem Sport verbundenen Geräusche abwägungsfehlerhaft sein. Beide Nutzungen sind in einer solchen plangegebenen Situation mit einer Pflicht zu gegenseitiger Rücksichtnahme belastet.«

»Es gibt keinen Rechtssatz, dass Sportplätze in Wohnnähe für den Vereinssport oder die Allgemeinheit überhaupt oder nicht zu Tageszeiten besonderen Ruhebedürfnisses nutzbar seien oder dass auf ihnen zu Tageszeiten besonderen Ruhebedürfnisses nicht Fußball gespielt werden darf. Maßgebend sind vielmehr die konkreten Gegebenheiten des Einzelfalls« (so zwei **Leitsätze des Grundsatzurt. des BVerwG** v. 24.4.1991 – 7 C 12.90 – BVerwGE 88, 143 = BRS 52 Nr. 191 = BauR 1991, 593 = DVBl. 1991, 1151 = BayVBl. 1992, 55 = NVwZ 1991, 884 = UPR 1991, 340).

12.1 Die **Festsetzung** »**Sportplatz**« ist z. B. auslegungsfähig und auslegungsbedürftig. Sie muss im Zusammenhang mit der **(jeweiligen) örtlichen Situation** und den anderen im B-Plan getroffenen Festsetzungen gesehen werden. Die Festsetzung »Sportplatz« lässt nur eine Sportausübung auf dem Platz zu, »*die mit der* **Wohnnutzung in der Nachbarschaft** *noch verträglich ist*« (so BVerwG, Urt. v. 24.4.1991, aaO., unter Bezugnahme auf seine Entscheidung BVerwG 81, 197, 209).

Für die *bauliche* Änderung wie auch für die *Nutzungsänderung von* Sportanlagen gelten **dieselben** materiellen Zulässigkeitsanforderungen wie für die Neuerrichtung von Sportanlagen. Anlagen für sportliche Zwecke müssen mithin **gebietstypisch** sein. Das wäre eine Anlage z. B. dann nicht, wenn sie den Gebietscharakter widersprechend stört. Für die planungsrechtliche Beurteilung darf eine Anlage für sportliche Zwecke daher nicht bautechnisch isoliert betrachtet werden. Sie muss stets in die ihr nach der städtebaulichen Ordnung zugedachte Aufgabe (Funktion) einbezogen werden.

12.11 Die BauNVO 1990 hat sich in ihrem Katalog der zulässigen bzw. ausnahmsweise zulassungsfähigen Anlagen der (Katalog-)Baugebietsvorschriften (§§ 2–9) erkennbar *zugunsten* der »Anlagen für sportliche Zwecke« geöffnet. In den früheren Fassungen von 1962/68/77 sah die BauNVO für reine Wohngebiete und Kerngebiete Anlagen für sportliche Zwecke nicht vor. Für allgemeine Wohngebiete und Gewerbegebiete waren Anlagen für sportliche Zwecke – anders als jetzt – nur ausnahmsweise zulassungsfähig. Anlagen für sportliche Zwecke waren *bis* zur BauNVO 1990 lediglich im Dorfgebiet und im Mischgebiet allgemein zulässig.

Diese Feststellung ist deshalb von Bedeutung, weil das System der BauNVO 1990 – wie auch die früheren Fassungen – keine **Rückwirkung** besitzt (Näheres dazu § 25c). Daher konnte die BauNVO 1990 in ihrem § 25c keine Überleitungsregelungen zugunsten der Anlagen für sportliche Zwecke aufnehmen. Es kommt für die **Frage der Zulässigkeit** bzw. ausnahmsweisen Zulassungsfähigkeit einer sportlichen Anlage daher **entscheidend darauf an,** zu welchem Zeitpunkt der fragliche B-Plan bestandskräftig geworden ist, oder ob es sich evtl. um einen nicht beplanten Innenbereich i. S. von § 34 BauGB handelt. Im letzteren Falle gilt die BauNVO **1990** über § **34 Abs. 2 BauGB** auch im nicht beplanten Innenbereich für sog. Altfälle, d. h. für Sportanlagen, die nach der BauNVO in den früheren Fassungen unzulässig oder nur ausnahmsweise zulassungsfähig wären. Für den Innenbereich des § 34 BauGB kommt es mithin darauf an, ob *faktisch* die nähere Umgebung einem Baugebiet i. S. der BauNVO entspricht.

12.12 Die **Anlagen für sportliche Zwecke** nehmen innerhalb des Katalogs der zulässigen (Abs. 2) bzw. ausnahmsweise zulassungsfähigen (Abs. 3) Anlagen (Nutzungen, Betriebe) der Baugebietsvorschriften in mehrfacher Hinsicht eine Sonderstellung ein. Während es sich bei den anderen unter einer Nr. zusammengefassten Anlagen (z. B. nach § 2 Abs. 3 Nr. 2) überwiegend um *Anlagen für den Gemeinbedarf,* d. h. öffentlichen Zwecken dienende Anlagen handelt (hierbei sind die kirchlichen Anlagen eingeschlossen), umfassen die Anlagen für sportliche Zwecke sowohl *Gemeinbedarfsanlagen,* wie ein gemeindeeigenes, jedermann zugängliches (Hallen-)Schwimmbad i. S. eines kommunalen Eigenbetriebs oder einer gemeindlichen Sportstätte zur Benutzung durch jedermann, als auch *gewerblich betriebene* Sportanlagen, etwa eine Tennishalle oder Squash- und Saunaanlage, *und* Sportanlagen, die einem Sportverein (Klub) gehören und lediglich von dessen Mitgliedern bzw. deren Gäste benutzt werden dürfen, wie Tennisplätze eines Tennisclubs, Fußballplätze(-stadion) der betreffenden Fußballclubs.

Darüber hinaus können Anlagen für sportliche Zwecke auch auf nicht kommerzieller (quasi-privater) *Grundlage* bestehen; ein gewerbliches Unternehmen unterhält etwa für seine Angestellten »Fitness«-Trainingsgelegenheiten, z. B. Tennisplätze oder eine Sauna-Anlage, die (nur) von den Betriebsangehörigen kostenlos oder gegen geringes Entgelt (z. Unterhaltung der Anlagen) benutzt werden können, und die nicht mit dem gewerblichen Grundstück in Verbindung stehen. Schließlich können auch *Private* (etwa ein Freundeskreis) einen Tennisplatz auf einem dafür geeigneten Grundstück unterhalten. Bei den genannten Betriebungsmöglichkeiten handelt es sich **in keinem Fall** um *Nebenanlagen* i. S. v. § 14.

12.2 Soll eine Anlage für sportliche Zwecke planungsrechtlich als **Nebenanlage** (§ 14 Rn 3–4) behandelt werden, muss sie *unmittelbar* zum Wohn- oder Betriebsgrundstück gehören und dem Wohngebäude bzw. dem (gewerblichen) Betrieb in untergeordneter Weise funktionell dienen (BVerwG, U. v. 28.4.2004 – 4 C 10.03 – NVwZ 2004, 1244). Das träfe z. B. auf die oben erwähnten Tennisplätze oder die Sauna-Anlage dann zu, wenn die Anlagen **auf dem Grundstück** des betreffenden gewerblichen Betriebs oder einem vom Betrieb in unmittelbarer Nachbarschaft angemieteten Grundstück angelegt worden sind oder der Betrieb einen Fitness-Raum in einem dem Betrieb gehörenden »Sozialgebäude« (f. Kantine und dergl.) eingerichtet hat. Weit verbreitet sind hoteleigene oder hochschuleigene Tennisanlagen.

12.3 Die **Bedeutung des Sports,** der sportlichen Betätigung für *den Einzelnen zur* Gesunderhaltung und als wesentliche Freizeitbeschäftigung sowie als gemeinschaftsbildendes Element in unserer pluralistischen Gesellschaft ist unbestritten und kann in seinen vielfältigen Ausdrucksformen als bekannt gelten (vgl. u. a. die gute Zusammenfassung der mit der Ausübung des Sports zusammenhängenden Probleme bei *Pikart,* in: Umwelteinwirkungen durch Sportanlagen – Rechtsgutachten im Auftrage des BMI, 1984, S. 5 ff. m. w. N.; ferner *Weisemann*, Sport, Spiel, Recht, NJW-Schriftenreihe [Heft 38], 1983, und das weitere unter *Vorb*. Abschn. 4 und bei § 4 angeführte Schrifttum). Diese Feststellung ändert nichts daran, dass »Anlagen für sportliche Zwecke« (die sportliche Betätigung auf ihnen) seit jeher und (stetig zunehmend) in einem Spannungsverhältnis zur gemeindlichen städtebaulichen Ordnung aufgrund der *festgesetzten* Baugebiete, insbes. der Wohngebiete (§§ 2–4) bzw. der entsprechenden Wohnbereiche in nichtbeplanten Innenbereichen (§ 34 BauGB), stehen.

12.4 Das Spannungsverhältnis erklärt sich *zum einen* aus der Natur der Sache, da mit der Ausübung des Sports in den meisten Fällen zwangsläufig Belästigungen und Störungen der Umgebung der Sportanlagen verbunden sind, die sich nachteilig auf die in den Wohngebieten voraussetzungsgemäß zu beanspruchende **Wohnruhe** und damit insbes. auf die Nachbarschaft auswirken (vgl. dazu *Gelzer,* in: Umwelteinwirkungen durch Sportanlagen, Rechtsgutachten im Auftrag des BMI, 1984, S. 51 ff. m. w. N.; *Papier,* gleichfalls Rechtsgutachten für den BMI. S. 99 ff. m. w. N.; ferner »Materialien zum Sport in Nordrhein-Westfalen«, Heft 23 der *Schriftenreihe des Kultusministers* »Sport und Umwelt«, 1988; *Birk,* NVwZ 1985, 689; *Gaentzsch,* UPR 1985, 201, und das Weitere bei *Vorb*. Abschn. 4 u. § 4 angeführte Schrifttum).

Zum anderen kennzeichnen der gestiegene *Wohlstand,* der u. a. in gewissen stetig zugenommenen Sportarten wie Tennis, Golf und dem Reitsport sinnfällig zum Ausdruck kommt, und die gleichzeitig vermehrte *Freizeit,* mit dem Wunsch (teils als Forderung, vgl. *Gelzer,* aaO., S. 56 ff.), die jeweilige Sportart möglichst nahe den Wohnquartieren ausüben zu können (Schlagwort: der »Sportplatz um die Ecke«, vgl. dazu kritisch, *Pikart,* aaO., S. 47), die derzeitige Situation in einer Hinsicht. Die Forderung auf Einhaltung der Wohnruhe – zu der insbes. die ungestörte *Kommunikation* als Freizeit- u. Wochenendbeschäftigung gehört – sowie das geschärfte *Umweltbewusstsein,* das sich u. a. in einer verstärkten *Lärmempfindlichkeit* aufgrund der negativen Auswirkungen unserer modernen Gesellschaft niederschlägt, erklären in anderer Hinsicht den in den letzten Jahren deutlich gestiegenen Spannungszustand.

12.5 Eine annähernd objektive Beurteilung der Zulässigkeit bzw. ausnahmsweisen Zulassungsfähigkeit von Anlagen für sportliche Zwecke in den einzelnen Baugebieten. insbes. in den Wohngebieten (§§ 2–4), ist nur gewährleistet, wenn die Genehmigungsbehörden und Gerichte sich freihalten können von der mehr oder weniger gezielten Einflussnahme durch die sog. **Sportöffentlichkeit.**

12.6 In welcher Weise der Trend der Sportöffentlichkeit (Rn 12.5) auf das städtebauliche Planungsrecht einwirkt, zeigt sich auch im rechtswissenschaftlichen Schrifttum. So meint *Gelzer* (in dem in Rn 12.4 erwähnten Gutachten, S. 56 f.), es läge nahe, »*die Auswirkungen bei der Nutzung von Sportanlagen weitgehend zu tolerieren und nicht einer Einzelperson die Möglichkeit zu geben, unter Berufung auf ihren Umweltschutz die Geräusche von Sportausübenden einer gleichen Bewertung zu unterwerfen wie z. B. die Immissionen von Gewerbebetrieben*«.

12.61 Die Gerichte, so der BGH (u. a. U. v. 17.12.1982 – V ZR 55/82 – BRS 39 Nr. 50 = BauR 1983, 181 = NJW 1983, 751 = UPR 1983, 124 = WM 1983, 176, sowie das OLG Hamm, U. v. 20.3.2007 – 34 U 86/03 –, NVwZ-RR 2007, 756) und das BVerwG (u. a. U. v. 19.1.1989 – 7 C 77.87 – BVerwGE 81, 197 = DVBl. 1989, 463 = NJW 1989, 1291 = DÖV 1989, 675 = BRS 49 Nr. 203 = BauR 1989, 172) haben in bemerkenswerter Deutlichkeit zu Tendenzen einer Aufweichung des (Lärm-)Schutzes des Einzelnen zugunsten der Sportausübenden Stellung bezogen. Das U. des BVerwG v. 19.1.1989 (aaO.) hat in einem der *Leitsätze* die Problematik überzeugend zusammengefasst:

»*Die Sportausübung ist – auch als Freizeitbetätigung sowie als eine gesundheits- und sozialpolitisch förderungswürdige Angelegenheit – ebensowenig wie andere mit Geräuschen verbundene Tätigkeiten von der Rücksichtnahme auf das Ruhebedürfnis anderer*

Vorbem §§ 2–9, 12–14 12.7, 12.71

Menschen, die in der Nachbarschaft von Sportanlagen wohnen, freigestellt« (BVerwG, aaO.).

Mit dieser grundsätzlichen Aussage ist der zzt. erkennbare Trend (u.a. bei *Schwerdtner,* NVwZ 1989, 936 mit seiner Kritik am U. des BVerwG v.19.1.1989) nicht in Einklang zu bringen, der durch einen den Sportausübenden einzuräumenden (erheblichen) »Lärm-Bonus« zu einer Bevorzugung der »(Sport-)Gesellschaft« führen würde.

12.7 bb) **Sportanlagen u. Gebietsverträglichkeit; (Immissions-) Beeinträchtigungen (»Sport u. Umwelt«):** Aufgrund der ÄndVO 1990 sind »Anlagen für sportliche Zwecke« *vom Begriff* her nunmehr auch in allgemeinen Wohngebieten, Kerngebieten und in Gewerbegebieten generell zulässig. Die allgemeine Zulässigkeit von Sportanlagen (zum Begriff und zur Reichweite s. Rn 12–12.3) in den Baugebieten nach den §§ 4–8 sagt noch nichts darüber aus, welche Anlagen für welche Sportarten in den einzelnen Baugebieten zulässig sind und von welchem *Umfang* (Größe) der Sportanlagen erfahrungsgemäß ausgegangen werden kann, in welcher Weise sie errichtet sein müssen, um der jeweiligen **Gebietsverträglichkeit** des Baugebiets, insbes. der Wohngebiete zu entsprechen (vgl. dazu auch BVerwG, U. v. 19.1.1989, aaO., Fdst. Rn 12.61); s. dazu auch Rn 12.1. In Bezug auf Immissionsbeeinträchtigungen durch Lärm kommt der Gebietsverträglichkeit und dem Konkretisierungsgebot besondere Bedeutung zu. In den Fällen, in denen die Gemeinde *Flächen für Sportanlagen* nach § 9 Abs. 1 Nr. 5 BauGB gesondert festgesetzt hat (möglich sowohl *innerhalb* der Baugebiete, mithin auch der [reinen] Wohngebiete, als auch *neben* den Baugebieten – etwa am Rande eines Wohngebiets), sind *bei* der *Baugenehmigung* die Zulässigkeitsvoraussetzungen des § 15 Abs. 1 Satz 2 *entspr.* anzuwenden. Hierbei bedarf – wie auch bei anderen Anlagen – der zweite Halbsatz (des S. 2) besonderer Beachtung: Nach ihm sind die von der einzelnen baulichen Anlage ausgehenden Belästigungen oder Störungen auch in der Umgebung des Baugebiets unzumutbar. Die Gemeinden werden bei der Festsetzung sog. *wohnnaher* Sportanlagen (s. § 4 Rn 7.2) besonders zu beachten haben, dass »*die Festsetzung eines Sportplatzes neben oder gar in einem Wohngebiet ohne nähere Konkretisierung der auf ihm zulässigen Sportarten lediglich solchen Sport zulässt, der mit der benachbarten Wohnnutzung verträglich ist*« (so mit Recht BVerwG, U. v. 19.1.1989, Fdst. Rn 12.61, S. 467).

12.71 Bei der Festsetzung durch B-Plan handelt es sich vom Grundsatz her zwar um städtebauliche Planung in Gestalt des anlagenbezogenen B-Plans. Vom *materiell-rechtlichen* Gehalt her stellt sich der B-Plan nach § 9 Abs. 1 Nr. 5 BauGB aber als eine Einzelfallregelung, gewissermaßen als ein vorweggenommener Genehmigungstatbestand dar. Infolge der bei »Anlagen für sportliche Zwecke« zu beachtenden Besonderheiten sind die anlagenbezogene Festsetzung und die »eigentliche« Baugenehmigung *materiell* häufig miteinander verzahnt. *Aus diesem Grunde* werden die hiermit einhergehenden Planungsrechtsprobleme in diesem Abschnitt *im Zusammenhang* abgehandelt. Im Zuge des anlagenbezogenen B-Plans ist im Rahmen der Abwägung das Abwägungsmaterial gleichfalls nur dann ordnungsgemäß zusammengestellt, wenn es bei der beabsichtigten Festsetzung von Sportanlagen die zulässigen oder unzulässigen Sportarten erkennen lässt, weil nur auf diese Weise der **Störungsgrad** ermittelt werden kann (dazu ausführlich *Birk,* NVwZ 1985, 689, 694; ferner VGH BW, U. v. 26.7.1983 – 5 S 433/83 – BauR 1983, 550).

Das hierin zum Ausdruck kommende *Konkretisierungsgebot,* wie es die Rspr. entwickelt hat (vgl. u. a. BVerwG, U. v. 19.1.1989, aaO.; OVG NW U. v. 3.3.1983 – 1 la NE 50/80 – BauR 1984, 47; VGH BW, U. v. 26.7.1983, aaO.), ist schon deshalb unerlässlich, um frühzeitig zu erkennen, ob und in welcher Weise die **Baugebietsfestsetzung »Sportanlagen« Wohnumwelt-Konflikte** auslösen kann.

Z. B. möglich durch den Lärm der Sportart *selbst* (Tennis anders als Fußball, durch das Verhalten der Spieler durch Zurufen und dergl. während des Spiels, der Schiedsrichter, Linienrichter u. a. zur Durchführung der Sportart erforderlicher Personen, Betätigung von Startpistolen), durch den vielfach zusätzlichen, *mittelbar* durch das Betreiben der Sportart auftretenden Lärm wie Zuschauerlärm mit allem Drum und Dran, Betätigung von Lautsprechern und dergl. und andere Störungen durch Flutlicht sowie das weit reichende Spektrum unterschiedlicher Geräusche *im Zusammenhang mit* der Sportausübung (durch Kfz-Bewegungen der Sportausübenden u. der Zuschauer nebst den üblichen Begleiterscheinungen [lauter] Unterhaltungen, Geräusche im Zusammenhang mit Vereinslokalen, Tennisclubs, Sportkneipen, Gaststätten).

Errichten und Betreiben einer Sportanlage können nur dann gegen die Abwehrrechte Dritter aus dem öffentlichen u. privaten Nachbarrecht hinreichend abgesichert werden, wenn sich der B-Plan nicht mit einer *allgemeinen* Baugebietsfestsetzung begnügt, sondern innerhalb oder außerhalb festgesetzter Baugebiete gesondert Flächen für konkret umrissene Sportstätten festsetzt (so *Lang,* UPR 1985, 185, 191, der aus seiner städtebaulichen Rechtspraxis etliche Hinweise z. Konfliktbewältigung aufzeigt).

12.72

Die Besonderheit und zugleich Schwierigkeit der Baugebietsfestsetzung in Bezug auf »Anlagen für sportliche Zwecke« liegt darin, dass die BauNVO eine nach dem **Störungsgrad** und einem **typisierten Katalog** zulässiger bzw. ausnahmsweise zulassungsfähiger Nutzungen und Anlagen (Betriebe) abgestufte Gebietsfestsetzung vorsieht. Hierbei hat sich z. B. die Ansiedlung gewerblicher Anlagen nach »nicht störenden« (§ 4), »nicht wesentlich störenden« (§§ 5–7) und »nicht erheblich belästigenden« (§ 8) Gewerbebetrieben zu richten. Auf eine derartig normierte Typisierung kann bei der Planung von Anlagen für sportliche Zwecke nicht zurückgegriffen werden. Überdies sind sie in ihrer Vielfalt aufgrund der unterschiedlichsten Sportarten und vor allem der bei der Planung zu berücksichtigenden »zusammengesetzten« – ganz unterschiedlich zu bewertenden – Lärm- und sonstigen Auswirkungen (s. Rn 12.7) nicht mit den anderen (Gemeinbedarfs-)Anlagen (s. Rn 11–11.6 u. 13–15.1) zu vergleichen; diese sind in Struktur und Erscheinungsbild trotz der Nutzungsvielfalt – insbes. hinsichtlich der Lärmauswirkungen – ungleich *homogener,* so dass deren Einstufung (Zuordnung) in die einzelnen Baugebiete oder deren gesonderte Festsetzung (ggf. »Doppelfestsetzung«, s. § 1 Rn 39) nach § 9 Abs. 1 Nr. 5 BauGB im Regelfall keine *immissionsträchtigen* städtebaulichen Probleme aufgibt (dazu instruktiv *Gaentzsch,* aaO., UPR 1985, 201, 207 f.).

Die **Planung von Anlagen für sportliche Zwecke,** die – soll sie bestandsgesichert erfolgen – sich der abgestuften Gebietsfestsetzung der BauNVO nach dem jeweiligen Störungsgrad anzupassen hat (s. Rn 12–12.1), hat dabei zusätzlich ein erhebliches Dilemma zu überwinden. Es besteht in dem Schlagwort des »Sportplatzes um die Ecke«. Dieser Slogan, der sich auch in rechtswissenschaftlichen Abhandlungen findet (statt vieler die gründliche Aufarbeitung der Problematik bei *Vieweg,* JZ 1987, 1104), macht den Sportausübenden und denjenigen, die die diesbezüglichen Sportstätten errichten sollen, weis, sie könnten schlechthin unmittelbar *wohnnahe* Sportanlagen erwarten (s. § 4 Rn 7.2–7.3). So geht u. a. das Präsidium des Deutschen Städtetags in seiner Entschließung v. 24.1.1984 davon aus, es komme besonders in Verdichtungsräumen dem »Sportplatz um die Ecke« eine entscheidende Bedeutung zu. Würde man dies unter ökologischen Gesichtspunkten wesentlich einschränken, hätte auch der Umweltschutz, der letztendlich doch dem Bürger dienen soll, seinen Sinn verloren (zit. bei *Lang*, aaO., S. 186).

12.73 Das Dilemma kann nicht dadurch gelöst werden, dass zum Erreichen einer *wohnnahen* Sportanlage, etwa eines Kleinfeldsportplatzes zum Volleyball- und/oder Korbballspielen, die Sportstätte nach § 9 Abs. 1 Nr. 5 BauGB aufgrund der um »Sport- und Spielanlagen« erweiterten Flächen für den Gemeinbedarf *innerhalb* eines WR-Gebiets festgesetzt wird, obwohl die Bewohner des WR-Gebietes erklärt haben, ein Bedürfnis (i.S. von § 3 Abs. 3 Nr. 2) dafür bestehe nicht, die Gemeinde in dem WR-Gebiet jedoch ein Grundstück besitzt, das sich für derartige sportliche Zwecke eignet.

Es wäre gleichfalls problematisch, ein seit längerem als Sportplatz (für Fußballspielen und als Leichtathletik-Übungsstätte für jedermann [z.B. Training f. Sportabzeichen]) vorgesehenes gemeindeeigenes Grundstück im Außenbereich als Anlage für sportliche Zwecke festzusetzen und die Lärmauswirkungen etwa nach der *Mittelwerttheorie* (s. § 15 Rn 23.2-23.3) zu behandeln, *wenn* kurze Zeit vorher das am Rande der Stadt festgesetzte WA-Gebiet nachweislich so begrenzt worden ist, dass das fragliche gemeindliche Grundstück im Außenbereich verblieb. In derartigen Fällen hat sich die neu festgesetzte »Anlage für sportliche Zwecke« i.S. des § 9 Abs. 1 Nr. 5 BauGB hinsichtlich ihrer Lärmauswirkungen nach dem WA-Gebiet zu richten. Das WA-Gebiet prägt als **plangegebene Vorbelastung** insoweit die Gebietsverträglichkeit i.S. des § 15 Abs. 1 Satz 2 hinsichtlich der Rücksichtnahme auf »dessen Umgebung«.

12.74 Die Beispiele zeigen, dass es hinsichtlich der **Rücksichtnahme auf die** jeweilige **Gebietsverträglichkeit** entscheidend auf die Situationsgebundenheit der Grundstücke, insbes. auf die **Frage der situationsbedingten Vorbelastung,** ankommt. Das BVerwG hat zu der Problematik in seinem Grundsatzurt. v. 19.1.1989 eindeutig Stellung genommen (Fdst. Rn 12.61., DVBl. 1989, 465), die in dem Leitsatz »*Im Konflikt zwischen Wohnnutzung und Sportbetrieb kann es von Bedeutung sein, welche Nutzung eher vorhanden war*« mehr *beiläufig* zum Ausdruck kommt. Für die umfassende Beurteilung der Gebietsverträglichkeit gilt: Je komplexer die Belange der Umgebung in Erscheinung treten, desto konkreter, ggf. bis zur Baugesuchreife, muss die B-Planfestsetzung erfolgen, um dadurch die zur Abwägung erforderlichen Tatbestände erfassen zu können. Hierbei kann zur Eingrenzung, welche Sportarten auszuschließen bzw. zulässig sind, die *positive* Festsetzung u.U. nicht ausreichen, sondern es muss ggf. eine *negative* Abgrenzung vorgenommen werden (in diesem Sinne auch *Birk*, aaO., S. 695), der es i.S. des erforderlichen Konkretisierungsgebots (Rn 12.7) mit Recht für erforderlich hält, in die umfassende Abwägung den *gesamten zu* erwartenden »*maximalen*« Sportlärm einzubeziehen, von *Birk* griffig als direkter, indirekter und Sportfolgelärm (s. Rn 12.7) bezeichnet. Erst die Konkretisierung ermöglicht die **umfassende Konfliktbewältigung,** die als Grundsatz in den »Hinweisen zur Beurteilung der durch Freizeitanlagen verursachten Geräusche« des LAI (verabschiedet von der Umweltministerkonferenz am 8.5.1987, zustimmend zur Kenntnis genommen von der Sportministerkonferenz am 25.11.1987, vgl. u.a. Materialien zum Sport in NW, Fundst. Rn 12.4) unter Abschn. 2.5 ausdrücklich hervorgehoben wird (vgl. dazu auch praktische Beispiele bei *Gaentzsch*, UPR 1985, 201 ff., 207). Die strikte Beachtung des Konkretisierungsgebots bei der Festsetzung von Anlagen für sportliche Zwecke kann die entscheidenden (Lärm-)Probleme deshalb besser bewältigen als etwa später das Baugenehmigungsverfahren unter den in § 15 normierten Zulässigkeitsvoraussetzungen, weil insbes. die zu erwartenden Lärmauswirkungen der jeweiligen Sportart, d. h. die unmittelbaren, die mittelbaren und die im Gefolge der Sportausübung auftretenden Auswirkungen, **in ihrer Gesamtheit** (s. Rn 12.7–12.71) besser behandelt werden können. Auf diese Weise erhält vor allem der für die Sportart zuständige Betreiber eine ausreichend sichere planungsrechtliche Grundlage (ebenso *Birk*, aaO., S. 695). Die *Auffassung*, bei der Festsetzung von Sportanlagen einen planungsrechtlich (noch) nicht voll gelösten Konflikt, etwa hinsichtlich der (maximalen) Lärmauswirkungen, in das Baugenehmigungsverfahren mit den Korrekturmöglichkeiten des § 15 einschließlich eventueller konkreter Auflagen verweisen zu können (BVerwG, B. v. 23.4.1998 – 4 B 40.98– NVwZ 1998, 1179: »*Ein Bebauungsplan, der in der Nachbarschaft eines allgemeinen Wohngebiets unter Verwendung des für eine Sportanlage und einem Spielplatz gebräuchlichen Planzeichens eine Grünfläche gem. § 9 Abs. 1 Nr. 15 BauGB ohne weitere Vorkehrungen festsetzt, genügt grundsätzlich den Anforderungen der Bestimmtheit bauplanerischer Festsetzungen.*«), wird *nicht geteilt*. Das widerspricht nicht nur dem Gebot der (umfassenden) Problembewältigung (vgl. BVerwG, U. v. 9.3.1979 – 4 C 41.75 – DVBl. 1980, 287 unter Rückgriff auf frühere Entscheidungen dazu; z. B. U. v. 1.11.1974, BVerwGE 47, 144 u. U. v. 7.7.1978, BVerwGE 56, 110), sondern es führt – aus welchen Gründen auch immer dieses »Verschieben« für angebracht gehalten wird – dazu, dass die Gemeinde sich ihrer Planungshoheit begibt und die Entscheidung der Baugenehmigungsbehörde überlässt, der keinerlei Planungsermessen zusteht (s. dazu auch Rn 11.2–11.6). Das kann auch nicht im Interesse des Sportanlagenbetreibers liegen, da die Gemeinde anders als die Baugenehmigungsbehörde planerisch flexibel auf Lärmbeeinträchtigungen, etwa durch Festsetzung von Lärmschutzmaßnahmen (§ 9 Abs. 1 Nr. 24 BauGB), reagieren kann.

12.75 Im Rahmen der Abwägung im Hinblick auf die Gebietsverträglichkeit der Sportanlage ist die **Intensität der Lärmauswirkungen** bei Ausübung der Sportart(-en) in Übereinstimmung von Rspr. u. Schrifttum als die Kernfrage der jeweiligen Zulässigkeit anzusehen (vgl. Rn 12.8–12.81), während andere Störungen etwa durch eine Flutlichtanlage oder Behinderungen durch den an- und abfahrenden Kfz-Verkehr eine untergeordnete Rolle spielen (vgl. insbes. die Aufarbeitung von Rspr. und Schrifttum zu dem Problem bei *Vieweg*, aaO., Abschn. 1 m. zahlr. w. N.; ferner *Bericht* des Arbeitskreises »Sport und Immissionsschutz« mit aufgelisteter Übersicht über die Rspr.; ferner *Papier*, UPR, 1985, 73 f., und insgesamt die Aufarbeitung der Rspr. bei *Pikart*, Rechtsgutachten, Fundst. 12.3). Hinsichtlich der **Bewertung der Lästigkeit** hat das BVerwG – außer der Berücksichtigung besonders herausragender *Einzelgeräusche i. S.* einer (besonderen) *Impulshaltigkeit* (Tonhaltigkeit) – die hohe *Informationshaltigkeit*, die von Sportanlagen häufig ausgeht (Lautsprecherdurchsagen, Rufen, Applaus und dergl.) und die *Störung* der typischen *Ruhezeiten*, in denen die Sportausübung stattfindet, zusammengenommen als für die Nachbarschaft nicht (mehr) zumutbar angesehen (BVerwG, U. v. 18.1.1989 – 4 C 7.87 –, BVerwGE 81, 197). Mit dieser Bewertung der Lästigkeit der Geräusche (des Lärms), die von bestimmten Sportanlagen und Sportarten ausgehen, befindet sich das BVerwG in weitgehender Übereinstimmung mit den Zivilgerichten (vgl. die Nachweise bei *Papier*, UPR 1985, 73, der zahlreiche Entschei-

Vorbem §§ 2–9, 12–14 12.76, 12.77

dungen kritisch analysiert). In der 18. BImSchV sind diese Überlegungen des BVerwG, z. B. hinsichtlich von Lautsprecherdurchsagen, im Anhang berücksichtigt worden.

12.76 Das BVerwG hat die besondere *Berücksichtigung der Ruhezeiten*, das **Ruhebedürfnis anderer**, bei der Bewertung der Lästigkeit des Sportlärms nach diesseitiger Auffassung überzeugend herausgestellt.

Dass der Sport in weitem Umfang eine typische Freizeitbeschäftigung ist, besagt nicht, *»dass der Sport hinsichtlich seiner möglichen Einwirkungen auf die Allgemeinheit und die Nachbarschaft gerade während der üblichen Freizeit >freies Spiel< hätte; denn diese Zeit ist auch für die übrige Bevölkerung, auch die Wohnbevölkerung in der Nachbarschaft von Sportanlagen, Zeit der Erholung und Entspannung. In Wohngebieten werden üblicherweise auch die Hausgärten insofern in die Wohnnutzung einbezogen; wenn ihre Nutzung als sog. Außenwohnbereich durch Geräusche von benachbarten Anlagen beeinträchtigt ist, kann dies unzumutbar sein und damit ein rechtswidriger Eingriff in die Wohnnutzung sein (vgl. BVerwG, U. v. 11.11.1988 – 4 C 1 1.87 –, DVBl. 1989, 358), den der Wohnnachbar von der Sportanlage nicht hinnehmen muss. Die Sportausübung kann deshalb ... von der Rücksichtnahme auf eine in der Nachbarschaft befindliche Wohnung nicht freigestellt werden. Eine solche Freistellung kann entgegen gelegentlich geäußerter anderer Auffassung auch nicht damit gerechtfertigt werden, dass der Sport eine wichtige soziale und gesundheitliche Funktion hat und dass deshalb an der Ausübung des Sports, vor allem des Breitensports und des Jugendsports, ein öffentliches Interesse besteht. Auch am Umweltschutz, hier am Schutz der Wohnbevölkerung vor erheblichen Geräuschbelästigungen, besteht ein öffentliches Interesse«* (so BVerwG, U. v. 19.1.1989, Fdst. Rn 12.61).

Das BVerwG hat mit der besonderen **Berücksichtigung der Ruhezeiten** den **Sport- und Freizeitlärm** nicht »strenger« als etwa Verkehrs- und Gewerbelärm, sondern **anders** entspr. seiner spezifischen Lärmauswirkungen auf die Wohnbevölkerung i. A., die Wohngebiete und deren Wohnruhebedürfnisse im Besonderen bewertet. Damit steht die Auffassung, dass Sport- und Freizeitlärm als Lebensäußerungen in der arbeitsfreien Zeit oder als solcher von Jugendlichen als »*sozialadäquat*« anzusehen seien *(Birk,* aaO., S. 692; *Lang,* aaO., S. 190; in umschriebener Weise auch *Papier,* weil *»differenzierende Bewertungen« »die besondere gesellschafts- und gesundheitspolitische Funktion des Sports missachten«*, aaO., S. 76), im Widerspruch.

Der Begriff »**Sozialadäquanz**« im Zusammenhang mit der Planung und Errichtung von Sportanlagen ist im Rahmen einer geordneten städtebaulichen Entwicklung nicht angebracht. Sozialadäquat = sozialüblich = gemeinschaftsüblich ist nämlich auch das Wohnruhebedürfnis derjenigen, die – oftmals unter jahrelangem Konsumverzicht – sich die angestrebte Wohnruhe »erkauft« haben, um auf ihrem Wohngrundstück ihren Vorstellungen entspr. die Freizeit, die ihnen durch die jeweilige Gebietsfestsetzung nach der BauNVO eingeräumt wird, zu nutzen.

12.77 Die (richtige) Bewertung des Sportlärms, der von »Anlagen für sportliche Zwecke« ausgeht bzw. ausgehen kann, hat für die **Standortfrage der Sportanlagen** zentrale Bedeutung erlangt (wie hier u. a. *Vieweg,* JZ 1987, 1104, 1106 m. w. N.), nachdem diese Anlagen nach der **BauNVO 1990** auch in WA-, MK- und GE-Gebieten allgemein zulässig sind, und in WR-Gebieten unter bestimmten Voraussetzungen ausnahmsweise zugelassen werden können. Der Streit im Schrifttum über die Frage der (besonderen) Lästigkeit der von Sportanlagen ausgehenden Geräusche und über die richtige Anwendung welcher Regelwerke zur Erfassung des Sportlärms durch das jeweilige Mess- und Berechnungsverfahren zur **Bestimmung** (und Beurteilung) der **Immissionsrichtwerte** kann seit Erlass der **Sportanlagenlärmschutzverordnung** (18. BImSchV) v. 18.7.1991 (BGBl. I S. 1588) – jedenfalls zunächst – auf sich beruhen (vgl. Anh. 7.2). Durch die RechtsVO werden an die Errichtung, die Beschaffenheit und den Betrieb von Sportanlagen, soweit sie zum Zwecke der Sportausübung betrieben werden und einer Genehmigung nach § 4 BImSchG *nicht* unterliegen, bestimmte Anforderungen gestellt. Der VOgeber ist davon ausgegangen, dass es sich bei Sportanlagen um *ortsfeste Einrichtungen i.S.* von § 3 Abs. 5 Nr. 1 BImSchG handelt, die der Vorschrift des § 22 BImSchG unterfallen. Aufbauend auf den Erfahrungen mit den »Hinweisen zur Beurteilung der durch Freizeitanlagen verursachten Geräusche« und auf dem Entwurf einer VDI-Richtlinie 3724 »Beurteilung der durch Freizeitaktivitäten verursachten und von Freizeiteinrichtungen ausgehenden Geräusche«, in dem das Beurteilungsverfahren der VDI-Richtlinie 2058 Bl. 1, insbes. im Hinblick auf das Ruhebedürfnis zu bestimmten Tageszeiten, weiterentwickelt worden ist, hat die 18. BImSchV in § 2 Abs. 2 bestimmte Immissionsrichtwerte festgelegt und in einem Anh. (als Bestandteil der VO) das Verfahren zur Ermittlung und Beurteilung der Geräuschimmissionen geregelt. Mit der Differenzierung nach Tages-, Nacht- **und Ruhezeiten,** der Berücksichtigung von Impuls- und -informationshaltigkeit der Geräusche entspricht die SportanlagenlärmSchVO den Anforderungen, die das BVerwG im sog. Tegelsbarg-Urt. *v.* 19.1.1989 an ein Verfahren zur Beurteilung von Sportlärm gestellt hat (s. Rn 12.61, 12.7, 12.74–12.75).

cc) **Die SportanlagenlärmSchV (18. BImSchV)** beruht auf der Ermächtigung des 23 Abs. 1 Satz 1 Nr. 2 BImSchG und ist durch diese auch hinreichend gedeckt. Die von *Berkemann,* NVwZ 1992, 817 (826), in ausführlicher Weise geäußerten Bedenken werden nicht geteilt. Der Regelungsinhalt möglicher Verordnungen ist in § 23 BImSchG – man möchte nach Kenntnis des zwischenzeitlich erschienenen zahlreichen Schrifttums (s. Schrifttum, Abschn. 4) und der umfangreichen Rspr. sagen »vorausschauend« – nur beispielhaft (»insbesondere«) aufgezählt worden. Auf diese Weise konnte die 18. BImSchV einmal zu beachtende Immissionsrichtwerte bei der Errichtung und dem Betreiben von Sportanlagen (§ 2 der 18. BImSchV) festlegen und zum anderen dem Betreiber der Sportanlagen »zur Erfüllung der Pflichten nach § 2 Abs. 1« bestimmte in § 3 zwar (nur) beispielhaft genannte, aber doch ins einzelne gehende Maßnahmen auferlegen, die der Betreiber zu treffen und auszugestalten hat.

12.78

Die Auffassung des OVG NW und des OLG Koblenz, wonach die Immissionsrichtwerte der 18. BImSchV zwar als absolute Zumutbarkeits**schwellen** zu gelten haben, die nicht überschritten werden dürfen, dagegen nicht als absolute Zumutbarkeitsgrenzen anzusehen sind (so U. des OVG NW v. 29.11.1993 – 11 A 773/90 – UPR 1994, 310 = BRS 56 Nr. 195 und U. des OLG Koblenz v. 24.4.1992 – 10 U 1591/87 – NVwZ 1993, 301), haben vor dem BVerwG mit Recht keine Anerkennung gefunden. Nach dem B. des BVerwG v. 8.11.1994 (– 7 B 73.94 – BRS 56 Nr. 194) schließt § 2 der 18. BImSchV »*als normative Festlegung der Zumutbarkeitsschwelle i.S. des § 3 Abs. 1 BImSchG grundsätzlich die tatrichterliche Beurteilung aus, dass Lärmimmissionen, die die festgelegten Immissionsrichtwerte unterschreiten, im Einzelfall gleichwohl als erheblich eingestuft werden*« (**Leitsatz** des B.).

12.79

In den Gründen hat das BVerwG ausgeführt, die SportanlagenlärmSchVO (18. BImSchV) enthalte die konkreten Vorgaben für die rechtliche Beurteilung des lärmbezogenen Nutzungskonflikts zwischen Sportanlagen und Nachbargrundstücken. Das BVerwG hat ferner geäußert, die normative Konkretisierung des gesetzlichen Maßstabs für die Zumutbarkeit von Sportlärm sei jedenfalls insoweit abschließend, als sie bestimmten Gebietsarten und Tageszeiten entspr. ihrer Schutzbedürftigkeit bestimmte Immissionsrichtwerte zuordnet, Grenzwerte für kurzzeitige Geräuschspitzen festlegt und das Verfahren der Ermittlung und

Beurteilung der Geräuschimmissionen vorschreibt. Das BVerwG hat gemeint, für eine einzelfallbezogene Beurteilung lasse das normative Regelungskonzept nur insoweit Raum, als die SportanlagenlärmSchVO durch Verweis auf weiter gehende Vorschriften generell (vgl. 4 der 18. BImSchV) oder durch Soll-Vorschriften für atypisch gelagerte Fälle Abweichungen zulässt.

Die Entscheidung kann nach dem zugrunde liegenden Sachverhalt und dem U. des OVG NW v. 29.11.1993 (– 11 A 773/90 – BRS 56 Nr. 195) nicht vollends befriedigen. Der B. hat zwar überzeugend herausgestellt, dass eine einzelfallbezogene Beurteilung unzulässig ist. Er musste infolge des uneinsichtigen Verhaltens der Gemeinde jedoch darauf eingehen, dass das OVG NW mit der nur als relativ angesehenen Zumutbarkeitsgrenze dem klägerischen Anliegen gerecht werden wollte.

Es reicht nicht, auf die scheinbare Sozialadäquanz einer Sportanlage abzustellen, wenn es nach dem Sachverhalt eben nicht allein um sportliche Betätigungen geht, sondern die Kläger sich gegen Lautsprecheransagen, Musikdarbietungen und den Verkauf von Lebensmitteln und Getränken an allen Tagen rund um die Uhr wenden. Aufgrund der Abhandlung von *Gaentzsch*, (i. d. Festschr. für *Gelzer* zum 75. Geburtstag. S. 29 ff.) hätte die Entscheidung differenzierter ausfallen müssen.

Die 18. BImSchV kennt nicht nur den § 4, sondern gibt dem Betreiber in § 3 sehr dezidierte Pflichten auf. Nach § 5 Abs. 2 kann die zuständige Behörde, hier offensichtlich die Gemeinde, zur Erfüllung der Pflichten nach § 2 Abs. 1 weitere Maßnahmen ergreifen; »*hierbei sind der Schutz der Nachbarschaft und der Allgemeinheit sowie die Gewährleistung einer sinnvollen Sportausübung auf der Anlage gegeneinander abzuwägen*«.

Nach den Gründen d. B. des BVerwG ist als prozessnotwendig zu unterstellen, dass die Entscheidung an das OVG zurückzuverweisen war; denn die vom Berufungsurteil aufgrund einer Prognose angenommenen Immissionsrichtwerte sind offensichtlich zu hoch angesetzt worden. Dies war jedoch nur die eine Seite des nach diesseitiger Auffassung sorgfältigen und gut nachvollziehbaren U. d. OVG v. 29.11.1993 (– 11 A 773/90 – BRS 56 Nr. 195).

12.8 Nach Auffassung des OLG Hamm (U. v. 20.1.2007 – 34 U 86/03 –, NVwZ-RR 2007, 756) sind die Richtwerte für Sportstätten und den von ihnen ausgehenden Sportlärm in der 18. BImSchV enthalten. Mit ihr hat der Verordnungsgeber das Spannungsfeld zwischen dem Bedürfnis der Allgemeinheit an sportlicher Betätigung und Teilnahme an Sportveranstaltungen einerseits und dem Ruhebedürfnis der Anlieger von Sportstätten andererseits geregelt (OLG Hamm, aaO.). Das andere, deutlich herausgestellte und plausibel begründete Anliegen der Entscheidung des OVG zielte generell auf die Sicherstellung des Sonn- und Feiertagsschutzes. Es dürfte bereits ungewöhnlich sein, dass ein an ein reines Wohngebiet (§ 3) grenzender **Schul**sportplatz sonntags zum Fußball-Bolzen (zurückhaltend als Betätigung von Hobbyfußballern bezeichnet) benutzt wird. Das im Sachverhalt des BVerwG-B. dargelegte »Drum und Dran«, hatte mit sportlicher Betätigung wenig zu tun. Darauf hätte das BVerwG bei seiner Rückverweisung als prozessleitender Hinweis eingehen und die Verpflichtung der beklagten Gemeinde herausstellen müssen, dass diese zum Schutz der benachbarten Grundstücke verpflichtet war, zumal diese bereits **vor** dem Schulsportplatz vorhanden waren. Die SportanlagenlärmSchVO (18. BImSchV) konnte naturgemäß nicht alle derartigen konkreten Gegebenheiten normativ berücksichtigen. Das Berufungs-U. ist jedoch ausdrücklich in seinen Gründen darauf eingegangen, dass die 18. BImSchV in den §§ 3 und 5 der Behörde ermöglicht, »*auf die Besonderheiten der konkreten Sportanlage differenziert einzugehen*«, zumal die Kläger ihre Wohngebäude i. S. einer plangegebenen Vorbelastung bereits errichtet hatten, als die Beklagte – hier wohl die

Gemeinde – den Sportplatz anlegte und in Betrieb nahm. Es fehlte seitens der Beklagten mithin eine sorgfältige **Abwägung** der Gesamtsituation, wie sie § 5 Abs. 1 der 18. BImSchV vorschreibt. Diese Mängel hat das Berufungs-U. als für die Kläger nicht zumutbar angesehen.

In Ergänzung zu dem B. d. BVerwG v. 8.11.1994 – 7 B 73/94 –, BRS 56 Nr. 194 = NVwZ 1995, 993 (s. Rn 12.79) hat das BVerwG im U. v. 12.8.1999 (– 4 CN. 4.99 –, BVerwGE 109, 246 = BauR 2000, 220 = NVwZ 2000, 550 = BRS 62 Nr. 1) darauf hingewiesen, dass bei der planerischen Abwägung gem. § 1 Abs. 6 BauGB (jetzt § 1 Abs. 7 BauGB) die Gemeinde die Schutzbedürftigkeit des Einwirkungsbereichs der Sportanlage entspr. den Anforderungen der Verordnung zutreffend ermitteln muss. Sie darf naheliegende oder verhältnismäßige Möglichkeiten einer Sportlärmbeeinträchtigung benachbarter Gebiete unterhalb der Richtwerte nicht unberücksichtigt lassen. Die SportanlagenlärmSchVO hat – auch mittelbar – keinen Leitliniencharakter in dem Sinne, dass die Bauleitplanung die in ihr festgesetzten Immissionsrichtwerte stets ausschöpfen dürfte (BVerwG, aaO.).

Nach § 1 Abs. 1 werden von der SportanlagenlärmSchVO bis auf die (wenigen) nach § 4 BImSchV genehmigungsbedürftigen Anlagen wie Motorsportanlagen und Schießplätze *alle Arten* von Sportanlagen erfasst, z. B. Fußballstadien, Tennisplätze, Schwimmbäder, Sportplätze, Kegelbahnen, Turnhallen, Bowlingbahnen. Es kommt darauf an, dass die Sportanlagen nicht nur zur Sportausübung bestimmt sind, sondern auch zu diesem Zweck *betrieben* werden. Ein Sportstadion, in dem ein Konzert stattfindet, gilt nicht als Sportanlage i. S. der Verordnung. Desgleichen werden Kinderspielplätze oder Freiflächen, die *Gelegenheit* zu sportlichen Aktivitäten bieten, oder etwa Spielstraßen durch die SportanlagenlärmSchVO nicht erfasst.

§ 1 Abs. 2 der VO bestimmt deshalb ausdrücklich, dass es sich bei den Sportanlagen um ortsfeste Einrichtungen i. S. des § 3 Abs. 5 BImSchG handeln muss. § 1 Abs. 3 *Satz 1* der VO legt ferner fest, welche zusätzlichen Einrichtungen zu einer Sportanlage gezählt werden. Hierzu gehören i. d. R. die auf der Sportanlage befindlichen oder mit ihr verbundenen Umkleide- und Waschräume, sowie Restaurationsbetriebe und Parkplätze. Nach § 1 Abs. 3 *Satz 2* gehören zur Nutzungsdauer der Sportanlage auch die **Zeiten des An- und Abfahrtsverkehrs** sowie des Zu- und Abgangs.

§ 2 Abs. 1 enthält als *zwingende Vorschrift* (»sind so zu errichten und zu betreiben, dass ...«), dass die in § 2 Abs. 2–4 aufgeführten Immissionsrichtwerte »unter Einrechnung der Geräuschimmissionen anderer Sportanlagen« nicht überschritten werden. Anders als die VerkehrslärmSchVO (16. BImSchV) handelt die Vorschrift des § 2 von Immissions**richt**- und nicht von Immissions**grenz**werten. Der Unterschied zur 16. BImSchV ist einmal daraus zu erklären, dass die Ermächtigungsnorm des § 23 Abs. 1 Satz 1 Nr. 2 BImSchG lediglich zur Festlegung von **Emissions**grenzwerten, nicht dagegen von *Immissionsgrenzwerten* ermächtigt haben, zum anderen hätte es – selbst bei entspr. Ermächtigung – zu Anwendungsschwierigkeiten in Bezug auf die Beachtung von Grenzwerten geführt, weil der VOgeber aus Gründen der Praktikabilität nach § 2 Abs. 4 einräumen musste, dass einzelne *kurzzeitige* Geräuschspitzen die Immissionsrichtwerte nach Abs. 2 tags um nicht mehr als 30 dB(A) sowie nachts um nicht mehr als 20 dB(A) überschreiten dürfen. § 2 Abs. 2 legt die Immissionsrichtwerte für Immissionsorte *außerhalb* von Gebäuden, gestaffelt nach der Tageszeit und entspr. der Gebietseinteilung nach der BauNVO, fest.

Die Einteilung in verschiedene Schutzkategorien mit unterschiedlichen Anforderungen an die Geräuschpegel hat sich bewährt; sie liegt auch der VerkehrslärmSchVO (16. BImSchV) zugrunde und wird gleichfalls von der TA Lärm (s. Anh. 5) und von der DIN 18005 Teil I – Schallschutz im Städtebau – (s. Anh. 7.1) praktiziert.

12.82 Die stärkere **Differenzierung der Immissionsrichtwerte** nach unterschiedlichen Zeiten trägt zum einen der Forderung Rechnung, dass unterschiedliche (Ruhe-)Bedürfnisse zu schützen sind; zum anderen handelt es sich bei den bei bestimmungsgemäßer Nutzung von Sportanlagen typischerweise auftretenden Geräuschen um solche von ganz unterschiedlicher (ungleicher) Art, die sich daher auch anders auswirken als z. B. Verkehrsgeräusche: Denn neben den »technischen« Geräuschen wie Geräusche von Lautsprecheranlagen, Megaphonen oder Startpistolen zählen dazu die »Geräusche« der Sporttreibenden selbst und der Zuschauer (z. B. Zurufe oder Beifall) sowie die Verkehrsgeräusche durch den Parkplatzverkehr auf dem Sportanlagengelände, ebenso die Verkehrsgeräusche des auf den Straßen und Wegen im Zusammenhang mit der Nutzung der Sportanlage ausgelösten Ziel- und Quellverkehrs (vgl. Nr. 1.1 des Anhangs z. SportanlagenlärmSchVO).

Die gesondert festgelegten Morgen- und Abendstunden als besondere »Ruhezeiten« werden allgemein als Zeiten besonderen Ruhebedürfnisses außerhalb der Nachtzeit angesehen. Die zusätzlich festgelegten *Immissionsrichtwerte für Ruhezeiten* gewährleisten sowohl die Belange des Sports als auch die Interessen der Nachbarschaft.

Während der Ruhezeiten am Morgen und Abend sowie in den Mittagsstunden an Sonn- und Feiertagen gilt ein Beurteilungszeitraum von 2 Stunden. Die in diesen Zeiträumen auftretenden Immissionen sind *getrennt* (gesondert) mit den Immissionsrichtwerten nach § 2 SportanlagenlärmSchVO zu vergleichen; eine »Verrechnung« mit immissionsfreien Zeiträumen während der übrigen Tagesstunden darf nicht erfolgen. Hierdurch wird das erhöhte Ruhebedürfnis der vom Sportbetrieb betroffenen Nachbarschaft während der Ruhezeiten gewährleistet; diese Regelung entspricht den Ergebnissen des Arbeitskreises der VDI-Richtlinie 3724 und berücksichtigt die Erkenntnisse der neueren Lärmwirkungsforschung (die **Einzelheiten des Verfahrens** zur Ermittlung der Geräuschimmission sind in Nr. 1.3 des Anhangs der VO festgelegt).

12.83 § 2 Abs. 6 Satz 2 SportanlagenlärmSchVO (18. BImSchV) hat es nicht vermocht, für sonstige im B-Plan festgesetzte Flächen für Gebiete und Anlagen, wie *festgesetzte* Dauerkleingartengebiete (§ 9 Abs. 1 Nr. 15 BauGB) oder Wochenendstandplatz- und Campingplatzgebiete nach § 10 BauNVO als Gebiete, die dem Wohnen zur Erholung dienen, eine klarere Regelung als § 2 Abs. 2 Satz 2 VerkLärmSchVO (16. BImSchV) zu treffen. Diese Gebiete und Anlagen wie auch diejenigen, für die *keine* Festsetzungen bestehen, z. B. i. S. des § 34 BauGB, sind hinsichtlich der Schutzbedürftigkeit gegenüber Lärmauswirkungen durch Sportanlagen nach den Einstufungen des Abs. 2 zu beurteilen. Hierdurch werden sich streitige Auseinandersetzungen – wie bereits nach der 16. BImSchV – kaum vermeiden lassen.

Eine wahrscheinlich noch schwierigere Beurteilungslage hinsichtlich der festgesetzten oder festzusetzenden Baugebiete nach der BauNVO kann sich durch § 2 Abs. 6 Satz 3 SportanlagenlärmSchVO ergeben. Die *tatsächliche bauliche* Nutzung im Einwirkungsbereich der Anlage für sportliche Zwecke ist – unter Berücksichtigung der vorgesehenen baulichen Entwicklung des Gebiets – dann **maßgebend,** wenn eine »erhebliche Abweichung« der *tatsächlichen* von der im B-Plan festgesetzten baulichen Nutzung gegeben ist (vgl. zu Einzelheiten der

18. BImSchV: *Ketteler,* BauR 1992, 459). Dass der unbestimmte Rechtsbegriff »erhebliche Abweichung« zu (erheblichen) Auslegungsschwierigkeiten führen kann, liegt auf der Hand.

§ 2 Abs. 6 Satz 3 18. BImSchV geht von der tatsächlichen (vorhandenen) baulichen Nutzung im Einwirkungsbereich der vorhandenen Sportanlage und der sich *daraus* ergebenden Lärmsituation aus. Weicht die vorgegebene Situation erheblich von der (später) im B-Plan festgesetzten baulichen Nutzung ab, ist von der **tatsächlichen** baulichen **Nutzung** auszugehen. Das soll »unter Berücksichtigung der vorgesehenen baulichen Entwicklung des Gebiets« geschehen. Hat die Gemeinde *beispielsweise* für einen nichtbeplanten Innenbereich (§ 34 BauGB), der nach S 34 Abs. 2 BauGB als WA-Gebiet zu beurteilen ist, im B-Plan ein Mischgebiet festgesetzt, hat der Lärmschutz (weiterhin) von der tatsächlichen baulichen Nutzung – in diesem Fall unter Zugrundelegung der Immissionsrichtwerte nach § 2 Abs. 2 Nr. 3 18. BImSchV – auszugehen. Im umgekehrten Fall (statt bisherigem Mischgebiet nach § 34 Abs. 2 BauGB ist nunmehr ein WA-Gebiet i. S. von § 4 BauNVO festgesetzt worden) ist der Lärmschutz (nur) nach der Mischgebietssituation zu behandeln. Im Konfliktfall ist mithin zugunsten oder zu Lasten der von Sportlärm Beeinträchtigten von der tatsächlichen baulichen Nutzung auszugehen (aA. *Berkemann, aaO.,* S. 827).

Nach *Berkemann* relativiert die »*versteckte Bestimmung*« (des § 2 Abs. 6 Satz 3 18. BImSchV) *die planerische Festsetzung zugunsten der tatsächlichen baulichen Nutzung*«. Er meint: »*Aus diesem Grunde ist zweifelhaft, ob § 2 Vl, 2 18. BImSchV* (gemeint ist Satz 3) *von der gesetzlichen Ermächtigungsgrundlage, welche nur immissionsschutzrechtliche Regelungen erlaubt, gedeckt ist.*« *Berkemann* (aaO.) verkennt, dass die Regelungen der SportanlagenlärmSchVO (18. BImSchV) insgesamt (nur) den immissionsschutzrechtlichen Lärmschutz der von Sportanlagen und deren Betrieb beeinträchtigten Gebäude betreffen. Das gemeindliche Planungsrecht spielt nur insofern eine (untergeordnete) Rolle, als die jeweilige Gebietsfestsetzung den insoweit relativierten Lärmschutz gegenüber der vom Sportlärm betroffenen baulichen Nutzung vermittelt.

Das ist inzwischen durch eine Grundsatzentscheidung des BVerwG bestätigt worden. Danach hat die SportanlagenlärmSchVO – 18. BImSchV »*für die Bauleitplanung (nur) mittelbare rechtliche Bedeutung*« (U. v. 12.8.1999 – 4 CN. 4. 98 – BVerwGE 109, 246 = BauR 2000, 229 = NVwZ 2000, 550 = DVBl. 2000, 187 = BRS 62 Nr. 1, Leits. 1 u. BVerwG, B. v. 26.5.2004 – 4 BN 24.04 – ZfBR 2004, 566). Aus den Gründen des U. des BVerwG v. 12.8.1999 (aaO.):

»*Die Gemeinde darf keinen Bebauungsplan aufstellen, der aus Rechtsgründen nicht vollzugsfähig ist, z. B. weil für seine Verwirklichung erforderliche Genehmigungen wegen Verletzung zwingenden Rechts, hier wegen Nichteinhaltung des für Sportanlagen geltenden immissionsschutzrechtlichen Anforderungen, nicht erteilt werden dürften. Ein solcher Bebauungsplan wäre wegen Verstoßes gegen das in § 1 Abs. 3 BauGB enthaltene Gebot der Erforderlichkeit der Planung nichtig. Allerdings kann von einer Vollzugsunfähigkeit eines Bebauungsplanes nur ausgegangen werden, wenn dessen Realisierung zwangsläufig an rechtlichen Hindernissen scheitern müsste. Dies ist zu verneinen, wenn z. B. durch Auflagen im Baugenehmigungsverfahren oder durch angemessene Beschränkungen des Sportbetriebs Hindernisse überwindbar sind*«.

Da die **Zivilgerichte** bei der Beurteilung des Einwirkungsorts durch Lärm bislang von den *tatsächlichen* Verhältnissen in dem betroffenen Gebiet ausgegangen sind (s. Rn 12.9 f.) und in den letzten Jahren mehrere Zivilgerichte in ihren Entscheidungen die Anwendung der SportanlagenlärmSchVO abgelehnt haben, ist § 906 Abs. 1 BGB im Zuge des Sachenrechtsänderungsgesetzes vom 21.9.1994 (BGBl. I S. 2457) nach einer Beschlussempfehlung des Vermittlungsausschusses durch Einfügung der S. 2, 3 ergänzt worden. § 906 Abs. 1 BGB hat nunmehr folgende Fassung:

»Der Eigentümer eines Grundstücks kann die Zuführung von Gasen, Dämpfen, Gerüchen, Rauch, Ruß, Wärme, Geräusch, Erschütterungen und ähnliche von einem anderen Grundstück ausgehende Einwirkungen insoweit nicht verbieten, als die Einwirkung die Benutzung seines Grundstücks nicht oder nur unwesentlich beeinträchtigt. Eine unwesentliche Beeinträchtigung liegt in der Regel vor, wenn die in Gesetzen oder Rechtsverordnungen festgelegten Grenz- oder Richtwerte von den nach diesen Vorschriften ermittelten und bewerteten Einwirkungen nicht überschritten werden. Gleiches gilt für Werte in allgemeinen Verwaltungsvorschriften, die nach § 48 des Bundes-Immissionsschutzgesetzes erlassen worden sind und den Stand der Technik wiedergeben«.

Der BGH spricht in seiner Judikatur zu § 906 Abs. 1 Satz 2 BGB n. F. den Grenz- oder Richtwerten in den Gesetzen und Verordnungen jedoch nur eine Indizwirkung in Form einer Beweiswürdigungsregelung zu, von denen der Tatrichter bei besonderen Umständen abweichen kann (vgl. hierzu ausführlich Rn 24.2).

12.85 In dem U. d. BVerwG v. 12.8.1999 (Fundst. Rn 12.8) hatte der Senat über einen andersartigen Sachverhalt als den in Rn 12.84 behandelten zu entscheiden. Der VGH BW hatte gemeint, die Gebietsarten, die dem differenzierten Katalog von IRW in § 2 Abs. 2 zugrunde liegen, würden sich in erster Linie aus den Festsetzungen des B-Plans ergeben. Darauf, wie sich ein Gebiet in der **tatsächlichen** Verwirklichung der Planvorgaben entwickelt habe, komme es nicht an (B. v. 6.3.1998 – 8 S 2492/97 –). Das BVerwG (aaO.) ist dem aus den in nachfolgend wiedergegebenen Leitsätzen enthaltenen Gründen wegen verletzten Bundesrechts, nämlich des § 2 Abs. 6 S. 3 der 18. BImSchV, zu Recht entgegengetreten.

Der Sachverhalt: Eine Gemeinde erweiterte eine bestehende Sportanlage, die direkt neben einem Wohngebiet lag. Zunächst war dieses Wohngebiet als reines Wohngebiet festgesetzt. Bereits vor Jahren hatte die Gemeinde den B-Plan geändert und als allgemeines Wohngebiet ausgewiesen. Der Antragsteller des NK-Verfahrens meinte, tatsächlich wohne er noch in einem reinen Wohngebiet; deshalb seien über § 2 Abs. 6 letzter Satz der 18. BImSchV die Werte des reinen Wohngebiets und nicht jene des 5 dB(A) höher liegenden allgemeinen Wohngebiets anzuwenden. Der Antragsteller war der Ansicht, die Planung stehe deshalb nicht im Einklang mit der 18. BImSchV, deren Werte überschritten würden.

Das BVerwG ist dieser Auffassung nicht gefolgt und hat zur Verdeutlichung die nachfolgenden Leitsätze herausgestellt:

»*Eine erhebliche Abweichung der tatsächlichen von der im Bebauungsplan festgesetzten baulichen Nutzung mit der Folge, dass sich die Schutzwürdigkeit nach der tatsächlichen Nutzung richtet (§§ 2 Abs. 6 S. 3 der 18. BImSchV), liegt nicht schon dann vor, wenn die tatsächliche Nutzung in eine andere Gebietsklasse gem. § 2 Abs. 2 der 18. BImSchV fällt als die festgesetzte.*«

»*Der Begriff der erheblichen Abweichung i. S. d. § 2 Abs. 6 S. 3 der 18. BImSchV ist nach – qualitativen – städtebaulichen Merkmalen zu bestimmen.*«

»*Die bauplanerische Festsetzung der Art der baulichen Nutzung eines Gebiets als allgemeines Wohngebiet (WA) wird nicht funktionslos und damit ungültig, wenn auf den Grundstücken tatsächlich (zunächst) nur Nutzungen verwirklicht werden, die im reinen Wohngebiet zulässig sind.*«

Das BVerwG hat die Ausnahmebestimmung des § 2 Abs. 6 S. 3 der 18. BImSchV zu Recht restriktiv gehandhabt und eine immissionsrichtwertmäßige Abweichung im Verhältnis zwischen reinem und allgemeinen Wohngebiet tatsächlich (im Ergebnis) als nicht gegeben angesehen.

12.86 Nach § 5 Abs. 4 der 18. BImSchV soll bei sog. **Altanlagen,** die **vor** Inkrafttreten der 18. BImSchV (18.10.1991) baurechtlich genehmigt oder – soweit eine

Baugenehmigung nicht erforderlich war – errichtet waren, die zuständige Behörde von einer Festsetzung von Betriebszeiten absehen, **wenn** die Immissionsrichtwerte an den in § 2 Abs. 2 genannten Baugebieten jeweils um weniger als 5 dB(A) i. S. eines Altanlagenbonus überschritten werden; dabei sind Kurorte und die besonders schutzbedürftigen Anlagen (Krankenhäuser, Pflegeanstalten) ausdrücklich ausgenommen (§ 5 Abs. 4 letzter Halbs.). *Knoche*, GewArch. 1997, 191, spricht von einer »*Privilegierung von Altanlagen*«. In Lit. und Rspr. wurde z. T. ein Altanlagenbonus unmittelbar aus § 5 Abs. 4 der 18. BImSchV bei der rechnerischen Prognose des Sportlärms hergeleitet (*Berkemann*, NuR 1998, 565/576; *Spindler/Spindler*, NVwZ 1993, 225/230 und *Knoche*, aaO.; OVG NW, U. v. 28.5.1993 – 21 A 1532/90 – NVwZ 1994, 1018 = UPR 1994, 75). Grundsätzlich wirken die vor dem Inkrafttreten der 18. BImSchV bereits vorhandenen Sportanlagen als sog. »plangegebene Vorbelastung« zu Lasten der ihnen benachbarten Bebauung. Die Soll-Vorschrift gibt der Behörde die Möglichkeit, bei ihrer Entscheidung auf die Besonderheiten des Einzelfalls abzustellen. Es ist nämlich durchaus möglich, dass eine Baugenehmigung deshalb unterblieben ist, weil die Sportanlage auf einem gemeindeeigenen Grundstück errichtet worden ist und die Bauaufsichtsbehörde deshalb die Erteilung einer Baugenehmigung nicht für erforderlich hielt. Im Zuge einer Baugenehmigung hätten evtl. bereits Schallschutzanlagen zur Minderung des Lärms angeordnet werden müssen. Die Soll-Vorschrift verpflichtet die Gemeinde bei ihrer Entscheidung über die Festsetzung von Betriebszeiten unter Berücksichtigung der Gesamtsituation, d. h. unter **Abwägung** der Interessen der Sporttreibenden und derjenigen der Nachbarn der Sportanlage zu befinden. Auch bei einer Entscheidung nach § 5 Abs. 4 der 18. BImSchV ist die Vorschrift des **§ 5 Abs. 2** letzter Halbs. zu beachten; die »Altanlagen« sind von evtl. erforderlichen Anordnungen im Einzelfall nicht freigestellt.

Es ist zu fragen, ob und ggf. in welchem Umfang die gewisse Privilegierungsvorschrift des § 5 Abs. 4 der 18. BImSchV den bei Inkrafttreten der 18. BImSchV bereits vorhandenen Sportanlagen auch bei deren **Änderung** zugute kommt. – Es ist davon auszugehen, dass der gewisse Privilegierungstatbestand der Sportanlage in dem Zustand zugute kommt, in dem sie sich beim Inkrafttreten der 18. BImSchV befand. Es handelt sich im Regelfall um Änderungen i. S. von Erweiterungen. Es wird dann darauf ankommen, ob die Änderung (Erweiterung) sich etwa in dem Rahmen hält, dass die **zusätzliche Nutzung** nach der jeweiligen Landesbauordnung genehmigungsfrei ist, z. B. eine geringfügige Erweiterung nicht überdachter Stellplätze für Pkw für den Besucherverkehr oder entspr. für Fahrradabstellplätze. Da es sich bei der Änderung (Erweiterung) vielfach nicht um eine Nutzungsänderung nach dem hergebrachten Verständnis handelt, wird darauf abzustellen sein, ob durch die bauliche oder sonstige Änderung stärkere (höhere) Emissionen von dem Anwendungsbereich der Sportanlage i. S. von § 1 Abs. 3 der 18. BImSchV als bisher ausgehen werden. Ist das nicht der Fall, wird den »Altanlagen« der Privilegierungstatbestand des § 5 Abs. 4 der 18. BImSchV erhalten bleiben. Handelt es sich dagegen um erhebliche Änderungen, z. B. die Erweiterung des Fußballplatzes zu einem »Stadion«, weil der Fußballverein aufgestiegen ist mit all dem heutzutage damit verbundenen »Drum und Dran«, und verfügt der Verein auch über die erforderlichen Grundstücke zur Erweiterung, greift die Vorschrift der Nutzungsänderung in vollem Umfang Platz. Durch die erhebliche Änderung geht der Privilegierungstatbestand verloren, so dass auch über die Schutzmaßnahmen zugunsten der Nachbarn neu zu entscheiden ist.

Vorbem §§ 2–9, 12–14   **12.87**

12.87   Von weittragender Bedeutung für die Gemeinden zu verschiedenen Problemen ist das U. d. BVerwG v. 23.9.1999 (– 4 C. 6.98 – NVwZ 2000, 1050 = BVerwGE 109, 314 = BauR 2000, 234 = DVBl. 2000, 192; Anm. von *Uechtritz,* NVwZ 2000, 1006). Das BVerwG musste sich in dieser Entscheidung mit einem Bauvorhaben im Zusammenhang mit einer **Altanlage** auseinandersetzen.

In dem komplexen Verwaltungsstreitverfahren hatte die beigeladene Gemeinde ihr Einvernehmen mit der Begr. versagt, dass von dem gemeindeeigenen Sportplatz Emissionen ausgingen, die zivilrechtliche Streitigkeiten und möglicherweise sogar eine Nutzungsuntersagung nach sich ziehen könnten. Das Vorhaben des Klägers werde stärkeren Belästigungen ausgesetzt als die bereits vorhandene Bebauung. Deshalb seien auch die Anforderungen an eine gesunde Wohnqualität für den Kläger nicht gewahrt: Das Wohnbauvorhaben des Klägers werde hei Aufrechterhaltung der bisherigen Nutzung des Sportplatzes der beigeladenen Gemeinde Geräuschbelästigungen ausgesetzt sein, die nach objektiven Maßstäben für ein Wohngebäude als unzumutbar zu bewerten seien. Die Einholung eines Lärmgutachtens durch einen Sachverständigen ergab, dass bei werktäglichem Training außerhalb der Ruhezeit (bis 20 Uhr) mit einem Beurteilungspegel von 59,8 dB(A) bei einem zulässigen IRW von 55 dB(A) zu rechnen sei, bei werktäglichem Training innerhalb der Ruhezeit (dreimal die Woche) von 59,5 dB(A) bei einem IRW von 50 dB(A) und für die sonntäglichen Wettkampfveranstaltungen mit einem Beurteilungspegel von 64,8 dB(A) bei einem Richtwert von 55 dB(A). Außerdem musste mit kurzzeitigen Geräuschspitzen bis zu 96 dB(A) gerechnet werden bei einem Richtwert von 85 dB(A).

In den ausführlich gehaltenen Gründen geht das BVerwG auf die Immissionsprognose des Sachverständigen in dem Berufungsurteil ein und äußert dazu: »*Das Berufungsgericht teilt offenbar die Annahme des Sachverständigen, dass bei vor 1991 in Betrieb genommenen Sportanlagen (Altanlagen) die Richtwertüberschreitungen von bis zu 5 dB(A) generell ›tolerabel‹ seien. Diese Ansicht ist unzutreffend. Die 18. BImSchV sieht einen allgemeinen 5 dB(A)-Zuschlag wegen Inbetriebnahme vor 1991 nicht vor. Die Privilegierung von Altanlagen in § 5 Abs. 4 (fälschlich genannt Abs. 1) der 18. BImSchV, der zufolge die zuständige Behörde von einer Festsetzung von Betriebszeiten absehen soll, wenn die IRW des § 2 Abs. 2 der VO um weniger als 5 dB(A) überschritten werden, rechtfertigt keine generelle Erhöhung der Richtwerte bei der Beurteilung von Altanlagen*« (BVerwG, aaO.).

Das Ergebnis der Begr. hat das BVerwG in folgenden Leits. zusammengefasst:

»*1. In einem (hier unbeplanten) allgemeinen Wohngebiet ist ein Wohnbauvorhaben in unmittelbarer Nachbarschaft eines vorhandenen Sportplatzes unzulässig, wenn es sich Sportlärmimmissionen aussetzt, die nach der Eigenart des Gebiets in diesem unzumutbar sind (§ 15 Abs. 1 S. 2 BauNVO).*

2. Bei Beantwortung der Frage, welches Maß an Lärmimmissionen i. S. d. § 15 Abs. 1 S. 2 BauNVO nach der Eigenart des Gebiets in diesem zumutbar ist, kann von Bedeutung sein, dass der im Zusammenhang bebaute Ortsteil, zu dem das Baulückengrundstück gehört, nach dem Sportplatz entstanden und an diesen herangerückt ist. In diesem Fall kann sich die Lärmvorbelastung des Wohnbaugrundstücks schutzmindernd dahin auswirken, dass nicht die Richtwerte des § 2 Abs. 2 Nr. 3 der 18. BImSchV maßgebend sind, sondern darüber liegende Werte.

3. Werden die in § 2 Abs. 2 Nr. 2 der 18. BImSchV für Kern-, Dorf- und Mischgebiete festgelegten Richtwerte nicht überschritten, so sind regelmäßig gesunde Wohnverhältnisse i. S. d. § 34 Abs. 1 S. 2 BauGB gewahrt.

4. In einem durch das Vorhandensein eines Sportplatzes vorbelastet entstandenen Wohngebiet trifft den Bauwilligen eine Obliegenheit, durch Platzierung des Gebäudes auf dem Grundstück, Grundrissgestaltung und andere ihm mögliche und zumutbare Maßnahmen der ›architektonischen Selbsthilfe‹ seinerseits die gebotene Rücksicht darauf zu nehmen, dass die Wohnnutzung nicht unzumutbaren Lärmbelästigungen von Seiten der Sportplatznutzung ausgesetzt wird.

5. Der Betreiber eines Sportplatzes kann nicht darauf vertrauen, dass er nur deshalb von Auflagen zum Schutz heranrückender Wohnbebauung vor Lärm verschont bleibt, weil der Sportplatz zuerst entstanden ist.«

Nachdem das BVerwG das U. d. OVG RhPf v. 25.9.1997 (– 1 A 13513/95.OVG –) aufgehoben und zurückverwiesen hatte, hat das OVG RhPf mit

U. v. 15.6.2000 (– 1 A 12321/99.OVG –) die Klage auf Erteilung einer Baugenehmigung zur Errichtung eines Wohnhauses mit Garage, wobei das geplante Wohnhaus einen Grenzabstand von nur 5 m zum Sportplatzgrundstück und 20 m vom Sportplatz eingehalten hat, im Ergebnis zu Recht rechtskräftig abgewiesen. Dabei wäre es dem Kläger ohne weiteres möglich gewesen, das Wohnhaus bei einer Grundstücksbreite von ca. 35 m weiter wegzurücken und durch eine entspr. und ggf. auch versetzte Anordnung des getrennt vom Wohnhaus zu errichtenden Garagengebäudes eine abschirmende Wirkung zu dem Sportplatz hin zu erzielen. Das OVG RhPf hatte zunächst in seinem vom BVerwG aufgehobenen U. v. 25.9.1997, aaO., folgenden 2. Leits. aufgestellt:

»*Ist die benachbarte Bebauung als allgemeines Wohngebiet einzuordnen, so ist gleichwohl ein Wohnhaus unmittelbar neben dem Sportplatz unzulässig, wenn seine Bewohner unzumutbaren Geräuschbelästigungen durch die Sportplatznutzung ausgesetzt wären. Das Grundstück kann dann nur mit einer weniger geräuschempfindlichen Anlage, wie z.B. ein nicht störender Handwerks- oder Gewerbebetrieb, bebaut werden.*«

Im Übrigen entspricht der vom BVerwG aufgestellte 3. Leits. nicht dem vom Sachverständigen ermittelten Beurteilungspegel, da der Richtwert für Kern-, Dorf- und Mischgebiete z.T. überschritten wird (so mit Recht OVG RhPf; U. v. 15.6.2000, aaO.). Letztendlich kann das U. des BVerwG nicht vollständig überzeugen. Ein entspr. B-Plan wäre ohne Festsetzungen von aktiven Lärmschutzmaßnahmen nach § 9 Abs. 1 Nr. 24 BauGB wegen Verstoßes gegen den Trennungsgrundsatz des § 50 BImSchG unwirksam.

Ein auf einem Sportgelände neben einem bestehenden Sportplatz neu zu errichtender Trainingsplatz ist keine »Altanlage« i. S. des § 5 IV 18. BImSchV. Treffen in dieser Weise Alt- und Neuanlagen zusammen, kommt der »Altanlagenbonus« des § 5 Abs. 4 18. BImSchV nur den Lärmimmissionen zugute, die sich der Altanlage zurechnen lassen (VGH BW, U. v. 14.11.1996 – 5 S 5/95 – NVwZ-RR 1997, 694).

Die Auslegung der **sog. seltenen Ereignisse** nach § 5 Abs. 5 der 18. BImSchV i. V. m. 1.5 des Anh. hat zunehmend an Bedeutung gewonnen. Überschreitungen der Immissionsrichtwerte (IRW) durch besondere Ereignisse und Veranstaltungen gelten als selten, wenn sie an höchstens 18 Kalendertagen eines Jahres in einer oder mehreren Beurteilungszeit(-en) auftreten. Dies gilt unabhängig von der Zahl der einwirkenden Sportanlagen. Für den Fall der seltenen Ereignisse dürfen nach § 2 Abs. 5 S. 1 Nr. 1 und 2 der 18. BImSchV die Geräuschimmissionen außerhalb von Gebäuden die IRW nach § 2 Abs. 2 um nicht mehr als 10 db(A), keinesfalls aber die folgenden Höchstwerte überschreiten: tags außerhalb der Ruhezeiten 70 db(A), tags innerhalb der Ruhezeiten 65 db(A), nachts 55 db(A).

Nach Auffassung von *Ketteler* (Sportanlagenlärmschutzverordnung 1998, S. 126 f.) ergibt sich aus der Formulierung »besondere Ereignisse und Veranstaltungen«, dass hierdurch nicht der regelmäßige – wenn auch über das ganze Jahr verteilte – Spielbetrieb begünstigt werden sollte, sondern nur Veranstaltungen, die ausnahmsweise stattfinden und dabei im Hinblick auf Geräuschbelastungen aus dem allgemeinen Sportbetrieb herausragen (z.B. Clubmeisterschaften, Aufstiegsspiele, Teilnahme an internationalen Wettbewerben, Turniere u. dergl.). Nach Ansicht von *Ketteler* liegen die Voraussetzungen des § 5 Abs. 5 der 18. BImSchV nicht schon dann vor, wenn »laute« Ereignisse an weniger als 18 Tagen pro Jahr auftreten und damit selten sind; Auslöser müssen besondere Ereignisse oder Veranstaltungen sein (aaO. S. 127).

Nach Auffassung der Landesanstalt für Umweltschutz BW sind z.B. Fußballpokalspiele als seltene Ereignisse i. S. d. 18. BImSchV anzusehen. Diese Auffassung stützt sich auf ausführliche Untersuchungen bei Fußballspielen am Stadion von Mannheim durch den TÜV Süddeutschland. Hierbei stellte sich heraus, dass die Lärmentwicklung durch die Zuschauer bei Pokalspielen deutlich über der bei Ligaspielen üblichen liegt. Nicht als seltene Ereignisse sind die 17 Heimspiele eines der Bundesliga angehörigen Vereins anzusehen

(Ketteler, aaO., S. 126; a.A. OVG NW, U. v. 28.5.1993 – 21 A 1532/90 – NVwZ 1994, 1018f. für den Eishockeysport). Als seltenes Ereignis nach § 2 Abs. 5 der 18. BImSchV können auch die Anzahl der auszutragenden Abendspiele eines Fußballbundesligaclubs angesehen werden, die in der Baugenehmigung als Auflage konkretisiert werden können. So hat z.B. die Stadt Freiburg für eine Erweiterung des Dreisam-Stadions zu Recht die aufgeführten 6 Abendspiele als seltene Ereignisse angesehen. Ohne diese Bestimmung wären die Abendspiele wegen des erhöhten Ruhebedürfnisses in dem Zeitraum von 20 bis 22 Uhr häufig unzulässig. Die IRW nach § 2 Abs. 2 der 18. BImSchV betragen nämlich für ein allgemeines Wohngebiet außerhalb der Ruhezeiten 55 dB(A) und innerhalb der Ruhezeiten 50 dB(A).

Von Bedeutung ist, dass bei der Berechnung der Beurteilungspegel innerhalb der Ruhezeiten eine Verschärfung in zweierlei Hinsicht gegenüber der Berechnung außerhalb der Ruhezeiten erfolgt: Zum einen sind die IRW um 5 db(A) niedriger, zum anderen ist die Beurteilungszeit nur 2 Stunden und nicht 12 Stunden wie tagsüber. Während der Nachtzeit von 22 bis 6 Uhr an Werktagen gilt sogar nur eine Beurteilungszeit von 1 Stunde (ungünstigste volle Stunde – vgl. Anh. 1.3.2.1 zur 18. BImSchV).

Die von *Ketteler* abweichende Auffassung hat zwei überzeugende Argumente für sich: Danach sind seltene Ereignisse in erster Linie seltene Lärmereignisse und nicht seltene Sportereignisse. Die Begr. der 18. BImSchV durch die Bundesregierung geht gleichfalls davon aus, dass die Regelung in § 5 Abs. 5 auch auf Veranstaltungen im Rahmen des Widmungszweckes einer Sportveranstaltung anwendbar sei. Eine andere Auslegung würde dazu führen, dass in einem Stadion, das ausschließlich für Fußballspiele genehmigt ist, die von der 18. BImSchV gewollte Privilegierung von seltenen Ereignissen leerlaufen würde. Darüber hinaus besagt eine am Schutzzweck orientierte Auslegung des § 5 Abs. 5 der 18. BImSchV, dass es für den Begriff des seltenen Ereignisses keine Rolle spielt, wie häufig eine entspr. Veranstaltung eine Überschreitung der Richtwerte durchgeführt wird. Der VOgeber hat sich dafür entschieden, für eine begrenzte Zahl von Veranstaltungen sportliche Belange stärker zu begünstigen und den Anwohnern ausnahmsweise höhere Lärmbelastungen zuzumuten. Die rechtlich zugelassenen Lärmbelastungen von der Sportart her gesehen, die auf unterschiedlichen oder gleichen Veranstaltungen beruhen, sind für die Lärmbelastung als solche nicht ausschlaggebend. Auch das BVerwG hat in seinem B. v. 16.12.1992 – 4 B 202.92 – n.v. – inzidenter 5 Abendspiele eines Bundesligafußballclubs als seltenes Ereignis bezeichnet.

12.881 Änderung der Sportstättenlärmschutzverordnung

Aus Anlass der Fußballweltmeisterschaft 2006 in Deutschland ist eine Erste Verordnung zur Änderung der Sportanlagenlärmschutzverordnung vom 9.2.2006 in Kraft getreten (BGBl. 2006, Teil 1 S. 324f.) (vgl. hierzu ausführlich *Stühler,* BauR 2006, 1671). Der Verordnungsgeber fürchtete, ohne eine solche Änderung die Fußballweltmeisterschaft in Deutschland vom 9. Juni bis zum 9. Juli 2006 nicht rechts- und planungssicher durchführen zu können. Die Initiative hatte hierzu das Land Berlin ergriffen aufgrund des U. des VG Berlin v. 6.4.2005 (– 19 A 299102 – LKV 2005, 419) Das U. hatte in Übereinstimmung mit der verwaltungsgerichtlichen Rspr. seltene Ereignisse, die die Höchstwerte der 18. BImSchV überschreiten, für nicht zulässig gehalten (*Danger-Löpel,* in: Dokumentation zur 29. wissenschaftlichen Fachtagung der Gesellschaft für Umweltrecht e. V, Berlin 2005). In diesem Verwaltungsrechtsstreit hatte ein Mitglied der Wohneigentümergemeinschaft des Corbusierhauses, das sich in einem allgemeinen Wohngebiet befindet, sich gegen die Baugenehmigung für die Sanierung und Modernisierung des Berliner Olympiastadions im Ergebnis vergeblich gewandt. Das U. des VG Berlin ist schlüssig und überzeugt.

In die 18. BImSchV vom 18.7.1991 wurde nach § 5 folgender § 6 eingefügt:

»**§ 6 Zulassung von Ausnahmen**
Die zuständige Behörde kann für internationale oder nationale Veranstaltungen von herausragender Bedeutung im öffentlichen Interesse Ausnahmen von den Bestimmungen des § 5 Abs. 5, einschließlich einer Überschreitung der Anzahl der seltenen Ereignisse nach Nummer 1.5 des Anhangs, zulassen. Satz 1 gilt entsprechend auch für Verkehrsgeräusche auf öffentlichen Verkehrsflächen außerhalb der Sportanlage, durch das der Anlage zuzurechnende Verkehrsaufkommen nach Nummer 1.1 Satz 2 des Anhangs einschließlich der durch den Zu- und Abgang der Zuschauer verursachten Geräusche.«

Die bisherigen §§ 6 und 7 wurden §§ 7 und 8. Außerdem wurden im Anhang in Nr. 1.1 die S. 2 und 3 geändert.

Damit wird der zuständigen Behörde ein Ermessen eingeräumt, zugunsten einer internationalen oder nationalen Sportveranstaltung von herausragender Bedeutung und zu Lasten der Wohnnachbarschaft eine Überschreitung der Höchstwerte in § 5 Abs. 5 der 18. BImSchV zuzulassen, abweichend von den für seltene Ereignisse maximal zulässigen Immissionsrichtwerten tags außerhalb der Ruhezeiten von 70 dB (A), tags innerhalb der Ruhezeiten von 65 dB (A) und nachts von 55 dB (A). In der ÄndVO fehlt eine Definition, was unter einer internationalen oder nationalen Sportveranstaltung von herausragender Bedeutung zu verstehen ist. Durch die Einbeziehung auch nationaler Sportveranstaltungen wird deutlich, dass nicht nur Fußballweltmeisterschaften, Europacup-Spiele und Olympische Spiele vor lärmempfindlichen »Sportmuffeln« als Wohnnachbarn geschützt werden sollen, sondern auch nationale Sportgroßveranstaltungen. Für diese Fallgruppe ist jedoch bislang noch kein Rechtsstreit bekannt geworden, der aus Sicht des Sports und seiner Zuschauer im Ergebnis höhere Immissionsrichtwerte für seltene Ereignisse verlangt als diejenigen, die jetzt schon Gültigkeit haben.

Darüber hinaus kann die Behörde auch eine Erhöhung der nach Nr. 1.5 des Anh. aufgeführten höchstens 18 Kalendertagen im Jahr für seltene Ereignisse zulassen. Außerdem kann eine Ausnahme hinsichtlich der Berücksichtigung des Lärms von Zu- und Abgangsverkehr der Besucher vorgenommen werden. Auch kann bei der Zulassung einer Ausnahme von den Bestimmungen des § 5 Abs. 5 der SportanlagenlärmschutzVO in Frage kommen, die Ruhezeiten nach § 2 Abs. 5 Satz 1 Nr. 3 der Verordnung zu reduzieren oder aufzuheben und den Beginn der Nachtzeit nach § 2 Abs. 5 Satz 1 Nr. 2 der 18. BImSchV hinauszuschieben (BR-Drucks. 205/06 S. 7).

Die Zulassung einer Ausnahme von den Bestimmungen des § 3 Abs. 5 der 18. BImSchV steht im Ermessen der zuständigen Behörden. Es besteht kein Anspruch auf Zulassung, sondern lediglich ein Anspruch auf pflichtgemäße Ausübung von Ermessen, das an die Wahrung des öffentlichen Interesses gebunden ist. In diesem Rahmen sind auch die privaten Belange zu berücksichtigen, die den Schutz der Nachbarschaft vor schädlichen Umwelteinwirkungen durch Geräusche betreffen. Das Ergebnis der Ermessensausübung ist deshalb nur einzelfallbezogen unter Berücksichtigung aller relevanten Gesichtspunkte und der örtlichen Verhältnisse zu erzielen. Dadurch soll auch gewährleistet sein, dass Gesundheitsbeeinträchtigungen durch Lärm nicht zu befürchten sind (BR-Drucks. 205/06, S. 8).

Die 18. BImSchV stützt sich auf § 23 BImSchG als Ermächtigungsgrundlage. Nach dem B. des BVerwG v. 8.11.1994 (– 7 B 73/94 – NVwZ 1995, 993 = BRS 56 Nr. 194) konkretisiert die aufgrund von § 23 Abs. 1 BImSchG erlassene SportanlagenlärmschutzVO die Anforderungen, die sich unter dem Aspekt des Lärmschutzes für die Errichtung und den Betrieb von Sportanlagen aus der gesetzlichen Verpflichtung ergeben, nach dem Stand der Technik vermeidbare schädliche Umwelteinwirkungen zu verhindern und nach dem Stand der Technik unvermeidbare schädliche Umwelteinwirkungen durch Geräusche auf ein Mindestmaß zu beschränken (vgl. § 22 Abs. 1 Nr. l. 2 i. V. m. § 3 Abs. 1 BImSchG).

Nach § 23 Abs. 1 BImSchG muss eine bundesrechtliche Verordnung für die Errichtung, die Beschaffenheit und den Betrieb nicht genehmigungsbedürftiger Anlagen bestimmten Anforderungen **zum Schutz der Allgemeinheit und der Nachbarschaft** vor schädlichen Umwelteinwirkungen sowie **zur Vorsorge** gegen schädliche Umwelteinwirkungen genügen. Nach hM (die Rspr. des BVerwG geht stillschweigend davon aus; a. A. *Berkemann*, NVwZ 1992, 817/ 826) hält sich die bisherige 18. BImSchV im Rahmen ihrer Ermächtigungsvoraussetzungen, obwohl die Vorgaben zur Ermittlung und Beurteilung des Lärms den Lärmverursacher in mehrfacher Hinsicht günstiger stellen als z.B. bei der TA Lärm (*Jarass*, BImSchG, 7. Aufl., Rn 27 zu § 23) und der Freizeitlärm-Richtlinie. Die 1. VO zur Änderung der bisherigen Sportanlagen-LärmschutzVO überschreitet jedoch den Rahmen der Ermächtigungsnorm des § 23 BImSchG. Zieht man die jahrelange Diskussion um die Bayerische Biergärten-Nutzungszeiten-Verordnung (vgl. hierzu BayVGH, B. v. 14.2.1996 – 22 N 95.2532, 95.3167, 95.3398 – NVwZ 1996, 483 = DVBl. 1996, 1195; BVerwG, B. v. 5.7.1996 – 7 N 1.2 und 3/96 – NVwZ 1996, 1025; BayVGH, B. v. 7.8.1997 – 22 N 95.2532, 3167, 3398 – NVwZ-RR 1999, 17 u. BVerwG, U. v. 28.1.1999 – 7 CN 1/97 – BVerwGE 108, 260 = NVwZ 1999, 651 = DVBl. 1999, 863) heran, so sprechen gewichtige Gründe für die Nichtigkeit der 1. VO zur Änderung der SportanlagenlärmschutzVO. Bei der Bayer. Biergärten-Nutzungszeiten-Verordnung ging es um das Rechtsproblem, ob § 23 BImSchG auch zu einer Absenkung des in § 22 Abs. 1 BImSchG für nicht genehmigungsbedürftige Anlagen vorgeschriebenen Schutzniveaus berechtigt oder umgekehrt das Schutzniveau des § 22 Abs. 1 BImSchG zwingend einzuhalten ist. Es stellte sich damit die Frage, ob Verordnungsregelungen den § 22 Abs. 1 BImSchG dispensieren können. Nach § 22 Abs. 1 Nr. 1 und Nr. 2 BImSchG sind nicht genehmigungsbedürftige Anlagen – wozu auch Sportanlagen gehören – so zu errichten und zu betreiben, dass schädliche Umwelteinwirkungen verhindert werden, die nach dem Stand der Technik vermeidbar sind und nach dem Stand der Technik unvermeidbare schädliche Umwelteinwirkungen auf ein Mindestmaß beschränkt werden. Der BayVGH ist in seinem Beschluss vom 14.2.1996 (aaO.) davon ausgegangen, dass § 23 BImSchG den Verordnungsgeber **nicht** zwingt, bei Sonderregelungen für bestimmte Anlagenarten stets das Niveau des § 22 einzuhalten. Er könne das Niveau auch absenken. Das BVerwG ist in seinem U. vom 28.1.1999 (aaO.) dieser Rechtsauffassung des BayVGH zu Recht nicht gefolgt und hat die Bayer. Biergärten-Nutzungszeiten-VO vom 27.6.1995 für nichtig erklärt, weil sie keine den Lärm betreffenden Anforderungen an die Anlagenbetreiber stellt. Das BVerwG hat hierzu ausgeführt:

»*Der VGH geht davon aus, dass das in § 22 BImSchG abstrakt bestimmte Schutzniveau durch eine Verordnung aufgrund von § 23 Abs. 1 BImSchG ohne weiteres unterschritten werden dürfe. Diese Auffassung ist bundesrechtswidrig. Sie hat zur Konsequenz, dass die ›Anforderungen‹, von denen die bundesrechtliche Ermächtigungsvorschrift als Regelungsgegenstand einer möglichen Verordnung spricht, den Rechtskreis der Anlagenbetreiber auch erweitern können und damit im Blick auf den angestrebten Schutz der Allgemeinheit und der Nachbarschaft gewissermaßen negativer Natur sind… Demgegenüber ist daran festzuhalten, dass die unmittelbar geltende Regelung des § 22 BImSchG durch eine sie konkretisierende Verordnung nach § 23 BImSchG der Sache nach nur in dem Umfang verdrängt wird, wie deren Regelungsgehalt dem gesetzlich vorausgesetzten Schutzniveau entspricht. Schöpft die untergesetzliche Konkretisierung die abstrakten gesetzlichen Anforderungen an die Pflichten der Betreiber nicht genehmigungsbedürftiger Anlagen nicht aus, etwa weil sie schädliche Umwelteinwirkungen, die nach dem Stand der Technik vermeidbar sind, nicht verhindert oder, soweit diese unvermeidbar sind, nicht auf das rechtlich gebotene Mindestmaß beschränkt, greift die gesetzliche Regelung ein, die dann zum Zweck des Vollzugs von den zuständigen Behörden für den jeweiligen Einzelfall wiederum zu konkretisieren ist«* (BVerwG, aaO).

Nach Auffassung des BVerwG stellt die Biergärten-Nutzungs-VO keine den Lärm betreffenden immissionsschutzrechtlichen Anforderungen i. S. von § 23 Abs. 1 BImSchG auf, sondern schließt stattdessen, soweit ihr Regelungsgehalt reicht, auf Lärmminderung gerichtete und auf § 24 BImSchG gestützte Anordnungen der zuständigen Behörden aus, stellt also – mit anderen Worten – in der Sache von solchen Anforderungen frei.

Überträgt man nun diese Überlegungen des BVerwG in seinem Urteil vom 28.1.1999 (aaO.) auf die Erste Verordnung zur Änderung der SportanlagenlärmschutzVO vom 9.2.2006, so spricht vieles dafür, dass die **Ermächtigungsnorm des § 23 Abs. 1 BImSchG überschritten** worden ist, weil sich die verschärften Regelungen für seltene Ereignisse nicht mehr im Rahmen der Schutzpflicht des § 22 Abs. 1 BImSchG halten. Dies bedeutet, dass nach § 23 BImSchG RVOen erlassen werden können, die über den Maßstab des § 22 Abs. 1 BImSchG hinausgehen, indem sie auch das Vorsorgegebot berücksichtigen. § 23 Abs. 1 BImSchG lässt aber keine Absenkung des immissionsschutzrechtlichen Schutzniveaus unter die von § 22 BImSchG gezogene Grenze zu. Der VOgeber kann bei der Frage der Zumutbarkeit von Lärm die im Gesetz allgemein umschriebene Schwelle zumutbarer Lärmeinwirkungen (§ 3 Abs. 1 BImSchG) aufgrund abstrakt-genereller Abwägung der widerstreitenden Interessen dergestalt verbindlich festlegen, dass für eine einzelfallbezogene Beurteilung der Zumutbarkeit nur ausnahmsweise Raum ist (BVerwG, U. v. 28.1.1999, aaO.). Die Rechtswirksamkeit einer solchen typisierenden Regelung setzt jedoch immer voraus, dass sie auf sachverständiger Grundlage die Besonderheiten des geregelten Sachbereichs mit der erforderlichen Differenzierung berücksichtigt, den vorgegebenen Wertungsrahmen durch im Regelfall hinreichende Schutzstandards ausfüllt und – wenn nach Lage der Dinge geboten – bei atypischen Sonderlagen Abweichungen im Einzelfall zulässt. Soweit hierbei die rechtsverbindliche Konkretisierung der gesetzlichen Vorgaben eine gerichtliche Prüfung der materiellen Regelung ausschließt, kommt der Verfahrenskontrolle als Maßstab der Richtigkeitsgewähr verstärkte Bedeutung zu (BVerwG, U. v. 28.1.1999, aaO.). Die Voraussetzungen einer derartigen Konkretisierung gesetzlicher Vorgaben erfüllt die Erste Verordnung zur Änderung der SportanlagenlärmschutzVO vom 9.2.2006 nicht. Sie begnügt sich damit, zur Lösung des Nutzungskonflikts zwischen Wohnnachbarn einerseits und Nutzern sowie Besuchern von Sportstätten andererseits im Bereich der seltenen Ereignisse einen nicht eingeschränkten Vorrang der Sportstättennutzung bei den Immissionsrichtwerten für seltene Ereignisse i. S. des § 5 Abs. 5 der 18. BImSchV durch deren Erhöhung sowie eine Überschreitung der im Anhang festgeschriebenen Anzahl von 18 Kalendertagen eines Jahres festzulegen. Im Hinblick darauf, dass die 18. BImSchV den Sport im Vergleich zu Freizeiteinrichtungen (Freizeitlärm-Richtlinie) und gewerblichen Betrieben (TA Lärm) bevorzugt (vgl. *Numberger*, NVwZ 2002, 1064/1067 u. *Jarass*, aaO.), verletzt eine Absenkung des bisher gegebenen Schutzniveaus der 18. BImSchV für die Nachbarschaft die Ermächtigungsnorm des § 23 Abs. 1 BImSchG.

12.89 Die **Überplanung einer bestehenden Gemengelage** von Sport und Wohnen bedarf noch einer abschließenden Klärung. Im Unterschied zur TA Lärm kennt die 18. BImSchV keine Sonderfallprüfung. Dennoch ist auch für die 18. BImSchV über das Gebot der Rücksichtnahme bei der Überplanung von Gemengelagen von Sport und Wohnen die sog. Mittelwerttheorie anzuwenden (i. d. S. *Ketteler,* Sportanlagenlärmschutzverordnung 1998, 101 ff.; *Schink,* DVBl. 1992, 515/522: VGH BW, U. v. 22.7.1997 – 5 S 917/96 – VBlBW 1998, 62: zur Zulässigkeit eines Aktivitätsspielplatzes neben einem reinen Wohngebiet; a. A. *Mampel,* Nachbarschutz, Rn 1554: *Herr,* Sportanlagen in Wohnnachbarschaft, 1997, 160; OVG NW, B. v. 22.8.2003 – 7 B 1537 – BauR 2003, 304 f.; zurückhaltend *Uechtritz,* NVwZ 2000, 1006). Die Behandlung der Gemengelagen ist vom Normgeber im Rahmen der 18. BImSchV wohl bewusst offengelassen worden. Für die Anwendung der Mittelwert-Theorie ist somit Raum *(Ketteler,* aaO., S. 103). Das BVerwG hat in seinem U. v. 23.9.1999 (– 4 C 6.98 –, Fundst. Rn 12.87) im Verhältnis eines allgemeinen Wohngebiets zu einem Sportplatz ein Lärmschutzniveau, das dem IRW für Dorf- und Mischgebiete in § 2 Abs. 2 Nr. 2 der 18. BImSchV entspricht, als Vorbelastung für zumutbar gehalten. In dem vom BVerwG entschiedenen Fall ging es um die Baugenehmigung für ein Wohnhaus in einem Wohngebiet nach § 34 Abs. 2 BauGB i. V. m. § 4 BauNVO, das an einen vorhandenen Sportplatz angrenzte. Keine Anwendung findet die Mittelwert-Theorie, wenn ein Wohngebiet an eine bereits bestehende Sportanlage heranrückt (so mit Recht *Uechtritz,* NVwZ 2000, 1006/1008).

12.9 dd) **Umfang und Reichweite des zivilrechtlichen Nachbarschutzes gegenüber Sportanlagen.** Im Rahmen der Überprüfung festgesetzter »Anlagen für sportliche Zwecke« durch die Rspr. kommt den **zivilgerichtlichen Entscheidungen** besondere Bedeutung zu. Sie beruht darauf, dass die zivile Gerichtsbarkeit, insbes. der BGH, die **Festsetzungen des B-Plans** offensichtlich nicht (strikt) beachtet bzw. nicht strikt zu beachten braucht. Bei Streit zwischen der *Nachbarschaft* von Sportanlagen *und* der *Gemeinde,* die die Sportanlagen festgesetzt hat, bzw. dem Betreiber der Anlagen **zwecks Unterlassung** der (Lärm-)Störungen wenden die Zivilgerichte zur Prüfung des **Anspruchs** der benachbarten Grundstückseigentümer die nachbarrechtliche Vorschrift des § 906 BGB an (§§ 1004 Abs. 1 Satz 2, 906 BGB). Der **Unterlassungsanspruch** ist begründet, wenn die Nutzung des Grundstücks durch Sportlärm *wesentlich* (genau: mehr als »nur unwesentlich«, § 906 Abs. 1 BGB) gestört wird, *und* die Störung *nicht ortsüblich* ist (§ 906 Abs. 2 BGB); s. dazu nunmehr die Ergänzung des § 906 Abs. 1 BGB.

Die Kritik des Schrifttums an der Rspr. des BGH (so u. a. *Johlen,* BauR 1984, 134; *Papier,* UPR 1985, 73, *Berkemann,* NVwZ 1992, 817) wendet sich dagegen, dass die Frage der ortsüblichen Benutzung des (Sportanlagen-)Grundstücks sich nicht (in erster Linie) *nach den Festsetzungen des B-Plans,* sondern nach den *tatsächlichen Verhältnissen* in dem maßgebenden Vergleichsgebiet richte (vgl. zu den dogmatischen Grundlagen statt vieler *Hagen,* aaO.. S. 192 f.; *Birk,* aaO., S. 696 f.; *Gaentzsch,* aaO., S. 207 f.; *Papier,* in: »Rechtsgutachten«, Fundst. Rn 12.4 m. w. N.).

12.91 Die Ursache des angeblich *»ungeklärten Verhältnisses zwischen den Instrumentarien des öffentlich-rechtlichen Planungs- und Genehmigungsrechts und dem privaten Nachbarrecht«* (so *Lang,* UPR 1985, S. 190) ist in der häufig unzutreffenden Ansicht zu sehen, zur Bestandssicherung der »Anlagen für sportliche Zwecke« reiche **allein** deren **normative Festsetzung** mittels B-Plan als Ortsrecht aus. Der den benachbarten Wohngrundstücken wiederholt zuerkannte Anspruch auf Unterlassung der von Sportanlagen ausgehenden Lärmbeeinträchtigungen beruhe vor allein darauf, dass die Zivilgerichte, insbes. der BGH, nicht bereit seien, die normative Qualität der baugebietlichen Festsetzungen hinzunehmen. Die Frage, ob und inwieweit »das ungeklärte Verhältnis« (nach *Lang*) im rechtlichen Instrumentarium der gemeindlichen Bauleitplanung selbst liegt, d. h. ob es von der generellen planungsrechtlichen Konzeption her überhaupt eine Bestandssicherung der Sportanlagen in der gewünschten Weise zu erreichen vermag, und wenn, was dazu an Voraussetzungen im Einzelnen zu leisten ist, wird nach der jeweiligen dogmatischen Ausgangslage (ganz) unterschiedlich beurteilt.

Eine **Harmonisierung** der unterschiedlichen Auffassungen über die Bedeutung der *normativen Regelungen* durch die mittels B-Plan festgesetzten Baugebiete und der danach zulässigen Nutzungsarten i. S. öffentlich-rechtlicher Gestaltung einerseits und des allgemeinen *gesetzlichen* nachbarrechtlichen Anspruchs auf Interessenausgleich aufgrund der nach § 906 BGB normierten zivilrechtlichen Eigentumsordnung andererseits kann nach ds. E. nur erreicht werden, wenn die **Beurteilungsebenen identisch** sind. **Dies ist nicht der Fall.** *Birk* (aaO., S. 697) hat zu Recht darauf hingewiesen, dass der ordnungsgemäß, d. h. unter Abwägung aller im **Zeitpunkt des B-Planverfahrens** bekannten und erkannten öffentlichen und privaten Belange, zustandegekommene **B-Plan** nur eine generelle »Ortsüblichkeit« i. S. der zivilrechtlichen Terminologie bestimmen kann. Die Schutzbedürftigkeit der privaten Belange, bei Sportanlagen i. A. die Frage der Lärmbeeinträchtigungen im umfassenden Sinne (Rn 12.7), ist abhängig von der **konkreten Art und Weise** der Anordnung u. baulichen Gestaltung der einzelnen (baulichen) Anlagen und der künftigen Benutzung der Sportanlage. Die *generelle* Ortsüblichkeit, die durch die Festsetzungen des B-Plans für jedermann Verbindlichkeit erlangt, kann für die »*konkrete*« Ortsüblichkeit, die sich auf die jeweiligen nachbarlichen Grundstücke beziehen muss, lediglich den *Rahmen* setzen, sie jedoch *nicht rechtsverbindlich* bestimmen (ebenso *Birk*, aaO. S. 697; *Hagen*, aaO S. 196 f.; *Gaentzsch*, aaO. S. 206 f.).

Diese Folgerung zeigt sich u. a. daran, dass der **Begriff** »**Anlagen für sportliche Zwecke**«, insbes. bei der Festsetzung von Wohngebieten, *ohne* gleichzeitige Regelungen hinsichtlich möglicher Störungen gegenüber den benachbarten Wohngrundstücken, mithin des Umfeldes der Sportanlagen, nicht ausreicht, um die benachbarten Grundstückseigentümer vor unzumutbaren Störungen zu bewahren und gleichzeitig dem künftigen Betreiber der Anlage einen Rechtsanspruch auf die entsprechende Baugenehmigung zu sichern (s. dazu Rn 11.5 und 12.1). Die jeweilige Anlage für sportliche Zwecke muss zwar *gebietstypisch* sein; d. h. aber nicht, dass mit der Festsetzung des Baugebiets die Anlagen für sportliche Zwecke »typisiert« sind, etwa entsprechend der Typisierung nach dem jeweiligen Zulässigkeitskatalog. Der **Sportanlagenbegriff** reicht vom (einzelnen) Tennisplatz und der jeweiligen Gesamtanlage über die Turnhalle, das Schwimmbad bis zum Fußballstadion. Setzt ein B-Plan – über den allgemeinen Rahmen hinausgehend – *besondere Flächen* für Sportanlagen i. S. von § 9 Abs. 1 Nr. 5 BauGB fest, was planungsrechtlich möglich ist (s. § 1 Rn 68.1–68.2; Rn 12.7), folgt daraus zwar die Zulässigkeit der Anlage *an diesem Standort,* aber nicht gleichzeitig die Zulässigkeit jeglicher von ihr ausgehender Lärmbeeinträchtigungen i.S. von Rn 12.7, 12.74. Entscheidend ist danach, inwieweit der B-Plan im Zusammenhang mit Sportanlagen **konkrete Aussagen** über die vorgesehene(-n) Sportart(-en) und über die dadurch nach allgemeiner Erfahrung zu erwartende Lärmbeeinträchtigung sowie sonstige Belästigungen (Rn 12.7) trifft *und* den erforderlichen Lärmschutz gegenüber den benachbarten Grundstücken durch Festsetzungen nach § 9 Abs. 1 Nr. 24 BauGB regelt, um dadurch die **konkrete Ortsüblichkeit** i.S. des § 906 Abs. 2 BGB zu bestimmen.

12.93 In den Fällen, in denen die Nachbargrundstücke der Sportanlage aufgrund der gerade im Hinblick auf die Grundstücke getroffenen *konkreten* Festsetzungen ihre Situation in umfassender Weise erkennen können, entsprechen die Festsetzungen des B-Plans der **Ortsüblichkeit i.S. von § 906 Abs. 2 BGB.** Denn die »Ortsüblichkeit« einer Anlage und ihrer Nutzung ergibt sich nicht nur aus den bereits vorhandenen tatsächlichen Verhältnissen, was nach bisher st. Rspr. des BGH ein mehrfaches oder vielfaches Vorhandensein der Nutzung voraussetzt (vgl. *Pikart,* aaO. S. 24; Fundst. Rn 12.3, m. N. aus der Rspr. des BGH; *Hagen,* aaO. S. 193), sondern ist nach dem Sinngehalt des Begriffs, dem eine planungsrechtliche Komponente nicht abzusprechen ist, auch dann gegeben, wenn die »generelle« Ortsüblichkeit bereits durch den Zulässigkeitskatalog der betreffenden Baugebietsvorschrift nach der BauNVO normiert und damit vorgegeben ist *und* die »konkrete« Ortsüblichkeit sich aus den differenzierten (konkreten) Festsetzungen des B-Plans ergibt.

»**Ortsüblich« ist eine Nutzung** dann, wenn sie von der Umgebung der Nutzung »angenommen« wird; das beruht (mittelbar) darauf, dass die geplante Nutzung sich in die Umgebung *einfügt* und demzufolge in der sie umgebenden *konkreten* Örtlichkeit – über die nach dem Zulässigkeitskatalog des festgesetzten Baugebiets bereits *generell* ortsübliche Berechtigung hinausgehend – als nicht ortsunüblich angesehen wird. In den Fällen, in denen die Sportanlage aufgrund der **durch den B-Plan normativ festgesetzten Gebietsvorschrift** und weiterer Regelungen zum Schutz des Umfeldes mit ihrer (konkreten) Umgehung im Einklang steht, bedarf die bislang wohl »tragende Auffassung« des BGH, dass die planerischen Festsetzungen (allenfalls) als »Anhalt« für die Annahme der Ortsüblichkeit dienen können (so *Pikart,* aaO. S. 24; wohl auch noch *Hagen,* UPR 1985, 196) der grundsätzlichen *Überprüfung.* Bei der bisherigen Handhabung könnten nämlich Nutzungen, die in dem betreffenden Baugebiet nur einmal vorgesehen sind wie die Festsetzung einer Schule oder einer sonstigen (öffentlichen) Gemeinbedarfsanlage, *nie ortsübliche* Relevanz erreichen (ebenso *Johlen,* BauR 1984, 134, 137; vgl. auch die Beispiele bei *Gaentzsch,* aaO. S. 210).

Hinsichtlich der ortsüblichen Benutzung des emittierenden Grundstücks hat der BGH in seinem U. v. 21.10.2005 (– V ZR 169104 – NuR 2006, 266 f.) entschieden, dass eine **vorhandene Genehmigung nicht automatisch die Ortsüblichkeit begründet,** sondern nur einen Anhalt bietet; das Fehlen einer notwendigen Genehmigung schließt allerdings die Ortsüblichkeit aus (U. v. 30.10.1998 – V ZR 64198 – BGHZ 140, 1), jedenfalls dann, wenn es auch an der Genehmigungsfähigkeit fehlt (BGH, U. v. 21.10.2005, aaO.).

12.94 Die vielfältige Kritik an den dogmatischen Grundlagen der Rspr. des BGH kommt besonders in dem Gutachten von *Papier* (Fundst. Rn 12.4) zum Ausdruck, nach dem **der rechtsverbindliche,** insbes. der dem Abwägungsgebot des

§ 1 Abs. 6 BauGB genügende **B-Plan** den nachbarlichen Konflikt normativ bewältigt und entschieden habe. Der B-Plan begründe wegen seiner Spezialität gegenüber § 906 BGB eine Duldungspflicht der Anlieger, die i. S. des § 1004 Abs. 2 BGB Unterlassungs- u. Beseitigungsansprüche ausschließe *(Papier,* aaO. S. 109).

Der B-Plan trifft nach *Papier* seine Festsetzungen »*auch zur näheren Gestaltung des (öffentlichen und privaten) Nachbarrechts; er konstituiert eine spezielle nachbarrechtliche Regelung, die das allgemeine gesetzliche Nachbarrecht überlagert bzw. modifiziert*« *(Papier,* aaO. S. 109, Hervorhebung v. Verf.). Der allgemeine gesetzliche, nachbarrechtliche Interessenausgleich des § 906 BGB gelte nur **vorbehaltlich** einer speziellen planerischen Ausgestaltung der nachbarrechtlichen Beziehungen. Damit kommt *Papier* zum Ergebnis, dass ein rechtswirksamer B-Plan (stets) dem zivilrechtlichen Unterlassungsanspruch (§§ 1004, 906 BGB) vorgeht. Er hat sich den zuweilen geäußerten Behauptungen eines angeblich generellen Vorrangs des **öffentlich-rechtlichen Baunachbarrechts** gegenüber dem Zivilrecht (wie *Bartlsperger,* VerwArch. [60] 1969, 35 ff.; *Schupp,* Das Verhältnis von privatem und öffentlichem Nachbarrecht, 1978) allerdings nicht angeschlossen.

Mit Recht hat *Papier* auf die Grundsatz-Entscheidung des BVerfG in dem Nassauskiesungs-Fall hingewiesen, in dem das BVerfG betont hat, dass privates und öffentliches Recht *gleichrangig* Inhalt und Schranken des Eigentums i. S. d. Art. 14 Abs. 1 GG bestimmen (BVerfGE 58, 300 [335 f.]; zit. bei *Papier,* aaO. S. 104).

Hagen (UPR 1985, 192, 196 f.) und *Gaentzsch* (UPR 1985, 201, 207 f.) sind der Frage, ob und in welcher Weise ein verbindlicher B-Plan in der Lage ist, die Errichtung und Nutzung von Sportanlagen gegenüber Nachbareinwendungen abzuweichen, unter Berücksichtigung des Gutachtens von *Papier* im Einzelnen nachgegangen. Hier ist das **Ergebnis** der Darlegungen – verkürzt – nur insoweit wiederzugeben, als es nach ds. E. in überzeugender, vor allem *für die städtebauliche Praxis verwertbarer Weise* herausstellt, welche Voraussetzungen gegeben sein müssen, damit durch B-Plan festgesetzte »*Anlagen für sportliche* Zwecke« einem zivilrechtlichen Nachbarschutz (in Gestalt des Unterlassungsanspruchs) standhalten.

Die bloße Festsetzung eines Baugebiets ist für »Anlagen für sportliche Zwecke« **nur** eine relativ **schwache planungsrechtliche Absicherung**. Sie bewältigt in der Abwägung die *spezifischen* Standortanforderungen und Umgebungsbelastungen der Sportanlage nicht konkret, sondern allenfalls ganz allgemein in der Weise, dass in dem Baugebiet überhaupt, theoretisch auf jedem Grundstück, gebietstypische Sportanlagen zulässig oder ausnahmsweise zulassungsfähig sind. Die **konkrete Konfliktbewältigung** bleibt dann **dem Baugenehmigungsverfahren vorbehalten** (so *Gaentzsch,* mit Fallbeispielen, aaO. S. 207 f.; in diesem Sinne auch *Birk,* aaO. S. 697). *Hagen* (aaO. S. 198 f.) weist mit Recht darauf hin, dass durch die *allgemeine* Abwägung der öffentlichen und privaten Belange bei der Festsetzung des Baugebiets über den nachbarrechtlichen Interessenausgleich im »Kleinbereich« nicht mit entschieden werden kann. Da diese Entscheidung jedenfalls vom Grundsatz her nicht erfolgt – das Abwägungsgebot kann sich nur auf solche Belange beziehen, die **im Zeitpunkt des Abwägungsvorgangs** bereits hinreichend erkennbar sind –, lässt sich aus § 1 Abs. 7 BauGB *nicht generell* ableiten, dass die privatrechtlichen Nachbaransprüche bereits durch Festsetzung des B-Plans ausgeschlossen werden (aA. *Papier,* der meint es bestünden »*überhaupt keine Anhaltspunkte dafür, dass Abwägungsgegenstand, Entscheidungsgegenstand und Regelungswirkung eines Bauleitplanes auseinanderfallen*«, und führt das im Einzelnen aus, aaO. S. 108 f.).

Die »**Konzentrationswirkung**« (i. S. des Ausschlusses späterer Ansprüche der Nachbarn) einer hoheitlichen Genehmigungs- und Planungsentscheidung ist nach *Papier* (aaO. S. 108) nicht unbedingt von einer ausdrücklichen gesetzlichen Anordnung abhängig wie für Planfeststellungsbeschlüsse nach § 75 Abs. 2 VwVfG. Dem gesetzlichen Entwicklungsauftrag werde ein B-Plan nur gerecht, der zugleich und »*mehrdimensional*« auch den nachbarlichen Konflikt ab- und ausgewogen entscheidet, »*dem also in dieser Weise eine Konzentrationswirkung eigen ist*« (aaO., S. 110; Hervorhebung v. Verf.). Und schließlich: Gehen von einem plankonformen Vorhaben, mithin einer Sportanlage, »*keine Gefahren, sondern ›nur‹ erhebliche Nachteile oder Belästigungen der Allgemeinheit oder Nachbarschaft i.S. des § 3 Abs. 1 BImSchG aus, so kann der zugrunde liegende Bebauungsplan nicht schon wegen dieses Umstandes als auf jeden Fall rechtswidrig angesehen werden. Denn es ist zu berücksichtigen, dass die Erheblichkeit nach § 3 Abs. 1 BImSchG einen Bereich markiert, der im Vorfeld der enteignungsrechtlich relevanten Unzumutbarkeit liegt*« (*Papier*, S. 116f., unter Bezugnahme auf Rspr. des BVerwG).

In dieser präzisierten Äußerung von *Papier* liegt nach diesseitiger Auffassung die Fehlbeurteilung hinsichtlich dessen, was ein B-Plan zu leisten im Stande ist. Nach den hauplanungsrechtlichen Vorschriften ist die generelle Ausschließungswirkung eines rechtsverbindlichen B-Plans in Bezug auf die Lärmauswirkungen nicht begründbar, weil ihm keine Konzentrationswirkung zukommt.

Gaentzsch (aaO. S. 207) und *Hagen* (aaO. S. 197) haben dementsprechend übereinstimmend festgestellt, dass Festsetzungen eines B-Plans einen *zivilrechtlichen Abwehranspruch nicht ausschließen können*, wenn und soweit sie nicht einmal geeignet sind, immissionsschutzrechtliche Sperren (nach dem BImSchG) zu überwinden.

Hagen (NVwZ 1991, 820) hat mit Recht darauf hingewiesen, dass es in den Gesetzesmaterialien zum BauGB (wie vordem zum BBauG) an keiner Stelle ausgesprochen oder auch nur angedeutet ist, dass die Abwägung der Belange zu einer Duldungspflicht der Grundstückseigentümer gegenüber bislang als nicht ortsüblich angesehenen Immissionen führen solle. Das Bauplanungsrecht ist von seiner Aufgabenstellung her nicht darauf angelegt, die Interessen konkreter Grundstücksnachbarn im kleinnachbarlichen Raum abzuwägen und auszugleichen. »*Eine Feinabstimmung mit und unter den privaten Interessen im kleinnachbarlichen Raum ist in der Regel nicht möglich, nicht beabsichtigt und erfolgt de facto nicht*« (so mit Recht *Hagen*, aaO.). Ein B-Plan enthält meist noch keine so konkreten Festsetzungen, dass diese eine *Prognose* der konkreten Beeinträchtigungen im unmittelbaren nachbarlichen Raum ermöglichen könnten, zumal bei der Abwägung nach § 1 Abs. 7 BauGB sämtliche öffentlichen Belange mit abzuwägen sind. Dabei braucht es sich nicht einmal um eine »Fehlprognose« zu handeln. Es kann nämlich entscheidend darauf ankommen, in welcher Weise die Gemeinde ihre planerische Gestaltungsfreiheit i.S. des Planungsermessens (§ 2 Abs. 1 BauGB) handhabt.

Es fehlt jeder innere Grund, das Planungsrisiko dem Bürger aufzuerlegen. Der privatrechtliche Immissionsschutz setzt deshalb (so *Hagen*) mit gutem Grund gerade dann ein, wenn sich »*die im Planungsstadium noch vagen und fernen Gefahren zu konkreten Beeinträchtigungen aktualisiert haben*« (*Hagen*, aaO.).

Erst die Baugenehmigung unter Beachtung der Zulässigkeitsvoraussetzungen des § 15 Abs. 1 BauNVO entscheidet über die immissionsschutzrechtliche Zulässigkeit eines konkreten Bauvorhabens.

12.96 Die **Auffassung** von *Gaentzsch* (aaO. S. 207) und von *Hagen*, die **Letzterer** in NVwZ 1991, 817 (s. dazu Rn 12.95) i.S. einer Harmonisierung des öffentlichen und privaten Immissionsschutzes noch eingehender (als in UPR 1996, 85, 196) begründet hat, **wird** diesseits **geteilt**.

Der **Lärmschutz** muss als abwägungserheblicher Belang auch bei einer Anlage für sportliche Zwecke in die **Abwägung eingestellt** werden; er kann jedoch durch gewichtigere Belange überwunden werden. Die *Gewichtung* obliegt der

Gemeinde (ebenso *Gaentzsch,* aaO. S. 208 unter Bezugnahme auf das Grundsatzurt. des BVerwG v. 12.12.1969 – 4 C 105.66 – BVerwGE 34, 301). Eine Fehlgewichtung kann nur in begrenztem Umfang (verwaltungs-)gerichtlich überprüft werden, nämlich dann, wenn bei der Abwägung die Bedeutung der betroffenen Belange verkannt wird und dadurch die Gewichtung der Belange der Sportanlagen und der privaten Belange der Nachbarn in ihrem Verhältnis zueinander in einer Weise erfolgt, durch die die *objektive* – von Gerichts wegen voll überprüfbare – *Gewichtigkeit* eines dieser Belange i.S. der Abwägungsdisproportionalität außer Verhältnis steht (st. Rspr. des BVerwG seit U. v. 12.12.1969, aaO.).

Dass der **Sportlärm** bei der Abwägung **nicht bevorzugt** werden kann, sondern infolge der besonderen Emissionen nur *anders* als Gewerbelärm oder Verkehrslärm zu behandeln ist (Rn 12.8), ist übereinstimmende Auffassung der höchstrichterlichen Rspr. von BGH und BVerwG (Rn 12.61); vgl. auch *Hagen,* NVwZ 1991, 819.

Für die Frage der *Harmonisierung* der unterschiedlichen Beurteilungsebenen (Rn 12.91) gewinnt das Tennis-Urt. des BGH v. 17.12.1982 (Fundst. Rn 12.61), das verschiedentlich als »atypischer« Sonderfall bezeichnet worden ist *(Vieweg,* aaO. S. 1108), eine eigene Bedeutung. Das Grundstück der Betroffenen (Klägerin) liegt i.S. der **generellen Ortsüblichkeit** zur Ausfüllung des § 906 Abs. 2 BGB (Rn 12.91) in einem nach der BauNVO festgesetzten *Mischgebiet (§ 6).* Die Gemeinde hat nach Errichtung des klägerischen Wohnhauses aufgrund einer 1971 erteilten Baugenehmigung innerhalb des Mischgebiets ein *gemeindeeigenes* Grundstück als Sondergebiet i.S. von § 11 festgesetzt (1974/75), dort zwei Tennisplätze errichtet, von denen einer knapp 4 m vom Wohnhaus der Klägerin entfernt liegt (vgl. BGH, U. v. 17.12.1982, aaO.), und diese dem beklagten Sportverein zur Benutzung überlassen. Die **konkrete Ortsüblichkeit** (Rn 12.91) ist durch *Festsetzung* der Tennisplatz-Sportanlage als *SO-Gebiet* nach § 11 jedoch nur scheinbar bestimmt worden, denn es fehlen jegliche Regelungen zum Schutz. des benachbarten Umfeldes vor Lärmbeeinträchtigungen. Infolge der fehlenden und dem Grundstückseigentümer bzw. Benutzer des Tennisplatz-Grundstücks auch wirtschaftlich **zumutbaren Schutzmaßnahmen,** durch die die wesentliche Beeinträchtigung des anderen (klägerischen) Grundstücks herbeigeführt worden ist, konnte die (**konkret**) **ortsübliche Benutzung** des Tennisplatz-Grundstücks nicht erreicht werden, so dass der Unterlassungsanspruch nach §§ 1004 Abs. 1, 906 BGB durchgreifen musste.

An dem nur scheinbar atypischen Fall zeigt sich, dass die anlagenbezogen festgesetzte **Sportanlage** (sei es durch SO-Gebiet, wie im BGH-Fall, oder auch durch § 9 Abs. 1 Nr. 5 BauGB) **ohne gleichzeitige Regelung** von Schutzmaßnahmen zur Verhinderung der »wesentlichen Beeinträchtigung« der benachbarten Grundstücke keine *konkrete,* d.h. ortsübliche Benutzung i.S. von § 906 Abs. 2 Satz 1 BGB erreichen kann. Handelt es sich um ein einzelnes Grundstück oder ist die ortsübliche Benutzung jedenfalls nicht durch andere (vorhandene) Grundstücke feststellbar, muss das fragliche **Grundstück** selbst durch konkrete Regelungen von Schutzmaßnahmen die Verhinderung der wesentlichen Beeinträchtigung herbeiführen. Dies entspricht im Übrigen exakt der Zulässigkeitsvoraussetzung des § 15 Abs. 1 Satz 2 BauNVO.

Im Rahmen der **Sicherstellung der konkreten Ortsüblichkeit** gewinnt das jeweilige durch B-Plan als Ortsrecht normierte Baugebiet i.S. der zugrunde liegenden *generellen* Ortsüblichkeit entscheidende Bedeutung. Die Wesentlichkeit der (Immissions-)Beeinträchtigungen nach § 906 Abs. 2 BGB (i. S. erheblicher Belästigungen oder Störungen nach § 15 Abs. 1 Satz 2) wird durch das jeweils festgesetzte Baugebiet maßgebend vorgeprägt.

Der von einer störenden (Sport-)Anlage ausgehende Lärm ist gegenüber Nachbargrundstücken in einem reinen oder allgemeinen Wohngebiet anders (nämlich höher) zu bewerten, als wenn es sich um die Nachbarschaft in einem Misch-, Kern- oder Gewerbegebiet handelt. Alle einschlägigen Lärmschutz-Richtlinien (TA Lärm, VDI-Richtlinie 2058, DIN 18005, Rn 12.75; VDI-Richtlinie Nr. 3724 Entw., Rn 12.81) gehen von einer abgestuften Zumutbarkeit (= Wesentlichkeit i. S. von § 906 BGB) entspr. dem jeweiligen Baugebiet aus. Durch § 2 der *Verkehrslärmschutzverordnung* nach § 43 BImSchG erhält die nach Baugebieten abgestufte Zumutbarkeit von schädlichen Auswirkungen durch Lärm erstmals normative Verbindlichkeit (s. Anh. 7).

In einem **Mischgebiet** – wie im entschiedenen BGH-Fall – ist gegenüber den Nachbarn eine **stärkere Lärmeinwirkung zulässig** als z. B. in einem WR-Gebiet. Dabei spielt es keine Rolle, ob das beeinträchtigte Wohngrundstück bereits vor der Sportanlage errichtet war, wenn sich die Sportanlage *innerhalb* des lärmempfindlichen Gebiets oder an dessen Rande (»in dessen Umgebung« i. S. von § 15 Abs. 1 Satz 2. 2. Halbs.) befindet. Maßgebend ist die jeweilige *Gebietsverträglichkeit* (s. Rn 12.7 f.). Durch das mittels B-Plan festgesetzte Baugebiet nach § 9 Abs. 1 BauGB i. V. m. der Baugebietsvorschrift der §§ 2–11 wird die *allgemeine* Gebietsverträglichkeit i. S. der *generellen* Ortsüblichkeit nach § 906 BGB *in jedem Fall* normativ vorgegeben. Das städtebauliche Ortsrecht bestimmt insoweit (in allgemeiner Weise) Inhalt und Schranken des Eigentums der benachbarten Grundstücke i. S. von Art. 14 Abs. 1 Satz 2 GG und bindet als Verfassungsgrundsatz auch den *zivilrechtlichen* Nachbarschutz; das bedarf keiner weiteren Ausführungen.

Dass dies für die (konkrete) Ortsüblichkeit des § 906 BGB nicht ausreicht, ist bereits dargelegt (Rn 12.91–12.93). Das einschlägige Schrifttum (u. a. bei *Birk,* aaO., *Gaentzsch,* aaO., *Johlen,* aaO. und *Berkemann,* aaO.), ist sich darin einig, dass der »Tennisplatz-Fall« des BGH (U. v. 17.12.1982, Fundst. Rn 12.61) durch die verwaltungsgerichtliche Rspr. *im Ergebnis* nicht anders entschieden worden wäre (s. U. des BVerwG v. 19.1.1989, Fundst. Rn 12.61).

12.98 In den Fällen, in denen die Festsetzungen des B-Plans – ggf. unter Beiziehung der Begr. (§ 9 Abs. 8 BauGB), in der nähere Angaben zur möglichen Beeinträchtigung der Umgebung der Sportanlage gemacht sein können –, *so konkret* sind, dass sich aus ihnen die zu erwartende Lärmbelastung ergibt, und unter der Voraussetzung, dass die Nutzung der Sportanlage sich innerhalb der Festsetzungs-Grenzen hält, *entspricht der B-Plan* auch den **zivilrechtlichen Nachbarschutzvorschriften** des § 906 BGB hinsichtlich der ortsüblichen Benutzung und der Zumutbarkeitsschwelle der wesentlichen Beeinträchtigung. Der **B-Plan als ortsrechtliche Norm** bindet dann die Nachbarschaft und führt zu der Erkenntnis: Die **Bindungswirkung** des B-Plans für die Zulässigkeit der »Anlagen für sportliche Zwecke« und zugleich für die Voraussetzungen der zivilrechtlichen Nachbarschutzvorschrift des § 906 BGB **hängt von der Regelungsdichte** des Plans selbst ab, der unterschiedlich konkret oder auch abstrakt sein kann, wenn z. B. die Regelungen im Einzelnen dem Baugenehmigungsverfahren überlassen werden sollen bzw. können. Das BauGB – wie vordem das BBauG – enthält **keine Konzentrations- und keine Ausschlusswirkung,** wie sie vor allem in den Fachplanungsgesetzen für den Verkehrswegebau bestimmt sind. Der Grund liegt darin, dass mit dem B-Plan – anders als z. B. mit der Planfeststellung für eine Bundesfernstraße – die »Anlagen für sportliche Zwecke« nicht *genehmigt* werden (ebenso *Gaentzsch,* UPR 1985, 210).

Die **Harmonisierung** zwischen dem planungsrechtlichen Instrumentarium der Gemeinde zur Zulässigkeit der »Anlagen für sportliche Zwecke« und der zivilrechtlichen Nachbarschutzvorschrift des § 906 BGB bedarf weder unterschiedlicher Begriffe noch zivilrechtlicher Vorbehalte (s. Rn 12.91) gegenüber der normativen Bedeutung des B-Plans (ebenso *Birk,* aaO. S. 697: im Ergebnis auch *Gaentzsch,* aaO. S. 210). Soweit der B-Plan und die Baugenehmigung konkrete **Regelungen** beinhalten, entspricht dies der Ortsüblichkeit des § 906 BGB. Was nach der Zulässigkeitsvorschrift des § 15 Abs. 1 Satz 2 zumutbar ist, ist auch ortsüblich i.S. des § 906 BGB (ebenso *Birk,* aaO.; im Ergebnis auch *Johlen,* BauR 1984, 134, 137; aA. *Papier,* aaO.; s. Rn 12.93 aufgrund seiner dogmatisch abweichenden Voraussetzungen).

Die diesseitigen Ausführungen z. Problematik (i.d. 6. Aufl.) aufgrund der bereits Mitte der 80er Jahre gut herausgearbeiteten gegensätzlichen Auffassungen von *Papier* (aaO., Rn 12.94, 12.95) einerseits und von *Hagen* (aaO., Rn 12.94, 12.95) andererseits sowie der verschiedenen vermittelnden bzw. die Problematik ergänzenden Meinungen (insbes. bei *Gaentzsch,* aaO., und *Birk,* aaO. Rn 12.91 ff.) brauchen aufgrund des zahlreichen neueren Schrifttums lediglich in **zwei Punkten noch verdeutlicht** zu werden. Ergänzend zu den Ausführungen in Rn 12.98 (vorm. Rn 12.27) ist festzuhalten, dass dabei stets auf die **konkrete Ortsüblichkeit** des § 906 BGB abgestellt wird. Die Auffassung von *Schink* (DVBl. 1992, 515), die diesseitigen Ausführungen über die Bedeutung konkreter Festsetzungen in B-Plänen seien so zu verstehen, dass in derartigen Fällen einem *»absoluten Vorrang des öffentlichen Baurechts vor dem privaten Immissionsschutzrecht«* (aaO. S. 517, Fußn. 10) das Wort geredet wird, trifft nicht zu. Der Hinweis in Rn 12.98 *»soweit der B-Plan und die Baugenehmigung konkrete Regelungen beinhalten, entspricht dies der Ortsüblichkeit des § 906 BGB«,* darf nicht dahin missverstanden werden, dass die Gleichrangigkeit von öffentlichem Verwaltungsrecht i.A., von öffentlichem Baurecht im Besonderen und von zivilrechtlichem Nachbarschutz- und Immissionsschutzrecht diesseits in irgendeiner Weise in Frage gestellt wird.

12.99

ee) **Zum Vorrang und zur Sozialadäquanz von Sportanlagen.** Der Frage der Vorrangigkeit steht ds. E. bereits der Grundrechtsschutz des Art. 19 Abs. 4 GG gegenüber der öffentlichen Gewalt entgegen, dessen herausragende Bedeutung gerade im Falle des Tennisplatz-Urt. des BGH v. 17.12.1982 erkennbar ist. *Schink,* der zwar selbst keine eindeutige Stellung bezieht, meint, dass *»in der öffentlich-rechtlichen Literatur regelmäßig von einem absoluten oder jedenfalls relativen Vorrang des Bauplanungsrechts vor dem privaten Nachbarrecht ausgegangen«* wird (aaO. S. 524). Die Bezugnahme dabei auf *Ossenbühl* (DVBl. 1992, 524) – bei *Schink,* S. 524, Fußn. 63 – geht jedoch fehl. Gerade *Ossenbühl* hat sich mit erfreulicher Deutlichkeit **gegen jedes Vorrangdenken** gewandt.

12.100

So heißt es bei ihm u.a.: *»Ein Vorrang des öffentlich-rechtlichen Rechtsschutzes, etwa mit der Wirkung, dass der zivilrechtliche Rechtsschutz ausgeschlossen wird, kommt nicht in Betracht. Insbesondere liefert der Nassauskiesungsbeschluss des Bundesverfassungsgerichts, der in diesem Zusammenhang genannt wird, keinerlei Argument oder Stütze für einen solchen Vorrang.«* Und weiter: *»Bei Eigentumsverletzungen im Nachbarrecht steht dem Betroffenen deshalb je nach Sachlage der Verwaltungsrechtsweg ebenso offen wie der Zivilrechtsweg. Zwischen beiden besteht weder ein Rangverhältnis noch Alternativität«* (aaO. S. 968, r. Sp.) ... *»Man vermisst letztlich auch den praktischen Konfliktfall, der von den Zivilgerichten in untragbarem Widerspruch zur öffentlich-rechtlichen Bau- und Planungsordnung entschieden worden wäre. Die vielgescholtene Tennisplatzentscheidung des BGH bildet diesen Konfliktfall nicht, denn der BGH hat nur und mit Recht dafür gesorgt, dass eine Schlamperei in der kommunalen Bauleitplanung auf dem Rücken Betroffener nicht perpetuiert wurde«* (aaO. S. 969 1. Sp. mit Fußn. 56 unter Bezugnahme auf *Hagen,* aaO., und Ergebnisse einer empirischen Untersuchung).

Das von *Ossenbühl* prägnant zum Ausdruck Gebrachte entspricht der diess. A. Die von *Papier* bezogene Extremposition (s. Rn 12.94, 12.95 – vorm. 12.23, 12.24), die auch von *Schink* (aaO. S. 524) mit einer Begr., die die diesseitige Ansicht weitgehend wiedergibt, strikt abgelehnt wird, bewertet die (immer wieder umstrittene) Normqualität des B-Plans in fast unverständlicher Weise über.

Mit Recht hat *Ossenbühl* darauf hingewiesen, dass die Tennisplatzentscheidung des BGH – zumal wenn man die zugrunde liegende planerische Uneinsichtigkeit und rechtliche Ignoranz der betreffenden Gemeinde kennt – eher der Beweis dafür ist, »*dass auch beim Nachbarschutz im beplanten Innenbereich auf das Zivilgericht als letzte Auffangstation des Rechtsschutzsuchenden nicht verzichtet werden kann*« (aaO. S. 969, 1. Sp.).

12.101 Die diesseitigen Ausführungen sollen deutlich machen, dass **sportliche Betätigung** im umfassenden Verständnis und die **Wohnruhe** gleichwertig und *gleichgewichtig* nebeneinander stehen. Der **Grundstückseigentümer,** der meint, dass die zu beanspruchende Wohnruhe nach der Gebietsverträglichkeit gestört wird, hat das Recht, sich nicht nur im Über-/Unterordnungsverhältnis gegenüber der öffentlichen Gewalt mit einer (Normenkontroll-)Klage vor der Verwaltungsgerichtsbarkeit zu wehren, sondern er kann sich gleichermaßen auf der Ebene der *Gleichordnung* gegen die vermeintliche Störung des (der) benachbarten Grundstückseigentümer(-s) vor den ordentlichen Gerichten zur Wehr setzen. Letztere Möglichkeit ist immer dann von besonderer Bedeutung, wenn die Gemeinde auf einem *gemeindeeigenen* Grundstück eine »Anlage für sportliche Zwecke«, insbes. nach § 9 Abs. 1 **Nr. 5** BauGB, festsetzt. Die langjährige Erfahrung zeigt nämlich, dass die Gemeinde in derartigen Fällen zur Durchsetzung eigener Interessen, nicht zuletzt zur bestmöglichen Ausnutzung des Grundstücks, Grundsätze der Zulässigkeit nach § 15 BauNVO, gerade hinsichtlich der Gebietsverträglichkeit – teils bewusst – vernachlässigt. Jedermann, auch die Städte und Gemeinden, sollte sich darauf einstellen, dass **Anlagen der Freizeit** – mögen sie auch mit positiven Aspekten wie »körperliche Ertüchtigung« oder »Gesunderhaltung« (s. Rn 12.3, 12.4) verbunden sein – nicht zum »Nulltarif« zu haben sind. Wie Verkehrswege seit geraumer Zeit nicht ohne gleichzeitige Verhinderung oder Minderung des Verkehrslärms errichtet werden dürfen (s. VerkLärmSchVO – 16. BImSchV, Anh. 7) – und auf freiwilliger Grundlage auch nachträglich der Lärmschutz verbessert wird –, sollte es gerade auch für die Städte und Gemeinden **selbstverständliche Gepflogenheit** sein (werden), nicht die sportliche Betätigung u. U. durch Nachsicht beim Lärmschutz, bei der ordnungsgemäßen Zuwegung und dergl. zu bevorzugen, weil dies gesellschaftspolitisch scheinbar honoriert wird.

12.102 Der Grundrechtsschutz nach dem GG geht von der *Individualität* aus; dieser Schutz sollte keineswegs überspannt werden, wie es Entscheidungen über das sonntägliche Läuten der Kirchenglocken oder hinsichtlich des Verbots der Kuhglocken im Allgäu ersichtlich machen. Ebenso deutlich sollte jedoch jedem Ansatz, »im Kollektiv« zu denken oder in diesem Sinne gar den Schutz individueller Rechte aufzuweichen, entgegengewirkt werden.

Schink (DVBl. 1992, 515 [517 Abschn. 2]) hat zwar mit Recht – wie hier – hervorgehoben, dass maßgebend die **Gebietsverträglichkeit einer Sportanlage** ist. An anderer Stelle spricht *Schink* jedoch von der »Sozialadäquanz« des Sports (S. 519 1. Sp.). Dieser Gesichtspunkt findet sich auch im Urt. des

BVerwG v. 24.4.1991 (Fundst. Rn 12) zur Begr. der Zumutbarkeit des von Schulen und vom Schulsport ausgehenden Lärms in Wohngebieten, und er ist von *Gaentzsch* (Festschr. f. Gelzer, S. 29 [31]) ausdrücklich hervorgehoben worden (wohl kritisch dazu *Berkemann*, NVwZ 1992, 817 [822]). Diese Begriffsverwendung im Zusammenhang mit dem Sport ist äußerst *bedenklich*.

Dass der Sport ein gesellschaftliches Bedürfnis ist, bedarf keiner besonderen Ausführung (s. Vorb. Rn 12.3, 12.6–12.61). Das Gleiche gilt jedoch auch für die Wohnruhe. Indem dem Sport der »**Mantel« der Sozialadäquanz** umgehängt wird, d. h. dass der Sport eine *die Gemeinschaft* betreffende und mit ihr übereinstimmende (ihr entsprechende) Erscheinung ist (so Fremdwörter-Duden), erhält die sportliche Betätigung (der Sport) im Hinblick auf die Zumutbarkeit des von ihr ausgehenden Lärms einen von der Gesellschaft scheinbar gebilligten »Lärmrabatt«.

Die diesseits für vernünftig gehaltene, von *Schink* kritisierte »*Zuschlagsmentalität*« »*wegen der Sozialadäquanz des Sports*« (so *Schink*, aaO. S. 519) ist geeignet, dass der Stadtplaner die erforderliche Sachbezogenheit und vor allem Differenzierungsmöglichkeit hinsichtlich der (richtigen) Beurteilung von Lärmauswirkungen des Sports vernachlässigt (s. Tennisplatz-Urt.), wenn dem Sport von der Rechtswissenschaft Sozialadäquanz bescheinigt wird. **Gesellschaftliches Sportbedürfnis ist nicht identisch mit Sozialadäquanz. Sportlärm ist kein »Soziallärm«.**

c) **Anlagen für kirchliche und kulturelle Zwecke.** Hierbei handelt es sich um Anlagen des Gemeinbedarfs i. S. von § 5 Abs. 2 Nr. 2 BauGB (zur Begriffsumschreibung s. Rn 11). Die kirchlichen Anlagen umfassen insbes. Kirchen, Gemeindehäuser, kirchlich geleitete Kindergärten und Kindertagesstätten, Pfarrhäuser, konfessionelle Beratungs- und Betreuungsstellen sowie sonstige Einrichtungen von Kirchen und Religionsgesellschaften des öffentlichen Rechts, soweit sie nicht unter Anlagen für soziale Zwecke fallen (VG Bln., B. v. 5.8.1999 – 19 A 165.99 –: Zur Zulässigkeit eines Nuntiaturgebäudes als Anlage für kirchliche Zwecke in einem allgemeinen Wohngebiet, soweit ersichtlich n. v.).

Zu den *kulturellen Anlagen* rechnen kulturelle Einrichtungen von der Stadtbücherei mit Lesesaal über Schulen jeglicher Art bis zum Theater oder der Konzerthalle; ferner zählen hierzu Museen, Hochschulen (Universitäten), wenngleich für Letztere i. d. R. Sondergebiete i. S. von § 11 festgesetzt werden dürften.

Soweit solche Anlagen – besonders Schulen – in den vorwiegend dem Wohnen dienenden Baugebieten vorgesehen sind, empfiehlt sich eine Festsetzung nach § 1 Rn 39 zur Wahrung der allgemeinen Zweckbestimmung des Gebiets (s. auch Rn 11). Im Übrigen werden bei der Genehmigung die Voraussetzungen des § 15 besonders zu prüfen sein.

Veranlasst durch die Novellierungen der jeweiligen Landesbestattungsgesetze und die damit verbundene mögliche Privatisierung weg von den Kirchen und den Gemeinden hin zu privaten Unternehmen, stellt sich die Frage der bauplanungsrechtlichen Beurteilung von **Bestattungsinstituten** mit Trauerhallen in Wohngebieten (OVG NW, B. v. 3.6.1997 – 10 B 941/97 – BauR 1998, 307 = NVwZ-RR 1998, 621 = BRS 59 Nr. 65 u. Thür. OVG, U. v. 20.11.2002 – 1 KO 817/01 – UPR 2003, 451 = BRS 65 Nr. 86) und Krematorien mit Pietätshallen in Gewerbe- (BayVGH, U. v. 30.6.2005 – 15 BV 04.576 – BauR 2005, 1884 = BayVBl. 2005, 692 u. BVerwG, B. v. 20.12.2005 – 4 B 71/05 – BauR 2006, 659 = DVBl. 2006, 457 = NVwZ 2006, 457 = ZfBR 2006, 262 =

BayVBl. 2006, 285) und Industriegebieten (OVG RhPf, B. v. 28.10.2005 – 8 B 11345/05 – BauR 2006, 336). Das OVG NW, aaO., u. das Thür. OVG, aaO., haben ein Bestattungsinstitut mit Trauerhalle als sonstigen nicht störenden Gewerbebetrieb angesehen und nicht als Anlage für soziale bzw. kulturelle Zwecke (zustimmend *Jäde*, in: J/D/W, Rdn. 19 zu § 4 BauNVO). Der BayVGH u. das OVG RhPf dagegen sehen ein **Krematorium** als von dem städtebaulichen Begriff einer Anlage für kulturelle Zwecke erfasst an und verneinen das Vorliegen eines »Gewerbebetriebs aller Art«. Das BVerwG lässt es in seinem B. v. 20.12.2005, aaO., ausdrücklich offen, ob ein Krematorium, das über einen Raum für eine Einäscherungszeremonie verfügt, als Anlage für kulturelle Zwecke angesehen werden kann, tendiert aber eher zu einer Verneinung, weil Pietätsräume, wie Kapellen und Betsäle ein Ort für Ruhe, Besinnung und innere Einkehr sind, die nicht mit der typischen Funktion eines Gewerbegebiets in Einklang stehen. Denkbar ist es nach Auffassung des BVerwG auch, dass Krematorien in Gewerbegebieten oder anderen Baugebieten nach §§ 2–7 und 9 BauNVO überhaupt nicht zulässig sind, sondern in Sondergebiete (§ 11 BauNVO), auf Flächen für den Gemeinbedarf (§ 9 Abs. 1 Nr. 5 BauGB) oder auf Friedhofsflächen (§ 9 Abs. 1 Nr. 15 BauGB) gehören.

Der BayVGH hat das Vorliegen einer Anlage für kulturelle Zwecke damit begründet, dass ein Krematorium der Bestattungskultur dient. Sie erfasst die mit der Totenbestattung und dem Totengedenken zusammenhängenden Erscheinungsformen. Zur Feuerbestattung gehört nicht nur die Beisetzung der in einer Urne verschlossenen Aschenreste in einer Grabstätte, sondern auch die Einäscherung in einer Feuerbestattungsanlage. In allen Kulturen findet seit jeher die Ehrfurcht vor dem Tod und der pietätvolle Umgang mit dem Verstorbenen in den verschiedenen Bestattungsformen ihren symbolischen Ausdruck (BayVGH, aaO.).

Für Feuerbestattungsanlagen bestand ursprünglich keine immissionsschutzrechtliche Genehmigungspflicht. Durch ihre Aufnahme als Nr. 10.24 in den Anhang der 4. BImSchV v. 24.3.1993 (BGBl. I S. 383/386) wurden sie aber der Genehmigungspflicht zunächst unterstellt. Gem. Art. 2 der 27. BImSchV v. 19.3.1997 (BGBl. I S. 545) ist diese immissionsschutzrechtliche Genehmigungspflicht dann aber wieder entfallen. Alle neuen Feuerbestattungsanlagen müssen den Anforderungen der 27. BImSchV entsprechen, sowohl hinsichtlich der Errichtung als auch der Beschaffenheit sowie des Betriebes der Anlagen. Nach *Gaedke* (Handbuch des Friedhofs- und Bestattungsrechts, 9. Aufl., 2004, S. 322) sind Feuerbestattungsanlagen würdig zu gestalten und müssen so beschaffen sein, dass keine schädlichen Umwelteinwirkungen und sonstige Gefahren sowie erhebliche Belästigungen für die Allgemeinheit und der Nachbarschaft zu befürchten sind. Neben Räumlichkeiten für die Bestattungsfeierlichkeiten müssen bei jeder Anlage eine Leichenhalle oder gesonderte, nach Größe und Belichtung geeignete und mit einer entspr. Vorrichtung für Lüftung und Abführung der Ausscheidungen versehene Räume für die Aufbewahrung der einzuäschernden Leichen vorhanden sein sowie geeignete Räume für die Vornahme etwa notwendig werdender Leichenöffnungen zur Verfügung stehen.

Ein **Krematorium mit oder ohne Pietätsraum** stellt keine Anlage für kulturelle Zwecke dar. Anlagen für kulturelle Zwecke dienen nach der Vorstellung des Verordnungsgebers traditionell der Kunst, der Wissenschaft und der Bildung (*Ziegler*, in: **Brügelmann**, Rn 68 zu § 2 BauNVO und *Bielenberg*, in: E/Z/B/K, Rn 44 zu § 2 BauNVO), nicht aber dem Totengedenken und der Bestattungskultur. Weiterhin spricht gegen die Annahme eines Krematoriums als Anlage für kulturelle Zwecke, dass sie dann in einem Kleinsiedlungsgebiet gem. § 2 Abs. 3 Nr. 2 und in einem reinen Wohngebiet gem. § 3 Abs. 3 Nr. 2 BauNVO ausnahmsweise zulässig und in einem allgemeinen Wohngebiet sogar allgemein zulässig wäre gem. § 4 Abs. 2 Nr. 2 BauNVO. Auch in einem Gewerbe- und Industriegebiet wäre ein Krematorium dann gem. § 8 Abs. 3 Nr. 2 und § 9 Abs. 3. Nr. 2 BauNVO ausnahmsweise zulässig. Eine solche allgemeine oder ausnahmsweise Zulässigkeit von Krematorien als Anlage für kulturelle Zwecke in allen Gebieten der BauNVO hat der Verordnungsgeber nicht gewollt.

Damit wäre das Leitbild der BauNVO, eine nachhaltige städtebauliche Entwicklung und eine dem Wohl der Allgemeinheit entspr. Bodennutzung zu gewährleisten, nicht mehr gewahrt. Ein Krematorium ist aber auch dann im Gegensatz zur Auffassung des BVerwG kein »sonstiger Gewerbebetrieb« oder »Gewerbebetrieb aller Art«, wenn das Krematorium keine Pietätshalle aufweisen sollte, was tatsächlich aber eher unwahrscheinlich ist. Das BVerwG verneint die Zulässigkeit eines Krematoriums mit Pietätshalle in einem Gewerbegebiet mit dem Hinweis auf die Gebietsunverträglichkeit nach der typisierenden Betrachtungsweise. Bei einem Krematorium mit oder ohne Pietätshalle handelt es sich um einen Gewerbebetrieb sui generis, der nur in Sondergebieten (§ 11 BauNVO), auf Flächen für den Gemeinbedarf (§ 9 Abs. 1 Nr. 5 BauGB) oder auf Friedhofsflächen (§ 9 Abs. 1 Nr. 15 BauGB) zulässig ist. Ansonsten würde man ein Krematorium hinsichtlich des technischen Vorgangs der Verbrennung von Humanleichen auf die gleichen Stufe stellen wie z. B. eine Anlage zur Beseitigung oder Verwertung von Tierkörpern oder tierischen Abfällen gem. § 2 Abs. 1 Buchst. a Nr. 7.12 des Anh. zur 4. BImSchV. Dies wäre nicht nur aus städtebaulichen Gründen gebietsunverträglich, sondern würde auch dem sittlichen Empfinden der Allgemeinheit und damit der mitteleuropäischen Bestattungskultur widersprechen. Auch den Verstorbenen verbleibt hinsichtlich der Art und Weise ihrer Bestattung ein nachwirkender Rest an Menschenwürde (BVerfGE 30, 173), der auch städtebaulich zu beachten ist. Deshalb ist der traditionelle Standort eines Krematoriums – von möglichen Ausnahmen abgesehen – das Friedhofsgelände (so zu Recht BVerwG, aaO., unter Hinweis auf *Gröschner*, Menschenwürde und Sepulkralkultur in der grundgesetzlichen Ordnung, S. 55). Friedhöfe sind nämlich üblicherweise Orte der Ruhe, des Friedens und des Gedenkens an die Verstorbenen. Sie bieten das kontemplative Umfeld, in das eine pietätvolle Totenbestattung nach herkömmlicher Anschauung und Erwartungshaltung einzuhalten ist (BVerwG, aaO.). Der zunehmende Druck auf die Privatisierung kommunaler Aufgaben findet verfassungsrechtlich und städteplanerisch durchaus noch seine Grenzen. Dies hat der BayVerfGH in seiner Entscheidung v. 4.7.1996 (– f 16 – VII 94 u. a. –, NVwZ 1997, 481) zu Feuerbestattungsanlagen in privater Trägerschaft verkannt.

Ein Bestattungsinstitut mit Trauerhalle wird man dagegen als Gewerbebetrieb ansehen können, der aber entgegen der Auffassung des OVG NW u. des Thür. OVG wegen Gebietsunverträglichkeit nach der typisierenden Betrachtungsweise in einem allgemeinen Wohngebiet auch nicht ausnahmsweise zulässig ist, weil Totengedenken als Totenkultur und Wohnen in einem städtebaulichen Widerspruch stehen. Solche Bestattungsunternehmen mit Trauerhalle sind daher nur in Misch- und Kerngebieten zulässig.

d) Anlagen für soziale Zwecke. Anlagen für soziale Zwecken dienen in einem weiten Sinn der sozialen Fürsorge und der öffentlichen Wohlfahrt. Es handelt sich dabei um Nutzungen, die auf Hilfe, Unterstützung, Betreuung und ähnliche fürsorgerische Maßnahmen ausgerichtet sind. Als typische Beispiele werden Einrichtungen für Kinder und Jugendliche, alte Menschen sowie andere Personengruppen angesehen, die (bzw. die Eltern) ein besonderes soziales Angebot annehmen wollen. Eine Anstalt für offenen Strafvollzug (»Freigängerhaus«) ist deshalb keine Anlage für soziale Zwecke i.S. der BauNVO (BVerwG, B. v. 26.7.2005 – 4 B 33.05 – BauR 2005, 1754 = DVBl. 2005, 1391 = NVwZ 2005, 1186 = ZfBR 2005, 1186). Anlagen für soziale Zwecke (zum Begriff »sozial« s. § 3 Rn 19.62 f.) sind weiterhin Jugendheime, Altersheime, Obdachlosenasyle, d.h. Schlafstätten für Nichtsesshafte, nicht konfessionelle Kindergärten, Kinderkrippen, Kinderhorte, sog. Eltern-Kind-Gruppen als Einrichtungen für die Kinderbetreuung, Fürsorgeeinrichtungen und ähnliche Einrichtungen, wobei die nicht immer genau mögliche Abgrenzung der sozialen Anlagen zu den Anlagen für gesundheitliche Zwecke i.A. planungsrechtlich ohne Bedeutung ist. Schwieriger und für die Zulässigkeit von Bedeutung ist dagegen die Abgrenzung der Anlagen für soziale Zwecke zu der Nutzungsform »Wohngebäude«; denn die Anlagen für soziale Zwecke sind auch dort zulässig, wo andere **Gemeinbedarfsanlagen** entspr. der Eigenart des Baugebiets **nicht zugelassen** werden sollen (§ 3) und der Befreiung nach § 31 Abs. 2 BauGB bedürften. Ferner sind **Anlagen für soziale Zwecke** wenigstens ausnahmsweise zuzulassen, wo Wohngebäude nicht oder nur unter bestimmten Voraussetzungen zulassungsfähig sind (§§ 8, 9). So könnten z.B. Lehrlingsheime als teilweise caritativ betreute Wohnheime nicht ohne weiteres unter die Anlagen für soziale Zwecke fallen, sondern nutzungsrechtlich als Wohngebäude aufzufassen sein. Dagegen dürfte ein Lehrlingsheim, wenn es mit einer Lehrlings**ausbildung**sstätte verbunden ist, wie sie bei größeren Industrieunternehmen anzutreffen sind, zu den Anlagen für soziale Zwecke rechnen.

15 e) **Anlagen für gesundheitliche Zwecke.** Bei Anlagen für gesundheitliche Zwecke kommt dem Begriff der Gemeinbedarfsanlagen, wie er in § 5 Abs. 2 Nr. 2 BauGB umschrieben ist (s. Rn 11), besondere Bedeutung zu. Zu den Anlagen gehören Krankenhäuser jeglicher Art, Heil- und Pflegeanstalten in verschiedenster Form mit den daran angeschlossenen Schwesternheimen, Altenpflegeheime (s. aber § 3 Rn 11.1–11.4), krankengymnastische (Massage-) und sonstige medizinische Behandlungsinstitute, Gesundheitsämter. Dagegen werden **Arztpraxen** und etwa Apotheker vom Begriff der Gemeinbedarfsanlagen i.S. von § 5 Abs. 2 Nr. 2 BauGB = Anlagen für gesundheitliche Zwecke i.S. der BauNVO **nicht erfasst** (BVerwG, U. v. 12.12.1996; Fundst. Rn 11). Deren Zulässigkeit richtet sich (ausschließlich) nach § 13. Eine Kleintierarztpraxis ist in einem im Übrigen zu Wohnzwecken genutzten Gebäude in einem WA-Gebiet als Anlage für gesundheitliche Zwecke i.S. von § 4 Abs. 2 Nr. 3 demzufolge entgegen einem B. des VGH BW v. 16.2.1995 (– 8 S 421/95 – BRS 57 Nr. 65) nicht zulässig. Das BVerwG weist in diesem Zusammenhang mit Recht darauf hin, dass die Ärzte – und evtl. auch die Apotheker – gegenüber sonstigen freiberuflich oder gewerblich Tätigen eine Privilegierung erfahren würden, für die ein städtebaulich rechtfertigender Grund nicht ersichtlich ist (BVerwG, U. v. 12.12.1996, aaO.); aA. zu dem U. des BVerwG v. 12.12.1996, wonach § 13 BauNVO als abschließende Regelung für die freien Berufe, mithin gerade auch für Ärzte, Apotheker u.Ä. Berufe, zu verstehen ist (*Stock*, ZfBR 1997, 219).

15.1 f) **Anlagen für sportliche Zwecke.** Bei Anlagen für sportliche Zwecke kommt es in besonderer Weise auf den Begriffsinhalt der Gemeinbedarfsanlagen an, wie er vorn BVerwG im U. v. 12.12.1996 (Fundst. Rn 11) in seiner historischen Entwicklung und planerischen Bedeutung nachgezeichnet worden ist (s. Rn 11). Danach braucht bei derartigen Anlagen das Merkmal des Gemeingebrauchs zwar nicht erfüllt zu sein, und es kommt gleichfalls auf die Rechtsform des Trägers nicht an. Bei einem privaten Rechtsträger wird aber vorausgesetzt, dass er eine öffentliche Aufgabe erfüllt, mithin dass die Anlage oder Einrichtung der Allgemeinheit dient und dass eine dem bloßen privatwirtschaftlichen Gewinnstreben entzogene öffentliche Aufgabe wahrgenommen wird (BVerwG, B. v. 18.5.1994 – 4 NB 15.94 – BauR 1994, 485 = BRS 56 Nr. 22; s. auch Rn 11.7). In diesem Sinne fallen unter den Anlagenbegriff für sportliche Zwecke Sport- und Spielplätze, Turnhallen, Schwimmbäder, Tennisplätze und ähnliche Einrichtungen für besondere Sportarten (z.B. Bootshäuser) mit den Umkleideräumen und sonstigen erforderlichen Nebenanlagen. Wegen der Nichtanrechnung der Nebenanlagen auf das Maß der baulichen Nutzung nach § 19 kann es sich – unbeschadet ihrer Zulässigkeit im Rahmen der Anlagen für sportliche Zwecke – nur um flächenmäßig kleine Anlagen i.S. der Untergeordnetheit nach § 14 Abs. 1 handeln (ebenso *Bielenberg*, in: *E/Z/B/K* § 2 Rdn. 47).

Soweit es sich um Großsportanlagen (Fußballstadien) u.a. Sportzentren handelt, wird insbes. zur Gewährleistung einer ordnungsgemäßen Verkehrsführung – An- und Abfahrt der Kfz zu Sportveranstaltungen – und zur Einplanung genügender Parkplätze die Möglichkeit besonderer Festsetzung der erforderlichen Grundstücksflächen Bedeutung gewinnen (Rn 11–11.4). Das gilt insbes. für sportlichen Zwecken dienende Freizeitanlagen, die gewerblich betrieben werden (Rn 11.1).

5. Anlagen und Einrichtungen nach den §§ 12–14

16 Für die Anlagen nach den §§ 12–14 sind aufgrund der 3. ÄndVO (1986) u. der 4. ÄndVO (1990) **keine Änderungen** erfolgt. In § 14 Abs. 2 ist lediglich angefügt, dass die dort getroffene Regelung auch für *fernmeldetechnische* Nebenanlagen sowie für Anlagen für erneuerbare Energien gilt.

Außer den jeweils in Abs. 2 der §§ 2–9 genannten Nutzungen (Anlagen und Betriebe) sind in allen Baugebieten – wenigstens vom Grundsatz her – **Stellplätze und Garagen** (§ 12 Abs. 1), **Gebäude und Räume für freie Berufe** (§ 13) und **Nebenanlagen** (§ 14 Abs. 1) zulässig.

§ 12 enthält in den Abs. 2 und 3 für die Zulässigkeit von Stellplätzen und Garagen in bestimmten Baugebieten generelle Einschränkungen, in den Abs. 4 und 5 Vorschriften zur (variablen) Festsetzung von Stellplätzen oder Garagen in bestimmten Geschossen oder Teilen von ihnen sowie in Absatz 6 die Möglichkeit, über die Abs. 2 und 3 hinausgehend im B-Plan festzusetzen, dass in bestimmten Baugebieten oder Teilen von ihnen Stellplätze und Garagen unzulässig oder nur in beschränktem Umfang zulässig sind (Näheres bei § 12).

In § 13 ist durch die ÄndVO **1977** zusätzlich aufgenommen worden, dass in den Baugebieten nach den §§ 4a–9 auch **Gebäude für freie Berufe** zulässig sind. Bei diesen Anlagen wird besonders in den vorwiegend oder fast ausschließlich der Wohnnutzung vorbehaltenen Gebieten (§§ 2, 4, 3) bereits bei der Planung zu klären, d.h. vom Rat der Gemeinde zu entscheiden sein, ob und inwieweit solche Anlagen zur Wahrung eines verkehrsberuhigten Wohnumfeldes – abweichend von dem jeweiligen Baugebietskatalog – zugelassen werden sollen (§ 1 Abs. 5, § 1 Rn 100–103); Näheres s. § 13 Rn 7–9.

§ 14 bestimmt für die Zulässigkeit von **Nebenanlagen** und Einrichtungen generell, dass sie **dem Nutzungszweck** der in dem Baugebiet gelegenen Grundstücke oder des Baugebiets selbst **dienen** müssen und seiner Eigenart nicht widersprechen dürfen. Diese Gründe sind also bestimmend für die Zulässigkeit untergeordneter Nebenanlagen und Einrichtungen im Zuge der Genehmigung baulicher Anlagen nach den §§ 2–9 (Näheres bei § 14).

Für die in allen Baugebieten bei der Genehmigung baulicher Nutzungen zulässigen oder zulassungsfähigen sonstigen Anlagen, Einrichtungen und Nutzungsmöglichkeiten nach den §§ 12–14 gelten die allgemeinen Voraussetzungen des § 15.

6. **Der bodenrechtlich relevante Begriff der baulichen Anlage; die Bebauungsgenehmigung, Begriff und Verfahren zu ihrer Erlangung; Grundsätzliches zur Nutzungsänderung**

17 a) **Begriff der baulichen Anlage.** Nach st. Rspr. des BVerwG seit seinem Urt. v. 10.12.1971 (– IV C 33, 34, 35.69 – BVerwGE 39, 154 = BRS 24 Nr. 149 = BauR 1972, 100 = MDR 1972, 444) ist der *planungsrechtliche* Begriff der baulichen Anlage i. S. von § 29 Abs. 1 Satz 1 BauGB ein eigenständiger, von den bauordnungsrechtlichen Definitionen nach Landesrecht unabhängiger Begriff. Unter den Begriff der baulichen Anlage i. S. von § 29 Abs. 1 Satz 1 BauGB fallen alle Anlagen, die

- in einer auf Dauer gedachten Weise künstlich mit dem Erdboden verbunden werden und
- die in § 1 Abs. 6 BauGB genannten Belange in einer Weise berühren können, die geeignet ist, das Bedürfnis nach einer ihre Zulässigkeit regelnden verbindlichen Bauleitplanung hervorzurufen

(BVerwG, U. v. 31.8.1973 – IV C 33.71 – BRS 27 Nr. 122 = BauR 1972, 366; ferner U. v. 17.12.1976 – IV C 6.75 – BRS 30 Nr. 177).

Der *bundesrechtliche* Begriff der baulichen Anlage ist im Vergleich zu den entspr. Begriffen des (landesrechtlichen) Bauordnungsrechts nicht schlechthin der weitere Begriff; er schließt i. A. eine weitgehende inhaltliche Übereinstimmung mit dem bauordnungsrechtlichen Begriff zwar nicht aus (BVerwG, U. v. 10.12.1971, aaO.). Die **Zielsetzung** des bauplanungsrechtlichen Begriffs nach Bundesrecht und des bauordnungsrechtlichen Begriffs nach Landesrecht ist aber wesentlich voneinander verschieden. Während es zum einen um die Frage geht, ob ein Vorhaben für die städtebauliche Entwicklung erheblich und deshalb materiell Vorschriften des *Bodenrechts zu* unterwerfen ist, geht es zum anderen darum, ob es sich um ein Vorhaben handelt, das im allgemeinen Interesse nicht ohne Beachtung gewisser ordnungsrechtlicher Vorschriften ausgeführt werden soll (BVerwG, U. v. 31.8.1973, aaO.). Es macht mithin einen prinzipiellen Unterschied aus, ob ein Vorhaben der präventiven Kontrolle durch das Bauordnungsrecht bedarf oder ob es materielle Belange des Planungsrechts berührt (BVerwG, aaO.). Insoweit – auch was die Notwendigkeit der planungsrechtlichen Relevanz i. S. des § 1 Abs. 6 BauGB anbelangt – ist dem BVerwG voll beizupflichten (zur planungsrechtlichen Relevanz vgl. die wohl etwas einschränkende Auffassung von *Sendler*, BBauBl. 1968, 12).

Ob ein bauliches Vorhaben i. S. des § 29 Abs. 1 BauGB (hier: eine Gerätehütte aus Holz bis zu 10 m³ Rauminhalt) in der ab 1.1.1998 geltenden Fassung vorliegt, hängt nicht davon ab, ob es nach der sog. Deregulierung der LBOen genehmigungs-, zustimmungs- oder anzeigepflichtig gewesen wäre (BVerwG, U. v. 7.5.2001 – 6 C 18.00 – BVerwGE 114, 206 = NVwZ 2001, 1046 = BauR 2001, 1558 = ZfBR 2001, 431).

18 Gewisse Bedenken müssten dagegen vorgebracht werden, soweit zum planungsrechtlichen Begriff einer baulichen Anlage etwa (stets) das Merkmal gehören sollte, dass die bauliche Anlage i. S. von § 29 Abs. 1 Satz 1 BauGB geeignet ist, »*das Bedürfnis nach einer ihre Zulässigkeit regelnden verbindlichen Bauleitplanung hervorzurufen*« (BVerwG. U. v. 31.8.1973, aaO.; dazu auch *Willeke*, BauR 1973, 349). Dieses Begriffsmerkmal kann allenfalls dahin verstanden werden, dass in **jedem Fall** alle die Anlagen unter § 29 Abs. 1 Satz 1 BauGB zu begreifen sind, die das Bedürfnis nach einer ihre Zulässigkeit regelnden verbindlichen Bauleitplanung hervorrufen. In diesem Sinne gewinnt die bodenrechtlich relevante Einschränkung des Begriffs der baulichen Anlage auch aktuelle Bedeutung für die Genehmigung der Nutzungen nach den Abs. 2, 3 der §§ 2–9, z.B. bei der Abgrenzung, in welchen Fällen ein Lagerplatz nach § 8 Abs. 2 Nr. 1 noch den vom BVerwG aufgestellten Begriffsmerkmalen entspricht.

Selbstverständlich erfasst der bauplanungsrechtliche Begriff der baulichen Anlage i.S. von § 29 Abs. 1 Satz 1 BauGB auch die Vorhaben, die hinsichtlich ihrer Zulässigkeit innerhalb eines im Zusammenhang bebauten Ortsteils i.S. von § 34 BauGB oder etwa nach § 35 Abs. 1 BauGB zu beurteilen sind.

b) Begriff der Bebauungsgenehmigung. Die »Bebauungsgenehmigung« im bundesrechtlichen Sinne dieses Wortes ist für die (spätere) Baugenehmigung ein *Vorbescheid* besonderer Art. Sie ist ihrem Wesen nach *nicht* eine *Zusage*, sondern ein *Ausschnitt* aus dem feststellenden Teil der Baugenehmigung, der sich über die **bodenrechtliche Bebauungsfähigkeit** eines Grundstücks verhält (BVerwG, U. v. 10.5.1968 – IV C 8.67 – BRS 20 Nr. 142 = NJW 1969, 73 = DÖV 1969, 143; U. v. 23.5.1975 – IV C 28.72 – BRS 29 Nr. 116 = BauR 1975, 394). Die Bebauungsgenehmigung ist Teil der umfassenderen Baugenehmigung. Sie wird als Vorbescheid dadurch gekennzeichnet, dass sie »*die bodenrechtliche Zulässigkeit eines bestimmten Vorhabens*« ausspricht (BVerwG. B. v. 26.5.1972 – IV B 36.72 – BRS 25 Nr. 77 = BauR 1972, 286).

Obwohl der Begriff »Bebauungsgenehmigung« weder vom BauGB noch von den Bauordnungen der Länder verwendet wird, hat er seit langem einen festen Platz in der baurechtlichen Literatur und in der Terminologie der verwaltungsgerichtlichen Rspr. Die im Begriff liegende Beschränkung des Genehmigungsbegehrens ist bereits unter der Geltung der Bauregelungsverordnung vom BVerwG und der obergerichtlichen Rspr. in Fortführung der Rspr. des Preuß. OVG (so PrOVGE 104, 206) stets zugelassen worden (u.a. BVerwG, U. v. 29.4.1964 – 1 C 30.62 – DVBl. 1964, 527 u. OVG Lüneburg, U. v. 29.10.1964 – IA 75/63 – BRS 15 Nr. 50 = DVBl. 1965, 288).

c) Verfahren bei der Bebauungsgenehmigung. Ein Bauantragsteller kann mit einer schriftlichen **(Bau-)Voranfrage** vor Einreichung des (eigentlichen) Bauantrages die bauplanungsrechtliche Zulässigkeit des von ihm begehrten Vorhabens abklären. Die Einholung der Bebauungsgenehmigung wird sich immer dann empfehlen, wenn die (Aus-)Nutzung des Grundstücks nicht eindeutig feststeht. Das wird insbes. die Fälle betreffen, in denen eine **Nutzungsänderung** oder die **ausnahmsweise** Zulassung einer baulichen Anlage (eines Betriebes) begehrt wird und die Genehmigung evtl. vom pflichtgemäßen Ermessen der Baugenehmigungsbehörde oder von der Mitwirkung einer anderen Behörde abhängt.

Der Vorteil einer (Bau-)Voranfrage liegt u.a. darin, dass der **Bauherr selbst** den Antrag stellen kann, während er für den eigentlichen Bauantrag sich i.A. eines Entwurfsverfassers bedienen muss. Die Einzelheiten sind in den Bauord-

Vorbem §§ 2–9, 12–14 20.1, 21

nungen der Länder und den dazu ergangenen Verwaltungsvorschriften – teils unterschiedlich – geregelt.

Aus dem **Antrag auf Erteilung einer Bebauungsgenehmigung** muss erkennbar sein, zu welchen Fragen eines *konkreten* (Bau-)Vorhabens (auf einem bestimmten Grundstück) der Vorbescheid gewünscht wird. Die (allgemeine) Anfrage nach den Festsetzungen eines B-Planes ist nicht als Antrag auf einen Vorbescheid in Gestalt der Bebauungsgenehmigung anzusehen.

20.1 Der Inhalt einer noch nicht bestandskräftigen Bebauungsgenehmigung muss in der Baugenehmigung erneut geregelt werden. Eine Baugenehmigung, die keinen anderslautenden Zusatz enthält, genügt diesen Anforderungen. Sie ist im Hinblick auf die Bebauungsgenehmigung ein Zweitbescheid. Eine schon bestandskräftige Bebauungsgenehmigung braucht hingegen aus bundesrechtlicher Sicht nur redaktionell in die Baugenehmigung übernommen zu werden.

Bei der Erteilung der Baugenehmigung ist die Behörde gegenüber dem Bauherrn **an den Inhalt** der Bebauungsgenehmigung **gebunden**. Einem Dritten (Nachbarn) gegenüber besteht die Bindung nur, soweit die Bebauungsgenehmigung ihm gegenüber bei der Erteilung der Baugenehmigung bestandskräftig war (Fortführung des U. v. 9.12.1983 – 4 C 44.80 – BRS 40 Nr. 176; BVerwG, U. v. 16.3.1989 – 4 C 36.85 –).

Ein Bauvorbescheid, der die bundesrechtliche Zulässigkeit eines Vorhabens feststellt und nach Landesrecht ein vorweggenommener Teil der Baugenehmigung ist (sog. Bebauungsgenehmigung), setzt sich gegenüber nachfolgenden Rechtsänderungen durch das Inkrafttreten einer Veränderungssperre oder eines B-Plans durch (BVerwG, U. v. 3.2.1984 – 4 C 39.82 – BRS 42 Nr. 170 = ZfBR 1984, 144).

21 d) **Grundsätzliches zur Nutzungsänderung.** Eine **Nutzungsänderung im bebauungsrechtlichen Sinne** liegt nach der Rspr. des BVerwG immer dann vor, wenn durch die Verwirklichung eines Vorhabens die **jeder Art von Nutzung eigene Variationsbreite verlassen wird,** *und* wenn durch die Aufnahme der veränderten Nutzung bodenrechtliche Belange neu berührt werden können, so dass sich die Genehmigungsfrage unter bodenrechtlichen Gesichtspunkten neu stellt (st. Rspr.; u.a. U. v. 25.3.1988 – 4 C 21.85 – BRS 48 Nr. 138; U. v. 11.11.1988 – 4 C 50.87 – BRS 48 Nr. 58; U. v. 23.1.1981 – 4 C 83.77 – BRS 38 Nr. 89 = NJW 1981, 1224 u. B. v. 14.4.2000 – 4 B 28.00 – BauR 2001, 222 = BRS 63 Nr. 173 = ZfBR 2001, 355 = NVwZ-RR 2000, 758: »*Ein derartiger Qualitätsunterschied kann zwischen dem ehemaligen Lagerplatz eines Bauunternehmens und der neuen Nutzung bestehen, die den Platz nicht nur als Lagerfläche, sondern auch als Sammel- und Umschlagplatz sowie als Verkaufsstätte für gebrauchte Maschinen, Kraftfahrzeuge und Fahrzeugteile in Anspruch nehmen will. Denn zumindest bauplanungsrechtlich relevante Belange des Umweltschutzes und des Verkehrs können durch die beiden Nutzungsarten in unterschiedlicher Weise betroffen sein.*«).

Das Stellen der Genehmigungsfrage bedeutet **i. d. Praxis,** dass aufgrund eines Antrags des die Nutzungsänderung Begehrenden in einem *förmlichen Baugenehmigungsverfahren* (erst) geklärt werden muss, ob für die geänderte Nutzung des Vorhabens (entgegen der ursprünglichen Genehmigung) andere und/oder *zusätzliche* bauplanungsrechtliche, bauordnungsrechtliche, immissionsschutzrechtliche oder sonstige öffentlich-rechtliche Vorschriften zu beachten sind, um den durch sie gewährleisteten öffentlichen Belangen zu genügen (s. auch § 15 Rn 27).

21.1 Das Verlassen »*der jeder Art von Nutzung eigenen Variationsbreite*« durch Verwirklichung eines anderen (geänderten) Vorhabens, wodurch *bodenrechtliche Belange* neu berührt werden können, wie das BVerwG in den Gründen seines U. v. 11.11.1988 (aaO.) eine Nutzungsänderung im bauplanungsrechtlichen Sinne abstrakt umschreibt, wird der **komplexen Bedeutung der Nutzungsänderung** für die städtebauliche *Ordnung* und geordnete *Entwicklung* i.S. von § 1 Abs. 3 BauGB nur begrenzt gerecht; für die Verwaltung ist die begriffliche Umschreibung der Nutzungsänderung nur schwer verständlich. Wird z.B. eine im WR-Gebiet am Rande einer Stadt gelegene Villa von zwei oder drei Prostituierten »gehobenen Anspruchs« (s. § 3 Rn 16.34) angemietet, um dort ihrem Gewerbe (sui generis) nachzugehen (s. § 4a Rn 23.7), wird die bisherige Wohnnutzung abrupt verlassen. Die Änderung der Wohnnutzung in eine gewerbliche Nutzung dieser besonderen Art ist – unabhängig von Fragen der Stellplatzpflicht – in Wohnbaugebieten nach §§ 2–4a schlechthin unzulässig, so dass die Prüfung, ob die »jeder Art von Nutzung eigene *Variationsbreite*« verlassen wird, keine Rolle spielen kann.

21.2 Wird eine **neue Nutzung** aufgenommen, die nach der Verkehrsanschauung mit der alten nicht verwandt, sondern von ihr grundsätzlich verschieden ist, handelt es sich um eine **wesentliche Änderung** der (Be-)Nutzung (vgl. OVG NW, U. v. 1.9.1988 – 11 A 1158/87 – BRS 48 Nr. 106 m.w.N.), die im Regelfall zugleich eine »Variationsbreite«, die dadurch verlassen wird, ausschließt. Die **Umwandlung** von **Wohnraum** in eine *gewerbliche* Nutzung ist stets eine **Nutzungsänderung** in **bauplanungsrechtlicher Hinsicht,** ohne dass es auf die Prüfung einer nutzungsrechtlichen Variationsbreite ankommt. Die bauplanungsrechtliche Erheblichkeit der Nutzungsänderung wird entscheidend durch den jeweiligen baugebietsspezifischen Katalog der zulässigen Nutzungen u. Anlagen bestimmt. Will man auf den Begriff der »*Variationsbreite*« abstellen, kann ggf. auf den **baugebietsspezifischen Zulässigkeitskatalog** abgehoben werden. Soll z.B. in einem bisherigen *Möbelgeschäft* eines festgesetzten, nicht gegliederten MI-Gebiets (§ 6 Abs. 2 Nr. 3 – »Einzelhandelsbetrieb«) eine Arztpraxis eingerichtet werden, erfolgt in Bezug auf die Variationsbreite des *baugebietsspezifischen* Katalogs der *bauplanungsrechtlich* zulässigen Nutzungen u. Anlagen (§ 6 Abs. 2) keine **Nutzungsänderung.** Dennoch kann es nicht zweifelhaft sein, dass in derartigen Fällen im bauplanungsrechtlichen Sinne, nämlich zur Gewährleistung der städtebaulichen Ordnung u. geordneten Entwicklung i.S. von § 1 Abs. 3 BauGB, eine **Nutzungsänderung** gegeben ist, der der bauaufsichtlichen Genehmigung bedarf.

21.3 Eine bauplanungsrechtliche Nutzungsänderung ist **stets** dann **genehmigungsbedürftig,** wenn aufgrund der Änderung der Nutzung ein **Stellplatzbedarf** besteht, der zumindest gleich bleibend ist oder möglicherweise einen vermehrten Bedarf verursacht (OVG NW, U. v. 1.9.1988 – 11 A 1158/87 – BRS 48 Nr. 106). Der Grund liegt darin: Die städtebauliche Ordnung geht – insoweit in Übereinstimmung mit den bauordnungsrechtlichen Bestimmungen über die Stellplatzverpflichtung nach den LBOen – von dem Grundsatz aus, dass für das jeweilige Grundstück, auf dem die Nutzung ausgeübt wird, der von der Nutzung ausgehende Stellplatzbedarf unmittelbar, d.h. **ohne Inanspruchnahme** öffentlicher Verkehrsflächen, gewährleistet sein muss. Anderenfalls würde der Eigentümer oder Besitzer eines – privaten und gleichermaßen eines öffentlichen – Grundstücks durch das Abstellen der eigenen Kfz oder derjenigen von Grundstücksnutzern (Besuchern u. dergl.) die öffentliche Verkehrsfläche dem Gemeingebrauch bzw. der sonstigen öffentlichen Zweckbestimmung entspr. der Widmung entziehen (im Ergebnis ebenso OVG NW, U. v. 1.9.1988, aaO., unter Bezugnahme auf Rspr. u. Schrifttum).

Vorbem §§ 2–9, 12–14   21.4, 21.5

21.4 Ist die grds. **Stellplatzverpflichtung** entspr. den Vorschriften der LBO nicht auf dem Grundstück selbst oder in der Nähe des (Bau-)Grundstücks zu erfüllen, kann die Gemeinde die *mögliche Ablösung* mit der Begr. verweigern, dass die Wohn-, Arbeits- u. Lebensqualität des betreffenden städtebaulich wertvollen Gebiets, etwa einer historischen Altstadt, gewahrt werden soll u. den Belangen der Anwohner ausreichend Rechnung zu tragen ist (so mit Recht BayVGH, U. v. 10.12.1986 – Nr. 26 B 83 A.996 – BRS 46 Nr. 117; im Ergebnis ebenso BVerwG, B. v. 27.9.1983 – 4 B 122.83 – BRS 40 Nr. 146 sowie B. v. 4.9.1986 – 4 B 186, 187.86 – NVwZ 1987, 410). Ob von der angebotenen Ablösung Gebrauch gemacht werden soll, steht im Ermessen der Bauaufsichtsbehörde u. der Gemeinde (OVG NW, U. v. 2.2.1983 – 11 A 2515/80 – NJW 1983, 2834).

21.5 Bei der materiellen **Zulässigkeitsprüfung einer Nutzungsänderung** ist der weite Begriff des Vorhabens i. S. von § 29 Abs. 1 Satz 1 BauGB zugrundezulegen. Die Zulässigkeit der Nutzungsänderung ist bauplanungsrechtlich so zu beurteilen, wie sie zu beurteilen wäre, wenn die bauliche Anlage für den neuen Zweck errichtet werden sollte (ebenso BayVGH, U. v. 6.10.1987 – Nr. 14 B 87.00289 – BRS 48 Nr. 57 unter Bezugnahme u. a. auf BVerwG, B. v. 23.1.1981 – BRS 38 Nr. 39 = BauR 1981, 246 = DÖV 1981, 457). Das bedeutet, dass – abgesehen von der stets zu prüfenden Stellplatzpflicht i. S. des **Nachweises der erforderlichen Stellplätze** (u. a. OVG NW, U. v. 1.9.1988, aaO.) – die Nutzungsänderung darauf zu überprüfen ist, ob die *geänderte* Nutzung dem Baugebietscharakter (noch) entspricht oder etwa wegen Immissionsbeeinträchtigungen und anderer Störungen u. Belästigungen i. S. des § 15 Abs. 1 Satz 2 unzulässig ist. **Nutzungsänderungen** sind von vielgestaltiger Art, zeugen häufig von einem beachtlichen Einfallsreichtum u. können für die geordnete städtebauliche Entwicklung erhebliche Negativwirkungen zur Folge haben (zu Einzelheiten u. Problemfällen s. § 15 Rn 25–30.1).

Beispiele: Umwandlung eines Ladens (Einzelhandelsbetriebs) durch Aufstellung einer Anzahl von Video-Kabinen in eine **Vergnügungsstätte** i. S. von § 4a Abs. 3 Nr. 2 (OVG Lüneburg, B. v. 8.5.1987 – 6 B 10/87 – BRS 47 Nr. 199). – Umwandlung eines **Lebensmittel-Selbstbedienungsladens** in einen **Sexshop**, verbunden mit der Aufstellung von 16 **Video-Kabinen** (OVG NW, B. v. 27.2.1987 – 11 B 2903/86 – BRS 47 Nr. 202). – Umgestaltung einer baurechtlich genehmigten Gaststätte durch Aufstellung zusätzlicher Spielgeräte in einen Betrieb mit **Spielhallencharakter** u. damit in eine **Vergnügungsstätte** (Hess.VGH, B. v. 15.10.1986 – 3 TH 2544/85 – BRS 46 Nr. 134). Die Gaststättenerlaubnis umfasst oder ersetzt nicht eine nach der Hess. Bauordnung erforderliche Baugenehmigung für eine Nutzungsänderung, die in der Umwandlung einer Gaststätte mit Saal in eine Diskothek zu sehen ist (Hess. VGH, B. v. 23.12.1988 – 4 TH 4362/88 – GewArch. 1989, 168). – Die Umstellung des bisher auf die Winterzeit beschränkten Betriebsteils einer **Alm-Gaststätte für Skiläufer und Wanderer** in einem Ski- und Wandergebiet auf **einen ganzjährige Betrieb**, der zusätzliche Gäste (Auto- und Bustouristen) anziehen soll, stellt eine Nutzungsänderung i. S. des § 29 Abs. 1 BauGB dar (BVerwG, B. v. 6.9.1999 – 4 13 74.99 – NVwZ 2000, 678 = NuR 2001, 154). Bei der Weiterentwicklung eines Gewerbebetriebs (Umwandlung einer Gastwirtschaft mit **Tanzsaal** in eine **Diskothek**) ist eine Nutzungsänderung i. S. des § 29 Abs. 1 BauGB ohne weiteres zu bejahen. – Als kerngebietstypische Vergnügungsstätte unterliegt eine **Diskothek** einer anderen planungsrechtlichen Bewertung als eine Gaststätte mit **Tanzsaal**, wie die unterschiedlichen Regelungen in der BauNVO zeigen. Eine derartige Änderung ist durch den Bestandsschutz nicht gedeckt (BVerwG, B. v. 11.7.2001 – 4 B 36.01 –). Dies gilt auch für die Umwandlung eines **Ladengeschäfts** in ein »Wettbüro« als Vergnügungsstätte (VG Minden, B. v. 10.2.2006 – 1 L 69/06 – u. Hess.VGH, B. v. 19.9.2006 – 3 TG 2161/06 – NVwZ-RR 2007, 81) und die Umwandlung eines **Bistros** in einen sog. Swinger-Club unter Beibehaltung eines Teils des Schankraums zur Abgabe von Speisen und Getränken (VGH BW, B. v. 28.11.2006 – 3 S 2377/06 – BauR 2007, 669 = DÖV 2007, 348). – Wird ein Wochenendhaus dauerhaft als Lebensmittelpunkt der betreffenden Bewohner und damit als Wohngebäude genutzt, liegt eine Nutzungsänderung i. S. von § 29 Abs. 1 BauGB vor. Für die jeweiligen Nutzungen sind unterschiedliche Regelungen einschlägig (s. dazu §§ 2, 3, 4, 5 und 6 BauNVO einerseits und § 10 Abs. 3 BauNVO andererseits, OVG NW, U. v. 23.10.2006 – 7 A 4947/05 –).

21.6 Hat eine Gemeinde beschlossen, einen B-Plan aufzustellen oder zum Zwecke des Ausschlusses (der Beschränkung) bestimmter Vergnügungsstätten zu ändern, kann sie durch Erlass einer Veränderungssperre nach §§ 14 f. BauGB (oder bereits durch Zurückstellen von Baugesuchen nach § 15 BauGB) verhindern, dass ihre städtebaulichen Absichten unterlaufen u. unmöglich gemacht werden. Nach § 14 Abs. 1 Nr. 1 BauGB sind von der Veränderungssperre nunmehr **alle Vorhaben** i. S. von § 29 Abs. 1 Satz 1 BauGB erfasst. Dadurch können **Nutzungsänderungen** wie die oben erwähnten, die vielfach keine baulichen Maßnahmen erfordern, **durch Veränderungssperre verhindert werden**.

21.7 Ein immer wiederkehrender Streitpunkt betrifft die Frage, ob und inwieweit trotz **Änderung der** baurechtlich genehmigten **Nutzung** die bauliche Anlage mit der geänderten (baulichen) Nutzung weiterhin *Bestandsschutz* genießt (grundsätzlich dazu Rn 10.6 ff.).

Bestandsschutz bedeutet im Grundsatz Bestandsnutzungsschutz. Eine vorhandene bauliche Anlage genießt Bestandsschutz nur in ihrer durch die Nutzung bestimmten Funktion (hM). Die Eigentumsgarantie des Art. 14 Abs. 1 **Satz 1** GG bewahrt den Eigentümer **bei** Änderung (**Fortfall**) der bisherigen (genehmigten) Nutzung nicht davor, die bauliche Anlage zu beseitigen oder wieder zu räumen. **Als Grundsatz hat zu gelten, dass eine Nutzungsänderung den bisherigen Bestandsschutz der baulichen Anlage aufhebt.**

Ein **Gebäude verliert Bestandsschutz,** wenn es so verändert wird, dass das veränderte Gebäude mit dem früheren nicht mehr identisch ist. Kennzeichen der (bestandsschutzrechtlichen) Identität eines Bauwerks ist, dass das ursprüngliche Gebäude nach wie vor als »Hauptsache« erscheint. Hieran fehlt es dann, wenn der mit der Instandsetzung verbundene Eingriff in den vorhandenen Bestand so intensiv ist, dass er für die Standfestigkeit des gesamten Gebäudes berührt und eine statische Nachberechnung des gesamtes Gebäudes erforderlich macht, oder wenn die Bausubstanz ausgetauscht oder das Bauvolumen wesentlich erweitert wird (BVerwG, B. v. 18.3.2001 – 4 B 18.01 – NVwZ 2002, 92 = ZfBR 2002, 501).

7. Einige grundsätzliche Anmerkungen zum öffentlich-rechtlichen Nachbarschutz bei der Zulässigkeit von (Bau-)Vorhaben u. zum Gebot der gegenseitigen Rücksichtnahme

22 a) **Allgemeines.** Im Rahmen der Genehmigung von (Bau-)Vorhaben gewinnt die Frage nach der Reichweite des öffentlich-rechtlichen Nachbarschutzes, d. h. inwieweit einerseits der Bauantragsteller auf nachbarliche Interessen Rücksicht zu nehmen hat und andererseits »der Nachbar« sich gegen das Bauvorhaben mit Aussicht auf Erfolg wehren kann, besondere Bedeutung. Aus diesem Grunde soll den nachfolgenden Erläuterungen, insbes. der Baugebietsvorschriften (§§ 2–14), ein *Abriss* über einige grundsätzliche Fragen des (öffentlich-rechtlichen) Baunachbarrechts, über die Reichweite des baulichen Nachbarschutzes und die Klagebefugnis von Dritten gegen eine von der Baugenehmigungsbehörde erteilte Baugenehmigung vorangestellt werden.

Als **Erläuterungswerk** vor allem **für die Praxis** der (bautechnischen) Verwaltung ist nicht beabsichtigt, den rechtsdogmatischen und rechtssystematischen Grundlagen des öffentlichen Baunachbarrechts nachzugehen oder die seit

1960 währende Entwicklung der Rspr. des BVerwG zur öffentlich-rechtlichen Nachbarklage im Baurecht – auch nur kursorisch – nachzuzeichnen (zur historischen Entwicklung vgl. *Sellmann,* aaO., s. Schrifttum Abschn. 7). Nach dem Grundsatzurt. des BVerwG v. 16.9.1993 (– 4 C 28.91 – BVerwGE 94, 151 = BRS 55 Nr. 110 = DVBl. 1994, 284, mit Anm. *Schmidt-Preuß* = BauR 1994, 223) dürfte die in den langen, vorausgegangenen Jahren teils trotz überzeugender rechtswissenschaftlicher Ausführungen nur sehr zögerlich erfolgte höchstrichterliche Rechtsfortbildung des **Rechtsinstituts der baurechtlichen Nachbarklage** nunmehr zu einem gewissen – nach diesseitiger Auffassung – **überzeugenden Abschluss** gekommen sein (zur Nachzeichnung der dogmatischen und rechtssystematischen Entwicklung in der jüngeren Zeit vgl. insbes.: *Dürr,* DÖV 2001, 625; *Hoppenberg,* in: *Hoppenberg/de Witt,* aaO.; *Dürr,* in: *Brügelmann,* Rn 22–114 zu § 30 BauGB; *Ziegler,* in: *Brügelmann,* Rn 398a–398n zu § 1 BauNVO; *Rieger,* in: *Schrödter,* Rn 28–43 zu § 30 und Rn 42–98 zu § 31 BauGB; *Mampel,* BauR 2003, 1824; ferner *Sarnighausen,* NVwZ 1996, 110).

22.1 Die nachfolgenden »Anmerkungen« können nicht die einschlägigen Werke über den Nachbarschutz ersetzen. Es sollen auch nicht die richtungsweisenden Ausführungen in den (Grundsatz-)Urteilen des BVerwG zum baurechtlichen Nachbarschutz nachgearbeitet werden. Das zum Abschn. (7) aufgeführte **Schrifttum** ist nur eine *Auswahl* der für die städtebauliche Planung und die bauplanungsrechtliche Zulassung von Vorhaben einschlägigen Monografien und Abhandlungen. Im Einzelfall müssen ggf. das weitere – hier nicht aufgeführte – Schrifttum und die einschlägige Rspr. befragt werden.

23 b) **Abgrenzung des städtebaurechtlich relevanten (baulichen) Nachbarrechts gegenüber dem übrigen Baunachbarrecht; Unterscheidung des öffentlich-rechtlichen vom bürgerlich-rechtlichen (Bau-)Nachbarrecht.** Der **öffentlich-rechtliche Nachbarschutz** wird in Gesetzen, die für die städtebauliche Planung und die Zulassung baulicher und sonstiger Vorhaben bodenrechtlich relevante Regelungen enthalten, in *materiell-rechtlicher Hinsicht* lediglich in § 31 Abs. 2 BauGB und den Vorschriften über Errichtung und Betrieb bestimmter Anlagen nach den §§ 4ff. BImSchG i.V.m. der 4. BImSchV ausdrücklich erwähnt. Nach § 31 Abs. 2 BauGB ist bei der Erteilung einer Befreiung von den Festsetzungen des B-Plans zu prüfen, ob »die Abweichung auch **unter Würdigung nachbarlicher Interessen**« mit den öffentlichen Belangen vereinbar ist.

Nach § 4 BImSchG bedürfen die Errichtung und der Betrieb von Anlagen, die aufgrund ihrer Beschaffenheit oder ihres Betriebs in besonderem Maße geeignet sind, schädliche Umwelteinwirkungen (Definition: § 3 Abs. 1 BImSchG) hervorzurufen oder in anderer Weise die Allgemeinheit *»oder die Nachbarschaft« zu* gefährden, erheblich zu benachteiligen oder erheblich zu belästigen, einer Genehmigung. Nach § 5 Abs. 1 Nr. 1 BImSchG sind genehmigungsbedürftige Anlagen so zu errichten und zu betreiben, dass schädliche Umwelteinwirkungen für die Allgemeinheit *»und die Nachbarschaft«* nicht hervorgerufen werden können.

23.1 In **verfahrensrechtlicher Hinsicht** sind die Grundstücksnachbarn nach den BauOen der Länder am Baugenehmigungsverfahren (§ 29 BauGB i.V.m. den baurechtlichen Verfahrensvorschriften nach den LBOen) in ganz unterschiedlicher Weise zu beteiligen, wenn die Baugenehmigung (Bebauungsgenehmigung) **unter Gewährung einer Befreiung** von einer sog. nachbarschützenden

Vorschrift (Näheres s. Rn 42) erteilt werden soll, d. h. wenn zu erwarten ist, dass öffentlich-rechtlich geschützte nachbarliche Belange, wie der Wohnfrieden, berührt werden. Diese Regelung gilt für Befreiungen von bauordnungsrechtlichen Vorschriften, z. B. von den auch das Städtebaurecht mittelbar berührenden Bestimmungen über die Abstandsflächen und von der bauplanungsrechtlichen Vorschrift des § 31 Abs. 2 BauGB. Die **öffentlich-rechtliche Nachbarklage** als Rechtsinstitut ist bisher in keinem der einschlägigen Gesetze geregelt. Das BVerwG hat in seinem Urt. v. 26.9.1991 (– 4 C 5.87 – BVerwGE 89, 69 = BRS 52 Nr. 5 = NuR 1992, 426) in quasi-verfahrensrechtlicher Hinsicht zum Ausdruck gebracht, dass das BauGB und die BauNVO Regelungen enthalten, die verfahrensrechtlich unmittelbar anzuwenden sind. *»Im Hinblick auf Belästigungen und Störungen des Nachbarn durch ein Bauvorhaben besitzt das Bauplanungsrecht mit den § 31, 34 und 35 BauGB sowie mit § 15 BauNVO Regelungen, die Umfang und Grenzen des Nachbarschutzes umfassend bestimmen. Welche Beeinträchtigungen des Grundeigentums der Nachbar hinnehmen muss, und wann er sich gegen ein Bauvorhaben wenden kann, richtet sich nach den* **Grundsätzen des Rücksichtnahmegebotes** *(Hervorhebung diesseits), das in den genannten Vorschriften enthalten ist. Insoweit ist für weiter gehende Ansprüche aus Art. 14 Abs. 1 Satz 1 GG kein Raum«* (BVerwG, aaO.).

Die **Baugenehmigung nach LBOen** ergeht stets »unbeschadet der privaten Rechte Dritter«. Diese Formulierung lässt erkennen, dass neben den **öffentlich-rechtlichen nachbarrechtlichen Vorschriften** nach BauGB i. V. m. der BauNVO, BImSchG und nach den LBOen noch privates Baunachbarrecht, wie es insbes. in den §§ 906 ff. BGB und den Nachbarrechtsgesetzen der Länder geregelt ist, für die nachbarlichen Beziehungen von Bedeutung sein kann. Das private Baunachbarrecht *ergänzt* in wichtigen Bereichen das öffentliche Baurecht, u. a. in Bezug auf den Immissionsschutz (§ 906 BGB), bei Überbauung von Grundstücksgrenzen (§§ 912 ff. BGB) oder bei der Errichtung einer Nachbar- bzw. einer Grenzwand.

24

Letztgenannte Tatbestände sind wie auch Bestimmungen über das »Hammerschlags- und Leiterrecht«, Dachtraufen, Einfriedungen und über andere für die Errichtung und Unterhaltung von (Wohn-)Gebäuden wichtige Grundsätze in den *Nachbarrechtsgesetzen* der Länder geregelt. Infolge dieser Zweigleisigkeit gibt es auch baunachbarrechtlich »Gemengelagen«, bei denen sowohl das BVerwG als auch der BGH letzte Entscheidungen fällen können (s. Rn 12.9–12.98).

Das **öffentlich-rechtliche** (verwaltungsrechtlich geregelte) und das **zivilrechtliche** (bürgerlich-rechtlich geregelte) **Baunachbarrecht** unterscheiden sich vor allem dadurch, dass das öffentliche Baunachharrecht zur Wahrung bestimmter **öffentlicher Belange** normiert ist. Die Vorschriften sind wegen **des vorrangig öffentlichen Interesses** ihrer Rechtsnatur nach im Grundsatz *zwingend;* sie können von den Grundstücksnachbarn nicht durch private Vereinbarungen abbedungen (abgeändert oder außer Kraft gesetzt), sondern allenfalls durch eine öffentlich-rechtliche *Baulast* nach den LBOen anderweitig geregelt werden. Dagegen können Grundstücksnachbarn die **bürgerlich-rechtlich** geregelten baunachbarlichen Tatbestände *vertraglich* frei für sich bestimmen, da die zivilrechtlichen Normen als *nachgiebiges* Recht grundsätzlich nur im Konfliktfall eingreifen.

Vorbem §§ 2–9, 12–14   24.1, 24.2

24.1 Das seit Jahren nicht eindeutig geklärte Rangverhältnis der öffentlich-rechtlichen zur zivilrechtlichen Nachbarklage, das für die öffentlich-rechtliche Baunachbarklage von besonderer Bedeutung ist (s. auch Rn 12 f.), hat durch die Nassauskiesungsentscheidung des BVerfG (B. v. 15.7.1981 – 1 BvR 771/78 – BVerfGE 58, 300 = DVBl. 1982, 340) insofern eine Klärung erfahren, als das BVerfG das Prinzip des sog. **Primärrechtsschutzes** herausgestellt hat. Danach muss nicht nur der Bauwillige (Bauwerber), dem nach seiner Ansicht eine Baugenehmigung zu Unrecht versagt worden ist, sich mit den entsprechenden Rechtsbehelfen (Widerspruch u. Klage) gegen die Entscheidung wenden, sondern vor allem auch der **Nachbar** – soweit ein Dritter meint, durch die Baugenehmigung betroffen zu sein – **muss gegen die Baugenehmigung Widerspruch** bei der Baugenehmigungsbehörde bzw. Anfechtungsklage beim VG erheben. Derjenige, der meint, durch einen hoheitlichen Akt in seinen Rechten verletzt zu sein (s. auch Rn 25), muss sich **zunächst gegen den Hoheitsakt** wenden. Der Primärrechtsschutz bedeutet mithin den **Vorrang des verwaltungsgerichtlichen Rechtsschutzes.** Würde der Nachbar die Baugenehmigung (Bebauungsgenehmigung) bestandskräftig werden lassen und später eine zivilrechtliche Klage zwecks Entschädigung anstrengen, ist der Zivilrichter an den bestandskräftigen – als rechtmäßig geltenden – VA gebunden. Die zivile Gerichtsbarkeit darf der Klage dann nicht etwa mit der Begründung stattgeben, die Baugenehmigung sei zu Unrecht erteilt worden.

Für das Baunachbarrecht kann folgendes Schema aufgestellt werden:

Öffentlich-rechtliche Vorschriften	Bürgerlich-rechtliche Vorschriften
(grundsätzlich zwingend)	(grundsätzlich nachgiebig)
mit BauNVO (BauGB)	Bürgerliches Gesetzbuch
Bundes-Immissionsschutzgesetz	Landes-Nachbarrechtsgesetze
Landesbauordnungen	

24.2 Die durch das **Sachenrechtsänderungsgesetz v. 21.9.1994** (BGBl. I S. 2457) verabschiedete Ergänzung des § 906 Abs. 1 BGB durch die Sätze 2 u. 3 schreibt zur Harmonisierung von privatem und öffentlichen Immissionsschutzrecht vor, dass bei der Einhaltung von bestimmten Grenz- oder Richtwerten i. d. R. eine unwesentliche Beeinträchtigung vorliegt. Es handelt sich um eine **Beweiswürdigungsregel mit Indizcharakter** (BGH, U. v. 13.2.2004 – V ZR 217/03 – NJW 2004, 1317 = NVwZ 2004, 1019; U. v. 8.10.2004 – V ZR 85/04 – NZM 2004, 957 u. U. v. 21.10.2005 –V ZR 169/04 – NuR 2006, 266). Nach Auffassung von *Wenzel* (NJW 2005, 241/244) liegt die eigentliche Bedeutung der Gesetzesergänzung von 1994 darin, den öffentlich-rechtlichen Grenz- und Richtwerten keine privatgestaltende Wirkung beizumessen, sondern die Beweiswürdigung für die Unwesentlichkeit der Beeinträchtigung zu erleichtern. In seinem U. v. 13.2.2004, aaO., hat der BGH bei der Unterlassungsklage gegen eine Mobilfunkanlage die zwei folgenden Leits. aufgeführt:

1. Der Einhaltung der in Gesetzen oder Rechtsverordnungen i. S. des § 906 Abs. 1 S. 2 BGB festgelegten Grenz- oder Richtwerte kommt Indizwirkung dahin zu, dass eine nur unwesentliche Beeinträchtigung vorliegt. Es ist dann Sache des Beeinträchtigten, Umstände darzulegen und zu beweisen, die diese Indizwirkung erschüttern.

2. Bei einer von einer Mobilfunkanlage ausgehenden Beeinträchtigung durch elektromagnetische Felder, die die Grenzwerte der 26. BImSchV einhielten, muss der Beeinträchtigte zur Erschütterung der Indizwirkung darlegen und ggf. beweisen, dass ein wissenschaftlich begründeter Zweifel an der Richtigkeit der festgelegten Grenzwerte und ein fundierter Verdacht einer Gesundheitsgefährdung besteht.

Weiter hat der BGH ausgeführt:

»Der Senat ist daher nach der Änderung des § 906 Abs. 1 BGB weiterhin davon ausgegangen, dass den in Satz 2 und 3 der Norm genannten Grenz- oder Richtwerten nur die Bedeutung zukommt, dass einem Überschreiten der Werte Indizwirkung für das Vorliegen einer wesentlichen Beeinträchtigung zukommt und ein Einhalten oder Unterschreiten der Grenz- oder Richtwerte die Unwesentlichkeit der Beeinträchtigung indiziert (Vgl. BGHZ 148, 261/264 f.). Eine solche indizielle Bedeutung hat der Tatrichter zu beachten. Er kann im Rahmen seines Beurteilungsspielraums von dem Regelfall abweichen, wenn dies besondere Umstände des Einzelfalls gebieten. Darzulegen und gegebenenfalls zu beweisen sind solche die Indizwirkung erschütternde Umstände von demjenigen, der trotz Einhaltung der Grenzwerte eine wesentliche Beeinträchtigung geltend macht. Er muss allerdings nur diese Umstände darlegen und beweisen, um den Tatbestand des § 906 Abs. 1 Satz 2 BGB die Indizwirkung zu nehmen. Er muss nicht nachweisen, dass die Beeinträchtigung wesentlich ist«.

Im Rahmen eines weiteren zivilrechtlichen Nachbarrechtsstreits, in dem sich der Eigentümer eines von ihm bewohnten Hausgrundstücks, das im Außenbereich in einem Dorfgebiet lag, gegen den Lärm von vier Windkraftanlagen im Abstand von etwa 270–320 m wehrte, hat der BGH in seinem U. v. 8.10.2004, aaO., auf Folgendes hingewiesen:

»Beruft sich der Störer darauf, dass die in der TA Lärm festgelegten Grenz- oder Richtwerte eingehalten seien, so dass nach § 906 Abs. 1 S. 2 u. 3 BGB von einer nur unwesentlichen Beeinträchtigung auszugehen sei, so ist von dem ermittelten Lärmpegel kein Messabschlag zu machen, wie er nach Nr. 6.9 der TA Lärm für Überwachungsmaßnahmen vorgesehen ist. Nur wenn ohne diesen Abschlag die Immissionen diesen Grenzwert einhalten, besteht eine gesicherte Grundlage dafür, dass dem Störer die sich aus § 906 Abs. 1 S. 2 BGB ergebende Beweiserleichterung zugebilligt werden kann«.

Werden die Grenz- und Richtwerte überschritten, so enthält § 906 Abs. 1 BGB keine Regelung. Es verbleibt dann bei der alten Rspr. (BGHZ 111, 63/67 – Volksfest; BGHZ 120, 239 – Froschlärm u. BGHZ 121, 248/251 – Jugendzeltplatz), wonach dies eine wesentliche Beeinträchtigung indiziert mit der Folge, dass der Emittent die Unwesentlichkeit beweisen muss. Dies gilt auch für die § 906 Abs. 1 S. 2 u. 3 BGB nicht unterfallenden Richtwerte in der Freizeitlärm-Richtlinie und der Geruchsimmissionsrichtlinie. In welchem Umfang Lärmbeeinträchtigungen, welche die Richtwerte überschreiten, noch als unwesentlich angesehen werden können, ist eine tatrichterlich zu beurteilende Frage des Einzelfall (*Wenzel*, NJW 2005, 241/244 m. w. N. aus der Rspr.). Das Fehlen einer notwendigen öffentlich-rechtlichen Genehmigung stellt für die Frage der Wesentlichkeit der Beeinträchtigung nur ein Kriterium von mehreren dar. Entscheidend ist eine Würdigung aller Umstände, ausgerichtet am Empfinden eines »verständigen Durchschnittsmenschen«, insbes. unter Berücksichtigung der nach § 906 Abs. 1 S. 2 u. 3 BGB maßgeblichen Grenz- oder Richtwerte (BGH, U. v. 21.10.2005 – V ZR 169/04 – NuR 2006, 266).

Zur Disharmonie zwischen dem öffentlich-rechtlichen und dem zivilrechtlichen Nachbarschutz ist es in letzter Zeit in der Rspr. des BGH einerseits u. des BVerwG andererseits im Hinblick auf die »Erfindung« und Definition des Begriffs der **sehr seltenen Ereignisse** gekommen (vgl. hierzu *Stühler*, BauR 2004, 614/628 ff. m. w. N. u. § 4a Rn 20.3).

c) **Zu den materiell-rechtlichen Grundlagen und zur Handhabung des öffentlich-rechtlichen Nachbarschutzes. – aa) Im B-Planbereich.** Der **plangebietsbezogene Nachbarschutz** beruht im Wesentlichen auf der verfassungsrechtlichen Eigentumsgewährleistung des Art. 14 Abs. 1 GG. Die öffentlich-rechtliche **Nachbarklage** hat *letztlich* ihre Wurzel in der Rechtsweggarantie des Art. 19 Abs. 4 GG (BVerwG, U. v. 5.10.1965 – IV C 3.65 – BVerwGE 22, 129 =

DVBl. 1966, 269 = BRS 16 Nr. 97). Danach steht demjenigen, der durch die öffentliche Gewalt in seinen Rechten verletzt wird, der Rechtsweg offen.

26 Die **Grundstückseigentümer** eines Baugebiets **stehen in einem gegenseitigen Abhängigkeitsverhältnis,** das einen Interessenausgleich als *gewisses Austauschverhältnis* bedingt. Mit der (qualifizierten) Festsetzung z. B. eines **Wohngebiets** tritt eine Beschränkung der Ausnutzbarkeit der in diesem Gebiet gelegenen Grundstücke ein. Die Eigentümer dürfen ihre Grundstücke nur entspr. dem Wohngebietscharakter nutzen. Die Einschränkung der Nutzungsmöglichkeiten des Eigentums (durch einen B-Plan) ist **als Sozialbindung** nur im Hinblick auf die entspr. Einschränkung auch bei den Nachbargrundstücken gerechtfertigt. Da die Verwirklichung der geordneten städtebaulichen Entwicklung dieses Austauschverhältnis voraussetzt, muss der Nachbar gegen etwas, was nicht mehr durch die Sozialbindung gedeckt ist, angehen können. Wegen dieses **Austauschverhältnisses,** in dem sich die Einschränkungen und die für die Grundstückseigentümer daraus folgenden Vorteile gegenseitig bedingen, so dass die Eigentumsbeschränkungen für den einen Eigentümer daher ihren Sinn verlieren, wenn sie nicht auch von anderen Eigentümern (Nachbarn) eingehalten werden, hat der Nachbarschutz *letztlich* seine Wurzel in Art. 14 GG *(Sendler,* BauR 1970, 4).

Diese Feststellung entspricht der Gemeinschaftsgebundenheit und Gemeinschaftsbezogenheit des Eigentums, wie es in Art. 14 Abs. 2 GG zum Ausdruck gebracht worden ist. Art. 14 Abs. 2 GG kann damit als »Richtschnur« für die Schaffung subjektiver Rechte Dritter bezeichnet werden (in diesem Sinne auch *Mampel,* DVBl. 1994, 1053 [1054]).

26.1 Die eingeschränkte Nutzungsmöglichkeit mit evtl. damit verbundener Wertminderung wird ausgeglichen durch den **Vorteil der Wohnruhe.** Die gegenseitige Abhängigkeit von Vor- und Nachteilen gilt auch für die Grundstückseigentümer in anderen Gebieten. Die Festsetzung z. B. eines GE-Gebiets oder GI-Gebiets räumt den dort ansässigen Grundstückseigentümern als **Vorteil die Möglichkeit** ein, ohne besondere Rücksichtnahme auf eine in anderen Gebieten zugesicherte Störungsfreiheit einen entspr. dem jeweils zugelassenen Störungsgrad zulässigen Gewerbebetrieb oder eine sonstige Nutzungsart auszuüben. Der Vorteil findet i. S. **des Austauschverhältnisses** eine Beschränkung in der Wohn-Nutzung. So wie der Schutz des (reinen) Wohngebiets allen mit den Wohnbedürfnissen zusammenhängenden Belangen und nicht nur dem Schutz vor störenden Anlagen dient, muss auch der gewerbetreibende Eigentümer Rechtsschutzmöglichkeiten gegen die Genehmigung baugebietswidriger Nutzungen (z. B. »sonstige« Wohnungen) haben, um eine Verfremdung des Gebietscharakters zu verhindern (so grundlegend *Sendler,* BauR 1970, 4 [10]).

Das zeigt, dass die **Festsetzung eines bestimmten Baugebiets nicht nur den öffentlichen Interessen** an einer geordneten städtebaulichen Entwicklung dient, sondern dass durch die **Bestimmung des Gebietscharakters** zugleich die privaten Interessen der dem B-Planbereich unterworfenen Eigentümer in einer zwangsläufigen Verschränkung damit festgelegt sind (so schon *Sendler,* aaO.).

26.2 Diese Erkenntnis hat nun auch das Grundsatzurt. des BVerwG v. 16.9.1993 (aaO., Fundst. s. Rn 22) in den **Leits. 2 und 5** herausgestellt:

2. Die Festsetzung von Baugebieten durch B-Pläne hat kraft Bundesrechts grundsätzlich nachbarschützende Funktion.

Derselbe Nachbarschutz besteht im unbeplanten Innenbereich, wenn die Eigenart der näheren Umgehung einem der Baugebiete der BauNVO entspricht, § 34 Abs. 2 BauGB.
3. Der Nachbar hat auf die Bewahrung der Gebietsart einen Schutzanspruch, der über das Rücksichtnahmegebot hinausgeht.

»*Bauplanungsrechtlicher Nachbarschutz beruht demgemäß auf dem Gedanken des wechselseitigen Austauschverhältnisses. Weil und insoweit der Eigentümer eines Grundstücks bei dessen Ausnutzung öffentlich-rechtlichen Beschränkungen unterworfen ist, kann er deren Beachtung grundsätzlich auch im Verhältnis zum Nachbarn durchsetzen. ...Soweit die Gemeinde durch die BauNVO zur Festsetzung von Baugebieten ermächtigt wird, schließt die Ermächtigung deshalb ein, dass die Gebietsfestsetzung grundsätzlich nachbarschützend sein muss*« (BVerwG, aaO.).

Das BVerwG hat mit seinem U. v. 23.8.1996 (– 4 C 13.94 – BVerwGE 101, 364 = DVBl. 1997, 61 = NVwZ 1997, 384 = BRS 58 Nr. 159) seine Rechtsprechung zum plangebietsbezogenen Nachbarschutz auch auf übergeleitete alte Bebauungspläne übertragen. Später hat das BVerwG diese Rspr. zum Schutz eines Wohngebiets (s. auch U. v. 27.3.2002 – 4 C 1.02 – BVerwGE 116, 155 = BauR 2002, 1497 = NVwZ 2002, 1118) auf ein Gewerbegebiet (B. v. 2.2.2000 – 4 B 87.99 – NVwZ 2000, 679 = ZfBR 2000, 421 = GewArch. 2000, 300 = VBlBW 2000, 361 = DÖV 2000, 640 u. B. v. 13.5.2002 – 4 B 86/01 – NVwZ 2002, 448 = BauR 2002, 1499 = GewArch. 2002, 415 = ZfBR 2002, 685) sowie ein Industriegebiet (U. v. 24.2.2000 – 4 C 23.98 – BauR 2000, 1306 = NVwZ 2000, 154 = ZfBR 2000, 423 = GewArch. 2000, 388) und auf eine private Schwimmhalle in einem reinen Wohngebiet mit einer Grundfläche von 171 m² als unzulässige Nebenanlage nach § 14 BauNVO (U. v. 28.4.2004 – 4 C 10.03 – NVwZ 2004, 1244 = UPR 2005, 66) ausgedehnt. Danach haben die Nachbarn einen Rechtsanspruch auf Einhaltung der festgesetzten Nutzungsart kraft Bundesrechts. Dabei kommt es nicht darauf an, ob die Zulassung eines in dem Baugebiet eigentlich nicht zulässigen Vorhabens in tatsächlicher Hinsicht zu einer Beeinträchtigung der Nachbarschaft führt; erst recht wird keine schwerwiegende oder unzumutbare Beeinträchtigung i.S.d. § 15 Abs. 1 S. 2 oder des § 5 Abs. 1 Nr. 1 BImSchG verlangt (BVerwG, B. v. 2.2.2000, aaO.). Dieser Gebietswahrungsanspruch gewährt den Betroffenen einen Abwehranspruch zum Schutz des Gebiets gegen »schleichende Umwandlung« des Baugebiets (BVerwG, aaO. und *Steffen*, BayVBl. 1999, 161). Er hat sich auch bei den Instanzgerichten durchgesetzt und dem Nachbarschutz in einem Plangebiet eine saubere dogmatische Grundlage verschafft. Weiterhin hat er zu einer begrüßenswerten Zurückdrängung des immer noch konturenlosen Gebots der Rücksichtnahme geführt.

Festsetzungen eines B-Plans über die Art der baulichen Nutzung begründen nur für Eigentümer von Grundstücken innerhalb des Baugebietes einen drittschützenden Anspruch auf ihre Einhaltung (VGH BW, B. v. 23.8.1996 – 10 S 1492/96 – BRS 58, Nr. 160 = VBlBW 1997, 62; U. v. 17.6.1999 – 10 44/99 – VBlBW 2000, 78; OVG NW, B. v. 28.11.2002 – 10 B 1618/02 – BRS 66 Nr. 168; BayVGH, U. v. 14.7.2006 – 1 BV 03.2179 u.a. – UPR 2007, 157 = BauR 2007, 505; *Jäde*, in: J/D/W, Rn 47 zu § 29 BauGB; a. A. VGH BW, U. v. 4.5.2001 – 3 S 597/00 – VBlBW 2001, 487; zu einem begrenzten baugebietsübergreifenden Nachbarschutz vgl. OVG NW, B. v. 25.2.2003 – 7 B 2374/02 – BauR 2003, 1006 = DVBl. 2003, 810 = GewArch. 2004, 171 = BRS 66 Nr. 82, s. dazu ausführlich § 8 Rn 3.14). Grundstücke, für die innerhalb eines

B-Plans unterschiedliche Nutzungsarten festgelegt sind, liegen nicht innerhalb eines Baugebiets, sondern in unterschiedlichen Baugebieten (VGH BW, B. v. 23.8.1996, aaO.).

Nach dem dem Rechtsstreit zugrunde liegenden Sachverhalt wandte sich in einem vorläufigen Rechtsschutzverfahren nach § 80 Abs. 5 VwGO ein Antragsteller in einem Mischgebiet gegen die Genehmigung einer Go-Kart-Halle in einem Gewerbegebiet. Der VGH BW verneinte hier zu Recht einen Anspruch eines in einem Mischgebiet wohnenden Antragstellers auf Einhaltung der Gebietsart »Gewerbegebiet«.

Nach dem dem B. des OVG NW v. 28.11.2002, aaO., zugrunde liegenden Sachverhalt wandte sich ein Eigentümer eines Wohnhauses in einem allgemeinen Wohngebiet in einem Eilverfahren vergeblich gegen die Erteilung einer Baugenehmigung für ein Altenpflegeheim auf einer Fläche für den Gemeinbedarf mit der Zweckbestimmung »Kirche«, die im Geltungsbereich desselben B-Plans lag. Das OVG NW hat hierzu die folgenden lesenswerten **Leits**. aufgestellt:

1. Der sog. Gebietsgewährleistungsanspruch greift nur innerhalb desselben Baugebiets.

2. Ein von konkreten Beeinträchtigungen unabhängiger gebietsübergreifender Schutz des Nachbarn vor gebietsfremden Nutzungen im benachbarten Baugebiet besteht nicht.

3. Das wechselseitige Austauschverhältnis, auf dem der Gebietsgewährleistungsanspruch letztlich beruht, beschränkt sich auf die Eigentümer der in demselben Baugebiet gelegenen Grundstücke.

4. Grundstücke, für die innerhalb eines B-Plangebiets unterschiedliche Nutzungsarten festgelegt sind, liegen nicht innerhalb eines Baugebietes, sondern in unterschiedlichen Baugebieten.

Der Festsetzung einer öffentlichen Grünfläche gem. § 9 Abs. 1 Nr. 15 BauGB kommt nicht schon kraft Bundesrechts nachbarschützende Wirkung zu (OVG NW, B. v. 10.7.2003 – 10 B 629/03 – BauR 2004, 648 = DÖV 2004, 47). Dies gilt auch für die Festsetzung einer Gemeinbedarfsfläche (VGH BW, B. v. 14.10.1999 – 8 S 2396/88 – BauR 2000, 1238 = VBlBW 2000, 193), einer Bepflanzungsfestsetzung (BayVGH, B. v. 25.8.1997 – 2 ZB 97.00681 – UPR 1998, 359 = NVwZ-RR 1999, 226) und einer Straßenverkehrsfläche im Hinblick auf einen Kiosk für die anliegenden Grundstücke (Nds. OVG, B. v. 3.9.2003 – 1 ME 193/03 – NJW 2004, 392 = BauR 2004, 464 = NVwZ-RR 2004, 131).

In seinem B. v. 18.12.2007 (– 4 B 55.07 –, NVwZ 2008, 427 zu OVG MV, U. v. 11.7.2007 – 3 L 75/06 –) hat das BVerwG überzeugend den plangebietsinternen Nachbarschutz vom plangebietsübergreifenden abgegrenzt und hierzu die beiden nachfolgenden Leitsätze aufgestellt:

»1. Ein Nachbar, dessen Grundstück nicht im Plangebiet liegt, hat grundsätzlich keinen von konkreten Beeinträchtigungen unabhängigen Anspruch auf Schutz vor gebietsfremden Nutzungen im angrenzenden Plangebiet.
2. der Nachbarschutz eines außerhalb der Grenzen des Plangebiets belegenen Grundstückseigentümers bestimmt sich bundesrechtlich (nur) nach dem in § 15 Abs. 1 Satz 2 BauNVO enthaltenen Gebot der Rücksichtnahme.«

27 Festsetzungen über die Art der baulichen Nutzung sind ferner auch dann **generell nachbarschützend**, soweit es sich um Veränderungen der §§ 2–9 BauNVO durch Festsetzungen gem. § 1 Abs. 4–10 BauNVO handelt. Die in der 10. Aufl. vertretene Auffassung, dass in diesen Fällen der Gebietswahrungs- bzw. Planerhaltungsanspruch keine Anwendung findet, wird aufgegeben. Der Meinung der Rspr. (VGH BW, B. v. 5.3.1996 – 10 S 2830/95 – DVBl. 1996, 687 = NVwZ 1997, 401 = UPR 1996, 448; U. v. 11.3.1997 – 10 S 2815/97 – NVwZ 1999, 439 = VBlBW 1997, 384; B. v. 19.3.1998 – 10 S 1765/97 – UPR 1998,

358; OVG RhPf, U. v. 14.1.2000 – 1 A 11791/99 – BauR 2000, 527 = BRS 63 Nr. 191; BayVGH, B. v. 17.10.2002 – 15 CS 02.2068 – BauR 2003, 1341 = ZfBR 2003, 590; Nds. OVG, B. v. 11.12.2003 – 1 ME 302/03 – BauR 2004, 798 = BRS 66 Nr. 169 u. B. v. 31.5.2006 – 1 UE 17/06 –, BauR 2007, 511 = ZfBR 2006, 696) und eines Teils der Literatur *(Steffen,* BayVBl. 1999, 161 [167]; *Dürr,* DÖV 2001, 625 [630]; *Dürr,* in: *Brügelmann,* Rn 84 u. 84a zu § 30 BauGB; *Schrödter/Rieger,* Rn 32 zu § 30 BauGB; *Ziegler,* in: *Brügelmann,* Rn 398 z 2 zu § 1 BauNVO), die einen solchen Nachbarschutz auf Gebietswahrung ohne tatsächliche und spürbare Beeinträchtigung des klägerischen Grundstücks bei modifizierten Festsetzungen ablehnen und in diesem Fall die Grundsätze des plangebietsübergreifenden Nachbarschutzes heranziehen und prüfen, ob die von dem Vorhaben ausgehenden Beeinträchtigungen unzumutbar sind i. S. des § 15 Abs. 1 S. 2 BauNVO oder erheblich sind i. S. des § 5 Abs. 1 Nr. 1 BimSchG, wird nicht zugestimmt.

Zur Begr. wird von der voranstehend aufgeführten Rspr. u. Lit. ausgeführt: Nachbarschutz kraft Bundesrechts bestehe nur für die dem bundesrechtlichen Typenzwang unterliegende Festsetzungen, da hierzu das Bundesrecht dem Ortsgesetzgeber den Regelungsinhalte auch objektiv-rechtlich selbst vorgibt. Die betreffende Festsetzung des B-Plans diene schon objektiv nicht der gebietsinternen, sondern nur der gebietsübergreifenden Konfliktbewältigung. Ein »Feinplanung« nach § 1 Abs. 4 ff BauNVO führe zu keiner bodenrechtlichen Schicksalsgemeinschaft, vielmehr sei es ausreichend, wenn bundesrechtlich jedenfalls ein Nachbarrecht auf Bewahrung des in der BauNVO vorgegebenen Grundtyps der Nutzungsart gewährleistet sei. Im Übrigen fehle ein innerer Grund, jedem Grundstückseigentümer auch das Recht zu geben, die Einhaltung der Belange der Allgemeinheit als eigenes Recht zu reklamieren.

Diese Argumente zeigen eine große Zurückhaltung, den vom BVerwG eingeführten Gebietswahrungs- und Planerhaltungsanspruch und die ihm zugrundeliegenden Überlegungen einer bodenrechtlichen Austausch- und Schicksalsgemeinschaft als nachbarliches Gemeinschaftsverhältnis dogmatisch innerlich zu akzeptieren und den sich daraus ergebenden notwendigen Nachbarschutz zu gewährleisten. Die Anwendung des Gebots der Rücksichtnahme in einem solchen Plangebiet führt auch unter Beachtung des Gleichheitsgrundsatzes und zur Vermeidung gelegentlich kommunalpolitisch bedingter sachfremder Entscheidungen von Baugenehmigungsbehörden nicht zu einem ausreichenden Nachbarschutz. Für die Anwendung des Gebietswahrungsanspruch in einem gegliederten Typ einer Nutzungsart (so auch die wohl hM in der Lit.: *Jäde,* in: *J/D/W* Rn 46 f. zu § 30 BauGB; *Kraft,* VerwArch. 1998, 264/265, Fn 108; *Mampel,* BauR 1998, 697/702 ff.; *ders.,* BauR 2003, 1824/1832; *Seidel,* Öffentliche und privatrechtlicher Nachbarschutz, Rn 38; *Stock,* in: *K/R/S,* Rn 56 zu § 8 BauNVO) sprechen die deutlich stärkeren Argumente:

Das Abstellen auf den vermeintlich historischen Willen des Ortsgesetzgebers anhand der Begr. des B-Plans sowie ergänzend auch in den Protokollen des Gemeinderats und anderen Unterlagen aus dem Aufstellungsverfahren, was Sinn und Zweck einer Festsetzung nach § 1 Abs. 4 bis 10 BauNVO ist, führt häufig in die Sackgasse eines hermeneutischen Zirkels. Mit einer solchen Sicht wird die bodenrechtliche Schicksalsgemeinschaft in einem Plangebiet nicht hinreichend beachtet und das nachbarliche Gemeinschaftsverhältnis beeinträchtigt. Warum das Rechtsinstitut des nachbarlichen Gemeinschaftsverhältnisses bei den modifizierenden Festsetzungen gem. § 1 Abs. 4 bis 10 BauNVO nicht den gleichen Umfang wie bei den bauplanerischen Festsetzungen entspr. dem Typisierungszwang der BauNVO haben soll, ist nicht plausibel. Im Übrigen führen auch Festsetzungen nach den § 1 Abs. 4 bis 10 BauNVO wegen ihrer negativen Vorbildwirkung häufig zur Gefahr einer schleichenden Veränderung des (modifizierten) Plangebietscharakters z. B. eines eingeschränkten Gewerbegebiets (vgl. hierzu und zu anderen Beispielen von modifizierten Festsetzungen Fundst. § 8 Rn 3.12).

Wird dagegen wie bisher in der Rspr. ein Nachbarschutz auf Gebietswahrung und damit ohne eine tatsächliche und spürbare Beeinträchtigung des klägerischen Grundstücks verneint, so werden von ihr die Grundsätze plangebietsüberschreitenden Nachbarschutzes herangezogen und z. B. geprüft, ob die von dem Gewerbebetrieb ausgehenden Belästigungen unzumutbar i. S. des § 15 Abs. 1 S. 2 BauNVO oder erheblich i. S. des § 5 Abs. 1 Nr. 1 BImSchG sind. Dies führt nicht immer zu akzeptablen Ergebnissen.

Nach ganz hM haben die Festsetzungen des Maßes der baulichen Nutzung durch B-Pläne – anders als die Festsetzung der Art der baulichen Nutzung in den Baugebieten – kraft Bundesrechts grundsätzlich keine nachbarschützende Funktion (BVerwG, B. v. 23.6.1995 – 4 B 52/95 – NVwZ 1996, 170). Die Planbetroffenen würden nämlich durch die Maßfestsetzungen eines B-Plans nicht in gleicher Weise zu einer »Schicksalsgemeinschaft« verbunden, wie dies für die Festsetzung der Art der Nutzung anzunehmen ist. Eine typischerweise »schleichende« Verfremdung des Gebiets sind bei Abweichungen von den Festsetzungen über das Maß der baulichen Nutzung nicht vergleichbar. Sie lassen i. d. R. den Gebietscharakter unberührt und haben nur Auswirkungen auf das Baugrundstück und die anschließenden Nachbargrundstücke. Zum Schutz der Nachbarn ist daher das drittschützende Rücksichtnahmegebot des § 31 Abs. 2 BauGB ausreichend, das eine Abwägung der nachbarlichen Interessen ermöglicht und den Nachbarn vor unzumutbaren Beeinträchtigungen schützt (BVerwG, aaO.).

28 bb) **Die Befreiungsvorschrift des § 31 Abs. 2 BauGB als Ausgangspunkt für die Gewährleistung des öffentlich-rechtlichen Baunachbarschutzes im Planbereich.** Eine nachbarliche Abwehrklage im B-Planbereich, soll sie Aussicht auf Erfolg haben, wird i. d. R. durch **Erteilung einer Befreiung** nach § 31 Abs. 2 BauGB ausgelöst (zu den Voraussetzungen einer Befreiung und zur Inhaltsbestimmung der unbestimmten Tatbestandsmerkmale der Vorschrift s. Vorb. Rn 7–7.9 und das dort angeführte Schrifttum; *ferner* die Ausführungen bei *Dürr*, in: *Brügelmann*, § 31 Rn 23 ff.; *E/Z/B/K*, § 31 Rn 29 ff.; *B/K/L*, § 31 Rn 23 ff. und vor allem *Roeser*, in: *Berliner Komm.*, Vorb. v. §§ 29 ff. BauGB).

Die Vorschrift des § 31 Abs. 2 BauGB selbst wurde *bislang* nach überwiegender Meinung nicht als eine Vorschrift mit nachbarschützender Wirkung angesehen (vgl. jedoch dazu bereits die modifizierenden Überlegungen bei *Schlichter*, Baurechtlicher Nachbarschutz, aaO., Abschn. V) und Urt. des BVerwG v. 26.9.1991 (Fundst. Rn 23.1). Wurde eine Befreiung von einer nachbarschützenden Vorschrift rechtswidrig erteilt, ist der nachbarliche Schutz. aufgrund des Verstoßes **gegen die zugrunde liegende planerische Festsetzung** des B-Plans (§ 9 Abs. 1 BauGB) gewährt worden. Bei der Befreiung wird von Festsetzungen abgewichen, die gerade der Abwägung in Bezug auf den Interessenausgleich im Rahmen des B-Plans unterlegen haben. Das verpflichtet, bei der Erteilung der Befreiung die nachbarlichen Interessen in gehöriger Weise zu »würdigen« (zu beachten). Nach *Schlichter* stellt die Loslösung vom B-Plan § 31 Abs. 2 BauGB in die *Nähe* des § 34 BauGB. Deswegen sollte die Eigentumsposition der betroffenen Nachbarn hei der Erteilung von Befreiungen in gleicher Weise (wie nach § 34 BauGB) »wehrfähig« sein. Das bedeutet, dass das Rücksichtnahmegebot einschließlich seiner drittschützenden Wirkung auch für § 31 Abs. 2 BauGB gilt (so *Schlichter*, Baurechtlicher Nachbarschutz, aaO.).

28.1 Das BVerwG ist in seiner Grundsatzentscheidung, U. v. 19.9.1986 (– 4 C 8.84 – BRS 46 Nr. 173 = BauR 1987, 70 = DVBl. 1987, 476 = NVwZ 1987, 409 = ZfBR 1987, 47 = BayVBl. 1987, 151 = BBauBl. 1987, 238) sodann weitgehend der Auffassung von *Schlichter* gefolgt. Danach hat »*§ 31 Abs. 2 BauGB ...mit dem Gebot der Würdigung der nachbarlichen Interessen drittschützende Wirkung (Änderung der bisherigen Rechtsprechung, u.a. Urteil vom 12.1.1968 – 4 C 10.66 – Buchholz 406.11 § 31 BBauG Nr. 4).*

Die Befreiung verletzt den Nachbarn in seinen Rechten, wenn die Behörde bei der Ermessensentscheidung nicht die gebotene Rücksicht auf die Interessen des Nachbarn genommen hat. Dies ist nach Maßgabe der im Urteil vorn 25.2.1977 – 4 C 22.75 –, BVerwGE 52, 122 (130f.) erstmals dargestellten Grundsätze zu beurteilen« (BVerwG, aaO.).

In den Gründen hat das BVerwG u. a. ausgeführt, dass der Wortlaut, in dem die Würdigung der Interessen der Nachbarn verlangt wird, besonders jedoch die Zielrichtung der Vorschrift belegen, dass sie nicht nur der städtebaulichen Ordnung, auch nicht nur den Interessen des Bauherrn dienen, sondern zugleich auch die individuellen Interessen der Nachbarn schützen will. Unter welchen Voraussetzungen eine Befreiung die Rechte des Nachbarn verletzt, ist nach den Maßstäben zu beantworten, die zum drittschützenden »Gebot der Rücksichtnahme« entwickelt worden sind, so in dem Urt. v. 25.2.1977 – 4 C 22.75 – BVerwGE 52, 122; v. 13.3.1981 – 4 C 1.78 – DVBl. 1981, 928 u. v. 5.8.1983 – 4 C 96.79 – BVerwGE 67, 334. Das BVerwG hat in den Gründen zwei weitere, seit langem schwelende Streitfragen des baulichen Nachbarschutzes behandelt.

28.2 *Zum einen* hat das BVerwG in erfreulicher Deutlichkeit herausgestellt, dass es nicht darauf ankommen kann, ob die Norm ausdrücklich einen fest abgrenzbaren Kreis der Betroffenen benennt. *»Es kommt weder darauf an, ob die Norm einen geschützten Personenkreis räumlich, etwa durch Bezeichnung eines Gebiets, abgrenzt, noch darauf, ob sie in ihrer vollen Reichweite auch dem Schutz individueller Interessen zu dienen bestimmt ist«* (BVerwG, aaO.). Worauf es ankommt, ist, dass sich aus **individualisierenden Tatbestandsmerkmalen** der Norm ein Personenkreis entnehmen lässt, der sich von der Allgemeinheit unterscheidet. Mit Recht hat das BVerwG in diesem Zusammenhang darauf hingewiesen, dass die eindeutige räumliche Abgrenzung eines geschützten Personenkreises sich ohnehin, soweit es etwa um Immissionsbelastungen geht, als praktisch nicht normierbar erweist.

28.3 Das BVerwG hat *zum anderen* deutlich gemacht, dass die »Würdigung nachbarlicher Interessen« bei der Abweichung von der Festsetzung eines B-Plans nach § 31 Abs. 2 BauGB auch dann geboten ist, wenn die betreffende Festsetzung selbst nicht zum Schutz der Nachbarn zu dienen bestimmt ist. Als Grund dafür hat das BVerwG hervorgehoben, dass mit der Abweichung nicht nur die Festsetzung des Plans außer Acht gelassen wird, sondern dass an die Stelle des festgesetzten eine konkret andere bebauungsrechtliche Ordnung gesetzt und damit ein anderer Interessenausgleich vorgenommen wird (BVerwG, aaO.). Die Beantwortung der Frage, ob eine angefochtene Befreiung von Festsetzungen eines B-Plans den Nachbarn in seinen Rechten verletzt, hängt mithin wesentlich von den **Umständen des Einzelfalls** ab.

Der Nachbar kann umso mehr an Rücksichtnahme verlangen, je *empfindlicher* seine Stellung durch eine an die Stelle der im B-Plan festgesetzten Nutzung tretende andersartige Nutzung berührt werden kann. In diesem Sinne ist stets zu prüfen, ob die durch die Befreiung eintretenden Nachteile das Maß dessen übersteigen, was einem Nachbarn *billigerweise noch zumutbar* ist. Mit diesem Prüfungsschema erhalten auch die im Urt. des BVerwG v. 25.2.1977 (– IV C 22.75 – BVerwGE 52, 122) entwickelten Grundsätze der erforderlichen **»Qualifizierung und Individualisierung«**, die infolge ihrer hohen Abstraktion von den Baugenehmigungsbehörden vielfach nur »floskelhaft« gebraucht worden sind, eine verständliche Ausformung.

28.4 Die Prüfung der unterschiedlichen Interessenlage (des die Befreiung Begehrenden und des davon betroffenen Nachbarn), die die räumliche Individualisierung aufgrund der Tatbestandsmerkmale und die Abklärung der Qualifizierung i. S. der Schutzwürdigkeit der Rechtsposition einschließt, erfordert eine sorgfältige Beurteilung der Gesamtsituation, nämlich des vorgegebenen städtebaulichen Zustandes i. A., des *konkreten* Baufalles und der unterschiedlichen Interessen.

Bei der Erteilung einer Befreiung nach § 31 Abs. 2 BauGB von einer nicht nachbarschützenden Festsetzung eines B-Plans hat der Nachbar über den Anspruch auf »Würdigung nachbarlicher Interessen« hinaus keinen Anspruch auf eine ermessensfehlerfreie Entscheidung der Baugenehmigungsbehörde (BVerwG, B. v. 8.7.1998 – 4 B 64.98 – BauR 1998, 1206 = UPR 1998, 455 = BRS 60 Nr. 185).

28.5 Ist nach § 31 Abs. 2 BauGB nicht befreit worden, obwohl dies erforderlich gewesen wäre, weil von nichtnachbarschützenden Vorschriften abgewichen wurde, erfolgt Nachbarschutz in entsprechender Anwendung von § 15 Abs. 1 S. 2 BauNVO unter Berücksichtigung der Interessenbewertung des § 31 Abs. 2 BauGB (BVerwG, U. v. 6.10.1989 – 4 C 14/87 – NJW 1990, 1192 = BVerwGE 82, 343 = BRS 49 Nr. 188 = BauR 1989, 710). Rechte des Nachbarn können nämlich nur durch die Baugenehmigung, jedoch nicht durch die nicht existierende Befreiung verletzt werden, wenn die Baugenehmigungsbehörde ein Vorhaben ohne die an sich erforderliche Befreiung genehmigt hat. In diesem Fall ist § 15 Abs. 1 BauNVO analog heranzuziehen.

29 cc) **Drittschutz im nichtbeplanten Innenbereich (§ 34 BauGB); (baurechtliches Gebot der Rücksichtnahme).** Anders als im B-Planbereich sind die Grundstückseigentümer eines nach Art u. Maß der baulichen Nutzung nicht einheitlich vorgegebenen nichtbeplanten Innenbereichs nicht zu einer Art Schicksalsgemeinschaft kraft Satzung zusammengeschlossen. Sie stehen mithin nicht in einem »verordneten« gegenseitigen Abhängigkeitsverhältnis mit dem darauf beruhenden Interessenausgleich als gewisses Austauschverhältnis. Es steht den Nachbarn im Hauptanwendungsfall des § 34 Abs. 1 BauGB auch nicht § 31 Abs. 2 BauGB zur Seite, der die Baugenehmigungsbehörde ausdrücklich verpflichtet, bei der Prüfung die nachbarlichen Interessen bei den Voraussetzungen in die Abwägung aller Gesichtspunkte einzubeziehen.

Dagegen sind im förmlichen Genehmigungsverfahren nach den §§ 5 ff. BImSchG i. V. m. der 4. BImSchV und im vereinfachten Verfahren nach § 19 BImSchG i. V. m. der 4. BImSchV die Interessen »der Nachbarschaft« in gleicher Weise im nichtbeplanten Innenbereich wie etwa in einem festgesetzten GE- oder GI-Gebiet in gehöriger Weise zu berücksichtigen. Für die Genehmigungsverfahren nach dem BImSchG spielt es zwar auch eine Rolle, ob die zu genehmigende gewerbliche Anlage, der im Interesse der Nachbarschaft ggf. Auflagen und dergl. zu erteilen sind, im B-Planbereich eines GE- oder GI-Gebiets liegt oder sich in einer Gemengelage im nichtbeplanten Innenbereich einer Gemeinde befindet. Das ist schon wegen der im letzteren Falle die gewerbliche Anlage meistens in einer gewissen Verschränkung umgebenden Wohnbebauung von Bedeutung. **Das, was** den Nachbarn (der Nachbarschaft) im nichtbeplanten Innenbereich **an schädlichen Umwelteinwirkungen billigerweise zumutbar** ist, unterscheidet sich im Grundsatz qualitativ nicht von den nachteiligen unzumutbaren Einwirkungen im B-Planbereich.

29.1 Wegen des Fehlens der normativ vorgegebenen gegenseitigen Abhängigkeit i. S. einer Schicksalsgemeinschaft haben sich Schrifttum und vor allem die höchstrichterliche Rspr. bis in die jüngste Zeit **schwer getan,** Grundstückseigentümern im nichtbeplanten Innenbereich die *gleichen* Abwehrrechte zuzuerkennen, wie sie Grundstückseigentümern z. B. in einem WR-Gebiet oder GE-Gebiet subjektiv-rechtlich zugestanden worden sind. Die Gründe dafür sind in zahlreichen Abhandlungen – teils nur geringfügig voneinander abweichend – dargelegt worden (vgl. u. a. *Weyreuther,* aaO. und das grundlegende Urt. des

BVerwG v. 25.2.1977 – IV C 22.75 – BVerwGE 52, 122 = DVBl. 1977, 722 mit Anm. *v. Schrödter*, S. 726).

Hinsichtlich des Nachbarschutzes ist zwischen § 34 Abs. 1 und Abs. 2 BauGB zu unterscheiden. § 34 Abs. 2 BauGB ist vorrangig. Wenn die Umgebung des Bauvorhabens sich in den Baugebietskatalog der §§ 2 ff. BauNVO einordnen lässt, ist ein Bauvorhaben zulässig, wenn es in dem jeweiligen Baugebiet zugelassen werden kann; es kommt dagegen nicht darauf an, ob das Bauvorhaben sich auch in die nähere Umgebung i. S. des § 34 Abs. 1 BauGB einfügt (BVerwG, NVwZ 1990, 557; NVwZ 2000, 1050). Während der Nachbarschutz bei § 34 Abs. 2 BauGB deutlich stärker ausgebildet ist, ist er bei § 34 Abs. 1 BauGB nur über das gegenseitige Gebot der Rücksichtnahme gegeben.

30 Die neuere Rspr. und Literatur erkennt § **34 Abs. 2 BauGB i. V. m. §§ 2 ff. BauNVO im Hinblick auf die zulässige Art der baulichen Nutzung unmittelbar (generell) nachbarschützende Wirkung** zu (BVerwG, U. v. 16.9.1993 – Fundst. Rn 22 u. U. v. 24.4.2004 – 4 C 10.03 – NVwZ 2004, 1244 = BauR 2004, 66 zu einer Schwimmhalle in einem faktisch reinen Wohngebiet u. B. v. 26.7.2005 – 4 B 33.05 – BauR 2005, 1754 = DVBl. 2005, 1391 = ZfBR 2005, 1186 zu einem Freigängerhaus in einem faktischen allgemeinen Wohn- oder Mischgebiet). Damit hat das BVerwG zu Recht seine zu § 34 Abs. 3 S. 1 BBauG 1976 ergangene Rspr. (vgl. U. v. 18.10.1985 – 4 C 19.82 – DVBl. 1986, 187) abgeändert. Aus der Gleichstellung beplanter und faktischer Baugebiete i. S. der BauNVO hinsichtlich der Art der baulichen Nutzung ergibt sich, dass in diesem Umfang auch ein identischer Nachbarschutz kraft Bundesrechts festgelegt worden ist. Der Nachbar hat daher bei § 34 Abs. 2 BauGB auf die Bewahrung der Gebietsart einen Schutzanspruch, der über das Rücksichtnahmegebot hinausgeht. Der Abwehranspruch des Nachbarn wird grundsätzlich bereits durch die Zulassung eines mit der Gebietsart unvereinbaren Vorhabens ausgelöst, weil hierdurch das nachbarliche Austauschverhältnis gestört und eine Verfremdung des Gebiets eingeleitet wird. Weil und soweit der Eigentümer eines Grundstücks in dessen Ausnutzung öffentlichrechtlichen Beschränkungen unterworfen ist, kann er deren Beachtung auch im Verhältnis zum Nachbarn durchsetzen. Der Nachbarschutz nach § 34 Abs. 2 BauGB geht daher weiter als der Schutz aus dem Rücksichtnahmegebot in § 15 Abs. 1 BauNVO. Dieser setzt nämlich voraus, dass der Nachbar in unzumutbarer Weise konkret in schutzwürdigen Interessen betroffen wird. Auf die Bewahrung der Gebietsart hat der Nachbar einen Anspruch jedoch auch dann, wenn das baugebietswidrige Vorhaben im jeweiligen Einzelfall noch nicht zu einer tatsächlich spürbaren und nachweisbaren Beeinträchtigung des Nachbarn führt (BVerwG, B. v. 11.4.1996 – 4 B 51/96 – NVwZ-RR 1997, 463 = BRS 58 Nr. 82). Der die Erhaltung der Gebietsart betreffende Nachbarschutz wird durch die wechselseitige Prägung der benachbarten Grundstücke begrenzt und muss keineswegs alle Grundstücke der Umgebung umfassen, die zu derselben Baugebietskategorie gehören (BVerwG, B. v. 20.8.1998 – 4 B 79.98 – UPR 1999, 26 = BauR 1999, 32 = BRS 60 Nr. 176). Dabei kann die Rspr. zur Abgrenzung des Innen- und Außenbereichs auf die Abgrenzung der näheren Umgebung i. S. von § 34 BauGB sinngemäß übertragen werden. Bei Berücksichtigung topografischer Gegebenheiten kann sich ergeben, dass unmittelbar aneinandergrenzende bebaute Grundstücke gleichwohl zwei unterschiedlichen Baugebieten angehören, etwa wenn einem Steilhang im Grenzbereich eine trennende Funktion zukommt (BVerwG, aaO.).

30.1 Infolge des Verweises des § 34 Abs. 2 BauGB auf die BauNVO kommt auch § 15 Abs. 1 S. 2 BauNVO entsprechend zur Anwendung. Selbst wenn ein Vorhaben seiner Art nach somit in einem faktischen Baugebiet zulässig ist – was sich nach den §§ 2–11 BauNVO richtet (»Grobprüfung«) –, kann der Nachbar daher u. U. eine Verletzung seiner Nachbarrechte geltend machen, sofern das Vorhaben seiner Art nach zu unzumutbaren Störungen oder Belästigungen führt. § 15 Abs. 1 S. 2 BauNVO ermöglicht auch hier – in entspr. Anwendung – eine Art »Feinprüfung«.

Ist in Fällen nach § 34 Abs. 2 BauGB das Maß der baulichen Nutzung zu beurteilen, kommt es weiterhin (allein) auf das »Einfügen« an, so dass über den Drittschutz nach § 34 Abs. 1 BauGB zu entscheiden ist.

30.2 Es dürfte dogmatisch auch keine Schwierigkeiten (mehr) machen, gleichermaßen wie § 34 Abs. 2 auch § 34 Abs. 1 BauGB als nachbarschützend zu behandeln. Mit Recht hat *Schlichter* (Baurechtlicher Nachbarschutz, Abschn. IV) herausgestellt, dass dogmatisch das Ergebnis über das Gebot der Rücksichtnahme deswegen nicht zu beanstanden ist, weil die Rücksichtnahme nur den »Aufhänger« liefert, um die geschützte Position eines Dritten bei der Genehmigungserteilung zu berücksichtigen. Mit dem »Einfügen« eines Vorhabens in die nähere Umgebung ist mittelbar die Rücksichtnahme auf die vorhandene Bebauung gefordert, die noch dadurch verstärkt wird, dass die »Anforderungen an gesunde Wohn- und Arbeitsverhältnisse« (Planungsleitsatz nach § 1 Abs. 6 BauGB) auch in § 34 Abs. 1 BauGB ausdrücklich aufgeführt sind. Der Topos »Rücksichtnahme« ist also das »Gelenk«, mit dessen Hilfe die Schutzposition eines Dritten mit der die Genehmigung tragenden Norm verbunden wird.

31 Dass die geschützten Rechtspositionen Dritter in einem **nichtbeplanten Innenbereich** *schwerer einzugrenzen* sind als im Geltungsbereich eines B-Plans und dass die Begrenzung des zu gewährenden Rechtsschutzes daher seit jeher graduell schwieriger war als in einem B-Planbereich, bedeutet für die grundsätzliche Anerkennung nachbarlicher Abwehrrechte nach § 34 Abs. 1 u. 2 BauGB keine rechtssystematischen Schranken. Die Eingrenzung der »Eigenart der näheren Umgebung« – ob für das ordnungsgemäße Einfügen nach § 34 Abs. 1 BauGB oder für die Feststellung des fiktiven Baugebiets nach § 34 Abs. 2 BauGB – wird stets gewisse tatbestandliche Schwierigkeiten mit sich bringen (vgl. BVerwG, U. v. 19.9.1986 – 4 C 8.84 – Fundst. Rn 28.1).

Schließlich kann die Ermittlung des geschützten Personenkreises auch in B-**Planbereichen** dann Schwierigkeiten bereiten, wenn es sich um einen **gebietsüberschreitenden Nachbarschutz** nach **§ 15 Abs. 1 Satz 2** handelt, d. h. festgestellt werden muss, wie weit der Kreis derjenigen zu fassen ist, die z. B. durch Lärmeinwirkungen eines Fallhammers in einem GE-Gebiet *oder in dessen Umgebung* unzumutbar beeinträchtigt werden. *Schlichter* bemerkt in diesem Zusammenhang (aaO., Abschn. V), dass sich *»die Verneinung einer drittschützenden Wirkung dieser Norm wohl nicht mehr aufrechterhalten«* lässt.

31.1 Nach allem enthält § 34 BauGB ein **objektiv-rechtliches Gebot der nachbarlichen Rücksichtnahme** (vgl. BVerwG, U. v. 13.3.1981 – 4 C 1.78 – DVBl. 1981, 928 = BRS 38 Nr. 186 = BauR 1981, 354 = ZfBR 1981, 149 = DÖV 1981, 576 = BBauBl. 1981, 576). Es geht innerhalb der Bebauung im (nichtbeplanten) Innenbereich **im Begriff des Einfügens** in die »Eigenart der näheren Umgebung« auf. Was sich in jeder Hinsicht innerhalb des aus seiner Umgebung ableitbaren Rahmens hält, fügt sich dennoch seiner Umgebung dann nicht ein, wenn es die *gebotene Rücksichtnahme,* insbes. auf die in seiner unmittelbaren Nähe vorhandene Bebauung, vermissen lässt, es als »*rücksichtslos*« anzusehen ist, d. h. zu unzumutbaren Störungen der Nachbarn führt. Dagegen ist ein Vorhaben, das den gegebenen Rahmen überschreitet, nicht schon deshalb zwangsläufig unzulässig, wenn es zu *keinen* nennenswerten Belastungen oder Störungen führt, insbes. keine nur durch (gezielte) Planung lösbare Spannungen erzeugt (dazu Grundsatzurt. des BVerwG v. 26.5.1978 – 4 C 9.77 – BVerwGE 55, 369 = DVBl. 1978, 815 = BauR 1978, 276 = BRS 33 Nr. 36 = BayVBl. 1979, 152 = NJW 1978, 2564 = ZfBR 1978, 31, »Harmonie-Urt.«).

§ 34 Abs. 1 BauGB dient zwar in erster Linie der städtebaulichen Ordnung. Das schließt jedoch nicht aus, dass ihm eine Bedeutung i. S. eines Drittschutzes zukommt (ebenso *Bönker,* aaO., S. 509 m. w. N.).

31.2 § 34 Abs. 1 BauGB kann im Hinblick auf das in ihm enthaltene Rücksichtnahmegebot auch darin verletzt sein, wenn die landesrechtlichen Abstandsflächen eingehalten sind (BVerwG, U. v. 11.1.1999 – 4 B 128/98 – NVwZ 1999, 879 = DVBl. 1999, 786 = BauR 1999, 650, abw. v. B. v. 18.12.1985 – 4 B 247/84 – NVwZ 1986, 468 u. v. B. 22.11.1984, NVwZ 1985, 653). Im Regelfall wird aber das Gebot der Rücksichtnahme im Hinblick auf Besonnung, Belichtung und Belüftung schon aus tatsächlichen Gründen nicht verletzt sein, wenn die landesrechtlichen Abstandsvorschriften eingehalten sind (VGH BW, B. v. 7.9.1999 – 3 S 1932/99 – VBlBW 2000, 113 unter Hinweis auf BVerwG, U. v. 11.1.99, aaO. und Hess.VGH, B. v. 20.10.06 – 4 TG 2391/06 – DÖV 2007, 394, nur Leits.).

Eine Verletzung des in § 34 Abs. 1 BauGB enthaltenen Rücksichtnahmegebots ist ausgeschlossen, wenn sich ein Vorhaben nach seiner Art und seinem Maß der baulichen Nutzung, nach seiner Bauweise und nach seiner überbauten Grundstücksfläche in die Eigenart seiner näheren Umgebung einfügt (BVerwG, U. v. 11.1.1999, aaO.). Das Rücksichtnahmegebot ist keine allgemeine Härteklausel, die über den speziellen Vorschriften des Städtebaurechts oder gar des gesamten öffentlichen Baurechts steht, sondern Bestandteil einzelner gesetzlicher Vorschriften des Baurechts (BVerwG, U. v. 11.1.1999, aaO.). In seinem B. v. 12.10.2004 (– 8 S 1661/04 – VBlBW 2005, 74) hat der VGH BW von diesem Rechtsgrundsatz eine Ausnahme gemacht und hierzu folgenden **Leits**. aufgestellt:

»Das bauplanungsrechtliche Gebot der Rücksichtnahme erfährt keine Konkretisierung oder gar Einschränkung durch das Abstandsflächenrecht des Landes, soweit nachbarliche Belange in Rede stehen, die von diesem nicht erfasst werden, wie etwa die in § 34 Abs. 1 S. 2 BauGB geforderten gesunden Wohn- und Arbeitsverhältnisse«.

Dem Sachverhalt nach ging es um eine Grenzbebauung mit einer Fertiggarage, die dem Nachbarn wegen der »Einmauerung« des Zugangsbereichs seines Wohnhauses nicht zuzumuten war. Ein Umzug oder ein Krankentransport wäre in einem »Zugangsschlauch« mit nun noch 60–87 cm Breite kaum noch durchzuführen. Von einer Wahrung gesunder Wohnverhältnisse dürfte danach kaum noch die Rede sein. Die Antragsgegner hätten die Garage auch an der Ostseite des Hauses errichten können, so dass der gewählt Standort nicht unabweisbar war (VGH BW, aaO., S. 74/75).

Dies gilt auch für die Gewährleistung eines störungsfreien Wohnens zur Wahrung des nachbarlichen Wohnfriedens (VGH BW, B. v. 20.1.2005 – 8 S 3003/04 – BauR 2005, 1433 = VBlBW 2005, 312).

Infolge der Reduzierung der regelmäßigen Abstandsflächen auf 0,4 H in § 6 Abs. 5 S. 1 SächsBO n. F. ist wegen der auf seiner Grundlage zu bearbeitenden

Vorhaben die Annahme einer regelmäßig nicht feststellbaren »erdrückenden Wirkung« eines Vorhabens bei Einhaltung der Abstandsflächen zu überdenken (Sächs. OVG, B. v. 20.10.2005 – 1 BS 251/05 – BauR 2006, 1124, 2. Leits.).

Nach dem B. d. VGH BW v. 8.11.2007 (– 3 J 1923/07 –) gilt der Grundsatz, dass die bauordnungsrechtlich einzuhaltenden Abstandsflächentiefen auch den Inhalt des bauplanungsrechtlichen Rücksichtnahmegebots konkretisieren, nur für die vom Schutzbereich der §§ 5 und 6 LBO BW erfassten Belange und damit nicht für den an planungsrechtlichen Kriterien (hier: Maß der baulichen Nutzung) anknüpfenden Belang der optisch erdrückenden Wirkung eines Vorhabens.

Nicht mehr gefolgt werden kann dagegen dem Urt. des OVG Schleswig v. 20.1.2005 (– 1 LB 23/04 – NordÖR 2005, 314), wonach das baurechtliche Gebot der Rücksichtnahme i. d. R. nicht verletzt wird, wenn das Bauvorhaben den erforderlichen Grenzabstand einhält. In der Zwischenzeit hat nämlich die MBO 2002 – und ihr folgend mehrere LBOen – ein neues Abstandsflächenrecht herbeigeführt, das eine Reduzierung der Anforderungen auf das sicherheitsrechtlich gebotene Minimum vorsieht. § 6 Abs. 5 MBO 2002 setzt die Tiefe der Abstandsfläche von zuvor 1,0 H auf das Maß v. 0,4 und verfolgt keine städtebaulichen Nebenzwecke mehr. Das neue Abstandsflächenrecht dient also nicht mehr auch den nachbarschützenden Belangen der ausreichenden Belichtung, Besonnung und Belüftung und damit der Verhinderung eines »Einmauerns« und der Verbesserung der Arbeits- und Wohnverhältnisse. Das neue Abstandsflächenrecht mehrerer Bundesländer kann daher nichts dazu beitragen, durch die Regelung von Gebäudeabständen mehr Nachbarrechtssicherheit zu schaffen. Um auch dann, wenn das bauordnungsrechtliche Abstandsflächenrecht nur noch gefahrenabwehrrechtlichen Zwecken dient, städtebaulich gebotene Abstandsflächen vorsehen zu können, ist den Gemeinden mit der neuen Festsetzung des § 9 Abs. 1 Nr. 2 a BauGB durch die Novelle zur Erleichterung von Planungsvorhaben für die Innenentwicklung der Städte v. 21.12.2006 (BGBl. I 2006, S. 3316) die Möglichkeit gegeben worden, aus städtebaulichen Gründen vom Bauordnungsrecht des jeweiligen Bundeslandes abweichende Maße der Abstandsflächentiefe festzusetzen (vgl. hierzu *Boeddinghaus*, BauR 2007, 641, u. *Maaß*, VBlBW 2007, 412). Diese Festsetzung des Nachbarabstands im B-Plan wird im Regelfall nachbarschützend sein, wenn er aus Gründen der für erforderlich gehaltenen Belichtung, Besonnung und Belüftung vorgenommen wird. Damit bleibt das Landesbauordnungsrecht unberührt, aber zugleich wird deutlich, dass städtebaulich motivierte Festsetzungen in B-Plänen dem sicherheitsrechtlich orientierten Abstandsflächenrecht der Landesbauordnungen vorgehen (Ausschussbericht BT-Drucks. 16/3308, S. 19).

31.3 Die **Errichtung eines 18 m hohen Minaretts** neben einem als Moschee bereits genutzten Gebäudes verstößt grundsätzlich nicht gegen das in § 34 Abs. 1 BauGB enthaltene Gebot der Rücksichtnahme (OVG RhPf, B. v. 20.11.2000 – 8 A 11759100 – NVwZ 2001, 933).

32 Wertminderungen als Folge der Ausnutzung der einem Dritten erteilten Baugenehmigung bilden nicht für sich genommen einen Maßstab dafür, ob Beeinträchtigungen i. S. des Rücksichtnahmegebots zumutbar sind oder nicht. Einen allgemeinen Rechtssatz des Inhalts, dass der Einzelne einen Anspruch darauf hat, vor jeglicher Wertminderung bewahrt zu werden, gibt es nicht (BVerwG, B. v. 13.11.1997 – 4 B 195.97 – ZfBR 1998, 166 = BRS 59 Nr. 177). Im Rahmen des Einfügens und damit des Gebots der Rücksichtnahme nach § 34 Abs. 1 BauGB kann sich der Nachbar nicht auf eine von der Umgebung abweichende Dachgestaltung berufen oder darauf, dass das Bauvorhaben Einsichtsmöglichkeiten in sein Grundstück eröffnet. Erst recht ist er nicht in eigenen Rechten betroffen, wenn das Bauvorhaben das Ortsbild beeinträchtigt oder die Anforderungen an gesunde Wohn- und Arbeitsverhältnisse nicht gewahrt sind. Letztendlich kann sich der Nachbar im Rahmen einer Nachbarklage nach § 34 Abs. 1 BauGB nur mit Erfolg zur Wehr setzen, wenn er unzumutbaren Immissionen ausgesetzt wird oder das genehmigte Bauvorhaben eine erdrückende Wirkung hat, wobei die Anforderungen an das »Erdrücken« in der Praxis außerordentlich hoch sind.

d) Welche öffentlich-rechtlichen für das Städtebaurecht relevanten Vorschriften können auch – und in welcher Weise – als nachbarschützend angesehen werden?; zur Schutznormtheorie. – aa) Allgemeines, Voraussetzungen zur Inanspruchnahme des Abwehrrechts. Die Vorschriften des Bauplanungsrechts (einschl. der städtebaulich relevanten immissionsschutzrechtlichen Bestimmungen nach den §§ 4 ff. BImSchG) regeln im Hinblick auf die Baugenehmigung formelle wie materielle Anforderungen und Versagungsgründe sowie einen Anspruch des Bauwilligen auf Genehmigung bei Einhaltung der öffentlich-rechtlichen Bauvorschriften. Die materiell-rechtlichen Regelungen des Bauplanungsrechts konkretisieren *in erster Linie* öffentliche Belange, die allerdings häufig in einer *»schillernden Gemengelange«* (so *Breuer*, Baurechtlicher Nachbarschutz, aaO.) mit individuellen Interessen der Nachbarn verschränkt sind. Eine ausdrückliche **Regelung nachbarlicher Abwehr- oder Schutzansprüche** fehlt in den bauplanungsrechtlichen Vorschriften ebenso wie in anderen verwaltungsrechtlichen Gesetzen, worauf *Breuer*, aaO., mit Recht hinweist.

33

Auch das geltende Verwaltungsprozessrecht gewährt aus sich heraus kein Klagerecht. Es setzt die materiell-rechtlichen Regelungen und Zuweisung subjektiver Rechte vielmehr voraus (§§ 42 Abs. 2, 113 Abs. 1 Satz 1 VwGO). Will ein schutzbegehrender Nachbar von seinem Abwehrrecht mit Erfolg Gebrauch machen, muss er seine Klagebefugnis (§ 42 Abs. 2 VwGO) schlüssig dartun. Nur soweit die Genehmigung des Vorhabens rechtswidrig ist *und* der klagende Nachbar »*dadurch* in *seinen* Rechten verletzt ist«, dringt er mit seiner Abwehrklage durch (§ 113 Abs. 1 Satz 1 VwGO). Das macht deutlich, dass infolge des normativen Defizits der baurechtliche Nachbarschutz und seine rechtliche Auskleidung weitgehend von der Verwaltungsrechtsprechung bestimmt worden sind. Die – insbes. höchstrichterliche – Rspr. hat dabei auf die sog. **Schutznormtheorie** abgestellt (Nachweise insbes. bei *Breuer*, aaO., und *Schlichter*, Baurechtlicher Nachbarschutz, aaO.). Danach kommt es für den Rechtsschutz des Nachbarn darauf an, ob die jeweilige (hier: bauplanungsrechtliche und immissionsschutzrechtliche) Vorschrift nach dem Willen des Gesetzgebers zumindest **auch** dem Schutz des Nachbarn zu dienen bestimmt ist und ihm dadurch ein **subjektiv-öffentliches Abwehrrecht** gegen die rechtswidrige Zulassung eines Vorhabens durch die Behörde einräumt (BVerwG, U. v. 26.9.1991 [Fundst. Rn 23.1] sowie U. v. 16.9.1993 [Fundst. Rn 22]).

Im Ergebnis muss demnach jede Norm des Bauplanungs- (oder des Bauordnungs-)rechts daraufhin geprüft werden, ob sie dem Nachbarn ein subjektiv-öffentliches Recht gegen die Behörde auf ihre Einhaltung einräumt (s. jedoch

34

nunmehr BVerwG, U. v. 16.9.93, Fundst. Rn 22). Das gilt insbes. für die weiteren Festsetzungen eines B-Plans über die Baugebietsart hinaus. Aus ihnen und der Begr. sollte sich i. A. ergeben, ob der »Ortsgesetzgeber« sie als nachbarschützend behandelt wissen *will. Es genügt mithin nicht*, dass die fragliche Vorschrift (oder Festsetzung des B-Plans) den Nachbarn *als Reflex* tatsächlich – oder etwa auch rechtlich – begünstigt. Die Schwierigkeit liegt häufig gerade darin, den Willen des Gesetzgebers »zu erraten«, ob nämlich die Regelung (Festsetzung) gerade »auch« im Hinblick auf den (die) Nachbarn gewollt ist. Nach *Roeser* (in: *Berl. Komm.*, Rn 11 u. 12 zu Vor §§ 29–38 BauGB) und *Dürr* (in: *Brügelmann*, Rn 46 zu § 30 BauGB) ist die herkömmliche Schutznormtheorie dahin gehend zu ergänzen, dass zusätzlich zu fragen ist, ob sich der klagende Nachbar auf eine eigene Rechtsposition berufen kann, die ihn zur Abwehr berechtigt. Dass es für die Gewährung von Drittschutz diese beiden (freilich nur scheinbar getrennten, in Wahrheit jedoch eng miteinander verzahnten) Ansätze gibt, ist vielfach verkannt worden und wird auch heute noch verkannt. Die Frage, ob bei VAen mit Drittwirkung Drittschutz in Betracht kommt, lässt sich nicht nur im Wege der einseitig engen Betrachtung der die die Genehmigung tragenden Norm beantworten; vielmehr ist auch zu fragen, ob der betroffene Nachbar eine eigene Rechtsposition einbringt, die bei der Genehmigungserteilung zu berücksichtigen ist, also letztlich auch in die Prüfung der die Genehmigung tragenden Norm eingeht. Nach *Dürr* (aaO. Rn 47) ist entscheidend darauf abzustellen, ob eine Norm eine Ausgleichsfunktion zwischen den Interessen benachbarter Grundstückseigentümer hat und ihr dabei nachbarschützende Wirkung zukommt. Diese können sich aus Art. 14 Abs. 1 GG, dem eingerichteten und ausgeübten Gewerbebetrieb, eine Privilegierung gem. § 35 Abs. 1 BauGB, einer Festsetzung in einem B-Plan über eine Nutzungsart und dem Recht, schädlichen Umwelteinwirkungen nicht ausgesetzt zu werden, ergeben. Dieser Rechtsauffassung wird zugestimmt. Sie verhindert insbesondere naheliegende hermeneutische Zirkelschlüsse, zu der die traditionelle Schutznormtheorie durchaus geneigt hat.

35 Es liegt auf der Hand, dass die **nur im Wege der Auslegung** zu beantwortende Frage, welche Vorschriften des Baurechts drittschützend sind, zu einer gewissen Unsicherheit, nicht zuletzt wegen teilweise gegensätzlicher Entscheidungen der Rspr. geführt hat. Zu der Unsicherheit hat nicht zuletzt die Rspr. des BVerwG zum Nachbarschutz im nichtbeplanten Innenbereich beigetragen (vgl. die Kritik dazu *von Breuer*, DVBl. 1982, 1065ff. m.w.N.). Sie dürfte durch die Urt. des BVerwG v. 26.9.1991 u. v. 16.9.1993 (Fundst. Rn 22) nunmehr beseitigt sein.

36 Nicht geteilt – und auch vom BVerwG beanstandet – wird die Entscheidung des OVG NW (U. v. 10.9.1982 – 10 A/2296/79 – BauR 1983, 235 = BRS 39 Nr. 174).

Die **Leitsätze** lauten (Hervorhebungen v. Verf.): »1. *Jede Norm des materiellen Baurechts hat potenziell* **nachbarschützende** *Wirkung. 2. Ein* **nachbarliches Abwehrrecht** *besteht jedoch nur, wenn der Nachbar durch die* **Abweichung** *von einer solchen Norm mit der Folge einer Minderung des Wertes des Grundbesitzes in seinem* **Eigentum spürbar** *(nennenswert)* **betroffen** *ist.*« Entgegen dieser Entscheidung, die in ihren Konsequenzen wohl kaum zu Ende gedacht sein kann, hat das BVerwG in seinem die Beschwerde gegen die Nichtzulassung der Revision zurückweisenden B. v. 16.8.1983 (– 4 B 94.83 – BauR 1983, 560 = DVBl. 1984, 145) der Ansicht des OVG-Senats unmissverständlich widersprochen und mit Recht darauf hingewiesen, dass es zahlreiche Normen des materiellen öffentlichen Baurechts gibt, die ausschließlich der Durchsetzung von Belangen der Allgemeinheit und nicht dem Schutz individueller Interessen dienen. Die Gefahr der Ausuferung ist in der Besprechung der Entscheidung bereits erkennbar geworden.

bb) Welche planungsrechtlichen Vorschriften und Festsetzungen eines B-Plans **37**
können nachbarlichen Interessen dienen? Zum **nachbarschützenden Charakter der Baugebietsvorschriften** im Einzelnen wird bei den Erläuterungen über das betreffende Baugebiet jeweils unter Abschn. 2 (bei den WB-Gebieten unter Abschn. 3) Stellung genommen. Hier sind generell geltende Gesichtspunkte darüber anzuführen, welche Vorschriften der BauNVO als nachbarschützend (in welchem Umfange) anerkannt sind; vgl. im Übrigen *Schrödter/Rieger*, Rdn. 28 bis 43 zu § 30 BauGB; *Hoppenberg*, in: *Hoppenberg/de Witt*, aaO., *Jäde*, in: *J/D/W*, Rn 44–57 zu § 29 BauGB, *Dürr*, in: *Brügelmann*, Rn 22–114 zu § 30 BauGB, und *Ziegler*, in: *Brügelmann*, Rn 391a–398z2).

Festsetzungen über die **Art der baulichen Nutzung** (§§ 2–14) sind nach über- **37.1**
einstimmender Auffassung von Rspr. und Schrifttum **nachbarschützend**. Das ergibt sich aus dem *Austauschverhältnis* (Rn 26), dem die Grundstückseigentümer im Geltungsbereich des B-Plans unterliegen. Wird dieses durch die rechtswidrige Genehmigung eines Vorhabens, das in dem betreffenden Baugebiet nach seiner Zweckbestimmung als Fremdkörper wirkt, gestört, wird den von der Störung betroffenen Grundstückseigentümern ein Abwehrrecht zugebilligt, auch wenn es nicht zu einer unzumutbaren Belästigung i.S. des § 15 Abs. 1 S. 2 BauNVO oder erheblichen Belästigung i.S. des § 5 Abs. 1 Nr. 1 BImSchG kommt (so BVerwG. B. v. 2.2.2000, Fundst. Rn 26.2, im Anschluss an BVerwG, U. v. 16.9.1993, Fundst. Rn 22; vgl. auch U. v. 24.2.2000, Fundst. Rn 26.2.) Der Nachbar hat hier im Rahmen des plangebietsbezogenen Nachbarschutzes einen Gebietswahrungsanspruch gegen »die schleichende Umwandlung« seines Plangebiets, die eine Gemeinde dazu veranlassen könnte, die Nutzungsart entspr. der schleichenden Umwandlung anzupassen.

Das gleiche Abwehrrecht gilt im Grundsatz hinsichtlich der Art der baulichen Nutzung, sofern die unzulässigen Bauvorhaben in angrenzenden Baugebieten genehmigt werden. Voraussetzung hierfür ist jedoch, dass der Kreis der Abwehrberechtigten begrenzt und feststellbar ist sowie der Plangeber bewusst bspw. zu Gunsten eines Eigentümers eines Wohnhauses in einem durch B-Plan festgesetzten Mischgebiet ein angrenzendes eingeschränktes Gewerbegebiet im Rahmen einer »abgetreppten« Gebietsausweisung, die von GE bis WA reicht, festgesetzt hat (OVG RhPf, U. v. 14.1.2000, Fundst. Rn 27). Ansonsten steht den Nachbarn ein Abwehrrecht i.S. des **gebietsüberschreitenden Nachbarschutzes** nur dann zu, wenn sie entspr. dem traditionellen Gebot der Rücksichtnahme unzumutbar oder erheblich in ihren schutzwürdigen Interessen beeinträchtigt werden.

Die Festsetzungen des Maßes der baulichen Nutzung durch B-Pläne haben – **38**
anders als die Festsetzung von Baugebieten (vgl. BVerwG, U. v. 16.9.1993, Fundst. Rn 22) – kraft Bundesrechts grundsätzlich keine nachbarschützende Funktion (BVerwG, B. v. 23.6.1995 – 4 B 52.95 – NVwZ 1996, 170 = BRS 57 Nr. 209 = BauR 1995, 823). Ob Festsetzungen eines B-Plans über das Maß der baulichen Nutzung drittschützend sind, hängt vom Willen der Gemeinde als Planungsträger ab (BVerwG, B. v. 19.10.1995 – 4 B 215.95 – NVwZ 1996, 888). Von den Festsetzungen über das **Maß der baulichen Nutzung** sind die Festsetzungen über **GRZ und GFZ** nach bisher übereinstimmender Meinung von Rspr. und Schrifttum **nicht** als **nachbarschützend** angesehen worden (OVG Bremen, B. v. 1.3.1989 – 1 B 5/89 – NVwZ-RR 90, 293 = BRS 49 Nr. 191; VGH BW, B. v. 11.1.1995 – 3 S 3096/94 – BWGZ 1995, 177).

38.1 Ob Festsetzungen über die **Zahl der Vollgeschosse** nachbarschützend sind, ist umstritten (verneinend VGH BW, U. v. 11.1.1995, aaO.; bejahend OVG NW, U. v. 18.4.1991 – 11 A 696187 – BauR 1992, 60; OVG Bremen, – B. v. 14.8.1995 – 1 B 64/95 –, BRS 57 Nr. 128; Nds. OVG, U. v. 13.3.2002 – 1 Kn 1310/02 – ZfBR 2003, 54, u. BayVGH, B. v. 16.7.2002 – 2 CS 02. 1236 – BayVBl. 2003, 599); den Letzteren wird hier gefolgt. Sie stellen zutreffend **auf den Einzelfall** ab und sehen nachbarliche Einwendungen als beachtlich an, wenn hinsichtlich der Zahl der Vollgeschosse zwischen den Nachbarn ein aus dem B-Plan **erkennbares Austauschverhältnis** besteht (etwa zur *gleichmäßigen Besonnung* oder Gewährleistung einer *besonderen Aussicht* bei Hanglage der Grundstücke). Auch hier ist **maßgebend der** mit der jeweiligen Festsetzung **verfolgte Zweck**, ob allein städtebauliche Ziele gewollt sind oder ob auch (gerade) auf die Aussichtsmöglichkeit aller Gebäude und damit die Einwirkung der Gebäude auf die Nachbarn abgestellt werden sollte. Weitere Gesichtspunkte der **Einzelfallbeurteilung** können sich z. B. aus zu starker Verdichtung, etwa die Zulassung eines sechsgeschossigen Gebäudes in einem WR-Gebiet bei sonst nur zwei zulässigen Vollgeschossen, als **Fall der erdrückenden Wirkung** ergeben oder aus starker Verminderung der Belichtung (vermehrte Verschattung) und Belüftung von Gebäuden (vgl. § 16 Rn 58–59.5).

38.2 Zur Frage des Schutzes vor **Einsichtsmöglichkeiten** neben der ausreichenden Belüftung, Belichtung und Besonnung vgl. U. des BVerwG v. 6.10.1989 (– 4 C 14.87 – BRS 49 Nr. 188 = BauR 1989, 770 = DVBl. 1990, 364 = UPR 1990, 28).

Das Gebot der Rücksichtnahme kann wegen der entstehenden »**Einblickmöglichkeiten**« auf ein Nachbargrundstück verletzt sein, wenn eine Vielzahl allseits verglaster Vorbauten, die teilweise erst durch eine Befreiung für ein zusätzliches Vollgeschoss ermöglicht worden sind, gleichsam wie Aussichtskanzeln in der seitlichen Giebelwand eines Wohnhauses genehmigt wird (OVG Hamburg, U. v. 17.1.2002 – 2 Bf 359198 – NordÖR 2002, 454, 5. Leits.). Das in § 31 Abs. 2 BauGB enthaltene Gebot der Rücksichtnahme ist verletzt, wenn in einer Reihenhauszeile mit Gebäudebreiten von jeweils nur 4,75 m durch die Errichtung eines über 1,50 m vortretenden, die hintere Baugrenze überschreitenden grenzständigen Balkons erstmalig qualifizierte **Einsichtnahmemöglichkeiten** wie von einer »Aussichtsplattform« in ein etwa ein Meter entferntes Schlafzimmerfenster sowie in die benachbarten Terrassenbereiche geschaffen werden. Das Gebot der Rücksichtnahme steht der Errichtung des Balkons allerdings nicht schlechthin entgegen (OVG NW, U. v. 22.8.2005 – 10 A 3611/03 – BauR 2006, 342).

39 Bei Festsetzungen **über die Bauweise** sind hinsichtlich ihrer nachbarrechtlichen Beurteilung keine einheitlichen Aussagen zu treffen. Für die **Festsetzung einer geschlossenen Bauweise** sind i. d. R. städtebauliche Gesichtspunkte (etwa Verdichtung eines MK-Gebiets oder Ausnutzung der Grundstücke durch Festsetzung von Reihenhäusern) maßgebend. Bei der offenen Bauweise ist je nach dem Einzelfall ein Austauschverhältnis mit dem unmittelbar angrenzenden Nachbar möglich, etwa bei der planerischen Festsetzung von Doppelhäusern (BVerwG, U. v. 24.2.2000 – 4 C 12.98 – BauR 2000, 1168 = ZfBR 2000, 415) oder etwa um – außer einer guten Durchlüftung des Gebiets aus städtebaulichen Gründen – ein großzügig gestaltetes villenartiges Wohngebiet durch größere Abstände zu erreichen (vgl. § 22 Rn 8). Die Festsetzung einer offenen Bauweise ist nach Ansicht des VGH BW i. d. R. nur insoweit nachbarschüt-

zend, als danach die Gebäude mit seitlichem Grenzabstand zu errichten sind
(U. v. 1.3.1999 – 5 S 49/99 – NVwZ-RR 1999, 492 = VBlBW 1999, 270).

Hierbei können sich die Festsetzungen der offenen Bauweise mit den durch die
Abstandsvorschriften nach den LBOen zum Ausdruck kommenden sog. *Sozialabständen* zur Erhöhung (oder Erhaltung) des nachbarlichen Wohnfriedens
überschneiden, was nicht selten ist. Nach den LBOen aufgrund der MBO
2002, die einheitlich nur noch den **Begriff der Abstandsflächen** verwenden,
sind für die Regelung der Abstandflächen die planungsrechtlichen Vorschriften nunmehr grundsätzlich maßgebend. Der **nachbarschützende Charakter**
der Abstandvorschriften wird heute übereinstimmend **anerkannt** (aus der
Rspr. ausführlich dazu u. a. OVG Bln., U. v. 22.5.1992 – 2 B 22.90 – BRS 54
Nr. 97).

Auch die nachbarschützende Bedeutung der **Festsetzungen über die überbaubaren Grundstücksflächen**, i. d. R. durch *Baulinien, Baugrenzen* und *Bebauungstiefen* festgesetzt, muss nach diesseitiger Auffassung vom Grundsatz her
vom Einzelfall her beurteilt werden (vgl. OVG Brem., U. v. 21.4.1976 – I BA
26 u. 27/76 – BRS 30 Nr. 158 = BauR 1976, 350; VGH BW, U. v. 7.2.1979 –
111 1261/78 – BRS 35 Nr. 178, u. U. v. 4.10.1983 – 5 S 933/83 – BRS 40
Nr. 182; § 23 Rn 7). Festsetzungen der überbaubaren Grundstücksflächen erfolgen i. d. R. zwar aus städtebaulichen Gründen. Sie können aber auch dazu
dienen, um z. B. durch besondere Stellung der Gebäude den Grundstücken
eine vorhandene (schöne) Aussicht zu gewährleisten, was im hängigen Gelände den Wohnwert erheblich erhöht (BVerwG, U. v. 17.2.1971 – IV C 2.68 –
BRS 24 Nr. 168 = DVBl. 1971, 754 = DÖV 1971, 497 = BauR 1971, 106;
BVerwG, B. v. 3.1.1983 – 4 B 224.82 – BRS 40 Nr. 192). Zur Problematik vgl.
u. a. Hess. VGH, B. v. 4.11.1991 (– 4 TG 1610/91 – BRS 52 Nr. 178); Nds.
OVG, B. v. 20.6.2000 (– 1 M 2011/00 – BauR 2000, 1844; Leits.: Zur nachbarschützenden Bedeutung der Festsetzung einer überbaubaren Fläche) sowie
VGH BW, U. v. 20.5.2003 (– 5 S 2750/01 – BauR 2004, 1716 = VBlBW 2003,
470), u. U. v. 29.10.2003 (– 5 S 138/03 – VBlBW 2004, 146); OVG MV, B. v.
9.4.2003 (– 3 M-V 1/03 – BauR 2003, 1710) und die verschiedenen zur Frage
des Nachbarschutzes **hinsichtlich Baugrenzen und Baulinien** ergangenen Entscheidungen des VGH BW, wie B. v. 23.7.1991 (– 8 S 1606/91 – BRS 52
Nr. 71 = BauR 1992, 65), B. v. 1.10.1999 (– 5 S 2014/99 – NVwZ-RR 2000,
348 = VBlBW 2000, 112), Urt. v. 10.11.1992 (– 5 S 1475/92 – BRS 54
Nr. 199); B. v. 2.6.2003 (– 8 S 1098/03 – VBlBW 2003, 470); U. v. 23.10.1997
(– 5 S 1596/97 – BRS 59 Nr. 126) u. U. v. 11.2.1993 (– 5 S 2313/92 – BRS 55
Nr. 71); im Einzelnen dazu § 23 Rn 6–7.1.

Die Beeinträchtigungen beziehen sich ersichtlich insbes. auf eine Störung der
Wohnruhe durch Lärm, Geräusche und Gerüche, auf Einbußen in der **Besonnung, Belichtung und Belüftung**, auf unerwünschte **Einsichtmöglichkeiten** in
das Grundstück, auf zukünftige Schwierigkeiten der baulichen **Ausnutzung**
des eigenen Grundstücks und auf eine Wertminderung des Grundstücks. Es
bestehen keine Bedenken, auch latente Störungen als Beeinträchtigung im hier
erforderlichen Sinne anzuerkennen.

Das Rücksichtnahmegebot gewährleistet keine bestimmte Qualität oder
Dauer der Tagesbelichtung oder die unveränderte Beibehaltung einer einmal
gewesenen Besonnung des Grundstücks. Nur in Extremfällen greift es bei einer erdrückenden Wirkung des Baukörpers ein, wenn das Vorhaben eine Ab-

riegelungswirkung oder ein Gefühl des »Eingemauertseins« erzeugt (OVG Schlesw., U. v. 20.1.2005 – 1 LB 23/04 – NordÖR 2005, 314); zu einem Fall des tatsächlichen Eingemauertseins vgl. VGH BW, B. v. 12.10.2004, Fundst. Vorbem. Rn 31.2.

42 cc) **Unbeachtlichkeit des Nachbarschutzes (Drittschutzes) im Regelfall.** Im Gegensatz zum plangebietsbezogenen Nachbarschutz ist beim plangebietsüberschreitenden Nachbarschutz eine Beeinträchtigung nicht anzunehmen, wenn sie sich nur geringfügig und kaum messbar auswirkt und auch der Wert des Grundstücks keine berechenbare Einbuße erleidet. Ebenfalls unbeachtlich sind Einwendungen des Nachbarn, wenn er selbst das Vorhaben nur dadurch als beeinträchtigt empfindet, weil er selbst auf seinem Grundstück einen baurechtswidrigen Zustand geschaffen hat (BVerwG, U. v. 25.2.1992 – 1 C 7.90 – BVerwGE 90, 53 u. U. v. 24.9.1992 – 7 C 6.92 – BVerwGE 91, 92).

Eine Beeinträchtigung nachbarlicher Abwehrrechte kommt nicht in Betracht, wenn derartige **Rechte verwirkt** sind. Das setzt voraus, dass der Betroffene die Rechtsverletzung erkannt hat oder jedenfalls hätte erkennen müssen (BVerwG, B. v. 18.1.1988 – 4 B 257.87 – BRS 48 Nr. 180 = ZfBR 1988, 144; U. v. 16.5.1991 – 4 C 4.89 – NVwZ 1991, 1182 = BRS 52 Nr. 218; vgl. hierzu *Troidl*, NVwZ 2004, 315); die Ansicht, dass eine *Verwirkung* nachbarlicher Abwehrrechte in dem Zeitpunkt *beginnt*, in dem eine Verletzung dieser Rechte für den Betroffenen *objektiv erkennbar* ist – es kommt nicht darauf an, wann dieser tatsächlich davon Kenntnis genommen hat –, begegnet keinen durchgreifenden Bedenken (BVerwG, aaO.).

Materiell-rechtliche Abwehrrechte des Nachbarn können auch gegenüber ungenehmigten Bauvorhaben verwirkt werden (BVerwG, B. v. 18.3.1988 – 4 B 50.88 – BRS 48 Nr. 179 = BauR 1988, 332; B. v. 13.8.1996 – 4 B 135.96 – BauR 1997, 281 = NJW 1998, 328 u. B. v. 11.2.1997 – 4 B 10.97 – BRS 59 Nr. 170). Nur die Verwirkung *verfahrensrechtlicher* Rechte des Nachbarn setzt voraus, dass eine Baugenehmigung zuvor erteilt worden ist. Ob der Bauherr im Besitz einer Baugenehmigung ist, ist im Hinblick auf das nachbarliche Gemeinschaftsverhältnis unerheblich (BVerwG, aaO.); s. dazu auch Rn 49.3.

43 e) **Wer ist als abwehrberechtigter Nachbar anzusehen? – aa) Hinsichtlich des Personenkreises.** Der Begriff des abwehrberechtigten (klagebefugten) Nachbarn im Zusammenhang mit **bauplanungsrechtlichen Festsetzungen** oder aufgrund der Genehmigung **genehmigungsbedürftiger Anlagen** nach §§ 4 ff. BImSchG i. V. m. der 4. BImSchV im Rahmen der städtebaulichen Erforderlichkeit bedarf einer sorgfältigen Eingrenzung hinsichtlich des **geschützten Personenkreises** und in **sachlich-räumlicher Beziehung**.

B-Pläne sind im Grundsatz **grundstücks-** und *nicht personen*bezogen. BauGB und BauNVO regeln das Bodenrecht i. S. des Art. 74 Nr. 18 GG; die Vorschriften haben zum Inhalt, den Grund und Boden nutzungsrechtlich zu ordnen. Damit sind Nachbarn in erster Linie die Eigentümer eines Grundstücks, eines Stockwerks oder einer Wohnung.

43.1 Da aufgrund des durch den B-Plan begründeten Austauschverhältnisses (Rn 26) die Grundstückseigentümer im Geltungsbereich eines B-Plans zu einer Art Schicksalsgemeinschaft zusammengeschlossen werden, sind abwehrberechtigt allein die Eigentümer. Dabei ist es ohne Bedeutung, worauf *Schlichter* (aaO., Abschn. VI) hinweist, ob sie selbst oder (nur) obligatorisch berechtigte Mieter (Pächter) das Grundstück nutzen. Dem Grundstückseigentümer *gleichgestellt* sind nach hM die anderen dinglich Berechtigten wie Inhaber eines

Dauerwohnrechts nach dem *Wohnungseigentumsgesetz, Erbbauberechtigte, Nießbraucher* und *Miteigentümer* eines Grundstücks; Letztere können Nachbarschutz auch dann begehren, wenn andere Miteigentümer der Geltendmachung von Nachbarrechten widersprechen. *Erwerber* bzw. *Rechtsnachfolger* von Grundstücken können keine Rechtsmittel einlegen, wenn die Baugenehmigung dem Rechtsvorgänger gegenüber unanfechtbar geworden ist (so VGH BW, U. v. 30.11.1978 – III 571/78 – BRS 33 Nr. 162; BayVGH, U. v. 24.2.1978 – Nr. 302 II 75 – BRS 33 Nr. 161). Soweit jemand eine Dienstbarkeit innehat, kommt es für die Abwehrberechtigung darauf an, für was die Dienstbarkeit eingeräumt worden ist.

Nur *obligatorisch Berechtigte* (Mieter, Pächter) sind i. d. R. nicht als Nachbarn anzusehen (BVerwG, U. v. 11.5.1989 – 4 C 1.88 – DVBl. 1989, 55 u. B. v. 20.4.1998 – 4 B 22.97 – DVBl. 1998, 899; B. v. 11.7.1989 – 4 B 33/89 – NJW 1989, 2766; VGH BW, B. v. 27.6.2006 – 8 S 997/06 – VBlBW 2006, 394 u. OVG Bln., B. v. 30.7.2003 – 2 S 24.03 – BRS 66 Nr. 187: »*Das Mietrecht an einem Grundstück erstarkt nicht dadurch zu einer eigentumsähnlichen, zur Inanspruchnahme öffentlich-rechtlichen Nachbarschutzes berechtigenden Rechtsposition, dass das Nutzungskonzept für die Miträume auf die Authentizität des Ortes angewiesen ist:* ›*Haus am Checkpoint Charlie*‹«. Lediglich in den (seltenen) Fällen, in denen ein B-Plan Festsetzungen enthält, die dahin zu verstehen sind, dass sich auch (Dauer-)Mieter oder Pächter gegen eine bestimmte Festsetzung sollen wehren können, wären diese Personen ebenso abwehrberechtigt wie in den Fällen bei Anwendung des BImSchG (so schon *Sendler*, BauR 1970, 4; vgl. dazu *Jäde*, UPR 1993, 330; *Mampel*, UPR 1998, 8; *Schmidt-Preuß*, NJW 1995, 27; *Thews*, NVwZ 1995, 224; *Seibel*, BauR 2003, 1674). **44**

Der den baurechtlichen Nachbarschutz rechtfertigende Anknüpfungspunkt gleicher öffentlich-rechtlicher Belastungen bei wechselbezüglichen Vergünstigungen fehlt bei einem bloßen Mietverhältnis. Das Fehlen eigentumsrechtlicher Abwehrbefugnisse aus öffentlich-rechtlichem Nachbarrecht berührt nicht den *Gefahrenschutzanspruch*, der auch einem Mieter zusteht (OVG Bln., B. v. 18.4.1986 – 2 S 62.86 – BRS 46 Nr. 172). Der Mieter einer Wohnung ist Nachbar i. S. des öffentlichen Baurechts auch dann nicht, wenn ihm gegenüber der vermietenden Genossenschaft ein dauerndes Nutzungsrecht zusteht (OVG Lüneburg, B. v. 29.5.1986 –1 B 25/86 – BRS 46 Nr. 171). Der Bauwillige (Grundstückseigentümer) kann mit Klagen von Mietern und Pächtern jedoch überzogen werden, wenn sich diese z. B. auf die Beeinträchtigung der körperlichen Unversehrtheit nach Art. 2 Abs. 2 GG berufen.

Handelt es sich dagegen um die **Abwehr von Lärm- und Geruchsbelästigungen** (Luftverunreinigungen, Abgasimmissionen) von Anlagen, die der Genehmigung nach §§ 4 ff. BImSchG i. V. m. der 4. BImSchV unterliegen, ist »*die Nachbarschaft*« dagegen klagebefugt. Dass darunter auch Mieter, Pächter oder ggf. in den Unternehmen Beschäftigte – z. B. im GE- oder GI-Gebiet – fallen, dürfte nicht zweifelhaft sein (BVerwG, U. v. 22.10.1982 – 7 C 50.78 – DVBl. 1983, 183 = UPR 1983, 60). **45**

Die personenbezogene Betroffenheit hinsichtlich des Nachbarschutzes lässt sich etwa dahin abgrenzen, dass in den Fällen, in denen es um die Zuordnung der Grundstücke zueinander und damit in erster Linie um Eigentumspositionen geht, nur die *Grundstückseigentümer abwehrberechtigt sind*. Geht es dagegen – evtl. unter Berufung auf Art. 2 Abs. 2 GG – um die Abwehr Gesundheitsgefährdender Immissionen, sind nicht nur die Eigentümer, sondern **auch die** (nur) obligatorisch Berechtigten, den Immissionen gleichermaßen ausgesetzten **Mieter, Pächter, Arbeitnehmer** u. dergl., klagebefugt.

46 bb) In **sachlich-räumlicher Hinsicht** sind im Geltungsbereich eines B-Plans »Nachbarn« alle Grundstückseigentümer eines beanstandeten Vorhabens, die sich im gleichen Baugebiet befinden, ohne dass es erforderlich ist, dass sie durch dessen Auswirkungen konkret beeinträchtigt werden. Bei Verstößen gegen nachbarschützende Planfestsetzungen ist nämlich keine tatsächlich spürbare Beeinträchtigung erforderlich, um ein Abwehrrecht zu begründen (BVerwG, U. v. 16.9.1993, Fundst. Rn 22; U. v. 24.2.2000, Fundst. Rn 26.2; U. v. 2.2.2000, Fundst. Rn 26.2, u. VGH BW, U. v. 17.6.1999, Fundst. Rn 26.2, als zweitinstanzl. U.). Der Gebietserhaltungs- oder Gebietswahrungsanspruch der neueren Rspr. des BVerwG gewährt dem von der unzulässigen Nutzung Betroffenen ein Abwehrrecht gegen die »schleichende Umwandlung« des Gebiets. Die »schleichende Umwandlung« kann bis zur Funktionslosigkeit des Plangebiets führen oder zuvor den Plangeber dazu veranlassen, die dadurch hervorgerufene faktische Veränderung des Plangebiets durch eine neue Plangebietsfestsetzung zu legalisieren. Eine Ausnahme von dem gebietsbezogenen Nachbarschutz ist anzunehmen, wenn ein Verstoß gegen Treu und Glauben vorliegt. Aus dem Gedanken des wechselseitigen Austauschverhältnisses im Bauplanungsrecht folgt nämlich, dass derjenige, der die mit der jeweiligen Gebietsfestsetzung verbundenen Beschränkungen der baulichen Ausnutzbarkeit der Grundstücke selbst nicht einhält, sich nicht mit der Begr. gegen das Vorhaben eines Dritten wenden kann, dieses sei seiner Art nach in dem jeweiligen Baugebiet unzulässig (VG Neustadt, U. v. 4.10.1999 – 4 L 2210/99.NW –). Nachbarn sind mithin – anders als nach dem Bauordnungsrecht der Länder – nicht nur die (unmittelbaren) seitlichen, gegenüberliegenden oder rückwärtigen Grundstückseigentümer des Grundstücks auf dem die bauliche Anlage errichtet werden soll.

46.1 Nach § 15 Abs. 1 **Satz 2** sind bauliche Anlagen auch unzulässig, wenn von ihnen Belästigungen oder Störungen ausgehen *können*, die nach der Eigenart des Baugebiets »im Baugebiet selbst oder **in dessen Umgebung**« unzumutbar sind. Daraus ergibt sich, dass auch Grundstückseigentümer *außerhalb* des B-Plans als (abwehrberechtigte) Nachbarn anzusehen sind, wenn sich die Störungen z.B. eines Vorhabens im GE-Gebiet etwa auf die Wohnruhe der Grundstücke eines angrenzenden WA-Gebiets nachteilig auswirken. Bei diesem sog. **gebietsüberschreitenden Nachbarschutz** kommt es entscheidend auf den erkennbar abgegrenzten Kreis der abwehrberechtigten Nachbarn an. Der Kreis der Nachbarn kann dann sowohl Grundstückseigentümer im Geltungsbereich des GE-Gebiets – etwa in der Nähe einer zugelassenen Diskothek – als auch im angrenzenden WA-Gebiet – soweit sich die Störungen dort noch unzumutbar auswirken – umfassen.

47 Der Begriff des (abwehrberechtigten) **Nachbarn** in *städtebaulicher* (räumlicher) Hinsicht ist **im nichtbeplanten Innenbereich (§ 34 BauGB) im Grundsatz nicht anders zu bestimmen** als in einem B-Planbereich. Das gilt jedenfalls für die nachbarschutzbedürftigen Fälle, bei denen die Eigenart der näheren Umgebung nach der vorhandenen Bebauung, in der das beanstandete Vorhaben genehmigt ist, nach **§ 34 Abs.** 2 BauGB einem Baugebiet nach BauNVO entspricht. Es besteht für das nach der BauNVO zu qualifizierende fiktive Baugebiet *planungsrechtlich* zwar nicht das sich aus dem festgesetzten Geltungsbereich eines B-Plans ergebende gegenseitige Abhängigkeitsverhältnis. Eine solche »nähere Umgebung« empfindet sich infolge des häufig langjährigen Gewachsenseins *faktisch* oftmals aber stärker als Schicksalsgemeinschaft als im – mehr oder minder willkürlich – festgesetzten B-Planbereich (s. auch Rn 31.2).

Da im nichtbeplanten Innenbereich Festsetzungen und damit den nachbarlichen Interessenkonflikt regelnde Rechtsnormen fehlen, kommt es hier entscheidend auf das **Gebot der gegenseitigen Rücksichtnahme** an, dem nachbarschützende Wirkung zukommt, soweit in qualifizierter und zugleich individualisierter Weise auf schutzwürdige Interessen eines erkennbar abgegrenzten oder jedenfalls **abgrenzbaren Kreises von Nachbarn** des Vorhabens Rücksicht zu nehmen ist (BVerwG, U. v. 25.2.1977 – IV C 22.75 – BVerwGE 52, 122 = BRS 32 Nr. 155 = BauR 1977, 244 = DVBl. 1977, 722; ferner U. des BVerwG v. 16.9.1993, Rn 22; s. im Einzelnen Rn 30-31.2).

47.1

Das Gebot der Rücksichtnahme gilt – grenzüberschreitend – auch für Vorhaben im nichtbeplanten Innenbereich gegenüber vorhandenen privilegierten Vorhaben im Außenbereich (BVerwG, U. v. 10.12.1982 – 4 C 28.81 – UPR 1983, 168 = BRS 39 Nr. 57; B. v. 25.4.1985 – 4 D 48.85 – UPR 1985, 340). Umgekehrt hat ein im Außenbereich ansässiger Betrieb auf eine benachbarte Wohnbebauung – sei sie im B-Plangebiet oder nichtbeplanten Innenbereich – ebenso Rücksicht zu nehmen (BVerwG, U. v. 21.1.1983 – 4 C 59.79 – BRS 40 Nr. 199 = UPR 1983, 300). Ein Industriebetrieb im unbeplanten Innenbereich hat einen Abwehranspruch gegen die Genehmigung heranrückender Wohnbebauung im angrenzenden Außenbereich (BVerwG, B. v. 25.11.1985 – 4 B 302.85 – DÖV 1986, 574). Die Rücksichtnahme auf eine bereits vorhandene immissionsträchtige Nutzung kann verlangen, eine andere als die beabsichtigte Wohnnutzung zu wählen.

47.2

Abweichend von den voranstehenden Entscheidungen hat das BVerwG mit B. v. 28.7.1999 (– 4 B 38/99 – NVwZ 2000, 552) dem Inhaber eines im Außenbereich gem. § 35 Abs. 1 BauGB privilegiert ansässigen Betriebs weder einen – allgemeinen – Abwehranspruch gegen im Außenbereich unzulässige Nachbarvorhaben noch einen Anspruch auf Bewahrung der Außenbereichsqualität seines Betriebsgrundstücks zugesprochen. Das U. überzeugt nicht, weil es ohne nähere Begr. dem privilegierten Tatbestand des § 35 Abs. 1 BauGB widerspricht.

Der Anspruch auf Bewahrung der Gebietsart vermittelt eine Schutzposition, auf die bei der Zulassung eines Vorhabens im an das Baugebiet grenzenden Außenbereich Rücksicht genommen werden muss. Nach diesem Maßstab dürfte die Genehmigung eines **Tanklagers,** das regelmäßig mit 38-t-Lastkraftwagen angefahren werden muss, Nachbarrechte verletzen, wenn die Zufahrt über reine Anliegerstraßen eines Dorfgebiets erfolgt (BayVGH, B. v. 4.12.2002, BauR 2003, 1022; Leits.).

Dem Sachverhalt nach ging es in dem vorläufigen Rechtsschutzverfahren um eine Baugenehmigung eines Tanklagers mit zwei oberirdischen Tanks mit je 50.000 l Fassungsvermögen auf einem Außenbereichsgrundstück. Der BayVGH rügte die Gebietsunverträglichkeit des von dem Vorhaben ausgelösten Schwerlastverkehrs auf das angrenzende Dorfgebiet. Weiter führte das Gericht aus: *»Ein Unternehmen mit einem 38 t-Lkw wäre voraussichtlich in einem Mischgebiet nicht zulässig. Was für das Unternehmen selbst gilt, muss auch* *für den diesem zuzurechnenden Verkehr gelten, sofern dieser nicht auf Durchfahrtsstraßen –, auf solchen muss regelmäßiger Schwerlastverkehr auch in einem Dorfgebiet möglich sein –, sondern auf Straßen geführt wird, die bisher ausschließlich die Funktion haben, die angrenzenden Grundstück zu erschließen«* (BayVGH, aaO.).

47.3 f) **Zur Frage, ob und inwieweit Nachbarrechtsschutz bei der Errichtung von Wohngebäuden auch im Freistellungs-, Anzeige- und vereinfachten Verfahren gegeben ist.** Die neu gefassten Bauordnungen der Länder sind dem Trend zur Privatisierung und Deregulierung des Baugeschehens gefolgt, um vermeintliche Investitionshemmnisse zu beseitigen. Sie enthalten in diesem Sinne für bestimmte Wohnbauvorhaben neu eingeführte Freistellungs- bzw. Anzeigeverfahren. Zahlreiche Vorhaben, die in den bauordnungsrechtlichen Vorschriften häufig enumerativ aufgeführt sind, dürfen nunmehr ohne Baugenehmigung errichtet werden. Darüber hinaus enthalten die meisten Bauordnungen noch sog. »vereinfachte« Genehmigungsverfahren, bei denen der Prüfungsumfang der Bauaufsichtsbehörde und der Regelungsgehalt der Baugenehmigung verminderten Anforderungen unterliegt.

Diese neuartige bauordnungsrechtliche Situation führt zu der Frage, wie sich die verfahrensrechtlichen Änderungen auf den Nachbarrechtsschutz auswirken. Dass dieser Schutz gegenüber dem »herkömmlichen« Genehmigungsverfahren zwangsläufig verringert sein wird, bedarf keiner besonderen Ausführungen.

47.4 Die erwähnten Wohnbauvorhaben – in BW und NW Bauvorhaben bis zur Hochhausgrenze (vgl. § 51 Abs. 1 Nr. 1 BWBauO und § 67 Abs. 1 BauO NW), wenn sie im Geltungsbereich eines qualifizierten B-Plans (§ 30 Abs. 1 BauGB) liegen und den örtlichen Bauvorschriften nicht widersprechen – bedürfen keiner Baugenehmigung mehr. Sie brauchen lediglich der Gemeinde oder der Bauaufsichtsbehörde angezeigt bzw. zur Kenntnisnahme gebracht zu werden; Einzelheiten bei *Uechtritz* (NVwZ 1996, 640), der ausführlich den unterschiedlichen Regelungen in den jeweiligen LBOen und dem sich daraus ergebenden Nachbarschutz im Freistellungs- und Anzeigeverfahren nachgegangen ist. – Der Kenntnisstand des Nachbarn von einem genehmigungsfreien bzw. anzeigepflichtigen Wohnbauvorhaben ist in den Ländern infolge der in den LBOen uneinheitlich geregelten Vorschriften über die Beteiligung bzw. Information der Nachbarn (sehr) unterschiedlich. Teilweise ist eine Unterrichtung durch den Bauherrn vorgesehen (vgl. § 67 Abs. 4 Satz 3 BauO NW, Art. 70 Abs. 2 BayBauO). In den meisten Ländern ist dies jedoch nicht der Fall, da die BauOen überwiegend keine »Regel-Beteiligung« des Nachbarn im Freistellungs- bzw. Anzeigeverfahren vorsehen, wie die Mehrzahl der BauOen bisher schon keine formalisierte Nachbarbeteiligung kannte (dazu eingehend *Uechtritz*, aaO., 640, 641). Die **generelle Verpflichtung** der Bauaufsichtsbehörden, über die Einhaltung des materiellen Baurechts zu wachen, das durch die Genehmigungsfreistellung keine Änderung erfährt, bleibt bestehen. Die Beseitigung der **präventiven** Prüfungstätigkeit bewirkt **keine Änderung** der **repressiven** Befugnisse. *Uechtritz* zeigt (m.w.N. aus dem Schrifttum), welche Schwierigkeiten sich daraus in der Praxis ergeben (vgl. auch *Blümel*, aaO., S. 521). Wegen dieser Schwierigkeiten ist in § 29 BauGB 1998 die in § 29 BauGB a.F. bestehende Bindung des Vorhabenbegriffs an die bauaufsichtliche Genehmigung, Zustimmung oder Anzeige entfallen.

47.5 Alle Bauordnungen stellen das Eingreifen in das **Ermessen** der zuständigen Behörde. Eine Ermessensnorm korrespondiert nicht stets mit einem subjektiv-öffentlichen Recht des Bürgers auf fehlerfreie Ermessensentscheidung. Dies gilt nur dann, wenn die das Ermessen begründende Norm nicht ausschließlich dem öffentlichen Interesse, sondern auch dem Interesse des betroffenen Bürgers zu dienen bestimmt ist (allg. Meinung). Das Schrifttum geht weitgehend davon aus, dass für eine Reduzierung des Ermessens auf Null die Verletzung einer nachbarlichen Vorschrift allein nicht ausreichen soll (Nachweise bei *Uechtritz,* aaO.). Diejenigen, die bei einer Verletzung subjektiver Nachbarrechte grundsätzlich von einer Ermessensreduzierung auf Null ausgehen und nur im **Ausnahmefall** einen Nachbaranspruch verneinen, sind (noch) in der Minderheit (so *Finkelnburg/Ortloff,* Öff. BauR II, 3. Aufl., S. 215, u. *Jäde,* Bauaufsichtliche Maßnahmen, Rn 204, zit. bei *Uechtritz*). Die obergerichtliche Rspr. ist uneinheitlich. Bemerkenswert ist die Auffassung des VGH BW, der meint, es dürften keine zu hohen Anforderungen an eine Ermessensreduzierung für eine Baueinstellung gestellt werden (VGH BW, B. v. 26.10.1994 – 8 S 2763/94 – BauR 1995, 219, 220; so auch BayVGH, NVwZ 1997, 923; Sächs. OVG, NVwZ 1997, 922 und zustimmend *Martini,* DVBl. 2001, 1488/ 1492 f.). Der VGH BW (aaO.) begründet seine Auffassung, dass bei **freigestellten Vorhaben** bei einer Verletzung von Nachbarrechten **regelmäßig** ein Anspruch auf Einschreiten bejaht werden müsse, nach diesseitiger Ansicht überzeugend damit: Die nachbarliche (Abwehr-)Position entfalle durch den Wegfall des präventiven Baugenehmigungsverfahrens und der Möglichkeit, sich durch einen Widerspruch »einfach« zu wehren. Dies müsse durch eine Absenkung der »Eingriffsschwelle« kompensiert werden. Auch *Uechtritz* scheint dieser Auffassung folgen zu wollen (aaO., S. 643).

In einer weiteren Entscheidung hat der VGH BW seine Rspr. bestätigt (U. v. 20.5.2003 – 5 S 2750/01 – BauR 2003, 1716 = VBlBW 2003, 470; ähnlich OVG NW, B. v. 9.4.2003 – 3 M 1/03 – BauR 2003, 1711): »*Die in § 65 S. 1 LBO BW normierte behördliche Ermessenstätigkeit auf Erlass einer Beseitigungsverfügung kann der Nachbar allerdings nur dann beanspruchen, wenn das umstrittene Vorhaben* (40 m³ große Holzhütte in der rückwärtigen nicht überbaubaren Grundstücksfläche – Gartenzone einer Reihenhauszeile) *zu seinen Lasten gegen eine nachbarschützende Norm verstößt. Verbietet sie diese unzumutbare Beeinträchtigungen, so ist die Behörde bei derartigen Beeinträchtigungen in aller Regel zum Einschreiten gegen den baurechtswidrigen Zustand verpflichtet, es sei denn, es stehen ihr sachliche Gründe für eine Untätigkeit zur Seite«.*

Zum Nachbarschutz im Kenntnisgabeverfahren hat der VGH BW (B. v. 9.5.2006 –3 S 906/06 – BauR 2006, 1862) ausgeführt, dass bauaufsichtliche Zulassungen und damit auch selbständige Entscheidungen nach § 51 Abs. 5 LBO BW gem. § 212 a BauGB sofort vollziehbar sind (wie VGH BW, B. v. 24.1.2006 – 8 S 638/05 –).

Von Interesse sind auch die nachfolgend zitierten Leits. des B. des OVG Saarland v. 13.2.2006 (- 2 W 37/05 –, BauR 2006, 2015) zum Nachbarschutz gegen genehmigungsfreigestelltes Bauen:

»*1. Im Rahmen der Genehmigungsfreistellung (generell) für Gebäude bis zur Gebäudeklasse 3 (§ 2 Abs. 3 S. 1 Nr. 1 bis Nr. 3 LBO 2004) in qualifiziert beplanten Bereichen (§ 63 Abs. 1 S. 1 Nr. 1, Abs. 2 Nr. 1 LBO 2004) sind die sich aus den uneingeschränkt anwendbar bleibenden materiell-rechtlichen Vorschriften ergebenden Abwehrrechte des Nachbarn, ggf. durch eine auf die Einstellung der Bauarbeiten nach Maßgabe des § 123 Abs. 1 VwGO, vorläufig sicherungsfähig. Beurteilungsgegenstand für den Antrag auf Verpflichtung der Bauaufsichtsbehörde zur Einstellung von Bauarbeiten ist die tatsächlich ausgeführte bauliche Anlage.*

Vorbem §§ 2–9, 12–14 47.6

2. Die möglicherweise gravierenden wirtschaftlichen Folgen verzögerter Baufertigstellung infolge einer Baueinstellung sind in Fällen, in denen ein Bauherr auf der Grundlage einer kraft Bundesrechts (§ 212a BauGB) sofort vollziehbaren Baugenehmigung trotz Kenntnis des Vorliegens von Nachbarrechtsbehelfen (rechtmäßig) mit der Verwirklichung seines Vorhabens begonnen hat, eine vom Bauherrn bei seinen Planungen zu berücksichtigende Folge. Diese Erwägungen müssen erst recht für den Bereich des genehmigungsfreien Bauens (§ 63 LBO 2004) gelten, dessen Einführung und Erweiterung eine stärkere und ausdrücklich so gewollte Betonung der Eigenverantwortlichkeit des Bauherrn für die Einhaltung des materiellen Rechts beinhaltet.

3. Die Bauaufsichtsbehörde ist aufgrund der unverändert umfassenden gesetzlichen Aufgabenbeschreibung in § 57 Abs. 2 LBO 2004 (vormals: § 62 Abs. 2 LBO 1996) durch eine Genehmigungsfreistellung des Vorhabens nicht entbunden, schon bei der Errichtung solcher baulichen Anlagen über die Einhaltung der materiellen Vorschriften insbesondere des Bauplanungs- und des Bauordnungsrechts zu wachen und daher ggf. schon während der Bauausführung verpflichtet, zur Verhinderung der Schaffung erkennbar nachbarrechtswidriger Zustände tätig zu werden.«

Nach dem dem B. zugrundeliegenden Sachverhalt beabsichtigte der Bauherr in einem allgemeinen Wohngebiet entgegen der Festsetzung im B-Plan über die Begrenzung der Wohnungszahl nach § 9 Abs. 1 Nr. 6 BauGB auf zwei Wohnungen pro Gebäude 14 Wohnungen in einem Mehrfamilienhaus zu errichten. Der Antrag des Nachbarn nach § 123 VwGO auf Einschreiten der Bauaufsichtsbehörde hatte Erfolg.

47.6 Eine andere Auffassung vertritt uneingeschränkt noch *Simon* (vgl. zur Bay-BauO 1994, Art. 70 Rdnr. 29, zit. bei *Uechtritz*, NVwZ 1996, 640). Danach genügt ein Verstoß gegen eine nachbarschützende Vorschrift allein nicht, um einen Rechtsanspruch des Nachbarn auf Einschreiten zu begründen. Nur beim Vorliegen einer schwerwiegenden Gefährdung wichtiger Rechtsgüter könne das Ermessen der Behörde auf Null reduziert sein. Für die Ermessensausübung soll die Behörde ferner das **Subsidiaritätsprinzip** berücksichtigen, wonach die Behörde ermessensfehlerfrei von einem bauaufsichtlichen Einschreiten absehen könne, wenn sich der Betroffene durch Anrufung eines Zivilgerichts gegen den Störer wehren könne *(Simon,* aaO.). Diese Auffassung liegt deswegen neben der Sache, weil in allen öffentlich-rechtlichen Streitigkeiten der Verwaltungsrechtsweg gegeben ist. Die Auffassung von *Simon,* die nicht ganz so extrem auch bei *Schmaltz* (NdsVBl. 1995, 241, 247) zum Ausdruck kommt, hat für sich die Gesetzesbegründungen zu den Änderungen der LBOen, die von einer »Liberalisierung und Entstaatlichkeit« sprechen (vgl. Allg. Teil der Begr. z. Novelle in NW, abgedr. bei *Boeddinghaus/Hahn/Schulte,* Komm. z. BauO NW 1995); abgesehen davon hat der Nachbarschutz – wenigstens bisher – nach der bayerischen Baurechtstradition keine besondere Ausprägung gehabt; die dortigen Bauaufsichtsbehörden haben für ein Einschreiten einen weiten Ermessensspielraum. Mit *Uechtritz* (aaO., S. 643) begegnet die Auffassung von *Simon* und *Schmaltz* erheblichen Bedenken. *Uechtritz* weist darauf hin, einige der novellierten BauOen enthielten ausdrücklich die Klarstellung, dass die Freistellungsregelungen die allgemeinen Aufsichts- und Eingriffsbefugnisse der Bauaufsichtsbehörden gerade **nicht** berühren. Man wird nicht unterstellen können, der Gesetzgeber der LBOen habe eine »Privatisierung« auch des **Nachbarschutzes** vornehmen wollen, wenn Normtext und Begr. der novellierten BauOen hierfür nichts hergeben *(Uechtritz,* aaO., S. 643). Im Sinne einer »Waffengleichheit« wird diesseits die Auffassung vertreten, dass bei einem Verstoß gegen nachbarschützende Vorschriften **regelmäßig** ein Anspruch auf Einschreiten bejaht werden muss. Nur bei mangelnder tatsächlicher Beeinträchtigung oder besonders schutzwürdiger Position des Bauherrn kann die Behörde von einem Eingreifen Abstand nehmen. Dies sollte dann jedoch in der

Ermessensentscheidung der Bauaufsichtsbehörde deutlich zum Ausdruck gebracht werden. Die drittschützenden Normen des öffentlichen Baurechts gelten unabhängig von der Frage, welche Verfahrensbestimmungen eingreifen. Bereits aus diesem Grunde wäre es wenig überzeugend, wenn die (öffentlich-rechtlichen) Möglichkeiten zur Durchsetzung nachbarlicher Schutzrechte im Freistellungsverfahren wesentlich geringer sein sollten als im traditionellen Genehmigungsverfahren. Schließlich liegt auch bei **förmlich genehmigten** Vorhaben **im Kern** ein Streit zwischen Privaten vor, worauf *Uechtritz* (aaO.) mit Recht hinweist. Legt man die Auffassung des VGH BW (aaO.) zugrunde, ist die Wahrung einer **gleichwertigen** (öffentlich-rechtlichen) Schutzposition des Nachbarn geboten, so dass ein Anspruch auf Einschreiten gegeben ist, wenn gegen drittschützende Bestimmungen verstoßen wird (vgl. auch *Blümel*, aaO.).

g) **Bedeutsame Entscheidungen zum öffentlich-rechtlichen Nachbarschutz, insbesondere das Städtebaurecht betreffend (in Leitsätzen).** **48**

Festsetzungen in einem B-Plan, die im Ergebnis dazu führen, dass Oberlieger eine ungestörte Aussicht auf die Innenstadt erhalten, haben nur beim Vorliegen besonderer Umstände zugleich nachbarschützenden Charakter (VGH BW, B. v. 3.12.1993 – 8 S 2378/93 – NVwZ-RR 1994, 638).

»1. Einzelfall einer Baugenehmigung, die objektiv rechtswidrig ist, weil sie unter Erteilung einer Befreiung eine Geschossflächenzahl von 1,97 ermöglicht, die an der vorgesehenen Stelle rechtmäßig nicht planbar wäre. **48.1**

2. Die Zulassung einer Verdichtung, die dem bundesrechtlich festgesetzten Höchstwert der Geschossflächenzahl für reine Wohngebiete von 1,2 ohne rechtfertigenden Ausnahmegrund deutlich überschreitet, kann einer Umstrukturierung eines gesamten Wohngebietes Vorschub leisten.

3. Wird der Charakter eines Wohngebietes in Frage gestellt und das Baugebiet durch ein Bauvorhaben in Unruhe gebracht, so werden damit zugleich nachbarliche Belange verletzt, die sich bei rechtmäßiger Abwägung bei einer Überplanung des Baugebietes durchsetzen müssten. Dies stellt zugleich einen Verstoß gegen das Gebot der nachbarlichen Rücksichtnahme dar« (Hess.VGH, B. v. 13.7.1999 – 4 TG 1322/99 – BauR 2000, 1845).

»1. Die Errichtung eines Einkaufszentrums mit großflächigem Einzelhandel (Geschossfläche 6.000 m²,) sowie Büroflächen (1.900 m²) in einem beschränkten Arbeitsgebiet (Gewerbegebiet) des übergeleiteten Rechts kann, unabhängig von der Regelung des § 11 Abs. 3 BauNVO, gegen das in § 7 Nr. 5 BO 1958 (§ 15 BauNVO) enthaltene, gebietsübergreifende Gebot der Rücksichtnahme verstoßen, wenn die Ausfahrt für den Kunden-, Liefer- und Entsorgungsverkehr des gesamten Betriebes direkt gegenüber von Wohnhäusern in einem schutzwürdigen allgemeinen Wohngebiet liegt. **48.2**

2. Bei der Prüfung der Frage der Verletzung des Gebots der Rücksichtnahme kann es auch von Bedeutung sein, ob die Baugenehmigung für das von den Nachbarn beanstandete Vorhaben im Einklang mit den Festsetzungen des B-Plans steht oder umfassende Befreiungen, z. B. vom Maß der baulichen Nutzung (hier: BMZ von 2,4 auf 3,6 und GRZ von 0,4 auf 0,61), erteilt worden sind« (OVG Berlin, B. v. 16.5.2000 – 2 S 1.00 – LKV 2000, 372).

1. Die **Zulässigkeit einer Befreiung aus Gründen des Wohls der Allgemeinheit** setzt voraus, dass es sich in bodenrechtlicher Hinsicht um einen atypischen Sonderfall handelt. **48.3**

2. Die »**Gründe des Wohls der Allgemeinheit**« i. S. d. § 31 Abs. 2 Satz 1(2. Alt.) BBauG **beschränken sich nicht auf spezifisch bodenrechtliche Belange,** sondern erfassen alles, was gemeinhin unter den öffentlichen Belangen oder – insoweit gleichbedeutend – den öffentlichen Interessen zu verstehen ist (z.B. auch die Förderung sozialer oder kultureller Einrichtungen).

3. Gründe des Wohls der Allgemeinheit »**erfordern**« eine Befreiung, wenn es zur Erfüllung oder Wahrnehmung öffentlicher Interessen oder Aufgaben vernünftigerweise geboten ist, mithilfe der Befreiung das Vorhaben am vorgesehenen Standort zu verwirklichen.

4. Die Befreiung aus Gründen des Wohls der Allgemeinheit setzt ebenso wie die Befreiung wegen nicht beabsichtigter Härte voraus, dass sie »*unter Würdigung nachbarlicher Interessen mit den öffentlichen Belangen vereinbar ist*« (BVerwG, U. v. 9.6.1978 – 4 C 54.75 – BRS 33 Nr. 150 = BauR 1978, 387 = ZfBR 1978, 35, Hervorhebung v. Verf.).

48.4 Die Ausweisung eines eingeschränkten Gewerbegebiets (GF/E) im Rahmen einer »abgetrennten« Gebietsausweisung, die von GE bis WA reicht, kann bei einem erkennbaren entspr. Willen des Satzungsgebers auch dem Schutz einer Wohnbebauung in einem benachbarten Baugebiet dienen (OVG RhPf, U. v. 14.1.2000 – 1 A 1751/99 – BauR 2000, 527).

48.5 Wer geltend macht, durch eine Baugenehmigung, die ihm zwar nicht vorschriftsmäßig bekannt gegeben worden ist, von der er aber in anderer Weise sichere Kenntnis erlangt hat oder hätte erlangen müssen, in seinen Rechten verletzt zu sein, verliert nach Maßgabe der in BVerwGE 44, 294 aufgestellten Grundsätze seine Anfechtungsbefugnis, wenn er nicht innerhalb der Frist des § 70 i. V. m. § 58 Abs. 2 VwGO Widerspruch einlegt; dies gilt nicht nur für den unmittelbaren Grenznachbarn (BVerwG, B. v. 28.8.1987 – 4 N 3.86 – BRS 47 Nr. 185 = NuR 1989, 254).

48.6 Das Rücksichtnahmegebot vermittelt Drittschutz nicht gegen die Genehmigung eines **Parkhauses** in einem durch verkehrsauslösende Gemeinbedarfsanlagen bereits vorbelasteten Wohngebiet (§ 34 BBauG), wenn der zu erwartende Zu- und Abfahrtsverkehr nicht zu unzumutbaren Belästigungen über die durch die Vorbelastung begründete Duldungspflicht hinaus führen wird (BVerwG, B. v. 5.10.1984 – 4 B 190-192.84 – BRS 42 Nr. 99 = UPR 1985, 135). Das Merkmal der Individualisierung – bezogen auf einen erkennbar eingrenzbaren Kreis von Betroffenen – ist nicht erfüllt, wenn eine genehmigte Anlage nur allgemein zu einer Erhöhung der Verkehrsbelastung von Straßen im weiteren Umkreis der Anlage führen wird (BVerwG, aaO.).

48.7 Ein **Nachbar, der seinerseits den erforderlichen Grenzabstand nicht einhält**, ist nach dem Grundsatz von Treu und Glauben daran gehindert, die Verletzung des Grenzabstands zu rügen, wenn die nachbarschützender Abstandsregelungen durch das angegriffene Vorhaben nicht schwerer wiegt als der eigene Verstoß und in gefahrenrechtlicher Hinsicht keine völlig untragbaren Zustände entstehen (VGH BW, U. v. 18.11.2002 – 3 S 852/02 – BauR 2003, 1203 unter Hinweis auf B. v. 19.7.2001 – 3 S 319/01 – und Thür. OVG, B. v. 5.10.1999 – 1 EO 698/99 – BauR 2000, 869).

48.8 Ein einzelner Wohnungseigentümer (§§ 1 Abs. 2 WEG) ist aufgrund seines ideellen Anteils am gemeinschaftlichen Eigentum (§ 1 Abs. 5 WEG) nicht berechtigt, wegen Beeinträchtigung des gemeinschaftlichen Eigentums eigenen namens Abwehrrechte gegen ein Bauvorhaben auf einem Nachbargrundstück geltend zu machen (vgl. BGH vom 11.12.1992 – V ZR 118/91 – NJW 1993, 727). Er kann solche Abwehrrechte nur in den engen Grenzen der Notgeschäftsführung (§ 21 Abs. 2 WEG) und nur namens der teilrechtsfähigen Wohnungseigentümergemeinschaft (vgl. BGH v. 2.6.2005, NJW 2005, 2061 f.) geltend machen (teilweise Änderung der Rspr. des Senats; BayVGH v. 2.10.2003, BayVBl. 2004, 664; v. 11.11.2004 – 1 N 03.983 –).

Ob sich baurechtliche Nachbarrechte gegen eine Baugenehmigung aus dem Sondereigentum ergeben können, bleibt offen (teilweise Änderung der Rspr. des Senats; vgl. BayVGH v. 2.10.2003, BayVBl. 2004, 66) (so der 2. u. 3. Leits. des BayVGH, B. v. 12.9.2005 – 1 ZB 05.42 – BauR 2006, 501 = BayVBl. 2006, 374).

»*Die Blendwirkung eines das Sonnenlicht reflektierenden Ziegeldachs auf den Außenwohnbereich eines Nachbarn kann im Einzelfall rücksichtslos sein und einen auf Umdeckung des Dachs gerichteten Anspruch auf baubehördliches Einschreiten begründen. Bei Abwägung der tatsächlichen und rechtlichen Schutzwürdigkeit von Bauherr und Nachbarn ist außer der Intensität der Blendwirkung zu berücksichtigen, ob der Nachbar die Möglichkeit sozialadäquaten und ortsüblichen Eigenschutzes hat, welche Nutzungseinschränkungen seines Wohngrundstücks ihm dafür abverlangt werden und ob die die Blendwirkung auslösenden Maßnahmen vom materiellen Baurecht, insbesondere den örtlichen Bauvorschriften gedeckt sind*« (VGI I BW, U. v. 19.7.2007 – 3 S 3548/03 –, BWGZ 2017, 661). **48.9**

»*1. Ein Bauvorhaben verletzt den Nachbarn nicht allein schon dann in nachbarschützenden Rechten des Bauplanungsrechts, wenn es ohne vorherige, objektiv-rechtlich allerdings erforderliche Bebauungsplanung verwirklicht werden soll.* **49**
2. Steht die für ein Fußballstadion erforderliche Stellplatzzahl nicht zur Verfügung, kann dies gegenüber dem Nachbarn – ausnahmsweise – im bauplanungsrechtlichen Sinne rücksichtslos sein, wenn sein Wohngrundstück infolge des anlässlich der Fußballspiele zu erwartenden Parksuchverkehrs über Stunden nicht verlässlich mit dem Kfz erreichbar ist.
3. Der die Errichtung eines Fußballstadions ermöglichende B-Plan ist rechtsfehlerhaft, wenn nicht sichergestellt ist, ob und wo die erforderlichen Stellplätze angelegt werden können« (OVG NW, B. v. 15.11.2005 – 7 B 1823/05 – ZfBR 2006, 178 = NWVBl. 2006, 229).

»*1. **Wer sich nur gelegentlich an einem Ort aufhält**, an dem er sich schädlichen Umwelteinwirkungen und sonstigen, durch eine genehmigungsbedürftige Anlage hervorgerufenen Gefahren i.S.v. § 5 Nr. 1 BImSchG ausgesetzt glaubt, **gehört nicht zur Nachbarschaft** i.S.d. § 5 Nr. 1 BImSchG.* **49.1**
*2. Enthalten die offengelegten Genehmigungsunterlagen entgegen § 10 Abs. 1–3 BImSchG **keine Angaben** über die von der Anlage ausgehenden Gefahren und die dagegen vorgesehenen Maßnahmen und kann aus diesem Grunde ein Kläger nicht ausreichend beurteilen, ob er von den Auswirkungen der Anlage betroffen sein kann, so sind **entsprechend geringere Anforderungen** an die Darlegung seiner Klagebefugnis zu stellen*« (BVerwG, U. v. 22.10.1982 – 7 C 50.78 – UPR 1983, 69, Hervorhebung diess.).

In seinem U. v. 16.5.2006 (– 4 A 1075/04 – NVwZ 2006, Beilage Nr. 1, 13) hat das BVerwG seine Judikatur der letzten 20 Jahre zum **Trennungsgrundsatz des § 50 BImSchG** wie folgt zusammengefasst: **49.2**

»*Der Rechtsprechung zu § 50 BImSchG ist nicht zu entnehmen, dass eine Zurückstellung immissionsschutzrechtlicher Belange nur dann abwägungsfehlerfrei ist, wenn die Planung durch entgegenstehende Belage ›mit hohem Gewicht zwingend‹ geboten ist. Ob sich eine Abwägungsdirektive wie der Grundsatz der Trennung unverträglicher Raumnutzungen in der Abwägung durchsetzt, entscheidet sich erst in der Bewertung der konkreten Einzelfallumstände vor dem Hintergrund der jeweiligen landesplanerischen Konzeption. Der Trennungsgrundsatz kann daher durch Belange von hohem Gewicht überwunden werden. Das gilt selbst dann, wenn man den Trennungsgrundsatz im Sinne einer früheren Rechtsprechung als ›Optimierungsgebot‹ (BVerwGE 71, 163 = NJW 1986, 82) bezeichnet, das eine möglichst weitgehende Berücksichtigung von Belangen des Umweltschutzes in der Planung verlangt. Auch ein derart qualifiziertes Berücksichtigungsgebot ist im Wege der Abwägung überwindbar (vgl. BVerwG, NVwZ 1990, 962 = DVBl 1990, 1185). ›Optimierungsgebote‹ sind im Rahmen der Abwägung nicht ›konkurrenzlos‹, sondern können zumindest teilweise gegenüber Belangen der Wirtschaft zurücktreten (BVerwG, ZfBR 2005, 71). In einem solchen Fall trifft den Plangeber zwar eine gesteigerte Begründungslast, ... Dürfte der Trennungsgrundsatz erst überwunden werden, wenn er auf ›zwingende‹ Gegenbelange stößt, wäre er praktisch wie ein gesetzlicher Planungsleitsatz dem strikten Recht zuzuordnen. So weit ist der erkennende Senat in seiner Rechtsprechung zu § 50 BImSchG nicht gegangen.*«

§ 2

49.3 »1. Der für die **Verwirkung eines materiellen Rechts** (Hervorhebung diesseits) *(hier nachbarliches Abwehrrecht gegen ein Bauvorhaben)* maßgebliche Zeitraum der Untätigkeit des Berechtigten ist deutlich länger zu bemessen als die Zeit, die dem Berechtigten gemäß den im Regelfall geltenden verfahrensrechtlichen Rechtsbehelfsfristen für die Geltendmachung seines Rechts eingeräumt ist.

2. Auch eine längere Untätigkeit des Nachbarn führt dann nicht zum Verlust des Abwehrrechts durch Verwirkung, wenn der Bauherr eine Baugenehmigung schon zuvor im wesentlichen Umfang sofort ausgenutzt hat, ohne dazu durch das Verhalten des Nachbarn veranlasst worden zu sein« (Leitsätze des BVerwG, U. v. 16.5.1991 – 4 C 4.89 – BRS 52 Nr. 218).

49.4 »*Gegen eine unter Verstoß gegen nicht nachbarschützende Festsetzungen eines Bebauungsplans erteilte Baugenehmigung kann Nachbarschutz in entsprechender Anwendung des § 15 Abs. 1 BauNVO unter Berücksichtigung der Interessenbewertung des § 31 Abs. 2 BauGB gegeben sein*« (Leitsatz des BVerwG, U. v. 6.10.1989 – 4 C 14.87 – BRS 49 Nr. 188).

49.5 »*1. Erklärt ein Bauherr ausdrücklich und aus nachvollziehbaren Gründen, an der ihm erteilten Baugenehmigung festhalten zu wollen, so darf das Gericht das Rechtsschutzinteresse für die Anfechtungsklage des Nachbarn nicht mit der Begründung verneinen, es halte die Verwirklichung der Baugenehmigung deshalb für äußerst unwahrscheinlich, weil sie wirtschaftlich unsinnig wäre.*

2. Aus Bundesrecht folgt nicht, dass mit der Erteilung der Baugenehmigung ein zuvor (nach Landesbauordnungsrecht) erteilter Bauvorbescheid gegenstandslos wird« (BVerwG, U. v. 9.2.1995 – 4 C 23.94 – BRS 57 Nr. 206 = BauR 1995, 523).

49.6 »*Lagert ein Landwirt Heuballen* bis zu einer Höhe von 4,50 m unmittelbar gegenüber einer Neubausiedlung, kann dies trotz der Privilegierung des Landwirts gegen das nachbarschützenden Gebot der Rücksichtnahme verstoßen (Verbot schikanierender Baumaßnahmen)« (Nds. OVG, B. v. 8.5.2006 – 1 ME 7/06 – BauR 2006, 1442, Hervorhebung v. Verf.).

49.7 »*Überschreiten die bei der Nutzung einer Anlage (hier: Umbau und Erweiterung eines Kurhauses* in Gemengelage zu benachbarter Wohnbebauung) entstehenden Immissionen bei regelmäßigem Betrieb die für die Nachbarschaft geltende Zumutbarkeitsgrenze, dann genügt es zur Sicherung der Nachbarrechte nicht, in der Baugenehmigung den maßgeblichen Immissionsrichtwert als Grenzwert festzulegen und weitere Nebenbestimmungen vorzubehalten, vielmehr muss die genehmigte Nutzung schon in der Baugenehmigung durch konkrete Regelungen eingeschränkt werden*« (BayVGH, U. v. 18.7.2001 – 1 B 98.2945 –, Hervorhebung diess.).

§ 2 Kleinsiedlungsgebiete

(1) Kleinsiedlungsgebiete dienen vorwiegend der Unterbringung von Kleinsiedlungen einschließlich Wohngebäuden mit entsprechenden Nutzgärten und landwirtschaftlichen Nebenerwerbsstellen.

(2) Zulässig sind
1. Kleinsiedlungen einschließlich Wohngebäude mit entsprechenden Nutzgärten, landwirtschaftliche Nebenerwerbsstellen und Gartenbaubetriebe,
2. die der Versorgung des Gebiets dienenden Läden, Schank- und Speisewirtschaften sowie nicht störenden Handwerksbetriebe.

(3) Ausnahmsweise können zugelassen werden
1. sonstige Wohngebäude mit nicht mehr als zwei Wohnungen,
2. Anlagen für kirchliche, kulturelle, soziale, gesundheitliche und sportliche Zwecke,
3. Tankstellen,
4. nicht störende Gewerbebetriebe.

§ 2

BauNVO 1977:

(1) Kleinsiedlungsgebiete dienen vorwiegend der Unterbringung von Kleinsiedlungen und landwirtschaftlichen Nebenerwerbsstellen.

(2) Zulässig sind
1. Kleinsiedlungen, landwirtschaftliche Nebenerwerbsstellen und Gartenbaubetriebe,
2. die der Versorgung des Gebiets dienenden Läden, Schank- und Speisewirtschaften sowie nicht störenden Handwerksbetriebe,

(3) *unverändert.*

BauNVO 1968 und 1962 wie BauNVO 1977.

Erläuterungen

Übersicht

		Rn		
1.	Allgemeine Zweckbestimmung, Gebietscharakter	1 – 1.2		Abs. 1
2.	Störanfälligkeit, Fragen des Nachbarschutzes und des Lärmschutzes	2 – 2.4		
3.	Änderung von Regelungen aufgrund der ÄndVOen 1968, 1977 u. 1990	3		
4.	Allgemein zulässige Nutzungen (Anlagen, Betriebe)	4 – 20.1		Abs. 2
a)	Kleinsiedlungen einschließlich Wohngebäude mit entsprechenden Nutzgärten	4 – 6.2		Nr. 1
aa)	Allgemeines zu der (neuen) Zulässigkeitsbestimmung	4		
bb)	Kleinsiedlungen im hergebrachten Sinne	5 – 5.4		
cc)	Wohngebäude mit entsprechenden Nutzgärten als Kleinsiedlung	6 – 6.2		
b)	Landwirtschaftliche Nebenerwerbsstellen	7 – 7.1		Nr. 1
c)	Gartenbaubetriebe	8 – 8.2		Nr. 1
d)	Der Versorgung dienende Anlagen	9 – 20.1		Nr. 2
aa)	Der Begriff »der Versorgung des Gebiets dienend«	9 – 9.1		
bb)	Läden	10 – 12		
cc)	Schank- und Speisewirtschaften, Kegelbahnen	13 – 14.2		
dd)	Nicht störende Handwerksbetriebe	15 – 17.5		
ee)	Anlage A und B zur Handwerksordnung	18 – 20.1		
5.	Ausnahmsweise zulassungsfähige Nutzungen	21 – 25.26		Abs. 3
a)	Sonstige Wohngebäude	21 – 21.1		Nr. 1
b)	Anlagen für kirchliche, kulturelle, soziale, gesundheitliche und für sportliche Zwecke	22 – 22.1		Nr. 2
c)	Tankstellen	23 – 23.1		Nr. 3
d)	Nicht störende Gewerbebetriebe	24 – 25.26		Nr. 4
aa)	Allgemeines zum Begriff	24		
bb)	Verwendung des Begriffs i. d. BauNVO; zur Zulässigkeitsfähigkeit von Gewerbebetrieben nach Abs. 3	25 – 25.25		
cc)	Nutzungsänderungen von Kleinsiedlungen	25.26		
6.	Nutzungen nach den §§ 12–14	26 – 28		
a)	Stellplätze und Garagen	26		
b)	Räume für freie Berufe	27 – 27.1		
c)	Untergeordnete Nebenanlagen	28		
7.	Einzelfälle zur (Un-)Zulässigkeit von Nutzungen	29		

§ 2   Abs. 1   1, 1.1

Schrifttum

Beaucamp	Meister ade – Zur Novelle der Handwerksordnung, DVBl. 2004, 1438
Czybulka	Die Entwicklung des Handwerksrechts, NVwZ 1991, 230
Degenhart	Strukturwandel im Handwerk, Handwerksbegriff und Kammerzugehörigkeit, DVBl. 1996, 551
Fröhler	Handwerk und Industrie, GewArch. 1983, 186 m. w. N.
Hagebölling	Handwerksbegriff und struktureller Wandel – Ein Beitrag zur Abgrenzung von Handwerk und Industrie –, GewArch. 1984, 209 m. w. N.
Honig	Handwerksordnung Kommentar, 3. Aufl., 2005
Kopp	Die Zukunft des Handwerks und seiner Organisation, WiVerw. 1994, 1
Kormann/Hüpers	Zweifelsfragen der HwO-Novellierung, GewArch. 2004, 353
Kunz	Tierlärm als Rechtsproblem, ZMR 1985, 397
Müller	Die Novellierung der Handwerksordnung, NVwZ 2004, 403
Michel/Kienzl/ Pauly	Das Gaststättengesetz, Komm., 14. Aufl., 2003
Schwannecke/ Heck	Die Handwerksnovelle 2004, GewArch. 2004, 129
Traublinger	Handwerksordnung: Kahlschlag oder zukunftsorientiert Reform?, GewArch. 2003, 353

(s. auch unter Schrifttum allgemein und zu den §§ 3, 6)

1. Allgemeine Zweckbestimmung, Gebietscharakter (Abs. 1)

1 Die **Zweckbestimmung** des Kleinsiedlungsgebiets als vorwiegend dem Wohnen dienendes Gebiet besonderer Prägung – durch das Hervorheben der Unterbringung von Kleinsiedlungen u. landwirtschaftlichen Nebenerwerbsstellen als Hauptnutzung bisher nur unvollkommen charakterisiert – (vgl. 5. Aufl. § 2 Rn 1) hat durch die **Erweiterung der Zweckbestimmung** um »*Wohngebäude mit entsprechenden Nutzgärten*« die dem Gebiet zukommende u. planerisch vielfach bereits tatsächlich erlangte Bedeutung nunmehr auch planungs*rechtlich* erhalten. Typisch ist das Wohnen i. V. m. einer häufig intensiven Gartenbaunutzung (biologischer Gemüseanbau!) und oftmals einer Kleintierhaltung. Seit dem Entstehen der Kleinsiedlungen Anfang der 1930er Jahre war diese Baugebietsart zu einem festen Bestandteil der städtebaulichen Ordnung, insbes. der Städte, geworden. Die Besonderheit des Gebiets ist einmal aus der sozialpolitischen Bedeutung zu erklären. Es gibt keine Baugebietsart, die derart geeignet ist, insbes. den Bevölkerungskreisen mit geringem Einkommen durch eigenen Besitz von Haus mit Gartenbaunutzung die Verbundenheit mit natürlicher Lebensweise zu vermitteln und zugleich durch Bodenständigkeit in Notzeiten eine Krisenfestigkeit zu erreichen. Zum anderen sind Kleinsiedlungsgebiete besonders geeignet, dichtbesiedelte Städte aufzulockern.

1.1 Den bekannten **stadtökologischen Negativmerkmalen** – wie (Verkehrs-)Lärm, Luftverunreinigung, Abfallproblemen oder zu wenig stadtnahe Grünflächen i. S. einer gesunden »Stadtlunge« zur Verbesserung des Luftaustausches – kann u. a. auch durch die Festsetzung von WS-Gebieten entgegengewirkt werden.

Die Kleinsiedlungsgebiete von heute spiegeln den allgemein gestiegenen Wohlstand und den Wandel zur modernen Industriegesellschaft wider. Anstelle des früher zum Begriff der Kleinsiedlung notwendigerweise zugehörigen *Wirtschaftsgebäudes zur Kleintierhaltung* (Rn 4) ist vielfach die Garage zum Einstellen des Pkw getreten. Infolge des großen Angebots an preisgünstigen Nahrungsmitteln lohnt sich heute die eigene Kleintierhaltung zur Ergänzung des Einkommens durch Selbstversorgung (Schlachtvieh, Eier- und Milchversorgung) häufig nicht mehr; sie dient meist nur noch der Hobbytierhaltung. Die Wohngebäude sind vielfach den neuzeitlichen Bauformen angepasst worden.

Bei dem Kleinsiedlungsgebiet handelt es sich um ein »**Auslaufmodell**«. In Zeiten gestiegenen Wohlstands und gewandelter Lebensgewohnheiten tritt die sozialpolitische Bedeutung dieser Festsetzung, für Bevölkerungskreise mit geringem Einkommen durch eigenen Besitz von Haus und Garten und/oder landwirtschaftlicher Nebenerwerbsnutzung durch Bodenständigkeit eine gewisse Krisenfestigkeit zu erreichen, in den Hintergrund. Die Selbstversorgung mit Produkten aus dem eigenen Garten und der Nebenerwerbslandwirtschaft lohnt sich wegen der gefallenen Preise für diese Lebensmittel oft nicht mehr. Mit Blick auf diesen Strukturwandel ist der Gemeinde abzuverlangen, dass sie die Festsetzung WS-Gebiet näher begründet (Nds. OVG, U. v. 30.5.2001 – 1 K 389/00 – NVwZ-RR 2002, 98 = NuR 2001, 648 = ZfBR 2001, 750 = BRS 64 Nr. 12; ähnlich OVG Hamburg, U. v. 30.7.2003 – 2 Bf 426/03 –).

Die **Festsetzung** eines Kleinsiedlungsgebiets ist **funktionslos** geworden, wenn im betroffenen Gebiet auf absehbare Zeit nicht mehr mit einer Rückkehr zur Selbstversorgung mit Nahrungsmitteln, die auf dem Grundstück gewonnen werden, zu rechnen ist und sich die Bewohner erkennbar auf diesen Zustand eingestellt haben (BVerwG, U. v. 28.4.2004 – 4 C 10.03 – NVwZ 2004, 1244 = BauR 2004, 1571 = UPR 2005, 66). Das OVG Hamburg (U. v. 30.7.2003 – 2 Bf 426/03 – UPR 2004, 278 nur Leits.) hatte als 2. Tatsacheninstanz festgestellt, dass die ganz überwiegende Zahl der Grundstücke nicht mehr in einer Weise genutzt werden, die den Eigentümern aus vorwiegend gartenbaumäßiger Nutzung eine spürbare Ergänzung ihres Einkommens biete, sondern ausschließlich zu Wohnzwecken, zum Hobby und zur Freizeitgestaltung. Selbst der teilweise vorzufindende Anbau von Blumen, Obst und Gemüse auf kleineren Teilflächen der Grundstücke sei weniger Ersatz für das Einkommen als vielmehr Ausdruck der Gartenliebhaberei der Besitzer (OVG Hamburg, aaO.).

1.2

2. Störanfälligkeit, Fragen des Nachbarschutzes und des Lärmschutzes

Zum bauplanungsrechtlichen **Begriff des Stören** s. grundsätzlich Vorb. §§ 2 ff. Rn 8 f. In der **Störanfälligkeit** ist das **Kleinsiedlungsgebiet** dem **allgemeinen Wohngebiet** weitgehend angenähert (Rn 1). Die in Bezug auf die Zulässigkeit von Nutzungen unter dem Gesichtspunkt der Störung oder erheblichen Belästigung der Wohnruhe angeführten Einzelfälle bei § 4 (Rn 21.2–25.3) treffen i. A. auch auf die WS-Gebiete zu.

2

Das WS-Gebiet kann durch die Zulässigkeit von **Ställen für Kleintierhaltung** Störungen u. Belästigungen der Nachbarschaft verursachen. Wer sich in einem WS-Gebiet ansiedelt, muss gewisse Auswirkungen der Tierhaltung als *gebietstypisch* hinnehmen. So werden **Hundegebell** und die typische Lautgebung des Federviehs i. A. tagsüber nicht zu beanstanden sein.

Die Schutzwürdigkeit eines Kleinsiedlungsgebietes gegenüber Immissionen der Massentierhaltung von landwirtschaftlichen Betrieben ist niedriger einzustufen als die eines allgemeinen Wohngebiets. Selbst diese geminderten Schutzansprüche können jedoch dazu führen, dass der Inhaber des landwirtschaftlichen Betriebs dem Risiko ausgesetzt ist, mit immissionsschutzrechtlichen Auflagen überzogen zu werden, die aufgrund der bisherigen Verhältnisse nicht drohten (Nds. OVG, U. v. 30.5.2001 – 1 K 389/00 – NVwZ-RR 2002, 98 = NuR 2001, 648 = ZfBR 2001, 750 = BRS 65 Nr. 10).

Die Kleintierhaltung hat sich vor allem auf die Einschränkung der Geräuschemissionen **für die Nachtzeit** einzustellen. Denn es ist von der Erfahrung auszugehen, dass Geräusche, die tagsüber als übliche Einwirkungen noch hingenommen werden, zur Nachtzeit allgemein als spürbare Störung und Beeinträchtigung empfunden werden. Die abendliche Kommunikation u. das nächtliche Ruhebedürfnis steigern die Geräuschempfindlichkeit.

2.1 Das WS-Gebiet ist wie das WA-Gebiet gegen **gebietsfremde** Störungen **nachbarrechtlich geschützt**, was sich aus § 2 Abs. 2 u. 3 ergibt. Entspr. dem Gebietscharakter handelt es sich um eine *Schutzvorschrift* zugunsten des einzelnen Grundstückseigentümers, dem ein *subjektiv-öffentliches Recht* zusteht. Diese Feststellung hat das BVerwG in seinem Grundsatzurt. v. 16.9.1993 (Fundst. Vorb. §§ 2 ff. Rn 22, s. auch § 3 Rn 5.1) ausdrücklich bestätigt. Der Abwehranspruch wird grundsätzlich bereits durch die Zulassung eines mit der Gebietsfestsetzung unvereinbaren Vorhabens ausgelöst. »*Der Nachbarschutz aus der Festsetzung eines Baugebiets geht weiter als der Schutz aus dem Rücksichtnahmegebot in § 15 Abs. 1 BauNVO*« (BVerwG, U. v. 16.9.1993, aaO.).

Die Inhaber von Kleinsiedlungen, Wohngebäuden mit entspr. Nutzgärten u. landwirtschaftlichen Nebenerwerbsstellen als die »Bevorrechtigten« im WS-Gebiet können sich gegen das Überhandnehmen von nach Abs. 3 nur ausnahmsweise zulassungsfähigen Anlagen wenden (ebenso *Bielenberg*, § 2 Rdn. 61); etwa gegen die vermehrte Zulassung sonstiger Wohngebäude nach Abs. 3 Nr. 1, sofern hierdurch die Eigenart des WS-Gebiets nicht mehr gewahrt bleibt (Gefahr der Wandlung zum Eigenheimgebiet oder etwa gegen die Zulassung größerer Anlagen für kulturelle oder sportliche Zwecke, die der allgemeinen Zweckbestimmung des Baugebiets widersprechen). Dagegen können sich die Grundstücksinhaber oder sonstigen Bewohner des Gebiets nicht gegen übliche Belästigungen wehren, die mit den der Versorgung des Gebiets dienenden Anlagen zwangsläufig verbunden sind, wie der Zulieferverkehr für Läden und dergl. sowie sonstiger Kfz-Verkehr im Rahmen der im WS- oder WA-Gebiet zulässigen oder zugelassenen Anlagen und Nutzungen (s. grunds. Vorb. §§ 2 ff. Rn 8 f.).

2.2 Ist die Baugenehmigungsbehörde der Auffassung, dass der beantragte Handwerksbetrieb nach Abs. 2 Nr. 2 nicht stört, kann ein (dritter) Bewohner des Gebiets mit der Begründung, nach seiner Auffassung wirke der Betrieb innerhalb des Gebiets doch störend, gegen die Baugenehmigung eine Klage mit Erfolg kaum führen. Die die Zulassung einschränkenden unbestimmten Rechtsbegriffe wenden sich insoweit an die *Genehmigungsbehörde*. Die **Nachbarn** können aufgrund der nachbarschützenden Bestimmungen jedoch geltend machen, die Zulassung verstoße gegen die Erhaltung der gesetzlich umgrenzten Nutzungsart (dazu § 15).

Das WS-Gebiet zählt zu den Wohnbaugebieten, in denen nach dem Beiblatt 1 Teil 1 – ebenso wie beim WA-Gebiet – der DIN 18 005 die Einhaltung bestimmter Orientierungswerte (tags 55 dB[A], nachts 45/40 dB[A]) als wünschenswert bezeichnet ist (vgl. auch Anm. zu Anh. 7.1 u. § 1 Rn 53– 61).

Zum Lärmschutz: Bei Kleinsiedlungsgebieten (WS-Gebieten) darf beim Bau oder der wesentlichen Änderung von Straßen und Schienenwegen der Beurteilungspegel eines IGW tags von 59 dB(A), nachts von 49 dB(A) nicht überschritten werden (§ 2 Abs. 1 Nr. 2 VerkehrslärmSchVO – 16. BImSchV); zur Berechnung des Beurteilungspegels und zu sonstigen Fragen des Verkehrslärmschutzes s. § 15 Rn 15–19. **2.3**

Sportanlagen sind gegenüber WS-Gebieten so zu errichten und zu betreiben, dass die IRW tags **außerhalb** der Ruhezeiten von 55 dB(A), innerhalb von 50 dB(A), nachts von 40 dB (A) nicht überschritten werden (§ 2 Abs. 2 Nr. 3 der SportanlagenlärmSchVO – 18. BImSchV); zur Berechnung der IRW s. Anh. 7.2 z. 18 BImSchV, und § 15 Rn 15 f.; zu rechtlichen Besonderheiten, die 18. BImSchV betreffend, s. Vorb. §§ 2 ff. Rn 12.78– Rn 12.99.

Der VGH BW hat in seinem U. v. 23.4.2002 (- 10 S 1502/01 – NVwZ 2003, 365 = BauR 2002, 1673 = UPR 2002, 356) in einem Nachbarrechtsstreit die erteilte immissionsschutzrechtliche Genehmigung einer **Motorsportanlage (Kartrennbahn)** in einem Kleinsiedlungsgebiet nicht beanstandet und hat zu Motorsportlärm interessante Hinweise gegeben. Der Senat hat zunächst dem Kleinsiedlungsgebiet einen Immissionsrichtwert von tags 55 dB(A) und nachts 40 dB(A) nach Nr. 6.1. lit. d TA Lärm zugesprochen, davon aber einen Abschlag vom Richtwert in Höhe von 5 dB(A) wegen des Rückgangs der Tierhaltung und der gartenbaulichen Nutzung der Grundstücke vorgenommen, die er aber wegen der Lage des klägerischen Grundstücks unmittelbar zum Außenbereich hin kompensiert hat. Der VGH BW hat dann jedoch einen Zuschlag zum Mittelungspegel im sinngemäßen Rückgriff auf die Zuschlagsregelung in Nr. 3.3.5 des Anhangs der TA Lärm bejaht, weil durch den ständigen Wechsel von extremer Beschleunigung und Abbremsen der Fahrzeuge auf der kurvenreichen Kartbahn beim Training und beim Wettkampf ausgeprägte Frequenzen- und Pegelveränderungen hervorgerufen werden.

Zu weiteren Fragen bezüglich des Lärmschutzes s. die ausführlichen Erläuterungen bei § 3 Rn 5.2 f.; die dortigen Ausführungen gelten für alle Wohnbaugebiete (§§ 2–4a).

Das Nds. OVG hatte in seinem U. v. 30.5.2001 (Fundst. § 2 Rn 2) über einen Normenkontrollantrag eines im Außenbereich ansässigen **landwirtschaftlichen Betriebs** mit Milchwirtschaft, Aufzucht weiblicher Rinder und Schweinemasthaltung gegen einen unmittelbar angrenzenden B-Plan mit den Festsetzungen Kleinsiedlungsgebiet in einer Tiefe von 75 m und einem anschließenden allgemeinen Wohngebiet, das etwa zwei Drittel des Plangebiets ausmachte, zu entscheiden. Das Gericht erklärte den B-Plan für teilnichtig, weil die Festsetzung eines Kleinsiedlungsgebiets nach Würdigung aller Umstände nicht darauf gerichtet war, ein kleinsiedlerisches Wohnen mit Gartenbau oder landwirtschaftlicher Nebenerwerbsnutzung von einigem Gewicht, sondern eine Art allgemeines Wohngebiet zu schaffen. Diese Planfestsetzung sollte lediglich dazu dienen, im Wege des »**Etikettenschwindels**« einen weichen Übergang zwischen dem landwirtschaftlichen Betrieb und dem allgemeinen Wohngebiet vorzugeben. Damit wurde der durch den B-Plan geschaffenen Immissionskonflikt nicht gelöst, sondern in einer das Abwägungsgebot verletzenden Weise verschärft. Der Nutzungskonflikt zwischen der offensichtlich weit überwiegend geplanten allgemeinen Wohnnutzung im Plangebiet und den **2.4** landwirtschaftlichen Immissionen wird in dem angegriffenen Plan jedenfalls für das Kleinsiedlungsgebiet nicht wahrhaft gelöst, sondern nur »auf dem Papier geschlichtet«. Mit dieser Planung sollte dem angrenzenden Landwirt nur eine »Beruhigungspille« verabreicht werden, ohne dass die bestehende Konfliktsituation gelöst wird (Nds. OVG, aaO.).

3. Änderung von Regelungen aufgrund der ÄndVOen 1968, 1977 und 1990

3 Die Vorschriften des WS-Gebiets selbst sind durch die ÄndVOen 1968 und 1977 nicht geändert worden.

Aufgrund der **ÄndVO 1977** kann im B-Plan festgesetzt werden, dass nach § 1 Abs. 5 bestimmte im WS-Gebiet allgemein zulässige Arten von Nutzungen (zur begrifflichen Abgrenzung s. § 1 Rn 101) ausgeschlossen oder nur ausnahmsweise zugelassen werden können (§ 1 Rn 100–103). Darüber hinaus kann im B-Plan nach § 1 Abs. 9 festgesetzt werden, dass nur **bestimmte Arten** der im WS-Gebiet allgemein zulässigen oder ausnahmsweise zulassungsfähigen baulichen **Anlagen**, etwa Kleinsiedlungen, zulässig oder – etwa Tankstellen – nicht zulässig sind oder in Ausnahmen umgewandelt werden. Weitere Modifizierungen nach § 1 Abs. 6 waren bereits nach § 1 Abs. 4 u. 5 BauNVO 1968 möglich. Abgesehen von der Verdeutlichung der **Zweckbestimmung des Abs. 1** (s. Rn 1) ist durch die ÄndVO 1990 in Abs. 2 Nr. 1 die entspr. Erweiterung des Zulässigkeitskatalogs durch Einfügung der »Wohngebäude mit entsprechenden Nutzgärten« erfolgt (dazu s. Rn 4).

4. Allgemein zulässige Nutzungen (Anlagen, Betriebe – Abs. 2)

4 a) Kleinsiedlungen einschließlich Wohngebäude mit entsprechenden Nutzgärten (Nr. 1). – aa) Allgemeines zu der (neuen) Zulässigkeitsbestimmung. Durch das Verbindungswort »einschließlich« sind »Wohngebäude mit entsprechenden Nutzgärten« in den **städtebaurechtlichen Begriff der Kleinsiedlung einbezogen**, der Begriff »Kleinsiedlung« mithin um derartige Wohngebäude *erweitert* worden. Der Frage, ob durch die Einbeziehung der genannten Wohngebäude in den Begriff Kleinsiedlung eine Gleichstellung in jeder Hinsicht erfolgt ist, insbes. hinsichtlich der Förderungswürdigkeit, braucht hier nicht nachgegangen zu werden; hier geht es (lediglich) um den *Rechtsgehalt des* städtebaulichen Begriffs der Kleinsiedlung und um die Voraussetzungen, unter denen derartige Wohngebäude »als Kleinsiedlung« zulässig sind (Näheres s. Rn 6).

5 bb) Kleinsiedlungen im hergebrachten Sinne. Der Begriff der Kleinsiedlung ist den Förderbestimmungen nach dem Wohnungsbau- und Familienheimgesetz – II. WoBauG – entnommen. Das II. WoBauG ist Ende 2001 außer Kraft getreten (Art. 2 des WoBauGReformG vom 13.9.01, BGBl I S. 2376/2393). Die Aufhebung des II. WoBauG hat dem Städtebaurecht zwar den wohnungsbaurechtlichen Anknüpfungspunkt für die Auslegung genommen, jedoch hat sie an der gewachsenen inhaltlichen Prägung des Kleinsiedlungsgebiets in § 2 BauNVO nichts geändert.

Nach dem früheren § 10 Abs. 1 II. WoBauG i.d.F. der Bekanntmachung v. 19.8.1994 ist eine Kleinsiedlung »eine Siedlerstelle, die aus einem Wohngebäude mit angemessener Landzulage besteht und die nach Größe, Bodenbeschaffenheit und Einrichtung dazu bestimmt und geeignet ist, dem Kleinsiedler durch Selbstversorgung aus vorwiegend gartenbaumäßiger Nutzung des Landes eine fühlbare Ergänzung seines sonstigen Einkommens zu bieten. Die

Kleinsiedlung soll einen Wirtschaftsteil enthalten, der die Haltung von Kleintieren ermöglicht. Das Wohngebäude kann neben der für den Kleinsiedler bestimmten Wohnung eine Einliegerwohnung enthalten«.

Bei dieser begrifflichen Definition gegenüber der bis z. 1.9.1976 geltenden Bestimmung fällt auf, dass der zur Siedlerstelle bis 1976 als **notwendiger Bestandteil** zugehörige »*angemessene Wirtschaftsteil*« fortgefallen ist. Die Kleinsiedlung braucht nur noch – als Soll-Vorschrift – einen Wirtschaftsteil zu haben (s. Rn 1). Hiermit ist eine vernünftige Anpassung an die gewandelten Lebensgewohnheiten erfolgt, die die Nutztierhaltung nicht mehr als »fühlbare« Ergänzung der Versorgung i. S. der Einkommensverbesserung betrachten. An die Stelle der Nutztierhaltung (Hühner, Ziegen, Schafe, Schweine, Kaninchen) ist vielfach die Haltung von Kleintieren aus Liebhaberei und als Freizeitbeschäftigung getreten. Rassegeflügelzucht (etwa Hühner oder Tauben), Brieftauben, Kaninchenzucht oder auch die Haltung und Abrichtung von Hunden, haben die Nutztierhaltung oftmals verdrängt (dazu § 4 Rn 15.1– 16.10). Die Auffassung von *Schlez* (§ 2 Rdn. 8), die Soll-Vorschrift sei dahin auszulegen, dass ein Wirtschaftsteil, der die Haltung von Kleintieren ermöglicht, vorliegen muss, wenn nicht besondere Umstände des Einzelfalls eine Abweichung rechtfertigen, verkennt, dass eine »Soll«-Vorschrift lediglich gegenüber einer Behörde eine bindende Empfehlung bedeutet.

Die mögliche **Einliegerwohnung** ist nach dem früheren § 11 II. WoBauG eine »abgeschlossene oder nicht abgeschlossene zweite Wohnung, die gegenüber der Hauptwohnung von untergeordneter Bedeutung ist«. Diese Untergeordnetheit braucht sich jedoch nicht in einer geringeren Wohnfläche der Einliegerwohnung auszudrücken.

5.1

Gegenüber der früher üblichen Gestalt der Wohngebäude, mit einem Vollgeschoss und ausgebautem Dachgeschoss sowie manchmal einer Einliegerwohnung, ermöglicht § 17 Abs. 1 die Festsetzung von *zwei Vollgeschossen*. Die **BauNVO 1968** hat die GFZ von bisher 0,3 auf 0,4 erhöht, so dass bei zweigeschossiger Bauweise auch die GRZ nicht geringer zu sein braucht. Das bedeutet bei einer Kleinsiedlung mit einer Größe von 600 m² die Ausnutzung einer Grundfläche von 120 m². Zur günstigeren Finanzierung der Kleinsiedlung dürfte eine familiengerechte zweite Wohnung sogar erwünscht sein.

5.11

Nach dem früheren § 100 II. WoBauG gilt die Begriffsdefinition der Kleinsiedlung nach § 10 Abs. 1 II. WoBauG wegen Fehlens einer eigenen baurechtlichen Bestimmung auch für die BauNVO. Sie gilt bauplanungsrechtlich jedoch als **selbständiger Baurechtsbegriff**. Dies zeigt sich besonders in der Möglichkeit, zwei Vollgeschosse mit einer GFZ von 0,4 anstelle der sog. anderthalbgeschossigen Bauweise (ausgebautes Dachgeschoss) festzusetzen. Die Zulässigkeit einer Kleinsiedlung im WS-Gebiet setzte nicht voraus, dass das Bauvorhaben nach dem früheren II. WoBauG förderungswürdig war. Entscheidend ist, dass die Siedlerstelle **objektiv dazu geeignet** ist, dem Kleinsiedler eine fühlbare Ergänzung seines sonstigen Einkommens zu ermöglichen. Dafür muss die Kleinsiedlung eine *angemessene Größe* haben, die bauplanungsrechtlich zwar nicht festgelegt ist, die hinsichtlich der *Angemessenheit als Anhalt* aber den Förderbestimmungen der Länder entnommen werden kann. Danach wurde als Voraussetzung für die öffentliche Förderung als angemessene Landzulage i. d. R. eine Stellengröße von 800 m² gefordert, die aus besonderen Gründen, z. B. bei vorhandenem Kanalanschluss, bis auf 600 m² vermindert werden konnte.

5.2

§ 2   Abs. 2   5.21–5.4

5.21 Im Laufe ihrer planerischen Wandlung hat sich die Kleinsiedlung zu einem **selbständigen bauplanungsrechtlichen Begriff** entwickelt. Dazu hatten schon die geänderten (erleichterten) Förderungsbestimmungen beigetragen (s. Rn 5), die die Anforderungen an die »Siedlerstelle« bereits **vor der BauNVO 1977** entspr. der allgemeinen gesellschaftlichen Entwicklung deutlich verringert haben (fehlender obligatorischer Wirtschaftsteil, Möglichkeit einer zweiten Wohnung). Die Kleinsiedlung ist ein **eigenständiger** bauplanungsrechtlicher Begriff spätestens jedoch mit der Neufassung der Zweckbestimmung des WS-Gebiets durch die BauNVO 1990 geworden. Nach der amtl. Begr. hat es zwar nicht in der Absicht des VOgebers gelegen, eine **sachliche Änderung** des Begriffs Kleinsiedlung und damit zwangsläufig eine partielle Änderung der Zweckbestimmung des WS-Gebiets herbeizuführen (vgl. BR-Drucks. 354/89, S. 25 und S. 44). Durch die Erweiterung des Begriffs der Kleinsiedlung durch »Wohngebäude mit entsprechenden Nutzgärten« hat sich der Begriff der Kleinsiedlung gegenüber der Definition nach dem inzwischen außer Kraft getretenen II. WoBauG (s. Rn 5) ersichtlich als bauplanungsrechtlicher Begriff verselbständigt und zugleich erweitert. Damit ist die **tatsächliche Situation** in der Planungspraxis nunmehr **auch rechtlich** nachgeholt worden. Die Bindung des Wohngebäudes an die Siedlerstelle ist im Laufe der Jahrzehnte durch Tod des ursprünglichen Siedlers, Erbfall oder Verkauf der Siedlerstelle aus unterschiedlichen Gründen zwangsläufig weitgehend entfallen. Die Verselbständigung des Begriffs »Kleinsiedlung« als bauplanungsrechtlicher Begriff zeigt sich u. a. auch im Maß der baulichen Nutzung (s. Rn 5.11).

5.22 In einem WS-Gebiet sind die Wohngebäude der Siedler *nicht grundsätzlich* personengebunden. Die Gebundenheit konnte sich allenfalls aus der jeweiligen Förderung ergeben. In der Mehrzahl der Fälle dürfte die Personengebundenheit, wenn sie bestanden hat, in der Zwischenzeit funktionslos geworden sein (s. Rn 5.21).

5.3 Die Kleinsiedlung *im hergebrachten Sinne* unterscheidet sich vom Eigenheim (Familienheim) durch eine i. d. R. *größere Landzulage* u. evtl. einen Wirtschaftsteil mit Ställen zur Kleintierhaltung sowie Bodenräumen zur Obstlagerung. Das ursprüngliche Unterscheidungsmerkmal der bezüglich der Wohnfläche nicht gleichwertigen zweiten Wohnung ist bereits aufgrund der Erhöhung der GFZ (§ 17 Abs. 1) durch die ÄndVO 1968 entfallen. Als **selbständiger bauplanungsrechtlicher Begriff** kommt es für die Festsetzung als Kleinsiedlung darauf nicht entscheidend an. Die mögliche gleiche Wohnfläche der zweiten Wohnung ändert an dem Merkmal der Einliegerwohnung nichts. Die weitere Erhöhung der GFZ auf 0,4 (§ 17 Abs. 1) durch die ÄndVO 1990 auch für das zweite Vollgeschoss lässt die Berücksichtigung einer zweiten wohnflächenmäßig »gleichwertigen« Wohnung erwarten.

5.4 **Ställe zur Kleintierhaltung** sind nach der Begriffsbestimmung (Rn 5) nur noch Zubehör zu Kleinsiedlungen. Soweit sie zur Nutztierhaltung wie Geflügel, Schweine und Ziegen dienen, um dem Kleinsiedler durch Selbstversorgung eine »fühlbare Ergänzung« seines Einkommens zu ermöglichen, bedarf dieser Wirtschaftsteil keiner gesonderten Baugenehmigung. *Intensivtierhaltungen* oder *Tierzuchtbetriebe* wie Pelz- oder Hundezucht, um aus dem Verkauf das Einkommen zu ergänzen, lassen sich nicht unter den Begriff der Kleintierhaltung einordnen (s. dazu § 4 Rn 15 f.). Desgleichen fallen unter den Begriff der Kleintierhaltung im Zusammenhang mit einer Kleinsiedlung (oder landwirtschaftlichen Nebenerwerbsstelle) nicht Anlagen und Einrichtungen zur Hobby-Kleintierhaltung wie Taubenschläge, Hundehütten, Zwinger oder Vogelvolieren. Hierbei handelt es sich um **untergeordnete Nebenanlagen** i. S. von § 14, die unter den Voraussetzungen des § 14 Abs. 1 i. V. m. § 15 in allen Baugebieten zulässig sind (§ 4 Rn 15–19); diese Nebenanlagen sind entspr. den Bestimmungen nach den Landesbauordnungen gesondert zu behandeln. Einen Grenzfall bildet die *Bienenhaltung* mit den dazugehörigen Bienenstöcken. Hierbei handelt es sich zwar nicht um »Ställe«; sie können in ländlichen Gegenden aber sinngemäß unter den Wirtschaftsteil fallen, da die *Bienenhaltung* geeignet ist, zur Selbstversorgung und zur Ergänzung des Einkommens der Kleinsiedler beizutragen (zur Zulässigkeit in Wohngebieten s. § 3 Rn 26.1).

cc) **Wohngebäude mit entsprechenden Nutzgärten als Kleinsiedlung.** Der Begriff der Kleinsiedlung ist durch die ÄndVO 1990 um »Wohngebäude mit entsprechenden Nutzgärten« erweitert worden. **Städtebaurechtlich** gelten derartige Vorhaben nicht nur als Kleinsiedlung, sondern sie *sind städtebaurechtlich* Kleinsiedlungen, unabhängig davon, wie das II. WoBauG diese Kleinsiedlungsvorhaben behandelt. Für den Umfang u. die Größe (Geschossigkeit) des Wohngebäudes selbst kann auf § 10 Abs. 1 II. WoBauG für den Begriff der Kleinsiedlung zurückgegriffen werden. Danach kann das Wohngebäude neben der für den Kleinsiedler bestimmten Wohnung eine Einliegerwohnung enthalten (s. Rn 4, 5.1 u. 5.2).

6

Die zweckentsprechende Bewirtschaftung der Nutzgärten (s. auch Begr. Reg. Entw., BR-Drucks. 354/89, S. 25) entspricht der »angemessenen Landzulage« nach dem früheren § 10 Abs. 1 II. WoBauG. Eine Stellengröße (i. S. der Grundstücksgröße) von 600 m² wird grundsätzlich nicht zu unterschreiten sein (s. Rn 5.1 u. 5.2).

6.1

Bei einer Grundstücksgröße von 600 m² u. Ausnutzung der Grundfläche von 120 m² (GFZ 0,4), Einhaltung der seitlichen Mindestabstandsflächen von je 3 m und angenommener Vorgartentiefe von 3 m bei einer Grundstücksfrontbreite von 20 m an der Erschließungsstraße verbleiben für den Nutzgarten etwa 365 m², ohne eine Terrasse u. Ä. zu berücksichtigen.

Während Kleinsiedlungen entspr. dem Nutzungsbegriff **bis zur ÄndVO 1990** überwiegend mit beiderseitigen Abständen errichtet worden sind, wird bei »Wohngebäuden mit entsprechenden Nutzgärten« vorwiegend die Form von *Doppelhäusern* (§ 22 Abs. 2 Satz 1) in Betracht kommen müssen, damit zum einen die Nutzgartenfläche vergrößert u. zum anderen dem Planungsleitsatz des sparsamen Umgangs mit Grund und Boden (§ 1a Abs. 1 BauGB) nachgekommen wird.

Die Einbeziehung von »Wohngebäuden mit entsprechenden Nutzgärten« in den Nutzungsbegriff »Kleinsiedlung« u. damit die **städtebaurechtliche Gleichstellung** derartiger Vorhaben in **Kleinsiedlungsgebieten** bedeutet nicht, dass in WR- und WA-Gebieten (§§ 3, 4) Grundstücke entspr. Größe, auf denen etwa in biologischer Anbauweise Gemüse gezogen wird, nunmehr als Kleinsiedlung zu qualifizieren sind. Um Missverständnissen vorzubeugen, ist § 4 Abs. 3 **Nr. 6** bezüglich »Ställe für Kleintierhaltung als *Zubehör* zu Kleinsiedlungen und landwirtschaftlichen Nebenerwerbsstellen« entfallen, da die Anlagen selbst in allgemeinen Wohngebieten bisher schon nicht zulässig gewesen sind. Die **Gleichstellung mit Kleinsiedlungen** ist dagegen von Bedeutung für die Nutzung nach § 5 Abs. 2 Nr. 2, d. h. immer dort, wo der Nutzungsbegriff »Kleinsiedlung« als spezieller städtebaurechtlicher Begriff verwendet wird.

6.2

§ 2 Abs. 2   7–8

7 b) **Landwirtschaftliche Nebenerwerbsstellen (Abs. 2 Nr. 1).** Sie sind als baurechtlicher Begriff erst durch die BauNVO eingeführt worden. Die Definition dürfte § 143 Abs. 2 AVAVG i. d. Fassung v. 3.4.1957 (BGBl. I S. 321) entlehnt worden sein, wo es heißt: »Als landwirtschaftliche Nebenerwerbsstellen gelten Siedlungsvorhaben, die aufgrund der Vorschriften des Reichssiedlungsgesetzes v. 11.8.1919 (RGBl. S. 1429) und der dazu ergangenen landesrechtlichen Vorschriften errichtet werden und die nach Größe und Ausstattung die hauptberufliche Betätigung des Siedlers als Arbeitnehmer nicht in Frage stellen.« Der Begriff hatte größere Bedeutung innerhalb der Flüchtlingssiedlung zur Sesshaftmachung der ostvertriebenen Landbevölkerung.

Das Baurecht enthält keine Legaldefinition. Es ist davon auszugehen, dass die nach der BauNVO im WS-Gebiet zulässige landwirtschaftliche Nebenerwerbsstelle eine Siedlerstelle ist, die hinsichtlich der Landzulage *zwischen* einer Kleinsiedlung und einem landwirtschaftlichen Betrieb i. S. d. § 35 Abs. 1 Nr. 1 BauGB steht und im Übrigen die Merkmale einer Kleinsiedlung trägt. Innerhalb der BauNVO ist die Abgrenzung der landwirtschaftlichen Nebenerwerbsstelle von der Kleinsiedlung planungsrechtlich entbehrlich, da beide Nutzungsformen nebeneinander zulässig sind (§ 2 Abs. 1 Nr. 1, § 5 Abs. 2 Nr. 2).

Der Begriff der landwirtschaftlichen Nebenerwerbsstelle nach der BauNVO ist nicht auf diejenigen Stellen beschränkt, die aufgrund der Vorschriften des Reichssiedlungsgesetzes errichtet worden sind.

7.1 Da eine landwirtschaftliche Nebenerwerbsstelle an sich die beschränkte **Haltung von Großvieh** wie Milchkühe zulässt, wird es auf die Eigenart, Lage und Umfang des WS-Gebiets ankommen, ob die Viehhaltung nach dem Einzelfall i. S. von § 15 Abs. 1 zugelassen werden kann. Die Auffassung des OVG Lüneburg (U. v. 19.4.1967 – VI A 68/66 – BRS 18 Nr. 29), bei einer landwirtschaftlichen Nebenerwerbsstelle müsste regelmäßig Großvieh gehalten werden, entspricht nicht mehr den gewandelten Verhältnissen. Ist das WS-Gebiet wesentlich durch eine Wohnbebauung geprägt, kann ein Stall für Großvieh sogar unzulässig sein (OVG Saarl., U. v. 12.11.1982 – 2 R 77/81 – UPR 1983, 388). Zur Zulässigkeit der **Umwandlung einer landwirtschaftlichen Nebenstelle** in einen »Reiterhof« oder der Nutzung des (früheren) Stalls für Großvieh als Reitpferdestall (evtl. für Pensionspferde) s. Rn 25.26.

Die Voraussetzungen einer landwirtschaftlichen Nebenerwerbsstelle im WS-Gebiet und nach § 5 Abs. 2 Nr. 2 (im MD-Gebiet) können, was die Viehhaltung und die Größe der Landzulage betrifft, unterschiedlicher Art sein. Ob es allerdings rechtlich zulässig ist, unter den Voraussetzungen des § 1 Abs. 5 i. V. m. Abs. 9 bestimmte Arten von landwirtschaftlichen Nebenerwerbsstellen in einem WS-Gebiet auszuschließen (so *Boeddinghaus*, § 2 Rn 7), wird diesseits bezweifelt.

8 c) **Gartenbaubetriebe (Abs. 2 Nr. 1).** Gartenbaubetriebe sind Betriebe, die den Anbau von Obst und Gemüse, die Züchtung von Blumen und sonstigen Kulturpflanzen betreiben und deren Tätigkeit über den Gartenbau zum Eigenverbrauch hinausgeht. Mit der Aufnahme der Gartenbaubetriebe in den Zulässigkeitskatalog des Baugebiets findet eine *Ausweitung* der bereits bestehenden Zulässigkeit als privilegierte Vorhaben i. S. v. § 35 Abs. 1 Nr. 1 i. V. m. § 201 BauGB statt. Während im Außenbereich nach § 35 Abs. 1 BauGB jedoch nur der *Erwerbs*obstbau u. die gartenbauliche Erzeugung zulässig sind, können in

WS-Gebieten auch Gartenbaubetriebe Aufnahme finden, die nicht auf Erwerb abgestellt sind wie städtische Gärtnereien. Häufig sind Gärtnereien gleichzeitig auf Ladenverkauf angewiesen, so dass auch aus diesem Grunde die Aufnahme der Gartenbaubetriebe in den Katalog der zulässigen Anlagen in WS-Gebieten verständlich ist. In der Mehrzahl der Fälle dürften Gartenbaubetriebe sogar richtiger in Baugebiete als in den Außenbereich gehören. Die teilweise Einstufung als landwirtschaftlicher Betrieb (§ 201 BauGB) steht dem nicht entgegen.

Gartenbaubetriebe sind als **städtebaurechtlicher Nutzungsbegriff** hinsichtlich der Zulässigkeit bzw. ausnahmsweisen Zulassungsfähigkeit (§ 4 Abs. 3 Nr. 4, § 6 Abs. 3 Nr. 6) entspr. dem Gebietscharakter des jeweiligen Baugebiets nach dessen (allgemeiner) Zweckbestimmung bzw. der Eigenart des Baugebiets (§ 15 Abs. 1) zu qualifizieren. Die Frage, ob Gartenbaubetriebe Gewerbebetriebe sind oder zur Urproduktion i. S. d. primären Bereichs gehören, stellt sich für die BauNVO deshalb nicht, weil es sich bei »Gartenbaubetrieben« um einen **eigenständigen** (speziellen *städtebaurechtlichen*) Begriff handelt. *Dauerkleingärten* i. S. v. § 9 Abs. 1 Nr. 15 BauGB sind nach der städtebaurechtlichen Qualifizierung **keine Gartenbaubetriebe** i. S. der BauNVO.

8.1

Hinsichtlich der erforderlichen Betriebsfläche werden Gartenbaubetriebe der Größenordnung nach i. A. eher Kleinsiedlungen und Nebenerwerbsstellen entsprechen. Städtebaurechtlich sind Gartenbaubetriebe hinsichtlich der Größe jedoch von keiner bestimmten Betriebsfläche abhängig (s. aber Rn 8.11 a. E.). Die allgemeine Zulässigkeit von Gartenbaubetrieben schließt alle Anlagen ein, die der Betriebsform eigen sind. Dazu gehören außer der Wohnung bzw. dem Wohngebäude des Betriebsinhabers, der Laden, Gewächs- und Treibhäuser mit der evtl. erforderlichen Heizanlage und sonstige Nebenanlagen (ebenso *Knaup/Stange,* § 2 Rdn. 19).

Gartenbaubetriebe können auf bestimmte Erzeugnisse spezialisiert sein, wie Pilzzüchtereien, Samenzuchtbetriebe, Baumschulen, Gemüsebaubetriebe. Es ist ferner möglich, dass die Betriebe ihre Erzeugnisse ausschließlich in Treibhäusern gewinnen.

Der Inhaber eines Gärtnerei- und Baumschulbetriebs mit Gewächshäusern und Kompostieranlage, dessen Betrieb auf gartenbaulich Erzeugung von Kulturpflanzen ausgerichtet ist, bleibt auch dann ein Gartenbaubetrieb i. S. d. § 2 Abs. 2 Nr. 1 bzw. § 5 Abs. 2 Nr. 8 BauNVO, wenn ergänzend Fremdwaren (als Randsortimente) verkauft werden. Er wird nicht dadurch zu einer Handelsgärtnerei, deren Geschäftsgegenstand der An- und Verkauf von Pflanzen ist und als Einzelhandelsbetrieb anderen Zulässigkeitsregeln unterliegt (BVerwG, B. v. 14.2.2002 – 4 BN 05.02 – ZfBR 2003, 49/50).

Die Auffassung, keine Gartenbaubetriebe seien sog. *Garten-Center* (so *Boeddinghaus,* § 2 Rdn. 11), ist in dieser Pauschalaussage nicht haltbar. »Garten-Center« ist ein schillernder Begriff, mit dem sich manche Gartenbaubetriebe eine »modernere« (vermeintlich werbewirksamere) Bezeichnung zulegen, weil »Center« im landläufigen Sprachgebrauch für das entspr. Vorhaben eine herausgehobene Bedeutung vermittelt. Bei einer gartenbaumäßigen Bodennutzung kommt es nicht darauf an, dass die Erzeugnisse ausschließlich in dem Betrieb gezogen worden sind. Es können Gewächse u. dergl. durchaus als Setzlinge auf dem Großmarkt erworben werden, um im eigenen Betrieb dann (wieder) eingepflanzt, bewässert, beschnitten oder in anderer Weise bis zum

8.11

§ 2 Abs. 2   8.2, 9

Verkauf bearbeitet zu werden. Sollten »Garten-Center« als *großflächige Einzelhandelsbetriebe* jedoch die in § 11 Abs. 3 genannten Auswirkungen haben, z. B. fehlende ordnungsgemäße verkehrliche Anbindung, sind sie im WS-Gebiet nicht zulässig.

8.2 Die allgemeine Zulässigkeit der Gartenbaubetriebe in WS-Gebieten geht weder von einer zusätzlichen Erwerbsquelle der Inhaber aus noch von dem Gedanken, dass diese Betriebe etwa der Versorgung der Bewohner des WS-Gebiets dienen. Hierbei hat ersichtlich vielmehr die Überlegung Pate gestanden, dass die Mehrzahl der Betriebe mit Flächen, die den Kleinsiedlungen entsprechen, auskommt und Gartenbaubetriebe nach der Art der Bewirtschaftung keine Störungen oder Belästigungen der Nachbarschaft verursachen. Die Größe der Betriebe wird dem allgemeinen Zuschnitt (Eigenart) des betreffenden WS-Gebiets zu entsprechen haben; andernfalls könnte der Zulässigkeit § 15 Abs. 1 Satz 1 **hinsichtlich des Umfangs** entgegenstehen. Gartenbaubetriebe in WS-Gebieten und in MD-Gebieten (§ 5 Abs. 2 Nr. 9) können hinsichtlich der Größe u. U. voneinander unterschiedlich sein. Dass Gartenbaubetriebe als gewerbliche u. landwirtschaftliche Betriebe i. S. von § 201 BauGB *bei entspr. Größe* zu den privilegierten Vorhaben nach § 35 Abs. 1 Nr. 1 BauGB zählen, steht der allgemeinen Zulässigkeit nach Abs. 2 Nr. 1 nicht entgegen.

9 **d) Der Versorgung dienende Anlagen (Abs. 2 Nr. 2). – aa) Der Begriff »der Versorgung des Gebiets dienend«.** Dieser schränkt die Zulässigkeit der in Abs. 2 Nr. 2 genannten Läden, Schank- und Speisewirtschaften sowie nicht störenden Handwerksbetriebe ein. Unter dem »Gebiet«, das zu versorgen ist, ist **die** jeweils **festgesetzte Baugebietsart** zu verstehen.

Der Rechtssystematik widersprechend ist die Auffassung von *Ziegler*, in: *Brügelmann* (§ 2 Rdn. 25), »*Gebiet« sei (nur) » – im Allgemeinen – dagegen nicht im Sinne des konkret festgesetzten Baugebiets zu verstehen«.*

Schließt sich nach deren Ansicht »*an das festgesetzte Gebiet ein weiteres durch einen anderen Bebauungsplan festgesetztes oder nach § 34 Abs. 2 BauGB zu beurteilendes an, so kann dies dem ›Gebiet‹ hinzugerechnet werden*«. Die Berufung für diese Auffassung auf das Urt. des VGH BW v. 7.2.1979 (– III 933/78 – BRS 35 Nr. 33 = BauR 1980, 253) geht fehl. Dort heißt es: »*Unter dem ›Gebiet‹ ist zwar grundsätzlich das jeweils festgesetzte Baugebiet zu verstehen. Der Einzugsbereich des Ladengeschäfts* (Hervorhebung diesseits) *braucht sich aber nicht auf dieses Gebiet zu beschränken, sondern darf sich auch auf andere Baugebiete, namentlich auf angrenzende Wohngebiete erstrecken«.* Das trifft genau die diesseitige Erläuterung in § 2 Rn 9. Das »Erstrecken« auf andere Gebiete i. S. eines Einzugsbereichs ist etwas anderes, als dass andere Gebiete »hinzugerechnet werden«.

Das Begriffsmerkmal »dienen« entspricht nicht dem »Dienen«, wie es zur Umschreibung der Baugebiete in Abs. 1 der §§ 2–9 gebraucht wird. Dort steht »dienen« anstelle von »sind bestimmt« oder »sind vorgesehen«. Das »Dienen«, wie es hier, in § 3 Abs. 3 und § 4 Abs. 2 Nr. 2, verwendet wird, bedeutet, dass die genannten Nutzungsformen *objektiv geeignet* sein müssen, die allgemeinen Lebensbedürfnisse des in dem Gebiet wohnenden Personenkreises zu befriedigen. Die Einschränkung, dass die in Abs. 2 Nr. 2 genannten Anlagen der Versorgung dienen müssen, ist jedoch nicht so zu verstehen, dass sie für das Baugebiet *notwendig* sein müssen. Das Merkmal des »Dienens« setzt lediglich voraus, dass das Ladengeschäft nach seiner Lage u. objektiven Beschaffenheit geeignet ist, in nicht unerheblichem Umfang von den Bewohnern des Gebiets aufgesucht zu werden. Die (geringe) Größe eines festgesetzten Wohngebiets spielt keine Rolle, vor allem, wenn sich andere bewohnte Gebiete daran anschließen (VGH BW, U. v. 7.2.1979, aaO.). Letztlich kann jedermann (von außerhalb des »Gebiets«) die Versorgungseinrichtungen des jeweils festgesetzten Gebiets aufsuchen.

Ausschlaggebend ist, dass die Betriebsform mit der Zweckbestimmung des WS-Gebiets in enger Beziehung steht. Die funktionelle Zuordnung zum WS-Gebiet träfe, um ein extremes Beispiel zu wählen, auf ein Juweliergeschäft nicht zu.

Dagegen darf ein *wirtschaftliches Bedürfnis* als Voraussetzung für die Zulässigkeit nicht nachgeprüft werden. **Fragen des Wettbewerbs** haben bei der Baugenehmigung außer Betracht zu bleiben. So dürfte, wenn z. B. zwei Lebensmittelgeschäfte in dem Gebiet bereits vorhanden sind und diese das Gebiet voll versorgen können, für ein drittes Geschäft die Baugenehmigung nicht versagt werden (ebenso VGH BW, U. v. 7.2.1979, aaO.). Eine **Bedürfnisprüfung** zum Schutze bereits betriebener Läden widerspräche dem Grundrecht der Berufsfreiheit des Art. 12 GG (BVerfGE 7, 377 ff.). Wenn es auch heißt, dass die in Abs. 2 Nr. 2 genannten Nutzungsformen der Versorgung »des Gebiets« dienen müssen, ist damit nicht ausgeschlossen, dass auch Bewohner eines anderen als des WS-Gebiets ihren Bedarf in diesen Betrieben decken, weil die Geschäfte etwa preisgünstiger sind.

bb) **Läden.** Diese sind begrifflich Räume, die nach dem herkömmlichen Sprachverständnis eine Beschränkung der Grundfläche aufweisen und in denen i. A. ein auf bestimmte Warengattungen (z. B. Lebensmittel, Tabakwaren) beschränktes Warensortiment oder Dienstleistungen (Friseur) angeboten werden (zum Begriff s. Vorb. §§ 2 ff. Rn 3–3.1). Die Läden sind im Regelfall von einer privaten oder öffentlichen Verkehrsfläche aus zu betreten; bei sog. **Stubenläden** findet der Verkauf unmittelbar zur Verkehrsfläche hin statt, ohne dass der Ladenraum selbst betreten werden kann. Läden können auch in anderen Geschossen als im Erdgeschoss liegen. In diesen Fällen ist die (private oder öffentliche) Verkehrsfläche in den Obergeschossen oder unterhalb der Erdoberfläche für obergeschossige oder unterirdische Fußgängerbereiche (z. B. Tunnel- oder Fußgängerpassagen) festzusetzen.

Der Begriff »Laden« ist – soweit er als zulässige oder zulassungsfähige Anlage in den einzelnen Gebietsarten verwendet wird – im nutzungsrechtlichen Sinne zur Abgrenzung gegenüber dem Begriff »Einzelhandelsbetrieb« zu verstehen. »Laden« ist mithin ein **eigenständiger bauplanungsrechtlicher Begriff,** der seinen Sinngehalt von der städtebaulichen Ordnung und nicht etwa aus anderen Vorschriften, z. B. aus dem Ladenschlussgesetz, empfängt. In den »Begriffsdefinitionen aus der Handels- und Absatzwirtschaft« (vgl. Arbeitsausschuss für Begriffsdefinitionen, Katalog E) ist der Begriff Laden gar nicht (mehr) aufgeführt.

Nach § 1 des Ladenschlussgesetzes (LadSchlG) ist ein Laden der Unterfall einer *Verkaufsstelle.* Unter den **Oberbegriff** »Verkaufsstelle« fallen nach § 1 Abs. 1 Nr. 1 LadSchlG »Ladengeschäfte aller Art, Apotheken, Tankstellen und Bahnhofsverkaufsstellen«, ferner offene oder geschlossene Verkaufsstände, die vom Kaufpublikum nicht betreten werden können, wie Kioske u. ähnliche Einrichtungen, die ihre Waren »über die Straße« verkaufen. Bei weiter Auslegung des bauplanungsrechtlichen Begriffs »**Laden**« können derartige Verkaufsbuden noch als Läden bezeichnet werden (so wohl *Boeddinghaus,* § 2 Rdn. 13), wenngleich die Bezugnahme auf *Bielenberg* (§ 2 Rdn. 32) missver-

§ 2 Abs. 2   11, 11.1

ständlich ist, da Letzterer Kioske u. ähnliche Einrichtungen im Zusammenhang mit Verkaufsstellen erwähnt.

Ob **Kioske** u. Verkaufsstände, die in erster Linie Tabak- u. Süßwaren oder ähnliche Genussmittel sowie Zeitungen u. Zeitschriften feilbieten, als Läden anzusehen sind (so *Knaup/Stange*, Rdn. 26) oder ob sie – häufig aufgrund einer Sondernutzungserlaubnis auf einer öffentlichen Verkehrsfläche errichtet – städtebaurechtlich eher als »untergeordnete Nebenanlagen und Einrichtungen« einzuordnen sind, »die dem Nutzungszweck ... des Baugebiets selbst dienen und die seiner Eigenart nicht widersprechen« (§ 14 Abs. 1 S. 1), womit sich *Knaup/Stange* (aaO.) nicht auseinandergesetzt haben, ist für die **städtebauliche Beurteilung** letztlich unerheblich. Sie benötigen für ihre »Laufkundschaft« i. d. R. verkehrlich günstige Punkte (wie Fußgängerbereiche), die in den üblichen (Außen-)Wohnbaugebieten (besonders in WS-Gebieten) selten gegeben sind. Da derartige Läden im weiteren Sinne auch der Versorgung des WS-Gebiets (wie auch von WR- u. WA-Gebieten) dienen können, kommt es für deren Zulässigkeit entscheidend auf die Voraussetzungen nach § 15 Abs. 1, insbes. hinsichtlich der Eigenart des Wohngebiets und der Lage des Verkaufsstandes an. Der typische Standort solcher Kioske u. Ä. Verkaufsstände sind i. A. MI-, MK- u. auch WB-Gebiete.

11 Dem Begriff »Laden« als **städtebaulichem Anlagenbegriff** können – ohne den Begriff zu überspannen – auch die ladenmäßig betriebenen *Handwerksbetriebe* und *Dienstleistungsbetriebe* zugerechnet werden, sofern sie der Versorgung des Gebietes dienen (Rn 9). Bei Bäckereien oder Fleisch- und Wurstwarengeschäften z. B. kann es sich um Filialbetriebe einer »Ladenkette« handeln, die von einer Zentrale aus (Brotfabrik) mit den entspr. Waren beliefert werden. Derartige Ladengeschäfte werden häufig zwar noch als Familienbetriebe geführt (der [Ehe-]Mann in der Backstube, die [Ehe-]Frau im Laden); es kann sich aber auch um Läden handeln, in denen die der Versorgung dienenden Produkte ausschließlich verkauft werden, während sie andernorts – außerhalb des Baugebiets – hergestellt werden. Eine Unterscheidung zwischen Läden als Verkaufsstellen und ladenmäßig betriebenen Handwerksbetrieben ist planungsrechtlich ohne Bedeutung, da sie *einer* Nutzungsart (z. Begriff § 1 Rn 79) unterfallen.

Zu den Läden als (reine) Verkaufsstellen und den ladenmäßig betriebenen Handwerksbetrieben können noch die Läden gezählt werden, in denen ein handwerksähnlich betriebenes Gewerbe (Rn 18) geführt wird und die der Versorgung des Gebiets dienen, wie eine Näh- und Flickstube, Wäscherei oder ein Heißmangelbetrieb (selten und von der Größe des Gebiets abhängig). Sofern nur die Maschinen in einem (Laden-)Raum aufgestellt sind, Überwachungspersonal zwar bereitgehalten wird, im Übrigen die entspr. Arbeitsvorgänge aber *selbst vorgenommen* werden, ist die Einordnung in die Gruppe der handwerksähnlich betriebenen Gewerbe zu bejahen. Für die Zulässigkeit dieser in einem Laden betriebenen hauswirtschaftlichen Dienstleistungsbetriebe ist auf die der Versorgung des Gebiets dienende Aufgabe abzustellen. Ist das zu bejahen, fallen derartige Betriebe unter Abs. 2 Nr. 2 bzw. § 4 Abs. 2 Nr. 2.

11.1 Dagegen gehören **im WS-Gebiet Annahmestellen** für Reinigungen oder Wäschereien i. A. nicht zu den der *Versorgung des Gebiets* dienenden ladenmäßig geführten handwerksähnlichen Dienstleistungsbetrieben, sondern zu den nicht störenden Gewerbebetrieben nach Abs. 3 Nr. 4 (a. A. *Bielenberg*, § 2 Rdn. 32;

Knaup/Stange, Rdn. 27). Inwieweit derartige Annahmestellen i. S. des bauplanungsrechtlichen Begriffs »Laden« **in WA-Gebieten** als der Versorgung des Gebiets dienend anzusehen sind – worauf es entscheidend ankommt u. was häufig auch anzunehmen ist –, richtet sich maßgeblich nach der Eigenart des jeweiligen Gebiets (§ 15 Abs. 1); a. A. *Knaup/Stange* (aaO.), die auch Annahmestellen für Lotterien u. Wetten zu den der **Versorgung eines WS-Gebiets** dienenden Läden rechnen. Ob solche Annahmestellen als »nicht störende Gewerbebetriebe« (§ 2 Abs. 3 Nr. 4) zugelassen werden können, hängt wiederum von der Eigenart des Gebiets und den Ausnahmegründen ab.

Bauplanungsrechtlich sind »*Läden*« mit »*Einzelhandelsbetrieben*« (i. S. v. § 1 des Gesetzes über die Berufsausübung im Einzelhandel v. 5.8.1957 mit Änderungen) **nicht gleichzusetzen**. Das wird durch die Aufnahme der »Einzelhandelsbetriebe« in den Zulässigkeitskatalog anderer Baugebiete, die weniger störanfällig sind, bestätigt (§ 5 Abs. 2 Nr. 5, § 6 Abs. 2 Nr. 3, § 7 Abs. 2 Nr. 2). Nach der planungsrechtlichen Systematik (Vorb. §§ 2 ff. Rn 3) schließt der *speziellere* Begriff den allgemeinen Nutzungsbegriff wie »nicht störende Gewerbetriebe« aus. Demzufolge sind die unter den weiteren Begriff »Einzelhandelsbetriebe« (zur begrifflichen Abgrenzung s. § 5 Rn 15) fallenden Waren-, Kaufhäuser, Supermärkte, Brennstoffhandlungen u. dergl. nicht zulässig.

Beim *Ladentyp* insbes. der Lebensmittelbranche hat sich ein Strukturwandel zu den *Selbstbedienungsläden* vollzogen. Die Selbstbedienung hat eine Vergrößerung des Ladenraums mit sich gebracht. Dieser Entwicklung auf dem Gebiet neuzeitlicher Versorgung der Wohnbaugebiete muss der Gebietscharakter Rechnung tragen. Die Genehmigung von »Lebensmittel«-läden nach dem Prinzip der Selbstbedienung auch in Wohngebieten kann nicht versagt werden; ein solcher Lebensmittelladen bringt eine erhebliche Ausdehnung des Warensortiments mit sich, was den gesteigerten Ansprüchen entspricht. Die Vielfalt des Warenangebots bedingt eine teils erhebliche Vergrößerung der früher üblichen Ladenfläche (vgl. Hess. VGH, U. v. 27.11.1970, BauR 1971, 28 [29] = BRS 23 Nr. 81); zur Angemessenheit der Ladenfläche s. § 4 Rn 5–5.7.

Zu den zulässigen Läden im WS-Gebiet rechnen insbes. Lebensmittel (Kolonialwaren-)Geschäfte, Milch-, Obst- und Gemüsegeschäfte. Unter den bauplanungsrechtlichen Begriff »*Läden*« fallen ferner Drogerien, Tabakwarenläden und Blumenläden, die häufig ausschließlich durch den Großmarkt beliefert werden; heutzutage können auch *Apotheken* dazu gezählt werden, da sie im Wesentlichen den Verkauf von Medikamenten und Ähnlichem betreiben (s. § 4 Rn 5). Sie kommen jedoch allenfalls in größeren (verdichteten) WA-Gebieten der Großstädte, etwa in den hochverdichteten Neubaugebieten der neuen Bundesländer, als der »Versorgung dienend« in Betracht.

cc) **Schank- und Speisewirtschaften** sind gewerbliche Betriebe, in denen Getränke aller Art und/oder Speisen zum Verzehr verabreicht werden. Hierzu zählen u. a. die üblichen Esslokale (Restaurants), Konditoreien (Cafés), Imbissstuben (»Mittagstische«), Eisdielen, Milchstuben, Weinstuben und die »Kneipe an der Ecke« (Bierlokale) sowie Trinkhallen, soweit sie über einen Aufenthaltsraum zum Verzehr verfügen. Die Begriffe sind dem Gaststättengesetz v. 20.12.1998 entnommen. Sie haben sich im Laufe ihrer Verwendung jedoch zu einem *eigenständigen* städtebaulichen Begriff entwickelt. Das ergibt sich zum einen bereits aus der *Einschränkung* für die Wohnbaugebiete nach §§ 2, 4, dass Schank- und Speisewirtschaften der Versorgung des Gebiets die-

§ 2   Abs. 2   13.1

nen müssen (zum Begriff »dienen« s. Rn 9). Zum anderen ist stets die ab- und eingrenzende Prüfung dahin gehend erforderlich, ob – insbes. bei Nutzungsänderungen – tatsächlich die Nutzung als Schank- und Speisewirtschaft beabsichtigt ist, oder ob es sich etwa um eine »verkappte« Vergnügungsstätte o. Ä. handelt. Der Begriff »Schankwirtschaft« wird häufig ungenau mit »Gastwirtschaft« gleichgesetzt. Die Eröffnung einer Schankwirtschaft bedarf noch einer zusätzlichen Schankerlaubnis nach den §§ 2 ff. GaststättenG.

Die Zulässigkeit von Schank- und Speisewirtschaften (wie auch von Läden) steht *nicht* unter der Einschränkung, dass diese Anlagen nicht stören dürfen. Der VOgeber hat hier vorausgesetzt, dass die i. A. von Schank- und Speisewirtschaften sowie von Läden ausgehenden Störungen dem Charakter der Wohngebiete (§§ 2–4) nicht widersprechen (grundsätzlich z. Begriff »stören« s. Vorb. §§ 2 ff. Rn 8 ff.). Sollten im Einzelfall Störungen mit der Eigenart der Gebiete nicht vereinbar sein, sind die Anlagen nach § 15 Abs. 1 unzulässig (zu Einzelfällen s. § 4 Rn 21.2–25.3). Die allgemeinen – (negativen) – Begleiterscheinungen der Schank- u. Speisewirtschaften, soweit sie sich aufgrund des Zuschnitts der WS- u. WA-Gebiete in deren Bestimmungsgrenzen halten, müssen von den Bewohnern des Umfeldes **aus städtebaurechtlichen Gründen** hingenommen werden. Das besagt jedoch nicht, dass **Nachbarn** von Schank- u. Speisewirtschaften den »Gaststättenlärm«, der **aus den Räumlichkeiten** in andere (Wohn)Räume oder in benachbarte Gebäude in unzumutbarer Weise dringt, zu dulden haben.

Bei Beeinträchtigung durch Gaststättenlärm können § 15 oder bauordnungsrechtliche Vorschriften zwar nicht eingreifen. Dafür sind dann die Vorschriften des Gaststättengesetzes (GastG) ggf. i. V. m. der Sperrzeitverordnung zu bemühen. Werden in den Abend- u. Nachtstunden durch Musikinstrumente bzw. Tonwiedergabegeräte (oder in sonstiger Weise) in einer Gastwirtschaft die Nachbarn in ihrer Ruhe erheblich gestört, so ist die zuständige Verwaltungsbehörde berechtigt und verpflichtet, durch Auflagen nach § 5 GastG den Inhaber der Gaststätte anzuweisen, die Lautstärke der Musikinstrumente derart zu beschränken, dass die Nachbarn nicht mehr gestört werden (OLG Koblenz, B. v. 12.10.1982 – 1 Ss 468/82 – GewArch. 1983, 98; dazu auch § 4 Rn 4.2 ff.).

13.1 Der städtebauliche Begriff »**Schank- und Speisewirtschaften**« ist als Anlagennutzung zusammen mit anderen baulichen Anlagen u. sonstigen Nutzungen unter einer bestimmten *Art von Nutzungen* in den Zulässigkeitskatalog fast aller Wohnbaugebiete (außer WR-Gebiet) und aller Mischgebiete aufgenommen worden. Die bereits sehr unterschiedliche Firmierung derartiger Betriebe (teils aus werbewirksamen Gründen, teils regional u. landsmannschaftlich begründet) und das gleichfalls ganz unterschiedliche Angebot an Speisen und Getränken zeigen, dass der Begriff eine weitgefächerte Anlagenpalette umfasst und bauplanungsrechtlich nicht ohne weiteres eindeutig zu bestimmen ist. Er bedarf einer sorgfältigen bauplanungsrechtlichen Einordnung **nach** der *allgemeinen* **Zweckbestimmung** des Baugebiets **und** zugleich nach der (besonderen) *Eigenart* des (jeweiligen) Baugebiets. In WS- u. WA-Gebieten wird sich die Einschränkung, dass Schank- u. Speisewirtschaften »der Versorgung des Gebiets dienen« müssen, bereits auf die Größe der Räumlichkeiten in quantitativer Hinsicht auswirken. Gleichermaßen wird der Zuschnitt der Lokalität entscheidend durch die *Eigenart des Wohngebiets* geprägt (z. B. könnte die bauliche Änderung und Nutzungsänderung einer um die Jahrhundertwende in dem jetzigen WS-Gebiet errichteten herrschaftlichen *Landvilla* in ein »*Nobel-Restaurant*« der Eigenart des Baugebiets, u. U. auch nach Umfang u. Lage widersprechen). Desgleichen dürfte der Umbau von Räumlichkeiten einer Tankstelle in eine **Kraftfahrerschnellgaststätte** mit der Zweckbestimmung der

Wohngebiete (§§ 2–4) bereits wegen der stets auf das unabdingbar Notwendige zu beschränkenden Kfz-Bewegungen in diesen Gebieten nicht in Einklang stehen (Rn 13.2).

Für die **Genehmigung einer Schank- und Speisewirtschaft** in Wohngebieten ist i. d. R. nicht die Bezeichnung (Firmierung) des Betriebs etwa als Milch»bar« im Bauantrag maßgebend. Die Baugenehmigungsbehörde ist stets verpflichtet, die Bauunterlagen zur Errichtung oder Nutzungsänderung daraufhin zu überprüfen, ob das Vorhaben der allgemeinen Zweckbestimmung und der Eigenart des jeweiligen Baugebiets infolge der *tatsächlichen* Entwicklung entspricht. Schank- u. Speisewirtschaften müssen als unabdingbare Voraussetzung (i. S. der allgemeinen Zweckbestimmung) der »Versorgung des Gebiets dienen«; ferner wird es besonders auf »Umfang« u. »Zweckbestimmung« i. S. v. § 15 Abs. 1 ankommen. Im Rahmen einer **Nachbarklage** ist die Baugenehmigung für eine »*Autofahrerschnellgaststätte*« zu Recht für rechtswidrig erklärt worden, in der als **Bestandteil der Genehmigung** der einschränkende Zusatz auf die Versorgung des Gebiets fehlte (OVG NW, U. v. 11.12.1979 – VII A 1940/77 – BRS 35 Nr. 34). Nur durch einen solchen Zusatz ist zu erkennen, ob das Versorgungsmerkmal durch die Baugenehmigungsbehörde geprüft worden ist und kann später festgestellt werden, ob die Anlage sich an die Baugenehmigung (mit evtl. Auflagen) gehalten hat. Bei evtl. Erweiterung und/oder Nutzungsänderung ist daraus ersichtlich, inwieweit die Anlage der Versorgung des Gebiets dann noch dienen würde. In dem U. v. 11.12.1979 (aaO.) gingen Charakter u. der zu erwartende, auf Autofahrer einer stark befahrenen Ausfallstraße abstellende Benutzerkreis aus dem Bauantrag deutlich hervor. Ist Gegenstand einer Baugenehmigung eine nur der Versorgung des Gebiets dienende Schank- und Speisewirtschaft, muss sich aus der Baugenehmigung selbst, aus dem Baugesuch oder aus den sonstigen objektiven Umständen ergeben, dass die Nutzung des Grundstücks als Schank- und Speisewirtschaft in dieser Weise beschränkt ist (VGH BW, B. v. 16.1.1996 – 3 S 3417/95 – BauR 1996, 373 = BRS 58 Nr. 139).

13.2

Die Frage, ob die »Schnellgaststätte« ausnahmsweise als »nicht störender Gewerbebetrieb« (§ 4 Abs. 3 Nr. 2) zulassungsfähig (gewesen) wäre, erübrigt sich schon deswegen, weil innerhalb des Zulässigkeitskataloges *desselben* Baugebiets der *speziellere* Anlagenbegriff (nach den Derogationsregeln) den allgemeineren Nutzungsoberbegriff verdrängt (Vorb. §§ 2 ff. Rn 3–3.1). Da die relativ störenden Auswirkungen von Schank- u. Speisewirtschaften durch Verkehrslärm der Benutzer und das hinlänglich bekannte »Drum und Dran« des Umfeldes eines solchen Betriebs den Bewohnern der Wohngebiete nur zugemutet wird, soweit er eben der *Versorgung des Gebiets* dient, können Schank- u. Speisewirtschaften schon deshalb nicht als »nicht störende Gewerbebetriebe« in WS- u. WA-Gebieten eingestuft werden.

13.21

Abgrenzungsschwierigkeiten können auch im Zusammenhang mit Betrieben des Beherbergungsgewerbes entstehen. Da Schank- u. Speisewirtschaften als Anlagennutzung in der BauNVO *neben* der Nutzungsart »Beherbergungsbetriebe« aufgeführt sind und in den einzelnen Baugebieten unterschiedlich behandelt werden, sind sie **bauplanungsrechtlich nicht als Einheit** zu betrachten. Schank- u. Speisewirtschaften sind (auch kleinen) Betrieben des Beherbergungsgewerbes nicht gleichzusetzen (so mit Recht schon OVG Münster, U. v. 10.10.1966 – XA 1549/65 – BRS 17 Nr. 23).

§ 2   Abs. 2   14–14.2

Unter den Begriff »Schank- u. Speisewirtschaften« fallen ferner **nicht** ein **Barbetrieb, Tanzdiskotheken** (BVerwG, U. v. 15.1.1982 – 4 C 59.79 – BRS 39 Nr. 67 = GewArch. 1982, 163) u. ä. **Vergnügungsstätten.** Hierbei fehlt es i. d. R. bereits an dem Merkmal, dass sie der Versorgung des Wohngebiets dienen müssen; zu Vergnügungsstätten s. § 4a Rn 22–24.

14   Besondere Probleme können **Kegelbahnen** aufgeben, wenn diese – aus unterschiedlichen Gründen – mit Schank- u. Speisewirtschaften zusammen errichtet oder nachträglich angelegt werden sollen. *Kegelbahnen* sind aufgrund ihrer nicht ohne weiteres eindeutig einzuordnenden Zweckrichtung *bauplanungsrechtlich* Anlagen (und Nutzungen) *von besonderer Art.* Für die Frage der Zulässigkeit oder Zulassungsfähigkeit in den Wohnbaugebieten nach den §§ 2, 4 bedürfen sie einer näheren Charakterisierung.

Da Kegelbahnen i. d. R. im räumlichen Zusammenhang mit Schank- u. Speisewirtschaften – etwa als Anbau oder unterirdisch im Kellergeschoss – errichtet werden und mit der Schank- u. Speisewirtschaft in Verbindung stehen, liegt es zunächst nahe, ihren Nutzungszweck i. S. einer Nebenanlage nach § 14 Abs. 1 anzunehmen. Nach den Wesensmerkmalen einer *untergeordneten* **Nebenanlage** (§ 14 Rn 3–4), die u. a. in der **nebensächlichen Bedeutung** i. Verh. z. Hauptanlage zum Ausdruck kommt, dürfte eine Kegelbahn für sich allein *keine* Daseinsberechtigung haben (§ 14 Rn 3). Das trifft auf derartige Anlagen jedoch nicht zu. Eine **Kegelbahn** mit mehreren Bahnen und etwa einem Aufenthaltsraum ist nicht nur als selbständige Anlage denkbar, sondern als »Bowlingbahn« oder Bowling-Center *für sportliche Zwecke* auch bekannt. Dort spielt der Verzehr von Getränken u. Speisen im Unterschied zu Schank- u. Speisewirtschaften dann nur eine untergeordnete Rolle. Selbst wenn die Kegelbahn zusammen mit der Schank- u. Speisewirtschaft gebaut wird u. dann lediglich besonderer bautechnischer u. sonstiger Auflagen bedarf (z. B. hinsichtlich der Be- u. Entlüftung sowie der Lärmschutzmaßnahmen), **führt** sie tatsächlich weitgehend ein **Eigenleben.** Dies kommt in festen Belegungszeiten durch Kegelclubs oder etwa Angehörige von Betrieben o. dergl. zum Ausdruck, die häufig über das Gemeindegebiet verstreut wohnen. Dass die Schank- u. Speisewirtschaft der Versorgung eines bestimmten Wohngebiets dient, ist für die Benutzer i. A. ohne Belang.

14.1   Eine **Kegelbahn** benötigt, um wirtschaftlich betrieben werden zu können, gerade ein *größeres Einzugsgebiet* als den Geltungsbereich des zu versorgenden Gebiets (OVG NW, U. v. 11.10.1982 – 7 A 1446/81 – BRS 39 Nr. 65 = Städte- u. Gemeinderat 1983, 278). Sie **dient** mithin vom Anlagenzweck her bereits **nicht der Versorgung des Gebiets** i. S. v. § 2 Abs. 2 Nr. 2 (§ 4 Abs. 2 Nr. 2). Das weitgehende Eigenleben und das fehlende Versorgungsmerkmal berechtigt dazu, Kegelbahnen **bauplanungsrechtlich** als *eigene* Anlagen zu behandeln, vor allem da der Betrieb **der Nachbarschaft gegenüber** zu besonderen Auswirkungen führen kann und dies i. S. d. Gewährleistung einer städtebaulichen Ordnung entspr. Regelung bedarf. Ihre tatsächliche und betriebliche Verbindung mit der Schank- u. Speisewirtschaft ändert jedoch nichts daran, dass Kegelbahnen **bauplanungsrechtlich** vielfach **als eigene Anlagen** beurteilt werden müssen.

14.2   Das Kegeln durch Clubs oder in sonstiger Weise geschieht zwar »auch« als körperlicher Ausgleich etwa zur Bürotätigkeit und kann damit gesundheitlichen Zwecken dienen, wie im Kegeln »auch« eine sportliche Betätigung liegt.

Dadurch wird die mit einer Schank- u. Speisewirtschaft verbundene Kegelbahn jedoch nicht etwa zur Anlage für gesundheitliche oder sportliche Zwecke (ebenso VGH BW, U. v. 3.2.1977 – III 1330/75 – BRS 32 Nr. 31 u. OVG NW, U. v. 11.10.1982, aaO.). Das Kegeln geschieht vielmehr in erster Linie zur Pflege der Geselligkeit des durch die Kegelbahn gesondert angesprochenen und verbundenen Besucherkreises.

Nach der Zweckbestimmung der Wohnbaugebiete mit dem vornehmlichsten Anliegen, den Bewohnern höchstmögliche Wohnruhe zu gewährleisten, sind Kegelbahnen i. d. R. dort nicht zulässig.

Bauplanungsrechtlich sind Kegelbahnen als Ergänzung (Erweiterung) des gastlichen Angebots von Schank- u. Speisewirtschaften – auch wenn Letztere der Versorgung des Gebiets dienen – in Wohnbaugebieten (§§ 2–4) im Grundsatz nicht zulässig (s. jedoch § 4 Rn 4.31).

dd) **Nicht störende Handwerksbetriebe.** Der Begriff »Handwerksbetrieb« ist im Baurecht nicht umgrenzt. Nach § 1 Abs. 2 des Gesetzes zur Ordnung des Handwerks (Handwerksordnung) i.d.F. v. 24.12.2003 (BGBl. I S. 2934) ist ein Gewerbebetrieb ein Betrieb eines zulassungsfähigen Handwerks, wenn es handwerksmäßig betrieben wird und ein Gewerbe vollständig umfasst, das in der Anlage A aufgeführt worden ist, oder Tätigkeiten ausgeübt werden, die für dieses Gewerbe wesentlich sind (wesentliche Tätigkeiten). Die BauNVO hat den Begriff **Handwerksbetrieb** aus der HandwO übernommen, die Zulässigkeit in WS- und WA-Gebieten jedoch an die Voraussetzung geknüpft, dass die Handwerksbetriebe der Versorgung des Gebiets dienen und nicht stören; in WR-Gebieten ist die Zulässigkeit weiter eingeschränkt (s. § 3 Rn 17). Der Begriff **Handwerksbetriebe** ist einer der wenigen nutzungsrechtlichen Begriffe, die bei der bauplanungsrechtlichen Anwendung keine eigenständige, vom entlehnten Gesetz (hier: der HandwO) abweichende (andersartige) Ausformung zur Ausfüllung bestimmter planerischer Gestaltungsüberlegungen erhalten hat, wie etwa der Begriff **Läden** (s. Vorb. §§ 2 ff. Rn 3.2). Es kommt nach den Gebietsvorschriften der BauNVO lediglich darauf an, dass es sich um einen handwerksmäßig oder handwerksähnlichen Gewerbebetrieb handelt.

Da die Handwerksbetriebe im WB-Gebiet (§ 4a) und in den Mischgebieten in den sonstigen (nicht wesentlich störenden) Gewerbebetrieben »aufgehen« (enthalten sind), kann es jedoch auf die grundsätzliche Unterscheidung des Handwerksbetriebs von der industriellen Fertigung, etwa in einem WB-Gebiet ankommen. Aus diesem Grunde werden die tragenden Gesichtspunkte des Schrifttums und der Rspr. nachfolgend kurz dargelegt (*Ziegler*, in: *Brügelmann*, § 2 Rn 85 geht davon aus, dass das industrielle Gewerbe [stets] auf Massenproduktion ausgerichtet sei und sich im Planungsrecht daher die Frage der Abgrenzung nicht stelle).

Eine den Handwerksbetrieb nach bestimmten Merkmalen abgrenzende Legaldefinition enthält auch die HandwerksO nicht. Infolge des ständigen Wandels, dem auch der Handwerksbetrieb innerhalb der Entwicklung der industriellen Gesellschaft unterworfen ist, dürften sich allgemeingültige, über einen längeren Zeitraum geltende Merkmale nicht finden lassen, wollte man nicht gleichzeitig durch eine derartige Reglementierung eine nichtgewollte Einengung des Begriffs in Kauf nehmen.

Durch die Größe allein gewinnt der Handwerksbetrieb noch nicht industriellen Charakter. Das **Großhandwerk** unterscheidet sich von der Fabrik dadurch, dass bei ihm die hand-

§ 2   Abs. 2   16

werkliche Einzelfertigung aufgrund von Einzelaufträgen dominiert. Dem **Fabrikbetrieb** gibt die Massenfertigung auf Vorrat für den anonymen Markt zusammen mit einer entspr. Verkaufsorganisation das Gepräge. Für die Zuordnung eines Gewerbebetriebes zum Handwerk oder zur Industrie ist mithin seine *Gesamtstruktur* maßgebend. Diese muss im Einzelfall nach wirtschaftlichen, soziologischen u. betrieblichen Gesichtspunkten ermittelt werden. Begriff und Abgrenzung des Handwerks gegen andere Betriebsarten, besonders gegen die Industrie, wandeln sich infolge technischer, wirtschaftlicher u. sozialer Entwicklungen (so mit Recht BVerwG, U. v. 16.9.1966, MDR 1967, 240). In diesem Sinne wird der sog. **dynamische Handwerksbegriff** für durchaus berechtigt gehalten (vgl. BVerwG, U. v. 17.4.1964 – VII C 91.59 – GewArch. 1964, 248 u. U. v. 12.7.1979, BVerwGE 58, 217; VGH BW, U. v. 28.11.1975, GewArch. 1976, 229; ferner *Fröhler*, GewArch. 1983, 186; *Hagebölling*, GewArch. 1984, 209).

16 Der **Industriebetrieb** unterscheidet sich vom Handwerksbetrieb, vor allem durch die deutliche Trennung von Leitungs- und Ausführungsbereich, durch die größere Arbeitsteilung der Mitarbeiter untereinander, durch die umfangreiche Anwendung technischer Hilfsmittel, durch verhältnismäßig größeren Kapitaleinsatz u. Ä. Die Grenzen zwischen handwerklichen Großbetrieben und Industriebetrieben sind fließend; die Entscheidung der organisatorischen Zugehörigkeit zum Handwerk kann immer nur in jedem Einzelfall anhand der jeweiligen konkreten Strukturmerkmale entspr. dem Gesamteindruck des Betriebes getroffen werden (VG Halle, U. v. 9.5.2001 – 1 K 1670/98 – GewArch. 2001, 421).

Im Einzelnen kommen als wesentliche Abgrenzungsmerkmale folgende Kriterien in Betracht (Honig, HandwO, 3. Aufl., Rdn. 64–70):
- Die **Betriebsgröße**. Merkmale hierfür sind die räumliche Ausdehnung des Betriebes, die Zahl der Beschäftigten, die Höhe des Umsatzes und der Kapitaleinsatz (Bilanzwert). Sie ist nur von relativ untergeordneter Bedeutung, da sie in aller Regel keinen Einfluss auf die entscheidende Struktur des Unternehmens hat.
- Die früher bedeutsame **persönliche Mitarbeit des Betriebsinhabers** spielt jetzt keine Rolle mehr, da für novellierte HandwO nicht mehr das Inhaberprinzip gilt und die handwerkliche Betriebsleitung in jedem Fall auch einem Angestellten überlassen werden kann.
- Die **fachliche Qualität der Mitarbeiter**. Diese sind im Handwerk üblicherweise handwerklich und so umfassend ausgebildet, dass sie im Wesentlichen alle im Betrieb anfallenden Arbeiten eigenverantwortlich ausführen können und daher ohne weiteres austauschbar sind. Im Industriebetrieb sind die Mitarbeiter dagegen i. d. R. nur mit bestimmten Arbeitsgängen vertraut.
- Die **Arbeitsteilung im Betrieb**. Es ist zu prüfen, ob diese so weit fortgeschritten ist, dass von den Beschäftigen jeder in der Regel stets nur einige wenige immer wiederkehrende beschränkte Teilarbeiten auszuführen hat. Ist das der Fall, so spricht das für eine industrielle Struktur; bei einem Handwerksbetrieb muss der Tätigkeitsschwerpunkt bei umfassend qualifizierten und tätigen Fachkräften liegen.
- **Verwendung von Maschinen**. Sie spricht keineswegs gegen einen handwerklichen Betriebscharakter. Für die Annahme einer industriellen Betriebsweise spricht es, wenn die Verwendung von Maschinen für die Entfaltung der Handfertigkeit keinen Raum mehr lässt, für einen handwerksmäßigen Betrieb, wenn der Handwerker sich ihrer nur zur Erleichterung seiner Tätigkeit und zur Unterstützung seiner persönlichen Arbeit bedient. Selbst der Einsatz modernster Computer und CNC-Maschinen spricht nicht von vornherein gegen einen Handwerksbetrieb (VGH BW, U. v. 25.6.1993 – 14 S 722/92 – GewArch. 1993, 418).

17, 17.1   **Abs. 2**   **§ 2**

- Das betriebliche Arbeitsprogramm. Meist ist für den Handwerksbetrieb typisch das Überwiegen der Einzelfertigung aufgrund individueller Bestellung und das weitestgehende Fehlen einer Serienfertigung auf Vorrat; Merkmal industrieller Betriebsweise ist üblicherweise die Massenfertigung für den anonymen Markt.
- Keines der vorgenannten Kriterien ermöglicht für sich allein eine Abgrenzung zwischen Industrie und Handwerk. Es ist vielmehr stets eine **umfassenden Betrachtung der Gesamtstruktur** des betroffenen Unternehmens notwendig (BVerwG, B. v. 29.12.1970 – I B 96.70 – GewArch. 1971, 85, U. v. 26.4.1994 – 1 C 17.92 – BVerwGE 95, 363/370 = GewArch. 1994, 474 u. VGH BW, B. v. 16.12.2005 – 6 S 1601/05 – GewArch. 2006, 126/ 127).

Das BVerwG hat in dem Grundsatzurt. v. 6.12.1963 (– VII C 18.63 – BVerwGE 17, 230) die Schwierigkeiten der Ab- und Eingrenzung eines Handwerksbetriebs dahin zusammengefasst, dass die Frage, wann die Voraussetzung eines »handwerksmäßig« betriebenen Gewerbes gegeben ist, »*nur nach dem Gesamtbild des einzelnen Betriebes beurteilt werden (kann). Allgemein gültige Merkmale, die ohne weiteres in jedem Falle eine eindeutige Beantwortung ermöglichen könnten, lassen sich hierfür kaum festlegen. Deshalb hat auch der Gesetzgeber davon abgesehen, in das Gesetz eine nähere Begriffsbestimmung aufzunehmen, was unter einem Handwerk i. S. der Handwerksordnung verstanden werden soll*«. Alle von der Rspr. und im Schrifttum entwickelten Merkmale können lediglich als Indiz für ein handwerklich betriebenes Gewerbe und nicht etwa als ein unumstößlicher Bewertungsmaßstab angesehen werden.   **17**

Aus der höchstrichterlichen Rspr. können außer der erwähnten Grundsatzentscheidung v. 6.12.1963 (aaO.) zur Abgrenzung von Industrie- und Handwerksbetrieben herangezogen werden: BVerwG, U. v. 17.4.1964 – VII C 91.59 – GewArch. 1964, 248 = BayVBl. 1964, 369 u. – VII C 228.59 – BVerwGE 18, 226 = GewArch. 1964, 249; ferner U. v. 22.5.1964 – VII C 86.60 – DVBl. 1964, 995 = GewArch. 1964, 279. Im letzteren U. führt das BVerwG u. a. aus: »*Unter betriebswirtschaftlichen und rechtlichen Gesichtspunkten ist versucht worden, den Bereich des Handwerks von dem der Industrie nach bestimmten Merkmalen abzugrenzen, die für eine handwerksmäßige oder industrielle Betriebsweise kennzeichnend sein könnten. Dieser Versuch begegnet deshalb besonderen Schwierigkeiten, weil sich im Zuge des technischen Fortschritts die Betriebsmethoden im industriellen und handwerklichen Bereich einander nähern und teilweise ineinander übergehen, so dass die Grenzen in vieler Hinsicht verwischt werden*« (vgl. auch BVerwG, U. v. 24.10.1967 – I C 57.65 – BVerwGE 28, 128 = GewArch. 1968, 59 u.U. v. 12.2.1965 – VII C 77.64 – BVerwGE 20, 263; ferner BVerwG, B. v. 29.12.1970 – I B 96.70 – BayVBl. 1971, 423 = GewArch. 1971, 85). Zur Abgrenzung handwerksmäßiger von industrieller Betriebsweise s. auch BVerwG, U. v. 21.11.1978 – I C 49.74 – BayVBl. 1979, 281; Bestätigung des U. v. 22.5.1964, aaO.

Bei der Beurteilung der Frage, ob die Ausübung eines Gewerbes sämtliche oder wesentliche Tätigkeiten eines Handwerks umfasst, ist das für das jeweilige Handwerk geltende Berufsbild maßgebend. Dabei können die aufgrund von § 45 HandwO durch RVO festgelegten Berufsbilder herangezogen werden; sie enthalten erläuternde Einzelheiten über das Arbeitsgebiet u. die zu dessen Bewältigung benötigten fachlichen Fertigkeiten u. Kenntnisse (vgl. das zur Abgrenzung von Handwerk u. Industrie im Maschinenbaugewerbe instruktive U. des VGH BW v. 19.7.1985 – 14 S 193/84 – GewArch. 1985, 338 unter Bezugnahme auf BVerwG, U. v. 12.7.1979, BVerwGE 58, 217, 219 = GewArch. 1979, 377).   **17.1**

§ 2 Abs. 2   17.2–17.4

17.2 Ein **Verlust der Handwerkseigenschaft** tritt erst ein, wenn der Einsatz mechanischer u. automatischer Technologien einen Umfang annimmt, dass die erforderlichen Handfertigkeiten u. fachhandwerklichen Kenntnisse durch rein maschinelle Vorgänge ersetzt sind (vgl. *Hagebölling*, aaO., S. 210).

17.3 Die am 1.4.2004 in Kraft getretenen **Neuregelungen zum Handwerksrecht** (vom 24.12.2003 BGBl. I S. 2934) führen zu einem Paradigmenwechsel des Handwerksrechts (von der institutionellen Sicht, so vor allem noch BVerfG, B. v. 17.7.1961 – 1 BvL 44/55 – BVerfGE 13, 97/110: Interesse an der Erhaltung und Förderung eines gesunden, leistungsfähigen Handwerkstands als Ganzes als einheitliche soziale Gruppe; davon abweichend u. dem Zeitgeist verpflichtet BVerfG, Kammerbeschluss v. 5.12.2005 – 1 BvR 1730/05 – GewArch. 2006, 71 = DVBl. 2006, 244) zu einer europakonformen neoliberalen Denk- und Handlungsweise. Sie enthalten folgende Kernelemente:

1. Der **Meisterzwang** wird auf 41 zulassungspflichtige Handwerke beschränkt (Anlage A zur Handwerksordnung). Dabei wird auf die Gefahrengeneigtheit und die Ausbildungsleistung dieser Handwerke abgestellt. Alle übrigen 53 Handwerke sind künftig zulassungsfrei (Anlage B Abschnitt 1 Zulassungsfreie Handwerke). Ihre selbständige Ausübung setzt keinen Befähigungsnachweis voraus. In Anlage B Abschnitt 2 fallen die handwerksähnlichen Gewerbe, die früher die Anlage B gebildet haben. Sowohl die zulassungsfreien Handwerke als auch die handwerksähnlichen Gewerbe gem. § 18 Abs. 2 HandwO (»Ein Gewerbe ist ein zulassungsfreies Handwerk im Sinne dieses Gesetzes, wenn es handwerksmäßig betrieben wird und in Anlage B Abschnitt 1 zu diesem Gesetz aufgeführt ist. Ein Gewerbe ist ein handwerksähnliches Gewerbe im Sinne diese Gesetzes, wenn es handwerksähnlich betrieben wird und in Anlage B Abschnitt 2 zu diesem Gesetz aufgeführt ist.«) sind Handwerksbetriebe im Sinne der BauNVO.
2. Bis auf wenige Ausnahmen (sechs Berufe) können sich erfahrene **Gesellen** in Zukunft auch in den zulassungspflichtigen Handwerken unter bestimmten Voraussetzungen **selbstständig** machen.
3. Das **Inhaberprinzip wird abgeschafft.** Betriebe, die ein zulassungspflichtiges Handwerk ausüben, können jetzt auch von allen Einzelunternehmen oder Personengesellschaften geführt werden, die einen Meister als Betriebsinhaber einstellen. Das Betriebsleiterprinzip ersetzt damit das Inhaberprinzip.
4. Die Novelle stellt den **umfassendsten Liberalisierungseinschnitt** im Handwerksrecht seit 1953 dar. Sie soll zur Strukturverbesserung auf den Handwerksmärkten und so zu mehr Wachstum und Beschäftigung beitragen. Existenzgründungen im Handwerk werden erleichtert, vielfach nachgefragte Leistungen aus einer Hand können angeboten und Innovationen besser umgesetzt werden (BMWA – Tagesnachrichten Nr. 11386 v. 6.1.2004, abgedruckt in GewArch. 2004, 61). Ob diese gesetzgeberischen Erwartungen eintreten werden, wird die Zukunft erweisen.

17.4 Im Zusammenhang mit der Zulässigkeit der Handwerksbetriebe im Einzelnen, die entscheidend davon abhängt, ob und inwieweit die Betriebe der Versorgung des Gebiets dienen, ist darauf hinzuweisen, dass die Handwerksbetriebe sowohl in ihrer Ein- und Abgrenzung zur industriellen Fertigung als auch, inwieweit sie zur Versorgung des Gebiets in Betracht kommen, bei § 2 in der Gesamtproblematik behandelt werden, um Wiederholungen zu vermeiden. Es versteht sich von selbst, dass in einem WS-Gebiet das allgemeine Versorgungsangebot erheblich geringer sein wird (muss) als in einem WA-Gebiet. *Welche* Handwerksbetriebe für die Versorgung eines WA-Gebiets in Betracht kommen (können), hängt entscheidend von der räumlichen Größe des festgesetzten Baugebiets, vor allem jedoch von dem Maß der baulichen Nutzung i. S. v. § 17 Abs. 1 i. V. m. Abs. 2 ab. Die »Verdichtungseuphorie« Ende der 1960er/Anfang der 1970er Jahre ist hinreichend bekannt. Die durch Bauträger massiert bebauten Wohngebiete haben naturgemäß einen umfassenderen Versorgungsanspruch, vor allem, wenn die Wohngebiete abgesetzt von der innerstädtischen Bebauung (»auf der grünen Wiese«) errichtet worden sind, als ein kleinräumiges WA-Gebiet in einer Kleinstadt. In den neuen Bundesländern ist die Bebauungssituation noch unterschiedlicher. Daher kommt es bei der Frage, welche Handwerksbetriebe bzw. handwerksähnlichen Betriebe der Versorgung des Gebiets dienen (können), stets auf die jeweilige *konkrete Lage und die Dichte* der Bebauung der Wohnbaugebiete an.

Gewisse Schwierigkeiten der Einordnung machen die **Gewerbe**, die handwerks**ähnlich** betrieben werden können und die in der Anlage B Abschnitt 2 zur HandwerksO – Rn 19 – aufgeführt sind. **Planungsrechtlich** werden die *handwerksähnlich* betriebenen Gewerbe i. A. wie Handwerksbetriebe zu behandeln sein. **17.5**

- Handwerkliche Tätigkeiten, die ein und demselben Handwerk angehören, lassen sich grundsätzlich nicht in einen Haupt- und Nebenbetrieb aufspalten. Dies gilt namentlich bei einem Ein-Mann-Betrieb, in dem die handwerklichen Tätigkeiten im Rahmen eines einheitlichen Betriebsprogramms ausgeführt werden.
- Ein Betrieb des Zentralheizungs- und Lüftungsbauer-Handwerks und des Gas- und Wasserinstallateure-Handwerks kann regelmäßig nicht in einen Hauptbetrieb des Verkaufs von Heizungsanlagen und sanitären Einrichtungen einerseits und der Montage solcher Anlagen andererseits aufgegliedert werden (VGH BW, U. v. 25.6.93 – 14 S 369/93 –, GewArch. 93, 481).

ee) **Anlage A zur Handwerksordnung (BGBl. I 2003, S. 2945–2947)** **18**
HwO Anlage A Verzeichnis der Gewerbe, die als zulassungspflichtige Handwerke betrieben werden können (§ 1 Abs. 2)

Nr.
1 Maurer und Betonbauer
2 Ofen- und Luftheizungsbauer
3 Zimmerer
4 Dachdecker
5 Straßenbauer
6 Wärme-, Kälte- und Schallschutzisolierer
7 Brunnenbauer
8 Steinmetzen und Steinbildhauer
9 Stukkateure
10 Maler und Lackierer
11 Gerüstbauer
12 Schornsteinfeger
13 Metallbauer
14 Chirurgiemechaniker
15 Karosserie- und Fahrzeugbauer
16 Feinwerkmechaniker
17 Zweiradmechaniker
18 Kälteanlagenbauer
19 Informationstechniker
20 Kraftfahrzeugtechniker
21 Landmaschinenmechaniker
22 Büchsenmacher
23 Klempner

§ 2 Abs. 2   19

24 Installateur und Heizungsbauer
25 Elektrotechniker
26 Elektromaschinenbauer
27 Tischler
28 Boots- und Schiffbauer
29 Seiler
30 Bäcker
31 Konditoren
32 Fleischer
33 Augenoptiker
34 Hörgeräteakustiker
35 Orthopädietechniker
36 Orthopädieschuhmacher
37 Zahntechniker
38 Friseure
39 Glaser
40 Glasbläser und Glasapparatebauer
41 Vulkaniseure und Reifenmechaniker

19 HwO Anlage B Verzeichnis der Gewerbe, die als zulassungsfreie Handwerke oder handwerksähnliche Gewerbe betrieben werden können (§ 18 Abs. 2)

Abschnitt 1:   Zulassungsfreie Handwerke

Nr.
1 Fliesen-, Platten- und Mosaikleger
2 Betonstein- und Terrazzohersteller
3 Estrichleger
4 Behälter- und Apparatebauer
5 Uhrmacher
6 Graveure
7 Metallbildner
8 Galvaniseure
9 Metall- und Glockengießer
10 Schneidwerkzeugmechaniker
11 Gold- und Silberschmiede
12 Parkettleger
13 Rolladen- und Jalousiebauer
14 Modellbauer
15 Drechsler (Elfenbeinschnitzer) und Holzspielzeugmacher
16 Holzbildhauer
17 Böttcher
18 Korbmacher
19 Damen- und Herrenschneider
20 Sticker
21 Modisten
22 Weber
23 Segelmacher
24 Kürschner
25 Schuhmacher
26 Sattler und Feintäschner
27 Raumausstatter
28 Müller
29 Brauer und Mälzer
30 Weinküfer
31 Textilreiniger
32 Wachszieher
33 Gebäudereiniger
34 Glasveredler
35 Feinoptiker
36 Glas- und Porzellanmaler
37 Edelsteinschleifer und -graveure
38 Fotografen
39 Buchbinder
40 Buchdrucker: Schriftsetzer; Drucker

41 Siebdrucker
42 Flexografen
43 Keramiker
44 Orgel- und Harmoniumbauer
45 Klavier- und Cembalobauer
46 Handzuginstrumentenmacher
47 Geigenbauer
48 Bogenmacher
49 Metallblasinstrumentenmacher
50 Holzblasinstrumentenmacher
51 Zupfinstrumentenmacher
52 Vergolder
53 Schilder- und Lichtreklamehersteller

Abschnitt 2: Handwerksähnliche Gewerbe

Nr.
1 Eisenflechter
2 Bautentrocknungsgewerbe
3 Bodenleger
4 Asphaltierer (ohne Straßenbau)
5 Fuger (im Hochbau)
6 Holz- und Bautenschutzgewerbe (Mauerschutz und Holzimprägnierung in Gebäuden)
7 Rammgewerbe (Einrammen von Pfählen im Wasserbau)
8 Betonbohrer und -schneider
9 Theater- und Ausstattungsmaler
10 Herstellung von Drahtgestellen für Dekorationszwecke in Sonderanfertigung
11 Metallschleifer und Metallpolierer
12 Metallsägen-Schärfer
13 Tankschutzbetriebe (Korrosionsschutz von Öltanks für Feuerungsanlagen ohne chemische Verfahren)
14 Fahrzeugverwerter
15 Rohr- und Kanalreiniger
16 Kabelverleger im Hochbau (ohne Anschlussarbeiten)
17 Holzschuhmacher
18 Holzblockmacher
19 Daubenhauer
20 Holz-Leitermacher (Sonderanfertigung)
21 Muldenhauer
22 Holzreifenmacher
23 Holzschindelmacher
24 Einbau von genormten Baufertigteilen (z. B. Fenster, Türen, Zargen, Regale)
25 Bürsten- und Pinselmacher
26 Bügelanstalten für Herren-Oberbekleidung
27 Dekorationsnäher (ohne Schaufensterdekoration)
28 Fleckteppichhersteller
29 Klöppler
30 Theaterkostümnäher
31 Plisseebrenner
32 Posamentierer
33 Stoffmaler
34 Stricker
35 Textil-Handdrucker
36 Kunststopfer
37 Änderungsschneider
38 Handschuhmacher
39 Ausführung einfacher Schuhreparaturen
40 Gerber
41 Innerei-Fleischer (Kuttler)
42 Speiseeishersteller (mit Vertrieb von Speiseeis mit üblichem Zubehör)
43 Fleischzerleger, Ausbeiner
44 Appreteure, Dekateure
45 Schnellreiniger
46 Teppichreiniger
47 Getränkeleitungsreiniger

48 Kosmetiker
Ein Service der juris GmbH
49 Maskenbildner
50 Bestattungsgewerbe
51 Lampenschirmhersteller (Sonderanfertigung)
52 Klavierstimmer
53 Theaterplastiker
54 Requisiteure
55 Schirmmacher
56 Steindrucker
57 Schlagzeugmacher

20 Handwerksbetriebe sind (**vom Grundsatz her**) **nur zulässig, wenn sie** der Versorgung des WS-Gebiets dienen (Rn 9) und **nicht stören**. Zur Einordnung des Begriffs »stören« in das System der planungsrechtlichen Vorschriften s. Vorb. §§ 2 ff. Rn 8 ff., 10. Ein Handwerksbetrieb stört nicht, wenn er insbes. keine Nachteile durch Immissionen für seine Umgebung verursacht (zum Begriff »Immissionen« § 15 Rn 12 f.). Ob das der Fall ist, kann i. d. R. nur vom Einzelfall her beurteilt werden. Der Störungsgrad hängt nämlich nicht nur von der einzelnen Anlage, dem betriebenen Handwerk ab, sondern auch von seiner Größe, der Verwendung von Maschinen nach Art und Umfang, dem Kunden- und Andienungsverkehr sowie den berücksichtigten Immissionsschutzmaßnahmen (Rn 8–10.1; zum Nachbarschutz allgemein Vorb. §§ 2 ff. Rn 22 f.; Rn 2).
Zu den der **Versorgung dienenden** und nicht störenden **Handwerksbetrieben** zählen Friseure, Bäcker, Fleischer (Metzger, Schlachter). Ein Teil dieser Handwerksbetriebe wird ladenmäßig betrieben (wie Friseure) oder ist i. A. mit einem Laden verbunden (Bäcker).

20.1 Als **störende Handwerksbetriebe** sind i. A. unzulässig: Tischlereien (vgl. aber BVerwG, U. v. 7.5.71, BRS 24 Nr. 15; Vorb. §§ 2 ff. Rn 9) sowie Betriebe, bei denen das Be- und Entladen der Materialien typischerweise mit Lärm, Staub oder Gerüchen verbunden ist (dazu § 4 Rn 21.2–25.3).

Die – für die Nachbarschaft – unzumutbare Störung muss in dem *typischen Betriebsablauf* mit den üblicherweise benötigten lärmverursachenden Maschinen begründet sein. Der Andienungsverkehr als solcher (Zu- und Abfahrt von Lkw), ohne dass das Be- und Entladen selbst zu Störungen (erheblichen Belästigungen) führt, kann nicht dafür ausschlaggebend sein, dass der Handwerksbetrieb störend betrieben wird. Da es sich im WS-Gebiet wie auch in den anderen Wohnbaugebieten (§§ 3, 4) nur um kleine und mittlere Handwerksbetriebe handeln kann (sonst würde die Vorbehaltsklausel des § 15 Abs. 1 – »Umfang« – eingreifen), wird sich der Andienungsverkehr in Grenzen halten.

5. **Ausnahmsweise zulassungsfähige Nutzungen (Abs. 3)**

21 a) **Sonstige Wohngebäude.** Sonstige Wohngebäude mit nicht mehr als zwei Wohnungen (Nr. 1) können ausnahmsweise zugelassen werden. Aus der Beifügung »sonstige« ist bereits erkennbar, dass es sich hier nicht um Wohngebäude als Teil einer Kleinsiedlung oder landwirtschaftlichen Nebenerwerbsstelle und auch nicht um »Wohngebäude mit entsprechenden Nutzgärten« i. S. v. Abs. 2 Nr. 1 (Rn 6) handelt. Es werden i. d. R. Ein- u. Zweifamilienhäuser sein, von denen eine Wohnung vermietet wird. In dieser Weise passen sie sich in ein WS-Gebiet ein. Zum Begriff des Wohngebäudes s. § 3 Rn 10–11. Auch für diese Wohngebäude ist die Zahl der Vollgeschosse auf zwei beschränkt (§ 17 Abs. 1). Auf die *steuerrechtliche* Beurteilung der »sonstigen Wohngebäude«

kommt es nicht an. Dagegen gehört zum *städtebaulichen* Begriff die Beschränkung der Gebäude auf »nicht mehr als zwei Wohnungen«.

»Sonstige Wohngebäude« können zwar in offener Bauweise mit seitlichem Grenzabstand als Einzelhäuser, Doppelhäuser oder Hausgruppen und somit auch als Reihenhäuser bis 50 m Länge (§ 22 Abs. 2) errichtet werden. Um den Gebietscharakter des WS-Gebiets aber nicht zu verfälschen, sollten Flächen, auf denen die Errichtung von Reiheneigenheimen ausgeschlossen wird, durch Festsetzung nach § 22 Abs. 2 Satz 3 nur für Einzel- oder Doppelhäuser vorgesehen werden. Mit der Zulassung nur einer beschränkten Anzahl von Hausgruppen im WS-Gebiet könnte dem Leitgrundsatz des § 1a Abs. 1 BauGB zum sparsamen Umgang mit Grund und Boden Genüge getan werden; Voraussetzung dafür ist, dass die hervorstechenden Eigenschaften des WS-Gebiets in Form von Durchgrünung u. Durchlüftung nicht beeinträchtigt werden.

b) Anlagen für kirchliche, kulturelle, soziale, gesundheitliche und für sportliche Zwecke (Nr. 2). Zum Begriff und zur Zulässigkeit s. Vorb. §§ 2 ff. Rn 11–15.1. Im WS-Gebiet sollen *Gemeinbedarfsanlagen* nicht uneingeschränkt zugelassen werden können, um jede Nutzungsentfremdung der Grundstücke zu vermeiden. Das geht bereits daraus hervor, dass die Anlagen für Gemeinbedarfszwecke in WS-Gebieten – *im Unterschied* zu WA-Gebieten – nur *ausnahmsweise* zugelassen werden können. Vom Zuschnitt der WS-Gebiete her ist das konsequent. Diese Gebiete haben zudem eine erheblich geringere Bewohnerdichte als etwa WA-Gebiete, so dass auch aus diesem Grunde der Standort in WS-Gebieten verfehlt sein kann. Denn der **Standort darf nicht etwa davon abhängen,** dass die Gemeinde oder ein anderer Bedarfsträger in einem solchen Gebiet gerade über ein sich für solche Zwecke anbietendes Grundstück verfügt. Durch die ausnahmsweise Zulassung nach § 2 Abs. 3 Nr. 2 ist jedoch die Möglichkeit eröffnet, im Einzelfall *Gemeinbedarfsanlagen* jeweils nach den örtlichen Gegebenheiten zu berücksichtigen, es sei denn, dass für die Anlagen eine gesonderte Festsetzung vorgesehen ist (§ 1 Rn 39). Dies ist jedoch nur für *öffentliche* Bedarfsträger möglich. Soweit Gemeinbedarfsanlagen der ausnahmsweisen Zulassung nach § 2 Abs. 3 Nr. 2 unterliegen, müssen sie das für WS-Gebiete nach § 17 Abs. 1 vorgesehene Maß der baulichen Nutzung (höchstens Z 2, GFZ 0,4) einhalten. Aus diesem Grunde werden die von *Knaup/Stange* dort abgehandelten **Anlagen für soziale und gesundheitliche Zwecke** (aaO. Rdn. 56) wie Obdachlosenasyle, Jugendherbergen, Heil- u. Pflegeanstalten in WS-Gebieten nicht den richtigen Standort finden, abgesehen davon, dass auch für die genannten Anlagen die Voraussetzungen des § 15 Abs. 1 vorliegen müssen.

Knaup/Stange behandeln in § 2 Rdnr. 56–59 Angelegenheiten des § 3, so dass in § 2 hierauf nicht einzugehen ist.

Größere **Anlagen für sportliche Zwecke** wie Stadien, Fußballplätze, Turnhallen, Schwimmbäder, Tennis- u. Eislaufhallen, die in Wohngebieten im Grundsatz wesensfremd sind, gehören demzufolge auch nicht zu den in WS-Gebieten ausnahmsweise zuzulassenden Anlagen.

c) Tankstellen (Nr. 3). Der Begriff ist mehrdeutig. Auch hier ist der **städtebaurechtliche Begriff der Tankstelle maßgebend** und nicht die Definition als Verkaufsstelle nach § 1 Abs. 1 Nr. 1 LadschlG (Rn 10). Der Umfang der bei einem Tankstellenbetrieb anfallenden Arbeiten ist in der Definition als »Verkaufsstelle« zwar nicht im Einzelnen umschrieben. Seit jeher wird unter dem Begriff

§ 2 Abs. 3 23.1, 24

»*Tankstelle*« aber die Bedienung der Treibstoffzapfsäulen und der kleine Kundendienst (Wagenwaschen und Wagenpflege mit der Behebung kleiner Mängel und »Pannen«) verstanden. Das geht mittelbar auch aus § 6 Abs. 2 LadschlG hervor. Danach ist »an Werktagen während der allgemeinen Ladenschlusszeiten (§ 3) und an Sonn- und Feiertagen nur die Abgabe von Ersatzteilen für Kraftfahrzeuge, soweit dies für die Erhaltung oder Wiederherstellung der Fahrbereitschaft notwendig ist, sowie die Abgabe von Betriebsstoffen gestattet.« In dem genannten Umfang sind Tankstellen mithin als *bauplanungsrechtlicher* Begriff zu verstehen. Da bei Tankstellen die städtebaurechtliche Einschränkung »nicht störend« wie etwa bei den Gewerbebetrieben unter Abs. 3 Nr. 4 fehlt, muss je nach Lage und der jeweiligen Umgebung ein entsprechender Grad von Störung hingenommen werden, soweit er bei einem Tankstellenbetrieb unvermeidlich ist. Die Art der umgebenden Bebauung kann allerdings jede ausnahmsweise Zulassung schlechthin verbieten (VGH BW, U. v. 29.7.1966 – V 585/65 – BRS 17 Nr. 20).

Da **Tankstellen,** um existenzfähig zu sein, nicht der Versorgung des Gebiets i. S. einer Nahversorgung dienen müssen, kommt es für die Zulassungsfähigkeit entscheidend auf Größe u. Zuschnitt an. Dabei ist zu berücksichtigen, dass auch der städtebauliche Begriff der Tankstelle Wandlungen u. Entwicklungen unterworfen ist (so mit Recht OVG Bremen, U. v. 24.3.1981 – 1 BA 52/80 – BRS 38 Nr. 65). So zählt eine **automatische Waschanlage,** bei der sich der Waschvorgang an dem in der Pflegehalle **stehenden Wagen** vollzieht – im Unterschied zu sog. *Wagenwaschstraßen* (§ 6 Rn 15) –, zu den inzwischen üblich gewordenen Einrichtungen des kleinen Kundendienstes u. trägt damit den geänderten Dienstleistungsgewohnheiten Rechnung (ebenso OVG Bremen, U. v. 24.3.1981, aaO.; ferner OVG Münster, U. v. 10.6.1976 – X A 1264/73 – BRS 30 Nr. 30 = BauR 1977, 112). Zur Vermeidung von Lärmbeeinträchtigungen ist jedoch darauf zu achten, dass beim Waschvorgang das Hallentor – soweit möglich – geschlossen wird. Eine derartige Wagenwaschanlage (Autowaschhalle) darf an Sonn- u. Feiertagen nicht betrieben werden (OVG Lüneburg, U. v. 26.1.1978 – I A 149/76 – BRS 33 Nr. 47; VGH BW, B. v. 29.4.1993 – 8 S 3068/92 – VBlBW 1993, 61 = BRS 54 Nr. 51 zu einer Autowaschanlage).

Zu Tankstellen s. ferner § 4 Rn 10–10.12 u. § 6 Rn 15 ff.

23.1 Da die **ausnahmsweise Zulassung von Tankstellen** gleichfalls davon abhängt, dass sich die Tankstelle in den Baugebietscharakter einfügt (dazu § 4 Rn 10 f.), kann sie nicht erfolgen, wenn außer den zulassungsfähigen üblichen Treibstoffzapfsäulen, dem (eigentlichen) Tankstellengebäude mit Verkaufsraum und evtl. Wohnung für den Tankstelleninhaber oder -wart sowie dem Pflegeraum mit Hebebühne **zusätzlich** die Genehmigung einer **Reparaturwerkstätte** als Bestandteil des Tankstellenbetriebs beantragt wird. Dieser Umfang würde der Zweckbestimmung des WS-Gebiets zuwiderlaufen. Die **Grundsätze** für die Zulassung der **Ausnahme** gelten auch für die Änderung, vor allem die Erweiterung der baulichen Anlage (§ 4 Rn 10 f., § 15 Rn 26).

24 d) **Nicht störende Gewerbebetriebe (Nr. 4). – aa)** Allgemeines zum Begriff. Der **städtebauliche** (bauplanungsrechtliche) **Begriff** des Gewerbebetriebes ist dem Begriff des Gewerbebetriebes i. S. d. GewO zwar entlehnt, mit ihm jedoch **nicht identisch. Nach der GewO** umfasst der Gewerbebetrieb begrifflich insbes. die Betriebe des Handwerks, der Industrie, des Handels einschließlich der Hilfsgewerbe, des Hotel- und Gaststättengewerbes, des Verkehrsgewerbes und die einer besonderen Genehmigung bedürfenden Gewerbe treibenden (§§ 30 ff. GewO), ferner Dienstleistungsbetriebe, soweit sie jedermann in Anspruch nehmen kann und sie nicht der negativen Abgrenzung hinsichtlich des Anwendungsbereichs nach § 6 GewO unterfallen.

Dem *gewerberechtlichen Begriff* des Gewerbebetriebes (s. § 1 Rn 80) unterliegen insbes. nicht die Betriebe der *Urproduktion* (Land- u. Forstwirtschaft – § 201 BauGB –, die dem *Bergrecht* [der Länder] unterstehenden Betriebe), die *freien* Berufe i. S. v. § 13 (z. Anwendungsbereich § 6 GewO) und der gesamte *öffentliche Dienst* (Bund, Länder, Gemeinden, Kirchen).

Zum **Begriff des Gewerbes** gehört die selbständig ausgeübte gewerbliche Tätigkeit, die auf gewisse Dauer angelegt ist und mit der Absicht auf Gewinnerzielung als Hauptzweck ausgeübt wird; darauf, ob Gewinne tatsächlich erzielt werden, kommt es nicht an (h. M.; u. a. *Landmann/Rohmer/Eyermann/Fröhler*, aaO., Einl.). **Betriebe der öffentlichen Hand** wie Versorgungs- und Verkehrsbetriebe fallen zwar nicht unter den Begriff des Gewerbes i. S. der GewO. Sie können *bauplanungsrechtlich* dennoch als Gewerbebetriebe behandelt werden, was mittelbar aus § 8 Abs. 2 Nr. 1 hervorgeht (im Ergebnis ebenso *Boeddinghaus*, BauNVO, § 2 Rn 29; a. A. *Ziegler*, in: *Brügelmann*, § 2 Rn 157, 165). Als *Anhalt* für den Begriff des Gewerbebetriebes **in städtebaurechtlicher Hinsicht** kann die steuerrechtliche Umschreibung in § 1 Abs. 1 der GewerbesteuerdurchführungsVO dienen. Danach ist Gewerbebetrieb »eine selbstständige nachhaltige Betätigung, die mit Gewinnabsicht unternommen wird und sich als Beteiligung am allgemeinen wirtschaftlichen Verkehr darstellt, wenn die Betätigung weder als Ausübung von Land- und Forstwirtschaft noch als Ausübung eines freien Berufes noch als eine andere selbständige Arbeit i. S. des Einkommensteuerrechts anzusehen ist.«

bb) Verwendung des Begriffs i. d. BauNVO; zur Zulassungsfähigkeit von Gewerbebetrieben nach Abs. 3. Nach der *Systematik* der BauNVO verdrängt der speziellere Anlagen-(Betriebs-)Begriff den allgemeineren (Ober)Begriff (Vorb. §§ 2 ff. Rn 3–4). Das gilt auch für das WS-Gebiet. **Ausnahmsweise** können danach diejenigen Nutzungen (Anlagen) zugelassen werden, die unter den generellen Begriff »Gewerbebetrieb« fallen und die im Katalog der *allgemein zulässigen* Anlagen nicht bereits zu einer *spezielleren* Art der Nutzungen (z. Begriff s. § 1 Rn 79), für die WS-Gebiete z. B. zu den »der Versorgung der Gebiets dienenden« Anlagen, rechnen. Die ausnahmsweise Zulassung (Vorb. §§ 2 ff. Rn 6) von Gewerbebetrieben **nach** § 2 Abs. 3 ist wie bei allen Nutzungen, die in den jeweiligen Gebietskatalogen aufgeführt sind, nur nach **städtebaulichen** (bauplanungsrechtlichen) **Kriterien** zu beurteilen. Es ist also nicht maßgebend, ob Betriebe der GewO oder dem Handelsrecht (HGB) unterliegen. Die Absicht der Gewinnerzielung ist wie die steuerliche Erfassung *kein* ausschlaggebendes *Merkmal* für die städtebauliche Zulassung.

Bei den (nur) ausnahmsweise zulassungsfähigen Anlagen nach § 2 Abs. 3 (gleichermaßen nach § 4 Abs. 3) machen die richtige Ein- und Zuordnung der (sonstigen) **nicht störenden Gewerbebetriebe** (nach Abs. 3 **Nr.** 4) seit jeher Schwierigkeiten. Die Zulassungsfähigkeit wird im Schrifttum teils allein aus dem Begriff »nicht störende Gewerbebetriebe« in Abs. 3 Nr. 4 hergeleitet, ohne Heranziehung des Gebietscharakters, teils wird die Unzulässigkeit eines solchen gewerblichen Betriebs ausschließlich auf die Anwendung des § 15 Abs. 1 Satz 1 gestützt (vgl. dazu *Bielenberg*, § 2 Rdn. 58 f.; *Boeddinghaus*, § 2

§ 2   Abs. 3   25.11, 25.12

Rdn 30; *Reidt*, in: *G/B/R*, Rdn. 1378; *Ziegler*, in: *Brügelmann*, § 1 Rn 120 ff., § 2 Rn 168, 169). Die Schwierigkeiten der Auslegung des Abs. 3 Nr. 4 und die (ganz) unterschiedliche Beurteilung des Begriffs hinsichtlich seiner städtebaulichen Einordnung erklären sich daraus, dass die Frage der Zulassungsfähigkeit – unabhängig von der richtigen Handhabung des Begriffs »ausnahmsweise Zulassung« – vielfach allein nach dem *Störgrad* des Betriebs (der Anlage) entschieden wird.

25.11 Die Zulassungsfähigkeit, d. h. die richtige Zu- und Einordnung der (sonstigen) nicht störenden Gewerbebetriebe, scheint auch deswegen hinsichtlich der Auslegung besondere Schwierigkeiten zu bereiten, weil die »nicht störenden Gewerbebetriebe« *scheinbar* nichts anderes sind, als die **Zusammenfassung** der nach § 2 Abs. 2 Nr. 2 der Versorgung des Gebiets dienenden »Läden, Schank- und Speisewirtschaften sowie nicht störenden Handwerksbetriebe«, da die nicht störenden Gewerbebetriebe neben den genannten Betrieben im Zulässigkeitskatalog **des Abs. 2** nicht aufgeführt sind. Dass die drei genannten Betriebskategorien gleichzeitig unter den allgemeineren Begriff »nicht störende Gewerbebetriebe« fallen, bedarf keiner weiteren Ausführungen. Daraus wird jedoch offensichtlich gefolgert, dass zumindest alle (sonstigen), d. h. nicht der Versorgung des Gebiets dienenden Läden und Handwerksbetriebe, soweit sie als »nicht störend« eingestuft werden können – unabhängig von der Frage, ob sie dem WS- oder WA-Gebiet dienlich sind –, als nicht störende Gewerbebetriebe zulassungsfähig sind. Denn die unter Abs. 3 aufgeführten Anlagen, so auch die »nicht störenden Gewerbebetriebe«, enthalten keine ihre Zulassungsfähigkeit einschränkende Beifügung. Die Unzulässigkeit im Einzelfall wäre dann nach § 15 Abs. 1 Satz 1 zu entscheiden, nämlich wenn ein »an sich« nicht störender Gewerbebetrieb nach Anzahl, Lage, Umfang oder Zweckbestimmung der Eigenart des Baugebiets widersprechen würde (so insbes. *Bielenberg*, aaO., und *Ziegler*, aaO., Rn 170 u. § 1 Rn 45a u. 45b).

25.12 Die anderen in **Abs. 3** genannten Anlagen – nach Nr. 1 »**sonstige Wohngebäude**« und nach **Nr. 3** »**Tankstellen**« – stellen in städtebaulich-begrifflicher Hinsicht eine gut eingrenzbare Nutzung dar. Da sie auch in anderen Baugebieten aufgeführt sind, kann ihre Zulässigkeit bzw. Zulassungsfähigkeit entspr. der Zweckbestimmung des jeweiligen Baugebiets differenziert beurteilt werden. Die ausnahmsweise Zulassungsfähigkeit – wie im Übrigen auch die allgemeine Zulässigkeit – der **Anlagen für Gemeinbedarfszwecke** (Abs. 3 Nr. 2, s. Rn 22), die in *allen* (Katalog-)Baugebietsvorschriften vorkommen, kann ohnehin nur **aufgrund des Gebietscharakters** (Zweckbestimmung und Zulässigkeitskatalog des Abs. 2, s. auch Vorb. Rn 4 f.), etwa in Bezug auf den Störgrad und die allgemeine Einpassung in ein WS- oder WA-Gebiet, ordnungsgemäß beurteilt werden. Dabei wird die Ein- und Zuordnung der verschiedenen Anlagen für Gemeinbedarfszwecke dadurch erleichtert, dass sie städtebaulich infolge der bestimmten Aufgabenstellung (Zweckausrichtung) gegeneinander gut abgrenzbar sind. Aus dem Gebietscharakter ergibt sich zum einen die Störanfälligkeit der Wohnbaugebiete in Bezug auf die besondere Bedeutung des *Wohnumfeldes* zur Gewährleistung der Wohnruhe und zum anderen die Störanfälligkeit, insbes. durch Immissionen, die den Charakter der Wohnbaugebiete beeinträchtigen können (zum Begriff »stören« s. grundsätzlich Vorb. §§ 2 ff. Rn 8 ff.). Das BVerwG hat die diesseitige Auffassung in seinem Beschl. v. 2.7.1991 (– 4 B 1.91 – BRS 52 Nr. 64 = BauR 1991, 569 = NVwZ 1991, 982 = UPR 1991, 389) in überzeugender Weise bestätigt; in dem B. heißt es

u. a.: »*Auch nach § 4 Abs. 2 Nr. 3 BauNVO 1990 sind im allgemeinen Wohngebiet nicht Sportanlagen jedweder Art allgemein zulässig. Vielmehr müssen sie nach Art und Umfang der Eigenart des Gebiets entsprechen und dürfen die allgemeine Zweckbestimmung des Gebiets, vorwiegend dem Wohnen zu dienen, nicht gefährden*«.

Der **Gebietscharakter** und damit die **Gebietsverträglichkeit** (vgl. hierzu Vorb. §§ 2 ff. Rn 9.2) ist **maßgebend für die Störanfälligkeit** des jeweiligen Baugebiets. **25.13**

Jede im Gebiet nach dem Katalog des Abs. 2 zulässige Anlage hat bereits eine gewisse Variationsbreite hinsichtlich der Genehmigungsfähigkeit, unabhängig von den Typisierungsmerkmalen der Anlagen. In einem Wohngebiet mit einer festgesetzten geringen GRZ bzw. GFZ (1-geschossige, höchstens 2-geschossige Bauweise) liegt die Störanfälligkeit naturgemäß höher als etwa in einem stark verdichteten Wohngebiet mit mehrgeschossiger Bauweise (hohe GFZ nach § 17). Der Gebietscharakter wirkt sich in diesem Sinne gerade in den Wohnbaugebieten (§§ 2–4) auch auf die Anlagen aus, die nach Abs. 3 der Gebietsvorschriften nur ausnahmsweise zulassungsfähig sind. Die richtige Handhabung des Begriffs (grundsätzlich z. ausnahmsweisen Zulassung s. Vorb. §§ 2 ff. Rn 6 ff.) wirkt sich bei den in § 2 Abs. 3 aufgeführten Anlagen erstmals konkret aus.

Deshalb soll bereits hier auf den Zusammenhang des jeweiligen Gebietscharakters der (Katalog-)Baugebietsvorschriften mit der Ausnahmevorschrift des Abs. 3 und dem Verhältnis zu § 15 eingegangen werden; nach dem Gebietscharakter in abgestufter Weise haben die Ausführungen zur Ausnahmevorschrift auch für die anderen Baugebiete Geltung.

Die **Charakterisierung des Kleinsiedlungsgebiets** in Bezug auf die Störanfälligkeit und im weiteren Verständnis des Zusammenlebens der Bewohner, die sich in einem WS-Gebiet angesiedelt haben, erschließt sich ohne sorgfältige Beschäftigung mit den in § 2 Abs. 1 im Zusammenhang mit der Zweckbestimmung aufgeführten Hauptnutzungen – anders als z. B. bei den WA-Gebieten – nicht gewissermaßen »von selbst«. **25.14**

Nach § 4 – allgemeines Wohngebiet – ergibt sich die vorrangig zu berücksichtigende Wohnruhe und ein damit zwangsläufig zu berücksichtigendes entspr. Wohnumfeld bereits aus der Zweckbestimmung des »vorwiegend dem Wohnen dienen«. Der Gebietscharakter des WS-Gebiets ist nur dadurch zu gewinnen, dass die vorwiegende »Unterbringung von Kleinsiedlungen einschließlich Wohngebäuden mit entsprechenden Nutzgärten und landwirtschaftlichen Nebenerwerbsstellen« hinsichtlich ihrer Nutzung (im Einzelnen) beurteilt werden.

Bei der Zweckbestimmung des § 2 Rn 1 f. ist bereits ausgeführt: »Typisch ist das Wohnen in Verbindung mit einer häufig intensiven Gartenbaunutzung«. Es fällt auf, dass es sich um Nutzungen handelt (auch wenn man die Gartenbaubetriebe nach Abs. 2 Nr. 1 einbezieht), die nach ihrer Zweckbestimmung große oder jedenfalls größere Grundstücke als etwa nach den typischen Wohngebieten (§§ 3, 4) benötigen. Berücksichtigt man, dass die Grundstücke des WS-Gebiets lediglich 1- oder 2-geschossige Bebauung (0,2 GRZ, 0,4 GFZ) zulassen, ergibt sich daraus eine verhältnismäßig dünne Besiedlung. Die der Versorgung des Gebiets dienenden Anlagen (Betriebe) nach **Abs. 2 Nr. 2** werden sich hinsichtlich ihrer Größe erfahrungsgemäß auf die dadurch abzuschätzende geringere Kaufkraft in den WS-Gebieten gegenüber den WA-Gebieten einstellen. Daraus ergibt sich zwangsläufig ein erheblich geringerer Kfz-Verkehr als in den WA-Gebieten mit deutlich geringeren Störungen durch Verkehrslärm, Freizeitlärm einschl. Nachbarschaftslärm und dergl. Der mit einer Siedlerstelle oder etwa einer Nebenerwerbsstelle verbundene Wirtschaftsteil mit Kleintierhaltung (s. § 2 Rn 5.4) ist nach der Erfahrung nicht derart störin-

§ 2 Abs. 3 25.15–25.21

tensiv, dass dadurch die Störanfälligkeit an ein WA-Gebiet heranreicht, in dem die Anlagen für Gemeinbedarfszwecke, insbes. für sportliche Zwecke nach § 4 Abs. 2 Nr. 3, allgemein zulässig sind.

25.15 Der derart **festgestellte Gebietscharakter** des WS-Gebiets **ist** bei der Zulassung einer der in Abs. 3 aufgeführten (nur) ausnahmsweise zulassungsfähigen Anlagen, insbes. hinsichtlich der »nicht störenden Gewerbebetriebe«, **zu beachten**. Die Nichtstörung bezieht sich nicht nur auf den Ausschluss bestimmter Störungen durch Immissionen, sondern hat auch den **Charakter des WS-Gebiets** durch die verhältnismäßig lockere Bebauung und das i.d.R. geringe Versorgungsangebot nach Abs. 2 **Nr. 2** zu berücksichtigen.

Die in Rn 25.1 genannten Autoren stellen ersichtlich (allein) auf den Begriff »nicht störende Gewerbebetriebe«, losgelöst von dem Gebietscharakter, ab. Sie können auf die althergebrachte juristische Auslegungsmethode hinweisen, nach der auf den *Wortlaut* des Begriffs abgestellt wird, ohne sich von dem Sinngehalt beeinflussen zu lassen. Diese Art der Auslegung ist auch vielfach noch im Verwaltungsrecht anzutreffen, obwohl es hier meistens entscheidend auf den *Sinngehalt* der Vorschrift, in der der Begriff verwendet wird, ankommt. *Ziegler* knüpft offensichtlich an diese Auslegungsweise an, wenn er unter Bezugnahme auf die in Rn 25.1 genannten Autoren ohne weitere Begr. bejaht, dass »*Läden und Handwerksbetriebe, die die Voraussetzung für die allgemeine Zulässigkeit nicht erfüllen*«, als nicht störende Gewerbebetriebe ausnahmsweise zugelassen werden können (aaO., § 1 Rn 103a, § 2 Rn 168). An der Aufführung dieser gewerblichen Nutzung zeigt sich deutlich, dass *Ziegler* lediglich auf die Frage des Störens und nicht auf die wenigstens *funktionelle* Zuordnung zum WS-Gebiet abstellt.

25.2 Die in mehrfacher Hinsicht andersartige Behandlung der Ausnahmevorschrift des Abs. 3 beruht darauf, dass *Ziegler* für »*die Zulassung einer Ausnahme nach den Absätzen 3 der §§ 2–9*« zu sehr auf § 15 abstellt (aaO., Rn 92 u. 170). **§ 15 kommt** für die Ausübung des (Verwaltungs-)Ermessens, gekoppelt an Ausnahmetatbestände, **nicht in Betracht**. Bei § 15 Abs. 1 handelt es sich um eine **zwingende Vorschrift**, nach der bauliche und sonstige Anlagen im Einzelfall unzulässig sind, *wenn* eines der Tatbestandsmerkmale erfüllt ist und dadurch »der Eigenart des Baugebiets« widersprochen wird. Die der Baugenehmigungsbehörde mithin **kein Ermessen** einräumende Vorschrift kommt (erst) bei Vorliegen der Tatbestandsmerkmale und dann *gleichermaßen* für die allgemein zulässigen wie für die ausnahmsweise zulassungsfähigen Anlagen zum Zuge. Die andersartige Auffassung von *Ziegler* beruht darauf, dass er die Ausnahmeregelungen des Abs. 3 der (Katalog-)Baugebietsvorschriften in § 15 Abs. 1 einbezieht, anstatt sie – wie erforderlich – als eigenständige, letztlich auf § 31 Abs. 1 BauGB fußende, Vorschrift zu behandeln.

25.21 Nach § 31 Abs. 1 BauGB *können* solche Ausnahmen zugelassen werden, die im B-Plan »nach Art und Umfang« ausdrücklich vorgesehen sind. Das ist der Fall, wenn z.B. ein WS- oder WA-Gebiet nach § 1 Abs. 3 (BauNVO) festgesetzt wird, ohne dass die Gemeinde aufgrund ihres *Planungsermessens* von der Möglichkeit, nach § 1 Abs. 6 abweichende Festsetzungen zu treffen, Gebrauch macht. Die nach den Baugebietsvorschriften (§§ 2–9) der BauNVO in Abs. 3 vorgesehenen zulassungsfähigen Anlagen entsprechen vom Grundsatz her der Zweckbestimmung des jeweiligen Baugebiets.

Das geht daraus hervor, dass die Gemeinde nach § 1 Abs. 6 Satz 1 Nr. 2 (sogar) die Möglichkeit hat, alle Ausnahmen als in dem Baugebiet »allgemein zulässig« festzusetzen. Hat die Gemeinde aufgrund ihres städtebaulichen Leitbildes i.S.d. geordneten städtebaulichen Entwicklung (§ 1 Abs. 3 BauGB) – evtl. nach besonderer Begr. im B-Plan nach § 9 Abs. 8 BauGB – von § 1 Abs. 6

(BauNVO) keinen Gebrauch gemacht, kommt nunmehr die Ausnahmeregelung des Abs. 3 der Baugebietsvorschriften zum Zuge (s. grundsätzlich dazu Vorb. §§ 2 ff. Rn 6 f.). Die Auffassung von *Ziegler*, »*Ausnahmetatbestände*« – obwohl sie nach § 31 Abs. 1 BauGB als Ausnahmen nach Art und Umfang im B-Plan ausdrücklich möglich sind – »*sind nicht zu fordern*«, solche ungeschriebenen Ausnahmetatbestände seien im Verwaltungsrecht (nur) von den »Soll-Vorschriften« her bekannt (in: *Brügelmann*, Rn 96 unter Hinweis auf OVG Bln., U. v. 12.3.1997 – 2 S 20.96 – DÖV 1997, 552 u. OVG NW, B. v. 16.3.2005 – 10 B 1350/04 – BauR 2005, 1289), ist diesseits nicht nachzuvollziehen. Die Soll-Vorschriften, die für eine Behörde meistens eine bindende Empfehlung bedeuten, haben mit der Handhabung einer Ausnahmeregelung nach den Vorschriften der BauNVO nichts gemein.

25.22 Die Ausnahmeregelungen des Abs. 3 entsprechen in ihrer verfahrensmäßigen Handhabung den Grundsätzen des allgemeinen Verwaltungsrechts. Danach handelt es sich um eine Ermessensvorschrift (»können zugelassen werden«), die jeweils an das Vorliegen von Ausnahmegründen gebunden ist (s. dazu Vorb. §§ 2 ff. Rn 6.5 f.).

Beispielsfall: Es handelt sich um ein räumlich größeres WA-Gebiet mit voller Ausnutzung der nach § 17 Abs. 1 vorgesehenen GRZ. Ein Kfz-Meister ist Eigentümer eines gut geschnittenen Eckgrundstücks. Er beantragt die Zulassung einer Tankstelle üblichen Umfangs mit dem kleinen Wagendienst, weil »weit und breit« sich auch im anschließenden Wohngebiet keine Tankstelle befindet und durch die Zulassung unnötige Fahrbewegungen unterbleiben könnten. Die Baugenehmigungsbehörde hält die Ausnahmegründe im Rahmen der beantragten Baugenehmigung und nach Durchführung einer Ortsbesichtigung für »vernünftig«, zumal der Bauantragsteller eine Belästigung benachbarter Grundstücke ausschließen kann. Die **Ausnahmetatbestände** liegen zum einen im (Eck-)Grundstück und sind zum anderen mit städtebaulichen Überlegungen zu begründen. Die Baugenehmigungsbehörde sieht im Rahmen ihres pflichtgemäßen Ermessens (»kann«) deshalb keine Versagungsgründe.

I. S. v. § 31 Abs. 1 BauGB handelt es sich bei der *Tankstelle* um »Art« (der Nutzung); hinsichtlich des »Umfangs« entspricht die Anlage dem Gebietscharakter mit der Zweckbestimmung, vorwiegend dem Wohnen zu dienen. § 15 Abs. 1 Satz 1 kann schon deshalb nicht Platz greifen, weil die *Art* (der Nutzung) bei den Tatbestandsmerkmalen, die der »Eigenart des Baugebiets« widersprechen müssen, nicht aufgeführt ist und »Umfang« sowie evtl. »Zweckbestimmung« erst dann zur negativen Beurteilung anstehen, wenn diese Tatbestandsmerkmale der »Eigenart des Baugebiets« widersprechen würden. Im Beispielsfall ist eine über die allgemeine Zweckbestimmung des WA-Gebiets hinausgehende »Eigenart« des Gebiets nicht erkennbar (dass weitere Beispielsfälle angeführt werden können, bedarf keiner besonderen Erwähnung).

25.23 **Die Baugenehmigungsbehörde** muss im Beispielsfall vor ihrer Entscheidung nach § 4 Abs. 3 Nr. 5 (BauNVO) i. V. m. § 31 Abs. 1 BauGB das Einvernehmen mit der Gemeinde herstellen (§ 36 Abs. 1 Satz 1 BauGB). § 15 Abs. 1 (BauNVO) sieht (dagegen) aus der Natur der Sache **kein** mit der Gemeinde herzustellendes **Einvernehmen** vor. Wird die ausnahmsweise Zulassungsfähigkeit als **eigenständige Rechtsvorschrift** verneint und die Zulässigkeit oder die Versagung ausschließlich auf § 15 gestützt, widerspricht diese Auffassung **im Ergebnis** der zugrunde liegenden Rechtsvorschrift des § 31 Abs. 1 BauGB. Das geht auch aus der Aussage des mit »*Ermessen*« überschriebenen Abschnitts hervor. »Steht § 15 nicht entgegen, so kann die Ausnahme zugelassen werden. Sie muss es, sofern keine – sonstigen – städtebaulichen Gründe entgegenstehen«. Die Zulassung einer Ausnahme ist keineswegs allein von »städtebaulichen Gründen« abhängig, die letztlich in der Zweckbestimmung des betreffenden Baugebiets liegen werden, sondern sie kann häufig gerade in der Lage und dem Zuschnitt des Grundstücks begründet sein.

25.24 Die nach Abs. 3 der Baugebietsvorschriften vorgesehene Ausnahmeregelung ist ihrer **Rechtsnatur nach** *keine* Verbotsnorm mit Erlaubnisvorbehalt, die der Baugenehmigungsbehörde etwa wie im Bauordnungsrecht eine wirksame vorherige Überprüfung ermöglicht. Das geht bereits daraus hervor, dass nach § 1 Abs. 6 **Nr. 2** die Ausnahmen als allgemein zulässige Anlagen festgesetzt werden können. Ebensowenig ist die Ausnahmevorschrift jedoch eine »verkappte« planerische Regelungsmöglichkeit, die der Baugenehmigungsbehörde – gewissermaßen an Stelle der nicht erfolgten Festsetzung nach § 1 Abs. 6 **Nr. 2** – an die Hand gegeben wird. **Der Baugenehmigungsbehörde** steht **in keiner Beziehung** das Planungsermessen der Gemeinde zu.

25.25 Für die ausnahmsweise Zulassung von Anlagen muss eine **gewisse funktionelle Zuordnung** – hier zum WS-Gebiet – gegeben sein. Würde man dies verneinen (wie *Bielenberg*, § 2 Rn 58–59; *Boeddinghaus*, § 2 Rdn. 30; *Ziegler*, in: *Brügelmann*, § 2 Rn 91 ff. u. 168 sowie *Knaup/Stange*, Rn 69 es tun), wären nicht nur Handwerksbetriebe jeglicher Art – sofern sie nicht stören – ausnahmsweise zulassungsfähig, *auch wenn* sie zur Versorgung des Gebiets *im weiteren Sinne* **nicht** in Beziehung stehen (Rn 9), sondern es wären gleichfalls Einzelhandelsbetriebe wie ein Möbelgeschäft oder Reise- und Werbebüros, Wett- und Lotteriebetriebe zulassungsfähig (wie hier im Ergebnis *Förster*, § 2 Anm. 9b). Eine derart weitgefasste Handhabung des (nicht störenden) Gewerbebetriebes würde der Zweckbestimmung des WS-Gebiets widersprechen und die mögliche Entwicklung zu einem Mischgebiet i.S.v. § 6 begünstigen. Es würden nämlich lediglich die Geschäfts- und Bürogebäude (§ 6 Abs. 2 Nr. 2) fehlen, die nach § 1 Abs. 5 auch ausgeschlossen werden können. Für die hier vertretene Auffassung spricht die Begr. die im BR seinerzeit für die Verweisung der nicht störenden Gewerbebetriebe in den Katalog der nur ausnahmsweise zulassungsfähigen Anlagen gegeben worden ist (vgl. bei *Bielenberg*, § 2 Rdn. 5).

I.S. einer der Zweckbestimmung des WS-Gebiets entspr. Beschränkung der gewerblichen Tätigkeit würden z.B. die vorstehend aufgeführten Reise- und Werbebüros oder Wett- und Lotteriebetriebe, obwohl sie zu den nicht störenden Gewerbebetrieben (Abs. 3 Nr. 4) zählen, der Zweckbestimmung des WS-Gebiets widersprechen (aA. *Knaup/Stange*, Rdn 69). Zur Zulässigkeit bzw. ausnahmsweisen Zulassung von Nutzungen in vorwiegend dem Wohnen dienenden Gebieten s. § 4 Rn 21.2–25.3.

25.26 cc) Es fragt sich in diesem Zusammenhang, ob u. inwieweit bei einer **Nutzungsänderung von Kleinsiedlungen** und insbes. landwirtschaftlichen Nebenerwerbsstellen die erforderliche gewisse funktionelle Zuordnung und die Voraussetzung des »Nichtstörens« noch gewahrt wird. Die ein WS-Gebiet prägenden Anlagen nach Abs. 2 Nr. 1, die – häufig durch Vererbung – den Eigentümer gewechselt haben, möchten teilweise anderweitig genutzt werden. Der Stall einer landwirtschaftlichen Nebenerwerbsstelle (Rn 7.1) soll z.B. *als Garage* oder *(Reit-)Pferde-Stall* (meistens für sog. Pensionspferde), eine Kleinsiedlung oder landwirtschaftliche Nebenerwerbsstelle soll durch Umwandlung in einen »Reiterhof« mit evtl. zusätzlichem Anbau einer Reithalle, teils zur

Verwendung als Reitschule, genutzt werden. Bei der geänderten Nutzung handelt es sich im Regelfall nunmehr um gewerbliche Anlagen.

Gegen derartige genehmigungsbedürftige Nutzungsänderungen von Anlagen (s. dazu Vorb. §§ 2 ff. Rn 21) i. S. v. § 2 Abs. 3 Nr. 4 bestehen *keine Bedenken*, sofern die Voraussetzungen des § 15 Abs. 1 der Zulassungsfähigkeit nicht entgegenstehen. Von einem Pferdestall gehen keine größeren Geruchsbelästigungen als etwa von einem Rinderstall aus, abgesehen davon, dass im Rahmen des Wirtschaftsteils einer Kleinsiedlung oder landw. Nebenerwerbsstelle auch das Halten von Schweinen im WS-Gebiet zulässig ist (Rn 4, 6–7.1). Die Kfz-Bewegungen innerhalb des WS-Gebiets werden durch die Nutzungsänderung nicht wesentlich verstärkt, so dass sich der Grundgeräuschpegel des Gebiets durch Verkehrslärm u. die allgemeine »Unruhe« nicht erhöht. Der motorisierte Verkehr zu einer Tierarztpraxis oder einer Arztpraxis für Allgemeinmedizin ist jedenfalls auffälliger (grds. z. Begriff »Stören« Vorb. §§ 2 ff. Rn 8 ff.).

Durch Zulassung von Anlagen für den Reitsport in einem WS-Gebiet kann durch die Bedarfsbefriedigung in einem Baugebiet *bauplanungsrechtlich* evtl. erreicht werden, dass dem Bau von Reithallen und/oder der Nutzungsänderung von bestandsgeschützten Scheunen und ehemaligen Ställen landwirtschaftlicher Betriebe (Vorb. §§ 2 ff. Rn 10.2) u. damit einer weiteren verkehrlichen Belastung des Außenbereichs entgegengewirkt wird.

6. Nutzungen nach den §§ 12–14

a) Stellplätze und Garagen sind in WS-Gebieten nur für den durch die zugelassene Nutzung verursachten Bedarf zulässig (§ 12 Abs. 2); **unzulässig** sind sie für Kfz mit einem Eigengewicht über 3,5 t sowie für Anhänger dieser Kfz (§ 12 Abs. 3 Nr. 2). Diese Einschränkung ist zugleich ein Indiz dafür, dass *Kfz-Reparaturwerkstätten* in WS-Gebieten wie überhaupt in Wohnbaugebieten im Grundsatz unzulässig sind (§ 4 Rn 8).

Ist ein nicht störender Gewerbebetrieb nach Abs. 3 Nr. 4 zugelassen worden (Rn 24–25) und besitzt er für den Zulieferverkehr Kfz mit einem Eigengewicht über 3,5 t, wird durch die ausnahmsweise Zulassung des Betriebs die **Unzulässigkeit von Stellplätzen und Garagen** für derartige Kfz nicht beseitigt. § 1 Abs. 5 bis 9 sieht Ausnahmen von der generellen Unzulässigkeit des § 12 Abs. 3 Nr. 2 nicht vor. Für eine Befreiung nach § 31 Abs. 2 BauGB liegen die Voraussetzungen i. A. nicht vor.

b) Räume für freie Berufe sind in WS-Gebieten zwar grundsätzlich zulässig. Im Einzelnen wird die Nutzung aber in **besonders sorgfältiger Weise** im Hinblick auf die allgemeinen Voraussetzungen des § 15 Abs. 1 zu überprüfen sein. **In** den zulässigen **Anlagen nach** § 2 Abs. 2 dürfte die freiberufliche Tätigkeit, z. B. einer Krankengymnastin, nur in Räumen der **Einlieger**wohnung im 1. OG ausgeübt werden. Sind »sonstige Wohngebäude mit nicht mehr als zwei Wohnungen« ausnahmsweise zugelassen, können auch in der Wohnung im Erdgeschoss **Räume** durch eine freiberufliche Berufsausübung i. S. d. § 13 genutzt werden. Steht die freiberufliche Nutzung, z. B. durch einen Arzt (f. Allgemeinmedizin) oder *Tierarzt*, bei der Bauantragstellung bereits fest, ist auf die **Sicherstellung der Stellplatzverpflichtung** nach den BauOen der Länder besonderer Wert zu legen. Die Möglichkeit freiberuflich Tätiger, sich im WS-Gebiet niederzulassen, wird vom räumlichen Angebot her i. d. R. bereits beschränkt sein (zur [Un-]Zulässigkeit im Einzelnen s. § 3 Rn 22–22.3).

§ 3

27.1 Besteht ein »sonstiges Wohngebäude« i. S. v. Abs. 3 Nr. 1 bereits (oder ein Gebäude mit Nutzgarten, das aufgrund der Erweiterung des Begriffs der Kleinsiedlung durch die ÄndVO **1990** nunmehr Kleinsiedlungen gleichgestellt ist [Rn 1, 6]), und will ein freiberuflich Tätiger später *Räume* des Einfamilienhauses oder in einer der Wohnungen eines Zweifamilienhauses beruflich nutzen, ist die *wohnartige* Nutzung – soweit sie nach § 1 Abs. 5 nicht ausgeschlossen ist – zwar allgemein zulässig, d. h. sie bedarf keiner *besonderen* Genehmigung (dazu im Einzelnen § 13). Es muss aber mehr darauf geachtet werden, dass in der Mehrzahl der Fälle eine genehmigungsbedürftige **Nutzungsänderung** die Folge ist. Sie beruht nicht auf der *bauplanungsrechtlich* wohnartigen Nutzung der Räume, sondern auf der *bauordnungsrechtlichen* Stellplatzverpflichtung, um die Erschließungsstraßen mit geringer Verkehrsfläche – jedenfalls geringer als die Hauptverkehrsstraßen der Gemeinde (dazu ausf. *Fickert*, Straßenrecht in NW, § 3 Rn 40 ff.) – vom ruhenden Verkehr freizuhalten. Die Bauaufsichtsbehörden sind gehalten, infolge des noch stetig zunehmenden Kfz-Verkehrs (Besuch des Arztes u. dergl. im Regelfall mit dem eigenen Pkw) auf die Einhaltung der Stellplatzpflicht noch sorgfältiger als bisher zu achten. Diese Verpflichtung kann z. B. dazu führen, den bisherigen Vorgarten zugunsten der notwendigen Stellplätze aufzugeben. Die Bauaufsichtsbehörde ist nicht nur berechtigt, sondern verpflichtet, eine derartige Forderung zu stellen u. davon ggf. die Änderung der Nutzung abhängig zu machen.

28 c) **Untergeordnete Nebenanlagen.** Diese und Einrichtungen nach § 14 Abs. 1 sind im WS-Gebiet in etwa im gleichen Umfang zulässig wie im WA-Gebiet. Dazu zählen u. a. Gartenlauben, **Schwimmbecken** (Näheres s. § 3 Rn 23–24.63) und insbes. Einrichtungen und Anlagen für die **Hobby-Tierhaltung** (§ 4 Rn 15–16.10). Ställe für die Kleintierhaltung, d. h. für Nutztiere (Rn 6) als Zubehör zu Kleinsiedlungen und landwirtschaftlichen Nebenerwerbsstellen, sind im WS-Gebiet (ohnehin) allgemein zulässig. Zum Begriffsinhalt von Nebenanlagen s. grds. § 14 Rn 3–4.12; zu den Voraussetzungen der Zulässigkeit s. § 14 Rn 5.

7. Einzelfälle zur (Un-)Zulässigkeit von Nutzungen

29 § 3 (Rn 26.1–32) und § 4 (Rn 21.2–25.3) enthalten – meistens durch die Rspr. entschiedene – Einzelfälle, welche Anlagen und Betriebe (Nutzungen) in WR- u. WA-Gebieten zulässig, ausnahmsweise zulassungsfähig und unzulässig sind. Die insbes. *für das WA-Gebiet entschiedenen Fälle* treffen i. d. R. auch *auf* das WS-Gebiet zu.

§ 3 Reine Wohngebiete

(1) Reine Wohngebiete dienen dem Wohnen.

(2) Zulässig sind Wohngebäude.

(3) Ausnahmsweise können zugelassen werden
  1. **Läden und nicht störende Handwerksbetriebe, die zur Deckung des täglichen Bedarfs für die Bewohner des Gebiets dienen, sowie kleine Betriebe des Beherbergungsgewerbes,**
  2. **Anlagen für soziale Zwecke sowie den Bedürfnissen der Bewohner des Gebiets dienende Anlagen für kirchliche, kulturelle, gesundheitliche und sportliche Zwecke.**

(4) Zu den nach Absatz 2 sowie den §§ 2, 4 bis 7 zulässigen Wohngebäuden gehören auch solche, die ganz oder teilweise der Betreuung und Pflege ihrer Bewohner dienen.

§ 3

BauNVO 1977:

(1) Reine Wohngebiete dienen ausschließlich dem Wohnen.

(2) *unverändert.*

(3) Ausnahmsweise können Läden und nicht störende Handwerksbetriebe, die zur Deckung des täglichen Bedarfs für die Bewohner des Gebiets dienen, sowie kleine Betriebe des Beherbergungsgewerbes zugelassen werden.

(4) Im Bebauungsplan kann festgesetzt werden, dass in dem Gebiet oder in bestimmten Teilen des Gebiets Wohngebäude nicht mehr als zwei Wohnungen haben dürfen.

BauNVO 1968 und 1962:

(4) Im Bebauungsplan kann festgesetzt werden, dass in dem Gebiet oder in bestimmten Teilen des Gebiets nur Wohngebäude mit nicht mehr als zwei Wohnungen zulässig sind.

Erläuterungen

Übersicht

		Rn		
1.	Allgemeine Zweckbestimmung, Gebietscharakter	1	– 3.4	**Abs. 1**
a)	Allgemeines zum Begriff Wohnen	1	– 2.2	
b)	Zur Zweckbestimmung, insbesondere zur Gewährleistung des Gebietscharakters	3	– 3.1	
c)	Zur Beibehaltung des Baugebiets	3.2	– 3.4	
2.	Störanfälligkeit, Fragen des Nachbarschutzes und des Lärmschutzes, besondere Planungsverpflichtung	4	– 8.1	
a)	Störanfälligkeit des Gebiets	4	– 4.1	
b)	Fragen des Nachbarschutzes und des Lärmschutzes	5	– 5.7	
c)	Besondere Sorgfaltspflicht bei der Planung von WR-Gebieten	6	– 8.1	
3.	Änderung von Regelungen aufgrund der ÄndVOen 1968, 1977 und 1990	9	– 9.3	
4.	Allgemein zulässige Nutzungen	10	– 16.7	**Abs. 2**
a)	Allgemeines; zum Begriff Wohngebäude	10	– 10.1	
b)	Wohngebäude – Abgrenzung zu Wohn-Heimen	11	– 12.1	
aa)	Allgemeines z. Rechtsgehalt »Wohnheim«	11		
bb)	Alten-Wohnheime in verschiedenartiger Betreibungsform	11.1	– 11.2	
cc)	Zur Zulässigkeit von Altenpflegeheimen	11.3	– 11.8	
dd)	Andere Wohn-Heime als Inbegriff der (häuslichen) Wohnstätte	12	– 12.1	
c)	Abgrenzung des »Wohngebäudes« zu Studentenwohnheimen, Lehrlings- u. Schülerheimen u. ä. Wohnheimen	13	– 14.2	
d)	Abgrenzung des »Wohngebäudes« zu zeitlich beschränkten andersartigen Wohn- und Unterkunftsformen, häufig auch unter Bezeichnung »Heime« geführt	15	– 15.1	
e)	Abgrenzung des Wohngebäudes zu Unterkünften und Schlafstätten i. S. v. Unterbringung	16	– 16.6	
aa)	Allgemeines	16	–16.31	
bb)	Wohnbaracken, Freigängerhaus, Prostitutionseinrichtungen	16.32	– 16.34	
cc)	Unterkünfte für Asylbewerber, Aussiedler und (Kriegs-)Flüchtlinge	16.4	– 16.6	
f)	Befreiungsmöglichkeit in Bezug auf Wohnungsgebäude?	16.7		

§ 3

Abs. 3	5.	Ausnahmsweise zulassungsfähige Nutzungen	17	–	19.94
Nr. 1	a)	Läden und nicht störende Handwerksbetriebe	17	–	18.1
	b)	Kleine Betriebe des Beherbergungsgewerbes	19	–	19.5
Nr. 2	c)	Anlagen für soziale Zwecke sowie den Bedürfnissen der Bewohner des Gebiets dienende Anlagen für kirchliche, kulturelle, gesundheitliche und sportliche Zwecke	19.6	–	19.96
	aa)	Allgemeines zum Begrifflichen	19.6	–	19.64
	bb)	Einzelfälle (Anlagen für – vordergründig – soziale Zwecke)	19.7	–	19.81
	cc)	Anlagen für sportliche Zwecke – Bolzplätze	19.82	–	19.96
Abs. 4	6.	Regelungen nach Abs. 4	20	–	20.93
	a)	Nutzungsumfang des Begriffs »Wohngebäude« aufgrund der ÄndVO 1990	20	–	20.2
	b)	Zur besonderen Festsetzungsmöglichkeit der Wohnnutzung nach Abs. 4 BauNVO 1977	20.5	–	20.93
	7.	Nutzung nach den §§ 12–14	21	–	25.7
	a)	Stellplätze und Garagen	21	–	21.1
	b)	Räume für die Ausübung einer freiberuflichen Tätigkeit (§ 13)	22	–	22.5
	c)	Nebenanlagen nach § 14	23	–	24.63
	aa)	Allgemeines zu zulässigen Nebenanlagen	23		
	bb)	Nebenanlagen – (Hobby-)Tierhaltung	23.1	–	23.3
	cc)	Nebenanlagen – für gesundheitliche u. sportliche Zwecke	24	–	24.31
	dd)	Sonstige Nebenanlagen	24.5	–	24.53
	ee)	Werbeanlagen und (Waren-)Automaten im WR-Gebiet	24.6	–	24.63
	d)	Öffentliche Spielplätze innerhalb von WR-Gebiete	25	–	25.7
	aa)	Zur baurechtlichen Einordnung u. Errichtung von öffentlichen Spielplätzen allgemein	25	–	25.3
	bb)	Öffentliche (Kinder-)Spielflächen innerhalb von WR-Gebieten	25.4	–	25.5
	cc)	Abgrenzung öffentlicher (Kinder-)Spielplätze zu anderen öffentlichen Spielplätzen u. deren Zulässigkeit im Zusammenhang mit WR-Gebieten	25.6	–	25.7
	8.	Weitere Fälle zur (Un-)Zulässigkeit von Nutzungen im WR-Gebiet	26.1	–	32

Schrifttum

Agde	Spielplatz und Freiflächen zum Spielen. Neufassung der Planungsnorm DIN 1803 zur Planung von Spielplätzen und Freiflächen zum Spielen für Kinder, Jugendliche und Erwachsene, BBauBl. 1987, 131
Arndt	Anwendbarkeit der 18. BImSchV (SportanlagenlärmschutzVO) auf Spielplätze, NuR 2001, 445
Battis	Zur Unzulässigkeit von Altenpflegeheimen in reinen Wohngebieten, VBlBW 1989, 417
Dürr	Probleme der Nachbarklage gegen einen Kinderspielplatz, NVwZ 1982, 296
Fuchs	Pflegeheime in reinen Wohngebieten – ein Widerspruch? Der Städtetag 1989, 503

Gaisbauer	Kinderspielplätze und Nachbarschaft, DWW 1990, 327
Grabe	Wohnungspolitische Zielsetzungen als planungsrechtliche Normen. Voraussetzungen und Grenzen von Festsetzungen nach §§ 3 Abs. 4 und 4 Abs. 4 BauNVO im Bebauungsplan, BauR 1986, 258
Huber	Bauplanungsrechtliche Zulässigkeit von Asylbewerberunterkünften, NVwZ 1986, 279
Ketteler	Die Anwendbarkeit der 18. BImSchV (SportanlagenlärmschutzVO) und der BauNVO auf Bolzplätze und vergleichbare Anlagen zur sportlich-spielerischen Betätigung, BauR 1997, 959
Kniep	Gewerbe im reinen Wohngebiet, DWW 1986, 41
–	Zur planungsrechtlichen Zulässigkeit von Unterkünften für Asylanten, DWW 1986, 234
Koch	Rechtsgrundlagen für das Aufstellen und Betreiben von Altglascontainern, NuR 1996, 276
Krause	Wohnheime, insbesondere für Studenten in reinen Wohngebieten? Zur Problematik der Baunutzungsverordnung, DÖV 1968, 637
Mucke	Prognosen im Einzelhandel auf den Quadratmeter genau? Geschäftsflächen-Expansion als Problem kommunaler Entwicklungsplanung in Klein- und Mittelstädten, Städte- u. Gemeindebund 1980, 347
Poppen	Altenpflegeheime als Anlagen für soziale oder gesundheitliche Zwecke, BauR 2002, 726
Sarnighausen	Nachbarrechte gegen Unterkünfte für Asylbewerber im öffentlichen Baurecht, NVwZ 1994, 741
Scholtissek	Die Heimproblematik in den Wohngebieten, DWW 1992, 5
Spindler	Die bauplanungsrechtliche Zulässigkeit von Asylbewerberunterkünften in Wohngebieten, NVwZ 1992, 125
Uechtritz	Zur Zulässigkeit von »Heimen« in Wohngebieten, BauR 1989, 519
Ziegler	Wohnbebauung und störende Betriebe, BauR 1973, 129 und 224

(weiteres Schrifttum unter Schrifttum allgemein. Vorb. §§ 2 ff. u. zu §§ 4, 4a, 6, 8)

1. Allgemeine Zweckbestimmung, Gebietscharakter (Abs. 1)

a) **Allgemeines zum Begriff Wohnen.** Die Zweckbestimmung des reinen Wohngebiets, als im Regelfall *ausschließlich* dem Wohnen dienendes Baugebiet – wenngleich dies i.d. Zweckbestimmung nicht mehr zum Ausdruck kommt –, wird i.S. eines Planungsleitsatzes geprägt durch den Begriff des Wohnens. Die Beifügung »**ausschließlich**« dem Wohnen dienen, ist bei der ÄndVO **1990** zur BauNVO entfallen, weil die in Abs. 3 **Nr. 2** zusätzlich (neu) aufgenommenen Anlagen, insbes. die »Anlagen für soziale Zwecke«, nicht ausschließlich auf das Wohnen abstellen (können). Der Fortfall des »ausschließlich« hat ansonsten keine Auswirkung auf den Gebietscharakter.

Der Begriff des Wohnens ist planungsrechtlich nicht definiert. Mit »Wohnen« ist nach dem sprachgebräuchlichen Verständnis der Inbegriff des häuslichen Lebens umschrieben, der die – zwar unterschiedlichen, gegenüber anderen Lebensbereichen aber gut abgrenzbaren – Wohnbedürfnisse und üblichen Wohngewohnheiten umfasst. Das »Wohnen« ist **im Gegensatz zur** »**Unterbringung**« (s. dazu Rn 16) oder der **Schlafstätte** (dazu Rn 16.2 f.) gedanklich i. S. d. städtebaulichen Ordnungsbegriffs geprägt von dem »zu Hause«, »*daheim*«, was vor allem die *selbstbestimmte* Gestaltung des häuslichen Wirkungskreises und An-

§ 3 Abs. 1   1.1, 1.2

spruch auf ein den Wohnerwartungen entsprechendes ruhiges Wohnfeld einschließt.

Das Wohnen in diesem Sinne wird u. a. durch die Merkmale des Ausruhens, der »Feierabend«- und Wochenendbeschäftigung, aber auch des aktiven Kräftesammelns ausgefüllt. Die Wohnbedürfnisse und -gewohnheiten mögen sich mit der gesellschaftlichen Struktur wandeln und nach der jeweils herrschenden Auffassung gewisse Unterschiede aufweisen.

> Im Kern ist unter dem **Wohnen als städtebaulicher Begriffsinhalt** eine Heimstatt (so früher im Begriff [Reichs-]Heimstätte) i. S. einer **auf** (gewisse) **Dauer** angelegten Häuslichkeit zu verstehen.

Der Begriff des Wohnens ist durch eine auf Dauer angelegte Häuslichkeit, Eigengestaltung der Haushaltsführung und des häuslichen Wirkungskreises sowie Freiwilligkeit des Aufenthalts gekennzeichnet (Leits. des BVerwG im B. v. 25.3.1996 – 4 B 302.95 – BauR 1996, 676 = BRS 58 Nr. 56 = ZfBR 1996, 228 = DÖV 1996, 746).

Diese Definition ist aus der Abgrenzung zu anderen planungsrechtlichen Nutzungsformen (Beherbergung, Heimunterbringung, Formen der sozialen Betreuung und Pflege) entwickelt worden. Sie soll den Bereich des Wohnens als Bestandteil der privaten Lebensführung kennzeichnen. Gemeint ist damit die Nutzungsform des selbstbestimmt geführten Lebens »in den eigenen vier Wänden«, die auf eine gewisse Dauer angelegt ist und keinem anderen in der BauNVO vorgesehenen Nutzungszweck verschrieben ist (BVerwG, B. v. 25.3.2004 – 4 B 15.04 – BRS 67 Nr. 70).

1.1 Die Wohnbedürfnisse, die nicht mit den Lebensbedürfnissen gleichzusetzen sind, sind **in erster Linie** auf **Wohnruhe** gerichtet. Sie wird seit jeher durch ordnungsrechtliche Vorschriften seitens der Ordnungsbehörden und Gemeinden und durch Hausordnungen seitens der Hauseigentümer geschützt.

> Zur **Gewährleistung der Wohnruhe** sind z. B. das Teppichklopfen, Rasenmähen und ähnliche mit Lärm verbundene Tätigkeiten nur zu bestimmten Tageszeiten erlaubt; das Gleiche gilt für nach draußen (aus dem Wohngebäude) dringende Geräusche wie Musik und Unterhaltung (Radio, Fernsehen), die geeignet sind, die Nachbarschaft in ihrer Wohnruhe zu stören.

Der Begriff des Wohnens umfasst die Gesamtheit der mit der Führung des häuslichen Lebens verbundenen Tätigkeiten. Dazu gehört heutzutage u. a. die Benutzung des Kfz (dazu Rn 21), mit dem außer den Fahrten zur Arbeitsstätte insbes. Einkäufe getätigt, Spiel- und Sportstätten aufgesucht werden oder sonstige Unternehmungen im Rahmen der Häuslichkeit im weitesten Sinne erfolgen.

1.2 **Die auf Dauer angelegte Häuslichkeit als Inbegriff des Wohnens** kann einschließen, dass jemand neben seiner (eigentlichen) Wohnung, seinem Wohngrundstück als sog. *ersten* Wohnsitz, über eine »Zweitwohnung« (Zweithaus) als Wochenend- bzw. Feriendomizil verfügt, die in unregelmäßigen Abständen regelmäßig bewohnt wird. Die vielfältigen Gründe für eine Zweitwohnung können als bekannt gelten (vgl. § 10). Die »Dauer« **als wichtiges Kriterium des Wohnens** kann mithin auch in einem sich ständig wiederholenden Aufenthalt in einem Zweitwohnsitz zum Ausdruck kommen, der zu den Wochenenden und/oder in den Ferien aufgesucht wird. Dabei kommt es nicht darauf an, ob die Zweitwohnung – meistens an einem anderen Ort – dort in einem WR-, WA-Gebiet, in einem Dorf- oder Wochenendhausgebiet liegt.

Entscheidend dafür, dass der Begriff des Wohnens auch auf den **Zweitwohnsitz** ausgedehnt werden kann, ist jedoch, dass über die Zweitwohnung eine Besitzherrschaft besteht (durch Miete, Pacht oder Eigentum) und der Verfügungsberechtigte – anders als bei einem häufigen Aufenthalt in derselben Pension (Hotel) – den Zweitwohnsitz als »Häuslichkeit« betrachtet. Das kann auf ein Wochenend- oder Ferienhaus manchmal mehr zutreffen als auf eine z. B. durch Verkehrslärm beeinträchtigte Stadtwohnung.

Das **Wohnen** umfasst nach dem weitgreifenden Begriffsverständnis (Rn 1) sehr unterschiedliche – teils auch gegenläufige oder jedenfalls miteinander in Spannung tretende – Interessen u. Schwerpunkte der Lebensführung entspr. den jeweiligen Lebensabschnitten der Bewohner in den WR-Gebieten. **2**

So wird bei *jungen Familien* (im »**ersten Lebensabschnitt**« der Berufsentwicklung u. Familiengründung), bei denen vielfach das familiengebundene Heranwachsen der (Klein-)Kinder im Vordergrund steht, die Nutzung des Gartens zum Spielen der Kinder oder der üblichen Kinderspielplätze (Rn 25 f.) mit dem zwangsläufig damit verbundenen **Kinderlärm** eine besondere Bedeutung haben (s. dazu Vorb. §§ 2 ff. Rn 8 f.).

Als **städtebaulicher Begriff** umfasst das Wohnen ferner, sich zwecks *gesund-* **2.1** *heitlicher Vorsorge* und zum Ausgleich der meistens einseitigen beruflichen Arbeit zu betätigen (dazu Rn 23–24). Hierzu gehören Einrichtungen innerhalb des Wohngebäudes, auf dem Grundstück selbst oder in dessen Nähe zwecks *körperlicher (sportlicher)* Betätigung (Fitnesstraining), wie Schwimmen, Ballspiele und/oder eine sonstige gesundheitliche Vorsorge, etwa durch eine Sauna, soweit das **Gebot der gegenseitigen** (nachbarlichen) **Rücksichtnahme** innerhalb eines WR-Gebiets dies zulässt (Rn 5). Schließlich umfasst das Wohnen städtebaulich als Ausdruck der unterschiedlichen Gewohnheiten die Möglichkeit, sich seinen Neigungen i. S. einer *ideellen Freizeitgestaltung* entspr. auf seinem Wohngrundstück zu beschäftigen (s. dazu Rn 23 f. und § 4 Rn 17). Dabei werden die Gewohnheiten nach Örtlichkeit, Bevölkerungsschicht und herkömmlicher Art verschieden geprägt sein.

Die vielfältige Freizeitbeschäftigung i. S. unterschiedlicher aktiver Betätigung, teils gemeinsam mit den heranwachsenden »Kindern« im »**zweiten**« u. gleichzeitig wohl längsten **Lebensabschnitt,** kann gleichfalls nur im Rahmen des (nachbarlichen) Gebots der gegenseitigen Rücksichtnahme (Rn 5–5.1) erfolgen u. wird von daher auch begrenzt; d. h. die Nachbarschaft darf objektiv-rechtlich nicht beeinträchtigt werden.

Der »**dritte Lebensabschnitt**« mit unterschiedlichem Beginn (teils bereits, **2.2** wenn die Kinder nach abgeschlossener Berufsausbildung das gemeinschaftliche Wohnverhältnis endgültig aufgeben) ist häufig mit einer Änderung der beruflichen u. freizeitlichen Tätigkeiten (Betätigungen) verbunden.

Er führt nach den jeweiligen Lebensumständen, Beginn u. Gestaltung des Ruhestandes (Verbringen des »*Lebensabends*«) vielfach auch zum Wechsel aus der bisherigen Wohnung (u. Aufgabe des bisherigen Wohnverhaltens i. S. v. Rn 1) in eine (kleinere) »altengerechte« Wohnung (Altenwohnheim, Seniorenheim, Wohnstift Rn 11), evtl. in ein Altenheim (Rn 11.1).

Infolge der zunehmenden Lebenserwartung u. der damit verbundenen Misshelligkeiten kann u. U. auch unmittelbar ein Wechsel in ein entspr. Altenpflegeheim, etwa bei Verlust des Partners der bisherigen Häuslichkeit, in Betracht kommen (dazu Rn 11.3 f.).

Es liegt nahe, dass der größere Teil derjenigen, die bisher auf ein ruhiges Wohnen mit entspr. Umgebung besonderen Wert gelegt haben, bestrebt ist, das vertraute Wohnumfeld beizubehalten oder in ein Wohngebiet mit entspr. Umfeld zu wechseln. Bewohner im »drit-

§ 3 Abs. 1 3–3.2

ten Lebensabschnitt« können sich infolge ihrer altersmäßig bedingten geänderten Lebensgewohnheiten oder Verhaltensweisen (oder etwa Kinderlosigkeit) ihrerseits *durch Kinderlärm* oder *besondere Freizeitaktivitäten* (Rn 2.1, 25–25.5) gestört fühlen.

Das ist lediglich **im Rahmen** des (gehörigen) Gebots **der** gegenseitigen (nachbarlichen) **Rücksichtnahme** (Rn 5) auszugleichen.

3 b) **Zur Zweckbestimmung, insbesondere zur Gewährleistung des Gebietscharakters.** Der zwar vielschichtige, aber doch gut abgrenzbare **Begriff des Wohnens** von anderen Lebensbereichen u. Betätigungen bestimmt den Charakter des *reinen* Wohngebiets. Die Abgrenzung ist insbes. erforderlich gegenüber der irgendwie ausgeübten gewerblichen Arbeit (in Gewerbebetrieben, durch Handel und in zentralen Wirtschaftseinrichtungen), gegenüber den Gemeinbedarfseinrichtungen wie der in gemeinschaftlichen Einrichtungen erfolgenden kulturellen und sportlichen Betätigung (Theater, Sportplatz) oder den Dienstleistungen für Dritte (Verwaltungen, sonstige Büroarbeiten), soweit Letztere nicht »wohnartig« ausgeübt werden können (dazu Rn 22).

Die **Zweckbestimmung** des WR-Gebiets **zum Wohnen** macht deutlich, dass an das Gebiet **besondere Anforderungen** hinsichtlich seiner Planung gestellt werden müssen (Rn 5–8.1) und seitens der Bewohner beispielsweise gegenüber der Baugenehmigungsbehörde und der Nachbarschaft gestellt werden dürfen, um dem Gebietscharakter zu entsprechen und ihn auf Dauer zu gewährleisten.

So stellt die Festsetzung passiven Lärmschutzes für eine eingeschossige Wohnbebauung in Form von Einzel- oder Doppelhäusern auf ca. 25–30 m tiefen Grundstücken neben einer verkehrsreichen Kreisstraße keine angemessene Konfliktbewältigung dar, wenn sich aus der Festsetzung der überbaubaren Fläche ergibt, dass die Terrasse bzw. Hausgärten zu dieser Straße ausgerichtet sind (Nds. OVG, B. v. 16.11.2000 – 3076/00 – BauR 2001, 367).

3.1 Die Gemeinde muss sich bereits beim Aufstellungsbeschluss (§ 2 Abs. 1 BauGB) für einen B-Plan, durch den ein Wohngebiet in einem nicht vorbelasteten Bereich festgesetzt werden soll, darüber klar sein, dass sie durch den Satzungsbeschluss (§ 10 Abs. 1 BauGB) für das reine Wohngebiet eine besondere Wohnruhe verheißt.

Die Baugenehmigungsbehörde ist verpflichtet, außer den zulässigen Wohngebäuden (Rn 11–14.2) die sonstigen dem Wohnen dienenden Nutzungen (Nebenanlagen und Einrichtungen, Rn 17–25) zu genehmigen und für Nutzungen oder für die Änderung einer bisher zulässigen Nutzung, die nach der Änderung dem Charakter des WR-Gebiets widersprechen würden, die Genehmigung zu versagen. Planung, Bebauungsgenehmigung u. Nutzungsänderung (z. den Begriffen s. Vorb. §§ 2 ff. Rn 19–21) haben sich danach auszurichten, dass im WR-Gebiet sich jedwede Nutzung der Bestimmung des Baugebiets zum Wohnen unterzuordnen hat. Das gilt insbes. **bei** der **Planung** eines WR-Gebiets (Rn 8), z. B. für die Anordnung von Einstellplätzen (unterirdische Garagengeschosse bei Hochhäusern oder Anordnung von Gemeinschaftsanlagen nach § 9 Abs. 1 Nr. 22 BauGB, s. auch Rn 21.1), um dadurch den Verkehrslärm so gering wie möglich zu halten.

Die Zweckbestimmung des Gebiets enthält zugleich die von Art. 14 Abs. 1 Satz 2 GG geforderte gesetzliche Abgrenzung des Eigentumsinhalts (BVerwG, B. v. 13.11.19 68 – IV B 58.68 – BRS 20 Nr. 24).

3.2 c) **Zur Beibehaltung des Baugebiets.** Im Zuge der Novellierung des BauGB und bei der Gelegenheit auch der BauNVO (s. dazu **Einführung** Abschn. Nr. 11) war u. a. vorgesehen, die **Vorschrift des reinen Wohngebiets** (§ 3) ersatzlos zu streichen. Zur Begr. hieß es, die Streichung der Vorschrift über das reine Wohngebiet »*soll eine stärkere Funktionsmischung im Städtebau unter-*

stützen und zugleich dazu beitragen, die Baugebietstypen auf eine geringere Zahl von Grundtypen zu reduzieren«. Der Wegfall des reinen Wohngebiets stand unter den beiden schlagwortartigen Leitbildern: bessere Nutzungsmischung und »Stadt der kurzen Wege«.

Das reine Wohngebiet ist bei der Novellierung der BauNVO 1990 bereits seiner Ausschließlichkeit in einem erheblichen, jedoch noch erträglichen Maß entkleidet worden. Gleichzeitig konnte erreicht werden, dass die Anlagen für sportliche Zwecke nur zulässig sind, wenn sie den Bedürfnissen der Bewohner des Gebiets dienen (s. Rn 19.82 f.). Durch die Änderung des § 3 einerseits wird bereits eine stärkere Nutzungsmischung innerhalb des Gebiets ermöglicht. Andererseits bleibt es ein von wohnungsfremden Einflüssen weitgehend »verschontes« Gebiet. Die Tendenz der Einebnung des reinen Wohngebiets – von den einen teilweise als eine nicht erforderliche »Gleichmacherei« angesehen, von den anderen planungsideologisch als Beseitigung der vermeintlichen Exklusivität der reinen Wohngebiete begrüßt (s. dazu *Fickert/Fieseler*, DVBl. 1996, 329) – widerspricht dem Wunsch nach Wohnruhe – soweit dies in einer industriellen Gesellschaft möglich ist – als Ausgleich zum stetig zunehmenden Stress in der Arbeitswelt.

Die **Beibehaltung** des reinen Wohngebiets verhindert nicht den Wunsch nach stärkerer Nutzungsmischung. Es wird befürchtet, dass die Einbeziehung in das allgemeine Wohngebiet zu mehr Verkehrsbewegungen und damit zu größerem Verkehrsaufkommen führen wird. Das ergibt sich vor allem daraus, dass im reinen Wohngebiet nur Läden und nicht störende Handwerksbetriebe zulässig sind, »die zur Deckung des täglichen Bedarfs« für die Bewohner dienen. In den meist kleinteiligen WR-Gebieten können diese Besorgungen vielfach ohne Benutzung des Pkw durchgeführt werden. Allgemeine Wohngebiete sind dagegen im Umfang größer, was sich bereits aus den zulässigen Nutzungen ergibt, die zwangsläufig mehr Verkehr erzeugen. Vor allem sind »**Schank- und Speisewirtschaften**«, die zwangsläufig einen erheblichen Kfz-Verkehr mit sich bringen, nicht zulässig. Das »Drum und Dran« im Zusammenhang mit der »Kneipe an der Ecke«, der Pizza-Wirtschaft und dergl. bedarf keiner besonderen Ausführungen, da vielfach auch Essen »über die Straße« verkauft wird.

3.3

Für die Beibehaltung des reinen Wohngebiets spricht insbes., dass ein großer Teil der vorhandenen, gewachsenen reinen Wohngebiete **nicht festgesetzt** worden ist, etwa die zahlreichen Gebiete der »Häusle«-Bauer, die bereits langjährig bestehen. Über die Zulässigkeit von Nutzungen in den nichtbeplanten Wohnbereichen ist **nach § 34 Abs. 2 BauGB** zu entscheiden. Solange das reine Wohngebiet als eigenständiges Baugebiet besteht, mussten sich die Nutzungen im Rahmen des § 34 BauGB **nach der Einstufung** des Bebauungszusammenhangs nach § 34 Abs. 2 BauGB richten. Besonders in den neuen Bundesländern sind reine Wohngebiete mittels B-Plan kaum festgesetzt worden. Würde das reine Wohngebiet als Baugebiet wegfallen, müsste sich die Zulässigkeit von Vorhaben **in Wohnbereichen** dann nach § 34 Abs. 2 BauGB nach der Vorschrift des allgemeinen Wohngebiets (§ 4) richten. Das bedeutet, dass nicht nur die nach § 4 Abs. 2 zulässigen Nutzungen, sondern auch die nach § 4 Abs. 3 ausnahmsweise vorgesehenen Anlagen und Nutzungen in nicht beplanten Wohnbereichen zulässig sind, d. h. nicht nur Schank- und Speisewirtschaften, sondern gleichfalls sonstige nicht störende Gewerbebetriebe und Betriebe des Beherbergungsgewerbes wie Hotels.

3.4

§ 3 Abs. 1 4

Bei § 34 Abs. 2 BauGB handelt es sich in Übereinstimmung mit der Rspr. um eine dynamische Inbezugnahme der BauNVO. Auf Vorhaben in den nicht beplanten, im Zusammenhang bebauten Wohnbereichen i. S. von § 34 BauGB findet die im Zeitpunkt der Zulässigkeit eines Vorhabens geltende Fassung der BauNVO Anwendung. Alle im Zusammenhang bebauten Gebiete, in denen die Vorschriften des § 3 Anwendung finden, wären **mit dem Wegfall** des reinen Wohngebiets nach der Art der Nutzung als allgemeine Wohngebiete zu behandeln. In den jeweiligen faktischen reinen Wohngebieten würde uneingeschränkt § 4 mit seinen Vorschriften über die Zulässigkeit bzw. Zulassungsfähigkeit (Abs. 2 **und** 3) wirksam. Da verschiedene Kommentare der Auffassung sind, dass der funktionelle Charakter des Wohngebiets nach § 4 für die ausnahmsweise zulassungsfähigen Anlagen keine Bedeutung habe, kann die »Nutzungsmischung« i. S. eines »gehobenen Mischgebiets« dann kaum noch verhindert werden. Das kann nicht im Interesse der Bürger liegen, die für das ruhige (stressfreie) Wohnen vielfach bereit sind, auch finanzielle Opfer zu bringen. Die städtebauliche Vorstellung über »Nutzungsmischung« sollte nicht gegen elementare Interessen der Bürger angeordnet werden.

2. Störanfälligkeit, Fragen des Nachbarschutzes und des Lärmschutzes, besondere Planungsverpflichtung

4 a) **Störanfälligkeit des Gebiets.** Aus dem Planungsleitsatz des Abs. 1 folgt, dass nicht vorbelastete WR-Gebiete einen Anspruch darauf haben, von allen Störungen, insbes. Immissionen, freigehalten zu werden (s. dazu grundsätzlich Vorb. §§ 2 ff. Rn 8 f.), die ein ruhiges und gesundes Wohnen stören, beeinträchtigen oder erheblich belästigen können (z. d. Begriffen s. § 15 Rn 11–12 f.). Der Maßstab für die Zulässigkeit oder ausnahmsweise Zulassung von Nutzungen und Anlagen ist aus der zu gewährleistenden **Wohnruhe** und der diese voraussetzenden größtmöglichen **Störungsfreiheit** der WR-Gebiete zu gewinnen.

Durch die mit der Wohnnutzung üblicherweise verbundenen und nicht vermeidbaren Störungen wie An- und Abfahrten auf den Erschließungsstraßen durch die (eigenen) Kfz und durch den täglichen Andienungsverkehr, Kinderlärm, Rasenmähen und sonstige Haus- und Gartenarbeiten werden die im Beiblatt 1 der DIN-Norm 18 005 (Anh. 7.1) vorgesehenen Orientierungswerte bereits erreicht. Die Orientierungswerte scheinen für Wohngebiete, insgesamt gesehen, nicht immer realistisch zu sein (dazu schon *Klosterkötter* zum Thema »Grenzwerte und Richtwerte für Geräuschimmissionen«, KdL 1976, 1).

Während sich der Anspruch auf Störungsfreiheit innerhalb des WR-Gebiets aus dem Zulässigkeitskatalog des § 3 ergibt, enthält § 15 Abs. 1 Satz 2 eine Bestimmung, die den Schutz eines WR-Gebiets auch gegen störende Einwirkungen von *angrenzenden* Baugebieten mit höherem Lärmpegel, d. h. von außerhalb des WR-Gebiets liegenden Störquellen, gewährleisten soll (Näheres s. § 15 Rn 21–24). Die Rspr. hat der größtmöglichen Störungsfreiheit der WR-Gebiete zur Gewährleistung der dort gewollten Wohnruhe in zahlreichen Entscheidungen – mit wenigen Ausnahmen, auf die einzugehen sein wird – Rechnung getragen (s. Rn 26.1–32 u. § 4 Rn 21.2–25.3).

Der Schutz der Wohnnutzung am Tage umfasst neben der Abwehr unzumutbarer Kommunikationsbeeinträchtigungen auch die Wahrung der Erholungsfunktion des Innen- und des Außenwohnbereichs (BVerwG, U. v. 16.3.2006 – 4 A 1075/04 – NVwZ 2006, Beilage Nr. 1 S. 1, 14. Leits.).

4.1, 5 **Abs. 1** **§ 3**

Zu den Schutzgütern, denen bei der Bestimmung der fachplanerischen, aber auch der bauleitplanerischen Zumutbarkeit im Rahmen der Abwägung Rechnung zu tragen ist, gehört die *angemessenen Befriedigung der Wohnbedürfnisse*, die auch die Möglichkeit störungsfreien Schlafens umfasst. Hierzu gehört heute grds. auch die Möglichkeit, bei ausreichender Luftzufuhr, d. h. bei gekipptem Fenster störungsfrei zu schlafen. Ist dies wegen der Lärmbelastung, die von einem bestimmten Vorhaben ausgeht, nicht möglich, sind angemessene Wohnverhältnisse nur bei Einbau technischer Belüftungseinrichtungen gewahrt (BVerwG, U. v. 21.9.2006 – 4 C 4/05 – NVwZ 2007, 219/220; ähnlich schon U. v. 16.3.2006 – 4 A 107/04 – NVwZ Beilage I 8/2006 Rn 284).

Die Planung eines Sondergebiets mit der Zweckbestimmung »**Nahversorgungszentrum**« für Einzelhandelsbetriebe für Nahrungs- und Genussmittel mit insgesamt 2100 m² Verkaufsfläche und einem Kundenparkplatz mit 126 Stellplätzen neben einem reinen Wohngebiet wirft im Hinblick auf den Wunsch der Wohnbebauung nach weitgehend ungestörter Wohnruhe einerseits und dem Interesse an einer optimalen Ausnutzung der Sondergebietsfestsetzung andererseits Nutzungskonflikte auf, die einer Konfliktlösung bedürfen. Das OVG NW (B. v. 15.2.2005 – 10 B 517/04 – NVwZ-RR 2006, 94) hat hierzu die beiden folgenden Leits. aufgestellt:

4.1

»*1. Hat der Plangeber, der hinsichtlich eines im Bebauungsplanverfahrens erkannten Nutzungskonfliktes planerische Zurückhaltung üben will, prognostisch zu beurteilen, ob die Bewältigung dieses Nutzungskonfliktes im Rahmen eines nachfolgenden Baugenehmigungsverfahrens gesichert oder wenigstens wahrscheinlich ist (BVerwG, NVwZ-RR 1995, 130 = BRS 56 Nr. 6), muss er – wenn es sich um eine Angebotsplanung handelt – seiner Prognose diejenigen baulichen Nutzungen zu Grunde legen, die bei einer vollständigen Ausnutzung der im Bebauungsplan getroffenen Festsetzungen möglich sind. Dies gilt auch dann, wenn der Plangeber bereits während des laufenden Bebauungsplanverfahrens die Verwirklichung einer bestimmten baulichen Nutzung des Plangebiets, die die getroffenen Festsetzungen nicht vollständig ausnutzt, als sicher ansieht.*

2. Erkennt der Plangeber im Bebauungsplanverfahren einer an das Plangebiet angrenzenden Wohnbebauung ausdrücklich den Schutzanspruch eines reinen Wohngebiets zu, muss er sicherstellen, dass dieser Schutzanspruch auch bei einer vollständigen Ausnutzung der Planfestsetzungen gewahrt werden kann.«

b) **Fragen des Nachbarschutzes und des Lärmschutzes.** Die Vorschriften über die zulässigen oder zulassungsfähigen Nutzungen im *reinen Wohngebiet* haben nach ganz hM **nachbarschützenden Charakter.** Mittels des eingeschränkten Nutzungskatalogs soll die größtmögliche Störungsfreiheit erreicht werden. Der Nachbar kann sich mit der öffentlich-rechtlichen Nachbarklage daher gegen die Genehmigung von Vorhaben wenden, die nach dem Katalog der Abs. 2 u. 3 nicht zulässig sind oder nicht zugelassen werden dürfen (grundsätzlich dazu Vorb. §§ 2 ff. Rn 22 f.). Das Gleiche gilt für unzulässige Nutzungen und Anlagen nach den §§ 12–14. Der besondere Schutz des WR-Gebiets ist auch bei Befreiungen (s. Vorb. §§ 2 ff. Rn 7–7.10), Nutzungsänderungen (Vorb. §§ 2 ff. Rn 21–21.6) und bei der Festsetzung von Grundstücken für besondere Zwecke, z.B. für den Gemeinbedarf (Vorb. Rn 11–11.7), zu berücksichtigen. Häufig ist die **Tierhaltung** Anlass zu nachbarlichem Streit. Im WR-Gebiet ist die Tierhaltung ohnehin nur – beschränkt – aus Liebhaberei oder aus sportlichem Interesse zulässig (Rn 23 f., § 4 Rn 16–18.2). Für die **bauplanungsrechtliche Einordnung** der zur Unterbringung der Tiere dienenden baulichen Anlagen und Einrichtungen in ihre Umgebung ist es unerheblich, ob die Tierhaltung Erwerbs- oder Eigenversorgungszwecken dient oder aus Liebhaberei (Hobby-Tierhaltung) bzw. aus sportlichem Interesse betrieben wird.

5

§ 3 Abs. 1 5.1, 5.2

5.1 Die Festsetzung eines WR-Gebiets durch B-Plan kann **als Musterfall** eines dadurch entstehenden **subjektiv-öffentlichen Nachbarrechts** angesehen werden. Durch die Gebietsfestsetzung entsteht für die Grundstückseigentümer innerhalb des Geltungsbereiches der Gebietsfestsetzung hinsichtlich der Rechte und Pflichten eine Interessengemeinschaft. Diese »**Gebietsgemeinschaft**«, durch die die Grundstückseigentümer Beschränkungen unterworfen werden, verlangt die gegenseitige Rücksichtnahme. Denn die störungsfreie Nutzung des Grundstücks und damit letztlich auch sein Wert hängen maßgeblich davon ab, dass die Nachbarn sich gleichfalls an die mit der Gebietsfestsetzung erfolgten Beschränkungen halten.

In der Rspr. wird § 3 bzw. das entspr. Gebiet nach § 34 Abs. 2 BauGB nach (ganz) hM als nachbarschützend anerkannt; zur Fortentwicklung des öffentlichen Baunachbarrechts vgl. Grundsatzurt. des BVerwG v. 19.9.86 (– 4 C 8.84 – Fundst. Vorb. §§ 2 ff. Rn 28.1), v. 26.9.1991 (– 4 C 5.87 – Fundst. Vorb. 2 ff. Rn 23.1) und vor allem U. v. 16.9.1993 (– 4 C 28.91 – Fundst. Vorb. §§ 2 ff. Rn 22). In letzterem Grundsatzurt. hat das BVerwG im Leits. 2 ausdrücklich herausgestellt, dass die Festsetzung von Baugebieten durch B-Pläne kraft Bundesrechts grundsätzlich **nachbarschützende Funktion** hat. Auf die Bewahrung der festgesetzten Gebietsart – mithin bei WR-Gebieten in herausgehobener Weise – *»hat der Nachbar einen Anspruch auch dann, wenn das baugebietswidrige Vorhaben im jeweiligen Einzelfall noch nicht zu einer tatsächlich spürbaren und nachweisbaren Beeinträchtigung des Nachbarn führt. … Der Abwehranspruch wird grundsätzlich bereits durch die Zulassung eines mit der Gebietsfestsetzung unvereinbaren Vorhabens ausgelöst, weil hierdurch das nachbarliche Austauschverhältnis gestört und eine Verfremdung des Gebiets eingeleitet wird«* (BVerwG, U. v. 16.9.1993, aaO. u.U. v. 28.4.2004 – 4 C 10.03 – NVwZ 2004, 1244 = BauR 2004, 1571 = UPR 2005, 66 hinsichtlich einer großen privaten Schwimmhalle als unzulässige Nebenanlage).

5.2 **Zum Lärmschutz:** Bei reinen Wohngebieten (WR-Gebieten) darf beim Bau oder der wesentlichen Änderung von Straßen und Schienenwegen der Beurteilungspegel eines IGW tags von 59 dB(A), nachts von 49 dB(A) nicht überschritten werden (vgl. § 2 Abs. 1 Nr. 2 VerkehrslärmSchVO – 16. BImSchV); zur Berechnung des Beurteilungspegels und zu sonstigen Fragen des **Verkehrslärmschutzes** s. § 15 Rn 15 – 19.83.

Sportanlagen sind gegenüber WR-Gebieten so zu errichten und zu betreiben, dass die IRW tags **außerhalb** der Ruhezeiten von 50 dB(A), **innerhalb** von 45 dB(A), nachts von 35 dB(A) nicht überschritten werden (§ 2 Abs. 2 Nr. 4 der SportanlagenlärmSchVO – 18. BImSchV); zur Berechnung der IRW s. Anh. 7.2 z. 18. BImSchV u. § 15 Rn 15 f. Zu rechtlichen Besonderheiten die 18. BImSchV betreffend s. Vorb. §§ 2 ff. Rn 12.78–Rn 12.99. Die Mess- und Berechnungsverfahren für die IGW der 16. BImSchV und für die IRW der 18. BImSchV sind maßgebend dafür, ob die Lärmeinwirkungen der Verkehrswege (16. BImSchV) und der Sportanlagen (18. BImSchV) gegenüber den Anliegergrundstücken aufgrund der in den VOen entsprechend der Baugebiete abgestuften IGW bzw. IRW nach § 15 Abs. 1 S. 2 BauNVO (noch) **zumutbar** sind. Halten sich die Immissionswerte im Rahmen der in der 16. bzw. 18. BImSchV vorgeschriebenen Grenz- oder Richtwerte, sind die Lärm-(Geräusch-)einwirkungen der unterschiedlichen Nutzungen und Anlagen nach der jeweiligen **Gebietsverträglichkeit** stets **zumutbar**. Die Einhaltung der IGW und der IRW der 16. bzw. 18. BImSchV erleichtert mithin wesentlich die Feststellung, ob die Anlagen und Nutzungen bei den jeweiligen Baugebieten zulässig sind.

Für die Wohngebiete (§§ 2–4a) kommt hinsichtlich Lärmeinwirkungen von den kommunalen (Freizeit-Einrichtungen) – von der Stadthalle über Jugendheime bis zum Bolzplatz – noch eine Besonderheit hinzu. Diese Einrichtungen und Anlagen befinden sich häufig nicht innerhalb sondern **neben** den lärmempfindlichen Wohngebieten bzw. sind dort festgesetzt worden.

5.3 Für die zahlreichen immissionsträchtigen **kommunalen** (Freizeit-)**Einrichtungen** gelten die VerkehrslärmSchVO (16. BImSchV) und die SportanlagenlärmSchVO (18. BImSchV) **nicht**. Häufig wird für diese – wohl auch mangels Kenntnis – die 18. BImSchV **entsprechend** angewandt. Das ist weder erforderlich noch sachgerecht. Der LAI hat 1995 eine **Freizeitlärm-Richtlinie** zur Ermittlung, Beurteilung und Verminderung von Geräuschimmissionen bei Freizeitanlagen als **Musterverwaltungsvorschrift** herausgegeben. Die Richtlinie ist vom LAI 1995 verabschiedet und u. a. in NVwZ 1997, 469 veröffentlicht worden; sie ist inzwischen von etlichen Ländern wörtlich als RdErlass erlassen worden, so als Runderlass v. 11.10.1997 durch NW, MBl. NW 1997, S. 1352. Der **Anwendungsbereich** erstreckt sich auf Freizeitanlagen und Einrichtungen i.S.d. § 3 Abs. 5 Nr. 1 oder 3 BImSchG, die dazu bestimmt sind, von Personen zur Gestaltung ihrer Freizeit genutzt zu werden. Grundstücke gehören zu den Freizeitanlagen, wenn sie nicht nur gelegentlich zur Freizeitgestaltung bereitgestellt werden. Die Hinweise der LAI gelten u. a. für Spielhallen, Abenteuer-Spielplätze (Robinson-Spielplätze, Aktiv-Spielplätze), Autokinos und insbesondere Bolzplätze sowie Jugendheime. Zu den sonstigen Freizeitanlagen i.S. dieses Abschnittes gehören nicht Sportanlagen und Gaststätten. Die Hinweise gelten auch **nicht für Kinderspielplätze**, die die Wohnnutzung in dem betroffenen Gebiet ergänzen; die mit ihrer Nutzung unvermeidbar verbundenen Geräusche sind sozialadäquat und müssen deshalb von den Nachbarn hingenommen werden.

5.4 Die Anwendung dieser Richtlinien-Vorschrift wird dadurch erleichtert, dass ihr die gleichen IRW wie der 18. BImSchV zugrundeliegen und die Richtlinie auch sonst im Schutzsystem der 18. BImSchV gleicht. Die Ausführungen gelten für alle Wohngebiete.

Der 18. BImSchV kommt im Bauleitplanverfahren mittelbare Bedeutung zu. Setzt ein B-Plan in der Nachbarschaft zur Wohnbebauung eine Sportanlage fest, muss gewährleistet sein, dass die immissionsschutzrechtlichen Anforderungen eingehalten werden können und die Wohnbebauung keinem höheren als den zulässigen Lärmanforderungen ausgesetzt wird. Umgekehrt hat die Ausweisung eines Wohngebiets neben einer Sportanlage den in der 18. BImSchV enthaltenen Wertungen Rechnung zu tragen. § 5 Abs. 5 der 18. BImSchV hält eine Überschreitung des für ein allgemeines Wohngebiet geltenden Grenzwerts von 50 dB(A) tags innerhalb der Ruhezeiten um bis zu 10 dB(A) bei seltenen Ereignissen i.S.d. Nr. 1.5 des Anhangs für zumutbar. Werden die durch Nr. 1.5 des Anhangs gezogenen Grenzen eingehalten, kann es das Ergebnis einer gerechten Abwägung nach § 1 Abs. 7 BauGB sein, wenn das Ruhebedürfnis der Bewohner hintangestellt wird (BVerwG, B. v. 26.5.2004 – 4 BN 24.04 – ZfBR 2004, 566 = BRS 67 Nr. 29).

Dem Sachverhalt nach gingen von einem Freibad, das an das im B-Plan festgesetzte allgemeine Wohngebiet angrenzte, an 6–8 Tagen im Jahr während der sonn- und feiertäglichen Besuchszeiten zwischen 13.00 und 15.00 Uhr Lärmimmissionen aus, die Werte erreichten, welche nur in Gewerbegebieten zulässig sind (60 dB[A]).

5.5 Ein **B-Plan** ist wegen Unzumutbarkeit von Immissionen regelmäßig dann **vorläufig außer Vollzug** zu setzen, wenn der Grad der schädlichen Umwelteinwirkungen im Sinne des § 3 Abs. 1 BImSchG erreicht wird. Bei der Beurteilung im Einzelfall können die Werte der DIN 18005 eine Orientierungshilfe bieten. Gesunde Wohnverhältnisse i.S.d. § 1 Abs. 6 Nr. 1 BauGB sind im Regelfall gewahrt, wenn die Orientierungswerte für Dorf- oder Mischgebiete von 60 dB(A) tags und 50 dB(A) nachts unterschritten werden (im Anschluss an BVerwG, U. v. 23.9.1999 – 4 C 6.98 – DVBl. 2000, 192; OVG NW, B. v. 21.9.2005 – 10 B 9/05.NE – BauR 2006, 1091 = ZfBR 2006, 59). Es ging in diesem Rechtsstreit um eine von der Gemeinde erwünschte Nachverdichtung des innerstädtischen Siedlungsbereichs und den dadurch hervorgerufenen Erschließungsverkehr.

5.6 Es kann abwägungsgerecht sein, **angrenzend** an ein **faktisches (reines) Wohngebiet** durch B-Plan ein **Sondergebiet** für die Errichtung von Autohäusern festzusetzen, sofern hinrei-

§ 3 Abs. 1 5.7–6.1

chende Festsetzungen des Lärmschutzes nach § 9 Abs. 1 Nr. 24 BauGB getroffen wurden, um schädlichen Umwelteinwirkungen zu begegnen (OVG NW, B. v. 21.12.2006 – 7 B 2193/06 – BauR 2007, 861).

5.7 Die langjährig ungeklärte Rechtsfrage, ob eine **Immissionsschutzbehörde ermächtigt** ist, **gegenüber einem anderen Hoheitsträger** einen VA zu erlassen, hat das BVerwG zutreffend mit U. v. 25.2.2002 (– 7 C 24.01 – BVerwGE 117, 1 = DVBl. 2003, 60 = NuR 2003, 94) entgegen Hess.VGH (U. v. 29.8.2001 – 2 UE 1491/01 –) bejaht und hierzu folgenden Leits. aufgestellt:

> »*Die zuständige Immissionsschutzbehörde ist befugt, gegenüber einer Gemeinde den beim Betrieb ihrer kommunalen Einrichtung (hier eines **kommunalen Schwimmbades mit Rutschbecken** neben einem reinen Wohngebiet) einzuhaltenden Immissionsrichtwert anzuordnen*«. (Hervorhebungen v. Verf.)

Das BVerwG hat § 24 S. 1 BImSchG als einschlägige Ermächtigungsgrundlage herangezogen, wie dies zuvor in einem vergleichbaren Fall auch schon der VGH BW in seinem U. v. 16.4.2002 (– 10 S 2443/00 – BauR 2002, 1366 = UPR 2002, 352) getan hatte. Zur Begr. hat das BVerwG ausgeführt:

Mit der Bezugnahme auf § 24 S. 1 BImSchG auf § 22 BImSchG erfasse sie neben der von Privaten betriebenen Anlagen auch Anlagen öffentlicher Betriebe, und zwar unabhängig davon, ob diese privatrechtlich oder hoheitlich betrieben würden. Diese Folge des Gesetzeswortlauts werde durch die Systematik, Entstehungsgeschichte und Zweck des Gesetzes bestätigt.

6 **c) Besondere Sorgfaltspflicht bei der Planung von WR-Gebieten.** Als Planungsgrundsatz hat sich durchgesetzt, dass die Neufestsetzung eines WR-Gebiets unmittelbar neben einem Industriegebiet dem *Grundgedanken* einer städtebaulichen Ordnung widerspricht und i. A. eine Fehlplanung wäre (dazu schon OVG Münster, U. v. 12.4.1972 – VII A 844/71 – DVBl. 1972, 687 mit Anm. v. *David* = BauR 1972, 210 = BRS 25 Nr. 38; ferner das Grundsatzurt. des BVerwG v. 5.7.1974 – IV C 50.72 –).

6.1 GI- und GE-Gebiete sollen bei Neuplanungen von Wohngebieten (und umgekehrt) in einem solchen Abstand geplant oder durch Zwischenzonen (Pufferzonen) derart abgeschirmt werden, dass schädliche (Umwelt-)Einwirkungen i. S. d. BImSchG vermieden werden (u. a. Hess. VGH v. 5.12.1973 – IV N 15/72 – BRS 27 Nr. 29; BayVGH, B. v. 24.11.1975 – Nr. 217 I 75 – BRS 29 Nr. 19 = BauR 1976, 182; U. v. 22.3.1982 – 25 XIV/78 – NJW 1983, 297 = BauR 1983, 336 u. NK-U. v. 25.10.1982 – 55 XIV/77 – BayVBl. 1983, 51; OVG RhPf, U. v. 2.5.1984 – 10 C 23/83 – ZfBR 1985, 31; OVG Bremen, U. v. 15.8.1989 – 1 BA 4/89 – UPR 1990, 112; VGH BW, U. v. 6.11.1985 – 3 S 514/84 –; U. v. 16.5.1986 – 8 S 509/85 – u. NK-B. v. 27.2.1991 – 3 S 557 – BWGZ 1991, 264 sowie Sächs. OVG, NK- U. v. 11.2.1999 – 1 S 347/97 – SächsVBl. 1999, 134; *Sendler*, Wirtschaftsrecht 1972, 453; grds. dazu § 1 Rn 40 f.). Die Abschirmung kann z. B. durch Zwischenschaltung eines MI-Gebiets, noch besser einer Grünfläche, erfolgen oder durch Festsetzungen des aktiven Lärmschutzes nach § 9 Abs. 1 Nr. 24 BauGB. Lässt sich das Nebeneinander von Gewerbe- und Wohngebieten infolge der gewachsenen Struktur einer Gemeinde nicht vermeiden, sollte durch Gliederung des GE-Gebiets nach § 1 Abs. 4 Satz 1 für die erforderliche Schutzwirkung Sorge getragen werden. Mit Recht hat zur Frage der Festsetzung eines WR-Gebiets in der Nachbarschaft eines GI-Gebiets der VGH BW festgestellt, dass der Abwägungsvorgang fehlerhaft ist, wenn der Gemeinderat bei der Festsetzung des WR-Gebiets das wirkliche Ausmaß der von dem Industriebetrieb ausgehenden Geräuschbelästigungen mangels unzureichender Sachverhaltsaufklärung in die Abwägung der öffentlichen und privaten Belange nicht einstellt (B. v. 22.9.1976 – III 431/76 – zit. bei *Wiethaup*, aaO.).

Eine angemessene räumliche Trennung, wie sie für das Verhältnis von GI- u. GE-Gebieten zu Wohngebieten bei Neuplanungen inzwischen zu den elementaren Planungsgrundsätzen gehört, sollte für die Festsetzung eines WR-Gebiets in **der Nähe von Fernverkehrsstraßen**, insbes. von *Autobahnen*, gleichfalls als Grundsatz gelten. Setzt die Gemeinde ein WR-Gebiet in der Nähe einer geplanten Bundesfernstraße trotz Kenntnis von der bereits verfestigten Straßenplanung fest, hat sie – ggf. nachträglich – durch entspr. Lärmschutzeinrichtungen die von den Grundstückseigentümern erwartete Wohnruhe sicherzustellen. Bei einer vierstreifigen (zweibahnigen) Bundesfernstraße mit einer durchschnittlichen täglichen Verkehrsstärke von etwa 50.000 Kfz/24 h beträgt der Beurteilungspegel in etwa 350 m Entfernung bei freier Schallausbreitung ohne Witterungseinflüsse etwa 59 dB(A); Näheres zu den **Immissionsgrenzwerten** (IGW) der VerkehrslärmschutzVO (16. BImSchV) v. 12.6.1990 (Anh. 7) s. § 15. Daraus ist ersichtlich, dass ein entspr. räumlicher *Abstand* der Wohngebiete von Fernverkehrsstraßen, soweit es sich jedenfalls um Neuplanungen handelt, als **städtebaulicher Grundsatz** gelten sollte (vgl. auch § 50 BImSchG). 7

Dass das Nebeneinander von Wohnbereichen und (Fern-)Verkehrsstraßen bei verfestigter städtebaulicher Struktur oftmals nicht zu vermeiden sein wird und in diesen Fällen daraus keine Verletzung der Grundsätze der Bauleitplanung hergeleitet werden kann (so schon OVG Lüneburg, U. v. 31.10.1969 – IV A 55/69 – BRS 22 Nr. 12), ändert nichts an der Verpflichtung, dass die *Neuplanung* von – reinen – Wohngebieten in der Nähe von Fernverkehrsstraßen grundsätzlich unterbleiben sollte.

Bei gewachsenem Bestand i. S. einer Gemengelage kann es allerdings auch notwendig sein, vorhandene reine Wohnbereiche neben Industriegebieten (z.B. Arbeitersiedlung neben einem Zechengelände) als WR-Gebiet festzusetzen. Eine andere Festsetzung entspräche nicht der vorgegebenen Planungssituation. Voraussetzung dafür ist, dass eine Beeinträchtigung der Wohnsiedlung durch entspr. planerische Maßnahmen in dem GI-Gebiet, z.B. durch Gliederung, ausgeschlossen oder jedenfalls erträglich gemindert wird (dazu § 1 Rn 40 f.).

Zur ordnungsgemäßen Planung eines WR-Gebiets gehört ferner: In Fällen, in denen aus städtebaulichen Gründen nur für wenige Grundstücke oder ein einzelnes Grundstück durch B-Plan eine andere Nutzung festgesetzt werden soll als dies im WR-Gebiet allgemein zulässig ist oder ausnahmsweise zugelassen werden kann und das betreffende Grundstück vom reinen Wohngebiet umgeben ist oder unmittelbar an ein WR-Gebiet angrenzt, müssen von dieser Nutzung störende Einwirkungen auf das WR-Gebiet ausgeschlossen werden. **Beispiel:** Schule, die im WR-Gebiet unzulässig ist, oder eine Bestandssicherungsplanung nach § 1 Abs. 10. 8

Das **einzelverplante Grundstück** muss sich in den Rahmen der für ein WR-Gebiet vorauszusetzenden größtmöglichen Störungsfreiheit einfügen. Insoweit müssen die Auswirkungen der durch Einzel-B-Plan festgesetzten Nutzungsart auf das benachbarte oder *umgebende* reine Wohngebiet bei der Baugenehmigung für das zu errichtende Bauvorhaben berücksichtigt werden.

Würde bei der Genehmigung des Vorhabens allein darauf abgestellt, dass es sich um ein eigenes Baugebiet – z.B. durch B-Plan festgesetztes *Mischgebiet* – handelt, so würde die Errichtung z.B. einer Schankwirtschaft evtl. mit Kegelbahn auf diesem Grundstück zwar mit der *Festsetzung* des B-Plans übereinstimmen. Trotzdem wird man den angrenzenden Nachbarn in derartigen Fällen ein Abwehrrecht gegen eine in Beziehung auf den B-Plan

§ 3 8.1, 9

zwar rechtmäßige, in Bezug auf die höherrangigen Vorschriften der BauNVO u. U. aber rechtswidrige Nutzung des Nachbargrundstücks einräumen müssen. Denn eine solche Einzelplanung widerspricht der städtebaulichen *Gesamtordnung*, die mit der Festsetzung »reines Wohngebiet« zu erkennen gegeben hat, dass die störungsfreie Baugebietszone hier der geordneten Entwicklung entspricht.

Die gleichen Überlegungen haben bei der Festsetzung von Flächen für den Gemeinbedarf nach § 9 Abs. 1 Nr. 5 BauGB (s. Vorb. §§ 2 ff. Rn 11.2 f.) sowie von Flächen für einen besonderen Nutzungszweck, etwa ein *Parkhaus* (§ 9 Abs. 1 Nr. 9 BauGB), und die nicht zu dem WR-Gebiet gehören, zu gelten.

8.1 Zur besonderen Sorgfaltspflicht der planenden Stellen und der Gemeindevertretung bei der Beschlussfassung gehört ferner die frühzeitige Überlegung, ob (öffentliche) Gebäude und Gemeinbedarfseinrichtungen der näheren Umgebung infolge des starken (meistens motorisierten) Besucherverkehrs auf das als Wohngebiet vorgesehene Gebiet mittelbar störend einwirken können. Davon sollte u. a. abhängen, ob bei einer Neufassung das zu planende Gebiet als reines oder (nur) als allgemeines Wohngebiet festzusetzen ist. Arztpraxen suchen z. B. gern die Nähe eines Krankenhauses, vor allem wenn sie damit für sich ein ruhiges Wohnen verbinden können; oder: In der Nähe eines Gerichtes lassen sich häufig Rechtsanwälte nieder. Der mit dem Besuch der Praxen, die zu den »wohnartig« ausgeübten Berufen nach § 13 zählen, verbundene starke Kfz-Verkehr mit seinen störenden Begleiterscheinungen, insbes. dem Verkehrslärm, führt häufig zu einer erheblichen Beeinträchtigung der Wohnruhe, der sich im WR-Gebiet jede sonstige Nutzung unterzuordnen hat (Rn 3).

Mithilfe der Zulässigkeitsvoraussetzungen des § 15 ist die Baugenehmigungsbehörde erfahrungsgemäß später meistens im Regelfall nicht in der Lage, die Baugenehmigung etwa für ein Wohnhaus mit Arztpraxis wegen des zwangsläufig zu erwartenden Kfz-Verkehrs zu versagen. Nach § 1 Abs. 5 könnten im B-Plan bestimmte Nutzungen nach § 13 zwar ausgeschlossen werden. Dazu wird die Gemeindevertretung sich aber meistens nicht bereit finden.

Aus den verschiedenen Gründen, zu denen auch der durch das Wohngebiet gehende (Kfz-)Verkehr zu einem Verwaltungsgebäude, einem Unfallkrankenhaus o. ä. »Unruheherden« zählt (das Verkehrsschild nach der StVO »Durchfahrt verboten, nur für Anlieger frei« verhindert faktisch die Durchfahrt nicht), empfiehlt es sich, sofern den mittelbaren Störungen nicht wirksam begegnet werden kann, das Gebiet **nicht als reines Wohngebiet** festzusetzen, es sei denn, die vorhandene Bebauung wäre bereits *faktisch* ein WR-Gebiet. Eine andersartige Festsetzung in einem solchen Fall – um lediglich den Immissionsschutznormen zu genügen – würde der vorgegebenen Planungssituation widersprechen und zu einer unerwünschten Umstrukturierung des Gebiets führen.

3. Änderung von Regelungen aufgrund der ÄndVOen 1968, 1977 und 1990

9 Nach dem Wortlaut des § 3 Abs. 4 BauNVO 1968 (wie BauNVO 1962) konnte im B-Plan festgesetzt werden, dass in dem Gebiet oder in bestimmten Teilen des Gebiets »nur Wohngebäude mit nicht mehr als zwei Wohnungen zulässig sind«. Nach dem eindeutigen Wortlaut ist diesseits davon ausgegangen worden, dass mit einer derartigen Festsetzung die nach § 3 Abs. 3 *ausnahmsweise zulassungsfähigen* Nutzungen gleichzeitig ausgeschlossen sein sollten (vgl. 3. Aufl. Tn 74; ebenso *Förster* i. d. früheren Aufl. zu § 3 Abs. 4; a. A. bisher schon *Bielenberg*, § 3 Rn 24).

Um diese vom VOgeber wohl nicht beabsichtigte Rechtsfolge auszuschließen, bestimmte § 3 Abs. 4 BauNVO 1977, dass die Festsetzung mit der Maßgabe erfolgen kann, dass die in dem Gebiet oder in Teilen des Gebiets zulässigen

Wohngebäude »nicht mehr als zwei Wohnungen haben dürfen«. Durch diesen Wortlaut wurde erreicht, dass für die **bis zur ÄndVO 1990** festgesetzten B-Pläne die in Abs. 3 genannten ausnahmsweise zulassungsfähigen Nutzungen bei Vorliegen von Ausnahmegründen (Vorb. §§ 2 ff. Rn 6–6.8) genehmigt werden können.

Die Auffassung von *Bielenberg/Dyong* (aaO., Rn 360), dass es sich bei der Fassung der BauNVO 1977 lediglich um eine Klarstellung gehandelt habe, die sich auch auf diejenigen B-Pläne auswirke, auf die die ÄndVO 1977 keine Anwendung findet, begegnet wegen des bis zur Änderung (durch die ÄndVO 1990) eindeutigen (andersartigen) Wortlauts weiterhin Bedenken. Will die Gemeinde sichergehen, ist ihr zu empfehlen, ihre B-Pläne, soweit sie Festsetzungen nach § 3 Abs. 4 BauNVO 1962 u. 1968 enthalten, auf das Recht nach der BauNVO 1977 umzustellen. Dabei ist darauf hinzuweisen, dass § 3 Abs. 4 **bis** zur Änderung aufgrund der ÄndVO 1990 besonders baunachbarrechtliche Schutzwirkungen entfaltet (s. Rn 20.5–20.91).

Die **ÄndVO 1990** hat die bisherige Festsetzungsmöglichkeit nach § 3 Abs. 4 aufgehoben. Nach Auffassung des VOgebers ist Abs. 4 entbehrlich, weil § 9 Abs. 1 Nr. 6 BauGB (bereits) die Möglichkeit vorhält, aus besonderen städtebaulichen Gründen die höchstzulässige Zahl der Wohnungen in Wohngebäuden festzusetzen (vgl. Begr. zum Reg.-Entw., BR-Drucks. 354/89, Abschn. B zu Nr. 3, S. 44; s. auch Rn 20.5 f.). Stattdessen hat **Abs. 4** einen klarstellenden Hinweis aufgenommen, dass das Wohnen auch die Betreuung u. Pflege der Bewohner umfasst (s. dazu Rn 20–20.2).

9.1

Durch die **ÄndVO 1990** ist ferner in **Abs. 1** (Zweckbestimmung) das Wort »ausschließlich« gestrichen worden (s. Rn 1). Die hinreichend klare Abgrenzung zum allgemeinen Wohngebiet bleibt gewahrt, da nach § 4 Abs. 1 BauNVO das allgemeine Wohngebiet lediglich »vorwiegend« dem Wohnen dient (so ausdrücklich Beschluss des BR v. 21.12.1989, Begr. zu Art. 1 Nr. 3, Buchst. a (BR-Drucks. 354/89, Beschluss). Aus diesem Grunde ist die Überschrift »*Reine* Wohngebiete« auch beibehalten worden.

9.2

In **Abs. 3** ist durch die ÄndVO 1990 auf Vorschlag des BR zusätzlich zu den bisher schon ausnahmsweise zulassungsfähigen Anlagen (Nutzungen) aufgenommen worden, dass (auch)

9.3

»Anlagen für soziale Zwecke sowie den Bedürfnissen der Bewohner des Gebiets dienende Anlagen für kirchliche, kulturelle, gesundheitliche und sportliche Zwecke«

ausnahmsweise zugelassen werden können. Der BR hat darauf hingewiesen, dass der Vorschlag »*das reine Wohngebiet als Gebietstypus, der in unserer Zeit mit ihren schnellen urbanistischen Veränderungen von großer Bedeutung ist, erhält*« (vgl. Begr. zum B. des BR, aaO., Buchst. b).

Ausgangspunkt der Ergänzung war der politische Wille, die Anlagen für *sportliche* Zwecke in das WR-Gebiet aufzunehmen. Wegen der erforderlichen Gleichstellung dieser Anlagen mit anderen Infrastrukturanlagen mussten diese – obwohl ursprünglich vom BR nicht vorgesehen – mit aufgenommen werden (s. dazu B. des BR, Rn 9.2).

4. Allgemein zulässige Nutzungen (Abs. 2)

a) Allgemeines; zum Begriff Wohngebäude. Nach der Zweckbestimmung sind im WR-Gebiet allgemein zulässig nur Wohngebäude (Abs. 2) und die Nutzungen i. S. der §§ 12 bis 14. Anlagen des Gemeinbedarfs u. für sportliche Zwecke (Vorb. §§ 2 ff. Rn 11–12.102) sind in WR-Gebieten nur ausnahmsweise vorgesehen (dazu Rn 19.6 ff.). Das ist folgerichtig; denn z.B. Kirchen mit ihrem Geläut, Schulen oder Sportanlagen mit motorisierten Zuschauermengen können die angestrebte größtmögliche Wohnruhe erheblich stören.

10

10.1 **Wohngebäude** sind bauliche Anlagen, die zum dauernden Wohnen geeignet und bestimmt sind (statt vieler OVG Saarl., B. v. 24.10.1973 – II W 62/73 – BRS 27 Nr. 33; zum Begriff des Wohnens s. Rn 1–3). Der **Begriff des Wohngebäudes** umfasst alle Formen des *dauernden* Wohnens vom Einfamilienhaus im Bungalowstil bis zum vielgeschossigen Miethaus mit den entspr. Wohnungen und Appartements, Zweit- u. Ferienwohnungen (Rn 1), die – wenn auch vorübergehend genutzt – zum Wohnen auf Dauer eingerichtet u. benutzbar sind, sowie Wohngebäude mit entsprechenden Nutzgärten i. S. v. § 2 Abs. 2 Nr. 1. Der Begriff »Wohngebäude« beschränkt sich nicht auf Gebäude mit *Wohnungen*. Begrifflich fallen darunter auch Wohn*heime* u. dergl. (Rn 11–14.2), soweit deren Bewohner sich dort auf eine selbstgewählte, d. h. freiwillige, **eigengestaltete**, auf (gewisse) **Dauer** angelegte »**Häuslichkeit**« einrichten (zum Begriff der Häuslichkeit Rn 1–3).

11 b) **Wohngebäude – Abgrenzung zu Wohn-Heimen. –** aa) Nach dem in der Zwischenzeit außer Kraft getretenen § 15 II. WoBauG gelten **als Wohnheime** Heime, die nach ihrer baulichen Anlage und Ausstattung für die Dauer dazu bestimmt und geeignet sind, »Wohnbedürfnisse zu befriedigen«. Die Befriedigung von Wohnbedürfnissen als *formales* Kriterium allein genügt nicht zur Anerkennung von Heimen als Wohngebäude innerhalb eines reinen Wohngebiets (Rn 1). Wohnheime können im **WR-Gebiet** nur *nach dem Sinngehalt* der Vorschrift, nämlich vor dem Hintergrund des Wohnens i. S. d. **Häuslichkeit** (Rn 10.1) u. des damit einhergehenden gleichgerichteten besonderen Interesses an höchstmöglicher Wohnruhe, als »Wohngebäude« richtig eingeordnet werden. Zu den Wohngebäuden in diesem Verständnis zählen Wohn*heime*, soweit sie dem dauernden Wohnen i. S. einer Häuslichkeit (*Heimstatt*) dienen.

11.1 bb) **Alten-Wohnheime in verschiedenartiger Betreibungsform.** Zu den genannten Wohn-Heimen gehören in stetig noch zunehmender Weise **Altenwohnheime** mit unterschiedlichen Wohn- und Lebensformen. Darunter sind Wohngebäude zu verstehen, in denen i. d. R. Appartements möbliert oder unmöbliert an einzelne – ältere – Personen oder (Ehe-)Paare abgegeben werden oder diese sich dort »einkaufen«. Die Appartement-Bewohner können sich selbst beköstigen. Sie beziehen diese Heime i. d. R. mit der Absicht, dort ihren **Lebensabend zu verbringen.** Mit diesen Merkmalen ist sowohl die *Häuslichkeit* als auch die *Dauernutzung* gegeben. Im Zuge eines gewissen Strukturwandels auch im Altenpflegewesen nimmt das sog. **betreute Wohnen** stetig zu und entwickelt zugleich weitere Formen des Zusammenlebens. Die Form der **Altenheime** (s. Rn 11.2) geht dagegen vielfach zurück. Das sog. betreute Wohnen in einer entspr. altengerechten Wohnanlage unterscheidet sich vom »normalen« Wohnen dadurch, dass die Anlage im Regelfall in unmittelbarer Nähe eines Seniorenheims, einer Diakoniestation oder dergl. liegt. Die Bewohner können bestimmte qualifizierte Betreuungsleistungen, wie Anschluss an eine Notrufanlage, Kurzzeitpflege, Benutzung sonstiger Gemeinschafts- und Versorgungseinrichtungen (wie Pflegebad), nach Abschluss eines entspr. Betreuungsvertrages in Anspruch nehmen. Derartige Wohnanlagen können dort vorgesehen werden, wo nach der BauNVO ein Wohnen i. S. d. Begriffs (vgl. Rn 1.2) uneingeschränkt zulässig ist. Altenwohnheime mit gehobenem Niveau (Leseabende, Vorträge) und weiter gehenden Ansprüchen (regelmäßige ärztliche und sonstige Betreuung) sowie mögliche Beköstigung durch eine häufig hotelartige Küche werden auch als »**Wohnstifte**« oder **Seniorenheime** bezeichnet. Zu Recht bezeichnet der BayVGH in seinem U. v. 22.5.2006 – 1 B

04.3531 –, BayVBl. 2007, 760, daher »betreutes Wohnen« in einem »Wohnstift« als Wohnen im bauplanungsrechtlichen Sinne.

Ferner zählen dazu sog. **Altenheime**. Hierbei handelt es sich um öffentliche, karitative oder private Einrichtungen, in denen ältere u. alte Menschen, die zur Führung eines eigenen Haushalts aus verschiedenartigen Gründen nicht mehr gewillt oder nicht mehr im Stande sind, unter unterschiedlich weitgehender Betreuung leben. Die Bewohner beziehen das Altenheim gleichfalls mit der Absicht, dort ihren Lebensabend zu verbringen, was nicht ausschließt, dass sie entspr. ihrem Gesundheitszustand zu jeder Zeit Reisen u. sonstige individuelle Unternehmungen machen können.

Altenheime unterscheiden sich von Alten*wohn*anlagen (Appartements, »altengerechte« Wohnungen) in erster Linie dadurch, dass für die Bewohner eine Gemeinschaftsverpflegung u. insgesamt eine intensivere *persönliche* Betreuung besteht.

Altenheime haben i. A. einen i. Verh. zur Gesamtbettenzahl geringen (untergeordneten) Anteil von Pflegebetten für (teilweise nur vorübergehend) bettlägerige oder sonstige pflegebedürftige Heimbewohner (ebenso Hess. VGH, B. v. 2.5.80 – IV TG 24/80 –BRS 36 Nr. 183). Den Bewohnern eines Altenheims verbleiben zwar nicht alle, doch wesentliche mit der Führung eines häuslichen Lebens verbundene Möglichkeiten (so mit Recht Hess. VGH, B. v. 2.5.1980, aaO.). Die Bewohner können vor allem *zu jeder Zeit* das Altenheim, etwa bei Besuch von Angehörigen, verlassen. Die **Freizügigkeit,** tun zu können, was beliebt, soweit das Gebot der gegenseitigen Rücksichtnahme nicht verletzt wird, gehört zum Inbegriff des Wohnens (Rn 1).

Dass eine der Wohlfahrt dienende (öffentliche) Stelle das Altenheim mit öffentlichen Mitteln und aus sozialen Gründen (zwecks Betreuung alter Menschen) errichtet hat, ist für die **städtebaurechtliche** Einstufung als »Wohngebäude« ohne Belang, jedenfalls wird das Gebäude dadurch nicht (von selbst) zur »Anlage für soziale Zwecke«.

Die herkömmliche Form der Altenheime ist seit Mitte der 1990iger Jahre erheblich zurückgegangen. Dies beruht auf finanziellen Gründen und dem stetig zunehmenden Angebot ambulanter Dienste. Gegenwärtig wird gesellschaftspolitisch die ambulante Hilfe zur Pflege an Stelle einer stationären favorisiert. Durch ambulante Dienste soll die Haushaltsversorgung gewahrt und durch pflegerische Tätigkeiten der Gesundheitszustand stabilisiert werden. Dies trägt mit dazu bei, dass die stationären Angebote in Pflegeheimen von schwerstpflegebedürftigen Menschen mit körperlichen, psychischen und geistigem Hilfsbedarf in Anspruch genommen werden. Eine sozialplanerische Untersuchung in mehreren Einrichtungen (Heeg, Institut für öffentliche Bauten der Universität Stuttgart: Bericht beim Seminar »Pflege – Entwicklungstrends im stationären Pflegebereich«, VWA, April 2000) ergab, dass etwa 70 % der Bewohner von Pflegeheimen Bewegungseinschränkungen aufweisen. Geistig-seelische Veränderungen zeigten sich bei 80 % (Demenz 50 %, Depression 20–45 %, Sucht 4,8–12,2 %). Als Einschränkungen im sensorischen Bereich dominierten mit 22–25 % die Höreinschränkungen (bis zur Taubheit) und mit ca. 16 % die Seheinschränkungen (bis zur Blindheit). Höchstens 10 % der Bewohner in den untersuchten Einrichtungen waren bettlägerig. Die prognostizierte Überalterung der Bevölkerung in Deutschland wird zu einem noch höheren Anteil von Demenzkranken in der Zukunft führen.

§ 3 Abs. 2 11.3

Der Ausbau der häuslichen Versorgung kommt dem Wunsch vieler Pflegebedürftiger nach Verbleib in den eigenen vier Wänden entgegen. Sie stellt an pflegende Angehörige und die ambulanten Dienste hohe Anforderungen. Damit dieser Nachfrage auch in Zukunft weitgehend entsprochen werden kann, bedarf es einer Förderung des weiteren Ausbaus der Kurzzeitpflege, des weiteren Ausbaus stadtteilorientierter, offener, niederschwelliger Angebote (Beratung, Betreuungsgruppen, Fortbildungsangebote für pflegende Angehörige, offene Begegnungsmöglichkeiten, generationsübergreifende Stadtteilarbeit) und des Ausbaus der ambulanten, psychiatrischen Hilfen (psychiatrische Tagesklinik für Ältere und Wohngruppen für demenziell Erkrankte mit ambulanter Versorgung).

Nachdem der Anteil der über 65-jährigen von 17 % der Bevölkerung im Jahr 2000 auf fast 30 % im Jahr 2050 in Deutschland ansteigen wird, wird davon ausgegangen, dass falls keine alternativen Wohnformen bereitgestellt werden können, der Bedarf an zusätzlichen Heimplätzen für pflegebedürftige Menschen bis 2050 eine Größenordnung von 700.000 erreichen wird. Bei allen neuen Einrichtungen, die gegenwärtig gebaut werden, handelt es sich daher um Pflegeheime mit Dauerpflege-, Kurzzeitpflege- und Tagespflegeplätzen. Die neuen Pflegeheime weisen im Regelfall im Gegensatz zu früher nicht mehr als 60 Pflegeplätze auf. Die Pflegeheime werden inzwischen vorwiegend dezentral in den Stadtteilen angesiedelt, um die Identifikation des sozialen und familiären Umfeldes mit der Einrichtung zu fördern.

Aus den faktischen Veränderungen in der Pflege hat auch der Gesetzgeber beim HeimG Konsequenzen gezogen. An Stelle der früheren Unterscheidung von Altenheimen, Altenwohnheimen, Pflegeheimen und gleichartigen Einrichtungen, die alte Menschen sowie pflegebedürftige oder behinderte Volljährige nicht nur vorübergehend aufnehmen und betreuen, in § 1 Abs. 1 HeimG vom 7.8.1974 (BGBl. I S. 1873), enthält § 1 Abs. 1 HeimG n. F. die allgemeine Definition, wonach Heime Einrichtungen sind, die dem Zweck dienen, ältere Menschen oder pflegebedürftige oder behinderte Volljährige aufzunehmen, ihnen Wohnraum zu überlassen sowie Betreuung und Verpflegung zur Verfügung zu stellen oder vorzuhalten. D. h. nicht nur die Unterscheidung in verschiedene Betreuungsstufen, sondern auch in Bezug auf die Betreuungsdauer wurden aufgegeben. Heute bieten neue Einrichtungen i. d. R. unterschiedliche Betreuungskonzepte für alle Pflegestufen bis zur Bettlägerigkeit an.

11.3 cc) Zur Zulässigkeit von »Altenpflegeheimen«. Der Begriff der Altenpflegeheime in seinen verschiedenartigen Betreibungsformen ist nicht (mehr) einheitlich zu umschreiben. Das Altenpflegeheim hat in unserer mittlerweile überalterten Gesellschaft (was Besucher z. B. aus den »jungen« Ländern der Dritten Welt besonders augenfällig bemerken) gerade in den letzten Jahren sehr unterschiedliche Formen entwickelt. Sie haben dazu geführt, dass der Begriff »Altenpflegeheim« nicht mehr eine einheitliche Beurteilung des Begriffsinhalts zulässt. Die Formenvielfalt beruht nicht zuletzt darauf, dass die *durchschnittliche Lebenserwartung* in den letzten Jahren zwar erheblich gestiegen ist, der allgemeine Gesundheitszustand der älteren Bevölkerung aber nicht etwa entsprechend qualitativ zugenommen hat. Die medizinischen Erkenntnisse haben das Altern verlängert, ohne dass die altersbedingten Leiden dadurch jedoch entspr. deutlich später einsetzen.

Das *altersbedingte* oder infolge plötzlicher Einwirkungen (Oberschenkelhalsbruch, Schlaganfall etc.) eintretende Nachlassen der allgemeinen körperlichen Kräfte und Funktionen einerseits und die psychische sowie körperliche – meistens anlagebedingte – schwere Behinderung im höheren Alter, etwa durch hochgradige Verwirrtheit oder die Alzheimersche Krankheit, andererseits zeigen, dass der Begriff »pflegebedürftig« (ganz) unterschiedliche qualitative, quantitative und zeitliche Gesichtspunkte enthält. **11.4**

Die Pflegebedürftigkeit i. S. notwendiger Inanspruchnahme fremder Hilfe wird häufig bei (plötzlichem) Ausfall (Tod) des häuslichen Partners akut. Ist die (partiell) pflegebedürftige Person gewillt und sieht sie sich in ihren altersbedingten Grenzen auch in der Lage, ihr bisher *eigengestaltetes* Leben in häuslicher Umgebung i. S. d. Inbegriffs Wohnen (Rn 1) in dauerhafter Weise – im Idealfall ohne Umsiedlung in einen (ganz) anderen Wohnbereich – für den Rest des Lebens in einem (kleineren) Altenpflegeheim unter privater oder karitativer Leitung zu verbringen, besteht im Grundsatz kein Unterschied zu der bereits bisher bestandenen Hilfsbedürftigkeit im häuslichen Bereich. Dieser Entwicklung tragen sog. Seniorenheime zunehmend Rechnung, indem sie eine größere Pflegestation – nicht nur für vorübergehend Bettlägerige – angeschlossen haben. **11.5**

Altenpflegeheime der erwähnten Art, vielfach auf privater (auch anspruchsvoller) Grundlage betrieben, in die man sich z. B. »einkauft«, sind je nach der Gestaltung auch in WR-Gebieten zulässig, ohne dass sie erst als »Anlagen für gesundheitliche oder soziale Zwecke« wie »echte« Behindertenheime, etwa für psychisch Behinderte oder spastisch Gelähmte, eingestuft werden müssen (vgl. BVerwG, B. v. 27.1.94 – 4 N B 1.94 –, soweit ersichtlich n. v.).

Das zunehmende Bedürfnis der gegenseitigen Betreuung und Pflege alter Menschen kann auch in **Alten-Wohngemeinschaften** ähnlich derjenigen junger Menschen (Familien) zum Ausdruck kommen. Während in den besonders von Studenten entwickelten Wohngemeinschaften die Arbeitsteilung bei den häuslichen Arbeiten und Beschäftigungen (Beaufsichtigung der i. d. Wohngemeinschaft lebenden Kinder) im Vordergrund steht, sind es bei Alten-Wohngemeinschaften insbes. die Möglichkeit gegenseitiger Hilfe bei den »Handgriffen des täglichen Lebens« sowie des kleineren Pflegedienstes und zur Gegensteuerung der häufigen Vereinsamung.

Für die Zulässigkeit von (Alten-)Pflegeheimen in WR-Gebieten, ohne dass es auf Ausnahmegründe ankommt (s. Rn 19.6 i. V. m. Vorb. §§ 2 ff. Rn 6–6.8), ist entscheidend darauf abzustellen, ob und inwieweit das zu genehmigende Heim (Gebäude, Rn 10) (noch) dem Inbegriff des Wohnens i. S. v. Rn 1 entspricht; das sollte im Antrag auf Genehmigung oder Nutzungsänderung des Vorhabens dargelegt werden. Aufgrund der Zweckbestimmung des WR-Gebiets kann es sich im Regelfall nur um »kleine«, d. h. der Funktion (der Eigenart) des jeweiligen WR-Gebiets angepasste Heime handeln, wie das auch für kleine Beherbergungsbetriebe gilt. **11.6**

Pflegeheime, die nach Sinn und Zweck einem Langzeitkrankenhaus gleichkommen, und die unterschiedlichen Heime für unheilbar Kranke sind nach dem **Gebietscharakter** im WR-Gebiet auch nicht ausnahmsweise zulassungsfähig, weil es sich dabei um eine krankenhausmäßige Betreuung i. S. d. Anlagen für gesundheitliche Zwecke handelt (s. auch Rn 19.6 f.; a. A. *Ziegler*, in: Brügelmann, § 3 Rn 58–62, zu dessen Ansicht näher Rn 20 f.). Diese Feststellung **11.7**

§ 3 Abs. 2   11.8–12.1

hat mit »Milieuschutz«, »Verkennung der Menschenwürde« oder anderen emotionalen Ausgrenzungsbehauptungen nichts zu tun. Im *allgemeinen* Wohngebiet dagegen sind **Pflegeheime** jedweder Art aufgrund des vom WR-Gebiet differenzierten Gebietscharakters selbstverständlich – als Anlagen für gesundheitliche und soziale Zwecke – allgemein zulässig.

11.8   In diesem Zusammenhang ist eine Entscheidung des VGH BW (U. v. 17.5.1989 – 3 S 3650/88 – BauR 1989, 587) zu erwähnen, durch die ein Altenpflegeheim in einem reinen Wohngebiet für unzulässig erklärt worden ist. Das Urteil ist in Fachkreisen durchweg auf Verständnis gestoßen, weil die Nutzungsänderung, um die es sich handelte, nach dem Antrag nicht dem Inbegriff des Wohnens entsprach *und* die Gemeinde *zur Hervorhebung*, dass das betreffende Wohngebiet ausschließlich zum Wohnen bestimmt ist, die ausnahmsweise zulassungsfähigen Anlagen und Nutzungen (§ 3 Abs. 3) insgesamt nach § 1 Abs. 6 Nr. 1 im B-Plan ausdrücklich ausgeschlossen hatte. Die Reaktion auf diese Entscheidung muss deshalb betroffen machen, weil sie zeigt, in welcher Weise die *»veröffentlichte Meinung«* in der Lage ist, ohne Kenntnis der Einzelheiten rechtsstaatlich zustandegekommene Normen als »skandalös« abzutun (im Einzelnen dazu *Uechtritz*, BauR 1989, 519; besonders deutlich hinsichtlich der Zulässigkeit der Entscheidung *Battis* u. Schwerdtner, VBlBW 1989, 417 f.).

12   dd) **Andere Wohn-Heime als Inbegriff der (häuslichen) Wohnstätte.** Unter einem **Wohnheim** ist die Wohnmöglichkeit von Personen in einer gemeinschaftlich mit anderen Personen benutzten Anlage zu verstehen, in der dem einzelnen Benutzer zwar ein bestimmter Raum nur für sich – oder auch mit anderen gemeinsam – zur Verfügung steht, in der aber i. d. R. bestimmte für die Wohnbedürfnisse erforderliche Räume und Einrichtungen – wie Küche, Aufenthaltsraum, sanitäre Einrichtungen – für alle Personen zur gemeinschaftlichen Benutzung zur Verfügung stehen. Dabei werden die Einzelheiten der Nutzung üblicherweise durch einen Vertrag zwischen Heimbetreiber und den Benutzern festgelegt. Vielfach erfolgt der ordnungsgemäße »Betrieb« eines Wohnheims durch eine Heimleitung (vgl. dazu BayVGH, B. v. 28.7.1992 – 2 CS 92/044 – BRS 54 Nr. 139 = BauR 1992, 589). Die Zahl der Personen (Wohndichte) hat für die Frage, ob nach der charakteristischen Struktur ein Wohnheim vorliegt, keine Bedeutung, kann jedoch für die Beurteilung nach § 15 Abs. 1 z. B. wegen der Eigenart des Gebiets eine Rolle spielen. Derartige Wohnheime können den Wohngebäuden zugerechnet werden, *wenn* die Bewohner das »Wohn-Heim« für die vorgesehene Dauer (als Student, Lehrling u. dergl.) i. S. einer eigengestalteten Häuslichkeit ansehen.

Das OVG Saarl. hat die *Voraussetzungen* einer **Wohnstätte für ein Personalheim** eines Altenheimes (noch) angenommen (vgl. B. v. 24.10.1973, Fundst. Rn. 10.1), die zum einen in der räumlichen Aufteilung und Ausgestaltung des Gebäudes deutlich zum Ausdruck kamen, indem die Ein- und Zweiraum-Appartements u. a. mit Bad und Balkon ausgestattet waren. Zum anderen konnte davon ausgegangen werden, dass das dauernde Wohnen i. S. d. Häuslichkeit mit der beruflichen Aufgabe auf Dauer verbunden war.

12.1   Das Gleiche trifft i. A. auf **Schwesternwohnheime** zu, weil hier die Appartements im Grundsatz ohne die Absicht zeitlicher Beschränkung bewohnt werden und für die Schwestern gleichzeitig die Häuslichkeit bilden. Die Teilnahme an einer Gemeinschaftsverpflegung, was unterschiedlich gehandhabt wird, steht dem nicht entgegen; ältere Menschen erhalten heutzutage oftmals das Essen von auswärts durch »fahrbare Mittagstische« (»Essen auf Rädern«), von Sozialstationen u. ä. Betreuung. Da Schwesternwohnheime i. d. R. in enger räumlicher Verbindung zu Krankenhäusern errichtet werden, die in WR-Gebieten auch ausnahmsweise nicht zugelassen werden dürfen, sind im Falle derartiger Kopplung die Abgrenzungsmerkmale allenfalls für die Zulässigkeit in WA-Gebieten von Bedeutung.

c) **Abgrenzung des »Wohngebäudes« zu Studentenwohnheimen, Lehrlings- u. Schülerheimen und ähnlichen Wohnheimen.** Die Einstufung von Studentenwohnheimen, d. h. von Gebäuden, die ausschließlich oder überwiegend für die Aufnahme von Studenten vorgesehen sind, muss **differenziert beurteilt** werden. Werden innerhalb eines Wohngebäudes Wohnungen, Appartements und einzelne Zimmer an Studenten vermietet, verliert das Wohngebäude nicht seine Funktion. Für die Frage der Qualifizierung von *Studentenwohnheimen* als Wohngebäude wird zu berücksichtigen sein, dass das Leben der Studenten sich stark gewandelt hat. **13**

Gründe: Zum einen lösen die Studenten sich vielfach früher vom Elternhaus als es sonst üblich war, zum anderen wechseln sie weniger als früher die Hochschulen. Studenten gehen aus unterschiedlichen Gründen häufig schon früh Ehen oder eheähnliche Bindungen ein. Das Studium ist schlechthin »nüchterner« geworden, so dass sich die Studenten in ihrer Freizeitgestaltung kaum von Gleichaltrigen, die bereits im Beruf stehen, unterscheiden. Daraus folgt u. a.: Studenten streben vermehrt von der früheren »Bude« zur Häuslichkeit und streben dies auch in einem Studentenwohnheim an.

Demzufolge muss ein **Studentenwohnheim** heutzutage im Grundsatz als **Wohngebäude** eingestuft werden (aA. unter den früheren Kriterien *Krause*, aaO.; *Knaup/Stange*, § 3 Rdn. 23). Ein Studentenheim mit abgeschlossenen Appartements mit Bad und Kochnische dient ausschließlich Wohnzwecken. Dass das Belegungsrecht an einen bestimmten vorübergehenden Zweck (Studium) gebunden ist, steht dem ausschließlichen Wohncharakter nicht entgegen (VGH BW, B. v. 4.10.1991 – 3 S 2087/91 – BRS 52 Nr. 188 = BauR 1992, 45).

Die grundsätzliche Zulässigkeit wird nach Lage des Einzelfalls insbes. hinsichtlich *Anzahl* der Räume und Appartements und dem *sonstigen Umfang* der Störmöglichkeit einer **Überprüfung nach § 15** zu unterziehen sein. In einem WR-Gebiet mit **zweigeschossiger offener** Bauweise würde die Genehmigung z. B. von 20 Einzel-Wohnräumen (Appartements) »der Eigenart des Baugebiets«, nämlich der allenthalben zu beachtenden Wohnruhe widersprechen. Es muss bei den Störfaktoren vor allem der motorisierte Zu- und Abfahrts- sowie Besucherverkehr berücksichtigt werden. Die Genehmigung eines *Studentenwohnheims* ist i. A. zu versagen, wenn die vorgeschriebene Anzahl von Einstellplätzen nicht auf dem Grundstück selbst untergebracht werden kann. Diese Forderung – wie überhaupt die *sorgfältige Prüfung* der Zulässigkeitsvoraussetzungen – darf auch dann nicht zurückgestellt werden, wenn die Errichtung von Studentenwohnheimen z. B. in Wohngebieten nahe einer Hochschule erwünscht und mit öffentlichen Mitteln gefördert wird. **13.1**

Schließt die Gemeinde allgemein »Heime« ohne deren Aufzählung im WR-Gebiet aus, *fallen* unter den Ausschluss *auch* die *Studentenwohnheime* (vgl. in Bezug auf Studentenwohnheime VGH BW, U. v. 28.3.1968 – III 312/66 – DWW 1971, 91). Nach OVG Saarl. kann »*ein als Studentenwohnheim bestimmtes Bauwerk mit 43 Wohnräumen inmitten reiner Wohnbebauung unzulässig sein*« (U. v. 12.12.1969 – II R 62/69 – BRS 22 Nr. 43).

Lehrlings- u. Schülerwohnheime (z. Begriff s. Rn 12) können – wenn auch gewisse Bedenken bestehen bleiben – als Wohngebäude eingestuft werden, *wenn* erkennbar (bzw. nachgewiesen) ist, dass Lehrlinge und Schüler die angebotenen oder möglichen (privaten) Unterkünfte zwecks **eigengestalteter Lebensführung** (i. S. d. Häuslichkeit, Rn 10.1) *freiwillig* beziehen. Es ist nicht zu verkennen, dass junge Menschen ganz allgemein früher, als es bisher i. d. R. der Fall gewesen ist, zur Verselbständigung u. Eigengestaltung der ihnen verbleibenden – z. Teil noch angewachsenen – Freizeit drängen. **14**

§ 3 Abs. 2 14.1–16

Lehrlings- u. Schülerwohnheime werden vielfach in Gemeinden angeboten u. unterhalten, in denen sich weiterführende Schulen oder Berufsschulzentren befinden, so dass die Jugendlichen – aufgrund ihrer Wohnstandorte »auf dem Lande« – ohnehin vielfach gezwungen sind, in derartigen »Heimen« zu leben. Eine gemeinschaftliche Verpflegung – wie in Altenheimen – u. auch eine *Hausordnung* stehen der Einstufung als Wohngebäude nicht entgegen, wenn die Bewohner in Ein- oder Mehrbettzimmern ihre Lebensführung im Übrigen selbst gestalten können.

14.1 Die bestehen gebliebenen Bedenken beruhen darauf, inwieweit die Bewohner von Lehrlings- u. Schülerwohnheimen willens (in der Lage) sind, sich der *Gebietsgemeinschaft* des WR-Gebiets (s. Rn 5.1) anzupassen. Es ist in diesen Fällen nicht ein zusätzlicher Kfz-Verkehr bedenklich, der zur Störung der im WR-Gebiet vorauszusetzenden Wohnruhe führt, sondern die im Umgang der Jugendlichen miteinander häufige Lautheit. Sie wirft tagsüber i. A. zwar keine dem WR-Gebiet abträglichen Probleme auf, kann aber abends u. nachts im Hinblick auf die Feierabendgestaltung (Kommunikation) u. die erforderliche Nachtruhe zu schwer regelbarer Unruhe führen. Auf die allgemeinen **Zulässigkeitsvoraussetzungen des** § 15 Abs. 1 Satz 2 kann in derartigen Fällen nicht zurückgegriffen werden (aA. *Bielenberg*, § 3 Rdn. 10); denn diese betreffen lediglich die *Genehmigung* des Vorhabens (der Nutzung), ggf. der Nutzungsänderung. Durch § 15 Abs. 1 Satz 2 kann dagegen nicht die Freizeitgestaltung der Heimbewohner in ihrer unterschiedlichen Zusammensetzung reglementiert werden – auch nicht etwa als vorsorgliche »Auflage«.

14.2 Aufgrund des spezifischen Gebietscharakters des WR-Gebiets gehen Gemeinden vielfach dazu über, »Heime« im WR-Gebiet generell auszuschließen, was diesseits für sinnvoll gehalten wird.

15 d) **Abgrenzung des Wohngebäudes zu zeitlich beschränkten andersartigen Wohn- und Unterkunftsformen, häufig auch unter Bezeichnung »Heime« geführt. – aa) Keine Wohngebäude** i. S. d. städtebaulichen Ordnungsbegriffs sind etliche Wohn- und Unterkunftsformen, die häufig Anlagen und Einrichtungen für soziale, gesundheitliche, kulturelle oder kirchliche Zwecke sind. Dazu gehören Jugendheime, Schullandheime von Städten (gern in Seebädern u. dergl.), Internate, die mit der schulischen Ausbildung verbunden sind – Landschulheime oder mit ähnl. Bezeichnung –, Jugendherbergen, Ferien- und Freizeitheime (Erholungsheime) und Schulungsheime von Betrieben und Verbänden (dazu Rn 19 u. § 4 Rn 7).

15.1 Unter den Begriff **Wohngebäude** fallen gleichfalls **nicht** Kinderheime, Kindertagesheime (Kindertagesstätten) und Säuglingsheime. Der Zweck des Aufenthaltes in diesen Heimen ist **kein Wohnen** im hergebrachten Sinne, worin die Wohnbedürfnisse einbegriffen sind (Rn 1); der Zweck entspricht der Unterbringung, wozu das Verwahren unter gleichzeitiger Betreuung, Pflege und Anleitung zu rechnen ist; dabei kann es wegen der nach § 3 Abs. 3 Nr. 2 BauNVO 1990 unterschiedlich geregelten ausnahmsweisen Zulassungsfähigkeit von Anlagen für soziale Zwecke (uneingeschränkt) und der Anlagen für gesundheitliche und kirchliche Zwecke (auf die Bedürfnisse der Bewohner des Gebiets beschränkt) auf die Zuordnung ankommen; zu **Kindertagesheimen** s. OVG Hamb., U. v. 8.10.1964 – Bf II 141.63 – DÖV 1966, 572.

16 e) **Abgrenzung des Wohngebäudes zu Unterkünften und Schlafstätten i. S. v. Unterbringung. – aa) Allgemeines.** Zur Abgrenzung von »Wohngebäuden« (s. Rn 10–11) gegenüber **Unterkünften**, Schlafstätten und sonstigen Heimen ist zur deutlichen Unterscheidung von der auf gewisse Dauer angelegten, eigengestalteten Häuslichkeit = Wohnen auszugehen, wie schon im B. des OVG Bremen (B. v. 22.9.1992 – 1 B 83.92 –, Rn 16.48) herausgestellt worden ist (vgl. dazu auch BVerwG, B. v. 25.3.1996 – 4 B 302.95 – BauR 1996, 676 = BRS 58 Nr. 56 = ZfBR 1996, 228 = DÖV 1996, 746). Hiervon zu unterscheiden ist die »**Unterbringung**« in ihren vielfältigen Formen und aus unterschiedlichen Beweggründen, die nicht den Begriff des Wohnens i. S. der Wohngebiete (Rn 1–3) erfüllt. Die Unterbringung bezeichnet vielmehr ein vorübergehendes, häufig im Voraus beabsichtigtes kurzzeitiges Verweilen, oftmals i. S. nur einer »*Schlafstätte*«.

Da die differenzierte und zu differenzierende Abgrenzung für das Wohnen in den Wohngebieten der §§ 2–4, insbes. des reinen Wohngebiets i. A., für die **Gebietsverträglichkeit** und das die nachbarschaftlichen Beziehungen prägende **Gemeinschaftsverhältnis** im Besonderen, **von entscheidender Bedeutung** ist, ist darauf hinzuweisen, dass für die Unterscheidung **allein** darauf abzustellen ist, ob und inwieweit auf diejenigen, die sich im reinen (und allgemeinen) Wohngebiet niederlassen bzw. ein entspr. Gebäude (Heim) beziehen wollen, der Begriff des Wohnens als eine **auf gewisse Dauer angelegte eigengestaltete Häuslichkeit** zutrifft. Das öffentlich-rechtliche Benutzungsverhältnis gibt für die Unterscheidung des Wohnens von der Unterbringung nichts her. Das gilt selbst für die Obdachlosenunterkünfte, die nach hM zwar als »Anlagen für soziale Zwecke« einzustufen sind (z. Begriff »sozial« s. Rn 19.63), aufgrund der notwendigen Gebietsverträglichkeit – und weil es sich dabei eben nicht um Wohnen handelt – in Wohngebieten (§§ 2–4) nicht zulässig sind. Es spielt keine Rolle, ob die Personen durch die öffentliche Hand eine Unterkunft erhalten oder diese ihnen (nur) nachgewiesen wird, oder ob sie sich die Unterkunft – was allerdings selten der Fall sein wird – selbst beschaffen und dafür die entspr. Mittel durch die Sozialhilfe erhalten. Entscheidend ist stets die Überlegung, ob mit der Unterkunft ein Wohnen zu bejahen ist.

16.1

Demgegenüber stehen die zahlreichen hier zu behandelnden Fälle, die durch öffentlich-rechtliche Hilfsmaßnahmen oder aufgrund *gesetzlicher* Verpflichtung, um der Daseinsfürsorge des Staates (im weitesten Sinne verstanden) nachzukommen, untergebracht werden oder für deren Unterbringung bereits feststehende Unterkünfte zur Verfügung stehen. Das gilt insbes. für **Obdachlosenunterkünfte** i. S. d. früher als »Obdachlosenasyle« gekennzeichneten Schlafstätten für Nichtsesshafte; dabei sollte bekannt sein, dass es heutzutage bereits »freiwillig« Nichtsesshafte gibt (im Ergebnis wie hier *Ziegler*, in: *Brügelmann*, § 3 Rn 10; *Bielenberg*, § 3 Rn 12; *Knaup/Stange*, § 3 Rn 20). Obdachlosenunterkünfte gewähren nur ein kurzzeitiges »Obdach«, eben ein als ob – »Schein«-Dach.

16.2

Durch die polizeiliche Einweisung in eine gemeindliche Notunterkunft wird kein Besitzstand des Obdachlosen begründet, der seiner künftigen Umsetzung entgegensteht. Eine Notunterkunft dient lediglich der vorübergehenden Unterbringung, um drohende oder bereits eingetretene Obdachlosigkeit abzuwenden (so mit Recht VGH BW, B. v. 29.10.1992 – 1 S 1523/92 – BRS 54 Nr. 205). Eine gemeindliche Obdachlosenunterkunft ist grundsätzlich nicht menschenunwürdig, wenn sie über eine Waschgelegenheit, nicht aber über ein Bad oder eine Dusche verfügt (VGH BW, aaO.); vgl. dazu ferner OVG Lüneburg, B. v. 27.3.1991 (– 12 M 23/91 – NVwZ 1992, 502).

Es ist nicht entscheidend, wer Träger der Unterkünfte (i. d. R. lediglich Schlafstätten) ist; vielfach werden derartige Unterkünfte von Wohlfahrtsverbänden und Kirchen zur Verfügung gestellt (bereitgehalten). Es gibt auch (kleinere) private Hilfsorganisationen für Nichtsesshafte. Einigkeit besteht darin, dass es sich um **Anlagen der Daseinsfürsorge** handelt, die der Unterbringung der Nichtsesshaften dienen.

16.3 *Uechtritz* (BauR 1989, 519) weist mit Recht darauf hin, die Tatsache, dass zum Wohnen das subjektive Element, die Absicht einen »Haushalt« zu führen, eine Heimstatt zu begründen, erforderlich ist, bedinge die *Freiwilligkeit*. *Fremdbestimmte* Aufenthalte sind »Unterbringungen«. Sie stellen kein Wohnverhältnis dar, wobei *Uechtritz* auf die Parallele zur längeren Verweildauer in einem Gefängnis hinweist (aaO., S. 526).

Werden Unterkünfte als sog. »*Schlicht*wohnungen« der bekannten Art für »Asoziale« bereitgestellt (d.h. für Personen [Familien], die ihre Armut **selbstverschuldet** haben z.B. durch Trunksucht oder aus sonstigen einschlägigen Gründen), im Unterschied zu mittellosen Familien aus *unverschuldeter* Armut (z.B. durch unvorhersehbare längere Arbeitslosigkeit nach Dauerstellung u. entspr. Lebensführung), sind diese Gebäude gleichfalls nicht als Wohngebäude herkömmlicher Art einzustufen (ebenso *Förster*, § 3 Anm. 2), mögen sie auch de facto von denselben Personen für längere Zeit genutzt werden (*Knaup/Stange*, § 3 Rdn. 20). Diese Unterkünfte zählen (gleichfalls) zu den Anlagen für soziale Zwecke (aA. ohne Differenzierung, *Bielenberg*, § 3 Rdn. 12).

Die hier verstandenen **Unterkünfte für** »**Asoziale**« werden teilweise nicht entspr. der **Zweckbestimmung des WR-Gebiets** differenziert behandelt, etwa im **Unterschied** zur ordnungsbehördlichen (Wieder-)Einweisung *unverschuldet mittelloser* Familien, die selbstverständlich unter den Begriff des Wohnens fallen. Bei den Unterbringungsfällen schlechthin als von »milieugeschädigten« Familien zu sprechen (so *Bielenberg*, aaO. u. Hess. VGH, B. v. 28.10.1969 – IV TH 49/69 – BRS 22 Nr. 44), ist typisch für die heutige Begriffswahl, die unterschwellig aussagen soll, dass nicht die Personen (Familien) selbst Schuld an ihrer Obdachlosigkeit tragen, sondern die gesellschaftliche Umgebung. Es geht hier um die *bauplanungsrechtlich* (städtebaulich) gebotene richtige Einstufung und nicht etwa um ein größeres oder geringeres soziales Verständnis. Daher kommt es bei selbstverschuldeter Unterbringung nicht darauf an, dass derartige Familien häufig kinderreich sind und etwa Kinderlärm stören könnte (Rn 2). Eine durch die Ansiedlung derartiger Familien befürchtete Minderung des Verkehrswertes (so Hess. VGH, B. v. 28.10.1969, aaO.) ist gleichfalls kein ausschlaggebendes Kriterium. Entscheidend ist, dass von diesen Personen aufgrund ihrer Einstellung zur Häuslichkeit (zum »Wohnen«) nicht erwartet werden kann, sich in die innerhalb eines reinen Wohngebiets vorherrschende Gebietsgemeinschaft mit gegenseitiger Rücksichtnahme einzuordnen. Diejenigen, die sich *freiwillig* in einem WR-Gebiet ansiedeln, tun es allgemein im Bewusstsein, dass damit auch Rücksichtnahme und Einschränkungen verbunden sind, die u.U. erzwungen werden können.

16.31 Werden von der öffentlichen Hand für Familien, die – aus welchen Gründen auch immer – zur Räumung gezwungen worden sind, Unterkünfte bereitgehalten, handelt es sich stets um eine vorübergehende **Unterbringung** i.S. einer sozialen Zwecken dienenden *Wohnungsfürsorge*.

Die Auffassung von *Bielenberg* (aaO., Rdn. 12) unter Hinweis auf den B. des Hess. VGH (v. 28.10.69, aaO.), wonach »*möglichen Gefährdungen der Sicherheit aufgrund besonderer Rechtsgrundlagen entgegengewirkt werden könnte*«, vernachlässigt zum einen die *städtebaurechtlich* gebotene gebietliche Zweckbestimmung; zum anderen beruht die Ansicht auf der Verkennung, dass Polizei u. Ordnungskräfte im akuten Gefährdungsstadium – etwa bei Schlägereien gerade am Wochenende – *tatsächlich* nicht zur Verfügung stehen. In der Praxis nutzt das Entgegenwirken »*aufgrund besonderer Rechtsgrundlagen*« im Regelfall nichts. Von denjenigen, die sich *freiwillig* im WR-Gebiet ansiedeln, d. h. dort nicht »*untergebracht*« werden – in welcher Weise auch immer –, werden keine Gefährdungen ausgehen. Die **städtebauliche Ordnung** i. S. v. § 1 Abs. 3 BauGB, die durch das planungsrechtliche Instrumentarium in bestmöglicher Weise verwirklicht werden soll, soll **Störungen** (im weitesten Verständnis, s. Vorb. §§ 2 ff. Rn 8 f.), zu denen letztlich auch Gefährdungen durch Dritte rechnen, für das jeweilige Gebiet entspr. seiner gebietsspezifischen Zweckbestimmung auch vorbeugen (s. dazu auch Rn 4).

bb) Keine Wohngebäude sind **Wohnbaracken**, die von einem gewerblichen Unternehmen etwa **für Gastarbeiter** aufgestellt werden; sie sind gewerbliche Behelfsunterkünfte, die nur der vorübergehenden **Unterbringung** dienen. **16.32**

Wird ein Gasthof (kleiner Betrieb des Beherbergungsgewerbes nach § 3 Abs. 3) von einer Gemeinde oder dem Land zur Unterbringung von Asylbewerbern (Asylanten) angemietet (zur Problematik grundsätzlich Rn 16.4 f.), verliert der Betrieb seine Zulassungsfähigkeit im WR-Gebiet. Hier würde aus Interesse der öffentlichen Hand eine an sich zulässige Anlage durch **Nutzungsänderung** in nicht zulässiger Weise für staatspolitische Zwecke in Anspruch genommen.

Desgleichen betrifft der Erwerb eines einer Wohnungsbaugesellschaft gehörenden Wohngebäudes im WR-Gebiet durch ein gewerbliches Unternehmen und die **Verwendung der Räumlichkeiten als »Arbeiterwohnheim«** (für Gastarbeiter und vorübergehend Beschäftigte) die *Nutzungsänderung* des bisherigen Wohngebäudes. Hierbei handelt es sich um eine im WR-Gebiet nicht vorgesehene nicht störende gewerbliche Anlage i. S. v. § 4 Abs. 3 Nr. 2 zur Vermietung an Betriebsangehörige; die Nutzungsänderung bedarf nach § 29 BauGB der Genehmigung, die nicht erteilt werden kann. Das Gebäude ist nunmehr als *Unterkunft* zur Unterbringung von Personen durch Dritte einzustufen, die typischerweise in einem Abhängigkeitsverhältnis zu der unterbringenden Stelle stehen. Derartige gewerbliche Zwecke sieht der Nutzungskatalog des § 3 auch ausnahmsweise nicht vor.

Im Zusammenhang mit der Abgrenzung der im WR-Gebiet allein zulässigen *Wohn*gebäude zu sonstigen Heimen u. Unterkünften widerspricht eine Entscheidung des Hess. VGH, mit der **Nachbaransprüche** gegen die beabsichtigte Einrichtung **eines sog. Freigängerhauses** zurückgewiesen wurden, eindeutig bereits dem damalig geltenden Recht nach der BauNVO 1977 (B. v. 2.5.1980 – IV TG 24/80 – BRS 36 Nr. 183). Die Nachbarn haben sich gegen die Absicht des Landes Hessen gewandt, in einem von ihm erworbenen Altenheim (von denen weitere fünf **in dem WR-Gebiet** bestehen) ein »Freigängerhaus«, d. h. ein Gebäude zur Unterbringung von Strafgefangenen im offenen (Straf-)Vollzug einzurichten. Zu Recht geht dagegen das Sächs. OVG (U. v. 3.3.2005 – 1 B 120/04 – BauR 2005, 1290 = BRS 69 Nr. 84, bestätigt durch BVerwG, B. v. 26.7.2005 – 4 B 33.05 – BauR 2005, 1754 = DVBl. 2005, 1391 = ZfBR 2005, 1186 = BRS 69 Nr. 63) davon aus, dass ein **Freigängerhaus** als offene Anstalt des Justizvollzugs seiner Nutzungsart nach keine Wohnnutzung ist, da es an der auf Dauer angelegten Häuslichkeit, der Eigengestaltung der Haushaltsführung und des häuslichen Wirkungskreises sowie der Freiwilligkeit des Aufenthaltes fehlt (Ebenso *Stock*, in: K/R/S § 3 Rdn. 27). Ein Freigängerhaus ist eine besondere Anlage aus staatspolitischen Zwecken, nämlich zur (Wieder-)Eingliederung von Straftätern in die Gesellschaft. Es ist daher nicht in einem reinen oder allgemeinen Wohngebiet, aber auch nicht in einem Mischgebiet zulässig. Es bedarf hierzu immer der Festsetzung eines Sondergebiets gem. § 11 Abs. 1 BauNVO. **16.33**

Ein Freigängerhaus ist auch keine Anlage für soziale Zwecke i. S. d. BauNVO (BVerwG, B. v. 26.7.2005, aaO., zu Sächs. OVG, U. v. 3.3.2005, aaO.). Aus den **Gründen** des B. des BVerwG v. 26.7.2005:

»*Anlagen für soziale Zwecke dienen in einem weiteren Sinn der soziale Fürsorge und der öffentlichen Wohlfahrt. Es handelt sich um Nutzungen, die auf Hilfe, Unterstützung, Betreuung und ähnliche fürsorgerische Maßnahmen ausgerichtet sind. ... Demgegenüber*

§ 3 Abs. 2 16.34, 16.4

stellt ein Freigängerhaus als offene Anstalt des Justizvollzugs eine anders geartete Einrichtung dar. Sie dient dem durch ein Strafurteil angeordneten Strafvollzug. Die Strafgefangenen begeben sich nicht in die Anstalt, um dort von einer sozialen Einrichtung zu profitieren. ... Freigang stellt nach § 11 Abs. 1 Nr. 1 StVollzG eine Form der Lockerung des Vollzugs dar; der Vollzug als solcher wird jedoch nicht in Frage gestellt«.

16.34 **Prostitutionseinrichtungen** jeglicher Art (Wohnungsprostitution, bordellartige Betriebe und Bordelle) sind unter keinem Gesichtspunkt in reinen Wohngebieten zulässig. Nach neueren Schätzungen sollen gegenwärtig zwischen 100.000 und 400.000 Frauen – teils freiwillig, teils unfreiwillig – den verschiedenen Formen der Prostitution in Deutschland nachgehen. Der BT ging im Jahr 2001 von ca. 400.000 Personen aus (BT-Drucks. 14/5958). Er hatte sich dabei an den seit 1988 bestehenden zu hohen Schätzungen des Prostitutionsprojekts Hydra orientiert. Auffällig ist die erhebliche Zunahme von ausländischen Prostituierten aus dem früheren Ostblock, Asien und Afrika in den letzten 15 Jahren, die z. T. durch ausländerrechtlich nur schwer nachweisbare Scheinehen ihren Aufenthaltstitel in der Bundesrepublik Deutschland erworben haben. Insbesondere in den Großstädten sind soziologisch vier Grundformen der Prostitution zu unterscheiden

- **Häuserprostitution** in Bordellen, Eros-Centern, Sex-Clubs und Massagesalons; die Prostituierten halten sich in solchen Einrichtungen nach Erfahrungen aus der Praxis von 1 Tag bis zu 3 Monaten auf.
- **Lokalprostitution.** Hier findet die Kontaktaufnahme im Lokal statt; das eigentliche Geschäft wird in nahegelegenen Pensionen, Stundenhotels oder im Auto abgewickelt.
- **Wohnungs-/Zimmerprostitution.** Diese wird meist in Mietwohnungen oder Eigentumswohnungen ausgeübt, die sich in anonymen Hochhäusern oder Mehrfamilienhäusern befinden. Über Zeitungsannoncen werden die Kunden geworben, mit denen die Frauen dann per Telefon einen bestimmten Termin verabreden. Die Verwaltung einer solchen »**Terminwohnung**« wird oft von einer älteren, nicht mehr aktiv tätigen Prostituierten übernommen. Die Wohnungen werden regelmäßig in kurzen Zeitabständen (häufig 1 Woche) mit anderen Prostituierten belegt. Dies lässt deutlich auf organisatorische Strukturen dieses »Gewerbes« schließen.
- **Straßenprostitution** (»**Strich**«), d. h. die Prostituierten bieten ihre »Dienste« auf der Straße an. In Großstädten wird regelmäßig gegen diese Form der Prostitution mit Sperrgebietsverordnungen vorgegangen.

Seit Ende der 1980er Jahre ist der Trend weg von der Prostitution in »Absteigen«, herkömmlichen Bordellen, vom Milieu der schnellen »käuflichen Liebe«, hin zu »sexuellen Dienstleistungen« in aufwendiger Atmosphäre feststellbar. Insbes. die Prostitution in Terminwohnungen hat in den letzten Jahren stark zugenommen.

16.4 cc) **Unterkünfte für Asylbewerber, Aussiedler und (Kriegs-)Flüchtlinge. Allgemeines:** Eine besondere Problematik und Gegenstand zahlreicher verwaltungsgerichtlicher Entscheidungen bildet die öffentlich-rechtliche Behandlung der genannten Personengruppen und die Nachbarklagen, insbes. in reinen Wohngebieten, gegen die zur Unterbringung verpflichteten Gemeinden. Die gerichtlichen Entscheidungen haben sich bei Nachbarklagen in (reinen) Wohngebieten mit der begrifflichen Unterscheidung zwischen Wohnen und Unterbringung (s. Rn 16), wie sie i. S. d. städtebaulichen Ordnung durch die BauNVO vorgegeben ist, meistens nur oberflächlich auseinandergesetzt und sich vor allem mit den einschlägigen gesetzlichen Vorschriften nicht befasst.

Bedenklich ist, dass in etlichen Entscheidungen ein gesellschaftspolitischer »Unterton« dergestalt spürbar ist, dass die genannten Personengruppen unterschiedslos (selbstverständlich) auch in (reinen) Wohngebieten untergebracht werden können, da die Nachbarn keinen Anspruch auf »Milieuschutz« hätten u. Ä.; bei Durchsicht ist die jeweilige – unterschiedliche – gesellschaftspolitische »Handschrift« unverkennbar. Milieuschutz-Überlegungen und dergl. liegen neben der Sache. *Sarnighausen* und *Spindle*r haben in ihren Abhandlungen (s. Schrifttum zu § 3) die obergerichtliche Spruchpraxis der Verwaltungsgerichtsbarkeit, *Spindler* hat zusätzlich das einschlägige Schrifttum ausgewertet. Sie sind vor allem der Frage nachgegangen, ob und in welcher Weise die Unterscheidung zwischen Wohnen und Unterbringung in den verschiedenen Baugebieten bei Berücksichtigung der jeweils besonders zu beachtenden Gebietsstruktur, insbes. in den (reinen) Wohngebieten und Gewerbegebieten, behandelt worden ist, haben gegen die Behandlung verschiedener (ganz unterschiedlicher) Personengruppen durch die zuständigen Senate jedoch nichts Grundsätzliches einzuwenden. Hier soll lediglich auf die Untersuchung in grundsätzlicher Hinsicht, und soweit die wiedergegebene Spruchpraxis sich mit Unterkünften in (reinen) Wohngebieten befasst, eingegangen werden; die Unterbringung in *Gewerbegebieten* wird in § 8 behandelt.

Die **Nachbarklagen** richten sich fast durchweg **gegen Baugenehmigungen** der Städte und Gemeinden, mit denen bestimmte Personengruppen in Heimen, Schlichtwohnungen, Wohncontainern und dergl., mithin in unterschiedlicher Weise Unterkunft erhalten sollen. Bei den Entscheidungen handelt es sich nach *Sarnighausen* u. a. um solche zu »Übergangsheimen für ausländische Flüchtlinge«, »Gebäude zur Unterbringung von Asylbewerbern«, die Unterbringung von 52 »Asylbewerbern, Aussiedlern und Obdachlosen« in einem Schlichtwohnheim, Unterbringung »ausländischer Familien«, später als Aussiedler bezeichnet, in einem anderen U. als »Spätaussiedler« genannt.

16.41

Die Entscheidungen fast aller Obergerichte stellen – je nach der vorherrschenden gesellschaftspolitischen (z. B. multikulturellen) Grundeinstellung des betreffenden Senats – bei ihren tatbestandlichen Abklärungen im Wesentlichen darauf ab, ob die Unterkunft (noch) als Wohngebäude eingestuft werden, demzufolge dem Wohnen dienen kann. Die meisten Verfahren von Nachbarn gegen Unterkünfte für Asylbewerber u. and. Personengruppen sind im Wege des vorläufigen Rechtsschutzes entschieden worden. *Sarnighausen* stellt dazu mit Recht fest, dass der öffentlich-rechtliche Nachbarschutz gegen Unterkünfte für Asylbewerber in der Praxis durchweg versagt habe.

Der Grund liegt darin, dass eine Vielzahl der Entscheidungen die Angelegenheiten schlicht unrichtig behandelt hat. Der Spruchpraxis der Obergerichte der Länder begegnet insoweit deutliche Kritik. Die OVG und VGH (der Länder) haben es bei der Beurteilung der Baugenehmigungen für die Übergangsheime und dergl. unterlassen, im Zusammenhang mit den gemeindlichen Unterkunftsregelungen die für die Behandlung der bestimmten (unterschiedlichen) Personengruppen zugrunde liegenden einschlägigen Vorschriften der (Bundes-)Gesetze zu beachten.

In keinem der Gründe der veröffentlichten Entscheidungen ist auf die notwendige unterschiedliche Behandlung von **Asylbewerbern** und **Aussiedlern** eingegangen worden, auf die diesseits in der 6. Aufl. des Komm., § 3 Rn 16.6, bereits hingewiesen worden ist. **Bei einer aufgrund der erforderlichen Prüfung objektiven** Entscheidung hätten **Unterkünfte** für Asylbewerber mit denjenigen für Aussiedler **nicht** als »*Wohnzwecken*« dienende Anlagen **gleichgesetzt werden dürfen.**

16.42

In keiner Entscheidung ist beanstandet worden, dass die Gemeinden in der Mehrzahl der Fälle, soweit Unterkünfte für Aussiedler und Asylbewerber gemeinsam in **Wohn**gebieten (§§ 3, 4 BauNVO) anstanden, diese für beide Personengruppen ohne Unterscheidung bestimmt haben. Das mag aus der Mentalität westdeutscher Gemeinden, die »**Aussiedler**« in ihrer staatspolitischen Bedeutung häufig gar nicht erfassen (können), und aus fiskalisch-praktischen Gesichtspunkten noch erklärlich sein. Die Gerichte hätten derartige Regelungen aufgrund der ihnen obliegenden Untersuchungsmaxime (§ 86 VwGO) jedoch beanstanden müssen, zumal sie in anderen Bereichen gemeindlicher Praxis – etwa in Normenkontrollverfahren bei der Bauleitplanung – oder der Hess. VGH in Bezug auf Frauenhäuser (s. Rn 19.71) sehr subtile Entscheidungen getroffen haben.

16.43 Es müsste den Gerichten bekannt sein, dass es sich bei den Anlass zu zahlreichen Verwaltungsstreitverfahren bildenden Personengruppen (vgl. die Nachw. bei *Sarnighausen*, aaO.) um drei *ganz unterschiedlich* zu behandelnde Gruppen handelt.

1. Die Aussiedler bzw. Spätaussiedler sind nach dem *Bundesvertriebenengesetz* i. V. m. *Landesaufnahmegesetzen* (LAufnG) der Länder zu behandeln (vgl. § 1 Abs. 2 Nr. 3 und Abs. 3 Bundesvertriebenengesetz i. V. m. § 2 LAufnG NW – statt aller –). Auf die Einzelheiten kann hier nicht eingegangen werden. Von entscheidender Bedeutung ist jedoch, dass die Gemeinden verpflichtet sind (§ 5 LAufnG NW), die erforderlichen Übergangsheime zu errichten und zu unterhalten.

Nach § 7 haben die Aussiedler **Anspruch** auf eine bevorzugte erstmalige Versorgung mit einer öffentlich geförderten Wohnung (weitere Einzelheiten in den LAufnGen). Die Aussiedler können sich **zu jeder Zeit** selbst eine Wohnung suchen oder zu Verwandten ziehen, denn als deutsche Volkszugehörige streben sie eine dauerhafte, eigengestaltete Häuslichkeit an. Die Aussiedler kommen teilweise nach großen Entbehrungen und Drangsalierungen – i. d. Sowjetunion durften sie z. B. bis 1956 nicht deutsch sprechen – in die Bundesrepublik. An dem grds. Status der (Spät-)Aussiedler aufgrund des Bundesvertriebenengesetzes i. V. m. den LAufnGen hat sich auch nichts durch das »Gesetz über die Festlegung eines vorläufigen Wohnorts für Aussiedler und Übersiedler« (BGBl. I 1989, S. 1378) geändert, wie *Spindler* (aaO., S. 129) zu meinen scheint. Die i. d. Gesetz getroffenen Regelungen wurden erforderlich, um die insbes. infolge der »russischen Wende« (glasnost und perestroika) plötzlich zu Zigtausenden in die Bundesrepublik kommenden *Aussiedler und gleichzeitig* die unzähligen *Übersiedler* aus der damals noch bestehenden DDR überhaupt mit Wohnraum notdürftig versorgen zu können; gleichzeitig musste dafür Sorge getragen werden, dass diese Personengruppen die ihnen zustehenden Unterstützungsgelder nicht etwa in mehreren Gemeinden zugleich beantragten. Entscheidend blieb, dass der **Anspruch auf Unterstützung** und Hilfe durch die »Zuweisungsgemeinde« sichergestellt werden sollte.

2. Asylbewerber, d. h. Ausländer, die einen Asylantrag gestellt hatten, waren bis zur Neuregelung des Asylrechts (AsylVfG i. d. F. der Bekanntmachung v. 27.7.1993) nach § 23 AsylVfG v. 16.7.1982, i. d. geltenden Fassung nach § 53 AsylVfG, in Gemeinschaftsunterkünften unterzubringen (»sollen in der Regel« als bindende Verpflichtung). Nach § 23 Abs. 2 AsylVfG (jetzt § 53 Abs. 2) endete bzw. endet die Verpflichtung, in einer Gemeinschaftsunterkunft zu »wohnen«, mit Anerkennung des Asylstatus. In den letzten Jahren lag die Anerkennungsquote der Asylanten bei deutlich unter 5 %. Bis zur Anerkennung bzw. Abschiebung konnte bei Beachtung der den Gerichten bekannten Vorschriften die Unterbringung der Asyl*bewerber* in einer Gemeinschaftsunterkunft – schon wegen des *Zwangscharakters* – nicht als Wohnen i. S. d. Begriffs nach der BauNVO ausgelegt werden (vgl. dazu auch Rn 16).

3. Die 3. Personengruppe betrifft die Aufnahme von **Kriegs- und Bürgerkriegsflüchtlingen** nach **§ 24 AufenthG**. Für diese Gruppe kommt eine Anerkennung i. S. d. Wohnens schon deshalb nicht in Betracht, weil die Personen ganz überwiegend zurückkehren *wollen* bzw. müssen; auf diese Gruppe trifft am ehesten die »vorübergehende Unterbringung« zu.

16.44 Die Behandlung der drei Personengruppen hinsichtlich der Unterbringung in Gemeinschaftsunterkünften, Heimen und dergl. beruht auf **staatlichen Gesetzen** von eminent staatspolitischer Bedeutung. Mit dieser Feststellung ist die –

in den gerichtlichen Entscheidungen nicht begründete – Einstufung der zu beziehenden Unterkünfte als »Anlagen für soziale Zwecke« und gleichermaßen als »dem Wohnen dienend« nicht vereinbar. Die Gerichte haben sich mit der diesseitigen Ansicht, dass die **Unterbringung von Asylbewerbern** während des Anerkennungsverfahrens in **Gemeinschaftsunterkünften** aufgrund des **nach Art. 16 Abs. 2 GG** erlassenen AsylVfG eine *staatspolitische Angelegenheit* ist, nicht befasst (vgl. *Fickert*, BauR 1990, 263 [274]). Es wären subtilere obergerichtliche Entscheidungen zu wünschen.

Spindler (aaO., S. 129) hat auf diese Auffassung (wenigstens) Bezug genommen, jedoch gemeint, diesseits würde übersehen, »*dass die Unterbringung in einer Gemeinschaftsunterkunft gem. § 23 AsylVfG gleichzeitig auch eine Ausprägung des Sozialstaatsprinzips darstellt*«. Eine gleichzeitige Erfüllung sozialer Aufgaben könne den Gemeinschaftsunterkünften daher kaum abgesprochen werden. Das »*Sozialstaatsprinzip*« ist ein vielschichtiger und differenziert zu betrachtender Verfassungsgrundsatz, der u. a. sowohl die Beachtung der Menschenwürde schlechthin i. S. von Art. 1 GG als auch die Sozialbindung des Eigentums i. S. v. Art 14 Abs. 2 GG umfasst (*letztlich* hat auch das Gebot der gegenseitigen Rücksichtnahme seine *Wurzel* in der Gemeinschaftsbezogenheit des GG). Die Unterbringung in einer Gemeinschaftsunterkunft als »Ausprägung des Sozialstaatsprinzips« anzusehen, zeigt eine wenig überzeugende Betrachtungsweise. Es würde z. B. kaum jemand behaupten, dass die Unterbringung der Wehrpflichtigen aufgrund der wehrgesetzlichen Vorschriften in einer Kaserne und damit Gemeinschaftsunterkunft als Ausprägung des Sozialstaatsprinzips anzusehen ist.

Die vielfach mit einzelnen (ganz unterschiedlichen) Merkmalen der Wohnnutzung oder anderen vordergründigen Überlegungen begründeten Entscheidungen der Gerichte, um infolge der häufig unverkennbar gesellschaftspolitischen Motivation Asylbewerber nicht nur mit anderen Personengruppen, sondern auch mit den Bewohnern der in den (reinen) Wohngebieten üblichen Grundstücke gleichzustellen, zeigen, dass etliche Obergerichte der Länder die der Asylbewerber- und Aussiedlerbehandlung **zugrundeliegenden gesetzlichen Vorschriften** in bedenklicher Weise vernachlässigt haben.

In einem reinen Wohngebiet sind **Unterkünfte für Asylbewerber** entgegen der Rspr. verschiedener Obergerichte der Länder **nicht zulässig**; für (Bürgerkriegs-) Flüchtlinge, auf die nachfolgend noch einzugehen ist, hat im Grundsatz Gleiches zu gelten. Auch das BVerwG hat in einem B. v. 4.6.1997 (– 4 C 2.96 – NVwZ 1998, 173 = BRS 59 Nr. 60) Wohncontainer für Asylbewerber als eine Einrichtung für soziale Zwecke nach § 3 Abs. 3 Nr. 2 BauNVO für ausnahmsweise zulässig gehalten.

Zur Begründung hat es ausgeführt, dass dies nicht zuletzt deshalb naheliegend scheint, weil bei einer Verneinung dieser Frage solche oder ähnliche Unterkünfte keiner Gebietsart der BauNVO zugeordnet werden könnten mit der Folge, dass für sie Sondergebiete nach § 11 BauNVO auszuweisen wären. Diese Begr. ist unzulänglich. Wenn der Senat Asylbewerberunterkünfte als »Einrichtungen für soziale Zwecke« einzustufen für richtig ansieht, wäre diese Unterbringung auch in jedem anderen Baugebiet, selbst ausnahmsweise in einem GE-Gebiet, möglich gewesen. Insofern fehlt es an einer sachgerechten Begr. Daran ändert auch nichts, dass nach § 3 Abs. 3 **Nr. 2** BauNVO 1990 »Anlagen für soziale Zwecke« ausnahmsweise zulassungsfähig sind, mithin nunmehr der vorübergehenden Unterbringung dienen könnten. Bei der Unterbringung von Asylbewerbern – und gleichfalls von Bürgerkriegsflüchtlingen – handelt es sich **nicht um** Maßnahmen der **Daseinsfürsorge**, zu denen die Sozialhilfeträger der Gemeinden durch vielfältige gesetzliche Vorschriften verpflichtet sind, sondern um die Wahrnehmung bundeseinheitlich geregelter **staatlicher Aufgaben**, die den Sozialhilfeträgern lediglich als für die Betreuung und Zahlung der Unterhaltsleistungen und dergl. zuständig – gewissermaßen als »Aufhänger« – zugewiesen sind (zu den gesetzl. Grundlagen s. Rn 16.43). Auch in Bezug auf »soziale Zwecke« gilt der Grundsatz, dass das *speziellere* Gesetz den allgemeineren Rechtsvorschriften vorgeht. Das FlüAG unterscheidet nach § 2 den Personenkreis nach asylbegehrenden Ausländern und solchen Ausländern, die aus völkerrechtlichen, humanitären u. Ä. Gründen – insbes. als (Bürgerkriegs-) Flüchtlinge – aufgenommen werden, wobei Letztere, ähnlich wie jüdische Emigranten, als (bereits) Asylberechtigte keinen Antrag auf Asyl zu stellen brauchen (da das FlüAG lediglich eine begrenzte Geltungsdauer hat, ist anlässlich der zweiten Lesung des 3. Gesetzes z. Änderung des FlüAG vom LT NW einstimmig eine Entschließung verabschiedet worden, aus der hervorgeht, dass die in dem Gesetz erwähnten Angelegenheiten als **staatliche** und nicht als kommunale Aufgaben angesehen werden; vgl. Mitt. NW StGB 1993 Nr. 333). Diese Auffassung entspricht der diesseitigen, dass etliche den Sozialhilfeträgern zugewiesenen Aufgaben, so zur Durchführung des Landesaufnahmegesetzes und des FlüAG, nicht durch die gesetzlich angeordneten Regelungen zu »sozialen Zwecken« werden und die Errichtung und Unterhaltung von Übergangsheimen damit zu »Anlagen für soziale Zwecke«. Das FlüAG unterscheidet in § 4 zwischen der »Unterbringung und Betreuung von asylbegehrenden Ausländern« – sie »soll im Regelfall in Übergangsheimen oder in sonstigen hierfür geeigneten Einrichtungen erfolgen« (Abs. 1) – und »ausländischen Flüchtlingen nach § 2 Abs. 1 Nr. 2 und 3 und Abs. 2«; diese können »in Übergangsheimen vorläufig wohnungsmäßig versorgt werden« (§ 4 Abs. 2 FlüAG). Bei den Asylbewerbern ist von wohnungsmäßiger Versorgung nicht die Rede.

16.46 Das FlüAG gilt – zur Klarstellung – **nicht für** die **Aussiedler** (s. Rn 16.43); für Letztere ist das LAufnG maßgebend mit dem Anspruch nach § 7 auf »bevorzugte Versorgung mit Wohnraum«. »Ist eine angemessene Versorgung mit Wohnraum im Zeitpunkt der Wohnsitznahme nicht möglich, sind die Berechtigten vorläufig in Übergangsheimen unterzubringen« (§ 4 Abs. 1 LAufnG). Nach § 5 Abs. 1 müssen »die Übergangsheime nach Lage, Bauzustand und Ausstattung für die vorläufige Unterbringung der Berechtigten geeignet sein«.

Die Vorschriften zeigen, dass die **Asylbewerber** in Übergangsheimen (Unterkünften) vorübergehend untergebracht werden (müssen), nämlich während des Asylverfahrens; für die **Kriegs- und Bürgerkriegsflüchtlinge** ist nur eine vorübergehende Bleibe, mithin keine auf Dauer ausgerichtete Häuslichkeit i. S. d. bauplanungsrechtlichen Begriffs »Wohnen« vorgesehen.

Die **Aussiedler** dagegen wollen gerade »sesshaft« werden. Sie können selbstverständlich in reinen Wohngebieten, gleichgültig welchen planerischen Zuschnitts – und wenn es aufgrund des starken Aussiedlerzuzugs nicht anders möglich ist –, zunächst auch in Übergangsheimen wohnungsmäßig untergebracht werden. Soweit es sich um Übergangsheime handelt, könnten diese i. S. einer »Zwitterstellung« zwischen Daseinsvorsorge und -**für**sorge als Anlagen für soziale Zwecke qualifiziert werden. Die Aussiedler streben i. A. die auf Dauer ausgerichtete Häuslichkeit an. Daher können die Übergangsheime zugleich als dem Wohnen dienende Heime i. S. des bauplanungsrechtlichen Begriffs eingestuft werden. Würden die Gemeinden die gesetzlichen Vorschriften beachten, dürften sie für Asyl**bewerber** (bis zu ihrer Anerkennung) und **Aussiedler** wegen der aus der Natur der Sache notwendigerweise unterschiedlichen Behandlung nicht *dasselbe* Übergangsheim vorsehen.

16.47 Eine **Nachbarklage** gegen eine wohnartige Unterkunft von **Aussiedlern** – gleichgültig aus welchem Herkunftsland sie in die Bundesrepublik gekommen sind – in einem reinen Wohngebiet hätte aufgrund des auch auf sie zutreffenden Begriffs des Wohnens keine Aussicht auf Erfolg. Eine Nachbarklage gegen die vorübergehende Unterbringung von (Bürgerkriegs-)Flüchtlingen in Übergangsheimen in einem reinen Wohngebiet könnte anders zu beurteilen sein. Es fehlt in derartigen Fällen zwar einerseits die Einstellung der Flüchtlinge zum Wohnen im betreffenden Gebiet. Die *Schicksalsgemeinschaft* i. S. d. Einfügens in das Wohngebiet (s. Rn 5.1) besteht lediglich im Zusammenhalt der vom Kriegszustand betroffenen Flüchtlinge untereinander. Andererseits kann aber die **vorübergehende Unterbringung** von (Bürgerkriegs-)Flüchtlingen in *Wohncontainern* auf einem bisher nicht bebauten Grundstück im WR-Gebiet (mit Zustimmung des Grundstückseigentümers) als Grenzfall der Zulassungsfähigkeit angesehen werden. *Wohncontainer*, deren Aufstellung nur durch eine *befristete* Bau-(Nutzungs-)Genehmigung erlaubt werden kann, können nicht als »Heim« i. S. d. Begriffs »Wohngebäude« eingestuft werden. In derartigen Fällen handelt es sich um Notstandsmaßnahmen »*mit sozialer Zweckbestimmung*« i. S. humanitärer Solidarität, die wegen ihrer vorübergehenden Natur für nachbarrechtliche Abwehrmaßnahmen nicht geeignet sind; hier greifen die Pflichten aus dem Verfassungsgrundsatz des sozialen Rechtsstaats ein (vgl. zu ähnlich gelagerten Fällen OVG NW, B. v. 22.12.1989 – 7 B 3753/89 – BRS 50 Nr. 200 = BauR 1990, 343). Diese Situation zeigt zugleich die besondere Sorgfaltspflicht der Gemeinden bei der Standortwahl für Gemeinschaftsunterkünfte.

16.48 Die Gerichte haben bei ihren Entscheidungen über Nachbarklagen gegen die Zulässigkeit von Übergangsheimen (Unterkünften) in reinen (teils in allgemeinen) Wohngebieten die gesetzlich vorgegebene Unterscheidung der verschiedenen Personengruppen ignoriert. Sie haben im Wesentlichen nur auf die verfahrensrechtliche Vorschrift des inzwischen außer Kraft getretenen § 10 Abs. 2 BauGB-MaßnG abgestellt, wonach »Widerspruch und Anfechtungsklage eines Dritten gegen die bauaufsichtliche Genehmigung eines Vorhabens, das ausschließlich Wohnzwecken dient, keine aufschiebende Wirkung haben«.

In besonders konsequenter Weise hat das OVG Bremen (auch) in seinem B. v. 22.9.1992 (– 1 B 83/92 – BRS 54 Nr. 151), wie vordem schon in seinem bemerkenswerten Beschl. v. 12.2.1991 (– 1 B 78/90 – BRS 52 Nr. 42), zwischen dem »Wohnen« und der »Unterbringung« nach § 4 Abs. 1 BauGB-MaßnG 1990 deutlich unterschieden und dabei u. a. herausgestellt, dass »*nach den Regelungen des BauGB und der BauNVO, auf die § 10 Abs. 2 BauGB-MaßnG in der Sache Bezug nimmt*«, zum Wohnen eine auf gewisse Dauer angelegte, eigenständige Gestaltung des »*häuslichen Lebens und der mit der Haushaltsführung verbundenen Tätigkeiten*« gehört (OVG Brem., B. v. 22.9.1992, aaO.). Diese Unterscheidung entspricht weitgehend dem Urt. des BVerwG v. 29.4.1992 (– 4 C 43.89 – BRS 54 Nr. 53 = BauR 1993, 194), wonach z. Wohnen auch eine eigenständige Gestaltung der mit der Haushaltsführung verbundenen Tätigkeiten gehört (BVerwG, aaO.).

Die Unterscheidung zwischen »Wohnen« und »Unterbringung« hat gleichfalls das OVG NW in seinem B. v. 29.7.1991 (– 10 B 1128/91 – BRS 52 Nr. 208) mit überzeugenden Gründen festgestellt; in diesem Sinne auch VGH BW, B. v. 5.2.1991 (– 5 S 33/91 – BRS 52 Nr. 210), der sich in den Gründen mit dem Urt. des 8. Senats des VGH auseinandersetzt, das zu dem im Ergebnis eine entgegengesetzte Auffassung vertritt. Zu dem an sich eindeutigen Leitsatz des B. v. 5.2.1991 (aaO.): »*Ein Wohnheim für Asylbewerber ist kein ausschließlich Wohnzwecken dienendes Vorhaben im Sinne des § 10 Abs. 2 BauGB-Maßnahmengesetzes*« ist anzumerken, dass der B. – wie auch die vorhergehenden Entscheidungen – noch zu § 10 Abs. 2 BauGB-MaßnG 1990 ergangen ist; a. A. in Bezug auf die Abgrenzung des »Wohnens« von der »Unterbringung« BayVGH, B. v. 26.11.1991 (– 1 CS 91.2880 – DVBl. 1992, 576); OVG SH, B. v. 14.10.1991 (– 174 49/91 – BRS 52 Nr. 212) und Nds. OVG, B. v. 6.11.1992 (– 1 M 4717/92 – BRS 54 Nr. 149).

Nach Durchsicht der Entscheidungen sind die Obergerichte der Länder weitgehend auf die Einzelfallprüfung in Bezug auf das Wohnen ausgewichen (ausf. dazu *Spindler*, aaO., und *Sarnighausen*, aaO., wobei Ersterer die Vielschichtigkeit der Argumente für die Zulässigkeit von Asylbewerberunterkünften in *Wohngebieten* gut darlegt).

16.49 Aus den fast zahllosen Entscheidungen – nimmt man die erstinstanzlichen Entscheidungen der VGe, z. B. den als in der Tendenz als überspannt zu bezeichnenden Beschl. des VG Hbg. v. 30.1.1991 (– 10 VG 3922/90 – NVwZ 1991, 1019), noch hinzu – ist eine – mit den gesetzlich vorgegebenen Regelungen nicht mehr vereinbare – Tendenz ersichtlich:

§ 3   Abs. 2   16.5, 16.6

So ist der VGH BW in seinem B. v. 19.5.1989 (– 8 S 555/89 – BRS 49 Nr. 48 = BauR 1989, 584) mit überzeugenden Gründen davon ausgegangen, dass der **fremdbestimmte Aufenthalt** der Asylbewerber in Gemeinschaftsunterkünften in einem reinen Wohngebiet nicht zulässig ist; die Entscheidung ist in der »veröffentlichten Meinung« auf Kritik gestoßen. Derselbe 8. Senat des VGH BW – allerdings in ausgewechselter Besetzung – änderte mit seinem Urt. v. 11.5.1990 (NVwZ 1990, 1202, zit. bei *Spindler*, Fußn. 23) den in gleicher Sache ergangenen Beschl. Danach stellten weder die Zahl der Bewohner, Beschränkungen der Lebensführung aufgrund beengter räumlicher Verhältnisse noch Fremdbestimmung des Aufenthalts ein taugliches Kriterium dar.

Die lange Verfahrensdauer, das Arbeitsverbot für Asylbewerber und die örtliche Aufenthaltsbegrenzung führten zu einer Begr. des Lebensmittelpunktes in den Unterkünften. Diese Begr. könnte bei *Huber* (aaO., NVwZ 1986, 279) entlehnt sein, der in ähnlicher Weise gleichfalls davon ausgeht, dass die »Wohnqualität« der Unterbringung der Asylbewerber sich daraus begründe, für diese sei die Gemeinschaftsunterkunft »zwangsläufig« der Mittelpunkt des häuslichen Lebens. *Uechtritz* weist zu Recht darauf hin, mit dieser Argumentation ließe sich auch die Qualität einer Strafvollzugsanstalt als »Wohngebäude« begründen (BauR 1989, 519, 527).

Auch *Leder/Scholtissek* (Komm. z. BauNVO, 5. Aufl., S. 59) weisen darauf hin, dass z. Begriff »Wohnen« die räumliche Gestaltungsmöglichkeit gehört, die jedem Einzelnen zur individuellen Ausformung zur Verfügung stehen muss. Von individueller Gestaltungsmöglichkeit könne bei Asylbewerbern keine Rede sein. Das verlange aber gerade das »Wohnen«, nämlich sich zurückziehen zu können, »*alleine sein oder mit den Personen, deren Anwesenheit man freiwillig gewählt hat. Asylbewerber ... können sich nicht aussuchen, mit wem sie das Zimmer teilen müssen*« (aaO.).

16.5 Gleichfalls als Fehlleistung muss der Beschl. des Hess. VGH v. 3.6.1992 (– 4 TG 2428/91 – ZfBR 1993, 40) bezeichnet werden, der bereits in einer früheren Entscheidung selbst Obdachlosenunterkünfte im reinen Wohngebiet für zulässig erachtete (vgl. BRS 22 Nr. 91). Zur Kritik an diesem B. s. 10 Aufl., § 3 Rn 16.5.

16.6 Dass es sich bei der Einweisung von Asylbewerbern in Gemeinschaftsunterkünfte nicht etwa um die Unterbringung in einem (kleinen) *Beherbergungsbetrieb* i. S. von § 3 Abs. 3 handelt, bedarf keiner besonderen Ausführungen; hier fehlt es bereits an dem Abschluss eines Beherbergungsvertrages (vgl. Hess. VGH, B. v. 29.11.1989 – 4 TG 3185/89 – BRS 49 Nr. 53).

Um aufgrund der diesseitigen Auffassung Missverständnisse zu vermeiden, ist darauf hinzuweisen, dass die Festsetzung eines WR-Gebiets (u. in beschränkterem Maße eines WA-Gebiets) nicht etwa einem *Milieuschutz* dient, wie das Baurecht ganz allgemein bereits aus verfassungsrechtlichen Gründen (Art. 3 Abs. 3 GG) nicht dazu dienen darf, Ausländer aus WR-Gebieten fernzuhalten. Es kommt ausschließlich darauf an, ob entspr. der Zweckbestimmung des WR-Gebiets u. der hierauf beruhenden Gebietsgemeinschaft (Rn 5.1) insbes. in *subjektiver* Hinsicht der Inbegriff des Wohnens (Rn 1) u. demzufolge der Bezug eines Wohngebäudes (Rn 11–15.1) erfüllt werden. Die Gemeinde hat darüber zu entscheiden, ob sie ein WA-Gebiet oder ein WR-Gebiet mit für die Bewohner evtl. auch zusätzlichen Beschränkungen zur Gewährleistung der Wohnruhe festsetzen will. Es geht daher auch nicht um die Frage, ob ein Heim für Asylbewerber die Nachbarschaft *tatsächlich* mehr belastet als etwa ein Studentenheim, in dem im Übrigen häufig gerade Studenten aus der »Dritten Welt« wohnen.

f) Befreiungsmöglichkeit in Bezug auf Wohnungsgebäude? Der BayVGH hat mit B. v. 26.6.1997 (– 2 ZS 97.905 –, BRS 59 Nr. 59) das unter Befreiung genehmigte dreigeschossige Vorhaben zur Errichtung eines Generalkonsulats in einem reinen Wohngebiet bestätigt. **16.7**

In den Gründen hat der VGH zu den Voraussetzungen einer Befreiung für ein derartiges Gebäude nach § 31 Abs. 2 Nr. 1 BauGB in sorgfältiger Weise Stellung genommen, die diesseits im Ergebnis nicht zu beanstanden ist. Der Senat hat gemeint, das Erfordernis eines atypischen Sachverhalts als Voraussetzung für die erteilte Befreiung habe ersichtlich vorgelegen. »*Das Atypische besteht gerade darin, dass Gründe des öffentlichen Wohls dafür sprechen, eine planerische Festsetzung nicht anzuwenden*« (Schlichter, in: Berl. Komm. z. BauGB, 2. Aufl., 1995 Rn 24 zu § 31. »*Das Wohl der Allgemeinheit erfordere* (Hervorhebung im B.) i. S. des § 31 Abs. 2 Nr. 1 BauGB eine Befreiung, wenn die Errichtung des Wohn- und Konsulatsgebäudes an der vorgesehenen Stelle nach Lage der Dinge vernünftigerweise geboten ist, um das öffentliche Interesse wahrzunehmen*«. Da das Vorhaben im Erdgeschoss die Konsulatsräume und in den beiden Obergeschossen im Wesentlichen Wohnungen für den Konsul und den Vizekonsul vorsieht, wäre in diesem Fall auch eine Genehmigung nach § 13 BauNVO hinsichtlich der Konsulatsräume möglich gewesen; denn es handelt sich im Erdgeschoss um Räume, deren Nutzung mit denen einer Arztpraxis vergleichbar ist; ansonsten konnte das Vorhaben als Wohngebäude genehmigt werden.

5. Ausnahmsweise zulassungsfähige Nutzungen (Abs. 3)

a) Läden und nicht störende Handwerksbetriebe (Nr. 1). Sie können im WR-Gebiet ausnahmsweise zugelassen werden, soweit sie »zur Deckung des *täglichen* Bedarfs für die Bewohner des Gebietes« dienen. Diese Formulierung zielt auf eine Einengung der Zulassungsmöglichkeit im Vergleich zu der »Versorgung des Gebiets« (§ 2 Abs. 2 Nr. 2, § 4 Abs. 2 Nr. 2) ab. Zum Begriff »**Laden**« s. § 2 Rn 10–12 und § 4 Rn 5–5.7; zum Begriff »**nicht störende Handwerksbetriebe**« s. Vorb. §§ 2 ff. Rn 4, § 2 Rn 15–20.1. **17**

Der Begriff des »täglichen Bedarfs« ist nicht wörtlich zu nehmen, sondern entsprechend den sich wandelnden Lebensgewohnheiten verständig auszulegen. Es handelt sich um Verbrauchsgüter oder um Artikel zur Befriedigung der Körper- und Bekleidungspflege, die die Bewohner in zumutbarer Entfernung von ihrer Wohnstätte vorzufinden erwarten (im Ergebnis ebenso *Bielenberg*, § 3 Rdn. 17; *Förster* § 3 Anm. 3a; *Reidt*, in: G/B/R, Rdn 1338). Die Bedürfnisfrage, d. h. ob der Laden oder Handwerksbetrieb unentbehrlich ist, ist für die Zulassungsfähigkeit nicht Voraussetzung (wie hier *Förster*, § 3 Anm. 3a). Zum unbestimmten Rechtsbegriff des täglichen Bedarfs für die Bewohner hat das BVerwG u. a. ausgeführt, dass Rechtssätze nicht ohne Verwendung auslegungsbedürftiger Begriffe auskommen können, und dass keine rechtsstaatlichen Bedenken dagegen bestehen, sofern sie im Wege der Auslegung hinreichend bestimmbar und begrenzbar und Eingriffe auf ihrer Grundlage für den Staatsbürger voraussehbar und berechenbar sind (BVerwG, B. v. 16.5.1968 – IV CB 65.67 – BRS 20 Nr. 21 unter Bezugnahme auf BVerfGE 8, 274). Was dem täglichen Bedarf der Bewohner dient, lässt sich im Wege der Auslegung ohne erhebliche Schwierigkeiten bestimmen (BVerwG, aaO.).

In diesem Sinne widerspricht eine Bäckerei, die der Deckung des täglichen Bedarfs dient, nicht der Eigenart des WR-Gebiets; sie ist auch nicht nach § 15 unzulässig (BVerwG, B. v. 31.5.1968 – IV B 16.67 – BRS 20 Nr. 22). Eine **Begrenzung der Größe** der Läden und ladenmäßig betriebenen nicht störenden Handwerksbetriebe **schreibt Abs. 3** – anders als für »kleine« Beherbergungsbetriebe – nicht vor; die Größe wird sich jedoch aus der »Deckung des täglichen Bedarfs« ergeben. Gewisse Störungen, die mit den genannten Anlagen verbunden sind, wie der Anlieferungsverkehr, sind – wenn ein Ausnahme- **17.1**

§ 3   Abs. 3   18, 18.1

grund die Zulassung ermöglicht hat (Vorb. §§ 2 ff. Rn 6–7) – hinzunehmen (BVerwG, B. v. 31.5.1968, aaO.).

18 Die ausnahmsweise Zulassung der Anlagen nach Abs. 3 ist – wie alle Ausnahmevorschriften – einschränkend zu handhaben. Ein **städtebaulicher Ausnahmegrund** kann z. B. in den den Hausfrauen und älteren Menschen nicht zumutbaren längeren Wegen (Tragen schwerer Einkaufstaschen) bestehen (sehr instruktiv zu diesen Fragen: *Kräntzer/Kothe*, Fußgängerbereiche in Wohngebieten, aaO., mit Befragungen über zumutbare Entfernungen zu den verschiedenen Folgeeinrichtungen aus der Sicht des Verbrauchers; vgl. auch *Kräntzer/Kothe*, Folgeeinrichtungen des Wohnungsbaues, aaO.). Wenngleich die »Deckung des täglichen Bedarfs« – schon wegen der nur ausnahmsweisen Zulassungsfähigkeit – mehr auf die Nahversorgung u. damit auf das zu versorgende Gebiet abstellt als die der Versorgung des Gebiets schlechthin dienenden Anlagen nach den §§ 2 und 4, kann die Größe eines Ladens nicht *allein* auf das Gebiet abgestellt werden. Das würde u. U. den Wettbewerb unberechtigt einschränken. Dagegen darf nicht etwa auf ein (größeres) Einzugsgebiet abgehoben werden. Die ausnahmsweise zuzulassenden Anlagen stehen in besonderer Weise unter der für das reine WR-Gebiet zu gewährleistenden größtmöglichen Wohnruhe.

18.1 Dieser Grundsatz schließt nicht etwa aus, dass auch im WR-Gebiet Läden als Selbstbedienungsläden betrieben werden können (so mit Recht schon Hess. VGH, U. v. 27.11.1970 – IV OE 24/69 – BRS 23 Nr. 81 = BauR 1971, 28; dazu auch § 2 Rn 12). Derartige Läden benötigen zwangsläufig mehr Fläche als Läden mit persönlicher Bedienung. Es darf bei der ausnahmsweisen Zulassungsfähigkeit derartiger Läden jedoch nicht auf deren Rentabilität abgestellt werden, die etwa nur bei einem Vollsortiment gewährleistet ist. Für die Zulassungsfähigkeit bleibt *ausschlaggebend* die Berücksichtigung der Wohnruhe und die unter diesem Gesichtspunkt dienende Funktion der Läden zur Deckung des Bedarfs, der regelmäßig und in kurzen Zeitabständen i. S. v. »alltäglich« neu entsteht. Die Größe der Läden im WR-Gebiet liegt deutlich unter der in einem allgemeinen Wohngebiet (*Stock*, in: *K/R/S*, 2. Aufl., § 4 BauNVO Rdn. 40). Manches spricht dafür, von einer maximal zulässigen Verkaufsfläche von 400 m² wie für die Anlageart i. S. d. § 1 Abs. 9 BauNVO **Nachbarladen, Nahversorger**, auch **Convenience-Store** genannt (Hess.VGH, U. v. 8.6.2004 – 3 N 1239/03 – ESVGH 54 Nr. 92 u. BVerwG, B. v. 8. 1.2004 – 4 BN 39/04 – NVwZ 2005, 324), auszugehen (a. A. *Bielenberg*, Rdn 19 zu § 3 BauNVO, der sich für eine Verkaufsfläche bis zu 700 m² ausspricht, der früheren Grenze zur Großflächigkeit). Der Begriff »**Nahversorger**« steht im Gegensatz zum »**Vollversorger**« als größerem Einzelhandelsbetrieb (vgl. hierzu § 8 Rn 8.17) mit mehr als 800 m² Verkaufsfläche.

In diesem Sinne rechnen zu den zulassungsfähigen Läden bspw. solche z. Verkauf von Tabakwaren, Spirituosen, Drogerien, Milchläden, Lebensmittelgeschäfte, Bäckereien, sofern sie die Waren nicht selbst herstellen, Schlachter-(Metzgerläden) nur, soweit sie die Fleisch- und Wurstwaren verkaufen und nicht selbst eine Wurstküche oder einen Räucherbetrieb unterhalten. Stellt die Bäckerei noch selbst die Backwaren und das Brot her, so ist sie ein Betrieb, der unter die ladenmäßig betriebenen nicht störenden Handwerksbetriebe fällt, die gleichfalls zulassungsfähig sind. Dazu zählen ferner insbes. Friseurbetriebe (in diesem Sinne auch *Ziegler*, in: Brügelmann, § 3 Rdn. 75; *Boeddinghaus*, § 3 Rdn. 8). Dagegen kann ein sog. **Getränkemarkt** in einem reinen Wohngebiet nicht zugelassen werden (vgl. dazu den überzeugenden Beschl. des VGH BW – 8 S 2813/89 – BRS 50 Nr. 56 = UPR 1991, 236). Ein solcher Getränkemarkt dient nicht zur Deckung des *täglichen* Bedarfs. Ein Getränkemarkt weist verschiedene, sich auf die Gebietsverträglichkeit nachteilig auswirkende Besonderheiten auf (Getränke in Kisten, daher sind die Kunden fast ausnahmslos auf Benutzung des Kfz angewiesen; dafür zumeist fehlende ausreichende Stellflächen zum Ein- und Ausladen der Getränke bzw. des Leerguts; dazu Lieferantenverkehr, der der Wohnruhe abträglich ist).

b) **Kleine Betriebe des Beherbergungsgewerbes (Nr. 1).** Der **bauplanungsrechtliche Begriff** des Beherbergungsgewerbes umfasst alle gewerblichen Betriebe, die Räume unterschiedlicher Art u. Größe, teils mit zusätzlichen Aufenthaltsräumen für jedermann, ohne vorherige Erfüllung besonderer Voraussetzungen (wie etwa bei Jugendherbergen, s. Rn 19.5) zur Inanspruchnahme durch Dritte tagsüber – auch stundenweise (z.B. für einen Fortbildungskursus) – und vor allem naturgemäß zur Übernachtung mit unterschiedlichem zusätzlichen Service (vom »Hotel Garni« bis zur »Hotel-Pension« mit voller Verpflegung) anbieten. Der **Betrieb des Beherbergungsgewerbes** umfasst in diesem Sinne ganz unterschiedliche Betriebungs- u. vielgestaltige Nutzungsformen auch im Hinblick auf die *zeitliche* Inanspruchnahme, die in dem Abschluss eines *Beherbergungsvertrages* zwischen dem Inhaber (Betreiber) des Beherbergungsbetriebes u. dem Gast – im weitesten Sinne verstanden – im Einzelnen zu regeln sind. *Ferienhäuser* sind dann als Beherbergungsbetrieb einzuordnen, wenn sie räumlich so nahe benachbart liegen u. ihre Nutzung organisatorisch so eng miteinander verknüpft ist, dass sie sich im Baugebiet als Einheit auswirken. Unter den Begriff des Beherbergungsbetriebs *nach § 3 Abs. 3* fällt beispielsweise auch das Vermieten von **Ferienappartements** für **Feriengäste** (OVG Lüneburg, U. v. 20.5.1987 – 1 A 124/86 – BRS 47 Nr. 37; ähnlich BVerwG, B. v. 27.11.1987 – 4 B 230 u. 231.87 – BRS 47 Nr. 36 = BauR 1988, 184 = BbauBl. 1988, 291 = DÖV 1988, 382 = UPR 88, 149 = ZfBR 88, 143). Auf die Eigentumsverhältnisse kommt es nicht an.

Ein Beherbergungsbetrieb liegt nur vor, wenn Räume *ständig wechselnden Gästen zum vorübergehenden* Aufenthalt zur Verfügung gestellt werden, ohne dass diese dort ihren häuslichen Wirkungskreis unabhängig gestalten können. Das Vermieten von Appartements gehört nicht dazu (BVerwG, B. v. 8.5.1989 – 4 B 78.89 – BauR 1989, 440 = DVBl. 1989, 1064 – n. LS –).

Die Vermietung möblierter, in der vom Vermieter bewohnten Wohnung gelegener Gastzimmer an Messegäste ist bauplanungsrechtlich als Beherbergung (§§ 3 Abs. 3 Nr. 1, 4 Abs. 3 Nr. 1 BauNVO) und nicht als Nutzung für Wohnzwecke (§§ 3 Abs. 1, 4 Abs. 1 BauNVO) einzustufen (OVG NRW, B. v. 14.8.2007 – 10 A 1219/06 –, BauR 2007, 2033 = ZfBR 2007, 798).

§ 3 Abs. 3 verwendet als Kennzeichnung des Typs der in reinen Wohngebieten ausnahmsweise zulassungsfähigen Beherbergungsbetriebe als Zusatz den unbestimmten Rechtsbegriff »klein«. Damit soll eine Konkretisierung unter Bezug auf das im B-Plan festgesetzte Gebiet ermöglicht werden. Was in diesem Sinne »klein« ist, kann zwar im Einzelfall nach der Bettenzahl als einem dafür maßgebenden Merkmal bestimmt werden, nicht jedoch allgemein mit einer bestimmten Zahl einheitlich für alle nach § 3 festgesetzten u. festzusetzenden Wohngebiete (BVerwG, B. v. 27.11.1987, aaO.). Der **Begriff des kleinen Beherbergungsbetriebs** i. S. d. § 3 Abs. 3 umfasst nach dem Sinngehalt dieser Re-

§ 3 Abs. 3 19.2, 19.3

gelung u. der Systematik der BauNVO nicht nur Betriebe, die Unterkunft mit Frühstück bieten, sondern auch solche, »*deren Leistung, wie bei der Vermietung von Ferienwohnungen, sich im Wesentlichen auf die Überlassung der gemieteten Räume beschränkt*« (OVG Lüneburg, U. v. 20.5.1987, aaO.).

19.2 Unter dem für die BauNVO wesentlichen Gesichtspunkt der Auswirkungen eines Betriebs auf seine Umgebung kommt es im Rahmen des § 3 Abs. 3 nicht darauf an, ob ein Beherbergungsbetrieb außer der Unterkunft geringfügig Nebenleistungen wie Verabreichung von Frühstück *an Hausgäste* anbietet oder sich, wie bei der Vermietung von Ferienwohnungen in Wohngebieten z.B. von Kur- und Erholungsorten, auf die Bereitstellung der Unterkunft beschränkt. Der wesentliche Unterschied liegt darin, dass er **nicht** zu den Schank- u. Speisewirtschaften zählt, die geeignet sind, Störungen der Wohnruhe (s. Rn 1) hervorzurufen.

19.3 Für die Auslegung des Begriffs »klein« in § 3 Abs. 3 kommt es auf die Festsetzungen des B-Plans u. deren Bedeutung in der *konkreten* Örtlichkeit an. Mit Recht hat das OVG Lüneburg (U. v. 20.5.1987, aaO.) darauf hingewiesen, dass aufgrund des speziellen bauplanungsrechtlichen Gesichtspunkts es nicht zulässig ist, den Begriff des Beherbergungsbetriebs aus anderen Rechtsbereichen, etwa dem Arbeitsrecht, zu übernehmen, deren Regelungen auf andere öffentliche Belange ausgerichtet sind. Die Auslegung hat sich an dem nach der spezifischen Gebietsvorschrift maßgebenden Gesichtspunkt der Einordnung in den **Wohncharakter des Gebiets** zu orientieren. In diesem Sinne rechnen zu den *kleinen* Betrieben des Beherbergungsgewerbes Pensionen, kleine Hotels, die Übernachtungsmöglichkeiten mit Frühstück bieten (sog. »Garni«-Betriebe) ohne Verabreichung warmer Mahlzeiten, Gästehäuser, kleine Gasthöfe, Ferienappartements u. -wohnungen. Mit der Einschränkung »kleine« wird eine der allgemeinen Zulässigkeitsvoraussetzungen nach § 15 – nämlich der Tatbestand »Umfang« als generelle Beschränkung im Hinblick auf die Eigenart des WR-Gebiets – vorweggenommen. Die Frage, ob der Betrieb »klein« ist, kann nur im Einzelfall, insbes. hinsichtlich des für das Wohngebiet festzusetzenden Nutzungsmaßes, entschieden werden. Der Beherbergungsbetrieb muss sich nach seinem Erscheinungsbild zwanglos in das Baugebiet einordnen. Für die Einstufung eines Beherbergungsbetriebes als »klein« kann als Anhalt dienen, dass nach eigener Fortschreibung des statistischen Jahrbuchs die durchschnittliche Bettenzahl der Fremdenpensionen etwa 20–25 betragen kann (dazu U. des OVG Lüneburg v. 17.7.1979 – VI A 124/78 – BRS 35 Nr. 49). Danach kann ein *Pensionsbetrieb* in einem WR-Gebiet dann noch als »kleiner Beherbergungsbetrieb« gelten, wenn er der Unterbringung von 20–25 Gästen dient *und* die verkehrliche Lage am Rande des Wohngebiets keine Störung der Wohnruhe besorgen lässt. Ob in einem durch B-Plan als reines Wohngebiet festgesetzten Gebiet, in dem nur Gebäude mit nicht mehr als zwei Wohnungen zulässig sind, ein Betrieb des Beherbergungsgewerbes mit dreißig Betten noch »klein« ist, hat das BVerwG in seinem B. v. 27.11.1987 (aaO.) offengelassen. In seinem B. v. 7.1.2000 (– 2 Bs 344/99 – BauR 2000, 1840) hat das OVG Hbg. die Frage, ob ein Beherbergungsbetrieb i. S. v. § 3 Abs. 3 Nr. 1 BauNVO »klein« ist, dahin beantwortet, dass dies nur anhand der weiteren Festsetzungen des jeweiligen B-Plans und anhand der Umstände des konkreten Einzelfalles beurteilt werden könne; die Bettenzahl sei dabei eine mögliche, nicht aber eine zwingende Messgröße.

Nach Auffassung des Hess.VGH (B. v. 24.1.2007 – 4 TG 2870/06 –) ist zur Beurteilung der **Frage, ob ein Betrieb des Beherbergungsgewerbes klein** ist und damit in einem reinen Wohngebiet ausnahmsweise zugelassen werden kann, zunächst auf die sich aus den konkreten Festsetzungen des B-Plans ergebende spezifische Situation des Baugebiets abzustellen. Der Begriff des kleinen Betriebs i. S. v. § 3 Abs. 3 Nr. 1 BauNVO ist nämlich objektiv baugebietstypisch und bezogen auf das konkrete Baugebiet auszulegen. Dabei ist die Anzahl der Betten (hier: 14) eine wichtige, aber nicht allein entscheidende Messgröße. Maßgebend sind die Auswirkungen der gesamten Einrichtung auf das Baugebiet. Dementsprechend ist insgesamt auf die Erscheinungsform, die Betriebsform und auch die Art und Weise der Betriebsführung abzustellen. Dies gilt insbesondere dann, wenn bei dem Betrieb nicht die bloße Übernachtungsmöglichkeit im Vordergrund steht, sondern sein Raumangebot eine Vielzahl von Aktivitäten oder Behandlungsmöglichkeiten im Wellness-Bereich (hier: Saunaräume, ein Ruheraum mit Saftbar, zwei Massageräume, Umkleideräume, eine gegen Einsicht von außen geschützter, aber nicht überdachter »Senkgarten« mit einem Tauchbecken und einer Anlage zum »Liegen auf dem heißen Stein«) eröffnet.

19.4 Die Möglichkeit, in WR-Gebieten ausnahmsweise »kleine Betriebe des Beherbergungsgewerbes« zuzulassen, erstreckt sich nicht auf die Zulassung von **Schank- und Speisewirtschaften**. Dass diese, verglichen mit kleinen Betrieben des Beherbergungsgewerbes, geeignet sind, stärkere Störungen des Wohnfriedens hervorzurufen, ergibt sich aus der Erfahrung (BVerwG, B. v. 24.11.1967 – IV B 230.66 – BRS 18 Nr. 14 = RuS 1968, 106; zur Unzulässigkeit von Schank- und Speisewirtschaften ferner bereits OVG Münster, U. v. 10.10.1966 – XA 1549/65 – BRS 17 Nr. 23; Hess. VGH, U. v. 5.7.1963, BBauBl. 1964, 355).

Die Einrichtung eines in der Zeit von 9–20 Uhr zu betreibenden Tagescafés in Ladenräumen, in denen die (zulässige) Einrichtung eines Verkaufsraumes für Brot- u. Backwaren vorgesehen ist, ist in einem *ausschließlich* durch Wohnnutzung bestimmten Gebiet unzulässig (Hess. VGH, B. v. 30.1.1981 – IV TG 2/81 – BRS 38 Nr. 79). Zur Beschwerde gegen die *versagte* ausnahmsweise Genehmigung eines Beherbergungsbetriebes im WR-Gebiet s. BVerwG, B. v. 29.1.1981 (– 4 B 204/81 – BRS 39 Nr. 45).

In einem B. v. 2.7.1979 hat das OVG Lüneburg die Zulassung eines **Großbetriebes des Beherbergungs- u. Restaurationsgewerbes** wegen seiner Lärmimmissionen für den angrenzenden Nachbarn in einem *anzunehmenden* reinen Wohnbereich (der Abstand des Nachbarn von dem achtgeschossigen Bauwerk von 28,50 m Höhe über Straßenniveau bei 38 m Breite betrug 40 m) für unzumutbar gehalten (aaO. – VI B 32/79 – BRS 35 Nr. 183 = NJW 1980, 253 = BauR 1980, 145).

19.5 **Keine Beherbergungsbetriebe** sind Anlagen für gesundheitliche, soziale oder sportliche Zwecke, auch wenn sie die Patienten, Insassen, Gäste »beherbergen«, wie Privatkliniken oder Obdachlosenunterkünfte (s. auch Rn 16.5; ebenso *Bielenberg*, § 3 Rdn. 20). In den genannten Fällen wird kein Beherbergungsvertrag abgeschlossen, wenngleich meistens auch ein Entgelt geleistet werden muss. Aus diesem Grunde zählen Erholungsheime von gewerblichen Betrieben oder Versicherungen, Jugend- und Ferienheime von Verbänden oder **Jugendherbergen** schon begrifflich (s. Rn 15) nicht zu den Betrieben des Beherbergungsgewerbes, (ebenso *Ziegler*, in: Brügelmann, § 3 Rdn. 90). Zur Übernachtung in Jugendherbergen bedürfen Einzelpersonen und wandernde Gruppen – soweit nicht besondere Abkommen durch Verbände getroffen sind – eines *Jugendherbergsausweises* und müssen teilweise auch kleinere gemeinschaftliche Dienste verrichten, um die Beherbergungskosten niedrig zu halten (wie hier *Bielenberg*, aaO.; a. A. ohne Begr. *Boeddinghaus*, § 3 Rdn. 10).

19.6 c) Anlagen für soziale Zwecke sowie den Bedürfnissen der Bewohner des Gebiets dienende Anlagen für kirchliche, kulturelle, gesundheitliche und sportliche Zwecke (Nr. 2). – aa) **Allgemeines zum Begrifflichen.** Nach der **BauNVO 1990** können nunmehr die oben erwähnten Anlagen *ausnahmsweise* zugelassen werden (s. auch Rn 9.3). Dabei ist die Zulassungsfähigkeit von »*Anlagen für soziale Zwecke*« allein vom Nachweis eines Ausnahmetatbestandes abhängig, sie brauchen – anders als die übrigen aufgeführten Anlagen – den *Bedürfnissen der Bewohner* des Gebiets nicht zu dienen. Durch die **ÄndVO 1990** ist in § 3 Abs. 3 **Nr. 2** ein *neuer*, die ausnahmsweise Zulassungsfähigkeit der dort aufgeführten Anlagen (außer »Anlagen für soziale Zwecke«) einschränkender unbestimmter Rechtsbegriff eingeführt worden. Die Zulassung ist davon abhängig, dass die Anlagen »**den Bedürfnissen** der Bewohner des Gebiets dienen«. Diese Zulassungsbeschränkung ist für die zu erteilende Baugenehmigung ein vorauszusetzendes **konstitutives Tatbestandsmerkmal**. Durch diesen einschränkenden Begriff ist die Zulassung *erstmalig* an die Bedürfnisfrage geknüpft. Denn die Einschränkung in § 3 Abs. 3 **Nr. 1**, dass die Läden und nicht störenden Handwerksbetriebe »zur Deckung des täglichen Bedarfs« für die Bewohner des Gebiets zu dienen haben, verlangt lediglich – im Unterschied z. Begriff »der Versorgung des Gebiets dienen« (§ 2 Abs. 2 Nr. 1, § 4 Abs. 2 Nr. 2) –, dass das *Angebot* geringer (kleiner) ist als in den WS- und WA-Gebieten. Mit der Einschränkung des § 3 Abs. 3 Nr. 1 wird jedoch nicht die Bedürfnisfrage gestellt. Ist z.B. eine Drogerie besonders preiswert oder ein Friseur besonders tüchtig (»modern«, »innovativ«), steht es den Bewohnern anderer (Bau-)Gebiete selbstverständlich frei, ihren Bedarf in dem betreffenden WR-Gebiet zu decken.

19.61 Nach Abs. 3 Nr. 2 könnte z. B. ein **Kindergarten** (Kindertagesstätte), dessen Einrichtung in dem Wohnviertel schon lange geplant ist, um etlichen alleinstehenden Müttern zu ermöglichen, einer beruflichen Tätigkeit nachzugehen, und für den sich zufällig eine aufgegebene Arztpraxis mit größerem Garten gefunden hat, auch Kleinkinder aus einem sich an das WR-Gebiet anschließenden WA-Gebiet aufnehmen, *wenn* die Tatbestände insgesamt eine Ausnahmesituation begründen. Es sollte hierbei bedacht werden, dass Ausnahmen generell eng zu handhaben sind, so dass die Ausübung des (Verwaltungs-)Ermessens (i. S. d. »Kann-Vorschrift«) ohne Vorliegen eines »echten« Ausnahmegrundes nicht genügt (s. Vorb. §§ 2 ff. Rn 6 f.). So kann z. B. grundsätzlich nicht als Ausnahmegrund angesehen werden, wenn eine karitative oder kirchliche Institution zufällig ein Grundstück in dem WR-Gebiet besitzt (oder es angeboten wird), das sich für einen Kindergarten oder etwa ein Heim für Behinderte eignet. Zu öffentlichen (**Kinder-)Spielplätzen** s. Rn 25 ff.

Eine **Kindertagesstätte** ist eine soziale Einrichtung, die gem. § 3 Abs. 3 Nr. 2 BauNVO im reinen Wohngebiet selbst dann ausnahmsweise zulässig ist, wenn sie nicht den Bedürfnissen der Bewohner des Baugebiets dient (Leits. des OVG NW, B. v. 1.7.1994 – 11 B 620/94 – BauR 1995, 66 = BRS 56 Nr. 50). Dagegen: Die Genehmigung der Nutzungsänderung eines Einfamilienhauses im festgesetzten reinen Wohngebiet mit Gartenhofbauweise in eine Kindertagesstätte im Wege der Ausnahme ist eine Verletzung des bauplanungsrechtlichen Gebots der Rücksichtnahme (so der überzeugende u. ausführliche B. des OVG NW v. 7.6.1994 – 10 B 2923/93 – BRS 56 Nr. 51 = BauR 1995, 66).

Es handelte sich um eine Kindertagesstätte für bis zu 20 Kinder mit einer äußerst begrenzten Außenspielfläche. Durch das Bringen und Abholen der Kinder sei mit einem erhöhten Verkehrsaufkommen in der in einer Sackgasse endenden Erschließungsstraße zu rechnen. Durch Spielen im Wohn- und Gartenbereich müsse mit Lärmbelästigungen der Nachbarn gerechnet werden, da es sich hier um relativ kleine Grundstücke mit enger Bebauung handele (OVG NW, B. v. 7.6.1994, aaO.).

In einem reinen Wohngebiet nach der BauNVO 1977 ist die Errichtung eines **Kindertagheimes** für 115 Kinder nicht zulässig, da es nicht der Wohnnutzung dient, sondern eine Anlage für soziale Zwecke darstellt, die erst auf der Basis von § 3 Abs. 3 Nr. 2 BauNVO in der Fassung vom 23.1.1990 im reinen Wohngebiet zulässig geworden ist (OVG Hamburg, U. v. 29.7.2004 – 2 Bf 107/01 –). Das Gericht hat in diesem Fall auch zu Recht die Voraussetzungen einer Befreiung wegen der Unvereinbarkeit mit den Grundzügen der Planung verneint (vgl. Vorb. §§ 2 ff. Rn 7.7).

Die Berechtigung zur **Einrichtung eines Behindertenheimes** könnte sich als Ausnahmegrund z. B. daraus ergeben, dass die Werkstätten o. dergl. sich i. d. Nähe des Heimes befinden oder ohne Überquerung einer verkehrsintensiven Straße (Rollstuhlfahrer!) zu erreichen sind.

Die Zulassung der Anlagen ist von den Bedürfnissen der **Bewohner des »Gebiets«** abhängig. Die Bestimmung des Begriffs Bewohner »des Gebiets« sollte, weil er seit jeher im Zusammenhang mit anderen Regelungen – z. B. in § 3 Abs. 3 Nr. 1 oder im Zusammenhang mit der Versorgung des Gebiets (§ 2 Abs. 2 Nr. 2, § 4 Abs. 2 Nr. 4) – verwendet wird, keine Schwierigkeiten bereiten. **19.62**

Mit »**Gebiet**« ist stets das durch einen B-Plan festgesetzte Baugebiet gemeint und nicht etwa nur der »Baublock«; das Gebiet – hier: ein WR-Gebiet – kann auch mehrere durch Straßen voneinander getrennte Baublöcke umfassen. Das durch den B-Plan festzusetzende und abzugrenzende (Bau-)Gebiet kann nach den Vorschriften des § 1 Abs. 5 und 6 auch nur hinsichtlich der Arten von Nutzungen variiert (anders festgesetzt) werden. Die Prüfung, ob und inwieweit es sich um die Bedürfnisse der Bewohner des Gebiets handelt, ist stets auf das **konkret festgesetzte** reine Wohngebiet zu erstrecken, was besonders für die »Anlagen für sportliche Zwecke« (s. Rn 19.82) von erheblicher Bedeutung sein kann. *Ziegler*, in: *Brügelmann* meint, dass hinsichtlich des Gebiets mehrere reine Wohngebiete ein Gebiet im Sinne der Vorschrift sein können (§ 3 Rdn 112). Er verweist dabei auf seine Erläuterungen bezüglich der Versorgung des Gebiets nach § 2 (dort Rdn 38); er geht hinsichtlich des Gebiets jedoch auf die Rechtssystematik der BauNVO und die **begriffliche Unterscheidung** im Zusammenhang mit der »Versorgung« des Gebiets und mit »täglicher Bedarf« nicht ein. Die **Einschränkung** der Zulassung der Anlagen **auf die Bedürfnisse** der Bewohner des Gebiets ist bewusst erfolgt, weil die *Aufnahme* in den Ausnahmekatalog bereits eine Einbuße in Bezug auf die Wohnruhe zur Folge haben kann.

Dass die Bedürfnisse der Bewohner des Gebiets dennoch sehr unterschiedlich sein können (müssen), hängt einmal vom räumlichen Geltungsbereich und vom Maß der baulichen Nutzung (z. B. mehrgeschossige, hochgeschossige Gebäude) des Gebiets ab, zum anderen von der Zusammensetzung der Bewohner des Gebiets.

Zur Begriffsab- und -eingrenzung: Handelt es sich um **Behinderte**, die der besonderen *gesundheitlichen* Betreuung u. Pflege bedürfen, ist das Heim *nicht* als »Anlage für soziale Zwecke«, sondern »für gesundheitliche Zwecke« einzustufen. In letzterem Fall müsste zu dem Ausnahmegrund zusätzlich als Tatbestandsmerkmal hinzukommen, dass das Heim den »Bedürfnissen der Bewohner des (WR-)Gebiets dient«, was im Einzelnen nachzuweisen ist. »Anlagen für soziale Zwecke« ist ein **städtebaulicher** – unbestimmter – **Planungsrechtsbegriff**, der im Einzelfall – wie begrifflich die anderen in § 3 Abs. 3 Nr. 2 aufgeführten Anlagen – tatbestandsmäßig der Ausfüllung bedarf. »Für soziale Zwecke« hat sich mittlerweile zu einem schillernden Begriff entwickelt. Nicht alles, was der in der Bundesrepublik Deutschland besonders weit gefassten Daseinsfürsorge für sozial schwache Bevölkerungsgruppen – aus **19.63** welchen Gründen sie auch immer eingreift – unterfällt, ist **städtebaulich** dem Begriff zuzurechnen.

Der **Begriff** »*sozial*« als Kernstück des Anlagenbegriffs enthält zwei *ganz unterschiedliche Begriffsgründe*. Die eine Wurzel der Fürsorge ist – vereinfacht dargelegt – letztlich auf den Schutz der Menschenwürde i.S.d. Art. 1 Abs. 1 GG zurückzuführen. Die andere Wurzel des Begriffs »sozial« stellt auf die Gemeinschaft ab, sowohl i.S.d. Teilhaberschaft (Sozius) als auch der gemeinschaftlichen Verpflichtung (Sozialbindung des Eigentums) i.S.d. Art. 14 Abs. 2 GG. Darüber hinaus werden unter »**Anlagen für soziale Zwecke**« aufgrund des Kernbegriffs »sozial« – gewissermaßen als Sammelbegriff – **staatspolitische Aufgaben** zusammengefasst und im städtebaulichen Ordnungsgefüge geregelt, die mit dem **städtebaulichen Begriff** nichts gemein haben (Näheres dazu Rn 16.44).

19.64 Bei der Ausfüllung der Anlagenbegriffe im konkreten Fall kommt es für die Zulassungsfähigkeit entscheidend auf die **jeweilige Eigenart** des Gebiets i.S.d. *Gebietsverträglichkeit* (§ 15 Abs. 1) an. Im Rahmen ihres Planungsermessens ist die Gemeinde auch nach der BauNVO 1990 nicht daran gehindert – etwa um schwierigen Abgrenzungssituationen vorzubeugen –, im Rahmen ihres städtebaulichen Entwicklungskonzepts die Anlagen nach § 3 Abs. 3 Nr. 2 insgesamt oder teilweise nach § 1 Abs. 6 Nr. 1 auszuschließen. Dann bliebe lediglich, die Zulassung der Anlagen durch Erteilung einer **Befreiung** nach § 31 Abs. 2 BauGB (dazu Vorb. §§ 2 ff. Rn 7 f.) zu erreichen.

19.7 bb) **Einzelfälle (Anlagen für – vordergründig – soziale Zwecke).** Hierzu dürften in erster Linie – vor allem bei räumlich größeren und nach dem Nutzungsmaß verdichteten WR-Gebieten – **Kindertageseinrichtungen** und **Altentagesstätten** (Seniorentreffs) gehören. *Ziegler*, in: Brügelmann (§ 2 Rdn 91 ff.) weist zu Recht darauf hin, dass bei der Ermessensausübung hinsichtlich des Ausnahmetatbestandes die Störanfälligkeit des WR-Gebiets mit berücksichtigt werden müsste, so »dass nur solche Anlagen zugelassen werden, die nicht unerheblich von den Bewohnern des Gebiets in Anspruch genommen werden«.

19.71 **Frauenhäuser:** Es handelt sich hierbei um einen Nutzungs-(Anlagen-)Begriff, der sich erst in unserer industriellen Wohlstandsgesellschaft durch das gleichzeitig wachsende Wert- und Selbständigkeitsbewusstsein der Frauen zu einem *eigenständigen* Nutzungsbegriff entwickelt hat.

(Trunksüchtige, prügelnde oder in sonstiger Weise »entgleisende« Ehemänner gibt es in allen Gesellschaften und Staaten der Welt – und hat es immer gegeben –, ohne dass die Länder sich Frauenhäuser »leisten« können.)

Unter »*Frauenhäuser*« in dem erwähnten Sinne sind Gebäude zu verstehen, in denen aus vielfältigen Gründen in Not geratene Frauen unter einem meistens von der öffentlichen Fürsorge bereitgehaltenen Obdach Zuflucht suchen können. Die Frauen kommen in der Mehrzahl der Fälle aus einer eigengestalteten Häuslichkeit i.S.d. Wohnens. Der Hess. VGH hat in seinem Beschl. v. 29.4.1992 (– 3 TH 691/92 – BRS 54 Nr. 182 = NVwZ 1992, 994 = UPR 1992, 358) mit Recht darauf hingewiesen, dass die Unterbringung wesentliche Elemente des Wohnens enthält und trotz der gemeinschaftlichen Unterkunft eine eigenständige häusliche Lebensführung nicht gänzlich unterbunden ist. Der VGH hat jedoch gemeint, der soziale Schutz – Betreuung der vorübergehend untergebrachten Personen durch eine Sozialarbeiterin – stehe so im Vordergrund, dass er das **Frauenhaus** als eine **Anlage für soziale Zwecke** eingestuft hat.

Da es sich im entschiedenen Fall um ein **WA**-Gebiet handelt, ging es lediglich darum, ob von dem Frauenhaus unzumutbare *Nachbarbeeinträchtigungen* zu erwarten seien, was verneint worden ist. Der Hess. VGH: Es gehört zu den aus den allgemeinen Lebensumständen, dem nachbarlichen Gemeinschaftsverhältnis und der Sozialbindung des Eigentums hinzunehmenden, wenn nicht anzuerkennenden Entwicklungen, dass in der Nachbarschaft auch in Not geratene Mitbürgerinnen leben und Schutz suchen können.

Die Geeignetheit eines Gebäudes als »Frauenhaus« hängt entscheidend vom richtigen Standort ab, der i. A. in einem kleinräumlichen, aufgelockert bebauten WR-Gebiet nicht liegen wird. Denn außer der nach Möglichkeit beizubehaltenden eigenständigen Lebensführung muss nicht nur der *soziale* Schutz, sondern u. U. auch der *persönliche* Schutz (von Leib und Leben) gegen Übergriffe gewährleistet sein.

Hospize – in früheren Jahren auch als »**Sterbehäuser**« bezeichnet – sind in den letzten Jahren in erstaunlicher Zahl in vielen größeren Städten und anderen Orten entstanden. In der sog. Hospizbewegung haben sich Personen karitativer Stellen, kirchlicher Institutionen, aus Wohlfahrtsverbänden und dergl. vereinsartig zusammengetan, um Hospize als besondere humanitäre Einrichtung ins Leben zu rufen und/oder zu unterstützen. In einer derartigen Einrichtung sollen in des Wortes härtester Bedeutung »Sterbenskranke« Aufnahme finden, um ihnen in umfassender Weise Hilfe angedeihen zu lassen. Hilfe bedeutet in diesen Fällen Sicherstellung der umfassenden pflegerischen, medizinischen und psychischen (seelsorgerischen) Betreuung »rund um die Uhr« in eigens für diese Menschen vorgesehenen besonderen Räumlichkeiten. Der Zusammenschluss der Hospiz-Betreuer auf der jeweiligen örtlichen Ebene bemüht sich vor allem um die Beschaffung geeigneter Räumlichkeiten und deren Ausstattung, Aufbringung der enormen Kosten für das geeignete Pflegepersonal und sonstiger Hilfsmittel sowie die Unterhaltung eines solchen Hospizes.

19.72

In den Hospizen sollen an einer unheilbaren Krankheit leidende Menschen in ihrem letzten und meist absehbaren Krankheitsstadium eine umfassende Betreuung in jedweder Weise erhalten, um die letzte Phase ihres Lebens würdevoll bestehen zu können. Die Betreuung dieser Phase unterschiedlicher Krankheitsursachen kann kein Krankenhaus (mehr) leisten, auch keine übliche Pflegestation eines Altenheims oder eines Langzeitkrankenhauses (für Multiple Sklerose, Alzheimer oder Parkinson-Fälle). Die heutzutage enormen Kosten kann keine Krankenkasse, keine Sozialhilfe oder die Familie allein mehr aufbringen.

Bei derartigen Häusern handelt es sich – soll der Versuch einer Einordnung nach den Nutzungsarten und -formen der Baugebietsvorschriften nach der BauNVO unternommen werden – um die Mischform einer Anlage, bei der soziale, gesundheitliche u. kirchliche (seelsorgerische) Zwecke, im weitesten Sinn verstanden, zusammenwirken. Ist ein solches Hospiz nicht wie häufig im Bereich eines Krankenhauskomplexes, einer Altenanlage und dergl. errichtet (zu errichten), ist es vom Anlagentyp her bauplanungsrechtlich im allgemeinen Wohngebiet im Grundsatz uneingeschränkt und ebenso in WB- und MI-Gebieten zulässig. Nach der jeweiligen Eigenart des Gebiets kann es neben einer Schule, Kindergarten u. Ä. Einrichtungen (»Lage« i. S. v. § 15 Abs. 1 S. 1) bedenklich sein (Kinderlärm u. a. Einwirkungen). Eine solche Einrichtung ist in einem **reinen** Wohngebiet nur aufgrund einer **besonders** gelagerten Grundstückssituation ausnahmsweise nach den Vorschriften des Nutzungskatalogs, wenn auch nicht nach § 3 Abs. 3 Nr. 2 oder nach § 3 Abs. 4 BauNVO, zulässig. Die Hospiz-Betreuung ist mit »der Betreuung und Pflege der Bewohner« nicht einmal im Ansatz vergleichbar. Ein Hospiz – gleich, ob es sich um ein Gebäude

§ 3 Abs. 3   19.73–19.82

oder (meistens) Gebäudeteil handelt – ist eine bauliche Einrichtung sui generis, die infolge ihres komplexen Gebildes mit keiner Nutzungsanlage der Baugebietsvorschriften vergleichbar ist.

19.73 Dennoch hat der OVG NW durch B. v. 23.7.1998 (– 10 B 1319/98 – BauR 1999, 141) ein Hospiz im reinen Wohngebiet unter Befreiung zugelassen. Der Entscheidung ist **im Ergebnis** zuzustimmen, weil jede Möglichkeit zur Errichtung eines Hospizes auch in einem WR-Gebiet von unserer Gesellschaft als Ausdruck eines solidaren Verhaltens mit den im Angesicht des Todes Lebenden begrüßt werden sollte. – Die **Befreiung** ist auf § 31 Abs. 2 Nr. 2 BauGB gestützt worden. Die Grundzüge der Planung werden nicht berührt worden sein. Diesseits hätte es nahegelegen, die Schaffung eines Hospizes als Ausdruck einer besonderen humanitären Einrichtung und zugleich als Anlage einer gesteigerten Daseinsfürsorge für diese Menschen unter das Erfordernis »des Wohls der Allgemeinheit« nach § 31 Abs. 2 Nr. 1 BauGB zu subsumieren.

Es ist jedoch bedauerlich, dass der **Leits.** des B. und vor allem die Gründe der Entscheidung offensichtlich bar jedweder Kenntnisse über ein Hospiz und die Menschen, die dort Aufnahme finden, abgefasst worden sind. Damit solch eine Entscheidung nicht etwa »Schule macht«, soll darauf hingewiesen werden, dass Menschen im Hospiz gar nicht mehr in der Lage sind, etwas »selbst zu gestalten«, wie es im Leits. heißt. Selbstverständlich sind diese Kranken nicht mehr in der Lage, ihre Wäsche selbst zu waschen oder eine Haushaltsführung und eigene Gestaltung des häuslichen Wirkungskreises zu bestimmen (so. i. d. Gründen); ein Hospiz ist gerade zweckbestimmt auf solche Personen ausgerichtet, die aufgrund ihrer Krankheit zur eigenen Gestaltung der Haushaltsführung nicht mehr im Stande sind. Das unterscheidet ein Hospiz von allen sonstigen mitmenschlichen Einrichtungen.

19.8 Hinsichtlich der Anlagen u. Nutzungen im Einzelnen, die nach § 3 Abs. 3 Nr. 2 ausnahmsweise zulassungsfähig sein können, kann **unter Beachtung der Gebietsverträglichkeit** – wenigstens vom Grundsatz her – auf die unter Vorb. §§ 2 ff. Rn 13–15 und § 4 Rn 6 aufgeführten Anlagen, Nutzungen u. Betriebe zurückgegriffen werden. Im Zusammenhang mit der *Erweiterung* der zulassungsfähigen Nutzungen im WR-Gebiet durch § 3 Abs. 3 **Nr. 2** ist **deutlich herauszustellen,** dass die dort genannten Anlagen in durch B-Plan festgesetzten WR-Gebieten aufgrund der BauNVO 1962, 1968 und 1977 nicht ausnahmsweise zugelassen werden dürfen. Die BauNVO in der jeweils geltenden Fassung konnte (und kann) die Rückwirkung von Vorschriften nicht ermöglichen (dazu Näheres bei § 25 Rn 6 u. § 25c). Der Ablauf des VOgebungsverfahrens der 4. ÄndVO z. BauNVO (vgl. BR-Drucks. 354/89 [Beschl.] Nr. 1 zu Buchst. b) lässt eindeutig erkennen, dass es dem BR an sich (nur) um die Aufnahme der Anlagen für sportliche Zwecke ging. Aus Gründen der Gleichbehandlung mussten die anderen unter **Nr. 2** aufgeführten Anlagen »mitgenommen« werden. Daraus ergibt sich der Schluss, dass in den vor **Inkrafttreten** der BauNVO 1990 festgesetzten WR-Gebieten für die Anlagen nach § 3 Abs. 3 Nr. 2, insbes. hinsichtlich der Anlagen für sportliche Zwecke, nicht etwa eine erleichterte Befreiungsmöglichkeit die Folge ist.

19.81 Ein **Bräunungsstudio** (s. Rn 26.3) wäre auch künftig im WR-Gebiet – etwa als Anlage für *gesundheitliche* Zwecke – nicht zulassungsfähig, da für eine solche Nutzung im Regelfall der Ausnahmetatbestand fehlen wird, abgesehen davon, dass sich der Betrieb auf die Befriedigung der *Bedürfnisse der Bewohner* des WR-Gebiets beschränken müsste, was wirtschaftlich für derartige u. andere Anlagen uninteressant sein dürfte.

19.82 cc) **Anlagen für sportliche Zwecke,** für die ein Ausnahmetatbestand gleichfalls gegeben sein muss *und* die (eingeschränkt) den Bedürfnissen der Bewohner des WR-Gebiets dienen müssen, werden künftig häufigen Anlass zu Nachbarstreitigkeiten in WR-Gebieten geben (z. Begriff »Bedürfnisse der Bewohner des Gebiets« s. Rn 19.6). Jedenfalls gilt das, solange die Gemeinden in den Fällen nicht hinreichend für den Lärmschutz gegenüber benachbarten Wohn-Grundstücken Sorge tragen, in denen sie nach § 9 Abs. 1 Nr. 5 BauGB oder auf gemeindeeigenen Grundstücken Anlagen für sportliche Zwecke festsetzen und nicht gleichzeitig die Einzelheiten der Sportausübung i.S. der SportanlagenlärmSchVO (18. BImSchV) regeln (grundsätzlich zu Fragen des Sports s. Vorb. §§ 2 ff. Rn 12.77 ff., 12.98 ff.).

Als **Bedürfnis der Bewohner** i.S.v. § 3 Abs. 3 Nr. 2 **in sportlicher Hinsicht** ist die Befriedigung *eigener* sportlicher Betätigung zu verstehen, dagegen nicht etwa die passive Zuschauerrolle bei der Sportausübung Dritter auf einer zugelassenen Sportanlage, z.B. für Leichtathletik-Wettkämpfe. Vereinssportanlagen kommen schon deshalb nicht in Betracht, weil Sportvereine – gleichgültig, welche Sportarten sie betreiben – sich nicht auf die Benutzung ihrer Anlagen durch die Bewohner des jeweiligen reinen Wohngebiets, um deren Sportbedürfnisse zu befriedigen, beschränken können. Da die sportlichen Anlagen den **Bedürfnissen** der Bewohner des Gebiets **dienen** müssen, setzt dies der Größe (Umfang) der Anlagen und der in Betracht kommenden Sportausübung deutlich Grenzen. *Berkemann* (s. Schrifttum Vorb. §§ 2 ff.) hat mit Recht darauf hingewiesen, dass die sportliche Anlage in ihrer typischen Funktion *»den vorhandenen oder den geplanten Gebietscharakter nicht verändern darf«* (aaO. S. 821). Seine weiteren Ausführungen zu Sportanlagen in WR-Gebieten stehen jedoch dazu in Widerspruch und sind vor allem – sicherlich unbeabsichtigt – geeignet, der tatbestandlichen *Erweiterung* der vom VOgeber bewusst beschränkten Rechtsvorschrift in quantitativer und qualitativer Hinsicht das Wort zu reden.

Nach *Berkemann* (aaO.) soll der Begriff des »Gebiets« unbestimmt sein, obwohl der Begriff »Bewohner des Gebiets« seit jeher in § 3 Abs. 3 **Nr. 1** enthalten ist u. sich aus der Rechtssystematik der Gebietsvorschriften ergibt (s. Rn 19.61). Die Behauptung, damit sei nicht das Plangebiet des Bebauungsplans gemeint, *»sondern eher der infrastrukturell erkennbare Einzugsbereich der im Gebiet lebenden Bewohner«*, ist kaum verständlich und widerspricht der Vorschrift. Da § 3 Abs. 3 Nr. 2 auf die den Bedürfnissen der Bewohner des Gebiets dienenden Anlagen abstellt, kann ein gleichzeitiger »*Einzugsbereich*« nicht in Betracht kommen. Der »infrastrukturelle Einzugsbereich« muss als Widerspruch zu der – ds. E. richtigen – Einschränkung (bei *Berkemann*) gesehen werden, dass *»nur der Weg zum aktiven Sport in der Wohnnachbarschaft eröffnet«* wird. Was darunter in der *praktischen Anwendung* zu verstehen ist, wird jedoch leider nicht gesagt. Dagegen: *»Bei so genannten Indoor-Sportarten in geschlossenen Hallen«* sei die Zulassungsfähigkeit *»tendenziell eher anzunehmen«*.

Darunter versteht *Berkemann* »*baulich geschlossene Anlagen wie z.B. Turnhallen, Hallenbäder, überdachte Tennisflächen*«. Diese hätten *»ohnedies kaum immissionsschutzrechtliche Folgen im Sinne störender Lärmeinwirkung«* (aaO., S. 821). Dieser Auffassung muss deutlich widersprochen werden. Was Hallenbäder oder Tennishallen in der Praxis – allein schon durch den Zu- und Abgangsverkehr der Kfz – in WR-Gebieten an Störungen bewirken, braucht nicht besonders ausgeführt zu werden. Mit der erwähnten Auslegung wird § 3 Abs. 3 Nr. 2 unzulässig erweitert. Denn Hallenbäder oder Tennishallen sind

§ 3 Abs. 3 19.84, 19.85

nur dann wirtschaftlich, wenn sie von *jedermann* benutzt werden können. Solche Sportanlagen mögen zwar auch den »Bedürfnissen« der Bewohner des Gebiets dienen. Das ist aber mit dem Sinngehalt der Vorschrift des § 3 Abs. 3 Nr. 2 nicht gewollt.

> Eine private Schwimmhalle als baulich Anlage mit 16 m Länge und 13 m Breite, die zwar der sportlichen Betätigung dienen soll, aber nur zu Benutzung durch die Bewohner des auf dem selben Grundstück befindlichen Wohnhauses und deren persönlichen Gäste bestimmt und beschränkt ist, fällt nicht in den Anwendungsbereich von § 3 Abs. 3 Nr. 2 BauNVO (BVerwG, U. v. 28.4.2004 – 4 C 10.03 – NVwZ 2004, 1244 = UPR 2005, 66 = BauR 2004, 1571, 2. Leits.).

19.84 Mit *Reidt*, in: *G/B/R* (Rdn 1352) kommen ein Basketballplatz, Tischtennisplatten oder ein bis zwei Tennisplätze in entsprechend räumlich günstiger Zuordnung zu den Wohngebäuden in Betracht. Zu denken ist ferner an ein Feld z. Volley-Ball-Spielen. Bei diesen Anlagen handelt es sich **nicht um Nebenanlagen** i. S. d. § 14 Abs. 1, die *daneben* zulässig sind. Ob eine (kleine) Aschenbahn (so *Berkemann*) dem Bedürfnis der Bewohner *in* einem WR-Gebiet entspricht, muss bezweifelt werden. Was den Bedürfnissen im Einzelnen entspricht, hängt entscheidend von der jeweiligen (altersmäßig unterschiedlichen) Gebietsstruktur ab. Gegen störende und vom Gebietscharakter her bereits unzulässige Sportanlagen kann jeder Grundstückseigentümer des WR-Gebiets – ohne subjektiv nachweisbare Beeinträchtigung – zur Erhaltung der Gebietsgemeinschaft Nachbarklage erheben.

Im Rahmen des § 3 Abs. 3 Nr. 2 kommt der Einstufung und vor allem der richtigen Handhabung sog. **Bolzplätze** in Bezug auf die den Bedürfnissen der Bewohner des Gebiets dienenden sportlichen Anlagen **besondere Bedeutung** zu. »Bolzplatz« ist ein schillernder, bauplanungsrechtlich nicht eindeutig fassbarer Begriff. Er wird vielfach als ein Ballspielplatz für die sportlich nicht organisierte Jugend angesehen und häufig in erster Linie mit »spontanem Fußballspielen« mit einzelfallabhängigen Regeln, eben mit dem »Bolzen« mit seinen bekannten Begleiterscheinungen in Verbindung gebracht (so VG Bln., U. v. 7.9.1984, NVwZ 1984, 134); im Einzelnen dazu *Rodewoldt/Wagner*, VBlBW 96, 365; ferner *Schwarze*, DVBl. 1986, 1050, und *Schwermer*, StGR 1987, 149; Letzterer definiert Bolzplätze »*als eine zum Zwecke des Fußballspielens im weitesten Sinne angelegte Fläche*«, die die Abmessungen eines regulären Fußballfeldes erheblich unterschreitet.

19.85 Die Auffassung über die Rechtsnatur von Bolzplätzen und deren Behandlung im Schrifttum sowie durch die Rspr. lassen eine Polarisierung der Fragen um die Zulässigkeit von Bolzplätzen in Wohngebieten erkennen. Das geht auch aus den Abhandlungen von *Ketteler* (BauR 1997, 959) und von *Arndt* (NuR 2001, 445) deutlich hervor. Dabei zeigt sich ein entspr. hermeneutisches richterliches Vorverständnis über die Grenzen des noch hinzunehmenden Lärms, der von einem Bolzplatz oder einer Skateanlage ausgeht.

In besonderer Weise hat sich *Arndt* (NuR 2001, 445) mit der Frage der Reichweite des Begriffes »Sportanlagen« und »Sport« i. S. d. 18. BImSchV und der Stellung der Bolzplätze befasst. Die Auslegung des Sportanlagenbegriffs ist zwar gründlich. Man erkennt jedoch bereits beim Beginn der Wortlaut-Auslegung in Abschn. II (aaO., S. 446), dass *Arndt* die Auslegung mit einer vorgefassten Bestimmung angeht. So meint er, die Legaldefinition des § 1 Abs. 2 der 18. BImSchV »*taugt nicht mehr als eine Zirkeldefinition, denn sie lässt im eigentlichen Kern offen, was unter immissionsschutzrechtlicher ›Sportausübung‹ zu verstehen ist.*«

19.85   Abs. 3   § 3

Arndt muss, um zielbestimmt vorzugehen, ignorieren, dass die Sportausübung i. S. der 18. BImSchV an festgelegte Voraussetzungen geknüpft ist: nämlich an Sportanlagen als **ortsfeste Einrichtungen** i. S. des § 3 Abs. 5 Nr. 1 BImSchG, die zur Sportausübung bestimmt (und geeignet) sind. Die nötige Geeignetheit geht daraus hervor, dass die richtige **Beschaffenheit**, auf die es bereits bei der Errichtung der Sportanlage ankommt, Bedingung für den ordnungsgemäßen Betrieb einer Sportanlage ist. Dies ist wiederum die Voraussetzung dafür, dass die jeweilige Sportart – die unterschiedlichen Sportdisziplinen sind hinreichend bekannt – ausgeübt, d. h. **zweckgerichtet betrieben** werden kann.

Der Wortlaut i. S. d. Definition bringt in erfreulicher Klarheit das Gewollte zum Ausdruck. Das wird noch dadurch ergänzt und bestärkt, dass die amtliche Begr. zur 18. BImSchV »bloße Sportgelegenheiten« ausdrücklich ablehnt. Demzufolge hat das OVG Berlin sich im U. v. 22.4.1993 (– 2 B 6.91 – BRS 55 Nr. 179) gründlich mit der Frage befasst, ob ein Bolzplatz als Teil eines Kinderspielplatzgeländes als Sportanlage i. S. d. SportanlagenlärmSchVO (18. BImSchV) aufzufassen ist; er hat dies, ausführlich begründet, verneint. Das OVG hat u. a. zu Recht darauf abgestellt, dass ein Bolzplatz ein Spielfeld ist, »*auf dem regelmäßig lärmintensiv ohne feste Regeln Fußball gespielt, ›gebolzt‹ wird*« und hat dies im Einzelnen dargelegt. Im Schrifttum wird, soweit es sich um eine objektive Wiedergabe der Definition »Sportanlage« nach § 1 der 18. BImSchV bemüht, auf die leistungsbezogene, wettkampf- und trainingsorientierte Tätigkeit abgestellt, die zur »sportlichen« Ausübung, voraussetzungsgemäß einen Sportplatz (Sportanlage) erfordert und nach entspr. Sport- und meistens auch Wettkampfregeln abläuft (vgl. dazu u. a. *Kuchler*, NuR 2000, 77; ferner im Ergebnis auch *Ziegler*, in: *Brügelmann*, § 14 BauNVO Rdn. 73). *Arndt* weist selbst auf weitere Indizien hin (aaO., S. 446), aus denen »an sich« die sportliche Tätigkeit auf einer entspr. Sportanlage hervorgeht, um dann ohne erkennbare Überleitung zu äußern: »*Ketteler und Herr ist Recht zu geben, dass aus dem Nichtvorliegen eines dieser Indizien nicht auf die Abwesenheit von Sport geschlossen werden kann*« (unter Bezugnahme auf *Ketteler*, BauR 1997, 959, 961 u. *Herr*, Sportanlagen in Wohnnachbarschaft 1998, 149.

Arndt meint, nach Historie, Systematik und Teleologie ergebe sich ein weiter Sportbegriff; »*allein eine Auslegung am Wortsinn schließt Spielplätze damit aus der 18. BImSchV aus*« (aaO. S. 448). Es bedarf keiner besonderen Ausführungen, dass, wenn sich der Wortsinn aus dem Wortlaut ergibt, der für die **Auslegung einer Vorschrift** in erster Linie maßgebend ist, alle weiteren Auslegungsmöglichkeiten zweitrangig sind. Dennoch meint *Arndt* als Ergebnis: »*Für Bolzplätze legen Historie, Systematik und Teleologie in ihrer Gesamtheit eine Einbeziehung in die 18. BImSchV nahe. Ihre Ergebnisse zwingen dazu, sich über den Wortlaut hinwegzusetzen*«.

Heutzutage ist es nichts Besonderes, althergebrachte Auslegungsgrundsätze zu negieren und dadurch i. S. d. »Moderne« zu einem bestimmten Ergebnis zu gelangen. Im Ergebnis will *Arndt* nicht nur Bolzplätze u. andere – neuzeitliche – Anlagen, auf denen körperliche **Bewegungen** stattfinden, wie das Jogging auf der Straße als Fitness-Training mit der Sportausübung auf Sportanlagen gleichstellen; er will darüber hinaus auch andere **körperliche Betätigungen** heranwachsender Kinder und Jugendlicher auf sog. Aktivspielplätzen (Abenteuer-Spielplätze) unter den Sportbegriff der 18. BImSchV fassen. Das alles hat mit Sport i. S. d. 18. BImSchV genau so wenig zu tun, als wenn jemand bei seiner morgendlichen Gymnastik mit Hanteln arbeitet.

Die diess. Ausführungen bezwecken, herauszustellen, dass es im Zuge der vielfältigen kommunalen und sonstigen (Freizeit-)Einrichtungen nicht erforderlich ist, zu Fragen des Lärmschutzes die SportanlagenlärmSchVO (18. BImSchV) zu bemühen. Für Freizeiteinrichtungen im weitesten Verständnis, wozu gerade auch Bolzplätze u. Aktivspielplätze gehören, ist die **Freizeitlärm-Richtlinie** des LAI anzuwenden. Die 18. BImSchV ist weder unmittelbar noch

§ 3 Abs. 3   19.85

mittelbar anzuwenden. Der Auffassung des BVerwG, dass die Immissionsrichtwerte der SportanlagenlärmSchVO auf Geräuschimmissionen, die von der bestimmungsgemäßen Nutzung von Ballspielplätzen und ähnlichen Anlagen für Kinder ausgehen, nicht unmittelbar anzuwenden sind (Leits. des B. v. 11.2.2003 – 7 B 88.02 – DVBl. 2003, 808 = DÖV 2003, 632 = BauR 2004, 471 = BRS 66 Nr. 77 zu VGH BW, U. v. 16.4.2002 – 10 S 2443/00 – BauR 2002, 1366 = UPR 2002, 353) wird zugestimmt. Das BVerwG führt hierzu aus:

»*Namentlich gibt § 1 Abs. 2 der 18. BImSchV nichts dafür her, dass er sämtliche Erscheinungsformen körperlich-spielerischer Aktivität vom kindlichen Spielen bis zum berufsmäßig betriebenen Leistungssport erfasst. Welches der für die unmittelbare Anwendung der Sportanlagenlärmschutzverordnung maßgebliche Anlagentyp ist, bedarf hier keiner abschließenden Entscheidung. Jedenfalls kleinräumige Anlagen der hier in Rede stehenden Art, die ausschließlich für die körperliche Freizeitbetätigung von Kindern bis zum Alter von 14 Jahren bestimmt sind, können nicht als Sportanlagen im Sinne der Verordnung eingeordnet werden. Das ergibt sich ohne weiteres aus deren wörtlicher, systematischer und historischer Auslegung. … Die Beschreibung des Anwendungsbereichs der Verordnung sowie die in ihrem § 3 vorgesehenen Maßnahmen lassen erkennen, dass sich der Verordnungsgeber am Leitbild einer Sportanlage orientiert hat, die dem Vereinssport, Schulsport oder vergleichbar organisiertem Freizeitsport dient.*«

Der Auffassung des BVerwG, dass mangels geeigneterer Vorschriften die 18. BImSchV, insbes. deren Ermittlungs- und Messverfahren heranzuziehen sind, wird nicht geteilt. **Abzustellen** ist hierzu vielmehr auf die **Freizeit-Lärmrichtlinie.** Die Inanspruchnahme dieser Richtlinien-Vorschrift wird dadurch erleichtert, dass ihr die gleichen IRW wie der 18. BImSchV zugrundeliegen u. die Richtlinie auch sonst dem Lärmschutzsystem der 18. BImSchV gleicht. Die Ausführungen hier gelten für alle Wohnbaugebiete; vgl. zu dem Problem ferner § 3 Rn 5.2 und 5.3.

Ketteler (aaO.) befasst sich ausführlich mit der **Sportausübung** auf Bolzplätzen. Er ist der Auffassung, dass die Sportausübung nicht die Beachtung von Regelwerken voraussetzt. Der »*– zunehmend an Bedeutung gewinnende – nicht organisierte Sport ist von einem Trend zu Individualsportarten geprägt, bei dem keine bestimmte Teilnehmerzahl oder regelgestützte Kooperation zwischen den Teilnehmern erforderlich ist*« (*Ketteler*, aaO., S. 961).

Ketteler ist auf die mit der Betreibung der verschiedenen Sportarten zu beachtenden Vorschriften der 18. BImSchV, insbes. die nach § 3 (»Maßnahmen«) **zwingend** zu erfüllenden **Pflichten** nach § 2 Abs. 1, nicht eingegangen. Darauf, nämlich auf die Einhaltung von Regeln, Regelungen, die dazu erforderliche Aufsicht einerseits und Rücksichtnahme der Sporttreibenden andererseits, kommt es jedoch an. Für die moderne Sportausübung nach *Ketteler* u. a. können diese Pflichten vermutlich vernachlässigt werden. Nach *Ketteler* habe die Mehrzahl der Befragten bei einer sozial-empirischen Erhebung bekundet, dass »*Freiheit und Spontaneität beim Sporttreiben wichtiger seien als das Einhalten von festen Regeln*« (aaO. unter Bezugnahme auf andere Äußerungen).

Hierin zeigt sich der deutliche Unterschied zu den Sportanlagen i. S. v. § 1 Abs. 1, § 2 Abs. 1 i. V. m. § 3 der 18. BImSchV. Dass **Freibäder** gleichfalls zu den Sportanlagen i. S. d. 18. BImSchV gehören, ergibt sich daraus, dass bei deren Benutzung Regelungen und Regeln **beachtet werden müssen**: Für deren Beachtung und die – selbstverständliche – gegenseitige Rücksichtnahme sorgt eine Aufsicht; die Beachtung von Regelungen gilt im Übrigen gleichfalls für Bowling- oder Kegelcenter u. Ä. Einrichtungen.

Sportanlagen i. S. d. 18. BImSchV sind mit »Anlagen für sportliche Zwecke« i. S. d. BauNVO nicht in jeder Hinsicht gleichzusetzen; zu einer der entscheidenden Einschränkungen gehört, dass die Sportanlagen **gleichzeitig** den durch die 18. BImSchV festgelegten Immissionsrichtwerten nach § 2 Abs. 2 bis Abs. 6 der 18. BImSchV unterliegen. Darauf ist *Ketteler* nicht eingegangen. Es kann Bolzplatz-Anlagen geben, die so angelegt und eingegrenzt auf dem fraglichen – meistens gemeindlichen – Grundstück sind, vor allem mit entspr. Lärmschutzmaßnahmen gegenüber den dem Bolzplatz benachbarten Wohngrundstücken, dass sie **entspr. einer Sportanlage behandelt werden können**. Daraus ist ersichtlich, dass Bolzplätze aufgrund ihrer sehr unterschiedlichen Anlage, Größe und Lage innerhalb des jeweiligen Wohngebiets oder z. B. **neben** einem WR-Gebiet nur nach dem jeweiligen (Einzel-)Fall beurteilt werden können (s. Rn 19.89–19.91). Sind »Bolz«-Plätze an sich nur für Jugendliche bis 15 Jahren vorgesehen, handelt es sich nicht um typische Bolzplätze, die *Ketteler* behandelt. Denn bei Letzteren hat gerade die gänzlich fehlende Aufsicht wiederholt zu schlimmen, auf Rücksichtslosigkeit oder wenigstens mangelnder Regelkenntnis beruhenden Verletzungen, vor allem Brüchen, geführt. Sog. Bolzplätze für Jugendliche bis 14–15 Jahren sind zwar keine »Kinder«-Spielplätze oder »Abenteuer-Spielplätze«. Sie müssen als »Ballspielplätze« besonderer Art eingestuft werden; sie als »Kinder«-Spielplätze einzuordnen, wäre nach diesseitiger Auffassung etwas lebensfremd.

Ketteler geht in seiner Abhandlung noch auf »Street(basket)ball« und »Anlagen zum Skateboardfahren und Inline-Skating« ein. Hier zeigt sich die »Modernität« in besonderer Weise. *Ketteler* meint, Inline-Skater, die die Straße benutzen, nähmen »– *wie Radfahrer oder Jogger – lediglich die Sportgelegenheit ›Straße‹ zur Sportausübung in Anspruch*«. Das bedeutet nach *Ketteler,* dass Anlagen zum Skateboardfahren oder Inline-Skating Sportanlagen i. S. d. 18. BImSchV und der BauNVO sind. Diese Auffassung wird diesseits nicht geteilt.

Die Darlegungen von *Ketteler* u. *Berkemann* (aaO.) treffen nicht die vielschichtigen, **ganz unterschiedlichen** Betätigungen, die auf Bolzplätzen erfolgen (können). Das OVG Lüneburg hat bereits früh **in einem instruktiven Urt.**, in dem es den verschiedenartigen Betätigungen auf dem streitigen **Bolzplatz** im Einzelnen nachgegangen ist, in überzeugender Weise über die Unzulässigkeit eines durch Schallschutzmaßnahmen nicht abgeschirmten Bolzplatzes, unmittelbar **angrenzend an ein reines Wohngebiet**, entschieden (U. v. 30.10.1984 – 1 A 34/83 – BRS 42 Nr. 188). Nicht minder differenziert hat sich der VGH BW bereits in seinem Urt. v. 16.11.1984 (– 8 S 3029/83 – BRS 42 Nr. 39) mit den Voraussetzungen, unter denen **ein Bolzplatz** in einem **reinen Wohngebiet** zulässig sein kann bzw. – wie im entschiedenen Fall – gegen das Rücksichtnahmegebot verstößt, befasst (s. dazu nach neuester Rspr. ausf. Rn 19.88–19.91). Danach kann davon ausgegangen werden, dass die von einem Bolzplatz ausgehenden Lärmbeeinträchtigungen und **das sonstige** »**Drum und Dran**« der voraussetzungsgemäßen Wohnruhe eines WR-Gebiets widersprechen.

19.86

»Kinderlärm« üblicher Art und das »Austoben junger Menschen« sind nicht gleichzusetzen. Das »**Austoben**« **auf Bolzplätzen** mit seinen entspr. Konsequenzen und die vorauszusetzende und von jedermann in den Grenzen der Zulässigkeit einzuhaltende **Wohnruhe** als typisches Kennzeichen der Wohngebiete sind schwerlich miteinander vereinbar (aA. *Schwermer,* aaO.). Nach diesseitig hinreichender Erfahrung muss die städtebauliche Planung bei der Festsetzung von Bolzplätzen davon ausgehen, dass sie sich *in oder neben* WR-

§ 3 Abs. 3   19.87, 19.88

Gebieten in der Mehrzahl der Fälle nicht rechtfertigen lassen (zu WA-Gebieten s. § 4 Rn 20.3–20.61).

Das erklärt sich daraus, dass es für eine ordnungsgemäße Planung nicht ausreicht, ein mehr oder weniger zufällig vorhandenes Grundstück der öffentlichen Hand oder einer quasi-öffentlichen Institution als Bolzplatz festzusetzen. Bei der planerischen Gestaltung ihres Gemeindegebiets muss die Gemeinde gleichzeitig bedenken, dass sie die **städtebauliche Ordnung** (§ 1 Abs. 3 BauGB) *als Folge* ihrer gewollten planerischen Entwicklung zu gewährleisten hat. Unter dem Begriff der Ordnung in diesem Sinne sind die Rechtsnormen zu verstehen, deren Beachtung für ein gedeihliches Zusammenleben der Bewohner des jeweiligen Baugebiets und seiner Umgebung i. S. v. § 15 Abs. 1 Satz 2, insbes. eines Wohngebiets, als unerlässliche Voraussetzung anzusehen ist; dass dazu die Rücksichtnahme auf Anlieger und die Nachbarn i. w. S. gehört, bedarf keiner besonderen Ausführungen (s. auch Vorb. §§ 2 ff. Rn 29 f.).

19.87 Nach *Berkemann* (aaO., NVwZ 92, S. 822) dürfen *Bolzplätze* – unter dem Vorbehalt einer Beurteilung nach § 15 Abs. 1 BauNVO – auch **in** reinen Wohngebieten zugelassen werden. Er beruft sich für diese Meinung auf einen B. des BVerwG v. 3.3.1992 (– 4 B 70.91 – BRS 54 Nr. 43 = BauR 1992, 340 = NVwZ 1992, 884 = UPR 1992, 270 = DÖV 1992, 709 = BayVBl. 1992, 411).

Der Leits. des B. d. BVerwG, wonach Bolzplätze – unter dem Vorbehalt einer Beurteilung nach § 15 Abs. 1 BauNVO – neben reinen Wohngebieten zugelassen werden, verspricht mehr, als er tatsächlich hält. Im Ergebnis bestätigt das BVerwG ein U. d. Nds. OVG, das auf eine Nachbarklage hin die Genehmigung des Bolzplatzes aufgehoben hat, weil sie gegen das bebauungsrechtliche Gebot der Rücksichtnahme verstößt. Ausschlaggebend für die Annahme des Berufungsgerichts, dass der Kläger sich gegen einen Verstoß gegen das Rücksichtnahmegebot aus der besonderen örtlichen Situation heraus wenden könne, war die geringe Entfernung zwischen der befestigten Spielfläche und dem Garten (7 m) und der Terrasse vor den Wohnräumen und den Arbeitsräumen (11 m) sowie das Fehlen von Lärmschutzvorkehrungen (BVerwG, aaO.).

Kinderspielplätze in der ihnen eigenen Ausgestaltung (keine »Abenteuer«-Spielplätze) und *Bolzplätze* haben nichts gemein; das kommt in den Gründen des Beschl. später auch zum Ausdruck, wonach Bolzplätze »*jedenfalls wie Anlagen für sportliche Zwecke behandelt werden*« müssen.

19.88 Eine immer größere Bedeutung gewinnt in letzter Zeit das Problem der **missbräuchlichen Nutzung** von kommunalen Einrichtungen, **insbes. von Bolzplätzen**. Eine missbräuchliche Nutzung von Bolzplätzen liegt z. B. vor, wenn dort Freizeitfußballspiele von Erwachsenen stattfinden, eine erlassene Benutzungsordnung nicht beachtet wird, bis in die tiefen Abendstunden im Sommer gebolzt wird, häufig Bälle vom Bolzplatz in den Garten des angrenzenden Grundstücks gelangen, Mopedrennen stattfinden, Jugendliche bis in die Nacht feiern und dabei Unrat und Müll auf die angrenzenden Privatgrundstücke werfen, sowie Alkoholgelage mit den üblichen Begleiterscheinungen stattfinden. Schaut man die dazu ergangene Rspr. durch, so fallen zunächst zwei extreme Meinungen auf, denen nicht gefolgt werden kann. Danach sind zum einen missbräuchliche Störungen, die von der Einrichtung ausgehen, allein mit den Mitteln des Polizei- und Ordnungsrechts entgegenzutreten (*Berkemann*, aaO. S. 822; RhPfOVG, U. v. 29.8.1989 – 7 A 26/89 – NVwZ 1990, 279/280; OVG Berlin, U. v. 22.4.1993 – 2 B 6.91 – BauR 1994, 346 [349] u. VGH BW, NVwZ-RR 1989, 173 [175]). Auf der anderen Seite geht dagegen die Auffassung zu weit, dass einer Gemeinde, die einen Grillplatz als öffentliche Einrichtung betreibt, grundsätzlich alle die von den Benutzern ausgehenden Lärmimmissionen zuzurechnen sind (VGH BW, U. v. 11.4.1994 – 1 S 1081/93 – NVwZ 1994, 920). Nach Meinung des VGH BW werde der Zurechnungszusammenhang allein durch den Erlass einer Grillplatzordnung, die u. a. die Benutzungszeiten regle, nicht unterbrochen, da die Gemeinde es unterlassen habe, eine Benutzung des Grillplatzes erst nach vorheriger Anmeldung zu gestatten. Ein solcher Gedanke ist verwaltungsmäßig als lebensfremd anzusehen.

Zu Recht hat das BVerwG in seinem B. v. 30.1.1990 (– 7 B 162/89 – NVwZ 1990, 858) festgestellt, dass der Nachbar eines öffentlichen Sportplatzes von der betreibenden Gemeinde Vorkehrungen dagegen verlangen kann, dass Bälle vom Spielfeld in seinen Garten gelangen und dass erhebliche Geräuschbelästigungen durch eine zweckfremde Nutzung des Sportplatzes (hier: abendliche Mopedrennen von Jugendlichen) entstehen. Das BVerwG hat mit diesem B. das U. des OVG NW v. 10.8.1989 (– 7 A 1926/86 – BauR 1989, 715) bestätigt. Es ging dort um einen Abwehranspruch des Eigentümers des an einen gemeindlichen Sportplatz angrenzenden Wohngrundstücks im Bezug auf Lärmimmissionen und Überschießen von Bällen. Das U. schildert im Sachverhalt ausführlich die Misshelligkeit, die die Nachbarn erleiden mussten. In dem U. des OVG NW heißt es:

»Die Beklagte ist auch richtige Adressatin des Klagebegehrens, soweit es um die Immissionen geht, deren Ursache zweckwidrige Benutzungen des Sportplatzes, nämlich das von den Klägern angesprochene Befahren des Sportplatzes mit motorisierten Fahrzeugen, sind. Eine missbräuchliche Nutzung öffentlicher Anlagen ist deren Betreiber jedenfalls dann zuzurechnen, wenn nach den örtlichen Gegebenheiten für solche missbräuchliche Benutzungen ein besonderer Anreiz geschaffen wurde. Diese Voraussetzung liegt vor. Die spezifische Besonderheit der hier in Rede stehenden Gesamtanlage des Schulzentrums mit der danebenliegenden Sportanlage besteht darin, dass das gesamte Gelände weitläufig mit einem Netz innerer befestigter Wege angelegt ist, das jedermann frei zugänglich ist. Namentlich in den Zeiten, in denen der Schulbetrieb ruht, kann das Gelände ungehindert befahren werden ... und bietet angesichts des Fehlens von Absperrungen, die etwa ein Passieren von Mopeds oder Motorrädern verhindern oder zumindest wesentlich erschweren, ... vornehmlich Jugendlichen einen beträchtlichen Anreiz, jedenfalls dann auf den Sportplatz zu fahren und dort ›herumzukurven‹ oder gar einem Rennen vergleichbare Aktivitäten zu entfalten.«

Schließlich hält das OVG NW der beklagten Gemeinde vor, außer ineffektiven Kontrollen durch den Hausmeister der Schulen keinerlei Vorkehrungen getroffen zu haben, dieser naheliegenden missbräuchlichen Benutzung entgegenzuwirken, die von Anfang an ein wesentliches Element der Nachbarbeschwerden der Kläger war (aaO. S. 717).

Auch in mehreren anderen gerichtlichen Entscheidungen wird für die Beantwortung der Frage, ob eine missbräuchliche Benutzung der kommunalen Einrichtung durch Dritte der Kommune als eigene Störung zuzurechnen ist, darauf abgestellt, ob die Gemeinde nach den örtlichen Gegebenheiten für solche missbräuchlichen Benutzungen einen besonderen Anreiz geschaffen hat (OVG NW, U. v. 16.9.1985 – 15 A 2856/83 – BauR 1986, 77/79 = DVBl. 86, 697 [698] = BRS 44 Nr. 188; BayVGH, U. v. 30.11.1987 – 26 B 82 A. 2088 – NVwZ 1989, 269/272 = BRS 47, 415; OVG Berlin, U. v. 22.4.1993 – 2 B 6.91 – BauR 1994, 346 = NVwZ-RR 1994, 141; Nds. OVG, U. v. 25.3.1996 – 6 L 5539/94 –BRS 58 Nr. 165; VGH BW, NVwZ-RR 1989, 173/175; Hess. VGH, U. v. 30.11.1999 – 2 UE 263/97 – und *Rodewoldt/Wagner*, VBlBW 1996, 365/369). Fehlverhalten von Personal oder von Besuchern einer öffentlichen Einrichtung begründet keinen öffentlich-rechtlichen Immissions-Abwehranspruch der Nachbarn gegen die Trägergemeinde, wenn die Ausgestaltung der Einrichtung einem derartigen Fehlverhalten nicht Vorschub leistet und angemessene Gegenmaßnahmen ergriffen worden sind (BayVGH, U. v. 31.3.2006 – 22 B 05.1683 – BayVBl. 2006, 669 f., 3. Leits.).

Die **Gemeinde** kann von den belästigten Anwohnern polizeirechtlich letztendlich **nicht als Störer** in Anspruch genommen werden. Dies wird von der Rspr. im Ergebnis auch so überwiegend gesehen (RhPfOVG, U. v. 29.8.1989 – 7 A

§ 3   Abs. 3   19.90

26/89 – NVwZ 1990, 279 f.; OVG Berlin, U. v. 22.4.1993, aaO.; BayVGH, U. v. 30.11.1987 – 26 B 82 A. 2088 – NVwZ 1989, 269/272; Nds. OVG, U. v. 25.3.1996, aaO.).

19.90 Die Gemeinde hat bei der Ausweisung von Bolzplätzen in der Nähe von Wohngrundstücken im Rahmen der bebauungsplanmäßigen Festsetzung auf eine Standortverträglichkeit zu achten, ggf. aktive Lärmschutzvorkehrungen zu treffen; wenn dies nicht möglich ist, hat sie die Nutzungszeiten in der Baugenehmigung zu regeln und mit einem Schild auf die entspr. Ruhezeiten hinzuweisen. Darüber hinaus muss die Gemeinde Vorkehrungen gegen Missbräuche vornehmen, wie z. B. ausreichende Kontrollen durch eigenes Personal – der schlichte Hinweis auf die Polizei ist nicht hilfreich –, oder den Bolzplatz sogar einzäunen und eine Schlüsselvergabe regeln (*Ketteler*, Sportanlagenlärmschutzverordnung 1998, 1067; *Rodewoldt/Wagner*, VBlBW 1996, 365/369; RhPfOVG, U. v. 8.12.1999 – 7 A 11469/98 – NVwZ 2000, 1190 f. – für eine Skater-Anlage; OVG NW, U. v. 10.8.1989, aaO.; U. VGH BW, U. v. 11.4.1994 – 1 S 1081/93 – NVwZ 1994, 920; U. v. 16.4.2002 – 10 S 2443/00 – BauR 2004, 471 = UPR 2002, 253; Nds. OVG, U. v. 4.11.2003 – 1 LB 323/02 – BauR 2004, 469/471; BVerwG, B. v. 11.2.2003 – 7 B 88.02 – BauR 2004, 471 = DVBl. 2003, 808 = DÖV 2003, 632 = BRS 66 Nr. 171). Wenn die Gemeinde hingegen ernsthaft versucht, die rechtswidrige Nutzung eines Bolzplatzes zu verhindern – sei es durch das Anbringen abschließbarer Tore oder durch regelmäßige Kontrollen – kann ihr ein dennoch erfolgender Missbrauch der Anlage nicht zugerechnet werden. Die Gemeinde ist nur verpflichtet, das ihr Zumutbare zur Verhinderung rechtswidriger Nutzung zu tun (*Rodewoldt/Wagner*, aaO.). Der Überlegung von *Berkemann* (NVwZ 1992, 817/822), dass auch in einem reinen Wohngebiet der benachbarte Grundstückseigentümer keinen Anspruch auf Versagung einer Baugenehmigung für einen Bolzplatz, durch den die im B-Plan festgesetzte Nutzung verwirklicht werden soll, hat, nur weil nach seiner Meinung nach die Anlage »geeignet« ist, durch Jugendliche, Erwachsene und »Penner« missbräuchlich genutzt zu werden, ist daher nur zum Teil zutreffend. Die Gemeinde muss in diesem Fall hier zumutbare Maßnahmen ergreifen, um eine solche Störung abzuwehren.

Im Zusammenhang mit dieser Problematik ist auf ein weiteres U. d. OVG NW v. 2.3.1999 (– 10 A 6491/96 – BauR 2000, 81 = NWVBl. 1999, 426) hinzuweisen. Das OVG NW hat in diesem U. die Baugenehmigung für einen Ballfangzaun eines Bolzplatzes aufgehoben sowie die beklagte Gemeinde sogar zur Sperrung des Platzes verurteilt. Dem Sachverhalt nach befand sich das Grundstück des Klägers in einem allgemeinen Wohngebiet, das an einen in einem B-Plan festgesetzten Bolzplatz angrenzte. Der B-Plan war noch unter der Geltung der BauNVO 1977 aufgestellt und beschlossen worden, so dass im allgemeinen Wohngebiet Anlagen für sportliche Zwecke, denen ein Bolzplatz jedenfalls ähnlich ist, nach Auffassung des OVG NW gerade nicht regelmäßig, sondern nur ausnahmsweise zulässig waren (§ 4 Abs. 3 Nr. 3 BauNVO 1977). Der Abstand des Bolzplatzes zu den überbaubaren Grundstücksflächen und damit der schutzwürdigen Nutzung des Hauses des Klägers und seines Außenwohnbereichs war nur 10 m im Norden bzw. 8 m im Süden denkbar gering. Das OVG NW hat zu Recht darauf hingewiesen, dass **Bolzplätze im Verhältnis zu Wohngebieten in hohem Maße konfliktträchtig sind**. Der Plangeber habe hier einen Bolzplatz mit hoher Nutzungsintensität wie einen Keil in ein faktisch nur mit Wohnhäusern zu bebauendes Gebiet hineingeschoben, so dass die zu erwartenden inneren und äußeren Wohnbereiche der Hausgrundstücke nur wenige Meter von dem Bolzplatz eingerichtet werden konnten. Hierdurch setzte er die Wohnnutzung nicht nur den Geräuschen des Bolzplatzes unmittelbar aus, sondern nahm nach dem Zuschnitt des Bolzplatzgrundstücks in Kauf, dass oftmals Bälle in die kleinen Wohngärten und Terrassenflächen hineinflogen. Das Gericht hat deshalb den B-Plan inzidenter wegen eines Abwägungsdefizits – die Konfliktträchtigkeit des konkreten Standorts des Bolzplatzes war unterschätzt worden – aufgehoben und die Nutzung des Bolzplatzes wegen Fehlens von Lärmschutzvorkehrungen, Ballfangeinrichtungen und ordnungsrechtlichen Kontrollmaßnahmen der Gemeinde untersagt. Die beklagte Gemeinde sah sich nämlich aus personellen Gründen und wegen der Dienstzeiten ihrer Mitarbeiter nicht in der Lage, die Beachtung der Zeit- und Altersbegrenzungen für den Bolzplatz zu kontrollieren. Das **schlichte Aufstellen eines Schildes** hat das Gericht zu Recht für keine hinreichende Vorkehrung gehalten.

Von Interesse ist auch ein U. des Hess.VGH v. 30.11.1999 (– 2 UE 263/97 –). Nach dem 1. Leits. dieses U. sind Ballspielfelder in Form eines Bolzplatzes für Kinder bis zur Vollendung des 14. Lebensjahres auch in einem reinen Wohngebiet ausnahmsweise zulässig, **wenn** der Betreiber (hier: Gemeinde) die Einhaltung der Benutzungsordnung hinreichend sichert. Nach dem Tenor der Entscheidung wurde die Beklagte neben der bereits von der Vorinstanz ausgesprochenen Verpflichtung zur Einhaltung ihrer Benutzungsordnung hinsichtlich der Benutzungszeiten verpflichtet, die von dem Bolzplatz ausgehenden Lärmimmissionen durch geeignete Maßnahmen so zu reduzieren, dass sie in den Ruhezeiten tags 45 dB(A) und nachts 35 dB(A) nicht überschreiten. Im Übrigen wurden die Berufung der Kläger und die Anschlussberufung der beklagten Gemeinde zurückgewiesen.

19.91

Dem Sachverhalt nach wandten sich die Eigentümer eines Grundstücks in einem faktischen reinen Wohngebiet gegen die Anlegung eines Bolzplatzes in ihrer unmittelbaren Nachbarschaft. Der Bolzplatz hielt zum Grundstück nur einen Abstand von 2,5 m ein, zu dem Außenwohnbereich einen Abstand von ca. 20 m. Lärmschutzeinrichtungen waren auf dem gemeindlichen Bolzplatz nicht vorhanden. Die Kläger erreichten zwar nicht die Schließung des Bolzplatzes, jedoch einen Teilerfolg, wie im zitierten Tenor des Hess.VGH ersichtlich. Sie rügten insbes., dass der Platz ständig von Jugendlichen über 14 Jahren, jugendlichen Erwachsenen sowie auch Erwachsenen benutzt würde. Die Nutzungszeiten würden ständig überschritten. Die eingesetzten Aufsichtspersonen könnten sich gegenüber den Nutzern des Platzes nicht durchsetzen.

Der Hess.VGH hat zu Recht der beklagten Gemeinde die rechtswidrige Nutzung des Bolzplatzes zugerechnet. Denn sie habe den Bolzplatz äußerlich so gestaltet, dass er jederzeit von jedermann betreten werden könne. Bei der gerichtsbekannten allgemeinen Begeisterung für Fußballspiel gebe die Beklagte damit einen Anreiz zum »missbräuchlichen« Verhalten, so dass sie sich die rechtswidrige Nutzung zurechnen lassen müsse.

Nach Auffassung des Hess.VGH könne die rechtswidrige Nutzung des Bolzplatzes durch Jugendliche, junge Erwachsene und Erwachsene dadurch verhindert werden, dass die Beklagte für die Einhaltung ihrer Benutzungsordnung Sorge trägt. Dies könnte schon dadurch erreicht werden, dass der Bolzplatz auch auf der jetzt noch offenen Seite umzäunt wird und nur durch ein Tor betreten werden kann, das bspw. abends abgeschlossen wird. Außerdem könnten die Tore abgebaut werden, um jeglichen Anreiz für Jugendliche und junge Erwachsene zu nehmen, auf dem Platz Fußball zu spielen. Schließlich könnte die Beklagte regelmäßig tägliche Kontrollen vornehmen, die die Einhaltung der Benutzungsordnung sichern.

Eine technische Umgestaltung oder häufige Kontrollen sind der Beklagten nach Auffassung des Hess.VGH auch zumutbar. Sollte die beklagte Gemeinde nicht bereit sein, die Einhaltung der Benutzungsordnung durch technische Vorkehrungen oder wirksame Kontrollen zu sichern, stünde der Grundsatz der Verhältnismäßigkeit einem Schließungsbegehren der Kläger zukünftig wohl nicht mehr entgegen. Der Verpflichtung der Beklagten, für die Einhaltung der Benutzungszeiten Sorge zu tragen, kann sich diese nach Auffassung des Hess.VGH nicht mit dem Hinweis darauf entziehen, dass sie die Einhaltung der Benutzungszeiten nicht hinreichend kontrollieren könne.

Die Gemeinden haben auch hinreichende Vorkehrungen bei Bolzplätzen zu treffen, um eine Störung der Wohnnachbarschaft durch verschossene Bälle soweit wie möglich zu vermeiden. Sie müssen daher angemessen hohe Ballfangzäune errichten und diese instandhalten. In den letzten Jahren haben sich mehrfach Anlieger vor Gericht gegen das »Bolzen« von Bällen auf ihr Grundstück gewehrt (OVG SH, B. v. 22.3.2002 – 1 M 5/02 – NVwZ-RR 2004, 19; BayVGH, U. v. 14.7.2004 – 25 B 97.2307 –; B. v. 16.11.2004 – 22 ZB

§ 3   Abs. 3   19.92–19.94

04.2269 – NVwZ-RR 2005, 532; B. v. 13.1.2005 – 22 ZB 04. 2931 – NJW 2005, 1882; Nds. OVG, B. v. 11.2.2003 – 7 B 88.02 – BauR 2004, 471 u. U. v. 4.11.2003 – 1 LB 323/02 – BRS 66 Nr. 174). Wenn ein Ball täglich (BayVGH, B. v. 16.11.2004, aaO.) oder zwei- bis dreimal an einem Nachmittag in den Garten oder auf die Terrasse fliegt, ist entweder der Standort des Bolzplatzes schlecht gewählt oder der vorhandene Ballfangzaun oder Fanggitter nicht hoch genug. Die DIN 18035 Teil 1 schreibt für Bolzplätze Ballfangzäune von mindestens 4 m Höhe an den Längsseiten und mindestens 6 m Höhe an den Stirnseiten vor. Sollte der Ball nur ein- oder zweimal in einem Monat auf das Grundstück des Wohnnachbarn gelangen, so hat dieser diese Misshelligkeit, die noch keine ernstzunehmende Störung darstellt, hinzunehmen. Als sozialadäquat sollte man dies aber nicht bezeichnen (so aber der BayVGH, U. v. 14.7.2004, aaO. u. B. v. 13.1.2005, aaO.).

19.92 Im Zusammenhang mit der ausnahmsweisen Zulassungsfähigkeit von **Anlagen für sportliche Zwecke** nach § 3 Abs. 3 Nr. 2 sind vier – nach den Tatbeständen – ganz unterschiedliche Urt. des BayVGH wegen ihrer Gründlichkeit, der umfassend erfolgten, gut nachvollziehbaren Abwägung und der ausgewogenen Beurteilung des jeweiligen Streitgegenstandes sowie ein U. des VGH BW bemerkenswert.

Das U. des BayVGH v. 2.12.1986 (– 20 N 86.01 299 – BRS 47 Nr. 43 = NVwZ 1988, 163 = ZfBR 1988, 47) hatte über ein **geplantes gemeindliches Sport- und Freizeitzentrum** (10 ha groß) zu entscheiden; **Leitsatz:** »*Bei ausreichendem Lärmschutz* (Hervorhebung diesseits) *darf ein gemeindliches Sport- und Freizeitzentrum auch neben einem reinen Wohngebiet geplant werden*«.

19.93 Das U. des BayVGH v. 20.2.1991 (– 1 B 88.03146 – BRS 52 Nr. 172 = NVwZ-RR 1992, 60) behandelt die **Nachbarklage gegen** eine **Ballettschule** in einer Umgebung, die als Innenbereich, u. zwar als reines Wohngebiet nach § 34 Abs. 2 BauGB i. V. m. § 3 BauNVO, eingeordnet werden konnte.

Der VGH hat die Ballettschule als eine Anlage i. S. d. § 3 Abs. 3 Nr. 2 eingestuft, »*wobei offenbleiben kann, ob die angebotene Mischung von Ballett, Gymnastik und Yoga gesundheitlichen oder sportlichen oder diesen beiden Zwecken gemeinsam dient*«. Auch die Einschränkung, dass die Anlage den Bedürfnissen der Bewohner des Gebiets dienen muss, hat der VGH – nach diesseitiger Auffassung (noch) in zulässiger Weise – als erfüllt angesehen. »*Gebiet« ist dabei nicht mit der Umgebung i. S. v. § 34 BauGB gleichzusetzen; »bei einer über § 34 Abs. 2 BauGB vermittelten Anwendung der Baunutzungsverordnung ist ›Gebiet‹ vielmehr der in aller Regel größere – hier angesichts der einheitlichen Struktur des ›Villenviertels‹, in dem das Baugrundstück liegt, sogar deutlich größere – umgebende Bereich mit demselben Nutzungscharakter*«. Der VGH hat für das Vorhaben diese Voraussetzungen als erfüllt angesehen (wird im Einzelnen begründet); U. v. 20.2.1991, aaO.

19.94 Das U. des BayVGH v. 18.1.1993 (– 2 B 91.15 – NVwZ 1993, 106) ist »*zur* **Nachbarklage gegen einen Bolzplatz** (Hervorhebung diesseits), *der auch von Erwachsenen zum Fußballspiel benutzt wird, auf einer für Ball- und Bahnspiele in einem Bebauungsplan ohne Lärmschutzvorkehrungen zugunsten der Nachbarn festgesetzten öffentlichen Grünfläche*« (so der *Leitsatz*) ergangen, m. zahlr. w. N. aus der (höchstr.) Rspr.

Aus den Gründen: »*Die Anwesen der Kl. liegen in einem durch Bebauungsplan festgesetzten reinen Wohngebiet. Der Bebauungsplan setzt ihren Anwesen gegenüber eine öffentliche Grünfläche fest, auf der nach den in den zeichnerischen Darstellungen des Plans verwendeten Zeichen Ball- und Bahnspiele erlaubt sind. Das in der Rubrik ›Hinweise‹ des Bebauungsplans ebenfalls aufgeführte Zeichen für ›Bolzplatz‹ ist in der Grünfläche nicht eingetragen. Damit ist normativ durch den Bebauungsplan festgelegt, dass auf der Grünfläche allgemeine Ballspiele zulässig sind, nicht jedoch das für einen Bolzplatz typische*

Fußballspiel, das ... mit erheblichem Lärm verbunden ist«. Da es nach der Rspr. (vgl. BVerwG, NVwZ 1992, 884 – s. Rn 19.87) *»nicht grundsätzlich ausgeschlossen ist, einen Bolzplatz neben einem reinen Wohngebiet festzusetzen«,* muss ein derartiger B-Plan dann *»auch die Frage behandeln, wie schutzbedürftige Anlieger vor erheblichem Lärm des Bolzplatzes geschützt werden«.* Dazu zwingen § 1 Abs. 5 S. 2 BauGB, der in Nr. 3 nicht nur die Freizeit- und Erholungsbelange der sporttreibenden Bevölkerung, sondern mit den allgemeinen Anforderungen an gesunde Wohnverhältnisse (Nr. 1) auch die Belange der Nachbarn schützt (U. v. 18.1.1993, aaO.). Für den Bolzplatz gelten nicht die Immissionsrichtwerte der SportanlagenlärmSchV (18. BImSchV). *»Denn ein Bolzplatz ist nicht zur Sportausübung bestimmt (§ 1 Abs. 2 der 18. BImSchV), die eine Betätigung entsprechend dem Regelwerk für eine bestimmte Sportart voraussetzt«* (wird weiter ausgeführt). Ähnlich BayVGH, U. v. 16.2.1993 (– 2 B 90.1684 – BRS 55 Nr. 57).

Der BayVGH hat in seinem U. v. 25.11.2002 (– 1 B 971352 – NVwZ-RR 2004, 20 = BayVBl. 2003, 370; bestätigt durch BVerwG, B. v. 30.7.2003 – 4 B 16.03 –) ausführlich die Zumutbarkeit für Lärmimmissionen bei Bolzplätzen durch eine Würdigung aller maßgeblichen Umstände der konkreten Situation, insbesondere der Gebietsart und der tatsächlichen Verhältnisse (»tatrichterliche Würdigung«) bestimmt, die Immissionsrichtwerte der 18. BImSchV als Anhaltspunkte und die Regelungen des Anhangs der 18. BImSchV über die Ermittlungs- und Beurteilungsverfahren auf Bolzplätze entspr. herangezogen. Das Gericht hat dabei für ein im unbeplanten Innenbereich liegendes dem Bolzplatz benachbartes Wohnhaus einen Zwischenwert von 57 dB(A) für angemessen gehalten. Der Augenschein hatte ergeben, dass die Eigenart dieses Bereiches einem allgemeinen Wohngebiet mit Elementen eines Mischgebiets nahekam.

Das Gericht hat weiterhin den Impulszuschlag K nach Ziffer 1.3.3 des Anhangs der 18. BImSchV bei der Ermittlung der Geräuschimmissionen eines Bolzplatzes mit Rasenspielfeld, festen Toren und geräuschdämpfenden Ballfanggitter nicht angesetzt. Aus den **Gründen:**

»Entgegen der Berechnung des gerichtlichen Sachverständigen ist ein Impulszuschlag K von 7 dB(A) nicht zu berücksichtigen, weil die Voraussetzungen der Nr. 1.3.3 des Anhangs zur 18. BImSchV nicht vorliegen. ... Im Gutachten des gerichtlichen Sachverständigen ist überzeugend ausgeführt, dass der Zuschlag nicht durch Klapper-Geräusche gerechtfertigt ist, die entstehen, wenn die Ballfanggitter und/oder die Tore in schalltechnisch ungünstiger Bauart erstellt werden (vgl. Nr. 1.2.3 Abs. 1 des Anhangs zur 18. BImSchV). Gemäß den Vorgaben in der Ergänzungsgenehmigung vom 6.11.1997 sollen die Tore nämlich in einer massiven Stahlkonstruktion aufgestellt werden; die Ballfanggitter sollen über eine ›geräuschdämmende Kunststoffhalterung‹ an den Pfosten befestigt werden. ... Der Zuschlag ist auch nicht für das Schreien und Rufen der Spieler anzusetzen. Bei Geräuschen durch die menschliche Stimme ist nämlich, soweit sie nicht technisch verstärkt sind, kein Zuschlag anzuwenden (Nr. 1.3.3 Abs. 2 des Anhangs zur 18. BImSchV). Diese Regelung, die eine Entscheidung des Normgebers für als sozialadäquat hinzunehmende Lebensäußerungen darstellt, ist hier zu berücksichtigen, denn bei Spielen auf Bolzplätzen werden üblicherweise keine Lautsprecher eingesetzt. ... Schließlich ist der Zuschlag auch nicht für Ball- und Klatschgeräusche anzusetzen. ... Bei Fußballspielen ist es die seltene Ausnahme, dass Spieler Beifall klatschen. Dies gilt nicht nur für das Spiel auf Fußballplätzen, sondern auch für das auf Bolzplätzen.«

In diesem Rechtsstreit ist die im April 2002 verbindlich gewordene VDI-Richtlinie über die Emissionskennwerte von Sport- und Freizeitanlagen (VDI 3770) nicht als »Orientierungshilfe« oder als »brauchbarer« oder »grober« Anhalt herangezogen worden, obwohl nach Tabelle 16 für die planerische Beurteilung von Bolzplätzen es zweckmäßig ist, die Spielfläche als Flächenschallquelle mit einem Schallleistungspegel von 101 dB(A) aufzufassen. Das BVerwG hat in seinem B. v. 30.7.2003, aaO., hierzu ausgeführt:

»Darüber hinaus ist der in der VDI-Richtlinie genannte Emissionswert von 101 dB(A) für Bolzplätze schon nach dem eigenen Anspruch der Richtlinie nicht als Ausgangswert für die

§ 3 Abs. 3   19.96

Ermittlung der Lärmbelastung der Grundstücke des Klägers geeignet. Denn wie das Berufungsgericht ausführt, geht es in der VDI-Richtlinie 3770 darum, die von einem Bolzplatz ausgehenden Immissionen im Rahmen einer vorsorgenden bauleitplanerischen Abwägung angemessen zu erfassen. Für die vorliegende Klage kommt es jedoch entscheidend darauf an, ob der von dem genehmigten Bolzplatz ausgehende Lärm die Zumutbarkeitsgrenze überschreitet oder nicht.«

Das Nds. OVG (U. v. 4.11.2003 – 1 LB 323/02 – BauR 2004, 469/470) hat demgegenüber die VDI-Richtlinie 3770 auch in Nachbarstreitverfahren für anwendbar gehalten.

19.96 Mit einem interessanten Fall einer **Bolz- und Skateanlage** mit der Bezeichnung »Bolzplatz« in der Legende eines B-Plans, das an ein reines Wohngebiet grenzte, haben sich der VGH BW (U. v. 16.4.2002 – 10 S 2443/00 – BauR 2002, 1366 = UPR 2002, 353) und das BVerwG (B. v. 11.2.2003 – 7 B 88.02 – BauR 2004, 471 = DVBl. 2003, 898 = DÖV 2003, 632 = BRS 66 Nr. 171) auseinandergesetzt.

Ein Nachbar (Beigeladener des Rechtsstreits), dessen mit einem Wohnhaus bebautes Grundstück etwa 10 m von der kommunalen Anlage entfernt lag, veranlasste die Rechtsaufsichtsbehörde, zu seinen Gunsten eine immissionsschutzrechtliche Anordnung gem. § 24 BImSchG gegenüber der Stadt zu erlassen. Inhalt der Anordnung war die Verpflichtung der Stadt als Betreiberin des Bolz- und Skateplatzes, geeignete Lärmschutzmaßnahmen durchzuführen, die sicherstellen sollten, dass bei Betrieb der Anlage ein Lärmimmissionsrichtwert von 52 dB(A), bezogen auf das Grundstück der Beigeladenen, nicht überschritten werde. Tatsächlich ergab ein eingeholtes Sachverständigengutachten eine Überschreitung von 5–6 dB(A) (so das erstinstanzliche U. des VG Karlsruhe v. 18.5.2000 – 6 K 696/00 –) oder von 4–5 dB(A) (so der VGH BW in seinem U. v. 16.4.2002, aaO.). Die deutliche Überschreitung des festgesetzten IRW von 52 dB(A) kam zustande, obwohl dem Sachverständigengutachten die für den Bolzplatz und die Skateanlage von der Gemeinde selbst aufgestellten Benutzungsregelungen (Einzäunung der Anlage, Einschaltung eines Schließdienstes zur Sicherstellung der Benutzungszeiten, insbes. für die Ruhezeiten, und Überwachung durch den kommunalen Ordnungsdienst und Mitarbeiter des Jugendamtes) zugrundelagen. Hinzu kam, dass die kommunale Anlage erst mehrere Jahre nach dem Wohnhaus der Beigeladenen errichtet wurde. Die immissionsschutzrechtliche Anordnung war vom Regierungspräsidium für sofort vollziehbar erklärt worden. Der Antrag der Stadt auf Aussetzung der Vollziehung blieb ohne Erfolg (VGH BW, B. v. 3.4.2001 – 10 S 2438/00 – UPR 2001, 318 = NuR 2001, 464).

Im Hauptsachenverfahren hatte dagegen die Klage der Stadt gegen die immissionsschutzrechtliche Anordnung auf Einhaltung des Immissionsrichtwerts von 52 dB(A) Erfolg. Der VGH BW hat unter Beachtung der Anforderungen des § 22 Abs. 1 S. 1 Nr. 1 u. 2 BImSchG die angefochtene Anordnung des Regierungspräsidiums aufgehoben, weil die klagende Stadt sich bemüht habe, die den Anlagenbetrieb beschränkenden Regelungen wirksam durchzusetzen. Die Summe der Vorkehrungen (Einzäunung der Anlage, Einrichtung eines Schließdienstes und stichprobenweise Kontrolle des Anlagenbetriebs) hätten nach Überzeugung des Senats bewirkt, dass schädliche Umwelteinwirkungen in Gestalt erheblicher Lärmbelästigungen zu Lasten der Beigeladenen verhindert werden, die nach dem Stand der Technik des Lärmschutzes bei derartigen Spielanlagen vermeidbar sind. Der für die Beigeladenen zumutbare Lärmrichtwert liege bei einer wertenden Gesamtbetrachtung und einer Abwägung der im Einzelfall erheblichen Umstände jedenfalls oberhalb des Immissionsrichtwerts von 52 dB(A), den der Beklagte der Klägerin vorgegeben habe. Letztendlich hielt der VGH BW einen Beurteilungspegel von 56 dB(A) für zumutbar, obwohl er über dem eines allgemeinen Wohngebiets liegt.

Das BVerwG hat die Beschwerde der Beigeladenen gegen die Nichtzulassung der Revision in dem U. des VGH BW zurückgewiesen. Das BVerwG trat dem Versuch der Beschwerdeführer, den Ansatz des VGH BW durch eine unmittelbare Anwendung der 18. BImSchV dahin zu korrigieren, dass deren verbindlich konkretisierte Zumutbarkeitsgrenzen für die Anlage maßgeblich sein sollen, entgegen und stellte hierzu folgenden Leits. auf:

»Die Immissionsrichtwerte der Sportanlagenlärmschutzverordnung sind auf Geräuschimmissionen, die von der bestimmungsgemäßen Nutzung von Ballspielplätzen und ähnlichen Anlagen für Kinder ausgehen, nicht unmittelbar anwendbar« (BVerwG, B. v. 11.2.2003, aaO.).

Zur Begr. hat das BVerwG zu Recht darauf hingewiesen, dass der in Rede stehende Bolz- und Skateplatz i. S. d. § 1 Abs. 2 der 18. BImSchV »zur Sportausübung bestimmt« sein müsste, was aufgrund der tatsächlichen Feststellungen des VGH zu verneinen sei. Das BVerwG zog jedoch die 18. BImSchV mittelbar für das Ermittlungs- und Messverfahren heran und nicht die Freizeitlärm-Richtlinie. Ergänzend führte das Gericht aus:

*»Die Beurteilung der Zumutbarkeit von Geräuschen, die von Anlagen der hier in Rede stehenden Art ausgehen, muß jedoch wegen deren Atypik und Vielgestaltigkeit weitgehend der **tatrichterlichen Würdigung** im Einzelfall vorbehalten bleiben. Diese richtet sich insbesondere nach der durch die Gebietsart und die tatsächlichen Verhältnisse bestehenden Schutzwürdigkeit und Schutzbedürftigkeit; dabei sind wertende Elemente wie Herkömmlichkeit, soziale Adäquanz und allgemeine Akzeptanz mitbestimmend. Die normkonkretisierende Funktion der Immissionsrichtwerte der Sportanlagenlärmschutzverordnung, eine interessengerechte, gleichmäßige Bewertung der belästigenden Wirkung von Sportlärm zu ermöglichen und damit eine Höchstmaß an Rechtssicherheit zu ermöglichen (vgl. BR-Drucks. 17/91, S. 35 f.), kann die individuelle Würdigung bei dem aus der Sicht der Verordnung atypischen Spiel- und Freizeitverhalten für Kinder nicht ersetzen«* (BVerwG, aaO., Hervorhebungen v. Verf.).

Auch wenn man für Bolzplätze und Skateanlagen der tatsächlichen Wertung im Einzelfall anhand verschiedener Gesichtspunkte trotz des Problems der damit verbundenen Rechtsunsicherheit und der unterschiedlichen – überwiegend von der Rspr. selbst nicht wahrgenommenen – Vorverständnisse (vgl. hierzu Esser, Vorverständnis und Methodenwahl in der Rechtsfindung, 1970) zustimmen kann, so überzeugen die Entscheidungen des VGH BW und des BVerwG nicht. Sie überprüfen zunächst einmal nicht die planungsrechtliche Zulässigkeit des Standorts der kommunalen Anlage. Darüber hinaus weisen die Tatbestände bemerkenswerte Unterschiede hinsichtlich des durch ein Sachverständigengutachten ermittelten Lärms auf. Das VG Karlsruhe (aaO.) geht von einer Lärmbelastung von 57–58 dB(A) aus; der VGH BW (aaO.) von 56–57 dB(A) und schließlich das BVerwG von 56 dB(A). Der VGH BW und das BVerwG halten eine Überschreitung des zulässigen Immissionsrichtwerts für Lärm nach der Freizeit-Lärmrichtlinie bzw. der 18. BImSchV von 50 dB(A) für ein reines Wohngebiet um mehr als 6–8 dB(A) für zumutbar, obwohl damit sogar der Immissionsrichtwert für ein allgemeines Wohngebiet überschritten wird. Das Ruhebedürfnis der Bewohner eines reinen Wohngebiets wird damit unverhältnismäßig zurückgesetzt. In einem vergleichbaren Fall hat das BVerwG (B. v. 3.3.1992, aaO., Fundst. Rn 19.87) trotz eines etwas missverständlichen Leits. (vgl. hierzu die Kritik in Rn 19.87 zu § 3) wegen nicht ausreichenden Abstandes eines Bolzplatzes neben einem angrenzenden mit einem Einfamilienhaus bebauten Grundstück in einem reinen Wohngebiet die Aufhebung der Baugenehmigung durch das Nds. OVG gebilligt. Wegen der planerisch gegebenen Gemengelage einer immissionsempfindlichen und einer emittierenden Nutzung hätte hier allenfalls ein Mittelwert von 55 dB(A) für den Nachbarn für zumutbar gehalten werden dürfen. Auch sollte argumentativ bei der Prüfung der Zumutbarkeit nicht auf den Topos der Sozialadäquanz wegen seiner Unschärfe, »Totschlagfunktion« und seiner Zeitgeistabhängigkeit zurückgegriffen werden (vgl. die Kritik von *Stühler*, BauR 2004, 614/624 an der Argumentationsfigur der Sozialadäquanz).

6. Regelungen nach Abs. 4

a) Nutzungsumfang des Begriffs »Wohngebäude« aufgrund der ÄndVO 1990. Der VOgeber hat aufgrund einer Forderung des BR (vgl. BR-Drucks. 354/89 [Beschluss] v. 21.12.89 zu Art. 1 Nr. 3 [§ 3], Buchst. c) in § 3 Abs. 4 *klarstellend* aufgenommen, dass die zulässigen Wohngebäude nach § 3 Abs. 2

§ 3   Abs. 4   20.1, 20.2

»sowie den §§ 2, 4 bis 7« hinsichtlich ihrer Nutzung auch *»ganz oder teilweise der Betreuung und Pflege ihrer Bewohner dienen«*. An dieser während des VOgebungsverfahrens vom BR verlangten Regelung zeigt sich, wie misslich ad hoc aufgenommene Bestimmungen sind. Sie können naturgemäß nicht hinreichend auf die Einpassung in das städtebaurechtliche Gefüge überprüft werden. Um das Ergebnis vorwegzunehmen: Es handelt sich hierbei **nicht um** eine **klarstellende** Regelung, die bejahendenfalls für die Zulassung eines Vorhabens im Geltungsbereich eines bestehenden B-Plans Bedeutung hätte. Die Frage, ob ein **Altenpflegeheim** (i. S. v. Rn 11.7) in einem WR-Gebiet, das **vor Inkrafttreten** der ÄndVO 1990 festgesetzt worden ist, zugelassen werden darf, ist bereits aus formalen Gründen zu verneinen (ebenso *Lemmel*, Änderungen der Baunutzungsverordnung 1990 und ihre Bedeutung für die Anwendung bestehender Bebauungspläne; s. Schrifttum zu § 25c).

§ 3 Abs. 4 BauNVO 1990, wonach in reine Wohngebiete auch Wohngebäude gehören, die ganz oder teilweise der Betreuung und Pflege ihrer Bewohner dienen, verändert den Inhalt eines unter Geltung der BauNVO 1968 zustande gekommenen Bebauungsplans nicht. Er kann aber als Auslegungshilfe für den Begriff des Wohngebäudes i. S. d. § 3 BauNVO Bedeutung haben (Leits. des BVerwG, B. v. 25.3.1996 – 4 B 302.95 – BauR 1996, 676 = ZfBR 1996, 228 = DÖV 1996, 746).

20.1 Die verständige Auslegung des Wortlauts macht ersichtlich Schwierigkeiten. Denn seit jeher gehört zum Inbegriff des Wohnens (Rn 1–1.1) die »Betreuung und Pflege« der Familienmitglieder, vom Säugling bis zum alten Menschen. Diese Selbstverständlichkeit dürfte mit »ihrer Bewohner« nicht gemeint sein, zumal es heißt: Zu den ... zulässigen Gebäuden gehören auch »solche«, die ganz oder teilweise »der Betreuung und Pflege ihrer Bewohner dienen«.

Diesseits ist versucht worden, im Zusammenhang mit dem Begriff des Wohnens die Vielschichtigkeit der Formen des Wohnens (im Unterschied zur Unterbringung) und die teils fließenden Übergänge des Wohnens im Alter darzulegen (s. Rn 11.1 f.). Bereits der Übergang von der »Betreuung« zur (partiellen) »Pflege« bereitet Schwierigkeiten. In allen Fällen, in denen »Be-Wohner« von Wohn- und Mischgebieten (§§ 2–7) altersmäßig bedingt in unterschiedlicher Weise ihre selbstbestimmte Häuslichkeit i. S. d. Begriffs »Wohnen« (s. Rn 1–1.1) aufgrund eigener Entscheidung zugunsten eines altersgemäß »erleichterten« Wohnens, nämlich mit Betreuung und (partieller) Pflege (s. Rn 11.3–11.5), aufgeben, dienen diese Gebäude oder Wohnungen dem Wohnen in der beschriebenen Vielgestaltigkeit.

Für die vielgestaltigen Formen des Wohnens in diesem Sinne sind die betreffenden Gebäude als »Wohngebäude« auch in reinen Wohngebieten zulässig.

20.2 Handelt es sich dagegen um »**echte**« **Pflegeheime** (Rn 11.7), d. h. um Gebäude, die teils oder insgesamt als sog. Langzeitkrankenhäuser geführt werden (müssen) – Aufnahme (oder Einweisung) etwa infolge schlaganfallbedingter totaler Bettlägerigkeit, Ausfall bestimmter Körperfunktionen, hochgradiger Verwirrtheitszustand oder Alzheimersche Krankheit, bei denen die übliche (allgemein zu leistende) Pflege versagt –, können derartige Gebäude nicht mehr als »Wohn«gebäude eingestuft werden. In den – nur beispielhaft – genannten Fällen tritt an die Stelle der selbstbestimmten Häuslichkeit – häufig abrupt – die krankenhausmäßige Betreuung und Pflege. Bei diesen Heimen handelt es sich **nach** der **städtebaulich** gewollten **Ordnung** – und nur diese ist für die Einordnung hinsichtlich der Zulässigkeit maßgebend – **nicht um Wohngebäude** im hergebrachten Verständnis. Diese Unterbringung als Wohnen zu bezeichnen, wäre nach diesseitiger Auffassung lebensfremd. In den seltensten Fällen werden derartige Pflegeheime im reinen Wohngebiet *ausnahmsweise* zulassungsfähig sein, weil die Anlagen für gesundheitliche Zwecke voraussetzungsgemäß nur dann genehmigt werden können, wenn sie den **Bedürfnissen der Bewohner** des (Bau-)Gebiets dienen (§ 3 Abs. 3 Nr. 2). *Ziegler*, (in: *Brügelmann* § 3 Rdn 59) meint dagegen, es mache begrifflich keine Schwierigkeiten, den »*Aufenthalt in den Pflegeheimen als ›Wohnen‹ zu akzeptieren.*« Die Behinderten und Alten haben danach ihr Wohnen in die sich ihrem Zustand entsprechende Umgebung verlagert; »*Wohnen und Pflege sind eins; das – reduzierte – Wohnen (u. U. nur noch im Bett als voraussichtlicher Endzustand) bedarf der genannten Betreuung, ohne dabei das Wohnen begrifflich auszuschließen*«. Diese Argumentation berücksichtigt nicht die Verfügungsgewalt des VOgebers über die Nutzungsarten der BauNVO; er wollte gerade den Begriff des Wohngebäudes im »hergebrachten Verständnis« erweitern. Diese fehlgehende Auffassung hat sich mit der in den Baugebietsvorschriften der BauNVO zum Ausdruck kommenden (abgestuften) städtebaulichen Ordnung und mit dem **Begriff des Wohnens** (s. Rn 1–1.1) nicht auseinandergesetzt, wie er u. a. in dem B. des OVG Bremen v. 12.2.1991 (– 1 B 78/90 – BRS 52 Nr. 42 = BauR 1991, 324 = NVwZ 1991, 1006 = UPR 1991, 452) deutlich zum Ausdruck kommt. Zu **Hospizen** s. Rn 19.72.

Ein **Seniorenpflegeheim** für die Betreuung dauerhaft Pflegebedürftiger i. S. d. 3. Pflegestufe des Pflegegesetzes stellt eine Anlage für soziale und/oder gesundheitliche Zwecke dar (BVerwG, B. v. 13.5.2002 – 4 B 86.01 – NVwZ 2002, 1384 = BauR 2002, 1499 = UPR 2002, 448 = GewArch. 2002, 495). Demgegenüber vertritt das OVG Hamburg (B. v. 27.4.2004 – 2 Bs 108/04 – BauR 2004, 1571 = BRS 65 Nr. 64 = NVwZ-RR 2005, 396) die Auffassung, dass ein Altenheim mit vollstationären Demenzabteilung für 28 Benutzer in einem reinen Wohngebiet nach § 3 Abs. 4 BauNVO 1990 zulässig ist. Dieser zuletzt genannten Entscheidung wird nicht gefolgt, da eine solche Einrichtung einer krankenhausmäßigen Betreuung und Pflege gleichsteht. Der Begriff des Wohnens umfasst nicht den dauerhaften Aufenthalt altersverwirrter Menschen, deren gesundheitliche Verfassung allenfalls zeitweise stabilisiert werden kann. Eine Eigengestaltung der Haushaltsführung und des häuslichen Wirkungskreises ist dabei nicht mehr möglich.

b) Zur besonderen Festsetzungsmöglichkeit der Wohnnutzung nach Abs. 4 BauNVO 1977. Nach Abs. 4 BauNVO 1977 konnte im B-Plan festgesetzt werden, dass im WR-Gebiet oder in bestimmten Teilen des Gebiets Wohngebäude nicht mehr als zwei Wohnungen enthalten (haben) dürfen (z. Problematik des Abs. 4 BauNVO 1977 allgemein Rn 9).

20.3

Die Bestimmung ging auf § 9 Abs. 1 Nr. 6 BBauG 1976 bzw. auf § 9 Abs. 1 Nr. 1 g BBauG 1960 zurück; danach konnten im B-Plan »überwiegend für die Bebauung mit Familienheimen vorgesehene Flächen« festgesetzt werden, um auf diese Weise die Voraussetzung zur Verwirklichung des Einzeleigentums, insbesondere in der Form von Familienheimen, zu schaffen. Die Förderung des Familienheimgedankens geht wiederum auf den früheren § 89 II. WoBauG zurück, wonach die Gemeinden »im Rahmen einer geordneten Entwicklung des Gemeindegebiets in ihren rechtsverbindlichen städtebaulichen Plänen für eine Bebauung mit Familienheimen geeignete Flächen in einem so ausreichenden Umfang auszuweisen haben, dass die vorrangige Förderung des Baues von Familienheimen entsprechend den Vorschriften dieses Gesetzes – des II. WoBauG – durchgeführt werden kann« (dazu BVerwG, U. v. 13.6.1980 – 4 C 98.77 – DVBl. 1980, 97 = BRS 36 Nr. 58).

Der Familienheimgedanke hat in den Planungsleitsätzen des § 1 Abs. 6 BauGB weiterhin den ursprünglich in § 9 Abs. 1 Nr. 6 BBauG normierten besonderen Stellenwert erhalten (vgl. Abs. 5 Nr. 3) wie die »Eigentumsbildung weiter Kreise der Bevölkerung« auch im BauGB als Planungsleitsatz beibehalten worden ist (§ 1 Abs. 6 Nr. 2 BauGB). Familienheime, derer sich die städtebauliche Planung anzunehmen *hat*, sind Eigenheime, Kaufeigenheime und Kleinsiedlungen (§ 7 Abs. 2 des inzwischen außer Kraft getretenen WoBauG), bei denen für jedes Gebäude nicht mehr als zwei Wohnungen zulässig sind, ohne dass die zweite Wohnung eine Einliegerwohnung zu sein braucht (§ 9 Abs. 3 II. WoBauG, auch inzwischen außer Kraft getreten). *Nicht zulässig* wäre dagegen, wenn statt der zweiten Wohnung mehrere – möblierte oder nicht möblierte – Appartements (mit eigenem Bad u. Kochgelegenheit) von einer gemeinsamen Diele zu erreichen sind.

20.4 Die bisherige, nunmehr weggefallene Festsetzungsmöglichkeit (s. Rn 9) nach Abs. 4 BauNVO 1977 kann künftig *unmittelbar* nach § 9 Abs. 1 Nr. 6 BauGB – wie im Übrigen bisher bereits – erfolgen. Als die »besonderen städtebaulichen Gründe«, die Voraussetzung für die Festsetzung sind, sind die Planungsleitsätze des § 1 Abs. 6 Nr. 2 u. 3 BauGB, die mittels B-Plan verwirklicht werden sollen, anzusehen. Darüber hinaus können auch die Erreichung einer (noch) größeren *Wohnruhe* oder die Verminderung der *Wohndichte*, um eine Verbesserung des städtischen Kleinklimas (bessere Durchlüftung u. Besonnung) zu erreichen, zu den Gründen gehören. Durch die Festsetzung nach § 9 Abs. 1 Nr. 6 BauGB werden nicht nur größere Miethauskomplexe, sondern auch größere Wohnungseigentums-Anlagen u. sonstige Wohnformen wie Studentenappartements u. and. Wohnheime (Rn 11–14.2) ausgeschlossen (wie hier *Förster*, § 3 Anm. 4). Infolge Änderung des Begriffsinhalts der *Kleinsiedlung* (s. § 2 Rn 4–5.3) steht der Zulassung einer Kleinsiedlung, soweit diese sonst den Förderungsbestimmungen entspricht, nichts entgegen.

20.5 **Anders als nach § 3 Abs. 4 BauNVO 1977** ist nach § 9 Abs. 1 Nr. 6 BauGB die *höchstzulässige* Zahl der Wohnungen in Wohngebäuden ausdrücklich im B-Plan jeweils gesondert festzusetzen. Diese Festsetzung empfiehlt sich i. d. R. durch (genaue) Textumschreibung, weil die PlanzV für die Festsetzung kein eigenes Planzeichen vorsieht, insbes. dann, wenn nur *Teile* des WR-Gebiets nach § 9 Abs. 1 Nr. 6 BauGB für die Bebauung beschränkt werden sollen (etwa ob beide Straßenseiten in das zulassungsbeschränkte Gebiet einzubeziehen sind). Hat eine Gemeinde nach § 3 Abs. 4 **bis** zur ÄndVO 1990 z. B. die Festsetzung getroffen: »Zugelassen sind je Grundstück Wohngebäude mit nicht mehr als zwei Wohnungen«, kann dies planungsrechtlich § 3 Abs. 4 noch entsprechen; die Formulierung »je« Grundstück steht der Flächenbezogenheit des B-Plans nicht entgegen, wenngleich der Wortlaut § 3 Abs. 4 a. F. nicht exakt entspricht.

Ist ein Bauwilliger aufgrund seiner Grundstücksgröße (beispielsweise 80 m Frontbreite, 40 m Grundstückstiefe = 3.200 m²) i. d. Lage, innerhalb der festgesetzten Baulinien mehrere Einfamilienhäuser zu bauen, kann ihm das planungsrechtlich nicht verwehrt werden, auch wenn die Gemeinde bei der Festsetzung von der planerischen Vorstellung ausgegangen ist, dass je Grundstück nur *ein* (einziges) Wohngebäude mit nicht mehr als zwei Wohnungen zuzulassen ist. Die bauplanungsrechtliche Nutzung ist vom Grundsatz her **flächenbezogen** u. nicht grundstücksbezogen. Es dürfte i. A. auch kaum der planungsrechtlichen Vorstellung der Gemeinde von einer geordneten Entwicklung des Gemeindegebiets entsprechen, wenn ein Bauwilliger auf seinem 3.200 m² großen Grundstück ebenso wie der Nachbar auf einem 600 m² großen Grundstück jeweils nur ein Wohngebäude errichten dürfte.

20.6 Die ausnahmsweise zulassungsfähigen Anlagen nach § 3 Abs. 4 können auch in den Gebieten, in denen die Wohnnutzung nach § 9 Abs. 1 Nr. 6 BauGB beschränkt ist, zugelassen werden. Der **Ausschluss** dieser Anlagen nach § 1 Abs. 6 Nr. 1 **kann sich** jedoch dann **empfehlen**, wenn die Wohnnutzungsbeschränkung (nur) in bestimmten Teilen des WR-Gebiets erfolgt (dadurch Verringerung der Störquellen, um die anzustrebende größtmögliche *Wohnruhe* u. etwa eine geringere *Wohndichte* zu erreichen). Andere Anlagen als Wohngebäude entspr. § 9 Abs. 1 Nr. 6 BauGB u. die Ausnahmen nach Abs. 4 könnten nur *aufgrund einer Befreiung* unter den Voraussetzungen des § 31 Abs. 2 BauGB (dazu Vorb. §§ 2 ff. Rn 7–7.10) zugelassen werden.

20.7 Die Festsetzung im B-Plan nach der BauNVO 1962, 1968 u. 1977, dass in dem Gebiet oder in bestimmten Teilen des Gebiets Wohngebäude nicht mehr als zwei Wohnungen haben dürfen bzw. nunmehr die entspr. Festsetzung nach § 9 Abs. 1 Nr. 6 BauGB (s. Rn 20.5), ändert nichts an dem besonderen Gebietscharakter des WR-Gebiets, das mit Recht als **Musterfall** des öffentlich-rechtlichen (Bau-)Nachbarrechts angesehen wird (s. Rn 5.1). Der hinter der besonderen Festsetzungsmöglichkeit häufig stehende Gedanke der Förderung des Baues von Familienheimen (s. Rn 20, 20.5 f.) ändert daran nichts.

Dass diese wohnungsbaupolitische Zielsetzung in erster Linie im öffentlichen Interesse liegt, modifiziert nicht etwa dadurch den besonderen Gebietscharakter eines WR-Gebiets mit seiner herausgehobenen Erhaltung der Wohnruhe u. des von der Gebietsgemeinschaft erwarteten Wohnwertes (s. Rn 3, 6–8, 10); die Beschränkung der Festsetzung u. die damit einhergehende Verringerung der *Wohndichte* sowie Verbesserung des *Wohnklimas* (s. Rn 20.5) steigert im *Ergebnis* noch den Anspruch der Bewohner auf Freihaltung von den Gebietscharakter störenden Einflüssen, unabhängig von der gleichzeitigen Erfüllung der wohnungsbaupolitischen Zielsetzung (dazu im Einzelnen *Grabe,* BauR 1986, 258, der meint, daraus den Gemeinden vorschreiben zu sollen, dass die Festsetzung des B-Plans zur Normierung des öffentlichen Belangs nicht auf die Wohnflächenobergrenzen des II. WoBauG auszurichten sei). I.S. d. Nachbarschutzes hat auch das OVG Saarl. (U. v. 3.6.1980 – II R 110/79 – BRS 36 Nr. 198) die Festsetzung des »gesamten Geltungsbereichs« eines B-Plans als »*überwiegend für die Bebauung mit Familienheimen vorgesehene Fläche«* (Hervorhebung v. Verf.) als *nachbarschützend* angesehen.

20.8

Bielenberg (§ 3 Rdn. 28 f.) weist mit Recht darauf hin, dass die Verminderung des Maßes baulicher Nutzung, d.h. die *Quantitätsfrage,* sich auch auf die Qualität auswirken kann, wenngleich seine gewisse Zurückhaltung, »*ob Beschränkungen der Wohnungszahl nachbarschützend wirken«,* im Zusammenhang mit der **nachbarschützenden Wirkung** der Besonderheiten des durch die Festsetzung nach dem bisherigen § 3 Abs. 4 bzw. nach § 9 Abs. 1 Nr. 6 BauGB sich nicht ändernden WR-Gebietscharakters nicht ganz verständlich ist. Das OVG Bremen (B. v. 5.4.1989 – 1 B 10/89 – BauR 1989, 456) **verneint den Nachbarschutz** bei Festsetzungen nach § 3 Abs. 4 bisheriger Fassung (bis z. ÄndVO 1990) bzw. nach § 9 Abs. 1 Nr. 6 BauGB deshalb, weil sie *ausschließlich* auf die Förderung des Familienheimbaus u. die damit einhergehenden *öffentlichen Interessen* abstellen u. sich nach diesseitiger Auffassung dadurch den Blick für den **in WR-Gebieten** stets bestehenden Nachbarschutz infolge des Gemeinschaftsverhältnisses verstellen, unabhängig von der Feststellung, dass nach § 3 Abs. 4 BauNVO 1977 bzw. nunmehr nach § 9 Abs. 1 Nr. 6 BauGB zur Förderung des Familienheimbaus je Wohngebäude nicht mehr als zwei Wohnungen festgesetzt werden konnten (können); s. dazu auch Rn 5.1. Die Frage, ob mit einer Festsetzung nach § 3 Abs. 4 bisheriger Fassung (§ 9 Abs. 1 Nr. 6 BauGB) auch das Ziel verfolgt wird bzw. werden kann, die Wohnungsdichte zu beschränken, womit sich der B. des OVG Bremen (aaO.) besonders auseinandersetzt, betrifft eine zusätzliche Überlegung, geht an der nachbarschutzrechtlichen Bedeutung des WR-Gebiets, die durch die geschützten Güter wie die *Wohnruhe* u. den darauf beruhenden *Wohnwert* bestimmt wird, jedoch vorbei (wie hier OVG Bln., B. v. 25.2.1988 – 2 S 1.88 – BRS 48 Nr. 167 = BauR 1988, 454 = ZfBR 1988, 239 = UPR 1988, 233 m. w. N. u. überzeugender Begr.).

20.9

Das OVG NW hat sich mit der »**Zwei-Wohnungsklausel«** des § 3 Abs. 4 BauNvO 1977 in seinem U. v. 2.9.1993 (– 10a NE 60/88 – BRS 55 Nr. 39 = St.- u. GemRat 1994, 106) befasst. **Die Leitsätze:**

20.91

»*2. Die Festsetzung der Zwei-Wohnungsklausel auf der Grundlage von § 3 Abs. 4 BauNVO 1977 war ein rechtlich ungeeignetes Instrumentarium, um eine Villenbebauung zu erhalten und zu fördern.*

§ 3   Abs. 4   20.92

3. Eine auf die Einzelhausfestsetzung bezogene Festsetzung der Grundstücksmindestgröße ist angesichts des abschließenden Charakters der Aufzählung des § 9 BBauG (= BauGB) nicht zulässig.«

Die Beschwerde gegen die Nichtvorlage der Rechtssache in dem Normenkontrollverfahren (bürgerverständlicher: Nichtzulassung der Revision), in dem das U. des OVG NW v. 2.9.1993 ergangen ist, hat das BVerwG durch B. v. 31.1.1995 – 4 NB 48.93 – BRS 57 Nr. 23 zurückgewiesen.

In den Gründen hat das BVerwG (aaO.) unter Bezugnahme auf frühere Entscheidungen darauf hingewiesen, dass der Gemeinde kein bauplanerisches »*Festsetzungsfindungsrecht*« zusteht (BVerwG, U. v. 11.2.1993 – 4 C 18.91 – BVerwGE 92, 56, 62 = DVBl. 1993, 654). Für bauplanungsrechtliche Festsetzungen besteht ein Typenzwang (BVerwG, U. v. 16.9.1993 – 4 C 28.91 – BVerwG 1994, 151 [154] = DVBl. 1994, 284).

Weicht die Gemeinde bei der Aufstellung von B-Plänen von den Vorgaben des § 9 BBauG/BauGB und der BauNVO ab, so ist die von diesem Fehler betroffene Festsetzung wegen Verstoßes gegen den bauplanungsrechtlichen Typenzwang, durch den die Beachtung des Gesetzesvorbehalts des Art. 14 Abs. 1 Satz 2 GG gewährleistet wird, nichtig, und zwar unabhängig von der Frage, ob das mit ihr verfolgte planerische Ziel materiell-rechtlich zulässig ist und möglicherweise sogar auf andere Weise realisiert werden könnte (wird in der instruktiven Entscheidung im Einzelnen weiter ausgeführt).

20.92 Die ursprüngliche »Zweiraum-Klausel« des § 3 Abs. 4 BauNVO 77, die nach Wegfall durch die Novellierung der BauNVO 90 nunmehr unmittelbar nach § 9 Abs. 1 Nr. 6 BauGB festgesetzt werden muss (s. Rn 20.5 f.), hat im Laufe der Jahre verschiedene davon abgeleitete bzw. daraus entstandene zusätzliche planungsrechtliche Fragen ergeben. »*Begrenzt ein Bebauungsplan die Anzahl der Wohnungen je Baugrundstück, so kann, auch wenn die Festsetzung keine drittschützende Wirkung hat, Nachbarschutz in entsprechender Anwendung des § 15 Abs. 1 BauNVO gegeben sein*« (so der Leits. des BVerwG, U. v. 26.9.1991 – 4 C 5.87 – NVwZ 1992, 977 = DVBl. 1992, 565).

Aus den Gründen: »*Ein nachbarschützendes Rücksichtnahmegebot besteht nur, soweit es der Gesetzgeber normiert hat. Es handelt sich um ein einfachrechtliches Gebot, das der Gesetzgeber an einigen Stellen, nicht aber als – allgemeines baurechtliches Gebot durchgehend – geschaffen hat (vgl. zusammenfassend BVerwG, B. v. 20.9.1984. ZfBR 1984, 300). Ein Verstoß gegen das Rücksichtnahmegebot kann sich deshalb nicht losgelöst vom einfachen Gesetz aus der Summe nachteiliger Auswirkungen eines Vorhabens auf das Nachbargrundstück ergeben. Soweit drittschützende Regelungen des einfachen Rechts vorhanden sind, kann aber ein weiter gehender unmittelbar auf Art. 14. Abs. 1 S. 1 GG beruhender Anspruch nicht bestehen. Denn durch eine gesetzliche Regelung werden Inhalt und Schranken des Eigentums dergestalt bestimmt, dass innerhalb des geregelten Bereichs weiter gehende Ansprüche aus Art. 14 Abs. 1 S. 1 GG ausgeschlossen sind. Im Hinblick auf Belästigungen und Störungen des Nachbarn durch ein Bauvorhaben besitzt das Bauplanungsrecht mit den §§ 31, 34 und 35 BauGB sowie mit § 15 BauNVO Regelungen, die Umfang und Grenzen des Nachbarschutzes umfassend bestimmen. Welche Beeinträchtigungen seines Grundeigentums der Nachbar hinnehmen muss und wann er sich gegen ein Bauvorhaben wenden kann, richtet sich nach den Grundsätzen des Rücksichtnahmegebotes, das in den genannten Vorschriften enthalten ist. Insoweit ist für weiter gehende Ansprüche aus Art. 14 Abs. 1 S. 1 GG kein Raum«.*

»*1. Wird in einem Bebauungsplan für ein Baugrundstück gem. § 9 Abs. 1 Nr. 3 BBauG (nunmehr § 9 Abs. 1 Nr. 3 BauGB) eine Mindestgröße festgesetzt und übersteigt diese die Fläche, welche für durch dieselbe Planung zugelassene Wohnbebauung als üblich oder als ›ausreichend‹ gilt, so bedarf dieser Umstand im Rahmen der planerischen Abwägung keiner ›besonderen Rechtfertigung‹.*

2. Ein auch nur relativer Vorrang eines in § 1 Abs. 6 Satz 2 BBauG (§ 1 Abs. 5 Satz 2 BauGB) benannten Belangs gegenüber einem anderen lässt sich nicht abstrakt festlegen« (Leitsätze des BVerwG, B. v. 5.4.1993 – 4 NB 3.91 – ZfBR 1993, 197= BRS 55 Nr. 37).

Aus den Gründen: § 9 Abs. 1 BBauG bestimmt – auch i. V. m. der BauNVO – abschließend, welche Festsetzungen die Gemeinde in einem B-Plan treffen kann (vgl. BVerwG, B. v.

7.9.1988 – 4 N 1.87 – BVerwGE 80, 184). Mit der Festsetzung wird zugleich der Inhalt des Grundeigentums festgelegt (vgl. BVerfGE 70, 35, 53).

Die in § 9 Abs. 1 Nr. 3 BBauG zugelassene Möglichkeit, die Größe der Baugrundstücke i. S. v. Mindestmaßen festzusetzen, wirft als solche keine besonderen Auslegungsfragen auf. Wie die in § 9 Abs. 1 Nr. 3 BBauG enthaltenden weiteren Möglichkeiten ergeben, meint »Größe« die Fläche des Baugrundstücks, also zunächst unabhängig von Tiefe und Breite des Grundstücks und unabhängig von seiner näheren Belegenheit. Dem Regelungsgehalt der Vorschrift ist ferner zu entnehmen, dass der Gesetzgeber dabei von vorhandenen Grundstücksgrenzen ausgeht, sie also nicht durch den B-Plan anderweitig festlegt. Wünschenswerte Maßnahmen der Bodenordnung bedürfen daher gesonderter Entscheidungen. Sie können durch die Festsetzung einer Mindestgröße zwar intendiert sein, sind jedoch nicht selbst Regelungsgegenstand der bauplanerischen Festsetzung (vgl. BVerwG. B. v. 6.10.1992 – 4 NB 36.92 –). »*Die Festsetzung von Breite und Tiefe konkretisiert nur in anderer Weise den Zuschnitt des Baugrundstücks. Mit § 9 Abs. 1 Nr. 3 BBauG soll dem Ortsgesetzgeber die Möglichkeit eröffnet werden, einer zu großen Verdichtung der Wohnbebauung entgegenzuwirken*« (BVerwG, B. v. 5.4.1993 – 4 NB 3.91 – aaO.).

20.93 Die höchstzulässige Zahl von Wohnungen in Wohngebäuden kann nach § 9 Abs. 1 Nr. 6 BauGB nicht nur durch eine absolute Zahl, sondern auch durch eine Verhältniszahl festgesetzt werden (hier: je angefangene 100 m² Grundstücksfläche höchstens eine Wohnung, so der Leits. des ausführlichen U. d. BVerwG. v. 8.10.98 – 4 C 1.97 –, BRS 60 Nr. 16.

Aus den Gründen: »*Der Klägerin ging es nicht darum, die Mindestgröße von Baugrundstücken in Abhängigkeit von der Zahl der Wohnungen festzulegen. Die Grundstücksgrößen waren ihr gleichgültig. Sie wollte die zulässige Zahl von Wohnungen begrenzen, und zwar in Abhängigkeit von der jeweils gegebenen Grundstücksgröße. Überdies führt die hier festgesetzte Relation ›höchstens eine Wohnung je angefangene 100 m² Grundstücksfläche‹ zu einem anderen Ergebnis, als es eine Festsetzung ›mindestens 100 m² Grundstücksfläche je Wohnung‹ hätte* (wird weiter ausgeführt). »*Die hier vertretene Auslegung des § 9 Abs. 1 Nr. 6 BauGB wird dem Sinn und Zweck der Vorschrift und dem Systemzusammenhang, in dem sie steht, eher gerecht als eine enge Auslegung, die nur die Festsetzung einer absoluten Zahl zur Bestimmung der höchstzulässigen Zahl der Wohnungen in Wohngebäuden zuließe*« (BVerwG., aaO.).

7. Nutzungen nach den §§ 12–14

21 a) **Stellplätze und Garagen (§ 12).** Stellplätze und Garagen sind im WR-Gebiet nur für den durch die zugelassene Nutzung verursachten Bedarf zulässig (§ 12 Abs. 2). Schlechthin unzulässig sind Stellplätze und Garagen für **Lastkraftwagen** und Kraftomnibusse **sowie für Anhänger** dieser Kfz (§ 12 Abs. 3 Nr. 1); im Einzelnen s. dazu § 12 Rn 9–11. Die Abs. 2, 3 des § 12 können hinsichtlich der Zulässigkeit von Stellplätzen und Garagen miteinander in Kollision geraten. Werden nach § 3 Abs. 3 ausnahmsweise zulassungsfähige Anlagen wie Läden oder nicht störende Handwerksbetriebe zugelassen, schließt das nicht die Zulässigkeit entspr. Stellplätze und Garagen für den durch die Zulassung der Anlagen verursachten Bedarf an Lkw ein (im Einzelnen § 12 Rn 6–8). Dagegen sind Kombi-Fahrzeuge u. and. nicht unter den Begriff Lastkraftwagen fallende Kfz zulässig, soweit sie – nachweislich – zu dem zugelassenen Betrieb gehören. Zulässig sind ferner Stellplätze und Garagen für Personen, die ihren Beruf i. S. v. § 13 ausüben. In diesen Fällen wird der »durch die zugelassene Nutzung verursachte Bedarf« i. S. v. § 12 Abs. 2 nicht immer im voraus eindeutig zu ermitteln sein. Die Anzahl der Plätze hat sich nach der Zahl der sich *ständig* in den genutzten Räumen *aufhaltenden* Personen und evtl. der *Besucher* zu richten, sofern die – zusätzliche – Nutzung eines Wohngebäudes, z. B. durch eine Arztpraxis, bei der Baugenehmigung bereits feststeht (s. auch § 12 Rn 7). Bei einer *Nutzungsänderung*, etwa der Umwandlung eines Lebensmittelladens in eine Arzt- oder Anwaltspraxis, kommt der **Stell-**

platzverpflichtung, d. h. der Beachtung des Stellplatzbedarfs, besondere Bedeutung zu (s. Vorb. §§ 2 ff. Rn 21–21.5).

21.1 Eine **Montagegrube** in einer Doppelgarage auf dem Grundstück eines **WR-Gebiets** ist unzulässig (so mit Recht VGH BW, U. v. 15.10.1990 – 8 S 1889/90 –, soweit ersichtlich n. v.).

22 b) **Räume für die Ausübung einer freiberuflichen Tätigkeit (§ 13).** Sie sind im WR-Gebiet – wie überhaupt in Wohngebieten – zulässig, wenn sie »**wohnartig**« genutzt werden. Zur Ausführung des Begriffs der Wohnartigkeit wird sich allenthalben auf die Entscheidung des BVerwG (U. v. 30.1.1970 – IV C 143.65 – BRS 23 Nr. 30; w. Fundst. § 13 Rn 5) berufen, die einen Grenzfall der (noch) wohnartigen Nutzung durch eine Privatklinik (5 Betten) behandelte. Das BVerwG hat in dem auch von ihm ausdrücklich als Grenzfall bezeichneten U. darauf abgestellt, ob sich die Nutzung *auf Räume* beschränkte; die Entscheidung ist im Übrigen unter Berücksichtigung der Rspr. des BVerwG zu § 34 BBauG 1960 ergangen. Hiernach hat das Gericht unter Berücksichtigung der konkreten Situation, auch nach § 15 BauNVO gewissermaßen als Richtlinie, keinen bodenrechtlich relevanten Widerspruch der Nutzung zu der Situation i. S. d. Eigenart des Gebietes gesehen.

Ein **Architekturbüro** kann in einem WR-Gebiet unzulässig sein, wenn es nach Größe, Zweckbestimmung und Ausgestaltung keiner wohnartigen Berufsausübung zu dienen bestimmt ist (VGH BW, U. v. 15.6.1977 – VIII 90/76 – BRS 32 Nr. 164).

Die Unzulässigkeit hat der VGH in erster Linie damit begründet, der Begriff der Wohnartigkeit sei nicht nur ein Kriterium zur Bestimmung der mit freiberuflichen Tätigkeiten gleichstehenden Formen der Berufsausübung, sondern ein *materielles* Merkmal für die Zulässigkeit der freiberuflichen Betätigung. Dabei ist bei dieser nicht etwa begriffsnotwendig stets eine wohnartige Berufsausübung anzunehmen (VGH BW, U. v. 15.6.1977, aaO.).

§ 13 regelt – *wertfrei* – lediglich eine Zulässigkeitsvoraussetzung, die aus sich heraus weder einer erweiternden noch einer einengenden Auslegung zugänglich ist. Die Vorschrift des § 13 über die Ausübung einer freiberuflichen Tätigkeit in Wohnbaugebieten ist zwar ohne die – gleichzeitige – Prüfung der beantragten Nutzung anhand der Vorbehaltsklausel des § 15 Abs. 1 nicht ordnungsgemäß zu handhaben. Nach der Erfahrung ist die wohnartige Nutzung einer freiberuflichen Tätigkeit aber nur in die Wohnartigkeit deutlich übersteigenden Fällen anhand des § 15 zu untersagen (s. Rn 22.1). Es dürfte eher angebracht sein, dass die Gemeinde bereits bei den Festsetzungen des B-Plans darüber eine Entscheidung trifft, ob u. inwieweit wegen der zu gewährleistenden Wohnruhe Nutzungen nach § 13 ausgeschlossen werden sollen.

22.1 Die Äußerung des BVerwG, nach dem seinerzeitigen Erkenntnisstand (1970) u. zu einem Fall nach § 34 BBauG 1960, ist in der **Verallgemeinerung nicht (mehr) haltbar** (ebenso Hess. VGH, U. v. 8.11.1979 – IV OE 51/75 – BRS 35 Nr. 51 = BauR 1980, 251). Das zeigt sich an einer weiteren Entscheidung des VGH BW zur Zulässigkeit eines größeren Architekturbüros in einem überwiegend freiberuflich genutzten Gebäude (U. v. 29.2.1980 – VIII 1499/79 – BRS 36 Nr. 45), in der der erkennende Senat seine Auffassung wiederholt, ohne sich mit den diesseitigen Bedenken und der Fragwürdigkeit der Meinung des BVerwG auseinanderzusetzen.

Die Überlegungen bezüglich der zulässigen und unzulässigen Nutzung von »Räumen« durch das Architekturbüro in einem mehrgeschossigen Wohngebäude mit großflächigen Geschossgrößen lassen die Abgrenzungsschwierigkeiten erkennen, wenn die *wohnartige* Berufsausübung zwar aufgrund einer »*mehr erweiternden Auslegung*« des § 13 vorgenommen werden soll, gleichzeitig aber für die Maximalgröße einer freiberuflichen Tätigkeit eine Fläche von etwa 130 m² angenommen wird, »*jene Größe, bis zu der Wohnungen üblicherweise gestaltet sind*« (VGH BW, U. v. 29.2.1980 aaO.). Es ist fraglich, ob mit dem Begriff der Wohnartigkeit die größenmäßige Beschränkung einer freiberuflichen Tätigkeit planungsrechtlich überzeugend erreicht werden kann. Die Begrenzung der »Räume« hängt wesentlich von der Geschosszahl u. -größe sowie der wohnungsmäßigen Aufteilung der Wohngebäude ab. Die Auffassung, dass in dem Begriff der Wohnartigkeit eine bestimmte größenmäßige Beschränkung einer freiberuflichen Tätigkeit – gewissermaßen vorgegeben – enthalten ist (so VGH BW, aaO.), ist nicht bedenkenfrei. In diesem Fall scheiterte – unabhängig von den Überlegungen zur Maximalgröße – die Wohnartigkeit mit Recht daran, dass das Architekturbüro u. a. über *einen* etwa 140 m² großen Raum verfügen sollte, der nach seiner Größe als »**Großraumbüro« nicht mehr als wohnartige Nutzung** beurteilt werden kann.

Der Hess. VGH hat die kaufmännische u. büromäßige **Leitung einer Gebäudereinigungsfirma** mit 600 Mitarbeitern aus einer Vierzimmerwohnung heraus in einer durch seine Wohnbebauung geprägten Umgebung mit überzeugenden Gründen für unzulässig gehalten (U. v. 8.11.1979, aaO.). Es zeigt sich, dass die in *räumlicher Verbindung* mit der Wohnung stehende Berufsausübung einer freiberuflich Tätigen noch die geringeren Probleme mit sich bringt. Ob die Nutzung von Räumen für die Berufsausübung freiberuflich und in vergleichbarer Weise gewerblich Tätiger im reinen Wohngebiet jedoch »*regelmäßig*« eine Verbindung von Wohnen und Berufsausübung auf demselben Grundstück voraussetzt (so der Leits. des U. des OVG Lüneburg v. 11.10.1978 – VI A 49/77 – VerwRspr. 1979, 580), muss nach dem Wortlaut des § 13 bezweifelt werden (in diesem Sinne auch BVerwG, U. v. 20.1.1984 – 4 C 56.80 – BauR 1984, 267; Näheres § 13 Rn 6 u. § 4 Rn 14.1 f.).

Die Regel, dass die nach § 13 BauNVO in Wohngebieten zulässigen Räume für die Berufsausübung freiberuflich Tätiger insgesamt nicht größer sein dürfen, als eine Wohnung (BVerwG, U. v. 25.1.1985 – 4 C 34.81 – Buchholz 406.12 § 13 BauNVO Nr. 4), ist nicht rechtssatzartig anzuwenden, sondern hat als »Faustregel« nur eine – im konkreten Fall widerlegbare – indizielle Aussagekraft (Leits. des BVerwG, U. v. 18.5.2001 – 4 C 8.00 – DVBl. 2001, 1458.

Aus den Gründen: »*Zulässig kann im vorliegenden Fall nur die Berufsausübung in ›Räumen‹ sein, nicht die in ›Gebäuden‹; denn das Haus des Kl. liegt in einem durch einen insoweit wirksamen Bebauungsplan festgesetzten reinen Wohngebiet (§ 3 BauNVO). Mit der Erweiterung des Büros um die zweite Wohnung im Erdgeschoss wird jedoch die in der Beschränkung auf ›Räume‹ liegende Grenze überschritten*«.

In seinem U. v. 20.1.1984 – 4 C 56.80 – (BVerwGE 68, 324) ist der Senat bei der Auslegung des Begriffs »Räume« in § 13 BauNVO von dem in seiner Vorschrift enthaltenen Gegensatzpaar »Räume« und »Gebäude« ausgegangen. Der Begriff der »Räume« kennzeichne Raumeinheiten, die nur Teile des Gebäudes und jedenfalls nicht umfangreicher seien als jeweils eine Wohnung, so wie sie im Zeitpunkt des Beginns der Nutzung für den freien Beruf vorgefunden würden. In dem an diese Grundsatzentscheidung anknüpfenden Urteil vom 25.1.1985 – 4 C 34.81 – (Buchholz 406.12 § 13 BauNVO Nr. 4) hat der Senat den wesentlichen Inhalt des § 13 BauNVO im Hinblick auf die Wohngebiete gem. §§ 2 bis 4 BauNVO wie folgt zusammengefasst: Entscheidend sei, ob bei der Nutzung von »Räumen« durch freie oder ähnliche Berufe der Charakter des Plangebiets verloren gehe. Die Nutzungsänderung müsse den jeweiligen Gebietscharakter wahren. Mit der Beschränkung der freiberuflichen Nutzung auf Räume wolle der Verordnungsgeber verhindern, dass in einem **reinen Wohngebiet** durch eine zu starke freiberufliche Nutzungsweise – generell – die planerisch unerwünschte Wirkung einer Zurückdrängung der Wohnnutzung und damit einer zumindest teilweisen Umwidmung des Plangebiets eintreten könne. Deshalb dürfe die freiberufliche Nutzung in Mehrfamilienhäusern nicht mehr als die halbe Anzahl der Wohnungen und nicht mehr als 50 % der Wohnfläche in Anspruch nehmen.

Der Senat hat das vorliegende Revisionsverfahren zum Anlass genommen, seine Rspr. zu § 13 BauNVO zu überprüfen. Er hält an ihr im Wesentlichen fest. Der Zweck der Beschränkung der freiberuflichen Nutzung auf »Räume« liegt darin, die Prägung der Wohngebäude in den Wohngebieten durch ihre Wohnnutzung zu erhalten. Diesem Ziel dient der Grundsatz, dass die Büronutzung regelmäßig nicht mehr als die Hälfte der Wohnungen und auch nicht mehr als die Hälfte der Wohnfläche umfassen darf. Die Beschränkung der Büronutzung des freiberuflich Tätigen auf eine einzige Wohnung dient demselben Ziel. In einem Wohngebäude in einem Wohngebiet erwartet man keine Büroeinheiten, die größer sind als die in dem Hause und in dem Gebiet vorhandenen Wohnungen. Büros, die größer als eine Wohnung sind, drängen die Wohnnutzung übermäßig zurück und lassen das Gebäude als ein gewerblich genutztes Gebäude erscheinen. Zwar trifft es zu, dass § 13 BauNVO in Wohngebieten nicht nur »kleine« Praxen zulässt (wie § 3 Abs. 3 Nr. 1 BauNVO, nach dem nur »kleine« Beherbergungsbetriebe zulässig sind [so zutreffend *Stock*, in: *K/R/S*, BauNVO § 13 Rdnr. 23 f.]), sondern von »Räumen« spricht. Der Charakter eines Wohngebäudes geht aber verloren, wenn in ihm Büros vorhanden sind, die größer sind als die für Wohnhäuser typische Nutzungseinheit, die Wohnung. »Großbüros« sind geeignet, den Wohnhauscharakter des Gebäudes zu beseitigen, auch wenn die 50 % Grenze noch nicht erreicht ist (a. A. *Stock,* aaO., der aber über § 15 BauNVO zu ähnlichen Ergebnissen gelangt.).

»Allerdings dürfen die vom Senat aufgestellten Regeln nicht rechtssatzartig angewendet werden. Insoweit ist die Kritik der Revision und des Oberbundesanwalts berechtigt, die ausnahmslose Beschränkung der Büronutzung auf eine einzige Wohnung in der Größe, wie sie vorgefunden worden sei, könne zu Zufallsergebnissen führen. Werden bspw. in einem Gebäude mit Wohnungen unterschiedlicher Größe zwei Einzimmerwohnungen zu einem Büro zusammengelegt, so wird das Büro immer noch kleiner sein als einzelne andere Wohnungen. Bei einer rechtssatzartigen Anwendung der Rspr. des BVerwG würde ferner verkannt, dass es in erster Linie Aufgabe der Tatsachengerichte – nicht des Revisionsgerichts – ist, im konkreten Fall zu beurteilen, ob sich die Büronutzung noch auf die Nutzung von ›Räumen‹ beschränkt. Als ›Faustregel‹ bleibt die Begrenzung der Büronutzung auf eine Wohnung, wie sie vorgefunden worden ist, aber richtig. Denn bei einer Zusammenlegung von zwei Wohnungen wird regelmäßig eine Nutzungseinheit entstehen, die über die in dem Gebäude vorhandenen Wohnungsgrößen hinausgeht und deshalb geeignet ist, den Wohnhauscharakter des Gebäudes und damit zugleich den Wohnfrieden in ihm zu beeinträchtigen«.

In einem **reinen Wohngebiet** ist die überwiegende gewerbliche oder freiberufliche Nutzung von Wohngebäuden unzulässig. Durch B. hat das BVerwG festgelegt, dass ein Nachbar Unterlassung verlangen kann, unabhängig von der Frage, ob er durch die freiberufliche oder gewerbliche Nutzung unzumutbar beeinträchtigt wird. Unzulässig ist jedoch nur die überwiegende Nutzung von Räumen in einem Wohngebäude, nicht aber die teilweise. Die Frage der Beeinträchtigung sollte nicht relevant sein, weil die baurechtlichen Vorschriften allen Eigentümern gleichermaßen Beschränkungen auferlegen (BVerwG, B. v. 13.12.1995 – 4 B 245.95 – BRS 57 Nr. 79).

22.3 Nach dem B. des OVG NW v. 24.2.1993 (– 10 B 3590/92 – BRS 55 Nr. 55 = BauR 1993, 313) soll eine **Kleintierarztpraxis** in einem nach § 34 Abs. 2 BauGB als reines Wohngebiet einzustufenden Gebiet zulässig sein. Diesseits bestehen die Bedenken dagegen darin, ob eine solche – zweifelsohne freiberufliche – Tätigkeit i. S. d. BVerwG (U. v. 20.1.1984, BRS 42 Nr. 56) noch »wohnartig« ausgeübt wird. Denn nach der Ansicht des BVerwG soll die »Wohnartigkeit« der Berufsausübung gerade auf die für die freien Berufe typische wohnähnliche, gleichsam »private« Art der Berufsausübung abheben. Die Behandlung von Tieren – »Kleintiere« ist ohnehin ein relativer Begriff – kann wohl kaum noch als »wohnartige« Tätigkeit bezeichnet werden. Häufig entwickeln Gerichte zu wenig objektive Befindlichkeit für das störungsfreie Wohnen in WR-Gebieten. Im Regelfall ist zwar (nur) über den Einzelfall zu entscheiden; die Gesamtsituation eines Gebiets ist dabei aber genügend in den Blick zu nehmen. Die in diesem Fall angenommenen 120 Fahrzeugbewegungen kommen zusätzlich zu dem üblichen Kfz-Zu- und Abgangsverkehr eines WR-Gebiets hinzu. Arztpraxen in – meistens kleinräumigen – WR-Gebieten sind infolge unserer Voll-Motorisierung seit längerer Zeit nicht mehr problemfrei.

Auch wenn es sich um einen ausgelagerten Betriebsteil handelt, ist das Büro eines Handwerksbetriebs nicht nach § 13 BauNVO zulässig (BayVGH, B. v. 22.10.2002 – 26 ZB 00.2812 –). **22.4**

Aus den **Gründen**: »*Wird ein Teil eines Handwerks-, Handels- oder Gewerbebetriebs, wie z. B. die kaufmännische Verwaltung, räumlich-organisatorisch aus dem Betrieb ausgelagert, führt dies nicht zur Anwendung des § 13 BauNVO für den ausgelagerten Betriebsteil. Die Kläger betreiben einen Handwerks- oder Gewerbebetrieb, der Sanierungen durchführt und im reinen Wohngebiet nicht zulässig ist. Die genehmigte Büronutzung ist Teil dieses Betriebs und unterfällt schon aus diesem Grund nicht § 13 BauNVO. Sie konnte nur im Wege der Befreiung zugelassen werden. Eine solche Befreiung ist nicht erteilt*«.

Die für die Baugebiete nach den §§ 2 bis 4 (hier: § 3) BauNVO geltende Beschränkungen freiberuflicher oder vergleichbarer Nutzungen auf »Räume« gewährleistet, dass diese Nutzungen dort in einem Umfang zugelassen werden können, bei denen typischerweise keine gebietsunverträglichen Störungen durch vorhabenbezogenen Kraftfahrzeugverkehr eintreten (OVG NW, B. v. 5.9.2005 – 10 A 3511/03 – BauR 2006, 854 = ZfBR 2006, 261). **22.5**

c) Nebenanlagen nach § 14. – aa) **Allgemeines zu zulässigen Nebenanlagen.** **23**
Zum *Begriffsinhalt* von Nebenanlagen s. grds. § 14 Rn 3–4, zu den *Voraussetzungen* der Zulässigkeit s. § 14 Rn 5. Die nach § 14 Abs. 1 der Wohnnutzung der Grundstücke oder dem WR-Gebiet selbst dienenden Nebenanlagen und Einrichtungen sind allgemein zulässig, soweit sie der **Eigenart des WR-Gebiets** nicht widersprechen. Es handelt sich dabei um Anlagen, die nach den heutigen – vielgestaltigen – Wohngewohnheiten zum Inbegriff des Wohnens (Rn 1–2) gehören (im gleichen Sinne *Förster*, § 3 Anm. 1; *Bielenberg*, § 3 Rdn. 4). Bedingung ist jedoch, dass die Anlagen *funktionell* und nach ihrem Umfang der Wohnnutzung als Hauptnutzung *untergeordnet* sind, ihrerseits die Nachbarn in ihrer Wohnnutzung i. S. d. gegenseitigen Rücksichtnahme nicht belästigen oder stören und sie sich in die Bebauung harmonisch einfügen.

Zu den im WR-Gebiet zulässigen Nebenanlagen und Einrichtungen zählen in diesem Sinne alle Anlagen,

- die das Wohnen *wohnlicher* machen (den Wohnwert erhöhen), wie Gartenlauben, Grillplätze;
- die der *allgemeinen Ordnung* und Sauberkeit dienen, wie Räume für Gartengeräte und Fahrräder, Mopeds u. dergl., Mülltonnenschränke, Teppichklopfgeräte, Wäschetrockeneinrichtungen;
- die der gesundheitlichen Vorsorge und körperlichen (sportlichen) Betätigung dienen (Rn 2), wie Sauna – ggf. i. V. m. einem Schwimmbecken-Whirlpool, Schwimmbecken, ggf. als durch eine Plastikfolie luftgetragene Kleinschwimmhalle – oder, wo es die Grundstücksfestsetzungen und die Grundstücksgröße zulassen, als Schwimm*halle*.
Sind Grundstückseigentümer bereit, für die gesundheitliche Vorsorge im weitest verstandenen Sinne Anlagen und Einrichtungen zu schaffen, sollten die Baugenehmigungsbehörden bezüglich der Genehmigung nicht kleinlich verfahren, soweit mit einer solchen Nebenanlage kein gewerbeähnlicher Betrieb verbunden ist, wie etwa mit einer Sauna (Rn 24), und das Gebot der gegenseitigen Rücksichtnahme dies zulässt;
- zur *Freizeitgestaltung*, wie die **Hobby-Tierhaltung**, soweit diese dem Begriffsinhalt der Nebenanlage entspricht, was z. B. für das Halten eines *Reitpferdes* nur bei (sehr) großen Grundstücken in Frage kommen wird, u. eine (bauliche) Einfügung möglich ist (keine Spannungen erzeugt oder ver-

schärft); im Einzelnen s. § 4 Rn 16–16.10. So fügen sich ein *Pumazwinger* u. Zwinger ähnlicher Bedeutung nicht in die Eigenart einer fast ausschließlich durch Wohnbebauung geprägten näheren Umgebung ein. Ein Puma ist kein Kleintier i. S. d. § 14 Abs. 1 Satz 2 (so mit Recht BVerwG, B. v. 5.3.1984 – 4 B 20.84 – BRS 42 Nr. 75), sondern ein Raubtier mit allen sich aus dessen Haltung ergebenden Begleiterscheinungen.

23.1 bb) **Nebenanlagen – (Hobby-)Tierhaltung.** Die (Hobby-)Tierhaltung entspricht hinsichtlich der allgemeinen Zulässigkeit im Wesentlichen der des WA-Gebiets (§ 4 Rn 15.1 ff.). Im Hinblick auf die ausschließliche Wohnnutzung im WR-Gebiet u. die sich daraus ergebende höchstmögliche Wohnruhe kann sich unter dem Gebot der gegenseitigen Rücksichtnahme im Einzelfall eine Einschränkung der Tierhaltung, d. h. die Zulässigkeit nur unter – gegenüber dem WA-Gebiet evtl. – weiter gehenden Bedingungen u. Auflagen ergeben, um dem im WR-Gebiet »strenger« als im WA-Gebiet zu beachtenden **Rücksichtnahmegebot** nachzukommen.

Das **Halten von Brieftauben** in geringer Anzahl wird als *Nebenanlage* nunmehr auch von der Rspr. **in WR-Gebieten** für zulässig gehalten. Nach einer überzeugend begründeten Entscheidung des OVG Lüneburg sind bauliche Anlagen für eine *kleine Brieftaubenzucht* (Taubenschlag für max. 30 Tauben) auch in WR-Gebieten grundsätzlich zulässig (U. v. 26.9.1980 – 6 A 188/78 – BRS 36 Nr. 49 = ZfBR 1981, 88). Die *nachbarliche* Wohnruhe wird nicht in relevanter Weise gestört (Flügelschlagen entwickelt geringere Geräusche als etwa das Zuschlagen von Autotüren). Bei einer kleinen Brieftaubenzucht handelt es sich um eine typische Hobbytierhaltung, so dass es nicht auf die subjektive Empfindlichkeit des (der) Nachbarn **ankommt**. Entscheidend ist, dass eine Tierhaltung in dem tatbestandlichen Rahmen mit der konkreten Eigenart des Gebiets nach § 15 vereinbar ist u. deshalb von den Nachbarn hingenommen werden muss (OVG Lüneburg, aaO.).

Die **Haltung von 30 Rassetauben und 20 Kanarienvögel als reine Volierenhaltung** kann in einem reinen Wohngebiet zulässig sein (Nds. OVG, B. v. 30.8.2004 – 9 ME 101/04 – NuR 2005, 337 = NVwZ-RR 2005, 524). Zur Begr. hat das Gericht ausgeführt: Die vom VG getroffene Entscheidung sei jedenfalls wegen der besonderen Haltungsform und der konkreten Bauausführung nicht zu beanstanden. Genehmigt worden sei lediglich eine reine Volierenhaltung, bei der Freiflüge der Vögel nicht erfolgten, zudem werde in der Nachtzeit das Gebäude geschlossen. Außerdem handle es sich um Zier- bzw. Rassetauben und nicht um Brief- und Reisetauben.

23.2 Die grds. Überlegungen zur Zulässigkeit einer Brieftaubenhaltung in WR- oder WA-Gebieten sind kaum unterschiedlich voneinander. Sie hängen im Wesentlichen vom Zuschnitt (Größe) des jeweiligen Wohngebiets ab und von der regionalen Einstellung zur Unterordnung unter die Hauptnutzung des Wohnens. So ist dem nicht amtl. Leits. des BVerwG, B. v. 1.3.1999 – B 13.99 –, BauR 2000, 73 = BRS 62 Nr. 85 = ZfBR 1999, 234 nicht zu entnehmen gewesen, ob die Entscheidung zu einem WR- oder einem WA-Gebiet ergangen ist. Dies ergab sich erst aus den Gründen, in denen die Entscheidung des Berufungsgerichts – die Vereinbarkeit mit der Eigenart des betroffenen reinen Wohngebiets wurde verneint – bestätigt wurde. »*Ob die Haltung von 50 Brieftauben mit der Eigenart eines Wohngebiets vereinbar ist, ist nicht abstrakt, sondern unter Würdigung der Verhältnisse des betroffenen Wohngebiets und der beabsichtigten Art der Taubenhaltung zu beantworten*« (BVerwG, aaO.).

Im Rahmen eines Normenkontrollverfahrens scheint der Hess. VGH das Halten von Brieftauben auch am Rande eines WR-Gebiets für nicht zulässig zu halten (B. v. 13.12.1977 – IV N 3/74 – BRS 32 Nr. 21). Zum Halten von Brieftauben s. grundsätzlich § 4 Rn 16.5; dort weitere Rspr.

Die Haltung **mehrerer Hähne** in einem reinen Wohngebiet ist unzulässig **23.3**
(OVG NW, B. v. 21.2.2002 – 10 E 434/01 – NWVBl. 2002, 191 u. B. v.
10.7.2002 – 11110 A 2220/02 – BauR 2003, 66 = BRS 65 Nr. 73). Das OVG
NW bestätigte eine Ordnungsverfügung, mit der dem Kläger sinngemäß aufgegeben worden ist, künftig nur noch maximal einen Hahn – statt wie bis vier Hähne – auf seinem Grundstück zu halten.

Aus den **Gründen** des B. v. 21.2.2001: »*Es bedarf an dieser Stelle keiner Entscheidung darüber, ob sich die hobbymäßige Zucht von Rassegeflügel noch im Rahmen einer für die Wohnnutzung typischen Freizeitbetätigung hält. Jedenfalls überschreitet die auf dem Grundstücke des Klägers betriebene Kleintierhaltung – soweit mehrere Hähne gehalten werden – nach Art und Umfang das Maß dessen, was in einem reinen Wohngebiet üblich ist. Dass Hähne durch ihr Krähen die Wohnruhe in einer mit dem Charakter eines reinen Wohngebiets nicht zu vereinbarenden Weise empfindlich stören können, entspricht allgemeiner Erfahrung. ... Das Halten von mehreren Hähnen auf dem Grundstück des Klägers ist auch nicht deshalb in dem konkreten Baugebiet als üblich anzusehen, weil etwa auf anderen Grundstücken innerhalb dieses Gebietes Hunde, Papageien, Sittiche, Hühner oder Gänse gehalten werden. Die spezifischen und vorhersehbaren Störungen der Wohnruhe, die Hähne durch ihre Lautäußerungen Tag für Tag verursachen, gehen von den vorgenannten Tieren im Regelfall gerade nicht aus*« (OVG NW, aaO.).

cc) **Nebenanlagen – für gesundheitliche u. sportliche Zwecke**. Bei den nach- **24**
folgend behandelten Anlagen u. Einrichtungen handelt es sich im Unterschied zu den (nur) ausnahmsweise zulassungsfähigen Anlagen für bestimmte Zwecke nach § 3 Abs. 3 Nr. 2 (Rn 19.6 f.) um der Wohnung **untergeordnet** dienende **Nebenanlagen**. Sie sind – soweit sie die Voraussetzungen des § 14 Abs. 1 (dort Rn 3) erfüllen – **ohne Vorliegen von Ausnahmegründen** (Vorb. §§ 2 ff. Rn 6–6.8) zulässig, wenn u. soweit sie **mit dem** – gegenüber dem WA-Gebiet – **strengeren Gebot** der gegenseitigen Rücksichtnahme vereinbar sind.

Da gewerblich genutzte Anlagen außer den nach § 3 Abs. 3 ausnahmsweise zulassungsfähigen Anlagen u. Betrieben im WR-Gebiet im Grundsatz unzulässig sind, nach § 13 freiberuflich Tätige u. solche Gewerbe treibende, deren Berufsausübung ähnlich erfolgt, im WR-Gebiet ihrem Beruf **in Räumen** jedoch nachgehen können, soweit dies »*wohnartig*« geschieht (§ 13 Rn 5; Rn 22), kommt es – insbes. bei Nachbarstreitigkeiten über Anlagen für gesundheitliche und/oder sportliche Zwecke – darauf an, ob es sich (noch) um eine **Nebenanlage** oder eine wohnartige Berufsausübung handelt oder ob die Anlage (Nutzung) nur ausnahmsweise unter Vorliegen der entspr. Voraussetzungen (Vorb. §§ 2 ff. Rn 6.4– 6.8) zugelassen werden kann.

Nicht überdachte, **offene Schwimmbecken** sind keine Gebäude i. S. d. LBauO. Bis zu einer bestimmten Größe, meistens bis zu *100 m³* Fassungsvermögen (= 10 × 5 m, 2 m tief), sind Schwimmbecken baugenehmigungsfrei. Für die Berechnung des Volumens ist vom Fassungsvermögen des Wasserbeckens (beim Überlauf des Beckens) und nicht vom umbauten Raum des Schwimmbeckens auszugehen (in diesem Sinne auch *Gädtke/Böckenförde/Temme*, Komm. z. Landesbauordnung NW, 8. Aufl., § 64 Rdn. 15). Offene Schwimmbecken sind ohne Einhaltung einer (seitlichen) Abstandfläche zulässig. Die Größe des Schwimmbeckens, um (noch) als Nebenanlage i. S. d. § 14 Abs. 1 Satz 1 anerkannt zu werden, richtet sich nach der Größe des Wohngrundstücks, zu dessen Nutzungszweck das Schwimmbecken dienen soll. Ein genehmigungsfreies Schwimmbecken ist in den Wohngebieten generell zulässig, es sei denn, die Zulässigkeit solcher Nebenanlagen ist im B-Plan nach § 14 Abs. 1 **Satz 3** ausdrücklich eingeschränkt oder ausgeschlossen worden. Soll das Schwimmbecken *mehr* als 100 m³ Fassungsvermögen erhalten, bedarf es der Baugenehmigung. Auch in dem Falle bleibt es in den seitlichen Abstandflächen zulässig, d. h. auf die Zulassung eines über die festgelegte Geländeoberfläche nicht hinausragenden Schwimmbeckens besteht ein Rechtsanspruch.

Bezüglich der **Zulässigkeit einer aufblasbaren Kleinschwimmhalle** (Tragluftschwimmhalle) **24.1**
als Nebenanlage i. S. d. § 14 Abs. 1 im reinen Wohngebiet sind die im Grundsatz die Zuläs-

sigkeit bestätigenden Entscheidungen des BVerwG (U. v. 17.12.1976 – IV C 6.75 – BRS 29 Nr. 113) und des OVG Münster (U. v. 12.11.1974 – XA 303/73 – BauR 1975, 110 = BRS 28 Nr. 20) zu erwähnen. Die *Schwimmhalle* erfüllt alle Merkmale einer *Nebenanlage* i. S. d. § 14 Abs. 1 Satz 1. Mit Recht hat das OVG Münster im U. v. 12.11.1974 (aaO.) hervorgehoben, dass ein überdachtes Schwimmbecken geeignet und bestimmt ist, den im Wohnen bestehenden Nutzungszweck eines Grundstückes maßgeblich zu fördern.

Aufgrund des bundesrechtlichen Begriffs der baulichen Anlage (BVerwG, U. v. 31.8.1973 – IV C 33.71 – BVerwGE 44, 59 = BRS 27 Nr. 122; Vorb. §§ 2 ff. Rn 17–19) hat das BVerwG darauf hingewiesen, dass allein das Aufbringen der Folie den Begriff des Bauens – oder enger: das Merkmal der (hinreichenden) Verbindung mit dem Erdboden – noch nicht erfüllt (BVerwG, aaO.). Diese Auffassung wird aber nicht generell gelten können, weil die »Hülle« auf dem Boden befestigt werden muss. Sonst würde sie bei stärkerem Wind »fortfliegen«. Ferner muss das Gebläse fest aufgestellt werden.

Eine Schwimmhalle ist i. d. R. eine dem Nutzungszweck des Grundstücks dienende **Nebenanlage**, d. h. sie wird funktionell dadurch gekennzeichnet, dass sie im Hinblick auf diesen Zweck – Nebenanlage zum Wohnen oder Anlage für sportliche Zwecke – nur »*ähnlich wie Zubehör … eine Hilfsfunktion hat*« (VGH BW, U. v. 30.4.1975 – III 154/74 – BRS 29 Nr. 22, u. U. v. 26.6.1975 – III 995/74 – BRS 29 Nr. 91; ferner OVG Münster, U. v. 15.6.1973 – XA 1093/71 – BRS 27 Nr. 32).

Ist die räumlich-gegenständliche (optische) **Unterordnung** i. Verh. zu dem Wohngebäude, dem die Schwimmhalle dienen soll, **nicht gewahrt,** kann eine Schwimmhalle nicht als **Neben**anlage zugelassen werden. Das hat das OVG NW mit Recht für eine **Schwimmhalle** mit einer Grundfläche von **153 m²** entschieden (U. v. 23.2.1979 – XI A 383/78 – BRS 35 Nr. 39). Ein solches Gebäude steht nach äußerer Erscheinung u. Volumen nicht hinter einem Einfamilienhaus im Bungalowstil zurück und dient nicht mehr der angemessenen Nutzung des Wohnbereichs im weiteren Sinne (OVG NW, aaO.).

Auch das BVerwG (U. v. 28.4.2004 – 4 C 10.03 – NVwZ 2004, 1244 = BauR 2004, 1571 = UPR 2005, 66) hält eine **private Schwimmhalle** mit einer Länge von 16 m und einer Breite von 13 m sowie einer Grundfläche von 171 m², einer Außenwandhöhe von 3,20 m und einer Gesamthöhe von 5,15 m als Nebenanlage in einem reinen Wohngebiet für unzulässig. Zur Begr. führt das BVerwG aus: »*Eine solche Schwimmhalle erfüllt nicht das Merkmal einer funktionellen und räumlich-gegenständlichen Unterordnung. Ein Nebengebäude, das nach Größe und äußerer Erscheinungsform eher einem weiteren Wohngebäude gleicht, erfüllt unter dem Gesichtspunkt des Gesamteindrucks nicht das Merkmal der Unterordnung*« (BVerwG, aaO.).

Zur baurechtlichen Zulässigkeit nicht überdachter Schwimmbecken auf den nicht *überbaubaren* Grundstücksflächen nach § 23 Abs. 5 s. dort Rn 19–21.

24.2 Ist beabsichtigt, in der privaten Schwimmhalle eines Wohnhauses im WR-Gebiet eine **gewerblich zu betreibende Schwimmschule** einzurichten, ist die dazu erforderliche Nutzungsänderung **nicht zulässig** (Hess. VGH, B. v. 27.1.1978 – IV TG 3/78 – BRS 33 Nr. 25). Der Betrieb einer Schwimmschule entspricht in quantitativer Hinsicht nicht mehr einer *wohnartigen* Nutzung. Es besteht ein wesentlicher Unterschied, ob das Schwimmbad nur von den Hausbewohnern u. gelegentlichen Gästen oder – gewerblich genutzt – von einer entsprechend größeren Anzahl von Besuchern in Anspruch genommen wird (so mit Recht Hess. VGH, aaO.). Eine Schwimm«schule« mit entspr. Unterricht hat einen – im Regelfall über das WR-Gebiet hinausgehenden – größeren Einzugsbereich und verursacht vor allem einen zusätzlichen Kfz-Verkehr; dieser würde den sonst üblichen durch die Wohngewohnheiten u. Arbeitsverhältnisse der Hausbewohner verursachten Kfz-Verkehr erheblich übersteigen, was mit dem Gebot der größtmöglichen Wohnruhe im WR-Gebiet unvereinbar ist.

24.21 Gleiches gilt für das gewerbliche Betreiben einer **Sauna** (evtl. mit angeschlossenem *Schwimmbecken* u. *Sonnenbank*) in WR-Gebieten. Eine übliche, hinsichtlich der Ausmaße auf die Bedürfnisse der Bewohner des jeweiligen Wohngebäudes zugeschnittene Sauna ist im Regelfall eine Nebenanlage i. S. v. § 14 Abs. 1. Es ist denkbar, dass infolge der heutigen Freizügigkeit bei der Errichtung eines Blocks von Eigentumswohnungen oder eines Wohngebäudes mit Mietwohnungen des gehobenen Anspruchs außer einem Schwimmbad heutzutage gleichzeitig eine Sauna (z. B. im Kellergeschoss) eingebaut wird. Sollte eine solche oder etwa eine in einem Nebengebäude errichtete Sauna *gewerblich* (vielleicht durch einen in dem Wohngebäude ansässigen staatlich anerkannten Bademeister) betrieben werden, wäre dies mit der gleichen Begr. wie bei der Schwimmschule **unzulässig**.

24.3 Vermehrt besteht das Bedürfnis, im eigenen Garten oder jedenfalls auf demselben Grundstück im Zusammenhang mit der Errichtung des Wohngebäudes **einen Tennisplatz (Tennisplatzanlage)** mit annähernd Turniermaßen anzulegen. Ein Tennisplatz im Garten eines Wohngrundstücks ist **bautechnisch** eine **selbständige Anlage** und kann nicht als *Bestandteil* des Wohngebäudes (nach § 3 Abs. 2) zugelassen werden. Die **Tennisplatzanlage** wäre **als Nebenanlage** nach § 14 Abs. 1 nur dann zulässig, wenn sie nicht nur funktionell, sondern auch räumlich-gegenständlich »auf den ersten Blick« als untergeordnete Anlage ins Auge fiele. Ein Tennisplatz, der seiner Art nach eine große Fläche verlangt, ist nach Erscheinungsbild, baulichem Gewicht u. sportlichen Nutzungsmöglichkeiten in Gärten von Wohngrundstücken üblicher Größe (worunter Grundstücksgrößen bis etwa 1.800 m² verstanden werden) keine Nebenanlage, sondern eine Anlage für leistungsorientierte sportliche Zwecke im engeren Sinn (ebenso BayVGH, U. v. 25.3.1981 – Nr. 15 B – 552/79 – BRS 38 Nr. 77 = BauR 1982, 141 = BayVBl. 1981, 563). Um ein Tennisspielfeld (Tennisplatz) in Wohngärten als Nebenanlage werten zu können, muss eine solche Anlage auch räumlich-gegenständlich als »untergeordnet« erscheinen. Dazu müsste nicht nur das »dienende« Grundstück, sondern müssten auch die angrenzenden Wohngrundstücke einen großzügigen (villenartigen) Zuschnitt (Grundstücksgrößen über 2.000 m²) haben. In derartigen Fällen ist es denkbar, dass ein **Tennisplatz auch in Wohngärten** eines WR-Gebiets *als Nebenanlage* zulässig ist. Da es sich bei einem **Tennisplatz** im Regelfall um eine **bauliche Anlage** handelt, ist eine (Bau-)Genehmigung aus bauplanungsrechtlicher Sicht (Vorb. §§ 2 ff. Rn 17–19) erforderlich. Denn die Prüfung der baunachbarrechtlichen Situation, insbes. hinsichtlich der Lärmstörungen und sonstigen Belästigungen, ist stets erforderlich (dazu das überzeugend begründete U. des Hess. VGH v. 11.9.1981 – IV OE 17/79 – BRS 38 Nr. 78 = BauR 1982, 143). Danach kann eine Tennisplatzanlage in einem als WR-Gebiet charakterisierten Gebiet einem Wohngebäude als Hauptanlage zugeordnet sein, ist jedoch bei beengter Bebauungssituation *keine untergeordnete Nebenanlage* (Hess. VGH, aaO.).

24.31 Sowohl in einem durch B-Plan festgesetzten reinen Wohngebiet als auch in einem im unbeplanten Innenbereich liegenden Gebiet, in dem nur gewohnt wird, kann auf hinreichend großen Grundstücken ein **privater Tennisplatz** zulässig sein, *wenn* er sich **als untergeordnete Nebenanlage** darstellt *und* nach seiner Lage auf dem Grundstück nicht zu Störungen der Wohnruhe der Nachbarn führt (BVerwG, U. v. 30.8.1985 – 4 C 50.82 – BRS 44 Nr. 185 = BauR 1985, 652 = BayVBl. 1986, 249 = DÖV 1986, 77 = NJW 1986, 393 = NVwZ 1986, 200 = ZfBR 1985, 285 = BBauBl. 1985, 812); in diesem Fall abgelehnt, weil die Größe des Grundstücks weniger als 1.000 m² betrug u. der Tennisplatz einen wesentlichen Teil der sonst für eine Gartennutzung zur Verfügung stehenden Fläche einnahm. In derartigen Fällen braucht auf die bekannte **Störintensität** wie Impulshaltigkeit der Aufschlaggeräusche u. auf die Frage der **Zumutbarkeit für die Nachbarn** nicht näher eingegangen zu werden. Über die

Fragen der **Zulässigkeit von Tennisanlagen neben** (reinen) **Wohngebieten** hat die Rspr. wiederholt zu entscheiden gehabt (dazu Rn 30.2).

24.5 dd) **Sonstige Nebenanlagen:** Eine **Antennenanlage** eines Amateurfunkers ist auch im WR-Gebiet *im Grundsatz* eine untergeordnete Nebenanlage i. S. d. § 14 Abs. 1 S. 1.

Eine Antennenanlage in Gestalt eines 18 m hohen Stahlgittermastes, der in einem Stahlbetonfundament verankert werden muss, würde die eingeschossigen Wohngebäude auf verhältnismäßig kleinen Grundstücken jedoch um mehr als das Doppelte überragen u. wegen ihrer fremdartigen technischen Gestaltung als Stahlgittermast der Eigenart des reinen Wohngebiets widersprechen (OVG Lüneburg, U. v. 24.4.1987 – 1 A 181/85 – BRS 47 Nr. 42).

Private Windkraftanlagen (Windenergieanlagen) sind im WR-Gebiet entsprechend der Eigenart des Gebiets als Nebenanlagen i. S. d. § 14 zulässig (grundsätzlich dazu § 14 Rn 7.2–7.3; s. ferner § 4 Rn 18).

24.51 Die Lärmbelästigung durch einen »**Wertstoffhof**« in einem reinen Wohngebiet muss von der Bevölkerung insgesamt als üblich und tolerierbar angesehen und hingenommen werden (so BVerwG, B. v. 3.5.1996 – 4 B 50.96 – BauR 1996, 678 = UPR 1996, 309).

Es ging bei dem Verwaltungsstreit um die Errichtung eines sog. Wertstoffhofs mit sechs Sammelcontainern für Glas, Papier, Kartonagen und Metall. Der Wertstoffhof ist auf einer im B-Plan als öffentliche Verkehrsfläche festgesetzten Fläche in einem Abstand von 15 m zu dem Wohnhaus der Kläger errichtet worden und mit einem Palisadenzaun umgeben.

Was der B. über die »Sozialadäquanz« als Erklärung dieses Begriffs enthält, ist unterschiedlicher Auslegung zugänglich. Es ist richtig, dass der Begriff auf »außerrechtliche« Bewertungen verweist und vornehmlich eine Frage der tatrichterlichen Würdigung ist. Der Begriff »Sozialadäquanz« steht nach diess. A. jedoch so deutlich über dem Begriff »Allgemeininteresse«, dass von dem Begriff zurückhaltender Gebrauch gemacht werden sollte (s. dazu Vorb. §§ 2 ff. Rn 12.99 f.). Es genügt für die Zulässigkeit derartiger Sammelcontainer, dass es sich um wohntypische Nebenanlagen handelt, die von Anliegern regelmäßig hinzunehmen sind (s. auch BayVGH, U. v. 27.11.1995 – 20 B 95. 436 – BRS 57 Nr. 213).

Die Probleme im Zusammenhang mit der richtigen Standortwahl von **Wertstoffsammelanlagen** (**Wertstoffcontainer**), insbes. mit Altglascontainern, sind vielschichtig, wie sich an den zahlreichen Klagen wegen unzumutbarer Störungen gezeigt hat. Nachdem ein U. des BayVGH bescheinigt hatte, dass Wertstoffhöfe innerhalb eines reinen Wohngebiets als sozialadäquate und wohntypische Nebenanlagen zu gelten haben (vgl. U. v. 27.11.1995 – 20 B 95.436 – BRS 57 Nr. 213 = BauR 1996, 678 = UPR 1996, 309), haben Gemeinden wohl nicht immer die nötige Sorgfalt walten lassen, ob und inwieweit Anlieger durch Wertstoffcontainer unzumutbar beeinträchtigt sein könnten. Bei der zunehmenden Vermehrung der Standorte für Wertstoffsammelanlagen, insbes. für Altglascontainer, ist es erforderlich, diese Anlagen nutzungsrechtlich genauer einzuordnen. Wertstoffcontainer unterliegen bauplanungsrechtlichen Regelungen, unabhängig davon, dass sie als bauliche Anlagen i. S. d. LBOen im Regelfall von einer Genehmigungs- und Anzeigepflicht freigestellt sind. Wertstoffcontainer sind bauliche Anlagen nach § 29 Abs. 1 BauGB; sie sind vielfach als »Einrichtungen« i. S. v. § 14 Abs. 1 und als sonstige Anlagen nach § 15 Abs. 1 BauNVO einzuordnen. Wertstoffsammelcontainer sind ferner Anlagen nach § 3 Abs. 5 Nr. 1 BImSchG; nach dieser Vorschrift ist deren Qualifizierung als »Betriebsstätten und sonstige ortsfeste Einrichtungen« anzusehen. Aus dieser Einstufung als »sonstige ortsfeste Einrichtung« ergibt sich, dass die Wertstoffsammelanlagen geeignet sind, schädliche Umwelteinwirkungen i. S. v. § 3 Abs. 1 BImSchG durch Lärm hervorzurufen (vgl. dazu *Koch*, NuR 1996,

276) Die Container unterliegen den Anforderungen an nicht genehmigungsbedürftige Anlagen nach den §§ 22 ff. BImSchG.

Die **nutzungsrechtliche Einstufung** der Wertstoffcontainer als »Einrichtungen« i. S. v. § 14 Abs. 1 scheint keine Schwierigkeiten zu bereiten. So dürften Altglascontainer als »untergeordnete Nebenanlage« im Allgemeinen auch in reinen Wohngebieten zulässig sein; denn infolge der begrenzten Zahl der Wertstoffcontainer werden sie den im Baugebiet gelegenen Grundstücken dienen und der Eigenart eines Wohngebiets auch nicht widersprechen (ebenso *Koch*, aaO., S. 277). Das braucht jedoch nicht zweifelsfrei zu sein. Es wird auf die Anzahl der Wertstoffcontainer ankommen und deren Lage. Jedenfalls sollte von dem bei nutzungsrechtlichen Fragen häufiger benutzten Begriff der »Sozialadäquanz« etwas zurückhaltender Gebrauch gemacht werden (s. Vorb. §§ 2 ff. Rn 12.102). Dieser Begriff würde bedeuten, dass die Wertstoffcontainer mit der Gemeinschaft völlig übereinstimmende (ihr entspr.) Anlagen sind; davon kann keine Rede sein. Es kann durchaus die Auffassung vertreten werden, dass das Erfordernis des Dienens wegen fehlenden konkreten Zusammenhangs nicht erfüllt ist (so auch *Koch*, aaO., S. 277). Dann müssten die Wertstoffcontainer als selbständig zu beurteilende Hauptnutzung behandelt werden. In diesem Falle würden die Wertstoffcontainer als gewerbliche Nutzung einzustufen sein; damit wären sie nach § 3 im reinen Wohngebiet nicht zulässig und im allgemeinen Wohngebiet nach § 4 Abs. 3 Nr. 2 nur ausnahmsweise zulassungsfähig. Diese Überlegung zeigt, dass Wertstoffsammelanlagen, insbes. Altglascontainer, in reinen Wohngebieten wegen der dort vorrangig erwünschten Wohnruhe nach Möglichkeit nicht aufgestellt werden sollten, sondern sich nach allem Randgebiete des allgemeinen Wohngebiets dafür deutlich besser eignen würden. »Nach allem« bedeutet, dass die Anwendung der TA Lärm – nur diese kommt als technisches Regelwerk in Betracht – bei atypischen Lärmereignissen kaum geeignet ist. Beim Einwurf von Glas innerhalb eines sonst ruhigen Umfeldes ist die TA Lärm i. S. der Frage nach der (Un-)Zumutbarkeit wegen fehlender Vergleichbarkeit nicht in der Lage, Anhaltspunkte für die Schwere des Lärmereignisses zu geben. Dennoch sind Störungen des Wohnumfeldes – besonders bei lauten Stahlcontainern – nicht von der Hand zu weisen. Die meisten Gemeinden haben deshalb bereits angeordnet, dass Glas nur werktags und spätestens bis 19.00 Uhr in die Altglascontainer geworfen werden dürfen. Bei unserer heutigen teilweise zu individuell eingestellten Gesellschaft werden solche Anordnungen bekanntlich nur teilweise befolgt. Auch das spricht dafür, die Aufstellung von Wertstoffcontainern, insbes. Altglascontainern, in reinen Wohngebieten zu vermeiden. Diese Ausführungen gelten zugleich für Probleme der Altglascontainer nach § 4 Rn 19.

24.52

Anliegende (benachbarte) Grundstückseigentümer haben i. d. R. keine Aussicht, sich gegen vermeintlich falsch platzierte Wertstoffcontainer mit Erfolg zur Wehr zu setzen. Das hat das VG Schleswig durch U. v. 27.2.2000 – 12 A 112/97 – GewArch. 2000, 499 erneut bestätigt. Die Nachbarklage gegen einen Altglas- und Altpapiercontainer, der sich in einem reinen Wohngebiet befand, ist zu Recht abgewiesen worden. Nach diesem U. kann der Nachbar, der sich gegen Geräuschimmissionen einer Wertstoffsammelanlage zu Wehr setzt, lediglich beanspruchen, vor schädlichen Umwelteinwirkungen bewahrt zu bleiben. § 22 Abs. 1 BImSchG bietet ebensowenig wie § 906 Abs. 1 BGB eine Handhabe dafür, Geräuschimmissionen unterhalb der Schwelle der Erheblichkeit abzuwehren (VG Schleswig, aaO.).

24.53

24.6 ee) **Werbeanlagen und (Waren-)Automaten im WR-Gebiet.** Zum Begriffsinhalt u. zur baurechtlichen Einordnung von **Werbeanlagen** s. § 14 Rn 9–9.4, von (Waren-)Automaten s. § 14 Rn 10.1. Im Regelfall können Werbeanlagen wie die Suggestiv- u. Erinnerungswerbung (Plakatanschlagtafeln mit wechselnder Werbung – § 14 Rn 9 f.) nicht den Nebenanlagen zugerechnet werden. Da WR-Gebiete ausschließlich der Wohnnutzung vorbehalten sind und andere Anlagen nach § 3 Abs. 3 nur ausnahmsweise zugelassen werden können, sind Werbeanlagen, soweit es die sog. Suggestiv- u. Erinnerungswerbung betrifft, schon deshalb in WR-Gebieten unzulässig; sie **dienen** funktionell **nicht der Wohnnutzung.** Soweit die in § 3 Abs. 3 aufgeführten Anlagen ausnahmsweise zugelassen werden, sind Werbeanlagen allenfalls *an der Stätte der Leistung*, z. B. an einem Lebensmittelgeschäft, als Nebenanlagen gestattet, ferner Hinweisschilder für freiberuflich Tätige, etwa das auf eine Arztpraxis oder einen Notar hinweisende Berufsschild.

24.61 **(Waren-)Automaten** – für Genussmittel im weitesten Sinne (vom Kaugummi- bis zum Zigarettenautomaten) – werden **bauplanungsrechtlich** im Regelfall wie Werbeanlagen behandelt. Die obergerichtliche und höchstrichterliche Rspr. hat seit jeher mit überzeugender Begr. anerkannt, dass das baugestalterische Ziel, die Beeinträchtigung eines Wohngebiets durch funktionswidrige Anlagen zu verhindern, ein beachtenswertes öffentliches Anliegen ist (in diesem Sinne BVerwG, U. v. 22.2.1980 – 4 C 95.76 – BRS 36 Nr. 150). Ein generelles ortsrechtliches *Verbot*, durch das *in reinen Wohngebieten* das Anbringen von Werbeanlagen und Warenautomaten in Vorgärten und an Einfriedungen untersagt wird, *verstößt* nicht gegen das *Grundgesetz* (BVerwG, aaO.). In der Entscheidung, in der es um die **Anbringung eines Automaten am Vorgartenzaun** eines Wohnhauses ging, hat das BVerwG überzeugend dargelegt, dass das Verbot, Automaten, die zu den Werbeanlagen gehören, anzubringen, vor Art. 14 GG und vor Art. 12 GG standhält. Soweit Werbe- u. Automatenverbote nach Art. 14 GG unbedenklich sind, berühren diese baurechtlichen Eigentumsschranken nicht das Grundrecht nach Art. 12 GG (so BVerwG, U. v. 22.2.1980, aaO.).

24.62 Ein **Zigarettenautomat** im offenen Treppenaufgang eines Wohnblocks ist in einem *reinen Wohngebiet* ein *Fremdkörper*, der auch nicht als »Laden« ausnahmsweise zugelassen werden kann (OVG Bremen, U. v. 23.5.1978 – I BA 40/76 – BRS 33 Nr. 26). Ein solcher Automat ist geeignet, das ungestörte Wohnen im reinen Wohngebiet zu beeinträchtigen. Er kann nach Lage u. Ausstattung zu allen Tages- u. Nachtzeiten von jedem Interessierten benutzt werden (so mit Recht OVG Bremen, aaO.).

24.63 **Zigarettenautomaten** herkömmlicher Art sind im reinen Wohngebiet generell unzulässig. Dass der Zigarettenautomat in erster Linie Warenautomat ist, schließt seine gleichzeitige Bewertung als Werbeanlage nicht aus (OVG NW, U. v. 3.6.1986 – 11 A 1091/84 – BRS 46 Nr. 45 = StGR 1986, 362).

25 d) **Öffentliche Spielplätze innerhalb von WR-Gebieten.** – aa) Zur baurechtlichen Einordnung und Errichtung von öffentlichen Spielplätzen allgemein. Die Errichtung von öffentlichen (Kinder-)**Spielplätzen** innerhalb von Baugebieten, die dem Wohnen dienen, gehört zu den Aufgaben der im Rahmen sozialer Betreuung im weiteren Sinne zu schaffenden Einrichtungen nach der GO (z.B. nach § 18 Abs. 1 GO NW) oder aufgrund anderer eigener gesetzlicher Grundlagen wie Spielplatz-Gesetzen (z.B. das Berliner Gesetz über öffentliche Kinderspielplätze – Kinderspielplatzgesetz –) durch die Gemeinden. Die (bau-)-rechtliche Einordnung von öffentlichen Spielplätzen ist im Rahmen von Nachbarklagen und auch im Schrifttum unterschiedlich behandelt worden (vgl. u. a. grds. BVerwG, U. v. 21.6.1974 – IV C 14.74 – BRS 28 Nr. 138 = DVBl. 1974, 777 = BauR 1974, 330; OVG NW, U. v. 10.9.1982 – 15 A 654/ 79 – Der Städtetag 1983, 286 = NVwZ 1983, 356; *Dürr,* aaO., S. 296 m. w. N. sowie BVerwG, U. v. 12.12.1991 – 4 C 5.88 – BRS 52 Nr. 47 = BauR 1992, 338 = UPR 1992, 184 = NJW 1992, 1779 = BayVBl. 1992, 410).

Öffentliche (Kinder-)Spielplätze sind bauplanungsrechtlich entweder als Flächen für Spielanlagen nach § 9 Abs. 1 Nr. 5 BauGB oder – wenn sie Teil entspr. Grünanlagen sind – als öffentliche Grünflächen nach § 9 Abs. 1 Nr. 15 BauGB mit dem entspr. Planzeichen (Nr. 9 der Anlage zur PlanzV 1990) als Spielplatz festzusetzen.

Soweit die Gemeinde als Erschließungs- und/oder Bedarfsträger über unbebaute Grundstücksflächen in dem Baugebiet bereits verfügt, können derartige Flächen durch Festsetzungen in öffentliche Grünflächen »umgewandelt« und durch entspr. Planzeichen sodann näher als Spielplatz konkretisiert werden (mit Recht hat das OVG Berlin entschieden, dass die Errichtung [Anlegung] eines privaten Kinderspielplatzes nicht gefordert werden kann, wenn *öffentliche Freiflächen* für Spiel- u. Sportzwecke in zumutbarer Nähe [bereits] zur Verfügung stehen; U. v. 26.2.1982 – 2 B 71.81 – BauR 1982, 371). Ob öffentliche (Kinder-)Spielplätze der bauordnungsrechtlichen Genehmigung bedürfen, ist in den BauOen der Länder unterschiedlich – überwiegend positiv – geregelt (dazu *Dürr,* aaO., S. 296; die von ihm angeführten Bestimmungen der LBauOen betreffen z. Teil Vorschriften über die Anlage von [Klein-]Kinderspielplätzen als *Nebenanlagen* privater Wohngrundstücke).

Unabhängig von der *bauordnungsrechtlichen* Behandlung öffentlicher (Kinder-)Spielplätze (genehmigungspflichtig oder -frei) kann es nicht zweifelhaft sein, dass Spielplätze **in der Gesamtheit ihrer jeweiligen Anlage** unter den **Begriff der baulichen Anlage** i. S. v. § 29 Abs. 1 BauGB fallen (z. B.: Kinderspielplätze mit Aufschüttungen und Abgrabungen, Sandkästen, Spielgeräten, Tischtennisplatte u. dergl. oder sog. Abenteuerspielplätze mit der jeweiligen besonderen Ausstattung – § 4 Rn 20.1 – u. im Regelfall mit einer Umfriedung versehen). Denn sie sind in einer auf Dauer gedachten Weise *künstlich* mit dem *Erdboden verbunden* und können die in § 1 Abs. 5 BauGB i. V. m. den §§ 2 ff. BauNVO genannten Belange in einer Weise berühren, die von bauplanungsrechtlicher Relevanz ist und daher das Bedürfnis städtebaurechtlicher Regelung – durch Planung – hervorruft (u. a. BVerwG, U. v. 31.8.1973, Fundst. u. weiter dazu Vorb. §§ 2 ff. Rn 17–18).

Die vom BVerwG in dem U. v. 31.8.1973 u. seitdem in st. Rspr. herausgestellte »bauplanungsrechtliche Relevanz« von Vorhaben, die daher »das Bedürfnis nach städtebaurechtlicher Regelung durch Planung hervorruft«, sollte bei der Art u. Weise der **Festsetzung von Spiel- und Sportflächen** sorgfältig beachtet werden. Bei der Festsetzung von öffentlichen Spiel- und Sportflächen (Bolzplätzen u. dergl.) ist der **Planungsgrundsatz der umfassenden Problembewältigung zum** *Ausgleich* der öffentlichen Interessen, nämlich zur Berücksichtigung der Belange von Sport, Freizeit, Erholung sowie der Jugendförderung einerseits u. der Wohnruhe in den WR-Gebieten u. WA-Gebieten andererseits, von besonderer planerischer Bedeutung; die Beachtung gilt vor allem in den Wohngebieten, für die durch Wohnumfeldverbesserungen und/oder Maßnahmen der Verkehrsberuhigung die Wohnruhe, das **Wohnklima** verbessert werden soll bzw. worden ist.

25.2 Die Frage, ob auf öffentliche und private **Kinderspielplätze herkömmlicher Art** als bauliche Anlage i. S. v. § 29 Abs. 1 BauGB (Rn 25) neben der Festsetzung nach § 9 Abs. 1 BauGB u. ggf. der Anwendung der Zulässigkeitsvorschrift des § 15 Abs. 1 Satz 2 im Rahmen des Baugenehmigungsverfahrens noch zusätzlich die **Vorschriften des BImSchG** anzuwenden sind, wird unterschiedlich beantwortet. Nach diesseitiger Auffassung besteht **weder** begriffsnotwendig **noch** aus rechtssystematischen Gründen, etwa zwecks der sich aus Vorschriften des BImSchG ergebenden Verbesserung der nachbarlichen Situation gegenüber einem Kinderspielplatz, die Verpflichtung, auf Kinderspielplätze die Vorschriften des BImSchG anzuwenden (in diesem Sinne wohl auch BVerwG, U. v. 21.6.1974, aaO. – Fundst. Rn 25; a. A. *Dürr*, aaO.; OVG Lüneburg, U. v. 30.10.1984 – I A 34/83 – BRS 42 Nr. 188). Es hieße den Begriff »**Kinderspielplatz**« zu überspannen, sollte er etwa wegen Rutsche und Sandkasten als »sonstige ortsfeste Einrichtung«, mithin als *betriebsstättenähnliche* ortsfeste Einrichtung i. S. d. § 3 Abs. 5 Nr. 1 BImSchG eingestuft werden. Die Zusammensetzung der in § 3 Abs. 5 BImSchG aufgeführten Anlagen zeigt, dass der Gesetzgeber Kinderspielplätze jedenfalls nicht dem Anlagenbegriff des BImSchG zugerechnet hat. Daran ändert auch nichts, dass das BVerwG in seinem Grundsatzurt. v. 7.10.1983 (– 7 C 44.81 – DVBl. 1984, 227 = DÖV 1984, 254 = BayVBl. 1984, 186), betreffend Geräuschimissionen durch liturgisches Glockengeläute von Kirchen, Kirchenglocken als »*dem weiten Anlagenbegriff des § 3 Abs. 5 Nr. 1 BImSchG*« unterfallend eingestuft hat. Das ist deshalb folgerichtig, weil Kirchenglocken als *Teile des kirchlichen Gebäudes* ortsfeste Einrichtungen sind u. damit dem Anlagenbegriff des § 2 Abs. 1 BImSchG entsprechen. Dass ein **Kinderspielplatz mit einem kirchlichen Gebäude** u. seinem Glockengeläut **nicht gleichzusetzen** ist, ergibt sich aus § 22 Abs. 1 BImSchG. Danach sind »Anlagen« so zu betreiben, dass »schädliche Umwelteinwirkungen« i. S. d. § 3 BImSchG »verhindert werden, die *nach dem Stand der Technik* (Hervorhebung diesseits) vermeidbar sind« (§ 22 Abs. 1 Nr. 1 BImSchG). *Kindergeschrei* (soweit es sich um **Kinder**lärm handelt) während des Spielens im Sandkasten oder Bedienens der Rutsche kann mit dem kirchlichen Läuterecht (wann, wie lange, in welcher Intensität) nicht gleichgesetzt werden u. ist auch nicht »nach dem Stand der Technik« vermeidbar.

25.3 Ist zu erwarten, dass benachbarte Grundstücke durch den Lärm von Kinderspielplätzen belästigt werden können, braucht nicht erst der Anlagenbegriff des § 3 Abs. 5 BImSchG bemüht zu werden, um nach § 22 Abs. 1 BImSchG überprüfen zu können, ob es sich bei dem vom Spielplatz ausgehenden Lärm um schädliche Umwelteinwirkungen i. S. d. § 3 Abs. 1 BImSchG oder um sozialadäquates Verhalten handelt. Da es sich bei Kinderspielplätzen um *Nebenanlagen* i. w. S. der Wohngebiete (§§ 2–4a), mithin um bauplanungsrechtliche Anlagen handelt (Rn 25–25.1), ist hinsichtlich der Frage der (Un-)Zumutbarkeit auf die maßgebende Vorschrift des § 15 Abs. 1 Satz 2 zurückzugreifen. Sie ist als Ausprägung des Gebots der (gegenseitigen) Rücksichtnahme anzusehen (s. § 15 Rn 6 f., 23 f.); danach beantwortet sich, ob der (Kinder-)Lärm den benachbarten Grundstücken zumutbar ist.

25.4 bb) **Öffentliche (Kinder-)Spielflächen innerhalb von WR-Gebieten.** Unter ihnen sind (öffentliche) Spielflächen für Kinder unterschiedlichen Alters – häufig getrennt für Kleinkinder, Kinder im Grundschulalter (bis 10 Jahre) u. für Kinder bis zu 14 Jahren, deren spielerische Interessen bekanntlich sehr verschieden sind – zu verstehen. Kinderspielplätze dieser herkömmlichen Art, bei denen die Geräusche (subjektiv auch als Lärm empfunden) Ausdruck von Spieltrieb u. -freude u. der damit zusammenhängenden Äußerungen sind, sind – gewissermaßen als **dem Gebiet dienende** »**Nebenanlagen**« (ohne solche zu sein) – innerhalb von (allen) Wohngebieten zulässig. Mit derartigen Spielplätzen für **Kinder unter 14 Jahren** verbundene gewisse Lärmstörungen sind – wie durch den Kfz-Verkehr, Rasenmäher oder private Schwimmbäder auftretende Geräuschbelästigungen – unvermeidbar (s. z. Begriff »Stören« grundsätzlich Vorb. §§ 2 ff. Rn 8 ff., 8.7 f.). Sie sind als übliche Auswirkungen des familiengebundenen Wohnens zu bezeichnen (s. Rn 2–2.2). Öffentliche **Kinderspielplätze** *herkömmlicher* Art (zur Abgrenzung Rn 25.6 f.) gehören **zum Inbegriff des Wohnens** u. müssen hingenommen werden, selbst wenn sie mitunter zu gewissen Misshelligkeiten für die Anlieger führen (soweit ersichtlich hM; u. a. OVG NW, U. v. 11.9.2003 – 10 A 2630/00 – DÖV 2004, 175, nur Leits.; Nds. OVG, B. v. 29.8.2006 – 9 LA 113/04 – NVwZ 2006, 1199; BVerwG, U. v. 21.6.1974, aaO., u. U. v. 12.12.1991 [Fundst. Rn 25]; VGH BW, U. v. 2.12.1986 – 3 S 1504/86 – BRS 47 Nr. 39 = BauR 1987, 414). Von Kinderspielplätzen **herkömmlicher Art** ausgehende Lärmbelästigungen sind **für die Nachbarn** vom Grundsatz her zumutbar. Selbst wenn sich Nachbarn durch einen Kinderspielplatz nach ihrer *subjektiven* Empfindung schwer getroffen fühlen, würde es in solchen Fällen an dem erforderlichen Eingriff in die geschützten Rechtsgüter (vor allem in das Eigentum – Art. 14 GG –) fehlen (s. jedoch Rn 25.42–25.5). Aufgrund der Sozialbindung seines Eigentums muss sich der **Nachbar von Kinderspielplatzgrundstücken** auch innerhalb von WR-Gebieten Beschränkungen (seines Eigentums) gefallen lassen, die üblich, adäquat und zumutbar sind (BVerwG, U. v. 21.6.1974, aaO.).

Das BVerwG hat mit dem Urt. v. 12.12.1991 (– 4 C 5.88 – Fundst. Rn 25) nochmals seine bisherige, der diesseitigen Auffassung voll entspr. Auffassung bestätigt. Danach ist sowohl in einem reinen als auch in einem allgemeinen Wohngebiet die Einrichtung eines Kinderspielplatzes grundsätzlich zulässig. Und: »*Die mit einer bestimmungsgemäßen Nutzung eines Kinderspielplatzes verbundenen Beeinträchtigungen sind von den Nachbarn grundsätzlich hinzunehmen*« (BVerwG, aaO.; Hervorhebung diesseits). **25.41**

Ein Kinderspielplatz ist eine für eine altersgemäße Entwicklung eines Kindes wünschenswerte, wenn nicht gar erforderliche Einrichtung, um einem Kind einen von Beeinträchtigungen der Umwelt weitgehend ungestörten Aufenthalt im Freien zu ermöglichen und ihm u. a. Gelegenheit zu geben, sein Sozialverhalten im Spielen mit anderen Kindern zu trainieren. Seinem jeweiligen Alter entspr. ist ein Kind sowohl bei seinem Aufenthalt auf dem Spielplatz als auch auf dem Hin- und Rückweg auf eine Beaufsichtigung angewiesen. Um diesen Bedürfnissen Rechnung zu tragen, gehören Kinderspielplätze in die unmittelbare Nähe einer Wohnbebauung (so mit Recht BVerwG, aaO.).

Kinderspielplätze, die nach ihrer Ausstattung für **Kinder bis zu 14 Jahren** eingerichtet sind, sind – mit Ausnahme sog. Bolzplätze – sozialadäquate Einrichtungen innerhalb einer Wohnbebauung. Nur in *besonders gelagerten* Einzelfällen, z. B. wegen der Lage *unmittelbar* neben Wohnräumen, können Kinderspielplätze nach § 15 Abs. 1 unzulässig sein. Um Interessenkonflikte auszugleichen, können je nach dem Einzelfall auch Nutzungsbeschränkungen in zeitlicher Hinsicht erforderlich werden.

Das bedeutet, dass die Gemeinde bei der **Festsetzung einer Fläche** für einen Kinderspielplatz im Rahmen ihres Planungsermessens das Gebot der Abwägung und der planerischen Konfliktbewältigung zur höchstmöglichen Rücksichtnahme gegenüber den Bewohnern in WR-Gebieten stets zu beachten hat. Im Zusammenhang mit dem B-Plan für ein WR-Gebiet (Gleiches gilt für WS- u. WA-Gebiete) müssen öffentliche (Kinder-)Spielplätze mit **25.42** dem entspr. Planzeichen umso genauer festgesetzt werden, je größer die Fläche (das Grundstück) ist, das für den Spielplatz vorgesehen ist. Die genaue Festsetzung ist schon deshalb erforderlich, um einen günstigen Standort zu wählen (u.a. Vermeidung der – mehrfachen – Querung von Straßen durch Kinder; Möglichkeiten der Abschirmung zur Vermeidung des Lärms). Je mehr Konflikte im Zusammenhang mit dem Wohngebiet auftreten können u. bewältigt werden müssen, einer desto eingehenderen Planung bedarf der öffentliche Spielplatz (dazu Rn 25.5). Auch die **Planung eines öffentlichen Kinderspielplatzes bedarf ihrer Rechtfertigung** vor dem Eigentumsrecht nach Art. 14 GG und den Freiheitsgrundrechten der benachbarten Grundstückseigentümer. Die **Anlieger** eines festgesetzten öffentlichen Kinderspielplatzes dürfen durch den Betrieb der Anlage **nicht stärker beeinträchtigt werden**, als ihnen dies im Hinblick auf deren Zweck zugemutet werden kann (so mit Recht OVG NW, U. v. 10.9.1982 – 15 A 654/79 – Fundst. Rn 25).

25.5 Unabhängig von der generellen Zulässigkeit **öffentlicher** Kinderspielplätze unter den in Rn 25–25.1 dargelegten Voraussetzungen müssen auch Geräuschbeeinträchtigungen von **privaten** Kinderspielplätzen, die etwa von einer Wohnungsbaugesellschaft erstellt worden sind, von Bewohnern im WR-Gebiet grds. auch dann hingenommen werden, wenn solche Spielplätze von Kindern benutzt werden, die nicht auf den betreffenden Grundstücken wohnen (so mit Recht OVG Bremen, U. v. 1.12.1987 – 1 BA 49/87 – BRS 47 Nr. 170); zur Zulässigkeit eines 8 m × 16 m großen **Privatsportplatzes** s. Rn 28.5.

25.6 cc) **Abgrenzung öffentlicher (Kinder-)Spielplätze zu anderen öffentlichen Spielplätzen und deren Zulässigkeit im Zusammenhang mit WR-Gebieten.** Von den »üblichen« Kinderspielplätzen sind zu unterscheiden einmal die sog. **Abenteuerspielplätze** (»Aktivspielplätze«), auch Bau- oder Robinsonplätze genannt (dazu auch § 4 Rn 20.1), und zum anderen die sog. **Bolzplätze** (Rn 19.85–19.91 u. § 4 Rn 20.3f.). Zur Abgrenzung des Begriffs Abenteuerspielplatz von den Spielplätzen für Kleinkinder, d.h. für Kinder im vorschulpflichtigen Alter, u. ältere Kinder grundsätzlich OVG Bln. (U. v. 24.9.1971 – II B 12.71 – BauR 1972, 35 = BRS 24 Nr. 164). Ein **Abenteuerspielplatz** (»Aktivspielplatz«) ist *innerhalb* von WR-Gebieten nicht zulässig; seine Errichtung als bauliche Anlage i.S. von § 29 Abs. 1 BauGB kann auch nicht durch Befreiung ermöglicht werden (so überzeugend OVG Bln., aaO.). Ältere Kinder u. evtl. Jugendliche *über 14 Jahre*, die sich auf derartigen Spielplätzen betätigen, bedürfen i.A. nicht mehr der wohn- und familiennahen Betreuung. Nach Aufnahme des vielschichtigen Begriffs »*Anlagen für soziale Zwecke*« (»soziale Zwecke« hier – wie auch in Bezug auf Kinderspielplätze – i.S.v. »Einüben des *gemeinschaftlichen* Verhaltens«) in den Katalog der ausnahmsweise zulassungsfähigen Nutzungsarten (§ 3 Abs. 3 Nr. 2) könnte ein *Abenteuerspielplatz* bei weiter Auslegung dieses Anlagenbegriffs (s. Rn 19.7–19.8) darunter gefasst werden. Er müsste dann nach der *Eigenart* des jeweiligen WR-Gebiets **gebietsverträglich** sein; bei der Prüfung ist auf § 15 Abs. 1 Satz 2 abzustellen. Die Festsetzung eines Abenteuerspielplatzes innerhalb von WR-Gebieten mit ihrem im Regelfall umfangmäßig kleinen Geltungsbereich wird nur selten i.S.v. § 1 Abs. 3 BauGB *erforderlich* sein, wobei die **Gebietsverträglichkeit** dann besondere Bedeutung gewinnt.

Für die **Frage der Zulässigkeit von Abenteuerspielplätzen** innerhalb von WR-Gebieten braucht (gleichfalls) nicht erst auf den Anlagenbegriff des § 3 Abs. 5 BImSchG zurückgegriffen und § 22 Abs. 1 BImSchG bemüht zu werden (s. Rn 25.2–25.3); auch hierbei ist auf § 15 Abs. 1 Satz 2 abzustellen. **Die Nichtzulässigkeit** ergibt sich weitgehend aus den Ausführungen zur Frage der (noch) zumutbaren Lärmstörungen im Zusammenhang mit (Kinder-)Spielplätzen. Die vorzunehmende Interessenabwägung muss sich auch hier an der Schutzwürdigkeit der Belange der Gemeinde im Rahmen der ihr obliegenden sozialen Einrichtungen zur Betreuung der Jugend einerseits und den Belangen der Nachbarn von lärmbelästigenden Grundstücken andererseits ausrichten. In Anlehnung an die von der Rspr.

zur Nachbarklage u. zum Gebot der – gegenseitigen – Rücksichtnahme entwickelten Grundsätze (dazu u.a. BVerwG, U. v. 25.2.1977 – IV C 22.75 – Fundst. Vorb. §§ 2 ff. Rn 29.1 u.U. des BVerwG v. 13.3.1981, Fundst. Rn 28.1) gilt auch hier: Je empfindlicher und schutzwürdiger die Stellung derer ist, denen die Rücksichtnahme im gegebenen Zusammenhang zugute kommt, umso mehr kann an Rücksichtnahme verlangt werden.

Nach dem U. des VGH BW v. 22.7.1997 (– 5 S 917/96 – VBlBW 1998, 62 = BauR 1998, 756 = BRS 59 Nr. 61) ist ein **Aktivspielplatz**, der auf einer bebauungsplanmäßig neben einem reinen Wohngebiet festgesetzten Fläche für Gemeindebedarf betrieben werden soll, zulässig. Nach Auffassung des Gerichts sind für die Ermittlung und Bewertung der auf dem Wohngrundstück der Klägerin einwirkenden (Hämmer-)Geräusche beim Betrieb des Aktivspielplatzes rechtlich kein bestimmtes Mess- und Berechnungsverfahren und keine Lärmwerte vorgegeben; daher obliegt es der tatrichterlichen Würdigung, die Erheblichkeit der Lärmeinwirkung zu beurteilen. Dabei können – so das Gericht – auch technische Regelwerke, wie z.B. die 18. BImSchV, die VDI-Richtlinie 2058, Blatt 1, Beurteilung von Arbeitslärm in der Nachbarschaft und für den Gartenbereich, die neue LAI-Freizeitlärm-Richtlinie (abgedruckt in NVwZ 1997, 469) herangezogen werden. Hier hätte nach diesseitiger Auffassung allein auf die LAI-Freizeitlärm-Richtlinie abgestellt werden müssen, die in ihrem Anwendungsbereich ausdrücklich Aktivitätsspielplätze anführt. **25.61**

Der IRW für ein allgemeines Wohngebiet von 55 dB(A) tags an Werktagen außerhalb der Ruhezeiten wurde in einem von einem Sachverständigen prognostizierten Beurteilungspegel von 57 dB(A) für das Wohnhaus der Klägerin zwar überschritten; das Gericht hat die zu erwartenden Lärmeinwirkungen für das Wohngrundstück der Klägerin aber zu Recht (noch) nicht als unzumutbar angesehen. Zum einen ist in der LAI der IRW von 55 dB(A) nicht normativ verbindlich festgelegt, sondern dient nur als – allerdings wichtige – Orientierungshilfe. Zum anderen wurden der Ermittlung des Beurteilungspegels für das Anwesen der Klägerin im schalltechnischen Gutachten überaus »konservative« Annahmen hinsichtlich Dauer und Intensität der störenden Nutzung zugrunde gelegt. Aus dem sorgfältig begründeten U. geht hervor, dass der Aktivspielplatz 44 m von dem Wohngebäude des Klägers entfernt ist, und die Gemeinde (als Beigeladene wegen des städtischen Grundstücks) zugesagt hat, die Öffnungszeiten erheblich auf bestimmte im U. angegebene Zeiten einzuschränken und gleichfalls die Zahl der auszugebenden Werkzeuge (Hämmer und dergl.) zu beschränken. Der Bauspielbereich soll um »*weitere 50 cm abgesenkt*« werden. Bei einem Bolzplatz wäre die diesseitige Beurteilung als »nicht zumutbar« ausgefallen.

Die sich an der besonderen Schutzbedürftigkeit des Gebiets (s. Rn 4–5) orientierende Interessenabwägung muss bei **Abenteuerspielplätzen** zugunsten der betroffenen Anwohner ausfallen. Nach *Bielenberg* (§ 3 Rdn. 4) sollen derartige öffentliche Spielplätze auch innerhalb von WR-Gebieten zulässig sein. Dem ist bei allem Verständnis für die pädagogischen Überlegungen und das Bedürfnis wohnviertelnaher Spiel- u. Freizeitmöglichkeiten aus der Sicht der größtmöglichen Wohnruhe zu widersprechen.

Zur Frage der **Zulässigkeit** von Abenteuerspielplätzen innerhalb von WA-Gebieten s. § 4 Rn 20.1.

Sog. **Bolzplätze** sind **in WR-Gebieten** nach ihrem Charakter **nicht als Nebenanlagen** i.S.v. § 14 Abs. 1 einzustufen und damit **unzulässig** (s. Rn 19.85 f.). **25.7**

8. Weitere Fälle zur (Un-)Zulässigkeit von Nutzungen (in alphabetischer Reihenfolge)

26.1 Bei der **Bienenhaltung** im (reinen) Wohngebiet kommt es entscheidend auf den Umfang der betriebenen Imkerei an. Eine größere Anzahl von Bienenvölkern kann nicht im Innenbereich (§ 34 BBauG), sondern nur im Außenbereich gehalten werden (OVG Saarl., U. v. 10.12.1971 – UPR 78/71 – BRS 24 Nr. 68; ähnlich im Ergebnis OVG Münster, U. v. 5.12.1974 – XI A 700/73 – BRS 28 Nr. 30). In dem entschiedenen Fall handelte es sich um eine Bienenzucht mit 17 Völkern. Unter den i. A. bestehenden Siedlungsverhältnissen in den Gemeinden wäre die Massierung einer derart großen Zahl von Bienenvölkern auf einem Grundstück auch innerhalb einer *ländlichen Ortschaft* nur ausnahmsweise vertretbar (OVG Saarl., aaO.). Da *ein* Bienenvolk (in den Monaten April–Juli) aus etwa 50.000–70.000 Bienen besteht, würde bei 17 Bienenvölkern die Gesamtzahl der auf dem Grundstück untergebrachten Bienen 1 bis 1,4 Millionen betragen. I. d. R. werden von einer Bienenhaltung dieses Umfanges Einwirkungen auf die Umgebung ausgehen müssen, die die Grenzen der nach § 906 BGB zulässigen **Einwirkungen auf Nachbargrundstücke** überschreiten (vgl. auch Hess. VGH, U. v. 28.7.1967 – OS IV 68/66 – BRS 18 Nr. 39; ähnlich hinsichtlich der wesentlichen Belästigung der Umgebung auch LG Kiel, U. v. 21.5.1965, MDR 1966, 412).

26.2 Ein gewerbliches **Bräunungsstudio** im Kellerraum eines Wohngebäudes im reinen Wohngebiet ist **unzulässig** (VGH BW, U. v. 6.10.1985 – 3 S 1831/85 – BR5 44 Nr. 40); aus den **Gründen**: Es handelte sich nicht um einen Handwerksbetrieb zur Deckung des täglichen Bedarfs der Bewohner des Gebiets i. S. v. § 3 Abs. 3. Räume, die dem (gewerblichen) »Sonnenbaden« u. nebenbei der »Fußpflege« dienten, gehörten nicht zu den unter § 13 fallenden Tätigkeiten (wird ausgeführt).

26.3 Zwei jeweils 15.000 Liter fassende **Dieselkraftstoffbehälter** mit Zapfstelle (zur Versorgung von Kfz in Krisenzeiten) sind auch als *Nebenanlagen* in einem WR-Gebiet nicht zulässig. Abgesehen davon, dass bereits Bedenken bestehen, ob Dieselkraftstoffbehälter dieser Größe noch zu den untergeordneten Anlagen i. S. v. § 14 Abs. 1 Satz 1 gehören, dienen sie jedenfalls nicht der im WR-Gebiet allein zulässigen Wohnnutzung (VGH BW, B. v. 9.8.1982 – 3 S 1042/82 – BRS 39 Nr. 46).

27.1 **Heizkraftwerke** sind, auch wenn sie dem WR-Gebiet dienen, als nach §§ 4 ff. BImSchG zu genehmigende Betriebe wegen ihrer Emissionen unzulässig (vgl. BVerwG, U. v. 3.3.1961 – VII A 71/61 – OVGE 16, 238 = DVBl. 1961, 825). Bei der Festsetzung des Standortes eines Heizkraftwerkes als Versorgungsfläche durch B-Plan ist *vorher zu prüfen*, ob die Anlage der Eigenart des Baugebiets widerspricht (§ 15 Abs. 1 Satz 1), insbes. ob von ihr Belästigungen oder Störungen ausgehen können, die durch entspr. Auflagen nicht zu verhindern sind.

28.1 Das bauplanungsrechtliche **Gebot der Rücksichtnahme** wird durch Genehmigung der Nutzungsänderung eines Einfamilienhauses im festgesetzten reinen Wohngebiet mit Gartenhofbauweise in eine **Kindertagesstätte** im Wege der Ausnahme verletzt (OVG NW, B. v. 7.6.1994 – 10 B 2923/93 – Städte- u. Gemeinderat 1994, 426). **Aus den Gründen:** »*Dem Gebot der Rücksichtnahme kommt nachbarschützende Wirkung zu, wenn in qualifizierter und individualisierter Weise auf schutzwürdige bodenrechtliche Interessen eines erkennbar abgegrenzten Kreises Dritter Rücksicht zu nehmen ist.*«

28.2 Das planungsrechtliche **Gebot der Rücksichtnahme** verbietet es, einen **Kurhauskomplex** mit Restaurants, Hotel u. Nebeneinrichtungen unmittelbar neben ein *reines Wohngebiet* zu planen, ohne die Konfliktlage durch geeignete Einzelfestsetzungen im Bebauungsplan selbst zu bewältigen (OVG Lüneburg, U. v. 23.6.1981 – 6 C 15/80 – BRS 38 Nr. 41 = NJW 1982, 843 = NVwZ 1982, 254). – Die überzeugenden Gründe, denen uneingeschränkt beigepflichtet wird, befassen sich ausführlich mit dem für jede hoheitliche Planung geltenden Grundsatz der Problembewältigung, auf den konkreten Planungsfall bezogen.

28.3 **Öffentlicher Parkplatz** unmittelbar neben einem WR-Gebiet: Bei der Planung eines derartigen Parkplatzes ist die besondere Schutzwürdigkeit des WR-Gebietes zu beachten (BGH, U. v. 16.3.1978 – III ZR 145/75 – BBauBl. 1978, 452.

Pudelsalon: Das Betreiben ist keine i. S. d. § 13 einer **freiberuflichen Tätigkeit** ähnliche Berufsausübung u. deshalb in einem WR-Gebiet unzulässig (BVerwG, B. v. 26.9.1984 – 4 B 219.84 – BRS 42 Nr. 57).   **28.4**

Eine sog. **Ringtennisanlage,** die aus einem etwa 8 m × 16 m großen Allwetterspielfeld mit rutschfestem roten Belag besteht und an drei Seiten von einem 1,30 m hohen Holzpalisadenzaun umgeben ist, ist keine untergeordnete Nebenanlage i. S. d. § 14 Abs. 1 u. mit der Eigenart eines reinen Wohngebiets dann nicht mehr vereinbar, wenn der Privatsportplatz sich in unmittelbarer Nähe mehrerer Wohnhäuser befindet (VGH BW, B. v. 2.10.1984 – 3 S 369/84 – BRS 42 Nr. 40).   **28.5**

Eine **Streetball-Anlage** kann in einem reinen Wohngebiet wegen zu hoher Lärmeinwirkungen unzulässig sein (VG Karlsruhe, U. v. 12.12.1996 – 3360/94 –).   **28.6**

Ein von Lärmimmissionen der nicht schulischen Nutzung eines städtischen **Schulhofs** in der unterrichtsfreien Zeit betroffener Nachbar in einem reinen Wohngebiet kann von der Stadt im Wege einer öffentlich rechtlichen Unterlassungsklage aus Verhältnismäßigkeitsgründen regelmäßig nicht die Unterbindung jeder außerschulischen Nutzung des Schulhofs verlangen, sondern allein die Durchführung geeigneter Lärmminderungsmaßnahmen (OVG NW, B. v. 8.7.2004 – 21 A 2435/02 – BauR 2004, 1740).   **29**

Wohngrundstücke, die bisher an den *Außenbereich* angrenzten und jetzt an das durch B-Plan festgesetzte Sport- und Erholungsgebiet angrenzen, müssen gewisse Nachteile hinnehmen, die sich aus der Randlage der Grundstücke ergeben (vgl. BVerwG, U. v. 12.12.1975 – IV C 71.73 – BVerwGE 50, 49 = BRS 29 Nr. 135).   **30.1**

Eine **Tennisanlage** im Außenbereich, zwischen 35 und 40 m von den **Nachbarn eines WR-Gebiets** entfernt, ist im entschiedenen Fall unzulässig (OVG NW, U. v. 24.1.1983 – 7 A 733/81 – BauR 1984, 148). In der überzeugenden Begründung geht der erkennende Senat im Einzelnen auf die Verstöße gegen das Gebot der Rücksichtnahme ein.   **30.2**

Die Auswirkungen einer **festgesetzten Tennisanlage** in *unmittelbarer* Nähe **eines Wohnhauses** im Mischgebiet sind vom BGH (U. v. 17.12.1982 – V ZR 55/82 – BRS 39 Nr. 50) – im Wesentlichen gestützt auf § 906 BGB – als unzulässig, weil unzumutbar, angesehen worden. Die Gründe, die sich ausführlich mit den Lärmauswirkungen einer Tennisanlage auseinandersetzen, gehen auf die Besonderheiten des verursachten Lärms ein, »*der sich hinsichtlich seiner Art und Einwirkungszeit wesentlich von dem der umgebenden Gewerbebetriebe und dem Straßenlärm unterscheidet*« (s. dazu ausf. Vorb. §§ 2 ff. Rn 12.96–12.97). Auch die Gemeinden haben bei städtebaurechtlichen Festsetzungen bei der Abwägung unterschiedlicher Belange die (Un-)Zumutbarkeit von Lärmauswirkungen zu beachten. Art. 28 Abs. 2 GG ändert daran nichts (s. dazu Vorb. §§ 2 ff. Rn 12 f.).   **30.3**

Eine **Werbeanlage** der Außenwerbung, welche bauliche Anlage i. S. d. § 29 S. 1 BauGB ist und Fremdwerbung zum Gegenstand hat, stellt bauplanerisch eine eigenständige Hauptnutzung gem. §§ 2 ff. BauNVO dar. Das schließt ihre Zulässigkeit im reinen Wohngebiet ausnahmslos und im allgemeinen Wohngebiet regelmäßig aus (**Leits.** des Grundsatzurt. des BVerwG v. 3.12.1992 – 4 C 27.91 – BRS 54 Nr. 126 = BauR 1993, 315 = NVwZ 1993, 983 = ZfBR 1993, 317); im Einzelnen zu der Problematik s. § 4 Rn 9 f.   **31**

Eine **Windenergieanlage** kann eine zulässige *untergeordnete* **Nebenanlage** zu einem Einfamilienhaus sein, wenn dieses in einem Bereich liegt, der nach der vorhandenen Bebauung der Eigenart eines reinen Wohngebiets entspricht.   **32**

§ 4   Allgemeine Wohngebiete

(1) Allgemeine Wohngebiete dienen vorwiegend dem Wohnen.

(2) Zulässig sind
1. **Wohngebäude,**
2. **die der Versorgung des Gebiets dienenden Läden, Schank- und Speisewirtschaften sowie nicht störenden Handwerksbetriebe,**
3. **Anlagen für kirchliche, kulturelle, soziale, gesundheitliche und sportliche Zwecke.**

§ 4

(3) **Ausnahmsweise können zugelassen werden**
1. **Betriebe des Beherbergungsgewerbes,**
2. **sonstige nicht störende Gewerbebetriebe,**
3. **Anlagen für Verwaltungen,**
4. **Gartenbaubetriebe,**
5. **Tankstellen.**

BauNVO 1977:

(1) *unverändert.*

(2) Zulässig sind
...
3. Anlagen für kirchliche, kulturelle, soziale und gesundheitliche Zwecke.

(3) Ausnahmsweise können zugelassen werden
...
3. Anlagen für Verwaltungen sowie für sportliche Zwecke,
...
6. Ställe für Kleintierhaltung als Zubehör zu Kleinsiedlungen und landwirtschaftlichen Nebenerwerbsstellen; die Zulässigkeit von untergeordneten Nebenanlagen und Einrichtungen für die Kleintierhaltung nach § 14 bleibt unberührt.

(4) Im Baugebiet kann festgesetzt werden, dass in bestimmten Teilen des Gebiets Wohngebäude nicht mehr als zwei Wohnungen haben dürfen.

BauNVO 1968:

(3) Ausnahmsweise können zugelassen werden
...
3. Anlagen für Verwaltungen sowie für sportliche Zwecke,
...
6. Ställe für Kleintierhaltung als Zubehör zu Kleinsiedlungen und landwirtschaftlichen Nebenerwerbsstellen.

(4) Im Bebauungsplan kann festgesetzt werden, dass in bestimmten Teilen des Gebiets nur Wohngebäude mit nicht mehr als zwei Wohnungen zulässig sind.

(5) Im Bebauungsplan kann festgesetzt werden, dass in dem Gebiet oder in bestimmten Teilen des Gebiets im Erdgeschoss nur die in Absatz 2 Nr. 2 genannten Nutzungsarten zulässig sind.

BauNVO 1962:

(4) Im Bebauungsplan kann festgesetzt werden, dass in bestimmten Teilen des Gebiets nur Wohngebäude mit nicht mehr als zwei Wohnungen zulässig sind.
Abs. 5 fehlte.

Erläuterungen

Übersicht

			Rn		
Abs. 1	1. Allgemeine Zweckbestimmung, Gebietscharakter		1	–	1.3
	2. Störanfälligkeit, Fragen des Nachbarschutzes und des Lärmschutzes		2	–	2.9
	3. Änderung von Regelungen aufgrund der ÄndVOen 1968, 1977, 1990		3	–	3.1
Abs. 2	4. Allgemein zulässige Nutzungen		4	–	7.7
Nr. 1	a) Wohngebäude		4		
Nr. 2	b) Die der Versorgung des Gebiets dienenden Läden, Schank- u. Speisewirtschaften sowie nicht störenden Handwerksbetriebe		4.1	–	5.7
	aa) Allgemeines		4.1		
	bb) Zu Schank- u. Speisewirtschaften – Kegelanlagen		4.2	–	4.32

cc)	Zum Begriff »Nicht störende Handwerksbetriebe«	4.4 – 4.42		
dd)	Läden	5 – 5.7		
c)	Anlagen für kirchliche, kulturelle, soziale, gesundheitliche und sportliche Zwecke	6 – 7.7		**Nr. 3**
aa)	Allgemeines zur städtebaulichen Einstufung	6		
bb)	Kirchlichen Zwecken dienende Anlagen	6.1 – 6.14		
cc)	Anlagen für gesundheitliche Zwecke	6.2		
dd)	Anlagen für soziale Zwecke	6.3 – 6.7		
ee)	Anlagen für sportliche Zwecke	7 – 7.7		
5.	Ausnahmsweise zulassungsfähige Nutzungen	8 – 12.1		**Abs. 3**
a)	Betriebe des Beherbergungsgewerbes	8 – 8.2		**Nr. 1**
b)	Sonstige nicht störende Gewerbebetriebe; Swinger-Clubs; Wohnungsprostitution; Sperrgebietsverordnung und Straßenprostitution	9 – 9.7		**Nr. 2**
aa)	Allgemeines; Einzelfälle	9 – 9.49		
bb)	Swinger-Clubs	9.5		
cc)	Sog. Wohnungsprostitution	9.6 – 9.69		
dd)	Sperrgebietsverordnung und Straßenprostitution	9.7		
c)	Gartenbaubetriebe	9.8		**Nr. 4**
d)	Tankstellen	10 – 10.2		**Nr. 5**
e)	Anlagen für Verwaltungen	11 – 12.2		**Nr. 3**
6.	Besondere Festsetzungsmöglichkeiten der Wohnnutzung im B-Plan nach Abs. 4 BauNVO 1977 (bis z. ÄndVO 1990)	13 – 13.3		
7.	Nutzungen nach den §§ 12–14; Kinderspielplätze – Bolzplätze	14 – 20.61		
a)	Stellplätze und Garagen	14		
b)	Die Zulässigkeit der Ausübung einer freiberuflichen Tätigkeit (§ 13)	14.1 – 14.5		
c)	Nebenanlagen nach § 14	15 – 19		
aa)	Allgemeines	15		
bb)	Nebenanlagen – Hobby-Tierhaltung – allgemein	15.1		
cc)	Abgrenzungskriterien für die Zulässigkeit	15.2		
dd)	Einzelfälle, Rechtsprechung	16 – 16.10		
ee)	Nebenanlagen für sportliche Zwecke	17		
ff)	Sonstige Nebenanlagen – Verschiedenes	18 – 18.2		
gg)	Wertstoffcontainer	19 – 19.2		
d)	Kinderspielplätze – Bolzplätze	20 – 20.8		
aa)	Kinderspielplätze herkömmlicher Art	20		
bb)	Abenteuerspielplätze	20.1 – 21.21		
cc)	Bolzplätze	20.3 – 20.8		
8.	Weitere Fälle zur (Un-)Zulässigkeit von Nutzungen	21.1 – 25.3		

Schrifttum

Blank Neue Sportstättenplanung – Rahmenbedingungen heute und in Zukunft, StGR 1991, 348

Bork Bestandsaufnahme der immissions- und baurechtlichen Problematik im Zusammenhang mit Mobilfunkbasisstationen, BauR 2003, 971

§ 4

Busse	Mobilfunkanlagen aus bau- und immissionsschutzrechtlicher Sicht, Kommunal Praxis By Nr. 10/1998, S. 327
Danner/Hofmann	Lärmprobleme bei kleineren Heizkraftwerken in unmittelbarer Nachbarschaft von Wohnbebauung, BBauBl. 1986, 165
Dietrich/Kahle	Immissionsschutzrechtliche Beurteilung von Kindergartenlärm und Lärm von Kinderspielplätzen, DVBl. 2007, 18
Füßer/Müller	Discounter in den Wohngebieten, DVBl. 2005, 1415
Gaisbauer	Kinderspielplätze und Nachbarschaft, DWW 1990, 327
Gehrken	Keine Baugenehmigungspflicht für Mobilfunkanlagen?, NVwZ 2006, 977
Gehrmann	Handwerksbetriebe in allgemeinen Wohngebieten und in Mischgebieten, GewArch. 1977, 105
Gelzer	Sport- und Freizeitanlagen in Nachbarschaft zu schutzbedürftigen Nutzungen – Probleme und Lösungsmöglichkeiten –, NuR 1989, 29
Hauth	Die Zulässigkeit von nicht großflächigen Einzelhandelsbetrieben, insbesondere in allgemeinen Wohn- und Mischgebieten, BauR 1988, 513
Heckner	Mobilfunk in der Bauleitplanung, BauR 2006, 1399
Jahn	Die neue bayerische Biergarten-Verordnung, GewArch. 1999, 271
Jeronim	Die bauplanungsrechtliche Beurteilung von Einzelhandelsbetrieben, BauR 2006, 619
Jung	Die baurechtliche Beurteilung von Mobilfunkbasisstationen, ZfBR 2001, 24
Koch	Rechtsgrundlagen für das Aufstellen und Betreiben von Altglascontainern, NuR 1996, 276
Kniep	Zum Ausschluss von reinen Schankbetrieben in den verschiedenen Baugebieten, DWW 1989, 133
Krist	Die »Mobilfunkrechtsprechung« im Umbruch? – Bestandsaufnahme und Ausblick, BauR 1996, 202
–	Planungsrechtliche Steuerungsmöglichkeiten für Gemeinden bei der Ansiedlung von Mobilfunkanlagen, BauR 2000, 1130
Kukk	Über den Antennen ist Ruh' – Hilflosigkeit kommunaler Planung gegenüber Mobilfunk-Antennen, BauR 2003, 1505
Lang	Sportanlagen im Wohnbereich, UPR 1985, 185
Lersner, H. v.	Geräusche aus Sportanlagen – ein Umweltproblem?, ZfL 1985, 121
Münch, J. v.	Die Stellung des Sports in der modernen Verfassungsordnung unseres Sozial- und Kulturstaates, Rechtsgutachten erstellt im Auftrag des Deutschen Sportbundes, Hbg. 1986, 41 ff.
Niederstetter	Mobilfunkanlagen im System des Bauplanungsrechts, 2005
Niesl/Probst/ Hingsammer	Die Geräuschemission von Tennisanlagen, ZfL 1983, 61
Numberger	Probleme des Freizeitlärms, NVwZ 2002, 1004
Papier	Sport und Umwelt, NVwZ 1986, 624
Pikart	Bürgerlich-rechtliche Rechtsfragen bei Lärmbelästigungen durch den Betrieb von Sportanlagen im Wohnbereich, in: Rechtsgutachten »Umwelteinwirkungen durch Sportanlagen«, 2 ff.

Quaas	Bundesgerichtshof und Bundesverwaltungsgericht – Berührungspunkte und Überschneidungen, in: Festgabe 50 Jahre Bundesverwaltungsgericht, 2003, 37
Rathjen	Zur Zulässigkeit von Mobilfunksendeanlagen, ZfBR 2001, 304
Reimer	Baugenehmigungspflicht für Mobilfunkbasisstationen, NVwZ 2004, 146
Ruske	Handbuch Spiel und Freizeit im öffentlichen Raum, 1990
Schuster	Planungsrechtliche Steuerungsmöglichkeiten für Standorte von Mobilfunkanlagen, VBlBW 2003, 171
Schwarze	Planungsrechtliche Zulässigkeit von Bolzplätzen in Wohngebieten, DVBl. 1986, 1050
Schwermer	Bolzplatz in Wohngebieten, StGR 1987, 149
Seebauer	Baurechtliche Probleme bei der Errichtung von Mobilfunkmasten, BayVBl. 2007, 357
Stock	Arztpraxen und Gemeinbedarfsanlagen im allgemeinen Wohngebiet – Anmerkung zum Urteil des BVerwG vom 12.12.1996 – 4 C 17.95 – (ZfBR 1997, 157), ZfBR 1997, 219
Stuer/Middelbeck	Sportlärm bei Planung und Vorhabenzulassung, BauR 2003, 38
Stühler	Prostitution und öffentliches Recht (unter besonderer Berücksichtigung des Baurechts), NVwZ 1997, 861
–	Prostitution und Baurecht, NVwZ 2000, 990
–	Harmoniert das öffentliche mit dem privaten Immissionsschutzrecht?, BauR 2004, 614
–	Auswirkungen des Prostitutionsgesetzes auf das Bau-, Gaststätten- und Gewerberecht, GewArch. 2005, 129
–	Swinger-Clubs in baurechtlicher Sicht, GewArch. 2006, 20
Tettinger/ Kleinschnittger	Aktuelle Rechtsprobleme im Konfliktfeld von Sport und Umweltschutz, JZ 1992, 109
Wahlfels	Mobilfunk vor Gericht, DRiZ 2006, 51
Wehr	Mobilfunk und Bauplanungsrecht, BayVBl. 2006, 453
Wilkening	Aldi-Markt als Nahversorger, BauR 2005, 348
Ziegler	Wohnbebauung und störende Betriebe, BauR 1973, 129 und 224

(weiteres Schrifttum unter Schrifttum allgemein, Vorb. §§ 2 ff. Abschn. 4 u. § 3)

1. Allgemeine Zweckbestimmung, Gebietscharakter (Abs. 1)

Das *allgemeine* Wohngebiet ist – anders als das reine Wohngebiet – nur vorwiegend dem Wohnen vorbehalten. »Vorwiegend« bedeutet nach dem Sprachgebrauch ein erkennbares Vorherrschen: nach einem differenzierten Sprachverständnis ist »vorwiegend« jedoch weniger hervortretend als »überwiegend«. In einem WA-Gebiet muss der Wohncharakter sofort ins Auge fallen. Da WA-Gebiete häufig eine größere Ausdehnung als WR-Gebiete haben, sieht der Nutzungskatalog neben der Hauptnutzungsart »Wohngebäude« weitere das Wohnen ergänzende und gleichzeitig nicht beeinträchtigende Nutzungsarten vor. Die dem Wohnen zugeordneten Nutzungsarten sollen der Versorgung, der gesellschaftlichen Kommunikation sowie der Daseinsfür- und -vorsorge der Wohnbevölkerung dienen. Die Aufnahme der Gemeinbedarfsanlagen und – neu – der Anlagen für sportliche Zwecke (s. Vorb. §§ 2 ff. Rn 12–12.102) in den Zulässigkeitskatalog zeigt, dass der VOgeber hierbei an die Schaffung einer gewissen Infrastruktur gedacht hat, die nicht nur die Versorgung des Ge-

§ 4 Abs. 1   1.1, 1.2

biets mit öffentlichen Dienstleistungen, sondern zugleich auch ein Angebot zur Gestaltung der Freizeit umfasst. Infolge der Zulässigkeit auch anderer Anlagen als Wohngebäude werden die baulichen Anlagen häufig gemischt genutzt, indem sich z. B. im Erdgeschoss Läden und nicht störende Handwerksbetriebe und in den übrigen Geschossen Wohnungen befinden, teilweise wiederum durchsetzt mit Räumen für die Berufsausübung i. S. v. § 13. Es versteht sich von selbst, dass in gemischtgenutzten Gebäuden die Wohnnutzung i. S. d. Abs. 1 nicht vorherrschend zu sein braucht. Der *Wohncharakter* des Gebiets muss insgesamt jedoch eindeutig erkennbar sein, was zwangsläufig ein zahlenmäßiges Vorwiegen der Gebäude mit Wohnungen einschließt.

Da der Katalog der ausnahmsweise zulassungsfähigen Anlagen umfangreich ist, bedarf es bei der Festsetzung von WA-Gebieten sorgfältiger Prüfung, ob und ggf. inwieweit Ausnahmen nach § 1 Abs. 6 ausgeschlossen werden sollen (erste Alt.) oder für allgemein zulässig erklärt werden sollen unter der Voraussetzung, dass »die allgemeine Zweckbestimmung des Baugebiets gewahrt bleibt« (zweite Alt.).

Der Hinweis ist angebracht, dass § 15 nicht als »Allheilmittel« angesehen werden darf, um evtl. Fehler in der Planung zu korrigieren (§ 15 Rn 1.1). Dieser Hinweis schließt nicht aus, dass im Hinblick auf das für die Hauptnutzung des Gebiets zu gewährleistende störungsfreie Wohnen § 15 eine *besondere* Bedeutung behält.

1.1 Die Festsetzung eines allgemeinen Wohngebietes **»auf der grünen Wiese«** in unmittelbarer Nachbarschaft zu einer verkehrsreichen Straße und einem lärmintensiven Gewerbebetrieb darf nicht dadurch »bewältigt« werden, dass die Schutzwürdigkeit des Wohngebietes i. S. einer Gemengelage reduziert wird (Nds. OVG, U. v. 9.11.2000 – 1 K 3742/99 – BauR 2001, 363). In diesem Fall hatte die Gemeinde in fehlerhafter Weise ein allgemeines Wohngebiet festgesetzt, aber gleichzeitig die Richtwerte eines Mischgebiets zugrunde gelegt, obwohl es sich um keine Gemengelagensituation handelte.

Festsetzungen zum Schutz vor schädlichen Umwelteinwirkungen müssen die konkreten Maßnahmen hinrechend bestimmt benennen. Die Festsetzung »Lärmschutz H = 5 m« genügt nicht (Nds. OVG, aaO.).

1.2 Will die Gemeinde ein allgemeines Wohngebiet an eine stark befahrene Straße heranführen, muss sie die davon ausgehenden Verkehrsströme zutreffend ermitteln. Sie darf den Schutzanspruch, den nicht nur die überbaubaren, sondern auch die sonstigen Flächen der künftigen Baugrundstücke haben, nicht nur mit der Begr. mindern, es gebe in ihrem Gebiet andere Bereiche, in denen Grundstücke mindestens ebenso starken Verkehrsbeeinträchtigungen ausgesetzt sind.

Zur Lösung des Konflikts zwischen vorhandenem Verkehrslärm und hinzutretender allgemeiner Wohnbebauung wird die Gemeinde i. d. R. auf die **Orientierungswerte der DIN 18 005** zurückzugreifen haben. Eine Anwendung der 16. BImSchV ist im Regelfall nicht möglich. Das gilt jedenfalls dann, wenn die künftigen Baugrundstücke Lärmeinwirkungen ausgesetzt sein werden, welche sogar noch jenseits der Grenzwerte liegen, die § 2 der 16. BImSchV festsetzt, und städtebauliche Gründe für eine derartige Belastung der (künftigen) Baugrundstücke nicht ersichtlich sind (so der 2. und 3. Leits. des Nds. OVG, U. v. 27.9.2001 – 1 KN 777/01 – BauR 2002, 732).

Zu dem Problem der **heranrückenden Wohnbebauung** durch B-Plan an einen im Außenbereich liegenden Schweinemast betreibenden landwirtschaftlichen Betrieb haben zugunsten des emittierenden Betriebs das OVG NW (U. v. 23.10.2001 – 10 a D 123/99.NE – DVBl. 2002, 717 = NuR 2003, 246) und der BayVGH (U. v. 19.9.2001 – 26 N 98.581 – BayVBl. 2002, 526) Stellung genommen. Insbes. die beiden Leits. des OVG NW sind von Interesse:

»Ermöglicht ein Bebauungsplan zusätzliche Wohnbebauung in der Nähe mehrerer stark emittierender landwirtschaftlicher Betriebe mit grundsätzlich gleicher Geruchscharakteristik, fehlt es für die Abwägung der insoweit betroffenen Belange in der Regel an einer hinreichenden sachlichen Grundlage, wenn der Plangeber lediglich die von den Betrieben gemeinsam verursachte Immissionsbelastung des Plangebiet ermittelt und nicht feststellt, in welchem Umfang die Betriebe zu der ermittelten Geruchsimmissionsbelastung jeweils einzeln beitragen.

Soll durch eine Bebauungsplanung Wohnbebauung auf Flächen ermöglicht werden, die erkennbar durch von benachbarten landwirtschaftlichen Betrieben ausgehende Geruchsemissionen erheblich belastet sind, ist es abwägungsfehlerhaft, wenn der Plangeber den künftigen Bewohnern des geplanten Wohngebiets die Geruchsbelästigungen mit der alleinigen Erwägung zumutet, in angrenzenden Wohnbereichen sei eine noch höhere Geruchsbelästigung festzustellen« (OVG NW, aaO.).

In einem weiteren B. v. 15.12.2005 hat das OVG NW (– 10 B 1668/05.NE – BauR 2006, 1428 = NWVBl. 2006, 332) für das **Verhältnis eines heranrückenden Wohngebiets an einen Kälbermastbetrieb** zu Recht darauf hingewiesen, dass bei der Immissionsberechnung in einem Bebauungsplanverfahren der durch die frühere Bau- oder immissionsschutzrechtliche Genehmigung legalisierte (Tier-)Bestand zugrunde zu legen ist.

Das OVG Bln.-Brandenburg hat in seinem U. v. 14.2.2006 (– 2 A 16.05 – BauR 2006, 1424) zutreffend einen B-Plan, der eine **Fläche für die Landwirtschaft und ein allgemeines Wohngebiet** unmittelbar nebeneinander festsetzt, ohne die landwirtschaftlichen Nutzung (§ 201 BauGB) zu beschränken, für unwirksam erklärt, weil er gegen den Trennungsgrundsatz verstößt. Das BVerwG hat mit B. v. 22.6.2006 (– 4 BN 17.06 –) die Nichtzulassungsbeschwerde zurückgewiesen. Es hat dabei die Bedeutung des Trennungsgrundsatzes für das Verhältnis zwischen Wohnen und Landwirtschaft betont.

2. Störanfälligkeit, Fragen des Nachbarschutzes und des Lärmschutzes

Nach der Funktion des WA-Gebiets ist die Störanfälligkeit mit der des Kleinsiedlungsgebiets in etwa gleichzusetzen. Der für die Beurteilung der Zulässigkeit nach § 3 geforderte strengere Maßstab zur Gewährleistung der größtmöglichen Wohnruhe in WR-Gebieten braucht in WA-Gebieten zwar nicht eingehalten zu werden; dennoch soll nach Möglichkeit ein ungestörtes Wohnen gewährleistet werden (so schon BVerwG, U. v. 1.11.1974 – IV C 38.71 – BVerwGE 47, 144 = DÖV 1975, 101 = DVBl. 1975, 492 = BRS 28 Nr. 6). Aufgrund der das Wohnen ergänzenden Nutzungsarten ergibt sich von selbst, dass das WA-Gebiet einen etwas geringeren Schutz gegen Störungen und Belästigungen genießt als das WR-Gebiet.

Die Festsetzung eines WA-Gebiets hat wie die eines WR-Gebiets **nachbarschützenden Charakter** (vgl. dazu BVerwG, U. v. 16.9.1993, Vorb. §§ 2 ff. Rn 26.2; grundsätzlich Vorb. §§ 2 ff. Rn 22 f., § 3 Rn 5). Nachbarschützende Wirkung muss insbes. den Festsetzungen in B-Plänen nach Abs. 4 i. d. F. bis zur ÄndVO 1990 zuerkannt werden, da durch eine derartige Nutzungsbeschränkung die Bewohner dieses Gebietsteils von einer erhöhten Wohnruhe ausgehen können, die gegenüber Störungen von Dritten mit der Nachbarklage sichergestellt werden kann (s. dazu § 3 Rn 20.5–20.91).

Fragen des Lärmschutzes

Bei allgemeinen Wohngebieten (WA-Gebieten) darf beim Bau oder der wesentlichen Änderung von Straßen und Schienenwegen der Beurteilungspegel eines

IGW tags von (59 dB(A), nachts von 49 dB(A) nicht überschritten werden (vgl. § 2 Abs. 1 Nr. 2 VerkehrslärmSchVO – 16. BImSchV); zur Berechnung des Beurteilungspegels und zu sonstigen Fragen des Verkehrslärmschutzes s. § 15 Rn 15–19.82.

Sportanlagen sind gegenüber WA-Gebieten, so zu errichten und zu betreiben, dass die IRW tags außerhalb der Ruhezeiten von 55 dB(A) *innerhalb* von 50 dB(A), nachts von 40 dB(A) nicht überschritten werden (§ 2 Abs. 2 Nr. 3 der SportanlagenlärmSchVO – 18. BImSchV); zur Berechnung der IRW s. Anh. 7.2 (18. BImSchV) und § 15 Rn 15f., zu rechtlichen Besonderheiten die 18. BImSchV betreffend s. Vorb. §§ 2ff. Rn 12.78–Rn 12.99.

Die Mess- und Berechnungsverfahren für die IGW der 16. BImSchV und für die IRW der 18. BImSchV sind maßgebend dafür, ob die Lärmeinwirkungen der Verkehrswege (16. BImSchV) und der Sportanlagen (18. BImSchV) gegenüber den Anliegergrundstücken aufgrund der in den VOen entspr. der Baugebiete abgestuften IGW bzw. IRW nach § 15 Abs. 1 S. 2 BauNVO (noch) zumutbar sind. Halten sich die Immissionswerte im Rahmen der in der 16. bzw. 18. BImSchV vorgeschriebenen Grenzwerte oder Richtwerte, sind die Lärm-(Geräusch-)einwirkungen der unterschiedlichen Nutzungen und Anlagen nach der jeweiligen Gebietsverträglichkeit stets zumutbar. Die Einhaltung der IGW und der IRW der 16. bzw. 18. BImSchV erleichtert mithin wesentlich die Feststellung, ob die Anlagen und Nutzungen bei den jeweiligen Baugebieten zulässig sind.

Für die Wohnbaugebiete (§§ 2–4a) kommt hinsichtlich Lärmeinwirkungen von den kommunalen (Freizeit-)Einrichtungen – von der Stadthalle über Jugendheime bis zum Bolzplatz – noch eine Besonderheit hinzu. Diese Einrichtungen und Anlagen befinden sich häufig nicht innerhalb, sondern **neben** den lärmempfindlichen Wohngebieten bzw. sind dort festgesetzt worden. Für diese Nutzungen und Anlagen gelten die VerkehrslärmSchVO (16. BImSchV) und die SportanlagenlärmSchVO (18. BImSchV) nicht. Statt dessen ist die Freizeitlärm-Richtlinie des LAI anzuwenden; zu den Einzelheiten bezüglich der Anwendung s. § 3 Rn 5.3 und § 4 Rn 20.7 und 20.8.

2.2 Das Städtebaurecht, insbes. § 1 Abs. 5 S. 1 und S. 2 Nr. 1 BauGB (a. F.) sowie § 4 BauNVO, schließt die bauleitplanerische Zulassung von Pkw- und Lkw-Durchgangsverkehr auf einer durch ein allgemeines Wohngebiet führenden Hauptsammelstraße nicht absolut aus (VGH BW, NK-Urt. v. 14.9.2001 – 5 S 2869/99 – 2. Leits.).

Zur Begr. hat der VGH BW ausgeführt, dass die in Folge einer solchen Verkehrsführung möglicherweise beeinträchtigten öffentlichen und privaten Belange, insbes. die allgemeinen Anforderungen an gesunde Wohnverhältnisse nach § 1 Abs. 5 S. 2 Nr. 1 BauGB (a. F.) oder die Belange der Eigentümer von Grundstücken im allgemeinen Wohngebiet, nach dem Gesetz keinen Vorrang vor sonstigen Belangen, insbes. jenen, die bei einer anderen Verkehrsführung beeinträchtigt werden, wie z.B. Belange des Naturschutzes und der Landschaftspflege oder des Bodenschutzes (§ 1 Abs. 5 S. 2 Nr. 7, § 1a Abs. 1 BauGB), haben. Auch das den Eigentümern von Grundstücken im Geltungsbereich eines allgemeinen Wohngebiets nach § 4 BauNVO zustehende Recht auf Wahrung der Gebietsart schließe die bauleitplanerische Zulassung von Pkw- und Lkw-Durchgangsverkehr auf einer durch ein solches Gebiet führenden Hauptsammelstraße nicht absolut aus (VGH BW, aaO.).

2.3 Eine Planung, die zu einer **Lärmimmissionssteigerung** für ein bereits stark belastetes Wohngebiet führt, erfordert, dass die Gemeinde sich zunächst Klarheit über die bisherigen Belastungen der Anwohner verschafft und diese mit der voraussichtlich zukünftigen Situation nach Realisierung des B-Plans vergleicht (OVG SH., U. v. 11.12.2003 – 1 KN 30/03 – BRS 67 Nr. 68).

Setzt der B-Plan ein neues **Wohngebiet** Lärmimmissionen einer bestehenden **Straße** aus, die im Bereich der Immissionsgrenzwerte für Mischgebiete liegen, und unterlässt er Maßnahmen des aktiven Lärmschutzes allein deshalb, um Grundstückspreise und Erschließungskosten niedrig zu halten, ist er in aller Regel abwägungsfehlerhaft (BayVGH, U. v. 28.10.2005 – 25 N 04.642 – BayVBl. 2006, 601 = BRS 69 Nr. 25). **2.4**

Nach Auffassung des BayVGH ist für die sachgerechte Behandlung des Verkehrslärmschutzes in der Abwägung eine hinreichend differenzierte Kosten-Nutzen-Analyse anzustellen, d. h. dass wenigstens eine Grobanalyse der relevanten Kosten für aktive oder passive Schutzmaßnahmen vorliegt, was auch eine hinreichend konkrete Vorstellung über die jeweilige Wirksamkeit der verschiedenen in Betracht kommenden Schutzmaßnahmen voraussetzt. Im vorliegenden Fall bestand besonderer Anlass zu planerischen Vorkehrungen, weil davon auszugehen war, dass die Immissionsgrenzwerte für Dorf- und Mischgebiete in § 2 Abs. 1 Nr. 3 der 16 BImSchV überschritten werden und deshalb für das geplante allgemeine Wohngebiet ohne Gegenmaßnahmen gesunde Wohnverhältnisse i. S. v. § 1 Abs. 5 S. 2 Nr. 1 BauGB a. F./§ 1 Abs. 6 Nr. 1 BauGB n. F. nicht gewahrt sind (BayVGH, aaO., unter Hinweis auf BVerwG, U. v. 17.3.2005 – 4 A 118.04 – BVerwGE 123, 152).

Nicht gefolgt werden kann dem U. des OVG NW v. 8.4.2002 (–7 a D 91/01. NE – NuR 2003, 183), wonach in überplanten, bereits bebauten Bereichen, die durch den bereits vorhandenen Straßenverkehr erheblich lärmvorbelastet sind, zwar Werte von (deutlich) mehr als 70 dB(A) am Tag bzw. 60 dB(A) in der Nacht einen gewissen Anhalt geben, ab wann mit ungesunden Wohnverhältnissen zu rechnen ist, jedoch gewisse Überschreitungen im Einzelfall im Rahmen sachgerechter Abwägung noch hingenommen werden können, sofern durch Planfestsetzungen eine unter städtebaulichen Gesichtspunkten noch vertretbare Wohnsituation innerhalb der Gebäude sichergestellt ist. Bei Werten von über 70 dB(A) am Tag und mehr als 60 dB(A) in der Nacht liegen nach der Rspr. des BGH und des BVerwG für allgemeine Wohnverhältnisse (vgl. die Nachweise in Rn 14.2 zu § 7) offensichtlich ungesunde Wohnverhältnisse vor, die einer Sanierung bedürfen und für die eine Lärmminderungsplanung nach §§ 47a ff. BImSchG erforderlich ist. **2.5**

Gefolgt werden kann dagegen dem U. des OVG NW v. 16.12.2005 (– 7 D 48/04.NE – im Ergebnis, aber mit anderer Begr. bestätigt durch BVerwG, U. v. 22.3.2007 – 4 CN 2.06 – NVwZ 2007, 831 = BauR 2007, 1365 = UPR 2007, 304), das einen B-Plan mit der Festsetzung WA für ein großflächiges Baugebiet auf der »grünen Wiese«, der sich einer stark befahrenen Bundesautobahn mit ca. 86.000 Kfz pro Tag und anderen verkehrsreichen Straßen näherte, ohne dass ausreichende Maßnahmen des aktiven Lärmschutzes ergriffen wurden, für unwirksam erklärt hatte. Der B-Plan enthielt textliche Festsetzungen hinsichtlich passiven Lärmschutzes durch Grundrissgestaltung und Baukörperanordnung sowie schallschützende Außenbauteile. Das Gericht hat zutreffend für das heranrückende allgemeine Wohngebiet wegen der erheblichen Lärmvorbelastung das Vorhandensein gesunder Wohn- und Arbeitsverhältnisse verneint und eine eklatante Fehlgewichtung der Belange des Immissionsschutzes bei der Abwägung angenommen. Dabei wurden die Orientierungswerte der DIN 18 005 für allgemeine Wohngebiete von 55 dB(A) am Tag bzw. 45 dB(A) in der Nacht um bis zu 10 dB(A) bzw. sogar bis zu 15 dB(A) überschritten. Die zukünftigen Bewohner des Baugebiets wurden zum Schutz des Wohnens und Schlafens auf passiven Schallschutz verwiesen sowie darauf, dass eine ange- **2.6** messene Nutzung der Außenwohnbereiche allenfalls an einzelnen Gebäudeseiten möglich ist. Eine Überschreitung des Orientierungswerts für ein allgemeines Wohngebiet um 5 dB(A) hätte das OVG NW im Anschluss an den B. d. BVerwG v. 18.12.1990 (– 4 N 6.88 – BRS 50 Nr. 25) als Ergebnis einer sachgerechten Abwägung gebilligt, da dann gesunde Wohnverhältnisse noch vorhanden gewesen wären, nicht aber eine höhere Überschreitung bis zu 10 dB(A) und mehr.

Nach neuerer Rspr. liegen **gesunde Wohnverhältnisse** nämlich schon vor, wenn die Orientierungswerte der DIN 18005 für ein Misch- oder Dorfgebiet eingehalten werden (OVG NW, B. v. 21.9.2005 – 10 B 9/05.NE – BRS 69 Nr. 26 im Anschluss an BVerwG, U. v. 23.9.1999, Fundst. Vorb. §§ 2 ff. Rn 12.87).

Das OVG NW ließ in seinem U. v. 16.12.2005 die Revision wegen grundsätzlicher Bedeutung der Rechtsfrage einer entsprechenden Anwendung der Grundsätze des § 50 BImSchG einerseits und des § 41 Abs. 2 BImSchG andererseits auf die Planung neuer Wohngebiete zu.

Das BVerwG hat mit U. v. 22.3.2007 (aaO.), das voranstehende U. des OVG NW vom 16.12.2005 (aaO.) im Ergebnis bestätigt und die Revision zurückgewiesen. Es ging jedoch auf die vom OVG NW gestellte Rechtsfrage nur am Rande ein. Es hat dem OVG NW die Verletzung von Bundesrecht durch einen tragenden Grundsatz seines U. vorgehalten und hierzu folgenden **Leits.** aufgestellt:

»*Weist ein Bebauungsplan ein neues Wohngebiet (WA) aus, das durch vorhandene Verkehrswege Lärmbelästigungen ausgesetzt wird, die an den Gebietsrändern deutlich über den Orientierungswerten der DIN 18005 liegen, ist es nicht von vornherein abwägungsfehlerhaft, auf aktiven Schallschutz durch Lärmschutzwälle oder -wände zu verzichten. Je nach den Umständen des Einzelfalls, z. B. in dicht besiedelten Räumen, kann es abwägungsfehlerfrei sein, eine Minderung der Immissionen durch eine Kombination von passivem Schallschutz, Stellung und Gestaltung von Gebäuden sowie Anordnung der Wohn- und Schlafräume zu erreichen*«.

Das BVerwG hat hierzu ausgeführt:«*Das OVG stellt für ein neu geplantes Wohngebiet der hier vorliegenden Art, das durch den von den umliegenden Verkehrswegen ausgehenden Lärm stark belastet ist, eine Abwägungsmaxime auf, deren Nichtbeachtung nach seiner Ansicht zu einem Fehler im Abwägungsergebnis im Sinne einer städtebaulich schlechthin unzulässigen Planung führt. Weise ein Bebauungsplan neue Wohngebiete aus, die aufgrund vorhandener Straßen Lärmbelastungen ausgesetzt seien, die tags und nachts mehr als 10 dB(A) über den Orientierungswerten der DIN 18005 liegen, sei es verfehlt, die künftigen Bewohner des Gebiets weitgehend auf architektonische Selbsthilfe zu verweisen. Dem ist, jedenfalls wenn die Orientierungswerte der DIN 18005 – wie hier – nur an den Rändern des Wohngebiets in diesem Maße überschritten, im Innern des Gebiets aber im Wesentlichen eingehalten werden, nicht zu folgen.*

Zwar hat eine Gemeinde, die ein bislang weitgehend unbebautes Gebiet neu mit einer Wohnbebauung überplanen will, die Lärmbelastung durch vorhandene und überdies (wie vorliegend) teilweise nicht zugleich der Erschließung dienende Verkehrswege als gewichtiger Belang in ihre Abwägung einzustellen. Im Rahmen ihrer Abwägung, insbesondere bei der Neuplanung von Wohngebieten, hat sie auch die Abwägungsdirektive des § 50 BImSchG zu berücksichtigen, wonach bei raumbedeutsamen Planungen die für eine bestimmte Nutzung vorgesehenen Flächen einander so zuzuordnen sind, dass schädliche Umwelteinwirkungen soweit wie möglich vermieden werden. Die Durchsetzung diese Trennungsgrundsatzes stößt allerdings auf Grenzen, vor denen auch der Gesetzgeber nicht die Augen verschließt. So soll nach § 1a Abs. 2 Satz 1 BauGB mit Grund und Boden sparsam umgegangen werden, wobei in diesem Zusammenhang unter anderem die Nachverdichtung sowie andere Maßnahmen zur Innenentwicklung besonders hervorgehoben werden. In dicht besiedelten Gebieten wie im Stadtgebiet der Antragsgegnerin wird es häufig nicht möglich sein, allein durch die Wahrung von Abständen zu vorhandenen Straßen schädliche Umwelteinwirkungen zu vermeiden. Gerade in diesen Gebieten kann jedoch ein berechtigtes Interesse bestehen, neue Baugebiete auszuweisen, um eine Abwanderung der Bevölkerung in ländliche Gebiete zu verhindern. Auch kann ein gewichtiges städtebau-

liches Interesse darin bestehen, einen vorhandenen Ortsteil zu erweitern und damit dessen Infrastruktur (ÖPNV, soziale Einrichtungen etc.) mit zu nutzen. Auch das Gebot, die Anforderungen kostensparenden Bauens zu berücksichtigen (§ 1 Abs. 6 Nr. 2 BauGB), wie das legitime Interesse einer Gemeinde, die Grundstücke zu verwerten, die sie in einem im Flächennutzungsplan für Wohnbebauung vorgesehenen Bereich erworben hat, um sie Bauinteressenten zu Eigentum zu überlassen, können zu berücksichtigen sein. Wenn in derartigen Fällen das Einhalten größerer Abstände ausscheide, ist durch geeignete bauliche und technische Vorkehrungen (vgl. hierzu auch § 9 Abs. 1 Nr. 24 BauGB) dafür zu sorgen, dass keine ungesunden Wohnverhältnisse entstehen«.

Dem U. des BVerwG kann nicht zugestimmt werden (a. A. *Jaeger*, BauR 2008, 313). Die Erwägungen des OVG Münster werden diesseits für zutreffend gehalten und zwar aus folgenden Gründen: Das U. des BVerwG v. 22.3.2007 (aaO.) führt dogmatisch zu einer Beliebigkeit und damit Bedeutungslosigkeit sowohl des Gebots der planerischen Konfliktbewältigung als auch des Trennungsgrundsatzes des § 50 BImSchG für die Fallgruppe des Heranrückens einer immissionsempfindlichen Nutzung an eine emittierende. Darüber hinaus stellt sich die Frage, ob durch passiven Lärmschutz für diese planungsrechtliche Fallgruppe des Heranrückens einer immissionsempfindlichen an eine emittierende Nutzung, die bislang immer anders gewertet wurde als die Fallgruppe einer Gemengelage, gesunde Wohnverhältnisse tatsächlich gegeben sind. In der früheren Rspr. u. Lit. ist in solchen Fällen der Einsatz von passivem Lärmschutz nach § 9 Abs. 1 Nr. 24 BauGB abgelehnt worden (VGH München, U. v. 22.3.1982 – 25 XIV/78 – NJW 1983, 297/301; U. v. 25.10.2005 – 25 N 04.642 – BRS 69 Nr. 25; VGH BW, NK-U. v. 17.9.1999 – 3 S 3/99 –, U. v. 27.7.2001 – 5 S 1093/00 – u. *Stühler*, VBlBW 1988, 241/242). Maßnahmen des passiven Lärmschutzes gewährleisten zwar einen Lärmschutz, der die Betroffenen vor Lärmeinwirkungen oberhalb der durch das Abwägungsgebot gezogenen äußersten Schranke bewahrt, empfindliche Einbußen an Lebensqualität können sie dennoch nicht verhindern. Der Preis für den Schutz der Nachtruhe ist, dass die Schlafzimmerfenster geschlossen gehalten werden müssen. Nur so lässt sich der mit den Schutzvorkehrungen verfolgte Zweck sicherstellen. Die Folge ist, dass jeglicher Kontakt zur Geräuschkulisse der Außenwelt abgeschnitten wird. Verhindert wird nicht bloß, dass unerwünschter (Flug-)Lärm ins Gebäudeinnere dringt. Von der Abschirmwirkung werden unterschiedslos auch Geräusche erfasst, die als angenehm empfunden werden (BVerwG, U. v. 16.3.2006 – 4 A 1075/04 – NVwZ Beilage Nr. I 8/2006, Rdn. 285; Planfeststellung für den Verkehrsflughafen Berlin-Schönefeld). In einem anderen U. des BVerwG v. 21.9.2006 (– 4 C 4/05 – NVwZ 2007, 210) hat das Gericht an diese Erwägungen anschließend folgenden Leits. aufgestellt: »*Zur angemessenen Befriedigung der Wohnbedürfnisse … gehört grundsätzlich auch die Möglichkeit, bei ausreichender Luftzufuhr, d. h. bei gekipptem Fenster störungsfrei zu schlafen; dies gilt regelmäßig auch für Schlafräume, die durch Fluglärm oder andere Geräusche vorbelastet sind*«. Diese Argumente des BVerwG zum Fluglärm zeigen, dass zwischen Wohnen ohne passivem Lärmschutz und mit passivem Lärmschutz ein qualitativ erheblicher Unterschied besteht. Auch stellt sich die Frage, wer in einem solchen mit erheblichem Lärm vorbelasteten Wohngebiet überhaupt ein eigenes Haus erwerben will. Das U. des OVG NW v. 16.12.2005 (aaO.) wird deshalb für zutreffend gehalten.

Die Festsetzung eines allgemeinen Wohngebiets in unmittelbarer Nachbarschaft zu einem außerhalb des Plangebiets gelegenen, **stark Lärm emittierenden Entsorgungsbetrieb** schafft – im Hinblick auf den Wunsch nach weitgehend ungestörter Wohnruhe einerseits und dem Interesse an optimierten und von behindernden Lärmvermeidungsmaßnahmen freien Betriebsabläufen andererseits – Nutzungskonflikte, die durch einen B-Plan nicht gelöst werden (OVG NW, B. v. 30.6.2005 – 10 A 1028/02.NE –). Nach dem von der Gemeinde eingeholten Immissionsgutachten war zu erwarten, dass die geplante heranrückende Wohnbebauung einer Überschreitung des für den Tageswert geltenden Immissionsrichtwerts von 11 dB(A) ausgesetzt sein wird, ohne dass Schallschutzmaßnahmen im B-Plan ergriffen wurden. Die Gemeinde war davon ausgegangen, dass der Entsorgungsbetrieb seinen Standort – zumindest für bestimmte Betriebsteile – aufgeben, seinen Fuhrpark modernisieren und Betriebsabläufe ändern wird. Das OVG NW warf dem Rat vor, unzulässigerweise auf das »Prinzip Hoffnung« gesetzt zu haben, da er keinen Einfluss auf die erwarteten Entwicklungen habe.

2.8 Erfolgt die Zufahrt zu einem ausgedehnten Neubaugebiet über eine Straße, von deren Verkehr schon jetzt für die angrenzende Wohnbevölkerung Lärmimmissionen von mehr als 70 dB(A) tags und 60 dB(A) nachts ausgehen, so genügt es nicht dem Gebot der Konfliktbewältigung, wenn der Rat bei Aufstellung des B-Plans allein auf die Planung einer Umgehungsstraße verweist, obwohl unsicher ist, ob diese Straße überhaupt und ggf. wann sie hergestellt wird (OVG RhPf, U. v. 8.9.2004 – 8 C 10423/04 – BRS 67 Nr. 22).

2.9 Die Festsetzung eines allgemeinen Wohngebiets neben einem Gewerbegebiet kann eine abwägungsgerechte, die Planungsdirektive des § 50 BImSchG hinreichend berücksichtigende Satzungsentscheidung sein. Zur Bewältigung des sich aus der Nachbarschaft von Gewerbegebiet und allgemeinem Wohngebiet etwaig ergebenden Konflikts können Festsetzungen nach § 9 Abs. 1 Nr. 24 BauGB geeignet sein (OVG NW, U. v. 22.5.2006 – 7 D 114/05.NE – BauR 2007, 65 = NWVBl. 2007, 20). Zu Unrecht geht das OVG NW jedoch davon aus, dass die Festsetzung von passivem Lärmschutz ein geeignetes Instrument für eine an ein Gewerbegebiet heranrückendes allgemeines Wohngebiet ist. Hierfür käme nur aktiver Lärmschutz in Betracht. Ansonsten wären die Außenwohnbereiche nicht mehr hinreichend vor Lärm geschützt (vgl. ferner die Ausführungen zu § 6 Rn 15.3).

3. Änderung von Regelungen aufgrund der ÄndVOen 1968, 1977, 1990

3 Durch die ÄndVO 1977 ist Abs. 5, der durch die ÄndVO 1968 eingefügt worden war, (wieder) weggefallen. Der Grund liegt in den erheblich umfassenderen **Gliederungs-** u. sonstigen Differenzierungs**möglichkeiten** des § 1 Abs. 4–10.
In Abs. 2 Nr. 3 ist durch die ÄndVO 1990 die (allgemeine) Zulässigkeit der dort aufgeführten Anlagen um die Anlagen für sportliche Zwecke erweitert worden; gleichzeitig entfällt die bisher nur ausnahmsweise Zulassungsfähigkeit der sportlichen Anlagen nach Abs. 3 Nr. 3 (dazu Rn 7 f.).

3.1 Die bisher *ausnahmsweise Zulassungsfähigkeit* der »Ställe für Kleintierhaltung als Zubehör zu Kleinsiedlungen und landwirtschaftlichen Nebenerwerbsstellen« (Abs. 3 Nr. 6), die bisher schon als ungereimt angesehen worden ist (vgl. 5. Aufl., § 4 Tn 13), ist durch die ÄndVO 1990 aufgehoben worden. Mit Recht weist die Begr. des Reg. Entw. zu § 4 Abs. 3 Nr. 6 (BR-Drucks. 354/89, S. 45) darauf hin, dass Kleinsiedlungen u. landwirtschaftliche Nebenerwerbsstellen in WA-Gebieten nicht zulässig sind. Es besteht daher kein Bedürfnis, zu den in WA-Gebieten zulässigen Wohngebäuden Ställe für die Kleintierhaltung als Zubehör zulassen zu können. »Ställe« u. sonstige Einrichtungen für die Hobby-Kleintierhaltung sind von der bisherigen Regelung unberührt stets zulässig gewesen (s. Rn 16 f.).

Der bisherige Abs. 4 BauNVO 1977 mit der Festsetzungsmöglichkeit, dass in bestimmten Teilen des Gebiets Wohngebäude nicht mehr als zwei Wohnungen haben dürfen, ist ebenso weggefallen wie § 3 Abs. 4 (vgl. dazu grundsätzlich § 3 Rn 20.5–20.91 u. Rn 13).

Für Bauvorhaben im nichtbeplanten Innenbereich (§ 34 Abs. 2 BauGB) ist **ausschließlich** die Eigenart der näheren Umgebung nach der **vorhandenen** Bebauung maßgebend; das gilt auch dann, wenn z. B. ein benachbartes Gebiet als WR- oder WA-Gebiet nach der BauNVO 1968/77 festgesetzt worden ist (Näheres s. Kurzerläuterung zu § 34 Abs. 2 BauGB).

4. Allgemein zulässige Nutzungen (Abs. 2)

a) **Wohngebäude** (Nr. 1): Der Begriff entspricht demjenigen des WR-Gebiets (s. § 3 Rn 10–10.1 und zur Abgrenzung gegenüber anderen Wohnformen ausführlich § 3 Rn 11–15.1).

4

Der VGH BW hatte sich im B. v. 20.7.1995 (– 3 S 3538/94 – BRS 57 Nr. 167) ausführlich u. mit nach diesseitiger Ansicht sorgfältigen Überlegungen damit zu befassen, ob und inwieweit in einem allgemeinen Wohngebiet Lärmbeeinträchtigungen durch nächtlichen Kfz-Verkehr der Bewohnerin eines Wohngebäudes (hier: als Antragstellerin) noch zumutbar sind. Diese wendet sich vor allem gegen Emissionen, die von der genehmigten, ihrem Wohngrundstück gegenüberliegenden Garagenzufahrt der Tiefgarage ausgehen.

Der Senat hat sich bei seinen Überlegungen in der lesenswerten Entscheidung eingehend mit den Lärmrichtwerten der verschiedenen diesbezüglichen Regelwerke TA Lärm, VDI-Richtlinie 2058 u. der DIN 18005 (Schallschutz im Städtebau), auch unter Berücksichtigung des Spitzenpegelkriteriums, auseinandergesetzt. Er kommt zu dem diesseits **für richtig gehaltenen Ergebnis:** »*Grundsätzlich ist davon auszugehen, dass Garagen und Stellplätze, deren Zahl dem durch die zugelassene Nutzung verursachten Bedarf entspricht, auch in einem von Wohnbebauung geprägten Bereich keine erheblichen, billigerweise unzumutbaren Störungen hervorrufen.*« – Der Kfz-Verkehr ist als lästige Beigabe, jedoch nicht als unzumutbare Belästigung i. S. v. § 15 Abs. 1 Satz 2, in Wohngebieten als Ausdruck unserer allseits gewollten Mobilität hinzunehmen (s. dazu auch Vorb. §§ 2 ff. Rn 8, 8.7–8.8). – Der Senat kommt mit Recht zu der Auffassung, dass das Spitzenpegelkriterium »*im vorliegenden Fall*« nicht herangezogen werden kann. Diesseits möchte ergänzt werden: in Fällen des dargelegten Sachverhalts in Wohngebieten unter Berücksichtigung des § 12 Abs. 2 grundsätzlich nicht. Nach diesseitiger Ansicht sind für die Beurteilung weder die TA Lärm noch die VDI-Richtlinie 2058 (Beurteilung von Arbeitslärm i. d. Nachbarschaft) und auch nicht die Orientierungswerte der DIN 18005 (lediglich für die städtebauliche **Planung** vorgesehen) einschlägig.

Mit der **Bezeichnung** »**Wohn- und Pflegezentrum**« ist eine in der Lebenswirklichkeit vorhandene Nutzungsform beschrieben, die in einem allgemeinen Wohngebiet allgemein zulässig ist; denn dort sind sowohl Wohngebäude (vgl. § 4 Abs. 2 Nr. 1 BauNVO) als auch Anlagen für soziale Zwecke (vgl. § 4 Abs. 2 Nr. 3 BauNVO) allgemein zulässig (OVG NW, U. v. 6.3.2006 – 7 D 124/05.NE – BauR 2006, 1707). Die Gemeinde darf dem aus der demographischen Entwicklung abgeleiteten Bedarf an Pflegeplätzen auch dann durch die Planung eines allgemeinen Wohngebiets mit der Zweckbestimmung »Wohn- und Pflegezentrum« Rechnung tragen, wenn eine kommunale Pflegeplanung i. S. d. § 5 PfG NRW noch nicht vorliegt (OVG NW, aaO.).

b) «**Die der Versorgung des Gebiets dienenden Läden, Schank- und Speisewirtschaften sowie nicht störenden Handwerksbetriebe**» (Nr. 2). – aa) **Allgemeines.** Der Wortlaut entspricht dem in § 2, so dass die Ausführungen dort zum Begriff »**der Versorgung dienend**« auch auf das WA-Gebiet zutreffen (§ 2 Rn 9). Die unter Nr. 2 aufgeführten Nutzungen (Anlagen), insbes. die »**Läden**« (dazu Rn 5 f.), müssen zur Befriedigung der mit einer normalen Lebensführung zusammenhängenden Bedürfnisse erforderlich sein. Dazu gehören u. a. Ein-

4.1

§ 4 Abs. 2 4.2, 4.21

käufe zur üblichen Haushaltsführung, benötigte handwerkliche Verrichtungen oder die Möglichkeit, außerhalb der eigenen Häuslichkeit Speisen u. Getränke einzunehmen. Es muss sich um mehr oder weniger regelmäßige Tätigkeiten handeln, die im Zusammenhang mit dem Begriff des Wohnens (s. § 3 Rn 1 f.) stehen.

4.2 bb) **Zu Schank- u. Speisewirtschaften** (evtl. i. V. m. einer **Kegelanlage**) s. grundsätzlich § 2 Rn 13–14.2. Die einschränkenden Hinweise in Bezug auf WS-Gebiete treffen weitgehend auch auf WA-Gebiete zu. Während für das **Betreiben von Schank- u. Speisewirtschaften** in WS-Gebieten, wohl infolge der fehlenden Wohndichte, i. A. kein ausgeprägtes Interesse besteht, werden WA-Gebiete ersichtlich gern als Standort gewählt. Dazu trägt u. a. bei, dass Schank- u. Speisewirtschaften – gleichgültig in welcher Betriebensweise – in reinen Wohngebieten auch nicht ausnahmsweise zulassungsfähig sind. Diese Regelung findet ihren Grund darin, dass mit einer Schank- u. Speisewirtschaft – auch wenn sie funktional eingeschränkt der »Versorgung des Gebiets« dienen muss – Störungen der Nachbarschaft verbunden sein können. Der Zu- und Abgangsverkehr mit dem Kfz ist infolge des Verkehrslärms stets ein Störfaktor. Der VOgeber hat ihn bei der an sich vorauszusetzenden Rücksichtnahme als heutzutage üblich u. damit als im Rahmen des »Wohnens« unvermeidlich angesehen (s. dazu Vorb. §§ 2 ff. Rn 8.7–8.8). Nachhaltig störender ist häufig das Verhalten der Gäste nach dem Lokalbesuch. Die Einzelheiten – das »Drum und Dran« – bedürfen keiner besonderen Ausführungen (s. dazu § 2 Rn 13). »Lärm, den Gäste auf der Straße in unmittelbarer Umgebung der Gaststätte verursachen, ist dem Gaststättenbetrieb zuzurechnen« (so mit Recht OVG Brem., B. v. 15.4.1993 – 1 B 94/92 – UPR 1993, 354). Dabei spielt es keine Rolle, ob es sich um eine bestandsgeschützte Schank- u. Speisewirtschaft in einem – erst später festgesetzten – Wohngebiet handelt. Der »Gaststättenlärm« innerhalb des Gebäudes ist von demjenigen Lärm zu unterscheiden, der nach draußen dringt bzw. durch die Besucher nach draußen getragen wird. Das Verhalten der Gäste unterliegt abends – spätestens nach 22.00 Uhr – demselben Rücksichtnahmegebot, das ganz allgemein für die Bewohner des Gebiets gilt.

4.21 Die **Zumutbarkeit** i. S. v. § 15 Abs. 1 **Satz 2** in Bezug auf die in unterschiedlicher Weise erfolgenden Störungen u. Belästigungen hat sich nach der Empfindlichkeit der jeweiligen **Eigenart** des WA-Gebiets zu richten (je größer die Wohndichte infolge hochgeschossiger, evtl. geschlossener Bebauung ist, desto höher ist bereits der **Grundgeräuschpegel**). Daraus ist ersichtlich, dass bei der Genehmigung einer Schank- u. Speisewirtschaft die **allgemeinen Voraussetzungen** des § 15 Abs. 1 **Satz 1**, vor allem hinsichtlich Lage u. Umfang, jedoch auch in Bezug auf die Zweckbestimmung, besonders zu beachten sind. Die Frage, ab welcher **Lärmintensität** die von einer Schank- u. Speisewirtschaft ausgehenden Belästigungen u. Störungen für die Nachbarschaft nicht mehr zumutbar sind, ist deshalb so schwer zu beantworten, weil es sich meistens um spontan auftretende Ereignisse u. nicht um länger anhaltenden »ruhestörenden« Lärm handelt. Daher ist die Anwendung von Immissionsrichtwerten etwa der TA Lärm auf den von Benutzern verursachten Lärm ungeeignet. Gleichfalls kann die VerkehrslärmSchVO (16. BImSchV) nicht herangezogen werden, weil sie auf einen in etwa kontinuierlichen vom Verkehr ausgehenden Lärm abstellt, der hinsichtlich der IGW berechenbar oder ggf. auch messbar ist. Das trifft auf derartige Störungen nicht zu. Zu den spezifischen Schwächen der TA Lärm für die Beurteilung der Zumutbarkeit von Lärmimmissionen u. ganz allgemein die Begrenztheit der Regelwerke zur exakten Erfassung der Lärmeinwirkungen auf den Menschen vgl. das gründliche U. des OVG NW v. 9.7.1992 (– 7 A 158/91 – BRS 54 Nr. 190 = NVwZ 1993, 1003; s. dazu auch § 15 Rn 19.8 f.). Die Belastung des Menschen durch Lärm u. damit die Zumutbarkeit von Lärmimmissionen hängt von einem Bündel von Faktoren ab, die vielfach nur unvollkommen in einem einheitlichen Messwert aggregierend erfasst werden können (so mit Recht OVG NW, aaO.).

4.22 Nach diesen grundsätzlichen Überlegungen ist das U. des VGH BW v. 21.6.1994 (– 5 S 2726/93 – BRS 56 Nr. 54 = BauR 1995, 358), mit dem die Nachbarklage gegen eine Schank- u. Speisewirtschaft zurückgewiesen worden ist, bedenklich. Die beiden Leitsätze geben zwar – losgelöst vom Tatbestand – die gründlichen Ausführungen über die rechtlichen Voraussetzungen der Zulässigkeit einer Schank- u. Speisewirtschaft hinsichtlich ihrer Versorgungsfunktion in einem durch B-Plan festgesetzten WA-Gebiet wieder. Die Entscheidung vernachlässigt aber erkennbar die zugrunde liegenden Tatbestandsmerkmale, die aufgrund der dem Gericht obliegenden Untersuchungsmaxime zu einem anderweitigen (differenzierteren) Urteil hätten führen müssen.

Es handelt sich um eine im Wege der Nutzungsänderung einer bisherigen (kleinen) Pension genehmigte Schank- u. Speisewirtschaft mit 89 Sitzplätzen im Gebäude selbst u. weiteren etwa 60 Sitzplätzen im Gartenbereich (Biergarten), die in einem mit rund 16 Wohngebäuden relativ kleinen WA-Gebiet zugelassen worden ist. Mit Recht hat der VGH in seinem **Leitsatz 2** herausgestellt: »*Ob die Schank- und Speisewirtschaft dem jeweiligen Gebiet funktional zugeordnet ist, beurteilt sich anhand objektiv erkennbarer Merkmale wie Umfang, Typik und Ausstattung der Gaststätte.*« Er hat dabei auf das Urt. des VGH v. 12.10.1988 – 3 S 1379/88 – BRS 49 Nr. 26 Bezug genommen. Gegen diesen formalrechtlich richtigen Satz verstößt der Inhalt der Entscheidung nach diesseitiger Auffassung, denn der Senat bringt in seinem Leits. 1 selbst zum Ausdruck, dass eine solche Schank- u. Speisewirtschaft der Versorgung eines WA-Gebiets dienen kann, »*sofern das maßgebliche Gebiet hinreichend groß ist*«. Die Schank- u. Speisewirtschaft muss zur Versorgung des Gebiets zwar nicht notwendig sein, und es kann das für die Bestimmung der Versorgungsfunktion maßgebliche Gebiet je nach den Umständen des Einzelfalls über das jeweilige Plangebiet hinausgreifen. Es ist auch nicht maßgebend, ob die Schank- u. Speisewirtschaft von den Bewohnern der näheren Umgebung, mithin den Bewohnern des WA-Gebiets, tatsächlich besucht wird.

Die Schank- u. Speisewirtschaft muss nach ihrem Umfang u. der Typik i. S. des § 15 Abs. 1 Satz 1 aber objektiv erkennbar in einer vernünftigen Relation zu dem Plangebiet stehen.

Bei etwa 16 Wohngebäuden ist das **nicht der Fall**. Vermutlich umfasst die Schank- u. Speisewirtschaft – als Café bezeichnet – mehr Sitzplätze, als das WA-Gebiet insgesamt Bewohner zählt. Dass das »Café« sich von vornherein nicht auf die Versorgung des Gebiets eingestellt hat, ergibt sich daraus, dass der Schank- u. Speisewirtschaft durch Baugenehmigung die – ungewöhnlich große – Zahl von 29 Stellplätzen gestattet worden ist; hinzu kommt, dass die späte Öffnungszeit (ab 17.30 Uhr) für eine einem Wohngebiet als »Café« dienen wollende Schank- u. Speisewirtschaft untypisch sein dürfte. In diesem Fall hat bereits die Baugenehmigungsbehörde ihr **Rücksichtnahmegebot** i.S.d. § 15 Abs. 1 gegenüber den Bewohnern des WA-Gebiets gröblich verletzt; der VGH hat die von ihm objektiv erkannten Merkmale nicht zur Grundlage seiner Entscheidung gemacht.

4.23 Das OVG Bln hat in einem ausf. u. gründlichen U. v. 29.4.1994 (– 2 B 18.92 – BRS 56 Nr. 55 = BauR 1995, 516 = UPR 1995, 40 – LS), dem insgesamt zugestimmt werden kann, zur Frage der **funktionalen Zuordnung von Schank- u. Speisewirtschaften** Stellung genommen.

Der *Versorgung* des maßgebenden Wohngebiets *dient* eine Schank- oder Speisewirtschaft, wenn sie diesem Gebiet *funktional zugeordnet* ist. Dafür ist grundsätzlich erforderlich, dass sie nach Standort, Größe, Raumeinteilung, Ausstattung und betrieblicher Konzeption *objektiv geeignet* ist, in einem ins Gewicht fallenden Umfang *auch von* den *Bewohnern* des Gebiets aufgesucht zu werden. Für die »Versorgung des Gebiets« i. S. d. § 4 Abs. 2 Nr. 2 BauNVO ist jedoch nicht allein der Bedarf maßgeblich, der durch die Wohnbevölkerung des allgemeinen Wohngebiets hervorgerufen wird; zu *berücksichtigen* ist vielmehr *auch* der durch Anlagen gem. § 4 Abs. 2 Nr. 3 BauNVO und durch *ausnahmsweise zugelassene Vorhaben* gemäß § 4 Abs. 3 BauNVO *ausgelöste Versorgungsbedarf.* Das Gebiet, dessen *Versorgung* eine *Schank- oder Speisewirtschaft* zu dienen bestimmt sein muss, um gem. § 4 Abs. 2 Nr. 2 BauNVO im *allgemeinen Wohngebiet* zulässig zu sein, ist *nicht* mit dem *Geltungsbereich* des für das betreffende Grundstück festgesetzten *B-Plans gleichzusetzen* und muss deshalb nicht an dessen Grenzen enden. Vielmehr ist anhand der konkreten städtebaulichen Situation jeweils zu klären, wo die räumliche Grenze des Baugebiets liegt. Als *räumlicher Maßstab* für diese Beurteilung kann nur ein *zusammenhängender*, in seiner *tatsächlichen* oder *planerisch angestrebten Struktur* als allgemeines Wohngebiet gekennzeichneter *Bereich* herangezogen werden.

Liegt ein planerisch festgesetztes allgemeines Wohngebiet zugleich *nahe* einem *Ausflugs- und Erholungsgebiet*, können im Einzelfall auch solche gastronomischen Betriebe zulässig sein, deren Gäste zeitweise vorwiegend aus *gebietsfremden Erholungsuchenden* bestehen.

Der VGH BW hat sich in seinem U. v. 1.7.2002 (– 3 S 650/01 – GewArch. 2003, 127 = BRS 65 Nr. 62 = VBlBW 2002, 486) dem 2. Leits. des OVG Bln in seinem U. v. 29.4.1994, aaO. angeschlossen, jedoch entgegen dem 3. Leits. des OVG Bln ausgeführt: »*Nicht zu berücksichtigen ist dagegen bei der Beurteilung nach § 4 Abs. 2 Nr. 2 BauNVO der Versorgungsbedarf gebietsfremder Tagestouristen, die sich vorwiegend zu Erholungszwecken in dem Gebiet aufhalten.*« Diese Meinung erscheint als zu eng. Der entgegengesetzten Auffassung des OVG Berlin, aaO. und von *Stock*, in: *K/R/S*, Rdn 34 zu § 3 wird zugestimmt.

4.24 Das OVG Saarl. hat in einem ausführlichen u. überzeugend begründeten U. v. 5.12.1995 (– 2 R 2/95 – BRS 57 Nr. 64) als **Leits.** herausgestellt: »*Eine Gaststätte, die in einem durch Bebauungsplan ausgewiesenen allgemeinen Wohngebiet verwirklicht werden und außer 16 Sitzplätzen, davon 12 an Tischen, einen Nebenraum mit* **zwei Billardtischen** (Hervorhebung dortseits) *aufweisen soll, kann auch dann eine der Gebietsversorgung dienende Schank- und Speisewirtschaft im Verständnis von § 4 Abs. 2 Nr. 2 BauNVO sein, wenn vorgesehen ist, dass die Billardtische auch von Mitgliedern eines Billardvereins zu Übungs- und Wettkampfzwecken genutzt werden*« (OVG Saarl., aaO.).

Die Entscheidung entspricht u. a. der diesseitigen Auffassung, dass es sich **beim Billardspielen** um einen Geschicklichkeits«sport« handelt, so dass der Raum in der Schank- u. Speisewirtschaft entsprechender Größe, in dem dieses Spiel sportartig betrieben wird, nicht etwa zu einer Vergnügungsstätte wird, wie es in dem U. des BVerwG v. 20.8.1992 (– 4 C 54.89 – BRS 54 Nr. 137) zum Ausdruck kommt; s. dazu § 4a Rn 23.61, 23.62).

4.25 Nach dem B. d. BVerwG v. 3.9.1998 (– 4 B 85.98 – BauR 1999, 29 = NVwZ 1999, 186 = DÖV 1999, 33 = UPR 1999, 72 = BRS 60 Nr. 67) ist die Frage, ob eine Gaststätte i. S. d. § 4 Abs. 2 Nr. 2 BauNVO der »Versorgung des Gebiets« dient, vom verbraucherbezogenen Einzugsbereich her zu bestimmen; nicht entscheidend sind dagegen – auch bei kleinen Landgemeinden – das Gemeindegebiet oder Gemeindegebietsteile (Ortsteile), ebenso nicht zwingend das festgesetzte Wohngebiet. Ein verbrauchernaher Einzugsbereich liegt nicht vor, wenn die Gaststätte auf Besucher ausgerichtet ist, die realistischerweise zum Besuch ein Kfz benutzen, oder wenn die Gaststätte eine Kapazität aufweist, die nicht erwarten lässt, dass sie durch die Bewohner des »Gebiets« in einem ins Gewicht fallenden Umfang ausgelastet wird (so die Leits. des BVerwG, aaO.).

In dem kurz danach ergangen U. v. 29.10.1998 (– 4 C 9.97 – NVwZ 1999, 258 = DVBl. 1999, 244 = BauR 1999 228 = BRS 60 Nr. 68) ist das BVerwG auf einige grundsätzliche Probleme im Zusammenhang mit Schank- und Speisewirtschaften eingegangen. Für die Qualifizierung einer Anlage als gebietsbezogen (hier: einer Gastwirtschaft mit Kegelbahn) kommt es maßgeblich auf objektive Kriterien an, wie insbes. die Größe und die sonstige Beschaffenheit der Anlage, die daraus sich ergebenen Erfordernisse einer wirtschaftlich tragfähigen Ausnutzung, die örtlichen Gegebenheiten und die – möglicherweise regional unterschiedlichen – typischen Verhaltensweisen in der Bevölkerung. Dabei ist das Betriebskonzept zwar nicht belanglos, es hat jedoch nur indizielle Wirkung, etwa im Hinblick auf sich abzeichnende künftige Entwicklungen für die wirtschaftliche Tragfähigkeit von Anlagen oder für sich ändernden Verhaltensweisen in der Bevölkerung. Der von § 4 Abs. 2 Nr. 2 BauNVO geforderte Gebietsbezug ist gegeben, wenn die Anlage eine Größe hat, die erwarten lässt, dass ihre Kapazität in einem erheblichen Umfang von Bewohnern aus dem umgebenden Gebiet ausgelastet wird (BVerwG, U. v. 29.10.1998, aaO.). In dem entschiedenen Fall handelte es sich um eine kleine Gastwirtschaft mit Kegelbahn in einem allgemeinen Wohngebiet, wobei die Kegelbahn im Laufe der Zeit nach Erlass der Baugenehmigung zunehmend an Attraktivität für ein auswärtiges Publikum, das mit Personenkraftwagen und Bussen anreiste, gewann. Die Klage von Nachbarn wegen des von der Kegelbahn ausgehenden Lärms auf Einschreiten durch das Gewerbeaufsichtsamt hatte vor dem BVerwG letztendlich keinen Erfolg.

Bei dem U. v. 29.10.1998 (aaO.) ist das BVerwG in einem Leits. auch auf das folgende Problem eingegangen: »*Bei der Frage, welche Anlagen i. S. des § 4 Abs. 2 Nr. 2 BauNVO ›der Versorgung des Gebiets dienen‹, ist auf die Gegebenheiten in dem Zeitpunkt abzustellen, für den die Frage zu entscheiden ist; absehbare Entwicklungen sind zu berücksichtigen*« (BVerwG, aaO.).

In den sorgfältig abgefassten **Gründen** ist der Senat u. a. auf die Rechtsfrage eingegangen, wie eine nach Erteilung der Baugenehmigung (1965) eingetretene Intensivierung der **Nutzung der Kegelbahn** (planungs-)rechtlich zu behandeln sei. Das Berufungsgericht hatte gemeint, hier handele es sich um eine Nutzungsänderung der als Bestandteil der Gastwirtschaft genehmigten Kegelbahn. Das BVerwG hat ds. E. zu recht entschieden, dass diese Rechtsauffassung mit § 4 Abs. 2 Nr. 2 BauNVO und mit dem in § 29 Abs. 1 S. 1 BauGB 1998 verwendeten Rechtsbegriff der Nutzungsänderung nicht vereinbar ist.

Das OVG hat die unmittelbar mit dem Schankraum verbundene Kegelbahn als Bestandteil der bereits betriebenen kleinen, auf die Versorgung des umgebenden Wohngebiets bezogenen Gastwirtschaft angesehen und sie deshalb in gleicher Weise wie diese für seinerzeit im WA-Gebiet zulässig gehalten. Es hat dazu festgestellt, dass damals auch für die Kegelbahn nur mit Besuchern aus dem umgebenden Wohngebiet zu rechnen war. Ergänzend hat es bemerkt, dass nach damaliger Auffassung – auch in der oberrichterlichen Rspr. – Kegelbahnen als Bestandteil von Gastwirtschaften wohngebietsbezogen sein konnten und unter dieser Voraussetzung im WA-Gebiet zulässig waren. Der VOgeber ist typisierend davon ausgegangen, dass Nichtwohnnutzungen, für die der übliche Weise ein Bedarf in Wohnungsnähe besteht, in Gebieten, die vorwiegend dem Wohnen dienen, das Wohnen nicht unzumutbar stören, und lässt sie deshalb dort allgemein zu. Bei der Frage der Eignung bestimmter Anlagenarten im Hinblick auf ihre Wohngebietsverträglichkeit sind auch absehbare künftige Entwicklungen zu berücksichtigen. Nutzungen oder Nutzungsintensitäten der Anlage, die zu der maßgeblichen Zeit nicht üblich sind und von denen auch nicht abzusehen ist, dass sie in absehbarer Zeit üblich sein werden, brauchen jedoch nicht unterstellt zu werden, auch wenn sie sich im nachhinein wider Erwarten einstellen (so im Ergebnis die Gründe des BVerwG, aaO.)

»*Durch den seinerzeitigen späteren Anbau der einläufigen Kegelbahn hat die (kleine) Gastwirtschaft nicht den Charakter einer der Versorgung des Gebiets dienenden Schank- und Speisewirtschaft*« verloren. Maßgeblich für die Qualifizierung als gebietsbezogene Anlage sind objektive Kriterien, wie die Größe und sonstige Beschaffenheit der Anlage, die daraus sich ergebenden Erfordernisse einer wirtschaftlich tragfähigen Ausnutzung, die örtlichen Gegebenheiten und die – möglicherweise regional unterschiedlichen – typischen Verhaltensweisen in der Bevölkerung. Danach ist zu beurteilen, ob die Anlage absehbar nur oder zumindest in einem erheblichen Umfang von den Bewohnern des umliegenden Gebiets besucht wird oder ob ein darüber hinausgehender Besucherkreis zu erwarten ist, der zum Verlust des Gebietsbezugs führt. Hat die Anlage eine Größe, die erwarten lässt, dass ihre Kapazität in einem erheblichen Umfang von Bewohnern aus dem umgebenden Gebiet ausgelastet werden wird, dann ist der von § 4 Abs. 2 Nr. 2 BauNVO geforderte Gebietsbezug gegeben. Wenn im Einzelfall aus besonderen Gründen gleichwohl Standortprobleme zu erwarten sind, so bietet § 15 BauNVO eine Steuerungsmöglichkeit. Verändern sich die Verhaltensweisen in der Bevölkerung, z. B. aufgrund der durch Motorisierung gesteigerten Mobilität der Bevölkerung, und die Voraussetzungen für eine wirtschaftlich tragfähige Bewirtschaftung der Anlage, so kann das dazu führen, dass eine Gastwirtschaft mit Kegelbahn nicht mehr als eine »der Versorgung des Gebiets dienende« Anlage genehmigt werden kann. Trägt sich eine Kegelbahn als Bestandteil einer Gastwirtschaft wirtschaftlich in erheblichem Umfang nicht mehr bei einem Besucherkreis, der aus dem umgebenden Gebiet zu erwarten ist, so dient sie nicht »der Versorgung des Gebiets«. Das gilt unabhängig von dem Betriebskonzept desjenigen, der eine Baugenehmigung für eine solche Anlage erstrebt; denn nach den objektiven Merkmalen, die in Beziehung zu setzen sind, ist die Anlage geeignet, der übergebietlichen Versorgung zu dienen. Sie fällt deshalb nicht (mehr) unter die nach § 4 Abs. 2 Nr. 2 BauNVO im allgemeinen Wohngebiet zulässigen Anlagen. So mag es sein, dass eine Gastwirtschaft mit Kegelbahn heute regelmäßig keine gebietsbezogene Anlage mehr ist, jedenfalls nicht in ländlichen, durch lockere Bebauung geprägten Bereichen. Anders mag es in großstädtischen, durch Geschosswohnungsbau geprägten Bereichen sein (so die Gründe des U. des BVerwG v. 29.10.1998 aaO.).

Das OVG hat – nach dem Sachverhalt des Urt. v. 29.10.1998 – angenommen, dass nach dem heutigen durch Einfamilienhausbebauung geprägten Bereich eine Kegelbahn (als Bestandteil einer Gastwirtschaft) nicht mehr der Versorgung des Gebiets dient und deshalb nicht im WA-Gebiet zulässig ist; sie sei bei jeder gebotenen typisierenden Betrachtungsweise generell geeignet, Störungen für die Nachbarschaft hervorzurufen. Die vom OVG gezogene weitere Folgerung, ein solcher Wandel führe dazu, dass der weitere Betrieb der Kegelbahn, jedenfalls wenn er im Zuge dieses Wandels intensiviert und ganz überwiegend von gebietsfernen Besuchern aufgesucht werde, eine Nutzungsänderung i.S.d. § 29 BauGB darstelle. Diese Auffassung ist mit Bundesrecht nicht vereinbar, wie das BVerwG festgestellt hat (s. Rn 4.26 u. Abs.):

»Nutzungsänderung ist nur ein solcher Vorgang, der die Merkmale des Vorhabenbegriffs erfüllt. Der Vorhabenbegriff setzt voraus, dass der als Nutzungsänderung zu beurteilende Vorgang von dem Nutzer veranlasst, ihm zuzuordnen ist. Die bisherige Nutzung muss aufgegeben worden sein. Eine Änderung der tatsächlichen Verhältnisse, die dazu führt, dass eine Anlage nunmehr bebauungsrechtlich anders zu beurteilen ist als bisher, stellt als solche **keine Nutzungsänderung** *dar. Das gilt auch dann, wenn der Betrieb der Anlage intensiviert wird, ohne dass der Betreiber etwas an den für die Bestimmung der Nutzungsart maßgebenden Merkmalen ändert. Zu den Merkmalen, die die Nutzungsart ›der Versorgung des Gebiets dienende Schank- und Speisewirtschaft‹ bestimmen, gehört, wie das OVG selbst zutreffend ausführt, nicht die individuelle Bewirtschaftungsweise und -intensität des jeweiligen Betreibers der Anlage, sondern es kommt auf die – dem allgemeinen Wandel unterliegende – generelle Eignung der Anlage* **zu bestimmter Nutzung und Nutzungsintensität** *an. Das Baurecht knüpft an objektive, vor allem in Maß und Zahl ausdrückbare Merkmale baulicher Anlagen an. Wenn es, wie in § 4 Abs. 2 Nr. 2 BauNVO, eine besondere Nutzungsart durch eine gebietliche Versorgungsfunktion bestimmt, dann lässt sich dies – baurechtlich – nur dadurch umsetzen, dass – typisierend und aufgrund allgemeiner Erfahrung – von der Größe und sonstigen baulichen Beschaffenheit der Anlage sowie aus der Größe und Struktur der umgebenden Wohnbebauung auf den zu erwartenden Besucherkreis geschlossen wird«.* (Wird weiter ausgeführt, BVerwG, aaO.; Hervorhebungen diesseits).

4.27 Zu dem beachtlichen U. des BVerwG v. 29.10.1998 hat *Schmaltz*, Vorsitzender Richter eines Bausenats am Nds. OVG, eine fast dreiseitige kritische Anmerkung geschrieben, die nicht nur lesenswert, sondern auch bedenkenswert ist. Wenn man sich künftig mit der Tragweite materiellen Gehalts des nutzungsrechtlichen Begriffs »der Versorgung des Gebiets dienenden Schank- und Speisewirtschaften« nach § 4 BauNVO befassen muss, wird man auf das sorgfältige Studium der beiden Entscheidungen des BVerwG v. 3.9.1998 und vom 29.10.1998 (s. Rn 4.25 u. 4.26 in der Anmerkung von *Schmaltz* dazu, DVBl. 1999, 247) nicht verzichten können. *Schmaltz* weist darauf hin, dass es entscheidend auf die (jeweiligen) Bedürfnisse der Bewohner, deren Befriedigung eine Gastwirtschaft i.S.d. § 4 Abs. 2 Nr. 2 BauNVO dienen muss, ankommt. Diese können nach der Struktur des Wohngebiets (sehr) unterschiedlich sein. Die Bedürfnisse der Bewohner werden nicht in erster Linie durch unterschiedliche bauliche Gegebenheiten, sondern **durch die unterschiedliche Betriebsweise** befriedigt. *Schmaltz* führt dazu einleuchtende Beispiele an. Es wird entscheidend darauf ankommen, die Bedürfnisse eines Wohngebiets im Hinblick auf die gastronomische Versorgung abzuklären. Nach den landesbauordnungsrechtlichen Vorschriften bietet sich dazu u. a. der erforderliche **Stellplatzbedarf** an, für den aus den Bauvorlagen der Betriebsumfang i. S. d. betrieblichen Konzepts ersichtlich sein muss (s. dazu auch Rn 4.30 u. 5.5). Die Frage der wohnnahen Versorgung des Gebiets wird dennoch schwierig bleiben. Hier sollte nicht kleinlich verfahren werden, wenn z. B. in einem allgemeinen Wohngebiet mit höherem Zuschnitt und evtl. angrenzenden reinen Wohngebieten, in denen eine Gaststätte nicht zulässig ist, eine Schank- und Speisewirtschaft (Gastwirtschaft) die Zulassung beantragt, deren Eigentümer und Koch bereits für eine gute Küche u. ein gekonntes »Ambiente« bekannt sind. Ist zu erwarten, dass die Gastwirtschaft von den Bewohnern des Gebiets gut angenommen wird, sollten hinsichtlich der Zulässigkeit keine Bedenken bestehen, wenn zu erwarten ist, dass Bewohner auch anderer Wohngebiete die Gastwirtschaft aufsuchen werden.

Schmaltz weist bzgl. der **Nutzungsänderung**, die im U. d. BVerwG v. 29.10.1998 (aaO.) eine zentrale Frage war, darauf hin, dass eine Nutzungsänderung auch durch Funktionsänderung erfolgen kann. Dies wird bei einer Schank- und Speisewirtschaft wohl seltener der Fall sein. Denn eine Nutungsintensivierung reicht eben nicht.

Eine Streitfrage im U. des BVerwG v. 29.10.1998 ist in der Entscheidung nach diesseitiger Auffassung nicht hinreichend und damit zufriedenstellend behandelt und auch von *Schmaltz* nicht angesprochen worden. Es geht um eine Kegelanlage im Zusammenhang mit einer Schank- und Speisewirtschaft (s. dazu Rn 4.31). Unabhängig von der Feststellung, ob und inwieweit eine Kegelanlage zusammen mit einer Schank- und Speisewirtschaft oder später für diese genehmigt worden ist, bedarf diese Frage nach der Neufassung der BauNVO 1990 einer besonderen Erörterung. Kegelanlagen sind i. d. R. sportliche Anlagen (»Bundeskegelbahn«; s. Rn 4.31). § 4 Abs. 2 Nr. 3 BauNVO 1990 ist um die Zulässigkeit der »Anlagen für sportliche Zwecke« erweitert worden. Kegelanlagen können nunmehr unabhängig von einer Schank- und Speisewirtschaft und gesondert davon genehmigt werden, *wenn* sie der Gebietsverträglichkeit entsprechen. Durch die ÄndVO 1990 haben Kegelanlagen einen **eigenen Nutzungsstatus** erhalten. Es spielt für die Frage der der Gebietsversorgung dienenden Schank- und Speisewirtschaft mithin keine Rolle, ob die Besucher der Kegelanlage – etwa wegen der besonderen Güte der Anlage – aus (ganz) anderen Gebieten der Gemeinde kommen. Hier ist im Ergebnis eine Funktionsänderung eingetreten. Eine bis 1990 nur ausnahmsweise zulassungsfähige Kegelanlage (als Anlage für sportliche Zwecke) verfügt nunmehr über einen eigenen Rechtsanspruch auf Genehmigung.

Ein **Imbissraum**, dessen Angebot typischerweise darauf ausgerichtet ist, ein begrenztes Sortiment schnell zuzubereitender Speisen während seiner gesamten Öffnungszeit bereitzuhalten, ist keine im allgemeinen Wohngebiet zulässige, i. S. v. § 4 Abs. 2 Nr. 2 BauNVO der Gebietsversorgung dienende Schank- und Speisewirtschaft (so mit Recht OVG Saarl., U. v. 2.7.1992 – 2 R 27/90 – BRS 54 Nr. 44 = NVwZ-RR 1993, 460 = GewArch. 1992, 432). Die Einstufung des Imbissraumes als Schank- u. Speisewirtschaft im **gaststättenrechtlichen Sinne** (wird im U. im Einzelnen ausgeführt) führt noch nicht zur Zulässigkeit des Vorhabens in einem WA-Gebiet. Das Vorhaben muss seiner Funktion nach auf die Befriedigung solcher Bedürfnisse gerichtet sein, denen nach den Maßstäben einer sinnvollen städtebaulichen Ordnung gerade in einem allgemeinen Wohngebiet entsprochen werden soll (so überzeugend OVG Saarl., aaO.).

Aus den Planunterlagen ging hervor, dass Zielgruppe des umstrittenen Imbissraumes gerade nicht die Wohnbevölkerung des durch den B-Plan festgesetzten WA-Gebiets u. auch nicht diejenige benachbarter Wohngebiete ist. Er richtet sich vielmehr an Personen, die das unmittelbar benachbarte Ortszentrum aufsuchen, um dort zu arbeiten, einzukaufen u. die

§ 4 Abs. 2   4.29

angebotenen Dienstleistungen in Anspruch zu nehmen (wird vom OVG Saarl., aaO., weiter ausgeführt).

Das Urt. des OVG Saarl. v. 2.7.1992 (aaO.) ist durch B. des BVerwG v. 18.1.1993 (– 4 B 230.92 – BRS 55 Nr. 54 = NVwZ-RR 1993, 455) bestätigt worden. Leitsatz: »*Eine Schank- und Speisewirtschaft, die keinen nennenswerten Bezug zu der Wohnnutzung der Umgebung aufweist, kann in einem allgemeinen Wohngebiet nicht nach § 4 Abs. 2 Nr. 2 BauNVO zugelassen werden.*«

In den Gründen des B. heißt es mit Recht, nach der Zweckrichtung des § 4 Abs. 2 Nr. 2 kann von einem Dienen keine Rede mehr sein, wenn sich die Schank- und Speisewirtschaft dem WA-Gebiet, in dem sie liegt, funktional nicht zuordnen lässt. »*Das ist jedenfalls dann der Fall, wenn sie nicht auch in einem ins Gewicht fallenden Umfang von den Bewohnern der Umgebung aufgesucht wird*« (BVerwG, aaO.).

Ob eine Schank- und Speisewirtschaft der Versorgung eines allgemeinen Wohngebiets dient, muss auch für ein **Fastfood-Restaurant** (hier: »subway«-Filiale) mit nur 20 Sitzplätzen unter Berücksichtigung des Einzelfalls entschieden werden. Es wurde vom OVG NW in einem Eilverfahren bejaht (B. v. 16.3.2005 – 10 B 1350/04 – BRS 69 Nr. 62).

4.29 Als Schank- und Speisewirtschaft ist auch ein **Biergartenbetrieb** einzustufen.

»*1. Ein Biergartenbetrieb ist nicht deshalb von der Rücksichtnahme auf die benachbarte Wohnbebauung freigestellt, weil er eine* »*soziale Funktion*« *erfüllt und in Bayern traditionell als* **Kulturgut** *angesehen werden mag.*

2. Durch den Betrieb einer Gaststätte ausgelöste, in einem Wohngebiet selbst sich abspielende starke Verkehrsbewegungen können auch dann mit dem Gebietscharakter unvereinbar sein, wenn die Geräuschbelastung den einschlägigen Richtwert nicht überschreiten sollte.

3. Die Unzumutbarkeit von Lärmbelästigungen lässt sich nicht durch einen Hinweis auf die begrenzte Zahl der ›Biergartentage‹ ausschließen« (**Leits.** des BayVGH, U. v. 20.4.1995 – 22 B 93. 1948 – GewArch. 1995, 253; Hervorhebung diess.).

Das BVerwG hat mit überzeugenden Gründen die **bayerische Biergärten-NutzungszeitenVO** vom 27.6.1995 für nichtig erklärt und folgenden Leits. herausgestellt: «*Eine Landesverordnung, die von nichtgenehmigungsbedürftigen Anlagen ausgehende Geräuschemissionen regelt (§ 23 Abs. 2 BImSchG), ist nichtig, wenn sie keine den Lärm betreffenden Anforderungen an die Anlagenbetreiber stellt*« (U. v. 28.1.1999 – 7 CN 1.97 – NVwZ 1999, 651 = DVBl. 1999, 863).

Zu Recht hat das BVerwG darauf hingewiesen, dass die Biergarten-VO durch den bundesrechtlichen Ermächtigungsrahmen nicht gedeckt sei. Sie stelle entgegen § 23 Abs. 1 BImSchG keine Anforderungen an die Biergartenbetreiber zum Zweck des Lärmschutzes, sondern erkläre stattdessen alle von Biergärten in der Nachbarschaft von Wohnbebauung ausgehenden oder ihnen zurechenbaren Lärmeinwirkungen generell für nicht schädlich i. S. v. § 22 Abs. 1 Nrn. 1 und 2 BImSchG, sofern bestimmte Betriebszeiten nicht überschritten werden würden. Ein solcher Regelungsansatz verfehle den Schutzzweck des BImSchG. Etwas ironisch bemerkt das U.: »*Indem die Verordnung die von Biergärten einschließlich des ihnen zurechenbaren Straßenverkehrs ausgehenden Umwelteinwirkungen als unschädlich definiert, wenn Musikdarbietungen um 22 Uhr enden, die Verabreichung von Getränken und Speisen um 22.30 Uhr endet und die Betriebszeit so endet, dass der zurechenbare Straßenverkehr bis 23 Uhr abgewickelt ist, blendet sie die Möglichkeit unzumutbarer Geräuschemissionen innerhalb dieser Zeiten normativ aus. Dem liegt offenbar die Vorstellung zu Grunde, Biergärten verursachten wegen der spezifisch bayerischen Besonderheiten dieses Anlagetyps im Rahmen bestimmter Betriebszeiten prinzipiell keinen immissionsschutzrechtlich beachtlichen Lärm, und zwar ohne Rücksicht auf Art, Ausmaß und Dauer derartiger Einwirkungen.*«

Die bayerische Landesregierung hat daraufhin eine neue Biergarten-VO erlassen. Nach ihr dürfen die Biergärten in Bayern weiter bis 23 Uhr geöffnet bleiben. Biergärten in Wohngebieten dürfen künftig bis 22.30 Uhr Speisen und Getränke abgeben. Musikdarbietungen müssen um 22 Uhr enden. Je nach Lage des Lokals müssen Lärmobergrenzen zwischen 55 und 65 dB(A) eingehalten werden. Es bleibt abzuwarten, ob diese VO vor dem BVerwG letztendlich Bestand hat. Nach einem Bericht der SZ vom 17.1.2006 zu einem Amtshilfeersuchen der Freien Hansestadt Hamburg ist das Bayer. Umweltministerium sich selbst nicht sicher, ob die Bayer. BiergartenVO überhaupt rechtmäßig ist.

Nach der Begr. zur Bayer. BiergartenVO (GVBl. 1999, 289; auch abgedruckt in GewArch. 1999, 289) liegt ein typischer bayer. Biergarten i. S. d. VO (vgl. hierzu Jahn, GewArch. 1999, 271) vor, wenn folgende zwei Merkmale vorliegen: der Gartencharakter und die traditionelle Betriebsform, speziell die Möglichkeit, dort auch die mitgebrachte, eigene Brotzeit unentgeltlich verzehren zu können, was ihn von sonstigen Außengaststätten unterscheidet. Weiterhin gehört dazu auch das Vorhandensein einer separaten Bierzapfanlage und die Möglichkeit der Selbstbedienung im Außenbereich (BayVGH, B. v. 10.10.2002 – 22 ZB 02.2451 –). Insbes. bei dem Verzicht auf Musik und sonstige laute Darbietungen und einer beschränkten Zahl, der auf der Freischankfläche zur Verfügung stehenden Gastplätze und einer relativ geringen Belegungsdichte kann von einem »lauten« Biergarten nicht ausgegangen werden (so der BayVGH, U. v. 31.7.2003 – 2 B 00. 3282 –).

Es ist darauf hinzuweisen, dass der Biergarten, der Anlass für die Klage der Nachbarn gewesen ist, sich in einem reinen Wohngebiet (§ 3 BauNVO) befand (vgl. DVBl.-Report 1999 A 57, StuGR 2000, 33). Es mag bayerische Besonderheit sein, dass Biergärten sich auch in reinen Wohngebieten befinden dürfen. Nach dem Nutzungskatalog des § 3 sind Schank- und Speisewirtschaften in WR-Gebieten unzulässig. Jeder Nachbar des Biergartens in dem WR-Gebiet, der sich – meistens durch Lärm – beeinträchtigt fühlt, kann ohne besondere Gründe Klage erheben mit dem Hinweis, die Biergarten-Schankwirtschaft sei in einem WR-Gebiet unzulässig (vgl. dazu Grundsatzurt. des BVerwG v. 16.9.1993 – 4 C 28.91 – Fundst. § 3 Rn 5.1).

4.30 Die Entscheidungen zur Frage der **Zulässigkeit von Schank- u. Speisewirtschaften** in WA-Gebieten zeigen, dass es im Interesse des Bauantragstellers liegen kann, die für die Versorgung des Gebiets sprechenden Gründe kurz darzulegen. Dies erleichtert die Überprüfung u. kann das Baugenehmigungsverfahren beschleunigen. Der Bauantragsteller ist zu Erläuterungen insoweit auch *verpflichtet*, wie das OVG Münster (U. v. 11.12.1979 – VII A 1940/77 – BRS 35 Nr. 34 = BauR 1980, 155) dies für erforderlich gehalten hat, weil vom vorgesehenen Betrieb der Stellplatzbedarf abhängt.

4.31 Die im Zusammenhang mit Schank- u. Speisewirtschaften häufig (gleichzeitig oder nachträglich) errichteten **Kegelanlagen** bedürfen **in WA-Gebieten** hinsichtlich der **planungsrechtlichen Einstufung** u. Behandlung einer *zusätzlichen* Erörterung (nur grundsätzlich dazu § 2 Rn 14 f.). Die Schwierigkeit der planungsrechtlich überzeugenden u. auch hinsichtlich der Bebauungsgenehmigung richtigen Einordnung derartiger Kegelanlagen rührt daher, dass es sich nach den langjährigen Erfahrungen in der Praxis zunehmend in der Mehrzahl um Anlagen handelt, die planungsrechtlich und betriebswirtschaftlich zwar i. A. ein Teil der Schank- und Speisewirtschaft sind und **unter einheitlicher** Geschäftsleitung betrieben werden, die aber über die in den Schank- und Speisewirtschaften (Gaststätten) zu befriedigenden geselligen Bedürfnisse bei entspr. Verzehr von Speisen und Getränken hinaus heutzutage in den meisten Fällen ein über die übliche Geselligkeit hinausgehendes »Eigenleben« führen, viel-

§ 4   Abs. 2   4.32

fach mit sportlichen Akzenten. Es gibt zig *Kegelvereine*, die das Kegeln *sportlich-wettkampfmäßig* betreiben; möglicherweise ist dann die Schank- und Speisewirtschaft, wenn sie eine sog. »Bundeskegelbahn« mit einheitlichen Maßen zur Durchführung von Wettkämpfen unterhält, das »Vereinslokal«. Es ist jedoch nicht zu verkennen, dass »Kegelclubs« noch immer vielfach stark vom geselligen Zusammensein geprägt werden. Kegelbahnen (-anlagen) haben im Rahmen der Wandlung unserer Gesellschaft, insbes. hinsichtlich des Freizeitverhaltens und der sportlich-körperlichen Betätigung, selbst eine Wandlung erfahren, vor allem durch Anpassung an die immissionsschutzrechtlichen Forderungen zur Lärmminderung, um dem Gebot der Rücksichtnahme gegenüber der Nachbarschaft der Schank- und Speisewirtschaften nachzukommen.

Die Ausführungen in § 2 Rn 14–14.2 haben bereits gezeigt, dass Kegelbahnen (Kegelsportanlagen) nicht nach einheitlichen Kriterien zu erfassen sind und – obwohl sie i.d.R. einen Bestandteil der jeweiligen Schank- u. Speisewirtschaft bilden – in unterschiedlicher Weise eigene Aufgaben erfüllen. Sie dienen nur noch in seltenen Fällen zur *ausschließlichen* Vertiefung der Geselligkeit in der jeweiligen Schank- u. Speisewirtschaft, ohne etwa Nebenanlagen zu sein. Da Kegeln eine sportlich-körperliche Tätigkeit ist, fördern Kegelbahnen gleichzeitig die Gesunderhaltung (s. § 2 Rn 14.2). In allgemeinen Wohngebieten haben Kegelbahnen durch die generelle Zulässigkeit der »Anlagen für sportliche Zwecke« aufgrund der ÄndVO 1990 (§ 4 Abs. 2 Nr. 3) eine deutliche Aufwertung erfahren. Einigkeit wird darin bestehen, dass Kegelanlagen zu keiner Zeit auf »die Versorgung des Gebiets« beschränkt sein konnten, wenn sie wirtschaftlich betrieben werden sollten. Nach allem können Kegelbahnen (Kegelanlagen) als ein »**Mehrzweckinstitut**« bezeichnet werden, das *planungs*rechtlich wegen des hinsichtlich der Rücksichtnahme auf die Nachbarschaft zu berücksichtigenden Standorts als *eigenständige Anlage* zu behandeln ist. Das ändert nichts daran, dass Kegelbahnen – auch im (bisherigen) Zusammenhang mit Schank- und Speisewirtschaften in WS- u. WR-Gebieten (§ 2 Abs. 3 Nr. 2, § 3 Abs. 3 Nr. 2) – wegen der typischen Begleiterscheinungen (s. § 2 Rn 14.2) und der dadurch richtigerweise nur *ausnahmsweisen* Zulassungsfähigkeit dort weiterhin nicht genehmigungsfähig sind.

4.32   Obwohl Kegelbahnen (Kegelsportanlagen) in WA-Gebieten eine gewisse Eigenständigkeit und allgemeine Zulässigkeit nicht abzusprechen ist, werden sie in der Mehrzahl weiterhin im Zusammenhang mit Schank- u. Speisewirtschaften errichtet werden (vgl. zu einem »*Kegelzentrum*« BVerwG, B. v. 2.7.1991 – 4 B 1.91 – BRS 52 Nr. 64 = NVwZ 1991, 982). Es ist schließlich nichts Besonderes (mehr), dass geselliges Beisammensein mit sportlicher Betätigung verbunden wird, wie das gleichfalls beim Bowling-Sport oder dem Billardspielen (Geschicklichkeitssport) der Fall ist. Die Einschränkung der Schank- u. Speisewirtschaften, dass sie der Versorgung des Gebiets dienen müssen (s. Rn 4.23), reicht als Ablehnungsgrund für »Kegelbahnen« nicht aus (a. A. *Bielenberg*, Rdn. 15). Für die Genehmigungsfähigkeit wird es entscheidend auf die Zulässigkeitsvoraussetzungen des § 15 Abs. 1 Satz 1 im Hinblick auf die *Eigenart* des Gebiets ankommen *(Lage* der Schank- u. Speisewirtschaft selbst u. der Kegelanlage sowie deren *Umfang),* u. die bauliche Beschaffenheit, insbes. zur Abschirmung des Kegellärms. Daraus wird sich der Störfaktor ergeben mit der gleichzeitigen Einschätzung, ob das Rücksichtnahmegebot gegenüber der Wohnbebauung entspr. dem Gebietscharakter eingehalten werden kann.

Die weitgehend ältere Rspr. dürfte sich der nunmehr notwendig differenzierenden Sicht annehmen müssen. *Bielenberg* hat sich unter Aufgabe seiner in der Vorauflage vertretenen Auffassung mit der Einordnung der Kegelbahnen eingehend befasst (vgl. Rdn. 15, 54. Lfg. 1996). *Bielenberg* meint, unter Ablehnung der diesseitigen Auffassung in der 8. Aufl., wonach Kegelbahnen »*als selbstständige Anlagen, wenn auch nicht als selbstständiger Gewerbebetrieb (§ 2 Rn 14.1) ... zu betrachten seien*«, »*bei einem räumlichen, baulichen und funktionellen Zusammenhang*« sei von »*einer Einheit zwischen Schank- und Speisewirtschaft einerseits und Kegelbahn andererseits auszugehen*« .... »*Bei dieser planungsrechtlichen Einordnung muss die Kegelbahn wie die Schank- und Speisewirtschaft die Voraussetzung der Gebietsversorgung erfüllen*«. »*Maßgebend für die Zulässigkeit ist auch insoweit die Einhaltung der Versorgungsfunktion und des zulässigen Störungsgrades im allgemeinen Wohngebiet*«. Diese Auffassung wird bereits seit der 8. Aufl. nicht geteilt.

Auch unter Berücksichtigung der Auffassung von *Bielenberg* besteht keine Veranlassung, die generelle Zulässigkeit von Kegelbahnen in allgemeinen Wohngebieten als sog. *Mehrzweckinstitut* unter Beachtung von § 15 Abs. 1 einzuschränken.

cc) Zum Begriff »nicht störende Handwerksbetriebe« s. § 2 Rn 15–20; zur Zulässigkeit bzw. Unzulässigkeit bestimmter Handwerkszweige s. § 2 Rn 20.1, Rn 24–25.26. Zu den im WA-Gebiet i. d. R. nicht zulässigen Handwerksbetrieben zählen insbes. Schlossereien, Tischlereien (Rn 24.4), Zimmereibetriebe und Kfz-Reparaturwerkstätten (§ 6 Rn 23.1). **4.4**

Die diesseitige Auffassung ist mit erfreulicher Deutlichkeit vom Hess. VGH in seinem U. v. 27.6.96 (– 4 UE 1788/92 –, BRS 58 Nr. 66) bestätigt worden. »*Mit dem Gebietscharakter eines Wohngebiets sind ein Zimmereibetrieb und die ihm dienenden Anlagen schlechthin unverträglich. Von einem Zimmereibetrieb gehen wegen der eingesetzten Maschinen regelmäßig erhebliche Staub- und Lärmimmissionen aus*« (so der **Leitsatz** des Hess. VGH, aaO.).

In den **Gründen** hat der Senat u. a. ausgeführt, die geltend gemachten näheren Umstände des Einzelfalls rechtfertigten nicht die Annahme, dass ein Zimmereibetrieb ausnahmsweise als nicht störend angesehen werden könnte, mit Bezugnahme auf BVerwG, U. v. 7.5.1971 – IV C 76.68 – BRS 24 Nr. 15, »*zumal der Kläger keine nennenswerten Maßnahmen zur Schallisolierung getroffen hat*«. Die geltend gemachte Spezialisierung seines Betriebs auf den Treppenhausbau führte nicht zu einer anderen Beurteilung (Hess. VGH, aaO.).

Der VGH hat mit Recht darauf hingewiesen, dass die Baugenehmigung für die baulichen Anlagen erteilt wird, die **nach der Baubeschreibung** zum Betrieb eines Zimmereigeschäftes bestimmt sind (s. dazu auch Vorb. §§ 2 ff. Rn 10–10.13).

Zur (Un-)Zulässigkeit einer Modellschreinerei im Rahmen der Ansiedlung eines Handwerksbetriebs im WA-Gebiet vgl. BayVGH v. 26.3.1984 (– Nr. 14 B 81 A. 817 – BRS 42 Nr. 41). Bei der Prüfung, ob es sich um einen störenden Betrieb handelt, ist von einer *typisierenden Betrachtungsweise* auszugehen, die auf den Betriebstyp, nicht aber auf alle Einzelheiten des konkreten Betriebs und auch nicht auf alle denkbaren Schutzmaßnahmen abstellt (so mit Recht BayVGH, aaO. unter Bezugnahme auf BVerwG, B. v. 3.1.1973, BRS 27 Nr. 123 u. BVerwG, U. v. 18.10.1974, BRS 28 Nr. 27).

Der *Modellbaubetrieb* (Modellbauer-Handwerk ist ein zulassungsfreies Handwerk, s. § 2 Rn 19, B1, Verzeichnis Nr. 14) ist wie eine übliche Schreinerei, von der er sich zwar berufsbildmäßig abgrenzen lässt, ein störender Betrieb, der

§ 4 Abs. 2   4.41–5

weder nach § 4 Abs. 2 Nr. 2 noch nach Abs. 3 Nr. 4 zulassungsfähig ist. Die zu fordernden Vorkehrungen oder Schutzmaßnahmen bei Betrieben dieser Art müssen üblich oder zumindest mit einer gewissen Zwanglosigkeit mit einem typischen Betriebsablauf vereinbar sein (BayVGH, aaO.). Nicht in Betracht kommen i. d. R. Einschränkungen, die für Betriebe des betreffenden Typs ungewöhnlich oder betriebsfremd sind, etwa eine Einbunkerung durch nicht zu öffnende Fenster, und daher als aufgezwungen empfunden werden müssen. Eine solche Situation mündet wiederum in das **Überwachungsproblem,** das durch die typisierende Betrachtungsweise gerade ausgeschlossen werden soll.

4.41   Außer den genannten Handwerksbetrieben, die im WA-Gebiet i. A. unzulässig sind, wenn sie nicht in ihrem besonderen Fall eine **atypische** Betriebsführung nachweisen können (s. dazu Vorb. §§ 2 ff. Rn 9 ff.), kann es auch möglich sein, dass ein Handwerksbetrieb aus anderen Gründen in einem WA-Gebiet unzulässig ist. Mit einem solchen Fall hat sich das OVG Saarl. in dem U. v. 13.7.1993 (– 2 R 28/91 – GewArch. 1994, 79) zu befassen gehabt. Es ging um die **Erweiterung eines Bäckereibetriebs.** In dem ausführlichen u. sorgfältig begründeten Urt. hat das OVG festgestellt, dass der überwiegende Teil der Produktion nicht *innerhalb* des Gebiets angeboten, sondern in andere Gebiete und Stadtteile geliefert wird. Das Ergebnis der Entscheidung hat das OVG in dem **Leits.** zusammengefasst:

> »*Eine Bäckerei, die den überwiegenden Teil des Backwarenumsatzes nicht mit der auf dem Betriebsgrundstück vorhandenen Verkaufsstelle, sondern mit einem Verkaufswagen sowie durch den Vertrieb an Wiederverkäufer erzielt, mag zwar noch ein der Gebietsversorgung dienender Betrieb i. S. von § 4 Abs. 2 Nr. 2 BauNVO sein, kann aber – vor allem wegen des in dem Ausfahren der Waren liegenden zusätzlichen Störpotenzials – nicht mehr den nicht störenden Handwerksbetrieben i. S. dieser Bestimmung zugerechnet werden*« (OVG Saarl., aaO.).

4.42   Die für **Verkaufsstellen für Bäckereiwaren** nach § 3 Abs. 1 S. 2 LadSchlG eröffnete Möglichkeit, die Ladenöffnungszeit an Werktagen auf 5.30 Uhr vorzuverlegen, befreit den Betreiber nicht von der Einhaltung der Bestimmungen des § 22 Abs. 1 BImSchG i. V. m. den Immissionsrichtwerten der TA Lärm, die dem Lärmschutz – hier der Nachtruhe in einem allgemeinen Wohngebiet bis 6.00 Uhr – dienen (OVG NW B. v. 28.2.2002 – 21 B 771/01 – BauR 2002, 1221 = GewArch.2002, 344 = NWVBl. 2002, 392 u. B. v. 24.1.2005 – 21 A 4049/03 – DÖV 2005, 962 = GewArch. 2005, 497 zu einem Bäckereibetrieb in einem Mischgebiet).

5   dd) **Läden.** Zum Begriff und Strukturwandel allgemein s. § 2 Rn 10–12. Der Selbstbedienungsladen neben dem als Familienbetrieb geführten Laden mit geringerer Ladenfläche und persönlicher Bedienung gewinnt *städtebaurechtlich* immer mehr an Bedeutung.

Die **funktionale Zuordnung** i. S. d. Gebietsversorgung ist für »Geschäfte«, die zwar ladenmäßig betrieben werden, in einem allgemeinen Wohngebiet aber nicht als der Versorgung des Gebiets dienend eingestuft werden können, ausschlaggebend. Über solch einen Fall hatte der VGH BW zu entscheiden (B. v. 25.11.1996 – 3 S 2913/96 – GewArch. 1997, 165).

In den Gründen hat sich der VGH insbes. mit der Zuordnung von *Drogerien* im WA-Gebiet auseinandergesetzt. Er hat mit Recht darauf hingewiesen, dass die Frage nicht generell beantwortet werden kann. Ob Drogerien der Gebietsversorgung dienen (können), hängt wesentlich vom Betriebskonzept ab. Es macht einen erheblichen Unterschied, ob die Drogerie von einer Einzelperson oder einer größeren Filialkette mit aggressiver Preispolitik und entspr. Werbung betrieben wird; Letztere zielen von vornherein auf einen *wesentlich* größeren Einzugsbereich als das festgesetzte allgemeine Wohngebiet ab. Dass andere außerhalb des WA-Gebiets ihre Einkäufe des täglichen Bedarfs dort (im WA-Gebiet) tätigen können, stellt die Funktion der Gebietsversorgung nicht in Frage. Entscheidend ist, ob die Läden zunächst dieser Versorgung dienen wollen.

Es besteht eben ein Unterschied zwischen »Tante-Emma«-Drogerien, deren Zahl (leider) immer mehr abnimmt, und den sog. Drogerie-Betrieben, die vielfach schon vom Warensortiment her mit dem Begriff der Drogerie herkömmlicher Art nur noch wenig Gemeinsames haben. Bei zwei weiteren geplanten Läden – einem Schuhgeschäft und einem Geschäft für Computer, EDV, Hard- und Software – war deren Versorgungsfunktion für das allgemeine Wohngebiet unschwer abzulehnen (VGH BW, aaO.).

Der VGH BW hat – soweit ersichtlich – erstmalig über die Zulässigkeit eines **Vorhaben- und Erschließungsplans** zu entscheiden gehabt, der in einem bebauungsplanmäßig festgesetzten Wohngebiet einen SB-Lebensmittelmarkt im Erdgeschoss mit Büronutzung im Obergeschoss vorsieht (B. v. 11.11.96 – 5 S 2595/96 –, BRS 58 Nr. 22).

5.1

In den **Gründen** hat der VGH festgestellt, dass die Zulässigkeit des genehmigten Vorhabens sich insoweit nicht (mehr) nach dem Bebauungsplan aus dem Jahre 1966 beurteilt, sondern nach der Satzung über den Vorhaben- und Erschließungsplan vom 5.3.1996, mit deren Inkrafttreten am 28.6.1996 der B-Plan insoweit außer Kraft getreten ist (§ 7 Abs. 3 Satz 8 BauGB-MaßnahmenG); künftig zu beurteilen nach § 12 BauGB. *»Die Frage der Unverträglichkeit der neuen Nutzung«* (des SB-Lebensmittelmarktes mit ca. 880 m² Bruttofläche) *»mit der bereits vorhandenen (reinen) Wohnnutzung beurteilt sich unter Abwägungsgesichtspunkten nur am Maßstab des Rücksichtnahmegebots, das – wie dargelegt – nicht verletzt ist«* (wird weiter ausgeführt, besonders unter Berücksichtigung des dem SB-Lebensmittelmarkt zuzurechnenden neuen Kfz-Verkehrs; s. dazu auch Rn 5.5.

Die **Ladenverkaufsfläche** eines modernen Selbstbedienungsladens kann nicht auf alle Fälle zutreffend generell fest begrenzt werden. Es ist in den letzten Jahren zu erheblichen Veränderungen im Einzelhandel gekommen. Nach dem Bericht der Arbeitsgruppe »Strukturwandel im Lebensmitteleinzelhandel und § 11 Abs. 3 BauNVO« vom 30.4.2002 (ZfBR 2002, 598) haben die Supermärkte des Lebensmitteleinzelhandels als Vollsortimenter eine Sortimentsbreite von 7.500 bis 11.500 Artikeln, darunter in erheblichem Umfang Frischwaren, die nach Auffassung der Verbände für die Nahversorgung unentbehrlich sind. Demgegenüber haben die Lebensmitteldiscounter als Teilversorger durchschnittlich 1.000 bis 1.400 Artikel und kommen damit leichter mit kleineren Verkaufsflächen zurecht und können unter der Schwelle von 700 m² bis 800 m² bleiben. Die Verkaufsfläche im Lebensmitteleinzelhandel sind im Zeitraum von 1993–1999 um 1.920.000 m² oder 8 % erhöht worden, die Umsätze nur um 5,4 % gestiegen. Für den Zuwachs der Verkaufsflächen sind vor allem die Vertriebstypen Verbrauchermärkte und Discounter verantwortlich gewesen. 1991 gab es 7.665 Discounter im Lebensmitteleinzelhandel, 1.715 Lebensmittelabteilungen in SB-Warenhäusern/Verbrauchermärkte, 9.433 Supermärkte und 66.451 übrige Lebensmittelgeschäfte. Im Jahr 1999 gab es 12.770 Discounter, 2.363 Lebensmittelabteilung in SB-Warenhäusern, 9.230 Supermärkte und 45.900 übrige Lebensmittelgeschäfte. Der Lebensmittelhandel insgesamt hat von 85.294 Geschäften im Jahr 1991 auf 70.263 im Jahr 1999 abgenommen. Im Jahr 2005 gab es 61.460 Betriebe des Lebensmitteleinzelhandels mit einer Verkaufsfläche von 28,57 Mill. m² (Birk, VBlBW 2006, 289, Fn. 2). Die REWE-Handelsgruppe geht nach dem Bericht der Arbeitsgruppe bei neu zur Eröffnung anstehender Märkte, um auf Dauer wirtschaftlich betrieben werden zu können, von einer Größenordnung von rund 2.000

5.2

§ 4 Abs. 2   5.3

m² Geschossfläche, d. h. rund 1.500 m² Verkaufsfläche aus. Nach Einschätzung der Spitzenverbände des Einzelhandels können bestehende Märkte auf einer Verkaufsfläche von mindestens rund 900 m², d. h. rund 1.200 m² Geschossfläche noch wirtschaftlich betrieben werden. Nach dem U. des BVerwG v. 24.11.2005 (– 4 C 10.04 – BauR 2006, 639 = UPR 2006, 150 = DVBl. 2006, 448 = BRS 69 Nr. 71) kann davon ausgegangen werden, dass nach den heutigen Gegebenheiten jedenfalls Einzelhandelsbetriebe mit nicht mehr als 800 m² Verkaufsfläche noch nicht als großflächig anzusehen sind und der Nahversorgung der Bevölkerung in Wohngebieten dienen können. Es spricht aber vieles dafür, dass es sich dabei um Vollsortimenter und nicht um Discounter handelt, die einen größeren Einzugsbereich wirtschaftlich benötigen und in erheblichem Umfang zusätzlichen wohngebietsfremden Verkehr hervorrufen. Zu Recht weist *Jeromin* (BauR 2006, 619/628) auf verschiedene Kriterien für eine übergebietliche und nicht wohngebietsspezifische Ausrichtung hin: Die Lage an besonders stark frequentierten Durchgangsstraßen, ein über die Richtzahlen für die notwendigen Stellplätze hinausgehendes Parkplatzangebot oder speziell im Lebensmittelbereich ein regelmäßig wiederkehrendes großes Sonderangebot von Non-Food-Produkten bzw. einen nicht auf die einzelnen Produkten, sondern auf den jeweiligen Betrieb (Betreiberfirma) ausgelegten und zentral gesteuerten Werbeaufwand. Damit fallen regelmäßig klassische Lebensmitteldiscounter, unabhängig von der Größe, ihrer Verkaufsfläche aus dem Begriff des Ladens i. S. d. § 4 Abs. 2 Nr. 2 BauNVO. Umgekehrt besteht bei dem Fehlen eines übergebietlichen Betriebskonzepts kein Widerspruch zwischen einem sogar über 800 m² Verkaufsfläche großen SB-Lebensmittelmarkt und seiner Einordnung als sog. Nachbarschaftsladen zur wohnungsnahen Versorgung.

5.3   Auch bei den **Selbstbedienungsläden** neuzeitlicher Form muss die zu gewährleistende Vermeidung aller die Hauptnutzung »Wohnen« störenden Faktoren, soweit dies nach dem Gebietscharakter eines WA-Gebiets möglich ist, beachtet werden. Läden stehen zwar nicht unter der Einschränkung des Nichtstörens. Eine größere Ladenraumfläche als 800 m² Größenordnung wird in einem WA-Gebiet aber besonderer Gründe bedürfen, wie eine erhebliche Ausdehnung des WA-Gebiets, eine hohe Wohndichte und/oder die Lage des WA-Gebiets (erhebliche Entfernung von Misch- oder Kerngebieten). Bei den Genehmigungsvoraussetzungen wird die *dienende Funktion* zur Versorgung des Gebiets mit anderen städtebaulichen Faktoren abzuwägen sein. Der Begriff des »Ladens« enthält eine Dynamik hinsichtlich seiner Größenordnung.

Demgegenüber vertreten *Füßer/Müller* (DVBl. 2005, 1415) die Auffassung, dass der Begriff des »Ladens« ein statischer Begriff ist. Sie sehen als Laden einen Einzelhandelsbetrieb an mit 400 m² Verkaufsfläche als weichen Schwellenwert, mit persönlicher Bedienung und – jedenfalls unter urbanen Verhältnissen – als untergeordnete Nutzung, die auf Teile eines Gebäudes regelmäßig im Erdgeschoss begrenzt ist und – im Hinblick auf Angelegtsein und fußläufige Erreichbarkeit und damit geringes Störpotential – ohne eigenes großes Parkplatzangebot ist. Diese Auffassung weist originelle Überlegungen auf, sie führt jedoch zu einer Zementierung regelmäßig unwirtschaftlicher kleiner »Tante-Emma-Läden« oder sog. Convenience-Stores, wobei die Letzteren eher in gehobene Kerngebiete von Großstädten gehören.

(Lebensmittel-)Discounter mit 800 m² Verkaufsfläche sind wegen ihres regelmäßig großen Einzugsbereichs, ihrer Lage an einer besonders stark frequen-

5.4, 5.5 **Abs. 2 § 4**

tierten Durchgangsstraße und dem überdimensionierten Parkplatzangebot keine Läden i. S. d. § 4 Abs. 2 Nr. 2 BauNVO (so auch *Jeronim*, aaO., 628; a. A. *Wilkening*, BauR 2005, 348 u. *Ziegler*, in: *Brügelmann*, § 4 Rdn. 26–28).

Auf die *Bezeichnung* eines Selbstbedienungsladengeschäftes als »Supermarkt«, »Verbrauchermarkt«, »Discountgeschäft« o. Ä. kommt es nicht an, sondern lediglich darauf, dass es dem Charakter eines Nachbarschaftsladens der genannten Größe entspricht.

Der Begriff »*Nachbarschaftsladen*« hat unabhängig von seiner Bezeichnung gegenüber dem Kaufpublikum – einen gewissen Eigenwert erhalten. Mit Recht hat das OVG Lüneburg (B. v. 8.1.1986 – 6 B 164/85 – BRS 46 Nr. 47) im Rahmen der Nachzeichnung des Strukturwandels der Einzelhandelsläden darauf hingewiesen, dass der Ladenbegriff *nicht statisch* angelegt ist. Die Auslegung des Begriffs hat sich an den städtebaulichen u. marktwirtschaftlichen Gegebenheiten seiner jeweiligen Zeit auszurichten (OVG Lüneburg, aaO.). Dieser Auffassung kann voll beigepflichtet werden. Sie entspricht der tatsächlich festzustellenden Entwicklung der neuzeitlichen Selbstbedienungsläden, deren Größe in erster Linie von dem vom Verbraucher (dem Konsumenten) nachgefragten bzw. erwarteten Warensortiment abhängt.

5.4

Die **Größe eines Lebensmittelmarktes** zur wohnungsnahen Versorgung steht erneut auf dem Prüfstand, nachdem das OVG RhPf mit U. v. 2.3.2001 (– 1 A 12 338/99 – BauR 2001, 1062 = BRS 64 Nr. 75; zurückhaltender Nds. OVG, B. v. 15.11.2002 – BRS 65 Nr. 69) mit einem Leits. herausgestellt hat: »*Eine Verkaufsstelle von ca. 802 m² spricht heutzutage bei einem SB-Lebensmittelmarkt nicht gegen die Annahme eines sog. Nachbarschaftsladens zur wohnungsnahen Versorgung i. S. von § 4 Abs. 2 Nr. 2 BauNVO«.*

5.5

Zur Begr. hat das OVG darauf hingewiesen, dass das BVerwG zwar vor über 14 Jahren (März 1987) entschieden hat, die Verkaufsfläche eines Einzelhandelsbetriebs zur wohnungsnahen Versorgung dürfe nicht wesentlich mehr als 700 m² betragen. Seitdem habe sich im Einzelhandel eine rasante Entwicklung vollzogen. Diese mache eine Verschiebung der maßgeblichen Obergrenze nach oben erforderlich. Vor allem aufgrund der fortschreitenden Konzentration im Einzelhandel und des der veränderten Kundennachfrage angepassten umfangreicheren Warenangebots sowie angesichts der zumeist weggefallenen Lagerhaltung, der modernen Kassenzonen, der geräumigeren Gänge zum Befahren mit Einkaufswagen und Einräumen sowie zur Präsentation der Waren und der Vorhaltung von Packtischen und von Sammelbehältern für Umweltverpackungen ist für die heutigen Verhältnisse die Obergrenze bei wenigstens 800 m² zu suchen. Dies ist durch die schriftliche Stellungnahme der IHK Koblenz vom 27.4.2000 bestätigt worden. Der Verbraucher legt in der heutigen Zeit außerdem vermehrt auf ein breites Angebot hinsichtlich des Frischesortiments (z. B. Fleisch- und Wurstwaren, Milch- und Käseprodukte, Obst und Gemüse) wert, was ebenfalls mit einer Flächenvergrößerung einhergeht. Ferner kann nicht unbeachtet bleiben, dass für die Neuerrichtung von Läden unter 800 m² kaum mehr Investoren zu finden sind, weil kleinere Läden sich nicht mehr rentieren. Auch das habe die IHK Koblenz in ihrer Stellungnahme bestätigt (OVG RhPf aaO.).

Die dargelegten Gründe im U. des OVG überzeugen nicht nur, sondern sie können diesseits aufgrund anderweitig gemachter Erfahrungen bestätigt werden. Zugleich zeigt sich, dass die diesseitige Auffassung, Nachbarschaftsladen-Größen können nicht statisch behandelt werden, den sich stetig wandelnden wirtschaftlichen Gegebenheiten entspricht.

Das BVerwG hat in seinem B. v. 22.7.2004 (– 4 B 29.04 – BauR 2004, 1735 = DVBl. 2004, 1308 = UPR 2004, 447 = NVwZ-RR 2004, 815 = BRS 69 Nr 71) sich dieser Auffassung angeschlossen und ausgeführt:

»*Sollten Tatsachengerichte, gestützt auf geeignetes Erkenntnismaterial, zu dem Ergebnis gelangen, dass der Verbraucher unter den heutigen Verhältnissen auch im Rahmen der Nahversorgung einen bestimmten Ausstattungsstandard erwartet, der vor dem Hintergrund der veränderten Betriebsflächen im Einzelhandel selbst bei einer Annäherung an die*

§ 4 Abs. 2   5.6

aus der Sicht des Verordnungsgebers kritische Marke von 800 m² Verkaufsfläche negative Auswirkungen im Sinne des § 11 Abs. 3 Satz 2 BauNVO nicht befürchten lässt, so wird sich dies revisionsrechtlich voraussichtlich nicht beanstanden lassen. Der Senat hat bereits im U. v. 22.5.1987 – 4 C 19.85 – klargestellt, dass der Begriff der Großflächigkeit keine statische Größe ist. Überschreitungen des Richtwerts von 700 m² zwingen selbst dann, wenn sie eine Größenordnung bis zu 100 m² erreichen, nicht zu dem Schluss, dass das Merkmal der Großflächigkeit erfüllt ist«.

Demgegenüber hatten der 5. und der 3. Senat des VGH BW und das OVG Brandenburg die Großflächigkeit von Einzelhandelsbetrieben i. S. d. § 11 Abs. 3 S. 1 Nr. 2 BauNVO nach wie vor bei einer Verkaufsfläche von ca. 700 m² angenommen (U. v. 13.7.2004 – 5 S 1205/03 – ZfBR 2005, 78 = VBlBW 2005, 67 und U. v. 16.6.2005 – 3 S 479/05 – BauR 2006, 486 = VBlBW 2005, 437 sowie OVG Brandenburg, U. v. 8.11.2004 – 3 A 471/01 – BRS 67 Nr. 78). Das OVG NW bestimmte die Grenze des Verkaufsflächenmaßstabs zur Großflächigkeit im Anschluss an das U. des BVerwG v. 22.7.2004, aaO., mit ca. 700 m² mit einer Überschreitungsmöglichkeit um ca. 100 m² (U. v. 25.4.2005 – 10A 2861/04 – ZfBR 2005, 572). Das BVerwG hat nun in einer Revisionsentscheidung zum U. des VGH BW v. 13.7.2004, aaO., im Anschluss an seinen B. v. 22.7.2004, aaO., entschieden, dass Einzelhandelsbetriebe großflächig i. S. v. § 11 Abs. 3 S. 1 Nr. 2 BauNVO sind, wenn sie eine Verkaufsfläche von 800 m² überschreiten (U. v. 24.11.2005 – 4 C 10.04 – BauR 2006, 639 = DVBl. 2006, 448 = BRS 69 Nr. 71 = UPR 2006, 150; 1. Leits.).

Zur Begr. des vom U. v. 22.5.1987 (– 4 C 19.85 – NVwZ 1987, 1076) abweichenden Schwellenwerts von 700 m² auf den jetzt starren Wert von 800 m² Verkaufsfläche hat der Senat Bezug genommen auf den auch vom VGH BW zitierten Bericht der Arbeitsgruppe »Strukturwandel im Lebensmitteleinzelhandel und § 11 Abs. 3 BauNVO« vom 30.4.2002 (ZfBR 2002, 598). Auf dieser Grundlage könne nunmehr davon ausgegangen werden, dass nach den heutigen Gegebenheiten jedenfalls Einzelhandelsbetriebe mit nicht mehr als 800 m² Verkaufsfläche als Betriebe einzustufen sind, die der Nahversorgung der Bevölkerung dienen. Da der Typus des der wohnungsnahen Versorgung dienenden Einzelhandelsbetriebs häufig nicht mehr allein anhand der Großflächigkeit bestimmt werden kann, komme dem Gesichtspunkt der Auswirkungen in § 11 Abs. 3 BauNVO erhöhte Bedeutung zu. ... Danach sei für die städtebauliche Einordnung großflächiger Einzelhandelsbetriebe entscheidend, ob sie nach Art, Lage oder Umfang auf die Verwirklichung der Ziele der Raumordnung und Landesplanung oder auf die städtebauliche Entwicklung und Ordnung nicht nur unwesentlich einwirken können. Bei der gebotenen Einzelfallprüfung nach § 11 Abs. 3 BauNVO könne es an negativen Auswirkungen auf die Versorgung der Bevölkerung und Verkehr insbes. dann fehlen, wenn der Non-Food-Anteil weniger als zehn v. H. der Verkaufsfläche beträgt und der Standort verbrauchernah und hinsichtlich des induzierten Verkehrsaufkommens »verträglich« sowie städtebaulich integriert sei.

5.6 Das OVG NW hat durch B. v. 28.11.2000 (–10 B 1428/00 – BauR 2001, 906, zustimmend OVG Sachsen-Anhalt, U. v. 14.11.2006 – 2 L 504/02 –) in Bezug auf einen sog. Nachbarschaftsladen nach § 4 Abs. 2 Nr. 3 BauNVO entschieden, dass ein der Versorgung des Wohngebiets dienender Laden nicht gegeben ist, wenn der Laden verkehrsgünstig in der Nähe zu einer Straße mit teilweise bedeutender innerörtlicher Verkehrsfunktion errichtet wird und dadurch für Kunden außerhalb des Gebiets eine gute Erreichbarkeit mit dem Pkw gewährleistet. Es handelte sich um die Genehmigung eines Aldi-Marktes, der in den Bauvorlagen umschrieben war: »*Aldi-Markt und Cafeteria*«.

Die Bedenken des OVG beruhen darauf, dass – unabhängig von der Verkaufsfläche von etwa 688 m² – der Aldi-Markt nach seinem Zuschnitt nicht in erster Linie der wohnungsnahen Versorgung diene. Das geht u. a. bereits aus der Anzahl der beantragten und genehmigten Stellplätze hervor, die die für ein Vorhaben der geplanten Art (für einen Nachbarschaftsladen) um mehr als das Doppelte übersteigt. Nach einem Schreiben der Fa. Aldi geht diese von der Erfahrung aus, dass die Märkte an den verkaufsstärksten Tagen einen Durchlauf von ca. 2.000 Pkw-Kunden haben. Dies verdeutlicht, dass der »Laden« von vornherein nicht auf die Versorgung des Gebiets ausgerichtet ist. Dafür spricht auch, dass nach dem unwidersprochenen Vortrag der Antragsteller zeitgleich mit der Eröffnung des streitigen Bauvorhabens die beiden sonstigen Aldi-Märkte in G.-H. geschlossen werden sollen. (Wird im Einzelnen weiter ausgeführt, OVG, aaO.). Nach allem zeigt sich bestätigend, dass das Geschäft auf eine gebietsübergreifende Versorgung ausgerichtet ist.

Das OVG NW hat in einem weiteren B. v. 19.8.2003 (– 7 B 1040/03 – BauR 2004, 788 = NVwZ-RR 2004, 245 = BRS 66 Nr. 72 = NWVBl. 2004, 305) den folgenden Leits. aufgestellt:

»Ein Laden, der nicht im Sinne von § 4 Abs. 2 Nr. 2 BauNVO der Versorgung dient, kann auch nicht ausnahmsweise nach § 4 Abs. 3 Nr. 2 BauNVO zugelassen werden, wenn er durch seinen hohen gebietsfremden Kundenverkehr gebietsunübliche Störungen verursacht und damit gebietsunverträglich ist«.

Nach Auffassung des OVG NW gehören Personen, die nach realistischer Betrachtungsweise auf die Benutzung eines Kraftfahrzeugs angewiesen sind, wenn sie den Laden aufsuchen wollen, nicht zu der Zielgruppe, deren Versorgung § 4 Abs. 2 Nr. 2 BauNVO ermöglichen will (zustimmend *Füßer/Müller*, DVBl. 2005, 1415/1423; ablehnend *Ziegler*, in: *Brügelmann*, § 4 Rdn. 26–28).

Das Nds. OVG hat in einem teilweise vergleichbaren Fall zu Recht einen Anspruch auf Bewahrung der Gebietsart auch dann bejaht, wenn das streitige Vorhaben der Errichtung eines Discount-Marktes nur teilweise im allgemeinen Wohngebiet liegt und ansonsten in einem Mischgebiet (B. v. 19.6.2004 – 1 ME 116/04 – ZfBR 2005, 76 = NVwZ-RR 2005, 231). Da das Vorhaben wegen seines Einzugsbereichs und der örtlichen Gegebenheiten nicht mehr der Gebietsversorgung dient, hat das OVG die Baugenehmigung auf Antrag eines Nachbarn aufgehoben.

Demgegenüber hat das Sächs. OVG mit B. v. 30.8.2004 (– 1 BS 297/04 – BauR 2005, 354 = BRS 67 Nr. 67) einen Lebensmittel-Discountmarkt mit einer Verkaufsfläche von 699 m² nach seinem Zuschnitt und Warenangebot eine Nahversorgungsfunktion zugesprochen, die seine Lokalisation in einem allgemeinen Wohngebiet als zulässig erscheinen lässt. Dies überzeugt im Hinblick auf die beabsichtigte Errichtung von 98 Stellplätzen, die das Fünffache der bauordnungsrechtlich notwendigen Stellplätzen darstellen, nicht. Hier ist vielmehr der Rechtsauffassung des OVG NW in seinem B. v. 19.8.2003, aaO., zu folgen. Der B. des Sächs. OVG ist zu Recht von *Fußer/Müller*, DVBl. 05, 1415, scharf kritisiert worden. Er ist dagegen von *Wilkening*, BauR 2005, 348, u. *Ziegler*, in: *Brügelmann*, § 4 Rdn. 26–28 begrüßt worden.

c) Anlagen für kirchliche, kulturelle, soziale, gesundheitliche und sportliche Zwecke (Nr. 3). – aa) Allgemeines zur städtebaulichen Einstufung. Die genannten Anlagen sind unter dem Vorbehalt der Gebietsverträglichkeit *und* des § 15 Abs. 1 allgemein zulässig (dazu Vorb. §§ 2 ff. Rn 11–15). Unter **Nr. 3** sind Anlagen mit ganz unterschiedlicher Zweckrichtung zusammengefasst. Auf die Art und Weise des Betreibens der Anlagen, ob als öffentliche oder als private (gemeinnützige) Einrichtung, ob als Verein oder in sonstiger Weise, kommt es nicht an. Da die Anlagen unter **einer Nr.** zusammengefasst sind, kommt es auf eine genaue Ein- u. Abgrenzung nicht an.

§ 4 Abs. 2 6.1–6.12

6.1 bb) Als kirchlichen Zwecken dienende **Anlagen** kommen im WA-Gebiet u. a. die in der Vorb. §§ 2 ff. Rn 13 aufgeführten Anlagen in Betracht. Dabei können ausschließlich dem Gottesdienst, der Seelsorge dienende Anlagen sich mit solchen **für kulturelle** und/oder **soziale Zwecke**, etwa die Leihbibliothek einer kirchlichen Institution oder Stätten der Begegnung von Jugendlichen (»sozial« im übertragenen Sinne der mitmenschlichen Beziehungen), überschneiden. Die Anlagen müssen sich stets dem Gebietscharakter (Rn 1) unterordnen. So entspräche ein (größerer) Konzertsaal als kulturelle Einrichtung z. B. nicht den hinsichtlich der Störanfälligkeit an das Gebiet zu stellenden Anforderungen.

Ein gemeindliches Begegnungszentrum mit einem Saal, der eine Bestuhlung für ca. 300 Personen ermöglichen soll, ist in einem allgemeinen Wohngebiet nach § 4 Abs. 2 Nr. 3 BauNVO als Anlage für kirchliche, kulturelle und soziale Zwecke seiner Art nach ohne Beschränkung danach zulässig, ob es den Bedürfnissen der Gebietsbewohner dient (Sächs. OVG, U. v. 28.5.2005 – 1 B 889/04 – BRS 69 Nr. 127 = SächsVBl. 2006, 183/187).

6.11 Im Zusammenhang mit »**Anlagen für kirchliche Zwecke**« ist ein U. des BVerwG v. 27.2.1992 (– 4 C 50.89 – BRS 54 Nr. 193) erwähnensnotwendig, das in seinem Ergebnis diesseits für unzutreffend angesehen wird. Bereits der Leitsatz »*Der Grundstücksnachbar einer in einem Baugebiet allgemein zulässigen kirchlichen Anlage hat die mit deren Benutzung üblicherweise verbundenen Beeinträchtigungen grundsätzlich hinzunehmen*« ist mit dieser apodiktischen Aussage nicht zu billigen. Auch eine **kirchliche Einrichtung** – gleich welcher Konfession – hat auf die jeweilige *Gebietsverträglichkeit* des Gebiets Rücksicht zu nehmen.

Der Entscheidung des BVerwG liegt die Baugenehmigung zur **Einrichtung eines Betsaales** und eines **Unterrichtsraumes für eine Koranschule** mit Nebenräumen sowie zum Anbau einer Wasch- und WC-Anlage in das bislang zu Wohnzwecken genutzte Gebäude zugrunde. Es handelt sich um ein Gebäude, das nach den Sachverhaltsermittlungen in einem nicht beplanten Gebiet nach § **34 Abs. 1 BauGB** liegt; das Gebiet weist nach den Feststellungen gewerbliche Nutzung und Wohnbebauung auf; von einer Gleichrangigkeit beider Nutzungsarten könne jedoch nicht gesprochen werden, da die Wohnbebauung bereits zahlenmäßig überwiegt. Nach Auffassung des VGH weist das Gebiet i. S. d. § 34 Abs. 1 BauGB Elemente eines (allgemeinen) Wohngebiets und solche eines Mischgebiets auf. Nach den weiteren Feststellungen ist die Schutzwürdigkeit des klägerischen Grundstücks »*zumindest hinsichtlich der Nutzung in den frühen Morgenstunden nicht durch Immissionen eingeschränkt*«.

Das BVerwG hat – weitgehend formalrechtlich – bei der Genehmigung des Betsaals u. der Koranschule auf die Zulässigkeit als Anlagen für kirchliche Zwecke sowohl nach § 4 Abs. 2 Nr. 3 als nach § 6 Abs. 2 Nr. 5 BauNVO abgestellt u. die Einfügung nach § 34 Abs. 1 BauGB bejaht, zumal das fragliche Gebiet von einer bereits vorhandenen Kirche geprägt werde. Zugunsten des Vorhabens hat das BVerwG die durch Art. 14 Abs. 1 Satz 1 GG geschützte baurechtliche Position hervorgehoben. Es hat weiter gemeint, der Nachbar könne dieser Position nur bei Vorliegen besonderer Umstände entgegenhalten, »*dass das Vorhaben zu unzumutbaren Auswirkungen führe und deswegen ihm gegenüber ›rücksichtslos‹ sei*«. Das BVerwG hat den Nutzungs*umfang* des Betsaals in Bezug auf mögliche Immissionen i. S. v. § 15 Abs. 1 Satz 2 BauNVO zwar richtig beurteilt, die **Auswirkungen** auf die Nachbarschaft nach diesseitiger Auffassung aber unzulässig verharmlost.

6.12 Den **An- u. Abfahrtsverkehr** der Besucher hat das BVerwG bei den genehmigten Ausmaßen des Betsaals (für etwa 50 Besucher) »*für eine kirchliche Einrichtung eher bescheiden*« gewertet. Das BVerwG hat in seiner Gesamtwürdigung u. a. vernachlässigt, dass der Betsaal nicht nur fünfmal am Tag (einschl. sonn- u. feiertags) aufgesucht wird, sondern dass das erste Gebet vor Sonnenaufgang – mithin 6 Monate während eines Jahres (exakt vom 12.3.–21.9. jeden Jahres u. nicht – so das BVerwG – »*im Jahr ca. 3 Monate*«) vor 6.00 Uhrmorgens, von Ende April bis Mitte August sogar vor 5.00 Uhr morgens – erfolgt. Es ist mithin unrichtig, »*dass das Morgengebet nur während einer relativ kurzen Zeit im Jahr (ca. 3 Monate)*« in der morgendlichen Schlafenszeit abgehalten wird.

Es kommt auch nicht darauf an, dass die jeweilige Gebetsverrichtung lediglich eine halbe Stunde in Anspruch nimmt. Dadurch fällt sogar nicht nur der Zu-, sondern gleichfalls der Abgangsverkehr in die morgendliche Schlafperiode, u. zwar auch sonn- u. feiertags. Es liegt, auf den Fall bezogen, neben der Sache, »*dass das Morgengebet ein unverzichtbarer Bestandteil der islamischen Religionsausübung ist*« u. dass die durch das GG garantierte »*freie Religionsausübung... bei der Anwendung des einfachen Rechts mit zu berücksichtigen ist*« (so das BVerwG, aaO.). Es geht nicht um die Religionsausübung an sich, sondern um die Frage der richtigen Standortwahl. Auch die Kirchen u. Religionsgesellschaften haben gesetzliche Vorschriften zu beachten, insbes. wenn es um die städtebauliche *Ordnung* als Ausdruck des gewollten gedeihlichen Zusammenlebens geht.

Während die christlichen Kirchen bei der Einläutung ihrer Gottesdienste an Sonn- u. Feiertagen auf die Bevölkerung Rücksicht nehmen müssen, darf der Betsaal zu jeder Zeit, ohne **Berücksichtigung der Ruhezeiten** an Sonn- u. Feiertagen, angefahren werden, die selbst die SportanlagenlärmSchVO (18. BImSchV) zu beachten hat.

Außer dem Betsaal soll (zusätzlich) in einem Unterrichtsraum für eine Koranschule »*islamischer Religionsunterricht für Kinder an Wochenenden und an Feiertagen*« erteilt werden. Dieser Unterricht hat in den Erwägungen des BVerwG keinen die Interessengewichtung beeinflussenden erkennbaren Ausdruck gefunden.

6.13

Ein solcher Unterricht mit seinen zwangsläufigen Begleiterscheinungen, der bei Zunahme des Islams auch mehrfach an Sonn- und Feiertagen stattfinden kann – diese arbeitsfreien Tage bieten für alle Glaubensübungen nichtchristlicher Religionsgemeinschaften eine willkommene Gelegenheit für Zusammenkünfte –, hätte in die Gesamterwägung jedoch einbezogen werden müssen. Dazu bestand umso mehr Veranlassung, als das sorgfältig begründete U. des VGH gerade auf die nachteiligen Auswirkungen des Zu- u. Abfahrtsverkehrs der Kfz besonders in den frühen Morgenstunden – sprich: zu nachtschlafender Zeit – abgehoben hat.

Der Zu- und Abgangsverkehr der Kfz hat für die **Wohnruhe** u. damit für den *Wohnwert* eine ausschlaggebende Bedeutung. Es wäre »fatal«, wenn das BVerwG verkennen würde, dass es dem Kfz-Verkehr – besonders in überwiegend dem Wohnen dienenden Gebieten – nicht den ihm zukommenden (meistens nachteiligen) Stellenwert einzuräumen bräuchte. Bei etwa 40 Besuchern des Betsaals kann mit mindestens 10 Pkw gerechnet werden, da die Besucher aus einem weiteren Umkreis anfahren müssen; öffentliche Nahverkehrsmittel scheiden schon wegen der Frühzeit aus. Da nur fünf Stellplätze zur Verfügung stehen, ist ein regelmäßiger »Park-Such-Verkehr« unvermeidlich, denn zur Nachtzeit u. an den Wochenenden stehen erfahrungsgemäß die Fahrzeuge der werktägigen Bevölkerung auf den Straßen. Die Besucher des Betsaals verursachen mithin etwa 100 Kfz-Bewegungen am Tag *zusätzlich*. Da die Kinder der Koranschule gleichfalls aus dem weiteren Umkreis kommen und – erfahrungsgemäß häufiger als deutsche Kinder – hingebracht werden, erfolgen durch den Besuch des Religionsunterrichts (evtl. zusätzlich mit kleinen Veranstaltungen) nennenswerte weitere Kfz-Bewegungen (vgl. dazu B. des BVerwG v. 9.10.1990 – B 121.90 – BRS 50 Nr. 58 = BauR 1991, 49 = NVwZ 1991, 267 = UPR 1991, 73, in dem der erkennende Senat hinsichtlich des Zu- u. Abfahrtsverkehrs für die dadurch gestörte Gebietsverträglichkeit die erforderliche Sensibilität gezeigt hat).

Entgegen den zu erheblichen Störungen der Wohnruhe – besonders vor Ende der Nachtzeit u. an Sonn- u. Feiertagen – führenden Kfz-Bewegungen hat das BVerwG gemeint, die Zahl von maximal 50 Besuchern hinsichtlich des Zu- u. Abfahrtsverkehrs nicht besonders bewerten zu brauchen. Der unausgesprochene Vergleich mit einer deutschen Kirche (mit ihren minimalen Gottesdienstangeboten an Wochenenden) zeigt einmal mehr die Unausgewogenheit des Urteils. Die berechtigten Ansprüche der Bevölkerung des fraglichen Gebiets auf Wohnruhe, durch die Nachbarklage z. Ausdruck gebracht, werden

6.14

§ 4 Abs. 2   6.15, 6.2

zugunsten multikultureller Präferenzen vernachlässigt, was der Wiederherstellung des Rechtsfriedens als vornehmstes Anliegen jeder gerichtlichen Entscheidung nicht dienlich ist. **Entgegen der Entscheidung des VGH** ist das Urt. des BVerwG insoweit fehlerhaft, als es die Interessen der Beteiligten nicht mit dem ihnen rechtlich zukommenden Gewicht bewertet hat. Mit Recht hat der VGH festgestellt, Religionsausübung solle in einer Weise erfolgen, »*die Dritte in ihrem berechtigten Schlaf- und Ruhebedürfnis nicht erheblich störe*«.

6.15 In einem allgemeinen Wohngebiet ist die Zimmerei-Lehrwerkstatt einer Berufsschule als deren Annex als Anlage für kulturelle Zwecke zulässig (BayVGH, B. v. 13.12.2002 – 25 CS 02.1580 –).

6.2 cc) Als zulässige **Anlagen für gesundheitliche Zwecke** können im WA-Gebiet z. B. Institute für Heilgymnastik, Massagen und medizinische Bäder sowie *öffentlich zugängliche* Saunaanlagen – ggf. auch gewerblich betrieben – angesehen werden, dagegen keine »Sauna«, die – in vielfältiger Weise – *bordellartig* betrieben wird. Hierbei handelt es sich um einen nicht sozialen Zwecken dienenden Gewerbebetrieb, der wegen seiner Störungen – im weitesten (auch ordnungsrechtlichen) Sinne verstanden – nicht zulässig ist. Die Zulässigkeit von Krankenhäusern (Privat-Kliniken) oder Sanatorien richtet sich nach der Größe und der Eigenart des Gebiets i. S. v. § 15 Abs. 1. So sind z. B. **Säuglingsheime** im WA-Gebiet zulässig, wenn sie in einem »klein«gewerblichen Umfang betrieben werden und die Bauaufsicht durch geeignete Auflagen, die den Grundsatz der Verhältnismäßigkeit beachten und die Belange aller Beteiligten angemessen berücksichtigen, zu erwartende Beeinträchtigungen derart mindert, dass sie zumutbar i. S. d. Baurechts sind. In diesem Sinne ist auch die Errichtung eines Kindertagesheimes auf einem als Wohngebiet ausgewiesenen Grundstück zulässig (OVG Hamb., U. v. 8.10.1964, DÖV 1966, 572).

Zu den Anlagen für *gesundheitliche Zwecke* zählen ferner **Gesundheitsämter** als kleine Nebenstellen von Kreisgesundheitsämtern, da sie die Gesundheit nicht etwa nur »verwalten«, sondern z. B. Vorsorgeuntersuchungen, Röntgenschirmbilduntersuchungen u. dergl. durchführen.

Dagegen fallen **Arztpraxen** *nicht* unter den Begriff der Anlagen für gesundheitliche Zwecke; der Begriff i. S. d. BauNVO ist auf Gemeinbedarfsanlagen i. S. v. § 5 Abs. 2 Nr. 2 BauGB beschränkt; ihre Zulässigkeit richtet sich nach § 13 BauNVO (so überzeugend BVerwG, U. v. 12.12.1996 – 4 C 17.95 – GewArch. 1997, 166 = BRS 58 Nr. 59 = BauR 1997, 440); s. dazu auch Vorb. §§ 2 ff. Rn 15.

Ein **Dialysezentrum** mit 33 Behandlungsplätzen ist in einem allgemeinen Wohngebiet gebietsunverträglich, wenn es wegen seines räumlichen Umfangs und der Größe seines betrieblichen Einzugsbereichs, der Art der Betriebsvorgänge u. der Intensität des Zu- und Abgangsverkehrs generell (typischerweise) geeignet ist, den Gebietscharakter zu stören (BVerwG, B. v. 28.2.2008 – 4 B 60.07 –).

Zur **gewerblich betriebenen Sauna** u. einer **Massagepraxis** als Anlagen für *gesundheitliche* Zwecke s. Hess. VGH, B. v. 11.11.1986 (– 4 TG 2267/86 – BRS 46 Nr. 44). Eine Anlage, in der körperliche Übungen vorgenommen werden, ist nur dann eine Anlage für gesundheitliche Zwecke, wenn die Übungen unmittelbar aus medizinischen Gründen, zum Zwecke der Heilung oder Linderung von Krankheiten oder Gebrechen i. S. v. Heilgymnastik erfolgen. *Allgemeine* gymnastische Übungen wie Jazz-Gymnastik, Aerobic o. ä. Gruppengymnastik fallen nicht darunter (Hess. VGH, aaO.); sie sind den Anlagen für *sportliche Zwecke* zuzurechnen.

dd) Anlagen für soziale Zwecke, die sich teilweise mit Anlagen für *gesundheitliche Zwecke* überschneiden können (s. Vorb. §§ 2 ff. Rn 14–15), sind in WA-Gebieten vielgestaltig zulässig. Sie sind gewissermaßen »Randerscheinungen«, die mit den Wohnbedürfnissen im weiteren Sinne im Zusammenhang stehen. Die Zulässigkeit solcher Anlagen muss zwar gleichfalls den allgemeinen Zulässigkeitsvoraussetzungen des § 15 entsprechen. Wegen der geringeren Störempfindlichkeit gegenüber einem WR-Gebiet ist aber die Zulässigkeitsschwelle in WA-Gebieten herabgesetzt, abgesehen davon, dass ein Milieuschutz u. dergl. im WA-Gebiet ohnehin nicht in Betracht kommt (vgl. § 3 Rn 19.6–19.71); zur Einstufung von **Altenpflegeheimen** u. and. Pflegeheimen s. § 3 Rn 11.1–11.8. So ist die Errichtung eines **Wohnheimes für geistig Behinderte** in einem WA-Gebiet allgemein zulässig. Die Unterbringung von geistig behinderten Menschen in einem Wohnheim ist gegenüber den Nachbarn generell nicht rücksichtslos (so OVG NW, B. v. 23.12.1985 – 11 B 1911/85 – UPR 1987, 144 = ZfBR 1986, 197, nur Leits.).

6.3

Die Entscheidung des OVG NW ist in der Folgezeit nicht unumstritten geblieben. Wiederholt haben Nachbarn gegen die externe Lauteinwirkung geistig Schwerbehinderter wegen der Unzumutbarkeit Klage nach § 1004 Abs. 1 BGB i. V. m. § 906 BGB erhoben. Wegen der Sorgfalt der Entscheidungsgründe, der vorbildlichen Abwägung der unterschiedlichen Interessenlage zwischen den Belangen Behinderter und den Belangen ihrer Nachbarn wird auf die Entscheidung des OLG Köln, U. v. 8.1.1998 (– JW 83/96 – NJW 1998, 763 = ZfL 1998, 163, zustimmend *Wassermann*, NJW 1998, 730; vgl. auch OLG Karlsruhe, U. v. 30.3.2007 – 14 U 43/06 –, NJW 2007, 3443: *»Im nachbarlichen Zusammenleben mit Pflegebedürftigen ist ein erhöhtes Maß an Toleranzbereitschaft zu fordern. Die Grenze der Duldungspflicht ist erst dann erreicht, wenn dem Nachbarn die Belästigung billigerweise nicht mehr zuzumuten ist.«*) im Rahmen der »Anlagen für soziale Zwecke« eingegangen. Aus ihr wird nicht nur die komplexe Problematik besonders deutlich, sondern die Entscheidung kann auch zu einem besseren Verständnis der schwierigen nachbarlichen Verhältnisse beitragen. Die nichtamtlichen **Leits.** bringen dies bereits gut zum Ausdruck:

6.31

1. Ein Grundstückseigentümer ist auch dann befugt, nachbarrechtliche Abwehransprüche gegen Geräuschimmissionen durchzusetzen, wenn die Störungen von Schwerbehinderten ausgehen.

2. Dabei muss im Zusammenleben mit behinderten Menschen eine erhöhte Toleranzbereitschaft eingefordert werden; es muss eine umfassende Abwägung zwischen Art und Ausmaß der Beeinträchtigung und der hinter der Geräuschbelästigung stehenden privaten und öffentlichen Belangen stattfinden (OLG Köln, aaO.).

Aus den Gründen ergibt sich, dass der Senat sich durch Augenscheineinnahme von der Unzumutbarkeit der Situation ein Bild gemacht hat, dass nämlich durch Schreie, Stöhnen, Kreischen und andere unartikulierte Laute ein unerträglicher Lärm verursacht wird, der den Nachbarn nicht zumutbar ist. Als Maßstab für die Duldungspflicht nach § 906 Abs. 1 BGB bzw. die entsprechende Unzumutbarkeit dient nach der neueren Rspr. des BGH das Empfinden des »verständigen« Durchschnittsmenschen. Im Gegensatz zur früheren Rspr. (BGHZ 70, 102/110) ist nicht mehr allein auf das Maß der objektiven Beeinträchtigung abzustellen, sondern sind auch wertende Momente wie Belange des Umweltschutzes oder das öffentliche Interesse an einer kinderfreundlichen Umgebung in die Beurteilung einzubeziehen (BGHZ 120, 239/255; 121, 248/255). Das privatrechtliche Kriterium der Wesentlichkeit i S. d. § 906 Abs. 1 BGB wird gleichgesetzt mit dem öffentlich-rechtlichen Kriterium der Erheblichkeit i. S. d. § 3 Abs. 1 BImSchG (BGHZ 111, 63/68; 120, 239/255;

§ 4 Abs. 2 6.32

121, 248/254; BVerwG NJW 1989, 1291). Zu der hiernach beachtlichen »Sozialadäquanz« und »Akzeptanz« zählt auch die allgemeine Einschätzung der Bevölkerung (BVerwGE 88, 143, 149; wird weiter ausgeführt). Die Grenze der Duldungspflicht ist überschritten, wenn dem Nachbarn die Belästigung »*billigerweise nicht mehr zuzumuten ist*« (BGHZ 120, 239/255; vgl. auch BVerwGE 79, 254/260). Diese festgestellten Lauteinwirkungen braucht der Kläger nicht zu dulden, da sie die Nutzung seines Grundstücks so sehr beeinträchtigen, dass sie unzumutbar sind. Im Vordergrund der Beurteilung steht die Art der Geräusche, denen der Kläger ausgesetzt ist. Von der Rspr. ist seit jeher anerkannt, dass das letztlich einschneidende Kriterium für die Wesentlichkeit einer Geräuschimmission deren Lästigkeit ist (BGHZ 46, 35/38; NJW 1983, 751; 92, 2019; BVerwGE 88, 143/149; NJW 1989, 1291/1292). Bei den Lauten ist der »Lästigkeitsfaktor« besonders hoch. So empfindet nach Auffassung des Senats nicht nur der »normale« Durchschnittsmensch, der sich leicht von Vorurteilen leiten lässt, sondern auch der »verständige« Bürger (und Nachbar), dessen Haltung gegenüber Behinderten nicht von falschem Wertigkeitsdenken, sondern von Mitmenschlichkeit und Toleranz geprägt ist (wird weiter ausgeführt).

Der Kläger hat keinen Anspruch darauf, dass die Lärmeinwirkungen in vollem Umfang unterbleiben. Der Beklagte hat sie nur zeitlich so zu beschränken, dass die in der Vergangenheit überschrittene Grenze zur Wesentlichkeit i. S. d. § 906 Abs. 1 BGB in Zukunft eingehalten wird (wird weiter ausgeführt; OLG Köln, aaO.).

Zu dem Urt. hat *Braun*, Richter am OLG München, eine ausführliche Besprechung verfasst (ZfL 1998, 164). In ihr setzt er sich mit der einseitigen Berichterstattung der Boulevard-Presse auseinander: »*Aus dem Blickwinkel des Umwelt- und Lärmschutzes erscheint die allgemeine öffentliche Kritik des Urteils als besonders problematisch. Sie belegt, dass Lärmbekämpfung als notwendige Forderung des Umweltschutzes und der Bewahrung von Gesundheit und körperlicher Unversehrtheit der Bevölkerung von großen Teilen der Öffentlichkeit und auch der Medien noch nicht verstanden worden ist. Wer sich für Behinderte nicht nur aus Gründen plakativer Selbstdarstellung einsetzt, sondern um der Menschlichkeit willen, wird dies niemals um den Preis der Unmenschlichkeit anderen gegenüber tun. Lärm ist nicht nur lästig und mindert nicht nur die Lebensqualität der Betroffenen: Er ist in hohem Maße gesundheitsgefährdend und gesundheitsbeeinträchtigend*« (Braun, aaO.).

Demgegenüber hat der VGH BW in seinem B. v. 15.2.2006 (– 8 S 2551/05 – BauR 2006, 1278 = NJW 2006, 2344 = ZfBR 2006, 481 = VBlBW 2006, 193) unter Hinweis auf OVG NW, B. v. 23.12.1985 – 11 B 1911/193 – UPR 1987, 144 u. VG Braunschweig, U. v. 16.3.2005, DWW 2005, 383 folgenden Leits. aufgestellt: »*Lebensäußerungen behinderter Menschen können grundsätzlich nicht als Belästigungen im Sinne des § 15 Abs. 1 S. 2 BauNVO angesehen werden*«. Leider geht der VGH BW in seinem B. mit keinem einzigen Satz auf das gut begründete anders lautende Urteil des OLG Köln v. 8.1.1998, aaO., ein. Es hätte sich hier eine differenziertere Betrachtungsweise angeboten.

6.32 Der BayVGH hat durch B. v. 20.5.1996 (– 2 CS 96.1175 – BRS 58 Nr. 60) die Baugenehmigung für den Neubau eines **Rotkreuzhauses mit Rettungswache auf einem Grundstück in einem festgesetzten allgemeinen Wohngebiet bestätigt.** Es ist im Grundsatz nichts dagegen einzuwenden, dass es sich bei einem »Rotkreuzhaus mit Rettungswache« um eine Anlage handelt, die sozialen und gesundheitlichen Zwecken dient, die im WA-Gebiet allgemein zulässig und nicht auf den Zweck beschränkt ist, der Versorgung des Gebiets zu dienen.

Aus den **Gründen** geht hervor, dass es sich um ein größeres Gebäude handelt, denn außer der Rettungswache für den landesweit organisierten Rettungsdienst enthält das Gebäude Räume für die der gleichen Zielsetzung dienende *Wasserwacht*. Die zugehörigen »Aufenthalts-, Bereitschafts-, Ruhe- und Büroräume« sind nach der Art der Nutzung »*einer Wohnnutzung nicht wesensfremd, sondern erfüllen Hilfsfunktionen des Wohnens*«. – »*Dass Notfalleinsätze auch an Sonn- und Feiertagen und während der Nachtzeit gefahren werden müssen, liegt in der Natur der Sache*«, so der VGH, aaO.

Die weiteren Einzelheiten des Tatbestandes lassen erkennen, dass das **Gebot der Rücksichtnahme** i. S. eines Gebietsgewährleistungsanspruchs nach dem U.

des BVerwG v. 16.9.1993 (– 4 C 28.91 –), auf dessen Beachtung der Antragsteller einen Anspruch hat, schlicht unzureichend behandelt worden ist, abgesehen von der Frage, ob ein derartiger Rettungswache-Komplex in ein allgemeines Wohngebiet gehört. Es drängt sich in einem solchen Fall die Sorge auf, dass das Grundstück sich – aus welchen Gründen auch immer – gerade angeboten hat.

6.33 Nach dem B. des BVerwG v. 27.1.1994 (– 4 NB 1.94 – juris-Dok. Nr. 43 32 54) können nach § 9 Abs. 1 Nr. 5 BauGB – und zwar auch in Wohngebieten nach den §§ 3, 4 BauNVO oder unmittelbar daran anschließend – Flächen für den Gemeindebedarf (in diesem Fall für ein **Altenwohn- und Pflegeheim mit** einer **psychiatrischen Abteilung**) festgesetzt werden. Das BVerwG hat dazu geäußert, dass die in der BauNVO enthaltenen oder doch vorausgesetzten Wertungen geeignete Ansatzpunkte dafür geben können, wie die in der bauplanerischen Abwägung zu beachtenden Belange zu gewichten sind.

6.34 Im Rahmen der **Anlagen für soziale bzw. gesundheitliche Zwecke** sind im WA-Gebiet auch sog. **Hospize** zulässig, in denen unheilbar Kranke (Aidspatienten, Hirngeschädigte oder Krebskranke i. d. letzten Lebensphase) Aufnahme finden (können). Bei den stationären Hospizen handelt es sich um kleine Einrichtungen (häufig nicht mehr als 8–10 Betten), die weder eindeutig dem Krankenhaus noch dem Heimbereich zuzuordnen sind. Mit der intensiven ganzheitlichen Betreuung der Patienten ist eine Störung des umgebenden Wohnbereichs nicht zu besorgen (s. dazu ausführlich § 3 Rn 19.72).

Zum Frauenhaus als eine Anlage für soziale Zwecke s. § 3 Rn 19.71.

6.35 **Verwaltungsgebäude einer Berufsgenossenschaft auf einer Gemeindebedarfsfläche.** Das BVerwG hat durch B. v. 23.12.1997 (– 4 BN 23.97 – BauR 1998, 515 = BRS 59 Nr. 71 = DVBl. 1998, 601, nur Leits.) den Gemeinden erneut bescheinigt, dass sie von der Festsetzungsmöglichkeit nach § 9 Abs. 1 Nr. 5 BauGB durch Inanspruchnahme der »Flächen für den Gemeindebedarf sowie für Sport- und Spielanlagen« für bestimmte Anlagen vielfältig Gebrauch machen können. Das gilt nicht nur für gemeindeeigene Grundstücke, sondern ist immer dann zulässig, wenn Grundstücke innerhalb Festsetzungsmöglichkeiten für den Gemeindebedarf, also für eine öffentliche Aufgabe vorgesehen sind. Das schließt bei den »Anlagen für soziale Zwecke« in vielfältiger Weise auch Grundstücke ein, die der »Daseinsvor- und -fürsorge« im weitesten Verständnis dienen. Das BVerwG hat in dem B. als **Leits.** herausgestellt:

Das **Verwaltungsgebäude einer Berufsgenossenschaft** als eines **Trägers der gesetzlichen Sozialversicherung** ist als Anlage des Gemeindebedarfs auf einer gemäß § 9 Abs. 1 Nr. 5 BauGB im B-Plan festgesetzten Fläche zulässig. Die Art der baulichen Nutzung kann im B-Plan außer durch Baugebietsfestsetzungen nach der BauNVO auch durch anderweitige Flächenfestsetzungen nach § 9 Abs. 1 BauGB (hier: Nr. 5 Gemeindebedarf) bestimmt werden. Baugebietsfestsetzungen haben keinen Vorrang.

In den Gründen hat der Senat ausgeführt:
«Ob und wann eine ›Versicherung‹ eine Einrichtung des Gemeindebedarfs ist, braucht aus Anlass des vorliegenden Normenkontrollverfahrens nicht allgemein geklärt zu werden. Die hier festgesetzte Fläche für den Gemeindebedarf soll einer Berufsgenossenschaft dienen. Berufsgenossenschaften sind als Körperschaften des öffentlichen Rechts Träger der gesetzlichen Unfallversicherung; ihre Mitglieder und ihre Versicherten gehören ihnen regelmäßig nicht freiwillig, sondern kraft Gesetzes an; zu ihren Aufgaben gehört der Versicherungsschutz bei Arbeitsunfällen und Berufskrankheiten, aber auch deren Verhütung. Damit unterscheiden sich Berufsgenossenschaften, soweit sie überhaupt Versicherungen sind, erheblich von zahlreichen anderen Versicherungen ...«. »Nicht klärungsbedürftig ist, dass

§ 4 Abs. 2 6.4, 6.41

das Verwaltungsgebäude einer Berufsgenossenschaft zu den auf Flächen für den Gemeinbedarf i. S. von § 9 Abs. 1 Nr. 5 BauGB zulässigen Gebäuden gehört. Auf diesen Flächen sind bauliche Anlagen und Einrichtungen zulässig, die – wie Schulen und Kirchen – der Allgemeinheit dienen; zulässig sind ferner sonstige Gebäude und Einrichtungen, die kirchlichen, sozialen, gesundheitlichen und kulturellen Zwecken dienen (vgl. § 5 Abs. 2 Nr. 2 BauGB). Der Allgemeinheit dient eine Anlage, wenn sie, ohne dass die Merkmale des Gemeingebrauchs erfüllt zu sein brauchen, einem nicht fest bestimmten wechselnden Teil der Bevölkerung dient (BVerwG, B. v. 18.5.1994 – 4 NB 15.94 – DVBl. 1994, 1139/ 1140). Dies ist auch bei dem Verwaltungsgebäude einer Berufsgenossenschaft der Fall. Sie erfüllt als Trägerin der gesetzlichen Sozialversicherung eine öffentliche Aufgabe für einen Teil der Bevölkerung«. (Wird weiter ausgeführt).

In den Gründen hat sich der Senat auch mit der Frage eines Vorrangs der Gebietsfestsetzung auseinandergesetzt. Diese folgt nicht etwa aus der Rspr. zum sog. »Typenzwang«... Typenzwang bedeutet nicht, dass in den B-Plänen regelmäßig oder vorrangig Baugebiete entspr. den Baugebietstypen der BauNVO festgesetzt werden müssen, sondern dass sich die gemeindliche Bauleitplanung gem. Art. 14 Abs. 1 S. 2 GG des gesetzlich zur Verfügung gestellten Instrumentariums bedienen muss. Verboten sind Festsetzungen im Bebauungsplan, zu denen die Gemeinde nicht durch § 9 BauGB oder durch die BauNVO ermächtigt ist (vgl. BVerwG, B. v. 15.8.1991 – 4 N 1.89 – DVBl. 1992, 32/34). Ob und wann statt einer Festsetzung nach § 9 Abs. 1 Nr. 5 BauGB ein bestimmtes Baugebiet nach der BauNVO festgesetzt werden muss, ist dagegen keine Frage des Typenzwangs.

»Welche Festsetzungstypen von der Gemeinde bei ihrer Bauleitplanung verwendet werden, steht grundsätzlich in ihrem planerischen Ermessen« (BVerwG, aaO.).

6.4 **Jugendfreizeitheime** gehören zu den Anlagen *für soziale Zwecke* i. S. d. Daseinsfürsorge zur Festigung der Gemeinschaftsbeziehungen durch vielfältige Anregungen u. Kontakte. **Bei** der **Zulassung** in WA-Gebieten ist hinsichtlich des (richtigen) Standortes die Zulässigkeitsvorschrift des § 15 unter dem Gesichtspunkt der **gegenseitigen Rücksichtnahme** von besonderer Bedeutung.

Der BayVGH (U. v. 14.12.1981 – Nr. 14 N 81 A. 272 –, BRS 38 Nr. 215) hat in einem Normenkontrollverfahren ein auf einer gesonderten Fläche für Gemeinbedarf (§ 1 Rn 39) festgesetztes Jugendzentrum, das mit zwei Seiten an ein WA-Gebiet angrenzt, für zulässig gehalten. Da **Jugendfreizeitheime** als **Anlagen für soziale Zwecke** nach § 4 Abs. 2 Nr. 3 unbedenklich seien, träfe das auch auf Jugendzentren zu, für die – dem Sprachgebrauch folgend – nicht die Größe, sondern die Kombination aus offenem, halboffenem u. geschlossenem Angebot kennzeichnend sei *(»Jugendfreizeitheime der offenen Tür«), »in denen Theater-, Film- u. Tanzabende oder auch Jugendkonzerte veranstaltet werden ... Da Jugendfreizeitheime in allgemeinen Wohngebieten grundsätzlich zulässig sind, ist die Nachbarschaft einer derartigen Anlage, die innerhalb einer gesondert festgesetzten Fläche für den Gemeinbedarf ausgewiesen ist, mit einem allgemeinen Wohngebiet erst recht unbedenklich«* (BayVGH, aaO.).

Die Entscheidung des BayVGH ist in ihren Gründen wenig differenziert. Sie hätte auf den **Gebietscharakter** eingehen müssen. Es genügt nicht die Feststellung, dass *Jugendfreizeitheime* in WA-Gebieten grundsätzlich zulässig sind u. dass daher die Nachbarschaft von Wohngebäuden unbedenklich sei. Es kann nicht davon ausgegangen werden, dass die Pflicht zur gegenseitigen Rücksichtnahme i. S. v. § 15 Abs. 1 Satz 2 in Bayern anders beurteilt werden kann als i. S. d. st. Rspr. des BVerwG. Die **Entscheidung wird** im Hinblick auf das an zwei Seiten angrenzende WA-Gebiet und die Möglichkeit, in dem Jugendzentrum auch eine Diskothek zu eröffnen, **für fehlerhaft gehalten.** Aus der Natur eines derartigen Jugendzentrums – mit eigener Tiefgarage – muss davon ausgegangen werden, dass die Wohnruhe der umliegenden WA-Gebiete aufgrund der zwangsläufigen Begleiterscheinungen von Jugendlokalen unzumutbar beeinträchtigt wird.

6.41 Das Nds. OVG hat sich in dem B. v. 14.3.1997 (– 1 M 6589/96 – BauR 1997, 983) in gründlicher Weise mit der Frage auseinandergesetzt, ob ein **Lehrlings-**

internat, in dem Dachdeckerlehrlinge für jeweils zwei Wochen in Zweibettzimmern ohne Kochgelegenheit untergebracht werden sollen, als **Anlage für soziale Zwecke** in einem faktischen allgemeinen Wohngebiet (§ 34 Abs. 2 BauGB i. V. m. § 4 Abs. 2 BauNVO) zulässig ist.

In den **Gründen** hat das OVG u. a. mit Recht festgestellt, dass es sich bei dem Internat nicht um ein Wohngebäude i. S. d. § 4 Abs. 2 **Nr. 1** BauNVO handelt, weil es an dem Kriterium der auf Dauer angelegten Häuslichkeit fehlt. – Es hat sich ferner dazu geäußert, dass die Baugenehmigung verschiedene *Auflagen* enthält, um Beeinträchtigungen durch die jugendlichen Internatsbenutzer auszuschließen; so ist u. a. eine Nutzung der Gartenfläche durch die Lehrlinge nicht zulässig. Einen breiten Raum in den Überlegungen nimmt die nicht bewältigte Stellplatzverpflichtung ein. Der Senat meint jedoch, die Differenz zwischen der erforderlichen und den tatsächlich vorhandenen Stellplätzen lasse das Bauvorhaben noch nicht als rücksichtslos gegenüber den Antragstellern erscheinen.

Es ist anzuerkennen, dass das Nds. OVG sich mit der Frage der notwendigen Stellplatzpflicht eingehend befasst und diese nicht – wie andere Obergerichte – bei einem Internat von gewissem öffentlichen Interesse als zweitrangig abgetan hat. Nach den Darlegungen ist die erforderliche, jedoch zu geringe Anzahl der Stellplätze etwas »schöngeredet« worden. In einem allgemeinen Wohngebiet ist die Regelung des ruhenden Verkehrs für die Frage der Störungen der Umgebung eine ausschlaggebende Angelegenheit der geordneten städtebaulichen Entwicklung. Darüber hinaus handelt es sich um 170 heranwachsende »Schüler«, die in einem mehrgeschossigen Gebäude zusammen mit der Verwaltung des Internats in fast 90 Zimmern plus Nebenräumen untergebracht sind. Ob dieser Internatskomplex i. S. v. § 15 Abs. 1 **Satz 1** vom Umfang her und nach **Satz 2** von den zwangsläufig damit verbundenen Störungen im WA-Gebiet her zugelassen werden konnte, begegnet diesseits erheblichen Bedenken. Auch den »Anlagen für soziale Zwecke« kann in Wohngebieten kein »Bonus« hinsichtlich des Gebots der Rücksichtnahme und des Gebietsgewährleistungsanspruchs eingeräumt werden.

Nach der Auffassung des Hess. VGH, B. v. 14.12.1992 (– 4 TH 1204/92 – BRS 55 Nr. 171) ist »*ein Jugendzentrum als Anlage für soziale Zwecke im WA-Gebiet und neben einem reinen Wohngebiet* **ohne weiteres** *zulässig*« (Hervorhebung in den Gründen des B.). Diese Ansicht wird in mehrfacher Hinsicht nicht geteilt. Der VGH macht in den ausführlichen Gründen selbst verschiedene Einschränkungen, da der B-Plan für ein **städtisches Grundstück** »*sich auf relativ abstrakte Festsetzungen beschränkt*« u. im Wesentlichen für das Baugrundstück »*die Bezeichnung Jugendzentrum und Sport auf einer Fläche für Gemeinbedarf*« festsetzt.

6.42

Die Entscheidung stellt im Ergebnis fest, dass die Genehmigung zur Errichtung des Jugendzentrums den Nachbarn zwar nicht deshalb verletzt, weil zwölf erforderliche Stellplätze fehlen, da die entspr. bauordnungsrechtliche Vorschrift keinen nachbarschützenden Charakter hat. Die Nutzung der Räume eines Jugendzentrums zum regelmäßigen Betrieb einer Diskothek verstößt wegen der Lärmeinwirkung aber **gegen das Rücksichtnahmegebot** (die Gründe dafür werden i. d. aufschlussreichen Entscheidung ausführlich behandelt). Bedenklich stimmt bereits der der Änderung des festgesetzten WA-Gebiets vorangegangene **Vertrag der Gemeinde** mit einem Jugendsozialwerk e. V. über eine bestimmte pädagogische Konzeption; u. a. sollte die Diskothek den Jugendlichen den »*zeitweisen Rückzug aus psychischem und physischem Druck*« ermöglichen.

Die Entscheidung zeigt deutlich, was in der Praxis immer wieder festzustellen ist – worauf diesseits wiederholt hingewiesen wurde (s. u. a. Vorb. §§ 2 ff. Rn 11.2–11.5) –, dass die Baugenehmigungsbehörden vielfach nicht in der Lage (oder bereit) sind, die Probleme, die planerisch nicht bewältigt worden sind, in der Baugenehmigung im Einzelnen zu regeln. Das Bauvorhaben ver-

§ 4 Abs. 2   6.43, 6.44

stößt in mehrfacher Hinsicht gegen das in § 15 Abs. 1 konkretisierte Rücksichtnahmegebot. Mit Recht hat der VGH u. a. herausgestellt: »*Die Bewältigung der Lärmprobleme im Zusammenhang mit der Abfahrt von Diskothekenveranstaltungen darf nicht in polizei- oder ordnungsrechtliche Verfahren verschoben werden, sondern muss im Rahmen des Baugenehmigungsverfahrens erfolgen*«.

In diesem Fall muss die – offensichtlich auf die gesellschaftspolitische Motivierung der Grundstücksnutzung – festgelegte Baugenehmigung als wohngebiets»feindlich« bezeichnet werden. Denn anders ist die sofortige Vollziehung der Baugenehmigung aufgrund des Nachbarwiderspruchs nicht verständlich. Noch weniger zu billigen ist die Bestätigung durch das VG, wonach »*für eine Prüfung nach § 15 Abs. 1 Satz 1 BauNVO, der eine Einzelfallkorrektur ermögliche, kein Raum sei, da der Bebauungsplan nur die Fläche des Baugrundstücks umfasse und somit selbst den Einzelfall regele*« (vgl. VGH, aaO.).

Dem Hess. VGH ist vorzuhalten, dass er die an sich richtige Einstufung des Jugendzentrums als »Anlage für soziale Zwecke« nicht auf die Zulässigkeit in einem WA-Gebiet an der Grenze zum reinen Wohngebiet hinsichtlich der **Gebietsverträglichkeit** überprüft hat. Der Begriff »soziale Zwecke« ist ein kaum noch fass- u. messbarer Allerweltsbegriff (s. dazu § 3 Rn 19.62), der ohne sorgfältige Ein- und Abgrenzung durch Verwaltung u. Gerichte zu einem formelhaften Begriff verfällt, der jedwede planerischen Missgriffe ermöglicht. Auch »**Anlagen für soziale Zwecke**« haben die Gebietsverträglichkeit des jeweiligen Baugebiets zu beachten.

6.43 Ein von einem gemeinnützigen Trägerverein betriebener Jugendveranstaltungsraum, in dem regelmäßig an zwei Wochentagen Disco-Abende stattfinden, erfüllt nicht die Merkmale einer Diskothek und stellt deshalb keine Vergnügungsstätte i. S. d. BauNVO dar (VGH BW, B. v. 19.10.1998 – 8 S 2192/98 – BauR 1999, 1278 = BRS 60 Nr. 74). Zur weiteren Begr. hat das Gericht darauf hingewiesen, dass der Jugendtreff auf Geselligkeit und nicht auf Amüsierkonsum ausgerichtet sei. Der Jugendclub ist daher als eine Anlage des Gemeinbedarfs für kulturelle und soziale Zwecke gem. § 30 BauGB i. V. m. § 4 Abs. 2 Nr. 3 BauNVO grundsätzlich zulässig, soweit die Veranstaltungen der **Gebietsverträglichkeit** des allgemeinen Wohngebiets entsprechen.

Der B. des VGH BW enthält nichts darüber, wo sich der Jugendveranstaltungsraum befindet und in welcher Weise die Wohnbebauung gegen Lärmbeeinträchtigungen durch die Veranstaltungen geschützt wird. Nach der Erfahrung in anderen Fällen bestehen deshalb Bedenken, weil Disco-Abende – auch wenn diese nicht der Gewinnzielung dienen – naturgegeben zur Ausgelassenheit mit allem »Drum und Dran« führen, schließlich umfasst der Begriff »Jugend« heutzutage das Alter zwischen 15 und 25 Jahren, die auch auf Bolzplätzen anzutreffen ist. Die richtige Feststellung, dass dort zwei Disco-Abende in der Woche die Veranstaltungen noch keine Vergnügungsstätte sind, ändert nichts daran, dass eine derartige Freizeiteinrichtung nicht weniger zur Rücksichtnahme verpflichtet ist als andere Anlagen im WA-Gebiet. Für die Frage des zulässigen Lärms kann auf die LAI Freizeitlärm-Richtlinie zurückgegriffen werden (s. § 3 Rn 5.3, 19.85 a. E.; ferner Rn 6.42 sowie § 4 Rn 20.7 u. die Ausführungen in § 3 Rn 19.88–19.91 zu anderen Freizeitunternehmungen).

6.44 Vereinsheime von Gesangsvereinen, die als Anlage für kulturelle Zwecke in allgemeinen Wohngebieten zur Regelbebauung gehören, gewinnen auch dann nicht den Charakter gebietsfremder Vergnügungsstätten, wenn sie vereinzelt (5 Mal im Jahr) zur Durchführung öffentlich zugänglicher Live-Musik-Veranstaltungen genutzt werden (OVG RhPf, U. v. 16.4.2003 – 8 A 11903/02 – BauR 2003, 1187). Die Anzahl der Live-Musik-Veranstaltungen ist derart gering, dass sie nicht prägend für den planungsrechtlichen Charakter der Sängerhalle sein können (OVG RhPf, aaO.). Dagegen hat das OVG NW die Nutzungsänderung einer Lagerhalle in eine »Festhalle für türkisch-kurdische Hochzeiten« in einem Industriegebiet für rechtswidrig erklärt, weil es sich bei der »Festhalle« um eine kerngebietstypische Vergnügungsstätte handelt (U. v.

27.4.2006 – 7 A 1620/05 – GewArch. 2007, 495 = NWVBl. 2006, 460, bestätigt durch BVerwG, B. v. 20.11.2006 – 4 B 56.06 –, ZfBR 2007, 270). Dieser Auffassung ist zu widersprechen; bei der »Festhalle« handelt es sich um eine Anlage für kulturelle und/oder soziale Zwecke, die in einem Industriegebiet gem. § 9 Abs. 3 Nr. 2 BauNVO ausnahmsweise zulässig ist (vgl. hierzu auch § 9 Rn 7.23 und zu einem gemeindlichen Begegnungszentrum § 4 Rn 6.1).

Dem Begriff »**Anlagen für soziale Zwecke**« unterfällt nicht alles, was mit dem Begriff »*sozial*« als Kernstück des Anlagenbegriffs in Verbindung gebracht werden kann (s. § 3 Rn 19.62).

6.5

Eine offene Anstalt des Justizvollzugs, sog. **Freigängerhaus**, ist seiner Nutzungsart nach weder Wohnnutzung noch eine Anlage für soziale Zwecke oder eine Anlage für Verwaltung und deshalb weder in einem allgemeinen Wohngebiet noch in einem Mischgebiet bauplanungsrechtlich zulässig (Sächs. OVG, U. v. 3.3.2005 – 1 B 120/04 – BauR 2005, 1290 = BRS 69 Nr. 64 = LKV 2005, 516 mit überzeugender Begr., bestätigt durch BVerwG, B. v. 26.7.2005 – 4 B 33.05 – BauR 2005, 1754 = DVBl. 2005, 1391 = NVwZ 2005, 1186 = ZfBR 2005, 1186 = BRS 69 Nr. 63). Es handelt sich vielmehr um eine besondere Anlage aus staatspolitischen Zwecken (s. § 3 Rn 16.33).

Der Auffassung des BVerwG, dass die Errichtung eines Freigängerhauses nicht nur durch die Überplanung mit einem Sondergebiet nach § 11 Abs. 1 BauNVO, sondern auch im Wege der Befreiung nach § 31 Abs. 2 BauGB möglich ist, wenn die Voraussetzungen hierfür vorliegen, wird nicht zugestimmt. Das BVerwG verkennt die Gebietsunverträglichkeit einer solchen Einrichtung. Eine Befreiung scheitert am Gebietswahrungsanspruch, wonach der Baugebietsnachbar einen Rechtsanspruch auf Gebietserhaltung hat und damit auch die Befreiung von nachbarschützenden Festsetzungen, insbes. der Nutzungsart, verhindern kann. Eine Befreiung würde daher regelmäßig nachbarliche Interessen i. S. d. § 31 Abs. 2 BauGB verletzen.

Die grundsätzlichen Ausführungen zur **Unterbringung von Asylbewerbern** – im Unterschied zu Aussiedlern u. (Bürger-)Kriegsflüchtlingen (s. § 3 Rn 16.4 ff.) – treffen auch auf WA-Gebiete zu.

Mit Recht hat das OVG Bln. bereits in seinem B. v. 2.6.1987 (– 2 S 38.87 – BRS 47 Nr. 41 = NVwZ 1988, 264) hervorgehoben, dass die erörterten Merkmale der Nutzungsweise des Heims eher für ein in dem WA-Gebiet zulässiges Gebäude »*mit sozialer Zweckbestimmung*« sprechen, bei dessen Nutzung »*die dem Staat durch das Asylverfahrensgesetz zugewiesene Aufgabe ... im Vordergrund steht*« (OVG Bln., aaO.).

Was alles unter dem Begriff »sozial«, »Anlagen für soziale Zwecke« behandelt wird, zeigt eine Entscheidung des OVG Brem., B. v. 29.1.1993 (– 1 B 7/93 – NVwZ 1993, 1218), die die Unterbringung **obdachloser Drogenabhängiger** in Wohncontainern in einem allgemeinen Wohngebiet gutgeheißen hat.

6.6

Dass dem Gericht die Entscheidung nicht leicht gefallen ist, ist der ausführlichen Begr. in dem Eilverfahren zu entnehmen. Es ist derselbe Senat, der früher in überzeugender Weise herausgestellt hat, dass zum Begriff »Wohnen« eine auf gewisse Dauer angelegte **eigenständige Gestaltung** des häuslichen Lebens u. der mit der Haushaltsführung verbundenen Tätigkeiten gehört (s. B. v. 22.9.1992, Fundst. § 3 Rn 16.48). Ebenso wie ein Schauspielhaus (kulturelle Zwecke) oder ein Fußballstadion (sportliche Zwecke) wegen der mangelnden Gebietsverträglichkeit in einem WA-Gebiet nicht zulässig sind, ist die Unterbringung von Strafgefangenen – gleich welcher Form – oder von Drogenabhängigen in Wohngebieten unzulässig.

§ 4   Abs. 2   6.61, 6.62

6.61 **Anlagen für soziale Zwecke unterliegen** in gleicher Weise **der Gebietsverträglichkeit** wie alle anderen Nutzungen in den Wohnbaugebieten. Es ist bedenklich, dass der Beschl. in mehrfacher Hinsicht rechtliche Bestimmungen für unbeachtlich hält oder sie »dahinstehen« lässt, um zu dem gewünschten Ergebnis zu kommen. Dadurch geraten Gerichte in die Schieflage, zum verlängerten Arm der Verwaltung zu werden, aus welchen Gründen auch immer. Die Nachbarschutz begehrende **Schule** ist mit guten Gründen **gegen die Unterbringung Drogenabhängiger** in der Nachbarschaft des Schulgrundstücks angegangen. Dem durfte das OVG nicht mit dem **Leitsatz** begegnen: »*Das Bestreben der Verwaltung, Unterbringungslasten im Stadtgebiet zu verteilen und übermäßigen Belastungskonzentrationen in einzelnen Stadtteilen entgegenzuwirken, stellt eine ›vernünftigerweise gebotene‹ Handlungsmaxime dar*« (B. v. 29.1.1993, aaO.). Art. 3 GG verlangt nur, dass gleiche Tatbestände gleich behandelt werden. Das Gericht macht es sich zu leicht, wenn es u. a. heißt: »*Ob der Bedarf für obdachlose Drogenabhängige als Teil des allgemeinen Unterbringungsbedarfs anzusehen ist oder gesondert betrachtet werden muss, kann dahinstehen.*« Wenn manche Städte mit dem Problem der Drogenabhängigen aus Gründen, die hier nicht erörtert werden können, nicht fertig werden, dürfen dafür nicht die Wohnbevölkerung oder Nutzungen wie hier eine Schule als vollwertige Glieder der Gesellschaft »bestraft« werden.

Die **Bauerlaubnis** für die Errichtung der Wohncontainer ist bereits fehlerhaft. Eine Bauerlaubnis hat die ordnungsgemäße Bebauung des Grundstücks mit der beantragten baulichen Anlage zu bestätigen. Sie kann dagegen *nicht auf* eine bestimmte *Personenzahl* beschränkt werden. In dem Sinne ist die Bauerlaubnis auch nicht »*nach der Anzahl der unterzubringenden Personen als teilbar anzusehen*« (so der B.). Dadurch kommt der B. zu der Feststellung, dass die Möglichkeit besteht, »*... später durch eine weitere Verwaltungsentscheidung eine Nutzungsausweitung zu regeln*«.

Es ist weiterhin *unzulässig*, das »Gemeinwohl« mit dem »öffentlichen Interesse« gleichzusetzen, wie es auch das BVerwG getan hat. Bisher sind »Gründe des Gemeinwohls« (noch immer) qualifizierte öffentliche Interessen; bei Gleichsetzung wäre in allen Fällen des öffentlichen Interesses bereits die Enteignung i. S. v. Art. 14 Abs. 3 GG zulässig. Das ist nicht der Fall. Daher geht auch die Feststellung, »*Die Belastungsgerechtigkeit stellt einen wichtigen Belang des Gemeinwohls dar*«, fehl, zumal wenn es im Beschl. kurz vorher heißt: »*Auch wenn andere Möglichkeiten zur Verfügung stehen, kann eine Befreiung vernünftigerweise geboten sein*«. Das Gebotensein muss zu dem **geschützten Rechtsgut** »**Wohnen**« stets in einer ›vernünftigen‹, d. h. angemessenen Relation stehen, was hier nicht überzeugend dargetan worden ist. Die – verständliche – Unsicherheit des Gerichts zeigt sich nicht zuletzt darin, dass es meint, »*angesichts der Befristung der Bauerlaubnis und der Möglichkeit, ... bei gravierender Unverträglichkeit die Unterbringung auch zu beenden, ist die Erwartung gerechtfertigt, dass sich Nachbarschaftsstörungen in Grenzen halten werden*«.

6.62 Nachbarn in einem allgemeinen Wohngebiet haben aufgrund des eingegangenen Gemeinschaftsverhältnisses einen subjektiv-öffentlichen Anspruch darauf, dass die Ansiedlung Dritter, von denen nach der allgemeinen Erfahrung Störungen ausgehen *können* (vgl. § 15 Abs. 1 **Satz 2** BauNVO), ferngehalten wird (vgl. Grundsatzurt. des BVerwG v. 16.9.1993 (s. Vorb. §§ 2 ff. Rn 22 [Fundst.] u. 26.2). Deshalb sind formelhafte Wendungen, wie »Ohne bodenrechtliche Relevanz sind die von der Antragstellerin befürchteten Verhaltensweisen« (der Drogenabhängigen), »die keinen unmittelbaren Bezug zur Grundstücksnutzung haben« oder: »Das allgemeine Risiko der Kriminalität drogenabhängiger Personen ist bodenrechtlich nicht erfassbar«, eine unzulässige Verharmlosung und treffen nicht den planungsrechtlichen Kern. Sie widersprechen überdies § 15 Abs. 1 Satz 2. Es kommt weder auf die bodenrechtliche Relevanz noch auf die bodenrechtliche Erfassbarkeit an, sondern auf die Gewährleistung der durch **Festsetzung des allgemeinen Wohngebiets** gewollten städtebaulichen

Ordnung, die ein gedeihliches Zusammenleben der in dem Gebiet Wohnenden – in der Gemeinschaft – einschließt.

Nach dem U. des OVG Saarl. v. 5.12.1995 (– 2 R 3/95 – UPR 1996, 280) ist ein **Wohncontainer**, der von einer Gemeinde zur Unterbringung **von** ihr zugewiesenen **Asylbewerbern** aufgestellt wird, selbst wenn er nicht als Wohngebäude eingestuft werden kann, in einem allgemeinen Wohngebiet als Anlage für soziale Zwecke gem. § 4 Abs. 2 Nr. 3 BauNVO 1968/1977/1990 regelmäßig zulässig (aaO.); das entspricht **nicht** der diesseitigen Auffassung über die differenziert zu behandelnde Unterbringung von Asylbewerbern (s. § 3 Rn 16.43 f.). Hierbei handelt es sich um eine staatspolitische Aufgabe, was nicht zuletzt in dem Gesetz über die Ausgabe von Sachleistungen an die Asylbewerber und die andersartige Vergütung der Gemeinden, die Asylbewerber aufnehmen müssen, zum Ausdruck kommt. Der mehr oder minder gedankenlose Gebrauch des Allerweltsbegriffs »*sozial*« und damit auch des Begriffs »Anlagen für soziale Zwecke« ist zur Einstufung solcher Anlagen zwar gängig; bei Asylbewerbern müsste zumindest aber die *entsprechende* Anwendung zum Ausdruck kommen. **6.63**

Der B. des VGH BW v. 16.12.1994 (– 8 S 3216/94 – BRS 56 Nr. 56 = BauR 1995, 215 = UPR 1995, 118), nach dem »*ein ohne Gewinnerzielungsabsicht betriebenes **Tierheim** oder Tierasyl keine Anlage für soziale Zwecke i. S. von § 4 Abs. 2 Nr. 3 BauNVO darstellt*« (Hervorhebung v. Verf.), ist deshalb bemerkenswert, weil sich der Senat in den Gründen einmal kritisch mit dem Begriff »sozial« und der Reichweite des Begriffs »Anlagen für soziale Zwecke« auseinandersetzt, was diesseits in der Rspr. vielfach vermisst wird. Mit Recht wird die Aufnahme von Tieren, insbes. Hunden u. Katzen, im Rahmen der satzungsmäßigen Vereinstätigkeit »*als selbständige neben das Wohnen tretende Grundstücksnutzung qualifiziert*« (VGH BW, aaO.). **6.64**

Ein **Kindergarten** am Rande eines allgemeinen Wohngebiets bildet keinen Fremdkörper, seine Lärmauswirkungen sind der Nachbarschaft regelmäßig zuzumuten (so schon BayVGH, U. v. 30.4.1984 – Nr. 14 B 81 A. 2463 – BRS 42 Nr. 45 = BayVBl. 1984, 499); die Genehmigungsfreiheit des Kindergartens nach der BayBO entbindet nicht von der Verpflichtung zur Einhaltung der Anforderungen, die durch öffentlich-rechtliche Vorschriften an bauliche Anlagen gestellt werden (BayVGH, aaO.). Dazu gehört auch die Berücksichtigung der bauplanungsrechtlichen Relevanz (s. § 3 Rn 25.1 f.). **6.7**

ee) **Anlagen für sportliche Zwecke** sind aufgrund der **ÄndVO 1990** in den Katalog der *zulässigen* Anlagen entspr. den bisher bereits unter Abs. 2 **Nr. 3** aufgeführten Anlagen aufgenommen worden (vgl. dazu die Begr. z. Reg. Entw., BR-Drucks. 354/89, S. 30/31). Die **besondere Problematik** der »Anlagen für sportliche Zwecke« und die sich daraus ergebenden Schwierigkeiten i. d. Praxis sind in den **Vorb. §§ 2 ff.** Rn 12–12.101, **zusammengefasst dargelegt** worden. Wie problembehaftet der Anlagenbegriff ist, zeigt sich zum einen an den zahlreichen gerichtlichen Entscheidungen, die meistens im Zusammenhang mit Wohngebieten ergangen sind, und geht zum anderen aus dem mittlerweile unübersehbar gewordenen Schrifttum hervor (s. Schrifttumsverzeichnis unter Vorb. §§ 2 ff. Abschn. 4); es hat sich i. d. Mehrzahl nicht mit den Detailfragen der städtebaulichen Entwicklung im Allgemeinen, mit den Wohngebieten im Besonderen und einer entspr. differenzierten Betrachtung befasst, sondern hat die Problematik vielfach unter dem Schlagwort »**Sport 7**

§ 4 Abs. 2   7.1

und Umwelt« unter Heranziehung oder Auseinandersetzung mit der einschlägigen Rspr. abgehandelt (s. Vorb. §§ 2 ff. Rn 12.7 f.).

7.1 Durch die Aufnahme der Anlagen für sportliche Zwecke in den (allgemeinen) Zulässigkeitskatalog nach **Abs. 2** (gegenüber *bisher nach Abs. 3 Nr. 3*) hat sich an dem **Erfordernis der Gebietsverträglichkeit** im Grundsatz nichts geändert. Auch die Beurteilung von Sportanlagen hat sich danach auszurichten, ob die jeweilige geplante oder baurechtlich zu genehmigende *Anlage* als eine **nicht störende** Anlage i. S. d. Gebietscharakters des WA-Gebiets einzustufen ist, oder ob und inwieweit von der Sportanlage Belästigungen i. S. v. § 15 Abs. 1 Satz 2 ausgehen können. Diese Frage kann nur unter Heranziehung der Regelungen der SportanlagenlärmSchVO (18. BImSchV) im konkreten Einzelfall beantwortet werden. Die Zulässigkeit der jeweiligen Sportanlage hängt in erster Linie von der *Eigenart* (der Struktur) des WA-Gebiets ab, ferner von der *Größe* (Art und Weise) der Anlage (z. B. Flutlicht als Störfaktor) und *welche Sportarten zu* welchen Zeiten auf der Sportanlage (z. B. Tennisplatz, Fußballplatz, Kleinfeldsportplatz für Volleyball) ausgeübt werden sollen (s. dazu Vorb. §§ 2 ff. Rn 12.78 ff. u. Anh. 7.2). Diese Auffassung bestätigt der maßgebende **Leitsatz** im Beschl. des BVerwG v. 2.7.1991 (– 4 B 1.91 – BRS 52 Nr. 64 = BauR 1991, 569 = UPR 1991, 389 = NVwZ 1991, 982 = DÖV 1992, 76). Danach sind »*auch nach § 4 Abs. 2 Nr. 3 BauNVO 1990 im allgemeinen Wohngebiet nicht Sportanlagen jedweder Art allgemein zulässig. Vielmehr müssen sie nach Art und Umfang der Eigenart des Gebiets entsprechen und dürfen die allgemeine Zweckbestimmung des Gebiets, vorwiegend dem Wohnen zu dienen (§ 4 Abs. 1 BauNVO), nicht gefährden*«. Sportanlagen in einem WA-Gebiet müssen – auch nach der generellen Zulässigkeit gem. § 4 Abs. 2 Nr. 3 – nach Art u. Umfang **gebietstypisch** sein. Demzufolge ist die **Zulässigkeit von Sportanlagen** entspr. der Zweckbestimmung des WA-Gebiets von der Gebietsverträglichkeit abhängig. Setzt die Gemeinde ein **gemeindeeigenes Grundstück** nach § 9 Abs. 1 **Nr. 5** BauGB als Fläche für Sportanlagen oder für den Gemeinbedarf, z. B. für eine Schule, fest, hat die betreffende Sportanlage hinsichtlich möglicher Störungen auch dann die **Gebietsverträglichkeit** im Hinblick auf das Umfeld des Sportanlagen-Grundstücks zu beachten. Die durch das BauGB eingefügte Vorschrift des § 9 Abs. 1 **Nr. 5** erleichtert der Gemeinde zwar die Sportanlagen-**Planung**. Sie entbindet die Gemeinde aber nicht davon, die Störempfindlichkeit der dem gemeindlichen Grundstück benachbarten (Wohn-) Grundstücke zu beachten.

Eine **Schulsportanlage** ist wegen der durch Zweckbindung bedingten stark eingeschränkten Nutzung, die wiederum unmittelbare Auswirkungen auf die Emissionsintensität hat (Spielbetrieb normalerweise nur an Wochentagen und nicht abends, keine Zuschauer, keine Kfz, lange Ferienzeiten), etwas anderes als eine Sportanlage zur allgemeinen Nutzung oder zur Überlassung an Vereine. Die Nutzung einer als Schulsportplatz festgesetzten Anlage rechtfertigt es nicht, die Anlage mehreren Vereinen und Freizeitsportgruppen zum allgemeinen Sportbetrieb zur Verfügung zu stellen (so mit Recht Nds. OVG, B. v. 3.6.1991 – 1 L 128/90 – BRS 52 Nr. 192).

Eine benachbarte Wohnbebauung hat auch einen Anspruch auf Schutz vor Lärm, der von einer **Außensportanlage** (Fußball- und Volleyballfeld) eines **Jugendbildungs- und Begegnungszentrums** ausgeht (BayVGH, B. v. 12.5.2004 – 22 ZB 04.234 – NVwZ-RR 2004, 735). Dem stand nach Auffassung des Gerichts auch nicht entgegen, dass der Betrieb der Jugendbildungs- und Begegnungsstätte nach dem Jugendplan der Bayerischen Staatsregierung eine der zentralen Stätten der außerschulischen Bildungsarbeit darstellt, die sowohl eigene Veranstaltungen anbietet als auch für Maßnahmen anderer Träger der Jugendhilfe zur Verfügung steht. Damit könne aber nicht die generelle Freistellung von der Rücksichtnahme auf die Nachbarschaft herbeigeführt werden. Der BayVGH hat in seinem B. den Antrag des Betreibers der Einrichtung auf Wiederherstellung der aufschiebenden Wirkung des Widerspruchs gegen die immissionsschutzrechtliche Anordnung, wonach der Immissionswert von 57 dB(A) an den Wohngebäuden einzuhalten ist, abgelehnt.

Ein WA-Gebiet, für das eine 2-geschossige, offene Bauweise mit Einzelgebäuden i. S. v. § 22 Abs. 2 u. einer GFZ von 0,7 festgesetzt worden ist, ist nach seiner Eigenart (ganz) anders zu beurteilen als z. B. ein WA-Gebiet, für das entspr. den Festsetzungen 6- bis 8-geschossige Wohngebäude in Hausgruppen mit einer GFZ von 1,2 errichtet worden sind u. das dementsprechend eine hohe Verdichtung aufweist. Der sog. *Grundgeräuschpegel* als die Zusammenfassung aller in dem Gebiet vorhandenen Lärmquellen (wie Kfz-Verkehr jedweder Art, Bauhandwerker, Rasenmäher, laute Unterhaltung u. Musik) liegt nach der Erfahrung in letzterem Gebiet deutlich höher als in dem WA-Gebiet mit der 2-geschossigen Bebauung auf Einzelgrundstücken. Dementsprechend kann eine Anlage für sportliche Zwecke nach den von ihr ausgehenden *Geräuschen* (s. Vorb. §§ 2 ff. Rn 12.7 ff.) in dem verdichteten WA-Gebiet eher zulässig sein als in dem nach der Eigenart des WA-Gebiets lärmempfindlicheren Gebiet. **7.11**

Bei der Ausübung der Sportart kommt es vor allem auf die eingeplanten Spielzeiten an. Der *Grundgeräuschpegel* des verdichteten WA-Gebiets (außer dem von der Sportanlage ausgehenden Sportlärm) kann u. U. in den Ruhezeiten (vgl. § 2 Abs. 5 SportanlagenlärmSchVO, Anh. 7.2; ferner Vorb. §§ 2 ff. Rn 12.82) nur unwesentlich höher liegen als der des aufgelockert bebauten WA-Gebiets.

Die *Grundfaktoren* müssen bereits bei der Planung einer Anlage für bestimmte Sportarten berücksichtigt werden, d. h. **an welcher Stelle** des Gebiets die Anlage errichtet werden soll bzw. kann (s. dazu Vorb. §§ 2 ff. Rn 12.7 f.); sie müssen unter vorheriger **Feststellung** (Berechnung) der **Gesamtlärmauswirkungen** (Vorb. §§ 2 ff. Rn 12.7, 12.77–12.82) in jedem Fall bei der Genehmigung der Anlage beachtet werden, soll die Anlage einer gerichtlichen Überprüfung standhalten. Bei der Planung und Zulässigkeit im Einzelfall kommt es entscheidend auf den richtigen Standort an. Das Schlagwort vom »**Sportplatz um die Ecke**« oder die Forderung nach der »*wohnnahen* Sportanlage« (s. dazu Vorb. §§ 2 ff. Rn 12.72) geben für die Wahl des richtigen Standorts nichts her, *wenn* die genannten Grundfaktoren nicht vorher abgeklärt worden sind. Der »Sportplatz um die Ecke« ist naturgemäß nur in übertragenem Sinne zu verstehen. Es kommt mithin auf die *Ausfüllung* des (unbestimmten) Rechtsbegriffs »**wohnnahe Sportanlage**« an. **7.2**

In einem WA-Gebiet, das mehrere Straßenzüge, evtl. sich auch kreuzende Straßen umfasst, ist ein bestimmter (gewählter) Standort für die Bewohner der einen Straße »wohnnäher«, für diejenigen, die von der Sportanlage vier Straßen weiter entfernt wohnen, ist die Anlage deutlich »wohnentfernter«. Alle Benutzer der Sportanlage wohnen in demselben WA-Gebiet. Hieran zeigt sich bereits die nur relative Aussagekraft des Begriffs »*wohnnahe Sportanlage*«. Für jemanden, der im angrenzenden Mischgebiet wohnt, kann die Sportanlage günstiger (näher) liegen, als für etliche Bewohner des Wohngebiets. Umgekehrt kann

451

§ 4 Abs. 2   7.3, 7.4

eine Sportanlage (verkehrs-)günstig im MI-Gebiet liegen und wird dadurch allgemein als »wohnnah«, weil gut erreichbar, angesehen.

Die »Wohnnähe« in Bezug *auf die räumliche Entfernung* ist aus der Sicht des Sportausübenden zum einen sehr unterschiedlich. Zum anderen ist abzuklären, welche Entfernung, »absolut« betrachtet, unter *wohnnah* verstanden werden kann. Unter dem **zeitlichen Gesichtspunkt** kann nach diesseitiger Auffassung eine Sportanlage als »wohnnah« bezeichnet werden, wenn die mittlere Entfernung von den Benutzern etwa 400–600 m entfernt liegt. Diese Wegstrecke ist zu Fuß in etwa 5–7 Minuten (Sportler mit dem Fahrrad unter 5 Minuten) zurückzulegen, es sei denn, es müssten verkehrsträchtige (verampelte) Straßenkreuzungen überquert werden.

7.3 Die Frage nach der räumlichen Entfernung ist die *eine Seite* des Begriffs »wohnnahe Sportanlage«. Die wegen ihrer Komplexität erheblich schwieriger zu beurteilende Frage zur Ausfüllung des Begriffs (die *andere Seite*) ist danach zu stellen, wie »wohnnah«, d. h. in welcher Entfernung zu schutzbedürftigen lärmempfindlichen Nutzungen wie Wohngebäuden, eine Sportanlage geplant bzw. errichtet werden darf. Diese Frage zielt auf das Verhältnis der Sportanlage zum (Wohn-)Umfeld, der Nachbarschaft ab; sie ist häufig unter dem Schlagwort »Sport und Umwelt« vielfältig in den letzten Jahren behandelt worden (s. Vorb. §§ 2 ff. Rn 12.4 f.; Schrifttum zu Vorbem., Abschn. Nr. 4 und unter allgemein). Hierbei müssen **zwei Komplexe** auseinandergehalten werden: Der eine betrifft den **Abstand**, den die Sportanlage aufgrund der Gesamtlärmauswirkungen (ausführlich dazu Vorb. §§ 2 ff. Rn 12.74–12.82) nach den auszuübenden *Sportarten* und zu welchen *Tageszeiten* (insbes. i. d. Ruhezeiten, vor allem sonn- u. feiertags, s. Vorb. §§ 2 ff. Rn 12.82 u. SportanlagenlärmSchVO, Anh. 7.2) **ohne Lärmschutzmaßnahmen** gegenüber der Nachbarschaft einhalten muss, um nach § 15 Abs. 1 Satz 2 (noch) zumutbar zu sein (zum Zumutbarkeitsmaßstab s. *Gaentzsch*, aaO., UPR 1985, 201, 202 f.). Dieser Abstand ist im Einzelnen (konkret) zu berechnen (Vorb. §§ 2 ff. Rn 12.81–12.82). Die darüber bereits *bestehenden Berechnungen* können der Gemeinde u. dem Betreiber über notwendige Abstände u. dergl. Aufschluss geben. Gemeinde und Betreiber müssen sich *frühzeitig* darüber schlüssig werden, *ob* sie Anlagen für sportliche Zwecke ohne Schutzmaßnahmen gegenüber lärmempfindlicher Nachbarschaft festsetzen (errichten) wollen bzw. i. S. ordnungsmäßiger städtebaulicher Entwicklung (§ 1 Abs. 3 BauGB) überhaupt können.

7.4 Halten Gemeinde u. Betreiber die geplante Sportanlage hinsichtlich der *räumlichen* Entfernung, Erreichbarkeit u. dergl. (Rn 7.2) für gut geeignet, kann die Anlage aufgrund des berechneten Geräuschpegels den danach erforderlichen Abstand jedoch nicht einhalten, um die Voraussetzungen des Lärmschutzes zu erfüllen, werden sich Gemeinden u. Betreiber zu entscheiden haben, ob sie die Planung der Sportanlage trotz der Schwierigkeiten der Einfügung in die Umwelt weiter betreiben wollen. Eine positive Entscheidung bedingt, dass Umfang, technische Durchführbarkeit (Material), evtl. geschätzte Kosten u. die erreichbare Lärmminderung im Rahmen der Festsetzungen in der Legende des B-Plans u. seiner Begr. festgelegt werden; ggf. sind die erforderlichen Regelungen in einer Gestaltungssatzung nach § 9 Abs. 4 BauGB i. V. m. den (örtlichen) Bauvorschriften nach den LBOen zu treffen, damit die Nachbarschaft erkennen kann, ob ihr durch die Sportanlage ein *Nachteil* entsteht, den sie i. S. d. Unzumutbarkeit nicht hinzunehmen braucht.

Gemeinde u. Betreiber müssen sich hinsichtlich der Planung u. Errichtung von **Anlagen für sportliche Zwecke** im Zusammenhang mit Wohngebieten bzw. wohngebietsgleichen Bereichen i. S. v. § 34 Abs. 2 BauGB darauf einstellen, dass der **Sportlärm** gegenüber anderem Lärm **rechtlich keine Privilegierung** genießt (so überzeugend Grundsatzurt. des BVerwG v. 19.1.1989 [Vorb. §§ 2 ff. Rn 12.61]; ferner u. a. *Gaentzsch,* aaO., UPR 1985, 201, 204 und *Hagen,* aaO., UPR 1985, 192, 194 f.; zu der teils gegenteiligen Auffassung u. zur Problematik insgesamt s. Vorb. §§ 2 ff. Rn 12.5–12.72). **Lärmschutzmaßnahmen** bei Anlagen für sportliche Zwecke im Zusammenhang mit Wohngebieten werden künftig so selbstverständlich sein müssen, wie sie bei unzumutbaren Verkehrslärmauswirkungen (bei Straßen aller Straßengattungen) seit geraumer Zeit zur Normalausstattung gehören.

Die Sportförderung i. A., der Bau von Sportstätten im Besonderen erhält beachtliche Zuwendungen von Bund u. Ländern. Es liegt nahe, davon auch Mittel für Lärmschutzmaßnahmen zu verwenden, wie sie besonders bei Tennisanlagen bereits praktiziert werden. Das BVerwG hat im U. v. 19.1.1989 ausdrücklich *»eine Minderung der Lärmbelästigungen für die Nachbarschaft auf ein zumutbares Maß durch die Errichtung einer Lärmschutzwand«* als *»nicht unverhältnismäßig«* angesehen (aaO., DVBl. 1989, 467).

7.5 Bei Berücksichtigung des Gebietscharakters des WA-Gebiets sind *größere* Sportanlagen wie ein integriertes Sportcenter, Fußballsportanlagen für Training u. Wettkampf mit Tribünen u. dergl. oder eine Tennisanlage mit mehreren Spielfeldern und Klubhaus im Allgemeinen nicht zulässig, wenngleich es stets auf die Situationsbedingungen im konkreten Fall ankommt (vgl. dazu *Kleefisch,* StGR 1986, 141). So sind ein oder zwei Tennisplätze denkbar, desgleichen ein Volley- und Korbballspielfeld u. Sportanlagen ähnlicher Größenordnung, *wenn* sie die Voraussetzungen nach Rn 7.1–7.3 erfüllen. Gegen ein *Hallenbad* wird *bei günstiger Lage* gleichfalls nichts einzuwenden sein. Es wird nicht für erforderlich gehalten, die hinsichtlich der Ausübung bestimmter Sportarten – meistens zu Tennis- u. Fußballanlagen – (negativ) ergangenen Entscheidungen im Einzelnen anzuführen, es sei denn, sie sind verallgemeinerungsfähig oder von grundsätzlicher Art wie das U. des BVerwG v. 19.11989 (Fundst. Vorb. §§ 2 ff. Rn 12.61).

7.51 In den letzten Jahren wurde um die Zulässigkeit von Ausbaumaßnahmen von **Bundesligafußballstadien** wegen der Konfliktlage gegenüber der angrenzenden Wohnbebauung vor den Gerichten intensiv gestritten (Rhein-Neckar-Stadion in Mannheim: VGH BW, U. v. 17.6.1992 – 3 S 829/92 – VBlBW 1993, 131 = UPR 1983, 308 u. BVerwG, B. v. 16.12.1992 – 4 B 202.92; Ausbau des Dreisam-Stadions in Freiburg: VGH BW, B. v. 5.7.99 – 3 S 1029/99, sowie des Berliner Olympia Stadions: VG Bln, U. v. 6.4.2005 – 19 A 299/02 – LKV 2005, 419). Es handelt sich hier um Anlagen für den Profisport, bei denen es nicht in erster Linie um die Förderung der sozialen und gesundheitlichen Funktionen des aktiven Sports für die Bevölkerung, sondern um die Förderung einer von breiten Bevölkerungskreisen akzeptierten Form von Freizeitgestaltung geht. Für die Belastung der vom Sportlärm betroffenen Wohnnutzung ist es im Grunde gleichgültig, ob ein bestimmter Lärmpegel durch Profi- oder Amateursport ausgelöst wird (BVerwG, B. v. 16.12.1992 – 4 B 202.92 –). Städtebaurechtlich stellt auch ein Fußballstadion der Fußballbundesliga eine Anlage für sportliche Zwecke dar (VGH BW, U. v. 17.6.1992, aaO.).

Es gibt keinen Rechtssatz, dass Stadien für Profiveranstaltungen, speziell reine Fußballstadien, in Wohnnähe nicht errichtet werden dürfen. Es kommt vielmehr auf die konkrete örtliche Situation an (Lage des Stadions und seiner Zugänge, Anfahrtswege, Topografie, bauliche Schutzvorkehrungen; BVerwG, B. v. 16.12.1992).

§ 4 Abs. 2   7.52–7.61

7.52 Zur Handhabung der SportanlagenlärmschVO (18. BImSchV) hat der VGH BW (NK-U. v. 14.11.1996 – 5 S 5/95 – BRS 58 Nr. 28) dem ausführlichen U. einige Leits. von allgemeinem Interesse vorangestellt:

1. § 9 Abs. 1 Nr. 24 BauGB bietet keine Rechtsgrundlage für die Festsetzung von Nutzungszeiten von Sportanlagen in einem B-Plan. Sehen die textlichen Festsetzungen eines B-Plans solche Nutzungszeitenregelungen vor, ist er insoweit (regelmäßig teil-) nichtig.

2. Bei der Prognose der zu erwartenden Lärmimmissionen kann die Gemeinde neben der festgesetzten Art, Größe und Lage der Sportanlagen auch die von ihr geplanten Nutzungszeiten zugrundelegen, sofern sie deren spätere Umsetzung als rechtlich hinreichend gesichert ansehen darf.

3. Die Sportstättenplanung durch B-Plan ist im Ergebnis regelmäßig auch dann nicht abwägungsfehlerhaft, wenn die Lärmrichtwerte der 18. BImSchV in der Umgebung der Sportanlagen unter Berücksichtigung der festgesetzten Lärmschutzeinrichtungen nur bei weitergehend eingeschränkten Nutzungszeiten als ursprünglich geplant eingehalten werden können, sofern eine sinnvolle Nutzung der Sportanlagen verbleibt.

4. Ein auf einem Sportgelände neben einem bestehenden Sportplatz neu zu errichtender Trainingsplatz ist keine »Altanlage« i.S.d. § 5 Abs. 4 der 18. BImSchV. Treffen in dieser Weise Alt- und Neuanlage zusammen, kommt der »Altanlagenbonus« des § 5 Abs. 4 der 18. BImSchV nur den Lärmimmissionen zugute, die sich der Altanlage zurechnen lassen.

7.6 Im Zusammenhang mit der **Festsetzung von Sportanlagen** mittels B-Plan u. der Behandlung der Sportanlage gegenüber der Nachbarbebauung im festgesetzten Wohngebiet ist auf einen B. des OVG NW v. 21.7.1994 (– 11 B 1511/94 – BauR 1995, 74) hinzuweisen, der in seiner Tendenz u. wegen der Verharmlosung des Falles bemerkenswert ist. Die Entscheidung hat keine Bedenken gegen die Festsetzung einer **öffentlichen Grünfläche** i.S.v. § 9 Abs. 1 Nr. 15 BauGB mit der Zweckbestimmung »Sportplatz«, ohne dass die Gemeinde eine Konkretisierung der Art der auf ihr zulässigen Sport**ausübung** vorgenommen hat u. ohne räumliche Festlegung der einzelnen Sportanlagen in der Nachbarschaft zu einem festgesetzten Wohngebiet. Die aufgrund der typischen **Einzelfall-B-Planfestsetzung** erteilte **Baugenehmigung** zur Errichtung einer Sportanlage wird ohne vorherige Einholung eines auf die Situation abstellenden Lärmschutzgutachtens gutgeheißen. Wegen der zu geringen Zahl notwendiger Stellplätze, die zwar für sich nicht nachbarschützend ist, hat der B. keine Bedenken, »*wenn die Besucher ihre Fahrzeuge in den benachbarten Wohnstraßen abstellen*« (**Leits.** 4 des B. v. 21.7.1994, aaO.). – Allenthalben wird darauf gedrungen, zur Verbesserung des Wohnklimas, insbes. zur **Gewährleistung der Wohnruhe**, eine Verkehrsberuhigung des Wohnumfeldes zu erreichen. Hier wird der Gemeinde u. dem Betreiber der Sportanlage gewissermaßen ein »Freibrief« ausgestellt.

Die unzureichende Bearbeitung liegt darin, dass zwei Urt. des BVerwG (U. v. 24.4.1991 – »Dortmund-Sölde« – u.U. v. 14.1.1993, aaO.) zitiert werden, die für den entschiedenen Fall nicht mehr oder überhaupt nicht einschlägig sind. Der zitierte Leitsatz 1 des U. v. 24.4.1991 ist so allgemein gehalten – deswegen hat das Urt. auch Kritik erfahren (s. dazu Vorb. §§ 2 ff. Rn 12 ff.) –, dass er für die vorliegende Situation nichts hergibt. Bedenklich ist auch die Zitierung aus den Gründen des insoweit nicht zutreffenden U. (v. 14.1.1993). Die **SportanlagenlärmSchVO (18. BImSchV)** ist bereits am 18.7.1991 erlassen worden (s. Anh. 7.2), die bei jedweder Abwägung in Bezug auf das Rücksichtnahmegebot **zu beachten** ist. Die Bezugnahme auf das U. des BVerwG v. 14.1.1993 liegt schon deshalb neben der Sache, weil es sich um einen dörflich geprägten, nicht beplanten Innenbereich (§ 34 Abs. 1, 2 BauGB) handelt; der Sachverhalt ist unzureichend wiedergegeben.

7.61 Der **Grundsatz der umfassenden Problembewältigung** sollte gerade für Einzelfall-B-Pläne und darauf fußende Baugenehmigungen weiterhin strikt Beachtung finden (s. dazu Rn 6, Rn 25). Es sollte der Nachbar nicht erst zur Klage gezwungen werden, um den notwendigen Schutz vor Störungen, insbes. Immissionen, zu erreichen.

Die **Errichtung eines Bolzplatzes** auf einem gemeindeeigenen Grundstück (§ 9 Abs. 1 Nr. 5 bzw. 15 BauGB) ist *nicht* eine Anlage für sportliche Zwecke; auf einem Bolzplatz findet kein Fußballspielen im herkömmlichen Sinne statt. Aus diesem Grunde findet die SportanlagenlärmSchVO (18. BImSchV) auf Bolzplätze weder unmittelbar noch mittelbar Anwendung (zu Rspr. und Schrifttum im Einzelnen s. § 3 Rn 19.84–19.96; grundsätzliche Ausführungen zur Abgrenzung s. § 3 Rn 19.84). **7.7**

5. **Ausnahmsweise zulassungsfähige Nutzungen (Abs. 3)**

a) **Betriebe des Beherbergungsgewerbes (Nr. 1).** Zum **bauplanungsrechtlichen** Begriff s. grundsätzlich § 3 Rn 19, zur Reichweite des Beherbergungsgewerbes s. § 3 Rn 19.1–19.4. **8**

Der Fortfall der Einschränkung »kleine« (wie in § 3 Abs. 3) ermöglicht die Zulassung größerer Hotels auch mit Restaurationsbetrieb. Der Nutzungsumfang hat sich auch hier nach der Eigenart des betreffenden Wohngebiets zu richten. Wegen der mit dem Betreiben eines Hotels zwangsläufig verbundenen Störungen und sonstigen Beeinträchtigungen insbes. durch den Kfz-Verkehr (An- und Abfahrt von Taxis zu jeder Tag- und Nachtzeit) können Beherbergungsbetriebe mit Recht nur ausnahmsweise zugelassen werden; zur Abgrenzung gegenüber anderen Nutzungsmöglichkeiten s. § 3 Rn 19 f. Ferienheime, Erholungsheime o. ä. einem bestimmten Zweck dienende Einrichtungen sind keine Betriebe des Beherbergungsgewerbes. Auch hier gilt, dass der *speziellere* Nutzungsbegriff den allgemeineren Oberbegriff, unter den verschiedene Nutzungen und Betriebsformen zusammengefasst werden können, ausschließt (Vorb. §§ 2 ff. Rn 3–4). Wäre es anders, müssten *Sanatorien* oder Kur- und Pflegeanstalten als Anlagen für gesundheitliche Zwecke gleichfalls als Betriebe des Beherbergungsgewerbes angesehen werden, was aus städtebaurechtlicher Sicht nicht zutrifft (im gleichen Sinne *Förster*, § 3 Anm. 3b).

Ein kleines **Hotel-Restaurant** kann sich in einem als allgemeines Wohngebiet einzustufenden Baugebiet einfügen, wenn das Restaurant überwiegend der Bewirtung der Hotelgäste aus der näheren Umgebung dient (VGH BW, U. v. 17.4.1986 – 8 S 3239/85 – BauR 1987, 50 = BRS 46 Nr. 43). Bauplanungsrechtlich bestehen keine Bedenken gegen einen Restaurationsbetrieb, der zwar zu einem seit Jahren zulässigerweise bestehenden Hotel gehört, wegen seiner Güte jedoch auch Fremdgäste bewirtet. Für die bauplanungsrechtliche Zulässigkeit kommt es – wie im entschiedenen Fall – darauf an, dass der Restaurationsbetrieb von der Größe des Gastraums her – unabhängig von seiner qualitativen Leistung – im Verhältnis zu dem Beherbergungsbetrieb von *untergeordneter* Bedeutung ist. Durch den An- und Abfahrtverkehr der Tagesgäste dürfen die bereits vorhandenen Störungen durch den bestehenden Beherbergungsbetrieb nicht nennenswert verstärkt werden, um dem **Gebot der Rücksichtnahme** gegenüber der nachbarschaftlichen Umgebung zu entsprechen. **8.1**

Ein **Hotel**, das vor allem der Beherbergung führender Persönlichkeiten dienen soll, mit 12 Suiten, Speiserestaurant, Bar, Hallenschwimmbad mit Poolbar sowie Gesellschaftsräumen für Feierlichkeiten, Vorstandssitzungen u. dergl., z. B. 121 Sitzplätze in den Konferenzräumen, ist für ein WA-Gebiet **nicht gebietstypisch**. **8.2**

§ 4 Abs. 3 9–9.2

Ein Restaurantbetrieb, der keinen nennenswerten Bezug zur Wohnnutzung der Umgebung aufweist, kann in einem WA-Gebiet nicht zugelassen werden (s. Rn 4.23). Ein im WA-Gebiet unzulässiges Hotel kann nicht im Wege der Befreiung genehmigt werden, *»wenn die angeführten Gründe für die Abweichung von der nachbarschützenden Festsetzung der Art der baulichen Nutzung auf alle oder die meisten anderen Grundstücke im maßgeblichen Planbereich ebenso zutreffen würden«* (OVG Bln., B. v. 26.2.1993 – 2 S 1/93 – BRS 55 Nr. 161 = NVwZ-RR 1993, 458).

9 b) **Sonstige nicht störende Gewerbebetriebe (Nr. 2); Swinger-Clubs; Wohnungsprostitution; Sperrgebietsverordnung und Straßenprostitution.** – aa) **Allgemeines; Einzelfälle.** Zum Begriff und zur Abgrenzung gegenüber anderen Nutzungen s. Vorb. §§ 2 ff. Rn 4 u. § 2 Rn 24–25.25.

Die planungsrechtliche Zulässigkeit eines Gewerbebetriebs kann nicht schon daraus zwingend gefolgert werden, dass durch ihn die nach dem Gebietscharakter allgemein festgelegten Richtwerte nicht überschritten werden (vgl. OVG Lüneburg, BRS 33 Nr. 47). Ausschlaggebend für die Zulässigkeit im WA-Gebiet sind neben der Lautstärke auch Zeitpunkt, Dauer, Lauthöhe (Frequenz-Spektrum) u. Lautfolge (Rhythmus) sowie der Erwartungs-, Überraschungs- u. Überdeckungseffekt (s. auch § 15 Rn 14, 15 f., 19.8).

Die Nutzung eines in einem allgemeinen Wohngebiet gelegenen Wohnhausgrundstücks z. Zwecke des Verkaufs u. der Vermietung von **Wohnmobilen** ist unzulässig, auch wenn der Gewerbebetrieb nicht als störend anzusehen ist, weil **städtebauliche** Ausnahmegründe nicht geltend gemacht werden konnten. Die Wohnmobile stellen einen städtebaulichen Fremdkörper in einem WA-Gebiet dar, weil sie selbst wie kleine Baukörper wirken (Hess. VGH, U. v. 13.10.1988 – 3 UE 1945/84 – BRS 48 Nr. 36).

9.1 Ein **Video-Filmverleih** – meistens als »**Videothek**« bezeichnet – ist eine verhältnismäßig junge Handelsbranche im Rahmen des Einzelhandels.

In einem WA-Gebiet können Videotheken mit diesem Handelsangebot allenfalls als »sonstige nicht störende Gewerbebetriebe« (§ 4 Abs. 3 Nr. 2) in Betracht kommen. Ob für die Zulassung einer solchen Videothek ein Ausnahmegrund gegeben ist, kann nur nach dem konkreten Einzelfall beurteilt werden. Bei dem vom VGH BW entschiedenen Fall (U. v. 12.9.1984 – 3 S 1607/84 – BauR 1985, 537) handelte es sich um die abgelehnte Baugenehmigung für einen Video-Filmverleih-Laden in einem WA-Gebiet, bei dem die nach § 4 Abs. 3 ausnahmsweise zulassungsfähigen Anlagen *nicht* Bestandteil des B-Plans geworden sind. Ihrer *Funktion* nach ist eine Videothek kein Ladengeschäft, das die Versorgung der Wohnbevölkerung – auch im weiteren Verständnis (s. dazu grundsätzlich § 2 Rn 25.1 ff., Rn 25.25) – erhöht (verbessert). Videotheken benötigen zur Existenzfähigkeit i. d. Regel einen deutlich *größeren Einzugsbereich* als das festgesetzte WA-Gebiet. Der zwangsläufig erhebliche Zu- u. Abfahrtsverkehr – ggf. zusätzlicher Parksuch-Verkehr – spielt eine erhebliche Rolle. Da das Ausleihen von Video-Filmen i. A. nur kurze Zeit in Anspruch nimmt, muss von einem nennenswerten zusätzlichen Kfz-Verkehr ausgegangen werden. Bei der noch ständig zunehmenden Motorisierung sollte zur Wahrung des Gebietscharakters des WA-Gebiets jedem vermeidbaren Verkehr entgegengewirkt werden.

9.2 Der BayVGH hat im U. v. 20.2.1991 (– 1 B 88.3146 – BRS 52 Nr. 172), in dem es vorrangig um die **Zulässigkeit einer Ballettschule** ging (s. dazu § 3 Rn 19.91), bei der Überprüfung der Eigenart der näheren Umgebung nach § 34 Abs. 1, Abs. 2 BauGB gemeint, ein **Kindermodengeschäft** entspräche »*nach Branche und Warenangebot der Struktur des ›gehobenen‹ Wohnvier-*

tels« u. diene somit der Versorgung des Gebiets. Dieser Auffassung kann nicht gefolgt werden.

Selbst für eine Stadt wie München dürfte ein Kindermodengeschäft als ausgesprochenes Fachgeschäft nicht zur *allgemeinen* Versorgung gehören. Es ist hinzuzufügen: Es ist in einem durch B-Plan festgesetzten WA-Gebiet auch nicht als ein »sonstiger nicht störender Gewerbebetrieb« zulassungsfähig. Einem solchen Fachgeschäft fehlt selbst die gewisse funktionale Zuordnung zu einem vom Begriff des Wohnens geprägten Gebiet (s. dazu grundsätzlich § 2 Rn 25.1 ff.).

Zu der Frage, ob eine **Werbeanlage** eine *eigenständige* bauplanungsrechtliche **Hauptnutzung** bilden kann, ist das Urt. des BVerwG v. 3.12.1992 (– 4 C 27.91 – BVerwGE 91, 234, 236 f. = BRS 54 Nr. 126 = BauR 1993, 315 = NVwZ 1993, 983 = ZfBR 1993, 317 = DVBl. 1993, 439) von grundsätzlicher Bedeutung; es stellt nach diesseitiger Auffassung eine überzeugende richterliche Rechtsfortbildung zu der Gesamtproblematik von Werbeanlagen in städtebaulicher Hinsicht dar.

9.3

Gegenstand der Entscheidung war die begehrte **Genehmigung** für das Anbringen **eines beleuchteten Aluminium-Schaukastens für Wechselwerbung** am Giebel eines Hauses; der Schaukasten soll insgesamt eine Fläche von 2,73 m² einnehmen u. 20 cm tief sein. Das *Wohnhaus*, an dem der Schaukasten angebracht werden soll, liegt im Geltungsbereich eines **als allgemeines Wohngebiet** (§ 4) festgesetzten B-Plans.

Das ist u. a. von entscheidender Bedeutung für die Frage, ob Werbeanlagen dieser Art als selbständige bauliche Anlagen i. S. v. § 29 BauGB zu gelten haben u. letztlich einem »sonstigen nicht störenden Gewerbebetrieb« i. S. v. § 4 Abs. 3 Nr. 4 gleichgesetzt werden können.

Das BVerwG hat **in den Gründen** im Wesentlichen ausgeführt: Eine **Werbeanlage** gehört als solche weder allein dem bundesrechtlichen Bauplanungsrecht i. S. d. § 29 Abs. 1 BauGB noch allein dem landesrechtlichen Bauordnungsrecht an. Das Vorhaben betrifft eine Anlage, die in einer auf Dauer gedachten Weise künstlich mit dem Erdboden verbunden ist (vgl. BVerwGE 44, 59, 62). *»Erforderlich ist insoweit eine bautechnische Betrachtungsweise. Die besondere Art der Verbindung, die konkrete konstruktive Beschaffenheit oder die Größe der Werbeanlage sind hingegen keine qualifizierenden Merkmale.«*... Eine Anlage in diesem Sinne wird von § 29 Abs. 1 BauGB nur erfasst, wenn sie gem. § 1 Abs. 3 BauGB eine städtebauliche (bauplanungsrechtliche) Relevanz besitzt. Ihre städtebauliche Relevanz erschließt sich vor allem dadurch, dass sie in ihrer Typisierbarkeit zu betrachten ist. Entscheidend ist i. S. d. Grundsatzes der Gleichbehandlung, dass keine Beurteilung rechtlich zugelassen werden kann, welche für eine vergleichbare Lage nicht zu wiederholen wäre.

Städtebauliche Relevanz besteht dann, wenn die Anlage Belange berührt, welche im Hinblick auf das grundsätzliche Gebot des § 1 Abs. 3 i. V. m. § 1 Abs. 6 BauGB auch städtebauliche Betrachtung und Ordnung verlangen. Hierzu zählt auch das Ortsbild der Gemeinde (§ 1 Abs. 6 Nr. 5 BauGB). Für das Ortsbild ist in aller Regel auch eine Außenwerbung relevant. Ihr eigentliches Ziel ist es, im vorhandenen Ortsbild gerade »auffallend« zu wirken.

9.31

Die **Werbeanlage** (Hervorhebungen stets diesseits) ist nicht am Maßstab des Begriffs der Nebenanlage i. S. d. § 14 Abs. 1 BauNVO zu beurteilen (wird weiter ausgeführt). Die Anlage dient *nicht* dem im Baugebiet gelegenen Grundstück. Die Außenwerbung dient hier auch *nicht* dem Nutzungszweck des Baugebiets selbst. Liegen diese Voraussetzungen nicht vor, dann lässt dies jedoch nicht die Folgerung zu, der Vorschrift für Werbeanlagen, die keine dienende Funktion besitzen, ein generelles bauplanungsrechtliches Verbot zu entnehmen.

Eine Werbeanlage, welche als Anlage im erörterten bautechnischen Sinne anzusehen ist und Fremdwerbung zum Gegenstand hat, stellt bauplanerisch eine eigenständige »Hauptnutzung« dar. Diese Funktion weist die Anlage als Fremdwerbung im System der Baunutzungsverordnung, was die Art der bauli-

§ 4 Abs. 3   9.32, 9.33

chen Nutzung angeht, als gewerbliche Nutzung aus. Zwar verwendet die BauNVO insoweit nur den Begriff des *Gewerbebetriebs*. In einem engeren Verständnis ist eine Anlage der Außenwerbung kein Betrieb. Aber mit dem Begriff des Betriebs umschreibt die BauNVO nur in typisierender Weise eine Zusammenfassung gewerblicher Nutzungsweisen, um diese Nutzung von anderen Nutzungsarten sinnvoll abgrenzen zu können.

Den Charakter als bauplanerisch selbständig zu beurteilende Hauptnutzung verliert die Werbeanlage der Fremdwerbung nicht dadurch, dass sie mit einer anderen Anlage verbunden ist und damit bautechnisch zu einer »Nebenanlage« wird. Jede der beiden Hauptnutzungen besitzt unabhängig von der konkreten bautechnischen Gestaltung ihre eigene städtebaurechtliche Bedeutung. In diesem Sinne kann eine Werbeanlage, wenn sie bauliche Anlage i. S. d. § 29 Abs. 1 BauGB ist, als Fremdwerbung i. S. d. Art der baulichen Nutzung im System des § 9 Abs. 1 Nr. 1 i. V mit §§ 2 ff. BauNVO bauplanungsrechtlich zugeordnet werden.

9.32 Die **Werbeanlage**, welche **als Außenwerbung** der Fremdwerbung zu dienen bestimmt ist, kann als ein Fall gewerblicher Nutzung über bauplanerische Festsetzungen nach §§ 2 ff. BauNVO entweder zugelassen oder ausgeschlossen werden. Die Gemeinde kann hierzu auch die Möglichkeit des § 1 Abs. 5–10 BauNVO nutzen. Im Übrigen richtet sich die bauplanungsrechtliche Beurteilung nach der jeweiligen Nutzungsart des festgesetzten Baugebiets. **Eine Regelungslücke im System der BauNVO besteht damit nicht** (BVerwG, aaO.). Ist in dem Baugebiet eine gewerbliche Nutzung nicht oder nur ausnahmsweise zulässig, so gilt dies auch für die Außenwerbung als Fremdwerbung.

Wird für das Baugebiet z. B. eine **Festsetzung als Gewerbegebiet** getroffen, bedeutet dies, dass in diesem Gebiet – vorbehaltlich gesonderter Festsetzungen und des § 15 BauNVO – aus bauplanerischen Gründen eine gewerbliche Fremdwerbung auch außerhalb der Stätte eigener Leistung zulässig ist. Da das Wohnhaus, an das der Schaukasten zum Zwecke der Fremdwerbung angebracht werden soll, in einem als **allgemeines Wohngebiet** festgesetzten Baugebiet gelegen ist, unterfällt die beabsichtigte Hauptnutzung den Voraussetzungen des § 4.

Nach § 4 Abs. 2 Nr. 2 BauNVO ist eine gewerbliche Nutzung i. S. einer Fremdwerbung (als Hauptnutzung) nicht zulässig. Das Vorhaben ließe sich nur im Wege der ermessensbezogenen Ausnahme gem. § 31 Abs. 1 BauGB i. V. mit § 4 Abs. 3 Nr. 2 BauNVO verwirklichen, was hier nicht der Fall ist (wird weiter ausgeführt, BVerwG, aaO.).

9.33 Zur **Zulässigkeit eines Software-Herstellungsbetriebes** im allgemeinen Wohngebiet ist das U. des Nds. OVG v. 14.9.1993 (– 1 L 35/91 – BRS 55 Nr. 145 = NVwZ-RR 1994, 487) erwähnenswert. Im Ergebnis ist der Betrieb durch die sorgfältig begründete Entscheidung – abweichend von der Auffassung des VG – als ausnahmsweise zulassungsfähig angesehen worden, was diesseits nicht für bedenkenfrei gehalten wird.

Das OVG ist zunächst der Frage nachgegangen, ob es sich bei dem Betrieb um eine mit einer freiberuflichen Tätigkeit vergleichbaren Tätigkeit handelt. Das OVG hat das mit Recht verneint. Die *Entwicklung* der Software, für sich allein, könnte als eine § 13 ähnliche Tätigkeit angesehen werden. Dagegen ist die *Herstellung* (u. der *Vertrieb*) der Software keine § 13 entsprechende Gewerbetätigkeit. »Sie erfolgt in der Weise, dass das Computer-Programm als geistiges Erzeugnis auf Disketten gespeichert und damit wie eine Ware hergestellt und veräußert wird« (Nds. OVG, aaO.). Der Senat hat unter Bezugnahme auf das BVerwG (B. v. 9.10.1990 – 4 H 121.90 – BRS 50 Nr. 58) auch die Frage des Zu- und Abgangsverkehrs geprüft, durch den ein Gewerbebetrieb im WA-Gebiet »störenden« werden kann. Das OVG hat dazu gemeint, das Software-Unternehmen *»zieht keinen Verkehr auf sich, der gegenüber anderen gewerblichen Unternehmungen irgendwie aus dem Rahmen fällt«.*

Darauf kommt es nicht an. Der VOgeber wollte auch WA-Gebiete (wie WS- u. WR-Gebiete) weitgehend von *zusätzlichem*, über den von den Bewohnern bereits ausgelösten Anliegerverkehr freihalten. Aus diesem Grunde hat er – außer den der Versorgung des Gebiets dienenden (Gewerbe-)Betrieben – »sonstige nicht störende Gewerbebetriebe« nur für ausnahmsweise zulassungsfähig erklärt. Über die Frage der Ausnahmegründe findet sich im Urt. keinerlei Feststellung. Dazu bestand umso mehr Anlass, als der B-Plan die in § 4 Abs. 3 Nr. 3 bis 5 vorgesehenen Ausnahmen ausdrücklich ausgeschlossen hat, um dadurch nicht erwünschten Fahrverkehr aus den Wohnbereichen fernzuhalten (so die Begr.). Die »sonstigen« nicht störenden Gewerbebetriebe müssen eine gewisse funktionale Zuordnung zu dem Gebiet haben (dazu grundsätzlich § 2 Rn 25.1 ff., Rn 25.25).

Ein **kleiner Steinmetzbetrieb** mit drei Beschäftigten ist in einem allgemeinen Wohngebiet unzulässig, da er kein sonstiger nicht störender Gewerbebetrieb i. S. d. § 4 Abs. 3 Nr. 2 BauNVO ist, der ausnahmsweise zulässig sein könnte (Thür. OVG, U. v. 10.8.2005 – 1 KO 714/02 – BauR 2006, 483 = BRS 69 Nr. 65 = ThürVBl. 2006, 91). Das Vorliegen eines atypischen Falls wurde von Gericht verneint, weil der Steinmetzbetrieb über Maschinen und Arbeitsgeräte wie einen Kompressor, eine Bohr-, eine Steinschneidemaschine und ein Sandstrahlgerät verfügte, mit denen lärmintensive Arbeiten durchgeführt wurden, indem Grabsteine graviert und Einfassungen geschnitten wurden. Hinzu kamen An- und Abtransport des Rohmaterials und der fertig geschnittenen Grabsteine. Der bei diesen Verrichtungen entstehende Lärm und die mit ihnen verbundene Unruhe waren mit der umliegenden überwiegenden Wohnnutzung nicht vereinbar.

9.34

Die im nachfolgenden **Leits.** zum Ausdruck gebrachte Zulassungsfähigkeit eines Gewerbebetriebs nach § 4 Abs. 3 Nr. 2 wird diesseits *nicht* geteilt. Die Ausnahmegründe sollten sorgfältig bedacht werden.

9.4

»*Die im allgemeinen Wohngebiet gem. § 4 Abs. 3 Nr. 2 BauNVO ausnahmsweise zulässigen sonstigen nicht störenden Gewerbebetriebe müssen weder der Versorgung oder Bedarfsdeckung des betreffenden Gebiets dienen noch müssen sie grundsätzlich eine funktionelle Zuordnung zu diesem aufweisen*« (OVG Bln, B. v. 12.3.1997 – 2 S 20/96 – NVwZ-RR 1998, 17).

Der VOgeber hat die Katalog-Baugebiete in einem bestimmten Funktions-System zueinander gesehen. Es kommt nicht allein darauf an, dass die Gewerbebetriebe **selbst** keinen Lärm verursachen. Werden die Ausnahmegründe nicht sorgfältig beachtet, kann der *zusätzliche* Kfz-Zu- und Abfahrtsverkehr **das gewollte**, weitgehend störungsfrei zu haltende Wohnumfeld deutlich verschlechtern. Das sollte gerade in Berlin nicht unberücksichtigt bleiben.

Das OVG NW hat sich in dem ausführlichen und nach diesseitiger Ansicht überzeugend begründeten U. v. 21.3.1995 (– 11 A 1089/91 – BRS 57 Nr. 68 = BauR 1996, 222 = NVwZ 1996, 921) mit der Zulassungsfähigkeit eines sog. **Baustofflagerplatzes** zu befassen gehabt. Dabei hat es u. a. in einem **Leits.** festgestellt: »*Planungsrechtliche Versagungsgründe können durch Auflagen einer ›maßgeschneiderten‹ Baugenehmigung nicht ausgeräumt werden, wenn Grundsätze der typisierenden* **Betrachtungsweise** *entgegenstehen*« (Hervorhebung dortseits).

9.41

In den Gründen hat der Senat u. a. festgestellt: Bei dem Vorhaben handelt es sich nicht um einen Ausnahmefall jenseits der Grenze zulässiger Typisierung, sondern um den Normalfall eines einem Baugeschäft dienenden Bauhofes. Der Lagerplatz entspricht dem typischen Erscheinungsbild der in § 8 Abs. 2 Nr. 1 und § 9 Abs. 2 Nr. 1 BauNVO genannten und damit einer Wohnnutzung wesensfremden Einrichtung. Die angefochtene Baugenehmi-

§ 4   Abs. 3   9.42–9.44

gung mit ihrer Auflage Nr. 5.1 spiegelt einen typischen Beispielsfall für eine »maßgeschneiderte« Baugenehmigung wider; wird im Einzelnen weiter ausgeführt (OVG NW, aaO.).

9.42 Der VGH BW hat sich in dem ausführlichen B. v. 18.1.1995 (– 3 S 3153/94 – BRS 57 Nr. 215) mit den Anforderungen an (im Verhältnis zur Wohnnutzung) »**nicht störende**« sonstige Gewerbebetriebe i. S. d. § 4 Abs. 3 Nr. 2 BauNVO befasst. Er ist dabei gleichzeitig auf die bei der Erteilung einer **Ausnahme** nach § 31 Abs. 1 BauGB zu beachtenden **Grundsätze** eingegangen mit der Feststellung, dass der Nutzungscharakter eines Baugebiets durch eine Ausnahme »*nicht in einer seiner gesetzlichen Typik widersprechenden Weise verändert werden*« darf (s. dazu auch Vorb. § 2 ff. Rn 6 ff.). Gegenstand der Entscheidung war die Beschwerde gegen das (bereits) genehmigte Vorhaben zum Neubau eines **Ausstellungs- und Lagergebäudes mit Büro**, Zufahrt, Rangierfläche und 9 Stellplätzen auf dem Grundstück, dessen Zulassungsfähigkeit der Senat mit überzeugenden Gründen nicht bestätigen konnte.

In den Gründen ist u. a. ausgeführt: Die Kriterien für Art und Ausmaß des »nicht störenden« Emissionspotenzials einer Anlage nach § 4 Abs. 3 Nr. 2 BauNVO sind anhand der Zweckbestimmung des Baugebiets für (vorwiegend) Wohnzwecke zu beurteilen. Für die Beurteilung des Störgrades ist zunächst auf die typische Betriebsform und die sich daraus erfahrungsgemäß ergebenden Auswirkungen abzustellen. Bei dem Vorhaben handelt es sich nach der Lagerfläche (Bruttofläche ca. 455 m², Nettofläche ca. 275 m²) und der Ausstellungsfläche (2-geschossig mit ca. 300 m²) um einen Betrieb mittlerer Größe. Ein Betrieb dieser Größenordnung löst typischerweise einen nicht unerheblichen Kunden- und Zulieferverkehr aus (wird weiter ausgeführt). – Mit hoher Wahrscheinlichkeit hat der Antragsgegner sein Ermessen nicht in einer dem Zweck des § 31 Abs. 1 BauGB entsprechenden Weise ausgeübt. … Durch das Vorhaben wird der Bebauungsplan auch hinsichtlich des Nutzungsmaßes und der überbaubaren Grundstücksfläche in seinen Grundzügen verändert (wird weiter ausgeführt); VGH BW, aaO.

9.43 Die mit dem Betrieb eines **Filmtheater-Centers** (2.000 Sitzplätze) regelmäßig verbundenen Begleiterscheinungen sind mit den Anforderungen an ein Wohngebiet grds. nicht vereinbar. Wegen ihrer Auswirkungen auf die Nachbarschaft ist eine solche Anlage bei typischer Zuordnung mit den Betrieben vergleichbar, die herkömmlich als Vergnügungsstätten angesehen werden (OVG RhPf, B. v. 1.6.1999 – 8 A 10447/99 – BauR 1999, 1010 = BRS 62 Nr. 72).

9.44 Das OVG NW hat in einem grundsätzlichen U. v. 18.5.2000 (– 7 A 1155 99 – BauR 2000, 1447) zu der Frage, ob eine **gewerblich betriebene Großgarage** in einem Wohngebiet zulässig ist, nach folgendem Leits. eine beachtliche Entscheidung getroffen, die nach diesseitiger Auffassung den nutzungsrechtlichen Gegebenheit in vollem Umfang gerecht wird.

Der maßgebende Leits. lautet: »*Die Zulässigkeit einer gewerblich betriebenen Großgarage, deren vermietete Stellplätze ausschließlich der Deckung des Bedarfs dienen, der durch die in dem allgemeinen Wohngebiet, in dem sie errichtet werden soll, zugelassenen Nutzungen verursacht wird, ist auch dann nach § 12 Abs. 2 BauNVO zu beurteilen, wenn die Garagenanlage bei typisierender Betrachtungsweise als störender Gewerbebetrieb erscheint, der gem. § 4 BauNVO in einem allgemeinen Wohngebiet nicht einmal ausnahmsweise zugelassen werden kann*« (Aufgabe der Rspr. des Senats im B. v. 22.9.1995 – 7 B 2302/95 –).

Es ging um die Baugenehmigung zur Errichtung einer Tiefgarage mit 282 Einstellplätzen im Blockinnenbereich, für den durch B-Plan zum Teil »Private Grünfläche« festgesetzt ist. Für die den Blockinnenbereich umschließende Bebauung trifft der B-Plan die Festsetzung »Allgemeines Wohngebiet« bzw. »reines Wohngebiet«.

In den Gründen hat der Senat ausgeführt, dass der planbetroffene Nachbar verlangen kann, dass kein Vorhaben im Bereich des B-Plans genehmigt wird, das dessen Gebietsfestsetzungen widerspricht; »*auf die Bewahrung der festgesetzten Gebietsart hat er, soweit er Bewohner des Gebiets ist, einen Anspruch*«. »*Dass die Garage als Renditeobjekt konzipiert ist und mit der Vermietung ihrer Stellplätze Gewinn erzielt werden soll, hindert ihre Errichtung in einem allgemeinen Wohngebiet grundsätzlich nicht*«.

Nach § 12 Abs. 2 BauNVO beschränkt sich der Bedarf nicht auf das jeweilige Grundstück, auf dem die Garagen und Stellplätze entstehen sollen. »*Vielmehr ist der Begriff des Bedarfs in § 12 Abs. 2 BauNVO gebietsbezogen zu verstehen, so dass in den dort genannten Gebieten auch Gemeinschaftsanlagen für Stellplätze und Garagen vorgesehen werden können*« (OVG NW, aaO.); s. auch § 12 Rn 7 mit entspr. Rspr.

Bei einem **Autohandelsbetrieb** mit einem Ausstellungsgelände für bis zu 60 Kfz, Bürocontainern, Fahnenmasten und branchentypischen Werbeanlagen in einem unbeplanten Innenbereich, der einem allgemeinen Wohngebiet entspricht, handelt es sich um keinen sonstigen nicht störenden Gewerbebetrieb i. S. d. § 34 Abs. 2 BauGB i. V. m. § 4 Abs. 3 Nr. 2 BauNVO (OVG Bln, B. v. 15.8.2003 – 2 B 18.01 – BauR 2004, 796 = NVwZ-RR 2004, 556 = BRS 66 Nr. 74). Die beiden Leits. lauten: **9.45**

»*Für die Frage der gebietsverträglichen Störung durch einen Gewerbebetrieb ist neben den von einer Nutzung typischerweise ausgehenden Lärmimmissionen auch von Bedeutung, ob ein Betrieb überhaupt dem Typus der in allgemeinen Wohngebieten zulässigen Gewerbebetrieben entspricht.*

Hier kann auch die optische Dominanz des gewerblichen Erscheinungsbildes mit der Zweckbestimmung eines allgemeinen Wohngebiets unvereinbar sein, die insoweit eine optische Unterordnung gewerblicher Nutzungen voraussetzt«.

Es ging in diesem Rechtsstreit um eine bauaufsichtliche Beseitigungsanordnung gegen einen Autohandelsbetrieb für Neu- und Gebrauchtwagen auf einem eingezäunten, mit Steinsplitt befestigten Teil des Grundstücks (ca. 600 m²) als Ausstellungsfläche für bis zu 60 Kraftfahrzeuge.

Ein **Bestattungsunternehmen** mit Trauerhalle, Thanatopiepraxis und Werkstatt ist in einem (faktischen) allgemeinen Wohngebiet nicht als ein sonstiger nicht störender Gewerbebetrieb gem. § 4 Abs. 3 Nr. 2 BauNVO zulässig (a. A. Thür. OVG, U. v. 20.11.2002 – 1 KO 817/01 – UPR 2003, 451 = BRS 65 Nr. 86 = ThürVBl. 2003, 277). Zu Unrecht hat das Gericht darauf hingewiesen, dass eine gebietsunverträgliche Störung sich nicht bereits aus der Konfrontation mit dem Tod ergibt. Die Nachbarn haben vielmehr in einem allgemeinen Wohngebiet gegen ein solches Bestattungsunternehmen einen Gebietswahrungsanspruch. Ein allgemeines Wohngebiet ist nicht der geeignete Standort für Totengedenken. Bodenrechtlich relevante Umstände ergeben sich auch aus den verfassungsrechtlich geschützten Belange der überlieferten Bestattungs- und Totenkultur (vgl. hierzu ausführlich Vorb. §§ 2 ff. Rn 13). Es handelt sich dabei auch nicht um eine Anlage für kulturelle und soziale Zwecke (Thür. OVG, aaO. u. OVG NW, B. v. 3.6.1997 – 10 B 941/97 – BauR 1998, 307 = BRS 59 Nr. 65 = NVwZ-RR 1998, 629). **9.46**

Seit einiger Zeit hat die Frage der Zulässigkeit von **Mobilfunksendeanlagen** eine herausgehobene Bedeutung deswegen erlangt, weil in der Bevölkerung immer wieder die Sorge umgeht, ob durch thermische oder auch durch mögliche athermische Wirkungen elektromagnetischer Felder eine Gesundheitsgefährdung besteht. Aus diesem Grunde gibt es zu der Frage zahlreiche obergerichtliche und mittlerweile auch eine höchstrichterliche Entscheidung. Wegen der vielfachen Besorgnis der Gesundheitsgefährdung oder gar Gesundheitsbe- **9.47**

§ 4   Abs. 3   9.47

einträchtigung ist kurz auf den zugrunde liegenden physikalischen Sachverhalt einzugehen.

Bei jeder Sendeanlage liegen Immissionen in Form von Strahlen, namentlich der zur Übertragung von Telefongesprächen erzeugten **elektromagnetischen** Felder vor. Befindet sich ein Mensch in einem hochfrequenten elektromagnetischen Feld, entsteht mit zunehmender Stärke des Feldes im menschlichen Körper Wärme. Diese Wärme ist der thermische Effekt elektromagnetischer Strahlung. Neben den **thermischen Effekten von elektromagnetischen Feldern** geht es auch um die so genannten **athermischen** Effekte. Darunter versteht man mögliche biologische Wirkungen sehr schwacher, d. h. energiearmer elektromagnetischer Felder. Diese Felder sind so schwach, dass eine Temperaturerhöhung im Körper nicht messbar ist.

Die rechtlichen Schwierigkeiten beginnen bei der Beurteilung, ob eine Einwirkung einer messbaren physiologischen Veränderung nachgewiesen werden kann. Dafür ist nunmehr die »Verordnung über elektromagnetische Felder« (26. BImSchV) vom 1.1.1997 maßgebend. Sie legt Werte für den Mobilfunk fest, die weitgehend denen der DIN-VDE 0848 entsprechen und die Rspr. binden. Bereits in diesen Werten sind Sicherheitszuschläge enthalten. Bei der Einhaltung dieser Werte hinsichtlich der Sicherheitsabstände ist eine Gesundheitsbeeinträchtigung nicht zu befürchten. Daraus folgt, dass schädliche Umwelteinwirkungen der Mobilfunkanlagen nicht nachgewiesen werden können. Nichtthermische Auswirkungen auf den menschlichen Körper sind nicht von vornherein negierbar. Jedoch lassen sich athermische Effekte auf das Elektronencuphalogram und andere evozierte Potenziale des zentralen Nervensystems nicht wissenschaftlich fundiert nachweisen. Der 26. BImSchV unterfallen alle Sendungen, die

- nicht genehmigungsbedürftig nach dem BImSchG,
- ortsfeste und gewerblich benutzte Anlagen, oder
- Sendefunkanlagen mit einer Sendeleistung von 10 Watt oder mehr im Frequenzbereich von 10 MHz – 3.000.000 MHz

sind.

Das TKG regelt die technische Zulassung von Mobilfunksendeanlagen. Der Betreiber der Anlage hat der Regulierungsbehörde für Telekommunikation und Post (RegTP) alle Unterlagen der geplanten Sendeanlage zu übergeben. Diese berechnet dann Sicherheitsabstände unter Zugrundelegung der in der 26. BImSchV festgelegten Grenzwerte. Auf dieser Basis stellt die RegTP eine Standortbescheinigung aus.

Bei der Ermittlung der für die Genehmigungspflicht maßgeblichen Höhe kommt es grundsätzlich nur **auf die Höhe** der Antennenanlage selbst an. Wird diese z. B. auf einem Dach eines Hauses montiert, so berechnet sich die Höhe der Antenne ab dem Fußpunkt der Antenne auf dem Gebäude. Eine solche isolierte Betrachtung der Antenne kommt lediglich dann nicht in Betracht, wenn eine Mobilfunkbasisstation aus einer bereits für sich selbst betrachtet genehmigungspflichtigen Versorgungseinheit in einem Funkraum und einem Antennenträger besteht. Antennenträger und Betriebsraum sind dann als technische und funktionelle Einheit insgesamt baugenehmigungspflichtig.

Von den bundesweit ca. 34.000 Basisstationen an 23.000 Standorten (Anfang 2005 nach *Herkner*, BauR 2006, 1399) pro Betreibernetz wurde ein wesentlicher Teil aus Kostengründen auf schon bestehenden Wohnhochhäusern, Schulen, Krankenhäusern und nicht zuletzt auch Kirchtürmen errichtet. Regelmäßig wurde dafür von den Anlagebetreibern keine Baugenehmigung eingeholt, da die Anlagen **unter 10 m** nach allen Landesbauordnungen der Bundesländer als genehmigungsfrei gelten.

Die Problematik bei der Errichtung von Mobilfunksendeanlagen liegt darin, dass

- die Risikoforschung über mögliche gesundheitliche Auswirkungen elektromagnetischer Strahlung nicht Schritt halten kann mit dem rasanten Ausbau des Mobilfunknetzes und der damit verbundenen schnellen flächendeckenden Einführung dieser jungen Technologie,
- die Unbedenklichkeit der elektromagnetischen Strahlung im Frequenzbereich der Telekommunikation noch umstritten ist,
- aufgrund dieser Diskussionen es vielerorts Proteste von betroffenen Bewohnern und Bürgerinitiativen gibt,
- die Betreiber sich zumeist auf einen bestimmten Bereich konzentrieren, so dass durch die Anzahl der Antennen das Ortsbild verunstaltet wird.

Aus diesem Grund haben die kommunalen Spitzenverbände (Städtetag, Landkreistag u. Deutscher Städte- und Gemeindebund) mit den verschiedenen (in der Vereinbarung im

Einzelnen aufgeführten) Mobilfunknetzbetreibern am 9.7.2001 eine »**Vereinbarung**« über den Informationsaustausch und die Beteiligung der Kommunen beim Ausbau der Mobilfunknetze« getroffen über

- Informationen über die bestehenden und zukünftigen Mobilfunknetze,
- Vorgehensweise beim Bau neuer Sendeanlagen,
- allgemeine Maßnahmen wie die Zusammenarbeit, geeignete Informationsmaterialien, evtl. Bereitstellung kommunaler Liegenschaften.

In der Rspr. besteht Einigkeit darüber, dass bei Einhaltung der in Anhang 1 zu § 2 der 26. BImSchV festgesetzten Grenzwerte eine Gesundheitsgefährdung der Bevölkerung nicht zu befürchten ist (BVerfG, 3. Kammer des Ersten Senats, B. v. 28.2.2002 – 1 BvR 1676/01 – NJW 2002, 1638 = BauR 2002, 1222 = DVBl. 2002, 614 = UPR 2002, 225): »*Es besteht keine Pflicht des Staates zur Vorsorge gegen rein hypothetische (Gesundheits-)Gefährdungen. Die geltenden Grenzwerte zum Schutz vor elektromagnetischen Feldern von Mobilfunkstationen können nur dann verfassungsrechtlich beanstandet werden, wenn erkennbar ist, dass sie die menschliche Gesundheit völlig unzureichend schützen. Daran kann so lange keine Rede sein, als sich die Eignung und Erforderlichkeit geringerer Grenzwerte mangels verlässlicher wissenschaftlicher Erkenntnisse noch gar nicht abschätzen lässt*« (ebenso BVerfG, 2. Kammer des Ersten Senats, B. v. 24.1.2007 – 1 BvR 382/05 –, NVwZ 2007, 805; BGH, U. v. 13.2.2004 – V ZR 217/03 – NJW 2004, 1317 = UPR 2004, 229; VGH BW, B. v. 19.4.2002 – 3 S 590/02 – VBlBW 2003, 72; B. v. 4.9.2002 – 5 S 1280/02 – BauR 2003, 373; B. v. 14.11.2003 – 5 S 2726/02 – BauR 2004, 1909 = DÖV 2004, 306 = BRS 66, 349 = VBlBW 2004, 141; OVG RhPf, B. v. 20.8.2001 – 1 A 10382/01 – NVwZ-RR 2002, 17 und U. v. 7.8.2003 – 1 A 10196/03 sowie OVG NW, B. v. 9.1.2004 – 7 B 2482/03 – BauR 2005, 792).

Für die **nutzungsrechtliche Behandlung** kommt es auf die Einordnung der Mobilfunksendeanlagen an. Der Begriff der Mobilfunkanlage ist gesetzlich nicht definiert. Es ist davon auszugehen, dass eine Mobilfunkanlage aus einer oder mehreren Antennen von unterschiedlicher Ausgestaltung und Höhe sowie einer Versorgungseinheit besteht. Mobilfunkanlagen sind bauliche Anlagen i. S. d. LBOen; sie sind auch bauliche Anlagen i. S. v. § 29 Abs. 1 S. 1 BauGB (s. dazu Vorb. §§ 2 ff. Rn 17 ff., § 14 Rn 4). und unterliegen als solche den Vorschriften der BauNVO. **Für** die **Zulässigkeit** kommt es entscheidend darauf an, welchen **funktionellen Status** Mobilfunksendeanlagen haben, vor allem, ob sie als Haupt- oder Nebenanlagen anzusehen sind. Danach richtet sich, in welchen Baugebieten diese Anlagen generell zulässig sind und in welchen sie lediglich zulassungsfähig oder etwa unzulässig sind.

Nebenanlagen i. S. d. § 14 Abs. 1 S. 1 BauNVO müssen von der Hauptanlage in der Weise abhängig sein (»dienen«), dass sie ohne die dienende Funktion für sich allein keine Berechtigung haben. Aufgrund der Möglichkeit, verschiedene Standorte für eine Mobilfunkanlage auswählen zu können, dient die Mobilfunkanlage gerade nicht, wie von § 14 Abs. 1 BauNVO vorausgesetzt, der ausschließlichen Versorgung des fraglichen Baugebietes, sondern der weitergreifenden Umgebung. Der Ansiedlung von Mobilfunkanlagen geht eine Standortalternativenprüfung der Betreiber voraus. Sie hat ihren Grund in einer funktionstechnischen Optimierung des neuen Anlagenetzes. Nach dem **Leits.** im B. des BVerwG v. 1.11.1999 (– 4 B 3.99 – BRS 62 Nr. 82 = BauR 2000, 703) ist »*eine Mobilfunk-, Sende- und Empfangsanlage, die nicht dem Nutzungszweck des Baugebiets, sondern der Versorgung des gesamten Stadtgebiets sowie mehrerer Gemeinden in der Umgebung dient, **keine** Nebenanlage i. S. des § 14 Abs. 1 S. 1 BauNVO*« (BVerwG, aaO.; Hervorhebung v. Verf.). Auf § 14 Abs. 2 BauNVO brauchte das BVerwG nicht einzugehen, weil der B-Plan vor 1990 ergangen war. § 14 Abs. 2, der durch die BauNVO 90 in S. 2 um fernmeldetechnische Anlagen erweitert worden ist, verzichtet insoweit jedoch auch nicht darauf, dass es sich bei den Anlagen jedenfalls um Nebenanlagen handeln muss.

§ 4 Abs. 3   9.49

Höchstrichterlich ist noch **nicht geklärt, ob Mobilfunk-Basisstationen als fernmeldetechnische Nebenanlagen i. S. d. § 14 Abs. 2 S. 2 BauNVO 90 anzusehen sind** oder als Hauptanlagen. Der Hess. VGH (B. v. 29.7.1999 – 4 TG 2118/99 – NVwZ 2000, 694 = BauR 2000, 1162 = BRS 62 Nr. 83) hat eine knapp 8 m hohe, auf dem Dach eines Hauses angebrachte Mobilfunkanlage ohne jede Begr. nicht als fernmeldetechnische Nebenanlage i. S. v. § 14 Abs. 2 S. 2 BauNVO, sondern als Hauptanlage angenommen und zwar als nicht störenden Gewerbebetrieb i. S. v. § 4 Abs. 3 Nr. 2 BauNVO. Demgegenüber ist der BayVGH in seinem B. v. 8.7.1997 (– 14 B 93.3192 – NVwZ 1998, 419 = BRS 59 Nr. 181) bei einem Fernmeldedienstgebäude mit 50 m hoher Sendefunkanlage für Richtfunk und Mobilfunk von einer zulässigen fernmeldetechnischen Nebenanlage i. S. v. § 14 Abs. 2 S. 2 BauNVO in einem Mischgebiet ausgegangen. In der neueren Rspr. zum Ausbau des UMTS-Netzes überwiegt die Auffassung, dass eine Mobilfunkstation in aller Regel keine Nebenanlage i. S. v. § 14 Abs. 1 BauNVO ist, sondern eine fernmeldetechnische Nebenanlage i. S. v. § 14 Abs. 2 S. 2 BauNVO 90 (OVG NW, B. v. 6.5.2005 – 10 B 2622/04 – BauR 2005, 1284 = ZfBR 2005, 478 = BRS 69 Nr. 83; B. v. 6.5.2005 – 7 B 2752/04 – BauR 2005, 1425 = BRS 69 Nr. 84 = ZfBR 2005, 474; Hess. VGH, U. v. 6.12.2004 – 9 UE 2582/03 – BauR 2005, 983 = ZfBR 2005, 278 = Gew-Arch. 2005, 218 sowie B. v. 5.2.2005 – 3 ZU 3183/03 – u. Nds. OVG, B. v. 6.12.2004 – 1 ME 256/04 – BauR 2005, 978 = ZfBR 2005, 281). Für den BayVGH sind nach dem U. v. 1.7.2005 (– 25 B 01.2747 – BauR 2006, 339 = BRS 69 Nr. 85 = ZfBR 2005, 803 = NVwZ-RR 2006, 234) Mobilfunk-Basisstationen Teile gewerblicher Hauptanlagen und können gleichzeitig fernmeldetechnische Nebenanlagen nach § 14 Abs. 2 S. 2 BauNVO 1990 sein (ebenso *Stock*, in: *K/R/S*, Rdn. 35 zu § 14 BauNVO, kritisch hierzu zu Recht *Gehrken*, NVwZ 2006, 977/979). Die Annahme einer Mobilfunk-Basisstation als Nebenanlage i. S. v. § 14 Abs. 2 S. 2 BauNVO wird nach diesseitiger Auffassung zutreffend wie folgt begründet:

Eine solche fernmeldetechnische Nebenanlage liege vor, wenn sie bezogen auf das gesamte infrastrukturelle Versorgungsnetz eine untergeordnete Funktion habe, mithin von ihrer Funktion und Bedeutung her nicht so bedeutend sei, dass sie als eigenständig und damit Hauptnutzung anzusehen sei. Eine Mobilfunkstation sei typischerweise der kleinste Bestandteil eines Fernmeldenetzes. Der einzelnen Basisstation komme nur eine Hilfsfunktion zu, die der eines Telefonverteilerkastens einschließlich der von diesem zu den Nutzern führenden Leitungen entspreche. Für fernmeldetechnische Nebenanlagen i. S. v. § 14 Abs. 2 S. 2 BauNVO komme es ferner nicht darauf an, dass sie wie Nebenanlagen i. S. v. § 14 Abs. 1 BauNVO nicht nur in ihrer Funktion, sondern auch räumlich-gegenständlich dem primären Nutzungszweck der in dem Baugebiet gelegenen Grundstücke sowie der diesem Nutzungszweck entsprechenden Bebauung dienend zugeordnet und untergeordnet seien. § 14 Abs. 2 S. 2 BauNVO fordere mit der Verweisung auf S. 1 der genannten Vorschrift lediglich, dass die fernmeldetechnische Nebenanlage »der Versorgung der Baugebiete« diene, mithin – wie insbes. aus dem Plural »Baugebiete« folge –, nicht allein des Gebiets, in dem sich die betreffende Nebenanlage befinde (OVG NW, BauR 2005, 1425/1426 m. w. N.).

9.49   Die diesseitige Auffassung geht davon aus, die Abgrenzung von Neben- und Hauptanlagen im Bereich des Mobilfunks anhand des weiteren in § 14 Abs. 1 BauNVO zu berücksichtigenden Kriteriums, der Größe der Anlage vorzunehmen. Je nach Größe der Mobilfunkstation handelt es sich demnach um eine

Haupt- oder Nebenanlage. Die Größe der Mobilfunkstation ziehen auch *Steinmetz*, BWGZ 2001, 769, und *Jung*, ZfBR 2001, 24/27, zur Abgrenzung von Neben- und Hauptanlage heran (a. A. *Reidt*, in: *G/B/R*, Rdn. 1261 u. Hess.VGH, U. v. 6.12.2004, aaO.), ohne aber eine konkrete Maßangabe anzugeben. Mobilfunkstationen mit einer Antenne, die weniger als 10 m aus dem Dach aufragt, wird man als Nebenanlagen i. S. d. § 14 Abs. 2 S. 2 BauNVO 1990 annehmen können, bei mehr als 10 m wird man von einer Hauptanlage ausgehen müssen (in entspr. Anwendung von Nr. 30 des Anhangs zu § 50 Abs. 1 LBO BW).

Sofern es sich bei der Mobilfunkanlage bauplanungsrechtlich um eine Hauptanlage handelt, deren Zulässigkeit sich nach dem Recht der Hauptanlage richtet, also danach, ob sie im jeweiligen Katalog-Baugebiet allgemein zulässig oder ausnahmsweise zulassungsfähig ist, hat das für die verschiedenen Baugebiete **folgende Konsequenz:**

In **allgemeinen Wohngebieten** sind Mobilfunkhauptanlagen ausnahmsweise zulassungsfähig, sofern planungsrechtlich nichts Abweichendes geregelt ist. Nach § 4 Abs. 3 Nr. 2 BauNVO können dort sonstige nicht störende Gewerbebetriebe zugelassen werden, ohne dass diese einen besonderen Gebietsbezug im Hinblick auf den anzudienenden Versorgungsbereich aufweisen müssen. Das trifft auf Mobilfunkstationen zu (VGH BW, U. v. 19.11.2003 – 5 S 2726/02 – Fundst. Rn 9.47: »*Jedenfalls kleine Mobilfunksendeanlagen sind nicht störende Gewerbebetriebe im Sinne von § 4 Abs. 3 Nr. 2 BauNVO*«, 2. Leits.). Hier ist auf § 31 Abs. 1 BauGB abzustellen. Gibt es keine städtebaulichen Gründe, die der Zulassung des Vorhabens im Wege der Ausnahme widersprechen könnten, bleibt für eine ablehnende Ermessensentscheidung kein Raum (VGH BW, U. v. 19.11.2003, aaO). Das gemeindliche Einvernehmen ist für die Erteilung der Ausnahme erforderlich, soweit die Gemeinde keine eigene Baurechtsbehörde hat.

In **reinen Wohngebieten** sind Mobilfunkhauptanlagen als zulässige Bebauung nicht vorgesehen. Sie können auch nicht ausnahmsweise zugelassen werden, weil sie keiner der Typisierungen nach § 3 Abs. 3 BauNVO unterfallen. Es handelt sich weder um »nicht störende Handwerksbetriebe, die der Deckung des täglichen Bedarfs für die Bewohner dienen«, noch um »Anlagen für soziale Zwecke« u. dergl. Es fehlt an jeglichem Bezug. Für Nebenanlagen i. S. des § 14 Abs. 2 BauNVO 90 gilt hingegen, dass diese ausnahmsweise zugelassen werden können.

Überwiegend wird in der Rspr. die Auffassung vertreten, dass Mobilfunkstationen (hier: Basisstationen des UMTS-Netzes) als fernmeldetechnische Nebenanlagen i. S. v. § 14 Abs. 2 S. 2 BauNVO 90 anzusehen sind und sogar in reinen Wohngebieten als Ausnahme zugelassen werden können (OVG NW, B. v. 6.5.2005 – 7 B 2752/04 – Fundst. Rn 9.48; B. v. 6.5.2005 – 10 B 2622/04 – aaO.; Hess. VGH, U. v. 6.12.2004, aaO.; u. Nds. OVG B. v. 6.12.2004, aaO.). Das gemeindliche Einvernehmen ist hierzu erforderlich, soweit die Gemeinde keine eigene Baurechtsbehörde hat.

In den anderen Baugebieten (§§ 4a–9) sind Mobilfunkhauptstationen als gewerbliche Anlagen allgemein zulässig. Mobilfunknebenanlagen sind nach § 14 Abs. 2 S. 2 BauNVO dagegen nur ausnahmsweise zulässig.

In künftigen B-Plänen kann die Gemeinde entsprechend empfindliche Bereiche des reinen Wohnens über die Festsetzung nach § 3 BauNVO »anlagefrei« hal-

§ 4 Abs. 3   9.5

ten und Basisstationen aus den häufigeren allgemeinen Wohngebieten nach § 4 BauNVO dadurch fern halten, dass derartige Anlagen über § 1 Abs. 6 i. V. m. § 4 Abs. 3 Nr. 2 BauNVO im Gebiet für planungsrechtlich unzulässig erklärt werden (so ausdrücklich *Heckner*, BauR 2006, 1399 und BauR 2008, 624 sowie BayVGH, U. v. 2.8.2007 – 1 BV 06.464 –, BauR 2008, 627; zurückhaltend *Schuster*, VBlBW 2003, 177/179 u. *Wehr*, BayVBl. 2006, 453/459 f.; ablehnend VG München, U. v. 14.7.2005 – M 11 K 04.2923 –u. U. v. 19.1.2006 –M 11 K 05.1236 –unter Hinweis auf OVG RhPf, U. v. 7.8.2003 – 1 A 10196/ 03 – 3. Leits.: *»Der Grundsatz, dass allein sachgerechte Erwägungen die Ermessensausübung beeinflussen dürfen, schließt es aus, dass eine Kommune in diesem Zusammenhang ein Konzept erarbeitet und der Entscheidung über die Befreiung zugrunde legt, das ohne wissenschaftlich gesicherte Grundlage und in Abweichung von der 26. BImSchV weiter gehende Personengrenzwerte und daran orientierte Ausschlussbereiche für Mobilfunksendeanlagen festlegt. Ebenfalls fehlerhaft ist es, wenn sich die Festlegung von Ausschlussbereichen allein daran orientiert, wo die Errichtung von Mobilfunksendeanlagen von der Bevölkerung akzeptiert werden«.).*

9.5 bb) **Swinger-Clubs.** Ein Swinger-Club (Pärchentreff) ist in einem allgemeinen Wohngebiet bauplanungsrechtlich unzulässig (BVerwG, B. v. 25.3.2004 – 4 B 15.04 – BRS 67 Nr. 70 zu BayVGH, U. v. 29.12.2003 – 25 B 98.3582 – BayVBl. 2004, 751 = UPR 2004, 393 = BRS 67 Nr. 71). Veranstaltungen eines Swinger-Clubs werden vom Begriff des »Wohnens« im Sinne des § 4 Abs. 1 BauNVO nicht erfasst. Ein Swinger-Club ist nach heute geltendem Recht der Kategorie der **Vergnügungsstätten** zuzuordnen (BayVGH, aaO.; VGH BW, B. v. 4.8.2000 – 8 S 1656/00 –; B. v. 28.11.2006 – 3 S 2377/06 – BauR 2007, 669 = DÖV 2007, 348 u. Hess. VGH, B. v. 27.3.2001 – 4 TZ 742/01 – sowie *Stühler*, GewArch. 2006, 20). An der Einstufung als Vergnügungsstätte ändert sich auch nichts, dass als Nebenzweck in einem abgetrennten Bereich Speisen und Getränke verabreicht werden (VGH BW, B. v. 28.11.2006, aaO.). Nach älterem Recht bis zur BauNVO 1990 ist er ein sonstiger störender Gewerbebetrieb, der nach § 4 Abs. 3 Nr. 2 BauNVO in einem allgemeinen Wohngebiet auch nicht ausnahmsweise zulässig ist (BVerwG, aaO. und BayVGH, aaO.). Ein Swinger-Club ist **wohngebietsunverträglich**. Von ihm gehen nach der typisierenden Betrachtungsweise Störungen aus, die den Gebietscharakter eines allgemeinen Wohngebiets gefährden (BVerwG, aaO. u. BayVGH, aaO.). Ein Swinger-Club ist wegen der Nachtaktivitäten mit der gebietstypischen Wohnnutzung nicht vereinbar.

Weiterhin dürfen – so der BayVGH – nicht unberücksichtigt bleiben schließlich die sonstigen Begleiterscheinungen, die der Betrieb eines Swinger-Clubs üblicherweise mit sich bringt. Auch wenn diese mit dem besonderen »Milieu« von Bordellbetrieben nicht vergleichbar sein mögen, sei doch davon auszugehen, dass der Betrieb eines Swinger-Clubs mit seinen typischen atmosphärischen Begleiterscheinungen den Charakter eines allgemeinen Wohngebiets und dessen spezifische Bedürfnisse beeinträchtigt (BayVGH aaO.).

Die Kläger hatten in diesem Rechtsstreit in der Berufungsinstanz u. a. nicht ganz ideologiefrei vorgetragen:

Die im Jahr 1995 aufgenommene Nutzung als privater Partnertreff stelle keine neue Nutzung dar, sondern liege innerhalb der Variationsbreite der genehmigten Wohnnutzung. Infolgedessen handle es sich schon nicht um ein genehmigungspflichtiges Vorhaben. Die an den Club vermieteten Kellerräume stellten weder ein Gewerbe noch eine Vergnügungsstätte und auch keinen Gaststättenbetrieb i. S. d. Bauplanungsrechts oder der Gewerbeordnung dar. Der wesentliche Unterschied zwischen einem bordellartigen Betrieb und einem privaten Partnertreff/Swinger-Club liege darin, dass es sich bei Letzterem um ein nach allen Seiten offenes Freizeitvergnügen unter (Ehe-)Partner, Familienangehörigen, Freunden und Bekannten handle. Der im Trend befindliche, freizeitbewusste und freizügige Bevölkerungsanteil habe weitgehend kein Verständnis für Regelungen seiner Sexual- und sonstigen Kontaktbedürfnisse als einem weltanschaulichen Bekenntnis durch Vorschriften des formalen und materiellen Baurechts (BayVGH, aaO.).

Das BVerwG hat in seinem B. v. 25.3.2004 die Frage, ob die Veranstaltungen eines Swinger-Clubs wohngebietsunverträglich sind, zutreffend verneint und hierzu ausgeführt:

»*Zum Begriff des Wohnens i. S. v. § 4 Abs. 1 BauNVO gehört eine auf Dauer angelegte Häuslichkeit, die Eigengestaltung der Haushaltsführung und des häuslichen Wirkungskreises sowie die Freiwilligkeit des Aufenthalts. Diese Definition ist aus der Abgrenzung zu anderen planungsrechtlichen Nutzungsformen (Beherbergung, Heimunterbringung, Formen der sozialen Betreuung und Pflege) entwickelt worden. Sie soll den Bereich des Wohnens als Bestandteil der privaten Lebensgestaltung kennzeichnen. Gemeint ist damit die Nutzungsform des selbstbestimmt geführten privaten Lebens ›in den eigenen vier Wänden‹, die auf eine gewisse Dauer angelegt ist **und** keinem anderen in der BauNVO vorgesehenen Nutzungszweck verschrieben ist, insbesondere keinem Erwerbszweck dient. Ob mit der Überlassung von Räumen an einen Swinger-Club ein Erwerbszweck verfolgt wird, hängt von einer wertenden Betrachtung aller Umstände des Einzelfalls ab*«.

Ein Swinger-Club ist wohngebietsunverträglich und führt bei Teileigentum nach dem WEG nachweislich zu einer deutlichen Wertminderung, auch wenn es nicht zu konkreten Belästigungen kommt (BayObLG, B. v. 22.4.1994 – 2 Z BR19.94 – NJW-RR 1994, 1036 u. B. v. 16.6.2000, NJW-RR 2000, 603).

cc) **Sog. Wohnungsprostitution.** Es handelt sich hierbei um einen relativ neuen Begriff. In der verwaltungsgerichtlichen Rspr. zum Bauplanungsrecht tauchte er zum ersten Mal im Jahr 1995 in einem B. des BVerwG v. 28.6.1995 (– 4 B 137.95 – NVwZ-RR 1996, 84 = BRS 57 Nr. 69) auf. Da über eine Nichtzulassungsbeschwerde zu entscheiden war, hat das BVerwG im Zuge der Beantwortung der dort gestellten Fragen keine Veranlassung gehabt, vertieft – gewissermaßen in grundsätzlicher Hinsicht wie in dem U. v. 25.11.1983 (– 4 C 21.83 – BVerwGE 68, 213 = weitere Fundst. § 8 Rn 5.3) auf die Fragen der sog. Wohnungsprostitution einzugehen. Das geht aus den Gründen **bereits** hervor: »*Die von der Beschwerde sinngemäß aufgeworfene Frage, ob die in der eigenen Wohnung ausgeübte Prostitution als Gewerbebetrieb i. S. der Baunutzungsverordnung einzustufen ist, rechtfertigt nicht die Zulassung der Revision.*«

Der **Begriff der Wohnungsprostitution** stammt ursprünglich aus dem Polizeirecht, und zwar aus einer Sperrgebietsverordnung der Stadt Frankfurt/Main, die zwischen verbotener Bordellprostitution und erlaubter Wohnungsprostitution unterschied (Hess.VGH, B. v. 23.4.1992 – 11 CH 3607/90 – NVwZ-RR 1992, 622). Der Hess. VGH stellte entscheidend darauf ab, ob die Prostitution in dem Haus einen solchen Umfang hat, dass die Prostitutionstätigkeit diesem sein Gepräge gibt (zu den Einzelheiten vgl. Rn 9.65 zu § 4). Dies ist bauplanungsrechtlich aber nur ein Gesichtspunkt, um bordellartige Betriebe von der sog. Wohnungsprostitution zu unterscheiden. Die Letztere kann ein geringeres Störpotential bauplanungsrechtlich aufweisen, ist aber in reinen und allgemeinen Wohngebieten nach der typisierenden Betrachtungsweise und dem Erfordernis der Gebietsverträglichkeit unzulässig. Sie kann aber in einem Mischgebiet zulässig sein, wenn es zu keinen tatsächlichen Störungen des Wohnumfeldes kommt. Häufig handelt es sich aber bei der von den interessierten Kreisen durch Nutzungsänderung vermeintlich beabsichtigten sog. Wohnungsprostitution tatsächlich um einen bordellartigen Betrieb in Form einer Terminwohnung. Wohnungsprostitution liegt nämlich nicht deshalb vor, weil in einer

§ 4   Abs. 3   9.61, 9.62

Wohnung der Prostitution nachgegangen wird. Kennzeichnend für eine Terminwohnung ist, dass ein bis vier Prostituierte dort ihrem »Gewerbe« nachgehen, aber in der Mehrzahl dort nicht wohnen, polizeilich nicht gemeldet sind und sich dort auch nur für eine relativ kurze Zeit (i.d.R. eine Woche) aufhalten. Charakteristisch für Terminwohnungen als bordellartigen Betrieb ist die häufig wechselnde Besetzung der Unterkunft. Die Terminwohnung wird häufig von einer älteren, nicht mehr aktiven Prostituierten vom Wohnungseigentümer angemietet und dann einzelnen Prostituierten weiter überlassen, wobei schriftliche Untermietverträge regelmäßig nicht existieren. Der Mietzins wird meistens in bar entrichtet.

9.61   Durch den offensichtlichen »**Strukturwandel**« auch in den Geschäften der Prostitution müssen sich Verwaltung und Rspr. künftig vermehrt mit den verschiedenen bauplanungsrechtlichen Formen der Prostitution beschäftigen. Das geht aus zwei Abhandlungen zum Thema »Prostitution und öffentliches Recht (unter besonderer Berücksichtigung des Baurechts)« hervor (NVwZ 1997, 861 u. NVwZ 2000, 990). In ihnen hat *Stühler* (m.w.N. aus Rspr. und Schrifttum) die Problematik der Prostitution im Allgem. und die verschiedenen Probleme hinsichtlich der Prostitution im Polizei- und Gaststättenrecht sowie im Bauordnungs- und Bauplanungsrecht aufbereitet. *Stühler* ist vertieft auf die bei der Baunutzungsverordnung anstehenden Probleme eingegangen. Die hier vorliegenden verwaltungsgerichtlichen Entscheidungen auf dem Gebiete der Prostitution, besonders in den Wohn- und Mischgebieten, geben Anlass zu einigen grundsätzlichen Überlegungen.

Bei der Problematik ist auch darauf einzugehen, ob die **verschiedenen Formen der Prostitution** (Bordelle, bordellartige Betriebe, einschließlich der Terminwohnungen und die sog. Wohnungsprostitution) unter den Begriff »sonstige Gewerbebetriebe« oder Vergnügungsstätten zu subsumieren sind (vgl. hierzu § 4a Rn 23.7 f.). Weiterhin ist die bordellartige Prostitution, die nach der typisierenden Betrachtungsweise und dem Erfordernis der Gebietsverträglichkeit als regelmäßig störende Nutzung anzusehen ist, von der sog. Wohnungsprostitution als der nicht so auffälligen, zurückhaltenderen und damit nachbarschaftsverträglicheren Nutzung abzugrenzen.

9.62   Bis zum Zeitpunkt des Inkrafttretens des Gesetzes zur Regelung der Rechtsverhältnisse der Prostituierten (**ProstG**) am 1.1.2002 bestand mehrheitlich in der Lit. und vollständig in der Rspr. die Auffassung, dass die Prostitution, auch wenn sie nicht verboten und strafbar ist, als eine sittenwidrige und in verschiedener Hinsicht sozialwidrige Tätigkeit gilt (vgl. die Nachweise bei *Stühler*, NVwZ 1997, 861, Fn 5–9). Für das Urteil über die Prostitution war bis zum Ende des Jahres 2001 maßgebend, dass in entwürdigender Weise der Intimbereich zur Ware gemacht wird und der Sexualtrieb gewerblich ausgebeutet wird. Weiterhin hieß es: Bei der Prostitution handelt es sich um eine mit der Menschenwürde nicht zu vereinbarende Art der Erzielung von Einkünften, die regelmäßig mit Anhangskriminalität verbunden ist. Es stellt sich nun die Frage, ob und inwieweit es durch das ProstG zu einer Änderung der sozialethischen Betrachtungsweise gekommen ist und inwieweit davon auch das Baurecht betroffen ist (vgl. dazu ausführlich *Stühler*, GewArch. 2005, 129).

Art. 1 § 1 Satz 1 ProstG hat folgenden Wortlaut: »Sind sexuelle Handlungen gegen ein vorher vereinbartes Entgelt vorgenommen worden, so begründet diese Vereinbarung eine rechtswirksame Forderung«. Nach Art. 1 § 2 Satz 1

ProstG kann die Forderung nicht abgetreten und nur im eigenen Namen geltend gemacht werden. Zulässig ist nur die Einwendung der vollständigen Nichterfüllung. Weitere Einwendungen, also beispielsweise auch die der Schlechterfüllung, der culpa in contrahendo, sind nach Art. 1 § 2 Satz 3 ProstG ausgeschlossen. Nach Art. 1 § 3 ProstG steht bei Prostituierten das eingeschränkte Weisungsrecht im Rahmen einer abhängigen Tätigkeit der Annahme einer Beschäftigung i. S. d. Sozialversicherungsrechts nicht entgegen. Weiterhin ist nach Art. 2 ProstG das StGB geändert worden und § 180a Abs. 1 Nr. 2 StGB (Förderung der Prostitution, welche über das bloße Gewähren von Wohnung, Unterkunft oder Aufenthalt und die damit üblicherweise verbundenen Nebenleistungen hinausgehen) aufgehoben worden.

Demgegenüber ist der Entwurf eines Gesetzes zur beruflichen Gleichstellung von Prostituierten und anderer sexuell Dienstleistender der PDS-Fraktion (BT-Drucks. 14/4456 S. 3 f. vom 1.11.2000) von einer großen Mehrheit des BT abgelehnt worden. In diesem Gesetzesentwurf war in Art. 1 die zivilrechtliche Einordnung von Prostitution unter das Dienstvertragsrecht des BGB vorgesehen. Der Gesetzesentwurf enthielt Regelungen über Leistungsstörungen (§ 618b), Schadensersatzhaftung (§ 618c) und Leistungsverweigerungsrechte (§ 618d). Damit sollte verdeutlicht werden, dass der Gesetzgeber Verträge über sexuelle Dienstleistungen nicht für sittenwidrig hält und der Bewertung der Rspr. durch eindeutige gesetzliche Regelung entgegentritt. Nach Art. 2 des in sich konsequenten Gesetzesentwurfs der PDS-Fraktion sollte Art. 297 EGStGB als Ermächtigungsnorm für den Erlass von Sperrgebietsverordnungen aufgehoben werden; nach Art. 3 § 180a (Förderung der Prostitution), § 181a StGB (Zuhälterei) gestrichen werden und § 181b (Aufführungsaufsicht) geändert werden. Außerdem sollte nach Art. 4 § 120 OWiG (Verbotene Ausübung der Prostitution, Werbung für Prostitution) gestrichen werden; nach Art. 5 der Ausweisungsgrund des § 46 Nr. 3 AuslG (Verstoß gegen eine für die Ausübung der Gewerbsunzucht geltende Rechtsvorschrift oder behördliche Verfügung) aufgehoben werden; nach Art. 6 sollte das Arbeitszeitgesetz und nach Art 7 das Arbeitsschutzgesetz geändert werden (BT-Drucks. 14/4456, S. 6). Mit diesem umfassenden Gesetzesentwurf wollte die PDS-Fraktion, die nach ihrer Ansicht bis heute praktizierte rechtliche Diskriminierung von Personen, die sexuelle Dienstleistungen erbringen, beseitigen (BT-Drucks. 14/4456, S. 1).

Im Gegensatz zum umfassenden Gesetzesentwurf der PDS-Fraktion enthält das vom BT verabschiedete ProstG nur geringe Änderungen des Zivil-, des Sozialversicherungs- und des Strafrechts. Absicht des Gesetzgebers war es, durch die gesetzgeberische Klarstellung, dass das Entgelt für die Tätigkeit der Prostituierten zivilrechtlich wirksam vereinbart werden kann, eine rechtliche Benachteiligung für die Betroffenen, wie den Zugang zur Arbeitslosen-, zur gesetzlichen Krankenversicherung sowie in aller Regel zur Rentenversicherung aufzuheben. Den Prostituierten sollte zudem durch die Änderung im StGB ein angemessenes Arbeitsumfeld ermöglicht bzw. erleichtert werden (BT-Drucks. 14/4456, S. 1 f.).

Nach dem Willen des Gesetzgebers soll die Prostituierte zivilrechtlich unter anderem keine Kündigungsfrist einhalten müssen, um ein Beschäftigungsverhältnis beenden zu können; keinen Ansprüchen auf Vornahme der sexuellen Handlungen bzw. Ansprüchen wegen angeblicher »Schlechtleistung« ausgesetzt sein und keinem Direktionsrecht des Bordellbetreibers unterliegen, das über die Bestimmung von Ort und Zeit hinausgeht (BT-Drucks. 4456, S. 5).

§ 4 Abs. 3   9.62

Der einschlägige Praktiker-Kommentar zum BGB (*Palandt*, 67. Aufl., 2007, Rdn. 2 zu Anhang zu § 138 BGB – ProstG) hält den Vertrag zwischen Freier und Prostituierten weiterhin für zunächst nichtig (ebenso OLG Schleswig, U. v. 13.5.2004 – 16 U 11/04 – NJW 2005, 225). Die Verpflichtung, sich gegen ein Entgelt geschlechtlich hinzugeben, verstoße gegen die Menschenwürde und gegen § 138 BGB. Von dieser Beurteilung gehe im Ergebnis auch das Gesetz aus, da es dem Freier einen Rechtsanspruch auf die versprochene sexuelle Leistung versage und den Vertrag erst nach Vornahme der Handlungen wirksam werden lasse. Erst wenn die versprochene Leistung erbracht worden sei, entstehe aus dem Vertrag mit Wirkung ex nunc ein Entgeltsanspruch, auch wenn nicht alle zur Wirksamkeit eines Vertrages erforderlichen Voraussetzungen vorlägen.

Zweifelhaft ist auch, ob durch die Neuregelung des ProstG der **faktische Schutz** der Mehrheit von Prostituierten verbessert wird. Die Chance der Verwirklichung von Vorstellungen selbstbestimmter Sexualdienstleistungen dürfte auf eine Minderheit beschränkt bleiben, die auch bislang kaum zu den Opfern des Prostitutionsmarktes gehörte (*Tröndle/Fischer*, Strafgesetzbuch, 54. Aufl., Rdn. 5 zu § 180a StGB). Das ProstG leistet auch den Prostituierten keine Hilfe, die Opfer von Menschenhandel und damit Opfer eines Verbrechens sind. Sie fallen nicht in die Gruppe, für die die Gesetzesänderung gedacht ist und die Änderung hat keine Auswirkung auf ihr Schicksal. Nach einer Auffassung aus der polizeilichen Praxis hat das ProstG dazu geführt die Position des Zuhälters zu stärken; denn die Machtstellung der Zuhälter, aus der heraus sie eine Prostituierte gegen ihren Willen zur Prostitution zwingen können, hat sich durch das ProstG erheblich verbessert (*Schmidbauer*, NJW 2005, 871/872). Die Prostituierte könne nach der neuen Gesetzeslage deutlich mehr dirigiert und damit mehr ausgebeutet werden als früher. Auch die Bundesregierung hat auf eine Kleine Anfrage der FDP-Bundestagsfraktion v. 22.9.2004 (BT-Drucks. 15/3775) zur Situation der Prostituierten nach Inkrafttreten des ProstG sich sehr zurückhaltend über den Erfolg des Gesetzes geäußert. Eine weitere Bestandsaufnahme der Bundesregierung im Jahr 2007 hat ergeben, dass das ProstG »*keine messbaren tatsächlichen Verbesserungen*« gebracht hat (SZ v. 25.1.2007). Nur 1 % der betroffenen Frauen hätten einen Arbeitsvertrag abgeschlossen, gerade einmal 7 % hätten sich unter ihrer Berufsbezeichnung krankenversichert. Zudem gebe es keine Hinweise darauf, dass das Gesetz die Kriminalität im Umfeld verringert habe (SZ, aaO.).

Der Gesetzgeber hielt im Jahr 2001 Folgeänderungen im GastG, soweit dort auf »die Unsittlichkeit« abgestellt wird, nicht für erforderlich, da Art. 1 des Gesetzesentwurfs klarstelle, dass bei entgeltlichen sexuellen Handlungen nicht mehr automatisch von Unsittlichkeit ausgegangen werden könne. Weiterhin wurde auf das U. des VG Berlin v. 1.12.2000 (– 35 A 570.99 –) verwiesen. Aus dieser Formulierung in der Gesetzesbegründung entnimmt ein Teil der Rspr. und Lit. eine sog. **Ausstrahlungswirkung** des ProstG auch auf andere Gebiete des öffentlichen Rechts (BVerwG, U. v. 6.11.2002 – VI C 16.02 – NVwZ 2003, 603 = DVBl. 2003, 74 = GewArch. 2003, 122; BayVGH, U. v. 29.4.2002 – 22 B 01.3183 – NVwZ 2002, 1393; OVG RhPf, B. v. 5.7.2005 – 6 B 1067/05 – GewArch. 2005, 387; *Casper*, NVwZ 2002, 1322; *Pöltl*, VBlBW 2003, 181; *Gurlit*, VerwArch. Bd. 97, 06, 409 u. *Stiebig*, BayVBl. 2004, 545; a.A. VG Weimar, B. v. 13.5.2002 – 8 E 202.02 – GewArch. 2002, 898; *Hagen*, in: GS für Sonnenschein, 2002, 581; *Kurz*, GewArch. 2002, 298; *Michel/Kienzle/Pauly*, Rdn. 16 zu § 4 GastG; *Pauly*, GewArch. 2002, 217/219

u. *Stühler*, GewArch. 2005, 129). Eine **Ausstrahlungswirkung** des ProstG auf das Baurecht, die GewO und das GastG ist nach der juristischen Methodenlehre zu **verneinen**, da die Absicht des Gesetzgebers sich nicht in tatsächlichen Änderungen des Wortlauts der GewO, des GastG oder des Bauplanungsrechts niedergeschlagen hat, obwohl dies ohne weiteres möglich gewesen wäre. Es reicht eben nicht aus, in der Gesetzesbegründung rechtspolitische Absichtserklärungen abzugeben, diese aber nicht in den Text der Rechtsnormen umzusetzen. In einem solchen Fall geht die wörtliche Auslegung der subjektiv historischen vor. Die ratio legis des ProstG zeigt deutlich von ihrem Wortlaut und vom Regelungsgehalt her, dass die Prostitution nach wie vor in weiten Teilen gegen die guten Sitten verstößt. Die zivilrechtliche Regelung im ProstG selbst macht deutlich, dass es sich nicht um einen »normalen« Dienstvertrag handelt. Die Bestimmung des § 138 BGB selbst wurde nicht geändert. Eine Ausnahmeregelung wurde ihr nicht hinzugefügt. Die Prostitution ist auch nicht als Dienstleistung wie alle anderen und auch nicht als Beruf anerkannt, weil dies u. a. bedeutet hätte, dass diese Tätigkeit auch in den Kanon der anerkannten Ausbildungsberufe hätte aufgenommen werden müssen (*Lenze*, EuGRZ 2002, 105/110).

Auch überzeugt der Hinweis in den Gesetzesmaterialien des ProstG auf das U. des VG Berlin v. 1.12.2000, aaO., das die Prostitution, die von Erwachsenen freiwillig und ohne kriminelle Begleiterscheinung ausgeübt wird, nach den heute anerkannten sozialethischen Wertvorstellungen in unserer Gesellschaft – unabhängig von der moralischen Beurteilung – i. S. d. Ordnungsrechts nicht (mehr) als sittenwidrig ansieht (2. Leits.), als Nachweis für ein Umdenken in der Rechtsprechung nicht (vgl. dazu die Kritik von *Stühler*, GewArch. 2005, 129). Das VG Berlin hat die durch demoskopische Umfragen ermittelten Werturteile zu unkritisch herangezogen. Letztendlich handelt es sich bei dem Urteil des VG Berlin um den Versuch, mit einem dem Zeitgeist verbundenen libertinären Vorverständnis des Begriffs der guten Sitten Rechtspolitik zu machen, ohne das eigene Vorverständnis kritisch zu hinterfragen, wie dies die moderne Methodenlehre nun schon seit über dreißig Jahren fordert (*Esser*, Vorverständnis und Methodenwahl, 1970), die Praxis aber kaum einlöst.

Es ist daher festzuhalten, dass die Prostitution trotz des ProstG weiterhin nicht als Gewerbe i. S. d. GewO anzusehen ist und auch nicht in Gaststätten angebahnt und in Gaststättenräumen nicht ausgeübt werden darf. Weiterhin ist deshalb gem. § 4 Abs. 1 Nr. 1 GastG wie bisher auf eine strikte räumliche und organisatorische Trennung von Gaststätte und Dirnenzimmern zu achten.

Auch wenn gegenwärtig Streit besteht über die Auswirkung des ProstG auf die GewO und das GastG, so gilt dies nicht für das Bauplanungsrecht. Hier besteht Einigkeit, dass das ProstG zu keiner planungsrechtlichen Gleichstellung mit anderen legalen Gewerbeausübungen geführt hat. Das städtebauliche Leitbild eines dem Wohnen dienenden Baugebiets führt wegen der milieubedingten Auswirkungen von Bordellen und bordellartigen Betrieben auf das Wohnumfeld zu einer negativen Einschätzung und damit zur Unzulässigkeit von bordellartigen Betrieben in allgemeinen Wohn- und Mischgebieten (OVG Berlin, B. v. 9.4.2003 – 2 S 5.03 – UPR 2003, 394; OVG RhPf, B. v. 15.1.2004 – 8 B 11983 –BauR 2004, 644 = BRS 67 Nr. 73; VGH BW, B. v. 5.3.2002 – 8 S 602/02 – GewArch. 2003, 466 u. *Stühler*, GewArch. 2005, 129/132).

Bei der Prostitutions-Problematik bestehen bereits bei den begrifflichen Aussagen Schwierigkeiten. Eine Legaldefinition ist nicht vorhanden. In der Gerichts-

§ 4   Abs. 3   9.64, 9.65

praxis haben sich Begriffe wie »Wohnungsprostitution«, »bordellartige Prostitution« bzw. »Prostitution in Bordellen« eingebürgert (s. dazu *Stühler*, aaO., S. 861, 865 u. GewArch. 2006, 26). Das BVerwG hat in seinem B. v. 28.6.1995 (Fundst. Rn 9.5) wenigstens von »sog. Wohnungsprostitution« gesprochen. Auch dieser Begriff entspricht nicht dem Rechtsgehalt der in den Wohngebieten in bestimmten Unterkünften ausgeübten Prostitution. **Prostitution** hat mit dem Begriff des Wohnens, wie er allgemein den Gebietscharakter der Wohngebiete bestimmt – so auch ausdrücklich durch das BVerwG bestätigt (vgl. B. v. 25.3.1996 – 4 B 302.95 – BRS 58 Nr. 56; s. § 3 Rn 1) –, nichts gemein. Durch die Vermietung oder anderweitige Überlassung einer Wohnung (eines Wohngebäudes) an Prostituierte oder an Dritte, die dort Prostituierten Unterkunft und Betätigung ermöglichen, tritt »*automatisch*« eine **Nutzungsänderung** ein. Sie bedarf der bauaufsichtlichen Genehmigung, auch ohne diese ist sie rechtswidrig und unterliegt der unverzüglichen Nutzungsuntersagung. Aus der Wohnung als Mittelpunkt der auf Dauer angelegten Häuslichkeit mit allem, was dazu gehört, wird eine **Unterkunft**, in der die Prostituierten ihrer Tätigkeit nachgehen. Daran ändert nichts, wenn sie dort auch nächtigen.

9.64 Bei der sog. Wohnungsprostitution handelt es sich im baurechtlichen, insbes. bauplanungsrechtlichen Verständnis um **eine gewerbliche Tätigkeit,** denn sie ist auf Gewinnerzielung ausgerichtet. Es spielt keine Rolle, dass die Prostitution nach der GewO kein Gewerbe»betrieb« ist. Hier zeigt sich einmal mehr die Schwierigkeit der begrifflichen Bezeichnung und Abgrenzung.

Das öffentliche Recht i. A., das **Baurecht im Besonderen,** kommt ohne Rückgriff auf bereits vorhandene Begriffe nicht aus. Häufig bedarf es jedoch einer gleichzeitigen Änderung des Sinngehalts in Bezug auf den andersartigen öffentlich-rechtlichen Aufgabenbereich, dem der Begriff dienstbar gemacht werden soll. Die im Bauplanungsrecht, insbes. in den Vorschriften der Katalog-Baugebiete der BauNVO, verwendeten Begriffe aus dem öffentlichen (vor allem Verwaltungs-)Recht können vielfach nicht – anders als wohl im Zivilrecht – mit anderen Gesetzen *inhaltlich* übereinstimmen, da sie in der jeweiligen Rechtsvorschrift einen anderen Rechts- oder auch Sinngehalt zum Ausdruck bringen. So ist es nicht entscheidend, dass sich die Prostitution nicht aus gewerbeordnungsrechtlichen Vorschriften herleiten lässt.

Die Prostitution hat aufgrund ihrer bauplanungsrechtlichen Relevanz, da sie Belange berührt, die im Hinblick auf das grundsätzliche Gebot des § 1 Abs. 3 i.V.m. § 1 Abs. 6 BauGB eine städtebaurechtliche Betrachtung und Ordnung verlangen (st. Rspr. des BVerwG), in den Baugebietsvorschriften der BauNVO – je nach deren Zweckbestimmung – eine andere Bedeutung, die mit dem gewerberechtlichen Rechtsgehalt nicht übereinstimmen kann.

9.65 Die Ausübung der Prostitution ist das Gegenstück zum Inbegriff des Wohnens. Daher ist sie im richtigen Verständnis auch keine »Wohnungs«-Prostitution. Die Ausübung der Prostitution findet i. S. d. bodenrechtlichen Relevanz nach § 29 BauGB in einer durch die Nutzungsänderung in eine Unterkunft umgewandelten, bisher dem Wohnen dienenden Wohnung (Wohngebäude) statt. In Wohngebieten nach den §§ 2–4a und den überwiegend dem Wohnen dienenden Teilen des Mischgebiets i. S. v. § 6 Abs. 3 ist die **typisierende Betrachtungsweise** maßgebend. Es kommt nicht darauf an, ob in der Unterkunft 1, 2 oder mehrere Prostituierte ihrer gewerblichen Tätigkeit nachgehen. Der Begriff **»bordellartig«** ist, soweit es sich um Ausübung der Prostitution in Wohnbaugebieten oder in wohngebietsgleichen Bereichen nach § 34 Abs. 1, Abs. 2 BauGB handelt, lediglich im übertragenen Sinne als (negativer) Ausdruck der innerhalb der Gesellschaft geduldeten, im **Hinblick auf den Begriff des Woh-**

nens der dem Wohnen jedoch entgegenstehenden sozialwidrigen Tätigkeit zu verstehen. Wenn Prostituierte sich ganztägig in einem Bordell aufhalten, muss dies nicht bedeuten, dass sie dort wohnen. Für das Wohnen im bauordnungsrechtlichen wie im bauplanungsrechtlichen Sinn ist eine auf Dauer angelegte Haushaltsführung kennzeichnend. Hiervon ist die Unterbringung in einer Unterkunft zu unterscheiden (Hess.VGH, U. v. 5.2.2004 – 4 N 360/03 – BauR 2005, 1126 = NVwZ-RR 2005, 312). Das BVerwG hatte in seiner Grundsatzentscheidung für Einrichtungen, in denen der Prostitution nachgegangen wird, den Begriff des bordellartigen Betriebs bereits als Oberbegriff gewählt (vgl. BVerwG, U. v. 25.11.1983 – 4 C 21.83 – BVerwGE 68, 213, 215).

Bauplanungsrechtlich wird man von der sog. **Wohnungsprostitution in Abgrenzung zum bordellartigen Betrieb** als kleinem Bordell (z. B. Terminwohnung, erotische Model-Wohnung) oder als verdecktem Bordell (Massagesalon, Saunaclub) ausgehen können, wenn kein strafbarer »Betrieb« i. S. d. § 180a Abs. 1 StGB vorhanden ist. Darüber hinaus darf nach der polizeirechtlichen Komponente, wie sie vom Hess.VGH in seinem B. v. 23.4.1992 (– 11 CH 3607/90 – NVwZ-RR 1992, 622) überzeugend entwickelt worden ist, die Anzahl der Prostituierten und die Größe der von ihnen genutzten Räumlichkeiten im Verhältnis zur Zahl der sonstigen Hausbewohner und zur Größe der von ihnen zu anderen Zwecken genutzten Räume nicht überwiegen.

Überwiegt der Prostitutionsanteil nach Personenzahl oder Fläche nicht, ist damit noch nicht gesagt, dass keine verbotene Bordellprostitution vorliegt. »Denn auch ein nur teilweise zur Prostitutionsausübung genutztes Haus kann als Dirnenwohnheim angesehen werden, wenn ihm die Prostitutionstätigkeit sein Gepräge gibt. Ein solches Gepräge kann ein Gebäude insbesondere durch von außen wahrnehmbare Hinweise auf den Verwendungszweck erhalten, etwa durch Reklametafeln oder -schriften, auffällige Beleuchtung (Rotlicht) oder akustische Signale, die aufmerksame Passanten Rückschlüsse auf die Prostitutionsausübung im Hause ziehen lassen. Das Bordellgepräge kann ein Haus allerdings auch durch seine innere Struktur oder durch die konkreten Organisationsformen der Prostitutionsausübung erhalten« (Hess. VGH, aaO.).

Von Wohnungsprostitution kann daher nicht gesprochen werden, wenn ein Gebäude ausschließlich von Prostituierten und einer »Betriebsleiterin« bewohnt und gewerblich genutzt werden soll (BayVGH, U. v. 19.5.1999 – 26 ZB 99.770 – UPR 1999, 395 = GewArch. 1999, 445 = BayVBl. 2000, 280 u. VGH BW, U. v. 7.4.2002 – 5 S 149/01 – GewArch. 2003, 496/497).

Darüber hinaus wird man von »**Wohnungsprostitution**« nur sprechen können, wenn in der Wohnung **eine bis höchstens zwei Prostituierte** ihrem »Gewerbe« unauffällig nachgehen und auch für längere Zeit und nicht nur für einige Wochen (mehr als zwei Monate, wie sich z. B. aus § 21 Abs. 2 Nr. 1 MeldeG BW ergibt) dort tatsächlich wohnen, wozu auch das Übernachten gehört, und dort auch polizeilich gemeldet sind (bauplanungsrechtliche Komponente im engeren Sinne; zum Begriff des Wohnens s. § 3 Rn 1).

Die Nutzung einer Prostitutionseinrichtung als **gewerbliches Massage-Institut** (VGH BW, U. v. 13.2.1998 – 5 S 2570/96 – NVwZ-RR 1998, 550 = BRS 60 Nr. 75) oder **für** »**Massagezwecke**« (VGH BW, B. v. 5.3.2002 – 8 S 606/02 –) und damit allein zur Ausübung der Prostitution quasi als Arbeitsstätte stellt keine Wohnungsprostitution dar, sondern einen bordellartigen Betrieb. Auch ein kurzer Aufenthalt (einschließlich Übernachtung) in einer solchen Terminwohnung reicht nicht aus, um Wohnungsprostitution annehmen zu können. Wohnungsprostitution liegt auch nicht deshalb vor, weil sie in einer gemieteten Wohnung ausgeübt wird.

§ 4   Abs. 3   9.66, 9.67

Für die sog. Wohnungsprostitution im bauplanungsrechtlichen Sinne ist **charakteristisch,** dass kein faktisches Untermietverhältnis mit einer nicht mehr aktiven älteren Prostituierten wie bei einem bordellartigen Betrieb in einer Terminwohnung besteht, sondern ein unmittelbarer Mietvertrag der Prostituierten mit dem Wohnungseigentümer vorliegt. Wohnungsprostitution ist normalerweise nicht mit negativen Auswirkungen auf die Nachbarschaft verbunden, weil keine anreizende Werbung betrieben wird, die Prostituierten selbst sich nicht außerhalb des Hauses sehen lassen und deshalb ein voyeuristischer Besucherverkehr bzw. das Ansprechen von unbeteiligten Personen entfällt. Es ist davon auszugehen, dass der Kundenkreis selbst größten Wert auf Anonymität legt. Tatsächlich wird jedoch nur in seltenen Fällen tatsächlich Wohnungsprostitution vorliegen und nicht ein bordellartiger Betrieb in einer Terminwohnung. Dies zeigen die Erfahrungen seit Auftretens dieses Phänomens in den 1990er Jahren.

9.66 Durch die vorangegangene Abgrenzung des Wohnens im Verhältnis zur Prostitution gewinnen einmal das **Gebot der Rücksichtnahme** gegenüber dem Wohnen und zum anderen der **Begriff des Störens** *die* Bedeutung, die ihnen innerhalb der Wohngebiete im Allgemeinen, **innerhalb des Wohnens** in besonderer Weise, zukommen. Dass die Prostitution gegenüber dem Wohnen, dem Wohnumfeld und allem, was für die Wohnqualität von Bedeutung ist, in höchstem Maße **rücksichtslos** ist, bedarf keiner besonderen Ausführungen. Der Begriff des Störens in seinem umfassenden (subjektiven) Verständnis umfasst Störungen i. S. v. die persönliche Lebenssphäre nachteilig berührenden äußeren Einwirkungen; diese sind gleichzeitig als *erhebliche* Belästigungen i. S. v. § 15 Abs. 1 Satz 2 anzusehen, die von einer Anlage, einer Nutzung ausgehen und Werte (oder Sachgüter) des Einzelnen verletzen. Der so Gestörte ist berechtigt, die innerhalb des Wohngebiets in einer wohnungsähnlichen Unterkunft ausgeübte Prostitution als Störung seines Wohnumfeldes anzusehen. Durch die Grundsatzentscheidung des BVerwG v. 16.9.1993 (– 4 C 28.91 –, Fundst. Vorb. § 2 ff. Rn 22) ist anerkannt, dass jeder Wohngebietsansässige sich gegen eine im Wohngebiet unzulässige Nutzung nachbarrechtlich kraft Bundesrechts zur Wehr setzen kann. Demzufolge ist jedermann berechtigt, z. B. der in einem Mehrfamilienhaus Wohnende, gegen die etwa in dem Geschoss unter seiner Wohnung ausgeübte Prostitution anzugehen, ohne dass er sich etwa durch die bekannten Begleiterscheinungen der Prostitution erst (konkret) gestört fühlen muss.

9.67 Nach dem U. des VGH BW v. 4.8.1995 (– 5 S 846/95 –) u. dem B. d. VG Osnabrück v. 7.4.2005 (– 2 B 14/05 –) stellt die sog. Wohnungsprostitution eine typischerweise **mit einem Wohngebiet unvereinbare Nutzung** dar. Bei ihrer Ausübung handelt es sich weder um eine freiberufliche noch um eine »gleichgestellte« Tätigkeit i. S. d. § 13 BauNVO (a. A. *Gurlit*, VerwArch., 2006, 409/ 428).

Aus den **Gründen** d. U. d. VGH BW: *»Überdies genügt die Wohnungsprostitution nicht den Anforderungen des § 13 BauNVO. Gewerbliche Prostitution ist keine freiberufliche Tätigkeit und ihr auch nicht ähnlich. Ihre ausnahmsweise Zulassung gem. § 4 Abs. 3 Nr. 2 BauNVO scheidet aus. Sie geht mit Störungen einher, die mit dem Charakter eines Wohngebiets nicht vereinbar sind. Im allgemeinen Wohngebiet soll in erster Linie störungsfreies Wohnen gewährleistet sein. Dies gilt insbesondere in den Abend- und Nachtstunden. Gerade in dieser Zeit findet aber typischerweise die Tätigkeit der Klägerin statt, wie sich auch aus den Zeitungsannoncen ergibt. Zu berücksichtigen sind ferner die übrigen, sich aus dem ›Milieu‹ ergebenden Begleiterscheinungen, die mit der Prostitution üblicherweise verbunden sind. Wenn die Klägerin demgegenüber geltend macht, ›die Kundschaft rekru-*

tiere sich aus gehobenen Kreisen«, so ist dies für die bauplanungsrechtliche Beurteilung anhand der BauNVO unerheblich« (VGH, aaO.).

Nachdem das BVerwG mit B. v. 25.4.2004 (– 4 B 15/04 – BRS 67 Nr. 70) zu Recht einen Swinger-Club in einem allgemeinen Wohngebiet nach der typisierenden Betrachtungsweise und dem Erfordernis der Gebietsverträglichkeit für planungsrechtlich unzulässig gehalten hat, gilt dies erst Recht für alle Formen der Prostitution (Bordell, bordellartige Betriebe, einschließlich der Terminwohnungen, und die sog. Wohnungsprostitution) in einem reinen oder allgemeinen Wohngebiet.

Über einen vom Sachverhalt und der geschickten Einlassung der Klägerin her nicht alltäglichen Fall hat der VGH BW durch B. v. 17.2.1995 (– 8 S 3424/94 –, soweit ersicht. n.v.) zu entscheiden gehabt. Die Klägerin hat u.a. vorgetragen, dass *»die Tätigkeit einer Prostituierten der Tätigkeit eines Lebensberaters, Sozialtherapeuten oder anderer freiberuflich Tätiger entspreche und daher nach § 13 BauNVO in dem hier maßgeblichen Gebiet«* zulässig sei. Dem ist der Senat, wie aus den Gründen hervorgeht, überzeugend entgegengetreten. Dennoch hat der VGH die Berufung der beklagten Stadt zurückgewiesen; er ist zu der Überzeugung gelangt, dass der Beklagten der Vorwurf eines (objektiv) willkürlichen und damit gegen den Gleichheitsgrundsatz verstoßenden Verhaltens zu machen ist, denn der Betrieb bestehe bereits seit mehreren Jahren, und die Beklagte habe nicht den Eindruck vermitteln können, sich in Zukunft bei der Behandlung der genannten Problemfälle von anderen Kriterien leiten zu lassen (VGH BW, aaO.).

9.68

In einem späteren U. d. VGH BW v. 17.10.1996 (– 8 S 2136/96 –) gegen denselben Beklagten handelte es sich um die Nutzungsuntersagung einer städtischen Baurechtsbehörde gegen die überwiegende Nutzung des Wohnhauses zur Ausübung der Prostitution.

In dem Gebäude befanden sich in den Geschossen 3 Wohnungen, von denen zwei an Prostituierte vermietet waren, die dort ihrem Gewerbe nachgingen. Im Erd- und Obergeschoss waren regelmäßig 4 Prostituierte tätig, von denen zwei ständig in dem Gebäude wohnten. Zwischen den beiden Wohnungen bestand insoweit eine organisatorische Verbindung, als einer der Räume im Erdgeschoss als gemeinsamer Warteraum diente. Daraus schloss der VGH, dass nicht mehr von bloßer Wohnungsprostitution gesprochen werden könne, sondern es sich bei der beschriebenen Nutzung vielmehr um einen bordellartigen Betrieb und damit um eine Vergnügungsstätte handelt; die Klage gegen die Nutzungsuntersagung hatte keinen Erfolg, da sich dieser bordellartige Betrieb nach § 34 Abs. 1 BauGB nicht in die nähere Umgebung einfügte.

Mit B. v. 29.10.1997 (– 4 B 8.97 – NVwZ-RR 1998, 540) wies das BVerwG die Nichtzulassungsbeschwerde zurück. In d. B. äußerte sich das BVerwG nicht zu der Frage, unter welchen Voraussetzungen die Prostitution im Rahmen einer »Vergnügungsstätte« ausgeübt werde, da dies nicht entscheidungserheblich war.

Auch wenn zugunsten des Klägers angenommen würde, dass bordellartige Betriebe nicht unter den Begriff der Vergnügungsstätten fallen und dass es im vorliegenden Fall lediglich um sog. Wohnungsprostitution gehe, würde sich auf der Grundlage der tatsächlichen Feststellungen des Berufungsgerichts gleichwohl die planungsrechtliche Unzulässigkeit der streitigen Nutzung ergeben. Sie füge sich nämlich nicht i.S.v. § 34 Abs. 1 BauGB in die nähere Umgebung ein (BVerwG, B. v. 29.10.1997, aaO.).

In einer weiteren Entscheidung des VGH BW v. 9.8.1996 (– 8 S 1987/96 – NVwZ 1997, 601 = VBlBW 1996, 468) geht es um die *Beschwerde* gegen den B. des VG Sigmaringen in einem Eilverfahren gegen die sofortige Vollziehbarkeit einer Untersagungsverfügung wegen einer sog. Wohnungsprostitution;

9.69

§ 4 Abs. 3   9.69

diese hat der Senat zurückgewiesen. Von Bedeutung ist, was der Senat in den **Gründen** zur Zurückweisung ausgeführt hat.

Er geht mit dem Antragsteller davon aus, dass es sich um eine sog. Wohnungsprostitution in einem Mischgebiet handelt, weil (nur) »*drei Prostituierte in jeweils einer gesonderten Wohnung ihrem Gewerbe nachgehen und dort wohnen*«. Dabei unterscheidet der Senat zwischen Bordell, bordellartigem Betrieb u. sog. Wohnungsprostitution. Er ist der Auffassung, dass »*gewerbliche Nutzungen dieser Art in Mischgebieten nicht generell unzulässig*« sind. Er führt dazu aus, dass sich der B. des BVerwG v. 28.6.1995 (– 4 B 137.95 –, Fundst. Rn 9.6) auf eine – regelmäßig störende – gewerbliche Nutzung im **Wohngebiet** bezogen hat. Danach »*ergibt sich die Unzulässigkeit der von der Antragsgegnerin untersagten Nutzung nicht bereits aus einem Verstoß gegen den gem. § 34 Abs. 2 BauGB einschlägigen § 6 Abs. 1 BauNVO. Sie kann vielmehr nur mit § 15 BauNVO begründet werden... Entscheidend können nur die konkreten Auswirkungen der bekämpften Nutzung sein*«.

Der 8. Senat des VGH BW hat hier jedoch verkannt, dass – auch wenn drei Prostituierte in drei gesonderten Wohnung in einem Gebäude »wohnen« und der Prostitution nachgehen, ohne dass es weitere »normale« Mieter in dem Gebäude gibt – es sich regelmäßig um einen bordellartigen Betrieb und nicht um Wohnungsprostitution handelt, da das Haus dann sein Gepräge ausschließlich über die Prostitutionsausübung bekommt (vgl. BayVGH, B. v. 19.5.1999 – 26 ZB 99.770 – UPR 1999, 395 = BayVBl. 2000, 280).

Im Gegensatz zu den Entscheidungen im Eilverfahren obsiegte die beklagte Stadt in dem sich anschließenden Hauptsacheverfahren, nach dem sich durch polizeiliche Ermittlungen Veränderungen im Sachverhalt ergeben hatten (VGH BW, B. v. 4.2.1998 – 8 S 3234/97 –). Im Gegensatz zur Annahme im Eilverfahren, wo von drei Prostituierten gesprochen wurde, die jeweils in einer gesonderten Wohnung ihrem Gewerbe nachgingen und dort auch wohnten, stellte sich nun heraus, dass in dem Gebäude bis zu 6 Prostituierte tätig waren, wobei fast keine auch dort polizeilich gemeldet war und die Eingangstür von einer Videokamera überwacht wurde. In den Wohnungen mit jeweils 2 Zimmern und Nebenräumen waren nicht nur gelegentlich 2 oder mehr Prostituierte tätig, wodurch der Aufenthaltszweck »Wohnen« zurücktrat oder ganz wegfiel.

Nach dem B. d. VGH BW v. 8.6.1999 (– 8 S 1320/99 – VBlBW 1999, 461 = UPR 2000, 38) wird die Annahme eines Bordellbetriebs nicht dadurch in Frage gestellt, dass die darin tätigen Prostituierten als »Wochenmitglieder« und die Freier als »Tagesmitglieder« eines »Vereins für zwischenmenschliche Beziehungen« geführt werden.

Es handelte sich dabei um den untauglichen Versuch eines Bordellbetreibers, das bestandskräftige Verbot der Nutzung eines Gebäudes als Bordell durch eine andere Bezeichnung zu umgehen. Der untaugliche Versuch bestand darin, dass nach den Feststellungen der Polizei zur Täuschung über die tatsächliche Ausübung der Prostitution ein »Verein für zwischenmenschliche Beziehungen« hier gegründet wurde, in dem Prostituierte als »Wochenmitglieder« in den dafür vorgesehenen Arbeitszimmern des Gebäudes gegen vereinbartes Entgelt mit den als »Tagesmitgliedern« bezeichneten männlichen Gästen »gemeinsame Meditationen« betrieben. Bei den »sinnenden Betrachtungen« (Duden, die deutsche Rechtschreibung, 21. Aufl., 1996, für Meditationen) blieb es jedoch nicht, wie auch der Antragsteller in seinen Schriftsätzen einräumte, dass »*wohl auch der Austausch von Intimitäten nicht verwehrt werden*« solle (VGH BW, aaO.).

Nach Auffassung des OVG Berlin (B. v. 9.4.2003 – 3 S 5/3 – UPR 2004, 394 = GewArch. 2003, 498) handelt es sich bei einem »**Massagesalon**« um einen bordellartigen Betrieb, der sowohl in einem allgemeinen Wohngebiet als auch in einem Mischgebiet planungsrechtlich unzulässig ist.

Aus den Gründen: »Bordellartige Betriebe können insbesondere nicht gem. § 4 Abs. 3 Nr. 2 BauNVO als sonstige nicht störende Gewerbebetriebe ausnahmsweise zugelassen werden. Das folgt aus der prinzipiellen Unvereinbarkeit derartiger Gewerbebetriebe mit den dem planungsrechtlichen Begriff des Wohnens und des Wohngebiets zugrunde liegenden städtebaulichen Ordnungszielen. Die davon bei der gebotenen typisierenden Betrachtungsweise ausgehenden Störungen des Wohnens in einem dem Wohnen dienenden Gebiet bestehen nicht nur vordergründig in einer Beeinträchtigung der Wohnruhe, etwa durch verstärkten Kraftfahrzeugverkehr oder lautstarken Auseinandersetzungen, sondern ganz allgemein in den negativen ›milieubedingten‹ Auswirkungen derartiger Einrichtungen auf das Wohnumfeld in dem betreffenden Gebiet prägenden sozialen Klima.« Das Gericht ist auch der Behauptung des Antragstellers entgegen getreten, aus einer dem ProstG zugrunde liegenden vermeintlichen generellen Änderung der sozialethischen Wertung dieses Gesetzes eine auch planungsrechtliche Gleichstellung mit anderen legalen Gewerbeausübungen herzuleiten: »*Die darin getroffenen zivil- und strafrechtlichen Bestimmungen haben jedoch keinen maßgebenden Einfluss auf die an dem erörterten Leitbild eines dem Wohnen dienenden Baugebiets orientierte Einschätzung der Umgebungsauswirkungen von Bordellen und bordellartigen Betrieben in diesen Bereichen.*«

Dieser Auffassung haben sich auch das OVG RhPf mit B. v. 15.1.2004 (– 8 B 11983/03 – BauR 2004, 644 = BRS 67 Nr. 72) und das OVG Hamburg (B. v. 10.6.2005 – 2 B 144/05 – ZfBR 2005, 580/582 = GewArch. 2005, 435 = BRS 69 Nr. 187) angeschlossen. Der Leits. der Entscheidung des OVG RhPf lautet:

»*Bordell- und Wohnungsprostitution sind als gewerbliche Betätigung in Wohngebieten weder allgemein noch ausnahmsweise zulässig; daran hat das ProstG v. 20.12.2001 (BGBl. I, S. 3983) nichts geändert.*«

Diese Ausführungen zum Bauplanungsrecht stehen in Übereinstimmung mit Entscheidungen verschiedener OLGe, wonach **Wohnungseigentümer nach §§ 14, 15 WEG** es grundsätzlich nicht zu dulden brauchen, dass in einer vermieteten Wohnung der Prostitution nachgegangen wird (OLG Frankfurt, B. v. 5.3.2002 – 20 W 508/01 – ZMR 2002, 216 u. B. v. 7.6.2004 – 20 W 59/03 – sowie OLG Karlsruhe, B. v. 22.6.1999 – 14 Wx 35/99 – NJW-RR 2000,89). Daran hat auch das Inkrafttreten des ProstG nichts geändert (OLG Frankfurt, B. v. 5.3.2002, aaO. u. B. v. 7.6.2004, aaO.; a. A. BayObLG, B. v. 8.9.2004 – 2 Z BR 137/04 – für ein Anwesen, das ausschließlich gewerblich genutzt wird). Dabei wird von den OLGen ebenfalls auf die »typisierende«, d. h. verallgemeinernde Betrachtungsweise abgestellt. Danach kommt es grundsätzlich durch Wohnungsprostitution und bordellartige Betrieben in Form von Terminwohnungen zu einer Wertminderung des Sondereigentums, die die anderen Miteigentümer nicht hinzunehmen brauchen.

dd) Sperrgebietsverordnung und Straßenprostitution. Nach Art. 297 EGStGB kann die Landesregierung zum Schutz der Jugend oder des öffentlichen Anstandes nach Abs. 1. S. 1 für das ganze Gebiet einer Gemeinde bis zu 50.000 Einwohnern durch Rechtsverordnung verbieten, der Prostitution nachzugehen. Davon haben verschiedene Bundesländer auch Gebrauch gemacht. Das BVerwG hat mit U. v. 20.11.2003 (– 4 C 6.02 – BauR 2004, 643 = NVwZ 2004, 743) zu der Frage, was unter dem Begriff Einwohner zu verstehen ist, folgenden **Leits.** aufgestellt:

»*Nur die Einwohner einer Gemeinde, die in ihr ihren alleinigen oder ihren* **Hauptwohnsitz** *haben, sind bei der Frage zu berücksichtigen, ob die Gemeinde bis zu fünfzigtausend Einwohner hat und ob deshalb gem. Art. 297 Abs. 1 EGStGB die Prostitution im gesamten Stadtgebiet verboten werden darf*« (BVerwG, aaO., Hervorhebung v. Verf.).

Zu Recht weist der 4. Senat des BVerwG in der Begr. darauf hin, dass Art. 297 EGStGB durch das ProstG v. 20.12.2001 nicht beseitigt worden sei, vielmehr sei der Vorschlag, Art. 297 EGStGB ersatzlos zu streichen (BT-Drucks. 14/ 4456, S. 3), nicht Gesetz geworden. Das OVG RhPf hat mit B. v. 13.3.2006 (– 8 A 11599/05 – NVwZ-RR 2006, 611) ebenfalls die Auffassung vertreten, dass die Fortgeltung des seit Jahrzehnten bestehenden Prostitutionsverbots in den Gemeinden des heutigen Rheinland-Pfalz-Kreis X auch nach Inkrafttreten des ProstG v. 20.12.2001 keinen verfassungsrechtlichen Bedenken unterliegt. Der Nachweis einer konkreten Gefährdung der Jugend oder des öffentlichen

§ 4 Abs. 3   9.8, 10

Anstands sei weiterhin im Rahmen des Art. 297 Abs. 1 Nr. 1 EGStGB nicht erforderlich für die Fortgeltung bestehender Prostitutionsverbote.

Im Gegensatz zum 6. Senat des BVerwG in der Swinger-Club-Entscheidung (U. v. 6.11.2002 – 6 C 16/02 – NVwZ 2003, 603 = GewArch. 2003, 122) gehen der 4. Senat des BVerwG und das OVG RhPf von keiner Ausstrahlungswirkung des neuen ProstG über seinen engen Regelungsbereich hinaus aus.

Zum Thema **Straßenprostitution** hat der 6. Senat des BVerwG (B. v. 8.11.2004 – 6 BN 2.04 – DÖV 2005, 323 = NVwZ 2005, 597) sich mit folgendem Leits. geäußert:

»*Die Ermächtigung in Art. 297 Abs. 1 Satz 1 Nr. 3 EGStGB zum Erlass von Verordnungen über die Errichtung von Sperrgebieten für die Straßenprostitution lässt keine Regelungen zu, die darauf gerichtet sind, dass die Dirnen in den nicht gesperrten Gebieten (sog. Toleranzzonen) sexuelle Handlungen mit ihren Freiern auch tatsächlich vornehmen können*«.

Demgegenüber haben *Gurlit/Oster*, GewArch. 2006, 361, in einem Aufsatz, dem ein Gutachten im Auftrag eines gewerblichen Vermieters von Wohnraum zu Zwecken der Wohnungsprostitution zugrunde lag, wie sich aus einer Fn ergibt, die Auffassung vertreten, dass Art. 297 EGStGB wegen Verstoßes gegen Art. 80 Abs. 1 S. 2 GG i. V. m. Art. 103 Abs. 2 GG verfassungswidrig sei. Ferner verstoße Art. 297 EGStGB gegen Art. 12 Abs. 1 GG. Die Ausführungen können nicht überzeugen. Der Aufsatz bemüht sich, das gewünschte rechtspolitische Ziel, das im Gesetzgebungsverfahren zum ProstG politisch nicht durchgesetzt werden konnte, jetzt rechtsdogmatisch zu erreichen.

9.8 c) **Gartenbaubetriebe (Nr. 4).** Zum **städtebaurechtlichen** Nutzungsbegriff u. zum Umfang der Nutzungsmöglichkeiten s. § 2 Rn 8–8.2.

Das BVerwG hat in dem B. v. 15.7.1996 (– 4 NB 23.96 – BRS 58 Nr. 61 = NVwZ-RR 1997, 9 = BauR 1996, 816 = RdL 1996, 223 [LS]) die Entscheidung des Normenkontrollgerichts bestätigt, dass ein *Gartenbaubetrieb*, der i. d. BauNVO als **eigenständiger** städtebaulicher Nutzungs**begriff** geregelt worden ist, **hier nach** § 4 Abs. 3 Nr. 4, nur dann mit der Zweckbestimmung des WA-Gebiets vereinbar ist, wenn der Betrieb in Bezug auf Größe und Arbeitsweise dem Gebietscharakter des Baugebiets entspricht. Dies ist bei einem Gartenbaubetrieb, der etwa 25 ha landwirtschaftlich genutzte Fläche und 9,6 ha Forst umfasst, nicht der Fall (so mit Recht BVerwG, aaO.).

10 d) **Tankstellen (Nr. 5).** Zum Begriff, zur Abgrenzung gegenüber Reparaturwerkstätten und allgemeines zur planungsrechtlichen Festsetzung von Grundstücken für den Tankstellenbetrieb sowie zur Voraussetzung der ausnahmsweisen Zulassung s. § 2 Rn 23–23.1. In entspr. Anwendung der Zulassungsbeschränkung für die Anlagen nach Abs. 2 Nr. 2, die nur dann allgemein zulässig sind, wenn sie der Versorgung des Gebiets dienen, kann die ausnahmsweise Zulassung von Tankstellen an Bedingungen geknüpft werden.

Zur Gewährleistung der Wohnruhe kann zur Verminderung der Störungsquellen die Abgabe von Kraftstoff *tageszeitlich* beschränkt werden. Es bieten sich dafür die *Ladenöffnungszeiten* an. Man sollte jedoch die Öffnungszeiten der Tankstellen darüber hinaus morgens und abends verlängern, um auch den anderweitig Beschäftigten Gelegenheit zu geben, sich vor oder nach der Arbeitszeit mit Kraftstoff zu versorgen.

Infolge der Motorisierung sind Tankstellen zu den allgemeinen Versorgungseinrichtungen zu rechnen. Es ist daher Aufgabe der Stadtplanung, sie zur Vermeidung von Störungen für das Wohnen frühzeitig in die städtebauliche Entwicklung einzubeziehen. Innerhalb weiträumiger Wohngebiete nach § 4 bietet sich dafür insbes. eine Doppelfestsetzung oder die Festsetzung nach § 9 Abs. 1 Nr. 9 BauGB an (§ 1 Rn 39, § 2 Rn 23.1). Derartige Festsetzungen sind in allen Gebieten möglich, in denen Tankstellen zulässig sind oder ausnahmsweise zugelassen werden können. Neben dem üblichen Wagenpflegedienst gehören heutzutage ein Verkaufsraum (»Shop«, s. § 2 Rn 23.1) und eine Waschhalle mit einer sog. **Portalwaschanlage** zur üblichen Ausstattung einer Tankstelle. Die Portalwaschanlage ist als *Nebenanlage* einzustufen, da sie der Tankstelle nach ihrer Zweckbestimmung und Bedeutung untergeordnet dient (§ 14 Abs. 1). Die Portalwaschanlage ist aus bodenrechtlicher Sicht Teil der Tankstelle und gehört mittlerweile im Regelfall zu den einer Tankstelle zugehörigen Einrichtungen. Sie ist in einer verschließbaren Halle untergebracht und kann jeweils nur *ein* darin stehendes Fahrzeug waschen. In dieser Ausgestaltung ist sie als die zeitgemäße Fortentwicklung der vordem üblichen Wasch- und Pflegehalle im »Handbetrieb« anzusehen. Dass die Portalwaschanlage als zum üblichen Kundendienst gehörig anzusehen ist, mag daraus erhellen, dass selbst eine automatische Autowaschstraße, mit der eine Portalwaschanlage weder nach dem Fahrzeugdurchsatz quantitativ noch nach den Umwelteinwirkungen qualitativ zu vergleichen ist, nicht mehr der immissionsschutzrechtlichen Genehmigungspflicht unterliegt; die frühere Genehmigungspflichtigkeit nach § 4 Abs. 1 BImSchG i. V. m. Nr. 10.13 des Anhangs zu § 1 der 4. BImSchV ist weggefallen.

10.1 Bei einem Tankstellenbetrieb mit dem üblichen Wagenpflegedienst, zu dem als Service vielfach Kleinreparaturen gehören, bedürfen *Kraftfahrzeugreparaturen*, die *über* den *üblichen* Pflege- u. Kundendienst hinausgehen, als **Nutzungsänderung** einer zusätzlichen Baugenehmigung. Die mit einer Tankstelle üblicherweise verbundenen kleineren Reparaturarbeiten gehören zu den typischerweise nicht wesentlich störenden gewerblichen Nutzungen (so auch BVerwG, U. v. 7.2.1986 – 4 C 49.82 – BRS 46 Nr. 50). Es können Kfz-Reparaturwerkstätten nicht ohne weiteres zu den nicht störenden Gewerbebetrieben gerechnet werden (BVerwG, B. v. 11.4.1975, aaO., § 6 Rn 23.1). Handelt es sich bei der begehrten Nutzungsänderung um die Zulassung einer Kfz-Reparaturwerkstätte, in der üblicherweise Blech- oder Karosseriearbeiten, Motorreparaturen, Bohr- u. Schweißarbeiten ausgeführt werden sollen, würden dadurch *typischerweise* Betriebsgeräusche erzeugt, die in WA-Gebieten – und i. d. R. auch in MI-Gebieten – dem Gebietscharakter widersprechen. **Kfz-Reparaturwerkstätten dieser Art** sind in WA-Gebieten auch nicht ausnahmsweise zulassungsfähig, da sie nicht zu den nicht störenden Gewerbebetrieben (§ 4 Abs. 3 Nr. 2) gehören (zur Nutzungsänderung s. OVG Lüneburg, B. v. 27.10.1978 – I B 78/78 – BRS 33 Nr. 128; vgl. auch § 2 Rn 23.1). Zur Erweiterung einer Tankstelle im allgemeinen Wohnbereich i. S. v. § 34 Abs. 2 BauGB vgl. OVG Saarl., U. v. 23.2.1978 – II R 123/77 – BRS 33 Nr. 44 (dazu auch § 34 BauGB). Die **Verletzung des Rücksichtnahmegebots** kann auch gegenüber einer Baugenehmigung, die in Übereinstimmung mit den Festsetzungen eines B-Plans erteilt worden ist, Bedeutung erlangen (vgl. BVerwG, U. v. 6.10.1989 – 4 C 14.87 – BRS 49 Nr. 188).

Eine Kfz-Reparaturwerkstätte kann mangels fachlicher Verbundenheit nicht handwerklicher Nebenbetrieb eines Tankstellenunternehmers sein (OVG RhPf, U. v. 16.12.1981 – 2 A 1/81 – DÖV 1982, 870).

10.11 Das OVG NW hat in einem nach diesseitiger Ansicht überzeugenden U. v. 14.3.1996 (– 7a 3703/92 – BRS 58 Nr. 64 = BauR 1996, 682) die **Zulässigkeit**

§ 4 Abs. 3   10.2–11.1

einer Tankstelle mit einer **Portalwaschanlage** in einer Durchfahrhalle im allgemeinen Wohngebiet bestätigt.

In den **Gründen** hat der Senat ausgeführt, dass dem Kläger ein Abwehrrecht gegen das Vorhaben unter dem Gesichtspunkt des **Gebietsgewährleistungsanspruchs**, wie er im Grundsatzurteil des BVerwG v. 16.9.1993 (– 4 C 28.91 – BRS 55 Nr. 110) dargelegt ist, *nicht* zusteht. Die dem Kläger zukommende Schutzposition im Rahmen des Gebots der Rücksichtnahme wird zwar im Ausgangspunkt bestimmt durch die Lage des Grundstücks in einem WA-Gebiet. Es ist hierbei aber zusätzlich zu berücksichtigen, dass das Grundstück in Bezug auf die beanstandeten Lärmbeeinträchtigungen bereits über das Maß dessen, was in einem allgemeinen Wohngebiet i. A. an Lärm zu erwarten ist, belastet ist; das ergibt sich daraus, dass das Grundstück nur etwa 250 m von der BAB entfernt liegt und überdies an einer Landesstraße mit Hauptverbindungsqualität zwischen den Ortsteilen gelegen ist (wird weiter ausgeführt, OVG NW, aaO.).

10.2 **Vergnügungsstätten** sind in § 4 nicht aufgeführt und daher im WA-Gebiet **nicht zulässig**. Sie sind nach der durch die ÄndVO 1990 vorgenommenen Neuregelung der Bestimmungen über Vergnügungsstätten im WA-Gebiet auch nicht ausnahmsweise zulassungsfähig, auch nicht als »sonstige nicht störende Gewerbebetriebe«, selbst wenn sie im Einzelfall nicht stören würden, etwa eine kleine Spielhalle (s. Vorb. §§ 2 ff. Rn 4.6–4.9 und zur »Rückwirkung« § 25c). Die Störanfälligkeit schließt es aus, **Spielhallen** oder **Spielsalons** schlechterdings zu den nicht störenden Gewerbebetrieben zu rechnen, die im allgemeinen Wohngebiet ausnahmsweise zulassungsfähig sein können (so schon OVG Lüneburg, U. v. 5.7.1984 – 1 A 125/83 – BRS 42 Nr. 42).

11 e) **Anlagen für Verwaltungen (Nr. 3).** »Anlagen für Verwaltungen« ist ein **städtebaurechtlicher Sammelbegriff**, unter den alle Nutzungen im Zusammenhang mit verwaltender Tätigkeit fallen, soweit das »Verwalten« einem erkennbaren selbständigen Zweck dient. In diesem Sinne rechnen unter den Begriff Gebäude und Einrichtungen der öffentlichen Hand, von Trägern öffentlicher Belange ohne öffentlich-rechtlichen Status wie Energieversorgungsunternehmen oder Verkehrsunternehmen und Verwaltungen, die privatwirtschaftlichen Zwecken dienen (ebenso *Förster*, § 4 Anm. 3b; *Bielenberg*, § 4 Rdn. 22–27; *Knaup/Stange*, § 4 Rdn. 34; Hess.VGH, U. v. 28.5.2001 – 9 N 1626/96 – BauR 2002, 1134: *»Verwaltung i. S. des § 4 Abs. 3 Nr. 3 BauNVO ist ein planerischer Anlagen- und Nutzungsbegriff, der sowohl öffentliche als auch private Verwaltungszwecke umfasst. Verwaltungen in diesem Sinne sind nicht nur auf die büromäßige Erledigung von Verwaltungsaufgaben beschränkt«*). Über die ursprünglich *behördliche* Tätigkeit der öffentlichen Hand für das jeweilige Gemeinwesen ist der Begriff »Verwaltung« hinausgewachsen. Das ergibt sich bereits daraus, dass nicht selten steuerrechtliche oder gesellschaftsrechtliche Gründe dafür maßgebend sind, ob etwa ein (Versorgungs-)Unternehmen als Eigenbetrieb einer Gemeinde oder in Privatrechtsform betrieben wird.

11.1 Der Begriff »Verwaltung« ist – wie alle besonderen und in eingrenzender Absicht genannten Nutzungen – ein **städtebaurechtlicher Begriff**, der von der Funktion her im Zusammenhang mit dem jeweiligen Baugebiet zu verstehen ist (im gleichen Sinne *Bielenberg*, § 4 Rdn. 22). Bei einem WA-Gebiet kommt es für die Zulassungsfähigkeit nicht auf »öffentlich« oder »privat« an, sondern auf die Frage, ob und inwieweit die jeweilige Anlage für die betreffende Verwaltung in einem WA-Gebiet **das Wohnen stören**, erheblich belästigen oder in sonstiger Weise der Eigenart des Gebiets widersprechen kann. Dass bei der Prüfung der Zulassung z. B. die Frage des infolge der Anlage zu erwartenden Kfz-Verkehrs wegen des Verkehrslärms eine besondere Bedeutung erhält, bedarf keiner besonderen Ausführungen. Den Baugenehmigungsbehörden obliegt mit der Genehmigung baulicher Anlagen für Verwaltungseinrichtungen eine besondere Verantwortung für die Beibehaltung des Gebietscharakters und der Beachtung des notwendigen »Wohnklimas«.

»Verwaltung« ist heutzutage ein »Allerweltsbegriff«, der einer eindeutigen Abgrenzung z.B. zur Bürotätigkeit i.A. nur schwer zugänglich ist. Der VOgeber hat daher mit Recht in weniger störanfälligen Gebieten wie MK- oder GE-Gebieten Büro- und Verwaltungsgebäude als eine Nutzungsart aufgeführt (§ 7 Abs. 2 Nr. 1, § 8 Abs. 2 Nr. 2) und in MI-Gebieten die Verwaltungen nur deshalb gesondert davon genannt, weil der Begriff »Anlagen« umfassender als »Gebäude« ist. Die bauliche Eignung, räumliche Gestaltung oder technische Ausstattung ist von untergeordneter Bedeutung. Der **Unterschied** zwischen »Bürogebäude« i.S.d. genannten Bestimmungen und **Anlagen für Verwaltungen** dürfte darin liegen, dass erstere Gebäude i.d.R. nicht von vornherein für einen bestimmten Benutzer erstellt werden oder wenigstens nicht von vornherein für einen dauernden Benutzer vorgesehen, sondern vielmehr auf einen Wechsel der Benutzer zugeschnitten sind (im Ergebnis ebenso *Förster*, § 6 Anm. 2b). Das ist bei Anlagen für eine Verwaltung gerade nicht der Fall.

Dass die Frage der Zulassungsfähigkeit von Anlagen für Verwaltungen weniger von der Abgrenzung »öffentliche« Verwaltung zu anderen Verwaltungen bestimmt wird, sondern ausschlaggebend von der richtigen nutzungsrechtlichen Einfügung der jeweiligen Anlage in das WA-Gebiet, zeigt die kontroverse Behandlung des Vorschlags der Regierungsvorlage z. ÄndVO **1977** (BR-Drucks. 261/77), nach der die Verwaltungen auf »nichtzentrale« Einrichtungen beschränkt werden sollten (ausführlich dazu *Bielenberg/Dyong*, aaO., Rdn. 363 ff.). Mit dem im Grundsatz richtigen Anliegen sollte der Unterwanderung allgemeiner Wohngebiete durch »zentrale«, d.h. den Wohncharakter eines WA-Gebiets sprengende Einrichtungen vorgebeugt werden.

12 Bei den ausnahmsweise zulassungsfähigen Anlagen kann es sich um Einrichtungen der **öffentlichen** Verwaltung handeln, wie ein kleines Postamt, Polizeirevier, Polizeiposten, Nebenstellen einer (Land-)Kreisverwaltung, oder sonstige Stellen und Einrichtungen öffentlicher oder *privater* Natur, wie eine Krankenkasse, Auslandsvertretungen (Konsulate, Handelskammer), Feuerwache. Bei der Abgrenzung fällt es bereits schwer, Nebenstellen von Sparkassen u. anderen Bankinstituten zu den »Verwaltungs«einrichtungen zu zählen (wie *Förster*, § 4 Anm. 3b; *Bielenberg*, § 4 Rdn. 22, 54 und auch *Reidt*, in: G/B/R, Rdn. 1391 es tun). Da in einer Sparkasse keineswegs nur Geld *verwaltet* wird, können derartige Institute und Stellen nur bei weiter Auslegung unter den Begriff »Verwaltung« gefasst werden. Das zeigt, dass der **Anlagenbegriff nur aus städtebaurechtlicher** Sicht sinnvoll zu bestimmen ist. Unter den Begriff fallen Anlagen im weitesten Sinne, wie Abstellplätze für die Polizei-Einsatzwagen oder Fahrzeuge für den Postzustelldienst.

12.1 Ein Zustellstützpunkt der Deutschen Post AG ist keine »Anlage der Verwaltung« im Sinne des Abs. 3 Nr. 3, da er wegen des mit ihm einhergehenden Zu- und Abfahrtsverkehrs mit Lkws, Kleinlastwagen, Zustellfahrzeugen und Pkws (56 Fahrbewegungen pro Tag) nicht gebietsverträglich ist (BayVGH, U. v. 12.11.2001 – 20 B 01.763 –), sondern ein störender Gewerbetrieb (*Stock*, in: K/R/S, Rdn. 79 zu § 4). Das BVerwG hat dieses U. und die dazu ergangene Begründung des BayVGH weitgehend revisionsrechtlich bestätigt (U. v.

21.3.2002 – 4 C 1.02 – BVerwGE 116, 155 = BauR 2002, 1497 = DVBl. 2002, 1421 = UPR 2002, 246 = NVwZ 2002, 1118) und hierzu die beiden folgenden Leits. aufgestellt:

»1. *Ausnahmen nach § 4 Abs. 3 Nr. 3 BauNVO sind nicht zulässig, wenn die ›Anlage für Verwaltungen‹ den Gebietscharakter des allgemeinen Wohngebiets gefährdet und damit gebietsunverträglich ist. Dies ist der Fall, wenn das Vorhandensein auf den Gebietscharakter des allgemeinen Wohngebiets – aufgrund seiner typischen Nutzungsweise – störend wirkt.*

2. *Die Gebietsunverträglichkeit beurteilt sich für § 4 BauNVO in erster Linie nach dem Kriterium der gebietsunüblichen Störung. Entscheidend ist dafür nicht, ob etwa die immissionsschutzrechtlichen Lärmwerte eingehalten werden.*«

Aus den **Gründen**: »*Das Erfordernis der Gebietsverträglichkeit bestimmt nicht nur die regelhafte Zulassung, sondern erst recht den vom Verordnungsgeber vorgesehenen Ausnahmebereich. Zwischen der jeweiligen spezifischen Zweckbestimmung des Baugebietstypus und dem jeweils zugeordneten Ausnahmekatalog besteht ein gewollter funktionaler Zusammenhang. Das bedeutet: Die normierte allgemeine Zweckbestimmung ist auch für die Auslegung und Anwendung der tatbestandlich normierten Ausnahmen bestimmend. …Das dem Wohngebiet immanente ›Ruhebedürfnis‹ ist nicht gleichbedeutend mit einer immissionsschutzrechtlich relevanten Lärmsituation. Es handelt sich um die Vermeidung als atypisch angesehener Nutzungen, die den Charakter einer kollektiven Wohngemeinschaft im Sinne des Gebietscharakters stören. Daher ist es billigenswert, wenn das Berufungsgericht auf die im Gebiet ausgelöste erhöhte Verkehrsbelastung durch einen vermehrten Quellverkehr mit übergemeindlichem Bezug auf die damit vorhandene ›Gebietsunruhe‹ verweist*« (BVerwG, aaO.).

Die zutreffenden Entscheidungen des BVerwG und des BayVGH sind eine Antwort auf die in der Praxis der Baugenehmigungsbehörden immer mehr vorgenommene Abweichung von der typisierenden Betrachtungsweise und dem Erfordernis der Gebietsverträglichkeit (worauf in Vorb. §§ 2 ff. Rn 9.2 ausführlich eingegangen wird), indem die Baugenehmigungen zunehmend mit scharfen immissionsschutzrechtlichen Auflagen versehen werden, um eine vermeintliche atypische Genehmigungsfähigkeit erlangen zu können.

12.2 **Dagegen sind Einrichtungen** verwaltender Tätigkeit, die im Zusammenhang mit Anlagen für kirchliche, kulturelle, soziale und gesundheitliche Zwecke stehen, *nicht* unter den hier behandelten Begriff der Anlagen für Verwaltungen zu fassen. Hierbei handelt es sich nicht einmal um Nebenanlagen i. S. v. § 14, sondern um nutzungsrechtlich nicht trennbare Bestandteile der jeweiligen Anlage, wie Gemeindekirchenamt, Archiv eines Heimatmuseums, ein Jugendamt für bestimmte soziale Betreuungen oder ein Gesundheits«amt« als wünschenswerte Nebenstelle der Gesundheitsdienststelle der Stadt oder des (Land-)Kreises (im gleichen Sinne *Bielenberg*, § 4 Rdn 23). Als Richtschnur für die (richtige) Einfügung der Verwaltungsanlagen in einem WA-Gebiet kann insbes. angesehen werden, wenn sie sich im Erdgeschoss und evtl. einem weiteren Geschoss eines Wohngebäudes befinden und sich in der Weise dem Gebietscharakter »unterordnen«.

6. Besondere Festsetzungsmöglichkeiten der Wohnnutzung im B-Plan nach Abs. 4 BauNVO 1977 (bis zur ÄndVO 1990)

13 Der Wegfall der besonderen Festsetzungsmöglichkeit der Wohnnutzung nach Abs. 4 BauNVO 1977 entspricht der gleichen Erwägung, die zur Aufhebung des § 3 Abs. 4 BauNVO 1977 durch die ÄndVO 1990 geführt hat (dazu § 3 Rn 20.5–20.9). Die durch § 9 Abs. 1 Nr. 6 BauGB normierte Möglichkeit, statt der bisherigen Festsetzung nach Abs. 4 BauNVO 1977 aus besonderen städtebaulichen Gründen die höchstzulässige Zahl von Wohnungen in Gebäuden festsetzen zu können, wird einer flexibleren planerischen Gestaltung der Wohngebiete entgegenkommen, nachdem teilweise die verwaltungsgerichtliche Rspr. u. auch das Schrifttum der Vorschrift des § 3 Abs. 4 u. § 4 Abs. 4 BauNVO 1977 einen Sinngehalt unterstellt haben, der in der einschränkenden Weise wohl kaum beabsichtigt gewesen ist; die *Verringerung der Wohndichte zur Verbesserung des Wohnwertes* z. B. ist stets ein legitimes planerisches Ziel der Vorschriften gewesen (s. § 3 Rn 20.5–20.91).

13.1 Soweit B-Pläne nach Abs. 4 BauNVO 1977 oder aufgrund der entspr. Vorschrift der vorhergehenden BauNVOen 1968 oder 1962 festgesetzt haben, dass in bestimmten Teilen des Gebiets Wohngebäude nicht mehr als zwei Wohnungen haben dürfen, behält die nunmehr aufgehobene Vorschrift ihre Bedeutung für die Zulässigkeit von Wohngebäuden entspr. der Festsetzung u. dem darauf beruhenden Nachbarschutz, wie sich aus der Rspr. (s. § 3 Rn 20.5–20.91) erweist. Das BVerwG hat in dem B. v. 9.3.1993 (– 4 B 38.93 – BRS 55 Nr. 170) zum Ausdruck gebracht, ob eine auf § 4 Abs. 4 BauNVO 1962/1968/1977 beruhende Beschränkung der Wohnungszahl (sog. **Zwei-Wohnungs-Klausel**) in einem B-Plan *Nachbarschutz* vermittelt, sei durch *Auslegung* des jeweiligen B-Plans zu ermitteln. Die Feststellung richtet sich nach dem Gesamtinhalt des jeweiligen B-Plans; so auch OVG Hamburg, U. v. 27.5.1993 – Bf. II 108/91 – NVwZ 1994, 303.

13.2 Entscheidend sei, wie der einzelne B-Plan unter Heranziehung seiner Begründung u. ggf. weiterer Auslegungshilfen (z. B. Niederschriften über die Sitzungen des Rates der Gemeinde) auszulegen sei (BVerwG, aaO.). Da die **Planungsergänzungsbestimmung** des § 4 Abs. 4 BauNVO 1962/1968/1977 in Bezug auf die **Art** der baulichen Nutzung im Zweifel **zur Wahrung der Eigenart** des Baugebiets erlassen worden ist, entsteht dadurch zwangsläufig ein *besonderes* Gemeinschaftsverhältnis, das in aller Regel als nachbarschützend zu qualifizieren ist (vgl. dazu auch die Grundsatzentscheidung des BVerwG v. 16.9.1993, Vorb. §§ 2 ff. Rn 22, § 3 Rn 5.1). Das hat das OVG Bln. in B. v. 25.2.1988 (– 2 S 1.88 – BRS 48 Nr. 167) unter Bezugnahme auf ein U. des OVG Saarl. v. 3.6.1980 (BRS 36 Nr. 198) in den Gründen überzeugend dargelegt. Wollte der Ortsgesetzgeber die Zwei-Wohnungs-Klausel ausschließlich objektiv-rechtlich ausgestalten, mithin (ausnahmsweise) keine wechselbezüglichen Rechtswirkungen herbeiführen, müsste dies aus der Entstehungsgeschichte des B-Plans erkennbar sein (so OVG Bln., aaO.).

13.3 Das BVerwG hat sich in dem B. v. 18.8.1995 (– 4 B 183.95 – BRS 57 Nr. 66 = BauR 1995, 813 = GewArch. 1996, 122) erneut mit der sog. Zwei-Wohnungs-Klausel in B-Plänen, die nach der BauNVO 1968 bzw. 1977 festgesetzt worden sind, befasst. Durch sie wird die Zulassung von Beherbergungsbetrieben in allgemeinen Wohngebieten nicht generell ausgeschlossen. »*Sind in einem als allgemeines Wohngebiet festgesetzten Gebiet tatsächlich nur bauliche Nutzungen vorhanden, die auch in einem reinen Wohngebiet zugelassen werden könnten, so bleiben die in § 4 BauNVO aufgeführten Nutzungen gleichwohl grundsätzlich zulässig*« (Leits. des BVerwG, aaO.).

In den **Gründen** hat das BVerwG dazu ausgeführt: Aus der Änderung des § 4 Abs. 4 BauNVO 1977 ergibt sich mit hinreichender Deutlichkeit, dass diese Festsetzung lediglich ermöglichen solle, die Anzahl der Wohnungen in Wohngebäuden zu beschränken. Seit dieser Änderung des § 4 Abs. 4 BauNVO entspricht es allgemeiner Auffassung, dass die Zwei-Wohnungs-Klausel der Zulassung von Vorhaben nach § 3 Abs. 2 und § 4 Abs. 3 BauNVO nicht entgegensteht. Setzt der B-Plan ohne Einschränkungen ein allgemeines Wohngebiet fest, so sind die in § 4 BauNVO aufgeführten Nutzungen – allgemein oder ausnahmsweise – zulässig, wie im entschiedenen Fall die ausnahmsweise Zulassung eines Beherbergungsbetriebes. Etwas anderes folgt auch nicht aus § 15 Abs. 1 Satz 1 BauNVO. Nach dieser Vorschrift können zwar im Plangebiet grundsätzlich zulässige Vorhaben im Einzelfall unzulässig sein. Ein genereller Ausschluss aller nicht im reinen Wohngebiet zulässigen Nutzungen lässt sich jedoch nicht aus § 15 Abs. 1 Satz 1 BauNVO ableiten (BVerwG, aaO.).

7. Nutzungen nach den §§ 12–14; öffentliche Kinderspielplätze – Bolzplätze

14 a) **Stellplätze und Garagen.** Diese Anlagen sind – wie in WR-Gebieten – mit der Einschränkung der Zulässigkeit nur für den durch die zugelassene Nutzung verursachten Bedarf zulässig (s. Rn 21.1, 23.1; ferner § 12 Abs. 2 und Abs. 3 Nr. 2; § 3 Rn 21–21.1).

Steht die Festsetzung des B-Plans nicht entgegen, ist es in einem allgemeinen Wohngebiet zulässig, ein Grundstück ausschließlich **als Garagengrundstück** zu nutzen, wenn der Bedarf nach § 12 Abs. 2 BauNVO dies zulässt. § 12 Abs. 2 stellt nicht auf das Eigentum an einem Grundstück oder auf die Rechtsbeziehungen zwischen dem Eigentümer einer Garage und deren Nutzer ab. Die Massierung von Garagen wird dadurch unterbunden, dass Garagen nach § 12 Abs. 2 »nur für den durch die zugelassene Nutzung verursachten Bedarf« zulässig sind. Bei dieser Verknüpfung mit dem Bedarf kommt es auf die Rechtsbeziehungen des Eigentümers des Garagengrundstücks zu den Nutzern der Garagen nicht an (vgl. BVerwG, B. v. 24.3.1993 – 4 B 44.93 – soweit ersichtl. n. v.).

Ein gewerblicher **Abstell- u. Waschplatz** für Lkw ist in einem WA-Gebiet unzulässig. Der (rücksichtnahmepflichtige) Bauherr kann *Lärm- u. Geruchsbelästigungen,* die ein früheres Vorhaben an der gleichen Stelle des jetzigen Vorhabens erzeugt hat, den (rücksichtnahmebegünstigten) Bewohnern der unmittelbaren **Nachbarschaft** nicht gleichsam saldierend in Rechnung stellen, wenn der Bestandsschutz des früheren Vorhabens erloschen ist (VGH BW, U. v. 29.9.1982 – 3 S 71/82 – BRS 39 Nr. 61).

14.1 b) **Die Zulässigkeit der Ausübung einer freiberuflichen Tätigkeit** im WA-Gebiet entspricht im Wesentlichen der in einem WR-Gebiet (ausführlich s. § 3 Rn 22–22.3).

Die Wohngebiete, gerade die WA-Gebiete, unterliegen immer wieder dem Versuch, funktional dem § 13 nicht entsprechende Tätigkeiten in Räumen von Wohngebäuden auszuüben. Das BVerwG hat in seinem B. v. 13.8.1996 (– 4 B 154.96 – BRS 58 Nr. 62) mit Recht »*die zentrale Verwaltung der Angelegenheiten von* **Lohnsteuerhilfevereinen,** *bei der eine (persönliche) Beratungstätigkeit* ***nicht*** *ausgeübt wird, nicht als freiberufliche oder freiberufsähnliche Tätigkeit*« anerkannt, für die gem. § 13 BauNVO Räume in einem Wohngebiet *allgemein zulässig wären«* (BVerwG, aaO., Hervorhebung v. Verf.).

In den **Gründen** hat der Senat darauf hingewiesen, dass die ausgeübte Tätigkeit ähnlich zu bewerten ist wie der bereits entschiedene Fall eines berufsständischen Dachverbandes, der eine verwaltungsähnliche Besorgung der eigenen Verbandsangelegenheiten betreiben möchte (U. v. 20.1.1984 – 4 C 56.80 – BVerwGE 68, 324 [328] = BRS 42 Nr. 56).

14.2 Das OVG NW hat sich in einem ausführlich begründeten U. v. 22.3.1995 (– 7 A 3700/91 – BRS 57 Nr. 80 = BauR 1996, 820 = NVwZ-RR 1996, 133) mit der nur begrenzt zulässigen Nutzung freiberuflicher oder gewerblicher Tätigkeiten nach § 13 BauNVO im allgemeinen Wohngebiet befasst. Der (nicht amtl.) **Leits.** fasst das Ergebnis überzeugend zusammen: »*§ 13 BauNVO gestattet in Mehrfamilienhäusern* **im allgemeinen Wohngebiet** *freiberufliche oder gewerbliche Nutzung nur in ›Räumen‹, also allenfalls in dem Umfange, dass sie nicht mehr als die halbe Zahl der Wohnungen und nicht mehr als die Hälfte der Wohnfläche in Anspruch nimmt. Bei Gebäuden mit zahlreichen Wohnungen mag aus § 13 BauNVO sogar folgen, dass die Nutzung von Wohnungen für freiberufliche und ähnliche Zwecke auf wesentlich weniger als 50% der Wohnungen oder der Wohnfläche zu beschränken ist«* (OVG NW, aaO., Hervorhebung v. Verf.; s. auch § 13 Rn 4, 7.1 u. 10 ff.).

Gleichfalls kann in einem *festgesetzten* WA-Gebiet ein **Fahrschulraum** nicht nach § 13 BauNVO zugelassen werden (OVG NW, B. v. 29.4.1996 – 11 B 748/96 – BauR 1996, 681 = BRS 58 Nr. 63). Der Senat hat mit Recht darauf hingewiesen, dass die Lehrtätigkeit mit bis zu 17 Personen den personellen Rahmen, der durch eine vergleichbare private Wohnnutzung vorgegeben ist, sprengt (OVG NW, aaO.).

14.21

Das OVG NW hat in dem B. v. 25.7.1994 (– 10 B 695/94 – BRS 56 Nr. 53) die Zulässigkeit der **Errichtung eines Steuerberaterbüros** in einem Neubau mit weiteren sechs Wohneinheiten in einem festgesetzten Wohngebiet für rechtens gehalten.

14.3

In den Gründen hat der Senat u. a. – nach diesseitiger Ansicht zu Recht – darauf hingewiesen, dass dem Bauvorhaben die mangelnden rechtlichen Regelungen in § 13 zugute kommen, die eine eindeutige Entscheidung, was in den §§ 2–4 BauNVO unter »Räume« zu verstehen ist, nicht zulassen. Der Senat hat deshalb auf das Grundsatzurteil des BVerwG v. 20.1.1984 (– 4 C 56.80 – Fundst. § 13 Rn 6) abgehoben, das in etwas freier Auslegung der Regelungen des § 13 davon ausgegangen ist, dass in Mehrfamilienhäusern nicht mehr als die Hälfte der Nutzfläche eines Gebäudes auf die freiberufliche Nutzung entfallen dürfe (s. dazu auch § 13 Rn 7 f.); die Wohnfläche der sechs vorgesehenen Wohneinheiten beträgt 406,38 m², während die Nutzfläche des Büros einschl. Nebenräume 199,65 m² und damit lediglich (aufgerundet) 33 v. H. der Gesamtfläche ausmacht.

Mit § 13 BauNVO ist es nicht vereinbar, wenn in einem **Mehrfamilienhaus** in einem allgemeinen Wohngebiet mehrere **Büros** deutlich größer sind als die größte, sehr großzügig dimensionierte Wohnung (OVG NW, B. v. 23.9.2002 – 7 B 1283/02 – BauR 2003, 217). In einem Nachbarrechtsstreit machte in einem Eilverfahren ein Antragsteller in einem allgemeinen Wohngebiet erfolgreich den Gebietswahrungsanspruch gegenüber der Errichtung eines Wohn- und Geschäftshauses mit Nutzflächen für freiberufliche Tätigkeiten einschließlich einer Apotheke geltend.

14.4

Aus den **Gründen:** »*Büros, die größer als eine Wohnung sind, drängen die Wohnnutzung übermäßig zurück und lassen das Gebäude als ein gewerblich genutztes Gebäude erscheinen. Der Charakter eines Wohngebäudes geht verloren, wenn in ihm Büros vorhanden sind, die größer sind als die für Wohnhäuser typische Nutzungseinheit, nämlich die Wohnung. ›Großbüros‹ sind geeignet, den Wohnhauscharakter des Gebäudes zu beseitigen, auch wenn die 50%-Grenze noch nicht erreicht ist.*«

Der **Begriff »Räume«** in § 13 BauNVO bezieht sich auf ein Gebäude und nicht auf ein Baugrundstück. Durch Übernahme einer Baulast, nach der die Nutzung eines reinen Bürogebäudes untrennbar mit der Nutzung eines auf dem Grundstück weiter vorhandenen Wohngebäudes verbunden werden soll, wird aus dem Bürogebäude kein »Wohngebäude« i. S. d. § 4 Abs. 2 Nr. 1 BauNVO, da das Bürogebäude durch die Baulast nicht seinen Charakter als eigenständiges Gebäude verliert. Die Einstufung als freiberufliche Tätigkeit im Sinne der BauNVO hängt nicht von der jeweils gewählten Rechtsform ab (VGH BW, U. v. 6.7.2005 – 3 S 141/05 – ZfBR 2005, 696 = BauR 2005, 1881 = NVwZ-RR 2006, 164 = BRS 69 Nr. 81 zur Unzulässigkeit einer Anwalts-, Wirtschaftsprüfer- und Steuerberaterkanzlei mit insgesamt acht Beschäftigten und einer Bürofläche von 194,14 m²).

14.5

c) **Nebenanlagen nach § 14.** – aa) **Allgemeines.** Ihnen kommt im WA-Gebiet eine erhebliche, durch den zunehmenden Wohlstand und neue technische Errungenschaften (z. B. Windkraftanlagen) noch **gestiegene Bedeutung** zu. Die etwas geringere Störempfindlichkeit des WA-Gebiets gegenüber dem WR-Gebiet kommt insbes. der *Hobby-Tierhaltung* zugute. Vom Grundsatz her können die **Nebenanlagen,** die bereits im **WR-Gebiet** zulässig sind (§ 3 Rn 23 f.), **auch im WA-Gebiet** der Wohnnutzung dienen, um den Wohnwert zu erhöhen.

15

Das Gebot der Rücksichtnahme *beschränkt die* rechtliche *Befugnis* eines Grundstückseigentümers, die Lage eines für die Bewohner **auf dem Grundstück** anzulegenden – nach Umfang und Ausstattung angemessenen – **Kinderspielplatzes** grundsätzlich frei wählen zu können, nicht auf die die Nachbarn in ihrem Ruhebedürfnis soweit wie möglich schonenden Standorte (OVG Berlin, U. v. 24.3.1994 (– 2 B 28.91 – UPR 1994, 320).

15.1 bb) Nebenanlagen – **Hobby-Tierhaltung allgemein** (dazu § 3 Rn 23.1). Für die **Zulässigkeit der Tierhaltung** sind allgemein gültige Kriterien zwar schwer zu finden. Das Halten von Kleintieren ist im Grundsatz aber Ausfluss des Begriffs »Wohnen« (§ 3 Rn 1–2) i. S. einer Freizeitgestaltung. Für die Zulässigkeit im Einzelfall wird es außer auf das Grundstück selbst, auf dem das (die) Tier(-e) gehalten werden soll(-en), **auf die** unmittelbare (**nachbarliche**) **Umgebung** und die *üblichen* Lebensgewohnheiten der Bewohner des Wohngebiets i. S. seiner Eigenart ankommen.

Die Hobby-Tierhaltung findet ihre Grenze dort, wo sie die Rechte anderer in diesem Gebiet wohnender Menschen beeinträchtigt; das ergibt sich u. a. aus der Einschränkung des allgemeinen Persönlichkeitsrechts nach Art. 2 Abs. 1 GG. Das Gebot der gegenseitigen Rücksichtnahme kann in einem seiner Elemente als Ausdruck dieses Grundrechts verstanden werden.

Anlagen und Einrichtungen für die Hobby-Kleintierhaltung wie Hundezwinger, Taubenschläge, Vogelvolieren oder Ställe für Geflügel und Kaninchen sind im WA-Gebiet (und ebenso im WS- und WR-Gebiet) nur dann *»untergeordnete«* Nebenanlagen oder Einrichtungen i. S. v. § 14 Abs. 1, *wenn* sie gegenüber dem Wohnen als Hauptnutzung räumlich und funktionell von untergeordneter Bedeutung sind *und wenn* ihre Nutzung dem Wohnen zugeordnet ist. In diesem Sinne gehört zur Hobby-Kleintierhaltung das Halten *einzelner* Hunde, von Brieftauben, Ziervögeln, Kaninchen und Rassegeflügel. Dagegen sind **Ställe** zur *Tierzucht* jeglicher Art u. zur Haltung von Nutztieren – wie Schweine, Ziegen, Schafe – und anderen Tieren, bei denen vorrangig auf die Fleisch-, Milch- oder Eierproduktion abgestellt wird, *unzulässig*. Hierbei handelt es sich ebenfalls nicht um eine dem *Wohnen* dienende Tierhaltung. Eigenständig neben die Wohnnutzung eines Grundstücks tretende Gemeinschaftsanlagen für die Hobby-Tierhaltung mehrerer Gleich gesinnter (Liebhaber oder Züchter) sind gleichfalls keine Nebenanlagen nach § 14 Abs. 1.

15.2 cc) **Abgrenzungskriterien für die Zulässigkeit.** Zur Abgrenzung der Hobby-Tierhaltung **gegenüber** der **Kleintierhaltung** als Wesens-Eigenschaft der Kleinsiedlung und der landwirtschaftlichen Nebenerwerbsstelle sowie zur Nutztierhaltung und zu Zuchtzwecken hat die Rspr. vor allem aus nachbarschutzrechtlichen Gründen wertvolle Beiträge geleistet. Daraus wird ersichtlich, dass die von (Klein-)Tieren ausgehenden Belästigungen und Störungen **nach Art und Stärke der Einwirkung** von den Eigenarten und Lebensgewohnheiten und von der jeweiligen Zahl der gehaltenen Tiere abhängen; ferner **sind maßgebend** Lage, Größe, Art der Unterbringung und die bautechnische sowie funktionelle Gestaltung der Anlagen und Einrichtungen. Bestimmte Maße für die Größe der Kleintierställe oder eine bestimmte Zahl der Tiere, um für die verschiedenen Wohnbaugebiete einen allgemein gültigen Maßstab für die Zulässigkeit zu gewinnen, können wegen der **Verschiedenartigkeit der Beurteilungskriterien** nicht bindend festgelegt werden.

dd) Einzelfälle, Rechtsprechung. Die Nutzung eines ungenehmigten **Hundezwingers** mit sieben Boxen **für** eine **Doggenzucht** ist in einem allgemeinen Wohngebiet ohne Rücksicht auf die wirtschaftlichen Folgen f. den Züchter zu untersagen, weil keine Baugenehmigung vorliegt u. von unzumutbaren Lärmbelästigungen durch Hundegebell auszugehen ist (Nds. OVG, B. v. 2.7.1992 – 6 M 3244/92 – NVwZ-RR 1993, 400 = BRS 54 Nr. 46 = DWW 1993, 142 = UPR 1993, 226).

16

Eine **Hundehaltung (Dackelzucht)** mit mehr als zwei Tieren kann in einem allgemeinen Wohngebiet wegen der damit verbundenen unzumutbaren Lärmbelästigung schon bauordnungsrechtlich unzulässig sein und *wenige Meter* neben einem ruhigen Wohngrundstück bauaufsichtsbehördlich untersagt werden (Nds. OVG, U. v. 30.9.1992 – 6 L 129/90 – BRS 54 Nr. 45 = NVwZ-RR 1993, 398 = BauR 1993, 54).

16.1

Aus den Gründen: Es muss zwischen lauten u. leisen Hunden unterschieden werden. Deshalb können in einem WA-Gebiet mit eher *ländlichem Charakter* zwei Hundezwinger für je einen *Kaninchenrauhhaardackel* durchaus zulässig sein (vgl. VGH BW, U. v. 8.2.1991, BRS 52 Nr. 49). »*Hundezwinger begegnen nach der bisherigen Rechtsprechung in der Nähe sonst ungestörter Wohngrundstücke erheblichen Bedenken, weil eine Mehrzahl von Hunden auf engem Raum in einem offenen Zwinger typischerweise zu einer Lärmpotenzierung führt, z.B. durch gegenseitiges Anbellen, Mitbellen beim Anschlagen von Artgenossen, und zwar auch während der besonders schutzbedürftigen Abend-, Nacht- und frühen Morgenstunden*« (Nds. OVG, aaO.; wird weiter ausgeführt).

Ein **Hundezwinger** für mehrere große Hunde (im entschiedenen Fall für sechs Deutsche Doggen) ist sowohl in einem durch B-Plan festgesetzten WR-Gebiet als auch in einem nicht beplanten reinen Wohnbereich unzulässig (OVG Münster, U. v. 13.5.1976 – X A 603/75 – BRS 30, Nr. 29). Das Halten einer Mehrzahl von großen Hunden ordnet sich dem Wohnen nicht mehr unter, sondern tritt *eigenständig* neben die Wohnnutzung eines Grundstücks.

16.2

Zur Zulässigkeit der Unterbringung von **zwei Schäferhunden in offenen Zwingern** nahe der Nachbargrenzen in einem faktischen allgemeinen Wohngebiet VGH, BW B. v. 19.1.1989 – 3 S 3825/88 – BRS 49 Nr. 88 = BauR 1989, 697; mit ausf. Begr. für unzulässig gehalten.

16.21

Aus den Gründen: In ihrer konkreten Nutzung stellen die Zwinger keine nach § 14 Abs. 1 BauNVO zulässige **Nebenanlage** dar. Zwar werden Anlagen für die Kleintierhaltung in § 14 Abs. 1 Satz 2 BauNVO ausdrücklich erwähnt. Sie sind jedoch nicht unbeschränkt, sondern nur nach Maßgabe der Voraussetzungen des § 14 Abs. 1 Satz 1 BauNVO zulässig, d. h. sie müssen dem Nutzungszweck des Baugrundstücks u. a. funktional dienend u. untergeordnet sein (wird weiter ausgeführt). »*Die jeweiligen Tiere müssen nach Art, Zahl und Immissionen noch zu einer angemessenen, den berechtigten Wohnerwartungen und -gewohnheiten entsprechenden Wohnnutzung gehören. Nur darin ist es gerechtfertigt, die betreffende Tierhaltung in das städtebauliche Austauschverhältnis des ›Duldens und Dürfens‹ der Gebietsbewohner anzunehmen*« (VGH BW, aaO., m. w. N. der Rspr.).

Fünf Bienenvölker dürfen im ländlichen Raum noch im Garten gehalten werden, wenn die Körbe im Abstand von 10 m zum Nachbargrundstück aufgestellt werden. Auch die besondere Angst einer Nachbarin und ihre Bienengiftallergie änderten nicht die Auffassung des LG Memmingen (Urt. v. 25.2.1987 – 1 S 550/86 –). Das Halten von **11 Bienenvölkern** im großstädtischen Raum wurde jedoch vom LG München, insbes. wenn die Körbe an der Grundstücksgrenze aufgestellt sind, als unzumutbar angesehen (Urt. v. 16.4.1986 – 15 S 22975/85).

16.3

Anlagen zur **Haltung von Pelztieren**, z. B. zur Zucht von Nerzen, fallen nicht unter die Kleintierhaltung als einer der Hauptnutzung dienenden Anlage (LG Köln, U. v. 25.9.1962, ID DVHW 1963, 44).

16.4

Einer besonderen Prüfung bedürfen Anträge auf Errichtung von Anlagen zum **Halten von (Brief-)Tauben**. Auch die Freizeitbeschäftigung mit (Brief-)Tauben mit den dazu notwendigen Anlagen ist wie das Halten von sonstigem Rassegeflügel im Grundsatz eine mit der Hauptnutzung »Wohnen« (s. § 3 Rn 1–2) im Zusammenhang stehende *untergeordnete Nutzung* i. S. v. § 14 Abs. 1.

16.5

Bei der Genehmigung eines Taubenschlages muss jedoch berücksichtigt werden, dass Tauben die einzigen häuslichen Kleintiere sind, zu deren Gewohnheit es gehört, das »heimatliche« Grundstück im freien Flug zeitweise zu verlassen und sich dann der Einwirkungsmöglichkeit und Kontrolle des (Brief-)Taubenhalters entziehen können. Aus diesem Grunde ist bei der Genehmigung der baulichen Anlagen die jeweilige Grundstückssituation des Taubenliebhabers und die nachbarliche nähere Umgebung in die Prüfung des Antrages einzubeziehen. Die Baugenehmigung umfasst nicht nur die Errichtungs-, sondern auch die Nutzungsgenehmigung (Hess. VGH, B. v. 20.3.1981 – IV TH 20/81 – BRS 38 Nr. 66, zur Umgestaltung eines Dachbodens zwecks Nutzung als Taubenschlag).

Die allgemeinen Voraussetzungen nach § 15, hier besonders die vorgesehene *Lage* des Taubenschlages und sonstiger Einrichtungen auf dem Grundstück und die *Anzahl* der zu haltenden Tauben, werden für die Zulässigkeit von besonderer Bedeutung sein.

Unter dem Gesichtspunkt des **Gebotes der** nachbarlichen – **gegenseitigen** – **Rücksichtnahme** wird die Zulässigkeit von Anlagen zum Halten von Tauben ausschlaggebend davon abhängen, dass von ihnen keine Belästigungen oder Störungen ausgehen können, die nach der Eigenart des Baugebiets im Wohngebiet selbst oder in dessen Umgebung unzumutbar sind (§ 15 Abs. 1 Satz 2). Bei der Genehmigung wird deshalb nicht außer Acht gelassen werden dürfen, dass die mögliche Belästigung durch das Gurren und Umherfliegen, die Verunreinigung der anderen (Wohn-)Gebäude, insbes. auch der benachbarten Terrassen als erweiterter Wohnraum, vor allem von der Anzahl der gehaltenen Tauben abhängt.

16.51 Die gebotene Einzelfallprüfung wird außer von dem Zuschnitt und der Größe des Grundstücks des Taubenhalters und der Nachbarn insbes. von den Lebensgewohnheiten und der Einstellung der Bewohner des Gebiets zur Kleintierhaltung auszugehen haben. *Im Ruhrgebiet* z. B. ist das Halten und Züchten von Brieftauben als »Rennpferde des kleinen Mannes« keine Seltenheit. Hier wird infolge der allgemeinen Bekanntheit einer derartigen Freizeitbeschäftigung die Einstellung der Nachbarn zur Taubenhaltung verständnisvoller sein als in einer Gegend, in denen der Brieftaubensport gar nicht zu Hause ist, etwa in einem WR-Gebiet mit »gehobenem Niveau«.

Bei der Entscheidung ist der Anspruch auf Wohnruhe der Nachbarn mit der grundgesetzlich verbürgten Handlungsfreiheit des Grundstückseigentümers gegeneinander abzuwägen. Bei nach der Grundstückssituation oder aus sonstigen Gründen besonders schwierig gelagerten Fällen kann die Genehmigung der Einrichtungen zum Halten der Tauben auch unter bestimmten Auflagen erfolgen, etwa den Taubenschlag ab Einbruch der Dunkelheit bis 7.00 Uhr morgens zu verdunkeln oder den Tauben sonntags keinen Ausflug zu gewähren, um bei ungünstigen Grundstücksverhältnissen die sonntägliche Ruhe zu gewährleisten.

Die vorangegangenen Ausführungen über das »Für« und »Wider« des Haltens von Brieftauben in Wohngebieten sind vom BVerwG in zwei B. abstrakt und allgemein gehalten bestätigt worden. Das BVerwG hat sich im B. v. 5.1.1999 (– 4 B 131.98 – BRS 62 Nr. 84) dahingehend geäußert, ob ein Taubenhaus für 80 Sporttauben in einem allgemeinen Wohngebiet zulässig ist, hänge auch von der Verkehrsüblichkeit ab. Diese kann lokal oder regional unterschiedlich sein.

Das Berufungsgericht (VGH BW) hat gemeint, dass der Umfang der Taubenzucht das Maß einer hinzunehmenden Freizeitbeschäftigung übersteige und angesichts des Umfanges der Sporttaubenzucht eine Unterordnung unter das Wohnen verneint.

Der kurz danach ergangene B. des BVerwG v. 1.3.1999 (– 4 B 13.99 – BRS 62 Nr. 85) wird bei § 3 Rn 23.2 erläutert. Vom Grundsatz her sind die Überlegungen zur Zulässigkeit einer Brieftaubenhaltung als Nebenanlage – ob in reinen oder allgemeinen Wohngebieten – kaum unterschiedlich.

16.6 Die **Haltung von Pferden** durch einen **Hobbyzüchter** entspricht nicht der Eigenart eines allgemeinen Wohngebiet, weil sie unter bestimmten Umständen zumindest teilweise – vorwiegend – mit Geruchsbelästigungen und Ansammlung von Fliegen sowie – weniger, aber auch – mit Geräuschbelästigungen verbunden ist (VGH BW, U. v. 10.10.2003 – 5 S 1692/02 – VBlBW 2004, 181). Dem Sachverhalt nach ging es in einem Nachbarrechtsstreit um eine Baugenehmigung zur Errichtung eines Pferdestalls für die Haltung von bis zu vier Pferden sowie eines Ponys oder Fohlen. Der Pferdestall lag etwa 25 m von der Terrasse des nächsten Wohngebäudes entfernt. Der VGH BW hob die erteilte Baugenehmigung auf, weil der Pferdestall dem Nachbarn gegenüber rücksichtslos war.

Demgegenüber hat das Nds. OVG mit B. v. 4.2.2005 (– 1 ME 291/04 – NuR 2006, 57) die Vereinbarkeit von Pferdehaltung und benachbarter Wohnbebauung bejaht. Nach dem Sachverhalt ging es um die Baugenehmigung eines Stalls für zwei Ponys und einer kleinen Dunglege zu einem Wohnhaus. Der kleine Ponystall und die Dunglege fügte sich nach § 34 Abs. 1 BauGB in die nähere Umgebung ein, da das benachbarte Wohngebäude weiteren landwirtschaftlichen Gerüchen ausgesetzt wurde.

In einem Wohnbereich ist die Nutzung eines Gebäudes zu einer **Intensivhühnerhaltung** i. d. R. mit für die Nachbarn unerträglichen Belästigungen verbunden (hier: 200 Hühner in dem Dachraum eines Garagengebäudes, OVG Münster, U. v. 16.12.1970 – VII A 579/69 – BRS 23 Nr. 40).

Die Nutzungsänderung einer **Garage in einen Ponystall** im WA-Gebiet ist als unzulässig angesehen worden (OVG Lüneburg, U. v. 23.11.1979 – IA 183/78 – BRS 35 Nr. 163); die Hobbytierhaltung führt nicht zur Zulässigkeit des Pferdestalls als Nebenanlage i. S. d. § 14 Abs. 1. Einem Stall mit einer Größe von 11,7 × 8,7 m fehlt in einem Wohngebiet die räumlich gegenständliche Unterordnung.

16.7 Ein der **Zucht von Ziervögeln** dienendes Nebengebäude kann im WA-Gebiet nicht zugelassen werden (VGH BW, U. v. 19.9.1973 – III 1068/71 – BRS 27 Nr. 36). Bei einer Vogelzuchtanlage **fehlt die dienende Funktion** in Bezug auf die Hauptanlage, nämlich das Wohngebäude.

16.8 Eine die Haltung einer Vielzahl von Hähnen bedingende **Hühnerzucht** ist im allgemeinen Wohngebiet unzulässig (OVG Saarl., U. v. 9.2.1990 – 2 R 306/87 – BRS 50 Nr. 147).

Aus den Gründen: Die Hühnerzucht »*dient nicht dem Wohnen als dem ausgewiesenen Nutzungszweck seines Hausanwesens und widerspricht der Eigenart des Baugebiets*«.... *Die vom Beigeladenen betriebene Hühnerzucht erweist sich* »*eindeutig nicht als Bestandteil des Wohnens. Sie gewinnt durch die Vielzahl der dazu benötigten Tiere und deren Lautäußerungen ein solches Eigengewicht, dass sie sich dem Wohnen nicht mehr unterordnet, sondern als eigenständige Grundstücksnutzung daneben tritt*«; wird unter Anführung von Rspr. *und* Lit. (überzeugend) weiter ausgeführt (OVG Saarl., aaO.).

Einen immer wiederkehrenden Nachbarstreit löst das »**Hahnengeschrei**« aus. Nach dem Urt. des LG München v. 3.3.1989 – 30 O 1123/87 – ist in einem Wohngebiet »gehobenen Anspruchs« das Hahnengeschrei zwischen 20.00 und 8.00 Uhr morgens sowie zwischen 12.00 und 15.00 Uhr zu unterbinden, denn in 10 m Abstand entwickelt das Hahnengeschrei 75 dB(A) bei der unangenehmen Frequenz von 1.600 Hz.

Eine bauaufsichtliche Verfügung, wonach die Zucht von Hühnern, die Haltung von mehr als 20 Stück Geflügel der Arten Gänse, Enten und Hühner einschließlich höchstens eines Hahnes sowie die Nutzung von je zwei ungenehmigten Hühnerställen und Pferchen zur Hühnerhaltung auf einem Wohngrundstück untersagt wurde, hat das OVG RhPf (B. v. 2.10.2006 – 8 B 11048/

§ 4   16.9–18.2

06 –) nicht beanstandet. Das Ausmaß dieser Kleintierhaltung sprenge den Rahmen der für eine Wohnnutzung typische Freizeitbetätigung.

16.9 Die **Haltung von 35 Papageien** ist weder in einem reinen noch in einem allgemeinen Wohngebiet generell oder nur ausnahmsweise zulässig. Es handelt sich dabei nicht um eine in diesen Gebieten allgemein übliche Freizeitbetätigung (OVG RhPf, B. v. 14.1.2004 – 8 A 11802.OVG –).

16.10 Ein **Stall zur Haltung mehrerer Ziegen** fügt sich in eine überwiegend von Wohnbebauung geprägte Umgebung nicht ein i. S. d. § 34 Abs. 1 BauGB (VGH BW, B. v. 19.11.1997 – 8 S 2832/97 – VBlBW 1998, 107).

17 ee) **Nebenanlagen für sportliche Zwecke.** Sie sind im WA-Gebiet im Grundsatz nicht anders zu beurteilen als in WR-Gebieten. Sie müssen eine auch räumlich-gegenständlich untergeordnete Funktion haben.

Ob diese Forderung z. B. von einem Tennisplatz (Tennisplatzanlage) erfüllt wird, kann nur nach dem (konkreten) Einzelfall, insbes. nach der Umfeldsituation des Grundstücks, auf dem die Nebenanlage errichtet werden soll, beurteilt werden; hinsichtlich der **Zulässigkeit eines privaten Tennisplatzes** u. den dazu angestellten Erwägungen s. § 3 Rn 24.3–24.31. Für die Zulässigkeit wird es – wie bei der Festsetzung von Anlagen für sportliche Zwecke (Rn 7–7.5) – entscheidend darauf ankommen, ob durch Lärmschutzmaßnahmen, für deren Möglichkeiten heutzutage ein vielfältiges Angebot bereitsteht, die Nachbarschaft vor unzumutbaren Einwirkungen geschützt werden kann.

18 ff) **Sonstige Nebenanlagen – Verschiedenes.** Eine Windenergieanlage auf dem Dach eines fünfgeschossigen Wohn- und Geschäftshauses in der Innenstadt einer Großstadt ordnet sich im entschiedenen Fall mit ihrer leichten, offenen u. keineswegs massiv wirkenden Konstruktion sowohl räumlich als auch optisch dem Gebäude unter (Hess. VGH, U. v. 28.4.1988 – 4 OE 1089/85 – BRS 48 Nr. 53).

Die **Errichtung eines Antennengittermastes** von etwa 24 m neben einer etwa 20 m hohen Tanne in dem hinter dem Wohnhaus gelegenen Garten braucht im allgemeinen Wohngebiet nicht zu einer Störung des Ortsbildes zu führen (OVG Bln., U. v. 7.9.1984 – 2 B 164.1983 – BRS 42 Nr. 44 = UPR 1985, 217). Bloße Unschönheiten oder Beeinträchtigungen des Straßen-, Orts- oder Landschaftsbildes reichen zur Bejahung einer **Störung** i. S. d. **Verunstaltungsgebots** nicht aus. Die technische Neuartigkeit einer Anlage und die dadurch bedingte *optische Gewöhnungsbedürftigkeit* allein ist nicht geeignet, das Ortsbild zu beeinträchtigen (so mit Recht OVG Bln., aaO., unter Bezugnahme auf BVerwG, U. v. 18.2.1983 bezüglich der Errichtung einer Windenergieanlage, BRS 40 Nr. 64; weitere Fundst. s. § 14 Rn 7.11 f.) Die Antennenanlage hat *keine selbständige* Zweckbestimmung, sondern dient der Liebhaberei u. damit der Funktion des Wohnens.

18.1 Eine auf dem Dach eines Wohngebäudes errichtete Antennenanlage, die nicht nur aus Rundfunk- u. Fernsehantenne sondern zusätzlich aus einer drehbaren Amateurfunkantenne (in einer Höhe von 5,5 m mit einem Drehradius von 5,2 m) besteht, ist – wenn nicht sonstige Besonderheiten entgegenstehen – in einem Wohngebiet zulässig. Es ist nicht zweifelhaft, dass nicht nur die Rundfunk- u. Fernsehantenne, sondern auch die *Antenne eines Amateurfunkers* grds. dem Nutzungszweck eines Wohngrundstücks dient. Sie hat *keinen* gegenüber dem Wohnen *selbständigen* Nutzungszweck, sondern dient der Freizeitgestaltung des Betreibers (ebenso OVG Lüneburg, U. v. 24.1.1987 – 1 A 181/85 – BRS 47 Nr. 42).

18.2 Zur **Anbringung von Parabolantennen** an Wohngebäuden: Ein überwiegendes Interesse an der Verweigerung der Zustimmung zur Installation einer Parabolantenne wird von der Rspr. dann anerkannt, wenn das Haus über eine Gemeinschaftssatellitenempfangsanlage oder einen Kabelanschluss verfügt oder wenn ein solcher Anschluss zeitlich absehbar ist (OLG Frankfurt/M., Rechtsentscheid v. 22.7.1992; zit. im ID-Vhw 1993, 174). Dieses Ergebnis ist nach einem Beschl. des BVerfG v. 10.3.1993 (– 1 BvR 1192/92 –) verfassungsrechtlich nicht zu beanstanden.

gg) Außer den Nebenanlagen nach § 14 Abs. 1 sind auch Anlagen wie **Wertstoffcontainer** (z. B. Glassammler) in Wohngebieten zulässig.

19

Altglascontainer sind eine Notwendigkeit. Da Glas gerade in privaten Haushalten anfällt, sind Altglascontainer bestimmungsgemäß auch in Wohngebieten aufzustellen. Sie gehören zu den für Wohngebiete grundsätzlich erforderlichen Anlagen (s. dazu die grundsätzlichen Ausführungen § 3 Rn 24.51 u. *Koch*, aaO., NuR 1996, 276).

Was ein Betroffener (Grundstückseigentümer, Mieter, Pächter) an Geräuschimmissionen durch einen Altglas-Container hinzunehmen hat, beurteilt sich nach den Maßstäben des § 22 Abs. 1 BImSchG (vgl. dazu *Queitsch*, StGR 1993, 302, 304: »*Abwehransprüche gegen die Aufstellung von Altglas-Containern*«). Die Gemeinden haben bei diesen *Nebenanlagen* in Wohngebieten das Rücksichtnahmegebot zu beachten.

»*Wertstoffcontainer* (hier: u.a. für Altglas) *können als in einem allgemeinen Wohngebiet allgemein zulässige untergeordnete Nebenanlagen (§ 14 BauNVO) im Einzelfall gleichwohl wegen von der ihnen ausgehenden Immissionen an dem ausgewählten Standort gem. § 15 Abs. 1 S. 2 BauNVO unzulässig sein. Sie sind indes nicht schon deshalb unzulässig, weil in dem Gebiet ein anderer, die Nachbarschaft weniger beeinträchtigender Standort in Betracht kommt*« (So Leits. des BVerwG, B. v. 13.10.1998 – 4 B 93.98 – BauR 1999, 145 = NVwZ 1999, 298 = BRS 60 Nr. 69, Hervorhebung v. Verf.). Das BVerwG hat die Annahme, das nachbarschützende Rücksichtnahmegebot könnte allein deshalb verletzt sein, weil es einen aus der Sicht des Nachbarn günstigeren Standort für die emitierende Anlage gebe, schon im Ansatz für verfehlt gehalten.

19.1

Im Unterschied zum Planfeststellungsrecht mit seiner aus dem Abwägungsgebot als Ausprägung des Verhältnismäßigkeitsgrundsatzes eröffneten alternativen Prüfung ist nach dem BVerwG die bebauungsrechtliche Prüfung an den Bauwunsch des Bauherrn gebunden; er allein bestimmt das Vorhaben, dessen Zulässigkeit im – Regelfall auf der Grundlage seines Bauantrags – von der Behörde zu prüfen ist. Maßgeblich ist allein die Intensität der Belastungen der Nachbarschaft im konkreten Fall; ergibt die Prüfung, dass die Belastungen an dem vom Bauherrn gewählten Standort für den Nachbarn i. S. v. § 15 Abs. 1 S. 2 BauNVO zumutbar sind, muss er die bauliche Anlage auch dann hinnehmen, wenn es einen besser geeigneten Alternativstandort gibt.

Hat eine Gemeinde den Standort einer im Rahmen des Dualen Systems betriebenen Wertstoffsammelanlage verbindlich bestimmt und gestattet sie deren Betrieb auf gemeindeeigenem Grundstück, so ist sie – neben dem Betreiber der Anlage – als (mittelbare) Störerin in Bezug auf die von dieser Anlage ausgehenden Lärmemissionen anzusehen.

19.2

Die der Wiederverwertung von Verpackungsabfällen dienenden Wertstoffsammelanlagen sind als sozialadäquate Einrichtungen in allen Siedlungsgebieten grundsätzlich zulässig. Die Bewertung der Zumutbarkeit der von ihnen ausgehenden Immissionen hängt von einer Vielzahl von Faktoren ab; in diese Bewertung sind auch die Einhaltung der Mindestabstandsempfehlung des Umweltbundesamtes, der Bedarf für die festgelegten Standorte und die Verfügbarkeit eines geeigneten Alternativstandortes einzustellen, Leits. des Hess. VGH, U. v. 24.8.1999 – 2 UE 2287/96 – DVBl. 2000, 207).

Aus den Gründen: In Bezug auf den Betrieb von Wertstoffsammelanlagen ist in die genannte Abwägung einzustellen, dass das Aufstellen der Container zum Einsammeln der Einwegflaschen oder -gläser der abfallwirtschaftlichen Zielsetzung der Wiederverwertung von Verpackungsabfällen dient und das mit dieser Zielsetzung eingeführte Duale System zwingend auf ein flächendeckendes Sammelsystem angewiesen ist. Die Funktionsfähigkeit dieses Systems und damit die Erreichung des Ziels möglichst umfasser Abfallverwertung erfordert verbrauchernahe Standorte für die Wertstoffcontainer (s. *Koch*, aaO., S. 278).

20 d) **Kinderspielplätze – Bolzplätze. – aa) Kinderspielplätze** (grundsätzlich dazu § 3 Rn 25–25.51). Solche **herkömmlicher Art** sind generell zulässig. Der damit verbundene Kinderlärm **zu den üblichen Spielzeiten** ist in allen Wohngebieten hinzunehmen (§ 3 Rn 25–25.5). Das ergibt sich u. a. auch daraus, dass nach den LBOen bei einer bestimmten Anzahl von Wohnungen ein Spielplatz für Kleinkinder gefordert werden kann, sofern nicht entsprechende öffentliche Gemeinschaftsanlagen vorhanden sind oder geschaffen werden.

20.1 bb) Ob ein sog. **Abenteuerspielplatz** (§ 3 Rn 25.6) innerhalb eines WA-Gebiets zulässig ist, kann nur nach Lage des Einzelfalles beurteilt werden. Hierbei wird die Größe des Spielplatzes, seine Ausstattung (und die dadurch mögliche Lärmerzeugung) sowie seine Lage *innerhalb* des WA-Gebiets, insbes. seine Entfernung und Abschirmung gegenüber den angrenzenden Wohngebäuden, ausschlaggebend sein.

Kennzeichnend für derartige Abenteuerspielplätze – auch Robinson- oder Bauspielplätze genannt – ist, dass die älteren (größeren) Kinder sich auf derartigen Plätzen handwerklich betätigen können, z. B. hämmern, nageln, sägen, aber auch mit Wasser, Feuer und Kinderpistolen umgehen dürfen. Derartige Spielplätze können gleichzeitig, d. h. außer als Nebenanlagen, auch als Anlagen für soziale Zwecke angesehen werden, um aus sozialpädagogischer Sicht Aggressionsspannungen größerer Kinder unter möglichst freier Entfaltung des Spiel- und Abenteuerdrangs abzubauen (OVG Berlin, U. v. 24.9.1971, BauR 1972, 35). Die Zulässigkeit eines Abenteuerspielplatzes hängt entscheidend davon ab, ob die Belästigungen oder Störungen, die von ihm ausgehen können, nach der Eigenart des jeweiligen WA-Gebiets zumutbar sind (§ 15 Abs. 1 Satz 2). Je größer die *Wohndichte* eines WA-Gebiets mit der zwangsläufig dadurch stärkeren allgemeinen Unruhe ist, desto eher wird man die störenden Begleiterscheinungen derartiger Spielplätze ihrer Wohnumgebung zumuten können. Im Regelfall sollten Abenteuerspielplätze ihren Standort am Rande von WA-Gebieten, in MI-Gebieten und besonderen Wohngebieten haben. Die Errichtung darf i. S. d. städtebaulicher Ordnung **nicht der zufälligen Grundstücksbeschaffung** (weil gemeindeeigenes Grundstück) für solche Zwecke überlassen bleiben. Die nicht näher konkretisierte Festsetzung einer öffentlichen Grünfläche im B-Plan **genügt nicht** (BVerwG, U. v. 16.2.1973, aaO., § 3 Rn 19.85–19.90, Rn 25 f.).

Setzt dagegen ein B-Plan in der Nachbarschaft eines allgemeinen Wohngebiets **unter Verwendung** des für eine Sportanlage und **einem** Spielplatz gebräuchlichen **Planzeichens** eine Grünfläche (§ 9 Abs. 1 Nr. 15 BauGB) ohne weitere Vorkehrungen fest, genügt dies grundsätzlich den Anforderungen der Bestimmtheit bauplanerischer Festsetzungen, wie das BVerwG im B. v. 23.4.1998 (– 4 B 40.98 – BRS 60 Nr. 178) erneut festgestellt hat. In diesem Falle ist es der Gemeinde jedoch verwehrt, auf dieser Grünfläche Anlagen einzurichten, die einer besonderen Kennzeichnung bedürfen ... Sieht die Gemeinde von weiteren Vorgaben ab, ist der B-Plan dahin auszulegen, dass nur eine mit der Wohnnutzung verträgliche Freizeiteinrichtung zulässig ist (BVerwG, aaO). Für eine Sportausübung hat das BVerwG dies im U. v. 19.1.1989 (– 7 C 77.87 – BVerwGE 81, 19) ausdrücklich festgestellt.

20.2 **Kinderspielplätze**, besonders *öffentliche* Spielplätze, die von den Gemeinden auf gemeindeeigenen Grundstücken errichtet werden, lassen nicht immer die erforderliche Sorgfalt gegenüber der benachbarten Bebauung erkennen. Die strikte Einhaltung des Gebots der **gegenseitigen** Rücksichtnahme auch bei der Anlegung von Kinderspielplätzen wird vielfach deswegen als vernachlässigbar angesehen, weil das Vorhalten öffentlicher Kinderspielplätze zu Recht als vordringliche Aufgabe der Gemeinden angesehen wird. Diesseits wird die **Notwendigkeit** von öffentlichen Kinderspielplätzen, insbesondere für *Klein*kinder (bis 6 Jahre) und für Kinder zwischen 6 und 10–12 Jahren, in den reinen und allgemeinen Wohngebieten im Grundsatz ohne Einschränkung bejaht (s. dazu die ausf. Erläuterungen unter § 3 Rn 25 ff.). Dabei sollte es jedoch selbstverständlich sein, dass das Gebot der gegenseitigen Rücksichtnahme auch seitens der Gemeinden beachtet wird *und* dass die Rspr. ihrer Verpflichtung nachkommt, in einem sozialen, d. h. im richtigen Verständnis gemeinschaftsbezogenen Rechtsstaat Bürger und die öffentliche Hand gleichwertig und in ihren Anliegen gleichgewichtig zu behandeln, soweit dies möglich ist. Dass dies von den Obergerichten noch immer in (sehr) unterschiedlicher Weise praktiziert wird, ist bekannt, sollte jedoch nicht hingenommen werden.

In diesem Zusammenhang ist ein ausführliches U. des BayVGH v. 21.12.1994 (– 22 B 93.2343 – ZfL 1995, 145) zu erwähnen, das bereits aufgrund der nichtamtlichen Leitsätze der Entscheidung zu missbilligen ist. Sie lauten:

1. Kinderlärm, der in einem allgemeinen Wohngebiet von einem Kinderspielplatz ausgeht, ist den Nachbarn zumutbar, unabhängig davon, ob er die Nachbarn »wesentlich« i. S. d. § 906 Abs. 1 BGB beeinträchtigt oder die Richtwerte für Wohngebiete (erheblich) übersteigt.

2. Der Betreiber des Spielplatzes ist nicht verpflichtet, Maßnahmen zur Schallminderung zu ergreifen, auch wenn dies ohne besonderen Aufwand möglich wäre.

3. Eine abweichende Beurteilung käme nur dann in Betracht, wenn der Betreiber den Spielplatz rücksichtslos in einer Weise gestaltet, dass die Interessen der Nachbarn willkürlich missachtet werden. Dies liegt nur dann vor, wenn der Betreiber für die konkrete Gestaltung überhaupt keine Begr. anführen kann.

Weiterhin kann verwiesen werden auf den B. d. Nds. OVG v. 29.6.2006 (– 9 LA 113/04 – NVwZ 2006, 1199) mit seinem Leits.:

»Auch ein großzügig bemessener und mit einer überdurchschnittlichen Spielgeräteausstattung versehener Spielplatz ist mit dem Ruhebedürfnis der Bewohner eines unmittelbar angrenzenden Wohngebiets vereinbar.«

Der VGH hat infolge des weiten Ermessens, das den Gemeinden bei der planerischen Gestaltung in Bayern üblicherweise eingeräumt wird (vgl. Vorb. §§ 2 ff. Rn 47.6), es nicht für erforderlich gehalten zu prüfen, ob unter dem Gesichtspunkt der Rücksichtnahme der Kletterturm nach § 15 Abs. 1 Satz 2 deshalb unzulässig ist, weil sein Standort unmittelbar neben Wohnräumen und einer Terrasse des klägerischen Grundstücks der Eigenart des allgemeinen Wohngebiets widerspricht und von ihm unzumutbare Belästigungen ausgehen können. Für einen derartigen Fall hat das BVerwG die Unzulässigkeit der Anlage ausdrücklich für möglich gehalten (vgl. BVerwG, U. v. 12.12.1991 – 4 C 5.88 – Fundst. § 3 Rn 25). Die Auffassung des BayVGH, nur bei einem Verstoß gegen das Willkürverbot, was allerdings auf der Linie des den Baubehörden zugebilligten Ermessens den Bürgern gegenüber liegt, könne die Unzulässigkeit der Anlage angenommen werden, widerspricht der Rspr. des BVerwG.

20.21

cc) **Bolzplätze** (grundsätzlich dazu § 3 Rn 19.84–19.91) sind nach Zweck u. Sinngehalt i. d. Mehrzahl der Fälle **keine** dem betreffenden WA-Gebiet selbst dienenden untergeordneten **Nebenanlagen** i. S. d. § 14 Abs. 1 S. 1; in ihrer jeweiligen Gesamtheit sind Bolzplätze als bauliche Anlagen i. S. d. § 29 Abs. 1 Satz 1 BauGB einzustufen (§ 3 Rn 19.87); ob sie darüber hinaus als »sonstige ortsfeste Einrichtungen« i. S. von § 3 Abs. 5 Nr. 1 BImSchG einzuordnen sind, kann wegen der Bedeutung des § 15 Abs. 1 Satz 2 BauNVO offenbleiben (s. § 3 Rn 25.2, 25.3; vgl. dazu ferner BayVGH, U. v. 16.2.1987 – Nr. 14 B 85 A. 3090 – BRS 47 Nr. 176 m. w. N.). Für das auf Bolzplätzen hauptsächlich stattfindende *Fußballspielen* sind die das »Bolzen« anfeuernden Lautäußerungen der Spieler selbst u. der »Zuschauer«, mitunter durch Megaphone u. dergl. verstärkt, fast begriffstypisch.

20.3

20.4 Für die **Zulässigkeit eines Bolzplatzes** im WA-Gebiet kommt es auf die jeweilige **Situation des Einzelfalles** an. *Bolzplätze* sind nicht etwa als wohngebietsbezogene Spielplätze in WA-Gebieten generell zulässig (aA. noch BayVGH, U. v. 16.2.1987, aaO.; OVG NW, U. v. 8.7.1986 –, s. § 3 Rn 19.85; *Schwermer*, aaO. u. teilweise *Schwarze*, aaO.) u. schon gar nicht innerhalb typischer, d. h. ein- u. zweigeschossiger WR-Gebiete, auch nicht um wohnviertelnahe Spiel- u. Freizeitmöglichkeiten durch gesonderte Festsetzung der Gemeinde als Gemeinbedarfsfläche (§ 1 Rn 39) zu schaffen. Es kommt darauf an, ob bei Prüfung der Zulässigkeitsvoraussetzungen nach § 15 Abs. 1 Satz 2 die von dem beantragten Bolzplatz ausgehenden Störungen u. Belästigungen einschließlich des bekannten »Drum und Dran« (vielfach durch die motorisierten Benutzer u. dergl.) der benachbarten Umgebung (noch) zumutbar sind. Um (unnötige) Streitigkeiten zu vermeiden, empfiehlt es sich, dass die Gemeinde **bei Festsetzung des WA-Gebiets** *gleichzeitig* prüft, ob die Größe des Gebiets u. der vorgesehene Gebietscharakter die Festsetzung eines Bolzplatzes (Standortfrage) zulässt oder gar erfordert, etwa bei mehr als 300 Wohnungen und/oder einer verdichteten, mehrgeschossigen Wohnsiedlung (evtl. mit Hochhäusern).

Je verdichteter u. hochgeschossiger die Wohnlage geplant ist, desto höher liegt der sog. **Grundgeräuschpegel**, der durch die zu erwartende Unruhe infolge der mit dem Wohnen zwangsläufig verbundenen Lärmquellen – wie Motorisierung der Bewohner u. Zulieferverkehr, Rasenmäher u. dergl. – entsteht. In derartigen Fällen wird ein Bolzplatz sowohl in Anbetracht der Lärmauswirkungen als auch nach der optischen Unterordnung günstige Bedingungen vorfinden. Bei der Festsetzung eines Grundstücks als Bolzplatz i. s. v. § 9 Abs. 1 Nr. 5 oder – nur innerhalb einer Grünfläche – nach Nr. 15 BauGB sollte die Begr. des B-Plans eine Aussage über Lärmabschirmungen (Schallschutzwände), sonstige Gestaltung des Platzes u. der Umgebung enthalten (vgl. dazu *Schwarze*, aaO., S. 1053). Bei der **Zulassung** eines Bolzplatzes wird im Regelfall der **Erlass** (Vereinbarung) **einer Benutzungsordnung** i. S. d. Gewährleistung der städtebaulichen Ordnung erforderlich sein.

20.5 Ob ein **Bolzplatz** – ohne vorherige Festsetzung durch B-Plan als Fläche für Spielanlagen nach § 9 Abs. 1 Nr. 5 BauGB – **als dem Gebiet dienende Nebenanlage innerhalb von WB-Gebieten** (§ 4a) u. innerhalb von *MD- u. MI-Gebieten* (§§ 5, 6) zulässig ist, hängt entscheidend von der Standortsituation ab; infolge des i. A. deutlich höheren Grundgeräuschpegels u. der zulässigen (höheren) Lärmimmissionswerte in diesen Gebieten wird die Zulässigkeit nur in besonders gelagerten Fällen nicht in Betracht kommen.

20.6 »*Ein Bolzplatz auf einer durch Bebauungsplan im allgemeinen Wohngebiet als Spielplatz ausgewiesenen Fläche ist unzulässig, wenn ein effektiver Schutz der Nachbarn vor erheblichem Lärm nicht gewährleistet ist*«, Leits. des BayVGH, U. v. 26.2.1993 (– 2 B 90.1684 – BRS 55 Nr. 57 = BayVBl. 1993, 433).

Aus den Gründen: Der Bolzplatz bedarf als Ganzes einer Baugenehmigung (wird weiter ausgeführt). ... Selbst wenn Bolzplätze allgemein als Spielplätze im weiteren Sinn, die vornehmlich von Kindern u. Jugendlichen benutzt werden, angesehen werden (BayVGH v. 16.2.1987, BRS 47 Nr. 176, BayVBl. 1987, 398; OVG Bln. v. 18.5.1990, BRS 50 Nr. 22), lässt die allgemeine Festsetzung eines Spielplatzes in einem B-Plan **nicht automatisch** ohne Rücksicht auf benachbarte Wohnbebauung auf einer solchen Fläche immer auch einen Bolzplatz zu ... Löst der B-Plan den Konflikt zwischen dem Freizeit- und Spielbedürfnis der Jugendlichen *und* dem Ruhebedürfnis der Anwohner nicht angemessen, »*muss er, um nicht insoweit wegen einer lösungsbedürftigen, aber ungelösten Frage nichtig zu sein, dahingehend ausgelegt werden, dass er ohne notwendige Schutzvorkehrungen für die Anlieger **nur wohngebietsverträgliches Spielen**, nicht aber lärmintensives Fußballspielen (= sog. Bolzen) zulässt*« (BayVGH, U. v. 26.9.1993, aaO., Hervorhebungen diess.).

20.61 Das Nds. OVG hat sich in dem ausf. U. v. 25.3.1996 (– 6 L 5539/94 – BRS 58 Nr. 165) unter Anführung etlicher praktischer Gesichtspunkte und ohne Verschweigen der Schwierigkeiten, die der Anlegung eines Bolzplatzes und einer vernünftigen Regelung seiner ordnungsgemäßen Benutzung entgegenstehen, insbes. mit der Frage auseinandersetzen müssen, ob die **durch** einen **Bolzplatz** hervorgerufenen Einwirkungen den Anliegern noch zuzumuten sind. Dabei hat sich der Senat auch mit der Frage befasst, inwieweit die (**Nicht-**)**Einhaltung von Lärmrichtwerten** die Zulässigkeit des Bolzplatzes beeinflussen kann.

In den **Gründen** hat das OVG zunächst dargelegt, eine Betrachtung der Immissionsrichtwerte unter Berücksichtigung des eingeholten Gutachtens ergebe keine ausreichenden Anhaltspunkte für die Annahme, die Baugenehmigung verletze Nachbarrechte des Klägers. Das OVG hat sodann herausgestellt, dass sich das städtebauliche Interesse an der Anlegung eines Bolzplatzes keineswegs stets und auf jeden Fall gegen die Interessen der Anlieger an ungestörtem, gesundem Wohnen durchsetzen könnte. »*Maßgeblich kommt es darauf an, ob der Bolzplatz nach Größe, Ausstattung und Betriebszeiten die berechtigten Belange der Anlieger noch hinreichend wahrt*« (wird weiter ausgeführt). Der Senat hat auch nicht die Missstände der Benutzung von Bolzplätzen durch undisziplinierte Jugendliche unter Bezugnahme auf sein U. v. 30.10.1984 (– 1 A 34/83 – BRS 42 Nr. 188 – s. dazu § 3 Rn 19.85 f.) verschwiegen. Er hat jedoch mit Recht darauf hingewiesen, dass die Missstände die Anlegung des Bolzplatzes nicht grundsätzlich auszuschließen vermöchten, was weiter ausgeführt wird; s. dazu auch § 3 Rn 19.88–19.91.

20.7 Außer Bolzplätzen – meistens auf gemeindeeigenen Grundstücken (s. dazu § 3 Rn 19.88–19.91) – hat in den letzten Jahren auch das Verhältnis der Nutzung von sonstigen kommunalen Einrichtungen zur angrenzenden Wohnbebauung an Bedeutung gewonnen. Vielfach handelt es sich um Veranstaltungen in Mehrzweckhallen, d.h. Turn- und Versammlungshallen (BayVGH, U. v. 19.3.1997 – 22 B 96.951 – GewArch. 1997, 389; BVerwG, B. v. 28.8.1997 – 7 B 214.97 –; VGH BW, B. v. 14.10.1999 – 8 S 2396/99 – ZfBR 2000, 131; U. v. 8.2.2000 – 10 S 72/99 – VBlBW 2000, 483; BVerwG, U. v. 16.5.2001 – 7 C 16.00 – UPR 2001, 352; VGH BW, U. v. 26.6.2002 – 10 S 1559/01 – UPR 2003, 76 = VBlBW 2002, 483; BVerwG, B. v. 19.11.2002 – 7 B 137/02 –; zu einer Sängerhalle OVG RhPf, U. v. 16.4.2003 – 8 A 11903/02 – BauR 2003, 1187 sowie BVerwG, B. 17.7.2003 – 4 B 55.03 – BauR 2004, 6577 = NJW 2003, 3360).

Die 18. BImSchV findet für den von Freizeitanlagen ausgehenden Lärm keine Anwendung. Für die Ermittlung und Bewertung des sog. Freizeitlärmes sind die Hinweise des LAI als Entscheidungshinweise zugrunde zu legen, nicht die 18. BImSchV analog anzuwenden. Die LAI-Freizeitlärm-Richtlinie entspricht hinsichtlich Ermittlung und Bewertung der Emissionen weitgehend den Vorgaben der 18. BImSchV. Die Richtlinie behandelt die **immissionsschutzrechtliche** Bewertung, – nicht jedoch die **planungsrechtliche Zulassung** von Freizeitanlagen. Für die Bauleitplanung hat die Freizeitlärm-Richtlinie deshalb nur eine mittelbare Bedeutung (*Uechtritz*, in: Festschr. *Hoppe*, 2000, 567/582). Für die Abwägung kann jedoch eine Orientierung an den Immissionsrichtwerten erfolgen, um das Schutzniveau zu präzisieren, welches die betroffenen Anwohner im Rahmen des bauplanungsrechtlichen Rücksichtnahmegebots fordern können.

Freizeitanlagen, wozu auch Bolzplätze, Streetball- und Skateanlagen gehören, unterliegen nach der genannten Richtlinie einer strengeren Bewertung als Sportanlagen allgemein, da die 18. BImSchV den Sport angesichts seiner gesellschaftspolitischen Bedeutung gegenüber sonstigen Freizeitaktivitäten privilegiert. Die Freizeitanlagen bedürfen wegen ihrer besonderen Erscheinungen und ihrer anders zu bewertenden Akzeptanz einer gesonderten Beurteilung (OVG RhPf, U. v. 8.12.1999 – 7 A 11469/98 – NVwZ 2000, 1290 zur Beseitigung einer von einer Stadt betriebenen Skateanlage; *Ketteler*, NVwZ 2002, 1070/1071 und *Kuchler*, NuR 2000, 77/78 f.).

20.8 Die **Freizeit-Lärmrichtlinie** und die **18. BImSchV unterscheiden** sich in folgenden Punkten:

- Nach Anhang 1.6 der 18. BImSchV ist bei Messungen einer Sportanlage der Beurteilungspegel um 3 dB(A) zu verringern, wenn man ihn mit den Immissionsrichtwerten nach § 2 der 18. BImSchV vergleicht. Die Freizeitlärm-Richtlinie erwähnt diesen Messabschlag nicht. Das bedeutet im Ergebnis, dass bei der Beurteilung einer Sportanlage dem Anlieger etwa doppelt soviel Lärm zugemutet wird, wie dem Anlieger einer Freizeitanlage (vgl. hierzu *Numberger*, NVwZ 2002, 1064/1067 u. OVG RhPf, U. v. 8.12.1999, aaO.). Das BVerwG hat in seinem U. v. 16.5.2001 (Fundst. Rn. 20.7) zu Recht ausgeführt, dass bei der Bearbeitung von Geräuschimmissionen aus Freizeitanlagen der in Nr. 6.9 TA Lärm und Nr. 1.6 des Anhangs zur 18. BImSchV vorgesehene Messabschlag nicht berücksichtigt werden muss, da den »privilegierten« öffentlichen Zwecken der emittierenden Einrichtung bereits die Bestimmung des Lärmschutzniveaus der gestörten Nutzung Rechnung trägt.

- Die 18. BImSchV (Anhang 7.2) sieht bei Geräuschen, die durch menschliche Stimmen verursacht werden, keinen Zuschlag für Impulshaltigkeit vor. Ansonsten gibt sie Zuschläge für Impulshaltigkeit und auffällige Pegeländerungen wie bei Aufprallgeräuschen von Bällen, Trillerpfeifen oder anderen Signalen. Die Privilegierung für die menschliche Stimme fehlt im Berechnungsverfahren der Freizeitlärm-Richtlinie, wie sie sich dort aus Nr. 3.1 und 3.2 ergibt.
- Schließlich kennt die 18. BImSchV im Gegensatz zur Freizeitlärm-Richtlinie keine Regelung über Gemengelagen etwa in Anlehnung an die Mittelwertrechtsprechung des BVerwG (Numberger, aaO.)

Nach Auffassung des OVG RhPf (aaO.) erscheint den Betroffenen die Verhaltensäußerungen der Jugendlichen, die mit Lärm verbunden sind, häufig als mutwillig. Darauf muss auch die Platzierung einer an sich für die Jugendarbeit erwünschten und willkommen Anlage zur Ausübung des Skateboardfahrens Rücksicht nehmen. Das öffentliche Interesse an einer Nutzung solcher Anlagen rechtfertigt noch nicht, diese Nutzung von der gebotenen Rücksicht auf die Wahrung anderer öffentlicher und nachbarlicher Belange freizustellen. Den Anforderungen kann nämlich insbes. durch entspr. räumliche Plazierung solcher Anlagen Rechnung getragen werden.

8. **Weitere Fälle zur (Un-)Zulässigkeit von Nutzungen (in alphabetischer Reihenfolge)**

21.2 Eine **Bäckerei**, die nur ca. 30% ihres Umsatzes durch die Auslieferung von Backwaren erzielt, kann noch ein der Versorgung des Gebiets dienender, nicht störender Handwerksbetrieb i. S. des § 4 Abs. 2 Nr. 2 BauNVO sein (VGH BW, B. v. 19.10.1999 – 5 S 1824/99 – BRS 62 Nr. 70 = DÖV 2000, 342 = BauR 2000, 698).

21.3 Will die Gemeinde einem durch **Erschließungsverkehr** für ein bestimmtes Gewerbegebiet Lärmbetroffenen ein bestimmtes Schutzniveau (hier das eines allgemeinen Wohngebiets) entsprechend § 2 Abs. 1 Nr. 2 der 16. BImSchV gewährleisten, muss sich ihre Planung an dieser eigenen Vorgabe messen lassen. Bei deren Nichteinhaltung ist die Planung fehlerhaft (VGH BW, U. v. 8.3.2005 – 5 S 551/02 – BauR 2005, 1416 = BRS 69 Nr. 43).

Ähnliches hat das OVG NW (U. v. 7.3.2006 – 10 D 10/04 – ZfBR 2007, 64) ausgeführt:

»*Führt die Gemeinde – mangels anderer Erschließungsvarianten – die Zufahrt zu einem Gewerbegebiet durch ein reines und ein allgemeines Wohngebiet, muß sie bei ihrer Prognose- und Abwägungsentscheidung die mögliche bauliche Auswirkung der Grundstücke durch anzusiedelnde Gewerbebetriebe und die damit verbundenen Verkehrsimmissionen im Rahmen der Angebotsplanung berücksichtigen.*«

Nach § 9 Abs. 1 Nr. 11 BauGB kann aus städtebaulichen Gründen auch ein nächtliches Fahrverbot auf einer öffentlichen Verkehrsfläche festgesetzt werden, wie dies nach § 5 Abs. 3 S. 2 StrG BW auch als Widmungsbeschränkung »in sonstiger Weise« verfügt werden könnte. ... Einer straßenrechtlichen Umnutzung bedarf es wegen § 5 Abs. 6 StrG nicht (mehr) (VGH BW, aaO.).

»Bei der Festsetzung eines verkehrsberuhigten Bereichs hat sich der Satzungsgeber in tatsächlicher Hinsicht an die Voraussetzungen für eine derartige Anordnung durch die Straßenverkehrsbehörde zu orientieren« (VGH BW, U. v. 22.3.2006 – 3 S 1119/04 – BauR 2006, 1271, 1. u. 2. Leits.).

Erteilt die Baugenehmigungsbehörde eine Baugenehmigung für eine **Fischräucheranlage ohne** Kapazitätsbegrenzung oder sonstige Beschränkungen, kann im Nachbarstreit nicht davon ausgegangen werden, dass nur eine Menge verarbeitet werden dürfe, die unter der Kapazität nach Nr. 7.5 des Anhangs zur 4. BImSchV liegt (Nds. OVG, B. v. 9.10.1995 – 1 M 5017/95 – UPR 1996, 2; wird weiter ausgeführt). **21.4**

Überplant die Gemeinde eine vorhandene **Gemengelage** aus Gewerbebetrieben und Wohnbebauung, so hat sie zur Ermittlung der abwägungsbeachtlichen Belange eine sorgfältige Bestandsaufnahme durchzuführen, mit der sie die genehmigten Nutzungen und die zulässigen (Lärm-)Emissionen der Betriebe nachvollziehbar ermittelt (OVG NW, U. v. 7.3.2006 – 10 D 10/04 – BauR 2006, 1028, nur Leits). **21.5**

Glockenspiele, die ihrer Bauart nach über die Grenzen von Baugebieten hinweg schallen, sind in allgemeinen Wohngebieten unzulässig. Sie stellen weder eine zulässige Haupt- noch eine zulässige Nebennutzung dar (VG Minden, U. v. 4.5.2006 – 9 K 108/06 – BauR 2006, 1868 = NWVBl. 2006, 468). **21.6**

Grenzgarage: generell zulässig als zum Wohngebäude gehörig. Auch die Genehmigung einer Doppelduplexgarage in den seitlichen Abstandsflächen ändert nichts daran, dass eine (Grenz-)Garage schlechthin zu den Bauten gehört, die in Bezug auf den zulässigerweise geschaffenen Wohnraum erforderlich sind, um den Unterbringungsbedarf für Pkws sicherzustellen. Die mit der Benutzung einer Garage verbundenen Störungen gehören zu den Lebensäußerungen, die den Nachbarn auch in Wohngebieten zumutbar sind. Was nach § 12 Abs. 2 BauNVO als Bedarf an Garagen (Stellplätzen) vorgesehen ist, entspricht zugleich einer nachbarverträglichen Nutzung (s. dazu § 12 Rn 8). In diesem Sinne auch BayVGH, B. v. 11.6.1999 (– 20 ZB 99.1359 – BRS 62 Nr. 152 = BauR 1999, 1450). **21.7**

Eine innerstädtische **Grünanlage** ist im Hinblick auf Immissionen kein »sonstiges schutzwürdiges Gebiet« i. S. d. § 50 BImSchG. Vielmehr stellt ihre Festsetzung im B-Plan ein planungsrechtlich zulässiges Mittel dar, um baulich verdichtete Gebiete i. S. d. **Trennungsgrundsatzes** aufzulockern (BVerwG, B. v. 30.6.2003 – 4 BN 31.03 –). **21.8**

Eine **Pizzeria** mit 20–30 Sitzplätzen kann als eine der Versorgung des Gebiets dienende Gaststätte in einem (faktischen) allgemeinen Wohngebiet zulässig sein (OVG NW, U. v. 2.3.2001 – 7 A 2432/99 – BauR 2001, 1392). Nach Auffassung des OVG entsprach die Gaststätte nach ihrem äußeren Erscheinungsbild eher dem Typus der Nachbarschaftsgaststätte. **22.1**

Zur Zulässigkeit einer **Minigolfanlage**, die einem ausschließlich zum Wohnen bestimmten Gebiet benachbart ist (BVerwG, U. v. 3.3.1972 – IV C 4.69 – BauR 1972, 225 = BRS 25 Nr. 39 = BayVBl. 1973, 78). Aus den Gründen: *»Den in § 1 Abs. 4 BBauG niedergelegten Grundsätzen städtebaulicher Planung entspricht nicht die Einrichtung einer erfahrungsgemäß mit nicht unerheblichem Lärm verbundenen Anlage in unmittelbarer Nachbarschaft eines Wohngebiets. Die Lärmbelästigung, die der Minigolfplatz mit sich bringt – sowohl die Geräusche des Spielbetriebes als auch die des an- und abfahrenden Publikums –, können die Wohnruhe des unmittelbar benachbarten Wohngebiets empfindlich beeinträchtigen«* (BVerwG, aaO.). **22.2**

Der Betrieb einer kommunalen **Saunaanlage** kann von einem privatwirtschaftlichen Konkurrenzunternehmen nicht durch verwaltungsgerichtliche Klage verhindert werden (OVG NW, U. v. 2.12.1985 – 4 A 2214/84 – StGR 1987, 59 m. w. N.; dazu *Stüer*, aaO., StGR 1984, 174). **22.3**

23.1 Eine genehmigte **Sportanlage** kann sich unter Lärmschutzgesichtspunkten auch deshalb nicht als unzumutbar erweisen, weil die Einhaltung der maßgeblichen Lärmrichtwerte der 18. BImSchV zugunsten der Klägerin ggf. noch durch nachträgliche Einzelfallanordnungen i. S. d. § 3 der 18. BImSchV oder Nutzungszeitenbeschränkungen nach § 5 Abs. 2 i. V. m. § 2 der 18. BImSchV sichergestellt werden könnte (in diesem Sinne U. d. VGH BW v. 14.11.1996 – 5 S 2197/95 – soweit ersichtlich n. v.).

23.2 Eine **Steinmetzwerkstätte** ist in einem WA-Gebiet **unzulässig** (BayVGH, U. v. 29.7.1976 – Nr. 23 XIV 73 – BRS 30 Nr. 28). Schon das Anfahren, das Ab- und Aufladen der Grabsteine, aber auch die Anfahrt von Sand und Zement für die Herstellung von Grabeinfassungen verursachen erheblichen Lärm. Akustisch störend wirkt sich der Lärm auf die Umgebung aus, der bei der Bearbeitung der Steine mit dem Handwerkszeug sowie mit den modernen elektrisch betriebenen Bearbeitungsgeräten (Schleif- und Poliermaschinen) entsteht; wird weiter ausgeführt (BayVGH, aaO.).

23.3 Ein **Studentenwohnheim**, das im Wesentlichen aus Appartements besteht, ist in einem (allgemeinen) Wohngebiet grundsätzlich zulässig (OVG Lüneburg, U. v. 20.8.1987 – 6 A 166/85 – BRS 47 Nr. 40; s. auch § 3 Rn 13).

24.1 Ein **Taubenhaus** für maximal 50 Brieftauben in der unmittelbaren **Nachbarschaft** *von Wohnhäusern* kann, wenn es sich innerhalb des Rahmens der Bebauung der Umgebung hält, auch unter Berücksichtigung des *Gebots der Rücksichtnahme* zulässig sein (VGH BW, U. v. 3.2.1982 – 3 S 2078/81 – BRS 39 Nr. 64); die Entscheidung ist (sehr) instruktiv hinsichtlich der Größe u. Bodenfläche des Taubenschlages je Brieftaube, Fluggewohnheiten der Brieftauben und Fütterungsgrundsätze. Die Klägerin musste sich im Übrigen entgegenhalten lassen, dass ihr Grundstück durch die etwa 25-jährige Taubenhaltung des Nachbarn auf seinem Grundstück vorbelastet ist.

Zur Frage des bauaufsichtlichen Einschreitens gegen Taubenhaltung s. OVG Berlin, U. v. 14.5.1982 (– 2 B 57/79 – NJW 1983, 777 = BRS 39 Nr. 207 = UPR 1983, 101). Zur Zulässigkeit eines Taubenschlags für 25 Brieftaubenpaare im WA-Gebiet ferner B. des OVG Lüneburg v. 8.10.1985 – 1 B 71/85 – BRS 44 Nr. 67.

24.2 Ein **Taxen- u. Mietwagenunternehmen** mit Stellplätzen für 8 Pkw und einer im Wohnhaus installierten Funkzentrale ist nach dem üblichen Erscheinungsbild in einem allgemeinen Wohngebiet auch nicht ausnahmsweise nach § 4 Abs. 3 Nr. 2 zuzulassen (OVG NW, U. v. 25.8.1978 – XI A 635/76 – BRS 33 Nr. 27).

24.3 Eine aus einer Anschlagmauer, einer asphaltierten Spielfläche und einem Ballfangzaun bestehende **Tennisübungswand** ist eine genehmigungspflichtige *bauliche Anlage*. Weder die VDI-Richtlinie 2058 noch die TA Lärm enthält eine taugliche Grundlage für die Beurteilung der Störwirkungen des mit dem Bespielen einer Tennisübungswand verbundenen Lärms (OVG Saarl., U. v. 14.9.1984 – 2 R 248/83 – BRS 42 Nr. 7); die planungsrechtliche Zulässigkeit hier abgelehnt (wird weiter ausgeführt).

24.4 **Tischlerwerkstätten** sind grundsätzlich in Wohngebieten **nicht zulässig** (BVerwG, U. v. 7.5.1971 – IV C 76.68 – BRS 24 Nr. 15 = BauR 1971, 182 = DÖV 1971, 633 = NJW 1971, 1626). Denn sie kommen heutzutage regelmäßig nicht mehr ohne eine Anzahl von Maschinen aus, die sämtlich Lärm und Staub verursachen. Die grundsätzliche Unzulässigkeit kann bei *atypischen* Fallgestaltungen Ausnahmen erfahren (BVerwG, aaO.).

24.5 Der **Trennungsgrundsatz** des § 50 BImSchG beansprucht für die Überplanung einer schon bestehenden **Gemengelage** (hier: zwischen Gewerbe und Wohnen) keine strikte Geltung. Der Grundsatz lässt insbes. dann Ausnahmen zu, wenn das Nebeneinander von Gewerbe und Wohnen bereits seit längerer Zeit und offenbar ohne größere Probleme bestanden hat (BVerwG, B. v. 13.5.2004 – 4 BN 15.04 – soweit ersichtlich n. v. unter Hinweis auf BVerwG, B. v. 20.1.1992 – 4 B 71.90 – NVwZ 1992, 663).

Dem **Trennungsgrundsatz** des § 50 BImSchG kommt als Element geordneter städtebaulicher Entwicklung insbes. bei einer Neuplanung auf bisher unbebauten Flächen besondere Bedeutung zu; hier: Heranrücken eines allgemeinen

Wohngebiets an eine in einem Gewerbegebiet sich befindende **Druckerei** (Nds. OVG, U. v. 25.6.2001 – 1 K 1850/00 – BauR 2001, 1862 = NVwZ-RR 2002, 172 = BRS 64 Nr. 15). Nach Auffassung des Gerichts macht eine prognostische Überschreitung der Orientierungswerte der DIN 18 005 für Wohngebiete um 5 dB(A) es erforderlich, dass die Gemeinde alle Möglichkeiten des aktiven und passiven Lärmschutzes auslotet. Allein die Kennzeichnung des Wohngebiets als »lärmvorbelastet« reicht zur ordnungsgemäßen Abwägung nicht aus (Nds. OVG, aaO.). Das BVerwG hat in seinem B. v. 26.6.2004 (– 4 BN 24.04 – ZfBR 2004, 566 = BRS 67 Nr. 29) in einem obiter dictum zu dem U. des Nds. OVG ausgeführt, dass die Billigung einer Überschreitung technischer Regelwerke für Wohngebiete um 5 dB(A) (BVerwG, BRS 50 Nr. 25) nicht die äußerste Grenze dessen markiert, was durch Abwägung überwunden werden kann. Diese Aussage des BVerwG gilt jedoch nur für absolute Ausnahmefälle, insbes. bei Gemengelagen, nicht aber für die Fallgruppe des Heranrückens einer immissionsempfindlichen Nutzung an eine emittierende Nutzung oder umgekehrt. Gesunde Wohnverhältnisse wären bei einer Heraufstufung um weitere 5 dB(A), also um insgesamt 10 dB(A), häufig nicht mehr gewahrt. Der Einsatz von Maßnahmen des passiven Lärmschutzes nach § 9 Abs. 1 Nr. 24 BauGB ist hierzu ungeeignet (vgl. ausführlicher § 6 Rn 15.3).

Ein **Video-Filmverleih** ist in einem allgemeinen Wohngebiet **nicht** als ein der Versorgung des Gebiets dienender Laden **zulässig** (VGH BW, U. v. 12.9.1984 – 3 S 1607/84 – BRS 44 Nr. 2 = BauR 1985, 537). 25.1

In Wohngebieten sind **Wertstoffsammelcontainer** (Altglas, Altpapier und sonstige Wertstoffe) und die mit ihrer Nutzung und Entleerung typischerweise verbundenen Geräusche grds. als sozialadäquat und zumutbar hinzunehmen (OVG NW, B. v. 28.2.2001 – 21 B 1889/00 – NVwZ 2001, 1181). Nach dem B. des OVG NW ist es nicht zu beanstanden, wenn die Gemeinde bei der Festlegung von Standorten für Wertstoffsammelcontainer im Rahmen ihres Gestaltungsspielraums einen gepflegten, sozialer Kontrolle unterliegenden Standort einem Alternativstandort vor einem Brachgelände wegen befürchteter »Vermüllung« vorzieht. 25.2

Bei der Überplanung bereits bebauter Gebiete mit vorhandener Immissionsbelastung kann eine Abweichung von den Grundsätzen gerechtfertigt sein, die sich für die Neuplanung von Baugebieten aus den einschlägigen Richtlinien und Regelwerken ergeben. Liegen städtebauliche Gründe für die **Festsetzung eines allgemeinen Wohngebiets** vor und werden keine neuen Konfliktsituationen geschaffen, sondern die belastenden Wohnverhältnisse verbessert, ist eine entspr. Planausweisung auch dann nicht zu beanstanden, wenn die vorhandene Immissionsbelastung die einschlägigen Richtwerte erheblich übersteigt (4. Leits. des VGH BW, NK-U. v. 20.5.1998 – 3 S 2784/96 –). Im Unterschied zu dem U. des Nds. OVG v. 9.11.2000, aaO., lag hier eine Gemengelagensituation vor. 25.3

§ 4a Gebiete zur Erhaltung und Entwicklung der Wohnnutzung (besondere Wohngebiete)

(1) Besondere Wohngebiete sind überwiegend bebaute Gebiete, die aufgrund ausgeübter Wohnnutzung und vorhandener sonstiger in Absatz 2 genannter Anlagen eine besondere Eigenart aufweisen und in denen unter Berücksichtigung dieser Eigenart die Wohnnutzung erhalten und fortentwickelt werden soll. Besondere Wohngebiete dienen vorwiegend dem Wohnen; sie dienen auch der Unterbringung von Gewerbebetrieben und sonstigen Anlagen im Sinne der Absätze 2 und 3, soweit diese Betriebe und Anlagen nach der besonderen Eigenart des Gebiets mit der Wohnnutzung vereinbar sind.

(2) Zulässig sind
1. **Wohngebäude,**
2. **Läden, Betriebe des Beherbergungsgewerbes, Schank- und Speisewirtschaften,**

§ 4a

3. sonstige Gewerbebetriebe,
4. Geschäfts-und Bürogebäude,
5. Anlagen für kirchliche, kulturelle, soziale, gesundheitliche und sportliche Zwecke.

(3) Ausnahmsweise können zugelassen werden
1. Anlagen für zentrale Einrichtungen der Verwaltung,
2. Vergnügungsstätten, soweit sie nicht wegen ihrer Zweckbestimmung oder ihres Umfangs nur in Kerngebieten allgemein zulässig sind,
3. Tankstellen.

(4) Für besondere Wohngebiete oder Teile solcher Gebiete kann, wenn besondere städtebauliche Gründe dies rechtfertigen (§ 9 Abs. 3 des Baugesetzbuchs), festgesetzt werden, dass
1. oberhalb eines im Bebauungsplan bestimmten Geschosses nur Wohnungen zulässig sind oder
2. in Gebäuden ein im Bebauungsplan bestimmter Anteil der zulässigen Geschossfläche oder eine bestimmte Größe der Geschossfläche für Wohnungen zu verwenden ist.

BauNVO 1977:

(1) Besondere Wohngebiete sind im Wesentlichen bebaute Gebiete, die ...

(2) Zulässig sind
  ...
5. Anlagen für kirchliche, kulturelle, soziale, sportliche und gesundheitliche Zwecke.

(3) Ausnahmsweise können zugelassen werden
  ...
2. Vergnügungsstätten,
  ...

(4) Für besondere Wohngebiete oder Teile solcher Gebiete kann, wenn besonders städtebauliche Gründe dies rechtfertigen (§ 9 Abs. 3 Bundesbaugesetz), festgesetzt werden, dass ...

BauNVO 1968 und 1962:

§ 4a fehlte.

Erläuterungen

Übersicht

		Rn	
1.	Allgemeines zur Gebietseinstufung und zur Problematik des Gebietstyps	1	– 3
	a) Zur Einstufung der besonderen Wohngebiete	1	– 1.1
	b) Zur Problematik des Gebietstyps	2	– 3
2.	Planungsrechtliche Einstufung des Gebiets	4	– 11.2
	a) Einstufung des Gebiets in die Baugebietssystematik	4	– 5.3
Abs. 1 Satz 1 — b)	Voraussetzungen für die Darstellung und Festsetzung als WB-Gebiet	6	– 11.2
	aa) Der Begriff »überwiegend bebaute Gebiete«	6.1	
	bb) Der Begriff »besondere Eigenart«	7	– 9.2
	cc) Erhaltung und Fortentwicklung der Wohnnutzung	10	– 11.2
Abs. 1 Satz 2 — 3.	Zweckbestimmung, Planungsinhalte und Störanfälligkeit des Gebiets	12	– 13.5
	a) Allgemeine Zweckbestimmung; Planungsinhalte	12	– 12.4
	b) Störanfälligkeit des Gebiets; zum Lärmschutz	13	– 13.5

§ 4a

4.	Entwickeln aus dem Flächennutzungsplan; Verhältnis zu § 34 BauGB	14	– 15.2	
a)	Entwickeln aus dem FN-Plan	14	– 14.1	
b)	Verhältnis zu § 34 BauGB	15		
c)	Änderung von Regelungen aufgrund der ÄnderungsVO 1990	15.1	– 15.2	
5.	**Allgemein zulässige Nutzungen**	16	– 20.3	**Abs. 2**
a)	Wohngebäude	16		Nr. 1
b)	Läden, Betriebe des Beherbergungsgewerbes, Schank- und Speisewirtschaften	16.1	– 16.2	Nr. 2
c)	Sonstige Gewerbebetriebe	17		Nr. 3
d)	Geschäfts- und Bürogebäude	18	– 19	Nr. 4
e)	Anlagen für kirchliche, kulturelle, soziale, gesundheitliche und sportliche Zwecke, der Begriff der sehr seltenen Ereignisse	20	– 20.3	Nr. 5
6.	**Ausnahmsweise zulassungsfähige Nutzungen**	21	– 25	**Abs. 3**
a)	Anlagen für zentrale Einrichtungen der Verwaltung	21	– 21.1	Nr. 1
b)	Nicht kerngebietstypische Vergnügungsstätten	22	– 24.51	Nr. 2
aa)	Allgemeines z. städtebaulichen Begriff u. zum Rechtsgehalt »Vergnügungsstätte«	22	– 22.4	
bb)	Abgrenzung des Begriffs gegenüber anderen Nutzungen, Anlagen und Betrieben; Merkmale, die als typisierend zu bezeichnen sind	22.5	– 22.7	
cc)	Abgrenzung der nicht kerngebietstypischen gegenüber den nur im Kerngebiet zulässigen Vergnügungsstätten; zur Problematik der Spielhallen allgemein; Einordnung von Bordellen	23	– 23.74	
dd)	Planungsrechtliche Gesichtspunkte; Fragen der Nutzungsänderung u. der Rückwirkung der Vorschriften über Vergnügungsstätten	23.8	– 23.85	
ee)	B-Plan über Vergnügungsstätten nach § 2a BauGB-MaßnahmenG	23.86		
ff)	Einzelfälle der Rspr.	24.1	– 24.51	
c)	Tankstellen	25		Nr. 3
7.	**Nutzungen nach den §§ 12–14**	26	– 28	
a)	Stellplätze und Garagen	26		
b)	Die Berufsausübung nach § 13	27		
c)	Untergeordnete Nebenanlagen	28		
8.	**Besondere Festsetzungsmöglichkeiten zur Erhaltung und Fortentwicklung der Wohnnutzung**	29	– 35	**Abs. 4**
a)	Allgemeines zur Anwendung des Abs. 4	29	– 30	
b)	Festsetzung von nur Wohnungen in bestimmten Geschossen	31		Nr. 1
c)	Festsetzung eines Anteils oder der Größe der Geschossfläche für Wohnungen	32	– 35	Nr. 2

Schrifttum

Armbruster   Die zivilrechtlichen Folgen des Gesetzes zur Regelung der Rechtsverhältnisse der Prostituierten, NJW 2002, 2763

Bäcker/Gabriel   Staatliche Sportwettmonopol »business as usual« oder neuer Aufbruch, NVwZ 2006, 662

§ 4a

Bergmann	Das Rechtsverhältnis zwischen Dirne und Freier – Das Prostitutionsgesetz aus zivilrechtlicher Sicht, JR 2003, 270
Caspar	Prostitution im Gaststättengewerbe? Zur Auslegung des Begriffs der Unsittlichkeit im Gaststättengesetz, NVwZ 2002, 1322
Deutsches Institut für Urbanistik	Vergnügungsstätten als städtebauliches Problem (Baurechtliche, gewerberechtliche und ordnungsrechtliche Instrumente), NVwZ 1986, 731
Dolde/ Schlarmann	Zulässigkeit von Vergnügungsstätten in beplanten Gebieten, BauR 1984, 121
v. Ebner	Gaststättenumwandlung in Tanzlokal, Diskothek, Spielhalle – eine baurechtliche und gaststättenrechtliche Frage?, GewArch. 1990, 234
–	»Zwickel«-Erlasse für Spielhallen?, GewArch. 1990, 343
Erdmann	Bauplanungsrechtliche Instrumentarien zum Ausschluss von Spielhallen, DVBl. 1988, 1094
Gurlit	Das Verwaltungsrecht im Lichte des Prostitutionsgesetzes, VerwArch. Bd. 97, 409
Gurlit/Oster	»Skandal um Rosi«: Zur Verfassungsmäßigkeit von Art. 297 EGStGB, GewArch. 2006, 361
Haferkorn	Swinger-Clubs als aktuelle gaststättenrechtliche Problemstellung, GewArch. 2002, 145
Hagen	Gedächtnisschrift für Jürgen Sonnenschein, Menschenwürde und die Frage der guten Sitten – Gedanken zum Prostitutionsgesetz, 2002, 501
Hösch	Café Psst – Abschied von der Unsittlichkeit der Prostitution?, GewArch. 2001, 112
Janning	Ausschluss von Bordellen, bordellartigen Betrieben und Wohnungsprostitution, BauR 2005, 598
Kurz	Prostitution und Sittenwidrigkeit, GewArch. 2002, 142
Laskowski	Die Ausübung der Prostitution. Ein verfassungsrechtlich geschützter Beruf im Sinne des Art. 12 Abs. 1 GG, Diss. 1997
Lenze	Europäische Niederlassungsfreiheit und Prostitution, EuGRZ 2002, 106
Liesching	Internetcafés als »Spielhallen« nach Gewebe und Jugendschutzrecht, NVwZ 2005, 898
Pauly	Gesetz zur Regelung der Rechtsverhältnisse der Prostituierten sowie Vollzug der Gewerbeordnung und des Gaststättengesetzes, GewArch. 2002, 217
–	Zur Beurteilung von Swinger-Clubs nach BVerwG 6.12.2002, GewArch. 2002, 122, GewArch. 2003, 151
Pestalozza	Das Sportwetten-Urteil des BVerfG, NJW 2006, 1711
Pöltl	Die Sittenwidrigkeit der Prostitution im Gaststättenrecht nach In-Kraft-Treten des Prostitutionsgesetzes, VBlBW 2003, 181
Redeker, K.	Sexshops und Spielhallen in der Bauleitplanung, Gutachterliche Äußerung im Auftrag der Hauptgemeinschaft des Deutschen Einzelhandels e. V. u. der Bundesarbeitsgemeinschaft der Mittel- und Großbetriebe des Einzelhandels e. V., 1982
Riedl	Zur Spielhallenproblematik, GewArch. 1988, 154
Scharmer	Rechtliche Steuerungsmöglichkeiten im Vergnügungsstättenbereich, 2. Aufl., 1986 DIfU

Schlichter/ Friedrich	Bauplanungsrechtliche Steuerung der Ansiedlung von Gewerbebetrieben, WiVerw. 1988, 199
Schlemminger/ Winterstein	Bauplanungsrechtliche Instrumentarien zur Steuerung der Ansiedlung von Spielhallen, NVwZ 1988, 1078
Schönleitner	Auswirkungen des Prostitutionsgesetzes auf das Gewerberecht, GewArch. 2002, 319
Stange	Das Schicksal der Vergnügungsstätten nach der neuen Baunutzungsverordnung, in: Festschr. f. Gelzer 1991, 131
Stelkens	Baurechtliche Zulassung von Spielhallen, UPR 1987, 125
Stiebig	Sic transit gloria mundi? Das Prostitutionsgesetz im Lichte der europäischen Integration oder: Plädoyer wider die Sittenwidrigkeit, BayVBl. 2004, 545
Stollenberg	Swingerclub und Gaststättenrecht, GewArch. 2000, 317
Stühler	Prostitution und öffentliches Recht (unter besonderer Berücksichtigung des Baurechts), NVwZ 1997, 861
–	Prostitution und Baurecht, NVwZ 2000, 990
–	Auswirkungen der Prostitution auf das Bau-, Gaststätten- und Gewerberecht, GewArch. 2005, 129
–	Swinger-Clubs aus baurechtlicher Sicht, GewArch. 2006, 20
–	Zur Zulässigkeit von bordellartigen Betrieben (Terminwohnungen) und Wohnungsprostitution in Mischgebieten, GewArch. 2006, 26
Von Galen	Rechtsfragen der Prostitution, 2004
Wettling	Gewerbliche Vorhaben in »besonderen Wohngebieten« nach § 4a Baunutzungsverordnung, Stadtbauwelt 1981/Bauwelt 1981, 299, 1603
Wilke	Zulässigkeit gewerblicher Vorhaben in besonderen Wohngebieten – § 4a Baunutzungsverordnung, Der Städtetag 1981, 526
Zimmermann	Die öffentlich-rechtliche Behandlung der Prostitution, Dissertation 2002

(weiteres Schrifttum unter Schrifttum »allgemein«, Vorb. §§ 2 ff. u. z. den §§ 6, 7)

1. Allgemeines zur Gebietseinstufung und zur Problematik des Gebietstyps

a) Zur Einstufung der besonderen Wohngebiete. Das durch die ÄndVO 1977 eingefügte »besondere Wohngebiet« weist verschiedene Besonderheiten auf; sie haben dem Gebiet jedoch nicht die Bezeichnung »besondere« Wohngebiete eingetragen. Die Bezeichnung ist vielmehr auf das Unterscheidungsmerkmal der allgemeinen (§ 4) von den besonderen (§ 4a) Wohngebieten zurückzuführen. Die Überschrift lässt bereits erkennen, dass die besonderen Wohngebiete aus der Systematik der übrigen Baugebiete herausfallen. Aus diesem Grund bedurfte es einer zusätzlichen Definition, welche Gebiete (überhaupt) unter den Begriff »besondere Wohngebiete« fallen. Während die anderen Baugebietsvorschriften in Abs. 1 die allgemeine Zweckbestimmung als Gebietscharakter kurz erläutern, enthält § 4a Abs. 1 **Satz 1** eine Erweiterung der in der Überschrift für die besonderen Wohngebiete gegebenen Definition. **Satz 2** erläutert die allgemeine Zweckbestimmung. Dabei wird – wiederum im Unterschied zu den anderen Baugebietsvorschriften – zur näheren Erläuterung der allgemeinen Zweckbestimmung ein Tatbestandsmerkmal des § 15 einbezogen. Das ist deshalb notwendig, weil in der Praxis die *»besondere Eigenart«* des Gebiets aufgrund der vorhandenen Anlagen u. Nutzungen für die jeweilige

Fortentwicklung der Wohnnutzung innerhalb des Gebiets von ausschlaggebender Bedeutung ist.

1.1 Aus dem Rahmen der übrigen Baugebietsvorschriften fällt ferner heraus, dass die Bestimmung zur Einstufung der besonderen Wohngebiete bereits ein konkretes Planungsziel, nämlich die **Erhaltung und Fortentwicklung** der Wohnnutzung, enthält (Näheres s. Rn 12–13). Die Aufnahme eines derartigen Planungsziels entspricht zwar nicht der sonstigen Systematik der BauNVO. Das Planungsziel wird aber durch den Planungsleitsatz des § 1 Abs. 5 Satz 2 Nr. 4 BauGB, der »die Erhaltung, Erneuerung und Fortentwicklung vorhandener Ortsteile« zum Inhalt hat, bestätigt. Das Anliegen der Erhaltung wird durch das Maß der baulichen Nutzung erleichtert; nach § 17 Abs. 1 beträgt die GRZ 0,6 u. die GFZ 1,6, womit Letztere höher ist als für MD- und MI-Gebiete.

2 b) **Zur Problematik des Gebietstyps.** Die Probleme der Gebiete, die künftig als besondere Wohngebiete dargestellt und festgesetzt werden sollen, liegen einmal in der Tendenz zur Verdrängung von Wohnungen der innerstädtischen Gebiete durch Betriebe des tertiären Sektors, insbes. durch Dienstleistungsbetriebe; zum anderen in der Abwanderung der Wohnbevölkerung in Stadtrandgebiete wegen schlechter Umweltverhältnisse, überalterter Bausubstanz und fehlender Modernisierung, unzureichender Verkehrsverhältnisse und der Nachbarschaft von störenden Gewerbebetrieben. Die Folge ist häufig eine Veränderung dieser Gebiete in ihrer Struktur durch Nachrücken sozial schwächerer Bevölkerungsgruppen, wie kinderreiche Familien, Gastarbeiter oder Personen im Rentenalter. Das allgemeine Interesse an solchen Gebieten, die »Attraktivität«, nimmt im Verhältnis der »Verslumung« oder Überfremdung ab, obwohl die Gebäude aus städtebaulicher oder denkmalpflegerischer Sicht oftmals noch erhaltenswert sind.

Diese Gebiete weisen oft die typische mehrgeschossige *Blockrandbebauung* in überwiegend geschlossener Bauweise auf. Sie sind i.d.R. mit meist kleineren wohnverträglichen Gewerbebetrieben durchsetzt. Wegen ihrer Standortvorteile und vorhandenen Infrastruktur könnten die Gebiete bei entsprechender Sicherung und Fortentwicklung einer gesunden wohnverträglichen Struktur einen Anreiz für das Wohnen im innerstädtischen Bereich und somit eine echte Alternative zum »Wohnen im Grünen« bilden (so auch *Bielenberg*, § 4a Rdn. 1; *Boeddinghaus/Dieckmann*, § 4a Rdn. 5). Vom Typ her lassen sich diese Gebiete weder eindeutig dem Mischgebiet oder Kerngebiet noch dem allgemeinen Wohngebiet zuordnen.

3 Die Fachwelt hat aus der Erkenntnis der sich stetig verschlechternden innerstädtischen Situation schon früh ein planungsrechtliches Instrumentarium zu ihrer Änderung gefordert. Die aus früherem Landesrecht fortentwickelten Baugebietstypen der BauNVO 1962 und 1968 waren – abgesehen von den gemischten Baugebieten (§§ 5–7) – in erster Linie auf die Planung neuer Baugebiete ausgerichtet. Dementsprechend haben die Ausnutzungsmöglichkeiten des Maßes der baulichen Nutzung (§ 17) auf gewachsene Gebietsstrukturen zu wenig Rücksicht genommen (s. nunmehr Rn 1.1).

Um den planerischen Schwierigkeiten abzuhelfen, hat die BauNVO 1968 das Wohnen im Kerngebiet durch Zulassung sonstiger Wohnungen oberhalb eines im B-Plan bestimmten Geschosses (§ 7 Abs. 2 Nr. 7) und die ausnahmsweise Zulassungsfähigkeit von Wohnungen ohne Einschränkung (§ 7 Abs. 3 Nr. 2) erleichtert. Da nach der allgemeinen Zweckbestimmung des § 7 Wohnungen im MK-Gebiet nur einen untergeordneten Anteil einnehmen dürfen, die Problemgebiete (Rn 2) dagegen oftmals gerade dadurch gekennzeichnet sind, dass die Wohnnutzung einen erheblichen das Gebiet prägenden Anteil ausmacht, haben die durch die ÄndVO 1968 eingefügten Differenzierungsmöglichkeiten die planerischen Schwierigkeiten nicht befriedigend lösen können. Die innerstädtischen Gebiete und die vorwiegend aus der »Gründerzeit« stammenden Randgebiete blieben meist unbeplant oder waren mit – nicht qualifizierten – B-Plänen (Baustufenordnungen u. Ä.) überlagert, so dass die planungsrechtliche Beurteilung nach § 34 BauGB erfolgen muss.

2. **Planungsrechtliche Einstufung des Gebiets**

a) **Einstufung des Gebiets in die Baugebietssystematik.** Die für eine Darstellung bzw. Festsetzung als WB-Gebiet in Frage kommenden Gebiete sind dadurch gekennzeichnet, dass sie zwar überwiegend noch von einer Wohnnutzung geprägt sind, aber zugleich bestimmte mit einer Wohnnutzung noch verträgliche gewerbliche Nutzungen aufweisen. Von den Aufgaben und dem Charakter dieser Gebiete her ist es nicht angezeigt, sie zu einem WA-Gebiet zu entwickeln. Die Ausübung gewerblicher Nutzung ist aus städtebaulicher Sicht dort durchaus sinnvoll. Diese Gebiete sind nicht auf den Citybereich beschränkt, häufig auch nicht mit diesem vergleichbar. An Stelle der in der öffentlichen Diskussion häufig verwendeten Begriffe der »Citywohngebiete« trifft auf sie eher die Bezeichnung »innerstädtische Wohngebiete« zu (so mit Recht Begr. zur ÄndVO 1977, BR-Drucks. 261/77).

4

Wenngleich der Nutzungskatalog des § 4a mithilfe der Vorschriften des § 1 auch aus Mischgebieten abgewandelt werden könnte, erleichtert die Einfügung des Gebietstyps »besondere Wohngebiete« die Planung, insbes. weil die bei Anwendung der Vorschriften des § 1 Abs. 4–10 im Einzelnen nachzuweisenden städtebaulichen Gründe bzw. besonderen städtebaulichen Gründe bei Darstellung bzw. Festsetzung eines WB-Gebiets nicht nachgewiesen werden müssen. Zugleich entfällt im Hinblick auf die durch das WB-Gebiet erfolgende Beschränkung auf bestimmte gewerbliche Nutzungen auch der bei Anwendung der Vorschriften des § 1 Abs. 5 und 9 mögliche Vorwurf eines Eingriffs in die Wettbewerbssituation.

Trotz des grundsätzlich richtigen Ansatzes wird für etliche Gemeinden ein WB-Gebiet deshalb nicht in Betracht kommen, weil schon ein WA- oder MI-Gebiet – ggf. mit entspr. Abwandlungen nach § 1 – für die Sicherung der städtebaulichen Entwicklung und Ordnung ausreicht.

Das *Planungsziel der Erhaltung und Fortentwicklung der Wohnnutzung* dürfte bei der **Regelfestsetzung** eines WB-Gebiets mit Schwierigkeiten verbunden sein; denn neben den Wohngebäuden sind auch bestimmte Gewerbebetriebe allgemein zulässig, ein hinreichendes Steuerungsinstrument zur Verwirklichung des Planungsziels steht dabei nicht zur Verfügung. Die Vorschrift des § 15 kann zur Ablehnung zulässiger Gewerbebetriebe zwecks Sicherung oder Erreichung der mit dem Planungsziel angestrebten Struktur nicht herangezogen werden, da Abs. 1 Satz 2 letzter Halbsatz zu den allgemeinen Zulässigkeitsvoraussetzungen des § 15 Abs. 1 Satz 1 die speziellere Vorschrift ist. Die Nutzungskataloge der Abs. 2 und 3 stehen in *gewissem Widerspruch zur Planungsabsicht* des Abs. 1 (ähnlich GEWOS, 2. Zwischenbericht, Hamburg 1977). Die in Satz 2 enthaltene Zweckbestimmung, nach der WB-Gebiete vorwiegend dem Wohnen, gleichzeitig jedoch »auch« der Unterbringung von Ge-

5

§ 4a Abs. 1 5.1–6

werbebetrieben bestimmter Art dienen, wird durch die Nutzungsinhalte der Abs. 2 und 3 nicht genügend abgesichert.

Dem Wohnen ist kein eindeutiger Vorzug gegeben, so dass die Wohnnutzung bei Regelfestsetzung eines WB-Gebiets weiterhin durch wohnverträgliche Betriebe und sonstige Anlagen verdrängt werden kann. Aus diesem Grunde besteht kein deutlich erkennbarer struktureller Unterschied zum Mischgebiet, sondern lediglich ein gewisser Unterschied in Bezug auf den Störgrad der im WB- und MI-Gebiet zulässigen Gewerbebetriebe.

5.1 Dem Planungsziel der Sicherung und **Fortentwicklung** der Wohnnutzung kann jedoch mithilfe des Planungsinstrumentariums des § 1 Abs. 5 u. 6, ggf. i. V. m. Abs. 9 Rechnung getragen werden, indem einzelne Nutzungsarten wie Geschäfts- und Bürogebäude (Abs. 2 Nr. 4) oder die nach Abs. 3 Nr. 1 ausnahmsweise zulassungsfähigen »Anlagen für zentrale Einrichtungen der Verwaltung« ausgeschlossen werden. Kommt das städtebauliche Anliegen der **Fortentwicklung** der Wohnnutzung durch entspr. Festsetzungen im B-Plan u. der Begr. eindeutig zum Ausdruck (s. Rn 10), bestehen nach diesseitiger Auffassung gegen die Regelungen keine Bedenken. In diesem Sinne hat das U. des VGH BW v. 27.6.1989 (– 8 S 2893/87 – BRS 49 Nr. 58) den planerischen Ausschluss von Schank- u. Speisewirtschaften, Betrieben des Beherbergungsgewerbes, Anlagen i. S. d. § 4a Abs. 2 Nr. 5 BauNVO, der gewerblichen Unzucht dienenden Gewerbebetrieben u. von Sexshops bestätigt.

5.2 Das Planungsziel nach Abs. 1 Satz 1 kann darüber hinaus über eine *zusätzliche Festsetzung* der »vertikalen Gliederung« nach **Abs. 4 Nr. 1** oder eines bestimmten Anteils an Wohnungen nach **Abs. 4 Nr. 2** erreicht werden. Diese Festsetzungen erfolgen jedoch nicht selbsttätig mit der Festsetzung des WB-Gebiets, sondern sind in das Ermessen der Gemeinde gestellt (»kann«). Außerdem sind sie an die Voraussetzung der Rechtfertigung durch besondere städtebauliche Gründe gebunden. Die für das Baugebiet allgemeine Geltung beanspruchenden Kriterien der Zweckbestimmung können also nicht durch Regelfestsetzung, sondern nur durch eine Ermessensfestsetzung erreicht werden, die zudem noch besonders zu begründen ist. Darin liegt eine gewisse Schwäche der Vorschrift. Festsetzungsmöglichkeiten des Abs. 4 lassen nach seinem Wortlaut lediglich eine *alternative* Festsetzung zu. Um das Planungsziel zu erreichen, wird man zusätzlich auf die Festsetzungen nach § 9 Abs. 1 Nrn. 7–9 BauGB und nach § 1 Abs. 4–9 zurückgreifen müssen (im gleichen Sinne *Förster*, § 4 Anm. 1). Hierbei bedarf es jedoch gleichfalls zusätzlicher Festsetzungen über die Regelfestsetzung nach der Baugebietssystematik hinaus; ggf. mit besonderer Begr.

5.3 Ein besonderes Wohngebiet setzt die Existenz eines B-Plans voraus, weil nur dann das geforderte finale Element einer (geplanten) Fortentwicklung der Wohnnutzung erfüllt sein kann (VGH BW, B. v. 4.1.2007 – 8 S 1802/06 –, VBlBW 2007, 224 unter Hinweis auf BVerwG, B. v. 11.2.1992 – 4 B 209.92 –, NVwZ 1993, 1100 und VGH BW, U. v. 25.1.1996 – 5 S 1766/95 –).

6 **b) Voraussetzungen für die Darstellung und Festsetzung als WB-Gebiet (Abs. 1 Satz 1).** Im Unterschied zu der Darstellung und Festsetzung anderer Baugebiete werden für WB-Gebiete bestimmte Tatbestandsmerkmale vorausgesetzt, ohne deren Vorliegen die Darstellung und Festsetzung von WB-Gebieten nicht zulässig ist (OVG Bln-Brb, U. v. 20.9.2006 – 2 A 12.05 – UA S. 7). Es dürfen nur solche Gebiete als WB-Gebiete dargestellt und festgesetzt werden, auf die sämtliche in Abs. 1 Satz 1 aufgeführten Merkmale zutreffen.

aa) Der Begriff »überwiegend bebaute Gebiete«. Das als WB-Gebiet in Frage **6.1** kommende **Gebiet** muss **überwiegend bebaut** sein. Das »Gebiet« ist hier i. S. d. für die Planung vorgesehenen Gebiets zu verstehen. Der im ursprünglichen VOEntw. bereits enthaltene Begriff »überwiegend«, der durch Forderung des BR in »im Wesentlichen« geändert wurde, um die Anwendung der Vorschrift eindeutig auf Altbaugebiete zu beschränken, ist durch die ÄndVO 1990 wieder aufgenommen worden. Es besteht nach der Entstehungsgeschichte u. Begr. zur ÄndVO 1977 kein Streit darüber, dass die Vorschrift **nicht für neu** zu bebauende Gebiete oder *nur teilweise bebaute* Gebiete vorgesehen ist. Nach *Bielenberg/Dyong* (aaO., Rdn. 370) sollen die beiden Begriffe weitgehend identisch sein. Die Begründ. zur ÄndVO 1990 spricht daher auch nur von einer »klarstellenden Anpassung« (s. Rn 15.1). Nach dem *Wortlaut* können über einen planungsrechtlichen Unterschied der beiden Begriffe durchaus abweichende Meinungen bestehen (vgl. *Fickert/Fieseler*, 5. Aufl., § 4a Rn 6). Mit der Änderung der Wortwahl sollte seinerzeit insbes. verhindert werden, dass mit Bebauung »volllaufende« Gebiete (z. B. i. S. d. § 34 BauGB) bereits nach Eintreten einer *optisch* überwiegenden Bebauung – etwa wenn 40% der Grundstücke eines Gebiets zwar noch unbebaut sind, das Übergewicht der Bebauung aber bereits ins Auge fällt – als WB-Gebiete festgesetzt werden, um die höheren Dichtewerte des § 17 in Anspruch nehmen zu können. Überwiegend bebaute Gebiete i. S. d. WB-Gebiets weisen lediglich mehr oder weniger große Baulücken auf (im Ergebnis ebenso *Boeddinghaus*, § 4a Rdn 7; *Ziegler*, in: *Brügelmann*, § 4a Rdn 14; in diesem Sinne auch OVG Lüneburg, U. v. 30.6.1986 – 1 C 5/86 – BRS 46 Nr. 17 = BauR 1987, 174; OVG NW U. v. 30.11.1988 – 7 A NE 36/88 –).

Anders als bei der Regelung des § 17 Abs. 3 für die überwiegend bebauten Gebiete kommt es auf den Zeitpunkt, wann ein Gebiet im Wesentlichen bebaut ist, nicht an (so auch *Bielenberg/Dyong*, Rdn.. 370). Demnach können WB-Gebiete auch für Gebiete festgesetzt werden, die erst *nach* Inkrafttreten der BauNVO bebaut worden und dann als im Wesentlichen bebaute Gebiete anzusehen sind, sofern auf sie die Voraussetzungen des § 4a Abs. 1 zutreffen. Der VOgeber hat diese Fälle wohl nicht regeln wollen; denn nach Entstehungsgeschichte und Begründung der ÄndVO 1977 ist Zweck der Vorschrift nur die Verbesserung der Wohnnutzung der älteren Gebiete *aus der Zeit vor* der BauNVO gewesen. Die geltende Fassung erlaubt jedenfalls die Anwendung des § 4a auch auf Baugebiete, die erst aufgrund der BauNVO festgesetzt und danach bebaut worden sind. Dies ist z. B. bei Mischgebieten denkbar, die sich in der Weise entwickelt haben, dass für sie die Umwandlung in ein WB-Gebiet nunmehr angebracht erscheint.

bb) Der Begriff »besondere Eigenart«. Das als WB-Gebiet infrage kommende **7** Gebiet muss aufgrund tatsächlicher Wohnnutzung und vorhandener sonstiger in Abs. 2 genannter Anlagen eine **besondere Eigenart aufweisen**. Die Eigenart ist nicht identisch mit der Zweckbestimmung (Satz 2), sondern beruht auf dem *vorhandenen Gebietscharakter* aufgrund der tatsächlichen Struktur des Gebiets. Die *besondere* Eigenart des Gebiets besteht einmal in der vorhandenen Mischung von Wohnen und sonstigen Nutzungen, worin der Unterschied zum WA-Gebiet zu sehen ist; zum anderen beruht sie darauf, dass ein Überwiegen des Wohnens gewollt ist, wodurch sich das Gebiet vom MI-Gebiet unterscheidet. Für die besondere Eigenart kommt es **allein auf die vorhandene** Gebietsstruktur, nicht dagegen auf andere Merkmale wie Gestaltungselemente oder bauordnungsrechtliche Besonderheiten (Abstandflächen) an.

Die **ausgeübte Wohnnutzung** als neuer Begriff kehrt in den übrigen Vorschriften der BauNVO nicht wieder. »Wohnnutzung« im hier zu verstehenden Sinn ist weder mit »Wohngebäude« noch mit »Wohnung« gleichzusetzen und auch nicht als deren Oberbegriff anzusehen. Die Verbindung mit »ausüben« macht deutlich, dass es auf den Anteil vorhandener Wohngebäude oder Wohnungen allein nicht ankommt, sonst hätte die Formulierung »aufgrund vorhandener Wohngebäude und Wohnungen« lauten müssen. Die ausgeübte Wohnnutzung ist nur das *tatsächliche Bewohnen von Wohnungen*, wobei leerstehende oder anders – z.B. »wohnartig« i.S.v. § 13 – genutzte Wohnungen nicht mitrechnen.

8 Sonstige die besondere Eigenart bestimmende Nutzungen sind nur solche **vorhandenen Anlagen, die in Abs. 2 aufgeführt** sind. Obwohl die Vereinbarkeit mit der Wohnnutzung für die vorhandenen Anlagen i.S.d. Abs. 2 nicht ausdrücklich vorausgesetzt ist, sondern dies nach Abs. 1 Satz 2 für die aufgrund der Festsetzung *zulässigen* Anlagen gilt, wäre es schon im Hinblick auf die ungleiche Behandlung vorhandener und zulässiger Anlagen nicht sinnvoll, wenn in dem Gebiet bereits *zahlreiche* mit dem Wohnen nicht zu vereinbarende Anlagen vorhanden wären; denn dann kann das Planungsziel der Fortentwicklung der Wohnnutzung kaum noch verwirklicht werden; ein solches Gebiet wäre eher als Misch- oder Kerngebiet einzustufen. Im Hinblick auf das Planungsziel in Satz 1 und die Zweckbestimmung in Satz 2 ist die besondere Eigenart nur so zu verstehen, dass auch **die bereits vorhandenen sonstigen Anlagen i.A. mit der Wohnnutzung zu vereinbaren sein müssen**. Dies schließt nicht aus, dass in dem Gebiet *einzelne* Nutzungen der in Abs. 2 aufgeführten Art vorhanden sind, die *nicht* mit dem Wohnen vereinbar sind, sofern sie den Gebietscharakter oder die nähere Umgebung nicht wesentlich prägen. Denn nicht alle in Abs. 2 aufgeführten Nutzungen sind mit dem Wohnen vereinbar; dies gilt insbes. für die »sonstigen Gewerbebetriebe« und die erst vom BR eingefügten »Geschäfts- und Bürogebäude«. Es kommt entscheidend auf die Lage, Größe und Art der vorhandenen sonstigen Anlagen sowie auf die Frage an, inwieweit die Anlagen geeignet sind, eine Fortentwicklung der Wohnnutzung in ihrer Nachbarschaft trotzdem zuzulassen.

8.1 **Anlagen i.S.d. Abs. 3** (zentrale Einrichtungen der Verwaltung, nicht kerngebietstypische Vergnügungsstätten und Tankstellen) sind in Satz 1 nicht genannt; sie müssten **dem Wortlaut nach** für die Bestimmung der besonderen Eigenart des Gebiets demnach ausscheiden, d.h. Gebiete, die solche Anlagen enthalten, kämen für die Festsetzung als WB-Gebiet nicht in Betracht. Darin liegt ein kaum gewollter Widerspruch, denn solche Anlagen sollen aufgrund der Festsetzung als WB-Gebiet *ausnahmsweise zugelassen werden* können. An das noch festzusetzende Gebiet sollen mithin keine so hohen Anforderungen gestellt werden wie an das vorhandene Gebiet; dieser Widerspruch kann nur auf einem redaktionellen Versehen beruhen.

9 Die besondere Eigenart der Mischung von Wohnen und sonstigen mit der Wohnnutzung i.A. zu vereinbarenden Anlagen braucht nicht darin zu bestehen, dass das Gebiet bei der Darstellung oder Festsetzung als WB-Gebiet bereits eine Ausgangssituation aufweist, die der als Planungsziel vorgegebenen Erhaltung und Fortentwicklung der Wohnnutzung entspricht. Die Darstellung oder Festsetzung als WB-Gebiet ist auch möglich, wenn in dem Gebiet nach dem gegebenen Zustand die ausgeübte Wohnnutzung nicht mehr überwiegt oder wenn einzelne Nutzungen vorhanden sind, die mit dem Wohnen nicht vereinbar sind. Satz 1 setzt nämlich voraus, dass die Wohnnutzung *ausgeübt*, nicht jedoch, dass sie *vorwiegend ausgeübt* wird. Das Überwiegen der Wohnnutzung wird erst durch die Zweckbestimmung vorgegeben, die mit der besonderen Eigenart nicht identisch ist. Die ausgeübte Wohnnutzung kann schon von anderen Nutzungen zurückgedrängt worden sein und braucht daher nicht quantitativ zu überwiegen, gleichwohl kann sie für das Gebiet noch einen prägenden Eindruck vermitteln.

9.1 So sind z. B. in ehemals qualifizierten Wohngegenden oftmals noch Wohngebäude vorhanden, die als solche äußerlich auch erkennbar sind, in deren Wohnungen sich teilweise jedoch – i. A. ohne genehmigungspflichtige bauliche Veränderungen – Dienstleistungsbetriebe oder freie Berufe, wie Versicherungsagenturen, Vertreter, Handelsbetriebe, Makler, Rechtsanwälte, Ärzte und dergl., niedergelassen haben. Sind in einem solchen Gebiet die zum Wohnen erforderlichen Freiflächen und die notwendige Wohninfrastruktur – wie Schulen, Kindergärten, Spielplätze – noch vorhanden, ist bei Vorliegen des in Abs. 1 Satz 1 genannten Planungsziels die Festsetzung des Gebiets als WB-Gebiet durchaus gerechtfertigt. Dies kann u. U. zu einer teilweisen »Verdrängung« der sonstigen Nutzungen zugunsten von wieder auszuübender Wohnnutzung bis zu deren Überwiegen führen (Rn 6.1), sofern evtl. inzwischen gestiegene Bodenpreise und Mieten eine solche Entwicklung nicht verhindern. Die von *Boeddinghaus* (§ 4a Rdn. 6) vertretene Auffassung, die Wohnnutzung müsse bereits bei der Festsetzung des WB-Gebiets vorherrschen, findet im Wortlaut des Abs. 1 keine Stütze und entspricht auch nicht dem Sinngehalt der gerade *auf eine Entwicklung* ausgerichteten Vorschrift. Allerdings muss von der Ausgangssituation her das Gebiet zumindest nach der Art der vorhandenen Nutzungen und nach der Art und dem Grad der Mischung eine Eigenart aufweisen, die vermuten lässt, dass das Gebiet zu einer Mischstruktur mit vorwiegender Wohnnutzung entwickelt werden kann (wie hier im Ergebnis *Bielenberg*, § 4a Rdn. 22 ff.; *Ziegler*, in: *Brügelmann* § 4a Rdn. 15).

9.2 Das OVG NW hat sich in dem ausführlichen U. v. 18.6.1996 (– 10a D 61/92.NE – BRS 58 Nr. 25) mit der Festsetzung eines **besonderen Wohngebiets** (WB-Gebiets nach § 4a) im B-Plan und der dabei vorauszusetzenden notwendigen Bestandsermittlung befasst, die (erst) die Beurteilung der besonderen Eigenart des Gebiets und der Konsequenzen für die künftige Entwicklung zulässt.

Aus den Gründen ist ersichtlich, dass die gesetzlich normierten Voraussetzungen für die Festsetzung eines WB-Gebiets, insbes. eine »besondere Eigenart« des Gebiets, im Zeitpunkt der Beschlussfassung über die Satzung nicht gegeben waren. Der Senat hat mit Recht darauf hingewiesen, dass die Bestandsaufnahme erforderlich ist, damit der Rat sich über die »besondere« Eigenart des Gebiets und die hieraus folgende einzuschlagende Entwicklung schlüssig werden kann; er hat sich dabei auf *Boeddinghaus/Dieckmann*, BauNVO, § 4a Rdn. 10, bezogen und lakonisch festgestellt, die Frage der Bestandsaufnahme sei bei *Fickert/Fieseler* »so« bis zur 7. Aufl., § 4a Rdn. 9, enthalten gewesen. Der Senat hat im Weiteren festgestellt: »*Die Bestandsermittlung verlangt eine sorgfältige und ins Detail gehende Erfassung der vorhandenen Nutzung nach Art und Maß*« und hat das im Einzelnen dargelegt.

Der Senat hätte ausführen sollen, dass diese »sorgfältige Erfassung« im Zuge der **vorbereitenden Arbeiten** zwecks späterer **Festsetzung des B-Plans**, ggf. unter Zuhilfenahme gutachtlicher Stellungnahmen, erforderlich ist und nicht etwa bereits im FN-Plan erfolgen kann.

Diesseits ist bis einschl. der 7. Aufl. im letzten Abs. der Erläuterungen zu Rn 9 gerade ausgeführt worden, »*für die Darstellung eines WB-Gebiets im FN-Plan würde eine solche Bestandsaufnahme zu aufwendig und auch zu frühzeitig sein*«. »*Da der FN-Plan ohnehin nur die Grundzüge der Planung enthalten soll, ist zu empfehlen, das zu beplanende Gebiet nur als Baufläche darzustellen*«. Die Autoren hielten den Abs. deshalb für überflüssig, weil der Umfang der Darstellungen in einem FN-Plan zum einen zum bauplanerischen Grundwissen gehören dürfte; zum anderen sind die Möglichkeiten **des Entwickelns** aus dem FN-Plan im Einzelnen in Rn 14–14.1 dargelegt.

10 **cc) Erhaltung und Fortentwicklung der Wohnnutzung.** Die weitere Voraussetzung für das Vorliegen eines Gebiets, das als WB-Gebiet dargestellt und festgesetzt werden kann, ist das **Planungsziel**, in dem Gebiet unter Berücksichtigung seiner besonderen Eigenart die Erhaltung und Fortentwicklung der Wohnnutzung vorzusehen (s. dazu Rn 5–5.2). Dieses Planungsziel bedarf einer erkennbaren *Willensäußerung der Gemeinde* (»soll«), z. B. durch entspr. Ausführungen im Erläuterungsbericht zum FN-Plan bzw. der Begr. zum B-Plan oder im Aufstellungsbeschluss (vgl. Hess. VGH, U. v. 14.4.1982 – IV OE 11/80 – BRS 39 Nr. 140; OVG NW U. v. 17.6.1992 – 11 A 1434/89 – UPR 1993, 119 n. L. = NWVBl. 1992, 436; a. A. *Ziegler*, in: *Brügelmann*, § 4a Rdn. 22 u. *Bielenberg*, § 4a Rdn. 40, 54. Lfg., die meinen, die Zielsetzung ergebe sich ohne weiteres aus der Festsetzung des Baugebiets).

10.1 Die **Erhaltung der Wohnnutzung** kann dagegen durch eine *zusätzliche Festsetzung* nach § 172 Abs. 1 u. Abs. 4 Satz 1 BauGB erreicht werden. Danach kann die Gemeinde in einem B-Plan oder durch sonstige Satzung Gebiete bezeichnen, in denen die Genehmigung für den Abbruch, den Umbau oder die Änderung von baulichen Anlagen versagt werden kann, um in dem Gebiet die Zusammensetzung der Wohnbevölkerung zu erhalten, wenn dies aus *besonderen städtebaulichen Gründen* erforderlich ist. Es ist daher zweckmäßig, bei Festsetzung eines WB-Gebiets im B-Plan zugleich das WB-Gebiet textlich als ein Gebiet zu bezeichnen, in dem die Genehmigung für die genannten Vorhaben aus den in § 172 Abs. 4 BauGB aufgeführten Gründen versagt werden kann. Die besonderen städtebaulichen Gründe sind in der Begr. anzugeben. Solche Gründe liegen z. B. vor, wenn die Erhaltung der Wohnnutzung gefährdet ist (so auch *Förster*, § 4a Anm. 5b; *Gaentzsch*, BauNVO 1977, § 4a Rz 11). Die vorhandene Bevölkerungsstruktur muss als solche tatsächlich erhaltenswert sein. Entspr. Untersuchungen müssen die Notwendigkeit des »Milieuschutzes« belegen. Stehen z. B. Gründe des Immissionsschutzes entgegen oder liegen die Voraussetzungen für eine Sanierung nach den §§ 136 ff. BauGB vor, kann die Erhaltungswürdigkeit der Wohnnutzung u. U. in Frage gestellt sein.

10.2 § 172 BauGB regelt – anders als § 29 BauGB – den Abbruch, den Umbau oder die Änderung von *baulichen Anlagen*, nicht dagegen die *Nutzungsänderung* ohne (gleichzeitige) Änderung baulicher Anlagen. Die Änderung der Nutzung einer Wohnung in die als Büro oder als (Arzt- oder Anwalts-)Praxis ohne damit in Zusammenhang stehende bauliche Änderungen ist nicht über § 172 BauGB, sondern nur als ein nach dem jeweiligen Bauordnungsrecht des Landes genehmigungspflichtiges Vorhaben erfassbar, sofern eine entspr. Festsetzung getroffen ist (Rn 29–34).

Ein weiteres Instrument zur **Erhaltung der Wohnnutzung** sind die *zusätzlichen Festsetzungen* nach **Abs. 4,** durch die im B-Plan die nach den Nrn. 1 und 2 möglichen Einschränkungen gegenüber den sonstigen Anlagen erfolgen können.

Dadurch können jedoch nicht sämtliche im Gebiet vorhandenen Wohnungen erhalten bzw. gegen eine Zweckentfremdung gesichert werden, sondern nur diejenigen, die innerhalb der für die Wohnnutzung bestimmten Geschosse liegen oder die den für Wohnungen vorgesehenen Anteil der Geschossfläche nicht übersteigen. Dennoch ist es ratsam, bei Festsetzung eines WB-Gebiets von der zusätzlichen Festsetzungsmöglichkeit nach Abs. 4 Gebrauch zu machen und den Wohnnutzungsanteil *unter Berücksichtigung der Eigenart des Gebiets* festzusetzen.

11 Die **Fortentwicklung der Wohnnutzung** kann entweder durch Zulassung zusätzlicher Wohngebäude und Wohnungen durch entspr. Umnutzungen oder durch eine Vergrößerung der Wohngeschossfläche – unabhängig von der Anzahl der Wohnungen – erreicht werden.

Qualitative Gesichtspunkte, z. B. Verbesserung des Wohnumfeldes und des Wohnwertes der vorhandenen Wohnungen, etwa durch Verkehrsberuhigung, Modernisierung, Entkernung, Schaffung von Spiel-, Frei- und Grünflächen, *fördern* zwar die Fortentwicklung der Wohnnutzung und sollten zur Unterstützung dieses Planungsziels als flankierende Maßnahmen – soweit erforderlich – bei der Festsetzung eines WB-Gebiets mit vorgesehen und in die Begr. zum B-Plan aufgenommen werden (im gleichen Sinne *Boeddinghaus*, § 4a Rdn. 11). Sie haben aber keinen unmittelbaren Bezug zu § 4a Abs. 1 Satz 1.

Die **Fortentwicklung der Wohnnutzung** ist mit einer Regelfestsetzung nach **11.1**
Abs. 2 und 3 auch deshalb nicht zu verwirklichen, weil wegen der uneingeschränkten Zulässigkeit der Wohnungen und sonstigen Anlagen ein Steuerungsinstrument zur *Verbesserung* der Wohnstruktur nicht zur Verfügung steht (s. Rn 5.1 f.). Für die Fortentwicklung der Wohnnutzung ist daher die *zusätzliche Festsetzung nach* Abs. 4 (Rn 29–34) unerlässlich. Dadurch kann bei einer beabsichtigten Nutzungsänderung einer anders genutzten Wohnung eine erneute andere Nutzung durch Versagung der nach Bauordnungsrecht **genehmigungspflichtigen Nutzungsänderung** verhindert werden. Der **Fortentwicklung** der Wohnnutzung dient auch der durch den B-Plan festzusetzende *Abbruch* von anders genutzten Gebäuden – ggf. durch Abbruchgebot nach § 179 BauGB zu verwirklichen – oder die Auslagerung von mit der Wohnnutzung nicht zu vereinbarenden Gewerbebetrieben – ggf. durch *Sanierung* nach den §§ 136 ff. BauGB.

Eine **völlige Verdrängung der sonstigen Nutzungen** zugunsten der Wohnnutzung, die mit Sinn und Zweck der Festsetzung eines WB-Gebiets nicht vereinbar wäre, weil ein solches Gebiet dann den Charakter eines WA-Gebiets erhielte, ist bei einer Regelfestsetzung nicht möglich (dazu Rn 5). Bei einer zusätzlichen Festsetzung des quantitativen oder geschossweisen Wohnanteils nach Abs. 4 wird schon nach dem Wortlaut der Vorschrift stets ein gewisser Anteil von sonstigen Nutzungen allgemein zulässig bleiben, so dass die Mischstruktur nicht aufgehoben werden kann. Entspr. Befürchtungen von *Boeddinghaus/Dieckmann* (§ 4a Rdn. 11) sind unbegründet. Ist ein früheres Wohngebiet zwischenzeitlich soweit mit anderen Nutzungen durchsetzt, dass die Wohnnutzung nur noch von untergeordneter Bedeutung und somit nicht mehr prägend ist, dürfte durch Festsetzung als WB-Gebiet die Entwicklung zu einer überwiegenden Wohnnutzung schon im Hinblick auf die gestiegenen Bodenpreise kaum durchsetzbar sein; die Festsetzung eines WB-Gebiets wäre nicht zulässig. **11.2**

3. Zweckbestimmung, Planungsinhalte und Störanfälligkeit des Gebiets (Abs. 1 Satz 2)

a) **Allgemeine Zweckbestimmung; Planungsinhalte.** Während in Abs. 1 Satz 1 **12**
ein bestimmter *Gebietszustand* als Planungsvoraussetzung definiert und ein *Planungsziel* vorgegeben ist, legt die in Abs. 1 Satz 2 enthaltene Zweckbestimmung entspr. den übrigen Baugebieten den durch die Festsetzung beabsichtigten *Gebietscharakter* fest. **WB-Gebiete dienen vorwiegend dem Wohnen;** sie **dienen auch der Unterbringung von Gewerbebetrieben und sonstigen Anlagen,** soweit diese nach der besonderen Eigenart des Gebiets mit der Wohnnutzung *vereinbar* sind. Damit ist die **Wohnnutzung als** geplante **Hauptnutzung** gekennzeichnet. Die mit der Wohnnutzung zu vereinbarenden Gewerbebetriebe und sonstigen Anlagen **genießen** – soweit sie vorhanden sind – **Bestandsschutz;** sie haben dagegen – soweit sie »untergebracht«, also neu zugelassen werden sollen – eine *nachrangige* Bedeutung, die durch das Wort »auch« verdeutlicht wird.

Für den Umfang der richtigen Festsetzung ist ein U. d. Nds. OVG v. 5.4.2000 (– 1 K 2245/99 – BauR 2000, 1441) von Bedeutung. Die ausführliche Begr. ist in den drei Leits. d. U. gut zusammengefasst.

1. Die Festsetzung eines besonderen Wohngebiets ist nicht gerechtfertigt, wenn die vorhandene Wohnbebauung so dominiert, dass sich das Gebiet nach seiner Nutzungsstruktur von einem allgemeinen Wohngebiet nur unwesentlich unterscheidet. Gleiches

§ 4a Abs. 1   12.1–12.2

gilt, wenn Gewerbebetriebe nicht oder nur in geringer Anzahl ohne nennenswerten Einfluss auf die Eigenart des Gebietes vorhanden sind.
2. Eine Gliederung, die das besondere Wohngebiet mitprägende gewerbliche Nutzungen vollständig ausschließt oder unzumutbar einschränkt, verstößt gegen die allgemeine Zweckbestimmung des Baugebiets nach § 4a Abs. 1 S. 2 BauNVO.
3. Der Ausschluss von Räumen und Gebäuden für freie Berufe nach § 1 Abs. 5 BauNVO verfehlt den Zweck des besonderen Wohngebiets.

Der für ungültig erklärte B-Plan enthielt u. a. folgende textliche Festsetzungen für die »Art der baulichen Nutzung«: »*Im besonderen Wohngebiet 1 (WB 1) sind die gem. § 4a Abs. 2 Nr. 2 der BauNVO (Stand: 23.1.1999) allgemein zulässigen Betriebe des Beherbergungsgewerbes, Schank- und Speisewirtschaften sowie die Ausnahmen gem. § 4a Abs. 3 nicht zulässig. Die gem. § 4a Abs. 2 Nr. 3 der BauNVO allgemein zulässigen sonstigen Gewerbebetriebe sind i. S. d. § 13 BauNVO nur zulässig für Gewerbetreibende, die ihren Beruf ähnlich freiberuflich Tätiger ausüben*«.

12.1 Beim *Mischgebiet* hingegen sind in § 6 Abs. 1 die das Wohnen nicht wesentlich störenden Gewerbebetriebe neben dem Wohnen *gleichrangig* aufgeführt; beim allgemeinen Wohngebiet ist in § 4 Abs. 1 das Wohnen als vorrangiger Zweck bezeichnet. Bei dieser Kennzeichnung liegt das WB-Gebiet hinsichtlich seines Gebietscharakters zwischen dem WA- und MI-Gebiet. Es ist ein Gebiet mit vorhandener und gleichfalls künftiger Mischstruktur. Wegen der beabsichtigten vorwiegenden Wohnnutzung wurde es zwar den Wohnbauflächen zugeordnet, liegt aber im Grenzbereich zwischen den Wohnbauflächen und gemischten Bauflächen. Die unterschiedliche Gewichtung des Wohnens und der sonstigen Anlagen findet in dem Katalog der zulässigen und ausnahmsweise zulassungsfähigen Anlagen keinen Niederschlag (Rn 5); insoweit stimmen Zweckbestimmung und Baugebietsvorschriften nicht überein. Erst durch Gebrauchmachen von den ins Ermessen gestellten Regelungen des Abs. 4 und entspr. Festsetzungen nach § 1 Abs. 5, 6 i. V. m. Abs. 9 (s. Rn 5.1) kann die Zweckbestimmung erreicht werden.

12.11 Charakteristisch für ein nach § 4a Abs. 1 BauNVO festgesetztes besonderes Wohngebiet sind besondere tatsächliche Verhältnisse, die eine anderweitige Festsetzung des Gebiets, z. B. als allgemeines Wohngebiet, gerade nicht erlauben; mithin kommt auch eine regelmäßige Gleichsetzung eines besonderen Wohngebiets mit einem allgemeinen Wohngebiet hinsichtlich der Beurteilung von zumutbaren Lärmbelastungen ebensowenig in Betracht wie eine generalisierende Behandlung eines derartigen Gebiets als Mischgebiet (BVerwG, B. v. 24.1.1992 – 4 B 228.91 – Buchholz 406.12 § 4a BauNVO Nr. 2).

12.12 Ein Gebiet, das sich nach seiner Nutzungsstruktur von einem allgemeinen Wohngebiet nicht oder nur unwesentlich unterscheidet, darf nicht als besonderes Wohngebiet festgesetzt werden.

Gegen den Ausschluss aller sonstiger Nutzungen außer der Wohnnutzung in einem besonderen Wohngebiet bestehen durchgreifende Bedenken (so die Leits. des Nds. OVG, B. v. 5.4.2000 (– 1 4846/98 – BauR 2000, 1445).

Aus den Gründen: »*Mit dem weiteren Ausschluss von Räumen und Gebäuden für freie Berufe – außer den nach § 4a Abs. 2 und Abs. 3 BauNVO zulässigen bzw. zulassungsfähigen Nutzungen – wird die Nutzung stärker eingeschränkt als im reinen Wohngebiet*« (Nds. OVG, aaO.).

12.2 Anders als bei den anderen Baugebietsvorschriften sind i. d. R. über die Zweckbestimmung bereits die *ausnahmsweise zulassungsfähigen Betriebe und*

Anlagen aufgeführt, wohl um die beabsichtigte Mischstruktur zu verdeutlichen. Dies kommt jedoch keiner im Vergleich zu anderen Baugebieten bevorzugten Zulassungsfähigkeit der Ausnahmen gleich (ähnlich *Boeddinghaus*, § 4a, aaO.), sondern hat redaktionelle Gründe. Die in die Zweckbestimmung vorgezogene Einschränkung der Zulassungsfähigkeit hinsichtlich der Vereinbarkeit mit der Wohnnutzung soll sich auf alle im Baugebietskatalog aufgeführten Nutzungen beziehen. Aus diesem Grunde konnte bei den in Abs. 2 Nr. 3 aufgeführten »sonstigen Gewerbebetrieben« ein entsprechender Zusatz unterbleiben, wie er z. B. in § 4 Abs. 3 Nr. 2, § 7 Abs. 2 Nr. 3 noch notwendig ist, weil die Zweckbestimmung dieser Baugebiete keinen eindeutigen Hinweis auf den Störgrad der im Baugebiet zulässigen Betriebe und Anlagen enthält. Zur Vermeidung von Auslegungsschwierigkeiten infolge voneinander abweichender Formulierungen in verschiedenen Baugebieten wurde in § 6 Abs. 2 Nr. 4 der bereits in der Zweckbestimmung enthaltene Zusatz »nicht wesentlich störend« bei den sonstigen Gewerbebetrieben gestrichen (ebenso *Bielenberg/Dyong*, § 6 Rdn 383).

12.3 Im Grundsatz ist der VOgeber beim WB-Gebietstyp von einer beabsichtigten Fortentwicklung der Wohnbebauung, *nicht* dagegen von einer Ausdehnung der gewerblichen Nutzung ausgegangen. Die Inanspruchnahme größerer, bisher *unbebauter* Flächen durch Neuansiedlung gewerblicher Betriebe darf daher nur in besonders begründeten Fällen ausnahmsweise erfolgen. Bei neuen Vorhaben wird es sich i. A. um die **Nachfolge aufgegebener Betriebe** an alten gewerblichen Standorten handeln (ebenso *Wilke*, aaO.). Die Vereinbarkeit derartiger Anlagen u. Nutzungen mit der umliegenden Bebauung kann **für gewerbliche Anlagen** generell unterstellt werden, die **nach den** §§ 3, 4 zulässig bzw. ausnahmsweise zulässigkeitsfähig sind. Da es bei konsequenter Handhabung des Vereinbarkeitsprinzips auf die *konkrete* Prüfung im Einzelfall ankommt (s. Rn 13), sind auch Betriebe, die (an sich nur) dem Zulässigkeitskatalog von GE-Gebieten entsprechen oder etwa dem Genehmigungsverfahren nach § 19 BImSchG i. V.m. der 4. BImSchV unterliegen (bei besonderen Vorkehrungen zur Emissionsbegrenzung, s. Vorb. § 7 Rn 9–10) nicht grundsätzlich unzulässig. Ebenfalls können die Änderung und/oder Erweiterung eines bestehenden Betriebs aufgrund der Einzelprüfung flexibler als z. B. häufig in MI-Gebieten gehandhabt werden (Vorb. §§ 2 ff. Rn 10.1–10.2), *wenn* die bisherige Immissionssituation vertretbar ist, durch die Änderung der Anlage (u. ihrer Nutzung) keine Verschlechterung eintritt *und* der Vorrang der Erhaltung u. Fortentwicklung der Wohnnutzung gewährleistet bleibt.

12.4 Die **konkrete Vereinbarkeitsprüfung** in WB-Gebieten hat den Vorteil, dass sie – getragen vom Grundsatz der gegenseitigen Rücksichtnahme (Vorb. §§ 2 ff. Rn 22 f.) – den gewerblichen Betrieben und der Wohnnachbarschaft eine »*kalkulierbare Zukunft*« (so *Wilke*, aaO.) ermöglicht. Die Wohnbürger können davon ausgehen, dass sich die bestehende Immissionssituation nicht (mehr) verschlechtern wird, da die Eigenart des Gebiets nachteilig verändernde Vorhaben nicht zulässig sind. Die vorhandenen Betriebe erhalten eine stärkere Sicherheit, dass die umgebende Bebauung nicht zu ihren Ungunsten verändert wird. Dies bedeutet einen Vorteil gegenüber der meistens unsicheren Rechtsstellung in Gebieten nach § 34 BauGB; denn nach der Erfahrung ist das »Einfügen« eines Vorhabens in die Eigenart der näheren Umgebung nach § 34 Abs. 1 BauGB nicht von Unwägbarkeiten frei, abgesehen davon, dass die weitere Entwicklung der umgebenden Bebauung nicht vorhersehbar ist (ebenso *Wilke*, aaO.). Die notwendige **Vereinbarkeit** mit der Wohnnutzung **entspricht** letztlich **der** (konkret) erforderlichen **Gebietsverträglichkeit** in den »Katalog«baugebieten.

13 **b) Störanfälligkeit des Gebiets; zum Lärmschutz.** Die Störanfälligkeit des WB-Gebiets und seine Einordnung nach Immissionsschutzgesichtspunkten ist durch die **Vereinbarkeit** der zulässigen und ausnahmsweise zulassungsfähigen

§ 4a   Abs. 1   13.1

Nutzungen **mit dem Wohnen unter Berücksichtigung der besonderen Eigenart des Gebiets** bestimmt. Die besondere Eigenart der WB-Gebiete, die sich aus ihrer entstehungsgeschichtlich belegten besonderen städtebaulichen Situation ergibt, bedingt es, dass sie eine andere Störanfälligkeit aufweisen als die anderen Gebietstypen der BauNVO (vgl. Begr. zur ÄndVO 1977, BR-Drucks. 261/77).

Die Vereinbarkeit mit dem Wohnen ist unter anderem Aspekt zu beurteilen als in § 4 für allgemeine Wohngebiete das »Nicht-Stören« des Wohnens. Die besondere Eigenart, nämlich neben dem Wohnen in nicht nur untergeordnetem Umfang auch andere Nutzungen aufzunehmen, ist mit in Rechnung zu stellen. »**Vereinbarkeit**« in diesem Sinne bedeutet, dass Wohnnutzung und andere Nutzungen in Anbetracht der wechselseitigen Wirkungen aufeinander nicht in einem derartigen Spannungsverhältnis stehen, dass die Wohnnutzung zwangsläufig auf Dauer verdrängt wird. Ob demnach bestimmte Nutzungen nach ihrer Art mit der Wohnnutzung vereinbar sind, kann nur nach den jeweiligen Gegebenheiten des einzelnen Gebiets, insbes. nach der Art und dem Grad der vorhandenen Nutzungsmischung, beurteilt werden (Rn 7). Es sind daher nicht alle Anlagen der in § 4a Abs. 2 und 3 aufgeführten Nutzungen (zu den Begriffen »Anlagen« und »Nutzungen« s. § 1 Rn 78–81) zulässig bzw. ausnahmsweise zulassungsfähig, insbes. häufig nicht Gewerbebetriebe i.S.d. Abs. 2 Nr. 3, sondern nur solche im Rahmen der für jedes WB-Gebiet individuell zu beurteilenden Vereinbarkeit mit dem Wohnen. *Wilke* (aaO.) weist zu Recht darauf hin, dass dem § 4a-Gebietstyp anstelle dem in den anderen Baugebietsdefinitionen vorherrschenden »**Störprinzips**« das »**Vereinbarkeitsprinzip**« zugrunde liegt.

Die in den anderen Baugebieten für die Beurteilung des Störungsgrades gewerblicher Anlagen im Grundsatz maßgebende *typisierende Betrachtungsweise* (Vorb. §§ 2 ff. Rn 9–10.13) wird in Baugebieten des WB-Gebietstyps zugunsten einer mehr auf das **tatsächliche Emissionsverhalten** abstellenden Beurteilung der gewerblichen Anlagen u. Nutzungen zu erfolgen haben; danach wird über die Verträglichkeit der Gewerbebetriebe mit der Wohnnutzung zu entscheiden sein. Bei einer derartigen Beurteilungsweise ist die Beeinflussung durch subjektive Empfindungen – die Bevölkerung hat sich aufgrund ihrer Sozialstruktur beispielsweise mit gewissen Betrieben identifiziert – nicht auszuschließen.

Die Sorge von *Wilke*, dass grundsätzlich alle Gemengelagen als Baugebiete besonderer Prägung angesehen werden u. dass die Funktionstrennung von Wohnen u. Arbeiten in der Städteplanung vollkommen aufgegeben werden könnte, ist wohl nicht ganz unberechtigt (*Wilke*, aaO., Nr. 1d). Die Feststellung, ob ein Gebiet die vorauszusetzende »besondere Eigenart« i.S.v. § 4a Abs. 1 Satz 1 aufweist, bedarf einer sorgfältigen Analyse. Dies bedeutet, dass die »Vereinbarkeit« der Betriebe und Anlagen mit dem Wohnen in verschiedenen Teilen einer Gemeinde und/oder Städten – zum Teil in Abhängigkeit von dem *Gewöhnungseffekt der Bewohner* – graduelle Unterschiede aufweisen kann.

13.1 **Die Gewöhnung der Bewohner an eine bestimmte vorhandene Gebietsstruktur und an einen relativen Störgrad der sonstigen Nutzungen** lässt sich u.a. an der Zahl oder dem Fehlen von Beschwerden ablesen und **sollte** bei der Bestandsaufnahme des Gebiets mit **berücksichtigt werden**. Vorhandene Einflüsse aus dem gebietseigenen und -fremden Verkehr sowie gewerbliche Immissionen spielen gleichfalls eine Rolle. Je nach der Stärke der Sensibilisierung der Bewohner erfordert die Berücksichtigung der Gebietsstruktur u.U. den Ausschluss bestimmter Anlagen aus einzelnen Nutzungen oder deren Umwandlung in Ausnahmen gem. § 1 Abs. 5 i.V.m. Abs. 9 (§ 1 Rn 100–103). Sie können in einem bestimmten WB-Gebiet mit dem Wohnen nicht vereinbar sein, während sie in einem anderen WB-Gebiet (einer anderen Gemeinde eines anderen Landes) mit dem dortigen Wohnen als übliche Anlagen durchaus noch vereinbar sind.

13.2–13.5 **Abs. 1** **§ 4a**

Entspr. der möglichen Unterschiedlichkeit der Gebietsstruktur kann die **Einordnung** des WB-Gebiets **in Schallschutzvorschriften** und -normen nicht starr vorgenommen werden, sondern muss unter Berücksichtigung des wandelbaren Begriffs der Vereinbarkeit in einer gewissen Bandbreite erfolgen. In dem Beiblatt zur DIN 18 005, 1987 (Anh. 7.1), sind für das WB-Gebiet nach seiner Schutzbedürftigkeit Orientierungswerte von tags 60 dB(A) nachts 45/40 dB(A) vorgesehen (§ 1 Rn 56). Dabei kann je nach Lage innerhalb des Gemeindegebiets und etwaigen verkehrsregelnden Maßnahmen bei einer Ruhigstellung des Gebiets nachts auch ein anderer Orientierungswert in Frage kommen. Im Hinblick auf die bei der Anwendung von Orientierungswerten zu berücksichtigende Problematik können auch für die Tageswerte von-bis-Werte i. S. einer Bandbreite für das WB-Gebiet in Betracht gezogen werden. Nach Auffassung des VGH BW (U. v. 8.2.2000 und U. v. 26.6.2002, Fundst. jeweils § 4 Rn 20.7) kann ein besonderes Wohngebiet bei der Bandbreite zulässiger Nutzungen nicht ohne weiteres das Lärmniveau eines allgemeinen Wohngebiets beanspruchen, sondern muss je nach Lage des Falles auch das Niveau eines Kern- oder Mischgebiets hinnehmen. Die **VerkehrslärmSchVO** (16. BImSchV, Anh. 7) hat für die WB-Gebiete keinen von den (anderen) Wohnbaugebieten (§§ 2–4 BauNVO) abweichenden IGW festgelegt. Desgleichen enthält die SportanlagenlärmSchVO (18. BImSchV, Anh. 7.2) keine gegenüber den Wohnbaugebieten unterschiedlichen Immissionsrichtwerte (s. dazu § 4 Rn 2.1). **13.2**

Da die Immissions*richtwerte* der TA-Luft anders als die der TA Lärm gebietsunabhängig sind, stellt sich die Frage hinsichtlich spezieller, auf WB-Gebiete bezogener **Richtwerte für Luftverunreinigungen** ebensowenig wie für die anderen Baugebiete. Da es sich bei WB-Gebieten um die Beplanung typischer Gemengelagen-Gebiete handelt (vgl. Nr. I, 6.2.2 Planungserlass NW), würde die Anwendung der *Abstandsliste* zu erheblichen Schwierigkeiten führen (vgl. z. B. Nr. 2.221 Abstandserlass NW). In erster Linie ist i. S. d. Verbesserungsgebots (z. B. I. 2.2 Planungserlass NW) entsprechend der jeweiligen Situation anzustreben, bei Verbesserung der bestehenden Verhältnisse einen insgesamt erhaltenswerten Zustand zu sichern. In diesen Fällen, z. B. bei Problemen der Geruchsbelästigung (etwa durch Kaffeeröstereien oder Brauereien als Altanlagen des Gebiets), sollen die für den Immissionsschutz zuständigen Fachbehörden durch ihre Stellungnahme zu einer Lösung beitragen, die – unter Berücksichtigung der gesamtplanerischen Belange und des Planungsziels (Fortentwicklung der Wohnnutzung) – hinsichtlich des Immissionsschutzes die erreichbaren Fortschritte gewährleistet. Wegen des **in Gemengelagen** grundsätzlich geltenden *Gebots der gegenseitigen Rücksichtnahme* ist es vertretbar, wenn im Einzelfall nicht jegliche Beeinträchtigung durch Geruchs- (und durch Lärm-)Immissionen ausgeschlossen werden kann. **13.3**

Bei der Änderung bestehender gewerblicher Anlagen oder der Neuansiedlung als Nachfolgebetrieb einer aufgegebenen gewerblichen Nutzung (die *Ausdehnung* durch Inanspruchnahme bisher nicht gewerblich genutzter Flächen widerspräche im Grundsatz der Zweckbestimmung von WB-Gebieten, Rn 12) müssen Fragen der Lärm- u. Geruchsbelästigung kritisch geprüft werden. **13.4**

Kann das WB-Gebiet als nicht durch Geruchsbeeinträchtigungen (vor-)belastet angesehen werden, dürfte die Errichtung geruchsbelästigender Anlagen, etwa die Einrichtung einer Lackiererei in einem bereits bestehenden Kfz-Reparaturbetrieb, als mit der (besonderen) Eigenart des Gebiets (zwecks Fortentwicklung der Wohnnutzung) nicht vereinbar nicht zugelassen werden (ebenso *Wilke*, aaO.).

Im Zusammenhang mit der Gemengelagen-Problematik ist ein U. d. BVerwG v. 16.5.2001 (– 7 C 16.00 – UPR 2001, 352 = NVwZ 2001, 1167) von besonderer Bedeutung. Das BVerwG hat es für rechtlich möglich gehalten, dass ein B-Plan mit der Festsetzung »*Fläche für den Gemeindebedarf ... Bürgerhaus, Jugendhaus, Schule und Sporthalle mit Stellplätzen und Grünanlagen*« wegen des Lärms aus »herangerückten« kommunalen Einrichtungen **nicht neben einem besonderen Wohngebiet** festgesetzt werden kann. Dabei hatte der VGH BW in seinem U. v. 8.2.2000 (– 10 S 72/99 – VBlBW 00, 483) dem besonderen Wohngebiet wegen einer **Gemengelagensituation** mit überwiegend überzeugender Begr., u.a. dem Hinweis auf das U. des 4. Senats des BVerwG v. 23.9.1999 (– 4 C 6.98 – BRS 62 Nr. 86) über das faktische Heranrücken eines **13.5**

Wohngebiets an eine vorhandene Sportanlage, dem Wohngebäude des Klägers das Lärmschutzniveau eines Kerngebiets zugesprochen. Die rechtliche Überlegung des 7. Senats des BVerwG überzeugt nicht. Nach der Rspr. des BVerwG bestehen sogar keine grundsätzlichen Bedenken für das Nebeneinander von Sportplätzen und Wohngebieten (U. v. 24.4.1991 – 7 C 12.90 – BVerwGE 88, 193) und von Bolzplätzen und Wohngebieten (B. v. 3.3.1992 – 4 B 70.91 – NVwZ 1992, 884), obwohl diese ganz unterschiedlichen Nutzungen zumindest gleich hohe, wenn nicht sogar noch höhere Konflikteigenschaften besitzen, als das Nebeneinander eines besonderen Wohngebiets und kommunaler Einrichtungen.

4. Entwickeln aus dem Flächennutzungsplan; Verhältnis zu § 34 BauGB

14 a) **Entwickeln aus dem FN-Plan.** Die Entwicklung eines mittels B-Plan festzusetzenden WB-Gebiets aus dem FN-Plan gibt dann Probleme auf, wenn nicht gleichzeitig im Parallelverfahren der FN-Plan gleichlautend aufgestellt bzw. für diesen Zweck geändert wird.

Der Aufwand zur Änderung eines geltenden FN-Planes speziell für einen B-Plan ist nicht immer zu vertreten. Er ist nur dann gerechtfertigt, wenn der Begriff »Entwickeln« den Verzicht auf FN-Plan-Änderungen nicht bereits zulässt. Nach der Rspr. (s. § 1 Rn 68–71) lässt der Begriff »Entwickeln« nämlich eine gewisse Abweichung des B-Plans vom FN-Plan zu, sofern die *Grundzüge der Planung* nicht verletzt werden. Als WB-Gebiete kommen Gebiete in Betracht, die **nach altem Recht** mangels einer besser passenden Baugebietskategorie sonst als WA-, MI- oder MK-Gebiete dargestellt oder festgesetzt worden wären. Die in § 4a Abs. 1 enthaltenen speziellen Voraussetzungen engen die Zulässigkeit der Festsetzung eines WB-Gebiets so stark auf die vorgegebene konkrete Gebietsstruktur und das Planungsziel ein, dass demgegenüber allgemeine formale Gesichtspunkte des Entwickelns aus einem abstrakt dargestellten Baugebiet oder einer Baufläche zurücktreten müssen. Ein WB-Gebiet muss daher nicht zwingend aus einer Wohnbaufläche, sondern kann ebenso aus einer gemischten Baufläche entwickelt werden (s. dazu Rn 12.11).

Das WB-Gebiet gibt die Möglichkeit, gewisse planungsrechtliche Korrekturen anzubringen, die wegen des Fehlens dieses Baugebiets vorher nicht möglich waren. Es kann auch aus einem im FN-Plan dargestellten WA-Gebiet oder MI-Gebiet, ggf. selbst aus einem MK-Gebiet entwickelt werden, sofern nur die Voraussetzungen des § 4a Abs. 1 vorliegen. Einer vorherigen Änderung des FN-Planes bedarf es dann nicht; denn die **Grundzüge** der Planung werden nicht verletzt. Es wäre verfehlt, das WB-Gebiet als einen Baugebietstyp zu verstehen, der nur den Wohnbauflächen zuzuordnen ist. Entstehungsgeschichte und Begr. in der ÄndVO 1977 lassen dies eindeutig erkennen. Die Entwicklung des WB-Gebiets aus einer *gewerblichen* Baufläche wäre allerdings **unzulässig**; hierdurch würden die Grundzüge der Planung, die in eine völlig andere – nämlich überwiegend gewerbliche – Richtung zielen, verletzt (im Ergebnis wie hier *Boeddinghaus*, § 4a Rdn. 8; *Ziegler*, in: *Brügelmann*, § 4a Rdn. 25).

14.1 Bei der Aufstellung des B-Plans für ein WB-Gebiet wird eine *differenzierende Beschreibung* der besonderen Eigenart des Gebiets in der Begründung i. d. R. erforderlich sein. Hierzu gehört die Bestandsaufnahme über Art u. Umfang der vorhandenen Bebauung und eine Erläuterung der bestehenden Immissionssituation (Vorbelastung). Die Gebietsbeschreibung ist, worauf *Wilke*, aaO., mit Recht hinweist, für bestehende Betriebe geradezu existenznotwendig, um spätere Auseinandersetzungen bei betrieblichen Änderungen oder Neuansiedlungen zu vermeiden.

Im Interesse der eindeutigen Abklärung der vorhandenen Immissionssituation sollte – in Abhängigkeit von der besonderen Eigenart – auf die Vorbelastung im B-Plan als Kenntlichmachung hingewiesen werden (keine Festsetzung!). Hinsichtlich Fragen der Geruchseinwirkungen sollte gleichfalls in der Begr. eine Situationsbeschreibung über das (Nicht-)Vorhandensein geruchserheblicher Anlagen u. Nutzungen erfolgen, etwa nach dem Beispiel bei *Wilke* (aaO.): Im Nahbereich einer Kaffeerösterei bestehen geringfügige Geruchsimmissionen durch die gereinigten Abgase der Röstanlagen. Zweckmäßig erscheint weiterhin die Aufnahme *der* gewerblichen Nutzungen in die textlichen Festsetzungen, die mit der vorhandenen u. fortzuentwickelnden Wohnnutzung *vereinbar* sind. Dies ist für den Bestandsschutz und die -sicherung der vorhandenen Betriebe von erheblicher Bedeutung.

b) **Verhältnis zu § 34 BauGB.** Innerhalb der im Zusammenhang bebauten Ortsteile ist ein Vorhaben zulässig, wenn es sich in die Eigenart der näheren Umgebung *einfügt*. Entspricht die Eigenart der näheren Umgebung nach der vorhandenen Bebauung einem der in der BauNVO bezeichneten Baugebiete, so ist ein Vorhaben nur zulässig, wenn es nach der BauNVO in dem Baugebiet zulässig wäre (§ 34 Abs. 2 BauGB). **15**

Nach dem *Wortlaut* des § 34 Abs. 2 BauGB könnte zur Beurteilung der Eigenart der näheren Umgebung eines Vorhabens auch das WB-Gebiet herangezogen werden. Das WB-Gebiet fällt jedoch aus der Systematik der übrigen Baugebiete der BauNVO heraus. Die Anwendung des § 34 Abs. 2 setzt voraus, dass die Eigenart der näheren Umgebung nach der tatsächlich vorhandenen Bebauung einem Baugebiet nach der BauNVO entspricht; die Eigenart muss der Zweckbestimmung und dem Baugebietskatalog, d. h. der durch diesen Katalog *vorgegebenen* Nutzungsstruktur eines Baugebiets, entsprechen. Bei der Bestimmung der Eigenart kommt es auf den *derzeitigen* Zustand des vorhandenen Bestandes i. S. einer »Momentaufnahme« des Gebietscharakters an. Die *Zweckbestimmung* des WB-Gebiets ist dagegen »dynamisch« auf die Fortentwicklung der Wohnnutzung gerichtet. Sie wird erst durch die zusätzliche Festsetzung nach § 4a ermöglicht. Dies setzt eine B-Planung durch entsprechenden B. der Gemeinde über die Anwendung des Abs. 4 und den dabei zu bestimmenden Anteil der Wohnnutzung voraus, der im Falle der Zulassung eines Vorhabens nach § 34 Abs. 2 nicht bestimmt ist. Die Heranziehung nur der Abs. 2 und 3 des § 4a zur Beurteilung der Eigenart eines Gebiets nach § 34 Abs. 2 BauGB reicht nicht aus. Diese Feststellung stimmt mit dem B. des BVerwG v. 11.12.1992 (– 4 B 209.92 – DVBl. 1993, 449 = UPR 1993, 146 = DÖV 1993, 621 = ZfBR 1993, 144) überein; danach sind »planerische Absichten der Gemeinde im Sinne von § 4a BauNVO einer Wahrnehmung regelmäßig nicht zugänglich, deren Aufgabe es ist, den tatsächlichen Gebietscharakter zu dem Zeitpunkt zu ermitteln, in dem über die Zulässigkeit eines Bauvorhabens zu befinden ist«; vgl. ferner VGH BW, U. v. 15.8.1991 (– 8 S 1553/91 –) u. U. v. 20.8.1991 (– 5 S 2881/90 – GewArch. 1992, 199 = UPR 1992, 354 = NVwZ-RR 1992, 465; in diesem Sinne auch *Boeddinghaus*, Rdn. 14; *Ziegler*, in: *Brügelmann*, § 4a Rdn 26).

c) **Änderung von Regelungen aufgrund der ÄnderungsVO 1990.** In Abs. 1 Satz 1 sind die Worte »im Wesentlichen« (bebaute Gebiete) durch »überwiegend« ersetzt worden. Hiermit soll nach der Begründ. des Reg. Entw. (BR-Drucks. 354/59, S. 47) ohne inhaltliche Änderung eine *klarstellende* Anpassung an den in der BauNVO sonst gebräuchlichen Begriff der »überwiegend bebauten Gebiete« erfolgen. **15.1**

In **Abs. 3 Nr. 2** ist die **Zulässigkeit von Vergnügungsstätten** in WB-Gebieten neu geregelt und damit zugleich die Grundlage für die Behandlung von Vergnügungsstätten in den anderen Baugebieten gelegt worden. Wesentliches Anliegen des VOgebers ist es dabei gewesen, städtebaulich nachteilige Auswir- **15.2**

§ 4a   Abs. 2   16–16.2

kungen, insbes. auf das Wohnen u. a. schutzbedürftige Nutzungen, die von Vergnügungsstätten ausgehen können, zu erfassen (ausf. dazu Vorb. §§ 2 ff. Rn 4.4–4.9). Zur Abgrenzung der **nicht kerngebietstypischen** Vergnügungsstätten i. S. v. § 4a Abs. 3 Nr. 2 von den sog. *kerngebietstypischen*, seit jeher im MK-Gebiet zulässigen Betrieben, s. Rn 23 f.

5. **Allgemein zulässige Nutzungen (Abs. 2)**

16 a) **Wohngebäude (Nr. 1).** Zum Begriff und zur Abgrenzung gegenüber anderen Wohnformen s. § 3 Rn 10–12.1.

16.1 b) **Läden, Betriebe des Beherbergungsgewerbes, Schank- und Speisewirtschaften (Nr. 2).** Zum Begriff **Läden** s. grundsätzlich § 2 Rn 10–12; § 4 Rn 5–5.7.

Läden in ihrer städtebaulichen Bedeutung dürfen trotz Fortfalls der Einschränkung zur Versorgung des Gebiets dienend (§§ 2, 4) nicht mit Verkaufsstellen jeglicher Art oder etwa Einzelhandelsbetrieben (§ 5 Rn 15 f., § 6 Rn 5–6) gleichgestellt werden. Besondere Wohngebiete in den innerstädtischen Bereichen werden durch das häufige Nebeneinander mit anderen Baugebieten wie Misch- oder Kerngebieten auch von Bewohnern anderer Gebiete zum Einkauf aufgesucht werden. Da die Gebietsversorgung ausdrücklich entfallen ist, können die Verkaufsflächen größer als etwa in den WA-Gebieten sein (§ 4 Rn 5–5.4). Derartige Läden *ohne Einschränkung* der Branchen und der jeweiligen Spezialisierung können u. U. die besondere Eigenart des jeweiligen WB-Gebiets mit prägen (im gleichen Sinne *Förster*, § 4a, Anm. 2). So können auch »Sex-Shops« als nicht der Versorgung des Gebiets dienende Läden – vom Grundsatz her – zulässig sein (s. auch Rn 22.4). Dagegen ist ein Sexfilmkino als *Vergnügungsstätte* einzustufen (Näheres Rn 22 f.).

16.11 Der Betrieb von 15 Videokabinen in einem **Sexshop**, die nur gegen ein besonderes Entgelt genutzt werden können, stellt auch dann eine einer selbständigen Untersagungsanordnung zugängliche Nutzung als Vergnügungsstätte dar, wenn sich dieser Betriebsteil auf den Vertrieb der Sex-Artikel fördernd auswirken sollte (OVG Bln., B. v. 9.4.1997 – 2 S 5/97 – NVwZ-RR 1998, 21; so auch OVG Brem., B. v. 4.4.1991 – 1 B 74/90 – BauR 1991, 434; s. weitere Judikatur in § 4a Rn 23.82).

16.2 Zum Begriff »**Betriebe des Beherbergungsgewerbes**« und der Abgrenzung gegenüber anderen Anlagen zur Übernachtung s. grundsätzlich § 3 Rn 19–19.5 und – da die Einschränkung »kleine« entfallen ist – § 4 Rn 8–8.2.

Zum Begriff »**Schank- und Speisewirtschaften**« und zur Abgrenzung gegenüber anderen Anlagen und Betrieben, in denen (gleichfalls) Speisen und Getränke zum Verzehr verabreicht werden, s. grundsätzlich § 2 Rn 13–14.2, § 4 Rn 4.2 f. und die Ausführungen zu den Vergnügungsstätten, Rn 22–24.51.

Die grundsätzlich notwendige Vereinbarkeit der nach Abs. 2 Nr. 2 bis 5 zulässigen Nutzungen mit der Wohnnutzung bedarf bei der Zulassung von Betrieben des Beherbergungsgewerbes u. bei Schank- und Speisewirtschaften besonderer Beachtung, da bei diesen Nutzungsarten jegliche einschränkenden Merkmale hinsichtlich Umfang u. Größe (u. a. bisher durch die Gebietsversorgung gewährleistet) entfallen sind. Hier werden die Zulässigkeitsvoraussetzungen des § 15 Abs. 1 Satz 1 (Umfang, Lage u. Zweckbestimmung) fallweise besonders zu prüfen sein.

c) **Sonstige Gewerbebetriebe (Nr. 3).** Hierunter fallen alle gewerblichen Nutzungen (Anlagen und Betriebe), die durch einen spezielleren städtebaulichen Begriff nicht bereits ausgeschlossen sind wie *Einzelhandelsbetriebe* durch den Begriff »Läden«. Zulässig sind in diesem Sinne zunächst alle **nicht störenden Handwerksbetriebe**, ohne dass diese funktionell der Versorgung des Gebiets zugeordnet sein müssen. Ferner zählen dazu alle nicht störenden Gewerbebetriebe i. S. v. § 2 Abs. 3 Nr. 4 (zum Begriff u. zur Abgrenzung s. Vorb. §§ 2 ff. Rn 3.4–4.3, § 2 Rn 24–25.2 ff.; zum Begriff »nicht störende Handwerksbetriebe« s. § 2 Rn 15–20.1). Ob und inwieweit die Zulässigkeit sonstiger Gewerbebetriebe nach Nr. 3 sich auch auf solche i. S. v. § 6 Abs. 2 Nr. 4 (dort Rn 7–12) erstrecken kann, lässt sich nur nach der besonderen Eigenart des konkreten WB-Gebiets beantworten. Die Entscheidung wird von der tatsächlichen Vereinbarkeit der Gewerbebetriebe mit der Wohnnutzung (Abs. 1 Satz 2 letzter Halbs.) abhängen (Rn 12–13.4). Dazu können zählen: Optische Werkstätten, Installationsbetriebe, Druckereien, Varianten von Kfz-Reparaturwerkstätten, u. U. auch eine kleine Brauerei oder alteingesessene Kaffeerösterei.

17

d) **Geschäfts- und Bürogebäude (Nr. 4).** Bei diesem **städtebaurechtlichen** Begriff handelt es sich um bauliche Anlagen, die dazu bestimmt und geeignet sind, in erster Linie gewerbliche Nutzungen (Anlagen) aufzunehmen, die büromäßig betrieben werden. Dazu gehören insbes. Dienstleistungsbetriebe jeglicher Art und/oder Räume (Geschosse) für freie Berufe. Der Begriff ist *schillernd*. Geschäfts- und Bürogebäude werden **bauplanungsrechtlich** als Nutzungsart (zum Begriff s. § 1 Rn 101) stets gemeinsam aufgeführt, teils noch um den Begriff »Verwaltungsgebäude« erweitert (§ 7 Abs. 2 Nr. 1, § 8 Abs. 2 Nr. 2). Aus diesem Grunde ist eine Abgrenzung gegeneinander nicht erforderlich und auch nicht möglich (im Ergebnis ebenso *Förster*, § 6 Anm. 2b). Dagegen ist der **städtebaurechtliche** Begriff »Geschäfts- und Bürogebäude« deutlich von *ähnlichen bauordnungsrechtlichen* Begriffen nach den **LBOen**, teilweise in Anlehnung an § 51 Abs. 2 Nr. 2 u. 4 MusterbauO – Fassung 1993 – oder nach früheren Fassungen abzugrenzen. Die bauordnungsrechtlichen Begriffe wie »Geschäftshäuser« (z. B. BauO NW u. BauO BW), »Warenhäuser und sonstige Geschäftshäuser« (BayBauO) oder »Büro- und Verwaltungsgebäude« (BauO NW u. BauO BW) dienen der *Sicherheit u. Ordnung*, um bestimmte Anforderungen an die gesamten baulichen Anlagen aus dem Gesichtspunkt der *Gefahrenabwehr* zu stellen oder deren Nutzung durch »besondere Personengruppen« ohne fremde Hilfe zu gewährleisten. *Ziegler* (aaO., Rdn. 38) weist mit Recht darauf hin, dass die Begriffe der LBOen zur Auslegung des *städtebaurechtlichen* Begriffs »Geschäfts- und Bürogebäude« nicht herangezogen werden können.

18

Da Läden nach dem üblichen Sprachverständnis auch »Geschäfte« sind, bestehen keine Bedenken, dass Geschäfts- und Bürogebäude im Erdgeschoss z. B. auch Läden enthalten, mithin gemischt genutzt werden, wie Geschäfts- und Bürogebäude nach dem Zulässigkeitskatalog zugleich Wohnungen enthalten können. Dagegen sind größere Einzelhandelsbetriebe (zum Begriff s. § 5) wie Warenhäuser als »Geschäftsgebäude« nicht zulässig; sie fallen nach dem städtebaurechtlichen Verständnis nicht unter »Geschäfte« (im gleichen Sinne *Bielenberg*, § 6 Rdn 16). Sie könnten nach der jeweiligen Eigenart des Gebiets allenfalls unter den »*Sammelbegriff*« der sonstigen Gewerbebetriebe (Nr. 3) fallen.

18.1

§ 4a   Abs. 2   18.2–20

18.2 Der Begriff »*Geschäfts- und Bürogebäude*« ist ersichtlich weitgefasst. Ob er insbes. der *Fortentwicklung* der Wohnnutzung dienlich ist, ist zweifelhaft; in diesem Sinne sollte bei Festsetzung des WB-Gebiets bereits abgeklärt werden, ob Geschäfts- und Bürogebäude nach § 1 Abs. 5 ausgeschlossen werden oder nur ausnahmsweise zugelassen werden sollten (s. Rn 5.1). Geschäfts- und Bürogebäude werden im Regelfall zwar nur zur üblichen Geschäftszeit genutzt und weit überwiegend am Samstag gar nicht, so dass die Wohnruhe abends (nachts) und zum Wochenende i. A. gewährleistet ist. Der Kfz-Verkehr tagsüber im Zusammenhang mit dem üblichen Geschäfts- und Besucherverkehr ist aber erfahrungsgemäß eine erhebliche Störquelle; denn er lässt eine weitere Ausdehnung des tertiären Bereichs bei einer Regelfestsetzung zu. Die nach der Regierungsvorlage (BR-Drucks. 261/77) deshalb zunächst nur als ausnahmsweise zulassungsfähig vorgesehenen Geschäfts- und Bürogebäude wurden erst vom BR in den Katalog der zulässigen Nutzungen nach Abs. 2 eingefügt.

19 *Geschäfts- und Bürogebäude* dienen u. a. der Aufnahme von Geschäfts- und Büroräumen für den Betrieb von Banken (Sparkassen), Versicherungsunternehmen, von Ausstellungsräumen, Werbe-, Nachrichten- und Reiseagenturen, von Büro- und Praxisräumen für alle Berufe i. S. des § 13, wie Ärzte, Rechtsanwälte, Handelsvertreter, Makler, beratende Berufe jeglicher Art, als Sitz von Fachverbänden und (Handels-)Organisationen im weitesten Sinne, von ausländischen Wirtschaftsvertretungen, Konsulaten u. dergl. Im Umkehrschluss zu Abs. 3 Nr. 1, wonach **Anlagen** für »zentrale« Einrichtungen der **Verwaltung** nur ausnahmsweise zulassungsfähig sind, können in den Gebäuden nach Abs. 2 Nr. 4 auch kleinere private und öffentliche Verwaltungen untergebracht werden, soweit ihre Tätigkeit büromäßig ausgeübt wird (§ 4 Rn 11–12.2). In diesem Sinne sind in WB-Gebieten beispielsweise Postämter, Polizeireviere oder Krankenkassen und Gesundheitsämter zulässig (ebenso *Förster*, § 4a Anm. 2; *Bielenberg/Dyong*, aaO., Rdn. 373). Entscheidend ist die *funktionelle* Zuordnung zur Wohnnutzung. Aus diesem Grunde wäre z. B. ein *Feuerwehrdepot nicht* zulässig. Da die Beschränkung oder gar Versagung der Nutzungsgenehmigung im Einzelfall aufgrund des § 15 Abs. 1 gerade gegenüber der öffentlichen Hand oder quasi-öffentlichen Unternehmen der Daseinsvor- und -fürsorge schwierig sein dürfte, ist der Zulässigkeitskatalog bereits bei Festsetzung des WB-Gebiets sorgfältig abzugrenzen.

20 e) **Anlagen für kirchliche, kulturelle, soziale, gesundheitliche und sportliche Zwecke (Nr. 5); der Begriff der sehr seltenen Ereignisse.** Die genannten Gemeinbedarfsanlagen sowie Sportanlagen sind allgemein zulässig **entspr. ihrer Vereinbarkeit** mit der Wohnnutzung nach der (jeweiligen) besonderen Eigenart des Gebiets (z. den Anlagen allgemein s. Vorb. §§ 2 ff. Rn 11–15.1; ferner § 4 Rn 6–7.7). Um der zu Missdeutungen Anlass gebenden »Sozialadäquanz« in Bezug auf **Anlagen** für sportliche Zwecke (s. Vorb. §§ 2 ff. Rn 12.101) vorzubeugen, ist darauf hinzuweisen, dass die *vorauszusetzende* Vereinbarkeit von Sportanlagen mit der Wohnnutzung besonders sorgfältiger Prüfung bedarf. Das gilt z. B. für sog. *Bolzplätze* in Innenhöfen einer Blockbebauung. Nach vielfältiger Erfahrung wird durch eine kleinere Spielfläche die Lärmauswirkung beim Bolzen nicht etwa adäquat der Spielfläche herabgesetzt, zumal bei hochgeschossiger Bebauung der Lärm besonders in den oberen Geschossen nachteilig wahrzunehmen ist. Wegen der häufig **dichten Bebauung von WB-Gebieten** werden Sportarten, die auf eine mehr oder weniger große Freifläche angewiesen sind, selten in Betracht kommen. Die Errichtung eines für einen größeren Einzugsbereich vorgesehenen Hallenschwimmbades oder einer (gewerblich) betriebenen Tennishalle oder dergl. kann wegen des *zusätzlichen* motorisierten Zu- und Abgangsverkehrs (z. üblichen Kfz-Verkehr der Bewohner) – häufig gerade in den Abendstunden – Bedenken begegnen (im Ergebnis wohl auch *Ziegler*, aaO. Rdn. 31); *Bielenberg* (§ 4a Rdn. 56) meint hingegen, dass Anlagen für sportliche Zwecke qualitativ der *»Fortentwicklung der Wohnnutzung dienlich sein könnten.«* Die **Wohnverträglichkeit** wird entscheidend von der Größe (Umfang) u. der Lage der jeweiligen Sportanlage abhängen. Handelt es sich z.B. um eine (kleinere) *Schwimmhalle* des Ortsteils, wie sie sich häufiger in den neuen Bundesländern befindet, u. nicht um das »Zentralbad« der Stadt, wird auch der Kfz-Zu- u. Abgangsverkehr noch zumutbar sein.

Im Zuge der Festsetzung von Anlagen für bestimmte Zwecke i. S. v. § 4a Abs. 2 Nr. 5 – wie gleichermaßen nach § 4 Abs. 2 Nr. 3 – BauNVO werden von den Gemeinden häufig ganz unterschiedliche (Teilzeit-)Einrichtungen nach den genannten Vorschriften oder nach § 9 Abs. 1 Nr. 5 BauGB festgesetzt. Dabei werden die zu erwartenden Lärmeinwirkungen von den Einrichtungen gegenüber der nachbarlichen (Wohn-)Bebauung vielfach unzulänglich oder gar nicht bedacht. Bei Festsetzung des B-Plans müssen die Höhe (Intensität) des zu erwartenden Lärms abgeklärt und die entsprechenden Schutzmaßnahmen vorgesehen werden.

In einem Rechtsstreit, der dem U. d. VGH BW v. 8.2.2000 (aaO.) und dem U. d. BVerwG v. 16.5.2001 (aaO., Fundst. § 4 Rn 20.7) zugrunde lag, wehrte sich der Eigentümer eines Wohngrundstücks in einem **besonderen Wohngebiet** gegen Anlagen der beklagten Stadt, die in dem B-Plan als *»Fläche für den Gemeinbedarf ... Bürgerhaus, Jugendhaus, Schule und Sporthalle mit Stellplätzen und Grünanlagen«* festgesetzt worden waren. Der VGH BW hat diese Nutzungen als kommunale öffentliche Einrichtungen nach den vorgenannten Vorschriften behandelt und für sie zu Recht nicht auf die SportanlagenlärmSchVO (18. BImSchV) oder die TA Lärm, sondern auf die Freizeitlärm-Richtlinie des LAI abgestellt. Demgegenüber befürwortete die beklagte Gemeinde den Rückgriff auf die SportanlagenlärmSchVO. Das BVerwG traf in seinem U. v. 16.5.2001 (aaO.) folgende Differenzierungen: *»Bilden mehrere in einem räumlichen Zusammenhang stehende, aber organisatorisch selbständige Freizeitanlagen (Jugendhaus und Bürgerhaus) einschließlich einer Sporthalle eine konzeptionelle Einheit i.S. eines ›Freizeitbereichs‹, ist eine einheitliche (summative) Beurteilung der von diesen Anlagen ausgehenden Geräuschimmissionen nach den Bestimmungen der Freizeitlärm-Richtlinie zulässig«* (so der 1. Leits. des U. d. BVerwG v. 16.5.2001).

Eine konzeptionelle Einheit i.S. eines »Freizeitbereichs« kann nach Auffassung des BVerwG dann gegeben sein, wenn die Weiterführung einer überkommenen verbundenen Nutzung (alte Turn- und Festhalle, Jugendheim), die einheitliche Planung auf einer dafür ausgewiesenen Gemeinbedarfsfläche, die gemeinschaftliche Bewältigung des Zufahrtsverkehrs durch eine alle Anlagen erfassende Parkeinrichtung sowie eine einheitliche, auf das Gesamtvorhaben bezogene Baugenehmigung erfolgt. Sie muss darauf hinweisen, dass dieses auch im Hinblick auf seine Wirkungen auf die Umgebung zur einheitlichen genehmigungsrechtlichen Beurteilung gestellt worden ist. In diesem Falle würde sich das Konglomerat öffentlicher Einrichtungen als einheitlich zu beurteilender »Freizeitbereich« darstellen, der die Nutzung der Sporthalle mit umfasst und dieser aus immissionsschutzrechtlicher Sicht ihren eigenständigen Charakter nimmt.

Sollte dagegen eine konzeptionelle Einheit der Anlagen nach Auffassung des BVerwG zu verneinen sein, dürften nur die der Stadthalle einschließlich Bewir-

§ 4a Abs. 2   20.1

tung und dem Jugendhaus zuzuordnenden Immissionen nach der Freizeitlärm-Richtlinie beurteilt werden. Insoweit wäre die Bildung eines Summenpegels zulässig, weil es sich um gleichartige, durch dasselbe Regelwerk erfasste Anlagen handelt.

Die der Sporthalle zuzurechnenden Lärmimmissionen müssten dagegen – so das BVerwG – nach Maßgabe der Vorschriften der 18. BImSchV beurteilt werden. Diese VO sieht nur die Einberechnung des Lärms anderer Sportanlagen vor, nicht jedoch die Summation mit Geräuschimmissionen von Anlagen, die – wie die Stadthalle und das Jugendhaus – nach anderen Regelwerken zu beurteilen sind. Die IRW sowie Mess- und Beurteilungsverfahren stellen die vorhandene Vorbelastung aus andersartigen Anlagen in Rechnung, berücksichtigen sie aber nicht differenzierend nach den jeweiligen Umständen, weil die zugelassenen Immissionen aus Sportanlagen nach Auffassung des VOgebers in jedem Fall einschließlich einer solchen denkbaren Vorbelastung, die sich selbstverständlich im Rahmen der für sie geltenden Regelwerke halten muss, aus Gründen der Sozialadäquanz hinnehmbar sind (BVerwG, U. v. 16.5.2001, aaO.).

Das BVerwG hat in seinem U. v. 16.5.2001 (aaO.) das U. des VGH BW aufgehoben, weil das angegriffene Urteil nach seiner Auffassung bei der Bewertung der von den öffentlichen Einrichtungen der Beklagten ausgehenden Geräusche gegen Bundesrecht verstößt und den Rechtsstreit an den VGH BW zurückverwiesen. Die Begr. des BVerwG kann nicht überzeugen. Bei einem zivilrechtlichen Abwehranspruch nach § 1004 i. V. m. § 906 BGB hätten die Zivilgerichte alle 4 Nutzungen als einheitlich angesehen, da sie letztendlich der Gemeinde als Grundstückseigentümerin zuzurechnen sind. Nachdem das BVerwG die Revision beider Beteiligten an den VGH BW zurückverwiesen hat, hat dieser zu Recht die Auffassung vertreten, dass die in Rede stehenden Anlagen i. S. eines integrativen Konzepts einen Freizeitbereich bilden, dessen Geräuschimmissionen einheitlich nach der Freizeitlärm-Richtlinie zu beurteilen sind (U. v. 26.6.2002 – 10 S 1559/01 – UPR 2003, 76 = VBlBW 2002, 483; die Nichtzulassungsbeschwerde der Beklagten hatten keinen Erfolg [BVerwG, B. v. 19.11.2002 – 7 B 137.02 –]). Der VGH BW hatte für das in einem besonderen Wohngebiet liegende Wohngrundstück des Klägers zutreffend das Lärmschutzniveau eines Misch- bzw. eines Kerngebietes zugrunde gelegt und daher für die Beurteilung der vom Kläger bekämpften Lärmimmissionen die Richtwerte von 60 dB(A) tagsüber, 55 dB(A) innerhalb der Ruhezeiten und 45 dB(A) nachts für maßgebend gehalten. Er hat die beklagte Stadt verurteilt, es zu unterlassen, durch den Betrieb ihrer öffentlichen Einrichtungen dem Wohngrundstück des Klägers Geräuschimmissionen zuzuführen, deren Beurteilungspegel nach Maßgabe der Freizeitlärm-Richtlinie 1995 in der Nachtzeit von 22.00 bis 6.00 Uhr den IRW von 45 dB(A) überschreiten.

Bei Mehrzweckhallen dürfen als sog. seltene Ereignisse die zulässigen IRW, die die Schwelle markieren, oberhalb der in der Regel mit erheblichen Belästigungen zu rechnen ist, an nicht mehr als 10 Tagen oder Nächten eines Kalenderjahres überschritten werden (so zutreffend VGH BW, U. v. 8.2.2000, Fundst. Rn 13.5, u. B. v. 26.6.2002, aaO.; a. A. unter Rückgriff auf die analoge Anwendung der 18. BImSchV, VGH BW, B. v. 14.10.1999 – 8 S 2396/99 – ZfBR 2000,131).

Nach dem U. d. BVerwG v. 16.5.2001 (Fundst. § 4 Rn 20.7) dürfen verschiedenartige Anlagen zuzuordnende sog. seltene Ereignisse, bei denen ausnahmsweise Richtwertüberschreitungen erlaubt sind, nicht ohne weiteres kumulativ zugelassen werden; vielmehr muss sich die Festsetzung der zulässigen Zahl solcher Ereignisse unter Berücksichtigung der gebotenen gegenseitigen Rücksichtnahme an den tatsächlichen Verhältnissen des Einzelfalls ausrichten (so der 2. Leits.). Eine Addition der 18 zulässigen seltenen Sportereignisse zu den 10 Überschreitungen der Immissionsrichtwerte durch sonstige Freizeiteinrichtungen würde den Begriff des seltenen Ereignisses »ad absurdum« führen. Das

Problem ist unter analoger Heranziehung der Regelung in 7.2 Abs. 2 TA Lärm 1998 dahin zu lösen, dass insgesamt nicht mehr als 14 Veranstaltungen den Einwirkungsort belasten dürfen. Von diesen 14 Veranstaltungen dürfen allerdings nur 10 nicht-sportliche Ereignisse sein, denn die vom Verordnungsgeber aus Gründen der Sport- und Gesundheitsförderung gewollte Privilegierung der Sportanlagen darf sich nicht zugunsten sonstigen Freizeitlärms niederschlagen (*Stühler*, BauR 2004, 614).

Der BayVGH hat in seinem U. v. 19.3.1997 (Fundst. § 4 Rn 20.7) den Antrag der beklagten Gemeinde, an mindestens 12 Tagen und Nächten jährlich »freie Hand« in ihrer Mehrzweckhalle zu erhalten, auf 9 Veranstaltungen begrenzt. Der BayVGH hat sich dabei auf das Gebot der gegenseitigen Rücksichtnahme unter Heranziehung der Regelungen der 18. BImSchV und der LAI-Hinweise als Orientierungshilfe bezogen.
In dem B. d. BVerwG v. 28.8.1997 – 7 B 214.97 – auf die Nichtzulassungsbeschwerde heißt es:

»*Diese Frage, die daran anknüpft, dass der VGH die Zahl der zulässigen (seltenen) Ereignisse mit neun auf die Hälfte der Zahl festgelegt hat, mit der die seltenen Ereignisse in Nr. 1.5 des Anh. zur 18. BImSchV definiert werden, würde sich in einem Revisionsverfahren nicht stellen. Die Beklagte übersieht, dass das Berufungsgericht die Sportanlagenlärm-SchutzVO nur als Orientierungshilfe herangezogen hat, weil der unmittelbare Anwendungsbereich nach ihrem § 1 Abs. 1 auf den Betrieb von Sportanlagen beschränkt ist, die zum Zwecke der Sportausübung betrieben werden.*«

Im Bereich des Freizeitlärms durch Live-Musik-, Rockmusik-Darbietungen und Volksfeste (einschließlich Faschingsveranstaltungen) hat sich in der zivil- und verwaltungsgerichtlichen Rspr. über den Begriff der **seltenen Ereignisse** hinaus der Begriff der **sehr seltenen Ereignisse** herausgebildet (BGH, U. v. 26.9.2003 – V ZR 41/03 – BauR 2004, 300 = NJW 2003, 3659 = DÖV 2004, 343 = DVBl. 2004, 376 = NuR 2004,137; OLG Koblenz, U. v. 15.2.2002 – 8 U 461/01 –; RhPfOVG, U. v. 16.4.2003 – 8 A 11903/02 – BauR 2003, 1187, bestätigt durch BVerwG, B. v. 17.7.2003 – 4 B 55.03 – NJW 2003, 2330 = BRS 66 Nr. 167; Hess. VGH, B. v. 8.10.1996 – 14 TG 3852/96 – GewArch. 1997, 162 zu § 4 Abs. 1 S. 1 Nr. 3 GastG u. U. v. 25.2.2005 – 2 UE 2890/04 – GewArch. 2005, 437 = NVwZ-RR 2006, 351; Nds. OVG, U. v. 15.9.1994 – 7 L 5328/92 – GewArch. 1995, 173 = NJW 1995, 900 zu einem Open-air-Konzert im Niedersachsen-Stadion in Hannover; OVG Bremen, U. v. 14.11.1995 – 1 BA 13.95 – GewArch. 1996, 390 zu § 22 Abs. 1 BImSchG sowie BayVGH, U. v. 13.5.1997 – 22 B 96. 3327 – NJW 1998, 401 zu § 12 Abs. GastG u. B. v. 22.11.2005 – 22 B 05.2679 – BayVBl. 2006, 351 = BRS 69 Nr. 169; aus der Lit. vgl. *Stühler*, BauR 2004, 614/616), obwohl der Begriff selbst weder in der Freizeitlärm-Richtlinie noch in der 18. BImSchV aufgeführt ist. Es handelt sich somit um ein Produkt des Richterrechts. Nach Nr. 4.4 der Freizeitlärm-Richtlinie darf bei seltenen Ereignissen der Beurteilungspegel vor den Fenstern im Freien außerhalb der Ruhezeiten 70 dB(A) tags, innerhalb der Ruhezeiten 65 dB(A) und nachts 55 dB(A) nicht überschreiten. Geräuschspitzen sollen die vorgenannten Werte tagsüber um nicht mehr als 20 dB(A) und nachts um nicht mehr als 10 dB(A) überschreiten. § 5 Abs. 5 der 18. BImSchV enthält die gleichen IRW für seltene Ereignisse wie die LAI-Freizeitlärm-Richtlinie. Sie unterscheidet sich von ihr aber dadurch, dass sie nach Nr. 1.5 des Anhangs der 18. BImSchV 18 Kalendertage als seltene Ereignisse wertet und nicht 10 Tage oder Nächte wie in der Freizeitlärm-Richtlinie. Der Bonus für seltene Ereignisse ist nicht nur dann zu gewähren, wenn ein Veranstaltungsort an wenigen Tagen des Jahres genutzt wird. Vielmehr ist dieser Bonus auch dann angebracht, wenn etwa öffentliche Einrichtungen regelmäßig genutzt werden und wenn bestimmte Veranstaltungen einerseits mit zumutbarem Aufwand nicht

§ 4a Abs. 2   20.3

vermieden werden können und andererseits als sozialadäquat hinzunehmen sind (z. B. Silvesterfeiern, Karnevalveranstaltungen, sonstige besondere kulturelle und volkstümliche Anlässe, so zutreffend VGH BW, U. v. 8.2.2000, Fundst. Rn 13.5).

In der verwaltungsgerichtlichen Rspr. war bislang anerkannt, dass eine Überschreitung der für seltene Ereignisse geltenden IRW bei sog. **sehr seltenen Ereignissen** ausnahmsweise in Betracht kommen kann (RhPfOVG, U. v. 16.4.2003, aaO.; Hess. VGH, B. v. 8.10.1996, aaO. u.U. v. 25.2.2005, aaO.; OVG Bremen, U. v. 15.11.1995, aaO. u. BayVGH, U. v. 13.5.1997, aaO.). Dabei muss es sich um **vereinzelte, besonders herausragende Veranstaltungen** handeln, deren Bedeutung so groß ist, dass dahinter das Ruhebedürfnis der Anwohner zurückzutreten hat (Nds. OVG, U. v. 15.9.1994, aaO.). Derartige Merkmale weisen etwa **Jubiläumsfeste dörflicher Vereine** (BayVGH, U. v. 13.5.1997, aaO.), **traditionelle Jahrmärkte** (OVG Bremen, U. v. 15.11.1995, aaO.) und **Volksfeste** (Kirchweih, Kirmes) auf. Es muss sich um **historisch begründete**, also traditionelle Veranstaltungen des gemeinschaftlichen Zusammenlebens handeln.

Für **Live-Musik-Darbietungen** in einer **Sängerhalle** in einem faktischen allgemeinen Wohn- oder Mischgebiet bei Maximalpegel von 84 bzw. 96 dB(A) hat das RhPfOVG (U. v. 18.4.2003, aaO.) eine hiermit vergleichbare, herausgehobene soziale Bedeutung für das örtliche Gemeinschaftsleben mit der Begründung verneint: Es handele sich um eine kommerzielle Veranstaltung, die hauptsächlich der Gewinnerzielung für den Verein diene. Ein besonderer örtlicher Bezug fehle ebenfalls. Dass eine Musikveranstaltung üblicherweise in der Karnevalszeit stattfinde, mag deren wirtschaftlichen Erfolg steigern, begründe aber allein noch keinen besonderen sozialen Rang der strittigen Nutzung für das dörfliche Gemeinschaftsleben. Das RhPfOVG hat daher auf die Klage eines gegenüber der Sängerhalle liegenden Eigentümers eines Wohn- und Geschäftshauses die beklagte Stadt verpflichtet, gegen die Nutzung der Sängerhalle des beigeladenen Vereins zu Live-Musik-Veranstaltungen insoweit einzuschreiten, als bei deren Durchführung an dem nach Ziffer 3 der Freizeitlärm-Richtlinie für das Anwesen des Klägers maßgeblichen Messort die nach Ziffer 4.4 der Richtlinie für seltene Ereignisse geltenden IRW überschritten werden. Das OVG hat die strittige Nutzung der Halle als einen Verstoß gegen die als Ausprägung des Rücksichtnahmegebots nachbarschützende Vorschrift des § 15 Abs. 1 S. 2 BauNVO gewertet. Das Gericht hätte aber auch auf die §§ 22 ff. BImSchG oder auf den öffentlich rechtlichen Abwehranspruch gegen Lärmimmissionen als Anspruchsgrundlagen zurückgreifen können. Es kam nach einer umfassenden Würdigung aller Umstände des Einzelfalls und insbes. der speziellen Schutzwürdigkeit des jeweiligen Baugebiets zum Ergebnis, dass von der Sängerhalle bei der Durchführung von Live-Musik-Veranstaltungen unzumutbare Lärmbelästigungen für das Grundstück des Klägers ausgingen. Das BVerwG hat in seinem B. v. 17.7.2003 (aaO.) das U. des RhPfOVG bestätigt und u. a. ausgeführt (Hervorhebungen v. Verf.):

»*Solange für die Ermittlung und Bewertung der auf Wohngrundstücke einwirkenden Geräusche rechtlich keine bestimmten Mess- und Berechnungsverfahren sowie Lärmwerte vorgegeben sind, bleibt es der* **tatrichterlichen Würdigung** *vorbehalten, unter Berücksichtigung der einzelnen Schallereignisse, ihres Schallpegels und ihrer Eigenart (Dauer, Häufigkeit, Impulshaltigkeit) und ihres Zusammenwirkens die Erheblichkeit der Lärmbelästigung zu beurteilen. ... In diesem Zusammenhang können auch* **technische Regelwerke** *zur Beurteilung von Lärmimmissionen herangezogen werden, wenn sie für die Beurteilung der Erheblichkeit der Lärmbelästigung im konkreten Streitfall* **Anhaltspunkte** *liefern. Geklärt* *ist ferner, dass technische Regelwerke dieser Art im Rahmen der gebotenen Einzelfallprüfung nur eine Orientierungshilfe oder einen »groben Anhaltspunkt« bieten.«*

Auch der BayVGH (B. v. 12.5.2004 – 24 CE 04.1230 – NVwZ 2005, 719) hat sich bei Live-Musik-, Rockmusikdarbietungen, Diskothekenveranstaltungen und ähnlichen Vergnügungsveranstaltungen in Zelten für die Anwendung der Freizeitlärm-Richtlinie als Orientierungshilfe bei tatrichterlichern Würdigung ausgesprochen und gegen die der 18. BImSchV.

Der Hess.VGH (U. v. 25.2.2005, aaO.) hat anlässlich eines »**Laternenfests**« mit verschiedenen Musikveranstaltungen in einer romantischen Altstadt auf die vorbeugende Unterlassungsklage einer Mieterin sich für eine Einschränkung der Fallgruppe der **sehr seltenen Ereignisse** ausgesprochen und hierzu die zwei folgenden Leits. aufgestellt:

»4. Die Regelung in Ziffer 4.4. der Freizeitlärm-Richtlinie trägt bereits dem Umstand Rechnung, dass der Nachbarschaft bei seltenen Störereignissen eine Gesundheitsbelastung zugemutet wird, die erheblich ist und die sonst vorgesehen Beurteilungspegel überschreitet.

5. Auch bei traditionellen Volksfesten mit einer Dauer von mehr als einem Tag sind die Richtwerte der Freizeitlärm-Richtlinie maßgebend, wenn eine Veranstaltung nicht an einen gleichwertigen, den Charakter der Veranstaltung wahrenden, jedoch die Lärmeinwirkungen für die Anwohner deutlich reduzierenden Alternativstandort verlegt wird (im Anschluss an BGH, U. v. 26.9.2003 – V ZE 41/03 –)«.

Demgegenüber hat der BGH in seinem U. v. 26.9.2003 (aaO.) den Anwendungsbereich der sehr seltenen Ereignisse auch auf **einmal jährlich stattfindende Festveranstaltungen** von kommunaler oder überregionaler Bedeutung, die auch **nicht** historisch überliefert sind, sondern erst seit kurzer Zeit oder zum ersten Mal stattfinden, erweitert. Der BGH hat hierzu ausgeführt:

»Unerheblich für die Frage der Wesentlichkeit der Immissionen ist ferner, ob die Nutzung eines Grundstücks als Festplatz eine langjährige Übung zugrunde liegt. Bei der vom Tatrichter vorzunehmenden Würdigung, ob Geräuschimmissionen wesentlich sind, kann zwar dem Traditionscharakter einer Veranstaltung besonderes Gewicht zukommen. Umgekehrt steht die Annahme einer nur unwesentlichen Beeinträchtigung aber nicht entgegen, dass eine Veranstaltung erst seit kurzer Zeit stattfindet. Anderenfalls werden die Gemeinden gehindert, eine kommunale Festivität zu begründen, wo Traditionsveranstaltungen fehlen, oder die Abläufe bei Festen zu ändern, die auf eine langjährige Übung zurückgehen. Demgemäß können auch die mit Gemeinde- und Vereinsfesten untrennbar verbundenen Musik- und Tanzveranstaltungen Änderungen in Art und Ausrichtung erfahren.«

Der BGH hat in seinem U. v. 26.9.2003 (aaO.) folgenden Leits. aufgestellt:

»Von einem Rockkonzert ausgehende Lärmimmissionen, die die Richtwerte der sog. LAI-Hinweise überschreiten, können unwesentlich im Sinne des § 906 Abs. 1 S. 1 BGB sein, wenn es sich um eine Veranstaltung von kommunaler Bedeutung handelt, die nur an einem Tag des Jahres stattfindet und weitgehend die einzige in der Umgebung bliebt. Das gilt in der Regel aber nur bis Mitternacht«.

Nach dem dem Rechtsstreit zugrunde liegenden Sachverhalt wandten sich die Kläger als Eigentümer eines in einem allgemeinen Wohngebiet gelegenen Grundstücks gegen Lärmbelästigungen durch ein Rockkonzert, die von einem 60 m entfernt sich befindenden Festzelt eines Sportvereins anlässlich eines alljährlich stattfindenden Sommerfestes ausgingen. Die Stadt hatte das Gelände dem Sportverein für Vereinsaktivitäten überlassen. Während die Vorinstanzen für die Zeit ab 22 Uhr einen Beurteilungspegel von 55 dB(A) und eine Geräuschspitze von 65 dB(A) festsetzten, hat der BGH die beklagte Gemeinde verurteilt, es zu unterlassen, dass von ihrem Grundstück bei dem Rockkonzert anlässlich des alljährlich stattfindenden Sommerfestes des Sportvereins Geräu-

§ 4a   Abs. 2   20.3

sche auf das Grundstück des Klägers einwirken, die – gemessen 0,5 m vor den Fenstern des klägerischen Wohnhauses – zwischen 20.00 und 24.00 Uhr einen Beurteilungspegel von 70 dB(A) und eine Geräuschspitze von 90 dB(A) sowie zwischen 24.00 und 8.00 Uhr einen Beurteilungspegel von 55 dB(A) und eine Geräuschspitze von 65 dB/A) überschreiten. Im Übrigen wurde die Klage abgewiesen. Damit hat der BGH eine Überschreitung des IRW für ein seltenes Ereignis von 20.00–22.00 Uhr um 5 dB(A) und von 22.00–24.00 Uhr um 15 dB(A) bei dem Lärm eines Rockkonzerts für ein angrenzendes Wohngrundstück für unwesentlich i. S. d. § 906 Abs. 1 S. 1 BGB und damit zumutbar gehalten. Zur Begr. hat der BGH auf den Topos des **Empfindens eines verständigen Durchschnittsmenschen** zurückgegriffen und darauf hingewiesen, dass Volks- und Gemeindefeste, Feiern örtlicher Vereine, traditionelle Umzüge und ähnliche Veranstaltungen zu den herkömmlichen, allgemein akzeptierten Formen des gemeindlichen und städtischen Lebens gehörten. Da solche Veranstaltungen für den Zusammenhalt der örtlichen Gemeinschaft von großer Bedeutung sein könnten, dabei auch die Identität dieser Gemeinschaft stärkten und für viele Besucher einen hohen Stellenwert besäßen, würden die mit ihnen verbundenen Geräuschentwicklungen von einem verständigen Durchschnittsmenschen bei Würdigung auch anderer Belange i. d. R. in höherem Maß akzeptiert werden als sonstige Immissionen.

Das BVerwG hat bisher ein sehr seltenes Ereignis weder nach der 18. BImSchV noch nach Freizeitlärm-Richtlinie anerkannt. Es hat in seinem B. v. 17.7.2003, aaO., auch nicht die Topoi der Herkömmlichkeit, der Sozialadäquanz und allgemeinen Akzeptanz sowie des Empfindens des vernünftigen Durchschnittsmenschen als Beurteilungskriterium für die Bestimmung der Zumutbarkeitsgrenze des Freizeitlärms herangezogen. Dem BGH kann nicht gefolgt werden. Er hat ohne Not den Begriff der sehr seltenen Ereignisse entgegen der verwaltungsgerichtlichen Rspr. auch auf nicht historisch überlieferte Festveranstaltungen erweitert. Außerdem unterschätzt er das Ruhebedürfnis von Menschen, die in der unmittelbaren Nachbarschaft wohnen und zu den üblichen Zeiten schlafen wollen. Er verlangt von ihnen ein entschädigungsloses »Sonderopfer«. Der Lärmwert von 70 dB(A) von 22.00 bis 24.00 Uhr liegt um 10 dB(A) über dem Wert, der von der Rspr. des BVerwG und des BGH als Grenzwert für eine Gesundheitsgefährdung in einem Wohngebiet angenommen wird. Nachdem es zunehmend in unserer Gesellschaft zu Konflikten über lärmintensive Freizeitaktivitäten kommt, empfiehlt es sich, auch um eine Angleichung von privatem und öffentlichem Immissionsschutz zu erzielen, von Seiten des Bundes eine RVO über Freizeitlärm, ähnlich wie die 16. und 18. BImSchV, zu erlassen.

Nach dem B. des BayVGH v. 22.11.2005, aaO., bleibt es der tatrichterlichen Würdigung im Einzelfall vorbehalten, die Schädlichkeit der von solchen Anlagen ausgehenden Lärmeinwirkungen i. S. v. § 22 Abs. 1 S. 1 Nr. 1 i. V. m. § 3 Abs. 1 BImSchG zu beurteilen, da die TA Lärm 1998 nach ihrer Nr. 1 Abs. 2 b auf immissionsschutzrechtlich nicht genehmigungsbedürftige Freizeitanlagen und Freiluftgaststätten nicht anwendbar ist. Der 2. Leits. des B. des BayVGH v. 22.11.2005., aaO., lautet:

»*Auch das schutzwürdigste Volksfest sollte in der Nachtzeit nach 22 Uhr in der Regel wenigstens die Tageswerte der Freizeitlärm-Richtlinie für seltene Ereignisse einhalten. Nach Mitternacht sollte der Volksfestbetrieb regelmäßig enden.*«

6. Ausnahmsweise zulassungsfähige Nutzungen (Abs. 3)

a) Anlagen für zentrale Einrichtungen der Verwaltung (Nr. 1). Der Wortlaut »Anlagen für **zentrale** Einrichtungen« bringt begrifflich zum Ausdruck, dass es sich um bauliche Anlagen handeln muss, die nach sachlichen Gesichtspunkten und/oder in räumlicher Hinsicht für eine über den Geltungsbereich des WB-Gebiets hinausgehende Anzahl der die Verwaltungseinrichtung in Anspruch nehmenden Personen bedeutsam sind (im Ergebnis ebenso *Förster,* § 4a Anm. 3a; *Boeddinghaus,* § 4a Rdn. 22). In diesem Sinne gehören zu den Anlagen mit zentraler Funktion die Bezirksverwaltung einer Großstadt, Gerichte der verschiedenen Gerichtszweige, Arbeitsamt, Dienststellen der Deutschen Bahn, der Nachfolgegesellschaften der Bundespost, der Wehrbereichsverwaltung, der Industrie- und Handelskammer. Da der Begriff »Verwaltung« städtebaurechtlich neutral ist und nicht nur Stellen mit behördlichem Charakter umfasst (§ 4 Rn 11.1), zählen zu den Anlagen mit zentraler Bedeutung auch der Sitz der Hauptverwaltung eines Industrieunternehmens und die Zentralverwaltung überregionaler Versorgungs- und Verkehrsunternehmen. »Einrichtungen« ist gegenüber »Gebäude« der umfassendere Begriff. Danach könnten ausnahmsweise auch ein Feuerwehrdepot für die Gemeinde insgesamt, eine Paketpostdienststelle mit dem dazu gehörigen Fuhrpark, eine Kfz-Zulassungsstelle oder sonstige zentrale Einrichtungen des (Land-)Kreises oder anderer überregionaler Dienststellen, eine (Groß-)Rechenanlage zugelassen werden. Ob solche Anlagen dem Sinngehalt des in Abs. 1 definierten besonderen Wohngebiets überhaupt entsprechen, **begegnet** diesseits **erheblichen Bedenken.** **21**

Bei den Anlagen mit zentraler Bedeutung dürfen derartige Einrichtungen nicht losgelöst von dem zwangsläufig mit ihnen verbundenen erheblichen Kfz-Verkehr beurteilt werden. Dabei ist wiederum nicht allein auf den Verkehrslärm abzustellen, sondern zugleich auf die Gefährdung der Kinder und alten Menschen, die sich auch tagsüber in den Wohnquartieren aufhalten. Will man mit der Schaffung sog. verkehrsberuhigter Zonen ernstmachen, die in erster Linie wohl für WR- und WA-Gebiete gedacht sind, sollte man in Gebieten, die sich für die *Fortentwicklung* der Wohnnutzung eignen, wenigstens planungsrechtlich die Frage der Vereinbarkeit der Anlagen nach Abs. 3 Nr. 1 (und nach Nr. 2 – s. Rn 22–24.51) sorgfältig prüfen (s. auch Rn 5.1). In jedem Fall muss gewährleistet sein, dass die Störungen (und Belästigungen) unterhalb derjenigen des MI-Gebiets bleiben. **21.1**

b) Nicht kerngebietstypische Vergnügungsstätten (Nr. 2). – aa) Allgemeines z. **städtebaulichen Begriff u. zum Rechtsgehalt** »Vergnügungsstätten«. Unter dem **städtebaurechtlichen Begriff** sind **als Sammelbegriff** Gewerbebetriebe **besonderer Art** zusammengefasst. Der VOgeber hat den Begriff (vernünftigerweise) wie bei den anderen in den Nutzungskatalogen der Baugebietsvorschriften aufgeführten Nutzungen (Anlagen u. Betrieben) nicht definiert. Unter **Vergnügungsstätten** – mit einer jeweils vorauszusetzenden standortgebundenen Betriebsstätte – sind gewerbliche Nutzungsarten zu verstehen, die sich in unterschiedlicher Ausprägung (wie Amüsierbetriebe, Diskotheken, Spielhallen) unter Ansprache (oder Ausnutzung) des Sexual-, Spiel- und/oder Geselligkeitstriebs einer *bestimmten* gewinnbringenden »Freizeit«-Unterhaltung widmen (im Ergebnis ebenso *Dolde/Schlarmann,* aaO., BauR 1984, 121; *Scharmer,* aaO., S. 13 f.; wohl auch *Schlichter/Friedrich,* aaO., S. 208). Bedeutung gewinnt der Begriff erst durch seine **städtebaurechtliche Relevanz.** **22**

§ 4a   Abs. 3   22.1, 22.11

Ziegler, in: *Brügelmann* (aaO., Rdn. 59) kommt infolge Vernachlässigung des **städtebaurechtlichen Begriffsinhalts** unter Anlehnung an die in den Vergnügungssteuergesetzen der Länder der Steuer unterworfenen Veranstaltungen zu einer (ganz) anderen Umschreibung des Begriffs »Vergnügungsstätten«. Er meint, »*die Vergnügungsstätten sind von der Funktion her, die sie für die Benutzer (Gäste, Besucher) haben, benannt; sie dienen ihrem Vergnügen, enthalten für sie ein Freizeitangebot*«. Demzufolge hat *Ziegler* (aaO.) den Begriff »nach dem Sprachgebrauch« wie folgt umschrieben:» *Vergnügungsstätten enthalten ein – jedenfalls durchweg – kommerzielles Freizeitangebot, das der Zerstreuung und Entspannung und dabei nicht gleichzeitig der Entwicklung körperlicher oder geistiger Fähigkeiten … dienen soll. Das Vergnügen kann allein im Zuschauen oder Zuhören oder in vermittelter eigener Tätigkeit, z. B. auf der Tanzfläche oder am Spielapparat bestehen.*« Diese Definition entspricht den Veranstaltungen, die z. B. nach § 1 des NW-Gesetzes über die Vergnügungssteuer (i. d. geltenden F. v. 14.6.1988 – GV.NW. S. 216) der Steuer unterworfen werden, wie »Tanzveranstaltungen gewerblicher Art«, »Filmveranstaltungen und jede ähnliche mit technischen Hilfsmitteln erzeugte Darstellung von Bildern«, »das Halten von Musikapparaten« u. dergl. mehr. Diese, der Vergnügungssteuer unterliegenden *Veranstaltungen*, die fast alles umfassen, was im weitesten Sinne »Vergnügen« bereiten kann (soll) und weitestgehend gleichzeitig gewerberechtlichen (u. gewerbesteuerrechtlichen) Regelungen unterworfen sind, füllen nicht den Begriffsinhalt »Vergnügungsstätten« in seiner **städtebaurechtlichen Ausprägung** aus.

22.1 Der Begriff »Vergnügungsstätten« in seiner **bauplanungsrechtlichen Bedeutung**, wie er aufgrund vorangegangener langjähriger Erfahrungen (s. Vorb. §§ 2 ff. Rn 4.4–4.9) – losgelöst von gewerberechtlichen u. steuerrechtlichen Regelungen – als **eigenständiger** planungsrechtlicher **Nutzungsbegriff** in der BauNVO 1990 *abschließend* geregelt worden ist, steht **in** untrennbarem **Zusammenhang** mit der **städtebaulichen Ordnung**, insbes. mit der durch die Gemeinde vorgegebenen geordneten städtebaulichen Entwicklung i. S. v. § 1 Abs. 3 BauGB. Die Regelungen über die Vergnügungsstätten zählen z. Inbegriff der Normen (i. S. d. allgemeinen Ordnungsbegriffs), die erforderlich sind, um ein **gedeihliches Zusammenleben** innerhalb der jeweiligen Gemeinde zu gewährleisten.

Demzufolge steht nicht die Frage nach der kommerziellen Unterhaltung im Vordergrund, sondern in welcher Weise die unter dem Begriff »Vergnügungsstätten« zusammengefassten Nutzungsarten sich innerhalb der einzelnen Baugebiete *auswirken* können. Aus diesem Grunde sind zur Gewährleistung der Wohnruhe selbst die nicht kerngebietstypischen Vergnügungsstätten in den Wohnbaugebieten (§§ 2–4) generell unzulässig; in den Baugebieten, die außer der Zulässigkeit bzw. Zulassungsfähigkeit der in den Nutzungskatalogen aufgeführten Nutzungsarten u. Betrieben nach der Zweckbestimmung *auch dem Wohnen* dienen (WB-, MD- u. MI-Gebiete), sind lediglich die nicht kerngebietstypischen Vergnügungsstätten ausnahmsweise zulassungsfähig. Darüber hinaus soll durch die abschließende Regelung der Vergnügungsstätten in den Baugebieten erreicht werden, dass die durch verschiedene Nutzungsarten ausgelösten weiteren *städtebaulichen Negativwirkungen* wie »Trading-down«-Effekte (Senkung der Qualität des Warenangebots), Lärmbelästigungen u. Beeinträchtigungen des Stadt- und Straßenbildes, insbes. durch Spielhallenkonzentrationen, im Rahmen geordneter städtebaulicher Entwicklung gesteuert, ggf. verhindert werden können.

22.11 Der VOgeber hatte den Begriff »*Vergnügungsstätte*« als städtebaurechtlichen Nutzungsbegriff zur spezielleren Abgrenzung gegenüber dem Oberbegriff »Gewerbebetriebe« in der ursprünglichen Fassung der BauNVO (1962) lediglich für die *Kerngebiete* vorgesehen. Bis zur ÄndVO 1977, durch die der Begriff in das neu eingefügte »besondere Wohngebiet« nach § 4a in den Katalog der ausnahmsweise zulassungsfähigen Nutzungen u. Betriebe aufgenommen wurde, hat die Handhabung in der Praxis keine nennenswerten Schwierigkeiten bereitet (zur Problematik und der rechtlichen Entwicklung im Einzelnen Vorb. §§ 2 ff. Rn 4.4–4.9). In der Folgezeit ist der im Grundsatz andersartige Begriff »Vergnügungsstätte«, der nach seinem Erscheinungsbild einen **eigenen städtebaulichen Begriffstypus** bildet, von der Rspr. teilweise auch als »nicht wesentlich störender Gewerbebetrieb« eingestuft worden, *wenn* bei dem Vergnügungsstätten-Betrieb bestimmte ihn typisierende Merkmale wie (besondersartige) Belästigungen und Störungen der Umgebung nicht stärker als bei den anderen Gewerbebetrieben in Erscheinung treten (s. Vorb. §§ 2ff. Rn 4.5– 4.6). In der Rspr. mussten in Anbetracht des Art. 14 GG die besonderen *städtebaulichen* Anliegen (Vorb. §§ 2 ff. Rn 4.7) zurücktreten. Dem hat der VOgeber durch eine noch deutlichere Abgrenzung u. zusätzliche Differenzierung des Begriffs »Vergnügungsstätte« gegenüber dem allgemeinen Nutzungsbegriff »Gewerbebetriebe« **durch** die **Unterscheidung** zwischen *kerngebietstypischen* u. *nicht kerngebietstypischen* Vergnügungsstätten – wie im Falle des WB-Gebiets – Rechnung getragen. Die Zulässigkeit der Vergnügungsstätten ist in den einzelnen Baugebieten **abschließend geregelt** worden (im Einzelnen dazu Vorb. §§ 2 ff. Rn 4.4–4.9).

Die Unzulässigkeit von Vergnügungsstätten in den Wohngebieten (§§ 2–4) beruht nicht nur auf den erfahrungsgemäß *tatsächlichen* Störungen (besonders durch Lärmbeeinträchtigungen), sondern ergibt sich auch aus dem Katalog der zulässigen u. ausnahmsweise zulassungsfähigen Nutzungen dieser Gebiete, die – abgestuft – auf ein möglichst ungestörtes Wohnen zugeschnitten sind. Aus diesem Grunde können Vergnügungsstätten nach ihrem städtebaurechtlichen Begriffsinhalt u. im Hinblick auf den *umfassenden* Begriff des »Störens« (s. dazu Vorb. §§ 2 ff. Rn 8 ff.) unter keinem Gesichtspunkt als (sonstige) nicht störende Gewerbebetriebe i. S. v. § 2 Abs. 3 Nr. 4, § 4 Abs. 3 Nr. 2 eingestuft werden (dazu grundsätzlich Vorb. §§ 2 ff. Rn 3.4–4.3).

Zur Klärung des Begriffs »Vergnügen« können andere (Landes-)Gesetze, etwa das Gesetz über die Vergnügungssteuer, wenig beitragen, da die steuerrechtlichen Tatbestände der heutigen Vergnügungssteuer in den Ländern unterschiedlich weit gefasst sind und die Tatbestände im Laufe der Zeit erheblichem Wandel unterlegen haben (dazu v. *Coelln/Peter*, Handbuch der Vergnügungssteuer, § 29 ff.). Nach der schon früh erfolgten Definition durch die Rspr. war der Begriff der Lustbarkeit (Vergnügen) definiert als »*eine Darbietung, mit welcher der Veranstalter beabsichtigt, das Publikum, auf dessen Besuch er rechnet, zu ergötzen und zu unterhalten*« (so schon PrOVG Bd. 51, 110; zit. bei v. *Coelln/Peter*, S. 32). Dieser steuerrechtliche Begriff der Vergnügung trifft nicht den spezifisch **städtebaurechtlichen** Begriff »Vergnügungsstätten«. **22.12**

Unter den städtebaulichen **Begriffstypus** »Vergnügungsstätte« fallen trotz der Vielgestaltigkeit ihrer Erscheinungsformen u. Bezeichnungen im Wesentlichen *fünf Gruppen* von (ganz) unterschiedlicher Vergnügungsweise, die sich als **Unterarten** des Begriffs »Vergnügungsstätten« bezeichnen lassen: **22.2**

- Nachtlokale jeglicher Art, Vorführ- u. Geschäftsräume, deren Zweck auf Darstellungen mit sexuellem Charakter ausgerichtet ist, einschließlich Sex-Shops mit Videokabinen,
- Diskotheken,
- Spiel- und Automatenhallen,
- Wettbüros sowie
- Swinger-Clubs.

Den Vergnügungsstätten ist – **sie typisierend** – eigen, dass sie eine meistens erhebliche (Lärm-)Belästigung der Funktion »Wohnen« bewirken. Die vielfach reißerisch aufgemachte und – gewisse – Triebverhalten ansprechende »Reklame« zum Besuch der Lokalitäten verstärkt noch die negativ prägenden Auswirkungen derartiger Vergnügungsstätten auf Wohnbereiche. Es liegt in der Natur von Vergnügungsstätten, dass sie **wie** insbes. **Diskotheken** mehr oder minder von Unruhe, Lautheit und anderen der *Wohnruhe* als hervorste-

§ 4a   Abs. 3   22.21, 22.22

chendes Merkmal des Wohnens (§ 3 Rn 1) abträglichen Begleiterscheinungen geprägt und infolgedessen in den dem Wohnen dienenden Gebieten im Regelfall unzulässig sind (s. auch § 6 Rn 7–8). Die allgemein bekannten Störungen und Belästigungen, das »Drum und Dran«, u. a. durch den Zu- und Abfahrtsverkehr zur Nachtzeit und das Verhalten der durch die Vergnügungsstätten entspr. animierten Besucher sind i. A. nicht zu verhindern oder zu unterbinden.

22.21 Unter den Begriffstypus fallen (Nacht-)Lokale jeglicher Art wie Nachtbars mit unterschiedlichen Darbietungen (Striptease-Lokale, »Tanz«-bars), Großstadtvarietés mit gemischtem Unterhaltungsprogramm, in denen meistens gleichzeitig Getränke und manchmal auch Speisen dargeboten werden. Ferner zählen dazu die variationsreichen Betriebe mit ausschließlich **Sexdarbietungen** von Nonstop-Sexkinos (Vorführung von Filmen meistens pornografischen Inhalts), Sex-Shops mit mehreren Videokabinen (sog. Video-Peep-Shows). Die unterschiedliche **Bezeichnung** wie Sex-Filmclub, Filmclub-Bar oder »Bar«-Filmclub, »Pärchen-Club«, »Porno-Kino« **spielt** dabei **keine Rolle**, ebensowenig wie die »Vergnügungsformen« immer neue Attraktionen erfinden wie »Solo-Stripteasekabinen« u. »Solo-Stripteaselogen« (BayVGH, GewArch. 1984, 17), »Damen-Schlangen-Catch oben ohne« (BayVGH, NVwZ 1984, 254), Sittenwidrigkeit einer Zurschaustellung von Frauen hinter Gittern in einem Nachtclub (BayVGH, B. v. 22.3.1991 – 22 CS 91.850 – GewArch. 1992, 228 = NVwZ 1992, 76) oder »Sex-Life-Shows« (Vorführung des Geschlechtsverkehrs auf einer Bühne).

Die behördliche Genehmigungsversagung dazu hat das BVerwG durch U. v. 16.12.1981 (– 1 C 32.78 – NJW 1982, 665 = BVerwGE 64, 281) bestätigt. Nach Ansicht des BVerwG unterliegt die öffentliche Vorführung des Geschlechtsverkehrs auch heute noch *»trotz einer weitgehenden Herabstufung sexualethischer Maßstäbe einem so eindeutigen Unwerturteil der Rechtsgemeinschaft, dass ihre Bewertung als sittenwidrig gerechtfertigt ist. Es entspricht nach wie vor der in der Rechtsgemeinschaft herrschenden Anschauung, dass der Geschlechtsverkehr zwischen Mann und Frau in einen Intimbereich gehört, der fremdem Einblick nicht zugänglich sein soll und dass er nicht öffentlich vorgeführt und als Unterhaltung gegen Entgelt dargeboten werden darf. Die entscheidenden Indizien dafür, dass diese Meinung in der Rechtsgemeinschaft anerkannt ist, liefern – neben dem faktischen Verhalten der großen Mehrheit der Bevölkerung – die Behördenpraxis, die Rechtsprechung und die darauf bezogenen Reaktionen der Öffentlichkeit.«.*

Die Erlaubnis z. Betrieb einer sog. Peep-Show verstößt selbst dann gegen die guten Sitten u. ist daher nichtig, wenn der Betrieb in einem sog. Vergnügungsviertel liegt (BVerwG, U. v. 30.1.1990 – 1 C 26.87 – NVwZ 1990, 668 = BVerwGE 84, 314; bestätigt durch BVerfG, Kammerb. v. 16.5.1990 – 1 BvR 450/90 – GewArch. 1990, 275: *»Aus der Verfassung lässt sich nichts dafür herleiten, dass eine bestimmte Peep-Show von den zuständigen Fachgerichten nicht als sittenwidrige Veranstaltung i. S. d. § 33 Abs. 2 S. 2 GewO beurteilt werden darf.«*).

Außerdem: »Video-Telefon-Peep-Show« (OVG Hbg., B. v. 7.8.1992 – BS VI 64/92 – GewArch. 1992, 423); ferner: »Freizeitparadies nur für Paare« mit Diskothek, Video-Life-Kontakt-Peep-Show, Spiegelsuite und »Spielwiesen« mit entsprechenden Gerätschaften z. sexuellen Stimulation (VGH BW, U. v. 29.7.1991 – 3 S 1777/91 –).

22.22 Als neue Einrichtung sexuellen Charakters spielen zunehmend auch sog. **Swinger- bzw. Pärchenclubs** städtebaulich (vgl. hierzu *Stühler*, GewArch. 2006, 20) und gaststättenrechtlich eine Rolle. Sie werden überwiegend in separaten Räumen einer Gaststätte betrieben, in denen sexuelle Handlungen wie Gruppensex und Partnertausch auf freiwilliger Basis stattfinden. Dabei handelt es sich städtebaulich um Vergnügungsstätten (VGH BW, B. v.

4.8.2000 – 8 S 1656/00 –; B. v. 26.11.2006 – 3 S 2377/06 – BauR 2007, 669; Hess. VGH, B. v. 27.3.2001 – 4 TZ 742/01 – u. BayVGH, U. v. 29.12.2003 – 25 B 98.3582 – BRS 67 Nr. 71 = BayVBl. 2004, 393).

Bei Swinger-Clubs liegt es nahe, dass der gaststättenrechtliche Versagungsgrund des »der Unsittlichkeit Vorschubleistens« (§ 4 Abs. 1 Nr. 1 GastG) vorliegt (so VGH BW, B, v. 16.7.1998 – 14 S 1568/98 – GewArch. 2000, 193 zu einem »Dunkelkammerfall«; *Stollenwerk*, GewArch. 2000, 317; *Pauly*, GewArch. 2000, 203; *diess.*, GewArch. 2003, 151; a. A. VG Berlin, B. v. 17.1.2000 – 4 A 441/99 – GewArch. 2000, 125 = NVwZ 2000, 983; BayVGH, U. v. 29.4.2002 – 22 B 01.3183 – NVwZ 2002, 1393 u. *Haferkorn*, GewArch. 2002, 145/149). Das BVerwG hat jedoch mit U. v. 6.11.2002 (– 6 C 16.02 – NVwZ 2003, 603 = DVBl. 2003, 747 = GewArch. 2003, 122) die Auffassung vertreten, dass wer ohne strafrechtlich relevantes Verhalten in einem abgeschirmten Bereich einen Swinger-Club betreibt, dadurch nicht stets i. S. d. § 4 Abs. 1 Nr. 1 GastG der Unsittlichkeit Vorschub leistet. Damit hat der 6. Senat des BVerwG das U. des BayVGH v. 29.4.2002, (aaO.) weitgehend bestätigt.

Dem Sachverhalt nach ging es um die Erweiterung einer Gaststättenerlaubnis zum Zwecke der Eröffnung eines privaten Partykreises »Flair« in Räumen, die von der bereits betriebenen Gaststätte baulich getrennt waren. Die Räume befanden sich im Obergeschoss des Gebäudes, ein separater Eingang auf der Rückseite. Außerdem waren separate Parkplätze vorgesehen. Die Räume sollten genutzt werden als Buffetraum/Diele, Umkleideräume, Bar und Matratzenräume. Die Türen zu allen Zimmern sollten ausgehängt werden, so dass jeder jeden beobachten konnte. Von außerhalb des Gebäudes konnten die Räume nicht eingesehen werden. Der private Partykreis sollte für grds. jeden interessierten Erwachsenen offen sein. Die Eintrittspreise sollten bei 50 DM für Pärchen und 200 DM für alleinstehende Männer liegen. Alleinstehende Frauen sollten keinen Zutritt haben. Der Einlass sollte nur nach telefonischer Voranmeldung und Läuten der Türglocke am Hintereingang ermöglicht werden. Damit beabsichtigte der Kläger, ein Ambiente gegen Entgelt anzubieten, das zu Geschlechtsverkehr, Gruppensex und Partnertausch, unter Umständen auch im Beisein von Zuschauern, animieren sollte (wie der BayVGH es in seinem U. v. 29.4.2002 auf den Punkt bringt).

Das BVerwG stützt sein der Klage des Gastwirts stattgebende U. im Wesentlichen auf die folgenden Argumente:

»Gaststättenrecht ist als besonderes Gewerberecht Gefahrenabwehrrecht. Normziel des § 4 Abs. N. 1 GastG ist demgemäß nicht, die Sittlichkeit als solche zu fördern oder zu ihr zu erziehen. Der Gefahrenabwehrcharakter der Vorschrift beschränkt ihren Anwendungsbereich vielmehr auf solche Vorgänge, die dem grundgesetzlich verfestigten Menschenbild widersprechen, durch Strafnormen verboten sind oder wegen ihres Öffentlichkeitsbezugs einem sozialethischen Unwerturteil unterliegen. Daraus folgt, daß aus gaststättenrechtlicher Sicht sexuelle Handlungen in den allgemein zugänglichen Räumen einer Schankwirtschaft grundsätzlich zu unterbleiben haben. Eine andere Beurteilung kann aber dann geboten sein, wenn ein nicht dem Menschenbild des Grundgesetzes widersprechendes und nicht mit Strafe bedrohtes sexuelles Verhalten Erwachsener in einem durch den Gastwirt bereitgestellten abgeschirmten Bereich stattfindet, der eine ungewollte Einsichtnahme des Publikums ausschließt. In derartigen Fällen kann der für die Anwendung des § 4 Abs. 1 Nr. 1 GastG maßgebende Öffentlichkeitsbezug des Geschehens entfallen, wenn das Geschehen von der Rechtsgemeinschaft nicht dem Gastwirt, sondern in erster Linie den Teilnehmern selbst zugerechnet wird. ... Allein der Umstand, dass sich der Gastwirt in den hier in Rede stehenden Fällen nicht auf eine entgeltliche Bewirtung im üblichen Sinn beschränkt, sondern auch oder gar hauptsächlich aus der Bereitstellung der Räumlichkeiten mit der Möglichkeit, darin Geschlechtsverkehr mit verschiedenen Partnern auszuüben und/oder diese zu beobachten, finanziellen Nutzen zieht, rechtfertigt die Anwendung des § 4 Abs. 1 Nr. 1 GastG nicht. Die kommerzielle Ausnutzung sexueller Bedürfnisse oder Interessen wird nicht grundsätzlich als sittenwidrig angesehen. Das folgt schon daraus, dass der Gesetzgeber sich bei Erlass des Gesetzes zur Verbesserung der rechtlichen und sozialen Situation der Prostituierten von der Erwägung hat leiten lassen, dass nach überwiegender Auffassung die Prostitution nicht mehr als sittenwidrig angesehen werde. ... Eine Verletzung der Menschenwürde liegt in der Teilnahme an einem ›Pärchentreff‹ nicht. Die Subjektqualität der Gäste wird nicht in Frage gestellt. ... Den Besuchern wird keine objekthafte Rolle auferlegt, die als entwürdigend angesehen werden könnte, sondern sie entscheiden frei, in welcher Weise sie sich an dem Geschehen beteiligen. Das gilt auch, soweit nach den obwaltenden Umständen einzelnen Besuchern des Swinger-Clubs die Möglichkeit eingeräumt ist, den Geschlechtsverkehr anderer zu beobachten. Insoweit nehmen die Besucher gleichsam als Angehörige einer ›Zweckgemeinschaft‹ Gleichgesinnter an

§ 4a Abs. 3   22.22

dem Geschehen teil, ohne dass der Gastwirt – wie etwa bei der öffentlichen Vorführung von Geschlechtsverkehr – zahlenden Gästen ein Schauobjekt präsentiert« (BVerwG, aaO.).

Der Rechtsauffassung des BVerwG kann mindestens insoweit nicht zugestimmt werden, als es den Gastwirt aufgrund seines finanziellen Vorteils zum beruflich veranlassten Förderer sexuellen Voyeurismus macht, der staatlicherseits zwingend aus der öffentlichen in die Privatsphäre zu verweisen ist. Der Unterschied zum U. des BVerwG v. 16.12.1981, Fundst. Rn 22.21, wonach die nach § 33a GewO erforderliche Erlaubnis zum gewerbsmäßigen Veranstalten der öffentlichen Vorführung des menschlichen Geschlechtsverkehrs versagt werden muss, weil die beabsichtigte Veranstaltung den »guten Sitten« widerspricht, ist allenfalls graduell. Auch bei den Zuschauern einer Veranstaltung nach § 33a GewO, bei der ein Geschlechtsverkehr auf der Bühne vorgeführt wird, könnte man mit gleichem Recht von einer »Zweckgemeinschaft« Gleichgesinnter sprechen. Es gilt deshalb weiterhin die Aussage, dass nach der in der Rechtgemeinschaft und unserem Kulturkreis herrschenden Auffassung der Geschlechtsverkehr zwischen Mann und Frau in einen Intimbereich gehört, der fremden Einblicken nicht zugänglich sein soll.

Das BVerwG hat in diesem U. Erwägungen aufgegriffen, die es schon im Jahr 1975, zwei Jahre nach der umfassenden Novellierung des Sexualstrafrechts, formuliert hatte (BVerwGE 49, 160), aber ab Anfang der 1980er (NJW 1982, 665; BVerwGE 71, 34/36 u. GewArch. 1991, 115) bis Ende der 1990er Jahre (NJW 1996, 1423 u. GewArch. 1998, 41, jeweils zur Sittenwidrigkeit von Peep-Shows u. GewArch. 1996, 25 zum »Vorschubleisten der Unsittlichkeit« in § 4 Abs. 1 Nr. 1 GastG) ergänzt und in der inhaltlichen Aussage zur Sittenwidrigkeit z. T. korrigiert hatte. Das BVerwG hat in dieser Zeit nicht mehr wie Mitte der 1970er Jahre allein auf die Sozialrelevanz abgestellt, sondern das ethisch Gesollte formuliert und dieses von einer gewissen gesellschaftlichen Akzeptanz abhängig gemacht. Nach dem B. des BVerwG v. 23.8.1995 (Fundst. Rn 24.3) rechtfertigt bei der Bewertung von Peep-Shows eine von etwa der Hälfte der Befragten vertretene Auffassung fehlender Unsittlichkeit nicht schon zwangsläufig eine Beurteilung solcher Veranstaltungen als nicht gegen die guten Sitten verstoßend. Von 1982–1998 hat das BVerwG zu Recht die Auffassung vertreten, dass die Prostitution nach der in der Rechtsgemeinschaft vorherrschenden Überzeugung den guten Sitten widerspricht, da für das Unwerturteil über die Prostitution maßgeblich ist, dass in entwürdigender Weise der Intimbereich zur Ware gemacht und der Sexualtrieb gewerblich ausgebeutet wird (BVerwGE 84, 314/320 f., BVerwG, NVwZ 1990, 668/669 u. BGHZ 67, 119/125). Diese Beurteilung müsste eigentlich auch die Zustimmung der linken oder halblinken Kritiker der kapitalistischen Gesellschaftsordnung und ihrer Sicht der Ausbeutung von Frauen finden, die ihren Körper als Ware verkaufen, wobei der Mehrwert i. S. v. Karl Marx nur selten bei den Frauen verbleibt, sondern regelmäßig auf männliche Betreiber von Bordellen und bordellartigen Betrieben sowie auf die »Beschützer« (Zuhälter) der Frauen übergeht. Merkwürdigerweise wird dies von den Kritikern nicht erkannt.

Im Übrigen geht der 6. Senat auch zu Unrecht von einer Ausstrahlung des ProstG vom 20.12.2001 auf das GastG aus, indem er Grundsätze der Methodenlehre deutlich verkennt, (vgl. hierzu die Kritik an der Ausstrahlungslehre, die vom Gesetzgeber des ProstG beabsichtigt, aber tatsächlich in den Normtexten nicht vorgenommen wurde, vgl. § 4 Rn 9.62; *Pauly*, GewArch. 2003, 151 u. *Stühler*, GewArch. 2005, 129). Es spricht vieles dafür, dass das BVerwG seine Judikatur zur gaststättenrechtlichen Zulässigkeit von Swinger-Clubs, zumindest dahin gehend abändern, dass er dem Voyeurismus keinen Vorschub mehr leistet.

In der Praxis hat das U. des BVerwG zu einer deutlichen Zunahme von Swinger-Clubs geführt (*Stühler*, GewArch. 05, 129), wobei es auch aus finanziellen Gründen zu Nutzungsänderungen solcher Einrichtungen zu bordellartigen Betrieben gekommen ist (VG Wiesbaden, B. v. 13.5.2002 – 3 G 564/02 – Hess. VGH, B. v. 14.10.2002 – 4 TG 2028/02

–). Zum Teil handelt es sich tatsächlich um bordellartige Betriebe und nicht um einen Swinger-Club, da in Swinger-Clubs nach dem Ergebnis polizeilicher Kontrollen regelmäßig ein »Frauenmangel« besteht und deshalb häufig Prostituierte beschäftigt werden. Die Änderung eines Swinger-Clubs in einen bordellartigen Betrieb stellt regelmäßig eine genehmigungspflichtige Nutzungsänderung dar.

Zu den Vergnügungsstätten zählen ferner **Spiel- und Automatenhallen** verschiedener Ausprägung, manchmal ausdrücklich als Spielhallen für Erwachsene (»Spielkasinos«) bezeichnet, in denen mehr oder minder variationsreich erlaubten Glücksspielen nachgegangen wird. Letztlich fallen unter diese Kategorie der Vergnügungsstätten auch die Spielcasinos von Baden-Baden oder von Bad Neuenahr (**zum Begriff** »**Spielhallen**« s. Rn 23.4–23.6; zu Fragen der Nutzungsänderung Rn 23.8 f.). **22.23**

Nach der detaillierten Ungersuchung des Arbeitskreises gegen Spielsucht e. V. (*Trümper/Heimann*, 8. Aufl., 2006) über die Angebotsstruktur der Spielhallen und Unterhaltungsautomaten mit Geldspielmöglichkeit in der Bundesrepublik Deutschland, Stichtag 1.1.2006, gibt es 10.398 Spielhallenkonzessionen, 8,28 Geldspielgeräte pro Spielhallenkonzession, 5.743,27 Einwohner pro Spielhallenkonzession, 7.913 Spielhallenstandorte, 7.503 Einwohner pro Spielhallenstandort, 85.549 Geldspielgeräte in Spielhallen, 54.234 Geldspielgeräte in gastronomischen Betrieben (ohne Bayern und Berlin), also 139.783 Geldspielgeräte insgesamt. Dabei entstanden Vergnügungssteuereinnahmen in Höhe von 179.197.000 Euro. Der Umsatz der Geldspielgeräte betrug ohne Gastronomiegeräte aus Berlin und Bayern 3.813.204.900,32 Euro. Der jährliche Spielverlust pro Einwohner war in Spielhallen 26,52 Euro und in gastronomischen Betrieben 5,39 Euro, also insgesamt 31,91 Euro. Das gesundheitspolitische Interesse am Thema begründet sich durch die Tatsache, dass zwischen 70 % und 85 % der problematischsten Spieler, die im Bundesland NW Spielerberatungsstellen aufgesucht haben, gewerbliche Geldspielgeräte als ihr zentrales Spielmedium angegeben haben.

Weiterhin zählen zu den Vergnügungsstätten (Tanz-)**Diskotheken,** in unterschiedlicher Form – teils unter verschiedenartiger Bezeichnung wie »Höhle« – betrieben und meistens von Jugendlichen oder sich (noch) jugendlich gebenden Personen besucht. *Diskotheken* sind, sie *kennzeichnend*, im Hauptraum üblicherweise mit einer großen Musikanlage (Mischpult mit mehreren CD-Spielern, Verstärkern u. entspr. Lautsprechern) ausgestattet (Lautstärke auf der Tanzfläche nicht selten um 100 dB[A]), die häufig mit einer Lichtorgel und/oder anderen Lichtanlagen (»Lichtspots«) gekoppelt ist (vgl. u.a. BayVGH, B. v. 29.10.1987 – Nr. 20 85 A. 1481 – BRS 47 Nr. 52). Dadurch unterscheiden sie sich i. A. von den (kleinen) Tanz-Cafés, die *städtebaurechtlich* nicht als Vergnügungsstätten einzustufen sind (s. Rn 22.5). **22.3**

Tanzdiskotheken gehören wegen der von ihnen ausgehenden Lärmbelästigungen weder zu den im WA-Gebiet zulässigen der Versorgung des Gebiets dienenden Schank- und Speisewirtschaften noch zu den ausnahmsweise zulassungsfähigen, nicht störenden Gewerbebetrieben (so schon OVG Münster, U. v. 17.11.1972 – XI A 916/71 – BRS 25 Nr. 31 = GewArch. 1973, 103). Bei einer Diskothek ist von ausschlaggebender Bedeutung, dass die fast ausschließlich jugendlichen Gäste häufig mit lautstarken Motorrädern motorisiert sind und ferner die Angewohnheit haben, vor oder nach dem Besuch des Lokals in Gruppen auf der Straße (in der Nähe des Lokals) zusammenzutreffen und sich bei dieser Gelegenheit, auch in den späten Nachtstunden, laut zu unterhalten (OVG Münster, U. v. 1.8.1972, aaO.). Die Verlängerung der Sperrzeit für eine Diskothek kann zum Schutz der Bewohner in den Nachbarwohnungen auch dann angeordnet werden, wenn die störende Diskothek in einem Gebiet betrieben wird, in dem weitere Gaststätten vorhanden sind (OVG Münster, U. v. 28.1.1974 – IV A 998/72 – OVGE 29, 195).

§ 4a Abs. 3 22.4, 22.5

Dagegen sind *Sex-Shops*, soweit sie sich auf den Verkauf von Waren beschränken, keine Vergnügungsstätten, sondern Einzelhandelsbetriebe, die – als nicht störende Gewerbebetriebe – in WB-Gebieten (Rn 16) und in den MI-Gebieten *vom Grundsatz her* allgemein zulässig sind. Der Ausschluss eines bestimmten Warensortiments im B-Plan ist mit dem bodenrechtlichen Charakter der Bauleitplanung i. A. nicht vereinbar. Für den Ausschluss von Sex-Shops nach § 1 Abs. 5 u. 9 könnte die Rechtfertigung besonderer städtebaulicher Gründe darin liegen, dass der Verkauf von – auch pornografischen – Sexartikeln mit dem Inbegriff des Wohnens (§ 3 Rn 1) nicht vereinbar ist, d. h. als unzumutbare Störung des Wohnens (§ 3 Rn 2, Kinder) i. S. v. § 15 Abs. 1 Satz 2 anzusehen ist.

22.4 Für den Ausschluss von Sex-Shops nach § 1 Abs. 9 BauNVO haben sich ausgesprochen OVG NW, U. v. 9.1.1989 – 10a NE 75/86 – DÖV 1989, 729; OVG NW, B. v. 11.10.2001 – 10A 2288/10 –; VGH BW, NK-U. v. 16.12.1991 – 8 S 14/89 – NVwZ-RR 1993, 122; NK-U. v. 4.5.1998 – 8 S 159/98 – VBlBW 1999, 23 u. NK-U. v. 3.3.2005 – 3 S 1524/04 – BauR 2005, 1892 = NVwZ-RR 2006, 170 = VBlBW 2006, 142, gegen einen Ausschluss NdsOVG, U. v. 11.9.1986 – 1 C 26/85 – ZfBR 1987, 50. Wichtig ist, dass städtebauliche Gründe und nicht moralische Gründe maßgebend sein müssen. Ein städtebaulicher Grund für den Ausschluss von Sex-Shops an bestimmten Standorten kann u. a. in der Gefahr des Trading-down-Effekts liegen (vgl. hierzu BVerwG, U. v. 15.12.1994 – 4 C 13.93 – BauR 1995, 361).

22.5 bb) **Abgrenzung des Begriffs gegenüber anderen Nutzungen, Anlagen u. Betrieben; Merkmale, die als typisierend zu bezeichnen sind.** Vergnügungsstätten bedürfen wegen ihres **städtebaurechtlich** in spezifischer Weise **eingegrenzten Begriffstyps** der deutlichen Abgrenzung zu anderen Anlagen und betrieblichen Nutzungen mit scheinbar verwandten Darbietungen. So sind Vergnügungsstätten nicht deshalb mit *Schank- u. Speisewirtschaften* gleichzusetzen, weil dort auch Speisen und/oder Getränke zum Verzehr angeboten werden, wie Letztere nicht etwa dadurch als Vergnügungsstätten einzustufen sind, weil dort z. B. nachmittags oder sonst zu bestimmter Zeit *Gelegenheit* zum Tanzen i. S. eines »Tanz-Cafés« geboten wird oder einzelne Spiel- und Musikautomaten in Bewegung gesetzt werden können (wie hier im Ergebnis *Förster*, § 4a Anm. 3b).

Unter den Begriff **Vergnügungsstätten** fallen **nicht Einrichtungen** und Anlagen **für kulturelle Zwecke** (auch im weiteren Sinne verstanden); zu diesen Anlagen zählen u. a. Theater jeglicher Art (Schauspielhäuser, Opern), Kleinkunstbühnen (z. B. Marionettentheater), satirische (politische) Kleinkunstbühnen (zeitkritische »Kabaretts«), Konzertsäle u. -häuser. Auch Lichtspieltheater *(übliche Kinos)* fallen i. A., d. h. soweit überwiegend »übliche« Filme gezeigt werden, unter Anlagen für kulturelle Zwecke; die Unterscheidung nach kleinem Vorstadtkino und großstädtischem »Lichtspieltheater« ändert nichts an der Abgrenzung zu Vergnügungsstätten im *städtebaurechtlichen Sinne* (aA. *Boeddinghaus*, § 4a Rdn. 23; *Ziegler*, in: *Brügelmann*, § 4a Rdn. 68). Auch *Dolde/Schlarmann* halten »Kinos«, ohne eine Begr. zu geben, für Vergnügungsstätten; desgleichen *Schlichter/Friedrich* (aaO., S. 209) unter Bezugnahme auf das U. des BVerwG v. 15.1.1982 (– 4 C 58.79 – BRS 39 Nr. 67 = ZfBR 1982, 90 = NVwZ 1982, 312, 313), das ohne Prüfung des städtebaurechtlichen Gehalts in einem Fall nach § 34 BBauG im Zuge der Überprüfung der *Nutzungsänderung* eines Kinoraumes in eine Diskothek über *»eine an die Stelle des Kinos* *tretende andere Vergnügungsstätte*« befand (BVerwG, aaO.). Diese lapidare Äußerung dürfte nicht hinreichen, Kinos »*gleich welcher Programmgestaltung*« (so *Schlichter/Friedrich*, aaO.) generell als Vergnügungsstätten einzustufen.

Die »**kommerzielle Unterhaltung**« des Besuchers, mit der *Schlichter/Friedrich* (aaO., S. 208) Vergnügungsstätten charakterisieren, ist eine vergnügungssteuerliche Sicht, die dem **städtebaurechtlichen Begriff** »Vergnügungsstätten« nicht gerecht wird (s. Rn 22.1). Es kommt **für die städtebauliche Relevanz** gerade auf die Programmgestaltung an. Filmtheater, die Kultur- u. Heimatfilme, teils mit staatlicher Förderung (Preisverleihung u. dergl.) oder etwa (religiöse) Problemfilme bringen, sind nach diesseitiger Auffassung nicht als »Vergnügungsstätten« im *städtebaurechtlichen* Verständnis zu qualifizieren. Diese Frage ist nicht bloß von »akademischer« Natur. Beabsichtigt der Betreiber eines Filmtheaters (Kino) die Umwandlung z. B. in eine Spielhalle, kann es die Nutzungsänderung u. U. erleichtern, wenn ein Kino als eine bereits bestehende Vergnügungsstätte in eine andere Vergnügungsstätte umgewandelt werden soll. Der Kinobesitzer könnte sich zwar nicht auf *Bestandsschutz* berufen, weil dieser bei jedweder Nutzungsänderung untergeht (das Betreiben des Kinos ist Bestandteil der Baugenehmigung bzw. einer evtl. vorhergegangenen Genehmigung der Nutzungsänderung gewesen). Bei der Einstufung des Kinos als Vergnügungsstätte könnte dies die Bedenken in Bezug auf die Spielhalle hinsichtlich der Störeigenschaften aber verringern. Diese Überlegungen scheinen u. a. bei dem U. des OVG Hbg. v. 27.2.1989 (– Bf 35/88 – BRS 49 Nr. 54), das durch U. des BVerwG v. 18.5.1990 (– 4 C 49.89 – BRS 50 Nr. 166 = BauR 1990, 582 = NVwZ 1991, 264 = UPR 90, 342) aufgehoben worden ist, eine Rolle gespielt zu haben (s. dazu auch Rn 23.82). Es bestehen bei der erwähnten Programmgestaltung diesseits keine Bedenken, »Kinos« städtebaurechtlich als »*sonstige Gewerbebetriebe*« i. S. v. § 4a Abs. 2 Nr. 3 einzustufen. Zur Nutzung als Multiplex-Kino s. § 7 Rn 7.7.

22.51

Keine Vergnügungsstätten i. S. d. städtebaurechtlichen Nutzungsbegriffs sind **alle Einrichtungen** und Anlagen, **die** im weitgefassten Verständnis **sportlichen Zwecken** (freizeitgemäßer Betätigung und Fitnesstraining) dienen (§ 3 Rn 24–24.31). Dazu rechnen – heutzutage vielfach gewerblich betriebene – »Sportcenter« unterschiedlicher Art wie Hallen für Tennis, Eislauf, Squash u. dergl., (Tisch-)Tennishallen, Bowling- u. Kegelbahnen (Bowling-Center), soweit es sich um *selbstständige* Anlagen, evtl. auch mit anderen sportlichen Zwecken dienenden Spieleinrichtungen (beispielsweise zum Tischtennis) kombinierte Anlagen handelt (die also nicht zu einer Schank- und Speisewirtschaft gehören, § 2 Rn 14 f.). Häufig handelt es sich um *Mehrzweckanlagen*, mit denen Sauna u. Ä. Einrichtungen gekoppelt sind. Die mögliche Verabreichung von Getränken u. Speisen ändert an der nutzungsrechtlichen Qualifizierung nichts (*Knaup/Stange*, § 4a Rdn. 49 zählen Bowling- u. Kegelcenter wegen der vermeintlich im Vordergrund stehenden Geselligkeit zu den Vergnügungsstätten). Wie hier VGH BW, U. v. 19.8.1993 (– 14 S 786/93 – GewArch. 1993, 475); die Entscheidung geht i. d. Gründen ausf. auf **Bowling als Sportart** ein unter Bezugnahme auf Sächs. OVG v. 8.6.1925 (PrVBl. 48, 17). Zu welcher Fehlbeurteilung hinsichtlich des Begriffs *Vergnügungsstätten* das Abstellen auf die kommerzielle Unterhaltung führt, erhellt daraus, dass nach *Ziegler* (in: *Brügelmann*) in **Saunabetrieben** mit Fitnessgeräten die gesundheitsfördernden Zwecke überwiegen; »*werden jedoch die Gäste durch besondere Vorführun-*

22.6

§ 4a Abs. 3   22.7, 23

gen, z. B. Filme oder Schaustellungen unterhalten, so handelt es sich um eine öffentliche Vergnügungsstätte« (§ 4a Rdn. 61).

Geselliges Beisammensein in einer Gaststätte mit Unterhaltungsmusik, kulturelle Erbauung oder körperliche Betätigung bereiten zwar auch »Vergnügen«. Das trifft aber nicht den Kern derjenigen Vergnügen, die in den Vergnügungsstätten gesucht und befriedigt werden sollen. Die **Pflege der Geselligkeit** ist nach diesseitiger Ansicht gerade **kein typisches Kennzeichen** von Vergnügungsstätten, gleich ob es sich um die Befriedigung des Spieltriebs (Spiel«-»leidenschaften«) in Spielhallen oder den mehr oder minder intimen Besuch von Bars u. dergl. handelt. Selbst beim Aufenthalt in Diskotheken steht – ebenso wie bei gruppenmäßig erlebten Sexdarbietungen – nicht die Geselligkeit im hergebrachten Verständnis im Vordergrund.

22.7 Nicht unter den **städtebaulichen Begriff** »Vergnügungsstätten« (s. Rn 22) fallen ferner alle **ad hoc** (meistens einmalige oder zeitlich genau begrenzte) **Veranstaltungen** *ohne* eigene standortgebundene Betriebsstätte. Dazu zählen z. B. Jahrmärkte, Weihnachtsmärkte, Zirkusveranstaltungen auf bestimmten Plätzen der Gemeinde, Rockkonzerte u. a. musikalische Großveranstaltungen – meistens in Mehrzweckhallen wie die Deutschlandhalle in Berlin, die Westfalen-Halle in Dortmund oder die Martin-Schleyer-Halle in Stuttgart (a. A. *Ziegler*, in: *Brügelmann*, § 4a Rdn. 65, 67, der auch hier auf die kommerzielle Unterhaltung abstellt).

Bei *Schützenfesten* kann es sich nach *Ziegler* (aaO.) »um eine Anlage für kulturelle (Pflege heimischen Brauchtums) oder sportliche (Sportschießen) Zwecke handeln«. Dagegen fallen nach *Ziegler* »kommerzielle Boxkämpfe, Sechstagerennen und dergl.« unter den Begriff »Vergnügungsstätten« (aaO.); bei den Anlagen für sportliche Zwecke »mit vielen Zuschauern kommt es darauf an, ob der Wettkampf im Vordergrund steht oder die – kommerzielle – Unterhaltung der Besucher« (aaO. Rdn. 65).

An dieser Unterscheidung zeigt sich augenfällig, dass die »**kommerzielle Unterhaltung**« **als qualifizierendes Merkmal** für die begriffliche Einstufung einer Nutzungsart unter den Sammelbegriff »Vergnügungsstätten« **ungeeignet** ist. Gleichfalls ist es **unzulässig**, gaststättenrechtliche, gewerbe(steuer)rechtliche und vergnügungssteuerrechtliche **Tatbestandsmerkmale** dem bauplanungsrechtlichen Nutzungsbegriff »Vergnügungsstätten« zugrunde zu legen oder ihn durch diese Merkmale auszufüllen.

23 cc) Abgrenzung der nicht kerngebietstypischen gegenüber den nur im Kerngebiet zulässigen Vergnügungsstätten; zur Problematik der Spielhallen allgemein; Einordnung von Bordellen. Die ÄndVO 1990 hat den **Begriff** »*Vergnügungsstätten*« und seine *Einordnung* in das planungsrechtliche Begriffssystem **durch einen** auf die städtebauliche Bedeutung in den jeweiligen Baugebieten hinweisenden **Zusatz geändert**. Danach sind die in § 4a Abs. 3 Nr. 2 bisher schon – entspr. dem Gebietscharakter der WB-Gebiete – ausnahmsweise zulassungsfähigen Vergnügungsstätten umschrieben als solche, »soweit sie nicht wegen ihrer Zweckbestimmung oder ihres Umfangs nur in Kerngebieten allgemein zulässig sind«. Die Aufführung der nach der Begriffsumschreibung als »*nicht kerngebietstypisch*« zu bezeichnenden Vergnügungsstätten erstmals bei den WB-Gebieten u. danach in den MD- u. MI-Gebieten lässt erkennen, dass in den Wohngebieten auch »*nicht kerngebietstypische*« Vergnügungsstätten unter keinem Gesichtspunkt zulässig sind.

23.1, 23.11   **Abs. 3   § 4a**

Die nutzungsrechtliche Einschränkung gegenüber den »*kerngebietstypischen*«   23.1
Vergnügungsstätten (im MK-Gebiet allgemein zulässig, im GE-Gebiet ausnahmsweise zulassungsfähig) durch die unbestimmte Begriffsbestimmung »wegen ihrer Zweckbestimmung und ihres Umfangs« bedarf der Auslegung; sie ist durch die obergerichtliche u. höchstrichterliche Rspr. im Wesentlichen – und wenigstens für den fachlich Vorgebildeten überzeugend – vorgezeichnet. Das BVerwG hat hinsichtlich der **Zweckbestimmung** als typisch für Kerngebiete diejenigen **Vergnügungsstätten** angesehen, die als »*zentrale Dienstleistungsbetriebe auf dem Unterhaltungssektor*« einen größeren Einzugsbereich haben und »*für ein größeres und allgemeines Publikum erreichbar sein sollen*« (vgl. BVerwG, U. v. 21.2.1986 – 4 C 31.83 – DVBl. 1988, 234 = BauR 1986, 417 = BRS 46 Nr. 51 = ZfBR 1986, 147 = NVwZ 1986, 643 = GewArch. 1986, 242; ferner U. v. 25.11.1983 – 4 C 64.79 – BVerwGE 68, 207 = BRS 40 Nr. 45 = NJW 1984, 139 = BauR 1984, 142 = GewArch. 1984, 139; B. v. 28.7.1988 – 4 B 119.88 – BauR 1988, 693 = NVwZ 1989, 50; U. v. 18.5.1990 – 4 C 49.89 – NVwZ 1991, 264; B. v. 29.10.1992 – 4 B 103.92 – BRS 54 Nr. 49 u.U. v. 24.2.2000 – 4 C 23.98 – NVwZ 2000, 1054 = BauR 2000, 1306 = DVBl. 2000, 1340).

Die Einstufung der kerngebietstypischen Vergnügungsstätten als »zentrale Dienstleistungsbetriebe auf dem Unterhaltungssektor« zeigt einmal mehr, wie sich die abstrakt geprägte Fachsprache – von der höchstrichterlichen Rspr. besonders häufig benutzt – von der dem normal gebildeten Bürger verständlichen Sprache entfernt hat. Der Inhaber etwa einer Striptease-Tanzbar, der mit dieser Art der kommerziellen, gewinnträchtigen Unterhaltungsart zum »schnellen Geld« kommen will, würde erstaunt sein, dass er mit seinem gewerblichen Unternehmen einem »Dienstleistungsbetrieb« vorsteht; der Besucher der Striptease-Bar wäre sicherlich verwundert, dass er eine »Dienstleistung« in Anspruch nimmt.

Die von solchen Vergnügungsstätten auf das Wohnen u. entspr. empfindliche   23.11
Nutzungen typischerweise ausgehenden Störungen, vor allem in den Abend- u. Nachtstunden, müssen im Kerngebiet im Grundsatz hingenommen werden, da das Wohnen dort nach Umfang und Zweckbestimmung gegenüber den typischen Kerngebietsnutzungen zurückzutreten hat (ebenso *Schlichter/Friedrich*, WiVerw. 1988, 199, 216). Das BVerwG hat diese Eigenschaft für eine aus einer *Striptease-Bar* mit 60 Sitzplätzen u. einem Spielkasino bestehende Vergnügungsstätte bejaht (U. v. 25.11.1983, aaO.), sie dagegen für ein **Spielkasino**, das auf 54 m² Fläche höchstens 20 Besuchern Platz bietet, verneint (U. v. 21.2.1986, aaO.). Das Gericht hat ein Spielkasino dieser Größenordnung nicht als »zentralen Dienstleistungsbetrieb« angesehen, selbst wenn der Spielerstamm sich aus übergemeindlichen Kunden zusammensetzt. Von der *Zweckbestimmung* her wird ein *Spielkasino* in etwa dieses Umfangs als *zulässige Grenze* einer »nicht kerngebietstypischen« Vergnügungsstätte anzusehen sein, auch wenn es sich in dem entschiedenen Fall nur um die Veranstaltung von Karten-, Würfel- oder ähnlichen Glücksspielen handelte. Ein Spielkasino kann im Regelfall lediglich in den Abend- u. Nachtstunden betrieben werden, was sich zwangsläufig störend auf das Wohnen auswirkt. Bei einer größeren Räumlichkeit kann sich ein solches Kasino schnell zu einem »dienstleistungsmäßig« nicht gewollten Treffpunkt mit gehobenem Zuschnitt entwickeln.

»1. Eine »Spielothek« mit vier Glückspielgeräten ist keine Spielbank.
2. Das Verbot des Aufstellens von Glückspielgeräten außerhalb von Spielbanken ist mit Art. 12 Abs. 1 GG vereinbar« (Leits. des BayVGH, U. v. 2.6.1995 – 22 B 94. 3315 – GewArch. 1995, 374).

§ 4a   Abs. 3   23.2–23.4

23.2 Als **nicht kerngebietstypisch** sind weiterhin in erster Linie die Vergnügungsstätten einzustufen, die der »üblichen« Freizeitbetätigung in einem (begrenzten) Stadtviertel dienen, etwa eine abendliche Tanzbar, die nicht die *typischen* Merkmale einer (Groß-)Diskothek (Rn 22.3) aufweist.

Unter übliche (normale) Freizeitbetätigung im Zusammenhang mit dem Besuch von Vergnügungsstätten ist zu verstehen, dass die Vergnügungsstätte ihre Darbietungen im Rahmen der heutzutage üblichen Polizeistunde abwickelt, während die kerngebietstypischen Vergnügungslokale, wie die sog. Nachtlokale (s. Rn 22.2–22.3), überhaupt erst am (späteren) Abend öffnen, u. eine verkürzte Polizeistunde bis 3.00 Uhr oder 5.00 Uhr morgens erwartet wird, was mit dem sich daraus ergebenden »Drum und Dran« nicht der Zweckbestimmung der dem Wohnen dienenden Gebiete entspricht.

23.3 Die *spezifischen* **Nachtlokale** mit ihrem besonderen Amüsier-Angebot gehören *nach der Zweckbestimmung* im Regelfall **zu den kerngebietstypischen** Vergnügungsstätten. Gleiches wird wegen der typischen Begleiterscheinungen auf die die Jugend anziehenden **(Tanz-)Diskotheken** (s. Rn 22.3) in der Mehrzahl der Fälle zutreffen. Für eine *kerngebietstypische* Vergnügungsstätte ist kennzeichnend – u. damit auch regelmäßig für eine **Diskothek** –, wenn sie einen größeren Einzugsbereich besitzt, d.h. für ein größeres u. allgemeines Publikum erreichbar ist oder jedenfalls erreichbar sein soll (vgl. BVerwG, B. v. 28.7.1988 – 4 B 119.88 – BRS 48 Nr. 40 = BauR 1988, 693 = NVwZ 1989, 50 = ZfBR 1988, 277). In diesem Sinne sind Merkmale die »Raumgröße«, denn wenn auch das Publikum vielfach sich »stehend vergnügt«, muss auch dafür der Platz vorhanden sein, sowie die *Größe* der Tanzfläche (s. zu Diskotheken auch Rn 22.3); aus ihr kann geschlossen werden, auf wie viele Gäste die Diskothek letztlich eingerichtet ist. Auf die Häufigkeit oder Regelmäßigkeit der Diskothek-Veranstaltungen kommt es dagegen nicht an (so mit Recht BVerwG, B. v. 19.11.1990 – 4 B 162.90 –). Bei dieser Unterart der Vergnügungsstätten gehen die kerngebietstypischen *Merkmale* der *Zweckbestimmung und des* **Umfangs** ineinander über bzw. bedingen sich wechselseitig. Je größer die Räumlichkeiten sind, die einer dementsprechend großen Besucherzahl zum Tanzen u. zur Unterhaltung, evtl. durch geistige Getränke animiert, zur Verfügung stehen, desto lauter u. demzufolge störender auf die Umgebung wirkt sich der Betrieb der Diskothek aus (vgl. dazu die überzeugenden Gründe des VGH BW, U. v. 30.11.1983 – 6 S 2587/81 – DWW 1985, 291 u. des OLG Frankfurt, U. v. 30.4.1985 – 8 U 63/83 – DWW 1985, 208; ferner VGH BW, U. v. 5.12.1986, GewArch. 1987, 133).

Zur Einstufung der jeweiligen Nutzung kommt es auf das typische Erscheinungsbild i.S. d. Gesamtheit aller den Betrieb kennzeichnenden Merkmale an. Ein Gebäude mit einer Grundfläche von 440 m² – wobei die eigentliche Fläche der Diskothek 225 m² betragen soll; hinzu kommt ein integrierter Jazz-Club von 54 m² und ein 25 m² großes Bistro; 96 Stellplätze sind vorgesehen – stellt nach dem U. d. BVerwG v. 24.2.2000 (– 4 C 23/98 – NVwZ 2000, 1054 = BauR 2000, 1306 = DVBl. 2000, 1340) eine kerngebietstypische Vergnügungsstätte dar.

Eine durch fortlaufende **Table-Dance-Veranstaltungen** geprägte Diskothek ist i.d.R. als kerngebietstypische Vergnügungsstätte anzusehen, da die bereits (bislang) geringe Verbreitung dieser gaststättenrechtlichen Betriebsform zu dem Schluss zwingt, dass die Besucher überwiegend von außerhalb kommen (BayVGH, B. v. 7.8.2003 – 22 B 03.1041 – UPR 2004, 436 = BayVBl. 2003, 749 = GewArch. 2003, 435).

Ein Gaststättenbetrieb mit täglich wechselnden Unterhaltungsprogrammen (**Motto-Partys**), bei denen Eintrittsgeld verlangt wird, ist eine Vergnügungsstätte, die bei Ausrichtung auf einen größeren Einzugsbereich nur im Kerngebiet zulässig ist (OVG RhPf, B. v. 9.3.2007 – 8 A 10066/07 –).

23.4 Bei den Spielhallen hängt die **Einstufung** im Wesentlichen **von ihrer Größe** ab. Zur Abgrenzung der kerngebietstypischen von den *nicht* kerngebietstypischen

Spielhallen hat sich in der Rspr. eine *Grundfläche von etwa 100 m²* als »**Schwellenwert**« eingependelt (vgl. VGH BW, U. v. 22.1.1986 – 8 S 2255/85 – BRS 46 Nr. 52; U. v. 20.8.1991 – 5 S 2881/90 – GewArch. 1992, 199 = VBlBW 1992, 198; U. v. 2.11.2006 – 8 S 1891/05 – BauR 2007, 1373; OVG Lüneburg, U. v. 11.9.1987 – 6 A 139/86 – BRS 47 Nr. 51 = ZfBR 1988, 95; Hess. VGH, U. v. 11.7.1986 – 4 OE 37/83 – BRS 46 Nr. 53 = GewArch. 1987, 67; Hess. VGH, U. v. 19.9.1986 – 4 UE 2666/84 – BRS 46 Nr. 54 = BauR 1987, 178 = UPR 1987, 148; OVG NW, U. v. 24.6.1987 – 11 A 1389/85 – BRS 47 Nr. 50 = BauR 1987, 665; BVerwG, B. v. 28.7.1988 – 4 B 119. 88 – BRS 48 Nr. 40 = BauR 88, 693; Hess.VGH, U. v. 20.6.1991 – 3 U E 3557/88 –, GewArch. 92, 198; Sächs. OVG, B. v. 9.4.2001 – 1 B 701/01 – GewArch. 2003, 213; a. A. VGH BW, B. v. 12.9.2002 – 8 S 11571/02 – DÖV 2003, 642 = GewArch. 2003, 214, der eine Spielhalle mit einer Nutzfläche von ca. 105 m² für eine nicht kerngebietsypische Vergnügungsstätte hält). Der Schwellenwert entspricht der mittleren Größe einer Spielhalle nach der SpielV v. 11.12.1985 (BGBl. I S. 2285). Er sollte aber auch nach der 5. Verordnung zur Änderung der SpielV v. 17.12.2005 (BGBl. I S. 3495) beibehalten werden, auch wenn nach § 3 Abs. 2 der neuen SpielV je 12 m² an Stelle von früher 15 m² Grundfläche höchstens ein Geld- oder Warenspielgerät aufgestellt werden darf; die Gesamtzahl darf jedoch 12 Geräte nicht übersteigen. In einer kerngebietstypischen Spielhalle können daher maximal 12 an Stelle von früher 10 Geld- oder Warenspielgeräte aufgestellt werden; in einer nicht kerngebietstypischen Spielhalle maximal 8 Geld- oder Warenspielgeräte an Stelle von früher 6.

Es ist nicht ausgeschlossen, dass ein erlaubnisbedürftiges Spielhallenunternehmen nebenbei auch noch andere gewerbliche Leistungen anbietet, etwa Leistungen eines Gaststättenbetriebs. Aus dem GastG ergibt sich nichts Gegenteiliges, insbes. nicht die Forderung, dass Gaststättenleistungen in den betreffenden Räumen als Hauptleistung erbracht werden müssten. Dass die einschlägigen Gesetze einem Nebeneinander von Spielhallenerlaubnis u. Gaststättenerlaubnis für ein und denselben Raum nicht entgegenstehen, wird durch § 3 Abs. 3 SpielV bestätigt. Danach dürfen in Spielhallen o. ä. Unternehmen, in denen alkoholische Getränke zum Verzehr an Ort u. Stelle verabreicht werden, höchstens **drei Geld- oder Warenspielgeräte** aufgestellt werden. Die SpielV geht davon aus, dass Spielhallen mit Speisen- und Getränkeangebot – also Gewerbebetriebe, bei denen der Schwerpunkt auf dem Bereitstellen der Spielgeräte liegt, nebenbei aber auch Gaststättenleistungen angeboten werden – *nicht* unter die Vorschrift des **§ 3 Abs. 1 Satz 1** SpielV fallen. § 3 Abs. 1 Satz 1 SpielV betrifft nur solche Schank- u. Speisewirtschaften, bei denen der Gaststättenbetrieb im Vordergrund steht und die daher keinen Spielhallencharakter haben.

Die **Spielhallen** haben infolge ihrer besonderen städtebaulichen Relevanz u. ihrer starken Vermehrung in den letzten Jahren die Rspr. häufig beschäftigt. Der Begriff der »Spielhalle« hat sich aufgrund der Unterscheidung in **nicht kerngebietstypische** und **kerngebietstypische** Betriebe mit den dadurch unterschiedlichen Regelungen in den verschiedenen Baugebieten zu einem **eigenständigen städtebaurechtlichen Nutzungsbegriff** entwickelt. Seine inhaltliche Ausformung und die Art und Weise der Nutzung hat der Begriff »Spielhalle« jedoch durch die gewerberechtlichen Vorschriften erhalten; die verfahrensrechtliche Handhabung (das Aufstellen von Geldspielgeräten) bestimmt die Verordnung über Spielgeräte und andere Spiele mit Gewinnmöglichkeit (Spielverordnung –

§ 4a   Abs. 3   23.51–23.6

SpielV) i. d. F. der Bekanntmachung v. 23.12.2005 (BGBl. I S. 3495), die am 1.1.2006 in Kraft trat.

Das gewerbliche Spielrecht (mithin auch Spielhallen) ist in den §§ 33c ff. GewO geregelt. Wer gewerbsmäßig eine Spielhalle betreiben will, die ausschließlich oder überwiegend der Aufstellung von Spielgeräten (oder der Veranstaltung anderer Spiele) i. S. d. § 33c Abs. 1 S. 1 GewO dient, benötigt nach § 33i GewO eine (Spielhallen-) Erlaubnis. Das Gewerberecht beschränkt das Aufstellen von Geldspielgeräten.

23.51 Mit dem Begriff der Spielhalle ist nicht notwendig ein – selbständiger – Betrieb gemeint; es kann sich auch (nur) um **einen Raum**, der zu einem anderen Betrieb, meistens einer Schank- und Speisewirtschaft, gehört, handeln, *wenn* er ausschließlich oder überwiegend der Aufstellung der in § 33i GewO genannten Geräte oder den genannten Veranstaltungen dient (BayObLG, B. v. 24.2.1992 – 3 ObOWi 7/92 – GewArch. 1992, 231 = NVwZ-RR 1992, 553 f. m. w. N.).

Die gewerberechtl. Rspr. hat bestimmte Anforderungen an das Vorliegen einer **selbständigen** Spielhalle gestellt. **Benachbarte Spielhallen** können **nur dann** als **selbständig** erlaubnisfähige Spielhallen angesehen werden, **wenn** sie räumlich so getrennt sind, dass bei natürlicher Betrachtungsweise *»die Sonderung der einzelnen Betriebsstätte optisch in Erscheinung tritt und die Betriebsfähigkeit keiner Betriebsstätte durch die Schließung der anderen Betriebsstätten beeinträchtigt wird«* (BVerwG, U. v. 9.10.1984 – 1 C 21.83 – BVerwGE 70, 180 = GewArch. 1985, 62, und U. v. 27.2.1990 – 1 C 47.88 – NVwZ 1990, 760); weitere Einzelheiten z. Frage, wann eine Spielhalle als selbständig anzusehen ist, bei *Ziegler*, in: *Brügelmann*, § 4a Rdn 56; dort auch zu den Übergangsregelungen für »Altspielhallen«, Rdn. 82–84.

23.52 Die Frage, **ob** mehrere **Spielhallen eine Einheit** darstellen, kann **planungsrechtlich** *anders* als nach dem Gewerberecht zu beurteilen sein. Eine **gewerberechtliche Genehmigung** entfaltet **keine Bindungswirkung für** die **planungsrechtliche Beurteilung** des Vorhabens i. S. v. § 29 BauGB (BVerwG, U. v. 20.8.1992 – 4 C 57.89 – BRS 54 Nr. 50 = DVBl. 1993, 109 = UPR 1993, 23 = ZfBR 1993, 35). Gegenstand der bauplanungsrechtlichen Beurteilung ist das Vorhaben i. S. v. § 29 Abs. 1 S. 1 BauGB. Es ist Sache des Bauherrn, durch seinen Bauantrag den Inhalt des Vorhabens festzulegen, *»soweit er sich dabei innerhalb derjenigen Grenzen hält, die einer Zusammenfassung oder Trennung objektiv gesetzt sind«* (BVerwG, aaO.; s. auch Rspr. Rn 24.51).

23.53 In einer **Spielhalle** dürfen alkoholfreie Getränke und auch Speisen verabreicht werden, ohne dass deswegen die Zahl der Spielgeräte auf drei begrenzt wäre; es gilt insoweit die Regelung des § 3 Abs. 2 SpielV, wonach je 12 m² Grundfläche ein Spielgerät aufgestellt werden darf (BVerwG, U. v. 4. 10. 88 – I C 59.86 – DVBl. 1989, 374 = NVwZ 1989, 51 = GewArch. 1989, 23 zur früheren Rechtslage von 15 m² Grundfläche pro Geldspielgerät).

Zur Abgrenzung der kerngebietstypischen von den *nicht* kerngebietstypischen Spielhallen s. Rn 23.4; zu den zu beachtenden Vorschriften bei einer Nutzungsänderung von (anderen) Anlagen (Betrieben, Nutzungen) in *Spielhallen* s. Rn 23.82–23.84; zu Einzelfragen aufgrund von Entsch. der Rspr. s. Rn 24.2.

23.6 Noch nicht geklärt ist die Frage, ob **Internet-Cafés**, auf dessen multifunktionalen Geräten (Computern) auch Unterhaltungsspiele ohne Gewinnmöglichkeit möglich sind, bauplanungsrechtlich als sonstige Gewerbebetriebe oder als Vergnügungsstätten, vergleichbar einer Spielhalle, anzusehen sind. Bislang gibt es hierzu nur gewerberechtliche Rspr. und Lit. im Hinblick auf § 33i Abs. 1 S. 1 GewO. Nach dieser Norm bedarf einer Erlaubnis der zuständigen Behörde, wer gewerbsmäßig eine Spielhalle oder ein ähnliches Unternehmen betreiben will, das ausschließlich oder überwiegend der Aufstellung von Spielgeräten oder der Veranstaltung anderer Spiele i. S. d. § 33i Abs. 1 S. 1 oder § 33d Abs. 1 S. 1 oder der gewerbsmäßigen Aufstellung von Unterhaltungsspielgeräten ohne Gewinnmöglichkeit dient. Das BVerwG hat in seinem U. v. 9.2.2005 (– 6 C 11.84 – NVwZ 2005, 961 = GewArch. 2005, 292 zu OVG Berlin, U. v. 12.5.2004 – 1 B 20.03 – GewArch. 2004, 385) zu dieser Frage folgenden Leits. aufgestellt:

»Stellt ein Gewerbetreibender in seinen Räumen Computer auf, die sowohl zu Spielzwecken als auch zu anderen Zwecken genutzt werden können, so bedarf er der Spielhallenerlaubnis nach § 33i Abs. 1 S. 1 GewO, wenn der Schwerpunkt des Betriebs in der Nutzung der Computer zu Spielzwecken liegt«.

Das OVG Berlin hatte dagegen in seinem U. v. 12.5.2004, aaO., praxisgerechter darauf abgestellt, dass ein multifunktionales Gerät wie ein Computer schon dann von § 33i Abs. 1 S. 1 GewO erfasst wird, wenn es zumindest auch zu dem Zweck aufgestellt ist, als »Unterhaltungsspielgerät« genutzt zu werden. Weiter heiß es in dem Leits. des OVG Berlin:

»Lassen die Geräte zumindest in ihrer überwiegenden Zahl eine bestimmungsgemäße Verwendung als Unterhaltungsspielgerät zu, kommt es nicht darauf an, ob die aufgestellten PC tatsächlich überwiegend zum Spielen oder zu einem anderen Zweck genutzt werden«.

Nach Auffassung des U. des OVG Berlin v. 12.5.2004 haben es die Betreiber des Internet-Cafés in der Hand, durch technische Vorkehrungen oder durch Anweisung des Aufsichtspersonals gegenüber den Besuchern des Betriebs eine Nutzung der Computer zum Spielen zu unterbinden und damit die § 6 JuSchG, wonach Kindern und Jugendlichen die Anwesenheit in öffentlichen Spielhallen oder ähnlich überwiegend dem Spieltrieb dienenden Räumen nicht gestattet ist, zu beachten (ähnlich Nds. OVG, B. v. 25.11.2003 – 7 ME 148/03 – GewArch. 2004, 125). Das BVerwG hat demgegenüber darauf abgestellt, ob in den Betriebsräumen das Spielangebot im Vordergrund steht oder eine andere Nutzung. Ein Internet-Café ist dann – so das BVerwG – als erlaubnispflichtige Spielhalle zu bewerten, wenn die Gesamtumstände darauf schließen lassen, dass die Betriebsräume hauptsächlich dem Spielzweck gewidmet sind und die anderweitige Nutzung der Computer dahinter zurücktritt.

Als für diese Bewertung maßgebliche Umstände kommen nach Auffassung des BVerwG vor allem die Ausstattung der Räumlichkeiten und die Programmierung der Computer, aber auch die Selbstdarstellung des Unternehmens nach außen und die vom Unternehmer betriebene Werbung kurz: sein Betriebskonzept in Betracht. Unabhängig von derartigen oder vergleichbaren Umständen, die zur Nutzung der Computer zum Spielen anreizen oder eine solche Nutzung nahe legen, kann sich ein Internet-Café, das zunächst nicht die Voraussetzungen des § 33i Abs. 1 GewO erfüllt, auch tatsächlich zu einer Spielhalle oder einem spielhallenähnlichen Unternehmen weiterentwickeln, nämlich dann, wenn sich ergibt, dass die Computer von den Kunden des Unternehmens hauptsächlich zum Spielen genutzt werden (BVerwG, aaO.; kritisch hierzu *Liesching*, NVwZ 2005, 898/899 f.). Nach Auffassung des Bund-Länder-Ausschusses »Gewerberecht« kommen folgende weitere Merkmale für die Bestimmung einer Spielhalleneigenschaft in Betracht: nämlich die Art und Anzahl der für die Festplatte installierten Spiele, das Vorliegen eines zusätzlichen Entgelts für das Freischalten bestimmter Spiele sowie etwa auch das Anbieten von Preis- und Gewinnspielen durch den Betreiber.

Werden Internet-Cafés überwiegend besucht, um dort Computerspiele »zu genießen«, so wird es sich um eine Vergnügungsstätte handeln. Es spricht auch bauplanungsrechtlich vieles dafür, Internet-Cafés im Regelfall als eine kerngebietstypische Vergnügungsstätte anzusehen, wenn sie mit einem Wettbüro verbunden sind.

Schwierigkeiten scheint die eindeutige bauplanungsrechtliche Einstufung des **Billardspiels** zu bereiten, d. h. die Klärung der Frage, ob das Spielen an Billardtischen unter den städtebaurechtlichen Begriff »Vergnügungsstätten« fällt (fallen kann); die selteneren Fälle, in denen das Billardspielen wettkampfmäßig erfolgt, i. S. einer besonderen Sportart, müssen jedoch erwähnt werden (s. § 4 Rn 4.24). Billardtische werden im Allgemeinen nicht isoliert, sondern im Regelfall in *Schank- und Speisewirtschaften* aufgestellt. Hierbei kommt es darauf an, ob der Gaststättenbetrieb vorherrschend ist oder der *Spielbetrieb* den Charakter *der* gewerblichen *Wirtschaft* bestimmt. Im ersteren Fall ist bauplanungsrechtlich der Betrieb (weiterhin) als Schank- und Speisewirtschaft einzustufen, im letzteren – gewissermaßen als Kombination, wenn der Betrieb auch und gerade nachmittags erfolgt – als **Billardcafé**.

§ 4a Abs. 3 23.62–23.64

Es ist jedoch auch bekannt, dass das Spielen an Billardtischen in einer dafür zur Verfügung stehenden Räumlichkeit als *sportlicher Zeitvertreib* ähnlich wie in einem Bowling- oder Kegelcenter im Vordergrund steht und die *Möglichkeit*, »zwischendurch« Erfrischungsgetränke u. dergl. zu sich zu nehmen, eine untergeordnete Rolle spielt. Dieses Spielen an Billardtischen ist – unbeschadet dessen, dass das Billardspielen der Vergnügungssteuer unterfällt – wie die Bowling- oder Kegelcenter den Anlagen für sportliche Zwecke zuzuordnen (in diesem Sinne auch *Ziegler*, in: Brügelmann, § 4a Rdn. 53).

Sollen außerdem Spielmöglichkeiten geschaffen werden, für die Spielgeräte erforderlich sind, für deren Aufstellung die Spielhallenerlaubnis nach § 33i GewO benötigt wird, kommt es darauf an, ob der danach erlaubnispflichtige Spielbetrieb gegenüber dem sportlichen Zweck überwiegt (vgl. dazu BayObLG, B. v. 24.2.1992 – 3 ObOWi 7/92 – NVwZ-RR 1992, 553).

23.62 In diesem Zusammenhang ist ein Urt. des BVerwG v. 20.8.1992 (– 4 C 54.89 – BRS 54 Nr. 137 = BauR 1993, 51) zu erwähnen, in dem gleichfalls über ein Billardcafé entschieden worden ist. Das BVerwG hat die Auffassung des Berufungsgerichts übernommen, dass es sich bei dem Billardcafé um eine Vergnügungsstätte handele. Diese Auffassung begegnet nach den tatsächlichen Einzelheiten des Falles gewissen Bedenken. Der Fall spielte während der Novellierung der BauNVO 1990.

Ein Billardcafe kann je nach tatsächlicher Ausgestaltung als Vergnügungsstätte i. S. d. BauNVO anzusehen sein (BVerwG, U. v. 20.8.92 (aaO.). Nach der Verkehrsauffassung ist unter dem Begriff des »Billard-Cafes« eine Einrichtung zu verstehen, die einerseits dem Billardspiel dient und andererseits (gleichgewichtig oder jedenfalls als Nebenzweck) kleinere Speisen und Getränke anbietet. Treten zu den Billardtischen andere Spielgeräte, insbes. Glücks- und Gewinnspielgeräte, von einigem Gewicht hinzu, so wird der Typus des reinen Billard-Cafes verlassen. Durch ein auf solche Art erweitertes Angebot wandelt sich das Billard-Cafe dann zu einer Einrichtung mit Spielhallencharakter. Enthält eine Einrichtung außer Billardgeräten (Geschicklichkeitsspielgeräten) auch deutlich mehr als zwei oder gar – wie hier – die Höchstzahl von 10 Geldspielgeräten, so wird sie maßgeblich auch durch diese Geldspielgeräte geprägt. Nach der Verkehrsauffassung liegt dann eine Einrichtung mit Geschicklichkeits- und Glückspielelementen und damit eine Spielhalle vor (VGH BW, U. v. 18.9.1991 – 3 S 1644/91 – VBlBW 1992, 101). Es stellt daher eine genehmigungspflichtige Nutzungsänderung dar, wenn in einem genehmigten »Billard-Cafe« (9 Billardtische, ca. 165 m² Spielfläche) zusätzlich 10 Geldspielgeräte aufgestellt werden sollen (VGH BW, aaO.).

23.63 Die wiederholt festgestellte Verwendung der Floskel, »dass das Vorhaben der Unterhaltung, Entspannung und angenehmen Freizeitgestaltung dienen« soll, kann zur Einstufung als Vergnügungsstätte auf jede Kneipe oder auch auf jedes Café angewendet werden, zumal wenn – wie durchweg beispielsweise in Kurorten – ein »Alleinunterhalter« (früher ein Klavierspieler mit »Stehgeiger«) zum Nachmittags-Tanztee oder auch zur Abendunterhaltung aufspielt. Die (kommerzielle) Unterhaltung u. Freizeitgestaltung, die zweifelsohne Vergnügen bereitet u. besteuert wird, kann mit dem **städtebaurechtlichen Begriff** »Vergnügungsstätten« nicht gleichgesetzt werden (s. dazu Rn 22.1).

23.64 Von § 29 BauGB werden Änderungen oder Nutzungsänderungen nur insoweit erfasst, als sie von planungsrechtlicher Relevanz sind. Das setzt voraus, dass durch die Veränderung bodenrechtliche Belange berührt werden können (BVerwG, U. v. 25.3.1988 – 4 C 21.85 – BRS 48 Nr. 138). Daran fehlt es im entschiedenen Fall; seinerzeit ist die Baugenehmigung zur Nutzungsänderung eines Teppichgeschäfts in drei Spielhallen erteilt worden (BVerwG, U. v. 27.4.1993 – 1 C 9.92 –).

Nach den Gegebenheiten des Falles ist hier eine betriebliche Einheit genehmigt worden (wird im Einzelnen ausgeführt). Die Bewertung des genehmigten Bestands rechtfertigt es, einen aus drei gewerberechtlich selbständigen Spielhallen bestehenden Komplex als eine betriebliche Einheit anzusehen, die als solche einen baurechtlich genehmigten Bestand darstellt. Dann fehlt der Umgestaltung in eine Spielhalle (im Wesentlichen durch Herausnahme nichttragender Wände) die bodenrechtliche Relevanz, auch wenn dadurch ein zusätzliches Gewinnspielgerät aufgestellt werden darf (statt bisher neun nunmehr 10). *»Die vorgesehene Nutzung hält sich solchenfalls innerhalb der Bandbreite der baurechtlich bereits genehmigten Nutzung«* (BVerwG, aaO.).

23.65 Bei einer **Spielhallenerweiterung** durch Vergrößerung der Nettonutzfläche ist davon auszugehen, dass nicht nur die Änderung der Nutzungsart, sondern auch die relevante *Vergrößerung* einer bestehenden baulichen Anlage als *wesentliche Änderung* i.S.d. Stellplatzpflicht zu verstehen ist (OVG NW, U. v. 18.2.1993 – 10 A 1590/88 – GewArch. 1995, 38).

In den **Gründen** hat das OVG herausgestellt, die über das Bestehende erheblich hinausgehende Dimensionierung eines Vorhabens bei gleicher Nutzungsart kann bedeuten, dass Altes nicht fortgesetzt und auf Bestehendem nicht aufgebaut wird, sondern dass das neue Vorhaben den Versuch darstellt, auf eine grundsätzlich andere Art u. Weise aus dem Baugrundstück Nutzen zu ziehen mit der Folge, dass kein Anlass mehr gegeben ist, die Vergünstigung der Fortschreibung *»alter Stellplatzfehlbestände«* weiterhin zu gewähren (OVG, aaO., unter Bezugnahme auf U. v. 1.9.1988 – 11 A 1158/87 – BRS 48 Nr. 106).

23.66 In einer bauplanungsrechtlich als ein Vorhaben zu wertenden Vergnügungsstätte können mehrere gewerberechtlich selbständige Spielhallen i.S.v. § 33i GewO untergebracht sein.

Wird die Raumaufteilung einer Vergnügungsstätte in mehrere gewerberechtliche Spielhallen geändert, um die Spielhallen den Anforderungen der Spielverordnung 1985 anzupassen, so genießt der Umbau regelmäßig Bestandsschutz, wenn sich der Nutzungsumfang gegenüber dem bisherigen Zustand nicht erhöht (**Leits.** des BVerwG, U. v. 18.4.1996 – 4 C 17.94 – DVBl. 1996, 929).

23.67 Ob eine Spielhalle, die mit einer Gaststätte eine betriebliche Einheit bildet, als kerngebietstypisch einzustufen ist, hängt von den Umständen des Einzelfalles ab; dabei kann die durch die Betriebseinheit mit der Gaststätte bewirkte größere Attraktivität der Spielhalle von Bedeutung sein (**Leits.** des BVerwG, B. v. 29.10.1992 – 4 B 103/92 – BRS 54 Nr. 49; wird weiter ausgeführt).

Gewerberäume, wie z.B. eine Videothek, in denen Getränke oder Speisen nur als Nebenleistung angeboten werden, sind keine Schank- oder Speisewirtschaften i.S.d. § 1 Abs. 1 Nr. 1 der Spielverordnung (BVerwG, B. v. 18.3.1991 – 1 B 30.91 – DVBl. 1991, 945 und VGH BW, U. v. 10.12.1992 – 14 S 1950/91 –).

Eine Baugenehmigung und eine **Spielhallenerlaubnis** nach § 33i GewO stehen selbständig nebeneinander. Keiner von beiden ist eine Konzentrationswirkung eigen (**Leits.** des OVG NW, U. v. 13.9.1994 – 11 A 3309/92 – Mitt.NWStGB 1995, 302).

23.68 Nach einem U. d. VGH BW vom 1.12.1982 (– 6 S 2335/81 – GewArch. 1983, 88) darf die für die Spielhallenerlaubnis nach § 33i Abs. 1 S. 1 GewO zuständige Behörde die Erlaubnis nicht in allen Fällen, in denen sie eine Gefährdung der Jugend befürchtet, ohne weiteres nach § 33i Abs. 2 Nr. 3 GewO verweigern. Sie hat sich vielmehr an dem in der Verfassung verankerten Grundsatz der Verhältnismäßigkeit zu orientieren, der gebietet, dass ein gewähltes Mittel zu dem angestrebten Zweck nicht nur geeignet, sondern auch erforderlich sein muss. Als ein wirksames Mittel zur Gewährleistung eines effektiven Jugendschutzes kommen nach § 33i Abs. 1 S. 2 GewO Auflagen in Betracht. Eine Auflage des Inhalts, dass in einem Spielhallenkomplex aus Gründen des Jugendschutzes zwei Aufsichtspersonen anwesend sein müssen, kann daher nach § 33i Abs. 1 S. 2 GewO gerechtfertigt sein (BVerwG, U. v. 2.7.1991 – 1 C 4.90 – BVerwGE 88, 348). Vor Widerruf einer Spielhallenerlaubnis wegen Unzuverlässigkeit kann eine Abmahnung geboten sein (BVerwG, B. v. 6.9.1991 – 1 B 97/91 – NVwZ 1992, 167).

§ 4a   Abs. 3   23.69

Nach Auffassung des BVerwG ist der Versagungsgrund des § 33i Abs. 2 Nr. 2 GewO allein nicht deshalb gegeben, weil die Spielhalle in einem kriminalitätsgeneigten Umfeld betrieben werden soll (BVerwG, B. v. 7.1.2003 – 6 B 70/02 – NVwZ 2003, 602 = GewArch. 2003, 165; ergangen zu BayVGH, U. v. 31.7.2002 – 22aB 02.965 – GewArch. 2002, 471). Das BVerwG geht davon aus, dass der Versagungsgrund des § 33 i Abs. 2 Nr. 2 GewO in einem solchen Fall voraussetzt, dass wegen des polizeiwidrigen Zustands des Umfelds auch die Betriebsräume selbst nicht den polizeilichen Anforderungen entsprechen. Dieser Ansicht kann nicht gefolgt werden. Das BVerwG verkennt, dass kriminologisch Spielhallen in kriminalitätsbelasteten Gebieten häufig zur Anbahnung von Straftaten genutzt werden oder sie Raubüberfällen – nicht selten durch spielsüchtige Straftäter – ausgesetzt sind. Die restriktive Interpretation des § 33 i Abs. 2 Nr. 2 GewO durch das BVerwG hat zur Folge, dass die Gemeinde im Rahmen der kommunalen Kriminalitätsprävention zum Planungsrecht greifen muss, um ihre Bürger vor Gefahren zu schützen. Dabei handelt es sich um eine Aufgabe, die eigentlich den Gewerbebehörden obliegt. Zu Recht hat daher der VGH BW in seinem U. v. 19.6.1985 (– 6 S 456/84 – GewArch. 1985, 334) eine Spielhallenerlaubnis bei einem solchen Sachverhalt nach § 33i Abs. 2 Nr. 2 GewO versagt.

23.69 Es ist auf ein weiteres neues städtebauliches Phänomen hinzuweisen, nämlich das Auftreten von »**Wettbüros**«, die im Widerspruch zum staatlichen Monopol für Sportwetten stehen. Sie unterscheiden sich deutlich von den Ladengeschäften der Toto-Lotto-Annahmen, die gleichzeitig Zeitungen, Schreib- und Tabakwaren verkaufen. Nach der Verkündung des U. des BVerfG v. 26.3.2006 (– 1 BvR 1054/01 – NJW 2006, 1261; vgl. auch BVerfG, 1. Kammer des 2. Senats, B. v. 7.12.2006 – 2 BvR 2428/06 – NJW 2007, 1521), das unter bestimmten Voraussetzungen das staatliche Monopol für Sportwetten aufrecht erhalten hat, wird es sich möglicherweise um ein Übergangsphänomen handeln, da die Ordnungsbehörden jetzt – höchstrichterlich abgesichert – dagegen ordnungs- und gewerberechtlich vorgehen können (zur Rechtslage in Bayern s. BVerwG, U. v. 21.6.2006 – 6 C 19/06 – NVwZ 2006, 1175).

Nach Auffassung des OVG NW (B. v. 18.10.2005 – 10 B 1600/05 –) beschreibt die Nutzungsart »**Wettbüro**« keinen feststehenden Betriebstyp und kann bei der gebotenen typisierenden Betrachtungsweise keiner der in der BauNVO genannten Nutzungsarten eindeutig zugeordnet werden. Ein »Wettbüro« lasse sich in verschiedenen Formen betreiben, die sich unter Zulässigkeitsgesichtspunkten deutlich voneinander abheben und gegenüber einer als »Laden« genehmigten Einzelhandelsnutzung wesentliche Unterschiede aufweisen könnten. Die denkbare Formenvielfalt der Nutzungsart »Wettbüro« mache nicht zuletzt der nachträglich gestellte Bauantrag betreffend die Nutzungsänderung in ein »*Ladenlokal für Sportwetten, Lotto-Toto, Internetcafé und Computeranimation*« deutlich (OVG NW, aaO.). Das OVG NW hat in seinem B. v. 18.10.2005, aaO., die Frage, ob ein »Wettbüro« bauplanungsrechtlich als »Vergnügungsstätte« anzusehen ist, offengelassen. Der BayVGH hat mit U. v. 6.7.2005 (– 1 B 01.1513 –) ein **Wettbüro für Pferdewetten** in einem Nebensatz bauplanungsrechtlich als Vergnügungsstätte angesehen, ohne dies näher zu begründen. Das VG Minden hat in seinem B. v. 10.2.2006 (– 1 L 69/06 – ihm folgend Hess. VGH, B. v. 19.9.2006 – 3 TG 2161/06 – NVwZ-RR 2007, 81 u. VGH BW, B. v. 1.2.2007 – 8 S 2606/06 – VBlBW 2007, 226 = BauR 2007, 1217) ein **Wettbüro** zur Vermittlung von Sportwetten mit festen Gewinnquoten (sog. Oddset-Wetten) bauplanungsrechtlich als **Vergnügungsstätte i. S. d. § 7 Abs. 2 Nr. 2 BauNVO** angesehen, das anders als Lotto- und Toto-Annahmestellen ein gänzlich anderes Publikum anzieht. Die Räumlichkeiten des Wettbüros waren mit 5 Tischen, 30 Stühlen und 14 Barhockern ausgestaltet worden. Dem Publikum sollten neun Flachbildschirme in einer Größe von 19 Zoll, zwei Flachbildschirme mit einem Durchmesser von 104 cm sowie ein Projektor einschließlich der Leinwand zur Verfügung stehen; an vier weiteren PC-Monitoren sollte die Ermittlung der Spielergebnisse vergangenen zehn Jahre ermöglicht werden. Darüber hinaus plante der Ast. die Einrichtung von vier Internetplätzen und die Aufstellung von vier Geldspielgeräten ohne Gewinnmöglichkeit. Kaffee und Tee wurden kostenlos ausgeschenkt. Besuchertoiletten waren vorhanden (VG Minden, aaO).

»Wettbüros« in der Ausgestaltung des OVG NW, aaO. und des B. des VG Minden, aaO, sind regelmäßig als **kerngebietstypische Vergnügungsstätte** anzusehen und nicht als Ladengeschäft oder sonstiger Gewerbebetrieb. Unabhängig davon wird man ein Wettbüro als kerngebietstypische Vergnügungsstätte annehmen können, wenn es – analog zu den Spielhallen – den Schwellenwert von 100 m² Grundfläche überschreitet.

Der VGH BW hat in seinem B. v. 1.2.2007 (aaO.) ein Ladengeschäft als Wettbüro angesehen, das drei PCs für Internetnutzung sowie drei Spielautomaten aufwies und ansonsten Sportwetten entgegen nahm. Ein solches Wettbüro sei nicht vergleichbar mit einer Toto-Lotto-Annahmestelle und deshalb als Vergnügungsstätte anzusehen.

23.7 Besondere Schwierigkeiten bereiten die **Einstufungen der verschiedenen Prostitutionseinrichtungen** von Bordellen, bordellartigen Betrieben, Sex-Clubs, Massagesalons, erotischen Model-Wohnungen, Terminwohnungen und Etablissements der sog. Wohnungsprostitution. Streitig ist in Rspr. und Lit., ob diese Nutzungsformen als Vergnügungsstätten oder als sonstige Gewerbebetriebe i. S. d. BauNVO anzusehen sind. In der Lit. werden Bordelle und bordellartige Betriebe mehrheitlich als Vergnügungsstätten angesehen (vgl. die Nachweise bei *Stühler*, NVwZ 1997, 861/866, Fn 65), weil sie als »*kommerzielle Dienstleistungen auf dem sexuellen Amüsier- und Unterhaltungssektor*« verstanden werden (*Schlichter/Friedrich*, WiVerw. 1988, 199/209). In der Rspr. dagegen werden sie ganz überwiegend als sonstige Gewerbebetriebe bezeichnet (BVerwG, U. v. 25.11.1983 – 4 C 21.83 – BVerwGE 68, 213/215 f.; B. v. 28.6.1995 – 4 B 137.95 – NVwZ-RR 1996, 84: »*Auch die sog. Wohnungsprostitution stelle eine – regelmäßig störende – gewerbliche Nutzung dar*«; B. v. 29.10.1997 – 4 B 8.97 – NVwZ-RR 1998, 540; a. A. VGH BW, U. v. 17.10.1997 – 8 S 2136/96 –). Das BVerwG ist der Auffassung, dass Bordelle und bordellartige Betriebe (nur) eine atypische Art der von der BauNVO gemeinten Vergnügungsstätten sind (U. v. 25.11.1983, aaO.). Der Kommentar vertritt weiterhin die Meinung, dass Bordelle und bordellartige Betriebe mit einer »kommerziellen Unterhaltung auf sexuellem Gebiet« nicht vollständig zu erfassen sind.

23.71 Von den Vergnügungsstätten kommen als Vergleich und gleichzeitig mögliche Anknüpfungsart von den drei Komplexen »Spielhallen, Diskotheken und Sex-Animierbetriebe im weitesten Sinne, also unter Einschluss der auch als sittenwidrig eingestuften Peep-Show« lediglich die »Sex-Betriebe« in Betracht. Aus welchem »plausiblen« Grund Bordelle mit Vergnügungsstätten gleichgestellt werden sollen (können), ist von keinem der Betreffenden, die »in einem Bordell« eine Vergnügungsstätte sehen wollen, begründet worden. *Stühler* (aaO., S. 866) zählt die in Rspr. u. Schrifttum unbestrittenen Vergnügungsstätten auf und meint – offensichtlich der Einordnung der Prostitution betreibenden Betriebe als Vergnügungsstätten zuneigend –, »*so wäre ihre Einordnung in die Gebietskategorien der Baunutzungsverordnung leicht durchzuführen*« (*Stühler*, aaO.). Diese Auffassung mag pragmatisch sein, trifft jedoch nicht den fundamentalen Unterschied, der zwischen einer Vergnügungsstätte und der bordellartigen Prostitution (gleichfalls als Gesamtbegriff zu verstehen) besteht.

23.72 Bei allen **Sex-Animierbetrieben** handelt es sich um **Vergnügungs-Betriebe**, in denen der Besucher – in welcher Form oder aus welchen Gründen auch immer – **eine Unterhaltung** auf sexuellem Gebiet sucht. Er befindet sich stets in einer **passiven Rolle**. Sex-Betriebe als »Vergnügungsstätte« nehmen somit eine bestimmte »Freizeit-Gestaltungsrolle« in unserer Gesellschaft ein.

§ 4a   Abs. 3   23.73–23.8

Das ist beim Aufsuchen eines üblichen Bordells, evtl. auch eines bordellartigen Betriebes (einschließlich der sog. Wohnungsprostitution), i.d.R. anders. Hier beabsichtigt der Besucher von vornherein in einer aktiven Rolle, sein sexuelles Bedürfnis zu befriedigen.

23.73 Das Aufsuchen einer Vergnügungsstätte in Gestalt eines Sex-Animierbetriebs mit der passiven Rolle des Besuchers einerseits und die Inanspruchnahme eines Bordell-(Prostitutions-)Betriebs durch die bewusste (aktive) Hinwendung zur Befriedigung des sexuellen Bedürfnisses andererseits sind aufgrund der (ganz) unterschiedlichen »Bedürfnisebene« nicht miteinander gleichzusetzen. Das bedingt, dass sich insbes. die Gerichtspraxis, wenn sie Recht zu sprechen hat, vertieft mit der Gesamtproblematik wird auseinandersetzen müssen. Die hier bisher schon vertretene Auffassung, dass es sich bei der Bordell-Prostitution im Gesamtverständnis *bauplanungsrechtlich* um einen Gewerbebetrieb sui generis handelt und nicht um eine Vergnügungsstätte, wird aufrechterhalten (s. dazu auch § 8 Rn 5.3 f.).

23.74 Dieses Ergebnis dürfte in Bezug auf die BauNVO auch praxisnäher sein als die Einstufung der Bordell-Prostitution etwa als Vergnügungsstätte. Der VOgeber hat bei der Neufassung der BauNVO 1990 in überzeugender Weise geregelt, in welchen Baugebieten und in welcher Weise Vergnügungsstätten zulässig sein können. Wohngebiete sind grundsätzlich ausgeschlossen. Wollte man Bordell-Betriebe als Vergnügungsstätten behandeln, wären sie in Gewerbegebieten, wo Bordellbetriebe vorrangig ihren Standort haben können (sollten), nur ausnahmsweise zulassungsfähig. In Kerngebieten wird die Zulassung als sonstige nicht wesentlich störende Gewerbebetriebe, häufig durch Sperrgebietsverordnung geregelt, keine besonderen Schwierigkeiten machen.

Das ProstG vom 20.12.2001 (BGBl. I S. 3983) hat auf die bauplanungsrechtliche Einordnung von Bordellen und bordellartigen Betrieben keinen Einfluss genommen. (OVG Berlin, B. v. 9.4.2003, u. OVG RhPf, B. v. 15.1.2004, Fundst. Rn 9.62 zu § 4). Dies gilt auch für das GastG und die GewO (*Stühler*, GewArch. 2005, 129 m.w.N.).

23.8 dd) **Planungsrechtliche Gesichtspunkte; Fragen der Nutzungsänderung u. der Rückwirkung der Vorschriften über Vergnügungsstätten.** Aus dem spezifischen **Charakter der Vergnügungsstätten** (Rn 22.2–22.3) hat der VOgeber mit den Regelungen nach der ÄndVO 1990 die erforderlichen städtebaurechtlichen Folgerungen gezogen (z. den Abgrenzungsmerkmalen Rn 23–23.4). Im **WB-Gebiet** sind Vergnügungsstätten weiterhin *ausnahmsweise* zulassungsfähig, jedoch nur, »soweit sie nicht wegen ihrer Zweckbestimmung oder ihres Umfangs nur in Kerngebieten zulässig sind« (Abs. 3 Nr. 2). Nach dem *Wortlaut* ist die Zielrichtung der Begrenzung der Vergnügungsstätten in WB-Gebieten lediglich auf **nicht** kerngebietstypische Vergnügungsstätten eindeutig, *sofern* für die Zulassung echte Ausnahmegründe geltend gemacht werden können (s. Vorb. §§ 2 ff. Rn 6–6.8). Nach der Erfahrung können sich jedoch besonders Diskotheken u. Spielhallen, wenn sie eine günstige Lage mit Stellplätzen u. dergl. haben und »ihr« Publikum richtig ansprechen können, *nach* ihrem *Umfang* unversehens (z.B. durch Ausbau, Umbau, Zukauf) ausdehnen. Die Störungen durch Diskotheken, wenn diese eine bestimmte Raumgröße erreicht haben oder zum Treffpunkt bestimmter Kreise werden, sind hinreichend bekannt. Da die WB-Gebiete gerade zur Erhaltung, vor allem jedoch zur **Fortentwicklung** dieser Gebiete zur *besseren* Wohnnutzung vorgesehen sind und *vorwiegend* dem Wohnen dienen (Abs. 1 Satz 2 1. Halbs.), kann es sich häufig empfehlen, die Vergnügungsstätten von vornherein nach § 1 Abs. 6 Nr. 1 insgesamt auszuschließen oder jedenfalls bestimmte *Unterarten* der Nutzung »Vergnügungsstätten«, etwa Diskotheken, die die Nachtruhe ihrer Umgebung erfahrungsgemäß erheblich stören können, nach § 1 Abs. 9 im B-Plan als nicht zulässig festzusetzen. Diese Auffassung ist inzwischen wiederholt durch obergerichtliche u. die höchstrichterliche Rspr. bestätigt worden (vgl. dazu das Grundsatzurt. des BVerwG im Rahmen eines Normenkontrollverfahrens v. 22.5.1987 – 4 N 4.86 – BVerwGE 77, 308 = DVBl. 1987, 1001 = BRS 47 Nr. 54 = BauR 1987, 520 = DÖV 1987, 1010 = NJW 1988, 723 = NVwZ 1987, 1072 = ZfBR 1987, 249); s. auch Rn 5.1.

Mit Recht hat das BVerwG in dem Urt. ausgeführt, dass § 1 Abs. 9 es ermöglicht, die Zulässigkeit oder den Ausschluss nur bestimmter Arten dieser Anlagen festzusetzen, also unterhalb der Nutzungsbegriffe der BauNVO durch Bildung von Unterarten zu typisieren. Wäre § 1 Abs. 5 i.S.d. »Nummerndogmas« auszulegen, so wäre z.B. im Kerngebiet zwar – unterstellt, dadurch bliebe seine Eigenart gewahrt – der Ausschluss von »Einzelhandelsbetrieben, Schank- und Speisewirtschaften, Betrieben des Beherbergungsgewerbes und Vergnügungsstätten« en bloc möglich und nach § 1 Abs. 9 BauNVO – isoliert – auch der Ausschluss einzelner Arten von Vergnügungsstätten, wie Spielhallen, nicht jedoch der Ausschluss von Vergnügungsstätten, da dies weder unter Abs. 5 noch unter Abs. 9 des § 1 BauNVO fiele (BVerwG, aaO.).

Die planungsrechtlichen Möglichkeiten i.A., die Inanspruchnahme des flexiblen Instrumentariums des § 1 Abs. 5–10 (s. grundsätzlich § 1 Rn 100–127) im Besonderen zur (Fein-)Steuerung der **Ansiedlung von Vergnügungsstätten** bzw. noch spezieller von *Spielhallen* kommen besonders prägnant zum Ausdruck in den Leits. des OVG Bremen v. 1.12.1987 – 1 BA 38/87 – BRS 47 Nr. 49:

1. § 1 Abs. 9 BauNVO erlaubt innerhalb einzelner Nutzungsarten oder Ausnahmen über § 1 Abs. 5 BauNVO hinausgehend zu differenzieren und nur »bestimmte Arten« von Anlagen, d.h. Unterarten von Nutzungen, mit besonderen Festsetzungen zu erfassen, sofern die allgemeine Zweckbestimmung des Baugebiets gewahrt bleibt und besondere städtebauliche Gründe dies rechtfertigen *(zu den besonderen Städtebaulichen Gründen s. bei § 1 Rn 114)*.
2. Der Ausschluss von Spielhallen stellt die allgemeine Zweckbestimmung eines als Kerngebiet ausgewiesenen Baugebiets grundsätzlich nicht in Frage.
3. Ob besondere städtebauliche Gründe vorliegen, ist nach den konkreten örtlichen Verhältnissen und den konkreten städtebaulichen Anforderungen zu beurteilen.
4. Die textliche Festsetzung »Spielhallen unzulässig« kann in einem Kerngebiet städtebaulich besonders gerechtfertigt sein, wenn sie die Erhaltung der dem Gebietscharakter eines Kerngebiets entsprechenden Nutzungsvielfalt und die Verhinderung eines auf die Etablierung eines Vergnügungsviertels gerichteten Entwicklungsprozesses bezweckt (OVG Bremen, aaO).

Die planerischen Differenzierungsmöglichkeiten werden bereits hier aufgezeigt, weil die Problematik der im Nutzungskatalog der WB-Gebiete erstmals erwähnten Vergnügungsstätten hier im Zusammenhang behandelt wird. Die Notwendigkeit beispielsweise des Ausschlusses von Spielhallen (als Unterart) wird i.d.R. in MI- und MK-Gebieten Bedeutung erlangen (vgl. dazu *Hauth*, aaO.; *Erdmann*, aaO. u. weitere Rspr. bei den §§ 6 u. 7).

Im Zuge der Steuerung der städtebaulichen Entwicklung im Einzelnen ist die **Nutzungsänderung im Rahmen der** vielgestaltigen und (sehr) wandelbaren **Vergnügungsstätten** von besonderer Bedeutung.

Die *Vergnügungsstätten* in ihrer Gesamtheit sind (noch immer) ein expandierender Gewerbezweig. Das erklärt sich zum einen aus der stetigen Zunahme des Wohlstandes u. gleichermaßen der Freizeit. Zum anderen führt die Möglichkeit, die gleichfalls stetig zunehmenden zivilisatorischen Errungenschaften (u. Erleichterungen) in Anspruch zu nehmen,

§ 4a   Abs. 3   23.82

nicht zu einer etwa gleichwertigen Zunahme der andersartigen Daseinsgestaltung (wie Besuch von Theater, Konzert, Museen, Lesen, Studienreisen), sondern fördert die »zerstreuende« Unterhaltung in ihren vielgestaltigen Formen.

Die im Zuge einer Nutzungsänderung zu beachtenden Regelungen (grds. dazu Vorb. §§ 2 ff. Rn 21–21.7) gewinnen besondere Bedeutung, wenn Vergnügungsstätten im *selben Nutzungskatalog* aufgeführt sind wie andere Nutzungen, die sich für eine Änderung der Nutzung besonders anbieten, z. B. nach § 6 Abs. 2. Die nachfolgenden durch die Rspr. entschiedenen Fälle können beliebig vermehrt werden.

Etwa Umwandlung eines Ladens (Einzelhandelsbetriebs) durch Aufstellung einer Anzahl Video-Kabinen in eine Vergnügungsstätte i. s. v. § 4a Abs. 3 Nr. 2 (OVG Lüneburg, B. v. 8.5.1987 – 6 B 10/87 – BRS 47 Nr. 199); bei der Änderung eines »Einzelhandelsbetriebs für Sex-Artikel« in eine »Große-Video-Film-Peep-Show« handelt es sich um eine genehmigungspflichtige Nutzungsänderung (OVG NW, B. v. 23.9.1988 – 1739/88 – NVwZ-RR 1989, 344); die Aufnahme von 20 Video-Kabinen in ein Verkaufsgeschäft gibt dem Betrieb den Charakter einer Vergnügungsstätte (OVG Bremen, B. v. 4.4.1991 – 1 B 74/90 – BauR 1999, 434); der Betrieb von 15 Video-Kabinen in einem Sex-Shop, die nur gegen ein besonderes Entgelt genutzt werden können, stellt auch dann eine einer selbständigen Nutzungsanordnung zugängliche Nutzung als Vergnügungsstätte dar, wenn sich dieser Betriebsteil auf den Vertrieb der Sex-Artikel fördernd auswirken sollte (OVG Berlin, B. v. 9.4.1997 – 2 S 5.97 – BauR 1997, 1006); die Umwandlung einer Schankwirtschaft in eine Vergnügungsstätte durch die Errichtung eines Sex-Shops mit vier Video-Kabinen, in denen gegen Entgelt Pornofilme betrachtet werden können, stellt eine baugenehmigungspflichtige Nutzungsänderung dar (VG Gelsenkirchen, U. v. 24.3.2004 – 10 K 2432/02 – NWVBl. 2004, 323); Umwandlung eines Lebensmittel-Selbstbedienungsladens in einen Sexshop, verbunden mit der Aufstellung von 16 Video-Kabinen (OVG NW, B. v. 27.2.1987 – 11 B 2903/86 – BRS 47 Nr. 202); Umgestaltung einer baurechtlich genehmigten Gaststätte durch Aufstellung zusätzlicher Spielgeräte in einen Betrieb mit Spielhallencharakter und damit in eine Vergnügungsstätte (Hess. VGH, B. v. 15.10.1986 – 3 TH 2544/85 – BRS 46 Nr. 134); Umwandlung eines Einzelhandelsbetriebs in einen Sex-Shop ohne Video-Kabinen (OVG NW, B. v. 11.10.2001 – 10 A 2288/00 –); Umwandlung einer Gastwirtschaft mit Tanzsaal in eine Diskothek (BVerwG, B. v. 11 7.2001 – 4 B 36.01 –); Umwandlung eines Radio- und Fernsehgeschäfts in ein »*Ladenlokal für Sportwetten, Lotto-Toto, Internetcafé und Computeranimation*« als Wettbüro (OVG NW, B. v. 10.5.2005 – 1 B 1600/05 –); u. Umnutzung eines Ladengeschäfts in ein Sportwettbüro (Hess.VGH, B. v. 19.9.2006 – 3 TG 2161/06 – NVwZ-RR 2007, 81); die Nutzung eines als Relaxzentrums genehmigten Vorhabens (tatsächlich aber eines Swinger-Clubs), das u. a. aus Schwimmbecken, Whirlpool, Solarium, Sauna, Massageraum, Bar und Baderäumen besteht und der Erholung dient, als bordellartigen Betrieb stellt eine genehmigungspflichtige Nutzungsänderung dar, weil durch die Nutzungsänderung die in § 1 Abs. 5 Nr. 3 BauGB (a. F.) genannten Belange von Sport, Freizeit und Erholung berührt werden (so Hess.VGH, B. v. 14.10.2002 – 4 TG 2028/02 – NVwZ-RR 2003, 730 = Hess. Städte- und Gemeindezeitung 2003, 317); die Umwandlung eines Bistros in einen sog. Swinger-Club unter Beibehaltung eines Teils des Schankraums zur Abgabe von Speisen und Getränken stellt eine genehmigungspflichtige Nutzungsänderung dar (VGH BW, B. v. 28.11.2006 – 3 S 2377/06 – BauR 2007, 669 = DÖV 2007, 348). S. auch §§ 2 ff. Vorb. §§ 2 ff. Rn 21.5.

Die **Nutzungsänderung** – gerade in Bezug auf Vergnügungsstätten – zeigt in besonderer Weise die unterschiedlichen Beweggründe, die für die bebauungsrechtliche (bauplanungsrechtliche) Zulässigkeit gegenüber der bauordnungsrechtlichen Genehmigung eines Vorhabens maßgebend sind. Während das Landesbaurecht – wenn auch mit unterschiedlicher Normregelung – davon ausgeht, dass die Nutzungsänderung einer Anlage *keiner Baugenehmigung* bedarf, »*wenn für die neue Nutzung keine anderen öffentlich-rechtlichen Vorschriften gelten als für die bisherige Nutzung*«, hängt die Nutzungsänderung baulicher Anlagen i. S. v. **§ 29 Abs. 1 BauGB von der bodenrechtlichen Relevanz** ab (s. Vorb. §§ 2 ff. Rn 17). Diese Relevanz ist berührt, wenn insbes. die Planungsgrundsätze des § 1 Abs. 6 BauGB und die durch das planungsrechtliche Instrumentarium umgesetzten Zulässigkeitskriterien nach § 30 BauGB i. V. m. § 9 BauGB, der BauNVO und des § 34 Abs. 1 BauGB nicht hinreichend berücksichtigt werden. Die **bodenrechtliche Relevanz** ist bei **Nutzungsänderungen** demzufolge berührt, wenn das zu genehmigende Vorhaben gegenüber der baulichen Anlage, deren Nutzung geändert werden soll, einer anderen Nutzungsart der Baugebietsvorschriften der BauNVO oder einer anderen **Nutzungs-Unterart** (z. B. Spielhalle statt Diskothek) angehört (im Ergebnis ebenso *Ziegler*, in: *Brügelmann*, § 4a Rdn. 78). Ob u. inwieweit die speziellen Zulässigkeitskriterien des § 15 Abs. 1 BauNVO – wie »Lage« u. »Umfang« – als bodenrechtliche Belange des § 1 Abs. 6 BauGB in Betracht kommen, kann nur nach dem konkreten Einzelfall beurteilt werden. Dass bei Nutzungsänderungen von Vergnügungsstätten diejenigen nach § 4a Abs. 3 Nr. 2 gegenüber den kerngebietstypischen eine eigene Nutzungsart bilden (im entschiedenen Fall sollte eine Diskothek in eine Spielhalle geändert werden), ergibt sich aus dem jeweiligen Nutzungskatalog.

Die Problematik hat das U. des BVerwG v. 18.5.1990 (– 4 C 49.89 –; Fundst. Rn 22.51) nach diesseitiger Auffassung überzeugend herausgearbeitet. Es ging um den *Bestandsschutz* – der hier in diesem Abschn. der Erläuterungen jedoch nicht behandelt zu werden braucht (s. dazu Vorb. §§ 2 ff. Rn 10.6 f.) – für Nutzungsänderungen, die mit Festsetzungen eines nunmehr geltenden Bebauungsplans unvereinbar sind; nach dem Leitsatz des Urt. kommt der Bestandsschutz nicht in Betracht, *»sobald die jeder Nutzung eigene tatsächliche Variationsbreite überschritten wird und der neuen Nutzung unter städtebaulichen Gesichtspunkten eine andere Qualität zukommt«* (BVerwG, aaO.).

In den **Gründen** hat das BVerwG u. a. ausgeführt: *»Bei aller Schwierigkeit, die in jeder Nutzung angelegte Variationsbreite im Einzelnen näher zu bestimmen und die beabsichtigte neue Nutzung dem zuzuordnen«*, geschieht die Bestimmung *»entgegen der Ansicht des Berufungsgerichts jedoch nicht bereits dadurch, dass man auf die allgemeine Funktion als Vergnügungsstätte zurückgreift.« »Über die typisierten Begriffe der BauNVO hinaus ist auf die eintretende Veränderung der konkreten Situation im Hinblick auf die bodenrechtlichen Belange des § 1 Abs. 5 BauGB abzustellen«* (BVerwG, aaO.; wird weiter ausgeführt).

Da Vergnügungsstätten, insbes. Spielhallen, meistens in *bestehenden* Gebäuden eingerichtet werden, bedarf die Nutzungsänderung dieser Gebäude i. d. R. der Baugenehmigung. Neben den übrigen öffentlich-rechtlichen Vorschriften ist im Zuge des Baugenehmigungsverfahrens besonders die **Stellplatzverpflichtung** zu prüfen (s. Vorb. §§ 2 ff. Rn 21.3–21.4). Beispielsweise mit RdErl. des MSWV NW v. 19.9.1986 (MBl.NW S. 1687) sind die Richtzahlen für den Stellplatzbedarf für Spiel- und Automatenhallen auf 1 Stellplatz je 20 m² Spielhallenfläche, mindestens jedoch 3 Stellplätze je Spielhalle, festgelegt worden.

Die Gemeinde kann **bei** nicht erfüllbarer **Stellplatzverpflichtung** des Bauantragstellers – das gilt besonders bei **Nutzungsänderungen** – die Annahme des angebotenen Stellplatzablösungsbetrags verweigern, um bestimmte bauplanungsrechtliche Ziele zu erreichen, auch wenn dadurch eine planungsrechtlich zulässige Nutzung verhindert wird. Die Berechtigung der Verweigerung ist von der Rspr. wiederholt bestätigt worden (s. Vorb. §§ 2 ff. Rn 21 f.); so u. a. durch das BVerwG, B. v. 4.9.1986 (– 4 B 186./187.86 – NVwZ 1987, 410). Zur Begr. des BVerwG:

»Insbesondere das Bebauungsrecht hindert die Gemeinde nicht, für bestimmte Stadtteile, z. B. für Innenstadtbereiche, speziell für Fußgängerzonen, eine bestimmte Nutzungsstruktur anzustreben, die mit den Mitteln des Bebauungsrechts allein nicht durchsetzbar wäre, und dabei auch in ihrem Ermessen stehende Instrumente so einzusetzen, dass eine solche Entwicklung gefördert, jedenfalls nicht gestört oder gefährdet wird. Zu diesen Instrumenten kann auch die Schaffung von Stellplätzen gehören« (BVerwG, aaO.).

§ 4a   Abs. 3   23.84, 23.85

Eine **Nutzungsänderung** der in § 4a Abs. 2 aufgeführten zulässigen Nutzungen in eine lediglich *ausnahmsweise* zulassungsfähige Vergnügungsstätte (Abs. 3 Nr. 2) wird i. d. R. bereits wegen des Fehlens eines Ausnahmegrundes (Vorb. §§ 2 ff. Rn 6.1–6.8) nicht in Betracht kommen. Gerade deshalb bedürfen »schwarze«, d. h. ungenehmigte u. nicht genehmigungsfähige Nutzungsänderungen der bauplanungs- *und* bauordnungsrechtlichen *Überwachung*; denn ein bestehender u. im WB-Gebiet nur unter bestimmten Voraussetzungen zu verhindernder *Sexshop* (s. Rn 22.4) wird durch Aufstellung mehrerer (»einer Anzahl«) Video-Kabinen zu einer Vergnügungsstätte (vgl. OVG Lüneburg, B. v. 8.5.1987, Fundst. Rn 23.82; eine Gaststätte wandelt sich durch Aufstellung einer zusätzlichen Anzahl von Spielgeräten in einen Betrieb mit Spielhallencharakter u. damit in eine Vergnügungsstätte, Hess. VGH, B. v. 15.10.1986, aaO.).

23.84   Die Nutzung von Räumlichkeiten, die als Beherbergungsbetrieb genehmigt wurden, als »Swinger-Club«, der auf seiner Internet-Homepage auf die Bedienung und Befriedigung der erotisch-sexuellen Interessen der Besucher abstellt, stellt eine Nutzungsänderung als Vergnügungsstätte dar (Hess.VGH, B. v. 27.3.2001 – 4 TZ 742/01 –).

Aus den **Gründen**: »*Der Auffassung des Antragstellers, ein Swinger-Club stelle einen Gewerbebetrieb dar, der wesentliche Elemente einer Schank- und Speisewirtschaft sowie eines Beherbergungsbetriebes besitze und daher entsprechend zu qualifizieren sei, kann nicht gefolgt werden. Insbesondere fällt der Betrieb entgegen der Auffassung des Antragstellers nicht unter § 4 Abs. 3 Nr. 2 BauNVO, sondern es handelt sich um eine Vergnügungsstätte im Sinne der BauNVO. ... Wie sich der Internet-Homepage des Clubs zweifelsfrei entnehmen läßt, zielt der Betrieb etwa mit seinem ›Sadomaso-Kerker‹ eindeutig auf die Bedienung und Befriedigung der erotisch-sexuellen Interessen der Besucher und ist damit als eine Vergnügungsstätte im Sinne der BauNVO anzusehen*« (Hess. VGH, aaO.).

23.85   Der in § 25c ÄndVO 1990 eingefügte **Abs. 3**, nach dem »die Vorschriften dieser Verordnung (i. d. F. der ÄndVO 1990) über die Zulässigkeit von Vergnügungsstätten in den Baugebieten auch in Gebieten mit Bebauungsplänen anzuwenden sind, die auf der Grundlage einer früheren Fassung dieser Verordnung aufgestellt worden sind ...«, **ist durch Art. 3 InvWohnBLG ersatzlos aufgehoben** worden, nachdem die Rspr. die Nichtigkeit dieser Vorschrift festgestellt hatte (BVerwG, U. v. 20.8.1992 – 4 C 54.89 – BauR 1993, 52; OVG NW, U. v. 23.10.1991 – 7 A 1592/90 – BauR 1992, 336 = ZfBR 1992, 142; VGH BW, U. v. 11.2.1993 – 5 S 2471/92 – MDR 1993, 977). Damit ist in »alten«, vor der BauNVO 1990 aufgestellten B-Plänen, die ein WB-Gebiet festsetzen, noch das Recht der BauNVO 1977 anzuwenden. Zwar hat erst die ÄndVO 1990 die Abgrenzung zwischen kerngebietstypischen und nicht kerngebietstypischen Vergnügungsstätten normiert, aber auch nach der BauNVO 1977 waren Vergnügungsstätten im WB-Gebiet nur *ausnahmsweise zulassungsfähig;* daher ist es möglich, bei der Beurteilung der Vergnügungsstätten in WB-Gebieten alten Rechts, auf deren Zulassung als Ausnahmen kein Rechtsanspruch besteht, auch die Merkmale der ÄndVO 1990 sinngemäß anzuwenden und Ausnahmen nur für »nicht kerngebietstypische« Vergnügungsstätten und nur bei Vorliegen plausibler Ausnahmegründe zuzulassen.

Hat eine Gemeinde unter Zugrundelegung von § 25c Abs. 3 S. 1 BauNVO 1990 für ein Gewerbegebiet die Festsetzung nach § 1 Abs. 6 BauNVO 1990 getroffen, dass die nach § 8 Abs. 3 Nr. 3 BauNVO 1990 ausnahmsweise zulässigen Vergnügungsstätten nicht zulässig sind, so steht Bundesrecht nicht entgegen, diese Festsetzung nach Aufhebung von § 25c Abs. 3 S. 1 BauNVO 90 so auszulegen, dass damit die nach § 8 Abs. 2 Nr. 1 BauNVO 68 allgemein zulässigen Vergnügungsstätten nach § 1 Abs. 5 BauNVO 1990 ausgeschlossen sind (Leits. d. BVerwG, B. v. 14.12.1995 – 4 N 2.95 – BauR 1996, 358).

23.86 – 24.21   **Abs. 3**   **§ 4a**

ee) **B-Plan über Vergnügungsstätten** nach § 2a BauGB-MaßnahmenG (bis zum 31.12.1997). Nach § 25c Abs. 3 **Satz 2** BauNVO 1990 war vorgesehen, dass »in den im Zusammenhang bebauten Gebieten, auf die § 34 Abs. 1 des Baugesetzbuchs Anwendung findet«, »in einem Bebauungsplan aus besonderen städtebaulichen Gründen Bestimmungen über die Zulässigkeit von Vergnügungsstätten festgesetzt werden« können, um Beeinträchtigungen bestimmter Nutzungen zu verhindern (s. dazu § 25c Rn 19 in der 6./7. Aufl.). Die diesseitigen Bedenken wegen fehlender Ermächtigungsgrundlage in § 2 Abs. 5 BauGB sind durch das BVerwG, U. v. 20.8.1992 (– 4 C 54.89 – BRS 54 Nr. 137 = BauR 1993, 52) bestätigt worden. Die Vorschrift ist deshalb durch Art. 3 InvWohnBauLG aufgehoben und durch § 2a BauGB-MaßnahmenG – wörtlich mit § 25c Abs. 3 **Satz 2** BauNVO 1990 übereinstimmend – ersetzt worden. Das **städtebauliche Anliegen**, über die Zulässigkeit von Vergnügungsstätten entspr. den Regelungen der BauNVO 1990 auch in nicht beplanten Innenbereichen i. S. v. § 34 Abs. 1 BauGB Regelungen treffen zu können (vgl. BR-Drucks. 354/89 [Beschluss], S. 11 der Begr. zu § 25c Abs. 3 Satz 2 BauNVO 1990), konnte befristet bis zum 31.12.1997 durch einen B-Plan aus besonderen städtebaulichen Gründen durchgesetzt werden.   23.86

ff) **Einzelfälle zur (Un-)Zulässigkeit von Nutzungen im Allgemeinen, von Vergnügungsstätten im Besonderen.** Der **Diskotheken**betrieb stellt eine genehmigungspflichtige Nutzungsänderung dar. Die bauaufsichtliche Genehmigung für eine Gaststätte mit Saal berechtigt nicht zum Betrieb einer Diskothek (Hess.VGH, B. v. 25.4.1983 – 4 TH 12/83 – BRS 40 Nr. 166).   24.1

Berücksichtigung des von einer **Diskothek** ausgehenden Lärms bei Gewährung von Sperrzeit*verkürzungen*; Verkehrslärm der zu- und abfahrenden Gästefahrzeuge ist dem Gastwirt zuzurechnen (Auseinandersetzung mit OVG Berlin, GewArch. 81, 65); BayVGH, U. v. 9.11.1981 – Nr. 22 B 80 A 899 – NJW 1983, 409.

Im **historischen Ortszentrum** eines religiös geprägten Fremdenverkehrsortes ist der Ausschluss bestimmter Arten von Vergnügungsstätten rechtmäßig (BayVGH, U. v. 11.12.1992 – 2 N 90.2791 – GewArch. 1993, 258).   24.11

Festsetzungen über die Zulässigkeit von Vergnügungseinrichtungen können auch im Geltungsbereich **eines** nach § 173 Abs. 3 BauGB übergeleiteten B-Plans getroffen werden.   24.12

Regelungen dieser Art sind nur in beplanten Gebieten möglich. Hierzu gehören auch Bereiche i. S. v. § 34 Abs. 1 BauGB, für die Festsetzungen der Art der baulichen Nutzung bestehen (VGH BW, U. v. 16.12.1991 – 8 S 14/89 – NVwZ-RR 1993, 122).

Die **Nutzungsänderung** von einer **Billard-Pub-Café-Gaststätte** – bisher Schank- u. (in geringerem Umfang) Speisegaststätte, die durch die in ihr aufgestellten Billardtische u. durch das Vorhandensein einiger Spielgeräte noch nicht den Charakter einer Vergnügungsstätte angenommen hat – in eine Spielhalle ist unzulässig (BayVGH, U. v. 20.12.1991 – 2 B 90.2554 – GewArch. 1993, 37).   24.2

1. Die **Nutzungsänderung** einer Gaststätte **in eine Spielhalle** ist eine wesentliche Änderung der Benutzung einer baulichen Anlage i. S. d. § 47 Abs. 2 Satz 1 BauO NW.
2. Die Ablösung notwendiger Stellplätze durch Zahlung eines vertraglich vereinbarten Geldbetrags wirkt grundstücksbezogen.
3. **Soll** die Nutzung einer **baulichen Anlage,** für die in der Vergangenheit Stellplätze abgelöst worden sind, **wesentlich geändert werden,** so hat die Baugenehmigungsbehörde zu prüfen, ob auch im Hinblick auf die geplante neue Nutzung die Stellplatzablösung als surrogative Form der Erfüllung der Stellplatzpflicht geeignet ist (OVG NW, U. v. 24.8.1989 – 7 A 2552/87 – StGR 1989, 389).   24.21

Aus den Gründen: Für die Annahme, dass die Umwandlung einer Gaststätte in eine Spielhalle eine wesentliche Nutzungsänderung i. S. d. § 47 Abs. 2 Satz 1 BauO NW darstellt, spricht der Umstand, dass Gaststätten einerseits u. Spielhallen andererseits *unterschiedlichen Stellplatzberechnungsmethoden* unterliegen (wird weiter ausgeführt).

551

§ 4a   Abs. 3   24.3–24.51

24.3 Nach st. Rspr. des BVerwG muss die nach § 33a GewO erforderliche Erlaubnis zum Betrieb einer sog. Peep-Show versagt werden, weil die beabsichtigten Veranstaltungen den guten Sitten zuwiderlaufen (BVerwG, U. v. 15.12.1981 – 1 C 232.79 – BVerwGE 64, 274 = DVBl. 1982, 651 = GewArch. 1982, 139).

Das BVerwG hat den Verstoß des Betriebs einer Peep-Show gegen die guten Sitten zunächst aus einem Verstoß gegen die Menschenwürde des Art. 1 Abs. 1 GG hergeleitet. Die beabsichtigten Veranstaltungen hätten die Würde der zur Schau gestellten weiblichen Personen verletzt und dürften deshalb nicht durch eine Erlaubniserteilung ermöglicht werden (BVerwG, U. v. 15.12.1981, aaO.).

Nachdem in der Literatur deutlich Kritik an der Begr. der Entscheidung geübt wurde, hat das Gericht den Begriff der guten Sitten als einen unbestimmten, ausfüllungsbedürftigen Rechtsbegriff herausgestellt, dessen Anwendung in vollem Umfang gerichtlicher Nachprüfung unterliegt. *»Mit ihm verweist das Gesetz auf die den geschichtlichen Wandel unterworfenen sozialethischen Wertvorstellungen, die in der Rechtsgemeinschaft als Ordnungsvoraussetzungen anerkannt sind. Abzuheben ist also nicht auf Empfinden von kleinen Minderheiten. Andererseits ist nicht erforderlich – und praktisch auch so gut wie ausgeschlossen –, dass die Wertvorstellungen von sämtlichen Mitgliedern der Rechtsgemeinschaft getragen werden. Maßgeblich ist die vorherrschende sozialethische Überzeugung ... Anders als der herkömmliche Striptease hat die Peep-Show aber Gemeinsamkeiten mit der als sittenwidrig geltenden Prostitution«* (BVerwG, U. v. 30.1.1990 – 1 C 26.87 – BVerwGE 84, 314 = NVwZ 1990, 668 = DVBl. 1990, 701). Das ProstG vom 20.12.2001 (BGBl. I S. 3983) führt wegen seines engen zivilrechtlichen und sozialversicherungsrechtlichen Regelungsinhalts zu keiner neuen gewerbe- und gaststättenrechtlichen Sicht der Prostitution als sittenkonform. Es bleibt also bei der bisherigen Einstufung der Prostitution als sozial unwertig (vgl. hierzu ausführlich § 4 Rn 9.62 u. *Stühler*, GewArch. 2005, 129).

Bei der Bewertung von Peep-Shows rechtfertigt eine von etwa der Hälfte der Befragten vertretene Auffassung fehlender Unsittlichkeit nicht schon zwangsläufig eine Beurteilung solcher Veranstaltungen als nicht gegen die guten Sitten verstoßend (BVerwG, B. v. 23.8.1995 – 1 B 46.95 – NJW 1996, 1423). Die Beurteilung von Peep-Shows als sittenwidrig setzt daher keine demoskopischen Erhebungen (Meinungsumfragen) voraus (Nds. OVG, U. v. 17.11.1994 – 7 L 1951/92 – GewArch. 1995, 109). Es verstößt auch nicht gegen Europarecht, wenn wegen der Unzulässigkeit von Peep-Shows in der BRD Darstellerinnen aus anderen Mitgliedsländern der EU, in denen solche Veranstaltungen erlaubt sind, hier nicht auftreten können (Nds. OVG, aaO. u. BVerwG, aaO. u. B. v. 21.4.1998 – 1 B 43.98 – GewArch. 1998, 419).

24.31 Eine **Schank- und Speisewirtschaft** mit regelmäßigen Musikdarbietungen und überörtlichem Einzugsbereich – i. S. einer Diskothek – ist kerngebietstypisch und daher weder in allgemeinen Wohngebieten noch in Mischgebieten oder vergleichbaren unbeplanten Gebieten zulässig (OVG NW, U. v. 9.12.1992 – 4 A 2033/90 – GewArch. 1993, 255).

24.4 § 4 Abs. 3 Satz 2 SpielV i. d. F. v. 11.12.85 ist verfassungsrechtlich unbedenklich und findet auch dann Anwendung, wenn die in räumlichem Zusammenhang stehenden **Spielhallen** von unterschiedlichen Personen betrieben werden (Bestätigung von OVG NW, B. v. 13.3.1987 – 4 B 1541/86 – GewArch. 1987, 248); OVG NW, U. v. 6.10.1988 – 4 A 2730/87 – GewArch. 1989, 233.

24.5 Benachbarte Betriebsstätten können nur dann als **selbständig erlaubnisfähige Spielhallen** angesehen werden, wenn sie räumlich so getrennt sind, dass bei natürlicher Betrachtungsweise die Sonderung der einzelnen Betriebsstätte optisch in Erscheinung tritt und die Betriebsfähigkeit jeder Betriebsstätte nicht durch die Schließung der anderen Betriebsstätten beeinträchtigt wird (wie BVerwGE 70, 180, 184).

24.51 An der danach erforderlichen »optischen Sonderung« der einzelnen Betriebsstätten fehlt es, wenn es sich um nebeneinandergelegene Spielkabinen handelt, die zu einem hinter sämtlichen Kabinen entlangführenden erhöhten Aufsichtsgang hin offen sind (BVerwG, U. v. 30.5.1989 – 1 C 17.87 – DVBl. 1990, 67 n. Ls.).

Zwei **selbständige Spielhallen** sind bauplanungsrechtlich nicht schon deshalb als Einheit anzusehen, weil sie sich auf demselben Grundstück befinden (BVerwG, U. v. 20.8.1992 – 4 C 57.89 – DVBl. 1993, 109 = GewArch. 1993, 35 = BRS 54 Nr. 50 = UPR 1993, 23 = NVwZ-RR 1993, 66).

c) **Tankstellen (Nr. 3).** Zum Begriff und zu den Voraussetzungen der ausnahmsweisen Zulassung s. § 2 Rn 23–23.1, § 4 Rn 10–10.11. Ist beabsichtigt, der Tankstelle Werkstatträume zur Durchführung von Reparaturen und/oder eine Waschanlage anzugliedern, kommt es für die Zulassungsfähigkeit auf den Standort innerhalb des WB-Gebiets und auf die besondere Eigenart des Gebiets an (s. auch § 6 Rn 15–15.2 u. § 7 Rn 10). **25**

7. Nutzungen nach den §§ 12–14

a) **Stellplätze und Garagen** sind in WB-Gebieten unbeschränkt zulässig. Die nach § 12 Abs. 2 eingeschränkte Zulässigkeit und die Unzulässigkeit von Stellplätzen und Garagen nach § 12 Abs. 3 (§ 2 Rn 26, § 3 Rn 21) sind hier entfallen. Das kann einer sinnvollen *Fortentwicklung* der Wohnnutzung abträglich sein, weil der infolge des An- und Abfahrtsverkehrs durch Kfz besonders in den Abend- und Nachtstunden entstehende Lärm die Wohnruhe erheblich stört. **26**

b) **Die Berufsausübung nach § 13** ist in WB-Gebieten uneingeschränkt zulässig. Entgegen den Wohnbaugebieten (§§ 2–4) kann für die Ausübung bestimmter Berufe **ein Gebäude** insgesamt vorgesehen werden, z.B. ein »Ärztehaus«, evtl. ergänzt durch eine Apotheke im Erdgeschoss. Solche Gebäude können selbstverständlich durch verschiedenartige Berufe gemischt genutzt werden, wie die Berufsausübung nach § 13 gleichfalls in Geschäfts- und Bürogebäuden zulässig ist. Da für die Ausübung freier Berufe eigens ein bestimmtes »Gebäude« vorgesehen werden kann, setzt die »wohnartige« Berufsausübung erkennbar nicht voraus, dass in der jeweiligen Nutzungseinheit nebeneinander *gearbeitet* und *auch gewohnt* werden müsse (so mit Recht jetzt auch BVerwG, U. v. 20.1.1984 – 4 C 56.80 – BauR 1984, 267); zum entgegenstehenden U. des OVG Lüneburg v. 11.10.1978 s. § 3 Rn 22.2. **27**

c) **Untergeordnete Nebenanlagen** und Einrichtungen nach § 14 Abs. 1 sind im WB-Gebiet in dem Umfang zulässig, in dem sie der jeweiligen Hauptnutzung zu dienen in der Lage und geeignet sind. Im Hinblick auf die Wohnnutzung (zum Begriff Wohnen s. § 3 Rn 1–2) wird die Zulässigkeit der Nebenanlagen in erster Linie von der Größe der nicht überbauten Grundstücksflächen und deren mögliche Nutzung als Garten und sonstige Freifläche abhängen (allgemein zu Nebenanlagen s. § 3 Rn 23; zur Zulässigkeit von Nebenanlagen für gesundheitliche u. sportliche Zwecke s. § 3 Rn 24–24.31 und von Kinderspielplätzen § 3 Rn 25–25.5). Zur Hobby-Tierhaltung in Wohngebieten s. § 4 Rn 15–16.8; zur Abgrenzung der üblichen öffentlichen Kinderspielplätze von Abenteuer- und sonstigen öffentlichen Spielplätzen s. § 3 Rn 25.6–25.7 u. § 4 Rn 20–20.6. **Spielplätze jeglicher Art** sind innerhalb von WB-Gebieten generell zulässig. Die von solchen Anlagen ausgehenden Störungen sind nicht größer als die mit den nach Abs. 2 zulässigen Nutzungen zwangsläufig verbundenen Störungen und Belästigungen (vgl. auch § 14); bei Freizeiteinrichtungen sind maßgebend für die Intensität der Lärmstörungen die IRW der LAI-Freizeitlärm-Richtlinie (s. dazu § 3 Rn 5.3). **28**

8. Besondere Festsetzungsmöglichkeiten zur Erhaltung und Fortentwicklung der Wohnnutzung (Abs. 4)

a) **Allgemeines zur Anwendung des Abs. 4.** Die Vorschrift soll nach der Begründung zur ÄndVO 1977 (BR-Drucks. 261/77) der *Sicherung der Wohnnutzung* dienen und stellt die dafür entspr. Festsetzungsmöglichkeiten zur Ver- **29**

§ 4a   Abs. 4   29.1, 30

fügung. Zur Erreichung des Planungsziels enthält sie *zwei Alt.*: Die erste ermöglicht, oberhalb eines bestimmten Geschosses *nur Wohnungen* als zulässig festzusetzen. Unterhalb dieser festgesetzten Wohnungen bleiben die übrigen im Baugebietskatalog aufgeführten Nutzungen zulässig bzw. ausnahmsweise zulassungsfähig. Die 2. Alt., die die Baufreiheit und damit das Eigentum weniger einschränkt, überlässt es dem Eigentümer, in welchen Geschossen oder sonstigen Teilen des Gebäudes er den erforderlichen (festgesetzten) Wohnungsanteil unterbringt. Es muss (lediglich) ein bestimmter relativer oder absoluter Anteil der Geschossfläche für Wohnungen verwendet werden.

Die 1. Alt. entspricht der bereits in § 1 Abs. 7 Nr. 1 geregelten »vertikalen Gliederung« von Nutzungen, ist wegen ihrer Beschränkung auf Wohnungen jedoch die *speziellere Regelung*. Da § 1 Abs. 7 auch auf das WB-Gebiet Anwendung findet, ist die unter denselben Voraussetzungen zulässige Festsetzungsmöglichkeit nach Abs. 4 Nr. 1 kein zusätzliches Planungsinstrument. Die Aufnahme der »vertikalen Gliederung« in § 4a – ebenso wie die in § 7 Abs. 4 – kann nur deklaratorisch zur Verdeutlichung des besonderen Planungsziels der Sicherung der Wohnnutzung verstanden werden, wenn die Regelung nicht als »Überzäumung« der Rechtsinstrumente bezeichnet werden soll. Dagegen ist die 2. Alt. ein über die Gliederungsmöglichkeiten des § 1 hinausgehendes zusätzliches Planungsinstrument zur Verwirklichung des Planungsziels.

29.1 Abs. 4 ist als »Kann-Vorschrift« in das Ermessen der Gemeinde gestellt. Die Festsetzungen bedürfen jeweils eines besonderen Beschlusses des Rates der Gemeinde und zugleich der Rechtfertigung durch städtebauliche Gründe. Das Planungsziel des WB-Gebiets (Abs. 1 Satz 1) und seine Zweckbestimmung (Abs. 1 Satz 2) sind durch die zulässigen bzw. zulassungsfähigen Festsetzungen nach den Abs. 2, 3 kaum zu verwirklichen, sondern nur durch Inanspruchnahme von Abs. 4 zu erreichen. Darin liegt ein nicht zu verkennender Mangel in der Rechtssystematik der Vorschrift (zur Problematik Rn 10–11). Das *Ermessen* der Gemeinde zur Inanspruchnahme von Abs. 4 wird sich in dem Maße *reduzieren*, in dem das Steuerungsinstrument zur Verwirklichung des Planungsziels und der Zweckbestimmung (zur Erhaltung und Fortentwicklung der Wohnnutzungen) *erforderlich* ist. Im Falle der Erforderlichkeit *muss* die Gemeinde von Abs. 4 Gebrauch machen: dabei braucht sich die Regelung nicht auf das gesamte WB-Gebiet zu erstrecken, sondern nur auf diejenigen Teile des Gebiets, die durch eine besonders erhaltenswürdige und fortentwicklungsfähige Wohnnutzung geprägt sind, während es für die übrigen Teile des Gebiets bei den Festsetzungen nach den Absätzen 2 und 3 verbleiben kann. Die mögliche Teilregelung entspricht § 1 Abs. 8.

30 Anders als bei den übrigen Baugebieten, in denen eine »vertikale Gliederung« nach § 1 Abs. 7 (z. B. in einem MI-Gebiet) stets einer *besonderen städtebaulichen Begründung* bedarf, die speziell auf eine nach Geschossen, Ebenen oder sonstigen Teilen baulicher Anlagen geordnete Verteilung bestimmter Nutzungsarten auf den einzelnen Grundstücken ausgerichtet ist und die damit verbundene Einschränkung der Eigentümerbefugnisse zu rechtfertigen vermag (BVerwG, B. v. 4.6.91 – 4 NB 35.89 – BRS 52 Nr. 9 = DÖV 1992, 68 = DVBl. 1991, 1153 = BauR 1991, 718 = NVwZ 1992, 373 = UPR 1991, 385 = ZfBR 1991, 269), sind die für die Festsetzung eines WB-Gebiets in Abs. 1 genannten Voraussetzungen bereits als *besondere städtebauliche* Gründe anzusehen, so dass es im Hinblick auf die Anwendungsmöglichkeit des Abs. 4 der Rechtfertigung durch solche Gründe nicht erst bedurft hätte. Denn besondere städtebauliche Gründe sind immer schon dann gegeben, wenn die Erhaltung und Fortentwicklung der Wohnnutzung i. S. d. Abs. 1 bei einem speziellen WB-Gebiet ohne die besondere Festsetzung nach Abs. 4 gefährdet wäre (so auch *Boeddinghaus*, § 4a Rdn 32; im Ergebnis auch *Ziegler*, in: *Brügelmann*, § 4a Rdn 105). Zu den besonderen Städtebaulichen Gründen s. auch bei § 1 Rn 114.

Die Rechtfertigung durch »besondere städtebauliche Gründe« konnte sich wegen des Bezugs auf die Ermächtigung in § 9 Abs. 3 BauGB lediglich auf die »vertikale Gliederung« (Abs. 4 Nr. 1) beziehen. Die Festsetzungsmöglichkeit nach Abs. 4 Nr. 2 dagegen konnte nicht auf § 9 Abs. 3 BauGB gestützt werden. Der »Anteil der zulässigen Geschossfläche« oder die »Größe der Geschossfläche« sind nämlich keine »sonstigen Teile baulicher Anlagen« i. S. d. § 9 Abs. 3 BauGB, sondern abstrakte Bemessungsfaktoren. Die Ermächtigung für die 2. Alt. des Abs. 4 dürfte in § 2 Abs. 5 Nr. 1 Buchst. b BauGB zu suchen sein. Die 2. Alt. ist wegen ihrer abstrakten Formulierung besser geeignet, das Planungsziel und die Zweckbestimmung in Abs. 1 zu erreichen, ohne dass ein evtl. von Art. 14 GG nicht gedeckter Eingriff in das Eigentum erfolgt.

b) Festsetzung von nur Wohnungen in bestimmten Geschossen (Nr. 1). Durch die Festsetzung, dass in Geschossen oberhalb eines bestimmten Geschosses nur Wohnungen zulässig sind, werden in diesen Geschossen die sonstigen in Abs. 2 und 3 aufgeführten Anlagen unzulässig, während in den nicht unter diese Festsetzung fallenden Geschosse der gesamte Katalog der Abs. 2, 3 einschließlich der Wohnungen zulässig bzw. ausnahmsweise zulassungsfähig bleibt. Sollen die Wohnungen aus diesen Geschossen ausgeschlossen werden, so ist dafür eine Festsetzung nach § 1 Abs. 7 mit zusätzlicher »besonderer städtebaulicher Begründung« erforderlich.

Die Regelung bezieht sich nur auf Geschosse, nicht dagegen auf Vollgeschosse. Sie schließt daher ein *Kellergeschoss* als im B-Plan zu bestimmendes Geschoss nicht von vornherein aus, zumal auch die Vorschrift des § 9 Abs. 3 BauGB die Geschosse, soweit sie unterhalb der Geländeoberfläche vorgesehen sind, ausdrücklich einbezieht. Die Bestimmung eines Kellergeschosses kann z. B. in stark hängigem Gelände angebracht sein, wenn Gebäude talseitig mehrere unter der bergseitigen Geländeoberfläche liegende Untergeschosse aufweisen, in denen auch die sonstigen Anlagen i. S. d. Abs. 2 und 3 vorgesehen werden können. Im Regelfall des ebenen oder flach ansteigenden Geländes kommt jedoch nur das *Erdgeschoss* als *unterstes* im B-Plan zu bestimmendes *Geschoss* in Betracht, da andernfalls nur Wohngebäude zulässig wären, was mit Planungsziel und Zweckbestimmung des WB-Gebiets unvereinbar wäre (vgl. *Ziegler*, in: *Brügelmann*, § 4a Rdn. 106). Es wäre mit der Baufreiheit als Ausfluss des Art. 14 GG auch kaum zu vereinbaren, dem Eigentümer durch eine nicht sachgerechte Festsetzung eine Wohnnutzung in solchen Geschossen aufzuzwingen, in denen ein Wohnen beispielsweise wegen der Lage an einer stark benutzten Verkehrsfläche (etwa an einer Durchgangsstraße oder an einem Fußgängerbereich einer Einkaufsstraße) nicht zuzumuten ist.

Nicht ausgeschlossen ist dagegen, für einzelne *Teile* eines WB-Gebiets, in denen sich eine entspr. Struktur entwickelt hat, im Wege der »horizontalen Gliederung« nach § 1 Abs. 4 nur Wohngebäude als zulässig festzusetzen, da Wohngebäude eine Art der zulässigen Nutzung sind, nach der gem. § 1 Abs. 4 Nr. 1 gegliedert werden kann (so auch *Boeddinghaus*, § 4a Rdn 30; a. M. *Bielenberg*, § 4a Rdn 61).

32 c) **Festsetzung eines Anteils oder der Größe der Geschossfläche für Wohnungen (Nr. 2).** Es kann im Interesse der städtebaulichen Entwicklung und Ordnung i. S. d. § 1 Abs. 3 BauGB liegen, zur Erhaltung und Fortentwicklung der Wohnnutzung in einem WB-Gebiet einen bestimmten Anteil an Wohnungen – etwa zur Ausnutzung der vorhandenen Infrastruktur – rechtlich zu sichern, ohne deren Lage in bestimmten Geschossen festlegen zu müssen. Die 2. Alt. des Abs. 4 ermöglicht die zwingende Festsetzung von Wohnungen entweder durch Bestimmung eines **Anteils der zulässigen Geschossfläche** oder der **Größe der Geschossfläche**. Beide Varianten in Nr. 2 überlassen dem Eigentümer die Anordnung der Wohnungen innerhalb des Gebäudes. So können die Wohnungen nach Wahl des Eigentümers nicht nur in einzelnen Geschossen, sondern auch in bestimmten Gebäudeteilen vorgesehen werden (z. B. Wohnungen im Vordergebäude, sonstige Anlagen im rückwärtigen Anbau). Der Bezug der Vorschrift auf »Gebäude« besagt nicht, dass jeweils innerhalb *eines* Gebäudes Wohnungen und sonstige Anlagen in dem festgesetzten Verhältnis mit. der festgesetzten Geschossfläche vorgesehen werden müssen. Sind *mehrere* selbständige Gebäude auf *einem* Grundstück vorgesehen (oder vorhanden), genügt es, dass Wohnungen und sonstige Anlagen auf verschiedene Gebäude eines Baugrundstücks in dem festgesetzten Verhältnis zueinander verteilt werden, um der Zweckbestimmung des WB-Gebiets zu entsprechen. Die andere Auslegung wäre bedenklich, weil sie eine unnötige Einengung der Baufreiheit i. A., der Verfügungsgewalt über das Eigentum im Besonderen bedeuten würde.

32.1 Unter Zuhilfenahme der Alternative Nr. 2 können z. B. auf einem Grundstück die Wohnungen in einem besonderen Wohngebäude, sonstige Anlagen wie Werkstätten, Lager, Handwerksbetriebe u. dergl. dagegen in selbständigen Neben- oder Hintergebäuden untergebracht werden. Derartige Gebäudeanordnungen sind in den als WB-Gebiete in Betracht kommenden »typischen« Gebieten häufig anzutreffen. Da Wohnungen stets in Gebäuden errichtet werden und die Geschossfläche nur von Gebäuden zu berechnen ist, war die evtl. sogar zu Missverständnissen führende Aufführung von »Gebäuden« in Abs. 4 Nr. 2 – ebenso wie in § 7 Abs. 4 Nr. 2 – entbehrlich. Bei einer Festsetzung nach Abs. 4 Nr. 2 sollte zur Vermeidung derartiger Missverständnisse daher klargestellt werden, dass der für Wohnungen zu verwendende Anteil bzw. die Größe der Geschossfläche auf mehrere Gebäude eines Grundstücks beliebig aufgeteilt werden darf (vgl. *Ziegler*, in: *Brügelmann*, § 4a Rn 108).

Soll die Festsetzung nach Nr. 2 dagegen für alle Gebäude (einschließlich der Neben- und Hintergebäude) oder für bestimmte Gebäude (z. B. nur für Vordergebäude) gleichmäßig gelten, so muss die Gemeinde dafür die *Rechtfertigung durch konkrete städtebauliche Gründe* nachweisen und dabei insbes. begründen, warum z. B. auch für die Hintergebäude eine solche Regelung erforderlich ist. Ob und inwieweit eine Festsetzung nach Abs. 4 Nr. 2 sachgerecht getroffen werden kann, hängt wesentlich von der Eigenart des Gebiets, den Grundstücksverhältnissen und der Art der Bebauung ab.

33 Der nach der ersten Variante der Nr. 2 für Wohnungen vorzusehende **Anteil der zulässigen Geschossfläche** kann durch einen Bruch oder eine Prozentzahl benannt werden. Er kann jedoch nur dann bestimmt werden, wenn die zulässige Geschossfläche i. S. von § 20 Abs. 2 im B-Plan entweder durch die GFZ oder mittelbar durch die GRZ i. V. m. der Z (§ 16 Abs. 2 Nr. 2 und 3) festgesetzt ist (so auch *Ziegler*, in: *Brügelmann*, § 4a Rdn. 109). Dem Sinn der Vorschrift entsprechend ist der für Wohnungen bestimmte Anteil der zulässigen Geschossfläche i.d.R. als Mindestgrenze zu verstehen, d.h. der tatsächliche Anteil an Wohnungen darf den bestimmten Anteil **bei voller Ausnutzung** der zulässigen Geschossfläche wohl übersteigen, nicht dagegen unterschreiten. Dies sollte bei der Festsetzung durch Zusatz des Wortes »mindestens« verdeutlicht werden. Die maßgenaue Einhaltung des Anteils für Wohnungen könnte u.a. bei der Grundrissgestaltung und damit für eine zweckmäßige Ausnutzung der Gebäude zu Schwierigkeiten führen. Die notwendige Rücksichtnahme auf die Belange der Eigentümer gebietet es, die Festsetzung möglichst praxisnah und plausibel zu treffen. Wird z.B. eine durchgehend 6-geschossige Bebauung festgesetzt, sollte der für Wohnungen vorgesehene Anteil der Geschossfläche darauf möglichst Bezug nehmen (z.B. 4/6). Sollte im Einzelfall die genaue Einhaltung aus besonderen städtebaulichen Gründen erforderlich sein, sollte dies durch Zusatz des Wortes »zwingend« verdeutlicht werden. Im Interesse der notwendigen Flexibilität der Grundstücksausnutzung ist von einer derart eingehenden Festsetzung jedoch abzuraten.

Die Festsetzung eines bestimmten, auf die Wohnnutzung entfallenden Anteils der *tatsächlichen* Geschossfläche ist nicht zulässig, weil die Formulierung für diesen Fall hätte »bestimmter Anteil der *tatsächlichen Geschossfläche*« lauten müssen. Aus der Sicht der Praxis wäre eine solche Festsetzungsmöglichkeit hilfreich gewesen, weil dadurch der für Wohnungen bestimmte Anteil für den gesamten Geltungsbereich der Festsetzung unabhängig von dem jeweiligen Ausnutzungsgrad auf den einzelnen Grundstücken gesichert werden könnte. Der VOgeber hat diese Möglichkeit leider nicht vorgesehen.

Wird im Einzelfall die durch die Festsetzungen sich auf einem Baugrundstück ergebende *zulässige* Geschossfläche nicht voll ausgenutzt, so darf der für Wohnungen bestimmte Anteil dennoch nicht von der *tatsächlichen* (d.h. niedrigeren), sondern muss von der *zulässigen* Geschossfläche ermittelt werden (so zutreffend *Ziegler*, in: *Brügelmann*, § 4a Rdn. 110; a.A. *Boeddinghaus*, § 4a Rdn 32; *Bielenberg/Dyong/Söfker*, Schrifttum A § 4a Rdn 10 i.V.m. § 7 Rdn. 11; die diess. abweichende Auffassung in der 7. Aufl. wird aufgegeben).

Beträgt z.B. die zulässige Geschossfläche auf einem Grundstück 600 m² und ist ein Anteil von 2/3 für Wohnungen bestimmt, werden jedoch tatsächlich nur 500 m² Geschossfläche errichtet, so müssen für Wohnungen 600 × 2/3 = 400 m² verwendet werden, wobei für sonstige Nutzungen nur noch 100 m² verbleiben. Diese im Einzelfall möglicherweise unbefriedigende Rechtsfolge ergibt sich aus der insoweit eindeutigen Vorschrift; sie kann dazu führen, dass der Grundeigentümer für die Nichtausnutzung der zulässigen Geschossfläche gewissermaßen »bestraft« wird, indem er im Verhältnis mehr an Wohnfläche schaffen muss als bei voller Ausnutzung der zulässigen Geschossfläche. Ergibt sich daraus für ihn eine nicht beabsichtigte Härte, z.B. weil er auf den verbleibenden, nicht für Wohnzwecke zu verwendenden Flächen eine sonstige Nutzung vernünftigerweise nicht verwirklichen kann, so wäre dies ein Grund für eine Befreiung nach § 31 Abs. 2 BauGB. Daneben kann die Gemeinde im B-Plan in sinngemäßer Anwendung des § 16 Abs. 6 auch Ausnahmen von dem für Wohnungen bestimmten Anteil der Geschossfläche vorsehen und zugleich die Voraussetzungen für deren Zulassung (»Art und Umfang«) bestimmen.

Will die Gemeinde eine Unterschreitung der zulässigen Geschossfläche vermeiden, kann sie dies durch anderweitige zwingende Festsetzungen, z.B. Baulinien und eine zwingende Zahl der Vollgeschosse, erreichen, sofern eine derart einengende Festsetzung überhaupt gerechtfertigt ist. Baut ein Bauherr – zulässigerweise – in mehreren Bauabschnitten und beabsichtigt, im ersten Bauabschnitt zunächst nur andere Nutzungen, jedoch keine Wohnungen zu errichten, so ist nur dann nicht gegen die Festsetzung eines bestimmten Anteils der zulässigen Geschossfläche für Wohnungen verstoßen, wenn die Möglichkeit der Errichtung von Wohnungen entsprechend dem bestimmten Anteil in den Bauunterlagen nachgewiesen wird, auch wenn die Wohnungen erst zu einem späteren Zeitpunkt errichtet werden.

§ 5

34 Beabsichtigt die Gemeinde, die Errichtung von Wohnungen in einem bestimmten Umfang sicherzustellen, so kann sie dies über die **zweite Variante der Nr. 2** durch Festsetzung einer **bestimmten** für Wohnungen zu verwendenden **Größe der Geschossfläche** (s. § 16 Abs. 2 Nr. 2) erreichen. Die Größe der Geschossfläche ist als absolute Zahl (in m² Wohn-Geschossfläche) festzusetzen und hat die Wirkung eines *Mindestmaßes* i. S. v. § 16 Abs. 4, das nicht unterschritten werden darf. Sie kann entweder für mehrere Grundstücke einheitlich oder bei Vorliegen grundstücksspezifischer Besonderheiten bei entsprechender Begründung auch für einzelne Grundstücke unterschiedlich bestimmt werden (vgl. § 16 Abs. 5). Der Eigentümer/Bauherr muss auf seinem Grundstück in einem oder mehreren Gebäuden mindestens die für Wohnungen festgesetzte Geschossfläche insgesamt für Wohnungen verwenden. Darüber hinaus kann er bis zu der zulässigen (Gesamt-) Geschossfläche sonstige Nutzungen unterbringen. Nutzt der Bauherr die zulässige Größe der (Gesamt-)Geschossfläche jedoch nicht aus, so muss er gleichwohl vorweg erst die für Wohnungen bestimmte Geschossfläche entspr. verwenden; die restliche Geschossfläche kann dann für sonstige Nutzungen verwendet werden (im Ergebnis ebenso *Bielenberg*, § 4a BauNVO Rdn. 64; *Ziegler*, in: *Brügelmann*, § 4a Rdn. 112).

Die Festsetzung absoluter Größen der für Wohnungen zu verwendenden Geschossflächen ist bei unterschiedlichen Grundstücksgrößen problematisch, weil nicht für jedes Grundstück eine zu der zulässigen Geschossfläche passende individuelle Größe der für Wohnungen zu verwendenden Geschossfläche festgesetzt werden kann (zu den Problemen s. § 16 Rn 18–24). Die Festsetzung ist daher nur dann sinnvoll, wenn sie sich auch mit zweckmäßigem Ergebnis verwirklichen lässt. Die vorhandene Situation muss nach Größe, Zuschnitt der Grundstücke sowie Art der Nutzung eine solche Festsetzung rechtfertigen. Ergeben sich bei dieser engen Festsetzung jedoch Probleme hinsichtlich ihrer Vollzugsfähigkeit, so kommt auch hierbei ggf. eine Befreiung nach § 31 Abs. 2 BauGB oder das Vorsehen einer Ausnahme im B-Plan durch die Gemeinde in Betracht (vgl. Rn 33.1).

35 Zur **rechtlichen Durchsetzung der Festsetzungen nach Abs. 4 Nr. 1 und 2** und damit zur Verwirklichung des Planungsziels (bzw. der Zweckbestimmung) des WB-Gebiets kann die Gemeinde ggf. ein **Baugebot nach § 176 BauGB** aussprechen, sofern die Festsetzung als »Mindestgrenze« bzw. als »zwingend« gekennzeichnet ist. Damit kann der Eigentümer unter den in § 175 BauGB aufgeführten Voraussetzungen zur Errichtung von Wohnungen verpflichtet werden.

Für das Maß der baulichen Nutzung in WB-Gebieten und damit auch für die zulässige Geschossfläche enthält die Tabelle des § 17 Abs. 1 eine entspr. Zeile für das WB-Gebiet.

§ 5 Dorfgebiete

(1) Dorfgebiete dienen der Unterbringung der Wirtschaftsstellen land- und forstwirtschaftlicher Betriebe, dem Wohnen und der Unterbringung von nicht wesentlich störenden Gewerbebetrieben sowie der Versorgung der Bewohner des Gebietes dienenden Handwerksbetrieben. Auf die Belange der land- und forstwirtschaftlichen Betriebe einschließlich ihrer Entwicklungsmöglichkeiten ist vorrangig Rücksicht zu nehmen.

(2) Zulässig sind
1. Wirtschaftsstellen land- und forstwirtschaftlicher Betriebe und die dazugehörigen Wohnungen und Wohngebäude,

§ 5

2. Kleinsiedlungen einschließlich Wohngebäude mit entsprechenden Nutzgärten und landwirtschaftliche Nebenerwerbsstellen,
3. sonstige Wohngebäude,
4. Betriebe zur Be- und Verarbeitung und Sammlung land- und forstwirtschaftlicher Erzeugnisse,
5. Einzelhandelsbetriebe, Schank- und Speisewirtschaften sowie Betriebe des Beherbergungsgewerbes,
6. sonstige Gewerbebetriebe,
7. Anlagen für örtliche Verwaltungen sowie für kirchliche, kulturelle, soziale, gesundheitliche und sportliche Zwecke,
8. Gartenbaubetriebe,
9. Tankstellen.

(3) Ausnahmsweise können Vergnügungsstätten im Sinne des § 4a Abs. 3 Nr. 2 zugelassen werden.

BauNVO 1977:

(1) Dorfgebiete dienen vorwiegend der Unterbringung der Wirtschaftsstellen land- und forstwirtschaftlicher Betriebe und dem dazugehörigen Wohnen; sie dienen auch dem sonstigen Wohnen.

(2) Zulässig sind
1. Wirtschaftsstellen land- und forstwirtschaftlicher Betriebe und die dazugehörigen Wohnungen und Wohngebäude,
2. Kleinsiedlungen und landwirtschaftliche Nebenerwerbsstellen,
3. sonstige Wohngebäude,
4. Betriebe zur Verarbeitung und Sammlung land- und forstwirtschaftlicher Erzeugnisse,
5. Einzelhandelsbetriebe, Schank- und Speisewirtschaften sowie Betriebe des Beherbergungsgewerbes,
6. Handwerksbetriebe, die der Versorgung der Bewohner des Gebiets dienen,
7. sonstige nicht störende Gewerbebetriebe,
8. Anlagen für örtliche Verwaltungen sowie für kirchliche, kulturelle, soziale, gesundheitliche und sportliche Zwecke,
9. Gartenbaubetriebe,
10. Tankstellen.

BauNVO 1968:

(1) Dorfgebiete dienen vorwiegend der Unterbringung der Wirtschaftsstellen land- und forstwirtschaftlicher Betriebe und dem Wohnen.

(2) Zulässig sind
1. Wirtschaftsstellen land- und forstwirtschaftlicher Betriebe,
2. Kleinsiedlungen und landwirtschaftliche Nebenerwerbsstellen,
3. Wohngebäude,
4. Betriebe zur Verarbeitung und Sammlung land- und forstwirtschaftlicher Erzeugnisse,
5. Einzelhandelsbetriebe, Schank- und Speisewirtschaften sowie Betriebe des Beherbergungsgewerbes,
6. Handwerksbetriebe, die der Versorgung der Bewohner des Gebiets dienen,
7. sonstige nicht störende Gewerbebetriebe,
8. Anlagen für örtliche Verwaltungen sowie für kirchliche, kulturelle, soziale, gesundheitliche und sportliche Zwecke,
9. Gartenbaubetriebe,
10. Tankstellen.

(3) Die Dorfgebiete einer Gemeinde oder Teile eines Dorfgebietes können im Bebauungsplan nach der Art der zulässigen Nutzung gegliedert werden.

BauNVO 1962:

hatte in Abs. 1 und 2 denselben Wortlaut wie die BauNVO 1968; Abs. 3 fehlte.

§ 5

Erläuterungen

	Übersicht	Rn	
Abs. 1	1. Allgemeine Zweckbestimmung, Gebietscharakter, Vorrangregelung	1 –	3.43
	a) Allgemeines zur Zweckbestimmung	1 –	1.6
	aa) Das Dorfgebiet als »ländliches Mischgebiet«	1 –	1.2
	bb) Zum qualitativen u. quantitativen Verhältnis der drei Hauptnutzungen zueinander u. zur Frage des Ausschlusses nach § 1 Abs. 5	1.3 –	1.5
	cc) Wann kann ein Dorfgebiet nicht festgesetzt werden, wann bietet sich eine besondere Gliederung an; bei welcher Fallgestaltung wird ein Dorfgebiet funktionslos?	1.51 –	1.6
	b) Gebietscharakter, Abwägungsfragen	2 –	2.2
Abs. 1 S. 2	c) Vorrangige Rücksichtnahme	3 –	3.43
	aa) Allgemeines z. Regelung nach der ÄndVO 1990	3	
	bb) Materiell-rechtlicher Gehalt u. Reichweite der Vorrangregelung des Abs. 1 Satz 2	3.1 –	3.25
	cc) Zu den Aufgaben der (Bau-)Genehmigungsbehörden	3.3 –	3.31
	dd) Zu einem »Musterfall« in Bezug auf die Rücksichtnahme nach Abs. 1 Satz 2; Entscheidungen zum Anspruch auf Wohnbebauung	3.4 –	3.44
	2. Störanfälligkeit, Fragen des Nachbarschutzes; Verträglichkeit mit anderen Baugebieten und Nutzungen	4	
	3. Änderung von Regelungen aufgrund der ÄnderungsVOen 1977 und 1990	5 –	5.1
Abs. 2 Nr. 1	4. Allgemein zulässige Nutzungen	6 –	20.5
	a) Wirtschaftsstellen land- und forstwirtschaftlicher Betriebe u. die dazugehörigen Wohnungen und Wohngebäude	6 –	10.21
	aa) Allgemeines zu den Wirtschaftsstellen land- und forstwirtschaftlicher Betriebe	6 –	6.12
	bb) Begriff der Landwirtschaft (§ 201 BauGB); zur unmittelbaren Bodenertragsnutzung	6.2 –	6.4
	cc) Tierzucht (Pensionstierhaltung) und Tierintensivhaltung als Erwerbszweig landwirtschaftlicher Betriebe	7 –	7.5
	dd) Zur Abgrenzung der Wirtschaftsstellen landwirtsch. Betriebe gegenüber gewerblichen Betrieben	8 –	8.2
	ee) Genehmigungsfähigkeit von Anlagen und Nutzungen im Zusammenhang mit Tier(intensiv-)haltungen; Zumutbarkeit von (Geruchs-)Belästigungen aufgrund der VDI-Richtlinien 3471, 3472 und 3474	8.3 –	8.62
	ff) Handhabung der VDI-Richtlinie »Emissionsminderung Tierhaltung – Schweine«, der VDI-Richtlinie 3472 »Emissionsminderung Tierhaltung Hühner« sowie der Richtlinie 3474 »Emissionsminderung Tierhaltung Geruchsstoffe«, Entwurf März 2001 in der Praxis landwirtschaftlicher Betriebe	9 –	9.6
	gg) Besonderheiten der zu landwirtschaftlichen Wirtschaftsstellen gehörigen baulichen Anlagen	10 –	10.1
	hh) Zu den zu Wirtschaftsstellen dazugehörigen Wohnungen u. Wohngebäude	10.2 –	10.21

§ 5

b)	Kleinsiedlungen und landwirtschaftliche Nebenerwerbsstellen	11		**Nr. 2**
c)	Sonstige Wohngebäude	11.1 – 11.2		**Nr. 3**
d)	Betriebe zur Be- und Verarbeitung und Sammlung land- und forstwirtschaftlicher Erzeugnisse	12 – 14.1		**Nr. 4**
e)	Einzelhandelsbetriebe, Schank- und Speisewirtschaften sowie Betriebe des Beherbergungsgewerbes	15 – 17.3		**Nr. 5**
aa)	Einzelhandelsbetriebe	15 – 16.1		
bb)	Schank- und Speisewirtschaften	17 – 17.3		
f)	Sonstige (nicht wesentlich störende) Gewerbebetriebe	18 – 18.7		**Nr. 6**
aa)	Allgemeines zur Zulässigkeit »sonstiger Gewerbebetriebe«	18 – 18.1		
bb)	Einzelfragen	18.2 – 18.8		
g)	Handwerksbetriebe, die der Versorgung der Bewohner des Gebiets dienen	19 – 19.4		**Nr. 6 (Abs. 1)**
h)	Anlagen für örtliche Verwaltungen sowie für kirchliche, kulturelle, soziale, gesundheitliche und sportliche Zwecke	20 – 20.3		**Nr. 7**
aa)	Anlagen für »örtliche« Verwaltung	20		
bb)	Anlagen für kirchliche, usw. (Gemeinbedarfs-)Zwecke	20.1		
cc)	Anlagen für sportliche Zwecke	20.2 – 20.3		
i)	Gartenbaubetriebe	20.4		**Nr. 8**
k)	Tankstellen	20.5		**Nr. 9**
5.	Gliederungsmöglichkeiten nach § 1 Abs. 4, 5 und 9	21 – 21.2		
6.	Ausnahmsweise Zulassungsfähigkeit nicht kerngebietstypischer Vergnügungsstätten i. S. d. § 4a Abs. 3 Nr. 2	22 – 22.2		
7.	Nutzungen nach den §§ 12–14	23 – 23.4		
a)	Stellplätze und Garagen	23		
b)	Räume und Gebäude für die Ausübung einer freiberuflichen Tätigkeit	23.1		
c)	Nebenanlagen nach § 14	23.2 – 23.4		
8.	Das Verhältnis von § 5 Abs. 1 u. 2 zu § 34 Abs. 1 u. 2 BauGB	24 – 24.4		
9.	Einzelfälle zur (Un-)Zulässigkeit von Nutzungen	25.1 – 25.9		

Schrifttum

Battis — Landwirtschaft und heranrückende Wohnbebauung. Eine Bestandsaufnahme, AgrarR 1993, 197

Boeddinghaus — Planung und Erhaltung einer geordneten Nutzungsmischung, BauR 1998, 919

Bünermann — Gliederungsbeispiele für Dorfgebiete, Vortrag im 130. Kurs des Instituts für Städtebau Berlin »Umweltschutz in der Bauleitplanung« (11.–15.2.1980), Umdruck 130/7

Diehr/Geßner — Die Abwehrrechte landwirtschaftlicher Betriebe gegen heranrückende Wohnbebauung, NVwZ 2001, 985

Funk — Zum Nebeneinander von Landwirtschaft und Wohnen im Dorfgebiet; insbesondere zur Anwendbarkeit der VDI-Richtlinie 3471, BayVBl. 1994, 225

Gehrmann — Die Dorfgebiete – kein Anachronismus, Bauwelt 1979, 406

§ 5   Abs. 1   1

Gierke	Instrumente des Bauplanungsrechts zur Steuerung von Standorten von Tierhaltungsanlagen im Außenbereich, Institut für Städtebau, 438. Kurs, »Städtebau und Recht« vom 30.9.–4.10.02 in Berlin
Hansmann	Rechtsprobleme bei der Beurteilung von Geruchsimmissionen, NVwZ 1999, 1158
Hötzel	Immissionsschutzrechtliche Probleme der Massentierhaltung, AgrarR 1978, 57
Jäde	Neue Aspekte des Nachbarschutzes im Dorfgebiet, AgrarR 1993, 71
–	Probleme bei der »Anwendung« technischer Regelwerke in der Bauleitplanung und im Einzelgenehmigungsverfahren, ZfBR 1992, 107
Moench/Hamann	Geruchsbelästigungen und Immissionsschutzrecht, DVBl. 2004, 201
Mülbert	Bau- und immissionsschutzrechtliche Probleme bei Schweinehaltungsbetrieben, BauR 1984, 442
Otto/Rath	Baurechtliche Zulässigkeit von Schweinehaltungsbetrieben, RdL 1981, 225
Perschau	Geruchsimmissionen und Geruchsbewertungen im Bereich der Landwirtschaft aus immissionsschutzrechtlicher Sicht, UPR 1998, 248
Pöltl	Gaststättenlärm und Rücksichtnahmegebot, VBlBW 2004, 330
Roßnagel	Rechtsfragen zur Luftreinhaltung bei Massentierställen, NuR 1998, 69
Sarnighausen	Zur baurechtlichen Zumutbarkeit landwirtschaftlicher Tiergerüche, in: Konflikte baulicher Nutzungen (Hrsg. Kormann), S. 115
Schedler	Immissionen durch Tiere, DVBl. 2007, 936
Scholtissek	Das Bauplanungsrecht unter besonderer Berücksichtigung der Agrarwirtschaft, AgrarR 1991, 268
Steinröx	Dorfgebiet – planungsrechtliches Fossil?, BBauBl. 1988, 112
Ziegler	Baurechtliche Aspekte bei Vorhaben für die landwirtschaftliche und gewerbliche Nutztierhaltung, AgrarR 1993, 297

(s. auch Schrifttum allgemein und zu den §§ 6, 8, 15)

1. Allgemeine Zweckbestimmung, Gebietscharakter (Abs. 1), Vorrangregelung

1 a) **Allgemeines zur Zweckbestimmung. – aa) Das Dorfgebiet als »ländliches Mischgebiet«.** Die **Zweckbestimmung** des Dorfgebiets in **Abs. 1** ist durch die ÄndVO 1990 in ihrem Wortlaut dem Strukturwandel, der sich in den festgesetzten MD-Gebieten und den dörflichen Bereichen i. S. v. § 34 BauGB zwischenzeitlich vollzogen hat, **angepasst** worden. Auch in der **Neufassung** umfasst der Nutzungskatalog des MD-Gebiets außer der Unterbringung der Wirtschaftsstellen land- u. forstwirtschaftlicher Betriebe alle Nutzungsarten, die ein solches Gebiet im herkömmlichen Sinne für seine Versorgung, den *Erwerb* seiner Bewohner und an öffentlichen Einrichtungen benötigt. **Nach der Neufassung** ist die Unterbringung der Wirtschaftsstellen land- u. forstwirtschaftlicher Betriebe gegenüber dem *Wohnen*, der Unterbringung von nicht wesentlich störenden Gewerbebetrieben sowie der Versorgung der Bewohner des Gebiets dienenden Handwerksbetrieben deutlich herausgehoben. Nach der BauNVO 1990 haben die anderen im MD-Gebiet zulässigen Nutzungsar-

ten (Anlagen und Betriebe) auf die Belange der land- und forstwirtschaftlichen Betriebe *einschließlich ihrer Entwicklungsmöglichkeiten* **vorrangig** Rücksicht zu nehmen (Abs. 1 **Satz 2**). Der Vorrang der Entwicklungsmöglichkeiten umfasst auch die den land- u. forstwirtschaftlichen Betrieben angegliederten Anlagen, etwa ein im Dorfgebiet angesiedeltes *Sägewerk*, das zu einem forstwirtschaftlichen Betrieb mit ausgedehntem Waldbesitz gehört, oder *Nebenanlagen* i. S. d. § 14, *wenn* sie weiterhin ihre untergeordnete Funktion beibehalten. In der neu gefassten Regelung kommt die Zweckbestimmung des MD-Gebiets klarer und umfassender als bisher zum Ausdruck u. bezieht zugleich **zukunftsweisend** den keineswegs abgeschlossenen Strukturwandel der ländlichen Gebiete mit ein.

Die in der Zweckbestimmung *bis* zur ÄndVO 1990 zum Ausdruck kommende »*vorwiegende*« Unterbringung von Wirtschaftsstellen land- und forstwirtschaftlicher Betriebe stellte zwar bisher schon nicht etwa auf ein erforderliches *zahlenmäßiges* Überwiegen dieser Betriebe, sondern nur auf ein städtebaulich relevantes Übergewicht der landwirtschaftlichen Betriebe über die anderen Nutzungen ab (BVerwG, B. v. 15.8.1988 – 4 B 112.88 – n. v.). Es hat aber seit jeher Schwierigkeiten gemacht, die städtebaulich *vorwiegende* Relevanz mit hinreichender Sicherheit (nach welchen Kriterien?) als Voraussetzung der Festsetzung eines MD-Gebiets herauszustellen. Da es sich in der Mehrzahl der Fälle um bereits (wenigstens teilweise) bebaute Gebiete gehandelt hat, hat gerade die Unsicherheit, in welcher Weise das »Vorwiegen« der Wirtschaftsstellen land- u. forstwirtschaftlicher Betriebe bedenkenfrei festzustellen ist (etwa nach Größe der Hofstelle, Viehbestand, Größe der Betriebsfläche) dazu beigetragen, von der Festsetzung von MD-Gebieten Abstand zu nehmen. Hier dürfte nunmehr eine deutliche Klärung erfolgt sein.

Das »sonstige« **Wohnen** hatte aufgrund der ÄndVO **1977** (bereits) die Gleichrangigkeit *verloren*; das MD-Gebiet diente bis zur ÄndVO 1990 »*auch*« dem sonstigen Wohnen. Die Gleichrangigkeit ist *nach dem Wortlaut* zwar wiederhergestellt. Durch die Bestimmung, dass die in **Abs. 1 Satz 1** als Obersatz aufgeführten Nutzungsformen auf die (derzeitigen) *Belange* der land- und forstwirtschaftlichen Betriebe sowie deren **Entwicklungsmöglichkeiten** Rücksicht zu nehmen haben (Abs. 1 **Satz 2**), ist das *Wohnen* infolge der ihm zumutbaren »dorftypischen« Immissionen hinsichtlich des Schutzes *im Ergebnis* aber deutlich eingeschränkt.

1.1

Nach dem Zulässigkeitskatalog können Dorfgebiete als »ländliche« Mischgebiete bezeichnet werden. Der **Begriff** »Dorfgebiet« ist (nur) **städtebaurechtlich** zu verstehen. Er erfasst mithin nicht etwa das gesamte bebaute und für die Bebauung vorgesehene Gebiet einer ländlichen Gemeinde oder eines Ortsteils einer solchen Gemeinde mit »Dorfcharakter« (im gleichen Sinne *Bielenberg*, § 5 Rdn. 1, 52. Lfg.). Das Dorfgebiet im bauplanungsrechtlichen Sinne ist in den alten Bundesländern vielfach noch das typische Gebiet, in dem Betriebs- und Arbeitsstätten und die Wohnstatt sich »unter einem Dach« befinden. »Land- und forstwirtschaftliche Betriebe« ist lediglich als Sammelbegriff entspr. § 35 Abs. 1 Nr. 1 BauGB zu verstehen.

1.2

bb) Zum qualitativen und quantitativen Verhältnis der drei Hauptnutzungen zueinander u. zur Frage des Ausschlusses nach § 1 Abs. 5. Im Unterschied zum »städtischen« Mischgebiet (§ 6) umfasst das Dorfgebiet nach § 5 Abs. 1 **drei** Hauptnutzungen (Land- und Forstwirtschaft, Wohnen und Gewerbe), die vom Grundsatz her **gleichwertig** nebeneinander existenzberechtigt sind. Sie sind lediglich durch den zulässigen Störgrad für Gewerbebetriebe »nicht wesentlich störend« und das Gebot der Rücksichtnahme auf land- und forstwirtschaftliche Betriebe (Satz 2) modifiziert zu behandeln (im gleichen Sinne *Bielenberg*, Rdn. 8). Anders als im Mischgebiet (§ 6) brauchen die Hauptnutzun-

1.3

§ 5   Abs. 1   1.4, 1.41

gen weder im gleichen noch im annähernd gleichen Verhältnis zueinander im Dorfgebiet vorhanden zu sein, was einer möglichen Nutzungsmischung unter Beachtung der Zweckbestimmung entgegenkommt. Der Charakter des Dorfgebiets hängt grundsätzlich nicht von einem bestimmten prozentualen Mischverhältnis der zulässigen Nutzungsarten ab (vgl. BVerwG, B. v. 4.12.1995 – 4 B 258.95 – BRS 57 Nr. 70). Aufgrund der regional ganz unterschiedlich gewachsenen oder sich in jüngerer Zeit entwickelten Dorfgebiete und sich hinsichtlich der Zusammensetzung der drei Hauptnutzungen noch ständig wandelnden Gebiete kann die flexible Zulässigkeit von Anlagen und Nutzungen in einem Dorfgebiet, lediglich durch die Voraussetzungen des § 15 begrenzt, als eine weitschauende Regelung des VOgebers bezeichnet werden.

Dorfgebiete in ländlichen Gegenden Niedersachsens, Bayerns oder im westfälischen Münsterland haben aufgrund ihrer historisch gewachsenen »bäuerlichen« Struktur noch immer eine (ganz) andere nutzungsmäßige Zusammensetzung als Dorfgebiete in der Nähe der bekannten Ballungszentren und (Groß-)Städte, in denen herkömmliche landwirtschaftliche Betriebe eher zugunsten lukrativerer Nutzungen aufgegeben worden sind oder aufgegeben werden. Dies ist an zahlreichen Beispielen zu belegen, wie intensiver Gemüseanbau, weil Vermarktung in den Städten erheblich gewinnbringender ist als Anbau von Getreide oder Pensionstierhaltung für Reitschulen u. dergl., häufig auch (teilweise) Aufgabe der Wirtschaftsstellen durch Umbau zu Wohngebäuden, Ferienwohnungen oder sonstigen Freizeiteinrichtungen wie Golfanlagen. Besonders während der »Nostalgie-Welle« haben sich zahlreiche Bewohner der Städte in Dorfgebieten niedergelassen, um insbes. den Immissionsbeeinträchtigungen u. anderen Nachteilen der Ballungszentren zu entgehen.

1.4 Bei der Umwandlung der Dorfgebiete – unter vielfach gleichzeitiger Abnahme der Anzahl der Wirtschaftsstellen landwirtschaftlicher Betriebe, nicht selten durch Vergrößerung der Betriebsfläche der verbleibenden Betriebe »bei der Gelegenheit« infolge Ankaufs eines auslaufenden Hofs, um den Maschinenpark besser zu nutzen – stellt sich im Grundsatz nicht die Frage, ob ein solches Gebiet noch als Dorfgebiet festgesetzt werden kann. Die Anfügung des **Satzes 2 in Abs. 1** (s. dazu Rn 3 ff.) zeigt gerade, dass der VOgeber den *vorhandenen* land- und forstwirtschaftlichen Betrieben in den bestehenden Dorfgebieten zum einen Bestandsschutz gewährleisten und zum anderen ihnen Entwicklungsmöglichkeiten sichern wollte (im Ergebnis ebenso *Bielenberg*, Rdn. 8). Bei der möglichen ganz unterschiedlichen Zusammensetzung der drei Hauptnutzungen in einem teilweise bereits bebauten Gebiet kommt es **für die Festsetzung als Dorfgebiet** darauf an, dass in dem zu beplanenden Gebiet Wirtschaftsstellen landwirtschaftlicher Betriebe (noch) vorhanden sind und/oder das Gebiet durch solche Wirtschaftsstellen i. S. eines erkennbaren Gebietscharakters künftig geprägt werden kann (so mit Recht OVG Lüneburg, U. v. 27.10.1993 – 1 K 3/91 – DVBl. 1994, 294 = ZfBR 1994, 104 – LS). In der zur BauNVO 1977 ergangenen Entscheidung heißt es im Leits. dazu: »*Für die Festsetzung einer Ortschaft als Dorfgebiet reicht es nicht aus, dass die frühere landwirtschaftliche Nutzung an der vorhandenen Bausubstanz ablesbar ist*« (U. v. 27.10.1993, aaO.).

1.41 Die Entscheidung ist hinsichtlich ihrer sachlichen Aussagen auf die BauNVO 1990 voll übertragbar. Für die Festsetzung eines Dorfgebiets ist es erforderlich, dass die Wirtschaftsstellen noch betrieben werden bzw. noch Bestandsschutz genießen. »Dörfliche« Bausubstanz rechtfertigt die Festsetzung eines Dorfgebiets nicht. Ebenso unzulässig ist es, Wirtschaftsstellen land- oder forstwirtschaftlicher Betriebe nach § 1 Abs. 5 für das gesamte Dorfgebiet auszuschließen. Die **Zweckbestimmung** wird bei einem solchen Ausschluss, wenn faktisch also ein Wohngebiet festgesetzt wird, nicht mehr gewahrt (so

BVerwG, B. v. 22.12.1989 – 4 NB 32.89 – BauR 1990, 186 = BRS 49 Nr. 74 = UPR 1990, 102); in diesem Sinne auch VGH BW, B. v. 19.12.1991 (– 8 S 649/91 – BRS 52 Nr. 17) und OVG RhPf, U. v. 23.1.1991 (– 10 C 10228/90 – BRS 52 Nr. 16); zu Gliederungsmöglichkeiten s. Rn 21 f. Das Gleiche gilt, wenn die Wirtschaftsstellen land- oder forstwirtschaftlicher Betriebe im *gesamten* Dorfgebiet nach § 1 Abs. 5 **lediglich** als **ausnahmsweise zulassungsfähig** erklärt werden. Bei einer derartigen Festsetzung ist die allgemeine Zweckbestimmung des MD-Gebiets gleichfalls nicht gewahrt. Es sollte ergänzend darauf hingewiesen werden, dass der Geltungsbereich eines MD-Gebiets umfangmäßig nicht so klein gewählt werden darf, dass bei bereits weitgehender Bebauung des Gebiets *faktisch* für die Ansiedlung von Wirtschaftsstellen landwirtschaftlicher Betriebe von der Größe her keine geeigneten Grundstücke zur Verfügung stehen. Dass durch die Neufassung des § 5 Abs. 1 den land- und forstwirtschaftlichen Betrieben innerhalb des Dorfgebiets keine bestimmten Standorte vorbehalten sind, bedarf keiner besonderen Ausführungen. Wie bisher sind die Wirtschaftsstellen landwirtschaftlicher Betriebe wie auch die »sonstige« Wohnbebauung auf jedem Grundstück des Gebiets zulässig, es sei denn, dass durch besondere **Gliederung** nach § 1 Abs. 4 f. eine bestimmte Nutzungsregelung erfolgt ist (dazu Rn 21 f.).

1.42 Wird in Rn 1.4 und 1.41 im Wesentlichen davon ausgegangen, dass Wirtschaftsstellen land- oder forstwirtschaftlicher Betriebe im MD-Gebiet vorhanden oder derartige Vorhaben aufgrund entsprechender Grundstücke jedenfalls genehmigungsfähig sind, bleiben die Fälle zu erörtern, in denen landwirtschaftliche Betriebe im Laufe der Zeit durch Aufgabe der zur Landwirtschaft zählenden Betriebsformen (s. Rn 6.12 f.) oder durch anderweitige nicht landwirtschaftliche Nutzung im MD-Gebiet nicht mehr als Wirtschaftsstellen i. S. v. Abs. 1 anzusehen sind. In derartigen Fällen (*Bielenberg* spricht vom »Umkippen« des vorhandenen Bestandes, Rdn. 8) wird das festgesetzte Dorfgebiet *funktionslos*. Da in den meisten Fällen das Wohnen und die gewerbliche Nutzung weiterhin vorhanden sind, könnte sich dann die Festsetzung eines Mischgebiets nach § 6 anbieten, *wenn* die beiden Hauptnutzungen in etwa das gebotene quantitative Mischungsverhältnis von Wohnen und Gewerbe i. S. von § 6 Abs. 1 erfüllen (vgl. BVerwG, U. v. 4.5.1988 – 4 C 34.86 – DVBl. 1988, 848; s. auch § 6 Rn 1.4). Anderenfalls müsste das Gebiet hinsichtlich der zulässigen Vorhaben künftig nach § 34 BauGB beurteilt werden.

1.43 Daran knüpft sich zwangsläufig die Frage: Wann (durch welche Merkmale) ist die Wirtschaftsstelle eines landwirtschaftlichen Betriebes, genauer: der landwirtschaftliche Betrieb, nicht mehr i. S. von § 5 Abs. 1 mit den sich daraus ergebenden Folgerungen existent? Das ist jedenfalls eindeutig, wenn die Wirtschaftsstelle (im Umgangsdeutsch als »Hofstelle« bezeichnet) z. B. zu (Ferien-)Wohnungen umgebaut oder die Wirtschaftsstelle für »sonstige Wohngebäude« parzelliert *und* das Inventar nebst Acker- und Weideflächen an Dritte veräußert wird (heutzutage häufig wegen eines fehlenden Hoferbens). *Dagegen* ist es nicht erforderlich, dass der Inhaber des landwirtschaftlichen Betriebs **Voll-Landwirt** ist, d. h., dass er das Existenzeinkommen für sich und seine Familie aus dem landwirtschaftlichen Betrieb erzielt und selbst keinen nebenberuflichen Tätigkeiten nachgeht. Infolge der ständig geringeren Wochenarbeitszeit (35–38 Std.) hat sich vielfach herausgebildet, dass der *herkömmliche* landwirtschaftliche Betrieb neben einem anderweitig ausgeübten (Haupt-)Beruf »nebenerwerblich« betrieben wird.

§ 5   Abs. 1   1.5, 1.51

Das ist infolge der Mechanisierung und sonstiger technischer Hilfsmittel unproblematisch. Auf dem Lande ist ein 10-Stunden-Tag durchaus üblich; er richtet sich – im Unterschied zur Tätigkeit in der Industrie oder dem Dienstleistungsgewerbe – nach den jeweils anfallenden Arbeiten.

Hat es sich vom historischen Herkommen um eine landwirtschaftliche Vollerwerbsstelle gehandelt, wird der Betrieb dadurch, dass er infolge der heutigen Daseinsbedingungen nunmehr »nebenberuflich« bewirtschaftet wird, nicht etwa zu einer landwirtschaftlichen Nebenerwerbsstelle i. S. v. § 5 Abs. 2 Nr. 2.

1.5 Das OVG Lüneburg hat in seinem U. v. 27.10.1993 (Fundst. Rn 1.4) in einem (weiteren) Leits. zum Ausdruck gebracht, dass der Ausschluss der Neuerrichtung von Vorhaben **zum** »**sonstigen Wohnen**« in einem Dorfgebiet die allgemeine Zweckbestimmung des Gebiets verfehlt (aaO.). Es ist hinzuzufügen: Auch die Festsetzung als *ausnahmsweise* Nutzung nach § 1 Abs. 5 würde der Bedeutung des sonstigen Wohnens als eine der Hauptnutzungen widersprechen. Dagegen müssen sonstige Wohngebäude nach Abs. 2 Nr. 3 bei der *Festsetzung* eines Dorfgebiets nicht bereits vorhanden sein, *wenn* die Möglichkeit aufgrund entspr. vorhandener Grundstücke zur Bebauung besteht. Bei bisher *(deutlich)* überwiegendem Anteil der land- und forstwirtschaftlichen Betriebe und der erkennbaren Annahme der Verringerung der Wirtschaftsstellen kann es in ländlichen Bereichen für die Festsetzung eines Dorfgebiets als »ländliches Mischgebiet« auch genügen, dass die künftige Umwandlung von Hofstellen zur Nutzung zum sonstigen Wohnen erwartet wird, um in dieser Weise – besonders in der Nähe von Ballungszentren – der Nutzungsmischung entgegenzukommen.

Die Auffassung, dass der Ausschluss »sonstiger«, d. h. nicht zu einem land- oder forstwirtschaftlichen Betrieb gehörender Wohngebäude in einem Dorfgebiet mit der allgemeinen Zweckbestimmung nicht vereinbar ist und daher gegen § 5 Abs. 1 BauNVO verstößt, ist durch einen Normenkontrollbeschluss v. 18.9.1996 (– 8 S 1888/95 – ZfBR 1997, 332) bestätigt worden.

1.51 cc) **Wann kann ein Dorfgebiet nicht festgesetzt werden, wann bietet sich eine besondere Gliederung an; bei welcher Fallgestaltung wird ein Dorfgebiet funktionslos?** Wird an Stelle tatsächlich gewollter Wohnbebauung in der Nähe eines emittierenden landwirtschaftlichen Betriebs ein Dorfgebiet festgesetzt, ist der B-Plan schon wegen fehlender Erforderlichkeit unwirksam (Hess. VGH, U. v.15.10.2004 – 3 N 127/03 – BauR 2005, 907). In diesem Sinne bereits BayVGH, U. v. 10.7.1995 – 14 N 94.1158 – BRS 57 Nr. 35 = BayVBl. 1996, 48.

»*Ein Bebauungsplan, der eine Fläche für die Landwirtschaft und ein allgemeines Wohngebiet unmittelbar nebeneinander festsetzt, ohne die landwirtschaftliche Nutzung auf eine wohnverträgliche Art der landwirtschaftlichen Nutzung (§ 201 BauGB) zu beschränken, verstößt gegen den Trennungsgrundsatz und ist unwirksam*« (OVG Berlin-Brandenburg, 14.2.2006 – 2 A 1605 – BauR 2006, 1424). Der Trennungsgrundsatz des § 50 BImSchG beansprucht nicht nur im Verhältnis von Wohngebieten zu Gewerbe- und Industriegebieten Geltung, sondern auch bei einem Nebeneinander von Wohngebieten und landwirtschaftlichen Nutzflächen (BVerwG, B. v. 22.6.2006 – 4 BN 17.06 –, das das U. des OVG Bln-Brb bestätigt hat).

Die **Festsetzung eines Dorfgebietes** durch B-Plan in einem Bereich, in dem Wirtschaftsstellen land- und forstwirtschaftlicher Betriebe weder vorhanden sind noch sich in absehbarer Zukunft ansiedeln können, ist unzulässig (Leits. des OVG RhPf. im U. v. 22.9.2000 – I C 121.56/99 – BRS 63 Nr. 12 = NuR 2000, 706).

Schließt die Gemeinde in einem Dorf mit großen landwirtschaftlichen Hofstellen mit Hofeichen und Obstbaumwiesen zum Schutz des Ortsbildes im Wege der Gliederung **nur Wohngebäude aus,** ist dies nicht zu beanstanden, auch wenn nur ein völliger Ausschluss aller Nutzungen außer Wirtschaftsstellen landwirtschaftlicher Betriebe den vollständigen Erhalt des Ortsbildes sichern würde (Nds. OVG, U. v. 4.5.2000 – 1 4196/98 – BauR 2000, 1710).

1.52

Aus den Gründen: Die in dem Plangebiet vorgenommene Gliederung in Dorfgebiet und eingeschränktes Dorfgebiet, in dem sonstiges Wohnen ausgeschlossen ist, ist auch erforderlich i. S. d. § 1 Abs. 3 BauGB. Die Gliederung ist städtebaulich begründet. Erforderlich sind bauplanerische Festsetzungen nicht erst dann, wenn sie zur Bewältigung planungsrechtlicher Problemlagen zwingend geboten sind, sondern schon, wenn hinreichend gewichtige städtebauliche Allgemeinbelange für sie sprechen (wird weiter ausgeführt; Nds. OVG, aaO.).

Durch B-Plan kann eine Gemeinde ein Dorfgebiet festsetzen, um eine schleichende Umwandlung in ein Wohngebiet zu verhindern, sofern im Planbereich landwirtschaftliche Nebenerwerbsbetriebe vorhanden sind (Hess. VGH, U. v.15.2.2005 – 3 N 1095/03 – BRS 69 Nr. 36 = ZfBR 2005, 386).

1.53

Aus den Gründen: Welche städtebaulichen Ziele sich die Gemeinde setzt, liegt in ihrer planerischen Gestaltungsfreiheit. Der Gesetzgeber ermächtigt sie, die »Städtebaupolitik« zu betreiben, die ihren städtebaulichen Ordnungsvorstellungen entspricht (BVerwG, B. v.14.8.1996 – 4 NB 21.95 – Buchholz 406. 11, § 1 BauGB Nr. 86). ... Die städtebaulichen Gründe für die Planung ergeben sich in ausreichendem Maße aus der Begr. zum B-Plan im Abschnitt 2 »Ziel und Zweck des Bebauungsplans«. Dort wird der Funktionsverlust als primär landwirtschaftlicher Standort, der Wegfall zentraler örtlicher Einrichtungen wie Bürgermeisteramt und Schule und die Entwicklung zu einem reinen Wohnstandort konstatiert. ... Ziel solle sein, die ursprüngliche Identität des Ortskerns, die gekennzeichnet sei von einer ländlich geprägten Funktions- und Nutzungsmischung sowie einer Vielfalt dörflicher Lebensformen, zu bewahren und weiterzuentwickeln. Für eine Umkehr der Entwicklung sei es noch nicht zu spät. ... Die Festsetzung eines Dorfgebietes gem. § 5 BauNVO setzt das Vorhandensein von Wirtschaftsstellen land- bzw. forstwirtschaftlicher Betriebe voraus (vgl. z. B. VGH BW, U. v. 21.1.2002 – 8 S 1388/01 – NuR 2002, 552). ... Landwirtschaftliche Wirtschaftsstellen von Betrieben im Nebenerwerb sind in kleiner Zahl im ... [Bezeichnung Ort, der Verf.] noch vorhanden (wird weiter ausgeführt).

Die Entscheidung ist nach diesseitiger Erfahrung für viele (kleine) Gemeinden von besonderem Interesse, die sich in ähnlicher planerischer Situation befinden. Dorfgebiete in althergebrachter Besiedlung und dörflichen Strukturen sind meistens nicht als Dorfgebiet nach § 5 BauNVO festgesetzt. Sie sind aufgrund der langjährig gewachsenen Bebauung vielmehr als nicht beplante (Dorf)Gebiete i. S. von § 34 Abs. 1 BauGB einzustufen, bei denen die Gemeinde eine ausdrückliche planerische Festsetzung nicht für erforderlich gehalten hat. Häufig erwerben »Städter«, die der städtischen Hektik entgehen wollen, in dem ländlichen Bereich preiswert (Wohn-)Eigentum; sie wenden sich später nicht selten gegen die Geruchs- und Lärmemissionen der landwirtschaftlichen Betriebe (s. dazu auch Rn. 1.3, letzter Absatz).

Ein B-Plan, nach dessen Bauvorschriften nur die Erstellung von Gebäuden, die ausschließlich zum Wohnen bestimmt sind, sowie von landwirtschaftlichen Gebäuden und gewerblichen Betriebsstätten, die mit den Bedürfnissen eines Wohngebiets zu vereinbaren sind, zulässig ist, ist nichtig, weil er eine Gebietsart festsetzt, die es nach der BauNVO nicht gibt (VGH BW, U. v. 26.6.1998 – 8 S 882/98 – BRS 60 Nr. 78 = NVwZ 1999, 548).

1.54

Die Festsetzung eines Dorfgebiets durch B-Plan in einem Bereich, in dem Wirtschaftsstellen land- und forstwirtschaftlicher Betriebe weder vorhanden sind noch sich in absehbarer Zukunft ansiedeln können, ist unzulässig (so der Leits. des OVG RhPf im U. v. 22.9.2000 – 1 C 12156/99 – NuR 2000,706).

Ein B-Plan, der ein Dorfgebiet (§ 5 BauNVO) festsetzt, wahrt nicht dessen allgemeine Zweckbestimmung, wenn nach dem in seiner Begr. zum Ausdruck gebrachten Willen der planenden Gemeinde eine »bäuerliche Nutzung« nicht zulässig sein soll (Hess.VGH, U. v. 17.9.2002 – 4 N 2842/98 – NuR 2004, 45).

Aus den Gründen: Bei der Auswahl der Baugebiete hat die planende Gemeinde das Gebot der Typenkonformität zu beachten. Sie muss den von ihr gewählten Gebietstypus dafür einsetzen, um die von diesem charakterisierte städtebauliche Struktur zu verwirklichen und darf nicht eine bloße Verlegenheitsplanung oder gar einen »Etikettenschwindel« ins Werk setzen, hinter dem ihre wirkliche städtebauliche Konzeption in Wahrheit gar nicht tragend steht (wird weiter ausgeführt). Geht die allgemeine Zweckbestimmung durch die planerische Festsetzung verloren, wird die Pflicht des § 1 Abs. 3 BauGB verletzt, im Bebauungsplan ein in § 1 Abs. 2 BauNVO bezeichnetes Baugebiet festzusetzen (BVerwG, B. v. 22.12.1989 – 4 NB 32.89 – BRS 49 Nr. 74).

1.55 Die Auffassung von *Söfker*, der sich *Bielenberg* (Rdn. 9) angeschlossen hat, wonach § 5 Abs. 1 Satz 1 von der Zweckbestimmung des *Dorfgebiets* »*mit einem mindestens städtebaulich deutlich in Erscheinung tretenden Anteil der anderen Hauptnutzungen*« (gemeint sind Wohnen u. Gewerbe) ausgeht, wird *nicht* geteilt. *Bielenberg* schränkt die Aussage zwar gleichzeitig dahin ein, »*wobei allerdings eine der anderen Hauptnutzungen – auch stark – unterrepräsentiert sein kann*«, bleibt aber bei der Auffassung, dass in diesem Fall ein Dorfgebiet nicht festgesetzt werden kann. Diese Auffassung ist nach diesseitiger Ansicht zu »kurzatmig« und entspricht nicht den vielfältigen Erfahrungen.

Bei fast keinem anderen Baugebiet hat sich in den letzten Jahrzehnten ein derartiger (Struktur-)Wandel gezeigt wie bei den Dorfgebieten. Abgesehen von der – regional unterschiedlichen – Abnahme der landwirtschaftlichen Betriebe, hat im Zuge der »Nostalgie-Welle« das Wohnen im dörflichen Bereich – besonders in der Nähe von Großstädten – teilweise geradezu überhand genommen, wobei auch bereits wieder – unterschiedlich – gegenläufige Tendenzen bemerkbar sind. Nach diess. Erfahrung ziehen Berufstätige wegen des vermeintlich beschaulicheren Daseins nach wie vor »aufs Land«, möglichst in landschaftlich bevorzugte Gegenden wie Oberbayern, Schwarzwald oder etwa auch in die Eifel.

Der weiteren Auffassung von *Söfker* und *Bielenberg* (aaO., Rdn. 9), die bei vollständiger Verdrängung einer oder beider der drei Hauptnutzungen des § 5 Abs. 1 Satz 1 ein »Umkippen« eines Dorfgebiets annehmen und damit der dadurch erfolgenden Funktionslosigkeit des Dorfgebiets das Wort reden, wird deutlich **widersprochen**. Hierbei handelt es sich ds. E. um eine theoretisch planerische Betrachtungsweise, die den allenthalben festzustellenden starken strukturellen Veränderungen in den Dorfgebieten – gerade auch in den neuen Ländern – nicht entspricht. Nach diesseitiger Erfahrung ist in Dorfgebieten eine häufige Veränderung in den unterschiedlichen Nutzungen einschließlich derjenigen als Feriendomizil aus unterschiedlichen Gründen festzustellen, die nicht als »Verdrängung« bezeichnet werden kann und die für eine kurzzeitige planerische Beurteilung nicht geeignet ist. Diese Auffassung würde mittelbar mit der berechtigten Hinwendung zur Planerhaltung i. S. v. § 215a BauGB auch nicht in Einklang stehen.

1.56 Nach dem B. des BVerwG v. 29.5.2001 (– 4 B 33.01 – NVwZ 2001, 1055 = BauR 2001, 14550 = UPR 2001, 447) wird die Festsetzung eines Dorfgebiets in einem B-Plan wegen Funktionslosigkeit unwirksam, wenn in dem maßgeblichen Bereich nur noch Wohnhäuser und keine Wirtschaftsstellen land- oder forstwirtschaftlicher Betriebe (mehr) vorhanden sind und auch mit ihrer Errichtung auf unabsehbare Zeit erkennbar nicht mehr gerechnet werden kann, weil es keine Fläche mehr gibt, auf der sich eine solche Wirtschaftsstelle sinnvoll realisieren ließe. Unter Beachtung des letzten Halbs. dieses Leits. erscheint die Entscheidung des BVerwG plausibel (BVerwG, aaO.).

Ein behebbarer Mangel i. S. d. § 215a Abs. 1 S. 1 BauGB liegt nicht vor, wenn **1.57**
der festgestellte Fehler so schwer wiegt, dass er den Kern der Abwägungsentscheidung betrifft (hier: Festsetzung eines als eingeschränktes Dorfgebiet bezeichneten allgemeinen Wohngebiets in unmittelbarem Anschluss an ein Dorfgebiet, BVerwG, B. v. 16.3.2000 – 4 BN 6.00 – ZfBR 2000, 353 = BauR 2000, 1018).

»Ein neu ausgewiesenes Dorfgebiet kann die erforderliche landwirtschaftliche **1.58**
Prägung auch durch Betriebe erfahren, die ihren Standort in einem unmittelbar angrenzenden, durch einen anderen Bebauungsplan festgesetzten Dorfgebiet haben« (BayVGH, U. v. 12.1.2007 – 1 N 06.2319 –, BauR 2007, 1684).

In den Fragenkreis der Zweckbestimmung des Dorfgebiets gehört ein B. des **1.6**
BVerwG v. 19.1.1996 (– 4 B 7.96 – BRS 58 Nr. 67), mit dem die Nichtzulassungsbeschwerde eines Landwirts zurückgewiesen wird, der sich gegen die näher gelegene Wohnbebauung auf derselben Seite des klägerischen Grundstücks zur Wehr setzt.

In dem B. hat das BVerwG nochmals herausgestellt, dass der Charakter eines Dorfgebiets *»grundsätzlich nicht von einem bestimmten prozentualen Mischverhältnis der zulässigen Nutzungsarten abhängt«*, dem uneingeschränkt zugestimmt wird. Es ist **nach den Gründen** des Beschl. deshalb zu Recht missverständlich, wenn das Berufungsurteil meint, das Wohnbauvorhaben stelle einen *»ersten Schritt«* in die Richtung *»Allgemeines Wohngebiet«* dar. Die historisch oder soziologisch möglicherweise zutreffende Formulierung beschreibt in diesem Zusammenhang keinen rechtlich relevanten Vorgang (so BVerwG, aaO.). In dem Zusammenhang stellt sich in den neuen Ländern umgekehrt die Frage, ob die Gemeinde ein in den letzten 40 Jahren faktisch entwickeltes WA-Gebiet als solches festsetzen muss, wenn z. B. »verdrängte« Landwirte ihre zu Wohnungen umgebauten Hofstellen zurückerhalten und die Festsetzung eines Dorfgebiets verlangen, weil sie die Wiederaufnahme der Landwirtschaft beabsichtigen.

Eine Zunahme der Wohnbebauung in einem Dorfgebiet für sich gesehen führt noch nicht zu einer – rechtlichen – Änderung des Gebietscharakters i. S. d. BauNVO; das gilt insbes. dann, wenn noch etliche landwirtschaftliche Betriebe vorhanden sind, die der näheren Umgebung ein dörfliches Gepräge geben (BVerwG, 19.1.1996, aaO.).

b) Gebietscharakter, Abwägungsfragen. Der durch den Katalog der zulässi- **2**
gen Nutzungsarten **geprägte Gebietscharakter** entspricht der Vielschichtigkeit ländlicher Erwerbs- und Wohngemeinden, wie sie sich zum einen historisch unterschiedlich in den einzelnen Landesteilen des Bundesgebiets entwickelt, zum anderen infolge Mechanisierung, Inanspruchnahme sonstiger technischer Hilfsmittel, durch landwirtschaftliche Veredelungswirtschaft und Spezialisierung (stark) gewandelt haben. *Dorfgebiete* erfüllen hinsichtlich der geordneten städtebaulichen Entwicklung einen *mehrfachen Zweck*. Einmal können sie zur Erhaltung historischer dörflicher Ortskerne innerhalb sonst städtisch geprägter Gemeinden oder für von der Stadt abgesetzte dörfliche Ortsteile festgesetzt werden (*Förster*, § 5 Anm. 1; *Bielenberg*, § 5 Rdn. 1). Zum anderen kann der umfassende Nutzungskatalog des Abs. 2 dazu dienen, die wirtschaftlich einseitige und gleichzeitig schwache Struktur der MD-Gebiete ländlicher Gemeinden im Rahmen der *Dorferneuerung* zu verbessern und damit dem bisher (starken) wirtschaftlichen Gefälle zwischen ländlichen Gemeinden und denen mit städtischem Gepräge entgegenzuwirken.

Im Hinblick auf den allseits bekannten Struktur- und Funktionswandel ländli- **2.1**
cher Gebiete können im Zusammenhang bebaute Ortsteile i. S. v. § 34 Abs. 1 BauGB keineswegs nur als MD-Gebiete festgesetzt werden. Ländliche Gemeinden haben sich infolge der faktischen Nutzung als Wochenend- und Feri-

§ 5 Abs. 1   2.11, 2.2

enerholung oder als »Schlafgemeinden« in der Nähe von Großstädten häufig stark gewandelt. In diesen Fällen können, um dem Funktionswandel zu entsprechen, *neben* den Dorfgebieten WS- und WA-Gebiete im Rahmen der Ziele der Raumordnung und Landesplanung, ggf. auch SO-Gebiete nach § 10, in Betracht kommen (im Ergebnis auch *Boeddinghaus*, § 5 Rdn. 4–5).

Infolge des weit gefassten Zulässigkeitskatalogs für MD-Gebiete (§ 5 Abs. 2) kann sich eine **Gliederung** aufgrund der unterschiedlich gewachsenen Strukturen – ggf. auch durch Ausschluss bestimmter Arten von Nutzungen oder der Festsetzung ihrer nur ausnahmsweisen Zulassungsfähigkeit nach § 1 Abs. 5 – empfehlen (s. Rn 21 u. Beispiele bei *Bünermann*, aaO.). Der *Erhalt eines dörflichen Lebens* unter Berücksichtigung der Anforderungen, die aus dem Immissionsschutz gestellt werden, ist nur möglich, wenn MD-Gebiete und ländliche Wohnbereiche einer *konkreten (verbindlichen) Planung* unterzogen werden (so mit Recht *Bünermann*, aaO.). Der Mangel an fehlender B-Planung innerhalb der im Zusammenhang bebauten Innenbereiche ländlicher Gemeinden (§ 34 BauGB) führt für die landwirtschaftlichen Betriebe **häufig zu erheblichen Problemen,** insbes. bei *Tierintensivhaltungen*. Der notwendigerweise **auf das Faktische** abstellende Planersatz des § 34 BauGB vermag gerade im Hinblick auf die unterschiedlichen landwirtschaftlichen Betriebsformen eine Ortsentwicklung nicht vorausschauend zu ordnen und die Nutzungsverhältnisse rechtsverbindlich und klar zu regeln (ebenso *Hagemann/Herms*, aaO.).

2.11   Bei der Festsetzung eines MD-Gebiets gehören zu den abwägungserheblichen Belangen nicht nur der durch Art. 14 GG geschützte Bestand des vorhandenen Hofes, sondern auch das wirtschaftliche Interesse an einer *Betriebserweiterung* (so schon VGH BW, U. v. 6.12.1982 – 5 S 280/82 – AgrarR 1983, 221 = UPR 1983, 383 = BRS 39 Nr. 49 = RdL 1983, 38; ebenso OVG NW, U. v. 5.6.1981 – 10a NE 8/79 –, UPR 1982, 94 = RdL 1982, 24 = BRS 38 Nr. 33); Nichtigerklärung eines B-Plans, weil das Interesse, einen landwirtschaftlichen Betrieb zu erweitern oder auf Intensiv-Tierhaltung umzustellen, bei der Abwägung nicht berücksichtigt worden war (s. dazu Rn 3.1 ff.). Es verstößt nicht gegen einen Planungsgrundsatz, wenn die Gemeinde **neben** einem **Dorfgebiet** ein eingeschränktes Gewerbegebiet festsetzt (VGH BW, B. v. 15.3.1991 – 8 S 1592/90 – BRS 52 Nr. 15).

2.2   Die Aufgabe städtebaulicher Ordnung unter gleichzeitiger Berücksichtigung der Wandlungen landwirtschaftlicher Betriebsformen muss sich an das **bauplanungsrechtliche Instrumentarium halten.** So ist z. B. die Festsetzung: »Eingeschränktes Dorfgebiet MDE § 5 (4, 6, 7, 10)« unter Ausschluss der Wirtschaftsstellen land- und forstwirtschaftlicher Betriebe (§ 5 Abs. 2 Nr. 1) **nicht zulässig** (vgl. BVerwG, B. v. 22.12.1989 – 4 NE 32.89 – BauR 1990, 186). Dies widerspricht § 1 Abs. 5, Abs. 9, da die *allgemeine Zweckbestimmung* des Baugebiets (MD-Gebiet), die stets **durch die Hauptnutzung(-en)** des jeweiligen Zulässigkeitskatalogs nach Abs. 2 **zum Ausdruck kommt,** nicht gewahrt bleibt. Es darf durch den Satzungsgeber **kein neuer Gebietstyp** – nach dem Satzungsbeschluss »Dorfmischgebiet« – geschaffen werden. Die **Festsetzung eines Dorfgebiets ist nichtig,** wenn in diesem Wirtschaftsstellen land- und forstwirtschaftlicher Betriebe nicht zulässig sind (BayVGH, U. v. 19.1.1987 – Nr. 15 N 83 A. 1241 – BRS 47 Nr. 53 = BauR 1987, 284); im Ergebnis ebenso BayVGH, U. v. 13.6.1986 – Nr. 26 N 83 A.2209 – BRS 46 Nr. 19. Zur Gliederung eines MD-Gebiets u. ihrer Begrenzung aufgrund der Zweckbestimmung s. Rn 21 f.

c) **Vorrangige Rücksichtnahme (Abs. 1 Satz 2). – aa) Allgemeines z. Regelung** 3
nach der ÄndVO 1990. Der durch die ÄndVO 1990 angefügte **Satz 2** in
Abs. 1 **soll** den landwirtschaftlichen Betrieben in Bezug auf die Bestanderhaltung *und* ihre Entwicklung, insbes. soweit dadurch landwirtschaftstypische
Immissionen nicht zu vermeiden sind, eindeutiger als bisher den **Vorrang einräumen** (vgl. Begr. z. Reg. Entw., BR-Drucks. 354/89, S. 50). Durch die »vorrangige« Rücksichtnahme der anderen Nutzungen hat die erforderliche **Standortsicherung** der land- u. forstwirtschaftlichen Betriebe einen **qualifizierten
Bestandsschutz** erhalten. Das **Gebot der Rücksichtnahme**, wie es durch die
Rspr. entwickelt worden ist (s. § 1 Rn 48 u. § 15 Rn 7–7.2), ist zugleich im
Hinblick auf die Entwicklungsmöglichkeiten *zugunsten* der land- u. forstwirtschaftlichen Betriebe qualifiziert worden. Es ermöglicht z. B., eine an den Betrieb heranrückende Wohnbebauung zu verhindern, *wenn* dadurch zusätzliche
Anforderungen aus Gründen des Immissionsschutzes an den Betrieb gestellt
werden; es sei denn, dass die Eigentümer der Wohngrundstücke wegen ihrer
Duldungspflicht für sich und ihre Rechtsnachfolger auf Forderungen hinsichtlich zusätzlicher Immissionsschutzmaßnahmen, etwa zur Verhinderung von
Geruchsbelästigungen eines Schweinezucht- oder -mastbetriebs, verzichten.
Auch im MD-Gebiet sind zumutbare Belästigungen zulässig.

Für die gemeindliche Planungspraxis von Interesse ist im Zusammenhang mit Abs. 1
Satz 2 eine Entscheidung des OVG NW, B. v. 30.7.1992 (– 11a B 885/92.NE – NVwZ-RR
1993, 127). Bei der Festsetzung eines SO-Gebiets nach § 11 Abs. 2 zur »Ansiedlung einer
Behindertendorfgemeinschaft mit Einrichtungen der ganzheitlichen Behindertentherapie«
auf dem Gelände zweier aufgegebener landwirtschaftlicher Betriebe in einer Entfernung
von ca. 130 m zu *Schweinemastbetrieben* bedarf es hinsichtlich der Konkretisierung der
Zweckbestimmung und der Art der zulässigen Nutzung besonderer Sorgfalt. »*Die benachbarten Landwirte haben Anspruch darauf, dass nicht nur ihr derzeitiger Betriebsbestand,
sondern auch ihr Interesse an einer künftigen Betriebsausweitung im Rahmen einer normalen Betriebsentwicklung bei der Abwägung Berücksichtigung findet*« (so einer der Leitsätze des gründlichen B.). Zu den abwägungsbeachtlichen Interessen i. S. d. § 1 Abs. 7
BBauG/§ 1 Abs. 6 BauGB »*gehört auch das Bedürfnis nach einer künftigen Betriebsausweitung im Rahmen einer normalen Betriebsentwicklung. Angesichts der besonderen
Strukturprobleme der Landwirtschaft muss eine solche Ausweitung weder ›maßvoll‹ noch
aus Gründen der Erhaltung der Konkurrenzfähigkeit geboten oder veranlasst erscheinen*«.
Ein Zusammenhang im letzteren Sinne mag zwar oft bestehen, er ist aber nicht zu fordern
(so der B., aaO.; wird weiter ausgeführt).

bb) **Materiell-rechtlicher Gehalt u. Reichweite der Vorrangregelung des** 3.1
Abs. 1 Satz 2. Nach dem Rechtsgehalt des Abs. 1 **Satz** 2 handelt es sich – abgesehen vom qualifizierten Bestandsschutz f. den landw. Betrieb – um ein (einseitiges) Rücksichtnahmegebot der im Zulässigkeitskatalog des Abs. 2 aufgeführten Nutzungen u. der Vergnügungsstätten nach Abs. 3, insbes. naturgemäß des
Wohnens, wenn es um die Entwicklungsmöglichkeiten der land- u. forstwirtschaftlichen Betriebe geht. Darum ist die Feststellung in einem Leitsatz des
Urt. des BayVGH v. 5.8.1991 (– 2 CS 91.1618 – NuR 1993, 234), es habe sich
durch die Neufassung der BauNVO 1990 »*in der Sache nichts geändert*«, unrichtig oder zumindest missverständlich. Durch das Gebot der vorrangigen
Rücksichtnahme ist die insbes. von der Rspr. entwickelte Rechtsfigur des »*latenten Störers*«, soweit sie auf landwirtschaftliche Betriebe – insbes. auf den
»berüchtigten« Schweinemäster-Fall – angewendet wurde, endgültig begraben.

Nach dieser *Rechtsfigur* trug der landwirtschaftliche Betrieb von Beginn an die *Möglichkeit* der Störung in sich – eben »latent« –. Mit dem Heranrücken der Wohnbebauung an
den Betrieb wurde die Störung nunmehr akut. Die *heranrückende* Wohnbebauung
bewirkte, dass der landwirtschaftliche Betrieb wegen der von seiner Hofstelle auf die
Wohnbebauung ausstrahlenden Immissionen, vor allem Geruchsbelästigungen von

§ 5   Abs. 1   3.11, 3.12

Schweinemastbetrieben, nunmehr zum Störer wurde. Die Rechtskonstruktion ging davon aus, dass die an sich bereits vorhandene, aber bisher von niemandem beanstandeten Immissionen durch die Geltendmachung Dritter – nämlich die heranrückende Wohnbebauung – zur »Störung« erstarkten u. dass der Störer kein Recht auf Beibehaltung eines an sich nicht ordnungsgemäßen Zustandes habe (aufschlussreich dazu *Henning*, DVBl. 1968, 740). Dass ein Landwirt, der seinen Hof jahre- oder gar jahrzehntelang in gleicher Weise bewirtschaftet hat, durch eine von der Gemeinde geplante bzw. von der Verwaltung genehmigte Wohnbebauung ohne Änderung seines Verhaltens »plötzlich« zum Störer wird, diesem Rechtsphänomen kein Verständnis entgegenbringen konnte, ist diesseits gedanklich nachzuvollziehen. Denn die gleiche Verwaltung nahm ihn nunmehr als »polizeipflichtigen Störer« wegen des entstandenen »ordnungswidrigen« Zustandes mit zum Teil den Betrieb erheblich belastenden, teils die Existenz in Frage stellenden Maßnahmen in Anspruch (die Fallsituationen sind hinreichend bekannt; zu Einzelheiten *Henning*, aaO.; zur rechtlichen Situation, insbes. der Rspr. vgl. *Schlichter*, aaO.; ferner *Schenke*, JuS 1977, 789).

3.11   Durch das Gebot der **vorrangigen einseitigen Rücksichtnahme** seitens der anderen Nutzungen, vor allem der Wohnbebauung (§ 5 **Abs. 1 Satz 2**), hat sich das Verhältnis insofern verkehrt, als es sich bei denjenigen, die sich in der Nähe der Wirtschaftsstelle eines landwirtschaftlichen Betriebes ansiedeln, nunmehr um »**latent Gestörte**« handelt. Mit dieser Feststellung soll nicht einer neuen Rechtsfigur das Wort geredet, sondern lediglich die *qualitative* Veränderung des landwirtschaftlichen Betriebes zu seiner Umgebung herausgestellt werden. Das durch die Rspr., insbes. des BVerwG, in § 15 Abs. 1 Satz 2 einbegriffene (ungeschriebene) Tatbestandsmerkmal der (gegenseitigen) Rücksichtnahme (s. dazu § 15 Rn 7.2 u. 23.1 f.) ist in § 5 Abs. 1 Satz 2 in *speziellerer* Form der *vorrangigen* einseitigen Rücksichtnahme nunmehr ausdrücklich normiert. Das bedeutet für die **Neuerrichtung** vor allem von Wohngebäuden in bestimmter Entfernung von Wirtschaftsstellen landwirtschaftlicher Betriebe, dass diese mit den *üblichen* von landwirtschaftlichen Hofstellen ausgehenden Immissionen bereits im Zeitpunkt der Ansiedlung rechnen müssen, einschließlich etwaiger zusätzlicher Störungen bei **Erweiterung** eines bereits bestehenden Betriebs, etwa durch Vergrößerung des Maststalles (Anbau, Neubau) oder Modernisierung der Entmistung (Umstellung vom Festmist- auf Flüssigmistverfahren) i. S. d. dem landwirtschaftlichen Betrieb nach Abs. 1 **Satz 2** eingeräumten *Entwicklungsmöglichkeiten*.

Bei den naturgemäß lediglich abstrakt genannten »**Entwicklungsmöglichkeiten**« handelt es sich in vielfältiger Weise um solche, die **im Rahmen** eines landwirtschaftlichen Betriebes zur Wahrnehmung **einer vernünftigen Wirtschaftsführung** erfolgen, sei es zum Reagieren auf den Strukturwandel der Landwirtschaft ganz allgemein oder beispielsweise infolge durch die EU ausgelöster Marktveränderungen.

3.12   § 5 Abs. 1 S. 2 BauNVO gewährleistet dem bestehenden landwirtschaftlichen Betrieb im Verhältnis zu einer heranrückenden Wohnbebauung insoweit den Vorrang, als er beanspruchen kann, in seinem genehmigten Bestand nicht beeinträchtigt zu werden (VGH BW, U. v. 25.7.1995 – 3 S 2123/93 – BRS 57 Nr. 74 = UPR 1996, 77 = RdL 1996, 34 = ZfBR 1996, 119).

Für die Bewohner eines in einem faktischen Dorfgebiet in der Nähe landwirtschaftlicher Stallungen geplanten Wohnhauses sind Geruchsbeeinträchtigungen in einer Intensität von 60 GE/cbm und mehr, mit denen in 10 % der Jahresstunden gerechnet werden muss, unzumutbar. Die gebotene Rücksichtnahme auf die bereits vorhandene emissionsträchtige Landwirtschaft verlangt in diesem Fall vom Bauinteressenten, eine andere als die beabsichtigte Wohnnutzung zu wählen.

Die Zukunftsperspektive, die der Landwirtschaft in einem Dorfgebiet eröffnet wird, besteht nicht darin, durch betriebliche Veränderungen zu beliebiger Zeit zu Lasten der Nachbarschaft eine Verschlechterung der Immissionsverhältnisse herbeiführen zu dürfen, sondern wird daran offenbar, dass auf der

Grundlage der ausgeübten bereits vorhandenen Nutzung die weitere betriebliche Entwicklung dem Druck entzogen wird, der sonst in Gebieten mit gemischter Struktur von konkurrierenden Nutzungen ausgehen und in einem allgemeinen Verdrängungsprozess seinen sichtbaren Niederschlag finden kann (BVerwG, U. v. 14.1.1993 – 4 C 19.90 – BRS 55 Nr. 175= BauR 1993, 445 = DVBl. 1993, 652 = UPR 1993, 221).

§ 5 Abs. 1 S. 2 BauNVO 1990 räumt der Landwirtschaft im Dorfgebiet Vorrang ein, vermindert mithin gegenüber einem für das betreffende Dorfgebiet typischen landwirtschaftlichen Betrieb die Schutzwürdigkeit der Wohnnutzung. Diese Wertung des VOgebers hat zur Folge, dass ein für ein bestimmtes Dorfgebiet typischer Landwirtschaftsbetrieb mit traditioneller Tierhaltung (hier u. a. 24 Schweine) gegenüber umgebender Wohnbebauung nur unter ganz außergewöhnlichen Umständen das Rücksichtnahmegebot verletzt (VGH BW, U. v. 30.1.1995 – 5 S 908/94 – BRS 57 Nr. 73). **3.13**

Aus den Entscheidungen geht hervor, dass Dorfgebiete i. S. d. § 5 vor überzogenen Anforderungen von Nichtlandwirten – wie z. B. zugezogenen Städtern – die die ortsübliche Geruchsbelästigungen und Geräuschbelästigungen nicht hinnehmen wollen, geschützt werden müssen. In derartigen Gebieten müssen in gewissem Umfang auch Umstrukturierungen und Erweiterungen bestehender landwirtschaftlicher Betriebe möglich sein. Anderenfalls würde auf Landwirte aufgrund fehlender Umsetzbarkeit betriebswirtschaftlich notwendiger Maßnahmen ein nicht gerechtfertigter Vertreibungsdruck ausgeübt werden.

Ein Landwirt kann in einem Dorfgebiet die Nutzungsänderung eines ehemaligen Stallgebäudes zu einem »**Freizeit- und Erholungszentrum**« unter Berufung auf das Rücksichtnahmegebot (§§ 5 Abs. 1 S. 2, 15 Abs. 1 S. 2 BauNVO) abwehren, wenn die Freizeiteinrichtung erheblichen – vom landwirtschaftlichen Betrieb ausgehenden – Geruchsbelästigungen ausgesetzt wäre und der Landwirt deshalb immissionsschutzrechtliche Maßnahmen befürchten muss (VG Weimar, U. v. 23.1.1998 – 1 E 2186/98 – ThürVBl. 1999, 22). **3.14**

Grenzen in einem Ort ein **allgemeines Wohngebiet** und ein **Dorfgebiet** mit tierhaltenden landwirtschaftlichen Betrieben unmittelbar aneinander, kann es, sofern keine landschaftlichen oder meteorologischen Besonderheiten vorliegen, zur Vermeidung unzumutbarer Geruchsstoffimmissionen ausreichen, wenn ein Stallneubau im Dorfgebiet gegenüber der Wohnbebauung im allgemeinen Wohngebiet einen Abstand erhält, der im Verhältnis zum Mindestabstand der VDI 3471 um ein Viertel verkürzt ist (BayVGH, U. v. 30.4.1993 – 26 B. 91.1284 –, NVwZ-RR 1994, 140 = BayVBl. 1994, 113).

Die Ausführungen in Rn 3.1 und 3.11 betreffen den **Bestandsschutz** eines bei Inkrafttreten der ÄndVO 1990 **vorhandenen** und hinsichtlich seiner Nutzungsausübung genehmigten oder seit altersher *bestehenden* landwirtschaftlichen Betriebs einschließlich der nach Abs. 1 **Satz 2** gewährleisteten **Entwicklungsmöglichkeiten** im Rahmen der – auch unter Berücksichtigung des Strukturwandels – üblichen Wirtschaftsführung. Die *Reichweite* der Entwicklungsmöglichkeiten, um die vorrangige Rücksichtnahme – wenigstens im Grundsatz – für sich in Anspruch nehmen zu können, kann aufgrund der *vielfältig* möglichen *Betriebsformen* eines landwirtschaftlichen Betriebes nicht für alle Betriebe in genereller Weise festgelegt werden. Die den landwirtschaftlichen Betrieben vom VOgeber eingeräumten Entwicklungsmöglichkeiten hängen hinsichtlich der Zulässigkeit von etlichen Faktoren ab. Sie erfordern – auch von der Rspr. – spezielle Kenntnisse der modernen landwirtschaftlichen Betriebsführung, ggf. durch Gutachten gestützt, um die gewünschte Entwick- **3.2** lung eines landwirtschaftlichen Betriebs – gerade auch in Bezug auf die Rücksichtnahme gegenüber dem anders genutzten Umfeld – gerecht beurteilen zu können; das ist teilweise bereits in beachtlicher Weise gelungen, worauf im Einzelnen noch einzugehen ist (s. u. a. Rn 3.4 und Rn 9 f.).

3.21 Im Rahmen der Entwicklungsmöglichkeiten kommt der **Tierhaltung** wegen der erforderlichen oder möglichen Rücksichtnahme besondere Bedeutung zu. **Aus der Sicht** des landwirtschaftlichen Betriebsinhabers ist die *Änderung der Tierhaltung* – etwa statt bisher vorwiegend Milchwirtschaft oder Schafhaltung nunmehr z. B. Schweine-, Kälbermast oder Geflügelmast – etwas Übliches und **keine Nutzungsänderung.**

Sie ergibt sich weitgehend aus der notwendigen Anpassung an die Bedingungen des (europäischen) Marktes und den sich wandelnden Eßgewohnheiten der Verbraucher. Sie wird dann aus gesamtwirtschaftlicher Betriebsführung erforderlich. Bei der Tierhaltung sind hinsichtlich der betriebswirtschaftlichen Nutzung seit altersher unterschiedliche – teilweise regional bedingte – Betriebsweisen (z. B. Milchwirtschaft im Allgäu, Bullenmast im Westfälischen) festzustellen. Die früher vielfach übliche Tierhaltung »für den Hausgebrauch« (Geflügel, Milchvieh und Schweine sowie Pferde für den Ackerbau) ist dank Technisierung und moderner Fütterungs- und Entmistungsformen ständig zunehmend einer Spezialisierung, insbes. zu Mast- und Zuchtbetrieben gewichen, um *durch Tierintensivhaltung* das Überleben des landwirtschaftlichen Betriebs zu ermöglichen (im Einzelnen dazu Rn 7 f.); teilweise hat sich daraus eine sog. **Massentierhaltung** entwickelt (s. Rn 8 f.).

3.22 Aus verwaltungsrechtlichen, insbesondere *immissionsschutzrechtlichen* **Vorschriften** kann sich die Änderung der Tierhaltung als planungs- und bauordnungsrechtlich erhebliche Nutzungsänderung darstellen. Das ist stets dann der Fall, wenn für die Änderung der Nutzungsweise, wozu verwaltungsrechtlich auch die Änderung der Tierhaltung in bestimmter Weise gehören kann, andere (weitergehende) Vorschriften zu beachten sind, die über die baurechtlich zugelassene Nutzung hinausgehen, sich die Genehmigungsfrage mithin neu stellt. Das ist **nicht** etwa schon dann **der Fall**, wenn ein landwirtschaftlicher Betrieb zur Vergrößerung seiner bereits bestehenden Schweinemast oder zur zusätzlichen Erweiterung um Schweine*zucht* die Vergrößerung der Stallanlagen, ggf. durch Anbau oder auch Umbau des bisherigen Rinderstalles, beantragt. Das liegt im Rahmen der eingeräumten Entwicklungsmöglichkeiten, solange die *Anzahl* der zu haltenden Tiere (Schweine u. Hühner) die in Nr. 7.1 des Anh. der 4. BImSchV festgesetzte Zahl *nicht übersteigt* (s. auch Rn 9). Erst die *Massentierhaltung* entspr. der 4. BImSchV würde eine immissionsschutzrechtliche Genehmigung nach den §§ 4 ff. BImSchG erfordern, in der die bauordnungsrechtliche Genehmigung einbezogen wird.

3.23 Die Vergrößerung der Tierhaltung, insbes. bei Schweinemast u. -zucht, unter (zwangsläufig) gleichzeitiger Erweiterung der Stallbauten verpflichtet den Inhaber der Wirtschaftsstelle vermehrt zur **gegenseitigen Rücksichtnahme** im Rahmen des wirtschaftlich Vertretbaren auf das (Wohn-)Umfeld seines Betriebs. Dieser ungeschriebene Rechtsgrundsatz (in § 15 Abs. 1 Satz 2 enthalten – seit dem Grundsatzurt. des BVerwG v. 25.2.1977 [Fundst. Vorb. §§ 2 ff. Rn 28.] zur höchst*möglichen* Rücksichtnahme) hat durch den qualifizierten Bestandsschutz und die vorrangige einseitige Rücksichtnahme bei Entwicklungsmöglichkeiten nach Abs. 1 Satz 2 nicht an Bedeutung für den nachbarlichen Rechtsschutz verloren. Der **erhebliche Unterschied** liegt jedoch darin, dass eine Erweiterung (andersartige Entwicklung) nicht wegen eines etwa dadurch entstehenden »ordnungswidrigen« Zustandes abgelehnt werden kann. *Bielenberg* weist in diesem Zusammenhang mit Recht darauf hin, dass im Verhältnis zu § 15 Abs. 1 Satz 2 **im Dorfgebiet** § 5 Abs. 1 **Satz 2** als sonderrechtliche Regelung vorgeht (aaO., Rdn. 9e). Was *Bielenberg* zur Frage der Nutzungsänderung äußert, ist planungsrechtlich jedoch nicht nachvollziehbar. Eine Nutzungsänderung hängt **im Rahmen der Entwicklungsmöglichkeiten** nach Abs. 1 Satz 2 nicht davon ab, »*ob die in § 1 Abs. 5 BauGB genannten Belange berührt werden*«, so *Bielenberg*, Rdn. 9 f. Deutlich widersprochen werden muss seiner Auffassung, »*bodenrechtlich relevant ist eine Änderung der Nutzungsweise dann, wenn sie für die Nachbarschaft erhöhte Belastungen mit sich bringt.*« Der planungsrechtliche Begriff der bodenrechtlichen Relevanz hat im Zuge der Entwicklungsmöglichkeiten **nach Satz 2** keine erkennbare Bedeutung. Die Ausführungen sind zwar wörtlich dem Urteil des BVerwG v. 14.1.1993 – 4 C 19.90 – entnommen (zu dem U. ausf. Rn 24), das aber zum einen zu § 34 Abs. 1 BBauG und zum anderen zur BauNVO 1977 ergangen ist. Darum liegen auch die weiteren, dem erwähnten Urteil weitgehend wörtlich entnommenen Ausführungen neben der Sache. Der Satz: »*Als typisches Beispiel für eine bodenrechtlich relevante Nutzungsänderung ist die deutliche Verschiebung von der Rinderzucht zur Schweinemast zu nennen*« (aaO. Rdn. 9f), entbehrt der rechtlichen Grundlage und widerspricht den *Entwicklungsmöglichkeiten* nach § 5 Abs. 1 **Satz 2** BauNVO 1990.

3.24 Naturgemäß gehen Entwicklungsmaßnahmen entspr. Entwicklungsvorstellungen und -möglichkeiten voraus; sie sind im konkreten Fall von der Genehmigungsbehörde dann zu berücksichtigen, wenn sie sich nach den Erfahrungen der Praxis aus dem in Frage stehenden Betrieb ergeben können. Dabei ist es gerade Sinn und Zweck der Regelung des § 5 Abs. 1 Satz 2, auf die Variationsbreite der Entwicklungsmöglichkeiten im Zuge des Strukturwandels in der Landwirtschaft und der Notwendigkeit von Anpassungsmaßnahmen zur Bestandswahrung des in Frage stehenden landwirtschaftlichen Betriebs einzugehen. Die Einzelheiten im Rahmen der vorgesehenen Entwicklungsmaßnahmen sind dann von der Genehmigungsbehörde zu entscheiden. Denn es handelt sich um eine **Einzelfallentscheidung** in einem festgesetzten Dorfgebiet und nicht etwa um »*abwägende und ausgleichende Planung*« (so *Bielenberg*, Rdn. 9 g). Im Genehmigungsverfahren ist die zuständige Behörde berechtigt, bei der beantragten Änderung (Erweiterung) in Stallgebäuden darauf hinzuwirken, im Rahmen des wirtschaftlich Vertretbaren Um- und Ausbauten so vorzunehmen, dass beispielsweise Windrichtung und Lüftungsöffnungen so gewählt werden, dass Geruchs- und Lärmbeeinträchtigungen des Umfeldes der Wirtschaftsstellen dadurch gemindert werden können. Bei Entwicklungsmaßnahmen, die Geruchs- und Lärmbeeinträchtigungen über die üblichen Belästigungen zur Folge haben können, ist der Betriebsinhaber der Wirtschaftsstelle verpflichtet, i. S. d. **gegenseitigen Rücksichtnahme** zur Verbesserung des Nachbarschutzes beizutragen (vgl. dazu auch *Jäde*, aaO., Abschn. 3c u. 4).

3.25 Es soll noch ein Problem kurz erörtert werden, das dann entsteht, wenn eine vorhandene (seit altersher bestehende) **Wirtschaftsstelle** durch Feuer, Blitzschlag o. ä. Ereignisse in wesentlichen Teilen des Bestandes **zerstört** wird. Damit entfällt nicht nur der Bestandsschutz, sondern gleichzeitig die Grundlage der Entwicklungsmöglichkeiten. Der Inhaber hat zwar an sich einen Rechtsanspruch darauf, dass die Wirtschaftsstelle am gleichen Standort wieder errichtet wird. Es besteht aber die Möglichkeit, dass sich die Bewohner der benachbarten Wohngebäude wegen der bislang hinzunehmenden Geruchs- und/oder Lärmbeeinträchtigungen im Rahmen des Nachbarschutzes gegen die Wiedererrichtung wenden. Der Wirtschaftsstelle steht nicht wie einem Vorhaben im Außenbereich die Vorschrift des § 35 Abs. 4 Nr. 3 BauGB zur Seite, die *im Ergebnis* von einem bestehen gebliebenen Bestandsschutz ausgeht. § 5 Abs. 1 **Satz 2** geht in seinem Rechtsgehalt von einer *Bestandswahrung* aus, zu deren Erhalt und Verbesserung der VOgeber die vorrangig zu berücksichtigenden Entwicklungsmöglichkeiten vorgesehen hat. Bei dem Antrag auf Wiedererrichtung der Wirtschaftsstelle sollte der vom VOgeber gewollten Bestandswahrung im Hinblick auf damit verbundene Entwicklungsmöglichkeiten gegenüber einem etwaigen Nachbarschutzanspruch deshalb der Vorzug gegeben werden.

3.3 cc) **Zu den Aufgaben der (Bau-)Genehmigungsbehörden.** Auf die Aufgaben in verschiedener Hinsicht ist in den Rn 3.24 u. 3.25 bereits hingewiesen worden. Die Entscheidung über Bauanträge im Dorfgebiet hat vielfach zwei (ganz) unterschiedliche Interessen zu berücksichtigen. Dabei erleichtert der Behörde die Entscheidung über Bauanträge im Rahmen der den Wirtschaftsstellen eingeräumten Entwicklungsmöglichkeiten, auch soweit es sich dabei um die Erweiterung von Stallgebäuden und sonstige Maßnahmen handelt, dass dem Bauantragsteller die Vorschrift der vorrangigen Rücksichtnahme zugute kommt (s. dazu Rn 3.1, 3.11 u. 3.4). Das darf jedoch nicht dahin (miss-)verstanden werden, dass Dritten, die ein Grundstück im Umfeld der Wirtschaftsstelle des landwirtschaftlichen Betriebs zu bebauen beabsichtigen, die Baugenehmigung deshalb – unter Hinweis auf § 15 Abs. 1 Satz 2, letzter Satzteil – versagt wird, weil – je nach der Lage des Grundstücks (Windrichtung, Bebauung u. dergl.) – bereits jetzt oder jedenfalls bei Wahrnehmung entspr. Entwicklungsmöglichkeiten der Wirtschaftsstelle mit Störungen im weitesten Sinne (wie Geruchsbelästigungen – s. dazu Rn 9.11 – oder »Lärm« durch das [Feder-]Vieh) gerechnet werden muss. Hier ist die Beratungs- und Aufklärungspflicht gefragt, wegen der auf die möglichen Geruchs- und Lärmbeeinträchtigungen hinzuweisen ist.

3.31 Die Baugenehmigungsbehörde ist im Grundsatz *nicht berechtigt*, einen Bauantrag deshalb abzulehnen, weil das Grundstück Belästigungen ausgesetzt ist oder werden kann, *wenn* der Antragsteller nach »Belehrung« sein Baugesuch aufrechterhält. Es gehört noch vielfach zum obrigkeitlichen Denken, die Behörde hätte in jedem Fall darüber zu entscheiden, was dem Bauantragsteller an Immissionen oder sonstigen Störungen zugemutet werden kann (darf). Es ist nicht Sache der Behörde, den Bauwilligen, der übliche d. h. zumutbare Immissionen in Kauf nimmt, gewissermaßen vor sich selbst zu schützen. Es ist durchaus möglich, dass das zu bebauende Grundstück für den Bauwilligen einen solchen Wert hat, dass er selbst ggf. zu (weiteren) Schutzvorkehrungen bereit ist. Die Baugenehmigungsbehörde hat jedoch zu beachten, dass **keine ungesunden Wohn- und Arbeitsverhältnisse** i. S. v. § 1 Abs. 5 Satz 2 Nr. 1 BauGB eintreten. Das ist weder bei üblichen Geruchsbelästigungen noch bei Lärmeinwirkungen – etwa durch Hundegebell oder das frühmorgendliche Hähnekrähen – der Fall. Auch das Überschreiten der in der VerkehrslärmSchVO (16. BImSchV) festgelegten IGW führt lediglich zu einer (erheblichen) Belästigung, nicht dagegen zu einer Gesundheitsgefährdung oder gar -beeinträchtigung (vgl. BVerwG, U. v. 12.12.1990 – 4 C 40.87 – BRS 50 Nr. 72).

Es empfiehlt sich, den Hinweis auf die vorrangige Rücksichtnahme i. S. v. Abs. 1 Satz 2 u. auf evtl. Belästigungen i. S. von § 15 Abs. 1 Satz 2 als Hinweis in den Bauschein aufzunehmen, damit die Baugenehmigungsbehörde vor Ansprüchen gesichert ist. Es ist auch nicht Sache der Baugenehmigungsbehörde, vor Bescheidung des Bauantrags den landwirtschaftlichen Betrieb um Auskunft zu ersuchen, ob u. welche (konkreten) Maßnahmen im Rahmen der Entwicklungsmöglichkeiten i. d. nächsten Zeit vorgesehen sind, um dies bei der Entscheidung über die Baugenehmigung zu berücksichtigen.

3.4 dd) **Zu einem »Musterfall« in Bezug auf die Rücksichtnahme nach Abs. 1 Satz 2; Entscheidungen zum Anspruch auf Wohnbebauung.** Bei dem Wohnen (der Wohnbebauung) handelt es sich um eine der drei Hauptnutzungen im Dorfgebiet nach § 5 BauNVO. Bei den Fragen der Rücksichtnahme gegenüber den Wirtschaftsstellen land- und forstwirtschaftlicher Betriebe werden die verschiedenen VDI-Richtlinien zur Tierhaltung zwangsläufig eine besondere Bedeutung erhalten. Außerdem zeigt sich, dass im Zuge der dorfgebietstypischen Entwicklung der Begriff der »Wirtschaftsstellen« in Bezug auf die Wohnbebauung komplexer gesehen werden muss. Es ist nicht zu vermeiden, dass bei der Behandlung des Wohnens durch die Rspr. auf Richtlinien zur Tierhaltung, etwa der Schweinemast, abgestellt wird, die an sich erst im Zusammenhang mit Tierintensivhaltungen und den damit zusammenhängenden Belästigungen (s. Rn. 8.3 f.) behandelt werden.

Ein Urt. des VGH BW v. 25.7.1995 (– 3 S 2123/93 – ZfBR 1996, 189 = NVwZ-RR 1996, 310) hat nach diesseitiger Ansicht die Problematik des § 5 Abs. 1 Satz 2 in besonders gut nachvollziehbarer Weise behandelt. Nach dem Sachverhalt begehrt der Kläger in einem faktischen Dorfgebiet (§ 34 Abs. 2 BauGB i. V. m. § 5 BauNVO) die Erteilung einer Baugenehmigung für den Umbau einer ehemaligen Scheune in ein Wohngebäude mit 10 Eigentumswohnungen auf dem ihm gehörenden Grundstück, das nur wenige Meter von dem landwirtschaftlichen Betrieb der Beigeladenen entfernt liegt. In der Berufung hat der Kläger vorgetragen:
Ein Verstoß gegen das Gebot der Rücksichtnahme auf bestehende landwirtschaftliche Betriebe, insbes. den Betrieb des Beigeladenen, liege nicht vor. Den Bewohnern des geplanten Bauvorhabens sei eine ortsübliche Geruchsbelästigung zumutbar, und das Grundstück sei unabhängig von der bauplanungsrechtlichen Einordnung der näheren Umgebung hinsichtlich der landwirtschaftstypischen Gerüche vorbelastet. Die vom Nachbargrundstück ausgehenden Einwirkungen seien deshalb grundsätzlich zu dulden. Dies gelte aber nur insoweit, als die Geruchsbelästigung nicht durch Maßnahmen verhindert werden könnte, die landwirtschaftlichen Tierhaltungsbetrieben wirtschaftlich zumutbar seien. Sämtliche Stallungen des landwirtschaftlichen Anwesens auf dem angrenzenden Grundstück der Beigeladenen seien in einem Zustand, der weit unterhalb der Anforderungen des Standes der Technik liege. Weder das Verfahren der Tierhaltung noch die Entlüftungstechnik genügten den zu stellenden Anforderungen. Dies zeige, dass nicht das beantragte Bauvorhaben sondern der Betrieb der Beigeladenen der eigentliche Störer sei.

Die Berufung des Klägers ist nicht begründet. – Die bauplanungsrechtliche Zulässigkeit des Wohnbauvorhabens des Klägers richtet sich nach § 34 Abs. 2 BauGB i. V. m. § 5 BauNVO (wird weiter ausgeführt; Hervorhebung stets diesseits).

§ 5 Abs. 1 Satz 2 BauNVO gewährleistet landwirtschaftlichen Betrieben dadurch Standortsicherheit, dass sie ihre Vorrangstellung *unabhängig* davon *ungeschmälert* genießen können, wie sich die Verhältnisse in ihrem Umfeld entwickeln. Dies schließt für den Betreiber das Recht ein, eine heranrückende Wohnbebauung abzuwehren, wenn er befürchten muss, bei einer Verwirklichung des Vorhabens aus Gründen des Immissionsschutzes mit *zusätzlichen*, nicht nur unerheblichen Anforderungen an seinen Betrieb überzogen zu werden. Die **Rücksichtnahme** auf die bereits **vorhandene** emissionsträchtige Landwirtschaft kann deshalb von einem Bauinteressenten verlangen, eine andere als die beabsichtigte Wohnnutzung zu wählen; das **Bauvorhaben** des Klägers **erweist sich** wegen Verstoßes gegen das Rücksichtnahmegebot **als unzulässig**.

Nach den Feststellungen des Gutachters müssten bei einer Verwirklichung des Bauvorhabens die künftigen Bewohner in 10 % aller Jahresstunden mit vom landwirtschaftlichen Anwesen des Beigeladenen ausgehenden Geruchsbeeinträchtigungen von einer Intensität in einer Größenordnung von 60–150 Geruchseinheiten (GE/m^3) rechnen. Diese Geruchsemissionen hätten zur Folge, dass das angrenzende landwirtschaftliche Anwesen bei Errichtung des Wohnbauvorhabens auf dem Nachbargrundstück wirtschaftlich **erhebliche Auflagen** bzw. **Betriebseinschränkungen** befürchten müsste.

Das Urteil kommt demzufolge **zu dem Ergebnis**, dass die Beigeladene auch unter Berücksichtigung des niedrigen technischen Standards nicht als die eigentliche Störerin anzusehen ist. Entscheidend ist, dass § 5 Abs. 1 **Satz 2** BauNVO dem **bestehenden landwirtschaftlichen Betrieb** im Verhältnis zu einer heranrü-

§ 5 Abs. 1   3.42, 3.43

ckenden Wohnbebauung insoweit den Vorrang gewährleistet, als er beanspruchen kann, in **seinem genehmigten Bestand** nicht beeinträchtigt zu werden.

3.42 Auch die noch in der Entwurfsphase befindliche **VDI-Richtlinie 3474** stellt eine brauchbare Orientierungshilfe zur Berechnung des Abstandes zwischen Tierhaltung und Wohnbebauung dar (Ergänzung der Rspr. des Senats im Urt. v. 12.3.2002 – 4 N 2171/96 –; Hess. VGH, U. v. 26.5.2003 – 4 N 3189/02 – BRS 66 Nr. 29).

Der Antragsteller wendet sich gegen einen B-Plan, durch den eine ca. 5 ha große, z.Z. landwirtschaftlich genutzte Fläche am Ortsrand mit einem »Allgemeinen Wohngebiet« überplant wird.

Aus den Gründen: Die Heranziehung des Gutachtens und die daraus abgeleitete Bewertung der privaten Interessen des Antragstellers und deren Einstellung in die Abwägung ist entgegen der Auffassung des Antragstellers nicht rechtsfehlerhaft erfolgt.

Die Antragsgegnerin durfte davon ausgehen, dass das auf der VDI-Richtlinie 3474 basierende Gutachten eine tragfähige Grundlage für die Bewertung der hier in Rede stehenden Immissionssituation darstellt (wird weiter ausgeführt; s. auch Rn. 9.3). Der erkennende Senat hat in seinem oben erwähnten Urteil vom 12.3.2002 – 4 N 2171 – BRS 65 Nr. 14) in Übereinstimmung mit der Rspr. des BVerwG bereits die Vorgängerrichtlinie VDI-3471 als eine brauchbare Orientierungshilfe zur Berechnung des Abstandes zwischen Tierhaltung und Wohnbebauung herangezogen.

In seinem auf der neuen Richtlinie basierenden Gutachten von 2001 gelangt der Sachverständige nach Ermittlung der Örtlichkeiten und der vorhandenen Betriebseinrichtungen – abstellend auf den Ist-Zustand des landwirtschaftlichen Betriebes – und unter Einbeziehung weiterer emissions- bzw. immissionsbestimmender Größen zu dem Ergebnis, dass der vom Plangebiet zu wahrende Immissionsschutzabstand 184 m betrage. Dieser werde auch unter ungünstigen Annahmen eingehalten. Es sind daher für das Plangebiet keine erheblichen oder unzumutbaren Geruchsbelästigungen und erfahrungsgemäß auch keine erheblichen Lärmimmissionen durch den Betrieb der Tierhaltung zu erwarten.

3.43 Gerüche, die von einer ausschließlich mit Festmist bzw. Gülle aus Rinderhaltung sowie nachwachsenden Rohstoffen betriebenen im Außenbereich liegenden **Biogasanlage** ausgehen, stellen dorfgebietstypische Emissionen dar, denn es handelt sich um Gerüche, die ihrer Art nach auch schon bei der landwirtschaftlichen Nutzung selbst (hier: bei Rinderhaltung) erzeugt werden. Bei der Bewertung dieser Gerüche im Rahmen des Rücksichtnahmegebots (hier: **Verhältnis zu Wohnbebauung im Dorfgebiet**) kommt es nicht darauf an, ob es sich bei der Biogasanlage rechtlich um einen landwirtschaftlichen Betrieb i. S. d. § 5 Abs. 2 Nr. 1 BauNVO i. V. m. § 201 BauGB handelt (VGH BW, B. v. 3.5.2006 – 3 S 771/06 – ZfBR 2006, 579 u. Nds.OVG, B. v. 14.3.2007 – 1 UE 222/06 –, BauR 2007, 1192).

Nachbarrechtsschutz gegen eine **immissionsschutzrechtliche Genehmigung** für einen Schweinemaststall: Der Beigeladene ist Inhaber eines landwirtschaftlichen Betriebs. Die Antragstellerin ist Eigentümerin des etwa 300 m entfernt gelegenen Grundstücks, welches mit einem Wohnhaus bebaut ist. – Am 27.5.2003 erteilte der Antragsgegner dem Beigeladenen eine immissionsschutzrechtliche Änderungsgenehmigung zum Neubau und Betrieb eines Stallgebäudes mit 480 Schweinemastplätzen auf dem Gelände des Betriebs. Die vorhandene und bezüglich der Tierzahl unverändert bestehen bleibende Genehmigung deckt bereits die Haltung von 133 Rindern und 75 Milchkühen in vorhandenen Ställen ab. Nach dem Sachverhalt wahrt die genehmigungsbedürftige Anlage einen nach der TA Luft sowie der VDI-Richtlinie 3471 ausreichenden Abstand zur Wohnbebauung (Nds. OVG, B. v. 28.3.2006 – 7 ME 159/04 – NVwZ-RR 2006, 682).

Die Errichtung eines Wohnhauses im Dorfgebiet im Abstand von 10 m zu einem bestehenden Rinderstall kann im Einzelfall zulässig sein, insbes. wenn der Bauherr zur Vermeidung erheblicher Geruchsbelästigungen seine Obliegenheit zu »architektonischer Selbsthilfe« erfüllt (BayVGH, U. v. 23.11.2004 – 25 B 00366 – BRS 67 Nr. 75).

3.44

Gegenstand des Rechtsstreits ist ein Wohnbauvorhaben des Beigeladenen. Der Kläger ist Eigentümer eines an das Baugrundstück angrenzenden Grundstücks, auf dem er eine landwirtschaftliche Hofstelle mit einem Stallgebäude betreibt. Der Abstand zwischen dem geplanten Wohnhaus und dem Stallgebäude des Klägers beträgt nach dem Lageplan 10 m. Der Kläger wendet gegen die dem Beigeladenen erteilte Baugenehmigung ein, sie verstoße gegen das Gebot der Rücksichtnahme. Der landwirtschaftliche Vollerwerbsbetrieb müsse durch das genehmigte Bauvorhaben mit unzumutbaren Einschränkungen rechnen (wird weiter ausgeführt). Die geplanten Erweiterungsmöglichkeiten würden im Falle einer Verwirklichung des Bauvorhabens beschnitten.

Klage und Berufung blieben erfolglos.

Aus den Gründen: »*Das Wohnbauvorhaben der Beigeladenen ist gem. § 34 Abs. 2 BauGB i. V. m. § 5 BauNVO seiner Art nach planungsrechtlich zulässig. Im faktischen Dorfgebiet ist das Wohnbauvorhaben zulässig, weil es gem. § 5 Abs. 2 Nr. 3 BauNVO allgemein zulässig wäre. Rechtliche Schranken für die Zulässigkeit ergeben sich auch nicht aus § 15 Abs. 1 Satz 2 BauNVO ... Erforderlich ist stets eine einzelfallbezogene Beurteilung. Das Rücksichtnahmegebot lenkt den Blick auf die konkrete Situation der benachbarten Grundstücke mit dem Ziel, einander abträgliche Nutzungen in rücksichtsvoller Weise einander zuzuordnen sowie Spannungen und Störungen zu verhindern. Insoweit gebietet eine »Feinabstimmung, dass die grundsätzlich nach Baugebieten zusammengefassten Zulässigkeitsmaßstäbe je nach Lage des Einzelfalls zu ergänzen sind (BVerwG v. 23.9.1999, BVerwGE 109, 314, 321 ff = BRS 62 Nr. 86 = BauR 2000, 234).*

Welche Anforderungen sich hieraus im einzelnen ergeben, hängt maßgeblich davon ab, was dem Rücksichtnahmebegünstigten einerseits und dem Rücksichtnahmeverpflichteten andererseits zuzumuten ist (so schon BVerwG v. 25.2.1977, BVerwGE 52, 122, 126 = BRS 32 Nr. 155, st. Rspr., vgl. auch BVerwG v. 23.9.1999, aaO.). Das Wohnbauvorhaben setzt sich nach den konkreten Umständen des Einzelfalls keinem von dem landwirtschaftlichen Betrieb des Klägers ausgehenden unzumutbaren Immissionen aus. Insbesondere sind von dem landwirtschaftlichen Betrieb keine für das Wohnbauvorhaben unzumutbaren Geruchsbelästigungen zu erwarten.

Bei Konfliktlagen zwischen Rinderställen und Wohngebäuden in einem Dorfgebiet legt der Senat seiner Rechtsprechung die Erhebungen der Bayerischen Landesanstalt für Landtechnik der technischen Universität München Weihenstephan zugrunde. (Wird im Folgenden ausführlich dargelegt; s. dazu auch Rn. 9.4). Unter Zugrundelegung dieser Orientierungshilfen ist nach den konkreten Umständen des Einzelfalls zu erwarten, dass das geplante Wohnhaus des Beigeladenen, wenn auch bereits nahe an der Grenze des immissionsschutzrechtlich bedenklichen Bereichs noch nicht erhebliche Immissionen aus dem landwirtschaftlichen Betrieb des Klägers und damit noch keinen unzumutbaren Belästigungen i.S. des § 15 Abs. 1 Satz 2 BauNVO ausgesetzt sein wird.

Hierbei ist zu berücksichtigen, dass das Immissionsschutzrecht dynamisch angelegt ist. Die Grundpflichten aus § 22 Abs. 1 Satz 1 BImSchG sind nicht nur im Zeitpunkt der Erteilung der Anlage, sondern in der gesamten Betriebsphase zu erfüllen (vgl. BVerwG v. 23.9.1999, aaO.). Der Kläger wäre ggf. darauf zu verweisen, durch zumutbare Maßnahmen den Immissionskonflikt zu entschärfen. Die nicht optimale Verfassung der Anlage kann nicht dazu führen, dem Beigeladenen das Baurecht zu versagen«.

2. Störanfälligkeit, Fragen des Nachbarschutzes; Verträglichkeit mit anderen Baugebieten und Nutzungen

4 Nach der Störanfälligkeit ist das Dorfgebiet etwa dem Mischgebiet (§ 6) gleichzusetzen. Der Orientierungswert (Mittelungspegel) soll nach der DIN 18005, Teil 1 (Anh. 7.1) am Tage 60 dB(A) und nachts 50 dB(A) nicht überschreiten. Werden Dorfgebiete einer Gemeinde oder Teile eines Dorfgebiets im B-Plan nach der Art der zulässigen Nutzung oder nach der Art der Betriebe und Anlagen (§ 1 Abs. 4) gegliedert (Näheres Rn 21), können ihnen entspr. Orientierungswerte zugeordnet werden.

In MD-Gebieten ist der **Schutz des Wohnens** bzgl. des *Lärms* wie im MI-Gebiet nach § 6 grds. geringer als in den Wohnbaugebieten nach den §§ 2 bis 4. Der geminderte Schutz des Wohnens ist im Wesentlichen jedoch auf die allgemeine Arbeitszeit beschränkt, die vor allem im Sommer auf dem Lande auch bis zur Dunkelheit dauern kann. Dagegen ist an die Wohnruhe am Feierabend und an Sonn- und Feiertagen eine erhöhte Anforderung i. S. d. Verpflichtung zur gegenseitigen Rücksichtnahme zu stellen, wobei die dorfüblichen Tierlaute hingenommen werden müssen. Für die *Nachtzeit* muss auch im MD-Gebiet als Mindestanforderung an den Grad der Wohnruhe eine auskömmliche und ungestörte Nachtruhe gewährleistet sein (dazu § 6 Rn 2). Außer Lärmbelästigungen und -störungen können im MD-Gebiet **Belästigungen** besonders **durch Tiergerüche und Fliegen** zu erheblichen Beeinträchtigungen führen, die bei Unzumutbarkeit den Nachbarn ein Klagerecht gewähren. Infolge der **vorrangigen** Rücksichtnahme auf die Belange der landwirtschaftlichen Betriebe (Abs. 1 **Satz 2**) ist die Schwelle der Unzumutbarkeit deutlich heraufgesetzt. Es ist davon auszugehen, dass die Geruchsbelästigungen durch Dungstätten und die üblichen Tiergerüche aus den Stallungen eine typische Begleiterscheinung des MD-Gebiets sind, die dort nicht als nachteilige Wirkung auf die Umgebung i. S. einer unzulässigen Störung angesehen werden können (so schon VGH BW, U. v. 20.12.1968 – II 916/67 – BRS 20 Nr. 52 = BayVGH, U. v. 3.1.1995 – 2 B 91.2878 – BRS 57 Nr. 217). Bewohner, die wegen der »ländlichen Idylle« aus der Stadt herausgezogen und sich in einem MD-Gebiet einer ländlichen Gemeinde angesiedelt haben, müssen ihre **städtisch geprägten Wohnvorstellungen** insoweit **an das dörfliche Leben anpassen**. Sie dürfen ihre *freiwillig* aufgegebenen städtischen Lebensgewohnheiten nicht zum Maßstab dessen machen, was sie bisher als nachbarschützend ansehen konnten (Näheres Rn 7–9). Die Nachbarn u. entspr. die Ordnungsbehörden können nur gegen diejenigen belästigenden Einwirkungen vorgehen, die das Maß dessen eindeutig überschreiten, was nach der gebotenen vorrangigen Rücksichtnahme gegenüber Wirtschaftsstellen landwirtschaftlicher Betriebe in Dorfgebieten hinzunehmen ist.

3. Änderung von Regelungen aufgrund der ÄnderungsVOen 1977 und 1990

5 Die ÄndVO 1977 hatte durch die Ergänzung des **Abs. 1** *klargestellt*, dass das *Wohnen* im MD-Gebiet vorrangig an die land- und forstwirtschaftliche Nutzung im weitesten Sinne gekoppelt ist. Durch den angefügten Halbsatz in Abs. 1 wurde verdeutlicht, dass die MD-Gebiete »auch dem sonstigen Wohnen« dienen.

Bielenberg/Dyong hatten in diesem Zusammenhang mit Recht darauf hingewiesen, dass *vor* dieser Klarstellung Abs. 1 die Auslegung zuließ, die reine Wohnnutzung sei neben dem zu den Betrieben gehörigen Wohnen uneingeschränkt zulässig; daraus ergab sich nicht selten die Folge, dass sich in MD-Gebieten reine Wohnsiedlungen bildeten. Ein Überwiegen des nicht »dorfgebietsgebundenen« Wohnens konnte bis zur Änderung durch die ÄndVO 1977 nach § 15 nicht untersagt werden (ebenso *Bielenberg/Dyong*, aaO., Rdn. 379).

Die **Einschränkung der Wohnnutzung** gegenüber den dorftypischen und damit zumutbaren Immissionen ist für alle Wohngebäude maßgebend, die nach Inkrafttreten der **BauNVO 1977** aufgrund rechtsverbindlich festgesetzter MD-Gebiete genehmigt worden sind. Infolge der durch die ÄndVO 1977 eingeführten umfassenden *Differenzierungsmöglichkeiten* des § 1 Abs. 4ff. (s. § 1 Rn 74f.) konnte Abs. 3 zur horizontalen Gliederung von MD-Gebieten oder von Teilen eines MD-Gebietes entfallen (zur Gliederungsmöglichkeit Rn 21).

Durch die ÄndVO 1990 ist die **Zweckbestimmung** des **Abs. 1** dem *Strukturwandel* der ländlichen Erwerbsgemeinden angepasst worden (s. Rn 1–1.1). **5.1**

Durch die gleichrangig nebeneinander aufgeführten verschiedenen typischen Nutzungen im MD-Gebiet ist zugleich noch deutlicher als bisher klargestellt, dass das Wohnen (»*sonstige Wohngebäude*«, Abs. 2 Nr. 3) gegenüber den dorfgebietstypischen Nutzungen keinen bevorzugten Schutz vor Immissionen beanspruchen kann (s. Rn 3f.). Das kommt ersichtlich zum Ausdruck durch die auf Forderung des BR *in die Zweckbestimmung* zur Klarstellung aufgenommene *Ergänzung*, dass Dorfgebiete auch zur Unterbringung der »der Versorgung der Bewohner des Gebiets dienenden Handwerksbetriebe« bestimmt sind. Zur Begr. hat der BR ausdrücklich herausgestellt:

»*Zum Charakter eines Dorfes gehören auch – unabhängig von ihrem Störungsgrad – Betriebe, die der Versorgung der Bewohner des Gebiets dienen, wie etwa Tischlereien, Schlossereien, Schmieden, kleine Kraftfahrzeugbetriebe und Landmaschinenmechaniker-Werkstätten. Diese Betriebe sollten deshalb – wie bisher – in Dorfgebieten generell zulässig sein.*«

Im *Zulässigkeitskatalog* des **Abs. 2 ist Nr. 2** der Änderung des Begriffs »Kleinsiedlung« in § 2 Abs. 1 u. Abs. 2 Nr. 1 (s. dort Rn 4) angepasst worden.

In **Abs. 3** ist bestimmt, dass *nicht kerngebietstypische Vergnügungsstätten* i. S. v. § 4a Abs. 3 Nr. 2 (s. dort ausf. Rn 22–24.51) in Dorfgebieten ausnahmsweise zugelassen werden können; hierbei handelt es sich – wie in den anderen Baugebieten – um eine *abschließende* Regelung der Zulässigkeit der unter den Sammelbegriff »Vergnügungsstätten« fallenden Nutzungsarten (s. § 4a Rn 22–22.7).

4. Allgemein zulässige Nutzungen (Abs. 2)

a) **Wirtschaftsstellen land- und forstwirtschaftlicher Betriebe und die dazugehörigen Wohnungen und Wohngebäude (Nr. 1). – aa) Allgemeines zu den Wirtschaftsstellen land- und forstwirtschaftlicher Betriebe.** Darunter fallen die – bäuerlichen oder genossenschaftlichen oder in anderer Weise bewirtschafteten – Hofstellen mit den Wirtschafts- und zugehörigen Wohngebäuden und alle baulichen Anlagen, von denen aus landwirtschaftliche und forstwirtschaftliche Betriebe bewirtschaftet werden. **6**

»**Wirtschaftsstelle**« ist ein neutraler Begriff, der jegliche Form der vielgestaltigen Betriebsführung zulässt, vom bäuerlichen Betrieb herkömmlicher Art, über Betriebe, die ausschließlich Weidewirtschaft oder Ackerbau betreiben, »reine« Viehzuchtbetriebe und auch Tierintensivhaltungen wie ein Schweinemastbetrieb (dazu Rn 8–9) bis zum forstwirtschaftlichen Betrieb. Die Wirtschaftsstellen umfassen u.a. die Stallungen mit den Dungstätten (für Jauche, Fest- und Flüssigmist), Scheunen, Futter- und Getreidesilos, Gärfutterbehälter, Unterstellräume (Schuppen) für Maschinen und Geräte sowie sonstige Spezial-

§ 5   Abs. 2   6.1, 6.12

einrichtungen entspr. der besonderen Betriebsform, z. B. bei Obst- und Weingütern oder einem forstwirtschaftlichen Betrieb. Zu den Wirtschaftsstellen gehören ferner die Wohnungen für den Betriebsinhaber und seine Familie sowie den Altenteiler, für die Betriebsangehörigen, soweit sie auf der Hofstelle selbst wohnen (Werkswohnungen) und die hofnahen Wirtschaftsflächen wie Haus-(Nutz-)Garten und Auslaufflächen für das Kleinvieh.

6.1 Zum Sammelbegriff »Wirtschaftsstelle« zählen **nicht** auf einer landwirtschaftlichen Hofstelle (oder im Zusammenhang mit ihr) **abgestellte Wohnwagen** bzw. aufgestellte **Wohnzelte** zur freizeitgemäßen Nutzung am Wochenende u. zu Ferien- bzw. Urlaubszeiten, selbst dann nicht, wenn es sich um »gute Bekannte« u. dergl. handelt. Mit Recht hat das OVG RhPf im U. v. 31.1.1980 (– 1 A 91/78 – BRS 36 Nr. 74) darauf hingewiesen, dass für die baurechtliche Beurteilung von den *typischerweise* mit der Nutzung von Wohnwagen verbundenen Auswirkungen auf die Umgebung auszugehen ist. Der Lebensrhythmus von Urlaubern ist ein anderer als der der berufstätigen Bevölkerung besonders in MD-Gebieten; u.a. andere (unterschiedliche) Schlaf- u. Beschäftigungsgewohnheiten, teils betonte Ruhe, teils fängt der Tag erst abends an, was insgesamt zu Spannungen führen kann.

6.12 **Land- u. forstwirtschaftliche Betriebe** sind (vernünftigerweise) nicht durch eine Legaldefinition begrifflich eingegrenzt. Dies würde wegen des ständigen (ökonomischen) Wandels und der Anpassungszwänge, denen insbes. die landwirtschaftlichen Betriebe im herkömmlichen Sprachverständnis innerhalb der arbeitsteiligen modernen Industriegesellschaft unterliegen, zu einer den bauplanungsrechtlich zu regelnden Problemen nicht gerecht werdenden Einengung der komplexen Materie in diesem Bereich führen. Der **städtebaurechtliche Gehalt** des Begriffs »**landwirtschaftlicher Betrieb**« ist mit der *beispielhaften* Aufzählung der nach dem BauGB unter Landwirtschaft zu fassenden Bodennutzungsarten (§ 201) **nicht gleichzusetzen**. Das ergibt sich bereits daraus, dass der in § 201 BauGB angeführte **Erwerbsobstbau** (eventuell sogar als Spezialisierung des Gartenbaus) in den einzelnen Baugebieten unter dem *eigenständigen* Nutzungsbegriff »Gartenbaubetrieb« als zulässige Nutzungs- u. Betriebsart aufgeführt worden ist (§ 5 Abs. 2 Nr. 8, § 2 Abs. 2 Nr. 1, § 6 Abs. 2 Nr. 6). Mit der Aufzählung der Bodennutzungen, die u.a. als **Flächen für die Landwirtschaft** dargestellt u. festgesetzt werden können (§ 5 Abs. 2 Nr. 9a, § 9 Abs. 1 Nr. 18a BauGB), sind die vielgestaltigen **Betriebsformen**, die unter dem Begriff »*landwirtschaftlicher Betrieb*« zusammengefasst sind, wie sie in MD-Gebieten in unterschiedlicher Weise anzutreffen sind, **städtebaurechtlich** nicht vollends erfasst. Die *Ergänzung* des § 146 BBauG 1976 durch Aufnahme der berufsmäßigen *Imkerei* und *Binnenfischerei* und die *erneute Änderung* und Ergänzung des Begriffs »Landwirtschaft« in § 201 BauGB durch Ersetzung des Begriffs »Erwerbsgartenbau« durch »*gartenbauliche Erzeugung*« und Aufnahme der »*Pensionstierhaltung* auf überwiegend eigener Futtergrundlage« lassen erkennen, dass es sich bei dem Begriff »Landwirtschaft« um einen **städtebaurechtlichen Sammelbegriff** handelt, der zwar die *Grundlage* für den engeren **baurecht**lichen Begriff der *Wirtschaftsstelle* eines landwirtschaftlichen *Betriebs* (s. Rn 6) bildet, aber eben mit dem Betrieb mit den möglichen (ganz) unterschiedlichen Betriebs*formen* nicht identisch ist (aA. *Ziegler*, in: Brügelmann, § 5 Rdn. 11, der die begriffliche Aufzählung in § 201 BauGB mit den unterschiedlichen Betriebs*formen* gleichsetzt. Das dazu angeführte U. des BayVGH v. 4.10.1991 – 2 B 88.1284 – BayVBl. 1992, 211 = AgrarR 1992,

275 – kann mit dem Satz: »*Der Begriff der Landwirtschaft fixiert einen Betrieb nicht auf die einmal gewählte Betriebsform*« ... zur Klärung wenig beitragen).

bb) **Begriff der Landwirtschaft (§ 201 BauGB); zur unmittelbaren Bodenertragsnutzung.** Der Begriff der Landwirtschaft hat seine Ausprägung durch gewisse städtebauliche Entwicklungstendenzen und den allenthalben erkennbaren *Strukturwandel der Landwirtschaft* erhalten. Der Gesetzgeber hat mit der nicht abschließenden Aufzählung ganz unterschiedlicher Bewirtschaftungsarten und -formen im Zusammenhang mit »Grund und Boden« einen der städtebaurechtlichen Praxis und Entwicklung Rechnung tragenden Sammelbegriff normiert. Es ist offensichtlich, dass bei der Erweiterung des Begriffs »Landwirtschaft« in § 201 BauGB **praktische Gesichtspunkte städtebaulicher Art** sowie moderner Betriebsweisen und nicht etwa ein (dogmatisches) Festhalten an den Kriterien der Urproduktion im Vordergrund gestanden haben, was *Gelzer* im Zuge der Ersetzung des Begriffs »Erwerbsgartenbau« durch den **Begriff »gartenbauliche Erzeugung«** nach diesseitiger Auffassung überzeugend nachgewiesen hat (*Gelzer*, aaO., BauR 1987, 485).

6.2

Es spricht vieles dafür, dass dem (ursprünglichen) Begriff »Landwirtschaft« in § 146 BBauG 1960 noch der hergebrachte Begriff i.S.d. »Urproduktion« und des landwirtschaftlichen Betriebs in seinen überkommenen Strukturen zugrundegelegen haben; denn etliche Vorschriften des BBauG sind bereits in den 19*50er Jahren* erarbeitet worden (vgl. dazu auch *Gelzer*, aaO., m.w.N.). Davon ausgehend hat das BVerwG – möglicherweise im Hinblick auf eine einschränkende Handhabung des Begriffs »Landwirtschaft« im Zusammenhang mit der Ansiedlung landwirtschaftlicher Betriebe im *Außenbereich* – »Landwirtschaft« begrifflich mit einer **unmittelbaren** Bodenertragsnutzung verknüpft (so BVerwG in st. Rspr. seit dem U. v. 14.5.1969 – IV C 19.68 – BVerwGE 34, 1 = BRS 22 Nr. 68 = BBauBl. 1970, 418 = RdL 1969, 307 = MDR 1970, 264). Die Auslegung des § 146 BBauG 1960 durch die Einengung des Begriffs auf die *»unmittelbare«* Bodenertragsnutzung ist schon den damaligen Gesetzesmaterialien kaum zu entnehmen gewesen und ließ sich nur dann halten, wenn die »Unmittelbarkeit« die Anwendung aller modernen betriebswirtschaftlichen Erkenntnisse u. Erfahrung einschloss. Denn das **Wesen eines landwirtschaftlichen Betriebs** besteht darin, dass die drei Produktionsfaktoren Boden, Betriebsmittel und menschliche Arbeit zu einer organisatorischen Einheit zusammengefasst sind und von einem sachkundigen Leiter eingesetzt werden, um **durch Bodenbewirtschaftung** und die mit der Bodennutzung unmittelbar oder mittelbar verbundene Tierhaltung pflanzliche und tierische Erzeugnisse zu gewinnen.

Der allenthalben erkennbare Strukturwandel der Landwirtschaft seit Ende der 1960er Jahre hat die Rspr. nicht veranlasst, von der »unmittelbaren« Bodenertragsnutzung als Voraussetzung der Landwirtschaft abzugehen.

6.3

Der einengenden Auslegung des Begriffs »Landwirtschaft« durch das BVerwG ist der Gesetzgeber durch die ergänzende Aufnahme der berufsmäßigen Imkerei und Binnenfischerei in den Kriterienkatalog der Landwirtschaft anlässlich der Novellierung des BBauG 1976 entgegengetreten. Umso weniger verständlich ist, dass das BVerwG an der Auffassung, eine landwirtschaftliche Betriebsform sei grundsätzlich nur bei *»unmittelbarer«* Bodenertragsnutzung zu bejahen, nicht nur festgehalten hat, sondern dazu lediglich lapidar erklärte, es fehle an Anhaltspunkten, *»dass der Gesetzgeber mit der Neufassung der Vorschrift (des § 146 BBauG) mehr als die Erweiterung auf Betriebe der Berufsimkerei und Binnenfischerei erreichen wollte«* (BVerwG, U. v. 4.7.1980 – 4 C 101.77 – BRS 36 Nr. 59 = BauR 1980, 446 = DÖV 1980, 921 = ZfBR 1980, 243 = NJW 1981, 139 = BayVBl. 1981, 119 = AgrarR 1981, 75).

In dem U. v. 13.12.1974 (– IV C 22.73 – DVBl. 1975, 504 = DÖV 1975, 679 = BRS 28 Nr. 45 = BauR 1975, 104 = AgrarR 1975, 291) hat das BVerwG jedoch darauf hingewiesen, dass die Forderung nach einer unmittelbaren Bodenertragsnutzung nur *ein* Kennzeichen der Landwirtschaft sei. Es müsse hinzukommen, dass der Boden zum Zwecke der Nutzung seines Ertrags

§ 5 Abs. 2   6.31–7

planmäßig eigenverantwortlich bewirtschaftet werde (BVerwG, aaO.). Dass die *eigenverantwortliche* Bewirtschaftung eines landwirtschaftlichen Betriebes fast *das* maßgebende Merkmal jedweder ordnungsgemäßen Bodenbewirtschaftung ist, bedarf keiner besonderen Ausführung (s. Rn 6.2). Dies kann selbstverständlich im Übrigen auch durch einen *Pächter* geschehen; dazu braucht der Betriebsinhaber nicht Eigentümer der Wirtschaftsstelle zu sein.

6.31 *Bielenberg* (§ 5 Rdn. 10a) hat in seiner Neubearbeitung (52. Lfg. [1995] gegenüber der 35. Lfg.) zum Begriff der Land- und Forstwirtschaft zwar ausführlichere Erläuterungen gebracht. Sie beziehen sich jedoch fast ausschließlich auf die Erläuterungen von *Kalb* zu § 201 BauGB (z. Begriff der Landwirtschaft) oder auf von *Bielenberg* ausgewählte Entscheidungen des BVerwG, ohne wenigstens auf die unterschiedlichen Aussagen in den verschiedenen Entscheidungen des BVerwG einzugehen.

Bielenberg (aaO.) hat das maßgebende U. des BVerwG v. 4.7.1980 (– 4 C 101.77 –, aaO.) zur *unmittelbaren* Bodenertragsnutzung (nach Novellierung des BBauG 1976) lediglich im Zusammenhang mit der (Massen-)Tierhaltung und gewerblicher Betätigung (unter Rdn. 10b) angeführt, geht auf die Widersprüche zum Begriff der Landwirtschaft (§ 201 BauGB) einerseits und die – offensichtlich nicht richtig erklärbare – unmittelbare Bodenertragsnutzung andererseits nicht ein. Es heißt dort lediglich: Es ist »*mit dem BVerwG daran festzuhalten, dass trotz der Änderungen, die § 146 BBauG/§ 201 BauGB mit der dort für das städtebauliche Planungsrecht enthaltenen Begriffsbestimmung der Landwirtschaft durch die Novellen zum BBauG und das BauGB erfahren hat, die landwirtschaftliche Betätigung durch das Merkmal der* **Bodenertragsnutzung** *(Hervorhebung dortseits) weiterhin gekennzeichnet ist; hiernach ist für die Erscheinungsformen der Landwirtschaft grundsätzlich an dem Erfordernis der unmittelbaren Bodenertragsnutzung festzuhalten (so auch Kalb, § 201 Rdn. 14 und 25)«*; und weiter: »*Auch eine Tierhaltung im Dorfgebiet ist nur Landwirtschaft i. S. des § 5 Abs. 2 Nr. 1, wenn das Erfordernis der unmittelbaren Bodenertragsnutzung erfüllt ist«.* Nach Bezugnahme auf seine Auffassung bestätigende Kommentare zur BauNVO heißt es dann lapidar: *»a. A. Fickert/Fieseler, § 5 Rdn. 7 und 8«.* *Bielenberg* hat sich mit den diess. ausführlichen agrarwirtschaftlichen Grundüberlegungen über das Missverständnis der *unmittelbaren* Bodenertragsnutzung in den Rn 7, 8 nicht auseinandergesetzt. Das ist umso unverständlicher, als *Bielenberg* sich in derselben Rdn. 10a mit dem Begriff der **gartenbaulichen Erzeugung** (als Teil des Begriffs der Landwirtschaft i. S. von § 201 BauGB) befasst und feststellt, dass der Begriff »*auch auf eine bodenunabhängige Erzeugung in Behältnissen Anwendung«* findet. »*Das Merkmal der unmittelbaren Bodenertragsnutzung ist hiernach nicht mehr maßgebend«* (aaO., Rdn. 10a). Ferner: »*Zur Landwirtschaft gehört auch die reiterliche Erstausbildung der Pferde«* unter Bezugnahme auf das U. des BVerwG v. 10.5.1985 (– 4 C 9.84 – UPR 1985, 426). Auch diese Tätigkeit hat nichts mit der Frage der Bodenertragsnutzung zu tun. Hier und in weiteren Fällen geht *Bielenberg* auf die verschiedenen, in funktionalem Zusammenhang mit dem landwirtschaftlichen Betrieb i. S. v. § 35 Abs. 1 BauGB stehenden »Betriebsteile« ein, die nach § 35 Abs. 1 BauGB der Landwirtschaft zugeordnet werden können. Aufgrund des umfassenden Zulässigkeitskatalogs des § 5 Abs. 2 ist diese Zuordnung in der BauNVO nicht erforderlich.

6.4 Es geht diesseits darum, dass das **Beharren auf** der (unmittelbaren) **Bodenertragsnutzung** zu Fehlentscheidungen führen kann, wie das U. des BVerwG v. 4.7.1980 (Fundst. Rn 6.3) zeigt, das unter Rn 7.4–8 ausführlich behandelt werden soll, worauf *Bielenberg* nicht eingeht. Der materiell-rechtliche Gehalt der Wirtschaftsstellen landwirtschaftlicher Betriebe kann bei dem vorrangigen Abstellen auf die (unmittelbare) Bodenertragsnutzung, wie sie in den 1950er Jahren durchaus noch üblich war i. S. v. »Ackerbau und Viehzucht«, zu fehlsamer Einstufung der Wirtschaftsstellen führen, wie in Rn 7.4 gezeigt. Es ist zwar bekannt, dass das BVerwG schwerer als z. B. der BGH bestimmte Entscheidungen korrigiert. Es wäre aber wünschenswert, wenn das BVerwG den Begriff der Landwirtschaft differenzierter behandeln würde, weil der Rechtsgehalt des § 35 Abs. 1 BauGB auf § 5 BauNVO vielfach nicht zu übertragen ist.

7 **cc) Tierzucht (Pensionstierhaltung) und Tierintensivhaltung als Erwerbszweig landwirtschaftlicher Betriebe.** Betriebe, die sich überwiegend oder ausschließlich auf die (Auf-)Zucht von Tieren und/oder die Tierintensivhaltung, z. B. auf einen Schweine-, Bullen- oder Kälbermastbetrieb oder einen Intensivgeflügelbetrieb zum Mästen und zur »Eierproduktion« spezialisiert haben, können den Begriff des landwirtschaftlichen Betriebs bauplanungsrechtlich auch dann erfüllen, wenn der Betrieb die Futtermittel nur zu einem Teil unmittelbar aus dem eigenen Bodenertrag gewinnt und im Übrigen durch Verkauf von tierischen *sowie Bodenertragsprodukten,* z. B. Weizen oder Zuckerrüben, die erforderlichen Futtermittel aus dem Betrieb erwirtschaftet (im gleichen Sinne *Knaup/Stange,* § 5; BayVGH, U. v. 14.9.1977 – Nr. 11 XV 73 – BRS 32 Nr. 42; a. A. bisher noch BVerwG, U. v. 4.7.1980 – 4 C 101.77 –; Fundst. Rn 6.3). Diese Auffassung wird durch die *Fortentwicklung* des Begriffs »Landwirtschaft« im Zuge des BauGB bestätigt.

Mit dem an § 1 Grundsteuerverkehrsgesetz ursprünglich angelehnten § 146 BBauG sollte lediglich bezweckt werden, durch eine *nicht abschließende Aufzählung* von auf den Bodenertrag bezogenen Erwerbszweigen den Begriff der Landwirtschaft flächenbezogen zu umschreiben, um die (Einzel-)Aufzählung i. d. einzelnen Vorschriften zu vermeiden (*Ernst/Zinkahn/Bielenberg,* § 146 BBauG, Rdn. 1). Die daraus dann gewonnene Definition, insbes. die durch das BVerwG erfolgte Auslegung (s. Rn 6.2–6.3), war schon deshalb unbefriedigend, weil die mit der Bodennutzung verbundene Tierhaltung und Gewinnung tierischer Erzeugnisse als wesentlicher Bestandteil der Landwirtschaft (i. S. v. Ackerbau u. Viehzucht) sich allenfalls teilweise – mittelbar – ergibt. Die Futterbeschaffung z. B. für Schweine- und Geflügelaufzucht oder für das Rindvieh bei Stallhaltung – insbes. bei Bullen- u. Kälbermast – wird weder durch »Ackerbau« noch durch »Wiesen u. Weidewirtschaft« allein abgedeckt; *seit jeher* wird hochwertiges, auf die jeweilige Tiergattung abgestelltes Spezialfutter in der Vieh- u. Geflügelhaltung zusätzlich benötigt. Der betriebswirtschaftlich notwendige Güteraustausch bei moderner landwirtschaftlicher Betriebsführung ist erheblich komplexer, als er in der Rspr. bisher seinen Niederschlag gefunden hat; er muss vor allem auch marktwirtschaftlichen Zwängen folgen (z. B. bei erkennbarer Milch- u. Butterschwemme evtl. Abschaffung von Kühen und Umstellung auf Bullen- u. Kälbermast, wenn vom Verbraucher gefragt).

7.1

Aufgrund der **Erweiterung des Begriffs** »Landwirtschaft« durch die »Pensionstierhaltung auf überwiegend eigener Futtergrundlage« und die »gartenbauliche Nutzung« (anstelle von »Erwerbsgartenbau«, dazu *Gelzer,* aaO., Fundst. Rn 6.2), ohne sich vollends von der Bodenertragsnutzung zu lösen, erweist sich **der städtebaurechtliche Begriff** als flexible planungsrechtliche Handhabe.

7.2

Mit ihr können u. a. auch die künftigen europäischen *Binnenmarktstrukturen* auf dem Landwirtschaftssektor, z. B. die spezielle Veredelungswirtschaft wie die Hollands, soweit es sich um raumwirksame Standortanforderungen i. d. Bundesrepublik handelt, gesteuert werden. Der durch § 201 BauGB neu gefasste Begriff »Landwirtschaft« in *städtebaurechtlicher* Beziehung ermöglicht nunmehr auch im Rahmen der Bewirtschaftung landwirtschaftlicher Betriebe die Berücksichtigung moderner betriebswirtschaftlicher Erkenntnisse, soweit die erforderlichen Futtermittel aus *Erträgen* des eigenen Bodens *erwirtschaftet* werden können.

Das BVerwG ist der Auffassung, »*der Strukturwandel in der Landwirtschaft gäbe keinen Anlass, die bisherige Rechtsprechung zum Begriff des landwirtschaftlichen Betriebes in Frage zu stellen*« (BVerwG, B. v. 6.1.1997 – 4 B 256.96 – BRS 59 Nr. 85 = NVwZ-RR 1997, 590).

7.21

Das BVerwG hat **in den Gründen** dazu gemeint, das Erfordernis der »überwiegend eigenen Futtergrundlage«, das in § 201 BauGB für das Vorliegen einer Landwirtschaft bei Tierhaltung gefordert wird, könnte nicht mit dem Hinweis auf einen Strukturwandel in der Landwirtschaft in Frage gestellt werden. Es stehe nicht in der Befugnis der Gerichte, die vom Gesetzgeber 1987 in § 201 BauGB getroffene Regelung als überholt oder als nicht mehr zeitgemäß unbeachtet zu lassen (so BVerwG, aaO.).

§ 5 Abs. 2   7.3, 7.4

Das BVerwG scheint auf seiner ursprünglichen Begriffsthese der »unmittelbaren Futtergrundlage« zu beharren. Das ist deshalb bedauerlich, weil das BVerwG und ersichtlich gleichfalls die obergerichtlichen Spruchkörper es nicht der Mühe werthalten, sich mit dem Gesetzestext des § 201 BauGB vertieft zu befassen. Die gesetzliche Regelung ist nicht nur auslegungsfähig, sondern auslegungsbedürftig. Bei der erforderlichen Auslegung braucht kein Gericht zu befürchten, den Gesetzestext etwa zu »vergewaltigen«. Es heißt ausdrücklich: auf »überwiegend eigener Futtergrundlage«. Es wird vernünftigerweise nicht etwa ein »unmittelbar« eigener Futteranbau verlangt. Wer über Kenntnisse der landwirtschaftlichen Bewirtschaftung verfügt, was von den meisten Juristen »großstädtischen« Herkommens nicht erwartet werden kann, weiß, dass die überwiegend eigene Futtergrundlage nicht etwa bedeutet, dass das jeweils benötigte Spezialfutter für die Aufzucht von Tieren, die unterschiedliche Mast, selbst für das Federvieh für die »Eierproduktion«, nicht vom landwirtschaftlichen Betrieb angebaut werden kann. »Futtergrundlage« bedeutet vielmehr, dass das (Spezial-)Futter im eigenen Betrieb erwirtschaftet werden muss, d.h. durch Verkauf eigener angebauter landwirtschaftlicher Feldfrüchte beschafft werden kann. Futtergrundlage ist eben etwas anderes als Futteranbau. Der Betrieb muss von der Größe her jedoch in der Lage sein, das benötigte Futter überwiegend aus eigener landwirtschaftlicher Produktion zu beschaffen (wie Verkauf von Getreide oder Kartoffeln, dafür Ankauf von Spezial-Mastfutter) und die entspr. Lagerungskapazität für die Futtermittel vorzuhalten.

7.3 Die **flexiblere Bewirtschaftungsmöglichkeit,** wie Anbau von Zuckerrüben u. Weizen wegen hoher Bodengüteklasse statt Hafer, und zusätzlicher Ankauf von Heu u. Stroh (Häcksel f. das Pferdefutter) je nach der vom Wetter abhängigen Ergiebigkeit der Weidewirtschaft, z.B. i.S.d. »überwiegend« eigenen Futtergrundlage für die Pensionstierhaltung im bisherigen Rinderstall (weil Rindvieh wegen Milch- u. Butterschwemme verkauft), entspricht der richtigen Einstellung auf den Strukturwandel der Landwirtschaft. Die allenthalben sichtbaren tiefgreifenden Veränderungen auf dem Landwirtschaftssektor wird auch die Rspr. zur Kenntnis nehmen müssen, wenngleich die Schwierigkeit nicht verkannt wird, diffizile betriebswirtschaftliche Zusammenhänge in Entscheidungen umzusetzen. In einem mit »Schweinezyklus und Kartoffel-Chips« überschriebenen Leitartikel im Wirtschaftsteil der RP v. 16.2.1990 kommt der ständige Wandel mit erheblichen Preissprüngen u. dergl., auf die sich bäuerliche Veredelungsbetriebe in den letzten Jahren einstellen müssen, gut zum Ausdruck. So ist der Kartoffelanbau mit dem inzwischen geringen Flächenanteil von 2,8 % der Ackerfläche i.d. Bundesrepublik schon fast eine Sonderkultur. Mitte der 1950er Jahre, als der Bundesbürger pro Kopf u. Jahr noch über 150 kg verzehrten, wuchs auf fünfmal soviel Anbaufläche (1 Mio. ha) eine durchschnittliche 25-Mio.-t-Ernte gegenüber 7 Mio. t heute. – Einen besonders instruktiven Einblick in den Strukturwandel der Landwirtschaft vermitteln die »Ergebnisse der sozialökonomischen Betriebserhebung 1982 in Nordrhein-Westfalen für das Gebiet der Landwirtschaftskammer Westfalen-Lippe« unter Zugrundelegung der Daten von 43.000 Betrieben im Zeitraum von 1977–1982 (herausgegeben von der Landwirtschaftskammer Westf.-Lippe, Febr. 1983).

7.4 Das vom BVerwG mit U. v. 4.7.1980 (aaO., Fundst. Rn 6.3) entschiedene Verwaltungsstreitverfahren hätte als »Musterfall« dem erkennenden Senat Anlass geben können, seine Auffassung i.S. der Anstoßwirkung zur Rechtsfortbildung darzulegen. Das Streitverfahren betraf einen landwirtschaftlichen Betrieb von 38 ha, auf denen zu einem Drittel Zuckerrüben u. zu zwei Dritteln Getreide angebaut werden, u. dessen Hofstelle in der Ortsmitte des unbeplanten Innenbereichs (§ 34 BauGB) einer kleinen (bayerischen) Gemeinde liegt. Der Fall bildet ein »Paradebeispiel« für die anstehende Problematik.

Das BVerwG hat entgegen dem BayVGH (U. v. 14.9.1977, aaO.) aufgrund des § 146 BBauG (Rn 8) im Grundsatz bezweifelt, dass es sich bei der Schweinehaltung wegen fehlender unmittelbarer Bodenertragsnutzung um Landwirtschaft handelt. Es hat ferner für nicht geklärt gehalten, ob das – abgelehnte – Bauvorhaben (Umbau einer Scheune zu einem Schweinestall) »*Bestandteil der Wirtschaftsstelle eines landwirtschaftlichen Betriebes i.S. des § 5 Abs. 2 Nr. 1 BauNVO (i.V.m. § 146 BBauG) ist*«. Das BVerwG hat gemeint, »*dass die Schweinehaltung, wiewohl selbst nicht Landwirtschaft i.S. des § 146 BBauG, doch immerhin eine dem sonstigen – fraglos landwirtschaftlichen – Betrieb angegliederte Betätigung ist*« ... Nicht völlig auszuschließen sei auch, »*dass der Stall die Anforderungen des § 5 BauNVO selbst dann erfüllen könnte, wenn die Schweinehaltung nicht als landwirtschaftliche, sondern als gewerbliche Betätigung zu werten sein sollte*«. Wie aus dem Sachverhalt hervorgeht, wird die Schweinemast im Rahmen einer umfangreichen Schweinehaltung durch Aufzucht eigener Ferkel betrieben.

Überlegungen, dass es sich bei der Schweinehaltung nicht um Landwirtschaft handeln könnte, **sind lebensfremd.** Die Folgerung ist auch nicht aus etwa grundsätzlichen Erwägungen zu billigen, weil Störungen wegen Geruchsbelästigungen und deren (Un-)Zumutbarkeit ohnehin nach der Gesamtsituation zu beurteilen sind.

Schweinehaltung u. im Rahmen dessen Schweinemast wie auch Bullen- und Kälbermast oder das Mästen von Geflügel gehören seit jeher zur Erwerbspalette eines landwirtschaftlichen Betriebs. Die Tierintensivhaltung hat zwar erst im Zuge der erfolgten Spezialisierung, Rationalisierung u. Veredelungswirtschaft zwecks Intensivierung der landwirtschaftlichen Betriebe die heutige Bedeutung erlangt. Solange ein landwirtschaftlicher Betrieb durch Verkauf anderweitiger Bodenerträge – z.B. aus Zuckerrüben und Getreideanbau – den Erlös für den Ankauf des zur Mast benötigten Spezialfutters erzielt, also durch betriebswirtschaftlich vernünftigen Güteraustausch landwirtschaftlicher Produkte, kann es nicht zweifelhaft sein, dass es sich in seiner **Gesamtheit** um einen **landwirtschaftlichen Betrieb** handelt. Denn landwirtschaftliche Betriebe müssen, um gewinnbringend zu wirtschaften, zahlreiche agrarwirtschaftliche und betriebswirtschaftliche Gesichtspunkte (u.a. die Bodengüteklasse ihrer Nutzflächen) berücksichtigen. So ist es betriebswirtschaftlich oftmals vernünftiger, bei hoher Bodenqualität Zuckerrüben (oder Weizen) anzubauen und aus dem Erlös Heu u. Stroh zusätzlich zu kaufen, wie *spezielles* Schweine*mast*futter seit jeher nicht *unmittelbar* aus eigenem Bodenertrag beschafft werden kann.

Soweit es sich um Fragen der Wirtschaftsstellen in festgesetzten MD-Gebieten oder in unbeplanten Innenbereichen nach § 34 BauGB mit dorfgebietsgleichem Charakter handelt, entspricht die Behandlung der Gebäude zur (Auf-)Zucht von Tieren u. zur Tierintensivhaltung – auch wenn die Futterbeschaffung nur teilweise bzw. *mittelbar* aus der Bodenertragsnutzung des Betriebs erfolgt – dem Begriff der »Wirtschaftsstellen landwirtschaftlicher Betriebe« in seinem umfassenden Verständnis.

In einem späteren, ausführlich begründeten U. des BVerwG v. 3.4.1987 (– 4 C 41.84 – BauR 1987, 538 = BRS 47 Nr. 63 = ZfBR 1987, 260 = NVwZ 1987, 884), das auch *Bielenberg* eingehender behandelt (Rdn. 10c), hat das BVerwG im Zuge einer geplanten Ferkelproduktion mit 80 Zuchtsauen und 260 Ferkelplätzen sich ersichtlich bemüht, zur Frage der Zulässigkeit in einem faktischen Dorfgebiet – gegen den damals (noch) erkennbaren Widerstand der in Bayern seinerzeit üblichen Rinderhaltung – darzulegen, dass eine solche Ferkelaufzucht zur landwirtschaftlichen Betätigung im Rahmen einer landwirtschaftlichen Betriebsstätte gehören könne.

Eine derartige Begrenzung, etwa auf den Bauernhof herkömmlicher Art, ist nämlich nicht Inhalt des hier maßgeblichen Rechtsbegriffs. »*Vielmehr ist er – im Zuge der im Agrarbereich zu beobachtenden Umstrukturierung – offen für sich verändernde Betriebsformen, auch soweit diese in der näheren Umgebung bisher noch nicht vorhanden sind.*« (Die Revision hat Bedenken erhoben mit dem Bemerken, es handele sich nicht um einen landwirtschaftlichen Betrieb im herkömmlichen Sinne, sondern eher um eine »Fleischfabrik«, in der die produzierten Ferkel schnell umgeschlagen werden und die deshalb dem Gewerbe oder der Industrie zuzuordnen sei.) Die Grenze, jenseits derer die geplante Ferkelproduk-

§ 5   Abs. 2   8, 8.1

tion als Anlage zur Aufzucht von Schweinen einer die Baugenehmigung verdrängenden Genehmigung nach § 4 Abs. 1, § 13 Satz 1 BImSchG i.V.m. den Vorschriften der 4. BImSchV bedürfte, wird von dem Vorhaben mit geplanten 80 Sauenplätzen bei weitem nicht erreicht. »*Deshalb kann auch keine Rede davon sein, dass der geplante Betrieb typischerweise in ein Industriegebiet oder gar in den Außenbereich (§ 35 Abs. 1 Nr. 5 BauGB) gehöre*« (wird näher ausgeführt).

Im vorliegenden Fall wird – anders als das Berufungsgericht meint – der vorgegebene Rahmen vom Vorhaben des Klägers nicht überschritten, »*auch wenn in der näheren Umgebung bisher überwiegend Rinder gehalten werden und ein Schweinezuchtbetrieb vergleichbarer Größe und mit einem vergleichbaren Maß an Geruchsentwicklung noch nicht vorhanden ist*« (BVerwG, aaO.).

8   dd) Zur Abgrenzung der **Wirtschaftsstellen landwirtschaftlicher Betriebe** gegenüber **gewerblichen Betrieben** wird es auf **folgende Kriterien** ankommen: Ein **landwirtschaftlicher Betrieb** (Hofstelle mit entsprechenden Acker- u. Weideflächen), der im Zuge von Spezialisierung und Veredelungswirtschaft zwecks Intensivierung der Bewirtschaftung die Gebäude der Wirtschaftsstelle vorwiegend zur (Auf-)Zucht und/oder **Intensivhaltung von Tieren** zu nutzen und den Betrieb entspr. umzustellen beabsichtigt, **bleibt weiterhin landwirtschaftlicher** Betrieb, *wenn* er in der Lage ist, das Futter unmittelbar durch Bodenertragsnutzung und mittelbar durch Güteraustausch (etwa Verkauf von Zuckerrüben für Futterkartoffeln und Kleie) i.S. einer sinnvollen Bodenbewirtschaftung zu beschaffen (s. Rn 7–7.3).

Das gilt auch *für* die **Intensivhühnerhaltung**, sofern der landwirtschaftliche Betrieb im Übrigen im herkömmlichen Verständnis mit Ackerbau u./oder Weidewirtschaft betrieben wird. Die *Intensivhühnerhaltung* (neben der Aufzucht), wenn es sich lediglich um *einen* Erwerbszweig des landwirtschaftlichen Betriebes handelt, ist nicht deshalb als Gewerbebetrieb einzustufen, weil diese auf Stallhaltung beschränkt ist und das Spezialfutter nicht durch unmittelbare Bodenertragsnutzung, sondern durch Güteraustausch gewonnen wird. Ortsübliche Emissionen, die von einem Hühnerstall in einem Ortsteil mit Dorfgebietscharakter ausgehen, sind nicht rücksichtslos (so VGH BW, U. v. 25.7.1984 – 3 S 2514/83 – BWVPr. 1985, 232).

Wird die Wirtschaftsstelle **dagegen ausschließlich zur Tierintensivhaltung** genutzt – die Acker- u. Weideflächen sind z.B. verpachtet, so dass das erforderliche Futter nicht erwirtschaftet werden kann – oder geht die Tierintensivhaltung überhaupt nicht auf einen *herkömmlichen* landwirtschaftlichen Betrieb zurück, sondern wird das Gebäude **von vornherein** als Betrieb zur (ausschließlichen) Tierintensivhaltung (mit gekauftem Futter) errichtet, handelt es sich **nicht um die Wirtschaftsstelle** eines landwirtschaftlichen Betriebes, **sondern** um einen **sonstigen Gewerbebetrieb** i.S. v. Nr. 6 (s. dazu Rn 18.2). Ebenso fällt der **Viehhandel**, bei dem das Vieh nur vorübergehend in Gebäuden einer Wirtschaftsstelle untergebracht wird, begrifflich nicht unter »landwirtschaftlichen Betrieb« (vgl. auch *Stelkens*, Die neuere Rechtsprechung, Abschn. 7).

8.1   Dagegen gehört die **Pferdezucht** zu den typischen Erwerbszweigen landwirtschaftlicher Betriebe in MD-Gebieten, gleichgültig, ob sie als alleinige Nutzungsart oder kombiniert mit anderen Betriebszweigen betrieben wird. *Voraussetzung* ist, dass die Größe des landwirtschaftlichen Betriebes erkennen lässt, dass die Bewirtschaftung auf zumindest überwiegend eigener Futtergrundlage u. nicht etwa aus Einnahmen von Reit- und Fahrstunden beruht (Hess. VGH, U. v. 23.9.1976 – IV OE 74/75 – BRS 30 Nr. 51). Nicht erforderlich ist dagegen, dass das für die Tierhaltung notwendige Futter (ausschließlich) auf eigener Betriebsfläche erzeugt wird (s. dazu Rn 7–7.3).

Nachdem die **Pensionstierhaltung** – häufig für Pferde im Zusammenhang mit dem Reitsport (s. Rn 20.2) – in § 201 BauGB ausdrücklich aufgeführt ist, *wenn* sie auf überwiegend eigener Futtergrundlage betrieben wird, bedarf es hierzu keiner besonderen Ausführungen hinsichtlich der Genehmigungsfähigkeit.

Die sog. **Massentierhaltung** – in der öffentlichen Diskussion häufig so bezeichnet – ist ein *vielschichtiger Begriff*, der unter agrar- u. umweltpolitischen Gesichtspunkten anders zu sehen ist als etwa unter tierschützerischen oder verbraucherpolitischen Überlegungen. Die Abgrenzung zwischen »normaler« Tierhaltung und »Massentierhaltung« bedarf einer differenzierten Behandlung. Angesichts der vielfältigen Probleme, die durch die konzentrierte Tierhaltungsweise entstehen, ist eine starre Grenze nach der Bestandsgröße nicht möglich; sie wäre auch nicht sachgerecht (vgl. dazu im Einzelnen die Äußerung der Landesregierung NW auf eine Kleine Anfrage, LT-Drucks. 10/310 v. 23.10.1985).

Für die **städtebaurechtliche** Frage, *wann* eine **landwirtschaftliche Nutztierhaltung** in eine bodenunabhängige gewerbliche Veredelungswirtschaft umschlägt, kommt es – unabhängig von den daneben bestehenden *umweltschutzrechtlichen Problemen* und deren notwendige Berücksichtigung – weniger auf die in absoluten Zahlen ausgedrückte Bestandsgröße an als vielmehr auf das Verhältnis von landwirtschaftlich bewirtschafteter Fläche zu den Nutztierzahlen. **8.2**

Es ist eben ein Unterschied, ob z.B. 100 Zuchtsauen mit ihren Ferkeln oder eine dementsprechende Anzahl von Mastschweinen auf einer landwirtschaftlichen Betriebsfläche von 10 Morgen (= 2,5 ha) oder einer Fläche von 10 ha (= 40 Morgen) gehalten werden, wobei die Bodengüteklasse, Lage der Felder, Maschinenausstattung (u. dergl.) für die betriebswirtschaftliche Beurteilung selbstverständlich von Bedeutung sind.

ee) **Genehmigungsfähigkeit von Anlagen und Nutzungen im Zusammenhang mit Tier(intensiv)haltungen; Zumutbarkeit von (Geruchs-)Belästigungen aufgrund der VDI-Richtlinien 3471, 3472 und 3474 (dazu Rn 9 f).** Sollen Gebäude (bauliche Anlagen) einer Wirtschaftsstelle als (Schweine)Mastbetrieb, zur Geflügelintensivhaltung oder zur Intensivhaltung von Rindern errichtet, geändert oder die bisher anderweitige Nutzung von Anlagen zur Tierintensivhaltung geändert werden, bedarf die Zulassung der einzelnen Vorhaben i.A. der Baugenehmigung; daran ändert auch nichts, dass es sich bei den »Wirtschaftsstellen« um einen komplexen, die einzelnen unterschiedlichen Gebäude und baulichen Anlagen in ihrer Gesamtheit zusammenfassenden Begriff handelt (Rn 6). Der Umfang der Baugenehmigung für Ställe einschl. Dungstätten (Jauchegruben) richtet sich nach den unterschiedlichen Vorschriften der LBOen (Rn 7); etwas anderes gilt, wenn die Anzahl der gehaltenen Tiere (Schweine, Rinder u. Hühner) die in Nr. 7.1 des Anh. der 4. BImSchV festgesetzte Zahl **übersteigt**. In diesen Fällen unterliegt der Betrieb der **Genehmigung nach den §§ 4 ff BImSchG** i.V.m. § 2 Abs. 1 Nr. 1 der 4. BImSchV, die die bauaufsichtliche Genehmigung einschließt (§ 13 BImSchG). **8.3**

Bei einer geringeren Anzahl von Tieren ist der Betrieb – unabhängig von der bauaufsichtlichen Genehmigung der Ställe – nach § 22 Abs. 1 Satz 1 BImSchG so zu errichten und zu unterhalten, dass schädliche Umwelteinwirkungen i.S.v. § 3 Abs. 1 BImSchG – wozu Geruchsimmissionen zählen – verhindert werden, die nach dem Stand der Technik vermeidbar sind (Nr. 1). Nach dem Stand der Technik unvermeidbare schädliche Umwelteinwirkungen sind auf ein Mindestmaß zu beschränken (Nr. 2). Die Verhinderung der Geruchsimmissionen durch entspr. Auflagen – oder jedenfalls ihre weitgehende Verringerung

§ 5   Abs. 2   8.4, 8.5

– ist **nach dem Stand der Technik** i. A. **möglich** und auch wirtschaftlich vertretbar; im Einzelnen s. dazu die **Regelungen der VDI-Richtlinien 3471, 3474** und die Nachweise anhand der Rspr. (Rn 9.2 f.).

»Landwirtschaftliche Betriebe können im Dorf die Wohnbebauung nicht wie mit einer Bannmeile in einem Abstand halten, die den Höfen noch Erweiterungsmöglichkeiten offen hält und der Wohnbebauung einen Standard sichert, der die Nähe von Stallgebäuden nicht einmal ahnen lässt« (so schon OVG Lüneburg, U. v. 9.5.1980, Fundst. Rn 9.1).

Seit der Entscheidung des OVG Lüneburg sind zur Gesamtproblematik der Geruchsbelästigungen durch Schweinemastbetriebe zahlreiche Entscheidungen ergangen (vgl. u. a. VGH BW, U. v. 12.10.1992 – 8 S 1408/89 – NuR 1993, 438 = NVwZ 1993, 1217; BayVGH, U. v. 5.8.1991 – 2 CS 91.1618 – NuR 1993, 234, Hess. VGH, U. v. 26.5.2003 – 4 N 3189/02 – BRS 66 Nr. 29 und das bemerkenswert ausführliche U. des BayVGH v. 23.11.2004 – 25 B 00366 – BRS 67 Nr. 75 über die Rinderhaltung nahe eines Wohnbauvorhabens. Ein als Bestandteil eines landwirtschaftlichen Betriebs der Art der Nutzung nach grundsätzlich zulässiger Schweinestall ist nur dann unzulässig, wenn von ihm Belästigungen oder Störungen ausgehen, die nach der Eigenart des Dorfgebiets selbst oder seiner Umgebung unzumutbar sind.

8.4   Durch entsprechende **Auflagen** zur Berücksichtigung der Erkenntnisse u. Erfahrungen **nach der VDI-Richtlinie 3471** können die Geruchsimmissionen von Tierintensivhaltungen auf eine Geruchsschwelle reduziert werden, die dem »sonstigen« – weil den landwirtschaftlichen Betrieben nicht gleichrangigen – Wohnen zumutbar sind (Rn 4). Deshalb kann auch für einen Schweinemastbetrieb die Baugenehmigung im MD-Gebiet im Regelfall nicht versagt werden. Gegen Geruchsimmissionen im gewissen, d. h. billigerweise noch zumutbaren Umfang können nachbarrechtliche Belange nicht mit Erfolg geltend gemacht werden. Das BVerwG (U. v. 4.7.1980 – 4 C 101.77 – BRS 36 Nr. 39 = ZfBR 1980, 243) hat darauf hingewiesen, dass der Begriff der Störung keine absolute Bedeutung hat, sondern *»zum Gebietscharakter in Beziehung steht«*. Das trifft nach diesseits geteilter Ansicht bereits auf Gewerbebetriebe, die den jeweiligen **Dorfgebietscharakter** nicht beeinträchtigen, zu; d. h. diese sind dann als »nicht wesentlich störende Gewerbebetriebe« i. S. d. § 5 Abs. 2 Nr. 6 anzusehen. Umso mehr ist der im richtigen Verständnis »relativierte« Störungsbegriff auf Wirtschaftsstellen landwirtschaftlicher Betriebe anzuwenden, deren Unterbringung die MD-Gebiete wesentlich prägt (s. Rn 1). Aus den genannten Gründen, insbes. jedoch **nach der Zweckbestimmung des MD-Gebiets,** kann ein Schweinemastbetrieb, der den Umfang nach **Nr. 7.1** des Anh. der 4. BImSchV **nicht erfüllt**, wegen der an sich zu erwartenden Immissionen nicht in den Außenbereich (§ 35 Abs. 1 BauGB) verwiesen werden.

8.5   Für die Zulassung von Tierintensivhaltungsbetrieben, für die *nach §§ 4ff. BImSchG eine Genehmigung erforderlich* ist, kommt es in MD-Gebieten auf den Einzelfall an, insbes. auf die Lage innerhalb des dörflichen Gebiets (Randlage, Leeseite der Hauptwindrichtung) und vor allem, inwieweit die **technischen Einrichtungen** nach der VDI-Richtlinie 3471 sich (positiv) auswirken. In dem hier erwähnten Umfang und unter der Voraussetzung, dass unvermeidbare Umweltbeeinträchtigungen durch Auflagen auf ein Mindestmaß reduziert werden können, kann eine Schweinemästerei nicht (mehr) aus ordnungsrechtlichen Gründen geschlossen werden (s. dazu grundsätzlich Rn 3.1 f.). In diesem Zusammenhang kommt der **Bildung eines Mittelwertes auch bei Geruchsbelästigungen** besondere Bedeutung zu (vgl. dazu BVerwG, B. v. 28.9.1993 – 4 B 151.93 – BRS 55 Nr. 165). Diese Darlegungen des BVerwG (B. v. 28.9.1993, aaO.) gelten auch für **Geruchsimmissionen.**

8.51 Es gibt **keinen städtebaulichen Grundsatz**, dass eine größere Schweinehaltung schlechthin nicht in die dörfliche Siedlungsstruktur passt. **Mit bau- und betriebstechnischen Auflagen** lässt sich das von der Schweinehaltung ausgehende Maß an Beeinträchtigungen in einem Rahmen halten, der sich mit dem Gebietscharakter vereinbaren lässt.

In ländlichen Gemeinden gehört eine geschlossene **Intensivhühnerhaltung** grds. nicht zu den nach § 35 Abs. 1 Nr. 4 BauGB privilegierten Vorhaben. **Bei sachgerechter Einrichtung** und Ausübung sind die hiervon ausgehenden nachteiligen Wirkungen auf die Umgebung i.d.R. nicht so schwerwiegend, dass eine derartige Anlage nicht in einem MD-Gebiet ausgeführt werden kann. In einer Entfernung von 180 m vom Stall ist außerhalb der Hauptwindrichtung nach dem derzeitigen Forschungsstand nicht mit Gesundheitsgefahren zu rechnen (Nds. OVG, B. v.19.8.1999 – 1 M 2711/99 – NVwZ-RR 2000, 91).

Aus den Gründen: Die VDI-Richtlinie 3472 hat zwar keine normative Wirkung, sie ist jedoch eine brauchbare Entscheidungshilfe bei der Beurteilung der Zumutbarkeit von Geruchsbelastungen aus der Geflügelhaltung (vgl. BVerwG, NVwZ 1993, 1184 = DVBl. 1993, 652; Nds. OVG, NuR 1998, 661 zur VDI-Richtlinie 3472). Die Landeswirtschaftskammer, die der Ag. beteiligt hat, hat den Stall mit 60 Punkten bewertet und einen Mindestabstand von 330 m gegenüber Wohngebieten errechnet (wird weiter ausgeführt, Nds. OVG, aaO.).

8.52 In einem anzunehmenden Dorfgebiet kann die Errichtung eines Schweinestalles mit 280 Mastplätzen **unter Berücksichtigung der VDI-Richtlinie 3471** zulässig sein (OVG Lüneburg, U. v. 15.3.1979 – IA 134/78 – BRS 35 Nr. 56). *»Immissionen landwirtschaftlicher Betriebe in einem Gebiet, das in etwa einem Dorfgebiet entspricht, sind nicht bereits grundsätzlich bedenklich«* (OVG Lüneburg, aaO.). Das Wohnen darf durch Immissionen landwirtschaftlicher Betriebe nur *nicht unzumutbar* gestört werden.

Reine Wohnbebauung, die sich in **unmittelbarer Nähe eines bereits bestehenden landwirtschaftlichen Betriebs** befindet, ist nach dem Grundsatzurteil des BVerwG regelmäßig dadurch *vorbelastet*, dass die dort Wohnenden mit den für die Landwirtschaft typischen Immissionen rechnen müssen u. sich auch nicht darauf verlassen können, dass es auf Dauer nicht zu stärkeren Belästigungen kommt, als sie bereits bei der Entstehung der Wohnbebauung üblich waren (BVerwG, U. v. 25.2.1977 – IV C 22.75 – BVerwGE 52, 122/127 = BRS 32 Nr. 155); dazu auch OVG Lüneburg, U. v. 17.l.1980 (– 1 A 198/77 – BRS 36 Nr. 60) und U. v. 9.5.1980 (– 1 A 63/79 – BRS 36 Nr. 61) betr. die (bejahte) Zulässigkeit von Wohnhäusern in unmittelbarer Nachbarschaft eines Schweinezuchtbetriebes.

Es ist insbes. das Verdienst des OVG Lüneburg, sich in den genannten Entscheidungen frühzeitig und überzeugend mit der VDI-Richtlinie 3471 »Emissionsminderung **Tierhaltung** – Schweine« befasst und mit der Anwendung im Einzelnen auseinandergesetzt zu haben.

Im Dorfgebiet u. in Gebieten, die nach ihrer tatsächlichen Situation einem Dorfgebiet entsprechen, ist eine Reduzierung des nach der VDI-Richtlinie 3471 erforderlichen Abstands jedenfalls auf die **Geruchsschwellenentfernung** im Hinblick auf die Bestimmung der LBO unbedenklich (OVG Lüneburg, U. v. 15.3.1979, aaO.). Nach dem U. des VGH BW v. 26.2.1979 (– V 3185/78 – BRS 35 Nr. 57) kann ein Schweinestall im nicht beplanten Innenbereich, der (noch) durch landwirtschaftliche Voll- und Nebenerwerbsbetriebe geprägt ist, zulässig sein. Bei der Bestimmung des für das »Einfügen« maßgeblichen örtlichen Bereichs kommt es auf die Verhältnisse, die auf dem unmittelbar *angrenzenden Nachbargrundstück* herrschen, nur insoweit an, als das *Gebot der Rücksichtnahme* in Frage steht (so VGH BW, aaO.). Die Bestimmung dessen, was einem Nachbarn an Geruchs- u. Geräuschimmissionen noch zugemutet werden kann, hängt stets von den Einzelheiten der jeweiligen Situation ab, in die sein Grundstück und das Grundstück des Bauherrn hineingestellt sind (s. dazu Rn 3.4 f.).

8.53 Ein Verwaltungsgericht darf sich *nicht ohne* weitere *Sachaufklärung* bei der *Beurteilung* der *Zumutbarkeit* von Immissionen (hier: eines Schweinestalls in 70 m Abstand zur Wohnbebauung) auf die Abstandswerte der VDI-Richtlinie 3471 stützen, wenn diese selbst bei Unterschreitung der empfohlenen Mindestabstände und im Nahbereich von unter 100 m für den Regelfall eine Sonderbeurteilung verlangt und wenn weitere Umstände gegen die Anwendbarkeit der Abstandswerte sprechen (Leits. des BVerwG im B. v. 8.7.1998 – 4 B 38.98 – BauR 1998, 1207 = BRS 60 Nr. 179).

Aus den Gründen des ausf. Beschlusses:

»*Das Berufungsgericht ist der Rechtsauffassung, dass die hier streitige Baugenehmigung für einen Schweinestall gegen das auch dem Schutz der Kläger dienende Rücksichtnahmegebot verstoße, weil die von dem Stall ausgehenden Geruchsimmissionen den Klägern billigerweise nicht zuzumuten seien. Für die Frage, wann die bei der Haltung von Mastschweinen unvermeidbar auftretenden Geruchsemissionen den Grad erheblicher Belästigungen erreichen, könne auf das technische Regelwerk der VDI-Richtlinie 3471 ›Emissionsminderung Tierhaltung – Schweine‹ (Ausgabe 1986) als ›Entscheidungshilfe‹ zurückgegriffen werden*«. (Wird weiter ausgeführt.) »*Wie das Berufungsgericht ausführt, ist nach Abschnitt 3.2.3.4 der VDI-Richtlinie 3471 bei Unterschreitung der Mindestabstände nach Bild 21 und im Nahbereich eines Schweinestalles von unter 100 m regelmäßig eine Sonderbeurteilung erforderlich. Das bedeutet, dass die Richtlinie selbst davon ausgeht, dass die Abstandswerte in ›Bild 21‹ noch keine abschließende Beurteilung der Immissionen ermöglichen, denen die Nachbarschaft ausgesetzt ist. Die Abstandswerte fordern für den Fall der Unterschreitung, auch im Nahbereich von unter 100 m, eine ›Sonderbeurteilung‹ unter Berücksichtigung der besonderen örtlichen Verhältnisse*«. (Wird weiter ausgeführt.)

Das Gericht »*darf die örtlichen Gegebenheiten, die für die Ausbreitung der Stallgerüche von Bedeutung sein können, jedenfalls nicht außer Betracht lassen und insbesondere nicht vorliegende, an Ort und Stelle gewonnene Erkenntnisse, z.B. der für den Immissionsschutz zuständigen Behörde, als unbeachtlich behandeln ... Der Beigeladene und der Beklagte haben aber u.a. vorgetragen, dass das Staatliche Umweltamt bei 16 unangemeldet durchgeführten Überprüfungen keine oder nur kaum wahrnehmbare Geruchsbeeinträchtigungen festgestellt habe und dass auch aus der Nachbarschaft seit Oktober 1995 keine Beschwerden mehr eingegangen seien*«. (Wird weiter ausgeführt, BVerwG, aaO.).

8.54 Auf die **Anzahl** der gehaltenen Tiere kommt es nur relativ an, in erster Linie auf den **Geruchsschwellenabstand** (s. Rn 9 u. 9.21). Es zeigt sich u.a. auch in der geltenden 4. BImSchV, zuletzt geändert durch Art. 3 des Gesetzes vom 23.10.2007 (BGBl. I S. 2470). Während *bis* zur Neufassung der 4. BImSchV nach § 1 Abs. 1, 3 i.V.m. Nr. 7.1 des Anhangs der 4. BImSchV ein landwirtschaftlicher Betrieb nach den §§ 4 ff., 13 BImSchG genehmigungsbedürftig war, wenn er mehr als 700 Mastschweineplätze *oder* 250 Sauenplätze zu errichten beabsichtigte, bedarf er nunmehr einer solchen Genehmigung erst, wenn er 2.000 Mastschweine und 750 Sauenplätze hält; das »oder« ist entfallen. Es zeigt sich daran, dass nach offensichtlichen Erfahrungen eine deutlich höhere Zahl gehaltener Mastschweineplätze – das Gleiche gilt im Übrigen auch für Geflügel – nicht als »schädliche Umwelteinwirkung« i.S.v. § 3 Abs. 1 BImSchG eingestuft zu werden braucht. Mit Recht hat das BVerwG (im U. v. 4.7.1980, Fundst. Rn 8.4) darauf hingewiesen, dass es bei der Änderung (Erweiterung) z. B. der Stallungen für eine Schweinehaltung bzgl. ihrer Auswirkungen auf die Immissionslage **nicht nur auf die quantitativen, sondern wesentlich** auch **auf die qualitativen Änderungen** ankomme (z. B. andersartige Stallhaltung, sich anders auswirkende Form der Gülleabführung oder Belüftung). Bei einer Erweiterung der Stallhaltung ist zu beachten, dass es stets auf die Emissionen der **gesamten Anlage** ankommt. Andernfalls wäre es möglich, z. B. einen Schweinehaltungsbetrieb abschnittsweise so zu verwirklichen, dass jeder einzelne Abschnitt zwar unbedenklich wäre, die Emissionen der gesamten Anlage das zulässige Maß aber übersteigen würden (so mit Recht OVG Lüneburg, U. v. 15.3.1979 – IA 134/78 – BRS 35 Nr. 56 = ZfBR 1979, 174 = RdL 1981, 236).

Verschiedene allgemeine (objektive) Faktoren wie Ausstattung des Stalles, Größe des Tierbestands und Abstände zwischen Tierhaltung und Wohnbebauung – etwa der **Geruchsschwellenwert** (der Abstand, bei dem der spezifische Stallgeruch erstmalig wahrnehmbar ist) – können von Bedeutung sein. Die VDI-Richtlinie 3471 ist als **Anhaltspunkt für** die Beantwortung der Frage, ob Immissionen zu erheblichen **Belästigungen für die Nachbarschaft** führen können, geeignet u. eine brauchbare, wenn auch nicht abschließende Erkenntnisquelle (s. dazu die zusammenfassende Handhabung der verschiedenen VDI-Richtlinien unter Rn 9 ff.).

In Dorfgebieten können **Schweineställe** auch **in einer Entfernung von weniger als der Hälfte** des Mindestabstands nach Bild 21 der VDI-Richtlinie 3471 von benachbarten Wohnhäusern zulässig sein (BayVGH, U. v. 1.7.2005 – 25 B 99.86 – BauR 2006, 71 = BRS 69 Nr. 66).

Gegenstand des Rechtsstreits ist der genehmigte Umbau des bestehenden Viehstalls des Beigeladenen in einen Mastschweinestall. Der Kläger ist Miteigentümer des benachbarten Grundstücks, das an das Baugrundstück angrenzt. Er betreibt nach eigenen Angaben auf dem Grundstück einen Winzerbetrieb mit Direktvermarktung des Weins. Mit Bescheid von Februar 1997 genehmigte das Landratsamt den geplanten Stallumbau mit der Vorgabe, dass in dem Stall nicht mehr als 140 Tiere entspr. 18.2 GV. in Flüssigmistaufstallung gehalten werden dürfen, und dass der Flüssigmist über perforierten Boden in eine geruchsdicht verschlossene Güllegrube abzuleiten und im Zulauf zur Grube ein Geruchsverschluss (z. B. Siphon) einzubauen ist.

Klage und Berufung des Nachbarn blieben erfolglos.

Aus den Gründen: »*Der geplante Schweinestall ist seiner Art nach gem. § 34 Abs. 1, 2 BauGB i. V. m. § 5 Abs. 2 Nr. 1 BauNVO bauplanungsrechtlich zulässig. Das Vorhaben fügt sich auch nach seinem äußeren Erscheinungsbild in die Eigenart der näheren Umgebung ein. Das Vorhaben wahrt auch die Grenzen des nachbarschaftlichen Rücksichtnahmegebots. Das bauplanungsrechtliche Rücksichtnahmegebot, das auch im unbeplanten Innenbereich über das Einfügungsgebot des § 34 Abs. 1 Satz 1 BauGB Geltung beansprucht, soll gewährleisten, dass Nutzungen, die geeignet sind, Spannungen und Störungen hervorzurufen, einander in rücksichtsvoller Weise so zugeordnet werden, dass Konflikte möglichst vermieden werden*« (wird weiter ausgeführt). »*Die Frage, wann Immissionen im Einzelfall als erheblich anzusehen und deshalb unzumutbar sind, lässt das BImSchG offen. Auch untergesetzliche rechtsverbindliche Konkretisierungen für die Ermittlung und Bewertung von Geruchsimmissionen aus der Schweinehaltung fehlen. Normkonkretisierende Verwaltungsvorschriften wie die TA Luft vom 24.7.2002 liefern für den hier zu entscheidenden Fall ebenfalls keine brauchbaren Maßstäbe. Zum einen regelt die TA Luft gemäß Nr. 1 Abs. 3 nicht den Schutz vor, sondern nur die Vorsorge gegen schädliche Umwelteinwirkungen durch Geruchsimmissionen. Zum anderen enthält die Mindestabstandskurve für Schweine in Abbildung 1 der TA Luft keine Aussage zu dem – hier einschlägigen – Bereich einer Tierlebendmasse unter 50 Großvieheinheiten* (wird weiter ausgeführt). *Deshalb ist auf die VDI-Richtlinie 3471 ›Emissionsminderung Tierhaltung‹ zurückzugreifen, die zwar als technisches Regelwerk nicht unmittelbar rechtsverbindlich ist, die aber als Orientierungs- und Entscheidungshilfe für die Beurteilung der Zumutbarkeit von Geruchsimmissionen aus der Schweinehaltung grundsätzlich brauchbar ist.*«

§ 5   Abs. 2   8.6–8.62

8.6 Für die Bewertung der Zumutbarkeit der von einer Rinderhaltung herrührenden Geruchsimmissionen stellt die als Entwurf herausgegebene VDI-Richtlinie 3474 eine brauchbare Orientierungshilfe dar (Hess. VGH, U. v. 8.12.2005 – 4 UE 1207/05 – BauR 2006, 807 = BRS 69 Nr. 103).

Es handelt sich um den Fall einer typischen Gemengelage zwischen landwirtschaftlicher Nutzung und angrenzender Wohnbebauung, bei der die Anwendung der neu herausgegebenen VDI-Richtlinie 3474 aus dem Jahr 2001 eine besondere Anwendung erfährt. Die Entscheidung wird eingehender im Zuge der Handhabung der verschiedenen VDI-Richtlinien unter Rn 9 f. behandelt. Sie wird in Gemengelagen zwischen Rinderhaltung und Wohnnutzung in Dorfgebieten künftig vermehrt eine Bedeutung erlangen (s. dazu auch Rn 3.42).

8.61 Die **Ansicht**, nach dem BImSchG genehmigungspflichtige Anlagen u. Betriebe – mithin auch Tier(intensiv)haltungen – gehörten grds. nicht in ein Dorfgebiet (so noch *Gelzer/Birk*, Rdn. 773), trifft aufgrund der verschiedenen sorgfältig begründeten Entscheidungen des OVG Lüneburg (s. Fundst. Rn 8.61, 8.62 u. Rn 9.1) nicht (mehr) zu. Die *Anzahl* der gehaltenen Tiere nach Nr. 7.1 des Anh. der 4. BImSchV kann für die Frage der Zulässigkeit allein nicht ausschlaggebend sein. Mit Recht hat das BVerwG (im U. v. 4.7.1980, Fundst. 8.54.) darauf hingewiesen, dass es bei der Änderung (Erweiterung) z. B. der Stallungen für eine Schweinehaltung bzgl. ihrer Auswirkungen auf die Immissionslage **nicht nur auf die quantitativen, sondern wesentlich** auch **auf die qualitativen Änderungen** ankomme (z. B. andersartige Stallhaltung, sich anders auswirkende Form der Gülleabführung oder Belüftung). Bei einer Erweiterung der Stallhaltung ist zu beachten, dass es stets auf die Emissionen der **gesamten Anlage** ankommt. Andernfalls wäre es möglich, z. B. einen Schweinehaltungsbetrieb abschnittsweise so zu verwirklichen, dass jeder einzelne Abschnitt zwar unbedenklich wäre, die Emissionen der gesamten Anlage das zulässige Maß aber übersteigen würden (so mit Recht OVG Lüneburg, U. v. 15.3.1979 – IA 134/78 – BRS 35 Nr. 56 = ZfBR 1979, 174 = RdL 1981, 236).

Das U. des BayVGH v. 19.6.1996 (– 22 B 95.4078 – GewArch. 1996, 437) mit der leitsatzähnlichen Aussage: »*Eine industrieähnliche Massenschweinhaltung sprengt den Rahmen des herkömmlichen Dorfbildes*« entspräche heutzutage nicht mehr der generellen Auffassung. **Aus den Gründen** geht hervor, dass sich die Entscheidung nur am Rande mit der VDI-Richtlinie 3471 »Emissionsminderung Tierhaltung – Schweine« befasst hat. Sie erlaube allenfalls mittelbar und mit der gebotenen Vorsicht Rückschlüsse auf die Reichweite des Nachbarschutzes. Es heißt dort bezeichnenderweise weiter: »*Es mag sein, dass die Verwaltungspraxis hier auf die Bewusstseinsbildung der Bevölkerung Einfluss genommen und insofern in gewissem Sinn rechtsschöpferisch gewirkt hat. Angesichts der gerichtsbekannten und in der mündlichen Verhandlung erörterten Schwierigkeit, die Erheblichkeit von Geruchsbelästigungen angemessen zu bewerten, wäre es schwer verständlich, wenn sich die Gerichte ohne zwingenden Grund über eine von der Bevölkerung wohl weithin gebilligte allgemeine Behördenpraxis hinwegsetzen. Dies gilt umso mehr, als das Immissionsschutzrecht (auch) auf eine handhabbare und gleichmäßige Anwendung durch die Verwaltungsbehörden hin auszulegen ist*«. (BayVGH, aaO.).

8.62 Verschiedene allgemeine (objektive) Faktoren wie Ausstattung des Stalles, Größe des Tierbestands und Abstände zwischen Tierhaltung und Wohnbebauung – etwa der **Geruchsschwellenwert** (der Abstand, bei dem der spezifische Stallgeruch erstmalig wahrnehmbar ist) – können von Bedeutung sein (VGH BW, U. v. 27.10.1979 – VIII 2289/77 – BRS 35 Nr. 58). Die VDI-Richtlinie 3471 ist als **Anhaltspunkt für** die Beantwortung der Frage, ob Immissionen zu erheblichen **Belästigungen für die Nachbarschaft** führen können, geeignet u.

eine brauchbare, wenn auch nicht abschließende Erkenntnisquelle. Ausführlich u. überzeugend z. Problematik der VDI-Richtlinie 3471 auch OVG Lüneburg, U. v. 13.7.1979 (– IA 31/78 – BRS 35 Nr. 197); vgl. ferner Hess. VGH, B. v. 2.9.1980 (– IV TG 52/80 – BRS 36 Nr. 83) u. B. v. 2.10.1980 (– IV TG 73/80 – BRS 36 Nr. 84). Die Mindestentfernungen nach der VDI-Richtlinie 3471 können **durch** den **Einbau von Abluftreinigungsanlagen** noch erheblich unterschritten werden; z. Schweinezuchtstall mit Entlüftungsanlage im Unterdrucksystem schon BayVGH, U. v. 13.4. 1996 (– Nr. 154 I 73 – BayVBl. 1977, 51).

ff) Handhabung der VDI-Richtlinie 3471 »Emissionsminderung Tierhaltung – Schweine«, der VDI-Richtlinie 3472 »Emissionsminderung Tierhaltung – Hühner« sowie der VDI-Richtlinie 3474 »Emissionsminderung Tierhaltung Geruchsstoffe«, Entwurf März 2001 in der Praxis landwirtschaftlicher Betriebe. Die **Richtlinien** haben sich während einer fast über drei Jahrzehnte erstreckenden Anwendung bei stetiger Verbesserung, insbes. Differenzierung der zugrunde liegenden Emissions- u. Immissions-Faktoren und Parameter, in der praktischen Anwendung bei der Beurteilung landwirtschaftlicher Betriebe in ihren Beziehungen zu anderen Nutzungen bewährt. Besondere Bedeutung hat dabei die VDI-Richtlinie 3471 über Emissionsminderung »Schweine« erhalten. In der jüngsten Zeit sind durch die VDI-Richtlinie 3474 über die Emissionsminderung im Zusammenhang mit der Rinderhaltung im Dorfgebiet gezielt neue Probleme und Erfahrungen entstanden, die in der obergerichtlichen Rspr. ihren Niederschlag gefunden haben (dazu unter Rn 9.4). Die Geruchsimmissions-Richtlinie (GIRL), die zuweilen noch auf landwirtschaftliche Immissionen angewandt worden ist, ist nach ihrem Wortlaut ausdrücklich für landwirtschaftliche Immissionen **nicht vorgesehen**. Die Regelungen der GIRL sind bei den Erläuterungen über Luftverunreinigungen in § 1 Rn 52.1 ausführlich behandelt worden.

Zum besseren Verständnis besonders der Entwicklung der VDI-Richtlinie 3471 sind die grundsätzlichen gerichtlichen Entscheidungen darüber beibehalten worden. Eine deutliche Hilfe für die Länder war die erste Empfehlung durch den LAI 1979 und vor allem die Überarbeitung der Richtlinien 1986.

Bei der Anwendung der VDI-Richtlinie 3471 ist auf das Maß der bei **funktionsgerechter Nutzung** der baulichen Anlagen möglichen Störungen abzustellen (eine gute Zusammenfassung der Probleme bei Handhabung der Richtlinie bei *Otto/Rath*, aaO. und bei *Sarnighausen*, aaO., S. 128 f.). Die Bewährung ist in erster Linie darauf zurückzuführen, dass nicht nur die Schweinezucht u. -mast betreibenden landwirtschaftlichen Betriebe den in der VDI-Richtlinie 3471 vorgeschriebenen Regelungen nachgekommen sind, sondern dass die *Gerichte*, besonders früh das Nds. OVG, damals noch als »OVG Lüneburg«, in seinem Grundsatzurt. v. 15.3.1979 – IA 134/78 – Fundst. Rn 8.54) sich mit Sorgfalt der technischen Einzelheiten der Richtlinie angenommen haben. Da die Geruchsimmissionen *objektiv* nicht messbar sind, kommt es besonders auf die aufgeschlossene Beurteilung der nach Punkten und dergl. festgelegten Mindestabstände – ggf. deren Umrechnung – u. deren Einbeziehung mit zahlreichen weiteren Tatbestandsmerkmalen (wie » Austrittsöffnung« für die Abluft oder Strömungsgeschwindigkeit) der VDI-Richtlinie 3471 als **Orientierungsrahmen** an. Ob Geruchsimmissionen erheblich sind, u. ggf. der Nachbarschaft nicht (mehr) zugemutet werden können, hängt letztlich von einer **wertenden Betrachtung** *aller* maßgebenden Umstände des Einzelfalls ab. Das OVG Lüne-

§ 5   Abs. 2   9.11

burg ist in dem U. v. 9.5.1980 (– 1 A 63/79 – BRS 36 Nr. 61 = BauR 1981, 51 = RdL 1981, 231) nach Auswertung der zahlreichen Tatbestandsmerkmale im Rahmen der die Entscheidung tragenden Gesamtwürdigung auf die verallgemeinerungsfähige Situation im Dorfgebiet eingegangen.

9.11 Wie ersichtlich, befassen sich die Richtlinien mit Emissionen luftverunreinigender Stoffe aus der Tierhaltung und berücksichtigen den derzeitigen Stand der Technik. Anstelle von Emissions- oder Immissionsgrenzwerten enthalten sie **Abstandsregelungen**. Die Mindestabstände wurden aus den **Geruchsschwellwerten** von Praxiserhebungen zuzüglich eines Sicherheitsabstandes gewonnen. Sie werden zwischen Stallanlagen und Wohnbebauung bzw. dem Wohnen ausschließlich oder vorwiegend dienenden Baugebieten (WR, WA, WB, MI-Gebieten) und entspr. Ortsteilen nach § 34 BauGB empfohlen. Die Abstandswerte sind so konzipiert, dass sie – unter Berücksichtigung eines Sicherheitszuschlags – an die erstmalige Erkennbarkeit des spezifischen Stallgeruchs anknüpfen. Werden die Abstände eingehalten, kann i. d. R. davon ausgegangen werden, dass der Stallgeruch nicht wahrgenommen wird und damit auch keine unzumutbaren Beeinträchtigungen auftreten.

Grundlage für die Abstandsermittlung sind einerseits die Tierbestände nach typisierten Kategorien (z. B. bei Rindern, Kälber, Jungvieh bis 1 Jahr, Jungvieh von 1–2 Jahre, Kühe und Jungvieh über 2 Jahre, Mastkälber, Mastvieh, Bullen) und andererseits die betriebstechnischen Modalitäten der Tierhaltung. Bei den Beständen entsprechen 500 kg Lebendgewicht einer Großvieheinheit (GV). Zum Vergleich dienen folgende Orientierungswerte (bei Schweinehaltung):

- Zuchtsau, Eber   0,3 GV
- Zuchtsau mit Ferkeln,
  Absetzen nach 4 Wochen   0,4 GV
  Absetzen nach 8 Wochen   0,5 GV
- Jungsauenaufzucht   0,15 GV
- Aufzuchtferkel
  bis 15 kg   0,01 GV
  bis 25 kg   0,02 GV
- Mastschweine (Rein-Raus-Verfahren)
  Vormast   bis 40 kg   0,06 GV
  Mittel-/Endmast 40 bis 105 kg   0,15 GV
- Mastschweine (Kontinuierliche Mast
  Vor-/Mittel-/Endmast) 25 bis 105 kg   0,12 GV.

Wegen der unterschiedlichen spezifischen Geruchsströme werden auf die ermittelten GV der jeweiligen Tierkategorien unterschiedliche **Geruchsäquivalenzfaktoren** angewandt, so dass in die Abstandsermittlungen letztlich sog. »geruchsrelevante Großvieheinheiten« einfließen. Der Geruchsäquivalenzfaktor beträgt für Mastschweine 1,0. Bei Rindern liegt er i. d. R. – ausgenommen sind Mastkälber – deutlich niedriger zwischen 0,17 und 0,25, bei Hühnern und Puten hingegen mit 1,25 noch höher als bei Schweinen.

In der Praxis ergeben sich hiernach bspw. folgende unterschiedliche geruchsrelevante GV für jeweils dasselbe Lebendgewicht von 600 kg (= 1,2 GV):

- 8 Mastschweine (Geruchsäquivalenzfaktor 1,0) ergeben
  1,2 geruchsrelevante GV;
- 1 Kuh (Geruchsäquivalenzfaktor 0,17) ergibt nur
  0,2 geruchsrelevante GV;
- 48 Mastputen (Geruchsäquivalenzfaktor 1,25) ergeben
  1,5 geruchsrelevante GV.

Hinsichtlich der betriebstechnischen Modalitäten sind verschiedene die Geruchsimmissionen beeinflussende Faktoren von Bedeutung, wie etwa spezifische Merkmale der Stallhaltung (z. B. Flüssig- oder Festmistverfahren, Lüftung), der Mistlagerung, der Futterart, der Futterlagerung u. a. mehr. Diese fließen in ein Punktesystem der Stallbewertung ein, bei der maximal 100 Punkte erreicht werden können. Mit den beiden Kenngrößen der geruchsrelevanten GV und der Punktezahl der Stallbewertung lassen sich sodann in für die jeweilige Tierhaltungen vorgesehenen Kurven bestimmte Abstandswerte ablesen bzw. konkret ermitteln.

Mülbert (aaO.) unternimmt eine kritische Systematisierung der Rspr.-Ergebnisse zur VDI-Richtlinie 3471 und setzt sich dabei insbes. mit der *unterschiedlichen* praktischen *Handhabung* der Richtlinie durch die Verwaltungsgerichte auseinander. Er stellt fest, dass durchweg Einigkeit insofern herrscht, als der **absolute Schutz vor Geruchsimmissionen**, den die Richtlinie für Wohngebiete zu gewährleisten sucht, in dörflichen Gebieten **nicht zu verwirklichen** ist. Hier sei vielmehr zu Lasten der Wohnbebauung deren situationsbedingte »landwirtschaftliche Vorbelastung« in Rechnung zu stellen (*Mülbert*, aaO., S. 445). Das entspricht der Auffassung des OVG Lüneburg, wonach sich die »Zumutbarkeitsgrenze« für das Wohnen nicht durch einen (bestimmten) prozentualen Abschlag von den in den Diagrammen angegebenen Mindestabständen errechnen lasse, sondern nur anhand der konkreten Grundstückssituation (OVG Lüneburg, U. v. 17.1.1980, Fundst. Rn 8.52; vgl. auch den U. v. 4.1.1983 – 1 C 2/81 – BRS 40 Nr. 34, in dem das OVG auf die VDI-Richtlinie ausführlich eingeht).

9.12

Zur Bedeutung der VDI-Richtlinie 3471 für die Planung von Wohnbebauung in der Nachbarschaft eines Schweinezuchtbetriebes vgl. ferner Nds. OVG, U. v. 25.3.1994 (– 1 K 6747/92 – UPR 1994, 354), und den dazu ergangenen Leits.: *»Bezieht sich ein Landwirt in seinen Bedenken gegen den Entwurf eines Bebauungsplans auf ein von ihm eingeholtes Sachverständigengutachten zu Immissionen seines Betriebs, darf die Gemeinde sich nicht darauf zurückziehen, das Gutachten liege nicht vor«* (aaO.); s. dazu auch BVerwG, B. v. 8.7.1998 – Fundst. 8.53.

Die zahlreichen zwischenzeitlich ergangenen Entscheidungen zur Frage der Geruchsbelästigungen von Wohnbebauung durch landwirtschaftliche Stallungen, i. d. R. unter sorgfältiger Anwendung **der VDI-Richtlinie 3471** und zusätzlicher gutachtlicher Beurteilungen im Rahmen der verwaltungsgerichtlichen Entscheidungen zeigen, dass es der Rspr. auch bei notwendig *wertender* Betrachtung gelungen ist, überzeugende Entscheidungen zu treffen. Das lässt den Schluss zu, dass es sich bei der VDI-Richtlinie 3471 – wie bei zahlreichen anderen Richtlinien – um eine durch ein sachverständiges Gremium erarbeitete Regelung handelt, die als **antizipiertes Sachverständigengutachten** bezeichnet werden kann.

9.2

Entspr. ihrem Schutzzweck (Vermeidung erheblicher Belästigungen) unterscheidet die VDI 3471 zwischen Regelabständen (Nr. 3.2.3.1: Abstände zwischen Tierhaltung und Wohn- und Mischgebieten) und einem vorbelastungsbedingt geminderten Abstand **gegenüber Dorfgebieten** (Nr. 3.2.2.3.2). Der »Dorfgebietsabstand« beträgt die *Hälfte* des Regelabstands. Der ist entspr. auch auf das Verhältnis von Wohnhäusern im Dorfgebiet gegenüber heranrückenden privilegierten landwirtschaftlichen Anlagen anzuwenden. Der »Dorfgebietsabstand« ist mit dem aus Erfahrungswerten gewonnenen sog. Geruchsschwellenabstand gleichzusetzen. Dieser bezeichnet die Entfernung, bei der der spezifische Stallgeruch erstmalig wahrnehmbar ist, d. h. bei der eine Stallanlage bei entspr. Windverhältnissen schon geruchsweise wahrzunehmen ist, ohne dass dies bereits zur Belästigung führt (s. dazu i. e. 3.2.1. Abs. 2 VDI 3471). Daraus ist ersichtlich, dass nicht jede Unterschreitung des Geruchsschwellenabstandes »automatisch« zu unzumutbaren Geruchsbelästigungen für Wohngebäude führen muss. Diese Frage ist anhand einer dann erforderlichen Sonderbeurteilung aufgrund der örtlichen Verhältnisse im Einzelfall zu beantworten (vgl. dazu VDI 3471 Nr. 3.2.3.4). Die VDI 3471 unterscheidet ferner zwischen Geruchsschwellenentfernung und der sog. Belästigungsgrenze. Letztere wird im Regelfall erst bei der *halben* Geruchsschwellenentfernung angenommen. Sie markiert einen Entfernungsbereich, bei dem die Geruchsintensität um ein Mehrfaches höher ist als bei der Geruchsschwelle. Während die Geruchsschwelle bei 1 »Geruchseinheit« festgelegt wird, beginnt die Belästigungsgrenze i. A. erst bei 5–10 »Geruchseinheiten«. Die VDI 3471 geht davon aus, dass die Geruchsschwelle als Belästigungsparameter nur für Wohngebäude maßgeblich ist, während bei den Grundstücks*freiflächen* mehr Geruchsimmissionen zumutbar sind; i. d. R. muss nur die sog. Belästigungsgrenze eingehalten werden.

9.21

Werden zwischen einem Schweinestall und Wohngebäuden die nach der VDI-Richtlinie 3471 in Bild 21 i. V. m. Nr. 3.2.3.2 ermittelten Mindestabstände un-

9.22

§ 5 Abs. 2   9.3, 9.31

terschritten, ist regelmäßig eine Sonderbeurteilung vorzunehmen. Die von einem Schweinestall ausgehenden Geruchsbelästigungen sind in einem Dorfgebiet dann zumutbar und verstoßen nicht gegen das Gebot der Rücksichtnahme, wenn sich die **Geruchsereignisse** quantitativ auf unter 3 % der Jahresstunden beschränken und qualitativ nicht in besonderer Weise intensiv oder unangenehm sind.

Die Empfehlungen der VDI-Richtlinie 3471 beziehen sich auf Abstände der Tierhaltung zur Wohnbebauung und nicht zu Wohngrundstücken (Nds. OVG, B. v. 4.8.1999 – 1 M 2974/99 – BRS 62 Nr. 105 = BauR 2000, 364).

9.3 Lediglich kurze Zeit nach Anwendung des Regelwerks der VDI-Richtlinie 3471 »Emissionsminderung Tierhaltung Schweine« auf landwirtschaftliche Immissionen in Bezug auf Wohnnutzung zeigte sich, dass die Regelungen für den Geruchsabstand zwischen Rinderhaltung und Wohnnutzung wenig brauchbar waren. Die Geruchsemissionen von Schweinen waren mit denjenigen von Rindern nicht vergleichbar. Aus dieser Erkenntnis hat ein Gremium aus Wissenschaft, Wirtschaft und Verwaltung selbstverantwortlich den Entwurf einer VDI-Richtlinie 3473 »Emissionsminderung Tierhaltung – Rinder« erarbeitet; er erschien damals besser geeignet, die Geruchsabstände von Rindern zu beurteilen. Aus diesseits nicht bekannten Gründen ist die VDI-Richtlinie 3473 über das Entwurfsstadium nicht herausgekommen. Es muss als das besondere Verdienst des Hess. VGH und gleichfalls des BayVGH bezeichnet werden, dass sie in einem frühen Zeitpunkt, abgestützt auf den Entwurf der Richtlinie 3473, überzeugende Entscheidungen bezüglich des Geruchsabstands zwischen Rinderhaltung und Wohnnutzung in einem Dorfgebiet getroffen haben (vgl. Hess. VGH in dem B. v. 16.3.1995 – 3 TG 50/95 – BRS 57 Nr. 216) und BayVGH, U. v. 3.1.1995 – 2 B 91.2878 – BRS 57 Nr. 217 = UPR 1996, 2). Beide VGHe kommen in ihren Entscheidungsgründen zu dem Ergebnis, dass der Richtlinien-Entw. 3473 besser geeignet erscheint als die Heranziehung der VDI-Richtlinie 3471 mit nicht einheitlich anerkannten Umrechnungsfaktoren, empirisch abgesicherte, aussagekräftige und dem neuesten Stand wissenschaftlicher Erkenntnis entspr. Aussagen über den erforderlichen Abstand zwischen einer Rinderhaltung und einer Wohnbebauung zu gewinnen. Dem Entwurf der VDI-Richtlinie 3473 zur Rinderhaltung kommt zwar ebensowenig wie der VDI-Richtlinie 3471 zur Schweinehaltung rechtliche Verbindlichkeit zu. Dies schließt es aber nicht aus, dass auf der Grundlage dieses fachlich abgestützten Regelwerks im Einzelfall für einen bestimmten Standort der Rinderhaltung ein erforderlicher Geruchsabstand zu einem heranrückenden Wohngebäude ermittelt wird. In der Entscheidung des Hess. VGH (B. v. 16.3.1995) bringt der Senat in den Gründen zum Ausdruck, dass dies mit der vorgelegten gutachterlichen Stellungnahme geschehen ist. Anhand des Entwurfs der VDI-Richtlinie 3473 ist dort plausibel und nachvollziehbar, bezogen auf den derzeitigen Viehbestand des Antragstellers, ein Geruchsschwellenabstand von 50 m ermittelt worden, zu dem im Dorfgebiet ein 100-prozentiger Sicherheitszuschlag nicht hinzuzurechnen ist. Bei den im Dorfgebiet vorrangig zu berücksichtigenden Entwicklungsmöglichkeiten landwirtschaftlicher Betriebe – der Antragsteller beabsichtigt die Aufstockung seines Viehbestandes – ist bei einem geplanten Besatz von 17,28 anrechenbaren Großvieheinheiten und 100 Punkten bei der Stallbewertung ein Abstand von 60 m erforderlich (wird weiter ausgeführt).

Auch bei einer nicht unüblichen Umrechnung der anzusetzenden Großvieheinheiten im Verhältnis 1:4 ergäbe sich nach der VDI-Richtlinie 3471 zur Schweinehaltung der erforderliche Geruchsabstand in derselben Größe von 50–60 m (unter Bezugnahme auf BayVGH, U. v. 31.10.1989 – 20 B 85 A.2335 – NVwZ-RR 1990, 529). – Die durch ein Nebeneinander unterschiedlicher Nutzungen gekennzeichnete bodenrechtliche Situation belastet Grundstücke von vornherein mit einer gegenseitigen Pflicht zur Rücksichtnahme. Ein Wohnbauvorhaben, was die von ihm hinzunehmenden landwirtschaftlichen Immissionen angeht, fügt sich dann in die Eigenart der näheren Umgebung ein, wenn es nicht stärkeren Belästigungen ausgesetzt sein wird als die bereits vorhandene Wohnbebauung. Die landwirtschaftliche Nutzung braucht in einem solchen Fall gegenüber der hinzukommenden Wohnnutzung nicht mehr Rücksicht zu nehmen als gegenüber der bereits vorhandenen Wohnnutzung (wird weiter ausgeführt; Hess. VGH, aaO.).

9.31 Der BayVGH kommt in einer ausführlich begründeten, auf die Ausführungen der Sachverständigen in der mündlichen Verhandlung und auf die Ergebnisse umfangreicher Untersuchungen an zahlreichen Rinderhaltungsbetrieben im Jahre 1993 gestützten Entscheidung zu dem Ergebnis, dass die VDI-Richtlinie 3471 »Emissionsminderung Tierhaltung – Schweine« als Orientierungsrahmen für die Erheblichkeit *außer Betracht* zu bleiben hat.

Die Emissionen aus Rinderställen können auch bei einem festen Umrechnungsfaktor von Schweinegroßvieheinheiten auf Rindergroßvieheinheiten nicht mit den Emissionen aus Schweinebeständen gleichgesetzt werden, unter Bezugnahme auf gleiche Erfahrungen des OVG Lüneburg (U. v. 10.3.1993, BRS 55 Nr. 82 = BauR 1993, 444). Bei Rinderställen liegt nach im Einzelnen begründeter Aussage des Sachverständigen die Geruchsschwellenentfernung für schwach wahrnehmbaren Geruch unter 30 m, und zwar ohne Rücksicht auf die Bestandsgröße (wird weiter ausgeführt unter Bezugnahme auf weitere Untersuchungen, Windverhältnisse u. dergl.). Der Senat kommt zu dem Ergebnis, dass die mehr als 30 m von den Betrieben entfernten Häuser durch Tier- und Stallgerüche auch bei ungünstigsten Annahmen in unter 1 % der Jahresstunden zwar deutlich wahrnehmbar, »aber noch ohne Folge für das Wohlbefinden des Menschen berührt werden« (BayVGH, aaO.).

Die für Schweinehaltungen geltende VDI-Richtlinie 3471 ist bisher **auf Rinderställe** nicht entspr. anwendbar (so mit Recht Nds. OVG, B. v. 10.3.1993 – 6 M 531/93 – BRS 55 Nr. 82). Die Gründe für die erheblichen Unterschiede der Geruchsauswirkungen bei einer Schweinehaltung gegenüber der Rinderhaltung bedürfen keiner besonderen Ausführungen. Eine Umrechnung vorhandener Rinder-Großvieheinheiten auf solche für Schweine ist auch nach diesseitiger Kenntnis bisher nicht vorgesehen. Das BVerwG hat sich in seinem B. v. 27.1.1994 (– 4B 16.94 – NVwZ 1995, 6) im Zusammenhang mit **Geruchsbelastungen** durch **Rinderhaltung** etwas grundsätzlicher zur Anwendung technischer Regelwerke geäußert: »*Unzulässig ist in jedem Falle eine nur schematische Anwendung bestimmter Mittelungspegel oder Grenzwerte.*«

9.32

Solange gesetzliche oder anderweitige rechtlich geregelte Festlegungen fehlen, sind von den Behörden und Gerichten alle Umstände des Einzelfalls umfassend zu würdigen und die *spezielle* Schutzwürdigkeit des jeweiligen Baugebiets zu bestimmen. Technische Regelwerke, die hinsichtlich bestimmter Beeinträchtigungen Werte und Verfahrensregelungen enthalten wie die **VDI-Richtlinien 3471 und 3472**, können i. S. sog. antizipierter Sachverständigengutachten einen guten Anhalt vermitteln.

Sie haben auch für Geruchsbelastungen ihre Gültigkeit. Solange es für die Rinderhaltung keine Regelwerte gibt, die »*eine gewisse Orientierung geben könnten*«, kann das BVerwG diesem Umstand nicht durch »eigene« Orientierungswerte abhelfen. Es muss »*bei einer auf den Einzelfall ausgerichteten Beurteilung verbleiben*« (BVerwG, aaO.); s. auch § 1 Rn 52.2 u. § 5 Rn 9.3.

In der Zwischenzeit haben sich insbes. der Hess. VGH und der BayVGH intensiv mit der Frage der richtigen Geruchsabstände zwischen Rinderhaltung und der Wohnnutzung befasst. Der Hess. VGH hat seine Erkenntnisse in einem Grundsatzurt. v. 26.5.2003 zum Ausdruck gebracht, ausführlich unter Rn 3.42 behandelt; s. dazu auch die Entscheidung des VGH BW v. 3.5.2006 (Rn 3.43). Der BayVGH hat gleichfalls Gelegenheit gehabt, sich mit dem Geruchsschwellenabstand in seinem U. v. 23.11.2004 auseinanderzusetzen (ausführlich unter Rn 3.44 behandelt).

9.4

In den Gründen hat der BayVGH u. a. zum Ausdruck gebracht: Für die Bestimmung der Erheblichkeitsschwelle von Rinderstallgerüchen existieren weder rechtlich verbindliche Vorschriften noch ein technisches Regelwerk. Bei Konfliktlagen zwischen Rinderställen und Wohngebäuden in einem Dorfgebiet legt der Senat deshalb seiner Rspr. die Erhebungen der Bayerischen Landesanstalt für Landtechnik der Technischen Universität München Weihenstephan (im folgenden Landesanstalt) »Geruchsemissionen aus Rinderställen« vom März 1994 und »Geruchsfahnenbegehungen an Rinderställen« vom Juni 1999 als brauchbare Orientierungshilfe zugrunde.

Rinderhaltung stellt nach diesen empirisch ausreichend abgesicherten und nachvollziehbaren Untersuchungsergebnissen grundsätzlich eine emissions-

§ 5   Abs. 2   9.5, 9.6

arme Tierhaltung dar. Die Geruchsschwellenentfernungen sind danach bei einem Bestand von bis zu 400 Großvieheinheiten praktisch von der Bestandsgröße unabhängig (wird weiter ausgeführt; sehr instruktiv).

9.5 Zur Bedeutung der »Geruchsimmissions-Richtlinie« (GIRL):

Der LAI hat am 12.1.1993 die GIRL zur Kenntnis genommen, die er den Ländern zur Umsetzung in entspr. Verwaltungsvorschriften oder zur Verbindlichmachung in entspr. anderer Weise für die Genehmigungs- und Überwachungsbehörden empfohlen hat. Der LAI führt in der RL weiter aus:

»Die TA Luft enthält keine Vorschriften, in welcher Weise zu prüfen ist, ob von einer Anlage Geruchsimmissionen hervorgerufen werden, die eine erhebliche Belästigung im Sinne des § 3 Abs. 1 BImSchG darstellen. Daher sind bis zum Erlass entsprechender bundeseinheitlicher Verwaltungsvorschriften die in dieser Richtlinie beschriebenen Regelungen zu beachten, um sicherzustellen, dass bei der Beurteilung von Geruchsimmissionen und bei den daraus ggf. folgenden Anforderungen an Anlagen mit Geruchsemissionen im Interesse der Gleichbehandlung einheitliche Maßstäbe und Beurteilungsverfahren angewandt werden. Für nicht genehmigungsbedürftige Anlagen kann die Richtlinie sinngemäß angewandt werden«. Es ist diesseits hinzuzufügen, dass die Neufassung der TA Luft 2002 gleichfalls keine Bestimmungen über Geruchsimmissionen enthält.

»Zur Beurteilung der Erheblichkeit der Geruchseinwirkung werden in Abhängigkeit von verschiedenen Baugebieten Immissionswerte als Maßstab für die höchstzulässige Geruchsimmission festgelegt. Mit diesen Immissionswerten sind Kenngrößen zu vergleichen, die auch die durch andere Anlagen verursachte vorhandene Belastung berücksichtigen. Für die Ermittlung der vorhandenen Belastung sind im Allgemeinen olfaktorische (d.h. den Geruchsnerv betreffende, d. Verf.) *Feststellungen im Rahmen von Begehungen in Anlehnung an die VDI-Richtlinie 3940 (Bestimmung der Geruchsstoffimmission durch Begehungen) vorzunehmen.«*

Die Richtlinie enthält auch Regelungen für die Fälle, in denen bereits die Kenngröße für die vorhandene Belastung auf einer Beurteilungsfläche einen Immissionswert überschreitet (vgl. Nr. 3.3 und Nr. 5) oder Geruchsimmissionen durch andere als in Nr. 3.1 aufgeführte Quellen auf einer Beurteilungsfläche relevant sind (vgl. Nr. 5).

Im Einzelnen sind in der Richtlinie Angaben enthalten über

- Immissionswerte (relative Häufigkeiten der Geruchsstunden) und deren Anwendung,
- Erheblichkeit der Immissionsbeiträge,– Ermittlung der Kenngrößen (zeitliche Wahrnehmbarkeit oberhalb einer bestimmten Intensität,
- Erkennbarkeitsschwelle, unterschieden nach vorhandener und der zu erwartenden Zusatzbelastung,
- Ermittlung im Überwachungsverfahren (ggf. entscheidend für nachträgliche Anordnungen),
- Kenngröße für eine vorhandene Belastung mit den einzelnen Schritten im Ermittlungsverfahren,
- Kenngröße für die zu erwartende Belastung,
- Auswertung sowie
- Sonderfallprüfungen.

In Anhang B sind Geruchsschwellenwerte für eine Reihe von anorganischen und organischen Stoffen in ml/m3 (ppm) bzw. mg/m³ angegeben. In Anhang C sind Anforderungen an das olfaktometrische Messverfahren geregelt.

9.6 Zur Bedeutung der »Geruchsimmissions-Richtlinie« (GIRL), hat sich das Nds. OVG in dem U. v. 11.4.1997 – 1 L 7648/95 – NdsVBl. 1997, 259 geäußert.

Eingeführt haben die RL als Verwaltungsvorschrift zur Feststellung und Beurteilung von Geruchsimmissionen das Nds.MU mit Erlass v. 14.3.1996 und das Land Sachsen (vgl. NVwZ 1995, 46). Für die übrigen Länder ist die GIRL (noch) nicht verbindlich.

Die Geruchsimmissions-RL (GIRL) gilt für **Anlagen,** die einer **Genehmigung nach § 4 BImSchG** bedürfen. Sie betrifft nur Gerüche von Stoffen, für die die Anlage B Geruchsschwellenwerte enthält. Unabhängig von einer etwaigen Schädlichkeit der Geruchsstoffe ist auch der Grad der Belästigung zu prüfen, ob der Geruch als unangenehm empfunden wird und daher den Betroffenen nicht zuzumuten ist.

Die Geruchsimmissions-RL ist entspr. § 22 BImSchG auch bei nicht genehmigungsbedürftigen Anlagen anzuwenden, nicht dagegen bei landwirtschaftlichen Betrieben. Zwar unterliegen bestimmte landwirtschaftliche Anlagen wegen ihrer Größe bzw. ihres Umfangs nach Nr. 7.1 des Anhangs zur 4. BImSchV dem (normalen) Genehmigungsverfahren nach § 10 BImSchG. Da die GIRL für landwirtschaftliche Gerüche aber keine Geruchsschwellenwerte enthält, ist sie dabei nicht anwendbar.

Zur Ermittlung und Bewertung von Geruchsbelästigungen durch Tierhaltungsbetriebe nach der VDI Richtlinie 3471 und nach der Geruchsimmissions-Richtlinie (GIRL):

Holt eine Gemeinde zwei Geruchsgutachten zu den Auswirkungen von drei Tierhaltungsbetrieben auf ein geplantes Dorfgebiet ein, ist ihre Abwägung wegen Prognoseunschlüssigkeit fehlerhaft, wenn sie das erste Gutachten, das eine vierfache Überschreitung der Grenzwerte nach GIRL ausweist, im weiteren Planaufstellungsverfahren unberücksichtigt lässt (OVG NW, U. v. 25.9.2000 – 10 aD 8/00.NE – DVBl. 2000, 408 = BRS 63 Nr. 7).

Die Heranziehung der Geruchsimmissions-Richtlinie (GIRL) für landwirtschaftliche Gerüche ist in Lit. und Rspr. umstritten. Sie ist in der Lit. von *Moench/Hamann* (DVBl. 2004, 201) kritisiert worden. Nach ihnen sind die von der GIRL verwandten Kriterien in der Bewertung von Geruchsimmissionen eindimensional. Wegen des Verzichts auf die Bewertungsfaktoren Hedonie und Intensität seien sachgerechte Ergebnisse in der Regelfallprüfung nicht zu erwarten. Der extrem niedrige Grenzwert für zulässige Geruchsimmissionen bedeute vielfach eine unverhältnismäßige Beschränkung für den Betreiber emittierender Anlagen (aaO., DVBl. 2004, 201/206 f.).

In der Rspr. haben sich das Sächs. OVG (B. v. 15.7.1998, SächsVBl. 1998, 292), das VG Greifswald (B. v. 20.4.2002 – 1 B 493/494 –), der BayVGH (U. v. 27.11.2006 – 15 BV 06.422 –, BauR 2008, 75) und der VGH BW (U. v. 23.10.2003 – 10 S 141/01 – DVBl. 2002, 709/711) gegen die Anwendung der GIRL in der gerichtlichen Praxis ausgesprochen (a. A. aus neuerer Zeit: OVG NW, B. v. 24.6.2004 – 21 A 4130/01 –, NVwZ 2004, 1259, U. v. 20.9.2007 – 7 A 1434/06 –, BauR 2008, 71; Nds.OVG, U. v. 27.6.2007 – 12 LA 14/07 –, DÖV 2007, 1050 ff., U. v. 26.4.2007 – 12 LB 62/07 –, DÖV 2007, 1050 [nur Leits.]). Der VGH BW hat hierzu ausgeführt:

»*Gegen die Heranziehung der GIRL als eines zwar nicht verbindlichen, aber fachlich tragfähigen Regelungswerks zur Bestimmung der Erheblichkeit von Geruchsimmissionen der hier zu beurteilenden Art erheben sich gleichwohl Bedenken. Diese ergeben sich zunächst daraus, dass die GIRL nur genehmigungsbedürftige Anlagen (§ 4 BImSchG) betrifft und in erster Linie für Industrieanlagen entwickelt worden ist. Deshalb stellt sich die Frage, ob das Regelungskonzept der GIRL, insbesondere weil der Definition der Geruchsstunde der Dauerbetrieb von Anlagen zugrunde liegt, auch auf kurzfristig emittierende Kleinanlagen – wie dies bei dem Backhaus der Fall ist – zugeschnitten ist. Fraglich ist auch, ob die GIRL, bei deren Immissionswerten es sich um relative Häufigkeiten der Geruchsstunden handelt, andere wesentliche Parameter wie Intensität und Charakter (Lästigkeit) der Gerüche hinreichend berücksichtigt und damit geeignet ist, insoweit die Anforderungen des BImSchG umfassend bewertend auszufüllen.*«

Der Kritik ist zuzugeben, dass die Geruchsimmissions-Richtlinie in der Praxis zu häufig zu schematisch angewendet wird und eine wertende Gesamtbetrachtung auch anhand der Elemente der Herkömmlichkeit, der Sozialadäquanz und der allgemeinen Akzeptanz verstärkt vorgenommen werden sollte.

gg) Besonderheiten der zu landwirtschaftlichen Wirtschaftsstellen gehörigen baulichen Anlagen. *Dungstätten,* Jauchegruben (Jauche- oder Güllebehälter) und Kleinkläranlagen sind nach den LBOen in solchem Abstand von öffentli-

§ 5   Abs. 2   10.1, 10.2

chen Verkehrsanlagen, z. B. Gehwegen, und Nachbargrenzen sowie von Bäumen und Gewässern anzulegen, dass Gefahren oder unzumutbare Belästigungen nicht entstehen.

Bei diesen baulichen Anlagen handelt es sich nicht um Gebäude, so dass die Vorschriften der BauOen über Abstandsflächen nicht anzuwenden sind. Nach den Bestimmungen der LBOen, die in den Ländern nur unwesentlich voneinander abweichen, müssen Dungstätten (Lagerstätten für Jauche, Fest- und Flüssigmist) von Brunnen und oberirdischen Gewässern mindestens 15 m, von Öffnungen zu Aufenthaltsräumen mindestens 5 m, von öffentlichen Verkehrsflächen 10 m und von Nachbargrenzen mindestens 2 m entfernt sein. Die Vorschriften haben **nachbarschützenden Charakter** (OVG RhPf, U. v. 5.12.1974 – 1 A 60/73 – BRS 28 Nr. 144; OVG Saarl., U. v. 13.2.1976 – II R 87/75 – BRS 30 Nr. 158; VGH BW, U. v. 1.8.1983 – 8 S 2493/82 – BRS 40 Nr. 207; vgl. auch BayVGH, U. v. 9.3.1976 – Nr. 90 I 71 – BayVBl. 1977, 49). Die genannten Anlagen gehören **typischerweise zu den Wirtschaftsstellen** landwirtschaftlicher Betriebe, so dass Geruchsbelästigungen von ihnen im MD-Gebiet regelmäßig nicht als nachteilige Wirkung auf die Umgebung angesehen werden können (so schon VGH BW, U. v. 20.12.1968 – II 916/67 – BRS 20 Nr. 52; ebenso BayVGH v. 9.3.1976, aaO.).

10.1   **Häufigeren Anlass zu Nachbarklagen** geben auch **Gärfutterbehälter** wie ein Grünfuttersilo. Die LBOen selbst enthalten keine Vorschrift, die den Eigentümern benachbarter oder in der Umgebung befindlicher Grundstücke eine besondere Rechtsposition einräumt. Dementsprechend hat der BayVGH in st. Rspr. einen nachbarschützenden Charakter der Vorschrift verneint (BayVGH, U. v. 9.3.1976, aaO. u. U. v. 2.8.1973 – Nr. 94 I 72 – BRS 27 Nr. 93).

Die Vorschriften der LBOen fordern **für Gärfutterbehälter** zu Gebäuden u. damit zu Öffnungen von Aufenthaltsräumen sowie zu Nachbargrenzen die gleichen Abstände wie für Dungstätten, da von Gärfutterbehältern stets Wirkungen *wie* von Gebäuden ausgehen (vgl. *Gädtke/Böckenförde/Temme*, Komm. z. BauO NW, 8. Aufl. zu § 48 Rdn. 18). Eine Verringerung der Abstände, ohne dass die Voraussetzungen zur Befreiung nach § 31 Abs. 2 BauGB vorliegen, berechtigt zur Nachbarklage auf Einhaltung der vorgeschriebenen Abstände (aA. BayVGH, aaO.). Zu Gärfutterbehältern vgl. auch BVerwG, U. v. 25.10.1967 – IV C 86.66 – DÖV 1968, 579. Zum Nachbarschutz gegen einen Güllebehälter, der mit einer geruchsdichten Abdeckung versehen ist, vgl. OVG Lüneburg, U. v. 28.7.1982 – 1 A 16/81 – BRS 39 Nr. 211. In einem Gebiet mit dörflichem Charakter ist es nach der BauNVO 1977 dem Bauherrn eines *Schweinestalls* zuzumuten, durch ergänzende Schutzmaßnahmen dafür zu sorgen, dass die Geruchsauswirkungen für den Nachbarn möglichst geringgehalten werden (VGH BW, U. v. 1.8.1983, aaO.); vgl. die Ausführungen zu den Begriffen Gefahren, erhebliche Nachteile, erhebliche Belästigungen u. was den Nachbarn zuzumuten ist.

Der Hess. VGH hat in einer durch Gutachten vorbereiteten Entscheidung festgestellt, dass es angemessen ist, die Größe einer Dungstätte so an der Größe des vorhandenen und zu erwartenden Viehbestandes auszurichten, dass der gesamte Wirtschaftsdünger bis zu seiner Einbringung zu Zwecken der Düngung an der Betriebsstätte verbleiben kann (Hess. VGH, B. v. 24.2.1995 – 3 TH 3121/94 – BRS 57 Nr. 75).

In den Gründen hat der VGH überzeugend dargelegt, man komme nicht daran vorbei, dass eine Zwischenlagerung im Feld nur eine kurzfristige Zwischenlösung sein könne und es aus wasserwirtschaftlichen Gründen und zur Vermeidung von Überdüngung anzustreben sei, eine ausreichend große Dungstätte an der Betriebsstätte vorzuhalten; wird weiter ausgeführt (Hess. VGH, aaO.).

10.2   hh) **Die zu den Wirtschaftsstellen** land- u. forstwirtschaftlicher Betriebe **dazugehörigen Wohnungen und Wohngebäude** sind stets ohne Einschränkung zulässig. Aus der Nutzung der Wirtschaftsstellen sich ergebende Störungen und Beeinträchtigungen haben auf ihre Zulässigkeit keinen Einfluss. Aufgrund der »*Dazugehörigkeit*« ist die Schutzbedürftigkeit und -würdigkeit entspr. der Nutzung der Wirtschaftsstellen gemindert; daran ändert auch nichts, wenn die

Wohnungen von Betriebsfremden als Mieter genutzt werden (im Ergebnis ebenso *Bielenberg*, Rdn. 10d). Die **Umwandlung** von »dazugehörigen« Wohnungen in »sonstige« Wohnungen, weil sie z. B. für Familienmitglieder des Betriebsinhabers auf Dauer nicht mehr benötigt werden, etwa in eine *Eigentumswohnung*, soweit das Wirtschaftsstellengrundstück dies zulässt, kann planungsrechtlich nur theoretisch als eine Nutzungsänderung angesehen werden; denn die Wohnungen (das Wohngebäude) bleiben im Regelfall im Zusammenhang mit der Wirtschaftsstelle bestehen. Daher ist die Auffassung von *Bielenberg*, die Änderung der Nutzung von »dazugehörigen« Wohnungen in die Nutzung als »sonstige« Wohnungen könne nur zugelassen werden, wenn an dieser Stelle auch »sonstige« Wohnungen errichtet werden könnten, »*eine mehr theoretische Überlegung*« (aaO., Rdn. 10d). Den Wohnungen komme, soweit sie als bisher dazugehörige Wohnungen *innerhalb* der Wirtschaftsstelle errichtet worden sind, was bei bäuerlichen Hofstellen üblich ist, *praktisch* weiterhin die den Wirtschaftsstellen eingeräumte (vorrangige) Rücksichtnahme zugute. Dennoch wird sich eine Verzichtserklärung oder eine dinglich gesicherte Duldungspflicht des Inhabers der nunmehr »sonstigen« Wohnung in Bezug auf (unzumutbare) Geruchs- und Lärmbelästigungen gegenüber dem Betriebsinhaber des landwirtschaftlichen Betriebs empfehlen.

10.21 Eine andere Situation tritt ein, wenn bei einer teilweisen Aufgabe des Betriebs in den aufgegebenen baulichen Anlagen, etwa einer sich am Rande der Wirtschaftsstelle befindenden *Scheune*, »sonstige« Wohnungen errichtet werden sollen (s. dazu Rn 3.4 f.).

11 b) **Kleinsiedlungen und landwirtschaftliche Nebenerwerbsstellen (Nr. 2).** S. dazu grundsätzlich § 2 Rn 4–7.1. Zu diesen Anlagen gehören auch die *Landarbeiterstellen* i. S. v. § 35 Abs. 1 Nr. 3 BauGB. Diese selbst im Außenbereich als privilegierte Vorhaben zulässigen Anlagen entsprechen planungsrechtlich den Kleinsiedlungen (Kleinsiedlerstellen), so dass sie im MD-Gebiet *uneingeschränkt* zulässig sind.

11.1 c) **Sonstige Wohngebäude (Nr. 3).** Hierunter fallen alle nicht zu den Wirtschaftsstellen land- und forstwirtschaftlicher Betriebe »dazugehörigen« Wohngebäude; zum Begriffsinhalt **Wohn**gebäude s. § 3 Rn 10–15.1. Nach dem Wortlaut scheint es sich um diejenigen Wohngebäude zu handeln, in denen nur Wohnungen, allenfalls Räume für die Ausübung von Berufen nach § 13 enthalten sind. Im MD-Gebiet werden sich die im Zulässigkeitskatalog des Abs. 2 unter den Nrn. 4–9 aufgeführten Betriebe und Anlagen zusammen mit den Wohnungen für den Betriebsinhaber und Betriebsangehörigen jedoch häufig noch auf demselben Grundstück befinden. Auch die nicht zu den Wirtschaftsstellen dazugehörigen Wohnungen werden mithin vielfach gemischt genutzt. Entspr. dem Gebietscharakter des MD-Gebiets darf das Maß der baulichen Nutzung für die GRZ 0,6 und für die GFZ 1,2 als Obergrenze nicht überschreiten (§ 17 Abs. 1). Die Nutzung von Grundstücken für »sonstige Wohngebäude« würde der Zweckbestimmung des MD-Gebiets jedoch widersprechen, wenn die aufgelockerte Bauweise auf häufig (noch) größeren Grundstücken zur dauernden **Aufstellung von Wohnwagen**, Mobilheimen, Großcaravans u. dergl. (s. § 10 Rn 32, 47) benutzt würde.

Derartige **Freizeitwohnmöglichkeiten** gehören wegen des (ganz) andersartigen Nutzungsanliegens der »Freizeitbewohner« auf Wochenendplätze (§ 10 Rn 30 f.) oder Campingplatzgebiete (§ 10 Rn 42 f.; s. auch Rn 6.1 am Ende), dagegen nicht in MD-Gebiete. Die Zulassung solcher Freizeitwohnanlagen im MD-Gebiet berechtigt **Nachbarn**, dagegen vorzugehen, weil es sich um bauliche Anlagen handelt, die im Zulässigkeitskatalog des Abs. 2 nicht vorgesehen sind. Sie können auch nicht etwa als Nebenanlagen nach § 14 Abs. 1 eingestuft werden. Es besteht im Gegenteil heutzutage die Gefahr, dass »Freizeitler« versuchen, ihre »städtischen Gewohnheiten« beizubehalten, wofür das Verbot des Kuhglockenläutens durch ein Amtsgericht im Allgäu ein beredtes Beispiel gibt.

11.2 *Sonstige Wohngebäude* gehören zwar zu einer der drei *Hauptnutzungen* (»Wohnen«) im MD-Gebiet (s. Rn 1.3). Der **Schutz des Wohnens** ist aber gegenüber Störungen der land- und forstwirtschaftlichen Betriebe *stärker* eingeschränkt als in den anderen Baugebieten (vgl. VGH BW, U. v. 30.1.1995 – 5 S 908/94 – BauR 1995, 819 = NVwZ-RR 1996, 2); die Vorrangregelung des Abs. 1 **Satz 2** schließt nämlich das Recht ein, eine **heranrückende Wohnbebauung** abzuwehren, die zu zusätzlichen Anforderungen aus Gründen des Immissionsschutzes zu Lasten der land- und forstwirtschaftlichen Betriebe führen könnte (in diesem Sinne auch *Bielenberg*, Rdn. 9e). Das ändert jedoch nichts an der Feststellung, dass sonstige Wohngebäude grundsätzlich in allen Teilen des MD-Gebiets zulässig sind, es sei denn, dass durch *Gliederung* nach § 1 Abs. 4 z.B. ein bestimmter Teil nur Wirtschaftsstellen land- und forstwirtschaftlicher Betriebe vorbehalten wird (vgl. dazu Rn 21). Wie bereits bei der **Zweckbestimmung** ausgeführt (s. Rn 1.5), würde der *Ausschluss* der »sonstigen Wohngebäude« als eine der Hauptnutzungen nach § 5 Abs. 1 **Satz 1** zur Nichtigkeit des B-Plans »Dorfgebiet« führen (vgl. OVG Lüneburg, U. v. 27.10.1993; Fundst. Rn 1.4).

12 **d) Betriebe zur Be- und Verarbeitung und Sammlung land- und forstwirtschaftlicher Erzeugnisse (Nr. 4).** Durch die Aufnahme auch der »Bearbeitung« land- und forstwirtschaftlicher Erzeugnisse in Abs. 2 Nr. 4 soll – was an sich bereits dem Sinngehalt entspricht – klargestellt werden, dass die *Verarbeitung* der Erzeugnisse die *Bearbeitung* einschließt. Dass eine ordnungsgemäße Verarbeitung, insbes. landwirtschaftlicher Produkte, die vorherige Bearbeitung mit umfasst, bedarf keiner besonderen Ausführungen. Die BauNVO und auch das BauGB selbst enthalten keine Definition der »land- und forstwirtschaftlichen Erzeugnisse«. Zur Bestimmung des Begriffsinhalts kann die Legaldefinition des § 28 Abs. 3 GWB anhaltsweise dienstbar gemacht werden. Danach fallen unter den Begriff »landwirtschaftliche Erzeugnisse«

»die in Anhang I des Vertrages zur Gründung der Europäischen Gemeinschaft aufgeführten Erzeugnisse sowie die durch Be- oder Verarbeitung dieser Erzeugnisse gewonnenen Waren, deren Be- oder Verarbeitung durch landwirtschaftliche Erzeugerbetriebe oder ihre Vereinigungen durchgeführt zu werden pflegt.«

12.1 Unter Anhalt der Definition des GWB können zu den unter Abs. 2 Nr. 4 bezeichneten Betrieben beispielsweise gehören: Molkereien, sonstige milchverarbeitende Betriebe, Käsereien, Mühlen für Getreide und Öl, Brennereien, Kartoffelschälbetriebe, Keltereien, Mostereien, Sägewerke, Getreidespeicher, Silos, Holzverarbeitungsbetriebe, Eiersammel- und Verwertungs- stellen sowie sonstige landwirtschaftliche Absatzgenossenschaften, Brauereien (Verarbeitung von Hopfen und Gerste), Schlachthaus, Wurstfabrik (Vieh als landwirtschaftliches Erzeugnis), Kartoffel-Dämpfanlagen, Tabak- und Konservenfabriken, Grünfüttertrocknungsanlagen, jedoch keine Verarbeitungsstätten für Hochseefischereierzeugnisse.

Bei den beispielhaft aufgeführten Betrieben und Anlagen handelt es sich um **selbständige** Anlagen. Sie können teilweise auch unmittelbar zu einem land- und forstwirtschaftlichen Betrieb gehören, wie Brennereien, Keltereien und

Sägewerke. Sie sind dann bereits **nach Nr. 1 als Nebenanlagen i. S. v. § 14 Abs. 1 zulässig.** In der Mehrzahl dürften die vorgenannten Betriebe – oftmals auf genossenschaftlicher Basis – jedoch gerade für alle Betriebe des Dorfgebiets arbeiten, wie das bei Eiersammelstellen oder Molkereien der Regelfall ist.

Für den **Umfang und den zumutbaren Störungsgrad** i. S. v. § 15 der an sich allgemein zulässigen Betriebe kann u. a. der Planungserlass NW als Anhalt dienen. Abgesehen von gewerblichen oder genossenschaftlichen Anlagen zur Trocknung von Grünfutter sind Anlagen, die einer Genehmigung nach §§ 4 ff. BImSchG i. V. m. der 4. BImSchV bedürfen (Anh. 4), i. A. nur zu gestatten, wenn es sich um (untergeordnete) Nebenanlagen oder Einrichtungen der in Dorfgebieten zulässigen Vorhaben handelt. **Größere Anlagen** wie Zuckerfabriken, Nährmittelfabriken u. dergl., von denen mit *unzumutbaren Störungen* für die Bewohner eines MD-Gebiets gerechnet werden muss, sind im Regelfall innerhalb festgesetzter MD-Gebiete nicht zulässig.

13 Bei der Beurteilung der Zulässigkeit wird es entscheidend auf den **allgemeinen Zuschnitt des jeweiligen MD-Gebiets** ankommen; im Einzelfall sind die Zulässigkeitsvoraussetzungen des § 15 zu beachten. Zur Verhinderung von Standortschwierigkeiten in ländlichen Gemeinden sollte der Begriff der zulässigen Betriebe nach Nr. 4 nicht eng ausgelegt werden (wie hier *Förster*, § 5 Anm. 3 und *Gelzer/Birk*, Rdn. 772), da es sich beim MD-Gebiet um ein ländliches Mischgebiet handelt (so nunmehr auch *Bielenberg*, § 5 Rdn. 14).

Gelzer/Birk (Rdn. 772) weisen mit Recht darauf hin, dass unter Nr. 4 die Betriebe gemeint sind, die Erzeugnisse des MD-Gebiets und der näheren Umgebung sammeln und be- und verarbeiten. Es fallen unter die Betriebe nach Nr. 4 also i. A. nicht diejenigen (größeren) Fabriken, die zwar land- und forstwirtschaftliche Erzeugnisse, aber aus einem weiteren Einzugsbereich verarbeiten.

13.1 Die Zulässigkeit der Anlagen u. Betriebe nach Abs. 2 Nr. 4 kann in der Genehmigungspraxis bei der (Neu-)*Einrichtung* und bei der *Nutzungsänderung* bei gleichzeitiger Erweiterung derartiger Anlagen dann Schwierigkeiten bereiten, wenn die Vorschrift nicht *nach* ihrem *Sinngehalt* gehandhabt wird. Das wird bereits ersichtlich bei der Auslegung der unbestimmten »örtlichen« Begriffe, was unter den landwirtschaftlichen Erzeugnissen »der näheren Umgebung« verstanden werden soll und inwieweit größere gewerbliche Unternehmen »aus einem weiteren Einzugsbereich« nicht generell zulassungsfähig sind. Bei der Entscheidung im Einzelfall werden die **Zulässigkeitsvoraussetzungen des § 15 Abs. 1,** insbes. die jeweilige *Eigenart* des gewachsenen Dorfgebiets, maßgebend sein.

Die auf die **Be- und Verarbeitung** land- u. forstwirtschaftlicher Erzeugnisse spezialisierte gewerbliche Wirtschaft wird ohnehin durch Marketing-Analysen den für sie jeweils richtigen Standort abgeklärt haben. Es muss jedoch vermieden werden, dass im Zuge der noch erheblich zunehmenden Spezialisierung der Landwirtschaft und Hinwendung zur Veredelungswirtschaft das MD-Gebiet zu einer Art landwirtschaftlichem Gewerbegebiet verfremdet wird. Es ist hinreichend bekannt, dass, um beispielhaft einen Betriebszweig anzuführen, neben den Verkauf von Einkellerungs**kartoffeln** längst die Verarbeitung der Kartoffeln zu Chips, Pommes frites, Kloßmehl, Püreepulver, Rösti aus der Tüte u. Reibekuchen f. die Tiefkühltruhe getreten ist.

Der Hinweis von *Bielenberg* (zu § 5 Rdn. 16, 52. Lfg.), dass die Anlagen nach Nr. 4 vor allem funktionale Bedeutung gegenüber der land- und forstwirtschaftlichen Produktion haben, wird nur eingeschränkt geteilt. Die Auffassung, dass neben raumordnerisch- u.

§ 5 Abs. 2 13.2–14

städtebaulich-funktionalen Gesichtspunkten hieraus ein weiterer räumlich-sachlicher Funktionszusammenhang folgt, der dazu führen kann, dass ein bestimmter Betrieb, der u. U. städtebaulich-funktional nicht in das Dorfgebiet gehört, dennoch dort angesiedelt werden *muss*, weil die Be- und Verarbeitung der landwirtschaftlichen Produkte Betriebsnähe bedingt, begegnet in dieser Uneingeschränktheit Bedenken.

Nach Auffassung des BVerwG, die diesseits geteilt wird, enthält § 5 Abs. 2 Nr. 4 BauNVO »*keinerlei Hinweise, dass ein – lokaler oder konkreter – innerer (funktionaler) Zusammenhang der Sammelstelle für landwirtschaftliche Erzeugnisse mit anderen Vorhaben oder Betrieben ›im Dorf‹ gegeben sein muss. Für eine derartige einschränkende Auslegung gibt auch § 5 Abs. 1 BauNVO keinen Anhalt*« (so mit Recht BVerwG, B. v. 2.8.1996 – 4 B 136.96 – BRS 58 Nr. 68).

13.2 Die erforderliche »Betriebsnähe«, die gewerblicherseits dann zum (zwingenden) Zulässigkeitsanspruch führen kann, kann erfahrungsgemäß vielfältig begründet werden, etwa mit Verminderung der Transportwege (Entlastung der Straßen), Rationalisierung des Betriebes (nach Nr. 4, Verringerung der Kosten f. d. Endverbraucher), evtl. Kooperation mit dem landwirtschaftlichen Betrieb u. dergl. Die Feststellung der einzelnen Zulässigkeitsvoraussetzungen im Hinblick auf die Zulässigkeit der Anlage nach Anzahl, Typus und Umfang bedarf ohnehin bereits eingehender Kenntnisse *über die Eigenart* des MD-Gebiets; denn die Zulässigkeit der Anlage ist nicht für sich (allein) zu beurteilen, sondern bestimmt sich wesentlich nach der konkreten Beziehung des gewerblichen Betriebs zur jeweiligen land- und forstwirtschaftlichen Produktion (s. Rn 13). Die **räumliche Beziehung** kann hier von ausschlaggebender Bedeutung sein.

Nicht selten nimmt ein Betrieb nach Nr. 4 z. B. die gesamte Ernte des auf biologischer Grundlage angebauten Gemüses – was auch immer im Einzelnen darunter zu verstehen ist – aufgrund fester Verträge ab. **Oder:** In einem weitgehend einheitlich strukturierten Gemüseanbaugebiet werden sich Konserven«fabriken« (Sauerkrautfabriken u. dergl.) bei der Baugenehmigung auf die »*nähere Umgebung*« berufen können, sofern sie sich in einem MD-Gebiet *innerhalb* des Gemüseanbaugebiets ansiedeln wollen.

13.3 Besteht eine solche enge (nachzuweisende) räumliche Beziehung nicht, handelt es sich um »*einen weiteren Einzugsbereich*«; diese Betriebe haben sich trotz ihrer funktionalen Aufgabenpalette nach der *allgemeinen Gebietsverträglichkeit* zu richten. Können sie diese nicht erfüllen, gehören sie nach ihrem Betriebstypus (Größe u. Störintensität) in ein GE- oder GI-Gebiet.

Sie können, wenn sie nach Art und Umfang der *Gebietsverträglichkeit* des MD-Gebiets i. A., der *Eigenart* des jeweiligen MD-Gebiets im Besonderen entsprechen, ggf. als *nicht wesentlich* störende Gewerbebetriebe nach Nr. 6 zulässig sein. Denn die *Störanfälligkeit* des MD-Gebiets entspricht im Grundsatz derjenigen des MI-Gebiets (s. Rn 4); davon sind lediglich die **Wirtschaftsstellen** landwirtschaftlicher Betriebe aufgrund ihres Betriebstypus und **Handwerksbetriebe**, die (unmittelbar) der Versorgung des Gebiets dienen (s. Rn 5.1, 19), ausgenommen. Für die **Betriebe nach Nr. 4**, soweit sich ihre Aufgabenstellung aus dem MD-Gebiet selbst und der »näheren Umgebung« ergibt – in welcher Weise die räumliche Ausdehnung auch immer zu erfassen ist –, würden erst die Zulässigkeitsvoraussetzungen nach § 15 Abs. 1 eine evtl. Unzulässigkeit bewirken (zur räumlichen Beziehung s. Rn 13.2).

14 **Auch hier gilt:** Die Frage, ob und inwieweit **nach dem BImSchG** genehmigungspflichtige Anlagen u. Nutzungen in einem MD-Gebiet zugelassen werden können, ist nur nach Abwägung aller in Betracht zu ziehenden Kriterien des Einzelfalls zu beantworten. Da die typisierende bauplanungsrechtliche Beurteilung in der 4. BImSchV nun mal ihren Ausdruck gefunden hat (Vorb. §§ 2 ff. Rn 9–10.13 u. § 6), muss der Betreiber der Anlage im Genehmigungsverfahren die Gründe u. betriebstechnischen Maßnahmen darlegen, die dazu führen sollen, dass die nach dem Betriebstypus an sich zu erwartenden Immissionen *auf seine Anlage nicht* zutreffen, die Immissionseinwirkungen sich mithin im zumutbaren Rahmen halten werden (Vorb. §§ 2 ff. Rn 10.1). Bei der Prüfung der Genehmigungsfähigkeit kann sich **positiv für den Antragsteller** auswirken, dass ein MD-Gebiet i. A. (sehr) viel **aufgelockerter** als ein städtisches Mischgebiet angelegt ist u. das »sonstige« Wohnen sich stärker nach der Zweckbestimmung des MD-Gebiets – und damit auch hinsichtlich der Immissionen – zu richten hat, als **das Wohnen im MI-Gebiet** nach § 6, auf das die **gewerblichen Anlagen sich auszurichten haben.** Es wäre sinnwidrig, wenn die Be- und Verarbeitung land- u. forstwirtschaftlicher Erzeugnisse – u. damit ein Annex zur Zweckbestimmung des MD-Gebiets – »grundsätzlich« nur im GI-Gebiet oder im Außenbereich möglich sein sollte, soweit die Anlagen u. Nutzungen – mehr oder minder *willkürlich* – in die 4. BImSchV aufgenommen worden sind.

Die Zulässigkeit der Anlagen im MD-Gebiet ist nicht allein nach den verfahrensrechtlichen Regelungen des BImSchG und der auf seiner Grundlage erlassenen VOen zu beurteilen (§ 15 Abs. 3 BauNVO).

Zu den Anlagen, die der **besonderen Einzelprüfung** zu unterziehen sind, zählen insbes. *Schlachthäuser,* in denen nicht mehr in handwerklichem Umfang geschlachtet wird (Nr. 7.2 des Anh. der 4. BImSchV) u. *Zuckerfabriken* (Nr. 7.24 des Anh. der 4. BImSchV). Zu den Anlagen, bei denen wegen der nach dem Betriebstypus bereits geringeren Immissionsträchtigkeit u. damit Gefährdung der Umgebung ein vereinfachtes Genehmigungsverfahren als ausreichend angesehen worden ist, s. § 2 Abs. 1 Nr. 2 der 4. BImSchV i. V. m. § 19 BImSchG; dazu gehören nach Nr. 7.4–Nr. 7.27 des Anh. der 4. BImSchV u. a. Anlagen zum Braten, Kochen oder Dämpfen von Kartoffeln oder Gemüse, Getreide-Röstanlagen, Brauereien und Sauerkrautfabriken.

14.1 In einem Dorfgebiet sind die besonderen von einem Betrieb zur Be- und Verarbeitung und Sammlung land- und forstwirtschaftlicher Erzeugnisse (§ 5 Abs. 2 Nr. 4 BauNVO) ausgehenden saisonal bedingten Belastungen, die sich während der Erntezeit oder der Weinlese o. Ä. ergeben, grds. hinzunehmen, denn sie sind mit der Sammlung und Verarbeitung landwirtschaftlicher Erzeugnisse typischerweise verbunden (VGH BW, U. v. 8.10.1999 – 8 S 138/99 –).

15 e) **Einzelhandelsbetriebe, Schank- und Speisewirtschaften sowie Betriebe des Beherbergungsgewerbes (Nr. 5).** – aa) **Einzelhandelsbetriebe:** Der Begriff »Einzelhandelsbetriebe« ist von der Wirtschaftswissenschaft nach den unterschiedlichen Betriebsformen definiert worden. Gleichzeitig ist ein Katalog der dem Begriff unterfallenden Betriebe aufgestellt worden (vgl. »Begriffsbestimmungen«, aaO., Abschn. B, II, insb. Nrn. 1, 8–24). Das *Bauplanungsrecht* hat den **Begriff Einzelhandelsbetriebe** von dort im Grundsatz zwar übernommen; die BauNVO verwendet aber nur einige der in dem Katalog unter dem Begriff Einzelhandel aufgeführten Betriebe entspr. dem Gebietscharakter der verschiedenen Baugebiete und der darauf beruhenden Zulässigkeit von Anlagen. So sind z. B. Warenhäuser, Verbrauchermärkte und Einkaufszentren (§ 6 Rn 5),

§ 5 Abs. 2   15.1, 16

die gleichfalls unter den Begriff Einzelhandelsbetriebe fallen, im MD-Gebiet unter der Voraussetzung des § 11 Abs. 3 nicht zulässig. Auch hier gilt zum einen, dass der *speziellere* bauplanungsrechtliche *Begriff* zwecks Einordnung entspr. dem Gebietscharakter den allgemeineren Oberbegriff ausschließt (§ 11 Abs. 3); zum anderen greift zur Wahrung der Eigenart des Baugebiets die **Zulässigkeitsklausel des § 15** für den Einzelfall ein.

15.1 Im Unterschied zur Zulässigkeit von Läden in den Wohnbaugebieten sind im MD-Gebiet und den beiden anderen Mischgebieten (§§ 6, 7) **Einzelhandelsbetriebe** zulässig. Der Begriff ist von den gewerblichen Verkaufsstätten **planungsrechtlich der umfassendste**; danach folgen begrifflich »**Verkaufsstellen**«, von denen »**Läden**« einen Unterfall bilden. Der Begriff Einzelhandelsbetriebe ist rechtlich in § 1 des Gesetzes über die Berufsausübung im Einzelhandel vom 5. August 1957 (BGBl. I S. 1121) erläutert. *Einzelhandel* betreibt danach, »wer gewerbsmäßig Waren anschafft und sie unverändert oder nach im Einzelhandel üblicher Be- oder Verarbeitung in einer oder mehreren offenen Verkaufsstellen zum Verkauf an jedermann feilhält« (**Abs. 1**).

Nach **Abs. 2** betreibt Einzelhandel auch,
»wer gewerbsmäßig zum Verkauf an jedermann
1. in einer oder mehreren offenen Verkaufsstellen Muster oder Proben zeigt, um Bestellungen auf Waren entgegenzunehmen, oder
2. Waren versendet, die nach Katalog, Mustern, Proben oder aufgrund eines sonstigen Angebots bestellt sind (Versandhandel)«.

»Als Einzelhandel im Sinne von Abs. 1 und Abs. 2 gilt die Tätigkeit von Genossenschaften auch dann, wenn sie nicht gewerbsmäßig betrieben wird und ein Verkauf nur an Mitglieder zum eigenen nichtgewerblichen Verbrauch oder Gebrauch stattfindet« (Abs. 3).

Zum Einzelhandel *gehört nicht* das Hausieren sowie der Straßen- und Markthandel. Nach § 2 des Einzelhandelsgesetzes sind die Vorschriften des Gesetzes nicht anzuwenden, »auf das Feilhalten von Waren von Haus zu Haus oder auf öffentlichen Wegen, Straßen und Plätzen oder an anderen öffentlichen Orten sowie auf das Feilhalten von Waren im Marktverkehr«.

Das **entscheidende Merkmal** des Einzelhandelsbetriebes ist die **unmittelbare Beziehung zum Endverbraucher**. Sie fehlt beim Groß- und Zwischenhandel (ebenso *Förster*, § 5 Anm. 4). Für die Zuordnung zum Einzelhandel spielt es keine Rolle, ob die Waren unter Inanspruchnahme von Vermittlern oder in Verkaufsstellen veräußert werden. Beim *Versandhandel* werden die Waren mittels Katalog, Prospekt, Anzeige usw. oder durch Vertreter angeboten und dem Käufer nach Bestellung auf dem Versandwege zugestellt (vgl. Begriffsbestimmungen Abschn. B, II Nr. 25). Zu den Einzelhandelsbetrieben gehören ferner der Handel von einem Lagerplatz aus, wie häufig Brennstoff-(Kohlen-)handlungen oder der sog. Stubenhandel von Stubenläden aus.

16 Nach der Definition der Einzelhandelsbetriebe sind im MD-Gebiet außer den üblichen »**Läden**« (§ 2 Rn 10–12) u.a. zulässig Diskontgeschäfte (§ 4 Rn 5–5.4), Gemischtwarengeschäfte und im Einzelfall entspr. dem Umfang (§ 15) ein »Kaufhaus« und ein »Supermarkt«. Unter letzteren Bezeichnungen verbergen sich häufig auch kleine Geschäfte, die lediglich unter dem gängigen Namen firmieren.

Ein **Gemischtwarengeschäft** ist ein zumeist kleiner Einzelhandelsbetrieb, der ein breites, aber relativ flaches Sortiment überwiegend im Wege der Bedienung anbietet. Das Sortiment ist auf den Bedarf der ländlichen Bevölkerung ausgerichtet und umfasst i.d.R. außer Nahrungs- und Genussmitteln Textilien, Schreibwaren, Eisenwaren und häufig landwirtschaftliche Betriebsmittel (Begriffsbestimmungen Abschn. B, II Nr. 10).

16.1–17.1 Abs. 2 § 5

Ein **Kaufhaus** ist ein größerer Einzelhandelsbetrieb, der Waren aus zwei oder mehr Branchen anbietet, ohne dass ein warenhausähnliches Sortiment, das eine Lebensmittelabteilung einschließen würde, vorliegt; i. d. R. handelt es sich um Textilien, Bekleidung u. verwandte Bedarfseinrichtungen (Begriffsbestimmungen Abschn. B, II Nr. 13).

Der **Supermarkt** ist – im Unterschied zum *Verbrauchermarkt* (§ 6 Rn 5) – ein Einzelhandelsbetrieb, der auf einer Verkaufsfläche von mindestens 400 m² Nahrungs- und Genussmittel einschließlich Frischwaren wie Obst, Gemüse, Fleisch vorwiegend in Selbstbedienung anbietet (Begriffsbestimmungen Abschn. B, II Nr. 17; s. auch § 4 Rn 5–5.1).

Die **Abgrenzung des Einzelhandels** *zum Großhandel* ist nicht immer eindeutig zu bestimmen (dazu eingehend BGH, U. v. 11.11.1977 – I ZR 179/85 – NJW 1978, 267). **16.1**

Es gibt Zweige des Einzelhandels, die im großen Umfang ihre Waren an Unternehmen (Wiederverkäufer) absetzen, die ihrerseits die Produkte zur Be- oder Verarbeitung verwenden. Das gilt z. B. für den Handel mit Lacken und Farben, mit Tapeten und Fußbodenbelag (Teppichböden), mit Büromaschinen und -bedarf sowie für den Handel mit Schuhmacherbedarf. Die Abgrenzung dürfte in derartigen Fällen dann zugunsten des Einzelhandels vorzunehmen sein, wenn die Waren in der im Einzelhandel i. A. üblichen Weise – nämlich im Ladengeschäft – verkauft werden.

Ein Verkauf an jedermann liegt nicht vor, wenn ein Selbstbedienungs*großhändler* – z. B. die METRO – durch geeignete Kontrollen dafür sorgt, dass bei ihm nur Gewerbe treibende und ihnen gleichstehende Großverbraucher einkaufen können und Verkäufe zur Deckung des betriebsfremden Privatbedarfs an diese Abnehmer eine dem Großhändler *zuzubilligende Toleranzgrenze* (10 %) nicht übersteigen (BGH, U. v. 11.11.1977, aaO.).

Einzelhandelsbetriebe dürfen auch gleichzeitig auf dem Betriebsgrundstück ein Lager unterhalten, wie das bei Kohlen- und Baustoffhandlungen der Fall ist. In dieser Koppelung zählen sie nicht zu den Lagerhäusern oder Lagerplätzen i. S. v. § 8 Abs. 2 Nr. 1 (so auch *Gelzer/Birk*, Rdn. 790).

bb) Zu den zulässigen Anlagen nach Nr. 5 gehören ferner **Schank- und Speisewirtschaften** (dazu § 2 Rn 13–14.2 u. § 4 Rn 4.2–4.32 u. 21). Im Dorfgebiet sind **Speise- und Schankwirtschaften** sowie Beherbergungsbetriebe grundsätzlich auch dann zulässig, wenn sie nicht der Versorgung des Gebiets dienen, sofern sie nicht im Einzelfall (etwa wegen ihres Umfangs) der Eigenart des jeweiligen Baugebiets widersprechen (§ 15 Abs. 1 Satz 1 BauNVO); so der B. des BVerwG v. 4.12.1995 (– 4 B 258.95 – DVBl. 1996, 270 [L] = BauR 1996, 218 = BRS 57 Nr. 70 = UPR 1996, 112 = ZfBR 1996, 121). Sollten die diesseitigen bisherigen Erläuterungen (Rn 17) dazu nicht eindeutig genug gewesen sein, so ist dem Leits. des BVerwG insofern nichts hinzuzufügen. Denn das BVerwG hat in den Gründen zu Recht herausgestellt, dass es stets auf die *konkreten Verhältnisse* des jeweiligen Dorfgebiets ankommt. **17**

Ein Biergarten mit 16 Sitzplätzen und 9 Stehplätzen ist im Zusammenhang mit einer Gaststätte grds. im Dorfgebiet zulässig (so Nds. OVG, B. v. 7.11.1996 – 1 M 5501/96 – BauR 1997, 274 = BRS 58 Nr. 70 = UPR 1997, 157). **17.1**

Nach den Gründen kann der B. nicht befriedigen, weil die Bewertung und Berechnung der von einem Biergarten ausgehenden Emissionen ds. E. nicht sorgfältig genug behandelt worden sind. Es ist weder die tatsächliche Zahl der Benutzer geklärt, noch ist der Frage nachgegangen worden, ob Musikveranstaltungen oder Musikbegleitungen im Biergarten überhaupt durchgeführt werden dürfen. Über die zumutbare Lärmhöhe sind keine Überlegungen angestellt worden.

§ 5 Abs. 2 17.2–18.1

17.2 Eine Schank- u. Speisewirtschaft wird nicht dadurch zu einer nach § 5 Abs. 3 nur ausnahmsweise in einem MD-Gebiet zulassungsfähigen Vergnügungsstätte, dass am Wochenende übliche **Tanzveranstaltungen** durchgeführt werden. Ob eine Gaststätte mit Tanz eine Schank- und Speisewirtschaft oder eine Vergnügungsstätte ist, beurteilt sich nach dem Schwerpunkt des Betriebes. Durch *gelegentliche Tanzveranstaltungen*, auch wenn sie an Wochenenden regelmäßig stattfinden, verliert eine Schank- u. Speisewirtschaft i. d. R. nicht ihren Charakter (in diesem Sinne mit Recht VGH BW, U. v. 17.8.1990 – 8 S 1458/90 – BRS 50 Nr. 64 = ZfBR 1991, 182).

17.3 Zu **Betrieben des Beherbergungsgewerbes** s. § 4 Rn 8 f. und zur Abgrenzung gegenüber anderen Übernachtungsmöglichkeiten s. § 3 Rn 19.5. Die Verbindung von Schank- und Speisewirtschaft (Gaststätte) mit dem Beherbergungsbetrieb – als dem »*Gasthof*« – ist gerade in Dorfgebieten ländlicher Gemeinden häufig zu finden (in gleichem Sinne *Förster*, § 5 Anm. 5).

»Dorfgasthöfe« u. ländliche Pensionsbetriebe – häufig in landschaftlich bevorzugten Gebieten gelegen –, die durch das Fuß- u. Radwandern u. die regelmäßigen Wochenendübernachtungen anderer Naturfreunde eine besondere Aufwertung erfahren haben, haben die Rspr. wegen Widerspruchs zur Eigenart des Gebiets nach § 15 bisher kaum zu beschäftigen brauchen.

18 f) **Sonstige (nicht wesentlich störende) Gewerbebetriebe (Nr. 6).** – aa) **Allgemeines zur Zulässigkeit »sonstiger Gewerbebetriebe«.** Der Reg. Entw. z. ÄndVO 1990 hielt es für ausreichend, »Handwerksbetriebe, die der Versorgung der Bewohner des Gebiets dienen« (Nr. 6), u. »sonstige nicht störende Gewerbebetriebe« (Nr. 7) unter »sonstige Gewerbebetriebe« in Nr. 6 zusammenzufassen, weil auch Handwerksbetriebe Gewerbebetriebe sind. Der Störgrad sollte einheitlich entspr. Abs. 1 Satz 1 für alle Gewerbebetriebe mit »nicht wesentlich störend« bestimmt werden (vgl. BR-Drucks. 354/89 zu Nr. 6 [§ 5], S. 51). Diese Zusammenfassung (ergab) ergibt letztlich keine materiell-rechtliche Änderung u. Verbesserung des Zuständigkeitskatalogs. Eine **Schmiede** z. B. oder etwa eine **Reparaturwerkstatt für landwirtschaftliche Maschinen** dient (weiterhin) der Versorgung der Bewohner des Gebiets u. geht hinsichtlich ihrer Lärmimmissionen häufig über »nicht wesentlich störende Gewerbebetriebe« hinaus.

18.1 Der BR hat die Gefahr von Widersprüchlichkeiten u. die mögliche Verunsicherung der Genehmigungsbehörden erkannt, die sich dahin auswirken könnten, dass bei einer engherzigen Baugenehmigungspraxis Handwerksbetrieben mit einem höheren Störungsgrad – *trotz ihrer generellen Zulässigkeit* in MD-Gebieten – *kostenträchtige Auflagen* zur Lärmminderung gemacht werden könnten. Bei wörtlicher Auslegung der Zulässigkeit nach Abs. 2 Nr. 6 hätten auch die der Versorgung der Bewohner des Gebiets dienenden Handwerksbetriebe nur »nicht wesentlich stören« dürfen. Aus diesem Grunde ist auf Forderung des BR in die Zweckbestimmung des Abs. 1 ausdrücklich aufgenommen worden, dass die der Versorgung des MD-Gebiets dienenden Handwerksbetriebe – *»unabhängig von ihrem Störungsgrad«* – zulässig sind (s. Rn 5.1). Soweit sich derartige Handwerksbetriebe an die üblichen werktäglichen Arbeitszeiten halten, können ihnen nicht – etwa wegen einer benachbarten Wohnnutzung – Lärmminderungsmaßnahmen auferlegt werden. Dem Wohnen im MD-Gebiet ist infolge des Gebietscharakters tagsüber ein höherer Lärmpegel zuzumuten (s. Rn 1–2, 4) als etwa in Wohngebieten.

bb) Zur Zulässigkeit sonstiger Gewerbebetriebe; Einzelfragen. Zum Begriff **18.2**
»Gewerbebetrieb« s. § 2 Rn 24; zur funktionellen Zuordnung zum jeweiligen
Baugebiet s. § 2 Rn 25 f. In Abs. 2 **Nr. 6** werden die sonstigen Gewerbebetriebe
hinsichtlich ihrer Zulässigkeit behandelt, die nicht zugleich als der Versorgung
der Bewohner des MD-Gebiets dienende Handwerksbetriebe einzustufen sind
(dazu Rn 19) oder sonst unter einem speziellen Nutzungsbegriff gegenüber
dem allgemeinen Begriff »Gewerbebetrieb« im Zulässigkeitskatalog gesondert
aufgeführt sind wie Betriebe nach Nr. 4, 5, 8, 9 (s. Vorb. §§ 2 ff. Rn 3–4.3). Die
Zulässigkeit sonstiger *(nicht wesentlich störender)* Gewerbebetriebe kann u. a.
im Zusammenhang mit der gewerblichen **Tier(intensiv)haltung** Bedeutung gewinnen (z. Abgrenzung gegenüber landwirtschaftlichen Betrieben s. Rn 8–
8.2). Betriebe, die einer Genehmigung nach §§ 4ff. BImSchG i.V.m. der 4.
BImSchV bedürfen, sind nur unter bestimmten Voraussetzungen (s. Rn 14)
nach Nr. 6 zulässig. Es kommt darauf an, ob und inwieweit die sog. *Massentierhaltung* (dazu Rn 8.1f.), deren Bestandsgröße die eines landwirtschaftlichen Betriebs nicht zu übersteigen braucht, die **Zumutbarkeitsgrenze** hinsichtlich der erheblichen Belästigungen u. Störungen i.S.v. § 15 Abs. 1 Satz 2
einhalten kann; diese muss sich – **im Unterschied** zu den landwirtschaftlichen
Betrieben nach Abs. 2 **Nr. 1** (s. Rn 4, 6.1 f.) – nämlich im Rahmen des den
sonstigen (nicht wesentlich störenden) Gewerbebetrieben (Nr. 6) eingeräumten Störungsgrades halten.

Im Regelfall werden nur solche Tierhaltungsbetriebe i.S.v. Nr. 6 zulässig sein,
die nicht dem Genehmigungsverfahren nach dem BImSchG unterliegen. Nach
dem B. des BVerwG v. 27.6.1983 (– 4 B 206.82 – BRS 40 Nr. 74) ist ein der
Tierintensivhaltung dienendes Vorhaben (im entschiedenen Fall: Geflügelintensivhaltung mit 180.000 Mastplätzen), wenn es auch bei Einhaltung der
nach dem Stand der Technik möglichen Begrenzung (s. Rn 8 f.) seiner nachteiligen Wirkungen auf die Umgebung mit städtebaulichen Grundsätzen in zusammenhängend bebauten Ortslagen oder in einem der nach der BauNVO
planbaren allgemeinen Baugebiete nicht in Einklang zu bringen ist, ein Vorhaben i. S. d. § 35 Abs. 1 Nr. 5 BauGB, es sei denn, dass die Unterbringung in einem Sondergebiet in Betracht kommt (BVerwG, aaO.). Hinsichtlich der im
MD-Gebiet zulässigen nicht wesentlich störenden Gewerbebetriebe vgl. die
Aufstellung bei *Bünermann/Streek*, Immissionsschutz im Baurecht, S. 26 f.

Zu den **typischen sonstigen Gewerbebetrieben** im MD-Gebiet gehört heutzutage die **Reithalle**, im Regelfall mit Pferdeboxen zum Einstellen der Schulpferde. Die Reithalle, häufig gekoppelt mit einer Reitschule, dient dann gewerblichen Zwecken und *gleichzeitig* i. S. einer Freizeitgestaltung *sportlichen*
Zwecken (Nr. 7). Schützenswerte Nachbarinteressen stehen der Unterbringung einer Reithalle (Reitschule) in einem MD-Gebiet (oder Mischgebiet nach
§ 6) im Regelfall nicht entgegen. Geräuschimmissionen insbes. während der
Unterrichtsstunden und allgemein von der Pferdehaltung ausgehende Geruchsbelästigungen sind für ein Dorfgebiet typisch und müssen dort von jedermann hingenommen werden. Ähnliche zumindest nicht geringe Belästigungen
gehen im Übrigen auch von den zulässigen Vorhaben nach § 2 Nrn. 1 und 2
aus (OVG Münster, U. v. 22.1.1974 – XI A 622/73 – BRS 28 Nr. 46). **18.3**

Ist die Reitschule (der Reitstall) mit einer *Pensionstierhaltung* auf überwiegend eigener Futtergrundlage gekoppelt (s. Rn 7 f., 7.21), handelt es sich bei
letzterem Betrieb um eine dem *Begriff der Landwirtschaft* unterfallende Nutzungsart. Es kommt dann darauf an, ob die überwiegende (gewerbliche) Nut- **18.4**

§ 5 Abs. 2   18.5

zung im Betreiben der Reitschule liegt, für die evtl. nur wenige der in Pension gegebenen Pferde zur Verfügung stehen, oder ob das Schwergewicht des Betriebes auf der Pensionstierhaltung beruht, was i. A. von der Größe der Stallanlagen, den dazugehörigen Anlagen wie Futterkammer, Lagerraum für Heu und Stroh, angrenzende Koppel u. dergl. abhängt. Da die **Reitschule** im Regelfall unter die nicht wesentlich störenden Gewerbebetriebe fällt, wird die Zulässigkeit keine Probleme bereiten. In einem ausführlich begründeten Urt. hat sich das OVG Lüneburg mit Geruchs- u. Lärmauswirkungen eines *Reitstalles* mit Reithalle und den evtl. Staubeinwirkungen eines Abreiteplatzes beschäftigt (U. v. 19.10.1982 – 1 A 46/78 – BRS 39 Nr. 62). Danach können die genannten Auswirkungen auch unter Berücksichtigung des Gebots der Rücksichtnahme dem im angrenzenden Einfamilienhaus wohnenden Nachbarn zumutbar sein; das Gleiche gilt für die Errichtung eines benachbarten *Reiterkasinos* (OVG Lüneburg, aaO.; das nach § 34 BBauG = § 34 BauGB zu beurteilende Gebiet konnte weder einem WA-Gebiet noch einem MD-Gebiet eindeutig zugeordnet werden).

Die Kritik von *Ziegler*, in: *Brügelmann* (§ 5 Rdn. 26) in Bezug auf die »Reitschule« ist unverständlich. Dass es sich bei einer *Reithalle* für sich allein um eine Anlage für sportliche Zwecke handelt, auch wenn sie gewerblich betrieben wird, wie etwa eine Tennishalle – bedarf keiner besonderen Ausführungen. Handelt es sich dagegen um eine **Reitschule** mit einem *Stall* für die Schulpferde (mit Pferdepfleger) und evtl. einem Futtermeister, der zugleich Hufbeschlagschmied ist, sowie einem in die Reithalle häufig eingebauten *Reiterkasino*, ist dieser gewerbliche Komplex mehr als nur eine Anlage für sportliche Zwecke. Hinzu kommt, dass das Futter für die Schulpferde häufig nicht auf *eigener* Futtergrundlage beruht. Es geht bei der etwas differenzierteren Betrachtung vor allem um die Frage der Geruchsbelästigungen u. Geräuschimmissionen. Die Einstufung als gewerbliche Anlage oder für sportliche Zwecke ändert nichts an der generellen Zulässigkeit.

18.5 Das BVerwG hat sich in seinem B. v. 7.9.1995 (– 4 B 200.95 – BauR 1996, 78 = BRS 57 Nr. 71) mit den Merkmalen des »nicht wesentlich störenden Gewerbebetriebs« i. S. d. § 5 Abs. 1 Satz 1 BauNVO befasst. Anlass gab ihm die Nichtzulassungsbeschwerde wegen der abgelehnten **Errichtung einer Halle mit Garage** und Stellplätzen zur Nutzung durch ein Baugeschäft in einem faktischen Dorfgebiet (§ 34 Abs. 2 BauGB i. V. m. § 5 BauNVO). In dem **Leits.** zum B. hat das BVerwG herausgestellt:

In einem Dorfgebiet nach § 5 BauNVO 1990 »*sind gewerbliche Anlagen, von deren Nutzung typischerweise keine wesentlichen über das im Dorfgebiet auch sonst Übliche hinausgehenden Immissionen für die Nachbarschaft zu erwarten sind, als ›sonstige Gewerbebetriebe‹ im Sinne des § 5 Abs. 2 Nr. 6 BauNVO 1990 unabhängig davon zulässig, ob es sich um einen Gewerbebetrieb handelt, der dorfgebietstypisch ist oder zur Zweckbestimmung des Dorfgebiets einen funktionellen Zusammenhang aufweist*« (BVerwG, aaO.).

Mit Recht hat das BVerwG in den Gründen festgestellt, dass die Zulassung von Gewerbebetrieben nach § 5 BauNVO sich deutlich von der ausnahmsweisen Zulassungsmöglichkeit von Gewerbebetrieben nach § 2 Abs. 3 Nr. 4 BauNVO unterscheidet. – Um eventuellen Missverständnissen vorzubeugen, ist diesseits zu keinem Zeitpunkt etwa eine Parallele zwischen Gewerbebetrieben im Kleinsiedlungsgebiet mit seinem (ganz) andersartigen Gebietscharakter und Gewerbebetrieben aufgrund der Normstruktur des § 5 BauNVO 1990 gesehen worden. Die Ausführungen des Senats dienen wohl in etwas grundsätzlicherer Hinsicht der Klarstellung zu seinem U. v. 4. 7. 1980 (– 4 C 101.77 –) zu § 5 Abs. 2 Nr. 7 BauNVO 1977 hinsichtlich des Begriffs der Störung. Grundsätzlich ist im Dorfgebiet ein Gewerbebetrieb (im weitesten Sinne verstanden) zulässig, wenn er keine Störungen hervorruft, die das dorfgebietsadäquate Maß übersteigen (BVerwG, aaO.).

18.6–18.8 Abs. 2 § 5

Verarbeitet ein Landwirt in einer **Biogasanlage**, mit der in das öffentliche Netz einzuspeisender Strom erzeugt wird, neben der in dem landwirtschaftlichen Betrieb anfallenden Gülle in nicht unbedeutender Menge (hier: 40 % des Einsatzmaterials) landwirtschaftsfremde Stoffe (Speisereste aus der Gastronomie, Inhalte von Fettabscheidern), handelt es sich um eine gewerbliche Betätigung und nicht um »mitgezogene« landwirtschaftliche Tätigkeit. **18.6**

Eine Biogasanlage, in der landwirtschaftsfremde Stoffe verarbeitet werden, ist jedenfalls dann kein wesentlich störendes gewerbliches Vorhaben, wenn sie weder nach ihrer Leistung noch nach dem Mengendurchsatz einer immissionsschutzrechtlichen Genehmigung bedarf. Deshalb ist sie nach § 5 Abs. 1, Abs. 2 Nr. 6 BauNVO in einem faktischen Dorfgebiet grundsätzlich zulässig (rechtskräftiger B. des VG Arnsberg v. 4.12.1998 – 4 L 1898/98 – BRS 62 Nr. 75).

Aus den Gründen: »*Nach § 5 BauNVO dürfte das Vorhaben des Beigeladenen zulässig sein. Allerdings folgt dies nicht schon aus der in § 5 Abs. 2 Nr. 1 BauNVO geregelten generellen Zulässigkeit von Wirtschaftsstellen land- und forstwirtschaftlicher Betriebe im Dorfgebiet. Zwar ist es in der Rechtsprechung anerkannt, dass auch ein an sich landwirtschaftsfremdes Vorhaben eines Landwirts von dessen landwirtschaftlicher Tätigkeit ›mitgezogen‹ werden kann mit der Folge, dass es den für landwirtschaftliche Betriebe geltenden Vorschriften unterfällt. Die dem Beigeladenen genehmigte Mitverarbeitung von Fetten und Speiseresten in seiner* **Biogasanlage** *(Hervorhebung diesseits) kann indessen nicht mehr als von der landwirtschaftlichen Tätigkeit mitgezogen angesehen werden.* (Wird weiter ausgeführt).

Nach § 5 Abs. 2 Nr. 6 BauNVO sind in Dorfgebieten Gewerbebetriebe generell zulässig, sofern sie, wie Abs. 1 der Vorschrift zum Ausdruck bringt, nicht wesentlich stören. Hierbei kommt es nicht darauf an, ob es sich um einen Gewerbebetrieb handelt, der dorfgebietstypisch ist oder zur Zweckbestimmung des Dorfgebietes einen funktionalen Zusammenhang aufweist (vgl. BVerwG, Beschluss vom 7.9.1995 – 4 B 200.95 – BRS 57 Nr. 71 = BauR 1996, 78)... Im vorliegenden Fall ist die Biogasanlage des Beigeladenen zwar störend; die Kammer vermag indessen nicht festzustellen, dass es sich um ein wesentlich störendes Objekt handelt. Deshalb ist es in dem hier interessierenden Dorfgebiet zulässig« (wird weiter ausgeführt, VG Arnsberg, aaO.).

Errichtung und Betrieb einer aus Antennenmast und Basisstation bestehenden **Mobilfunkanlage** als gewerbliche Nutzung sind in einem faktischen Dorfgebiet nach § 5 BauNVO allgemein zulässig. **18.7**

Optische Auswirkungen einer Mobilfunkanlage stören den Gebietscharakter eines faktischen Dorfgebietes i.S.v. § 5 BauNVO nicht (OVG NRW, B. v. 13.3.2003 – 7 B 1717/02 – BRS 2003 Nr. 90).

Die Beigeladene errichtete ohne Baugenehmigung an einem ehemaligen Getreidesilogebäude eine Mobilfunkanlage. Der in der Nachbarschaft wohnende Antragsteller verlangte vergeblich ein behördliches Einschreiten.

Aus den Gründen: »*Es liegen keine hinreichenden Anhaltspunkte dafür vor, dass ein Abwehranspruch des Antragstellers aus dem so genannten Gebietsgewährleistungsanspruch (vgl. dazu BVerwG, B. v.11.4.1996 – 4 B 51.96 – BRS 58 Nr. 82) wegen Unvereinbarkeit der Mobilfunkanlage ihrer Art der Nutzung nach mit dem faktischen Dorfgebietscharakter besteht* (wird weiter ausgeführt). *Sonstige gewerbliche Anlagen i.S. von § 5 Abs. 2 Nr. 6 BauNVO stören nicht wesentlich i.S.v. Abs. 1 der Vorschrift, wenn sie keine Störungen hervorrufen, die das dorfgebietsadäquate Maß übersteigen (vgl. BVerwG, Beschluss v. 7.9.1995 – 4 B 200.95 – BRS 57 Nr. 71 = BauR 1996, 78).*«

Im (faktischen) Dorfgebiet ist eine **Bauschlosserei** als wesentlich störender Gewerbebetrieb grundsätzlich ausgeschlossen (BayVGH, B. v. 13.12.2006 – 1 ZB 04.3549 – NVWZ-RR 2007, 659). **18.8**

Aus den Gründen: »*Schlossereien und andere metallverarbeitende Betriebe, in denen regelmäßig lärmintensive Arbeiten, wie Hämmern, Schleifen, Trennschleifen, Stanzen und Schmieden vorgenommen werden, stören das Wohnen typischerweise wesentlich und sind deshalb in allen Baugebieten, die auch dem Wohnen dienen, unzulässig (OVG Lüneburg vom 27.6.1972, OVGE MüLü 29, 340; OVG RhPf vom 20.12.1973 – 1 A 57/72 – Juris ...).*«

19 g) **Handwerksbetriebe, die der Versorgung der Bewohner des Gebiets dienen** (zu Nr. 6 gehörend). Zum Begriff »*Handwerksbetriebe*« s. § 2 Rn 15–20. Der Wortlaut »der Versorgung der Bewohner des Gebiets dienend« ist zwar (nicht mehr) im Zulässigkeitskatalog unter Nr. 6, sondern (nur) in der Zweckbestimmung des Abs. 1 aufgeführt. Diese Handwerksbetriebe behalten aber ihre **besondere Bedeutung** (s. Rn 18–18.1). Zum einen nehmen sie innerhalb der »sonstigen Gewerbebetriebe« eine Sonderstellung hinsichtlich der möglichen Störintensität ein. Zum anderen kann es – wie in WS- und WA-Gebieten (§ 2 Abs. 2 Nr. 2 u. § 4 Abs. 2 Nr. 2) – niemandem eines anderen Baugebiets verwehrt werden, einen im MD-Gebiet ansässigen, gut arbeitenden Handwerksbetrieb in Anspruch zu nehmen. Die planungsrechtliche Zulässigkeit ist wettbewerbsneutral. Es kommt allein auf die *objektive Geeignetheit* an (§ 2 Rn 9).

19.1 Der Versorgung der Bewohner des Gebiets würden die in Anlage A der HandwO aufgeführten Betriebe dann nicht dienen, wenn sie überwiegend serien- oder fabrikmäßig auf Vorrat für einen anonymen Markt produzieren würden, z.B. Schmieden-Pflugbau, Bäckerei-Herstellung von Dauerbackwaren, Fleischerei, Fleisch- und Wurstwarenversand oder Tischlerei-Leistenfabriken (sofern nicht Nr. 4 vorliegt), worauf auch *Bünermann/Streek* (aaO., S. 23) mit Recht hinweisen. Im MD-Gebiet sind ggf. störende, d. h. i. A. **lärmverursachende Betriebe** nicht auszuschließen, da sie gerade **zur Versorgung der ländlichen Bevölkerung** erforderlich sind. Zu solchen Betrieben gehören z.B. Schlossereien, Schmieden, Tischlereien, Zimmerei-Betriebe, Stellmachereien, Küfer- und Böttchereien, Landmaschinenreparaturwerkstätten.

Der Zulässigkeitsprüfung wird nach diesseitigem Verständnis zwangsläufig ein größerer Beurteilungsspielraum zugestanden werden müssen. In ländlichen Zonen bei geringer Bevölkerungszahl benötigen auch die ortsansässigen Betriebe i. A. ein größeres Einzugs-(Betätigungs)gebiet (von z.B. 500 Einwohnern eines MD-Gebiets kann keine Schlosserei existieren). Das gilt umso mehr für Handwerksbetriebe, die Instandsetzungen in (Wohn-)-Gebäuden durchzuführen haben, wie Elektro- oder sanitäre Installationsbetriebe. Das Tatbestandsmerkmal »der Versorgung der Bewohner des Gebiets dienende Handwerksbetriebe« (Abs. 1 Satz 1, letzter Halbs.) bedarf einer *gebietskonformen* Auslegung. Die bei *Stelkens*, unter Abschn. 7 zitierte Entscheidung des OVG Münster (U. v. 28.4.1982 – 11 A 2415/79 – n. v.), wonach Gewerbebetriebe ohne Bezug zur Landwirtschaft – wie ein Heizungsinstallationsbetrieb oder ein Dachdeckerbetrieb – im MD-Gebiet als störend angesehen werden, wird für unzutreffend gehalten. Zum einen handelt es sich bei beiden um Handwerksbetriebe (Anlage A Nr. 33 u. Nr. 6), zum anderen ist die **Versorgung auf das Gebiet** bezogen u. nicht etwa auf »die Landwirtschaft« abgestellt. Das Gleiche gilt für »sonstige nicht störende Gewerbebetriebe« (Abs. 2 Nr. 6). Es genügt, wenn sie einen allgemeinen Bezug zum Gebiet haben, wie es bei einer gewerblich betriebenen Reithalle der Fall ist (Rn 18.3). Ein Dachdeckerbetrieb kann (selbstverständlich) in einem MD-Gebiet ansässig sein, das u. U. *einen* ländlichen Ortsteil von insgesamt 18 (z. T. weit auseinander liegenden) dörflichen Ortsteilen **einer Gemeinde** bildet.

19.2 Wer in einem **Dorfgebiet eine Bäckerei betreibt**, muss grundsätzlich damit rechnen und sich darauf einrichten, dass bestehende, für landwirtschaftliche Tierhaltung geeignete Gebäude ihrem Nutzungszweck wieder zugeführt werden. In einem faktischen Dorfgebiet kann der mit Unterdrucklüftung betriebene Schweinestall eines landwirtschaftlichen Betriebes in 20 m Entfernung zu einer Bäckerei bauplanungsrechtlich zulässig sein.

Bestehen keine konkreten Anhaltspunkte für eine nicht hinzunehmende Beeinträchtigung der Backwaren einer in einem Dorfgebiet gelegenen Bäckerei durch Schweinegeruch, ist die Schweinehaltung der Bäckerei gegenüber jedenfalls dann nicht rücksichtslos, wenn dem Bäcker eigene Maßnahmen zur Abwehr etwaiger Beeinträchtigungen zumutbar sind (OVG NRW, U. v. 25.6.2003 – 7 A 4042/00– BRS 67 Nr. 79).

»**Ein-Mann-Tischlereien**« sind in Dorfgebieten jedenfalls dann zulässig, wenn die Einhaltung der Richtwerte der TA Lärm konkret zu erwarten ist (BayVGH, B. v. 2.11.2004 – 20 ZB 04 1559 – BRS 2004 Nr. 74 = UPR 2005, 309). **19.3**

Aus den Gründen: *»Den Kl. ist im Ausgangspunkt darin Recht zu geben, dass bei der planungsrechtlichen Beurteilung die Lärmentwicklung einer Tischlerei einer typisierenden Betrachtung zu unterwerfen ist und dass in diesem Rahmen die Beurteilung insbesondere nicht von verhaltensbezogenen Auflagen abhängig gemacht werden sollte* (wird weiter ausgeführt). *Im vorliegenden Fall kann nicht außer Betracht bleiben, dass der von den konkret vorhandenen Maschinen ausgehende Lärm durch den Umweltingenieur des Landratsamts gemessen worden und dass seine Vereinbarkeit mit den Richtwerten der TA Lärm festgestellt worden ist, ohne dass dabei verhaltensbezogene Auflagen ins Spiel gekommen wären. Ein besonderer Schutz der Tagesrandzeiten nach Nr. 6.5 TA Lärm ist für Dorfgebiete nicht vorgesehen. Der Senat hat jedoch schon mehrmals darauf hingewiesen, dass unter dem Blickwinkel des Gebots der Rücksichtnahme diese Zeiten dennoch kritisch betrachtet werden müssen, wenn besondere Umstände wie Gemengelagen i. S. von § 15 Abs. 1 Satz 2 BauNVO gegeben sind und es um das Schutzbedürfnis von Wohnhäusern geht* (wird weiter ausgeführt). *Weitere Beschränkungen können die Kl. nicht verlangen«.*

»Störende Gewerbebetriebe im Sinne des § 5 Abs. 2 Nr. 6 BauNVO sind der Versorgung des Gebietes dienende Handwerksbetriebe – unabhängig von ihrem Störungsgrad – und nicht wesentlich störende Gewerbebetriebe. In einem (faktischen) Dorfgebiet dient ein **Handwerksbetrieb** (hier: *Kfz-Werkstatt*) der Versorgung der Bewohner des Gebiets, wenn er objektiv geeignet ist, in nicht unerheblichem Umfang von den Bewohnern des Gebiets in Anspruch genommen zu werden, und von ihnen tatsächlich in einem ins Gewicht fallenden Umfang in Anspruch genommen wird. Dabei kommt als maßgeblicher Versorgungsbereich nur ein zusammenhängender, in seiner tatsächlichen oder planerisch angestrebten Struktur als Dorfgebiet gekennzeichneter räumlicher Bereich in Betracht« (so die ersten beiden Leitsätze des VGH BW, U. v. 16.5.2002 – 3 S 1631/01 – GewArch. 2002, 497 = BRS 65, 317 = VBlBW 2003, 18, Hervorhebungen v. Verf.). **19.4**

h) Anlagen für örtliche Verwaltungen sowie für kirchliche, kulturelle, soziale, gesundheitliche und sportliche Zwecke (Nr. 7). – aa) Anlagen für »örtliche« Verwaltungen. Zum Begriff allgemein s. § 4 Rn 11–12.1; zur Abgrenzung gegenüber »zentralen Einrichtungen« der Verwaltung s. § 4a Rn 21. »Örtlich« ist nicht auf das Gemeindegebiet (insgesamt) bezogen, sondern auf den Ortsteil im hergebrachten Verständnis; der Begriff ist nicht eindeutig eingrenzbar. Es können neben öffentlichen Verwaltungsdienststellen für die gemeindliche Verwaltung Polizeiposten, Poststelle, andere Verwaltungseinrichtungen wie Nebenstellen von Sparkassen, Krankenkassen oder Einrichtungen der privaten Hand (z. B. für landwirtschaftliche Genossenschaften) zugelassen werden. Die Einschränkung »örtlich« hat sich nach der Eigenart des MD-Gebiets zu richten. Sofern Baugrundstücke für den Gemeinbedarf festgesetzt sind, gehören sie nicht mehr zum festgesetzten MD-Gebiet. Die besondere Festsetzung wird sich immer dann empfehlen, wenn für eine Gemeinbedarfseinrichtung, z. B. ein *Feuerwehrhaus*, ein besonderer Standort erforderlich ist und das entspr. Grundstück erst käuflich erworben bzw. ggf. erst mittels Enteignung in die Hand der Gemeinde gebracht werden muss (dazu § 1 Rn 39). **20**

Die Beschränkung der Anlagen nach Größe u. jeweiliger Zweckbestimmung wird planerisch durch den Bedarf vorgegeben; sie hängt entscheidend von der Größe des MD-Gebiets u. seinem evtl. Einzugsgebiet ab, wenn das MD-Gebiet – wie in ländlichen Gebieten häufig – gleichzeitig ein Ortsteil der politischen Gemeinde ist.

§ 5   Abs. 2   20.1–20.2

20.1   bb) **Anlagen für kirchliche, usw. (Gemeinbedarfs-)Zwecke (Nr. 7).** Dazu allgemein Vorb. §§ 2 ff. Rn 11–15.1; ferner § 2 Rn 22, § 4 Rn 6 ff.

»*Ein Heim für Jugendliche, die im Rahmen der Freiwilligen Erziehungshilfe oder der Fürsorgeerziehung gefördert werden sollen, ist als Anlage für soziale Zwecke in einem Dorfgebiet grundsätzlich zulässig*« (so der Leitsatz des OVG Lüneburg, U. v. 29.6.1989 – 1 A 61/87 – BRS 49 Nr. 59). Die Entscheidung ist nicht bedenkenfrei. Im Rahmen der zulässigen Gemeinbedarfsanlagen im MD-Gebiet (Abs. 2 Nr. 8 BauNVO 77/Abs. 2 Nr. 7 BauNVO 90) ist nicht jede unter diese Anlagen fallende Nutzung zulässig, weil etwa gerade das passende Grundstück für den jeweiligen Zweck zur Verfügung steht.

Auch die Gemeinbedarfsanlagen müssen sich nach der **Gebietsverträglichkeit** richten; diese wird sich in erster Linie nach dem *Dorfgebietscharakter* zu richten haben, d. h. was der Dorfgemeinschaft entspricht. Nicht zu billigen ist die häufig zu formalistische Handhabung des § 15 Abs. 1 **Satz 2** hinsichtlich des Gebots der Rücksichtnahme, das i. d. Entscheidung nicht behandelt wird. Der in § 15 Abs. 1 Satz 2 enthaltene Begriff »*Störungen*« umfasst *alles*, woraus sich Störungen ergeben *können* (der Begriff Störungen ist bezeichnenderweise im BImSchG nicht enthalten; s. dazu grundsätzlich Vorb. §§ 2 ff. Rn 8 ff.).

Zur Berücksichtigung städtebaulicher Gesichtspunkte (§ 15 Abs. 3 BauNVO 77) gehören keineswegs nur Beeinträchtigungen, aus denen Konflikte zu anderen Nutzungsarten entstehen können (so U. des OVG Lüneburg, aaO.). Dem Begriff der Störungen unterfällt alles, was die städtebauliche Ordnung als Grundlage des gedeihlichen Zusammenlebens eines bestimmten Personenkreises – wozu eine Dorfgemeinschaft besonders gehört – beeinträchtigen *kann*.

20.11   **Aussiedlerheim im Dorfgebiet**

Zurückweisung des Antrags auf Berufung durch BayVGH, B. v. 14.6.2005 – 2 ZB 04.3315 – (soweit ersichtl. n. v.).

Aus den Gründen: »*Das angegriffene Urteil begegnet keinen ernsthaften Zweifeln an seiner Richtigkeit. Das geplante Aussiedlerheim ist eine soziale Einrichtung i.S. der Vorschriften der BauNVO und als solche in dem im Bebauungsplan festgesetzten Dorfgebiet allgemein zulässig (§ 5 Abs. 2 Nr. 7 BauNVO)* (wird weiter ausgeführt). *Auch wenn es sich bei dem Aufenthalt in einem Aussiedlerheim um ein ›Wohnen‹ im weitesten Sinne handelt, wie der Verwaltungsgerichtshof in dem von der Klägerin herangezogenen Beschluss vom 1. Okt. 1992 (BayVBl. 1993, 183) – allerdings im ganz anderen Zusammenhang – entschieden hat, ist dieser Aufenthalt wegen der besonderen Funktion und Zweckbestimmung eines Aussiedlerheims nicht mit der Wohnnutzung in einem ›herkömmlichen‹ Wohngebäude vergleichbar.*«

20.2   cc) **Anlagen für sportliche Zwecke.** Sie gewinnen (auch) in Dorfgebieten zunehmend an Bedeutung, weil die Zusammensetzung der Bevölkerung in MD-Gebieten sich grundlegend geändert hat infolge des Zuzugs von »Stadt«bürgern, die ihren ständigen Wohnsitz in MD-Gebiete verlegt oder sonst Eigentum (wie Zweithäuser) in MD-Gebieten erworben haben. Ganz allgemein haben Wohlstand u. Freizeitzunahme auch das Dorfgebiet erreicht (z. Sportanlagen grundsätzlich Vorb. §§ 2 ff. Rn 12 f. und § 4 Rn 7–7.7). Außer dem herkömmlichen Fußballplatz sind MD-Gebiete zunehmend der geeignete **Standort für den Reitsport** in vielgestaltiger Weise (s. Rn 18.3). Gleichfalls bestehen keine Bedenken gegen die Anlage einzelner Tennisplätze oder kleinerer Tennisanlagen, *wenn* sie sich entspr. dem Gebietscharakter (insbes. der Eigenart) in das MD-Gebiet einfügen und »vernünftige« Vereinbarungen über Spielzeiten getroffen werden. Hinsichtlich anderer Anlagen für sportliche Zwecke wie (Hallen-)Schwimmbad kommt es auf die konkrete Grundstückssituation u. die Eigenart des MD-Gebiets i. S. v. § 15 Abs. 1 Satz 1 an. Besonders »Clubhäuser« wie ein »Reiterkasino« oder Tennisclubhaus müssen der Eigenart des Gebiets entsprechen. Daher wird für ein **Golfclubhaus** ein MD-Gebiet i. A. *nicht der richtige Standort* sein, es sei denn, der Golfclub ist bereit, seine Anlage nach Größe u. sonstigem Zuschnitt der Umgebung anzupassen.

Es kann erwartet werden, dass im Zuge des Wohlstandes neue Golfanlagen häufiger als bisher ihren Standort in MD-Gebieten suchen werden; der unmittelbare Außenbereich der (Groß-)Städte als Freiräume, insbes. für Naherholungsgebiete, dürfte die Anlage größerer Golfplätze zunehmend erschweren.

Zur Frage des Schutzes von Sport- und Freizeitanlagen im Dorfgebiet oder im Außenbereich (B. des BVerwG v. 2.8.2005 – 4 B 41.05 – ZfBR 2005, 806). **20.21**

Gründe: »*Die Beschwerde misst der Frage grundsätzliche Bedeutung zu, ob einem privilegierten Vorhaben i.S. des § 35 Abs. 1 BauGB – hier dem vom Kläger geplanten Mastschweinestall – regelmäßig öffentliche Belange gem. § 35 Abs. 3 Satz 1 Nr. 3 BauGB entgegenstehen, wenn das Vorhaben mit Blick auf die von ihm ausgehenden Geruchsimmissionen zu einer benachbarten Sport- und Freizeitanlage den Abstand unterschreitet, den die Richtlinie VDI 3471 für die Nutzung ›Wohnen im Dorfgebiet‹ vorsieht* (wird weiter ausgeführt). *Es ist geklärt, dass für die Beurteilung der Zumutbarkeit der von Schweineställen verursachten Gerüche als ›brauchbare Orientierungshilfe‹ auf die Abstandsregelungen der Richtlinie VDI 3471 zurückgegriffen werden darf* (BVerwG, Urteil vom 28.2.2002 – 4 CN 5.01 – NVwZ 2002, 1114 m.w.N.). *Die Beschwerde kritisiert die Annahme des Gerichts, Freizeitanlagen wie der in Rede stehende Trainingsplatz genössen keinen geringeren bzw. ›zumindest annähernd denselben‹ Schutzanspruch wie eine Wohnnutzung im Dorfgebiet oder im Außenbereich.*

Für das Berufungsurteil tragend ist somit die tatrichterliche Würdigung des konkreten Sachverhalts. Ob diese Würdigung, wie die Beschwerde meint, zu beanstanden ist, und ob beispielsweise eine Sonderbeurteilung angebracht gewesen wäre, ist für die Frage einer Zulassung der Revision nicht von Bedeutung.«

Den Nachbarn von Sportanlagen in MD-Gebieten sind – wie in MI-Gebieten – höhere Lärmeinwirkungen u. sonstige Störungen (s. Vorb. §§ 2 ff. Rn 12.10 f.) als in Wohngebieten zumutbar; ggf. kommt es auf die Bildung eines *Mittelwertes* an (dazu § 15 Rn 23.3). **20.3**

i) **Gartenbaubetriebe (Nr. 8).** Dazu § 2 Rn 8–8.2. **20.4**

k) **Tankstellen (Nr. 9).** Die Ausführungen zu § 2 Rn 23–23.1 gelten auch hier. Die Nutzungsbeschränkungen in Wohngebieten (§ 4 Rn 10–10.11) können entsprechend dem Fortfall des »nichtstörend« bei den Handwerksbetrieben hier entfallen (s. auch § 6 Rn 15). **20.5**

5. Gliederungsmöglichkeiten nach § 1 Abs. 4, 5, und 9

§ 5 sieht **in Abs. 2** neun verschiedene Arten von Nutzungen vor, deren Zulässigkeit zunächst lediglich durch die allgemeinen Voraussetzungen nach § 15 eingeschränkt werden kann. Sonst besteht hinsichtlich der Wahl des Standortes ein Rechtsanspruch auf Genehmigung des jeweiligen Vorhabens. Infolge der unterschiedlichen Nutzungsarten ist die Möglichkeit der gegenseitigen Beeinträchtigung nicht auszuschließen; denn die verschiedenartigen Anlagen – oftmals in einem Straßenzug – können beträchtliche Gegensätze darstellen. So sind auf nebeneinander liegenden Grundstücken denkbar: Bauernhof mit Ställen, Wohnhaus, Tankstelle, Schule (mit Kindergarten), Schankwirtschaft, Schmiede usw. **21**

Durch die in § 1 ermöglichte vielfältige Differenzierung können allgemein zulässige Nutzungsarten in Ausnahmen umgewandelt oder auch ganz ausgeschlossen werden (§ 1 Abs. 5). Die Gemeinde hat nunmehr z.B. aus immissionsschutzrechtlichen Gründen die Möglichkeit, für *einzelne* (begrenzte) Teile eines MD-Gebiets durch B-Plan festzusetzen, dass dort sonstige Wohngebäude (Abs. 2 Nr. 3) unzulässig oder nur ausnahmsweise zulassungsfähig sind. Bei einer Gliederung nach § 1 Abs. 4 muss nicht jeder Teilbereich des gegliederten Gebiets die Anforderungen der allgemeinen Zweckbestimmung erfüllen; so ist z. B. der Ausschluss von Wirtschaftsstellen landwirtschaftlicher Betriebe in Teilgebieten eines MD-Gebiets möglich (BVerwG, aaO.).

21.1 Diese Auffassung wird durch den B. des VGH BW v. 19.12.1991 (– 8 S 649/91 – BRS 52 Nr. 17) bestätigt. Danach ist es zwar nicht erforderlich, dass jeder Teilbereich eines nach § 1 Abs. 4 BauNVO gegliederten Baugebiets – für sich allein betrachtet – *alle* Anforderungen der allgemeinen Zweckbestimmung erfüllt, solange das Baugebiet *bei* einer *Gesamtbetrachtung* noch seinen planerischen Gebietscharakter bewahrt. Das war hier nicht der Fall, was zur Nichtigkeit des B-Plans führte (VGH BW, aaO.).

Es ist in umgekehrter Weise auch zulässig, Teilflächen durch Festsetzung einer »Fläche für die Landwirtschaft« (§ 9 Abs. 1 Nr. 18a BauGB) landwirtschaftlichen Betrieben vorzubehalten (BayVGH, U. v. 26.1.1981 – Nr. 14 N – 2071/79 – BRS 38 Nr. 17 = BayVBl. 1982, 149). Werden in einem B-Plan für Teile eines Dorfgebiets störende land- u. forstwirtschaftliche Betriebe als nicht zulässig bezeichnet, kann diese Festsetzung ausreichend bestimmt sein u. auf § 1 Abs. 4 BauNVO gestützt werden (BayVGH, U. v. 7.4.1989 – Nr. 26 N 86.030020 – BRS 49 Nr. 60).

Aus den Gründen: »*Es geht nicht an, ein in seiner Gesamtheit dem Bild des § 5 BauNVO entsprechendes, jedoch nach § 1 Abs. 4 BauNVO strukturiertes Dorfgebiet in die Gliederungsteile zu zerlegen und diese einzeln zu betrachten; denn es ist gerade der* **Zweck der Gliederung***, die verschiedenen Funktionen des Baugebiets in gewissem Umfang voneinander zu trennen u. Schwerpunkte zu setzen*« (wird weiter ausgeführt; BayVGH, aaO., Hervorhebungen v. Verf.).

21.11 Für die *Wirtschaftsstellen* land- und forstwirtschaftlicher Betriebe und die dazugehörigen Wohnungen würde der Ausschluss oder die **Umwandlung** in die (nur) **ausnahmsweise** Zulassungsfähigkeit der Wahrung der allgemeinen Zweckbestimmung des MD-Gebiets i.S.v. § 1 Abs. 5 widersprechen (s. Rn 3–3.2). Ganz allgemein sollte von den weitergehenden Gliederungsmöglichkeiten – horizontal nach § 1 Abs. 4 oder der Festsetzung nach § 1 Abs. 9 – nicht zu viel erwartet werden. Bei den MD-Gebieten handelt es sich überwiegend um in langen Zeiträumen gewachsene Strukturen. Wollte man verschiedene Arten von Nutzungen, z.B. nach lärmintensiven Betrieben horizontal (§ 1 Abs. 4) gliedern, um den an sich verständlichen Bedürfnissen der Trennung von Wohn- und Arbeitsstätten nachzukommen, wäre das meistens nur bei gleichzeitigen Sanierungsmaßnahmen nach den §§ 136 ff. BauGB durch Verlagerung ganzer Betriebe möglich. Ebensowenig dürfte es in der Praxis – ohne gleichzeitige Sanierungsmaßnahmen – möglich sein, einen Bereich »für Einzelhandelsbetriebe und sonstige Gewerbebetriebe« (Art der Nutzung) festzusetzen (vgl. dazu auch *Boeddinghaus/Dieckmann* hinsichtlich der Gliederungsmöglichkeiten Rdn. 23–25). Soweit eine Gliederung nach § 1 Abs. 4 sinnvoll ist, kann sie durch einfachen B-Plan festgesetzt werden.

21.2 Die Gliederung eines Dorfgebietes ist auch in der Weise zulässig, dass in einem Teil des Planbereichs Wirtschaftsstellen land- und forstwirtschaftlicher Betriebe ausgeschlossen werden. Eine flächenmäßige Begrenzung dieses Ausschlusses auf einen bestimmten Anteil des Planbereichs lässt sich der BauNVO nicht entnehmen.

Eine Gliederung eines Dorfgebietes derart, dass Bauflächen im Wesentlichen nur im eingeschränkten Dorfgebiet festgesetzt werden, in dem Wirtschaftsstellen landwirtschaftlicher Betriebe ausgeschlossen sind, während das uneingeschränkte Dorfgebiet vorhandene Hofstellen überplant, begegnet nicht von vornherein Bedenken, solange das Gebiet insgesamt eine Einheit darstellt.

Die Planung eines eingeschränkten Dorfgebietes zur Schaffung eines »weichen Übergangs« zwischen emissionsträchtigen landwirtschaftlichen Hofstellen und Wohnen stellt einen »Etikettenschwindel« dar, wenn sie nicht auf ein »ländliches Mischgebiet« ausgerichtet ist.

Die nach § 5 Abs. 1 S. 2 BauNV0 gebotene Rücksichtnahme auf die Belange landwirtschaftlicher Betriebe und ihrer Entwicklungsmöglichkeiten verbietet i. d. R. eine allseitige Einschnürung emissionsträchtiger landwirtschaftlicher Hofstellen durch immissionsempfindliche Nutzungen (so die Leits. des Nds. OVG, U. v. 23.9.1999 – 1 K 5147/97 – BRS 62 Nr. 16 = DVBl. 2000, 216).

6. Ausnahmsweise Zulassungsfähigkeit nicht kerngebietstypischer Vergnügungsstätten i. S. d. § 4a Abs. 3 Nr. 2

Zum Begriff Vergnügungsstätten s. § 4a Rn 22–22.7; zur Abgrenzung der *nicht* kerngebietstypischen – mithin im MD-Gebiet zulassungsfähigen Vergnügungsstätten – von den nur im MK-Gebiet allgemein zulässigen »kerngebietstypischen« Vergnügungsstätten s. § 4a Rn 23–23.64. Die Zulassungsfähigkeit derartiger Nutzungen, wenn entspr. *Ausnahmegründe* (Vorb. §§ 2 ff. Rn 6.1–6.8) gegeben sind, hängt entscheidend vom Einzelfall, insbes. der Größe des MD-Gebiets nach Einwohnerzahl und Fläche des Gebiets, Zusammensetzung der Bevölkerung und sonstiger Strukturelemente wie Nähe einer (Groß-)Stadt, günstige Verkehrsverbindungen und vor allem der Lage des Grundstücks ab, das als Vergnügungsstätte vorgesehen ist. In der Mehrzahl der Fälle wird es sich um die *Änderung* und/oder *Nutzungsänderung* einer Dorfgaststätte in eine *Diskothek*, seltener eines Kinoraumes in eine *Spielhalle* handeln, wie die bisherigen von der Rspr. entschiedenen Fälle zeigen.

Bei der genehmigungspflichtigen Nutzungsänderung einer **Dorfgaststätte mit Tanzsaal** in eine Diskothek kommt es vor allem auf die Unterscheidungsmerkmale der beiden (ganz) unterschiedlichen Nutzungsarten an (s. § 4a Rn 22.3). Bei einer Dorfgaststätte herkömmlicher Art mit Tanzsaal behält der Schankbetrieb eine gegenüber der Musikdarbietung mit Tanz *selbständige* Bedeutung (s. auch Rn 17). Bei Tanzveranstaltungen im Saal tritt der Schankbetrieb lediglich mehr oder weniger häufig hinzu. **In der Diskothek** werden dagegen die Musikdarbietung u. die gebotene Gelegenheit zum Tanzen eingesetzt, um damit u. a. den Getränkeumsatz zu erzielen. Ein Schankbetrieb ohne Diskothekenbetrieb findet nicht statt; er würde dem Begriffstypus der Diskothek auch nicht entsprechen (in diesem Sinne auch Hess.VGH, B. v. 31.3.1981 – IV TH 95/80 – BRS 38 Nr. 152). Die **gaststättenrechtliche Erlaubnis** für eine Dorfgaststätte mit Tanzsaal **berechtigt nicht** zum Betreiben einer **Diskothek**. Ein Diskothekenbetrieb widerspricht in einem Dorfgebiet regelmäßig dem öffentlichen Interesse (OVG RhPf, U. v. 9.6.1982 – 2 A 91/81 – ZfL 1982, 192 = GewArch. 1982, 339). In diesem Sinne – Widerspruch eines Diskothekenbetriebs zum öffentlichen Interesse – auch BayVGH, B. v. 23.11.1981 (– 22 CE 81 A. 2174 – ZfL 1982, 192 = GewArch. 1982, 91).

Zur **Zulässigkeit einer Diskothek** in einem durch Merkmale eines Dorfgebiets geprägten im Zusammenhang bebauten Ortsteil vgl. BayVGH, B. v. 29.10.1987 (– Nr. 20 B 85 A. 1481 – BRS 47 Nr. 52).

Eine Vergnügungsstätte – hier Nachtlokal – ist in einem Gebiet mit dörflicher Wohnbebauung und geringem Verkehrsaufkommen ein Fremdkörper, der die nähere Umgebung nicht prägt. In diese Umgebung fügt sich eine weitere Vergnügungsstätte – hier Tanzbar – nicht ein (VGH BW, U. v. 15.3.1983 – 3 S 2135/82 – BRS 40 Nr. 59).

22.2 Zur Zulässigkeit einer **Diskothek im Dorfgebiet** s. BVerwG, B. v. 19.11.1990 (– 4 B 162.90 –; soweit ersichtl. n. v.).

Aus den Gründen: Als klärungsbedürftig sah die Beschwerde an, ob der nur einmal wöchentlich ausgeübte Diskothekenbetrieb »kerngebietstypisch« sein kann. »*Die Frage ist hier zu bejahen. Für die* **baurechtliche** *Beurteilung eines Vorhabens kommt es generell nur auf die abstrakte Nutzungsmöglichkeit und die damit verbundenen Auswirkungen auf die Umgebung an. Wird die Zulässigkeit eines Vorhabens bejaht, so ist es baurechtlich unerheblich, ob der Antragsteller die zugelassene Nutzung täglich oder nur jeweils einmal wöchentlich ausübt. Die zeitliche Intensität der Nutzung verändert regelmäßig nicht die genehmigte Nutzungsweise*« (so mit Recht BVerwG, aaO., Hervorhebung v. Verf.).

7. Nutzungen nach den §§ 12–14

23 a) **Stellplätze und Garagen** sind allgemein zulässig, also auch für Lkw und Omnibusse. Die **Zulässigkeitsbeschränkungen** für die Wohnbaugebiete (§§ 2–4) nach § 12 Abs. 2 u. 3 treffen auf MD-Gebiete nicht zu.

23.1 b) **Räume und Gebäude für die Ausübung** einer freiberuflichen Tätigkeit i. S. v. § 13 sind – ggf. eingeschränkt durch die Zulässigkeitsklausel des § 15 Abs. 1 für den Einzelfall – gleichfalls *allgemein* zulässig.

23.2 c) Nebenanlagen nach § 14. S. dazu die Ausführungen zu § 3 (Rn 23–24.63) und § 4 (Rn 15–18.2). Es bestehen keine Bedenken, dass die Nebenanlagen aus den in § 3 (Rn 23) genannten Gründen auch in MD-Gebieten allgemein zulässig sind. Das gilt insbes., weil sich in MD-Gebieten ländlicher Gemeinden häufig *Zweithäuser* oder Zweitwohnungen befinden, um hier ungestörter als in städtischen Wohngebieten die *Freizeit* mit den verschiedenartigen Hobbys zu verbringen. Demzufolge sind für »sonstige Wohngebäude« (Abs. 2 Nr. 3) Ställe für die Kleintierhaltung **als Nebenanlagen** zulässig, wie in dem vom BayVGH entschiedenen Fall (U. v. 6.4.1981 – Nr. 56 XIV 77 – BRS 38 Nr. 81), bei dem es in einem **dorfgleichen Innenbereich** nach § 34 Abs. 3 BBauG/§ 34 Abs. 2 BauGB um Volieren mit Ställen für Rassetauben und Junghühner ging, deren Lärmimmissionen (eine »krählaute« Rasse) zu einer Nachbarklage führten.

23.3 Ein **Stall für zwei Reitpferde** in einem gemischt genutzten Dorfbereich unterhalb eines sich auf einer Geländestufe unmittelbar anschließenden allgemeinen Wohngebiets kann zulässig sein und braucht mit Blick auf das Rücksichtnahmegebot *Nachbarrechte* des Eigentümers eines zu der Anlage hin am Rande der Geländestufe stehenden Wohnhauses nicht zu verletzen (OVG Saarl., U. v. 1.3.1990 – 2 R 8/89 – BRS 50 Nr. 190).

23.4 »*§ 14 Abs. 1 Satz 2 BauNVO ermöglicht als Annex zum Wohnen eine Kleintierhaltung nur, wenn sie in dem betreffenden Baugebiet üblich und ungefährlich ist und den Rahmen der für eine Wohnnutzung typischen Freizeitbeschäftigung nicht sprengt*« (**Leits.** des B. des BVerwG v. 15.10.1993 – 4 B 165.93 – BRS 55 Nr. 51).

Aus den Gründen: Dass es sich nicht um eine nach § 5 Abs. 2 oder 3 BauNVO zulässige Nutzung handelt, liegt auf der Hand. Allenfalls kommt § 14 Abs. 1 BauNVO in Betracht, was verneint wird (BVerwG, aaO.).

Mit dem B. des BVerwG (aaO.) ist das Urt. des OVG RhPf v. 7.7.1993 (– 8 A 12405/92 – BRS 55 Nr. 56) bestätigt worden mit den **Leitsätzen:**
1. »*Ein Ozelotgehege ist in einem Dorfgebiet bauplanungsrechtlich unzulässig.*
2. *Ozelote sind keine Kleintiere i. S. des § 14 Abs. 1 Satz 2 BauNVO.*«

8. Das Verhältnis von § 5 Abs. 1 u. 2 zu § 34 Abs. 1 u. 2 BauGB

Das BVerwG hat sich in dem ausführlich begründeten U. v. 14.1.1993 (– C 19.90 – BRS 55 Nr. 175 = UPR 1993, 223 = DVBl. 1993, 652 = BauR 1993, 445 = NVwZ 1993, 1184) m. zahlr. w. N. aus seiner Rspr. mit der Frage befassen müssen, ob und ggf. inwieweit § 5 Abs. 1 BauNVO 1990 die Zulassung eines Vorhabens nach § 34 Abs. 1 u. Abs. 2 BauGB beeinflussen kann, d. h. ob die vorrangige Rücksichtnahme auf Entwicklungsmöglichkeiten gewissermaßen in § 34 BauGB hineinwirkt. Der **Leitsatz** des U. fasst das Ergebnis der Erörterungen gut zusammen: »*In einem dörflich geprägten Gebiet bietet weder das in § 34 Abs. 1 BBauG/BauGB enthaltene noch im Falle des § 34 Abs. 3 BBauG/§ 34 Abs. 2 BauGB das in § 15 BauNVO enthaltene Rücksichtnahmegebot eine Grundlage dafür, dass sich ein Landwirt gegen eine heranrückende Wohnbebauung, die sich in die Eigenart der näheren Umgebung einfügt, erfolgreich mit dem Argument zur Wehr setzt, durch eine Wohnnutzung in der Nachbarschaft werde ihm für die Zukunft die Möglichkeit abgeschnitten, seinen Betrieb zu erweitern oder umzustellen*« (BVerwG, aaO.).

Aus den Gründen (Hervorhebungen stets diesseits): »*In einer Innenbereichslage, die durch ein Nebeneinander von landwirtschaftlichen Betrieben samt dazugehörigen Wohnungen bzw. Wohngebäuden und sonstigen Wohngebäuden gekennzeichnet ist, lässt § 34 Abs. 1 BBauG es nicht zu, dass sich die landwirtschaftlichen Betriebe gegen konkurrierende Wohnnutzung* ›*abschotten*‹*. Die geplante Wohnbebauung wahrt gegenüber den Betrieben der Kläger einen Abstand, durch den sichergestellt ist, dass sie keinen negativen Einwirkungen ausgesetzt wird, die nach Maßgabe des Rücksichtnahmegebots den Rahmen des Zumutbaren übersteigen. Welches Maß an Rücksichtnahme das im Tatbestandsmerkmal des Einfügens enthaltene Rücksichtnahmegebot den Bauinteressenten abverlangt, richtet sich nach dem* **in der Umgebung tatsächlich vorhandenen** *nach Maßgabe des rechtlich Zulässigen. Aufschluss darüber, ob sich ein Vorhaben in die Eigenart der näheren Umgebung rücksichtsvoll einfügt, vermag* **allein die tatsächlich vorhandene Bebauung** *bzw. tatsächlich ausgeübte Nutzung zu geben.* **Künftige Entwicklungen** *können* **nur** *insoweit berücksichtigt werden, als sie* **im vorhandenen baulichen Bestand** *bereits ihren Niederschlag gefunden haben. Es verbietet sich,* **die bloße Möglichkeit** *künftiger Betriebserweiterungen oder -umstellungen bereits vollzogenen Änderungen gleich zu stellen. Andernfalls würde die Anwendung des § 34 Abs. 1 BBauG/BauGB mit Unsicherheiten belastet, die der Gesetzgeber mit der* **Anknüpfung an** *das* **tatsächlich Vorhandene** *gerade hat ausschließen wollen.*

Das bedeutet nicht, dass die Kläger im Verhältnis zu der geplanten neuen Wohnbebauung für die Zukunft faktisch auf den im Zeitpunkt der Genehmigungserteilung als Maßgröße verwandten Tierbestand festgelegt werden. Es liegt auf der Hand, dass der Viehbestand eines landwirtschaftlichen Betriebes hinsichtlich seiner Größe und seiner Zusammensetzung gewissen Schwankungen unterliegt (wird weiter ausgeführt). *Die Frage, ob eine Änderung der Nutzungsweise über die der genehmigten Nutzungsart eigene Variationsbreite hinausgeht und die Kennzeichen einer Nutzungsänderung im bebauungsrechtlichen Sinne aufweist, beurteilt sich* **nach der bodenrechtlichen Relevanz.** *Danach ist eine Änderung der Nutzungsweise dann gegeben, wenn sie für die Nachbarschaft erhöhte Belastungen mit sich bringt. Wird eine baufsichtliche Genehmigung für eine die Tierhaltung einschließende landwirtschaftliche Nutzung erteilt, ist damit nicht jede beliebige Art der Tierhaltung legalisiert. Die Anforderungen, die zu stellen sind, differieren je nachdem, ob die Stallungen z. B. ausschließlich oder vornehmlich für die Rinder- oder Schafhaltung bestimmt oder allein der Schweinemast – etwa im Flüssigmistverfahren – vorbehalten sind* (wird weiter ausgeführt).

Richtet es sich nach den **tatsächlichen** *Gegebenheiten, ob sich ein Vorhaben in die Eigenart der näheren Umgebung einfügt, kann für das Gebot der Rücksichtnahme kein anderer*

Maßstab gelten. § 34 Abs. 1 BBauG/BauGB **bietet keine Handhabe, etwaigen Nutzungskonflikten vorzubeugen,** *die in der Zukunft drohen, falls Vorhaben, die vorerst noch nicht über Absichten hinaus gediehen sind, konkrete Gestalt annehmen. Dies kann zwar dazu führen, dass ein noch nicht verwirklichtes Erweiterungsinteresse zu einem späteren Zeitpunkt wegen einer in der Zwischenzeit eingetretenen Veränderung der Situation nicht mehr erreicht werden kann. Dies ist aber die zwangsläufige Folge des in § 34 Abs. 1 BBauG/BauGB zum Ausdruck kommenden Zulässigkeitsmaßstabes, durch den sich der Beurteilungsrahmen für künftige Vorhaben durch bauliche Veränderungen i. d. Umgebung verschieben kann«* (so die Feststellungen des BVerwG, soweit sie zur Frage der Berücksichtigung von Entwicklungsmöglichkeiten für ein MD-Gebiet i. S. v. § 34 Abs. 2 BauGB i. V. m. § 5 Abs. 1 BauNVO 1990 von Bedeutung sind).

24.2 Nach dieser Entscheidung des BVerwG ist den **Gemeinden mit unklaren dorfgebietsartigen Innenbereichen,** besonders in den neuen Bundesländern aufgrund des Strukturwandels in den ländlichen Gemeinden, dringend zu empfehlen, die Art der baulichen Nutzung durch B-Pläne festzusetzen, um den landwirtschaftlichen Betrieben ihre Entwicklungsmöglichkeiten i. S. v. § 5 Abs. 1 zu sichern.

24.3 Die Einordnung eines Gebiets als faktisches Dorfgebiet nach § 34 Abs. 2 BauGB setzt nicht voraus, dass den dort vorhandenen Wirtschaftsstellen land- oder forstwirtschaftlicher Betriebe ein zahlenmäßiges oder sonstiges Übergewicht zukommt (VGH BW, U. v. 25.5.1998 – 8 S 1320/98 – BRS 60 Nr. 84 = VBlBW 1998, 464; u. U. v. 8.11.2000 – 10 S 2317/99 – BauR 2001, 1063 = NVwZ 2001, 1144).

24.4 Ein Bebauungskomplex aus neun Wohngebäuden mit Nebengebäuden und zum Teil mehreren Wohnungen, einem als Straußwirtschaft und zu Lagerzwecken **im Rahmen eines landwirtschaftlichen Betriebs** genutzten Gebäude sowie weiteren landwirtschaftlichen Nebengebäuden **kann einen Ortsteil** i. S. v. § 34 Abs. 1 BauGB **darstellen** (hier bejaht).

Offen bleibt, ob ein Orts**teil** nur dann der Eigenart eines Dorfgebiets entspricht, wenn neben Wohngebäuden und Wirtschaftsstellen landwirtschaftlicher Betriebe auch eine nicht völlig untergeordnete gewerbliche Nutzung vorhanden ist. Eine **Gaststätte mit Außenbewirtschaftung** kann ausnahmsweise zum Nachteil angrenzender Wohnbebauung auch in einem (faktischen) Dorfgebiet gegen das Gebot der Rücksichtnahme verstoßen (VGH BW, U. v.17.10.2003 – 3 S 2298/02 – BRS 67 Nr. 94 = BauR 2004, 1914 = VBlBW 2004, 330 mit zustimmender Anm. von *Pöltl,* Gaststättenrecht und Rücksichtnahmegebot, VBlBW 2007, 330).

Aus den Gründen: »*Wie sich bei der Augenscheinseinnahme des Senats ergeben hat, bildet die nähere Umgebung des Grundstücks des Klägers einen eigenen im Zusammenhang bebauten Ortsteil (wird weiter ausgeführt). Im Hinblick auf die unterschiedliche Zusammensetzung der drei Hauptnutzungen im regional unterschiedlich gewachsenen und sich in jüngerer Zeit entwickelten Dorfgebieten reicht es für die Feststellung, die Eigenart der näheren Umgebung entspreche einem Dorfgebiet, aus, dass Wirtschaftsstellen landwirtschaftlicher Betriebe – neben Wohngebäuden und Gewerbe- oder Handwerksbetrieben – (noch) vorhanden sind und das Gebiet dörflich prägen (VGH BW, Beschluss vom 8.1.2002 – 5 S 1973/01 –, AgrarR 2002, 264, …). Das Vorhaben des Klägers fügt sich im Hinblick auf die Art der baulichen Nutzung nicht in die vorhandene Umgebungsbebauung ein. Eine ganzjährig betriebene Gaststätte ist in der näheren Umgebung nicht vorhanden. Vielmehr gibt es nur Wohngebäude mit Nebengebäuden sowie den landwirtschaftlichen Betrieb des Klägers mit Straußwirtschaft und Ferienwohnungen. Eine Straußwirtschaft ist aber etwas grundlegend anderes als eine Vollgaststätte* (wird weiter ausgeführt). *Sie ist aus den dargestellten Gesichtspunkten in der von Wohnnutzung und landwirtschaftlicher Nutzung geprägten Umgebung für die Nachbarn erst recht unzumutbar.*«

9. Einzelfälle zur (Un-)Zulässigkeit von Nutzungen

Landwirtschaftstypische Immissionen: In einem (faktischen) Dorfgebiet ist eine Zusammenrechnung einzelner jeweils ortsüblicher und für sich zumutbarer Gerüche verschiedener landwirtschaftlicher Betriebsarten grds. nicht in der Weise möglich, dass die Summe der Gerüche das Gebot der Rücksichtnahme verletzt (VGH BW, U. v. 16.12.1987 – 3 S 2513/86 –). 25.1

Eine **Intensivhühnerhaltung,** für die nur etwa 1/10 des benötigten Futters aufgrund des gleichzeitig betriebenen Ackerbaus gewonnen werden, erfüllt nicht den Begriff der Landwirtschaft (so mit Recht Hess. VGH, B. v. 26.6.1989 – 3 TG 1866/89 – BRS 49 Nr. 209). 25.2

Festsetzung landwirtschaftlicher Flächen: § 9 Abs. 1 Nr. 18 Buchst. a BauGB lässt es grundsätzlich nicht zu, im Bebauungsplan festgesetzte Flächen für Landwirtschaft *auf Wiesenflächen* einzuschränken (VGH BW, Leits. des NK-U. v. 7.12.1995 – 5 S 3168/94 – soweit ersichtl. n. v.). 25.3

Ein **großes Tiefbauunternehmen** mit umfangreichem Fahrzeugpark und Baustofflager ist in einem faktischen Dorfgebiet unzulässig (Nds. OVG, U. v. 29.8.1995 – 1 L 3462/94 – BauR 1996, 79). 25.4

Ein **Biergarten** mit 16 Sitzplätzen und 9 Stehplätzen ist im Zusammenhang mit einer **Gaststätte** grundsätzlich im Dorfgebiet zulässig (**Leits.** des Nds. OVG, B. v. 7.11.1996 – 1 M 5501/96 – BauR 1997, 274 = BRS 58 Nr. 70). 25.5

Ein in einem Dorfgebiet gelegener **Rinderstall** mit einer in einem solchen Gebiet seit jeher üblichen Größe muss jedenfalls i. d. Regel nicht zum Schutz der Nachbarschaft mit einer sog. Zwangslüftung versehen werden (VGH BW, B. v. 1.4.1996 – 8 S 2772/95 – BRS 58 Nr. 69). 25.6

Ein Wohnhaus am Rand eines (faktischen) Dorfgebiets mit hohem Anteil an Schweinehaltungsbetrieben muss grds. auch den Geruch aus einem im Außenbereich liegenden, nach § 35 Abs. 1 Nr. 1 BauGB privilegierten Schweinemaststall hinnehmen, sofern dieser Geruch ortsüblich und für sich zumutbar ist. Eine »Addition« mit den aus dem Dorfgebiet auf das Gebäude einwirkenden, ihrerseits ortsüblichen und zumutbaren Gerüchen kommt auch insoweit regelmäßig nicht in Betracht (Fortführung des Senatsurt. v. 16.12.1987 – 3 S 2513/86 –); VGH BW, U. v. 9.10.1991 – 3 S 1344/91 –; soweit ersichtl. n. v. 25.7

In einer dörflich geprägten Streubebauung ist eine **kleine Motorradwerkstatt** (Zwei-Mann-Betrieb) als Nachfolgebetrieb einer ehemaligen Dorfschmiede zulässig (VGH BW, U. v. 9.5.1997 – 8 S 3206/96 – VBlBW 1997, 341). 25.8

Die Klage einer Wohngrundstückseigentümerin in einem faktischen Dorfgebiet auf Erlass einer immissionsschutzrechtlichen Verfügung durch das Landratsamt wegen behaupteten unzumutbaren Lärms bei Erntearbeiten tagsüber und nachts hat der VGH BW mit U. v. 8.11.2000 – (Fundst. Rn 24.3) abgewiesen und hat dazu die folgenden überzeugenden Leitsätze aufgestellt: 25.9

1. Häckselmaschinen, Traktoren und Mähdrescher, die als Erntemaschinen zum Einsatz kommen, sind insoweit Anlagen nach § 3 Abs. 5 Nr. 2 BImSchG und keine Fahrzeuge i. S. v. § 38 BImSchG.
Die Zumutbarkeit von Lärmimmissionen durch nächtliche Ernteeinsätze in der Land-

§ 6

wirtschaft für die Nachbarschaft ist anhand einer entspr. Anwendung der wesentlichen Grundsätze der TA-Lärm zu beurteilen, auch wenn diese sich nach ihrem Nr. 1 Abs. 2 Buchst. C für landwirtschaftliche Anlagen keine unmittelbare Geltung beimisst.

2. Für den Fall, dass die Einordnung als faktisches Dorfgebiet nach § 34 Abs. 2 BauGB nicht zutreffen sollte, sondern ein faktisches Wohngebiet anzunehmen sei, hat der Senat den nächtlichen Ernteeinsatz als seltenes Ereignis i. S. v. Nr. 7.2 und 6.3 TA-Lärm angenommen, der dann hinzunehmen sei. Der rechnerisch ermittelte Beurteilungspegel beim Grundstück der Klägerin von 42,4 dB(A) für die Nacht blieb damit um knapp 13 dB(A) unter dem Beurteilungspegel von 55 dB(A) für die seltenen Ereignisse in einem Dorfgebiet.

§ 6 Mischgebiete

(1) Mischgebiete dienen dem Wohnen und der Unterbringung von Gewerbebetrieben, die das Wohnen nicht wesentlich stören.

(2) Zulässig sind
1. **Wohngebäude,**
2. **Geschäfts-und Bürogebäude,**
3. **Einzelhandelsbetriebe, Schank- und Speisewirtschaften sowie Betriebe des Beherbergungsgewerbes,**
4. **sonstige Gewerbebetriebe,**
5. **Anlagen für Verwaltungen sowie für kirchliche, kulturelle, soziale, gesundheitliche und sportliche Zwecke,**
6. **Gartenbaubetriebe,**
7. **Tankstellen,**
8. **Vergnügungsstätten im Sinne des § 4a Abs. 3 Nr. 2 in den Teilen des Gebiets, die überwiegend durch gewerbliche Nutzungen geprägt sind.**

(3) Ausnahmsweise können Vergnügungsstätten im Sinne des § 4a Abs. 3 Nr. 2 außerhalb der in Absatz 2 Nr. 8 bezeichneten Teile des Gebiets zugelassen werden.

BauNVO 1977:

(2) Zulässig sind
...
7. Tankstellen.

Nr. 8 fehlte.

(3) Ausnahmsweise können Ställe für Kleintierhaltung als Zubehör zu Kleinsiedlungen und landwirtschaftliche Nebenerwerbsstellen zugelassen werden; die Zulässigkeit von untergeordneten Nebenanlagen und Einrichtungen für die Kleintierhaltung nach § 14 bleibt unberührt.

BauNVO 1968:

(2) ...
4. sonstige nicht wesentlich störende Gewerbebetriebe,

(4) Im Bebauungsplan kann festgesetzt werden, dass in dem Gebiet oder in bestimmten Teilen des Gebietes im Erdgeschoss nur die in Absatz 2 Nr. 3 genannten Nutzungsarten sowie sonstige Läden zulässig sind.

BauNVO 1962:

lautete wie die Fassung 1968, es fehlte jedoch Abs. 4.

§ 6

Erläuterungen

Übersicht

		Rn	
1.	Allgemeine Zweckbestimmung, Gebietscharakter	1 – 1.9	**Abs. 1**
2.	Störanfälligkeit, zur Unzulässigkeit eines Bordells und eines bordellartigen Betriebs, Fragen des Nachbarschutzes; Verträglichkeit mit anderen Baugebieten u. Nutzungen	2 – 2.6	
3.	Änderung von Regelungen aufgrund der ÄnderungsVOen 1977 und 1990	3 – 3.1	
4.	Allgemein zulässige Nutzungen	4 – 15.3	**Abs. 2**
a)	Wohngebäude	4	**Nr. 1**
b)	Geschäfts- und Bürogebäude	4.1	**Nr. 2**
c)	Einzelhandelsbetriebe, Schank- u. Speisewirtschaften sowie Betriebe des Beherbergungsgewerbes	5 – 6.41	**Nr. 3**
aa)	Einzelhandelsbetriebe	5 – 5.3	
bb)	Schank- und Speisewirtschaften	6 – 6.3	
cc)	Zum Begriff Betriebe des Beherbergungsgewerbes	6.4 – 6.41	
d)	Sonstige Gewerbebetriebe	7 – 12.7	**Nr. 4**
aa)	Allgemeines	7	
bb)	Zur (typisierten) Einstufung der sonstigen Gewerbebetriebe	8 – 11	
cc)	Zur Frage der unzulässigen Gewerbebetriebe im MI-Gebiet	12 – 12.7	
e)	Anlagen für Verwaltung sowie für kirchliche, kulturelle, soziale, gesundheitliche und sportliche Zwecke	13 – 14.31	**Nr. 5**
aa)	Anlagen für Verwaltungen	13	
bb)	Anlagen für kirchliche, kulturelle, soziale und gesundheitliche Zwecke (für Gemeinbedarfszwecke)	14	
cc)	Anlagen für sportliche Zwecke	14.1 – 14.31	
f)	Gartenbaubetriebe	14.4	**Nr. 6**
g)	Tankstellen	15 – 15.3	**Nr. 7**
4.1	Teilweise Zulässigkeit von nicht kerngebietstypischen Vergnügungsstätten	16 – 16.81	**Nr. 8**
a)	Allgemeines	16	
b)	»Überwiegend durch gewerbliche Nutzungen geprägte« Teile des MI-Gebiets als Voraussetzung der Zulässigkeit	16.1 – 16.4	
c)	Besonderheiten und Einzelfälle zu Vergnügungsstätten im Teil-MI-Gebiet; teils aufgrund bisheriger Rspr.	16.5 – 16.81	
5.	Ausnahmsweise zulassungsfähige Nutzungen	17 – 17.2	**Abs. 3**
	Nicht kerngebietstypische Vergnügungsstätten außerhalb der in Abs. 2 Nr. 8 bezeichneten Teile des Gebiets	17 – 17.2	
6.	Nutzungen nach den §§ 12–14	18 – 18.2	
7.	Gliederungsmöglichkeiten nach § 1 Abs. 4–9	19 – 19.5	
8.	Weitere Fälle zur (Un-)Zulässigkeit von Nutzungen	20.1 – 23.3	

§ 6 Abs. 1   1

Schrifttum

Danner/Hofmann	Lärmprobleme bei kleineren Heizkraftwerken in unmittelbarer Nachbarschaft von Wohnbebauung, BBauBl. 1986, 165
Frank	Einzelhandelsinteresse in der Bauleitplanung bei der Gebietsausweisung für Verbrauchermärkte, NVwZ 1987, 369
Gehrmann	Konflikte und Risiken emittierender Gewerbebetriebe durch nahe Wohnbebauung und nahe Einzelhandelsbetriebe, GewArch. 1980, 353
Hermanns/Hönig	Das »Boardinghouse« – Wohnnutzung im Sinne des Bauplanungsrechts, BauR 2001, 1523
v. Holleben	Die baurechtliche »Typisierungsmethode« – ein Korrektiv für Fehlplanungen?, DÖV 1975, 599
Hüttenbrink	Können die Gemeinden oder die Baugenehmigungsbehörden die Ansiedlung von nicht-großflächigen Einzelhandelsbetrieben oder Verbrauchermärkten in ausgewiesenen Misch-, Gewerbe- oder Industriegebieten verhindern?, DVBl. 1983, 530
Jahn	Bayerische Biergärten in preußischer Hand, NVwZ 1996, 663
Jarass	Schädliche Umwelteinwirkungen – Inhalt und Grenzen eines Kernbegriffs des Immissionsschutzrechts, DVBl. 1983, 725
–	Der Umfang einer immissionsschutzrechtlich genehmigungsbedürftigen Anlage, NVwZ 1995, 529
Krause	Bestehen baurechtliche Bedenken gegen die Errichtung einer nach § 4 der 4. BImSchV genehmigungsbedürftigen Anlage in einem Mischgebiet?, BauR 1980, 318
Sendler	Industrieansiedlung, Umweltschutz, Planungs- und Nachbarrecht, WiR 1972, 453, 469 f.
Stühler	Zur Zulässigkeit von bordellartigen Betrieben (Terminwohnungen) und Wohnungsprostitution in Mischgebieten, GewArch. 2006, 26
Ziegert	Konfliktsituation zwischen gewerblicher Wirtschaft und Wohnen als Problem des Städtebaurechts im Außenbereich und im nicht beplanten Innenbereich, BauR 1984, 15 u. 138
Ziegler	Wohnbebauung und störende Betriebe, BauR 1973, 129 und 224

(s. auch Schrifttum allgemein und zu den §§ 3, 7, 8)

1. Allgemeine Zweckbestimmung, Gebietscharakter (Abs. 1)

1 Im Mischgebiet stehen das Wohnen und die gewerbliche Nutzung, soweit sie das Wohnen »nicht wesentlich« stört, **gleichberechtigt nebeneinander**. In der Zusammensetzung der Nutzungsarten sind MI-Gebiete in etwa mit den in einigen Ländern früher üblichen Kleingewerbegebieten vergleichbar, die ein »gemischtes Wohn- und Gewerbegebiet« bildeten. Zur Abgrenzung vom WB-Gebiet s. § 4a Rn 13.

Für Orte geringer Größe wird ein MI-Gebiet oftmals die Funktionen eines Kerngebiets für den innerstädtischen Bereich wahrnehmen. Denn nicht alle Zentren von Gemeinden eignen sich für die Festsetzung als MK-Gebiet. Im Übrigen hat das MI-Gebiet heute wieder eine größere Bedeutung als in früheren Jahren. Die Trennung von Arbeits- und Wohnstätten hat sich insbes. wegen der Verkehrsprobleme als nachteilig erwiesen. Soweit Gewerbebetriebe hinsichtlich ihrer Immissionen *nicht wohnverträglich*, d.h. mehr als nur nicht wesentlich störend sind, wird ihre räumliche Trennung durch Festsetzung von

GE- bzw. GI-Gebieten erforderlich bleiben. Wohnverträgliche Gewerbebetriebe können jedoch mit dem allgemeinen Wohnen vermischt sein; die Nutzungsmischung hat gegenüber Monostrukturen verschiedene städtebauliche Vorteile, vor allem der Nahversorgung der Bevölkerung. Sie trägt zu der erwünschten städtebaulichen Vielfalt und der Belebung der Städte und deren Ortsteile bei. Die **Festsetzung von MI-Gebieten** eignet sich besonders für *vorhandene* städtebauliche Strukturen und gewachsene Ortskerne bzw. für die Beplanung des nicht beplanten Innenbereichs i. S. v. § 34 BauGB zur planerischen Lenkung von deren Entwicklung.

Die Ein- und Abgrenzung der Zweckbestimmung des MI-Gebiets, d. h. die »Auslotung« des Gebietscharakters, hat seit jeher Schwierigkeiten bereitet. Denn nach der Vorstellung des VOgebers der ursprünglichen BauNVO (1962) sollten zwei von ihrem Nutzungscharakter her sehr unterschiedliche Nutzungsarten (das *Wohnen*, besonders abends, in der Nacht und am Wochenende *vorrangig* durch *Wohnruhe* charakterisiert – Gewerbebetriebe durch »Betrieb«, d. h. Tätigkeit unter Inkaufnahme von [zulässigen] Emissionen charakterisiert) in *einem* Gebiet miteinander vereinbar sein. Das bedingt **Gleichrangigkeit** beider Nutzungsarten **als Voraussetzung der Gleichberechtigung** (s. Rn 1). Der VOgeber hat im MI-Gebiet als einzigem Baugebiet nach der Zweckbestimmung des Abs. 1 die beiden Hauptnutzungsarten nicht in ein Rangverhältnis zueinander gestellt; er hat vielmehr vorgesehen, dass im **Mischgebiet** – gewissermaßen als **Wesensart des Gebiets** – Wohnnutzungen, im weitesten Sinne, und »nicht wesentlich störende« Gewerbebetriebe sich »nebeneinander« (sowohl horizontal in der Fläche als auch vertikal, d. h. geschossweise) ansiedeln können. Das BVerwG hat in seinem Grundsatzurt. v. 28.4.1972 (– 4 C 11.69 – BVerwGE 40, 94, 100 = DVBl. 1973, 40 = BRS 25 Nr. 127) bereits darauf hingewiesen, dass das Verhältnis der beiden Nutzungsarten zueinander weder nach der Fläche noch nach Anteilen bestimmt sei. Maßgebend ist, dass im **gesamten Geltungsbereich** eines MI-Gebiets nur *»nicht wesentlich störende«* Gewerbebetriebe – im Unterschied zu »nicht erheblich belästigenden« Gewerbebetrieben im GE-Gebiet – zulässig sind, **unabhängig davon**, ob in dem betreffenden Teil des MI-Gebiets Wohngebäude (Wohnungen) bereits vorhanden oder zur Zeit der Ansiedlung des Gewerbebetriebs dort überhaupt geplant worden sind.

1.1

Voraussetzung der Zulässigkeit ist, dass der Gewerbebetrieb nach seiner Typisierung die Gewähr dafür bietet, dass er das Wohnen nur im Rahmen des ihm nach dem Gebietscharakter zugestandenen Störungsgrads stört. Die Gleichwertigkeit u. Gleichgewichtigkeit von Wohnen und das Wohnen nicht wesentlich störendem Gewerbe sowie deren wechselseitige Verträglichkeit ist kennzeichnend für den Baugebietstyp »Mischgebiet«. Das gleichwertige (gleichberechtigte) Nebeneinander zweier Nutzungsarten setzt eine *wechselseitige Rücksichtnahme* der einen Nutzung gegenüber der anderen u. deren Bedürfnissen voraus; es bedeutet zugleich, dass keine der Nutzungsarten ein *deutliches* Übergewicht über die andere gewinnen soll (BVerwG, U. v. 25.11.1983 – 4 C 64.79 – BVerwGE 68, 207, 210 f. = DVBl. 1984, 340 = BRS 40 Nr. 45 = BauR 1984, 142 = ZfBR 1984, 93). Diese Aussage des BVerwG gibt die Besonderheit, nämlich das dem MI-Gebiet in den meisten Fällen bereits bei seiner Festsetzung beigegebene (»in die Wiege« gelegte) Problembehaftete, treffend wieder. Die Wesenseigenschaft i. S. d. Gebietscharakters ist in gewisser Weise (bereits) mit der »Eigenart« des Baugebiets i. S. v. § 15 Abs. 1 Satz 1 verschränkt.

1.2

§ 6   Abs. 1   1.3–1.4

Während ein WA-Gebiet (§ 4) seinen Gebietscharakter nicht einbüßt, wenn 90–95 % der Fläche des Geltungsbereichs durch Wohngebäude besetzt sind, oder ein MD-Gebiet (§ 5) in seinem Gebietscharakter nicht verändert wird, wenn der Geltungsbereich kein (einziges) »sonstiges Wohngebäude« (§ 5 Abs. 2 Nr. 3) aufweist, ist der Gebietscharakter eines MI-Gebiets davon abhängig, dass beide **Haupt**nutzungsarten *erkennbar* in dem Gebiet vorhanden sind.

1.3 Durch die städtebauliche Gestaltungsabsicht nähern sich »Zweckbestimmung« u. »Eigenart« in einem ungleich stärkeren Maße als in jedem anderen Baugebiet, in dem die *Eigenart* sich bereits aufgrund der Zweckbestimmung erkennen lässt. Der Begriff »Zweckbestimmung« geht insoweit in der »Eigenart« des MI-Gebiets auf, als das »Wohnen« u. das »nicht wesentlich störende« Gewerbe nicht nur **qualitativ gleichwertig** (gleichberechtigt) nebeneinander, **sondern** auch **quantitativ erkennbar** in einem MI-Gebiet **vorhanden sein müssen**. Für das »Gemischt-sein« ist ein bestimmtes Verhältnis nicht angegeben; es besteht auch **keine Ermächtigung** des VOgebers, die der Gemeinde die Möglichkeit einräumt, das **quantitative Verhältnis** von Wohnen und Gewerbe im B-Plan in einem bestimmten Anteil (etwa 60 % zu 40 %) **festzusetzen**. Es kann auch keine »*Durchmischung*« etwa dergestalt verlangt werden, dass ein MI-Gebiet nur dann der Zweckbestimmung entspricht, wenn in jedem Teil des Geltungsbereichs Wohngebäude und Gewerbebetriebe nebeneinander vorhanden sind. Es ist durchaus zulässig, dass in einem Teil des MI-Gebiets vorwiegend Wohngebäude errichtet worden sind und in einem anderen Teil sich vorwiegend gewerbliche Anlagen unterschiedlicher Nutzungsart angesiedelt haben.

1.31 Desgleichen lässt der Gebietscharakter des MI-Gebiets es nicht zu, eine Beschränkung des Wohnnutzungsanteils auf einen bestimmten Prozentsatz der Geschossfläche oder eine Beschränkung der Wohnungen auf zwei Wohneinheiten je Gebäude festzusetzen (BVerwG, B. v. 12.12.1990 – 4 NB 13.90 – BRS 50 Nr. 16 = BauR 1991, 169 = DVBl. 1991, 440 = NVwZ-RR 1991, 455 = UPR 1991, 150). Das BVerwG hat mit Recht darauf hingewiesen, dass § 1 Abs. 7 schon dem Wortlaut nach dafür spricht, dass die »sonstigen Teile« örtlich lokalisiert sein müssen, dass mit »Teile« nicht auch (prozentuale) »Anteile« gemeint sind. Für diese Auslegung kann auch herangezogen werden, dass die BauNVO in § 4a Abs. 4 Nr. 2 u. § 7 Abs. 4 Nr. 2 ausdrücklich die Möglichkeit einräumt, für einen bestimmten **Anteil** der Geschossfläche eine besondere Nutzungsregelung festzulegen (BVerwG, aaO.). Ferner kann keine Mindest- oder Höchstzahl von Wohnungen in *einem* Gebäude entspr. den Regelungen in § 3 Abs. 4 u. § 4 Abs. 4 BauNVO 1962/1977 festgesetzt werden. Die Zahl der Wohnungen in einem Gebäude kann gleichfalls nicht unter dem Gesichtspunkt der Festsetzung des *Maßes* der baulichen Nutzung beschränkt werden (so schon BVerwG, U. v. 13.6.1980 – 4 C 98.77 – BRS 36 Nr. 58 = DVBl. 1981, 97). Die Auffassung des BVerwG (aaO.), dass in dem entschiedenen Fall das planerische Ziel zwar nicht in der prozentual genauen Abstufung, »*so doch im Grundsatz über die Erteilung der Baugenehmigungen im Einzelfall*«, d.h. über § 15 Abs. 1, »*erreicht werden kann*«, wird in dieser Uneingeschränktheit nicht geteilt; die Entscheidungsfreiheit der Baugenehmigungsbehörde ist infolge Fehlens jeglichen Planungsermessens deutlich eingeschränkt.

1.4 Im Ergebnis darf in dem MI-Gebiet **nicht** eine der Hauptnutzungsarten **optisch eindeutig dominieren**. Was darunter verstanden werden muss, ist vom städtebaulich Gewollten her zwar ohne weiteres darzulegen, in der städtebaurechtlichen Praxis aber nicht einfach zu handhaben; denn jedes Baugebiet, in besonderer Weise jedoch ein festgesetztes Mischgebiet, entwickelt hinsichtlich der Ansiedlung eine eigene Dynamik, die von etlichen Faktoren i. S. d. örtlichen Situation beeinflusst wird, in die ein Baugebiet hineingeplant wird (BVerwG, U. v. 4.5.1988 – 4 C 34.86 – BVerwGE 79, 309 = BRS 48 Nr. 37 = BauR 1988, 440 = DVBl. 1988, 848 = ZfBR 1988, 234).

Bei der örtlichen Situation, in die ein Baugebiet »hineingeplant« wird und die dessen *Eigenart* mit charakterisiert, handelt es sich – jedenfalls in erster Linie – um die örtlichen Verhältnisse, auf die ein Plan in dem Gebiet trifft, für das er gelten soll (so mit Recht BVerwG, U. v. 4.5.1988, aaO.). Die Gemeinde muss bei sorgfältiger Planung die *örtlichen Verhältnisse* i. S. einer »Planungsanalyse« vorher feststellen, um danach ggf. den Katalog der zulässigen bzw. ausnahmsweise zulassungsfähigen Nutzungen unter Zuhilfenahme von § 1 Abs. 5–9 flexibel (§ 1 Rn 100–137) abzuändern und damit mittelbar die Bebauung zu steuern. Ein festzusetzendes MI-Gebiet, das z. B. von WR- und WA-Gebieten mit nur (ganz) geringer Infrastruktur in Bezug auf Läden, der Versorgung dienende Handwerksbetriebe u. Schank- und Speisewirtschaften umgeben ist, bedarf detaillierter zeichnerischer und textlicher Festsetzungen sowohl hinsichtlich der *Art* als auch nach dem zulässigen *Maß* der baulichen Nutzung sowie einer entspr. Begr. des B-Plans (um dadurch den Planungswillen der Gemeinde hinsichtlich des Mischgebiets deutlich zum Ausdruck zu bringen), als wenn das zu beplanende MI-Gebiet etwa an ein Schulcenter, ein GE-Gebiet und ein ausreichend »versorgtes« WA-Gebiet grenzt. In dem Fallbeispiel könnte daran gedacht werden, dass Einzelhandelsbetriebe, die in Selbstbedienung betrieben werden, nach § 1 Abs. 5 i. V. m. Abs. 9 nur in der Größe von sog. Nachbarschaftsläden als Anlagentyp (s. § 4 Rn 5–5.7) als zulässig festgesetzt werden, um die Ansiedlung größerer »Supermarkt«-Betriebe unterhalb der Größe großflächiger Einzelhandelsbetriebe zu unterbinden. Die besonderen städtebaulichen Gründe (Abs. 9) könnten darin liegen, dass wegen der das MI-Gebiet umgebenden WR- und WA-Gebiete i. S. einer geordneten städtebaulichen Entwicklung auf eine gute »Durchmischung« und Gewährleistung des in den detaillierten Festsetzungen zum Ausdruck gebrachten Gebietscharakters des Baugebiets abgestellt werden muss.

Die gebotene **quantitative Mischung** von Wohnen und Gewerbe in einem MI-Gebiet sollten die Gemeinden noch mehr als bisher durch *Differenzierung* und *Modifizierung*, ggf. auch durch die »vertikale« *Gliederungsmöglichkeit* (s. Rn 19) und grundsätzlich mithilfe des Instrumentariums des § 1 (§ 1 Rn 83 ff.) sicherstellen, um dadurch einer »Entmischung« des MI-Gebietes entgegen ihren Planungsvorstellungen vorzubeugen, insbes. um die Entwicklung des MI-Gebietes zu einem GE-Gebiet oder zu einem WA-Gebiet zu verhindern. Da das MI-Gebiet im Wesen für eine »horizontale« Gliederung i. S. einer Entmischung nicht geeignet ist, sollte eine großflächige Gliederung nach § 1 Abs. 4 für MI-Gebiete nicht vorgesehen werden; in Betracht kommt im Wesentlichen nur eine Gliederung nach der Bebauungstiefe, z. B. in eine rückwärtige Werkstatt- und Lagerzone, während Wohnungen, Läden und Büros nur in den Vordergebäuden vorgesehen werden.

Mit Recht hat das BVerwG in seinem U. v. 4.5.1988, aaO., herausgestellt, dass die beiden Hauptnutzungsarten (Wohnen u. Gewerbe) nicht zu genau oder zu annähernd gleichen Anteilen – wie immer diese auch rechnerisch zu bestimmen sind – im jeweiligen Gebiet vertreten sein müssen. In dem entschiedenen Fall waren die gewerblichen Betriebe bei Verwirklichung des beantragten Vorhabens mit 85 % an der Grundfläche des Gebiets beteiligt, wobei die Einzelhandelsbetriebe nach *Anzahl und Umfang* i. S. d. § 15 Abs. 1 Satz 1 der typischen Eigenart eines Mischgebiets widersprachen. Die Entscheidung des BVerwG ist deshalb bedenkenfrei und zwar auch dann, wenn auf dem einen oder anderen gewerblichen Grundstück später Wohngebäude errichtet würden. Die vier eigenständigen Wohngebäude des MI-Gebiets könnten nämlich auch später zu Bürozwecken verwandt werden oder Ladengeschäfte aufnehmen. Eine solche Entscheidung muss zwangsläufig stets eine nach der derzeitigen Sach- u. Rechtslage sein.

Auch bei einem sich nach Verwirklichung eines streitigen Bauvorhabens in einem Mischgebiet ergebenden Verhältnis der für Wohnzwecke genutzten Grundstücksflächen und der gewerblich genutzten Flächen von 70 % zu 30 % kann die gebotene Bewertung aller im einzelnen Fall für eine quantitative Beurteilung in Betracht kommenden tatsächlichen

§ 6 Abs. 1   1.6, 1.7

Umstände die Verneinung eines »Umkippens« des Mischgebietscharakter rechtfertigen (VGH BW, B. v. 8.9.1998 – 3 S 201/98 –). Dagegen hält ein Mischgebiet, in dem lediglich auf rd. 10 % seiner Fläche Wohnnutzung zulässig ist, die gebotene gleichwertige und gleichgewichtige Durchmischung von Wohnen und nicht wesentlich störendem Gewerbe nicht ein und ist deshalb ungültig (OVG NW, U. v. 22.1.2004 – 7 A 1273/02 – S. 15 UA).

Die gebotene Durchmischung von Wohnen und nicht wesentlich störendem Gewerbe kann durch ein neues Vorhaben sowohl qualitativ als auch quantitativ gestört sein. Nur wenn beides nicht der Fall ist, bleibt die Eigenart des Gebietstyps gewahrt. In Fällen eines faktischen Mischgebiets (§ 34 Abs. 2 BauGB) gelten keine anderen Anforderungen an die gebotene »Durchmischung« als bei der »unmittelbaren« Anwendung des § 6 BauNVO (so BVerwG, B. v. 11.4.1996 – 4 B 51.96 – ZfBR 1997, 51).

1.6 So verständlich es ist, in der städtebaulichen Praxis möglichst von bestimmten Verhältnisanteilen ausgehen zu können, so erweist sich gerade ein MI-Gebiet als ein Gebiet, das häufigen Veränderungen i. d. Grundstücksnutzung unterliegt. Ein **Missverhältnis** des gebotenen quantitativen Mischungsverhältnisses und damit der **Widerspruch** zum normativ vorgegebenen **spezifischen Gebietscharakter** (weitgehend mit der Eigenart identisch) **kann sich** zwar **aus einem übermäßig großen Anteil** einer Nutzungsart an der Grundfläche des MI-Gebiets, aber auch aus anderen Umständen ergeben, z. B. aus einem Missverhältnis der Geschossflächen oder der Zahl der eigenständigen gewerblichen Betriebe im Verhältnis zu den vorhandenen Wohngebäuden, evtl. erst aus *mehreren* solcher Merkmale zusammengenommen. *»Erforderlich ist stets eine Bewertung aller für eine quantitative Beurteilung in Frage kommenden tatsächlichen Umstände im Einzelfall«* (so BVerwG, U. v. 4.5.1988, aaO.).

Die Gemeinde sollte sich bei der Planung eines MI-Gebiets stets davon leiten lassen, dass sie mithilfe der **Zulässigkeitsvoraussetzungen des § 15** – zumal wenn die Gemeinde nicht selbst (privilegierte) Baugenehmigungsbehörde, sondern dies der (Land-)Kreis ist – nur noch (sehr) begrenzt die einzelnen Bebauungsfälle steuern kann (s. dazu auch Vorb. §§ 2 ff. Rn 11.2–11.4).

In einem kleinen Mischgebiet, dem die **Funktion einer Pufferzone** zwischen einem allgemeinen Wohngebiet (§ 4 BauNVO) und einem Gewerbegebiet (§ 8 BauNVO) zugewiesen ist und in dem bisher nur Wohnhäuser genehmigt wurden, kann eine weitere Wohnbebauung auch dann zulässig sein, wenn das Mischgebiet infolge des Hinzutretens dieses Vorhabens – abweichend von seiner Regelfunktion einer qualitativen und quantitativen Durchmischung von Wohnen und nicht wesentlich störendem Gewerbe – weit überwiegend zu Wohnzwecken genutzt wird, selbst wenn die noch unbebauten Grundstücke des Gebiets ausschließlich einer gewerblichen Nutzung zugeführt werden (im Anschluss an BVerwG, U. v. 4.5.1988 – 4 C 34.86 – BVerwGE 79, 309; *Leits.* des VGH BW, B. v. 8.7.1993 – 3 S 824/92 – soweit ersichtl. n. v.).

Dagegen: Wird in einem *»eingeschränkten Mischgebiet«* die Art der baulichen Nutzung in der Weise festgesetzt, dass nur die in § 6 Abs. 2 Nr. 1–3 aufgeführten Nutzungen zulässig sind, ist die allgemeine Zweckbestimmung des Baugebiets als Mischgebiet nicht mehr gewahrt (VGH BW, B. v. 20.6.1995 – 8 S 237/95 – UPR 1995, 317 = BRS 57 Nr. 27 = NVwZ-RR 1996, 139).

Bewirkt die Genehmigung eines Bauvorhabens durch die staatliche Baurechtsbehörde als Widerspruchsbehörde das Umkippen eines Mischgebiets und damit eine Vereitelung der planerischen Absicht in der Gemeinde, kann dies im Einzelfall Rechte der Gemeinde verletzen und daher die **Klagebefugnis der Gemeinde** gegen den Widerspruchsbescheid begründen (VGH BW, U. v. 15.10.1991 – 8 S 979/91 – UPR 1992, 197 = BRS 52 Nr. 219).

1.7 Das BauGB enthält keine Rechtsgrundlage, die es ermöglicht, das Verhältnis von Wohn- und gewerblicher Nutzung zu einem Mischgebiet zu steuern (VGH

BW, NK-Urt. v. 18.8.2000 – 8 S 793/00 –, VBlBW 2001, 59). Mit diesem Leits. ist der VGH BW dem Argument der Antragstellerin im NK-Verfahren, im Plan sei keinerlei Vorsorge getroffen worden, dass bei einer späteren Bebauung sowohl Wohnnutzung als auch gewerbliche Nutzung ihr eigenes Gewicht hätten, entgegengetreten. Darüber hinaus hat das Gericht auf § 15 Abs. 1 BauNVO als Korrekturfaktor hingewiesen. Damit wird jedoch die Bedeutung von § 15 Abs. 1 S. 1 BauNVO letztendlich überschätzt.

Nach einem U. d. BayVGH v. 3.8.2000 (– 1 B 98.31 22 – BauR 2001, 208 = NVwZ-RR 2001, 224) ist die **Gliederung** eines 2,1 ha großen **Mischgebiets** durch den **Ausschluss von Wohngebäuden** und Beherbergungsbetrieben in mehr als der Hälfte des Gebiets nichtig, weil sie nicht die allgemeine Zweckbestimmung des Baugebiets wahrt. Nach Ansicht des BayVGH handelte es sich bei dem von der Gemeinde festgesetzten Mischgebiet MI/A (= Mischgebiet ohne Wohnnutzung) um eine besondere Form des Gewerbegebiets i. S. d. § 8 BauNVO, nicht aber um ein Mischgebiet i. S. d. § 6 BauNVO. Dieser »Etikettenschwindel«, bei dem die von der Beigeladenen vorgenommene Festsetzung und die hinter dieser Festsetzung stehende wirkliche städtebauliche Konzeption auseinanderfallen würden, führe zur Nichtigkeit des Ausschlusses der Wohnnutzung im Mischgebiet MI/A.

1.8

Dagegen hat der BayVGH im U. v. 12.9.2000 (– 1 N 98.3549 – BauR 2001, 210 = BayVBl. 2001, 630) die **Gliederung** eines 0,3 ha großen **Mischgebiets** durch **Ausschluss der Wohnnutzung** in etwa einem Fünftel des Gebiets nicht beanstandet, da die allgemeine Zweckbestimmung des Baugebiets gewahrt sei. Mit diesem U. hat sich der BayVGH der Entscheidung des Nds. OVG v. 25.3.1994 (– 1 K 6147/92 – BRS 56 Nr. 15 = BauR 1994, 599 = UPR 1994, 354) angeschlossen. Zur Begr. hat der BayVGH ausgeführt, dass der Ausschluss der Wohnnutzung in dem Mischgebiet von der in der Planung erkennbar verfolgten Konzeption der Antragsgegnerin, einen Übergangsbereich zwischen dem Gewerbegebiet im Norden und der Wohnnutzung im Süden des Baugebiets zu schaffen, i. S. d. § 1 Abs. 3 erforderlich ist.

Nach einem U. des BayVGH v. 25.9.2002 (– 14 N 00.1191 –) ist die für ein Mischgebiet typische Gleichrangigkeit von Wohnnutzung und nicht störendem Gewerbe nicht mehr gewahrt, wenn der B-Plan die zulässige bauliche Nutzung auf Wohngebäude i. S. d. § 6 Abs. 2 Nr. 1 BauNVO und Anlagen für Verwaltungen, kirchliche, kulturelle, soziale, gesundheitlich und sportliche Zwecke gem. § 6 Abs. 2 Nr. 5 BauNVO beschränkt, die ihrerseits wieder auf den Zweck des Gesamtprojekts, nämlich eines Seniorenzentrums, eingeengt sind. Die selben Festsetzungen wären grundsätzlich auch in einem allgemeinen Wohngebiet zulässig (vgl. § 4 Abs. 2 Nrn. 1 und 3 BauNVO), wobei dessen Zweckbestimmung nämlich vorwiegend dem Wohnen zu dienen (§ 4 Abs. 1 BauNVO), noch eher gewahrt bliebe (BayVGH, aaO.).

Das grundsätzliche Wahlrecht des Bauherrn zwischen Wohnnutzung und gewerbliche Nutzung in einem Mischgebiet ist Folge der Ausgestaltung dieses Gebietstypus durch die BauNVO. Soweit ein Mischgebiet in zulässiger Weise nach den Hauptnutzungsarten gegliedert wird, ist – als notwendige Kehrseite – die Wahlmöglichkeit des Bauherrn zwischen diesen Nutzungsarten eingeschränkt oder ausgeschlossen (BayVGH, U. v. 3.2.2006 – 1 BV 05.613 – BauR 2006, 1855).

1.9 Nach dem U. des OVG NW v. 16.3.2001 (– 7 A 1072/96 – BauR 2001, 1234) kann ein B-Plan auch dann städtebaulich gerechtfertigt und abwägungsgerecht sein, wenn ein faktisches **allgemeines Wohngebiet** als **Mischgebiet** festgesetzt wird. Zur Begr. hat das Gericht ausgeführt, dass die vom Rat als sachgerecht angesehene Gebietsentwicklung auch im Abwägungsergebnis nicht fehlerhaft sei. In dem vorhandenen faktischen allgemeinen Wohngebiet seien verschiedene, zur A-Straße orientierte gewerbliche Nutzungen vorhanden, die in einem allgemeinen Wohngebiet nur ausnahmsweise zulässig wären. Darüber hinaus seien »*Entwicklungstendenzen*« zu weiterer gewerblicher Nutzung festzustellen. ... Die Einschätzung der Klägerin, es handele sich um ein »intaktes« allgemeines Wohngebiet, werde aber durch die ganz erhebliche Belastung des überplanten Gebiets durch Straßenverkehrslärm nicht bestätigt. Wohnnutzung sei ausweislich der von der Verwaltung erarbeiteten Schallberechnung im nördlichen, zur A-Straße gelegenen Bereich nur unter Berücksichtigung ganz erheblicher Maßnahmen passiven Schallschutzes und möglicher Orientierung schallempfindlicher Wohn- und Schlafräume zu dem von der A-Straße abgewandten Gebäudeseiten vertretbar. All dies rechtfertige, das faktische allgemeine Wohngebiet zu einem Mischgebiet zu entwickeln und ferner die »MI 1«-Bereich vorhandene Wohnbebauung auf den Bestandsschutz zu setzen.

2. Störanfälligkeit, zur Unzulässigkeit eines Bordells und eines bordellartigen Betriebs, Fragen des Nachbarschutzes; Verträglichkeit mit anderen Baugebieten und Nutzungen

2 Bei der Einteilung nach dem Störgrad nimmt das MI-Gebiet die zweite Stufe im System ein. Die Bewohner eines MI-Gebiets müssen eine gewisse Störung in Kauf nehmen, d. h. wer sich in einem solchen Gebiet niederlässt, muss seine Anforderungen an den Grad der Wohnruhe mindern. Der **Schutz der Wohnruhe** entfällt auch in MI-Gebieten nicht, wenngleich der Grad entsprechend der unterschiedlichen Zusammensetzung der in einem MI-Gebiet nebeneinander bestehenden Nutzungen verschiedenartig sein kann. Die Wohnruhe **tagsüber** hängt also maßgeblich davon ab, ob zahlenmäßig die Wohnnutzung oder die gewerbliche Nutzung überwiegt.

In besonderen Fällen wird nicht nur die Wohnruhe gegenüber den gewerblichen Betrieben zu schützen sein, sondern es bedarf auch die *gewerbliche Tätigkeit* i.S.d. Zulässigkeitskataloges nach Abs. 2 gegen eine überhand nehmende Wohnnutzung, die den Gebietscharakter beeinträchtigt, des Schutzes, wenngleich ein entspr. Steuerungsinstrument theoretisch zwar denkbar (zur Gliederung Rn 19), praktisch aber schwer durchsetzbar ist.

Für die Wohnnutzung sind Störungen und Belästigungen insbes. dann unzumutbar, wenn sie sich auf den Feierabend und die Freizeit zum Wochenende erstrecken. Die **Mindestanforderung** an den Grad der Wohnruhe in einem gemischten Gebiet hinsichtlich des Lärms ist die Gewährleistung einer »nicht wesentlich« gestörten Kommunikation (Unterhaltung, sonstige Feierabendbeschäftigung), wobei der Beginn des Feierabends etwa um 20.00 Uhr angesetzt werden kann, und einer auskömmlichen und ungestörten Nachtruhe. Geräusche, die tagsüber als übliche, unvermeidbare Ruhestörung hingenommen werden können, werden in den Abend- und Nachtstunden regelmäßig als spürbare Beeinträchtigung empfunden (BVerwG, U. v. 15.1.1979 – 4 C 59.79 – BBauBl. 1982, 291). Die Belästigungen und Störungen dürfen jedoch auch tagsüber den im MI-Gebiet zulässigen Störgrad, der für Tag/Nacht unterschiedlich ist (Näheres § 15), nicht übersteigen, damit insbes. den »Anforderungen an gesunde Wohn- und Arbeitsverhältnisse« als einer der Planungsgrundsätze des § 1 Abs. 6 Nr. 1 BauGB nachgekommen wird. Die **Pflicht zur wechselseitigen Rücksichtnahme** aufgrund der Gleichberechtigung und damit Gleichgewichtigkeit der beiden Hauptnutzungen bietet dafür die Gewähr (s. auch Rn 1.2). Für die Wohnnutzung, insbes. die Feierabendgestaltung, liegt die *kritische* Zeit zwischen 19.00 und 22.00 Uhr, in der sich der für den Tag geltende stärkere Störgrad infolge des zulässigen höheren Lärmpegels im MI-Gebiet gegenüber WR- u. WA-Gebiet in (erheblich) belästigender Weise bemerkbar machen kann. Das muss jeder wissen, der sich zum Wohnen in einem MI-Gebiet entschließt.

Ist im Bereich eines an eine **Bundesstraße** angrenzenden allgemeinen Wohngebiets oder eines Mischgebiets in Folge einer Straßenplanung Lärm oberhalb der Grenzwerte der 16. BImSchV zu erwarten, ist in die Abwägung der durch den B-Plan betroffene Belange einzustellen, wie die Betroffenheit der Nachbarn durch Anordnung von aktivem oder passivem Lärmschutz ausgeglichen werden kann.

Kommt **nur passiver Lärmschutz** in Betracht, kann für eine rechtfertigende Abwägung die objektbezogene Untersuchung erforderlich sein, ob für im Lärmpegelbereich VII der DIN 4109 gelegene Gebäude passiver Lärmschutz technisch und rechtlich möglich ist (so OVG NW, U. v. 4.3.2002 – 7 a D 92/01.NE – BauR 2002, 1500 = NWVBl. 2003, 26, 1. u. 2. Leits.).
Es ging in diesem Rechtsstreit um die Verbreiterung einer Bundesstraße und der Herabstufung eines angrenzenden vormals allgemeinen Wohngebiets zu einem Mischgebiet.

Führt die Gemeinde ein Mischgebiet an eine **stark befahrene Straße** heran, so muss sie versuchen, den dadurch hervorgerufenen Nutzungskonflikt durch geeignete Festsetzungen – unter anderem: Zurücktreten der Baugrenze – zu entschärfen (Nds. OVG, U. v. 15.1.2004 – 1 KN 128/03 – NuR 2005, 595).

Hinsichtlich der **Störanfälligkeit** des MI-Gebiets – »Stören« im umfassenden Verständnis, s. Vorb. §§ 2 ff. Rn 8 ff. – ist zu berücksichtigen, dass es sich um ein *beplantes* (festgesetztes) *Baugebiet* handelt; d. h. es kommt – vorbehaltlich des § 15 Abs. 1 – *nicht auf die konkrete* Bebauung der Nachbarschaft an. **Entscheidend ist, ob** ein Vorhaben der beabsichtigten Art *generell geeignet* ist, das Wohnen in einem Mischgebiet so zu stören, dass von einer Gleichgewichtigkeit und wechselseitigen Verträglichkeit zwischen Wohnen und Gewerbe nicht (mehr) gesprochen werden kann. In augenfälligster Weise kommt die **wesentliche Störung** des Wohnens durch einen *bordellartigen* Betrieb u. die davon ausgehenden Auswirkungen zum Ausdruck. In der erst- und zweitinstanzlichen Judikatur besteht Übereinstimmung darin, dass ein **bordellartiger Betrieb** in einem Mischgebiet – unabhängig davon, ob er als sonstiger Gewerbebetrieb oder als Vergnügungsstätte bauplanungsrechtlich zu bezeichnen ist – generell unzulässig ist; diese Nutzung verträgt sich grundsätzlich nicht mit der im Mischgebiet ebenfalls zulässigen Wohnnutzung (VGH BW, U. v. 19.10.1990 – 5 S 3103/89 – BRS 52 Nr. 55 = VBlBW 1991, 220; B. v. 4.2.1998 – 8 S 3234/97 –; U. v. 13.2.1998 – 5 S 2570/96 – BRS 60 Nr. 75 = NVwZ-RR 1998, 550; B. v. 5.3.2002 – 8 S 606/02; U. v. 24.7.2002 – 5 S 149/01 – GewArch. 2003, 496 = ESVGH 53, 30; BayVGH, B. v. 19.5.1999 – 26 ZB 99.770 – UPR 1999, 395 = BayVBl. 2000, 280; OVG RhPf, B. v. 12.6.2006 – 8 B 10019/07.OVG – u. OVG Bln., B. v. 9.4.2003 – 2 S 5.03 – UPR 2003, 394 = GewArch. 2003, 498). Es gibt im Bauplanungsrecht keinen gesetzlich oder durch den VOgeber definierten Begriff eines bordellartigen Betriebs. Zu den bordellartigen Betrieben gehören auch die sog. »Terminwohnungen«. Hierfür werden Wohnungen oder Häuser insbesondere in Misch- oder Kerngebieten zum Zwecke der Prostitutionsausübung zentral angemietet. Hinter dieser Anmietung steht häufig eine Organisation, die in verschiedenen Kommunen einzelner Bundesländer oder bundesländerübergreifend tätig ist.

Die Verwaltung einer solchen »Terminwohnung« wird regelmäßig von einer nicht mehr aktiv tätigen, älteren Prostituierten übernommen, die die Wohnung vom Wohnungseigentümer gemietet hat und sie den einzelnen Prostituierten zu einem erhöhten Mietzins überlässt. In den Wohnungen gehen die Prostituierten häufig nur ihrer Tätigkeit nach, übernachten dort jedoch nicht oder nur für kurze Zeit (häufig 1 Woche). Die in den Wohnungen von der Polizei angetroffenen Frauen sind regelmäßig polizeilich nicht gemeldet. Manchmal ist im Eingangsbereich der Wohnungen oder der Gebäude eine Videoüberwachung installiert, die einerseits dem Schutz der Prostituierten vor unerwünschter – alkoholisierter – Kundschaft, andererseits auch dem Zweck dient, bei überraschenden polizeilichen Kontrollen ausländerrechtlich illegale Prostituierte zu verstecken; zur Abgrenzung zwischen bordellartigem Betrieb und Wohnungsprostitution s. Rn 9.6 zu § 4 BauNVO. Das BVerwG hat zur Zulässigkeit eines bordellartigen Betriebs in einem Mischgebiet noch keine Entscheidung getroffen. Es brauchte in seinem B. v. 29.10.1997 (– 4 B 8.97 – BRS 59 Nr. 62 = NVwZ-RR 1998, 540) auf die Abgrenzung zwischen einem bordellartigen Betrieb, wie er vom VGH BW (U. v. 17.10.1996 – 8 S 2136/96 –) angenommen worden ist, und der sog. Wohnungsprostitution mangels Sachverhalts nicht einzugehen.

2.2 In seinem B. v. 3.4.1996 hat der VGH BW (– 8 S 838/96 –) Wohnungsprostitution als eine das Wohnen i. S. d. § 6 Abs. 1 BauNVO wesentlich störende gewerbliche Nutzung in einem (faktischen) Mischgebiet für nicht zulässig gehalten. Die mit der Prostitution typischerweise verbundene »milieubedingte Unruhe« führe zur Gebietsunverträglichkeit. Dem gegenüber hat der gleiche Senat vier Monate später in seinem B. v. 9.8.1996 (– 8 S 1987/96 – NVwZ 1997, 601) den Leits. aufgestellt, dass die sog. Wohnungsprostitution eine gewerbliche Nutzung darstellt, die im Mischgebiet nicht generell unzulässig ist. Diese Entscheidung kann weder vom Inhalt noch von der Begr. her überzeugen. S. hierzu Rn 9.59 zu § 4 BauNVO.

2.3 Der **typisierenden Betrachtungsweise in einem Mischgebiet** liegt der Gedanke zugrunde, dass im Geltungsbereich eines B-Plans vom Grundsatz her jedes Baugrundstück für jede nach dem Nutzungskatalog zulässige bzw. zulassungsfähige Nutzung in Betracht gezogen werden kann (BVerwG, U. v. 21.2.1986 – 4 C 31.83 – BRS 46 Nr. 51 = BauR 1986, 417 = ZfBR 1986, 147 = UPR 1986, 349 = NVwZ 1986, 643).

Danach sollen auf jedem Baugrundstück z. B. sowohl eine gewerbliche Nutzung als auch eine Wohnnutzung oder auch beide Nutzungen zusammen (im EG Gewerbe, in anderen Geschossen Wohnungen) möglich sein. Das schließt es aus, die Frage der Wesentlichkeit der Störung nach der Art der vorhandenen Bebauung in der Nachbarschaft der beabsichtigten gewerblichen Nutzung zu beurteilen (so mit Recht BVerwG, U. v. 21.2.1986, aaO.).

Das OVG Bln hat in seinem U. v. 21.6.1991 (– 2 B 7.89 – BRS 52 Nr. 51 = NVwZ-RR 1992, 121) überzeugend herausgestellt, dass die Festsetzung des Mischgebiets in dem B-Plan (im entschiedenen Fall noch nach § 9 Abs. 1 Nr. 1a BBauG 1960 i. V. m. § 1 Abs. 3 Satz 2 u. § 6 Abs. 1 BauNVO 1968) als Art der baulichen Nutzung **nachbarschützend** ist.

Der Senat hat dabei auf seinen B. v. 25.2.1988 (BRS 48 Nr. 167 = UPR 1988, 233 = NVwZ-RR 1989, 116 = OVGE Bln 18, 105) Bezug genommen, in dem er unter Hinweis auf Rspr. u. Lit. ausgeführt hat, *»indem die bauliche Nutzung des eigenen Grundstücks dem Zweck des Baugebiets untergeordnet werde, müsse zwar der Eigentümer die öffentlich-rechtlichen Beschränkungen seiner Nutzungsmöglichkeiten hinnehmen, als Korrelat dieser Verpflichtung erwachse ihm aber der Vorteil, dass andere Nutzungsberechtigte den gleichen Beschränkungen unterworfen seien«* (OVG Bln, aaO.). Zum Nachbarschutz, soweit er das Wohnen betrifft, vgl. grundsätzlich BVerwG, U. v. 16.9.1993 (– 4 C 28.91 – Fundst Vorb. §§ 2 ff. Rn 22 u. § 3 Rn 5.1).

Ein **Küchenbaubetrieb** mit Betriebszeiten bis zu 22.00 Uhr und Kundenverkehr auch am Wochenende, der über eine eigene Schreinerei und Lackiererei verfügt, ist bei typisierender Betrachtungsweise in einem Mischgebiet nicht zulässig (OVG NW, U. v. 9.10.2003 – 10 aD 53/01 NE – UPR 2004, 160/161 nur Leits.).

Aus den **Gründen:** »*Es spricht Überwiegendes dafür, dass die besagte Küchenbaufirma, die unter anderem über eine Schreinerei und eine Lackiererei verfügt, ein höheres Störpotential hat. Nach der Abstandsliste zum Abstandserlass 1998 gehören Schreinereien zur Abstandsklasse VII und sollten danach in der Regel einen Abstand von 100 m zu Wohngebäuden einhalten. Des Weiteren hat das im Planaufstellungsverfahren eingeholte Immissionsgutachten ergeben, dass der Betrieb der Küchenbaufirma Lärmemissionen verursacht, die deutlich über den für Mischgebiete geltenden Orientierungswerten der hier einschlägigen DIN 18005 liegen. ... Nach allem hat der Rat – was er in Wirklichkeit gar nicht wollte – die Küchenbaufirma mit der Mischgebietsfestsetzung lediglich auf den passiven Bestandsschutz verwiesen. Um das erklärte Ziel, den Standort der Küchenbaufirma bei gleichzeitiger Mischgebietsfestsetzung auf Dauer zu sichern, erreichen zu können, hätte es hingegen einer Festsetzung gem. § 1 Abs. 10 BauNVO zu Gunsten der Küchenbaufirma bedurft, die der Rat nicht getroffen hat.*«

Bei der Festsetzung von MI-Gebieten kommt es **in Bezug auf die Störanfälligkeit** wesentlich auf die Umgebung an, in die das MI-Gebiet hineingeplant wird. Grenzt ein MI-Gebiet an ein störanfälligeres WA- oder sogar WR-Gebiet an, werden die Gewerbebetriebe i. A., die Vergnügungsstätten im Besonderen (s. Rn 16), die das Wohnen in den angrenzenden Wohngebieten stören können, aus den Grenzbereichen der MI-Gebiete – ggf. durch Gliederung (s. § 1 Rn 83) – herauszuhalten sein, *wenn* nicht bauliche oder sonstige technische Vorkehrungen i. S. v. § 9 Abs. 1 Nr. 24 BauGB getroffen werden können (zur Zulässigkeit eines WA-Gebiets neben einem MI-Gebiet vgl. VGH BW, U. v. 19.3.1982 – 8 S 3.66/82 – BWVBl. 1983, 145). **Nicht zulässig** ist dagegen die Änderung eines nur aus Wohngebäuden bestehenden bebauten Bereichs in ein Mischgebiet, wenn auf diese Weise lediglich die Schwelle der zulässigen Immissionsbelastung heraufgesetzt werden soll (so mit Recht U. des OVG NW v. 19.10.1993 – 10a NE 41/89 – BRS 55 Nr. 5 = UPR 1994, 191).

2.4

Zur Unzulässigkeit der Festsetzung eines MI-Gebiets im unmittelbaren Anschluss an einen im Außenbereich vorhandenen landwirtschaftlichen Betrieb mit Schweinehaltung vgl. OVG RhPf, U. v. 6.3.79 (– 10 C 3.79 –, VwRspr. 1980, 188). Auch der Hess.VGH hat im U. v. 12.3.2002 (– 4 N 2171/96 – ESVGH 52, 161 = NVwZ-RR 2002, 830) eine solche Festsetzung für nichtig erklärt und hierzu die beiden folgenden Leits. aufgestellt:

2.5

»*Eine Gemeinde löst die durch eine heranrückenden Wohnbebauung entstehende Konfliktsituation zwischen Tierhaltung und Wohnbebauung nicht, sondern verkennt die privaten Belange des Landwirts in nicht sachgerechter Weise, wenn sie sich über ein Gutachten, das einen bestimmten Mindestabstand fordert (190 m anstelle von tatsächlich vorhandenen 35 m), mit dem Argument hinweggesetzt, dass eine bereits vorhandene Wohnbebauung näher zu dem landwirtschaftlichen Betriebe liege als das ausgewiesene Baugebiet.*

Der Verzicht der Erwerber von Wohngrundstücken auf Abwehrrechte gegen Immissionen eines benachbarten landwirtschaftlichen Betriebes ist nicht geeignet, den Konflikt zwischen Landwirtschaft und Wohnbebauung zu bewältigen, weil die Unerträglichkeit der unterschiedlichen Nutzungen durch den Verzicht auf Abwehransprüche nicht behoben wird« (Hess. VGH, aaO.).

S. ferner das U. des BayVGH v. 31.5.2006 (– 25 N 03.351 – BauR 2006, 1169), wonach ein B-Plan unter einem zur Unwirksamkeit führenden Konsistenzfehler leidet, wenn ein vermeintliches Konfliktpotential zwischen landwirtschaftlicher Nutzung und Wohnnutzung durch die Planung eines dazwischen liegenden Mischgebiets nicht abgemildert, sondern verschärft oder überhaupt erst erzeugt wird.

Dagegen ist es **nicht abwägungsfehlerhaft,** wenn die Gemeinde eine durch einen *Holzverarbeitungsbetrieb* u. einige Wohngebäude geprägte Gemengelage als Mischgebiet u. im Anschluss daran für Zwecke der Betriebserweiterung ein Gewerbegebiet festsetzt (VGH BW, NK.-U. v. 8.10.1993 – 8 S 2693/92 – soweit ersichtl. n. v.).

Die **Festsetzung eines Mischgebiets** zur Sicherung des Bestandes eines alten, nicht wesentlich störenden Gewerbebetriebes neben allgemeinen Wohngebieten kann rechtmäßig sein, wenn der Plangeber den späteren Übergang zur gleichrangigen Wohnnutzung entspr. der normativ bestimmten Funktion des Mischgebiets beabsichtigt und dies aus den Planungsvorgängen erkennbar wird (so der Leitsatz des OVG Bln, U. v. 26.6.1991 – 2 B 7/89 – BRS 52 Nr. 51).

2.6 Eine Gemeinde darf ein **Mischgebiet** nicht mit der Begr. **neben** einem **Festplatz** planen, die von seiner Nutzung, namentlich dem dreitägigen Schützenfest ausgehenden Lärmbeeinträchtigungen, riefen noch keine ernsthaften Gesundheitsschäden hervor (Nds. OVG, U. v. 17.11.2005 – 1 KN 127/04 – BRS 69 Nr. 18).

Dem Sachverhalt nach wird auf dem Festplatz einmal im Jahr das Schützenfest veranstaltet. Dazu werden ein ca. 600 m² großes Festzelt sowie fünf Fahrgeschäfte aufgebaut. Diese werden von Freitag auf Sonnabend und auf Sonntag in der Zeit von 15.00 Uhr bis 3.00 Uhr. genutzt. In der Nacht von Sonntag auf Montag dauerte der Betrieb zum Zeitpunkt der Aufstellung des angegriffenen B-Planes bis 1.00 Uhr. Außerdem wird dort in der Zeit von 19.00 Uhr bis 5.00 Uhr in den Mai getanzt; mehrfach im Jahr gastiert dort ein Zirkus, jeweils für 4 Tage und übers Wochenende (Vorstellungen 16.00 bis 18.00 und 20.00 bis 22.00 Uhr) sowie findet dort schließlich eine Gewerbeschau für Geräte und Maschinen in der Zeit von Freitag bis Sonntag, jeweils von 8.00 bis 20.00 Uhr statt. Das Schützenfest führte nach einem Lärmgutachten am Südrand des Plangebiets zu Lärmeinwirkungen von 77/65 dB(A). Damit wurden die für seltene Ereignisse geltenden Immissionsrichtwert von 70/55 dB(A) nach der Freizeitlärm-Richtlinie deutlich überschritten.

3. Änderung von Regelungen aufgrund der ÄnderungsVOen 1977 und 1990

3 a) Durch die **ÄndVO 1977** ist der im Sinngehalt § 4 Abs. 5 BauNVO 1968 entspr. **Abs. 4,** der erst durch die ÄndVO 1968 angefügt worden war, wieder weggefallen. Die Erwähnung erfolgt deshalb, weil für alle **bis** zur ÄndVO 1977 erlassenen B-Pläne sich dadurch in der möglichen geschossweisen Festsetzung von Nutzungen nichts geändert hat. § 1 Abs. 7 (seit der ÄndVO 1977) lässt auch künftig Festsetzungen im B-Plan zu, wie sie § 6 Abs. 4 i. d. F. der ÄndVO 1968 enthalten hat (zur Gliederungsmöglichkeit nach § 1 Abs. 7 entspr. früheren Abs. 4 grundsätzlich § 1 Rn 111 ff.; ferner Rn 19).

3.1 b) Durch die **ÄndVO 1990** ist der Zulässigkeitskatalog des **Abs. 2** um eine **Nr. 8** erweitert worden; Hier sind **nicht kerngebietstypische Vergnügungsstätten** aufgenommen worden als allgemein zulässig »in den Teilen des Gebiets, die überwiegend durch gewerbliche Nutzungen geprägt sind«.

Abs. 3 normiert nicht kerngebietstypische Vergnügungsstätten, die »außerhalb der in Abs. 2 Nr. 8 bezeichneten Teile des Gebiets« ausnahmsweise zugelassen werden können (z. Begr. vgl. Reg. Entw. BR-Drucks. 354/59, S. 52/53; z. *Abgrenzung* der zulässigen von den ausnahmsweise zulassungsfähigen Vergnügungsstätten s. Rn 16 f.).

Der *bisherige* Abs. 3 ist – weil nicht sachgerecht – (s. § 4 Rn 3.1) entfallen.

4. Allgemein zulässige Nutzungen (Abs. 2)

a) **Wohngebäude** (Nr. 1): zum Begriffsinhalt s. § 3 Rn 10–16.6. Unter den Nutzungsbegriff fallen im MI-Gebiet **alle Wohngebäude** vom 1-geschossigen Bungalow bis zum (Miet-)Hochhaus; insbes. sind alle Wohn*heime* uneingeschränkt zulässig, bei deren Zulassung in WR- und WA-Gebieten noch gewisse Bedenken bestehen (können), wie bei *Schülerheimen* (§ 3 Rn 14–14.2). Dass ein *Studentenwohnheim* (s. § 3 Rn 13) heutzutage kein Beherbergungsbetrieb (mehr) ist, ist inzwischen wohl allgemeine Auffassung. Für das Wohnen im MI-Gebiet gilt das zum Gebietscharakter Gesagte (Rn 1.1–1.6); die Gleichberechtigung von Wohnen und Gewerbe und die sich daraus ergebende *wechselseitige* Rücksichtnahme gilt **auch für das Wohnen im gesamten MI-Gebiet**, d. h. auch in den Teilen, in denen das Gewerbe evtl. überwiegt. Die **Wohnruhe**, die sich nach dem zulässigen Störgrad des »nicht wesentlich Störens« der gewerblichen oder sonstigen Nutzung, etwa durch »Anlagen für sportliche Zwecke« (Rn 14.1), richtet, kann bei Wohngebäuden in der Nähe von Vergnügungsstätten oder Sportanlagen in den Abendstunden zu Unzuträglichkeiten führen. Gerade bei Sportanlagen (etwa eine Tennisanlage, Rn 14.1) können deshalb Regelungen über Betriebszeiten angeraten sein (Rn 16.81). Aus den allgemeinen Anforderungen an die Wohnruhe ergibt sich trotz eines minderen Schutzes der Wohnnutzung eine relativ weitgehende Pflicht zur Rücksichtnahme auf das Wohnen.

In einem Mischgebiet allgemein zulässige Wohngebäude können im Einzelfall der Eigenart des Baugebiets widersprechen, weil das gebotene quantitative Mischungsverhältnis gestört würde. Hierin liegt zugleich ein Verstoß gegen das Gebot der Rücksichtnahme (VGH BW, B. v. 4.6.1991 – 8 S 1190/91 – UPR 1991, 359 = ZfBR 1991, 281 = BRS 52 Nr. 53). Im entschiedenen Fall wäre das Gebiet durch die einseitige u. ausschließliche Zulassung nur einer Hauptnutzungsart »umgekippt«, da alle Grundstücke des Mischgebiets ausschließlich mit Wohngebäuden bebaut wären (VGH BW, aaO.).

Dagegen: Die Durchsetzung eines quantitativen Mischungsverhältnisses von Wohnen und nicht störendem Gewerbe ist unter anderem nicht geboten, wenn nach den Planungsabsichten der Gemeinde und der gegebenen örtlichen Situation die Festsetzung eines kleineren Mischgebiets nur der Abpufferung zwischen gewerblicher Nutzung und Wohnnutzung dienen soll (so der Leitsatz des ausf. begründeten U. des VGH BW v. 15.10.1991 – 8 S 979/91 – BRS 52 Nr. 219).

b) **Geschäfts- und Bürogebäude** (Nr. 2). Dazu § 4a Rn 18–19. Zu den Geschäfts- und Bürogebäuden gehören im MI-Gebiet nicht Verwaltungsgebäude. Sie rechnen zu den »Anlagen für Verwaltungen« nach Nr. 5. Da die Anlagen planungsrechtlich insgesamt allgemein zulässig sind, kommt es auf eine Abgrenzung, die in Einzelfällen begrifflich nicht eindeutig vorgenommen werden könnte, nicht an (im gleichen Sinne *Förster*, § 6 Anm. 2b; *Bielenberg*, § 6 Rdn 16, 52. Lfg. 95).

Geschäfts- und Bürogebäude stellen i. A. eine mit der Wohnnutzung verhältnismäßig gut verträgliche Mischung dar, weil Unruhe und Lärm sich im Regelfall auf die Büro- und Geschäftszeiten beschränken, so dass der sog. *Grundgeräuschpegel* in den Abendstunden sich nicht wesentlich von einem Wohnbereich unterscheiden wird.

§ 6 Abs. 2 5, 5.1

Zur Frage, ob **Bürocontainer** als Gebäude einzustufen sind, hat sich der Bundesfinanzhof (U. v. 25.4.1996 – III R 47/93 –) geäußert. Danach hängt die Gebäudewertigkeit davon ab, ob der Container auf einem festen Betonfundament verankert ist. Ist das der Fall, liegt eine dauerhafte Nutzungsabsicht vor; es handelt sich dann nicht um ein bewegliches Wirtschaftsgut.

5 c) **Einzelhandelsbetriebe, Schank- und Speisewirtschaften sowie Betriebe des Beherbergungsgewerbes (Nr. 3). – aa) Einzelhandelsbetriebe.** Dazu § 5 Rn 15–16.1. In MI-Gebieten können außer den in MD-Gebieten zulässigen Betrieben (Läden, Geschäften) Warenhäuser, Verbrauchermärkte (großflächige Einzelhandelsbetriebe) und sonstige großflächige Handelsbetriebe ihren Standort haben, sofern sie nicht der planungsrechtlichen Einschränkung nach § 11 Abs. 3 Nr. 2 u. 3 unterliegen oder sonst der Eigenart des Gebiets i. S. d. § 15 Abs. 1 widersprechen.

Ein **Warenhaus** ist ein Einzelhandelsgroßbetrieb, der in meistens verkehrsgünstiger Geschäftslage Waren aus zahlreichen Branchen anbietet. Die Verkaufsmethode reicht von der z. B. im Textilbereich vorherrschenden Bedienung bis zur Selbstbedienung, z. B. bei Lebensmitteln (vgl. »Begriffsbestimmungen« Abschn. B, II Nr. 11). Nach der Geschäftshausverordnung, die mit geringfügigen Abweichungen in allen Ländern Geltung hat, finden nach § 1 der VO die Vorschriften Anwendung auf Gebäude mit mindestens einer Verkaufsstätte, deren Verkaufsräume eine Nutzfläche von mehr als 2.000 m² haben (Geschäftshäuser).

Zu den sonstigen Begriffen wie **Verbrauchermarkt,** großflächiger Einzelhandel, Fachmarkt, Einkaufszentrum s. § 11 Rn 14 ff.

Zum **Einkaufszentrum,** das im MI-Gebiet nunmehr *grundsätzlich* nicht zulässig ist, und zu großflächigen Einzelhandelsbetrieben sowie sonstigen *großflächigen* Handelsbetrieben s. § 11 Rn 20. Zur Zulässigkeit eines Einkaufszentrums, das in einem vor Inkrafttreten der BauNVO 1968 festgesetzten MI-Gebiet errichtet werden sollte, vgl. VGH BW, U. v. 25.8.1977 (– VIII 791/77 – BRS 32 Nr. 32). Nach der Entscheidung ist das Einkaufszentrum (im Leits. als Verbrauchermarkt bezeichnet) mit Recht im MI-Gebiet als unzulässig angesehen worden. Daran ändert auch nichts, dass § 11 Abs. 3 nur für die nach Inkrafttreten der ÄndVO 1968 erlassenen B-Pläne Anwendung findet und die Rechtslage im Geltungsbereich der früher erlassenen Bauleitpläne nicht verändert hat. Das Vorhaben verstößt jedenfalls gegen § 15 Abs. 1 S. 1. Die Eigenart des Baugebiets bestimmt sich nicht nur nach der abstrakt-normativen Rahmenregelung des § 6, sondern nach dem konkreten B-Plan unter Berücksichtigung der Situation im Baugebiet (VGH BW, aaO.).

5.1 Wenngleich Einzelhandelsbetriebe mit mehr als 1.200 m² Geschossfläche in anderen Baugebieten als Kern- u. Sondergebieten – mithin auch in MI-Gebieten – *allgemein* unzulässig sind, können sie dennoch *ausnahmsweise* zulässig sein. Das könnte der Fall sein, wenn das Vorhaben oder die konkrete städtebauliche Situation Besonderheiten aufweisen, die im Einzelfall von dem der Vorschrift des § 11 Abs. 3 Satz 3 zugrunde liegenden Regelfall abweichen und deshalb die Vermutung des Satzes 3 für städtebauliche Auswirkungen nicht greifen lassen (BVerwG, U. v. 3.2.1984 – 4 C 25.82 – BauR 1984, 373 = ZfBR 1984, 139 = BRS 42 Nr. 52).

Solche Besonderheiten können auf der betrieblichen Seite darin bestehen, dass z. B. die Verkaufsfläche letztlich erheblich unter 1.000 m² liegt, oder dass der Betrieb nach Beschränkt ist auf ein schmales Warensortiment (z. B. Gartenbedarf), auf Artikel, die üblicherweise i. V. m. handwerklichen Dienstleistungen (z. B. Kfz-Handel mit Werkstatt) angeboten werden (Näheres § 11 Abs. 3, Rn 27.1 f.).

Ein **großflächiger Einzelhandelsbetrieb** i. S. d. § 11 Abs. 3 S. 1 Nr. 2 BauNVO mit 1230 m² Geschossfläche und 940 m² Verkaufsfläche ist im Mischgebiet zulässig, wenn im Einzelfall hinreichende Anhaltspunkte dafür vorliegen, dass nicht mit nachteiligen Auswirkungen i. S. v. § 11 Abs. 3 S. 2 BauNVO zu rechnen ist (im Anschluss an BVerwG, B. v. 22.7.2004, Fundst. § 4 Rn 5.5, VGH BW, B. v. 23.11.2004 – 3 S 504/04 – ZfBR 2005, 683 = VBlBW 2005, 190). In dem betroffenen Stadtteil lebten 12.000 Einwohner, die durch das geplante Vorhaben mit versorgt werden würden (kritisch hierzu *Sparwasser*, NVwZ 2006, 264/267 mit dem zutreffenden Hinweis auf die erhebliche Erschwerung der Vorhersehbarkeit einer Zulassungsentscheidung für den Investor wie den Nachbarn; kritisch auch *Engel*, VBlBW 2006, 8/12).

5.2

Mit B. v. 10.11.2004 (– 4 BN 33.04 – ZfBR 2005, 187 = BRS 67 Nr. 18 zu OVG NW, U. v. 22.4.2004 – 7a D 142/02.NE. – ZfBR 2004, 570) hat das BVerwG den **Ausschluss von einzelnen Arten von Einzelhandelsbetrieben** (hier: Kunst/Antiquitäten sowie Musikalienhandel und Unterhaltungselektronik/Computer) im Plangebiet zur Stärkung der Attraktivität einer Kernzone auch dann bejaht, wenn diese Arten in der Kernzone nicht oder nur zu einem geringen Prozentsatz vertreten sind.

5.3

Aus den **Gründen**: »*Wenn sie (die Gemeinde) für innerstädtische Randlagen Sortimentbeschränkungen beschließt, um die innerstädtische Kernzone, das Zentrum zu stärken, ist das ein legitimes Ziel. Sie ist dabei nicht darauf beschränkt, nur Nutzungen zu unterbinden, die in der Kernzone bereits in nennenswertem Umfang ausgeübt werden und durch die Zulassung in anderen Plangebieten gefährdet werden. Vielmehr ist ihr auch gestattet, ›zentrumsrelevante‹ Nutzungsarten, die in der Kommune nicht oder nur geringfügig vertreten sind, in anderen Gemeindegebieten mit dem Ziel auszuschließen, eventuelle Neuansiedlungen zwecks Steigerung oder Erhaltung der Attraktivität dem Zentrum zuzuführen. Bauleitplanung erschöpft sich nicht darin, bereits eingeleitete Entwicklungen zu steuern, sondern ist auch ein Mittel um städtebauliche Ziele für die Zukunft zu formulieren*« (BVerwG, aaO.).

Nach diesem B. des BVerwG ist auch der **vollständige Ausschluss nahversorgungsrelevanter Sortimente mit der Funktion eines Mischgebiets vereinbar,** da nach Auffassung des Senats selbst der vollständige Ausschluss von Einzelhandelsbetrieben in Mischgebieten auf der Grundlage des § 1 Abs. 5 BauNVO zulässig ist (BVerwG, B. v. 18.12.1989 – 4 NB 26.89 – BRS 49 Nr. 75), ohne dass der Ausschluss den Verlust des Gebietscharakters zur Folge hat.

bb) Schank- und Speisewirtschaften: Dazu § 2 Rn 13–14.2 und § 4 Rn 4.2 f. Im MI-Gebiet sind entspr. seiner Eigenart »Gaststätten« jeglicher Größe zulässig. Die Benennung als Restaurant, »Weinhaus«, »Eisdiele«, »Kneipe«, »Milchbar« oder Café ist ohne Bedeutung. Der Begriff »Bar« unterliegt – was die Bezeichnung anbelangt – insoweit einem gewissen Sprachwandel. Zur Errichtung einer Imbissstube im MI-Gebiet vgl. BayVGH, U. v. 10.9.1965, BayVBl. 1966, 242.

6

Die Bar im allgemein gebräuchlichen Sinne zählt dagegen nicht zu den Schankwirtschaften, auch wenn die Möglichkeit des Verzehrs geboten wird, sondern zu den *Vergnügungsstätten*. Zur Abgrenzung der Schank- und Speisewirtschaften gegenüber Vergnügungsstätten s. § 4a Rn 22.5–22.6; zu den Vergnügungsstätten im MI-Gebiet s. Rn 16 f.

Ein **Gastronomiebetrieb,** der fast ausschließlich größeren Gesellschaften zur Verfügung stehen soll, fällt gleichfalls unter den Begriff der »Schank- und Speisewirtschaft« i. S. v. § 6 Abs. 2 Nr. 3 BauNVO. Denn auch in einem sol-

6.1

§ 6 Abs. 2   6.2, 6.3

chen Betrieb werden Getränke und zubereitete Speisen zum Verzehr an Ort u. Stelle angeboten (vgl. § 1 Abs. 1 Nrn. 1 u. 2 GaststättenG). § 6 Abs. 2 Nr. 3 BauNVO enthält für das Mischgebiet weder eine Größenbeschränkung noch eine Beschränkung auf die Versorgungsfunktion für das Gebiet, wie dies gem. § 2 Nr. 2 und § 4 Abs. 2 Nr. 2 BauNVO bestimmt ist. Beschränkungen wegen der Größe oder wegen der besonderen Art des gastronomischen Betriebs können sich allenfalls im Einzelfall bei der Zulassung eines bestimmten Betriebes – also im Baugenehmigungsverfahren – nach § 15 Abs. 1 Satz 1 BauNVO ergeben (BVerwG, B. v. 27.12.1995 – 4 NB 33.95 – juris DokNr. 583760).

Eine **Schnellgaststätte (Fast-Food-Restaurant) mit Autoschalter** ist in einem Mischgebiet gem. § 6 Abs. 2 Nr. 3 BauNVO als Schank- und Speisewirtschaft allgemein zulässig (BayVGH, B. v. 25.8.1997 – 2 ZB 97.00681 – BayVBl. 1998, 532 = NVwZ-RR 1999, 226). Zur Begr. hat das Gericht ausgeführt: »*Seine betriebliche Konzeption als Schnellgaststätte mit Autoschalter führt nicht zu einer anderweitigen städtebaulichen Bewertung in dem Sinne, dass es – wie etwa Diskotheken, Tanzbars oder Nachtlokale, die zu den Vergnügungsstätten gerechnet werden – einer eigenständigen Nutzungskategorie zuzuordnen wäre. Im städtebaulichen Sinn macht es keinen Unterschied, ob die Speisen und Getränke (ausschließlich) zum Verzehr ›an Ort und Stelle‹ verabreicht werden (vgl. hierzu § 1 Abs. 1 Nr. 1 und 2 GastStG) oder – wie bei der Ausgabe dieser Leistungen an einem Autoschalter – auch zum Verzehr auf der Weiterfahrt im Auto oder andernorts.*«

6.2 Zu den Nutzungszeiten **von Biergärten** (siehe *Jahn*, NVwZ 1996, 663) in der Nachbarschaft von Wohnbebauung (Bayer. Biergärten-NutzungszeitenVO, DVBl. 1996, 1195). Dass es sich bei Biergärten um *Schank- und Speisewirtschaften* i. S. v. § 6 Abs. 2 Nr. 3 handelt, bedarf keiner besonderen Ausführungen. »*Die Begrenzung der von Schank- und Speisewirtschaften ausgehenden Geräuscheinwirkungen auf die Umgebung kann Gegenstand von Rechts-VOen nach § 23 Abs. 2 Satz 1 BImSchG i. V. mit Abs. 1 des BImSchG sein*«; **Leits.** des BVerwG, B. v. 5.7.1996 (– 7 N 1, 2 und 3.96 – DVBl. 1996, 1201). Zur Entwicklung der Rechtslage und derzeitiger rechtlicher Zustand s. § 4 Rn 4.29.

Die Eigenart eines Mischgebiets kann nach § 15 Abs. 1 S. 1 BauNVO der **Erweiterung einer Gaststätte um eine Freisitzfläche** (kleiner Biergarten mit 15 Sitzplätzen) im Innern einer Blockrandbebauung entgegenstehen (BayVGH, U. v. 27.7.2005 – 25 BV 03.73 – BauR 2005, 1886 = BRS 69 Nr. 90 = NVwZ-RR 2006, 668). Obwohl nach Nr. 1 S. 2 Buchst. b Freiluftgaststätten ausdrücklich von der Anwendung der TA Lärm 98 ausgenommen sein sollen, hält der BayVGH, insbes. was die vorgesehenen Immissionsrichtwerte betrifft, eine Heranziehung dieser Verwaltungsvorschrift als Anhaltspunkt für die Beurteilung dieser Art von Gaststätten für sinnvoll.

6.3 Werden in einem **Altstadtquartier mit hoher Gaststättendichte** zur Abwehr unerwünschter Strukturveränderungen und zur Verbesserung der Wohnruhe Schank- und Speisewirtschaften nach § 1 Abs. 5 BauNVO ausgeschlossen, so sind Veränderungs- und Erweiterungsinteressen bestehender Gaststätten in angemessenem Umfang nach § 1 Abs. 10 BauNVO abzusichern (BayVGH, U. v. 8.11.1999 – 14 N 98.3623 – BRS 62 Nr. 17).

Aus den Gründen: »*Der Ausschluss von Schank- und Speisewirtschaften im Mischgebiet, ohne die Entwicklungsmöglichkeiten bestehender Betriebe angemessen planungsrechtlich abzusichern, ist mit dem Gebot der gerechten Abwägung nicht vereinbar. …Nach der text-*

lichen Festsetzung sind Schank- und Speisewirtschaften im Kellergeschoss ausnahmsweise zulässig, soweit sie im Erdgeschoss vorhanden sind. Diese Regelungen verbieten die Errichtung von neuen Schank- und Speisewirtschaften. Nach ihrem Wortlaut erfassen sie aber auch bestehende Gaststätten. Ihnen wird ebenfalls die planungsrechtliche Anerkennung im Mischgebiet versagt. Neben dem Wortlaut der Regelung, die nicht zwischen bestehenden und neu zu errichtenden Gaststätten unterscheidet, ergibt sich dies auch aus der Ausnahmeregelung in § 3 IV. Nr. 1. Rechtsgrundlage für den Ausschluss der Schank- und Speisewirtschaften aus dem im Mischgebiet zulässigen Katalog der Nutzungsarten ist § 1 Abs. 5 BauNVO, der die Beschränkungen an die Voraussetzung knüpft, dass die allgemeine Zweckbestimmung durch die Nutzungsbeschränkung nicht in Frage gestellt werden darf. Da das für ein Mischgebiet wesentliche Mischungsverhältnis von Wohnen und gewerblicher Nutzung auch ohne Gaststätten hergestellt werden kann, ist die Anwendung des § 1 Abs. 5 BauNVO nicht zu beanstanden. Nehmen Gastronomiebetriebe in der Altstadt unbeschränkt zu, so verdrängen sie dort ansässige Einzelhandelsbetriebe, was zur Folge hat, dass die Attraktivität der Stadt für ihre Bewohner und diejenigen des Umlandes sinkt. Zugleich führt die mit dem Betrieb von Gaststätten verbundene Unruhe dazu, dass die in den Altstadt verbliebene Wohnbevölkerung in ruhigere Wohngebiete ausweicht, was dem erklärten Ziel der Antragsgegnerin zuwiderläuft, die Wohnverhältnisse in der Altstadt zu verbessern. ... Die Antragsgegnerin hat mit dem Ausschluss von Schank- und Speisewirtschaften die bestehenden Gaststätten ›auf den Bestandsschutz gesetzt‹. Das bedeutet, dass die vorhandenen Betriebe im bisherigen Umfang in den für diese Nutzung genehmigten Räumen fortgeführt werden. Lediglich die Erweiterung auf das Kellergeschoss kann einer im Erdgeschoss bestehenden Gaststätte ausnahmsweise gestattet werden. Mit dieser Festsetzung bedient sich die Antragsgegnerin der Regelungsmöglichkeit des § 1 Abs. 10 BauNVO, wonach für bestehende bauliche Anlagen, die nach den Festsetzungen des Bebauungsplans unzulässig werden, im Bebauungsplan abgesicherte Entwicklungsmöglichkeiten geschaffen werden können. Die Vorschrift kommt nicht nur dann zur Anwendung, wenn eine bestehende Anlage unzulässig wird, weil sie im Katalog der allgemeinen oder ausnahmsweise zulässigen Nutzungsarten des jeweiligen Baugebiets nicht enthalten ist, sondern auch dann, wenn diese Nutzungsart von der Gemeinde nach § 1 Abs. 5 BauNVO ausgeschlossen worden ist (vgl. BVerwG v. 11.5 1999, UPR 1999, 352; BayVGH v. 23.12.1198, BayVBl. 1999, 531). Die Gemeinde wird mit den anlagenbezogenen Regelungen des § 1 Abs. 10 BauNVO in die Lage versetzt, für bestehende Betriebe, die mit den im Bebauungsplan festgesetzten Nutzungsarten nicht vereinbar sind, den engen Bereich des Bestandsschutzes zu erweitern. Denn der herkömmliche Bestandsschutz ist – abgesehen von der Fortführung der bisherigen Nutzung – auf Reparatur- und Erhaltungsmaßnahmen beschränkt. (Wird weiter ausgeführt, BayVGH, aaO.).

cc) **Zum Begriff Betriebe des Beherbergungsgewerbes** und der Abgrenzung gegenüber anderen Übernachtungsmöglichkeiten s. § 3 Rn 19–19.5 und § 4 Rn 8–8.2.

Betriebe des Beherbergungsgewerbes unterliegen nach dem Zulässigkeitskatalog nach § 6 Abs. 2 Nr. 3 keinerlei Beschränkungen bis auf die Zulässigkeitsvoraussetzungen nach § 15 Abs. 1 Satz 1.

In einem Mischgebiet sind Beherbergungsbetriebe *nicht* auf die Größe eines kleinen Beherbergungsbetriebes beschränkt. Mit der Übernahme der für ein reines Wohngebiet geltenden Regelung des § 3 Abs. 3 Nr. 1 BauNVO in ein festgesetztes Mischgebiet verstößt die genannte Regelung **gegen** den **Grundsatz des Typenzwangs** und damit gegen § 6 BauNVO. Differenzierende Festsetzungen können sich – mit Ausnahme der in § 1 Abs. 10 BauNVO getroffenen Regelung – stets nur auf **bestimmte Arten** der in dem Baugebiet allgemein oder ausnahmsweise zulässigen Anlagen oder Nutzungen beziehen (SH OVG, U. v. 28.2.1996 – 1 K 19/95 – BRS 58 Nr. 32).

Zur Frage der Zulässigkeit eines **Boarding-Houses** in einem festgesetzten Mischgebiet, das nur **ein** Buchgrundstück umfasst: § 6 Abs. 1 BauNVO verlangt zwar grundsätzlich keine gleichzeitige Nutzung jedes einzelnen Grundstücks innerhalb eines festgesetzten Mischgebiets sowohl zu Gewerbe- als auch zu Wohnzwecken (ebenso *E/Z/B/K*, BauGB, RdNr. 11 zu § 6 BauNVO). Dies gilt im Hinblick auf die besondere Eigenart des Mischgebiets als Baugebietstyp (s. Rn 1.5) jedoch nur dann, wenn die planungsrechtliche Mischge-

§ 6 Abs. 2   7

bietsfestsetzung mehr als ein Buchgrundstück erfasst, also eine für diesen Baugebietstyp konstitutive Durchmischung »grundstücksübergreifend« möglich ist. Umfasst das Mischgebiet demgegenüber nur ein Buchgrundstück, gebietet § 6 Abs. 1 mithin eine gemischte Nutzung desselben. Dazu hat der VGH BW in einer grundsätzlichen Entscheidung Stellung genommen (U. v. 4.5.2001 – 3 S 597/00 – VBlBW 2001, 487).

Von den ausgewiesenen Nutzflächen des Baugrundstücks entfallen rund 1.500 m² auf die gewerblichen Bürobereiche. Demgegenüber beträgt die Nutzfläche des Boarding-Houses nur etwas mehr als 1.200 m² (wird weiter ausgeführt).

»*Die bereits danach quantitativ überwiegende gewerbliche Nutzung des Baugebiets tritt angesichts der Eigenart des im ersten und zweiten Obergeschoss genehmigten Boarding-Houses beherrschend in Erscheinung. Dies gilt unabhängig von der Frage, ob die genannte Einrichtung in ihrer Gesamtheit für sich allein (noch) als Wohnzwecken dienende Anlage oder (schon) als Beherbergungsbetrieb anzusehen ist. Denn sie setzt der gewerblichen Nutzung des Baugrundstücks nach ihrer konkreten Eignung und Zweckbestimmung jedenfalls keine gleichwertige Wohnnutzung entgegen«.* (VGH BW, aaO. unter Bezugnahme auf BVerwG, B. v. 11.4.1996 – 4 B 51.96 – BRS 58 Nr. 82). Die 30 Appartements des Boarding-Houses verfügen zwar über eine Kochgelegenheit als Mindestvoraussetzung für den bauplanungsrechtlichen Begriff der Wohnung (vgl. BVerwG, U. v. 29.4.1992 – 4 C 43.89 – BVerwGE 90, 140 = BauR 1992, 586= BRS 59 Nr. 53). Das sonstige Konzept der Räume des Boarding-Houses entspricht aber nicht dem typischen Wohncharakter üblicher Wohn-Appartements.

So stellt die mit dem Bauvorhaben (auch) verfolgte Absicht, im Rahmen eines gewerblichen Betriebes zeitlich befristet im Raum W. beschäftigte Personen mit auswärtigem (Haupt-)Wohnsitz in Ein- bzw. Zwei-Zimmer-Appartements mit einer Fläche von größtenteils unter 30 m² unterzubringen, zumindest nicht den Regelfall des Wohnens im bauplanungsrechtlichen Sinne dar (vgl. zu einem Apart-Hotel BVerwG, U. v. 29.4.1992. aaO.), so dass sich das typische Bild einer Wohnnutzung schon insoweit nicht bietet. (wird weiter ausgeführt VGH BW aaO.). Bei einer Gesamtschau liegt in zugleich quantitativer wie auch in qualitativer Hinsicht ein beherrschendes Übergewicht der gewerblichen Nutzung des Bauvorhabens vor. » *Die mangelnde Gleichwertigkeit bzw. Gleichgewichtigkeit von Wohnen und das Wohnen nicht wesentlich störendem Gewerbe ist vorliegend auch unter Berücksichtigung des Bebauungsplans nicht ausnahmsweise unbeachtlich«* (wird weiter ausgeführt, VGH BW, aaO.).

Ein Boarding-House stellt eine **Übergangsform zwischen Wohnbebauung und Beherbergungsbetrieb** dar, wobei die schwerpunktmäßige Zuordnung von den konkreten Verhältnissen des Einzelfalls abhängt (so OVG Bln.-Brb, B. v. 6.7.2006 – 2 S 2.06 – BauR 2006, 1711 = LKV 2007, 39). Das Gericht hat sich in dem B. ausführlich mit den Anforderungen an ein noch der Wohnnutzung zuzuordnendes Boarding-House auseinandergesetzt und im Ergebnis eine Wohnnutzung trotz anderslautender Werbung (»Neues Designhotel Lux 11«) angenommen. Das OVG Bln.-Brb hat hierzu entscheidend darauf abgestellt, dass die Ausstattung der Wohnungen auf eine längere Verweildauer der Mieter zugeschnitten sei. Die Möglichkeit der Selbstorganisation des Alltags durch Selbstverpflegung in eigener Küche mit Herd, Mikrowelle, Kühlschrank und Geschirrspüler sowie auch die Reinigung der Zimmer, der Textilwäsche durch Inanspruchnahme hauseigener Waschmaschinen mit Trockner und der Unterbringung eigener Gegenstände durch Nutzung in den Mieterkellern seien gegeben. Ein hotelmäßiger Service finde nicht statt. Auch würden in den Gebäuden jegliche hoteltypische Gemeinschafts- oder Nebenräume außerhalb der vermieteten Wohneinheiten fehlen.

7   d) **Sonstige Gewerbebetriebe (Nr. 4). – aa) Allgemeines.** Ihre Zulässigkeit muss im Zusammenhang mit der allgemeinen Zweckbestimmung des MI-Gebiets in Abs. 1 gesehen werden, wonach Gewerbebetriebe »das Wohnen nicht wesentlich stören« dürfen. Da MI-Gebieten in etwa derselbe Immissionsricht-

wert (nach TA Lärm) hinsichtlich der zulässigen Lärmstörungen wie MD-Gebieten zugeordnet ist, ist der Störgrad der »sonstigen« Gewerbebetriebe im MI-Gebiet nicht höher anzusetzen als der der »sonstigen Gewerbebetriebe« nach § 5 Abs. 2 Nr. 6 (s. § 5 Rn 18–18.2).

»Sonstige« Gewerbebetriebe umfassen zunächst alle in den Baugebieten nach den §§ 2–5 zulässigen Gewerbebetriebe (z. Begriff § 2 Rn 24). Der einschränkende Hinweis wie bei anderen Gewerbebetrieben (z. B. Handwerksbetrieben) in den §§ 2, 4 und 5, dass ihre Zulässigkeit auf die Versorgung des Gebiets gerichtet ist, woraus in den genannten Gebieten nach dem Sinngehalt der Zweckbestimmung für die sonstigen Gewerbegebiete jedenfalls auf eine gewisse Beziehung zum jeweiligen Baugebiet geschlossen werden kann (§ 2 Rn 25.14), fehlt für MI-Gebiete. »Sonstige« Gewerbebetriebe sind – auch hinsichtlich ihrer Größe – mithin unbeschränkt zulässig, soweit und solange sie nicht wesentlich stören und den Zulässigkeitsvoraussetzungen des § 15 nicht widersprechen (im Ergebnis ebenso *Förster,* § 6 Anm. 2c); zur Zulässigkeit der Nutzungen im Einzelfall Rn 20.1–23.3.

bb) Zur (typisierten) Einstufung der sonstigen Gewerbebetriebe. Die Abklärung des jeweiligen Störgrades der verschiedenartigen Gewerbebetriebe, insbes. der zu den eigentlichen Produktionsbetrieben des sekundären Sektors zählenden Gewerbebetriebe im Rahmen des Baugenehmigungsverfahrens, ist von den Bauaufsichts-(Baugenehmigungs-)Behörden häufig – bezogen auf den Einzelfall – kaum exakt vorzunehmen. Das gilt insbes. deshalb, weil i. d. R. bereits bei der Baugenehmigung der Anlage zu entscheiden ist, ob der Betrieb den Anforderungen genügt, die zur Vermeidung möglicher Belästigungen oder Störungen (§ 15 Abs. 1 Satz 2) zu stellen sind. In Zweifelsfällen wird sich die Baugenehmigungsbehörde zusätzliche Auflagen vorbehalten müssen, sofern der Betrieb nicht schon vom Produktionstypus her nicht genehmigungsfähig ist (Rn 12 f.). Die Zulässigkeit kann jeweils nur unter Berücksichtigung der Struktur des MI-Gebiets nach den allgemeinen Voraussetzungen des § 15 und den besonderen Gesichtspunkten der Typisierung der Gewerbebetriebe entschieden werden (grundsätzlich zur [begrenzten] Typisierung Vorb. §§ 2 ff. Rn 9–10.56). Für die Beurteilung des Störgrades ist danach die *typische Betriebsform* mit den sich nach der Erfahrung daraus ergebenden Immissionen maßgebend (Vorb. §§ 2 ff. Rn 9–10.6). Ein Sägewerk beispielsweise oder eine Schreinerei benötigt für den Betriebsablauf bestimmte Maschinen, deren Störungsintensität auf Erfahrungswerten beruht. Der Bauantragsteller müsste in solch einem Fall nachweisen, dass sein Betrieb atypisch arbeiten wird. Aufgrund der Einordnung der Nutzungsarten nach ihren typischen Betriebsverhalten ist es auch (nur) möglich, vorausschauend zu beurteilen, ob der Betrieb unzumutbare Immissionen zur Folge haben kann.

8

Die **typisierende Betrachtungsweise kann nur begrenzt Anwendung** finden, weil infolge des ganz allgemein geschärften Umweltbewusstseins die einzelnen Produktionszweige sich um technische Neuerungen zur Verminderung der Immissionen ernsthaft bemühen und auch bereit sind, Mehrkosten in Kauf zu nehmen. Werden derartige neue Erkenntnisse und mögliche Verbesserungen des Immissionsschutzes durch den Bauantragsteller zwecks Genehmigung des Betriebes angeboten, darf die Baugenehmigungsbehörde darüber nicht hinweggehen (Vorb. §§ 2 ff. Rn 10–10.13). *Von Holleben* (aaO., S. 600) ist daher insoweit zuzustimmen, dass eine schematische Auffassung, d.h. eine falsch

9

§ 6 Abs. 2   9.1, 9.11

verstandene Typisierung, gegen den Grundsatz der Verhältnismäßigkeit verstoßen würde.

Betriebe mit Abteilungen, die verschiedenen Gewerbegruppen angehören, sind nach der Abteilung mit dem größten Störungsgrad zu beurteilen. Für die Abgrenzung der Gewerbebetriebe nach ihrer Störungsintensität gibt die Gewerbegruppeneinteilung der für die Gewerbeaufsicht zuständigen Verwaltung *einen Anhalt.* Danach zählen zu den nicht wesentlich störenden Gewerbebetrieben z. B. Betriebe der pharmazeutischen Industrie, Betriebe zur Herstellung von Kosmetika und zur Herstellung feinmechanischer und optischer Erzeugnisse (Großbetriebe jeweils in GE bzw. GI), Druckereigewerbe, Wirkereien und Strickereien einschließlich des Bekleidungsgewerbe einschließlich Polstereien (auch hier Großbetriebe in GE oder GI). Zu den gewerblichen Betrieben gehören kleinere Lager aller Art, soweit kein wesentlich störender Kfz-Verkehr damit verbunden ist oder immissionsintensive Arbeiten ausgeführt werden. Die Beifügung »sonstige«, die auf die Anlagen in Abs. 2 Nr. 3 (Einzelhandelsbetriebe – Rn 5) zu beziehen ist, bedeutet keine Einschränkung, so dass alle Gewerbezweige und Betriebsformen zulässig sind, soweit sie eben nicht wesentlich stören.

9.1 Unter die zulässigen Anlagen kann in diesem Sinne z. B. auch ein Lagerhaus (Kühlhaus) oder ein Lagerplatz fallen, *wenn* diese Anlagen nach der Betriebsart dem Störungsgrad des »nicht wesentlich störenden Gewerbebetriebes« im Einzelfall entsprechen. Die Anforderungen an die noch statthaften Emissionen sind entspr. der Eigenart des MI-Gebiets strenger als in GE-Gebieten, in denen diese Anlagen ausdrücklich zulässig sind (§ 8 Abs. 2 Nr. 1).

Diese Auffassung wird durch das U. des BVerwG v. 15.11.1991 (– 4 C 17.88 – BRS 52 Nr. 52 = NVwZ-RR 1992, 402 = UPR 1992, 182) bestätigt, wonach sich die planungsrechtliche Zulässigkeit einer »unselbständigen« **Lagerhalle** nach der des Betriebes richtet, dem sie dienen soll. Es handelt sich bei dem entschiedenen Fall um eine nach § 13 BImSchG genehmigte, im MI-Gebiet unzulässige chemische Fabrik, weil sie das Wohnen nicht nur nicht wesentlich stört, die die Errichtung einer rund 150 m² großen Lagerhalle begehrte.

Aus den Gründen: Ob ein Vorhaben, das zu einer Gesamtanlage gehört u. sie erweitert oder ändert, bauplanungsrechtlich zugelassen werden darf, kann nur unter Berücksichtigung der *Gesamtanlage* u. der der baulichen Anlage zugedachten Funktion beurteilt werden. Über die Zulässigkeit von baulichen Anlagen **z. Erweiterung eines Gewerbebetriebes** in einem Mischgebiet trifft die BauNVO unmittelbar keine Aussage. Nach § 6 Abs. 2 Nr. 4 BauNVO 1968 sind nur »sonstige nicht wesentlich störende Gewerbebetriebe« im MI-Gebiet zulässig (woran sich auch nach der BauNVO 1977/90 nichts geändert hat). Nach dieser Vorschrift ist die Zulässigkeit *einzelner* baulicher Anlagen eines Gewerbebetriebes nicht isoliert zu prüfen. Es kommt darauf an, *ob* das zur Genehmigung gestellte Vorhaben *Teil* eines nicht wesentlich störenden Gewerbebetriebes sein wird. Entscheidend ist demnach, **ob derartige Störungen** *von dem Gesamtbetrieb*, wie er sich *nach* der angestrebten Erweiterung darstellen würde, ausgehen werden.

Die Grenze der wesentlichen Störung kann danach *überschritten* sein, wenn das Erweiterungsvorhaben selbst schon das Wohnen wesentlich stören würde.

Mit § 6 Abs. 2 Nr. 4 unvereinbar ist das Erweiterungsvorhaben auch dann, wenn die von ihm selbst ausgehenden Störungen diese Grenze zwar noch nicht erreichen, sie aber zusammen mit den Störungen des bereits *vorhandenen* Betriebsteils die Grenze überschreiten, und schließlich auch dann, wenn – wie im entschiedenen Fall – schon der bestehende Betrieb das Wohnen wesentlich stört.

Das Erweiterungsvorhaben führt in letztgenanntem Fall für sich genommen zwar zu keinen erheblichen Störungen des MI-Gebiets. Es bewirkt aber eine *Verfestigung* der materiell rechtswidrigen Situation, die seiner Zulassung entgegensteht (so mit Recht BVerwG, aaO.).

9.11 Die in dem U. des BVerwG v. 15.11.1991 »nebenbei« negativ entschiedene Frage, ob z. B. die Errichtung von Bürogebäuden, Kantinen usw. im Mischgebiet für »immissionsschutzrechtlich genehmigungsbedürftige Anlagen« **in ei-**

nem benachbarten Industriegebiet zulässig sei, ist mit der dafür gegebenen Begr. nach diesseitiger Auffassung nicht bedenkenfrei. Die Unzulässigkeit soll sich daraus ergeben, dass die im MI-Gebiet begehrten »*baulichen Anlagen gemeinsam einen Betrieb im bebauungsrechtlichen Sinne bilden*« (BVerwG, aaO.).

Gemeint ist wohl, dass das BVerwG diese Nebenanlagen nach seiner bisherigen Rspr. als Teil »der organisatorischen Zusammenfassung von Betriebsanlagen u. Betriebsmitteln zu einem bestimmten Betriebszweck« ansieht und *deshalb* die Zulässigkeit versagen will. »*Denn auch die Kantine oder das Bürogebäude eines Industriebetriebes gehören nicht zu den im Mischgebiet zulässigen Anlagen, wenn sie den Produktionsstätten räumlich und funktional als unselbständige Anlagen zugeordnet sind. Bei ihrer Zulassung würde der Industriebetrieb nämlich in einen dafür nicht vorgesehenen Bereich erweitert werden*« (so die Auffassung des BVerwG, aaO.).

Diese **Auffassung wird nicht geteilt.** Es kommt im Bauplanungsrecht nicht auf die Aufrechterhaltung eines begrifflich-formalen Prinzips, sondern auf die *städtebauliche Ordnung* i. S. d. § 1 Abs. 3 BauGB im Allgemeinen u. auf die **Gebietsverträglichkeit** des jeweiligen Baugebiets im Besonderen an. Soweit *Nebenanlagen* eines nach den §§ 4 ff. BImSchG genehmigungsbedürftigen Betriebes – etwa eines chemischen Werkes oder eines metallverarbeitenden Unternehmens – in einem dem GI-Gebiet benachbarten MI-Gebiet als *eigenständige* Anlagen ohne weiteres zulässig sind, spielt es nach diesseitiger Auffassung bauplanungsrechtlich keine Rolle, dass sie unselbständige Anlagen eines größeren Unternehmens mit z. T. etlichen unselbständigen weiteren *Produktionsstätten* sind. Es kann im Interesse der Werksangehörigen sogar wünschenswert (i. S. v. vernünftigerweise geboten) sein, Sozialräume u. Büros in einem weniger immissionsbelasteten Gebiet zu errichten, um gesündere Arbeitsverhältnisse (§ 1 Abs. 5 Satz 2 Nr. 1 BauGB) zu erreichen. Der Gesichtspunkt, der Industriebetrieb würde sich infolge der unselbständigen Anlagen im MI-Gebiet dorthin erweitern, ist eine formale Betrachtung, der die vernünftigen *planerischen* Überlegungen vorgehen. Denn die nach den §§ 4 ff. BImSchG genehmigungsbedürftigen Produktionsstätten sind weiterhin unter keinem Gesichtspunkt im MI-Gebiet zulassungsfähig.

Eine **SB-Autowaschanlage** (SB-Fahrzeug-Pflegeanlage) mit 6 Waschplätzen ist kein wesentlich störender Gewerbebetrieb und kann im Einzelfall im Mischgebiet zulässig sein. Der Störungsgrad einer derartigen Anlage hängt maßgeblich von der Größe, der Ausstattung, der Ausgestaltung, der Benutzungsfrequenz und den Benutzungsmodalitäten ab (so mit Recht VGH BW, U. v. 19.8.1992 – 5 S 403/91 – BRS 54 Nr. 51 = NVwZ-RR 1993, 533).

Der VGH hat sich eingehend mit der Frage des Störungsgrades und der Störungsintensität einer solchen Anlage befasst. Er hat mit Recht festgestellt, dass sich eine SB-Autowaschanlage einer *Typisierung* weitgehend entzieht. Eine solche Anlage kann u. U. sogar in einem allgemeinen Wohngebiet – etwa als Nebenanlage einer Tankstelle – zulässig sein. Es ist davon auszugehen, dass die *modernen* automatischen Autowaschanlagen – häufig in der Wagenpflegehalle einer Tankstelle untergebracht – lärmarm konstruiert sind.

Aus diesem Grunde ist die Automatische Autowaschstraße, die bislang unter Nr. 10.13 *Spalte 2* des Anh. zur 4. BImSchV aufgeführt war, dort inzwischen herausgenommen worden; sie unterfällt mithin nicht mehr dem BImSchG. Hinsichtlich der Nutzung solcher Anlagen ist zwar grundsätzlich vom genehmigten Nutzungsumfang auszugehen. In der Praxis muss jedoch von einer realistischen Auslastung ausgegangen werden.

Der VGH BW (aaO.) hat unter Einschaltung eines Sachverständigen festgestellt, dass bei gleichmäßiger mittlerer Ausnutzung der Anlage Lärmwerte erreicht werden, die der Nach-

§ 6   Abs. 2   9.3, 9.4

barschaft grundsätzlich in einem Mischgebiet zugemutet werden können. Das entspricht der allgemeinen Erfahrung.

Im Regelfall sollten sich die *Öffnungszeiten* nach den üblichen Geschäftszeiten richten, in denen für die Nachbarschaft der Kfz-Zu- und Abgangsverkehr ganz allgemein zumutbar ist (s. Rn 16.81). Heutzutage spielt der **Typ** der Autowaschanlage – ob es sich z. B. um eine sog. **Wagenwaschstraße**, bei der sich die Kfz automatisch durch eine stationär arbeitende Waschlage hindurchbewegen, oder um eine sog. **Portal-Waschanlage** handelt, bei der sich der Waschvorgang mit einem Bürstenwaschgerät an dem in der Halle stehenden Wagen vollzieht – für die Frage der Lärmauswirkungen im Zuge des Waschvorgangs keine entscheidende Rolle mehr. Auch die Wagenwasch»straße« ist eine baulich begrenzte Anlage. Zur Autowaschanlage als Nebenanlage einer Tankstelle s. Rn 15 u. § 4 Rn 10.

Nach Auffassung des BVerwG kann die Frage, ob es sich bei einer SB-Autowaschanlage um einen Gewerbebetrieb handelt, der das Wohnen nicht wesentlich stört i. S. v. § 6 Abs. 1 BauNVO, nicht allgemein bejaht oder verneint werden. Für die Zulässigkeit einer solchen Anlage in einem Mischgebiet kommt es vielmehr auf die konkrete Betriebsgestaltung und Gebietssituation an (B. v. 18.8.1998 – 4 B 82.98 – BauR 1999, 31 = UPR 1999, 67 = DÖV 1999, 31 = GewArch. 1998, 493 = BRS 60 Nr. 73).

Der Leits. des BVerwG gibt für die Frage der Zulässigkeit nichts her. Der Typ der Autowaschanlage spielt für die Genehmigungsbedürftigkeit – wie gezeigt – kaum noch eine Rolle. Entscheidend kann bei dichter Wohnbebauung die Regelung der Öffnungszeiten sein. Richtet sich diese nach den üblichen Einzelhandelsgeschäftszeiten und bei Berücksichtigung der stetig lärmarmer konstruierten Kfz, dürfte die Gebietsverträglichkeit lediglich bei besonders ungünstiger gebietlicher (örtlicher) Situation der Zulässigkeit entgegenstehen.

9.3 **Bauunternehmen** sind der Gruppe von Betrieben zuzurechnen, die ihrer Art nach zu wesentlichen Störungen führen können, aber nicht zwangsläufig führen müssen. Ob sie in einem Mischgebiet zugelassen werden können, hängt von ihrer jeweiligen Betriebsstruktur ab. Je nach der Größe und dem Umfang des Betriebes, der technischen und der personellen Ausstattung, der Betriebsweise und der Gestaltung der Arbeitsabläufe kann dies unterschiedlich zu beurteilen sein (BVerwG, B. v. 22.11.2002 – 4 B 72.02 – BauR 2004, 646).

Aus den **Gründen**: »*Nach der Rspr. des BVerwG gibt es neben den Betrieben, die nach ihrer Art ohne weiteres in einem Mischgebiet unzulässig sind, auch solche, die wegen der mit ihnen typischerweise verbundenen Störungen grundsätzlich als gebietsunverträglich einzustufen sind und nur bei Vorliegen atypischer Umstände zulassungsfähig sein können. Zu dieser Kategorie von Gewerbebetrieben zählen Bauunternehmen nicht. Sie sind vielmehr der Gruppe von Betrieben zuzurechnen, die ihrer Art nach zu wesentlichen Störungen führen können, aber nicht zwangsläufig führen müssen. ... Maßgeblich ist, ob sich die Störwirkungen, die die konkrete Anlage bei funktionsgerechter Nutzung erwarten lässt, innerhalb des Rahmens halten, der durch die Gebietseigenart vorgegeben ist*« (BVerwG, aaO.).

9.4 Eine **Fleischwarenfabrik** mit ca. 400 Beschäftigten, in der immissionsschutzrechtlich im vereinfachten Verfahren genehmigte Räucher- und Kochanlagen mit beträchtlicher Kapazität (mehr als 50 Tonnen am Tag) betrieben werden und die täglich mit bis zu 10 Kühllastkraftwagen sowie ca. 25 sonstigen Lieferantenfahrzeugen beliefert wird und mit 12 betriebsbezogenen Kühlfahrzeugen ausliefert, die zum Teil während der Nachtstunden das Betriebsgrundstück verlassen, kann nicht mehr als in einem Mischgebiet potentiell zulässiger nicht wesentlich störender Gewerbebetrieb eingestuft werden (OVG Saarl., NK-U. v. 31.10.2000 – 2 N 4/99 –)

Ein **Blockheizkraftwerk** mit einer Feuerungswärmeleistung für die Verbrennungsmotorenanlage von 6.316 KW und für den Heizwasserkessel von 11.120 KW ist nach § 6 Abs. 2 Nr. 4 BauNVO als nicht störender Gewerbebetrieb in einem Mischgebiet gebietsverträglich und damit zulässig (OVG SH, B. v. 16.1.2001 – 1 L 35/01 –). Es zählt nämlich nach seiner Feuerungswärmeleistung nicht zu den nach § 4 BImSchG i. V. m. § 2 Abs. 1 S. 1 Nr. 1 a der 4. BImSchV und Spalte 1, Ziffer 1 des Anhangs zur 4, BImSchV genehmigungsbedürftigen Anlagen, die – generell, ohne dass es auf den Grad der Störung ankäme – in einem Mischgebiet unzulässig sind. Es handelt sich vielmehr um eine Anlage, die dem vereinfachten Genehmigungsverfahren nach § 19 BImSchG unterworfen ist und die bei einem entsprechenden Stand der Technik in einem Mischgebiet grundsätzlich zulässig sein kann. Die gutachtlich ermittelten Lärmwerte des Blockheizkraftwerks hielten sogar die zulässigen IRW eines reinen Wohngebiets ein (OVG SH, aaO.).

9.5

Zur Vereinbarkeit eines in einem Mischgebiet gelegenen **Mühlenbetriebs** mit einer neu geplanten sich unmittelbar anschließenden Wohnbebauung in einem allgemeinen Wohngebiet bei einem Abstand von ca. 10 m (hier: verneint).

9.6

Die Anordnung von passiven Schallschutzmaßnahmen in Form einer vollständigen Fremdbelüftung (Klimaanlage) für 5 Gebäude, die in einer Entfernung von 10 bis 25 m zu dem im Mischgebiet liegenden Mühlenbetrieb sich befinden, ist wegen des von der Mühle ausgehenden Betriebslärms für Wohngebäude in einem allgemeinen Wohngebiet nicht zulässig (VGH BW, NK-Urt. v. 17.9.1999 – 3 S 3/99, bisher n. v.). Aufgrund seines Emissionsverhaltens sei der fragliche Bereich des Mühlenbetriebs mit Silolager und Trockenturm ohne aktive (Lärm-)Schutzmaßnahmen nicht mischgebietsverträglich.

Darüber hinaus hat das Gericht die Vereinbarkeit des in einem Mischgebiet gelegenen Mühlenbetriebs mit einer neu geplanten sich unmittelbar anschließenden Wohnbebauung in einem allgemeinen Wohngebiet bei einem Abstand von ca. 10 m wegen eines Explosionsrisikos verneint. Ohne besondere Sicherheitsmaßnahmen an der Mühle sei ein Abstand zu den Wohnhäusern von 30 m erforderlich.

Zur **Überplanung** einer vorhandenen **Metzgerei** mit angeschlossener Schlachtung **durch die Festsetzung eines Mischgebiets** hat sich das OVG NW in seinem U. v. 22.5.2000 (– 10a D 197/98.NE – BauR 2001, 369) geäußert. Es handelt sich um die richtige Einstufung von handwerklich betriebenen Schlachtereien. Sie können z. B. in einem Dorfgebiet als Betrieb zur Be- und Verarbeitung landwirtschaftlicher Erzeugnisse zulässig sein.

9.7

»*Ein Dorfgebiet kann als ländliches Mischgebiet charakterisiert werden. Das lässt den Rückschluss zu, dass eine Schlachterei, in der nur in handwerklichem Umfang geschlachtet wird, nach ihrem Störgrad durchaus auch in einem Mischgebiet zulässig ist*«.

Aus den Gründen: Schlachthäuser gehören nicht schlechthin in ein Gewerbegebiet oder ein Industriegebiet. Insoweit ist vielmehr zu differenzieren. Für die baurechtliche Bewertung sind Anlagen, in denen nur im handwerklichen Umfang geschlachtet wird, von solchen Anlagen zu unterscheiden, für die wegen ihres Umfangs eine Genehmigung nach dem BImSchG erforderlich ist. (Wird weiter ausgeführt, OVG NW, aaO.).

Im Zusammenhang mit der **bebauungsrechtlichen** (richtigen) **Behandlung der »sonstigen Gewerbebetriebe«** nach ihrer typischen Betriebsform fallen die meisten konflikttächtigen Probleme infolge der Gemengelage (Verschränkung von vorhandener gewerblicher Nutzung mit einer Wohnnutzung von alters her) an.

10

§ 6 Abs. 2   11, 12

Besondere Schwierigkeiten bereiten dabei die Gewerbebetriebe, die infolge ihrer quantitativen u. qualitativen Vergrößerung in den vergangenen Jahrzehnten nach ihrer vorhandenen Immissionsträchtigkeit an sich nicht (mehr) in das MI-Gebiet gehören; sie fordern häufig *zum einen* eine Gewährleistung ihres derzeitigen Betriebsstandortes, *zum anderen* benötigen sie (störende) Änderungs- bzw. Erweiterungsbauten oder beantragen betriebliche Nutzungsänderungen aus Gründen industrieller Strukturveränderungen (infolge Automation, Mikroelektronik o.ä. Zwängen) zur Erhaltung der Wettbewerbsfähigkeit. Die Probleme der Gemengelagen hinsichtlich des erforderlichen Immissionsschutzes gegenüber der Wohnbevölkerung und des grundsätzlichen – im Regelfall nicht auflösbaren – Nebeneinanders von gewerblicher Nutzung und einer zumutbaren Wohnnutzung sind nach planungstechnischen Möglichkeiten i.A., den planungsrechtlichen Gegebenheiten im Besonderen mit differenzierten Lösungsvorschlägen für die planerische Praxis in § 1 Rn 47 bis 48, 130–150 eingehend behandelt. Eine besondere Bedeutung kommt für die Minderung der Konfliktlagen dem Gebot der gegenseitigen Rücksichtnahme zu (§ 1 Rn 47–48, Vorb. §§ 2 ff. Rn 28 f.).

Das **Gebot der Rücksichtnahme** verpflichtet bei der Genehmigung gewerblicher Anlagen einerseits zur Berücksichtigung anderer Nutzungen im Einwirkungsbereich, insbes. etwa einer vorhandenen Wohnnutzung. Zugunsten des gewerblichen Vorhabens ist andererseits die *Vorbelastung* durch Beeinträchtigungen bereits vorhandener Anlagen zu berücksichtigen. Bei der Genehmigung von Änderungs- bzw. Erweiterungsbauten oder von *notwendigen* Nutzungsänderungen **kommt dem Bestandsschutz** gewerblicher Anlagen eine **besondere Bedeutung zu** (s. dazu Vorb. §§ 2 ff. Rn 10.6–10.95).

11 Die Gemeinde kann in Ausübung ihres Planungsermessens die Belange der Gesundheit (§ 1 Abs. 6 Nr. 1 BauGB) nicht hinter die Belange der gewerblichen Standortsicherung zurückstellen (dazu *Sendler*, WiR 1972, 453, 469 f.; *Ziegler*, BauR 1973, 129, 140). Die für eine Betriebsausdehnung oder -änderung sprechenden wirtschaftlichen Überlegungen können in diesen Fällen die Genehmigung nicht tragen. In derartigen Fällen hilft i.S.d. Sanierung der städtebaulichen Verhältnisse nur eine Verlagerung des Betriebes. Dagegen ist eine *erschwerte Überwachungsmöglichkeit* von zur Verminderung der Immissionen geeigneten Auflagen generell kein Ablehnungsgrund (im gleichen Sinne *von Holleben*, aaO.). Auch dann kommt eine Genehmigung nur aufgrund zuverlässig gleich bleibender Umstände in Betracht, z.B. wegen der generellen Beschaffenheit der Anlage oder der besonderen Art ihrer Aufstellung, nicht jedoch aufgrund *willkürlich* veränderbarer Umstände wie der Zusicherung eingeschränkter oder behutsamer Benutzung der Betriebsanlage. »*Die Anlage selbst muss also die Gewähr dafür bieten, dass sie wegen ihrer Besonderheit erhebliche Nachteile oder Belästigungen nicht zur Folge haben kann*« (BVerwG, U. v. 18.10.1974, – Fundst. Vorb. §§ 2 ff. Rn 10.11).

12 cc) **Zur Frage der unzulässigen Gewerbebetriebe im MI-Gebiet.** In früheren Auflagen ist in den Vorb. §§ 2 ff. (Rn 10.4–10.5) bereits ausgeführt: Ergibt im Zuge des Genehmigungserfordernisses nach den §§ 4 ff. BImSchG i.V.m. der 4. BImSchV die immissionsrelevante Prüfung, »*dass eine im MI-Gebiet zu errichtende* **gewerbliche** *Anlage nach dem durch im Antrag nachgewiesenen Stand der Technik i.S. von § 3 Abs. 6 BImSchG atypisch und somit als ›nicht wesentlich störend‹ einzustufen ist (Rn 10–10.1), so ist die Anlage in dem MI-Gebiet zuzulassen, obwohl ein Vorhaben dieser Art nach dem* **allgemeinen** *Betriebstypus dort ›an sich‹ nicht zulässig wäre (ebenso Bielenberg, § 6 Rdn. 24; a.A. noch BVerwG, u.a. im U. v. 18.10.1974 – IV C 77.73 – BRS 28 Nr. 27)*«. Die bisherige Auffassung des BVerwG, aaO., wonach die in der 4. BImSchV aufgeführten Anlagen nur in GI-Gebieten zulässig sind, ist durch eine neuere Entscheidung des BVerwG relativiert worden. Nach dem U. v. 24.9.92 (– 7 C 7.92 –, Fundst. Vorb. §§ 2 ff. Rn 10.51)

sind Gewerbebetriebe, die einer *immissionsschutzrechtlichen Genehmigung* bedürfen, nicht ausschließlich in Industriegebiete zu verweisen (Einzelheiten s. Vorb. §§ 2 ff. Rn 10.51). Auf die dadurch **eingeschränkte typisierende Betrachtungsweise** ist im Zusammenhang mit der Behandlung unzulässiger Gewerbebetriebe ausdrücklich nochmals hinzuweisen.

Zu den erheblich störenden und damit im MI-Gebiet **im Grundsatz** unzulässigen Gewerbebetrieben (s. jedoch Rn 12) gehören – soweit sie einer typisierenden Betrachtungsweise unterliegen – i.d.R. die nach den §§ 4ff. BImSchG i.V.m. der 4. BImSchV genehmigungsbedürftigen Anlagen, es sei denn, der Anlagenbetreiber weist im Rahmen des Prüfungsverfahrens nach, dass sein Betrieb atypisch arbeitet (s. dazu Vorb. §§ 2 ff. Rn 9.2 f.). Durch das Grundsatzurt. des BVerwG v. 24.9.1992 (aaO.) i.S. einer relativierten Typisierung und den ausdrücklichen, klarstellenden Hinweis in § 15 Abs. 3, dass die Zulässigkeit der Anlagen in den Baugebieten nicht allein nach den verfahrensrechtlichen Regelungen des BImSchG und den danach erlassenen VOen zu beurteilen ist (s. § 15 Rn 33–33.1), werden sich die Anwendungsfälle der atypischen Betriebsart und Betriebsweise schon im Hinblick auf die Fortschritte in der Technik deutlich vermehren.

12.1

Hinzu kommt die *zunehmende* Tendenz, die Genehmigungsbedürftigkeit nach dem BImSchG i.V.m. der 4. BImSchV einzuschränken. Durch die 4. BImSchV i.d.F. der Bekanntmachung v. 14.3.1997 (BGBl. I S. 504, s. Anh. 4) und durch weitere Änderungen sind die im Anhang aufgeführten Anlagen hinsichtlich der Genehmigungsbedürftigkeit gegenüber dem Katalog nach der 4. BImSchV vom 24.7.1985 in zahlreichen Positionen deutlich eingeschränkt worden; so ist z.B. die Genehmigungsbedürftigkeit für *Hennenplätze* von 7.000 (so 4. BImSchV, 1985) auf 20.000 Plätze (nach der 4. BImSchV 1997) heraufgesetzt worden. **Oder:** Statt für Anlagen mit bis zu 249 Sauenplätzen nach der 1985er VO ist nunmehr für Anlagen mit bis zu 749 Sauenplätze keine Genehmigung nach den Immissionsschutzvorschriften mehr erforderlich. Die Anlagen sind auch nach der Neufassung 1997 weiterhin nach artverwandten Produktionsweisen u. betriebsspezifischen Kennzeichnungen in Gruppen zusammengefasst. Bestimmte Anlagen unterliegen nach § 2 der 4. BImSchV dem *förmliche*n Genehmigungsverfahren nach den §§ 4ff. BImSchG (Spalte 1) und die weniger immissionsträchtigen nach § 19 BImSchG dem *vereinfachten* Genehmigungsverfahren (Sp. 2 des Anhangs z. 4. BImSchV).

Die eingeschränkte typisierende Betrachtungsweise aufgrund des U. v. 24.9.1992 (– 7 C 7.92 –, Fundst. Rn 12) und der klarstellende Hinweis in § 15 Abs. 3 ändern nichts daran, dass die Gewerbebetriebe und gewerblichen Nutzungen, die in der 4. BImSchV in **Spalte 1** des Anhangs aufgeführt sind, i.d.R. erheblich störende Betriebe bleiben. Sie sind damit im MI-Gebiet *im Grundsatz* unzulässig und nur bei **atypischer** Betriebsart und -weise im MI-Gebiet zulässig. Die Regelungen der 4. BImSchV über die Genehmigungsbedürftigkeit potenziell störender Betriebe dürfen bei ihrer bauplanungsrechtlichen Beurteilung nicht vernachlässigt werden. Die Tatsachen, die der Wertung des VOgebers der 4. BImSchV zugrunde liegen, und diese Wertung selbst bilden durchaus Anhaltspunkte für die Beurteilung der Gebietsverträglichkeit. Auch nach dem U. des BVerwG v. 24.9.1992 (aaO.) bleibt es dabei, dass »*die Bauleitplanung ohne eine typisierende Betrachtungsweise nicht auskommt*« (wird weiter ausgeführt). – Der Anlagenbetreiber hat jedoch einen *Anspruch darauf* und zwar im Grundsatz auch für die in Spalte 1 des Anh. z. 4. BImSchV aufgeführten Anlagen und Nutzungen –, dass seine Einlassung, die von ihm zur Genehmigung gestellte Anlage sei im Betriebsablauf und dergl. atypisch, i.S. d. rechtlichen Gehörs überprüft wird (im Ergebnis ebenso *Bielenberg*, § 6 Rdn. 23 f.). Im Genehmigungsverfahren nach § 19 BImSchG i.V.m. § 1 der 4. BImSchV ist somit **planungsrechtlich** (die immissionsschutzrechtliche Situation einbeziehend) für die Zulassungsfähigkeit in MI-Gebieten vom Grundsatz her weiter-

12.2

§ 6 Abs. 2 12.3, 12.4

hin von einer widerleglichen Vermutung auszugehen (Vorb. §§ 2 ff. Rn 10–10.13, aA. noch BVerwG, B. v. 11.4.1975 – IV B 37.75 – BauR 1975, 396). Für den Nachweis, dass der »**Stand der Technik**« (§ 3 Abs. 6 BImSchG) die Einstufung der Anlage als »nicht wesentlich störender« Betrieb zulässt, trifft den Anlagenbetreiber die (volle) Beweislast (s. Rn 11), insbes. dass die Nutzung der Anlage nicht später aus Betriebsersparnisgründen (leicht) abänderbar ist (s. auch Vorb. §§ 2 ff. Rn 10–10.13).

Lemmel ist der (einschränkenden) Ansicht, dass § 15 Abs. 3 BauNVO 1990 nur für die auf seiner Grundlage aufgestellten B-Pläne gilt (in: Baurecht Aktuell, Festschr. f. *Weyreuther,* 1993, S. 273, 287). Diese Auffassung wird nicht geteilt. Das BVerwG, dem *Lemmel* angehört, hat sich in seinen Entscheidungen zwar so verhalten, dass es die *Einstufung* der Nutzungen und Anlagen *planungsrechtlich* in die Katalog-Baugebiete aufgrund der jeweiligen Gefährdungseinstufung der Anlagen in der 4. BImSchV vorgenommen hat (s. dazu Rn 12–12.3). Es hat aber zu keinem Zeitpunkt eine rechtliche Vorschrift gegeben, nach der sich die planungsrechtliche Einstufung hinsichtlich der Zulässigkeit nach den Vorschriften des BImSchG zu richten hatte (s. auch Vorb. §§ 2 ff. Rn 10–10.1). Bei § 15 Abs. 3 BauNVO 1990 hat es sich nach alledem um eine Klarstellung gehandelt, die letztlich gerade auf die Rspr. des BVerwG gerichtet war.

Außer den im Anh. der 4. BImSchV aufgeführten Anlagen gehören zu den **wesentlich störenden Gewerbebetrieben**, die im MI-Gebiet im Regelfall **unzulässig sind,** holzverarbeitende Betriebe mit maschineller Ausrüstung wie Kreissägen, Hobelmaschinen oder Niethämmern (BayVGH, U. v. 22.7.2005 – 26 B 04.931 –, ferner größere Transportunternehmen, Bauunternehmungen mit einem größeren Kfz- und Maschinenpark, größere gewerbliche Lager und Handlungen für Brennstoffe sowie Lagerplätze für Straßenbaustoffe, Schrott, tierische Abfälle und für andere durch Lärm, Staub oder Gerüche belastende Stoffe. Zur (**Un-**) **Zulässigkeit** von Anlagen im Einzelfall s. Rn 20.1–23.3.

12.3 Im Einzelfall können die in der 4. BImSchV aufgeführten Anlagen, auch wenn sie der Genehmigung nach den §§ 4 ff. BImSchG bedürfen, **als Nebenanlagen** (§ 14 Rn 6) nicht wesentlich störender Gewerbebetriebe oder anderer zulässiger baulicher Anlagen **zulässig sein**. Dazu zählen insbes. genehmigungsbedürftige *Feuerungsanlagen* von Heizungen sowie *Müllverbrennungsanlagen* in Krankenhäusern und Gewerbebetrieben (Abfallbeseitigungsanlagen i. S. d. § 7 AbfG a. F. = § 31 KrW-/AbfG). Sie können in WA-, MD-, MI-, MK- und GE-Gebieten ausnahmsweise zugelassen werden, wenn es um Teile der in diesen Baugebieten sonst zulässigen Vorhaben handelt und bei Abfallbeseitigungsanlagen Festsetzungen des Abfallwirtschaftsplans (§ 32 Abs. 1 Nr. 4 KrW-/AbfG) nicht entgegenstehen; § 15 BauNVO ist bei diesen Anlagen besonders zu beachten (vgl. u. a. Planungserlass NW, Nr. II 3.1).

12.4 Im Übrigen ist auf die durch die ÄndVO 1990 neu geschaffene Möglichkeit hinzuweisen, für in überwiegend bebauten MI-Gebieten vorhandene unzulässige Gewerbebetriebe **besondere Festsetzungen** nach § 1 Abs. 10 zu treffen, um deren Standortsicherung und ggf. betriebswirtschaftliche Erweiterungen zu erreichen (§ 1 Rn 130–150). Durch derartige Festsetzungen sowie durch eine mögliche Beurteilung an sich typischerweise unzulässiger Gewerbebetriebe als atypische Anlagen können insbes. Gemengelagenkonflikte im MI-Gebiet besser bewältigt werden.

Die Festsetzungsmöglichkeit nach § 1 Abs. 10 ist – wie ersichtlich (s. § 1 Rn 130 ff.) – für *planerische* Sondersituationen beabsichtigt u. geeignet. Dazu gehört z. B. nicht die Frage der Zulässigkeit eines **Fernverkehrsunternehmens** mit einem 38-t-Lastzug. Dieser Fuhrbetrieb gehört nicht in ein Mischgebiet (Hess. VGH, B. v. 21.12.1992 – 3 TH 1677/92 – BRS 54 Nr. 52 = UPR 1993, 230).

Der Hess. VGH (aaO.) hat mit Recht herausgestellt, dass der 38-Tonner-Lastzug mit seinerzeit einem Standgeräusch von 92 dB(A) u. einem Fahrgeräusch von 82 dB(A) auch nur werktags zwischen 6.00 und 20.00 Uhr ein das Wohnen belästigendes Vorhaben darstellt, das nicht in ein Mischgebiet gehört. Berücksichtigt man, dass die noch maßgebliche TA Lärm für Mischgebiete einen Immissionsrichtwert tagsüber mit 60 dB(A) benennt, stellen bereits die Fahrgeräusche des Lastzuges mit 82 dB(A) mehr als eine Vervierfachung des Richtwertes dar (Hess. VGH, aaO.).

Eine **Werbeanlage** (Werbetafel mit wechselndem Plakatanschlag für Fremdwerbung) an der Fassade einer Gaststätte *vor* einer mehrgeschossigen modernen Wohnanlage im Mischgebiet ist *wegen* der eindeutig von ihr ausgehenden *Verunstaltung* unzulässig (so überzeugend OVG Bln, U. v. 17.6.1992 – 2 B 17.90 – BRS 54 Nr. 130). Bei der Werbeanlage für Fremdwerbung handelt es sich um eine bauliche Anlage i. S. v. § 29 Abs. 1 Satz 1 BauGB u. um einen Gewerbebetrieb im weiteren Sinne (vgl. dazu BVerwG, U. v. 3.12.1992; Fundst. § 4 Rn 9.3). Wegen der Verunstaltung, wie im U. des OVG Bln. näher dargelegt, ist die Werbeanlage als Nutzung nach § 6 Abs. 2 **Nr. 4**, weil sie das Wohnen wesentlich stört, unzulässig.

12.5

Ein »**Pizza-Heimservice**« (Betrieb zur Herstellung und Auslieferung bestimmter Speisen und Getränke) ist in einem Mischgebiet als sonstiger (nicht wesentlich störender) Gewerbebetrieb i. S. d. § 6 Abs. 2 Nr. 4 BauNVO den Nachbarn regelmäßig zumutbar (**Leits.** des VGH BW, U. v. 21.6.1994 – 5 S 1198/93 – BauR 1995, 216 = BRS 56 Nr. 57).

12.6

Ein **Omnibusunternehmen** ist bei der gebotenen typisierenden Betrachtungsweise ein wesentlich störender Gewerbebetrieb und deshalb einem Gewerbegebiet ohne immissionsschutzrechtliche Einschränkungen i. S. v. § 8 BauNVO, nicht aber einem Mischgebiet gem. § 6 BauNVO zuzuordnen. Dies rechtfertigt sich aus dem Tag und Nacht in erheblichem Umfang ablaufenden Besucherverkehr, der mit Lärm, Abgasen und Gerüchen einhergeht (VGH BW, U. v. 19.12.2003 – 5 S 840/02 –).

12.7

e) **Anlagen für Verwaltungen sowie für kirchliche, kulturelle, soziale, gesundheitliche und sportliche Zwecke (Nr. 5)**. – aa) Anlagen für Verwaltungen. Dazu allgemein § 4 Rn 11–12.1; der Wortlaut entspricht § 4 Abs. 3 Nr. 3. Während Verwaltungsanlagen im WA-Gebiet nur ausnahmsweise zugelassen werden dürfen, sind im MI-Gebiet die Anlagen (und Einrichtungen) einschließlich Verwaltungsgebäude ohne Einschränkung zulässig. Es kann sich also auch um »zentrale« Anlagen der Verwaltung handeln, die – allerdings nicht ganz folgerichtig – sonst (nur noch) ausnahmsweise im WB-Gebiet zugelassen werden können (§ 4a Rn 21). Im MK-Gebiet werden i. A. Verwaltungs*gebäude* vorgesehen werden. MI-Gebiete sind dagegen der bevorzugte Standort für Verwaltungsanlagen jeglicher Art, sofern sie nach dem Umfang der Eigenart des betreffenden MI-Gebiets nicht widersprechen. Zu den Anlagen zählen z. B. Feuerwehrdepots oder Abstellplätze für die Kfz der Post; die größeren kommunalen und sonstigen öffentlichen Lagerplätze als Bestandteil etwa eines Straßenbauamtes, z. B. für den Straßenunterhaltungsdienst (Streugut für den Winterdienst), gehören i. A. in GE- oder GI-Gebiete. Ferner gehören zu Verwaltungsanlagen Gerichtsgebäude, evtl. mit angegliederter Untersuchungshaftanstalt, Dienststellen der Post oder von Telekom, Paketposteinrichtung. Haftanstalten für den längeren Freiheitsentzug gehören dagegen schon wegen der notwendigen Sicherheitseinrichtungen in ein SO-Gebiet (§ 11).

13

bb) **Anlagen für kirchliche, kulturelle, soziale und gesundheitliche Zwecke (für Gemeinbedarfszwecke):** Dazu allgemein Vorb. §§ 2 ff. Rn 11–11.7, 13–

14

15.1; ferner § 2 Rn 22, § 4 Rn 6–7.7. Umfang und Größe der Anlagen haben sich nach der jeweiligen Eigenart des MI-Gebiets zu richten. I.A. werden die aufgeführten Gemeinbedarfsanlagen keiner Beschränkung unterliegen. So dürften Kirchen, Museen oder eine Saunaanlage hier ihren Standort haben, die auch einen größeren Besucherkreis anziehen. Die zentralen kulturellen Einrichtungen wie Theater oder Oper können dagegen häufig dem Gebietscharakter widersprechen; sie gehören im Regelfall in ein MK-Gebiet bzw. in ein Sondergebiet.

Auch ein **Türkisch-Islamisches Kulturzentrum** kann in einem Mischgebiet wegen Gebietsunverträglichkeit planungsrechtlich unzulässig sein. Das VG München hat in seinem U. v. 12.2.2007 (– M 8 K 06. 3626 – BauR 2007, 1188) mit überzeugender Begr. die Klage der Bauherren auf Erteilung eines Bauvorbescheids zur Errichtung eines Türkisch-Islamischen Kulturzentrums einschließlich einer Moschee mit einem 32 m hohen Minarett und zweier Wohn- und Geschäftshäuser mit einem Flächenangebot von insgesamt 5.191 m² mit Tiefgarage als Sonderbaufläche in einem faktischen Mischgebiet gem. § 34 Abs. 2 BauGB i.V.m. § 6 BauNVO gegen den Freistaat Bayern abgewiesen. Dieser hatte einen positiven Bauvorbescheid der Landeshauptstadt München im Widerspruchsverfahren, das von einem Nachbarn betrieben wurde, aufgehoben. Zur Begr. hat das VG München ausgeführt:

Es handle sich zwar um eine Anlage für kirchliche und kulturelle Zwecke, die gem. § 6 Abs. 2 Nr. 4 BauNVO grundsätzlich allgemein zulässig sei. Das Türkisch-Islamische Kulturzentrum sei aber von seiner Größe und den beabsichtigte vielfältigen außerkirchlichen Nutzungsmöglichkeiten sowie des Umfangs des zu befürchtenden An- und Abfahrtsverkehrs nicht gebietsverträglich. Eine solche zentrale kirchliche/kulturelle Einrichtung gehöre vielmehr i.d.R. in Kern- oder Sondergebiete.

Eine **Heroinambulanz** kann als Anlage für soziale und (oder) gesundheitliche Zwecke i.S.d. § 6 Abs. 2 Nr. 5 BauNVO in einem Mischgebiet zulässig sein (Hess.VGH, B. v. 12.3.2003 – 3 TG 3259/02 – ZfBR 2003, 488 – nur Leits.). Es handelte sich dabei um den Frankfurter Standort eines deutschen Modellprojekts zur heroingestützten Behandlung Opiatabhängiger. In der Ambulanz sollte einer Gruppe von 100 ausgewählten schwerstdrogenabhängigen Patienten zwei- bis dreimal täglich injizierbares Heroin als Medikament verabreicht werden, wobei die Patienten in ein festes sozialpädagogisches Begleitkonzept eingebunden waren. Der Hess.VGH ging entspr. dem Zeitgeist optimistisch davon aus, dass in der Einrichtung eine Heilbehandlung durchgeführt werde. Im Hinblick auf § 15 Abs. 1 BauNVO führt der Senat aus:

»Anders als bei einer offenen Drogeneinrichtung ist bei dieser Ausgestaltung nicht davon auszugehen dass anderen Drogenabhängige, die von vornherein keinen Zutritt zu der Ambulanz haben, durch den Standort angezogen werden könnten. Im Gegenteil, es werden die laut Betriebsbeschreibung Vorkehrungen gegen eine Beeinträchtigung des Umfelds durch dien Betrieb der Heroinambulanz getroffen, die sich auch zugunsten des Ast. auswirken können, geht man von dem von ihnen geschilderten Zustand aus, dass eine illegale Drogenszene bereits vor der Aufnahme des Betriebs der Ambulanz vorhanden ist. Das laut Betriebsbeschreibung bereits im Vorfeld der Genehmigung entwickelte Präventions- und Sicherheitskonzept, das in der ›Frankfurter Montagsrunde‹ mit dem Jugendamt und dem Stadtgesundheitsamt entwickelt worden ist, wird dazu führen, dass diese illegale Drogenszene stark zurückgehen wird« (Hess.VGH. aaO.).

Eine offene **Anstalt des Justizvollzugs,** sog. **Freigängerhaus,** ist seiner Nutzungsart nach weder Wohnnutzung noch eine Anlage für soziale Zwecke oder Anlage für Verwaltung und deshalb weder in einem allgemeinen Wohngebiet noch in einem Mischgebiet bauplanungsrechtlich zulässig (Sächs. OVG, U. v. 3.3.2005 – 1 B 120/04 – BauR 2005, 1290 = BRS 69 Nr. 64; bestätigt durch BVerwG, B. v. 26.7.2005 – 4 B 33.05 – DVBl. 2005, 1391 = ZfBR 2005, 1186 = BauR 2005, 1734 = LKV 2005, 516 = BRS 69 Nr. 63).

Wohnwagen gehören nicht zu den im gemischten Gebiet zugelassenen baulichen Einrichtungen. Privatgenutzte Wohnwagen dienen *weder sportlichen noch gesundheitlichen Zwecken*. Sie sind auch nicht als Anlagen ähnlicher Art einzustufen (OVG Berlin, U. v. 25.4.1980 – 2 B 43.79 – BRS 36 Nr. 47).

cc) **Anlagen für sportliche Zwecke:** Zum Begriff und zur Reichweite s. Vorb. §§ 2 ff. Rn 12–12.62; sie werden vielfach gerade im MI-Gebiet ihren (richtigen) Standort haben. Zum einen liegen MI-Gebiete häufig zwischen Wohn- und Kerngebieten, so dass es sich in MI-Gebieten standortmäßig (noch) um »wohnnahe« Sportanlagen (s. § 4 Rn 7.2–7.7) handeln kann. Zum anderen sind MI-Gebiete gegenüber Lärmbeeinträchtigungen von Sportanlagen, auch wenn diese aufgrund der SportanlagenlärmSchVO (18. BImSchV) anders zu beurteilen sind als Gewerbe- oder Verkehrslärm (s. Vorb. §§ 2 ff. Rn 12.78–12.87), weniger störanfällig als die Wohngebiete nach den §§ 3, 4. MI-Gebiete sind im Unterschied zu den MK-Gebieten schon deshalb der geeignetere Standort, weil die **Stellplatzverpflichtung** für die Sportanlagen selbst dort besser zu erfüllen ist und dies auch für die Sportausübenden von Interesse ist.

In seinem U. v. 8.12.1999 (– 7 A 11469/98 – NVwZ 2000, 1190) hat das OVG RhPf der Klage des Eigentümers eines bebauten Wohngrundstücks in einem Mischgebiet auf Beseitigung einer von der Stadt betriebenen Skater-Anlage stattgegeben. Zu Recht hat das Gericht dabei nicht auf die 18. BImSchV abgestellt, sondern auf die durch das RdSch. des Min. für Umwelt und Forsten RhPf v. 30.1.1997 eingeführten »Hinweise zur Beurteilung der von Freizeitanlagen verursachten Geräusche«, abgedruckt ist die Freizeitlärm-RL in NVwZ 97, 469 (s. dazu § 4 Rn 20.7 f.). Das OVG RhPf hat zum Nachteil der beklagten Stadt auch berücksichtigt, dass diese im Rahmen der Vergleichsgespräche jede Gewähr für die Einhaltung zeitlicher Beschränkungen abgelehnt hat, da die Anlage und der Betrieb nicht der Überwachung und der Aufsicht durch die beklagte Stadt – wie diese vorgetragen hat – unterliege.

Besonderer Beachtung bedarf stets die B-Planfestsetzung für eine **Gemeinbedarfsfläche** nach § 9 Abs. 1 Nr. 5 BauGB (innerhalb eines MI-Gebiets), etwa mit der Zweckbestimmung »Bildungszentrum – Schulzentrum einschließlich Anlagen für kulturelle, gesundheitliche, soziale und *sportliche Zwecke*«. Hieraus ergeben sich vielfach nicht ohne weiteres die *Größe* des geplanten Sportgeländes, das evtl. in unmittelbarer Nachbarschaft von Wohngebäuden vorgesehen ist, und auch nicht die Sportarten, die darauf betrieben werden sollen (s. dazu Vorb. §§ 2 ff. Rn 12.7–12.77). Mit Recht hat das VG Berlin herausgestellt, dass eine solche Sportanlage eine Vereinsfußballnutzung nur zulässt, wenn diese **Gegenstand der Abwägung** war (U. v. 25.8.1987 – 13 A 157.87 – UPR 1988, 160 – n. L.; s. auch Vorb. §§ 2 ff. Rn 12.95–12.97). In diesem Zusammenhang ist darauf hinzuweisen, dass **Sportanlagen** als ortsfeste Einrichtungen unter den **Anlagenbegriff** des § 3 Abs. 5 Nr. 1 **BImSchG** fallen.

Die Errichtung von **Masten für Flutlichtanlagen** ist *genehmigungspflichtig* (Flutlicht kann wesentlich stören). Die Baugenehmigung schließt eine bestimmte Nutzung, nämlich die *Beleuchtung* des Sportplatzes f. d. Spielbetrieb ein; soweit sonstige Masten nach den BauOen der Länder genehmigungsfrei sind, fallen Masten für Flutlichtanlagen *nicht darunter* (für BayBO vgl. Simon, Losebl.-Komm. zu Art. 60, Rdn. 29).

14.3 Die Auffassung des OVG Bln., die Festsetzung einer Fläche für den Gemeinbedarf mit der Zweckbestimmung »Schule« lasse auch die **Errichtung eines Schulsportplatzes** zu (U. v. 5.9.1986 – 2 A 1.85 – BRS 46 Nr. 27), ist nicht bedenkenfrei, weil ein derartiger »Schulsportplatz« heutzutage häufig nachmittags sowie abends auch von Dritten (Nichtschülern) als »Sportanlage« in unterschiedlicher Weise benutzt werden kann, etwa als »Bolzplatz«, und die möglichen Lärmauswirkungen auf die (Wohn-)Nachbarschaft nicht der erforderlichen Abwägung unterlegen haben (s. dazu § 4 Rn 7.1). Die ordnungsmäßige städtebauliche Planung auch in dieser Hinsicht kann *nicht dem Baugenehmigungsverfahren* überlassen bleiben, sofern ein solches bei einem Vorhaben der öffentlichen Hand überhaupt erfolgt. Die Zulässigkeitsvoraussetzungen des § 15 Abs. 1 können i. d. R. die **konkrete Planung** nicht ersetzen (s. Vorb. §§ 2 ff. Rn 11.2–11.4 u. Rn 12.95–12.97).

Nach dem Stand der Technik *vermeidbare* schädliche Umwelteinwirkungen – in diesem Fall durch Fußballlärm – i. S. d. § 22 Abs. 1 Nr. 1 BImSchG liegen auch dann vor, wenn die Überschreitung der Schädlichkeitsgrenze durch eine Verringerung der Betriebszeit vermieden werden kann (so mit Recht VG Bln, aaO.).

Über die **Zulässigkeit eines Bolzplatzes** bzw. über die Forderung zu dessen Beseitigung hat das OVG Bln in einem ausführlich begründeten U. v. 22.4.1993 (– 2 B 6.91 – BRS 55 Nr. 179 = BauR 1994, 346) zu entscheiden gehabt.

Es handelt sich um eine im Blockinnenbereich eines großstädtischen Mischgebiets als **öffentliche Grünfläche** i. S. v. § 9 Abs. 1 Nr. 15 BauGB festgesetzte, etwa 4 400 m² umfassende Anlage, die überwiegend als Spielfläche genutzt werden soll. Die Spielfläche umfasst u. a. ein mit einem höheren Ballfangzaun versehenes **Spielfeld als Bolzplatz**. Mit Recht hat das OVG Bln in den Gründen herausgestellt, dass es sich bei einer derartigen Einrichtung, auf der »regelmäßig lärmintensiv ohne feste Regeln Fußball gespielt (gebolzt) wird«, nicht um eine Sportanlage i. S. v. § 1 Abs. 2 SportanlagenlärmSchVO (18. BImSchV) handelt. Nach den Darlegungen im Einzelnen handelt es sich um eine großstädtisch geprägte besondere Standortsituation, bei der die Immissionsrichtwerte auf dem Spielfeld zwar eingehalten werden. Die *Tatumstände bei Benutzung* des Bolzplatzes, die in der Sachverhaltsdarlegung des Urt. nicht verschwiegen werden, hätten aber zu die Verwaltungsbehörde verpflichtenden Hinweisen Anlass geben müssen. Die Feststellung, dass »*Dauer und Intensität der Lärmbelästigung sich bei bestimmungsgemäßer Nutzung in einem bei Bolzplätzen noch erträglichen Rahmen halten*«, reicht nicht aus. Es ist **dringend geboten**, dass *alle* für eine solche Standortentscheidung maßgeblichen Stellen darauf achten (s. dazu auch § 3 Rn 19.82 f.).

14.31 **Städtebauliche Ordnung** beinhaltet mehr als die Einhaltung formaler Kriterien, *wenn* es um das gedeihliche Miteinander in Bezug auf das Wohnumfeld geht. Die hinlänglich bekannten Begleitumstände auf Bolzplätzen können nicht mit der Sozialadäquanz kompensiert werden, nachdem sich unsere Gesellschaft insgesamt zunehmend entsolidarisiert. Es genügt nicht, das Einschreiten gegen die mit der missbräuchlichen Nutzung verbundenen Störungen dem Polizei- und Ordnungsrecht zu überlassen, das – wie jedermann weiß – nicht greifen kann. Die Verhinderung der auch in diesem Fall geschilderten Auswüchse muss *vorbeugend* im Zuge der Baugenehmigung geregelt werden (zu Bolzplätzen s. grds. § 3 Rn 19.85–19.89, § 4 Rn 7.7 u. Rn 20.3–20.61).

14.4 f) **Gartenbaubetriebe (Nr. 6).** Dazu § 2 Rn 8–8.2. Die Anlagen sind nach dem Zulässigkeitskatalog von § 6 zwar unbeschränkt genehmigungsfähig. Aus der Sicht der städtebaulichen Ordnung (§ 1 Abs. 3 BauGB) dürfte es sich jedoch empfehlen, Gartenbaubetriebe in MI-Gebieten im B-Plan nach § 1 Abs. 5 nur als ausnahmsweise zulassungsfähig festzusetzen, um später bodenordnende Maßnahmen zur Verlagerung derartiger Betriebe zu vermeiden.

g) Tankstellen (Nr. 7). Dazu grds. § 2 Rn 23–23.1 und § 4 Rn 10–10.11. Nutzungsbeschränkungen bestehen lediglich im Einzelfall unter den Voraussetzungen des § 15. Tankstellen sind außer i. V. m. dem üblichen Wagenpflegedienst auch *zusammen mit Kfz-Reparaturwerkstätten* zulässig (s. auch Rn 23.1).

Im Rahmen des Wagenpflegedienstes ist eine **automatische Autowaschanlage** des in der Wagenpflegehalle einer Tankstelle unterzubringenden kleineren Typs im Regelfall zulässig (so schon OVG Münster, U. v. 10.6.1976 – XA 1264/73 – BRS 30 Nr. 30). Es ist davon auszugehen, dass eine automatische Wagenwaschanlage, sog. Portalwaschanlage, heutzutage **Nebenanlage** einer Tankstelle im Rahmen des kleinen Kundendienstes ist, s. dazu auch § 4 Rn 10.11. Dabei ist zu bedenken, dass bei dem geschärften Umweltbewusstsein das eigene Wagenwaschen wegen fehlenden Benzinabscheiders tunlichst unterbleiben sollte. Da in MI-Gebieten nach § 12 Stellplätze u. Garagen und nach Abs. 2 Nr. 7 Tankstellen ohne Einschränkung zulässig sind, müssen in MI-Gebieten die Auswirkungen hingenommen werden, die mit dem durch die zugelassene Nutzung in dem Gebiet selbst verursachten Verkehr verbunden sind.

Die Errichtung von Tankstellen im MI-Gebiet wirft Fragen auf, die in Baugebieten nach §§ 2–5 – außer in WB-Gebieten – im Regelfall nicht akut werden. Für MI-Gebiete wird häufig *geschlossene Bauweise* festgesetzt, nicht zuletzt, um die nach § 17 Abs. 1 mögliche Verdichtung auszunutzen. Tankstellen werden i. A. eingeschossig ebenerdig errichtet mit freistehenden Zapfsäulen. Schwierigkeiten können dann durch Fragen der Überbauung und/oder des Anbaues an vorgesehenen oder vorhandenen Brandgiebeln i. S. d. geschlossenen Bauweise entstehen. Die *planungsrechtliche* Seite macht dabei keine Schwierigkeiten. Gerade in einem MI-Gebiet bestehen keine Bedenken, die verschiedenen Nutzungsarten auf *einem* Baugrundstück »vermischt« zu errichten, wenn § 15 nicht entgegensteht.

Es wäre z. B. möglich, eine erdgeschossig errichtete Tankstelle mit Garagen und einer Wagenpflegehalle mit zwei Geschossen für Bürozwecke (Abs. 2 Nr. 2) und zwei weiteren Geschossen für Wohnungen (Abs. 2 Nr. 1) zu überbauen. Die Obergeschosse wären dann in geschlossener Bauweise zu errichten. Die Zulässigkeit der Tankstelle kann nicht deshalb in Frage gestellt werden, weil die Zapfsäulen selbst nicht die Forderungen der geschlossenen Bauweise erfüllen. Unberührt davon bleibt die Erfüllung der bauordnungsrechtlichen Forderungen nach Sicherheit (Feuersicherheit), die im Zusammenhang mit der Errichtung einer Tankstelle im Rahmen eines Gebäudes gestellt werden können.

Eine weitere Frage entsteht, wenn ein Bauherr sein Grundstück nur eingeschossig mit einer Tankstelle bebauen will, obwohl eine viergeschossige Bebauung als zulässig festgesetzt ist. Ist die Z nur als Höchstgrenze (§ 16 Abs. 4) festgesetzt, so kann der Bauherr beliebig darunter bleiben, so dass die eingeschossige Bebauung planungsrechtlich nicht zu Bebauungsschwierigkeiten führt. Ist zugleich eine *Mindestgrenze* festgesetzt (§ 16 Abs. 4 Satz 1) – z. B. Höchstgrenze viergeschossig, Mindestgrenze zweigeschossig – wäre der Bauherr verpflichtet, die ebenerdige Tankstelle jedenfalls noch mit einem weiteren Geschoss zu überbauen (zur Problematik s. § 16 Rn 20). Ferner besteht nach § 16 Abs. 4 Satz 2 die Möglichkeit, in einem Gebiet die Z als *zwingend* festzusetzen. In diesen Fällen müsste der Bauherr das Grundstück viergeschossig bebauen.

Das wirft die Frage auf, ob auch Tankstellen einer derartigen zwingenden Festsetzung unterworfen sind. Ihrem Nutzungscharakter nach erfordern sie nämlich als typische Bauweise nur eine eingeschossige (erdgeschossige) Bebauung. Im Zulässigkeitskatalog sind sie nach Abs. 2 Nr. 7 als eine selbständige Nutzungsart aufgeführt. Hier könnte der Rechtsanspruch auf Zulässigkeit, was die Nutzungsart anbelangt, mit der Festsetzung des Maßes der baulichen Nutzung miteinander in Kollision geraten.

§ 6   Abs. 2   15.2, 15.3

Bei der Bebauung eines Grundstücks mit Tankstellen können im MI-Gebiet mit geschlossener Bauweise noch Schwierigkeiten hinsichtlich der Einhaltung der vorderen Baulinie (§ 23 Abs. 2 Satz 1) entstehen. Im Regelfall dürften schon die Zapfsäulen wegen der ein- und ausfahrenden Kfz die Baulinie nicht einhalten können. Die Kann-Vorschrift des Abs. 2 Satz 2 passt nicht auf Zapfsäulen, da es sich nicht um »Gebäudeteile« handelt. Hier wird wegen der Besonderheit der Tankstellenbebauung die **Erteilung einer Befreiung** nach § 31 Abs. 2 BauGB aus planungsrechtlichen Gesichtspunkten i. A. gerechtfertigt sein, wodurch die bauordnungsrechtlichen und verkehrlich zu berücksichtigenden Belange nicht berührt werden.

15.2 Das BVerwG hat im U. v. 7.2.1986 (– 4 C 49.82 – BRS 46 Nr. 50 = BauR 1986, 414 = NVwZ 1986, 642 = UPR 1986, 347 = ZfBR 1986, 148) bestätigt, dass »*die im Zusammenhang mit dem Betrieb einer Tankstelle üblicherweise verbundenen Wartungs- und kleinen Reparaturarbeiten*« zu den typischerweise nicht wesentlich störenden gewerblichen Nutzungen gehören und damit im Mischgebiet zulässig sind.

Es ging in dem Streitverfahren um die *Erweiterung* einer Tankstelle mit Kfz-Verkauf und Reparatur, wobei der Nachbarstreit seinen Grund darin hatte, dass das Grundstück zwar in einem MI-Gebiet, aber unmittelbar an der Grenze zu einem WR-Gebiet liegt. Das BVerwG hat anknüpfend an seine bisherige Rspr. zu derartigen Streitfällen herausgestellt, da der Tankstellenbetrieb bereits *vor* Aufstellung des B-Plans vorhanden gewesen sei, sei die Schutzwürdigkeit des klägerischen Grundstücks wegen der Situationsvorbelastung gemindert. Das bedeutet i. S. d. Bildung einer »Art von Mittelwert« nicht nur eine *Rücksichtnahmepflicht* des emittierenden Betriebs, sondern auch eine *Duldungspflicht* desjenigen, der sich in der Nähe einer Belästigungsquelle ansiedelt (BVerwG, aaO.).

Das BVerwG hat bei dieser Entscheidung, die letztlich **auf alle emittierenden Betriebe** zutrifft, die mit einer schutzwürdigen Bebauung in Kollision geraten und für sich eine plangegebene Vorbelastung geltend machen können, auf sein Grundsatzurt. v. 12.12.1975 – 4 C 71.73 – BVerwGE 50, 49, 54 f. (»Tunnelofenfall«) Bezug genommen.

15.3 In einem immissionsschutzrechtlichen Rechtsstreit (OVG NW, B. v. 1.9.2005 – 8 A 2810/03 – BauR 2006, 82 = BRS 69 Nr. 44; zustimmend *Bischopink* (BauR 2006, 1070/1071) wehrte sich der Inhaber einer Tankstelle gegen eine Ordnungsverfügung, mit der er aufgefordert worden war, die bislang für einen eingeschränkten Nutzerkreis durchgehend betriebene Kartentankstelle zum Schutz der Nachbarschaft (Wohnbebauung in einem Mischgebiet) in den Nachtstunden geschlossen zu halten. Er meinte, die Schutzwürdigkeit, der in ihrer Nachbarschaft entstandenen Wohnbebauung sei durch eine Festsetzung für passiven Lärmschutz im B-Plan eingeschränkt worden. Deshalb sei der Nachbarschaft auch eine Überschreitung der für Mischgebiet geforderten Lärmwerte zumutbar. Das OVG hat zu Recht die Wohnruhe in einem Mischgebiet ernst genommen, den passiven Lärmschutz für nicht ausreichend gehalten und hierzu folgende Leits. aufgestellt:

»1. Eine Gemeinde kann durch ihre Bauleitplanung nur gebietsbezogen steuern, ob gewisse Nachteile i. S. von § 3 BImSchG erheblich sind.

2. Durch textliche Festsetzungen im Bebauungsplan nach § 9 Abs. 1 Nr. 24 BauGB kann das Schutzniveau nicht mit Wirkung für das Immissionsschutzrecht gegenüber einer gebietsbezogen zu ermittelnden Zumutbarkeitsschwelle abgesenkt werden. Bei solchen Festsetzungen hat sich die Gemeinde am Schutzmodell des BImSchG auszurichten, und kann es nicht im Wege der Abwägung überwinden.

3. Passiver Schallschutz ist nach dem Schutzmodell des BImSchG nicht ausreichend, um schädliche Umwelteinwirkungen zu vermeiden. Er ist nur in den gesetzlich ausdrücklich vorgesehenen Fälle unter strengen Voraussetzungen vorgesehen, damit ein Vorhaben, das dem Gemeinwohl dient, nicht wegen von ihm ausgehender schädlicher Umwelteinwirkungen scheitern muss.

4. Der baurechtliche Bestandsschutz einer störenden Nutzung gewährt nicht jede Nutzungsmöglichkeit, die tatsächlich möglich ist. Er kann sich auch gegenüber einer später hinzugetretenen und ihrerseits bestandskräftig gewordenen empfindlichen Nutzung nur in den Grenzen entfalten, die ihm das dynamisch angelegte Immissionsschutzrecht lässt«.

Demgegenüber hat der 7. Senat des OVG NW (U. v. 22.5.2006 – 7 D 114.05.NE – BauR 2007, 65 = ZfBR 2007, 69 = NWVBl. 2007, 20) dieses Schutzmodell des BImSchG (hier : Festsetzung von passivem Lärmschutz gem. § 9 Abs. 1 Nr. 24 BauGB) im Verhältnis zum Bauplanungsrecht verneint und hierzu folgenden Leits. aufgestellt:

»Die nach § 9 Abs. 1 Nr. 24 BauGB möglichen Maßnahmen zum Schutz vor möglichen Umwelteinwirkungen sind nicht auf dem vorbeugenden Immissionsschutz dienende Maßnahmen beschränkt.«

Der 7. Senat des OVG NW (aaO.) hat im Ergebnis für den Fall des Heranrückens eines allgemeinen Wohngebiets an ein bestehendes Gewerbegebiet mit einem Hubschrauberlandeplatz in einem Normenkontrollverfahren die Festsetzung von passivem Lärmschutz (Schallschutzfenster) gem. § 9 Abs. 1 Nr. 24 BauGB für ein Wohngebiet für planungsrechtlich ausreichend gehalten und weder einen hinreichenden Abstand nach § 50 BImSchG noch die Festsetzung von aktivem Lärmschutz verlangt.

Auch der VGH BW hat in seinem B. v. 11.10.2006 (– 3 S 11904/06 – NVwZ-RR 2007, 168 = VBlBW 2007, 151) bei einer **an ein Gewerbebetrieb heranrückenden Wohnbebauung den Einbau von Schallschutzfenstern für ausreichend gehalten,** damit die Wohnbebauung nicht schädlichen Umwelteinwirkungen ausgesetzt wird. Damit werde ein Verstoß gegen das Gebot der Rücksichtnahme vermieden. Der VGH BW verweist zur Begr. mittelbar auf den Topos der architektonischen Selbsthilfe i. S. d. U. des BVerwG v. 23.9.1999 (Fundst. Vorb. §§ 2 ff. Rn 12.87) und subsumiert darunter auch die Ausgestaltung des passiven Lärmschutzes an dem Wohngebäude. Dies überzeugt nicht. Auf die Diskussion zwischen den beiden Senaten des OVG NW wird in dem B. des VGH BW mit keinem einzigen Satz eingegangen. Die Entscheidungen des 7. Senats des OVG NW (aaO.) und des VGH BW (aaO.) sind abzulehnen, die des 8. Senats des OVG NW (aaO.) ist zu begrüßen. Der 7. Senat des OVG NW (aaO.) und der VGH BW (aaO.) haben hier planungsrechtlich die Entstehung einer an sich städtebaulich unerwünschten Gemeingelagensituation zu Unrecht hingenommen und weiterhin den erforderlichen Schutz der Außenwohnbereiche verkannt. Zum Wohnen gehört nämlich auch die Nutzung einer Terrasse, eines Balkons oder eines Gartens. Demgegenüber hat der 8. Senat des OVG NW (aaO.) zutreffend erkannt, dass passiver Lärmschutz im Rahmen der Geeignetheit von Lärmschutzmaßnahmen aus Verhältnismäßigkeitsgesichtspunkten die letzte Stufe des Schutzes vor schädlichen Umwelteinwirkungen darstellt (ebenso BayVGH, U. v. 25.10.2005 – 25 N 04.642 – BayVBl. 2006, 601 = BRS 69 Nr. 25). Außerdem geht er zu Recht bei der Fallgruppe des Heranrückens einer immissionsempfindlichen Nutzung an eine emittierende von einem Vorrang des aktiven vor dem passiven Lärmschutz aus. Passiver Lärmschutz schützt nicht in gleichem Umfang wie aktiver Lärmschutz. Zur angemessenen Befriedigung der Wohnbedürfnisse gehört heute grundsätzlich auch die Möglichkeit, bei ausreichender Luftzufuhr, d. h. bei gekipptem Fenster störungsfrei zu schlafen. Dies gilt regelmäßig auch für Schlafräume, die durch Lärmgeräusche vorbelastet sind. (BVerwG, U. v. 21.9.2006 – 4 C 4/05 – NVwZ 2007, 219). Das Geschlossenhalten von Schlafzimmerfenstern in der Nacht wegen erheblichen Lärms führt zu einer erheblichen Einbuße an Lebensqualität. Verhindert wird nicht bloß, dass unerwünschter Gewerbe- oder

§ 6 Abs. 2 16, 16.1

Verkehrslärm ins Gebäudeinnere dringt. Von der Abschirmwirkung werden unterschiedslos auch Geräusche erfasst, die als angenehm empfunden werden (BVerwG, U. v. 16.3.2006 – 4 A 1075/04 – NVwZ-Beilage I 9/2006, Nr. 284 zum Fluglärm). Darüber hinaus führen Maßnahmen des aktiven Lärmschutzes bei der Grundstücksbewertung auch zu einer höheren Grundstücksbewertung als solche des passiven Lärmschutzes. Außerdem ist es nach dem Gebot der planerischen Problem- bzw. Konfliktbewältigung in vielen Fällen erforderlich, der Lärmvorsorge durch Maßnahmen des aktiven Lärmschutzes den Vorrang vor passiven Schallschutzmaßnahmen einzuräumen, wie dies für den Bereich der Verkehrswegeplanung in den §§ 41, 42 BImSchG ausdrücklich bestimmt ist (BayVGH, aaO. unter Hinweis auf BVerwG, U. v. 15.11.2000 – 11 C 42.93 – BVerwGE 110, 370).

4.1 Teilweise Zulässigkeit von nicht kerngebietstypischen Vergnügungsstätten (Nr. 8)

16 a) **Allgemeines.** Nach der **BauNVO 1990** sind in den Teilen des MI-Gebiets, die »*überwiegend* durch gewerbliche Nutzungen *geprägt* sind«, **nicht kerngebietstypische Vergnügungsstätten** (allgemein) zulässig.

Der VOgeber hat den Streit darüber, ob und inwieweit Vergnügungsstätten als nicht wesentlich störende Gewerbebetriebe einzustufen sind (s. dazu Vorb. §§ 2 ff. Rn 4.4–4.9), durch die ÄndVO 1990 dahin entschieden, dass für Vergnügungsstätten wegen der sie in besonderer Weise **typisierenden Merkmale** die Anwendung des speziellen Nutzungsbegriffs gegenüber dem allgemeineren Oberbegriff »Gewerbebetrieb« zur **abschließenden Regelung** der Zulässigkeit bzw. ausnahmsweisen Zulassungsfähigkeit derartiger Anlagen berechtigt ist. Die Vergnügungsstätten sind beim »*besonderen Wohngebiet*« (§ 4a), wo sie erstmals erwähnt sind, im Zusammenhang behandelt; zum städtebaurechtlichen Begriff s. § 4a Rn 22–22.12; zur Reichweite u. Abgrenzung des Begriffs gegenüber anderen Nutzungen s. § 4a Rn 22.2–22.7; zur Abgrenzung der nicht kerngebietstypischen (wie hier) gegenüber der nur im Kerngebiet *allgemein* zulässigen bzw. im Gewerbegebiet nur *ausnahmsweise* zulassungsfähigen Vergnügungsstätten s. § 4a Rn 23–23.74. Dabei sind die drei durch ihren wiederum differenzierten Typus gekennzeichneten und sich dadurch voneinander unterscheidenden hauptsächlichen **Unterarten** der Vergnügungsstätten, nämlich die spezifischen **Nachtlokale** u. **Tanzdiskotheken** (§ 4a Rn 23.3) sowie die **Spielhallen** (§ 4a Rn 23.4–23.69), besonders behandelt.

Bis zur abschließenden Regelung durch die ÄndVO 1990 sind in der Zwischenzeit zahlreiche Vergnügungsstätten als sonstige (nicht wesentlich störende) Gewerbebetriebe zugelassen worden. Sie genießen städtebaurechtlich als Vergnügungsstätten Bestandsschutz. Es ist vom Grundsatz her davon auszugehen, dass *vor der Regelung* aufgrund der ÄndVO 1990 als sonstige (nicht wesentlich störende) Gewerbebetriebe nach Abs. 2 Nr. 4 genehmigte Anlagen dem Begriff der nicht kerngebietstypischen Vergnügungsstätte entsprechen (s. § 4a Rn 23–23.2).

16.1 b) «**Überwiegend durch gewerbliche Nutzungen geprägte**« Teile des MI-Gebiets als Voraussetzung der Zulässigkeit. Die eingeschränkte (allgemeine) **Zulässigkeit** nicht kerngebietstypischer Vergnügungsstätten (zur Ein- und Abgrenzung s. § 4a Rn 23.2–23.74) im MI-Gebiet **hängt** von dem *unbestimmten*, mithin gerichtlich voll überprüfbaren, erst durch die ÄndVO 1990 eingeführten *Rechtsbegriff des* **überwiegend** durch **gewerbliche Nutzungen geprägten Gebietsteils** ab. Die Merkmale, aufgrund derer ein Teil des MI-Gebiets durch gewerbliche Nutzungen »überwiegend« »*geprägt*« ist, können mannigfaltiger, vor allem (sehr) subjektiv eingefärbter Art sein. Nach der **Begr. des Reg. Entw.** (BR-Drucks. 354/89, zu § 6 Abs. 2, S. 52) soll »*überwiegende Prägung*« bedeuten, »*dass in den betreffenden Mischgebietsteilen gewerbliche Nutzungen* *vorherrschen*; *damit wird Bezug genommen auf die in Mischgebieten möglichen tatsächlichen Verhältnisse, in denen gewerbliche Nutzungen überwiegen oder sonst den Gebietsteil prägen«.* (Hervorhebung v. Verf.)

Der Reg. Entw. ist insgesamt um eine für die neuen Regelungen hilfreiche Begr. bemüht gewesen. An dem letzten Halbsatz »oder sonst den Gebietsteil prägen« zeigt sich jedoch, dass die Begr. zwar einer *objektiven* Betrachtung nach den »tatsächlichen Verhältnissen« den Vorzug gibt, aber eben »prägende«, d. h. zwangsläufig wertende (gewichtende) Gesichtspunkte auf den einzelnen, konkret zu beurteilenden (ggf. nach welchen Merkmalen zunächst einzugrenzenden?) »*Gebietsteil*« abzustellen sind. In jedem Fall ist stets eine **Bewertung** aller für eine Beurteilung in Betracht zu ziehenden tatsächlichen Umstände erforderlich, wie es das BVerwG in seinem Grundsatzurt. v. 4.5.1988, Fundst. Rn 1.4, aufgezeigt hat (s. dazu Rn 1.1–1.6).

Mit diesen trotz erheblicher Bedenken eingeführten unbestimmten Rechtsbegriffen sind Auslegungsschwierigkeiten u. somit Probleme bei der Handhabung der Vorschrift vorprogrammiert. Diese betreffen insbes. die richtige Abgrenzung des »Gebietsteils« u. die Ermittlung der vorhandenen Nutzungen (s. Rn 16.21).

Die Auffassung von *Bielenberg* (§ 6 Rdn. 35, 52. Lfg.), dass die die Zulässigkeit von Vergnügungsstätten einschränkende Vorschrift des § 6 Abs. 2 Nr. 8 auch auf »*bereits genehmigte, aber noch nicht ausgeführte Vorhaben*« Anwendung findet, wird *nicht* geteilt. Es ist ein bauordnungsrechtlicher Grundsatz, der auch bauplanungsrechtlich seit jeher Berücksichtigung findet (z.B. bei § 14 Abs. 3 BauGB hinsichtlich der Veränderungssperre), dass auf ein *genehmigtes* Vorhaben eine zeitlich *danach* die Genehmigung einschränkende oder eine einen Tatbestand anders regelnde Vorschrift keine Anwendung findet.

Die **Bewertung der überwiegenden Prägung** obliegt der Bauaufsichtsbehörde im Genehmigungsverfahren, der damit eine neue aufwändige und schwierige Aufgabe zufällt, mit der sie in manchen Fällen überfordert sein dürfte; bei den unterschiedlich möglichen Bewertungsmerkmalen sind einheitliche, eindeutige und **objektive Bewertungsmerkmale** *bisher nicht vorgegeben*. Die überwiegende Prägung könnte z.B. einmal danach beurteilt werden, ob auf der überwiegenden Zahl der Baugrundstücke eines Gebietsteils gewerbliche Nutzungen vorhanden sind. Dies würde jedoch dann zu i.S.d. Zielrichtung der Vorschrift zweifelhaften Ergebnissen führen, wenn in den Erdgeschossen eines 4-geschossigen Gebietsteils ausschließlich gewerbliche Nutzungen (z.B. Läden, Gaststätten, Dienstleistungsbetriebe, Handwerksbetriebe u. dergl.), in den 3 Obergeschossen dagegen nur Wohnungen vorhanden sind. Nach dieser abzulehnenden **grundstücksbezogenen Betrachtung** würde zwar die gewerbliche Nutzung überwiegen (jedes Grundstück ist auch gewerblich genutzt), tatsächlich überwiegt aber die Wohnnutzung mit 75 % der Geschossfläche gegenüber nur 25 % der gewerblichen Geschossflächen; sie »prägt« auch diesen Gebietsteil (in diesem Sinne auch U. des Hess. VGH v. 20.6.1991 – 3 UE 3557/88 – GewArch. 1993, 198, wonach das Grundstück, auf dem das Vorhaben errichtet werden soll, allein nicht maßgeblich ist).

16.2

Dies führt zu der anderweitigen Überlegung, dass eine überwiegende Prägung durch gewerbliche Nutzung nur dann angenommen werden kann, wenn deren **Geschossfläche bzw. Baumasse deutlich überwiegt**. Das bedeutet, dass die Bauaufsichtsbehörde von einer die Geschossflächen bzw. Baumassen einzubeziehenden Beurteilung ausgehen muss, um zu einem objektiven Ergebnis i.S.

16.21

§ 6 Abs. 2 16.21

der Zielrichtung der Vorschrift (nämlich Wohnungen vor Beeinträchtigungen durch Vergnügungsstätten zu schützen) zu kommen. Ist die **Prägung** nicht bereits aus dem Übergewicht der gewerblichen Nutzungen gegenüber den anderen Nutzungen eindeutig erkennbar, kann sie sich aus der Bewertung *aller* für die Beurteilung in Betracht kommenden tatsächlichen *Umstände des Einzelfalls* ergeben (ebenso *Ziegler,* in: Brügelmann, § 6 Rdn 27). In diesem Sinne ist der **Leitsatz** des B. des BVerwG v. 27.2.94 (– 4 B 179.93 – UPR 1994, 262 = DVBl. 1994, 711) zu verstehen: »*Die Frage der überwiegenden Prägung durch gewerbliche Nutzungen i.S.d. § 6 Abs. 2 Nr. 8 BauNVO ist nicht stets dann schon zu verneinen, wenn der prozentuale Anteil der jeweils grundstücksbezogen ermittelten gewerblich genutzten Geschossflächen gegenüber dem Anteil der der Wohnnutzung dienenden Geschossflächen rechnerisch kein Übergewicht hat*«.

In den **Gründen** hat das BVerwG dazu ausgeführt, »*es liegt auf der Hand, dass die Beurteilung einer prägenden Wirkung* **eine Gesamtbetrachtung** (Hervorhebung diesseits) u. *dabei die Einbeziehung auch weiterer – gebietsprägender – Faktoren erfordert, und dabei auch von Bedeutung sein kann, in welchem Maße die Erdgeschossebene gewerblich genutzt ist und inwieweit die gewerbliche Nutzung bis in die Obergeschosse reicht*« (BVerwG, aaO.). Mit dem U. des VGH BW v. 10.9.1993 – 8 S 1609/92 – ist zu ergänzen, dass die Voraussetzung jedoch nicht erfüllt ist, »*wenn im Wesentlichen nur in den Erdgeschossen Läden u. Gastwirtschaften betrieben werden, im Übrigen aber Wohnnutzung vorliegt u. einzelne Gebäude ausschließlich zu Wohnzwecken genutzt werden*« (VGH BW, aaO.).

Hinzu kommt die Schwierigkeit der **Abgrenzung des zu beurteilenden Gebietsteils.** Das Ergebnis der Bewertung kann nämlich bei demselben Vorhaben positiv oder negativ ausfallen, je nachdem wie eng oder weit die Abgrenzung vorgenommen wird; hierbei sind Manipulationen nicht ausgeschlossen. Die **Prägung eines Gebietsteils** kann sich auch durch Neuzulassung von gewerblicher Nutzung oder Wohnnutzung im einen oder anderen Sinn – ggf. mehrfach – ändern. Maßgeblich für die Beurteilung sind nur die *tatsächlich vorhandenen Nutzungen*; bereits genehmigte, aber noch nicht vorhandene Nutzungen »prägen« einen Gebietsteil noch nicht (im Ergebnis wie hier *Boeddinghaus,* § 6 Rdn 24). Dies setzt eine arbeitsaufwendige, grundstücksbezogene Ermittlung der vorhandenen Nutzungen durch die Baugenehmigungsbehörde voraus. Diesen ist zu empfehlen, sich die Realnutzungen von den Gemeinden im Wege der Amtshilfe angeben zu lassen.

Jedenfalls reicht die unmittelbare Nachbarbebauung allein nicht aus, u. gleichfalls genügt es bei einem Antrag auf Nutzungsänderung nicht, auf die bisherige Nutzung des Gebäudes abzustellen, in dem eine nicht kerngebietstypische Spielhalle angesiedelt werden soll (BVerwG, B. v. 14.10.1993 – 4 B 176.93 – n. v.).

»*Der Verordnungsgeber hat erkennbar davon abgesehen, einen derart engen räumlichen Bereich als maßgebend zu bestimmen. Das wäre angesichts ... unterschiedlicher tatsächlicher Gebietsstrukturen und einer unterschiedlichen Lage des zu nutzenden Grundstücks im Gebiet kaum sinnvoll gewesen*« (BVerwG, aaO.). Bei der Abgrenzung des Gebiets ist auch die Bebauung in derjenigen Straße einzubeziehen, von der aus die Stellplätze des zu genehmigenden Vorhabens erschlossen sind (VGH BW, U. v. 9.9.1993 – 8 S 1609/92 –; vgl. dazu auch OVG NW, U. v. 21.6.1994 – 11 A 1113/91 – BauR 1995, 367 = BRS 56 Nr. 58), bei dem es um die Zulässigkeit einer Spielhalle ging. »*Der* **Aufsichtsbereich** *einer Spielhalle gehört dann nicht zur Nutzfläche, wenn er baulich abgetrennt und nicht zur Aufnahme von Spielgeräten geeignet ist*« (OVG NW, aaO., Hervorhebung v. Verf.).

Für die Beurteilung der Frage, ob Vergnügungsstätten in Mischgebieten allgemein zulässig sind, weil sie in Teilen des Gebiets, die überwiegend durch gewerbliche Nutzungen geprägt sind, errichtet werden sollen (§ 6 Abs. 2 Nr. 8 BauNVO), kommt es auf Grundstücksgrenzen und die Gesamtheit eines Gebäudes nicht an (BVerwG, B. v. 13.6.2005 – 4 B 36.05 – BauR 2005, 1886 = ZfBR 2005, 699 = BRS 69 Nr. 67).

Ganz allgemein wirft die Vorschrift ähnliche Probleme auf und lässt unterschiedliche Auslegungen zu wie bei der Abgrenzung der »näheren Umgebung« in § 34 Abs. 1 BauGB.

Unter »**gewerbliche Nutzungen**«, die ein Teilgebiet prägen, fallen alle Nutzungen, die **städtebaurechtlich** dem Oberbegriff »Gewerbebetrieb« unterfallen, mithin auch die Vergnügungsstätten selbst, Bürogebäude, von denen aus gewerbliche Unternehmungen gesteuert, Anlagen für sportliche Zwecke, die gewerblich betrieben werden, etwa eine Tennishalle oder auch *Gartenbaubetriebe*, wenngleich hier die Frage der »Prägung« Bedeutung gewinnt; dagegen fallen die **freien Berufe** (s. § 13 Rn 4) nicht darunter. Liegt die Prägung durch eine überwiegend gewerbliche Nutzung vor u. handelt es sich um eine nicht kerngebietstypische Vergnügungsstätte, besteht im Grundsatz ein **Rechtsanspruch** auf die Zulassung. Die Zulässigkeit unterliegt jedoch wie bei allen Nutzungen – auch hier – den **Voraussetzungen des** § 15 Abs. 1. So könnte z. B., wenn in einer (Geschäfts-)Straße bereits zwei Spielhallen betrieben werden, der Antrag auf eine dritte an »Anzahl« und/oder »Lage« scheitern (Näheres s. § 15). **16.22**

Bei der Handhabung der Vorschrift i. d. städtebaulichen Praxis werden die **Fragen der Nutzungsänderung** von Vergnügungsstätten, die als sonstige (nicht wesentlich störende) Gewerbebetriebe genehmigt worden sind, besondere Bedeutung gewinnen (ausf. dazu § 4a Rn 23.82–23.84). Hierbei wird der **Bestandsschutz** (zum Begriff näher Vorb. §§ 2 ff. Rn 10.6 ff.), den die vorhandenen Vergnügungsstätten für sich geltend machen können, zu beachten sein. Es wird vor allem darauf ankommen, ob (bzw. dass) die genehmigungsbedürftige Nutzungsänderung sich im Rahmen des Begriffs der nicht kerngebietstypischen Vergnügungsstätten hält (z. Abgrenzung s. § 4a Rn 23 f.). **16.3**

Die Regelung der allgemeinen Zulässigkeit von Vergnügungsstätten, wie sie in Abs. 2 Nr. 8 getroffen worden ist, schließt nicht aus, dass ein B-Plan nach § 1 Abs. 5 Vergnügungsstätten insgesamt oder i. V. m. § 1 Abs. 9 z. B. »Spielhallen« als »Unterart« gesondert ausschließt (§ 4a Rn 23.8–23.9; ausf. dazu § 1 Rn 100 f. u. Rn 126 f.). Ein solcher Ausschluss hat auf die allgemeine Zweckbestimmung des MI-Gebiets keinen Einfluss.

»*Der **Ausschluss** bestimmter Nutzungen im Bebauungsplan kann wirksam sein, wenn allein die angegebenen **städtebaulichen Gründe** eine tragfähige Grundlage für die Festsetzung darstellen*« (**Leits.** des BVerwG, B. v. 29.7.1991 – 4 B 80.91 – BRS 52 Nr. 14, Hervorhebungen v. Verf.). Es ging um die Erteilung einer Bebauungsgenehmigung für die **Nutzungsänderung** eines Ladengeschäfts in ein Spielautomaten-Café. In den **Gründen** hat das BVerwG dazu ausgeführt, dass es generell bedenklich ist, wenn die Gemeinde Vergnügungsstätten im Kerngebiet und im Mischgebiet ausschließt u. sie gleichzeitig in solche Gebiete, in denen sie allenfalls ausnahmsweise zulässig sein könnten, verweist (BVerwG, aaO.).

Ein **Teilgebiet** eines MI-Gebiets wird unter keinem Gesichtspunkt für sich beanspruchen können, der richtige Standort für eine kerngebietstypische Vergnügungsstätte i. S. eines »zentralen Dienstleistungsbetriebs« – was immer unter der »Dienstleistung« zu verstehen ist (vgl. BVerwG, U. v. 21.2.1986, § 4a Rn 23.1) –, zu sein; dazu bedarf es stets eines *überörtlichen*, eben einem Zentrum gemäßen Einzugsbereichs. **16.4**

c) Besonderheiten und Einzelfälle zu Vergnügungsstätten im Teil-MI-Gebiet; teils aufgrund bisheriger Rspr. Vergnügungsstätten bleiben auch in den überwiegend durch gewerbliche Nutzungen geprägten Teil-MI-Gebieten hinsichtlich des **zulässigen Störgrads** den sonstigen (nicht wesentlich störenden) Gewerbebetrieben gleichgestellt; d. h. das gleichberechtigte (gleichrangige) Nebeneinander zu der im Teil-Gebiet befindlichen Wohn- **16.5**

§ 6 Abs. 2 16.6–16.74

nutzung bedingt eine *wechselseitige Rücksichtnahme*, ohne dass die Wohnnutzung gegenüber Vergnügungsstätten eine größere Rücksichtnahme als gegenüber anderen Gewerbebetrieben im MI-Gebiet beanspruchen könnte (s. Rn 1.1–1.4). Schwierigkeiten können insoweit entstehen, als ein störungsfreier Feierabend und eine auskömmliche Nachtruhe gewährleistet bleiben müssen (BVerwG, U. v. 15.1.1979 – 4 C 58.79 – BBauBl. 1982, 291).

16.6 Die veröffentlichte u. höchstrichterliche Rspr. ist überwiegend zur **Zulässigkeit von Spielhallen** und **Diskotheken** ergangen, wenngleich das Grundsatzurt. des BVerwG zu Vergnügungsstätten (U. v. 25.11.1983, Fundst. Vorb. §§ 2 ff. Rn 4.5) eine zur Genehmigung gestellte Striptease-Tanzbar zum Gegenstand hatte. Zur Abgrenzung einer Vergnügungsstätte gegenüber anderen Nutzungen s. § 4a Rn 22.4–22.7, 23.1, 23.3; zu **Spielhallen** s. § 4a Rn 23.5–23.65.

16.7 »1. *Die Bauaufsichtsbehörde hat bei der Erteilung einer Baugenehmigung für eine nach dem BImSchG nicht genehmigungsbedürftige Anlage (hier: eine* **Diskothek**) *die nachbarschützende Vorschrift des § 22 Abs. 1 Nr. 1 BImSchG zu beachten.*
2. *Zur Beantwortung der Frage, in welchem Ausmaß Geräuschbelästigungen der Nachbarschaft im Einwirkungsbereich der Anlage zuzumuten sind, bieten sich als geeignete Maßstäbe die Immissionsrichtwerte der TA Lärm und der VDI-Richtlinie 2058 an*« (Hess. VGH, U. v. 4.7.1985 – III OE 92/82 – UPR 1986, 354, Hervorhebung v. Verf.).

16.71 Die Gewerbebehörden sind nicht gehindert, Erlaubnisse für mehrere **benachbarte Spielstätten** nach § 33i GewO mangels optischer Sonderung der einzelnen Räume zu versagen, auch wenn die Aufteilung den der erteilten Bauerlaubnis zugrunde liegenden Bauplänen entspricht (OVG NW, U. v. 11.8.1988 – 4 A 296/87 – GewArch. 1989, 127).

16.72 Eine Spielhalle mit einer Nutzfläche von 105 m² ist in einem als Mischgebiet zu beurteilenden unbeplanten Innenbereich unzulässig, wenn sie in einem Gebietsteil betrieben werden soll, der überwiegend durch Wohngebäude geprägt ist.

Zur Frage des maßgeblichen Gebietsteils i. S. d. § 6 Abs. 2 Nr. 8 BauNVO s. Hess. VGH, U. v. 20.6.1991 – 3 UE 3557/88 – GewArch. 1992, 198

Aus den Gründen: Es kann dahingestellt bleiben, ob eine Spielhalle mit einer Nutzfläche von 105 m² typmäßig nicht in ein Kerngebiet, sondern in ein Mischgebiet gehört (ebenso VGH BW, U. v. 21.1.1986, BRS 46 Nr. 42 und 23.2.89, NVwZ 1990,86: Denn die für ihre Zulassung nach § 6 Abs. 2 Nr. 8 BauNVO weiter erforderliche Voraussetzung, dass sie in einem überwiegend durch gewerbliche Nutzung geprägten Gebiet betrieben werden soll, ist nicht erfüllt (wird weiter ausgeführt, Hess. VGH, aaO.).

16.73 Bei einer Spielhalte mit einer Nutzfläche von 108,67 m² handelt es sich um eine kerngebietstypische Vergnügungsstätte, die in einem faktischen Mischgebiet unzulässig ist (Sächs. OVG, B. v. 9.4.2002 – 1 B 701/01 – GewArch. 2003, 213).

Aus den **Gründen:** »*Ausgehend davon hat sich in der Rechtsprechung ein sog. Schwellenwert in dem Sinne entwickelt, daß Spielhallen in Mischgebieten bis zu einer Nutzfläche von rund 100 m² zulässig sind. Wird – wie hier – dieser Schwellenwert überschritten und bewegt sich die Zahl der vorgesehenen Spielgeräte im oberen Bereich des nach der SpielV Zulässigen, ist die Einstufung einer Spielhalle als kerngebietstypisch regelmäßig bedenkenfrei*« (Sächs. OVG, aaO.).

16.74 Der B. des VGH BW vom 12.9.2002 (– 8 S 1571/02 – DÖV 2003, 642 = GewArch. 2003, 214) weicht von dem voranstehend aufgeführten B. des Sächs. OVG ab, wie sich aus dem folgenden **Leits**. ergibt:

»*Der in der Rspr. herausgearbeitete Schwellenwert von etwa 100 m² Nutzfläche, ab dem eine Spielhalle als kerngebietstypische Vergnügungsstätte einzustufen ist, stellt keine starre Grenze, sondern nur einen Anhaltswert dar. Maßgeblich ist die auf der Einschätzung der tatsächlichen örtlichen Situation beruhenden Beurteilung (Fortführung von VGH BW, U. v. 20.8.1991 – 5 S 2881/90 – VBlBW 1992, 217)*«.

Die Entscheidung beruht jedoch auf einem besonderen Sachverhalt. Es handelte sich um eine Spielhalle mit einer Nutzfläche von 105,01 m² in einem Mischgebiet, das an ein Kern- und Gewerbegebiet grenzte.

16.8 In einem Mischgebiet ist die Errichtung von Stellplätzen, die einer *kerngebietstypischen Spielhalle* dienen, unzulässig (OVG NW, U. v. 11.8.1989 – 11 A 980/88 – BRS 49 Nr. 141 = NWVBl. 1990, 157). **Aus den Gründen:** Der Wechsel von einem Kaufhaus in eine Spielhalle in einem als MK-Gebiet einzuordnenden Gebiet ist eine wesentliche Änderung der Nutzung, die den Stellplatzbedarf erneut aufwirft. Unter den (im Einzelnen dargelegten) Umständen ist nicht zu erwarten, dass die **angebotenen Stellplätze** mit einer Entfernung von etwa 350 m – in einem MI-Gebiet – von den Besuchern der Spielhalle angenommen werden und dadurch ihren Zweck erreichen, den öffentlichen Verkehrsraum zu entlasten (wird weiter ausgeführt; OVG NW, aaO.); s. auch § 4a Rn 23.83.

Die Frage, ob eine **Spielhalle**, die mit einer Gaststätte eine betriebliche Einheit bildet – in einem Teil einer *bestehenden* Gaststätte soll eine Spielhalle mit etwa 90 m² Grundfläche eingerichtet werden, ein Bereich von etwa 45 m² Grundfläche soll als Gaststätte erhalten bleiben –, als **kerngebietstypisch** einzustufen ist und als solche in einem **Mischgebiet** nicht zugelassen werden könnte, hängt von den Umständen des Einzelfalles ab; »*dabei kann die durch die Betriebseinheit mit der Gaststätte bewirkte größere Attraktivität der Spielhalle von Bedeutung sein*« (BVerwG, B. v. 29.10.1992 – 4 B 103.92 – BRS 54 Nr. 49 = NVwZ-RR 1993, 267).

Zu weiteren Entscheidungen der Rspr. s. § 4a Rn 24.1–24.4 u. § 5 Rn 22 f.

Zu planungsrechtlichen Fragen der **Gliederung** bezüglich Vergnügungsstätten s. § 4a Rn 23.8–23.84; zu Fragen der Nutzungsänderung s. Rn 16.3.

16.81 Bei der für die Mischgebietsverträglichkeit (§ 6 Abs. 2 Nr. 8, Abs. 3 BauNVO) erforderlichen Abgrenzung zwischen einer kerngebietstypischen Vergnügungsstätte i. S. d. § 7 Abs. 2 Nr. 2 BauNVO und einer Vergnügungsstätte i. S. d. § 4 a Abs. 3 Nr. 2 BauNVO kommt es bauplanungsrechtlich auf eine typisierende Betrachtungsweise an. Dies gilt auch für ein Vorhaben in einem nach § 34 Abs. 2 BauGB zu beurteilenden Gebiet.

Für die Einordnung eines als Schank- und Speisewirtschaft genehmigten Lokals als Vergnügungsstätte kommt es nicht auf die vom Betreiber gewählte, möglicherweise zeitgeschmacksbedingte Bezeichnung an (hier: als Mischform aus Restaurant, Bar, Lounge und Club), sondern auf den tatsächlichen Nutzungsschwerpunkt. Die Nutzungsuntersagung eines solchen Lokals als »Diskothek« ist im Falle täglich wechselnder, in den Nachtstunden erst beginnender Musikprogramme hinreichend bestimmt, unabhängig davon, in welchem Umfang dazu auch getanzt wird (so die beiden Leits. des B. des OVG Bln. v. 10.11.2004 – 2 S 50/04 – GewArch. 2005, 301 = NVwZ-RR 2005, 160 = BRS 67 Nr. 73).

5. Ausnahmsweise zulassungsfähige Nutzungen (Abs. 3)

17 **Nicht kerngebietstypische Vergnügungsstätten außerhalb der in Abs. 2 Nr. 8 bezeichneten Teile des Gebiets.** In Teilen des MI-Gebiets, die nicht »*überwiegend* durch gewerbliche Nutzungen geprägt sind«, können **nicht kerngebietstypische Vergnügungsstätten** ausnahmsweise zugelassen werden (zu den mit dem Begriff »Vergnügungsstätten« zusammenhängenden Grundsatzfragen s. Rn 16–16.4). Bei den Teilen des MI-Gebiets nach Abs. 3 handelt es sich nicht – etwa im Umkehrschluss zu Abs. 2 Nr. 8 – um die Teile, in denen die *Wohnnutzung* überwiegt, sondern um alle Gebietsteile, die mehr oder minder qualitativ und/oder quantitativ »durchmischt« sind, in denen die überwiegende gewerbliche Nutzung nicht eindeutig festgestellt werden kann oder nicht gewerbliche Nutzungen überwiegen wie freie Berufe (z. B. Gebietsteile in Gerichtsnähe mit Anwaltskanzleien oder auch Arztpraxen u. a.).

Im Zweifel kann es angebracht sein, zunächst von der nur ausnahmsweisen Zulassungsfähigkeit nicht kerngebietstypischer Vergnügungsstätten auszugehen. Hierbei wird es wiederum darauf ankommen, dass der künftige Anlagenbetreiber wie nach § 4a Abs. 3 Nr. 2 (s. dort Rn 23.8) plausible Ausnahmegründe vorbringen kann. Während in überwiegend durch gewerbliche Nutzungen geprägten Teilen des MI-Gebiets ein *Anspruch* auf die Zulassung besteht, sofern es sich um eine nicht kerngebietstypische Vergnügungsstätte handelt, steht der Baugenehmigungsbehörde ein Ermessen zu, das sie – selbst wenn Ausnahmegründe vorgebracht werden können – zusätzlich pflichtgemäß auszuüben und bei Ablehnung des Baugesuchs zu begründen hat.

17.1 Die ausnahmsweise Zulassung kann dann zu städtebaurechtlichen Problemen führen, wenn es sich z. B. um die **Nutzungsänderung** einer nach den Regelungen der BauNVO 1977 als sonstige (nicht wesentlich störende) gewerbliche Anlage genehmigten Vergnügungsstätte handelt, da vor der jetzt geltenden Regelung aufgrund der ÄndVO 1990 das MI-Gebiet hinsichtlich Vergnügungsstätten keine »Zweiteilung« kannte. Für die Vergnügungsstätte – selbst wenn sie in einem vorwiegend durch Wohnnutzung geprägten Gebietsteil genehmigt worden ist – besteht **Bestandsschutz**, den die Anlage **auch bei** einer **Nutzungsänderung** in Anspruch nehmen kann, *sofern* es sich bei der neuen Nutzung um eine zwar andere Vergnügungsstätte handelt, die aber den genehmigten Nutzungsumfang, etwa i. S. einer nicht kerngebietstypischen Vergnügungsstätte, beibehält. Es besteht dann ein Anspruch auf die Nutzungsänderung, ohne dass es auf Ausnahmegründe ankommt. Die Zulässigkeitsvoraussetzungen des § 15 Abs. 1 sind dagegen auch in diesen Fällen von Bedeutung.

17.2 Swinger-Clubs sind, auch wenn sie eine kerngebietsuntypische Vergnügungsstätte darstellen, in einem Mehrfamilienmiethaus oder einer Wohnanlage nach dem WEG nach der typisierenden Betrachtungsweise und dem Erfordernis der Gebietsverträglichkeit wegen ihrer Wohnunverträglichkeit nicht genehmigungsfähig (Stühler, GewArch. 2006, 20).

6. Nutzungen nach den §§ 12–14

18 Zulässigkeit und Umfang entsprechen den Anlagen im WB-Gebiet; dazu § 4a Rn 26–28. Ein **Pferdeunterstand** als der Hobbypferdehaltung dienender Stall kann als untergeordnete **Nebenanlage i. S. v. § 14 Abs. 1 Satz 1** zulässig sein. Es kommt dabei zum einen auf den (untergeordneten) Zweck an, beispielsweise Ausübung des Reitsports, nicht dagegen – wie im entschiedenen Fall – Pferde*zucht*, u. zum anderen auf die **Lage des Grundstücks** im konkreten Einzelfall. Im entschiedenen Fall ist der Pferdeunterstand in einem festgesetzten Mischgebiet zu Recht als unzulässig angesehen worden (vgl. OVG Lüneburg, U. v. 25.7.1988 – 1 A 46/87 – BauR 1989, 63).

18.1 Ein **Vogelhaus** stellt in einem Mischgebiet nach § 34 Abs. 2 BauGB i. V. m. § 14 BauNVO eine allgemein zulässige **Nebenanlage** für die **Kleintierhaltung** dar, die in dem genehmigten Umfang auch nicht gegen das Rücksichtnahmegebot des § 15 Abs. 1 Satz 2 BauNVO verstößt. Wäre das streitgegenständliche Vogelhaus nicht als untergeordnete Nebenanlage i. S. d. § 14 Abs. 1 BauNVO anzusehen, müsste für seine planungsrechtliche Zulässigkeit von einer selbständigen Anlage und einer »Hauptnutzung« ausgegangen werden. Es würde dann eine »gewerbliche oder gewerbeähnliche Nutzung« vorliegen, weil eine landwirtschaftliche Nutzung offensichtlich ausscheidet (BVerwG, B. v. 5.9.1996 – 4 B 162.96 – BRS 58 Nr. 76).

18.2 Auch in einem Mischgebiet kann das Halten von mehr als einem Hund, nämlich von **drei Hunden** (Riesenschnauzern) im Freien bauplanungsrechtlich unzulässig sein (VGH BW, B. v. 13.3.2003 – 5 S 2771/02 – BauR 2003, 1854) = NVwZ-RR 2003, 724 = BRS 66 Nr. 78).

Dem Sachverhalt nach ging es um die Nutzungsuntersagung durch eine Baurechtsbehörde aufgrund von Nachbarbeschwerden wegen durch lautes Bellen insbes. zur Abend- und Nachtzeit auftretenden Lärmbelästigungen.

Aus den **Gründen:** »*Bauplanungsrechtlich unzulässig dürfte die Haltung von mehr als einem Hund in den Zwingern der Ast. jedenfalls deshalb sein, weil sie – im Falle der gewerblichen Hauptnutzung – wohl typischerweise geeignet ist, das Wohnen i.S. von § 6 BauNVO wesentlich zu stören, und weil sie – im Falle einer nicht gewerblichen Nebennutzung – i.S. von § 14 BauNVO wohl der Eigenart des konkreten Mischgebiets widerspricht. ... Vieles spricht für die Auffassung des VG, dass die Hundehaltung in den Zwingern in dem gegebenen Umfang nicht mehr im Sinne von § 14 BauNVO der Hauptnutzung des Grundstücks (dem Wohnen) dient, weil sie den Rahmen einer der für ein solches Mischgebiet typischen Freizeitnutzung sprengt*« (VGH BW, aaO.).

7. Gliederungsmöglichkeiten nach § 1 Abs. 4 bis 9

Unter der Voraussetzung, dass »besondere städtebauliche Gründe dies rechtfertigen« (§ 1 Rn 114–116), ist nach § 1 Abs. 7 eine sehr weitergehende »**vertikale**« **Gliederung** möglich. (bis zur Änderung 1968 in § 6 Abs. 4 BauNVO).

Eine solche vertikale Gliederung, etwa im Erdgeschoss und im ersten Obergeschoss Nutzungen nach Abs. 2 Nrn. 2 bis 4 und in den Geschossen darüber Wohnungen, kann sich in einem MI-Gebiet, das in einer kleineren Gemeinde anstelle eines Kerngebietes als »*City-Gebiet*« festgesetzt ist, anbieten. In diesem Sinne ist auch der B. des BVerwG v. 4.6.1991 (– 4 NB 35.89 – BRS 52 Nr. 9 = BauR 1991, 718 = DVBl. 1991, 1153 = NVwZ 1992, 373 = UPR 1991, 385 = ZfBR 1991, 269) zu verstehen. Der insoweit maßgebende Leitsatz Nr. 4 zeigt zugleich die Grenzen einer solchen Gliederung auf:

»*Das Planungsziel der Erhaltung einer gewachsenen Mischstruktur und der Verhinderung des Verödens eines Stadtbereichs ist grundsätzlich geeignet, als besonderer städtebaulicher Grund i.S. des § 1 Abs. 7 BauNVO die Festsetzung einer ausschließlichen Wohnnutzung oberhalb eines bestimmten Geschosses zu tragen. Dagegen rechtfertigt das Ziel der ›Bereitstellung von stadtnahem Wohnraum‹ für sich allein eine geschossweise Festsetzung von Wohnnutzung in einem Mischgebiet nach § 1 Abs. 7 BauNVO nicht*« (BVerwG, aaO.).

Bei MI-Gebieten handelt es sich im Regelfall jedoch um im Wesentlichen bereits bebaute Gebiete. Deshalb sollte man von den in § 1 Abs. 4 bis 9 angebotenen Gliederungs- und Differenzierungsmöglichkeiten nicht erwarten, dass dadurch (allein) in MI-Gebieten eine nachhaltige städtebauliche Ordnung erreicht werden kann, es sei denn, dass die Gemeinde gleichzeitig, d.h. aufgrund der Festsetzungen im B-Plan *Sanierungsmaßnahmen*, im Regelfall i.V.m. einer Umlegung durchzuführen beabsichtigt. Im Übrigen ist das MI-Gebiet einer »horizontalen« Gliederung nach § 1 Abs. 4 nur sehr eingeschränkt zugänglich (s. Rn 1.5).

Da die Festsetzung von MI-Gebieten meistens bereits überwiegend bebaute Bereiche betrifft, sind die Erwartungen von *Boeddinghaus* 6 Rdn 5 f.), durch Differenzierungs- und Gliederungsmöglichkeiten die angestrebte Nutzungsmischung sicherzustellen, etwas zu hoch gegriffen. Die Überlegungen, in welcher Weise »eine geordnete Nutzungsmischung im MI-Gebiet« erreicht werden kann, dürften eher auf großstädtische Verhältnisse bezogen sein, lassen sich auf die zahlreichen kleinen Gemeinden und mittelgroßen Städte jedoch nur beschränkt übertragen, ganz unabhängig von der Frage, ob »besondere« städtebauliche Gründe (§ 1 Abs. 7) einen so erheblichen Eingriff in das Eigentum rechtfertigen. Auch *Ziegler*, in: *Brügelmann* (§ 6 Rdn. 11 f.) scheint in der vertikalen Gliederung ein geeignetes Instrumentarium zur Aufrechterhaltung einer geordneten Mischung des Gebiets zu sehen und bietet entspr. Festsetzungsmöglichkeiten an. Zu den Gliederungsmöglichkeiten im Einzelnen ausf. § 1 Rn 74 ff.; insbes. Rn 100 ff.

19.2 Die Gliederung eines 2,1 ha großen Mischgebiets durch den Ausschluss von Wohngebäuden und Beherbergungsbetrieben in mehr als der Hälfte des Gebiets wahrt nicht die allgemeine Zweckbestimmung des Baugebiets; sie ist nichtig (BayVGH, U. v. 3.8.2000 – 1 B 98.3122 – BauR 2001, 208).

19.3 1. Die Gliederung eines 0,3 ha großen Mischgebiets durch Ausschluss der Wohnnutzung in etwa einem Fünftel des Gebiets wahrt die allgemeine Zweckbestimmung des Baugebiets.
2. Die Festsetzung der höchstzulässigen Zahl der Wohnungen »je Parzelle« ist nicht durch § 9 Abs. 1 Nr. 6 BauGB gedeckt; sie ist unwirksam. (BayVGH, U. v. 12.9.2000 – 1 N 98.3549 – BauR 2001, 210 = DÖV 2001, 565).

19.4 Die Gliederung eines Mischgebiets in zwei selbständig zu bewertende Baugebiete, denen aufgrund ihrer räumlichen Ausdehnung jeweils ein eigenständiges städtebauliches Gewicht zukommt und die deshalb hinsichtlich ihrer Zweckbestimmung nicht einer einheitlichen Gesamtbetrachtung unterzogen werden können mit der Folge, dass in der einen Hälfte nur eine (eingeschränkte) gewerbliche Nutzung möglich ist und in der anderen Hälfte eindeutig die Wohnnutzung dominiert, ist unzulässig (VGH BW, NK.-U. v. 4.2.1998 – 3 S 1699/97 – BauR 1998, 976 = BRS 60 Nr. 27).

19.5 Zum Vorliegen besonderer städtebaulicher (Rechtfertigungs-)Gründe i. S. d. § 1 Abs. 7 BauNVO für einen Ausschluss von Wohnnutzung in den Erdgeschossräumen eines Mischgebiets, das als Puffer zwischen einem allgemeinen Wohngebiet und einem Gewerbegebiet festgesetzt worden ist (hier verneint) (VGH BW, U. v. 30.7.1998 – 5 S 2181/97 – BRS 60 Nr. 28):

Aus den Gründen: »Als Rechtsgrundlage für diese ›vertikale Gliederung‹ kommt allein § 1 Abs. 7 Nr. 2 BauNVO 1990 in Betracht. Danach kann nach den §§ 4 bis 9 BauNVO, wenn besondere städtebauliche Gründe dies rechtfertigen (§ 9 Abs. 3 BauGB) festgesetzt werden, dass in bestimmten Geschossen, Ebenen oder sonstigen Teilen baulicher Anlagen einzelne oder der in dem Baugebiet allgemein zulässigen Nutzungen unzulässig sind oder als Ausnahme zugelassen werden können« Bei der Festsetzung muss es sich »um ein städtebauliches Ziel handeln, das speziell eine bestimmte Verteilung und/oder Mischung von Nutzungsarten auf jedem der davon betroffenen Grundstücke im Auge hat und deshalb nach der konkreten örtlichen Planungssituation auch das Instrument der vertikalen Gliederung verwirklicht werden soll« (VGH BW, aaO.).

8. **Weitere Fälle zur (Un-)Zulässigkeit von Nutzungen (in alphabetischer Reihenfolge)**

20.1 Der **Bestandsschutz** einer gewerblichen Anlage steht einer nachträglichen Anordnung zur Minderung vermeidbarer Lärmbelästigungen für die Wohnnachbarschaft nicht entgegen (BVerwG, B. v. 26.8.1988 – 7 B 124.88 – NuR 1989, 256).

20.3 Eine dichte Bebauung mit Wohnungen, Gastronomiebetrieben und Lebensmittelverkaufsstellen sowie die Nachbarschaft eines Kindergartens können es im Einzelfall – bei besonderen städtebaulichen Gründen – rechtfertigen, in einem Mischgebiet auf der Grundlage des § 1 Abs. 9 BauNVO 1990 die Zulässigkeit solcher **chemischen Reinigungen** auszuschließen, die nicht mit dem sog. Nassreinigungsverfahren arbeiten (OVG Saarl., U. v. 27.8.1996 – 2 N 2/95 – BauR 1997, 264 = BRS 58 Nr. 31; wird ausf. begründet).

21.1 **Diskothek:** Auch in einem Mischgebiet mit nachts sonst nicht störenden Gewerbebetrieben geht das Interesse einer Vielzahl betroffener Nachbarn an einer **ungestörten Nachtruhe** dem Gewinnstreben eines Diskothekeninhabers und dem Wunsch seiner Besucher nach längerer Öffnungsdauer vor (VGH BW, U. v. 13.11.1974 – VI 60/73 – GewArch. 1975, 99).

Karosseriebetrieb im MI-Bereich: Der Betrieb verringert den »Wohnwert« der in der Umgebung befindlichen Wohnbebauung beträchtlich und ist mit »*erheblichen Geräuschemissionen und erheblichen Geruchsimmissionen*« verbunden, die den Wohnwert in der Umgebung verringern (Bestätigung des U. des OVG Münster durch BVerwG, B. v. 14.4.1976 – IV B 32.76 – BRS 30 Nr. 43). **22**

Holzverarbeitende Betriebe, die über die für sie typische maschinelle Ausstattung mit Kreissägen, Hobelmaschinen u. Ä. verfügen, sind in aller Regel in Mischgebieten aufgrund der Typisierung unzulässig (OVG Saarl., U. v. 31.11.1999 – 2 R 2/99 – juris). **22.1**

Kraftfahrzeugreparatur-Werkstätten sind nicht grundsätzlich als wesentlich störende Betriebe zu beurteilen (BVerwG, B. v. 11.4.1975, BRS 29 Nr. 27 = Die Bauverwaltung 1976, 436 = BauR 1975, 396). Der Begriff der Kfz-Reparaturwerkstatt reicht von dem auf die Ausführung gewisser Arbeiten beschränkten »Ein-Mann-Betrieb«, bei dem es fraglich ist, ob er überhaupt das Merkmal des Gewerbebetriebes i. S. d. § 6 Abs. 2 Nr. 4 erfüllt, bis zum Großbetrieb. Für derartige Betriebe kommt es im Hinblick auf die Genehmigungsfähigkeit nicht vornehmlich auf den Umfang des Betriebes, sondern ausschlaggebend auf das Ausmaß der von dem Betrieb hervorgerufenen Störungen an (so mit Recht BVerwG, aaO.). In *Kfz-Werkstätten* können nämlich einerseits ausschließlich nicht störende Arbeiten, z. B. Elektroreparaturen, Reifeninstandsetzungen und -erneuerungen oder Achsvermessungen, ausgeführt werden und andererseits solche Arbeiten erfolgen, die besonders geräuschintensiv und daher im hohen Grade störend sind wie Karosseriereparaturen. Das zwingt dazu, bei Kfz-Reparaturwerkstätten stets zu klären, ob es sich im konkreten Fall um einen nicht wesentlich störenden Betrieb handelt. Dass dabei die Beschränkung des Betriebes durch der Baugenehmigung beigefügte modifizierende Auflagen von rechtlicher Bedeutung sein kann, hat das BVerwG bereits in seinem Urt. v. 8.2.1974 (– IV C 73.72 – BRS 28 Nr. 111) entschieden. Die Einhaltung von Auflagen kann nämlich überwacht und ggf. mit den Mitteln des Verwaltungszwanges durchgesetzt werden. **23.1**

Ein metallverarbeitender Betrieb, in dem mithilfe einer Schweißmaschine, eines Amboss, einer Stanzmaschine sowie mehrerer Bohrmaschinen Stahlkonstruktionen für industrielle Zwecke sowie Geländer, Podeste und Treppen hergestellt werden, ist kein das Wohnen nicht wesentlich störender Betrieb i. S. d. § 6 Abs. 2 Nr. 4 BauNVO (so der 2. Leits. d. U. d. VGH BW v 28.3.2001 – 8 S 2120/00 – BauR 2002, 65). Der VGH BW hat in dieser Entscheidung auf den unmittelbaren Störgrad der von der konkreten Anlage und deren Betriebsgestaltung sowie von der konkreten Gebietssituation abhängt, abgestellt. **23.2**

Eine **Schreinerei** mit einer 86 m² großen Werkstatt ist auch als (»Ein-Mann-Betrieb«) nach der typisierenden Betrachtungsweise als wesentlich störender Gewerbebetrieb anzusehen und wegen fehlender Atypik in einem Mischgebiet nicht genehmigungsfähig (BayVGH, U. v. 22.7.2004 – 26 B 04.931 – ähnlich schon U. v. 8.5.2000 – 1 B 97. 2860 – zu einer Schreiner in einem Mischgebiet). **23.3**

Aus den **Gründen:** »*Holzverarbeitende Betriebe, die mit Kreissägen, Tischfräsmaschinen und Hobelmaschinen ausgerüstet sind, sind als typischerweise das Wohnen wesentlich störende Betriebe grundsätzlich in allen Gebietstypen, die zumindest gleichrangig auch dem Wohnen dienen, unzulässig.*«

§ 7 Kerngebiete

(1) Kerngebiete dienen vorwiegend der Unterbringung von Handelsbetrieben sowie der zentralen Einrichtungen der Wirtschaft, der Verwaltung und der Kultur.

(2) Zulässig sind
1. **Geschäfts-, Büro- und Verwaltungsgebäude,**
2. **Einzelhandelsbetriebe, Schank- und Speisewirtschaften, Betriebe des Beherbergungsgewerbes und Vergnügungsstätten,**
3. **sonstige nicht wesentlich störende Gewerbebetriebe,**
4. **Anlagen für kirchliche, kulturelle, soziale, gesundheitliche und sportliche Zwecke,**
5. **Tankstellen im Zusammenhang mit Parkhäusern und Großgaragen,**

§ 7

6. Wohnungen für Aufsichts- und Bereitschaftspersonen sowie für Betriebsinhaber und Betriebsleiter,
7. sonstige Wohnungen nach Maßgabe von Festsetzungen des Bebauungsplans.

(3) Ausnahmsweise können zugelassen werden
1. Tankstellen, die nicht unter Absatz 2 Nr. 5 fallen,
2. Wohnungen, die nicht unter Absatz 2 Nr. 6 und 7 fallen.

(4) Für Teile eines Kerngebiets kann, wenn besondere städtebauliche Gründe dies rechtfertigen (§ 9 Abs. 3 des Baugesetzbuchs), festgesetzt werden, dass
1. oberhalb eines im Bebauungsplan bestimmten Geschosses nur Wohnungen zulässig sind oder
2. in Gebäuden ein im Bebauungsplan bestimmter Anteil der zulässigen Geschossfläche oder eine bestimmte Größe der Geschossfläche für Wohnungen zu verwenden ist.

Dies gilt auch, wenn durch solche Festsetzungen dieser Teil des Kerngebiets nicht vorwiegend der Unterbringung von Handelsbetrieben sowie der zentralen Einrichtungen der Wirtschaft, der Verwaltung und der Kultur dient.

BauNVO 1977:

(1) Kerngebiete dienen vorwiegend der Unterbringung von Handelsbetrieben sowie der zentralen Einrichtungen der Wirtschaft und der Verwaltung.

(2) Zulässig sind
...
3. sonstige nicht störende Gewerbebetriebe,
4. Anlagen für kirchliche, kulturelle, soziale und gesundheitliche Zwecke,
...
7. sonstige Wohnungen oberhalb eines im Bebauungsplan bestimmten Geschosses.

(3) *unverändert*.

(4) Für Teile eines Kerngebietes kann, wenn besondere städtebauliche Gründe dies rechtfertigen (§ 9 Abs. 3 des Bundesbaugesetzes), festgesetzt werden, dass
1. ...
2. ...

Dies gilt auch, wenn durch solche Festsetzungen dieser Teil des Kerngebiets nicht vorwiegend der Unterbringung von Handelsbetrieben sowie der zentralen Einrichtungen der Wirtschaft und Verwaltung dient.

BauNVO 1968:

(2) Zulässig sind
...
5. Tankstellen im Zusammenhang mit Parkhäusern und Großgaragen.
...

(3) Ausnahmsweise können zugelassen werden:
1. wie geltende BauNVO
2. wie geltende BauNVO.

(4) Im Bebauungsplan kann festgesetzt werden, dass in dem Gebiet oder in bestimmten Teilen des Gebietes in Geschossen, die an begehbaren Verkehrsflächen liegen, nur die in Absatz 2 Nr. 2 genannten Nutzungsarten sowie sonstige Läden zulässig sind.

(5) Die Kerngebiete einer Gemeinde oder Teile eines Kerngebiets können im Bebauungsplan nach der Art der zulässigen Nutzung gegliedert werden. Absatz 4 bleibt unberührt.

BauNVO 1962:

(2) Zulässig sind
1. Geschäfts-, Büro- und Verwaltungsgebäude,
2. Einzelhandelsbetriebe, Schank- und Speisewirtschaften, Betriebe des Beherbergungsgewerbes und Vergnügungsstätten,
3. sonstige nicht störende Gewerbebetriebe,
4. Anlagen für kirchliche, kulturelle, soziale und gesundheitliche Zwecke,
5. Tankstellen,

§ 7

6. Wohnungen für Aufsichts- und Bereitschaftspersonen sowie für Betriebsinhaber und Betriebsleiter.

(3) Ausnahmsweise können Wohnungen, die nicht unter Absatz 2 Nr. 5 fallen, zugelassen werden.

Absatz 4 und 5 fehlten.

Erläuterungen

Übersicht

		Rn			
1.	Allgemeine Zweckbestimmung, Gebietscharakter	1	–	1.13	**Abs. 1**
2.	Störanfälligkeit, Fragen des Nachbarschutzes; Änderung von Regelungen aufgrund der ÄnderungsVOen 1977 und 1990	2	–	5.1	
a)	Störanfälligkeit (zulässiger Störungsgrad), Nachbarschutz	2	–	4.6	
b)	Änderung von Regelungen aufgrund der ÄnderungsVOen 1977 und 1990	5	–	5.1	
3.	Allgemein zulässige Nutzungen	6	–	12.3	**Abs. 2**
a)	Geschäfts-, Büro- und Verwaltungsgebäude	6			Nr. 1
b)	Einzelhandelsbetriebe, Schank- und Speisewirtschaften, Betriebe des Beherbergungsgewerbes u. Vergnügungsstätten	7	–	7.81	Nr. 2
c)	Sonstige nicht wesentlich störende Gewerbebetriebe	8	–	8.1	Nr. 3
d)	Anlagen für kirchliche, kulturelle, soziale u. gesundheitliche Zwecke; Anlagen für sportliche Zwecke	9	–	9.3	Nr. 4
aa)	Zu den oben genannten Anlagen (außer für sportliche Zwecke)	9			
bb)	Nachbarklage gegen eine ambulante Einrichtung der Drogenhilfe	9.1	–	9.21	
cc)	Anlagen für sportliche Zwecke	9.3			
e)	Tankstellen im Zusammenhang mit Parkhäusern und Großgaragen	10			Nr. 5
f)	Wohnungen für einen besonderen Personenkreis	11			Nr. 6
g)	Sonstige Wohnungen nach Maßgabe von Festsetzungen des B-Plans	12	–	12.3	Nr. 7
4.	Ausnahmsweise zulassungsfähige Nutzungen	13	–	14.2	**Abs. 3**
a)	Tankstellen	13			Nr. 1
b)	Ausnahmsweise Zulassung von Wohnungen	14	–	14.2	Nr. 2
5.	Besondere Festsetzungsmöglichkeiten zur Gewährleistung der Wohnnutzung	15	–	15.2	**Abs. 4**
6.	Nutzungen nach den §§ 12–14	16			
7.	Gliederungs- und Differenzierungsmöglichkeiten nach § 1 Abs. 4–9	17	–	17.1	

Schrifttum

Erdmann   Bauplanungsrechtliche Instrumentarien zum Ausschluss von Spielhallen, DVBl. 1988, 1094

Schmitz, H.   Multiplex-Kinos und interkommunale Abstimmung, LKV 1997, 345

(s. auch unter Schrifttum allgemein und zu den §§ 6, 8)

§ 7 Abs. 1 1, 1.1

1. Allgemeine Zweckbestimmung, Gebietscharakter (Abs. 1)

1 Die Umschreibung der Kerngebiete nach ihrer Zweckbestimmung trägt dem Gebietscharakter trotz Ergänzung um die »Kultur« noch immer nur unvollständig Rechnung. Bei den MK-Gebieten handelt es sich keineswegs nur um Kernbereiche von herkömmlich so bezeichneten »Großstädten« oder etwa »Hauptstädten«, auf die die Unterbringung »der zentralen Einrichtungen der Wirtschaft und der Verwaltung« zutrifft. Die meisten MK-Gebiete verfügen auch nicht über »zentrale« Einrichtungen der Kultur, dagegen über Bildungsstätten und »Bürgerhäuser« o. ä. Gemeinschaftseinrichtungen, Fußgängerbereiche u. dergl. als Kristallisationspunkte des »städtischen« Lebens.

Je eindeutiger z. B. eine *Kreisstadt* Mittelpunkt einer ländlichen Umgebung ist, etwa als Berufsschul- und sonstiges Schulzentrum, was diesseits *nicht unter* dem Begriff, Kultur, sondern Bildung verstanden wird, oder dem Familien-Großeinkauf dient, desto mehr zeigt sich, dass die MK-Gebiete Stätten sind, in denen »man sich trifft«, etwa in Cafés. Bonn, Düsseldorf oder Berlin sind nicht maßgebend für die Umschreibung der Kerngebiete, zumal größere (öffentliche und Wirtschafts-)Verwaltungen, also die zentralen Einrichtungen, wegen der Schwierigkeiten, den ruhenden Verkehr unterzubringen, ein MK-Gebiet häufig gerade nicht für einen günstigen Standort halten.

Das gesellschaftliche Leben, alles, **was das Leben einer Innenstadt** ausmacht, zumal wenn sie über einen »Altstadtcharakter« verfügt wie Gast- und Vergnügungsstätten im weitesten Sinne, wird durch Handel, Wirtschaft, Verwaltung und Kultur nur unvollkommen gekennzeichnet. Hinzu kommt, dass die **Möglichkeiten des Wohnens** in MK-Gebieten, die seit der ÄndVO 1968 stetig und gewollt zur Verlebendigung der Innenstädte verbessert worden sind, in der Zweckbestimmung keine Erwähnung finden.

1.1 Nach alledem ist die Aufzählung der Anlagen u. Nutzungen in **Abs. 1**, die ein MK-Gebiet i. S. d. Zweckbestimmung umfassen kann (soll), nicht abschließend. Das *vorwiegende* Dienen ist nicht nach »Maß und Zahl« zu verstehen, sondern bedeutet: »in erster Linie«, »in der Hauptsache«. Es kann i. S. einer geordneten städtebaulichen Entwicklung zur Belebung der innerstädtischen Teile einer Stadt gerade vernünftig sein, nach § 7 Abs. 4 Wohnungen vorzusehen oder die nur ausnahmsweise zulassungsfähigen Wohnungen (§ 7 Abs. 3 Nr. 2) nach § 1 Abs. 6 Nr. 2 als *allgemein zulässig* festzusetzen. So enthält z. B. der östliche Teil Berlins (ostwärts des Brandenburger Tors) etliche Wohngebäude, ohne dass der Kerngebietscharakter dieses Teils von Berlin dadurch verloren gegangen ist. Die Auffassung von *Ziegler*, in: *Brügelmann* (§ 7 Rdn. 6), infolge der notwendig vorwiegenden Nutzungen nach Abs. 1 dürfte es nur in den Groß- und Mittelstädten möglich sein, Kerngebiete festzusetzen, ist zumindest missverständlich, da das Vorwiegen der in Abs. 1 genannten Nutzungen nicht wörtlich verstanden werden darf (wie hier *Bielenberg*, § 7 Rdn 11 f.).

Der in das Gesetzgebungsverfahren eingebrachte Reg. Entw. sah im Zuge der vom Bauminister gewünschten Novellierung der BauNVO (s. dazu Einführung Abschn. Nr. 11) auch vor, das **Wohnen in** Kerngebieten uneingeschränkt zuzulassen, um dadurch vermeintlich eine noch bessere Nutzungsmischung zu erreichen. Die Planungshoheit der Gemeinde wurde dabei offensichtlich für vernachlässigbar gehalten; eine differenzierte Festsetzungsmöglichkeit durch die Gemeinden war nicht vorgesehen. *Bielenberg* geht in seinen Erläuterungen zu § 7 (Rdn 8a, 52. Lfg.) ausführlicher auf die bereits im Zuge der Vorbereitung der Änderungen zur BauNVO 1990 geführte Diskussion zur Frage der allgemeinen Zulässigkeit von Wohngebäuden ein. Nach diess. A. hat die BauNVO 1990 bzgl. des Wohnens eine ausgewogene Lösung gefunden, die vor allem der Gemeinde ermöglicht, nach der unterschiedlichen Bebauungssituation in den einzelnen MK-Gebieten eine differenzierte Festsetzung zu treffen.

Nach dem **Zulässigkeitskatalog des Abs. 2** i. V. m. den verschiedenen Festsetzungsmöglichkeiten über das Wohnen müsste Abs. 1 *inhaltlich* etwa wie folgt lauten: »**Kerngebiete** dienen vorwiegend der Unterbringung von Handelsbetrieben, der zentralen Einrichtungen der Wirtschaft, der Verwaltung, der Bildung und der Kultur sowie den zentralen Stätten des Gemeinschaftslebens; sie dienen auch dem Wohnen«.

1.12

Das MK-Gebiet bleibt zwar (weiterhin) Kristallisationspunkt für das Wirtschaftsleben, für Dienstleistungsbetriebe und Einrichtungen aller Art sowie für Anlagen zur Befriedigung der wachsenden Freizeit. Die verstärkt mögliche Festsetzung von Wohnungen soll den allgemein bekannten Mangelerscheinungen der Innenstädte nach Büro- und Geschäftsschluss, die mit »Verödung« der Innenstadt nur schlagwortartig umschrieben ist, entgegenwirken.

Bei *Kerngebieten* braucht es sich nicht nur um das eigentliche »City-Gebiet« zu handeln. Besonders in den Großstädten haben sich häufig in bestimmten Bezirken weitere (Neben-)Zentren entwickelt, die sich zur Festsetzung als MK-Gebiet anbieten. (BayVGH, U. v. 8.11.2001 – 2 N 01.2105 –Leits. 2 a: »*Die Ausweisung eines Kerngebiets ist nicht auf das eigentliche Ortszentrum beschränkt«).* Das gilt weiterhin für die Städte und Gemeinden, die infolge kommunaler Neugliederung (durch Zusammenlegung oder Eingemeindung) selbständige – teils von der Kernstadt deutlich abgesetzte – und infolge historisch gewachsener Strukturen teils auch sehr selbstbewusste Ortsteile mit einem ausgeprägt eigenständigen Wirtschafts- und Geschäftsleben haben. Es wäre städtebaulich-funktional verfehlt, für derartige – gewachsene – Ortsteile keine MK-Gebiete festzusetzen, um etwa dadurch die »City« der Kernstadt zu fördern. Andererseits benötigt nicht jede selbständige Gemeinde ein MK-Gebiet. Vielfach reicht – vor allem in kleineren Gemeinden – ein MI-Gebiet aus. Städtebaulich nicht vertretbar ist die häufige Praxis, in kleineren Gemeinden MK-Gebiete festzusetzen, obwohl dort keine zentralen Einrichtungen vorgesehen sind, nur zu dem Zweck, das im MK-Gebiet zulässige höhere Maß der baulichen Nutzung zu ermöglichen. Fehlerhaft ist auch die Planung von MK-Gebieten an der Peripherie einer Stadt, nur um dort großflächige Einzelhandelsbetriebe anzusiedeln, die Kaufkraft aus der Nachbargemeinde abziehen sollen, ohne dass dort ein Siedlungs«kern« entstehen soll.

Der zweckbestimmten Unterbringung der in Abs. 1 genannten zentralen Einrichtungen entspricht die bauliche Verdichtung der MK-Gebiete. Während für das MI-Gebiet (§ 6) das Maß der baulichen Nutzung für die GFZ höchstens 1,2 betragen darf, liegt das gleiche Nutzungsmaß für MK-Gebiete mit 3,0 zweieinhalb mal so hoch.

»*Die Festsetzung eines Kerngebietes zwischen der Altstadt und kerngebietstypischen Verwaltungsgebäuden begegnet keinen Bedenken«* (Nds.OVG, B. v. 11.7.2003 – 1 MN 165/03 –, BRS 66 Nr. 26, 3. Leits.).

1.13

2. **Störanfälligkeit, Fragen des Nachbarschutzes; Änderung von Regelungen aufgrund der ÄnderungsVOen 1977 und 1990**

a) **Störanfälligkeit (zulässiger Störungsgrad), Nachbarschutz.** Über den zulässigen Störungsgrad enthält Abs. 1 nichts, er ist jedoch aus den zulässigen Anlagen nach Abs. 2 zu ermitteln. Den zulässigen Anlagen und der starken baulichen Verdichtung entspr. ist der als Anhalt zu wertende Orientierungswert nach dem Beiblatt 1 der DIN 18 005 »Schallschutz im Städtebau« (vgl. Anh. 7.1) für Kerngebiete dem für Gewerbegebiete gleichgesetzt worden. Durch die

2

ÄndVO 1990 ist der zulässige Störungsgrad für sonstige Gewerbebetriebe (Abs. 2 Nr. 3) zur Angleichung an die übrigen Mischgebiete (MD- und MI-Gebiete) in »nicht *wesentlich* störend« geändert worden. Dadurch hat sich an der tatsächlich zulässigen Störintensität von Gewerbebetrieben, d. h. welche Immissionsrichtwerte gewerbliche Nutzungen im Regelfall einhalten sollen, nichts geändert. Daran, dass MK-Gebiete den GE-Gebieten gleichgestellt sind, zeigt sich, dass der Störgrad *keine absolute Größe* ist. Gewerbebetriebe haben sich hinsichtlich ihrer Immissionsauswirkungen im Grundsatz an der Zweckbestimmung der MK-Gebiete und der entspr. Beurteilung nach Nr. 6.1 Buchst. c i. V. m. Nr. 4 der TA Lärm (Anh. 5) [60/45 dB(A)] zu richten.

Das MK-Gebiet wird hinsichtlich der **Störungen** im Wesentlichen schon **durch den Geschäfts- und Straßenverkehr** bestimmt. Gewerbebetriebe werden daher im Regelfall erst dann als störend anzusehen sein, wenn die von ihnen ausgehenden Störungen stärker bzw. belästigender sind, als die von den sonstigen zulässigen Anlagen ausgehenden Störungen und der Verkehrslärm (s. auch Rn 8.1).

3 Da das **Wohnen** auch bei einer Festsetzung nach Abs. 4 nicht zur vorrangigen Funktion des gesamten MK-Gebiets wird, müssen die Bewohner dort die in einem MK-Gebiet unvermeidlichen Störungen, insbes. durch den Lärm des Geschäftslebens mit allen bekannten Begleiterscheinungen, tagsüber in Kauf nehmen. Soll etwas anderes gelten, wird die Gemeinde zu überlegen haben, ob für den Gebietsteil nicht besser die Festsetzung als WB-Gebiet i. S. eines »Stadt-Wohngebiets« in Betracht kommt. Die allgemeine Zweckbestimmung des MK-Gebiets muss im Grundsatz vorrangig bleiben.

Ein MK-Gebiet braucht in seinem Geltungsbereich nicht unabänderlich zu sein. Aus Gründen, die auch eine – nachträgliche – Gliederung eines MK-Gebiets nach § 1 Abs. 4 zulassen, ist die Erweiterung eines solchen Gebiets möglich, etwa um einer wachsenden Behörde zu ermöglichen, in diesem MK-Gebiet zu bleiben, ohne Dienststellen in andere Stadtteile verlagern zu müssen oder entspr. einem für die Gemeinde bedeutsamen Wirtschaftsunternehmen die erforderliche Ausdehnung zu erleichtern (OVG Lüneburg, U. v. 27.2.1964, EPlaRI 2 c).

Im letzten Fall kommt u. U. auch eine besondere Festsetzung nach § 1 Abs. 10 in Betracht (s. § 1 Rn 130–150). Hierbei wird jedoch sorgfältig zu prüfen sein, ob und inwieweit dadurch die im MK-Gebiet gerade gewünschte Wohnbebauung verdrängt werden könnte. Einer solchen Befürchtung könnte nunmehr durch Festsetzungen nach Abs. 4 gleichzeitig abgeholfen werden.

3.1 Die **Festsetzung eines Kerngebiets unmittelbar neben einem WA** ist nicht zu beanstanden, da die Gebietsarten MK und WA i. S. d. §§ 4 u. 7 BauNVO nach der Wertung des Verordnungsgebers nicht von vornherein unverträglich sind und der Umfang und der Zuschnitt der zur Verfügung stehenden bebaubaren festgesetzten Kerngebietsflächen keine Nutzungen erwarten lässt, die einen Besucherverkehr auslösen könnten, der das benachbarte Wohngebiet unzumutbar beeinträchtigen würde (OVG NW, U. v. 7.11.2005 – 10 D 7/03.NE –).

4 Der **Nachbarschutz ist im Kerngebiet** stark eingeschränkt. Der im MK-Gebiet Tätige kann nicht mit einer von Lärmstörungen und anderen Belästigungen freien Umgebung rechnen. Das Gleiche trifft auf diejenigen zu, die das MK-Gebiet (i. A. das City-Gebiet des jeweiligen Stadtbereichs) aufsuchen. Der Geräuschpegel im MK-Gebiet wird im Wesentlichen durch den Verkehr bestimmt. Daher ist der Schutz z. B. eines Bürogebäudes gegenüber einem Warenhaus oder eines Hotels gegenüber einer stark besuchten Kunsthalle oder etwa des in der Nähe befindlichen Gerichtsgebäudes aus nachbarlicher Sicht kaum fassbar.

4.1 Nach dem U. d. VG Sigmaringen vom 23.4.2002 (– 6 K 1020/01 – VBlBW 2003, 371; bestätigt durch VGH BW, B. v. 30.4.2003 – 10 S 1283/02 –) ist den Anwohnern die im wöchentlichen Wechsel im Zeitraum von 6.00–6.30 Uhr bzw. 7.00–7.30 Uhr sonntags durchgeführte Reinigung der in einem faktischen Kerngebiet einer über 100.000 Einwohner großen Kreisstadt in BW liegenden innerstädtischen Fußgängerzone durch Entleeren der Papierkörbe und Aufsammeln des liegen gebliebenen Wurfmülls ohne Einsatz einer Kehrmaschine unter Berücksichtigung der tatsächlichen Verhältnisse und wertender Elemente der Herkömmlichkeit, sozialen Adäquanz und allgemeinen Akzeptanz zumutbar.

4.2 In einem verwaltungsgerichtlichen Verfahren wehrte sich ohne Erfolg in Nds. eine in einem Kerngebiet liegende Bank gegen die Errichtung einer **Eisverkaufs-Box** auf öffentlichem Straßengrund (Fußgängerzone) vor ihrem Gebäude (Nds. OVG, B. v. 3.9.2003 – 1 ME 193/03 – BRS 66 Nr. 181). Hierzu hat das Gericht die beiden folgenden Leits. aufgestellt:

»*Die Festsetzung einer Straßenverkehrsfläche in einem Kerngebiet vermittelt dem Eigentümer des anliegenden Grundstücks keinen Nachbarschutz, der diesen berechtigt, Bauvorhaben auf der Straßenverkehrsfläche wie Kioske o. Ä. unabhängig von der Schwere der konkreten Beeinträchtigung abzuwehren.*

Auch im Kerngebiet ist eine Reduzierung der bereits nach § 7 Abs. 4 BauNVO ›halbierten‹ Grenzabstände im Wege der Ausnahme nach § 13 NBauO möglich« *(*Nds. OVG, aaO.).

4.3 Im Kerngebiet sind Wohnungen in größerem Umfang **Lichtimmissionen** zuzumuten, die von einer zur Nachtzeit beleuchteten Werbeanlage ausgehen (Nds. OVG, U. v. 26.2.2002 – 1 LC 75/02 – BauR 2004, 68).

Dem Sachhalt nach wendeten sich die Kläger als Miteigentümer einer im X. Stockwerk eines Hochhauses in Hannover gelegenen und von ihnen selbst genutzten Wohnung gegen mehrere Bescheide, mit denen die Beklagte die Anbringung und den Betrieb einer Lichtwerbeanlage auf dem ehemaligen Telekom-Funkturm genehmigt hatte.

Aus den **Gründen:** »*Zutreffend ist das VG zu dem Ergebnis gelangt, dass die vom Länderausschuss für Immissionsschutz im Mai 2000 zustimmend zur Kenntnis genommene sog. Licht-Richtlinie keinen normativen Charakter hat. Mit der Rspr. des OVG zur Vereinbarkeit von Straßenleuchten und angrenzender Wohnnutzung ist vielmehr anzunehmen, dass eine starr an Lux-Werten ausgerichtete Beurteilung für die Frage der Zumutbarkeit nicht ausschlaggebend sein kann. Maßgeblich hat damit eine konkrete Wertung und Bewertung des Einzelfalls zu sein. Allerdings trifft die Wertung der zitierten Licht-Richtlinie zu, dass Bewohnern von Kerngebieten eine deutlich höhere Lichteinwirkung zuzumuten ist als Bewohnern anderer Wohngebiete, namentlich von allgemeinen und reinen Wohngebieten. Dies entspricht dem Charakter von Kerngebieten*« (Nds. OVG, aaO.).

4.4 Starke nächtliche Lärmbelastungen in einem **Kneipenviertel** mit Dauerschallpegeln von 59-70 dB(A) und Pegelspitzen von über 80 dB(A) erfordern auch für betriebsbezogene Wohnungen die Festsetzungen von Schallschutzmaßnahmen (Nds. OVG, B. v. 16.12.1993 – 1 K 349/91 – NVwZ-RR 1994, 563).

4.5 Die in Nachtragsbaugenehmigungen für ein Einkaufszentrum mit ca. 20.000 m² Verkaufsfläche enthaltenen Nebenbestimmungen, dass Anlieferungen und Entsorgung im Anlieferbereich des Einkaufszentrums in der Zeit von 22.00 Uhr bis 6.00 Uhr zulässig sind, können geeignet sein, sicherzustellen, dass die gebotene Rücksicht auf eine im Kerngebiet mögliche Wohnnutzung gewahrt wird (Hess. VGH. B. v. 17.11.2000 – 4 TG 3518/00 – ESVGH 51, 119 nur Leits.). Dies setzt voraus, dass der entspr. Verkehr nach den baulichen und straßenverkehrsrechtlichen Rahmenbedingungen tagsüber abgewickelt werden kann, ohne dass der Immissionsrichtwert am Tage von 60 dB(A) überschritten würde (Hess.VGH, aaO.).

4.6 Ein B-Plan, der innerstädtisch ein Kerngebiet festsetzt, erscheint bei summarischer Prüfung im Eilverfahren nicht abwägungsfehlerhaft, wenn er die Lärmproblematik erkennt, Aussagen eines Gutachters beigezogen und durch die Regelung eines Anspruchs auf passive Schallschutzmaßnahmen sowie immissionswirksame Schallleistungspegel die Einhaltung der Werte der TA Lärm zum Ziel hat (Hess. VGH, B. v. 8.12.2004 – 3 TG 3386/04 – BRS 67 Nr. 25).

5 b) **Änderung von Regelungen aufgrund der ÄndVOen 1977 und 1990.** Aufgrund der (noch) flexibleren Regelungen des § 1 Abs. 4 und 7 über die mögliche *horizontale* und *vertikale Gliederung* eines Gebiets nach der **ÄndVO 1977 konnten (gleichzeitig) § 7 Abs. 4 in seiner Fassung** *bis* **zur ÄndVO** 1977 und Abs. 5 entfallen. Durch die **ÄndVO 1977** ist **Abs. 4** in der neuen Fassung, der – bis auf die Beschränkung auf Teile eines MK-Gebiets – wörtlich mit § 4a Abs. 4 gleichlautet, aufgenommen worden. Er regelt besondere Festsetzungsmöglichkeiten, durch die die Wohnnutzung in sonst anderweitig genutzten Gebäuden in bestimmter Weise sichergestellt werden kann (s. auch § 4a Rn 29–34); die Regelungen sind **durch** die ÄndVO 1990 **nicht geändert** worden.

5.1 Durch die **ÄndVO 1990** sind die Regelungen zum Kerngebiet – bis auf die zusätzliche Aufnahme der »Anlagen für sportliche Zwecke« in Abs. 2 Nr. 4 (s. Rn 9.3) – lediglich klarstellend ergänzt oder geändert worden, wie die Ergänzung der Zweckbestimmung (Abs. 1) um die »Kultur«; die »sonstigen nicht störenden Gewerbebetriebe« (Abs. 2 Nr. 3) sind durch den Zusatz »wesentlich« nunmehr »nicht *wesentlich*« störenden Gewerbebetrieben der Mischgebiete angepasst worden, wodurch sich hinsichtlich des zulässigen Störgrades im MK-Gebiet nichts **geändert** hat (s. Rn 2–4).

Lediglich in § 7 Abs. 2 Nr. 7 ist die Beschränkung der Festsetzung der Wohnungen *oberhalb* eines im B-Plan bestimmten Geschosses zugunsten der Regelung »nach Maßgabe« entfallen; die Wohnnutzung kann nunmehr für *alle* Geschosse festgesetzt werden (s. dazu Rn 12 f.).

3. **Allgemein zulässige Nutzungen (Abs. 2)**

6 a) **Geschäfts-, Büro- und Verwaltungsgebäude (Nr. 1).** Sie sollen nach der Zweckbestimmung des Abs. 1 der Unterbringung von Handelsbetrieben und der zentralen Einrichtungen der Wirtschaft und der Verwaltung dienen. Unter »Handelsbetriebe« fallen ganz allgemein die Betriebe, die sich ausschließlich oder überwiegend dem Handel, nämlich dem Austausch von Betriebsleistungen zwischen den Wirtschaftseinheiten widmen. In diesem Sinne zählen auch Betriebe des Großhandels zu den in MK-Gebieten zulässigen Anlagen, soweit sie vor allem büromäßig ausgeübt werden.

Zu **Geschäfts- und Bürogebäude** s. § 4a Rn 18–19 u. § 6 Rn 4.1. In den Geschäftsgebäuden können zugleich auch *Lager* unterhalten werden; **Beispiel: Lagerhaltung** einer Elektrogroßhandlung. Gebäude *ausschließlich* zur Lagerhaltung als **Lagerhäuser** i. S. v. § 8 Abs. 2 Nr. 1 und Lagerplätze zum Lagern sperriger Materialien fallen dagegen *nicht* unter den Begriff »Geschäftsgebäude«, abgesehen davon, dass sie sich wegen des teuren Baugrundes im MK-Gebiet meistens schon von selbst verbieten.

Die **Verwaltung** wird in erster Linie auf büromäßige Aufgaben in Gebäuden beschränkt sein, so dass Depots und eine größere Fläche beanspruchende Anlagen – anders als nach § 6 Abs. 2 Nr. 5 (§ 6 Rn 13) – demgegenüber zurücktreten. Der Begriff »**Verwaltungsgebäude**« erscheint erstmals im Zulässigkeitskatalog des MK-Gebiets (z. Begriff »Verwaltung« s. § 4 Rn 11–12 u. z. d. *Anlagen* für Verwaltung s. § 4a Rn 21, § 5 Rn 20 u. § 6 Rn 13). Entspr. der Unterbringung zentraler Einrichtungen im MK-Gebiet werden – jeweils bedingt durch die Größe und Bedeutung des – zentralen – Ortes, z.B. Landeshauptstadt, Kreisstadt, Mittelzentrum, Oberzentrum nach den Zielen der Landesplanung – überörtliche Verwaltungen des Bundes u. der Länder, der Kommunalen Spitzenverbände u. Verwaltungen der Energiewirtschafts- u. Verkehrsunternehmen, Verwaltung (Rathaus) der Gemeinde, Zentralverwaltung der Stadtwerke, Sitz oder Geschäftsstelle der Fachverbände, Hauptverwaltungen von Industrieunternehmen, Dachorganisationen von Berufsverbänden u. sonstigen Interessenverbänden (Arbeitgeber- u. Arbeitnehmervereinigungen), Vertreter größerer Auslandsfirmen u. dergl. hier ihren Standort finden.

»Die Zentrale eines weltweit agierenden Versicherungsunternehmens mit Hauptverwaltung zählt zu den Verwaltungsgebäuden, die nach § 7 Abs. 2 Nr. 1 BauNVO im Kerngebiet zulässig sind« (BayVGH, U. v. 8.11.2001 – 2 N 01.2105 – Leits. 2 b).

b) **Einzelhandelsbetriebe, Schank- und Speisewirtschaften, Betriebe des Beherbergungsgewerbes und Vergnügungsstätten (Nr. 2)**. Zum Begriff und Umfang vgl. zu Einzelhandelsbetrieben § 5 Rn 15–16 u. § 6 Rn 5–5.1. Im MK-Gebiet haben u. a. auch Einkaufszentren (z. Begriff s. § 11 Rn 18), die sonst nur noch in SO-Gebieten nach § 11 zulässig sind, und großflächige Einzelhandelsbetriebe (z. Begriff § 11 Rn 19) ihren – richtigen – Standort. Bei der Baugenehmigung wird u. a. darauf zu achten sein, dass die genannten Betriebe für ihren großen motorisierten Kundenkreis (häufig übergemeindliches Einzugsgebiet) ihrer **Einstellplatzpflicht** in eigenen Parkhäusern und Tiefgaragen genügen. Im MK-Gebiet haben bevorzugt die großen Warenhäuser und Kaufhäuser (z. Begriff s. § 5 Rn 16 u. § 6 Rn 5–5.1) sowie Fachgeschäfte des Einzelhandels ihren Platz.

Der generelle Ausschluss von Einzelhandelsbetrieben in Kerngebieten ist unzulässig (SH OVG, U. v. 24.9.1998 – 1 K 15/96 – BRS 62 Nr. 18).

Aus den Gründen: *»Gemäß § 7 Abs. 1 BauNVO dienen Kerngebiete vorwiegend der Unterbringung von Handelsbetrieben sowie Einrichtungen der Wirtschaft, der Verwaltung und der Kultur. Sie haben innerhalb des städtebaulichen Ordnungsgefüges zentrale innerstädtische Funktionen (BVerwG, U. v. 25.11.1983 – 4 C 64.79 – BVerwGE 68, 207, 211). Einen derartigen Charakter kann das Gebiet nicht erhalten.*

Dem steht insbesondere der Ausschluss des Einzelhandels entgegen. Zwar kann gemäß § 1 Abs. 5 BauNVO im Bebauungsplan festgesetzt werden, dass bestimmte Arten von Nutzungen, die nach den §§ 2,4 bis 9 und 13 BauNVO allgemein zulässig sind, nicht zulässig sind. Dies ist aber nur dann zulässig, wenn die allgemeine Zweckbestimmung des Baugebiets gewahrt bleibt. Dies ist bei einem Ausschluss des Einzelhandels zu verneinen. Wenn auch die Einzelhandelsbetriebe in § 7 Abs. 2 Nr. 2 BauNVO nur als eine unter vielen weiteren Nutzungsarten in § 7 Abs. 2 BauNVO erwähnt werden, so ist zu berücksichtigen, dass dem Einzelhandel durch die Erwähnung der Handelsbetriebe in § 7 Abs. 1 BauNVO eine den allgemeinen Zweck besonders bestimmende Bedeutung zukommt. Der Senat verkennt nicht, dass der Begriff des Handelsbetriebes umfänglicher ist als der des Einzelhandelsbetriebes. Da jedoch 2 andere Arten von Handelsbetrieben – insbesondere Großhandelsbetriebe – nicht ausdrücklich erwähnt werden, erhalten die Einzelhandelsbetriebe ein besonderes Gewicht, das ihnen auch tatsächlich zukommt.« (Wird weiter ausgeführt, SH OVG, aaO.).

Zulässig ist es dagegen in einem Kerngebiet nach § 1 Abs. 9 BauNVO »**Einzelhandelsbetriebe mit Waren für den täglichen Bedarf** (Sortiment: Nahrung und Genussmittel, Gebrauchskosmetik, Putz- und Waschmittel, Schreibwaren, saisonbedingte Geschenkartikel, Hausrat und Zeitschriften)«, soweit es sich um **SB-Märkte** handelt, auszuschließen (Hess. VGH, U. v. 12.3.2003 – 3 N 2463/01 – BauR 2004, 1904).

Aus den Gründen: *»Es ist nicht abwägungsfehlerhaft, Teile des Stadtzentrums dem Facheinzelhandel mit diversifiziertem Angebot und Branchenmix (z.B. Apotheken, Optikerfachgeschäfte, aber auch z.B. Buchhandel in SB-Form) vorzuhalten und bspw. vor einer*

§ 7 Abs. 2 7.1–7.4

Ansammlung von Filialen überörtlicher Drogerieketten u. Ä. zu schützen, welche im Wettbewerb zur Zahlung hoher Ladenmieten bereit und in der Lage sind, bekanntermaßen aber in der Häufung ihrer Geschäfte nicht zur Bereicherung der Innenstädte beitragen« (2. Leits.).

Der beabsichtigte Ausschluss **jeglichen (weiteren) Lebensmitteleinzelhandels** in Teilen eines Kerngebiets, der das Ziel verfolgt, unerwünschte städtebauliche Auswirkungen infolge einer Aufgabe von bereits bestehenden Lebensmitteleinzelhandelsbetrieben zu vermeiden, bedarf nach Auffassung des OVG Hamburg (U. v. 1.11.2006 – 2 E 7/01.N – BauR 2007, 853) im Planaufstellungsverfahren einer konkreten Untersuchung zur Angebots- und Nachfragestruktur im betroffenen Einzugsgebiet.

Eine gute, zusammenfassende Übersicht zur Frage, welchen Einzelhandel die Stadtzentren brauchen, bringen mit statistischen Belegen *Hatzfeld/Abel* (StuGR 1992, 84).

7.1 Zu **Schank- und Speisewirtschaften** grundsätzlich § 2 Rn 13–14.2, ferner § 4 Rn 4.2–4.32 und § 6 Rn 6.

7.2 Zu **Betrieben des Beherbergungsgewerbes** s. § 3 Rn 19–19.5 und § 4 Rn 8–8.2.

Die Betriebe sind hinsichtlich ihrer Größe, auch kombiniert mit entspr. »Restaurant« (Schank- und Speisewirtschaft), *uneingeschränkt* zulässig. Zu achten ist jedoch darauf, dass sie ihrer Einstellplatzpflicht nachkommen. In dieser Beziehung wird manchmal eine zu große Nachsicht geübt, wenn es sich z. B. um ein Hotel »von Rang und Namen« handelt.

7.3 Vergnügungsstätten sind in MK-Gebieten seit der BauNVO 1962 (i. d. Ursprungsfassung) als **generell zulässige** Nutzungsart u. zugleich speziellerer Begriff gegenüber dem allgemeineren (Ober-)Begriff Gewerbebetriebe enthalten. Erst durch die ÄndVO 1977 sind Vergnügungsstätten auch in die WB-Gebiete (§ 4a) als ausnahmsweise zulassungsfähig aufgenommen worden. Die sich daraus entwickelte städtebaurechtliche Problematik (s. Vorb. §§ 2 ff. Rn 4.4–4.9) und die darauf beruhende **Neuregelung der Vergnügungsstätten** als Nutzungsart mit einer bestimmten (typisierten) Charakteristik ist *mittelbar* auch für die Vergnügungsstätten in MK-Gebieten von Bedeutung. Sie werden nunmehr zur Unterscheidung von anderen Vergnügungsstätten als »**kerngebietstypische**« Nutzungen bezeichnet; das geht aus § 4a Abs. 3 Nr. 2 hervor, wonach in WB-Gebieten Vergnügungsstätten ausnahmsweise zugelassen werden können, »soweit sie nicht wegen ihrer Zweckbestimmung oder ihres Umfangs nur in Kerngebieten allgemein zulässig sind« (z. Begriff Vergnügungsstätten u. zur Abgrenzung gegenüber anderen Nutzungen s. § 4a Rn 22–22.7). In MK-Gebieten sind mithin **vom Grundsatz her** Vergnügungsstätten jedweder Art zulässig (vgl. BVerwG, B. v. 29.7.1991 – 4 B 40.91 – BRS 52 Nr. 56), soweit sie der **Eigenart** des MK-Gebiets, in dem sie sich anzusiedeln beabsichtigen, nicht widersprechen, d. h. den Zulässigkeitsvoraussetzungen des § 15 Abs. 1 entsprechen. Die **Störanfälligkeit** des MK-Gebiets ist deutlich geringer als diejenige eines MI-Gebiets, so dass die (noch) zumutbaren Störungen u. Belästigungen i. S. v. § 15 Abs. 1 Satz 2 deutlich höher anzusetzen sind. Das ändert jedoch nichts daran, dass die **Rücksichtnahme auf die Umgebung** auch für alle Vergnügungsstätten maßgebend ist (s. § 6 Rn 16 f., § 15 Rn 7–7.1).

7.4 **Sex-Shops** zählen nicht zu Vergnügungsstätten, sondern zu *Einzelhandelsbetrieben*, von denen sie sich »nur« durch das Warensortiment ohne sonstige Wettbewerbsvorteile unterscheiden. Demgegenüber sind Sex-Shops mit mehreren Video- oder Filmkabinen für das Abspielen von Pornofilmen gegen Entgelt als Vergnügungsstätten anzusehen (s. § 4a Rn 23.82). Als kerngebietstypisch wird man sie bezeichnen können, wenn die Anzahl der Video- oder

Filmkabinen größer als 10 ist oder das Geschäft insgesamt 200 m² Grundfläche überschreitet. Nach Auffassung des BerlVerfGH (B. v. 6.12.2002 – VerfGH 188/01 – NJW-RR 2003, 229) stellt eine öffentlich bekannt gemachte Nutzung von Teileigentum als Sex-Shop mit Videokabinen eine nicht ganz unerhebliche, konkrete Belästigung der anderen Wohnungseigentümer dar, weil sie trotz ihrer gesetzlichen Erlaubtheit mit einem sozialen Unwerturteil breiter Bevölkerungskreise behaftet ist und sich negativ auf Verkehrswert und Mietpreis der übrigen Eigentumswohnungen auswirken kann. Gleichfalls sind **Bordelle** keine Vergnügungsstätten im städtebaurechtlichen Begriffsverständnis, sondern Gewerbebetriebe sui generis (s. § 4a Rn 23.7 und § 8 Rn 5.3); zur Abgrenzung der kerngebietstypischen von den nicht kerngebietstypischen Vergnügungsstätten s. § 4a Rn 23–23.7 und Rn 24 f. (Einzelfälle).

Infolge der unverhältnismäßig stark zugenommenen Zahl von Vergnügungsstätten in MK-Gebieten und des häufig optisch negativen Bildes, das Vergnügungsstätten – insbes. wegen ihrer reißerischen Werbung – gerade in traditionsverpflichteten Innenstädten mit bestimmter »Visitenkarte« vermitteln, haben einige Gemeinden seit Mitte der 1980er Jahre die Zulässigkeit von Vergnügungsstätten insgesamt oder teilweise, d. h. Unterarten wie Spielhallen, Sportwettbüros, Sex-Shops, Sex-Videotheken, Sex-Kinos, Peep-Shows, Striptease-Lokale mithilfe des städtebaulichen Instrumentariums des § 1 Abs. 5 und Abs. 9 BauNVO, **eingeschränkt**. Das BVerwG hat den Ausschluss bestimmter Vergnügungsstätten mittels Festsetzungen im B-Plan in seinem überzeugenden Grundsatzurteil v. 22.5.1987 – 4 N 4.86 – (Fundst. § 4 a Rn 23.8; s. auch § 1 Rn 78) bejaht und in weiteren Entscheidungen (B. v. 21.12.1992 – 4 B 182.92 – BRS 55 Nr. 42; B. v. 15.12.1994 – 4 B 270.94 – BRS 56 Nr. 61; B. v. 5.1.1995 – 4 B 270.94 – u. B. v. 25.2.1997 – 4 NB 30.96 – NVwZ 1997, 895) bestätigt. Die Instanzgerichte sind dieser Judikatur des BVerwG gefolgt (Nds. OVG, U. v. 11.9.1986 – 1 C 26/85 – ZfBR 1987, 50 zum Ausschluss von Spielhallen und Sex-Kinos in einem Kerngebiet; VGH BW, U. v. 16.2.1991 – 8 S 14/89 – NVwZ-RR 1993, 122 zum **Ausschluss** verschiedener Formen sexueller Vergnügungsstätten u. NK.-U. v. 3.5.2005 – 3 S 1524/04 – BauR 2005, 1892 = NVwZ 2006, 170 = VBlBW 2006, 1142; Leits.: »*Eine Bauleitplanung, die zur Verhinderung eines Trading-down-Effektes vorsieht, dass Sex-Shops und Vergnügungsstätten in bestimmten Planbereichen eines Kerngebietes ausgeschlossen werden, kann durch eine Veränderungssperre gesichert werden*«). Vergnügungsstätten und ihre Unterarten sind für MK-Gebiete zwar charakteristisch, sie machen aber nicht das Wesen eines Kerngebietes aus (BVerwG, B. v. 28.7.1988 – 4 B 119.88 – UPR 1988, 75).

Vergnügungsstätten oder Unterarten von ihnen können durch Festsetzung mittels B-Plan auch auf bestimmte Straßenzüge i. S. eines »**Vergnügungsviertels**« verwiesen werden. Ferner ist es statthaft, dass Spielhallen und sonstige Vergnügungsstätten ggf. **geschossweise eingeschränkt** werden, wie es – nach der jeweiligen Rechtfertigung zur Einhaltung des Übermaßverbots – auch genügen kann, anstatt des Ausschlusses die **ausnahmsweise Zulassung** festzusetzen (Bestätigung der [nur] ausnahmsweisen Festsetzung von Sex-Shops, Sex-Kinos, Peep-Shows, Striptease-Shows u. Spielhallen in einem MK-Gebiet durch OVG NW, U. v. 9.1.1989 – 10a NE 75/86 – UPR 1989, 355).

In den 1990er Jahren hat sich in der Vergnügungsstätten-Welt eine neue und zugleich besondere Art von Vergnügungsstätten herausgebildet. Es handelt

§ 7   Abs. 2   7.71, 7.8

sich um Großkinos, die sich als **Multiplex-Kinos** bezeichnen. Unter einem **Multiplex-Kino** wird ein zusammenhängend geplanter und verwalteter Kinokomplex mit mehreren unterschiedlich dimensionierten Kinosälen mit meistens 7 Sälen bei mindestens 1.800 Sitzplätzen mit täglich mehrmaligen Filmvorführungen und gestaffelten Anfangszeiten sowie mit ergänzenden gastronomischen und anderen dienstleistungsbezogenen Nutzungen verstanden (Multiplex-Kinos in der Stadtentwicklung, herausgegeben vom Ministerium für Arbeit, Soziales und Stadtentwicklung, Kultur und Sport des Landes NW, 1999, S. 12).

Ein **Multiplex-Kino** erfordert aufgrund der großen Anzahl der Filmleinwände einen Einzugsbereich von ca. 300.000 Menschen innerhalb des in 30 Minuten mit dem Pkw erreichbaren Gebietes. Im Jahr 2000 haben in der BRD von den 152 Mio. Personen, die ein Kino besuchten, 61 Mio. ein Multiplex-Kino aufgesucht. Die Prognose für das Jahr 2007 geht von etwa 175 Mio. Besuchern aus; im Jahr 2000 gab es 128 Muliplex-Kinos mit 1.163 Leinwänden. Multiplex-Kinos befinden sich im Regelfall in Citylagen oder an der Peripherie von Großstädten und in innerstädtischen Randlagen der Mittelzentren. Multiplex-Kinos in Citylagen beleben häufig die Innenstädte. Sie sind heute Anlageobjekte und wichtige Bausteine im Konzept der »**Urban-Entertainment-Center**«. Der Flächenverbrauch der Multiplex-Kinos liegt zwischen 2 und 5 ha, die Kernflächen machen nur einen geringen Teil aus. Die verbleibende Fläche entfällt auf die Erschließung sowie die Frei- und Stellplatzflächen. Multiplex-Kinos haben eine hohe **verkehrserzeugende Wirkung**.

7.71 Der durch Multiplex-Kinos induzierte Individualverkehr verursacht Schadstoff- und Lärmemissionen und führt zunehmend zu Klagen der benachbarten Wohnbevölkerung (VG Karlsruhe, U. v. 9.7.1999 – 2 K 874/97 – VBlBW 2000, 233 mit krit. Anm. v. *Kirchberg*, VBlBW 2000, 209; Sächs. OVG, U. v. 5.9.1995 – 1 S 186/95 – SächsVBl. 1995, 286; OVG Berlin, B. v. 17.3.1999 – 2 S 6.98 – BauR 1999, 1004 = GewArch. 2000, 171 = ZfBR 1999, 355 u. OVG NW, B. v. 28.8.1998 – 10 B 1353/98 – BauR 1999, 1012). Ein besonderer **Streitpunkt** bildet bei Multiplex-Kinos das **interkommunale Abstimmungsgebot** (OVG Frankfurt/Oder, B. v. 8.5.1998 – 3 B 84/97 – LKV 1998, 359; BayVGH, B. v. 25.10.1999 – 26 CS 99.2222 – GewArch. 2000, 174 u. *Schmitz*, LKV 1997, 345). Bei **Multiplex-Kinos** handelt es sich – unabhängig von einer Differenzierung nach Art der Programmgestaltung wie bei den herkömmlichen Kinos – um **kerngebietstypische Vergnügungsstätten** (VG Gera, U. v. 8.10.1998 – 4 K 212/98 – ThürVBl. 1999, 69; Thür. OVG, U. v. 19.3.2003 – 1 KO 853/01 – NVwZ 2003, 249; VG Karlsruhe, VBlBW 2000, 233; OVG RhPf, BauR 1999, 1010; OVG Berlin, BauR 1999, 1004; der BayVGH hat in seinen B. v. 25.10.1999, aaO. u. v. 11.12.2001 – 15 ZS 01. 2570 – BRS 65 Nr. 197 die Frage der Einstufung eines Multiplex-Kinos als Anlage für kulturelle Zwecke oder als kerngebietstypische Vergnügungsstätte offengelassen).

7.8 Die Einordnung von Multiplex-Kinos als Vergnügungsstätte und nicht als kulturelle Anlage ergibt sich daraus, dass die Programmgestaltung auf das Vergnügen der Zuschauer und nicht auf ihre kulturellen Interessen abstellt. Das Multiplex-Kino – i. d. R. verbunden mit entspr. Nebenanlagen – zielt auf eine möglichst umfängliche Befriedigung der verschiedenen Vergnügungsbedürfnisse der Bevölkerung und ist als ein rein wirtschaftliches Unternehmen an dem finanziellen Erfolg nicht nur des Kinos, sondern oftmals auch der benachbarten Einzelhandelseinrichtungen, anderer Freizeitanlagen sowie z. T. der Vermarktung der betreibereigenen Produktionen interessiert (*Schmitz*, LKV 1997, 345/347). Für den städtebaurechtlichen Begriff »Vergnügungsstätte« ist von Bedeutung, dass eine Vergnügungsstätte eher wohngebietsunverträglich ist, dagegen die Anlagen für kulturelle Zwecke durchaus als wohngebietsverträglich angesehen werden können. Die Wohngebietsunverträglichkeit von Multiplex-Kinos ergibt sich daraus, dass besonders in den Abendstunden mit einem größeren Zu- und Abfahrtsverkehr zu rechnen ist, wenn die Belästigung durch den üblichen Straßenverkehr bereits zurückgeht. Solche störenden Begleiterscheinungen sind bei den Anlagen für kulturelle Zwecke, zu denen insbesondere Theater und Konzerthallen zählen, zwar nicht auszuschließen; sie sind mit der Nutzung dieser Anlage indessen nicht zwangsläufig verbunden, vor allem weil die Anlagen nicht bis in die späten Nachtstunden besucht werden (OVG RhPf, BauR 1999, 1010/1011). Ein Multiplex-Kino ist auf eine große Zahl von Zuschauern aus einem größeren und in aller Regel übergemeindlichen Einzugsbereich angewiesen. Der Zu- und Abgangsverkehr dieser Besucher führt zwangsläufig zu erheblichen Lärmbeeinträchtigungen für die Umgebung, wegen der Spätvorstellung gerade auch des Nachts. Die mit dem Betrieb eines solchen Großkinos regelmäßig verbundenen Begleiterscheinungen sind mit den Anforderungen an ein Wohngebiet grds. nicht verträglich. Wegen des weiträumigen Einzugsbereichs sind Multiplex-Kinos nach allem als kerngebietstypische Vergnügungsstätten anzusehen, die nur in Kerngebieten und in Sondergebieten gem. § 11 Abs. 2 BauNVO zulässig sind, dagegen nicht in besonderen Wohngebieten gem. § 4a (OVG RhPf, aaO.), Misch-, Dorf- und Industriegebieten (BVerwG, U. v. 24.2.2000 – 4 C 23.98 – BauR 2000, 1306): Kerngebietstypische Vergnügungsstätten – hier: Diskothek – sind in Industriegebieten gem. § 9 BauNVO in sämtlichen Fassungen unzulässig).

7.81
1. Ein Multiplex-Kino mit 1.800 Plätzen kann sich in einem durch Kerngebiets- und Wohnnutzung geprägten unbeplanten großstädtischen Innenbereich als Vergnügungsstätte einfügen, wenn die in dieser Gemengelage gebotene Rücksicht auf die Anwohner genommen wird.
2. Nachbarschutz Aufgrund des im Einfügungserfordernis des § 34 Abs. 1 BauGB enthaltenen Rücksichtnahmegebots gegen die Genehmigung eines Multiplex-Kinos in einem durch Kerngebietsnutzungen und erheblichen Durchgangsverkehr vorbelasteten Wohngebiet kann nur gewährt werden, wenn die zu erwartenden Besucher- und Verkehrslärmimmissionen zu unzumutbaren Belästigungen führen, die über die durch die Vorbelastung begründete Duldungspflicht hinausgehen (OVG Bln, B. v. 17.3.1999 – 2 S 6.98 – BauR 1999, 1004).

Aus den Gründen: »*Bei der Frage, ob sich das geplante Multiplex-Kino nach der Art der baulichen Nutzung im Rahmen der Umgebungsbebauung und -nutzung hält, ist auf typische Nutzungsarten abzustellen; dabei kann grundsätzlich an die Typisierung der Nutzungsarten der BauNVO angeknüpft werden*« (BVerwG, B. v. 29.10.1997, BRS 59 Nr. 62, Buchholz 406.11. § 34 BauGB Nr. 87). Ein Multiplex-Kino mit 1.797 Plätzen, Verkaufsständen und Kinoladen sowie Gastronomie, wie von der Beigeladenen geplant, ist hier wegen seines größeren Einzugsbereichs und seiner Ausrichtung auf kommerzielle Freizeitgestaltung und Vergnügen keine auch im allgemeinen Wohngebiet zulässige Anlage für kulturelle Zwecke, sondern eine kerngebietstypische Vergnügungsstätte (vgl. Sächs. OVG, B. v. 5.919 95, SächsVBl. 1995, 286). Dieses Vorhaben hält sich entgegen der Auffassung der Antragstellerin innerhalb des sich aus der näheren Umgebung ergebenden Rahmens (OVG Bln., aaO.).

7.82
»*Der **Ausschluss von Spielhallen** (Hervorhebung stets diesseits) stellt die allgemeine Zweckbestimmung eines als **Kerngebiet** ›ausgewiesenen‹ (festgesetzten) Baugebiets grundsätzlich nicht in Frage*« (Leits. des OVG Brem., U. v. 1.12.1987 – 1 BA 38/87 – BRS 47 Nr. 49 = ZfBR 1988, 241 n. L.). **Aus den Gründen:** »*Die fragliche textliche Festsetzung ›Spielhallen unzulässig‹ bezweckt hier die Erhaltung der dem Gebietscharakter eines Kerngebiets entsprechenden Nutzungsvielfalt und die Verhinderung eines auf die Etablierung eines Vergnügungsviertels gerichteten Entwicklungsprozesses.*« (Wird weiter ausgeführt; OVG Brem., aaO.). Dass der **Ausschluss von Spielhallen** aus Kerngebieten grundsätzlich möglich ist, hat das BVerwG erneut in seinem B. v. 21.12.1992 (– 4 B 182.92 – BRS 55 Nr. 42) bestätigt. In den **Gründen** hat das BVerwG nochmals hervorgehoben, dass mit der

§ 7 Abs. 2 8, 8.1

erforderlichen Rechtfertigung durch »besondere städtebauliche Gründe« dieser Ausschluss nicht von erschwerten Voraussetzungen abhängt; *»es ist vielmehr ausreichend, dass es spezielle städtebauliche Gründe gerade für diese Differenzierungen der zulässigen Nutzung gibt«* wie den sog. »Trading-down-Effekt« (BVerwG, aaO.).

8 c) **Sonstige nicht wesentlich störende Gewerbebetriebe (Nr. 3).** Hierunter fallen solche Nutzungen, Betriebe u. Anlagen, die in Abs. 2 nicht an anderer Stelle als speziellere Nutzungsart oder in Abs. 3 besonders genannt sind (ebenso *Bielenberg*, § 7 Rdn. 28). Der Gewerbebetrieb muss zum einen nach den Störauswirkungen dem Gebietscharakter des MK-Gebiets entsprechen u. muss sich zum anderen nach den Zulässigkeitsvoraussetzungen des § 15 Abs. 1 in die Eigenart des jeweiligen Gebiets, etwa nach Anzahl u. Umfang einfügen. Die in der 4. BImSchV aufgeführten Anlagen, etwa eine Kaffee-Rösterei (Nr. 7.29 in Spalte 2 des Anhangs) benötigen i. d. R. einen Nachweis der Atypik (s. § 6 Rn 12 f.).

Zum Begriff »Gewerbebetriebe« und allgemein s. Vorb. §§ 2 ff. Rn 2–3, § 2 Rn 24–25.14; z. Begriff »sonstige Gewerbebetriebe« und seiner städtebaulich-funktionalen Einfügung s. § 6 Rn 10–12.2. Unter die sonstigen Gewerbebetriebe fallen insbes. die Anlagen u. Betriebe des Großhandels, z. B. sonstige großflächige Handelsbetriebe nach § 11 Abs. 3 wie Cash-and-Carry-Lager (z. d. Begriffen s. § 11 Rn 20) und Maklerfirmen. Der Begriff ist in Abgrenzung zu den Geschäftsgebäuden fließend.

Zu den sonstigen Gewerbebetrieben gehören »mittelbar« als bauplanungsrechtliche Hauptnutzung Werbeanlagen wie großflächige Tafeln für wechselnde Plakatwerbung (s. dazu das Grundsatzurteil des BVerwG v. 3.12.1992 – 4 C 27.91 – Fundst. § 4 Rn 9.3). Das BVerwG hat seine Rspr. zu Fragen der selbständigen Werbeanlagen in dem U. v. 16.3.1995 (– 4 C 3.94 – BRS 57 Nr. 175 = BauR 1995, 508) mit ausf., überzeugenden Gründen fortgeführt. In dem Leits. dazu heißt es: *»**Großflächige Tafeln** für wechselnde Plakatwerbung (Hervorhebung dortseits) sind im Geltungsbereich qualifizierter Bebauungspläne hinsichtlich des Maßes der baulichen Nutzung regelmäßig zulässig«*. Und: *»**Örtliche Bauvorschriften** unterliegen dem Abwägungsgebot des § 1 Abs. 6 BauGB auch dann nicht, wenn sie gemäß § 9 Abs. 4 BauGB als Festsetzung in den Bebauungsplan aufgenommen werden, sofern das Landesrecht nicht etwas anderes bestimmt.«*

In den Gründen hat das BVerwG u. a. ausgeführt: *»Voraussetzung für die Genehmigungsfähigkeit der Werbetafel ist u. a. ihre Übereinstimmung mit dem Bauplanungsrecht, weil sie die Voraussetzungen des § 29 Satz 1 BauGB a. F. erfüllt. Auch eine mittelbare Verbindung durch Befestigung an einer Hauswand genügt (so zutreffend bereits OVG Lüneburg, U. v. 12.12.1986 – 6 A 112/85 – BRS 46 Nr. 132). Die Werbetafel stellt als Anlage der Fremdwerbung eine eigenständige gewerbliche Hauptnutzung dar (vgl. BVerwG, U. v. 3.12.1992, aaO.). Sofern der Bebauungsplan nichts Abweichendes bestimmt, schließt die **Festsetzung eines Kerngebiets** (Hervorhebung diesseits) die Zulassung von Anlagen der Fremdwerbung ein (vgl. § 7 Abs. 2 Nr. 3 BauNVO)«*; wird weiter fortgeführt (BVerwG, aaO.).

8.1 Das »**Nicht wesentlich Stören**« bezieht sich auf die Zweckbestimmung des MK-Gebiets insgesamt und nicht etwa auf das Wohnen (ebenso *Ziegler*, in: Brügelmann, § 7 Rdn. 14). Der Störungsgrad ist von der *Gebietsverträglichkeit* abhängig. In dem MK-Gebiet als konzentriert bebautem Gebiet (schon wegen der zulässigen GFZ von 3,0 und des dadurch bewirkten höheren Grundgeräuschpegels als in MD- und MI-Gebieten) kann der Störungsgrad höher liegen als in den anderen Mischgebieten. Der Hinweis »*sonstige*« (nicht wesentlich störende) Gewerbebetriebe bezieht sich auf alle *Gewerbebetriebe* im MK-Gebiet, die nicht bereits unter einem spezielleren Nutzungsbegriff aufgeführt sind (s. auch Rn 2).

d) **Anlagen für kirchliche, kulturelle, soziale und gesundheitliche Zwecke; Anlagen für sportliche Zwecke (Nr. 4).** – aa) Zu den oben genannten Anlagen (außer für sportliche Zwecke) s. Vorb. §§ 2 ff. Rn 11–11.4, 13–15; ferner § 2 Rn 22, § 4 Rn 6–6.67. Im MK-Gebiet haben die »zentralen« Stätten der kirchlichen und kulturellen Begegnung und Erbauung ihren Standort, wie besondere (Kirchen-)Gebäude, Theater, Kunsthallen, Museen und Konzertsäle (Tonhalle, Philharmonie), Kongressgebäude für sich allein (ohne Messe- und Ausstellungshallen), die auch unter »sonstige Gewerbebetriebe« fallen können; ferner in mannigfaltiger Art Bildungsstätten. Im MK-Gebiet liegen häufig noch »alte« Krankenhäuser, oftmals ursprünglich im Zusammenhang mit einem kirchlichen Zentrum; ferner »Bürgerhäuser« und sonstige Stätten des gesellschaftlichen Zusammenlebens. 9

bb) **Nachbarklage gegen eine ambulante Einrichtung der Drogenhilfe in einem Kerngebiet.** Sie hat die verwaltungsgerichtliche und zivilrechtliche Rspr. nachhaltig beschäftigt (BVerwG, B. v. 6.12.2000 – 4 B 4.00 – ZfBR 2000, 203 = UPR 2001, 175 = BauR 2000, 605 = NVwZ 2000, 1054 = DVBl. 2000, 1340 = GewArch. 2000, 388; zuvor: Hess.VGH, U. v. 7.9.1999 – 4 UE 3469/98 – GewArch. 2000, 250 = BRS 62 Nr. 76; Hess. VGH, B. v. 9.10.1996 – 4 CG 1870/95 – BRS 58 Nr. 166; ferner BGH, U. v. 7.4.2000 – V ZR 39/99 – NJW 2000, 2901 = DVBl. 2000, 1608 = BauR 2000, 1766 = DÖV 2001, 166). In dem Rechtsstreit wehrte sich der Eigentümer eines gewerblich genutzten Gebäudes im Bahnhofviertel der Stadt F. gegen eine für das unmittelbar angebaute Nachbargebäude erteilte Genehmigung zum Umbau zur Umnutzung in ambulante Einrichtungen der Drogenhilfe. 9.1

Dem Sachverhalt nach umfassten die Einrichtungen der Drogenhilfe eine Tagesstätte (Kontaktladen) mit ca. 150 m² Nutzfläche, ein Café für drogenabhängige Mädchen und Frauen, eine Beratungsstelle sowie eine ärztliche Ambulanz, die u. a. ein Methadonprogramm anbietet. An der Außenwand des Gebäudes zum Gehsteig hin war die Herstellung eines Straßenschalters für Spritzenaustausch genehmigt. Der Kläger wehrte sich dagegen, dass die Einrichtungen der ambulanten Drogenhilfe die Nutzung seines Grundstücks unzumutbar erschwerten und die Vermietung von Gewerberäumen unmöglich machten. Drogensüchtige und Dealer verschafften sich Zutritt zu seinem Gebäude, das mit Spritzen u. a. verunreinigt werde. Besucher würden beim Betreten seiner Liegenschaft belästigt, Renovierungsarbeiten behindert. Die Klage war beim Hess.VGH und BVerwG erfolglos.

Nach dem B. des BVerwG v. 6.12.2000 (aaO.) ist eine **ambulante Einrichtung der Drogenhilfe** als Anlage für soziale und (oder) gesundheitliche Zwecke i. S. d. § 7 Abs. 2 Nr. 4 BauNVO in einem Kerngebiet allgemein zulässig, auch wenn der B-Plan Festsetzungen gem. § 7 Abs. 2 Nr. 7 BauNVO über die allgemeine Zulässigkeit von Wohnungen in dem Gebiet (hier: mind. 25 von Hundert der Geschossfläche) trifft. 9.2

Die Verwaltungsgerichtsbarkeit hat damit dem öffentlichen Interesse der Drogenhilfe und dem Interesse der Gesamtheit der Bevölkerung des Bahnhofviertels an der Drogenhilfeeinrichtung Vorrang vor dem Interesse des Klägers an einer unbeeinträchtigten Nutzung seines Hauses eingeräumt. Demgegenüber hat die Zivilgerichtsbarkeit die Belange des Grundstückseigentümers angemessen berücksichtigt (BGH, U. v. 7.4.2000, aaO.). Zwar hatte der Hauptantrag des Klägers auf Einstellung des Betriebs des Drogenhilfezentrums keinen Erfolg, da an dem Bestehen der Drogenhilfeeinrichtung ein Allgemeininteresse vorliegt. Nach der st. Rspr. des BGH ist ein Abwehranspruch, der die Einstellung eines Betriebs oder einer Anlage zur Folge hätte, ausgeschlossen, wenn die störenden Einwirkungen der Erfüllung von Aufgaben dienen, die im Allgemeininteresse liegen und von

§ 7 Abs. 2   9.21

öffentlich-rechtlichen Trägern, oder wie hier, von unmittelbar dem öffentlichen Interesse verpflichtenden gemeinwichtigen Einrichtungen ausgingen.

Die Revision des Klägers hatte dagegen Erfolg, soweit sie die Ansprüche auf Zahlung und auf Feststellung der Pflicht der Beklagten zu weiterem Ausgleich in Geld wegen der nicht abwehrbaren Zugangsbehinderungen zum Gegenstand hatte. Die beiden Leits. der überzeugenden BGH-Entscheidung lauten:

»1. Der Betreiber eines Drogenhilfezentrums und der Vermieter des Grundstücks, auf dem der Betrieb stattfindet, können als mittelbare Störer für die Behinderung des Zugangs zu dem Nachbargrundstück durch die Drogenszene verantwortlich sein, die sich auf der öffentlichen Straße vor den benachbarten Grundstücken bildet.

2. Der Anspruch des Nachbarn auf Einstellung des Betriebs eines Drogenhilfezentrums wegen Behinderung des Zugangs zu seinem Grundstück kann wegen des Allgemeininteresses an der Aufrechterhaltung des Betriebs ausgeschlossen sein; in diesem Falle steht dem Nachbarn ein Ausgleichsanspruch in Geld zu, der sich an den Grundsätzen der Enteignungsentschädigung ausrichtet.«

Insoweit hatten die Hilfsanträge, geeignete Maßnahmen zu ergreifen, damit Nutzer des Drogenhilfezentrums und Drogendealer (a) sein Grundstück nicht betreten und (b) nicht verunreinigen, vor dem BGH letztendlich zivilrechtlich Erfolg.

9.21   Zur Entscheidung des BVerwG über **Einrichtung der Drogenhilfe im Kerngebiet** (B. v. 6.12.2000 Fundst. Rn 9.1).

Aus den Gründen sind nach diess. A. die Fragen bedeutsam, ob ein großes Krisenzentrum für Drogenabhängige (mit Straßenschalter für den Spritzentausch) wegen seines Umfangs (Größe) und seiner Konzentrations- und Sogwirkung auf Drogenabhängige (und Dealer) und der dadurch verursachten typischen Beeinträchtigungen unter dem Begriff einer im Kerngebiet typischerweise zulässigen »Anlage für gesundheitliche und/oder soziale Zwecke« i. S. d. § 7 Abs. 2 Nr. 4 BauNVO (fällt) oder ob es sich hierbei um eine andere Anlage, etwa für »staatspolitische Zwecke« handelt, welche hier im Vordergrund stehen (können), die in einem auch der Wohnnutzung dienenden Kerngebiet nicht zulässig ist. Ferner, ob sich die Begriffskategorie der »Anlage für soziale und/oder gesundheitliche Zwecke« nach der Zweckbestimmung des jeweiligen Baugebietes und gegebenenfalls dem Umfang (und der Größe) einer Anlage und der dadurch verursachten Beeinträchtigungen für die Nachbarschaft richtet.

Das BVerwG hat dazu geäußert: *»Eine abschließende Festlegung verlangt § 7 Abs. 2 Nr. 4 BauNVO nicht, da beide Anlagentypen im Kerngebiet für allgemein zulässig erklärt; danach sind auch Anlagen zulässig, die soziale mit gesundheitlichen Zwecken verbinden. Eine eigenständige Kategorie der ›Anlagen für staatspolitische Zwecke‹ kennt die Baunutzungsverordnung nicht. Jedoch zeichnen sich gerade die in § 7 Abs. 2 Nr. 4 BauNVO genannten Anlagen für kirchliche, kulturelle, soziale und gesundheitliche Zwecke dadurch aus, dass ihre Errichtung und ihr Betrieb (zumindest auch) dem öffentlichen Interesse dienen. In der Regel handelt es sich um Anlagen für den Gemeinbedarf; dabei ist nicht entscheidend, ob sie von privaten, kirchlichen oder öffentlichen Trägern betrieben werden. Zu diesem Kreis der Gemeinbedarfsanlagen kann auch eine Einrichtung der ambulanten Drogenhilfe gezählt werden, die der Betreuung und ärztlichen Versorgung von Suchtkranken dient und zugleich dazu bestimmt ist, die ›offene Drogenszene‹ in einem Vergnügungsviertel und deren Begleiterscheinungen kontrolliert einzudämmen«.* Das BVerwG hat ferner herausgestellt, *»dass sich die Zulässigkeit eines bestimmten Vorhabens innerhalb eines Baugebiets der BauNVO nicht allein nach der Einordnung des Vorhabens in eine bestimmte Begriffskategorie (Nutzungs- oder Anlagenart), sondern auch nach der Zweckbestimmung des jeweiligen Baugebiets richtet oder richten kann«.* Diese Rspr. betrifft vor allem jene städtebaulichen Nutzungsarten, die Baunutzungsverordnung begrifflich verselbständigt und mehreren Baugebietstypen in §§ 2–9 BauNVO zugeordnet hat. *»Die Zweckbestimmung eines Baugebiets kann nicht allein aus der jeweiligen Baugebietsvorschrift der BauNVO abgeleitet werden, sondern wird auch dadurch beeinflusst, welche Funktionen dem einzelnen Baugebiet im Verhältnis zu anderen Baugebieten der BauNVO zukommen (BVerwG, U. v. 24.2.2000 – BVerwG 4 C 23.98 – UPR 2000, 455 – Vergnügungsstätten). Auf der Grundlage dieser Rechtsprechung kann bei typisierender Betrachtungsweise auch ein ›großes Krisenzentrum‹ der ambulanten Drogenhilfe in einem als*

Kerngebiet ausgewiesenen Innenstadtbereich einer Großstadt als Anlage für soziale und gesundheitliche Zwecke im Sinne von § 7 Abs. 2 Nr. 4 BauNVO (allgemein) zulässig sein«. (Wird weiter ausgeführt).

»Die Zulässigkeit einer bestimmten Anlage für soziale und gesundheitliche Zwecke in einem Kerngebiet richtet sich auch in einem solchen Fall nach der Zweckbestimmung dieses Baugebiets, die in § 7 Abs. 1 BauNVO allgemein umschrieben und in § 7 Abs. 2 BauNVO konkretisiert wird. Danach haben Kerngebiete zentrale Funktionen. Sie bieten vielfältige Nutzungen und ein urbanes Angebot an Gütern und Dienstleistungen für die Besucher der Stadt und für die Wohnbevölkerung eines größeren Einzugsgebiets (BVerwG, B. v. 28.7.1988 – BVerwG 4 B 119.88 – UPR 1989, 75). Im Kerngebiet sollen deshalb typischerweise auch Vergnügungsstätten konzentriert sein. Dieser Kerngebietscharakter geht nicht dadurch verloren, dass im Kerngebiet nach Maßgabe von Festsetzungen des Bebauungsplans (§ 7 Abs. 2 Nr. 7, Abs. 4 BauNVO) oder ausnahmsweise (§ 7 Abs. 3 BauNVO) Wohnungen zulässig sein können. Eine Einrichtung der ambulanten Drogenhilfe kann sich gerade deshalb als kerngebietstypisch und i. d. S. standortgebunden erweisen, weil sie nach Größe, Ausstattung und Zielsetzung auf eine ›Drogenszene‹ ausgerichtet ist, die sich im Rahmen einer für Kerngebiete typischen Ansammlung von Vergnügungsstätten entwickelt hat. Der Plangeber hat bei der Festsetzung von Wohnungen im Kerngebiet zu beachten, dass dieses in erster Linie und im Unterschied zu anderen Baugebieten der BauNVO den vorgenannten zentralen Funktionen und Einrichtungen zu dienen bestimmt ist«. (Wird weiter ausgeführt, BVerwG, aaO.).

Demgegenüber kann nach Auffassung des Nds. OVG (B. v. 21.3.2007 – 1 ME 61/07 – BauR 2007, 1214) in einem auch durch Wohnnutzung geprägten Gebiet eine Drogenberatungsstelle trotz des bestehenden Allgemeininteresses mit dem Gebot der Rücksichtnahme unvereinbar sein.

cc) Nach der ÄndVO 1990 sind nunmehr auch **Anlagen für sportliche Zwecke** in MK-Gebieten *generell* zulässig. Soweit Sportanlagen im weitesten Verständnis gewerblich betrieben worden sind, wie Bowling-Bahnen (Kegelbahnen), eine Tennishalle, eine Mehrzweck-Sporthalle oder ein Tanzsportclub, waren sie bisher schon im MK-Gebiet zulässig. Eine gemeindliche (Schul-)-Turnhalle kann nunmehr auch außerhalb der Schulzeit für andere Sportarten nutzbar gemacht werden. Hallenschwimmbäder haben als gemeindliche Einrichtung seit jeher auch im MK-Gebiet ihren Standort gehabt. Auf die *Betriebsform* (gewerblich, privat oder öffentlich-rechtlich) kommt es nicht an, dagegen entscheidend auf die **Gebietsverträglichkeit**. Der Kfz-Zu- und Abgangsverkehr bei Sportanlagen im MK-Gebiet wirft wegen des i. A. hohen Grundgeräuschpegels keine besonderen Probleme auf. Aufgrund der vorherrschenden konzentrierten Bebauung wird eine großflächige Sportanlage wegen des *Umfangs* (§ 15 Abs. 1 Satz 1) häufig nicht als Standort in Betracht kommen.

e) **Tankstellen im Zusammenhang mit Parkhäusern und Großgaragen (Nr. 5).** Allgemeines zum Begriff und zum Umfang von Tankstellen s. § 2 Rn 23–23.1, § 6 Rn 15–15.2. Die *bis* zum Inkrafttreten der BauNVO 1968 allgemeine Zulässigkeit zur Errichtung von Tankstellen ist aufgrund der ÄndVO 1968 dahin gehend eingeschränkt worden, dass ihre Errichtung nunmehr nur »im Zusammenhang mit Parkhäusern und Großgaragen« allgemein zulässig ist und Tankstellen *ohne* diese Verbindung *nur ausnahmsweise* zugelassen werden können (Abs. 3 Nr. 1). Aufgrund von B-Plänen für MK-Gebiete, die nach der BauNVO 1962 festgesetzt sind, sind Tankstellen weiterhin *ohne Kopplung* an Parkhäuser und (sonstige) Großgaragen zulässig (ebenso *Bielenberg*, § 7 Rdn. 32). Allerdings wird für derartige Tankstellen-Anlagen der Zulässigkeitsvorbehalt des § 15 (Eigenart des Baugebiets) besonders zu beachten sein.

§ 7 Abs. 2 11

Parkhäuser sind oberirdische Anlagen im Unterschied zu Tiefgaragen als unterirdische Anlagen; **Oberbegriff:** *Parkbauten* (Näheres bei *Sill*, Parkbauten). *Großgaragen* sind Garagen mit einer Nutzfläche (= Summe der Stell- und Verkehrsflächen) über 1.000 m² (§ 1 Abs. 5 GarVO NW, § 1 Abs. 5 GarVO Bay, § 1 Abs. 6 GarVO BW); Parkhäuser von Betrieben, z.B. von Warenhäusern oder großen Hotels, um der Stellplatzpflicht für die Kfz der Bediensteten und der Besucher zu genügen. Während *Parkhäuser* im Regelfall dem stundenweisen Parken dienen, was nicht ausschließt, dass bestimmte Stellflächen fest vermietet sind, sind die Stellplätze oder Einzelboxen der *Großgaragen* meistens auf Dauer vermietet. Für beide Einrichtungen bilden Tankstellen mit im Regelfall nur ebenerdig zulässigen Zapfsäulen (nach jeweiliger LBauO) sowie dem kleinen Wagenpflegedienst (Wagenwaschanlage) die naturgemäße Ergänzung und sind aus verkehrstechnischer Sicht und damit städtebaulich unbedenklich. Da der Zu- und Abfahrtsweg zu Parkhäusern und Großgaragen unvermeidlich ist, verursachen die Tankstellen keine zusätzlichen Kfz-Bewegungen, wie es bei isoliert errichteten Tankstellen der Fall ist.

Parkhäuser können, da sie neben den Großgaragen gesondert aufgeführt sind, auch eine kleinere Nutzfläche als 1.000 m² haben.

Für die – richtige – Wahl des Standortes von Parkbauten und die besonderen Anforderungen an den Standort (u.a. technische und betriebliche Gesichtspunkte) geben die »Hinweise für die städtebauliche Planung von Parkbauten für Kernbereiche« der Fachkommission »Städtebau« der Arbeitsgemeinschaft der für das Bau-, Wohnungs- und Siedlungswesen zuständigen Minister der Länder (ARGEBAU) eine zusammenfassende Darstellung.

11 f) **Wohnungen für einen besonderen Personenkreis (Nr. 6).** In **Abs. 2 Nr. 6** sind »**Wohnungen**« als *selbständiger* Anlagenbegriff genannt. In dem Katalog der zulässigen und ausnahmsweise zulassungsfähigen Anlagen der §§ 2–6 sind sonst stets »Wohngebäude« aufgeführt.

Zur »Wohnung« gehört nach den LBOen begrifflich, dass sie von fremden Wohnungen oder fremden Räumen baulich abgeschlossen ist, und einen eigenen, abschließbaren Zugang unmittelbar vom Freien, von einem Treppenraum oder von einem Vorraum hat. Wohnungen in Gebäuden, die nicht zum Wohnen dienen, müssen nach den LBOen im Regelfall einen besonderen Zugang haben. In Einfamilienhäusern sind baulich nicht abgeschlossene Einliegerwohnungen zulässig. Die unter Nr. 6 genannten Wohnungen sind in allen Geschossen der im MK-Gebiet zulässigen Gebäude zulässig.

Die Wohnungen für Aufsichts- und Bereitschaftspersonen brauchen sich nicht in dem (Betriebs-)Gebäude zu befinden, sondern können auch in der Nähe errichtet werden. Planungsrechtlich ist es nicht ausgeschlossen, dass für mehrere Wohnungen ein selbständiges Wohngebäude errichtet wird, ggf. im Zusammenhang mit »sonstigen Wohnungen« nach Nr. 7.

Unter Nr. 6 fallen Wohnungen für Personen, die in einer **besonderen Beziehung** zu den in MK-Gebieten zulässigen Anlagen **stehen**. Wegen dieser Verbundenheit, Gebundenheit oder sonstigen Abhängigkeit ist diesen Personen das Wohnen im MK-Gebiet gestattet. Bei dem Personenkreis handelt es sich z.B. um Heizer, Hausmeister, Pförtner, evtl. auch Telefonisten der Geschäfts-, Büro- und Verwaltungsgebäude, Nachtwächter, Nachtportiers, sonstige Personen zur Wartung von Betriebseinrichtungen, Kellner- und Hauspersonal der unter Nr. 2 fallenden Anlagen (z.B. Hotels). Ferner gehören dazu die Wohnungen der Betriebsinhaber und Betriebsleiter wegen ihrer persönlichen Bindung, unabhängig davon, ob ihre ständige Nähe erforderlich ist, sowie sonstiger Personen, deren (ständige) Anwesenheit, z.B. aus Sicherheitsgründen (Banken), erforderlich ist. Art und Umfang richten sich nach den konkreten **betrieblichen Erfordernissen** i.S. einer funktionalen Zuordnung; soweit es sich um Betriebsinhaber oder Betriebsleiter handelt, muss ihr Wohnen auf oder nahe dem Betriebsgrundstück mit Rücksicht auf Art und Größe des Betriebs aus betrieblichen Gründen objektiv sinnvoll sein, *und* es dürfen nicht bereits Wohnungen vorhanden sein, die von den Personen genutzt werden können (BVerwG, U. v.

16.3.1984 – 4 C 50.80 – BRS 42 Nr. 73 = BBauBl. 1984, 439 = ZfBR 1984, 148 = NVwZ 1984, 511).

Nachdem seit der ÄndVO **1968** das Wohnen im MK-Gebiet zunehmend erleichtert worden ist (s. Rn 12 u. 15), hat die Frage der Behandlung von Betriebswohnungen i. S. v. Nr. 6, die zweckentfremdet werden, für die planungsrechtliche Praxis an Bedeutung verloren. Das hat jedoch nichts daran geändert, dass die Umwandlung in eine frei verfügbare Wohnung weiterhin im Grundsatz eine genehmigungspflichtige **Nutzungsänderung** darstellt ebenso wie im GE- und GI-Gebiet (dazu BVerwG, U. v. 27.5.1983 – 4 C 67.78 – BRS 40 Nr. 56 = BauR 1983, 443 = ZfBR 84, 45). Ein genereller Ausschluss von Betriebswohnungen würde gegen § 1 Abs. 5 und 6 BauGB verstoßen (so auch *Bielenberg*, § 7 Rdn. 35).

g) **Sonstige Wohnungen nach Maßgabe von Festsetzungen des B-Plans (Nr. 7).** Nach der durch die ÄndVO **1968** eingefügten, durch die ÄndVO **1990** im Wortlaut unwesentlich geänderten und gleichzeitig materiell-rechtlich gelockerten Vorschrift sind nach Nr. 7 »sonstige« Wohnungen (für jedermann) »*nach Maßgabe*« der Festsetzungen im B-Plan allgemein zulässig. Während bis zur ÄndVO 1990 sonstige Wohnungen »oberhalb eines im B-Plan bestimmten Geschosses« zulässig waren, braucht nach der Neufassung der B-Plan die Zulässigkeit von Wohnungen **nicht mehr ab einem** bestimmten Geschoss festzusetzen, sondern kann die Zulässigkeit von Wohnungen allgemeiner als bisher regeln. Es bleibt jedoch erforderlich, dass die Zulässigkeit »**nach Maßgabe**« zu erfolgen hat, d. h., dass die Zulässigkeit abhängig ist von bestimmten planerischen Überlegungen, die als in bestimmter Weise getroffene Festsetzungen im B-Plan ihren Niederschlag finden. Es wird in MK-Gebieten i. A. zwar dem Gebietscharakter widersprechen, im Erdgeschoss allgemein Wohnungen (außer denjenigen nach Nr. 6) zuzulassen. Nach der Neufassung ist das aber möglich. Derartige Festsetzungen im B-Plan erfolgen erfahrungsgemäß am eindeutigsten mittels Text. Auch bei der jetzigen Regelung handelt es sich um eine **spezielle Vorschrift;** sie ist deshalb nicht etwa an die Voraussetzungen des § 1 Abs. 7 gebunden. Auch »sonstige Wohnungen« können in einem eigenen Wohn*gebäude* errichtet werden (wie hier *Bielenberg*, § 7 Rdn 45 u. *Ziegler*, in: *Brügelmann*, § 7 Rdn 23).

Die Regelung des Abs. 2 Nr. 7 hat nicht zur Folge, dass in den Geschossen nach Maßgabe der Festsetzungen des B-Plans etwa *nur noch* Wohnungen zulässig sind (vgl. aber Abs. 4 Nr. 1). Es bleiben auch bei der Festsetzung der sonstigen Wohnungen nach Maßgabe des B-Plans die im Zulässigkeitskatalog sonst aufgeführten Anlagen (weiterhin) zulässig. Durch die Regelung nach Abs. 2 Nr. 7 werden ferner Wohnungen für den in Abs. 2 **Nr. 6** bestimmten Personenkreis nicht ausgeschlossen, wie »sonstige« Wohnungen nach Abs. 2 Nr. 7 auch von Personen bewohnt werden dürfen, die dem Personenkreis nach Abs. 2 **Nr. 6** angehören (ebenso *Bielenberg*, § 7 Rdn 36).

Die Gemeinde kann für ein durch B-Plan festgesetztes Kerngebiet Wohnungen nicht für allgemein zulässig erklären (OVG NW, U. v. 18.3.2004 – 7 a D 52/03 – NVwZ-RR 2004, 639 = NWVBl. 2004, 384 = BRS 67 Nr. 36 1. Leits. unter Hinweis auf OVG NW, U. v. 19.2.2001 – 10 a D 65/98.NE – BRS 64 Nr. 24 = ZfBR 2001, 422). Das OVG NW erklärte folgende Festsetzung im B-Plan für nichtig:

§ 7 Abs. 2 12.11, 12.2

»*Zulässig sind sonstige Wohnungen mit der Maßgabe, dass Wohnungen in allen Geschossen allgemein zulässig sind und Wohnungen in eigenen Wohngebäuden errichtet werden dürfen gem. § 7 Abs. 2 Nr. 7 BauNVO*«.

Zur Begr. hat das OVG ausgeführt:

»*Bei der hier zu beurteilenden Festsetzung wäre die allgemeine Zweckbestimmung des Kerngebiets nicht mehr gewahrt. Kerngebiete dienen ›vorwiegend‹ der Unterbringung von Handelsbetrieben sowie zentralen Einrichtungen der Wirtschaft, der Verwaltung und der Kultur. Sie haben zentrale Funktionen mit vielfältigen Nutzungen und einem urbanen Angebot an Gütern und Dienstleistungen für die Besucher der Stadt und für die Wohnbevölkerung eines großen Einzugsbereichs. Die textliche Festsetzung eröffnet jedoch die Möglichkeit, dass das festgesetzte Kerngebiet stattdessen vorwiegend der Wohnnutzung dient. Gebiete, in denen allgemein und überall Wohnungen zulässig sind, sind keine Kerngebiete i. S. d. § 7 BauNVO*«.

Das Sächs. OVG (U. v. 3.3.2005 – 1 B 431/03 – LKV 2005, 411 = BRS 69 Nr. 37) hat sich der Rechtsauffassung des OVG NW angeschlossen und folgenden Leits. aufgestellt:

»*Festsetzungen in einem Bebauungsplan nach § 7 Abs. 2 Nr. 7 BauNVO (allgemeine Zulässigkeit von sonstigen Wohnungen) müssen die allgemeine Zweckbestimmung eines Kerngebiets wahren. Dies ist nicht der Fall, wenn nicht betriebsgebundene Wohnnutzung im gesamten, im Wesentlichen sechsgeschossig zu bebauenden Kerngebiet in allen Geschossen außer den Erdgeschossen allgemein zugelassen und zugleich kerngebietstypische Nutzung ausgeschlossen wird*«.

Das OVG NW hat seinem U. v. 18.3.2004, aaO., einen weiteren 2. Leits. vorangestellt:

»*Wird die bisherige Festsetzung eines allgemeinen Wohngebiets durch die Festsetzung eines Kerngebiets ersetzt, ist in die Abwägung einzustellen, ob die vorhandene Wohnnutzung auf einen der Kerngebietsfestsetzung entsprechenden (herabgesetzten) Immissionsrichtwert verwiesen werden kann*«.

12.11 Bei der Zulassung von Wohnungen im Kerngebiet ist die Abwägung im Hinblick auf die **Einhaltung der landesrechtlichen Abstandsvorschriften** von Bedeutung. Eine Unterschreitung der Abstandsvorschriften der NBauO genügt den Anforderungen der gesunden Wohn- und Arbeitsverhältnisse im Kerngebiet noch, wenn in der Geschossebene der Wohnnutzung ein Abstand von 0,4 H eingehalten wird (vgl. auch § 5 Abs. 7 LBO BW; Nds. OVG, U. v. 26.9.2000 – 1 K 3563/99 – DVBl. 2001, 406).

Es verstößt gegen das Gebot gerechter Abwägung, wenn bei der Verteilung unterschiedlicher Nutzungen in einem Gebiet die gewerbliche Nutzung auf einen Bereich im Eigentum eines einzigen Eigentümers konzentriert wird u. wenn gleichzeitig Wohnnutzung dort für immer festgeschrieben wird, wo sie – zufällig – gerade vorhanden ist. Vorteile u. Nachteile einer Planung sind im Prinzip gleichmäßig zu verteilen (so mit Recht BayVGH, U. v. 12.11.1993 – 2 N 93.1978 –, UPR 1994, 396; wird im Einzelnen weiter ausgeführt).

12.2 Die Regelung des Abs. 2 Nr. 7 ist entgegen der Auffassung von *Ziegler*, in: *Brügelmann* (§ 7 Rdn. 24) **kein Unterfall** von § 1 Abs. 7, sondern eine *originäre* Zulässigkeitsvorschrift und lex specialis zu § 1 Abs. 7. Die Bestimmung des Abs. 2 Nr. 7 bestand überdies bereits, bevor die ganz allgemein für Baugebiete nach den §§ 4–9 geltende Vorschrift des § 1 Abs. 7 durch die ÄndVO 1977 eingeführt worden ist. § 7 Abs. 2 Nr. 7 kann ferner schon deshalb kein Unterfall von § 1 Abs. 7 Nr. 3 sein, weil nach letzterer Vorschrift unter der Voraussetzung der Rechtfertigung durch besondere städtebauliche Gründe nur festgesetzt werden kann, dass »in bestimmten Geschossen« »alle oder einzelne Ausnahmen« ... allgemein zulässig sind. Bei der Vorschrift des § 7 Abs. 2 Nr. 7 handelt es sich nicht um eine ausnahmsweise Regelung, sondern als Voraussetzung der vom VOgeber bereits vorgesehenen Zulässigkeit sonstiger Wohnungen ist (lediglich) die Festsetzung (nach Maßgabe) im B-Plan erforderlich, *ab welchem Geschoss* Wohnungen errichtet werden können, d. h. – ohne ein gleichzeitiges Baugebot – zulässig sind (wie hier *Bielenberg*, § 7 Rdn. 41).

Eine Gemeinde wird bei Aufstellung des B-Plans nach § 1 Abs. 3 BauGB im Rahmen des von ihr generell auszuübenden Planungsermessens zu entscheiden haben, ob und ggf. in welchem Umfang sie die Zulässigkeit von Wohnungen nach § 7 Abs. 2 Nr. 7 im B-Plan festsetzen will. Das kann u. a. von der Größe der Gemeinde abhängen und davon, ob sie ein »Geschäftsgebiet« – gewissermaßen als Variante des MK-Gebiets – schaffen will, das zwar kein typisches Kerngebiet, aber doch mehr als ein MI-Gebiet ist und bei dem z. B. das Erdgeschoss der gewerblichen Nutzung i. S. v. § 7 Abs. 2 Nrn. 1–3 und Räumen für freie Berufe, etwa für eine Arztpraxis, vorbehalten bleibt, während in den Obergeschossen das Wohnen zulässig ist. Die Aufstellung eines jeden B-Plans bedarf zwar einer städtebaulichen Rechtfertigung (sobald und soweit es für die städtebauliche Entwicklung und Ordnung erforderlich ist – § 1 Abs. 3 BauGB). Für die Bestimmung der Zulässigkeit der sonstigen Wohnungen bedarf die Gemeinde aber keiner »besonderen« städtebaulichen Gründe.

Dass die allgemeine Zweckbestimmung des MK-Gebiets gewahrt bleiben muss, gehört zur allgemeinen Verpflichtung bei Aufstellung des B-Plans und ist kein »besonderer« städtebaulicher Grund (zum Begriff s. § 1 Rn 114–116), der insbes. wegen des im Regelfall erheblichen Eingriffs in das Eigentum einer (besonderen) Rechtfertigung bedarf, die verwaltungsgerichtlich überprüfbar ist (§ 1 Rn 112–113).

Hinsichtlich der Vorschrift des **Abs. 2 Nr. 7** ist die Frage, ob die Zulässigkeit sonstiger Wohnungen nach Maßgabe der Festsetzungen des **B-Plans** (Rn 12) auf *Teile* des Kerngebiets beschränkt werden kann, geklärt.

Die Bedenken bestanden wohl darin, dass die »unechte« vertikale Gliederung nach § 7 Abs. 2 Nr. 7 zusätzlich nach § 1 Abs. 4 Nr. 1 »nach der Art der zulässigen Nutzung« soll gegliedert werden können und diese nach § 1 Abs. 8 »auf Teile des Baugebiets« zu beschränken ist. Die Gliederung eines Baugebiets oder von Teilen des Baugebiets nach bestimmten Nutzungen bezweckt, dass in einem gegliederten Bereich des Baugebiets die übrigen in dem Baugebietskatalog aufgeführten Nutzungen unzulässig werden (§ 1 Rn 83), wie dies in § 4 Abs. 5 und § 6 Abs. 4 BauNVO 1968 deutlich zum Ausdruck kam.

Der **Ausschluss anderer Nutzungen** ist durch die Beschränkung sonstiger Wohnungen nach Abs. 2 Nr. 7 »nach Maßgabe« der Festsetzungen des B-Plans auf Teile des MK-Gebiets jedoch nicht beabsichtigt. Die »Maßgabe« des B-Plans schließt nicht nur eine vertikale, sondern auch eine horizontale Gliederung ein, ohne dass dies besonders abgeleitet werden müsste. Sonst müsste die Formulierung anders lauten, etwa wie in § 7 Abs. 4.

4. Ausnahmsweise zulassungsfähige Nutzungen (Abs. 3)

a) **Tankstellen** (**Nr. 1**), die nicht unter Abs. 2 Nr. 5 fallen: Dazu grundsätzlich § 2 Rn 23–23.1 u. insbes. § 6 Rn 15 f.; bei Tankstellen ohne »Zusammenhang mit Parkhäusern und Großgaragen« können die gleichen baurechtlichen Probleme u. Schwierigkeiten auftreten wie im MI-Gebiet (§ 6 Rn 15–15.2).

b) Die ausnahmsweise **Zulassung von Wohnungen** (Nr. 2), die weder Betriebswohnungen (Abs. 2 Nr. 6) noch sonstige Wohnungen (Abs. 2 Nr. 7) sind, wird durch die Regelungsmöglichkeit für sonstige Wohnungen (Rn 12–12.3) und vor allem durch die noch weitergehende **Vorschrift des Abs. 4**, durch die **ÄndVO 1977** angefügt (Rn 15), an Bedeutung verlieren. Diese Wohnungen können zwar in Gebäuden in Betracht kommen, für die der B-Plan nach Abs. 2 Nr. 7 keine Festsetzungen getroffen hat. Da die Vorschrift aber an Ausnahmegründe gebunden ist, kann von ihr nicht unbeschränkt Gebrauch gemacht werden.

Will die Gemeinde statt der ausnahmsweisen Zulassung von Wohnungen nach § 7 Abs. 3 Nr. 2 solche festsetzen, die im Baugebiet allgemein zulässig sind (§ 1 Abs. 6 Nr. 2 – ggf. auf Teile beschränkt i. V. m. Abs. 8 –), hat sie i. S. d. Recht-

§ 7   Abs. 3   14.1, 14.2

fertigung darauf zu achten, dass die allgemeine Zweckbestimmung des MK-Gebiets gewahrt bleibt.

Das OVG NW (U. v. 13.12.1993 – 11a D 24/92 – NE – GewArch. 1994, 257) hat nach diess. A. zu Recht festgestellt: Die Festsetzung, dass im Kerngebiet Wohnungen allgemein und überall zulässig sind, verstößt gegen § 1 Abs. 6 Nr. 2 BauNVO. Nach der Entscheidung spricht vieles dafür, dass § 7 Abs. 2 Nr. 7 BauNVO als speziellere Regelung einer allgemeinen Zulassung der gem. § 7 Abs. 3 Nr. 2 BauNVO nur ausnahmsweise zulassungsfähigen Wohnungen durch eine auf § 1 Abs. 6 Nr. 2 BauNVO gestützte Festsetzung entgegensteht.
– »*Kerngebiete, in denen allgemein und überall Wohnungen zulässig sind, sind keine Kerngebiete im Sinne des § 7 BauNVO mehr, sondern entsprechen eher Mischgebieten nach § 6 BauNVO*« (so OVG NW, aaO.).

14.1 In einem weiteren U. v. 19.2.2001 (– 10 aD 65/98.NE – ZfBR 2001, 422 –) hat das OVG NW die vorstehende Rechtsauffassung bestätigt. Danach sind Festsetzungen eines B-Plans, wonach Wohnungen in einem Kerngebiet allgemein zulässig sind, mangels Ermächtigungsgrundlage nichtig; ansonsten wäre die allgemeine Zweckbestimmung des Kerngebiets nicht mehr gewahrt. Die textliche Festsetzung eröffnet die Möglichkeit, dass das festgesetzte Kerngebiet stattdessen vorwiegend der Wohnnutzung dient. Gebiete, in denen allgemein und überall Wohnungen zulässig sind, sind aber keine Kerngebiete i. S. d. § 7 BauNVO.

Hat die Gemeinde im Hinblick auf eine »an sich« feststehende, eine größere Fläche in Anspruch nehmende Nutzung – ggf. mit besonderer Gliederung nach § 1 Abs. 4 – ein MK-Gebiet festgesetzt, ist die Bebauung entgegen der ursprünglichen Planung aus bestimmten Gründen nicht erfolgt u. hat die Gemeinde in dem noch unbebauten Planbereich ausnahmsweise die Errichtung von Wohnungen zugelassen, können die Inhaber der Wohnungen später, wenn eine adäquate Bebauung innerhalb des festgesetzten B-Plans erfolgt, nicht eine durch die zulässige Bebauung denkbare Verschlechterung des Wohnumfeldes geltend machen. Die nachbarrechtliche Beeinträchtigung ist an der Gebietsfestsetzung (hier: Kerngebiet) u. an der Lage des Grundstücks im City-Bereich zu messen (so mit Recht OVG Bln, B. v. 18.4.1986 – 2 S 41.86 – UPR 1986, 395).

B-Pläne werden nicht dadurch obsolet, dass sich für längere Zeit kein Bauwilliger findet; sie stehen weder unter einer derartigen auflösenden Bedingung noch unter Befristung. Die Voraussetzungen einer Verletzung des Rücksichtnahmegebots liegen nicht vor. Lärmbelästigungen, Verschattungen u.a. denkbare Verschlechterungen des Wohnumfeldes sind an der Planfestsetzung »Kerngebiet« zu messen (OVG Bln, aaO.).

14.2 Dem U. des OVG Hbg. vom 27.4.2005 (– 2 E 9/99.IV – BRS 69 Nr. 17) über einen B-Plan der Freien Hansestadt Hamburg für die Bebauung des Gebiets des nördlichen Elbufers kann im Hinblick auf die im Plan vorgenommene Bewältigung des Straßenverkehrs- und Hafenlärms für ein Kerngebiet mit 30%-iger Wohnnutzung nicht zugestimmt werden. Das Gericht hat hierzu folgenden **Leits.** aufgestellt:

»*Es ist nicht unvereinbar mit dem Abwägungsgebot und dem darin enthaltenen Gebot der Konfliktbewältigung, durch die Festsetzung von Kerngebietsflächen die – an bauliche Lärmschutzvorkehrungen gebundene – ausnahmsweise Zulassung von Wohnbebauung an dem durch Straßenverkehrslärm und Hafenlärm hoch belasteten Hafenrand zu ermöglichen, um im Interesse an der Schaffung eines urbanen Lebensraumes die Standortvorteile eines Wohnens in zentraler Lage am Elbufer und dem Hamburger Hafen für solche Interessenten nutzbar zu machen, die hierfür eine hohe – aber noch unterhalb der Gesundheitsgefährdung liegende – Lärmbelastung in Kauf nehmen wollen.*«

14.2   Abs. 3   § 7

In dem Plangebiet waren Wohnungen aufgrund der Regelungen in §§ 1 Abs. 3 S. 2, 7 Abs. 3 Nr. 2 BauNVO ausnahmsweise zulässig. Nach der Begr. des B-Plans sollten im Kerngebiet ein Wohnanteil von 30 % angestrebt werden. Um die Lärmproblematik zu bewältigen schrieb § 2 Abs. Nr. 2 des Plangesetzes vor, dass in den Kerngebieten die Aufenthaltsräume durch geeignete Grundrissgestaltung den lärmabgewandten Gebäudeseiten zuzuordnen sind. Die Festsetzung lautete:

»Soweit die Anordnung der Räume an den lärmabgewandten Gebäudeseiten nicht möglich ist, muss für diese Räume ein ausreichender Schallschutz durch bauliche Maßnahmen an Außentüren, Fenstern, Außenwänden und Dächern der Gebäude geschaffen werden. In den Kerngebieten südlich der Großen Elbstraße sind darüber hinaus für die zur Elbe orientierten Wohn- und Schlafräume nicht zu öffnende Schallschutzfenster oder vergleichbar wirksame bauliche Lärmschutzvorkehrungen vorzusehen.«

Außerdem hatten die Grundstückseigentümer durch Eintragung von Grunddienstbarkeiten und die Übernahme von Baulasten zur Duldung des Hafenlärms sich verpflichtet.

Eine lärmtechnische Untersuchung über den durch Straßenverkehrslärm am stärksten vorbelasteten Bereich des Plangebiets ergab auf der Nordseite der Straße Beurteilungspegel von bis zu 75 dB(A) am Tag und bis zu 67 dB(A) in der Nacht und auf der Südseite der Großen Elbstraße an der Nordseite der Gebäude Beurteilungspegel von bis zu 76 dB(A) am Tage und bis zu 67 dB(A) in der Nacht. An der Südseite der Gebäude war der Straßenverkehrslärm aufgrund des Hafenlärms dagegen nicht wahrnehmbar; der Hafenlärm erreichte dort jedoch Beurteilungspegel von bis zu 63 dB(A) am Tag und bis zu 56 dB(A) in der Nacht. Auf der Nordseite der Großen Elbstraße und auf der Südseite der Straße an der Nord- und Ostseite der Gebäude wurde wiederum der Hafenlärm durch den Straßenverkehrslärm überlagert. Das Gericht hat die Auffassung vertreten, dass zwar als Orientierungshilfe die Immissionsgrenzwerte für Kerngebiete von 64 dB(A) am Tag und 54 dB(A) in der Nacht gem. § 2 Abs. 1 Nr. 3 der 16. BImSchV herangezogen werden können, die Immissionsrichtwerte für Kerngebiete von 60/45 dB(A) gem. Abschnitt 3.3.1 der VDI-Richtlinie 2058 sowie die einschlägigen Immissionsrichtwerte der TA Lärm zwar erheblich überschritten würden, jedoch die Schwelle der Gesundheitsgefährdung nicht überschritten werde. Die Freie Hansestadt Hamburg habe mit dem Ziel, an der Großen Elbstraße auch eine Wohnnutzung zu ermöglichen, einen weiteren gewichtigen Belang verfolgt. Dieses Ziel stelle trotz der hohen Vorbelastung durch den Straßenverkehr ein legitimes Planungsziel dar.

Dieser Rechtsauffassung des OVG Hamburg ist zu widersprechen. Sie schafft bei diesen Beurteilungspegeln für Straßenverkehrs- und Hafenlärm einen städtebaulichen Missstand und verletzt deutlich trotz der Festsetzungen für den passiven Lärmschutz den Belang der gesunden Wohn- und Arbeitsverhältnisse in § 1 Abs. 6 Nr. 1 BauGB. Zum Begriff des Wohnens gehört auch die angemessene Nutzung der Außenwohnbereiche, einschließlich eines Balkons oder einer Terrasse (BVerwG, U. v. 21.5.1976 – IV C 80.74 – NJW 1976, 1760; U. v. 17.12.1976 – IV C 6.75 – NJW 1977, 2090 u. U. v. 16.3.2006 – 4 A1057/04 – NVwZ Beilage Nr. I 8/2006, S. 1/14). Das OVG Hamburg erkennt zwar, dass eine absolute Planungsschranke Geräuschbeeinträchtigungen darstellen, wenn sie die Schwelle der Gesundheitsgefährdung überschreiten (S. 37 UA). Es geht jedoch auffallend mit keinem einzigen Satz auf die dazu vorhandene Judikatur oder Literatur ein. Beurteilungspegel von bis 76 dB(A) am Tag und von bis zu 67 dB(A) in der Nacht sind nicht nur schädliche Umwelteinwirkungen, weil sie die IGW für Kerngebiete von 64 dB(A) am Tag und 54 dB(A) in der Nacht der 16. BImSchV, die Orientierungswerte der DIN 18005 für Kerngebiete von 60/45 dB(A) wie die IRW für Kerngebiete von 60/45 dB(A) der TA Lärm ebenfalls deutlich überschreiten. Sie liegen auch erheblich über den von der Rspr. des BGH und des BVerwG anerkannten Werte eines enteignenden Eingriffs bzw. einer Gesundheitsgefährdung von 70/60 dB(A) für Wohngebiete und 72/62 dB(A) für Misch- und Kerngebiete (BGH, U. v. 17.4.1986 – III ZR 202/84 – BGHZ 1997, 361/366 ff.; U. v.10.12.1987 – III ZR 204/86 – NJW 1988, 900; U. v. 25.3.1993 – III ZR 60/91 – BGHZ 122, 76/81 = NJW 1993, 1700 u. U. v. 16.3.1995 – III ZR 166/93 – BGHZ 129, 124/127 = NJW 1995, 1823; BVerwG, U. v. 28.10.1998 – 11 A 3.98 – 11 A 3.98 – BVerwGE 107, 350/357 f.; U. v. 17.11.1999 – 11 A 4.98 – BVerwGE 110, 81/90; U. v. 12.4.2000 – 11 A 18/98 – BVerwGE 111, 108/122 = NVwZ 2001, 82 u. U. v. 7.3.2007 – 9 C 2.06 –). Das BVerwG hat in seinem U. v. 16.3.2006, aaO., zum Flughafen Berlin Schönefeld in Auseinandersetzung mit neueren medizinischen Studien bei einem äquivalenten Dauerschallpegel von mehr als 70 dB/A) weiterhin eine Gesundheitsgefährdung angenommen, eine von einigen Autoren geforderte Reduzierung des Dauerschallpegels auf 65 dB(A) jedoch abgelehnt.

Es handelte sich hier um den planerischen Fall des Heranrückens eines früher weitgehend nicht bebauten Gebiets durch Ausweisung eines Kerngebiets mit zahlreichen Wohnungen an eine stark verlärmte Straße und den Hamburger Hafen. Eine Gemengelage, die den Einsatz von passiven Lärmschutzmaßnahmen rechtfertigen könnte, lag dagegen nicht vor.

Im Übrigen gehört zur angemessenen Befriedigung der Wohnbedürfnisse heute grundsätzlich auch die Möglichkeit, bei ausreichender Luftzufuhr, d. h. bei gekipptem Fenster störungsfrei zu schlafen. Dies gilt regelmäßig auch für Schlafräume, die durch Geräusche vorbelastet sind. (BVerwG, U. v. 21.9.2006 – 4 C 4/05 – NVwZ 2007, 219; 1. Leits.).

Legt man die Richtlinie 200/49/EG des Europäischen Parlaments und Rates v. 25.6.2002 über die Bewertung und Bekämpfung von Umgebungslärm (ABl. EG v. 18.7.2002 – L 189/12 –) und das Gesetz zur Umsetzung dieser EG-Richtlinie v. 24.6.2005 (BGBl I S. 1794) zugrunde mit der Verpflichtung der Gemeinden, nach § 47e BImSchG Lärmkarten bis 30.6.2007 bezogen auf das vorangegangene Kalenderjahr für Ballungsräume mit mehr als 250.000 Einwohner sowie für Hauptverkehrsstraßen mit einem Verkehrsaufkommen von über 6 Mio. Kfz pro Jahr auszuarbeiten (§ 47 c Abs. 1 S. 1 BImSchG) sowie gem. § 47d Abs. 1 BImSchG bis zum 18. Juli 2008 Lärmaktionspläne aufzustellen, mit denen Lärmprobleme und Lärmauswirkungen auch für die beiden o. g. Bereiche geregelt werden, so wird die Freie Hansestadt Hamburg gleichzeitig mit den erteilten Baugenehmigungen einen Lärmaktionsplan aufstellen müssen. Das ist widersinnig. Im Übrigen ist an dem U. des OVG Hamburg zu kritisieren, dass die getroffenen planerischen Festsetzung gem. § 9 Abs. 1 Nr. 24 BauGB hinsichtlich des passiven Lärmschutzes nicht hinreichend bestimmt genug sind. Zur Kritik am passiven Lärmschutz als bauplanungsrechtliche Festsetzung vgl. die Ausführungen zu § 6 Rn 15.3.

5. Besondere Festsetzungsmöglichkeiten zur Gewährleistung der Wohnnutzung (Abs. 4)

15 Zur Erhaltung der (noch) vorhandenen Wohnungen und zur Sicherstellung, dass auch künftig ein Anteil des MK-Gebiets bewohnt bleibt, sieht **Abs. 4** die Möglichkeit vor, im B-Plan in bestimmter Weise die Wohnnutzung sicherzustellen. Die Vorschrift entspricht in **Satz 1** wörtlich § 4a Abs. 4 (dort Rn 29–34) mit der Einschränkung, dass die Festsetzungen nur für »Teile eines MK-Gebiets« möglich sind. Durch Abs. 4 **Satz 2** wird ausdrücklich eingeräumt, dass **in diesem Teil** des Gebiets die (eigentliche) städtebauliche Funktion des Kerngebiets hinter dem Wohnen zurückstehen darf. Insoweit ist Satz 2 *lex specialis* zu § 1 Abs. 7, wonach bei derartigen Festsetzungen die allgemeine Zweckbestimmung des Baugebietes (stets) gewahrt bleiben muss. Aus Satz 2 folgt im Umkehrschluss, dass bei Festsetzungen nach Satz 1 der Gebietscharakter des MK-Gebiets i. S. des Abs. 1 **in seiner Gesamtheit** nicht verloren gehen darf. Die Gemeinde wird bei Festsetzungen nach Abs. 4 Satz 1 mithin darauf zu achten haben, dass die dadurch bewirkte Wohnnutzung – anders als nach Abs. 2 Nr. 7 (Rn 12) schließen Festsetzungen nach Abs. 4 andere Nutzungen für den Teil aus – nicht zu weit ausgedehnt wird. Die allgemeine Zweckbestimmung des MK-Gebiets muss insgesamt gewahrt bleiben (im gleichen Sinne *Förster*, § 7 Anm. 4 im Anschluss an *Bielenberg/Dyong*, aaO. Rdn. 390).

Die Ermächtigung in § 7 Abs. 4 BauNVO, für Teile eines Kerngebiets festzusetzen, dass nur Wohnnutzung zulässig ist, schließt die Befugnis, im B-Plan Ausnahmen hiervon zuzulassen, ein (Sächs. OVG, U. v. 3.3.2005 – 1 B 431/03 – LKV 2005, 411 = BRS 69 Nr. 37).

Aus den **Gründen:** »*Das (die Regelung des § 7 Abs. 4 BauNVO) bedeutet, dass die planende Gemeinde sowohl zu der planerischen Entscheidung, solche Festsetzung zu treffen, als auch zu der planerischen Entscheidung, hiervon abzuweichen, ermächtigt ist. Wenn dies aber so ist, folgt daraus zugleich, dass die Gemeinde auch befugt ist, grundsätzlich zwingende Wohnnutzung festzusetzen, aber hiervon unter bestimmten Voraussetzungen* *wieder abzusehen. Die Baugebietstypik der BauNVO verlässt sie dadurch nicht. Der BauNVO lässt sich ansonsten nicht entnehmen, dass die Gemeinde darauf verwiesen ist, entweder ganz oder gar nicht von der Möglichkeit nach § 7 Abs. 4 S. 1 Nr. 2 BauNVO Gebrauch zu machen. Insbesondere folgt dies für die hier konkret getroffene Ausnahme nicht daraus, dass nach dieser Norm nur für Teile des Kerngebiet Wohnnutzung vorgeschrieben werden kann.«*

Durch die Festsetzungen nach § 7 Abs. 4 Nr. 1 werden die Nutzungen des Abs. 2 ausgeschlossen; das gilt »an sich« auch für die allgemein zulässigen Wohnungen nach Abs. 2 Nr. 7. Letztere Vorschrift gewährt lediglich einen Rechtsanspruch auf die Wohnnutzung als zusätzliche Nutzung zu denen des Abs. 2. Festsetzungen nach Abs. 4 schließen im jeweiligen Geltungsbereich die Allgemeinzulässigkeit von Wohnungen nach Abs. 2 Nr. 7 ein. Das bedeutet, dass eine Festsetzung nach Abs. 4 Nr. 2 ermöglicht, dass der Bauherr den für Wohnungen festgesetzten Anteil der zulässigen Geschossfläche oder der bestimmten Größe der Geschossfläche auch im Erdgeschoss errichten kann (ebenso *Ziegler*, in: *Brügelmann*, § 7 Rdn 31). Die Gemeinde kann jedoch (gleichzeitig) nach der *horizontalen* Gliederungsmöglichkeit (s. Rn 17) die Erdgeschossebene etwa für eine Ladenzone vorbehalten. Um Wiederholungen zu vermeiden, s. im Übrigen die Ausführungen zu § 4a Abs. 4, der im Wortlaut § 7 Abs. 4 entspricht, insbes. § 4a Rn 30f., Rn 33.1–35.

15.1 Für »Teile eines Kerngebiets« kann die einschränkende Festsetzung nach § 7 Abs. 4 nur dann Platz greifen, wenn für das *jeweilige* Teilgebiet die rechtfertigenden »**besonderen städtebaulichen Gründe**« – welcher Art sie auch sein mögen – der Gemeinde bei Fassung des Satzungsbeschlusses nach § 10 Abs. 1 BauGB bewusst gewesen, d.h. in die Abwägung gewollt eingestellt worden sind. Dies muss aus den Planunterlagen ersichtlich sein.

Als »besonderer städtebaulicher Grund« genügt es bereits allgemein, dass durch die Festsetzung ein **Veröden des bestimmten Stadtteils** verhindert werden soll (vgl. Leits. 4 im B. des BVerwG v. 4.6.1991 – 4 NB 35.89 – Fundst. § 6 Rn 19). Die Rechtfertigung enthebt die Gemeinde jedoch nicht – wie stets bei jeder die Baufreiheit einschränkenden Festsetzung –, in den Abwägungsvorgang einzustellen, dass die den Bauherrn durch die Festsetzung etwa treffenden Erschwernisse (z.B. Fragen der Wirtschaftlichkeit, erschwerte Grundrissgestaltung) berücksichtigt worden sind (vgl. BayVGH, U. v. 12.11.1993 – 2 N 93.1978 – UPR 1994, 396).

Bei Festsetzung der Zulässigkeit von nur Wohnungen – vor allem wenn es sich um größere Teilgebiete des Kerngebiets handelt – ist darauf zu achten, dass die **erforderlichen Infrastruktureinrichtungen** wie Schulen und Kindergärten sowie wohnungsnahe Versorgungseinrichtungen mit eingeplant werden.

15.2 Zur **flächenmäßigen Begrenzung** der Festsetzung auf **Teile des Kerngebiets** s. § 2 Rn 9, § 3 Rn 19.61 u. 19.83. Zur Verdeutlichung ist zu ergänzen, dass »das festgesetzte Kerngebiet« auch jeweils mehrere, durch Straßen voneinander getrennte Baublöcke umfassen kann und *innerhalb eines Baublocks* dort endet, wo ein anderes Baugebiet (z.B. WA) beginnt. Das Kerngebiet einer größeren Stadt kann auch in mehreren B-Plänen festgesetzt sein und darüber hinaus sogar auch Gebiete i.S.d. § 34 Abs. 2 BauGB umfassen. Die Festsetzung nach Abs. 4 für einen Teil eines Kerngebiets kann jedoch nur jeweils innerhalb *eines* B-Plans getroffen werden. Die Frage, ob auch der restliche (uneingeschränkte) Teil des MK-Gebiets insgesamt innerhalb desselben B-Plans liegen muss oder auch in anderen angrenzenden B-Plänen liegen darf, dürfte in sinngemäßer Auslegung der Vorschrift im letzteren Sinne zu entscheiden sein. Voraussetzung dafür ist jedoch, dass die anderen rechtsverbindlichen oder gleichzeitig aufzustellenden B-Pläne mit (uneingeschränkter) MK-Festsetzung in die Abwägung des (einschränkenden) B-Plans einbezogen werden, damit das (größere) Gesamt-Kerngebiet im städtebaulichen Zusammenhang beurteilt und festgestellt werden kann, wo die durch die Einschränkung nach Abs. 4 verdrängten Nutzungen innerhalb des (größeren) MK-Gebiets uneingeschränkt zulässig sind. Nicht gefolgt werden kann der Auffassung von *Ziegler*, in: *Brügelmann* (§ 7 Rdn. 36), dass auch der *nicht beplante Teil eines MK-Gebiets i. S. d. § 34 Abs. 2 BauGB* in die Beurteilung einbezogen werden kann; denn auf dessen Entwicklung hat die Gemeinde keinen Einfluss. Die Festsetzung nach Abs. 4 setzt jedoch gerade eine Planung »dieses Teils des Kerngebiets« und folgerichtig auch des anderen (uneingeschränkten) Teils des Kerngebiets voraus.

6. Nutzungen nach den §§ 12–14

16 Die Nutzungen sind weder in ihrer allgemeinen Zulässigkeit noch in ihrem Umfang beschränkt (s. § 4a Rn 26–28).

7. Gliederungs- und Differenzierungsmöglichkeiten nach § 1 Abs. 4–9

17 MK-Gebiete oder Teile von MK-Gebieten können – unabhängig von Abs. 4 – nach den Bestimmungen des § 1 Abs. 4, 7–9 *horizontal* und *vertikal* gegliedert werden (dazu § 1 Rn 74–127); in begrenzter Weise bereits aufgrund § 7 Abs. 4 und 5 BauNVO 1968 möglich).

Insbes. die vertikale Gliederung wird von besonderer Bedeutung, wenn ein größeres Einkaufszentrum wie das Europa-Center in Berlin oder das Kö-Center in Düsseldorf einheitlich geplant und unter einer Gesamtbauleitung ausgeführt wird.

Die *horizontale* Gliederung nach § 1 Abs. 4 ermöglicht insbes. in Großstädten, Nutzungen oder Nutzungsarten unter dem Gesichtspunkt der wirtschaftlich verwandten oder zusammenhängenden Betriebsformen zusammenzufassen wie ein Banken- und Versicherungsviertel, ein Vergnügungsviertel oder ein Einkaufsviertel, in dem Warenhäuser und Einzelhandelsfachgeschäfte sich sinnvoll ergänzen. Eine solche Gliederung könnte gleichfalls zur Schaffung eines kulturellen Zentrums oder zwecks Andienung der Geschäfte durch eine »Ladezone« sinnvoll sein. Die beabsichtigte Gliederung erfolgt im B-Plan zweckmäßig durch textliche Festsetzung i. V. m. der zeichnerischen Festsetzung eines Planzeichens nach Nr. 13.5 der Anlage zur PlanzV. Die Gliederung ist nicht auf nur jeweils einen Baublock beschränkt; das Kerngebiet einer Stadt kann – selbstverständlich – mehrere durch Straßen getrennte Baublöcke umfassen. Bei einer Gliederung können, anders als bei Festsetzung nach Abs. 4, auch MK-Gebiete i. S. von § 34 Abs. 2 BauGB einbezogen werden (OVG Lüneburg, U. v. 18.12.1984 – 6 C 21.83 –, ZfBR 1985, 205).

17.1 Durch eine *vertikale* Gliederung nach § 1 Abs. 7, ggf. i. V. m. Abs. 8, kann im B-Plan festgesetzt werden, dass im MK-Gebiet oder in Teilen des Gebiets für bestimmte Geschosse, die z. B. an *begehbaren Verkehrsflächen* liegen, nur einzelne oder mehrere der im MK-Gebiet allgemein zulässigen Nutzungen zulässig sind (§ 1 Abs. 7 Nr. 1). Dazu eignen sich besonders die Nutzungen unter § 7 Abs. 2 Nrn. 2 und 3 und die Nutzung »Geschäftsgebäude« (Nr. 1), um die Anlagen mit starkem Publikumsverkehr zusammenzufassen. Dabei können gleichzeitig z. B. Vergnügungsstätten (insbes. Spielhallen i. V m. § 1 Abs. 9) aus den Erdgeschossen ausgeschlossen u. auf das I. und/oder II. Geschoss beschränkt werden. Die Konzentration der publikumsintensiven Nutzungen unter gleichzeitiger Vermeidung, dass die Schaufensterfronten unterbrochen werden, kann zur lebendigeren Gestaltung der City-Gebiete beitragen. Die vertikale Gliederungsmöglichkeit unter Beschränkung auf begehbare Verkehrsflächen (*Fußgängerbereiche* i. S. v. § 45 Abs. 1b Nr. 3 StVO) kann sowohl für Geschosse und Ebenen (§ 1 Rn 111–119) oberhalb als auch unterhalb des Erdgeschosses (»Fußgängerpassagen«) vorgesehen werden.

Unter »begehbaren« Verkehrsflächen sind begrifflich fußläufige Verkehrswege zu verstehen, die im Regelfall nach § 9 Abs. 1 Nr. 11 BauGB festgesetzt und unter Ausschluss anderer Verkehrsarten als *rechtlich* öffentliche Wege für den Fußgängerverkehr gewidmet worden sind.

Es kann sich auch um durch einheitliche Planung eines städtischen Zentrums vorgesehene Fußgängerwege in der City handeln, die häufig als *tatsächlich* öffentliche Verkehrsflächen mit aufgestellten Vitrinen u. Schaukästen im Eigentum der angrenzenden Geschäftsgrundstücke verbleiben. Soweit im B-Plan Kolonnaden, Arkaden, Passagen o. ä. Flächen als Teil der nicht überbaubaren Grundstücksflächen der angrenzenden Geschäftsgrundstücke festgesetzt sind, sind die Flächen im Regelfall nach § 9 Abs. 1 Nr. 21 BauGB mit einem Geh- und Fahrrecht (für den Ladeverkehr) zugunsten der Allgemeinheit zu belasten. Im Falle der tatsächlich öffentlichen – zum Geschäftsgrundstück gehörenden – Verkehrsfläche wird es sich empfehlen, über die Fragen des *Reinigungs- und Winterdienstes* sowie der *Verkehrssicherungspflicht* entsprechende Vereinbarungen zwischen den Grundstückseigentümern und der Gemeinde zu treffen. Teilweise wird davon ausgegangen werden können, dass die private Zurverfügungstellung der dem City-Besucher tatsächlich zugänglichen Verkehrsfläche der Gemeinde die Anlegung entsprechender fußläufiger Wege erspart.

Die einheitliche Planung von Stadtzentren mit nur begehbaren Verkehrsflächen in mehreren Geschossen führt zwangsläufig vermehrt auch zu vertikalen fußläufigen Verkehrsflächchen.

§ 8 Gewerbegebiete

(1) Gewerbegebiete dienen vorwiegend der Unterbringung von nicht erheblich belästigenden Gewerbebetrieben.

(2) Zulässig sind
1. **Gewerbebetriebe aller Art, Lagerhäuser, Lagerplätze und öffentliche Betriebe,**
2. **Geschäfts-, Büro- und Verwaltungsgebäude,**
3. **Tankstellen,**
4. **Anlagen für sportliche Zwecke.**

(3) Ausnahmsweise können zugelassen werden
1. **Wohnungen für Aufsichts- und Bereitschaftspersonen sowie für Betriebsinhaber und Betriebsleiter, die dem Gewerbebetrieb zugeordnet und ihm gegenüber in Grundfläche und Baumasse untergeordnet sind,**
2. **Anlagen für kirchliche, kulturelle, soziale und gesundheitliche Zwecke,**
3. **Vergnügungsstätten.**

BauNVO 1977:

(1) *unverändert (wie 1990)*.

(2) Zulässig sind
1. Gewerbebetriebe aller Art, Lagerhäuser, Lagerplätze und öffentliche Betriebe, soweit diese Anlagen für die Umgebung keine erheblichen Nachteile oder Belästigungen zur Folge haben können,
2. Geschäfts-, Büro- und Verwaltungsgebäude,
3. Tankstellen.

(3) Ausnahmsweise können zugelassen werden
1. Wohnungen für Aufsichts- und Bereitschaftspersonen sowie für Betriebsinhaber und Betriebsleiter,
2. Anlagen für kirchliche, kulturelle, soziale, gesundheitliche und sportliche Zwecke.

§ 8

BauNVO 1968:

(1) *unverändert.*

(2) Zulässig sind
1. Gewerbebetriebe aller Art mit Ausnahme von Einkaufszentren und Verbrauchermärkten im Sinne des § 11 Abs. 3, Lagerhäuser, Lagerplätze und öffentliche Betriebe, soweit diese Anlagen für die Umgebung keine erheblichen Nachteile oder Belästigungen zur Folge haben können,
2. Geschäfts-, Büro- und Verwaltungsgebäude,
3. Tankstellen.

(3) *wie BauNVO 1977.*

(4) Die Gewerbegebiete einer Gemeinde oder Teile eines Gewerbegebiets können im Bebauungsplan nach der Art der Betriebe und Anlagen und deren besonderen Bedürfnissen und Eigenschaften gegliedert werden.

BauNVO 1962:

(1) *unverändert.*

(2) Zulässig sind
1. Gewerbebetriebe aller Art, Lagerhäuser, Lagerplätze und öffentliche Betriebe, soweit diese Anlagen für die Umgebung keine erheblichen Nachteile oder Belästigungen zur Folge haben können,
2. Geschäfts-, Büro- und Verwaltungsgebäude,
3. Tankstellen.

(3) *wie BauNVO 1977.*

(4) Die Gewerbegebiete einer Gemeinde oder Teile eines Gewerbegebiets können im Bebauungsplan nach der Art der Betriebe und Anlagen gegliedert werden.

Erläuterungen

Übersicht

			Rn	
Abs. 1	1. Allgemeine Zweckbestimmung, Gebietscharakter		1 – 1.4	
	a) Allgemeines zur Zweckbestimmung		1 – 1.2	
	b) Zu den Besonderheiten des Gebietscharakters		1.12 – 1.4	
	2. Störanfälligkeit (zulässiger Störungsgrad), Fragen des Nachbarschutzes; Verträglichkeit mit anderen Baugebieten und Nutzungen; Regelungen durch ÄnderungsVOen 1977 und 1990		2 – 4.1	
	a) Störungsgrad, Nachbarschutz		2 – 3.15	
	b) Störanfälligkeit des GE-Gebiets		3.2 – 3.31	
	c) Eingeschränktes Gewerbegebiet		3.4 – 3.7	
	d) Änderung von Regelungen aufgrund der ÄnderungsVOen 1977 und 1990		4 – 4.1	
Abs. 2 Nr. 1	3. Allgemein zulässige Nutzungen		5 – 13.1	
	a) Gewerbebetriebe aller Art, Lagerhäuser, Lagerplätze und öffentliche Betriebe		5 – 11.3	
	aa) Allgemeines zu den Gewerbebetrieben, Abgrenzung zum Mischgebiet		5 – 5.5	
	bb) Zulässigkeit der Anlagen, soweit sie für die Umgebung keine erheblichen Nachteile oder Belästigungen zur Folge haben können		6 – 7.63	
	cc) Einzelhandelsbetriebe im GE-Gebiet		8 – 8.2	
	dd) Lagerhäuser, Lagerplätze		9 – 9.5	
	ee) Öffentliche Betriebe		10 – 10.1	
	ff) Betriebe des Beherbergungsgewerbes (Hotels), sonstige Unterkünfte		11 – 11.3	

b)	Geschäfts-, Büro- und Verwaltungsgebäude	12		Nr. 2
c)	Tankstellen	12.1		Nr. 3
d)	Anlagen für sportliche Zwecke	13 – 13.1		Nr. 4

4.	Ausnahmsweise zulassungsfähige Nutzungen	14 – 16.4	Abs. 3
a)	Wohnungen für einen besonderen Personenkreis	14 – 14.4	Nr. 1
aa)	Allgemeines zur Betriebsbezogenheit u. zum Personenkreis	14 – 14.11	
bb)	Einzelfragen zu betriebsbezogenen Wohnungen	14.12 – 14.13	
cc)	Zur Sicherstellung, dass Betriebswohnungen nicht »entprivilegiert« werden	14.2 – 14.23	
dd)	Besondere Probleme betr. »sonstige« (nicht privilegierte) Wohnungen	14.3 – 14.4	
b)	Anlagen für kirchliche, kulturelle, soziale und gesundheitliche Zwecke	15 – 15.4	Nr. 2
c)	Ausnahmen der Zulassung von kerngebietstypischen Vergnügungsstätten	16 – 16.3	Nr. 3

5.	Nutzungen nach den §§ 12–14	17 – 17.2
a)	Stellplätze und Garagen	17
b)	Für die Berufsausübung nach § 13	17.1
c)	Nebenanlagen i. S. v. § 14 Abs. 1	17.2

6.	Gliederungs- und Differenzierungsmöglichkeiten nach § 1 Abs. 4 bis 9	18 – 18.5

7.	Weitere Fälle zur (Un-)Zulässigkeit von Nutzungen in GE- u. GI-Gebieten	19 – 21.10

Schrifttum zu § 8

Boeddinghaus   Wohnbebauung im Einwirkungsbereich eines lärmemittierenden Gewerbebetriebs, BBauBl. 1985, 663

–   Wohnbauten im Gewerbegebiet, BBauBl. 1986, 522

–   Die neue TA Lärm und die Baunutzungsverordnung, UPR 1999, 321

Dolde   Konfliktsituationen zwischen gewerblicher Wirtschaft und Wohnen als Problem des Städtebaurechts, DVBl. 1983, 732

Feldhaus   Einführung in die TA Lärm 1998, UPR 1999, 1

Friege   Die Regelungen der TA Lärm 1998 im Überblick, ThürVBl. 1999, 245

Gehrmann   Konflikte und Risiken emittierender Gewerbegebiete durch nahe Wohnbebauung und nahe Einzelhandelsbetriebe, GewArch. 1980, 353

–   Zur Zulässigkeit großflächiger Einzelhandelsbetriebe in Industrie- und Gewerbegebieten, Bauwelt 1983, 145, 1459

Holleben, von   Heranrückende Wohnbebauung – Gefahr für Gewerbebetriebe, DVBl. 1981, 903

Jarras   Der Umfang einer immissionsschutzrechtlich genehmigungsbedürftigen Anlage, NVwZ 1995, 529

Jeromin   Spielhallen im Gewerbegebiet, NVwZ 1989, 31

§ 8 Abs. 1   1

Klein/Coridaß	Der Rechtsschutz des Gewerbe treibenden im Baurecht, WiVerw. 1984, 182
Kniep	Baunutzungsrecht und Einzelhandelsprojekte, GewArch. 1985, 89
Knothe/Busche	Lärmminderung bei Anlagen zur Schrottaufbereitung, ZfL 1999, 210
Kutscheidt	Die Neufassung der TA Lärm, NVwZ 1999, 577
Lenz	Ansiedlung von Anlagen der gewerblichen Wirtschaft, BauR 1975, 159
–	Die Baunutzungsverordnung 1990 – Auswirkungen auf die Standortsicherheit der gewerblichen Wirtschaft, in: Festschr. f. Gelzer 1991, 85
–	Standortsicherung für Betriebe der gewerblichen Wirtschaft – Die Bildung von Mittelwerten in Grenzbereichen, BauR 1990, 15
Rademacher	Bestandsschutz und Störerhaftung des Betreibers nicht genehmigungsbedürftiger Anlagen im Sinne der §§ 22 ff. BImSchG, Diss. 1982
Scholtissek	Die gewerbliche Wirtschaft im Spannungsfeld der novellierten BauNVO. Zur Entwicklung der Rechtsprechung über die bauliche Nutzung von Grundstücken unter besonderer Berücksichtigung von Handwerk und Gewerbe, GewArch. 1991, 93
–	Die gewerbliche Wirtschaft im Spannungsfeld der BauNVO, GewArch. 1989, 322
Schütz	Bauschuttrecycling im Gewerbegebiet – ein Problem auf der Schnittlinie von Immissionsschutz und Bauplanungsrecht, VBlBW 2000, 355
Steinebach	Planungstechnische Überlegungen zu Bebauungsplänen in nicht auflösbaren Gemengelagen, BauR 1983, 393
Stober	Gewerbliche Wirtschaft und Baunutzungsrecht, WiVerw. 1984, 129

(s. auch unter Schrifttum allgemein, §§ 1, 6, 9)

1. Allgemeine Zweckbestimmung, Gebietscharakter (Abs. 1)

1 **a) Allgemeines zur Zweckbestimmung.** Das Gewerbegebiet ist – wie das Industriegebiet – zur Unterbringung von Gewerbebetrieben vorgesehen. Beide Gebiete unterscheiden sich – ähnlich wie das WA- zum WR-Gebiet – dadurch, dass das GE-Gebiet »*vorwiegend*« der Unterbringung der Gewerbebetriebe dient, während das GI-Gebiet dafür »*ausschließlich*« vorgesehen ist. Diese Unterscheidung hat sich naturgemäß in dem **höheren zulässigen Störungsgrad** und im noch eingeschränkteren Zulässigkeitskatalog des GI-Gebiets gegenüber dem GE-Gebiet niedergeschlagen. Nach dem **Wortlaut der Zweckbestimmung** sind Gewerbegebiete vorwiegend für die Unterbringung von »nicht erheblich belästigenden« Gewerbebetrieben vorgesehen. Dieser Wortlaut ist *seit der BauNVO 1962* unverändert geblieben. Daraus ergibt sich zunächst, dass die sehr allgemein gehaltene Umschreibung dessen, was im GE-Gebiet an Anlagen u. Nutzungen zulässig ist bzw. ausnahmsweise zugelassen werden kann, **planungsrechtlich** nicht zu daraus sich ergebenden Folgerungen wie beim MI-Gebiet oder ggf. mit Änderungen wie beim MD-Gebiet geführt hat. Es spielt nach diess. A. ferner **keine Rolle,** ob es sich bei den in der Zweckbestimmung des Abs. 1 genannten Gewerbebetrieben um die »Hauptnutzungen« i. S. d. produzierenden Gewerbes handelt (vgl. *Ziegler*, in: *Brügelmann*, § 8 Rdn 8 f.,

Rdn. 22). Gleichfalls kann der Begriff »*vorwiegend*« planungsrechtlich nicht dahingehend problematisiert werden, »*vorwiegend bedeutet, dass die Hauptnutzungen erkennbar vorherrschen, für das Gebiet prägend sein müssen*« (so Ziegler, in: Brügelmann, § 8 Rdn 10). Allein schon in Bezug auf die »Gewerbebetriebe aller Art« (Abs. 2 Nr. 1) fehlt jeglicher Anknüpfungspunkt als Maßstab, woraus das prägende Element, das zum »Vorherrschen« führen soll, sich herleiten lassen soll. Auch die Aussage, dass **Gewerbegebiete** der Standort für »nicht erheblich belästigende« Gewerbebetriebe sein sollen, gibt unmittelbar für die Zweckbestimmung nichts her. Vor allem darf die begriffliche Aussage »nicht erheblich belästigen« nicht mit dem Begriff »nicht wesentlich stören« der Mischgebiete (§ 6) in eine qualitative Beziehung – etwa gemessen an den Definitionen des § 3 Abs. 1 BImSchG von 1974 – gebracht werden. Die Begrifflichkeit hat seinerzeit offensichtlich keine die Planung über Gebühr verrechtlichende Rolle gespielt. Im Vordergrund stand (u. steht) vielmehr eine **sinnvolle Abstufung** der Katalogbaugebiete: In **Mischgebieten** haben Gewerbebetriebe u. das Wohnen (noch) *gleichberechtigt* (gleichwertig) nebeneinander ihren Standort, **Gewerbegebiete** dienen (bereits) *vorwiegend* der Unterbringung von Gewerbebetrieben (aller Art) unter gleichzeitigem Ausschluss der üblichen Wohnnutzung und **Industriegebiete** sind *ausschließlich* als Standort von Gewerbebetrieben und zwar – konsequent – »vorwiegend solcher Betriebe, die in anderen Baugebieten unzulässig sind«, vorgesehen.

Aus der Standortwahl der in anderen Baugebieten unzulässigen Gewerbebetriebe in GI-Gebieten ergibt sich aus der Natur der Sache i. A. ein unterschiedliches Erscheinungsbild. Das BVerwG hat die typische Funktion des Gewerbegebiets u. damit zugleich als das Erscheinungsbild des GE-Gebiets prägend im B. v. 28.7.1988 (– 4 B 119.88 – BRS 48 Nr. 40 = BauR 1988, 693 = NVwZ 1989, 50) im Zuge der Zulässigkeitsprüfung kerngebietstypischer Vergnügungsstätten dahin gehend charakterisiert, dass kerngebietstypische Vergnügungsstätten (dazu s. Rn 16 f.) »*mit der von der BauNVO vorausgesetzten typischen Funktion des Gewerbegebietes* (Hervorhebung diesseits), *vornehmlich nicht erheblich störende Betriebe des Handwerks sowie Dienstleistungsbetriebe einschließlich Tankstellen, Geschäfts-, Büro- und Verwaltungsgebäude sowie Lagerplätze und -häuser aufzunehmen, nicht in Einklang*« stehen (BVerwG, aaO.). 1.1

Das BVerwG hat in einem weiteren B. v. 8.11.2004 (– 4 BN 39/04 – NVwZ 2005, 324 = ZfBR 2005, 185 = UPR 2005, 148 = BRS 67 Nr. 34) die Gebietsstruktur des Gewerbegebietes wie folgt beschrieben: 1.11

»*§ 8 Abs. 2 S. 1 BauNVO deutet auf eine vom Grundsatz her sehr offene Grundstruktur hin. Nach dieser Vorschrift sind in einem Gewerbegebiet ›Gewerbebetriebe aller Art‹ zulässig. Diese Kategorie umfasst ihrem Wortlaut nach sämtliche gewerbliche Nutzungen, die mit Rücksicht auf das Wohnen wegen ihres Störungsgrades nicht mehr ohne weiteres mischgebietsverträglich sind, ohne andererseits so zu belästigen, dass sie nur in einem Industriegebiet i. S. des § 9 BauNVO verwirklicht werden können. Nutzungen, die spezifisch gewerbliche Merkmale aufweisen, sind indes nicht bloß in § 8 Abs. 2 Nr. 1 BauNVO angesprochen. Der Kreis der Gewerbebetriebe aller Art wird insbesondere in § 8 Abs. 2 Nr. 2 BauNVO ergänzt. Danach sind in einem Gewerbegebiet regelhaft auch ›Geschäfts-, Büro- und Verwaltungsgebäude‹ zulässig. Diese Systematik macht deutlich, dass zu den prägenden Elementen eines Gewerbegebiets nicht bloß das produzierende und das verarbeitende Gewerbe unter Einschluss des Handwerks gehört. Der Begriff des Gewerbebetriebs erstreckt sich vielmehr auch auf die in § 8 Abs. 2 Nr. 2 BauNVO als besondere Kategorie geregelten Dienstleistungsbetriebe. Die Vielgestaltigkeit, durch die Gewerbegebiete gekennzeichnet sind, äußert sich gerade in der typischen Funktion, neben Betrieben des Dienstleistungsgewerbes sowie weiteren nicht erheblich belästigenden gewerblichen Nutzungen wie Lagerhäusern und Lagerplätzen (§ 8 Abs. 2 Nr. 1) sowie Tankstellen (§ 8 Abs. 2 Nr. 3) als Standort zu dienen*« (BVerwG, aaO.).

Im B. v. 20.12.2005 (– 4 B 71.05 – Fundst. Vorb. §§ 2 ff. Rn 13.1 zur Unzulässigkeit eines Krematoriums für menschliche Leichen in einem Gewerbegebiet, das über einen Raum für eine Einäscherungszeremonie verfügt) hat das BVerwG dagegen die voranstehenden Ausführungen zum Zweck eines Gewerbegebietes in einem obiter dictum wie folgt ergänzt, bzw. sogar den voranstehenden B. etwas korrigiert: »*Gewerbegebiete zeichnen sich dadurch aus, dass in ihnen gearbeitet wird. Nach dem Leitbild der BauNVO sind sie den produzierenden und artverwandten Nutzungen vorbehalten (vgl. Schlichter/Friedrich, WiVerw. 1988, 199/226)*«.

1.12 b) **Zu den Besonderheiten des Gebietscharakters.** Mit »Gewerbebetriebe aller Art« – gleichlautend mit dem Zulässigkeitskatalog des GI-Gebiets – hat der VOgeber hier die zulässigen Nutzungen naturgemäß lediglich allgemein gehalten regeln können. Das GE-Gebiet ist gewissermaßen als »*Auffang-Baugebiet*« für alle diejenigen gewerblichen Unternehmen anzusehen, die – aufgrund des dem jeweiligen Gewerbebetrieb von seiner typisierten Einstufung her anhaftenden Störgrades – wegen der besonderen Rücksichtnahme auf das Wohnen (als Hauptnutzung) einerseits im MI-Gebiet nicht zulässig sind bzw. nur bei atypischer Nutzungsweise dort zugelassen werden können (s. § 6 Rn 9–12). Bei den gewerblichen Unternehmen handelt es sich andererseits um diejenigen, die vielfach im Verbund mit anderen Gewerbebetrieben tätig sind oder etwa selbst eine gewisse Störungsfreiheit benötigen – z. B. zur Herstellung optischer und sonstiger technischer (Steuerungs-)Geräte müssen *Erschütterungen* weitgehend ausgeschlossen werden – oder die aus sonstigen betriebsinternen Gründen in ein GE-Gebiet »gehören«, um sich nicht ihrerseits den im GI-Gebiet zulässigen (im Grundsatz nicht eingeschränkten) Immissionen aussetzen zu müssen.

1.2 Beim GE-Gebiet als (zwangsläufig) sehr offen strukturiertem Gebietstypus hat sich sehr bald nach Inkrafttreten der **BauNVO 1962** infolge der in dem Maße nicht vorhersehbaren gewerbetechnischen Entwicklung gezeigt, dass der **Ausschluss der Nutzung Wohnen** und das **Abstellen** der Zulässigkeit der Gewerbebetriebe mit ihren Nebenanlagen und produktionsbedingten Besonderheiten **auf den Störungsgrad** »nicht erheblich belästigend« allein nicht ausreichten, um planungsrelevante Spannungen in GE-Gebieten zu vermeiden oder wenigstens zu mindern. Die **Zulässigkeitsvorschrift** des § 15 Abs. 1 konnte und kann die erforderliche Steuerung i. S. einer gewissen »Entwicklungs-Ordnung« nicht leisten, *solange* der planerischen Gestaltungsvielfalt des GE-Gebiets nicht selbst ein Ordnungsrahmen vorgegeben ist. Der **Gebietscharakter** wird **nach Abs. 1** zunächst nicht von der Anzahl, Lage und etwa dem *flächenmäßigen* Umfang der Gewerbebetriebe i. S. v. § 15 Abs. 1 **Satz 1** bestimmt, sondern von dem zulässigen Störungsgrad i. S. v. § 15 Abs. 1 **Satz 2**. Erst wenn die Gemeinde aufgrund ihrer planerischen Gestaltungsfreiheit der vom Grundsatz her sehr offenen Gebietsstruktur einen Rahmen vorgegeben hat, kann die Baugenehmigungsbehörde aufgrund der Zulässigkeitsvorschrift des § 15 dann prüfen, ob die jeweilige gewerbliche Nutzung in dem Einzelfall an dem beantragten Standort dem planerischen Ordnungsrahmen i. S. d. **geordneten Entwicklung** entspricht.

1.3 Aufgrund dieser Erkenntnis hat die ÄndVO 1968 die GE- und GI-Gebiete durch eine nach den *damaligen* Erkenntnissen weitgreifende Gliederungsmöglichkeit jeweils in **Abs. 4** ergänzt. Mit einem derartigen planerischen Gestaltungsrahmen konnte tendenziell bereits für die künftige »Eigenart des Gebiets« i. S. v. § 15 Abs. 1 S. 1 die Richtung gewiesen werden. Je mehr der Gebietscharakter des GE-Gebiets aufgrund der Gliederungsregelung (ursprünglich nach § 8 Abs. 4) eine »*Eigenart*« entwickelte, die sich sonst erst nach überwiegender Bebauung des GE-Gebiets hätte herausbilden können, desto berechtigter konnte (und kann) mit der Zulässigkeitsvorschrift des § 15 Abs. 1 i.S. einer Schutzfunktion die Einhaltung des Ordnungsrahmens gewährleistet werden. Ohne einen Gliederungsrahmen (und nunmehr zusätzlich durch die verschiedenen Differenzierungsmöglichkeiten des § 1 Abs. 5–9, s. § 1 Rn 100–137) wäre die Baugenehmigungsbehörde im Zuge der Bebauung eines GE-Gebiets nicht berechtigt, von sich aus die (noch nicht vorhandene) Eigenart des Gebiets zu steuern, etwa weil sich in einem Straßenzug mehrere Schreinereien und Schlossereien angesiedelt haben bzw. anzusiedeln beabsichtigen, weil sie endlich eine »Bleibe« gefunden haben, ohne sich (ständig) mit Nachbarn wegen der nutzungsbedingten Störungen auseinander setzen zu müssen wie im MI-Gebiet bzw. dem entspr. Gebiet nach § 34 BauGB.

Die **Gliederungs- und Differenzierungsmöglichkeiten** des § 1 (Näheres ausf. dort, ferner Rn 18–18.3) haben nach etwa einem Jahrzehnt – inzwischen wohl als Allgemeingut – zu der Erkenntnis geführt, dass die Gemeinden mit diesem Instrumentarium die geordnete Entwicklung ihres Gemeindegebiets i.S. von § 1 Abs. 3 BauGB in umfassender Weise steuern können. In diesem Rahmen ist nunmehr auch die Möglichkeit gegeben, ein sog. **eingeschränktes Gewerbegebiet** festzusetzen, ohne dass der VOgeber erst bemüht zu werden brauchte, ein weiteres zwischen dem MI-Gebiet und GE-Gebiet anzusiedelndes Baugebiet zu normieren. Für ein »**eingeschränktes Gewerbegebiet**« sind jedoch **bestimmte Voraussetzungen** zu erfüllen (s. Rn 3.4). Sie liegen z.B. nicht vor, wenn die Gemeinde in einem festgesetzten GE-Gebiet nur kleinere Einzelhandelsbetriebe *ausnahmsweise* zulassen will, diese Festsetzung wegen der *Einfügung einer Verkaufsflächenobergrenze* ohne Branchenbezug jedoch **nichtig** ist, weil nach dem B-Plan im Planbereich, in dem es weder produzierendes Gewerbe noch Handwerk gibt, überhaupt kein Handelsbetrieb zulässig wäre (OVG Bln, U. v. 19.12.1981 – 2 A 7.87 – BRS 50 Nr. 20).

1.4

2. Störanfälligkeit (zulässiger Störungsgrad), Fragen des Nachbarschutzes; Verträglichkeit mit anderen Baugebieten und Nutzungen; Regelungen durch ÄnderungsVOen 1977 und 1990

a) **Störungsgrad, Nachbarschutz.** In der Einstufung nach dem Störungsgrad nimmt das GE-Gebiet – insoweit etwa gleichgestellt mit den MK-Gebieten – die *dritte Stufe* ein. Mit dem GE-Gebiet ist im System der städtebaulichen Ordnung, d.h. in der Einteilung der Baugebiete *nach ihrem Störungsgrad*, auch eine Unterscheidung gegenüber dem **Mischgebiet** beabsichtigt, was der **Vergleich des Katalogs** der allgemein zulässigen Anlagen bestätigt. Das GE-Gebiet lässt gegenüber dem MI-Gebiet eine doppelt so dichte Bebauung zu. Mit der Verdichtung wird i.A. auch der Störungsgrad erhöht. Durch die Unterscheidung nach der Störungsintensität vorgezeichnet, wird im GE-Gebiet in erster Linie das Klein- und Mittelgewerbe seinen Standort haben, wenngleich flächenmäßig kleine Betriebe auch störintensiv sein können.

2

Ein Gewerbegebiet kann ohne Verstoß gegen den Trennungsgrundsatz (§ 50 BImSchG) auch unmittelbar neben einem (faktischen) Wohngebiet festgesetzt werden, wenn es dergestalt gegliedert ist, dass in unmittelbarer bzw. näherer Nachbarschaft zur Wohnbebauung nur nicht bzw. nicht wesentlich störende gewerbliche Nutzungen zugelassen werden (OVG NW, U. v. 17.10.1996 – 7a D 122/94.NE – UPR 1997, 259 = BRS 58 Nr. 30).

Der BayVGH hat in einer nach diesseitiger Ansicht überzeugenden, ausführlichen Entscheidung (B. v. 21.10.1996 – 20 CS 96.1561 u. 96.3334 – BauR 1997, 84 = BRS 58 Nr. 72 = DVBl. 1997, 440) festgestellt, dass ein in einem 1984 festgesetzten Gewerbegebiet befindlicher Gewerbebetrieb (eine **Getreidetrocknungsanlage**), der zur Zulässigkeit in dem Gewerbegebiet seinerzeit einer

2.1

unstreitig nicht erteilten immissionsschutzrechtlichen Genehmigung nach §§ 5 ff. BImSchG i. V. m. der 4. BImSchV bedurft hätte – der B-Plan bestimmt ausdrücklich, »*dass Betriebe und Anlagen, die nach der 4. BImSchV v. 14.2.1975 einer Genehmigung bedürfen, ... unzulässig sind*« –, dennoch mit dem Gewerbegebiet vereinbar ist, weil es sich bei der Verweisung des B-Plans auf die 4. BImSchV um eine **dynamische Verweisung** handelt und im Zeitpunkt der Baugenehmigung (nach 1993) durch die zwischenzeitliche Neufassung der 4. BImSchV für Getreidetrocknungsanlagen eine Genehmigungspflicht nicht mehr besteht (BayVGH, aaO.).

In den **Gründen** hat der VGH dazu ausgeführt: Eine dynamische Verweisung ist – unter Bezugnahme auf BVerfG 47, 285/311 ff. – als zulässig anzusehen, wenn sie die Rechtssicherheit nicht beeinträchtigt, dem Zweck der verweisenden Norm nicht zuwiderläuft und »*die Grenzen der Gesetzgebungskompetenz nicht verunklart*«. Die vorliegende Verweisung hat den Sinn, dass die Gemeinde mit ihr Anlagen, die unter Umweltgesichtspunkten i. S. d. § 3 Abs. 1 BImSchG problematisch sind, aus dem Gewerbegebiet ausschließen will. Die Verweisung hat demzufolge den Sinn, dass die Gemeinde den Sachverstand des VOgebers der 4. BImSchV zur Geltung bringt, um Anlagen mit *unzumutbaren Beeinträchtigungen*, die im Anh. der 4. BImSchV aufgeführt sind, die Zulassung zu versagen. – «*Im Sinne einer plangegebenen Vorbelastung müssen die anderen Grundstückseigentümer in einem Gewerbegebiet damit rechnen, dass sich nicht ausschließlich emissionsarme Betriebe ansiedeln, sondern auch solche, die die geltenden Richtwerte ausschöpfen ... Im Allgemeinen hat jedenfalls die Ansiedlung eines schutzbedürftigen Betriebes, insbesondere eines solchen, der auch in einem Mischgebiet oder gar allgemeinen Wohngebiet Platz finden könnte,* **nicht die Folge** (Hervorhebung diesseits), *dass sich der zulässige Störgrad im Gewerbegebiet zu seinem Schutz senkt*« (BayVGH, aaO.); so mit Recht auch *Bielenberg*, § 8 Rdn. 10c, 53. Lfg. u. BayVGH v. 23.5.1995 – 2 CS 92.1163 –.

3 Auch in einem Gewerbegebiet hat der Nachbar ein subjektiv-öffentliches Recht auf Bewahrung der festgesetzten Gebietsart (seit BVerwG, U. v. 16.9.1993 – 4 C 28.91 –, Fundst. Vorb. §§ 2 ff. Rn 22, 26.2). Der Eigentümer eines Grundstücks im durch B-Plan festgesetzten Gewerbegebiet hat daher kraft Bundesrechts einen Abwehranspruch gegen die Genehmigung eines i. S. d. § 8 Abs. 1 BauNVO – seiner Art nach – erheblich belästigenden und daher nur in einem Industriegebiet nach § 9 BauNVO allgemein zulässigen Gewerbebetriebs (hier: Bauschuttrecycling-Anlage). Darauf, ob die von dem Gewerbebetrieb ausgehende Belästigung unzumutbar i. S. d. § 15 Abs. 1 S. 2 BauNVO oder erheblich i. S. d. § 5 Abs. 1 Nr. 1 BImSchG sind, kommt es – anders als bei Abwehransprüchen von Betroffenen außerhalb des Gebiets – für den Schutz des Gebiets gegen »schleichende Umwandlung« nicht an (BVerwG, B. v. 2.2.2000 – 4 B 87.99 –, Fundst. Rn 26.2 zu Vorb. §§ 2 ff.) Damit hatte die Klage der Nachbarn im Gewerbegebiet gegen das nur in einem Industriegebiet zulässige Vorhaben Erfolg. Die klagenden Nachbarn dagegen, deren Grundstücke sich in einem benachbarten allgemeinen Wohngebiet befanden, konnten sich nicht mit Erfolg auf den Gebietserhaltungs- oder Gebietsbewahrungsanspruch berufen, da den vorliegenden Unterlagen zum B-Planverfahren nicht zu entnehmen war, dass der Ortsgesetzgeber die Gewerbegebietsfestsetzung auch zum Schutz der Eigentümer im benachbarten allgemeinen Wohngebiet getroffen hat (VGH BW, aaO.). Die Voraussetzungen für den Drittschutz aus dem Rücksichtnahmegebot nach § 15 Abs. 1 S. 2 und nach § 5 Abs. 1 Nr. 1 BImSchG lagen hier nicht vor, da der Betrieb der von der Beklagten rechtswidrig genehmigten Bauschuttrecycling-Anlage keine erheblichen Nachteile oder erheblichen Belästigungen für diese Kläger insbesondere durch Lärm oder Staub erwarten ließ. Dieses Abwehrrecht gilt *gegenüber Wohnungen*, die keine Betriebswohnungen sind u. im Wege der Befreiung nach § 31 Abs. 2 BauGB zugelassen werden sollen, sowie gegenüber anderen *störempfindlichen Nutzungen.* Das Recht hierzu ergibt sich daraus, dass die zulässigen Gewerbebetriebe u. sonstigen Nutzungen sich *vorbeugend* dagegen müssen wehren können (durch vorbeugende Unterlassungsklage), dass ihnen später evtl. Nutzungsbeschränkungen auferlegt werden, die sich aus einem etwaigen ordnungswidrigen (polizeiwidrigen) Gefahrentatbestand ergeben könnten.

Nutzungsberechtigte innerhalb eines GE-Gebiets können sich *gegen Anlagen* wenden, die wegen ihrer über die zulässige Störung im GE-Gebiet hinausgehenden Störintensität oder sonstiger Unverträglichkeit (besonders gefährliche Betriebe) im GE-Gebiet unzulässig sind. Die Betriebsinhaber und Grundstückseigentümer können insoweit ihr Recht auf Gebietserhaltung oder Gebietswahrung wahrnehmen. 3.1

Festsetzungen eines B-Plans über die Art der baulichen Nutzung begründen nur für Eigentümer von Grundstücken *innerhalb* des Baugebiets einen drittschützenden Anspruch auf ihre Einhaltung. Grundstücke, für die innerhalb *eines* B-Plans unterschiedliche Nutzungsarten festgelegt sind, liegen nicht innerhalb *eines* Baugebiets, sondern in unterschiedlichen Baugebieten (wie BVerwG, U. v. 16.9.1993, NJW 1994, 1576); so VGH BW, B. v. 23.8.1996 (– 10 S 1492/96 – BRS 58 Nr. 160 = GewArch. 1997, 123); a.A. VGH BW, U. v. 4.5.2001 – 3 S 597/00 – VBlBW 2001, 487/490 ferner BayVGH, B. v. 21.7.2000 – 25 ZB 99.3662 –).

Die beiden zuletzt genannten Entscheidungen führen zu einer Ausdehnung des gebietsbezogenen Nachbarschutzes auf Wahrung des Gebietscharakters ohne Not, obwohl eine tatsächlich spürbare und nachweisbare Beeinträchtigung des Nachbarn im angrenzenden Baugebiet nicht nachweisbar ist. Ihnen könnte nur dann gefolgt werden, wenn der Ortsgesetzgeber tatsächlich beabsichtigt hatte, den in einem Plangebiet vorhandenen unterschiedlichen Nutzungsartfestsetzungen Nachbarschutz zuzubilligen.

Die Festsetzung als Gewerbegebiet verleiht dem Eigentümer eines Grundstücks **Nachbarschutz** gegen die Baugenehmigung für einen großflächigen Einzelhandelsbetrieb nach § 11 Abs. 3 BauNVO auf dem Nachbargrundstück (BayVGH, B. v. 21.7.2000, aaO.; a.A. Nds. OVG, B. v. 29.3.1996 – 1 M 6354/95 – BRS 58 Nr. 163 = DÖV 1996, 749 = UPR 1996, 451). 3.11

<small>Das Nds. OVG hat die neuere Rspr. des BVerwG, die dem Eigentümer im Gewerbegebiet einen Anspruch auf Wahrung der Eigenart des Gebiets ohne Rücksicht auf seine Betroffenheit gewährt, verkannt. Bei dem großflächigen Einzelhandelsbetrieb handelt es sich um eine gebietsfremde, die Eigenart des Gebiets beeinträchtigende Nutzung.</small>

Die in der 10. Aufl. vertretene **Auffassung, wonach die Festsetzungen,** die für ein Baugebiet im Wege der Gliederung nach § 1 Abs. 4 ff. BauNVO getroffen werden, **nicht schon kraft Bundesrechts nachbarschützend sind,** vielmehr es dem Ortsgesetzgeber obliegt, darüber zu entscheiden, ob und ggf. in welchem Umfang einer Abweichung vom bundesrechtlich typisierend vorgegebenen Nachbarschutz zukommt (so VGH BW, B. v. 5.3.1996 – 10 S 2830/95 – DVBl. 1996, 687 = NVwZ 1997, 401 = UPR 1996, 448; U. v. 11.3.1997 – 10 S 2815/96 – NVwZ 1999, 439 = VBlBW 1997, 384; B. v. 19.3.1998 – 10 S 1765/97 – UPR 1998, 358; BayVGH, B. v. 17.10.2002 – 15 CS 02.2068 – BauR 2003, 1341 = ZfBR 2003, 590 = BayVBl. 2003, 307 u. mit ausführlicher Begr. Nds. OVG, B. v. 11.12.2003 – 1 ME 302/03 – BauR 2004, 798 = BRS 66 Nr. 169, Leits.: »*Gliedert die Gemeinde die Nutzungsart auf der Grundlage von § 1* 3.12

Abs. 4 ff. BauNVO 1990 oder § 8 Abs. 4 BauNVO 1968, so entfalten diese Festsetzungen nur dann nachbarschützende Wirkungen, wenn dies die Gemeinde damit bezweckt. Ein uneingeschränkter Gebietserhaltungsanspruch steht den übrigen Planunterworfenen insoweit nicht zu«; zustimmend *Dürr,* DÖV 2001, 625/630; *ders.,* in: *Brügelmann,* Rdn. 84 u. 84a zu § 30 BauGB; *Steffen,* BayVBl. 1999, 161/167; *Schrödter/Rieger,* Rdn. 32 zu § 30, u. *Ziegler,* in: *Brügelmann,* Rdn. 398z2 zu § 1 BauNVO) **wird mit der wohl h.L. in der Lit.** (*Jäde,* in: *J/D/W,* Rdn. 46 f. zu § 30 BauGB; *Kraft,* VerwArch. 1998, 264/ 268, Fn 108; *Mampel,* BauR 1998, 697/702 ff.; *ders.,* BauR 2003, 1824/1832; *Seidel,* Öffentlicher und privatrechtlicher Nachbarschutz, Rdn. 38 u. *Stock,* in: *K/R/S,* Rdn. 56 zu § 8 BauNVO) **nicht mehr aufrechterhalten.** Eine höchstrichterliche Klärung steht bislang noch aus. Nimmt man den vom BVerwG in den 1990er Jahren entwickelten Gebietswahrungs- oder Gebietserhaltungsanspruch ernst, so ist dieser im Hinblick auf das aus dem Zivilrecht stammende Rechtsinstitut des nachbarlichen Gemeinschaftsverhältnisses auch auf gegliederte Baugebiete auszudehnen, ohne dass auf den Willen des Ortsgesetzgebers abzustellen ist. Das wechselseitige Austauschverhältnis führt bei Festsetzungen der Nutzungsart schon wegen des Abwägungsgebots des § 1 Abs. 7 BauGB (BVerwG, U. v. 16.9.93, Fundst. Vorb. §§ 2 ff. Rn 22) und weniger wegen Art. 14 Abs. 1 GG, da es einen Plangewährleistungsanspruch nicht gibt, dogmatisch zwingend zur Anerkennung eines für diese Fallgruppe uneingeschränkten Gebietserhaltungsanspruchs in einem B-Plangebiet (vgl. hierzu Fundst. Vorb. §§ 2 ff. Rn 27). Dies gilt auch dann, wenn die Gemeinde eine nachbarschützende Festsetzung der gegliederten Nutzungsart nicht beabsichtigt hat. Der Judikatur bereitet die Erweiterung des öffentlich-rechtlichen Nachbarschutzes – über das Gebot der Rücksichtnahme hinaus – immer noch große Schwierigkeiten. Die Annahme eines Gebietswahrungsanspruchs führt z. B. dazu, dass in einem Gewerbegebiet ein dort ansässiger Eigentümer eines Bürogebäudes sich erfolgreich gegen die Baugenehmigung für einen SB-Markt wehren kann, dessen Nutzung als »gemeindliches und übergemeindliches Einkaufszentrum und Verbrauchermarkt« vom B-Plan ausgeschlossen worden war. Auch hier besteht als erster Schritt durch die Erteilung einer objektiv rechtswidrigen Baugenehmigung die Gefahr einer schleichenden Umwandlung eines Gewerbegebietes in ein Sondergebiet »Einzelhandel« (a. A. Nds. OVG, aaO., im Anschluss an B. v. 29.3.1996 – 1 M 6354/95 d – NVwZ 1997, 1012 = BRS 58 Nr. 163). Das gilt auch für das von *Dürr* gebildete Beispiel der Festsetzung in einem B-Plan gem. § 1 Abs. 7 BauNVO, nach der im Erdgeschoss keine Vergnügungsstätten zulässig sind. Auch hier kann es partiell zu Gebietsveränderungen kommen, die wegen des Trading-down-Effekts die Wohn- und/ oder Geschäftsqualität beeinträchtigen und dem Grundsatz der Gebietsverträglichkeit entgegenstehen können. Auch die Ausweisung eines eingeschränkten Gewerbegebietes, in dem nur nicht wesentlich störende Gewerbebetriebe zulässig sind, vermittelt den dort ansässigen Grundstückseigentümern (z. B. einer Druckerei, so der dem U. des VGH BW v. 11.3.1997, aaO., zugrunde liegende Sachverhalt) einen Gebietswahrungsanspruch, auch wenn die Gemeinde die Festsetzung eines äquivalenten Dauerschallpegels von 60 dB(A) am Tag zugunsten des Schutzes der Bewohner der angrenzenden Misch- oder sogar Wohngebiete getroffen hat und nicht zum Schutz der Gewerbetreibenden im eingeschränkten Gewerbegebiet (OVG Lüneburg, U. v. 24.11.1989 – 1 M 82.89 – BRS 49 Nr. 53, a. A. VGH BW, B. v. 5.3.1996, aaO. u. U. v. 11.3.1997, aaO.). Warum sollten die Gewerbetreibenden im eingeschränkten Gewerbegebiet, die selbst 60 dB(A) einhalten müssen, die Nichteinhaltung dieses äquivalenten Dauerschallpegels durch einen Dritten im Plangebiet hinnehmen, der 65 dB(A) an Lärm am Tag emittiert? Das nachbarliche Gemeinschaftsverhältnis wird durch dieses Abweichen beeinträchtigt. Im Übrigen kann auch hier eine schleichende Veränderung von einem eingeschränkten zu einem uneingeschränkten Gewerbegebiet eingeleitet werden.

3.13 Die Festsetzung eines eingeschränkten Gewerbegebiets (GEE) im Rahmen einer »abgetreppten« Gebietsausweisung, die von GE bis WA reicht, kann bei einem erkennbaren entspr. Willen des Satzungsgebers auch dem Schutz einer Wohnbebauung in einem benachbarten Baugebiet dienen (OVG RhPf, U. v. 14.1.2000 – 1 A 11751/99 – BRS 63 Nr. 191 = BauR 2000, 527). Dies bedeutet, dass der Gebietsbewahrungsanspruch auch einem Grundstückseigentümer in einem angrenzenden Baugebiet zusteht, wenn der Ortsgesetzgeber ein eingeschränktes Gewerbegebiet zum Schutz eines angrenzenden Wohn- oder Mischgebiets festgesetzt hat (so auch VGH BW, U. v. 11.3.1997, aaO., der dieses Vorliegen in seinem Streitfall jedoch verneint hat). Dieser Gebietsbewahrungsanspruch dient hier der gebietsüberschreitenden Konfliktbewältigung.

3.14 Die Problematik des Nachbarschutzes trotz eines langsam Konturen gewinnenden Gebietswahrungsanspruchs, der z. T. das Gebot der Rücksichtnahme verdrängt, zeigt der B. des OVG NW v. 25.2.2003 (– 7 B 2374/02 – BauR 2003, 1006 = DVBl. 2003,810 = GewArch. 2004, 171 = BRS 66 Nr. 82). Das Gericht hat hierzu die beiden folgenden Leits. Nr. 3 u. 4 aufgestellt:

»Setzt ein Bebauungsplan neben einem Industriegebiet ein eingeschränktes Gewerbegebiet – ›zulässig sind nur nicht wesentlich störende Betriebe‹ – fest, hat der im Industriegebiet ansässige Gewerbebetrieb einen Abwehranspruch dagegen, dass im angrenzenden Gewerbegebiet ein Wohnbauvorhaben zugelassen wird, das zu seinen Lasten mit dem festgesetzten Gebietscharakter unvereinbar ist.

In einer solchen Fallgestaltung kommt es nicht entscheidend darauf an, ob der Plangeber bei der konkreten Ausweisung der beiden benachbarten Baugebiete einen diesbezüglichen Nachbarschutz seiner Baugebietsausweisung ausdrücklich beabsichtigt hat oder nicht; ebensowenig ist für den nachbarlichen Abwehranspruch zu fordern, dass das im Gewerbegebiet unzulässige gebietsfremde (Wohnbau-)Vorhaben sich dem im benachbarten Industriegebiet ansässigen Betrieb gegenüber konkret als rücksichtslos erweist«(OVG NW, aaO.).

Dem Sachverhalt nach wehrte sich ein in einem Industriegebiet liegender immissionsschutzrechtlich genehmigungspflichtiger Recyclingbetrieb gegen die Baugenehmigung für ein Wohnhaus mit Büroflächen (es handelte sich um ein nach § 8 Abs. 3 Nr. 1 BauNVO unzulässiges Vorhaben), das in einem dem Industriegebiet benachbarten, in demselben B-Plan festgesetzten eingeschränkten Gewerbegebiet vorgesehen war. Die Antragstellerin wollte damit eine schleichende Umwandlung des eingeschränkten Gewerbegebiets in ein allgemeines Wohngebiet verhindern. Es handelt sich hier um einen **eingeschränkten Gebietswahrungsanspruch**, den das OVG NW für den Fall entwickelt hat, dass die Baugebiete in demselben B-Plan festgesetzt worden sind, eine gemeinsame Grundtypik aufweisen und das Vorhaben zu Lasten des Nachbarn mit der den B-Plan kennzeichnenden Gebietscharakter unvereinbar ist (zustimmend *Stock* in: *K/R/S*, § 8 Rdn. 55 und *Ziegler*, in: *Brügelmann*, § 1 Rdn. 398 z2; ablehnend *Mampel*, BauR 2004, 1824/1833 f.). Nach Auffassung des OVG NW gewährt der aus dem objektiven Charakter der getroffenen Baugebietsausweisung folgende nachbarliche Abwehranspruch nicht ein Abwehrrecht gegenüber allen mit der getroffenen Baugebietsausweisung unvereinbaren Vorhaben, sondern nur gegenüber solchen unzulässigen Vorhaben, die der

Nachbar aus Gründen, die das gesamte Plangebiet erfassen und dessen alle Grundeigentümer bindenden und ihre eigenen Vorhaben schützenden Charakter betreffen, selbst nicht verwirklichen dürfte (OVG NW, aaO.). Sowohl § 8 Abs. 3 Nr. 1 als auch § 9 Abs. 3 Nr. 1 BauNVO enthielten das wesentliche Merkmal, dass jegliches Wohnen generell ausgeschlossen sei, das nicht ausnahmsweise als betriebsbezogen zugelassen werden könne. Insoweit würden die beiden hier festgesetzten Baugebiete eine einheitliche Charakteristik aufweisen, die es rechtfertige, der Antragstellerin einen das gesamte Plangebiet erfassenden Abwehranspruch zuzugestehen. Entscheidend für die Bejahung des eingeschränkten, über die Grenzen ihres eigenen Baugebiets hinausgreifenden Abwehranspruchs der Ast. sei, dass die im vorliegenden B-Plan getroffenen Baugebietsausweisungen dem Plangebiet insgesamt einen ausschließlich gewerblich nutzbaren Gebietscharakter zukommen ließen, der alle Planbetroffenen objektiv vor einer mit den Vorgaben der BauNVO unvereinbaren Verfremdung durch gewerbe- und industriegebietsfremde Wohnnutzungen schütze. Darauf, ob ein solcher Nachbarschutz vom Plangeber ausdrücklich beabsichtigt und entspr. verlautbart ist, könne es bei diesen objektiven Gegebenheiten, ebenso wie bei dem Anspruch auf Wahrung des Gebietscharakters, nicht ankommen (OVG NW, aaO.).

Mampel (aaO., 1824/1834) hat sich mit dem U. kritisch auseinandergesetzt und hierzu ausgeführt: Selbst bei Eintritt der Funktionslosigkeit der Festsetzung des eingeschränkten Gewerbegebiets würde das der Ausweisung des Industriegebiets zugrunde liegende nachbarliche Austauschverhältnis nicht berührt werden, würden also die den dort angesiedelten Eigentümern auferlegten Eigentumsschranken nicht tangiert oder gar in Frage gestellt werden. Die Gefahr der »schleichenden Umwandlung« des Industriegebiets bestehe auch dann nicht, wenn das angrenzende eingeschränkte Gewerbegebiet seine Gebietsidentität eingebüßt hätte. Zugunsten der Rechtsauffassung des OVG NW spricht jedoch der Gesichtspunkt, dass die schleichende Umwandlung eines eingeschränkten Gewerbegebiets in ein Misch- oder gar ein allgemeines Wohngebiet gegen den Trennungsgrundsatz des § 50 BImSchG verstoßen könnte, dadurch eine städteplanerisch unerwünschte Gemengelage geschaffen würde und es über die dann anzuwendende Mittelwerttheorie zu Einschränkungen der Betriebe im Industriegebiet kommen kann. Die damit erhöhte Rücksichtnahmepflicht des im angrenzenden Industriegebiet gelegenen immissionsschutzrechtlich genehmigten Gewerbebetriebs auf das Eindringen gebietsunverträglicher allgemeiner Wohnnutzung in das eingeschränkte Gewerbegebiet erkennt auch *Mampel* (aaO. 1824/1834), zieht daraus aber keine Konsequenzen, obwohl es zu immissionsschutzrechtlichen Anordnungen zu Lasten der Betriebe im Industriegebiet kommen kann.

3.15 Keinen Erfolg hatte der Antrag eines Nachbarn im Eilverfahren und die anschließende Anfechtungsklage gegen die Änderung der Nutzung eines Post-Betriebsgebäudes zu einem **türkisches Konsulat** als »Büro- und Verwaltungsgebäude« im Wege der Ausnahme nach § 31 Abs. 1 BauGB, nachdem der B-Plan die Festsetzung enthielt, dass die Nutzungen gem. § 8 Abs. 2 Nr. 2 BauNVO (Geschäfts-, Büro- und Verwaltungsgebäude) nur ausnahmsweise zulässig sind. Der Ast./Kläger berief sich darauf, dass im Rahmen der nach § 31 Abs. 1 BauGB vorzunehmenden Ermessensentscheidung die Baugenehmigungsbehörde die von ihm befürchteten Gefahren durch Terroranschläge bei Nutzung des Gebäudes als türkisches Konsulat nicht ausreichend in die Abwägung eingestellt hätte. Der VGH BW (B. v. 22.6.2004 – 5 S 1263/04 – BauR 2005,

1129 = ESVGH 54 Nr. 96 u. U. v. 17.2.2006 – 5 S 1848/05 – VBlBW 2006, 431; kritisch zu dem B. des VGH BW *Wittinger*, DVBl. 2006, 17; a. A. BayVGH, B. v. 26.6.1997 – 2 ZS 97.905 – NVwZ-RR 1998, 619) wies dieses Anliegen zurück und erließ in Übereinstimmung mit dem VG Berlin (U. v. 20.5.1999 – 13 A 245/98 – LKV 1999, 412) folgenden Leits.:

»*Gegen eine Baugenehmigung zur Nutzung eines Gebäudes als (hier: türkisches) Konsulat kann ein Nachbar weder bauplanungsrechtlich im Rahmen einer erteilten Ausnahme nach § 31 Abs. 1 BauGB und des Rücksichtnahmegebots nach § 15 Abs. 1 S. 2 BauNVO noch bauordnungsrechtlich über § 3 Abs. 1 S. 1. LBO erfolgreich einwenden, dass die Gefahr terroristischer Anschläge bestehe*«.

Das BVerwG (U. v. 25.1.2007 – 4 C 1.06 – BauR 2007, 1002 = DVBl. 2007, 637) hat das U. des VGH im Ergebnis bestätigt, ist der Rechtsansicht des VGH BW aber entgegengetreten, dass die vom Kläger geltend gemachten Gefahren terroristischer Anschläge dem Bauvorhaben nicht zugerechnet werden könnten, da solche von außen kommenden, nicht durch die bestimmungsgemäße Nutzung des Konsulats hervorgerufenen Gefahren nicht mit Mitteln des Bauplanungsrechts, sondern nur durch polizeiliche und sonstige ordnungsrechtliche Maßnahmen entgegengewirkt werden könne. Das BVerwG hat diese Rechtsansicht nicht geteilt und die beiden folgenden **Leits.** aufgestellt:

»*Die möglichen Gefahren für die Nachbarschaft einer diplomatischen Einrichtung durch terroristische Anschläge sind städtebaulich bedeutsame Auswirkungen, die bei der Beurteilung, ob ein Vorhaben das Rücksichtnahmegebot (§ 15 Abs. 1 Satz 2 BauNVO) verletzt, zu berücksichtigen sind.*

Auch wenn bei der Erteilung der Baugenehmigung für eine diplomatische Einrichtung die Gefahr von Anschlägen als unwahrscheinlich einzuschätzen ist, muss sich die Baugenehmigungsbehörde vergewissern, dass bei einer geänderten Einschätzung der Sicherheitslage die dann zu erwartenden Gefahren für die Einrichtung und ihre Umgebung unter Wahrung des Rücksichtnahmegebots durch zusätzliche Maßnahmen beherrscht werden können«.

Im Ergebnis wurden die klagabweisenden Urteile der Vorinstanzen jedoch bestätigt. Denn nach den Feststellungen des VGH besteht für das türkische Konsulat in Karlsruhe keine konkrete Anschlagsgefahr, sondern nur eine unspezifische Besorgnis einer allgemeinen Gefährdungslage. Allerdings muss nach Ansicht des BVerwG die Baugenehmigungsbehörde unter Einbeziehung der Polizei- und Sicherheitsbehörden eine Prognose darüber anstellen, ob dann, wenn aufgrund einer geänderten Einschätzung der Sicherheitslage mit konkreten Anschlagsgefahren gerechnet werden muss, durch weiter gehende Sicherungsmaßnahmen die dann bestehende Situation beherrscht werden kann, ohne dass es zu unzumutbaren Beeinträchtigungen für die Umgebung kommt (BVerwG, aaO.). Dieses U. des BVerwG kann nicht überzeugen (so auch *Jäde*, ZfBR 2007, 751; zustimmend dagegen *Seibel*, BauR 2007, 1831). Die Aufgaben und Möglichkeiten der Baurechtsbehörden bei terroristischen Anschlägen werden deutlich überschätzt. Hierfür kommt nur eine hinreichende räumliche Trennung der diplomatischen Einrichtung von der Nachbarwohnbebauung in Betracht, die in den Innenstädten von Großstädten nur selten gegeben sein wird.

b) **Die Störanfälligkeit des GE-Gebiets.** Die Störanfälligkeit des GE-Gebiets i. A., des jeweiligen Gewerbebetriebes im *konkreten* Einzelfall hat nicht nur hinsichtlich der **Umgebung innerhalb** des GE-Gebiets i. S. d. gebotenen gegenseitigen Rücksichtnahme wechselseitige Bedeutung, sondern gleichermaßen für die Umgebung **außerhalb des Geltungsbereichs** des festgesetzten **GE-Gebiets.** Damit ist gleichzeitig die **Verträglichkeit des GE-Gebiets** mit anderen

Nutzungen u. Baugebieten angesprochen. Der gegenseitigen (wechselseitigen) Rücksichtnahme kommt **besondere Bedeutung** zu, wenn die Festsetzung eines GE-Gebiets mit der Maßgabe erfolgt, dass die **Immissionsrichtwerte eines MI-Gebiets** nicht überschritten werden dürfen. Diese Festsetzung hat auch zugunsten der im Gebiet gelegenen – planungsrechtlich zulässigen – Betriebsinhaberwohnungen und der vorhandenen – bestandsgeschützten – reinen Wohnnutzungen nachbarschützenden Charakter (so mit Recht OVG Lüneburg, B. v. 24.11.1989 – 1 M 82/89 – BRS 49 Nr. 63); wird in den Gründen überzeugend ausgeführt. Nutzungen in den an das GE-Gebiet angrenzenden Baugebieten – etwa ein nach § 1 Abs. 6 Nr. 2 allgemein zulässiges **Hotel** in einem WA-Gebiet, das *von* einer *Ausnahme in* eine *allgemein* zulässige Nutzung umgewandelt worden ist – können ihrerseits durch einen Gewerbebetrieb, z. B. eine Kfz-Reparaturwerkstätte oder eine Schreinerei, Störungen und erheblichen Belästigungen ausgesetzt sein. Für den Begriff der »Umgebung«, der in § 8 Abs. 2 Nr. 1 entfallen ist (s. Rn 4.1 und 6), gilt mit demselben Rechtsgehalt der Begriff der Umgebung nach § 15 Abs. 1 **Satz 2** (s. dort Rn 22–23.4).

Wäre das Hotel *früher errichtet* als das GE-Gebiet rechtsverbindlich festgesetzt worden ist, könnte es eine »plangegebene Vorbelastung« **zu Lasten** des störintensiven Betriebs an der Grenze zum WA-Gebiet geltend machen, so dass dieser etwa durch die Stellung der lärmverursachenden Werkstattgebäude oder durch sonstige Auflagen der Baugenehmigungsbehörde auf das Hotel Rücksicht zu nehmen hätte (s. auch § 6 Rn 15.2).

3.3 Würde das **Hotel im WA-Gebiet** *(später)* errichtet, d. h. *nachdem* die Kfz-Werkstatt im festgesetzten GE-Gebiet bereits besteht, könnte – sofern das Hotel nicht bereits nach § 15 Abs. 1 Satz 2, letzter Halbs. wegen einer Belastung durch *unzumutbare* Immissionen unzulässig ist (zu den Bedenken hierzu s. § 15 Rn 24–24.3) – bei einer Zulassung des Hotels die Kfz-Werkstatt Ansprüchen des Hotels wegen (unzumutbarer) Lärmbeeinträchtigungen ausgesetzt sein.

Um das zu vermeiden, könnte der Gewerbebetrieb im GE-Gebiet i. S. einer Duldungsverpflichtung des Hotels die Aufnahme eines Hinweises in die Baugenehmigung verlangen, dass das Hotel in Kenntnis des gegenüber dem WA-Gebiet störintensiveren Betriebs im GE-Gebiet baut und später keine Ansprüche zur Verminderung der Immissionen etwa beim Umweltamt (Gewerbeaufsichtsamt) erheben kann (in derartigen Fällen kann eine Beweissicherung hinsichtlich der **bestehenden Lärmsituation** angebracht sein, um einen Anhalt zu haben, wenn später Streit über eine angebliche Verschlechterung der Lärmsituation entsteht). Beide Nutzungsarten haben zwar wegen der Zulässigkeit in ihrem Baugebiet einen Anspruch auf Baugenehmigung, die infolge des Gebots der gegenseitigen Rücksichtnahme aber gewissen (zusätzlichen) und evtl. auch das Bauvorhaben verteuernden Bauverpflichtungen unterliegt. Zur Vermeidung solcher Konfliktsituationen *an Nahtstellen* verschiedener Baugebiete sollte – soweit nicht bereits die planende Gemeinde geeignete Festsetzungen getroffen hat (s. § 1 Rn 48 ff.) – im Baugenehmigungsverfahren darauf geachtet werden, dass emittierende Gewerbebetriebe unter Beachtung des § 15 Abs. 1 Satz 2 möglichst nicht über die Baugebietsgrenze hinaus (»in der Umgebung«) unzumutbare Immissionen verursachen können.

3.31 Die tatsächliche Vorbelastung eines Wohngebiets durch Immissionen eines außerhalb des Gebiets gelegenen bestandsgeschützten Gewerbebetriebes entbindet die Gemeinde bei der Planung eines neu anzulegenden, der Wohnbebauung benachbarten Gewerbegebiets nicht von der Pflicht, die besondere Schutzbedürftigkeit der Wohnbebauung in die Abwägung einzustellen (BVerwG, B. v. 18.12.1990 – 4 N 6.88 – BRS 50 Nr. 25 = DVBl. 1991, 442 = NVwZ 1991, 881).

3.4 c) **Eingeschränktes Gewerbegebiet.** Das **eingeschränkte Gewerbegebiet** mit den dort jeweils getroffenen Festsetzungen, so wie es das BVerwG mit dieser Bezeichnung bestätigt hat (B. v. 15.4.1987 – 4 B 71.87 – BRS 47 Nr. 55 = NVwZ 1987, 970 = DVBl. 1987, 904 = UPR 1987, 336), ist wegen der dadurch möglichen (weiteren) planungsrechtlichen Flexibilisierung zu begrüßen. Die Zulässigkeit eines »*eingeschränkten Gewerbegebiets*« durch entspr. Festsetzungen **ohne Zulässigkeit des Wohnens** hat u.a. das OVG NW, U. v. 10.11.1988 (– 11a NE 4/87 – BRS 49 Nr. 76 = NVwZ 1989, 679) bestätigt. Als »eingeschränktes Gewerbegebiet« ist ein GE-Gebiet zu verstehen, in dem Gewerbebetriebe, insbes. Handwerksbetriebe, zulässig sind, die das Wohnen nicht wesentlich stören, ferner Geschäfts-, Büro- und Verwaltungsgebäude sowie Wohnungen nach § 8 Abs. 3 Nr. 1. Nach dem BVerwG wird die *Hauptnutzung* »Gewerbebetriebe« nach der Zweckbestimmung des § 8 Abs. 1 nicht ausgeschlossen, sondern lediglich einer differenzierten Regelung unterworfen. Dies lässt § 1 Abs. 5 u. Abs. 6 Nr. 2 ausdrücklich zu, soweit die allgemeine Zweckbestimmung des Baugebiets gewahrt bleibt. Der wesentliche Unterschied zum Mischgebiet bleibt nach dem BVerwG gewahrt, da im Mischgebiet Wohnen und gewerbliche Nutzung, die das Wohnen nicht wesentlich stört, **gleichberechtigt** zulässig sind, während im **eingeschränkten Gewerbegebiet** die allgemeine Wohnnutzung nicht vorgesehen ist.

Die Ausweisung eines eingeschränkten Gewerbegebiets, in dem nur »nicht wesentlich störende Gewerbebetriebe« zulässig sind, neben einem allgemeinen Wohngebiet verstößt nicht gegen den Trennungsgrundsatz (**Leitsatz** des VGH BW, NB v. 16.12.1993 – 8 S 1889/93 –; n. v.). **Aus den Gründen**: Trotz der vorgenommenen Beschränkung auf »nicht wesentlich störende Gewerbebetriebe« entspricht das geplante Gebiet seiner allgemeinen Zweckbestimmung nach noch dem Typus eines Gewerbegebiets. Von einem Mischgebiet unterscheidet es sich dadurch, dass eine (allgemeine) Wohnnutzung nicht vorgesehen ist. Was den Störungsgrad der in einem in dieser Weise eingeschränkten Gewerbegebiet zulässigen Gewerbebetriebe betrifft, besteht dagegen zu einem Mischgebiet kein Unterschied (wird weiter ausgeführt; VGH BW, aaO.).

3.41 Ein durch B-Plan festgesetztes Gewerbegebiet bleibt vom Typus her ein Gewerbegebiet, auch wenn in ihm nur Gewerbebetriebe zulässig sind, die auch in einem Mischgebiet zulässig wären (im Anschluss an BVerwG, B. v. 15.4.1987 – 4 B 71.87 – NVwZ 1987, 970; **Leits.** des VGH BW, U. v. 11.3.1997 – 10 S 2815/96 – VBlBW 1997, 384).

In den Gründen hat der Senat ausf. und in überzeugender Weise das in dem **Leits.** zum Ausdruck kommende Ergebnis der Feststellungen erläutert. Es handelt sich um die bauplanungsrechtliche Zulässigkeit einer **Anlage zur Aufbereitung von Baustellenmischstoffen**. Die Beklagte hat die immissionsschutzrechtliche Genehmigung für die Anlage im vereinfachten Verfahren nach den §§ 4, 19 BImSchG i.V.m. §§ 1, 2 Abs. 1 Nr. 2, Anh. Nr. 8.4 Spalte 2 Buchst. b 4. BImSchV mit zahlr., dem Entstehen von schädlichen Umwelteinwirkungen entgegenwirkenden Nebenbestimmungen erteilt. Der Bebauungsplan lässt mit der textlichen Festsetzung, dass Betriebe und Anlagen nach § 8 Abs. 2, Abs. 3 Nr. 1 BauNVO zulässig sind, die das Wohnen nicht unwesentlich stören, nur Gewerbebetriebe zu, die auch in einem Mischgebiet zulässig wären. »*Der für Mischgebiete maßgebliche Immissionswert von 60 dB(A) tagsüber ist zwar einzuhalten. Allein deshalb kann aber das GE1 von seiner Typik her noch nicht als Mischgebiet angesehen werden. Insbesondere fehlt es an einer die Typik des Mischgebiets prägenden Zulässigkeit von (allgemeiner) Wohnnutzung im GE1*« (wird weiter ausgeführt).

3.42 Der Wunsch des in einem **eingeschränkten Gewerbegebiet** ansässigen Unternehmens, die von ihm vertriebenen Waren (hier: Segelboote) in einer angenehmen Umgebung und Atmosphäre präsentieren zu können, ist bauplanungsrechtlich nicht geschützt (VGH BW, B. v. 17.9.1999 – 8 S 2042/99 – BRS 62 Nr. 77).

Zu Anforderungen an die Festsetzung eines »eingeschränkten« Gewerbegebiets VGH BW, NK- U. v. 24.11.1998 –, DVBl. 2001, 1289).

3.43 Das mit der Bauleitplanung verfolgte Ziel, für die im B-Plan festgesetzten **eingeschränkten Gewerbegebiete** in der Nachbarschaft einer Altenpflegeeinrichtung nur **nicht störende Betriebe** zuzulassen, widerspricht der allgemeinen

Zweckbestimmung von Gewerbegebieten und verletzt das Abwägungsgebot (BayVGH, U. v. 14.5.2003 – 14 N 98.3471 –, BayVBl. 2004, 110 = BRS 66 Nr. 25, 1. Leits.).

Aus den **Gründen:** »*Der Störungsgrad solcher Betriebe liegt noch unterhalb der Schwelle eines Mischgebietes. Nach seiner allgemeinen Zweckbestimmung dient ein Gewerbegebiet vorwiegend der Unterbringung von nicht erheblich belästigenden Gewerbebetrieben, d. h. von Betrieben, die einen höheren zulässigen Störungsgrad aufweisen als in den Wohngebieten und im Mischgebiet verträglich ist. Werden bei eingeschränkten Gewerbegebieten generell nur solche Gewerbebetrieb zugelassen, die das Wohnen nicht wesentlich stören, kann zwar – weil die Wohnnutzung grundsätzlich ausgeschlossen ist – die allgemeine Zweckbestimmung eines Gewerbegebiets noch gewahrt sein. Durch den vorliegend generellen Ausschluss aller störenden Gewerbebetriebe für einen Bereich von etwa 3,87 ha umfassenden Gewerbegebietsflächen wird jedoch die Hauptnutzung des durch § 8 BauNVO vorgeformten Gebietstypus eines Gewerbegebietes ausgeschlossen*« (BayVGH, aaO.).

Der BayVGH ist zu Recht zu dem Ergebnis gekommen, dass es ein eingeschränktes Gewerbegebiet mit dem Störungsgrad in einem allgemeinen Wohngebiet ausnahmsweise zulässiger »sonstiger nicht störender Gewerbebetriebe« nicht gibt.

3.5 Soll in unmittelbarer Nachbarschaft eines mit Wohngebäuden bebauten Gebiets durch B-Plan ein **Gewerbegebiet** festgesetzt werden, lässt sich das planerische Ziel, für die Wohnbebauung eine maximale Lärmbelastung von 50 dB(A) am Tag und 35 dB(A) in der Nacht zu gewährleisten, nicht durch eine Festsetzung erreichen, nach der in dem Gewerbegebiet nur solche Betriebe und Anlagen zulässig sind, deren Schallemissionen an einer entlang der Grenze zu den Wohngebäuden festgelegten »*Schallmesslinie*« – jenseits eines gleichfalls festgesetzten Lärmschutzwalles – in 1,20 m Höhe die genannten Pegel nicht überschreiten (OVG Saarl., U. v. 31.1.1995 – 2 N 1/94 – BRS 57 Nr. 18); s. dazu auch Rn 9.5 f.; zu sog. Zaunwerten s. § 1 Rn 95.1.

Die horizontale Gliederung eines Baugebiets nach Kriterien des allgemeinen Störgrades in ein »*eingeschränktes Gewerbegebiet*« mit »nicht wesentlich störenden Gewerbebetrieben« i. S. v. § 6 und in ein Gewerbegebiet »mit nicht erheblich nachteiligen Gewerbebetrieben« (§ 8 Abs. 2 Nr. 1) ist durch § 1 Abs. 4 Nr. 1 gedeckt. Diese Einschränkung ist grundsätzlich auch erforderlich, wenn dem Baugebiet ein überwiegend *wohngenutztes* Gebiet gegenüberliegt (VGH BW, U. v. 6.12.1989 – 3 S 1278/88 – BRS 49 Nr. 73).

Neue Gewerbe- und Industriegebiete zwischen vorhandener ländlicher Wohnbebauung und emittierenden Anlagen im Außenbereich können abwägungsfehlerfrei geplant werden, wenn zum Schutz der Wohngrundstücke eine Grünzone, ein zunächst eingeschränktes Gewerbegebiet und im Übrigen flächenbezogene Schallleistungspegel gestaffelt festgesetzt werden, die das Schutzbedürfnis der Anwohner angemessen berücksichtigen (so mit Recht OVG Lüneburg, U. v. 28.6.1993 – 6 K 3147/91 – MDR 1993, 758).

Die Festsetzung eines »eingeschränkten Gewerbegebiets« mit dem Inhalt, dass im Plangebiet nur eine gerade auf den Betrieb und den Produktionsablauf eines speziellen benachbarten Unternehmens bezogene, gleichsam maßgeschneiderte Nutzung (hier: Abstellen von fertigen und halbfertigen Fahrzeugen) zulässig sein soll, ist unzulässig. Sie beinhaltet eine einzelfallbezogene Regelung, die den Gliederungsmöglichkeiten des § 1 Abs. 4–9 nicht entspricht (OVG NW, U. v. 18.11.1993 – 10a NE 81/90 – BRS 55 Nr. 9 = StGR 1994, 161).

3.6 Die Festsetzung »**Gewerbegebiet mit eingeschränkten schall- und lufthygienischen Emissionen** ...« verletzt das rechtsstaatliche Bestimmtheitsgebot (BayVGH, U. v. 28.4.2004 – 26 N 02. 483 –). Die Grundstückseigentümer im

Planbereich und die mittelbar von den Festsetzungen Betroffenen müssen nämlich dem B-Plan eindeutig entnehmen können, welche gewerblichen Nutzungen im Plangebiet zulässig sein sollen und was an Emissionen aufgrund dieser Nutzungen zu erwarten bzw. hinzunehmen ist (BayVGH, aaO.).

Nicht zulässig ist der **vollständige Ausschluss von Gewerbebetrieben** in einem Gewerbegebiet (BayVGH, U. v. 1.3.2004 – 14 N 02.596 –). **3.7**

Aus den **Gründen**: »*Der für unwirksam erklärte Bebauungsplan setzte ein eingeschränktes Gewerbegebiet fest und bestimmte, dass nur Nutzungen nach § 8 Abs. 2 Nr. 2 (Geschäfts-, Büro- und Verwaltungsgebäude) und Nr. 3 (Tankstellen) sowie nach Abs. 3 (Wohnungen für Betriebspersonal, Betriebsinhaber und Betriebsleiter, Anlagen für kirchliche, kulturelle, soziale und gesundheitliche Zwecke sowie Vergnügungsstätten) BauNVO zulässig sind. Ausnahmsweise waren Gewerbebetriebe zulässig, die das Wohnen nicht wesentlich stören. Die textliche Festsetzungen des Bebauungsplans verstoßen gegen § 1 Abs. 5 2. Halbs. BauNVO), weil damit die allgemeine Zweckbestimmung des festgesetzten Gewerbegebiet nicht gewahrt bleibt. Ein Gewerbegebiet, auch ein eingeschränktes, ist nämlich dadurch gekennzeichnet, dass es vorwiegend der Unterbringung von (nicht erheblich belästigenden) Gewerbebetrieben dient. Nicht zulässig ist damit der vollständige Ausschluss von Gewerbebetrieben. Geschäfts-, Büro- und Verwaltungsgebäude können zwar gewerbliche Nutzungen aufnehmen und stehen daher der Kernfunktion eines Gewerbegebiets nahe, jedoch zeigt ihre gesonderte Erwähnung in § 8 Abs. 2 Nr. 2 BauNVO, dass ein vorwiegend aus solchen Anlagen bestehendes Gebiet mit der allgemeinen Zweckbestimmung eines Gewerbegebiets gem. § 8 Abs. 1 BauNVO unvereinbar ist. Die allein ausnahmsweise gegebene Zulässigkeit von Gewerbebetrieben, die das Wohnen nicht wesentlich stören, kann das Leitbild des § 8 Abs. 1 BauNVO nicht ausfüllen*« (BayVGH, aaO.).

Demgegenüber hält das BVerwG die Festsetzung eines Gewerbegebiets für zulässig, in dem nur Geschäfts-, Büro- und Verwaltungsgebäude zulässig sind (B. v. 9.11.2004 – 4 BN 29/04 – NVwZ 2005, 325 = UPR 2005, 148 = ZfBR 2005, 185).

Aus den **Gründen**: »*Ebensowenig wie durch die Beschränkung auf Gewerbe- bzw. Handelsbetriebe, die das Wohnen nicht wesentlich stören, verliert ein Baugebiet durch die Beschränkung auf Geschäfts-, Büro- und Verwaltungsgebäude den Charakter eines Gewerbegebiets. Trotz des Ausschlusses von Betrieben, des produzierenden und des verarbeitenden Gewerbes behält es sein Gepräge als ein Gebiet, das frei von allgemeiner Wohnnutzung als Standort für Dienstleistungsbetriebe einem wesentlichen Segment der gewerblichen Nutzung vorbehalten ist. Wegen des typischerweise geringen Störpotentials von Geschäfts-, Büro- und Verwaltungsgebäuden, stellt es in ähnlicher Weise wie ein ›eingeschränktes Gewerbegebiet‹ ... ein typenkonformes Gliederungs- bzw. Festsetzungsmittel dar, das ein störungsarmes Nebeneinander von Gewerbe- und Wohnnutzung ermöglicht*«.

Der Auffassung des BayVGH und nicht der des BVerwG ist zuzustimmen. Sie wird in der Lit. auch von *Stock* (in: *K/RS*, 2. Aufl., Rdn. 7 zu § 8 BauNVO) geteilt. Zwar ist eine Gliederung eines Gewerbegebietsteils nach § 1 Abs. 5 BauNVO zulässig, in dem nur Geschäfts-, Büro- und Verwaltungsgebäude zulässig sind. Jedoch wäre eine solche Festsetzung für ein größeres Gewerbegebiet unzulässig, da sie die allgemeine Zweckbestimmung eines Gewerbegebiets gem. § 8 Abs. 1 BauNVO nicht mehr wahrt.

d) **Änderung von Regelungen aufgrund der ÄnderungsVOen 1977 und 1990.** Infolge der Neufassung des § 11 Abs. 3 **durch die ÄndVO 1977** sind die Worte »mit Ausnahme von Einkaufszentren und Verbrauchermärkten i. S. d. § 11 Abs. 3« entfallen. Ferner ist Abs. 4 weggefallen. Die durch die ÄndVO 1968 eingeführte Gliederungsmöglichkeit ist in § 1 Abs. 4 zusammengefasst und gleichzeitig umfassender sowie differenzierter für alle dort angeführten Baugebiete geregelt worden. **4**

Durch die **ÄndVO 1990** ist in Abs. 2 Nr. 1 der Halbs. »soweit diese Anlagen für die Umgebung keine erheblichen Nachteile oder Belästigungen zur Folge haben können« weggefallen; er war mit Rücksicht auf die insoweit eindeutige **4.1**

Bestimmung des zulässigen Störgrads in Abs. 1 entbehrlich (vgl. Begr. z. Reg. Entw., BR-Drucks. 354/89, S. 55). Die weiteren im Reg. Entw. ursprünglich vorgesehenen Regelungen bzgl. der **Vergnügungsstätten** und der **Anlagen für sportliche Zwecke** sind auf Vorschlag des BR modifiziert worden. Die **Anlagen für sportliche Zwecke** sind entgegen dem Reg. Entw. in den Nutzungskatalog unter Abs. 2 **Nr. 4** als *allgemein zulässige* Anlagen aufgenommen worden.

Die **Vergnügungsstätten,** die nach dem Reg. Entw., auf *nicht kerngebietstypische* Vergnügungsstätten beschränkt, in dem Zulässigkeitskatalog nach Abs. 2 geregelt werden sollten, sind auf Vorschlag des BR in den Katalog der **ausnahmsweise zulassungsfähigen Nutzungen** unter Nr. 3 aufgenommen worden, jedoch ausgedehnt auf die auch im Kerngebiet zulässigen Vergnügungsstätten.

Die bisher bereits nur ausnahmsweise zulassungsfähigen Wohnungen für einen bestimmten Personenkreis (Abs. 3 Nr. 1) haben in Bezug auf ihre Genehmigungsfähigkeit durch eine Ergänzung einen *klarstellenden Zusatz* erhalten, dem keine materiell-rechtliche Änderung zukommt (z. Begr. der vom BR geforderten Änderungen vgl. BR-Drucks. 354/89 [Beschluss], S. 4–6 u. OVG NW, B. v. 25.2.2003 – 7 B 2374/02 – BauR 2003, 1006/1007).

3. Allgemein zulässige Nutzungen (Abs. 2)

5 a) **Gewerbebetriebe aller Art, Lagerhäuser, Lagerplätze und öffentliche Betriebe (Nr. 1). – aa) Allgemeines zu den Gewerbebetrieben, Abgrenzung zum Mischgebiet.** Der Begriff »Gewerbebetrieb« ist mangels einer eingrenzenden Definierung weit zu fassen (z. Begriff s. § 2 Rn 24–25.14). Danach sind alle unter den Oberbegriff »Gewerbe« fallenden Anlagen und Betriebe zulässig, also einschließlich der Handwerksbetriebe im hergebrachten Sinne sowie der Betriebsformen gewerblicher Art, die in anderen Baugebieten gesondert aufgeführt sind wie Einzelhandelsbetriebe, Läden oder Betriebe des Beherbergungsgewerbes. Zulässig sind auch *gewerbliche* Garagenanlagen aller Art (also nicht Gemeinschaftsgaragen i. S. v. § 9 Abs. 1 Nr. 22 BauGB), die im Übrigen auch im MI-Gebiet und MK-Gebiet ihren Standort haben können. **Voraussetzung** der Zulässigkeit in GE-Gebieten ist, dass die »Anlagen nicht erheblich belästigen« (Abs. 1). Es kann sich demnach hier jeder Betrieb vom nichtstörenden (z.B. optische Werkstätten) bis zum nicht erhebliche Nachteile verursachenden Betrieb ansiedeln.

Der Begriff »Gewerbebetriebe aller Art« unterliegt – gleich der sich wandelnden Auffassung von der geordneten städtebaulichen Entwicklung – aufgrund der sich ändernden Lebensbedingungen und damit sich verändernden Lebensgewohnheiten einem entspr. Wandel. Im Zuge der stetig zunehmenden Freizeit und der damit vielfältigen Beschäftigungsmöglichkeiten werden z.B. für sportliche Betätigungen oder solche des Fitnesstrainings die erforderlichen Anlagen vielfach auch **in Form gewerblicher Anlagen** und Nutzungen betrieben (dazu Rn 13–13.1). Daraus ergibt sich: *»Im Gewerbegebiet sind nur solche Gewerbebetriebe aller Art zulässig, die im Einklang mit der von der Baunutzungsverordnung vorausgesetzten typischen Funktion dieses Gebietes stehen und nicht anderen Baugebieten ausdrücklich oder nach ihrer allgemeinen Zweckbestimmung zugewiesen sind«* (Leits. des BVerwG, U. v. 29.4.1992 – 4 C 43.89 – BRS 54 Nr. 53)

5.1 *Verkehrslärm* auf dem Betriebsgelände rechnet zum Betrieb und nicht z. (allgemeinen) Verkehrslärm. Erst wenn ein Lkw den Betrieb verlässt, nimmt er am *öffentlichen Verkehr* teil. Das Immissionsschutzrecht ordnet die Geräusche des An- und Abfahrtsverkehrs, auch soweit er auf öffentlichen Straßen stattfindet, der Anlage zu, durch deren Nutzung sie verursacht werden, solange sie vom übrigen Straßenverkehr noch unterscheidbar sind. Daraus folgt, dass für die Bewertung der Lästigkeit dieser Immissionen die besonderen Grenzwerte, die § 2 der 16. BImSchV beim Bau oder der wesentlichen Änderung öffentlicher Straßen vorsieht, weder unmittelbar noch mittelbar maßgeblich sind; denn die 16. BImSchV trägt den Besonderheiten des Verkehrslärmschutzes an öffentlichen Straßen Rechnung. Die von ihr vorgesehenen IGW sind das Ergebnis der Bewertung des Verhältnisses von zumutbaren Verkehrsgeräuschen und finanzieller Belastung der öffentlichen Haushalte (vgl. amtl. Begr. zu § 2 16. BImSchV – BR-Drucks. 661/89, S. 33 ff.). Sie sind daher auf Geräusche, die rechtlich der Nutzung anderer Anlagen zuzuordnen sind, nicht übertragbar (so BVerwG, B. v. 23.7.1992 – 7 B 103.92 –).

Zur Zulässigkeit von Gewerbebetrieben und sonstigen Nutzungen (Anlagen) nach Abs. 2 **im Einzelfall** s. Rn 19–21.10.   **5.2**

Bordelle und bordellartige Betriebe als Gewerbebetriebe

Das BVerwG hat in seinem U. v. 25.11.1983 (– 4 C 21.83 – BauR 1984, 145 = BRS 40 Nr. 52) entschieden, dass ein **Bordell**, in dem die Dirnen nicht wohnen, unter die »Gewerbebetriebe aller Art« fällt, die nach § 8 Abs. 2 Nr. 1 allgemein zulässig sind. Dieser Satz ist insoweit etwas missverständlich, da Prostituierte sich in einem Bordell aufhalten, dort aber **nicht wohnen**, sondern dort **untergebracht** sind. Der Begriff des Wohnens im bauplanungsrechtlichen Sinn als eine auf Dauer angelegte Haushaltsführung ist nämlich von der Unterbringung in einer Unterkunft zu unterscheiden (Hess.VGH, U. v. 5.2.2004 – 4 N 360/03 – BauR 2005, 1126 = NVwZ-RR 2005, 313).   **5.3**

Der Ansicht des BVerwG, dass das gewerbsmäßige Unterhalten eines Betriebs, in dem Personen der Prostitution nachgehen, ein Gewerbebetrieb auch i. S. d. BauNVO ist, ist nach diesseitiger Auffassung beizupflichten. Das BVerwG hat sich im Zusammenhang mit dem Begriff »Gewerbebetriebe aller Art« auch mit der Frage befasst, ob u. inwieweit Bordellbetriebe unter den Begriff »Vergnügungsstätten« zu subsumieren sind. Mit Recht hat das BVerwG gemeint, dass ein Bordellbetrieb nicht dem typischen Erscheinungsbild der Vergnügungsstätte i. S. der BauNVO entspricht und dass sich im Hinblick auf die allgemeine sozialethische Bewertung und auf die sich aus dem »Milieu« ergebenden Begleiterscheinungen eher ein Standort eignet, der *»außerhalb oder allenfalls am Rande des Blickfeldes und der Treffpunkte einer größeren und allgemeinen Öffentlichkeit liegt«* (BVerwG, aaO.).

Ob Bordellbetriebe überhaupt Vergnügungsstätten i. S. d. BauNVO sind, hat das BVerwG dahin stehen lassen. Es hat jedoch hervorgehoben, dass die Zweckbestimmung von Gewerbegebieten es gerade sei, solchen Betrieben einen Standort zu bieten, die im Hinblick auf ihre spezifischen Standortanforderungen und ihre Auswirkungen zu Unzuträglichkeiten in Gebieten führen würden, in denen auch oder sogar vorwiegend gewohnt werden soll.

Nach dem Begriffsinhalt der Vergnügungsstätten, so wie er diess. umgrenzt – und abgegrenzt – ist (§ 4a Rn 22–24.5), **handelt es sich bei Bordellbetrieben** um eine mit den Vergnügungsstätten nicht vergleichbare Art von Betrieben. Das Aufsuchen eines Bordells aufgrund vielschichtiger und zugleich ganz unterschiedlicher sexueller Beweggründe ist mit dem Besuch von Stätten, um sich dort *durch Dritte* vergnügen zu lassen, schlecht zu vergleichen, wenngleich »Vergnügungs«-Stätten häufig auch dem sexuellen Amüsement dienen. Dem Bauplanungsrecht, das vor allem die *Verträglichkeit* unterschiedlicher Grundstücksnutzungen regelt, steht eine Wertung der Nutzung in sozialethischer Hinsicht – anders als dem Gewerberecht (u. a. BVerwG, U. v. 15.12.1981 – 1   **5.4**

§ 8 Abs. 2 5.5, 6

C 232.79 – Fundst. § 4a Rn 24.3) – i. A. nicht zu (ähnlich OVG NW, U. v. 19.1.1983 – 11 A 2171/82 – BauR 1983, 147 = StGR 1983, 316 = BRS 40 Nr. 51).

Bei Bordellen, deren gesellschaftliches Faktum nicht geleugnet und damit städtebaurechtlich nicht verdrängt werden kann, handelt es sich bauplanungsrechtlich um Gewerbebetriebe sui generis, die mit dem Inbegriff des Wohnens (§ 3 Rn 1) schlechthin nicht vereinbar sind. Sie benötigen daher stets einen besonderen – nicht generell vorher festzusetzenden – Standort.

5.5 Der VGH BW (B. v. 20.4.2001 – 8 S 876/01 –) hatte sich mit einer Nutzungs-(Aufnahme)untersagung für ein »Prostitutionsobjekt (SM-Zentrum mit Studio »Araschne« und Shop)« zu befassen. Es handelte sich um die Nutzungsänderung eines früher als Lagerhalle genutzten Gebäudes in einem alten Gewerbegebiet. Der VGH hat die Verfügung bestätigt.

Er hat dabei nicht darauf abgestellt, ob der Betrieb eines »Domina-Studios« nebst zugehörigem »SM-Shop« als »bordellähnlicher (bzw. -artiger) Betrieb« und damit als Vergnügungsstätte anzusehen ist. Für eine abstrakt-begriffliche Klärung bestand nach Ansicht des Gerichts keine Veranlassung, weil die Festsetzungen des B-Plans den hier in Rede stehenden Nutzungen widersprachen. Im B-Plan selbst war festgesetzt worden, dass »Vergnügungseinrichtungen« der »Kategorie C« – nämlich *»sonstige Vergnügungsstätten und Einrichtungen, wie Animierlokale, Nachtbars und vergleichbare Lokale mit Striptease- oder Filmvorführungen, Sexkinos, Geschäfte mit Einrichtungen zur Vorführung von Sex- und Pornofilmen (z. B. Video-Kabinen); ferner nicht – medizinische Sauna – und Massageeinrichtungen; Bordelle, Eros-Center und vergleichbare Dirnenunterkünfte«* in dem hier ausgewiesenen Gebiet unzulässig sind. Nach Auffassung des VGH BW habe auch der stattgefundene Wandel der Öffentlichkeit nichts, der die Bundesregierung veranlasst hat, ein Gesetz zu erlassen, nach welchem Prostitution als normaler Beruf gewertet wird. In den Verbotszonen des genannten B-Plans bleibt diese Betätigung auch als »normaler Beruf« verboten (VGH BW, aaO.). Die vorstehend aufgeführten Festsetzungen in dem B-Plan waren in einem Normenkontrollverfahren vor dem VGH BW (NK-U. v. 16.12.1991 – 8 S 14/89 – NVwZ-RR 1993, 122) nicht beanstandet worden. Nach Auffassung des VGH BW (in diesem NK-U.) kann die Gemeinde die Zulässigkeit oder Unzulässigkeit von Vergnügungsstätten und vergleichbaren Einrichtungen gem. § 1 Abs. 9 BauNVO regeln. Die räumliche Steuerung der Ansiedlung von Vergnügungseinrichtungen soll nämlich dazu beitragen, dass Bewohner und Besucher der Stadt nicht gestört und belästigt, Kinder und Jugendliche nicht gefährdet werden, die Struktur des Einzelhandels, das Erscheinungsbild und »Image« einzelner Straßen und ganzer Quartiere nicht nachteilig verändert werden.

6 bb) **Zulässigkeit der Anlagen, soweit sie für die Umgebung keine erheblichen Nachteile oder Belästigungen zur Folge haben können.** Der *bis* zur ÄndVO 1990 in Abs. 2 Nr. 1 enthaltene letzte Halbs. ist – als entbehrlich – zwar weggefallen (s. Rn 4.1, Begr. Reg. Entw.), weil sich die eindeutige Bestimmung des zulässigen Störgrads aus Abs. 1 ergibt; eine inhaltliche Änderung ist mit dem Fortfall nicht verbunden. Der planerischen Praxis ist aber mit hoher Abstraktion wenig gedient; sie benötigt **für die Umsetzung** möglichst handgreifliche Aussagen, was ein Gesetzeswortlaut nicht immer vermitteln kann. Aus diesem Grunde wird die bisherige Aussage durch den letzten Halbsatz in Abs. 2 Nr. 1 als *weiterhin hilfreich* erläutert (s. Rn 6.1–6.3).

Die Zulässigkeit gewerblicher Anlagen ist hier – wie nach § 6 (dort Rn 7–12.5) – nach der Störeinwirkung des einzelnen Anlagetyps zu beurteilen. Die Formulierung »soweit …« in Abs. 2 Nr. 1, zweiter Halbs., bezieht sich auf die allgemeine Zulässigkeit und ist nach *objektiven* Betriebsmerkmalen zu ermitteln. Auch bei der Prüfung der Zulässigkeit von Vorhaben im GE-Gebiet ist mithin grundsätzlich von einer **typisierenden** planungsrechtlichen Beurteilung auszugehen (Vorb. §§ 2 ff. 9–10.4). Bei der Beurteilung kann zunächst auf den Katalog der im Anh. der 4. BImSchV genannten Arten von Anlagen zurückgegriffen werden. Danach sind im GE-Gebiet – wie auch im MI-Gebiet – im **Grundsatz** unzulässig die nach den §§ 4ff. BImSchG i. V. m. § **2 Abs. 1 Nr. 1 der 4. BImSchV** (dies sind überwiegend die Anlagen der Spalte 1 des Anhangs der 4. BImSchV) genehmigungsbedürftigen Anlagen. Insoweit greift der Zulässigkeitsvorbehalt des § 15 hinsichtlich des Widerspruchs zur »Eigenart des Baugebiets« ein (z. sonstigen Eingriffsmöglichkeit durch § 15 Abs. 1 s. Rn 1– 1.3). Dagegen sind die in **Spalte 2** des Anh. der **4. BImSchV** aufgeführten Arten von Anlagen ihrem Typ nach **grundsätzlich** im GE-Gebiet **zulässig**, zumindest dann, wenn sie bspw. eingehaust sind.

Ein gutes Beispiel einer **atypischen Anlage** bildet die vor einiger Zeit in den Medien vorgestellte Schredder-Anlage bei Hoesch (Dortmund) zur Verschrottung von Kfz, die infolge gekapselter Arbeitsgänge auch nachts arbeiten darf; alle lärmverursachenden Anlagenteile wurden schallgeschützt untergebracht.

Entspricht ein Vorhaben *typischerweise nicht* dem GE-Gebiet, weil es wegen seiner Art, seines Umfangs oder wegen besonderer Schutzvorkehrungen vom üblichen Erscheinungsbild des betreffenden Vorhabentyps abweicht, kann es **dennoch zulässig** sein. Soll nach den Vorstellungen des Betreibers eine solche Anlage, die dem Genehmigungsverfahren nach den §§ 4ff. BImSchG i. V. m. der 4. BImSchV oder dem vereinfachten Genehmigungsverfahren (§ 19 BImSchG i. V. m. der 4. BImSchV) unterliegt, in einem GE-Gebiet zugelassen werden, muss der Nachweis geführt werden, dass die Auswirkungen des Betriebs aufgrund von Standortwahl u. Betriebsweise **nach dem Stand der Technik atypisch** sind im Hinblick auf die Gründe, die zur Aufnahme des Anlagentyps in die 4. BImSchV geführt haben. Der im Genehmigungsverfahren festzuschreibende Nachweis hinsichtlich Betriebsweise und evtl. Schutzmaßnahmen gegenüber der Umgebung muss die (sichere) Feststellung zulassen, dass die betriebliche Anlage keine »erheblichen Nachteile oder Belästigungen« zur Folge haben kann (Vorb. §§ 2ff. Rn 10–10.4). In diesem Zusammenhang ist das U. des BVerwG v. 24.9.1992 (– 7 C 7.92 – BRS 54 Nr. 56 = NVwZ 1993, 987) von besonderer Bedeutung mit dem **Leitsatz**: »*Der Umstand, dass ein Gewerbebetrieb (hier: eine Schlachterei) eine gemäß § 4 Abs. 1 BImSchG immissionsschutzrechtlich genehmigungsbedürftige Anlage ist, bewirkt allein noch nicht, dass sie bauplanungsrechtlich nur in einem Industriegebiet gemäß § 9 BauNVO zulässig ist (Einschränkung der sog. Typisierungslehre).*«

6.1

In den **Gründen** hat das BVerwG festgestellt, eine streng typisierende Betrachtungsweise, die ihre Rechtfertigung nur in den »*Formulierungen*« der in Rede stehenden Vorschriften sah, die »*aufeinander abgestimmt*« seien, kann jedenfalls nach der Klarstellung durch § 15 Abs. 3 BauNVO 1990 nicht aufrecht erhalten werden. Das bedeutet konkret, dass die Errichtung u. der Betrieb emittierender Anlagen in einem Gewerbegebiet dem Umstand Rechnung tragen muss, dass dieses Gebiet nach § 8 Abs. 1 BauNVO durch nicht erheblich belästigende Gewerbebetriebe, also nicht industriell geprägt sein soll (wird weiter ausgeführt). »*Die Vorschrift des § 15 Abs. 1 Satz 1 BauNVO ist entgegen der Annahme des Ber-Ger. allein nicht geeignet, Fehlentwicklungen vorzubeugen. Sie dient nicht dazu, die Zweckbestimmung des jeweiligen Baugebiets allgemein zu sichern; das ist vielmehr Aufgabe der §§ 2 bis 14 BauNVO*« (so mit Recht BVerwG, aaO.).

In diesem Zusammenhang ist eine Entscheidung über **eine Bauschuttrecyclinganlage** von erheblicher Bedeutung. Die Beteiligten haben über die Rechtmäßigkeit einer der Beigeladenen erteilten immissionsschutzrechtlichen Genehmigung zur Errichtung und zum Betrieb einer sog. Bauschuttrecyclinganlage gestritten. Das Baugrundstück der Beigeladenen ist bauplanerisch als Gewerbegebiet festgesetzt.

6.11

§ 8 Abs. 2   6.12, 6.13

Der VGH BW hat im U. v. 17.6.1999 – 10 S 44/99 – die Auffassung vertreten, der Betrieb der Beigeladenen stelle eine erhebliche belästigende, industrietypische Anlage dar, die gebietsunverträglich sei und auch im Wege der Befreiung nicht zugelassen werden könne, weil eine Befreiung die Grundzüge der Planung berühre.

Die Beschwerde der beklagten Behörde und der Beigeladenen auf Zulassung der Revision blieb erfolglos. Das BVerwG hat mit B. v. 2.2.2000 – 4 B 87.99 – zu der Streitfrage mit einem **Leits**. in grundsätzlicher Weise Stellung genommen (s. dazu Rn 3).

Aus den Gründen der Entscheidung ist ersichtlich, dass das BVerwG seine Entscheidung auch darauf stützt, dass nach § 6 Abs. 1 Nr. 2 BImSchG nicht nur die immissionsschutzrechtliche Zulässigkeit zu prüfen, sondern zu fragen ist, ob der Anlage andere öffentlichrechtliche Vorschriften entgegenstehen. Zu diesen Vorschriften gehört auch das Bauplanungsrecht (dazu BVerwG, U. v. 24.9.1997 – 7 C 7.92 –).

Der Entscheidung des BVerwG v. 2.2.2000 (aaO.) wird zugestimmt. Der Senat hat mit dem B. seine 1993 begonnene Rspr. bestätigt, wonach jeder Eigentümer auf Einhaltung der planerischen Festsetzung im Plangebiet einen Anspruch hat.

Es wäre jedoch wünschenswert gewesen, wenn der Senat in seinem B. v. 2.2.2000 auf die Frage der Typisierung und die Möglichkeit der Atypik der Anlage eingegangen wäre, wie es vordem das BVerwG in seinem U. v. 24.9.1992 – 7 C 7.92 – aaO.) getan hat (vgl. dazu *Schütz*, Bauschuttrecycling im Gewerbegebiet, aaO.).

Die eingeschränkte Typisierungslehre lässt sich – mit den Worten des BVerwG – dahin zusammenfassen, dass auch immissionsschutzrechtlich genehmigungsbedürftige Anlagen im Gewerbegebiet zulässig sind, wenn der konkrete Betrieb nach Art und/oder Betriebsweise in der Weise atypisch ist, dass er von dem Erscheinungsbild seines Betriebstyps abweicht, von daher die sonst üblichen Belästigungen oder Störungen von vornherein nicht befürchten lässt und damit seine sonst nicht gegebene Gebietsverträglichkeit dauerhaft und zuverlässig sichergestellt ist (vgl. Vorb. §§ 2, Rn 10 ff.; § 8 Rn 6.1, *Schütz*, aaO.).

Diesseits wird darauf hingewiesen, dass zum Erreichen einer atypischen Anlage in erster Linie **nicht änderbare** Maßnahmen zur Emissionsminderung erforderlich sind. Erfolgt für eine Anlage, die üblicherweise im Freien betrieben wird, die Aufnahme in eine Hallenkonstruktion, ist die Atypik i. d. R. zu bejahen; denn die typischen Belästigungen durch Lärm und Staub können in ihren Auswirkungen auf die Nachbarschaft hinreichend begrenzt werden. Für ein Unternehmen, das auf einem Betriebsgrundstück im Gewerbegebiet eine Bauschuttrecyclinganlage betreiben will, stellt die sog. Einhausung (so Vorb. §§ 2 ff. Rn 10 f., auch *Schütz*, aaO.), die rechtlich sicherste Möglichkeit dar. Die Gebietsverträglichkeit des § 8 hat in Bezug auf die wirtschaftlichen Mehrkosten ihren Preis.

6.12 Bei einer **Autoverwertungsanlage** nach Nr. 8.9 Spalte 2 des Anhangs zu § 1 Abs. 1 S. 1 der 4. BImschV handelt es sich grundsätzlich um einen erheblich belästigenden Gewerbebetrieb. Die Zulassung einer solchen Anlage in einem Gewerbegebiet nach § 8 BauNVO setzt voraus, dass es sich um eine in atypischerweise betriebene Anlage handelt (VGH BW, U. v. 20.6.2002 – 3 S 1915/01 – NVwZ 2003, 191).

Aus den **Gründen:** »*Die Einzelfallprüfung ergibt im vorliegenden Fall, dass die Autoverwertung des Klägers im Gewerbegebiet bei Berücksichtigung der konkreten Betriebsabläufe und der Eigenart und Zweckbestimmung des Gebiets nicht zulässig ist. ... Mit einem Durchsatz von ca. 2.000 Fahrzeugen pro Jahr, also ca. 38 Fahrzeugen je Woche, liegt der Durchsatz der Verwertungsanlage erheblich, nämlich 7,5fach über dem Schwellenwert von 5 Fahrzeugen. Besondere betriebliche Einrichtungen und Arbeitstechniken, nach denen sich eine Verringerung der typischerweise auftretenden Emissionen ergeben würden, existieren nicht. Das Betriebsgrundstück liegt weder abgelegen noch verfügt es über eine Größe, die hinreichende Abstände zwischen den emittierenden Betriebsvorgängen und den Nachbargrundstücken zulassen würde. Eine gegen Emissionen des Betriebs unempfindliche Umgebungsbebauung ließ sich nicht feststellen*« (VGH BW, aaO.).

6.13 Die Frage der Zulässigkeit von Anlagen (Betriebsteilen) erlangt auch in GE-Gebieten – wenngleich i. A. nicht von solcher Tragweite wie in MI-Gebieten – eine Bedeutung **für bestehende Gewerbebetriebe**. Hier spielt die **Frage des (erweiterten) Bestandsschutzes** eine besondere Rolle (grundsätzlich dazu Vorb.

§§ 2 ff. Rn 10.6–10.91). Durch den Bestandsschutz sind im Regelfall solche baulichen u. betrieblichen Maßnahmen abgedeckt, bei denen die Identität der geänderten mit der ursprünglichen baulichen Anlage gewahrt bleibt. Es darf **eine Verschlechterung der Immissionsverhältnisse nicht eintreten** (zu den Fragen des Nebeneinanders von gewerblicher Nutzung und Wohnnutzung, der dadurch eingetretenen Belastung der Grundstücke mit einer spezifischen gegenseitigen Pflicht zur Rücksichtnahme u. der Entstehung einer Art »Mittelwert« in Bezug auf Lärmimmissionen vgl. u. a. BVerwG, B. v. 5.3.1984 – 4 B 171.83 – ZfBR 1984, 147). Der Bestandsschutz einer gewerblichen Anlage steht einer nachträglichen Anordnung zur Minderung vermeidbarer Lärmbeeinträchtigungen für die Wohnnachbarschaft nicht entgegen (BVerwG, B. v. 26.8.1988 – 7 B 124.88 – NVwZ 1989, 257).

Führt bei der Beurteilung von Lärmimmissionen eine tatsächliche Vorbelastung der Umgebung dazu, dass von dem Vorhaben selbst keine zusätzlichen nachteiligen Auswirkungen ausgehen, besteht mangels Schutzwürdigkeit des Interesses am Unterbleiben des Vorhabens kein Anlass, Schutzvorkehrungen zu treffen (BVerwG, U. v. 28.10.1998 – 11 A 3.98 – BVerwGE 107, 350 = DVBl. 1999, 861 = UPR 1999, 152 = NVwZ 1999, 539). Vorhandene Vorbelastungen berechtigen nicht zu einer Festschreibung bestehender Konfliktsituationen: Insbes. ist zu berücksichtigen, dass nach § 50 BImSchG bei raumbedeutsamen Planungen schädliche Umwelteinwirkungen auf Wohngebiete soweit wie möglich vermieden werden müssen. Anders als bei der Überplanung einer schon vorhandenen Gemengelage darf bei der Festsetzung eines neuen Baugebiets eine schon vorhandene Vorbelastung neu hinzukommende Vorhaben nicht von dem freistellen, was städtebaulich tatsächlich möglich ist (BVerwG, B. v. 18.12.1990, Fundst. Rn 3.31). Als Folge einer **plangegebenen** Vorbelastung werden die Ansprüche der Anwohner auf die für das Baugebiet gesetzlich vorgeschriebenen technischen Lärmschutzvorkehrungen (z. B. nach § 41 BImSchG i. V. m. der 16. BImSchV) nicht geschmälert.

Die Gemeinde wird durch eine Überplanung den Bestand vorhandener Gewerbebetriebe nicht gefährden wollen (vgl. § 1 Abs. 10 BauNVO). Sie wird den vorhandenen Betrieben dabei Entwicklungsmöglichkeiten einräumen wollen, das ist jedoch nur möglich, wenn begründete Nachbarklagen nicht zu erwarten sind.

Die Emissionsgrenzwerte der TA Luft konkretisieren die Anforderungen, die im Regelfall an den Betrieb einer Anlage zu stellen sind.

Die Feststellung, Regelungen der TA Luft seien durch gesicherte Erkenntnisfortschritte in Wissenschaft und Technik überholt, setzt einen Vergleich des Erkenntnisstandes bei Erlass der Verwaltungsvorschrift mit dem derzeitigen Stand der Technik voraus, der nicht nur die technische Machbarkeit emissionsbegrenzender Maßnahmen, sondern auch den dafür notwendigen wirtschaftlichen Aufwand erfasst. Die Festlegung eines Emissionsgrenzwertes für Gesamtstaub auf 20 mg/m³ ist rechtmäßig, wenn die genehmigten Filter dessen Einhaltung bei ordnungsgemäßem Betrieb gewährleisten (BVerwG, U. v. 21.6.2001 – 7 C 21.00 – DVBl. 2001, 1460).

Aus den Gründen: Die KL, die Zemente und Zementklinker herstellt, begehrt die Feststellung eines höheren Emissionsgrenzwertes für **Gesamtstaub**, was verneint worden ist. Eine immissionsschutzrechtliche Genehmigung darf nach § 6 Abs. 1 Nr. 1 BImSchG nur erteilt werden, wenn die Vorsorge gegen schädliche Umwelteinwirkungen erfüllt ist. »*Die primär gebotene, technikbezogene Vorsorge wird bei den im Streit befindlichen drei Anlagen durch die genehmigten Filtereinrichtungen und deren vorgeschriebenen Betrieb einschließlich Inspektionen und Wartungen sichergestellt. Insoweit besteht Einigkeit, dass diese Einrichtungen dem Stand der Technik entsprechen und bei ordnungsgemäßem Betrieb die gebotene Vorsorge gewährleisten. Daraus folgt jedoch nicht, dass daneben die Festsetzung*

§ 8 Abs. 2 6.15–6.3

eines Emissionsgrenzwertes überflüssig und damit mangels Erforderlichkeit rechtswidrig wäre. Die TA Luft, die als normkonkretisierende Vorschrift auch im gerichtlichen Verfahren beachtlich ist (B. v. 10.1.1995 – 7 B 112.94 – DVBl. 1995, 516; U. v. 20.12.1999 – 7 C 15.98 – BVerwGE 110, 216, 218 = DVBl. 2000, 810), sieht die Festsetzung solcher Werte nach Nr. 3.1 TA Luft als Vorsorgemaßnahme vor. Sie haben neben den geforderten technischen Vorkehrungen gegen schädliche Umwelteinwirkungen den Sinn, das Ziel anzugeben, das diese Vorkehrungen erreichen soll« (wird weiter ausgeführt, BVerwG, aaO.).

6.15 Den textlichen Festsetzungen, wonach im B-Plangebiet der Einsatz von **dieselbetriebenen Lastwagenkühlaggregaten** sowie auf den Flächen zwischen dem Lärmschutzwall und der Bahnlinie sowie dem Lärmschutzwall und der westlichen Baugrenze des mit N. 1 bezeichneten Gewerbegebietes **betrieblicher Fahrverkehr** nicht zulässig ist, fehlt die Ermächtigungsgrundlage. Beide Regelungen sind nicht als »bauliche oder sonstige Vorkehrungen« i. S. d. § 9 Abs. 1 Nr. 24 BauGB anzusehen (OVG NW, B. v. 16.10.2003 – 10 a B 2515/02.NE – BauR 2004, 452/455 = NWVBl. 2004, 148 = BRS 66 Nr. 27).

6.16 Eine **Baustoffsortier- und -aufbereitungsanlage** (mit Steinbrecher), die gem. § 4 Abs. 1 BImSchG, § 1 Abs. 1 S. 1 der 4. BImSchV i. V. m. Nrn. 2.2 und 8.11 Buchst. a Spalte 2 des Anhangs einer immissionsschutzrechtlichen Genehmigung nach § 19 BImSchG bedarf, ist bauplanungsrechtlich kein privilegiertes Vorhaben nach § 35 Abs. 1 Nr. 3 bzw. Nr. 4 BauGB, da eine Realisierung einer solchen Anlage in einem Gewerbegebiet möglich ist (OVG Schleswig, U. v. 8.7.2004 – 1 LB 4/04 – NuR 2005, 729). Sollte die geplante Anlage trotz des vereinfachten Genehmigungsverfahrens i. S. d. § 19 BImSchG mit einem solchen Emissionspotential ausgestattet sein, dass ihre Realisierung in einem Gewerbegebiet nicht möglich ist, müsste sie dann in einem – noch zu schaffenden – Plangebiet (Industriegebiet) untergebracht werden (OVG Schleswig, aaO., bestätigt durch BVerwG, B. v. 2.3.2005 – 7 B 16.05 – NuR 2005, 730).

6.2 Die Beschränkung der Betriebe u. Anlagen *im Gewerbegebiet* hinsichtlich des zulässigen Störgrades »nicht erheblich belästigen« unterscheidet sich nach dem Begriffsinhalt zunächst nicht von der Forderung des »nicht wesentlich stören« im MI-Gebiet. »Belästigen« kann für sich genommen sogar eine mindere Form der Beeinträchtigung als »stören« darstellen (§ 15 Rn 11–12.1); »erheblich« und »wesentlich« lassen keine qualitative Unterscheidung erkennen. Nach der Wortinterpretation können im MI-Gebiet daher auch die Anlagen ihren Standort haben, die im GE-Gebiet zulässig sind. Der Begriff des »nicht erheblich belästigen« muss jedoch auch hier am **Charakter des Baugebiets** und des im Zusammenhang damit zu bewertenden **Störungs**grades gemessen werden (s. Rn 2). Die *Zweckbestimmung* des MI-Gebiets, nach der das Wohnen und die gewerbliche Betätigung *gleichwertig* nebeneinander zulässig sind, während im Gewerbegebiet nur gewerbliche u. ihnen gleich gestellte Anlagen sowie die meisten damit zusammenhängende Büro- und Verwaltungstätigkeit zugelassen werden sollen, lässt erkennen, dass ein **gradueller Unterschied** hinsichtlich des Störungsgrades **beabsichtigt** ist.

Bei Beurteilung der von einem Gewerbebetrieb ausgehenden Störungen ist auch der mit ihm typischerweise verbundene Zu- und Abgangsverkehr zu berücksichtigen. Die Zurechenbarkeit ist dabei solange gegeben, wie sich dieser Verkehr noch innerhalb eines räumlich überschaubaren Bereichs der Anlage bewegt und er noch nicht im allgemeinen Straßenverkehr aufgegangen ist (VGH BW, U. v. 21.4.1995 – 3 S 2514/94 – VBlBW 1995, 481); s. auch Rn 5.1.

6.3 Die Beantwortung der Frage, wann Geräuschbelästigungen einer Anlage (hier: **Speditionsunternehmen**) ein »erhebliches« Ausmaß erreichen, hängt (auch) davon ab, ob der emittierende Betrieb an ein **bereits vorhandenes** Wohngebiet heranrückt, sich beide Gebiete gleichzeitig entwickeln oder ein Wohngebiet an ein bereits vorhandenes Gewerbe- bzw. Industriegebiet heranrückt; unbeachtlich in diesem Zusammenhang ist, ob einzelne Betriebseinheiten der Anlage baurechtlich formell illegal sind (Hess. VGH, U. v. 4.11.1992 – 14 UE 21/88 – NVwZ 1993, 1004).

Aus den Gründen: Der Hess. VGH hat mit Recht hervorgehoben, dass in Bereichen, in denen Gebiete von unterschiedlicher Qualität und unterschiedlicher Schutzwürdigkeit zusammentreffen, die Grundstücksnutzung mit einer spezifischen **gegenseitigen Pflicht zur Rücksichtnahme** belastet ist. Dieser »*gerade im Immissionsschutzrecht geltende Zwang zur gegenseitigen Rücksichtnahme führt schon generell dazu, dass die Bewohner eines bestimmten Gebietstyps, die an der Grenze zu einem weniger schützenswerten Gebiet liegen, mehr an Geräuschen hinnehmen müssen als die Bewohner von gleichartig genutzten Gebieten, die nicht im Grenzbereich zu Gebieten liegen, in denen die* **Grenze der Zumutbarkeit*** aufgrund höherer Immissionsrichtwerte besteht* (Hess. VGH, aaO., Hervorhebungen diesseits).

»**Nachteil**« (als Gegensatz zum Vorteil) kann begrifflich als das negative Ergebnis einer Einwirkung bzw. Auswirkung (durch Handeln, Dulden oder Unterlassen) auf die Gesamtheit der sich in Rechten, Gütern und sonstigen Werten ausdrückenden Lebenssphäre des Einzelnen oder der Allgemeinheit angesehen werden. **Belästigungen** sind Beeinträchtigungen des subjektiven Wohlbefindens. Nachteile sind hier in erster Linie als immissionsträchtige Einwirkungen auf die Umgebung zu verstehen. Die Nachteile oder Belästigungen sind *erheblich* (im Gegensatz zu geringfügig), wenn sie unter Berücksichtigung aller Umstände und bei Abstellung auf eine durchschnittlich empfindende Person die Grenze des Erträglichen *unzumutbar* überschreiten.

Erhebliche Nachteile entstehen, wenn ins Gewicht fallende Güter oder Werte des Einzelnen oder der Allgemeinheit mehr als geringfügig verletzt werden, wie die Gesundheit oder etwa Vermögenswerte (VGH BW, U. v. 20.9.1970 – III 303/69 – BRS 23 Nr. 34 = DWW 1972, 25). Bei der Prüfung der Frage, ob *erhebliche* Nachteile oder Belästigungen vorliegen, sind jeweils die gesamten Umstände des Einzelfalls und die Eigenart des Baugebiets zu berücksichtigen (ebenso VGH BW, aaO.; OVG Saarl., U. v. 5.5.1972 – II R 13/72 – BRS 25 Nr. 32) (vgl. zu den Begriffen im Einzelnen *Jarass*, DVBl. 1983, 725 und *ders.*, NVwZ 1995, 529).

7.1

Es kommt darauf an, ob die gewerblichen Anlagen Nachteile oder Belästigungen für die **Umgebung** zur Folge haben können. Die *Umgebung* ist soweit zu ziehen, wie sich die Nachteile oder Belästigungen *auswirken* können. Danach gehören an das GE-Gebiet *angrenzende Baugebiete* in dem Maße zur »Umgebung« i. S. v. § 15 Abs. 1 Satz 2, wie sie infolge ihrer Schutzwürdigkeit und Schutzbedürftigkeit durch Nutzungen im GE-Gebiet nachteilig beeinflusst werden können (die Reichweite ist durch Änderung des § 15 Abs. 1 Satz 2 durch die ÄndVO 1977 klargestellt; s. § 15 Rn 21–23.3). Die Kritik von *Ziegler*, in: *Brügelmann* (§ 8 Rdn. 4) geht insofern fehl, als bei der Vorb. §§ 2 ff. Rn 9 von den **Merkmalen der Typisierung** die Rede ist. Dabei kann die *Umgebung* als (zusätzliches) typisierendes Merkmal keine Rolle spielen.

7.2

Um erhebliche Nachteile oder Belästigungen für die Umgebung (über das GE-Gebiet hinausgehend) zu vermeiden, ist u. a. zu beachten, dass die Baugebiete nach ihrem Wesen und Zweck einander richtig zugeordnet werden. Die Festsetzung eines MI-Gebiets z. B. und damit die Zulassung einer Wohnbebauung in der Nähe eines GE-Gebiets kann mit den bauplanungsrechtlichen Grundsätzen vereinbar sein. Hierbei kommt es auf die Umstände des Einzelfalles an, wobei das Abwägungsgebot von besonderer Bedeutung ist (vgl. VGH BW, B. v. 8.11.1972 – II 906/70 – BauR 1973, 173; zur Trennung von Industrie und Wohngebieten u. zur Frage des erforderlichen Abstandes zur Verhinderung von Beeinträchtigungen s. § 9 Rn 4–5).

§ 8   Abs. 2   7.3, 7.31

Eine Verfügung, durch die Geräuscheinwirkungen auf die Nachbarschaft eines Gewerbebetriebes über eine bestimmte Lautstärke hinaus untersagt werden, ist im Grundsatz genügend bestimmt (s. dazu Rn 7.3 f. zur TA-Lärm). Durch das Immissionsschutzrecht wird nicht die Zulassung zum Gewerbe, sondern nur die **Art und Weise der Ausübung** des Gewerbes geregelt.

7.3 Für die Intensität der Lärmeinwirkung gewerblicher Betriebe i. S. d. Lautstärke auf anliegende lärmempfindliche Nutzungen wie das Wohnen gilt seit dem 1.11.1998 die **TA Lärm 1998**. Sie ist gem. § 48 BImSchG mit Zustimmung des BR als Verwaltungsvorschrift ergangen und hat die bis dahin maßgebende TA Lärm 1968 ersetzt. An ihrem Rechtscharakter hat sich durch die geltende TA Lärm 1998 nichts geändert. Die TA Lärm 1998 stellt eine normenkonkretisierende Verwaltungsvorschrift dar (BVerwG, B. v. 9.4.2003 – 6 B 12.05 – GewArch. 2003, 300/301).

Der Anwendungsbereich der TA Lärm 1998 umfasst vor allem die genehmigungsbedürftigen Anlagen, ausgenommen die in Nr. 1 Abs. 2 Buchst. a) bis h) aufgeführten Anlagen. Die TA Lärm konkretisiert insofern die Anforderungen der §§ 5 ff. BImSchG. Das gilt insbes. für die Gewerbebetriebe in GE- und GI-Gebieten; die Erläuterungen hierzu gelten gleichermaßen für gewerbliche Anlagen nach § 9 BauNVO. Auf den **Einwirkungsbereich einer Anlage** (Nr. 2.2) wird in Nr. 3.2.1 (Prüfung im Regelfall) und in Nr. 3.3 (Prüfung der Einhaltung der Vorsorgepflicht) Bezug genommen. Nach Nr. 3.2.1 Abs. 1 ist der Schutz vor schädlichen Umwelteinwirkungen durch Geräusche i. S. v. § 5 Abs. 1 Nr. 1 BImSchG vorbehaltlich der Regelungen in den Abs. 2–5 (nur) sichergestellt, wenn die **Gesamtbelastung** am maßgeblichen **Immissionsort die Immissionswerte (IRW) nach Nr. 6 nicht überschreitet.**

Nach **Nr. 3.2.1** sind die Fremdgeräusche danach mit zu berücksichtigen. Nach Nr. 2.4 ist Gesamtbelastung die **Belastung eines Immissionsortes**, die von allen Anlagen hervorgerufen wird, für die die TA Lärm gilt. Das sind alle Anlagen, die als genehmigungsbedürftige Anlagen den Anforderungen des zweiten Teils des BImSchG unterliegen, mit Ausnahme der im Einzelnen aufgeführten Anlagen, u. a. Sportanlagen, die der 18. BImSchV unterliegen.

Zu den konkreten Anforderungen an die Gesamtbetrachtung nach Nr. 3.2.1 der TA Lärm 1998 liegt eine aussagekräftige Entscheidung des OVG NW (B. v. 26.2.2003 – 7 B 2434/02 – NWVBl. 2003, 343) vor. Danach gilt der für die Genehmigungspflicht nach dem BImSchG unterliegenden Anlagen in Nr. 3.2.1. der TA Lärm festgelegte akzeptorenbezogene Ansatz – wenn auch nur in abgeschwächter Form – gleichfalls für die baurechtliche Genehmigung von Anlagen, deren Immissionsauswirkungen nach § 22 BImSchG zu prüfen sind. Nach Auffassung des OVG NW besteht, auch wenn die Ermittlung vom Lärmimmissionen nach dem Taktmaximalverfahren gewisse Schwächen aufweist, jedenfalls ohne hinreichende wissenschaftliche Untermauerung kein Anlass, von seiner nach der TA Lärm vorgesehenen Anwendung abzusehen (OVG NW, aaO.).

7.31 Nach der TA Lärm 1998 ist bei der Beurteilung der Anlagengeräusche im Regelfall nach Nr. A.1.3 des Anhangs auf einen einzigen – den maßgeblichen – Immissionswert abzustellen. Das ist der Ort im Einwirkungsbereich der Anlagen, an dem eine Überschreitung der IRW »am ehesten zu erwarten« ist.

Im Fall einer zu erwartenden Überschreitung der IRW durch das Zusammenwirken von Vor- und Zusatzbelastung ist auch der Ort im Einwirkungsbereich der Anlage, an dem die Gesamtbelastung den IRW am höchsten übersteigt, als zusätzlicher maßgeblicher Immissionsort festzulegen (Nr. 2.3). Die Beschränkung der TA Lärm bei der Zahl der Immissionsorte überrascht, der Berechnungsaufwand hängt nicht wesentlich davon ab, ob ein Immissionsort mehr oder weniger zu betrachten ist. Zudem sind bis zur Festlegung des »maßgeblichen« und ggf. des »zusätzlichen maßgeblichen« Immissionsorts ohnehin bereits mehrere Erhebungs- und Prüfschritte vorzunehmen. Zunächst ist der Einwirkungsbereich zu bestimmen. Darüber, an welchem Ort und aufgrund welcher Geräuschanteile Überschreitungen »am ehesten zu erwarten« sind und in welcher Höhe sie auftreten, müssen zumindest Abschätzungen vorliegen. In unübersichtlichen Fällen kann eine **Sonderfallprüfung** unter Einbeziehung **zusätzlicher** Immissionsorte erfolgen. Als **Umstände**, die eine Sonderfallprüfung erforderlich machen können, sind unter Nr. 3.2.2. Abs. 1 unter a) bis d) verschiedene Umstände aufgeführt.

Die Genehmigung zur Errichtung und zum Betrieb einer genehmigungsbedürftigen Anlage kann nach § 6 Nr. 1 i. V. m. § 5 Abs. 1 Nrn. 1 und 2 BImSchG nur erteilt werden, wenn die von der Anlage ausgehenden Geräusche keine erheblichen Lärmbelästigungen oder Nachteile hervorrufen können und Vorsorge gegen schädliche Umwelteinwirkungen durch Geräusche = erhebliche Lärmbelästigungen getroffen wird, insbes. durch die dem Stand der Technik entspr. Maßnahmen zur Emissionsbegrenzung i. S. d. **Vorsorgepflicht.** Für die Einhaltung der Schutzpflicht kommt es nach Nr. 3.1 im Regelfall darauf an, dass die Gesamtbelastung am maßgeblichen Immissionsort die Immissionsrichtwerte nach Nr. 6 nicht überschreitet.

Am Immissionsort sind nicht nur die Immissionen zu berücksichtigen, die von der zu beurteilenden Anlage ausgehen. Wie sich aus dem Begriff der »Gesamtbelastung« ergibt, ist auf die Summe **aller** auf den Immissionsort **einwirkenden Geräusche** abzustellen. Als Gesamtbelastung wird nach Nr. 2.4 die Belastung definiert, die von allen Anlagen hervorgerufen wird, für die die TA Lärm gilt. Das Abstellen auf eine Gesamtbelastung (Summenpegel) kann dazu führen, dass eine Genehmigung versagt wird, weil die Gesamtbelastung am Immissionsort den Richtwert überschreitet, obwohl die zu beurteilende Anlage selber **unter** diesem **Immissionsrichtwert** liegt. Bei der Neuansiedlung von Gewerbe- und Industriebetrieben führt der **Summenpegel** dazu, dass bei einer Standortentscheidung auch die von anderen Betrieben im künftigen Einwirkungsbereich der Anlage ausgehenden Immissionen berücksichtigt werden müssen.

7.4 Die **Erteilung der Genehmigung** für die zu beurteilende Anlage darf trotz Überschreitung der IRW durch die Vorbelastung aus Immissionsort bzw. wegen Fremdgeräuschen nach Nr. 3.2.1 in den in den Abs. 1 bis 6 zusammengestellten Prüfschritten und Regelungen nicht versagt werden. Die Regelungen konkretisieren die im Regelfall maßgebenden **Genehmigungsvoraussetzungen** für immissionsschutzrechtlich genehmigungsbedürftige Anlagen (Errichtung und Betrieb). Sie können unabhängig voneinander in Anspruch genommen werden. Eine Anlage ist zulässig, wenn die Voraussetzungen **nur eines Absatzes** zutreffen.

Nach **Abs. 1** ist die Anlage zulässig, wenn die Gesamtbelastung am maßgeblichen Immissionsort die IRW nicht überschreitet. In **Abs. 2** wird definiert, welcher Immissionsbeitrag der Zusatzbelastung »in der Regel« als nicht relevant anzusehen ist. Die Relevanzschwelle liegt bei 6 dB(A) **unter** dem IRW. Danach ist im Grundsatz jede Einzelanlage zulässig, deren Zusatzbelastung die Relevanzschwelle nicht überschreitet. Durch **Abs. 3** wird der Tatbestand einer »unwesentlichen« Überschreitung der IRW eingeführt. Eine Überschreitung der IRW durch die Gesamtbelastung wird als unwesentlich angesehen, wenn sie nicht mehr als 1 dB(A) beträgt. Jede Kombination aus Vor- und Zusatzbelastung ist zulässig, sofern nur die Gesamtbelastung den IRW um nicht mehr als 1 dB/A) überschreitet. Wegen ständig vorherrschender Fremdgeräusche sind nach **Abs. 5** keine zusätzlichen schädlichen Umwelteinwirkungen durch die neue Anlage zu befürchten. Fremdgeräusche sind nach Nr. 2.4 dabei alle Geräusche, die nicht von der zu beurteilenden Anlage ausgehen. Diese Sonderregelung greift auch dann ein, wenn die Anlagengeräusche durch Verkehrslärm überlagert werden.

7.41 In Sonderfällen sowie **in Gemengelagen** ist ein Abweichen von den Richtwerten der TA Lärm zulässig. Der Unterschied zu den Ausnahmeregeln besteht darin, dass bei diesen eine Genehmigung trotz Überschreitung der Richtwerte möglich ist, während in Sondersituationen und Gemengelagen die Richtwerte erhöht werden können. Die sich aus dem **Vorsorgegrundsatz** ergebenden

§ 8 Abs. 2   7.42, 7.5

Pflichten werden zum einen **durch** den **Stand der Technik** begrenzt. Zum anderen ist das Maß der Vorsorgepflicht einzelfallbezogen unter Berücksichtigung der Verhältnismäßigkeit von Aufwand und erreichbarer Lärmminderung zu ermitteln. Aufgrund dieser zahlreichen Einschränkungen wird es in der Praxis kaum dazu kommen, dass aufgrund des Vorsorgegrundsatzes strengere Anforderungen an eine Anlage gestellt werden, als sie sich bereits durch die Einhaltung der Richtwerte ergeben. Können die Richtwerte mit Maßnahmen nach dem Stand der Technik zur Lärmminderung nicht eingehalten werden, sind die darauf beruhenden unvermeidbaren schädlichen Umwelteinwirkungen auf ein Mindestmaß zu beschränken. Dies kann nach Nr. 4.3 z. B. erreicht werden durch:

- organisatorische Maßnahmen im Betriebsablauf und zeitliche Beschränkungen des Betriebs,
- Einhaltung ausreichender Schutzabstände,
- Ausnutzen natürlicher oder künstlicher Hindernisse zur Lärmminderung,
- Wahl des Aufstellungsorts von Maschinen oder Anlagenteilen.

Kommen diese Maßnahmen nicht in Betracht, ist eine Anlage – sofern nicht sonstige, z. B. bauplanungsrechtliche Vorschriften entgegenstehen – grundsätzlich zuzulassen, so dass es nicht auf die Einhaltung der Richtwerte ankommt. Hinzunehmen sind nur unvermeidbare Belästigungen und Nachteile **unterhalb der Gefahrenschwelle**. Wenn technisch unvermeidbare Immissionen die Gefahrenschwelle überschreiten, ist die Anlage unzulässig. Dies ergibt sich aus § 25 Abs. 2 BImSchG, wonach der Betrieb solcher Anlagen, deren Emissionen Gesundheitsgefährdungen bewirken, untersagt werden sollen.

7.42 Die IRW in **Nr. 6.1** (außerhalb von Gebäuden) haben sich gegenüber der TA Lärm nicht geändert. Wie bisher ist zusätzlich geregelt, dass einzelne kurzzeitige Geräuschspitzen die IRW am Tage um nicht mehr als 30 dB(A) und in der Nacht um nicht mehr als 20 dB(A) überschreiten dürfen (Nr. 6.1 Abs. 2).

Die Zuordnung eines Immissionsorts zu einem der Baugebiete nach der BauNVO erfolgt nach den Festsetzungen der B-Pläne. Enthält ein B-Plan nach der Art der baulichen Nutzung andere Festsetzungen (z. B. SO-Gebiet nach § 10 BauNVO für ein Freizeitgebiet) oder keine Festsetzungen nach den §§ 2 bis 11 BauNVO), sind diese Gebiete und Anlagen entspr. ihrer Schutzbedürftigkeit und -würdigkeit zu beurteilen. Die Sonderregelung für seltene Ereignisse ist in Nr. 6.3 und 7.2 neu eingefügt und lehnt sich an eine vergleichbare Regelung in der 18. BImSchV an.

Seltene Ereignisse liegen vor, wenn aufgrund von Besonderheiten beim Betrieb einer Anlage über die begrenzte Zeitdauer die IRW nicht eingehalten werden können.

7.5 Nr. 6.7 der TA Lärm enthält ausführliche **Regelungen über Gemengelagen**, die für eine möglichst konfliktfreie Bauleitplanung von erheblicher Bedeutung sind. Bereits die TA Lärm 68 hatte in Nr. 2.212 geregelt, dass eine Überschreitung der IRW unter Berücksichtigung der Umstände des Einzelfalls möglich war, wenn Dritte weder gefährdet, noch erheblich benachteiligt oder belästigt wurden.

Nach **Nr. 6.7. Abs. 1** können, wenn gewerblich, industriell oder hinsichtlich ihrer Geräuschauswirkungen vergleichbar genutzte Gebiete und zum Wohnen dienende Gebiete aneinandergrenzen (Gemengelage), die für die zum Wohnen dienenden Gebiete geltenden IRW auf einen geeigneten **Zwischenwert** der für die aneinander grenzenden Gebietskategorien geltenden Werte erhöht werden, soweit dies nach der gegenseitigen **Pflicht zur Rücksichtnahme** erforderlich ist. Für die Höhe des Zwischenwertes ist die konkrete Schutzwürdigkeit des betroffenen Gebiets maßgeblich.

Wesentliche Kriterien sind die Prägung des Einwirkungsgebiets durch den Umfang der Wohnbebauung einerseits und durch Gewerbe- und Industriebetriebe bzw. in entspr. GE- und GI-Gebieten andererseits, die Ortsüblichkeit eines Geräuschs und ggf. die sog. plangegebene Vorbelastung. Bei der Beurteilung der jeweiligen Planungssituation kann die **plangegebene Vorbelastung** von Bedeutung sein (st. Rspr. des BVerwG seit U. v. 21.5.1976 – IV C 80.74 – BVerwGE 51,115).

Sie kann zugunsten der Anlage, von der unzumutbare Belästigungen oder Störungen im Hinblick auf die Störanfälligkeit der **Umgebung** ausgehen können, bspw. dann zu berücksichtigen sein, wenn das (Gewerbe-)Gebiet, in dem die emittierende Anlage geplant ist, seit geraumer Zeit festgesetzt ist, das WA-Gebiet dagegen, das als Umgebung gestört würde, erst einige Jahre danach festgesetzt worden ist. Hat die Gemeinde bei der Festsetzung des WA-Gebietes neben einem GE-Gebiet im Hinblick auf mögliche Immissionskonflikte keine besonderen planerischen Erwägungen angestellt, was bei ordnungsgemäßer Handhabung des Planungsermessens aus der Begründung des B-Plans erkennbar sein müsste, kann das zur geringeren Pflichtigkeit der Anlage führen, von der die Belästigungen oder Störungen ausgehen (ausf. dazu § 15 Rn 23 f.).

7.51 Es ist von erheblichem Erkenntniswert, dass auch die LAI-Musterverwaltungsvorschrift von 1995 aufgrund der Ergebnisse der Lärmwirkungsforschung für Schlafräume einen Dauergeräuschpegel von maximal 35 dB(A) als hinnehmbar ansieht. Die Auffassung, dass einem Innen-Geräuschpegel von 35 dB(A) ein Außenpegel von ca. 45 dB(A) entspricht und dies von der LAI-Vorschrift als »Kappungsgrenze« für die Nachtzeit angesehen wird, die für Gemengelagen mit 60/45 dB(A) – tag/nacht – bei der Mittelwertbildung nicht überschritten werden soll, wird jedoch nicht geteilt.

7.52 Nach Nr. 7.4 Abs. 1 der TA Lärm sind Verkehrsgeräusche auf dem Betriebsgrundstück, wenn sie im Zusammenhang mit dem Betrieb der Anlage entstehen, den Anlagengeräuschen zuzurechnen und **wie Gewerbelärm** zu ermitteln und zu beurteilen. Sonstige Fahrzeuggeräusche auf dem Betriebsgrundstück sind bei der Ermittlung der Vorbelastung zu erfassen und zu beurteilen.

Dem Anlagenbetreiber sind nur solche Maßnahmen zuzurechnen, auf die er tatsächlich und rechtlich Einfluss nehmen kann. Die Beurteilung von Verkehrsgeräuschen im Zusammenhang mit gewerblichen oder industriellen Anlagen hat eine erhebliche praktische Bedeutung, wenn man sich vergegenwärtigt, dass der Kfz-Verkehr bei zahlreichen Betrieben eine Hauptemissionsquelle ist, und im Unterschied zu anderen Lärmschutzmaßnahmen zu vermindern ist.

Hierzu kann verwiesen werden auf einen B. des OVG NW v. 24.10.2003 (– 21 A 272/01 – NVwZ 2004, 366/367). Danach ist Straßenverkehrslärm durch An- und Abfahrtsverkehr einer nach § 4 BImSchG genehmigungsbedürftigen Anlage außerhalb des Betriebsgrundstücks und seines Einfahrts- und Ausfahrtsbereichs auf öffentlichen Straßen nur gem. Nr. 7.4 TA Lärm 1998 zuzurechnen. Der dadurch erzeugte Lärmpegel ist nach Maßgabe der 16. BImSchV zu bewerten und unterliegt einem Minimierungsgebot (ähnlich VGH BW, U. 27.6.2002 – 14 S 2736/01 – GewArch. 2003, 204, 5. Leits. – bestätigt v. BVerwG, B. v. 9.4.2003 – 6 B 12.03 – GewArch. 2003, 300).

7.6 Auf die Festsetzung der jeweiligen Baugebiete einschließlich der Vorschriften des § 1 Abs. 4–9 BauNVO zur Feinsteuerung der Festsetzungen als städtebauliche Entwicklungsvorstellung der Gemeinde hat die TA Lärm als objektbezogene Verwaltungsvorschrift keinen Einfluss. Die TA Lärm hat für die **Bauleitplanung** mithin keine Bedeutung. Sie gewinnt dies in erster Linie für die

§ 8 Abs. 2   7.61, 7.62

genehmigungsbedürftigen gewerblichen Anlagen nach den §§ 4f. BImSchG i. V. mit der 4. BImSchV, insbesondere deren Anhang, Spalte 1. Außerdem kann sie Platz greifen bei Lärmschutzsituationen, wenn eine Großtankstelle am Rande eines Gewerbegebiets z. B. auf ein später festgesetztes allgemeines Wohngebiet lärmmäßig einwirkt.

Bei der Beurteilung von Lärmbeeinträchtigungen kommt es im Regelfall nicht auf die jeweils von dem zu baugenehmigenden Betrieb ausgehenden, sondern von Betrieben dieses Anlagentypus **möglichen** Geräuschemissionen an. Es ist grundsätzlich auf die Störungen abzustellen, die eine funktionsgerechte Benutzung der baulichen Anlagen des jeweiligen Betriebstypus mit sich bringen kann (st. Rspr. seit BVerwG, U. v. 7.5.1971 – IV C 76.68 – BRS 24 Nr. 15, s. dazu Vorb. §§ 2 ff. Rn 9 f.).

7.61 Eine geordnete städtebauliche Planung (§ 1 Abs. 3 BauGB) gebietet, Baugebiete unterschiedlicher Zweckbestimmung wie Wohngebiete und Baugebiete für gewerbliche Anlagen (GE- und GI-Gebiete) so zu planen, dass Immissionskonflikte soweit wie möglich gar nicht erst entstehen. Diese Situation wird heutzutage selten gegeben sein. Dagegen erfordert die Planung eines Baugebiets – gleich welcher Zweckbestimmung – mit heranrückender Bebauung die einseitige Rücksichtnahme auf den legalen (vorhandenen) Bestand einschließlich der legalen Immissionseinwirkungen. Der erfolgte Einwirkungsbereich eines Gewerbegebiets muss einkalkuliert werden und gehört zum Abwägungsmaterial.

Die Immissionsbelastung i. S. d. Störgeräusches ist bei der Begr. zum B-Plan zwar festzuhalten. Sie kann dagegen nicht nach § 9 Abs. 1 Nr. 24 BauGB als Emissionsgrenzwert festgesetzt werden, weil Letzterer nur das Ziel des Immissionsschutzes festlegt, jedoch keine Aussage über die konkret zu treffenden Maßnahmen enthält (seit B. des BVerwG v. 18.12.1990 – 4 N 6.88 – BRS 50 Nr. 25 = DVBl. 1991, 442; st. Rspr.).

Bei der Frage der Störeigenschaft des zu genehmigenden Betriebes kommt es entscheidend darauf an, wie der Immissions(richt)wert der Anlage gegenüber Wohngrundstücken zu beurteilen ist, insbes. wenn es sich um einen Betrieb handelt, der auch mit einer Spätschicht arbeitet. In diesen Fällen wird die Umweltbehörde auf die IRW der TA Lärm zurückgreifen. Hierbei kommt es darauf an, dass nicht etwa der **realitätsferne** Wert von 35 dB(A) Außengeräuschpegel nachts vor dem geöffneten Fenster zugrunde gelegt wird; nachdem selbst der LAI aufgrund der Lärmwirkungsforschung davon ausgeht, dass bis **35 dB(A) Innengeräuschpegel** im schlafgünstigen Bereich liegen, sollte die Umweltbehörde diese Erkenntnis ihrer Entscheidung zugrundelegen (im Einzelnen dazu § 15 Rn 16 ff.).

7.62 Wird bei der Planung von störempfindlichen Gebieten und GI-Gebieten der Verpflichtung auf **eine genügende Trennung** nicht die erforderliche Sorgfalt gewidmet, dürften die Festsetzungen des B-Plans einer gerichtlichen Nachprüfung nicht standhalten.

Ob und inwieweit der Abstand genügt, lässt sich zwar nur unter Berücksichtigung der örtlichen Verhältnisse wie Topografie, Hauptwindrichtung, evtl. vorgesehene Gliederung des GI-Gebiets beurteilen. Einen gewissen Anhalt für die erforderlichen Abstände bei **Neuplanungen** ohne besondere Beschränkungen dürfte aber auch hierfür die dem **Abstandserlass NW über Schutzabstände** zwischen Industrie- u. Wohngebieten beigefügte **Abstandsliste** bieten.

Aus ihr kann beispielhaft entnommen werden, welche gewerblichen Anlagen aufgrund langjähriger Erfahrung als besonders gefahrenträchtig i. A., immissionsträchtig im Besonderen angesehen werden müssen. Setzt die Gemeinde immissionsempfindliche (Bau-)Gebiete in unzureichender Entfernung von immissionsträchtigen GI- (und GE-)Gebieten – und umgekehrt – fest, wobei für letzteres der Flachglasfall als exemplarisch zu nennen ist, wird sie i. A. gleichzeitig den erforderlichen Immissionsschutz auf ihre Kosten zu regeln haben.

Die Gemeinde wird im Interesse genehmigungsbedürftiger gewerblicher Anlagen nach §§ 4 f. BImSchG i. V. m. der 4. BImSchV und damit zugleich im eigenen Interesse anstreben, der noch nicht vollends verfestigten Gemengelage i. S. d. Verbesserungsgebots und einer geordneten städtebaulichen Entwicklung planerisch vorzubeugen. Die gewerblichen **Betriebe in GI-Gebieten** haben aus dem Gesichtspunkt des Gebotes der gegenseitigen Rücksichtnahme i. S. d. Nachbarschutzgedankens einen **gleichen Anspruch** darauf, dass keine störempfindlichen Nutzungen, d. h. solche, die nicht unter § 9 Abs. 2 Nr. 1 fallen, im GI-Gebiet genehmigt werden. Die nachbarschutzrechtlichen Fragen der gewerblichen Betriebe in GI-Gebieten können in etwa im **umgekehrten Verhältnis** zu denen der Nutzungsberechtigten in WR-Gebieten gesehen werden.

7.63 Sind bei der **Umnutzung eines B-Plans** im Hinblick auf einen vorhandenen, Lärm emittierenden Gewerbebetrieb, Nutzungskonflikte zu erwarten, darf der Plangeber insoweit nicht auf eine Konfliktlösung im B-Plan verzichten, weil er künftige Betriebsmodernisierungen sowie Änderungen der Betriebsabläufe unterstellt und nur – gestützt auf bloße Absichtsbekunden des Betriebsinhaber – mittelfristig eine Standortverlagerung des Betriebs erwartet (OVG NW, B. v. 30.6.2002 – 10 a B 1028/02. NE – NWVBl. 2004, 309).

8 cc) Einzelhandelsbetriebe im GE-Gebiet. Unter »Gewerbebetriebe aller Art« (Abs. 2 Nr. 1) fallen auch Einzelhandelsbetriebe. Die Zulässigkeit dieser Betriebe ohne Einschränkung ihres flächenmäßigen Umfangs hat im Wesentlichen zur Anfügung des § 11 **Abs. 3** und zur gleichzeitigen Unzulässigkeit »von Einkaufszentren und Verbrauchermärkten *i. S. des* § 11 *Abs. 3*« in GE- und GI-Gebieten durch die ÄndVO 1968 geführt; zu den weiteren Gründen s. 10. Aufl., Rn 8, 2. Abs. zu § 8 BauNVO.

8.1 Einzelhandelsbetriebe werden innerhalb der »Gewerbebetriebe aller Art« besonders behandelt, weil sie gegenüber dem Oberbegriff »Gewerbebetrieb« eine *speziellere* Nutzungsart darstellen; sie werden in den Mischgebieten (§§ 5–7) auch gesondert aufgeführt (s. § 5 Rn 15 f.). Bei der vielfältigen Nutzungsmöglichkeit haben sie im Rahmen des Begriffs »Einzelhandelsbetrieb« bezüglich der Zulässigkeit seit jeher gewisse Schwierigkeiten bereitet. Einzelhandelsbetriebe selbst sind *keine* »Unterart nach § 1 Abs. 9« (so *Bielenberg*, Rdn. 8), sondern es können *aufgrund* dieses speziellen Gewerbebetriebs Unterarten von Einzelhandelsbetrieben für eine Regelung nach § 1 Abs. 9 in Betracht kommen. Die Vielschichtigkeit des Begriffs zeigt sich u. a. in den Mischformen zwischen Einzelhandel und anderen gewerblichen Nutzungsformen wie Verkaufsstellen des Handwerks und von produzierenden Gewerbebetrieben (BVerwG, U. v. 30.6.1989 – 4 C 16.88 – BRS 49 Nr. 30 = ZfBR 1990, 27). Dagegen fallen Gewerbebetriebe eines bestimmten Anlagentyps wie Lebensmittelgeschäfte oder andere Läden mit geringer Verkaufsfläche (bis etwa 600 m² im Nicht-Lebensmittelbereich) nicht unter den Begriff »Einzelhandelsbetrieb«; hierfür steht der Begriff »Laden« zur Verfügung (vgl. zu dem Problem auch BVerwG, B. v. 8.8.1989 – 4 NB 2.89 – BRS 49 Nr. 35 = BauR 1989, 695 = DVBl. 1989, 1103).

8.11 Sollen in Gewerbegebieten bestimmte Einzelhandelsbetriebe etwa wegen der nachweislichen Gefährdung der verbrauchernahen Versorgung der Bevölkerung mit Gütern des täglichen Lebens in Wohnstandorten ausgeschlossen werden, ist zur hinreichenden typisierenden Kennzeichnung von (Unter-)Arten der Einzelhandelsbetriebe auf bestimmte *Branchen* abzustellen, die der Erstversor-

§ 8 Abs. 2 8.12, 8.13

gung der Bevölkerung mit Gütern des allgemeinen (täglichen) Bedarfs dienen, wie das bei Lebensmitteln, Textilien, Schuh- und Lederwaren der Fall ist (vgl. dazu OVG NW, U. v. 10.11.1988 – 11a NE 4.87 – NVwZ 1989, 679). Die Gefährdung der verbrauchernahen Versorgung ist ein hinreichender städtebaulicher Grund i. S. d. § 1 Abs. 5 i. V. m. Abs. 9. Wie das OVG NW darlegt (aaO.), kann eine planungsrechtliche Beschränkung der Zulässigkeit solcher Betriebe nicht durch Anwendung des § 15 Abs. 1 Satz 1 erreicht werden, weil die Vorschrift eine Berücksichtigung der Gefährdung der Versorgungsstruktur nicht vorsieht (dazu auch ausführlich *Bielenberg*, § 8 Rdn. 8, 53. Lfg.).

8.12 In Bezug auf **großflächige (Einzel-)Handelsbetriebe** gibt es seit der BauNVO 1977 in den alten Bundesländern **dreierlei Recht**. Die Gemeinden werden die dem zentralen Kernbereich der Gemeinden zugedachten Funktionen nur dann nachhaltig stärken können, wenn sie ihre nach der BauNVO 1962 und 1968 erlassenen B-Pläne mit festgesetzten GE- und GI-Gebieten **auf das geltende Recht** der BauNVO 1990 umstellen (dazu § 11 Rn 12, 13) und gleichzeitig für Teile der GE-Gebiete festsetzen, dass dort Einzelhandelsbetriebe nicht zulässig sind (§ 1 Abs. 9 i. V. m. Abs. 8; § 1 Rn 126–127). Es ist nicht zulässig, GE-Gebiete festzusetzen und dabei etwa zu bestimmen, dass Einzelhandelsbetriebe nur zulässig sind, soweit sie der Versorgung der in dem Gebiet arbeitenden und wohnenden Personen dienen. Dies ist durch »besondere städtebauliche Gründe« nach § 1 Abs. 9 nicht zu rechtfertigen; es wird in der Weise für den Einzelhandelsbetrieb *keine* besondere *Eigenschaft* i. S. v. § 1 Abs. 4 Nr. 2 begründet. Das Bedürfnis i. S. v. § 1 Abs. 4 Nr. 2 wäre in einem solchen Falle nicht auf den Betrieb, sondern auf das Gebiet bezogen. Für ein Gewerbegebiet kann dagegen Einzelhandel generell ausgeschlossen werden, um das betreffende Gebiet allein für den vorhandenen gewerblichen Besatz an Betrieben (hier: des produzierenden Gewerbes) planungsrechtlich zu sichern (OVG NW, U. v. 4.6.2003 – 7 aD 108.00 NE. –).

8.13 Die städtebauliche Rechtfertigung für den nachträglichen Ausschluss von Einzelhandelsbetrieben, Schank- und Speisewirtschaften sowie Vergnügungsstätten im Gewerbegebiet ergibt sich aus der baulichen Entwicklung in dem Gebiet. »*Allein schon die von den Antragstellern vorgelegte Aufstellung über die in ihrem Gebäude derzeit ausgeübten Nutzungen, die u. a. ein Billard-Cafe und einen Billard-Salon und eine Pilsbar mit ›Spielothek‹, weitere Gaststätten, einen ›Partnertreff‹, einen Barbetrieb mit ›Sex-Videokabinen‹, ein Kabarett (Oben-Ohne-Bar) sowie zwei Diskotheken aufführt, zeigt, dass das Gewerbegebiet im Begriff war, sich zu einem ›Kneipen- und Vergnügungsviertel‹ zu entwickeln. Solche Veränderungen laufen, wie nicht näher erläutert werden muss, dem Ziel eines in erster Linie für das produzierende Gewerbe bestimmten Gewerbegebietes nachhaltig zuwider*« (BayVGH, U. v. 23.12.1998 – 26 N 98.1675 – BauR 1999, 873 = BRS 60 Nr. 31) Schließt die Gemeinde in einem Gewerbegebiet nach § 1 Abs. 5 BauNVO Einzelhandelsbetriebe, Schank- und Speisewirtschaften sowie nicht kerngebietstypische Vergnügungsstätten nachträglich aus, um das produzierende Gewerbe zu stärken, fordert § 1 Abs. 3 BauGB nicht den Nachweis, dass diese Nutzungsarten ohne die Beschränkung an anderen Standorten gefährdet sind (BVerwG, B. v. 11.5.1999 – 4 BN 15.99 – BRS 62 Nr. 19 = DVBl. 1999, 1293 = UPR 1999, 352 = BauR 1999, 1136, das das vorangegangene U. des BayVGH bestätigt hat).

In derartigen Fällen, wie dem von BVerwG (aaO.) entschiedenen, ist i. S. v. § 1 Abs. 3 BauGB eine bauleitplanerische Regelung nicht nur dann erforderlich, wenn sie dazu dient,»*Entwicklungen, die bereits im Gange sind, in geordnete Bahnen zu lenken,* sondern auch dann, wenn die Gemeinde die planerischen Voraussetzungen schafft, die es ermöglichen, einer Bedarfslage gerecht zu werden, die sich erst für die Zukunft abzeichnet.« In diesen Fällen ist § 1 Abs. 10 S. 1 BauNVO auch dann anwendbar,»*wenn die Anlage in dem betreffenden Baugebiet unzulässig ist, weil sie einer Nutzungsart zuzurechnen ist, die dort einem Nutzungsausschluss nach § 1 Abs. 5 BauNVO unterliegt*« (so BVerwG v. 11.5.1999, aaO.).

Gegen die Festsetzung eines B-Plans, die in einem Gewerbegebiet die Zulässigkeit von Einzelhandelsbetrieben bestimmter Branchen (hier: Haushaltswaren, Lebensmittel Parfümerie- und Drogeriewaren, Schuh- und Lederwaren, Sportartikel mit Ausnahme von Großteilen wie Booten) ausschließt, bestehen gem. § 1 Abs. 9 BauNVO keine Bedenken, wenn die Differenzierung marktüblichen Gegebenheiten entspricht. (So der Leits. des BVerwG im B. v. 27.7.1998 – 4 BN 31.98 – BauR 1998, 1197 = BRS 60 Nr. 29 = UPR 1998, 459 = ZfBR 1998, 317).

Ein auf bestimmte Branchen bezogenes Hauptsortiment des Einzelhandels ist grundsätzlich geeignet, eine Nutzungsart i.S.d. § 1 Abs. 9 BauNVO darzustellen, wenn die Differenzierung marktüblichen Gegebenheit entspricht (VGH BW, U. v. 21.5.2001 – 5 S 901/99 – NVwZ-RR 2002, 556).

Der Ausschluss von Betrieben der Lebensmittelbranche in einem Gewerbegebiet mit dem Ziel, die Gewerbeflächen zur Ansiedlung von Handwerksbetrieben und Betrieben des produzierenden Gewerbes vorzuhalten, ist ungeeignet, wenn sämtliche andere Betriebe des Einzel- und Großhandels ebenso wie Dienstleistungsbetriebe, Lagerhäuser, Speditionen usw. weiterhin zulässig sind (OVG NW, U. v. 17.1.2006 – 10 A 3413/03 – BauR 2006, 1991 = NVwZ-RR 2006, 593).

Ist aufgrund verschiedener Baugenehmigungen für jeweils einzelne Einzelhandelsgeschäfte eine **Ansammlung solcher Geschäfte** entstanden, die sich faktisch als Einkaufszentrum darstellt, genießt nicht ein solches Zentrum, sondern nur der einzelne Betrieb baurechtlichen Bestandsschutz.

Die Festsetzung eines Gewerbegebiets in einem B-Plan muss nicht deshalb funktionslos sein, weil in einem Teilbereich **faktisch ein Einkaufszentrum entstanden** ist (so mit Recht OVG NW, U. v. 30.7.1999 – 10a D 53/97 NE – BRS 62 Nr. 80).

Ein B-Plan (hier: für ein Gewerbegebiet) ist nicht bereits deshalb ganz oder teilweise wegen Funktionslosigkeit außer Kraft getreten, weil auf einer Teilfläche eine singuläre planwidrige Nutzung (hier: ein Einrichtungshaus mit einer Verkaufsfläche von 13.000 m²) entstanden ist (so Leits. im B. des BVerwG v. 21.12.1999 –4 BN 48.99 – BRS 62 Nr. 79 = BauR 2000, 851 = UPR 2000, 229 = ZfBR 2000, 274 = GewArch. 2000, 258.

Aus den Gründen: »*Konkret geht es um die Frage, ob die Festsetzung der Nutzungsart ›Gewerbegebiet‹ ganz oder teilweise funktionslos geworden ist, weil im Plangebiet ein ›faktisches Sondergebiet‹ für Einzelhandelsbetriebe entstanden sei ... Baurechtlicher Bestandsschutz kann sich aus der Bestandskraft einer Baugenehmigung ergeben. Ein solcher Bestandsschutz besteht hier nicht, weil eine Baugenehmigung für ein Einkaufszentrum niemals erteilt worden ist. Genehmigt worden sind vielmehr verschiedene Einzelhandelsgeschäfte, die nur als solche baurechtlichen Bestandsschutz genießen... Die Interessen ihrer Betreiber gehören zu den abwägungserheblichen privaten Belangen. Die Gemeinde darf sich aber in den Grenzen des § 1 Abs. 5 bis 9 BauNVO über sie hinwegsetzen und kann grundsätzlich auch den Einzelhandel ganz oder teilweise ausschließen. Dabei bleibt die bisherige, durch eine Baugenehmigung abgedeckte Nutzung von der Planänderung unberührt*« (BVerwG, aaO.).

§ 8 Abs. 2   8.16, 8.17

8.16 Die Kommunen können nach § 1 Abs. 9 BauNVO in Gewerbegebieten auch bestimmte Sortimente als Unterarten in einem Plangebiet ausschließen und sich hierfür an bestimmten Listen (»Kölner Liste«, »Freiburger Liste«) orientieren oder Listen aus den Einzelhandelserlassen der jeweiligen Landesregierungen übernehmen. Der Begriff **innenstadtrelevanter** bzw. **zentrenrelevanter Einzelhandel hat** zunehmend Eingang in die planerische Praxis gefunden. Dabei wird in der Planungspraxis zwischen innenstadtrelevanten (zentrenrelevanten) und **nicht innenstadtrelevanten (nicht zentrenrelevanten) Einzelhandelsbetrieben** unterschieden. Nach zutreffender überwiegender Auffassung der OVGe können in einem Gewerbegebiet die Nutzungen durch B-Plan dahin gehend eingeschränkt werden, dass nur Einzelhandelsbetriebe mit **nicht innenstadtrelevanten Sortimenten** zulässig sind, da der Begriff eine solche Verfestigung in der ökonomischen Realität des Einzelhandels und in der bauplanungsrechtlichen Praxis erfahren hat, dass er als typusbildend i. S. v. § 1 Abs. 9 BauNVO für Einzelhandelsbetriebe eingesetzt werden kann (Hess. VGH, U. v. 19.9.2002 – 3 N 78/00 – BauR 2003, 501 = ZfBR 2003, 163 = ESVGH 53 Nr. 13 = BRS 65 Nr. 35; U. v. 18.12.2003 – 4 N 1372/01 – UPR 2004, 156 = BRS 66 Nr. 40; OVG RhPf, U. v. 11.7.2002 – 11 C 11806701 – u. VGH BW U. v. 5.11.2004 – 8 S 1076/04 – ZfBR 2005, 270 = VBlBW 2005, 310, soweit die innenstadtrelevanten Sortimente durch textliche Festsetzungen konkretisiert worden sind; a. A. OVG NW, U. v. 9.3.2003 – 10 a D 76/01.NE – BauR 2004, 636 = UPR 2004, 150 = BRS 66 Nr. 39 = GewArch. 2004, 168: »*Ein Einzelhandelsbetrieb mit einem innenstadtrelevanten Sortiment stellt keine typisierbare Unterart der Branche Einzelhandel dar; auf der Grundlage dieses Begriffs ist daher eine Abgrenzung zulässiger und unzulässiger Anlagentypen nicht möglich*«, u. U. v. 12.11.2004 – 10 a D 38/02.NE – NWVBl. 2005, 190: »*Der Begriff des Einzelhandels, dessen ›Sortiment ausschließlich zur Deckung des täglichen Bedarfs der im Gebiet arbeitenden Bevölkerung dient‹, ist unbestimmt und beschreibt keine Nutzungsart, die es in der sozialen und ökonomischen Realität gibt und die deshalb Gegenstand einer Festsetzung nach § 1 Abs. 9 BauNVO sein kann*«).

Es bestehen auch keine Bedenken gegen die Verwendung des Begriffs »**zentrumsrelevante Sortimente**« im Einzelhandel zum Ausschluss nach § 1 Abs. 9 BauNVO in einem Gewerbegebiet, um die Attraktivität der Innenstadt zu erhalten (Nds. OVG, U. v. 26.3.2003 – 1 LB 32/02 – BauR 2003, 1441 = BRS 66 Nr. 38; U. v. 10.3.2004 – 1 KN 336/02 – BauR 2004 1108; OVG RhPf, U. v. 12.2.2007 – 8 A 1131/06 – OVG Schleswig, U. v. 15.3.2001 – 1 L 107/97 – NordÖR 2002, 155 sowie VGH BW, U. v. 21.5.2001 – 5 S 901/99 – NVwZ-RR 2002, 556; a. A. OVG NW, U. 1.10.1996 – 10 aD 102/96. NE – BauR 1997, 436 = UPR 1997, 374 = BRS 58 Nr. 33 ; U. v. 11.12.2001 – 214/98 NE. –; U. v. 6.1.2002 – 7 a D 13/01.NE. –; U. v. 3.6.2002 – 7 aD 92.99.NE – u. U. v. 9.10.2003 – 10 a D 76/01.NE – BRS 66 Nr. 39). Das OVG NW verlangt, dass die zentrenrelevanten Sortimente in einer Anlage der Bebauungsvorschriften abschließend definiert sind, um das Gebot der Bestimmtheit planerischer Festsetzungen zu wahren.

Nach Auffassung des VGH BW in seinem U. v. 3.11.2003 (– 3 S 439/03 –) ist die Festsetzung in einem B-Plan, dass in einem (eingeschränkten) Gewerbegebiet Einzelhandelsbetriebe nur ausnahmsweise zulässig sind, soweit dies zu Versorgung der Wohnbevölkerung in dem betroffenen Stadtteil mit Waren des täglichen Bedarfs erforderlich ist, dahin auszulegen, dass abweichend von § 8 Abs. 2 Nr. 1 BauNVO die aufgeführten innenstadtrelevanten Einzelhandelsbetriebe grundsätzlich ausgeschlossen sind und nur unter den genannten Voraussetzung ausnahmsweise zugelassen werden können. Eine planungsrechtliche Festsetzung, nach der innenstadtrelevante Einzelhandelsbetriebe in einem Plangebiet ausnahmsweise zulässig sind, soweit dies zur Versorgung der Wohnbevölkerung in dem betroffnen Stadtteil mit Waren des täglichen Bedarfs erforderlich ist, hat das Gericht für unzulässig erklärt.

8.17 In einem planerisch festgesetzten Gewerbegebiet kann es wegen mehrerer Lebensmittelmärkte in der näheren Umgebung gerechtfertigt sein, Einzelhandelsbetriebe des täglichen Bedarfs nur bis 400 m² Nutzfläche zuzulassen (Anlageart: **Nachbarladen, Nahversorger**, auch **Convenience-Store** genannt, Hess. VGH, U. v. 8.6.2004 – 3 N 1239/03 – ESVGH 54 Nr. 92). Der Hess. VGH hat die planerische Festsetzung, Einzelhandelsbetriebe des täglichen Bedarfs bis zu einer Größe von 400 m² Nutzfläche als eine bestimmte Anlagenart gem. § 1 Abs. 9 BauNVO angesehen und dabei auf eine Begriffsdefinition des Instituts für Handelsforschung an der Universität zu Köln, Ausschuss für Begriffsdefinitionen aus der Handels- und Absatzwirtschaft, 1995: Katalog E zurückgegriffen. Die Gemeinde hatte in der B-Planbegründung überzeugend zwischen sog. »**Nahversorgern**«, Einzelhandelsbetrieben bis 400 m² Verkaufsfläche, die von selbständigen Einzelhandelsbetrieben betrieben würden, ein begrenzte Sortiment anböten und mit bestimmten Ketten in Vertragsbeziehungen stünden und sog. »**Vollversorgern**« als größeren Einzelhandelsbetrieben unterschieden.

8.2–9.1   **Abs. 2**   **§ 8**

Das BVerwG hat mit B. v. 8.11.2004 (– 4 BN 39/04 – NVwZ 2005, 324) das U. des Hess. VGH im Hinblick auf seine frühere Judikatur aus dem Jahr 1987 etwas überraschend bestätigt und hierzu den nachfolgenden Leits. aufgestellt:

»*Ein Einzelhandelsbetrieb mit einer Nutzfläche von höchstens 400 m² kann als ›Nachbarschaftsladen‹ oder ›Convenience-Store‹ ein festsetzungsfähiger Anlagetyp i.S. von § 1 Abs. 9 BauNVO sein*«.

Einzelhandelsbetriebe können auf *demselben* Grundstück als *Nebenanlage* ein Lager unterhalten, z. B. Kohlen- u. Baustoffhandlungen. Dies sind noch keine Lagerhäuser oder Lagerplätze.   8.2

Zur Umnutzung einer Fertigungshalle für landwirtschaftliche Maschinen in einen Verbrauchermarkt in einem nach der BauNVO 1962 festgesetzten GE-Gebiet hat das OVG NW in einem ausf. begründeten U. v. 25.4.1991 (– 11 A 1755/87 – NVwZ-RR 1992, 118) herausgestellt, dass die Umnutzung planungsrechtlich unzulässig ist, »*wenn der damit verbundene Zu- und Abgangsverkehr, der über eine Strecke von 320 m nur durch ein Wohngebiet geführt werden kann, nach der Eigenart des Gebietes zu unzumutbaren Belästigungen und Störungen führt*« (OVG NW, aaO.).

In den **Gründen** hat das OVG dazu u. a. ausgeführt: In der Rspr. ist anerkannt, dass bei der Beurteilung, ob das Vorhaben für die Umgebung erhebliche Nachteile oder Belästigungen haben kann – bzw. ob ein Gewerbebetrieb störend ist –, alle mit der Zulassung des Betriebes nach dessen Gegenstand, Struktur und Arbeitsweise typischerweise verbundenen Auswirkungen auf die nähere Umgebung zu berücksichtigen sind. Dazu gehören je nach der Art des zuzulassenden Gewerbebetriebes auch der mit ihm regelmäßig verbundene Zu- und Abgangsverkehr wie die von diesem bewirkten Geräusch- u. sonstigen Immissionen (OVG NW, aaO. unter Bezugnahme auf B. des BVerwG v. 9.10.1990 – 4 B 121.90 – BauR 1991, 49 = BRS 50 Nr. 58).

dd) Lagerhäuser, Lagerplätze. Unter Lagerhäuser und Lagerplätze fallen *begrifflich* selbständige und unselbständige *bauliche* Anlagen i. S. v. § 29 Abs. 1 BauGB zur Lagerung von Gegenständen jeglicher Art, (Bau-) Stoffen, Materialien. Bei **Lagerhäusern** handelt es sich um *Gebäude*, die von Menschen betreten werden können, wie Lagerhallen zur Trockenhaltung oder zur – trockenen – Aufbewahrung von Gegenständen, Kühlhäuser, »Schuppen« zur Lagerung von Holz. *Silos* sind keine Gebäude i. S. d. LBOen; desgleichen nicht andere Behälter zur Lagerung flüssiger oder fester Stoffe, soweit diese nicht betreten werden können (im Ergebnis zu Silos auch BayVGH, U. v. 2.8.1973 – Nr. 94 I 72 – BRS 27 Nr. 93). Was gelagert wird, bleibt Gegenstand des Wirtschaftsverkehrs. Daher fallen *Deponien* (i. S. d. *Ablagerns*) nicht unter die Begriffe (ebenso *Bielenberg*, § 8 Rdn. 15).   9

Lagerplätze sind i. d. R. bauliche Anlagen, die der *Lagerung* von Materialien (Gütern) oder dem *Abstellen* von Fahrzeugen, Anhängern und dergl. dienen, wie Plätze zur Lagerung von Heiz- und Baumaterial, Holzlagerplätze, Abstellplätze von Spediteuren, sog. Verkehrshöfe zum Umschlag von Gütern, Güterkraftwagenbetriebe, Autohöfe, Schrottlagerplätze, insbes. Abwrackplätze für Kfz, Bauhöfe.

Da Lagerhäuser und Lagerplätze neben den »Gewerbebetriebe(-n) aller Art« aufgeführt sind, kann es sich **auch um nichtgewerbliche Anlagen** handeln, wie der Lagerplatz eines Gartenbaubetriebes oder eines gemeindlichen Gartenbauamtes (im Ergebnis wie hier *Förster*, §§ 8, 9 Anm. 2). Soweit es sich um *unselbständige* Anlagen handelt, die wirtschaftlich zu einem Gewerbebetrieb gehören, kommt es für die Beurteilung der Zulässigkeit darauf an, ob die Anlage in einem räumlichen Zusammenhang mit dem Gewerbebetrieb steht. Ist Letzte-   9.1

res der Fall, richtet sich deren Zulässigkeit nach der des Gewerbebetriebes (OVG Lüneburg, U. v. 26.5.1965 – I A 87/63 – BRS 16 Nr. 21; *Gelzer/Birk*, Rdn. 835). *Ziegler*, in: *Brügelmann* (§ 8 Rdn. 26) weist mit Recht darauf hin, dass es sich auch in den Fällen, in denen ein **Lagerplatz**, z. B. als *Abstellplatz*, einen (untergeordneten) Betriebsteil darstellt, um **keine Nebenanlage** – wie etwa ein kleiner Kohlenlagerplatz eines Betriebshofes – handelt.

Stehen Lagerhäuser oder Lagerplätze als wirtschaftlich unselbständige Anlagen in *keinem räumlichen Zusammenhang* mit dem Gewerbebetrieb – befinden sie sich mithin auf einem *eigenen* Grundstück (z. Begriff s. § 19 Rn 2–3) –, sind sie baurechtlich als genehmigungspflichtige **selbständige** Anlagen zu behandeln. Das kann z. B. bei einem Schrottlagerplatz von Bedeutung sein, bei dem der Schrotthandel von einem in einem MI-Gebiet befindlichen Büro aus geleitet wird.

Im Zusammenhang mit der **Frage des Bestandsschutzes** für einen gewerblich betriebenen **Schrottlagerplatz** ist das U. des BVerwG v. 7.9.1979 (– IV C 45.77 – BRS 35 Nr. 157 = DÖV 1980, 175) von Interesse. Treffen im Rahmen eines Gewerbebetriebes verschiedene (bauliche und nicht bauliche) Nutzungen zusammen und hängt **das Bestehen** eines Bestandsschutzes wesentlich davon ab, ob diese verschiedenen Nutzungen jeweils isoliert oder zusammengefasst als Einheit beurteilt werden, hat sich die Entscheidung für oder gegen die Zusammenfassung in erster Linie nach den Schutzbedürfnissen des Betroffenen und nicht nach dem Ergebnis einer auf das Erscheinungsbild abstellenden (objektivierenden) Betrachtung zu richten. Lagerplätze sind Lagerstätten i. S. d. § 29 Satz 3 BBauG 1976/1979 = BauGB (BVerwG, aaO.).

9.2   Die Zulässigkeit von **Lagerhäusern** ist bauplanungsrechtlich i. A. unproblematisch, da sie nur geringfügig Immissionen verursachen und auch sonst kaum störend wirken. Dagegen sind *Lager*plätze im Stande, nachteilig auf die Umgebung zu wirken, etwa das Orts- oder Landschaftsbild i. S. v. § 1 Abs. 5 Satz 2 Nr. 4 BauGB zu verunstalten. Die Zulässigkeitsvoraussetzungen nach § 15 Abs. 1 Satz 1 werden hier besonders zu prüfen sein; z. B. ob ein Schrottlagerplatz nach seinem Umfang der Eigenart des Baugebiets entspricht. Nach Nr. 130 der Abstandsliste z. RdErl. NW (vgl. Anh. 9) sollen Schrotthandelsbetriebe z. B. 300 m (als Anhalt) von der (nächsten) Wohnbebauung entfernt liegen. Das spricht dafür, **Schrottlagerplätze** vorrangig in GI-Gebiete zu verweisen. Für die bauplanungsrechtliche Beurteilung kommt es im Regelfall auf die Prägung des Gebiets – auch in immissionsschutzmäßiger Hinsicht – an; dabei kann wegen der verschiedenen Tatbestandsmerkmale die Zulässigkeit nach § 15 Abs. 1 von Bedeutung sein.

9.3   Bei Lagerplätzen der genannten Art handelt es sich meistens um *bauliche Anlagen* i. S. v. § 29 Abs. 1 BauGB (Vorb. Rn 17–18). Zweifel könnten im Einzelfall hinsichtlich des **Begriffs des Bauens** bestehen (so OVG Münster, U. v. 25.1.1974 – XA 116/72 – BRS 28 Nr. 91, das das Merkmal möglicher bodenrechtlicher Relevanz jedoch nicht hinreichend gewürdigt hat; dazu auch BayVGH, U. v. 16.12.1974 – Nr. 224 II 72 – BRS 28 Nr. 58). Wird ein Grundstück teils betoniert, teils aufgeschüttet und eingeebnet, um als Betriebshof einer Fuhrunternehmung zu dienen, so handelt es sich um die genehmigungspflichtige Herstellung einer baulichen Anlage (OVG Saarl., U. v. 9.3.1984 – 2 R 175/82 – BRS 42 Nr. 227 = BauR 1984, 616 = NVwZ 1985, 122).

9.4   Die planungsrechtliche Zulässigkeit einer »**unselbständigen**« Lagerhalle richtet sich nach der des Betriebes, dem sie dienen soll (BVerwG, U. v. 15.11.1991 – 4 C 17.88 – BRS 52 Nr. 52 = UPR 1992, 182 = NVwZ-RR 1992, 402).

Das BVerwG versteht **selbständige Lagerhäuser und Lagerplätze** als Unterfälle des Oberbegriffs »Gewerbebetrieb« (U. v. 8.11.2001 – 4 C 18.00 – NVwZ 2002, 730 = BauR 2002, 747 = DVBl. 2002, 720 = UPR 2002, 226 = ZfBR 2002, 364 = BayVBl. 2002, 637). 9.5

Aus den **Gründen:** *»Mit Bundesrecht unvereinbar ist die Rechtsauffassung, dass Lagerhäuser und -plätze nur in Gewerbe- und Industriegebieten zulässig seien, sofern sie nicht in einem räumlichen Zusammenhang mit einem in dem betreffenden Baugebiet zulässigen Betrieb stehen. ... Aus dem Umstand, dass beide Begriffe in diesen Vorschriften (§ 8 Abs. 2 Nr. 1 und § 9 Abs. 2 Nr. 1 BauNVO) genannt werden, kann nicht geschlossen werden, dass Lagerhäuser und -plätze nicht zugleich Gewerbebetriebe im Sinne von § 8 Abs. 2 Nr. 1 und § 9 Abs. 2 Nr. 1 BauNVO sein dürfen. Die besondere Erwähnung der Lagerhäuser und -plätze deutet lediglich darauf hin, dass bei ihnen ein bestimmter Zweck des Gewerbes im Vordergrund steht ... Zumindest als Teil eines Gewerbebetriebes können sie auch in anderen Baugebieten zulässig sein, sofern der Gewerbebetrieb selbst in dem betreffenden Gebiet zugelassen ist und das Lagerhaus oder der Lagerplatz mit der Zweckbestimmung dieses anderen Baugebiets vereinbar ist«* (BVerwG, aaO.). Das BVerwG bejahte die Zulässigkeit eines selbständigen 1300 m² großen Lagerplatzes in einem Dorfgebiet.

Diese Rechtsauffassung wird nicht geteilt. Aus der Erwähnung der Lagerhäuser und -plätze in § 8 Abs. 2 Nr. 1 und § 9 Abs. 2 Nr. 1 BauNVO ist zu folgern, dass solche Anlagen oder Einrichtungen dieser Art in den Baugebieten, in denen sie nicht besonders erwähnt sind, als selbständige Anlagen oder Einrichtungen unzulässig sind (*Bielenberg,* in: *E/Z/B/K,* Rdn. 16 zu § 8 und *Ziegler,* in: *Brügelmann,* Rdn 110, 111 zu § 1 und Rn 25 zu § 8 BauNVO; a. A. *K/R/S,* Rn. 26 zu § 8 BauNVO).

ee) **Öffentliche Betriebe** sind besonders genannt, weil sie sich nach Rechtsstatus und Aufgabenstellung von Gewerbebetrieben unterscheiden und im Regelfall nicht dazu zählen. Gleichzeitig wird damit zum Ausdruck gebracht, dass auch die im öffentlichen Interesse tätigen Betriebe den für das Gewerbegebiet bestimmten Einschränkungen unterliegen. Das Wort »öffentlich« besagt nicht, dass die Betriebe öffentlich-rechtlich organisiert sein müssen; ein Wasserwerk einer Gemeinde in der Form der Aktiengesellschaft fällt gleichfalls unter den Begriff »öffentliche Betriebe«. **Trägerschaft und Rechtsform** sind **nicht entscheidend.** Gleichfalls kommt es auf eine etwaige Gewinnerzielungsabsicht nicht an. Betriebe in Privatrechtsform erfüllen häufig öffentliche Aufgaben der Daseinsvorsorge wie Verkehrs- u. Versorgungsunternehmen (wie hier *Ziegler,* in: *Brügelmann,* § 8 Rdn. 30; unklar *Boeddinghaus,* § 8 Rdn. 8). Unabhängig von der Zulässigkeit derartiger Betriebe nach Abs. 2 Nr. 1 können für diese Betriebe und Anlagen auch Flächen nach § 9 Abs. 1 BauGB für den Gemeinbedarf (Nr. 5), als Verkehrsflächen (Nr. 11), Versorgungsflächen (Nr. 12) und als Flächen für die Verwertung oder Beseitigung von Abwasser und festen Abfallstoffen (Nr. 14) gesondert festgesetzt werden (im gleichen Sinne *Förster,* §§ 8, 9 Anm. 2). Diese Festsetzung wird sich immer dann empfehlen, wenn der Standort genau bestimmt werden muss (so auch *Bielenberg,* § 8 Rdn. 17f.). Erfolgt eine Festsetzung nach § 9 Abs. 1 BauGB, kann sich gleichzeitig die Festsetzung im B-Plan für ein GE-Gebiet i. S. einer sog. *Doppelfestsetzung* empfehlen, wenn die Gebietsverträglichkeit »nicht erheblich belästigen« gewährleistet werden soll. 10

Zu den **zulässigen öffentlichen Dienstleistungs-Betrieben** zählen Gas- und Wasserwerke, Elektrizitätswerke der Gemeinde und (Land-)Kreise, Umspannwerke, Depots für Straßenbahnen und sonstige öffentliche Verkehrsmittel. Reparaturwerkstätten und weitere Zubehöranlagen, Kraftfahrzeugparks f. d. Abfallbeseitigung, Müllverbrennungsanlagen, Betriebshöfe (z. B. städtische Bauhöfe), Anlagen der Deutschen Bahn AG und Deutschen Post AG, Fernheizwerke, Anlagen zur Kfz-Überwachung (TÜV). Die Aufzählung zeigt, dass 10.1

§ 8 Abs. 2   11

öffentliche Betriebe sehr unterschiedlich ausgestaltet sein können; es kann sich z. B. lediglich um einen (Lager-)Platz zum Abstellen der Abfallbeseitigungs-Fahrzeuge handeln, während die Reparatur-Werkstätten evtl. zusammen mit den Sozialräumen sich andernorts befinden können. Auch eine Müllsammelstelle, in der Abfallbesitzer Abfall nach Stoffen getrennt in bereitgestellte Container u. sonstige Behältnisse verbringen, gehört zu den öffentlichen Betrieben. Die Sperrmüllsammelstelle dient nicht dem Lagern i. S. v. Ablagern oder Behandeln von Abfällen, sondern dem *Einsammeln* (vgl. BayVGH, U. v. 15.12.1992 – 2 B 92.88 – BRS 54 Nr. 54 = BauR 1993, 197).

Die Auffassung von *K/R/S* (§ 8 Rdn 29a), dass Bahn und Post nach ihrer Überführung in privatwirtschaftliche Tätigkeiten (vgl. Art. 87e und Art. 87f GG) nicht mehr als öffentliche Betriebe anzusehen seien, wird nicht geteilt. Die Umwandlungsgesetze, nicht zuletzt die Regulierungsbehörde für die Deutsche Telekom AG und die Post zeigen die vielfältigen Verpflichtungen der Nachfolgeorganisationen von Bahn und Post für die Daseinsvorsorge der Bevölkerung insgesamt. Infolge der Aufgabenstellung bleiben die privatwirtschaftlich organisierten Nachfolgeunternehmen Dienstleistungsbetriebe für die Öffentlichkeit und demzufolge als nutzungsrechtlicher Begriff »Öffentliche Betriebe«.

Dies zeigen auch zwei Urteile des BVerwG zur Privatisierung der Deutschen Bundespost und deren Folgen für das Bauplanungsrecht; hier: Festsetzung einer Gemeinbedarfsfläche für ein »Postgebäude« nach § 9 Abs. 1 Nr. 5 BauGB (U. v. 30.6.2004 – 4 C 3.03 – UPR 2004, 440 = NVwZ 2004, 1351 = ZfBR 2004, 796 = BauR 2004, 1730 zu BayVGH, U. v. 11.4.2003 – 1 B 01.2220 – ZfBR 2003, 579 u. BVerwG, U. v. 30.6.2004 – 4 CN 7.03 – UPR 2004, 436 = NVwZ 2004, 1355 = BauR 2004, 1726 = ZfBR 2004, 792 zu BayVGH, U. v. 25.3.2003 – 1 N 00.359 – ZfBR 2003, 577). Auch nach der Privatisierung der Deutschen Bundespost können »Flächen für den Gemeinbedarf« nach § 9 Abs. 1 Nr. 5 BauGB für die Grundversorgung mit Postdienstleistungen (Universaldienst i. S. v. § 11 ff. PostG) festgesetzt werden. Dabei darf die kommunale Bauleitplanung sich dem Strukturwandel im Postwesen nicht verschließen. Das Interesse der Deutschen Bundespost AG an einer wirtschaftlichen Nutzung ihres Grundeigentums sowie die Rahmenbedingungen der privatwirtschaftlichen Erbringung von Postdienstleistungen sind bei der planerischen Abwägung zu berücksichtigen (so 1. u. 2. Leits. des U. des BVerwG v. 30.6.2004 – 4 CN 7.03 –). Die Deutsche Post AG berief sich für den Rechtsstreit vergeblich u. a. auf folgende Argumente: Die Infrastruktursicherung im Postbereich sei keine Aufgabe kommunaler Daseinsvorsorge. Es bleibe der unternehmerischen Entscheidungsfreiheit der Postunternehmen überlassen, an welchem Ort, mit welchen Kapazitäten an Raum und Personal und in welcher Dichte sie Postdienstleistungen aus betriebswirtschaftlichen Gründen für sinnvoll hielten. Die Erbringung von Postdienstleistungen erfülle heute nicht mehr den spezifischen bauplanungsrechtlichen Begriff des Gemeinbedarfs i. S. v. § 9 Abs. 1 Nr. 5 BauGB. Die Postunternehmen seien nicht mehr an den Gemeinwohlauftrag der staatlichen Verwaltung gebunden. Das BVerwG ist diesen Argumenten zu Recht mit dem Hinweis auf die staatliche »Gewährleistungs- und Überwachungsverantwortlichkeit« nicht gefolgt und hat dem gegenwärtig weit verbreiteten Neoliberalismus einen kleinen Riegel vorgeschoben.

11   **ff) Betriebe des Beherbergungsgewerbes (Hotels), sonstige Unterkünfte.** Betriebe des Beherbergungsgewerbes i. S. v. **Hotels** (mit oder ohne Restaurationsbetrieb oder als »Garni«-Betriebe) sind, unter »Gewerbebetriebe aller Art« fallend, vom Grundsatz her im GE-Gebiet generell zulässig. Es handelt sich bei der Inanspruchnahme eines Hotels um eine von einer Person freiwillig nachgesuchte, **zeitlich beschränkte** Unterbringung, um von dort aus im Regelfall bestimmten Geschäften nachzugehen.

Die Besonderheit der Ansiedlung eines Hotels im GE-Gebiet liegt in seiner andersartigen Aufgabenstruktur und Verhältnis zu anderen Gewerbebetrieben, insbes. denjenigen, die dem mit Immissionen verbundenen *produzierenden* Gewerbe angehören. Befindet sich ein solcher Gewerbebetrieb in der Nähe des

Hotelstandortes, ist die Sorge nicht unberechtigt, dass die Immissionsschutzbehörde bei entspr. Forderungen des Hotelbetriebes dem betreffenden Gewerbebetrieb evtl. kostenträchtige Auflagen zur Verminderung der Immissionen auferlegt. Ist das GE-Gebiet nicht in bestimmter Weise i. S. v. § 1 Abs. 4 *gegliedert*, so dass der Standort für ein Hotel eingeschränkt nur dort zulässig ist, wo ansonsten vor allem Dienstleistungsbetriebe – meistens in Gebäuden nach § 8 Abs. 2 Nr. 2 untergebracht – sich ansiedeln sollen, kann der Standort des Hotels nicht vorgeschrieben werden. Im letzteren Falle empfiehlt es sich, der Baugenehmigung einen *bindenden Hinweis* beizufügen, dass der Betrieb infolge des höheren Störgrades im Rahmen der Gebietsverträglichkeit für einen evtl. erforderlichen Immissionsschutz selbst Sorge zu tragen hat und er dafür nicht die öffentliche Hand in Anspruch nehmen kann.

Die Gründe für die **Errichtung eines Beherbergungsbetriebes** im GE-Gebiet sind vielfältiger Natur, etwa als *Gästehaus* eines größeren Unternehmens, das z.B. für Filialleiter u. dergl. regelmäßige Besprechungen vorsieht, oder das Grundstück befindet sich in der Nähe der Autobahn, eines Flughafens oder eines Messegeländes. **Entscheidend** für die Baugenehmigung ist, dass aus den Bauunterlagen die Errichtung eines Hotels u. nicht etwa eines »Boarding«-Hauses, eines Appartement-Betriebes mit Kochgelegenheit, erkennbar ist. Der beschränkte Aufenthalt in einem Hotel ist naturgemäß zeitlich nicht exakt zu bestimmen. Handelt es sich um einen Aussteller auf einer Messe, die 14 Tage dauert, kann auch ein mehrwöchiges Wohnen rechtens sein. »*Beherbergungsbetriebe, in denen gewohnt wird oder die wohnähnlich genutzt werden, sind im Gewerbegebiet unzulässig*« (so der **Leits.** des U. des BVerwG v. 29.4.1992 – 4 C 43.89 – BRS 54 Nr. 53 = BauR 1993, 194 = BVerwGE 1990, 140 = GewArch. 1992, 446 = ZfBR 1992, 283); vgl. dazu auch § 9 Rn 8.1.

11.1

Das BVerwG hat **in den Gründen** überzeugend dargelegt, dass die Baugenehmigung für die Nutzungsänderung eines Teiles des vorhandenen Werkstatt- u Lagerhallengebäudes in einen Pensionsbetrieb (Hervorhebung stets diesseits) zu Recht versagt worden ist. Zielgruppe des Pensionsbetriebes waren Arbeitnehmer, die aufgrund der Abordnung von ihrem Stammbetrieb zwei bis sechs Monate in den möblierten und mit Kochgelegenheit versehenen Zweibett-Zimmer-Appartements *wohnen* sollten. Das BVerwG hat mit Recht herausgestellt, ein Beherbergungsbetrieb liege nur vor, »*wenn Räume ständig wechselnden Gästen zum vorübergehenden Aufenthalt zur Verfügung gestellt werden, ohne dass diese dort ihren häuslichen Wirkungskreis unabhängig gestalten können*« (BVerwG, aaO. unter Bezugnahme auf seinen B. v. 8.5.1989 – 4 B 78.59 – BRS 49 Nr. 66 = ZfBR 1989, 225).

Entscheidend hat das BVerwG auf die **Zweckbestimmung** von GE-Gebieten u. die **Gebietsverträglichkeit** abgestellt. GE- und GI-Gebiete dienen – im Unterschied zu den Baugebieten der §§ 2–7 – in erster Linie der Unterbringung von gewerblichen Betrieben. **In den Gebieten soll,** abgesehen von der ausnahmsweisen Zulassungsfähigkeit nach § 8 Abs. 3 Nr. 1, **nicht gewohnt werden.** Diese Feststellung ist mangels eines akuten Anlasses bisher wohl nicht deutlich genug zum Ausdruck gekommen. Ebensowenig wie das GE-Gebiet dem Wohnen dient, kommt es **für** die **Erholung** in Betracht, wie das in den letzten Jahren wiederholt in GE-Gebieten von Gemeinden mit Erholungsfunktion angestrebt worden ist.

11.2

Die Tendenz ist daraus zu erklären, dass in *festgesetzten* GE-Gebieten kleinerer Gemeinden mit (staatlich) anerkanntem Freizeitwert, in denen häufig bereits Dienstleistungs- und Handwerksbetriebe sowie Verwaltungen dem Gewerbegebiet das Gepräge geben, versucht worden ist, eine Nutzungsänderung zu erreichen. Der zunehmende Wohlstand mit einhergehender vermehrter Freizeitnutzung legt es nahe, z.B. für eine ehemalige Lagerhalle, einen leerstehenden Fabrikkomplex u. Ä. die Nutzung als Ferienwohnungen oder als Pensionsbetrieb anzustreben. Bei den Bauanträgen ist mehrfach zum Ausdruck gebracht worden, dass es zwar ein festgesetztes GE-Gebiet betreffe, es sich *faktisch* aber (bereits) um ein MI-Gebiet handele.

Diese Feststellung ändert nichts daran, dass es weiterhin ein GE-Gebiet ist, das die Baugenehmigungsbehörde bei den Zulässigkeitsvoraussetzungen des § 15 zu berücksichtigen hat. Es liegt in solchen Fällen an der Gemeinde, im Rahmen ihrer geordneten städtebaulichen Entwicklung eine *Umzonung* des GE-Gebiets etwa in ein MI-Gebiet vorzunehmen, um vermehrt die Errichtung von Freizeitwohngelegenheiten, sei es als Beherbergungsbetriebe oder als Ferienhäuser u. dergl., zu ermöglichen.

11.3 Eine Fremdenpension oder etwa ein »Kurhotel« ist auch in einem kleinen GE-Gebiet einer Fremdenverkehrsgemeinde i. S. v. § 22 BauGB unzulässig. Wenngleich Beherbergungsbetriebe unter »Gewerbebetriebe aller Art« eines Gewerbegebietes fallen, müssen sie »*im Einklang mit der von der BauNVO vorausgesetzten typischen Funktion dieses Gebiets stehen*« (so mit Recht BVerwG, aaO., Hervorhebung v. Verf.). Das schließt jegliche wohnähnliche Nutzung oder Erholungsfunktion **im GE-Gebiet** aus. Aus diesem Gesichtspunkt konnte in § 3 Abs. 3 (Rn 19) auch das Vermieten von Ferienappartements noch dem kleinen Beherbergungsbetrieb zugerechnet werden. Ein **Beherbergungsbetrieb** des im U. des BVerwG v. 29.4.1992 (Fundst. Rn 11.1) entschiedenen Falles, der nach dem Bauantrag einen auf bestimmte Dauer angelegten Wohnungsersatz bieten soll, widerspricht der Eigenart des GE-Gebiets in gleicher Weise wie ein **Arbeitnehmerwohnheim** oder eine **Fremdenpension** für Erholungssuchende (BVerwG, aaO.). Zur Versagung des Nutzungsänderungsantrags brauchte nicht erst § 15 Abs. 1 herangezogen zu werden.

Ein Vorhaben darf trotz entspr. Bezeichnung in den Bauvorlagen baurechtlich nicht als »Hotel garni« beurteilt werden, wenn gegen die Eignung des Gebäudes für diesen Zweck Bedenken bestehen u. nach Erklärung des Bauherrn die **Unterbringung von Aussiedlern** vorgesehen ist (VGH BW, B. v. 25.2.1991 – 5 S 41/91 – BRS 52 Nr. 57).

12 b) Geschäfts-, Büro- und Verwaltungsgebäude (Nr. 2). Diese Gebäude dienen im GE-Gebiet häufig der Unterbringung der Unternehmensleitung gewerblicher Betriebe (als »Sitz« des Unternehmens, der »Hauptverwaltung«). Sie sind auf eigenen Grundstücken als Gebäude für Bürotätigkeiten jedweder Art zulässig. Geschäfts- u. Bürogebäude können, ohne dass die dort verrichteten Tätigkeiten unterschieden zu werden brauchen, auch durch freiberuflich Tätige u. ähnliche Berufe nach § 13, Fachverbände u. dergl. in Anspruch genommen werden (z. Begriffsinhalt s. § 4a Rn 18–19 u. § 7 Rn 6).

Mit der nach Nr. 2 zulässigen Nutzungsmöglichkeit hat das GE-Gebiet seit jeher neben den produzierenden und verarbeitenden Betrieben den Dienstleistungsbetrieben im weitesten Verständnis einen entsprechenden Standort eingeräumt. Die Auffassung von *K/R/S* (§ 8 Rdn. 34), für freiberufliche oder vergleichbare gewerbliche Tätigkeiten sei ein Bürogebäude nach § 8 Abs. 2 Nr. 2 nicht anwendbar, hier gehe die Sonderregelung des § 13 vor, wird in dieser Uneingeschränktheit nicht geteilt. Ein Steuerberater z. B. oder ein Versicherungskaufmann können in einem Bürogebäude selbstverständlich ihr berufliches Domizil haben, unabhängig davon, ob Nutzungen nach § 13 nach § 1 Abs. 5 BauNVO in einem B-Plan »GE-Gebiet« ausgeschlossen werden. Werden dagegen Geschäfts- und Bürogebäude (Nr. 2) nach § 1 Abs. 5 i. V. m. Abs. 9 BauNVO in einem B-Plan ausgeschlossen, um das GE-Gebiet vorrangig für das produzierende Gewerbe vorzuhalten, könnten die Steuerberater und der Versicherungskaufmann als den Berufen nach § 13 angehörig dennoch im

Gewerbegebiet ein Büro eröffnen. Ein »Gesundheitszentrum« für »Ärzte u. a. Heilberufe wäre in einem GE-Gebiet nur nach § 13 zulässig.

c) **Tankstellen (Nr. 3).** Diese sind ohne Nutzungsbeschränkungen zulässig, d. h. auch mit angeschlossenen Reparaturwerkstätten, Prüfstand u. dergl. (z. Begriffsinhalt s. § 2 Rn 23–23.2 u. insbes. § 6 Rn 15–15.2). Anlagen nach Nr. 2 haben bisher noch keine Probleme aufgeworfen, die eine (verwaltungs-)gerichtliche Überprüfung erforderten.

12.1

d) **Anlagen für sportliche Zwecke (Nr. 4).** Sie sind nach der ÄndVO 1990 **allgemein zulässig.** Die Regelung hat keine rückwirkende Kraft. Dadurch wird sich in der städtebaulichen Praxis i. A. wenig ändern. Denn z. B. gewerblich betriebene **Tennishallen** mit stundenweise zu mietenden Plätzen, teilweise mit angeschlossener Tennisschule, Hallen für den Squash-Sport mit dazugehöriger Sauna oder Sporthallen mit anderen Fitness-Trainingsgeräten – teilweise zusammen mit »rustikaler Bar« als Nebenanlage i. S. v. § 14 – sind **bereits derzeit** üblich. Nunmehr kann z. B. auch ein Klub (Verein) zum Betreiben des Squash-Sports eine Sporthalle und/oder ein Klubhaus errichten. Ein Tennisverein könnte eine leerstehende Fabrikhalle zur Tennishalle umbauen oder selbst eine Tennishalle dort errichten.

13

Die Einschränkung oder der Ausschluss der Anlagen für sportliche Zwecke nach § 1 Abs. 5 und Abs. 9 ist (selbstverständlich) möglich. Will die Gemeinde ein GE-Gebiet bestimmten Nutzungen u. Anlagen, beispielsweise dem *produzierenden Gewerbe*, vorbehalten, kann sie im B-Plan entspr. differenzierende Festsetzungen treffen. Die Errichtung einer *gewerblich* zu betreibenden Sporthalle zwecks stundenweiser Vermietung z. B. an Tennisspieler kann dadurch jedoch nicht verhindert werden (im Ergebnis ebenso VG Köln, U. v. 23.6.1981 – 2 K 5546/80 – UPR 1982, 271). Auf die Baugenehmigung hätte der Antragsteller einen Rechtsanspruch. Um dies auszuschließen, müsste **im B-Plan nach § 1 Abs. 9** festgesetzt werden, dass »gewerblich betriebene Anlagen für sportliche Zwecke« nicht zulässig sind.

13.1

In einem durch B-Plan festgesetzten GE-Gebiet einer nach der Gebietsstruktur ländlichen Gemeinde in landschaftlich reizvoller Umgebung in einem der neuen Bundesländer ist eine Reithalle mit angeschlossenem »Reiter-Casino« (Schank- und Speisewirtschaft) zulässig, zumal das GE-Gebiet durch Handwerksbetriebe und Dienstleistungsunternehmen geprägt ist. Einem vom Inhaber der Reitschule beantragten *Hotel* musste die Genehmigung mit Recht versagt werden, weil beabsichtigt war, dort im Wechsel einwöchige »Reiterferien« durchzuführen.

4. **Ausnahmsweise zulassungsfähige Nutzungen (Abs. 3)**

a) **Wohnungen für einen besonderen Personenkreis – Privilegierte Wohnungen – (Nr. 1). – aa) Allgemeines zur Betriebsbezogenheit und zum Personenkreis.** Die **ausnahmsweise Zulassung von Wohnungen** für den in Abs. 3 Nr. 1 genannten Personenkreis hat seit jeher Schwierigkeiten mit sich gebracht, die vor allem in der überzeugenden Ein- und Abgrenzung der Betriebsbezogenheit u. dem **Nachweis des räumlich-funktionalen Zusammenhangs** mit dem Betriebsgrundstück bestehen. Es scheint bei der Baugenehmigung nicht stets nach objektiven Gesichtspunkten vorgegangen worden zu sein, worauf der BR in der Begr. seines Änderungsvorschlags hingewiesen hat. Um sachfremden Entscheidungen künftig besser begegnen zu können, ist der Reg. Entw. auf Forderung

14

§ 8 Abs. 3 14.1

des BR dahin ergänzt worden, dass Wohnungen (i. S. v. §§ 8, 9 Abs. 3) *ausnahmsweise* zugelassen werden können,» *die dem Gewerbebetrieb zugeordnet und ihm gegenüber in Grundfläche und Baumasse untergeordnet sind*« (vgl. BR-Drucks. 354/89 [Beschluss], Nr. 3 zu § 8, S. 4/5).

Eine Wohnung für Bereitschaftspersonen muss nicht, um gem. § 8 Abs. 3 Nr. 1 BauNVO i. V. m. § 30 BauGB ausnahmsweise zugelassen werden zu können, aus betrieblichen Gründen unabdingbar sind. Es genügt, dass die, auf der Grundlage der grundsätzlich vom Betriebsinhaber zu verantwortenden Organisation der Betriebsabläufe – aus betrieblichen Gründen objektiv sinnvoll ist (im Anschluss an BVerwG, U. v. 16.3.1984 – 4 C 5.80 – NVwZ 1995, 511). Die Erreichbarkeit der Bereitschaftspersonen außerhalb der Betriebszeiten auch durch Mobiltelefon oder Anrufumleitung ist deshalb nicht allein schon ein Grund, der die (betriebliche) Erforderlichkeit der Wohnung auf dem Betriebsgrundstück ausschließt (BVerwG, B. v. 22.6.1999 – 4 B 46/99 – NVwZ 1999, 336 = BRS 62 Nr. 78 = DVBl. 1999, 1293 = UPR 1999, 356).

Die ausnahmsweise Zulassung von Wohnungen für Betriebsinhaber kommt sowohl in Gewerbe- als auch in Industriegebieten nur in Betracht, wenn das Wohnen auf oder nahe dem Betriebsgrundstück mit Rücksicht auf die Art und Größe des Betriebes aus betrieblichen Gründen objektiv sinnvoll ist, wobei die Betriebswohnung dem Gewerbegebiet zugeordnet und ihm gegenüber in Grundfläche und Baumasse untergeordnet sein muss.

Eine Wohnnutzung, die gegenüber der gewerblichen Nutzung im Vordergrund steht, ist im Gewerbegebiet – wie auch im Industriegebiet – nicht zulässig (hier: Unzulässigkeit angenommen bei einem Wohnhaus mit zwei kleineren Büroräumen im Obergeschoss von 600 m² umbauten Raum gegenüber 330 m² des gewerblichen Flachdachanbaus, so das OVG NW, B. v. 26.9.2002 – 7 B 1716/02 – ZfBR 2003, 171).

14.1 Der Kreis der in Frage kommenden **Personen, für den Wohnungen im GE-Gebiet ausnahmsweise zugelassen werden** können, bestimmt sich nach den jeweiligen Betriebserfordernissen (s. auch § 7 Rn 11). Eine etwaige Festsetzung im B-Plan, dass derartige Wohnungen nicht Bestandteil des B-Plans werden (§ 1 Abs. 6 Nr. 1), würde dem Sinngehalt der Bestimmungen über das GE-Gebiet zuwiderlaufen. Die Wohnungen können auch in einem *besonderen* Gebäude untergebracht werden. Der Begriff »Wohnung« schließt nicht aus, dass etwa der Inhaber oder Betriebsleiter auf dem Betriebsgrundstück ein eigenes Haus bewohnt. Zur Anwendung des § 8 Abs. 3 Nr. 1 BauNVO 1977 auf Wohnungen für Aufsichts- und Bereitschaftspersonen einerseits und Wohnungen für Betriebsinhaber und Betriebsleiter andererseits vgl. das U. des OVG NW v. 6.9.1993 (– 11 A 1650/91 – BRS 55 Nr. 60 = GewArch. 1994, 33).

»Für Betriebsleiter und Betriebsinhaber können wegen ihrer engen Bindungen an ihren Betrieb Wohnungen auf oder nahe dem Betriebsgrundstück im Gewerbegebiet auch dann zulässig sein, wenn der Betrieb ihre ständige Einsatzbereitschaft nicht zwingend erfordert;« wird weiter ausgeführt (so OVG NW, aaO.).

Die Auffassung von *Ziegler*, in: *Brügelmann* (§ 8 Rdn. 40), die Errichtung einer Wohnung auf einem besonderen (eigenen) Grundstück verstieße gegen die in § 8 Abs. 3 Nr. 1 zum Ausdruck gebrachten Grundsätze, wird nicht geteilt. Es wird nicht immer möglich sein, die Wohnung auf dem **Betriebsgrundstück** zu errichten, etwa wegen der Größe des Grundstücks oder infolge der bereits vorhandenen Anordnung der Betriebseinrichtungen (wie hier BVerwG, U. v. 16.3.1984 – 4 C 50.80 – BRS 42 Nr. 73 u. OVG NW, U. v. 6.9.1993, aaO.).

Im Regelfall wird der Inhaber des Gewerbebetriebs selbst ein Interesse daran haben, die Wohnung auf dem Betriebsgrundstück zu errichten, schon wegen der hinreichend bekannten Gefahren der stetig zunehmenden Einbruchsdiebstähle u. Zerstörung von Betriebseinrichtungen (vgl. dazu das überzeugende U. des Nds. OVG v. 27.5.91 – 1 L 137/89 –, BRS 52 Nr. 59 betr. die Zulassung einer Betriebsleiterwohnung für einen größeren Kfz-Verwertungsbetrieb). Dass Wohnungen nach § 8 Abs. 3 Nr. 1 dem Gewerbebetrieb (nur) »zugeordnet« sein müssen, spricht für die diess. Auffassung.

Auch bei der ausnahmsweisen Zulassung von Betriebswohnungen müssen die allgemeinen Anforderungen an gesunde Wohnverhältnisse und die Sicherheit der Bewohner im GE-Gebiet gewährleistet sein (§ 1 Abs. 6 Nr. 1 BauGB). Die Auff., dass bei einer Gliederung des GE-Gebiets nach § 1 Abs. 4 keine Bedenken bestünden, die in Abs. 3 Nr. 1 aufgeführten Betriebswohnungen in Gebietsteilen, die für nicht störende Betriebe vorgesehen werden, für allgemein zulässig zu erklären (so *Bielenberg*, § 8 Rdn. 25, 53. Lfg.), begegnet grundsätzlichen Bedenken (dazu auch Rn 18.12), die von der Rspr. geteilt werden.

14.11

In einem nach der Eigenart der näheren Umgebung von nicht erheblich belästigenden Gewerbebetrieben und ausnahmsweise zugelassenen betriebsgebundenen Wohnungen geprägten Gewerbegebiet kann die Zulassung allgemeiner Wohnnutzung städtebaulich nicht vertretbar sein (Hess. VGH, U. v. 19.8.1987 – 3 UE 2943/84 – UPR 1988, 159, n. Ls.).

Es wird diesseits nicht verkannt, wie *Bielenberg* (aaO.) meint, dass es sich weiterhin um Betriebswohnungen handelt. Die weiteren Ausführungen von *Bielenberg* in Rdn. 25, »*da es weiterhin auf die – verhältnismäßig engen – Voraussetzungen für die Zulassung von Betriebswohnungen ankommt, dürfte die allgemeine Zweckbestimmung des Baugebiets für eine solche Maßnahme gewahrt bleiben*«, trifft nicht den Kern der diess. »grundsätzlichen Bedenken«. Bei Umwandlung der ausnahmsweisen Zulässigkeit*fähigkeit* in die *allgemeine* Zulässigkeit (nach § 1 Abs. 6 Nr. 2) gehen Gemeinde und Baugenehmigungsbehörde der einschränkenden Regelung verlustig, dass **Ausnahmegründe** vorgetragen werden müssen (s. dazu Vorb. §§ 2 ff., Rn 6 ff.). Diese räumen den Behörden das Recht zu einer nicht zu verkennenden **Ermessensentscheidung** ein. Ein Antrag auf verwaltungsgerichtliche Überprüfung kann nach § 223 BauGB nur darauf gestützt werden, dass die Entscheidung rechtswidrig ist. Sind Betriebswohnungen für allgemein zulässig erklärt worden, kommt es nur noch darauf an, ob die sachlichen Faktoren richtig (vollständig) erkannt worden sind, was verwaltungsgerichtlich voll überprüfbar ist (s. auch Rn 18.12); salopp gesagt: »Wehret den Anfängen«, die sich etwa bei Konkurs eines Gewerbebetriebes oder auch bei Umwandlung z. B. in einen Dienstleistungsbetrieb ergeben können.

bb) Einzelfragen zu betriebsbezogenen Wohnungen. Für die Betriebsbezogenheit u. die Standortwahl der Wohnungen bzw. des Gebäudes ist ausschlaggebend, dass die Personen der Betriebsverantwortung – insgesamt gesehen – entweder besonders nahestehen (Betriebsinhaber und -leiter) oder als Aufsichts- bzw. Bereitschaftspersonen in der Weise an die Betriebsstelle gebunden sind, dass sie dort aus Gründen der Sicherheit des Betriebs bzw. der Wartung oder Reparatur der Betriebsanlagen jederzeit kurzfristig verfügbar sein müssen (so mit Recht OVG NW, U. v. 18.8.1978 – XI A 6/78 – BRS 33 Nr. 8). Der Charakter der genannten Vorschriften als Ausnahmetatbestände verbietet eine extensive Auslegung, was sich schon daraus ergibt, dass nach der Zielsetzung der BauNVO GE- und GI-Gebiete im Grundsatz zum Wohnen ungeeignet sind. Aus diesem Grunde ist die **Umwandlung von privilegierten Wohnungen** in frei verfügbaren Wohnraum unzulässig, wenn die Umgebung des Gebäudes in einem nach § 34 BauGB zu beurteilenden Bereich der Eigenart eines GE- oder GI-Gebiets entspricht. **Es handelt sich** hierbei **um eine Nutzungsänderung** u. nicht etwa lediglich um eine Änderung der Nutzungsverhältnisse innerhalb derselben Nutzungsart (Wohnnutzung).

14.12

Dem *betriebsbezogenen Wohnen* kann in Bezug auf die Anforderungen an gesunde Wohnverhältnisse aufgrund der tatbestandlichen Einschränkungen (ein bestimmter, sich dafür bereitfindender Personenkreis) ein höheres Maß an Belästigungen und Störungen durch Immissionen (z. B. durch Lärm, Staub und Gerüche) zugemutet werden als sonstige Wohnnutzungsberechtigten. Bewohner einer nach den §§ 8, 9 Abs. 3 Nr. 1 genehmigten Wohnung (eines Gebäudes) können nicht verlangen, vor solchen Belästigungen und Störungen ausgesetzt zu werden, die in für das Wohnen vorgesehenen Gebieten zulässig sind.

Eine größere **Kfz-Verwertung** kann die Zulassung einer Betriebsleiterwohnung rechtfertigen (Nds. OVG, U. v. 27.5.1991 – 1 L 137/89 – BRS 52 Nr. 59).

§ 8 Abs. 3 14.13, 14.2

Regelmäßig wird eine Wohnung nur dann zuzulassen sein, wenn die *Produktionsabläufe* selbst die ständige Anwesenheit von Personen erforderlich machen. Dass bei unbewohnten Gewerbegrundstücken die Gefahr von Einbrüchen und Sachbeschädigungen verstärkt gegeben ist, kann allein noch keine betriebliche Notwendigkeit begründen, weil dies für nahezu alle Gewerbegrundstücke zutreffen wird und hier regelmäßig andere Sicherungsmaßnahmen möglich sind. Die Sondersituation hier ergibt sich aus der Art der Lagerung seiner *Verkaufsobjekte* (u. a. wertvolle Wagen); wird weiter ausgeführt (Nds. OVG, aaO.).

Die Besonderheit der Entscheidung des BayVGH ist darin zu sehen, dass der B-Plan für jedes Grundstück eine Betriebswohnung mit maximal 125 m² Wohnfläche zulässt. Diese Festsetzung lässt sich jedoch entgegen der Auffassung des Ast. nicht dahingehend auslegen, dass jedenfalls eine Wohnung ohne weiteres zulässig sei. Die Zulässigkeit richtet sich im Einzelnen nach den konkreten betrieblichen Erfordernissen. Für den Betriebsinhaber kommt eine Betriebswohnung nach § 8 Abs. 3 BauNVO allerdings auch dann in Betracht, wenn der Betrieb seine ständige Einsatzbereitschaft *nicht* erfordert. Es darf die Errichtung der Wohnung jedoch nicht aus betriebsfremden Gründen erfolgen (vgl. BVerwG, U. v. 16.3.1984, DÖV 1984, 857; BayVGH, B. v. 1.3.1996 – CS 95.981 – GewArch. 1997, 36).

14.13 Für betriebsbezogene Wohnungen gelten grundsätzlich die **Immissionsrichtwerte**, die für das betreffende Gebiet – insbes. das GI-Gebiet – zulässig sind (dazu OVG Lüneburg, B. v. 10.11.1982 – 6 B 69/82 – BRS 39 Nr. 51; zur Problematik von Betriebswohnungen allgemein s. OVG NW, U. v. 18.8.1978 – XI A 1439/77 – BRS 33 Nr. 48; Hess. VGH, U. v. 16.1.1981 – IV OE 10/79 – BRS 38 Nr. 80 u. insbes. BVerwG, U. v. 27.5.1983 – 4 C 67.78 – BauR 1983, 443 = ZfBR 1984, 45 = BRS 40 Nr. 56). Letztere Entscheidung bestätigt, dass **für die Nutzungsänderung** in planungsrechtlicher Hinsicht die bodenrechtliche Relevanz ausschlaggebend ist. Sowohl der Übergang von der (genehmigten) Büronutzung einer baulichen Anlage auf Wohnnutzung als auch der Übergang von der Nutzung von (genehmigten) betriebsbezogenen Wohnungen auf die allgemeine Wohnnutzung ist als **Nutzungsänderung i. S. d. § 29 Satz 1 BauGB** zu qualifizieren (BVerwG, aaO.).

Das U. begründet überzeugend, dass die Regelung des Baugenehmigungsverfahrens einschl. der Überprüfung der materiellen bundes-(boden-)rechtlichen Anforderungen in der Kompetenz des Landesgesetzgebers nach Art. 84 Abs. 1 GG liegt u. dass die Unterwerfung von Vorhaben unter einen (präventiven) Genehmigungsvorbehalt nicht gegen Art. 14 Abs. 1 GG und auch nicht gegen den Gleichheitssatz verstößt.

Ist ein eigenes Wohngebäude – etwa für den Betriebsinhaber oder mehrere sich in die Bereitschaft und Überwachung der Betriebseinrichtungen teilenden Personen (und deren Familien) – vorgesehen, ist für die Lage entscheidend der **räumlich-funktionale Zusammenhang** mit dem Betriebsgrundstück. Ob eine Entfernung der Wohnung von 100 m (und mehr) vom Betriebsgrundstück den notwendigen funktionalen Zusammenhang zwischen betriebsbezogener Wohnung und Betrieb gewährleistet, könnte zweifelhaft sein. Die (noch) zulässige Entfernung der Wohnung(-en) vom Betrieb kann letztlich jedoch nur nach den Umständen des Einzelfalls beurteilt werden.

14.2 cc) Zur Sicherstellung, dass Betriebswohnungen nicht »entprivilegiert« werden. Es zeigt sich, dass die **Ergänzung des § 8 Abs. 3 Nr. 1 betr. der** betriebsbedingten Wohnungen durch den Zusatz (seit der ÄndVO 1990), dass diese Wohnungen »dem Gewerbebetrieb *zugeordnet* und ihm gegenüber in Grundfläche und Baumasse *untergeordnet*« sein müssen, die zwangsläufig differenziert vorzunehmenden Entscheidungskriterien im Einzelfall nicht berücksichtigt hat und wegen der vielfältig anzustellenden, auf den jeweiligen Betrieb unterschiedlich zugeschnittenen Überlegungen auch nicht hinreichend normieren konnte.

Bielenberg meint, es sollte mit der Ergänzung lediglich die Rechtslage aufgrund des U. des BVerwG v. 16.3.1984 (– 4 C 50.80 – Fundst. Rn 14) verdeutlicht und klargestellt werden (aaO., Rdn. 24, 53. Lfg.). Dieser Auffassung wird nur teilweise beigepflichtet; der BR wollte mit dem zusätzlichen Erfordernis eine *Erschwerung* der Zulassungsfähigkeit von betriebsbedingten Wohnungen erreichen. Diesseits ist bereits darauf hingewiesen worden, dass Gemeinden und Baugenehmigungsbehörden nicht immer die erforderliche Sorgfalt im Hinblick **auf die Erforderlichkeit** haben walten lassen (s. Rn 14 a. E.); schließlich betrifft es *Ausnahmegründe*, die erfüllt sein müssen. Es handelt sich letztlich nur um wenige der zu genehmigenden Wohnungen bzw. Wohngebäude, bei denen die Vorstellungen des Betriebsinhabers von den Behörden nicht erfüllt worden sind; über diese Fälle war dann verwaltungsgerichtlich zu entscheiden. Die grundsätzlichen Bedenken von *Bielenberg* (Rdn. 24), ob die auf Veranlassung des BR eingefügte Einschränkung in Bezug auf die Genehmigungspraxis überhaupt sachgerecht sei, werden nicht geteilt. Die allgemeinen Ausführungen der Rspr. zur funktionalen Zuordnung der Wohnung zum jeweiligen Betrieb und die Notwendigkeit der Angemessenheit reichen für eine an der *Erforderlichkeit* ausgerichtete Baugenehmigungspraxis nicht aus. Für die (technische) Bauverwaltung müssen sich die teils (hoch-) abstrakten unbestimmten Rechtsbegriffe in »Maß und Zahl« umsetzen lassen. Dabei können die *Grundfläche* nach § 19 Abs. 2 der beantragten Wohnung, die überbaut werden sollte, im Verhältnis zum Betriebsgrundstück insgesamt, und letztlich auch die *Baumasse* der Wohnung i. S. d. § 21 durchaus für die Entscheidung hilfreich sein.

Um für die Genehmigungspraxis zu vernünftigen, verwaltungsgerichtlich nachprüfbaren Kriterien zu kommen, muss nach diesseitiger Auffassung zunächst dahin unterschieden werden, ob es sich bei der Betriebswohnung um eine solche für Aufsichts- und Bereitschaftspersonen, Betriebsleiter oder den Betriebsinhaber handelt.

Die Voraussetzungen der Genehmigung einer betriebsbedingten Wohnung für Aufsichts- und Bereitschaftspersonen sind generell andere als für Betriebsleiter oder den Betriebsinhaber selbst. Für eine sachgerechte Entscheidung ist es stets unerlässlich, dass sich der Entscheidungsträger durch persönliche Einsichtnahme (Besichtigung) in die standortbedingte, örtliche Situation des jeweiligen Betriebs ein Bild von der Lage und den Betriebsfaktoren macht.

Diesseits wird eine Entscheidung lediglich aufgrund des Bauantrags und »nach Lage der Akten« aufgrund langjähriger Erfahrung für unzureichend gehalten. Durch die Einsichtnahme erhält der Entscheidungsträger erst die Möglichkeit zu einer **wertenden Einschätzung** der örtlichen Situation hinsichtlich Lage des Betriebsgrundstücks, der maßgeblichen Betriebsstruktur (sowie Maschinenpark, Sicherheitsbestimmungen, ggf. erforderliche Wartungen u. dergl. mehr), über die nachbarliche Umgebung in Bezug auf die Qualität der zu beachtenden Rücksichtnahme, um daraus einen Gesamteindruck über die Erforderlichkeit der betriebsbedingten Wohnung zu gewinnen. Handelt es sich um Wohnungen **für Aufsichts- und Bereitschaftspersonen**, wird der Standort der zu überbauenden Grundfläche i. d. R. *auf* dem Betriebsgrundstück liegen müssen.

Eine andere Sicht kann sich bei entspr. Darlegung der Ausnahmegründe im Bauantrag für **Betriebsleiter** ergeben. Durch die wertende Einschätzung der Erforderlichkeit der Baumaßnahme kommt die in der Vorschrift des § 8 Abs. 3 Nr. 1 verlangte *»Unterordnung«* zum Ausdruck; die *»Zuordnung«* ergibt sich aus der Lage des Betriebsgrundstücks und weiterer Lagefaktoren wie (nachbarliche) Umgebung oder Verkehrsverhältnisse, wenn die Wohnung des *Betriebsleiters* oder vor allem des *Betriebsinhabers* nicht auf dem Betriebsgrundstück liegen kann oder nicht zu liegen braucht. Die Wohnungen für Aufsichts- und Bereitschaftspersonen können durchweg als Bestandteil des Betriebs angesehen werden (schon aus steuerlichen Gründen); bei Wohnungen für Betriebsleiter und Betriebsinhaber dürfte das meistens der Fall sein. Die Wohnungen als **»Bestandteil«** des Gewerbebetriebs haben mit den Regelungen des § 14 Abs. 1 lediglich gemeinsam, dass sie dem Betrieb »dienen«.

§ 8   Abs. 3   14.22–14.4

14.22 Durch das Europaanpassungsgesetz Bau (EAG Bau) vom 24.6.2004 (BGBl. I S. 1359) ist die Genehmigungspflicht für Teilungsgenehmigungen (§§ 19, 20) endgültig abgeschafft worden. Damit entfällt nach dem Inkrafttreten des Gesetzes auch das Bedürfnis, für den Vollzug einer Teilung im Grundbuch bei fehlender Genehmigungspflicht, stets ein Negativzeugnis auszustellen (vgl. § 20 Abs. 2 S. 2 BauGB a. F.). § 20 BauGB a. F. wurde ersatzlos gestrichen. Der neue § 19 BauGB beschränkt sich nunmehr in Abs. 1 auf eine Definition des Begriffs der Grundstücksteilung im Geltungsbereich von B-Plänen. Nach § 19 Abs. 2 BauGB n. F. dürfen durch die Teilung eines Grundstücks im Geltungsbereich eines B-Planes keine Verhältnisse entstehen, die den Festsetzungen des B-Plans widersprechen. § 19 Abs. 2 BauGB n. F. kann bauaufsichtliche Maßnahmen zur Herstellung baurechtmäßiger Verhältnisse nach Grundstücksteilungen unterstützen. An die Stelle einer Teilungsgenehmigung als präventive Maßnahme treten bauaufsichtliche Maßnahmen einschließlich einer Nutzungsuntersagung oder Abbruchsverfügung als repressives Mittel. Ob das Grundbuchamt die grundbuchrechtliche Abschreibung eines Trennstücks als objektiv rechtswidrig verweigern darf, wenn aufgrund der Teilung ersichtlich die planungsrechtlich festgesetzte Mindestgröße des Grundstücks oder die angesichts der vorhandenen Bebauung planungsrechtlich erforderliche Grundstücksgröße unterschritten wird, ist nach Auffassung von *Finkelnburg* (NVwZ 2004, 897/902) zumindest der Überlegung wert. Dies wird bestätigt durch die schnell reagierende Praxis in süddeutschen Großstädten. Dort wandten sich Notare vor der Beurkundung einer Teilung an die Planungsämter der Kommunen, um von dort durch eine »**Bestätigung**« **als schriftliche Auskunft** einen Nachweis über die Beachtung des § 19 Abs. 2 BauGB n. F. zu erlangen. Von der durch die Gesetzesnovellierung angestrebten »Entbürokratisierung« kann somit keine Rede sein.

14.23 Will die Gemeinde sichergehen, dass die Betriebswohnung eines Gewerbebetriebs, besonders wenn dieser sich am Rande eines Gewerbegebiets, angrenzend an ein allgemeines Wohngebiet, befindet, sich nicht verselbständigt, sollte sie vom Rechtsinstitut der Baulast oder der Eintragung einer Grunddienstbarkeit auf dem Gewerbebetriebsgrundstück Gebrauch machen. Sollen Betriebswohnungen auf einem rechtlich selbständigen Grundstück errichtet werden, kann die Baugenehmigungsbehörde stets verlangen, dass der Grundstückseigentümer für dieses Grundstück, auf dem die Betriebswohnung(-en) errichtet wird, eine Baulast nach den Vorschriften der LBOen eintragen lässt (a. A. *Bielenberg*, § 8 Rdn. 27).

14.3 dd) **Besondere Probleme** geben in einem GE-Gebiet vorhandene »**sonstige**« (nicht privilegierte) **Wohnungen** auf, z. B. bei der **Überplanung von Gemengelagen.** Diese Wohnungen sind im GE-Gebiet nicht mehr zulässig und auch nicht ausnahmsweise zulassungsfähig, gleichwohl genießen sie als *ausgeübte Nutzung Bestandsschutz.* Im Hinblick darauf ergeben sich einerseits bei der Ansiedlung oder Erweiterung von Gewerbebetrieben im GE-Gebiet Schwierigkeiten, z. B. weil diese Betriebe im Genehmigungsverfahren nach § 4 BImSchG die Immissionsrichtwerte der TA Lärm einhalten müssen, die für Gebiete, die *auch dem Wohnen* dienen, gelten. Das GE-Gebiet ist daher nicht voll ausnutzbar. Andererseits sinkt der Wohnwert der Wohnungen durch die stärkere gewerbliche Nutzung des Gebiets und die allgemeine Zunahme von Immissionen. Daraus und aus der Aufhebung der zulässigen Nutzung ergeben sich i. d. R. Entschädigungsansprüche nach § 42 BauGB wegen einer nicht nur unwesentlichen Wertminderung (§ 42 Abs. 1 und 2 BauGB) oder einer Erschwerung oder der Unmöglichkeit der wirtschaftlichen Verwertbarkeit des Grundstücks (§ 42 Abs. 3 BauGB). Die Entschädigungsverpflichtung der Gemeinde hängt wesentlich von der *tatsächlichen* Wertänderung der (Wohn-) Grundstücke ab.

14.4 Die im Geltungsbereich **eines festgesetzten GE-Gebiets** ausgeübte allgemeine Wohnnutzung kann – unbeschadet eines etwaigen Entschädigungsanspruchs nach § 42 BauGB – **keinen weitergehenden Schutz** für sich beanspruchen, als er für in einem GE-Gebiet – ausnahmsweise – zulässige Betriebswohnungen gilt. Dies bedeutet, dass sich der den Klägern zustehende Schutz auf die Abwehr der Entstehung ungesunder Wohnverhältnisse beschränkt. Hierzu hat das BVerwG im B. v. 30.3.1990 (– 4 B 16.90 – WuR 1990, 36) die Entscheidung des Berufungsgerichts bestätigt, dass es sich bei Würdigung der Umstände des Einzelfalles um keinen erheblich belästigenden Gewerbebetrieb handelt, der in einem Industriegebiet untergebracht werden müsste.

Das BVerwG hat sodann festgestellt: »*Ergibt sich schon aus der die Eigenart des Baugebiets in erster Linie festlegenden normativen Regelung, dass keine allgemeine Wohnnutzung zulässig ist (hier: BauNVO § 8 Abs. 3 Nr. 1), so ändert sich an der so bestimmten Eigenart des Baugebiets auch dadurch nichts, dass die Festsetzung einer bestimmten Art der Nutzung im Bebauungsplan auf eine vorhandene, bestandsgeschützte allgemeine Wohnnutzung trifft*« (BVerwG, aaO.).

Werden Wohnungen mit einem hohen Wohnwert überplant, tritt regelmäßig eine Wertminderung ein. Werden dagegen schlechte Wohnlagen mit z. T. überaltertem Wohnbestand oder gar mit abgängigen Gebäuden überplant, kann u. U. – vor allem bei einer Erhöhung der Ausnutzbarkeit – eine gewisse Wertsteigerung des Grundstücks eintreten. Wird durch die Überplanung und somit *Aufhebung der zulässigen Nutzung* die wirtschaftliche Verwertung des Grundstücks erschwert oder unmöglich (§ 42 Abs. 3 BauGB), besteht i. d. R. der Übernahmeanspruch nach § 42 Abs. 9 BauGB. Bei der Überplanung sonstiger Wohnungen durch Festsetzungen eines GE-Gebiets muss die Gemeinde in der Begründung zum B-Plan Grundsätze für soziale Maßnahmen darlegen (§ 180 BauGB).

b) Anlagen für kirchliche, kulturelle, soziale und gesundheitliche Zwecke (Nr. 2). Grds. dazu Vorb. §§ 2 ff. Rn 11–15.1. Die genannten Anlagen sind in GE-Gebieten zwar ausnahmsweise zulassungsfähig. Der **Gebietscharakter** – und noch weniger der des GI-Gebiets – ist i. A. für derartige Anlagen aber wenig geeignet. Das gilt insbes. für kirchliche und kulturelle Anlagen; bei kulturellen Anlagen könnte es sich z. B. um Räumlichkeiten zur spezifischen Weiterbildung handeln. Anlagen für gesundheitliche Zwecke, vor allem jedoch für soziale Zwecke (zum Begriff »sozial« s. § 3 Rn 19.6), sind nur *gebietsverträglich*, wenn sie in GE- und in GI-Gebieten auf die Bedürfnisse der Angehörigen der Betriebe u. ggf. von deren Familien als zusätzliche freiwillige soziale Einrichtungen des jeweiligen Betriebes ausgerichtet sind (dazu Rn 17.2).

Ein **Krematorium** (Feuerbestattungsanlage) mit einem Raum für eine Einäscherungszeremonie ist in einem Gewerbegebiet nicht zulässig (BVerwG, B. v. 20.12.2005 – 4 B 71.05 – Fundst. Vorb. §§ 2 ff. Rn 13.1 zu BayVGH, U. v. 30.6.2005 – 15 BV 04.576 – Fundst. Vorb. §§ 2 ff. Rn 13.1). Der BayVGH hat hierzu ausgeführt:

»*Ein Krematorium dient der Bestattungskultur. Sie erfasst die mit der Totenbestattung und dem Totengedenken zusammenhängenden Erscheinungsformen. Dazu gehört nicht nur die Beisetzung der in einer Urne verschlossenen Aschenreste, sondern auch die Einäscherung in einer Feuerbestattungsanlage. In allen Kulturen findet seit jeher die Ehrfurcht vor dem Tod und der pietätvolle Umgang mit den Verstorbenen in den verschiedenen Bestattungsformen ihren symbolischen Ausdruck. Ein Gewerbegebiet ist keine geeignete Umgebung für eine Feuerbestattung. Die Umgebung eines Gewerbegebiets ist mit der aus der Ehrfurcht vor dem Tod und dem pietätvollen Umgang mit den Verstorbenen erwachsenen kulturellen Einbindung des Krematoriums nicht vereinbar.*«

Der BayVGH, bestätigt durch das BVerwG, aaO., hat zu Recht der Klage einer Gemeinde, die ihr Einvernehmen gem. § 31 Abs. 1, § 36 Abs. 1 S. 1 BauGB für den Ausnahmevorbehalt des § 8 Abs. 3 Nr. 2 BauNVO versagt hatte, stattgegeben und die durch ein Landratsamt in Bayern (!) erteilte Baugenehmigung aufgehoben. Das BVerwG hat maßgeblich darauf abgestellt, dass ein Gewerbegebiet kein kontemplatives Umfeld ist, in die eine pietätvolle Totenbestattung nach herkömmlicher Anschauung einzubetten ist. Es ist kein Ort der Besinnung, der Stille und inneren Einkehr, sondern durch werktägliche Geschäftigkeit geprägt.

Im Übrigen hätte auch die Klage eines Nachbarn im Bebauungsplangebiet gegen die Errichtung eines Krematoriums mit einem Pietätsraum, gestützt auf den Gebietserhaltungs- oder Gebietswahrungsanspruch, Erfolg, weil eine solche Nutzung in einem Gewerbegebiet dem planungsrechtlichen Grundsatz der Gebietsverträglichkeit entgegen steht.

Ein Krematorium ist keine Anlage für kulturelle Zwecke, wie es der BayVGH, aaO., angenommen und das BVerwG, aaO., offengelassen hat. Zu der Frage der bauplanungsrechtlichen Einordnung als kulturelle Anlage, Gewerbebetrieb oder Gewerbebetrieb sui generis, vgl. Fundst. Vorb. §§ 2 ff. Rn 13.1.

15.2 Der **Gebietscharakter** der Gewerbegebiete, der wegen des Störgrades u. der darauf abstellenden **Gebietsverträglichkeit** nur ein bestimmtes privilegiertes Wohnen i. S. v. § 8 Abs. 3 Nr. 1 einräumt, lässt es vom Grundsatz her nicht zu, dass der Begriff der ausnahmsweise zulassungsfähigen **Anlagen für soziale Zwecke** auf die *Unterbringung* von Asylbewerbern, (Kriegs-)Flüchtlingen u. dergl. angewendet wird (grundsätzlich zu dem Problem s. § 3 Rn 16.4 f.). Die besonderen Situationen, die zur Unterbringung von Asylbewerbern u. dergl. in Gewerbegebieten im Wege der Ausnahme oder Befreiung nach § 31 Abs. 1 u. 2 BauGB geführt haben, werden diesseits nicht verkannt (vgl. dazu u. a. die Aufarbeitung durch *Sarnighausen*, NVwZ 1994, 741, 744 f. m. zahlr. N. aus der Rspr.). Diesseits wird in diesem Zusammenhang bemängelt, dass auch für diese *staatspolitische Aufgabe* (s. § 3 Rn 16.44) der Begriff »Anlagen für soziale Zwecke« herhalten muss, wenngleich die Unterbringung gegenüber der wohnartigen Einstufung (s. § 3 Rn 16 f.) den Rückgriff auf den »Allerweltsbegriff« »soziale Zwecke« (s. § 3 Rn 19.6) erleichtert.

15.3 Abgesehen von dem Rückgriff auf »Anlagen für soziale Zwecke« behandelt der B. des Nds. OVG v. 25.3.1993 (– 6 M 1207/93 – BRS 55 Nr. 181 = NVwZ-RR 1993, 532 = UPR 1993, 236) die Problematik unter Berücksichtigung der Rspr. anderer Obergerichte bemerkenswert gründlich. Danach ist *»eine barackenähnliche städtische Gemeinschaftsunterkunft für 60 Asylbewerber in 18 beengten Räumen als Anlagen für soziale Zwecke ausnahmsweise in Gewerbegebieten zulässig«.* Das Nds. OVG hat in den Gründen mit Recht herausgestellt, *»die festgesetzte Art der baulichen Nutzung vermittelt grundsätzlich einen Nachbarschutz, ohne dass es auf den Nachweis einer Unzumutbarkeit im Sinne des baurechtlichen Gebots der Rücksichtnahme ankäme«* (m.w.N. aus Rspr. u. Schrifttum). *»Gemeinschaftsunterkünfte i.S. des § 53 Abs. 1 AsylVfG sind jedenfalls dann als Anlagen für soziale Zwecke einzuordnen, wenn sie wie hier kasernenartig mit einer gemeinschaftlichen Küche und zentralen sanitären Anlagen belegt werden sollen, der Wohncharakter also zurücktritt«* (Nds. OVG, aaO.; wird weiter ausgeführt); vgl. dazu weiter VGH BW, B. v. 17.7.1992 (– 8 S 1621/92 – ZfBR 1993, 43); OVG NW, B. v. 27.8.1992 (– 10 B 3439/92 – NWVBl. 1993, 101 = NVwZ 1993, 279); OVG Brem, B. v. 24.11.1993 (– 1 B 133/93 – BRS 55 Nr. 62); OVG SH, B. v. 16.10.1991 (– 1 M 53/91 – BRS 52 Nr. 213); weitere Rspr. bei *Sarnighausen*, aaO.

15.4 Auch für Ausnahmen nach § 8 Abs. 3 Nr. 2 BauNVO gilt, dass das Vorhaben mit der Zweckbestimmung eines Gewerbegebietes vereinbar sein muss. Da im Gewerbegebiet nicht gewohnt werden soll, sind in ihm **Seniorenpflegeheime** wegen der wohnähnlichen Unterbringung der betreuten Personen unzulässig (BVerwG, B. v. 13.5.2002 – 4 B 86.01 – BauR 2002, 1499 = NVwZ 2002, 1384 = UPR 2002, 448 = ZfBR 2002, 685 = GewArch.20 02, 415 – **2. Leits.**).

Aus den **Gründen:** *»Als Anlage für soziale und/oder gesundheitliche Zwecke im Sinne des § 8 Abs. 3 Nr. 2 BauNVO kann ein Pflegeheim in einem Gewerbegebiet nur zulässig sein, wenn es gebietsverträglich ist. Das Erfordernis der Gebietsverträglichkeit bestimmt nämlich nicht nur die regelhafte Zulässigkeit nach § 8 Abs. 2 BauNVO, sondern erst recht den vom Verordnungsgeber vorgesehenen Ausnahmebereich des § 8 Abs. 3 Nr. 2 BauNVO. Zwischen der jeweiligen spezifischen Zweckbestimmung und dem jeweils zugeordneten Ausnahmekatalog besteht ein gewollter funktionaler Zusammenhang. Das bedeutet: Die normierte allgemeine Zweckbestimmung ist auch für die Auslegung und Anwendung der tatbestandlich normierten Ausnahmen bestimmend (BVerwG, U. v. 21.3.2002 – 4 C 1.02 – BVerwGE 116, 155). Gewerbegebiete dienen in erster Linie der Unterbringung von gewerblichen Betrieben. In ihnen soll nicht gewohnt werden. ... Bauvorhaben, die außerhalb des Anwendungsbereichs des § 8 Abs. 3 Nr. 1 BauNVO einer Wohn- oder wohnähnlichen Nutzung zu dienen bestimmt sind, sind mit dem Charakter eines Gewerbegebiets* *unvereinbar. Zu den hiernach in Gewerbegebieten unzulässigen Bauvorhaben zählen typischerweise auch Seniorenpflegeheime, weil sie als ›***Langzeitkrankenhäuser***‹ nicht auf einen nur kurzfristigen und vorübergehenden, sondern auf einen dauerhaften, unter Umständen mehrjährigen Aufenthalt ihrer Bewohner und damit einer wohnähnlichen Nutzung ausgerichtet sind«* (BVerwG, aaO., Hervorhebungen diess.).

Dem Sachverhalt nach ging es um die Anfechtungsklage einer Spedition und zukünftigen Schreinerei gegen eine erteilte Änderungsbaugenehmigung von Büroflächen in ein Seniorenpflegeheim mit 203 Betten für die Betreuung dauerhaft Pflegebedürftiger i. S. d. 3. Pflegestufe des Pflegegesetzes sowie Tages-, Nacht- und Kurzzeitpflege. Beide Grundstücke lagen in einem B-Plan aus dem Jahr 1982 mit der Festsetzung »Gewerbegebiet«. Das BVerwG hat sein zutreffendes Ergebnis auf zwei Argumente gestützt, die zueinander nicht ganz widerspruchsfrei sind. Zum einen hat das BVerwG ein Seniorenpflegeheim als »**Langzeitkrankenhaus**« bestimmt, das nach der spezifischen Zweckbestimmung des Baugebietstypus »Gewerbegebiet« **gebietsunverträglich** ist. Damit ist das BVerwG in der Argumentation weitgehend den rechtlichen Überlegungen des erstinstanzlichen Gerichts (VG Stuttgart, U. v. 1.2.1999 – 3 K 5267/97 –) gefolgt, das das Seniorenpflegeheim als ausnahmsweise zulässige Anlage für soziale/gesundheitliche Zwecke angesehen hat, das jedoch bei der gebotenen abstrakt-typisierenden Betrachtungsweise den Rahmen (Zweck) des Gewerbegebiets sprengen würde. Die in der Einrichtung untergebrachten Personen seien keinesfalls weniger schutzbedürftig als Personen, die »wohnen« (VG Stuttgart, aaO.).

Der VGH BW hatte in seinem U. v. 27.1.2001 (– 5 S 1093/00 –) dagegen dogmatisch nicht überzeugend die planungsrechtliche Unzulässigkeit des Seniorenpflegeheims im Gewerbegebiet unter der Geltung der BauNVO 1977 aus § 15 Abs. 1 S. 1 BauNVO hergeleitet. Zum anderen hat das BVerwG die Einrichtung als **wohnähnliche Nutzung** angesehen. Ob man ein »Langzeitkrankenhaus« mit einem mehrjährigen Aufenthalt als wohnähnliche Nutzung beschreiben kann, mag bezweifelt werden. Besser wäre es gewesen, auf Folgendes abzustellen: Krankenhäuser, Altenheime und Altenpflegeheime haben wegen ihrer hohen Lärmempfindlichkeit in einem Gewerbegebiet nichts verloren. Dies ergibt sich aus § 2 Abs. 1 Nr. 1 16. BImSchV, § 2 Abs. 2 Nr. 5 18. BImSchV und Nr. 6.1 Buchst. f TA Lärm 1998, die für eine solche Nutzung in ihrem Nutzungsartenkatalog jeweils die niedrigsten Immissionsgrenzwerte bzw. Immissionsrichtwerte festsetzen. Ein Seniorenpflegeheim der hier beschrieben Art stellt eine Anlage für soziale und/oder gesundheitliche Zwecke dar, aber keine Wohnnutzung oder wohnähnliche Nutzung.

c) **Ausnahmen der Zulassung von kerngebietstypischen Vergnügungsstätten (Nr. 3).** Nach der **ÄndVO 1990** zählen **Vergnügungsstätten** in Gewerbegebieten mit dem Inkrafttreten der BauNVO 1990 (27.1.1990) zu den Nutzungen, die nur ausnahmsweise zugelassen werden können (Abs. 3 Nr. 3; s. auch Rn 4.1). Der Charakteristik nach sind die Vergnügungsstätten in GE-Gebieten als einzigem Baugebiet den kerngebietstypischen Nutzungen der MK-Gebiete gleich gestellt, *wenn* sie einen plausiblen **Ausnahmegrund** (s. dazu Vorb. §§ 2 ff. Rn 6.1–6.5) geltend machen können.

GE-Gebiete bilden mit der Zulässigkeit von »Gewerbebetrieben aller Art« (Abs. 2 Nr. 1) keineswegs einen einheitlichen Gebietstypus, zumal das BVerwG die Festsetzung eines »eingeschränkten Gewerbegebiets« noch als Typus eines Gewerbegebiets gelten lässt (BVerwG, B. v. 15.4.1987; Fundst. Rn 3.4). Die Feststellungen, mit denen der BR seine vom Reg. Entw. abweichende Forderung begründet hat, sind nicht widerspruchsfrei. Da sich der BR in überwiegend von gewerblichen Nutzungen geprägten Gebietsteilen der Mischgebiete (§ 6 Abs. 2 Nr. 8) mit »nicht kerngebietstypischen Vergnügungsstätten« als allgemein zulässig – wenn wohl auch nicht ganz ohne Bedenken – einverstanden erklärt hat, scheint es wenig konsequent, diesen Typus in GE-Gebieten als **normative Regelung** abzulehnen. Es hätte nähergelegen, die Überlegungen des Reg. Entw. aufzugreifen und entsprechend abzuwandeln. Wie § 6 Abs. 3 vorsieht, die **nicht** kerngebietstypischen Vergnügungsstätten in nicht überwiegend von gewerblichen Nutzungen geprägten Gebietsteilen ausnahmsweise zulassen zu können, wäre es sinnvoll gewesen, dass nach § 8 Abs. 3 die **kern**gebietstypischen Nutzungen ausnahmsweise zugelassen werden können, um den tatsächlich bestehenden Bedürfnissen der Praxis Rechnung zu tragen, »*Großdiskotheken wegen ihres Störungsgrades in Gewerbegebieten unterzubringen*« (so Begr. des BR hinsichtlich der Vergnügungsstätten, BR-Drucks. 354/89 [Beschluss], S. 7).

§ 8 Abs. 3 16.1–16.3

Es wird unter den in § 8 Rn 5.3 genannten Gründen daran festgehalten, dass Bordelle, »Eros-Center«, bordellartig betriebene Massagesalons, -clubs u. Ä. Betriebe keine Vergnügungsstätten, sondern Gewerbebetriebe sui generis sind (a. A. *Ziegler*, in: *Brügelmann*, § 8 Rdn. 49); s. dazu § 4a Rn 23.7 f.

16.1 Nachdem das BVerwG die Aktivierung des vorgegebenen flexiblen Instrumentariums des § 1, insbes. des Abs. 5 i. V. m. Abs. 9, in überzeugender Weise bestätigt hat (vgl. U. v. 22.5.1987, Fundst. § 4a Rn 23.8) konnten u. **können die Gemeinden kraft ihres Planungsermessens** mittels Festsetzungen im B-Plan ohnehin **entscheiden**, in welcher Weise sie in welchem ihrer GE-Gebiete (nicht) kerngebietstypische Vergnügungsstätten als allgemein zulässig oder (nur) ausnahmsweise zulassungsfähig regeln wollen. Sie müssen allerdings von dem Instrumentarium auch Gebrauch machen.

Die Problematik hinsichtlich der Vergnügungsstätten ist in § 4a (Rn 22–24.51) zusammengefasst dargelegt und in den §§ 6, 7 (§ 6 Rn 16–17.2, § 7 Rn 7.3 f.) ausführlich behandelt; zum Begriff s. § 4a Rn 22–22.1, zur Reichweite u. Abgrenzung gegenüber anderen Nutzungen s. § 4a Rn 22.2–22.7, zur Abgrenzung der kerngebietstypischen von den *nicht* kerngebietstypischen Vergnügungsstätten s. § 4a Rn 23–23.6 und zu Fragen der Nutzungsänderung sowie anderer planungsrechtlicher Fragen § 4a Rn 23.8–23.85.

16.2 Kerngebietstypische Vergnügungsstätten als sonstige Gewerbebetriebe i. S. v. § 8 Abs. 2 Nr. 1 BauNVO 1977 sind in einem Gewerbegebiet im Gegensatz zur BauNVO 1990, wo sie ausnahmsweise zulässig sind, unzulässig (BVerwG, B. v. 28.7.1988 – 4 B 119.88 – NVwZ 1989, 50 = DÖV 1989, 227 = BauR 1988, 693 = BRS 48 Nr. 41 zu einer Spielhalle mit einer Nutzfläche von über 200 m²; U. v. 20.8.1992 – 4 C 57.89 – GewArch. 1993, 35 = BauR 1993, 51 = UPR 1993, 224 = BRS 54 Nr. 137; U. v. 20.8.1992 – 4 C 54.89 – GewArch. 1993, 33 u. U. v. 24.2.2000 – 4 C 25/98 – NVwZ 2000, 1054; VGH BW, U. v. 20.4.1988 – 3 S 716/88 – NVwZ 1989, 79 = BRS 48 Nr. 39; B. v. 20.4.1988 – 2814/87 – NVwZ 1989, 78 = BRS 48 Nr. 41 u. U. v. 3.1.1990 – 3 S 3002/89 – sowie OVG NW, B. v. 17.4.2002 – 7 B 326/02 – BRS 65 Nr. 148 zu einer Diskothek mit überörtlichem Einzugsbereich). Diese Auffassung wird in der Literatur geteilt von *Ziegler*, in: *Brügelmann* (§ 1 Rdn 99), *Stock* (in: *K/R/S*, § 8 Rdn 4) u. *Bielenberg* (in: *E/Z/B/K*, § 8 Rdn. 34); a. A. *Dolde/Schlarmann* (BauR 84, 121/127) u. *Jeromin* (NVwZ 89, 32), die auch von der Zulässigkeit kerngebietstypischer Vergnügungsstätten in einem GE-Gebiet ausgehen. *Schlichter/Friedrich* folgern aus dem Leitbild eines Gewerbegebiets, dass Vergnügungsstätten in einem GE-Gebiet, unabhängig von Unterart und Größe, schlechthin unzulässig sind. Der Auffassung der Judikatur ist zu folgern. Nur kerngebietsuntypische Vergnügungsstätten sind in einem älteren Gewerbegebiet planungsrechtlich zulässig. Nach der Novellierung der BauNVO im Jahr 1990 sind Vergnügungsstätten eine eigenständige Nutzungsart und nicht mehr wie früher ein Unterbegriff eines Gewerbebetriebes.

16.3 Die Problematik der Vergnügungsstätten in GE-Gebieten gewinnt bei **Nutzungsänderungen** besondere Bedeutung, die sich durch die Änderung der Zulassungsvorschriften aufgrund der Zulassungsvorschriften aufgrund der **ÄndVO 1990** noch verschärfen kann. Bei Nutzungsänderungen ist vom Bestandsschutz auch für Vergnügungsstätten auszugehen, die nach der ÄndVO 1990 in GE-Gebieten nicht mehr allgemein zulässig sind.

Hat eine Gemeinde unter Zugrundelegung von § 25c Abs. 3 Satz 1 BauNVO 1990 für ein Gewerbegebiet die Festsetzung nach § 1 Abs. 6 BauNVO 1990 getroffen, dass die nach § 8 Abs. 3 Nr. 3 BauNVO 1990 ausnahmsweise zulässigen Vergnügungsstätten nicht zulässig sind, so steht Bundesrecht nicht entgegen, diese Festsetzung nach Aufhebung von § 25c Abs. 3 Satz 1 BauNVO 1990 so auszulegen, dass damit die nach § 8 Abs. 2 Nr. 1 BauNVO 1968 allgemein zulässigen Vergnügungsstätten nach § 1 Abs. 5 BauNVO 1990 ausgeschlossen sind (BVerwG, B. v. 14.12.1995 – 4 N 2.95 – BRS 57 Nr. 57 = DVBl. 1996, 690).

5. Nutzungen nach den §§ 12–14

a) **Stellplätze und Garagen** (§ 12). Diese sind weder in ihrer Zulässigkeit noch in ihrem Umfang (auch hinsichtlich gewerblicher Nutzung) beschränkt.

b) **Für die Berufsausübung nach** § 13 sollen seit der ÄndVO 1977 in GE- und GI-Gebieten *Gebäude* zulässig sein (dazu s. § 13 Rn 9). Das BVerwG hat als besonderes Kennzeichen einer derartigen Berufsausübung die **wohnartige Nutzung** herausgestellt (§ 3 Rn 22 u. § 13 Rn 5–6). Zwar können zahlreiche Berufe i. S. v. § 3 auch in Geschäfts- und Bürogebäuden nach § 8 Abs. 2 Nr. 2 (Rn 12) ausgeübt werden. Die **Heilberufe** im weitesten Sinne sind aber weder eine Geschäfts- noch Bürotätigkeit. Da es sich hierbei um eine wohnartige Berufsausübung handeln soll und in GE- und GI-Gebieten Wohnungen nur *ausnahmsweise* für einen betriebsbezogenen Personenkreis zugelassen werden dürfen (Rn 14–14.3), wären Heilberufe konsequenterweise nicht zulässig. Aufgrund des geänderten § 13 müsste nunmehr sogar ein **Gebäude als »Ärztehaus«** genehmigt werden. Die Zulässigkeit von Gebäuden i. S. v. § 13 ist in GI-Gebieten noch widersprüchlicher als in GE-Gebieten. Denn in GI-Gebieten sind entspr. dem unbeschränkten Störungsgrad nicht einmal Geschäfts- und Bürogebäude zulässig. Durch die Zulässigkeit von Gebäuden nach § 13 kann der Ausschluss der genannten Anlagen in GI-Gebieten vollends unterlaufen werden. In **Industriegebieten** wird es sich empfehlen, Räume und Gebäude für die Berufsausübung nach § 13 generell auszuschließen (§ 1 Abs. 5). Erst dadurch wird die allgemeine Zweckbestimmung der GI-Gebiete gewahrt (s. § 9 Rn 10.1; grundsätzlich a. A. *Bielenberg*, Rdn. 4).

c) **Nebenanlagen** i. S. v. § 14 Abs. 1 befinden sich in GE- und GI-Gebieten in vielfältiger Weise. Die Vielgestaltigkeit hängt meistens von der Größe des Betriebs ab. Zu den Anlagen zählen alle Sozialräume wie Umkleideräume mit Wasch- und Duschgelegenheiten, Pausenräume und Erste-Hilfe-Räume. Ferner gehören dazu Kantinen, Betriebskindergärten (Kinderkrippen), Betriebssportanlagen (Sportplätze, Schwimmbäder), Lehrlingsausbildungsstätten, Fortbildungseinrichtungen. Im Rahmen von *Lehrlingsausbildungsstätten* können auch Lehrlingswohnheime als untergeordnete Nebenanlagen zulässig sein. **Nebenanlagen,** die der Versorgung des GE-Gebiets – wie gleichfalls der anderen Baugebiete – mit Elektrizität, einschl. Anlagen für erneuerbare Energien, Gas, Wasser, Wärme und Fernmeldetechnik und zur Ableitung des Abwassers dienen, können auch in GE- und GI-Gebieten – wie in den anderen Baugebieten – **als Ausnahme** zugelassen werden, worauf *Ziegler*, in: *Brügelmann* (§ 8 Rdn. 29) zu Recht hinweist. Das gilt auch dann, wenn für sie im B-Plan keine besonderen Flächen festgesetzt sind.

6. Gliederungs- und Differenzierungsmöglichkeiten nach § 1 Abs. 4–9

18 Zu den Gliederungsmöglichkeiten in GE- und GI-Gebieten vgl. die Ausführungen zu § 1 Abs. 4 (§ 1 Rn 82–99), der unter gleichzeitig weiterer Differenzierung an die Stelle von §§ 8, 9 Abs. 4 BauNVO 1968 getreten ist. Als **Ergänzung** der Darlegung unter § 1 Abs. 4 ist zur Berücksichtigung der Besonderheiten in GE- und GI-Gebieten auf Folgendes hinzuweisen.

Nach dem Sinngehalt der Vorschrift zur Gliederung von Gebieten soll insbes. ermöglicht werden, die zur Aufnahme gewerblicher Unternehmen unterschiedlichster Strukturen vorgesehenen GE- bzw. GI-Gebiete derart – auch teilgebietlich – funktionell so zu gliedern, dass einmal gegenseitige Benachteiligungen und Belästigungen der in GE- und GI-Gebieten zulässigen Nutzungsarten, insbes. i. S. eines umfassenden Umweltschutzes, für die in den Gebieten arbeitende Bevölkerung vermieden werden; zum anderen soll eine sinnvolle Abgrenzung der GE-Gebiete zu den benachbarten Wohn- und Mischgebieten erreicht werden.

Die Gliederung kann in der Weise vorgenommen werden, dass entweder alle GE-Gebiete bzw. GI-Gebiete der Gemeinde oder *mehrere* – auch getrennt voneinander festgesetzte – Gebiete oder *ein* einzelnes GE-Gebiet bzw. GI-Gebiet in sich gegliedert werden. Es können auch *Teile* eines GE- bzw. GI-Gebietes und zwar wiederum Teile aller oder mehrerer GE- bzw. GI-Gebiete oder eines Gebiets in sich gegliedert werden. Bei diesen Gliederungsmöglichkeiten können z. B. ein *ungegliedertes* GE-Gebiet, ein angrenzendes *gegliedertes* GI-Gebiet und ein angrenzendes GE-Gebiet, von dem nur ein Teil gegliedert ist, nebeneinander festgesetzt werden.

»Bei der **Gliederung mehrerer Gewerbegebiete** einer Gemeinde im Verhältnis zueinander (§ 1 Abs. 4 Satz 2 BauNVO) können auch unbeplante Gewerbegebiete (§ 34 Abs. 2 BauGB) berücksichtigt werden« (BayVGH, U. v. 16.7.1991 – 20 N 91.557 – BRS 52 Nr. 10 = ZfBR 1992, 92, Hervorhebung diess.). In den **Gründen des U.** hat der VGH dazu erklärt, das in § 1 Abs. 4 Satz 2 BauNVO verwendete Wort »Festsetzung« steht dem nicht entgegen, sondern ergibt sich daraus, dass die Beschränkung eines Gewerbegebietes nur durch Festsetzung möglich ist. Ein unbeschränktes Gewerbegebiet kann dagegen – s. § 34 Abs. 2 BauGB – auch durch tatsächliche Entwicklung entstehen; es würde eine überflüssige Formelei bedeuten, würde man von den Gemeinden ohne sonstige städtebauliche Notwendigkeiten die Aufstellung eines Bebauungsplans für solche Gebiete nur zu dem Zweck verlangen, in *anderen* Gebieten Beschränkungen vornehmen zu können (BayVGH, aaO.).

18.11 Bei einer **Teilgliederung** von GE-Gebieten können auch Teilgebiete für *nichtstörende* Betriebe u. Anlagen, z. B. durch Zusammenfassung von Werkstätten für optische Geräte, feinmechanischen Betrieben u. a. Betrieben mit ähnlichen nichtstörenden Auswirkungen, festgesetzt werden – nicht dagegen das GE-Gebiet insgesamt. Das ergibt sich daraus, dass GE-Gebiete (nur) *vorwiegend* der Unterbringung von nicht erheblich belästigenden Gewerbebetrieben dienen.

Die **Teilgliederung von Gewerbe- und Industriegebieten** kann auch untergeordnete Teile, z. B. nur die eine Seite einer Straße oder die einem Bahndamm abgekehrte Seite des Gebiets, betreffen, die gleichzeitig eine »Pufferzone« zu einem Wohngebiet bilden. Handelt es sich um Anlagen, die Teile eines Unternehmens oder dem GE-Gebiet insgesamt zu dienen bestimmt sind, wie es bei einem Berufsschulgebäude oder einer Kindertagesstätte der Fall sein kann, geht dadurch der Charakter des GE- bzw. GI-Gebiets nicht verloren.

18.12 Es ist **nicht zulässig**, bei einer Gliederung von GE- und GI-Gebieten in den gegliederten Randzonen zu schützenswerten Baugebieten und Nutzungen (§ 1

Rn 90) die dort vorgesehenen betriebsbezogenen und mithin nur ausnahmsweise zulassungsfähigen **Wohnungen** nach § 1 Abs. 6 Nr. 2 **für allgemein zulässig zu erklären.** In derartigen Fällen könnte nicht verhindert werden, dass ausnahmsweise zuzulassende Wohnungen durch betriebsfremde Personen bezogen würden. Die *Randzonen* von GE- oder GI-Gebieten könnten sich dadurch zu Misch- oder sogar zu allgemeinen Wohngebieten entwickeln (aA. *Bielenberg*, § 8 Rdn. 25, 53. Lfg.).

Die Immissionsrichtwerte der TA Lärm und der TA Luft können zur Festsetzung im B-Plan nicht herangezogen werden (§ 1 Rn 96). Es bestehen jedoch keine Bedenken, ein Teilgebiet nach den Eigenschaften der Betriebe, hier nach ihrem Emissionsverhalten, zu gliedern, z. B. für »Gewerbegebiete ohne Rauch- oder Rußentwicklung« oder: »Anlagen, zu deren Betrieb feste oder flüssige Brennstoffe nicht verwendet werden«. Die Festsetzung kann auch negativ durch Ausschluss erfolgen. **Beispiel:** »Ausgeschlossen sind luftbelastende u. geruchsbelästigende Betriebe«. Derartige Festsetzungen schränken die Baufreiheit ein. Die Baubeschränkungen durch die mittels Festsetzung im B-Plan erfolgte planerische Eingrenzung stellen keinen Eingriff in die Niederlassungsfreiheit der Wirtschaft oder die Freiheit der Berufsausübung, sondern die Konkretisierung der Grundsätze des § 1 Abs. 5 BauGB dar. In NW werden GE-Gebiete auch nach den Zonen der Abstandsliste des Abstandserlasses gegliedert.

18.2 Im Zuge des Immissionsschutzes sollte jede Möglichkeit einer **Gliederung** der GE-Gebiete nach **dem Störungsgrad** ausgenutzt werden. Häufig werden **eingeschränkte Gewerbegebiete** festgesetzt (dazu *Brosche*, aaO., BauR 1976, 251). Die textliche Festsetzung dafür lautet etwa: »*Eingeschränktes Gewerbegebiet – gem. § 8 Abs. 4 BauNVO 1968 (oder nach § 1 Abs. 4 BauNVO 1977)* sind im GE-Gebiet nur solche Betriebe und Anlagen zulässig, die nach ihrem Störungsgrad im MI-Gebiet zulässig sind.« Diese und ähnliche *Festsetzungen* sind bedenklich, weil es sich dabei nicht um eine Gliederung nach den Merkmalen des § 1 Abs. 4 handelt, insbes. nicht etwa nach den besonderen Bedürfnissen und Eigenschaften der Betriebe und Anlagen (zur Problematik s. Rn 1.4).

18.21 Werden Gewerbegebiete **in Anlehnung an die Abstandsliste** (Anl. zum RdErl. NW v. 21.3.1990, MBl. NW S. 504) gegliedert, müssen nach Auffassung des OVG NW die einzelnen Betriebskategorien der jeweiligen Abstandsklassen nicht in der Planurkunde selbst aufgelistet sein. Die Erfassung von »Anlagen mit ähnlichem Emissionsgrad« im Zusammenhang mit einer solchen Gliederung ist eine unbedenkliche Verwendung unbestimmter Rechtsbegriffe (OVG NW, U. v. 17.10.1996 – 7a D 122/94 NE – UPR 1997, 259 = BRS 58 Nr. 30; s. jedoch die diess. Bedenken in § 1 Rn 97).

18.22 Außer der **horizontalen** Gliederung eines GE-Gebiets insgesamt nach § 1 Abs. 4, ggf. i. V. m. Abs. 8 von Teilgebieten, besteht die Möglichkeit der **vertikalen** Gliederung nach § 1 Abs. 7 (s. dort Rn 111–124). Ferner können hinsichtlich der Zulässigkeit Differenzierungen nach § 1 Abs. 5, ggf. i. V. m. Abs. 8 und 9 erfolgen (Ausschluss bestimmter Arten von Nutzungen oder Umwandlung in Ausnahmen); der Ausschluss oder die allgemeine Zulässigkeit von Ausnahmen (§ 1 Abs. 6, ggf. i. V. m. Abs. 8 u. 9) dürfte sich in GE-Gebieten weniger anbieten als in GI-Gebieten. In letzteren Gebieten könnte sich eher der Ausschluss von Gemeinbedarfsanlagen im Interesse der Anlagenzwecke selbst ergeben.

18.23 Will der Plangeber durch die **Staffelung der Nutzung nach dem Abstandserlass NW** sicherstellen, dass eine unzulässige Beeinträchtigung angrenzender Wohngebiete durch ein Gewerbegebiet ausgeschlossen ist, setzt dies eine hinreichende Ermittlung des relevanten Sachverhalts voraus.

Eine Vielzahl jeweils für sich genommen nicht wesentlich störender Gewerbebetriebe muss in ihren Auswirkungen auf ein angrenzendes Wohngebiet bewertet werden; dies setzt eine hinreichende Sachverhaltsermittlung und vollständige Zusammenstellung des Abwägungsmaterials voraus (OVG NW, B. v. 23.7.2004 – 10 a B 1009/04. NE – UPR 2005, 80 nur Leits.)

18.24 Eine Festsetzung »**Gewerbegebiet – nur Hochregallager sind zulässig**« ist nach § 1 Abs. 4 S. 1 Nr. 2 BauNVO möglich, auch wenn sich die Gemeinde damit der unzulässigen Festsetzung eines konkreten Vorhabens stark annähert. Hochregallager sind besondere Arten von Lagerhäusern, für deren Standortwahl eigenständige städtebauliche Gesichtspunkte sprechen können (VGH BW, NK-U. v. 12.9.2004 – 5 S 382/03 – NuR 2005, 253 = NVwZ-RR 2005, 773 = BRS 67 Nr. 35).

18.3 *»Werden in einem Bebauungsplan, der ein gegliedertes Gewerbegebiet festsetzt, nicht nur einzelne Betriebsarten, sondern jeweils komplette **Abstandsklassen** nach dem Abstandserlass als zulässig bzw. als ausnahmsweise zulässig bezeichnet (**formulierter Positivkatalog**), kann die Auslegung, dass damit die Anlagen aller anderen Abstandsklassen unzulässig sind und somit eine **Negativliste** festgesetzt ist, gerechtfertigt sein* (Hervorhebung diesseits).

Die zu den Abstandsklassen getroffene zusätzliche textliche Festsetzung, dass Anlagen mit ähnlichem Störgrad (Störungsgrad) miteinbezogen werden, ist rechtlich nicht zu beanstanden« (OVG NW, U. v. 24.4.1996 – 11a D 6/93. NE – BRS 58 Nr. 34).

18.4 **Bordelle oder bordellartige Betriebe** können gem. § 1 Abs. 9 BauNVO in Gewerbegebieten ausgeschlossen werden, um die hochwertige Gebietsstruktur zu erhalten und zu stärken, in dem das Gebiet weiterhin vor allem dem produzierenden und verarbeitenden Gewerbe vorbehalten bleibt (Hess. VGH, U. v. 5.2.2004 – 4 N 360/03 – BauR 2005, 1126 = NVwZ-RR 2005, 312) oder um den Trading-down-Effekt zu vermeiden (Nds. OVG, U. v. 15.1.2004 – 1 KN 158/02 –, OVG RhPf, U. v. 11.5.2005 – 8 C 10053/05 – BRS 69 Nr. 35 u. U. v. 24.4.2007 – 1 KN 22/07 – BauR 2007, 2024). Bei einem Bordell, neuerdings auch häufig »Erotik-Dienstleistungsbetrieb« genannt, oder einem bordellartigen Betrieb handelt es sich um einen allgemeinen Nutzungstyp i. S. d. § 1 Abs. 9 BauNVO (*Janning*, BauR 2005, 958/961 u. OVG RhPf, aaO: »*Prostitutionsbetriebe stellen eine bestimmte Art von Gewerbebetrieben dar, die einer Branchendifferenzierung grundsätzlich zugänglich sind«*).Weiter führt das OVG RhPf aus:

»Der Schutz benachbarter und plangebietsinterner Wohnbebauung vor den Auswirkungen vermehrter Bordellansiedlung ist auch im Hinblick auf die sittliche Neutralität des Bauplanungsrechts ein zulässiges Abwägungskriterium. Dies gilt insbes. angesichts der mit dem »Rotlichtmilieu« immer noch typischerweise verbundenen Erscheinungen (Gewaltkriminalität, Drogenhandel usw.).«

Auch die in der Planbegründung geäußerte Befürchtung, eine vermehrte Ansiedlung von Bordellen im Gewerbegebiet könne zu einer Erhöhung der Grundstückspreise und damit zu Erschwernissen für die Ansiedlung sonstiger Gewerbebetriebe führen, ist nach Auffassung des OVG RhPf, aaO. wegen des Trading-down-Effekts nicht von der Hand zu weisen.

18.5 Auch Swinger-Clubs können durch Änderung eines älteren B-Plans, wo noch die BauNVO 1968 und 1977 galt, nach § 1 Abs. 5 und 9 BauNVO wegen des Trading-down-Effekts (VGH BW, B. v. 28.11.2006 – 3 S 2377/06 –, DÖV 2007, 348) oder zur Verhinderung der Veränderung hin zu einem »Vergnügungsviertel« ausgeschlossen werden (BayVGH, B. v. 29.9.2005 – 1 CS 05.1959 – sowie *Stühler*. GewArch. 2006, 20/24 f.).

7. Weitere Fälle zur (Un-)Zulässigkeit von Nutzungen in GE- und GI-Gebieten

Großflächige Einzelhandelsbetriebe sind ohne Größenbeschränkung und ohne Beschränkung des Umfangs ihres (gemeindlichen oder die Gemeindegrenzen überschreitenden) Einzugsgebiets als »Gewerbebetriebe« **nach der BauNVO 1962** in solchen Gewerbegebieten allgemein zulässig. Sie können aber im Einzelfall nach § 15 Abs. 1 BauNVO unzulässig sein (BVerwG, U. v. 3.1.1984 – 4 C 8.80 – BauR 1984, 377 = DVBl. 1984, 637).

19

Unzulässigkeit eines großflächigen Einzelhandelsbetriebs mit mehr als 1 500 m² Geschossfläche **in einem Industriegebiet** nach § 11 Abs. 3 BauNVO 1977; Bedingungen der ausnahmsweisen Zulässigkeit in Fällen der Widerlegung der rechtlichen Vermutung des § 11 Abs. 3 (BVerwG, U. v. 3.2.1984 – 4 C 54.80 – BauR 1984, 380 = JD DVHW 1984, 125 = DVBl. 1984, 62). **Aus den Gründen:** »*Das Oberverwaltungsgericht ist zu Recht der Ansicht, für die Anwendung des § 11 Abs. 3 BauNVO 1977 bedürfe es nicht des konkreten Nachweises, dass die genannten Auswirkungen eintreten werden. **Es genügt bereits die Möglichkeit des Eintritts solcher Auswirkungen.** Die BauNVO 1977 geht in einer typisierenden Betrachtungsweise davon aus, dass bei großflächigen Einzelhandelsbetrieben mit einer Geschossfläche von mehr als 1.500 m², was im Allgemeinen einer Verkaufsfläche von mehr als 1.000 m² entspricht (vgl. Fickert/Fieseler, Baunutzungsverordnung, Kommentar, 4. Aufl. Köln 1979, § 11 Rn 19), Auswirkungen auf die städtebauliche Ordnung und Entwicklung und auf die Ziele der Raumordnung und Landesplanung eintreten können*«; Hervorhebungen diesseits.

19.1

Eine **Halle für einen Speditionsbetrieb** ist kein für den Außenbereich privilegiertes Vorhaben. Trotz der mit einem Speditionsbetrieb verbundenen erheblichen und für »Bewohner von Wohngebieten bzw. Wohnbereichen« in aller Regel unzumutbaren Lärmemissionen ist ein solches Vorhaben nicht so störintensiv, dass es sachgerechterweise nur im Außenbereich und nicht auch im **Gewerbe- oder Industriegebiet** liegen könnte (BVerwG, B. v. 13.6.1974 – IV B 7.74 – BRS 28 Nr. 43).

19.2

Wird aufgrund der Festsetzung in einem B-Plan für ein Gewerbegebiet der freie Blick von einem Wohngrundstück an der Grundstücksgrenze durch die Erweiterung einer Betriebshalle unmittelbar an der Grundstücksgrenze fast vollständig zugebaut, kann im Rahmen der Abwägung nach der Verpflichtung, auf den betroffenen Nachbarn Rücksicht zu nehmen, mehr Gewicht zukommen als dem Interesse des Betriebsinhabers an der Erweiterung des vorhandenen Betriebs in das Wohngebiet hinein (BayVGH, U. v. 14.11.2002 – 14 N 00.227 – BayVBl. 2003, 722 = BauR 2003, 657). Dem Sachverhalt nach hätte der Ast. In dem Nachbarrechtsstreit auf ein 15 m entfernt von seinem Wohnhaus liegende 90 m lange 8,50 m hohe Wand einer Produktionshalle blicken müssen. Der BayVGH hielt dies zu Recht für unzumutbar.

19.3

Eine **Kfz-Reparaturwerkstatt** ist nach der typisierenden Betrachtungsweise in einem eingeschränkten Gewerbegebiet unzulässig, zumindest dann, wenn Karosserie- und Lackierarbeiten in der Baugenehmigung nicht ausgeschlossen sind (OVG NW, U. v. 7.3.2006 – 10 D 10/04.NE – ZfBR 2007, 64/66).

19.4

Zum planungsrechtlichen Gebot gerechter Abwägung beim **Heranrücken eines Wohngebiets an einen Industriebetrieb** (erforderlicher Abstand zwischen Gewerbe- und Wohngebieten) s. BayVGH, U. v. 22.3.1982 – 25 XIV/78 – NJW 1983, 297. **Aus den Gründen:** »*Aus dem in § 1 Abs. 5, 6 BBauG, § 50 BImSchG niedergelegten Vorsorgeprinzip ergibt sich, dass die Planung nebeneinander auszuübender, aber unter Umweltgesichtspunkten nicht verträglicher Nutzungen in aller Regel unzulässig ist. **Allgemeingültige Regeln** für die Unverträglichkeit bestimmter Gebietsformen lassen sich dabei nur schwer aufstellen. … Die Einhaltung eines Grenzwerts im Hinblick auf die in zeitlicher Reihenfolge anzusiedelnden Gewerbebetriebe ist schwierig. Nimmt nämlich bereits der erste Gewerbebetrieb den Grenzwert der Lärmbelastung voll für sich in Anspruch, können die nachfolgenden Gewerbebetriebe den insgesamt zugelassenen Lärmgrenzwert nicht mehr ausnutzen. Diese unterschiedliche Behandlung gleichberechtigter Gewerbebetriebe kann nur dadurch vermieden werden, dass die zulässigen Emissionen in Bezug zur Fläche und Zeit gesetzt werden*« (wird im Einzelnen dargelegt, Hervorhebung diess.).

20

21 Die **Beschränkung von Werbeanlagen** auf die Stätte eigener Leistung **in einem Industrie- und Gewerbegebiet** mit Sondergebiet »Verbrauchermarkt« ist durch die im Lichte des Art. 14 Abs. 1 und 2 GG auszulegenden Ermächtigungsnormen der Landesbauordnung nicht gedeckt (VGH BW, U. v. 29.4.1982 – 5 S 1909/80 – BRS 38 Nr. 147).

Aus den Gründen: Die von der Klägerin betriebene Werbung in Form der Fremd- oder Erinnerungswerbung kann als Inhalt des Eigentums, das die Klägerin für den Grundstückseigentümer ausnutzt, auch an anderer Stätte als der der eigenen Leistung nicht aus dem Plangebiet, das im Wirkungsbereich der Werbung aus Industriegebiet, Gewerbegebiet und Sondergebiet (Verbrauchermarkt) besteht, verdrängt werden (wird weiter ausgeführt).

21.1 **Wohnungen für Betriebsinhaber und Betriebsleiter** können im **unbeplanten Innenbereich** zulässig sein, wenn die Eigenart der näheren Umgebung durch Wohnbebauung, Ladengeschäfte, einen Handwerksbetrieb und einen erheblich emittierenden Industriebetrieb geprägt ist (BVerwG, U. v. 16.3.1984 – 4 C 50.80 – ZfBR 1984, 148 = BRS 42 Nr. 73).

21.2 Das Ziel, die dörfliche Struktur zu erhalten, ist eine genügende städtebauliche Rechtfertigung für den Ausschluss von Vergnügungsstätten, insbes. von Spielhallen im **Gewerbegebiet** einer kleinen Landgemeinde durch Festsetzung im B-Plan (VGH BW, N-P v. 20.4.1988 – 5 S 2814/87 – Fundst. Rn 16.2).

21.3 Eine **Go-Kart-Halle** ist weder wegen ihrer immissionsschutzrechtlichen Genehmigungsbedürftigkeit noch wegen ihres Gefährdungspotenzials grundsätzlich nur im Industriegebiet **zulässig.** Es handelt sich um einen Einzelfall einer **Gewerbegebietsverträglichkeit** wegen atypischer Umstände, insbes. durch Einhausung (VGH BW, B. v. 23.8.1996 – 10 S 1492/96 – GewArch. 1997, 123).

21.4 Eine **Bauschuttrecyclinganlage**, die nach Nr. 8.4 Spalte 1 des Anh. zur 4. BImSchV genehmigungsbedürftig ist, ist im Gewerbegebiet **unzulässig,** wenn kein atypischer Fall vorliegt (BayVGH, B. v. 7.1.1997 – 22 CS 96.2192 – GewArch. 1997, 167).

21.5 **Gartenbaubetriebe** gehören städtebaurechtlich zur Landwirtschaft und daher i. d. R. *nicht* zu den Gewerbebetrieben; sie sind deshalb als landwirtschaftlicher Betrieb im Gewerbegebiet unzulässig (BVerwG, B. v. 6.1.1993 – 4 NB 38.92 – DVBl. 1993, 448 = NVwZ 1993, 561 = BauR 1993, 433 = BRS 55 Nr. 26).

21.6 Ein **Schlachthaus** mit einer Kapazität, die unterhalb der immissionsschutzrechtlichen Genehmigungsbedürftigkeit liegt, ein **Fleischzerlegungsbetrieb** und **Viehhandel** mit dem erforderlichen Stallgebäude können **im Gewerbegebiet** zulässig sein. Das gilt auch für eine Kumulation derartiger Anlagen unter Gewährleistung des erforderlichen vorsorgenden Immissionsschutzes (Hess. VGH, B. v. 4.6.1998 – 4 TE 1705/98 – BRS 60 Nr. 76).

21.7 Ein **Freizeitbad** (»Spaßbad«) ist als Gewerbebetrieb i. S. d. § 8 Abs. 2 Nr. 1 BauNVO 1977 in einem Gewerbegebiet zulässig. Nach den genehmigten Bauvorlagen sollten eine Halle mit einer Schwimmlandschaft, 3 Außenbecken die zum Teil durch einen Schwimmkanal von innen zu erreichen sind, nicht überdachte Liegezonen, Kinder- und Ballspielmulden, eine Terrasse, ein »römischer Antikgarten«, ein Biotop und ein weiteres Restaurantgebäude errichtet werden (OVG NW, U. v. 30.5.1996 – 7 A 2368/89 –).

21.8 Die Herstellung von **Medienerzeugnissen** zählt zum Betätigungsfeld eines Gewerbebetriebes nach § 8 Abs. 2 Nr. 1 BauNVO (BayVGH, B. v. 16.7.2002 – 2 CS 02.1236 – BayVBl. 2003, 599). Ein solcher Betrieb gehört nicht zwingend in ein Kerngebiet. Er ist als dienstleistungsorientierte Nutzung auch in einem Gewerbegebiet zulässig, da die Eigenart des Gewerbegebiets gem. § 8 Abs. 1 BauNVO sich nicht auf das produzierende und verarbeitende Gewerbe im herkömmlichen Sinn reduzieren lässt, sondern auch dienstleistungsorientierten Nutzungen offensteht.

21.9 Ein zeitlicher Prognosehorizont von mindestens 20 Jahren entzieht der Planung eines **Gewerbe- und Energieparks** jegliche realistische Grundlage und macht ihre Verwirklichung unabsehbar. Die Planung eines Gewerbe- und Energieparks neben dem Betrieb eines Kernkraftwerks kann nur vorgeschoben sein und sich in der Verhinderung eines Zwischenlagers für abgebrannte Brennelemente erschöpfen (BayVGH, U. v. 3.3.2003 – 15 N 02.593 –, BauR 2003, 1691).

Die Planung eines Gewerbe- und Energieparks neben dem Betrieb eines Kernkraftwerks kann nur vorgeschoben sein und sich in der Verhinderung eines Zwischenlagers für abgebrannte Brennelemente erschöpfen (BayVGH, U. v. 3.3.2003 – 15 N 02.593 – BauR 2003, 1691).

Es kann gerechtfertigt sein, den Geruchsabstand zwischen einem Schweinmastbetrieb im Außenbereich und einem heranrückenden Gewerbegebiet auf die Hälfte des Abstands zu verringern, der gegenüber Wohngebäude in einem Dorfgebiet einzuhalten wäre (Hess. VGH, U. v. 3.6.2004 – 3 N 558/00 – ESVGH 54 Nr. 91) **21.10**

§ 9 Industriegebiete

(1) Industriegebiete dienen ausschließlich der Unterbringung von Gewerbebetrieben, und zwar vorwiegend solcher Betriebe, die in anderen Baugebieten unzulässig sind.
(2) Zulässig sind
1. Gewerbebetriebe aller Art, Lagerhäuser, Lagerplätze und öffentliche Betriebe,
2. Tankstellen.
(3) Ausnahmsweise können zugelassen werden
1. Wohnungen für Aufsichts- und Bereitschaftspersonen sowie für Betriebsinhaber und Betriebsleiter, die dem Gewerbebetrieb zugeordnet und ihm gegenüber in Grundfläche und Baumasse untergeordnet sind,
2. Anlagen für kirchliche, kulturelle, soziale, gesundheitliche und sportliche Zwecke.

BauNVO 1977:

(1) *unverändert.*
(2) Zulässig sind
1. Gewerbebetriebe aller Art, Lagerhäuser, Lagerplätze und öffentliche Betriebe,
2. Tankstellen.
(3) Ausnahmsweise können zugelassen werden
1. Wohnungen für Aufsichts- und Bereitschaftspersonen sowie für Betriebsinhaber und Betriebsleiter,
2. Anlagen für kirchliche, kulturelle, soziale, gesundheitliche und sportliche Zwecke.

BauNVO 1968:

(2) Zulässig sind
1. Gewerbebetriebe aller Art mit Ausnahme von Einkaufszentren und Verbrauchermärkten im Sinne des § 11 Abs. 3, Lagerhäuser, Lagerplätze und öffentliche Betriebe,
2. Tankstellen.
(3) *wie BauNVO 1977.*
(4) Die Industriegebiete einer Gemeinde oder Teile eines Industriegebiets können im Bebauungsplan nach der Art der Betriebe und Anlagen und deren besonderen Bedürfnissen und Eigenschaften gegliedert werden.

BauNVO 1962:

(2) Zulässig sind
1. Gewerbebetriebe aller Art, Lagerhäuser, Lagerplätze und öffentliche Betriebe,
2. Tankstellen.
(3) *wie BauNVO 1977.*
(4) Die Industriegebiete einer Gemeinde oder Teile eines Industriegebiets können im Bebauungsplan nach der Art der Betriebe und Anlagen gegliedert werden.

§ 9

Erläuterungen

Übersicht

		Rn	
Abs. 1	1. Allgemeine Zweckbestimmung, Gebietscharakter	1	– 1.13
	2. Zulässiger Störungsgrad, Regelungen aufgrund der ÄnderungsVO 1977 und 1990	2	– 3
	3. Fragen des Nachbarschutzes, besondere Sorgfaltspflicht bei Festsetzung von (Bau-)Gebieten; zur Umweltprüfung	4	– 5.1
Abs. 2	4. Allgemein zulässige Nutzungen	6	– 8.2
	a) Allgemeines zur Zulässigkeit	6	– 6.2
	b) Zur Zulässigkeit der Nutzungen im Einzelnen; Einzelfälle	7	– 8.2
Abs. 3	5. Ausnahmsweise zulassungsfähige Nutzungen; Nutzungen nach den §§ 12–14	9	– 10.2
	6. Gliederungs- und Differenzierungsmöglichkeiten nach § 1 Abs. 4 bis 9	11	

Schrifttum

Cancik	Aktionspläne zur Lärmminderung – effektives Instrument oder »Aktionismus«?, ZUR 2007, 169
Donner	Das Luftreinhalterecht auf dem Wege zum Vorsorgeprinzip, NuR 1989, 72
Fickert	Worauf müssen sich die Gemeinden bei der Umgebungslärmrichtlinie der EU in deutsches Recht einstellen?, BauR 2004, 1559
–	Die Umgebungslärmrichtlinie der EU und ihre Umnutzung in deutsches Recht im Verhältnis zum Lärmschutz beim Bau von Verkehrswegen aus Sicht eines kritischen Praktikers, DVBl. 2004, 1253
–	Zum Einfluss der in deutsches Recht umgesetzten Umgebungs-Lärmrichtlinie der EU auf die Lärmschutzsituation in den Gemeinden und auf die Bürger, BauR 2006, 293
–	Grundlagen und Grundsätze des Lärmschutzes beim Bau von Verkehrswegen, in: FS für Richard Bartlsperger zum 70. Geburtstag, 2006, 293
Gerhold	Anwendungsfragen der neuen TA Luft, UPR 2003, 44
Halama/Stüer	Lärmschutz bei der Planung, NVwZ 2003, 137
Hansmann	TA Luft 2002, NVwZ 2002, 1208
	Die neue TA Luft, NVwZ 2003, 266
Hill	Rechtsprobleme des Lärmschutzes bei der Ausweisung von Industriegebieten im Bebauungsplan, ZfBR 1980, 223
Hoppe	Die Umweltverträglichkeitsprüfung im Planfeststellungs- und Anlagenzulassungsverfahren – Zur Bedeutung der Art. 3 und 8 der EG-Richtlinie im deutschen Recht in: Dokumentation + wissenschaftliche Fachtagung der Gesellschaft für Umweltrecht e. V., 1987
Jarass	Reichweite des Bestandsschutzes individueller Anlagen gegenüber umweltrechtlichen Maßnahmen, DVBl. 1986, 314

	Luftqualitätsrichtlinie der EU und die Novellierung des Immissionsschutzrechts, NVwZ 2003, 257
Assmann/Knierin/ Friedrich	Die Luftreinhalteplanung im Bundesimmissionsschutzgesetz, NuR 2004, 695
Koch/Prall	Entwicklungen des Immissionsschutzrechts, NVwZ 2002, 666
–	Aktuelle Rechtsprechung zum Immissionsschutzrecht, NVwZ 2006, 1124
Louis/Wolf	Die erforderlichen Abstände zwischen Betrieben nach der Störfall-Verordnung und Wohngebieten oder anderen schutzwürdigen Bereichen nach § 50 S. 1 BImSchG, NuR 2007, 1
Michler	Lärmsummation, VBlBW 2004, 361
Mitschang	Umweltverträglichkeitsprüfung in der Bauleitplanung, ZfBR 2001, 231 und 380
–	Die Umgebungslärmrichtlinie und ihre Auswirkungen auf die Regional- und Bauleitplanung, ZfBR 2006, 430
Moench/Hamann	Geruchsbelästigungen und Immissionsschutzrecht, DVBl. 2004, 201
Müggenborg	Das Phänomen von Industrieparks – eine erste Annäherung aus umwelt- und sicherheitsrechtlicher Sicht, DVBl. 2001, 417
–	Lärmschutz im Industriepark, NVwZ 2003, 1025
Ohms	Die neue TA Luft 2002, DVBl. 2002, 1365
Otto	Industrie– und Gewerbebetriebe gegen herannahende Wohnbebauung, DWW 1990, 144
Sparwasser	Luftqualitätsplanung zur Einhaltung der EU-Grenzwerte – Vollzugsdefizite und ihre Rechtsfolgen, NVwZ 2005, 369
Schlemminger/ Fuder	Der Verzicht auf nachbarliche Abwehransprüche im Industrie- und Chemiepark, NVwZ 2004, 129
Weidemann	Abstandswahrung durch staatliche Ansiedlungsüberwachung, DVBl. 2006, 1143

(s. auch unter §§ 1, 8)

1. Allgemeine Zweckbestimmung, Gebietscharakter (Abs. 1)

Industriegebiete dienen *ausschließlich* der Unterbringung von Gewerbebetrieben aller Art. Hier finden insbes. diejenigen Betriebe ihren Standort, die wegen ihres hohen Störgrades durch Emissionen, insbes. durch Lärm und Luftverunreinigungen, in anderen Gebieten unzulässig sind. Infolge des i. A. unbegrenzt zulässigen Störgrades in GI-Gebieten (Rn 2) sind Geschäfts-, Büro- und Verwaltungsgebäude auch nicht ausnahmsweise zulassungsfähig; es sei denn, es handelt sich um die den Betrieben zugehörigen Anlagen i. S. v. Nebenanlagen nach § 14 Abs. 1 oder als Bestandteile des Gewerbebetriebes.

Das GI-Gebiet wird i. A. das flächenintensive Großgewerbe aufnehmen. Die Zulässigkeit wird lediglich durch den Vorbehalt beschränkt, dass ein Betrieb wegen seiner (extrem) nachteiligen Wirkungen auf die Umgebung, z. B. eine Munitionsanstalt(-fabrik) wegen der Explosionsgefahr oder ein Betrieb, bei dem das Entströmen giftiger Gase zu einer Katastrophe für die Umgebung führen würde, im Außenbereich (§ 35 Abs. 1 Nr. 5 BauGB) angesiedelt werden muss (auch bei Festsetzung der Art der Nutzung und des Geltungsbereichs durch einfachen B-Plan nach § 9 BauGB bleibt das insoweit beplante Gebiet Außenbereich). Welche Betriebe sich infolge einer latenten Gefährdung für die

§ 9 Abs. 1 1.1–1.13

Ansiedlung in einem GI-Gebiet nicht eignen, muss nach Lage des Einzelfalles beurteilt werden.

Die Festsetzung eines GI-Gebiets oder SO-Gebiets ist jedenfalls dann erforderlich, wenn etwa wegen der großen Baumasse oder des weitreichenden Einflusses auf die Umwelt durch das Einzelvorhaben größere Auswirkungen zu erwarten sind (zur Erforderlichkeit s. § 1 Rn 12 und die dort angeführten Nachweise; ferner: »Anhörung von Sachverständigen«, aaO., S. 131 ff., 143).

1.1 Ganz allgemein gehören in GI-Gebiete die nach den §§ 4 ff. BImSchG i. V. m. § 2 der 4. BImSchV genehmigungsbedürftigen Anlagen, die in MI-Gebieten (§ 6 Rn 12) im Grundsatz nicht zulässig sind und auch in GE-Gebieten (§ 8 Rn 6) nur bei Nachweis einer atypischen Betriebsweise u. der Vermeidung der für die Anlagen »an sich« typischen Störungen zugelassen werden können (statt vieler BayVGH, B. v. 24.11.1975 – Nr. 217 I 75 – BRS 29 Nr. 18 = BauR 1976, 182), es sei denn, dass die Anlagen wegen ihrer nachteiligen Wirkung auf die Umgebung überhaupt nur in SO-Gebieten oder im Außenbereich zulässig sind (BayVGH, aaO.; BVerwG, B. v. 13.6.1974 – IV B 7.74 – BRS 28 Nr. 43). Dazu gehören u. a. Kottrocknungsanlagen u. Tierkörperbeseitigungsanstalten; sie sind ihrem Typ nach grundsätzlich nur in dafür festgesetzten SO-Gebieten zulässig oder dem Außenbereich zugeordnet. Dagegen können mit konventioneller Energie (Kohle, Öl) betriebene Kraftwerke ihren Standort in GI-Gebieten haben. Dem steht **nicht etwa entgegen, dass es sich bei den Kraftwerken um Einrichtungen der öffentlichen Versorgung** handelt. Die §§ 8, 9 führen in Abs. 2 Nr. 1 ausdrücklich **öffentliche** Betriebe an. Dass hierunter auch die Anlagen der **öffentlichen Energieversorgung** zu fassen sind, ist hM (vgl. u. a. *Förster,* §§ 8, 9 Anm. 2).

1.12 *Ziegler,* in: *Brügelmann* problematisiert die Zweckbestimmung des § 9 Abs. 1 in diess. nicht verständlicher Weise: Der Wortlaut der Vorschrift und die Planungsrechtssystematik der BauNVO werden verkannt (§ 9 Rdn 4 f.). Es wird diesseits davon abgesehen, auf die Ausführungen im Einzelnen einzugehen (s. dazu § 8 Rn 1 f.). Um in der Planungspraxis Missverständnisse zu vermeiden, ist darauf hinzuweisen, dass § 9 Abs. 1 von keiner »*Hauptnutzung*« spricht; dieser Begriff kann allenfalls Abs. 2 **Nr. 1** entnommen werden. Die Behauptung: »*Wenn die in Betracht kommenden Betriebe nicht ›vorwiegen‹, ist die allgemeine Zweckbestimmung nicht gewahrt*« (aaO., Rdn. 5) entbehrt der rechtlichen Anknüpfung, da »vorwiegend« nach der Satzstellung eine andere Bedeutung hat. Aus diesem Grunde geht auch eine weitere Aussage: »*Die entsprechenden Nutzungen müssen erkennbar vorherrschend, prägend sein*« (aaO., Rdn 9) fehl. Schließlich ist die Auffassung: »*Ferner können bei einem bestehenden, nach § 4 BImSchG genehmigungspflichtigen Betrieb solche* **Maßnahmen des Immissionsschutzes** (Hervorhebung dortseits), *die die Atypik begründen, indem sie der Anlage den Störgrad der erheblichen Belästigung nehmen, eine* **Nutzungsänderung** *sein, denn die erheblich belästigenden Betriebe sind eine andere Nutzungsart als die nicht erheblich belästigenden und das genügt für die Nutzungsänderung*« (aaO., Rdn. 7) schlicht unrichtig. Auch bei Minderung des Störgrades bleiben diese Betriebe Gewerbebetriebe u. fallen weiterhin unter die Zulässigkeit der »Gewerbebetriebe aller Art« nach Abs. 2 Nr. 1.

1.13 Das BVerwG hat in seinem B. v. 6.5.1993 (– 4 NB 32.92 – BRS 55 Nr. 10 = BauR 1993, 693 = DVBl. 1993, 1097 = NVwZ 1994, 292 = UPR 1994, 63 =

ZfBR 1993, 297) hervorgehoben, dass »*die allgemeine Zweckbestimmung eines Industriegebiets dann noch gewahrt ist, wenn die für diesen Gebietstyp vorgesehene Hauptnutzung überwiegend zulässig bleibt*« (BVerwG, aaO.). An anderer Stelle heißt es: »*Die Zweckbestimmung eines Industriegebiets besteht darin, ausschließlich der Unterbringung von Gewerbebetrieben zu dienen, und zwar vorwiegend solcher Betriebe, die in anderen Baugebieten unzulässig sind (§ 9 Abs. 1 BauNVO), insbesondere also erheblich belästigender Gewerbebetriebe*« (BVerwG, aaO.).

Mit dieser (richtigen) Feststellung war die Regelung des entschiedenen Falles nicht vereinbar; das Ergebnis hat das BVerwG in dem **Leitsatz** zusammengefasst: »*Es ist mit § 9 Abs. 1 BauGB und den Bestimmungen der Baunutzungsverordnung nicht vereinbar, ein ›eingeschränktes Industriegebiet‹* (Hervorhebung diesseits) *in der Weise festzusetzen, dass in ihm nur die bei Inkrafttreten des Bebauungsplans bestehenden Anlagen nach § 9 Abs. 2 BauNVO sowie deren Änderungen und Erweiterungen im Rahmen des Bestandsschutzes zulässig sind, im Übrigen aber nur nicht erheblich belästigende Gewerbebetriebe im Sinne von § 8 Abs. 2 BauNVO*« (BVerwG, aaO.).

Zur Frage der Zweckbestimmung ist auch der B. des VGH BW v. 30.8.1993 (– 8 S 2980/92 – UPR 1994, 191) von Bedeutung.

Im Leitsatz heißt es: »*Ein Industriegebiet verliert nicht dadurch seine Zweckbestimmung, dass die im förmlichen Verfahren nach dem BImSchG genehmigungspflichtigen Anlagen nur ausnahmsweise zulässig sind.*«

In den **Gründen** hat der Beschl. ergänzt: »*Vielmehr sind auch Anlagen nach Spalte 2 des Anhangs zur 4. BImSchV erheblich störende Betriebe und selbst nicht genehmigungspflichtige Anlagen können durchaus den Gebietscharakter eines Industriegebiets vermitteln*« (wird weiter ausgeführt; VGH BW aaO.).

2. Zulässiger Störungsgrad, Regelungen aufgrund der ÄnderungsVOen 1977 und 1990

In der Einstufung nach dem Störungsgrad nimmt das GI-Gebiet die vierte und zugleich *höchste Stufe* ein. Nach der DIN 18 005, Teil 1 (Anh. 7.1) ist für GI-Gebiete ein bestimmter Orientierungswert – anders als nach der *Vornorm* zur DIN 18 005 und nach der TA Lärm – nicht mehr vorgesehen. Nach den beiden Richtlinien war der Richtpegel bzw. Immissionsrichtwert – für Tag und Nacht gleich – auf 70 dB(A) festgelegt. Dass für GI-Gebiete kein Orientierungswert (mehr) angegeben ist, ist deshalb folgerichtig, weil nach § 9 Abs. 1 GI-Gebiete der Unterbringung gerade der Gewerbebetriebe dienen sollen, »die in anderen Gebieten unzulässig sind« (abgesehen von den *besonders* gefahrträchtigen Betrieben, die nach § 35 Abs. 1 Nr. 5 BauGB in den Außenbereich zu verweisen wären, s. Rn 1). Die allgemeine Zulässigkeit von Betrieben in GI-Gebieten bezieht sich nicht nur auf Nachteile und Störungen durch Lärm, sondern gleichermaßen infolge *Luftverunreinigungen* oder durch Erschütterungen, Ruß u. dergl.

Durch »Gesetz zur Umsetzung der EG-Richtlinie für die Bewertung und Bekämpfung von Umgebungslärm« (Abl. EG L 189/12 v. 18.7.2002) ist das BImSchG geändert worden (BGBl I S. 1794) und die **Lärmminderungsplanung** in die §§ 47a–47f im Vergleich zu früher **stärker ausgebaut** worden (zur Umsetzung der Umgebungsrichtlinie der EU vgl. *Schmidt*, UPR 2002, 327; *Fickert*, DVBl. 2004, 1253, BauR 2004, 1559 u. 2006, 934). Das BImSchG enthält Regelungen über den Anwendungsbereich (§ 47a); verschiedene Begriffsbestimmungen (§ 47b); Lärmkarten (§ 47c); Lärmaktionspläne (§ 47d) Zuständige Behörden (§ 47e) u. Rechtsverordnungen (§ 47f). Bei den Begriffsbestimmungen in § 47b Nr. 1 BImSchG wird mit der Definition des »Umgebungslärms« abweichend von der bisherigen Fachsprache im deutschen Umweltrecht ein weiterer neuer Begriff eingeführt. »Umgebungslärm« bezeichnet danach »belästigende oder gesundheitsschädliche Geräusche im Freien, die durch Aktivitäten von Menschen verursacht werden, einschließlich des Lärms, der von Verkehrsmitteln, Straßenverkehr, Eisenbahnverkehr, Flugverkehr sowie Geländen für industrielle Tätigkeiten ausgeht«. Der Bundesgesetzgeber hat weitgehend die Begriffe der Richtlinie 2002/49/EG des europäischen Parlaments und Rates in den § 47b BImSchG aufgenommen. Belästigende Geräusche im Freien stellten bislang erst dann schädlichen Umwelteinwirkungen i. S. d. § 3 Abs. 1 BImSchG dar, wenn sie erheblich und damit unzumutbar waren (vgl. zur Kritik *Fickert*, BauR 2004, 1559 u. 2006, 924). Nach § 47c Abs. 1 BImSchG müssen die Gemeinden bis zum 30.6.2007 bezogen auf das vorangegangene Kalenderjahr Lärmkarten für Ballungsräume mit mehr als 250.000 Einwohner sowie Hauptverkehrsstraßen mit einem Verkehraufkommen von über sechs Mio. pro Jahr (d. h. ca. 16.500/Tag), Haupteisenbahnstrecken mit einem Verkehrsaufkommen von über 60.000 Zügen (ca. 165/Tag) und Großflughäfen Lärmkarten ausarbeiten. Gleiches gilt bis zum 30.6.2012 und danach alle fünf Jahre für sämtliche Ballungsräume sowie für sämtliche Hauptverkehrsstraßen und Haupteisenbahnstrecken. Nach § 47d Abs. 1 BImSchG sind von den zuständigen Behörden Lärmaktionspläne bis zum 18.7.2008 aufzustellen, mit denen Lärmprobleme und Lärmauswirkungen geregelt werden für Orte in der Nähe der Hauptverkehrsstraßen, der Haupteisenbahnstrecken und der Großflughäfen sowie der Ballungsräume mit mehr als 250.000 Einwohner. Dabei ist die Öffentlichkeit zu Vorschlägen für Lärmaktionspläne zu hören gem. § 47d Abs. 3 BImSchG. Die Lärmaktionspläne sind spätestens nach fünf Jahren zu überprüfen (§ 47d Abs. 5 BImSchG). Ein subjektiver öffentlich-rechtlicher Anspruch eines Anliegers eines Anliegers auf Aufstellung eines Lärmaktionsplans gewährt das Gesetz nicht. Es handelt sich vielmehr um eine objektive Pflicht der Gemeinden als zuständige Behörden, die allerdings mithilfe der Kommunalaufsicht rechtlich durchgesetzt werden kann.

Während für Lärmimmissionen keine Begrenzung festgelegt ist (Emissionen werden durch die TA Lärm erfasst), abgesehen von den Zulässigkeitsvoraussetzungen des § 15 Abs. 1 Satz 2 BauNVO (dort Rn 11–24), sollen Luftverunreinigungen nach der 22. BImSchV durch Luftreinhaltepläne und -aktionspläne nach § 47 BImSchG erfasst und durch dort vorgesehene Maßnahmen bekämpft werden (zu dem Problem aus Sicht der Literatur vgl. *Jarass*, DVBl. 2003, 257, *Sparwasser*, NVwZ 2005, 369; *Assmann/Knierin/Friedrich*, NuR 2004, 635). Für das Verhältnis von Luftreinhalteplänen aufgrund von Überschreitungen der in der 22. BImSchV festgesetzten Immissionsgrenzwerten zu Planfeststellungsbeschlüssen für Bundesfernstraßen kann verwiesen werden auf die Rspr. des BVerwG (U. v. 26.5.2004 – 9 A 6/03 – NVwZ 2004, 1237, U. v. 18.11.2004 – 4 CN 11.03 – NVwZ 2005, 442 u. U. v. 23.2.2005 – 4 A 4/04 – NVwZ 2005, 803). – Die 22. BImSchV beruht auf der Richtlinie 1999/30/EG des Rates über Grenzwerte für Schwefeldioxyd, Stickstoffdioxyd und Stickstoffoxide, Partikel und Blei, die ab dem 1.1.2005 einzuhalten sind. Die Verwaltungsgerichte haben sich mit dem Anspruch von Bürgern auf Einhaltung der Immissionsgrenzwerte der 22. BImSchV auseinandergesetzt (VG Stuttgart, U. v. 31.5.2005 – 16 K 1120/05 – VBlBW 2006, 117; VGH München, B. v. 30.6.2005 – 22 CE 05.1194 – NVwZ 2005, 1094; B. v. 30.6.2005 – 22 CE 05.1196 – NVwZ 2005, 1086; U. v. 18.5.2006 – 22 BV 05.2462 – NVwZ 2007, 233; U. v. 18.5.2006 – 22 BV 05.2461 – NVwZ 2007, 220;

BVerwG, B. v. 29.3.2007 – 7 C 9.06 – NVwZ 2007, 695 u. U. v. 27.9.2007 – 7 C 36.07 –, NVwZ 2007, 1425). Ein von der Feinstaubbelastung betroffener Dritter hat keinen Anspruch auf Aufstellung eines Aktionsplans. Ein solcher Anspruch ergibt sich nicht aus dem BImSchG (BVerwG, U. v. 29.3.2007, aaO.). Er hat aber ein Recht auf Abwehr seiner gesundheitlichen Beeinträchtigungen durch planunabhängige Maßnahmen. Als planunabhängige straßenverkehrsrechtliche Maßnahme kann insbes. ein Verbot des LKW-Durchgangsverkehrs im innerstädtischen Bereich in Betracht kommen (BVerwG, U. v. 27.5.2007, aaO.). Überschreitungen der Immissionsgrenzwerte der 22. BImSchV treten in deutschen Großstädten häufig auf in Straßenschluchten bei Inversionswetterlagen im Herbst und im Winter. Dabei darf auch die Hintergrundbelastung von ca. 30–40 % nicht vernachlässigt werden. Aus bauplanungsrechtlicher Sicht kommen häufig nur Verwendungsverbote nach § 9 Abs. 1 Nr. 23 BauGB für feste und flüssige Brennstoffe (Holz, Kohle und Öl) in Betracht. Die zunehmende Anzahl von Pelletheizungen in Neubaugebieten von Städten ist dabei kontraproduktiv. Wie auf der 29. Umweltrechtlichen Fachtagung der Gesellschaft für Umweltrecht vom 3–5.11.2005 in Berlin ausgeführt wurde, ist dabei an vielen Belastungsschwerpunkten erst dann mit einer Einhaltung der Grenzwerte zu rechnen, wenn zusätzlich zu den möglichen lokalen Maßnahmen in Deutschland bzw. EU-weit zusätzliche allgemeine Begrenzungen für Feinstaubemissionen getroffen werden (*Stüer*, Tagungsbericht, DVBl. 2005, 1566/1568).

Sind *Untersuchungsgebiete* nach § 44 Abs. 2 BImSchG durch Landesverordnung festgestellt worden, d.h. Gebiete, in denen Luftverunreinigungen in der Atmosphäre auftreten und die zu schädlichen Umwelteinwirkungen i. S. v. § 3 BImSchG führen können, kann das zur Folge haben, dass in GI-Gebieten an sich generell zulässige gewerbliche Betriebe infolge ihres besonderen Störgrades hinsichtlich der Luftverunreinigung im Einzelfall nicht genehmigungsfähig sind. Das ist dann der Fall, wenn durch den Betrieb der Anlage die Immissionswerte im Einwirkungsbereich der Anlage überschritten werden. Die Festsetzung von GI-Gebieten in sog. Belastungsgebieten ist demzufolge nicht gleichbedeutend damit, dass »solche Betriebe, die in anderen Baugebieten unzulässig sind« (§ 9 Abs. 1), in GI-Gebieten stets zulässig sind. Die Genehmigungsbedürftigkeit der im Anh. der 4. BImSchV im Einzelnen aufgeführten Anlagen nach den §§ 4 ff. BImSchG kann die allgemeine Zulässigkeit gewerblicher Anlagen in GI-Gebieten einschränken. Sind in GI-Gebieten, die in einem Untersuchungsgebiet i. S. v. § 44 Abs. 2 BImSchG liegen, für das die *Grenze der Belastung* für bestimmte Schadstoffe nach der TA Luft festlegt, Industriebetriebe mit entspr. Schadstoffausstoß vorhanden, ist es mithin möglich, dass ein weiteres dort geplantes Werk, etwa ein **stark emittierendes Kohlekraftwerk,** nicht mehr zugelassen werden kann, weil durch dessen zusätzliche Schadstoffemittierung die Belastungsgrenze überschritten würde. Die durch die TA Luft 2002 festgelegten Immissionswerte sind für die (gerichtliche) Beurteilung der Frage, ob die Immissionen im Einzelfall geeignet sind, schädliche Umwelteinwirkungen hervorzurufen, als normkonkretisierende Verwaltungsvorschrift grundsätzliche Regelungen (BVerwG, B. v. 10.1.1995 – 7 B 112.94 – DVBl. 1995, 516).

2.1

Die **geänderten Regelungen** durch die **ÄndVO 1977** in Abs. 2 Nr. 1 und durch Wegfall des Abs. 4 entsprechen wörtlich den Regelungen des § 8 (s. dort Rn 4).

3

§ 9 4–4.11

Die Änderung durch die ÄndVO 1990 betrifft lediglich den *klarstellenden* Zusatz in Abs. 3 Nr. 1 – wörtlich übereinstimmend mit § 8 Abs. 3 Nr. 1 – (s. dazu § 8 Rn 4.1, 14).

3. Fragen des Nachbarschutzes, besondere Sorgfaltspflicht bei Festsetzung von (Bau-)Gebieten; zur Umweltprüfung

4 Für die *Fragen des Nachbarschutzes* gelten im Grundsatz die Ausführungen über den Nachbarschutz in GE-Gebieten entspr. (§ 8 Rn 3). Wegen des höheren Störgrades stellen sich die Nachbarschutzprobleme hier lediglich in verschärfter Form. Die nachbarschutzrechtlichen Fragen der gewerblichen Betriebe in GI-Gebieten können in etwa im umgekehrten Verhältnis zu denen der Nutzungsberechtigten *in WR-Gebieten* gesehen werden. In WR-Gebieten haben die Nutzungen und Anlagen **einen Anspruch** darauf, dass im Hinblick auf die Störempfindlichkeit des Gebiets keine Nutzungen genehmigt werden, die die Wohnruhe beeinträchtigen können; das Gleiche gilt für die Festsetzung von Baugebieten wie einem GI-Gebiet oder einem SO-Gebiet in solch einer Nähe von WR-Gebieten (oder auch von WS- u. WA-Gebieten bzw. SO-Gebieten, die der Erholung dienen), da die von ihnen ausgehenden Störungen und Belästigungen für die genannten Baugebiete unzumutbar sind (§ 3 Rn 4–7).

4.1 Der Eigentümer eines gewerblichen Vorhabens im durch B-Plan festgesetzten Industriegebiet hat kraft Bundesrechts einen Abwehranspruch gegen die Genehmigung eines im Industriegebiet – seiner Art nach – nicht zulässigen Vorhabens (hier: eine Diskothek als kerngebietstypische Vergnügungsstätte), unabhängig davon, ob er durch dieses baugebietswidrige Vorhaben tatsächlich spürbare und nachweisbare Beeinträchtigungen erleidet (BVerwG, U. v. 24.2.2000 – 4 C 23.98 – Fundst. Vorb. §§ 2 ff. Rn 26.2 u. BayVGH, B. v. 13.2.1996 – 14 CS 95.3591 – BRS 58 Nr. 73; 2. Leits.: »*Der Nachbar hat ungeachtet der Störanfälligkeit der Vergnügungsstätte oder seines Betriebs, einen Schutzanspruch auf die Wahrung der Gebietsart.*«). Die klagenden Nachbarn haben nach der neueren Lehre zum Gebietserhaltungsanspruch im öffentlichen Nachbarrecht einen Rechtsanspruch dahin gehend, die Zulassung eines mit der Gebietsfestsetzung unvereinbaren Vorhabens abzuwehren, weil hierdurch das nachbarliche Austauschverhältnis gestört und eine Verfremdung des Gebiets eingeleitet wird. Das BVerwG ist dem Einwand, der Nachbarschutz könne hier entfallen, weil eine schutzniveauverschlechternde Entwicklung gar nicht eintreten könne, zu Recht nicht gefolgt. Der gleiche Schutzanspruch der Gewerbebetriebe in GI-Gebieten besteht gegenüber der Festsetzung insbes. von Wohnbaugebieten nach den §§ 2–4 in einer solchen Entfernung von dem davon berührten GI-Gebiet, dass die störempfindlichen Nutzungen der Wohngebiete mit nach der Eigenart des Baugebiets unzumutbaren Belästigungen und Störungen insbes. der Wohnruhe rechnen müssen (die zu § 3 Rn 6–7 angeführte Rspr. und Lit. gelten auch hier; vgl. auch *von Holleben*, aaO., DVBl. 1981, 903).

4.11 Im B. v. 30.4.1992 (– 2 S 7.92 – BRS 54 Nr. 55 = ZfBR 1992, 242) hat das OVG Bln über den Antrag der Betreiber einer **Anlage zur Knochenentfettung** gegen die beabsichtigte Errichtung eines 11-geschossigen Hochhauses für »gewerbliche und industrielle Nutzung« auf dem benachbarten Grundstück zu entscheiden gehabt; dabei ist der **Leitsatz 1** für Industriegebiete von allgemeiner Bedeutung:

1. »Gegen die Zulassung der Errichtung eines nicht erheblich belästigenden Gewerbebetriebs im Industriegebiet können zugunsten dort legal bestehender störungsintensiver Gewerbe- und Industriebetriebe grundsätzlich keine Abwehrrechte unter dem Gesichtspunkt des Heranrückens schutzwürdiger baulicher Nutzungen bestehen.«

Das OVG Bln hat in den ausführlichen Gründen des B. in nach diesseitiger Auffassung überzeugender Weise die (gesamte) Problematik der Zulassung nicht erheblich störender Gewerbebetriebe in der Nachbarschaft störungsintensiver Gewerbebetriebe behandelt.

In den Gründen hat das OVG u.a. herausgestellt: »*Die Ansiedlung eines selbst nicht erheblich belästigenden Gewerbebetriebes im Industriegebiet hat grundsätzlich nicht zur Folge, dass er nunmehr einen seiner eigenen ›Störempfindlichkeit‹ entsprechenden Schutz vor Immissionen seitens anderer in diesem Baugebiet zulässigerweise betriebenen Anlagen verlangen kann. Vielmehr muss er sich den festgesetzten Gebietscharakter und die diesem entsprechenden Nutzungen als gebietsadäquate Vorbelastung entgegenhalten lassen und kann deshalb prinzipiell nicht die Verhinderung solcher Emissionen verlangen, die von Gewerbe- und Industriebetrieben dieser Art ausgehen, für die derartige Baugebiete vorrangig vorbehalten sind*« (wird weiter ausgeführt; OVG Bln., aaO.).

Die Ausführungen entsprechen in vollem Umfang der diess. A. Hinzuzufügen ist, dass es nicht Aufgabe der Baugenehmigungsbehörde u. der Gerichtsbarkeit sein kann, einen Gewerbebetrieb, der sich im GI-Gebiet anzusiedeln beabsichtigt u. der unter »Gewerbebetriebe aller Art« des Abs. 2 Nr. 1 fällt, etwa einen Handwerksbetrieb oder einen Einzelhandelsbetrieb für sanitäre Anlagen mit größerem Ausstellungsbedarf, die Baugenehmigung deswegen zu versagen, weil sein Grundstück in der Nähe eines störintensiven Gewerbebetriebs liegt. Die Voraussetzung der Genehmigung in solchen Fällen ist selbstverständlich, dass der betreffende Gewerbebetrieb auf die Geltendmachung von Immissionsschutzmaßnahmen zu seinen Gunsten ausdrücklich verzichtet und dies in der Baugenehmigung entspr. verankert wird. Es ist hinreichend bekannt, dass objektiv nachweisbare »ungesunde Arbeitsverhältnisse« i.S.v. § 1 Abs. 5 Satz 2 Nr. 1 erst bei einem (sehr) hohen Störungsgrad eintreten.

Die zu § 3 (Rn 6) angeführten Entscheidungen lassen erkennen, dass bei Neuplanungen die **angemessene Trennung von Industriegebieten und immissionsempfindlichen (Bau-)Gebieten** wie Wohngebieten oder Sondergebieten, die der Erholung dienen, **zu einem der elementaren Grundsätze der Bauleitplanung gehören,** von dem in Gemengelagen u.U. jedoch abgewichen werden kann bzw. muss (§ 1 Rn 47–48.3).

Wird **bei der Planung** von störempfindlichen Gebieten und GI-Gebieten der Verpflichtung auf eine genügende Trennung nicht die erforderliche Sorgfalt gewidmet, dürften die Festsetzungen des B-Plans einer gerichtlichen Nachprüfung nicht standhalten. Ob und inwieweit der Abstand genügt, lässt sich zwar nur unter Berücksichtigung der örtlichen Verhältnisse wie Topografie, Hauptwindrichtung, evtl. vorgesehene Gliederung des GI-Gebiets beurteilen. Einen gewissen *Anhalt* für die erforderlichen Abstände bei *Neuplanungen ohne besondere Beschränkungen* dürfte aber auch hierfür die dem Abstandserlass NW über *Schutzabstände* zwischen Industrie- u. Wohngebieten beigefügte **Abstandsliste** bieten. Aus ihr kann beispielhaft entnommen werden, welche gewerblichen Anlagen aufgrund langjähriger Erfahrung als besonders gefahrenträchtig i.A., immissionsträchtig im Besonderen angesehen werden müssen. Setzt die Gemeinde immissionsempfindliche (Bau-)Gebiete in unzureichender Entfernung von immissionsträchtigen GI- (und GE-)Gebieten – und umgekehrt – fest, wobei für Letzteres der Flachglasfall – § 1 Rn 41.1 – als exemplarisch zu nennen ist, wird sie i. A. gleichzeitig den erforderlichen Immissionsschutz auf ihre Kosten zu regeln haben.

4.13 Mit U. v. 11.12.2003 (– 7 C 19/02 – BVerwGE 119, 329 = NVwZ 2004, 610 = DÖV 2004, 340 zu VGH BW, U. v. 18.12.2001 – 10 S 2184/99 – VBlBW 2002, 436; vgl. zum U. des BVerwG die kritische Anm. v. *Koch/Prall*, NVwZ 2006, 1124 f.) hat der 7. Senat des BVerwG seine langjährige frühere Rspr., wonach die Vorsorgepflicht des § 5 Abs. 1 Nr. 2 BImSchG keine drittschützende Wirkung hat, weil diese Regelung nicht der Begünstigung eines individualisierbaren Personenkreises, sondern dem Interesse daran dient, potentiell schädliche Umwelteinwirkung generell und auch dort vorzubeugen, wo sie keinem bestimmten Emittenten zuzuordnen sind (BVerwGE 65, 313/320 und 69, 37/42 ff.), geringfügig korrigiert und hierzu ausgeführt:

»*Solange auf der Grundlage des § 48 BImSchG keine Immissionswerte bestimmt worden sind, dienen solche* **Minimierungsgebote** *(der TA Luft) nicht nur der allgemeinen Verbesserung der Umweltverhältnisse sondern auch* **dem Schutz eines individualisierbaren Personenkreises im Einwirkungsbereich der Anlage.** *Unter diesen Voraussetzungen kann der Betroffene mit Rechtsmitteln gegen die Genehmigung geltend machen, daß im* **Rahmen des Vorsorgegebotes erlassene Emissionsgrenzwerte zur Minimierung seines Gesundheitsrisikos eingehalten werden.** *Gegenüber dem Minimierungsgebot findet diese Schutzpflicht allerdings dort ihre Grenze, wo aufgrund einer sachverständigen Risikoabschätzung anzunehmen ist, daß das durch den emittierenden Betrieb verursachte Gesundheitsrisiko angesichts der bestehenden Vorbelastung irrelevant ist. Als in diesem Sinne irrelevant anzusehen ist eine Immissionszusatzbelastung unter 1 % anerkannter Wirkungsschwellen (vgl. Länderausschuss für Immissionsschutz, Bewertung von Schadstoffen für die keine Immissionswerte festgelegt sind, hrsg. vom Ministerium für Umwelt, Raumordnung und Landwirtschaft Nordrhein-Westfalen 1990, S. 26 f.). … Jenseits einer solchen Irrelevanzgrenze, die den Bereich des unausweichlichen Restrisikos markiert, ist die immissionsschutzrechtliche Schutz- und Abwehrpflicht gegenstandslos*« (BVerwG, aaO., Hervorhebungen diess.).

4.2 Das Gebot der gegenseitigen Rücksichtnahme erfordert in *Gemengelagen* bei vorhandenem Bestand – soweit eine auf jeden Fall vorzuziehende *Sanierung* nicht in Betracht kommt – u. U. eine relative Zurückstellung des Immissionsschutzes zu Lasten der Betroffenen und/oder eine Einschränkung der Emissionen aus den GI-Gebieten durch planungsrechtliche Maßnahmen (§ 1 Abs. 4, § 1 Rn 82–99). Es gibt keinen Grundsatz, der das Nebeneinander von (gewachsener) Industrienutzung und (gleichfalls gewachsenen) Wohnsiedlungen (z. B. Arbeitersiedlungen) verbietet. Es wäre ein Planungsfehler, eine reine Wohnsiedlung lediglich zwecks Einhaltung von Orientierungswerten oder Immissionsrichtwerten etwa als MI-Gebiet festzusetzen (§ 1 Rn 45–48).

Der Grundsatz, dass Wohngebiete und umgebungsbelastende Industriegebiete möglichst nicht nebeneinander liegen sollen, gilt in erster Linie für die Überplanung bisher unbebauter Flächen und erfasst nicht die »Heranplanung« an vereinzelte Wohngebäude im Außenbereich (VGH BW, NK-Urt. v. 16.4.1999 – 8 S 5/99 – NuR 2000, 153). Der VGH BW hat hier keinen Verstoß gegen den Trennungsgrundsatz des § 50 BImSchG angenommen, weil bereits eine vorhandene Gemengelage gegeben war. »*Würden bereits vereinzelte Wohngebäude außerhalb eines Bebauungszusammenhangs zu einer Beachtung des Trennungsgrundsatzes zwingen, wäre es aber kaum mehr möglich, neue Baugebiete für jedenfalls nicht nur dem Wohnen dienende Nutzungen auszuweisen.*« In dem Rechtsstreit ging es um ein Normenkontrollverfahren gegen einen B-Plan, der ein Industriegebiet für ein Entsorgungszentrum festgesetzt hat.

Wenn planerisch sichergestellt ist, dass ein benachbartes allgemeines Wohngebiet keinen unzulässigen Immissionen ausgesetzt wird, kann es aus der Sicht des § 50 BImSchG im Einzelfall zulässig sein, in dessen Nachbarschaft ein Industriegebiet auszuweisen (OVG RhPf U. v. 19.12.2003 – 1 C 10624/03 –

BauR 2004, 111, 2. Leits.). Dazu zählt aber nicht die Festsetzung von passiven Schallschutzmaßnahmen.

Nach dem dem Rechtsstreit zugrunde liegenden Sachverhalt sollte in unmittelbarer Nachbarschaft zu einen faktischen allgemeinen Wohngebiet ein Industrie- und Gewerbegebiet ausgewiesen werden, das mithilfe von immissionswirksamen flächenbezogenen Schallleistungspegeln gegliedert war und ein umfangreiches Erweiterungsvorhaben einer in der Nähe ansässigen größeren Maschinenfabrik aufnehmen sollte. Das OVG RhPf hat nur die Festsetzung des Gewerbegebiets beanstandet, da der Betrieb in ein Industriegebiet nach der typisierenden Betrachtungsweise gehörte.

Es ist hierzu auf eine bedeutsame Entscheidung des BGH hinzuweisen. Der BGH musste sich in seinem U. v. 6.7.2001 (– V ZR 246/00 – DVBl. 2001, 1837 = NJW 2001, 3119 = UPR 2001, 440) mit der Unterlassung von Industrielärmimmissionen bei zeitlich späterer Wohnbebauung in der Nachbarschaft in einer **Gemengelagensituation** befassen. Die Kläger bewohnen ein im Jahr 1990 erworbenes Einfamilienhausgrundstück. Das Grundstück liegt am östlichen Rand eines allgemeinen Wohngebiets. In einer Entfernung von etwa 160 m östlich davon betreibt die Beklagte in einem Industriegebiet seit mehr als 30 Jahren – im jetzigen Umfang seit 1986 – eine behördlich genehmigte Hammerschmiede. Die Betriebszeit beträgt werktäglich 8 Std., die Einwirkdauer beim Schmieden mit den Riemenfallhämmern ca. 2–5 Std. Der BGH hat in diesem Fall in Abkehr seiner früheren Rspr. bei einem Unterlassungsanspruch nach §§ 906 i. V. m. 1004 Abs. 1 BGB dem Gesichtspunkt der Priorität eine höhere Bedeutung zugebilligt. Der Leits. des U. lautet: »*Wer sich in Kenntnis oder grob fährlässiger Unkenntnis einer vorhandenen Immissionsquelle (hier: Industrielärm einer Hammerschmiede) in deren Nähe ansiedelt, ist zwar nicht uneingeschränkt zur Duldung jeglicher Immission verpflichtet, wohl aber zur Duldung derjenigen, die sich in den Grenzen der zulässigen Richtwerte hält.*« Das U. des BGH ist zu begrüßen. Es zeigt eine Bereitschaft zur Angleichung an die bauplanungsrechtliche Sicht im öffentlichen Recht.

4.3

Die Umweltprüfung

In der 10. Aufl. dieses Kommentars ist an dieser Stelle (Rn 5–5.7) ausführlich auf die UVP von Vorhaben im Industriegebiet nach dem UVPG v. 12.2.2001 i. d. Bekanntmachung der Neufassung vom 5.9.2001 (BGBl. I S. 2359) eingegangen worden. Auf diese Ausführungen kann für den Zeitraum bis zum Inkrafttreten des EAG Bau am 11.7.2004 verwiesen werden. Dieses hat sich bei der Umsetzung der Plan-UP-RL dafür entschieden, ohne europarechtlich dazu verpflichtet gewesen zu sein, die Umweltprüfung (UP) als (integriertes) Regelverfahren einzuführen. Die (Projekt-)UVP geht in der neuen Plan-UP auf. § 17 Abs. 1 S. 2 UVPG enthält dazu den klarstellenden Hinweis, dass eine nach den Vorschriften über die UVP vorgeschriebene Vorprüfung des Einzelfalls entfällt, wenn für den aufzustellenden B-Plan eine UP durchgeführt wird. § 2 Abs. 4 S. 1 EAG Bau 2004 hat die erst 2001 eingeführten Vorschriften über die UVP-pflichtigen B-Pläne entfallen lassen (*Schink*, UVP 2004, 81).

5

Das neue System des § 2 Abs. 4 BauGB ist in den Fällen der Nr. 18.1 bis 18.8 der Anlage 1 zum UVPG (noch) auf eine **Doppelspurigkeit** hin angelegt. In der Planungsphase ist eine Plan-UP durchzuführen. Ob im Zulassungsverfahren eine erneute UVP erforderlich ist, richtet sich nach den Vorgaben des UVPG. Soweit es auf der Zulassungsebene einer bedarf (z. B. Nr. 18.4: Bau eines Park-

§ 9 Abs. 2   5.1, 6

platzes; Nr. 18.6: Bau eines Einzelhandelszentrums), ist Landesrecht maßgebend. Die Länder müssen in ihren landesgesetzlichen Bauordnungen oder in landesgesetzlichen UVP-Gesetzen entspr. Regelungen bereitstellen.

Das **EAG Bau 2004 regelt für die Bauleitplanung das Verfahren abschließend.** Das schließt eines abgrenzende Bezugnahme auf das UVPG nicht aus, so z. B. für B-Pläne der Innenentwicklung gem. § 13a Abs. 1 S. 4 BauGB. Das nach § 13 BauGB zulässige beschleunigte Verfahren ist ausgeschlossen, wenn durch den B-Plan die Zulässigkeit von Vorhaben begründet wird, die einer Pflicht zur Durchführung einer UVP nach dem UVPG oder nach Landesrecht unterliegen. Das BauGB geht damit den Bestimmungen des UVPG vor (vgl. § 17 Abs. 1 u. 2 UVPG). Nach § 2 Abs. 4 S. 1 BauGB ist für die Belange des Umweltschutzes nach § 1 Abs. 6 Nr. 7 BauGB eine UP durchzuführen. In ihr werden die voraussichtlich erheblichen Umwelteinwirkungen ermittelt und in einem Umweltbericht beschrieben und bewertet. Die UP ist nach dem gesetzgeberischen Konzept ein integrierter Bestandteil des Aufstellungsverfahrens des B-Plans (*Hoppe*, NVwZ 2004, 903/904)

5.1 Das Gesetz zur Einführung einer Strategischen Umweltprüfung (SUPG), das am 26.6.2005 in Kraft trat (BGBl. I S. 1746) und die Plan-UP-RL 2001 in das deutsche Recht umsetzte, hat **keine Auswirkungen auf die UP nach dem BauGB** (*Schrödter*, Rdn. 74h–74j zu § 2 BauGB m. w. Begr.). § 17 Abs. 2 UVPG 2005 regelt nämlich abschließend das Verhältnis der UP nach dem EAG Bau zur UP nach dem UVPG 2005 in der Weise, dass die Gemeinde nicht verpflichtet ist, die verfahrensrechtlichen Vorschriften des UVPG 2005 bei der Bauleitplanung anzuwenden. Dies ergibt sich auch aus der amtlichen Begr. des SUPG (BT-Drucks. 15/3441 S. 13 f.). Die Gemeinde ist somit z. B. nicht verpflichtet, das Scoping-Verfahren in unmittelbarer oder entspr. Anwendung des § 18f UVPG 2005 durchzuführen.

4. Allgemein zulässige Nutzungen (Abs. 2)

6 a) **Allgemeines zur Zulässigkeit.** Die allgemein zulässigen Nutzungen umfassen lediglich zwei Nutzungsarten: Gewerbebetriebe aller Art, Lagerhäuser, Lagerplätze und öffentliche Betriebe (Nr. 1) sowie Tankstellen (Nr. 2). Die Nutzungen nach Nr. 1 entsprechen wörtlich der Aufzählung in § 8 Abs. 2 Nr. 1. Dies darf im Zusammenhang mit der Zweckbestimmung nicht den Blick dafür verstellen, dass GI-Gebiete zwar ausschließlich zur Unterbringung von Gewerbebetrieben vorgesehen sind, und dabei »vorwiegend« solcher Betriebe, die in anderen Baugebieten insbes. wegen ihrer Gefahr-, vor allem Immissionsträchtigkeit unzulässig sind. Die Beibehaltung des Wortlauts »Gewerbebetriebe aller Art« (Abs. 2 Nr. 1) weist aber darauf hin, dass letztlich **jeder Gewerbebetrieb** (z. Begriff s. § 8 Rn 5) im GI-Gebiet zulässig ist, also auch nichtstörende und/oder selbst störempfindliche Anlagen wie *Betriebe des Beherbergungsgewerbes* (a. A. Ziegler, in: Brügelmann – § 9 Rdn. 20, der Betriebe des Beherbergungsgewerbes nicht zu den Gewerbebetrieben nach Nr. 1 zählt). Die scheinbare Einschränkung »vorwiegend« in Abs. 1 dient der **Kennzeichnung des Gebietscharakters**, insbes. des zulässigen Störgrades. Sie kann sich dagegen nicht gewissermaßen als Verbotsnorm für die Ansiedlung solcher Betriebe auswirken, die an sich in das GE-Gebiet gehören. *Bielenberg* meint entgegen der diesseitigen Auffassung, dem »vorwiegend« einen eingeschränkten (anderen) Sinn gebend, »*dass die Ansiedlung von in anderen Baugebieten zulässigen Gewerbebetrieben solange nicht verhindert werden kann, als die Anlagen nicht überwiegen und bei Überwiegen den Gebietscharakter verändern*« (aaO.,

Rdn. 4). Will die Gemeinde bestimmte Anlagen ausschließen, muss sie von dem ihr zu Gebote stehenden § 1 Abs. 4ff. Gebrauch machen (s. Rn 6.1). »Vorwiegend« bringt nur zum Ausdruck, dass GI-Gebiete **in erster Linie** für die in anderen Gebieten unzulässigen Betriebe vorgesehen sind. Angesichts von Wortlaut, Stellung im System der Baugebietsvorschriften und Sinngehalt der Regelung des § 9 Abs. 1 i.V.m. Abs. 2 ist davon auszugehen, dass die Ansiedlung von in anderen Baugebieten zulässigen Gewerbebetrieben so lange nicht verhindert werden kann, als die Anlagen nicht überwiegen und dadurch den Gebietscharakter verändern (im gleichen Sinne VGH BW, U. v. 7.11.1974 – VIII 1054/74 – BauR 1975, 196 = BRS 28 Nr. 22).

Soll der Ausschluss bestimmter gewerblicher Nutzungen bewirkt werden, weil die Genehmigung weiterer nicht störender oder nicht erheblich belästigender Betriebe eine Änderung des Gebietscharakters des GI-Gebiets befürchten lässt, muss dafür § 15 oder *vorher* das Instrumentarium des § 1 bemüht werden. Nach § 1 Abs. 9 kann im B-Plan bei Anwendung der Abs. 5–8 festgesetzt werden, dass »bestimmte Arten« der im GI-Gebiet allgemein zulässigen »Gewerbebetriebe aller Art« nicht zulässig sind oder nur ausnahmsweise zugelassen werden können (s. § 1 Rn 126–127). Eine derartige einschränkende Festsetzung setzt allerdings voraus, dass »besondere städtebauliche Gründe dies rechtfertigen«; das wäre in der Begr. des Plans darzulegen. *(Zu den besonderen städtebaulichen Gründen s. bei § 1 Rn 114.)* Eine derartige Festsetzung kann sich für diejenigen GI-Gebiete anbieten, bei denen nach Lage des Gebiets und der städtebaulichen Situation die Stadt nach ihren Entwicklungsvorstellungen das betreffende GI-Gebiet ausdrücklich für die *Verbesserung der Gewerbe- und Industriestruktur* – evtl. sogar mit Zuschussmitteln des Landes für die Erschließung – und deshalb nur für »produzierendes« Gewerbe vorgesehen hat. Will die Gemeinde in ihrer Einschränkung noch weiter gehen, wäre es auch möglich, »nicht produzierende Gewerbebetriebe« auszuschließen.

6.1

Bielenberg weist zu Recht darauf hin (Rdn. 12, 24), dass die ÄndVO 1990 die bis dahin mögliche Zulassung *gewerblich* betriebener Anlagen für sportliche Zwecke abschließend dahin geregelt hat, dass Anlagen für sportliche Zwecke einschließlich der gewerblich betriebenen nur noch ausnahmsweise nach § 9 Abs. 3 Nr. 2 zugelassen werden können. *Bis* zur BauNVO 1990 waren dagegen in festgesetzten Industriegebieten nach den bis dahin geltenden BauN-VOen (1962, 1968, 1977) gewerblich betriebene Sportanlagen, etwa eine Tennishalle, zulässig. *Bielenberg* weist jedoch mit Recht darauf hin (Rdn. 24), dass sich hierbei Widersprüche daraus ergeben können, dass die BauNVOen *vor* der ÄndVO 1990 *gleichzeitig* die Anlagen für sportliche Zwecke unter den ausnahmsweise zulassungsfähigen Anlagen nach § 9 Abs. 3 aufgeführt hatten.

Betriebe mit geringem Störungsgrad werden sich i.A. nur dann in einem GI-Gebiet niederlassen, wenn sie dort etwa günstig ein Grundstück erworben haben oder sich das GI-Gebiet nach seinem Zuschnitt nur als ein geringfügig über dem zulässigen Störgrad liegendes GE-Gebiet darstellt. Will sich ein nicht oder nur unwesentlich störender Gewerbebetrieb wie ein *Hotel* in einem GI-Gebiet niederlassen, dürfte es sich generell empfehlen, in die Baugenehmigung ausdrücklich *den Hinweis aufzunehmen,* dass es sich um ein GI-Gebiet handelt. Aus diesem Grunde können bei Störungen und Belästigungen durch andere Gewerbebetriebe gegenüber der Baugenehmigungsbehörde Forderungen auf Schutzmaßnahmen nicht erhoben werden; desgleichen sind Schadenersatz-

6.2

§ 9 Abs. 2   7–7.11

ansprüche o. dergl. gegenüber den Immissionen verursachenden Betrieben ausgeschlossen.

7 b) **Zur Zulässigkeit der Nutzungen im Einzelnen; Einzelfälle.** S. zunächst § 8 Rn 8–12. Die Zulässigkeit im Einzelnen richtet sich nach der konkreten Situation des jeweiligen GI-Gebiets (Rn 6). So ist es u. a. grundsätzlich zulässig, dass sich ein **Beherbergungsbetrieb** im GI-Gebiet ansiedelt. Das gilt selbst dann, wenn der Betrieb als Gästehaus für Firmengäste vorgesehen ist und für höhere Ansprüche einige Appartements oder »Suiten« eingebaut hat. Ein Beherbergungsbetrieb enthält keine Wohnungen i. S. d. Bauordnungsrechts (ebenso VGH BW, U. v. 7.11.1974, BRS 28 Nr. 22; s. dazu § 8 Rn 11).

7.1 Um Missverständnisse auszuschließen, die sich aufgrund der diesseitigen verknappten Ausführungen in Rn 7 zur Zulässigkeit eines Beherbergungsbetriebs (eines »Hotels«) im Industriegebiet ergeben können (vgl. *Bielenberg*, Rdn. 13), ist ergänzend darauf hinzuweisen, dass **Beherbergungsbetriebe sich in GI-Gebieten aus unterschiedlichen Gründen ansiedeln können.** Zum einen kann für den Beherbergungsbetrieb die Lage am Rande eines GI-Gebiets mit verkehrsgünstiger überörtlicher Anbindung und zugleich mit der Erwartung, auch aus benachbarten Baugebieten Übernachtungsgäste zu erhalten, maßgebend gewesen sein, insbes. wenn der Aufenthalt aus berufsbedingten Gründen anzunehmen ist. Zum anderen kann ein Beherbergungsbetrieb von einem größeren Unternehmen im Industriegebiet ganz oder teilweise (mit bestimmter Bettenzahl) für betriebliche Zwecke (z. B. Firmengäste) oder für spezielle, zeitlich begrenzte Lehrgänge für Repräsentanten und aus anderen Gründen für eine bestimmte Zeit (möglicherweise Jahre) angemietet werden. Es kann ein Beherbergungsbetrieb (auf eigenem Grundstück) auch von einem Großunternehmen als »Gästehaus« übernommen werden, um Niederlassungsleiter u. a. Betriebskräfte regelmäßig zu »schulen«. *Bielenberg* weist mit Recht darauf hin, dass sich dies auch auf einige Wochen erstrecken kann (aaO., Rdn. 13). Vorausgesetzt bleibt eine *hotelähnliche* Unterbringung, d. h. der Ausschluss einer wohnähnlichen Nutzung. Unabhängig davon kann sich ein Gästehaus aus den erwähnten betriebsbedingten Gründen auch auf dem unternehmenseigenen Grundstück als Bestandteil bzw. Zubehör des Betriebs befinden (ebenso *Bielenberg*, aaO.). Es ergibt sich aus der Situation des Baugebiets, dass Beherbergungsbetriebe bei unterschiedlicher Nutzung oder hotelähnliche betriebliche Unterkünfte den üblichen Störgrad im GI-Gebiet hinzunehmen haben, soweit eine entspr. Standortwahl und/oder schallisolierende Vorkehrungen nicht in der Lage sind, Immissionen zu vermeiden. Die Versagung baulicher Anlagen im GI-Gebiet wegen der auf sie evtl. einwirkenden Immissionen ist nicht Sache der Baugenehmigungsbehörde (s. Rn 6). Aus der Festsetzung eines GI-Gebiets hat jeder Bauinteressent wegen der ihn dort erwartenden Störungen seine Konsequenzen selbst zu ziehen (s. auch § 15 Rn 24–24.3).

7.11 Zur Frage der **Ansiedlung von großflächigen (Einzel-)Handelsbetrieben** (s. § 8 Rn 8 und § 11 Abs. 3, dort Rn 12–32). Sie werden aufgrund von B-Plänen, die nach der BauNVO 1962 und BauNVO 1968 erlassen worden sind, nicht ohne weiteres der Eigenart des GI-Gebiets nach der BauNVO 1968 widersprechen, was auf Einkaufszentren nach ihrer Zweckbestimmung i. S. v. § 15 Abs. 1 Satz 1 stets zutrifft.

Auch **Fachmärkte** können als **Verbrauchermärkte** i. S. d. § 11 Abs. 3 BauNVO 1968 in Betracht kommen (BVerwG, U. v. 18.6.2003 – 4 C 5.02 – BauR 2004,

43 = BRS 66 Nr. 84 zu VGH BW, U. v. 10.5.2002 – 8 S 435/02 – BauR 2003,63 = BRS 65 Nr. 68 = VBlBW 2002, 349; Leits.: »*Der Begriff des Verbrauchermarkts i. S. der §§ 9 Abs. 2 Nr. 1, 11 Abs. 3 BauNVO 1968 entspricht jedenfalls im Wesentlichen dem des großflächigen Einzelhandelsbetriebs im Sinne der neueren Fassungen der BauNVO ab dem Jahr 1977. Eine bestimmte Zusammensetzung des Warenangebots ist daher nicht erforderlich.*«; Hervorhebung diess.). Das U. erging zu einem Fachmarkt für Fahrräder, Sportartikel, und Sportbekleidung, dessen Geschossfläche von ursprünglich 5.800 m² um 3.120 m² erweitert werden sollte. Das BVerwG ist nicht der Auffassung des Klägers gefolgt, wonach damals schon unter einem **Verbrauchermarkt** entspr. der gegenwärtigen Begriffsdefinition aus der Handels- und Absatzwirtschaft eine Einrichtung zu verstehen ist, in der zum Verbrauch bestimmte, schnell umgeschlagene Waren des kurzfristigen Bedarfs gehören, die jeder Verbraucher in relativ kurzen Abständen zum baldigen Verbrauch erwerbe. Solche Waren seien in erster Linie Lebensmittel, Nahrungs- und Genussmittel, aber auch andere Waren des täglichen Bedarfs wie z. B. Körperpflege- und Putzmittel fielen darunter. Es handle sich dabei um einen Einzelhandelsbetrieb, der ein warenhausmäßiges Sortiment vorwiegend in Selbstbedienung anbiete. Das BVerwG hat vielmehr zu Recht aufgrund der historischen Auslegung den Begriff des Verbrauchermarkts i. S. d. § 11 Abs. 3 BauNVO 1968 nicht auf großflächige Einzelhandelsbetriebe mit einem hauptsächlich auf Lebensmittel und verwandte Waren ausgerichteten oder mit einem insgesamt warenhausähnlichen Sortiment beschränkt. Auch ein sog. **Fachmarkt** kann daher ein **Verbrauchermarkt** sein (BVerwG, aaO.).

Zur bauplanungsrechtlichen Zulässigkeit eines externen **Zwischenlagers für** abgebrannte **Brennelemente** aus Leichtwasserreaktoren (Zwischenlager Ahaus; vorläufiger Nachbarrechtsschutz) vgl. OVG NW, B. v. 31.5.1985 – 10 B 308/85 – ZfBR 1985, 240 = StGR 1985, 420. *Aus den Gründen:* »*Das Vorhaben soll in einer Entfernung von etwa 2 km vom Ortsrand der Stadt A im Geltungsbereich eines Bebauungsplans verwirklicht werden, der insoweit Industriegebiet ausweist und die angrenzenden Flächen zur landwirtschaftlichen Nutzung bestimmt. ...*

Für die Annahme, dass das Vorhaben durch die – insoweit abstrakt gehaltene – Festsetzung ›Industriegebiet‹ nicht gedeckt ist, sondern – bei der Überplanung – nur in einem gerade für eine Anlage dieser Art ausgewiesenen Sondergebiet – SO – verwirklicht werden könnte, spricht der Umstand, dass die in Rede stehende Einrichtung den Rahmen dessen, was herkömmlicherweise in einem Industriegebiet angesiedelt zu werden pflegt, augenfällig sprengt« (wird weiter ausgeführt).

Für die zwischen einem Betrieb zur Aufzucht von Geflügel und einem neu festzusetzenden Industriegebiet einzuhaltenden Abstände sind die für Wohnbebauung geltenden Regelungen in Nr. 3.3.7.1.1 der TA-Luft 86 nicht unmittelbar heranzuziehen. Vielmehr ist eine einzelfallbezogene Sonderbeurteilung vorzunehmen, bei der dem in § 9 BauNVO vorgesehenen Charakter eines Industriegebiets angemessen Rechnung zu tragen ist (VGH BW, NK-Urt. v. 1.9.1994 – 8 S 685/94 – RdL 1996, 76 = AgrarR 1997, 29).

Nach einem NK-Urt. d. VGH BW v. 20.5.1999 (– 8 S 2652/98 – ZfBR 2000, 69 = NuR 2000, 220 = BRS 62 Nr. 22 = RdL 1999, 334) verstößt die Ausweisung eines eingeschränkten Industriegebiets, in dem nur Lagerhäuser, Lagerplätze, Betriebstankstellen sowie Stellplätze und Garagen zulässig sind, in unmittelbarer Nachbarschaft zu einer im Außenbereich gelegenen Junghennenzuchtanlage nicht zu Lasten des Betreibers der Letzteren gegen das Rücksichtnahmegebot.

§ 9 Abs. 2   7.14–7.21

Die Antragstellerin, die eine immissionsschutzrechtlich genehmigte Junghennenzuchtanlage mit 8 Stallanlagen und insgesamt ca. 70.000 Junghennenplätzen im Außenbereich betrieb, machte geltend, dass durch ein heranrückendes eingeschränktes Industriegebiet in ihre Privilegierung im Außenbereich abwägungsfehlerhaft eingegriffen werde. Der VGH BW machte in seiner Entscheidung deutlich, dass die Antragstellerin nicht zu befürchten habe, dass sie ernstzunehmenden Abwehransprüchen eines im eingeschränkten Industriegebiet tätigen Betriebs wegen Geruchsbelästigungen ausgesetzt werde. Nach Auffassung des Gerichts hielten sich die Geruchsemissionen im Rahmen des Ortsüblichen, wie z.B. das Ausbringen von Gülle auf landwirtschaftlich genutzte Flächen, wie sie im Gemeindegebiet der Antragsgegnerin auch in unmittelbarer Nähe des Ortes praktiziert wird.

7.14   Eine **Asphaltmischanlage**, die nach § 6 i.V.m. §§ 19 Abs. 1, 4 Abs. 1 BImSchG, § 1 Abs. 1 4. BImSchV (dortige Spalte 2 des Anh., Nr. 2.15), im vereinfachten immissionsschutzrechtlichen Genehmigungsverfahren zu genehmigen ist, ist in einem Industrie- oder Gewerbegebiet zulässig, nicht aber nach § 35 Abs. 1 Nr. 4 BauGB im Außenbereich, da im Hinblick auf das gesetzliche Ziel, den Außenbereich möglichst von Bebauung freizuhalten, die tatbestandliche Weite der Bestimmung durch erhöhte Anforderungen an die gesetzlichen Privilegierungsvoraussetzungen auszugleichen ist (OVG RhPf, B. v. 19.4.2002 – 7 B 10214/02 –). Dies gilt auch für **Bauschuttrecyclinganlagen** (OVG Bautzen, U. v. 18.6.2003 – 4 B 128/01 – NVwZ 2004, 1138).

7.2   Kerngebietstypische Vergnügungsstätten (hier: Diskothek) **sind in Industriegebieten gem. § 9 BauNVO in sämtlichen Fassungen unzulässig** (BVerwG, U. v. 24.2.2000 – 4 C 23.98 – NVwZ 2000, 1054 = BauR 2000, 1306 = ZfBR 2000, 423 = GewArch. 2000, 388).

Zur **Begründung** hat das BVerwG ausgeführt: »*Das Industriegebiet dient in erster Linie der Unterbringung von gewerblichen Betrieben. In ihm sollen vor allem störende und anderorts unzulässige Betriebe untergebracht werden. Industriegebiete liegen typischerweise getrennt von Wohngebieten und sollen allenfalls den durch die Gewerbebetriebe ausgelösten Besucherverkehr bewältigen. Dagegen haben Kerngebiete zentrale Funktionen. Sie bieten vielfältige Nutzungen und ein urbanes Angebot an Gütern und Dienstleistungen für die Besucher der Stadt und für die Wohnbevölkerung eines größeren Einzugsbereichs, gerade auch im Bereich von Kultur und Freizeit. In den Kerngebieten sollen deshalb auch die Vergnügungsstätten konzentriert sein. Sie sollen nicht in die regelmäßig am Rande gelegenen und für große Besucherzahlen nicht erschlossenen Industriegebiete abgedrängt werden; für Erholung und Vergnügen sind Industriegebiete nicht bestimmt. Nach der Wertung des Verordnungsgebers gehören Diskotheken gerade nicht zu den im Industriegebiet typischen Gewerbebetrieben.*«

Eine Befreiung nach § 31 Abs. 2 Nr. 2 BauGB kommt nicht in Betracht, weil die Abweichung von der festgesetzten Nutzungsart städtebaulich nicht vertretbar wäre. Dies folgt aus der Unvereinbarkeit einer Diskothek mit der typischen Funktion eines Industriegebiets, wie sie sich nunmehr auch aus der Neuregelung in der BauNVO 1990 ergibt. Auf die Einhaltung der festgesetzten Nutzungsart haben die Nachbarn einen Rechtsanspruch. Auch im Industriegebiet kann jede von der Gebietsfestsetzung abweichende Nutzung eine potenzielle Verschlechterung für den Nachbarn bedeuten, weil sie den Beginn einer Veränderung des Gebietscharakters darstellt und damit möglicherweise zur Zulässigkeit von Nutzungen führt, die den Nachbarn entweder selbst stören oder – wenn die neue Nutzung nicht stört – ihn hinsichtlich seines eigenen Betriebes zur Rücksichtnahme zwingen kann.

7.21   Bis zur Novellierung der BauNVO im Jahr 1990 waren nicht kerngebietstypische Vergnügungsstätten als sonstige Gewerbebetriebe nach der Rspr. in einem Industriegebiet zulässig (VGH BW, B. v. 27.6.1989 – 8 S 477/89 – NVwZ 1990, 86 = BauR 1989, 699 = BRS 49 Nr. 64; *Stock*, in: *K/R/S*, Rdn 5 zu § 9 u.

Bielenberg, in: *E/Z/B*, Rdn. 23 zu § 9). Ein **Spielcasino im Industriegebiet** mit 2 Spieltischen für Roulette mit jeweils 15 Plätzen in einem Spielraum von 47 m² zuzüglich mehrerer Nebenräumen ist keine kerngebietstypische Vergnügungsstätte und in einem Industriegebiet nach den früheren Fassungen der BauNVO daher zulässig (VGH BW, aaO.). Dagegen haben *Schlichter/Friedrich* (WiVerw. 1988, 199/227) die Zulässigkeit von Vergnügungsstätten insgesamt im Industriegebiet unter Hinweis auf dessen Zweckbestimmung abgelehnt; ebenso *Lemmel* (in: FS Weyreuther 1993, S. 273/285) u. *Ziegler*, in: *Brügelmann*, (Rdn. 100–100b zu § 1 BauNVO). Es spricht jedoch manches dafür, der damaligen Rspr. zu folgen.

Die Errichtung einer Vergnügungsstätte (Diskothek mit Restaurant) in einem nach der BauNVO 1968 festgesetzten Industriegebiet widerspricht, nicht anders als bei einer Festsetzung nach der BauNVO 1990, der Zweckbestimmung dieses Baugebiets (BayVGH, B. v. 13.2.1996 – 14 CS 95.3591 – BRS 58 Nr. 73). **7.22**

Die Genehmigung einer Nutzungsänderung einer Lagerhalle in eine »**Festhalle**« für **türkisch-kurdische Hochzeiten** mit bis zu 500 Sitzplätzen, einer Tanzfläche, einer Bühne für eine Kapelle sowie einer Getränkeausgabe und einem separatem Raum mit der Nutzungsangabe »Portionierung« für angeliefertes Essen in einem Industriegebiet ist nach Auffassung des OVG NW rechtswidrig (U. v. 27.4.2006 – 7 A 1620/05 – GewArch. 2007, 495 = NWVBl. 2006, 460; bestätigt durch BVerwG, B. v. 20.11.2006 – 4 B 56.06 –, ZfBR 2007, 270: »*Eine Festhalle mit einer Tanzfläche und einer Bühne für die Tanzkapelle, die überörtlichen Großveranstaltungen dienen soll, stellt auch dann eine Vergnügungsstätte i. S. d. BauNVO dar, wenn in ihr nur geschlossene Veranstaltungen, wie bspw. Hochzeitsfeiern, stattfinden.*«), weil es sich um eine **kerngebietstypische Vergnügungsstätte** handelt, die der Festsetzung eines Industriegebiets widerspricht. Nach Ansicht des OVG NW liegt weder eine Schank- und Speisewirtschaft vor noch eine Anlage für kulturelle und/oder soziale Zwecke, sondern eine Vergnügungsstätte, da die kommerzielle Unterhaltung im Vordergrund steht. Insbesondere sei ein Gewerbebetrieb nicht allein deshalb keine Vergnügungsstätte, weil er nicht von der Öffentlichkeit, also von jedermann genutzt werden könne (OVG NW, aaO.). Den Auffassungen des OVG NW u. des BVerwG ist zu widersprechen. Es handelt sich bei der »Festhalle« um keine kerngebietstypische Vergnügungsstätte, sondern um eine Anlage für kulturelle und/oder soziale Zwecke, die in einem Industriegebiet ausnahmsweise zulässig ist. **7.23**

Geschäfts-, Büro- und Verwaltungsgebäude sind – anders als nach § 8 (Abs. 2 Nr. 2) – nicht zulässig. Sie können auch nicht ausnahmsweise zugelassen werden; desgleichen dürften die Voraussetzungen für eine Befreiung nach § 31 Abs. 2 BauGB kaum gegeben sein (s. Vorb. §§ 2 ff. Rn 7–7.10). Die Nichtzulassungsfähigkeit gilt nur für **selbständige** Anlagen. Die genannten Gebäude werden häufig als *Bestandteil* des gewerblichen Unternehmens zu genehmigen sein, da heutzutage kaum ein Betrieb ohne umfangreiche Büro- bzw. Verwaltungstätigkeit (z. Begriffsinhalt s. § 4a Rn 18–19, § 7 Rn 6) auskommt, wozu nicht nur die eigentliche Geschäftsleitung mit Personalwesen und Buchhaltung gehört, sondern auch technische (Zeichen-)Büros, Werbung u. dergl. Als dem Gewerbebetrieb *zugehörig*, kommt es auf die Qualifizierung als untergeordnete Nebenanlage nicht an, gleichfalls nicht auf die Zulässigkeitsvoraussetzungen des § 15 Abs. 1. Der Gewerbebetrieb ist entweder insgesamt – einschließlich des Teiles, der den »büromäßigen« Tätigkeiten im weitesten Sinne dient – zulässig, oder er ist – insgesamt – unzulässig, weil er der Eigenart des Baugebiets (§ 15) widerspricht; so auch *Bielenberg* § 9 Rdn. 2. Diesseits ist in der vorangegangenen Aufl. übersehen worden, dass *Bielenberg* diese Auffassung bereits seit der 38. Lfg. vertritt, und die Ansicht, dass die Anlagen nur unter den Voraussetzungen des § 14 Abs. 1 zulässig seien, aufgegeben hatte. *Boeddinghaus/Dieckmann* – § 9 Rdn. 10 – meinen, dass Büro- und Verwaltungsgebäude nur im Wege der Befreiung genehmigt werden können. **8**

§ 9   Abs. 2   8.1–8.12

8.1 Für die Befreiung wird es bereits an der »offenbar nicht beabsichtigten Härte« fehlen, wobei noch hinzutreten muss, dass der jeweilige Fall in bodenrechtlicher Beziehung Besonderheiten aufweist, die ihn im Verhältnis zu der im B-Plan getroffenen Festsetzung als einen Sonderfall erscheinen lassen (statt vieler vgl. BVerwG, B. v. 6.7.1977 – IV B 53.77 – BRS 32 Nr. 146).

8.11 Wird ein Gebäude gewerblich, etwa als Lagerraum einer Elektrogroßhandlung und zur Fertigung optischer Geräte genutzt, dürfen andere Räume und Geschosse dieses Gebäudes nicht für **selbständige**, in diesem Fall mit der Elektrogroßhandlung und dem Fertigungsbetrieb nicht im Zusammenhang stehende Geschäfts-, Büro- und Verwaltungstätigkeiten genutzt werden (vgl. OVG Bln, B. v. 30.4.1992 – 2 S 7.92 – BRS 54 Nr. 55 = ZfBR 1992, 242). Dagegen sind Büro- und Verwaltungstätigkeiten in Gebäuden *zulässig*, wenn sie als *unselbständiger* Bestandteil eines in dem Gebiet zulässigerweise betriebenen Gewerbes diesem dienend funktional zugeordnet sind (OVG Bln, aaO.). Diese an sich gebietsfremden Nutzungen brauchen dabei nicht den in § 14 Abs. 1 näher umschriebenen Anforderungen an eine Nebenanlage zu entsprechen. Hinsichtlich des Umfangs, der zwar keiner festen Begrenzung unterliegt, muss dieser aber der dienenden Funktion angemessen sein. Eine Verwaltung (im weitesten Sinne verstanden), die **nicht** einem im GI-Gebiet ansässigen Betrieb funktional zugeordnet ist, ist in einem hierfür vorgesehenen Gebäude oder Gebäudeteil (in einzelnen Geschossen) im GI-Gebiet eine unzulässige, weil selbständige Anlage für Verwaltungszwecke. Es kommt entscheidend darauf an, dass das betriebliche Unternehmen, das – wie häufig – in anderen Regionen weitere Betriebsstätten unterhalten kann, in dem fraglichen Industriegebiet seinen *Produktion*sschwerpunkt i. S. d. Unternehmens»mittelpunktes« hat; die Verwaltungszentrale würde dagegen nicht genügen. In diesem Falle kann gegen die Benutzung eines Gebäudes bzw. Gebäudeteils zu Schulungs- und Ausbildungszwecken von Betriebsangehörigen – auch soweit diese in anderen, außerhalb des Industriegebiets befindlichen Betriebsstätten (Niederlassungen) des Unternehmens tätig sind – nichts eingewendet werden (vgl. dazu im Einzelnen OVG Bln., aaO.).

8.12 Das VG Freiburg hat mit seinem U. v. 24.10.2000 (– 4 K 1178/99 – DVBl. 2001, 1313 = NVwZ 2001, 1442; zustimmend *Stock,* in: *K/R/S,* Rdn 17 zu § 9) die Ablehnung eines Vorbescheids für ein Bordell in einem Industriegebiet die negative Entscheidung der beklagten Stadt aufgehoben. (Während des Verfahrens auf Zulassung der Berufung gegen das U. ist die Klage zurückgenommen worden). Das Bordell sollte als geplantes Appartementhaus 29 Appartements bzw. Zimmer haben. Zudem sollten auf dem mehr als 2.000 m² großen Grundstück etwa 27 Stellplätze errichtet werden. Nach Auffassung des Klägers würden weder Privatpersonen noch dort angesiedelte Gewerbebetriebe durch den Betrieb eines Bordells auf diesem abseits gelegenen Grundstück beeinträchtigt oder gestört werden. Nach Auffassung des VG Freiburg handelt es sich bei dem vom Kläger geplanten Bordellbetrieb um einen »Gewerbebetrieb aller Art« i. S. v. § 9 Abs. 2 Nr. 1 BauNVO, der im Industriegebiet der Nutzungsart nach allgemein zulässig ist. Das VG Freiburg hat Bordelle nicht als Vergnügungsstätten i. S. d. BauNVO angesehen. Die Unzulässigkeit der geplanten Nutzung ergab sich für das VG Freiburg auch nicht aus einem Verstoß gegen das Rücksichtnahmegebot, das in § 15 Abs. 1 S. 2 BauNVO normiert sei. Auch ein sog. »Imageverlust«, der für das Industriegebiet zu befürchten sei, könne nicht entscheidend berücksichtigt werden. Im Industriegebiet zulässige Nutzungen könnten nämlich nicht nach ihrer »Wertigkeit« beurteilt und danach etwa nur eingeschränkt zugelassen werden. Das Gericht verkennt zum einen, dass es sich auch bei dem sog. »Imageverlust« um einen städtebaulichen Grund handelt, der bspw. den Ausschluss einer Vergnügungsstätte in einem Misch-, Kern- oder Gewerbegebiet rechtfertigt (VGH BW, NK-U. v. 16.12.1991 – 8 S 14/89 – NVwZ-RR 1993, 122), zum anderen haben Großbordelle auch negative Auswirkungen i.S. eines »Trading-down-Effekts« (Hess. VGH, U. v. 5.2.2004 – 4 N 360/03 – BauR 2005, 1126/1128: *»Zu Recht weist die Ag. daraufhin, dass die von der Ast. gewünschte Nutzung ihres Betriebes geeignet ist, einen Trading-down-Effekt auszulösen und dadurch das Ziel einer Erhaltung und Stärkung einer hochwertigen Gebietsstruktur eines Gewerbegebietes mit produzierendem und verarbeitendem Gewerbe zu gefährden«.* S. auch OVG RhPf, U. v. 11.5.2005 – 8 C 10053/05 – BRS 69 Nr. 35) bei der Ansiedlungspolitik einer Gemeinde für moderne Gewerbe- und Industriegebiete. Außerdem hat das BVerwG in seinem U. v. 25.11.1983 (– 4 C 21.83 – BVerwGE 68, 213/217) inzidenter aufgeführt, dass jedenfalls der den Industriegebieten zukommende Zweck, der Unterbringung vorwiegend solcher Gewerbegebiete zu dienen, die in anderen Baugebieten unzulässig seien, dafür spreche, die Zulässigkeit solcher nicht erheblich belästigender (Bordell-)Betriebe für das Industriegebiet anders zu bewerten als für das Gewerbegebiet. Auch in seinem U. v. 24.2.2000 – 4 C 23.98 – Fundst. Rn 7.2 über die Unzulässigkeit einer Diskothek in einem Industriegebiet hat das BVerwG den Zweck des Industriegebiets dahin gehend umschrieben, dass in ihm vor allem störende und andernorts unzulässige Betriebe untergebracht werden sollen. Bordelle sind jedoch nach allgemeiner Meinung in Kern- und Gewerbegebieten grundsätzlich planungsrechtlich zulässig, so dass es nicht erforderlich ist, auf das Industriegebiet als Standort zurückgreifen zu müssen.

Zum Umfang der zulässigen **Tankstellen** s. § 8 Rn 12.1. **8.2**

5. Ausnahmsweise zulassungsfähige Nutzungen (Abs. 3); Nutzungen nach den §§ 12–14

Die ausnahmsweise zuzulassenden Anlagen entsprechen in Nr. 1 und Nr. 2 (bis auf die Anlagen für sportliche Zwecke) denjenigen nach § 8 Abs. 3 (Rn 14– 15); Vergnügungsstätten (§ 8 Rn 16) sind auch nicht ausnahmsweise vorgesehen. **9**

Die Notwendigkeit von betriebsbezogenen Wohnungen sollte *noch sorgfältiger* als für GE-Gebiete geprüft werden. Mit Recht hat der VGH BW darauf hingewiesen, dass die Rechtfertigung nur in unabweisbaren betrieblichen Bedürfnissen oder, wie im Falle des Betriebsinhabers und Betriebsleiters, in der persönlichen Gebundenheit an den Betrieb gesehen werden kann (vgl. U. v. 14.9.1976 – III 1758/75 – BRS 30 Nr. 32).

Die Auffassung des OVG RhPf über die baurechtliche Genehmigungsfähigkeit eines **privat betriebenen Krematoriums mit Pietätsraum** in einem Industriegebiet wird nicht geteilt (B. v. 28.10.2005 – 8 B 11345/05 – BauR 2006, 336 = BRS 69 Nr. 70). Die Nachbarklage hätte gestützt auf den Gebietswahrungs- bzw. Gebietserhaltungsanspruch Erfolg haben müssen. In Übereinstimmung mit dem U. des BayVGH v. 30.6.2005 (Fundst. Vorb. §§ 2 ff. Rn 13.1) verneint das OVG RhPf bei einem Krematorium das Vorliegen eines »Gewerbebetriebs aller Art«, bejaht aber eine Anlage für kulturelle oder soziale Zwecke i.S. v. § 9 Abs. 3 S. 2 BauNVO. Es geht davon aus, dass von dem geplanten **9.1**

§ 9 Abs. 3 9.2

Krematorium für die benachbarten Gewerbebetriebe keine unzumutbaren Beeinträchtigungen zu erwarten sind. Das Vorhaben sei gebietsverträglich und verletze auch nicht das Rücksichtnahmegebot. Das OVG RhPf verkennt, dass hier der planungsrechtliche Grundsatz der Gebietsverträglichkeit verletzt wird. Während der BayVGH und ihn bestätigend das BVerwG (B. v. 20.12.2005 – 4 B 72.05 – Fundst. Vorb. §§ 2 ff. Rn 13.1) in einem etwas anders gelagerten Sachverhalt (es ging um die Versagung des gemeindlichen Einvernehmens nach § 36 BauGB) ein Krematorium seiner Art nach in einem Gewerbegebiet für unzulässig gehalten haben (vgl. § 8 Rn 15.1), wird vom OVG RhPf die Zulässigkeit einer solchen Anlage in einem Industriegebiet bejaht.

Ein Industriegebiet wird jedoch genauso wenig wie ein Gewerbegebiet den besonderen Anforderungen, die ein Krematorium an seine Umgebung stellt, nämlich die Würde des Verstorbenen zu achten und das sittliche Empfinden der Allgemeinheit nicht zu verletzen, im Allgemeinen nicht gerecht: *»Eine derartige Umgebung ist regelmäßig geeignet, die Totenverbrennung in einer Weise gewerblich technisch zu prägen, die mit der aus der Ehrfurcht mit dem Tod und dem pietätvollen Umgang mit dem Verstorbenen erwachsenen kulturellen Einbindung des Krematoriums nicht vereinbar ist«* (BayVGH, aaO. zu einem Krematorium in einem Gewerbegebiet). Ein Krematorium ist in einem Industriegebiet nach der typisierenden Betrachtungsweise gebietsunverträglich und auf die Klage eines Nachbarn im B-Plangebiet von den Verwaltungsgerichten aufzuheben. Außerdem handelt es sich bei einem Industriegebiet um kein kontemplatives Umfeld, in die eine pietätvolle Totenbestattung nach herkömmlicher Anschauung und Erwartungshaltung einzubetten ist. Es ist kein Ort der Besinnung, der Stille, der inneren Einkehr und Beschaulichkeit, sondern durch werktägliche Geschäftigkeit geprägt (BVerwG, aaO. zu einem Krematorium in einem Gewerbegebiet). Im Übrigen s. Vorb. §§ 2 ff. Rn 13.1.

9.2 Selbst wenn die Voraussetzung der Betriebsbezogenheit vorliegt, ist **kein Rechtsanspruch auf Erteilung** der Baugenehmigung gegeben. Es besteht lediglich ein Anspruch auf *fehlerfreie Ermessensentscheidung* (»können zugelassen werden«) der Baugenehmigungsbehörde. Bei der Zulassung einer Betriebswohnung nach § 9 Abs. 3 Nr. 1 ist u. a. zu prüfen, ob sie zu einer Behinderung der im GI-Gebiet zulässigen immissionsträchtigen gewerblichen Nutzung der Nachbargrundstücke führen kann (OVG Lüneburg, B. v. 10.11.1982 – 6 B 69/82 – BauR 1983, 150 = BRS 39 Nr. 51). Im GI-Gebiet haben die dort ansässigen gewerblichen Betriebe **aus dem Gesichtspunkt des Nachbarschutzes** (Rn 4 ff.) einen Anspruch darauf, dass dort keine störempfindlichen Nutzungen zugelassen werden, die sie etwa bei der Erweiterung eines Betriebes oder einer notwendigen Produktionsumstellung dazu zwingen, auf die Nutzung eines benachbarten Gebäudes zu Wohnzwecken Rücksicht zu nehmen. Denn trotz der grundsätzlichen Gleichstellung von Betriebswohnungen mit den anderen Anlagen in GI-Gebieten kann der Planungsgrundsatz, dass *ungesunde* Wohnverhältnisse auch in GI-Gebieten nicht entstehen dürfen (§ 1 Abs. 5 Satz 2 Nr. 1 BauGB), zu einer unterschiedlichen Schutzbedürftigkeit für diejenigen, die auf dem Nachbargrundstück (nur) arbeiten und diejenigen, die dort auch wohnen (auskömmlicher Nachtschlaf), führen (darauf weist auch OVG Lüneburg, aaO., mit Recht hin).

Bei den in Abs. 3 Nr. 2 aufgeführten Anlagen empfiehlt es sich, bei der Festsetzung von GI-Gebieten zu prüfen, inwieweit Anlagen für *kirchliche* und *kulturelle Zwecke* überhaupt in Betracht gezogen werden sollten.

Zu Recht hat das OVG NW in seinem B. v. 4.11.2003 (– 22 B 1345/03 – BauR 2004, 976 = DÖV 2004, 394 = UPR 2004, 153 = NWVBl. 2004, 156) im Rahmen einer Nachbarklage eine **Asylbewerberunterkunft** in einem Industriegebiet für nicht zulässig gehalten, da sie mit der Zweckbestimmung nicht vereinbar ist. **9.3**

Aus den **Gründen**: Zwar handelt es sich bei einer Asylbewerberunterkunft um eine Anlage für soziale Zwecke, die gem. § 9 Abs. 3 Nr. 2 BauNVO ausnahmsweise in einem Industriegebiet zugelassen werden kann. Jedoch ist sie bei der gebotenen abstrakt-typisierenden Betrachtung nicht gebietsverträglich, weil sie als Unterkunft für Menschen, die dort ihren Lebensmittelpunkt haben, sich nicht mit emissionsstarken, störungsintensiven Gewerbebetrieben verträgt. Industriegebiete dienen nämlich ausschließlich der Unterbringung von Gewerbebetrieben (§ 9 Abs. 1 BauNVO) und zwar vorwiegend solcher Betriebe, die in anderen Baugebieten unzulässig sind. Sie sind die immissionsstärksten, störungsunempfindlichsten Baugebiete, die die BauNVO kennt (OVG NW, aaO.).

Stellplätze und Garagen (§ 12) sind unbeschränkt zulässig. **10**

Für die Berufsausübung nach § 13 sollen aufgrund der ÄndVO 1977 (sogar) Gebäude zulässig sein. Die Vorschrift entspricht bereits dem Gebietscharakter von GE-Gebieten nur bedingt (dazu § 8 Rn 17.1). Nachdem in GI-Gebieten jede allgemein zulässige »wohnartige« Nutzung dem Gebietscharakter entsprechend unzulässig ist und Geschäfts-, Büro- und Verwaltungsgebäude als selbständige Anlagen nach dem Zulässigkeitskatalog gleichfalls nicht vorgesehen sind, widersprechen sowohl **Räume als auch Gebäude** für die Ausübung freiberuflicher Tätigkeit i. S. v. § 13 der allgemeinen Zweckbestimmung von GI-Gebieten. Bis zur Rechtsänderung sollten Nutzungen i. S. v. § 13 nach § 1 Abs. 5 ausgeschlossen werden. *Bielenberg* meint, dass derartige Betätigungen nur ausnahmsweise zugelassen werden können, ohne dafür jedoch einen praktischen Fall zu nennen (aaO., Rdn. 8a). Der diesseitigen Ansicht, dass die Ausübung von Tätigkeiten nach § 13 der Zweckbestimmung des Industriegebiets zuwiderläuft, hält *Bielenberg* entgegen, »*diese Auffassung steht im Widerspruch zum Wortlaut der BauNVO*« und könne nicht geteilt werden, ohne auf den Kern des Widerspruchs einzugehen. *Bielenberg* hat nämlich mit Recht darauf hingewiesen, »*dass bereits nach dem Gebietscharakter wohnähnliche Nutzungen in Gewerbe- und Industriegebieten unzulässig sind*« (Bielenberg Rdn. 13). Dann muss nach dem Unterschied zwischen »wohnähnlichen« und »wohnartigen« Nutzungen (so die st. Rspr. des BVerwG zu § 13) gefragt werden. **10.1**

Zum Umfang möglicher **Nebenanlagen** i. S. v. § 14 s. § 8 Rn 17.2. **10.2**

6. Gliederungs- und Differenzierungsmöglichkeiten nach § 1 Abs. 4–9

Zu den allgemeinen Voraussetzungen s. § 1 Rn 82–99 und Rn 111–124. Darüber hinaus gelten die Ergänzungen zu § 8 (Rn 18–18.3) auch für die Fragen der Gliederung und Differenzierung von *Industriegebieten*. Die in GI-Gebieten zulässigen Gewerbebetriebe können nach Art, Umfang, Bedürfnissen, Eigenschaften und insbes. den Immissionsauswirkungen bekanntlich sehr unterschiedlich sein (Rn 6). Um zu vermeiden, dass GI-Gebiete andere Baugebiete beeinträchtigen, und gleichzeitig, um zu verhindern, dass die Betriebe sich gegenseitig stören und belästigen (zur Berücksichtigung der allgemeinen Anfor- **11** derungen an gesunde Arbeitsverhältnisse und die Sicherheit der Arbeitsbevölkerung nach § 1 Abs. 5 Satz 2 Nr. 1 BauGB), können die Gliederungs- und Differenzierungsmöglichkeiten für GI-Gebiete von noch größerer Bedeutung sein als für GE-Gebiete.

Die **Gliederung** sowohl innerhalb eines GI-Gebiets als auch i. Verh. mehrerer GI-Gebiete der Gemeinde zueinander nach einem bestimmten Emissions- oder Immissionsverhalten von Anlagen ist zulässig (§ 1 Rn 88 ff.). Die Gliederung kann auf der Grundlage der »Art der zulässigen Nutzung« (§ 1 Abs. 4 Nr. 1) gleichzeitig auch nach den »besonderen Bedürfnissen« (etwa Festsetzung des Betriebsstandorts für ein Kraftwerk bzw. deren Unterarten) und den »besonderen Eigenschaften« (§ 1 Abs. 4 Nr. 2) vorgenommen werden (ebenso *Bielenberg*, § 8 Rdn. 34). Dadurch kann vor allem auch nach dem *Störungsgrad* der Betriebe und Anlagen gegliedert werden (§ 1 Rn 93–98). Bei der Gliederung nach Gesichtspunkten der Immissionsstörungen kommt der **hinreichenden Bestimmtheit** durch Festsetzung der entsprechenden Merkmale ausschlaggebende Bedeutung zu (§ 8 Rn 18–18.2).

Zur Verhinderung oder Minderung **von Lärmeinwirkungen** kann die Anordnung i. S. d. Gliederung nach § 1 Abs. 4 Nr. 2 von Bürogebäude(-n), Kantine, Sozialräumen, evtl. Wohnung für Pförtner, Betriebsleiter, Bewachungspersonal oder auch von Werkhallen, in denen keine Montage oder sonstigen Lärm erzeugenden Arbeiten vorgenommen werden, an der einem schutzbedürftigen Gebiet zugewandten Seite des Industriegebiets erheblich beitragen.

Eine so weitgehende Gliederung, dass in einem GI-Gebiet nur ein bestimmter Betrieb zulässig ist, widerspräche jedoch dem Sinngehalt der Gliederungsmöglichkeit. Nach § 1 Abs. 4 Satz 3 (i. V. m. § 1 Abs. 5) dürfen nur einzelne »bestimmte Arten von Nutzungen« ausgeschlossen werden (§ 1 Rn 102–103).

§ 10 Sondergebiete, die der Erholung dienen

(1) Als Sondergebiete, die der Erholung dienen, kommen insbesondere in Betracht
   Wochenendhausgebiete,
   Ferienhausgebiete,
   Campingplatzgebiete.

(2) Für Sondergebiete, die der Erholung dienen, sind die Zweckbestimmung und die Art der Nutzung darzustellen und festzusetzen. Im Bebauungsplan kann festgesetzt werden, dass bestimmte, der Eigenart des Gebiets entsprechende Anlagen und Einrichtungen zur Versorgung des Gebiets und für sportliche Zwecke allgemein zulässig sind oder ausnahmsweise zugelassen werden können.

(3) In Wochenendhausgebieten sind Wochenendhäuser als Einzelhäuser zulässig. Im Bebauungsplan kann festgesetzt werden, dass Wochenendhäuser nur als Hausgruppen zulässig sind oder ausnahmsweise als Hausgruppen zugelassen werden können. Die zulässige Grundfläche der Wochenendhäuser ist im Bebauungsplan, begrenzt nach der besonderen Eigenart des Gebiets, unter Berücksichtigung der landschaftlichen Gegebenheiten festzusetzen.

(4) In Ferienhausgebieten sind Ferienhäuser zulässig, die aufgrund ihrer Lage, Größe, Ausstattung, Erschließung und Versorgung für den Erholungsaufenthalt geeignet und dazu bestimmt sind, überwiegend und auf Dauer einem wechselnden Personenkreis zur Erholung zu dienen. Im Bebauungsplan kann die Grundfläche der Ferienhäuser, begrenzt nach der besonderen Eigenart des Gebiets, unter Berücksichtigung der landschaftlichen Gegebenheiten festgesetzt werden.

(5) In Campingplatzgebieten sind Campingplätze und Zeltplätze zulässig.

§ 10

BauNVO 1977:

unverändert.

BauNVO 1962 und 1968: Wochenendhausgebiete

In Wochenendhausgebieten sind ausschließlich Wochenendhäuser als Einzelhäuser zulässig. Ihre Grundfläche ist im Bebauungsplan, begrenzt nach der besonderen Eigenart des Gebiets unter Berücksichtigung der landschaftlichen Gegebenheiten, festzusetzen.

Erläuterungen

Übersicht

		Rn			
1.	Allgemeines zu den Sondergebieten mit Erholungsfunktion	1	–	2	
2.	Sondergebiete, die der Erholung dienen	3	–	3.4	
a)	Abgrenzung der Begriffe und zu anderen Formen der Erholung	3	–	3.1	Abs. 1
b)	Zur zukünftigen bauplanungsrechtlichen Behandlung von Dauerkleingartengebieten	3.2	–	3.4	
3.	Störanfälligkeit, Fragen des Nachbarschutzes und des Lärmschutzes	4	–	6.1	
a)	Störanfälligkeit	4	–	5	
b)	Fragen des Nachbarschutzes und des Lärmschutzes	6	–	6.1	
4.	Darstellung und Festsetzung der Zweckbestimmung und Art der Nutzung bei SO-Gebieten; gleichzeitig § 11 Abs. 2 Satz 1	7	–	11	Abs. 2 Satz 1
a)	Allgemeines zur Darstellung und Festsetzung	7	–	10	
b)	Die Festsetzungen für SO-Gebiete	11			
5.	Festsetzung von Nutzungen zur Versorgung und für sportliche Zwecke	12	–	13.1	Abs. 2 Satz 2
6.	Standortwahl von SO-Gebieten nach § 10	14	–	16	
a)	Allgemeines	14			
b)	Zur Standortwahl im Einzelnen	15	–	16	
7.	Die Erschließung von SO-Gebieten mit Erholungsfunktion	17	–	20	
a)	Grundsätze zur gesicherten bzw. ausreichenden Erschließung	17	–	18	
b)	Zum Umfang der Erschließungsanlagen	19	–	20	
8.	Wochenendhausgebiete	21	–	29.1	Abs. 3
a)	Zweckbestimmung, Begriffsinhalt; Gebietscharakter, Regelungen seit ÄndVO 1977; Einzelfragen	21	–	21.2	
b)	Begriff, Zulässigkeit (Genehmigung) von Wochenendhäusern	22	–	22.1	
c)	Zur Problematik der Dauernutzung	23	–	23.3	
d)	Festsetzung der Bauweisen bei Wochenendhäusern	24	–	24.1	Abs. 3 S. 1 u. 2
e)	Festsetzung der zulässigen Grundfläche	25	–	28	Abs. 3 S. 3
aa)	Allgemeines zur Festsetzung	25	–	25.1	
bb)	Art und Weise der Festsetzung, Form und Bindungswirkung	26			

§ 10

cc) Begrenzung der Grundfläche nach der besonderen Eigenart des Gebietes	27	
dd) Festsetzung der Grundfläche unter »Berücksichtigung der landschaftlichen Gegebenheiten«	28	
f) Beispiel zur Festsetzung eines SO-Gebietes «Wochenendhausgebiet»	29	
g) Faktisches Wochenendhausgebiet	29.1	

	9. Wochenendplatzgebiete	30 – 33.1
	a) Allgemeines, zur Zweckbestimmung	30
	b) Begriffe und Rechtsnatur von »Wochenendplatz« und «Aufstellplatz»	31 – 31.4
	aa) Allgemeines	31
	bb) Begriff, Rechtsnatur, planungsrechtlicher Inhalt	31.1 – 31.4
	c) Zulässige bauliche Anlagen zum Freizeitwohnen	32 – 32.1
	d) Sonstige zulässige oder zulassungsfähige Anlagen; Beispiel für Festsetzung	33 – 33.1
Abs. 4	10. Ferienhausgebiete	34 – 38.1
	a) Allgemeines und Sinngehalt der Vorschrift	34 – 34.2
	b) Zweckbestimmung, Allgemeines zur Festsetzung (Standortwahl)	35 – 35.21
	c) Gebietscharakter, Folgewirkung unterschiedlicher Festsetzungen, Umweltprüfung	36 – 36.2
	d) Zulässige und zulassungsfähige Anlagen und Nutzungen, Beispiel für Festsetzung	37 – 38.1
Abs. 5	11. Campingplatzgebiete	39 – 48
	a) Allgemeines zum Begriff und zum Campingwesen	39 – 40
	b) Rechtsnatur der Campingplatzgebiete, Abgrenzung zu anderen Freizeit(wohn)gebieten	41 – 41.2
	c) Zum Begriffsinhalt »Campingplatz«, »Standplatz«; planungsrechtliche Zulässigkeit	42 – 44.1
	d) Zweckbestimmung, Gebietscharakter, Allgemeines zur Festsetzung; Einzelfragen	45 – 46.1
	e) Zulässige Freizeitunterkünfte	47
	f) Sonstige zulässige oder zulassungsfähige Anlagen u. Einrichtungen; Beispiel für Festsetzung	48

Schrifttum

Arbeitskreis zur Entwicklung möglicher Konfliktlösungsstrategien, April 2000	Dauerwohnen in Ferienhausgebieten
Battis/Krieger	Bauplanungsrechtliche Neueinordnung der Kleingärten, NuR 1981, 83
Gaentzsch	Feriengebiete in Raumordnung und Bauleitplanung, ZfBR 1991, 192
Gassner	Wochenendhausgebiet, Gesichtspunkte zur Standortwahl und Empfehlungen zur Gestaltung, BBauBl. 1969, 276

Geßner/Brandt/ Mrass	Ermittlung von aktuellen und potenziellen Erholungsgebieten in der Bundesrepublik Deutschland, Schriftenreihe für Landschaftspflege und Naturschutz, Nr. 9
Heitfeld-Hagelgans	Bauplanungsrechtliche Steuerung von freizeitlichem Wohnen, Vortrag im 38 Kurs des Instituts für Städtebau in Berlin, »Städtebau und Recht« vom 30.9–4.10.2002
Klett/Bädorf	Zur Anrechnungsfähigkeit überdachter Stellplätze auf die zulässige Grundfläche eines Wochenendhauses, BauR 1989, 148
Lankau	Hauptwohnung im Wochenendhaus?, St. u. KommV 1975, 39
Mrass	Wochenendgebiete in der Bundesrepublik Deutschland, der Landkreis 1977, 206
–	Camping als Landschaftsproblem, der Landkreis 1978, 359
Otto	Die Verwirklichung von Campinganlagen nach dem Bundesbaugesetz, BauR 1978, 109
Schwendner	Wochenendhäuser im Außenbereich, 1993
Straub	Wochenend- und Ferienhäuser, BBauBl. 1964, 346
Wagenfeld/Pauly/ Richter/Sahle	Campingplätze in Nordrhein-Westfalen, Auswertung eines Wettbewerbs, in: Schriftenreihe Landes- und Stadtentwicklungsforschung NW, Bd. 2029
Willeke	Die bauplanungsrechtliche Beurteilung von Lager-, Abstell- und Campingplätzen, Mülldeponien und Kiesgruben, BauR 1972, 342
Wittek	Camping- und Zeltplätze, baurechtliche Probleme und Planungsziele, Die Bauverwaltung, 1977, 56

(s. auch unter Schrifttum allgemein)

1. Allgemeines zu den Sondergebieten mit Erholungsfunktion

Durch die ÄndVO 1977 ist § 10 auf Vorschlag des BR neugefasst und gleichzeitig wesentlich erweitert worden. Während der frühere § 10 lediglich die Planung von *Wochenendhausgebieten* zum Gegenstand hatte, fasst § 10 seit der ÄndVO 1977 die **Sondergebiete, die der Erholung** dienen, durch Einbeziehung weiterer beispielhaft genannter Sondergebiete mit Erholungsfunktion systematisch zusammen. Damit ist einem Bedürfnis der Praxis zur sachgerechten städtebaulichen Einfügung der verschiedenartigen Flächen und Gebiete zur Verbringung der Freizeit nachgekommen worden. Durch die Einbeziehung in § 10 sind auch *Ferienhausgebiete* und die früher nur als »Grünfläche« festzusetzenden *Campingplatzgebiete* planungsrechtlich erfassbar.

Aus dem (verständlichen) Wunsch, die stetig zunehmende Freizeit außerhalb des Wohnortes an eigens dafür geeigneten Standorten in wohnartiger Weise (in Wochenendhäusern, Ferienwohnungen, Caravans, Mobilheimen u. dergl.) verbringen zu können, erwächst die gesellschaftliche Verantwortung i. A., die städtebauliche im Besonderen, dass sich das **Freizeitwesen in geordneten Bahnen** vollzieht. Der Gesetzgeber hat das Erholungsbedürfnis der Bevölkerung bereits in den **Planungsleitsätzen** des § 1 Abs. 5 Satz 2 Nr. 3 BauGB anerkannt. Danach sollen bei der Aufstellung der Bauleitpläne u. a. auch »die Belange von Sport, Freizeit und Erholung« berücksichtigt werden. Nach diesem gesetzlichen Auftrag müssen Gemeinden in **typischen Freizeit- und Erholungsbereichen** bei *entspr. Bedarf* auch die Festsetzung von SO-Gebieten, die der Erholung dienen, in Betracht ziehen.

§ 10   Abs. 1   1.1–3.1

1.1 Voraussetzung für die Festsetzung von SO-Gebieten ist, dass geeignete Standorte zur Verfügung stehen, die Planung den Zielen der Raumordnung und Landesplanung (§ 1 Abs. 4 BauGB) entspricht, und dass die Standorte bei der Abwägung mit den zu berücksichtigenden öffentlichen Belangen, insbes. im Hinblick auf den Umweltschutz wie Schutz der nicht vermehrbaren Naturgüter (Reinhaltung der Gewässer und des Grundwassers, Naturschutz und Landschaftspflege) und Schutz des Orts- und Landschaftsbildes vor Beeinträchtigung (§ 1 Abs. 5 BauGB), in Einklang gebracht werden können.

2 § 10 entspricht **nach** seinem **Aufbau** nicht den Vorschriften über die Baugebiete nach den §§ 2–9. Die allgemeine **Zweckbestimmung** jeweils in Abs. 1 der §§ 2–9 konnte der VOgeber wegen der Unterschiedlichkeit der SO-Gebiete, die der Erholung dienen, **in § 10 nicht regeln.** Die Bestimmung des jeweiligen Zwecks des SO-Gebiets bleibt dem Planungsträger (Gemeinde) überlassen. Für die Zweckbestimmung ist jedoch der Rahmen insofern vorgegeben, als es sich um SO-Gebiete, die der Erholung dienen, handeln muss. Ist Letzteres nicht der Fall, handelt es sich um *sonstige* SO-Gebiete nach § 11.

2. Sondergebiete, die der Erholung dienen

3 a) Abgrenzung der Begriffe (Abs. 1) und zu anderen Formen der Erholung. In Abs. 1 sind einige Sondergebiete *beispielhaft* aufgezählt. Es handelt sich um die geläufigsten Gebiete zur Verbringung der Freizeit. Zu ihnen rechnen ferner die Wochenendplatzgebiete und die verschiedenen Freizeitwohngebiete in Mischform. Bei allen Gebieten handelt es sich um Freizeitwohngelegenheiten als Oberbegriff der verschiedenen für Erholungszwecke vorübergehend benutzten Unterkünfte. Das Freizeitwohnen setzt eine Hauptwohnung voraus; es findet in stationären oder mobilen Unterkünften statt und kann nach drei unterschiedlichen Wohnformen gegliedert werden:

- das **Wochenendwesen,** gekennzeichnet durch ortsfeste Unterkünfte begrenzter Größe (Abs. 3),
- das **Fremdenverkehrswesen** in Gestalt von Ferienhäusern, Ferienwohnungen, Ferienheimen, evtl. auch Pensionen, Gasthöfen u. dergl. (Abs. 4),
- das **Campingwesen,** gekennzeichnet durch mobile Unterkünfte (Abs. 5).

Die Unterscheidung nach *stationären* und *mobilen* Unterkünften sowie deren unterschiedliche Anforderungen an den Standort und die Infrastruktur hat zur Entwicklung verschiedener Gebiete, Platzarten und -typen geführt. Sie erfordern wegen der unterschiedlichen raumordnerischen und städtebaulichen Anforderungen auch eine unterschiedliche planungsrechtliche Behandlung. **Die Vermischung von stationären und mobilen Unterkünften** hat in Bezug auf den Flächenbedarf, die innere Erschließung, den Betrieb, die Ver- und Entsorgung, die Notwendigkeit und Ausnutzung von Gemeinschaftseinrichtungen, die Gestaltung und die äußeren Anforderungen Nachteile und sollte daher vermieden werden.

Der Begriff »**Erholung**« ist gesetzlich nicht definiert; Erholung kann auf mannigfache Weise erfolgen. Alles das »dient« der Erholung, was geeignet ist, dem Einzelnen neue (mehr) Spannkraft zu geben. Dazu sind zwar nicht nur Freizeit**wohn**gelegenheiten geeignet. Der VOgeber hat sich bei der Neufassung des § 10 durch die ÄndVO 1977 aber ersichtlich von den Wochenendhausgebieten leiten lassen.

3.1 Die **Abgrenzung von Freizeitwohngebieten nach § 10 zu** »**sonstigen**« **Freizeit- und Erholungsgelegenheiten** geschieht in der Weise, dass es sich bei Gebieten nach § 10 um SO-**Bau**gebiete handeln muss, die *Erholung* mit einer gleichzeitig darauf in spezifischer Weise abgestellten *Wohnform* verbinden. In diesem

Sinne kann ein *Wassersportgebiet* einen Grenzfall (zu § 11) bilden, sofern die Sportmöglichkeiten gleichzeitig mit dem Wohnen in Clubhäusern oder sonstigen Unterkünften verbunden werden.

Nicht zu SO-Gebieten i. S. d. § 10 zählen (zur vorübergehenden Nutzung dienende) *Zeltplätze* sowie Sport-, Spiel- und Badeplätze, die nach § 5 Abs. 2 Nr. 5 und § 9 Abs. 1 Nr. 15 BauGB als Grünflächen darzustellen und festzusetzen sind; ferner die Flächen für Sport- und Spielanlagen nach § 9 Abs. 1 Nr. 5 BauGB. Darunter fallen u. a. Sportzentren (Fußballplätze), Freizeitcenter mit unterschiedlichem Angebot zur Freizeitgestaltung, auch ein kombiniertes *Hallen- und Freibad* mit Liegewiese u. dergl.

Das OVG Saarl. hat im U. v. 29.10.2002 (– 2 N 6/00 – NVwZ-RR 2003, 265) zu Recht ausgeführt, dass die Ermächtigung des § 10 Abs. 1 BauNVO sich auf die Ausweisung solcher Sondergebiete beschränkt, die durch die Zweckbestimmung der Erholung in Verbindung mit einer spezifisch hierauf ausgerichteten Wohnform geprägt sind; Anlagen und Einrichtungen für sportliche Zwecke (hier: **Golfplatz**) können nicht Hauptzweck eines solchen Sondergebiets sein. Jedoch kann ein Sondergebiet mit der Zweckbestimmung »Golfplatz« auf der Grundlage von § 11 BauNVO ausgewiesen werden. Nicht gefolgt werden kann der Auffassung des Hess. VGH (U. v. 6.1.1995 – 1 L 2709/93 – BRS 57 Nr. 281), wonach die Ausweisung des »Sondergebiets Erholung mit der Zweckbestimmung Hotel und Golfclubhaus mit Nebenanlagen«, das sich neben einem nach § 9 Abs. 1 Nr. 15 BauGB festgesetzten Golfplatz befindet, auf § 10 Abs. 1 BauNVO gestützt werden kann. Sie lässt sich nur auf § 11 Abs. 1 oder 2 BauNVO stützen. Ein Hotel und ein Golfclubhaus sind keine typische Freizeitwohnanlage, die unter § 10 BauNVO fällt.

Desgleichen fallen *Kurgebiete* und andere Gebiete zur Wiederherstellung der Gesundheit oder zur gezielten Gesundheits*vorsorge* nicht unter die der Erholung dienenden SO-Gebiete des § 10. Sie rechnen zu den sonstigen Sondergebieten nach § 11. Es gibt auch keine Darstellung eines »**Sondergebiets Erholung**« in einem FN-Plan für einen Bereich, in dem keine Bebauung zulässig sein soll wegen der Unzulässigkeit eines Negativbebauungsplans (BayVGH, U. v. 11.11.1998 – 26 N 17.3102 – BayVBl.19 99, 259).

b) Zur zukünftigen bauplanungsrechtlichen Behandlung von Dauerkleingartengebieten. Bei der Abgrenzung der Sonder**baugebiete** zur Erholung zu anderen Freizeit- und Erholungsgebieten wirft die künftige bauplanungsrechtliche **Einordnung von Dauerkleingartengebieten,** deren Festsetzung bisher (noch) ausschließlich nach § 9 Abs. 1 Nr. 15 BauGB *als Grünflächen* erfolgt (OVG Hamburg, U. v. 4.11.1999 – 2 E 29.96 N – BRS 62 Nr. 57) aufgrund der Entscheidung des BVerfG einige Probleme auf, die hier lediglich kurz aufgezeigt werden können.

Mit Recht hat das BVerfG in seinem B. v. 12.6.1979 (– 1 BvL 19/76 – DVBl. 1980, 158 = DÖV 1980, 92 = BBauBl. 1979, 863 = ZfBR 1979, 249 = BauR 1980, 58 = NJW 1980, 985) herausgestellt, dass der Wandel in den ökonomischen Verhältnissen »*zu einer weitgehenden Änderung in der Motivation der Kleingärtner und damit zu einem beachtlichen Funktionswandel des Kleingartens geführt*« hat. Die ernährungspolitische Legitimation des Kleingartens spielt heute praktisch keine Rolle mehr, da die Kleingärtner überwiegend Einkommen beziehen, die eine ausreichende Ernährung gewährleisten und die zusätzliche Gewinnung eigener Gartenerzeugnisse zur Sicherung der Lebensgrundlage entbehrlich machen.

Der **Funktionswandel** vom Nutzgarten (»Notgarten«) zum **Wohngarten bestimmter Größe** mit einer dem sog. Kleinwochenendhaus (Rn 32 f.) häufig

§ 10   3.3

nahstehenden **Laube** lässt den Hinweis berechtigt erscheinen, dass der Gesetzgeber sich dem allseits bekannten Wandel des Dauerkleingartenwesens auch bauplanungsrechtlich angenommen hat (vgl. dazu *Battis/Krieger*, aaO., S. 86; Hess. VGH, U. v. 25.1.1974 – IV OE 45/72 – BRS 28 Nr. 21). Die Größe eines Kleingartens soll 400 m² nicht überschreiten, die Größe der Laube kann bis zu 24 m² Grundfläche **einschließlich** überdachtem Freisitz betragen und darf nach ihrer Beschaffenheit nicht zum dauernden Wohnen geeignet sein (§ 3 Abs. 2 BKleingG); vgl. hinsichtlich der Bauleitplanung ferner § 15 Abs. 1 und § 16 Abs. 1 BKleingG.

3.3   Es gibt weit über eine halbe Mio. Kleingärten und die Kleingärtner nutzen Garten und Laube in hohem Maße **als Freizeitbeschäftigung und zur Erholung**. Mit Recht weist das BVerfG darauf hin, dass »*der Freizeitnutzen des Kleingartenwesens von erheblichem öffentlichen Interesse*« ist. Nach diess. A. kann es gute Gründe geben, **Dauerkleingartenanlagen** mit einer bestimmten *Mindestausstattung* an gemeinschaftlich benutzbaren baulichen Anlagen wie Umkleide-, Wasch- und Toilettenanlagen und evtl. einem Unterkunftsgebäude für gesellige Zusammenkünfte u. dergl. nicht nur als Grünfläche festzusetzen, sondern sie in die Sondergebiete aufzunehmen. Schließlich ist die Gemeinde nach § 1 Abs. 6 Nr. 3 BauGB gehalten, für »Freizeit und Erholung« Gebiete festzusetzen. Die Lauben dürften den auf Wochenendplatzgebieten und Campingplatzgebieten zulässigen Unterkünften (s. Rn 32, 47) »an sich« i. A. in nichts nachstehen. Mit der Festsetzung eines Dauerkleingartengebiets bestimmten Zuschnitts als »Sondergebiet« würde einem weitgehend bereits vorhandenen Zustand aufgrund der langjährigen Entwicklung bauplanungsrechtlich Rechnung getragen. Denn es ist jedermann bekannt, dass ein großer Teil der Dauerkleingärten mit ihren großen Lauben zum Wochenende und während des Urlaubs der Pächter in demselben Umfang – wenn auch rechtswidrig – »wohnmäßig« genutzt werden **wie Wochenendplatzgebiete**.

Die Beurteilung, ob sich eine Kleingartenanlage nach den tatsächlichen Verhältnissen zu einem Wochenendhausgebiet und damit zu einem im Zusammenhang bebauten Ortsteil entwickelt hat, erfordert eine Gesamtbetrachtung anhand aller dafür wesentlichen Kriterien. Der Charakter als Wochenendhausgebiet lässt sich nicht schon damit begründen, dass die tatsächlichen Nutzungsverhältnisse auf einer mehr oder weniger großen Zahl von Parzellen nicht in jeder Hinsicht den Rahmen des Kleingartengebiets einhalten (OVG Hamburg, U. v. 4.11.1999, aaO., 3. Leits.)

Die Ausführungen dürfen nicht dahin missverstanden werden, dass Dauerkleingartengebiete den SO-Gebieten nach § 10, die dem Wohnen zur Erholung dienen, gleichgestellt werden sollen. Die Erholung in den Gebieten muss stets eine **tagsüber** bleiben, zumal die Dauerkleingärten von sehr unterschiedlichem Zuschnitt sind. In Bezug auf den Verkehrslärm von Straßen nach der VerkehrslärmschutzVO (16. BImSchV) sind diese *am Tage* bereits den Dorfgebieten gleich gestellt worden (vgl. BVerwG, B. v. 17.3.1992 – 4 B 230.91 – NVwZ 1992, 885). Das ändert jedoch nichts daran, dass bei den Dauerkleingärten der Garten den Mittelpunkt bildet u. die Gartenlaube demgegenüber nur eine (untergeordnete) dienende Funktion zum vorübergehenden Aufenthalt besitzt; anders als die (baulichen) Anlagen, z. B. die Kleinwochenendhäuser in den nach § 10 festgesetzten Erholungsgebieten. Dieser Hinweis ist deswegen erforderlich, weil in den neuen Bundesländern ein Teil der Gartenlauben (ständig) bewohnt ist u. die diess. Ausführungen nicht den Eindruck erwecken sollen, dass diese Praxis rechtens ist. Die bis zum 3.10.1990 bestehende Befugnis, die Laube zu Wohnzwecken zu nutzen – dies gilt besonders für Kleingartenparzellen im Ostteil der Stadt Berlin –, bleibt aus Bestandsschutzgründen zwar bestehen, es sei denn, dass Vorschriften des Bauordnungsrechts oder andere öffentlich-rechtliche Vorschriften im konkreten Einzelfall dagegen stehen. Daraus kann aber nicht hergeleitet werden, Dauerkleingärten hinsichtlich des (Dauer-)Wohnens bewusst zu dulden. Ein **dauerndes** Wohnen bleibt eine Zweckentfremdung des (Dauer-)Kleingartens.

Eine Kleingartenanlage, die bauliche Anlagen umfasst, ist in ihrer Gesamtheit als – genehmigungsbedürftige – bauliche Anlage i. S. d. Bauordnungsrechts zu qualifizieren. Einzelne, für sich genommen genehmigungsfreie Anlagen unterliegen den planungsrechtlichen Bestimmungen der §§ 30–37 BauGB, wenn sie Teil einer Kleingartenanlage sind (OVG NW, B. v. 30.11.1987 – 7 B 3066/87 – Eildienst StT v. 31.3.1988). Zur Problematik insgesamt *Schmidt*, Das neue Kleingartenrecht, Referat im 178. Kurs des Instituts »Städtebau und Recht«, 1983 178/6; ferner *Stang*, Bundeskleingartenrecht (BKleingG, Komm. 1983).

Die Beurteilung, ob sich eine Kleingartenanlage nach den tatsächlichen Verhältnissen zu einem Wochenendhausgebiet und damit zu einem im Zusammenhang bebauten Ortsteil entwickelt hat, erfordert eine Gesamtbetrachtung anhand aller dafür wesentlichen Kriterien. Der Charakter als Wochenendhausgebiet lässt sich nicht schon damit begründen, dass die tatsächlichen Nutzungsverhältnisse auf einer mehr oder weniger großen Zahl von Parzellen nicht in jeder Hinsicht den Rahmen des Kleingartengebiets einhalten (OVG Hamburg, U. v. 4.11.1999, aaO., 3. Leits., Fundst. Rn 3.2).

3. **Störanfälligkeit, Fragen des Nachbarschutzes und des Lärmschutzes**

a) **Störanfälligkeit.** Die *Störanfälligkeit* der SO-Gebiete mit Erholungsfunktion hängt von der jeweiligen Zweckbestimmung des Gebiets ab. Soweit es sich um *Wochenendhaus- oder Wochenendplatzgebiete* handelt, kann die Störanfälligkeit einem reinen Wohngebiet gleichgestellt werden. Nach dem Beiblatt 1 zur DIN 18005, Teil 1 (Anh. 7.1), ist der Orientierungswert für Wochenendhausgebiete dem für WR-Gebiete *gleichgesetzt* worden.

Die besondere Störanfälligkeit trifft auf *Ferienhausgebiete, Campingplatzgebiete* und auf *Gebiete,* in denen stationäre und mobile Unterkünfte in *Mischform* zulässig sind (Rn 3), nicht zu.

Ferienhausgebiete ähneln nach ihrer Zweckbestimmung und den infolgedessen – nach der jeweiligen Eigenart des Gebiets – allgemein zulässigen oder ausnahmsweise zulassungsfähigen Anlagen (Rn 37–38) weitgehend den WA-Gebieten. Die Störanfälligkeit und mithin auch der Orientierungswert für Ferienhausgebiete können nach diess. A., abweichend von dem Beiblatt 1 der DIN 18005, Teil 1, deshalb den WA-Gebieten gleichgesetzt werden.

Für Campingplatzgebiete kann nach dem Wesen der Campingplätze und den Gewohnheiten sowie dem häufigeren Wechsel und Verhalten der Platznutzer i. A. davon ausgegangen werden, dass die Störanfälligkeit höchstens derjenigen von WA-Gebieten gleichzustellen ist. Hinsichtlich der Störanfälligkeit wird es gerade bei Campingplätzen im Übrigen entscheidend **auf die jeweilige Eigenart** des Gebiets ankommen (s. auch Rn 39).

Bei den (reinen) **Touristikcampingplätzen** kann – wegen der jeweils kurzen Verweildauer (s. Rn 39) und hohen Fluktuation der Nutzer – keine Vergleichbarkeit mehr mit den anderen zu schützenden Sondergebieten nach § 10 angenommen werden. Für diese Plätze tritt die Erholungsfunktion in den Hintergrund. Es erscheint daher gerechtfertigt, dass hier der nur als aktive Maßnahmen mögliche Lärmschutz lediglich in besonders gelagerten Fällen in Betracht kommen kann.

Gebiete, die – neben dem Freizeitwohnen – zur **Ausübung unterschiedlicher Sportarten** im Freien – wie Fußballplätze, ggf. gekoppelt mit entspr. Einrichtungen für Leichtathletik, Tennisplätze, Reitschulen – festgesetzt sind, kommen wegen der bei Ausübung des Sportes bekannten Begleiterscheinungen eher der **Störanfälligkeit von MI-Gebieten** als derjenigen von WA-Gebieten nahe; ausgenommen davon dürften *Wassersportgebiete* sein, die aus der Natur der Sportarten i. d. R. kaum selbst Lärm erzeugen und bei denen die Boots- und Clubhäuser mit der Möglichkeit zur Übernachtung und Geselligkeit wie WR-Gebiete störanfällig sind.

6   b) **Fragen des Nachbarschutzes und des Lärmschutzes.** Sie ergeben sich aus der Störanfälligkeit des jeweiligen Gebiets. **Je störanfälliger ein SO-Gebiet**, das der Erholung dient, **ist**, desto entschiedener ist die gegenseitige **Rücksichtnahme geboten** und desto größer ist der damit einhergehende nachbarrechtliche **Schutzanspruch,** von Störungen und Belästigungen verschont zu bleiben, die mit der **jeweiligen** Eigenart des der Erholung dienenden Gebiets nicht in Einklang stehen. Der Nachbarschutz ist entspr. der *Störanfälligkeit der Freizeitwohngebiete* dort am stärksten ausgestaltet. Der Eigentümer eines Wochenendhauses oder der Besitzer eines Mobilheims auf einem Wochenendplatz (Rn 32) hat Anspruch darauf, dass keine Anlagen und Nutzungen mittels einer Befreiung nach § 31 Abs. 2 BauGB zugelassen werden, die dem Gebietscharakter und darüber hinaus der jeweiligen Eigenart des Erholungs-SO-Gebiets i. S. v. § 15 Abs. 1 widersprechen (vgl. Grundsatzurt. des BVerwG v. 16. 9. 1993, Fundst. Vorb. §§ 2 ff. Rn 26.2).

Die **Vorschriften** zur nutzungsrechtlichen Ausformung der Ferienhausgebiete und der Campingplatzgebiete haben gleichfalls nachbarschützenden Charakter.

Der Nachbarschutz der der Erholung dienenden SO-Gebiete schließt die entsprechende Planung, insbes. die **richtige Standortwahl,** für solche Gebiete durch die Gemeinde ein (Rn 12). Bei Festsetzung eines SO-Gebiets, das der Erholung i. S. v. § 10 dienen soll, dürfen diejenigen, die beabsichtigen, in dem Gebiet eine Freizeitwohnung zu erwerben, davon ausgehen, dass das festgesetzte Gebiet entsprechend seiner Zweckbestimmung genutzt werden kann. Das schließt ein, dass keine Belästigungen oder Störungen auf das Erholungsgebiet von außen einwirken, die nach der Eigenart des Baugebiets unzumutbar sind und die dem Planungsträger bei Aufstellung des B-Plans für das SO-Gebiet hätten bekannt sein müssen (§ 3 Rn 4–7).

6.1 Zu Fragen des Lärmschutzes s. die Ausführungen bei § 3 Rn 5.2 und § 4 Rn 2.1, weil diese Baugebiete den Sondergebieten zur Erholung hinsichtlich der Lärmempfindlichkeit entsprechen.

   4. **Darstellung und Festsetzung der Zweckbestimmung und Art der Nutzung bei SO-Gebieten (Abs. 2 Satz 1); gleichzeitig zu § 11 Abs. 2 Satz 1**

7   a) **Allgemeines zur Darstellung und Festsetzung.** § 10 ist ebenso wie § 11 eine *Rahmenvorschrift,* die den Planungsträger (Gemeinde) zur Inhaltsbestimmung der SO-Gebiete im FN-Plan (»darstellen«) und B-Plan (»festsetzen«) ermächtigt. Anders als in § 11 Abs. 2 BauNVO 1968 ist nicht »die Art der Nutzung *entsprechend* ihrer Zweckbestimmung«, sondern sind »die Zweckbestimmung und die Art der Nutzung« darzustellen und festzusetzen. Die Änderung dient der Klarstellung und Angleichung an das System der übrigen Baugebietsnormen, die in ihrem Abs. 1 die *allgemeine Zweckbestimmung* und in den Abs. 2 und 3 die zulässigen und ausnahmsweise zulassungsfähigen Anlagen enthalten.

Die rahmenrechtlich vorgesehene **Zweckbestimmung** in den §§ 10 und 11 entspricht der allgemeinen Zweckbestimmung; sie ist jedoch nur auf eine oder wenige Nutzungsarten ausgerichtet. Das Wort »allgemeine« musste hier entfallen. Die Zweckbestimmung charakterisiert den SO-Gebietstyp; sie muss **so bestimmt** sein, dass die Entwicklungsrichtung des SO-Gebiets eindeutig festgelegt ist. Dafür genügt bei SO-Gebieten i. A. schon die stichwortartige Bezeichnung wie »Wochenendhausgebiet« oder »Kurgebiet«, wie sie in den §§ 10 und 11 beispielhaft aufgeführt sind. **Dagegen wäre eine allgemeine Benennung** wie »Sondergebiet, das der Erholung dient«, oder »Sondergebiet für öffentliche

Einrichtungen« **nicht ausreichend,** weil der Zweck eines solchen Gebiets zu unbestimmt bezeichnet wäre. Zur Verdeutlichung kann die Zweckbestimmung durch Zusätze näher erläutert werden. Soweit es nicht schon aus der SO-Gebietsbezeichnung hervorgeht, kann auch der *allgemeine Störgrad* bzw. die *Störempfindlichkeit* des Gebiets in die Zweckbestimmung aufgenommen werden (z. B.: »Hochschulgebiet – vorwiegend zur Unterbringung von nicht wesentlich störenden Anlagen«). Ein B-Plan, der ein SO-Gebiet **ohne eindeutige Zweckbestimmung** festsetzt, erfüllt nicht die notwendigen Voraussetzungen, um eine nachhaltige städtebauliche Entwicklung zu gewährleisten (§ 1 Abs. 5 Satz 1 BauGB). Aus der Zweckbestimmung eines Baugebiets ergeben sich (erst) Maßstäbe und Grenzen für die Anwendbarkeit des § 15 BauNVO und für die Zulässigkeit von Nebenanlagen (§ 14 BauNVO) sowie von Ausnahmen und Befreiungen (§ 31 BauGB).

Ein Sondergebiet, für das der B-Plan verschiedenartige Nutzungen nebeneinander – z. B. Wohngebäude, Ferienhäuser, Kleinsiedlungen – festsetzt, ohne den Zweck zu bestimmen, kann sich zu einem reinen oder allgemeinen Wohngebiet, zu einem Ferienhausgebiet oder zu einem Kleinsiedlungsgebiet entwickeln (BVerwG, U. v. 18.2.1983 – 4 C 18.81 – BRS 40 Nr. 64 = ZfBR 1983, 193 = DVBl. 1983, 886). Der B-Plan kann in einem SO-Gebiet nach § 10 **nicht beliebige Nutzungsarten** nach § 2–9 zulassen, sondern nur Nutzungen, die innerhalb des allgemeinen Zwecks, der Erholung zu dienen, liegen, sowie »bestimmte der Eigenart des Gebiets entsprechende Anlagen und Einrichtungen zur Versorgung des Gebiets und für sportliche Zwecke« (§ 10 Abs. 2 Satz 2). Weder § 11 noch § 10 dürfen dazu benutzt werden, Mischgebiete besonderer Art festzusetzen. Die Vorschriften sind **keine Auffangtatbestände** für Fälle, in denen Differenzierungen im Nutzungsartenkatalog eines Baugebiets gemäß § 1 Abs. 4–9 unzulässig wären, weil sie die allgemeine Zweckbestimmung des Baugebiets sprengen würden (BVerwG, aaO.).

7.1

Das den Eigentümern bzw. Nutzungsberechtigten in den Baugebieten nach §§ 2–9 zustehende Wahlrecht i. S. eines freien Verfügungsrechtes, ihre Grundstücke entspr. den dort allgemein zulässigen Nutzungsarten bebauen zu können – ausgenommen im Fall der Einschränkung durch Gliederung oder Differenzierung der Baugebiete nach § 1 Abs. 4–9 –, ist bereits durch die Festsetzung der Grundstücke als SO-Gebiet aufgehoben. Diese Verfügungsbeschränkung hält sich wegen des besonderen öffentlichen Interesses (städtebauliche Ordnung) im Rahmen der Sozialpflichtigkeit des Eigentums i. S. v. Art. 14 Abs. 2 GG. Die Art der Nutzung ist mit der *Art der zulässigen Nutzung* identisch und umfasst den gesamten Katalog der in dem SO-Gebiet zulässigen und ausnahmsweise zulassungsfähigen baulichen und sonstigen Anlagen (§ 1 Rn 79). Da die Art nicht auf die *bauliche* Nutzung beschränkt ist, ist auch die sonstige Nutzung eingeschlossen.

Ein **Sondergebiet** »Feriendorf« (mit 34 Ferienhäusern) als einheitlich geführtes gaststättenrechtlich erlaubnispflichtiger Betrieb kann ein im Verhältnis zum Ferienhausgebiet (§ 10 Abs. 4 BauNVO) eigenständiger Gebietstypus sein (BayVGH, U. v. 28.5.2003 – 26 NO 01.1652 u. 26 NO 01.1671 –).

7.2

Aus den **Gründen:** *»Der Ag. hat entgegen der Ansicht des Ast. nicht ein Ferienhausgebiet im Sinne von § 10 Abs. 1 BauNVO festgesetzt. Er hat vielmehr – wie er zutreffend darlegt – mit dem ›Feriendorf‹ einen eigenständigen Typus eines Erholungsgebietes bestimmt, der in mancher Weise einem Ferienhausgebiet im Sinne von § 10 Abs. 1 und Abs. 4 angenähert ist. Dies ist zulässig, denn der Katalog der in § 10 Abs. 1 BauNVO genannten Erholungssondergebiete ist, wie sich aus der dort verwendeten Formulierung ›insbesondere‹ ergibt,*

§ 10 Abs. 2 8–9

nicht abschließend, sondern lässt Spielraum für die Schaffung differenzierter Formen von Erholungssondergebieten. Von dieser Möglichkeit hat der Ag. Gebrauch gemacht, indem er gem. § 10 Abs. 2 BauNVO einen eigenständigen Sondergebietstyp eines Feriendorfes gebildet hat, der ›der Aufnahme eines einheitlich geführten und betriebenen Feriendorfes durch einen erlaubnispflichtigen Betrieb des Beherbergungswesens im Sinne von §§ 1 und 2 GastG mit dem Charakter eines Feriendorfes dient‹. ... Die im Bebauungsplan enthaltene Kombination von für einen wechselnden Personenkreis bestimmten Ferienhäusern mit Gemeinschaftseinrichtungen, Anlagen zur Verwaltung des Feriendorfes, vor allem aber mit einem Hotelbetrieb der in Nr. 2 des Zulässigkeitskatalogs aufgeführten Art hat der Ag. von der ihm ermöglichten Möglichkeit Gebrauch gemacht, in Anlehnung an das von der BauNVO zur Verfügung gestellte Erholungssondergebiet in Form eines Ferienhausgebietes einen eigenständigen Typus eines Erholungssondergebiets zu bilden. Zu einer solchen Festsetzung war der Ag. nach § 10 Abs. 1 und 2 BauNVO befugt.«

8 Für die **Darstellung im FN-Plan** reicht die Angabe der Zweckbestimmung des SO-Gebiets aus (so auch *Ziegler,* in: *Brügelmann,* § 10 Rdn. 14). Es ist nicht erforderlich und entspräche auch nicht der Aufgabe des vorbereitenden Bauleitplans, bereits im FN-Plan die Art der Nutzung, d. h. den gesamten Katalog der aufzuführenden Anlagen, darzustellen. Die Auffassung von *Boeddinghaus* (§ 10 Rdn. 2), dass die Darstellung im FN-Plan die Zweckbestimmung und die Art der Nutzung umfassen muss, wird nicht geteilt. Soweit nähere Erläuterungen der SO-Gebiete erforderlich erscheinen, können sie auch im Erläuterungsbericht dargelegt werden. Bei der Darstellung im FN-Plan müssen vor allem die **Grundzüge der Planung** erkennbar sein. Das wird durch die Darstellung der jeweiligen Zweckbestimmung, ggf. nach der Hauptnutzungsart erreicht.

Für die diess. A. spricht, dass bei SO-Gebieten nach § 10 über die **Art** der (baulichen) Nutzung durch die **Angabe der Zweckbestimmung,** z. B. »Campingplatzgebiet«, über die dort zulässigen und ausnahmsweise zulassungsfähigen Nutzungen in den Grundzügen eine Aussage erfolgt; sie wird bei der Darstellung von Baugebieten sonst durch Darstellung der **Art** der baulichen Nutzung des betreffenden Baugebiets (§§ 2–9) erreicht; mit der Darstellung der »Art« wird zugleich eine Aussage über den jeweiligen Katalog der zulässigen und zulassungsfähigen Nutzungen getroffen (aA. *Knaup/Stange,* § 10 Rn 10, die auch in diesem Fall ausschließlich auf den Wortlaut abstellen, letztlich jedoch eine »stichwortartige« Angabe genügen lassen).

8.1 Die durch §§ 10, 11 geregelte Darstellung von SO-Gebieten im FN-Plan schließt die mögliche **Darstellung von Sonderbauflächen** gem. § 1 Abs. 1 Nr. 4 nicht aus. Soweit es erforderlich und sinnvoll ist, kann z. B. zunächst eine »Sonderbaufläche für Erholungszwecke« dargestellt werden, wenn genauer Standort und Verteilung der einzelnen SO-Gebiete, die der Erholung dienen, innerhalb dieser Sonderbaufläche noch nicht festgelegt werden können oder sollen (§ 1 Rn 25). Die Darstellung lediglich als »Sonderbaufläche« ohne nähere Zweckbestimmung würde **wegen der Unbestimmtheit** allerdings nicht ausreichen. Ebenso kann an Stelle von sonstigen SO-Gebieten nach § 11 zunächst eine mit einer entspr. Zweckbestimmung versehene Sonderbaufläche dargestellt werden (z. B. »S-Baufläche für Messe, Ausstellung und Vergnügungspark«, die später in SO-Gebiete »für Messe und Ausstellung« und »für Vergnügungspark« gegliedert wird).

9 Im **B-Plan** sind die **Zweckbestimmung** *und* die **Art der Nutzung festzusetzen.** Im B-Plan sind die Bezeichnung des SO-Gebiets – ggf. mit näheren Erläuterungen zur Verdeutlichung des Zwecks und der *Bestimmung des Störgrades* des Gebiets – sowie die zulässigen und ausnahmsweise zulassungsfähigen Nutzungen bzw. Anlagen *durch* Text festzusetzen. Für Wochenendhausgebiete, Ferienhausgebiete und Campingplatzgebiete bestimmen § 10 Abs. 2 Satz 2 und Abs. 3 bis 5 den zulässigen Inhalt der Art der Nutzung, der entspr. den in diesen Vorschriften enthaltenen Ermächtigungen ausgefüllt werden darf. Bei anderen SO-Gebieten sollte – ebenso wie bei § 4a Abs. 1 und § 6 Abs. 1 – auch **der Störgrad** in die Zweckbestimmung aufgenommen werden, wenn Anlagen zulässig sind, die verschiedenen Störgraden zugeordnet werden können (wie Gewerbebetriebe). Für die textlichen Festsetzungen für SO-Gebiete dürfte sich eine Aufgliederung wie in den Baugebietsnormen der §§ 2 bis 9 empfehlen, beispielsweise:

»Sondergebiet für ... (Bezeichnung)

(1) Das Sondergebiet dient ausschließlich/vorwiegend zur Unterbringung von ... (Störgrad, z. B. ›nicht wesentlich störenden‹) ... (Nutzungen oder Anlagen).

(2) Zulässig sind

1. ...
2. ...

(3) Ausnahmsweise können zugelassen werden

1. ...
2. ... (s. im Einzelnen bei den Freizeitwohngebieten).«

Für das **Entwickeln** von im B-Plan festzusetzenden SO-Gebieten **aus dem FN-Plan** gelten die auch für die übrigen Baugebiete unter Berücksichtigung der Rspr. allgemein herausgebildeten Grundsätze (statt vieler BVerwG, U. v. 30.1.1976 – IV C 12/13. 74 – BRS 30 Nr. 1 = BayVBl. 1976, 440; U. v. 26.2.1999 – 4 CN 6.98 – BauR 1999, 611 = NVwZ 1999, 878 = BRS 62 Nr. 29, U. v. 26.2.2000 – 4 CN 6/98 – NVwZ 2000, 197 u. B. v. 11.2.2004 – 4 BN 1.04 –).

Die **Festsetzung** eines SO-Gebiets setzt die Darstellung eines entspr. SO-Gebiets oder einer S-Baufläche im FN-Plan voraus (§ 8 Abs. 2 Satz 1 BauGB). Dabei darf das SO-Gebiet im B-Plan hinsichtlich der Abgrenzung und des Baugebietsinhalts von den Darstellungen im FN-Plan nur insoweit abweichen, als die Grundzüge der Planung dadurch nicht verletzt werden (ausf. dazu § 1 Rn 70–71).

b) **Die Festsetzungen für SO-Gebiete.** Bei der Festsetzung der SO-Gebiete, die der Erholung dienen, ist ein »Entwickeln« aus dem FN-Plan dann zu bejahen, wenn es *sachlich gerechtfertigt* erscheint. Z. B. kann ein SO-Gebiet für Campingplätze aus einer Grünfläche im FN-Plan entwickelt werden, wenn darin das Standortsymbol »Campingplatz« nach der Anl. zur PlanzV enthalten ist. Die durch die ÄndVO 1977 bedingten Umstellungen werden durch den Begriff »Entwickeln« noch getragen. Dagegen bedarf die Festsetzung eines Wochenendhausgebiets oder eines Gebiets für Einkaufszentren und großflächige Handelsbetriebe einer entspr. SO-Gebiets-Darstellung im FN-Plan, weil die ÄndVO 1977 insoweit keine Änderung der Rechtslage bewirkt hat. Da SO-Gebiete auch für Nutzungen festgesetzt werden können, die zugleich Einrichtungen des Gemeinbedarfs sind (*typisches Beispiel:* Hochschule), ist es u. U. möglich, ein SO-Gebiet im B-Plan auch aus einem im FN-Plan dargestellten Standort-Planzeichen für eine entspr. Einrichtung des Gemeinbedarfs (§ 5 Abs. 2 Nr. 2 BauGB) zu entwickeln, sofern dabei die Grundzüge der Planung gewahrt bleiben.

§ 10   Abs. 2   12, 12.1

Die **Differenzierungsinstrumente** des § 1 sind für die SO-Gebiete **nicht anwendbar**. Nach § 1 Abs. 3 i. d. F. der **ÄndVO 1990** finden die Vorschriften über besondere Festsetzungen nach den Abs. 4–10 keine Anwendung; besondere Festsetzungen über die Art der Nutzung können nach den §§ 10 und 11 (unmittelbar) getroffen werden (s. § 1 Rn 73 u. Begr. z. ÄndVO 1990). Die Gemeinde kann den Inhalt der SO-Gebiete daher nach ihrem Planungsermessen selbst bestimmen. Der **Ausschluss von Arten von Nutzungen** oder ihre **Umwandlung in eine ausnahmsweise Zulassungsfähigkeit** nach § 1 Abs. 5 sowie die **Umwandlungsmöglichkeiten für Ausnahmen** nach § 1 Abs. 6 sind für SO-Gebiete **nicht anwendbar**.

5. **Festsetzung von Nutzungen zur Versorgung und für sportliche Zwecke (Abs. 2 Satz 2)**

12 Abs. 2 **Satz 1** schreibt für alle SO-Gebiete mit Erholungsfunktion *zwingend* vor, dass die jeweilige Zweckbestimmung und die ihr entspr. Hauptnutzung (Art der Nutzung) darzustellen und festzusetzen ist (Rn 7–11). Nach **Satz 2** können ferner Anlagen und Einrichtungen im B-Plan festgesetzt werden, die entspr. der Eigenart des jeweiligen Gebiets der Versorgung und sportlichen Zwecken dienen. Es muss sich um »*bestimmte*« Nutzungen handeln, die bei Festsetzung des B-Plans entsprechend dem Katalog der zulässigen oder ausnahmsweise zulassungsfähigen Anlagen nach den Abs. 2 und 3 der §§ 2 bis 9 im Einzelnen aufzuführen sind. Es genügt nicht, entspr. dem Wortlaut des Abs. 2 Satz 2 festzusetzen: »Zulässig sind Anlagen zur Versorgung des (Wochenendhaus-)Gebiets; ausnahmsweise können Einrichtungen für sportliche Zwecke zugelassen werden« (im Ergebnis auch *Ziegler*, in: *Brügelmann*, § 10 Rn 15). Dass der VOgeber derartige Festsetzungen im Einzelnen ins Ermessen des Planungsträgers gestellt hat, ist folgerichtig, weil die Eigenart der Erholungsgebiete erheblich voneinander abweichen kann. Ferner benötigen längst nicht alle SO-Gebiete Anlagen zur Versorgung oder für sportliche Zwecke.

12.1 **Festsetzung eines SO-Gebiets »Freizeitwohnen und Segelgebiet«**. In einem SO-Gebiet nach § 10 kann der B-Plan nicht beliebige Nutzungsarten aus den Baugebieten nach den §§ 2 bis 9 BauNVO zulassen, sondern nur solche Nutzungen, die dem allgemeinen Zweck, der Erholung zu dienen, entsprechen, ferner »bestimmte der Eigenart des Gebiets entsprechende Anlagen« und für sportliche Zwecke (s. Rn 12). Hiernach ist die Festsetzung eines Sondergebiets mit der Bezeichnung »Freizeitwohnen und Segelsport« grundsätzlich zulässig (BVerwG, B. v. 1.12.1994 – 4 NB 29.94 –, Buchholz 406.12 § 10 BauNVO Nr. 3). Hat der B-Plan das betreffende Sondergebiet untergliedert und für Teilgebiete etwa »Läden und Gaststätten« besondere Regelungen hinsichtlich der Zulässigkeit bestimmter Arten getroffen, stellt dies nicht die Festsetzung eines Mischgebiets besonderer Art unter Umgehung der Vorschriften des § 1 Abs. 4–9 BauNVO dar. Lassen sich die zulässigen Nutzungsarten der Zweckbestimmung »der Erholung dienen« ohne weiteres zu- oder unterordnen, bleibt der Charakter des Sondergebiets »Freizeitwohnen und Segelsport« gewahrt (so mit Recht BVerwG, aaO.). Weder § 10 noch § 11 BauNVO dürfen dazu benutzt werden, Mischgebiete besonderer Art festzusetzen. Die Vorschriften sind keine Auffangtatbestände für Fälle, in denen Differenzierungen im Nutzungsartenkatalog eines Baugebiets gem. § 1 Abs. 4–9 BauNVO unzulässig wären, weil sie die allgemeine Zweckbestimmung des Baugebiets sprengen würde (so schon BVerwG, U. v. 18.2.1983 – 4 C 18.81 – BVerwGE 67, 23, 25). Ein Sondergebiet, das der Erholung dient, muss nicht auf solche Anlagen beschränkt sein, die z. B. bevorzugt auch in einem Kurgebiet anzutreffen sind; schließlich variieren die Vorstellungen der Menschen über Erholung immer mehr (BVerwG, aaO.).

Wird ein **Wochenendhausgebiet** z. B. im unmittelbaren Anschluss an ein MD-Gebiet mit entspr. Läden und Handwerksbetrieben festgesetzt, sind zusätzliche Versorgungseinrichtungen im SO-Gebiet nicht erforderlich. Festsetzungen nach Satz 2 werden schon deswegen nach der örtlichen Situation sorgfältig zu prüfen sein, weil Anlagen und Betriebe zur Versorgung des betreffenden SO-Gebiets zusätzliche Kfz-Bewegungen zur Folge haben, die im Interesse der Erholung tunlichst vermieden werden sollten. I. d. R. wird es sich daher empfehlen, bei Inanspruchnahme der Festsetzungsmöglichkeit des Satzes 2 auf den Standort solcher Anlagen und Einrichtungen innerhalb etwa eines Wochenendhausgebiets oder Ferienhausgebiets im Interesse einer städtebaulichen Ordnung, insbes. mit Rücksicht auf das Orts- und Landschaftsbild oder Erfordernisse des Verkehrs, Einfluss zu nehmen. Da es sich ohnehin um eine Ermessensregelung handelt, bestehen keine Bedenken, dieses Ermessen nur für einen Teil des Gebiets auszuüben. Die **Festsetzungen nach Abs. 2** einschließlich des Standortes innerhalb des Gebiets bedürfen einer besonderen Sorgfalt, um die Entwicklung etwa eines Ferienhausgebiets zu einem reinen Wohngebiet zu verhindern.

Unter die nach Abs. 2 Satz 2 besonders festzusetzenden Anlagen fallen auch Räume für die Berufsausübung i. S. v. § 13, da sie – anders als bei der Festsetzung der Baugebiete der §§ 2–9 – nicht ohne weiteres Bestandteil des B-Plans werden, was *bis auf Ferienhausgebiete* keiner besonderen Begründung bedarf.

Stellplätze und Garagen (§ 12) fallen dagegen nicht unter Abs. 2 Satz 2. Sie sind in SO-Gebieten nach § 10 grundsätzlich zulässig, nach § 12 Abs. 2 jedoch nur »für den durch die zugelassene Nutzung verursachten Bedarf«. Benötigt ein Versorgungsbetrieb, der nach Abs. 2 Satz 2 zugelassen ist, etwa ein Lebensmittelladen oder eine Wäscherei in einem Ferienhausgebiet, einen Lieferwagen o. ein sonstiges Kfz, so fällt der erforderliche Stellplatz (Garage) unter den *durch die zugelassene Nutzung* verursachten Bedarf. Dass die weiter gehende Einschränkung der Stellplätze und Garagen nach § 12 Abs. 3 nicht auch auf SO-Gebiete, die der Erholung dienen, ausgedehnt worden ist, kann wiederum nur aus der – ad hoc – Einfügung des § 10 während des Rechtsetzungsverfahrens erklärt werden (Näheres § 12 Rn 9); u. U. kann es sich nach der Eigenart des SO-Gebiets empfehlen, entweder Flächen für Gemeinschaftsstellplätze oder -garagen nach § 9 Abs. 1 Nr. 22 BauGB besonders festzusetzen oder für Teile eines SO-Gebiets, das der Erholung dient, von § 12 Abs. 6 Gebrauch zu machen.

Nebenanlagen nach § 14 brauchen gleichfalls nicht ausdrücklich nach Abs. 2 Satz 2 festgesetzt zu werden. Untergeordnete Nebenanlagen und Einrichtungen i. S. v. § 14 Abs. 1 Satz 1 werden für SO-Gebiete mit Erholungsfunktion zur weiteren Ausgestaltung der Freizeit nach der jeweiligen Eigenart des Erholungsgebiets sogar von besonderer Bedeutung sein (s. § 3 Rn 1–2, 23–24.63; § 4 Rn 15–19.2). Soll ein *Ferienwohngebiet*, z. B. ein Wochenendhausgebiet, von jeglichen innergebietlichen Belästigungen freigehalten werden und werden die Zulässigkeitseinschränkungsmöglichkeiten nach § 15 Abs. 1 dafür nicht als ausreichend angesehen, kann die Zulässigkeit der Nebenanlagen und Einrichtungen im B-Plan i. V. m. § 14 Abs. 1 Satz 3 eingeschränkt oder ausgeschlossen werden (§ 14 Rn 8).

6. Standortwahl von SO-Gebieten nach § 10

14 a) **Allgemeines.** Wegen der Bedeutung der Freiraumgestaltung i. A., der Festlegung von Erholungsstandorten im Besonderen fordern die Landesgesetzgeber im Rahmen der Landesplanung teilweise ausdrücklich, dass für die Freizeit- und Erholungsbedürfnisse der Bevölkerung *in allen Teilen* des Landes geeignete Freizeiträume gesichert, ausgestaltet und günstig an das Verkehrsnetz angebunden werden.

Natur und Landschaft dürfen durch die Festsetzung von Erholungsgebieten nicht beeinträchtigt werden. Das besagt jedoch nichts darüber, ob im Einzelfall ein Wochenendhausgebiet oder ein Campingplatzgebiet nicht auch innerhalb eines *Landschaftsschutzgebietes* – oder Teile des Schutzgebietes jedenfalls einbeziehend – geplant werden dürfen. Ob und inwieweit die Festsetzung von Erholungsgebieten mit anderen öffentlichen Belangen nicht in Einklang zu bringen ist, muss durch die Beteiligung der Träger öffentlicher Belange (§ 4 BauGB) abgeklärt werden. So haben Bereiche, die aufgrund von Gebietsentwicklungsplänen (Raumordnungsplänen) oder von Fachplänen für überörtliche Maßnahmen vorgesehen sind, etwa durch einen wasserwirtschaftlichen Rahmenplan für den Bau von Talsperren oder einen Ausbauplan für die Fernstraßen mit anschließenden Verfahren zur Festlegung der Linienführung (§ 16 FStrG), **Vorrang** vor örtlichen SO-Gebieten mit Erholungsfunktion.

Die Zersiedlung der naturgegebenen Landschaft soll verhindert werden. Aus diesem Grunde darf durch die Festsetzung von Erholungsgebieten der Zersiedlung nicht – ungewollt – Vorschub geleistet werden. Aus diesem Grunde könnte die Festsetzung von *Wochenendhausgebieten* und insbes. von *Ferienhausgebieten* im unmittelbaren Anschluss an die vorhandene Bebauung angestrebt werden, da die genannten Erholungsgebiete wegen ihrer baulichen Verfestigung und häufigen bzw. dauernden wohnartigen Nutzung wie beim Ferienhausgebiet der üblichen Wohnnutzung in WR- und WA-Gebieten nahekommen.

Weitere Hinweise können den einschlägigen Vorschriften der Länder, insbes. der Muster-WochenendplatzVO und der Muster-Camping-PlatzVO der ARGEBAU sowie den RdErlassen zum Camping- und Ferienhauswesen, entnommen werden.

15 b) **Zur Standortwahl im Einzelnen.** Die Frage nach dem (richtigen) Standort von Erholungssondergebieten ist naturgemäß nicht einheitlich zu beantworten. **Als Grundsatz** kann gelten, dass der räumliche Zusammenhang von Erholungssondergebieten mit den sonstigen Baugebieten (§§ 2–9) der Gemeinde umso enger sein sollte, je mehr das SO-Gebiet sich nach seiner Eigenart (Größe, Ausstattung der der Erholung dienenden zulässigen Anlagen) der Form des dauernden Wohnens annähert und baulich verfestigt ist; das dürfte *z. B. bei Ferienhausgebieten* häufig der Fall sein, die sich von WA-Gebieten im wesentlichen (nur) durch die zusätzlichen Anlagen und Einrichtungen für Freizeitzwecke unterscheiden.

Bei derartigen Gebieten erscheint eine Festsetzung im Anschluss (oder jedenfalls im erkennbaren Zusammenhang) an die übrige Bebauung durch Gebiete nach den §§ 2 ff. der erforderlichen städtebaulichen Ordnung der Gemeinde i. S. v. § 1 Abs. 3 BauGB am ehesten zu entsprechen. *Bei Wochenendhausgebieten* kann die planerische Situation ähnlich liegen, wenn es sich um Wochenendhäuser eines gehobenen Zuschnitts in Größe und Einrichtung handelt, die im Hinblick auf ihre bauliche Verfestigung zur späteren Dauernutzung verleiten.

Je weniger sich SO-Gebiete mit Erholungsfunktion zur Dauerwohnnutzung eignen, wie Campingplatzgebiete (Rn 39–41), und damit die städtebaulich nicht erwünschte Umwandlung zu einem Wohngebiet i. S. d. §§ 3, 4 kaum zu besorgen ist, desto weiter kann ein solches Erholungssondergebiet vom Bebauungszusammenhang der Gemeinde entfernt festgesetzt werden.

- Ganz allgemein sollen insbes. *Ferienhausgebiete* und *Wochenendhausgebiete* in Bade-, Kur- und Erholungsgebieten mit gewerblichen Fremdenverkehrsbetrieben und Kurmitteleinrichtungen nur in besonders begründeten Ausnahmefällen festgesetzt werden.
- In Erholungsgebieten von Mittel- und Großstädten sollen Erholungssondergebiete gleichfalls nicht festgesetzt werden, um dieses Umland der Städte der allgemeinen *Naherholung* durch uneingeschränkten Naturgenuss vorzubehalten.
- Die Festsetzung von Erholungssondergebieten in der Umgebung vorhandener Erholungsanlagen wie Sanatorien, Kurheimen und sonstigen der Gesundheit dienenden Anlagen soll vermieden werden.
- In der Umgebung von militärischen Anlagen soll die Festsetzung von Erholungssondergebieten vermieden werden.
- In der Nachbarschaft zu Baudenkmälern wie Burgen, Schlössern oder Kapellen sollen Erholungssondergebiete ebenfalls nicht festgesetzt werden.

Außer den Anforderungen an den Standort aus allgemeiner städtebaulicher Sicht sind insbes. die Belange des Umweltschutzes, vor allem des Natur- und Landschaftsschutzes im weitesten Sinne, also einschließlich des Gewässerschutzes, sowie Belange der Sicherheit und Gesundheit bei der Festsetzung von Erholungssondergebieten zu berücksichtigen. Hinsichtlich der Standortwahl ist u. a. zu beachten:

- Verbot der Festsetzung von Erholungssondergebieten in Naturschutzgebieten nach § 23 BNatSchG und in geschützten Landschaftsbestandteilen nach § 29 BNatSchG i. V. m. den Naturschutzgesetzen der Länder;
- Vermeidung der Festsetzung in offener Landschaft oder an exponierten Stellen wie konvexen Landschaftsteilen, insbes. auf Kuppen und Berggipfeln, die aus der Umgebung herausragen; keine Abriegelung von Tälern oder Verbauung von schützenswerten Aussichten und Durchblicken;
- Freihaltung der Uferzonen von Gewässern in ausreichender Tiefe (nach den jeweiligen Vorschriften des Landesrechts);
- im Regelfall keine Inanspruchnahme von Waldflächen wegen der Waldbrandgefahr; desgleichen Festsetzung in der Nähe von Wäldern nur bei Beachtung des vorgeschriebenen Abstandes nach den Feld- und Forstpolizeigesetzen der Länder;
- Zulassung von Erholungssondergebieten, insbes. in der Wasserschutzzone II sowie in Überschwemmungsgebieten, nur mit Genehmigung der Wasserbehörde; bei letzteren Gebieten i. d. R. auch nur dann, wenn der Grundwasserspiegel mindestens 1 m unter Gelände liegt.

Zur **Standortwahl** vgl. die Richtlinien und Empfehlungen verschiedener Länder zur Planung von Wochenendhausgebieten und -häusern, die *als Anhalt* gleichfalls für die Festsetzung der anderen in § 10 angeführten Erholungsgebiete dienen können; ferner insbes. *Gassner,* Wochenendhausgebiete, Gesichtspunkte zur Standortwahl und Empfehlungen zur Gestaltung, aaO., sowie das weitere zu § 10 angeführte Schrifttum.

7. Die Erschließung von SO-Gebieten mit Erholungsfunktion

a) Grundsätze zur gesicherten bzw. ausreichenden Erschließung. Nach § 30 BauGB ist im Geltungsbereich eines qualifizierten B-Plans ein Vorhaben nach § 29 BauGB i. V. m. den Vorschriften der BauNVO zulässig, wenn die Erschließung »gesichert« ist. Wann dies für ein Vorhaben in SO-Gebieten, die der Erholung dienen, der Fall ist, ist aufgrund der unterschiedlichen Zweckbestimmung und der jeweiligen Eigenart des SO-Gebiets nicht einheitlich zu beantworten. § 123 Abs. 2 BauGB ist insoweit lediglich eine *Rahmenvorschrift,* als die Erschließungsanlagen »entsprechend den Erfordernissen der Bebauung und des Verkehrs hergestellt werden« sollen.

Für die gesicherte Erschließung gilt der **Grundsatz,** dass die Anforderungen an sie desto höher sein werden, je mehr ein Erholungssondergebiet einem Wohngebiet i. S. d. §§ 3, 4 ähnelt oder die Wandlung zu einem solchen Gebiet nicht auszuschließen ist. Ferner hängen die Anforderungen davon ab, ob und inwieweit andere öffentliche Belange wie der Schutz des Grundwassers und der oberirdischen Gewässer sowie der Schutz der Landschaft als Erholungsraum (§ 1 Abs. 5 Satz 2 Nr. 7 BauGB) oder die Sicherheit und Leichtigkeit des überörtlichen Verkehrs durch die Planung bestimmter SO-Gebiete mit Erholungsfunktion beeinträchtigt werden können.

17.1 Nachdem Erschließungsanlagen sehr kostspielig geworden sind, sollte sich die öffentliche Hand bei der Prüfung der Erforderlichkeit davon leiten lassen: **Soviel Erschließung, wie zur Sicherstellung der öffentlichen Belange nötig, aber** – wegen der Kosten und zur Vermeidung der weiteren »Versiegelung« der Landschaft – **so wenig Erschließung, wie möglich, um** den Erschließungsträgern und den erholungsuchenden Bürgern oder den Trägern von Freizeitanlagen **nicht unnötige Kosten** aufzubürden. Die *»Gesichertheit«* der Erschließung ist ein unbestimmter Rechtsbegriff und unterliegt *nicht* dem *Planungsermessen* des Erschließungsträgers, so dass die **Aufwändigkeit der Erschließungsanlagen** der (vollen) **verwaltungsgerichtlichen Nachprüfung** unterliegt. Ist die Gemeinde als Planungsträger der Erholungssondergebiete gleichzeitig Erschließungsträger, so ist sie weder berechtigt noch verpflichtet, (überhöhte) Forderungen anderer Träger öffentlicher Belange ungeprüft zu übernehmen. Die Erfahrung zeigt, dass nicht selten nicht nur die zur Sicherstellung des Schutzes der öffentlichen Belange *notwendigen* (Erschließungs-)Anlagen gefordert werden, sondern darüber hinaus auch Anlagen und Maßnahmen, die die Überwachung einer ordnungsgemäßen Wartung und Unterhaltung der Erschließungsanlagen (scheinbar) erleichtern oder überflüssig machen sollen. Dies entspricht nicht dem mit Verfassungsrang ausgestatteten **Grundsatz der Verhältnismäßigkeit** von Zweck und Mitteln. So kann es **fraglich** sein, **ob** bei der Planung z. B. eines Wochenendhausgebiets zur Errichtung von etwa 15 Wochenendhäusern auf Grundstücken mit jeweils 1 000 m² Größe in einer Gemeinde mit dörflichem Charakter eine zentrale Abwasserbeseitigungsanlage erforderlich ist, oder ob die Errichtung von *Kleinkläranlagen* bis zum Bau der Kanalisation in der Gemeinde (dem Ortsteil) genügt, insbes. wenn für die Wirtschaftsstellen der landwirtschaftlichen Betriebe weiterhin nicht einmal Kleinkläranlagen vorhanden sind.

18 Auch für Erholungssondergebiete ist vom **Erschließungsbegriff im weiteren Sinne** (§ 127 Abs. 4 Satz 2 BauGB) auszugehen.

Die Gemeinden können für die notwendigen Erschließungsanlagen **Erschließungsbeiträge** nach den §§ 127 ff. BauGB i. V. m. der Erschließungsbeitragssatzung (§ 132 BauGB) erheben, soweit es sich um Erschließungsmaßnahmen **innerhalb** des Geltungsbereichs des festgesetzten SO-Gebiets handelt. Da es sich bei den Gebieten nach § 10 um Erholungssondergebiete handelt, deren Benutzer ihren Hauptwohnsitz i. A. nicht in der (Freizeit-)Gemeinde haben, ist die Auffassung vertretbar, dass in diesen Fällen die Gemeinde nicht verpflichtet ist, den sonst obligatorischen Anteil von 10 % der Erschließungskosten zu tragen (*Süß*, aaO.).

Die Kosten für Maßnahmen der **äußeren** Erschließung wie die Heranführung einer Zufahrtstraße, von Energieleitungen und ggf. Abwasserbeseitigungsanlagen haben die Gemeinden im Regelfall selbst zu tragen, es sei denn, dass ein Dritter als Erschließungsträger (Grundstückseigentümer) bereit ist, die *äußeren Erschließungsmaßnahmen* durch Vertrag zu übernehmen. Diese Kosten können nicht nach den Vorschriften über die Erschließung (§§ 123 ff., § 127 BauGB) auf die Erwerber (Grundstückseigentümer, Erbbauberechtigte) von Wochenend- und Ferienhäusern oder Wochenendstandplätzen umgelegt werden.

Nach § 123 Abs. 3 BauGB besteht zwar kein Rechtsanspruch auf Erschließung. Das BVerwG hat aber wiederholt ausgesprochen, dass unabhängig von dieser Vorschrift im Einzelfall ein Anspruch auf Durchführung von Erschließungsmaßnahmen entstehen kann (BVerwG, U. v. 4.10.1976 – IV C 5.76 – BRS 30 Nr. 80 = BauR 1977, 44 = DVBl. 1977, 41 = NJW 1977, 405). Eine selbst erschließungsunwillige Gemeinde kann sich nicht auf Dauer dem Erschließungsangebot eines Dritten widersetzen (so mit Recht BVerwG, aaO.). In seinem Urt. hat das BVerwG deutlich zum Ausdruck gebracht, dass der Abschluss eines Erschließungsvertrages – jedenfalls grundsätzlich – geeignet ist, ein etwaiges Erschließungsversäumnis zu überwinden, da die Gemeinde den Abschluss eines solchen Vertrages nur bei Unzumutbarkeit verweigern darf (BVerwG, aaO.; vgl. auch U. des BVerwG v. 23.5.1991 – 8 C 77.89 – NVwZ 1991, 1086 u. U. v. 22.1.1993 – 8 C 46.91 – ZfBR 1993, 234). Für Gemeinden in Freizeit- und Erholungsfreiräumen hat zu gelten, dass sie im Zuge der planerischen Gestaltung von SO-Gebieten mit Erholungsfunktion, zu deren Förderung die Gemeinden i. S. d. städtebaulichen Entwicklung und Ordnung nach § 1 Abs. 1 i. V. m. Abs. 3 BauGB verpflichtet sind, gleichzeitig auch für die Sicherstellung und Gewährleistung einer ordnungsgemäßen Erschließung zu sorgen haben.

b) **Zum Umfang der Erschließungsanlagen.** Die Erschließung der Erholungssondergebiete wird sich nach dem räumlichen Umfang, der Entfernung vom Bebauungskern der Gemeinde (des Ortsteils), nach den jeweiligen topografischen und sonstigen örtlichen Verhältnissen (z. B. Wassergewinnungsgebiet) zu richten haben. An die »gesicherte« Erschließung nach § 30 BauGB können außer für Ferienhausgebiete und größere Wochenendhausgebiete mit gehobenem Zuschnitt geringere Anforderungen als an die Erschließung von Wohngebieten gestellt werden. Im Regelfall wird eine *ausreichende Erschließung*, wie sie für privilegierte Vorhaben nach § 35 Abs. 1 BauGB gefordert wird, genügen. Eine ausreichende Erschließung kann sich wiederum nur **nach** dem **jeweiligen Erholungssondergebiet** richten; es können also keine allgemein gültigen Merkmale für alle Gebiete aufgestellt werden.

Gewisse *Mindestanforderungen* werden jedoch *stets* erfüllt sein müssen.

Dazu gehört der *Anschluss an* das öffentliche *Verkehrsnetz*. Dabei ist nicht der unmittelbare Anschluss erforderlich. Es genügt, wenn das Erholungssondergebiet über Interessenten- oder Wirtschaftswege (Feld- und Forstwege), soweit diese als »*tatsächlich*« öffentliche Wege angesehen werden können, ohne Schwierigkeiten zu erreichen ist. Das einzelne Wochenendhausgrundstück, der Wochenendplatz (dazu Rn 31) oder der Campingplatz müssen eine befahrbare, rechtlich gesicherte Zufahrt besitzen, etwa *öffentlich-rechtlich* durch *Eintragung einer Baulast* in das Baulastenverzeichnis oder privatrechtlich durch Eintragung einer Grunddienstbarkeit in das Grundbuch.

Für die Zuwegung wird eine Mindestbreite von 3–4 m mit den erforderlichen Ausweich- und Wendemöglichkeiten sowie mit festem Untergrund erforderlich sein, damit Feuerlöschfahrzeuge, Krankenwagen und sonstige Fahrzeuge der Daseinsvor- und -fürsorge zu den SO-Gebieten gelangen können. Darauf kann verzichtet werden bei Wegen bis zu höchstens 50 m Länge, wenn die erforderlichen Stellplätze (und Garagen) an anderer Stelle nachgewiesen werden, insbes. als Gemeinschaftsanlagen festgesetzt sind. Je nach Gestaltung der SO-Gebiete wird auf die Befahrbarkeit der Wege *innerhalb* von Wochenendplätzen (Rn 31) und Campingplätzen (Rn 42) verzichtet werden können. Das Gleiche kann für kleinere Wochenendhausgebiete gelten.

Zur ausreichenden Erschließung gehört stets die Sicherstellung, dass *Trinkwasser*, d. h. hygienisch einwandfreies Wasser, auf dem Grundstück selbst oder in unmittelbarer Nähe vorhanden ist. Ist die zentrale Wasserversorgung etwa aus topografischen Gründen nicht möglich, muss die einwandfreie Beschaffenheit des Trinkwassers (aus Brunnen oder einer gefassten Quelle) durch Begutachtung der dafür zuständigen Stellen (z. B. Gesundheitsamt, Wasserwirtschaftsamt) bestätigt sein. Ferner muss zur **Reinhaltung des Grundwassers** und der oberirdischen Gewässer die unschädliche **Beseitigung der Abwässer** und festen Abfallstoffe gewährleistet sein; der Anschluss an die *Stromversorgung* (E-Anschluss) sollte gegeben sein.

Hat die Gemeinde eine Erschließung entspr. derjenigen für Wohngebiete vorgesehen, so ist der einzelne Grundstückseigentümer verpflichtet, das Grundstück in dem geforderten Umfang an die Erschließungsanlage anzuschließen. Der Gemeinde bleibt es jedoch überlassen, das SO-Gebiet lediglich nach seinem Umfang und die Begrenzung der Grundstücke (des Platzes) im Einzelnen festzusetzen. Das kann sich dann empfehlen, wenn die Grundstücksflächen beispielsweise *einem* Eigentümer gehören, der selbst an der Aufschließung des Gebiets wirtschaftlich interessiert ist. Es genügt dazu, dass die Gemeinde die Anbindung des Gebiets an das öffentliche Verkehrsnetz sicherstellt und die ausreichende Erschließung – im B-Plan im Einzelnen, z. B. in Textform festgesetzt – im Übrigen dem Eigentümer der Grundstücksflächen durch Vertrag auferlegt (Rn 18).

8. Wochenendhausgebiete (Abs. 3)

21 **a) Zweckbestimmung, Begriffsinhalt; Gebietscharakter, Regelungen seit ÄndVO 1977; Einzelfragen.** Das Wochenendhausgebiet dient **nach seiner Zweckbestimmung** zum zeitlich begrenzten Aufenthalt an den Wochenenden, in den Ferien (im Urlaub) oder in sonstiger Freizeit in meist landschaftlich bevorzugter Gegend. Der *Begriff »Wochenendhausgebiet«* hat sich im Bauplanungsrecht zwar durchgesetzt, ohne dem Sinngehalt aber voll zu entsprechen. Denn der **im Grundsatz begrenzte** Aufenthalt, der zum Begriffsinhalt des Wochenendhausgebiets gehört, ist zu keiner Zeit auf das Wochenende beschränkt gewesen. Er kann sich auf einen längeren Zeitraum erstrecken, z. B. bei einer Familie mit noch nicht schulpflichtigen Kindern auf die Sommermonate, ohne dass der Zeitraum jahreszeitlich oder die Dauer beschränkt werden könnte. Ab wann der Zweckbestimmung des Wochenendhausgebiets zuwidergehandelt würde, ist ersichtlich schwer festzulegen.

Der Begriffsinhalt des Wochenendhausgebiets wird dadurch mitgeprägt, dass die »landschaftlichen Gegebenheiten« nicht nur bei der Festsetzung der zulässigen Grundflächen der Wochenendhäuser zu berücksichtigen sind, sondern dass diese Standort und Zuschnitt des Wochenendhausgebiets mitbestimmende – ggf. einschränkende – Bedingung bereits bei der Darstellung und Festsetzung des Gebiets zu beachten ist. Dass scheinbar nur die zulässige Grundfläche der Wochenendhäuser unter Berücksichtigung der landschaftlichen Gegebenheiten festzusetzen ist, könnte insofern missverständlich ausgelegt werden. Das Wochenendhausgebiet hat sich i. S. einer seine Darstellung und Festsetzung ggf. einschränkenden (Vor-)Bedingung den höherrangigen Belangen unterzuordnen. Wochenendhausgebiete dürfen demnach nicht von jeder Gemeinde nach deren Gutdünken dargestellt und festgesetzt werden.

21.1 Zu den Abgrenzungsschwierigkeiten eines nach § 34 BBauG zu beurteilenden Wochenendhausgebiets von einer Streusiedlung im Außenbereich s. Hess. VGH (U. v. 7.11.1975 – IV OE 133/74 – BRS 29 Nr. 64), der mit Recht darauf hinweist, dass Jugendherbergen, Freizeitheime u. über die Freizeitnutzung hinaus zum Wohnen verwendete Gebäude nicht z. Typus der Wochenendhäuser gehören (dazu auch BVerwG, U. v. 24.8.1979 – 4 C 8.78 – BBauBl. 1980, 170 = BRS 35 Nr. 69).

1. § 35 Abs. 4 Satz 1 Nr. 5 BauGB ist auf **Wochenendhäuser** nicht anwendbar.
2. Die Erweiterung eines Wohnhauses ist nur dann i. S. d. § 35 Abs. 4 Satz 1 Nr. 5 BauGB angemessen, wenn sie gerade der Wohnraumversorgung der Familienangehörigen dient (BVerwG, B. v. 13.9.1988 – 4 B 155.88 – BRS 48 Nr. 78 = BauR 1988, 699). **Aus den Gründen:** Zugelassen werden nur (quantitative) Erweiterungen, nicht zugleich eine (qualitative) Veränderung, wie sie in der Funktionsänderung von einem Wochenendhaus in ein Dauerwohnzwecken dienendes Wohngebäude liegen würde (wird weiter ausgeführt).

Ein B-Plan über ein Wochenendhausgebiet ist wegen Verstoßes gegen § 10 BauNVO ungültig, wenn er für ein Baugebiet aufgestellt wird, in dem die bereits vorhandenen Wohnbauten überwiegend zum Dauerwohnen benutzt werden (OVG RhPf, U. v. 22.8.1985 – 1 A 62/84 – BRS 44 Nr. 46). **Aus den Gründen:** Die Schaffung eines derart verkappten Wohngebietes mit der Absicht, die Gemeinde auf diese Weise vor der Erschließungslast zu bewahren, stellt einen Verstoß gegen den in der BauNVO vorgezeichneten »Typenzwang« für Baugebiete dar (wird weiter ausgeführt).

Der Umstand, dass das Wochenendhaus planungsgemäß nur dem zeitlich begrenzten Aufenthalt zum Zwecke der Erholung an Wochenenden, in den Ferien oder im Urlaub dient, steht der materiell vorläufigen Befreiung von der Grunderwerbsteuer nicht entgegen (Bundesfinanzhof, U. v. 29.10.1980 – II R 5/79 – JD DVH 1981, 120).

Der Gebietscharakter des Wochenendhausgebiets wird durch die Bauweise (i. A. Einzelhäuser mit begrenzter Grundfläche und höchstens zweigeschossig) geprägt (Rn 25–28). Seit der ÄndVO 1977 können nach Abs. 3 Satz 2 Wochenendhäuser auch als *Hausgruppen* festgesetzt werden (Rn 24).

Die **Störanfälligkeit** und der **nachbarschützende Charakter** des Gebiets (Rn 4– 6) ergibt sich aus der Eigenschaft als Erholungssondergebiet. Nach dem Gebietscharakter i. A., der jeweiligen Eigenart des Wochenendhausgebiets im Besonderen werden sich auch die Anforderungen an den *Umfang der Erschließungsanlagen* zu richten haben (Rn 17–20). **21.2**

Zur unterschiedlichen bebauungsrechtlichen Beurteilung von **Wochenendhäusern** und zur Wochenenderholung in aufgestellten **Wohnwagen** vgl. BVerwG (U. v. 3.4.1987 – 4 C 43.84 – BRS 47 Nr. 76); **aus den Gründen** des Urt.: Auch wenn ortsfest abgestellte Wohnwagen nach dem Landesbaurecht als bauliche Anlagen gelten, so haben sie doch, was ihre bodenrechtliche Relevanz betrifft, eine andere Qualität als fest errichtete Häuser etwa gleicher Größenordnung; denn ihr Bezug zum Standort ist durch die Möglichkeit, sie ohne nennenswerten Zeit- und Kostenaufwand sowie ohne Verlust an Substanz wieder zu entfernen, weniger dauerhaft. Die von ihnen in Anspruch genommenen Flächen können leichter einer anderen Nutzung zugeführt werden. Das gilt auch, wenn Wohnwagen über längere Zeiträume hinweg vom selben Personenkreis für die Wochenenderholung, also wie Wochenendhäuser, benutzt werden; denn das Bebauungsrecht stellt mit dem Begriff der »Art der baulichen Nutzung« nicht nur – funktional – darauf ab, für welchen Zweck Anlagen genutzt werden sondern auch darauf, um welche Art von baulichen Anlagen es sich handelt, weil auch Letzteres bodenrechtlich bedeutsam sein kann.

b) **Begriff, Zulässigkeit (Genehmigung) von Wochenendhäusern.** Der Begriff des **Wochenendhauses** ist gesetzlich nicht definiert, sondern hat sich aus der Zweckbestimmung herausgebildet. Die Wortstämme »Wochenend« und »Haus« können zur begrifflichen Klärung nichts beitragen. Nach der Rspr. werden nämlich auch Schutzhütten, Jagdhütten u. Ä. Einrichtungen als »Wochenendhäuser« bezeichnet. Die Größe von Wochenendhäusern bildet gleichfalls kein Kriterium zur Abgrenzung. Das bisher entscheidende Merkmal der ausschließlichen Errichtung *als Einzelhaus* ist aufgrund der ÄndVO 1977 entfallen. Es bleibt als Begriffs*inhalt* lediglich der **zeitlich begrenzte Aufenthalt**. **22**

Soweit ein Wochenendhausgebiet festgesetzt ist, werden die Gebäude, die auf den Grundstücken innerhalb des Gebiets errichtet werden – oder etwa dort schon bestehen –, ohne weiteres Hinzutun *zu Wochenendhäusern* mit der daran geknüpften zeitlich begrenzten Nutzung (Rn 21). Wochenendhäuser gehören **nicht zu den im Außenbereich privilegierten Vorhaben**. Wochenendhäuser, die nach ihrer Gestaltung u. a. objektiven Kriterien (nur) der Erholung dienen sollen, sind keine nach § 35 Abs. 1 Nr. 4 BauGB im Außenbereich privilegierten Vorhaben (h. M.; st. Rspr. des BVerwG). Dies gilt auch dann, wenn ein FN-Plan mit der Darstellung »Wochenendhausgebiet« vorliegt (OVG Bremen, U. v. 15.2.1994 – 1 BA 1/93 – NVwZ 1993, 606).

Sie sind daher nur zulässig, wenn ihre Ausführung öffentliche Belange nicht beeinträchtigt (§ 35 Abs. 2 und 3 BauGB). Zu den öffentlichen Belangen i. S. d. Vorschrift gehört die Erhaltung des Außenbereichs für die naturgegebene Bodennutzung und als Erholungslandschaft für die Allgemeinheit. Die Wahrung dieser Zweckbestimmung erfordert die Abwehr aller baulichen Anlagen, die der Landschaft wesensfremd sind oder der Allgemeinheit Möglichkeiten der Erholung und Erbauung entziehen (u. a. BVerwG, v. 13.2.1976 – IV C 53.74 – BRS 30 Nr. 40).

Ein die **Erstellung eines Wochenendhauses** betreffender positiver Bauvorbescheid kann nicht erteilt werden, wenn die **Abwasserbeseitigung** auf absehbare Zeit nicht gesichert ist

§ 10   Abs. 3   22.1, 23

(VGH BW, B. v. 29.6.1993 – 8 S 256/93 – VBlBW 1993, 377). In der Entscheidung weist der VGH BW mit Recht darauf hin, dass die Abwasserbeseitigung als Teil der Erschließung bauplanungsrechtlich nur dann gesichert ist, wenn sie den Bestimmungen der LBO und des Wasserrechts entspricht. Der Hinweis auf die *Möglichkeit* der Errichtung einer geschlossenen Grube oder einer Kläranlage reicht nicht aus (VGH BW, aaO.).

In früheren Jahren genehmigte Wochenendhäuser, häufig als einzelstehende Häuser im Außenbereich in landschaftlich reizvoller Lage, die heutzutage infolge der Beeinträchtigung öffentlicher Belange i. S. d. § 35 Abs. 3 BauGB meistens nicht mehr genehmigt werden könnten, haben zwar *Bestandsschutz*. Dieser rechtfertigt aber keine weiteren baulichen Anlagen; denn Wochenendhäuser im Außenbereich gehören nicht zu den Wohnanlagen i. S. v. § 35 Abs. 4 BauGB.

I. S. dieser Situation hat das Nds. OVG mit U. v. 29.11.1993 (– 6 L 3224/91 – BRS 55 Nr. 90 = ZMR 1994, 78) im **Leitsatz** herausgestellt: »*Ein früher genehmigtes Wochenendhaus im Außenbereich (hier: im Landschaftsschutzgebiet am Seeufer) rechtfertigt keinen überdachten Stellplatz für Kraftfahrzeuge (Carport oder Garage), weil das Bauwerk trotz der vorhandenen Bebauung die natürliche Eigenart der Landschaft beeinträchtigt und eine Überdachung notwendiger Stellplätze mangels Dauernutzung entbehrlich ist*« (Nds. OVG, aaO.). In den **Gründen** wird die Bestätigung der Beseitigungsanordnung für einen nicht genehmigten überdachten Stellplatz für Kfz an dem 1963 genehmigten Wochenendhaus ausführlich u. überzeugend begründet.

Ähnlich auch der VGH BW, U. v. 29.1.1993 (– 8 S. 37/93 – BRS 55 Nr. 91 = VBlBW 1993, 229) zur Versagung der Errichtung eines überdachten Pkw-Abstellplatzes, der »*nicht der funktionsgerechten Nutzung eines Wochenendhauses*«, das 1962 im Außenbereich genehmigt worden war, dient.

22.1   Die **Errichtung** eines Wochenendhauses ist **genehmigungspflichtig**. Die Genehmigungspflicht kann nicht etwa deshalb entfallen, weil die Wohn- u. Schlafräume eines Wochenendhauses keine Aufenthaltsräume i. S. d. bauordnungsrechtlichen Vorschriften sind.

Danach sind Aufenthaltsräume Räume, die zum nicht nur vorübergehenden Aufenthalt von Menschen bestimmt sind. Der unbestimmte Zeitraum als Merkmal des Aufenthaltsraumes ist hierbei »*auf den häuslichen Tagesablauf bezogen und im Verhältnis zu den normalerweise ungleich kürzeren oder nur gelegentlichen Aufenthalten in anderen Räumen des Hauses zu sehen*« (so überzeugend VGH BW, U. v. 16.12.1969 – II 512/69 – BRS 22, Nr. 91). Die Bestimmungen über untergeordnete Gebäude nach den LBauOen sind aus der Systematik sowie aus Sinn und Zweck der einschlägigen Vorschriften auf Aufenthaltsräume von Wochenendhäusern nicht anwendbar (VGH BW, aaO.). Anforderungen an den Wärmeschutz, den Schallschutz und die Beheizbarkeit werden für die Genehmigung nicht gestellt. Nach der in einigen Ländern geltenden WochVO (s. Rn 32) muss die lichte Höhe in Wochenendhäusern 2,30 m betragen. Bei Kleinwochenendhäusern (Rn 32) werden Anforderungen an die lichte Höhe nicht gestellt. Im Übrigen sind die Vorschriften der LBauOen maßgebend. Die **Vorschriften über Wohnungen** nach den LBOen sind auf Wochenendhäuser nicht anzuwenden.

Zu den Wochenendhäusern bzw. Kleinwochenendhäusern rechnen je nach der Größe der Grundfläche auch *Mobilheime, Container* und zum nicht nur vorübergehenden Aufstellen bestimmte *Caravans* (Wohnwagen) (dazu Rn 32).

23   c) **Zur Problematik der Dauernutzung.** Die Festsetzung von Wochenendhausgebieten stellt die Gemeinden häufig vor die schwierige Frage, in welcher Weise die Umwandlung eines Wochenendhausgebiets in ein Wohngebiet i. S. d. §§ 3, 4 verhindert werden kann. Es ist nicht streitig, dass das Bewohnen eines Wochenendhauses *auf Dauer* eine baugebietswidrige Nutzung darstellt. Aus der Zweckbestimmung eines Wochenendhauses ergibt sich nämlich, dass es zum zeitlich begrenzten – also nicht dauernden – Aufenthalt dient. Bei einem Wochenendhaus handelt es sich daher nicht um eine »*Dauer-Wohnstätte, mag* *sie auch tatsächlich zum dienenden Wohnen geeignet sein«* (BVerwG, U. v. 26.3.1974 – VIII C 21.73 – DÖV 1975, 537; U. v. 18.1.1991 – 8C 63.89 – BVerwGE 87, 299 = NVwZ 1991, 678 u. OVG NW, U. v. 23.10.2006 – 7 A 4947/05 – BauR 2007, 1009). Durch die Nutzung als Dauerunterkunft könnten die gemeindlichen und sonstigen öffentlichen Einrichtungen oftmals zusätzlich belastet werden. Der Hinweis in den einschlägigen Kommentaren, dass die Bauaufsichtsbehörde gegen ein ungenehmigtes Dauerwohnen einschreiten kann (so *Ziegler*, in: *Brügelmann*, § 10 Rdn. 34; *Bielenberg*, § 10 Rdn. 12; *Boeddinghaus*, § 10 Rn 9), trifft theoretisch aus bauordnungsrechtlicher Sicht zwar zu. Der gemeindlichen Praxis ist damit aber wenig gedient. Es kommt entscheidend auf die *Durchsetzbarkeit der Anordnung* an, d. h. ob ein Dauerwohnen unterbunden werden kann.

Ziegler, in: *Brügelmann* äußert mit Recht, »*dass die praktischen Wirkungsmöglichkeiten der Bauaufsichtsbehörden gering sind*« (aaO.). Es unterliegt überdies gewissen Zweifeln, ob gegen eine dauernde Nutzung mit bauordnungsrechtlichen Mitteln eingeschritten werden kann. Dazu wäre eine eindeutige Abgrenzung des zeitlich begrenzten zum dauernden Wohnen erforderlich; es dürfte z. B. nicht zu verhindern sein, dass ein Wochenendhaus mehreren – befreundeten – Familien, ohne dass eine Vermietung stattfindet, zur Erholung dient. Abgesehen davon ist dem Bauordnungsrecht der Begriff »Dauerwohnen« als besondere Form des Wohnens – etwa als maßgebendes Kriterium einer **Nutzungs**änderung – nicht geläufig (wie die StVO bisher eine überzeugende rechtliche Abgrenzung des Dauerparkens vom Parken nicht zu erreichen vermochte). Die Zweckbestimmung (den Gebietscharakter) zu erhalten, könnte u. a. dadurch erreicht werden, dass Gemeinden die für Wochenendhausgebiete vorgesehenen Flächen selbst erwerben und die Grundstücke nur in Pacht bzw. Erbpacht abgeben. Das würde die Umwandlung von Wochenendhausgebieten in Dauerwohngebiete mit den bekannten Begleiterscheinungen einer unzureichenden Erschließung und häufig ungenehmigten An- und Umbauten am wirksamsten verhindern.

Die 1. Kammer des ersten Senats des BVerfG hatte sich in ihrem B. v. 2.9.2004 (– 1 BvR 1860/02 – NVwZ 2005, 203 = BauR 2006, 92) mit einer **Beseitigungsanordnung** gegen ein ungenehmigtes und nicht genehmigungsfähiges, aber geduldetes **Wochenendhaus**, an dem bauliche Verbesserungsmaßnahmen vorgenommen wurden, zu beschäftigen und hat hierzu folgenden **Leits**. aufgestellt:

»*Werden in einem Gebiet, in dem illegale Wochenendhäuser geduldet werden, an einem solchen Haus bauliche Maßnahmen durchgeführt, die zur Funktionsverbesserung dienen, so darf deshalb nicht der Abbruch des Hauses, sondern lediglich die Rückgängigmachung der Maßnahmen angeordnet werden. Dies gilt jedenfalls dann, wenn die Funktionsverbesserung auf einer geringfügigen baulichen Veränderung beruht, die sich leicht rückgängig machen lässt.*«

Die *beste Gewähr* zur Verhinderung einer Dauernutzung dürfte die **Festsetzung einer geringeren Grundfläche** als für Wohnhäuser üblich bieten (Rn 25–27), verbunden mit einer *Ortsgestaltungssatzung*, um z. B. durch Festsetzung einer geringen Dachneigung den Dachausbau zu Aufenthaltsräumen auszuschließen. Im Übrigen wird die **Gefahr der Dauernutzung** desto größer sein, je enger das Wochenendhausgebiet mit den übrigen Baugebieten der Gemeinde zusammenhängt. Ein Wochenendhausgebiet, das von anderen Baugebieten umgeben ist, dürfte seinen Zweck verfehlen und eher den Stempel eines Ferienhausgebietes tragen (dazu Rn 34).

23.1

In einem Wochenendhausgebiet (§ 10 Abs. 3 BauNVO) darf eine Gemeinde alle Nutzungen ausschließen, die einer Dauerwohnung förderlich sein könnten, damit – neben Stellplätzen – auch Garagen (einschließlich Carports) (BayVGH, B. v. 22.4.2003 – 26 B 00.668 –).

23.2

§ 10 Abs. 3 23.3–25

23.3 Bei fortschreitender Umnutzung von Wochenendhäusern zu Dauerwohnzwecken in der Nähe einer dörflichen Ortslage kann eine Änderung des B-Plans gerechtfertigt sein, die einen Teil des Wochenendhausgebiets in ein reines Wohngebiet normiert (Hess. VGH, B. v. 7.6.1994 – 3 N 2480/91 – NVwZ 1995, 605).

24 d) **Festsetzung der Bauweisen bei Wochenendhäusern (Abs. 3 Sätze 1 u. 2).** Nach Abs. 3 **Satz 1** sind Wochenendhäuser im Grundsatz (nur) als Einzelhäuser zulässig. Das bedeutet, dass die Wochenendhäuser **i. A. allseitig freistehend** in offener Bauweise errichtet werden. Diese Bauweise schließt nicht aus, dass Einzelhäuser auch in halboffener Bauweise errichtet werden (vgl. § 22), was von Bedeutung sein kann, wenn im B-Plan nicht festgesetzt wird, dass (gleichzeitig) ausnahmsweise auch *Hausgruppen* zugelassen werden können (Satz 2).

Seit der BauNVO 1977 sind Wochenendhäuser außer als Einzelhäuser als *zweite Bauweise* auch als Hausgruppen zulässig. Dabei ist von Bedeutung, dass im B-Plan (nur) *alternativ* festgesetzt werden kann, dass Wochenendhäuser »nur« als Hausgruppen zulässig sind. In diesem Fall sind daneben Einzelhäuser ausgeschlossen. Als *dritte* mögliche *Bauweise* kann der B-Plan neben Wochenendhäusern als Einzelhäuser festsetzen, dass Hausgruppen *ausnahmsweise* zugelassen werden können. Einzelhäuser *und* Hausgruppen als allgemein zulässig schließen sich mithin aus. Was unter einer Hausgruppe zu verstehen ist, hat der VOgeber hier nicht bestimmt.

24.1 Der Begriff »Hausgruppe« umfasst jede Mehrheit aneinander gebauter, in ihrer baulichen Konstruktion selbständige Gebäude, mithin auch Doppelhäuser, wenngleich die besondere Aufführung der Doppelhäuser neben den Hausgruppen in § 22 Abs. 2 auch einen anderen Schluss zulassen könnte. Den Ausschluss der Doppelhäuser hat der VOgeber offensichtlich nicht beabsichtigt (vgl. Nr. 2.7 Mustererlass ARGEBAU); das wäre auch sinnwidrig. Die höchstzulässige Länge einer Hausgruppe geht aus § 22 Abs. 2 hervor (50 m). Im B-Plan kann davon abweichend eine andere (zulässige) Länge der Hausgruppe bzw. die Anzahl der Gebäude einer Hausgruppe festgesetzt werden. Mit Recht weist *Ziegler* (Fundst. Rn 23) darauf hin, dass beide Begrenzungen auch miteinander gekoppelt werden können.

Die Festsetzung der Hausformen wird oftmals nicht genügen. Eine **Gestaltungssatzung** aufgrund landesrechtlicher Vorschriften i. V. m. § 9 Abs. 4 BauGB zur Bestimmung der äußeren Gestaltung wie der Dachform oder auch Begrenzung der Höhe der Gebäude (§ 16 Abs. 4) kann sich empfehlen.

25 e) **Festsetzung der zulässigen Grundfläche (Abs. 3 Satz 3). – aa) Allgemeines zur Festsetzung.** Die zwingend festzusetzende »zulässige Grundfläche der Wochenendhäuser« ist ein Festsetzungselement des **Maßes der baulichen Nutzung** (Näheres hierzu s. §§ 16 f.). Sie hat sich nach der **besonderen Eigenart** des Gebiets zu richten. Die BauNVO selbst hat folgerichtig für die Grundfläche der Wochenendhäuser kein einheitliches Höchstmaß bestimmt, weil die Eigenart der Wochenendhausgebiete zu unterschiedlich ist. Die zulässige Grundfläche ist demzufolge erst im jeweiligen B-Plan individuell festzusetzen; sie bedeutet die **Grundrissgröße** der Wochenendhäuser.

Für alle Baugebiete und somit auch für das SW-Gebiet gilt die durch die ÄndVO 1990 aus ökologischen Gründen geänderte Vorschrift des § 16 Abs. 3 Nr. 1, nach der bei der Festsetzung des Maßes der baulichen Nutzung *stets die Grundflächenzahl* oder (alternativ) *die Größe der Grundflächen der baulichen Anlagen* festzusetzen ist. Folglich enthält § 17 Abs. 1 auch eine entspr. Grundflächenzahl (GRZ = 0,2) als Obergrenze.

25.1   **Abs. 3**   § 10

Unter der Annahme, dass in SW-Gebieten als bauliche Anlagen *nur* Wochenendhäuser zulässig wären, würden die Begriffe »zulässige Grundfläche der Wochenendhäuser« (§ 10) und »Größe der Grundflächen der baulichen Anlagen« (§ 16) trotz des abweichenden Wortlauts zwar als inhaltsgleich zu werten sein. § 10 als die ältere Vorschrift wurde insoweit – was nahe gelegen hätte – an die ÄndVO 1990 sprachlich nicht angepasst. Da in SW-Gebieten außer den Wochenendhäusern aber auch noch *andere bauliche Anlagen* wie Stellplätze und Garagen (§ 12 Abs. 2) sowie untergeordnete Nebenanlagen nach § 14 Abs. 1 (z.B. Geräteschuppen, Schwimmbecken, Einrichtungen für die Kleintierhaltung) allgemein zulässig sind, soweit sie nicht nach § 23 Abs. 5 ausgeschlossen werden, umfasst der Begriff »Größe der Grundflächen der baulichen Anlagen« nach § 16 außer den Wochenendhäusern auch noch andere bauliche Anlagen. Daraus folgt, dass im SW-Gebiet stets nicht nur die *zulässige Grundfläche der Wochenendhäuser*, sondern zusätzlich auch die (ggf. größere) *Größe der Grundfläche der baulichen Anlagen* oder alternativ die *Grundflächenzahl (GRZ)* festgesetzt werden *muss*. Die Festsetzung der Größe der Grundflächen (§ 16) empfiehlt sich, wenn z.B. zusätzliche Flächen für Stellplätze, Garagen und sonstige Nebenanlagen einheitlich festgesetzt werden sollen, im Übrigen kommt nur die Festsetzung der GRZ in Betracht.

Eine festgesetzte GRZ kann mit den festgesetzten zulässigen Grundflächen der Wochenendhäuser kollidieren und – insbes. bei unterschiedlich großen Grundstücken – dazu führen, dass eine der beiden Festsetzungen u.U. nicht voll ausgenutzt werden kann. Es gilt dann jeweils die engere Festsetzung als Höchstgrenze. Da die Festsetzung der zulässigen Grundflächen nach § 10 als auch der Größe der Grundflächen bzw. der GRZ nach § 16 Instrumente des *Maßes der baulichen Nutzung sind*, kommt auch deren unterschiedliche Festsetzung für Teile des Baugebiets, für einzelne Grundstücke oder Grundstücksteile nach § 16 Abs. 5 zur Anwendung (ebenso *Ziegler*, in: *Brügelmann*, § 10 Rdn. 36, im Ergebnis auch *Boeddinghaus*, § 10 Rdn. 12–13). Bei der »zulässigen Grundfläche« handelt es sich nur um ein Instrument des *Maßes*, nicht dagegen des *allgemeinen Maßes* der baulichen Nutzung. Ihre Darstellung im FN-Plan nach § 16 Abs. 1 kommt daher nicht in Betracht.

25.1

Der Begriff »zulässige Grundfläche« in § 10 ist trotz desselben Wortlauts nicht identisch mit dem Begriff der »zulässigen Grundfläche« nach § 19 Abs. 2, die erst für das Baugrundstück aus der im B-Plan festgesetzten Grundflächenzahl zu ermitteln ist und für unterschiedlich große Grundstücke unterschiedlich groß ausfällt. Die zulässige Grundfläche nach § 19 Abs. 2 darf durch die nach § 19 Abs. 4 mitzurechnenden Anlagen um bis zu 50 % bis höchstens 0,8 überschritten werden. Ziel der speziellen Regelung in § 10 ist es dagegen, für SW-Gebiete höchstzulässige (ggf. einheitliche) Größen der Wochenendhäuser zur Sicherstellung einer aufgelockerten Bebauung unabhängig von unterschiedlichen Grundstücksgrößen festsetzen zu können.

Außer der Festsetzung der zulässigen Grundfläche ist i.d.R. auch die Festsetzung der **Zahl der Vollgeschosse (Z)** – i.A. eingeschossig – erforderlich. Dies ergibt sich aus § 16 Abs. 3 Nr. 2, wonach die Festsetzung zwingend ist, wenn sonst öffentliche Belange, insbes. das Orts- und Landschaftsbild, beeinträchtigt werden können. Diese Voraussetzung dürfte bei SW-Gebieten regelmäßig gegeben sein. Auf die zusätzliche Festsetzung der **Geschossflächenzahl (GFZ)** kann nach § 16 Abs. 2 und sollte verzichtet werden, weil das Maß der baulichen Nutzung durch die Festsetzung der GRZ bzw. der Größe der Grundflächen und der Z bereits eindeutig bestimmt ist. Da nach § 20 Abs. 3 Satz 1 BauNVO 1990 anders als nach früheren Fassungen der BauNVO Aufenthaltsräume in anderen als Vollgeschossen (im Dachraum oder Keller) bei der Ermittlung der GFZ nicht mehr mitgerechnet werden, hat die GFZ auch beim Ausbau von Dachräumen oder Kellern z.B. bei Wochenendhäusern in Hanglage keine Bedeutung mehr (zur Frage, wann ein Dachraum oder Keller nach Landesrecht als Vollgeschoss zählt s. § 20 Rn 7).

§ 10 Abs. 3   26, 27

Wird auf die Festsetzung der GFZ verzichtet, muss die Gemeinde nachweisen, dass bei Festsetzung der GRZ bzw. der Größe der Grundflächen nach § 16 in Verbindung mit der Zahl der Vollgeschosse die Obergrenze des § 17 Abs. 1 für die GFZ nicht überschritten wird. Dabei muss nicht die Obergrenze für jedes einzelne Grundstück eingehalten werden; aus städtebaulicher Sicht genügt es, wenn die Gesamtsumme der festgesetzten Grundflächen des SW-Gebiets im Verhältnis zur Gesamtgrundstücksfläche die GFZ von 0,2 nicht überschreitet. Werden Wochenendhäuser mehrgeschossig geplant, was zwar zulässig ist, aber nur in Ausnahmesituationen in Frage kommt, müssen die GRZ bzw. die Größen der Grundflächen zwecks Einhaltung der GFZ entspr. kleiner festgesetzt werden.

26   bb) **Art und Weise der Festsetzung, Form und Bindungswirkung.** Die Festsetzung der zulässigen Grundfläche (= Größe der Grundfläche) erfolgt nach Planzeichen Nr. 2.6 der Anlage zur PlanzV (z. B. **GR 60 m²**). Zusätzlich kann der Standort der Wochenendhäuser auf den Grundstücken durch Festsetzung der überbaubaren Grundstücksflächen durch (allseitige) Baulinien oder Baugrenzen nach § 23 bestimmt werden, wodurch indirekt auch die Grundfläche eingegrenzt wird.

Dabei sollte man die Festsetzung von Baulinien vermeiden und sich mit der Festsetzung von Baugrenzen begnügen, um genügend Spielraum zu belassen. Während auf den Baulinien gebaut werden muss (§ 23 Abs. 2), lassen Baugrenzen ein Zurückweichen zu (§ 23 Abs. 3). Ermöglichen festgesetzte Baugrenzen größere als die festgesetzten Grundflächen, so sind die festgesetzten Grundflächen einzuhalten; die Baugrenzen können dann insoweit nicht ausgenutzt werden. Auch aus diesem Grund ist von der Festsetzung von Baulinien abzuraten. Umgekehrt kann bei einer zu engen Festsetzung von Baugrenzen u. U. die zulässige Grundfläche nicht ausgenutzt werden. Es ist daher zu empfehlen, Baugrenzen und Grundflächen sinnvoll aufeinander abzustimmen. Die Größe der Grundfläche der Wochenendhäuser ist zwar nicht durch ein Höchstmaß begrenzt. Als Erfahrungswert hat sich in der Praxis i. A. aber eine Grundfläche von 45–60 m² zuzüglich einer (überdeckten) Terrasse oder offenen Laube von etwa 10–15 m² herausgebildet. Sofern Garagen oder Stellplätze mit ihren Zufahrten sowie Nebenanlagen i. S. d. § 14 nicht nach § 23 Abs. 5 ausgeschlossen werden, sind sie auf den Einzelgrundstücken zulässig.

27   cc) **Begrenzung der Grundfläche nach der besonderen Eigenart des Gebietes.** Nach § 10 Abs. 3 muss die – zulässige – Grundfläche der Wochenendhäuser, »begrenzt **nach der besonderen Eigenart des Gebietes**«, im B-Plan festgesetzt werden. Die *Größe* der Wochenendhäuser hat sich mithin nach der *besonderen Eigenart* des Gebiets zu richten. Die *allgemeine* Eigenart eines Wochenendhausgebietes wird bereits durch – meistens – ein- oder zweigeschossige Einzelhäuser oder durch die Häuser als Hausgruppen, die Größe und den Zuschnitt des Gebietes, Zulassung von Garagen, die Zuordnung der Stellplätze jeweils zu den Wochenendhäusern oder ihre Zusammenfassung als Gemeinschaftsanlage u. dergl. geprägt.

Die **besondere Eigenart** des Gebiets hängt darüber hinaus von der Lage des Gebiets im Verhältnis zu der sonstigen Bebauung der Gemeinde ab und von der naturgemäßen Nutzungsweise des das Wochenendhausgebiet umgebenden Gebietes (Bodenbeschaffenheit, Bewuchs). Die *besondere Eigenart* bezieht sich mithin in erster Linie auf die besondere Gebietsstruktur und damit auf das Verhältnis zwischen den Wochenendhäusern und der für die Errichtung beschaffenen Fläche. Die Begrenzung der Grundfläche nach der besonderen Eigenart des Gebietes wird sich danach zu richten haben, ob die Bebauung dem Wesen u. insbes. der *Nutzung des Bodens* einer von der naturgegebenen Nutzung her bestimmten Harmonie entspricht. Nach dem Hess.VGH (U. v. 7.11.1975 – IV E 133/74 – BRS 29 Nr. 64) liegt eine Grundfläche von 117 m² gerade noch im Rahmen dessen, was – auch unter Berücksichtigung des planerischen Ermessens – für ein Wochenendhaus noch in Betracht kommt.

dd) **Festsetzung der Grundfläche unter »Berücksichtigung der landschaftlichen Gegebenheiten«**. Der Begriff ist aus sich heraus nicht ohne weiteres verständlich. Er umfasst in seinem Sinngehalt verschiedene **unter § 1 Abs. 6 BauGB aufgeführte Grundsätze** in Bezug auf Natur und Landschaft, die die B-Pläne zu berücksichtigen haben.

Dazu gehören »die Gestaltung des Landschaftsbildes« (Abs. 6 Nr. 5) und »die Belange des Naturschutzes und der Landschaftspflege« (Abs. 6 Nr. 7). In dem Begriff »landschaftliche Gegebenheiten« spiegeln sich ferner gewissermaßen als Zusammenfassung alles landschaftlich Bedeutsamen die »Belange des Natur- und Landschaftsschutzes« sowie »die natürliche Eigenart der Landschaft, oder ihre Aufgabe als Erholungsgebiet« des § 35 Abs. 3 BauGB wider. Da Begriffe der BauNVO in ihrem Sinngehalt nicht mehr oder anderes enthalten können als das BauGB, von dem sich die BauNVO ableitet, ist der Begriff »landschaftliche Gegebenheiten« inhaltlich nicht weiter zu fassen als die Grundsätze des § 1 Abs. 5 BauGB. Er kann als deren Konkretisierung verstanden werden. Zur Auslegung können daher Rspr. und Schrifttum zu den unbestimmten Rechtsbegriffen der Grundsätze in § 1 Abs. 5 und auch des § 35 Abs. 3 BauGB fruchtbar gemacht werden.

Die Forderung z. B., dass Bauleitpläne die Gestaltung des Landschaftsbildes zu berücksichtigen haben, besagt, dass die Bebauung sich im Regelfall dem Landschaftsbild ein- bzw. *unterzuordnen* hat, jedenfalls nicht dominieren darf (BVerwG, U. v. 30.4.1969 – IV C 63.68 – NJW 1970, 346 = BRS 22 Nr. 86). »Gestaltung« ist nicht notwendig als aktive Formung der Landschaft aufzufassen. Gestaltung liegt auch **in der Bewahrung** eines vorhandenen Landschaftsbildes und in dem Unterlassen von Einrichtungen, die zu seiner Beeinträchtigung führen können. Die Bebauung darf in einer typisch geprägten Landschaft nicht als wesensfremd empfunden werden (BVerwG, B. v. 29.4.1968 – IV B 77.67 – BRS 20 Nr. 59). I. S. d. Begriffs »landschaftliche Gegebenheiten« ist hier das Verhältnis des einzelnen Wochenendhauses zu seiner landschaftlichen Umgebung zu verstehen.

f) **Beispiele zur Festsetzung eines SO-Gebietes »Wochenendhausgebiet«**. Die Festsetzungen im B-Plan für das Wochenendhausgebiet haben sich nach der jeweiligen Lage des Gebiets zur zusammenhängenden Bebauung der Gemeinde sowie dem Zuschnitt, der Größe der Wochenendhäuser (nach der Grundfläche, Ein- oder Zweigeschossigkeit) und nach dem räumlichen Umfang des Wochenendhausgebiets zu richten. Nach der (jeweiligen) Eigenart des Gebiets kann es mehr den Wochenendplatzgebieten (Rn 33) oder Ferienhausgebieten mit ein- oder zweigeschossiger Bauweise ähneln. Nach dem bisher (noch) vorherrschenden Gebietscharakter steht in Wochenendhausgebieten das (ruhige) Freizeitwohnen im Vordergrund. Unter Berücksichtigung dieser allgemeinen Hinweise wird die Festsetzung eines Wochenendhausgebiets in Anlehnung an den Nutzungskatalog für WR-Gebiete – am besten in Textform – erfolgen.

Beispiel: »Sondergebiet Wochenendhausgebiet«

»(1) Das Wochenendhausgebiet *[nähere Bezeichnung]* dient zu Zwecken der Erholung ausschließlich dem Freizeitwohnen in Wochenendhäusern. (*Wahlweise:* »Das Wochenendhausgebiet ... der Erholung dem Freizeitwohnen in Wochenendhäusern und Anlagen sowie Einrichtungen zur Versorgung des Gebietes und für Freizeit-Zwecke, die das Freizeitwohnen nicht stören«.)

(2) Zulässig sind Wochenendhäuser.

(3) Ausnahmsweise können Läden zur Deckung des täglichen Bedarfs der Bewohner des Gebiets sowie Schank- und Speisewirtschaften zugelassen werden.«

(*Wahlweise:*)

»(2) Zulässig sind:

1. Wochenendhäuser,

§ 10   29.1–31

    2. Läden zur Deckung des täglichen Bedarfs der Bewohner des Gebiets sowie Schank- und Speisewirtschaften,
    3. Anlagen und Einrichtungen für Freizeitzwecke, die das Freizeitwohnen nicht stören«).

29.1   g) **Faktisches Wochenendhausgebiet.** In der obergerichtlichen Rspr. ist anerkannt, dass etwa eine größere Ansammlung von Wochenendhäusern im Einzelfall auch einen im Zusammenhang bebauten Ortsteil im Sinne v. § 34 Abs. 1 BauGB bilden kann, wenn sie – wäre sie aufgrund eines Bebauungsplanes entstanden – bei einheitlicher Gebietsstruktur auch Baugebiet i. S. v. BauGB und der BauNVO wäre. So kommen insbes. auch faktische Wochenendhausgebiete in Betracht (OVG NW, U. v. 23.10.2006 – 7 A 4947/05 – Thür. OVG, U. v. 28.5.2003 – 1 KO 42/00 – BRS 66 Nr. 95 unter Bezugnahme auf Hamb. OVG, U. v. 4.11.1999 – 2 E 29.96.N – BRS 62 Nr. 37; Hess. VGH, U. v. 24.11.1995 – 4 UE 239/92 – BRS 57 Nr. 280 u. Nds. OVG, U. v. 23.3.1977 – I A 339/74 – OVGE 33, 376).

    9.   Wochenendplatzgebiete

30   a) **Allgemeines, zur Zweckbestimmung.** *Wochenendplatzgebiete* gehören zu den SO-Gebieten, die der Erholung dienen, wenngleich sie in der beispielhaften Aufzählung des § 10 Abs. 1 nicht aufgeführt sind. **Sie sind** wie die Wochenendhausgebiete (und gleichfalls die Campingplatzgebiete) **Baugebiete.** Nach ihrer Zweckbestimmung und dem Gebietscharakter sind *Wochenendplatz*gebiete zwischen Wochenend*haus*gebieten und Campingplatzgebieten einzuordnen.

Wochenendplätze (Rn 31) und Camping- und Zeltplätze (Rn 42) werden nicht selten im räumlichen Zusammenhang errichtet. Hinsichtlich **Standortwahl** (Rn 14–16) und **Erschließung** (17–20) werden bei der Darstellung und Festsetzung von Wochenendplatzgebieten die Grundsätze und Überlegungen wie bei Campingplatzgebieten zu gelten haben. Die *Störanfälligkeit*, Fragen des *Nachbarschutzes* (Rn 4–6) und die möglichen Nutzungen (12–13) unterscheiden sich nicht wesentlich von denen der Campingplatzgebiete, ausgenommen die SO-Gebiete nach § 10, die für *Touristikcampingplätze* vorgesehen sind (s. Rn 5). Bei der Darstellung im FN-Plan braucht sich die Gemeinde nicht festzulegen, ob ein Wochenendplatzgebiet oder ein Campingplatzgebiet beabsichtigt ist. Da ein **Maß** für die bauliche Nutzung bei der Darstellung und der Festsetzung im Regelfall entfällt, genügt es, im FN-Plan durch Text oder Standortsymbol die S-Baufläche i. S. eines daraus wahlweise zu entwickelnden Wochenendplatzgebiets oder Campingplatzgebiets darzustellen (Rn 9). Wochenendplatzgebiete können auch aus einer im FN-Plan dargestellten Grünfläche mit dem Standortsymbol »Campingplatz« entwickelt werden. **Wochenendplatzgebiete können mehrere Wochenendplätze umfassen,** wie in Campingplatz*gebieten* mehrere Camping*plätze* zulässig sind.

31   b) **Begriffe und Rechtsnatur von »Wochenendplatz« und »Aufstellplatz«. – aa) Allgemeines.** Infolge der (besonders) engen Verzahnung der bau*planungs*rechtlichen mit den bau*ordnungs*rechtlichen Regelungen bei der erforderlichen Einfügung von Wochenendplätzen und gleichermaßen Campingplätzen in die bebaute und unbebaute Umwelt sind Missverständnisse (offensichtlich) nicht auszuschließen. Eine gewisse Rechtsunsicherheit beruht auch darauf, dass die größere Anzahl der *Wochenend*plätze als *Camping*plätze entstanden ist, für die zur Zeit der Errichtung vielfach **(noch) keine Genehmigungspflicht** bestand. Bei der stetig zunehmenden Bedeutung der Wochenendplätze (und

Campingplätze) im Rahmen der anwachsenden »Freizeitgesellschaft« (s. Rn 1–3) und insbes. aufgrund des zumindest in gleicher Weise zugenommenen **Umweltbewusstseins** wird zur *naturgemäßen Einbindung* der Plätze in die Landschaft, zur ordnungsgemäßen *Abwasser- und Abfallbeseitigung* sowie Beachtung der hygienischen Mindestausstattung (s. Rn 14–20), abgesehen von anderen (bau-)planerischen Bestimmungen, auf eine nachträgliche Genehmigung der Plätze – ggf. mit zeitlichen Übergangsregelungen – nicht verzichtet werden können.

Die Festsetzung der Wochenendplatzgebiete (Campingplatzgebiete) nach § 10 bildet den Rahmen, insbes. in Bezug auf die Standortwahl; sie ist die bauplanungsrechtliche Voraussetzung für die Zulässigkeit der Wochenendplätze (zu Campingplätzen s. Rn 41 f.).

bb) Begriff, Rechtsnatur, planungsrechtlicher Inhalt. Wochenendplätze sind **begrifflich** Plätze, die – auf Dauer angelegt – ausschließlich zum dauerhaften Aufstellen oder Errichten der in Wochenendplatz*gebieten* zulässigen oder zulassungsfähigen Anlagen und Nutzungen dienen und die während des ganzen Jahres oder wiederkehrend während bestimmter Zeiten des Jahres betrieben werden (in Anlehnung an das von der Fachkommission Bauaufsicht der ARGEBAU erarbeitete Muster einer WochenendplatzVO; zit.: MusterWochVO). In dem Baugebiet »*Wochenendplatzgebiet*« sind die Wochenend**plätze** die dort **zulässige Nutzungsart** wie Wochen*endhäuser* in Wochen*endhausgebieten* oder Ferienhäuser in Ferien*haus*gebieten (s. Rn 34 f.). Sie werden im Grundsatz nach § 9 Abs. 1 Nr. 1 und 2 BauGB festgesetzt und sind (zugleich) bauliche Anlagen i. S. v. § 29 Abs. 1 Satz 1 BauGB. Die Festsetzung von Wochenendplätzen (wie Campingplätzen) kann *begrifflich* deshalb Schwierigkeiten machen, weil der jeweilige Wochenendplatz die »**eigentliche**« **Baufläche** bildet, wobei mehrere Wochenendplätze zusammen ein Baugrundstück bilden können. Das Wochenendplatz*gebiet* (wie auch das Campingplatzgebiet) ist nicht als Baugrundstück anzusehen (insoweit missverständlich *Ziegler*, in: *Brügelmann*, § 10 Rdn. 19). Der einzelne Wochenendplatz wird häufig eine größere (Bau-)Fläche umfassen, weil nach den Camping- und WochenendplatzVOen der Länder – CWVO – (s. Rn 31.2) jeder **Aufstellplatz** schon mindestens 100 m² groß sein muss und nach der CWVO Camping- und Wochenendplätze an einem **befahrbaren öffentlichen Weg** liegen müssen (s. Rn 31.3). Nach der CWVO müssen Camping- und Wochenendplätze »durch innere Fahrwege ausreichend erschlossen sein« (z. B. § 2 Abs. 1 CWVO NW). Infolge der nach den CWVOen vorgeschriebenen befahrbaren *öffentlichen* Erschließungswege bedarf der **Wochenendplatz als** »**Art der baulichen Nutzung**« (»Maß«: eingeschossige Bauweise, weil die Gesamthöhe der Wochenendhäuser höchstens 3,50 m betragen darf) auch der Festsetzung der *überbaubaren Grundstücksfläche* (§ 9 Abs. 1 Nr. 2 BauGB) i. S. d. Abgrenzung der überbaubaren Grundstücksfläche von den öffentlichen Verkehrsflächen u. sonstigen vorgeschriebenen Abständen.

Der **Wochenendplatz** ist die Hauptnutzungsart und nicht etwa der *Aufstellplatz* (dazu Rn 31.4); a. A. wohl *Ziegler*, in: *Brügelmann*, § 10 Rdn. 19. Das geht u. a. daraus hervor, dass Wochenendhäuser auf **genehmigten Wochenendplätzen** genehmigungsfreie Vorhaben sind (vgl. u. a. § 62 Abs. 1 Nr. 3 BauO NW, § 14 CWVO NW). Der **Aufstellplatz** ist der jeweilige Anteil des Baugrundstücks »*Wochenendplatz*«, der zum Aufstellen oder Errichten von Wochenendhäusern bestimmt ist. Die »überbaubare« Grundfläche i. S. v. § 19

§ 10 31.3–32

Abs. 2 ergibt sich aus der Grundfläche der Wochenendhäuser mit höchstens 40 m² (§ 1 Abs. 4 CWVO NW). Die (Klein-)Wochenendhäuser selbst auf Aufstellplätzen sind **planungsrechtlich keine Vorhaben** i. S. d. § 29 Abs. 1 Satz 1 BauGB; sie bleiben dagegen bauliche Anlagen i. S. d. bauordnungsrechtlichen Vorschriften.

Der Begriff des Wochenendplatzes im dargelegten Sinn wird vom BayVGH (B. v. 14.11.1994 – 2 CS 94.3111 – BRS 56 Nr. 136) bestätigt. Danach stellt ein **Wochenendplatz** mit seinen baulichen und sonstigen Anlagen wie Einrichtungen eine *einheitliche* bauliche Anlage im Rechtssinn nach der gesetzlichen Fiktion des Art. 2 Abs. 1 Satz 2 Nr. 3 BayBO dar (BayVGH, aaO.). Ähnlich wie ein Golfplatz, der mit seinen baulichen und sonstigen Anlagen als Gesamtanlage eine einheitliche bauliche Anlage im Rechtssinn bildet – so BayVGH unter Bezugnahme auf *Simon*, BayBO –, stellen auch Wochenendplätze durch Fiktion nach der jeweiligen LBO bauliche Anlagen dar.

Nach der Rspr. insbes. des BVerwG **zum planungsrechtlichen Begriff** der baulichen Anlage (Vorb. §§ 2 ff. Rn 17–19) – **im Unterschied zum Begriff** der baulichen Anlage **im ordnungsrechtlichen Sinne** – handelt es sich bei **Wochenendplätzen**, ähnlich wie bei Campingplätzen, deshalb um bauliche Anlagen im planungsrechtlichen Sinne, weil damit stets eine bauliche Verfestigung verbunden ist und sie »*Belange in einer Weise berühren können, die geeignet ist, das Bedürfnis nach einer ihre Zulässigkeit regelnden verbindlichen Bauleitplanung hervorzurufen*« (so BVerwG, U. v. 31.8.1973 – IV C 33.71 – BRS 27 Nr. 122; s. auch Rn 42). An die Verfestigung sind keine hohen bautechnischen Anforderungen zu stellen. Entscheidend sind vielmehr die möglichen planungsrechtlichen Auswirkungen (Rn 41; ausführlich Vorb. §§ 2 ff. Rn 17–19). Ebenso wie Wochenendhäuser und Campingplätze zählen Wochenendplätze im Regelfall *nicht zu* den im Außenbereich *privilegierten Vorhaben* (BVerwG, U. v. 14.3.1975 – IV C 41.73 – BVerwGE 48, 109 = BRS 29 Nr. 53 = BauR 1975, 261 zu Campingplätzen, das nach den Entscheidungsgründen auch auf Wochenendplätze zutrifft). Sie sind daher nicht nach § 35 Abs. 1 BauGB zu beurteilen.

31.3 Als bauliche Anlagen unterliegt jeder Wochenendplatz der Baugenehmigung. **Wochenendplätze** sind aufgrund der Musterbauordnung (MBO) von 2002 in den LBOen wie Campingplätze ausdrücklich aufgeführt.

Wochenendplätze müssen an einem befahrbaren öffentlichen Weg liegen oder eine befahrbare rechtlich gesicherte Zufahrt zu einem befahrbaren öffentlichen Weg haben. Je nach dem räumlichen Umfang müssen Wochenendplätze durch innere Fahrwege ausreichend erschlossen sein, damit Fahrzeuge wie die der Feuerwehr zu den Anlagen gelangen können.

31.4 Auf jedem Wochenendplatz sind gekennzeichnete und abgegrenzte **Aufstellplätze** vorzusehen, auf denen jeweils *ein* Wochenendhaus oder *ein* ortsfest aufgestellter Wohnwagen u. dergl. (s. Rn 32) errichtet (aufgestellt) werden darf. Der Aufstellplatz bedarf seinerseits planungsrechtlich keiner Festsetzung i. S. einer überbaubaren Grundstücksfläche (§ 23). Die zulässigen Nebenanlagen (§ 14) und Stellplätze (§ 12) leiten sich von dem festgesetzten Wochenendplatz her.

32 **c) Zulässige bauliche Anlagen zum Freizeitwohnen.** Auf den Aufstellplätzen von Wochenendplatzgebieten dürfen nur **Kleinwochenendhäuser** errichtet werden. Unter *Kleinwochenendhäusern* sind Wochenendhäuser mit einer Grundfläche bis zu 40 m² zu verstehen. Bei der Ermittlung der Grundfläche bleibt ein überdachter Freisitz oder ein Vorzelt bis zu 10 m² Grundfläche unberücksichtigt (MusterWochVO der ARGEBAU; § 1 Abs. 4 CWVO NW). **Bei Kleinwochenendhäusern** werden – nach der MusterWochVO u. § 14 CWVO NW – **Anforderungen** an die *lichte Raumhöhe*, an den *Wärmeschutz*, den *Schallschutz* und die *Beheizbarkeit* nicht gestellt. Das **Aufstellen von Kleinwochenendhäusern auf genehmigten** Wochenendplätzen ist nach den Vorschriften der BauOen der Länder i. A. **genehmigungsfrei.** Das Aufstellen ist, wenn sonst keine öffentlich-rechtlichen Vorschriften entgegenstehen, nach der MusterWochVO u. den entspr. VOen der Länder zu versagen, solange bestimmte Anlagen und Einrichtungen nicht vorhanden sind.

Hierbei handelt es sich um bauordnungsrechtliche *Mindestanforderungen* aus Gründen der Ordnung, der Sicherheit und der Hygiene, wie allgemeine Anforderungen an die Wochenendplätze (Lage, Beschaffenheit, Verkehrsanbindung) und an die Aufstellplätze (Rn 31, 31.4), an den Brandschutz sowie an die Trinkwasserversorgung und sanitäre Einrichtungen, an die Anlagen für Abwasser und feste Abfallstoffe. Ob und inwieweit von den Anforderungen *Befreiungen* erteilt werden können, bestimmt sich nach Landesrecht.

Unter den Begriff der Kleinwochenendhäuser, die auf Wochenendplatzgebieten errichtet werden können, fallen auch andere (bauliche) Anlagen. Dazu gehören: 32.1

- **Mobilheime,** die zu den Kleinwochenendhäusern und damit zu der Wohnform Wochenendhäuser gehören; sie weisen jeweils eine Länge bis zu 12,50 m auf, verfügen über ein Transportfahrgestell, sind im Straßenverkehr nicht zugelassen und dürfen nur mit Tieflader transportiert werden;
- **Container,** ohne Transportfahrgestell, nur mittels Kran aufstellbar;
- **Caravans** (Wohnwagen), wenn sie nicht nur zum vorübergehenden Aufstellen bestimmt sind, etwa durch Aufbocken und Abnahme der Räder oder durch Um- bzw. Überbauungen.

Die Grundfläche braucht – anders als bei Wochenendhausgebieten und Ferienhausgebieten – nicht ausdrücklich festgesetzt zu werden, weil sie sich aus der (nur) zulässigen Größe der Kleinwochenendhäuser von selbst ergibt. Besonderer Wert muss auf das Einfügen der Wochenendplätze i. A., der Kleinwochenendhäuser im Besonderen in die **landschaftlichen Gegebenheiten** (Rn 28) gelegt werden. Dazu wird es häufig nicht genügen, Schutzstreifen anzulegen und diese angemessen zu bepflanzen, wie es die MusterWochVO empfiehlt.

d) Sonstige zulässige oder zulassungsfähige Anlagen

Beispiel für Festsetzung 33

Außer Kleinwochenendhäusern (Rn 32) sind im Wochenendplatzgebiet die zur Deckung des täglichen Bedarfs des Gebietes erforderlichen Anlagen sowie Anlagen für die Freizeitgestaltung zulässig (Abs. 2 Satz 2; Rn 11–12). Im Einzelnen werden sich die Anlagen hinsichtlich ihrer (allgemeinen) Zulässigkeit oder (nur) ausnahmsweisen Zulassungsfähigkeit nach der Größe und etwaigen Besonderheiten des jeweiligen Wochenendplatzgebiets zu richten haben. Zum Begriffsinhalt der im Festsetzungsbeispiel angeführten Anlagen und Nutzungen kann – wie bei den Wochenendhausgebieten (Rn 29) – auf die Erläuterungen zu den Anlagen in den Vorschriften über die Wohnbaugebiete nur begrenzt zurückgegriffen werden. Die zulässige Größe der Anlagen, z. B. der Läden – häufig in der Bauweise von Kiosken – hat sich nach der Größe und den jeweiligen Bedürfnissen des Wochenendplatzgebiets zu richten. Unter Berücksichtigung dieser Hinweise wird die Festsetzung eines Wochenendplatzgebiets in Anlehnung an die Vorschriften der Baugebiete nach den §§ 2–9 – in Textform – erfolgen.

§ 10   Abs. 4   33.1, 34

33.1   Beispiel: »Sondergebiet Wochenendplatzgebiet«

»(1) Das Wochenendplatzgebiet *[nähere Bezeichnung]* dient zu Zwecken der Erholung der Errichtung von höchstens (Zahl) Wochenendplätzen, die ausschließlich für Kleinwochenendhäuser bestimmt sind, und den Anlagen und Einrichtungen zur Versorgung des Gebietes und für sportliche sowie sonstige Freizeitzwecke.

(2) Zulässig sind
1. Kleinwochenendhäuser,
2. die zur Deckung des täglichen Bedarfs des Gebietes (der Platzbewohner) dienenden Läden, Schank- und Speisewirtschaften,
3. Anlagen und Einrichtungen für sportliche Zwecke und für sonstige Freizeitgestaltung,
4. Anlagen für die Platzverwaltung.

(3) Ausnahmsweise können zugelassen werden
1. Wohnungen für Betriebsinhaber, Verwalter und Aufsichtspersonen,
2. ...«

Die (baulichen) Anlagen, die auf jedem Wochenendplatz bauordnungsrechtlich aus Gründen der Sicherheit, Ordnung und Hygiene vorhanden sein müssen, bedürfen keiner ausdrücklichen Festsetzung im B-Plan, zumal die Flächen häufig erst bei Errichtung des Platzes genau bestimmt werden können.

Die Anlagen gehören **zur Einrichtung** eines Wochenendplatzes und unterliegen wie der Platz selbst der Genehmigung durch die Bauaufsichtsbehörde. Zu den bauordnungsrechtlichen Anlagen und Einrichtungen zählen insbes. die Wasch- und Abortanlagen einschließlich der Kläranlagen und Abwassergruben, die Trinkwasserzapfstellen und Einrichtungen zum Säubern von Wäsche und Geschirr.

10. Ferienhausgebiete (Abs. 4)

34   a) Allgemeines und Sinngehalt der Vorschrift. Im Rahmen der Freizeitgestaltung (Rn 1) haben sich als **zweite Form des Freizeitwohnens** touristisch genutzte Freizeitwohngelegenheiten entwickelt. Der VOgeber hat auf Vorschlag des BR diese Freizeitwohnform durch Aufnahme von Ferienhausgebieten als eines der SO-Gebiete, die der Erholung dienen, zwar berücksichtigt. Die Zweckbestimmung dieser Gebiete zum *touristisch* genutzten Freizeitwohnen i. S. d. *Fremdenverkehrswesens* kommt aber durch **Funktionsumschreibung** der in den Ferienhausgebieten zulässigen »Ferienhäuser«, die dazu bestimmt sein müssen, »überwiegend und auf Dauer einem wechselnden Personenkreis zur Erholung zu dienen«, *nicht verständlich genug* zum Ausdruck.

Es wäre wünschenswert gewesen, das touristisch geprägte Freizeitwohnen i. S. v. Fremdenverkehrseinrichtungen in der Vorschrift über Ferienhausgebiete deutlicher herauszustellen. In Ermangelung dieser Verdeutlichung halten sich *Boeddinghaus* (§ 10 Rn 15–17) in ihren Erläuterungen ersichtlich zurück. *Bielenberg/Dyong* (aaO., Rn 403–405) verweisen im Wesentlichen auf den Musterentwurf der ARGEBAU für einen Erlass (n. v.) nach dem Stand v. 29.4.1975. Seine Überschrift »Planung und Errichtung von Feriensiedlungen, Ferienhäusern und Ferienwohnungen (Touristisch genützte Freizeitwohngelegenheiten)« trägt dem Anliegen, das durch die Vorschrift über Ferienhausgebiete zum Ausdruck gebracht werden soll, eindeutiger Rechnung.

Entscheidend ist im Hinblick auf die Zweckbestimmung der Ferienhausgebiete nämlich nicht, »*einen im Vergleich zu den Wochenendhausgebieten längeren Erholungsaufenthalt zu ermöglichen*« (so *Boeddinghaus,* § 10 Rdn. 17), sondern entscheidend soll die Benutzung der Ferienhäuser durch Erholungsuchende (Feriengäste) **im ständigen Wechsel** sein. Das Bereitstellen der Freizeitwohngelegenheiten »auf Dauer« ist in erster Linie dahin zu verstehen, dass die **Ferienhäuser** (Ferienwohnungen) der Ferienhausgebiete so beschaffen sein **müssen**, dass sie entspr. der landschaftlichen Besonderheiten (Gebirge, Aufenthalt am Meer) für eine **dauernde touristische Vermietung geeignet** sind. Dadurch unterscheidet sich die als Ferienhausgebiet bezeichnete Freizeitwohnform entscheidend von dem Freizeitwohnen in einer Zweitwohnung, einem Zweithaus oder Wochenendhaus, die i. A. einem bestimmten Besitzer (Personenkreis) nach dessen zeitlichen Wünschen zur Verfügung stehen und i. A. nicht gewerblich vermietet werden.

Ferienhausgebiete brauchen nur »überwiegend« einem wechselnden Personenkreis zur Erholung zu dienen. Das besagt, dass die für die Vermietung – häufig durch eine entsprechende Organisation (Gesellschaft) – vorgesehenen Ferienhäuser (Ferienwohnungen) zum *einen* vorübergehend auch von den Eigentümern selbst genutzt werden dürfen; zum *anderen* dürfen Ferienhäuser auch Räume (Wohnungen) für die zum Betrieb gehörigen Personen enthalten. **34.1**

Vom Ferien**haus**gebiet sind im Allgemeinen *Feriengebiete* zu unterscheiden, die besonders am Meer, auf den (Nordsee-)Inseln oder im Gebirge in vielfältiger Form anzutreffen sind. In diesen Gebieten sind die bebauten Flächen meistens als WR- oder WA-Gebiete festgesetzt, wenn sie nicht – althergebracht – als Gebiete nach § 34 BauGB einzustufen sind.

Die Vermietung einer einzeln gelegenen Ferienwohnung in einem solchen Feriengebiet, die weder hotelmäßig genutzt noch hotelmäßig zur Vermietung angeboten wird, begründet keinen Gewerbebetrieb i. S. d. Gewerbesteuerrechts, auch wenn sie – ohne Dienstleistungen – gelegentlich an Kurgäste vermietet wird (BVerwG, U. v. 8.10.1976 – VII C 46.74 – NJW 1977, 691). Die *gewerbliche Vermietung* ist dagegen dann gegeben, »*wenn eine für kurzfristiges Wohnen voll eingerichtete und ausgestattete Eigentumswohnung in einem Feriengebiet im Verband mit einer Vielzahl gleichartig genutzter Wohnungen anderer Wohnungseigentümer liegt, zu einer einheitlichen Wohnanlage gehört, und wenn die Werbung für kurzfristige Vermietung an laufend wechselnde Mieter und die Verwaltung einer für die Wohnanlage bestehenden Feriendienstorganisation übertragen wurde*« (so BFH, U. v. 25.6.1976 – III R 167/73 – NJW 1976, 1863).

In derartigen Fällen handelt es sich um typisch »touristisch« genutzte Freizeitwohngelegenheiten.

Die Festsetzung von Grundstücksmindestgrenzen (hier von 750 m²) in einem Ferienhausgebiet kann zu den Grundzügen der Planung gehören. Auch wenn eine Reihe von Grundstücken im Plangebiet das festgesetzte Mindestmaß nicht (mehr) erreicht, kann dies dazu führen, dass eine Befreiung nach § 31 Abs. 2 BauGB ausscheidet (Nds. OVG, B. v. 6.6.2005 – 1 LA 220/04 –). **34.2**

b) Zweckbestimmung, Allgemeines zur Festsetzung (Standortwahl). Ferienhausgebiete als touristisch genutzte Freizeitwohngelegenheiten werden vorwiegend als geschlossene Feriensiedlungen (Feriendörfer bzw. Ferienzentren) errichtet. Das Betreiben einer Feriensiedlung, für die ein **Ferienhausgebiet städtebaulich** festgesetzt wird, erfolgt häufig durch einen Träger (Trägerunternehmen), der die Wohneinheiten im eigenen Namen oder im Auftrag der Eigentümer vermietet. Im Zuge der Festsetzung eines Ferienhausgebiets durch B-Plan ist eine Umweltprüfung gem. § 2 Abs. 4 EAG Bau 2004 durchzuführen, nicht aber mehr einer UVP nach § 2 Abs. 2 Nr. 3 UVPG i. V. m. Nr. 15 der Anlage. **35**

Die *Formen* der Ferienhausgebiete sind vielgestaltig. Als Standorte bieten sich vorhandene Fremdenverkehrsgebiete an, um auf diese Weise die bereits bestehende Infrastruktur des Fremdenverkehrsortes auszunutzen. Dass Ferienhausgebiete (nur) »überwiegend« der Erholung zu dienen brauchen, besagt, dass u. a. für die Eigentümer der Vermietungsobjekte, Betriebsinhaber, Betriebsleiter (Geschäftsführer), Haus-, Bedienungs- und Wartungspersonal, Hausmeister u. dergl. (selbstverständlich) Betriebswohnungen zum dauernden Bewohnen im Ferienhausgebiet zur Verfügung stehen bzw. gehalten werden dürfen (Rn 37 und Rn 4 a. E.).

35.1 Dagegen ist von der Zweckbestimmung des Gebiets her das »überwiegend« nicht dahin zu verstehen, dass etwa Dauerwohnungen als Alterssitze für Rentner und Pensionäre zulässig sein sollten (so jedenfalls missverständlich *Förster*, § 10 Anm. 4b). Es würde der Zweckbestimmung desgleichen widersprechen, wenn sich jemand in einem Ferienhausgebiet ansiedeln wollte, um von dort aus seinem Beruf nachzugehen. **Die auf Dauer angelegte Vermietung der Freizeitwohngelegenheiten** an einen wechselnden, Erholung – im weitesten Sinne – suchenden Personenkreis **gehört** gerade **zur Zweckbestimmung** der Ferienhausgebiete und **prägt** mithin **den Gebietscharakter.** Es muss daher – z.B. durch Verträge der Gemeinde mit der Trägergesellschaft einer Feriensiedlung oder mit den Eigentümern (Trägern) der verschiedenartigen »Ferienhäuser« – die touristische Nutzung sichergestellt werden, um eine spätere Umwandlung in Zweit-, Altersruhe- und Dauerwohnsitze auszuschließen. Zur Problematik der illegalen Dauernutzung von Ferienhausgebieten und dem Anliegen der Bewohner einer Änderung der Nutzungsart zu einem allgemeinen Wohngebiet vgl. den Bericht des Arbeitskreises zur Entwicklung möglicher Konfliktstrategien vom April 2000 zum Thema »Dauerwohnen im Ferienhausgebiet«.

35.2 Das OVG NW hat sich in einer ausführlich und überzeugend begründeten Entscheidung mit der (gänzlich) unzulänglichen Beschlussfassung des Rates einer Gemeinde über die **Festsetzung eines Ferienhausgebiets** befassen müssen (B. v. 31.7.1995 – 10a D 116/95.NE – BRS 57 Nr. 13) und dabei u. a. leitsatzmäßig herausgestellt: »*Die Festsetzung eines Ferienhausgebiets ist fehlerhaft, wenn die Lärmbelastungen, denen das Gebiet durch eine angrenzende Autobahn künftig ausgesetzt sein wird, nicht sachgerecht prognostisch abgeschätzt worden sind.*«. Und: Ein »*Bebauungsplan, der in einem den Kern der Abwägung (Hervorhebung dortseits) betreffenden Bereich nicht den vom Rat gewollten Regelungsgehalt besitzt, ist wegen Verfehlung des Planungsziels abwägungsfehlerhaft.*«

In den Gründen hat der Senat u.a. ausgeführt: »*Der streitige Bebauungsplan leidet an durchgreifenden (materiellen) Abwägungsfehlern, die zu dessen im Wege des § 47 Abs. 6 Satz 2 VwGO auszusprechender Gesamtnichtigkeit führen. Der Bebauungsplan verletzt in mehrfacher Hinsicht die aus dem Abwägungsgebot folgenden Anforderungen* (wird ausführlich dargelegt). *Die Defizite sind umso augenfälliger, als sich der Rat bei Satzungsbeschluss im November (sowie erneut im April 1989 im Zuge seines Beitrittsbeschlusses) berechtigt gesehen hat, das problembelastete Nebeneinander von Autobahn einerseits und Ferien- bzw. Wochenendhausgebieten andererseits auf der Grundlage jener aus dem Jahr 1982 stammenden gutachterlichen Stellungnahme einer planerischen Konfliktlösung zuführen zu können. Zu diesen Zeitpunkten musste sich dem Rat geradezu aufdrängen, dass eine Konfliktlösung ohne eine derartige Verkehrs- und Immissionsprognose nicht möglich ist*« (ausführliche weitere Stellungnahme zu den Gutachten und Prognosen: OVG NW, aaO.).

35.21 Diesem Ziel dient insbes. die **Vorschrift des § 22 BauGB** »Sicherung von Gebieten mit Fremdenverkehrsfunktionen«, die eine **Genehmigungspflicht** für die Begr. oder Teilung von Wohnungseigentum oder Teileigentum eingeführt hat. Nach § 22 Abs. 1 Satz 4 BauGB 1998 ist die Vorschrift inbes. auch auf im B-Plan festgesetzte Wochenend- und Ferienhausgebiete anwendbar; sie soll durch die Genehmigungspflicht für die Begr. der Teilung von Wohnungseigentum einer Beeinträchtigung der Zweckbestimmung der Gebiete und somit der städtebaulichen Entwicklung u. Ordnung entgegenwirken.

c) Gebietscharakter, Folgewirkung unterschiedlicher Festsetzungen, Umweltprüfung. Bei einer *baugebietlichen Einordnung* stehen Ferienhausgebiete i. A. etwa WA-Gebieten nahe. Von den Wochenendhausgebieten unterscheiden sie sich dadurch, dass sie nicht ausschließlich, sondern nur »*überwiegend*« dem Ferienwohnen zu dienen brauchen. Zum anderen handelt es sich bei ihnen nicht um privat, sondern *touristisch* genutzte Freizeitwohngelegenheiten. Den WA-Gebieten stehen Ferienhausgebiete häufig deshalb näher, weil in Letzteren zum ferienmäßigen und sonstigen damit im Zusammenhang stehenden Wohnen Einzelhäuser bis zu Appartementhochhäusern zulässig sind. **Nach § 17 Abs. 1** sind für Ferienhausgebiete hinsichtlich des Maßes der baulichen Nutzung **dieselben Obergrenzen** wie für Wohngebiete zulässig. Die Zahl der Vollgeschosse ist nicht begrenzt. **36**

Dennoch brauchen Ferienhausgebiete in ihrem Gebietscharakter dem eines Wohngebiets nicht zu entsprechen. Das ergibt sich daraus, dass das Nutzungsmaß für Ferienhausgebiete ganz unterschiedlich festgesetzt werden kann und dass es ferner im Ermessen der Gemeinde steht, im B-Plan die *Grundfläche* **der Ferienhäuser** – wie bei Wochenendhausgebieten – »nach der besonderen Eigenart des Gebiets, unter Berücksichtigung der landschaftlichen Gegebenheiten« festzusetzen. Darüber hinaus kann die Gemeinde entspr. der dem Ferienhausgebiet zugedachten Eigenart (z. B. Ferienhaussiedlung in der Nähe eines größeren Sees, um die Wassersportmöglichkeiten auszunutzen) Ferienhausgebiete auch außerhalb des allgemeinen Bebauungzusammenhangs der Gemeinde festsetzen.

Nach der jeweiligen Eigenart des Gebiets wird sich der Umfang der erforderlichen *Erschließung* zu richten haben (Rn 17–20). Gleichfalls hängen die *Störanfälligkeit*, Fragen des *Nachbarschutzes* (Rn 4–6) und die im Ferienhausgebiet zulässigen und ausnahmsweise zulassungsfähigen *Nutzungen* zur Versorgung des Gebiets und für sportliche Zwecke von der gebietlichen Eigenart ab. Sie können nach Abs. 4 i. V. m. Abs. 2 Satz 2 jeweils im B-Plan festgesetzt werden. **36.1**

Es wird sich empfehlen, dass die Gemeinde (der Planungsträger) regelmäßig von dem ihr eingeräumten Ermessen, »bestimmte, der Eigenart des Gebiets entsprechende Anlagen und Einrichtungen« im B-Plan festzusetzen, Gebrauch macht. Nur auf diese Weise ist sie in der Lage, die immissionsempfindlichen, hinsichtlich der Einpassung in Natur und Landschaft häufig Besonderheiten aufweisenden Erholungssondergebiete entspr. ihren städtebaulichen Vorstellungen ordnungsgemäß zu steuern. Ein stark verdichtetes Ferienhausgebiet – etwa infolge des knappen Baugrundes in einem Fremdenverkehrsgebiet –, das ohne Unterbrechung des Bebauungszusammenhangs errichtet werden soll, wird schon wegen des Kfz-Verkehrs wie ein WR- oder WA-Gebiet zu behandeln sein. Sieht der B-Plan dagegen ein kleineres Ferienhausgebiet in der Nähe eines Sees oder einer Wassersportmöglichkeiten zugänglichen Talsperre in eingeschossiger Bauweise und mit einer zulässigen Grundfläche von nicht mehr als 70 m² vor, werden z. B. Störanfälligkeit und Nachbarschutz denjenigen der Wochenendhausgebiete gleichkommen.

Die Möglichkeit, Ferienhausgebiete durch unterschiedliche Festsetzungen nach der *Art der* zulässigen und ausnahmsweise zulassungsfähigen *Nutzungen*, insbes. aufgrund der vorherrschenden Freizeitgestaltung, und dem baulichen Nutzungsmaß (ganz) verschiedenartig zu gestalten, lässt erkennen, dass »Ferienhausgebiete« von allen Erholungssondergebieten die größte Variationsbreite aufweisen.

Die **Anlage 1** zum UVPG hat in dem Vorhabenkatalog unter Nr. 18 bestimmte »**bauplanungsrechtliche Vorhaben**« aufgeführt, für die je nach Größe bzw. flächenmäßigem Umfang ein UVP-pflichtiger Sachverhalt unterstellt wird. Darunter fallen der Bau eines Feriendorfes (Nr. 18.1), der Bau eines ganzjährig betriebenen Campingplatzes (Nr. 18.2) oder der Bau eines Freizeitparks (Nr. 18.3) Es handelt sich dabei um Beschlüsse nach § 10 Abs. 1 BauGB für an- **36.2**

§ 10 Abs. 4   37, 37.1

lagenbezogene (vorhabenbezogene) B-Pläne, für die jedoch keine UVP mehr durchzuführen ist, sondern nach dem EAG Bau 2004 eine UP gem. § 2 Abs. 4 S. 1 und ein Umweltbericht gem. § 2a BauGB (vgl. hierzu § 9 Rn 5–5.1). Dies ergibt sich auch aus der Neufassung des § 17 UVPG.

37   d) **Zulässige und zulassungsfähige Anlagen und Nutzungen; Beispiel für Festsetzung.** *Ferienhäuser* vom Einzelhaus (»Bungalow«) über Hausgruppen bis zu Ferienwohnungen (Appartements, »Studios« u. dergl.) in Hochhäusern sind in Ferienhausgebieten bereits nach Abs. 4 allgemein zulässig. Dazu können ferner auch *Schullandheime* gehören. Das Nutzungsmaß einschließlich der Möglichkeit, die Grundfläche jeweils festzusetzen, wird sich nach der vorgesehenen Eigenart des Gebiets zu richten haben. Danach wird auch *Größe und Ausstattung* der Ferienwohnungen zu bestimmen sein. Neben der Erschließung (z. Umfang Rn 19–20) ist die *Versorgung* noch ausdrücklich genannt. Sie gehört bereits zur Erschließung im weiteren Sinne und darf hinsichtlich der jeweiligen Vorsorge keiner besonderen Hinweise.

Von den in den Baugebieten nach den §§ 2–9 sonst noch üblichen Anlagen und Nutzungen sind die Stellplätze und Garagen zu nennen (Rn 12; § 12 Abs. 2). In Ferienhausgebieten kann im Einzelfall auch die Festsetzung von Räumen für freie Berufe (§ 13), und zwar für solche in Betracht kommen, die wie Ärzte oder Massageinstitute (Krankengymnastik) zur Unterstützung der Erholung dienen können. Die allgemeine Zulässigkeit von Räumen nach § 13 sollte daher auf die der Gesundheit dienenden Berufe beschränkt werden. Ferner werden die Nebenanlagen zur Freizeitgestaltung, insbes. soweit es sportliche Zwecke betrifft, in Ferienhausgebieten eine besondere Rolle spielen (Rn 12 und die dortigen weiteren Verweisungen).

37.1   Unter Berücksichtigung der Ausführungen zu den zulässigen und zulassungsfähigen Anlagen und zu der Vielgestaltigkeit von Ferienhausgebieten (Rn 36) kann ein Beispiel zur Festsetzung nur für solche Gebiete gelten, die den – bisher wenigstens – überwiegend üblichen Ferienhausgebieten entsprechen. Die Festsetzung erfolgt in Anlehnung an die Vorschriften der Baugebiete nach den §§ 2–bis 9 am besten *in Textform*. Das **Beispiel** zeigt, welche Anlagen und Einrichtungen bei andersartiger Gestaltung eines Ferienhausgebiets entbehrlich sind oder anders festgesetzt werden müssen.

Beispiel: »Sondergebiet Ferienhausgebiet«

»(1) Das Ferienhausgebiet …*[nähere Bezeichnung]* dient zu Zwecken der Erholung dem touristisch genutzten, ferienmäßigen Wohnen und den dazugehörigen Anlagen und Einrichtungen zur Versorgung des Gebiets und zur Freizeitgestaltung, die das Freizeitwohnen nicht wesentlich stören.

(2) Zulässig sind

1. Ferienhäuser, Ferienwohnungen,
2. Läden, Schank- und Speisewirtschaften, sowie nicht störende Handwerksbetriebe, die der Deckung des täglichen Bedarfs für die Ferienhausbewohner dienen,
3. Wohnungen für Betriebsinhaber, Betriebsleiter, Personen, die im Beherbergungsgewerbe tätig sind,
4. Anlagen für die Verwaltung der Ferienhäuser,
5. Anlagen für kulturelle, sportliche und soziale Zwecke sowie sonstige Einrichtungen zur Freizeitgestaltung,
6. Stellplätze und Garagen für den durch die zugelassene Nutzung verursachten Bedarf,
7. Räume nach § 13 für der Gesundheit dienende Berufe.

(3) Ausnahmsweise können zugelassen werden

1. Sonstige dem Ferienhausgebiet dienende nicht störende Gewerbebetriebe,

2. Betriebe des Beherbergungsgewerbes,
3. Tankstellen,
4. ...«

Anmerkungen zum Beispiel: 38.1

Zu Abs. 1: Soll ein Ferienhausgebiet ausschließlich einem besonderen Zweck dienen, ist das in der Zweckbestimmung zum Ausdruck zu bringen. Der unbestimmte Rechtsbegriff »nicht wesentlich stören« entspricht dem Begriff »nicht unzumutbar belästigen« i. S. v. § 15 Abs. 1 Satz 2, Rn 12–14 = »nicht erheblich belästigen« i. S. v. § 3 Abs. 1 BImSchG.

Zu Abs. 2 Nr. 1: Die Gestaltung der Ferienhäuser (Ferienwohnungen) im Einzelnen nach Grundfläche, Geschosszahl, evtl. Dachform entspr. den landschaftlichen Gegebenheiten kann hier noch zusätzlich zum Ausdruck gebracht werden.

Zu Abs. 2 Nr. 2: Die allgemeine Zulässigkeit wird sich nach der Größe des Gebiets und den Möglichkeiten richten, ob und inwieweit die alltäglichen Bedürfnisse wie Nahrungs- und Genussmittel, Friseurbesuch in benachbarten Gebieten befriedigt werden können. Zum Begriffsinhalt der Anlagen kann ganz allgemein auf die Erläuterungen der Vorschriften in den Wohnbaugebieten zurückgegriffen werden (die Bezeichnung wie »Dorfschänke«, »Milchbar«, »Dorfkrug« ist unerheblich).

Zu Abs. 2 Nr. 3: Hierbei handelt es sich um Wohnungen für diejenigen, die in irgendeiner Weise – sei es als Eigentümer oder Verwalter der Ferienhausanlagen oder Freizeitanlagen oder etwa als Haus- und Wartungspersonal – für das Wohl der Ferienhausbewohner (Gäste) sorgen (s. auch Rn 35).

Zu Abs. 2 Nr. 5: Hinsichtlich der **Einrichtungen zur Freizeitgestaltung** können sich Ferienhausgebiete (»Feriendörfer«, »Ferienparks«) nach dem jeweiligen Zuschnitt erheblich voneinander unterscheiden. Die Einrichtungen werden u. a. davon abhängen, inwieweit das Ferienhausgebiet auf bereits vorhandene infrastrukturelle Einrichtungen der Gemeinde zurückgreifen kann und ob das Ferienhausgebiet z. B. mehr auf aktive sportliche Freizeitbetätigung oder auf ein kleineres Ferien-Wanderdorf ausgerichtet ist, in dem auf Ruhe besonderer Wert gelegt wird. Ist Ersteres der Fall, können die Anlagen für sportliche Zwecke, teils kombiniert mit Anlagen für gesundheitliche und kulturelle Zwecke, alles das an Einrichtungen umfassen, was sonst in einer mittleren Gemeinde angeboten wird wie Tennisplätze (Tennishalle), (Hallen-)Schwimmbad, Mehrzweckhalle, Sauna und darüber hinaus die typischen Ferien-Freizeitbetätigungen wie Bocciabahn, Minigolfanlage und Freiluftschach.

Zu Abs. 2 Nr. 6: Sollen nur Stellplätze zulässig sein oder etwa Garagen nur als Gemeinschaftsanlagen i. S. v. § 9 Abs. 1 Nr. 22 BauGB, muss dies ausdrücklich festgesetzt werden; sonst würde § 12 Abs. 2 maßgebend sein.

Zu Abs. 2 Nr. 7: Die Räume für die Berufsausübung freiberuflich Tätiger müssen nach Umfang und der jeweiligen Berufskategorie in jedem Fall – ob zulässig oder zulassungsfähig – festgesetzt werden. § 1 Abs. 3 bestimmt zwar, dass durch die Festsetzung der Baugebiete nach § 1 Abs. 2 »die Vorschriften der §§ 2 bis 14 Bestandteil des Bebauungsplanes« werden. § 13 als die *speziellere Vorschrift* schließt Sondergebiete nach § 10 aber ausdrücklich aus, was auch folgerichtig ist, denn die Festsetzung muss sich ohnehin nach der jeweiligen Gestaltung des SO-Gebiets richten.

Zu Abs. 3 Nr. 1: Bei diesen Betrieben kann es sich z. B. um Reinigungen, Wäschereien handeln oder um gewerbliche Unternehmen, die der Freizeitgestaltung dienen, wie Betriebe für Kutschfahrten, besondere Hobbykurse, Verleih von Sportartikeln u. dergl. Derartige Nutzungen können sich mit Abs. 2 Nr. 5 überschneiden.

Zu Abs. 3 Nr. 2: Entspr. der (besonderen) Zweckbestimmung und der Eigenart des Gebiets werden die Betriebe evtl. mit »kleine« oder in anderer Weise einzuschränken sein.

Zu Abs. 3 Nr. 3: Über die ausnahmsweise Zulassung von Tankstellen zusammen mit dem kleinen Wagenpflegedienst kann nur nach der planerischen Situation im Einzelfall befunden werden.

11. Campingplatzgebiete (Abs. 5)

a) Allgemeines zum Begriff und zum Campingwesen. Das Campingwesen hat sich – ausgehend von der ursprünglichen Form des Zeltens – im Laufe der Zeit zu einer häufig sehr komfortablen Freizeitwohnform entwickelt. Der Begriff

»Camping« leitet sich aus dem englisch-amerikanischen Sprachgebrauch ab (campen = zelten, Camping = das Zelten, Zeltlager). Die **Übergänge des Campingwesens,** wie es auf Campingplatzgebieten seinen Ausdruck findet, **zu anderen Freizeit-Wohnformen** – insbes. zu Wochenendplatzgebieten – **sind fließend.** Innerhalb des Campingwesens können bereits drei Formen unterschieden werden: Das **Feriencamping** (Aufenthaltsdauer auf einem Campingplatz i. d. R. ein bis drei Wochen); das **Touristikcamping** (Aufenthaltsdauer im Zuge des »Wohnwanderns« i. d. R. ein bis drei Tage); das **Wochenendcamping** (als eine sich wiederholende, zeitweilige Nutzung eines Campingplatzes am Wochenende bzw. in der Zeit des »Nichtwohnwanderns«). Letzteres ist **nicht zu verwechseln** mit dem Freizeitwohnen auf Wochenendplätzen (Rn 30–33.1).

Die Industrie bietet entspr. den steigenden Ansprüchen der Erholungsuchenden vielfältige Unterkunftsformen an (Rn 47). Für die Unterbringung der mobilen Unterkünfte haben sich nach Funktion und Betriebsart unterschiedliche Platztypen herausgebildet. Das Bau- und Planungsrecht hinkte dieser Entwicklung bisher hinterher. Es hat sich nunmehr dem Bemühen angepasst, den Bedürfnissen der Erholungsuchenden sowie der – gleichzeitig notwendigen – Sicherheit und Ordnung gerecht zu werden (Rn 40–43); ferner allgemein dazu *Wagenfeld/Pauly/Richter/Sahle*, aaO. Abschn. 3).

Der Begriff »Camping« ist gesetzlich nicht definiert. Camping ist ein zum Zweck der Erholung im Freien geführtes Leben mit zeitweiligem Aufenthalt in einer transportablen und vom Benutzer selbst mitgeführten Unterkunft (vgl. *Ebert,* aaO.). Aus der Natur der Sache ergibt sich, dass dem Begriff des Campings Anlagen entsprechen, die frei beweglich sind und eine mühelose Veränderung ihres Standortes ermöglichen. Als solche Anlagen sind demnach nur Zelte und im Straßenverkehr zugelassene Wohnanhänger (Wohnwagen) anzusehen (so im Ergebnis schon OVG Münster, U. v. 30.10.1969 – XA 1398/68 – BRS 22 Nr. 79).

40 Das Campingwesen hat innerhalb des Freizeitwesens (Rn 1) eine stetig zunehmende Bedeutung erlangt. Campingplätze sind Ausdruck des nach Möglichkeit ungebundenen Freizeitwohnens. Soweit es sich um feste Standorte handelt wie das Wochenendcamping, sind sie – zusammen mit den Wochenendplätzen u. teils den Dauerkleingartenanlagen – vielfach das Wochenendhausgebiet »des kleinen Mannes«. Das Campingwesen wird künftig einer erheblich größeren Berücksichtigung innerhalb der städtebaulichen Planung als bisher bedürfen (s. Rn 1). Die notwendigerweise stärkere Beachtung ist vor allem erforderlich, um das – natürliche – Spannungsverhältnis zwischen dem Freizeitwohnen in landschaftlich reizvoller Umgebung und der Erhaltung von Natur und Landschaft zur Erholung für jedermann planerisch vorsorgend abzubauen. Die Notwendigkeit der vermehrten Festsetzung von Campingplatzgebieten, nicht zuletzt zur Vorbeugung schädlicher Einwirkungen auf Natur und Landschaft (Erhaltung der Leistungsfähigkeit des Naturhaushalts und eines jedermann erbauenden [schönen] Landschaftsbildes), bedarf bei dem allenthalben erkennbaren Trend zur möglichst ungebundenen Freizeitgestaltung als Ausgleich zu den Zwängen einer modernen Industriegesellschaft keiner besonderen Begründung. Der Mangel an festgesetzten Campingplatzgebieten, in denen auch die bauordnungsrechtlichen Mindestanforderungen eingehalten werden, führt infolge des wilden Campens nicht nur zu hygienisch erheblichen Missständen, sondern gleichzeitig zu verkehrlichen Problemen (u. a. Zweckentfremdung von Autobahnparkplätzen, unnötiges Mitführen der Wohnwagen am Wochenende, das zur Behinderung des Straßenverkehrs besonders auf Straßen in Ballungsgebieten beiträgt).

41 b) **Rechtsnatur der Campingplatzgebiete, Abgrenzung zu anderen Freizeit(wohn)gebieten.** Die im B-Plan festzusetzenden Camping**plätze** sind – wie die ihnen von der Sache her entspr. *Wochenendplätze* (Rn 31 f.) – **bauliche Anlagen,** und zwar nicht nur *bauordnungsrechtlich* nach den BauOen der Länder, sondern zugleich **bauplanungsrechtlich** nach § 29 Abs. 1 Satz 1 BauGB (vgl. BVerwG, U. v. 31.8.1973, Fundst. Vorb. §§ 2 ff. Rn 17). Mit der Einbeziehung der Campingplatzgebiete in die Sonder**bau**gebiete nach § 10 Abs. 1, mit der Verpflichtung, für derartige Sondergebiete nach § 10 Abs. 2 die Zweckbestimmung und Art der Nutzung darzustellen und festzusetzen (Rn 6–10), hat der VOgeber die Wahlmöglichkeit, bei gleichen Voraussetzungen (auch) die Festsetzung nach § 9 Abs. 1 Nr. 15 BauGB als Grünfläche zu treffen, ausgeschlossen (im Ergebnis ebenso *Förster*, § 10 Anm. 5).

Die Erläuterungen von *Boeddinghaus* zu Campingplatzgebieten (§ 10 Rdn. 18–26) sind wenig verständlich. Campingplatzgebiete erhalten ihre **planungsrechtliche Legitimation als Baugebiet durch Festsetzung** von Campingplätzen. Diese erfüllen – als auf Dauer angelegt – mit weiteren baulichen Merkmalen (Rn 42) im Unterschied z.B. zu Zeltlagern (zu den Begriffen § 1 Campingplatz-VOen [CPIVO] der Länder; statt aller § 1 CWVO NW v. 10.11.1982, GV. NW. S. 731) und unabhängig von ihrer bauordnungsrechtlichen Einordnung nach den BauOen der Länder den Begriff des Vorhabens nach § 29 Abs. 1 Satz 1 BauGB.

Durch die **Einstufung** der Campingplatzgebiete **als SO-Baugebiete** wird die Möglichkeit (oder Notwendigkeit), eine private oder öffentliche Grünfläche in anderen Fällen festzusetzen, nicht aufgehoben. Soweit z.B. **für Zeltlager,** die gelegentlich und nur für kurze Zeit eingerichtet werden (und demzufolge auch keine mobilen Unterkünfte wie Wohnwagen aufnehmen dürfen), planungsrechtlich ein Standort bestimmt werden soll, geschieht das auch weiterhin durch Festsetzung einer entsprechenden *Grünfläche* nach § 9 Abs. 1 Nr. 15 BauGB.

41.1

Campingplätze gehören in Sonderbaugebiete und dürfen im F-Plan nicht innerhalb einer Grünfläche dargestellt werden (Hess. VGH, U. v. 16.1.1991 – 4 UE 681/87 – NVwZ-RR 1992, 230). Nach § 5 Abs. 2 Nr. 5 BauGB können **Zeltplätze** lediglich als Grünflächen dargestellt werden. Während Zeltplätze nicht zur ständigen oder in regelmäßigen Zeitabständen wiederkehrenden Nutzung dienen, ist die Nutzung von Campingplätzen auf Dauer angelegt. Dementsprechend sind Campingplätze nach § 10 Abs. 1 u. Abs. 5 Sondergebiete und als solche darzustellen (Hess. VGH, aaO.); Bestätigung der diess. A.

Im Schrifttum scheint die Ansicht darüber, ob es sich bei einem Campingplatzgebiet (stets) um einen qualifizierten B-Plan i.S.v. § 30 handeln **muss,** oder ob ein B-Plan, der nicht alle Merkmale eines solchen Planes – insbes. nicht Vorschriften über das Nutzungsmaß enthält – genügt, nicht einhellig zu sein. *Wittek* (aaO., Die Bauverwaltung 1977, 56) meint, in einem einfachen (nicht qualifizierten) B-Plan sei eine genehmigungspflichtige bauliche Anlage nicht zulässig. Nach dieser Auffassung, der *nicht beigepflichtet* werden kann, wären z.B. alle (öffentlichen) Bauvorhaben, die (nur) auf festgesetzten Flächen für den Gemeinbedarf (§ 9 Abs. 1 Nr. 5 BauGB) errichtet worden sind, mit dem Makel der nicht ordnungsgemäßen Genehmigung behaftet. Dass es sich bei den **Flächen für den Gemeinbedarf** nicht um Baugebiete und damit auch nicht um ein nach § 30 BauGB in qualifizierter Weise festgesetztes Baugebiet handelt, dürfte nicht umstritten sein (§ 1 Rn 39). **Campingplatzgebiete brauchen,** um als SO-Gebiete nach § 10 eingestuft werden zu können, **nicht alle Merkmale** eines qualifizierten **B-Plans nach** § 30 BauGB zu enthalten.

41.2

Als **Baugebiete,** die zu den Erholungssondergebieten nach § 10 Abs. 1 zählen, **stehen Campingplatzgebiete** zwischen Wochenendplatzgebieten (Rn 30–33.1) und den nicht zur ständigen oder in regelmäßigen Zeitabständen wiederkehrenden Nutzung vorgesehenen Zeltplätzen. Unter die Zeltplätze werden auch die *Zeltlagerplätze* einzuordnen sein, die meistens für oder von Jugendverbänden errichtet werden (dazu ausführlich *Wittek,* aaO.). Von den Wochenendplatzgebieten **unterscheiden sich Campingplatzgebiete** dadurch, dass Campingplätze **nur zum Aufstellen** und Bewohnen **beweglicher Unterkünfte** dienen dürfen (Näheres Rn 47). Ein Campingplatzgebiet, auf dem nur Wohnwagen – also keine Zelte – abgestellt sind, wird sich nach der planerischen Standortwahl, den bauordnungsrechtlichen Mindestanforderungen und dem Erscheinungsbild wenig von einem Wochenendplatzgebiet unterscheiden.

42 c) **Zum Begriffsinhalt** »Campingplatz«, »Standplatz«; planungsrechtliche Zulässigkeit. Campingplätze sind Plätze, die während des ganzen Jahres oder wiederkehrend während bestimmter Zeiten des Jahres betrieben werden und die zum vorübergehenden Aufstellen und Bewohnen von mehr als drei Wohnwagen, Zelten oder ähnlichen Anlagen bestimmt sind. Diese Definition der ARGEBAU in ihrer MusterVO zu Camping- und Zeltplätzen hat Eingang in § 1 der CPlVOen der Länder gefunden

Zum Aufstellen (Errichten) der mobilen Unterkünfte (Rn 47) muss jeder Campingplatz **Standplätze** entspr. der vorgesehenen Zahl der unterzubringenden Anlagen vorhalten. Sie müssen – nach den CPlVOen unterschiedlich – mindestens 70–75 m², wenn die Kfz auf gesonderten Stellplätzen abgestellt werden, mindestens 65 m² groß sein.

42.1 Bei Campingplätzen handelt es sich – wie bei Wochenendplätzen (Rn 31) – **um bauliche Anlagen i. S. v. § 29 BauGB** (BVerwG, U. v. 31.8.1973, Fundst. Vorb. §§ 2 ff. Rn 17). Das **BauGB** stellt, damit der planungsrechtliche Begriff der baulichen Anlage erfüllt ist, **auf zwei Merkmale ab**, nämlich den verhältnismäßig weiten Begriff des Bauens und auf das Merkmal der bodenrechtlichen Relevanz (ausführlich Vorb. §§ 2 ff. Rn 17–19). Das BVerwG hat in Ausprägung des Begriffs im BauGB an den *Begriff des Bauens* keine besonderen Anforderungen gestellt und dafür bereits genügen lassen, dass das Schaffen von Anlagen in der Weise geschieht, dass eine Anlage zumindest in der Absicht auf Dauer künstlich mit dem Erdboden verbunden wird. Unerheblich ist ferner, aus welchem Material die Anlage hergestellt ist. **Entscheidendes Gewicht** hat das BVerwG dagegen dem – den verhältnismäßig weiten Begriff des Bauens einschränkenden – Merkmal (möglicher) bodenrechtlicher Relevanz beigelegt. In dieser Zielrichtung **unterscheidet sich der bundesrechtliche Begriff** von dem bauordnungsrechtlichen Begriff in den LBOen, wenngleich i. d. R. das – baulich – Geschaffene, das nach Landesrecht unter den Begriff der baulichen Anlage fällt, auch den bundesrechtlichen Begriff erfüllen wird (BVerwG, U. v. 31.8.1973 – IV C 33.71 – Fundst. Vorb. §§ 2 ff. Rn 17 – *Wohnboot*; U. v. 1.11.1974 – IV C 13.73 – BRS 28 Nr. 89 = BauR 1975, 108 = DVBl. 1975, 497 zu *Podestplatten* im Außenbereich).

43 *Campingplätze* erfüllen sowohl den weiten Begriff des Bauens als auch das Merkmal der bodenrechtlichen Relevanz (aA. *Knaup/Stange,* § 10 Anm. II, 5 Buchst. a). Letztere meinen, der Campingplatz selbst sei nicht i. S. d. vom BVerwG (aaO.) herausgearbeiteten bauplanungsrechtlichen Begriffs »gebaut«, sondern allenfalls befänden sich auf ihm bauliche Anlagen. Diese Auffassung trifft deshalb nicht zu, weil nur der Camping**platz** der Erschließung unterliegt. Er muss *festgesetzt* werden (s. Rn 31), wobei gefordert wird, dass er an einer örtlichen (öffentlichen) Verkehrsfläche liegt. Die Standplätze (Rn 42) sind lediglich dauerhaft zu kennzeichnen. Camping**plätze** sind in besonderer

Weise geeignet, die in § 1 Abs. 6 BauGB genannten (öffentlichen) Belange zu berühren, so dass das Bedürfnis nach einer ihre Zulässigkeit regelnden verbindlichen Bauleitplanung offensichtlich ist. Gleichzeitig erfüllen Campingplätze die Merkmale, die von einer baulichen Anlage begrifflich nach den BauOen der Länder verlangt werden. Die genannten **Plätze dürfen** – unabhängig von ihrer bodenrechtlichen Einwirkung – **nicht genehmigt werden, wenn** sie die in den CPlVOen der Länder vorgeschriebenen Mindestanforderungen nicht erfüllen; dazu gehören u. a. Waschanlagen, Abortanlagen, Einrichtungen z. Geschirr- und Wäschesäubern, Trinkwasserzapfstellen, Abwasser- und Abfallbeseitigungseinrichtungen in bestimmter Zahl, Größe und Ausstattung. Camping- und Zeltplätze gelten nach Landesbaurecht als bauliche Anlagen (vgl. § 2 Abs. 1 BauO BW; § 2 Abs. 1 LBauO RhPf.; § 2 Abs. 1 BauO NW; § 1 Abs. 1 Satz 2 Nr. 4 Hamb. BauO). Sie bedürfen daher der Genehmigung durch die Bauaufsichtsbehörde (nach Landesrecht). Dagegen unterliegt das **Aufstellen oder Entfernen** der mobilen Unterkünfte **auf genehmigten** (zugelassenen) **Camping- und Zeltplätzen** *keiner Genehmigung oder Anzeige*, was – soweit ersichtlich – nach dem Bauordnungsrecht der Länder einheitlich gehandhabt wird.

Campingplätze sind zwar bauliche Anlagen, die aber **nicht** – etwa wegen ihrer besonderen Standortbindung oder der erforderlichen Naturnähe – **im Außenbereich als privilegierte Vorhaben zulässig** sind. Nach dem U. des BVerwG v. 14.3.1975 (Rn 31.2) sind Bauvorhaben für Camping- und Zeltplätze i. d. R. nicht im Außenbereich privilegiert; sie sind daher nicht nach § 35 Abs. 1 Nr. 4 BauGB zu beurteilen (so auch OVG Münster, U. v. 9.1.1975 – XI A 1031/73 – BRS 29 Nr. 54; zur Frage der Privilegierung für einen *Verein für Freikörperkultur* OVG Münster, U. v. 22.7.1976 – X A 531/75 – BRS 30 Nr. 60 u. BayVGH, U. v. 14.4.1976 – Nr. 170 II 74 – BRS 30 Nr. 61). **44**

Eine Zulassung von Camping- und Zeltplätzen im Außenbereich kann gleichfalls nicht **als »sonstige Vorhaben«** nach § 35 Abs. 2 BauGB in Betracht kommen. Mit der baulichen Verfestigung solcher Plätze werden nämlich öffentliche Belange beeinträchtigt, deren Abwägung nur durch eine förmliche Bauleitplanung möglich ist. Denn der Außenbereich soll mit seiner naturgegebenen Bodennutzung und seinen Erholungsmöglichkeiten **für die Allgemeinheit** grundsätzlich vor dem Eindringen wesensfremder Nutzung bewahrt bleiben, und zwar insbes. vor der Benutzung zum Wohnen. Das Bedürfnis nach Erholung ist allgemein, und diesem allgemeinen Bedürfnis ist der Außenbereich zugeordnet. Dem widerspräche es, individuelle, die Allgemeinheit ausschließende Erholungswünsche einzelner zu bevorzugen. Die gleiche Erwägung führt dazu, auch solchen Camping- und Zeltplätzen, die mit der Errichtung von so verfestigenden Baulichkeiten verbunden sind, eine Bevorzugung nicht zuzubilligen (BVerwG, U. v. 14.3.1975, Fundst. Rn 31.2, u. v. 5.7.1974 – IV C 50.72 – BRS 28 Nr. 4 = BauR 1974, 311).

Die Rspr. des BVerwG hat die Länder veranlasst anzuordnen, dass für Camping- und Zeltplätze grundsätzlich eine förmliche Bauleitplanung durchgeführt werden muss (vgl. Mustererlass der ARGEBAU). Zu beachten ist dabei, dass Camping**plätze** als bauliche Anlagen nicht gleichzusetzen sind mit dem Sonder**gebiet** nach § 10 Abs. 5, das ein *Baugebiet* ist. In einem Sondergebiet mit der Zweckbestimmung »Camping- und Zeltplätze« können z. B. *mehrere Platzanlagen* verschiedener Betreiber zugelassen werden.

Das Auftreten seltener und geschützter Tiere in der Nachbarschaft eines Geländes, das ein B-Plan als Campingplatz festsetzt, nach Erlass des B-Plans macht diesen nicht funktionslos (Nds. OVG, U. v. 6.1.1995 – 1 L 2709/93 – BRS 57 Nr. 281). **44.1**

§ 10 Abs. 5   45, 45.1

45 d) **Zweckbestimmung, Gebietscharakter, Allgemeines zur Festsetzung; Einzelfragen.** Die *Zweckbestimmung* des Campingplatzgebiets ergibt sich aus dem Begriffsinhalt Camping- und Zeltplätze (Rn 42). Der *Gebietscharakter* ist gekennzeichnet durch einen **Camping- und Zeltplatz** (oder mehrere Plätze), der im Bauleitplanverfahren dargestellt und festgesetzt worden ist (Rn 7–11), mit einer entsprechend der Größe des Platzes unterschiedlichen Anzahl von Standplätzen, auf denen sich die *mobilen Unterkünfte* (Rn 47) befinden.

Die Festsetzung der Art der Nutzung im B-Plan (Abs. 2 Satz 1) ist für die *Standortwahl*, die Einfügung des Campingplatzgebiets in die landschaftlichen Gegebenheiten (Rn 28) sowie die Berücksichtigung der von der Planung berührten öffentlichen (und privaten) Belange von besonderer Bedeutung (Rn 14–16); dazu auch *Otto*, aaO., BauR 1978, 109; ferner *Wittek* (aaO.).

Entspr. dem Gebietscharakter sind Campingplatzgebiete besonders störanfällig. Bei der Planung von Verkehrswegen und anderen lärmintensiven Anlagen in der Nähe bestehender Campingplatzgebiete ist in die planerischen Überlegungen i. S. v. § 50 BImSchG einzubeziehen, dass der erforderliche Lärmschutz nur durch **aktive Lärmschutzmaßnahmen** an dem lärmemittierenden Bauobjekt, etwa an den Verkehrswegen, erreicht wird. Als Erholungssondergebiet können die Platzbewohner erwarten, dass auf die Schutzbedürftigkeit der Platzanlagen Rücksicht genommen wird. Die Art der Nutzung unterliegt den *nachbarschützenden* Vorschriften (s. Rn 4–6).

Für ein im B-Plan festgesetztes »Sondergebiet für Dauer- und Reisecamping« mit einem Badesee sowie Spiel- und Sportflächen kann kein Verkehrslärmschutz wie für Wohngebiete beansprucht werden. Eine Schutzbedürftigkeit ist insoweit regelmäßig entspr. derjenigen für Dorf- und Mischgebiete zu beurteilen (OVG Lüneburg, VKBl. 1996, 543).

45.1 Außer der – zeichnerischen – Festsetzung des (eigentlichen) Campingplatzes (der Plätze) sind i. A. Lage, Anzahl und Größe der Standplätze und Stellplätze einschließlich etwaiger *Besucherstellplätze* sowie die dazugehörigen Grundflächen festzusetzen. Ferner sind – soweit erforderlich – die Flächen für die zum ordnungsgemäßen Betrieb benötigten Anlagen und Einrichtungen unter Verwendung von Schrift, Text oder ggf. Planzeichen festzusetzen.

Dazu gehören Wasch- und Abortanlagen, Campingplatzverwaltung, Gemeinschaftsräume, Spielplätze, Läden zur Versorgung mit Gütern des täglichen Bedarfs, für die Erholung und Freizeit (Rn 48). Bei den Festsetzungen sollte bedacht werden, die Flächenbestimmung im Einzelnen nur soweit zu treffen, als diese zur Wahrung der öffentlichen Belange nötig sind, um dem Platzinhaber (Platzhalter) genügenden Spielraum zur eigenen Gestaltung des Platzes zu belassen.

Besonderer Wert ist – außer **auf den Gewässerschutz** durch entspr. Abwasserbeseitigung – auf Festsetzungen zur **Einfügung in die vorgegebene Landschaft** (Rn 14–16) zu legen. Das kann u. a. durch Festsetzung von Flächen erfolgen, auf denen nach § 9 Abs. 1 Nr. 25 Buchst. a BauGB das Anpflanzen von Bäumen und Sträuchern vorzunehmen ist und/oder auf denen Bindungen für vorhandene Bepflanzungen und für die Erhaltung des Bewuchses anzuordnen sind (§ 9 Abs. 1 Nr. 25 Buchst. b BauGB); u. U. kann es auch notwendig sein, für die »Eingrünung« einen Bepflanzungsplan (Grünordnungsplan) aufstellen zu lassen. Bei der Festsetzung von Camping- und Zeltplätzen *in der Nähe von Wäldern* ist insbes. zu beachten, dass vom Waldrand aus Gründen der Gefahrabwehr (Waldbrandverhütung, Windbruch) sowie mit Rücksicht auf das Waldbetretungsrecht (nach Landesrecht) ein ausreichender Abstand eingehalten wird.

Besondere Aufmerksamkeit ist der ordnungsgemäßen – ausreichenden – *Erschließung* zu widmen (zu den Grundsätzen und zum Umfang Rn 17–20).

Hinsichtlich der Geruchsimmissionen aus der Schweinehaltung auf einer Hofstelle im Außenbereich reicht gegenüber einem Campingplatz der halbe Abstand, der nach der VDI-Richtlinie 3471 für Wohnbebauung in Wohn- und Mischgebieten erforderlich ist, aus (VGH BW, B. v. 22.8.1989 – 3 S 3273/87 – UPR 1989, 360, nur Leits.).

Da Campingplatzgebiete im Regelfall außerhalb der im Zusammenhang bebauten Ortsteile festgesetzt werden, kommt im Rahmen der Erschließung dem **Anschluss an das** – meist **überörtliche** – **Verkehrsnetz** eine besondere Bedeutung zu. Denn Sicherheit und Leichtigkeit des Verkehrs auf den dem weiträumigen, überörtlichen Verkehr dienenden Straßen können durch die Anlegung von Campingplätzen und deren Zuwegung erheblich beeinträchtigt werden.

Daher bedeutet z.B. die Anlegung neuer und die Änderung bestehender *Zufahrten zu Bundesstraßen außerhalb* der Ortsdurchfahrten einen über den Gemeingebrauch hinausgehenden **Gebrauch der Bundesfernstraßen** (§ 8a Abs. 4 i. V. m. § 8 Abs. 1 FStrG). Diese **Sondernutzung** bedarf der Erlaubnis der Straßenbaubehörde. Will die Gemeinde eine Sondernutzung – etwa durch Festsetzung eines Campingplatzgebiets auf einem ihr gehörenden Grundstück – für sich selbst in Anspruch nehmen, bedarf sie der Zustimmung der Straßenbaubehörde. Eine Sondernutzung ist auch dann erforderlich, wenn eine Zufahrt – z.B. zu einem Bauerngehöft, auf dessen Grundstück ein Campingplatzgebiet festgesetzt werden soll – »gegenüber dem bisherigen Zustand einem erheblich größeren oder einem andersartigen Verkehr als bisher dienen soll« (§ 8a Abs. 1 FStrG). Die Straßengesetze der Länder enthalten entspr. Bestimmungen.

Ein *qualifizierter B-Plan* (§ 30) wird zwar nicht in allen Fällen erforderlich sein. Er wird sich insbes. jedoch dann empfehlen, wenn für das Campingplatzgebiet ein Gemeinschaftshaus, evtl. gekoppelt mit einem Restaurant, vorgesehen ist. Hierfür wird es angebracht sein, auch das *Nutzungsmaß* festzusetzen. Grundsätzlich dürfte ein B-Plan erforderlich sein, der (mindestens) Festsetzungen über die *Art der baulichen Nutzung, die überbaubaren Grundstücksflächen* und die Verkehrsflächen enthält. Die **bauordnungsrechtlich** aus Gründen der Sicherheit (Gefahrenabwehr), Ordnung und Hygiene **erforderlichen (baulichen) Anlagen** nach den CPlVOen der Länder i.V.m. der jeweiligen LBO bedürfen **keiner** ausdrücklichen **Festsetzung** im B-Plan.

Sie **gehören zur Errichtung des Camping- und Zeltplatzes** und unterliegen wie der Standplatz selbst der Genehmigung durch die Bauaufsichtsbehörde (nach Landesrecht). Häufig können die benötigten Flächen und ihre Lage erst bei Errichtung des Platzes genau bestimmt werden, es sei denn, es handelt sich z.B. um ein (größeres) Gebäude für einen größeren Camping- und Zeltplatz (mit mehr als 500 Standplätzen), in dem die Wasch- und Toilettenanlagen, Einrichtungen zum Wäsche- und Geschirrwaschen zusammengefasst sind. Die bauordnungsrechtlichen Mindestanforderungen gehen aus den CPlVOen der Länder hervor.

In der **Begr. zum B-Plan** sind die für das Campingplatzgebiet erforderlichen Erschließungsmaßnahmen, insbes. die Art der Abwasser- und Abfallbeseitigung sowie die auf die einzelnen Plätze etwa entfallenden Erschließungskosten, zu erläutern.

e) **Zulässige Freizeitunterkünfte.** Auf den Standplätzen der Camping- und Zeltplätze eines Campingplatzgebiets sind – im Unterschied zu den Wochenendplatzgebieten (Rn 32) – **nur mobile Unterkünfte** zulässig. Die Freizeitunterkünfte (Zelte, Caravans [Wohnwagen] u. Ä. Anlagen) müssen so beschaffen und aufgestellt sein, dass sie jederzeit ortsveränderlich sind. Das bedeutet, dass Caravans (Wohnwagen), Wohnmobile u. Ä. Fahrzeuge zum Verkehr auf öffentlichen Straßen zugelassen sein müssen. Die weitere Voraussetzung ist, dass die Fahrzeuge so aufgestellt und gewartet werden, dass sie auch technisch jederzeit fahrbereit sind.

In diesem Sinne zählen zu den Unterkünften insbes.

- **Zelte** in den verschiedenen Größen und Formen,
- **Caravans (Wohnwagen)** von 3,50–8,50 m Aufbaulänge; darunter fallen auch die mit Doppelachsen ausgestatteten von 6,50–8,50 m langen **Großcaravans**, die noch zum Straßenverkehr zugelassen und demnach Fahrzeuge sind, obwohl sie durch ihre Abmessungen erhebliche Hindernisse im Verkehr sein können,
- **Faltanhänger**, eine Zwischenlösung zwischen Zelt und Caravan, bestehend aus einem festen Unterbau und einem Zeltdach,
- **Motorcaravans** (Reisemobile, Wohnmobile, Campingbusse), die als motorisierte Fahrzeuge leicht ortsveränderlich sind;
- **Wohnboote** (Hausboote, Boote mit Schlafmöglichkeit, Segel- und Motoryachten).

Das Reisen mit Wohnmobilen ist ebenso wie Caravaning u. Zelten ein Teil des Campingtourismus. Das einmalige Übernachten auf öffentlichen Parkplätzen zum Zwecke der Fahrtunterbrechung einer Reise i. S. einer Ruhepause oder einer anderen begründeten Ausnahmesituation ist nach der StVO zulässig. Mehr als einmaliges Übernachten hat grundsätzlich auf Campingplätzen stattzufinden (Mitt. NW StGB 1993, 214).

An- und Umbauten von Wohnwagen, deren Überbauungen, Vorlauben, selbständige Schutzdächer u. Ä. Anlagen *widersprechen den mobilen Unterkünften* und dürfen nicht errichtet werden. In einem Campingplatzgebiet i. S. d. § 10 Abs. 5 sind demzufolge **Mobilheime unzulässig** (OVG Lüneburg, U. v. 11.12.1987 – 1 C 39/86 – BRS 48 Nr. 42). Die als Mobilheime in Betracht kommenden Anlagen können nicht jederzeit uneingeschränkt am Straßenverkehr teilnehmen. Ihre Abmessungen überschreiten die nach § 32 StVZO allgemein zugelassenen Maße (s. auch Rn 32).

48 f) **Sonstige zulässige oder zulassungsfähige Anlagen und Einrichtungen; Beispiel für Festsetzung.** Außer den mobilen Unterkünften (Rn 47) sind im Campingplatzgebiet die zur Deckung des täglichen Bedarfs des Gebiets, für sportliche Zwecke und zur sonstigen Freizeitgestaltung erforderlichen bzw. wünschenswerten Anlagen und Einrichtungen zulässig. Sie werden sich hinsichtlich ihrer (allgemeinen) Zulässigkeit oder (nur) ausnahmsweisen Zulassungsfähigkeit nach Größe und Zuschnitt des jeweiligen Gebiets zu richten haben (s. auch Rn 33).

Als Anlagen zur Versorgung des Gebiets kommen in Betracht: (Selbstbedienungs-) Läden (Kioske), »Kantinen«, Schank- und Speisewirtschaften (Gaststätten, Imbissstuben), Spielhallen (besonders für Regentage), Tischtennisplätze, Minigolfanlagen, Leseräume, bei größeren Camping- und Zeltplätzen ein Raum zur (ersten) ärztlichen Versorgung, besondere (Kinder-)Spielplätze, Wäschetrockenplatz. Unter Berücksichtigung, dass sich die Anlagen und Einrichtungen hinsichtlich der Vielseitigkeit danach richten werden, welchen Zuschnitt der Platzhalter dem Camping- und Zeltplatz gibt, könnte die Festsetzung eines Campingplatzgebiets – in Textform – **beispielsweise** wie folgt lauten:

»**Sondergebiet Campingplatzgebiet**

(1) Das Campingplatzgebiet ... [nähere Bezeichnung] dient zu Zwecken der Erholung der Errichtung von Standplätzen auf Camping- und Zeltplätzen, die für mobile Freizeitunterkünfte bestimmt sind, und den Anlagen und Einrichtungen zur Versorgung des Gebiets und für sportliche sowie sonstige Freizeitzwecke, die das Freizeitwohnen nicht wesentlich stören.

(2) Zulässig sind

1. Zelte, Caravans (Wohnwagen), Wohnmobile und andere bewegliche Unterkünfte,
2. die zur Deckung des täglichen Bedarfs des Gebiets dienenden Läden, Schank- und Speisewirtschaften,

3. Anlagen und Einrichtungen für sportliche Zwecke und für die sonstige Freizeitgestaltung,
4. Anlagen für die Platzverwaltung.

(3) Ausnahmsweise können zugelassen werden
1. Feste Unterkünfte für Betriebsinhaber (Platzhalter, Platzwart) u. andere Aufsichtspersonen,
2. ...«

§ 11 Sonstige Sondergebiete

(1) Als sonstige Sondergebiete sind solche Gebiete darzustellen und festzusetzen, die sich von den Baugebieten nach den §§ 2 bis 10 wesentlich unterscheiden.

(2) Für sonstige Sondergebiete sind die Zweckbestimmung und die Art der Nutzung darzustellen und festzusetzen. Als sonstige Sondergebiete kommen insbesondere in Betracht
Gebiete für den Fremdenverkehr, wie Kurgebiete und Gebiete für die Fremdenbeherbergung,
Ladengebiete,
Gebiete für Einkaufszentren und großflächige Handelsbetriebe,
Gebiete für Messen, Ausstellungen und Kongresse,
Hochschulgebiete,
Klinikgebiete,
Hafengebiete,
Gebiete für Anlagen, die der Erforschung, Entwicklung oder Nutzung erneuerbarer Energien, wie Wind- und Sonnenenergie, dienen.

(3) 1. Einkaufszentren,
2. großflächige Einzelhandelsbetriebe, die sich nach Art, Lage oder Umfang auf die Verwirklichung der Ziele der Raumordnung und Landesplanung oder auf die städtebauliche Entwicklung und Ordnung nicht nur unwesentlich auswirken können,
3. sonstige großflächige Handelsbetriebe, die im Hinblick auf den Verkauf an letzte Verbraucher und auf die Auswirkungen den in Nummer 2 bezeichneten Einzelhandelsbetrieben vergleichbar sind,
sind außer in Kerngebieten nur in für sie festgesetzten Sondergebieten zulässig. Auswirkungen im Sinne des Satzes 1 Nr. 2 und 3 sind insbesondere schädliche Umwelteinwirkungen im Sinne des § 3 des Bundes-Immissionsschutzgesetzes sowie Auswirkungen auf die infrastrukturelle Ausstattung, auf den Verkehr, auf die Versorgung der Bevölkerung im Einzugsbereich der in Satz 1 bezeichneten Betriebe, auf die Entwicklung zentraler Versorgungsbereiche in der Gemeinde oder in anderen Gemeinden, auf das Orts- und Landschaftsbild und auf den Naturhaushalt. Auswirkungen im Sinne des Satzes 2 sind bei Betrieben nach Satz 1 Nr. 2 und 3 in der Regel anzunehmen, wenn die Geschossfläche 1.200 m² überschreitet. Die Regel des Satzes 3 gilt nicht, wenn Anhaltspunkte dafür bestehen, dass Auswirkungen bereits bei weniger als 1.200 m² Geschossfläche vorliegen oder bei mehr als 1.200 m² Geschossfläche nicht vorliegen; dabei sind in Bezug auf die in Satz 2 bezeichneten Auswirkungen insbesondere die Gliederung und Größe der Gemeinde und ihrer Ortsteile, die Sicherung der verbrauchernahen Versorgung der Bevölkerung und das Warenangebot des Betriebs zu berücksichtigen.

BauNVO 1977:

(1) *unverändert.*

(2) Für sonstige Sondergebiete sind die Zweckbestimmung und die Art der Nutzung darzustellen und festzusetzen. Als sonstige Sondergebiete kommen insbesondere in Betracht
Kurgebiete,
Ladengebiete,
Gebiete für Einkaufszentren und großflächige Handelsbetriebe,

§ 11

Gebiete für Messen, Ausstellungen und Kongresse,
Hochschulgebiete,
Klinikgebiete,
Hafengebiete.

(3) 1. Einkaufszentren,
2. großflächige Einzelhandelsbetriebe, die sich nach Art, Lage oder Umfang auf die Verwirklichung der Ziele der Raumordnung und Landesplanung oder auf die städtebauliche Entwicklung und Ordnung nicht nur unwesentlich auswirken können,
3. sonstige großflächige Handelsbetriebe, die im Hinblick auf den Verkauf an letzte Verbraucher und auf die Auswirkungen den in Nummer 2 bezeichneten Einzelhandelsbetrieben vergleichbar sind,

sind außer in Kerngebieten nur in für sie festgesetzten Sondergebieten zulässig. Auswirkungen im Sinne des Satzes 1 Nr. 2 und 3 sind insbesondere schädliche Umwelteinwirkungen im Sinne des § 3 des Bundes-Immissionsschutzgesetzes vom 15. März 1974 (BGBl. I S. 721, 1193), zuletzt geändert durch Artikel 45 des Gesetzes vom 14. Dezember 1976 (BGBl. I S. 3341) sowie Auswirkungen auf die infrastrukturelle Ausstattung, auf den Verkehr, auf die Versorgung der Bevölkerung im Einzugsbereich der in Satz 1 bezeichneten Betriebe, auf die Entwicklung zentraler Versorgungsbereiche in der Gemeinde oder in anderen Gemeinden, auf das Orts- und Landschaftsbild und auf den Naturhaushalt. Auswirkungen im Sinne des Satzes 2 sind bei Betrieben nach Satz 1 Nr. 2 und 3 in der Regel anzunehmen, wenn die Geschossfläche 1 500 m² überschreitet.

BauNVO 1968: Sondergebiete

(1) Als Sondergebiete sind solche Gebiete darzustellen und festzusetzen, die sich von den Baugebieten nach den §§ 2 bis 10 wesentlich unterscheiden.

(2) Für Sondergebiete ist die Art der Nutzung entsprechend ihrer Zweckbestimmung darzustellen und festzusetzen.

(3) Einkaufszentren und Verbrauchermärkte, die außerhalb von Kerngebieten errichtet werden sollen und die nach Lage, Umfang und Zweckbestimmung vorwiegend der übergemeindlichen Versorgung dienen sollen, sind als Sondergebiete darzustellen und festzusetzen.

BauNVO 1962: Sondergebiete

(1) Als Sondergebiete dürfen nur solche Gebiete dargestellt und festgesetzt werden, die sich nach ihrer besonderen Zweckbestimmung wesentlich von den Baugebieten nach §§ 2 bis 10 unterscheiden, wie Hochschul-, Klinik-, Kur-, Hafen- oder Ladengebiete.

(2) Für Sondergebiete ist die Art der Nutzung entsprechend ihrer besonderen Zweckbestimmung darzustellen und festzusetzen.

Erläuterungen

Übersicht

			Rn		
	1.	Allgemeines zu sonstigen Sondergebieten; Änderung von Regelungen aufgrund der ÄnderungsVOen 1977 und 1990	1	–	1.1
	2.	Störanfälligkeit (Störungsgrad), Fragen des Nachbarschutzes	2	–	3.1
Abs. 1	3.	Wesentliche Unterscheidung von den anderen Baugebieten	4	–	7
	a)	Merkmale der wesentlichen Unterscheidung	4	–	6
	b)	Das Fehlen wesentlicher Unterscheidungsmerkmale	7		
Abs. 2	4.	Darstellung und Festsetzung der Zweckbestimmung und der Art der Nutzung	8	–	11.31
	a)	Allgemeines zur Darstellung und Festsetzung	8	–	8.3
	b)	Die Festsetzungen für SO-Gebiete im Einzelnen; Einzelfragen	9	–	9.38
	c)	Darstellung und Festsetzung von Gebieten für Einkaufszentren und großflächige Handelsbetriebe	10	–	11.24

§ 11

d)	Exkurs: Vorhabenbezogener Bebauungsplan (Vorhaben- und Erschließungsplan) nach § 12 BauGB für großflächigen Einzelhandel; städtebaulicher Vertrag	11.3	–	11.31
5.	Zulässigkeit von Einkaufszentren, großflächigen Einzelhandelsbetrieben und sonstigen in ihren Auswirkungen vergleichbaren Handelsbetrieben	12	–	33.9	**Abs. 3**
a)	Allgemeines zur Neuregelung des Abs. 3	12	–	17
aa)	Erfahrungen mit der BauNVO 1968	12	–	13
bb)	Die Neuregelung 1977	14	–	17
b)	Zu den Begriffsinhalten	18	–	20.2	**Satz 1**
aa)	Einkaufszentren	18	–	18.15	**Nr. 1**
bb)	Großflächige Handelsbetriebe	19	–	19.91	**Nr. 2**
cc)	Vergleichbare sonstige großflächige Handelsbetriebe	20	–	20.2	**Nr. 3**
c)	Auswirkungen der Handelsbetriebe nach Satz 1	21	–	25.71	**Satz 2**
aa)	Allgemeines	21	–	21.3
bb)	Auswirkungen auf die Verwirklichung der Ziele der Raumordnung und Landesplanung	22	–	23.3
cc)	Auswirkungen auf die städtebauliche Entwicklung und Ordnung	24		
dd)	Einzelne Auswirkungen auf die städtebauliche Entwicklung und Ordnung	25.1	–	25.71
d)	Widerlegliche Vermutung in Bezug auf nachteilige Auswirkungen	26	–	27.3	**Satz 3**
aa)	Allgemeines zur widerleglichen Vermutung	26		
bb)	Herabsetzung des Schwellenwertes für die Geschossfläche durch die ÄndVO 1987	26.1	–	26.3
cc)	Verfahrensmäßige Handhabung der widerleglichen Vermutung	27	–	27.3	**Satz 4**
e)	Zur Problematik älterer Bebauungspläne	28	–	29
aa)	Anpassung bestehender B-Pläne an die BauNVO 1990		28	–28.2
bb)	Fragen der Entschädigung bei Anpassung älterer B-Pläne	29		
f)	Zulässigkeit von großflächigen (Einzel-)Handelsbetrieben	30	–	32.3
aa)	Innerhalb der im Zusammenhang bebauten Ortsteile (§ 34 BauGB)	30		
bb)	Zulässigkeit im Außenbereich (§ 35 BauGB)	31		
cc)	Zulässigkeit im Geltungsbereich von B-Plänen i. S. d. § 30 BauGB	32	–	32.12
dd)	Zulässigkeitsbeschränkung nach § 15 BauNVO	32.13	–	32.3
g)	Ausschluss oder Einschränkung von Einzelhandelsbetrieben in Bebauungsplänen i. S. d. § 30 BauGB	33	–	33.9
aa)	Allgemeines	33	–	33.2
bb)	Differenzierung nach der Betriebsgröße (Verkaufsfläche)	33.3	–	33.4
cc)	Ausschluss oder Umwandlung von zulässigen Einzelhandelsbetrieben in Ausnahmen insgesamt oder nach Branchen und Sortimenten	33.5	–	33.9
6.	Weitere Fälle zur (Un-)Zulässigkeit von Nutzungen bzw. zur Festsetzung eines SO-Gebiets (Ältere Rspr. bis 2000 s. 10. Aufl., § 11 Rn 34 f.)	34	–	34.13

815

§ 11

Schrifttum

Autoren-Gruppe	»Strukturwandel im Lebensmittelhandel und § 11 Abs. 3 BauNVO« vom 30.4.2002, ZfBR 2002, 578
Berghäuser/Berg/ Brendel	Wohnungsnahe Verbraucherversorgung oder großflächiger Einzelhandel – Ein Plädoyer für eine dynamische Betrachtungsweise, BauR 2002, 31
Birk	Der Ausschluss von Einzelhandelsflächen in Bebauungsplänen – zugleich Besprechung der Urteile des BVerwG v. 22.5.1987, NWVBl. 1989, 73 = VBlBW 1988, 281
–	Der Einzelhandel im Bebauungsplanrecht – zugleich Besprechung des Urteils des BVerwG vom 24.11.2005, VBlBW 2006, 289
Bischopink	Die Umsetzung von Einzelhandels- und Zentrenkonzepten mit den Mitteln der Bauleitplanung, BauR 2007, 825
–	Steuerung von Einzelhandelsnutzungen in der Bauleitplanung, BauR 2004, 1089
Büchner	Die Rechtsprechung zur bauplanungsrechtlichen Zulässigkeit von großflächigen Einzelhandelsbetrieben, ZfBR 2003, 38
El Bureiasi	Landesplanerische Beurteilung des großflächigen Einzelhandels, 2005
Engel	Der Strukturwandel im Lebensmitteleinzelhandel im Lichte der neueren Rechtsprechung und kommunaler Zentrenkonzepte – zugleich ein Beitrag zur Auslegung des § 11 Abs. 3 BauNVO, VBlBW 2006, 8
Erbguth	Factory Outlet Center: Landesplanungs- und städtebaurechtliche Fragen, verfassungs- wie verwaltungsrechtliche Aspekte, NVwZ 2000, 969
Gronemeyer	Die Zulässigkeit von großflächigem Einzelhandel, BauR 2006, 1410
–	Änderungen des BauGB und der VwGO durch das Gesetz zur Erleichterung von Planungsvorhaben für die Innenentwicklung der Städte, BauR 2007, 815
Haaß	Strukturwandel im Lebensmitteleinzelhandel, BauR 2002, 1795
Halama	Die Metamorphose der »Krabbenkamp«-Formel in der Rechtsprechung des Bundesverwaltungsgerichts, DVBl. 2004, 79
Hauth,	Klärendes und Klärungsbedürftiges zu § 11 Abs. 3 BauNVO, BauR 2006, 775
Hatzfeld/Abel	Zur Zentrenrelevanz von Fachmärkten, StGR 1992, 84
Hofherr	in: Berliner Kommentar, 01/2005, § 34 Rdnr. 71a f.
Hoppe	Zur Erweiterung der Planungshoheit der Gemeinden und der gemeindenachbarlichen Klagebefugnisse in § 2 Abs. 2 S. 2 BauGB 2004 um raumordnungsrechtliche Belange, DVBl. 2004, 1125
–	Das zentralörtliche Gliederungssystem: Keine Basis für Gemeindenachbarklagen und für ein klagebewehrtes Kongruenzgebot, NVwZ 2004, 282
–	Eine Wende für das Landesplanungsrecht zu Einzelhandelsgroßprojekten, NVwZ 2005, 1141
–	Das raumordnungsrechtliche Kongruenzgebot für Einzelhandelsvorhaben, NVwZ 2006, 1345
Hoppe/Beckmann	Was ist ein Einkaufszentrum im Sinne von § 11 Abs. 3 S. 1 Nr. 1 BauNVO?, DÖV 1989, 290

–	Ziele der Raumordnung« (§ 3 Nr. 2 ROG 1998) und »Allgemeine Ziele der Raumordnung und Landesplanung« im Landesentwicklungsprogramm – LEPro – des Landes Nordrhein-Westfalen, NWVBl. 1998, 461
Industrie- und Handelskammer Köln/Regierungspräsident Köln (inform. Arbeitsgruppe)	Großflächiger Einzelhandel – Eine Arbeitshilfe für die Bauleitplanung (sog. »Kölner Liste«), RaumPlanung 1992, 53
Jahn	Interkommunales Abstimmungsgebot und gemeindlicher Nachbarschutz bei Planung und Zulassung sog. Factory Outlets, GewArch. 2002, 412
Janning	Gemeindenachbarlicher Rechtsschutz gegen rechtswidrige Einzelhandelsgroßprojekte, StuGR 1999, 34
Jarass	(Hrsg.), Interkommunale Abstimmung in der Bauleitplanung, 2003
Jeromin	Die bauplanungsrechtliche Beurteilung von Einzelhandelsbetrieben, BauR 2006, 619
Jochum	Das Interkommunale Abstimmungsgebot und die gerichtliche Kontrolle von Planungs- und Genehmigungsentscheidungen der Exekutive, BauR 2002, 1480
Junker/Kruse	Innerstädtische Einkaufszentren – Anforderungen und Integration, Studie für das Ministerium für Arbeit, Soziales und Stadtentwicklung, Kultur und Sport des Landes Nordrhein-Westfalen, 1998/9, www.junker-kruse.de
Kment	Das Gebot der interkommunalen Abstimmung als Abwehrrecht, UPR 2005, 95
Kopf	Rechtsfragen bei der Ansiedlung von Einzelhandelsgroßprojekten, 2002, Schriften zum öffentlichen Recht, SÖR Band 871
Krausnick	Factory-Outlet-Center, VerwArch. 2005, 191
Moench	Neue Formen des großflächigen Einzelhandels, in: FS für Hoppe, 2000, 459
Niemeyer	Deutscher Städtetag, BauGB-Novelle 2006, Rdschr. v. 19.12.2006 – 61.05.00 D –
Paul	Rechtliche Bindungen und Steuerungsmöglichkeiten der Gemeinde bei der Ansiedlung von Einkaufszentren in der Innenstadt, NVwZ 2004, 1033
Reidt	Steuerung von Einzelhandelsnutzungen in der Bauleitplanung, BauR 2004, 1089
–	Das Gebot der interkommunalen Abstimmung bei der Genehmigung von Factory Outlet Centern, BauR 2002, 562
–	Die Genehmigung von großflächigen Einzelhandelsvorhaben – die rechtliche Bedeutung des neuen § 34 Abs. 3 BauGB, UPR 2005, 241
Schmitz/ Federwisch	Einzelhandel und PlanungsR, 2004, Baubetriebsberater und Beratungsgesellschaften BuB, Bd. 14
Schneider	Bauplanungsrechtliche Zulässigkeit von Factory Outlet Centern, 2003, Universität Kiel, Lorenz-von-Stein-Inst.
–	Bauplanungsrechtliche Zulässigkeit von Factory-Outlet-Center, VBlBW 2004, 398

Schütz,	Großflächiger Einzelhandel – neue Akzente bei der Auslegung und Anwendung des § 11 Abs. 3 BauNVO, UPR 2006, 169
Söfker	Neuregelung im Bereich der planungsrechtlichen Zulässigkeit von Vorhaben in: *Spannowski/Krämer,* BauGB-Novelle 2004, 87, 89
–	Die Änderung des § 11 Abs. 3 BauNVO vom 19. Dezember 1986, BBauBl. 1987, 203
–	Die Auswirkungen der novellierten Baunutzungsverordnung auf Handwerk und Gewerbe – Zur Vierten Verordnung zur Änderung der BauNVO vom 23.1.1990, GewArch. 1990, 81
Spannowsky	Möglichkeiten zur Steuerung der Ansiedlung von großflächigen Einzelhandelsbetrieben durch die Raumordnung und ihre Durchsetzung, UPR 2003, 248
Sparwasser	Stadtplanung und Raumplanung – Herausforderung Einzelhandel oder: Braucht der Einzelhandel mehr Steuerung?, NVwZ 2006, 264
Stich	Möglichkeiten zur Steuerung der Ansiedlung großflächiger Einzelhandelsbetriebe durch die Raumordnung und ihre Durchsetzung, UPR 2003, 248
–	Bauplanungs- und umweltrechtliche Probleme der Errichtung und des Betriebs von Windkraftanlagen sowie der Aufstellung von Bebauungsplänen für Windfarmen, UPR 2003, 8
Stüer/Rude	Bauleitplanung Städtebaurecht 1999 – Rechtsprechungsübersicht, DVBl. 2000, 317
Uechtritz	Die Gemeinde als Nachbar – Abwehransprüche und Rechtsschutz von Nachbargemeinden gegen Einkaufszentren, Factory-Outlets und Großkinos, BauR 1999, 572
–	Interkommunales Abstimmungsgebot und gemeindliche Nachbarklage, NVwZ 2003, 176
–	Neuregelungen im EAG Bau zur »standortgerechten Steuerung des Einzelhandels«, NVwZ 2004, 1025
–	Die Neuregelungen zur standortgerechten Steuerung des Einzelhandels, DVBl. 2006, 799
–	Großflächige Einzelhandelsbetriebe und Regionalplanung, NVwZ 2007, 1337
Vietmeier	Die Steuerung des großflächigen Einzelhandels nach §§ 2 und 34 BauGB, BauR 2005, 480

1. Allgemeines zu sonstigen Sondergebieten; Änderung von Regelungen aufgrund der ÄnderungsVOen 1977 und 1990

1 **Sonstige Sondergebiete** sind als zwingende Vorschrift stets dann im FN-Plan darzustellen und im B-Plan festzusetzen, wenn sich ein solches Gebiet von den Baugebieten nach den §§ 2 bis 10 *wesentlich* unterscheidet. Während sich die SO-Gebiete nach § 10 **aufgrund** ihrer **Erholungsfunktion** bereits von den Baugebieten nach den §§ 2–9 unterscheiden, musste dies in § 11 Abs. 1 ausdrücklich hervorgehoben werden, weil die einzelnen Anlagen für sich allein wie Betriebe des Beherbergungsgewerbes in Kurgebieten oder Krankenhäuser in Klinikgebieten auch in Baugebieten nach den §§ 2–9 zulässig oder zulassungsfähig sind. Erfahrungsgemäß reichen die Gebietsfestsetzungen nach den §§ 2–9 jedoch nicht aus, um insbes. solche Gebiete zu schaffen, die als ein aufeinander bezogener, voneinander abhängiger Anlagenkomplex auch i.d.R. im Zusammenhang geplant werden müssen (oder jedenfalls können), wie das bei einem Hochschulgebiet oder einem größeren Klinikgebiet offensichtlich ist. Derartige Gebiete sind auf einen bestimmten gemeinsamen Zweck ausgerichtet, der eine organisatorische Zusammenfassung bedingt oder nahelegt.

Als solche SO-Gebiete bieten sich vor allem die Anlagenkomplexe an, die kulturellen, sozialen oder gesundheitlichen Zwecken dienen und damit **für die Allgemeinheit von besonderer Bedeutung** sind. Es wird sich zwar meistens um Flächen für qualifizierte Gemeinbedarfszwecke handeln (so auch *Bielenberg*, aaO., DVBl. 1963, 199). Es ist aber nicht erforderlich, dass SO-Gebiete einer »öffentlichen« Zweckbestimmung etwa i. S. v. § 37 Abs. 1 BauGB dienen. Seit der »ÄndVO 1977« gibt es **zwei Arten von SO-Gebieten**, nämlich außer SO-Gebieten, die der Erholung dienen (§ 10), die »sonstigen« SO-Gebiete; das Sondergebiet für Einkaufszentren und großflächige Handelsbetriebe nach § 11 Abs. 3 ist lediglich eine qualifizierte Abweichung der in Abs. 2 nicht abschließend aufgeführten sonstigen SO-Gebiete (dazu Rn 12–32).

Die ÄndVO 1990 hat die **beispielhafte Aufzählung** möglicher SO-Gebiete in Abs. 2 um »Gebiete für den Fremdenverkehr« und »Gebiete für die Fremdenbeherbergung« sowie um »Gebiete für Anlagen, die der Erforschung, Entwicklung oder Nutzung erneuerbarer Energien, wie Wind- und Sonnenenergie dienen«, **erweitert**. Die Aufnahme der erstgenannten Gebiete ist eine Folge der in § 22 Abs. 3 BauGB getroffenen Regelung. Die Aufnahme der letztgenannten Gebiete soll die Möglichkeit aufzeigen, durch Aufstellung von B-Plänen den Standort bestimmter Anlagen planungsrechtlich zu sichern und ihre Genehmigungsfähigkeit zu gewährleisten, z. B. die Zusammenfassung mehrerer Windenergieanlagen in sog. Windenergieparks (vgl. Begr. z. Reg. Entw., BR-Drucks. 354/89, zu § 11 S. 56 u. *Stich*, UPR 2003, 815). Um dem besonderen Charakter der sonstigen SO-Gebiete Rechnung zu tragen, insbes. um dem Bedürfnis nach einem engen baulichen Zusammenhang der organisatorisch aufeinander angewiesenen Bauten zu entsprechen, sind die Obergrenzen des Maßes der baulichen Nutzung denen für GE- und GI-Gebiete gleich gestellt, nämlich 2,4 für GFZ, bzw. 10,0 für BMZ (§ 17 Abs. 1).

1.1

2. Störanfälligkeit (Störungsgrad), Fragen des Nachbarschutzes

Die **Störanfälligkeit** der sonstigen SO-Gebiete **richtet sich nach** dem jeweiligen **Gebietscharakter**. Die Schutzbedürftigkeit und damit die *Störanfälligkeit* eines Klinik- oder Kurgebiets ist ungleich höher als etwa die eines Gartenbau-Intensivgebiets. Von der *Störanfälligkeit* ist der *zulässige Störungsgrad* zu unterscheiden. *Hafengebiete* als SO-Gebiete sind wie GI-Gebiete im eigentlichen Sinne nicht störanfällig. Der zulässige Störungsgrad ist stets zu bestimmen. Dies sollte in Textform erfolgen. Zur Erreichung eines geringstmöglichen Störungsgrades und zur gleichzeitigen Verminderung der Störanfälligkeit wird es darauf ankommen, bereits bei der Planung von SO-Gebieten durch Gliederung der Anlagen beispielsweise lärmintensivere Zonen innerhalb eines **Hochschulgebiets** von den Institutsgebäuden und Hörsälen zu trennen. Entspr. könnte textlich etwa für die Mensa, Läden, Kioske und sonstige der Versorgung des Hochschulgebiets dienende Anlagen und Betriebe der zulässige Störungsgrad *entspr. einem Mischgebiet* zugelassen werden, während für den Teil, in dem Vorlesungen, Übungen u. dergl. stattfinden, der Störungsgrad entspr. der Störanfälligkeit eines allgemeinen *Wohngebiets* festgesetzt wird.

2

Das Beiblatt 1 der DIN 18005 Teil 1 (Anh. 7.1) hat – anders als z. B. die TA-Lärm (Anh. 5) in Nr. 2.321 Buchst. f u. g – einen besonderen Orientierungswert für Kur- und Klinikgebiete nicht vorgesehen. Nach Nr. 1.1 des Beiblatts ist für schutzbedürftige SO-Gebiete je nach Art der Nutzung ein Orientierungswert von 45–65 db(A) tagsüber u. von 35 bis 65 dB(A) nachts zugrundezulegen. Für ein Kur- oder Klinikgebiet könnten als Anhalt die niedrigsten Orientierungswerte (45 dB(A) tags und 35 dB(A)) nachts der Planung zugrunde gelegt werden (§ 1 Rn 56); hinsichtlich der besonderen Ruhezeiten s. § 1 Abs. 5 SportanlagenlärmSchVO (Anh. 7.2).

3 **Anspruch auf Nachbarschutz** in dem jeweiligen sonstigen SO-Gebiet u. seiner Umgebung hängt von der Störanfälligkeit und im weiteren Sinne von der Schutzbedürftigkeit des Gebiets und seiner Umgebung ab. Es bedarf keiner Begr., dass die **Festsetzung eines Kur- oder Klinikgebiets** (Zweckbestimmung) und die Art der Nutzung nachbarschützenden Charakter haben. Ein Betrieb des Beherbergungsgewerbes im Kurgebiet kann sich demzufolge mit der verwaltungsgerichtlichen Klage gegen die Genehmigung etwa einer Vergnügungsstätte (§ 4a Rn 22–23.86) wenden, die in seiner Nähe im Wege der Befreiung zugelassen werden soll.

In einem **Hafengebiet** oder in einem **Messe- und Ausstellungsgebiet** können sich dort zulässige Anlagen (entspr. dem Störungsgrad) gegen die Genehmigung störempfindlicher Anlagen etwa von – »allgemeinen« – Wohnungen oder anderen an sich schutzbedürftigen Anlagen wie ein Hotel im Hafengebiet mit der Begr. wenden, die Zulassung störempfindlicher Anlagen und Betriebe lasse grundsätzlich befürchten, dass später die Einschränkung der emittierenden Anlagen eines Hafengebiets gefordert würde (z. Problem s. § 8 Rn 7.1 f. u. insbes. § 9 Rn 4–5).

Das jeweils festgesetzte SO-Gebiet mit den in ihm zulässigen Nutzungen hat seinerseits die das Gebiet umgebenden Nutzungen i. S. nachbarschutzrechtlicher Rücksichtnahme zu beachten. Die Nachbarn einer (Reit-)Sportanlage, die als SO-Gebiet mit der Zweckbestimmung »Reiterpension« festgesetzt worden ist, haben einen Anspruch auf die Durchsetzung eines im B-Plan und i. d. Baugenehmigung zugunsten ihres Wohngrundstücks vorgesehenen Lärmschutzwalls.

Dessen Errichtung war ihnen baufaufsichtsbehördlich zugesichert worden. Das gilt auch dann, wenn der Lärmschutzwall nach einem späteren Schallschutzgutachten für entbehrlich gehalten wird (Nds. OVG, U. v. 25.1.1993 – 6 L 195/90 – BRS 55 Nr. 164). In den **Gründen** ist die nach diess. A. zutreffende Entscheidung ausführlich dargelegt.

Es verstößt gegen das subjektiv-rechtliche Gebot der Rücksichtnahme, neben einer Kurklinik eine Diskothek zu betreiben (OVG Greifswald, B. v. 16.7.1999 – 3 N 79.99 – NordÖR 2000, 171).

3.1 Zunehmend werden in Sondergebieten sog. **IFSP** zur Beschränkung von Emissionen (VGH BW, NK-U. v. 24.3.2005 – 8 S 595/04 – BauR 2005, 1743 = BRS 69 Nr. 39) oder zur Bestimmung der Art der Nutzung gem. § 11 Abs. 2 BauNVO (OVG RhPf, U. v. 11.7.2002 – 1 C 11806/01 – UPR 2003, 40 = NVwZ-RR 2003; 692; U. v. 18.9.2002 – 8 C 11279/01 – BauR 2002, 1817 = NuR 2003, 122; s. dazu BVerwG, B. v. 20.5.2003 – 4 BN 57.02 – ZfBR 2003, 692 sowie OVG RhPf, U. v. 4.7.2006 – 8 C 11709/05 – ZfBR 2007, 57 = NuR 2007, 31 u. Nds. OVG, U. v. 19.1.2004 – 1 KN 321/02 – BRS 67 Nr. 6) verwendet. Dieses Instrument wird von der Rspr. für grundsätzlich zulässig erachtet. IFSP können demnach gem. § 1 Abs. 4 S. 1 Nr. 2 BauNVO festgesetzt werden, weil das Emissionsverhalten zu den besonderen Eigenschaften von

Betrieben und Anlagen gehört, aber auch in Sondergebieten, obwohl § 1 Abs. 4 S. 1 Nr. 2 BauNVO gem. § 1 Abs. 3. S. 3 BauNVO bei der Festsetzung von Sondergebieten nicht gilt (BVerwG, B. v. 20.5.2003, aaO.). Die Entwicklung der BauNVO zeigt nämlich, dass der VOgeber durch § 1 Abs. 3 S. 3 BauNVO die Gestaltungsmöglichkeiten bei der Festsetzung von Sondergebieten gegenüber den Gebietsarten nach §§ 2–9 BauNVO nicht einschränken wollte. Dies ergibt sich aus der BR-Drucks. 354/89 3. 40.

Das OVG RhPf hat in seinem U. v. 11.7.2002, aaO., die konkrete Regelung in den Textziffern 1.11.2 des B-Plans als fehlerhaft angesehen, weil die Ag. mit dieser Festsetzung keine Gliederung vorgenommen hat, sondern den flächenbezogenen Schallleistungspegel gleichmäßig, d. h. einheitlich, ungegliedert für das gesamte Gebiet festgesetzt hat.

Bei der Festlegung eines IFSP handelt es sich um eine besondere Festsetzung über die Art der Nutzung i. S. v. § 11 Abs. 2 S. 1 BauNVO. Das BVerwG hat dies in seinem B. v. 20.5.2003, aaO., bestätigt und die Nichtzulassungsbeschwerde gegen das U. des OVG RhPf v. 18.9.2002, aaO., zurückgewiesen und hierzu ausgeführt:

»Das Normenkontrollgericht hat der Entscheidung des BVerwG 28.2.2002 – 4 CN 3.01 – zutreffend entnommen, dass auf der Grundlage des § 11 Abs. 2 BauNVO auch in Sondergebieten das Emissionsverhalten eines Betriebs durch einen immissionswirksamen flächenbezogenen Schallleistungspegel gesteuert werden darf. Entgegen der Auffassung der Beschwerde lässt sich der Senatsentscheidung vom 28.2.2002, in der es um die Festlegung von Emissionsradien für Tiermastbetriebe ging, nicht entnehmen, dass die Festsetzung von Emissions- und Immissionsgrenzwerten nur dann als Festsetzung der Art der Nutzung angesehen werden kann, wenn sie auf die Art des zugelassenen Betriebs schließen lässt. Die Tatsache, dass die VDI-Richtlinie 3471 ausschließlich der Kontrolle von Emissionen aus der Schweinehaltung dient und deshalb die Festsetzung von Emissionsradien auf ihrer Grundlage die betroffenen Betriebe als Schweinemastbetriebe zuweist, war für die entscheidende grundsätzliche Frage ohne Bedeutung.«

In BW hatte eine Gemeinde in einem Sondergebiet mit der Zweckbestimmung **»Wissenschafts- und Technologiepark«** zum Schutz der benachbarten Wohnnachbarschaft IFSP festgesetzt. Sie sollten gewährleisten, dass der Gewerbe- und Verkehrslärm aus dem Sondergebiet bei der unmittelbar benachbarten Wohnbebauung keine Immissionswerte erzeugt, welche die Orientierungswerte der DIN 18005 für reine Wohngebiete von 50 dB(A) tags und 35 dB(A) nachts überschreiten. Der VGH BW hat mit seinem NK-U. v. 24.5.2005, aaO., im Anschluss an das U. des BVerwG v. 28.2.2002, aaO., die IFSP als Instrument zur Beschränkung betrieblicher Emissionen auch bei der Ausweisung von Sondergebieten bejaht, jedoch die Festsetzung wegen Verstoßes gegen das Bestimmtheitsgebot und das Abwägungsgebot aufgehoben. Der B-Plan habe die von ihm ausgelöste Lärmproblematik nicht hinreichend bewältigt. Der VGH BW hat hierzu folgende Leits. aufgestellt:

»Die Festsetzung von IFSP genügt nur dann dem Bestimmtheitsgebot sowie dem aus dem Abwägungsgebot folgenden Grundsatz planerischer Konfliktbewältigung, wenn der Bebauungsplan klare Vorgaben für die in jedem Genehmigungsverfahren vorzunehmende Prüfung enthält, ob der vom Satzungsgeber bezweckte Lärmschutz mit Blick auf den konkret geplanten Betrieb und seine Umgebung auch tatsächlich erreicht wird.

Dazu zählt etwa, dass der Bebauungsplan eindeutig bestimmt, welche Bezugsfläche für die Umrechnung der betrieblichen Schallleistung in den flächenbezogenen Schallleistungspegel zugrunde zu legen und nach welchem Regelwerk die Ausbreitung des betrieblichen Schalls nach den realen Verhältnissen zum Zeitpunkt der Genehmigung zu berechnen ist (BayVGH, Urteile vom 25.10.2000 – 26 N 99.490 – BRS 63 Nr. 82 u. v. 21.1.1998 – 26 N 95.1632 – BayVBl. 1998, 463)«.

§ 11 Abs. 1 4–4.2

Im Anschluss an das U. des VGH BW hat das OVG RhPf in seinem U. v. 4.7.2006 (aaO.) ausgeführt: »*Die Festlegung immissionswirksamer flächenbezogener Schallleistungspegel (IFSP) in Bebauungsplänen zur Gliederung von Gewerbegebieten setzt voraus, dass zugleich das im Baugenehmigungsverfahren anzuwendende Verfahren der Schallausbreitungsberechnung sowie die Fläche, auf die die der IFSP zu verteilen ist, festgesetzt wird*«.

Nach dem B. des Nds. OVG v. 29.1.2004, aaO., ist die Festsetzung eines Schallleistungspegels, der »*innerhalb des Sondergebiets*« einzuhalten sein soll, zu unbestimmt.

3. Wesentliche Unterscheidung von den anderen Baugebieten (Abs. 1)

4 a) **Merkmale der wesentlichen Unterscheidung.** Es muss sich um eine *wesentliche* durch die baulichen Anlagen oder die besondere Nutzung des Gebiets gekennzeichnete Unterscheidung handeln.

Für § 11 Abs. 1 kommt es nicht darauf an, welche *faktischen* Unterschiede in einem als sonstiges SO-Gebiet festgesetzten Gebiet bereits vorhanden sind. Von Bedeutung ist allein, ob sich die Festsetzung der Art der Nutzung von den Gebietstypen der §§ 2–9 wesentlich unterscheidet. »*Ein in diesem Sinne wesentlicher Unterschied liegt dann vor, wenn ein Festsetzungsgehalt gewollt ist, der sich keinem der in den §§ 2 ff. BauNVO geregelten Gebietstypen zuordnen und der sich deshalb sachgerecht auch mit einer auf sie gestützten Festsetzung nicht erreichen lässt*« (BVerwG, U. v. 29.9.1978 – 4 C 30. 76 – BVerwGE 56, 283, 286 = NJW 1979, 1516 = BRS 33 Nr. 11 = BauR 1978, 449; zur Unterscheidung auch BVerwG, U. v. 18.2.1983 – 4 C 18.81 – BRS 40 Nr. 64).

Die Festsetzung als sonstiges SO-Gebiet für die auch sonst in Baugebieten zulässigen Nutzungsformen ist dann gerechtfertigt, wenn durch die Zusammenfassung in einem abgegrenzten Geltungsbereich dieses Gebiet derart gestaltet wird, dass es ein eigenes Gepräge erhält. Das kann z. B. bei der Zusammenfassung mehrerer Ladenpassagen in einem Kurort der Fall sein. Ein derartiges eingeschossiges **Ladengebiet,** in dem sich Fachgeschäfte verschiedenster Art, Läden für Andenken (Souvenirs) und sonstige Ladenbetriebe für die unterschiedlichen Ansprüche der Kurgäste (Frisiersalon, Wasch- und Reinigungsbetriebe) befinden, unterscheidet sich sowohl von den üblichen der Versorgung von Wohngebieten dienenden Läden (§ 2 Rn 10–12 u. § 4 Rn 5–5.2) als auch von den Einzelhandelsbetrieben etwa nach § 6 Abs. 2 Nr. 3 (Rn 5).

4.1 Vereinzelt sind **Unterkünfte für Asylbewerber** als Sondergebiet i. S. v. § 11 Abs. 2 mit dieser Zweckbestimmung festgesetzt worden. Da Abs. 2 Satz 2 lediglich eine beispielhafte Aufzählung enthält, begegnet die Festsetzung keinen grundsätzlichen Bedenken. Eine wesentliche **Unterscheidung** von den *übrigen Baugebieten* wird bei einer gewissen lagerartigen Mindestgröße anzunehmen sein, zumal sie typischerweise von mehreren Nutzungsarten geprägt sind (vgl. *Sarnighausen,* aaO., S. 746). Ein Gelände, das ausschließlich der Unterbringung von Asylbewerbern dienen soll, ähnelt einem SO-Gebiet für Fremdenbeherbergung, das abgesetzt von einem Ortsteil geplant wird. Der Unterbringungszweck ist von der Grundstruktur her mit Kasernen- u. Klinikgebieten vergleichbar.

Für **Gartenhäuser** in einem eigens für sie geschaffenen Sondergebiet dürfen jedenfalls dann, wenn die Gemeinde als Zweck der Häuser die Unterbringung von Gartengeräten und -möbeln sowie den vorübergehenden Aufenthalt bestimmt und jede Übernachtung ausdrücklich ausgeschlossen hat, durch B-Plan keine Festsetzungen zum Maß der baulichen Nutzung getroffen werden, welche die Eignung der Häuser auch zum Wohnen begründen (BVerwG, U. v. 18.8.1989 – 4 C 12.86 – BRS 49 Nr. 65 = ZfBR 1990, 39).

4.2 Der Auffassung des Nds. OVG (B. v. 30.9.2001 – 1 MN 2456/01 – BauR 2002, 447 = NVwZ 2002, 1009 = BRS 64 Nr. 62), dass die Festsetzung eines Baugebiets als Sondergebiet »**Altenwohnen**« § 11 Abs. 1 BauNVO widerspricht, wird nicht geteilt. Hier wird verkannt, dass die Einseitigkeit der Nutzungsstruktur das Merkmal der Unterscheidung von den übrigen Baugebieten ist.

5, 5.1   **Abs. 1**   **§ 11**

Es gibt allgemein zulässige Nutzungen in den Baugebieten, die durch die Zusammenfassung einer Vielfalt gleicher baulicher und sonstiger Anlagen erst die wesentliche Unterscheidung erhalten. Die *quantitative Häufung* verdichtet sich dann *zu einer qualitativen Veränderung* und erreicht so eine (echte) strukturelle Unterscheidung. Das gilt z. B. für ein »**Klinikgebiet**«. Das einzelne – auch größere – Krankenhaus bildet für sich genommen keine Besonderheit. In der Häufung mit den zugehörigen Nebenanlagen werden dagegen Krankenanstalten als »Klinikgebiet« mit den in § 11 geforderten besonderen Merkmalen nicht zu bestreiten sein. Das Gleiche gilt für ein Hochschulgebiet mit den Lehr- und Institutsgebäuden, Studentenwohnheimen, Mensa, Bibliotheksgebäude usw. Die wesentliche Unterscheidung von den Baugebieten nach §§ 2–9 bedarf gleichfalls keiner besonderen Erläuterung. Dass eine quantitative Häufung von Anlagen bei gleichzeitiger Berücksichtigung ihrer speziellen Einrichtungen ein sonstiges SO-Gebiet sein kann, das sich dann z. B. von *Gartenbaubetrieben* i. S. v. § 2 (Rn 8–8.2) wesentlich unterscheidet, zeigt ein **Erwerbsgarten-Intensivbaugebiet** als Spezialität von Gartenbaubetrieben. Der Intensivanbau insbes. von Tomaten, Salat, sonstigem Gemüse und Obst, aber auch von Blumen ist ein aliud zum Gartenbaubetrieb herkömmlicher Art und unterscheidet sich durch Häufung und Spezialität wesentlich von einem WS-Gebiet und auch von einem MD-Gebiet üblichen Verständnisses. Es handelt sich hierbei um größere Flächen unter Glas mit entweder eigener Beheizung oder Befeuerung durch Fernheizung. Ein solches Gebiet sprengt die üblichen Vorstellungen von Gewächshäusern und deren Befeuerung.

Die Festsetzung eines derartigen SO-Gebiets mit unter Glas gesetzten (landwirtschaftlichen) Flächen als Dauereinrichtung, sonstigen Gewächshäusern, den Betriebsgebäuden und -wohnungen, Heizkraftwerk, Berieselungseinrichtungen u. dergl. bietet sich insbes. im Anschluss an ein MD-Gebiet an. Dass es sich bei einem derartigen SO-Gebiet teilweise nicht um bauliche Anlagen handelt (und gleichzeitig um landwirtschaftliche Betriebe i. S. v. § 201 BauGB), steht der Festsetzung als SO-Gebiet nicht entgegen.

§ 11 Abs. 2 spricht – wie § 10 Abs. 2 – nur von »Art der Nutzung«, nicht dagegen von der »Art der *baulichen* Nutzung«.

Nach einem B. des BVerwG v. 18.12.1990 (– 4 N B 19.90 – BRS 50 Nr. 19 = BauR 1991, 301 = BayVBl. 1991, 341) liegt ein wesentlicher Unterschied i. S. v. § 11 Abs. 1 (auch) dann vor, wenn ein Festsetzungsgehalt gewollt ist, der sich keinem der in den §§ 2 ff. geregelten Gebietstypen zuordnen und der sich deshalb sachgerecht mit einer auf sie gestützten Festsetzung nicht erreichen lässt. Diese Voraussetzung liegt bei der Festsetzung eines **Sondergebiets für Stellplätze** vor. Im Unterschied zu *öffentlichen Parkplätzen*, die die Gemeinde nach § 9 Abs. 1 Nr. 11 BauGB mittels B-Plan festsetzen kann, können nicht öffentliche Stellplätze – gewissermaßen als Nebenanlagen – anderen Grundflächen mit einer »Hauptnutzung« i. S. d. Baugebietsvorschriften zugeordnet sein (BVerwG, aaO.).

Die städtebauliche Erforderlichkeit ergibt sich aus dem Stellplatzbedarf der Hauptnutzung. Stellplätze können sogar *innerhalb* eines SO-Gebiet festgesetzt werden, soweit sie der Hauptnutzung des SO-Gebiets dienen. Dagegen ist die ausschließliche Festsetzung von Stellplätzen in einem Baugebiet nach den §§ 2–10 nicht zulässig. Ein Baugebiet, in dem allein Stellplätze festgesetzt sind, kann kein Baugebiet i. S. dieser Vorschriften sein, weil seine allgemeine Zweckbestimmung nicht gewahrt wäre (wird im B. des BVerwG, aaO. weiter ausgeführt).

Dagegen tut sich der B. des BVerwG v. 7.7.1997 (– 4 BN 11.97 – BauR 1997, 972 = ZfBR 1997, 314 = UPR 1998, 62 = DÖV 1998, 76 = BRS 59 Nr. 36) etwas schwer, die Nichtzulassungsbeschwerde gegen einen B-Plan, mit dem ein

5

5.1

§ 11   Abs. 1   5.11, 5.12

Sondergebiet »**landwirtschaftliches Aussiedlungsgebiet**« festgesetzt worden ist, mit überzeugenden Gründen zurückzuweisen.

5.11 Nach den textlichen Festsetzungen sind Wirtschaftsstellen für Feldfrucht-, Obst- und Weinbauerzeugnisse sowie Besenwirtschaften zulässig. Nicht zulässig ist Schweine- und Hühnerhaltung, sonstige Tierhaltung nur begrenzt. Mit der Festsetzung soll den in der Ortslage befindlichen landwirtschaftlichen Betrieben überwiegend aus dem Weinbaubereich eine Aussiedlung in die Ortsrandlage mit guter Anbindung an die Feldflur ermöglicht werden. – Die Antragsteller sind der Auffassung, dass das als »Aussiedlergebiet« festgesetzte Sondergebiet auch als Dorfgebiet mit entsprechenden Einschränkungen hätte festgesetzt werden können. Das BVerwG hat sich mit der Unterscheidung eines Sondergebiets von einem der Katalogbaugebiete der §§ 2–9 sehr abstrakt beschäftigt. Es hat gemeint, es mag »*je nach Sachlage gerechtfertigt sein, dass sich durch die in § 1 Abs. 5 ff. BauNVO vorgesehenen Möglichkeiten die vorausgesetzte scharfe Trennung zwischen den Baugebietstypen etwas verschiebt. ...« Für die Frage eines »wesentlichen« Unterschiedes i. S. d. § 11 Abs. 1 BauNVO sind daher nicht »die konkreten Festsetzungen des Sondergebiets mit den nach § 1 Abs. 5 ff. BauNVO möglichen Veränderungen zu vergleichen, sondern diese Festsetzungen mit der jeweiligen ›abstrakten‹ Zweckbestimmung des Baugebietstyps. Unterscheidet sich dessen Zweckbestimmung von der Zweckbestimmung des festgesetzten Sondergebiets wesentlich, ist den Erfordernissen des § 11 Abs. 1 BauNVO entsprochen.*« Demgemäß ist die Gemeinde bei der Festsetzung der Art der Nutzung für ein Sondergebiet auch nicht an die in §§ 2– 10 BauNVO aufgeführten einzelnen Nutzungsarten gebunden (vgl. BVerwG, B v. 7.9.1984 – 4 N 3.84 – BRS 42 Nr. 55).

Dieser Auffassung steht das von der Beschwerde zitierte U. v. 29.9.1978 (– 4 C 30.76 – BRS 33 Nr. 11) nicht entgegen, so das BVerwG. In dem U. wird der wesentliche Unterschied darin gesehen, dass mit der Festsetzung eines Sondergebiets ein Festsetzungsgehalt gewollt wird, der sich keinem der in den §§ 2 ff. BauNVO genannten Gebietstypen zuordnen und der sich deshalb sachgerecht auch mit einer auf sie gestützten Festsetzung nicht erreichen lässt. Dass darin kein Widerspruch liegt, vermag das BVerwG nach diess. Auff. nicht vollends zu erklären. Das BVerwG meint jedoch: »*Übrigens dient es der Rechtsklarheit, wenn die Gemeinde – die ohnedies gemäß § 1 Abs. 5 BauNVO die allgemeine Zweckbestimmung eines Baugebietes zu beachten hat – sich für die Festsetzung eines Sondergebietes ausspricht, wenn damit eine ›einfache Lösung‹ der städtebaulichen Zielsetzungen gefunden werden kann*« (BVerwG, aaO.).

Auch der VGH BW hat in seinem NK-U. v. 7.1.1998 (– 8 S 1337/97 – BauR 1998, 62 = BRS 60 Nr. 47) gegen eine Festsetzung eines Sondergebiets, »*in dem nur landwirtschaftliche Betriebe einschließlich Tierzucht und Tierhaltung*« zulässig sind, die ein bestimmtes Störpotential nicht überschreiten, keine rechtlichen Bedenken gehabt.

5.12 Nach dem B. des BVerwG v. 16.9.1998 (– 4 B 60.98 – BauR 1999, 146 = UPR 1999, 73 = BRS 60 Nr. 30 = ZfBR 1999, 174 = DÖV 1999, 701) ist die Gemeinde bei der Festsetzung eines Sondergebiets nach § 11 Abs. 1 und 2 BauNVO durch B-Plan befugt, einen Begriff aus dem Katalog der in den Baugebieten nach §§ 2–10 BauNVO zulässigen Nutzung zu verwenden und ihn entspr. der besonderen Zweckbestimmung des Sondergebiets (hier: eines Hochschulgebiets) zur Konkretisierung der von ihr verfolgten Planungsabsichten, zu denen auch der Schutz eines angrenzenden Wohngebiets gehören kann, einzusetzen und abzuwandeln (hier: »nicht störender Anlagen und Einrichtungen« im straßenparallelen Randbereich des Hochschulgebiets).

In dem Verfahren wandte sich der Eigentümer eines mit einem Wohnhaus bebauten Grundstücks in einem reinen Wohngebiet gegen einen Bescheid des Beklagten, mit dem der Beigeladenen (staatl. Bauamt) die Zustimmung für das Vorhaben erteilt wurde, in dem Randbereich westlich der Straße Am W. gegenüber dem Wohnhaus des Klägers eine **Sammelstelle für gefährliche Abfälle** zu errichten, in der **Laborabfälle** von Hochschuleinrichtungen bis zur Abholung durch ein Entsorgungsunternehmen zwischengelagert werden sollen. Die Klage des Nachbarn hatte in der **2. Instanz Erfolg**. Die Nichtzulassungsbeschwerde der Beklagten wurde vom BVerwG zurückgewiesen.

»Welchen Inhalt die Nutzung in einem Sondergebiet beschränkende Festsetzung (hier: ›nicht störender Anlagen und Einrichtungen‹ einer Gesamthochschule) hat, ist nach Auffassung des BVerwG eine Frage des irrevisiblen Satzungsrechts und von den Vorinstanzen einzelfallbezogen im Wege der Auslegung des örtlichen Rechts zu ermitteln. Das Berufungsgericht ist auf diesem Wege zu dem Ergebnis gelangt, dass die fragliche Festsetzung auf den Schutz des angrenzenden reinen Wohngebiets zielt und deshalb in dem straßenparallelen Schutzstreifen von den Anlagen und Einrichtungen, wie sie in dem Sondergebiet ›Gesamthochschule‹ allgemein zulässig sind«, wegen der erheblichen Geräuschimmissionen, die regelmäßig durch den betriebsbedingten Zu- und Abfahrtsverkehr sowie bei den Beladevorgängen an der Anlage entstehen, dort nicht zugelassen werden dürfen. Die Sammelstelle für gefährliche Abfälle erweise sich bereits nach der Art ihrer Nutzung als »Fremdkörper« an der Grenze zu der reinen Wohnbebauung (BVerwG, aaO.); im Anschluss an BVerwG, B. v. 7.9.1984 – 4 N 3.84 – NVwZ 1985, 338; U. v. 14.4.1989 – 4 C 52.87 – NVwZ 1990, 257; B. v. 8.5.1989 – 4 B 78.89 – NVwZ 1989, 1060.

5.13 An der Voraussetzung des § 11 Abs. 1 BauNVO, wonach sich ein sonstiges Sondergebiet von den Baugebieten nach den §§ 2–10 wesentlich unterscheiden muss, fehlt es nicht bereits deshalb, weil die Nutzungen, für die das geplante Sondergebiet offen ist, auch in einem der Baugebiete nach den §§ 2–10 BauNVO verwirklicht werden könnten (VGH BW, NK-Urt. v. 24.7.1998 – 8 S 2952/97 – BRS 60 Nr. 77). Dabei hat die von § 9 Abs. 1 Nr. 5 BauGB eröffnete Möglichkeit, die Art der baulichen Nutzung durch die Festsetzung einer Gemeinbedarfsfläche zu regeln, keinen Vorrang vor der Festsetzung eines Sondergebiets nach § 11 BauNVO. Auch muss die gem. § 11 Abs. 2 S. 1 BauNVO erforderliche Festsetzung der Zweckbestimmung eines Sondergebiets nicht als Oberbegriff alle in diesem Gebiet zulässigen Nutzungsarten nennen (VGH BW, aaO.).

5.14 *»In einem Bebauungsplan, der ein Sondergebiet für landwirtschaftliche Betriebe einschließlich Tierzucht und Tierhaltung ausweist, kann die Art der baulichen Nutzung in der Weise umschrieben werden, dass Standorte für die zulässigen Hofstellen festgesetzt und jedem Standort Immissionsradien zugewiesen werden, die sich aus den Abstandsregelungen nach Bild 21 der VDI 3471 ergeben und dem interessierten Landwirt Auskunft darüber geben, wie viele Großvieheinheiten er dort in einer dem Stand der Technik entsprechenden Stallung halten darf«* (Leits. des VGH BW, NK-Urt. v. 28.9.2000 – 8 S 2663/99 –). Den Interessen der betroffenen Landwirte an einer größeren Tierhaltung wird nach dem NK-Urt. des VGH v. 28.9.2000 hinreichend Rechnung getragen, wenn im B-Plan die Möglichkeit eingeräumt wird, durch eine Sonderbeurteilung im Einzelfall den Nachweis zu erbringen, dass zusätzliche bauliche und technische Maßnahmen eine Überschreitung der zulässigen Geruchsbelastung verhindern. Darüber hinaus darf eine Gemeinde gebietsbezogen festlegen, welches Maß an Geruchsbelästigung sie ihrem Siedlungsrand und den sich anschließenden Bereichen zumuten will.

Das BVerwG hat mit U. v. 28.2.2002 (– 4 CN 5.01 – DVBl. 2002, 1121 = BauR 2002, 11348 = NVwZ 2002, 114 = BRS 65 Nr. 67) das NK-U. des VGH v. 28.9.2000, aaO., bestätigt und hierzu folgende **Leits.** aufgestellt:

1. In einem auf der Grundlage des § 11 BauNVO festgesetzten Sondergebiet kann die Gemeinde die Art der baulichen Nutzung über die Möglichkeiten hinaus, die § 1 Abs. 4 S. 1 Nr. 2 und Abs. 9 BauNVO eröffnen, konkretisieren und zu diesem Zweck die Merkmale bestimmen, die ihr am besten geeignet erscheinen, um das von ihr verfolgte Planungsziel zu erreichen.

§ 11 Abs. 1 5.2

2. Die Art der Nutzung kann in einem »Sondergebiet für landwirtschaftliche Bereiche einschließlich Tierzucht und Tierhaltung« unter Rückgriff auf die VDI-Richtlinie 3471 so festgesetzt werden, dass mithilfe der in dieser Richtlinie vorgesehenen Punkteregelung und eines festen Abstandsmaßes die höchstzulässige Tierzahl bestimmt wird.
3 Wenn städtebauliche Gründe dies rechtfertigen, darf die Gemeinde im Wege der Bauleitplanung unterhalb der durch § 3 Abs. 1 BImSchG bestimmten Erheblichkeitsschwelle eigenständig gebietsbezogen das Maß hinnehmbarer (Geruchs-)Beeinträchtigungen nach den Maßstäben des Vorsorgegrundsatzes steuern.

Der B-Plan enthielt unter 1.1 folgende textliche Festsetzung:

»Zur Vermeidung von schädlichen Geruchsbelästigungen (§§ 5 und 22 BImSchG) ist in den landwirtschaftlichen Betrieben Tierhaltung nur bis zu der Zahl von Großvieheinheiten zulässig, die sich aus den für die einzelnen Standortfestsetzungen maximalen Emissionsradien unter Anwendung der VDI 3471 und 3472 einschließlich eventueller Sonderbeurteilungen ergeben. Für die einzelnen Standorte werden folgende maximalen Emissionsradien festgesetzt: Standort 1–275 m, Standort 2–275 m, Standort 3–300 m.«

In der Begr. wurde hierzu Folgendes ausgeführt:

Die Planfestsetzung stelle die Umkehrung des Richtlinienmodells dar. Jedem Standort werde eine maximal verträgliche Anzahl von Großvieheinheiten unter Zugrundelegung moderner, relativ emissionsarmer Haltung zugeordnet (= 100 Punkte) und in Radien umgerechnet. Nur diese Radien seien verbindlich. Der einzelne Landwirt sei aber an die 100 Punkte der VDI-Richtlinien nicht gebunden, vielmehr seien bei einer emissionsträchtigeren Tierhaltung Abstriche hinsichtlich der Bestandsgröße zu machen. Umgekehrt stehe es ihm offen, im Zuge einer Sonderbeurteilung nachzuweisen, dass aufgrund besonderer Vorkehrungen die Geruchsimmissionen auch bei einem höheren Tierbesatz die festgesetzten Radien einhielten.

Fischer hat in seiner Anm. (DVBl. 2002, 1418/1420) zu Recht gerügt, dass entgegen der Auffassung des BVerwG der Sachbearbeiter der Baugenehmigungsbehörde mit einer solchen Sondergebietsfestsetzung überfordert ist, weil sie nicht hinreichend bestimmt ist. Weiterhin zeigt sich hier sehr deutlich die mangelnde Konkretisierung des immissionsschutzrechtlichen Vorsorgegrundsatzes des § 5 Abs. 1 Nr. 2 BImSchG mit seinen nach der Rspr. des BVerwG drei unterschiedlichen Zwecken: 1. der Schaffung eines Sicherheitsabstands vor der Schädlichkeitsgrenze, 2. der Erhaltung noch unbelasteter Freiräume und 3. der Risikosteuerung. In den Entscheidungsgründen werden die Grenzen des Vorsorgeprinzips nicht erörtert, weder anhand des Verhältnismäßigkeitsprinzips, wonach die Emissionsminderungspflicht dadurch begrenzt wird, dass sie nach *»Umfang und Ausmaß dem Risikopotential der Immissionen, die sie verhindern soll, proportional sein muss«* (BVerwGE 69, 37/44), noch anhand des Maßstabs der praktischen Vernunft oder wirtschaftlichen Zumutbarkeit.

In Fortsetzung d. U. v. 28.2.2002 hat das BVerwG sogar die Festsetzung von Grenzwerten von Geruchsimmissionen und Staub in einem FN-Plan für rechtlich zulässig erachtet (U. v. 18.8.2005 – 4 C 13.04 – ZfBR 2006, 44 = BauR 2006, 52 = DVBl. 2006, 87 = BRS 69 Nr. 32). Dies überzeugt nicht. Damit maßt sich die Gemeinde als Träger der Planungshoheit eine immissionsschutzrechtliche Fachkompetenz an, die ihr nicht zusteht und die sie auch nicht ausfüllen kann (vgl. hierzu die überzeugende Sicht des früheren 4. Senats des BVerwG, B. v. 17.2.1984 – 4 B 191.83 – DVBl. 1984, 343 zu OVG Berlin, U. v. 29.8.1983 – 2 A 3.81 – DVBl. 1984, 147 m. Anm. von *Gierke* über die Unzulässigkeit der Festsetzung von Immissions- und Emissionswerten im B-Plan).

5.2 Zur Sicherung des **gewerblichen Fremdenverkehrs einer Kurgemeinde** ist es zulässig, ein SO-Gebiet festzusetzen, indem der Einbau von Küchen oder sonstigen Kochgelegenheiten in Zuordnung zu den einzelnen Zimmern ausgeschlossen ist (OVG Lüneburg, U. v. 9.5.1990 – 1 C 31/87 – BRS 50 Nr. 26).

Aus den Gründen: Die Festsetzungen sind durch § 11 Abs. 1 gedeckt, da das festgesetzte Gebiet sich seiner Art nach wesentlich von den in den §§ 2–10 genannten Gebieten unterscheidet. Die Zielsetzung der Gemeinde – **Dominanz der Beherbergungsbetriebe** – lässt sich nicht über die Festsetzung eines allgemeinen Wohngebietes erreichen. Auch die Festsetzung einer Grenze von maximal zwei Wohneinheiten für Ersatzbauten für sonstige Wohngebäude (Wohngebäude, die keinem Betrieb zugeordnet sind), hält sich im Rahmen der nach § 11 zulässigen Festsetzungen. Bei der Festsetzung eines SO-Gebiets nach § 11 kann die Gemeinde den Katalog der Nutzungsarten der BauNVO maßgerecht der besonderen

5.3–5.5   **Abs. 1**   **§ 11**

Zweckbestimmung des SO-Gebiets anpassen (OVG Lüneburg, aaO., unter Bezugnahme auf BVerwG, B. v. 8.5.1989 – 4 B 78.89 – BRS 49 Nr. 66).

Der B. des BVerwG v. 18.12.1990 u. das U. des OVG Lüneburg v. 9.5.1990 **5.3** lassen erkennen, dass es bei der **Festsetzung eines SO-Gebiets** nach § 11 Abs. 2 hinsichtlich der vorauszusetzenden **wesentlichen Unterscheidung** i. S. v. § 11 Abs. 1 entscheidend darauf ankommt, dass die jeweilige planerische **Zielsetzung** der Gemeinde durch die Festsetzung eines Baugebiets nach den §§ 2–10 und die im Zuge eines solchen B-Plans eröffneten Gestaltungsmöglichkeiten des § 1 Abs. 5 u. 9 *nicht hätte verwirklicht* werden können. Denn § 1 Abs. 5 und die nur im Rahmen dieser Bestimmung gegebene Möglichkeit einer weiteren Differenzierung nach § 1 Abs. 9 setzen voraus, dass die **allgemeine Zweckbestimmung** des betreffenden Baugebiets **gewahrt bleibt**. Das war in den beiden entschiedenen Fällen ersichtlich nicht möglich. In diesem Sinne ist auf der Grundlage des § 11 Abs. 2 auch die Festsetzung eines SO-Gebiets »**Büro- und Verwaltungsgebäude**« zulässig (OVG Saarl., B. v. 13.4.1993 – 2 W 5/93 – BRS 55 Nr. 189).

Mit Recht hat das OVG Saarl. festgestellt, dass ein auf Büro- und Verwaltungsgebäude beschränktes Baugebiet sich keinem der in den §§ 2–9 geregelten Gebietstypen zuordnen lässt. »*Zudem kommt dem in dem Plangebiet vorgesehenen integrierten Verwaltungszentrum eine den Gebietscharakter abschließend bestimmende Wirkung zu*« (OVG Saarl., aaO.).

Dagegen ist eine Entscheidung des BayVGH v. 29.11.1991, mit der einer **5.4** Fremdenverkehrsgemeinde zugebilligt worden ist, »*auf die anstelle eines Gästehauses geplante Errichtung eines Wohngebäudes mit der Ausweisung eines Sondergebiets für den Fremdenverkehr reagieren*« zu können, »*wenn die danach zulässige Nutzung für den Eigentümer nicht die aus seiner Sicht optimale, aber eine wirtschaftlich sinnvolle Nutzung ist*«, nach diess. A. nicht bedenkenfrei (BayVGH, U. v. 29.11.1991 – 1 B 90.2688 – BRS 54 Nr. 9).

Die ausführliche u. sorgfältige **Begr.** der Entscheidung lässt erkennen, dass sich der BayVGH des *Grenzfalles* einer derartigen Festsetzung eines SO-Gebiets bewusst gewesen ist. »*Der wesentliche Unterschied zu den typisierten Baugebieten besteht hier in einer auf einen bestimmten Zweck ausgerichteten einseitigen Nutzungsstruktur, nämlich der Fremdenbeherbergung*« (BayVGH, aaO., Hervorhebung diess.). Es ist auch richtig, dass eine derartige Beschränkung der Nutzungsstruktur auf das Beherbergungsgewerbe nicht durch die in § 1 Abs. 4–9 für typisierte Baugebiete eröffneten Möglichkeiten der Differenzierung zu erreichen war. Die *Bedenken* richten sich gegen die Auffassung, die Beschränkung des Geltungsbereichs des B-Plans auf *ein* (üblich großes) Grundstück schließe die Festsetzung eines SO-Gebiets nicht aus. Die Behauptung, die Eigenständigkeit des SO-Gebiets in *qualitativer* Hinsicht setze nicht – in *quantitativer* Hinsicht – ein bestimmtes Mindestgewicht der in dem Gebiet zulässigen Bebauung voraus, kann sich weder auf den B. des BVerwG v. 18.12.1990 hinsichtlich der Festsetzung eines SO-Gebiets für Stellplätze noch hinsichtlich der Bestätigung eines Ausschlusses von Kochgelegenheiten in Zuordnung zu den einzelnen Zimmern von Beherbergungsbetrieben (BVerwG, B. v. 7.9.1984, BRS 42 Nr. 55) stützen. Hier handelt es sich um einen klassischen Einzelfall-B-Plan i. S. eines Verhinderungsplans, der jedenfalls die Grenze der gemeindlichen Gestaltungsfreiheit deutlich macht.

Bei einer Einzelfall-B-Planfestsetzung als SO-Gebiet nach § 11 wird die Gemeinde i. S. d. Rechtfertigung darauf zu achten haben, ob die Festsetzung in Bezug auf die betreffende Nutzungsart als (qualitative) Besonderheit und hinsichtlich des (quantitativen) Umfangs vernünftigerweise geboten ist, oder ob sich das städtebaulich Gewollte auch mithilfe des Planungsinstrumentariums des § 1 erreichen lässt. In diesem Sinne kann die Festsetzung einer sog. **Großraum-Diskothek** als Vergnügungsstätte durch Nutzungsänderung eines am Rande eines Dorfgebiets aufgegebenen landwirtschaftlichen Betriebs als SO- **5.5**

§ 11 Abs. 1 6, 7

Gebiet zulässig sein, um für die Jugendlichen der aus mehr als 50 Ortsteilen bestehenden Gemeinde am Wochenende eine adäquate Freizeiteinrichtung zu ermöglichen. Bei einer Großraum-Diskothek handelt es sich um eine **kerngebietstypische** Vergnügungsstätte, für die gleichzeitig die Errichtung der erforderlichen Stellplätze gewährleistet sein muss und ggf. auch Lärmschutzmaßnahmen erforderlich werden. Hierdurch ergibt sich nicht nur die qualitative Besonderheit, sondern auch der quantitative Umfang. Die städtebaulich planerischen Notwendigkeiten sind in Bezug auf die Festsetzung von SO-Gebieten nach § 11 ersichtlich komplexer.

6 Aus den beispielhaft angeführten SO-Gebieten (Rn 4–5), die jeweils funktionell zusammengehörige Nutzungen und Anlagen erkennen lassen, ist ersichtlich, dass die **funktionelle Zusammenfassung** bestimmter aufeinander bezogener Anlagen im Regelfall dafür ausschlaggebend ist, ob die Festsetzung eines – sonstigen – SO-Gebiets als von den Baugebieten nach den §§ 2–9 wesentlich unterschiedenes Gebiet erforderlich ist. Dagegen macht die *besondere baulich-technische* Gestaltung der Anlagen allein die Festsetzung eines SO-Gebiets nicht erforderlich (ebenso *Förster,* § 11 Anm. 2). Ein höheres Maß der baulichen Nutzung zu erreichen, kann für sich allein die Festsetzung eines SO-Gebiets nicht rechtfertigen.

Die Beispiele in **Abs. 2 Satz 2** verdeutlichen die wesentliche Unterscheidung i. S. d. Abs. 1. Die Aufzählung hat insofern materiellen Gehalt, als die dort genannten Gebiete stets die Voraussetzungen des Abs. 1 erfüllen (im gleichen Sinne *Boeddinghaus,* § 11 Anm. 7). Als weitere SO-Gebiete kommen in Betracht Regierungsviertel (in Hauptstädten), Verwaltungszentren durch Zusammenfassung z. B. der Einrichtungen einer Kreisstadt, Kasernengebiete, größere Anlagen für soziale und/oder gesundheitliche (karitative) Zwecke (Diakonissenanstalten in Düsseldorf, Bethel bei Bielefeld), Anlagen für den Strafvollzug, Sportzentren (Olympiagelände in Berlin und München).

7 b) **Das Fehlen wesentlicher Unterscheidungsmerkmale.** Grundsätzlich ist es nicht zulässig, solche Nutzungsarten in einem SO-Gebiet zusammenzufassen, die sich von der *allgemeinen* Zweckbestimmung der übrigen Baugebiete (z. B. »vorwiegend Wohnen«) nicht »wesentlich« unterscheiden. Z. B. wäre es nicht zulässig, Atrium- und Gartenhofhäuser oder Bungalows (eingeschossige Flachdachhäuser) als SO-Gebiete festzusetzen. Derartige Nutzungsformen des Wohnens unterscheiden sich nicht von den in § 2–4 enthaltenen allgemeinen Zweckbestimmungen. Weiterhin sind SO-Gebiete unzulässig, die ihre sie *wesentlich* unterscheiden sollende Zweckbestimmung von einem ordnungsrechtlichen Begriff her empfangen, z. B. von dem der öffentlichen Sicherheit und Ordnung oder einem gewerberechtlichen Begriff wie störende Gewerbebetriebe. Für derartige Betriebe sind gerade die GI-Gebiete vorgesehen, die wiederum nach besonders störenden Eigenschaften gegliedert werden können.

Gleichfalls ist die Festsetzung von SO-Gebieten für bestimmte Berufszweige nicht zulässig, wie es auch nicht statthaft wäre, z. B. Büro- und Geschäftsgebäude nach sachlichen Unterscheidungsmerkmalen (nach Banken und Versicherungen) in ein Sondergebiet zu verweisen. Damit würde gegenüber einem Kerngebiet die vorauszusetzende wesentliche Unterscheidung nicht erreicht. **Die wesentliche Unterscheidung ist dann nicht gegeben,** wenn durch die Differenzierungsmöglichkeiten nach § 1 Abs. 4 bis 10 (dort Rn 82–141), ggf. i. V. m. Abs. 8, das angestrebte Planziel gleichfalls erreicht werden kann.

4. Darstellung und Festsetzung der Zweckbestimmung und der Art der Nutzung (Abs. 2)

a) **Allgemeines zur Darstellung und Festsetzung.** § 11 ist lediglich eine *Rahmenvorschrift* und ermächtigt den Planungsträger (Gemeinde), SO-Gebiete darzustellen und festzusetzen, sofern die in Abs. 1 geforderte Voraussetzung vorliegt. Für SO-Gebiete ist »die Zweckbestimmung und die Art der Nutzung« darzustellen und festzusetzen (zum Sinngehalt § 10 Rn 7); Abs. 2 Satz 1 stimmt in der Formulierung mit § 10 Abs. 2 Satz 1 wörtlich überein. Zu den allgemeinen Voraussetzungen der Darstellung und Festsetzung s. § 10 Rn 7–11.

Im B-Plan ist – soweit erforderlich – außer den Anlagen, die allgemein zulässig oder ausnahmsweise zulassungsfähig sind, im Rahmen der jeweiligen Zweckbestimmung auch der **Störungsgrad der Anlagen** festzusetzen. Die Festsetzung eines SO-Gebiets kann verbunden werden mit der gleichzeitigen Festsetzung von Flächen für den Gemeinbedarf nach § 9 Abs. 1 Nr. 5 BauGB oder der Festsetzung von Flächen für einen.

Hierbei ist besonders die **erforderliche Bestimmtheit** der Festsetzungen zu beachten (s. Rn 9.1). Für die Bestimmtheit reicht die Festsetzung z. B. eines SO-Gebiets »*für öffentliche Zwecke*« nicht aus. Ein solches Gebiet könnte sämtliche Anlagen von Verwaltungsgebäuden (Anlagen für Verwaltungen) über Theater- und Konzerthallen (für kulturelle Zwecke) bis zu lärmintensiven Anlagen für sportliche Zwecke aufnehmen. Soll ein SO-Gebiet für Anlagen für Gemeinbedarfszwecke festgesetzt werden, ist deshalb stets zu prüfen, ob Merkmale der wesentlichen Unterscheidung vom Festsetzungsgehalt der Baugebietstypen (§§ 2 ff.) die Festsetzung eines SO-Gebiets erfordern (Rn 4). Bei einem üblichen Finanzamtsgebäude dürfte dies kaum zutreffen. Für die Errichtung eines Landgerichts-Gebäudekomplexes, sofern damit Zellen für Untersuchungsgefangene, besondere Sicherungsmaßnahmen u. dergl. verbunden sind, könnte die Festsetzung etwa eines SO-Gebiets »für besondere Anlagen der Justiz-Verwaltung« eher der gewollten städtebaulichen Zuordnung entsprechen.

Sofern ein bereits bebautes Gebiet für Gemeinbedarfsanlagen überplant werden muss, ist es für die entspr. (erforderliche) Entschädigungsleistung der öffentlichen Hand an die Grundstückseigentümer, die der Umzonung unterworfen werden, gleichgültig, ob die Festsetzung von Flächen für Gemeinbedarfszwecke oder eines entspr. SO-Gebiets etwa für kulturelle Zwecke erfolgt.

Das den Eigentümern bzw. Nutzungsberechtigten in den Baugebieten nach §§ 2–9 zustehende Wahlrecht i. S. eines freien Verfügungsrechtes, ihre Grundstücke entspr. den dort allgemein zulässigen Nutzungsarten bebauen zu können – ausgenommen im Falle der Einschränkung durch Gliederung oder Differenzierung der Baugebiete nach § 1 Abs. 4–9 –, ist bereits durch die Festsetzung der Grundstücke als SO-Gebiet aufgehoben. Diese Verfügungsbeschränkung hält sich wegen des besonderen öffentlichen Interesses (städtebauliche Ordnung) im Rahmen der Sozialpflichtigkeit des Eigentums i. S. v. Art. 14 GG.

Nach **§ 11 Abs. 2** sind als sonstige SO-Gebiete einige Nutzungsbereiche nicht abschließend (»insbesondere«) aufgeführt, die nach der Erfahrung Baulichkeiten umfassen, die nicht nur in unterschiedlicher Weise aufeinander bezogen sind, sondern durch die bauliche Zusammenfassung des jeweiligen Aufgaben-

§ 11 Abs. 2   8.3, 9

bereichs erst die besondere Bedeutung erlangen, wie ein Hafengebiet oder etwa ein Klinikgebiet (s. dazu Rn 4). Im Rahmen von Klinikgebieten nach § 11 Abs. 2 BauNVO bestehen nach diess. Auff. keine planungsrechtlichen Bedenken gegen die Festsetzung eines Klinikums der forensischen Psychiatrie, wie dies in der Abhandlung von *Düffenbecker/Greiving*, aaO., dargelegt wird.

8.3 Die in § 34 Abs. 2 BauGB enthaltene Verweisung auf die in der BauNVO bezeichneten Baugebiete erstreckt sich auch auf die in § 11 Abs. 2 aufgeführten sonstigen Sondergebiete. Bei einem **Multiplexkino** mit 8 Kinosälen und 2.150 Plätzen handelt es sich um eine kerngebietstypische Vergnügungsstätte, die in einem **(faktischen) Sondergebiet** »Einkaufszentrum« nach der Art der Nutzung nicht zulässig ist (Thür. OVG, U. v. 19.3.2003, Fundst. § 7 Rn 7.71).

Aus den **Gründen**: »Die Zulassung eines als kerngebietstypische Vergnügungsstätte einzustufenden Multiplex-Kinos dieser Größenordnung in einem faktischen Sondergebiet ›Einkaufszentrum‹ bringt aber die Gefahr eines ›Umschlagens‹ des Gebietscharakters in Richtung eines Kerngebiets (bzw. eines Sondergebiets ›Vergnügungsstätten‹ oder einer durch kerngebietstypische Vergnügungsstätten mitgeprägten Gemengelage) mit sich und hätte in jedem Falle zur Folge, dass das Entstehen weiterer kerngebietstypischer Vergnügungsstätten (etwa durch Umnutzung nicht mehr rentabler Verkaufsflächen in größere Spielhallen) kaum noch wirksam verhindert werden könnte. Dies steht einer Einordnung jedenfalls einer Vergnügungsstätte dieser Größenordnung als eine dem Zwecke des Einkaufszentrums widersprechende Anlage entgegen« (Thür. OVG, aaO.).

9 b) **Die Festsetzungen für SO-Gebiete im Einzelnen; Einzelfragen.** Das SO-Gebiet kann aus verschiedenen **Teilsondergebieten** bestehen, was sich bei großräumigen und in sich nicht einheitlich strukturierten Gebieten wie einem *Messe- und Kongressgebiet* oder einem *Hafengebiet* anbietet. Dazu wäre eine *räumliche Untergliederung* erforderlich, die die Gemeinde nach ihrem Ermessen vornehmen kann. Nach der Klarstellung durch die ÄndVO 1990 finden die **Differenzierungsinstrumente** des § 1 Abs. 4–9 nämlich **keine Anwendung**, da für SO-Gebiete nach § 11 im B-Plan selbst im Einzelnen die zulässigen bzw. ausnahmsweise zulassungsfähigen Anlagen festzusetzen sind (s. § 1 Rn 73 u. BVerwG, U. v. 7.9.1984, aaO., Rn 9.32). Die für SO-Gebiete vorgesehene Obergrenze für die GFZ (2.4) kann gleichfalls auf Teile des SO-Gebiets beschränkt werden.

Entspr. der Zweckbestimmung des SO-Gebiets ist im B-Plan festzusetzen, in welchem Umfang **Stellplätze und Garagen** zulässig sind. § 12 schränkt in Abs. 2 die Zulässigkeit nur für den durch die zugelassene Nutzung verursachten Bedarf lediglich für SO-Gebiete, die der Erholung dienen, ein. Ohne eine diesbezügliche ausdrückliche Einschränkung wären Stellplätze und Garagen für Lkw z. B. in einem *Kur- oder Klinikgebiet* zulässig, da diese Gebiete zu den sonstigen SO-Gebieten rechnen (§ 11 Abs. 2). Der Festsetzung von Stellflächen für Kfz entspr. dem Charakter und dem Standort des SO-Gebiets kommt für die städtebauliche Ordnung heutzutage besondere Bedeutung zu, wie das z. B. für ein Messe- und Ausstellungsgelände oder ein Kurgebiet augenscheinlich ist. Innerhalb des SO-Gebiets käme dafür auch eine besondere Festsetzung nach § 9 Abs. 1 Nr. 22 BauGB in Betracht. Ferner muss im B-Plan festgesetzt werden, ob und inwieweit Räume für freie Berufe i. S. v. § 13 zulässig sind, z. B. ob im SO-Gebiet »Klinikgebiet« Privatpraxen oder im »Hafengebiet« Räume für Lotsen zulässig sein sollen.

Nebenanlagen sind im Umfang und nach den Zulässigkeitsvoraussetzungen des § 14 Abs. 1 zulässig, sofern sie nicht für das betreffende SO-Gebiet eingeschränkt oder ausgeschlossen sein sollen. Soweit Nebenanlagen für die *Versor-*

gung mit Energie und Wasser oder etwa eine eigene Kläranlage erforderlich sind, muss der B-Plan auch darüber Festsetzungen treffen.

Auf die Festsetzungen im Einzelnen für ein sonstiges SO-Gebiet sollte besondere Sorgfalt verwandt werden. Anders als in den festgesetzten allgemeinen Baugebieten nach den §§ 2–9 hängt von der **Bestimmtheit der jeweiligen Festsetzungen** die Zulässigkeit oder ausnahmsweise Zulassungsfähigkeit des Vorhabens ab. Darüber hinaus kann infolge fehlender Bestimmtheit die Festsetzung eines SO-Gebiets selbst bereits unwirksam sein. Nach dem U. des VGH BW v. 28.4.1983 (– 5 S 39/83 – BauR 1983, 483 = BRS 40 Nr. 9) ist die Festsetzung eines SO-Gebiets »Erholungseinrichtungen« ohne weitere Konkretisierung der Zweckbestimmung und der Art der zulässigen Nutzung zu unbestimmt und deshalb nichtig. Bedenkt man, wie unterschiedlich die Auswirkungen etwa von Wochenendhaus- und Campingplatzgebieten einerseits oder von Sporteinrichtungen wie Schwimmbädern, Sporthallen u. Sportplätzen andererseits auf den B-Planbereich und die davon *betroffene Umgebung* sein können, wird deutlich, dass die Konkretisierung unerlässlich ist, um dem Grundsatz der Erforderlichkeit (§ 1 Abs. 3 BauGB), den Planungsleitsätzen (§ 1 Abs. 6 BauGB) und dem Abwägungsgebot (§ 1 Abs. 7 BauGB) Rechnung zu tragen (VGH BW, aaO.). Ein **Technologiepark** kann durch B-Plan als Sondergebiet festgesetzt werden (VGH BW, NK-U. v. 24.3.2005 – Fundst. Rn 3.1). **9.1**

»Die Festsetzung der Zweckbestimmung eines Sondergebiets ›dient vorwiegend der Unterbringung von Forschungs- und Entwicklungseinrichtungen und diesen zuarbeitenden Betrieben (technologieorientiertes Gewerbe)‹ und der Art der zulässigen Nutzung ›Forschungs- und Entwicklungslabors, technologieorientiertes Gewerbe‹ verstößt nicht gegen den Grundsatz der Bestimmtheit planerischer Festsetzungen« (Leits. des VGH BW, NK-Urt. v. 30.11.2000 – 5 S 3227/98 – BauR 2001, 1224 = NVwZ-RR 2001, 716 = BRS 63 Nr. 87).

Bei einem »**Hafengebiet**« als sonstigem Sondergebiet des § 11 Abs. 2 BauNVO verlangt das Gesetz ausdrücklich, dass die Zweckbestimmung und die Art der Nutzung darzustellen und festzusetzen sind. Hierzu gehört die Entscheidung, welche Anlagen allgemein zulässig, unzulässig oder ausnahmsweise zulassungsfähig sind. Dies kann auch in negativen Beschreibungen geschehen (z. B.: »Betriebe sind nur zulässig, wenn sie bestehende Betriebe nicht unzumutbar beeinträchtigen und die Immissionsverhältnisse benachbarter Wohngebiete nicht in unzumutbarem Maße verschlechtern; unzulässig sind Betriebe, die Stäube in die Umgebung abgeben, welche sich als nicht oder nur schwer zu beseitigende Ablagerungen oder Schmutzschichten niederschlagen«). Dafür bedarf es keines Rückgriffes auf die Gliederungsmöglichkeiten nach § 1 Abs. 4–9 BauNVO. Es geht hier nicht darum, ob konkrete bauliche Gründe eine (weitere) Gliederung des durch eine bestimmte Nutzungsart gekennzeichneten Baugebiets rechtfertigen; entscheidend ist vielmehr, dass in diesem Fall durch die Beschränkung näher bezeichneter Nutzungen das Sondergebiet umschrieben wird, so dass es auf diese Weise seine besondere Eigenart erhält (BVerwG, U. v. 14.4.1989 – 4 C 52.87 – NVwZ 1990, 257 = ZfBR 1989, 225). **9.11**

Die Ausweisung eines für eine Tagungsstätte reservierten Sondergebiets verstößt nicht gegen § 11 Abs. 1 BauNVO (VGH BW, NK-U. v. 24.9.1999 – 8 S 989/99 – BRS 62 Nr. 23). **9.12**

Aus den Gründen: Nach § 11 Abs. 1 BauNVO sind als sonstige Sondergebiete solche Gebiete festzusetzen, »die sich von den Baugebieten nach den §§ 2–10 wesentlich unterscheiden«. Ob ein Sondergebiet diese Voraussetzung erfüllt, ist anhand der in der BauNVO normierten allgemeinen Zweckbestimmung dieser Baugebiete zu beurteilen.

§ 11 Abs. 2   9.13, 9.14

Nicht entscheidend ist dagegen, in welcher Weise die Gemeinde einen dieser Gebietstypen verändern kann, indem sie von den in § 1 Abs. 5 ff. BauNVO vorgesehenen Möglichkeiten Gebrauch macht. Die konkreten Festsetzungen des Sondergebiets sind daher nicht mit den nach § 1 Abs. 5 ff. BauNVO möglichen Veränderungen zu vergleichen, sondern diese Festsetzungen mit der jeweiligen »abstrakten« Zweckbestimmung des Baugebietstyps (BVerwG, B. v. 7.7.1997 – 4 BN 11.97 – BRS 59 Nr. 36 = BauR 1997, 972 = PBauE § 47 Abs. 2 VwGO Nr. 42). Daran, dass sich die Zweckbestimmung des von der Antragsgegnerin festgesetzten Sondergebiets von der abstrakten Zweckbestimmung der in den §§ 2–10 BauNVO aufgeführten Baugebiete wesentlich unterscheidet, kann kein Zweifel sein (wird weiter ausgeführt). Der wesentliche Unterschied besteht darin, »*dass in dem von der Antragsgegnerin festgesetzten Sondergebiet nur diese bestimmte Art einer Einrichtung für kirchliche, kulturelle und soziale Zwecke zulässig sein soll.*« Das Gebiet erhält dadurch fraglos ein »eigenes Gesicht«, mit dem es sich von den in den §§ 2 bis 10 BauNVO genannten Baugebieten deutlich unterscheidet. Aufgrund ähnlicher Überlegungen hat der Senat bspw. die Festsetzung eines dem gemeindlichen Bauhof, der Gemeindegärtnerei sowie der Einrichtungen der Gemeindewerke vorbehaltenen Sondergebiets trotz des Umstands nicht beanstandet, dass diese Einrichtungen sämtlich auch in einem Gewerbegebiet zulässig wären (NK-U. v. 24.7.1998 – 8 S 2952/97 – BRS 60 Nr. 77 = PBauE § 11 BauNVO Nr. 18 (wird weiter ausgeführt – VGH BW, aaO.).

9.13   Die Festsetzung eines (sonstigen) Sondergebiets (§ 11 Abs. 1 und 2 BauNVO) für »**Hotel und Zwecke der Altenpflege und -fortbildung**« ist zulässig (BayVGH, U. v. 14.5.2003 – 14 N 98.3741 – BayVBl. 2004, 110 = BRS 66 Nr. 25).

Aus den **Gründen**: »*Die für dieses Gebiet festgesetzte Nutzung unterscheidet sich wesentlich von Baugebieten nach §§ 2 bis 10 BauNVO. ... Das festgesetzte Sondergebiet soll einer Zusammenfassung unterschiedlicher Nutzungsarten dienen, nämlich dem Wohnen alter Menschen, der Nutzung der Altenpflegeeinrichtung, möglicherweise auch Anlagen für gesundheitliche Zwecke, einer spezifisch gewerblichen Nutzung mit der Einrichtung von Betrieben des Beherbergungsgewerbes und der Nutzung als Fortbildungseinrichtung. Die Antragsgegnerin plante, durch diese Festsetzungen eine Art von gemischter Nutzung zu verwirklichen, die sich mit keinem der in BauNVO genannten Gebietstypen vergleichen lässt*« (BayVGH, aaO.).

Die Ag. plante, durch diese Festsetzungen eine Art von gemischter Nutzung zu verwirklichen, die sich mit keiner der in der BauNVO genannten Gebietstypen vergleichen lässt.

Bei der Festsetzung der höchstzulässigen GFZ von 2,4 für ein solches Sondergebiet muss die Gemeinde im Rahmen der Abwägung besonders berücksichtigen, dass das Sondergebiet auch stark von Wohnnutzung geprägt ist.

9.14   Mit der Festsetzung eines **Sondergebiets** »**Erzeugung, Entwicklung und Erforschung von Energie durch nichtnukleare Energiegewinnungsanlagen**« auf dem Gelände eine Kernkraftwerkes, dessen Restlaufzeit und anschließender Rückbau die Verwirklichung der Planung frühestens in 21 Jahren zulassen wird, wird der Planungshorizont für einen B-Plan deutlich überschritten. Die gesetzliche Verpflichtung in § 9a Abs. 2 S. 3 AtomG zur Errichtung eines standortnahen Zwischenlagers für abgebrannte Kernelemente hat die Gemeinde bei der Abwägung einer Festsetzung mit dem voranstehend genannten Inhalt zu beachten (Nds. OVG, B. v. 16.3.2004 – 1 ME 14/04 – NVwZ 2004, 1136 = BauR 2004, 1574; mit ähnlicher Aussage auch BayVGH, U. v. 3.3.2002 – 15 N 02.593 – BauR 2003, 1691 u. VGH BW, U. v. 15.7.2002 – 5 S 1601/01 – NuR 2002, 750 = VBlBW 2003, 68 unter Hinweis auf U. v. 16.11.2001 – 3 S 605/01 – VBlBW 2002, 200). Eine Festsetzung, die die Errichtung eines Zwischenlagers für abgebrannte Kernelemente ausschließt, ist mit dem landesplanerischen Ziel, den Standort des Kernkraftwerkes als »Vorrangstandort für Großkraftwerk« zu sichern, nicht vereinbar, weil der B-Plan den Bestandsschutz für das Kernkraftwerk, dessen weitere Nutzung ohne das Zwischenlager nicht möglich ist, in Frage stellt (Nds. OVG, aaO., 3. Leits.).

Aus den **Gründen:** »*Nach Auswertung aller konkreten Umstände des Einzelfalls geht der Senat mit dem VG davon aus, dass es der Ast. im Wesentlichen darum geht, das von den Kraftwerksbetreibern geplante Zwischenlager für abgebrannte Kernelemente zu verhindern. Die Festsetzung des Sondergebiets mit der Zweckbestimmung ›Erzeugung, Entwicklung und Erforschung von Energie durch nichtnukleare Energiegewinnungsanlagen‹ im Bebauungsplan ..., die in dem in Blick zu nehmenden Planungshorizont keine Chance auf Verwirklichung hat, verstößt gegen § 1 Abs. 3 BauGB und führt zur Nichtigkeit des B-Plans*« (Nds. OVG, aaO.)

Die Zweckbestimmung eines **Sondergebiets** »**Medienparks**« muss im B-Plan derart vorgegeben sein, dass die Entwicklungsrichtung dieser besonderen Anlage zur Freizeitgestaltung eindeutig festgelegt ist (OVG RhPf, U. v. 18.9.2002 – 8 C 11279/01 – DVBl. 2003, 82 = BauR 2002, 1817, 2. Leits.). Das OVG hielt die folgende Festsetzung des B-Plans für hinreichend bestimmt:

»*Der ›Medienpark‹ ist eine Anlage zur Freizeitgestaltung, in der Themen, die in unmittelbarem Kontext zum Medium Fernsehen oder im Zusammenhang mit Programmmarken von Fernsehunternehmen stehen – unter Zuhilfenahme von Attraktionstechniken dramaturgisch aufgearbeitet –, den Besucher präsentiert werden.*«

Aus den **Gründen:** Bei dem »*Medienpark handelt es sich um eine Anlage zur Freizeitgestaltung, die sich jedoch von anderen Freizeitparks dadurch unterscheidet, dass ihre Errichtung einen thematischen Bezug zum Medium Fernsehen oder zu Programmarken des Fernsehens aufweisen*« (wird weiter ausgeführt).

Das U. des OVG RhPf v. 18.9.2002, aaO. ist vom BVerwG in der Nichtzulassungsbeschwerde bestätigt worden (B. v. 20.5.2003 – 4 BN 57.02 – ZfBR 2003, 692).

9.15

In einem Sondergebiet »**Autobahnraststätte**« können gem. § 11 Abs. 2 S. 1 BauNVO neben Nutzungen wie etwa Tankstellen und sonstigen Kfz-Dienstleistungen, Gaststätten, Beherbergungsbetriebe und Verkaufsstätten auch Spielhallen zugelassen werden, wenn nach den Umständen zu erwarten ist, dass sie primär der »Versorgung« der Autobahnbenutzer während des Rastaufenthalts dienen und nicht vorwiegend gezielt von Kunden aus der Umgebung angefahren werden (VGH BW, U. v. 18.5.2006 – 8 S 448/05 – BauR 2007, 1195).

9.16

Die erforderliche Bestimmtheit spielt gleichfalls bei der Festsetzung von »**Kurgebieten**« eine Rolle. »Kurgebiet« ist ein **städtebaurechtlicher Begriff**. Sofern die Länder durch ein »Kurortegesetz« oder entspr. Vorschriften über *Erholungsorte* die Voraussetzungen für die Anerkennung (Verleihung) der Artbezeichnung »Kurort«, »Erholungsort«, »Erholungsort mit Kurmittelgebiet« o. dergl. festgelegt haben, ist damit städtebaurechtlich noch kein Kurgebiet festgesetzt worden. Die Kurorte-(Erholungsorte-)Bestimmung dient anderen Zwecken als die städtebauliche Nutzungszuordnung. Verlangen die Vorschriften über die Verleihung der Bezeichnung »Kurort« (»Erholungsort«) die Darstellung der Grenzen des Gebiets (Teilgebiets der Gemeinde) im FN-Plan als »Kurgebiet«, muss nicht das gesamte Gebiet *gleichzeitig* als Sonderbaufläche – ggf. auch als Kurgebiet gem. § 11 Abs. 2 (im Falle eines differenzierten FN-Plans) – dargestellt werden. Es genügt, ein »Kurgebiet« im FN-Plan lediglich mit seinen Grenzen darzustellen, weil die Gemeinde als Kurort anerkannt worden ist, und im B-Plan sodann »normale« Baugebiete (etwa MK-Gebiet) festzusetzen. Lediglich das engere *Kurgebiet* im *städtebaurechtlichen* Sinne für Kureinrichtungen wie Kurhaus, Kurmittelhaus, Kurverwaltung, Kurheime,

9.2

§ 11 Abs. 2 9.3–9.33

Sanatorien u. sonstige entspr. Einrichtungen muss sich deutlich z. B. von einem Wohnbaugebiet unterscheiden und ist als SO-Gebiet darzustellen bzw. festzusetzen.

Für die Bestimmtheit dürfte sich eine **textliche Festsetzung** entsprechend der Aufgliederung in den §§ 2– 9 empfehlen, in die auch Festsetzungen nach den §§ 12–14, evtl. über das zulässige Maß der Nutzung (§ 16), die zulässige Grundfläche (§ 19 Abs. 3), über Stellplätze, Garagen und Gemeinschaftsanlagen (insbes. § 21a Abs. 5), die Bauweise (§ 22) und die überbaubare Grundstücksfläche (§ 23) aufgenommen werden sollten, vor allem sofern und inwieweit von den dort eingeräumten Abweichungsmöglichkeiten Gebrauch gemacht wird (§ 10 Rn 7; ebenso *Förster*, § 11 Anm. 3).

Der Rechtsauffassung des Nds. OVG (U. v. 17.2.2005 – 1 KN 151/04 – BauR 2005, 1749), dass ein Sondergebiet »Kur« auch dann festgesetzt werden kann, wenn dort in erheblichem Umfang »nur« gewohnt werden soll und es nicht erforderlich ist, dass die ein Kurgebiet ausmachenden Einrichtungen alle in diesem Sondergebiet vorhanden sind, wird nicht zugestimmt. Es handelt sich insoweit um einen Etikettenschwindel. Bei dem festgesetzten Sondergebiet »Kur 2« handelte es sich um einen Komplex mit mehr als 100 Wohnungen mit einem geringfügigen Anteil von Läden und gewerblichen Nutzungen im Erdgeschoss der Gebäude. Dies stellt keine gleichmäßige Durchmischung von Wohnen und Kur- oder ähnlichen Einrichtungen dar, wie sie für die Festsetzung eines Sondergebiets Kurgebiet nach § 11 Abs. 2 BauNVO erforderlich ist.

Das **Maß der baulichen Nutzung** für SO-Gebiete nach § 11, das sich nach § 17 Abs. 1 bestimmt, ist nach der Zweckbestimmung des SO-Gebiets festzusetzen. § 17 Abs. 2 gestattet unter bestimmten Voraussetzungen eine Überschreitung der Obergrenzen des § 17 Abs. 1.

Auch in den SO-Gebieten sind im Grundsatz die nach den LBOen zu beachtenden Abstände und Abstandsflächen einzuhalten.

9.3 Weitere Einzelfälle und Einzelheiten zur Festsetzung von Sondergebieten:

9.31 In einem B-Plan, der gem. § 11 Abs. 2 BauNVO ein Sondergebiet festsetzt, das vorwiegend der Unterbringung von Betrieben des Beherbergungsgewerbes dient, kann auch festgesetzt werden, dass Küchen und Kochstellen in Zuordnung zu den einzelnen Zimmern der Beherbergungsbetriebe nicht zulässig sind.

9.32 Bei der Festsetzung der Art der Nutzung für ein Sondergebiet gem. § 11 Abs. 2 BauNVO ist die Gemeinde nicht an die in §§ 2–10 BauNVO aufgeführten Nutzungsarten und nicht an die in § 1 Abs. 4–9 BauNVO für »typisierte« Baugebiete eröffneten Möglichkeiten der Differenzierung gebunden (BVerwG, B. v. 7.9.1984 – 4 N 3.84 – BRS 42 Nr. 55 = Mitt.NW StGB 1984, 435 = UPR 1985, 89 = ZfBR 1985, 44 mit instrukt. Anm. v. *Roesch* S. 46); s. auch Rn 5.2.

9.33 Bei der Festsetzung eines Sondergebiets nach § 11 BauNVO ist die Gemeinde an den Katalog der Nutzungsarten der BauNVO nicht gebunden. Soweit sie einen Begriff aus diesem Katalog verwendet, ist sie nicht gehindert, ihn anhand der besonderen Zweckbestimmung des Sondergebiets abzuwandeln (BVerwG, U. v. 14.4.1989 – 4 C 52.87 – UPR 1989, 352). Dadurch ist die Gemeinde u. a. in der Lage, durch Bauleitplanung gebietsbezogen zu steuern, ob gewisse Nachteile oder Belästigungen i.S. d. § 3 Abs. 1 BImSchG erheblich sind. Bei einem *Hafengebiet* als sonstigem SO-Gebiet nach § 11 Abs. 2 gehört zu der Zweckbestimmung und der Art der Benutzung, die ausdrücklich darzustellen und festzusetzen ist, auch die Entscheidung, welche Arten allgemein zulässig, unzulässig oder (nur) ausnahmsweise zulassungsfähig sind. Derart kann durch die Beschränkung näher bezeichneter Nutzungen – etwa Kennzeichnung durch immissionsschutzrechtliche Anforderungen – das

Sondergebiet umschrieben werden, so dass es auf diese Weise eine besondere Eigenart erhält (BVerwG, aaO.).

»Es ist mit dem Abwägungsgebot unvereinbar, in einem Bebauungsplan ein *(gemäß § 34 BauGB) bebaubares, in privater Hand befindliches Grundstück als* **Sondergebiet** *für eine* **Kunstausstellungshalle** (Hervorhebung dortseits) *festzusetzen, wenn diese Zweckbestimmung mangels konkreter Realisierungsmöglichkeit und Wirtschaftlichkeit das Grundstück praktisch entwertet«* (**Leits.** des VGH BW, NK-U. v. 4.7.1996 – 5 S 462/95 – BRS 58 Nr. 14). **9.34**

In **den Gründen** heißt es dazu, die Verletzung des Abwägungsgebots sieht der Senat darin, dass die Sondergebietsfestsetzung eine unverhältnismäßige Beeinträchtigung des Eigentums der Ast. ist. Die Ausweisung des Flurstücks als Sondergebiet mit der – als hinreichend bestimmt unterstellten – Zwecksetzung »Einrichtung des Otto-Dix-Hauses« ließ dieses im Grundstücksverkehr erheblich an Wert verlieren, wenn sie das Grundstück nicht gar unverwertbar machte. ... Die Ast. selbst kann nicht dazu verpflichtet werden, die Zweckbestimmung zu verwirklichen, auch die Antragsgegnerin oder Dritte haben ersichtlich kein ernsthaftes Interesse daran, ein Museum oder dergleichen zu errichten; wird weiter ausgeführt (VGH BW, aaO.).

Eine isolierte Festsetzung gewerblich oder industriell zu nutzender Flächen ist nach dem Nutzungskatalog des § 9 Abs. 1 BauGB nicht zulässig. Die Gemeinde kann die Art der baulichen Nutzung dagegen durch Festsetzung eines SO-Gebiets nach § 11 festlegen. Das ist sogar durch einen einfachen B-Plan möglich. Die Gemeinde kann im Wege der Feinsteuerung auch einen besonderen Nutzungszweck nach § 9 Abs. 1 Nr. 9 BauGB, bspw. Parkhochhäuser, festsetzen. **9.35**

Für **Gartenhäuser** in einem eigens für sie festgesetzten Sondergebiet dürfen dann, wenn die Gemeinde als Zweck der Häuser die Unterbringung von Gartengeräten und -möbeln sowie den vorübergehenden Aufenthalt bestimmt und jede Übernachtung ausdrücklich ausgeschlossen hat, im B-Plan keine Festsetzungen zum Maß der baulichen Nutzung getroffen werden, die die Eignung der Häuser auch zum Bewohnen begründen. Die in besonders weiter planerischer Gestaltungsfreiheit von der Gemeinde festgelegte Zweckbestimmung und Art der Nutzung eines SO-Gebiets hat Konsequenzen für den weiteren Inhalt des B-Plans, insbes. hinsichtlich der Festsetzungen des zulässigen Maßes der baulichen Nutzung (BVerwG, U. v. 18.8.1989 – 4 C 12.86 – ZfBR 1990, 38 = NVwZ 1990, 362). **9.36**

Zwischen zwei Gebäuden, die dem Aufenthalt von Menschen zum Zweck der Erholung und der Verwirklichung der Privatsphäre dienen, kann in einem Sondergebiet **Fremdenverkehr** grundsätzlich gem. § 6 Abs. 5 MVBauO keine unter den allgemeinen gesetzlichen Abstandsflächen liegende Tiefe von Abstandsflächen gestaltet werden (OVG Greifswald, B. v. 22.9.2004 – 3 M 140/04 – LKV 2005, 175). **9.37**

Wird ein Hotel in einem festgesetzten **Sondergebiet für Kurzwecke** als Hotel für Kurgäste genehmigt, so liegt darin wegen des durch die Festsetzung eingeschränkten Nutzungsspektrums eine Einschränkung der zulässigen Nutzung, wenn mit der Baugenehmigung nicht ausdrücklich eine von den Festsetzungen des B-Plans abweichende weiter gehende Nutzung genehmigt worden ist. **9.38**

In einem regulären Hotelbetrieb mit Tagungen, Kongressen und der Ausrichtung auf Geschäftsreisende liegt zumindest in einem festgesetzten Sondergebiet für Kurzwecke eine andersartige Nutzung als ein Hotelbetrieb für Kurgäste, weil durch unterschiedliche Auswirkungen auf den umliegenden Kurbetrieb die Genehmigungsfrage neu aufgeworfen wird. Für die neue Nutzung bedarf es daher einer neuen Baugenehmigung (VG Minden, U. v. 10.7.2002 – 11 K 3074/00 – GewArch. 2004, 173).

Das VG Minden hat hier der Klage eines Nachbarn auf Erlass nachträglicher Auflagen aus Lärmschutzgründen stattgegeben.

c) Darstellung und Festsetzung von Gebieten für Einkaufszentren und großflächige Handelsbetriebe. Für SO-Gebiete für Einkaufszentren und großflächige Handelsbetriebe gilt ebenso wie für andere SO-Gebiete die Voraussetzung der **wesentlichen Unterscheidung von anderen Baugebieten** sowie die **Darstellung** (im FN-Plan) bzw. **Festsetzung** (im B-Plan) **der Zweckbestimmung** **10**

§ 11   Abs. 2   10.1, 10.2

und der Art der Nutzung. Die Festsetzung eines solchen SO-Gebiets im B-Plan setzt – allein schon wegen der Anpassung an die Ziele der Raumordnung – stets die Entwicklung aus einem entspr. SO-Gebiet im FN-Plan voraus.

10.1 Die **Zweckbestimmung** muss nicht der in Abs. 2 aufgeführten Formulierung entsprechen; der Katalog des Abs. 2 ist beispielhaft (»insbesondere«). Die Zweckbestimmung kann auch anders bestimmt werden (z. B. »Einkaufszentrum«, »Factory Outlet Center«, »Urban Entertainment Center«, »Großflächige Handelsbetriebe«, »Großflächiger Einzelhandel« [vgl. BVerwG, U. v. 18.2.1994 – 4 C 4.92 – BauR 1994, 486 = UPR 1994, 301 = ZfBR 1994, 234 = NVwZ 1995, 267], wobei diese auch nach Gewerbezweigen [Branchen], z. B. »Möbel«, »Baumarkt«, bestimmt werden können). Reine Betriebsformen wie Verbrauchermarkt, SB-Warenhaus, Cash-and-carry-Markt u. A. kommen nicht in Betracht, weil ihre Erscheinungsformen variabel sind und sich in graduellen Unterschieden verwischen (*Birk*, VBlBW 1988, 286 = NWVBl. 1989, 78; *Schlichter/Friedrich*, WiVerw. 1988, 258; *Ziegler*, in: *Brügelmann*, § 11 Rdn. 65, § 1 Rdn. 299). Auch kann eine Kombination mit anderen Arten der Nutzung erfolgen, z. B. als »SO-Gebiet für Freizeitpark mit Einkaufszentrum« oder »SO-Gebiet für Messe, Ausstellungen und Einkaufszentren« und dergl. Bereits bei der notwendigen Anpassung eines entspr. SO-Gebiets an die Ziele der Raumordnung und Landesplanung (§ 1 Abs. 4 BauGB) sollte die Gemeinde Angaben zur Größe (Geschossfläche/Verkaufsfläche), zu den beabsichtigten Branchen und Sortimenten, zur räumlich-funktionalen Einordnung der Planung in die eigene gemeindliche Siedlungsstruktur und den aufgrund des anzunehmenden Einzugsbereichs möglichen Auswirkungen auf benachbarte und davon betroffene Gemeinden, auch in anderen Bundesländern – wegen der Pflicht zur Abstimmung der Bauleitpläne mit Nachbargemeinden nach § 2 Abs. 2 BauGB und im Hinblick auf deren mögliche Abwehrrechte (s. Rn 11.2) –, machen. Bei der Darstellung eines SO-Gebiets für Einkaufszentren oder großflächigen Einzelhandel im FN-Plan sollte zur besseren Beurteilung der in § 11 Abs. 3 genannten Auswirkungen i. d. R. auch das **allgemeine Maß der baulichen Nutzung** durch Angabe der GFZ (§ 16 Abs. 1) **dargestellt werden**. Darüber hinaus empfiehlt sich auch die Darstellung der vorgesehenen **Gesamtgeschossfläche** als die für die »Auswirkungen« nach § 11 Abs. 3 maßgebende Kenngröße.

10.2 Die Festsetzung der Art der Nutzung ist im B-Plan zwingend erforderlich. Ohne sie kommt ein SO-Gebiet nicht zustande. Die Gemeinde ist nicht an den Katalog der Nutzungsarten der BauNVO gebunden. Soweit sie einen Begriff aus diesem Katalog verwendet, ist sie nicht gehindert, ihn anhand der besonderen Zweckbestimmung des SO-Gebiets abzuwandeln (BVerwG, B. v. 8.5.1989 – 4 B 78.89 – ZfBR 1989, 225; B. v. 7.9.1984 – 4 N 3.84 – ZfBR 1984, 44 = BRS 42 S. 145). Die Festsetzungen müssen nur eindeutig bestimmt sein und erkennen lassen, welche Nutzungen allgemein zulässig bzw. ausnahmsweise zulassungsfähig sind.

So ist z. B. die bloße Festsetzung »Einkaufszentrum« nicht hinreichend bestimmt, weil durch diesen Sammelbegriff verschiedener Nutzungen die Zulässigkeit von Nutzungen nicht eindeutig geregelt wird (so auch *Hoppe*, DÖV 1989, 290 Fn. 26; a. A. *Ziegler*, in: *Brügelmann*, § 11 Rdn. 51, der meint, die Festsetzung sei ausreichend). Sollen nämlich weitere in Einkaufszentren typischerweise nicht regelmäßig anzutreffende Nutzungen wie *Tankstellen, Räume für freie Berufe, Fitness-Studios, (Multiplex-)Kinos u. A.* oder erforderliche *Wohnungen für Betriebs-Personen* i. S. v. § 7 Abs. 2 Nr. 6 vorgesehen werden, bedarf es dazu der besonderen Festsetzung, ggf. als nur ausnahmsweise zulassungsfähig (z. Begriff »Einkaufszentrum« s. Rn 18).

10.3–11.1   **Abs. 2**   **§ 11**

Die Gemeinde hat bei der Inhaltsbestimmung des SO-Gebiets bzw. der Konkretisierung der Nutzungen einen weiten Spielraum. Neben einzelnen **Wirtschaftszweigen** (Branchen), die in groben Zügen die Zusammenfassung der geführten Warenangebote (Sortimente) bestimmen, können auch bestimmte **Sortimente** als allein zulässig festgesetzt werden. Hierbei sollte zur notwendigen Bestimmtheit jedoch eine **Typisierung** anhand amtlicher Kennzeichnungen erfolgen. Die *Bestimmung der Wirtschaftszweige* kann z. B. der Gliederung des Statistischen Jahrbuchs des Statistischen Bundesamtes entnommen werden. Sie sind jeweils mit einer dreistelligen Kennziffer (entspr. der vom Statistischen Bundesamt 1979 herausgegebenen »Systematik der Wirtschaftszweige [WZ], Kurzbezeichnungen«) gekennzeichnet. Die Sortimente werden entsprechend dem 1978 herausgegebenen »Warenverzeichnis für die Binnenhandelsstatistik (WB)« mit einer fünfstelligen Kennziffer gekennzeichnet. Eine derart konkrete und anlagenbezogene Festsetzung bedarf einer eingehenden städtebaulichen Begr., die i. d. R. nur durch ein spezielles Gutachten zur Lage des Einzelhandels in der Gemeinde und ggf. in Nachbargemeinden belegt werden kann. Hierbei kommt es auf wirtschaftliche Auswirkungen allein nicht an; diese müssen vielmehr in städtebauliche Auswirkungen umschlagen (hierzu Rn 23.1).   **10.3**

Ebenso wie die Baugebiete nach den §§ 2–9 gem. § 1 Abs. 4–9, können die SO-Gebiete nach § 11 Abs. 3 nach den verschiedenen Nutzungen, Arten von Betrieben und Gewerbezweigen differenziert, z. B. horizontal und vertikal untergliedert werden. Dies ergibt sich unmittelbar aus § 1 Abs. 3 Satz 3; die Vorschriften des § 1 Abs. 4–9 finden bei SO-Gebieten keine Anwendung. Da es sich um einen anlagenbezogenen B-Plan handelt, können die einzelnen Festsetzungen individuell nach den Planungszielen der Gemeinde und den jeweiligen Bedürfnissen getroffen werden; der Gemeinde steht dabei ein weiter Planungsspielraum zur Verfügung. Insbes. die Belange des ruhenden und fließenden Verkehrs (Kundenstellplätze, Anlieferverkehr, Zufahrten, Erschließungsanlagen, öffentlicher Nahverkehr) werden i. d. R. eine besondere Zuordnung der einzelnen Betriebe und Nutzungen erfordern.   **11**

Bei **Festsetzung** von **SO-Gebieten** für **Einkaufszentren** und **großflächige Handelsbetriebe** ist, weil es sich dabei wie bei anderen Baugebieten um eine **bauliche Nutzung** handelt, das **Maß der baulichen Nutzung** festzusetzen. Das hat stets durch die GRZ oder die Größe der Grundflächen der baulichen Anlagen zu erfolgen (§ 16 Abs. 3 Nr. 1) sowie durch die GFZ oder die Größe der Geschossfläche der baulichen Anlagen; die Geschossfläche ist zur Beurteilung der raumordnerischen und städtebaulichen Auswirkungen von Vorhaben nach § 11 Abs. 3 unerlässlich. Die Größe der Geschossfläche kann für Teile des Baugebiets, für einzelne Grundstücke, für Grundstücksteile oder für Teile baulicher Anlagen und somit auch für einzelne Handelsbetriebe unterschiedlich festgesetzt werden (§ 16 Abs. 5).   **11.1**

Wenn sich aus einer entspr. Begr. das städtebauliche Erfordernis ergibt, kann zusätzlich auch die **höchstzulässige Verkaufsfläche** (VF) als Gesamtverkaufsfläche des SO-Gebiets oder Verkaufsfläche einzelner Handelsbetriebe oder Branchen *ohne Bindung an vorgegebene Anlagentypen* festgesetzt werden (vgl. BVerwG, U. v. 27.4.1990 – 4 C 36.87 – NVwZ 1990, 1071 = UPR 1990, 340 = ZfBR 1990, 242 = BauR 1990, 569 = DVBl. 1990, 1108 = BRS 50 Nr. 68).

§ 11   Abs. 2   11.11, 11.2

Es besteht auch die Möglichkeit, in Sondergebieten, anders als bei den modifizierenden Festsetzungen nach § 1 Abs. 4 ff. BauNVO, die höchstzulässige Verkaufsfläche für das jeweilige Grundstück im Verhältnis zur Grundstücksgröße durch eine Verhältniszahl (entspr. der GFZ-Festsetzungen, etwa 0,3, 0,5 usw.) festzulegen (OVG RhPf, U. v. 11.7.2002 – 1 C 10098/02 – NVwZ-RR 2003, 93 = BRS 65 Nr. 40).

11.11   Bei der VF handelt es sich nicht um eine Bestimmung des *Maßes*, sondern der *Art* der baulichen Nutzung (vgl. *Bröll*, ZfBR 1986, 271; BayVGH, U. v. 30.12.1986 – 20 B 86.01786 – ZfBR 1988, 98). Durch Festsetzung der höchstzulässigen VF wird die durch den VOgeber bereits nach einer Betriebsgröße abgegrenzte *besondere* Nutzungsart »großflächiger Einzelhandel« nur weiter aufgefächert. Dabei kann die Gemeinde die höchstzulässige VF ohne Bindung an vorgegebene Anlagetypen, wie sie sonst für die unter § 1 Abs. 9 fallenden Baugebiete besteht (s. § 1 Rn 128), selbst bestimmen (vgl. BVerwG, U. v. 27.4.1990 – 4 C 36.87 –Fundst. Rn 11.1). Die Festsetzung der VF hat Bedeutung für die »Auswirkungen« der großflächigen Einzelhandelsbetriebe i. S. d. Abs. 3 (s. Rn 21 f., zum Begriff »Verkaufsfläche« Rn 19.3).

Bei einer entspr. städtebaulichen Begr. kann auch die höchstzulässige **Verkaufsfläche** für einzelne **Branchen** und Sortimente **festgesetzt** werden, wenn oberhalb einer bestimmten Größenordnung landesplanerische oder städtebauliche Auswirkungen erwartet werden können (vgl. *DIHT*, Baurecht für den Handel, Wegweiser für die Ansiedlung großflächiger Betriebe, 2. Aufl., S. 58; s. auch Rn 19). Die Zulässigkeit der Festsetzung ergibt sich aus der Typenfreiheit bei Festsetzung eines SO-Gebiets sowie aus der durch die ÄndVO 1990 in Abs. 3 eingefügten Vorschrift des Satzes 4, nach der in Bezug auf die in Abs. 3 Satz 2 bezeichneten Auswirkungen auch das **Warenangebot** (= Sortiment) des Betriebs zu berücksichtigen ist (zur notwendigen **Bestimmtheit und Typisierung** des Warenangebots s. Rn 10.3, zur **Zentrenrelevanz bestimmter Sortimente** s. Rn 27.21–27.22).

Eine Gemeinde kann bei der Ausweisung eines Sondergebiets für großflächige Einzelhandelsbetriebe (**Fachmärkte**) neben maximal zulässiger Verkaufsflächen und Sortimentbeschränkungen auch Mindestverkaufsflächen für einzelne Märkte festsetzen, um zusätzlich der Gefahr eines Attraktivitätsverlustes des Einzelhandelsstandort Innenstadt vorzubeugen (VGH BW, NK-B. v. 8.12.1999 – 8 S 3017/98 – VBlBW 2000, 279).

11.2   Bei der Festsetzung eines SO-Gebiets für großflächigen Einzelhandel können sowohl die Art als auch die Verkaufsflächen der zulässigen Sortimente mit Festlegungen zum »Kernsortiment« und »Randsortiment« näher eingegrenzt werden. Randsortimente sind nur solche Warengruppen, die einem bestimmten Kernsortiment als Hauptsortiment sachlich zugeordnet und hinsichtlich des Angebotsumfangs deutlich untergeordnet sind (OVG NW, u. v. 22.6.1998 – 7a D 108/96.NE – BauR 1998, 1198 = DVBl. 1998, 1302 = BRS 60 Nr. 1). Der Einzelhandel mit innenstadtrelevanten Kernsortimenten kann in den Baugebieten außer in SO-Gebieten eine Nutzungsunterart i. S. der sog. Typenlehre (§ 1 Abs. 9) bilden und deshalb bei Vorliegen entspr. städtebaulicher Gründe aus einem GE-Gebiet ausgeschlossen werden (vgl. OVG RhPf, U. v. 24.8.2000 – 1 C 11457/99 – BauR 2001, 907 = BRS 63 Nr. 83; vgl. weiter die unter Rn 8.16 zu § 8 BauNVO angegebene Rspr. des Hess. VGH u. des Nds. OVG). Gegen eine **zu weitgehend differenzierte Festsetzung von Verkaufsflächenanteilen** für einzelne Sortimente oder Sortimentsanteile in einem derart anlagenbezogenen Plan bestehen erhebliche Bedenken. In der Praxis wird die Genehmigung von SO-Gebieten für großflächigen Einzelhandel gelegentlich davon abhängig gemacht, dass umfangreiche, bis in kleinste Details gehende Sortimentslisten als Positiv- oder Negativlisten festgesetzt werden (vgl. die »Arbeitshilfe« Großflächiger Einzelhandel, sog. »Kölner Liste«, RaumPlanung 1992, 53). Dabei werden sogar aus einzelnen Sortimenten noch bestimmte Warengruppen als allein zulässig herausgegriffen oder ausgeschlossen. Abgesehen davon, dass solche z. T. auf älteren Quellen beruhende Sortimentsbeschreibungen heutigen Marktgesichtspunkten oft nicht mehr entsprechen, dürften sie bereits als Eingriff in den Wettbewerb des Handels zu werten sein, obwohl die Regelungen des § 11 Abs. 3 nach den Vorstellungen des VOgebers wettbewerbsneutral sein sollten. Festsetzungen dieser Art sind nicht mehr Gegenstand des Bodenrechts und dürften im Einzelnen kaum noch städtebaulich begründbar (dies müsste schon durch ein Gutachten erfolgen) und damit auch nicht »erforderlich« sein. Sie sind zudem kaum vollziehbar und somit nichtig; denn es kann nicht Aufgabe der Bauaufsichtsbehörden sein, in den Einzelhandelsbetrieben die Sortimente zu kontrollieren; dem Konkurrenzbetrieb kommt eine solche Kontrolle ohnehin nicht zu.

Zu detaillierte Sortimentsregelungen binden den Handel unnötig; es muss dem Unternehmer gestattet sein, seine Sortimente kurzfristig an veränderte Marktbedingungen anpassen zu können. Solche Festsetzungen können u. U. funktionslos und damit nichtig werden, wenn der Unternehmer sie aus wirtschaftlichen oder gar Existenzgründen nicht mehr ausfüllen kann. So kann bereits die Festsetzung »Baumarkt« mit schmalem Sortiment dann funktionslos werden, wenn der Baumarkt aus wirtschaftlichen Gründen an diesem Standort nicht mehr zu halten ist und auch kein anderer Betreiber dort einen Baumarkt einrichten will. In einem solchen Fall bleibt als Lösung nur die Änderung des anlagenbezogenen B-Plans oder eine Befreiung von der zu engen Sortimentsfestsetzung nach § 31 Abs. 2 BauGB.

Gem. § 2 Abs. 2 S. 1 BauGB sind die Bauleitpläne benachbarter Gemeinden aufeinander abzustimmen (**Interkommunales Abstimmungsgebot**). Einer solchen (materiellen) Abstimmung bedarf es bei der **Festsetzung eines SO-Gebiets für großflächigen Einzelhandel** i. S. d. § 11 Abs. 3 BauNVO bereits dann, wenn unmittelbare Auswirkungen gewichtiger Art auf die städtebauliche Entwicklung der Nachbargemeinde in Betracht kommen. Voraussetzung ist nicht, dass eine hinreichend bestimmte Planung der Nachbargemeinde nachhaltig gestört wird oder dass wesentliche Teile von deren Gebiet einer durchsetzbaren Planung entzogen werden (BVerwG, B. v. 9.1.1995 – 4 NB 42.94 – UPR 1995, 195 = GewArch. 1995, 210 = ZfBR 1995, 148 = BBauBl. 1995, 477 = BauR 1995, 354 = BRS 57 Nr. 5 = NVwZ 1995, 694 = DÖV 1995, 820 = NuR 1996, 30 im Anschluss an U. v. 15.12.1989 – 4 C 36.86 – BVerwGE 84, 209). Vielmehr sind tatsächliche Auswirkungen gewichtiger Art ausreichend. Für die (materiell) gemeindenachbarliche Abstimmungspflicht kommt es nicht auf ein unmittelbares Angrenzen der Gemeinden an, sondern auf den Bereich der planungsrechtlichen Auswirkungen einer Planung bzw. eines Vorhabens. Für die Konkretisierung des § 2 Abs. 2 S. 1 BauGB von großer Bedeutung sind die U. des BVerwG v. 1.8.2002 (– 4 C 5.01 – BVerwGE 117, 25 = DVBl. 2003, 62 = NVwZ 2003, 86 = UPR 2003, 35 = ZfBR 2003, 38 = BauR 2003, 55 = GewArch. 2002, 491 = BRS 65 Nr. 10) u. v. 17.9.2003 (– 4 C 14.01 – BVerwGE 119, 25 = DVBl. 2004, 239 = NVwZ 2004, 220 = BauR 2004, 443 = GewArch. 2004, 80 = UPR 2004, 137).

Im U. v. 1.8.2002 hat das BVerwG die erteilte Baugenehmigung für ein **Factory Outlet Center** (Designer Outlet Zweibrücken) auf dem Gelände des ehemaligen Militärflughafens Zweibrücken auf eine Anfechtungsklage einer benachbarten Stadt wegen Verstoßes gegen § 35 Abs. 2 u. 3 BauGB i. V. m. § 2 Abs. 2 BauGB (a. F. = § 2 Abs. 2 S. 1 n. F.) aufgehoben. Aus den **Gründen:**

»§ 2 Abs. 2 BauGB steht in einem engen sachlichen Zusammenhang mit § 1 Abs. 6 BauGB. Das interkommunale Abstimmungsgebot stellt sich als besondere Ausprägung des Abwägungsgebots dar. Befinden sich benachbarte Gemeinden objektiv in einer Konkurrenzsituation, so darf keine von ihrer Planungshoheit rücksichtslos zum Nachteil der anderen Gebrauch machen. Der Gesetzgeber bringt dies in § 2 Abs. 2 BauGB unmissverständlich zum Ausdruck. Diese Bestimmung verleiht dem Interesse der Nachbargemeinde, vor Nachteilen bewahrt zu werden, besonderes Gewicht. Das Gebot, die Bauleitplanung benachbarter Gemeinden aufeinander abzustimmen, lässt sich als gesetzliche Ausformung des in Art. 28 Abs. 2 S. 1 GG gewährleisteten gemeindlichen Selbstverwaltungsrechts verstehen. § 2 Abs. 2 BauGB liegt die Vorstellung zugrunde, dass benachbarte Gemeinden sich mit ihrer Planungsbefugnis im Verhältnis der Gleichordnung gegenüberstehen. Die Vorschrift verlangt einen Interessenausgleich zwischen diesen Gemeinden und fordert dazu eine Koordination der gemeindlichen Belange. ... Umgekehrt lässt sich aus § 2 Abs. 2 BauGB nicht etwa entwickeln, dass eine Planung, die durch Auswirkungen gewichtiger Art gekennzeichnet ist, bereits aus diesem Grund gegen das Abwägungsgebot verstieße. Auch hier gilt, dass gewichtige Belange im Wege der Abwägung überwunden werden dürfen, wenn nicht gewichtigere ihnen im Rang vorgehen. Die Bedeutung des § 2 Abs. 2 BauGB im Rahmen des allgemeinen Abwägungsgebots liegt darin, dass eine Gemeinde, die ihre eigenen Vorstellungen selbst um den Preis von gewichtigen Auswirkungen für die Nachbargemeinde durchsetzen möchte, einen erhöhten Rechtfertigungszwang in Gestalt der Pflicht zur (formellen und materiellen) Abstimmung im Rahmen einer förmlichen Planung unterliegt. Die Missachtung eines solchermaßen begründeten Planungserfordernisses berührt zugleich den durch § 2 Abs. 2 BauGB erfassten Rechtskreis und verletzt dadurch die Nachbargemeinde in eigenen Rechten« (BVerwG, aaO., vgl. die Urteilsanmerkungen von *Wurzel/Probst*, DVBl. 2003, 197, *Uechtritz*, NVwZ 2003, 176, *Halama*, DVBl. 2004, 79 und *Jochum*, BauR 2003, 31).

In seinem U. v. 17.9.2003, aaO., hat das BVerwG eine strikte Planungspflicht der Gemeinde angenommen, wenn qualifizierte städtebauliche Gründe von besonderem Gewicht vorliegen. § 1 Abs. 3 BauGB kann daher Rechtsgrundlage einer gemeindlichen Erstplanungspflicht im unbeplanten Innenbereich sein. Das interkommunale Abstimmungsgebot kann einen qualifizierten städtebaulichen Handlungsbedarf begründen. Die Durchsetzung einer gemeindlichen Planungspflicht aus § 1 Abs. 3 BauGB mit den Mitteln der Kommunalaufsicht ist mit Bundesrecht vereinbar. § 1 Abs. 4 BauGB begründet eine gemeindliche Erstplanungspflicht, wenn die Verwirklichung von Zielen der Raumordnung bei Fortschreiten einer »planlosen« städtebaulichen Entwicklung auf unüberwindbare tatsächliche oder rechtliche Hindernisse stoßen oder wesentlich erschwert werden (BVerwG, aaO.).

Nach § 2 Abs. 2. S. 2 BauGB können sich die Gemeinden auf die ihnen durch Ziele der Raumordnung zugewiesenen Funktionen sowie auf die Auswirkungen auf ihre zentralen Versorgungsbereiche berufen. Das interkommunale Abstimmungsgebot wird damit konstitutiv um raumordnerische Belange erweitert. Ziele der Raumordnung werden subjektiv-rechtlich angereichert. Nach der Vorstellung des Gesetzgebers soll mit der Verpflichtung, die Bauleitplanung an den Zielen der Raumordnung gem. § 1 Abs. 4 BauGB auszurichten, eine Berechtigung der Gemeinde korrespondieren, ihre so ausgerichtete Planung gegen eine diese störende raumordnungswidrige Planung einer anderen Gemeinde zu verteidigen (BT-Drucks. 15/2250, S. 41 f.). Damit ist anerkannt, dass die Ziele der Raumordnung belastende, aber auch begünstigende und berechtigende Wirkung haben. Damit ist die 20 Jahre diskutierte Rechtsfrage, ob die Gemeinde zur Begr. einer Rechtsverletzung als Antragsbefugnis i. S. d. § 47 Abs. 2 S. 1 VwGO sich auf eine landesplanerische Ausweisung, bspw. als Mittel- oder Oberzentrum, berufen kann, i. S. d. wohl früheren Mindermeinung (OVG RhPf, U. v. 1.3.1983 – 10 C 24/82 – BauR 1983, 551 u.U. v. 19.10.1988 – 10 C 27/87 – NVwZ 1989, 989; OVG NW, B. v. 9.2.1988 – 11 B 2505/87 – DÖV 1988, 843; BayVGH, U. v. 14.1.1991 – 2 ZB 89.785 –

GewArch. 1991, 314; OVG Sachsen-Anhalt, U. v. 29.6.1993 – 1 K 6/92 – LKV 1994, 220; Sächs. OVG, NK-U. v. 26.5.1993 – 1 S 68/93 – SächsVBl. 1993, 255; *Schmitz*, ZfBR 2001, 85 u. *Schrödter*, 6. Aufl., Rdn. 46 u. 46a zu § 2 BauGB) entgegen der damaligen überwiegenden Meinung (BVerwG, U. v. 11.2.1993 – 4 C 115.93 – DVBl. 1993, 658; BayVGH, B. v. 25.10.1999 – 26 CS 99.222 – BayVBl. 2000, 152; Nds. OVG, U. v. 30.3.2000 – 1 K 2491/98 – ZfBR 2000, 573; OVG Brandenburg, B. v. 26.3.2001 – 3 B 113/00 – DVBl. 2001, 1298 u. U. v. 5.11.2003 – 3 D 23/00.NE – DVBl. 2004, 259; VGH BW, NK-U. v. 6.7.2000 – 8 S 2437/99 – VBlBW 2000, 479; Thür. OVG, B. v. 19.12.2002 – 1 N 501/01 – BauR 2003, 1862; OVG RhPf, B. v. 8.1.1999 – 8 B 12650/435 – NVwZ 1999, 435; *Büchner*, NVwZ 1999, 345/348; *Otting*, DVBl. 1999, 595/596; *Moench/Sandner*, NVwZ 1999, 337, *Hoppe*; DVBl. 2000, 293) entschieden worden, nachdem deren Mängel vom Gesetzgeber und ihm vorausgehend der Unabhängigen Sachverständigenkommission zur Novellierung des Baugesetzbuchs, 2002, Rdn. 215 u. 220 f. erkannt wurden.

Noch nicht geklärt ist dagegen die Frage, ob § 2 Abs. 2 S. 2 BauGB im Hinblick auf die Ziele der Raumordnung auch materiell-rechtlich zu einer strikten Bindung nach § 1 Abs. 4 BauGB führt oder ob sie im Rahmen der Abwägung nach § 1 Abs. 7 BauGB als Abwägungselement mit erhöhten oder verstärkten Rechtfertigungsgründen »weggewogen« werden können. *Jäde* (in: *J/D/W*, Rdn 11 zu § 2 BauGB), *Söfker* (in: *E/Z/B/K*, Rdn. 118 f. u. 124 ff. zu § 2 BauGB) u. *Kment* (UPR 2005, 95/97 u. 99) vertreten die Auffassung, dass die von der Bauleitplanung betroffene Nachbargemeinde sich auf ihre zentralörtliche Funktion erfolgreich berufen kann, unabhängig davon, wie gewichtig die Auswirkungen tatsächlich sind (*Jäde*, aaO., Rdn. 11). Den Gemeinden mit entspr. Zentralitätsfunktion wird damit ein allgemeiner Anspruch auf Einhaltung bzw. Vollziehung des jeweiligen Raumordnungsprogramms oder Landesentwicklungsplans über die Bindungswirkung des § 1 Abs. 4 BauGB zugebilligt, ohne dass sie die Hilfe der Rechtsaufsichtsbehörde in Anspruch nehmen müssen. Dieser Anspruch ist vergleichbar mit dem vom BVerwG seit 1993 entwickelten Gebietswahrungsanspruch eines im Plangebiet gelegenen Grundstückseigentümers gegen die Genehmigung eines der Art nach im Geltungsbereich des B-Plans unzulässigen Vorhabens.

Auch das Nds. OVG (U. v. 1.9.2005 – 1 LC 107/05 – ZfBR 2005, 809 = BRS 69 Nr. 6) hat auf die Normenkontrollanträge eines Oberzentrums und zweier Mittelzentren nach dem Landesraumordnungsprogramm Nds. gegen einen Vorhaben bezogenen B-Plan über ein Designer-Outlet-Center in dem Mittelzentrum Soltau mit zunächst 10.000 m² und in einer zweiten Ausbaustufe von 20.000 m² Verkaufsfläche den B-Plan wegen Verstoßes gegen den in C 1.6 03 Satz 11 LROP II 2002 für Hersteller-Direktverkaufszentren aufgenommenen **strikten Plansatz**, wonach diese in Nds. nur in Oberzentren an städtebaulich integrierten Standorten zulässig sind, für unwirksam erklärt. Das Nds. OVG hatte gegen diesen Plansatz weder in verfahrens- noch in materiell-rechtlicher Sicht Bedenken. Ein Verstoß gegen die in Art. 28 Abs. 2 S. 1 GG gewährleistete Planungshoheit der Gemeinden und gegen das Verhältnismäßigkeitsprinzip liege nicht vor. Das Nds. OVG hielt das »Designer-Outlet-Center Soltau« für raumordnungsrechtlich unzulässig und bewertete Satz 11 des Landesraumordnungsprogramms 2002 als ein der planerischen Abwägung nicht zugängliches Ziel der Raumordnung. Weiterhin hat das Gericht den folgenden **Leits.** aufgestellt: »*Bauleitpläne müssen nicht nur im Zeitpunkt der Beschlussfas-*

§ 11 Abs. 2   11.21

sung durch die Gemeinde, sondern auch noch später an die Ziele der Raumordnung angepasst sein« (Nds. OVG, aaO.).

Das BVerwG hat mit B. v. 8.3.2006 (– 4 B 75.05 – UPR 2006, 236 = BauR 2006, 1067 = NVwZ 2006, 932 = ZfBR 2006, 352) die Nichtzulassungsbeschwerde gegen das U. des Nds. OVG zurückgewiesen und hierzu folgende **Leits.** aufgestellt:

»Die höhere Verwaltungsbehörde darf einen Flächennutzungsplan, der einem während des Genehmigungs- oder des sich anschließenden gerichtlichen Verfahrens in Kraft getretenen Ziel der Raumordnung widerspricht, nicht genehmigen. Daher darf sie hierzu auch nicht verpflichtet werden.

Gehen die städtebaulichen Auswirkungen von Hersteller-Direktverkaufszentren insbesondere wegen der Größe dieser Betriebe, der Zentrenrelevanz ihres Kernsortiments und der Reichweite ihres Einzugsbereichs über die Auswirkungen der üblichen Formen des großflächigen Einzelhandels hinaus, kann es gerechtfertigt sein, sie landesplanerisch einer im Vergleich zum sonstigen großflächigen Einzelhandel strengeren Sonderregelung zu unterwerfen und nur in Oberzentren an städtebaulich integrierten Standorten zuzulassen«.

Nach Auffassung des OVG Bln.-Brandenburg (U. v. 12.5.2006 – 12 A 28/05 – LKV 2007, 32) lässt die gemeinsame Landesplanung von Berlin und Brandenburg die Ansiedlung von großflächigen Einzelhandelsbetrieben und sonstigen Einrichtungen der privaten Versorgung von überörtlicher Bedeutung in Orten ohne jede zentralörtliche Funktion nicht zu (§ 16 IV 1 des gemeinsamen Landesentwicklungsprogramms). Dies gelte auch für Factory Outlet Centern.

Demgegenüber haben sich *Uechtritz* (NVwZ 2004, 1025/1027) u. insbes. *Hoppe* (NVwZ 2004, 282 u. DVBl. 2004, 1125) für eine Überwindung der raumordnerischen Auswirkungen i. S. d. § 2 Abs. 2 S. 2 BauGB durch die bauleitplanerische Abwägung ausgesprochen. Nach *Uechtritz* wird für die Rüge der Verletzung des interkommunalen Abstimmungsgebots durch einen von den Zielen der Raumordnung in einem Landesentwicklungsprogramm oder Landesentwicklungsplan abweichenden B-Plan einer Gemeinde zu verlangen sein, dass die Nachbargemeinde eine konkrete städtebaulich relevante Störung ihrer raumordnungsrechtlichen Funktion geltend macht, nur eine abstrakte Gefährdung genügt nicht (*Uechtritz*, aaO. 1032; zurückhaltender *Uechtritz*, DVBl. 2007, 799/806). Dem ist zuzustimmen. *Uechtritz* nennt jedoch keinen Prozentsatz für den erforderlichen Kaufkraftabfluss von innenstadtrelevanten Handel. Es muss sich dabei um einen raumordnungsrechtlich relevanten Kaufkraftabfluss bzw. Umsatzverlust handeln. Einiges spricht für einen Orientierungswert von 5 %. des Umsatzverlustes bei zentren- oder nahversorgungsrelevanten Sortimenten. Dieser Orientierungswert stellt die Hälfte des früher von der Rspr. als Indiz für eine als unmittelbare Auswirkung gewichtiger Art angenommenen 10 %igen Kaufkraftabzug des gesamten innerstädtischen Handels (OVG NW, U. v. 5.9.1997 – 7 A 2909/93 – BauR 1998, 309; OVG RhPf, B. v. 8.1.1999 –8 B 12650/98 – NVwZ 1999, 435/438 = BauR 1999, 370; BayVGH, U. v. 7.6.2000 – 26 N 99296 – S. 33 f. des UA; VG Neustadt, U. v. 6.4.2000 – 2 K 3571/99 – GewArch. 2000, 264 u. OVG Brandenburg, B. v. 16.12.1998 – 3 B 116/98 – NVwZ 1999, 434) dar. Dieser 5 %ige Kaufkraftabfluss führt dann i. V. m. der durch den B-Plan beeinträchtigten zentralörtlichen Funktion zu unmittelbaren Auswirkungen gewichtiger Art nach § 2 Abs. 2 S. 1 u. 2 BauGB und damit zur Unwirksamkeit des B-Plans. Nach *Hoppe/Otting* stellt § 2 Abs. 2 S. 2 BauGB eine Erweiterung der Abwägungsbelange und des gemeindlichen Schutzbereichs dar, aber nicht eine Änderung der Abwägungsgrundlagen (DVBl. 2004, 1125/1127). Dies ergebe sich u. a. aus dem Wortlaut. Insoweit sei an die bisherige Rspr. zu § 2 Abs. 2 S. 1 BauGB anzuknüpfen. Nach *Hoppe* unterliegt eine durch ein Ziel der Raumordnung zugewiesene Funktion lediglich der formellen und materiellen Abstimmungspflicht nach § 2 Abs. 2 BauGB und damit der allgemeinen Abwägung. § 2 Abs. 2 S. 2 BauGB verschaffe der Nachbargemeinde keinen Gesetzesvollzugsanspruch im Hinblick auf die Vorschrift des § 1 Abs. 4 BauGB. Es müssten auf jeden Fall raumordnungsrechtlich relevante störende Auswirkungen in der Nachbargemeinde auftreten. Außerdem sei das zentralörtliche Gliederungssystem raumwissenschaftlich überholt (*Hoppe/Otting*, DVBl. 2004, 1125/1131) und viele Ziele der Raumordnung, die in Form von Soll-Zielen, In-der-Regel-Zielen verfasst oder von »weniger stringenten«, »weichen« oder »elastischen« Zielformulierungen geprägt sind, seien damit offensichtlich als Ziele der Raumordnung zu unbestimmt (*Hoppe/Otting*, DVBl. 2004, 1125/1130 f. u. OVG NW, U. v. 6.6.2005 – 10 D 145/04. NE –BauR 2005, 1577: »*§ 24 Abs. 3 LEPro NRW enthält keine Ziele der Raumordnung, da er den Anforderungen an das Bestimmtheitsgebot weder im Hinblick auf die Voraussetzungen des gesetzlichen Regelfalls noch im Hinblick auf die Voraussetzungen der möglichen Ausnahmefälle genügt*«; vgl. hierzu *Hoppe*, NVwZ 2005, 1141; das OVG NW ist mit dieser Entscheidung von seiner früheren Rspr. abgewichen). Das BVerwG hat mit B. v. 28.12.2005 (– 4 BN 40.05 – DVBl. 2006, 458 = NVwZ 2006, 458 = UPR 2006, 159 = BauR 2006, 802 = ZfBR 2006, 255) die Nichtzulassungsbeschwerde gegen das U. des OVG NW zurückgewiesen, ohne aus revisionsrechtlichen Gründen auf die Frage der hinreichenden Zielbestimmtheit des § 24 Abs. 3 LEPro NRW einzugehen. Nach Auffassung des BVerwG (U. v. 18.9.2003 – 4 CN 20.02 – BVerwGE 119, 54 = BauR 2004, 280 = BRS 66 Nr. 5) können landesplanerische Aussagen die Merkmale eines Ziels der Raumordnung erfüllen, wenn der Planungsträger neben den Regel- auch die Ausnahmevoraussetzungen mit hinreichender tatbestandlicher Bestimmtheit oder doch wenigstens Bestimmbarkeit selbst festlegt. Unstreitig ist dagegen der Plansatz im Landesraumordnungsprogramm II 2002 des Landes Nds., wonach Hersteller-Direktverkaufszentren nur in Oberzentren an städtebaulich integrierten Standorten zulässig sind, hinreichend bestimmt (OVG Nds. U. v. 1.9.2005, aaO.).

Kein Streit besteht darüber, dass es wegen der Berücksichtigung der Auswirkungen auf zentrale Versorgungsbereiche in § 2 Abs. 2 S. 2 BauGB zu keiner Veränderung der Rechtslage gekommen ist (*Uechtritz*, NVwZ 2004, 1025/1026 u. *Jäde*, in: J/D/W, Rdn. 12 zu § 2 BauGB). Es handelt sich hier nur um die Klarstellung eines primär städtebaulichen Belangs, der keine strikte Bindungswirkung bei der Abwägung hervorruft.

Unabhängig von den Folgen des Verstoßes eines B-Planes gegen § 2 Abs. 2 S. 2 BauGB stellt sich die Frage, wann die Auswirkungen gewichtiger Art, die normalerweise unter einem erhöhtem Maß an Rechtfertigung auch »weggewogen« werden können, die Grenze der Unzumutbarkeit für die Nachbargemeinde überschreiten. Das BVerwG ist bislang der Frage der inhaltlichen Grenze der Unzumutbarkeit der städtebaulichen Auswirkungen ausgewichen und hat keine Prozentzahlen von Kaufkraftverlusten des innerstädtischen Handels genannt. Ein bestimmter »Schwellenwert« für einen solchen städtebaulich relevanten Kaufkraftabfluss ist gesetzlich nicht vorgegeben. In der Rspr. werden hierfür in jüngerer Zeit folgende Prozentzahlen genannt, die deutlich über den voranstehend aufgeführten 10 % liegen: 20 % (OVG RhPf, U. v. 25.4.2001 – 8 A 1114/00 – BauR 2002, 577/585 = BRS 64 Nr. 33); 25 % (BayVGH, U. v. 7.6.2000 – 26 N 99.2961 u.a. – BRS 63 Nr. 62 = BayVBl.

§ 11   Abs. 2   11.22

2001, 175 in Anlehnung an eine Richtlinie des Bayer. Ministeriums für Landesentwicklung und Umweltfragen bei Lebensmitteln bezogen auf den Nahbereich; 30 % beträgt die Obergrenze bei Nicht-Lebensmitteln bezogen auf den Mittelbereich; 30 % für sog. zentrenrelevante Sortimente u. 40 % für sonstige Sortimente); 25 % Kaufkraftabfluss in den Sortimentsbereichen eines Stadtteils (einer Großstadt) stellt Einzelhandels- und Versorgungsstrukturen des benachbarten Stadtteil in Frage (Sächs. OVG, U. v. 8.12.1993 – 81/93 –); 25 % der Kaufkraft im jeweiligen Sortiment (Sächs. OVG, U. v. 26.5.1993 – 1 S 68/92 – LKV 1995, 84); 10–30 % (OVG M.-V., B. v. 30.6.1999 – 3 M 144/98 – NVwZ-RR 2000, 559/561); 20–30 % (Thür. OVG, B. v. 20.12.2004 – 1 EO 1077/04 – BRS 67 Nr. 77) und 45 % der Kaufkraft im Gebiet der klagenden Nachbargemeinde und im engeren Verflechtungsraum in Höhe von 30 % (BayVGH, U. v. 14.1.1991 – 2 B 89.785 – GewArch. 1991, 314). Es handelt sich bei diesen Kaufkraftabflüssen oder Umsatzverlusten zunächst um betriebswirtschaftliche Aussagen. Städtebauliche Auswirkungen gewichtiger Art sind erst dann anzunehmen, wenn bspw. die Verödung der Innenstädte droht. Hierzu sollte man auf einen Schwellenwert von 15–20 % Kaufkraftverlust oder Umsatzverlust des innenstadtrelevanten Handels abstellen und außerdem für eine etwaige Sonderbetrachtung einzelne wichtige Sortimente heranziehen.

11.22 Eine die Antragsbefugnis begründende **Rechtsverletzung** (bzw. ein Nachteil i. S. des § 47 VwGO a. F.) ist für eine Gemeinde z. B. gegeben,

- wenn mit der Planung unmittelbare Auswirkungen gewichtiger Art auf die städtebauliche Ordnung der Nachbargemeinde verbunden sind (BVerwG, U. v. 15.12.1989 – 4 V 36.86 – BVerwGE 84, 209),
- wenn die Massierung der Verkaufsflächen für Einzelhandelsbetriebe in unmittelbarer Nähe der antragstellenden Gemeinde erhebliche Auswirkungen auf deren städtebauliche Entwicklung und Ordnung haben kann, ohne dass eine materiell-rechtliche Abstimmung mit der Antragstellerin erfolgt ist (BVerwG, U. v. 2.6.1992 – NB 8.92 – JURIS; vgl. auch BVerwG, U. v. 15.12.1989 – 4 C 36.86 – BVerwGE 84, 209 = NVwZ 1990, 464 = DVBl. 1990, 42),
- wenn ein Einkaufszentrum von der planenden Gemeinde so platziert wird, dass es auf die benachbarte Gemeinde hin orientiert ist und gewissermaßen dessen Kaufkraft »anzapft« (*Uechtritz*, BauR 1999, 572; VGH BW, B. v. 29.8.1998 – 3 S 313/98 –),
- bei einem Kaufkraftabzug, der sich auf Güter des kurzfristigen und mittelfristigen Bedarfs, insbesondere Lebensmittel, bezieht und der deshalb kritischer zu würdigen ist, als einer auf Güter des langfristigen Bedarfs, z. B. Möbel (*Uechtritz*, aaO.; Thür. OVG, DÖV 1997, 791; BayVGH, BayVBl. 1994, 495; OVG RhPf, NVwZ 1988, 379),
- bei der Planung eines SO-Gebiets für großflächigen Einzelhandel bis zu 40.000 m² VF einschließlich eines Factory Outlet Centers (FOC) von 25.000 m² VF, wenn unmittelbare Auswirkungen gewichtiger Art auf die städtebauliche Ordnung und Entwicklung der Zentren in der Region zu erwarten sind (BayVGH, U. v. 3.5.1999 – 1 N 98.1024 – BauR 1999, 1140).

Wenn eine Gemeinde in einem vorhabenbezogenen B-Plan ein Sondergebiet für einen Möbelmarkt mit über 25.000 m² Gesamtverkaufsfläche festsetzt, kann einer nur 8 km entfernten Nachbargemeinde regelmäßig die Antragsbefugnis für einen gegen den B-Plan gerichteten Normenkontrollantrag nicht abgesprochen werden (Nds. OVG, B. v. 27.11.2006 – 1 MN 148/06 – BauR 2007, 342).

Keine Rechtsverletzung (bzw. kein Nachteil i. S. d. § 47 VwGO a. F.) wird von den OVGen i. A. anerkannt, z. B.,

- wenn eine betroffene Gemeinde bei der gemeindenachbarlichen Abstimmung zwar behauptet, dass ein in der Nachbargemeinde geplantes Einkaufszentrum Kaufkraft aus ihrem Gebiet an sich ziehe und dadurch die innerörtliche verbrauchernahe Grundversorgung ihrer Bevölkerung in Frage gestellt würde, sie aber ihre Behauptung nicht

näher dahin spezifiziert, welche Einzelhandelsunternehmen für welche Produktbereiche und mit welcher Verkaufsfläche bei ihr konkret vorhanden sind und inwieweit diese durch das benachbarte Einzelhandelszentrum zu Lasten der verbrauchernahen Versorgung ihrer Bevölkerung in Mitleidenschaft gezogen werden könnten (vgl. BayVGH, U. v. 15.4.1994 – 2 N 93.3940 – GewArch. 1995, 434),
- wenn eine betroffene Gemeinde nur allgemeine Hinweise auf die bereits bestehende »strukturelle Schwächung ihres Handelsstandortes« und die mit der Erweiterung eines SB-Warenhauses in der Nachbargemeinde um einen Baumarkt verbundenen Einwirkungen auf sie gibt und sich auf einen weiteren Abfluss von Kaufkraft beruft; denn der dadurch verursachte Kaufkraftabfluss ist grds. kein taugliches Kriterium für die Beurteilung von Auswirkungen (vgl. OVG Weimar, B. v. 23.4.1997 – 1 EO 241/97 – UPR 1997, 376),
- wenn eine Gemeinde, die das eigene Zentrum durch die Zulassung großflächigen Einzelhandels an der Peripherie der eigenen Gemarkung selbst geschädigt hat, geltend macht, die Nachbargemeinde handele kompetenziell »rücksichtslos«, wenn sie in gleicher Weise – jenseits der Gemarkungsgrenze – ein Einkaufszentrum zulässt (*Uechtritz*, aaO.; OVG Bbg, B. v. 16.12.1998 – 3 B 116/98 – BauR 1999, 613),

Eine Gemeinde kann sich nicht darauf berufen, der Betrieb und die Entwicklungschancen ihrer zentralen Hauptgeschäftslage würden durch die Zulassung von Einzelhandelsbetrieben im Gewerbegebiet einer Nachbargemeinde bedroht, wenn sie selbst in einem am Stadtrand – an der gemeinsamen Gemeindegrenze – gelegenen Planbereich in weit höherem Maße in gleicher Weise zentrenrelevante Nutzungen ermöglicht (VGH BW, NK-U. v. 6.7.2000 – 8 S 2437/99 – VBlBW 2000, 479).

Es kann **keinen Konkurrenzschutz durch Bauplanungsrecht** geben (vgl. BVerwG, B. v. 16.1.1990 – 4 NB 1.90 – NVwZ 1990, 555 = ZfBR 1990, 207; B. v. 26.2.1997 – 4 NB 5.97 – UPR 1997, 371; OVG NW, U. v. 6.6.2005 – 10 D 148/04.NE – BauR 2005, 1587 u. Nds.OVG, U. v. 31.5.2007 – 1 KN 256/05 –, BauR 2007, 1840). Die Antragsbefugnis im Normenkontrollverfahren ist deshalb für konkurrierende Einzelhandelsbetriebe nicht gegeben (vgl. auch *Beckmann*, VR 1990, 152).

11.23

Ist z. B. in *bestimmten Sortimentsbereichen* ein innerörtlicher Handel im Hinblick auf die Ansiedlung großflächiger Einzelhandelsbetriebe an der Peripherie der Gemeinde praktisch nicht mehr vorhanden und kann auch realistischerweise mit einer Neuansiedlung von Einzelhandelsbetrieben im zentralen Bereich der Gemeinde nicht gerechnet werden, so erweisen sich Festsetzungen als ungeeignet, welche die Ansiedlung weiterer Einzelhandelsbetriebe dieser Sortimentbereiche an der Peripherie zum Schutz des innerörtlichen Handels verbieten bzw. einschränken. Dies kommt tatsächlich dann nur anderen »auf der grünen Wiese« bereits errichteten Einzelhandelsbetrieben zugute, was aus verfassungsrechtlicher Sicht bedenklich ist (so zu Recht *Schenke*, WiVerw. 1990, 226 [230]).

Eine Gemeinde ist nicht verpflichtet, bei ihrer Abwägungsentscheidung, mit der sie ein gemeindeeigenes Grundstück als Sondergebiet für einen großflächigen Einzelhandelsbetrieb festsetzt, als »Folgenbeseitigungslast« den Ausschlag geben zu lassen, dass ein anderer, privater Grundstückseigentümer schon länger (u. a. durch Ablehnung eines Bauantrages sowie eine Veränderungssperre) gehindert wird, den aus Gründen des Raumordnungsrechts voraussichtlich einzigen großflächigen Einzelhandelsbetrieb im Gemeindegebiet zu errichten (Nds. OVG, B. v. 21.3.2001 – 1 MN 418/01 – BauR 2001, 1385 UPR 2001, 275).

§ 11 Abs. 2   11.24–11.31

11.24 Durch § 2 Abs. 2 BauGB ist eine Gemeinde grundsätzlich nicht vor Veränderungen ihrer wirtschaftlichen und finanziellen Situation geschützt (OVG Greifswald, U. v. 15.4.1999 – 3 K 36/97 – NuR 2000, 642)

11.3 d) Exkurs: Vorhabenbezogener Bebauungsplan (Vorhaben- und Erschließungsplan) nach § 12 BauGB für großflächigen Einzelhandel; städtebaulicher Vertrag. Die Einführung des **vorhabenbezogenen Bebauungsplans** hatte sich aus der Praxis ergeben. Die Errichtung von Einkaufszentren und großflächigen Einzelhandelsbetrieben an einem bestimmten Standort erfolgt meist aufgrund der Initiative eines Investors, der eine bestimmte Fläche »auf der grünen Wiese« zu vermarkten wünscht. Das Angebot des Investors, zugleich neue Arbeitsplätze zu schaffen und damit auch zur Wirtschaftsentwicklung der Gemeinde sowie zur Senkung der Arbeitslosenzahl beizutragen, ist verlockend, so dass viele Gemeinden auf solche Angebote eingehen und dafür u. U. sogar eine aus städtebaulicher Sicht problematische Bauleitplanung an einem ungeeigneten Standort in die Wege leiten. Eine solche Einzelfallplanung wirft bei Einkaufszentren vom Planungs*system* her an sich keine Probleme auf, weil dafür Baurecht typischerweise nur über die Einzelfallplanung geschaffen werden kann (vgl. BVerwG, U. v. 26.11.1976 – IV C 69.74 – BRS 30 Nr. 34 = NJW 1977, 1978; s. § 1 Rn 12). Sie ist auch in *materieller* Sicht unbedenklich, wenn sie den Zielvorstellungen der Gemeinde über ihre geordnete städtebauliche Entwicklung und den Zielen der Raumordnung entspricht.

11.31 Bei einem V+E-Plan ist die Gemeinde **nicht** an die **Festsetzungen nach § 9 BauGB und der BauNVO** gebunden (§ 12 Abs. 3 BauGB); sie kann die Festsetzungen sowohl nach den Vorschlägen des Vorhabenträgers als auch nach ihren städtebaulichen Vorstellungen frei gestalten, sie kann die Festsetzungen jedoch auch alternativ aufgrund des § 9 BauGB und der BauNVO treffen. Macht die Gemeinde von der Freigabe der Bindung an § 9 BauGB und die BauNVO Gebrauch, so braucht sie den Bereich des V+E-Plans nicht als »SO-Gebiet« festzusetzen; eine Zweckbestimmung, z. B. »Einkaufszentrum« oder »Einrichtungshaus«, muss jedoch angegeben werden, damit die Planungsbeteiligten erkennen, was geplant wird (vgl. OVG NW, U. v. 22.6.1998 – 7a D 108/96.NE – BauR 1998, 1198). Bei der Bestimmung der Zulässigkeit der Vorhaben, die erfolgen *muss* (§ 12 Abs. 3 BauGB), brauchen nicht die Nutzungs- und Anlagetypen der BauNVO festgesetzt zu werden. Anders als bei einer Festsetzung gem. § 1 Abs. 9 BauNVO, wobei immer auf Anlagentypen abzustellen ist (s. § 1 Rn 127, 128), kann im V+E-Plan z. B. die Größe einzelner Einzelhandelsbetriebe bzw. Läden nach deren Verkaufsfläche und Sortiment beliebig bestimmt werden. Allerdings bedarf jede Festsetzung im B-Plan der städtebaulichen Begr.; § 9 Abs. 1 Einleitungssatz BauGB gilt auch für den V+E-Plan.

Trotz der Freistellung der Festsetzungen des V+E-Plans von bestimmten Vorschriften des BauGB und der BauNVO ist die Gemeinde nicht von der Prüfung der (städtebaulichen) Erforderlichkeit des Gebiets für den großflächigen Einzelhandel entbunden (§ 1 Abs. 3 bis 6 BauGB) und hat den Plan den Zielen der Raumordnung anzupassen (§ 1 Abs. 4 BauGB). Im Übrigen sollten auch bei Vorhaben- und Erschließungsplänen für großflächige Handelsbetriebe – ebenso wie bei entsprechenden SO-Gebieten – die Festsetzungen nicht zu eng und nur auf einen *bestimmten* Handelsbetrieb zugeschnitten, sondern möglichst abstrakt ausgestaltet sein. Andernfalls könnte die Gemeinde sich durch eine sehr weitgehende Konkretisierung der Festsetzungen zu sehr binden und bei notwendigen Marktanpassungen zu laufenden Änderungen gezwungen sein.

Schließlich besteht parallel zur »normalen« Bauleitplanung sowie zum Vorhaben- und Erschließungsplan oder an deren Stelle noch die weitere Möglichkeit, bestimmte Gegenstände bzw. Maßnahmen durch einen **städtebaulichen Vertrag** nach § 11 BauGB 98 auf Private zu übertragen, z. B. die Vorbereitung oder Durchführung städtebaulicher Maßnahmen durch den Vertragspartner auf eigene Kosten, zu denen auch die Neuordnung der Grundstücksverhältnisse (z. B. durch Umlegung), die Bodensanierung (z. B. von Altlasten) und sonstige vorbereitende Maßnahmen sowie die Ausarbeitung der städtebaulichen Planungen gehören, wobei die Verantwortung der Gemeinde für das gesetzlich vorgesehene Planaufstellungsverfahren unberührt bleibt (§ 11 Abs. 1 Nr. 1 BauGB 98).

5. **Zulässigkeit von Einkaufszentren, großflächigen Einzelhandelsbetrieben und sonstigen in ihren Auswirkungen vergleichbaren Handelsbetrieben (Abs. 3)**

a) **Allgemeines zu Abs. 3. – aa) Erfahrungen mit der BauNVO 1968.** Zur Darstellung und Festsetzung von SO-Gebieten für Einkaufszentren und großflächige Handelsbetriebe (Abs. 2) s. Rn 10–11.2. Abs. 3 wurde in § 11 erst durch die ÄndVO 1968 aufgenommen. Die Vorschrift unterwarf die seinerzeit bekannten Betriebsformen des Einzelhandels »Einkaufszentren« und »Verbrauchermärkte« der Planung als SO-Gebiete, wenn sie außerhalb von MK-Gebieten errichtet werden und nach Lage, Umfang und Zweckbestimmung *vorwiegend der übergemeindlichen Versorgung* dienen sollten. Zugleich wurden solche Anlagen in GE- und GI-Gebieten für unzulässig erklärt (Näheres dazu s. 9. Aufl., § 11 Rn 12, 12.1).

Die an § 11 Abs. 3 BauNVO 1968 geknüpften Erwartungen hatten sich nicht erfüllt. Die Vorschrift war auf **Einkaufszentren und Verbrauchermärkte** beschränkt, die **vorwiegend der übergemeindlichen Versorgung** dienen sollten. Betriebe, die nicht diese Voraussetzung erfüllten, waren auch weiterhin in MD-, MI-, MK-, GE- und GI-Gebieten zulässig. Die Auslegung der Begriffe »vorwiegend« und »übergemeindlich« hatte von Anfang an Schwierigkeiten bereitet, die insbes. durch die kommunale Gebietsreform und die dadurch vergrößerten Gemeindegebiete noch erheblich zunahmen. Der Nachweis einer vorwiegend übergemeindlichen Versorgung konnte selbst bei großflächigen Betrieben häufig nicht geführt werden, so dass sie trotz erheblicher nachteiliger Auswirkungen auf einen Versorgungsbereich zugelassen werden mussten. Zudem trug die Fassung des Abs. 3 den städtebaulichen Auswirkungen *im innergemeindlichen Bereich* in keiner Weise Rechnung.

bb) **Die Neuregelung 1977.** Da der Handel einem ständigen Wandel unterliegt, wurde eine die vielfältigen Handelsformen lückenlos umfassende Begriffsbestimmung gewählt. Diese erfasste nicht nur Einkaufszentren und Einzelhandelsbetriebe, sondern auch die als Großhandel firmierenden, tatsächlich jedoch ganz oder teilweise gleichzeitig Einzelhandel betreibenden sonstigen Handelsbetriebe. Wegen der notwendigen Wettbewerbsneutralität von § 11 Abs. 3 (Begr. zur ÄndVO 1977 – BR-Drucks. 261/77 –, Rdn. 10 f.; BVerwG, U. v. 3.2.1984 – 4 C 54.80 – Fundst. Vorb. §§ 2 ff. Rn 9.1) durften keine bestimmten Betriebsformen (wie Cash-and-carry-Markt, Verbrauchermarkt u. Ä.) aufgeführt werden. Erfasst werden sollten solche Handelsformen nur, wenn sie (nachteilige) städtebauliche Auswirkungen haben können. Andere Auswirkungen etwa wirtschaftlicher oder gesellschaftspolitischer Art sowie Gesichtspunkte der Erhaltung von Kleinbetrieben (»Tante-Emma-Läden«) konnten in eine städtebaurechtliche Vorschrift nicht aufgenommen werden.

Der BT hatte in die nach § 1 Abs. 5 Satz 2 Nr. 8 BauGB (a. F.) bei der Bauleitplanung zu berücksichtigenden Belange der Wirtschaft auch die **Belange ihrer mittelständischen Struktur im Interesse einer verbrauchernahen Versorgung der Bevölkerung** eingefügt (Begr. s. Ausschussbericht BT-Drucks. 10/6166, 9. Aufl. § 11 Rn 14.1). *Negative Auswirkungen* auf die *mittelständische Struktur* der Handelsbetriebe sind daher dann städtebaulich bedeutsam, wenn dadurch die *verbrauchernahe Versorgung der Bevölkerung* gefährdet werden kann. Für eine **Bedürfnisprüfung** zum Schutz vorhandener Einzelhandelsbetriebe liefern bauplanungsrechtliche Normen wie § 11 Abs. 3 jedoch keine

§ 11 Abs. 3 14.2–16.3

Handhabe. Diese wäre mit dem Grundrecht der Berufsfreiheit nach Art. 12 GG nicht vereinbar (BVerfGE 7, 377; *Battis*, DÖV 1978, 122; *Stober*, WiVerw. 1990, 226 [232]). Der einzelne Gewerbetreibende hat weder einen Anspruch darauf, dass eine vorhandene Wettbewerbssituation nicht verschlechtert wird, noch ist sein dahin gehendes Interesse schutzwürdig, weil er mit neuer Konkurrenz ständig rechnen muss (BVerwG, B. v. 26.2.1997 – 4 NB 5.97 – GewArch. 1997, 350).

14.2 Zur **begrifflichen Eingrenzung** der in Frage kommenden **Betriebe** sind einige städtebauliche Auswirkungen beispielhaft aufgeführt. Die über das jeweilige Gemeindegebiet hinausgreifenden Auswirkungen auf Nachbargemeinden und auf die Verwirklichung der Ziele der Raumordnung wurden als weitere Kriterien aufgenommen. Wegen des instrumentellen Charakters der BauNVO enthält die Vorschrift keine Planungsgrundsätze. Materielle Anforderungen an die Planung ergeben sich aus konkreten überörtlichen Zielen der Raumordnung (u. A. aus den Landesentwicklungsprogrammen der Länder) oder müssen als Belang in die Planung eingestellt und in die Abwägung einbezogen werden. Die Beurteilung *nachteiliger Auswirkungen* ist für Planungsbeteiligte und Baugenehmigungsbehörden schwierig. Dies ist aus den Antragsunterlagen nicht ohne weiteres erkennbar. Mögliche Auswirkungen hängen nicht nur von der Größe, sondern wesentlich vom Typus des Betriebs (Betriebsform, Warensortiment), seinem Standort innerhalb des Gemeindegebiets sowie seinem Einzugsbereich ab. Da Auswirkungen erst von einer bestimmten Größenordnung der Betriebe angenommen wurden, sind in Absatz 3 nur **großflächige** Betriebe geregelt worden, was auch immer man unter der **Großflächigkeit** versteht (s. Rn 19.1). Nicht großflächige Betriebe fallen aus der Regelung heraus. Bei den großflächigen ist zu prüfen, ob und welche Auswirkungen eintreten *können*, nicht, ob sie tatsächlich eintreten. Die Vorschrift sollte für die Praxis einfach zu handhaben sein. Als Entscheidungshilfe für die Frage, in welchen Fällen ein SO-Gebiet vorzusehen ist, wurde eine **widerlegliche Vermutung** für den möglichen Eintritt von nicht nur unwesentlichen Auswirkungen mit einem aus der Erfahrung gewonnenen Schwellenwert – 1977 noch 1.500 m², ab 1987 nur noch 1.200 m² Geschossfläche – (Satz 3) eingeführt.

15 § 11 Abs. 3 klammert **MK-Gebiete** aus; denn diese dienen vorwiegend der Unterbringung von Handelsbetrieben (aller Art) sowie der zentralen Einrichtungen der Wirtschaft und Verwaltung. Einkaufszentren und großflächige Handelsbetriebe gehören gerade in MK-Gebiete; sie können dort bei Rechtfertigung durch städtebauliche Gründe durch Anwendung des § 1 Abs. 5 i. V. m. Abs. 9 allerdings ausgeschlossen oder als ausnahmsweise zulassungsfähig festgesetzt werden. In den übrigen Baugebieten sind sie unzulässig.

16–16.1 entf.

16.2 Der Handel hat auf die Neuregelung 1977 schnell reagiert und seine Betriebsformen derart angepasst, dass bei einer Geschossfläche von 1.500 m² eine größere Verkaufsfläche erzielt werden konnte, z. B. durch verringerte Lagerhaltung, Verkauf unmittelbar aus dem Lager oder Reduzierung der Nebenflächen. Statistische Erhebungen haben gezeigt, dass die Verkaufsfläche von Einzelhandelsbetrieben im Durchschnitt tatsächlich nur um ca. 20–25 % unter der Geschossfläche liegt und nicht um 33,3 %, wie bei Einführung der Vermutungsregel 1977 noch angenommen, so dass einer Geschossfläche von ca. 1.500 m² oft eine Verkaufsfläche von 1.100 bis 1.200 m² entspricht (*DIHT*, Wegweiser für die Ansiedlung großflächiger Betriebe, 2. Aufl. S. 57, aaO.); bei Fachmärkten kann sie auch noch darüber liegen. (*Schenke*, UPR 1986, 281, Fn. 22, 24, 25).

16.3 Der VOgeber hat auf diese Entwicklung mit der vor die Gesamtnovellierung der BauNVO vorgezogenen **ÄndVO 1987** reagiert und die Vermutungsgrenze auf 1.200 m² abgesenkt.

Zugleich wurde durch eine klarstellende – und rückwirkende – Ergänzung des Abs. 3 durch **Satz 4** auf die erforderliche fallbezogene flexible Handhabung der Vermutungsregel hingewiesen.

Sie war erforderlich geworden, weil die Vermutungsregel in der Praxis vielfach fälschlich als zwingendes Recht angesehen und so gehandhabt wurde, als ob ein großflächiger Einzelhandelsbetrieb mit 1.498 m² knapp unter 1.500 m² Geschossfläche ohne nähere Prüfung seiner Auswirkungen zulässig sei. Das materielle Recht zur Entscheidung über die Zulässigkeit besteht nicht in der ohnehin widerleglichen Vermutungsregel, sondern *ausschließlich* in dem auslegungsbedürftigen Begriff »**Auswirkungen**« (Näheres zur Vermutungsregel Rn 26–27.1).

entf. **16.4**

Zur Ermittlung etwaiger **Auswirkungen** sollten Ast. im eigenen Interesse auch einer Widerlegung der Vermutung im Bauantrag ihre **betrieblichen Besonderheiten** darlegen, soweit diese für die planungsrechtliche Beurteilung von Belang sind. Es ist aber letztlich Aufgabe der Baugenehmigungsbehörde, ggf. anhand von Gutachten, die vom Antragsteller zu fordern oder auf seine Kosten von Amts wegen einzuholen sind, zu prüfen, ob und inwieweit nachteilige städtebauliche oder landesplanerische Auswirkungen eintreten können. Den Baugenehmigungsbehörden werden damit Entscheidungen abverlangt, die an sich nur dem Planungsträger zukommen. Die Vorschrift wurde zunächst nicht wegen ihres materiell-rechtlichen Regelungsinhaltes, sondern insbes. wegen der Unbestimmtheit ihrer Rechtsbegriffe als massiver Eingriff in die Gewerbefreiheit gewertet sowie im Hinblick auf das verfassungsrechtliche Bestimmtheitsgebot in Zweifel gezogen (so noch *Battis*, DÖV 1978, 113; *Jahn*, DVBl. 1988, 273; *Schenke*, UPR 1986, 281, Fn. 2). **16.5**

Das BVerwG hatte seinerzeit **keine verfassungsrechtlichen Bedenken** gegen § 11 Abs. 3. Die Vorschrift sei eine Bestimmung von Inhalt und Schranken des Eigentums (Art. 14 Abs. 1 Satz 2 GG), die dem rechtsstaatlichen Gebot *ausreichender Bestimmtheit* von Eingriffsnormen genüge. Zwar treffe dies auf die Beschreibung der möglichen Auswirkungen u. U. nicht zu, der VOgeber bediene sich aber mit der (*1984 noch 1.500 m²*)-Vermutungsregel einer *zulässigen Typisierung*. Die Vorschrift verstoße wegen des Fehlens einer Ausnahmeregel (Rn 15) auch nicht gegen das *Übermaßverbot*. § 11 Abs. 3 sei weder eine den *Wettbewerb* regelnde noch eine die *Berufsausübung* betreffende Regelung. Auch gegen das *gemeindliche Selbstverwaltungsrecht* sei nicht verstoßen worden; die Entscheidung über zulässige oder unzulässige Standorte für großflächigen Einzelhandel sei nicht von der planenden Gemeinde auf die Baugenehmigungsbehörde verlagert. Diese treffe im Rahmen des § 11 Abs. 3 nämlich keine Ermessens-, sondern eine rechtlich gebundene Entscheidung (BVerwG, U. v. 3.2.1984 – 4 C 54.80 – BRS 42 Nr. 50). **16.6**

Der nicht definierte auslegungsfähige Begriff **Großflächigkeit** hatte in der Vergangenheit zu erheblichen Auslegungsschwierigkeiten bis hin zu verfassungsrechtlichen Bedenken geführt. Klargestellt war bereits, dass die »Großflächigkeit« als *eigenständiges*, von der Vermutungsgrenze unabhängiges Tatbestandsmerkmal behandelt werden musste. Als Maßstab für die Großflächigkeit wurde nach hM die *Verkaufsfläche* herangezogen, über deren Inhaltsbestimmung und den Schwellenwert zur Großflächigkeit jedoch nach wie vor erhebliche Meinungsverschiedenheiten bestanden. Str. war auch, ob die Großflächigkeit eine absolute oder variable Größe sein sollte (Einzelheiten s. 10. Aufl. § 11 Rn 16.7). Obwohl die Vorschrift insoweit bis jetzt nicht geändert worden ist, hat die jüngere Rspr. des BVerwG zu einer abschließenden Klärung der bis dahin offenen Fragen geführt (Näheres Rn 19.1–19.9). **16.7**

Zur **Agglomeration**« (Ballung, *d. Verf.*) mehrerer kleinerer nicht großflächiger Betriebe, die im Einzelnen zwar keine, in der Ansammlung mit anderen Betrieben bei einer **summierenden Betrachtungsweise** aber Auswirkungen i. S. v. § 11 Abs. 3 BauNVO hervorrufen können, s. Rn 32, 32.1. **16.8**

§ 11 Abs. 3 17–18.1

17 Die insgesamt schwerfällige und mehrfach geänderte Vorschrift i. d. F. von 1990 zeigt die Schwierigkeit, das Spannungsverhältnis zwischen den Interessen des Einzelhandels, einer guten (Nah-)Versorgung der Bevölkerung und der Erhaltung der Urbanität der Städte und Gemeinden als *ein* Ziel der städtebaulichen Entwicklung und Ordnung mit (ausschließlich) **planungsrechtlichen Mitteln** sachgerecht zu lösen. Diese sind im Grunde keine geeigneten Instrumente zur Steuerung ökonomischer Entwicklungen, sie sollen lediglich städtebauliche und landesplanerische Ziele verwirklichen helfen und haben daher nur einen begrenzten Einsatzzweck (*Bröll-Hannig,* BayVBl. 1979, 353). Eine durchgreifende Verbesserung der städtebaulichen Entwicklung setzt voraus, dass die Gemeinden ihr **älteres Ortsbaurecht**, insbes. die auf der Grundlage der BauNVO 1962 aufgestellten GE- und GI-Gebiete, – soweit noch nicht geschehen – an die geltende BauNVO **anpassen**. Die Vorschrift hat nämlich keine Rückwirkung auf ältere Pläne, sondern gilt nur für B-Pläne ab der jeweils geltenden Fassung. Für die Änderung älterer B-Pläne genügt u. U. ein einfacher (textlicher) B-Plan, auch soweit damit zusätzlich die Instrumente des § 1 Abs. 5 und 9 angewendet werden.

Durch die **BauGB-Novelle 2006** sind in die bei der Bauleitplanung zu berücksichtigenden Belange nach § 1 Abs. 6 Nr. 4 die Worte »sowie die Erhaltung und Entwicklung zentraler Versorgungsbereiche« eingefügt worden.

Mit dieser Änderung soll die Erhaltung und Entwicklung zentraler Versorgungsbereiche ausdrücklich als Belang der Bauleitplanung benannt werden. Die Erhaltung und die Entwicklung zentraler Versorgungsbereiche in den Städten und Gemeinden ist von hoher städtebaulicher Bedeutung, und zwar zur Stärkung der Innenentwicklung und der Urbanität der Städte sowie besonders auch zur Sicherstellung einer wohnortnahen Versorgung, die angesichts der demografischen Entwicklung besonderen Schutzes bedarf, namentlich auch wegen der geringeren Mobilität älterer Menschen. Der Belang wird im BauGB und in der BauNVO an verschiedenen Stellen genannt (§ 2 Abs. 2 Satz 2 und § 34 Abs. 3 BauGB; § 11 Abs. 3 Satz 2 BauNVO); er fehlte jedoch bisher als ausdrücklich benannter allgemein für die Bauleitplanung zu berücksichtigender Belang und vervollständigt damit das mit der Neuregelung in § 9 Abs. 2a BauGB verfolgte Anliegen auch für andere Fallgestaltungen in der Bauleitplanung (vgl. Begr. BT-Drucks. 16/3308 v. 8.11.2006).

Auch **kritische Innenbereiche** i. S. d. **§ 34 Abs. 1 BauGB** bedürfen zur Berücksichtigung des o. g. Belangs bei Erforderlichkeit einer Überplanung, z. B. durch geeignete Baugebiete nach der BauNVO oder – aufgrund der Neuregelung im BauGB 2006 – durch Ausschluss oder Einschränkung von großflächigen Einzelhandelsbetrieben durch einfachen B-Plan nach § 9 Abs. 2a BauGB. Im Übrigen dürfen bereits nach § 34 Abs. 3 BauGB 2004 von Vorhaben ohnehin keine schädlichen Auswirkungen auf zentrale Versorgungsbereiche in der Gemeinde oder in anderen Gemeinden zu erwarten sein; die Abweichensregelung des § 34 Abs. 3a Satz 1 Nr. 1 BauGB 2004 findet nach Satz 2 der Vorschrift keine Anwendung auf Einzelhandelsbetriebe mit solchen schädlichen Auswirkungen (Näheres s. Erl. zu § 34 BauGB, Rn 28).

18 b) **Zu den Begriffsinhalten (Satz 1). – aa) Einkaufszentren (Nr. 1).** Eine normative Begriffsbestimmung für Einkaufszentren (EKZ) besteht nicht. Eine erste Definition dieser in den 1960er Jahren aufgetretenen Betriebsform des Einzelhandels stammte aus dem Bereich des Handels selbst (Näheres s. 10. Aufl., § 11 Rn 18). Sie enthielt bereits typische Merkmale von EKZ, auf die es in *planungsrechtlicher* Hinsicht nicht allein ankommt; sie waren seinerzeit jedoch zur Begriffsbestimmung hilfreich.

18.1 Die Länder bezeichneten in den Erlassen zur BauNVO Einkaufszentren daher i. d. R. als »räumliche Zusammenfassungen von Einzelhandelsbetrieben verschiedener Art und Größe – zumeist in Kombination mit verschiedenartigen Dienstleistungsbetrieben –, die i. d. R. einen einheitlich geplanten, finanzierten, gebauten und verwalteten Komplex bilden«.

18.2 Da der Begriff »Einkaufszentrum« keine bestimmte einzelne Nutzung, sondern ein **Sammelbegriff für verschiedene Nutzungen** wie Einzelhandelsbetriebe, Läden, Speise- und Schankwirtschaften, nicht störende Handwerksbetriebe und sonstige Dienstleistungsbetriebe ist, wird durch die Festsetzung »Einkaufszentrum« die Zulässigkeit von Nutzungen nicht abschließend geregelt (so auch *Hoppe/Beckmann*, DÖV 1989, 290 Fn. 26). Insbes. sind auch solche Dienstleistungsbetriebe zulässig, die in einer Beziehung zum Einkaufen stehen oder deren Inanspruchnahme mit ihm üblicherweise verbunden werden kann. Dazu gehören z. B. – je nach Größe des Einkaufszentrums – Reisebüros, Bank- und Sparkassenfilialen, Wettannahmebüros, Reinigungen, Tankstellen mit Wasch- und Pflegehallen im Zusammenhang mit den Kundenstellplätzen und -garagen, jedoch auch bestimmte Vergnügungs- und Sportstätten wie Diskotheken, Kinos, Bäder und Saunen, ferner öffentliche Einrichtungen wie Post, Bücherhallen, Sozialeinrichtungen und Bürgergemeinschaftseinrichtungen, soweit die Investoren eine solche multifunktionale Nutzung für vertretbar halten. In Einkaufszentren, die z. B. im MK-Gebiet zugelassen werden, sind sämtliche in § 7 aufgeführten Nutzungen zulässig bzw. ausnahmsweise zulassungsfähig.

18.3 Eine **Mindestgröße von Einkaufszentren** war schon in der BauNVO 1968 nicht festgelegt; bei Einführung der Regelung des § 11 Abs. 3 wurde entsprechend den damaligen Erfahrungen davon ausgegangen, dass Einkaufszentren i. d. R. mindestens 10.000 m² Verkaufsfläche (VF) haben sollten, um der ihnen zugedachten Funktion gerecht werden zu können. Die erforderliche Mindestgröße wird inzwischen differenzierter gesehen.

Hauth nimmt unter Bezug auf den BayVGH (U. v. 30.12.1986 – 20 B 86.01786 – ZfBR 1988, 98) ein Einkaufszentrum ebenfalls erst bei einer Massierung mehrerer Einzelhandelsgeschäfte von bestimmtem Gewicht und gewisser Bedeutung auf einem oder mehreren Grundstücken bei einer Verkaufsfläche von nicht wesentlich unter 10.000 m² an (BauR 1988, 517). *Leder* (Rechtsfragen bei der Ansiedlung von Einkaufszentren, aaO., S. 21) nimmt ein Einkaufszentrum dagegen schon bei 6.000–7.000 m² Verkaufsfläche an, da bei dieser Größenordnung eine Branchenvielfalt möglich sei, wie sie nach dem Sprachgebrauch einem Einkaufszentrum entspricht. Die ARGEBAU hatte im Mustererlass zur BauNVO 1977 (5. Aufl., Anh. 8) eine Mindestgröße von 1.500 m² Geschossfläche vorausgesetzt. Im Hinblick auf die durch die ÄndVO 1987 reduzierte Vermutungsgrenze geht das OVG NW (B. v. 23.11.1987 – 11 B 1448/87 – NVwZ-RR 1988, 9 = DVBl. 1988, 548) sogar schon von 1200 m² Geschossfläche als Mindestgröße aus, was einer Verkaufsfläche von nur 800–1000 m² entspricht (ebenso *Kniep*, GewArch. 1990, 316). Diese geringe Größe, der auch *Ziegler*, in: *Brügelmann* (§ 11 Rdn. 46) und *Knaup/Stange* (§ 11 Rdn. 47) zustimmen, ist jedoch für den Regelfall viel zu niedrig und entspricht nicht den Zielvorstellungen des VOgebers, der die Einkaufszentren bewusst nicht in die Vermutungsregel des Satzes 3 einbezogen hat.

18.4 Eine **Ansammlung von nur wenigen Läden** ist jedenfalls nicht als Einkaufszentrum anzusehen (so OVG NW, B. v. 23.11.1987 – 11 B 1448/87 – aaO. Rn 18.3; *Söfker*, in: E/Z/B, § 11 Rdn. 49; *Schenke*, UPR 1986, 281 u. NVwZ 1989, 632). Eine solche Ladengruppe ist bestenfalls ein »Ladengebiet« i. S. v. § 11 Abs. 2, nicht dagegen ein Einkaufszentrum i. S. v. § 11 Abs. 3. Der VOgeber hat nämlich vorausgesetzt, dass von Einkaufszentren wegen ihrer Größe *immer* Auswirkungen i. S. v. Satz 2 ausgehen, und hat sie daher nicht in die widerlegliche Vermutung einbezogen. Beurteilungsprobleme ergeben sich im Einzelfall besonders dadurch, dass sich kleinere Ladengruppen zwecks größerer Kundenanziehung selbst als »Einkaufszentrum« bezeichnen. Auf die Bezeichnung der Vorhaben kommt es jedoch nicht an, sondern allein auf die geplante

§ 11 Abs. 3   18.5, 18.6

Nutzungsstruktur und die zu erwartenden Auswirkungen (so auch *Hoppe/ Beckmann*, DÖV 1990, 290, Fn. 10).

18.5 Die erheblich voneinander abweichenden Auslegungen lassen erkennen, dass eine einheitliche typisierende Bestimmung des Begriffs Einkaufszentrum kaum möglich ist. Es kommt daher wesentlich auf die Verhältnisse des Einzelfalls, die Größe des betreffenden Orts oder Ortsteils sowie die Wechselwirkungen zwischen den in Frage kommenden Kriterien und der Umgebung an (zustimmend *Beckmann/Sonnemann*, UPR 1992, 221). Das **BVerwG** kommt in seinem U. v. 27.4.1990 – C 16.87 – (BauR 1990, 573 = UPR 1990, 339 = ZfBR 1990, 239 = BRS 50 Nr. 67 = DÖV 1990, 748 = DVBl. 1990, 1110 = NVwZ 1990, 1074) zu der Auffassung, es könne offenbleiben, ob überhaupt eine **abstrakte Begriffsbestimmung für das »Einkaufszentrum«** gefunden werden kann. In der Begr. ist dazu ausgeführt:

»*In Übereinstimmung mit dem allgemeinen Sprachgebrauch*« – so das BVerwG unter Bezugnahme auf die einschlägige Literatur – »*ist ein Einkaufszentrum im Rechtssinn nur dann anzunehmen, wenn eine räumliche Konzentration von Einzelhandelsbetrieben verschiedener Art und Größe – zumeist in Kombination mit verschiedenartigen Dienstleistungsbetrieben – vorliegt, die entweder geplant ist oder sich doch in anderer Weise als ›gewachsen‹ darstellt. Im Regelfall wird es sich um einen einheitlich geplanten, finanzierten, gebauten und verwalteten Gebäudekomplex handeln. Aus der für die Anwendung des § 11 Abs. 3 BauNVO maßgeblichen Sicht – insbesondere im Hinblick auf die Auswirkungen auf die Versorgungsstruktur einer Gemeinde – kann aber auch eine nicht von vornherein als solche geplante und organisierte Zusammenfassung von Einzelhandels- und Dienstleistungsbetrieben ein Einkaufszentrum i.S. von § 11 Abs. 3 Satz 1 Nr. 1 BauNVO darstellen. Ein solches ›Zusammenwachsen‹ mehrerer Betriebe zu einem ›Einkaufszentrum‹ setzt jedoch außer der erforderlichen räumlichen Konzentration weiter gehend voraus, dass die einzelnen Betriebe aus der Sicht des Kunden als aufeinander bezogen, als durch ein gemeinsames Konzept und durch Kooperation miteinander verbunden in Erscheinung treten. Diese Zusammenfassung kann sich in organisatorischen oder betrieblichen Gemeinsamkeiten, wie etwa in gemeinsamer Werbung unter einer verbindenden Sammelbezeichnung, dokumentieren. Nur durch solche äußerlich erkennbaren Merkmale ergibt sich die für die Anwendung des § 11 Abs. 3 Satz 1 Nr. 1 BauNVO notwendige planvolle Zusammenfassung mehrerer Betriebe zu einem ›Zentrum‹ und zugleich die erforderliche Abgrenzung zu einer beliebigen Häufung von jeweils für sich planungsrechtlich zulässigen Läden auf mehr oder weniger engem Raum.*«

18.6 Das U. des BVerwG v. 27.4.1990 – 4 C 16.87 – (Fundst. Rn 18.5) ist nicht ohne Kritik geblieben. Diese setzt insbes. an dem Abstellen auf organisatorische oder betriebliche Gemeinsamkeiten als Voraussetzung für das Vorliegen eines Einkaufszentrums an. Eine Ansammlung von Läden, die für sich gesehen noch kein Einkaufszentrum sei, könne durch das Hinzutreten weiterer Einzelhandelsgeschäfte in ein Einkaufszentrum »umkippen«. Einer solchermaßen etappenweise bewirkten Bildung eines Einkaufszentrums steht es nicht im Wege, dass diese nicht von vornherein geplant gewesen sei, denn eine derartige planerische Absicht sei für den Begriff des Einkaufszentrums nicht konstituierend (vgl. 10. Aufl., § 11, so z.B. *Schenke*, Wirtschaftsverwaltung und Umweltrecht 1990, 61, vgl. *Söfker*, in: E/Z/B/K § 11 Rdn. 49). *Jahn* (UPR 1989, 371) sieht darin jedoch – aus diess. Sicht zutreffend – eine unzulässige Zurechnung von Auswirkungen i.S.d. § 11 Abs. 3 Satz 2 eines Drittbetriebs, die gar nicht Gegenstand des Genehmigungsverfahrens sei.

Würde ein Einkaufszentrum stets bereits bei einem einfachen Hinzuwachsen (sog. »**Agglomeration**«) einzelner Betriebe zu einer vorhandenen Ansammlung von Betrieben – z.B. einer Einkaufsstraße im MI-Gebiet eines Stadtteils – mit der Folge anzunehmen sein, dass nach dem »Windhundprinzip« der letzte die magische Schwelle der »Auswirkungen« überschreitet und somit unzulässig wird, während alle anderen zulässig bleiben, hätte die Vorschrift anders lauten müssen. Dadurch, dass das Einkaufszentrum als Nutzungstyp jedoch besonders hervorgehoben ist, müssen an den Begriff auch besondere Merkmale geknüpft werden, wie sie das BVerwG zu formulieren versucht hat. Die Agglomeration – vom BVerwG jetzt als »Funktionseinheit« bezeichnet (s. Rn 16.8 f.) – mehrerer selbständiger nicht unter die Vermutungsregel fallender Betriebe zu einer größeren Einheit mit »Auswirkungen« ist nach wie vor ein Problem, das mit § 15 Abs. 1 kaum zu bewältigen ist (s. Rn 16.8, 32.1).

18.7 Auch *Beckmann/Sonnemann* (Fundst. Rn 18.8) kritisieren den nach ihrer Ansicht fehlgeschlagenen Versuch des BVerwG einer Differenzierung zwischen den geplanten und den gewachsenen Einkaufszentren, wobei das BVerwG auch bei den gewachsenen wiederum an eine »planvolle Zusammenfassung« mehrerer Betriebe zu einem Zentrum anknüpfe. *Sie wollen das BVerwG möglicherweise so verstehen, dass es auf eine* von vornherein *einheitliche Planung verzichten wollte, nicht jedoch auf eine* nachträgliche, *dem Zusammenwachsen mehrerer Betriebe vorangehende* »planerische Absicht«. *Gewachsene Einkaufszentren wären danach nur solche Betriebsansammlungen, bei denen im Nachhinein ein gemeinsames Konzept aus der Sicht des Kunden durch die Kooperation der verschiedenen Betriebe miteinander deutlich wird.*

18.8 Unter Berücksichtigung des z.T. kritisierten Urteils des BVerwG (aaO.) und der dazu ergangenen Kritiken (weitere s. 10. Aufl. § 11 Rn 18.6–18.8) lassen sich folgende **Begriffsmerkmale für Einkaufszentren als maßgebend** festhalten:

Es muss sich um eine räumliche Zusammenfassung von Einzelhandelsbetrieben und ergänzenden Nutzungen von insgesamt beachtlicher Größe erheblich über 1 500 m² Geschossfläche handeln, wobei sich Mindestzahlen weder für die zusammengeschlossenen Betriebe noch deren Gesamtverkaufsfläche festlegen lassen. Eine Mindestverkaufsfläche von 10.000 m² in jedem Fall zu fordern, würde zu weit gehen; in kleineren Städten und Gemeinden kann auch bei einer erheblichen Unterschreitung dieser Schwelle u. U. schon von einem Einkaufszentrum gesprochen werden. I. d. R. sollte zwar ein warenhausähnliches Warenangebot vorliegen, eine lückenlose Sortimentsabdeckung ist aber nicht erforderlich. An die geschäftlichen oder organisatorischen Beziehungen der Betriebe untereinander sind keine besonderen Anforderungen zu stellen; es ist unerheblich, ob ein Einkaufszentrum gewachsen oder einheitlich geplant ist. Entscheidend ist, dass die Ansammlung der Betriebe von den Kunden als Einkaufs*zentrum* empfunden wird und auf sie gewissermaßen als »Kundenmagnet« eine starke Anziehungskraft ausübt, die der VOgeber bei Erlass der Vorschrift unterstellt hat, so dass es zu den näheren (insbesondere Verkehrsbelastungen in der Umgebung) und ferneren (insbes. Abzug von Kaufkraft aus anderen Ortsbereichen) städtebaulichen Wirkungen kommen kann. Diese **zentrenbildende Magnetbildung** stellt sich umso mehr ein, je vielfältiger das Warenangebot ist, je attraktiver es angeboten wird (z. B. unter einem Dach) und je geringer die städtebauliche Verdichtung der Umgebung ist, oder wenn sich in der Ansammlung von Betrieben ein überdurchschnittlich großes und leistungsfähiges Unternehmen befindet. Die Konzepte für neuere Einkaufszentren tendieren mehr zu Erlebniswelten (Urban-Entertainment-Center – UEC), in denen zur Erhöhung der Attraktivität neben Einzelhandelsbetrieben auch Restaurants, Bars, Cafés, Fitness- und Freizeiteinrichtungen, Multiplex-Kinos, Media-Märkte und andere Anziehungspunkte eingerichtet werden. Auch UEC sind Einkaufszentren. Was im dörflichen Bereich als Ansammlung einiger Einzelhandelsbetriebe bereits ein Einkaufszentrum ausmachen kann, muss in einem Oberzentrum noch lange keine Anziehungskraft auf Kunden ausüben (zustimmend *Beckmann/Sonnemann*, UPR 1992, 221). Ein Trödelmarkt ent-

§ 11   Abs. 3   18.9, 18.10

spricht seiner Struktur nach jedenfalls nicht dem Einkaufszentrum (OVG NW, B. v. 21.7.1995 – 10 B 1978/95 – BauR 1995, 821 = NVwZ-RR 1996, 135).

18.9 Factory Outlet Center (FOC, Hersteller-Direktverkaufs-Zentren), eine jüngere Betriebsform des Handels, sind i.d.R. Einzelhandelsbetriebe, in denen die Hersteller entweder am Standort des Fertigungsbetriebs (Werksverkauf) oder – losgelöst von der eigentlichen Fabrikationsstätte – in baulichen Zusammenfassungen von Ladengeschäften (Outlet Stores) in einem einheitlichen Gebäudekomplex, ihre Waren (hochwertige Markenartikel) unter Umgehung des Groß- und Einzelhandels direkt an den Endverbraucher verkaufen. Die Waren beschränken sich im Kern meist auf Bekleidung (ca. 60–70 % des Gesamtangebots), daneben Schuhe, Lederwaren, Accessoires und Glas/Keramik/Porzellan möglichst namhafter und exklusiver Hersteller. Veräußert werden zu erheblich reduzierten Preisen diejenigen Waren, die im regulären Facheinzelhandel nicht oder jedenfalls nicht zu den sonst üblichen Preisen abgesetzt werden können, und zwar insbes. Waren 2. Wahl (mit kleinen Fehlern), Modelle vergangener Saison, Auslaufmodelle, Restposten aus Überproduktionen, Retouren und Waren für Markttestzwecke. Aufgrund ihrer Anziehungskraft ist der Einzugsbereich von FOC außerordentlich weit (bis zu 90 Fahrminuten) und können deren Auswirkungen erheblich sein (vgl. *Otting*, DVBl. 1999, 595). FOC sind größere **Einkaufszentren** (EKZ), die von den Betreibern meist nicht an städtebaulich integrierten Standorten, sondern gezielt an Außenstandorten »auf der grünen Wiese« und möglichst in der Nähe eines Autobahnanschlusses beantragt werden. Schon bald nach ihrem Auftreten wurde kritisiert, dass es durch solche EKZ zum »Trading Down« und schließlich zum Leerlaufen der Innenstädte komme (vgl. Einzelheiten 10. Aufl., § 11 Rn 18.9).

18.10 FOC unterliegen **denselben planungsrechtlichen Vorschriften** wie die in § 11 Abs. 3 Satz 1 Nr. 1 aufgeführten Einkaufszentren und sind daher ebenso wie diese auf die von ihnen zu erwartenden Auswirkungen zu prüfen. Der Einstufung eines FOC als EKZ steht nicht entgegen, dass sein Branchenspektrum ggf. nur beschränkt ist. Es kommt weniger auf ein umfassendes Warenangebot als auf die räumliche Konzentration von Einkaufsmöglichkeiten an. Maßgeblich ist, dass einzelne Betriebe aus der Sicht des Kunden als aufeinander bezogen, als durch ein gemeinsames Konzept und durch Kooperation miteinander verbunden in Erscheinung treten (vgl. BVerwG, U. v. 1.8.2002 – 4 C 5.01 – DVBl. 2003, 63). Gehen die städtebaulichen Auswirkungen von Hersteller-Direktverkaufszentren (bzw. FOC) insbes. wegen der Größenordnung dieser Betriebe, der Zentrenrelevanz ihres Kernsortiments und der Reichweite ihres Einzugsbereichs über die Auswirkungen der üblichen Formen des großflächigen Einzelhandels hinaus, *kann es gerechtfertigt sein*, sie landesplanerisch einer im Vergleich zum sonstigen großflächigen Einzelhandel strengeren Sonderregelung zu unterwerfen und **nur in Oberzentren** an **städtebaulich integrierten Standorten** zuzulassen (BVerwG, B. v. 8.3.2006 – 4 B 75.05 – BauR 2006, 1087 = NVwZ 2006, 932 = UPR 2006, 236 = ZfBR 2006, 352). Gem. §§ 15, 17 ROG ist für die Errichtung von EKZ bzw. FOC ein Raumordnungsverfahren durchzuführen. Grds. sind FOC als Einzelhandelsgroßprojekte am zentralörtlichen Gliederungssystem auszurichten (so bereits zutreffend Präsidiumsbeschluss des NWStGB-Präsidiums vom 27.5.1998). Zu prüfen ist unter Zuhilfenahme fachgutachterlicher Untersuchungen jeweils, ob der mutmaßliche Einzugsbereich eines FOC bedeutend über die bereits vorhandenen oder für Orte der fraglichen Zentralität vorgesehenen Versorgungsstrukturen hinausgeht und welche Kaufkraftabflüsse aufgrund von Einzelhandelsgutachten (bis zu wie viel Prozent) noch vertretbar sind. Auf jeden Fall scheidet der Außenbereich (§ 35 BauGB) als geeigneter Standort von vornherein aus. Eine Zulassung ohne jegliche Planung wäre nicht zulässig (vgl. BVerwG, U. v. 1.8.2002, aaO.)

Die Prüfung, ob eine nicht hinzunehmende Beeinträchtigung der benachbarten Gemeinde vorliegt, konzentriert sich in letzter Zeit immer mehr auf die Prognostizierung und Beurteilung des mit dem Vorhaben mutmaßlich verbundenen Kaufkraftabzug (hierzu vgl. *Uechtritz*, BauR 1999, 572; *Otting*, DVBl. 1999, 595; *Schmitz*, ZfBR 1999, 1100), insbes., ob die durch das Projekt mutmaßlich bewirkte Umsatzverteilung einen bestimmten Umfang überschreite. So werden bei einer Umsatzumverteilung von bis zu 10% i. A. keine gravierenden städtebaulichen Auswirkungen angenommen, auch ein größerer Umsatzverlust für einzelne Branchen sei dann unschädlich, solange nicht für die gesamte Innenstadt eine kritische Schwelle überschritten werde. Das OVG NW sieht jedoch abweichend davon im Urt. v. 5.9.1997 (– 7 A 2902/93 – BRS 59 Nr. 70 = BauR 1998, 309) bereits einen Umsatzverlust von 10% für den innerstädtischen Einzelhandel als nicht mehr unwesentlich an (vgl. auch *Dolde/Menke*, NJW 1999, 170). Die Beeinträchtigung einer Nachbargemeinde maßgeblich von der Prognostizierung eines Umsatzverlustes abhängig zu machen, erscheint problematisch, weil die Beurteilung von Kaufkraftumverteilungen außerordentlich schwierig und nur sehr ungenau prognostizierbar ist. Die Frage des noch unwesentlichen Umsatzverlustes kann daher nicht pauschal mit einem bestimmten Grenzwert beantwortet werden, sondern bedarf in jedem Einzelfall einer besonderen fachgutachterlichen Beurteilung (vgl. *H. Schmitz*, ZfBR 2001, 85 m. w. N.).

18.11

Nicht überzeugend sind die Ausführungen in der Entschließung der Ministerkonferenz für Raumordnung vom 3.6.1997 (abgedr. in: NdsMBl. 1997, 1635), wonach FOC außerhalb von Großstädten/Oberzentren generell nicht zulässig sei, sowie entspr. Ziele der Raumordnung und ein mit diesen einhergehendes sog. »Kongruenzgebot« (bzw. »Konzentrationsgebot« bei OVG Koblenz, NVwZ 1999, 435). Danach dürfen Versorgungseinrichtungen (u. Ä.) mit überörtlichem Einzugsbereich zwingend nur in den zentralen Orten angesiedelt werden. Gegen eine derart strikte Zentralitätsbindung bestehen verfassungsrechtliche Bedenken wegen eines Eingriffs in die Planungshoheit der Gemeinden (vgl. *Erbguth*, NVwZ 2000, 969; *Hoppe*, NWVBl. 1998, 461 m.w.N.; *ders.*, DVBl. 2000, 293). Auch eine strikte Festlegung etwa von Verkaufsflächenbegrenzungen im Rahmen der landesplanerischen Zielanpassung würde einen zu weitgehenden Eingriff in die kommunale Planungshoheit bedeuten (vgl. *H. Schmitz*, aaO. ZfBR 2001, 85).

18.12

Gegen eine generelle Zentrenunverträglichkeit von FOC werden verschiedentlich deren Besonderheiten gegenüber dem innerstädtischen Einzelhandel angeführt:

- das im Wesentlichen auf Bekleidung und Schuhe beschränkte fachbezogene Sortiment sei – anders als beim herkömmlichen innerstädtischen Fachhandel – nicht für eine Vielzahl von Verbrauchern von Interesse.
- FOC würden lediglich eine eingeschränkte Sortimentsbreite und -tiefe anbieten; es handele sich vielfach um Produkte der vorherigen Saison, Waren 2. Wahl, Retouren, Restposten, Produkte zu Markttestzwecken und Musterkollektionen, Produkte, die im integrierten Einzelhandel allenfalls saisonal oder gar nicht absetzbar sind.
- Dies führe zu einem besonderen Kaufverhalten einer besonderen Kundenstruktur (Besserverdienende, gehobene soziale Schichten), die nicht mit dem Durchschnitts- oder Querschnittscharakter der – nach OVG NW (NVwZ 1999, 79) – »Vielzahl« von Verbrauchern identisch sei. Der Besuch des Centers werde von den angesprochenen Käuferschichten auch als Freizeitgestaltung durch Erlebniskauf verstanden, nicht dagegen als Alternative zur herkömmlichen Nahversorgung mit Textilien.
- Der große Einzugsbereichs und die Zusammensetzung der Sortimente bringe eine erhebliche Streuwirkung der Umsätze mit sich

18.13

(vgl. *Erbguth*, aaO. NVwZ 2000, 969 m.w.N. auch zur Rspr. der OVG; *Otting* aaO. DVBl. 1999, 595).

§ 11 Abs. 3 18.14–19

18.14 Nachbargemeinden bzw. betroffene Gemeinden konnten früher – wie Erfahrungen zeigten (vgl. Rn 11.21 und Hinweise auf die Rspr. in der 10. Aufl., § 11 Rn 18.14) – unter Berufung auf das **interkommunale Abstimmungsgebot** des § 2 Abs. 2 BauGB a. F. die Genehmigung für ein FOC bzw. EKZ oder eine entsprechende Bauleitplanung i. d. R. nicht verhindern. Nach dem durch das **EAG Bau 2004** in § 2 Abs. 2 BauGB eingefügten **Satz 2** können sich die Gemeinden bei der Abstimmung auch auf die ihnen durch **Ziele der Raumordnung** zugewiesenen Funktionen sowie auf Auswirkungen auf ihre zentralen Versorgungsbereiche berufen. Damit ist der Nachbargemeinde unter Berufung auf Ziele der Raumordnung ein verstärktes Abwehrrecht eingeräumt worden.

Ziele der Raumordnung müssen allerdings hinreichend konkret sein. Enthalten sie Soll-Vorschriften, bei denen das Regel-/Ausnahmeverhältnis nicht klar festgelegt ist, kann es am erforderlichen Bestimmtheitsgebot mangeln und das Ziel unwirksam sein (so z. B. § 24 Abs. 3 LEPro NRW, vgl. BVerwG, B. v. 28.12.2005 – 4 BN 40.05 – BauR 2006, 802 = NVwZ 2006, 458 = UPR 2006, 159 = ZfBR 2006, 255). Außerdem kann die Gemeinde verlangen, dass ihre Interessen in der Abwägung der Belange (§ 1 Abs. 7 BauGB n. F.) berücksichtigt werden (vgl. BayVGH, U. v. 3.5.1999 – 1 N 98.1021 – BauR 1999, 1140 = StuGR 1999, 33). Eine Verletzung des Abstimmungsgebots kann gegeben sein, wenn die Auswirkungen eines FOC oder EKZ unmittelbar und gewichtig sind, sowie in eine städtebauliche Dimension umschlagen (vgl. *Stüer/Rude*, DVBl. 2000, 317). Die Verhinderung bloßer Wettbewerbsnachteile für bestimmte Einzelhändler oder einzelne Branchen reicht nicht aus. Zu Einzelheiten zu städtebauliche Auswirkungen insbes. durch eine durch ein FOC oder EKZ ausgelöste Umsatzumverteilung s. Rn 11.21.

18.15 Selbstverständlich besteht immerhin die latente Gefahr, dass sich aus einem ursprünglichen FOC *ohne* Zentrenrelevanz durch Hinzunahme anderer Sortimente mit anderen Wareneigenschaften letztlich ein »normales« Einkaufszentrum *mit* Zentrenrelevanz entwickeln kann. Im Einzelfall muss geprüft werden, ob eine solche beabsichtigte Umwandlung mit einer genehmigungspflichtigen bauplanungsrechtlich relevanten Nutzungsänderung verbunden ist (vgl. *Bundesregierung*, Antwort auf die Kleine Anfrage »Auswirkungen von Factory Outlet Centern auf die Entwicklung der Innenstädte«, BT-Drucks. 14/3634), z. B., wenn im B-Plan der Anlagentyp »Factory Outlet Center« festgesetzt ist.

Ob durch eine über die Möglichkeit der Festsetzung bestimmter Sortimente hinausgehende zusätzliche Festsetzung auch die Qualität des Sortiments bzw. bestimmte Waren*eigenschaften* wie »zulässig für Waren zweiter Wahl, Retouren, Restposten, Musterkollektionen« und dergl. festgesetzt werden können, erscheint zweifelhaft; denn eine derartige Einschränkung eines Einzelhandelsbetriebs ist planungsrechtlich weder eine Art der Nutzung (im SO-Gebiet, § 11 Abs. 2 BauNVO) noch ein besonderer Anlagentyp im (GE-Gebiet, § 1 Abs. 9 BauNVO). Abgesehen davon wäre eine solche Festsetzung auch durch § 11 Abs. 3 Satz 4 nicht gedeckt und kaum vollziehbar.

Die durch die Auswirkungen eines FOC betroffenen Nachbargemeinden sollten sich nicht allein auf im Einzelfall rechtlich schwierige Abwehrmaßnahmen durch eine restriktive Genehmigungspraxis verlassen, sondern sich den Herausforderungen des unaufhaltsamen Strukturwandels aktiv durch konstruktive Maßnahmen des Stadtmarketing zur Verbesserung der Attraktivität ihrer Innenstädte stellen und deren Vorteile gegenüber den FOC herausstellen und ausbauen, wie Verbesserung des Verkehrs (Verkehrsleitsysteme), eindeutiges Erscheinungsbild durch hochwertige Gestaltung, Förderung des Einkaufserlebnisses, Verbesserung der Gastronomie, Vielfalt des Angebots, Beratung des Einzelhandels durch die Wirtschaftsförderung i. S. d. notwendigen Neubewertung des Branchenmix« und von Veränderungen in den Sortimenten (vgl. *Thalacker*, BWGZ 2001, 91).

19 bb) **Großflächige Einzelhandelsbetriebe (Nr. 2).** Der Begriff »Einzelhandel« wird sowohl *funktionell* als auch *institutionell* verstanden. Im Hinblick auf die von den Vorhaben zu erwartenden Auswirkungen kommt es in Abs. 3 weniger auf den institutionellen Begriff des Einzelhandels an, wie er in § 1 des

Gesetzes über die Berufsausübung im Einzelhandel (s. § 5 Rn 15) erläutert ist, sondern auf den funktionellen Begriff, wie ihn früher der inzwischen aufgehobene §6a UWG v. 7.6.1909, RGBl. S. 499 (BGBl. I S. 685) enthielt (wie hier *Knaup/Stange*, § 11 Rn 50). Danach betreibt **Einzelhandel, wer ausschließlich oder überwiegend letzte Verbraucher beliefert.**

Nach § 11 Abs. 3 sollen nur noch solche Einzelhandelsbetriebe einer vorsorgenden Planung zugeführt werden, die *großflächig* sind *und* die in Satz 2 genannten nicht nur unwesentlichen Auswirkungen erwarten lassen. Unter Berücksichtigung des mit der Vorschrift verfolgten Zwecks kommen dabei jedoch nur *offene Verkaufsstellen* in Betracht; der *Versandhandel* und der *Genossenschaftshandel* (nicht gewerbsmäßiger Verkauf nur an Mitglieder) dürften wegen mangelnder Auswirkungen nach Satz 2 ausscheiden. Andere Einzelhandelsbetriebe, die zwar »großflächig« sind, aber trotzdem keine der genannten Auswirkungen erwarten lassen, oder solche Betriebe, die zwar »kleinflächig« sind, aber trotzdem solche Auswirkungen haben könnten, fallen nicht unter die Vorschrift und sind in den jeweiligen Baugebieten zulässig. Die **Anwendung des § 11 Abs. 3** setzt also stets **kumulativ** sowohl die **Großflächigkeit** als auch die **Möglichkeit von Auswirkungen** voraus. Die Auffassung von *Söfker*, in: *E/Z/B/K* (§ 11 Rdn. 79), kleinere Betriebe – gleich, ob sie großflächig sind oder nicht, entscheidend sei allein eine geringere Geschossfläche als 1.200 m² – würden nicht der Zulässigkeitsregel des § 11 Abs. 3 unterliegen, ist unzutreffend, weil auch Betriebe mit weniger als 1.200 m² Geschossfläche, die mit mehr als (nach verbreiteter Meinung) 800 m² Verkaufsfläche großflächig sind, »Auswirkungen« haben können. Dies ergibt sich auch aus dem 1987 eingefügten Ausnahmetatbestand des Satzes 4 des § 11 Abs. 3.

Die **Großflächigkeit** ist in der Vorschrift – abgesehen von dem mit ihr *nicht identischen* Schwellenwert der Vermutungsregel in Satz 3 – nicht erläutert, ein Schwellenwert nicht festgelegt. Ebensowenig ist bestimmt, ob die Größe der Grundfläche, der Geschäftsfläche, der Geschossfläche oder der Verkaufsfläche maßgebend ist. Nach der Entstehungsgeschichte der Vorschrift ist der Ausgangspunkt die *Verkaufsfläche* gewesen (*Bundesforschungsanstalt für Landeskunde und Raumordnung*, Standortprobleme bei Verbrauchermärkten 9/76, 423 f.); denn von deren Größe sind die genannten nicht nur unwesentlichen Auswirkungen entscheidend abhängig. In einem kleineren mehrgeschossigen Kaufhaus kann die Grundfläche verhältnismäßig klein, die Verkaufsfläche dagegen groß sein. **19.1**

Die **Geschossfläche** ist **als Maßstab für die Großflächigkeit** eines Einzelhandelsbetriebs **weniger geeignet.** Da ein bestimmtes Verhältnis zwischen der Geschossfläche und der Verkaufsfläche nicht besteht, sagt die Geschossfläche über die tatsächliche Verkaufsfläche nichts aus. Zwar wurde in Satz 3 der BauNVO 1977 enthaltene Geschossfläche von 1.500 m² aus der vom Handel selbst angegebenen *Mindestverkaufsfläche von Verbrauchermärkten* von 1.000 m² und die Geschossfläche von 1.200 m² in Satz 3 der **ÄndVO 1987** entspr. von einer Verkaufsfläche von 800 m² abgeleitet (s. Satz 3, Rn 26.3), weil die Geschossfläche bei Einzelhandelsbetrieben nach damaligen Erfahrungen auf typischerweise etwa das 1,5fache der Verkaufsfläche steigt; bei manchen Betriebsformen kann dieses Verhältnis aber u. U. erheblich davon abweichen, wie die inzwischen erfolgten statistischen Erhebungen beweisen (*DIHT*, Wegweiser für die Ansiedlung großflächiger Betriebe, aaO. Rn 16.2; vgl. *Söfker*, in: *E/Z/B/K*, § 11 Rdn. 84). In Satz 3 wurde daher die *Geschossfläche* aufgenommen, weil sich die – variable – Verkaufsfläche als ein dem Planungsrecht fremdes Element, das einer neuen planungsrechtlichen Begriffsbestimmung bedurft hätte, für die Aufnahme in die BauNVO nicht eignete. **19.2**

Die **Verkaufsfläche** (VF) ist nach langjährigen voneinander abweichenden Auffassungen – auch der Rspr. – nunmehr vom **BVerwG im U. v. 24.11.2005 – 4 C 10.04 –** (BauR 2006, 639 = NVwZ 2006, 452 = UPR 2006, 150 = ZfBR 2006, 247) **abschließend** beantwortet worden. Unter Einbeziehung früherer Rspr. ist die Verkaufsfläche demnach die Fläche, auf der die Verkäufe abgewi- **19.3**

§ 11 Abs. 3   19.4, 19.5

ckelt werden und die vom Kunden zu diesem Zweck betreten werden darf. Sie umschließt die dem Verkauf dienende Fläche einschl. der Gänge, Treppen, Aufzüge, Standflächen für Einrichtungsgegenstände, Kassenzonen, Flächen des Windfangs und des bei SB-Läden vor der Zugangssperre liegenden Kassenvorraums (einschließlich eines Bereichs zum Einpacken der Ware und Entsorgen des Verpackungsmaterials sowie Stellflächen für Einkaufswagen). Zur VF sind im Übrigen auch die Bereiche zu zählen, die vom Kunden zwar aus betrieblichen und hygienischen Gründen nicht betreten werden dürfen, in denen aber die Ware für ihn sichtbar ausliegt (Käse-, Fleisch- und Wursttheke etc.) und in dem das Personal die Ware zerkleinert, abwiegt und abpackt. Davon zu unterscheiden sind diejenigen Flächen, auf denen für den Kunden nicht sichtbar die handwerkliche und sonstige Vorbereitung (Portionierung etc.) erfolgt sowie die (reinen) Lagerflächen. Schaufenster, soweit diese den Kunden zugänglich sind (z. B. in Möbelgeschäften), und ständig zum Verkauf vorgesehene Freiflächen rechnen zur VF.

Zur VF gehören bei einem »**Verkauf ab Lager**« auch alle den Kunden zugänglichen Flächen (vgl. BVerwG, U. v. 27.4.1990 – 4 C 36.87 – Fundst. Rn 11.1). Die Abgrenzung von Verkaufsflächen innerhalb eines Raumes (z. B. Lagerraumes) muss durch hinreichend beständige, im Gebäude fest verankerte und nicht ohne weiteres zu öffnende Sperren erfolgen. Dies muss in der Baugenehmigung festgeschrieben werden. Die bloße Festlegung von Grenzlinien oder eines höchstzulässigen Flächenmaßes genügt nicht dem Gebot der Bestimmtheit und der Vollzugsfähigkeit der Baugenehmigung (vgl. BayVGH, U. v. 30.12.1986 – 20 CS 86.02271 – ZfBR 1988, 97). Stellplätze und Garagen zählen nicht zu den Geschäftsflächen (vgl. »Begriffsdefinitionen«, aaO., A II Nr. 31; BayVGH, B. v. 30.12.1986, aaO.). Auf die Größe der Geschäftsfläche kommt es nicht an; denn bestimmte Handelszweige können bei sehr großflächiger Lagerhaltung nur eine kleine Verkaufsfläche benötigen und umgekehrt.

19.4 Aus dem Planungs- und Baurecht ist eine **Mindestgröße** für die maßgebliche **Verkaufsfläche** als **Schwellenwert für die Großflächigkeit** nicht abzuleiten. Nach der ursprünglich aus dem Wirtschaftsbereich stammenden Definition war »ein **Verbrauchermarkt** ein zumeist preispolitisch aggressiver, *großflächiger* Einzelhandelsbetrieb (*mindestens* 1.000 m² Verkaufsfläche)«. **Die Schwelle der Großflächigkeit** wurde daher anfangs als mit der Vermutungsgrenze des Satzes 3 korrespondierend bei **etwa 1.000 m²** Verkaufsfläche angenommen (zur Historie s. 10. Aufl. Rn 19.4).

19.5 Die Annahme der Großflächigkeit erst oberhalb von 1.000 m² Verkaufsfläche als Anwendungsvoraussetzung des § 11 Abs. 3 erwies sich bald als nicht ausreichend, weil in der Praxis auch bei wesentlich kleineren Betrieben bereits Auswirkungen i. S. v. Satz 3 auftraten. Die Großflächigkeit wurde teilweise als eine **flexible Größe** in Abhängigkeit von der Größe der Gemeinde und deren Siedlungsstruktur angenommen, wobei in Ortsteilen und kleineren Orten bereits eine Geschossfläche von 1.000 m² und eine entsprechend niedrigere Verkaufsfläche »großflächig« sein könnte. Da der VOgeber bei der Herabsetzung der Regelgröße des Satzes 3 in der ÄndVO 1987 auf 1.200 m² von einer Verkaufsfläche von 800 m² ausging (s. Satz 3 Rn 26.3), konnte dies die Annahme rechtfertigen, dass auch die »Großflächigkeit« entsprechend niedriger anzunehmen sei.

19.6 Das **BVerwG** hatte in den beiden U. v. 22.5.1987 (– 4 C 19.85 –, NVwZ 1987, 1076 u. – 30.86 –, NVwZ 1988, 414) über die Frage der **Großflächigkeit** geäußert, auch ein Einzelhandelsbetrieb mit weniger als 1 000 m² Verkaufsfläche könne großflächig sein. Der Senat sah in der »Großflächigkeit« ein **eigenständiges**, von der Regelvermutung des Satzes 3 unabhängiges, **städtebaurechtliches Merkmal**; d. h. der »Grenzwert« von 1.200 m² Geschossfläche habe Erkenntniswert nur für die Anwendung der Regelvermutung. Die Großflächigkeit sei ein **objektives Merkmal** unabhängig von den regionalen und örtlichen Verhältnissen; sie sei für die Großstadt nicht anders als für die Mittelstadt und für diese nicht anders als für die Kleinstadt oder den Ortsteil A oder B zu bestimmen. Die BauNVO bediene sich bei der Definition von Baugebieten und von Nutzungsarten in Baugebieten durchweg typisierender Merkmale, die einen von den jeweiligen örtlichen Verhältnissen unabhängigen Begriffsinhalt haben. Nichts anderes gelte auch für die Frage, was ein großflächiger Einzelhandelsbetrieb ist. Eine Gemeinde, die aufgrund ihrer örtlichen Verhältnisse städtebaulich nachteilige Auswirkungen auch von nicht-großflächigen Einzelhandelsbetrieben an bestimmten Standorten befürchte, könne diese in einem B-Plan z. B. für ein GE-Gebiet gem. § 1 Abs. 9 ausschließen (s. Rn 33.6–33.8).

19.7 Die **Großflächigkeit** kann nach Auffassung des BVerwG mithilfe der **Größe der Verkaufsfläche** bestimmt werden. Das BVerwG hatte 1987 als Kriterium für die Großflächigkeit die Abgrenzung der der wohnungsnahen Versorgung dienenden »**Nachbarschaftsläden**« von den übrigen Einzelhandelsbetrieben herangezogen und meinte seinerzeit unter Bezugnahme auf das damalige Schrifttum (s. 10. Aufl., § 11 Rn 19.7), vieles spreche dafür, dass die Verkaufsflächen-Obergrenze für Einzelhandelsbetriebe der wohnungsnahen Versorgung nicht wesentlich unter, aber auch nicht wesentlich über 700 m² liege. Unzutreffend sei die Annahme, nur Einzelhandelsbetriebe mit mehr als 1.000 m² Verkaufsfläche seien großflächige Einzelhandelsbetriebe i. S. d. § 11 Abs. 3 Satz 1 Nr. 2 BauNVO 1977.

Im Übrigen wies das BVerwG 1987 darauf hin, dass die Neufassung des Satzes 3 und die Ergänzung der Vorschrift um einen neuen Satz 4 durch die ÄndVO 1987 für die Bestimmung des Begriffs der Großflächigkeit nichts hergebe. Sie betreffe nur die Regelvermutung für städtebauliche Auswirkungen und deren Anwendung im Einzelfall, nicht jedoch das Merkmal der Großflächigkeit.

19.8 Dem BVerwG ist darin zuzustimmen, dass die **Großflächigkeit** – anders als die davon zu unterscheidende Beurteilung der Möglichkeit von Auswirkungen – schon im Interesse einer einheitlichen Beurteilung nicht mit einer erheblichen Variationsbreite gesehen werden kann, sondern **ein absoluter Wert** sein muss. Entweder ist eine Fläche groß oder nicht groß (zustimmend *Jahn*, NVwZ 1987, 1053); die Beurteilung der Größenordnung der Fläche kann nicht von der Größe der Gemeinde, ihrer Ortsteile, dem Einzugsbereich des Einzelhandelsbetriebs oder dessen Branche abhängen (vgl. *Schenke*, UPR 1986, 281; *Junge*, BauR 1987, 643). Es ist daher daran festzuhalten, dass die **Großflächigkeit für alle Wirtschaftszweige** und **alle örtlich unterschiedlichen Gegebenheiten bei gleich hoher Verkaufsfläche ansetzt,** unabhängig davon, wie sich die Beurteilung der »Auswirkungen« im Lauf der Jahre – auch durch Herabsetzung der Vermutungsgrenze – gewandelt haben mag. Nicht weil von einem Einzelhandelsbetrieb »Auswirkungen« ausgehen können, ist er auch schon großflächig. Zunächst ist anhand objektiver Kriterien die Großflächigkeit und damit die Anwendung des § 11 Abs. 3 festzustellen, bevor die Prüfung mögli-

§ 11 Abs. 3   **19.9**

cher Auswirkungen erfolgt. Eine Gleichsetzung der für die Vermutungsregel maßgebenden Zahl von 1.200 m² Geschossfläche mit der Schwelle der Großflächigkeit ist nicht zulässig (so schon BVerwG, U. v. 22.5.1987 – 4 C 19.85 – Fundst. Rn 19.9). So hat z. B. ein Fachmarkt mit großem Flächenbedarf und schmalem Warensortiment (Möbelmarkt, Autosalon, Gartencenter) von 1.000 m² Verkaufsfläche sicherlich keine »Auswirkungen«, während ein Lebensmittel-SB-Markt in derselben Größe i. d. R. »Auswirkungen« haben wird; beide sind jedoch gleich großflächig.

Die Annahme der Großflächigkeit hat auch nicht automatisch an der Herabsetzung der Vermutungsgrenze und deren flexibler Handhabung durch die ÄndVO 1987 teilgenommen mit dem Ergebnis, dass sie im selben Verhältnis wie die Vermutungsgrenze gesunken und jetzt etwa variabel wäre.

Zu den Urteilen des BVerwG von 1987 ist anzumerken, dass es seinerzeit die Schwelle der Großflächigkeit von etwa 700 m² Verkaufsfläche auch **nur für einen Wirtschaftszweig** – den der wohnungsnahen Versorgung dienenden Lebensmittelmarkt bzw. »Nachbarschaftsladen« – entwickelt, nicht dagegen die gesamte Breite des Einzelhandels dafür herangezogen hat. Dieser nur für die »Großflächigkeit« typischen Nachbarschaftsläden gefundene Wert lässt sich nicht für sämtliche Branchen des Handels verallgemeinern; er ist für flächenintensive Branchen zwar viel zu niedrig, muss aber i. S. d. Normenklarheit sowie einer einheitlichen und einfachen Handhabung eindeutig und nicht variabel sein.

19.9   In der Zeit seit 1987 ist der Begriff der Großflächigkeit in Literatur und Rspr. unterschiedlich und z. T. kontrovers ausgelegt worden. Abgelehnt wurde jedenfalls die pauschale Annahme der Großflächigkeit bereits bei 700 m² VF oder niedriger. Der VOgeber selbst war in seiner Begr. zur 4. ÄndVO bei der Herabsetzung des Schwellenwertes für die Vermutungsregel von 1.500 auf 1.200 m² Geschossfläche von einer MindestVF von 800 m² ausgegangen. In der Praxis wurde zumindest in großen Städten allgemein ein Schwellenwert von mind. 800 m² VF angenommen. Hierzu wird im Einzelnen auf die damalige Lit. und Rspr. hingewiesen (s. 10. Aufl., § 11 Rn 19.9).

Die vor mehr als zwei Jahrzehnten ergangene Rspr. des BVerwG zum Beginn der Großflächigkeit bei 700 m², die etwa mit der aus damaliger Sicht maximalen Größe eines der Nahversorgung dienenden »Nachbarschaftsladens« gleichgesetzt wurde, musste angesichts der tatsächlichen rasanten Entwicklung im Einzelhandel als nicht mehr zeitgemäß angesehen werden. Selbst der 4. Senat des BVerwG hat in seinen U. v. 22.5.1987 (– 4 C 19.85 u. 30.86 – Fundst. Rn 19.6) ausgeführt, er habe »*aus Anlass dieses Falles nicht zu entscheiden, wo nach der derzeitigen Einkaufsverhalten der Bevölkerung und den Gegebenheiten im Einzelhandel* (Heraushebung diess.) *die Verkaufsflächen-Obergrenze für Einzelhandelsbetriebe der wohnungsnahen Versorgung liegt*«.

Durch die fortschreitende Konzentration im Einzelhandel, das aufgrund von Kundenwünschen erforderliche umfangreichere und vielfältigere Warenangebot, die zumeist weggefallene Lagerhaltung, modernere Ausstattungen der Ladeneinrichtungen und Kassenzonen, geräumigere Gänge zum Befahren mit Einkaufskarren und Einräumen sowie der Präsentation der Waren, die Vorhaltung von Packtischen sowie gesetzlich vorgeschriebenen Sammeln der Umverpackungen usw. erfordern heute mehr VF als noch vor 20 Jahren, ohne dass sich der Charakter eines »Nachbarschaftsladens« ändert. Es ist anzunehmen, dass diese Entwicklung in Zukunft noch weiter fortschreitet, so dass die seinerzeit diess. angenommene Schwelle zur Großflächigkeit von 1.000 m² VF auch angesichts dieser Entwicklung zukünftig durchaus realistisch ist. Dabei wird diess. davon ausgegangen, dass das ursprünglich noch in der 4. ÄndVO angenommene Verhältnis der Geschossfläche zur Verkaufsfläche von 3/2 (1.200 m² GF/800 m² VF) aufgrund der tatsächlichen Entwicklung in vielen Fällen nicht mehr zutrifft, weil der Handel längst reagiert und die nicht auf die VF anrechenbaren Nebenflächen reduziert hat.

Das **BVerwG** hat in den U. v. **24.11.2005 – 4 C – 10.04 –** (BauR 2006, 639 = NVwZ 2006, 452 = UPR 2006, 150 = ZfBR 2006, 247) u. v. **24.11.2005 – 14.04 –** (BauR 2006, 644) nunmehr abschließend entschieden, dass Einzelhandelsbetriebe **großflächig** i. S. v. § 11 Abs. 3 Satz 1 Nr. 2 BauNVO sind, wenn sie eine **Verkaufsfläche von 800 m²** überschreiten. Das BVerwG hat diesen Schwellenwert aus Gründen der praktischen Handhabbarkeit der Rechtsanwendung zu Grunde gelegt und damit für die Genehmigungspraxis Rechtssicherheit geschaffen (vgl. auch *Schütz*, UPR 2006, 169; *Hauth*, BauR 2006, 775; *Gronemeyer*, BauR 2006, 1410; *Jeromin*, BauR 20006, 619). Eine weitere Diskussion über einen abweichenden Schwellenwert für die VF, wie sie noch in der 10. Aufl., § 11 Abs. 3, Rn 19.9 aufgeführt wurde, ist daher für absehbare Zeit nicht mehr angebracht.

In der Begr. wird u. a. ausgeführt: Der VOgeber messe dem Erfordernis der Großflächigkeit eine eigenständige Bedeutung bei. Der Begriff der Großflächigkeit diene ihm dazu, in typisierender Weise *unabhängig von regionalen oder lokalen Besonderheiten bundesweit* (Heraushebung diess.) den Betriebstypus festzuschreiben, der von den in den §§ 2–9 BauNVO bezeichneten Baugebieten ferngehalten werden soll. Die zwischenzeitliche Entwicklung rechtfertige es, den Schwellenwert für die Prüfung, ob die in § 11 Abs. 3 Satz 2 BauNVO umschriebenen Auswirkungen vorliegen, bei einer Verkaufsfläche von 800 m² anzusetzen. Dagegen könne dem Anliegen der Kl., die Schwelle noch weiter heraufzusetzen, auf der Grundlage des geltenden Rechts nicht entsprochen werden. Im U. v. 22.5.1987 – 4 C 19.85 – (NVwZ 1987, 1076 = BRS 47 Nr. 56 = BauR 1987, 528) habe der Senat die Schlussfolgerung gezogen, die Großflächigkeit beginne dort, wo üblicherweise die Größe solcher, der wohnungsnahen Versorgung dienender, Einzelhandelsbetriebe, seinerzeit auch »Nachbarschaftsladen« genannt, ihre Obergrenze finde. Vieles spreche dafür, dass sie nicht wesentlich unter 700 m² aber auch nicht wesentlich darüber liege. Der Senat habe in diesem U. zugleich zum Ausdruck gebracht, dass es im Hinblick auf das Einkaufsverhalten der Bevölkerung wie auf dementsprechende Entwicklungen im Handel nicht angebracht sei, sich beim Merkmal der Großflächigkeit allzu starr an den genannten Richtwert von 700 m² zu klammern. Im Anschluss daran habe der Senat in seinem B. v. 22.7.2004 – 4 B 29.04 – (BRS 67 Nr. 76 = BauR 2004, 1735) hervorgehoben, dass Überschreitungen des Richtwerts von 700 m² selbst dann, wenn sie eine Größenordnung von bis zu 100 m² erreichen, nicht zu dem Schluss zwingen, das Merkmal der Großflächigkeit sei erfüllt.

Zu den **großflächigen Einzelhandelsbetrieben** gehören – außer den Verbrauchermärkten – insbes. Warenhäuser, Kaufhäuser, Selbstbedienungswarenhäuser, Supermärkte über 800 m² Verkaufsfläche, jedoch auch Fachmärkte wie Möbelmärkte, Baumärkte, Textilmärkte, Teppichmärkte, Schuhmärkte, Spielzeugmärkte, Auto- und Garten-Center, Hobby- und Do-it-yourself-Center u. dergl., soweit sie mehr als 800 m² Verkaufsfläche haben, unabhängig davon, ob diese »Auswirkungen« haben oder nicht haben. Dazu gehört auch der Herstellerverkauf an Endverbraucher (FOC, s. Rn 18.9). Der Begriff »Fachmarkt« setzt nicht voraus, dass dort lediglich sog. zentrenunschädliche Sortimente angeboten werden (OVG Brb., B. v. 12.7.1996 – 3 B 144/95 – LKV 1997, 129 = NVwZ 1997, 600). Damit wird eine Vielzahl von Handelsbetrieben erfasst, die nach der Art ihrer Nutzung – soweit sie nicht großflächig sind – auch im MI-, MD- oder MK-Gebiet zulässig sind. Zur Entscheidung, ob es sich bei einem Einzelhandelsbetrieb um einen *großflächigen* Betrieb handelt, muss die Baugenehmigungsbehörde die Verkaufsfläche, die aus dem Bauantrag ersichtlich sein muss, ermitteln. Die Prüfung, ob von einem Betrieb Auswirkungen i. S. d. Satzes 2 möglich sind und ein Vorhaben unter die Regelung des § 11 Abs. 3 fällt, schließt sich daran an. Weder als großflächiger Einzelhandelsbetrieb noch als Einkaufszentrum ist dagegen ein Trödelmarkt anzusehen (OVG NW, B. v. 21.7.1995 – 10 B 1978/95 – Fundst. Rn 18.8).

cc) **Vergleichbare sonstige großflächige Handelsbetriebe (Nr. 3):** Durch die Einbeziehung auch »sonstiger« großflächiger Handelsbetriebe in Abs. 3 sollen alle in Betracht kommenden Betriebe, unabhängig von ihrer Betriebsform und Bezeichnung, lückenlos erfasst werden. Damit fallen auch Großhandelsbetriebe unter die Regelung. Wegen der schwierigen Abgrenzung zwischen

§ 11 Abs. 3   20.1

Großhandel und Einzelhandel sollen jedoch nur diejenigen Großhandelsbetriebe einbezogen werden, die im Hinblick auf den Verkauf an letzte Verbraucher und etwaige Auswirkungen i.S.v. Satz 2 mit den Einzelhandelsbetrieben nach Nr. 2 vergleichbar sind (vgl. *Söfker,* in: *E/Z/B/K,* § 11 Rdn. 54; *Knaup/Stange,* § 11 Rdn. 62; *Ziegler,* in: *Brügelmann,* § 11 Rdn. 29). Der *funktionelle Großhandel,* d.h. die wirtschaftliche Tätigkeit des Umsatzes von Gütern (Handelswaren) an Wiederverkäufer, Weiterverarbeiter, gewerbliche Verwender oder Großverbraucher, soll dadurch nicht erfasst werden (Begr. zur ÄndVO 1977, BR-Drucks. 261/77). Solche Betriebe, insbes. diejenigen, die das Schwergewicht ihrer Tätigkeit weniger auf dem Gebiet des Absatzes als vielmehr auf dem Gebiet der Beschaffung von Gütern haben (z.B. Importeure), sind nach wie vor im MI-, GE- und GI-Gebiet sowie ggf. im Hafengebiet (SO-Gebiet) zulässig.

20.1 Da *Großhandel im institutionellen Sinn* jene Unternehmen umfasst, deren wirtschaftliche Tätigkeit ausschließlich oder *überwiegend* dem Großhandel im funktionellen Sinn zuzurechnen ist (vgl. »Begriffsdefinitionen« aaO., B I Nr. 4), ist den Großhandelsunternehmen eine teilweise Einzelhandelstätigkeit (bis 49,9 % des Umsatzes) nicht verwehrt (BGH, U. v. 11.11.1977 – I ZR 179/75 – NJW 1978, 267, s. Rn 34.10). Ob und inwieweit ein Handelsbetrieb außer Großhandel auch Einzelhandel, d.h. Verkauf an letzte Verbraucher zur Deckung ihres privaten Verbrauchs betreibt, ist aus den Bauantragsunterlagen nicht immer ohne weiteres zu erkennen, insbes., wenn der Verkauf an letzte Verbraucher unmittelbar vom Lager aus erfolgt. Da Großhandel und Einzelhandel *verschiedene Nutzungsarten im planungsrechtlichen Sinn* und auch in den einzelnen Baugebieten unterschiedlich zulässig sind, müssen die dem Groß- bzw. Einzelhandel dienenden räumlichen oder funktionellen Teilbereiche eines Vorhabens in den Bauantragsunterlagen zum Zweck der Prüfung jedoch erkennbar sein; ggf. muss die Baugenehmigungsbehörde *Nachtragsunterlagen* oder eine Erklärung des Antragstellers über die Art und den (flächenmäßigen) Umfang des Einzelhandelsanteils fordern.

Anhaltspunkte bzw. eine Vermutung für einen beabsichtigten Verkauf auch an letzte Verbraucher in größerem Umfang können gegeben sein bei

- einem vorgesehenen einzelhandelsähnlichen und breiten Sortiment,
- einer entspr. Gestaltung und Größe der Verkaufsflächen sowie deren Verhältnis zu den Lagerflächen,
- umfangreichen Kassenzonen,
- einem umfangreichen Stellplatzangebot für Pkw,
- dem Fehlen ausreichender Verladerampen für die funktionelle Großhandelstätigkeit.

Will der Ast. diese Vermutung widerlegen, muss er nachweisen, dass und wie der Verkauf an letzte Verbraucher durch wirksame Kontrollen verhindert werden kann.

Nach dem U. des BGH v. 30.11.1989 (– I ZR 33/87 – NJW 1990, 1294, »Metro III«) rechnet zum geschäftlichen Verkehr mit dem Letztverbraucher im Selbstbedienungsgroßhandel auch der **Verkauf betriebsfremder Waren** zur Deckung des privaten Bedarfs gewerblicher Abnehmer. Ein Handelsunternehmen, welches ein breit gestreutes Warensortiment zum Selbstbedienungseinkauf anbietet und für sich in Anspruch nimmt, einen reinen Großhandel zu betreiben, hat über geeignete Maßnahmen zur Kontrolle der erwerbsberechtigten gewerblichen Abnehmer sowie des Erwerbs betrieblich verwendbarer Waren dafür zu sorgen, dass der Verkauf von betriebsfremden Waren zur privaten Lebensführung weitgehend unterbunden wird. Die Vergabe von Einkaufsausweisen ... steht einer Beurteilung, dass die Berechtigungsscheine als Kaufscheine im geschäftlichen Verkehr mit dem letzten Verbraucher eingesetzt werden, nicht entgegen (vgl. auch *Nordmann*, BB 1989, 88 m. w. N.).

Eine Veränderung des Einzelhandelsanteils ist eine **genehmigungspflichtige Nutzungsänderung** (grundsätzlich dazu Vorb. §§ 2 ff. Rn 21–21.6) und kann im Hinblick auf dadurch entstehende nicht nur unwesentliche Auswirkungen ggf. untersagt werden. Sie ist durch den Bestandsschutz nicht mehr gedeckt (so auch *Bielenberg*, § 11 Rn 55). Eine solche Nutzungsänderung ist wie die Neuerrichtung eines großflächigen Einzelhandelsbetriebs i. S. d. Satzes 1 Nr. 2 zu beurteilen (BVerwG, U. v. 3.2.1984 – 4 C 25.82 – BVerwGE 68, 360 = DVBl. 1984, 634 = BauR 1984, 373 = BRS 42 Nr. 52 = UPR 1984, 231 = ZfBR 1984, 139). Eine solche genehmigungspflichtige Nutzungsänderung – ohne bauliche Veränderungen – kann z. B. dadurch eintreten, dass ein ursprünglich nur auf Großhandel oder auf wenige Einzelhandelsgüter ausgerichteter Handelsbetrieb sein Sortiment durch Hinzunahme neuer Warenarten, insbes. solcher, die sich für die Selbstbedienung oder den Massenumschlag eignen, nach und nach erweitert oder umstellt, so dass er sich von einem Betrieb *ohne wesentliche Auswirkungen zu* einem Betrieb *mit nicht nur unwesentlichen Auswirkungen* wandelt, ohne dass eine Baugenehmigung beantragt wird. Die Sortimentsänderung oder -verschiebung selbst stellt noch keine genehmigungspflichtige Nutzungsänderung dar, sondern erst die Änderung der Betriebsform oder das Eintreten von nicht nur unwesentlichen Auswirkungen (BVerwG, U. v. 3.2.1984 – 4 C 17.82 – ZfBR 1984, 142 = BauR 1984, 369). Werden die Auswirkungen augenfällig, ist die Baugenehmigungsbehörde gehalten, die Übereinstimmung der ausgeübten Nutzung mit der genehmigten Nutzung zu überprüfen und im Falle der Abweichung entweder die unzulässige Nutzung zu untersagen oder die Vorlage eines Baugesuchs für die Nutzungsänderung zwecks Prüfung deren Zulässigkeit zu fordern. Ein äußeres Anzeichen für eine derartige (innere) Nutzungsänderung kann insbes. die Zunahme des Stellplatzbedarfs sein; der damit verbundene vermehrte Verkehr kann bereits eine nicht nur unwesentliche Auswirkung i. S. d. Satzes 2 sein (s. Vorb. §§ 2 ff. Rn 21.3–21.5). Allerdings kann die Sortimentsänderung eines großflächigen (Einzel-)Handelsbetriebs von einem Kfz-Zubehörmarkt in einen Schuhmarkt eine baugenehmigungsbedürftige Nutzungsänderung darstellen. Eine rechtsbedeutsame, bauaufsichtlich genehmigungsbedürftige Nutzungsänderung kann auch bei einem verminderten Stellplatzbedarf vorliegen, weil sich bezüglich des Begrünungsgebots für Grundstücksfreiflächen neue Rechtsfragen stellen (Hess. VGH, B. v. 12.10.1989 – 3 TG 2633/89 – ZfBR 1990, 211).

Als mit den großflächigen Einzelhandelsbetrieben nach Nr. 1 vergleichbare Handelsbetriebe kommen z. B. in Betracht Cash-and-carry-Betriebe (auch als Cash-and-carry-Großhandel oder SB-Großhandel bezeichnet), die nach dem Prinzip der Selbstbedienung insbesondere Nahrungs- und Genussmittel, jedoch heute auch schon vermehrt »Non-Food«-Artikel anbieten, SB-Großmärkte, Möbel-Großmärkte und ähnliche sich als Großhandel bezeichnende Betriebe, insbes. wenn sie Kaufscheinhandel (Ausstellung eines Einkaufsberechtigungsscheins an letzte Verbraucher) betreiben.

Für die Beurteilung der Großflächigkeit gelten dieselben Kriterien wie bei Einzelhandelsbetrieben (Rn 19).

c) Auswirkungen der Handelsbetriebe nach Satz 1 Nr. 2 und 3 (Satz 2). – aa) Allgemeines. Die Zulässigkeit eines großflächigen Handelsbetriebs außerhalb von MK- und SO-Gebieten hängt entscheidend davon ab, ob sich ein solcher Betrieb nach Art, Lage oder Umfang auf die Verwirklichung der Ziele der

§ 11 Abs. 3 21.1, 21.2

Raumordnung und Landesplanung oder auf die städtebauliche Entwicklung und Ordnung *nicht nur unwesentlich auswirken* kann. Es kommt nicht darauf an, ob sich dem Bauantrag bereits konkrete Auswirkungen entnehmen lassen, sondern es genügt die *Möglichkeit*, dass (nachteilige) Auswirkungen eintreten *können*. »Auswirken können« wird in dem Sinne auszulegen sein, dass Betriebe Auswirkungen »erwarten lassen«. Mit der »Erwartung« sind die in der Zukunft liegenden Auswirkungen nach ihrer Wahrscheinlichkeit zu beurteilen. Nur das entspricht einer verfassungskonformen Auslegung. Denn es kann nicht bezweckt sein, auch unwahrscheinliche Fälle einem Planerfordernis zu unterwerfen.
Der VOgeber hat die Art und Weise der Auswirkungen zwar nicht näher bezeichnet. Aus der Aufzählung, insbes. im Zusammenhang mit der Aufführung der »schädlichen Umwelteinwirkungen« kann aber mittelbar geschlossen werden, dass es sich (stets) um **nachteilige Auswirkungen** handeln muss.

21.1 Im Hinblick auf die Wettbewerbsneutralität des Planungsrechts sind in Satz 2 nur *raumordnerische* und *städtebauliche* Belange aufgeführt. Die Belange sind nur beispielhaft aufgeführt; auch Auswirkungen auf andere nicht aufgeführte Belange können in Betracht kommen. Die einzelnen Belange sind z. T. raumordnerischer und städtebaulicher Art. Nachteilige Auswirkungen bereits auf *einen* der angeführten Belange hat die Unzulässigkeit eines großflächigen Handelsbetriebs in den Baugebieten außerhalb von MK- und SO-Gebieten zur Folge. Die **Aufrechnung** von nachteiligen mit positiven Auswirkungen bzw. eine Abwägung ist **nicht statthaft.** Auswirkungen eines großflächigen Handelsbetriebs z. B. auf die Versorgung der Bevölkerung können auch *positiver* Art sein, wenn durch den gewählten Standort des Betriebs eine bequem zu erreichende und günstige Einkaufsmöglichkeit erschlossen wird. Nachteilig sind sie nur dann, wenn z. B. durch einen großflächigen Einzelhandelsbetrieb in peripherer Lage eine ausreichende Versorgung insbesondere der nichtmotorisierten Bevölkerung an einem *anderen integrierten Standort* infolge des Abzugs von Kaufkraft und der Schließung dortiger Einzelhandelsbetriebe nicht mehr gewährleistet ist.

Die Auswirkungen dürfen *nicht nur unwesentlich* sein. »Nicht nur unwesentlich« ist geringfügig mehr als »unwesentlich«, jedoch weniger als »wesentlich«. *Auch Söfker*, in: E/Z/B/K (§ 11 Rdn. 58) sieht zwischen »wesentlich« und »nicht nur unwesentlich« keinen großen Unterschied; er zeige sich vor allem in der Interpretation und Gewichtung. Der unbestimmte Rechtsbegriff lässt in der Praxis einen erheblichen Beurteilungsspielraum zu und bürdet der Baugenehmigungsbehörde eine umfangreiche Prüfung auf. Wesentliche Auswirkungen werden heute zumeist anhand von gutachterlich prognostizierten Kaufkraftabflüssen beurteilt, z. B. wenn dadurch an bestimmten Standorten eine wesentliche Änderung der Marktverhältnisse in Form von »flächendeckenden« Geschäftsaufgaben zu befürchten wäre, so dass die Versorgung der Bevölkerung dort nicht mehr gewährleistet ist (vgl. BayVGH, U. v. 7.6.2000 – 26 N 99.2961 u. A. – BayVBl. 2001, 175). So kann z. B. durch einen großflächigen Handelsbetrieb »auf der grünen Wiese« u. U. die *Verwirklichung* einer *planerisch abgeschlossenen* und mit öffentlichen Mitteln geförderten Innenstadtsanierung – z. B. die Errichtung von Einzelhandelsbetrieben auf der Fläche eines ausgelagerten Industriebetriebs – zunichte gemacht werden, weil Einzelhändler nicht mehr bereit sind, unter Berücksichtigung der inzwischen veränderten Wettbewerbssituation im Sanierungsgebiet ein Risiko einzugehen.

21.2 »Unwesentliche« Auswirkungen, die die Ansiedlung *jedes* größeren Handelsbetriebs mit sich bringt, lassen diesen nicht unter die Vorschrift des § 11 Abs. 3 fallen und lösen auch kein Planungserfordernis aus. Auch ohne erkennbares Planungserfordernis können wesentliche Auswirkungen gegeben sein. Ob und welche nicht nur unwesentlichen Auswirkungen dabei möglich sind, kann nur nach Lage des Einzelfalles unter Würdigung der vorgegebenen Situation des konkreten Betriebs nach seiner Art, Lage und seinem Umfang beurteilt werden. Andere als diese Kriterien dürfen in die Planung nicht eingestellt werden. Die **Art der Betriebe** ist allein unter *planungsrechtlichen* Gesichtspunkten zu sehen. Dabei können verschiedene *Betriebsformen* und *-typen* in die Prüfung einbezogen werden, wie die Nutzung als Einzel- oder Großhandel, bei sonstigen Handelsbetrieben nach Satz 1 Nr. 3 das Verhältnis von Einzel- zu Großhandel, die Betriebsform als Kaufhaus, SB-Warenhaus, Discounter oder Verbrauchermarkt mit breitem Warensortiment, als Fachmarkt mit schmalem Warensortiment usw., ferner die *Gewerbezweige (Branchen)* wie Nahrungs- und Genussmittel, Textilien und Bekleidung, Möbel, Baustoffe und dergl. Als Gegenstand der raumordnerischen und städtebaulichen Prüfung kommen auch *wirtschaftliche* Gesichtspunkte in Betracht, jedoch nur soweit, wie sie in städtebauliche Auswirkungen umschlagen können. Dazu gehören – als Kennzeichnung der *Art der Nutzung* – auch die Größe und Aufgliederung des *Warenangebots* (Sortimente) der Betriebe (vgl. Satz 4).

Die Umsatzzahlen einzelner Betriebe sind deren Art zuzurechnen. Sie sind an sich nicht Gegenstand einer städtebaulichen Prüfung; denn §§ 11 Abs. 3 ist keine wirtschaftslenkende Regelung. Da Auswirkungen auf die Versorgung der Bevölkerung jedoch nicht anders als nur durch die Feststellung eines nicht nur unwesentlichen Kaufkraftabzugs von vorhandenen Einzelhandelsbetrieben geprüft werden können, ist es in Praxis und Rspr. üblich, hilfsweise die gutachterlich ermittelte Umsatzumverteilung im Einzugsbereich von großflächigen Handelsbetrieben unter Berücksichtigung deren Sortimentsverteilung und Flächenproduktivität zur Beurteilung der Auswirkungen heranzuziehen. Nur soweit solche wirtschaftlichen Gesichtspunkte dann in städtebauliche oder raumordnerische Gesichtspunkte (z.B. flächendeckende Geschäftsaufgaben) umschlagen, sind sie als »nicht nur unwesentliche Auswirkungen« zu berücksichtigen (vgl. Rn 10.3). Die **Lage eines Betriebs** verursacht umso mehr Auswirkungen, je näher er an der Peripherie einer Gemeinde liegt und je mehr er die Kaufkraft eines benachbarten Zentrums einer anderen Gemeinde »anzapft«.

Der Begriff »**Umfang**« ist – ebenso wie in § 15 Abs. 1 – im planungsrechtlichen Sinne nur *räumlich*, nicht dagegen i. S. eines umfangreichen Warensortiments zu verstehen (a. A. *Bielenberg/Dyong*, Rdnr. 423, und *Söfker*, in: E/Z/B/K, § 11 Rdn. 64, die auch das Warenangebot in den Umfang einbeziehen; wie hier *Knaup/Stange*, § 11 Rdn. 56) oder im Sinn eines großen Umsatzes anzunehmen. *Umfangreich* ist ein Handelsbetrieb dann, wenn er eine *große Verkaufsfläche* oder Geschossfläche aufweist oder umfangreiche Stellplätze und Ladeflächen benötigt. Auch der Umfang des Kunden- und Anlieferungsverkehrs hat einen planungsrechtlichen Bezug. Da die Schwelle der Großflächigkeit über die Größe bzw. den räumlichen Umfang eines Einzelhandelsbetriebs nichts aussagt, war die Aufnahme des Kriteriums »Umfang« in die Vorschrift erforderlich. Es dürfte jedenfalls nicht Aufgabe der Baugenehmigungsbehörde sein, etwa die Sortimentstiefe (z. B. die Anzahl der Sorten Bier) zu beurteilen. Die Sortimentsbreite (Kernsortiment, Randsortimente) wird bereits durch das Kriterium »Art« erfasst.

bb) Auswirkungen auf die Verwirklichung der Ziele der Raumordnung und Landesplanung: Hierfür muss die Baugenehmigungsbehörde i. d. R. die Stellungnahme der unteren Landesplanungsbehörde einholen bzw. das Baugesuch

§ 11 Abs. 3 22.1

ihr vorlegen. Die **Ziele der Raumordnung** müssen verbindlich und hinreichend bestimmt oder jedenfalls bestimmbar sein, um eine Bindungswirkung zu entfalten und einer gerichtlichen Nachprüfung standhalten zu können. Bloße Absichtserklärungen der Landesplanungs- bzw. Regionalplanungsbehörden (oder Soll-Vorschriften) reichen i. d. R. nicht aus (zum Bestimmtheitsgebot s. Rspr. in Rn 23).

Eine Bindungswirkung gem. § 4 Abs. 1 ROG bzw. § 1 Abs. 4 BauGB entfalten die Ziele der Raumordnung gegenüber der Bauleitplanung und anderen raumbedeutsamen Planungen jedoch nur, soweit die Gemeinden bzw. andere öffentliche Stellen oder Personen des Privatrechts bei deren Aufstellung nach § 7 Abs. 5 ROG ordnungsgemäß beteiligt worden sind. Die Ausgestaltung des Beteiligungsverfahrens richtet sich nach dem jeweiligen Landesplanungsrecht. Ziele, die unter Missachtung ihrer Mitwirkungsrechte entstanden sind, braucht die Gemeinde nicht gegen sich gelten zu lassen (so bereits BVerwG, U. v. 18.2.1994 – 4 C 4.92 – BauR 1994, 486 = UPR 1994, 301 = StGR 1994, 252 = ZfBR 1994, 234 = BRS 56 Nr. 2; U. v. 20.8.1992 – 4 NB 20.91 – BVerwGE 90, 392 = NVwZ 1993, 167). Keine Bindungswirkung entfalten die Ziele für ein Antragsgrundstück im Verfahren der Zulassung von Vorhaben nach den §§ 30, 33, 34 sowie 35 Abs. 1 und 2 BauGB für *nicht raumbedeutsame* Vorhaben. *Raumbedeutsame* Vorhaben nach § 35 Abs. 1 und 2 BauGB (z. B. die bauliche Erweiterung eines im Außenbereich vorhandenen Einzelhandelsbetriebs zu einem großflächigen Einzelhandelsbetrieb) dürfen den Zielen der Raumordnung nicht widersprechen (§ 35 Abs. 3 Satz 2 BauGB).

Für einen großflächigen Handelsbetrieb sind daher mit Ausnahme im Außenbereich die das *Antragsgrundstück betreffenden* Ziele der Raumordnung unbeachtlich. Dagegen kann für *jedes* Antragsgrundstück u. U. die Gefährdung der *Verwirklichung* von Zielen der Raumordnung *an einem anderen Standort* in Frage kommen. Nur in diesem Sinne sind die Auswirkungen auf die Verwirklichung der Ziele der Raumordnung zu verstehen. Solche Auswirkungen sind i. A. nicht – zumindest nicht bei der Antragstellung für ein Vorhaben – unmittelbar nachzuweisen, zumal die *Verwirklichung*, d. h. i. d. R. die Umsetzung in die Bauleitplanung, von der Willensbildung des Planungsträgers (i. A. der Gemeinde) abhängt. Ist die Annahme berechtigt, dass als Folge einer beabsichtigten Ansiedlung eines großflächigen (Einzel-) Handelsbetriebs landesplanerische Vorgaben durch die gemeindliche Planung nicht ausgenutzt werden (z. B. ein in der Landesplanung festgelegter zentraler Ort kann deshalb diese Funktion nicht übernehmen), wirkt sich das Vorhaben auf die Verwirklichung der Ziele der Raumordnung negativ aus.

22.1 Verbindliche Ziele der Raumordnung sind in den Ländern i. A. in Stufen dargestellt, und zwar in Landesentwicklungsprogrammen (LEPro), in die auch die Grundsätze der Raumordnung (des Bundes) und allgemeinen Ziele der Raumordnung (des Landes) einfließen, und den Raumordnungsplänen (Landesraumordnungspläne, Landesentwicklungspläne, Regional- bzw. Gebietsentwicklungspläne). In einigen Ländern (NW, RhPf) enthalten die Regional- bzw. Gebietsentwicklungspläne räumlich-konkretisierte Darstellungen von Siedlungsbereichen, in anderen Ländern nur Standortsymbole. Die Länder haben in den Raumordnungsplänen i. A. ein **zentralörtliches Gliederungssystem** in Stufen (Oberzentrum, Mittelzentrum, Unter- bzw. Grundzentrum, ggf. auch Kleinzentrum) entwickelt, deren Zentren jeweils tragfähige Versorgungs- bzw. Verflechtungsbereiche mit unterschiedlichen Versorgungsfunktionen zugeordnet sind (*Oberbereich* mit Oberzentrum: Deckung des spezialisierten, höheren Bedarfs; *Mittelbereich* mit Mittelzentrum: Deckung des gehobenen Bedarfs; *Nahbereich* mit Unterzentrum: Deckung des Grundbedarfs). Die Programmsätze der Landesentwicklungsprogramme bzw. -Pläne enthalten teilweise bereits formulierte Ziele speziell für die Versorgung der Bevölkerung durch den

Handel und regeln insbes., an welchen Standorten SO-Gebiete für Einkaufszentren und Einzelhandelsgroßprojekte und möglichst städtebaulich integriert ausgewiesen werden sollen (s. z.B. 9. Aufl., Rn 22.1 und die jeweiligen Ziele der Länder). In den alten Ländern sind großflächige Einzelhandelsbetriebe durch Ziele der Raumordnung und Erlasse nach ihrer Größenordnung an die **zentralörtliche Gliederung** gebunden (z.B. Kleinzentren: Betriebe bis 1.000 m² Verkaufsfläche, Unterzentren: bis 3.000 m², Mittelzentren: bis 5.000 m²). Dagegen wurden von Seiten des Handels erhebliche – auch verfassungsrechtlich begründete – Bedenken erhoben (Hinweise s. 9. Aufl. Rn 22.1). In neuerer Zeit wird verschiedentlich – so z.B. in Nds. – gefordert, dass großflächige Einzelhandelsbetriebe, insbesondere Factory Outlet Center (FOC, zum Begriff s. die zahleichen Nachw. bei *Hoppe*, DVBl. 2000, 293 [294, Fn 4]), nach dem zentralörtlichen Gliederungsprinzip (bzw. nach niedersächsischem Raumordnungsrecht) an den Verflechtungsbereich ihrer Standortgemeinde durch ein sog. **Kongruenzgebot** als Ziel der Raumordnung und nicht nur an das Verbot der Beeinträchtigung ausgeglichener Versorgungsstrukturen gebunden sind. Nach diesem aus dem zentralörtlichen Gliederungsprinzip abgeleiteten Kongruenzgebot werden Einzelhandelsbetriebe in einer Standortgemeinde für unzulässig gehalten, wenn ihr **Einzugsbereich den Verflechtungsbereich** dieses Standortes **wesentlich überschreitet** (vgl. *Spannowski*, NdsVBl. 2001, 1, Teil 2 NdsVBl. 2001, 32). Dieses zunächst an den FOC entwickelte Kongruenzgebot hat wegen deren Zuordnung zu den großflächigen Einzelhandelsbetrieben wohl bundesweite Geltung auch für Letztere.

Gegen diese These haben *Hoppe* (DVBl. 2000, 293; *Hoppe/Bunse*, WiVerw. 1984, 151; *Hoppe*, NWVBl. 1998, 461 f.) *und Erbguth (Erbguth/Schoeneberg*, Raumordnungs- und Landesplanungsrecht, 2. Aufl. 1992; *Erbguth* – NVwZ 2000, 969) erhebliche Bedenken erhoben. Sie verneinen, dass das Kongruenzgebot – wie nach *Spannowski* aaO. Rn 22.1 – in Auslegung des zentralörtlichen Gliederungsprinzips ein mit Verbotswirkung ausgestattetes hierarchisches Prinzip sein kann, das *private* Versorgungseinrichtungen an die Stufen der zentralörtlichen Gliederung binden kann. Zutreffend betont *Erbguth*, dass mit der Festlegung einer bestimmten Zentralitätsstufe zunächst nur die Bestimmung der Anforderungen an die »Mindestausstattung« verbunden sei. Eine bestimmte Zentralitätsstufe sei zunächst nur der Sicherung der Versorgung der Bevölkerung zuzuordnen, woraus ein Nichtbeeinträchtigungsverbot dieser Versorgung folge: Sie dürfe durch neue Vorhaben nicht gefährdet werden, insbesondere nicht durch großflächige Einzelhandelsbetriebe. *Hoppe* kommt zusammenfassend zu dem Ergebnis, dass die Planung und Genehmigung großflächiger Einzelhandelsbetriebe raumordnungsrechtlich nicht durch ein zentralörtliches Kongruenzgebot auf den Verflechtungsbereich ihrer Standortgemeinde beschränkt ist. Die großflächigen Einzelhandelsbetriebe unterliegen allerdings dem Verbot der wesentlichen Beeinträchtigung ausgeglichener Versorgungsstrukturen. Das ergibt sich unmittelbar aus dem zentralörtlichen Gliederungsprinzip, das das Angebot einer solchen Versorgung in allen Teilen des Landes entsprechend dem Bedarf in zumutbarer Entfernung sicherstellen soll und Beeinträchtigungen dieser Versorgung also vermieden wissen will.

Eine zu weitgehende Bindung erscheint demnach als zu eng. Vertretbar ist die Standortbindung der großflächigen (Einzel-)Handelsbetriebe, die i.A. der Grundversorgung dienen, an die zentralen Orte aller Stufen mit Ausnahme der Kleinzentren, so dass Orte ohne Zentralität als Standorte solcher Betriebe ausscheiden (so auch *Söfker,* in: E/Z/B/K, § 11 Rdn. 67). Ein SO-Gebiet für ein großflächiges Einzelhandelsvorhaben entspricht dann der zentralörtlichen Gliederung sowie der in diesem Rahmen zu sichernden Versorgung der Bevölkerung, wenn die Kaufkraftbindung der zu erwartenden Nutzung den Versorgungsbereich des Standortes nicht wesentlich überschreitet. Die Entwicklung und zentralörtliche Versorgungsfunktion anderer Zentren darf nicht beeinträchtigt werden.

§ 11   Abs. 3   23, 23.1

23 Diese (in allen Ländern etwa gleichen oder ähnlichen) landesplanerischen Zielvorstellungen sollen einer *Überversorgung* des Versorgungsbereichs bzw. einem Kaufkraftabzug aus anderen Versorgungsbereichen bzw. Zentren entgegenwirken. Dabei wird unterstellt, dass die Versorgung der Bevölkerung nicht durch die zu erwartende *Über*versorgung, sondern durch eine Unterversorgung gefährdet wird, die dadurch eintritt, dass infolge der Versorgungskonzentration und Bindung einer großen Kaufkraftmenge an einem Standort andere Versorgungsbereiche bzw. Zentren durch »flächendeckende« Geschäftsaufgaben von Einzelhandelsbetrieben nicht mehr die (Nah-)Versorgungsfunktion für jedermann erfüllen. Ob ein großflächiger Einzelhandelsbetrieb im Verhältnis zur Größe des jeweiligen Ansiedlungsstandortes *angemessen* ist, hängt somit von seinem *Einzugsbereich* und den darin bereits vorhandenen Einrichtungen zur *Versorgung der Bevölkerung* ab (Nr. 2.2.1 d. GemErl. BW v. 8.9.1976; III 1 GemRdSchr. RhPf. v. 10.5.1976, aaO. 8. Aufl., Anh. 11).

Innerhalb der Gemeinden – soweit dort überhaupt diesbezügliche landesplanerische Ziele vorliegen – sind solche Betriebe regelmäßig auch hinsichtlich der Erreichbarkeit für alle Bevölkerungsgruppen in angemessener Zeit den **Siedlungsschwerpunkten** zuzuordnen bzw. städtebaulich zu integrieren. So sollen z. B. nach § 24 Abs. 3 LEPro NW SO-Gebiete für Einkaufszentren und großflächige Einzelhandelsbetriebe nur ausgewiesen werden, soweit die in ihnen zulässigen Nutzungen räumlich und funktional den Siedlungsschwerpunkten zugeordnet sind.
Diese »Soll-«Vorschrift hat das OVG NW im U. v. 7.12.2000 – 7a D 60/99.NW – DVBl. 2001, 657 = NWVBl. 2001, 349 zugunsten des Einkaufszentrums »Preußen-Park« der Stadt Münster trotz erheblicher Kritik der Umlandgemeinden recht großzügig ausgelegt und die Lage des Zentrums noch innerhalb des Siedlungsschwerpunktes, wenn auch am Rande liegend, anerkannt. Bemerkenswert ist das U. wegen der Akzeptanz der Rechtfertigung der Planung: *»Ein Bebauungsplan, der die Errichtung eines Einkaufszentrums ermöglicht, kann auch dann städtebaulich gerechtfertigt sein, wenn sich ein privater Investor als Gegenleistung für die Übereignung der gemeindlichen Flächen, auf denen das Einkaufszentrum errichtet werden darf, gegenüber der Gemeinde zur Errichtung eines Sportstadions verpflichtet (sog. Utrechter Modell)«.*

Den »**Soll**«-**Charakter** dieses landesplanerischen Ziels hält *Hoppe* (Anm. zum U. des OVG NW, DVBl. 2001, 661) jedoch für ein **Ziel der Raumordnung für ungeeignet**. Die dadurch mögliche Aufweichung lasse das Ziel ggf. leerlaufen. Diese Auffassung vertritt das OVG NW auch im U. v. 6.6.2005 – 10 D 145/04.NE – (BauR 2005, 1577). Die als Soll-Vorschrift formulierte Vorschrift enthalte kein Ziel der Raumordnung; sie enthalte kein absolutes Verbot der Ausweisung von Kern- und Sondergebieten für Einkaufszentren an sog. nicht integrierten Standorten und genüge insoweit nicht den **Anforderungen** an das **Bestimmtheitsgebot**. Die Vorschrift konkretisiere nicht hinreichend, wann die Nutzungen der angestrebten zentralörtlichen Gliederung und der Sicherung der jeweiligen Versorgungsaufgabe entsprechen. Das BVerwG hat im B. v. 28.12.2005 (– 4 BN 40.05 – DVBl. 2006, 458 = UPR 2006, 15 = BauR 2006, 802) dieser Auffassung insoweit nicht widersprochen.

23.1 Besonders weitgehend und fragwürdig sind landesplanerische Vorgaben, bei denen bereits **bei der landesplanerischen Anpassung** von MK- und SO-Gebieten, die außerhalb von Siedlungsschwerpunkten städtebaulich nicht integriert geplant werden, gefordert wird, die vorgesehenen Sortimentsstrukturen nach zentren- und nahversorgungsrelevanten **Kernsortimenten** und deren zulässigem **Umfang** festzulegen (sinngemäß in Nr. 3.2 Einzelhandelserlass NW v. 7.5.1996, MBl. NW. 1996 S. 922, in der u. a. Art und Umfang der Nutzung, beabsichtigte Sortimente und ggf. Begrenzung zentrenrelevanter Sortimente bestimmt werden, vgl. Ausf. in 10. Aufl., § 11 Rn 23.1).

Bei allem Verständnis für das Bemühen der Landesplanung, die Flut der großflächigen Einzelhandelsbetriebe an nicht integrierten Standorten einzudämmen, erscheint eine derartige, sich mit einzelnen Sortimenten von Betrieben, die bei einer Angebotsplanung noch gar nicht bekannt sind, befassende Interpretation von Zielen der Landesplanung viel zu weit zu gehen und massiv in die Planungshoheit der Gemeinden einzugreifen. Abgesehen davon, dass es fragwürdig ist, ob es überhaupt eine *allgemein anerkannte* oder *verbindliche* Einteilung in zentren- und nahversorgungsrelevante Sortimentsgruppen geben kann – z. B. in der Anlage zum Einzelhandelserlass NW (aaO.) und von *Hatzfeld/Abel* (Fundst. Rn 27.22) ist der Versuch einer solchen Einteilung gemacht –, würde es im Ermessen der Landesplanungs- bzw. Regionalplanungsbehörde liegen, über deren »Zulässigkeit« oder »Unzulässigkeit« zu entscheiden. In den Zielen der Raumordnung sind jedenfalls rechtswirksame Festlegungen bestimmter Sortimentsstrukturen nicht enthalten. Ob solche Interpretationen eine Bindungswirkung nach § 4 Abs. 1 ROG gegenüber den Gemeinden entfalten können, muss im Hinblick auf die bisherige Rspr. (vgl. BVerwG, U. v. 18.2.1994 – 4 C 4.92 – aaO. Rn 22) bezweifelt werden. Die landesplanerische Einflussnahme muss Wettbewerbsverzerrungen vermeiden und darf nicht zu einer staatlich gelenkten Bedarfskontrolle führen.

Auch die Heranziehung des sich auf den *Einzelhandel auswirkenden* **Kaufkraftabzugs** oder des beabsichtigten *Umsatzes* eines großflächigen Einzelhandelsbetriebs als Beurteilungskriterium in einem planungsrechtlichen Verfahren kann nur hilfsweise als Anhalt zur Erkennung der möglichen Auswirkungen, nicht dagegen als rechtserhebliche Entscheidungsgrundlage dienen. Insbes. ist es bedenklich, über die Kaufkraft zu festgeschriebenen regionalisierten »Umsatzpotenzialgrenzen« zu kommen, die von einzelnen Betrieben nicht mehr überschritten werden dürfen. Dies könnte die Flexibilität der Marktwirtschaft beeinträchtigen und wettbewerbsregelnden bzw. marktzugangssperrenden Charakter haben (*Hoffmann*, FAZ v. 17.7.1984). Das Baurecht kann nicht zur Steuerung des Wettbewerbs eingesetzt werden. Wirtschaftliche Auswirkungen der Ansiedlung von großflächigen Einzelhandelsbetrieben können jedoch auf die bauliche Nutzung »durchschlagen« (OVG Lüneburg, U. v. 22.11.1979 – I OVG A 139/78 – ZfBR 1980, 103). Für ein solches qualitatives Umschlagen von wirtschaftlichen zu städtebaulichen Folgen reichen im Hinblick auf die durch Art. 12 und 14 GG geschützte Position des Bauherrn bloße Vermutungen nicht aus (VGH BW, U. v. 9.12.1981 – 5 S 1290/81 – BauR 1982, 149).

Gleichwohl wird in der Praxis nicht nur bei der planungsrechtlichen Genehmigung, sondern auch bereits bei der landesplanerischen Anpassung das **Kriterium des Kaufkraftabzugs** zur Beurteilung der (Raum-)Verträglichkeit von Einzelhandelsgroßprojekten herangezogen. So hat z. B. der BayVGH entschieden, dass bei der Prüfung der Frage, ob ein Einzelhandelsgroßprojekt in seinem Einzugsbereich eine wesentliche Gefährdung der Funktionsfähigkeit zentraler Orte sowie der verbrauchernahen Versorgung der Bevölkerung erwarten lässt, grundsätzlich auf die in der Richtlinie des Staatsministeriums für Landesentwicklung und Umweltfragen v. 25.10.1995 festgelegten Erfahrungswerte (Obergrenzen der Kaufkraftabschöpfung) als sachgerechte Orientierungswerte abgestellt werden kann (BayVGH, U. v. 7.6.2000 – 26 N 99.2961 u. A. – BayVBl. 2001, 175). Nach der im U. zitierten Richtlinie bestehe für die Landesplanung *»hier die Aufgabe, darauf zu achten, dass ein neues Vorhaben auf der Basis der sortimentsspezifischen durchschnittlichen Raumleistung keinen so großen Teil der Kaufkraft im zugrunde zu legenden Verflechtungsbereich abschöpft, dass eine wesentliche Änderung der Marktverhältnisse in Form von ›flächendeckenden‹ Geschäftsaufgaben zu befürchten wäre (Richtlinie Punkt 4.1). Derartige Auswirkungen seien zu erwarten, wenn bestimmte Kaufkraftabschöpfungsobergrenzen (siehe Richtlinie Punkt 4.2) überschritten werden würden. Bei Lebensmitteln betrage die Obergrenze 25%, bezogen auf den Nahbereich, bei Nicht-Lebensmitteln betrage sie, bezogen auf den Mittelbereich, 30% für sog. zentrenrelevante Sortimente und 40% für sonstige Sortimente. Bei Einhaltung der branchen- und bereichsspezifischen Obergrenzen könne ein Einzelhandelsgroßprojekt in der Regel als raumverträglich angesehen werden.«* (Von anderen Gerichten angenommene unterschiedliche Prozentsätze des noch verträglichen Kaufkraftabzugs s. *Stühler*, VBlBW 1999, 206, Fn 18, 19, 20; OVG Bbg., B. v. 28.1.2000 – 3 B 67/99 – LKV 2001, 466: 10% bei einem FOC).

§ 11 Abs. 3 23.3, 24

23.3 Eine derartige Pauschalierung der Vermutung von Auswirkungen ist natürlich – wenn überhaupt geeignet – viel zu grob und kann entspr. dem Tenor des Urteils auch nur als Orientierungshilfe, nicht dagegen als rechtsverbindliche Grenzwerte herangezogen werden. In dem entschiedenen Fall lagen die aufgrund eines Gutachtens tatsächlich zu erwartenden Umsatzverluste erheblich niedriger. Es wird i. A. daher unerlässlich sein, zur Frage, ob die Sicherung der (Nah-)Versorgung der Bevölkerung z. B. durch einen Abzug von Kaufkraft bzw. Umsatzverluste gefährdet werden kann, im Einzelfall ein neutrales Gutachten über die branchenspezifische Verkaufsflächensituation in der Gemeinde und den Nachbargemeinden einzuholen. Soweit dabei ggf. die auf eine Wettbewerbsneutralität verpflichteten Kammern der gewerblichen Wirtschaft eingeschaltet werden, obliegt es diesen, die absatzwirtschaftlichen Gesichtspunkte vorzutragen. Dabei kann eine solche Einschätzung sicherlich nicht ohne Beurteilung der vorgesehenen Sortimente und deren Umfang erfolgen. Es sollten jedoch nur die Branchen (Wirtschaftszweige) und Haupt- bzw. Kernsortimente, nicht dagegen die Randsortimente auf ihre Umsatzwirksamkeit geprüft werden.

24 cc) **Auswirkungen auf die städtebauliche Entwicklung und Ordnung:** Die Anknüpfung an diesen in § 1 Abs. 3 BBauG enthaltenen Begriff verdeutlicht die breite Skala möglicher Auswirkungen auf die Bodennutzung in den Gemeinden und die Maßnahmen zu deren Vorbereitung und Verwirklichung. Einige Auswirkungen sind beispielhaft aufgezählt. Sie sind jedoch nicht ausschließlich städtebaulicher Art, sondern teilweise zugleich von raumordnerischer Bedeutung. Darüber hinaus können weitere, insbes. die in § 1 Abs. 6 BauGB n. F. beispielhaft aufgeführten Belange berührt werden.

So kann sich ein großflächiger Einzelhandelsbetrieb z. B. in einem erhaltenswerten Ortsteil, in einer Straße von baugeschichtlicher und künstlerischer Bedeutung (mit mehreren Baudenkmälern) wegen seiner großen Fläche und Baumasse auf die nähere Umgebung nachteilig auswirken. Derartige überdimensionierte Baukörper sind in mittlere und kleinere Zentren schon von der »Masse« her oftmals nicht zu integrieren. Dazu müssten die Betriebe bereit sein, ihr Volumen zugunsten von Merkmalen traditioneller Einzelhandelsbetriebe einzuschränken, womit – bisher jedenfalls – kaum zu rechnen ist (*Ingesta*, Auswirkungen großer Verbrauchermärkte 1978, 47, aaO.). Will z. B. eine Gemeinde durch B-Plan ein SO-Gebiet für ein EKZ mit 70.000 m² VF nahe der Stadtgrenze einer Nachbarstadt festsetzen, in deren Innenstadt ca. 62.000 m² VF vorhanden sind, hat sie die städtebaulichen Konsequenzen ihrer Planung im Hinblick auf die verbrauchernahe Versorgung der Bevölkerung in der Nachbargemeinde und im Hinblick auf deren Zentrenstruktur abzuwägen. Die städtebauliche Relevanzschwelle ist überschritten, wenn ein Umschlag von rein wirtschaftlichen (Veränderung der Einzelhandelsstruktur der Nachbargemeinde) zu städtebaulichen Auswirkungen stattzufinden droht (vgl. OVG NW, U. v. 25.8.2005 – 7 D 2/05.NE – BauR 2006, 67; BVerwG, U. v. 1.8.2002 – 4 C 5.01 – BRS 65 Nr. 10 = BauR 2003, 55).

Auswirkungen auf die **städtebauliche Entwicklung** können auch allgemeiner Art sein wie die Verzögerung oder Behinderung des geplanten Ausbaues eines Stadtteils oder Stadtteilzentrums oder die Erschwerung einer eingeleiteten städtebaulichen Sanierung oder Entwicklungsmaßnahme infolge der »Sogwirkung« eines Großbetriebs.

Als **städtebauliche Ordnungsmaßnahmen,** auf die sich ein großflächiger Handelsbetrieb nachteilig auswirken kann, kommen z. B. notwendige Erhaltungsmaßnahmen nach § 172 i. V. m. § 24 Abs. 1 Nr. 4 BauGB in Betracht, wenn die Gefahr des Abbruchs oder der Veränderung einer erhaltenswerten Bausubstanz durch den Betrieb zu befürchten ist, oder die Erschwerung der Umlegung bzw. Enteignung, z. B. wenn im Rahmen einer Sanierung ein für ein Kaufhaus an zentraler Stelle enteignetes Grundstück nach § 102 BauGB rückenteignet werden muss, weil das Kaufhaus wegen eines Großbetriebs »auf der grünen Wiese« nicht gebaut werden kann.

dd) **Einzelne Auswirkungen auf die städtebauliche Entwicklung und Ordnung** 25.1
(Satz 2). Schädliche Umwelteinwirkungen i. S. d. § 3 BImSchG sind insbes. auf
die Nachbarschaft einwirkende *Immissionen* wie Luftverunreinigungen und
Geräusche. Zur Beurteilung der Verträglichkeit eines Betriebs mit seiner Umgebung sind alle mit der Zulassung des Betriebs nach dessen Gegenstand, Struktur und Arbeitsweise typischerweise verbundenen Auswirkungen zu berücksichtigen. Dazu gehören auch der mit ihm regelmäßig verbundene Zu- und Abgangsverkehr sowie die von diesem bewirkten Geräusche und sonstigen Immissionen (BVerwG, B. v. 9.10.1990 – 4 B 121.90 – BauR 1991, 49; U. v. 25.11.1983 – 4 C 64.79 – BRS 40 Nr. 45 = BauR 1984, 142), z. B. die Zunahme von Lärm- und Abgasbelastungen in Wohnstraßen durch einen stärkeren Zu- und Abfahrtsverkehr zu den Vorhaben (vgl. OVG Bln, B. v. 16.5.2000 – 2 S 1.00 – DVBl. 2000, 1367 = LKV 2001, 372), die von den Stellplätzen des Vorhabens auf rückwärtige Bereiche der Nachbargrundstücke einwirkenden Immissionen (vgl. OVG Lüneburg, B. v. 13.6.1986 – 6 B 54/86 – UPR 1986, 74 = ZfBR 1986, 294) oder die von dem Vorhaben selbst ausgehenden Maschinengeräusche (Lüftungsanlagen) oder Verladegeräusche. Auswirkungen i. S. einer *Störung* sind auch schon dann anzunehmen, wenn die zu erwartenden Belastungen noch nicht die Schwelle der schädlichen Umwelteinwirkungen i. S. v. § 3 Abs. 1 BImSchG überschreiten; denn die Auswirkungen sind in § 11 Abs. 3 nur *beispielhaft* aufgeführt. So kann die Zunahme des Lärms in einer ruhigen Wohnstraße um nur wenige dB(A) – mindestens jedoch 3 dB(A), weil sonst nicht wahrnehmbar – bereits eine »Auswirkung« sein. Zur Vermeidung derartiger Auswirkungen müssen verkehrsintensive Bereiche wie Zufahrten, Anlieferung, Kundenstellplätze so angeordnet sein, dass Störungen von Wohnbereichen weitgehend ausgeschlossen sind (vgl. Nr. 2.3.1 »Einzelhandelserlass« NW, Fundst. Rn 23).

Die **infrastrukturelle Ausstattung** war in dem in das BauGB 1986 nicht übernommenen § 9a BBauG 1976 beispielhaft aufgezählt. Danach gehören dazu u. A. Erschließungsanlagen, die örtlichen und überörtlichen Verkehrseinrichtungen, insbes. des *öffentlichen* Verkehrs und Personennahverkehrs, Gemeinbedarfs- und sonstige Folgeeinrichtungen wie die schadlose Abwassersammlung und -beseitigung sowie die Abfallbeseitigung, ferner die Feuerwehr, der Rettungsdienst sowie die Versorgung mit Energie, Wasser, Wärme und dergl. Der Begriff »Ausstattung« umfasst außer gemeindlichen Einrichtungen auch Einrichtungen anderer Träger, z. B. des Bundes, des Landes, des Kreises oder sonstiger öffentlicher oder privater Träger. Auswirkungen auf die Infrastruktureinrichtungen sind z. B. der notwendige Bau neuer oder die Änderung bestehender Verkehrseinrichtungen (z. B. Bau oder Erweiterung einer Zufahrtstraße, Bau einer Linksabbiegespur), die notwendige Verlegung eines Abwassersammlers, die Erweiterung einer Kläranlage, die Einrichtung oder Verlegung eines Haltepunktes des ÖPNV. 25.2

Die Auswirkungen auf den **Verkehr** decken sich teilweise mit denen auf die infrastrukturelle Ausstattung, soweit die Verkehrseinrichtungen betroffen sind; darüber hinaus ist darunter der *fließende* und *ruhende Verkehr* zu verstehen. Auswirkungen auf den Verkehr sind insbesondere eine Überlastung bestehender Straßen und Parkplätze oder Inanspruchnahme ungeeigneter Wohnstraßen durch den Kundenverkehr, das Blockieren des fließenden Verkehrs durch parkende Autos, Verkehrsbehinderungen durch ungeeignete Grundstücksein- und -ausfahrten z. B. vor Kreuzungen, die Notwendigkeit von Verkehrsregelungen 25.3

§ 11 Abs. 3   25.4, 25.5

wie die Einrichtung von Verkehrsampeln und Einbahnstraßen. Eine nachteilige Auswirkung auf den Verkehr ist stets gegeben, wenn das Straßennetz für den mit der Ansiedlung verbundenen größeren Verkehrsandrang nicht ausreicht. Großflächige Einzelhandelsbetriebe, die sich wegen der mit ihnen verbundenen Verkehrsprobleme wesentlich auf die städtebauliche Entwicklung und Ordnung auswirken können, sind nur in MK- und für sie festgesetzten SO-Gebieten zulässig (BVerwG, B. v. 20.4.2000 – 4 B 25.00 – BauR 2001, 212 = ZfBR 2001, 142).

Abgesehen von der allgemeinen Anforderung hinsichtlich der Auswirkungen auf den Verkehr muss für einen großflächigen Einzelhandelsbetrieb auch die verkehrliche Erschließung gesichert sein (§ 30 Abs. 1 BauGB). Der Umstand, dass ein solches Vorhaben verkehrliche Ausbaumaßnahmen innerhalb oder außerhalb des Geltungsbereichs des B-Plans oder im nicht beplanten Innenbereich (§ 34 BauGB) außerhalb der maßgebenden näheren Umgebung erforderlich macht, kann für die Frage von Bedeutung sein, ob die Erschließung gesichert ist. So kann es erforderlich werden, für die reibungslose Ein- und Ausfahrt zu dem Betrieb eine besondere Abbiegespur vorzusehen.

Die Erschließung ist nicht gesichert, wenn das Grundstück zwar an einer öffentlichen für das zu erwartende Verkehrsaufkommen ausreichend dimensionierten und ausgebauten Straße liegt, die weitere Anbindung – z.B. an einer 500 m entfernten Einmündung der Erschließungsstraße in das übrige Verkehrsnetz – für das Verkehrsaufkommen jedoch nicht ausreicht (vgl. BVerwG, U. v. 3.2.1984 – 4 C 8.80 –, BRS 42 Nr. 49 und – 4 C 17.82 – BRS 42 Nr. 51; OVG NW, U. v. 15.1.1992 – 7 A 81/89 – NWVBl. 1993, 25; *Schlichter/Friedrich*, WiVerw. 1988, 199). Kann ein Grundstück zwar entspr. den Festsetzungen des B-Plans baulich genutzt werden, reicht aber die Erschließung nicht aus, so besteht kein Anspruch auf Herstellung der für einen großflächigen Einzelhandelsbetrieb erforderlichen zusätzlichen Erschließungseinrichtungen (OVG NW aaO.).

25.4   Auswirkungen auf die **Versorgung der Bevölkerung im Einzugsbereich** von Betrieben nach Satz 1 können sich dadurch ergeben, dass durch deren Kaufkraftbindung anderen wohnungsnahen Einzelhandelsbetrieben die Existenzgrundlage entzogen wird und dadurch eine Unterversorgung der nicht motorisierten Bevölkerung eintritt, z.B. durch eine Beeinträchtigung des für die bedarfsgerechte und flächendeckende Warenversorgung der Bevölkerung im Nahbereich notwendigen engmaschigen Netzes von Einzelhandelsbetrieben (BVerwG, U. v. 3.2.1984 – 4 C 54.80 – BauR 1984, 380 = ZfBR 1984, 135). Es ist davon auszugehen, dass die Nahversorgung für den kurzfristigen Bedarf, insbesondere im Nahrungs- und Genussmittelbereich, i.d.R. noch in einer Gehzeit von 10 Minuten möglich sein soll. Anhaltspunkte für eine Gefährdung der Nahversorgung können sich aus einer (gutachterlichen) Gegenüberstellung der – nur einmal umsetzbaren – Kaufkraft der Bevölkerung im Einzugsbereich des Betriebs und der vorhandenen Verkaufsfläche je Einwohner unter Berücksichtigung der Sortimentsverteilung und der Flächenproduktivität ergeben. Eine übermäßige Kaufkraftbindung ist selbst noch keine »Auswirkung«; diese ist erst bei entspr. städtebaulichen Folgen anzunehmen (vgl. Nr. 2.3.1 »Einzelhandelserlass« NW, aaO., Rn 23).

25.5   Nachteilige Auswirkungen auf die **Entwicklung zentraler Versorgungsbereiche** können z.B. entstehen, wenn großflächige (Einzel-)Handelsbetriebe an ungeeigneten (nicht-integrierten) Standorten, z.B. »auf der grünen Wiese«, das Zentrensystem der Gemeinde oder anderer Gemeinden oder den geplanten Ausbau bestimmter Zentren beeinträchtigen, so dass es durch Kaufkraftabfluss – auch wegen der höheren Mieten in den Zentren – zu Leerständen von

Geschäften und somit zu einem Absinken des Niveaus und der Vielfalt der Einzelhandelsgeschäfte in den Innenstädten kommt, oder wenn z. B. eine in der Innenstadt eingeleitete und mit öffentlichen Mitteln geförderte Sanierungsmaßnahme nicht fortgeführt werden kann, weil sich die geplante Ansiedlung von Einzelhandelsbetrieben nicht mehr ermöglichen lässt (vgl. VGH BW, U. v. 15.10.1993 – 3 S 335/92 – VBlBW 1994, 353).

Großflächige (Einzel-)Handelsbetriebe können durch ihre große Baumasse das **25.6** Orts- und Landschaftsbild beeinträchtigen. Im Hinblick auf die nicht einfache verfassungsrechtliche Abgrenzung der städtebaulichen und bauordnungsrechtlichen Gesichtspunkte des **Ortsbildschutzes** kommen nur solche Auswirkungen eines Vorhabens auf das Ortsbild in Betracht, die bodenrechtlicher Natur sind (zur Abgrenzung *Manssen*, NWVBl. 1992, 381). Hierzu gehören Beeinträchtigungen, die sich aus Festsetzungselementen nach § 9 Abs. 1 BauGB und §§ 16 f. BauNVO, insbes. der Baumasse und Gebäudehöhe ergeben (vgl. VGH BW, U. v. 20.9.1989 – 8 S 2738/88 – BRS 49 Nr. 87). Rein baugestalterische und somit *bauordnungsrechtliche* Elemente wie die Fassadengestaltung (z. B. Primitivbauweise, Fensterformate) und Dachneigung sind im Grundsatz nicht Gegenstand *städtebaulicher* Ortsbildgestaltung.

Zwar *kann* ein Vorhaben, das sich wegen seiner Größe nicht in die Eigenart der näheren Umgebung (*wie sie sich aus § 34 Abs. 1 BauGB ergibt*) einfügt, zugleich das Ortsbild verunstalten, das *muss* aber nicht der Fall sein. Eine Verunstaltung des Ortsbildes erfordert mehr als nur das Fehlen einer harmonischen Beziehung des Vorhabens zur vorhandenen Bebauung, wie sie in § 34 Abs. 1 BauGB vorausgesetzt ist (vgl. BVerwG, B. v. 4.2.1986 – 4 B 7 9.86 – NVwZ 1986, 750). Sie liegt nur vor, **wenn das Vorhaben dem Ortsbild in ästhetischer Hinsicht grob unangemessen ist** (vgl. BVerwG, B. v. 29.4.1986 – 4 B 77.67 – BRS 20, Nr. 59) und auch von einem für ästhetische Eindrücke offenen Betrachter *als belastend empfunden* wird (BVerwGE 2, 172). Hierfür reicht ein Widerspruch zu einer kleinmaßstäblichen Nachbarbebauung allein nicht aus (so überzeugend BVerwG, U. v. 22.6.1990 – 4 C 6.87 – ZfBR 1990, 293; Hervorh. diess.). Eine andere Frage ist dagegen, ob ein hinzukommendes Vorhaben das Ortsbild überhaupt beeinträchtigt. Es liegt auf der Hand, dass etwa das Ortsbild einer mittelalterlichen Stadt in anderer Weise – und stärker – schutzwürdig ist als ein durch Industriebauten geprägtes Ortsbild. Die Frage nach der Beeinträchtigung des Ortsbildes durch ein bestimmtes Vorhaben lässt sich nur mit Blick auf die konkrete Situation der Umgebung beantworten (so BVerwG, B. v. 16.7.1990 – 4 B 106.90 – ZfBR 1990, 306).

Eine strenge Unterscheidung der Zielsetzungen von Bauordnungsrecht und Bauplanungsrecht ist jedoch insbes. beim Ortsbildschutz auch unter Berücksichtigung der o. g. Rspr. kaum möglich (vgl. auch *Manssen* aaO.). Es liegt daher auf der Hand, dass die Auswirkungen auf das Ortsbild hier in ihrer Gesamtschau beurteilt werden müssen, wobei auch bauordnungsrechtliche Elemente mit einfließen können. So weisen *Bröll/Hannig* (aaO. Rn 17) zu recht darauf hin, dass die bei Verbrauchermärkten meist üblichen monotonen Flachbauten in Billigbauweise sich mit dem Ortsbild oft nicht in Einklang bringen lassen. Insbes. die Dachformen und fensterlosen Fassaden größerer Baukörper können in bestimmter Umgebung z. B. in Gemeinden mit ländlichem Charakter als ästhetisch belastend empfunden werden. Die erforderlichen großen Stellplatzflächen können den städtebaulich-gestalterischen Zusammenhang unterbrechen. In Ortsteilen mit historisch wertvollem Ortsbild kommt die Ansiedlung solcher Großbetriebe u. U. von vornherein nicht in Betracht.

Eine erhebliche Beeinträchtigung des **Landschaftsbildes** durch ein Einzelhandelsgroßvorhaben ist nach § 18 Abs. 1 Bundesnaturschutzgesetz (BNatSchG 2002) ein *Eingriff in Natur und Landschaft*, der nach § 19 BNatSchG eines Ausgleichs durch den Verursacher (Bauherrn) bedarf, soweit es zur Verwirklichung des Naturschutzes und der Landschaftspflege erforderlich ist, vorausgesetzt, der Eingriff ist nicht bereits zu untersagen. Über die Verpflichtung zum Ausgleich wird im Einzelfall von der Baugenehmigungsbehörde im Benehmen **25.61**

§ 11 Abs. 3   25.7, 25.71

mit der für Naturschutz und Landschaftspflege zuständigen Behörde entschieden. Bei Vorhaben im Geltungsbereich eines B-Plans (§ 30 BauGB) erfolgt eine Vorverlagerung der Eingriffsregelung in die Bauleitplanung; Vorhaben im nicht beplanten Innenbereich (§ 34 BauGB) sind nicht als Eingriffe anzusehen.

§ 11 Abs. 3 geht jedoch nicht erst von *erheblichen*, sondern bereits von *nicht nur unwesentlichen* Auswirkungen auf das Landschaftsbild aus, so dass auch bereits eine geringere Beeinträchtigung des Landschaftsbildes als ein naturschutzrechtlicher Eingriff für eine Versagung ausreicht. Auch ein Vorhaben, das im Planbereich (§ 30 BauGB) oder im nicht beplanten Innenbereich (§ 34 BauGB) zulässig ist, kann sich dennoch auf das Landschaftsbild außerhalb des Planbereichs oder Innenbereichs nachteilig auswirken.

Wann ein erheblicher Eingriff oder sogar nur »nicht nur unwesentliche Auswirkungen« auf ein Landschaftsbild vorliegen, lässt sich nur anhand des Einzelfalls beurteilen. Das Schutzgut »Landschaftsbild« ist nämlich kein Wert an sich, sondern in seiner Wertigkeit nur definiert in der wertenden Betrachtung durch den Menschen, auf den es einwirkt und der es wahrnimmt (vgl. OVG NW, U. v. 29.5.1995 – 7 A 1873/93 –).

Anerkannt ist, dass das naturschutzrechtliche Schutzgut Landschaftsbild« maßgeblich durch die optischen Eindrücke für einen Betrachter, d. h. die mit dem Auge wahrnehmbaren Zusammenhänge von einzelnen Landschaftselementen, bestimmt wird (BVerwG, U. v. 27.9.1990 – 4 C 44.87 – BVerwGE 85, 348 = NuR 1991, 124; OVG NW, U. v. 16.1.1997 – 7 A 310/95 – NuR 1997, 410). Auswirkungen auf ein Landschaftsbild könnten z. B. vorliegen, wenn sich die Baukörper nach Lage (auf einer Kuppe), Umfang (Abmessungen) und Erscheinungsbild (Gebäudeform, auch Außenwandgestaltung) der Landschaft nicht einfügen oder nach der Eigenart der Landschaft und ihrer typischen Bebauung dort als wesensfremd empfunden werden (z. B. »Betonkasten« in der Umgebung von Fachwerkhäusern). Sie sollten sich i. d. R. dem Landschaftsbild ein- oder unterordnen und nicht hervorragen oder dominieren (vgl. BVerwG, U. v. 30.4.1969 – IV C 63.68 – NJW 1970, 346). Als ausgleichende Maßnahmen – soweit diese nicht bereits von der für Naturschutz und Landschaftspflege zuständigen Behörde vorgegeben werden – kommen landschaftspflegerische Maßnahmen – insbes. aufgrund von Landschafts- oder Grünordnungsplänen (vgl. § 1 Abs. 6 Nr. 7 Buchst. g BauGB) – und ggf. ein Pflanzgebot nach § 178 BauGB i. V. m. speziellen Festsetzungen nach § 9 Abs. 1 Nr. 25 BauGB in Betracht.

25.7   Die **Auswirkungen auf den Naturhaushalt** sollen der Überprüfung dienen, ob Auswirkungen auf die Naturgüter wie Wasser, Boden (Oberflächenversiegelung), Luft und Klima zu erwarten sind (BR-Drucks. 261/77). Sofern die Leistungsfähigkeit des Naturhaushalts durch eine Veränderung der Gestalt oder Nutzung von Grundflächen durch ein Einzelhandelsprojekt erheblich oder nachhaltig beeinträchtigt werden kann, gilt dies nach Naturschutzrecht als **Eingriff in Natur und Landschaft**. Die Eingriffs- und Ausgleichsregelungen gem. Naturschutzrecht und § 1a BauGB sind entspr. anzuwenden (vgl. hierzu Rn 25.61). Die dabei durchzuführende Prüfung kommt u. a. in Betracht im Zusammenhang mit der Betonierung (Versiegelung) großer Hallen- und Stellplatzflächen und der dadurch möglichen Veränderung des Grundwasserstandes, der Vorflut und/oder des Kleinklimas.

25.71 Nach § 17 des Gesetz über die **Umweltverträglichkeitsprüfung (UVPG)** i. d. F. vom 25.6.2005 (BGBl. I S. 2350, **Anh. 10**) wird bei B-Plänen für ein Einkaufszentrum, einen großflächigen Einzelhandelsbetrieb oder einen sonstigen großflächigen Handelsbetrieb mit einer zulässigen Geschossfläche von 5.000 m² und mehr, für den im bisherigen Außenbereich i. S. d. § 35 BauGB ein B-Plan aufgestellt wird (Nr. 18.6 der Anl. 1 zum UVPG), die UVP als **Umweltprüfung** nach den Vorschriften des **BauGB** durchgeführt. Bei einer Geschossfläche von

1.000 m² bis weniger als 5.000 m² ist für diese Vorhaben eine allgemeine Vorprüfung des Einzelfalls gem. § 3c Abs. 1 Satz 2 UVPG durchzuführen (Näheres s. in § 17 UVPG 2005 und **Anh. 10**).

d) **Widerlegliche Vermutung in Bezug auf nachteilige Auswirkungen (Satz 3).** **26**
– aa) Allgemeines zur widerleglichen Vermutung. Abs. 3 Satz 3 enthält eine widerlegliche Vermutung, nach der »in der Regel« (nachteilige) Auswirkungen i. S. v. Satz 2 bei Betrieben nach Satz 1 Nr. 2 und 3 anzunehmen sind, wenn die Geschossfläche 1.200 m² überschreitet. Der in der BauNVO 1977 ursprünglich enthaltene Wert in Höhe von 1.500 m² ist durch die **ÄndVO 1987 auf 1.200 m²** herabgesetzt worden (hierzu s. Rn 26.1 und 26.2). Die Regelung, die auch als »Regelvermutung«, »Vermutungsregel« oder »rechtliche Vermutung« (BVerwG, U. v. 3.2.1984 – 4 C 8.80 –, aaO.) bezeichnet wird, soll die schwierige Handhabung der Vorschrift im Baugenehmigungsverfahren erleichtern.

Das BVerwG hatte den Rechtscharakter von Satz 3 bereits im U. v. 3.2.1984 – 4 C 54.80 – (BRS 42 Nr. 49) klargestellt. Danach unterscheidet sich § 11 Abs. 3 BauNVO 1977 nicht grundsätzlich von den übrigen Baugebietsvorschriften. Satz 3 hat i. V. m. Satz 1 Nr. 1 bis 3 dieselbe Funktion, die für die Baugebiete nach den §§ 2–9 dem jeweiligen Abs. 2 der Baugebietsvorschrift zukommt, nämlich die Bestimmung der Zulässigkeit der großflächigen Einzelhandelsbetriebe in MK- und für sie festgesetzten SO-Gebieten bei gleichzeitigem Ausschluss der Betriebe aus den anderen Baugebieten. Im Hinblick auf die zur Beschreibung der Betriebe verwendeten unbestimmten Rechtsbegriffe bedient sich der VOgeber mit **Satz 3** zulässigerweise einer **typisierenden Betrachtungsweise**. Dabei ist davon auszugehen, dass bei einem großflächigen Einzelhandelsbetrieb mit einer Geschossfläche von mehr als 1.200 m² Auswirkungen i. S. d. Vorschrift eintreten können, wenn nicht der Antrag ein Abweichen von der typischen Fallgestaltung erkennen lässt oder der Antragsteller dies geltend macht.

Der Regelung des § 11 Abs. 3 liegt als Betriebstyp der **großflächige Betrieb mit einem breiten Warenangebot** für den privaten Bedarf der Allgemeinheit zugrunde. In Bezug auf die **städtebauliche Situation** liegt der Vorschrift die Vorstellung von Standorten für unter § 11 Abs. 3 fallende Betriebe zugrunde, die innerhalb des städtebaulichen Gesamtgefüges *nicht auf das Einkaufen für die Allgemeinheit* ausgerichtet sind, die für die Wohnbevölkerung *verkehrlich schlecht* oder nur mit dem Kfz *zu erreichen sind* und die vorhandene oder geplante, städtebaulich eingebundene *Einzelhandelsstandorte gefährden*. Dies schlägt sich in den beispielhaft aufgezählten Auswirkungen nieder. Als Maßstab für die Vermutung wurde die *Geschossfläche*, nicht die *Verkaufsfläche* genommen (hierzu Rn 19.2–19.4).

bb) **Herabsetzung des Schwellenwertes für die Geschossfläche durch die** **26.1–26.3**
ÄndVO 1987. Der Schwellenwert von 1.500 m² der BauNVO 1977 war von Anfang an umstritten. Vorhaben mit nur 1.498 m² GF wurden oft ohne nähere Prüfung als nicht unter die Regelung des § 11 Abs. 3 fallend genehmigt, weil keine Auswirkungen vermutet werden mussten, obwohl auch solche Vorhaben durchaus Auswirkungen hatten, insbes., wenn die VF bei reduzierten Nebenflächen mehr als 1.000 m² betrug. Der VOgeber hat in einer vorgezogenen Teilnovellierung (**ÄndVO 1987**) den **Schwellenwert auf 1.200 m²** GF herabgesetzt. Dies hat er damit begründet, dass große Läden der wohnungsnahen Versorgung häufig ein breites Warenangebot haben müssten und dafür Verkaufsflächen bis nahezu 800 m² erforderlich sein könnten (vgl. BR-Drucks. 541/86). Somit ist der VOgeber von demselben Zuschlag von 50% auf die Verkaufsfläche wie 1977 ausgegangen. Inzwischen hat sich als Erfahrungswert herausgebildet, dass Einzelhandelsbetriebe infolge einer Reduzierung der La-

§ 11   Abs. 3   27, 27.1

gerflächen und sonstiger Nebenflächen drei Viertel der GF als VF nutzen können. Somit ist bei einer VF, die 900 m² überschreitet, zugleich eine Überschreitung der in § 11 Abs. 3 Satz 3 BauNVO genannten GF-Grenze von 1.200 m² zu erwarten (vgl. BVerwG, U. v. 24.11.2005 – 4 C 10.04 – BauR 2006, 639).

27   cc) **Verfahrensmäßige Handhabung der widerleglichen Vermutung.** Der **1987** eingefügte **Satz 4** bestimmt, dass die Vermutung des Satzes 3 nicht gilt, wenn Anhaltspunkte dafür bestehen, dass Auswirkungen bereits bei weniger als 1.200 m² GF vorliegen oder bei mehr als 1.200 m² GF nicht vorliegen. Er stellt klar, was immer schon galt, nämlich die erforderliche flexible Handhabung der zwar typisierenden, aber widerleglichen Vermutung. Wird der Schwellenwert **überschritten**, ist der **Bauantragsteller darlegungspflichtig** dafür, dass dennoch keine nachteiligen Auswirkungen zu erwarten sind (vgl. BVerwG, U. v. 24.11.2005 – 4 C 10.04 – aaO.). Dem Antragsteller obliegt es deshalb, die gegen ihn wirkende Vermutung – ggf. durch Gutachten – zu widerlegen. Soweit Anhaltspunkte für betriebliche Besonderheiten zu prüfen sind, ist maßgebend, ob diese Umstände für die Genehmigungsbehörde überhaupt erkennbar sind. Macht der Antragsteller jedoch keine Ausnahmetatbestände für ein Abweichen von dem der Vermutung zugrunde liegenden Betriebstyp geltend (s. dazu Vorb. §§ 2 ff. Rn 6.1–6.8), kommt eine abweichende Beurteilung nicht in Betracht. Die Genehmigungsbehörde hat dann vom Regelfall auszugehen; es tritt die Rechtsfolge des § 11 Abs. 3 ein. **Unterschreitet** der Antrag den Schwellenwert, obliegt der **Genehmigungsbehörde** die **Darlegungslast**, dass dennoch Auswirkungen zu erwarten sind, wenn sich dafür entspr. Anhaltspunkte ergeben (vgl. BVerwG, U. v. 24.11.2005 – 4 C 10.04 – aaO.). Ggf. muss dies gutachterlich belegt werden; die Kosten solcher von der Genehmigungsbehörde von Amts wegen zu veranlassenden Gutachten gehen zu Lasten des Antragstellers, weil sonst eine Baugenehmigung wegen Unmöglichkeit der Prüfung nach § 11 Abs. 3 BauNVO nicht erteilt werden kann (vgl. Nr. 5.5.2 Einzelhandelserlass NW, aaO.; s. Rn 23). Weder für das Eingreifen der Regelvermutung noch für deren Widerlegung kommt es darauf an, ob der Einzelhandelsbetrieb von vornherein in der zu errichtenden Größe errichtet oder ob ein bestehender Betrieb nachträglich erweitert werden soll.

Handelt es sich um eine **Erweiterung** und nicht um ein selbständig abtrennbares Vorhaben, sondern um die **Änderung einer baulichen Anlage,** kann die Erweiterung nicht isoliert betrachtet werden. Je deutlicher die Regelgrenze von 1.200 m² überschritten ist, mit desto größerem Gewicht kommt die Vermutungsregel zum Tragen (vgl. BVerwG, B. v. 29.11.2005 – 4 B 72.05 – BauR 2006, 484; B. v. 22.7.2004 – 4 B 29.04 –, Buchholz 406.12 § 11 BauNVO Nr. 28 = DVBl. 2004, 1308). Auch eine Befreiung nach § 31 Abs. 2 BauGB von der Festsetzung des § 11 Abs. 3, die durch Festsetzung eines GE-Gebiets Eingang in einen B-Plan gefunden hat, ist nicht möglich; denn eine Korrekturmöglichkeit für ein Abweichen von der Regelvermutung besteht in § 11 Abs. 3 Satz 4 (BVerwG, B. v. 29.11.2005, aaO.; s. auch Rn 27.1).

27.1   Ein **Abweichen von der Regelvermutung** ist i. d. R. nur bei einer **atypischen Fallgestaltung** angezeigt, d. h. der Frage, ob keine oder nur unwesentliche Auswirkungen zu erwarten sind, ist nur dann nachzugehen, wenn der beabsichtigte Betrieb nicht zu der Art der Betriebe gehört, die von der Regelung des § 11 Abs. 3 erfasst werden soll, oder wenn die konkrete städtebauliche Situation von derjenigen abweicht, in der § 11 Abs. 3 das Entstehen großflächiger Einzelhandelsbetriebe wegen deren Auswirkungen verhindert wissen will. Die

Regelung des § 11 Abs. 3 orientiert sich nämlich – wie es auch an deren historischer Entwicklung abzulesen ist – an Betriebstypen mit einem breiten warenhausähnlichen Warenangebot für den privaten Bedarf der Allgemeinheit (BVerwG, U. v. 3.2.1984 – 4 C 54.80 – aaO. Rn 16.6), nicht dagegen an Betrieben, die diesem Typ nicht entsprechen. Die Praxis neigt jedoch vielfach dazu, von diesem der Vorschrift zugrunde liegenden Leitbild zu abstrahieren. Sie begnügt sich dabei mit einer dem städtebaulichen Ziel nicht gerecht werdenden *schematischen Handhabung* der Vermutungsregel, die auch unter verfassungsrechtlichen Gesichtspunkten bedenklich ist (vgl. *Schenke*, WiVerw. 1990, 226 [235]).

Um die verfahrensmäßig richtige Handhabung der Vermutungsregel zu verdeutlichen, ist mit dem durch die **ÄndVO 1987 eingefügten Satz 4, zweiter Halbsatz** bestimmt, dass bei der Prüfung auf Anhaltspunkte in Bezug auf die in Satz 2 bezeichneten Auswirkungen insbesondere die Gliederung und Größe der Gemeinde und ihrer Ortsteile, die Sicherung der verbrauchernahen Versorgung der Bevölkerung und das Warenangebot des Betriebs zu berücksichtigen sind. In der Begründung dazu (BR-Drucks. 541/86) ist u. a. ausgeführt:

»So wirkt sich z. B. ein Einzelhandelsbetrieb mit 1.200 m² Geschossfläche in einer kleinen Gemeinde anders aus als ein Betrieb mit gleicher Größe in einer Großstadt. Ebenso ist es möglich, dass großflächige Einzelhandelsbetriebe, vor allem wenn sie wegen ihres Warenangebots (z. B. Möbelmärkte, Kraftfahrzeughandel) auf größere Flächen angewiesen sind, bei einer größeren Geschossfläche als 1.200 m² keine Auswirkungen haben. Es ist daher in Übereinstimmung mit der bisherigen Rechtslage als Klarstellung geboten, unmittelbar im Anschluss an Satz 3 in einem weiteren Satz 4 die Anhaltspunkte für eine von der Regel des Satzes 3 abweichende Beurteilung herauszustellen und zu konkretisieren ...«.

Somit verbietet sich eine lediglich an der Verkaufsfläche und der Geschossfläche anknüpfende schematische Handhabung. Vielmehr erlaubt die differenzierte Regelung eine die verschiedenen aufgeführten Gesichtspunkte beachtende sachgerechte Prüfung (vgl. BVerwG, U. v. 24.11.2005 – 4 C 10.04, aaO., u. B. v. 22.7.2004 – 4 29.04 – BRS 67 Nr. 76 = BauR 2004, 1735).

27.2 Damit sind sowohl die *städtebaulichen* als auch die *betrieblichen* Besonderheiten angesprochen. Mit der ausdrücklichen Aufführung des **Warenangebots** als Prüfgegenstand in der BauNVO ist klargestellt, dass das Warenangebot (Sortiment) bzw. seine Aufgliederung oder Einschränkung sowohl **Gegenstand der Festsetzung** im B-Plan als auch im **Baugenehmigungsverfahren** sein kann.

Das **Warenangebot** eines großflächigen Einzelhandelsbetriebs gliedert sich i. A. in **Kernsortimente** und **Randsortimente**. Für die Frage, ob ein bestimmtes Warensortiment (hier: Bettenfachmarkt) als »Randsortiment« zu qualifizieren ist, kommt es nicht nur auf den rechnerischen Umfang der Verkaufsfläche an; von Bedeutung kann auch der Raumbedarf der jeweils im sog. »Kernsortiment« (hier: Schlafmöbel, Betten, Matratzen und Rahmen) und im sog. »Randsortiment« (hier: Bettwäsche und Frottierwaren) angebotenen Waren sein. Die Qualifizierung eines Warenangebots als »Randsortiment« scheidet aus, wenn die unter diesem Etikett angebotenen Waren unter Umsatzgesichtspunkten ein wesentlich (mit-)tragendes »Standbein« des Handelsbetriebs überhaupt sind (vgl. OVG NW, B. v. 26.1.2000 – 7 B 2023/99 – BauR 2000, 1021).

Nach der Überleitungsvorschrift des § 25b Abs. 1 ist **Satz 4** auf B-Pläne, auf die § 11 Abs. 3 i. d. F. d. B. v. 15.9.1977 (**1 500 m²**) Anwendung findet, entspr. anzuwenden. Die Vorschrift enthält kein materielles Recht, sondern stellt nur klar, was seit 1977 schon immer galt. Dagegen gilt die 1987 herabgesetzte **Vermutungsregel des Satzes 3** (1 200 m²) nach § 25 b Abs. 1 erst für B-Pläne, die nach Inkrafttreten der ÄndVO 1987 aufgestellt wurden.

§ 11   Abs. 3   27.21, 27.22

Betriebliche Besonderheiten können z. B. bestehen bei Betrieben, deren Verkaufsfläche trotz Überschreitung der Grenze von 1.500 bzw. 1.000 m² Geschossfläche erheblich unter 1.000 bzw. 800 m² liegt oder die beschränkt sind auf ein schmales, spezialisiertes Warensortiment, wobei der Betrieb jedoch nicht über ein ins Gewicht fallendes Randsortiment verfügen darf (z. B. Gartenbedarf), ferner bei Betrieben, die Artikel üblicherweise i. V. m. handwerklichen Dienstleistungen anbieten (z. B. Baustoffhandel, Büromöbelhandel) oder die sperrige, nur mit dem Kfz zu transportierende Güter verkaufen und die typischerweise in der Innenstadt nicht unterzubringen sind (s. Rn 27.22).

Fachmärkte fallen nicht nur schon deswegen, weil sie sich als Fachmärkte bezeichnen und auf eine bestimmte Branche beschränken (z. B. Textilmarkt, Schuhmarkt, Teppichmarkt, Möbelmarkt, Spielzeugmarkt, Baumarkt, Heimwerkermarkt, Büromarkt usw.), als wegen betrieblicher Besonderheiten atypische Betriebe aus der Anwendung des § 11 Abs. 3 heraus, sondern nur bei schmalen und nicht zentrenrelevanten Sortimenten. So kann z. B. bei einem traditionellen Möbelhandel ein atypischer Fall angenommen werden, nicht jedoch bei einem ein breites Sortiment anbietenden »Einrichtungshaus« (BayVGH, U. v. 13.10.1987 – 20 B 87.01537 – BRS 47, 161). Die Begriffe »Einrichtung« und Einrichtungshaus« sind im Handelswesen nicht hinreichend konturiert und daher auch planungsrechtlich nicht hinreichend bestimmt (vgl. OVG NW, U. v. 22.6.1998 – 7a D 108/96.NE – BauR 1998, 1198). Auch ein Baumarkt, der im Gegensatz zu einer Baustoffhandlung über ein breites Randsortiment verfügt (z. B. Haushaltswaren, Büroartikel, Kleinmöbel, Gartenbedarf, Teppiche usw.) dürfte kaum als atypischer Betrieb gelten. Das OVG NW hält es für gegeben, dass selbst ein Fachmarkt mit einem schmalen Sortiment (z. B. ein SB-Schuhmarkt) die Versorgungsfunktion eines innerstädtischen Zentrums beeinträchtigen kann, wenn das Sortiment für eine Vielzahl von Verbrauchern von Interesse ist und aus produktspezifischen Gründen typischerweise in Innenstädten angeboten wird (vgl. OVG NW, U. v. 5.9.1997 – 7 A 2902/93 – BRS 59 Nr. 70 = BauR 1998, 309).

27.21 Eine besondere Bedeutung gewinnt stets die Frage nach der **Zentrenrelevanz der verschiedenen Sortimente.** Zwar liegen verschiedene Vorschläge für branchenbezogene Sortimentsabgrenzungen vor, so z. B. die sog. »Kölner Liste« (s. Rn 11.2) und Strukturgutachten für einzelne Städte (Nachweise bei *Hatzfeld/ Abel*, StGR 1992, 84). Eine allgemeingültige Abgrenzung von zentrenrelevanten Sortimenten erscheint aber kaum möglich, so dass die Frage der potenziellen Zentrenschädlichkeit bestimmter Sortimente nur vor dem Hintergrund der örtlichen Gegebenheiten beantwortet werden kann. Dabei sind insbes. zu berücksichtigen der Einzelhandelsbestand in den einzelnen Zentren, die zentrenbezogenen Zielsetzungen der Stadtplanung sowie deren Konkretisierung für die Funktion »Einzelhandel« und die zentrentragenden Effekte der einzelnen Handelssortimente.

27.22 Nach *Hatzfeld/Abel* (aaO.) sollten sich für die **Innenstadtentwicklung folgende Anforderungen** ergeben:
- Die Nutzungsstruktur sollte weder durch den Einzelhandel insgesamt, noch durch einzelne Einzelhandelsbranchen bzw. Betriebsformen dominiert werden,
- städtebaulich-gestalterisch integrierbare Handelseinrichtungen sollten bevorzugt werden,
- es sollten vorrangig solche Betriebsformen und Branchen vertreten sein, deren Besuch häufig mit anderen Innenstadtbesuchszwecken verbunden wird,

- Einzelhandelsbetriebe sollten über eine hohe Attraktivität und Ausstrahlungskraft verfügen, die entweder aus deren (Verkaufsflächen-)Größe oder aus deren relativen »Seltenheit« resultieren kann,
- es sollten Geschäfte mit möglichst hoher Individualität vorhanden sein, um einer weiteren Vereinheitlichung der Hauptgeschäftsbereiche (»Filialisierung«) vorzubeugen.

Unter diesen und weiteren Gesichtspunkten (wie Transportfähigkeit der Waren) kommen *Hatzfeld/Abel* (aaO.) bei einer typisierenden Betrachtungsweise zu drei Kategorien von Handelssortimenten mit unterschiedlicher Tendenz zur »Zentrenrelevanz«:

1. **Starke zentrentragende Effekte:**
   – Textilien – Schuhe – Uhren/Schmuck – Foto/Optik – Sportartikel/Spielwaren –
2. **Durchschnittlicher zentrenbildender Charakter:**
   – Nahrungsmittel (ohne großflächige Betriebe) – Drogerie/Pharmazie – Haushaltsgeräte – Unterhaltungselektronik –
3. **Geringe oder keine zentrenbildenden Effekte:**
   – Möbel – Bodenbelag/Tapeten – Fahrzeuge/Kfz-Teile – Bau- und Heimwerkerartikel – Nahrungsmittel (Großmengeneinkauf).

Nach der Anlage 1 zum Einzelhandelserlass NW (aaO. Rn 23) gelten als zentrenrelevante Sortimentsgruppen

1. Bücher/Zeitschriften/Papier/Schreibwaren/Büroorganisation
2. Kunst/Antiquitäten
3. Baby-/Kinderartikel
4. Bekleidung, Lederwaren, Schuhe
5. Unterhaltungselektronik/Computer, Elektrohaushaltswaren
6. Foto/Optik
7. Einrichtungszubehör (ohne Möbel), Haus und Heimtextilien, Bastelartikel, Kunstgewerbe
8. Musikalienhandel
9. Uhren/Schmuck
10. Spielwaren, Sportartikel,

als Nahversorgungs- (ggf. auch zentren-)relevante Sortimentsgruppen

1. Lebensmittel, Getränke
2. Drogerie, Kosmetik, Haushaltswaren

und als i. d. R. zentrenrelevante Sortimente, sofern die Gemeinde nichts Anderes festlegt

1. Teppiche (ohne Teppichboden)
2. Blumen
3. Campingartikel
4. Fahrräder und Zubehör, Mofas
5. Tiere und Tiernahrung, Zooartikel.

Diese subjektive Wertung kann natürlich nur ein grober Anhalt sein. Die beiden z. T. voneinander abweichenden Listen zeigen, wie unterschiedlich die Auffassungen darüber sind, welche Sortimente zentrenrelevant und welche es nicht sind. Bei einer Sortimentsbeschränkung im Einzelfall – sei es durch B-Plan oder im Baugenehmigungsverfahren – müssen aus Gründen der Rechtssicherheit daher stets die besonderen städtebaulichen Gründe anhand der örtlichen Situation durch ein Einzelhandelsgutachten nachgewiesen werden.

Eine **abweichende städtebauliche Situation** kann z. B. darin bestehen, dass der Einzugsbereich des Betriebs im Warenangebot bisher unterversorgt war und innerhalb des Einzugsbereichs des Betriebs zentrale Versorgungsbereiche an anderen Standorten nicht vorgesehen sind oder der Betrieb in zentraler und für die Wohnbevölkerung gut erreichbaren Lage (städtebaulich integriert) errichtet werden soll (BVerwG, U. v. 3.2.1984 – 4 C 54.80 – aaO. Rn 16.6). Sowohl **betriebliche** als auch **städtebauliche Besonderheiten** treffen insbes. auf solche Betriebe wie Baustoffhandlungen, Baumärkte oder Gartencenter zu, die wegen der Sperrigkeit der von ihnen vertriebenen und von Kunden meist mit dem Kfz selbst abgeholten Waren einen großen Flächen- und Stellplatzbedarf haben und deshalb in Kerngebieten der Innenstädte auch wegen ihrer geringeren Umsatzerwartung/Verkaufsfläche nicht nur keine geeigneten Standorte finden, sondern wegen der mit ihnen verbundenen Probleme insbes. des Verkehrs (und auch der Gestaltung des Ortsbildes) dort städtebaulich unerwünscht sind (vgl. *Schenke*, WiVerw. 1990, 226 [235]).

27.3 Weitere Ausnahmetatbestände können etwa darin liegen, dass der Ast. nachteilige Auswirkungen, z. B. verkehrlicher Art erkannt und zu deren Vermeidung bereits im Antrag entspr. Mittel angeboten hat, etwa den Bau einer Linksabbiegespur mit Lichtzeichenanlage auf seine Kosten (im Ergebnis im gleichen Sinn *Bielenberg/Dyong*, aaO., Rdn. 428).

Auswirkungen nach Satz 2 können von einem Betrieb mit weniger als 1.200 m² Geschossfläche z. B. schon dann ausgehen, wenn der Betrieb in der Nachbarschaft eines oder mehrerer vorhandener oder zugelassener Betriebe angesiedelt wird und die vorhandenen oder zugelassenen ebenso wie der neu anzusiedelnde Betrieb einzeln nur unwesentliche Auswirkungen hervorrufen, durch den neu hinzukommenden Betrieb dagegen die Schwelle zu »nicht unwesentlichen« Auswirkungen überschritten wird, (so auch *Schwerdtner*, BauR 1986, 253, Fn. 12; zur schwierigen Frage der rechtlichen Beurteilung einer derartigen *summierenden Betrachtungsweise* im Planbereich s. jedoch Rn 32.1).

28 e) **Zur Problematik älterer Bebauungspläne.** – aa) **Anpassung bestehender B-Pläne an die BauNVO 1990.** § 11 Abs. 3 BauNVO 1990 wird nur dann zu einer Verbesserung der städtebaulichen Entwicklung und Ordnung führen, wenn die Anpassung bestehender älterer B-Pläne i. S. d. § 30 BauGB an die Regelung der BauNVO 1990 erfolgt (Rn 17). Sobald und soweit ein landesplanerisches oder städtebauliches Erfordernis zur Anpassung festgestellt werden kann, besteht eine Planungs- bzw. Änderungspflicht der Gemeinde gem. § 1 Abs. 3 BauGB (zur Erforderlichkeit § 1 Rn 8–12). Eine Anpassung ist besonders erforderlich für GE- und GI-Gebiete mit großen Werkshallen, in die nach Betriebsstilllegungen großflächige (Einzel-)Handelsbetriebe im Wege der Nutzungsänderung – u. U. ohne wesentliche bauliche Änderungen – einziehen könnten (s. dazu Vorb. §§ 2 ff. Rn 21–21.6). Bedenken gegen eine Anpassung bestehen häufig wegen vermeintlicher Entschädigungsverpflichtungen, die jedoch meist überschätzt werden (Rn 29). (Einzelheiten zum Verfahren der Anpassung s. 10. Aufl., § 11 Rn 28.1).

28.1 entf.

28.2 Nachteilige Auswirkungen können Einkaufszentren und großflächige Einzelhandelsbetriebe u. U. auch an einem **Standort im MK-Gebiet** auslösen, insbes., wenn die MK-Gebiete nicht in den traditionellen Zentren, sondern in peripherer Lage oder in kleineren Gemeinden festgesetzt werden. Falls solche Auswirkungen nachweisbar zu befürchten sind, kann die Gemeinde die allgemeine Zulässigkeit von Einkaufszentren und großflächigen Handelsbetrieben in MK-Gebieten oder Teilen von ihnen bei Rechtfertigung durch besondere (d. h. spezielle) städtebauliche Gründe (Gutachten!) nach § 1 Abs. 5 und Abs. 9 aus den Einzelhandelsbetrieben und sonstigen nicht störenden Gewerbebetrieben ausschließen oder sie in eine ausnahmsweise Zulassungsfähigkeit umwandeln. Daneben ist – ggf. für Teile des Gebiets – auch eine mittelbare Begrenzung der Verkaufsfläche durch Festsetzung der Größe der Geschossfläche nach § 16 Abs. 2 Nr. 2 möglich.

Da MK-Gebiete nach § 7 Abs. 1 BauNVO jedoch vorwiegend der Unterbringung von Handelsbetrieben dienen, kann ein Ausschluss von Handelsbetrieben in Großstädten i. d. R. nur gegliederte Teile der MK-Gebiete betreffen, z. B. ein Bankenviertel oder Gaststättenviertel. In kleineren Gemeinden sollte geprüft werden, ob an Stelle eines MK-Gebiets nicht besser ein MI-Gebiet angebracht wäre, in dem großflächige Einzelhandelsbetriebe unzulässig sind.

bb) Fragen der Entschädigung bei Anpassung älterer B-Pläne. Die Änderung von B-Plänen zur Anpassung insbes. der MI-, GE- und GI-Gebiete an die BauNVO 1990 kann zu Entschädigungsansprüchen führen für **29**

- eine nicht nur unwesentliche **Wertminderung des Grundstücks** infolge der Änderung oder Aufhebung der zulässigen Nutzung (§ 42 BauGB),
- **Aufwendungen**, die im **Vertrauen auf den Bestand eines rechtsverbindlichen B-Plans** gemacht worden sind, soweit die Aufwendungen durch die Änderung des B-Plans an Wert verlieren (Vertrauensschaden – § 39).

f) Zulässigkeit von großflächigen (Einzel-)Handelsbetrieben. – aa) Innerhalb der im Zusammenhang bebauten Ortsteile (§ 34 BauGB): Die Zulässigkeit von großflächigen Einzelvorhaben in Gebieten nach § 34 BauGB wird aufgrund der Änderungen in §§ 9, 34 BauGB durch die BauGB-Novellen 2004 und 2006 in der Kommentierung zu § 34 BauGB behandelt. (s. unten). **30**

bb) Zulässigkeit im Außenbereich (§ 35 BauGB). Im Außenbereich sind großflächige Einzelhandelsbetriebe wegen fehlender Privilegierung (Abs. 1) im Allgemeinen unzulässig, da sie i. d. R. öffentliche Belange beeinträchtigen (so auch *Söfker*, in: *E/Z/B/K*, § 11 Rdn. 94). Im Außenbereich geht das BVerwG im Urteil zum »FOC Zweibrücken« von einem qualifizierten Abstimmungsbedarf und damit von einem Planungsbedürfnis als entgegenstehender Belang aus, wenn das jeweilige Vorhaben die im § 11 Abs. 3 Satz 1 BauNVO bezeichneten Merkmale aufweist (vgl. BVerwG, U. v. 1.8.2002 – 4 C 5.01 – UPR 2003, 35; BauR 2003, 55). Auch die Anwendung der begünstigenden Vorschrift des § 35 Abs. 4 Nr. 6 BauGB (bauliche Erweiterung eines vorhandenen Gewerbebetriebs) kommt für Vorhaben nach § 11 Abs. 3 nicht in Betracht. **31**

cc) Zulässigkeit im Geltungsbereich von B-Plänen i. S. d. § 30 BauGB. Im Geltungsbereich von B-Plänen auf der Grundlage der **BauNVO 1977 bzw. 1990** sind Vorhaben nach § 11 Abs. 3 außer in MK-Gebieten nur in für sie festgesetzten SO-Gebieten zulässig, sofern sich nicht durch besonders festgesetzte Einschränkungen (s. Rn 33) etwas anderes ergibt. In anderen Baugebieten sind sie daher unzulässig. **32**

Funktionseinheit (Agglomeration) mehrerer kleiner Betriebe **32.1**

Die Genehmigung eines für sich genommenen nicht großflächigen Einzelhandelsbetriebs wird häufig damit abgelehnt, er bilde mit unmittelbar benachbarten bestehenden Einzelhandelsbetrieben eine »Funktionseinheit« und damit ein Einkaufszentrum. Der BR hatte in zwei Entschließungen die Bundesregierung um Überprüfung gebeten, wie das Problem der »**Agglomeration**« mehrerer kleinerer Betriebe, die im Einzelnen zwar keine, in der Ansammlung mit anderen Betrieben bei einer **summierenden Betrachtungsweise** aber Auswirkungen i. S. v. § 11 Abs. 3 BauNVO hervorrufen können, gelöst werden könne (s. z. B. BR-Drucks. 541/86). Hierzu hatte die Bundesregierung unter Hinweis auf die Rspr. zum Begriff »Einkaufszentrum« (BVerwG, U. v. 22.5.1987 – 4 C 77.84 – ZfBR 1987, 251) auf die Möglichkeit hingewiesen, dass nach geltendem Recht bei mehreren kleineren Betrieben auf einer Betriebsfläche (räumlicher Zusammenhang) und bei Vorliegen eines abgestimmten Warensortiments (funktionaler Zusammenhang) die Gesamtfläche i. S. eines Einkaufszentrums zu berücksichtigen ist. Ferner seien Regelungen mit dem Rechtsinstrument des

§ 11 Abs. 3   32.11

§ 15 Abs. 1 (dazu Rspr. des BVerwG, U. v. 3.2.1984 – 4 C 17.82 – ZfBR 1984, 142 = BauR 1984, 369; U. v. 4.5.1988 – 4 C 34.86 – ZfBR 1988, 2345 = BauR 1988, 440 = NJW 1988, 3168 = DÖV 1988, 839) sowie mit den Instrumenten des § 1 Abs. 5 und 9 möglich. Weitere Klarstellungen in der BauNVO seien nicht erforderlich (vgl. Begr. zur ÄndVO 1990, BR-Drucks. 354/89; vgl. VGH BW, U. v. 22.9.2005 – 3 S 1061/04 – VBlBW 2006, 66).

Das **BVerwG** hat in seiner Entscheidung vom **24.11.2005 – 4 C 14.04** – (BauR 2006, 648 = UPR 2006, 156 = ZfBR 2006, 253) zu dieser Frage Stellung genommen und eine gewisse Klärung herbeigeführt. In der Begr. wird u. a. ausgeführt, dass Einzelhandelsbetriebe heute vielfältige, zum Teil sich überschneidende Erscheinungs- und Gestaltungsformen aufweisen, dies freilich nichts daran ändere, dass Regelungsgegenstand der Vorschrift allein »der einzelne Betrieb« sei. Ob es sich in diesem Sinne um einen einzigen oder um mehrere Betriebe handele, bestimme sich nach baulichen und betrieblich-funktionellen Gesichtspunkten. Für die räumliche Abgrenzung eines Einzelhandelsbetriebs sei auf die nach außen erkennbaren baulichen Gegebenheiten abzustellen. Eine Verkaufsstätte könne ein selbständiger Einzelhandelsbetrieb i. S. d. § 11 Abs. 3 BauNVO nur sein, wenn sie selbständig, d. h. unabhängig von anderen Einzelhandelsbetrieben genutzt werden könne und deshalb baurechtlich auch als eigenständiges Vorhaben genehmigungsfähig wäre. Hierfür müsse die Verkaufsstätte jedenfalls einen eigenen Eingang, eine eigene Anlieferung und eigene Personalräume haben; sie müsse unabhängig von anderen Betrieben geöffnet und geschlossen werden können. Ohne Bedeutung sei hingegen, wer rechtlich oder wirtschaftlich jeweils Betreiber sei. Die Frage der bauplanungsrechtlichen Selbständigkeit sei auch unabhängig davon zu beurteilen, ob Selbstbedienung, Bedienung durch Personal oder eine Mischform erfolgt und wie die dem entspr. Bereiche innerhalb der Betriebsfläche voneinander abgegrenzt sind.

So hatte das BVerwG bereits im U. v. 4.5.1988 (– 4 C 34.86 – BauR 1988, 440) entschieden, dass eine solche **summierende Betrachtungsweise** der Betriebe durch Zusammenrechnung deren Verkaufsflächen und ihre faktische Unterwerfung unter die Vorschrift des § 11 Abs. 3 vom geltenden Recht nicht gedeckt ist und auch Anhaltspunkte für eine *Funktionseinheit* im entschiedenen Fall nicht gegeben waren. Insbes. das OVG NW rechtfertigte die summierende Betrachtungsweise im U. v. 4.5.2000 jedoch damit, dass ein großflächiger Einzelhandelsbetrieb i. S. v. § 11 Abs. 3 Satz 1 Nr. 2 auch dann vorliegen könne, wenn es sich um eine »Funktionseinheit« aus mehreren, bautechnisch jeweils für sich selbständigen Betrieben – hier Verbrauchermarkt mit rd. 581 m² Verkaufsfläche und Getränkemarkt mit rd. 421 m² Verkaufsfläche – handele (OVG NW, U. v. 4.5.2000 – 7 A 1744/97 – BauR 2000, 1453). Die Agglomeration mehrerer selbständiger Einzelhandelsbetriebe auf einem oder mehreren Grundstücken, vor allem wenn diese außerhalb des Ortskerns liegen, führe zu einer attraktiven Konkurrenz dieser Läden zu denen im innerörtlichen Bereich. Das OVG spricht von einer Umgehungsmöglichkeit, die es zu verhindern gelte, damit nicht außerhalb des eigentlichen Ortskerns mehrere Einzelhandelsbetriebe in unmittelbarer Nachbarschaft entstehen, die mit ihrem unterschiedlichen Warenangebot und vor allem ausreichenden Parkplatzangebot eine massive Konkurrenz zu den Läden im Ortszentrum darstellen und dort Kaufkraft abziehen, sich gleichwohl aber den besonderen Anforderungen des § 11 Abs. 3 nicht stellen müssen. Diese Argumentation der »Funktionseinheit« wurde insbes. von Verwaltungen in kleinen Städten und Dörfern oft herangezogen, um die Errichtung mehrerer nicht großflächiger Einzelhandelsbetriebe »auf der grünen Wiese« zu verhindern (vgl. *Hauth*, BauR 2006, 775 m. w. N.).

32.11 Mit den Entscheidungen vom 24.11.2005 – 4 C 14.04 – (BauR 2006, 644 = UPR 2006, 156 = ZfBR 2006, 253) u. – 4 C 8.05 – (BauR 2006, 648) hat das BVerwG zwar den selbständigen Einzelhandelsbetrieb unter Verneinung der summierenden Betrachtungsweise definiert, zugleich aber doch eine **Einschränkung** gemacht für die Fälle, in denen sich ein nach den genannten Kriterien selbständiger Laden als »Nebenbetrieb« an einen »Hauptbetrieb« anhängt. Dabei ging es um die heute durchaus übliche Konstellation, dass neben einem nicht-großflächigen Lebensmittelmarkt im selben Gebäude noch ein Backshop und ein Laden für Toto/Lotto/Zeitschriften bzw. Schreibwaren untergebracht werden.

In der Begr. hierzu wird u. a. ausgeführt: Selbst wenn der Lebensmitteleinzelhandelsbetrieb, der Backshop und der Laden für Toto/Lotto, Zeitschriften und Schreibwaren bautechnisch selbständig nutzbar seien, von einem gemeinsamen Windfang aus über separate Zugänge verfügten und der Backshop sowie der Laden für Toto/Lotto, Zeitschriften und Schreibwaren jeweils eigenständige Personalräume und Toiletten hätten, ergebe sich jedoch, dass diese Betriebsbereiche nur dem Lebensmittelmarkt zuzurechnende »Nebenleistungen« erbrächten. Die für sie in Anspruch genommenen Flächen seien im Vergleich zur Fläche des Hauptbetriebs untergeordnet. Ferner biete der Backshop ebenso wie der Laden für Toto/Lotto, Zeitschriften und Schreibwaren ein gleichsam ausgelagertes untergeordnetes Ergänzungsangebot. Beide Sortimente könnten ohne weiteres in dem Lebensmitteleinzelhandelsbetrieb angeboten werden, wie dies bei vergleichbaren Betrieben häufig der Fall sei. Die Sortimente seien auf eine identische Zielgruppe hin orientiert und optimal aufeinander abgestimmt, da es sich jeweils um Waren des täglichen Bedarfs handele. Daher sei im entschiedenen Fall eine Zusammenrechnung unter dem Gesichtspunkt der betrieblichen Einheit geboten und der Betrieb insgesamt somit großflächig.

Zwar mag es aus *städtebaulicher Sicht* im Hinblick auf den Regelungsgehalt des § 11 Abs. 3 durchaus erwünscht sein, in bestimmten Situationen (z. B. in einem MI- oder GE-Gebiet) die Agglomeration mehrerer selbständiger, kleinerer und nebeneinander liegender jeweils für sich voll funktionsfähiger Einzelhandelsbetriebe verschiedener Antragsteller zur Vermeidung von »Auswirkungen« i. S. d. § 11 möglichst zu verhindern. Gleichwohl bestehen gegen diese »Ausnahmeregelung« des BVerwG erhebliche Bedenken, weil der Senat von seinen eigenen Vorgaben hinsichtlich der Selbständigkeit der Betriebe abweicht. Hat die Verkaufsstätte einen eigenen Eingang, eine eigene Anlieferung und eigene Personalräume, kann sie unabhängig von anderen Betrieben geöffnet und geschlossen werden, und ist die räumliche Abgrenzung nach außen erkennbar baurechtlich gesichert, verbietet sich eine Zusammenrechnung zu einer Funktionseinheit. Denn insoweit besteht in der Verordnung keine Regelungslücke, die durch Richterrecht geschlossen werden müsste (vgl. *Hauth*, BauR 2006, 775/782; *Jeromin*, BauR 2006, 619). Die Rspr. wird durch die Unterscheidung in »Haupt- und Nebenleistungen« in einer nicht ganz einfach handhabbaren Form wieder aufgeweicht und wird in der Genehmigungspraxis zu Unsicherheiten führen (vgl. *Schütz*, UPR 2006, 169; zu weiterer früherer Kritik s. 10. Aufl., § 11 Rn 32.1 – 32.11).

Im Geltungsbereich von **B-Plänen**, denen (ausnahmsweise noch) die **BauNVO 1968** zugrunde liegt, sind Einkaufszentren und Verbrauchermärkte, die *vorwiegend* der *übergemeindlichen Versorgung* dienen sollen, nur in MK-Gebieten und in für sie festgesetzten SO-Gebieten zulässig. Eine Rückwirkung der Regelungen des § 11 Abs. 3 BauNVO 1977 bzw. 1990 auf ältere B-Pläne ist nicht erfolgt. Einkaufszentren und Verbrauchermärkte, die nicht vorwiegend der übergemeindlichen Versorgung dienen sollen, sowie andere nicht von diesen Begriffen erfasste Handelsbetriebe sind als Einzelhandelsbetriebe daher auch in anderen Baugebieten, insbes. in MI-, MD-, GE- und GI-Gebieten zulässig, soweit sie der Zweckbestimmung des Baugebiets entsprechen und der allgemeinen Zulässigkeitsvoraussetzung des § 15 nicht widersprechen (Rn 32.1). Zur Beurteilung, ob ein Vorhaben dem inzwischen überholten Begriff »vorwiegend der übergemeindlichen Versorgung dienen soll«, wird zweckmäßigerweise (insbesondere bei Vorhaben mit mehr als 1.500 bzw. 1.200 m² Geschossfläche) ein neutrales Sachverständigengutachten eingeholt.

Im Geltungsbereich von **B-Plänen**, denen (ausnahmsweise noch) die **BauNVO 1962** zugrunde liegt, sind Handelsbetriebe aller Art im Rahmen der allgemeinen Zulässigkeitsregelung des § 15 im MI-, MD-, MK-, GE- und GI-Gebiet zulässig.

dd) **Zulässigkeitsbeschränkung nach § 15 BauNVO:** Ein in einem festgesetzten Baugebiet allgemein zulässiges Vorhaben kann im Einzelfall nach § 15

§ 11 Abs. 3   32.2, 32.3

BauNVO unzulässig sein (Näheres hierzu bei § 15). Für Einzelhandelsgroßbetriebe ergeben sich aus der o. g. Rspr. des BVerwG einige Besonderheiten. § 15 BauNVO 1977 gilt auch für ältere B-Pläne nach der BauNVO 1977, 1968 oder 1962. Die Fassung 1977 stellte nur klar, was auch schon vorher galt, nämlich dass die nach § 15 **Abs. 1 Satz 2** für die Berücksichtigung von **Belästigungen oder Störungen** maßgebende Umgebung zwar über das Baugebiet selbst hinausreicht, dass die somit geschützte Umgebung aber nicht weiter reicht, als solche unmittelbaren Wirkungen des fraglichen Vorhabens reichen, die die Nutzung anderer Grundstücke **in bebauungsrechtlicher Hinsicht** beeinträchtigen können (BVerwG, U. v. 3.2.1984 – 4 C 17.82 – ZfBR 1984, 144 = BauR 1984, 369 = BRS 42 Nr. 51). »Fernwirkungen« eines Einzelhandelsgroßbetriebs, z. B. auf einen zentralen Versorgungsbereich in der Gemeinde oder in anderen Gemeinden, können allenfalls die Wirtschaftlichkeit dort ausgeübter Einzelhandelsnutzungen verschlechtern; dies ist aber nach § 15 unmittelbar bebauungsrechtlich nicht relevant, weil nach § 15 Abs. 3 nur städtebauliche Gesichtspunkte zu berücksichtigen sind, nicht dagegen Gesichtspunkte des Konkurrenzschutzes.

Belästigungen oder Störungen i. S. d. § 15 Abs. 1 Satz 2 können etwa darin bestehen, dass ein Einzelhandelsgroßbetrieb mit hohem Verkehrsaufkommen zu einer für das Baugebiet ungewöhnlichen Belastung der Verkehrswege führt mit der Folge, dass die Nutzbarkeit der Grundstücke im Baugebiet oder darüber hinaus in seiner Umgebung durch Behinderung des Zu- und Auslieferverkehrs anderer Gewerbebetriebe unzumutbar beeinträchtigt wird. Auch ein die Regelgrenze des Abs. 3 Satz 3 nur geringfügig unterschreitender SB-Markt kann wegen der von den Stellplätzen auf die rückwärtigen Bereiche der Nachbargrundstücke einwirkenden Immissionen unzulässig sein (vgl. OVG Lüneburg, B. v. 13.6.1986 – 6 B 54/86 – ZfBR 1986, 294 = UPR 1987, 76).

32.2 Die Unvereinbarkeit eines Vorhabens mit der **Eigenart des Baugebiets nach § 15 Abs. 1 Satz 1** kann z. B. darin liegen, dass das Baugebiet (z. B. GE-Gebiet) aufgrund des Planungswillens der Gemeinde eine die Zulassung eines solchen Vorhabens ausschließende Prägung hat; diese muss sich in den Festsetzungen niederschlagen. Auch die Begr. könnte darauf hindeuten, z. B. wenn im Zuge der Umstrukturierung im Rahmen der Wirtschaftsförderung vorgesehen ist, einen Gewerbepark zu schaffen (BVerwG, U. v. 3.2.1984 aaO. Rn 32.13.).

Auch eine mangelnde *Dimensionierung der Erschließungsstraßen* des Baugebiets oder der Umgebung für ein Einzelhandelsgroßvorhaben kann ein Hinderungsgrund nach § 15 **Abs. 1 Satz 1** sein; denn die **Eigenart des Baugebiets** wird auch durch die im B-Plan festgesetzten Verkehrsflächen und die dabei vorausgesetzte Aufnahmefähigkeit für das von den Nutzungen ausgelöste Verkehrsaufkommen bestimmt (BVerwG, U. v. 3.2.1984 – 4 C 17.82 – aaO. Rn 32.13).

32.3 In einem **MI-Gebiet** allgemein zulässige Einzelhandelsbetriebe (§ 6 Abs. 2 Nr. 3) können im Einzelfall nach **Anzahl und Umfang der Eigenart des Baugebiets widersprechen** (§ 15 Abs. 1 Satz 1), wenn im selben Gebiet bereits Einzelhandelsbetriebe zugelassen worden sind und das gebotene quantitative Mischungsverhältnis von Wohnen und nicht wesentlich störendem Gewerbe durch Zulassung eines weiteren gewerblichen Betriebs gestört würde (BVerwG, U. v. 4.5.1988 – 4 C 34.86 – aaO. Rn 32.1). Diese Entscheidung steht nicht im Zusammenhang mit § 11 Abs. 3 etwa wegen der Überschreitung der Schwelle von »Auswirkungen« i. S. v. § 11 Abs. 3 und gibt daher für die Frage der »Agglomeration« mehrerer kleinerer Betriebe (s. Rn 32.1) nichts her, sondern betrifft ausschließlich das »Umkippen« der Eigenart des MI-Gebiets durch eine Störung des im MI-Gebiet gebotenen quantitativen Mischungsverhältnisses von Wohnen und Gewerbe infolge des deutlichen Übergewichts einer Nutzungsart über die andere. Das U. kann nur ergänzend herangezogen werden, wenn das Umkippen der Eigenart des Gebiets gleichzeitig die Annäherung an ein Baugebiet bewirkt, in dem Vorhaben nach § 11 Abs. 3 zulässig sind.

Ist z.B. ein auf der Grundlage der BauNVO 1977 festgesetztes GI-Gebiet bereits zu 50 % mit einem großflächigen Fachmarkt (z.B. Möbelmarkt), im Übrigen jedoch mit einem produzierenden Industriebetrieb besetzt und gibt dieser Betrieb wegen Existenzschwierigkeiten auf, so würde ein weiterer großflächiger Fachmarkt als Folgenutzung des Industriebetriebs das Gebiet insgesamt zu einem SO-Gebiet für großflächige Einzelhandelsbetriebe i.S.v. § 11 Abs. 3 werden lassen und gem. § 15 Abs. 1 Satz 1 somit der Eigenart des GI-Gebiets widersprechen. Entsteht in einem MI-Gebiet durch räumliche Konzentration mehrerer kleiner Einzelhandelsbetriebe ein »echtes« *Einkaufszentrum*, das der Begriffsbestimmung für ein solches Zentrum (s. Rn 18–18.8) entspricht, so kann sich daraus ein Widerspruch zur tatsächlichen Eigenart des MI-Gebiets i.S.v. § 15 Abs. 1 ergeben, der zur Unzulässigkeit der Vorhaben führt.

g) Ausschluss oder Einschränkung von Einzelhandelsbetrieben in Bebauungsplänen i.S.d. § 30 BauGB. – aa) Allgemeines. Aufgegebene Industrie- und Gewerbestandorte in GE- und GI-Gebieten werden bevorzugt zwecks Umnutzung der leerstehenden Fabrikationshallen zu Supermärkten und Fachmärkten gewählt. Gelegentlich treten auch in MD- und MI-Gebieten vor allem kleinerer Gemeinden durch Massierung von Handelsbetrieben nicht vorhersehbare städtebaulich nachteilige Entwicklungen ein. Solchen unerwünschten Entwicklungen können die Gemeinden nur durch **Ausschluss oder Einschränkung von Einzelhandelsbetrieben in Baugebieten** nach Größe, Branche oder Sortiment mit den Instrumenten der planerischen Feinsteuerung des § 1 Abs. 5, 9 entgegenwirken. Diese ermöglichen unter den jeweiligen Voraussetzungen nicht nur den gesamten oder teilweisen Ausschluss zulässiger Anlagen, sondern auch deren Umwandlung in Ausnahmen. Dabei sind folgende Grundsätze zu beachten:

Die BauNVO kennt im Bereich Einzelhandel – abgesehen von Läden und kleineren Verkaufsstellen – als selbständige voneinander klar abgrenzbare Nutzungsarten nur die *großflächigen* (Einzel-)Handelsbetriebe i.S.v. § 11 Abs. 3 und die *nicht großflächigen* Einzelhandelsbetriebe; Letztere sind außer in MK-Gebieten auch in anderen Baugebieten entweder als Einzelhandelsbetriebe oder Gewerbebetriebe zulässig. Bei einer beabsichtigten ausschließenden oder einschränkenden Festsetzung bestimmter Einzelhandelsbetriebe nach § 1 Abs. 5 und 9 müssen diese im Hinblick auf den Typenzwang der BauNVO hinreichend konkret typisiert werden. Gegenstand der Festsetzung müssen jeweils **bestimmte oder bestimmbare Anlagetypen** sein; eine Differenzierung etwa nur nach – beliebig angenommenen – Betriebsgrößen reicht dafür nicht aus. Unter Berücksichtigung des mit der Festsetzung verfolgten Planungsziels bedarf die Festsetzung einer *plausiblen* städtebaulichen Begr.; Gründe des Wettbewerbs oder eine andere – nicht städtebaulich – begründete Zusammenfassung bestimmter Betriebe scheiden ebenfalls aus. Im Fall der Differenzierung nach § 1 Abs. 9 ist die **Rechtfertigung durch besondere städtebauliche Gründe** erforderlich; *(zu den besonderen städtebaulichen Gründen s. bei § 1 Rn 114)*.

Folgerichtig hatte das BVerwG seinerzeit zutreffend ausgeführt, Festsetzungen nach § 1 Abs. 9 BauNVO, die auf die Größe von Anlagen abstellen (hier: Verkaufsfläche von Handelsbetrieben), seien nur zulässig, wenn dadurch bestimmte Arten von baulichen oder sonstigen Anlagen (Anlagetypen) – ggf. auch unter besonderer Berücksichtigung der Verhältnisse in der Gemeinde – zutreffend gekennzeichnet würden. ... Eine Planung konkreter einzelner Projekte sei der Gemeinde auch durch § 1 Abs. 9 BauNVO nicht gestattet

§ 11 Abs. 3   33.3, 33.4

(BVerwG, U. v. 22.5.1987 – 4 C-77.84 – BauR 1987, 524 = BRS 47 Nr. 58 = NVwZ 1987, 1074; s. auch § 1 Rn 126–129). Die Begrenzung der zulässigen Verkaufs- oder Geschoßfläche trage die Umschreibung eines bestimmten Anlagentyps nicht gleichsam in sich selbst. Vielmehr müsse die Gemeinde darlegen, warum Betriebe unter bzw. über den von ihr festgesetzten Größen generell oder doch jedenfalls unter Berücksichtigung der besonderen örtlichen Verhältnisse einem bestimmten Anlagentyp entsprechen.

Nunmehr hat das **BVerwG** mit **B. v. 8.11.2004** – 4 BN 39.04 – (BauR 2005, 513 = NvWZ 2005, 324 = UPR 2005, 148 = ZfBR 2005, 185) entschieden, dass ein Einzelhandelsbetrieb mit einer Nutzfläche (= *Verkaufsfläche + Nebenräume, d. Verf.*) von höchstens 400 m² als »**Nachbarschaftsladen**« oder »**Convenience-Store**« ein festsetzungsfähiger Anlagentyp i. S. v. § 1 Abs. 9 BauNVO sein kann.

Zuvor hatte schon der Hess. VGH den generellen Ausschluss von Einzelhandelsbetrieben mit einer Geschossfläche von mehr als 400 m² aus allen GE-Gebieten der Gemeinde von § 1 Abs. 9 für ausnahmsweise gedeckt gehalten, weil dadurch unter Berücksichtigung der besonderen Verhältnisse in der Gemeinde ein bestimmter Anlagentyp zutreffend gekennzeichnet wurde (Nachbarschaftsladen – Hess. VGH, U. v. 22.3.2001 – 4 UE 4867/96 – ESVGH 51 Nr. 89). Es handelte sich um eine kleine Kreisstadt mit rd. 17.000 Einwohnern in der Kernstadt mit einem kleinflächig strukturierten Einzelhandel, der nach einer neutralen fachkundigen Untersuchung bei den Geschäften für den kurzfristigen Bedarf eine Obergrenze der Geschossfläche von 400 m² ergab, so dass diese Größenordnung als Anlagentyp des hier ortsüblichen Nachbarschaftsladens anzunehmen war.

Das Sächs. OVG hielt sogar den Ausschluss von Einzelhandelsbetrieben von über 300 m² aus GE-Gebieten für zulässig, weil sich Ladeneinheiten bis 300 m² VF »*im zentrumsrelevanten Kontext bis zum Typus ›Boutiquen‹ bzw. ›kleinteiliger Einzelhandel‹ zuordnen ließen und dieses Maß anhand der Größe innerstädtischer Boutiquen und kleinteiliger Einzelhandelseinrichtungen ermittelt worden*« sei (Sächs. OVG, U. v. 6.6.2001 – 1 D 442/99 – n. r., SächsVBl. 2001, 220).

Zusammenfassend kann festgehalten werden, dass eine VF-Begrenzung auch abweichend von der im B. v. 8.11.2004 des BVerwG (– 4 BN 39.04 – aaO.) angegebenen Größe für den Nachbarschaftsladen von 400 m² Nutzfläche nach § 1 Abs. 9 festgesetzt werden kann, wenn es sich um einen in der Gemeinde vorkommenden, speziellen, eindeutig beschreibbaren Anlagentyp handelt.

In seinem B. v. 23.10.2006 – 4 BN 1.06 – (www.bundesverwaltungsgericht.de) zieht das BVerwG in Zweifel, ob eine VF-Begrenzung auf insgesamt 5.100 m², davon für den Food-Bereich auf 3.100 m² und den Non-Food-Bereich auf 2.000 m², eine bestimmte Art von Einzelhandelsbetrieben umschreibt, die im Hinblick auf ihre Auswirkungen als in der sozialen und ökonomischen Realität existierende Anlagentypen abgrenzbar sind.

33.3 bb) **Differenzierung nach der Betriebsgröße (Verkaufsfläche).** Das **BVerwG** hat in den U. v. **24.11.2005** – 4 C-10.04 – (BauR 2006, 639 = NVwZ 2006, 452 = UPR 2006, 150 = ZfBR 2006, 247); u. v. **24.11.2005** – 14.04 – (BauR 2006, 644) nunmehr abschließend entschieden, dass Einzelhandelsbetriebe **großflächig** i. S. v. § 11 Abs. 3 Satz 1 Nr. 2 BauNVO sind, wenn sie eine **Verkaufsfläche von 800 m²** überschreiten (Näheres Rn 19.9; zu der historischen Entwicklung s. 10. Aufl., § 11 Rn 33.3).

33.4 Diese aus dem System der BauNVO heraus verständliche und überzeugende Auslegung durch das BVerwG mag in manchen Fällen nicht befriedigen. So können z.B. in kleineren Orten oder Ortsteilen u. U. auch kleinflächige Läden mit einer Verkaufsfläche von nur 600 oder 500 m² schon unerwünschte städtebauliche Auswirkungen zur Folge haben. Diese Annahme lässt sich auch aus dem durch die ÄndVO 1986 in § 11 Abs. 3 eingefügten Satz 4 ableiten. Wenn die Gemeinde z.B. in MI- und MD-Gebieten aus städtebaulichen Gründen eine größenmäßige Beschränkung von Einzelhandelsbetrieben für erforderlich hält, kann diese nur im Einzelfall der Baugenehmigung nach § 15 Abs. 1 Satz 1 wegen einer Beeinträchtigung der Eigenart des Gebiets durch den Umfang des Betriebs, jedoch ohne Bezug auf § 11 Abs. 3 erfolgen. Will sie dieses Ziel durch Bauleitplanung erreichen, bietet sich nur die Möglichkeit des Ausschlusses von Nutzungen oder deren Zulassung als Ausnahmen an (s. Rn 33.5 – 33.9).

cc) **Ausschluss oder Umwandlung von zulässigen Einzelhandelsbetrieben in Ausnahmen insgesamt oder nach Branchen und Sortimenten.** Im Gegensatz zu der nach der Rspr. des BVerwG bedenklichen Beschränkung von allgemein zulässigen Einzelhandelsbetrieben auf eine beliebige Größe der Verkaufsfläche von weniger als 800 m² (Rn 33.3) ist der Ausschluss aller Einzelhandelsbetriebe als eigenständige Art der Nutzungen bzw. Anlagen vom Typenzwang der BauNVO her zulässig, sofern die allgemeine Zweckbestimmung des Baugebiets gewahrt bleibt.   **33.5**

Diese Voraussetzung ist in allen Baugebieten, in denen das Wohnen allgemein zulässig ist, d. h. insbes. in WB-, MD-, MI-Gebieten, für den Typ des »Nachbarschaftsladens« bis 800 m² Verkaufsfläche wegen der notwendigen Versorgung der Wohnbevölkerung nicht gegeben; ein Ausschluss von Einzelhandelsbetrieben dieser Art in diesen Baugebieten ist daher unzulässig (vgl. *Hauth*, BauR 1988, 513; *Birk*, NWVBl. 1989, 73). Auch für einen Ausschluss nicht großflächiger Einzelhandelsbetriebe bestimmter nicht der Grundversorgung dienender Branchen (z. B. Jagdbedarf) lassen sich keine städtebaulichen Gründe finden; Gründe des Wettbewerbs scheiden aus.

In **GE- und GI-Gebieten** sind Einzelhandelsbetriebe als Unterart der Nutzung »Gewerbebetriebe aller Art« bzw. als Nutzung »Geschäftsgebäude« ein allgemein zulässiger Anlagetyp, der bei Vorliegen besonderer städtebaulicher Gründe insgesamt ausgeschlossen oder in Ausnahmen umgewandelt werden kann. Dies ist in GE- und GI-Gebieten i. d. R. der Fall, denn GE- und GI-Gebiete sind nach städtebaulichen Grundsätzen gerade nicht in besonderer Weise dem Wohnen zugeordnet und folglich nach städtebaulichen Grundsätzen i. A. nicht als Standorte für Einzelhandelsbetriebe, die der allgemeinen Versorgung der Wohnbevölkerung dienen, geeignet (BVerwG, U. v. 3.2.1984 – 4 C 54.80 – BVerwGE 68, 342 u. U. v. 22.5.1987 – 4 C 19.85 – ZfBR 1987, 254 = BRS 47 Nr. 56 = DVBl. 1987, 1006 = NVwZ 1987, 1076).   **33.6**

Zur hinreichenden **Typisierung** von (Unter-)Arten der in GE-Gebieten als Gewerbebetriebe zuzulassenden Einzelhandelsbetriebe kann auf **bestimmte Branchen** (z. B. Lebensmittel, Textilien, Schuh- und Lederwaren) als Betriebe der Erstversorgung der Bevölkerung mit Gütern des täglichen Bedarfs abgestellt werden. § 1 Abs. 9 gestattet nämlich, für die Zulässigkeit von Einzelhandelsbetrieben auch nach **Branchen und Sortimenten** zu unterscheiden, sofern die Differenzierung marktüblichen Gepflogenheiten entspricht, wie Elektroartikel, Sportartikel, Schuhe und Haushaltswaren (vgl. BVerwG, B. v. 30.1.2006 – 4 BN 55.05 – ZfBR 2006, 355; B. v. 23.10.2006 – 4 BN 1.06 –, Fundst. Rn 33.2 a. E.; BayVGH, U. v. 13.10.1987 – Nr. 20 B 87.01537 – BRS 47, 161; s. auch § 1 Rn 126 f.). Allerdings muss sich der Ausschluss auf eine Nutzungsart beziehen, die es in der sozialen und ökonomischen Realität bereits gibt (vgl. BVerwG, B. v. 27.7.1998 – 4 BN 31.98 – ZfBR 1998, 317 = BRS 60 Nr. 29; auch B. v. 8.11.2004 – 4 BN 39.04 – ZfBR 2005, 185 = BauR 2005, 513). Durch Einfügung der Worte »Berücksichtigung des Warenangebots« in § 11 Abs. 3 Satz 4 BauNVO 1990 ist die Differenzierung der Einzelhandelsbetriebe nach Warengruppen (Sortimenten) und Wirtschaftszweigen (Branchen)   **33.7**

§ 11 Abs. 3   33.8

ausdrücklich zugelassen worden. Zu einer Branche gehört auch das Randsortiment (VGH BW, U. v. 2.10.1992 – 8 S 548/92 – UPR 1993, 160). Es ist jedoch davor zu warnen, die zulässigen Sortimente zu fein aufzugliedern, da sich dafür i. A. keine plausiblen städtebaulichen Gründe finden lassen (Näheres s. Rn 11.2).

Die nachweisliche Gefährdung der verbrauchernahen Versorgung der Bevölkerung, insbes. der nichtmotorisierten Käuferschichten, mit Gütern des täglichen Bedarfs in Wohnstandorten ist ein besonderer städtebaulicher Grund, der den **Ausschluss von Einzelhandelsbetrieben** für Güter des täglichen Bedarfs in **GE-Gebieten** rechtfertigen kann (OVG NW, U. v. 10.11.1988 – 11 a NE 4/87 – StGR 1989, 285). Nach dieser Rspr. sind Branchen- bzw. Sortimentsausschlüsse auch unterhalb der Schwelle großflächiger Einzelhandelsbetriebe für zulässig erklärt worden. Der Einzelhandel mit **innenstadtrelevanten Hauptsortimenten** könne eine Nutzungsunterart i. S. d. sog. Typenlehre bilden und deshalb bei Vorliegen entsprechender städtebaulicher Gründe aus einem GE-Gebiet ausgeschlossen werden, meinen OVG RhPf (U. v. 24.8.2000 – 1 C 11457/99 – BauR 2001, 907 = BRS 63 Nr. 83) und VGH BW (U. v. 21.5.2001 – 5 S 901/99 – NVwZ-RR 2002, 556). Nach dieser Auffassung hätten die Begriffe des innenstadtrelevanten oder des nicht innenstadtrelevanten Sortiments nunmehr eine solche Verfestigung in der ökonomischen Realität des Einzelhandels und in der bauplanungsrechtlichen Praxis erfahren, dass sie zumindest i. V. m. entspr. Sortimentslisten als typusbildend i. S. v. § 1 Abs. 9 BauNVO für Einzelhandelsbetriebe eingesetzt werden können (s. § 1 Abs. 9 Rn 128.3). Dagegen meint der 10. Senat des OVG NW, der Ausschluss von »zentrumstypischen Einzelhandelsbetrieben« aus einem GE-Gebiet sei wegen **Unbestimmtheit** nichtig. Der Begriff »zentrumstypische Einzelhandelsbetriebe« sei für sich genommen nicht ausreichend bestimmbar und stelle keine i. S. d. § 1 Abs. 9 BauNVO typisierbare Unterart der Branche »Einzelhandelsbetriebe« dar (OVG NW, U. v. 9.10.2003 – 10a D 76/01.NE – BauR 2004, 636 = NVwZ-RR 2004, 171 = UPR 2004, 150 sowie auch – 10a D 55/01.NE –). Mit dieser Auffassung steht der 10. Senat des OVG NW allein. Der 7. Senat des OVG NW (U. v. 22.4.2004 – 7a D 142/02.NE – BauR 2005, 819 f.) und andere Obergerichte (vgl. z. B. OVG RhPf, U. v. 24.8.2000, UPR 2001, 110 f.; VGH BW, U. v. 21.5.2001, NVwZ-RR 2002, 556, 558; Hess. VGH, U. v. 19.9.2002 – 3 N 78/00 – BauR 2003, 501, 503 sowie U. v. 18.12.2003 – 4 N 1372/01 – UPR 2004, 156, 157) haben keine Probleme bei der sortimentsmäßigen Differenzierung des Einzelhandels, weil diese marktüblichen Gegebenheiten entspreche (zur strikten Rspr. des OVG NW vgl. kritisch *Janning*, BauR 2005, 1093). Der Gemeinde steht insoweit ein planerischer Freiraum zu, welche Branchen sie für ihr Ortszentrum als versorgungsrelevant ansehen will (OGV NW, U. v. 22.4.2004 – 7a D 142/02.NE – aaO).

Auch das BVerwG billigt der Gemeinde im B. v. 10.11.2004 (– 4 BN 33.04 – BauR 2005, 818) als legitimes städtebauliches Ziel zu, Sortimentsbeschränkungen zu beschließen, um die innerstädtische Kernzone zu stärken. Der Gemeinde sei es auch gestattet, »zentrumsbildende« Nutzungen, die in der Kernzone nicht oder nur geringfügig vertreten sind, in anderen Gemeindegebieten mit dem Ziel auszuschließen, eventuelle Neuansiedlungen zwecks Steigerung oder Erhaltung der Attraktivität dem Zentrum zuzuführen. Erforderlich ist es jedoch, im Interesse der Normenklarheit dem B-Plan ein für die Gemeinde typischer abschließender Katalog der speziellen zuzulassenden bzw. auszuschließenden Sortimente beigefügt wird (vgl. *Engel*, VBlBW 2006, 8). Dafür kann auf Listen in Einzelhandelserlassen oder sonstige Orientierungshilfen zurückgegriffen werden (*Janning*, BauR 2005, 1093). Dadurch werden Auslegungsprobleme im Baugenehmigungsverfahren vermieden (vgl. *Bischopink*, BauR 2004, 1089, 1097 f.).

33.8   Auch die Bereitstellung von Flächen für einen speziell bestehenden **Bedarf an Baugrundstücken** für die Ansiedlung von **Handwerksbetrieben** sowie **Betrieben des produzierenden Gewerbes** ist bei nachweislichem Bedarf ein **besonderer städtebaulicher Grund** i. S. v. § 1 Abs. 9, der den Ausschluss von Einzelhandelsbetrieben im GE-Gebiet rechtfertigen kann (OVG NW, U. v. 10.11.1988 – aaO. Rn 33.7). Der Ausschluss aller Handelsbetriebe aus einem GE-Gebiet nach § 1 Abs. 9 ist städtebaulich zu rechtfertigen, wenn durch die Ansiedlung mehrerer nicht großflächiger Handelsbetriebe im Gebiet die Kaufkraft in erheblichem Umfang von den Zentren abgezogen würde, so dass dort Funktionsstörungen auftreten können (OVG NW, U. v. 16.3.1989 – 7 A 2596/86 – n. v.).

Die Festsetzungen können sowohl positiv als auch negativ getroffen werden (vgl. *Birk*, aaO.), d. h. es können entweder nur die unerwünschten Einzelhandelsbetriebe ausgeschlossen oder alle Einzelhandelsbetriebe ausgeschlossen und die städtebaulich vertretbaren Betriebe allgemein oder ausnahmsweise zugelassen werden.

Unter Berücksichtigung der vorstehenden Ausführungen bietet sich somit als eine weitere Lösung an, in **GE-Gebieten** bei Vorliegen entspr. städtebaulicher Gründe sämtliche Einzelhandelsbetriebe nach § 1 Abs. 9 allgemein auszuschließen und dann nach § 1 Abs. 6 bestimmte Betriebsarten und -größen als Ausnahmen in den B-Plan aufzunehmen. Dabei kann nicht nur auf bestimmte Branchen bzw. Sortimente abgestellt, sondern auch eine zu begründende Größe unterhalb von 800 m² Verkaufsfläche bzw. 400 m² Verkaufsfläche (= Nachbarschaftsladen) festgesetzt werden, denn es handelt sich um Ausnahmen, deren Art und Umfang im B-Plan bestimmt werden kann (§ 31 Abs. 1 BauGB). Unter »Umfang« ist auch die Größe zu verstehen. Diese kann in GE-Gebieten z. B. auf den Bedarf der zu versorgenden Arbeitsbevölkerung abgestellt werden, der sich vom Umfang des Bedarfs der Wohnbevölkerung erheblich unterscheiden dürfte; er sollte dagegen nicht mit Auswirkungen i. S. d. § 11 Abs. 3 auf die Versorgung der Bevölkerung an Wohnstandorten begründet werden (z. B. nicht auf die die Auswirkungen kennzeichnende Vermutungsregel von 1.200 m² GF bezogen werden; vgl. Nds. OVG, U. v. 26.2.1999 – 1 K 1539/97 – BauR 1999, 1436). Es ist auch möglich, auf bestimmte Betriebstypen nach ihrer Funktion abzustellen. Eine solche Festsetzung könnte z. B. lauten: »Einzelhandelsbetriebe sowie Verkaufsstellen von Handwerksbetrieben und andere Gewerbebetriebe, die sich ganz oder teilweise an Endverbraucher wenden, sind unzulässig. Ausnahmsweise können nur solche Einzelhandelsbetriebe zugelassen werden, die in unmittelbarem räumlichen und betrieblichen Zusammenhang mit Handwerks- oder produzierenden Gewerbebetrieben stehen und nicht mehr als 200 m² Verkaufs- und Ausstellungsfläche haben« (so BVerwG, U. v. 30.6.1989 – 4 C 16.88 – ZfBR 1990, 27; vgl. auch OVG NW, U. v. 1.3.1995 – 7 A 1895/91 – n. v.).

6. Weitere Fälle zur (Un-)Zulässigkeit von Nutzungen bzw. zur Festsetzung eines SO-Gebiets (Ältere Rspr. bis 2000 s. 10. Aufl., § 11 Rn 34 f.)

Großflächiger Einzelhandelsbetrieb

Die Großflächigkeit von Einzelhandelsbetrieben i. S. d. § 11 Abs. 3 Satz 1 Nr. 2 BauNVO ist nach wie vor bei einer Verkaufsfläche von ca. 700 m² anzunehmen (wie BVerwG, B. v. 22.7.2004 – 4 B 29.04 – DVBl. 2004, 1308 u. VGH BW, U. v. 13.7.2004 – 5 S 1205/03 – BWGZ 2005, 133 = ZfBR 2005, 78).

Großflächiger Einzelhandel, Begriff der Großflächigkeit

Bei der Abgrenzung der »großflächigen« Einzelhandelsbetriebe i. S. d. § 11 Abs. 3 Satz 1 Nr. 2 BauNVO von sonstigen Einzelhandelsbetrieben zwingen Überschreitungen des Verkaufsflächenmaßes von 700 m² (vgl. hierzu BVerwG, U. v. 22.5.1987 – 4 C 19.85 – NVwZ 1987, 1976) selbst dann, wenn sie eine Größenordnung bis zu 100 m² erreichen, nicht schon für sich genommen zu dem Schluss, dass das Merkmal der Großflächigkeit erfüllt ist (BVerwG, B v. 22.7.2004 – 4 B 29.04 – BauR 2004, 1735).

Großflächiger Einzelhandelsbetrieb; Großflächigkeit; Verkaufsfläche; Auswirkungen

Einzelhandelsbetriebe sind großflächig i. S. v. § 11 Abs. 3 Satz 1 Nr. 2 BauNVO, wenn sie eine Verkaufsfläche von 800 m² überschreiten.

Bei der Berechnung der Verkaufsfläche sind auch die Thekenbereiche, die vom Kunden nicht betreten werden dürfen, der Kassenvorraum (einschließlich eines Bereichs zum Einpacken der Ware und Entsorgen des Verpackungsmaterials) sowie ein Windfang einzubeziehen.

§ 11   34.4–34.9

Da der Typus des der wohnungsnahen Versorgung dienenden Einzelhandelsbetriebs häufig nicht mehr allein anhand der Großflächigkeit bestimmt werden kann, kommt dem Gesichtspunkt der Auswirkungen in § 11 Abs. 3 BauNVO erhöhte Bedeutung zu (BVerwG, U. v. 24.11.2005 – 4 C 10.04 – BauR 2006, 639 = NVwZ 2006, 452 = UPR 2006, 150 = ZfBR 2006, 247).

34.4 Großflächiger Einzelhandelsbetrieb; Regelvermutung

Es kommt weder für das Eingreifen der Regelvermutung nach § 11 Abs. 3 Satz 3 BauNVO noch für deren Widerlegung darauf an, ob der Einzelhandelsbetrieb von vornherein in der nun zu beurteilenden Größe errichtet oder ob ein bestehender Betrieb nachträglich erweitert werden soll (BVerwG, B. v. 29.11.2005 – 4 B 72.05 – BauR 2006, 484).

34.5 Einzelhandelsbetrieb

1. Ob ein großflächiger Einzelhandelsbetrieb nach § 11 Abs. 3 Satz 1 Nr. 2 BauNVO vorliegt, hängt von der Verkaufsfläche des zur Genehmigung gestellten Einzelvorhabens ab. Die Grenze des Verkaufsflächenmaßes zur Großflächigkeit bestimmt sich nach der Rspr. des BVerwG (B. v. 22.7.2004 – 4 B 29.04 – ZfBR 2004, 699: ca. 700 m² mit Überschreitungsmöglichkeiten um ca. 100 m²).
2. Die Verkaufsfläche des Einzelvorhabens bleibt auch maßgebend, wenn dieses in räumlicher Nähe anderer Einzelhandelsbetriebe errichtet werden soll und diese insgesamt den Begriff des geplanten oder faktischen Einkaufszentrums (§ 11 Abs. 3 Satz 1 Nr. 1 BauNVO) nicht erfüllen.
3. § 11 Abs. 3 Satz 1 Nr. 2 BauNVO deckt nicht die summierende Betrachtungsweise der Verkaufsflächen von nebeneinander liegenden Einzelhandelsbetrieben zur Großflächigkeit (im Anschluss an BVerwG, U. v. 4.5.1988 – 4 C 34.86 – BRS 48 Nr. 37).
4. Der Begriff der Funktionseinheit ist, jedenfalls seitdem jeweils mehrere Discounter bzw. Einzelhandelsbetriebe als direkte Konkurrenten die räumliche Nähe suchen, ungeeignet, die Agglomeration von Einzelhandelsbetrieben zum Zwecke der Sortimentsergänzung zu erklären und eine Addition der Verkaufsflächen zur Großflächigkeit i. S. d. § 11 Abs. 3 Satz 1 Nr. 2 BauNVO zu rechtfertigen.
5. Etwas anderes kann nur dann ausnahmsweise gelten, wenn ein einheitliches, an sich großflächiges Einzelhandelskonzept unter dem Aspekt der Umgehung in kleinteilige Fachmärkte zerlegt wird (OVG NW, U. v. 25.4.2005 – 10 A 2861/04 – [a. L.], BauR 2005, 1366).

34.6 Ausschluss zentrumsrelevanter Sortimente im Gewerbegebiet

Die mit dem Ausschluss des innenstadtrelevanten Einzelhandels verfolgten Zwecke werden in der Begr. des B-Plans unter Bezugnahme auf den Einzelhandelserlass des Wirtschaftsministers (aaO.) hinreichend genau umschrieben (VGH BW U. v. 5.11.2004 – 8 S 1076/04 – VBlBW 2005, 310 = ZfBR 2005, 270).

34.7 Ausschluss zentrumsrelevanter Sortimente im Gewerbegebiet

Der Einzelhandel mit innenstadtrelevanten Sortimenten bildet eine typische Nutzungsart nach § 1 Abs. 9 BauNVO. Die Aufzählung der zentrumsrelevanten Sortimente in § 3 der Änderungssatzung schließt Zweifel an der Bestimmbarkeit in dieser Hinsicht aus (Nds. OVG, U. v. 10.3.2004 – 1 KN 336/02 – BauR 2004, 1108).

34.8 Ausschluss einzelner Nutzungsarten

1. Der bauplanerische Ausschluss einzelner Nutzungsarten ist nur dann städtebaulich gerechtfertigt, wenn er anhand eines schlüssigen Plankonzepts auf seine Eignung, Erforderlichkeit und Angemessenheit überprüft werden kann.
2. Daran fehlt es, wenn für die Differenzierung zwischen ausgeschlossenen und zugelassenen Nutzungsarten keine nachvollziehbaren städtebaulichen Gründe erkennbar sind (hier: Ausschluss des Einzelhandels zur »Aufwertung« des Gewerbegebiets bei gleichzeitiger Zulassung von Vergnügungsstätten [u. a. Spielhallen], Tankstellen und Kfz-Handel (VGH BW, U. v. 28.1.2005 – 8 S 2831/03 – www.justizportal-bw.de).

34.9 Ausschluss innenstadtrelevanter Einzelhandelssortimente

Verfolgt die Gemeinde mit dem Ausschluss innenstadtrelevanter Einzelhandelssortimente in einem Gewerbegebiet das Ziel, die Attraktivität der Ortsmitte in ihrer Funktion als Versorgungszentrum zu erhalten und zu fördern, darf sie in die Liste der ausgeschlossenen innenstadtrelevanten Sortimente auch Sortimente aufnehmen, die in der Innenstadt derzeit nicht (mehr) vorhanden sind, deren Ansiedlung dort aber erwünscht ist (VGH BW, U. v. 30.1.2006 – 3 S 1295/05 – www.justizportal-bw.de).

Ausschluss von Einzelhandel in Gewerbe- und Industriegebieten 34.10

1. Soll durch Festsetzungen eines B-Plans der Einzelhandel mit ausgewählten Warengruppen in Gewerbe- oder Industriegebieten im Hinblick auf seine »Zentrenschädlichkeit« ausgeschlossen werden, kann es in Ermangelung sonstiger aussagekräftiger Planungsgrundlagen erforderlich sein, den Bestand des Einzelhandels in den Zentren der Gemeinde zu ermitteln, um hinreichend konkrete Aussagen dazu treffen zu können, weshalb jegliche Form von Einzelhandel der besagten Art – würde er im betroffenen Baugebiet angesiedelt – die gewachsenen Einzelhandelsstrukturen in den Zentren der Gemeinde unabhängig von der Art und dem Umfang des jeweiligen Warenangebots schädigen würde.
2. Der Begriff des Einzelhandelsbetriebs, dessen »*Sortiment ausschließlich zur Deckung des täglichen Bedarfs der im Gebiet arbeitenden Bevölkerung dient*«, ist unbestimmt und beschreibt keine Nutzungsart, die es in der sozialen und ökonomischen Realität gibt und die deshalb Gegenstand einer Festsetzung nach § 1 Abs. 9 BauNVO sein kann (OVG NW, U. v. 12.11.2004 – 10a D 38/02.NE – BauR 2005, 963).

Ausschluss von Betrieben der Lebensmittelbranche 34.11

...
2. Für den vollständigen Ausschluss von Einzelhandelsbetrieben der Branche Lebensmittel bedarf es konkreter Angaben dazu, weshalb Einzelhandelsbetriebe der besagten Art die Einzelhandelsstrukturen in »zentralen Bereichen« der Gemeinde unabhängig von ihrer Größe schädigen würden. Hat sich ein Zentrum noch nicht herausgebildet, bedarf es einer eindeutigen planerischen Entscheidung der Gemeinde, wo eine dahingehende Entwicklung stattfinden soll.
3. Der Ausschluss von Betrieben der Lebensmittelbranche in einem Gewerbegebiet mit dem Ziel, die Gewerbeflächen zur Ansiedlung von Handwerksbetrieben und Betrieben des produzierenden Gewerbes vorzuhalten, ist ungeeignet, wenn sämtliche anderen Betriebe des Einzel- und Großhandels ebenso wie Dienstleistungsbetriebe, Lagerhäuser, Speditionen usw. weiterhin zulässig sind (OVG NW, U. v. 17.1.2006 – 10 A 3413/03 – BauR 2006, 1991).

Atypische Fallgestaltung nach § 11 Abs. 3 Satz 4 BauNVO 34.12

Wegen der Regelvermutung des § 11 Abs. 3 Satz 3 BauNVO erübrigt sich eine Beweisaufnahme zu den möglichen Auswirkungen eines Betriebes. Beweisdürftig können dagegen die tatsächlichen Umstände sein, die nach Satz 4 der Vorschrift Anhaltspunkte für das Bestehen einer atypischen Fallgestaltung bieten (BVerwG, B. v. 9.7.2002 – 4 B 14.02 – BRS 65 Nr. 70).

Bestimmtheit von Sortimentsfestsetzungen 34.13

Eine Festsetzung in einem SO-Gebiet, die nur Verkaufsflächen für nicht »citytypische« Sortimente zulässt, ist unbestimmt. Eine Legaldefinition dafür, welche Sortimente in diesem Sinne citytypisch oder zentrenrelevant sind, gibt es nicht, so dass sich der Inhalt dieses Begriffs nicht etwa aus sich heraus erschließt (OVG NW, U. v. 11.12.2006 – 7 A 964/05 – BauR 2007, 845; vgl. OVG NW, U. v. 3.6.2002 – 7a D 92/99.NE – BRS 65 Nr. 38 u. v. 9.10.2003 – 10a D 55/01.NE – www.nrwe.de zu »zentrenrelevanten« Sortimenten; OVG NW, U. v. 9.10.2003 – 10a D 76/01.NE – BRS 66 Nr. 39 zu »innenstadtbedeutsamen« Sortimenten).

§ 12 Stellplätze und Garagen

(1) Stellplätze und Garagen sind in allen Baugebieten zulässig, soweit sich aus den Absätzen 2 bis 6 nichts anderes ergibt.

(2) In Kleinsiedlungsgebieten, reinen Wohngebieten und allgemeinen Wohngebieten sowie Sondergebieten, die der Erholung dienen, sind Stellplätze und Garagen nur für den durch die zugelassene Nutzung verursachten Bedarf zulässig.

(3) Unzulässig sind
1. Stellplätze und Garagen für Lastkraftwagen und Kraftomnibusse sowie für Anhänger dieser Kraftfahrzeuge in reinen Wohngebieten,
2. Stellplätze und Garagen für Kraftfahrzeuge mit einem Eigengewicht über 3,5 Tonnen sowie für Anhänger dieser Kraftfahrzeuge in Kleinsiedlungsgebieten und allgemeinen Wohngebieten.

(4) Im Bebauungsplan kann, wenn besondere städtebauliche Gründe dies rechtfertigen (§ 9 Abs. 3 des Baugesetzbuchs), festgesetzt werden, dass in bestimmten Geschossen nur Stellplätze oder Garagen und zugehörige Nebeneinrichtungen (Garagengeschosse) zulässig sind. Eine Festsetzung nach Satz 1 kann auch für Geschosse unterhalb der Geländeoberfläche getroffen werden. Bei Festsetzungen nach den Sätzen 1 und 2 sind Stellplätze und Garagen auf dem Grundstück nur in den festgesetzten Geschossen zulässig, soweit der Bebauungsplan nichts anderes bestimmt.

(5) Im Bebauungsplan kann, wenn besondere städtebauliche Gründe dies rechtfertigen (§ 9 Abs. 3 des Baugesetzbuchs), festgesetzt werden, dass in Teilen von Geschossen nur Stellplätze und Garagen zulässig sind. Absatz 4 Satz 2 und 3 gilt entsprechend.

(6) Im Bebauungsplan kann festgesetzt werden, dass in Baugebieten oder bestimmten Teilen von Baugebieten Stellplätze und Garagen unzulässig oder nur in beschränktem Umfang zulässig sind, soweit landesrechtliche Vorschriften nicht entgegenstehen.

(7) Die landesrechtlichen Vorschriften über die Ablösung der Verpflichtung zur Herstellung von Stellplätzen und Garagen sowie die Verpflichtung zur Herstellung von Stellplätzen und Garagen außerhalb der im Bebauungsplan festgesetzten Bereiche bleiben bei Festsetzungen nach den Absätzen 4 bis 6 unberührt.

BauNVO 1977:

»Bundesbaugesetzes« *anstatt* »Baugesetzbuchs« *in Absatz 4 und 5.*

BauNVO 1968: Stellplätze und Garagen für Kraftfahrzeuge

(1) Stellplätze und Garagen sind in allen Baugebieten zulässig, soweit sich aus den Absätzen 2 und 3 nichts anderes ergibt.

(2) In Kleinsiedlungsgebieten, reinen Wohngebieten, allgemeinen Wohngebieten und Wochenendhausgebieten sind Stellplätze und Garagen nur für den durch die Nutzung verursachten Bedarf zulässig.

(3) Unzulässig sind
1. Stellplätze und Garagen für Lastkraftwagen und Kraftomnibusse in reinen Wohngebieten und Wochenendhausgebieten,
2. Stellplätze und Garagen für Kraftfahrzeuge mit einem Eigengewicht über 3,5 Tonnen in Kleinsiedlungsgebieten und allgemeinen Wohngebieten.

(4) Im Bebauungsplan kann festgesetzt werden, dass in bestimmten Geschossen nur Stellplätze oder Garagen und zugehörige Nebeneinrichtungen (Garagengeschosse) zulässig sind.

BauNVO 1962:

wie BauNVO 1968, jedoch ohne Abs. 4.

§ 12

Erläuterungen

Übersicht

		Rn		
1.	Allgemeines, Sinngehalt und Geltung der Vorschriften	1 – 1.1	
2.	Änderung von Regelungen aufgrund der ÄnderungsVOen 1977 und 1990	2	
3.	Anwendungsbereich der Vorschrift, Abgrenzung der Begriffe	3 – 5.1	Abs. 1
a)	Allgemeines zur Zulässigkeit	3 – 4.1	
b)	Abgrenzung der Begriffe, Begriffsinhalt	5.1	
4.	Einschränkung der Zulässigkeit in Bezug auf den Bedarf	6 – 8.2	Abs. 2
a)	Umfang der Zulässigkeit	6 – 7.2	
b)	Zum Nachbarschutz	8 – 8.2	
5.	Unzulässigkeit von Stellplätzen und Garagen für bestimmte Kraftfahrzeuge; Parkverbot nach der StVO in bestimmten Gebieten	9 – 11.1	Abs. 3
a)	Allgemeines zur Verbotsnorm	9 – 10.1	
b)	Abgrenzung der Kraftfahrzeugarten	11	
c)	Parkverbot nach der StVO in bestimmten Gebieten	11.1	
6.	Festsetzung von Garagengeschossen	12 – 16	Abs. 4
a)	Voraussetzungen und Folgewirkung	12 – 14	
b)	Zum Begriffsinhalt »Garagengeschosse«	15 – 15.1	
c)	Festsetzung von Teil-Garagengeschossen	16	Abs. 5
7.	Unzulässigkeit oder eingeschränkte Zulässigkeit von Stellplätzen und Garagen	17 – 19.1	Abs. 6
8.	Unberührtbleiben der landesrechtlichen Stellplatzpflicht	20	Abs. 7
9.	Einzelfälle zur Zulässigkeit nach der Rspr.	21.1 – 26	
a)	Stellplätze und Garagen im Zusammenhang mit reinen Wohngebieten	21 – 21.1	
b)	Stellplätze und Garagen in allgemeinen Wohngebieten	22 – 22.1	
c)	»Bauwich«-Garagen, Stellplatzbedarf	23 – 24.2	
d)	Nachbarschutz	25 – 25.1	
e)	Besondere Einzelfragen, Festsetzungen für Garagen, Stellplatzpflicht	26	

Schrifttum

Dürr   Der baurechtliche Nachbarschutz gegenüber Stellplätzen und Garagen, BauR 1997, 7

Grziwotz   Stellplatzverpflichtung durch Tiefgaragenbonus, BauR 1988, 531

Hermann   Der Carport »Zwitter« des Baurechts?, BauR 2002, 417

Jäde   Föderalismusprobleme des bauplanungsrechtlichen Rücksichtnahmegebots, UPR 2001, 401

–   Keine Bauleitplanung durch örtliche Bauvorschriften, Kommunal-Praxis Bayern 2005, 296

§ 12 1, 1.1

Küppers Die Einschränkung der Stellplatzverpflichtung, BauR 1998, 504
Pawelzyk Stellplätze und Garagen in Bebauungsplänen, Die Bauverwaltung 1973, 202
Probst/Huber Die Berechnung der Schallemission von Parkhäusern, ZfL 2000, 195
Sarnighausen Garagen und Stellplätze im Baunachbarrecht, NVwZ 1996, 7

1. Allgemeines, Sinngehalt und Geltung der Vorschrift

1 § 12 regelt die **bauplanungsrechtliche** Zulässigkeit von Stellplätzen und Garagen in den Baugebieten, während die *bauordnungsrechtlichen* Fragen der Stellplatzpflicht durch die LBOen bestimmt werden. Im Grundsatz ist davon auszugehen, dass die Regelungen des § 12 hinsichtlich ihrer Geltung jeweils davon abhängen, unter welcher zeitlichen Geltung der BauNVO (1962/68/77/90) die B-Pläne erlassen worden sind. Durch § 1 Abs. 3 Satz 2 BauNVO, wonach § 12 ohne weitere ausdrückliche Bestimmung »Bestandteil des Bebauungsplans« wird, sind die Vorschriften des § 12 in der jeweils geltenden Fassung der BauNVO Bestandteil des B-Plans geworden. § 12 soll nach Auffassung des BVerwG (U. v. 27. 1. 67 – IV C 12.65 – BVerwGE 26, 103 = DVBl. 1968, 25 = BRS 18 Nr. 84 = NJW 1967, 840 = BayVBl. 1968, 62) keine Anwendung finden auf Pläne, die zwar nach dem BBauG, noch nicht unter Anwendung der BauNVO zustande gekommen sind. Für diese Pläne soll noch die RGarO maßgebend sein (BVerwG, U. v. 27.1.1967, aaO.), deren (bundes-)planungsrechtliche Vorschriften durch Art. 2 Nr. 27 BauGB v. 8.12.1986 aufgehoben worden sind (zur »Historie« vgl. *Fickert/Fieseler*, § 12 Tn 1 i. d. 5. Aufl.).

Die Nichtgeltung des § 12 müsste dann auch auf die baurechtlichen Vorschriften und festgestellten städtebaurechtlichen Pläne zutreffen, die über § 173 Abs. 3 BBauG zwar als B-Pläne nach § 9 BBauG fortgalten und nunmehr nach § 9 BauGB B-Pläne *sind*, für die § 12 aber noch keine Regelungen treffen konnte. In der Praxis werden die Fragen der etwaigen Fortgeltung der (bundesrechtlichen) Vorschriften der RGarO kaum noch Bedeutung erlangen. Das BVerwG hat bereits in seinem U. v. 6.10.1967 (– IV C 197.65 – BRS 18 Nr. 88) rechtsgrundsätzlich herausgestellt, dass »*es nicht gegen Bundesrecht verstößt, wenn Landesrecht weitergehend als § 13 Abs. 4 Buchst. a RGarO den Bau von Garagen im Bauwich zulässt (Klarstellung zu BVerwGE 22, 129)*« (BVerwG, aaO.); seit der MBO 1981 und den darauf beruhenden LBOen sind überdachte Stellplätze und Garagen in den Abstandflächen eines Gebäudes im Regelfall generell zulässig (vgl. § 6 Abs. 11 BauO NW), es sei denn, dass der B-Plan nach § 23 Abs. 5 eine anderweitige Regelung trifft. Die vorrangige Bedeutung der landesrechtlichen Vorschriften mag auch erklären, dass das BVerwG in der jüngeren Zeit kaum Gelegenheit hatte, zu Vorschriften des § 12 BauNVO zu judizieren (s. Rn 21 f.).

1.1 § 12 regelt nur die Fragen, **wo** und **in welchem Umfang** Stellplätze und Garagen zulässig sind. Die **Fragen der Stellplatzpflicht** im Einzelnen, d.h. wer wann, in welcher Weise und in welcher Anzahl Stellplätze oder Garagen herzustellen hat, sind als *bauordnungsrechtliche* Vorschriften in den LBOen geregelt.

§ 12 befasst sich lediglich mit dem sog. *ruhenden Verkehr*, d.h. mit **privaten** Stellplätzen und Garagen **außerhalb** der öffentlichen Verkehrsflächen. *Öffent-*

liche Parkflächen wie ebenerdige öffentliche Parkplätze oder von der Gemeinde vorgehaltene öffentliche Parkbauten fallen nicht unter § 12.

§ 12 ist gegenüber § 14 hinsichtlich der Zulässigkeit von Stellplätzen und Garagen lex specialis (im gleichen Sinne *Bielenberg*, § 12 Rdn. 12, 53. Lfg.). § 14 behält daneben jedoch seine Bedeutung für Nebenanlagen zu Stellplätzen und Garagen, insbes. in Garagengeschossen (Rn 13).

2. Änderung von Regelungen aufgrund der ÄnderungsVOen 1977 und 1990

a) Durch die **ÄndVO 1990** ist § 12 verfahrens- und materiellrechtlich **nicht geändert** worden.

b) Die ÄndVO 1977 hat in Abs. 2 die Beschränkung der Zulässigkeit von Stellplätzen und Garagen auf den »durch die zugelassene Nutzung verursachten Bedarf« auf die SO-Gebiete nach § 10 *ausgedehnt*.

Abs. 4 Satz 2 stellt klar, dass eine Festsetzung von Garagengeschossen auch für Geschosse *unterhalb der Geländeoberfläche* getroffen werden kann. **Abs. 4 Satz 3** schließt die Festsetzung von Stellplätzen und Garagen an anderer Stelle des Grundstücks, d.h. außerhalb der Garagengeschosse, im Regelfall aus.

Nach **Abs. 5** können Festsetzungen i. S. v. Abs. 4 auch für Teile von Geschossen getroffen werden.

Der durch die ÄndVO 1977 **eingefügte Abs. 6** enthält planungsrechtliche Regelungen über den Ausschluss oder die Beschränkung von Stellplätzen und Garagen, »soweit landesrechtliche Vorschriften nicht entgegenstehen«.

Schließlich bestimmt der angefügte **Abs. 7**, dass durch Festsetzungen **nach** den **Abs. 4–6** landesrechtliche Vorschriften **über** die **Stellplatzpflicht** oder über die *Ablösung der Stellplatzverpflichtung* nicht entfallen; sie bleiben unberührt.

3. Anwendungsbereich der Vorschrift (Abs. 1), Abgrenzung der Begriffe

a) **Allgemeines zur Zulässigkeit.** Nach **Abs. 1** sind im Grundsatz Stellplätze und Garagen in allen Baugebieten – also auch in SO-Gebieten (§§ 10, 11) – zulässig (§ 10 Rn 13). Die Bestimmung gilt unabhängig davon, ob Flächen für Stellplätze und Garagen sonst noch auf den Baugrundstücken nach § 9 Abs. 1 Nr. 4 BauGB oder für Gemeinschaftsstellplätze und -garagen nach § 9 Abs. 1 Nr. 22 BauGB im B-Plan festgesetzt sind (ebenso *Förster*, § 12 Anm. 2a).

Unter »Baugebiet« ist auch hier der Geltungsbereich der durch B-Plan nach der BauNVO jeweils festgesetzten Baugebietsart zu verstehen; entspricht nach § 34 Abs. 2 BauGB die Eigenart der näheren Umgebung nach der vorhandenen Bebauung z. B. einem WR-Gebiet (§ 3), so würden für dieses Gebiet die Einschränkungen des § 12 Abs. 2 u. 3 Platz greifen.

Die allgemeine Zulässigkeit umfasst auch sog. **Sammelgaragen,** unter denen begrifflich zusammengefasste Stellplätze oder Garagen verstanden werden, ohne nach § 9 Abs. 1 Nr. 4 oder Nr. 22 BauGB ausdrücklich festgesetzt zu sein. Derartige Sammelgaragen gelten nicht als gewerbliche Anlagen, sofern mit ihnen nicht eine im Zusammenhang mit den eingestellten Kfz stehende gewerbliche Tätigkeit (wie Reparaturwerkstatt, Wagenpflegeanlage) verbunden ist (so auch *Förster*, § 12 Anm. 1c). Die Vermietung einzelner Boxen an andere als die auf dem Grundstück wohnenden Kfz-Inhaber ist keine gewerbliche Tätigkeit (in diesem Sinne auch Nds. OVG, U. v. 23.11.1992 – 1 L 30/91 – BRS 54 Nr. 98).

§ 12 Abs. 1 3.2, 4

Gewerbliche Garagenanlagen können unter § 12 fallen. § 12 gilt insoweit als speziellere Vorschrift (wegen der Stellplätze und Garagen), die für sonst unzulässige oder nur ausnahmsweise zuzulassende Anlagen einen begünstigenden Tatbestand schafft, wenn ein Bedarf für eine gewerbliche Anlage vorliegt.

Die bisherige Auffassung (bis z. 9. Aufl.) wird nach dem überzeugenden U. des OVG NW aufgegeben. Zu der Entscheidung ist bei § 4 bereits ausführlich eingegangen worden (s. § 4 Rn 9.44). Wegen der Bedeutung soll der maßgebende Leits. des U. nochmals angeführt werden:

»*Die Zuständigkeit einer gewerblich betriebenen Großgarage, deren vermietete Stellplätze ausschließlich der Deckung des Bedarfs dienen, der durch die in dem allgemeinen Wohngebiet, in dem sie errichtet werden soll, zugelassenen Nutzungen verursacht wird, ist auch dann nach § 12 Abs. 2 BauNVO zu beurteilen, wenn die Garagenanlage bei typisierender Betrachtungsweise als störender Gewerbebetrieb erscheint, der gemäß § 4 BauNVO in einem allgemeinen Wohngebiet nicht einmal ausnahmsweise zugelassen werden kann (Aufgabe der Rspr. des Senats im B. v. 22.919 95 – 7 B 2302/95 –)*«; OVG NW, U. v. 18.5.2000 – 7 A 1155/99 – BauR 2000, 1447). Zu d. U. kann auf die ergänzenden Erläuterungen bei *Ziegler*, in: *Brügelmann* zu § 12 Rdn. 12 ff. (in der 46. Lfg. des Loseblatt-Komm.) hingewiesen werden.

3.2 Notwendige Stellplätze oder Garagen für **Wochenendhausgrundstücke** sind im Regelfall auf diesen selbst unterzubringen, es sei denn, dass eine Gemeinschaftsanlage i. S. v. § 9 Abs. 1 Nr. 22 BauGB *festgesetzt* ist. Ist beabsichtigt, bei **Wochenendplätzen** (§ 10 Rn 31) oder **Camping- und Zeltplätzen** (§ 10 Rn 42) die Kfz nicht auf den Aufstellplätzen bzw. Standplätzen abzustellen, ist für jeden Aufstell- bzw. Standplatz ein gesonderter Stellplatz herzustellen. I. A. sollten auch Stellplätze für Besucher eingeplant werden.

4 Für die Zulässigkeit von Stellplätzen und Garagen sind ferner § 19 Abs. 4, § 21a Abs. 3 und § 23 Abs. 5 zu beachten. Nach § 23 Abs. 5 können Stellplätze und Garagen auch *auf* den *nicht überbaubaren* Grundstücksflächen zugelassen werden, wenn im B-Plan nichts anderes festgesetzt ist; d. h., der B-Plan kann diese Vergünstigung ausschließen.

Für die Zulässigkeit von Stellplätzen und Garagen »in allen Baugebieten« ist die Frage von Bedeutung, inwieweit die Gemeinde die Zulässigkeit durch Festsetzung entspr. Flächen in B-Plänen konkret bestimmen oder einschränken kann. Der **Umfang der Festsetzungsmöglichkeiten** ergibt sich aus § 9 BauGB. Nach § 9 Abs. 1 Nr. 4 BauGB können für schon *anderweitig bebaubare* Grundstücke *zusätzlich* Flächen für Stellplätze und/oder Garagen und – soweit erforderlich – ihre Einfahrten auf den Baugrundstücken festgesetzt werden. Stellplätze und Garagen sind typische Zubehör-Bauten, die eine Hauptbebauung und einen durch diese bestimmten Bedarf voraussetzen (ebenso BVerwG, U. v. 24.4.1970 – IV C 53.67 – BRS 23 Nr. 6). Es ist **nicht erforderlich,** dass der Bedarf nur von einem einzelnen Grundstück ausgeht. Der Bedarf muss sich jedoch aus einem engeren räumlichen Bereich des Grundstücks ergeben (Rn 6–7). Außer einer Festsetzung nach Nr. 4 ermöglicht § 9 Abs. 1 Nr. 22 BauGB die Festsetzung von Flächen für Gemeinschaftsstellplätze und -garagen. Die Festsetzung nach Nr. 22 ist gleichfalls nur zulässig, wenn sie sich auf einen bestimmten Bedarf bezieht. Sie hängt ebenso wie die Festsetzung nach Nr. 4 mit der Einstellplatzpflicht aufgrund der bauordnungsrechtlichen Vorschriften zusammen und ist insoweit nichts anderes als »*die (Ersatz-)Alternative zur Errichtung von Garagen auf den einzelnen Baugrundstücken*« (so BVerwG, U. v. 24.4.1970, aaO.). Die Flächen für Gemeinschaftsstellplätze und/oder Gemeinschaftsgaragen sind konkret festzulegenden Grundstücken zuzuordnen; der B-Plan muss hierüber eine Aussage enthalten (*E/Z/B*, § 9 Rdn. 176).

Eine weitere Bestätigung findet sich in der **Entschädigungsverpflichtung** nach § 40 Abs. 1 Nr. 10 BauGB für die Fälle, in denen der Grundstückseigentümer durch die Festsetzung nach § 9 Abs. 1 Nr. 22 BauGB gezwungen wird, mit seinem Grundstück den Einstellplatzbedarf fremder Grundstücke zu decken. Die Entschädigungspflicht nach § 40 Abs. 1 Nr. 10 BauGB macht gleichzeitig deutlich, dass die Festsetzung eines Grundstücks für die *ausschließliche* Nutzung durch Garagen, *ohne* dass der B-Plan gleichzeitig eine Aussage trifft, welchen Grundstücken von Stellplatzpflichtigen die Flächen zugeordnet sind, unzulässig ist (BVerwG, U. v. 24. 4. 70 aaO.). Zulässig wäre dagegen die Festsetzung eines Baugrundstücks nach § 9 Abs. 1 Nr. 9 BauGB – z. B. als **Garagenhochhaus** – ausschließlich für die Errichtung von Garagen, weil es sich hierbei um ein *privatwirtschaftlichen* Zwecken dienendes Grundstück handelt. Die Festsetzung eines Grundstücks im B-Plan mit dem Inhalt, dass auf ihm nur Garagen errichtet werden dürfen, ohne gleichzeitige Bindung an einen konkret nachgewiesenen Bedarf anderer stellplatzpflichtiger Grundstücke i. S. v. § 9 Abs. 1 Nr. 22 BauGB, kommt demzufolge einem Bauverbot gleich. Eine solche Festsetzung ist unzulässig, weil sie dem Grundsatz widerspricht, dass Bauleitpläne (nur) aufzustellen sind, soweit es erforderlich ist (§ 1 Abs. 3 BauGB).

§ 9 Abs. 1 Nr. 4 BauGB, § 12 Abs. 1 BauNVO gestatten der Gemeinde, im B-Plan entweder nur Garagen oder nur Stellplätze – nach Maßgabe der dafür im Landesrecht enthaltenen Begriffsbestimmungen – zuzulassen (BVerwG, B v. 31.8.1989 – 4 B 161.88 – BRS 49 Nr. 16 = ZfBR 1990, 40; ebenso *Ziegler*, in: *Brügelmann*, § 12 Rdn. 6).

Die Möglichkeit, im B-Plan »Stellplätze und Garagen« festzusetzen, ist kraft Bundesrechts nicht in dem Sinne festgeschrieben, dass die Gemeinde nur einheitlich beide Arten von Unterbringungsgelegenheiten für Kfz zusammen in ihren Festsetzungen zulassen und zwischen beiden Arten planerisch nicht unterscheiden dürfe (BVerwG, aaO.).

b) Abgrenzung der Begriffe, Begriffsinhalt. Die Begriffe »*Stellplätze*« und »*Garagen*« stimmen mit denen in § 9 Abs. 1 Nr. 4 BauGB begriffsinhaltlich überein. Anders als der Begriff des Vorhabens (bauliche Anlage) nach § 29 BauGB, der eine eigene bundesrechtliche Ausprägung erhalten hat (Vorb. §§ 2 ff. Rn 17, 18), haben das BauGB und die BauNVO die im Baurecht herkömmlichen Begriffe übernommen.

Nach den aus § 2 Abs. 6 MBO 1981 in die LBOen übernommenen Begriffen sind Stellplätze Flächen, die dem Abstellen von Kfz außerhalb der öffentlichen Verkehrsflächen dienen. Garagen sind »ganz oder teilweise umschlossene Räume zum Abstellen von Kraftfahrzeugen«(vgl. § 2 Abs. 8 LBO BW). Stellplätze sind mithin unbebaute – evtl. mit Schutzdächern versehene – *Flächen*, während Garagen durch *Räume* gekennzeichnet sind. Nach der Definition kommt es bei Garagen auf eine vollständige Umschließung des Raumes nicht an, eine teilweise Umschließung sowie ein Dach sind jedoch erforderlich. Ist nur ein Schutzdach vorhanden, handelt es sich um einen Stellplatz (zum Begriff Stellplatz OVG Lüneburg, U. v. 14.3.1967 – IA 28/65 – BRS 18 Nr. 18). Stellplätze können auch in Gebäuden (Parkhäusern, Tiefgaragen, § 7 Rn 10) durch Markierung der jeweils erforderlichen Flächen geschaffen werden. Ein Grundstück wird nicht etwa dadurch zum Stellplatz, dass auf ihm Kfz zum Zwecke des Be- und Entladens oder des Betankens und der Wartung abgestellt werden (VGH BW, U. v. 19.3.1975 – III 326/74 – BRS 29 Nr. 25).

§ 12   Abs. 2   5.1, 6

5.1 Das OVG NW (U. v. 25.6.2003 – 7 A 1157/01 – BauR 2003, 1848) hatte in einem Rechtsstreit die Frage der Zulässigkeit von drei Fertiggaragen in einem Bereich zu klären, der im B-Plan als Fläche für **Carports** festgesetzt war. Die Verpflichtungsklage auf Erteilung der Baugenehmigung hatte keinen Erfolg. Das OVG NW stellte hierzu folgende **Leits.** auf:

»*1. Ein Carport ist ein überdachter Stellplatz für Autos (so auch OVG NW, U. v. 17.6.2002 – 7 A 777/00 – B. v. 8.8.2002 – 10 B 401/02 –, ebenso Nds. OVG, U. v. 29.11.1993 – 6 L 3224/91 – MDR 1994, 166 und VGH BW, B. v. 29.1.1993 – 8 S 37/93 – BauR 1993, 439).*
2. § 9 Abs. 1 Nr. 4 BauGB ermöglicht es der Gemeinde in Nordrhein-Westfalen, eine Fläche für (überdachte) Stellplätze und/oder überdachte Stellplätze festzusetzen.
3. Setzt die Gemeinde, gestützt auf § 9 Abs. 1 Nr. 4 BauGB, eine Fläche für Carports fest, sind auf dieser Fläche regelmäßig nur überdachte Stellplätze ohne eigene Seitenwände zulässig. Mit dieser Festsetzung tritt eine nicht überdachte Stellplatzfläche nicht in Widerspruch, wohl aber die Errichtung einer mit einer oder mit mehreren Seitenwänden versehene (offene) Garage.«

Das BVerwG hat mit B. v. 9.10.2003 (– 4 B 81.03 –) die Nichtzulassungsbeschwerde gegen das U. des OVG NW mit folgender Begr. zurückgewiesen: Kennt das Landesrecht den Begriff des überdachten Stellplatzes und ergibt sich aus dem Landesrecht, dass der Begriff »Carport« einen überdachten Stellplatz bezeichnet, kann auch der Begriff »Carport« verwendet werden, um die Anlage zu beschreiben, die auf nach § 9 Abs. 1 Nr. 4 BauGB festgesetzten Flächen zulässig ist (zum 1. Leits. des OVG NW).

4. Einschränkung der Zulässigkeit in Bezug auf den Bedarf (Abs. 2)

6 a) **Umfang der Zulässigkeit. Abs. 2** schränkt die allgemeine Zulässigkeit von Stellplätzen und Garagen für *Wohnbaugebiete und Sondergebiete*, die der Erholung dienen, dem **Umfang** nach ein. Entspr. der Zweckbestimmung dieser Baugebiete soll sich auch der Kfz-Verkehr dem zulässigen Störungsgrad unterordnen. Zur Vermeidung der mit dem Kfz-Verkehr verbundenen Beeinträchtigungen durch Geräusche und Abgase und des störenden Zu- und Abfahrtverkehrs sind Stellplätze und Garagen in den genannten Baugebieten nur für den durch die zugelassene Nutzung **verursachten Bedarf** zulässig. Die **zugelassene Nutzung umfasst** außer der zulässigen auch die im Wege der Ausnahme oder Befreiung nach § 31 BauGB zuzulassende Nutzung (ebenso *Förster*, § 12 Anm. 2c; *Boeddinghaus*, § 12 Rdn. 7–9; *Bielenberg/Dyong*, aaO., Rdn. 436). Auf die Genehmigung der Stellplätze des durch die zugelassene Nutzung *verursachten Bedarfs* besteht ein **Rechtsanspruch**.

Der Bedarf ist lediglich *abstrakt* auf das jeweils genutzte Grundstück zu beziehen. Hierbei sind mindestens die Stellplätze und/oder Garagen zulässig, die nach den Vorschriften der LBOen und den von den Ländern herausgegebenen Richtzahlen für den Stellplatzbedarf von Kfz *hergestellt werden müssen*.

Werden in den in Abs. 2 genannten Baugebieten Stellplätze bzw. Garagen für ein Grundstück in einer Anzahl beantragt, die die Richtzahlen zur Herstellung »notwendiger« Stellplätze übersteigt, ist der zusätzliche Bedarf aufgrund der zugelassenen Nutzung nachzuweisen. Richtzahlen für den Stellplatzbedarf oder ähnliche Bestimmungen zur Erfüllung der Einstellplatzpflicht sind **Mindestanforderungen**, die oftmals *zu wenig den zukünftigen* Bedarf berücksichtigen. Soweit städtebauliche Gründe nicht eine Beschränkung der Stellplätze erfordern, ist es wünschenswert, dass bei der Errichtung von Stellplätzen und Garagen im Hinblick auf die noch zunehmende Motorisierung – mehrere Wagen in einer Familie – **auch der zukünftige Bedarf** berücksichtigt wird. Das Bedürfnis der Bevölkerung in den geschützten Gebieten wird nicht beschränkt durch die Pflichtgrenze des *einzelnen* Grundstücks. In diesem Sinne sind Stellplätze und Garagen nach Zahl und Umfang zulässig, um auch den Bedarf der Bewohner des Wohngebiets der näheren Umgebung zu befriedigen.

§ 12 Abs. 2 begrenzt die Anzahl der Stellplätze und Garagen *zwar abstrakt,* **7** lässt eine zahlenmäßige **Beschränkung je Baugrundstück** im B-Plan jedoch nicht zu (so auch BVerwG, U. v. 16.9.1993 – 4 C 28.91 – BRS 55 Nr. 110; weitere Fundst. Vorb. §§ 2 ff. Rn 22). Die Festsetzung »je Grundstück ist eine eingebaute Garage zugelassen« im B-Plan ist unwirksam (OVG Lüneburg, U. v. 28.4.1980 – 1 C 6/78 – BRS 36 Nr. 11). Es liegt nicht in der Planungshoheit der Gemeinde, die abstrakte Beschränkung von Garagen in Wohngebieten im B-Plan zahlenmäßig zu konkretisieren. Eine zahlenmäßige Beschränkung würde »*die auch für die Zukunft ›offene‹ Abhängigkeit der Zahl der zulässigen Garagen von der Hauptnutzung nach § 12 Abs. 2 BauNVO negieren*« (so mit Recht OVG Lüneburg, aaO.). Soweit in den Wohnbaugebieten *andere Nutzungen* (Anlagen) wie Läden, Handwerksbetriebe zulässig bzw. zugelassen sind, sind für den entspr. Bedarf auch Stellplätze und Garagen, z. B. für Lieferwagen, zulässig. **Zu beachten** ist hierbei jedoch die weitergehende Beschränkung des **Abs. 3**.

§ 12 Abs. 2 BauNVO stellt nicht auf das Eigentum an einem Grundstück oder auf die Rechtsbeziehungen zwischen dem Eigentümer einer Garage und deren Nutzer ab. Der offenbar befürchteten Massierung von Garagen wird durch die Beschränkung »nur für den durch die zugelassene Nutzung verursachten Bedarf« Rechnung getragen (BVerwG, B. v. 24.3.1993 – 4 B 44.93 –).

Unterhält ein in einem der in Abs. 2 genannten Wohnbaugebiete Ansässiger einen Gewerbebetrieb, **der nur außerhalb** dieser Gebiete **zulässig** oder zulassungsfähig ist, z. B. eine Vertriebsgesellschaft oder einen Großhandel, sind Stellplätze und/oder Garagen für die Firmenwagen in den Wohnbaugebieten nach Abs. 2 **nicht zulässig**. Das hat auch dann zu gelten, wenn die Kfz für Firmenvertreter auf den Namen des im Wohngebiet ansässigen Inhabers des Gewerbebetriebes zugelassen sind. Der »Bedarf« ist nicht durch die zugelassene (zulässige) Nutzung des Grundstücks innerhalb eines der Wohnbaugebiete verursacht.

Eine in der Vergangenheit bauaufsichtlich genehmigte gewerbliche Nutzung (**Betonbaubetrieb**, die in einem faktischen allgemeinen Wohngebiet einen Fremdkörper bildet (vgl. BVerwGE 84, 322 ff.), ist nach dem U. des OVG RhPf v. 1.9.2005 (– 1 A 10759/05 – BauR 2006, 75) keine **zugelassene Nutzung** i. S. d. § 12 Abs. 2 BauNVO, sofern sie aktuell nicht wenigstens im Wege der Befreiung gem. § 31 Abs. 2 BauGB zugelassen werden könnte. Das BVerwG hat dagegen in seinem U. v. 7.12.2006 (– 4 C 11.05 – BauR 2007, 672) das U. des OVG RhPf v. 1.9.2005 – 1 A 10759/05 –, aaO. aufgehoben und hierzu die beiden folgenden **Leits**. aufgestellt:

»1. *Auch eine Nutzung, die bestandskräftig genehmigt worden ist und daher weiter ausgeübt werden darf, ist vom Begriff der »zugelassenen Nutzung« in § 12 Abs. 2 BauNVO umfasst.*
2. *Ein in einem allgemeinen Wohngebiet einzigartiger kleiner produzierender Gewerbebetrieb wird regelmäßig als Fremdkörper anzusehen sein, der seine Umgebung nicht mitprägt.*«

§ 12 Abs. 2 7.1–8

Das BVerwG hat sich für seine Auffassung zu Recht auf die wörtliche und teleologische Auslegung gestützt.
Dem Sachverhalt nach wandte sich eine Grundstücksnachbarin gegen eine Baugenehmigung, die der Beigeladenen für die Errichtung von 10 Pkw-Stellplätzen für ihren Betonbaubetrieb aus dem Jahr 1962 in einem allgemeinen Wohngebiet erteilt worden ist.

7.1 Zu dem durch die zugelassene Nutzung verursachten Bedarf zählen auch Stellplätze und Garagen **für freiberuflich Tätige** und artverwandte Berufe (z. Begriff § 13 Rn 4). Die Zulässigkeit bezieht sich dabei nicht nur auf diejenigen Tätigen i. S. v. § 13, die ihren Beruf in einem der Wohnbaugebiete ausüben; die Berufsausübung nach § 13 kommt in Erholungssondergebieten bis auf Ferienhausgebiete (§ 10 Rn 13, 37) kaum in Betracht. Sie erstreckt sich vielmehr auch auf diejenigen, die wie Wirtschaftsprüfer, Buchprüfer, Dolmetscher u. Ä. Berufe **ihr »Büro«** zwar in einem der Gebiete haben, ihre Tätigkeit im Wesentlichen aber *außerhalb* der Wohnbaugebiete verrichten. Entspricht nach § 34 Abs. 2 BauGB die Eigenart der näheren Umgebung einer der in § 12 Abs. 2 (und Abs. 3) genannten Baugebietsarten, sind die die Zulässigkeit von Stellplätzen u. Garagen einschränkenden Vorschriften des § 12 Abs. 2 u. Abs. 3 auch in den im Zusammenhang bebauten Bereichen zu beachten.

Im Rahmen des § 12 Abs. 2 BauNVO hat sich die Bestimmung der räumlichen Grenzen des Gebietes, dessen zugelassene Nutzungen den Bedarf auslösen, dem innerhalb dieses Gebiets Rechnung getragen werden darf, dem Schutzzweck der Norm entspr. vor allem daran zu orientieren, ob den unmittelbaren Anliegern die Stellplätze bzw. Garagen in ihrer Nähe zugemutet werden können, obwohl der Bedarf dafür an einer entfernteren Stelle anfällt, und bei einer solchen Entfernung zwischen der zulässigen Nutzung und dem ihr zugeordneten Stellplatz die mit der Stellplatznutzung durch Fremde verbundenen Folgewirkungen nach als hinnehmbar gewertet werden können (so OVG NW, U. v. 18.5.2000, Fundst. Rn 3.1).

7.2 **Der Bedarf ist keine feststehende Größe,** sondern hängt entscheidend von dem Lebensstandard der Bewohner des Gebiets ab. Zu dem Bedarf rechnen auch Stellplätze, die sich aus der rechtmäßigen Nutzung der nicht überbaubaren Flächen ergeben. Entspr. den Vorschriften über Stellplätze und Garagen in den LBOen braucht die Stellplatzpflicht nicht auf jedem Grundstück erfüllt zu werden. Es kann auch ein Grundstück für mehrere andere die Stellplatzpflicht miterfüllen. Beispiel: Wegen des ungünstigen Zuschnittes oder anderer Gründe kann der Bedarf auf dem Grundstück selbst nicht befriedigt werden. Soweit für ein Einzelgrundstück des geschützten Gebiets eine Garagenbaupflicht und damit auch ein Bedürfnis besteht, besteht zugleich ein aus der Summe der Einzelbedürfnisse zu errechnendes »Bedürfnis der Bevölkerung in diesen Gebieten« (so schon BVerwG, U. v. 27.1.1967, BVerwGE 26, 103 = NJW 1967, 840 = DVBl. 1968, 25 = BRS 18 Nr. 84 = BayVBl. 1968, 25). *»§ 12 Abs. 2 BauNVO stellt auf den gebietsbezogenen Bedarf an Stellplätzen und Garagen ab«* (Leitsatz 6 des U. des BVerwG v. 16.9.1993, Fundst. Rn 7 u. Vorb. §§ 2 ff. Rn 22).

8 b) **Zum Nachbarschutz.** Die **Vorschrift** des Abs. 2 (und des Abs. 3) **hat nachbarschützenden Charakter.** Bei den in Abs. 2 aufgeführten Wohnbaugebieten und Erholungssondergebieten handelt es sich um besonders störanfällige und aus diesem Grunde schutzbedürftige Gebiete. Wegen der besonderen Schutzbedürftigkeit hat der VOgeber Stellplätze und Garagen in den genannten Gebieten auf den durch die zugelassene Nutzung verursachten Bedarf beschränkt; denn Kfz-Bewegungen schlechthin, insbes. jedoch der Zu- und Abfahrtsverkehr, bringen zusätzliche Störungen und Belästigungen der Bewohner der Gebiete mit sich. **Nach Abs. 3** sind darüber hinaus bestimmte Kfz sogar ausgeschlossen.

Für die besonders störanfälligen **Wohnbaugebiete** ist allgemein anerkannt, dass den eine Art »Schicksalsgemeinschaft« bildenden Grundstückseigentümern gegen die nach Art der baulichen Nutzung in den Gebieten **unzulässigen Nutzungsarten** ein umfassender Nachbarschutz zu gewähren ist (s. dazu Vorb. §§ 2 ff. Rn 26 f. mit Hinw. auf Rspr. u. Lit.). Bei Stellplätzen und Garagen handelt es sich gleichfalls um eine Nutzungsart, die wegen des durch sie verursachten Kfz-Verkehrs zu unzumutbaren Belästigungen oder Störungen der Umgebung führen kann. Insoweit ist in Abs. 2 – und darüber hinaus in Abs. 3 – eine *unwiderlegliche Vermutung* hinsichtlich des Inhalts des § 15 Abs. 1 Satz 2 ausgesprochen. Diese Auffassung hat das BVerwG in seinem U. v. 16.9.1993 (– 4 C 28.91 – Fundst. Rn 7), in dem es speziell über die planungsrechtliche Zulässigkeit von Garagen nach § 12 Abs. 2 zu entscheiden hatte, durch seinen Leits. 3 ausdrücklich bestätigt. »*Auch Festsetzungen nach § 12 Abs. 2 BauNVO sind nachbarschützend*« (BVerwG, aaO.; wird in den Gründen ausf. dargelegt); vgl. auch Nds. OVG, U. v. 23.11.1992 – 1 L 30/91 – BRS 54 Nr. 98, in dem es den **nachbarschützenden Charakter** des § 12 Abs. 2 i. V. mit der für die Anwendung der Vorschrift erforderlichen Gebietsfestsetzung herausgestellt hat.

Das Verhältnis der **nachbarschützenden Vorschriften** der Mehrheit der **Bauordnungen der Länder,** wonach die Benutzung von Stellplätzen und Garagen die Gesundheit nicht schädigen sowie das Wohnen und Arbeiten und die Ruhe und die Erholung in der Umgebung nicht unzumutbar beeinträchtigen dürfen (vgl. § 47 Abs. 7 S. 2 BO RhPf; ähnlich § 37 Abs. 7 S. 2 LBO BW, Art. 52 Abs. 6 BayBO, § 51 Abs. 7 BauO NW; § 48 Abs. 3 BauO Bln, § 48 Abs. 9 LBauO M-V und § 46 Abs. 1 S. 2 Nds. BauO), zu dem in § 12 Abs. 2 BauNVO i. V. m. § 15 Abs. 1 BauNVO enthaltenen bauplanungsrechtlichen Gebot der Rücksichtnahme ist bislang weitgehend ungeklärt. Die Vorschriften in den Bauordnungen der Länder über das Verbot unzumutbarer Beeinträchtigung bei der Anlage von Stellplätzen und Garagen beinhaltet das bauordnungsrechtliche Gebot der Rücksichtnahme. Das BVerwG hat zunächst in zwei Entscheidungen (B. v. 18.12.1985 – 4 CB 49. u. 50.85 – UPR 1986, 183 = BRS 44 Nr. 177 u. U v. 16.9.1993, Fundst. Rn 7, Vorb. §§ 2 ff.; vgl. auch BVerwG, U. v. 7.12.2006 – 4 C 11.05 – UPR 2007, 186: »*Für die Anwendung des bauplanungsrechtlichen Rücksichtnahmegebots bleibt jedoch aus tatsächlichen Gründen regelmäßig kein Raum, soweit die durch dieses Gebot geschützten Belange auch durch spezielle bauordnungsrechtliche Vorschriften geschützt werden und das konkrete Vorhaben deren Anforderungen genügt. Im Regelfall sind die Immissionen, die nach § 12 BauNVO zulässige Stellplätze hervorrufen, hinzunehmen. Nur unter besonderen Umständen sind sie nach Maßgabe des § 15 Abs. 1 Satz 2 BauNVO unzumutbar.*«) angenommen, dass ein Verstoß gegen das in § 15 Abs. 1 BauNVO enthaltene Rücksichtnahmegebot ausgeschlossen ist, wenn alle durch das Gebot geschützten, möglicherweise beeinträchtigten Belange auch durch spezielle bauordnungsrechtliche Regelungen geschützt sind und das Vorhaben deren Anforderungen genügt (4. Leits. des U. v. 16.9.1993, aaO.). Im U. v. 7.12.2000 (– 4 C 3/00 – NVwZ

§ 12 Abs. 2   8.1

2001, 813 = UPR 2001, 227 = BauR 2001, 914 = ZfBR 2001, 274) hat das BVerwG die Rspr. aufgegeben (kritisch aus kompetenzrechtlichen Gründen Jäde, UPR 2001, 401/402 ff.) und hierzu zwei **Leits.** aufgestellt:

»1. *Bauordnungsrechtliche Vorschriften über die Anordnung von Stellplätzen (hier: § 46 Abs. 1 S. 2 Nds. BauO) können die Anwendung von § 15 Abs. 1 S. 2 BauNVO nicht spezialgesetzlich ausschließen.*
2. *Der in § 15 Abs. 1 S. 2 BauNVO nach Maßgabe des Rücksichtnahmegebots angelegte Drittschutz des Nachbarn besteht grundsätzlich auch gegenüber Anlagen auf Grundstücken, die mit dem Grundstück durch eine landesrechtliche Vereinigungsbaulast zusammengeschlossen sind.*«

Zur Begr. verweist das BVerwG auf die unterschiedliche **Gesetzgebungskompetenz.** Die landesrechtliche Vorschrift des § 46 Nds. BauO gehöre zum Bauordnungsrecht. Sie stelle aus baupolizeilicher Sicht, insb. zur Gefahrenabwehr, Anforderungen an Garagen und andere Stellplätze. Dagegen sei § 15 BauNVO eine bundesrechtliche Norm des Bodenrechts. Sie regele aus städtebaulicher Sicht allgemeine Voraussetzungen für die Zulässigkeit baulicher und sonstiger Anlagen; der Akzent liege hier auf der Vereinbarkeit der baulichen Anlage mit dem jeweiligen Gebietscharakter. Darüber hinaus wäre die Annahme, § 15 Abs. 1 S. 2 BauNVO werde durch landesrechtliche Vorschriften verdrängt, auch deshalb fehlerhaft, weil sie zu unterschiedlichem Bundesrecht in den einzelnen Bundesländern führen würde. Wegen des Vorliegens einer landesrechtlichen Vereinigungsbaulast handelt es sich hier um einen Sonderfall. Das BVerwG erkennt in seinem U. v. 7.12.2000, aaO. selbst, dass sowohl die bauordnungsrechtliche als auch die bauplanungsrechtliche Vorschrift gleichermaßen gebieten, dass von Stellplätzen und Garagen keine unzumutbaren Beeinträchtigungen für die Nachbarschaft ausgehen dürfen. Der Grad der tatsächlichen Beeinträchtigung oder schädlichen Umwelteinwirkung, wenn das landes- oder bauplanungsrechtliches Gebot der Rücksichtnahme verletzt ist, ist jedoch identisch (OVG NW, B. v. 11.3.2003 – 7 B 240/03 –; B. v. 28.4.2003 – 7 B 2349/02 –). Es gibt keinen unterschiedlichen Zumutbarkeits- oder Erheblichkeitsmaßstab (ähnlich *Ziegler*, in: *Brügelmann*, Rdn. 56 zu § 12).

Zur weiteren Konkretisierung des Maßstabs kann auf die ersten beiden Leits. des U. des VGH BW v. 2.7.1999 (– 3 S 1393/99 – VBlBW 2000, 70) verwiesen werden:

»1. *›Erhebliche‹ Störungen‹ sind solche, die das Maß des für die Umgebung billigerweise Zumutbaren überschreiten. Dabei kommt es auf das Ergebnis einer situationsbezogenen Abwägung und einen Ausgleich der widerstreitenden Interessen an.*
2. *Die Frage, ob eine Störung den Grad der Erheblichkeit erreicht, hängt deshalb maßgebend von den Umständen des Einzelfalls unter Berücksichtigung der konkreten Situation ab. So werden bei der Beurteilung insbesondere die Gebietsart, der konkrete Standort, die Zahl und die Benutzungsart der Stellplätze, die Art und Weise der Verbindung zum öffentlichen Verkehrsraum und die Funktion der Stellplätze als ›notwendige‹ oder zusätzliche Stellplätze eine Rolle spielen. Daneben sind ebenso von Bedeutung die Lage und Beschaffenheit des Nachbargrundstücks wie überhaupt die durch die tatsächlichen Verhältnisse bestimmte Schutzwürdigkeit des Nachbargrundstücks«.*

8.1 Der Grundstücksnachbar hat die Errichtung der für ein zulässiges Wohngebäude notwendigen Stellplätze und die mit ihrem Betrieb üblicherweise verbundenen Immissionen grundsätzlich hinzunehmen.

Liegen **besonders beengte Verhältnisse** vor oder führt nur ein im B-Plan festgesetzter **schmaler Stichweg** zu Hinterliegergrundstücken, kann das in § 15 BauNVO enthaltene baurechtliche Gebot der Rücksichtnahme den Verzicht des Bauherrn auf eine das notwendige Maß übersteigende Zahl an Stellplätzen gebieten (so VGH BW, U. v. 19.5.1992 – 8 S 551/92 – NVwZ 1993, 595 = BRS 54 Nr. 100). Das gilt auch für einzelne nächtliche Fahrbewegungen von Bewohnern, wie etwa Schichtarbeitern oder eines Notarztes (BayVGH, B. v. 26.6.2002 –26 ZB 02.1907 –).

Nach § 12 Abs. 2 BauNVO sind Stellplätze – mit den dort genannten Einschränkungen – auch in reinen Wohngebieten gem. § 3 BauNVO zulässig. Allerdings können sie nach § 15 Abs. 1 S. 2 BauNVO unzulässig sein, wenn von ihnen Belästigungen oder Störungen ausgehen können, die nach der Eigenart des Baugebiets im Baugebiet selbst oder in dessen Umgebung unzulässig sind. Die Vorschrift gilt auch für die in § 12 BauNVO genannten Stellplätze und Garagen. Sie sind vor allem dann unzulässig, wenn ihre Nutzung zur unzumutbaren Beeinträchtigung der Nachbarschaft führt. Dabei kommt der **Zufahrt** eine besondere Bedeutung zu, weil – jedenfalls bei Wohnbebauung – der Zu- und Abgangsverkehr die Nachbarschaft regelmäßig am stärksten belastet. Demgemäß begegnen **Garagen und Stellplätze in ruhigen rückwärtigen Gartenbereichen hinter Wohnhäusern** oft rechtlichen Bedenken. Eine generelle für alle Standorte von Stellplätzen im rückwärtigen (Wohn-)Bereich geltende Beurteilung ist nicht möglich und hängt von den Umständen des jeweiligen Einzelfalls ab (BVerwG, U. v. 7.12.2000 – 4 C 3/00 – Fundst. § 12 Rn 8 u. B. v. 20.3.2003 – 4 B 59.02 – NVwZ 2003, 1516 zu OVG RhPf, U. v. 27.6.2002 – 1 A 11669/99 – BauR 2003, 368 sowie OVG NW, U. v. 20.6.2006 – 10 A 80/ 04 – BauR 2007, 22 = NWVBl. 2007, 22). Daraus folgt, dass zwar die Nachbarn die von den Stellplätzen ausgehenden Emissionen im Regelfall hinzunehmen haben, dass aber die örtlichen Verhältnisse zu dem Ergebnis führen können, dass die Errichtung von Stellplätzen auf dem Baugrundstück nicht oder nur mit Einschränkungen genehmigt werden kann. Die besonderen Umstände des Einzelfalls können es erforderlich machen, die Beeinträchtigung der Nachbarschaft auf ein zumutbares Maß zu mindern. Hierfür kommen z. B. die bauliche Gestaltung der Stellplätze und ihre Zufahrt, eine Anordnung, die eine Massierung vermeidet, der Verzicht auf Stellplätze zugunsten einer Tiefgarage oder Lärmschutzmaßnahmen auf der Grundstücksgrenze in Betracht (BVerwG, B. v. 20.3.2003, aaO., u. OVG RhPf U. v. 27.6.2002, aaO.).

Nach dem Sachverhalt, der den Entscheidungen des BVerwG und des OVG RhPf zugrunde lag, handelte es sich um die Anlage von neun Stellplätzen zur Errichtung von zwei aneinander gebauten Mehrfamilienhäusern. Das Baugrundstück lag in zweiter Bautiefe hinter dem Grundstück des Klägers in dem von der Straße ansteigenden Gelände. Die Zufahrt sollte über einen etwa 4–6 m breiten, stark ansteigenden (20%) Geländestreifen entlang des klägerischen Grundstücks erfolgen. Ein Teil der Stellplätze sollte auf einem 6–10 m breiten Geländestreifen zwischen dem ca. 10 m aufragenden Mehrfamilienhaus der Beigeladenen und der rückwärtigen Grundstücksgrenze des klägerischen Grundstücks unmittelbar an dieser Grenze angelegt werden. Dieser Bereich sollte ferner als Rangierfläche und Zufahrt zu den übrigen Stellplätzen dienen. Beide Grundstücke lagen im unbeplanten Innenbereich. Die Klage des Nachbarn gegen die Erteilung der neun Stellplätze auf dem Grundstück des Beigeladenen hatte aus den oben genannten Gründen wegen Verstoßes gegen § 12 Abs. 2 i. V. m. § 15 Abs. 1 S. 2 BauNVO und § 47 Abs. 7 S. 2 BauO RhPf 1995 Erfolg.

§ 12 Abs. 2 BauNVO erfüllt die Voraussetzungen einer drittschützenden Norm auch in Hinsicht auf die Individualisierbarkeit des zu schützenden Personenkreises, denn er regelt die Zulassung von Stellplätzen und Garagen in besonders schutzwürdigen Baugebieten und begrenzt sie dort auf den durch die zugelassene Nutzung verursachten Bedarf. Seine Schutzwirkung kommt somit den Grundeigentümern der jeweils betroffenen Baugebiete und insbesondere

§ 12 Abs. 2   8.2

den Nachbarn im unmittelbaren Einwirkungsbereich der Stellplätze und Garagen zugute.

Der Abwehranspruch wird grundsätzlich bereits durch die Zulassung eines mit der Gebietsfestsetzung nicht zu vereinbarenden Vorhabens ausgelöst, weil hierdurch das nachbarliche Austauschverhältnis gestört und eine Verfremdung des Gebietes eingeleitet wird (vgl. *Schrödter*, DVBl. 1974, 362, *Sarnighausen*, aaO., S. 8, Abschn. I, 2 (BauNVO).

Das in der TA Lärm enthaltene **Spitzenpegelkriterium** (Vermeidung von Überschreitungen der gebietsbezogenen Lärmimmissionswerte um mehr als 20 dB(A) durch einzelne nächtliche Spitzenpegel) findet jedenfalls auf den durch die zugelassene Wohnnutzung in WA- und WR-Gebieten verursachten Parklärm **keine Anwendung** (VGH BW, B. v. 20.7.1995 – 3 S 3538/94 – DVBl. 1996, 267 = BRS 57 Nr. 167 = VBlBW 1996, 143 = UPR 1996, 76 u. BayVGH, B. v. 26.6.2002, aaO.).

Das OVG RhPf hat in seinem U. v. 27.6.2002 (aaO.) einen Anhaltspunkt dafür, dass die Grenze zur Unzumutbarkeit überschritten wird, für gegeben gehalten, wenn der nach der TA Lärm ermittelte Beurteilungspegel den in der TA Lärm festgesetzten IRW überschreitet. Eine Beurteilung des Stellplatzlärms auf der Grundlage der DIN 18 005 führe demgegenüber nicht zu einem sachgerechten Ergebnis, weil diese insbes. wegen der Mittelung über 8 Stunden in der Nachtzeit, aber auch deshalb, weil der Parklärm seinem Charakter nach nicht ohne weiteres mit dem Verkehrslärm auf öffentlichen Straßen vergleichbar sei, den nach § 45 Abs. 7 S. 2 LBO 1995 (heute § 47 Abs. 7 S. 2 LBO 1998) bezweckten Nachbarschutz und das in § 15 Abs. 1 S. 2 BauNVO enthaltene Rücksichtnahmegebot leerlaufen ließe. Das BVerwG hat in seinem B. v. 20.3.2003 (aaO.) die Nichtzulassungsbeschwerde unter Hinweis auf die U. v. 19.1.1989 – 7 C 77.87 – BVerwGE 81, 197 u. v. 27.8.1997 – 04 C 5.98 – NVwZ 1999, 523 zurückgewiesen, weil die schematische Mittelung von Geräuschen je nach ihrer Eigenart der Sachlage nicht gerecht werde. Im Übrigen verwies das BVerwG darauf, dass die TA Lärm brauchbare Anhaltspunkte liefere und nicht schematisch, sondern unter Bewertung der Umstände des Einzelfalls anzuwenden sei.

8.2 Das BVerwG hat in dem **Leits.** des B. v. 19.9.1995 (– 4 NB 24.94 – BRS 57 Nr. 78 = BauR 1996, 76) das Ergebnis seiner Entscheidung wie folgt zusammengefasst (Hervorhebungen diess.*): »Die Zufahrt zu einer Garage (hier: **Tiefgarage mit 380 Pkw-Stellplätzen**) ist bauplanungsrechtlich dieser zuzuordnen und deshalb gemäß § 12 Abs. 2 BauNVO ohne besondere Festsetzung in einem allgemeinen Wohngebiet unzulässig, wenn die Garage nicht nur ›für den durch die zugelassene Nutzung verursachten Bedarf‹ bestimmt ist.«*

In den Gründen hat das BVerwG mit Recht darauf hingewiesen: Die größten Störungen, wegen derer § 12 Abs. 2 BauNVO die in Wohngebieten allgemein zulässigen Stellplätze und Garagen auf den durch »die zugelassene Nutzung verursachten Bedarf« beschränkt, gehen üblicherweise von der Zu- und Abfahrt aus. Sie ist, soweit sie außerhalb der öffentlichen Verkehrsfläche liegt, notwendiger Bestandteil der Stellplatz- und Garagenanlage. Eine Zu- und Abfahrt, die zu einer im allgemeinen Wohngebiet nicht gem. § 12 Abs. 2 BauNVO allgemein zulässigen Stellplatz- und Garagenanlage gehört, bedarf deshalb wie diese selbst, um zulässig zu sein, einer besonderen Festsetzung (wird weiter ausgeführt); BVerwG, aaO.

Die Führung der Zufahrt durch das allgemeine Wohngebiet zur Tiefgarage ist nicht festgesetzt; sie muss zwangsläufig – zumindest teilweise oberirdisch – durch einen als allgemeines Wohngebiet festgesetzten Bereich führen. Die Tiefgarage soll nicht nur dem Stellplatzbedarf des allgemeinen Wohngebiets dienen, sondern auch der Deckung des Parkplatzbedarfs von im 300 m-Umkreis gelegenen großräumigen Gebäuden.

Enthält ein nach § 173 Abs. 3 BBauG übergeleiteter B-Plan für ein Wohngebiet die zusätzliche Festsetzung, dass Vor- und Hintergärten zu erhalten und von jeglicher Bebauung freizuhalten seien, steht dies der Herstellung und Nutzung einer befestigten Fläche im Vorgarten als Zufahrt zu einer (Keller)Garage nicht entgegen (Hbg. OVG, U. v. 15.6.2000 – 2 Bf 15/97 – BRS 63 Nr. 157 = BauR 2000, 1842). Das Hbg. OVG setzt sich in der Entscheidung ausführlich mit den scheinbar entgegenstehenden bauordnungsrechtlichen Vorschriften auseinander.

Aus den Gründen: »*Die das Grundstück des Klägers treffende Klausel des Baustufenplanes, der zufolge ›Vor- und Hintergärten ... zu erhalten und von jeglicher Bebauung freizuhalten‹ seien, steht dem Vorhaben ungeachtet des Umstandes, dass die befestigte Zufahrt zur Kellergarage durch den Vorgarten erfolgen soll, nicht entgegen. Bei der fraglichen Bestimmung handelt es sich um eine solche des Bauplanungsrechts. Nur in dieser Eigenschaft kann sie nach § 173 Abs. 3 BBauG i.d.F. vor dem Inkrafttreten des Baugesetzbuches übergeleitet sein und heute nach § 233 Abs. 3 BauGB fortgelten. Verstünde man die Klausel dagegen bauordnungsrechtlich – etwa als Regelung der Vorgartengestaltung – wäre sie nach § 173 Abs. 3 BBauG nicht übergeleitet worden und könnte bereits von daher dem Vorhaben des Klägers nicht entgegenstehen (vgl. BVerwG, BRS 20 Nr. 17). Die Auslegung der zur Debatte stehenden Klausel hat demnach vor dem Hintergrund eines planungsrechtlichen Verständnisses zu erfolgen, da sie anderenfalls nicht wirksam wäre*« (wird weiter ausgeführt, Hbg. OVG, aaO.).

Die Genehmigungsfreiheit eines nicht überdachten Stellplatzes entbindet nicht von der Verpflichtung zur Einhaltung der Anforderungen, die sich aus öffentlich-rechtlichen Vorschriften (mithin auch aus einem B-Plan) ergeben (so mit Recht OVG NW, U. v. 22.8.1996 – 7 A 3508/93 – UPR 1997, 197 = BRS 58 Nr. 35).

5. **Unzulässigkeit von Stellplätzen und Garagen für bestimmte Kraftfahrzeuge (Abs. 3); Parkverbot nach der StVO in bestimmten Gebieten**

a) **Allgemeines zur Verbotsnorm.** Abs. 3 regelt den **Ausschluss** von Stellplätzen und Garagen für bestimmte Kfz und deren Anhänger in dort genannten Baugebieten. In der Vorschrift sind – anders als in Abs. 2 – die SO-Gebiete, die der Erholung dienen, nicht aufgeführt. Da deren Störanfälligkeit und damit Schutzbedürftigkeit mindestens mit der von WA-Gebieten gleich zu setzen ist, ausgenommen allenfalls bestimmte Campingplatzgebiete entspr. der jeweiligen Eigenart des Gebiets (§ 10 Rn 4–5), muss es sich bei der fehlenden Aufzählung um ein redaktionelles Versehen infolge der Neufassung des § 10 während des Rechtsetzungsverfahrens handeln. Abs. 3 Nr. 1 muss demzufolge als um die Worte »*sowie Sondergebieten, die der Erholung dienen*« ergänzt gehandhabt werden. Will man dieser Auffassung nicht folgen, ist zu beachten, dass bei der Festsetzung der »Art der Nutzung« (§ 10 Abs. 2 Satz 1) auch der Umfang der Stellplätze und Garagen sowie die Art u. Weise ihrer Benutzung für jedes Erholungssondergebiet i. S. v. § 10 im Einzelnen geregelt werden muss.

Abs. 3 kann mit Abs. 2 in *scheinbare* Kollision geraten. Denn der durch die zugelassene Nutzung verursachte Bedarf kann an sich auch Kfz umfassen, die unter die Verbotsvorschrift des Abs. 3 fallen. In diesen Fällen geht Abs. 3 als die im Verhältnis zu Abs. 2 speziellere Vorschrift vor, was sich aus dem Aufbau der Vorschrift des § 12 und der allgemeinen Gesetzestechnik ergibt (im Ergebnis ebenso *Förster*, § 12 Anm. 4a; *Bielenberg*, § 12, Rdn. 22).

Sollen Stellplätze und (oder) Garagen für Kfz hergestellt werden, die unter die Verbotsnorm des Abs. 3 fallen, kann die Zulassung nur im **Wege der Befreiung** erfolgen. Das gilt auch dann, wenn die Herstellung der Stellplätze und Garagen für den durch die zugelassene Nutzung verursachten Bedarf i. S. d. Abs. 2 erfolgt. Eine Befreiung wird i. A. nicht möglich sein, weil die **Verbotsvorschrift** des Abs. 3 der Vereinbarkeit mit den öffentlichen Belangen i. S. v. § 31 Abs. 2 BauGB entgegenstehen dürfte. Die Regelung des § 12 entspricht dem Sinngehalt der BauNVO, die die Zulässigkeit bzw. die ausnahmsweise Zulassung der

§ 12   Abs. 3   10.1, 11

Anlagen in den einzelnen Baugebieten vom Störungsgrad der Anlagen abhängig macht.

In den Fällen, in denen die Baugenehmigungsbehörde in den Baugebieten des Abs. 2 eine Nutzung ausnahmsweise oder im Wege der Befreiung zuzulassen beabsichtigt, wird sie gleichzeitig zu prüfen haben, inwieweit die Herstellung von Stellplätzen und Garagen für den durch die zuzulassende Nutzung verursachten Bedarf nach Abs. 3 evtl. unzulässig wäre. Die Stellplatzpflicht müsste dann unter entsprechender Auflage in einem anderen Baugebiet erfüllt werden. Nach dem Bauordnungsrecht der Länder besteht zwar für den Grundstücksbenutzer eine Verpflichtung, die entspr. Stellplätze und (oder) Garagen für die *benötigten* Fahrzeuge zu schaffen. Die Stellplatzpflicht nach dem Bauordnungsrecht braucht aber nicht auf einem bestimmten Grundstück erfüllt zu werden. Auf Grundstücken in Baugebieten, die dem ruhigen Wohnen vorbehalten sind, geht die **planungsrechtliche Bestimmung** des Abs. 3 als Bundesrecht – und zugleich als die spezielle Vorschrift – dem **Landesrecht** vor.

§ 12 Abs. 3 hat nachbarschützenden Charakter. Sie ist gegenüber Abs. 2 die noch schützenswertere Vorschrift (s. Rn 8).

10.1 **Abs. 3 bietet keine Handhabe,** in den geschützten Wohngebieten, in denen Stellplätze und Garagen für die in Abs. 3 genannten Kfz unzulässig sind, das **Abstellen dieser Kfz** auf den Erschließungsstraßen (»**Laternengaragen**«) zu untersagen (s. jedoch Rn 11.1). Die StVO enthält neben dem Begriff »Parken« keine Vorschrift zur Regelung des Dauerparkens. Abs. 3 kann ferner nicht so eng ausgelegt werden, dass auf zulässigen Stellplätzen oder in zulässigen Garagen nicht *vorübergehend* andere Fahrzeuge abgestellt werden. **Abs. 3 verbietet nicht,** dass beispielsweise in einer Garage im WR-Gebiet *besuchsweise* ein Lieferwagen oder ein ähnliches Fahrzeug für eine begrenzte Zeit abgestellt wird, ebenso *Förster* (§ 12 Anm. 4a). Eine *Dauernutzung* würde als Nutzungsänderung dagegen ein Einschreiten der Bauordnungsbehörde rechtfertigen.

11 **b) Abgrenzung der Kraftfahrzeugarten.** Als **Kraftfahrzeuge** gelten nach § 1 Abs. 2 StVG »Landfahrzeuge, die durch Maschinenkraft bewegt werden, ohne an Bahngleise gebunden zu sein«.

Lastkraftwagen sind »Kraftfahrzeuge, die nach ihrer Bauart und Einrichtung zur Beförderung von Gütern bestimmt sind« (§ 4 Abs. 4 Nr. 3 PBefG). Sie sind nach dieser Definition nicht auf ein bestimmtes Gewicht beschränkt. Es fallen mithin auch Lieferwagen u. a. zur »Beförderung von Gütern« gebaute Spezialfahrzeuge darunter. **Kraftomnibusse** sind »Kraftfahrzeuge, die nach ihrer Bauart und Ausstattung zur Beförderung von mehr als neun Personen (einschließlich Führer) geeignet und bestimmt sind« (§ 4 Abs. 4 Nr. 2 PBefG). Da das Straßenverkehrsrecht begrifflich zwischen *Kraftfahrzeugen* und Anhängern unterscheidet (z. B. §§ 32 ff. StVZO), sind Anhänger zusätzlich in Abs. 3 aufgeführt worden, um den Ausschluss auch auf sie erstrecken zu können.

Unter **Eigengewicht** i. S. v. Abs. 3 Nr. 2 ist das Gewicht des *betriebsfertigen* Fahrzeugs zu verstehen, also einschließlich des mit Kraftstoff gefüllten Tanks, Batterie usw., jedoch ausschließlich Zubehör wie Werkzeug und Ersatzteile, Fahrer und Ladung. Eigengewicht ist ein *steuerrechtlicher* Begriff und nicht gleichzusetzen mit dem Leergewicht (§ 42 Abs. 3 StVZO) und dem zulässigen Gesamtgewicht nach § 34 Abs. 2 Satz 2 StVZO. Bei der Zulässigkeit nach dem Eigengewicht kommt es auf die Fahrzeugart nicht an. Das Eigengewicht nach Abs. 3 Nr. 2 bezieht sich nur auf die Kfz, nicht dagegen auf die Anhänger dieser Kfz. Die Anhänger sind *schlechthin unzulässig,* unabhängig von ihrem Eigengewicht.

Zulässig sind in den in Abs. 3 genannten Baugebieten und den SO-Gebieten, die der Erholung dienen (Rn 9), danach außer Pkw Kombifahrzeuge und *Krafträder* (Motorroller), obwohl Letztere oftmals geeignet sind, die Wohnruhe erheblich zu stören. **Caravans (Wohnwagen)** als Anhänger von Pkw sind weder nach Abs. 3 **Nr. 1** noch nach **Nr. 2** unzulässig. Desgleichen sind nach Abs. 3 Reisemobile (Wohnmobile), Campingbusse (Motorcaravans) zulässig, *sofern* das Eigengewicht 3,5 Tonnen *nicht* überschreitet (s. § 10 Rn 47). *Ferner* sind *zulässig* alle sonstigen **Spezialanhänger,** die durch Pkw gezogen werden, wie Transportanhänger für Motorboote, Segelyachten, Anhänger zum Befördern von Pferden, Rassegeflügel u. anderen »Hobby-Tieren«, sofern diese Anhänger nach § 15 Abs. 1 nicht nach Anzahl und Umfang der Eigenart des Gebiets widersprechen, was in der Baugenehmigungspraxis erfahrungsgemäß schwierig zu handhaben ist.

Dagegen sind **Transportfahrzeuge** (oder Transportfahrgestelle) für Container oder Mobilheime, die als Kleinwochenendhäuser benutzt werden sollen (§ 10 Rn 32), **nicht zulässig.**

c) **Parkverbot nach der StVO in bestimmten Gebieten.** Die unterschiedliche Störanfälligkeit von (Bau-)Gebieten wird auch in der StVO berücksichtigt. Das ständige Parken von Kfz auf den Erschließungsstraßen i. S. v. »Laternengaragen« (s. Rn 10.1; ferner ausf. *Fickert*, Komm. z. StrWG NW, § 6 Rn 45) kann zwar nicht generell untersagt werden. Für die besonders störanfälligen WR- und WA-Gebiete, Erholungssondergebiete, Kur- und Klinikgebiete ist nach § 12 Abs. 3 a StVO das regelmäßige Parken mit Kfz mit einem zulässigen Gesamtgewicht über 7,5 t sowie mit Kfz-Anhängern über 2 t zulässiges Gesamtgewicht in der Zeit von 22.00–6.00 Uhr sowie an Sonn- und Feiertagen aber unzulässig. **11.1**

Die Vorschrift soll vor allem die Wohn- u. Erholungsfunktion der genannten Gebiete, insbes. die Nachtruhe der Bevölkerung gegenüber ankommenden und abfahrenden schweren Kfz, schützen. Der unbestimmte Rechtsbegriff »regelmäßig« umfasst sowohl das wiederkehrende als auch das häufige Parken, etwa wenn von vier Wochenenden dreimal ein schwerer Lastzug abgestellt wird oder nur einzelne Nächte ausgespart bleiben. Da die Vorschrift ersichtlich auf den Schutz der Nachtruhe abstellt, sollte die Möglichkeit der Ausnahmegenehmigung nach § 46 Abs. 1 Nr. 12 StVO *restriktiv* gehandhabt werden.

6. **Festsetzung von Garagengeschossen (Abs. 4)**

a) **Voraussetzungen und Folgewirkung.** Die steigende Anzahl von Kfz und die erforderliche planerische Vorsorge, die Flächen für den fließenden Verkehr von abgestellten (»ruhenden«) Kfz freizuhalten, hatte den VOgeber bereits im Zuge der ÄndVO 1968 veranlasst, den Abs. 4 anzufügen als *korrespondierende Vorschrift* über die **Art** der Nutzung zu dem gleichfalls durch die ÄndVO 1968 eingefügten **§ 21a**, mit dem allgemein ein Anreiz zum Bau von Garagengeschossen und Gemeinschaftsanlagen geschaffen werden sollte. **Abs. 4** ermöglicht, im B-Plan bestimmte Geschosse *als Garagengeschosse* festzusetzen. **12**

Abs. 4 Satz 1 ist durch die ÄndVO 1977 insofern *eingeschränkt* worden, als für die Festsetzung von Garagengeschossen vorausgesetzt wird, dass »besondere städtebauliche Gründe dies rechtfertigen« (zu dem Hintergrund für diese Einschränkung und Beispiele zur Rechtfertigung derartiger Gründe s. § 1 Rn 112–116). Eine entspr. Regelung findet sich in § 1 Abs. 7; **§ 12 Abs. 4** ist die **speziellere Vorschrift** zu der *allgemeinen* Vorschrift des § 1 Abs. 7. An die besonderen städtebaulichen Gründe brauchen in Bezug auf die Rechtfertigung der Festsetzung von Garagengeschossen keine aus dem Rahmen fallenden Anforderungen gestellt zu werden. Besondere städtebauliche Gründe i. S. v. Abs. 4 liegen z. B. vor, wenn es erforderlich ist, in Innenstadtbereichen infolge des **12.1**

§ 12 Abs. 4 12.2, 13

starken Kfz-Verkehrs und damit zur Vermeidung eines »Infarktes« der Innenstadtbereiche geeignete Stellplätze für den ruhenden Verkehr zu schaffen. Die besonderen städtebaulichen Gründe beziehen sich weniger darauf, **dass** Garagengeschosse, sondern **warum** sie – entspr. der Regelung des § 1 Abs. 7 – in **bestimmten** Geschossen festgesetzt werden, z.B., warum sie nicht im Erdgeschoss vorzusehen, sondern (im MI-Gebiet) nur unterhalb der Geländeoberfläche und erst oberhalb des 2. Vollgeschosses zulässig sind, etwa um im MK-Gebiet eine geschlossene Ladenzone (auch in zwei Obergeschossen) nicht zu unterbrechen. Ferner können städtebauliche Gründe gegeben sein, wenn im B-Plan für bestimmte Bereiche die GRZ hoch angesetzt ist (vgl. § 17 Abs. 3) und gleichzeitig ein Bedürfnis besteht, auf dem Grundstück Freiflächen, etwa zur Anlegung von Grünflächen oder Kinderspielplätzen, zu erhalten (im Ergebnis ebenso *Bielenberg/Dyong*, aaO., Rdn. 442; *Boeddinghaus/Dieckmann*, § 12 Rdn. 17). Der Rechtfertigung durch besondere städtebauliche Gründe braucht bei der Festsetzung von Garagengeschossen nicht entgegenzustehen, wenn aus einer sich *planerisch anbietenden* Grundstückssituation der B-Plan i.S.v. Abs. 4 **Satz 3** bestimmt, dass auch noch an anderer Stelle des Grundstücks, etwa auf den nicht überbaubaren Grundstücksflächen nach § 23 Abs. 5, Stellplätze und/oder Garagen zulässig sind (im gleichen Sinne *Boeddinghaus*, § 12 Rdn. 20). Garagengeschosse können in jedem beliebigen Geschoss, also auch in Keller- und Obergeschossen, untergebracht werden.

12.2 Bei einer differenzierten Festsetzung empfiehlt sich im Regelfall die *Textform*. **Beispiele** für die Festsetzung:

»In dem Gebäude *[nähere Bezeichnung]* sind im x-Geschoss (›bestimmtes‹ Geschoss) nur Stellplätze und Garagen und zugehörige Nebeneinrichtungen zulässig«.

»In dem Gebäude *[nähere Bezeichnung]* sind im zweiten bis vierten Geschoss unterhalb der Geländeoberfläche nur Stellplätze und Garagen und zugehörige Nebeneinrichtungen zulässig«.

»Außer den im Gebäude *[nähere Bezeichnung]* festgesetzten dritten und vierten Geschossen als Garagengeschosse dürfen auf der im Bebauungsplan festgesetzten Fläche für Stellplätze Kraftfahrzeuge abgestellt werden, die in den Garagengeschossen nicht unterzubringen sind«.

13 Garagengeschosse sind zwar grundsätzlich in allen Baugebieten zulässig, die eine mehrgeschossige Bauweise (mehr als zwei Geschosse) zulassen, also auch in Ferienhausgebieten nach § 10. Eine Festsetzung kommt aber praktisch nur für Baugebiete mit einem hohen Nutzungsmaß in Betracht, insbes. in MK-Gebieten oder auch in WA-Gebieten, dagegen wohl kaum in MD-Gebieten (im Ergebnis ebenso *Förster*, § 12 Anm. 5a–cc).

Die Art der **Nutzung** (Benutzung) der Garagengeschosse richtet sich nach der planungsrechtlichen *Zulässigkeit*. Dementsprechend gelten die Beschränkungen des Abs. 2 und das Verbot des Abs. 3 auch für Garagengeschosse. In den dort genannten Baugebieten sind Garagengeschosse also nur für den durch die zugelassene Nutzung verursachten Bedarf zulässig (Abs. 2, Rn 6–7), oder für die in Abs. 3 genannten Kfz-Typen bzw. Gewichtsüberschreitungen unzulässig (Abs. 3, Rn 11). In anderen Baugebieten sind sie dem Umfang nach unbeschränkt und daher auch mit gewerblicher Nutzung zulässig.

»Garagengeschosse« nach der Begriffsdefinition des Abs. 4 Satz 1 sind nicht nur diejenigen »bestimmten Geschosse«, die im B-Plan festgesetzt sind, sondern auch solche Geschosse, die *inhaltlich* die Voraussetzungen eines Garagengeschosses erfüllen (im gleichen Sinne *Förster*, § 12 Anm. 5a–aa).

Festsetzungen nach Abs. 4 Satz 1 (und Abs. 5, Rn 16) haben als **Folgewirkung**, 13.1
dass im Grundsatz Stellplätze und Garagen nur in den *festgesetzten* Geschossen zulässig, auf den übrigen Flächen des Grundstücks mithin ausgeschlossen sind; das gilt auch – sofern der B-Plan dies nicht schon gleichzeitig ausgeschlossen hat – für die *nicht überbaubaren* Grundstücksflächen nach § 23 Abs. 5, auf denen nach den LBOen in den Abstandflächen Garagen an sich zulässig sind oder zugelassen werden können. Lediglich in den – seltenen – Fällen, in denen der B-Plan *ausdrücklich* Stellplätze und/oder Garagen auf außerhalb des Garagengeschosses gelegenen Flächen, also an anderer Stelle, zulässt (Rn 12), können Kfz andernorts abgestellt werden (Abs. 4 Satz 3, letzter Halbs.). Die Fälle werden deshalb selten sein, weil Garagengeschosse – oberhalb oder unterhalb der Geländeoberfläche – i.d.R. deshalb festgesetzt werden, um die verbleibenden Flächen eines Grundstücks noch anderweitig (für Nebenanlagen i.S.v. § 14 Abs. 1) oder als Grünfläche nutzen zu können, abgesehen von der Absicht, den ruhenden Kfz-Verkehr möglichst konzentriert unterzubringen.

Der – grundsätzliche – Ausschluss von Stellplätzen und Garagen außerhalb des Garagengeschosses (Abs. 4 Satz 3) als *Folgewirkung* der Festsetzung nach Abs. 4 Satz 1 umfasst nicht die »zugehörigen Nebeneinrichtungen«, wenngleich die Definition des Garagengeschosses die Nebeneinrichtungen begrifflich einbezogen hat. Die Begriffsbestimmung gilt insoweit lediglich »positiv«, d.h., dass in Garagengeschossen stets auch alle zugehörigen Nebeneinrichtungen (Rn 14) zulässig sind. Sie besagt jedoch nicht, dass Nebeneinrichtungen, etwa Wasch- und Toilettenräume für das Aufsichtspersonal der Garagengeschosse, nicht auch anderweitig untergebracht werden können (im Ergebnis ebenso *Förster*, § 12 Anm. 5c).

Durch Abs. 4 **Satz 3**, der für Abs. 5 gleichermaßen gilt, ist auch die Unklarheit 14
beseitigt, ob es bei Festsetzung eines Garagengeschosses daneben noch zulässig ist, an anderer Stelle des Grundstücks ebenfalls Kfz auf Stellplätzen oder Garagen unterzubringen. Nach dem Sinngehalt des Abs. 4 i.d.F. der ÄndVO 1968 sollte durch dessen Anfügung erreicht werden, dass *zusätzliche* Abstellflächen für den ruhenden Kfz-Verkehr geschaffen werden, worauf *Bielenberg/ Dyong* (aaO. Rdn. 444) hinweisen. Das sprach für die Zulässigkeit von Stellplätzen und/oder Garagen auch an anderer Stelle des Grundstücks. Das BVerwG hat in seinem U. v. 26.11.1976 (– IV C 36.74 – BRS 30 Nr. 12) – zwar in einer Entscheidung aus anderem Anlass – mittelbar zu erkennen gegeben, dass die im B-Plan zu treffenden planerischen Entscheidungen aus der in dem Begriff der »Festsetzung« angelegten Tendenz heraus weniger »*durch abstrakt-generelle, als vielmehr durch Regelungen im Angesicht der konkreten Sachlage zum Ausdruck zu bringen seien*« (BVerwG, aaO.). Dem ist der VO-geber ersichtlich gefolgt.

b) **Garagengeschosse sind begrifflich Geschosse**, die nur Stellplätze und/oder 15
Garagen und zugehörige Nebeneinrichtungen enthalten, wie *Zu- und Abfahrten, Fahrgassen, Rampen, Treppenräume* und Verbindungstreppen, *Aufzüge* und ihre Maschinenräume, Räume für Lüftungseinrichtungen, ferner bei Garagengeschossen mit Aufsichts- und Wartungspersonal entsprechend beheizbare Aufenthaltsräume, Abortanlagen, Wasch- und Umkleideräume (vgl. GarVO der Länder).

§ 12 Abs. 5   15.1, 16

Die Garagengeschosse enthalten vielfach von Auffahrtsrampen nicht abgeschlossene und nur durch Markierungen auf dem Fußboden abgeteilte Flächen, auf denen die Kfz abgestellt werden. Garagengeschosse können über der Geländeoberfläche festgesetzt werden; »*oberirdisch*« sind sie dann, wenn deren Fußböden mindestens an einer Seite in oder über der Geländeoberfläche liegen (vgl. GarVO der Länder). Sie können jedoch auch unterhalb der Geländeoberfläche angeordnet werden und liegen dann *unterirdisch*.

Der Begriff »Garagengeschoss« ist planungsrechtlich *neutral*. Es kann sich dabei um Stellplätze handeln, die einem ständigen Wechsel in der Benutzung unterliegen, wie das bei gewerblich genutzten Garagengeschossen z. B. im MK-Gebiet häufig üblich ist. Garagengeschosse können nach § 9 Abs. 1 Nr. 22 BauGB auch als Flächen für Gemeinschaftsstellplätze und -garagen festgesetzt werden, um in dieser Weise die Einstellplatzpflicht z. B. eines größeren Wohnblocks zu erfüllen (§ 21a Rn 6–7). In diesen Fällen werden die Stellplätze oder Garagen i. A. auf Dauer vermietet und die Stellplatzpflicht häufig noch öffentlich-rechtlich gesichert.

15.1 Die Festsetzung muss sich auf ein *bestimmtes* Geschoss (bestimmte Geschosse) beziehen; d. h. jedoch nicht, dass dazu in jedem Fall die Grundfläche bzw. überbaubare Grundstücksfläche der Gebäude festgesetzt werden muss (im gleichen Sinne *Boeddinghaus*, § 12 Rdn. 18). Die Festsetzung kann sich auch abstrakt auf bestimmte Geschosse in Bezug auf deren höhenmäßige Lage beziehen, z. B. auf das Erdgeschoss, die beiden unteren Vollgeschosse usw. oder auf Vollgeschosse oberhalb eines bestimmten Geschosses. So wäre es möglich, z. B. in einem B-Plan für ein MK-Gebiet, mit dem mehrere Kaufhäuser beplant werden sollen, Garagengeschosse oberhalb des jeweils vierten Vollgeschosses festzusetzen. Ein Garagengeschoss setzt begrifflich mindestens ein Geschoss, das anders genutzt wird (§ 21a Abs. 1), voraus. Die Vorschrift des § 21a Abs. 1 sagt nichts über das Zahlenverhältnis von Garagengeschossen zu anders genutzten Geschossen aus. Bei Gebäuden, die ausschließlich Garagengeschosse enthalten, wie Parkhäuser und Tiefgaragen (Parkbauten), handelt es sich nicht um eine entspr. Zahl von Garagengeschossen, sondern um Garagengebäude (§ 21a Rn 4; *Förster*, § 12 Anm. 5a). Die Festsetzung nach § 12 Abs. 4 kann mit der Maßfestsetzung des § 21a Abs. 1 verbunden werden (Näheres dort Rn 2–3).

Die Festsetzung von Garagengeschossen unterliegt flächenmäßig keiner Beschränkung. Es sind also Garagengeschosse als *Kleingaragen* (bis zu 100 m²), als *Mittelgaragen* (über 100–1.000 m²) und als *Großgaragen* (über 1.000 m²) zulässig (dazu GarVO der Länder).

16 c) Festsetzung von Teil-Garagengeschossen (Abs. 5). Der durch die ÄndVO 1977 angefügte Abs. 5 ermöglicht, dass nicht stets das bestimmte Geschoss insgesamt nur für Stellplätze und Garagen festzusetzen ist. Die Festsetzung kann sich – unter denselben Voraussetzungen und Folgewirkungen wie nach Abs. 4 (Rn 12–14) – auch auf **Teile von Geschossen** beschränken. In Abs. 5 sind die *zugehörigen Nebeneinrichtungen* zwar nicht genannt. Soweit diese erforderlich sind und in dem betreffenden Teil des Geschosses untergebracht werden müssen, sind die Einrichtungen auch dort zulässig. Das ergibt sich aus dem engen Verhältnis von Abs. 5 zu Abs. 4. **Abs. 5** sollte lediglich die nach der BauNVO 1968 nicht vorgesehene Festsetzung für Teile eines Geschosses ermöglichen, seinem materiellen Gehalt nach jedoch keine Einschränkung erfahren. Diese Folgerung kann auch der Begr. zur ÄndVO 1977 entnommen werden (in gleichem Sinne *Förster*, § 12 Anm. 5 a-bb). Da Abs. 4 Satz 2 entspr. gilt, kann die Festsetzung auch für Teile eines *unterirdischen* Geschosses erfolgen, wenn der restliche Teil z. B. als Lagerraum benötigt wird.

Die Festsetzung von Teilgaragengeschossen bedeutet – entspr. Abs. 4 Satz 3 –, dass Stellplätze und Garagen dann weder in anderen Geschossen unterhalb oder oberhalb der Gebäudeoberfläche noch auf unbebauten Flächen des Grundstücks zulässig sind, sofern der B-Plan nichts anderes bestimmt.

Erfolgt eine Festsetzung nach Abs. 5, muss der Teil des Geschosses genau bezeichnet werden, damit der B-Plan insoweit nicht an fehlender Bestimmtheit krankt. Dies kann durch räumliche Begrenzung oder auch durch Festsetzung eines bestimmten Anteils der Fläche des Geschosses im B-Plan vorgenommen werden. Der verbleibende Teil des Geschosses steht der andersartigen Nutzung zur Verfügung.

7. Unzulässigkeit oder eingeschränkte Zulässigkeit von Stellplätzen und Garagen (Abs. 6)

Abs. 6 gestattet in Abweichung von dem Grundsatz des Abs. 1, wonach Stellplätze und Garagen in allen Baugebieten zulässig sind, im B-Plan diese Anlagen auszuschließen oder nur in beschränktem Umfang zuzulassen. Die **Festsetzung des Ausschlusses** kann sich auf ein Baugebiet insgesamt oder auf bestimmte Teile eines Baugebiets erstrecken. Ist Letzteres beabsichtigt, muss der Geltungsbereich, in dem Stellplätze und Garagen unzulässig sind, eindeutig bestimmt sein. Dies geschieht am besten durch textliche Beschreibung der Grenzen, z. B. durch Bezeichnung von Straßen (evtl. nach der jeweiligen Straßenseite) oder anderen geeigneten Markierungspunkten.

Das Gebrauchmachen von Abs. 6 bedarf keiner Rechtfertigung durch besondere städtebauliche Gründe, weil es sich nicht um Fälle der vertikalen Planung – wie nach Abs. 4 und 5 – handelt. Entspr. dem Grundsatz, dass jede städtebauliche Planung ihrer Rechtfertigung bedarf (§ 1 Abs. 3 BauGB), ist das Erfordernis im B-Plan ausdrücklich zu begründen. Der Ausschluss von Stellplätzen und Garagen kann für die hiervon betroffenen Grundstückseigentümer zu – teils erheblichen – Erschwernissen führen, insbes. wenn die Abstellmöglichkeiten von Kfz für gewerbliche Grundstücke ausgeschlossen werden. Der Ausschluss kann für alle Baugebietsarten erfolgen.

Genügt für die städtebauliche Zielsetzung (Rn 18) die Beschränkung der Stellplätze und Garagen dem Umfange nach, ist dieses – mildere – Mittel vorzuziehen. Die Wahl – Ausschluss oder Beschränkung dem Umfange nach – steht zwar im Planungsermessen der Gemeinde. Aber auch die Ausübung des Planungsermessens bedarf ihrer Rechtfertigung, insbes. der gerechten Abwägung nach § 1 Abs. 6 BauGB, ob es dem Grundsatz der Verhältnismäßigkeit entspricht. Die Voraussetzungen sind für beschränkende Festsetzungen die gleichen wie für den Ausschluss.

Die Beschränkung dem Umfange nach kann für das gesamte Baugebiet oder bestimmte Teile von Baugebieten erfolgen. Die Festsetzung kann in verschiedener Weise erfolgen. Dabei ist vor allem der *Grundsatz der Gleichbehandlung* zu beachten. Aus diesem Grunde ist bei der beschränkenden Festsetzung **auf die einzelnen Baugrundstücke abzustellen** (ebenso *Foerster*, § 12 Anm. 6b; *Bielenberg/Dyong*, aaO. Rdn. 446 a). Die Festsetzung kann z. B. vorsehen,

§ 12 Abs. 6   18

dass im B-Plan die Anzahl der zulässigen Stellplätze und Garagen in einem bestimmten Verhältnis zur Größe des jeweiligen Baugrundstücks oder zur zulässigen Geschossfläche gesetzt wird (vgl. Nr. 4 des Mustererlasses der ARGEBAU zur ÄndVO 1977, 5. Aufl. Anh. 8). Dadurch wirkt sich die beschränkende Festsetzung bei den einzelnen Baugrundstücken in gleicher Weise aus. Die Zahl der beschränkt zulässigen Stellplätze und Garagen kann auch in Beziehung zu der Anzahl der nach dem jeweiligen Bauordnungsrecht der Länder »notwendigen« Anlagen gesetzt werden (etwa Beschränkung auf einen bestimmten Bruchteil der Anzahl notwendiger Stellplätze und Garagen), was *Förster* als Festsetzungsmöglichkeit vorschlägt (§ 12 Anm. 6b). Sind Baugrundstücke in etwa gleich groß, kann die – beschränkt zulässige – Anzahl von Stellplätzen und Garagen auch je Grundstück absolut festgesetzt werden (in diesem Sinne auch *Foerster*, § 12 Anm. 6b).

18 Aus städtebaulicher Sicht kann das Gebrauchmachen von Abs. 6 u. a. zur Vermeidung von Störungen, die von Stellplätzen und Garagen auf die umliegende Bebauung ausgehen können, zur Vermeidung von Verkehrsstörungen etwa im Bereich von *Fußgängerbereichen* oder in Wohngebieten, für die eine Verkehrsberuhigung (Verkehrsberuhigter Bereich i. S. v. § 42 Abs. 4 a StVO) vorgesehen ist, sowie in Altstadtbereichen mit engen Straßen erforderlich sein (vgl. die Begr. der BR, BR-Drucks. 261/77 v. 31. 5. 77). Ob der Ausschluss von Stellplätzen und Garagen zur Vermeidung einer Überlastung des Straßennetzes geeignet ist (so ebenfalls die Begr., aaO.), muss von Fall zu Fall beurteilt werden. Die Errichtung privater Stellplätze und Garagen zur Aufnahme des **ruhenden Kfz-Verkehrs** beeinflusst die Verkehrsverhältnisse i. A. nicht negativ, weil nämlich auch die auf der Straße abgestellten Kfz die Sicherheit und Leichtigkeit des fließenden Verkehrs häufig beeinträchtigen. Die uneingeschränkte Zulässigkeit von Stellplätzen und Garagen dürfte auch gesunden Wohn- und Arbeitsverhältnissen i. d. R. nicht widersprechen (aA. *Boeddinghaus*, § 12 Rdn. 30).

Der Ausschluss von Stellplätzen und/oder Garagen auf den einzelnen Grundstücken oder die nur beschränkte Zulässigkeit zugunsten der Festsetzung von Flächen für Gemeinschaftsstellplätze (Gemeinschaftsgaragen) nach § 9 Abs. 1 Nr. 22 BauGB kann nach der jeweiligen Baugebietsstruktur häufig zur *Verbesserung der Wohnruhe* u. des Wohnumfeldes (Rücksicht auf spielende Kinder) wesentlich beitragen, etwa die Festsetzung einer Tiefgarage in einem Ferienhausgebiet. Ferner kann die Vorschrift sinnvoll angewendet werden, um die Errichtung von Stellplätzen und Garagen in Baugebieten, für die Abs. 2 nicht gilt, auf den durch die zugelassene Nutzung verursachten Bedarf zu beschränken, etwa in Teilen eines besonderen Wohngebietes nach § 4a, für die die Wohnnutzung fortentwickelt werden soll. Darüber hinaus ermöglicht **Abs. 6,** die in **Abs. 3** genannten Fahrzeugarten (Rn 11) in Teilen von Baugebieten, die in Abs. 3 nicht aufgeführt sind, auszuschließen, etwa in den Gebietsteilen, in denen nach § 4a Abs. 4 oder nach § 7 Abs. 4 mithilfe des dafür vorgehaltenen Instrumentariums (§ 4a Rn 29–34 und § 7 Rn 15) Wohnungen ein Vorrang zukommen soll.

Bei Festsetzungen im B-Plan **nach Abs. 6,** insbes. von Gemeinschaftsanlagen i. S. v. § 9 Abs. 1 Nr. 22 BauGB, sollte im B-Plan zugleich die Zulässigkeit bzw. Zulassungsfähigkeit von Stellplätzen u. Garagen auf den nicht überbaubaren Grundstücksflächen (§ 23 Abs. 5 Satz 2) durch Text (ausdrücklich) generell ausgeschlossen oder an bestimmte Ausnahmen geknüpft werden, die in ihrer Bestimmtheit dann § 31 Abs. 1 BauGB entsprechen müssen. Andernfalls wäre es ohne Vorliegen bauordnungsrechtlicher Versagungsgründe beispielsweise nicht zu verhindern, Zweitwagen auf den Einzelgrundstücken einzustellen. Auf der überbaubaren Grundstücksfläche – z.B. durch Einbeziehung von Garagen in das Hauptgebäude – wäre die Zulässigkeit von Garagen im Allgemeinen nur aus Gründen der Gefahrenabwehr zu versagen.

Abs. 6 steht unter dem Vorbehalt, dass **landesrechtliche Vorschriften** nicht »entgegenstehen« (z. Begriff »entgegenstehen« s. § 17 Rn 49). Dieser Vorbehalt entspricht der ausschließlichen Zuständigkeit der Länder, in ihren BauOen näher zu regeln, in welcher Weise die Stellplatzpflicht erfüllt werden kann bzw. zu erfüllen ist (Rn 1). Aus diesem Grunde müssen die bauplanungsrechtlichen Vorschriften als Bundesrecht mit den bauordnungsrechtlichen Bestimmungen nach Landesrecht *vereinbar* sein. Soweit die Stellplatzpflicht nach den LBOen unter bestimmten Voraussetzungen in anderer Weise als auf dem Grundstück selbst zu erfüllen ist, stehen dem Ausschluss oder der Beschränkung keine landesrechtlichen Vorschriften entgegen. Das ist nach den LBOen *durchweg* der Fall, wenngleich die Ausgestaltung der Vorschriften über die Modalitäten, unter welchen Voraussetzungen die Stellplatzpflicht nicht auf dem Grundstück zu erfüllen ist oder die Stellplatzpflicht durch Zahlung eines Geldbetrages (Ausgleichsbetrages) abgelöst werden darf, im Landesrecht unterschiedlich geregelt ist. Teilweise hat das Landesbaurecht selbst für die Herstellung von Stellplätzen oder Garagen ausdrücklich auf zu beachtende städtebauliche Gründe Rücksicht genommen. Teils hat das Landesbaurecht bereits aus ordnungsrechtlichen oder städtebaulichen Gründen die Untersagung oder Einschränkung der Herstellung von Stellplätzen und Garagen durch örtliche Rechtsvorschriften vorgesehen (s. u. a. § 51 Abs. 5 BauO NW – 1995 –). Die neuere Judikatur macht hierzu Einschränkungen (BVerwG, B. v. 10.7.1997 – 4 NB 15.97 – NVwZ-RR 1998, 486 = BRS 59 Nr. 19; BayVGH, U. v. 20.12.2004 – 25 B 98.1862 – ZfBR 2005, 560 u. BVerwG, B. v. 31.5.2005 – 4 B 14.05 – ZfBR 2005, 559 = NVwZ-RR 2005, 785; vgl. hierzu *Jäde* KommunalPraxis 2005, 296). Zu Art. 98 Abs. 1 Nr. 3 BayBO 94 (entspricht Art. 91 Abs. 1 Nr. 3 BayBO 98) hat die Rspr. entschieden, dass die Regelung in einer örtlichen Bauvorschrift des Inhalts *»Stellplätze im Vorgartenbereich von nicht gewerblich genutzten Grundstücken sind unzulässig«* nicht auf diese Ermächtigungsgrundlage gestützt werden kann. Dadurch würden die Grenzen des Regelungsspielraums überschritten, den die BayBO den Gemeinden beim Erlass örtlicher Bauvorschriften zuweist (BayVGH, U. v. 20.12.2004, aaO. u. dazu BVerwG, B. v. 31.5.2005, aaO.). Zur Begr. wird weiter ausgeführt: Auf Landesrecht gestützte örtliche Bauvorschriften, die in einem B-Plan enthalten sind, dürfen nicht bodenrechtliche Regelungen *»im Gewande von Baugestaltungsvorschriften«* sein (BVerwG, B. v. 10.7.1997, aaO. u. B. v. 31.5.2005, aaO.).

An Stelle der örtlichen Bauvorschrift hätte die beklagte Stadt auch nach § 9 Abs. 1 Nrn. 2, 4, 10 oder 14 weitere Festsetzungen treffen können, um die Vorgartenflächen gänzlich von Bebauung freizuhalten (BayVGH, U. v. 20.12.2004, aaO.).

Für die **sachgerechte Handhabung** der Vorschrift des Abs. 6 wird es darauf ankommen, den Geltungsbereich des Baugebiets oder bestimmte Teile von Baugebieten, in denen insbes. Stellplätze und Garagen ausgeschlossen sein sollen, nicht zu groß zu wählen, damit die Herstellung in »zumutbarer Entfernung« nicht zu einer Härte für die Stellplatzpflichtigen führt. Zugleich muss im B-Plan selber die landesrechtliche Stellplatzpflicht an anderer Stelle durch eine geeignete Festsetzung (z. B. von Flächen für Gemeinschaftsstellplätze und -garagen) *ermöglicht* oder in der Begr. darauf hingewiesen werden (z. B. auf eine entspr. Festsetzung in angrenzenden B-Plänen).

18.2 Das OVG NW hat sich in dem ausführlichen und überzeugend begründeten U. v. 22.8.1996 (– 7 A 3508/93 – BRS 58 Nr. 35) mit der **Auslegung eines B-Plans** zu befassen gehabt, die erst anhand der Festsetzungen überbaubarer Grundstücksflächen, von Gemeinschaftsstellplätzen sowie befahrbarer Wohnwege ergab, dass in dem Baugebiet Stellplätze und Garagen i. S. v. § 12 Abs. 6 BauNVO unzulässig sein sollen. Der als Ergebnis aufgestellte **Leitsatz** dürfte von allgemeinem Interesse sein: »*Die Genehmigungsfreiheit einer baulichen Anlage (hier: eines nicht überdachten Stellplatzes) entbindet nicht von der Verpflichtung zur Einhaltung der Anforderungen, die sich aus öffentlich-rechtlichen Vorschriften ergeben. Öffentlich-rechtliche Vorschrift ist auch ein als Satzung erlassener Bebauungsplan.*«

In den Gründen hat der Senat dargelegt, in welcher Weise die Auslegung erfolgt ist. Der B-Plan schließt Stellplätze im Planbereich »D« aus. Zwar ist in den textlichen Festsetzungen des B-Plans § 12 Abs. 6 BauNVO nicht erwähnt. Dass im Bebauungsplanbereich »D« Stellplätze und Garagen unzulässig sein sollen, ergibt sich jedoch aus der Kombination der unterschiedlichen Festsetzungen; u. a. spricht die Festsetzung eines auf überwiegender Länge nur 3,50 m breiten, befahrbaren Wohnweges dafür (wird im Einzelnen ausgeführt). Die Ausschlussabsicht ergibt sich im Übrigen aus der Begr. des B-Plans, dem für die Auslegung der B-Planfestsetzungen starkes Gewicht zukommt. – Die Genehmigungsfreiheit einer baulichen Anlage entbindet nicht von der Verpflichtung zur Einhaltung der Anforderungen, die sich aus den bauordnungsrechtlichen Vorschriften ergeben (wird weiter ausgeführt, OVG NW, aaO.).

19 Über die aufgezeigten Möglichkeiten hinaus schafft die **Vorschrift des Abs. 6** in folgenden Fällen Klarheit: Bei der Festsetzung von Flächen für Stellplätze und Garagen nach § 9 Abs. 1 Nr. 4 BauGB oder für entspr. Gemeinschaftsstellplätze und -garagen nach § 9 Abs. 1 Nr. 22 BauGB war *bis* zur ÄndVO 1977 die Frage offengeblieben, ob und inwieweit daneben noch Einzelanlagen auf den Grundstücken, für die die Gemeinschaftsanlagen festgesetzt sind, etwa auf den nicht überbaubaren Flächen nach § 23 Abs. 5, zulässig sind. Nach einigen LBOen »sollen« Einzelanlagen zwar nicht genehmigt werden, wenn dadurch der Zweck der Festsetzung gefährdet würde. Derartige Vorschriften waren aber nicht zweifelsfrei. Diese rechtliche Unsicherheit ist durch Abs. 6 nunmehr beseitigt. Wird von der Festsetzungsmöglichkeit nach § 9 Abs. 1 Nr. 4 oder 22 BauGB Gebrauch gemacht, *kann* gleichzeitig festgesetzt werden, dass Stellplätze oder Garagen nur in der Zahl zulässig sind (Beschränkung dem Umfange nach), wie sie auf diesen Flächen errichtet werden können (im Ergebnis ebenso *Förster*, § 12 Anm. 6 Buchst. b). Werden Gemeinschaftsanlagen nach § 9 Abs. 1 Nr. 22 BauGB z. B. zur Gewährleistung der Sicherheit und Leichtigkeit des Verkehrs oder aus Gründen des Immissionsschutzes am Rande eines Baugebiets festgesetzt, weil die Erfüllung der Stellplatzpflicht auf den Einzelgrundstücken zur Gefährdung der Sicherheit des fließenden Verkehrs auf verkehrsreichen öffentlichen Straßen durch die Grundstückszufahrten oder zu Störungen durch Lärm und Abgase führen würde, kann durch die Vorschrift des Abs. 6 der erforderliche (gänzliche) Ausschluss oder die entspr. Beschränkung von Stellplätzen und Garagen erreicht werden.

19.1 Die Beispiele und die entspr. Handhabung der Vorschrift lassen erkennen, dass der dadurch bewirkte, teils erhebliche Eingriff in die Baufreiheit und damit zugleich in das Eigentum zu einer sorgfältigen und stets *gut begründeten* Inanspruchnahme der Vorschrift des Abs. 6 zwingt. Von der differenzierten Anwendungsmöglichkeit, die eine eingehende Analyse der städtebaulichen Entwicklung voraussetzt, sollte daher (stets) mit Bedacht Gebrauch gemacht werden.

»1. *Auch bauliche Anlagen, die keiner bauaufsichtlichen Genehmigung, Zustimmung oder Anzeige bedürfen, sind im Geltungsbereich eines Bebauungsplans unzulässig, wenn sie die Verwirklichung des Plans verhindern oder wesentlich erschweren oder dem Gebietscharakter widersprechen.*
2. *Die Nutzung eines bauaufsichtlich genehmigungsfreien Stellplatzes ist rechtswidrig und kann untersagt werden, wenn im B-Plan gemäß § 12 Abs. 6 BauNVO festgesetzt ist, dass Stellplätze unzulässig sind«*
(BVerwG, B. v. 4.3.1997 – 4 B 233.96 – UPR 1997, 326 = BRS 59 Nr. 127).

8. Unberührtbleiben der landesrechtlichen Stellplatzpflicht (Abs. 7)

Abs. 7 stellt zur Vermeidung von Missdeutungen heraus, dass niemand sich bei Festsetzungen nach den Abs. 4–6 darauf berufen kann, für ihn sei die Erfüllung der Stellplatzpflicht rechtlich unmöglich gewesen, sofern er auf dem Baugrundstück selbst die erforderliche Anzahl von Stellplätzen und Garagen nicht errichten kann. **Durch die Festsetzung von Garagengeschossen** (Abs. 4) oder von Teil-Garagengeschossen (Abs. 5) oder durch Ausschluss oder Beschränkung der Zulässigkeit dem Umfange nach (Abs. 6) wird der **Stellplatzpflichtige nicht** von der Herstellung von Stellplätzen und Garagen »befreit«. Durch die ausdrückliche Verweisung auf die unberührt bleibenden, d. h. neben den bundesrechtlichen Regelungen weiter geltenden landesrechtlichen Vorschriften wird zum Ausdruck gebracht, dass die bundesrechtlich geregelten Bauplanungsvorschriften die bauordnungsrechtlichen Regelungen nicht verdrängt haben und dies im Übrigen auch nicht gekonnt hätten.

Während sich die Abs. 4–6 an den Planungsträger wenden (»im Bebauungsplan kann ... festgesetzt werden«), will Abs. 7 für die Stellplatzpflichtigen jeden Zweifel ausräumen, dass diese gehalten sind, sich wegen der Herstellung von Stellplätzen und Garagen – weiterhin – nach den landesrechtlichen Vorschriften zu richten (Rn 19; zum Verhältnis der bauordnungsrechtlichen zu den bauplanungsrechtlichen Stellplatzvorschriften vgl. *Ziegler*, aaO., BIGBW 1977, 107). Soweit das LBauR zwingend vorschreibt, dass das andere Grundstück, auf dem ersatzweise Stellplätze oder Garagen zu schaffen sind, in der Nähe des Baugrundstücks oder in zumutbarer Entfernung davon liegen muss, muss bei Festsetzungen im B-Plan nach § 12 Abs. 4–6 darauf Rücksicht genommen werden, damit die Möglichkeit zur Erfüllung der Stellplatzpflicht auch besteht (vgl. Nr. 4 Mustererlass ARGEBAU z. BauNVO, 5. Aufl. Anh. 8).

9. Einzelfälle zur Zulässigkeit nach der Rspr.

a) Stellplätze und Garagen im Zusammenhang mit reinen Wohngebieten. Zur Frage, ob sich die Zahl zulässiger Garagen auf einem Grundstück im **reinen Wohngebiet** nach dem durch die zugelassene Nutzung verursachten Bedarf dieses Grundstücks oder nach dem Gesamtbedarf dieses Gebiets richtet: BVerwG, U. v. 16.9.1993 – 4 C 28.91 – BRS 55 Nr. 110; s. auch Rn 7.

Dient ein im reinen Wohngebiet gelegenes Baugrundstück einem benachbarten Sondergebiet für Läden als Parkfläche, verletzt diese Nutzung § 12 Abs. 2 BauNVO (VGH BW, U. v. 23.4.1994 – 5 S 3012/93 – VBlBW 1994, 313).

b) Stellplätze und Garagen in allgemeinen Wohngebieten. Eine aus 24 Garagen bestehende, teilweise unter dem Gebäude ausgeführte und entlang der Nachbargrenze durch Lärmschutzmauern geschützte Gemeinschaftsanlage in einem allgemeinen Wohngebiet,

§ 12   22.1–25.1

kann neben einem Wohnhaus zulässig sein (VGH BW, B. v. 22.10.1990, NVwZ-RR 1991, 288)

22.1 Eine festgesetzte Fläche für eine Gemeinschaftsanlage mit 14 Carports und Stellplätzen, die dem Bedarf des Baugebiets dienen sollen, deren Anordnung auf der Fläche aber nicht festgelegt ist, kann eine bauaufsichtliche Nach- und Feinsteuerung der Standorte auf der Fläche erfordern, um unzumutbare Geräusch- und Abgasbelästigungen der Anwohner zu vermeiden (OVG NW, B. v. 17.11.2000 – 10 B 1196/00 – BRS 63 Nr. 10 nicht zu § 12 Abs. 2 i. V.m. § 15 Abs. 1 BauNVO entschieden, sondern zu § 51 Abs. 7 BauO NW).

Unzumutbar kann die Errichtung von 14 nicht notwendigen Stellplätzen von insgesamt 34 Stellplätzen für einen Verbrauchermarkt sein, die nach der vorhandenen baulichen Situation nicht vorgegeben war und außerdem keine Abschirmung zum Nachbargrundstück vorsah (OVG NW, B. v. 14.7.2003 – 10 B 1540/03 – ebenfalls zu § 51 Abs. 7 S. 1 BauO NW).

23 c) **«Bauwich»-Garagen, Stellplatzbedarf.** Zumutbar und deshalb in aller Regel nicht erheblich sind Störungen, die von einer zulässigen Grenzgarage ausgehen können (VGH BW, U. v. 3.6.1987 – 5 S 2633/87 – u. B. v. 8.2.1988 – 5 S 3274/87 –).

23.1 Eine Stellplatzanlage mit 13 Stellplätzen und Wendehammer gegenüber einem rückwärtigen Grundstücksbereich kann eine erhebliche Störung i.S.d. § 37 Abs. 7 S. 2 LBO BW darstellen (VGH BW, U. v. 2.7.1999 – 3 S 1393/99 – VBlBW 2000, 76). Es handelte sich bei dem rückwärtigen Grundstück des Klägers um einen vom Fahrverkehr nahezu abgeschlossenen, ruhigen Bereich.

23.2 Auch die aus der Nutzung einer grenzständigen Doppelduplexgarage mit 4 Einstellplätzen auf ein Nachbargrundstück einwirkenden Lärmimmissionen sind im Regelfall von Nachbarn nach § 15 Abs. 1 BauNVO als sozialadäquat hinzunehmen (BayVGH, B. v. 11.6.1999 – 20 ZB 991359 u.20 C 991360 – BauR 1999, 1450 = BayVBl. 2000, 115 = BRS 62 Nr. 152).

24 Bei dem **Bedarf an Garagen** kommt es auf das Bedürfnis an Garagen in dem Gebiet und nicht bezogen auf das einzelne Grundstück an, auf dem Garagen errichtet werden sollen (BVerwG, U. v. 16.9.1993 – 4 C 28.91 – BRS 55 Nr. 100); s. auch Rn 7.

24.1 Zum Bedarf und zur Stellplatzpflicht bei der Änderung und Nutzungsänderung von baulichen Anlagen s. Vorb. §§ 2 ff. Rn 21–21.6.

24.2 § 47 Abs. 2 Satz 1 BauO NW (1984) – das gilt für alle LBOen –, wonach u. a. die **wesentliche Änderung der Nutzung** einer baulichen Anlage hinsichtlich der Verpflichtung zur Herstellung notwendiger Stellplätze oder Garagen **der Errichtung** einer baulichen Anlage **gleichgestellt** ist (Hervorhebung stets diesseits), ist eine zulässige Bestimmung über Inhalt und Schranken des Eigentums i.S.v. Art. 14 Abs. 1 Satz 2 und Abs. 2 GG (BVerwG, B. v. 28.7.1992 – 4 B 57.92 – BRS 54 Nr. 108).

25 d) **Nachbarschutz.** Ein Verstoß gegen das Verbot erheblicher Störungen durch Garagen kann nicht dadurch ausgeräumt werden, dass der Eigentümer des Baugrundstücks auf die »Rücksichtnahme« verzichtet, wenn die Belange von Mietern betroffen sind (Nds. OVG, U. v. 12.3.2001 – 1 L 3697/00 – UPR 2001, 318).

25.1 Die Bauaufsichtsbehörde darf einen Bauantrag zur Anlegung rückwärtiger Einstellplätze auch dann wegen Verstoßes gegen § 46 Abs. 2 NBauO ablehnen, wenn sich die davon betroffenen Grundstückseigentümer (z. T durch Stellung des entspr. Bauantrages) mit diesem Vorhaben einverstanden erklärt haben (Nds. OVG, B. v. 28.2.2001 – 1 L 998/00 –, NdsVBl. 2001, 224).

§ 13

e) **Besondere Einzelfragen, Festsetzungen für Garagen, Stellplatzpflicht.** Bei einer Festsetzung, die **wahlweise** die Errichtung von **Stellplätzen oder von Garagen** gestattet, steht dem Eigentümer auch dann die Befugnis zu, zwischen beiden Möglichkeiten zu wählen, wenn es sich um eine Gemeinschaftsanlage handelt und der Eigentümer dieser Gemeinschaft nicht angehört (BVerwG, U. v. 4.10.1974 – IV C 62–64.72 – BRS 28 Nr. 72; Bestätigung des U. des OVG Lüneburg in BRS 25 Nr. 113).

26

§ 13 Gebäude und Räume für freie Berufe

Für die Berufsausübung freiberuflich Tätiger und solcher Gewerbetreibender, die ihren Beruf in ähnlicher Art ausüben, sind in den Baugebieten nach den §§ 2 bis 4 Räume, in den Baugebieten nach den §§ 4a bis 9 auch Gebäude zulässig.

BauNVO 1977:

unverändert.

BauNVO 1962 und 1968: Räume für freie Berufe

Räume für die Berufsausübung freiberuflich Tätiger und solcher Gewerbetreibender, die ihren Beruf in ähnlicher Art ausüben, sind in den Baugebieten nach §§ 2 bis 9 zulässig.

Erläuterungen

Übersicht

		Rn		
1.	Anwendungsbereich, Änderung durch ÄndVO 1977	1	–	3.11
a)	Allgemeines zur Zulässigkeit	1		
b)	Berufsausübung in Räumen und Gebäuden (Einschränkungen)	2	–	2.1
c)	Nutzung nach § 13 in den einzelnen Baugebieten; zum Nachbarschutz	3	–	3.11
2.	Freie Berufe und artverwandte Tätigkeiten	4	–	4.32
3.	Städtebaurechtliche Einstufung der Tätigkeiten nach § 13	5	–	9.2
a)	Zur »wohnartigen« Berufsausübung	5	–	5.1
b)	Berufsbildorientierte u. wohnflächenmäßige Eingrenzung der Tätigkeiten nach § 13	6	–	7.2
c)	Planungsrechtliche Steuerungsmöglichkeiten nach § 1	8	–	8.2
d)	Anwendung des § 15 und des Baugenehmigungsrechts zur Steuerung der Berufsausübung nach § 13; Einzelfälle	9	–	9.2
4.	Schwächen der Vorschrift in städtebaulicher Hinsicht; Änderungsvorschläge	10	–	11.1

1. Anwendungsbereich, Änderungen durch ÄndVO 1977

a) **Allgemeines zur Zulässigkeit.** Die Vorschrift ist **durch** die ÄndVO **1990 nicht geändert** worden.

1

Für freiberuflich Tätige und artverwandte Berufe sind nach § 13 in allen **Baugebieten** mit Ausnahme der SO-Gebiete nach den §§ 10, 11 Räume zulässig. Aufgrund der *ÄndVO 1977* sind darüber hinaus in den Baugebieten nach den §§ 4a bis 9 auch **Gebäude** zulässig. Für *Sondergebiete* kann im B-Plan festgesetzt werden, ob und inwieweit Räume oder Gebäude und für welche der unter § 13 fallenden Berufe sie allgemein zulässig oder ausnahmsweise zulassungsfähig sind. Die Auffassung von *Bielenberg* (§ 13 Rdn. 3), dass sich die

917

Zulässigkeit von Räumen (und Gebäuden) auch ohne besondere Festsetzung im Wege der Auslegung bzw. unmittelbar aus der allgemeinen Zweckbestimmung des SO-Gebiets ergeben könnte, wird nicht geteilt. Als Beispiele werden Arztpraxen in einem Kurgebiet oder Büros für Schiffs- und Versicherungsmakler in einem Hafengebiet genannt. Ist in SO-Gebieten über die Zulässigkeit und den Umfang der Berufsausübung nach § 13 im B-Plan keine Festsetzung getroffen, sind entspr. Vorhaben dort unzulässig, und es würde (zunächst) bei der Baugenehmigungsbehörde liegen, ob sie einen Antrag auf Zulassung unter gleichzeitiger Befreiung von Festsetzungen für genehmigungsfähig hält. Die Gemeinde könnte die Baugenehmigungsbehörde – sofern sie (nach Landesrecht) nicht selbst Genehmigungsbehörde ist – nicht verpflichten, den Antrag i. S. d. Antragstellers positiv zu behandeln, wenngleich im Falle der Arztpraxis sogar Gründe des Wohls der Allgemeinheit die Befreiung erfordern könnten. Es dürfte Sinn und Zweck der Einschränkung in § 13 widersprechen, wonach die allgemeine Zulässigkeit in SO-Gebieten gerade nicht gelten soll, die Gemeinde aus ihrer allgemeinen Verpflichtung zur Festsetzung der einzelnen Nutzungen nach ihrer Erforderlichkeit (§ 1 Abs. 3) zu entlassen.

2 b) **Berufsausübung in Räumen und Gebäuden (Einschränkungen).** Dass nach den §§ 2–4 (nur) *Räume,* in den übrigen Baugebieten dagegen auch *Gebäude* für die Berufsausübung i. S. v. § 13 zulässig sind, bedeutet nur einen geringen graduellen Unterschied. Räume sind zwar nur Teile von Gebäuden (unstreitig). Als Maß der Begrenzung bleibt aber allein, dass für die Berufsausübung nicht alle Räume u. damit das Gebäude insgesamt in Anspruch genommen werden dürfen. Wird für (Teil-)Gebiete von Wohngebieten festgesetzt, dass die Wohngebäude nicht mehr als zwei Wohnungen haben dürfen (s. § 3 Rn 9.1, 20.5–20.9), sind einzelne Räume für freiberufliche Zwecke *außerhalb* der Wohnungen zwar unzulässig. Dagegen können selbst in diesen Fällen Räume *innerhalb* der Wohnungen ohne eine – nach den Erfahrungen der Praxis wirksame – Begrenzung genutzt werden, solange es den Nachbarn nicht missfällt.

Innerhalb der Baugebiete nach den §§ 4a–9, in denen für die Berufsausübung nach § 13 Gebäude an sich unbeschränkt zulässig sind, sind die (einschränkenden) Festsetzungen im B-Plan nach § 4a Abs. 4 und § 7 Abs. 4 zu beachten. Für den jeweiligen Geltungsbereich gehen die Festsetzungen bezüglich der Verwendung als Wohnungen als *spezielle* Regelungen der allgemeinen Zulässigkeitsregelung des § 13 vor (ebenso *Förster,* § 13 Anm. 3). Für den im B-Plan festgesetzten Geltungsbereich dürfen in diesen Fällen Gebäude nicht insgesamt für die Berufsausübung i. S. v. § 13 in Anspruch genommen werden. Die **spezielle Regelung nach § 4a Abs. 4** zur Festsetzung von Wohnungen schließt nicht aus, dass auch innerhalb der Wohnungen Räume für freiberuflich Tätige zulässig sind.

2.1 Aufgrund der ÄndVO 1977 sollen nunmehr *auch* in *Industriegebieten Gebäude* für die Berufsausübung nach § 13, etwa für Arztpraxen oder ein Künstleratelier, zulässig sein, obwohl in GI-Gebieten das Wohnen bis auf bestimmte privilegierte Wohnungen auch nicht ausnahmsweise zulassungsfähig ist. Da die Berufsausübung nach § 13 gerade durch die Wohnartigkeit gekennzeichnet sein soll (Näheres s. Rn 5–6), zeigt sich hier eine gewisse Fehleinschätzung. Die generelle Zulässigkeit in GI- (und GE-)Gebieten kann i. d. Planungspraxis durch § 1 Abs. 5 u. 7 jedoch eingeschränkt werden.

c) **Nutzung nach § 13 in den einzelnen Baugebieten; zum Nachbarschutz.** In den **Wohnbaugebieten** (§§ 2–4) ist die Nutzung nach § 13 nicht nur deshalb eingeschränkt, weil die Berufsausübung nur in Räumen statthaft ist, sondern die Anzahl der nutzbaren Räume durch die wenigen in den Gebieten allgemein zulässigen Nutzungen bereits beschränkt ist. In *Kleinsiedlungsgebieten* und *reinen Wohngebieten* kann die Ausübung von Berufen nach § 13 – sofern die Festsetzungen sich zur Wahrung des Gebietscharakters an den Zulässigkeitskatalog nach Abs. 2 halten – weitgehend nur in Wohngebäuden erfolgen.

In den **Baugebieten nach den** §§ 4a–8 wird die Zulässigkeit nach § 13 für die dort genannte Berufsausübung (vgl. die Aufzählung in Rn 4) im Grundsatz keine Schwierigkeiten bereiten. Freiberufliche und artverwandte Tätigkeiten können durch die Zulässigkeit von Büro- und Geschäftsgebäuden ermöglicht werden, ohne dass es eines Rückgriffs auf § 13 bedarf. In Dorfgebieten, die als einzige der Gebiete nach den §§ 4a–8 keine Geschäfts- und Bürogebäude vorsehen, braucht man nicht auf den Sinngehalt des § 13 zurückzugreifen, nach dem diejenigen Berufe gleichbehandelt werden sollen, die aus städtebaulicher Sicht gleich (viel oder wenig) stören. Nunmehr sind in MD-Gebieten auch – selbständige – Gebäude für die Ausübung beruflicher Tätigkeit nach § 13 zulässig; hier werden die Voraussetzungen des § 15 besonders zu beachten sein.

Die Nutzungsmöglichkeit nach § 13 stellt nicht auf das einzelne Gebäude und – bisher jedenfalls – nicht auf einen bestimmten Anteil des Gebäudes, sondern auf die Baugebiete ab. Zu den (städtebaulichen) Einschränkungsmöglichkeiten s. Rn 7–8; zur Kritik mit Änderungsvorschlägen s. Rn 10–11.1.

Die Frage des Nachbarschutzes im Zusammenhang mit der freiberuflichen u. in ähnlicher Art ausgeübten Berufsausübung i. S. v. § 13 hat bisher keine Bedeutung erlangt. Die Entscheidung des VGH BW (B. v. 28.10.1985 – 3 S 2209/85 – BRS 44 Nr. 72), die *Boeddinghaus* (§ 13 Rdn. 11) zitiert, ohne den die Entscheidung verständlicher machenden Leitsatz anzuführen u. ohne eigene Stellungnahme, ist nicht (mehr) maßgebend. (Der B. behandelt ein Vorhaben nach § 13 innerhalb eines im Zusammenhang bebauten Ortsteils nach § 34 Abs. 3 Satz 1 BBauG, der einem WA-Gebiet entspricht, mithin zu einer Zeit, in der die überwiegende Meinung § 34 einen Nachbarschutz nicht zubilligte.)

Der **Nachbarschutz** für Vorhaben nach § 13 richtet sich **nach der Gebietsverträglichkeit** des jeweiligen Baugebiets, in dem die Nutzung ausgeübt werden soll. Der Nachbarschutz etwa einer Arztpraxis oder eines Steuerberaterbüros ist im Hinblick auf die Störempfindlichkeit in einem WA-Gebiet naturgemäß ein (ganz) anderer als etwa in einem GE-Gebiet. Das gilt **zum einen** für den Nachbarschutz, den ein Vorhaben nach § 13 **gegenüber Dritten** beanspruchen kann, deren Vorhaben nach dem Katalog der zulässigen oder ausnahmsweise zulassungsfähigen Anlagen u. Nutzungen in dem Gebiet unzulässig sind; dies gilt **zum anderen** auch umgekehrt für Nachbarn eines Vorhabens (einer Nutzung) nach § 13, das nach Auffassung der Nachbarn den Zulässigkeitsvoraussetzungen des § 15 Abs. 1 widerspricht. So könnte z. B. die Genehmigung eines »Ärztehauses« (Gebäudes) in einem WA-Gebiet einen berechtigten Nachbarwiderspruch hervorrufen. Zukünftig könnte in Bezug auf den Nachbarschutz die Frage, ob die Zulässigkeit nach § 12 Abs. 2 »für den durch die zugelassene Nutzung verursachten Bedarf« nur »negativ« zu beurteilen ist, oder ob der Nachweis des durch die zugelassene Nutzung nach § 13 verursachten Bedarfs auch im »positiven« Sinne zu gewährleisten ist, Bedeutung erlangen (z. Nachbarschutz nach § 12 Abs. 2 s. § 12 Rn 8).

3.11 Das BVerwG hat in dem B. v. 13.12.1995 (– 4 B 245.95 – BRS 57 Nr. 79 = BauR 1996, 219) als **Leits.** festgestellt:

»Einen Verstoß gegen § 13 BauNVO kann ein Nachbar grundsätzlich unabhängig davon abwehren, ob er durch die freiberufliche oder gewerbliche Nutzung unzumutbar beeinträchtigt wird (im Anschluss an BVerwG, U. v. 16.9.1993 – 4 C 28.91 – BVerwGE 94, 151).«

In den Gründen hat das BVerwG u. a. ausgeführt: Ebenso wie bei § 12 Abs. 2 BauNVO, der seinerzeit den Prüfungsmaßstab bildete, handelt es sich bei § 13 BauNVO um eine Vorschrift, die an der nachbarschützenden Wirkung der Gebietsfestsetzung teilhat, da auch sie die Art der baulichen Nutzung betrifft. Ob von der unter Verstoß gegen § 13 BauNVO ausgeübten Nutzung unzumutbare Belästigungen ausgehen, ist grundsätzlich unerheblich (so BVerwG, aaO.).

2. Freie Berufe und artverwandte Tätigkeiten

4 Die Abgrenzung **freiberuflicher** und ähnlich ausgeübter **Tätigkeit** von der Ausübung **anderer Berufe** und Tätigkeiten ist – wie ersichtlich (Rn 3) – im Wesentlichen nur für die Zulässigkeit in den Wohnbaugebieten (§§ 2–4) von Bedeutung. »Freier Beruf« ist, wie das BVerfG in seinem B. v. 25.2.1960 (– 1 BvR 239/52 – BVerfGE 10, 354, 364 = DVBl. 1960, 357) ausgeführt hat, kein eindeutiger Rechtsbegriff. Aus diesem Grunde enthält auch das *Steuerrecht* keine Begriffsbestimmung der freien Berufe, sondern es *umschreibt die Tätigkeit* – nach einer Abgrenzung gegenüber anderen Berufsbereichen – durch eine **beispielhafte Aufzählung** verschiedener beruflicher Tätigkeiten. Die daraus erkennbare Zielrichtung, die durch die Hinzunahme der »ähnlich« ausgeübten Berufe noch deutlicher wird, kann für die Berufsausübung nach § 13 – gewissermaßen als **städtebauliche Typisierung** – fruchtbar gemacht werden. Nach der steuerrechtlichen Umschreibung sind freiberuflich tätig diejenigen Personen, die auf eigene Rechnung selbständig arbeiten und deren Tätigkeit *weder* eine gewerbliche i. S. d. GewO ist *noch* in der Urproduktion (z. B. Land- und Forstwirtschaft) oder im öffentlichen Dienst erfolgt. In diesem Sinne fällt **unter den Begriff »freie Berufe«** nach § 18 Abs. 1 EStG »die selbstständig ausgeübte wissenschaftliche, künstlerische, schriftstellerische, unterrichtende oder erzieherische Tätigkeit, die selbständige Berufstätigkeit der Ärzte, Zahnärzte, Tierärzte, Rechtsanwälte, Notare, Patentanwälte, Vermessungsingenieure, Ingenieure, Architekten, Handelschemiker, Wirtschaftsprüfer, Steuerberater, beratenden Volks- und Betriebswirte, vereidigten Buchprüfer (vereidigten Bücherrevisoren), Steuerbevollmächtigten, Heilpraktiker, Krankengymnasten, Journalisten, Bildberichterstatter, Dolmetscher, Übersetzer, Lotsen und ähnlicher Berufe.«

In diesem Sinne gehört zu den aufgezählten Berufen z. B. das Atelier eines Malers. Als »ähnliche« Berufe kommen in Betracht: Der (selbständige) Masseur, Bademeister, Fußpfleger, die Hebamme, Krankenschwester, der Auktionator, der Hausverwalter, der Markscheider (vgl. *Hermann/Heuer*, Komm. z. EinkSt. u. Körperschaftsteuer, § 18 Rdn. 24). Zur Frage, ob ein Kfz-Sachverständiger ein Gewerbe oder einen freien Beruf ausübt, BVerwG, U. v. 15.1.1970 (– I C 17.68 – DVBl. 1970, 972 = DÖV 1970, 566 = GewArch. 1970, 125 = VerwRspr. 21, 745 = BB 72, 5). Ferner sind der *Vorstand einer Aktiengesellschaft*, die Gesellschafter und Geschäftsführer einer Gesellschaft mit beschränkter Haftung sowie die Kommanditisten einer Kommanditgesellschaft *nicht* Gewerbe treibende (BVerwG, U. v. 30.9.1976 – I C 32.74 – NJW 1977, 1250). An letzterer Ausgrenzung zeigt sich deutlich, dass die beispielhafte Aufzählung für die steuerrechtliche Behandlung auf die **planungsrechtlich zu-**

lässige freiberufliche o. ä. **Tätigkeit** i. S. v. § 13 nur mit Einschränkungen zu übertragen ist; s. dagegen Rn 4.3.

Die steuerrechtlichen Organe sind offensichtlich bemüht, die Merkmale der freiberuflichen Tätigkeit zugunsten einer Gewerbesteuerpflichtigkeit einzuschränken oder ganz allgemein die Gewerbesteuerpflichtigkeit auszudehnen. Da die Steuergesetzgebung – aus vielfältigen Gründen – der tatsächlichen Entwicklung häufig erst nach langjährigen Auseinandersetzungen Rechnung trägt, wird die beispielhafte Aufzählung gerade den neueren Berufszweigen, z. B. auf dem **Gebiete der Beratungstätigkeit,** nicht gerecht. Die freiberuflichen Tätigkeitsmerkmale werden teilweise zugunsten einer fiskalisch-wirtschaftlichen Denkweise ignoriert. So hat der BFH den **Marktforscher** nicht als Freierufler anerkannt, was der freiberuflichen Tätigkeit i. S. d. Planungsrechts widerspricht. **4.1**

»*Ein selbstständig tätiger Marktforscher, der Marktforschungen konzipiert, übt keine dem Beruf eines beratenden Betriebswirts ähnliche freiberufliche Tätigkeit aus. Der Marktforschungsberater ist als Beruf zwar eine eigene Spezies, die jedoch nur dann als freiberuflich eingestuft werden kann, wenn der Gesetzgeber den Katalog der freien Berufe entsprechend erweitert*« (BFH, U. v. 18.8.1988 – VR 73/83 –). Desgleichen sollen **Anlageberater** nicht freiberuflich tätig sein, »*und zwar auch dann (nicht), wenn sie Finanzanalysten sind, wenn ihre Tätigkeit vorrangig auf dem Gebiet der spekulativen Kapitalanlage anzusiedeln ist*« (BFH, U. v. 2.9.1988 – III R 58/85 –). Nach dem Steuerrecht gelten als Freiberufler nur die beratenden Betriebswirte, die in den *Kernbereichen* der Betriebswirtschaft tätig sind. Diese Auffassung ist bauplanungsrechtlich i. S. d. § 13 zu eng.

Selbst bei **Künstlern** ist versucht worden, sie gewerbesteuerrechtlich zu belangen. »*Ein Kunstmaler benötigt keine Reisegewerbekarte, wenn er seine eigenen Werke im öffentlichen Straßenraum zum Kauf anbietet*« (OVG NW, U. v. 27.5.1986 – 4 A 2767/84 – DVBl. 1988, 380; n. L.); »*die nicht unter den Begriff des Gewerbes fallende künstlerische Betätigung ist gekennzeichnet durch das Merkmal der freien schöpferischen Gestaltung*«; sie wird vom Künstler »*durch das Medium einer bestimmten Formensprache zu unmittelbarer Anschauung gebracht*« (OVG NW, aaO.).

Dagegen ist die **Führung eines Fitnessstudios** eine gewerbliche Tätigkeit (FG Nürnberg, U. v. 9.5.1989 – II 167/83 –) u. fällt nicht unter die freien Berufe i. S. d. § 13. »*Zwar gehört die Vermittlung von Kenntnissen durch den Betreiber zu einer unterrichtenden und damit freiberuflichen Tätigkeit, aber sie ist eng an gewerbliche Leistungen wie Besuch des Studios, Nutzung der Geräte sowie einer eventuell vorhandenen Sauna geknüpft*« (FG Nürnberg, aaO.).

Ein Angehöriger eines freien Berufes ist auch dann freiberuflich tätig, wenn er sich der Mithilfe fachlich vorgebildeter Arbeitskräfte bedient, vorausgesetzt, dass er aufgrund eigener Fachkenntnisse leitend und eigenverantwortlich tätig wird; eine Vertretung im Falle *vorübergehender* Verhinderung steht der Annahme einer **leitenden und eigenverantwortlichen Tätigkeit** nicht entgegen (§ 18 Abs. 1 EStG). Unter Gewerbetreibende, die ihren Beruf in ähnlicher Art ausüben, fallen Handelsvertreter **ohne** Auslieferungslager, Handelsmakler und Versicherungsagenten. Die Erweiterung auf diese Gewerbetreibenden ist auf Vorschlag des BR erfolgt, weil sich eine unterschiedliche Behandlung dieser Berufsgruppen und der freiberuflich Tätigen im Hinblick auf Art. 3 Abs. 1 GG nicht rechtfertigen lasse; es fehle dafür an städtebaulichen Gesichtspunkten (BR-Drucks. 53/62 v. 25.5.1962, Anlage, S. 8). Der BR ist dagegen nicht dem Antrag seines Wirtschaftsausschusses gefolgt, neben den freiberuflich Tätigen auch den Gewerbetreibenden, »*deren Betriebe nicht stören*«, die Nutzung von Räumen in den Baugebieten nach §§ 2–9 zu ermöglichen (BR-Drucks. 53/1/62 v. 17.5.1962 zu Punkt 15 der 246. Sitzung des BR, S. 22 – zit. im U. des BVerwG v. 20.1.1984 – 4 C 56.80 – BVerwGE 68, 324 = BauR 1984, 267). Der Zusatz »ohne Auslieferungslager« bei Handelsvertretern zeigt, dass Stö- **4.11** rungen, die durch einen verstärkten Kfz-Verkehr (u.a. Be- und Entladen) auftreten können, der beruflichen Tätigkeit i.S.v. § 13 nicht wesensgemäß sein sollten. Dieser **Leitgedanke muss für** die Frage der **Zulässigkeit** jedweder Berufsausübung **i.S.v. § 13 gelten.**

4.12   Zur Frage, ob der **Betreiber einer** »**Internetagentur**« seinen Beruf i.S.v. § 13 BauNVO in ähnlicher Weise ausübt wie ein freiberuflich Tätiger s. VGH BW, B. v. 1.8.2005 – 5 S 1117/05 – BRS 69 Nr. 82.

In den Gründen hat sich der VGH sehr gründlich mit der Frage auseinandergesetzt und das »Für« und »Wider« deutlich herausgearbeitet. »*Ob der **Betreiber einer ›Internetagentur‹*** (Hervorhebung diesseits) *der hier vorhebung diesseits) der hier vorliegenden Art seinen Beruf in ähnlicher Weise ausübt wie ein freiberuflich Tätiger und damit die Voraussetzungen des § 13 Abs. 1 BauNVO 1990 erfüllt, ist allerdings fraglich* (wird weiter ausgeführt). *Die in die angefochtene Baugenehmigung aufgenommene Betriebsbeschreibung des Beigeladenen lässt nicht ohne weiteres erkennen, dass er seinen Beruf ähnlich wie ein freiberuflich Tätiger ausübt* (Im Folgenden setzt sich der Senat ausführlich mit den Tätigkeitsmerkmalen auseinander). *Unter diesen Umständen hält es der Senat nicht von vornherein für ausgeschlossen, dass der Betrieb des Beigeladenen noch als einer freien Berufsausübung ähnlich angesehen werden kann. Wesentlich sein könnte insoweit auch, dass der Bundesfinanzhof in Abkehr von seiner früheren Rspr. entschieden hat, dass ein selbständiger EDV-Berater, der Computer-Anwendersoftware entwickelt, einen dem Ingenieur (als freien Beruf) ähnlichen Beruf i.S. des § 18 Abs. 1 Nr. 1 EStG ausüben kann* (BFH, Urteil vom 4.5.2004 – XI R 9/03 –, BFHE 206,33 = DStZ 2004, 768). *Dies könnte zumindest in städtebaulicher Hinsicht gleichermaßen für eine vorwiegend programmierende Tätigkeit, wie sie der Beigeladene möglicherweise ausübt, gelten*« (wird weiter ausgeführt).

Für die Auslegung von § 13 BauNVO wird es zukünftig von Bedeutung sein, dass sich viele Berufsbilder im Zuge des Computer-Wesens stark verändern und dass mit dem Wachstum des tertiären Sektors der Arbeitswelt die Zahl der Selbständigen und damit auch der Freiberufler oder freiberuflich ähnlich Tätigen, stark zunimmt (so auch *Stock*, in: *E/Z/B/K*, BauGB, § 13 BauNVO, Rdn. 4 unter Hinweis auf BT-Drucks. 14/9499).

4.13   Eine **private Arbeitsvermittlung** gehört zu den Tätigkeiten, die in ähnlicher Weise ausgeübt werden wie freie Berufe (Nds. OVG, B. v. 24.5.2002 – 1 LA 2680/01 – GewArch. 2002, 345).

4.2   Dagegen kommt es für die **planungsrechtliche Einordnung** der Berufsausübung i.S. des § 13 nicht darauf an, ob z.B. die Tätigkeit einer GmbH mit Rücksicht auf den Tätigkeitskreis nach § 34c GewO möglicherweise einer gewerblichen Genehmigung bedarf (vgl. BVerwG, U. v. 30.1.1970, Fundst. Rn 5, wonach die gewerberechtliche Einstufung nicht maßgebend ist, da sich die Baugenehmigung u. eine Konzession etwa nach § 30 GewO gegenseitig nicht ersetzen können). Die **Rechtsform** ist für die **städtebaurechtliche Qualifizierung** der beruflichen Tätigkeit nicht maßgebend. Ein Handelsvertreter kann mithin als Einzelkaufmann oder als GmbH firmieren, wie auch ein Architekturbüro o.Ä. als »Ein-Mann-GmbH« denkbar ist.

Das FG RhPf hat in einem U. v. 31.8.2000 die Kriterien, unter denen bisher die Finanzämter Selbständige als Freiberufler und damit als nicht gewerbesteuerpflichtig anerkennen, gelockert. Das Gericht ist damit von der strengen Auffassung des BFH abgewichen und hat das Vorliegen eines »ähnlichen Berufes« in § 18 Abs. 1 EStG an geringere Anforderungen geknüpft. Der Kl. ist seit 6 Jahren als Sachverständiger in umweltrelevanten Fragen selbständig tätig. Nach bisheriger Rspr. des BFH ist eine ähnliche Tätigkeit i.S.v. § 18 EStG nur gegeben, wenn sie in wesentlichen Punkten, vor allem in der Ausbildung und der ausgeübten Tätigkeit, mit den in § 18 aufgeführten anderen Tätigkeiten verglichen werden kann. Die nicht in einer entspr. Ausbildung erworbenen theoretischen Kenntnisse können auch anhand praktischer Arbeit gewonnen werden. Diese müssen jedoch den Schluss zulassen, dass die theoretischen Kenntnisse in Bezug auf Breite und Tiefe denen eines an einer Fachhochschule oder wissenschaftlichen Hochschule Ausgebildeten entsprechen.

Hier setzt das FG RhPf an. Nach seiner Auffassung sei dies eine »*unüberwindliche Hürde*«. Noch keinem Steuerpflichtigen sei es gelungen, durch praktische Arbeit den Nachweis zu erbringen, auf allen Kerngebieten der Betriebswirtschaftslehre entspr. tiefe Kenntnisse zu besitzen. Es sei nahezu ausgeschlossen, diesen Nachweis zu führen. Eine solche Auslegung des Begriffs »ähnliche Berufe« verhindere, dass neue Berufe, die sich erst nach 1960 (der letzten Änderung des § 18 EStG) entwickelt haben, in den von der Gewerbesteuer befreiten Kreis der Freiberufler einzuordnen sind (Mitt. StGB NW v. 20.12.2000, S. 361).

Das Hamb. OVG hat sich in dem U. v. 19.12.1996 (– Bf II 46/94 – BRS 58 Nr. 75 = UPR 1997, 380 [nur LS] = BauR 1997, 613) ausführlich mit der Frage befasst, ob die **Rechtsform einer GmbH** die Annahme einer freiberufsähnlichen Tätigkeit zulässt. Es hat das negative Ergebnis aufgrund der tatbestandlichen Gegebenheiten in folgendem **Leits.** zusammengefasst: **4.3**

»Bei der Erbringung von Leistungen in der Rechtsform der GmbH bestehen Bedenken grundsätzlicher Art gegen die Annahme einer freiberufsähnlichen Tätigkeit im Sinne des § 13 BauNVO.
Die Rechtsform einer GmbH lässt die Annahme einer freiberufsähnlichen Tätigkeit im Sinne des § 13 BauNVO allenfalls zu, wenn der Gesellschaftszweck und die tatsächlich ausgeübte Tätigkeit so eindeutig auf eine solche im Sinne des § 13 BauNVO ausgerichtet sind, dass andere Tätigkeiten nicht ausgeübt werden können. Weitere Voraussetzung wäre, dass die Gesellschaft nur aus den freiberufsähnlich tätigen Personen besteht und sie alle im Rahmen des Gesellschaftszwecks ihren entsprechenden Tätigkeiten eigenverantwortlich nach innen und außen nachkommen können.«

In den Gründen hat der Senat aufgrund der jeweiligen Tätigkeiten der handelnden Personen nachgewiesen, dass die Betreffenden keine individuellen Eigenleistungen in unabhängiger Stellung erbringen. So ist die Klägerin als Kapitalgesellschaft nicht in der Lage, persönliche Leistungen – welcher Art auch immer – zu erbringen. Sie muss sich immer für sie handelnder natürlicher Personen bedienen, deren Erfolg ihr zugerechnet wird und für deren Handeln sie immer nur mit ihrem Kapital haftet (Hamb. OVG, aaO.).

Der Begriff »**Räume**« in § 13 BauNVO bezieht sich auf ein Gebäude und nicht auf ein Baugrundstück. **4.31**

Die Einstufung als freiberufliche Tätigkeit i. S. d. BauNVO hängt **nicht** von der jeweils gewählten **Rechtsform** ab (Leitsätze des VGH BW, U. v. 6.7.2005 – 3 S 141/05 – BRS 69 Nr. 81).

Aus den Gründen: Das Vorhaben der Kl. könnte im Übrigen i. S. d. § 4 Abs. 3 Nr. 2 BauNVO selbst dann nicht als »Gewerbebetrieb« eingestuft werden, wenn die Kanzleien etwa in der Rechtsform einer GmbH oder AG betrieben würden. Die Einstufung als freiberufliche Tätigkeit i. S. d. BauNVO hängt nicht von der jeweils gewählten Rechtsform ab (so auch OVG Hbg., U. v.19.12.1996 – Bf II 46/94 – BauR 1997, 613). Denn die Wahl einer bestimmten Rechtsform hebt die Charakteristika der freiberuflichen Tätigkeit, bei der Dienstleistungen persönlich und eigenständig gebracht werden, ... nicht auf.

»1. Wohnungsprostitution ist eine das Wohnen regelmäßig störende gewerbliche Nutzung, die in einem allgemeinen Wohngebiet auch nicht ausnahmsweise zulässig ist. Diese bauplanungsrechtliche Einschätzung wird durch das seit dem 1.1.2002 geltende Prostitutionsgesetz nicht berührt. **4.32**

2. Bei der Tätigkeit von Prostituierten handelt es sich **weder um eine freiberufliche noch um eine ›gleichgestellte‹ Tätigkeit** i. S. d. *§ 13 BauNVO«* (Leits. des VG Osnabrück, B. v. 7.4.2005 – 2 B 14/05 – Hervorhebungen diess., soweit ersichtl. n. v.).

Der Antragsteller und Kläger wendet sich gegen eine Bauaufsichtsanordnung der Antragsgegnerin, mit der ihm mit sofortiger Wirkung die Nutzung der im OG des Wohngebäudes gelegene Wohnung zum Zwecke der Prostitution untersagt wurde. Zur Begründung führte sie aus, dass es sich bei der Nutzung der fraglichen Wohnung zum Zwecke der Prostitution um eine genehmigungspflichtige Nutzungsänderung handele. Eine solche könne auch nachträglich nicht erteilt werden, weil das Vorhaben bauplanungsrechtlich unzulässig sei (wird weiter ausgeführt).

In den Gründen hat das VG darauf hingewiesen, an der Einschätzung, dass die beanstandete Nutzung in einem allgemeinen Wohngebiet nicht auf der Grundlage des § 4 Abs. 3 Nr. 2 BauNVO zulässig ist, ändert schließlich auch das zwischenzeitlich in Kraft getretene Prostitutionsgesetz vom 20.12.2001 (BGBl. I S. 3983) nichts. Die dort getroffenen Regelungen mögen zwar in diesen Bereichen zu einer generellen Verbesserung der Rechtsstellung der Prostituierten geführt und darüber hinaus einen allgemeinen Wandel der sozialethischen Vorstellungen und Wertungen im Zusammenhang mit der Prostitution bewirkt haben (vgl. dazu BVerwG, U. v. 6.11.2002 – 6 C 16.02 – GewArch. 2003, 122 – ergangen im Zuge einer gaststättenrechtlichen Erlaubnis –). Dies ändert jedoch nichts an der planungsrechtlichen Einschätzung, dass die Wohnungsprostitution bzw. ein bordellartiger Betrieb negative Auswirkungen auf das Wohnumfeld hat und deshalb dem städtebaulichen Leitbild eines vorwiegend dem Wohnen dienenden Baugebietes widerspricht (wird weiter ausgeführt). Der vom Bundesverwaltungsgericht allgemein konstatierte Wandel der sozialethischen Vorstellungen stellt sich im vorliegenden Verfahren so jedoch nicht. Denn maßgeblich für die Einschätzung, dass die Wohnungsprostitution bzw. ein bordellartiger Betrieb in einem allgemeinen Wohngebiet regelmäßig unzulässig ist, ist nicht eine – wie auch immer geartete – Bewertung der Tätigkeit der Prostituierten als solche, sondern die damit verbundenen, oben im einzelnen beschriebenen Störungen für das Wohnumfeld.

Die beanstandete Nutzung ist auch nicht **auf der Grundlage des § 13 BauNVO** (Hervorhebung diesseits) genehmigungsfähig. Die Berufsausübung freiberuflich Tätiger ist dadurch gekennzeichnet, dass bestimmte persönliche Dienstleistungen erbracht werden, die vorwiegend auf individuellen geistigen Leistungen oder sonstigen persönlichen Fertigkeiten beruhen und in der Regel in unabhängiger Stellung einem unbegrenzten Personenkreis angeboten werden (so schon BVerwG, U. v. 20.1.1984 – 4 C 56.80 – BVerwGE 68, 324, wird weiter ausgeführt). Zu den in »Berufekatalogen« genannten Berufen gehört die Tätigkeit von Prostituierten ersichtlich nicht. Zwar sind die »Kataloge« – worauf der Antragsteller im Grundsatz zutreffend hinweist – nicht abschließend; es ist jedoch nicht erkennbar und vom Antragsteller auch nicht substantiiert dargelegt worden, dass und warum es sich bei der Tätigkeit von Prostituierten um eine »wissenschaftliche, künstlerische, schriftstellerische, unterrichtende oder erzieherische Tätigkeit« bzw. um eine Dienstleistung höherer Art auf der Grundlage besonderer schöpferischer Begabung handeln soll. Vielmehr liegen die vom Antragsteller angesprochenen »persönlichen Fertigkeiten« der in der fraglichen Wohnung tätigen Prostituierten offensichtlich auf anderen Gebieten; diese sind jedoch lediglich als sonstige »schlichte« gewerbliche Dienstleistungen anzusehen, die der VOgeber durch § 13 BauNVO gerade nicht allgemein zulassen wollte (vgl. BVerwG, aaO.; *E/Z/B/K*, aaO., § 13 Rn 26 m. w. N.).

Nach allem könnte man die Prostitution in den unterschiedlichen Darbietungsformen als **standortbedingte gewerbliche Tätigkeit** bezeichnen.

3. Städtebauliche Einstufung der Tätigkeiten nach § 13

5   a) Zur »**wohnartigen**« **Berufsausübung.** Die Frage der städtebaulichen Auswirkungen i. A., des Störgrades i. Bes., hängt entscheidend davon ab, wie die berufliche Ausübung i. S. v. § 13 **ihrem städtebaulichen Charakter nach** eingestuft wird. Damit hat sich das BVerwG in seinem U. v. 30.1.1970 (– IV C 143.65 – DVBl. 1970, 832 = DÖV 1970, 787 = BRS 23 Nr. 36 = BauR 1970, 91 = Gemeindetag 1970, 182 = VerwRspr. 21, 824) befasst und gemeint, dass es sich bei der freiberuflichen Tätigkeit um eine *wohnartige* Beschäftigung handele, weil »*die Tätigkeit inhaltlich Beschäftigungen vergleichbar ist, die mehr oder weniger in jeder Wohnung stattfinden können*«. Das BVerwG hat seinerzeit gemeint, dass bei § 13 ohnehin eine mehr erweiternde als einen-

gende Auslegung deshalb geboten sein dürfte, weil § 15 eine ausreichende Sicherung gegen gebietsfremde oder gebietsschädliche Anlagen biete (U. v. 30.1.1970, aaO.). Dieses U. ist zu einem Fall *im unbeplanten Innenbereich* nach § 34 BBauG 1960 (= § 34 BauGB) ergangen (s. dazu § 3 Rn 22–22.3). Das BVerwG hat in dieser von ihm selbst als *Grenzfall* bezeichneten Entscheidung (leider) allgemeinere und dadurch grundsätzliche Ausführungen über das Wesensmerkmal freiberuflicher und ähnlicher Tätigkeit in städtebaulicher Hinsicht gemacht, die zu Fehldeutungen führen mussten.

Die Bezeichnung der Berufsausübung nach § 13 als »wohnartig« und der Hinweis auf eine mehr erweiternde als einengende Auslegung der Vorschrift im Hinblick auf § 15 haben insbes. Dienstleistungsbetriebe und (Dach-)Verbände gewerblicher Unternehmen bzw. Standesorganisationen offensichtlich als Zeichen gewertet, Büroräume, Geschäftsstellen u. dergl. in Wohngebäuden von WR- u. WA-Gebieten einrichten zu dürfen (vgl. die Fälle unter § 3 Rn 22–22.3). Sie mögen ihre – missverstandene – Berechtigung dazu aus den (weiteren) Gründen des Urt. des BVerwG v. 30.1.1970, aaO., hergeleitet haben, wonach von einer wohnartigen Nutzung die Rede sein kann, weil die Tätigkeit, etwa die »private« Arbeit an einem Schreibtisch oder einem Zeichentisch, sich *»nicht prinzipiell von einer Berufsausübung, die am Schreibtisch oder Zeichenbrett stattfindet«*, unterscheidet. Das Kriterium der Wohnartigkeit ist teilweise zu einseitig – losgelöst von den weiteren Ausführungen des U. v. 30.1.1970 – als städtebaurechtliche Charakterisierung der Berufsausübung nach § 13 herausgestellt worden. Das hat nicht nur auf Seiten der das Nutzungsprivileg nach § 13 für sich in Anspruch nehmenden Berufszweige *zur Überdehnung* des Begriffs *der wohnartigen Berufsausübung* geführt. Es hat gleichermaßen die für die städtebauliche Ordnung zuständigen Stellen und auch die Tatsachen-Instanzgerichte zur – vielleicht teilweise gewollten – Fehlinterpretation der »Wohnartigkeit« veranlasst. Das lässt das U. des Hess. VGH v. 8.11.1979 (Fundst. § 3 Rn 22.1) erkennen, wonach *»für die Zulässigkeit einer Nutzung nach § 13 BauNVO die räumliche Verknüpfung zwischen der Wohnung des freiberuflich oder ähnlich Tätigen und seinen Geschäftsräumen bzw. seinem Geschäftsgebäude erforderlich«* ist (Hess. VGH, aaO.).

5.1

Die wohnartige Nutzung i. S. d. § 13 in einer **Eigentumswohnung** setzt voraus, dass dieselbe Eigentumswohnung auch als Wohnung genutzt wird. In einer Eigentumswohnanlage bezieht sich das Rücksichtnahmegebot (auch) auf die übrigen Wohnungseigentümer (VG Köln, U. v. 10.1.1984 – 2 K 5817/83 – Mitt. NW StGB 1984, 138).

b) Berufsbildorientierte und wohnflächenmäßige Eingrenzung der Tätigkeiten nach § 13. Dieser Tendenz in Planungspraxis u. Rspr. ist das BVerwG in seinem U. v. 20.1.1984 (– 4 C 56.80 – BVerwGE 68, 324 = BRS 42 Nr. 56 = BauR 1984, 267) **deutlich entgegengetreten.** Mit dem **Leits.** »*Die Zulässigkeit der Nutzung von ,Räumen‹ für die Berufsausübung freier und ähnlicher Berufe **setzt nicht voraus**, dass in der jeweiligen Nutzungseinheit (Wohnung) nebeneinander **gearbeitet und** auch **gewohnt** wird*« (Hervorhebungen diess.) hat das BVerwG die offensichtliche Fehlinterpretation der wohnartigen Berufsausübung i. S. v. § 13 wieder zurechtgerückt. Das U. geht auch auf weitere Fragen der Behandlung der Berufsausübung nach § 13 i. S. einer sachgerechten Eingrenzung ein, ohne die Wohnartigkeit erneut herauszustellen. Die – diesseits geteilten – Ausführungen des U. werden zur Klärung der Abgrenzungsprobleme im Zusammenhang mit der Handhabung des § 13 ersichtlich beitragen.

6

Das BVerwG hat in seinem U. v. 20.1.1984 (aaO.) nicht nur die Missdeutungen der »wohnartigen« Berufsausübung berichtigt, sondern es hat gleichzeitig zu erkennen gegeben, dass die »Wohnartigkeit« nicht – jedenfalls nicht mehr – als das entscheidende Kriterium für die Zulässigkeit einer freiberuflichen oder gewerblich in ähnlicher Art ausgeübten Tätigkeit i.S.v. § 13 angesehen werden kann. Dass unter Wohnartigkeit nicht eine zwangsläufige Koppelung von Berufsausübung und Wohnen i.S. einer Verbindung von Wohnen und beruflicher Tätigkeit auf demselben Grundstück (derselben Wohneinheit) zu verstehen ist, bedarf keiner Vertiefung. Insbes. Arzt- und Anwaltspraxen werden heutzutage vielfach nicht mehr unter gleichzeitiger Einbeziehung von Wohnhaus bzw. Wohnung übernommen. Die Vielgestaltigkeit des Übergangs freiberuflicher (Arzt- u. Anwalts-)Praxen auf Dritte dürfte hinreichend bekannt sein.

6.1 Abgesehen von *der Wohnartigkeit* hat das BVerwG **zwei Kriterien zur** bestimmungsmäßigen **Handhabung des § 13** herausgestellt, die wegen der damit verbundenen städtebaulich gebotenen restriktiven Anwendung des § 13 im Grundsatz zu begrüßen sind. **Zum einen** hat das BVerwG das **Nutzungsprivileg** des § 13 eingegrenzt. Den Begriff der »freien« und der diesen »ähnlichen« Berufe verbindet das Angebot *persönlicher* Dienstleistungen, die *»vorwiegend auf individuellen geistigen Leistungen oder sonstigen persönlichen Fertigkeiten beruhen«* (so mit Recht BVerwG, aaO.). Diese freien oder in ähnlicher Art ausgeübten Berufe, i.d.R. gekennzeichnet durch ihre unabhängige Stellung, bieten ihre individuellen Leistungen i.A. einer unbestimmten Anzahl von Interessenten an.

Das BVerwG meint weiter, dass regelmäßig bei den Bewohnern aller Baugebiete i.S.d. BauNVO ein Interesse an derartigen Dienstleistungen bestehen wird. Diesseits möchte dazu angemerkt werden, dass es – um evtl. erneuten Missverständnissen vorzubeugen – nicht allein auf das *Interesse der Bewohner* von Wohngebieten ankommen kann. Es muss vielmehr wesentlich auf die Eigenart, Ausdehnung (Umfang) und die Lage insbes. der Wohnbaugebiete zu anderen Baugebieten abgestellt werden, die aufgrund der dort zulässigen Anlagen und Betriebe weniger empfindlich gegenüber Verkehrslärm u.a. Belästigungen sind als Wohngebiete (§§ 2–4). Zu diesen Baugebieten, in denen auch *Gebäude* für die Berufsausübung nach § 13 unbegrenzt zulässig sind, gehören insbes. WB- und MI-Gebiete.

Darüber hinaus sollten im Hinblick auf eine geordnete städtebauliche Entwicklung auch die die Tätigkeiten nach § 13 häufig auslösenden öffentlichen Anlagen wie Krankenhäuser, Gerichte, Finanzämter u. dergl. in die planerischen Überlegungen einbezogen werden.

7 Zum anderen hat das BVerwG gemeint, das (einzelne) Wohnhaus dürfe nicht durch *überwiegende* berufliche Nutzung dem Wohnen entfremdet werden; andernfalls könnten auf diese Weise Mehrfamilienhäuser zu »gewerblichen« Gebäuden umfunktioniert werden, was letztlich zu einer städtebaulich unerwünschten Verdrängung der Wohnnutzung gerade aus den Wohngebieten führen würde (BVerwG, U. v. 20.1.1984, aaO.). **Auf die Gefahr der Überfremdung** von Wohngebieten, insbes. denjenigen, die am Rande der Kernstadt liegen und fußläufig schnell zu erreichen sind, durch Nutzungen nach § 13 ist **diesseits** bereits seit langem **hingewiesen worden** (vgl. 3. Aufl. 1971 Rn 138a u. 4. Aufl., § 13 Rn 6). Die Folgerung des BVerwG, deswegen gestatte § 13 BauNVO in Mehrfamilienhäusern freiberufliche oder gewerbliche Nutzung jedenfalls in dem Umfange, dass sie nicht mehr als die halbe Anzahl der Wohnungen und nicht mehr als die Hälfte der Wohnfläche in Anspruch nimmt, wird diess. jedoch für **nicht bedenkenfrei** gehalten. Der Grundgedanke zu dieser Aussage scheint § 82 Abs. 6 II. WoBauG entnommen zu sein. Nach dieser

Vorschrift sind »Wohnungen, die zu gewerblichen oder beruflichen Zwecken mitbenutzt werden, als steuerbegünstigt anzuerkennen, wenn nicht mehr als die Hälfte der Wohnfläche ausschließlich gewerblichen oder beruflichen Zwecken dient«. Es muss bezweifelt werden, ob die steuerrechtliche Bestimmung sich ohne rechtliche Absicherung in der BauNVO selbst auf die städtebaulichen Nutzungsregelungen übertragen lässt. Das Planungsinstrumentarium des § 1 Abs. 5 und Abs. 7 ermöglicht im Übrigen erforderliche vorsorgende Regelungen, um etwa ein störungsfreies Wohnumfeld in einem WR-Gebiet zu gewährleisten.

Das BVerwG hat ferner gemeint, »*bei Gebäuden mit zahlreichen Wohnungen (Hochhäusern, Wohnblocks usw.) mag aus § 13 BauNVO sogar folgen, dass die Nutzung von Wohnungen für freiberufliche und ähnliche Zwecke auf wesentlich weniger als 50 % der Wohnungen oder der Wohnfläche zu beschränken ist*« (BVerwG, aaO.). Wenngleich der Aussage ein auch diesseits für notwendig erachteter städtebaulicher Ordnungsgedanke zugrunde liegt, darf der Sinngehalt des § 13 nicht übersehen werden. Die **Vorschrift stellt** (bisher) nicht auf das einzelne Grundstück, sondern **auf die** »**Baugebiete**« und damit auf die allgemeine Zweckbestimmung des jeweiligen Baugebiets oder zumindest seine »**Eigenart**« **ab**. Die *geltende Fassung* des § 13 lässt die Beschränkung auf einen bestimmten Wohnflächenanteil ds. E. nicht zu. Es wäre hilfreich, wenn das BVerwG bei Gelegenheit seine diesbezüglichen Überlegungen noch vertiefen würde. **Für den VOgeber** sollte das U. des BVerwG als **deutlicher Hinweis** verstanden werden, die Vorschrift des § 13 zur wirksameren Steuerung der städtebaulichen Ordnung gezielter (und zugleich flexibler) auf den noch stetig zunehmenden (tertiären) Dienstleistungsbereich abzustellen. **7.1**

Die Regel, dass die nach § 13 BauNVO in Wohngebieten zulässigen Räume für die Berufsausübung freiberuflich Tätiger insgesamt nicht größer sein dürfen als eine Wohnung (BVerwG, U. v. 25.1.1985 – BVerwG 4 C 34.81 – NJW 1986, 1004; *Buchholz* 406. 12 § 13 BauNVO Nr. 4), ist nicht rechtssatzartig anzuwenden, sondern hat als »Faustregel« nur eine – im konkreten Fall widerlegbare – indizielle Aussagekraft (so der Leits. im U. des BVerwG v. 18.5.2001 – 4 C 8.00 –); ausführlich dazu § 3 Rn 22.2.

Bei der quantitativen Begrenzung der Nutzung von Räumen durch freie und ähnliche Berufe in einem reinen Wohngebiet im Verhältnis zu Wohnnutzung (50 %-Grenze) ist nicht zu beanstanden, wenn nur auf Räume abgestellt wird, die zum dauernden Aufenthalt von Menschen objektiv geeignet sind und entspr. genutzt werden (Nds.OVG, B. v. 17.8.2007 – 1 LA 37/07 –, BauR 2007, 2035 = ZfBR 2007, 797). **7.11**

Eine **ärztliche Gemeinschaftspraxis**, die mit einer Fläche von mehr als 500 m² ein gesamtes Geschoss einnimmt und damit weit über die Größe der in dem Gebäude vorhandenen Wohnungen hinausgeht, überschreitet die nach § 13 BauNVO zulässige Nutzung von Räumen für freie Berufe. Dies gilt auch dann, wenn sich in dem Gebäude außerdem noch eine Kindertagesstätte befindet, die sich ebenfalls über ein ganzes Geschoss erstreckt (OVG Bremen, B. v. 25.2.2005 – 1 B 41/05 – NVwZ 2006, 162). **7.2**

Aus den Gründen: Die beabsichtigte Nutzung des gesamten 1. Obergeschosses für eine ärztliche Gemeinschaftspraxis ist in einem Wohngebiet nicht zulässig. Das folgt aus § 13 BauNVO. Danach können in reinen Wohngebieten für die Berufsausübung freiberuflich Tätiger nur »Räume« zugelassen werden. Nach der st. Rspr. des BVerwG (vgl. zuletzt NVwZ 2001, 1284 m. w. Nachw.), von der abzuweichen der Senat keine Veranlassung sieht, sind »Räume« i.S.d. § 13 BauNVO Raumeinheiten, die nur Teile des Gebäudes umfassen und jedenfalls nicht umfangreicher sind als im Gebäude befindliche Wohnungen. Der Zweck der Beschränkung auf »Räume« liegt darin, die Prägung der Wohngebäude durch ihre Wohnnutzung zu erhalten (wird weiter ausgeführt). Im 2. OG sind auf der gleichen Fläche 6 Wohneinheiten vorgesehen. Die Größe dieser Wohnungen liegt jeweils zwischen 89,04 m² und 112,20 m².

Eine andere Beurteilung ist auch nicht im Hinblick darauf geboten, dass auch die **Kindertagesstätte** im EG die gesamte Geschossfläche einnimmt. Kindertagesstätten sind ohne größenmäßige Beschränkung im allgemeinen Wohngebiet generell (§ 4 II Nr. 3 BauNVO) und in reinen Wohngebieten ausnahmsweise (§ 3 III Nr. 2 BauNVO) zulässig.

Ein Anspruch auf die Genehmigung der beabsichtigten Nutzung besteht auch dann nicht, wenn der Bebauungsplan entspr. der Auffassung des VG als funktionslos angesehen und das Vorhaben nach § 34 BauGB beurteilt wird (wird ausführlich dargelegt).

8 c) **Planungsrechtliche Steuerungsmöglichkeiten nach § 1 Abs. 4, 5, 7, 8 u. 9.** Die **Gefahr der Überfremdung** insbes. von Wohngebieten oder gar deren allmähliche Umwandlung in ein Gebiet, das hinsichtlich seiner Nutzung weitgehend durch den tertiären Bereich ausgefüllt wird, sollte von den Gemeinden **bei Festsetzung von Wohngebieten** vor allem am Rande ihres Kernbereichs sorgfältig bedacht werden. Diese Sorgfalt wird besonders bei Gemeinden erforderlich sein, die als Oberzentren oder Mittelzentren aus der Natur der ihnen zugewiesenen Aufgaben der Standort für Dienstleistungsbetriebe jeglicher Art und der in Rn 4 angeführten Berufe sind. In diesem Sinne kann es sich empfehlen, über eine Festsetzung nach **§ 1 Abs. 4** i. V. m. Abs. 8 »Räume« i. S. v. § 13 auf bestimmte Teile von Wohngebieten zu beschränken oder sie nach **§ 1 Abs. 5** als nicht zulässig festzusetzen. Es ist auch möglich, nach § 1 Abs. 5 statt des gänzlichen Ausschlusses die Räume nur als *ausnahmsweise zulassungsfähig* festzusetzen. Ferner kann nach **§ 1 Abs. 7 Nr. 1 und 2** z.B. für ein WA- oder WB-Gebiet (§§ 4, 4 a) die Nutzung nach § 13 auf bestimmte Geschosse von Wohngebäuden beschränkt werden. Darüber hinaus ist bei der Festsetzung von WB-Gebieten zur Verhinderung einer Überfremdung des Gebiets durch freie Berufe die Anwendung des § 4a Abs. 4 angebracht (s. § 4a Rn 29–35).

8.1 Abs. 9 ermöglicht weitere Differenzierungen nach der **Art der Berufe** etwa dergestalt, dass z.B. Heilberufe (Ärzte, Institute zu besonderer Behandlung) in GE-Gebieten ausgeschlossen werden, wo sie nach § 13 sonst sogar in (eigenen) Gebäuden zulässig wären (ähnlich auch *Boeddinghaus*, § 13 Rdn. 8, der darüber hinaus meint, dass nach Abs. 9 auch die Zahl der zulässigen Räume innerhalb der Wohngebäude der Differenzierungsmöglichkeit unterliegt). Letztere Auffassung wird diess. für zu weitgehend und in der Planungspraxis auch kaum als praktikabel angesehen. (Es kommt nicht nur auf die Zahl der Räume, sondern vor allem [auch] auf deren Größe und Lage an.) Der Ausschluss einzelner Berufsarten in bestimmten Baugebieten nach § 1 Abs. 9 wird bereits eingehender Begr. bedürfen, um die »besonderen« städtebaulichen Gründe zu rechtfertigen; *übliche* städtebauliche Gründe reichen nicht aus.

Die differenzierende Festsetzung erfolgt in Textform.

Beispiel: In dem Teilgebiet des WR-Gebiets – Begrenzung durch bezeichnete Straßen A, B, C, D – sind Räume für Heilberufe und Berufe zur Besorgung fremder Rechtsangelegenheiten i.S.d. § 3 Rechtsberatungsgesetz im Erdgeschoss (und im 1. Obergeschoss) zulässig; im Übrigen sind Räume für die Nutzung nach § 13 unzulässig.

In SO-Gebieten ist es erforderlich, Räume und Gebäude für die freiberufliche **8.2** und artverwandte Tätigkeit i. S. v. § 13 entspr. der jeweiligen Zweckbestimmung des Sondergebiets **besonders festzusetzen** (Rn 1), z. B. für Arztpraxen und besondere Behandlungsinstitute in *Kurgebieten* oder für Schiffsmakler, Schiffsagenturen u. dergl. in einem *Hafengebiet* (§ 11 Rn 9.11).

Durch das abgestufte Instrumentarium mit seinen Gliederungs- und sonstigen Einschränkungsmöglichkeiten aufgrund der ÄndVO 1977 sind die Gemeinden in der Lage, möglichen Konflikten infolge der allgemeinen Zulässigkeit freiberuflicher und artverwandter Tätigkeit nach § 13 und insbes. nicht gewünschten Umnutzungen vorzubeugen. Mangels bisher *nicht genügender* vorsorgender Planungsentscheidungen hinsichtlich der Nutzungen nach § 13 mussten zur Eindämmung des teils überhand nehmenden Kfz-Verkehrs infolge der Berufsausübung i. S. v. § 13 Gemeinden bereits dazu übergehen, für eine Seite der Straßen in Wohngebieten ein Halteverbot anzuordnen, um den fließenden Verkehr zu gewährleisten.

d) Anwendung des § 15 und des Baugenehmigungsrechts zur Steuerung der **9**
Berufsausübung nach § 13; Einzelfälle. Das BVerwG hat in seinem U. v. 30.1.1970 (Fundst. Rn 5) gemeint, § 15 biete bei der Handhabung des § 13 eine ausreichende Sicherung gegen »gebietsfremde oder gebietsschädliche« Anlagen. Diese Auffassung ist von Rspr. und Schrifttum teilweise übernommen worden (vgl. *Bielenberg,* § 13 Rdn. 5, 8–9; *Förster,* § 13 Anm. 3; a. A. wie hier insbes. Hess. VGH, U. v. 8.11.1979 – IV OE 51/75 – BRS 35 Nr. 51 = BauR 1980, 251). Die städtebauliche Planung vorort zeigt, dass die Auffassung planungs**rechtlich** im Grundsatz zwar nicht zu beanstanden ist, in der **Umsetzung der Planung** die an sich erforderliche planerische Entscheidung der Gemeinde über deren geordnete städtebauliche Entwicklung aber der Baugenehmigungsbehörde überantwortet wird, die vielfach nicht Behörde der Gemeinde ist. Selbst wenn die Baugenehmigungsbehörde der gemeindlichen Verwaltung angehört, steht ihr das *Planungsermessen,* das lediglich der Rat der Gemeinde im Zuge der Festsetzungen im B-Plan ausüben kann, nicht zu. Es fehlt das planerische Konzept (s. Rn 7), in welchem Umfang die Gemeinde die Nutzung nach § 13 i. S. d. Zulassung von Dienstleistungs-Berufen (s. Rn 6.1) im B-Plan zu regeln gedenkt (geregelt hat), um gesunde Wohnverhältnisse (u. a. Vermeidung von Lärmquellen und Verbesserung der verkehrlichen Situation) sicherzustellen.

Soll die »Wohnartigkeit« der Berufsausübung auch künftig als wesentlicher **9.1** Maßstab städtebaulicher Beurteilung dienen – **ohne eine quantitative Beschränkung der Nutzfläche** innerhalb der Wohngebäude –, dürfte § 15 Abs. 1 für die Frage der **Unzulässigkeit im Einzelfall** häufig nicht anwendbar sein. Die Schwierigkeit liegt in der Praxis bei der bauaufsichtlichen Genehmigung unter bauplanungsrechtlichen Gesichtspunkten. Die wohnartige Berufsausübung etwa durch eine (erst) neu zu eröffnende Anwaltspraxis oder eine Arztpraxis, die in das eigene Wohnhaus eines WR-Gebiets verlegt wird, kann in jedem einzelnen Fall kaum als »gebietsschädlich« angesehen werden, obwohl mehrere derartiger freiberuflicher Tätigkeiten **in der Summe** zur erheblichen Störung des Wohngebiets führen können. Das **Problem für die Genehmigung** liegt in der Unsicherheit, **wann die quantitative Inanspruchnahme** (nach Anzahl oder Umfang) von »Räumen« der Wohngebäude eines Wohngebiets **in einen qualitativ nachweisbaren Widerspruch** zur Eigenart des Wohngebiets gerät. Werden Räume von vornherein für eine bestimmte freiberufliche Nutzung

§ 13 9.11, 9.2

vorgesehen und dafür insbes. die Stellplatzpflicht erfüllt, dürfte es schwerfallen, die wohnartige Nutzung unter den Voraussetzungen des § 15 abzulehnen, wenn ihr eine rechtlich abgesicherte Planungsvorgabe der Gemeinde fehlt (s. Rn 7, 9).

9.11 Ein von einer **Wirtschaftsprüfer- und Steuerberaterpraxis** in der Rechtsform der GmbH genutztes, aus vier zusammengefassten Wohneinheiten bestehendes Büro mit einer Bürofläche von 268,70 m² entspricht wegen seiner Größe nicht den Voraussetzungen einer freiberuflichen oder dieser ähnlichen Berufsausübung i. S. d. § 13 BauNVO (Hess. VGH, U. v. 4.7.1991 – 4 UE 1422/87 – BRS 52 Nr. 60).

»*Es handelt sich zwar grundsätzlich um eine freiberufliche Berufsausübung*«. »*Die von der Klägerin als Büro genutzte Wohnfläche von 268,70 m² ist jedoch mit einer wohnartigen Nutzung, wie sie von § 13 BauNVO vorausgesetzt wird, nicht mehr zu vereinbaren*« (Hess. VGH, aaO.; wird in den **Gründen** ausf. dargelegt).

9.2 Ähnliche Probleme wirft die Frage auf, ob und inwieweit die **Nutzungsänderung von Räumen** eines Gebäudes – etwa eine bislang zum Wohnen genutzte 3-Zimmer-Wohnung in einem Mehrfamilienhaus eines WA-Gebiets soll künftig als Anwaltspraxis genutzt werden – baugenehmigungspflichtig ist. Der Leitsatz 1 des Hess. VGH (U. v. 8.11.1979 – IV OE 51/75 – BRS 35 Nr. 51, § 3 Rn 22.1) trifft auf den entschiedenen Fall (Umwandlung der Erdgeschosswohnung in Büroräume der kaufmännischen Verwaltung eines Gebäudereinigungsbetriebes) zwar in vollem Umfange zu. Die weiteren *Ausführungen* dazu sind aber *nicht bedenkenfrei*. Die Nutzungsänderung sei auch aus planungsrechtlichen Gründen genehmigungspflichtig, »*und zwar unabhängig davon, ob es sich bei der Nutzung der Wohnung für die Zwecke der Gebäudereinigungsfirma des Klägers um im reinen Baugebiet zulässige Nutzung i. S. des § 13 BauNVO handelt oder nicht.*« Die *Möglichkeit* der planungsrechtlichen Erheblichkeit reiche bereits aus, um die Genehmigungspflichtigkeit der Änderung zu begründen (so Hess. VGH, aaO.). Erfolgt statt einer Wohnnutzung eine *wohnartige* Nutzung i. S. v. § 13 und **ändert sich die Stellplatzpflicht nicht,** würde *ein Beharren* auf der generellen Genehmigungspflicht einer Nutzungsänderung auch in den genannten Fällen dem Anliegen des Gesetzgebers *widersprechen,* für Bagatellfälle, die keine bodenrechtliche Relevanz auslösen oder Nachteile für die Sicherheit und Ordnung bewirken, die Bürger dennoch einer (gebührenpflichtigen) Baugenehmigung zu unterwerfen (aA. *Knaup/Stange,* § 13 Rdn. 24, die sich ohne Anführung der Entscheidung des Hess. VGH dessen Auffassung angeschlossen haben). Nach § 62 Abs. 2 MBO 1993 bedarf **keiner Baugenehmigung** die Nutzungsänderung einer Anlage, wenn für die neue Nutzung keine anderen oder weitergehenden öffentlich-rechtlichen Vorschriften gelten als für die bisherige Nutzung.

Die Schwierigkeit, Nutzungsänderungen im Rahmen des § 13 – ohne vorgegebenes städtebauliches Konzept z. Regelung der Dienstleistungs-Berufe (s. Rn 7, 9) – der Genehmigungspflicht zu unterwerfen, zeigt sich auch an diesbezüglichen *allgemeinen* Hinweisen des BVerwG, wonach die beabsichtigte Nutzungsänderung den jeweiligen Gebietscharakter wahren muss. Der spezifische Gebietscharakter muss – auch für das einzelne Gebäude – gewahrt bleiben. Daraus folge, dass die geänderte Nutzungsweise auch für das einzelne Gebäude nicht prägend werden darf (so BVerwG, U. v. 25.1.1985 – 4 C 34.81 – BRS 44 Nr. 47).

4. Schwächen der Vorschrift in städtebaulicher Hinsicht; Änderungsvorschläge

Die **Schwäche der Vorschrift** liegt insbes. darin, dass die (allgemeine) Zulässigkeit von Nutzungen nach § 13 ihre weitreichenden städtebaulichen Auswirkungen nicht erkennen lässt. **Ohne differenzierte Einschränkungen in den Wohngebieten** (Rn 8), die bis zur ÄndVO 1977 nicht gegeben waren und deren Inanspruchnahme die Gemeinden wegen der frühzeitigen Festlegung und möglichen Abgrenzungsschwierigkeiten scheuen könnten, würde die Vorschrift des § 13 – weiterhin – zu weitgreifenden Umnutzungen von Wohngebieten führen können. Infolge der fehlenden Festlegung eines bestimmten Anteils der Wohngebäude, der anderen als Wohnzwecken, nämlich als Räume für freiberuflich Tätige, dienen darf, besteht ein Rechtsanspruch darauf, in den Wohngebieten nach §§ 3, 4 Wohngebäude zu errichten, in denen nach den Bauvorlagen überwiegend »Räume für die Berufsausübung freiberuflich Tätiger« vorgesehen sind. Der Bauantragsteller wird im Zeitpunkt der Bausuchsstellung häufig noch nicht übersehen können, an wen er die vorgesehenen »Räume für freie Berufe« später vermietet. In diesen Fällen wird die **Generalklausel des § 15 leerlaufen.** Wer die Planungspraxis kennt, weiß, dass es kaum hinreichend bestimmt werden kann, ab wann und aus welchen Gründen Räume zur Nutzung nach § 13 »im Einzelfall unzulässig« sind. Die gleiche Schwierigkeit gilt für die Frage der Unzulässigkeit in Bezug auf »Belästigungen oder Störungen«, die von den Räumen i.S.v. § 15 Abs. 1 **Satz 2** ausgehen können.

Die »Wohnartigkeit« trifft nur noch in begrenzter Weise auf die Tätigkeit **innerhalb der Räume** zu (Arbeit am Schreibtisch oder Zeichenbrett), losgelöst von dem unterschiedlichen und komplexen Berufsbild der unter § 13 fallenden Berufe (Rn 4–4.2). Die Praxis eines Arztes für Röntgenologie oder für Orthopädie mit den bekannten Berufsbildern, eines Tierarztes oder einer Anwaltssozietät mit Fernschreiber und modernen Büromaschinen kann bei der fortgeschrittenen Technik unserer modernen Industriegesellschaft kaum noch als »wohnartige« Beschäftigung angesehen werden.

Es ist allgemein bekannt, dass Arzt, Rechtsanwalt und Notar heutzutage überwiegend mit dem Kfz aufgesucht werden. Bei nur *einer* gutgehenden Praxis für Allgemeinmedizin kann das an einem Tag bis zu 80 zusätzlichen Kfz-Bewegungen in der Wohnstraße führen. Das Beispiel kann beliebig vermehrt werden. Abgesehen von der häufigen Unruhe in den Wohngebäuden selbst werden Wohngebiete in erster Linie durch den Kfz-Verkehr, insbes. den Verkehrslärm, gestört. Nicht von ungefähr werden gerade in den Wohngebieten erhebliche Anstrengungen zur Verbesserung des Wohnumfeldes durch Maßnahmen der Verkehrsberuhigung unternommen. Dass die nachhaltig wirksamste Verkehrsberuhigung durch planerische Steuerung erfolgt, nämlich so wenig Verkehr wie möglich in die Wohnbereiche zu ziehen, liegt auf der Hand.

Dem hätte der VOgeber durch Änderung des § 13 Rechnung tragen sollen.

Es wäre aus städtebaulichen Gründen, vor allem zur Erhaltung des Charakters der Wohngebiete und zur Verhinderung vermeidbarer Störungen (und Belästigungen) durch Kfz-Verkehr, angebracht, bei einer *erneuten* Novellierung des § 13 die berufliche Nutzung von Räumen und Wohnungen in Wohngebäuden in sinngemäßer Anwendung des städtebaulichen Gedankens aus § 4a auf einen bestimmten Flächenanteil zu beschränken, wie das nach § 4a Abs. 4 für WB-Gebiete durch besondere Festsetzungen möglich ist. Es könnte z.B. bestimmt werden, dass ein Wohngebäude diese Eigenschaft verliert, wenn mehr als die Hälfte der Wohn- und Nutz*fläche* des Gebäudes anderen als Wohnzwecken

§ 14

dient bzw. zugeführt wird. Eine Überschreitung würde dann als Nutzungsänderung des Wohngebäudes anzusehen sein, die planungsrechtlich genehmigungspflichtig wäre. Sie wäre in unmittelbarer Anwendung des § 15 unzulässig, weil die Überschreitung nach »Umfang oder Zweckbestimmung« der Eigenart der Wohnbaugebiete nach §§ 2–4 widersprechen würde. Die Ausführungen des BVerwG zur Frage eines bestimmten Flächenanteils der Berufsausübung nach § 13 an der Wohnnutzung (Rn 7) kann lediglich als eine Art »Notbremse« verstanden werden. Hier muss der VOgeber Klarheit schaffen.

Durch die Festlegung eines bestimmten Flächenanteils wäre zum einen eine einfache planungsrechtliche Handhabung gewährleistet. Zum anderen würden die Gemeinden für weite Bereiche der nicht immer leicht zu treffenden Entscheidung – teilweise abhängig von der Zusammensetzung des Rates – enthoben, Reglementierungen zu § 13 im B-Plan vornehmen zu müssen. Für WR-Gebiete, die weitgehend dem Wohnen dienen, sollte überlegt werden, die Berufsausübung in Räumen nach § 13 nur als ausnahmsweise zulassungsfähig zu regeln, umso die Bemühungen zur Verbesserung des Wohnumfeldes durch höchstmögliches Fernhalten wohnquartierfremden Kfz-Verkehrs zu unterstützen.

11.1 Schließlich sollte überlegt werden, ob es nicht angebracht ist, zwischen »**Räumen**« und *zusätzlich* »**Wohnungen**« zu unterscheiden. In *Einfamilien*häusern kann die Berufsausübung nach § 13 lediglich in *Räumen* (als unterschiedlich großer Anteil des Wohngebäudes) erfolgen. In *Mehrfamilien*häusern sind dagegen »*Wohnungen*« die maßgebende (Wohn-)Einheit, die zwar unterschiedlich groß sein können. Deshalb kann nicht immer *auf die Anzahl* der Wohnungen allein abgestellt werden, die zur Nutzung durch Berufe nach § 13 zur Verfügung stehen. Der Begriff Räume ist als städtebauliches Zulässigkeitsmerkmal i. S. v. § 13 in Mehrfamilienhäusern i. A. aber ungeeignet. Stellt man lediglich auf Räume u. evtl. einen bestimmten Wohnflächenanteil ab, könnten (dennoch) praktisch alle Wohnungen für Tätigkeiten nach § 13 genutzt werden. Durch Einführung des Begriffs Wohnungen könnte dagegen die städtebauliche Einwirkungsmöglichkeit (noch) flexibler gestaltet werden.

§ 14 Nebenanlagen

(1) Außer den in den §§ 2 bis 13 genannten Anlagen sind auch untergeordnete Nebenanlagen und Einrichtungen zulässig, die dem Nutzungszweck der in dem Baugebiet gelegenen Grundstücke oder des Baugebiets selbst dienen und die seiner Eigenart nicht widersprechen. Soweit nicht bereits in den Baugebieten nach dieser Verordnung Einrichtungen und Anlagen für die Tierhaltung zulässig sind, gehören zu den untergeordneten Nebenanlagen und Einrichtungen im Sinne des Satzes 1 auch solche für die Kleintierhaltung. Im Bebauungsplan kann die Zulässigkeit der Nebenanlagen und Einrichtungen eingeschränkt oder ausgeschlossen werden.

(2) Die der Versorgung der Baugebiete mit Elektrizität, Gas, Wärme und Wasser sowie zur Ableitung von Abwasser dienenden Nebenanlagen können in den Baugebieten als Ausnahme zugelassen werden, auch soweit für sie im Bebauungsplan keine besonderen Flächen festgesetzt sind. Dies gilt auch für fernmeldetechnische Nebenanlagen sowie für Anlagen für erneuerbare Energien, soweit nicht Absatz 1 Satz 1 Anwendung findet.

§ 14

BauNVO 1977:

(1) *unverändert.*

(2) Die der Versorgung der Baugebiete mit Elektrizität, Gas, Wärme und Wasser sowie zur Ableitung von Abwasser dienenden Nebenanlagen können in den Baugebieten als Ausnahme zugelassen werden, auch soweit für sie im Bebauungsplan keine besonderen Flächen festgesetzt sind.

BauNVO 1962 und 1968:

(1) Außer den in den §§ 2 bis 13 genannten Anlagen sind auch untergeordnete Nebenanlagen und Einrichtungen zulässig, die dem Nutzungszweck der in dem Baugebiet gelegenen Grundstücke oder des Baugebiets selbst dienen und die seiner Eigenart nicht widersprechen. Im Bebauungsplan kann die Zulässigkeit solcher Nebenanlagen und Einrichtungen eingeschränkt oder ausgeschlossen werden.

Abs. 2 wie BauNVO 1977.

Erläuterungen

Übersicht

		Rn		
1.	Zum Anwendungsbereich; Änderung aufgrund der ÄnderungsVOen 1977 und 1990; zum Nachbarschutz	1	–	2.2
2.	Begriff »untergeordnete Nebenanlagen«	3	–	4.2
3.	Nebenanlagen und Einrichtungen	5	–	8.1	**Abs. 1 Satz 1**
a)	Voraussetzungen der Zulässigkeit	5	–	5.3	
b)	Zulässigkeit in Bezug auf die Grundstücke oder das Baugebiet selbst	6	–	7.32	
c)	Einschränkung oder Ausschluss von Nebenanlagen; Verhältnis zu § 23 Abs. 5	8	–	8.1	**Abs. 1 Satz 3**
4.	Werbeanlagen und (Waren-)Automaten als Nebenanlagen; sonstige Nebenanlagen	9	–	10.3	
a)	Werbeanlagen	9	–	9.6	
b)	Warenautomaten	10	–	10.1	
c)	Zur Frage, ob u. inwieweit verglaste bauliche Anlagen (»Wintergärten«) Nebenanlagen sein können	10.2	–	10.3	
5.	Nebenanlagen für die Versorgung, Abwasserbeseitigung, fernmeldetechnische Nebenanlagen sowie für Anlagen für erneuerbare Energien, Mobilfunkanlagen	11	–	11.8	**Abs. 2**
6.	Weitere Fälle zur (Un-)Zulässigkeit von Nebenanlagen	12	–	14	

Schrifttum

Dückert/Millarg/ Reinmuth/ Spengelin	Mindestanforderungen an Wohnfolgeeinrichtungen in citynahen Stadtteilen, in: Schriftenreihe Landes- und Stadtentwicklungsforschung NW, Bd. 2006 (Pilotstudie)
Dietlein	Zur baurechtlichen Problematik sog. Himmelsstrahler, BauR 2000, 1682
Ecker	Die Zulässigkeit von Windenergieanlagen nach dem Bau- und Naturschutzrecht, VBlBW 2001, 173
Friedrich	Anlagen der Außenwerbung in der neueren Rechtsprechung, BauR 1996, 504

Herkner	Mobilfunk in der Bauleitplanung, BauR 2006, 1399
Hildebrandt	Neuartiges Licht am Himmel des Verwaltungsrechts, VBlBW 1999, 250
Hornmann	Windkraft – Rechtsgrundlagen und Rechtsprechung, NVwZ 2006, 969
Kersting	Zur baurechtlichen Einordnung von Werbeanlagen, DVBl. 1982, 755
Krist	Planungsrechtliche Steuerungsmöglichkeiten der Gemeinden bei der Ansiedlung von Mobilfunkbasisstationen, BauR 2000, 1130
Lühle	Nachbarschutz gegen Windenergieanlagen, NVwZ 1998, 897
Ogiermann	Bauplanungsrechtliche Hindernisse der Errichtung von Windkraftanlagen, NVwZ 1993, 964
Temme	Wintergärten, Glasanbauten, Überkopfverglasungen, Deutsches Architektenblatt 12/1986
Wehr	Mobilfunk und Bauplanungsrecht, BayVBl. 2006, 453

(s. auch unter Schrifttum allgemein und zu den §§ 3, 4, 4a)

1. Zum Anwendungsbereich; Änderungen aufgrund der ÄnderungsVOen 1977 und 1990; zum Nachbarschutz

1 Nebenanlagen i. S. v. § 14 (z. Begriff s. Rn 3–4) sind in *allen* Baugebieten zulässig, mithin auch in SO-Gebieten zur Erholung (§ 10) und in sonstigen SO-Gebieten nach § 11. **Die Anwendung** der Vorschrift ist abhängig von der *bauplanungsrechtlichen* Zulässigkeit; diese regelt jedoch nicht die Zulässigkeit auf bestimmten Flächen innerhalb der Baugebiete oder des einzelnen Grundstücks. § 14 bildet insoweit nur eine **allgemeine Zulässigkeitsregelung** (ebenso *Förster*, § 14 Anm. 4). Die Frage, **wo** Nebenanlagen auf den Grundstücken errichtet werden dürfen, richtet sich nach der besonderen Vorschrift über überbaubare Grundstücksflächen (§ 23). Wegen ihrer untergeordneten Bedeutung können Nebenanlagen – anders als die »Haupt«anlagen i. S. d. §§ 2–13 – auch auf *nicht überbaubaren* Grundstücksflächen zugelassen werden (§ 23 Abs. 5 Satz 1; s. auch Rn 5). Wird im B-Plan festgesetzt, dass auf den nicht überbaubaren Grundstücksflächen Nebenanlagen i. S. d. § 14 nicht zugelassen werden dürfen, bleiben Nebenanlagen auf den *überbaubaren* Grundstücksflächen zulässig. Inwieweit derartige Nebenanlagen daneben auch in den *Abstandflächen* zulässig sind, bestimmt sich *nach dem Bauordnungsrecht* der Länder. Voraussetzung dafür ist jedoch, dass die Nebenanlagen auch nach dem vorrangig geltenden Bauplanungsrecht zulässig sind (ebenso *Bielenberg*, aaO., DVBl. 1963, 199). Mit der Festsetzung eines Baugebiets nach den §§ 2 ff. wird § 14 **Bestandteil** des B-Plans (§ 1 Abs. 3 S. 2).

Nach der ÄndVO 1990 sind die Grundflächen von Nebenanlagen i. S. des § 14 bei der Ermittlung der Grundfläche nunmehr mitzurechnen (§ 19 Abs. 4 Satz 1 Nr. 1). Durch die Grundflächen der Nebenanlagen darf die zulässige Grundfläche bis zu 50 v. H. überschritten werden, höchstens jedoch bis zu einer GRZ von 0,8.

§ 14 ist im Grundsatz nur in Baugebieten, die im B-Plan festgesetzt sind, anzuwenden. Ist ein SO-Gebiet nach § 11 festgesetzt, bedarf es auch in diesen SO-Gebieten keiner (zusätzlichen) ausdrücklichen Festsetzung von Nebenanlagen und Einrichtungen i. S. v. § 14. Das geht aus § 14 Abs. 1 Satz 1 hervor, der sich auf die »in den §§ 2–13 genannten Anlagen« bezieht (ebenso *Förster*, § 14 Anm. 2b).

Ist ein Vorhaben nach § 34 Abs. 2 BauGB zulässig, weil die *Eigenart der näheren Umgebung* nach der vorhandenen Bebauung einem der nach der BauNVO bezeichneten Baugebiete entspricht und ist das Vorhaben nach dem Zulässigkeitskatalog des Baugebiets zulässig – oder zulassungsfähig –, so sind auch **Nebenanlagen und Einrichtungen** nach § 14 Abs. 1 für das Grundstück oder den Bereich (nähere Umgebung), der dem Baugebiet nach der BauNVO entspricht, zulässig.

1.1

Die bauplanungsrechtliche Zulässigkeit von Nebenanlagen lässt die bauordnungsrechtlichen, insbes. *baugestaltungsrechtlichen* Vorschriften des Landesrechts unberührt (§ 29 Abs. 2 BauGB); d.h. diese Vorschriften sind außerdem noch zu beachten.

Außer den Nebenanlagen nach Abs. 1 sind in Abs. 2 die Nebenanlagen für die Versorgung, die Abwasserbeseitigung, für fernmeldetechnische Nebenanlagen sowie für Anlagen für erneuerbare Energien gesondert aufgeführt. Diese spezielle Regelung schließt die Anwendung des Abs. 1 auf die in Abs. 2 aufgeführten Nebenanlagen aus (Rn 11).

Durch den nach der ÄndVO 1977 in Abs. 1 eingefügten **Satz 2** wird klargestellt, dass **Anlagen und Einrichtungen für** die nichtgewerbliche Kleintierhaltung, insbes. für die Hobbytierhaltung (§ 3 Rn 23.1 f., § 4 Rn 15.1–16.10), zu den **zulässigen Nebenanlagen nach § 14 Abs. 1 gehören.** Die Zulässigkeit ist lediglich im selben Umfang wie die der anderen Nebenanlagen von den Voraussetzungen des § 14 Abs. 1 **Satz 1** (Rn 5) und darüber hinaus von den Zulässigkeitsvoraussetzungen des § 15 Abs. 1 abhängig. Bei ordnungsgemäßer, d.h. nicht unzulässig einschränkender Handhabung der Vorschrift des § 14 wäre die Klarstellung nicht erforderlich gewesen (zur Entstehungsgeschichte ausführlich *Bielenberg/Dyong*, aaO., Rdn. 454–458). Die Ansicht von *Bielenberg/Dyong*, dass Satz 2 praktische Bedeutung erlange, soweit eine Tierhaltung **nicht** zur Baugebietsnutzung gehöre, z.B. im WR-Gebiet (aaO., Rdn. 457), ist zumindest missverständlich. Auch in WR-Gebieten hat die Hobby-Tierhaltung seit jeher zum Nutzungszweck des Wohnens in seiner umfassenden Bedeutung gehört (§ 3 Rn 1–2; zur Tierhaltung s. Rn 7).

2

Gegen die **rechtswidrige Zulassung von Nebenanlagen** gewährt § 14 als Vorschrift zur Art der baulichen Nutzung in gleicher Weise Nachbarschutz wie die Baugebietsvorschriften und § 12; der Nachbar hat unabhängig von tatsächlichen oder unzumutbaren Beeinträchtigungen ein subjektiv-öffentliches Recht (vgl. statt vieler BVerwG, U. v. 16.9.1993 – 4 C 28.91 –, Fundst. Vorb. §§ 2 ff. Rn 22; zu einem Gebietserhaltungsanspruch bei einer massiven 4 m hohen und 16 m langen Sichtschutzmauer OVG NW, U. v. 25.4.2005 – 10 A 773/03 – BauR 2005, 1431 = BRS 69 Nr. 88; bestätigt durch BVerwG, B. v. 3.8.2005 – 4 B 47.04 – ZfBR 2005, 806). Bei einer Mobilfunkstation in einem reinen Wohngebiet können die betroffenen Nachbarn zwar nicht die Beeinträchtigung des Ortsbildes durch eine Mobilfunkstation rügen (OVG NW, B. v. 6.5.2005 – 7 B 2752/04 – BauR 2005, 1425/1429 f. = ZfBR 2005, 474/477 = BRS 69 Nr. 84), ggf. aber die Veränderung des Gebietscharakters durch die – auch optischen – Auswirkungen einer solchen Station erfolgreich geltend machen, wenn sich die aus der Relation zur vorhandenen baulichen Umgebung ergebende optische Dominanz auf den Gebietscharakter auswirkt (OVG NW, B. v. 6.5.2005 – 10 B 2632/04 – BauR 2005, 1284/1287 = ZfBR 2005, 478 = BRS 69 Nr. 83 unter Hinweis auf OVG NW, B. v. 25.2.2003 – 10 B

2.1

2417/02 – BauR 2003, 1011). Dagegen stören die optischen Auswirkungen einer Mobilfunkanlage den Gebietscharakter eines faktischen Dorfgebiets nicht (OVG NW, B. v. 13.3.2003 – 7 B 1717/02 – DÖV 2003, 832 =BRS 66 Nr. 90 = NWVBl. 2003, 382). Die Überlegung, dass Mobilfunkanlagen auch ihrer optischen Auswirkungen wegen möglicherweise zu einer wahrnehmbaren gewerblichen Ausformung führen und deshalb als gebietsfremd und den Gebietscharakter störend empfunden werden können, lässt sich auf ein faktisches Dorfgebiet wegen seiner typischen Mischstrukturen der Nutzungsarten nicht übertragen (so zutreffend OVG NW, B. v. 13.3.2003, aaO.).

2.2 Nach Auffassung des BVerwG (U. v. 28.4.2004, Fundst. § 3 Rn 24.1) steht einem Nachbarn in einem faktischen reinen Wohngebiet gegen eine private Schwimmhalle mit einer Grundfläche von 171 m², die nicht als Nebenanlage anzusehen ist, weil sie das Merkmal der funktionellen und räumlich-gegenständlichen Unterordnung nicht erfüllt, ein **subjektives Abwehrrecht auf Gebietswahrung** zu. Das BVerwG hat mit dieser Entscheidung das U. des OVG Hamb. (v. 30.7.2003 – 2 Bf 427/00 – UPR 2004, 278, 2. Leits.) aufgehoben. Das OVG Hamb. war – wie später auch das BVerwG – davon ausgegangen, dass eine Schwimmhalle dieses Ausmaßes zwar keine Anlage für sportliche Zwecke i. S. d. § 3 Abs. 3 Nr. 2 BauNVO sei, jedoch verletze ihre Genehmigung nicht den Gebietscharakter eines reinen Wohngebietes und der sich daraus ergebenden Nachbarrechte. Die zu große Dimensionierung der Anlage habe eine räumlich-gegenständliche Komponente, die das Maß der baulichen Nutzung betreffe, das i. d. R. nicht nachbarschützend sei und damit auch nicht unter den Gebietswahrungsanspruch falle. Diese letztere Rechtsauffassung des OVG Hamb. hat das BVerwG zu Recht nicht geteilt und hierzu ausgeführt:

»Die Gründe, die den Senat veranlasst haben, bei den Vorschriften, die das Maß der baulichen Nutzung regeln – insbesondere §§ 16 ff. BauNVO –, den Nachbarschutz grundsätzlich zu verneinen, gelten für eine das Gebot der Unterordnung nicht beachtende Nebenanlage nicht. Festsetzungen über das Maß der baulichen Nutzung lassen in aller Regel den Gebietscharakter unberührt und haben nur Auswirkungen auf das Baugrundstück und seine unmittelbar anschließenden Nachbargrundstücke. Davon kann bei Nebenanlagen, die die in § 14 BauNVO enthaltenen Voraussetzungen nicht erfüllen, nicht ausgegangen werden. Als Vorschrift der Art der baulichen Nutzung gewährt § 14 BauNVO dem Nachbarn unabhängig von tatsächlichen Beeinträchtigungen ein Abwehrrecht in Gestalt eines Gebieterhaltungsanspruchs. Ob dies auch für Nebenanlagen gilt, die die Anforderungen nach § 14 BauNVO nicht erfüllen, jedoch wegen ihrer Eigenart für die Bewahrung des Gebietscharakters ohne jede Bedeutung sind, kann hier offen bleiben. An diesem Nachbarschutz nimmt (zumindest) der Kläger teil, dessen Grundstück sich unmittelbar neben demjenigen des Beigeladenen befindet. ... Vorliegend besteht jedoch kein Zweifel, dass die unmittelbar benachbarten Grundstücke des Klägers und des Beigeladenen in derselben Weise geprägt sind und deshalb am maßgeblichen Austauschverhältnis teilhaben« (BVerwG, aaO.).

2. Begriff »untergeordnete Nebenanlagen«

3 Zu den Wesensmerkmalen einer **untergeordneten Nebenanlage** gehört, dass die Anlage sowohl in ihrer *Funktion* als auch *räumlich-gegenständlich* dem primären Nutzungszweck der in dem Baugebiet gelegenen Grundstücke (oder des Baugebiets selbst) sowie der diesem Nutzungszweck entspr. Bebauung dienend zu- und untergeordnet ist (so die klassische Definition des BVerwG, U. v. 17.12.1976 – IV C 6.75 – BRS 30 Nr. 117 = BauR 1977, 109 = DÖV 1977, 326; Hervorhebungen diess.); ferner OVG NW, U. v. 12.11.1974 (– X A 303/73 – BRS 28 Nr. 20); VGH BW, U. v. 13.4.1975 (– III 154/74 – BRS 29 Nr. 22 u. v. 26.6.1975 – III 995/74 – BRS 29 Nr. 91).

Eine dem Nutzungszweck des Grundstücks dienende **Neben**anlage hat im Hinblick auf die Hauptnutzung »*ähnlich wie Zubehör ... eine Hilfsfunktion*« (BVerwG, U. v. 7.5.1976 – IV C 43.74 – BRS 30 Nr. 56). Der durch diese Umschreibung eingegrenzte Begriffsinhalt kommt bereits in der Wortprägung »untergeordnete« »Neben«anlage zum Ausdruck. Die »nebensächliche« Bedeutung muss einmal *funktional* durch den der Hauptnutzung *dienenden* Zweck, zum anderen »optisch« im Hinblick auf die *räumliche* Unterordnung gegeben sein. Die Auffassung von *Bielenberg*, der Umfang der Nebenanlagen oder Einrichtungen habe zweitrangige Bedeutung, vorrangig sei »*die ausschließlich funktional zu verstehende Unterordnung*« (aaO., Rdn. 16), ist missverständlich. Der *funktionale* – untergeordnete – Zweck drückt sich im »dienen« aus, während die räumliche Nebennutzung i. Verh. z. Hauptnutzung bereits aus dem Begriff »untergeordnete« »Neben«anlage selbst ersichtlich ist (im Ergebnis ebenso *Förster*, § 14 Anm. 2 a – aa; BVerwG, U. v. 17.12.1976, aaO.). Die nebensächliche Bedeutung i. Verh. z. Hauptanlage zeigt sich darin, dass die Nebenanlage *für sich keine Daseinsberechtigung* hat.

Nebenanlagen sind dem Begriff nach bauliche Anlagen; der Begriff ist insbes. durch die verwaltungsgerichtliche Rspr. ausgeformt worden. Danach fällt unter den Begriff jede Anlage, die künstlich hergestellt, geschaffen oder errichtet, also nach allgemeinem Sprachgebrauch »gebaut« ist (so schon RVerwG, U. v. 6.11.1941, Bd. 1, 132). Zu dem *bundesrechtlichen* Begriff i. S. v. § 29 BauGB muss noch hinzutreten, dass das Bedürfnis nach einer ihre Zulässigkeit regelnden verbindlichen Bauleitplanung bestehen muss, die bei Nebenanlagen in Bezug auf die Anlage der Hauptnutzung zu gelten hat (Näheres s. Vorb. §§ 2 ff. Rn 17–18). Der eigenständige bauplanungsrechtliche Begriff der baulichen Anlage ist insbes. für die Behandlung von Werbeanlagen und (Waren-)Automaten als Nebenanlagen von erheblicher Bedeutung (Rn 9). In dem bundesrechtlichen Begriff des § 29 BauGB kommt gleichzeitig zum Ausdruck, dass unter § 14 nur diejenigen Nebennutzungen fallen, die sich städtebaulich auswirken können (im gleichen Sinne *Förster* § 14 Anm. 1b; *Bielenberg*, § 14 Rdn. 2). **4**

Die Ausführungen bei *Ziegler*, in: *Brügelmann* zu § 14 Rdn. 15 f. und bei *Stock*, in: *K/R/S*, § 14 Rdn 10 zeigen, dass das »eigenständig« in Zusammenhang mit dem Begriff »bauliche Anlage« nicht hinreichend deutlich gemacht hat, dass es sich bei **Nebenanlagen** nach § 14 BauNVO stets um **selbständige** Nebenanlagen handelt. An sich sollte sich das bereits aus dem Begriff »bauliche Anlage« ergeben. Am augenfälligsten zeigt sich der Unterschied beim Schwimmbad (Schwimmbecken). Ein Schwimmbecken im Garten eines Wohngebäudes ist stets eine Nebenanlage. Dagegen ist ein Schwimmbad – gleich welcher Größe – in einem Wohngebäude stets Teil des Gebäudes und damit keine Nebenanlage. Das gilt auch dann, wenn es sich um eine größere Wohnungseigentumsanlage handelt und das Schwimmbad der Eigentümergemeinschaft als Gemeinschaftsanlage dient. Nichts anderes trifft auf alle baulichen Teilanlagen zu, die an ein Gebäude angebaut sind, etwa ein verglaster Anbau (Glasveranda) auf der Terrasse eines Wohngrundstücks, die später an ein Restaurant angebaute Toilettenanlage oder etwa eine Bundeskegelbahn im Keller oder Anbau einer Schank- und Speisewirtschaft (in diesem Sinne auch *Ziegler*, in: *Brügelmann*, 64. Lieferung September 2007, § 14 Rdn. 15 f.). Aus dieser Feststellung folgt, dass ein mit einem Gebäude verbundener eingeschossiger Anbau mit eigener Grundfläche bei der Ermittlung der Grundfläche nicht unter die Vergünstigung des § 19 Abs. 4 S. 1 Nr. 2 »Nebenanlage i. S. d. § 14« fällt (ebenso *Ziegler*, aaO.); die in einem Vollgeschoss eines Gebäudes befindliche größere Schwimmanlage bleibt bei der Ermittlung der Geschossfläche nach § 20 Abs. 4 als »Nebenanlage im Sinne des § 14« unberücksichtigt. **4.1**

§ 14 Abs. 1   4.11–5

4.11 Es ist in diesem Zusammenhang bereits darauf hinzuweisen, dass **Nebenanlage** i. S. v. § 23 Abs. 5. S. 1 nur Anlagen sein können, die nicht Bestandteil des (Haupt-)Gebäudes sind (Leits. BVerwG, B. v. 14.2.1994 – 4 B 18.94 – UPR 1994, 263 = ZfBR 1994, 193). Daraus folgt, dass das an ein Wohngebäude angebaute Schwimmbecken als Teil des Gebäudes, herausragend auf die nicht überbaubare Grundstücksfläche, nicht zulässig ist. Dagegen: Für die nach § 23 Abs. 5 S. 2 in den Abstandsflächen nach Landesrecht zulässigen oder zulassungsfähigen Anlagen gilt dies nicht (Hess. VGH, U. v. 18.3.1999 – 4 UE 997/95 – NVwZ-RR 1999, 628). Bei der Klärung, ob es sich um eine Nebenanlage i. S. d. § 14 handelt, ist **vor** den Zulässigkeitsvoraussetzungen nach Abs. 1 S. 1 zu prüfen, ob es eine *selbstständige* bauliche Anlage betrifft.

4.12 Ein **Himmelstrahler,** auch bekannt unter dem Begriff »Skybeamer«, ist eine bauliche Anlage i. S. d, § 29 BauGB und wegen seiner nur geringen Größe unproblematisch als untergeordnete Nebenanlage einzuordnen (*Dietlein*, BauR 2000, 1682/1686 f.). Dabei handelt es sich um oft mehrere tausend Watt starke Scheinwerfer, die gebündelte und rotierende Lichtstrahlen in den Nachthimmel schicken. Sie dienen nach dem Willen der Betreiber dazu, in den Abend- und Nachthimmel den Weg zu Diskotheken oder ähnlichen Vergnügungsstätten zu weisen.

4.2 **Nichtbauliche Anlagen** fallen unter den die »Nebenanlagen« erweiternden **Begriff »Einrichtungen«.** Da beide Begriffe unter denselben Zulässigkeitsvoraussetzungen des Abs. 1 **Satz 1** stehen, kommt es auf eine Abgrenzung im Einzelnen nicht an. Der Begriff Einrichtungen als planungsrechtlicher Begriff kann insbes. für Werbeanlagen (Anlagen der Außenwerbung) Bedeutung erlangen.

Bei den Nebenanlagen ist zwischen den Nebennutzungen nach Abs. 1 und den **Nebenanlagen für die Versorgung und Abwasserableitung** (Abs. 2) sowie den ihnen gleich gestellten fernmeldetechnischen Nebenanlagen u. Anlagen für erneuerbare Energien zu unterscheiden. Bei Letzteren handelt es sich stets um bauliche Anlagen. **Keine Nebenanlagen** i. S. v. § 14 sind Stellplätze und Garagen (§ 12). Das ergibt sich unmittelbar aus Abs. 1 **Satz 1**, wonach nur solche Anlagen, die in den Vorschriften der §§ 2–13 nicht aufgeführt sind, untergeordnete Nebenanlagen sein können.

3. Nebenanlagen und Einrichtungen (Abs. 1)

5 a) **Voraussetzungen der Zulässigkeit (Abs. 1 Satz 1).** Zu den Voraussetzungen gehört **erstens,** dass es sich um Anlagen von **untergeordneter** sachlicher Bedeutung handeln muss, was im Regelfall einen geringen räumlichen Umfang einschließt. Für die Untergeordnetheit i. S. d. geringfügigen Ausmaßes können die bauordnungsrechtlichen Vorschriften der LBOen über die Genehmigungsfreiheit bzw. ein vereinfachtes Genehmigungsverfahren einen Anhalt bieten.

Nebenanlagen müssen **zweitens** von der Hauptanlage in der Weise abhängig sein (»dienen«), dass sie ohne die dienende Funktion für sich allein keine Berechtigung haben. Der – dienende – Nutzungszweck kann auch dem Baugebiet selbst zugute kommen (Rn 6).

Nebenanlagen nach Abs. 1 dürfen drittens der Eigenart des Baugebiets nicht widersprechen. Außer der *allgemeinen* Zweckbestimmung der Baugebiete nach den §§ 2–10 und der jeweiligen Festsetzung nach § 11 Abs. 2 für Sondergebiete ist vor allem die *tatsächlich* vorhandene Bebauung des Gebiets (»seiner« Eigenart) zu berücksichtigen. Es muss sich stets um eine Nutzung handeln, die ihrem Umfang nach nicht über das hinausgeht, was nach der Verkehrsanschauung in dem jeweiligen Baugebiet üblich ist (OVG NW, U. v. 12.11.1974 – X A 303/73 – BRS 28 Nr. 20 = BauR 1975, 110).

Mit dieser Voraussetzung ist ein Tatbestandsmerkmal des § 15 Abs. 1 vorweggenommen. Der Eigenart von Wohngebieten widersprechen z. B. *Werbeanlagen* (Suggestiv- und Erinnerungswerbung), ausgenommen Hinweisschilder für freiberuflich Tätige und artverwandte Berufe i. S. v. § 13. Von außerhalb auf ein Baugebiet erfolgende Einwirkungen wie Immissionen von angrenzenden GE- oder GI-Gebieten, Verkehrslärm von einer Straße (Bundesautobahn), Schienenbahn oder von einem Flugplatz ändern die Eigenart des Gebiets auch dann nicht, wenn sie neu auftreten (*Förster*, § 14 Anm. 2 a-cc). Für Nebenanlagen enthält § 14 Abs. 1 Satz 1 mithin selbst die die Zulässigkeit einschränkenden Voraussetzungen, so dass für die dort geregelten Einrichtungen auf die Zulässigkeitstatbestände des § 15 nur hilfsweise zurückgegriffen zu werden braucht. Soweit die Zulässigkeitsvoraussetzungen des Abs. 1 Satz 1 die Regelungen des § 15 Abs. 1 nicht vorwegnehmen, können sie u. U. durch Letztere ergänzt werden. **Nebenanlagen sind** ferner **nicht zulässig,** wenn von ihnen *Belästigungen oder Störungen* i. S. v. § **15 Abs. 1 Satz 2** ausgehen *können*. Bei emittierenden Nebenanlagen, deren Zulässigkeit sich aus § 14 i. V. m. § 15 ergibt, ist stets zu prüfen, ob die von ihnen ausgehenden Belästigungen oder Störungen nach **der Eigenart des Baugebiets** zumutbar sind oder durch geeignete technische Maßnahmen auf den entsprechenden Störgrad gemindert werden können.

5.1

In diesem Sinne ist die Frage, ob ein nach den §§ 4 ff. BImSchG genehmigungspflichtiges *Heizkraftwerk* als Nebenanlage eingestuft werden kann, nur von der jeweiligen Hauptnutzung her, der es zu- und untergeordnet ist, oder dem Baugebiet (nach dessen Zweckbestimmung u. Umfang), dem es dienen soll, zu beantworten (s. auch § 6 Rn 12–12.2). Dem Leitsatz des OVG Bln, »*Ein nach § 4 BImSchG genehmigungspflichtiges Heizwerk ist grundsätzlich keine Nebenanlage im Sinne von § 14 BauNVO*« (U. v. 27.11.1981 – 2 A 1.80 – BRS 38 Nr. 7 = UPR 1982, 127 = ZfBR 1982, 45), kann nicht beigepflichtet werden. Die Genehmigungspflichtigkeit bestimmter, im Anh. zur 4. BImSchV aufgeführter Anlagen ist nicht immer einsichtig. Jedenfalls trifft nicht *generell* die Aussage zu, dass dem vereinfachten Genehmigungsverfahren nach § 19 BImSchG i. V. m. § 2 der 4. BImschV unterliegende (genehmigungsbedürftige) Anlagen keine Nebenanlagen i. S. v. § 14 sein können (§ 6 Rn 12–12.2). Die *Zulässigkeit* von Nebenanlagen **bedarf** jedoch ebenso wie die Hauptnutzung **einer sorgfältigen Prüfung,** es sei denn, es handelt sich um ein offensichtliches »Anhängsel« einer Hauptnutzung. Im Rahmen der Zulässigkeitsprüfung gebietet die dritte Voraussetzung (kein Widerspruch zur Eigenart des Baugebiets) besondere Beachtung. Es wäre planungsfehlerhaft, wenn eine **Abwägung der verschiedenen Belange** etwa deshalb unterbliebe, weil es sich (nur) um eine »Neben«anlage handelt. **Ist** das **Vorhaben nicht eindeutig als Nebenanlage** zu qualifizieren, kann sich *in Zweifelsfällen* bei der (öffentlichen) Versorgung oder Entsorgung einer bestimmten öffentlichen Einrichtung (z. B. Krankenhauskomplex) oder eines bestimmten Baugebiets (z. B. SO-Gebiet für einen Hochschulkomplex) zur erforderlichen Transparenz der städtischen Planung eine Festsetzung nach § 9 Abs. 1 Nr. 12 bzw. Nr. 14 BauGB (*trotz Nichterforderlichkeit* nach § 14 Abs. 2) empfehlen. Hinsichtlich der *Transparenz der Planung* sollte die öffentliche Hand (im weitesten Sinne verstanden) stets als Vor-

5.2

§ 14 Abs. 1 5.3–6.11

bild wirken. Die Aussage im U. des OVG Bln v. 27.11.1981 (aaO.), es sei »*seit jeher ganz herrschende Meinung, dass Heizwerke keine Nebenanlagen i.S. von § 14 Abs. 1 BauNVO sind*«, trifft so nicht zu. Diess. ist stets eine **differenzierte Betrachtungsweise** für erforderlich gehalten worden (so schon 4. Aufl., § 14 Rn 6).

5.3 Die Nebenanlagen und Einrichtungen, die unter den Voraussetzungen des Satzes 1 in den Baugebieten allgemein zulässig sind, unterliegen hinsichtlich der Zulassung auf den nicht überbaubaren Grundstücksflächen (§ 23 Abs. 5) der Ermessensentscheidung – »können« – der Genehmigungsbehörde (§ 23 Rn 19; a. A. *Förster*, § 14 Anm. 4, wonach es sich um eine ausnahmsweise Zulassung handeln soll); der eindeutige Wortlaut des § 23 Abs. 5 gibt für letztere Auffassung einer *Ausnahme*regelung keinen Raum.

6 b) **Zulässigkeit in Bezug auf die Grundstücke oder das Baugebiet selbst (Abs. 1 Satz 1). Die Zulässigkeit im Einzelnen** richtet sich nach dem Nutzungszweck des jeweiligen Grundstücks oder des Baugebiets und nach dessen besonderer Eigenart. So können als Nebenanlagen *insbes*. in Betracht kommen (zu **Einzelfällen** s. Rn 12–14): **für WS-Gebiete** der Wirtschaftsteil einer Kleinsiedlung (§ 2 Rn 5.3), wenn es ein eigenständiger Teil ist; für **Wohngebiete** (§§ 3, 4), z.B. für die Wohngrundstücke: Gartenlauben, Geräteräume, Einrichtungen (Schränke) für Abfallbehälter (»Mülltonnen«), Teppichklopfgerüste, gemauerte Kompostanlagen, freistehende Waschküchen, Gewächshäuser, Schwimmbecken, Kleinschwimmhallen (§ 3 Rn 23), Tragluftschwimmhalle (§ 3 Rn 24.1), jedoch nicht eine private Schwimmhalle in einem reinen Wohngebiet mit einer Länge von 16 m, einer Breite von 13 m und einer Gesamtfläche von 171 m² (BVerwG, U. v. 28.4.2004, Fundst. § 3 Rn 24.1) oder ein privater Schwimmhallenanbau von 7 m Tiefe und 11 m Breite (OVG Bln., U. v. 1.12.2004 – 2 B 14.03 – BRS 67 Nr. 69), weil der Anbau in die Hauptnutzung integriert ist und damit Teil des Wohngebäudes geworden ist. Die bauliche und funktionelle Verbindung zwischen dem Wohnhaus und der Schwimmhalle nehme dem Schwimmhallenanbau die Eigenschaft einer Nebenanlage, weil Nebenanlagen nur bauliche Anlagen sein können, die nicht zugleich Bestandteil des Hauptgebäudes sind.

Für die Zulässigkeit als Nebenanlagen kommt es darauf an, dass sie sich dem Wohngrundstück, dem sie zu dienen bestimmt sind, *zwanglos unterordnen*. Dabei sollte kein kleinlicher Maßstab angelegt werden. Handelt es sich um Wohngebäude mit Eigentumswohnungen, sollte mindestens eine Fläche von 10 % der Wohnfläche je Wohneinheit zusätzlich für Nebenanlagen, die der »Fit-Erhaltung« dienen, wie Sauna, Federballplatz, Schwimmbecken, zugelassen werden.

6.1 Ein als »Abstellraum« deklariertes Nebengebäude ist an der Nachbargrenze unzulässig, wenn es nach seiner Ausgestaltung auch als Aufenthaltsraum geeignet ist. Die Genehmigung eines solchen unechten Abstellgebäudes kann der betroffene Nachbar selbst dann mit Erfolg anfechten, wenn es an seine eigene Grenzgarage angebaut werden soll, weil beide Grenzbauten sich in ihrer Nutzung nicht entsprechen (Nds. OVG, U. v. 26.4.1993 – 6 L 169/90 – MDR 1993, 759).

6.11 Zur **Zulässigkeit von Antennen** auf Wohngrundstücken ist ein B. des **BVerwG** v. 23.6.1993 (– 4 B 7.93 – soweit ersichtlich n. v.) von Bedeutung. Danach erfüllen private **Antennen für Rundfunk, Fernsehen und Amateurfunk** die Voraussetzung, dass sie dem Nutzungszweck des Wohngrundstücks dienen. Eine auf dem Dach des Wohnhauses errichtete Anlage aus Rundfunk- und Fernsehantennen sowie einer drehbaren Amateurfunkantenne in einer Höhe von 5,5 m mit einem Drehradius von 5,2 m ist – z. B. – eine untergeordnete Nebenanlage. Bei der hier strittigen Antennenanlage, so die Ausführungen des BVerwG, kann nicht zweifelhaft sein, dass es sich um eine **untergeordnete Nebenanlage zum Wohngebäude** handelt. An dem Merkmal der räumlich-gegenständlichen Unterordnung würde es nur dann fehlen, wenn die Nebenanlage wegen ihrer Abmessungen als der Hauptanlage gleichwertig erscheint oder diese gar optisch verdrängt (vgl. BVerwG, U. v. 18.2.1983 – 4 C 18.81 –). Des Weiteren ist nicht zweifelhaft, dass nicht nur eine Rundfunk- und Fernsehantenne, sondern auch die Antenne eines Amateurfunkers grundsätzlich dem Nutzungszweck eines Wohngrundstücks dient. Auch die Amateurfunkantenne hat keinen gegenüber dem Wohnen selbständigen Nutzungszweck; sie dient vielmehr der Freizeitgestaltung (wird weiter ausgeführt). Eine solche Antenne ist deshalb nur dann in einem reinen Wohngebiet nicht zulässig, wenn sie der **Eigenart dieses Wohngebiets widerspricht.** Diese Frage kann indes nicht abstrakt beantwortet werden, da es insoweit auf die konkreten Umstände des Einzelfalls ankommt (BVerwG, aaO.; vgl. *Ziegler*, in: *Brügelmann*, 64. Lieferung, Sept. 2007, § 14 Rn 35); s. auch § 3 Rn 24.5.

Nach dem B. des Hess. VGH v. 26.6.2001 (– UZ 1428/01 – UPR 2002, 348) kann eine insgesamt **17,6 m hohe Amateurfunkantenne** auf einem 15 m hohen Stahlgittermast der Eigenart eines reinen Wohngebiets mit typischer Einfamilienbebauung widersprechen.

Dagegen kann eine **Amateurfunkantenne** mit einer maximal zulässigen Höhe von 17 m und einer normalen Betriebshöhe von 14,80 m in einem reinen Wohngebiet hinsichtlich der Art der baulichen Nutzung als untergeordnete Nebenanlage gem. § 14 Abs. 1 S. 1 BauNVO zulässig sein (BayVGH, U. v. 15.12.2005 – 1 B 03.144 –). Das Gericht hat aber eine Unzulässigkeit des Vorhabens wegen Überschreitung des Nutzungsmaßes durch den maximal bis zu einer Höhe von 17 m ausfahrbaren Masten bei einem Abstand von etwa 1,20 m zum Nachbargrundstück wegen Verletzung des Gebots der Rücksichtnahme aus den besonderen Umständen des Einzelfalls hergeleitet.

Eine **Brennholzablagerung** in Form aufgeschichteter Holzstöße mit einem Gesamtvolumen von ca. 50 cbm in einem reinen Wohngebiet kann eine gem. § 14 BauNVO zulässige Nebenanlage sein, wenn das gelagerte Holz ausschließlich zur Beheizung des auf dem Grundstück stehenden Gebäudes verwendet wird (**Leits.** des OVG Saarl., U. v. 26.11.1996 – 2 R 20/95 – BRS 58 Nr. 175).

In den Gründen hat der Senat in (sehr) ausf. u. überzeugender Weise dargelegt, dass die umstrittene Brennstofflagerung nicht im Widerspruch zu den Festsetzungen des B-Plans über die zulässige Art der baulichen Nutzung erfolgt. Das gelagerte Brennholz wird ersichtlich ausschließlich zur Beheizung des auf dem Grundstück stehenden Wohnhauses und nicht für sonstige Zwecke, etwa zur Veräußerung an Dritte, verwendet. Mithin handelt es sich um eine »unselbständige«, im räumlichen Zusammenhang mit der auf dem Grundstück ausgeübten Hauptnutzung »Wohnen« erfolgende und dieser dienende Ablagerung (wird weiter ausgeführt). Es kann keine Rede davon sein, dass die Brennholzlagerung der Eigenart des Baugebiets widerspräche. Auch die Lagerung von Brennholz außerhalb der auf dem Grundstück der Beigeladenen durch Baugrenzen festgesetzten überbaubaren Grundstücksfläche verletzt keine bauplanungsrechtlich geschützten Rechte der Kl. (wird ausf. dargelegt; OVG Saarl., aaO.).

§ 14   Abs. 1   6.3–7

Eine Nebenanlage (**Holzlege** mit 14,9 m Länge und 1,55 m Breite auf einer 20 m langen Stützmauer aus Natursteinen) gem. § 14 Abs. 1 S. 1 BauNVO, die im rückwärtigen Grundstücksbereich noch untergeordnet wirkt, kann im Vorgarten so dominant in Erscheinung treten, dass sie nicht mehr untergeordnet ist (BayVGH, U. v. 4.8.2004 – 1 B 01.2807 –).

Aus den **Gründen**: »*Ob eine einem Grundstück dienende Nebenanlage im Sinne von § 14 Abs. 1 S. 1 BauNVO untergeordnet ist, hängt nicht nur davon ab, in welchem Größenverhältnis sie zu der Hauptanlage auf dem Grundstück steht. Von Bedeutung ist auch die Wirkung der Anlage auf das Gebiet. Diese hängt auch vom Standort der Anlage, vor allem aber von ihrem Erscheinungsbild, dem optimalen Gesamteindruck ab.*«

Für das Wohngebiet selbst kommen in Frage: Gemeinschaftswaschanlagen entspr. dem Umfang des Wohngebiets, **ggf. ein Heizwerk**. Die Zulässigkeit letzterer Anlagen ist nach der Eigenart des Wohngebiets, dem sie zu dienen bestimmt sind, zu beurteilen. Bei einer Wohnsiedlung, die vorwiegend Hochhäuser umfasst und die Gemeinschaftsanlagen zentralisiert hat, ist die Frage, ob ein *Heizwerk* (noch) als Nebenanlage angesehen werden kann, anders (im evtl. positiven Sinne) zu beantworten als für ein Heizkraftwerk, das zwar in einem bestimmten Baugebiet errichtet, von der Heizkraftanlage her aber ein wesentlich größeres Gebiet versorgen soll (s. auch Rn 5.2).

6.3 Eine über 4 m hohe und ca. 16 m lange Mauer mit einem Grenzabstand von gut 3 m zum Nachbargrundstück stellt in einem reinen Wohngebiet mit festgesetzter eingeschossiger Bauweise keine zulässige Nebenanlage nach § 14 Abs. 1 S. 1 BauNVO dar (OVG NW, U. v. 25.4.2005 – 10 A 773/03 – BauR 2005, 1431 = BRS 69 Nr. 88; bestätigt durch BVerwG, B. v. 3.8.2004 – 4 B 47.05 –).

Aus den **Gründen**: »*Die Mauer erfüllt aber die Anforderungen des § 14 Abs. 1 S. 1 BauNVO an eine zulässige Nebenanlage nicht, weil sie sich nicht unterordnet und der Eigenart des Baugebiets widerspricht. Eine optische Unterordnung der Mauer gegenüber dem Wohngebäude als Hauptanlage ist zu verneinen. Die Abmessungen der Mauer mit einer genehmigten Länge von über 16 m und einer Höhe von über 4 m im mittleren Bereich – über einen Längenabschnitt von über 11 m – sind derart groß, dass von einem geringfügigen Ausmaß nicht mehr ausgegangen werden kann. Die Mauer widerspricht auch der Eigenart des Baugebiets, weil es sich um ein villenartiges reines Wohngebiet handelt und sie in dem maßgeblichen Baugebiet ohne Vorbild ist. Der Charakter einer aufgelockerten Bebauung und offenen Siedlungsweise wird durch das streitige Vorhaben vollständig aufgehoben.*«

6.4 **Für MD-Gebiete** kommen als Nebenanlagen in Betracht: Dunggruben, Silos, Grünfuttertrocknungsanlagen, Gärfutterbehälter; für **MI-Gebiete** insbes. Feuerungsanlagen – auch mit einer Leistung, die einer Genehmigung nach den §§ 4 ff. BImSchG i.V.m. der 4. BImSchV bedarf –; vgl. ferner Abfallverbrennungsanlagen für Gewerbebetriebe oder Krankenhäuser; Zapfsäulen (kleine Tankstellen) auf einem Gaststättenparkplatz (OVG Lüneburg, U. v. 6.2.1969, BRS 22 Nr. 199). Dagegen ist z.B. eine Wagenhebeanlage keine untergeordnete Nebenanlage, die von der früher erteilten Genehmigung zu einer gewerblichen Nutzung mitumfasst wird. Sie gehört auch nicht zum Betrieb einer Garage oder eines Lagergebäudes (OVG Hamb., U. v. 20.8.1964, BBauBl. 1965, 532 = BRS 15, 192).

7 In den Wohngebieten und Mischgebieten – soweit die Voraussetzungen des Abs. 1 Satz 1 (Rn 5) gegeben sind – sind **Ställe und Einrichtungen für die (Klein-)Tierhaltung** als Nebenanlagen zulässig (Rn 2). Zum Begriff der Kleintierhaltung s. § 2 Rn 5.4; § 4 Rn 16–16.10. Da es auf die jeweilige Zuordnung der Nebenanlage zu dem Grundstück, dem sie dient, ankommt, darf Satz 2 (Rn 2) nicht etwa zu dem negativen Schluss führen, dass die Unterbringung eines Reitpferdes (§ 4 Rn 16.6) oder Ställe für andere »Großtiere« als Nebenanlagen ausgeschlossen seien (ebenso *Förster*, § 14 Anm. 2b). »Einrichtungen ... für die Kleintierhaltung« (Abs. 1 **Satz 2**) sind **nicht etwa als speziellere** Vorschrift gegenüber dem Begriff Nebenanlagen zu verstehen. Entscheidend bleiben die Voraussetzungen der Zulässigkeit nach Abs. 1 Satz 1 (s. Rn 5 f.). Bei dem B. des BVerwG v. 15.10.1993 (– 4 B 165.93 – BRS 55 Nr. 51; s. auch § 5 Rn 23.4) steht nicht die (Klein-)Tierhaltung im Vordergrund, sondern dass die Haltung von Ozeloten als einer Raubtierart – auch in einem MD-Gebiet – den Rahmen der für eine Wohnnutzung typischen Freizeitbeschäftigung sprengt. Als Nebenanlagen können auch »Großtiere«, wie ein Reitpferd oder ein Pony, zulässig sein, *wenn* es im Einzelfall der Eigenart des Gebiets, insbes. hinsichtlich der Gebietsverträglichkeit nicht widerspricht. Das U. des OVG Lüneburg v. 23.11.1979 (– I A 183/78 – BRS 35 Nr. 163) ist in dieser Hinsicht nicht bedenkenfrei; in der Tendenz ist erkennbar, dass weniger auf die mögliche Zulässigkeit der Nebenanlage als auf die Notwendigkeit einer Befreiung zur Umnutzung einer Garage in einen Ponystall abgestellt wurde.

Bei einem freistehenden Wohngebäude auf einem 3 270 m² großen Grundstück eines WA-Gebiets am Rande einer ländlichen Gemeinde ist die Nutzungsänderung eines *bestehenden* Garagengebäudes in einen Ponystall nicht als untergeordnete Nebenanlage angesehen worden. Nach dem Widerspruch des Beklagten sollte die Nebenanlage verhindert werden, »weil Hobbypferdehaltung weit verbreitet sei und es daher nicht um einen Einzelfall gehe«, ... »*weil mit der Zulassung des Pferdestalles ein Berufungsfall geschaffen werde*«.

7.1 Soweit in den Baugebieten **Gemeinbedarfsanlagen** zulässig sind, insbes. Sportanlagen, zählen Umkleideräume, Abortanlagen u. Ä. »Zubehör«anlagen zu den Nebenanlagen.

Zu den Nebenanlagen, die dem **Nutzungszweck des Baugebiets** selbst dienen, gehören **in allen Baugebieten** Wartehallen für den öffentlichen Personennahverkehr, Telefonzellen, Feuermeldeanlagen, Schutzdächer und entspr. der allgemeinen Zweckbestimmung Kinderspielplätze (§ 3 Rn 25–25.5 u. § 4 Rn 20–20.1). Für das **Kerngebiet** kommen darüber hinaus Fußgängertunnel, Rohrpostleitungen und begehbare Sammelanlagen für Versorgungsanlagen in Betracht.

In **Erholungsgebieten** kommen entspr. der Eigenart des jeweiligen Gebiets die für Wohngebiete in Frage kommenden Nebenanlagen gleichfalls in Betracht, so etwa ein Fahrradschuppen oder ein Tennisplatz, ein überdachter Tischtennisplatz oder eine Spielhalle.

7.11 Das U. des Hbg. OVG v. 20.2.1997 (–Bf II 13/96 – BRS 59 Nr. 133 = NvwZ-RR 1998, 616) gibt Veranlassung, auf die Frage der Nebenanlagen näher einzugehen, die dem Nutzungszweck »des Baugebiets selbst« dienen. Auch in diesem Fall müssen Merkmale des Begriffs Nebenanlage gegeben sein (selbständige bauliche Anlage – Rn 4.4.1 –, sowie die Voraussetzungen nach Rn 5). Die bauplanungsrechtliche Relevanz – im U. des OVG Hbg. eine Litfasssäule – scheint Fragen aufzuwerfen; denn diese – nach st. Rspr. des BVerwG seit dem U. v. 31.8.1973 – 4 C 33.71 – ist i. S. v. § 1 Abs. 3 BauGB geeignet, ein Bedürfnis nach einer ihre Zulässigkeit regelnden verbindlichen Bauleitplanung hervorzurufen (worauf auch *Ziegler*, in: *Brügelmann*, aaO., § 14 Rdn. 117 hinweist). Das bauplanungsrechtliche Bedürfnis im weitesten Verständnis besteht immer dann, wenn die städtebauliche Ordnung und die geordnete städtebauli-

§ 14 Abs. 1 7.12, 7.13

che Entwicklung i. S. d. § 1 Abs. 3 BauGB deshalb erforderlich sind, um die Lebensbedingungen der Bürger der Gemeinde zu gewährleisten und ggf. zu verbessern. Die in Rn 7.1 erwähnten Nebenanlagen sind dazu ersichtlich angetan. Dem steht nicht etwa entgegen, dass sich die in Rn 7.1 erwähnten oder zusätzlich bei *Stock*, in: *K/R/S* § 14 Rdn. 14a angeführten Nebenanlagen auf öffentlichen Verkehrsflächen, nämlich den im Eigentum der Gemeinde stehenden Gehwegen befinden. Es wird nicht vorausgesetzt, dass sich diese Anlagen »auf dem Gelände einer Sportanlage oder Schule« befinden müssen, um als Nebenanlagen zu gelten (a. A. in dem Sinne *Stock*, aaO. unter Bezugnahme auf den B. des OVG Bln. v. 18.9.1992 – 2 B 16.89 – UPR 1993, 72, Rn 14); gleichfalls stehen die Gehwege bei allen Straßen des überörtlichen Verkehrs, einschließlich der Bundesfernstraßen, im Eigentum der Gemeinde. Es ist kein Grund ersichtlich, dass die Gemeinde die für erforderlich gehaltenen Nebenanlagen nicht auf ihren Wegen zulässt.

7.12 Differenzierter ist die rechtliche Einstufung von **Litfasssäulen** und **Plakattafeln** auf Gehwegen der Gemeinden oder einem ähnlichen Verkehrsraum außerhalb der Fahrbahn zu sehen. Das U. des OVG Hbg. (aaO.) geht davon aus, dass selbst eine »klassische« Litfasssäule nicht der städtebaulichen Relevanz entspricht, wenn diese – wie in der Entscheidung – »ausschließlich« von Informationen und Veranstaltungshinweisen sowie Ankündigungen und »Aufrufen« dient. Diese Auffassung wird nicht geteilt.

Es ist davon auszugehen, dass die sog. klassische Litfasssäule, im Eigentum der Stadt (Gemeinde) befindlich, nicht vermarktet ist, sondern der Vermittlung von Nachrichten im Interesse der Bürger dient; das entspricht nach diesseitigem Verständnis gerade der städtebaulichen Ordnung; hierzu ist nicht erst der Begriff »Ordnung« als Inbegriff der Normen heranzuziehen, die erforderlich sind, um ein gedeihliches Zusammenleben der Bürger, die es angeht, zu gewährleisten (so der »klassische« Ordnungsbegriff seit *Drews* im Zusammenhang mit dem Preuß. Polizeigesetz von 1930). Es ist auch nicht vollends richtig, wie es in den Gründen heißt, dass die Nutzbarkeit von öffentlichen Wegen »*maßgeblich durch deren Verkehrsfunktion bestimmt wird*«. Die Gemeinde bedarf auf dem in ihrem Eigentum stehenden Gehweg nicht etwa eine Sondernutzungserlaubnis zur Errichtung einer »klassischen« Litfasssäule, wie Private einer solchen Erlaubnis bedürfen, wenn sie den Gehweg beispielsweise zur Aufstellung von Mobiliar für ein Café beantragen wollten.

Nach den Ausführungen dient die »klassische« Litfasssäule nach ihrer Funktion in untergeordneter Weise als Nebenanlage dem Baugebiet selbst.

7.13 Anders sind Litfasssäulen und Plakattafeln zu beurteilen, die gleichfalls auf gemeindeeigenem Verkehrsraum (Gehwegen) stehen und vielfach an Firmen der Außenwerbungsbranche verpachtet sind. Diese können die Werbeträger bei entsprechendem Vertrag mit der Gemeinde gegen Entgelt sowie bestimmte Verpflichtungen über die Gestaltung und dergl. für ihre jeweiligen Werbeanlagen benutzen. Hierbei handelt es sich um die gewerbliche Nutzung eines Grundstücks (ausführlich dazu *Friedrich*, aaO., S. 507 f.). Diese Anlagen des Gewerbebetriebs sind unter keinem Gesichtspunkt in reinen Wohngebieten zulassungsfähig (so auch *Ziegler*, in: *Brügelmann*, Rdn 116 [64. Lieferung Sept. 2007]). Zu einem gemeindlichen **Werbenutzungsvertrag** und der Frage der Vereinbarkeit von Werbenutzungsverträgen, in denen sich die Gemeinde verpflichtet, nur einem bestimmten Werbeunternehmen Sondernutzungserlaubnisse für die Errichtung von Werbeanlagen auf öffentlichen Straßen zu erteilen (VGH BW, U. v. 12.12.1996 (– 8 S 1715/96 – UPR 1997, 255 = NVwZ 1998, 652); zur **Ausübung** eines **Vorpachtrechts** in einem **Werbenutzungsvertrag** für ein Stadtgebiet s. VGH BW, U. v. 1.10.2004 – 5 S 1012/03 – soweit erssichtlich n. v. Der VGH BW hat in seinem rechtskräftigen U. v. 1.10.2004, – 5 S 1012/03 – folgende beachtenswerte **Leits.** 2–5 aufgestellt:

»2. Es kann straßenrechtlich unbedenklich sein, wenn die Gemeinde in einem Werbenutzungsvertrag dem Unternehmen nicht nur die Berechtigung (Sondernutzungserlaubnis) erteilt, sondern auch die Verpflichtung auferlegt, Werbemedien zu errichten, und zugleich die Verwendung einer bestimmten Produktklasse und Designlinie des Werbemobiliars vereinbart, die ihren stadtgestalterischen Vorstellungen am besten Rechnung trägt.

3. Die Möblierungsverpflichtung als solche und die Verwendung einer bestimmten Produktlinie und Designlinie des Werbemobiliars können zulässigerweise als (weitere) vertragliche Hauptleistungspflichten des Werbeunternehmers) vereinbart werden.

4. Zur Qualifizierung einer solchen Möblierungsvereinbarung und Gestaltungsverpflichtung als ›Fremdkörper‹ in einem Werbenutzungsvertrag (hier verneint).

5. Bei Unvermögen des ›vorpachtberechtigten‹ Werbeunternehmens zur Verwendung der vereinbarten Produkt- und Designlinie des Werbemobiliars kann das ›Vorpachtrecht‹ nicht wirksam ausgeübt werden.«

Besondere Probleme in Bezug auf die Zulässigkeit von Nebenanlagen werfen **Windenergieanlagen** *(Windkraftanlagen)* auf. *Private* Windkraftanlagen zur Energieerzeugung sind **keine** öffentlichen **Versorgungsanlagen** i. S. v. § 9 Abs. 1 Nr. 12 BauGB. Sie können dagegen **Nebenanlagen** i. S. d. § 14 **Abs.** 1 zu den Hauptanlagen der jeweiligen Grundstücke (z. B. zu einem Wohngebäude) sein. Ihre Zulässigkeit richtet sich nach den Voraussetzungen des Abs. 1 **Satz 1** (Rn 5); hierbei werden Standort und räumlicher Umfang (Größe) der Anlage häufig ausschlaggebend sein (§ 3 Rn 32). Zur Frage der Unterordnung kommt es wesentlich auf die Grundstücksgröße, die Bebauungsdichte und die Abmessungen der Hauptanlage an. So wird für einen im GE-Gebiet liegenden Gewerbebetrieb ein »Windrotor« eher als untergeordnet angesehen werden können als in WR-Gebieten, zumal manchmal störende Pfeifgeräusche auftreten können, die dann nach § 15 Abs. 1 **Satz 2** zu beurteilen wären.

Windkraftanlagen sind bauliche Anlagen, für die nach den LBOen ein Baugenehmigungsverfahren durchzuführen ist; die Voraussetzungen für ein vereinfachtes Genehmigungsverfahren sind bei Windkraftanlagen nicht gegeben. Windkraftanlagen mit einer Leistung von 300 Kilowatt (kW) oder mehr bedürfen einer Genehmigung nach § 19 BImSchG. Das Bauplanungsrecht schließt die Zulässigkeit von Windkraftanlagen in keinem Bereich generell aus. Windkraftanlagen sind Vorhaben i. S. d. § 29 BauGB und unterliegen der planungsrechtlichen Beurteilung nach den §§ 30–35 BauGB sowie nach der BauNVO. Nach § 29 Abs. 2 BauGB bleiben dabei andere öffentlich-rechtliche Vorschriften unberührt; d. h. sie sind daneben (weiterhin) zu beachten.

Mit der **Zulässigkeit einer privaten Windenergieanlage** hat sich das BVerwG eingehend befasst (U. v. 18.2.1983 – 4 C 18.81 – BVerwGE 67, 23 = BRS 40 Nr. 64 = DVBl. 1983, 886 = NJW 1983, 2713 = UPR 1983, 301 = ZfBR 1983, 193).

Es handelte sich um die Bebauungsgenehmigung für die Errichtung einer **Windenergieanlage,** die aus einem etwa **12 m hohen Stahlrohrmast,** einem Drehkranz an der Spitze und einem darauf montierten Dreiblattrotor von etwa 10 m Durchmesser mit Getriebe und Gleichstromgenerator besteht, zur Beheizung eines Einfamilienhauses auf einem ca. 1.200 m² großen Grundstück, an dessen rückwärtige Grenze sich eine ca. 300–600 m tiefe unbebaute landwirtschaftlich genutzte Fläche anschließt.

In dem *Leitsatz* »*Eine private Windenergieanlage für den Eigenbedarf eines Einfamilienhauses kann als untergeordnete Nebenanlage in einem ›weiträumig‹ (›aufgelockert‹) bebauten bzw. bebaubaren Gebiet zulässig sein*« hat das BVerwG seine grundsätzlichen – diesseits geteilten – Überlegungen zusammengefasst. § 14 geht davon aus, dass Anlagen zulässig sind, die der Eigenart des Baugebiets bzw. den Festsetzungen des B-Plans nicht widersprechen. »*Das Be-*

bauungsrecht nimmt es hin, dass auch solche Anlagen errichtet werden können, an die der Plangeber möglicherweise nicht gedacht hat, die aber nicht den Grad des Widerspruchs zur Plankonzeption erreichen« (BVerwG, aaO.).

7.3 Ein **Widerspruch** zur Eigenart des Baugebiets **muss nicht** bereits dann **gegeben sein**, wenn die *abstrakte* Möglichkeit zur Errichtung von Nebenanlagen gleicher Art auf benachbarten Grundstücken besteht, und nicht auszuschließen ist, dass die Anlagen sich gegenseitig behindern können. In einem Gebiet, in dem nicht wegen der Dichte der Bebauung von vornherein die Errichtung von Windenergieanlagen ausgeschlossen ist, muss auch im Rahmen des § 14 Abs. 1 Satz 1 davon ausgegangen werden, dass (nachbarliche) Konflikte durch wechselseitige Behinderungen von Windenergieanlagen etwa durch größere Abstände der Anlagen voneinander, durch versetzte Anordnung der Standorte in Bezug auf die Hauptwindrichtungen, durch vertikale oder horizontale Anordnung der Rotornabe und/oder durch Verminderung des Rotordurchmessers weitgehend ausgeräumt werden können (BVerwG, U. v. 18.2.1983, aaO.). Ähnlich im Ergebnis auch OVG NW (U. v. 12.7.1983 – 7 A 1752/81 – BRS 40 Nr. 117), wonach jeweils **nur im Einzelfall** anhand der konkreten Umstände entschieden werden kann, ob die Grenze der für eine **Nebenanlage** vorauszusetzenden räumlich-gegenständlichen Unterordnung nicht überschritten wird und ob die Windenergieanlage der Eigenart des Baugebiets nicht widerspricht (vgl. auch OVG NW, U. v. 23.9.1980 – 7 A 2093/79 – NJW 1981, 2714; s. ferner § 3 Rn 32.4).

7.31 **Windkraftanlagen**, die der Deckung des privaten Eigenbedarfs dienen *und* teilweise Strom an das öffentliche Netz abgeben, dienen insoweit der **öffentlichen Versorgung** i. S. d. Erneuerbare-Energien-Gesetz (EEG). Sie können als Nebenanlagen i. S. d. § 14 Abs. 2 als Ausnahme zugelassen werden (§ 14 Abs. 2 Satz 1 i. V. m. § 31 Abs. 1 BauGB), auch soweit für sie im B-Plan keine besonderen Flächen festgesetzt sind. Es ist auch zulässig, dass eine Windkraftanlage als **Gemeinschaftsanlage** mehrere Wohngebäude versorgt. **Voraussetzung** ist stets, dass die Anlagen dem Wohngebäude funktionell untergeordnet sind u. nicht der Eigenart des Gebiets widersprechen.

Die räumlich-gegenständliche (optische) Unterordnung unter die Hauptanlage kann wegen des geringen baulichen Volumens im Regelfall auch dann gegeben sein, wenn die Anlage die Firsthöhe des betreffenden Wohngebäudes überragt. Die durch die Neuartigkeit der Windkraftanlagen bedingte optische Gewöhnungsbedürftigkeit begründet für sich allein noch keinen Widerspruch zur Eigenart des Baugebiets oder eine Beeinträchtigung des Ortsbildes (zu Einzelheiten *vgl.* Ogiermann, aaO., m. w. Nachw. aus Rspr. u. Schrifttum). Die Obergerichte haben die Rspr. des BVerwG (s. Rn 7.2) dahingehend konkretisiert, dass Grundstücke mit einer geringeren Größe als 1.100 m² i. A. für die Errichtung von Windkraftanlagen nicht geeignet sind (Ogiermann, aaO.).

Die Windenergieanlagen haben gegenwärtig eine Höhe von ca. 130 m. Es gibt aber auch schon einen neuen Typ mit einer Gesamthöhe von 150 m und einer Nabenhöhe von 114 m (VGH BW, U. v. 24.11.2005 – 8 S 794/05 –). Dies führt dazu, dass diese Anlagen nur in einem Sondergebiet zulässig sind und einen Mindestabstand von 500 m zur nächsten Wohnbebauung einhalten müssen (OVG NW, B. v. 27.10.1995 – 10 B 2385/96 – NVwZ 1997, 924).

7.32 Die Zulässigkeit einer Windenergieanlage als Nebenanlage i. S. d. § 14 Abs. 2 S. 2 BauNVO hat der VGH BW zu Recht in seinem U. v. 26.6.1998 (– 8 S 882/98 – NVwZ 1999, 548 = NuR 1999, 43 = BRS 60 Nr. 78) verneint und hierzu folgende **Leits. Nr. 2 bis 5** aufgestellt:

»2. Die Eigenart eines Baugebiets i.S. von § 14 Abs. 1 BauNVO kann auch dadurch geprägt sein, dass die vorhandenen Wohngebäude von Büschen und Bäumen eingerahmt und verdeckt werden.
3. Eine insgesamt etwa 20,5 m hohe Windkraftanlage widerspricht der Eigenart eines parkartig angelegten Wohngebiets mit maximal 6,5 m hohen Gebäuden.
4. Eine Anlage für erneuerbare Energien kann nach § 14 Abs. 2 BauNVO nur dann ausnahmsweise als Nebenanlage zugelassen werden, wenn sie der Versorgung des Baugebiets oder mehrerer Baugebiete der Gemeinde dient.
5. Die Höhe baulicher Anlagen ist ein Merkmal des Maßes der baulichen Nutzung; deshalb kann eine Windenergieanlage, die ihre Umgebungsbebauung um mehr als das Doppelte überragt, dann nicht im unbeplanten Innenbereich zugelassen werden, wenn sie städtebauliche Spannungen erzeugt.«

c) **Einschränkung oder Ausschluss von Nebenanlagen (Abs. 1 Satz 3); Verhältnis zu § 23 Abs. 5.** Nach Abs. 1 Satz 3 kann die Zulässigkeit von Nebenanlagen und Einrichtungen im B-Plan **eingeschränkt oder ausgeschlossen** werden. Einschränkung oder Ausschluss von Nebenanlagen können *sachlich* und *räumlich* vorgenommen werden. Die Einschränkung kann darüber hinaus auch derart erfolgen, dass Nebenanlagen nur ausnahmsweise zugelassen werden. In diesen Fällen muss die nur ausnahmsweise Zulassungsfähigkeit im B-Plan »nach Art und Umfang« ausdrücklich vorgesehen sein.

8

Sachlich muss sich die Einschränkung oder der Ausschluss auf *bestimmte* Nebenanlagen beziehen, z.B.: »Im Wochenendhausgebiet (nähere Bezeichnung) sind Gartenlauben nicht zulässig« (Ausschluss). Eine Differenzierung der sachlichen Regelung ist die größenmäßige Begrenzung (sachlicher Umfang); **Beispiel:** »Im WR-Gebiet (nähere Bezeichnung) sind überdachte Schwimmbecken (sog. Kleinschwimmhallen) nur bis zu einer Größe von 8 × 5 m Grundfläche zulässig.« Zusätzlich könnte die Errichtung auf den nichtüberbaubaren Grundstücksflächen ausgeschlossen werden, um »klotzige« Anlagen, vor allem in der Tiefe der Grundstücke, zu vermeiden (vgl. § 23 Abs. 5). Ausschluss oder Einschränkung können *räumlich* auch für Teile des Baugebiets vorgenommen werden. Für Festsetzungen aufgrund des Abs. 1 Satz 3 eignen sich wegen der erforderlichen Bestimmtheit am besten Schrift- oder Textform (ebenso *Förster*, § 14 Anm. 2d).

Der **völlige Ausschluss aller Nebenanlagen** wird sich im Regelfall planungsrechtlich nicht rechtfertigen lassen (ebenso *Boeddinghaus* § 14 Rdn. 17; *Förster*, § 14 Anm. 2d). Ein generelles Verbot in einer Ortssatzung, durch das die **Werbung mit Großwerbetafeln in MI-Gebieten** verboten wird, verstößt gegen Art. 14 GG. Die Ortssatzung ist insoweit nichtig (BVerwG, U. v. 28.4.1972 – IV C 11.69 – BBauBl. 1973, 117 = weitere Fundst. Rn 9.2). Dagegen: »*Ein generelles ortsrechtliches Verbot, durch das in reinen Wohngebieten*« (Hervorhebung diess.) das Anbringen von Werbeanlagen und Warenautomaten in Vorgärten und an Einfriedungen untersagt wird, verstößt nicht gegen das Grundgesetz (BVerwG, U. v. 22.2.1980 – 4 C 95.76 – BRS 36 Nr. 150 = BauR 1980, 455 = NJW 1980, 2208 = BayVBl. 1980, 598 = ZfBR 1980, 148). Werden Nebenanlagen im B-Plan ausgeschlossen, sind sie *auch auf den nicht überbauten* Grundstücksflächen unzulässig, selbst dann, wenn im B-Plan nicht ausdrücklich gleichzeitig die Nichtzulassung nach § 23 Abs. 5 Satz 1 festgesetzt ist. Es ist auch möglich, dass der B-Plan zwar die Nebenanlagen auf den nicht überbaubaren Grundstücksflächen ausschließt, *Stellplätze und Garagen* aber zulässt (s. dazu auch Rn 11).

8.1

Festsetzungen nach **Abs. 1 Satz 3** müssen stets einen **bodenrechtlich relevanten Bezug** haben (ebenso OVG Lüneburg, U. v. 10.7.1975 – I A 12/76 – BRS 30

Nr. 13 = BauR 1976, 414). Nach dieser Entscheidung sind Vorschriften über die Höhe von Einfriedigungen nur wirksam, wenn städtebauliche Gründe – hier: Die Schaffung eines aufgelockerten und durchgrünten Bungalowgebiets – i. S. einer bestimmten Eigenart des Gebiets sie rechtfertigen. Festsetzungen **nach Satz 3** dürfen demzufolge nicht ausschließlich aus baugestalterischen Gründen getroffen werden.

4. **Werbeanlagen und (Waren-)Automaten als Nebenanlagen; sonstige Nebenanlagen**

9 a) **Werbeanlagen.** Die Frage, **ob** und **inwieweit Werbeanlagen** (Anlagen der Außenwerbung) planungsrechtlich **Nebenanlagen und Einrichtungen** sind oder als solche angesehen werden können, **ist nur differenziert** und insbes. vor dem Hintergrund des § 14 Abs. 1 **zu beantworten.** Der Begriff »Werbeanlagen« oder »Anlagen für die Außenwerbung« erscheint weder im Katalog der in den Baugebieten zulässigen oder zulassungsfähigen Anlagen und Nutzungen noch sind die Werbeanlagen, etwa wie die der Versorgung und Abwasserableitung dienenden Anlagen, gesondert als Nebenanlagen aufgeführt. Demzufolge ist eine Definition der Werbeanlagen in der BauNVO nicht erfolgt. Zur begrifflichen Klärung und gleichzeitigen planungsrechtlichen Abgrenzung gegenüber anderen Anlagen und Nutzungen ist es jedoch unbedenklich, auf die Definition der LBOen, die die Begriffsdefinition der MBO (2002) mit teils lediglich geringfügigen Abweichungen übernommen haben, zurückzugreifen. Danach sind **Anlagen der Außenwerbung (Werbeanlagen)** »alle ortsfesten Einrichtungen, die der Ankündigung oder Anpreisung oder als Hinweis auf Gewerbe oder Beruf dienen und vom öffentlichen Verkehrsraum aus sichtbar sind. Hierzu zählen insbesondere Schilder, Beschriftungen, Bemalungen, Lichtwerbungen, Schaukästen sowie für Zettelanschläge und Bogenanschläge oder Lichtwerbung bestimmte Säulen, Tafeln und Flächen« (§ 10 Abs. 1 MBO 2002).

9.1 Soweit **Werbeanlagen (Anlagen der Außenwerbung)** dem bundesrechtlichen Begriff der baulichen Anlage i. S. d. § 29 BauGB unterfallen (Rn 3–4 und Vorb. Rn 17–19) und die **Zulässigkeitsvoraussetzungen des § 14 Abs. 1 Satz 1 erfüllen** (Rn 5), ist die Einbeziehung dieser Werbeanlagen in den Nutzungsbegriff der Nebenanlagen **unproblematisch.** Da »Einrichtungen«, soweit sie den nach Abs. 1 Satz 1 geforderten Zulässigkeitsvoraussetzungen entsprechen, den Nebenanlagen *gleichgestellt* sind – abgesehen davon, dass auch der baurechtliche Begriff keine hohen Anforderungen an die Verfestigung einer baulichen Anlage stellt –, können auch diejenigen Werbeanlagen (noch) unter den Oberbegriff »Nebenanlagen« gefasst werden, die i. S. v. Einrichtungen der funktionalen Zuordnung dem Nutzungszweck eines im Baugebiet gelegenen bestimmten Grundstücks oder des Baugebiets selbst dienen (zur Problematik *Bielenberg,* aaO., DVBl. 1963, 199, 204 und *Weyreuther,* BauR 1972, 1). Zu den **Werbeanlagen als Nebenanlagen** in Wohngebieten gehören einmal **alle Werbeanlagen an der Stätte der Leistung,** z.B. die Werbung eines im WA-Gebiet nach § 4 Abs. 2 Nr. 2 zulässigen Tabakwarenladens **an seinem Geschäft,** zum anderen die **Anlagen für amtliche Mitteilungen** und zur **Unterrichtung** der Bewohner des Baugebiets über kirchliche, kulturelle, politische u. a. Veranstaltungen.

9.2 Bei einer Werbung an der Stätte der Leistung (vgl. dazu *Friedrich,* aaO., BauR 1996, 504) erfüllt die Anlage als Betriebsteil zugleich die Voraussetzungen einer »dienenden« Nebenanlage des Betriebes, für den geworben wird. Im Beispielsfall eines Ladens gilt das unabhängig davon, ob sie Teil des Betriebes ist oder Teil einer Außenwerbungsfirma, die die Anlage in Unterhaltung hat; handelt es sich um einen Laden in einem reinen Wohngebiet, in dem diese nach § 3 Abs. 3 nur ausnahmsweise zulassungsfähig ist, kann eine dieser Nutzung dienende Werbeanlage als Nebenanlage zulässig sein, obwohl die Nutzungsart »Gewerbebetriebe« nicht zulassungsfähig ist (worauf *Ziegler*, in: *Brügelmann*, aaO., Rn 114 hinweist). Die Anlage erfüllt die Voraussetzung der dienenden Funktion auch dann, wenn nicht ausschließlich sondern nur **überwiegend** Waren angepriesen werden, die an der Stätte der Leistung – hier: im Zusammenhang mit einem Einkaufszentrum, wobei der überwiegende Teil der Waren, für die auf den Dreieckständern geworben wird – im Einkaufszentrum auch tatsächlich angeboten werden (VGH BW, U. v. 18.5.1990 – 3S 1779/89 – BRS 50 Nr. 141). I. S. d. VGH BW auch OVG NW, U. v. 19.12.1995 (– 11 A 3659.93 – BRS 57 Nr. 179 = BauR 1996, 535 = NWVBl. 1997, 467).

Eine Nebenablage i. S. d. Werbung an der Stätte der Leistung liegt auch dann vor, wenn sie dem Nutzungszweck eines Wohngrundstücks dient, wie Hinweisschilder für Angehörige freier Berufe i. S. d. § 13.

»***Werbeanlagen** gehören als solche weder allein zum Bauplanungsrecht noch allein zum Bauordnungsrecht; sie sind vielmehr **je nach der gesetzgeberischen Zielsetzung** sowohl einer bauplanungsrechtlichen als auch einer bauordnungsrechtlichen Regelung zugänglich*« (BVerwG, U. v. 28.4.1972 – IV C 11.69 – BRS 25 Nr. 127 = DÖV 1972, 828 = DVBl. 1973, 40 = MDR 1972, 975, Hervorhebungen diess.).

Die (eigentlichen) **Zuordnungsschwierigkeiten** ergeben sich für die – bezogen auf die im Baugebiet gelegenen Grundstücke oder das Baugebiet selbst – **funktionsfremde Suggestiv- und Erinnerungswerbung** (*Dyong*, aaO.) wie Plakatanschlagtafeln mit wechselnder Werbung (»Reklame«) etwa für Zigarettenmarken, Biersorten u. Ä. Konsumgüter an der Giebelwand eines Wohngebäudes. Derartige **Anschlagtafeln, Säulen,** Werbeautomaten u. sonstige Werbeflächen als **Träger von Suggestiv- und Erinnerungswerbung** stellen nach dem – nach diess. A. – überzeugenden Grundsatzurt. des BVerwG v. 3.12.1992 (– 4 C 27.91 – Fundst. § 4 Rn 9.3; Leits. § 3 Rn 31) eine **eigenständige Hauptnutzung** dar. Soll die Werbeanlage als eine selbständige Anlage errichtet werden, ist sie gerade dann in ihrer erkennbaren Funktion beurteilungsfähiges Objekt bauplanerischer Zuordnung. **Diese Funktion weist die Anlage als Fremdwerbung** im System der BauNVO, was die Art der baulichen Nutzung angeht, **als gewerbliche Nutzung** aus. Dieser bauplanungsrechtlichen Rechtskonstruktion kann gefolgt werden.

9.3

»*Zwar verwendet die BauNVO insoweit nur den Begriff des Gewerbebetriebs. In einem engeren Verständnis ist eine Anlage der Außenwerbung kein Betrieb. Aber **mit dem Begriff des Betriebs** umschreibt **die BauNVO nur in typisierender Weise** eine Zusammenfassung gewerblicher Nutzungsweisen, um diese Nutzung von anderen Nutzungsarten sinnvoll abgrenzen zu können*« (so BVerwG, aaO. in den Gründen, Hervorhebungen diess.; ausf. § 4 Rn 9.3–9.4).

Die **Werbeanlage**, welche **als Außenwerbung** der Fremdwerbung zu dienen bestimmt ist, kann als ein Fall gewerblicher Nutzung über bauplanerische Festsetzungen nach den §§ 2 ff. BauNVO entweder zugelassen oder ausgeschlossen werden. »*Eine Regelungslücke im System der Baunutzungsverordnung besteht damit nicht*« (BVerwG, aaO.).

Werbeanlagen können als untergeordnete Nebenanlagen auch im Wege der Ausnahme auf einer nicht überbaubaren Fläche zugelassen werden (VGH BW, U. v. 18.5.1990 – 3 S 1779/89 – BRS 50 Nr. 141).

9.4 In einem Gewerbegebiet ist die Werbung für ein anderes Unternehmen, das zwar in diesem Gebiet zulässig ist, **Fremdwerbung** und nicht etwa Werbung an der Stätte der Leistung (VGH BW, B. v. 28.9.1998 (– 8 S 2068/98 – BRS 60 Nr. 132 = UPR 1999, 238). Eine Werbeanlage der Außenwerbung, die Fremdwerbung zum Gegenstand hat, stellt auch dann keine Nebenanlage dar, sondern ist als selbständige Hauptnutzung zu qualifizieren, wenn sie in einem Gewerbegebiet errichtet werden soll (VGH BW, aaO.). Die Errichtung einer solchen, auf der nicht überbaubaren Grundstücksfläche geplanten Anlage kann daher nicht über § 23 Abs. 5 S. 1 zugelassen werden.

Aus den Gründen geht hervor, dass die dienende Funktion fehlt. Allein der Umstand, dass auf den an der Tafel anzubringenden Plakaten für Elektroartikel geworben werden soll und sich in der Nähe des Standorts der Tafel ein mit derartigen Artikeln handelnder Fachmarkt befindet, genügt nicht, um eine Werbung an der Stätte der Leistung anzunehmen (wird weiter ausgeführt, VGH BW, aaO.).

9.5 Eine örtliche Bauvorschrift, mit der die Gemeinde Werbeanlagen **mit wechselndem und/oder bewegtem Licht** wegen deren besonderer Auffälligkeit verbietet, erfasst nach ihrem Zweck nicht nur Werbeanlagen mit wechselnden Lichtquellen, sondern auch Anlagen, bei denen die von einer gleich bleibenden Lichtquelle beleuchteten Folie in bestimmten Zeitabständen durch eine andere ersetzt wird.

Ein solches Verbot, das neben anderen Regelungen dazu dienen soll, die Attraktivität des betreffenden Baugebiets zu steigern und dessen »Image« zu verbessern, ist jedenfalls insoweit mit Art. 14 GG vereinbar, als es sich nicht auf die Gewerbegebiete und Industriegebiet erstreckt (VGH BW, B. v. 24.2.2003 – 8 S 406/03 – BRS 66. 644 = VBlBW 2003, 285).

9.6 Bzgl. der Zulässigkeit im Einzelfall ist auf die Zulässigkeitsvoraussetzungen des § 15 Abs. 1 BauNVO zurückzugreifen. Nach den dort aufgeführten Tatbeständen wird die **Suggestiv- und Erinnerungswerbung** nach ihrer Zweckbestimmung im Regelfall der Eigenart der Wohngebiete widersprechen. Dagegen werden Werbeanlagen ihren *typischen Standort* in den MK- und GE-Gebieten finden. Aufgrund von § 15 Abs. 1 **Satz 2** sind **Werbeanlagen unzulässig**, wenn von ihnen *Belästigungen und Störungen* ausgehen können, die nach der Eigenart des Baugebiets im Baugebiet selbst oder in dessen Umgebung unzumutbar sind (vgl. dazu die Leitsätze des U. des BVerwG v. 3.12.1992, § 3 Rn 31).

10 b) **Warenautomaten.** Diese werden in der Begriffsdefinition des § 13 MBO Anlagen der Außenwerbung (Werbeanlagen) gleichgestellt. Die Vorschriften des § 13 Abs. 1–3 – nicht dagegen Abs. 4 – gelten für Warenautomaten entspr. (§ 13 Abs. 5 MBO). Das Ausnehmen von Abs. 4 bedeutet, dass die Zulässigkeit einschränkende *bauordnungsrechtliche* Vorschriften für ihre Anbringung (oder Errichtung) in (allen) Baugebieten nicht bestehen, während nach § 13 Abs. 4 in *Wohngebieten* (§§ 2–4a BauNVO) nur Werbeanlagen an der Stätte der Leistung sowie Anlagen für amtliche Mitteilungen u. zur Unterrichtung der Bevölkerung zulässig sind.

Warenautomaten gelten gewerberechtlich als »Verkaufsstellen«. Als solche sind sie bodenrechtlich relevant (ebenso *Gädtke/Böckenförde/Temme*, Komm.

z. BauO NW, 8. Aufl., § 13 Rdn. 41 zu Abs. 5) und unterliegen demzufolge als »Vorhaben« i. S. v. § 29 BauGB den *planungsrechtlichen* Vorschriften. Dies gilt umso mehr nach dem U. des BVerwG v. 3.12.1992 (aaO. Rn 9.3). Diese bisherige bauplanungsrechtliche Einstufung wird durch die Entscheidung des BVerwG bestätigt.

Bauordnungsrechtlich zählen Warenautomaten nach § 61 Abs. 1 MBO 2002 zu den verfahrensfreien Vorhaben.

Warenautomaten sind i. d. R. als Nebenanlagen i. S. d. § 14 Abs. 1 Satz 1 anzusehen (Rn 9), soweit sie im Zusammenhang mit (zulässigen) Läden u. a. Verkaufsstellen (§ 2 Rn 10–12) stehen. Die Probleme stellen sich in den Fällen, in denen **Warenautomaten** für unterschiedlichste Warensortimente (Zigarettenautomaten, Kaugummiautomaten, neuerdings Brötchenautomaten u. dergl.) an Vorgarteneinfriedungen, in Vorgärten, an der Fassade oder im Hauseingang von Mehrfamilienhäusern in Wohngebieten (§§ 2–4) – und damit als *funktionswidrige* Anlagen – angebracht werden sollen (§ 3 Rn 24.6, 32.1). Mit Recht hat das BVerwG im U. v. 22.2.1980 (– 4 C 95.76 – BRS 36 Nr. 150; weitere Fundst. s. Rn 8.1) herausgestellt, dass die (unbeschränkte) Anbringung von Automaten in Vorgärten und an Einfriedungen in einem einheitlichen und ausschließlich dem Wohnen dienenden Baugebiet (§ 3) dem Gebietscharakter zuwiderlaufen würde (BVerwG, aaO.); s. auch *Leits.* des U. (Rn 8.1).

10.1

Die formalrechtlich scheinbar richtige Auffassung von *Bielenberg* (§ 14 Rdn. 13), Warenautomaten könnten in allen den Fällen, in denen sie von einem bauaufsichtlichen Verfahren aus bauordnungsrechtlicher Sicht freigestellt sind, keine Nebenanlagen i. S. d. § 14 Abs. 1 Satz 1 sein, wird nicht geteilt. Es ist richtig, dass bei einer bauordnungsrechtlichen Freistellung Warenautomaten u. dergl. § 29 Abs. 1 BauGB »formal« nicht unterfallen. Nach § 62 **Abs. 4** MBO 1990, »entbindet die Genehmigungsfreiheit nicht von der Verpflichtung zur Einhaltung der Anforderungen, die ... in anderen öffentlich-rechtlichen Vorschriften gestellt werden.« Dass Warenautomaten, auch wenn sie mit einer offenen Verkaufsstelle in räumlicher Verbindung stehen u. derart als Nebenanlagen eingestuft werden können, von bodenrechtlicher Bedeutung sind, ist überwiegende Auffassung gerade der bauordnungsrechtlichen Erläuterungswerke (s. Rn 10). Im Hinblick auf die bodenrechtliche Relevanz sind die genannten Warenautomaten bauplanungsrechtlich Nebenanlagen i. S. § 14 Abs. 1. Würden Warenautomaten beispielsweise einem der Tatbestandsmerkmale des § 15 Abs. 1 (BauNVO) widersprechen, könnten sie nach diess. A. untersagt werden.

Bei den sonstigen Werbeanlagen gleichgestellten Warenautomaten treten die von *Bielenberg* (aaO.) genannten Probleme nicht auf (in diesem Sinne auch *Bielenberg*, aaO., Rdn. 13).

Baustellenschilder können zugleich Werbeanlagen sein. Ist dies der Fall, müssen sie auch den Vorschriften für Werbeanlagen genügen (OVG NW, B. v. 28.9.1988 – 11 B 849/88 – BauR 1989, 447).

Zur Zulässigkeit einer Werbetafel in einem Industriegebiet, in dem nach dem B-Plan die nicht überbaubaren Grundstücksflächen mit Bindungen für Bepflanzungen gärtnerisch anzulegen und zu unterhalten sind, s. OVG Bln., U. v. 23.9.1988 (– 2 B 39.87 – UPR 1989, 198).

c) Zur Frage, ob und inwieweit verglaste bauliche Anlagen (»Wintergärten«) Nebenanlagen sein können. Zu den verglasten baulichen Anlagen zählen **Wintergärten** als wohl häufigste Bezeichnung, ferner ein Glasanbau, Glasvorbau,

10.2

eine Glasveranda oder überkopfverglaste Räume. Keiner dieser Begriffe ist baurechtlich definiert, ebenso wie das Baurecht keine bestimmten Anforderungen an solche verglasten baulichen Anlagen stellt. Die Verwendung in der Praxis ist vielseitig. So kann ein Wintergarten als Aufenthaltsraum, zum Überwintern von Pflanzen, zum Ziehen von Tomaten u. dergl. oder auch lediglich als »Wärmepuffer« zwecks Energieeinsparung dienen.

Wintergärten, vor allem die vielfach gewächshausartig ausgebildeten Vorbauten, können als Nebenanlagen i. S. d. § 14 Abs. 1 eingestuft werden. Kleinere Gewächshäuser zählen ohne weiteres zu den Nebenanlagen (ebenso *Temme*, aaO.). Wird solch eine verglaste bauliche Anlage an ein Wohngebäude angebaut und dadurch zu einem »Wintergarten«, braucht sich an der Einstufung als Nebenanlage nichts zu ändern, *wenn* die Voraussetzungen für die Einordnung als Nebenanlage (s. Rn 5) erfüllt sind.

10.3 Ein Wintergarten, der *in offener Verbindung mit dem Gebäude* steht, wird i. A. ein Aufenthaltsraum sein (ebenso *Temme*, aaO.), d. h. ein Raum, der nach *objektiver* Beurteilung (die Bezeichnung im Bauantrag ist unerheblich) zum nicht nur vorübergehenden Aufenthalt von Menschen geeignet sein muss. Ein **Wintergarten als Aufenthaltsraum** kann in **keinem Fall eine Nebenanlage** sein, auch wenn der Raum rundherum verglast und nicht heizbar ist; er ist Bestandteil des Hauptgebäudes und dient seiner Erweiterung. Als Aufenthaltsraum sind Wintergärten auf den nicht überbaubaren Grundstücksflächen unzulässig, es sei denn, sie halten sich im Rahmen von *Vorbauten* wie Erker nach den Abstandsvorschriften der LBOen (Näheres s. § 23 Abs. 5). Ein an den Wohnraum eines Reihenhauses angebauter, zum dauernden Aufenthalt von Menschen bestimmter und geeigneter **Wintergarten** dient überwiegend Wohnzwecken, auch wenn der Zugang zum Wintergarten nur über eine Treppe aus dem Untergeschoss erfolgt, jedenfalls sofern sich dieser Zugang *innerhalb* des Wohngebäudes befindet (VGH BW, B. v. 23.8.1993 – 5 S 1338/93 – BRS 55 Nr. 53).

5. **Nebenanlagen für die Versorgung, Abwasserbeseitigung, fernmeldetechnische Nebenanlagen sowie für Anlagen für erneuerbare Energien, Mobilfunkanlagen (Abs. 2)**

11 Abs. 2 ermöglicht die **ausnahmsweise Zulassung** von den dort – und zwar *abschließend* – aufgeführten Nebenanlagen, sofern im B-Plan dafür keine besonderen Flächen nach § 9 Abs. 1 Nr. 12 bis 14 BauGB festgesetzt worden sind.

Diese Vorschrift ist deshalb sinnvoll, weil eine Festsetzung im B-Plan häufig nicht erfolgen wird. Im Zeitpunkt der Planaufstellung ist häufig noch nicht zu übersehen, inwieweit Nebenanlagen überhaupt und wo sie erforderlich werden (so zutreffend *Förster*, § 14 Anm. 3). Durch die Beziehung auf die Versorgungsanlagen bzw. die Abwasserbeseitigungsanlagen im Begriff »Nebenanlage« kommt die untergeordnete Bedeutung bereits zum Ausdruck. Als solche Nebenanlagen können z. B. angesehen werden Leitungsmasten, Transformatorenhäuschen, Verstärkerkästen, Kontrollschächte, Verteilerkästen.

11.1 Die nur ausnahmsweise zulassungsfähigen Nebenanlagen nach § 14 **Abs. 2** können – wie die Nebenanlagen u. Einrichtungen nach § 14 Abs. 1 **Sätze 1 u. 2** (Rn 8) – im B-Plan auf den nicht überbaubaren Grundstücksflächen nach § 23 Abs. 5 Satz 1 gleichfalls ausgeschlossen oder beschränkt werden. Dagegen ist der Ausschluss oder die Beschränkung der Nebenanlagen nach Abs. 2 im B-

Plan nach § 14 Abs. 1 **Satz 3** nicht zulässig. Im Falle des Ausschlusses (nach § 23 Abs. 5 Satz 1) sind die in § 14 Abs. 2 aufgeführten Anlagen dann lediglich auf den *überbaubaren* Grundstücksflächen zulassungsfähig.

Auf die entspr. »**Haupt**«**anlagen** der Versorgung und Abwasserbeseitigung (z. B. Klärwerk) ist **Abs. 2 nicht anwendbar.** Im Einzelfall kann es zu Abgrenzungsschwierigkeiten kommen, ob beispielsweise ein (größeres) Umspannwerk oder ein Hauptsammler mit Pumpstation für die Abwasserableitung noch Nebenanlage i. S. von Abs. 2 ist oder bereits als Hauptnutzung und damit als der Versorgung oder Entsorgung dienende Fläche nach § 9 Abs. 1 Nr. 12 bis 14 BauGB festzusetzen ist. Infolge der abschließenden Aufzählung können z. B. Nebenanlagen für die **Beseitigung fester Abfallstoffe** nicht nach Abs. 2 behandelt werden (übereinstimmend *Förster*, § 14 Anm. 3; *Bielenberg*, § 14 Rdn. 28), obwohl sich dies aus der Sicht der Entsorgung anbieten würde.

Bestimmen die textlichen Festsetzungen eines B-Plans, dass in der unüberbaubaren Grundstücksfläche Nebenanlagen nach § 14 Abs. 2 BauNVO ohne weiteres zulässig sind, folgt allein daraus nicht der zwingende Ausschluss anderer Nebenanlagen (so mit Recht VGH BW, U. v. 24.2.1992 – 5 S 2408/91 – BRS 54 Nr. 58 = NVwZ-RR 1993, 128).

In den **Gründen** hat der VGH ausgeführt, dass es nicht angeht, aus der positiven Zulassung bestimmter Anlagen den zwingenden Schluss auf das Verbot anderer Anlagen zu ziehen. Der logische Umkehrschluss allein ergibt nichts dafür, ob andere Anlagen als die in § 14 Abs. 2 BauNVO genannten zwingend ausgeschlossen sein sollen oder bloß im Ermessenswege ausgeschlossen werden können (VGH, aaO.; es ging um ein Gartengerätehäuschen u. einen Brennholzschuppen [sog. Holzlege]).

Aufgrund des dem Abs. 2 angefügten **Satzes 2** durch die ÄndVO 1990 können nunmehr auch **fernmeldetechnische Nebenanlagen** ausnahmsweise zugelassen werden, auch wenn der B-Plan dies nicht ausdrücklich vorsieht. Infolge des Fortschritts auf dem Gebiet der Fernmeldetechnik dienen auch fernmeldetechnische Nebenanlagen der Versorgung der Baugebiete; als solche Nebenanlagen kommen u. a. Kabinen für Fernsehumsetzer u. Breitbandverteilungsanlagen (für Kabelfernsehen) in Betracht. Die Begr. des Reg. Entw. (BR-Drucks. 354/89, S. 57) nennt darüber hinaus kleinere eingeschossige Fernmeldegebäude. **Fernmeldetechnische Hauptanlagen** werden von der Regelung dagegen nicht erfasst. Im Rahmen der Entscheidung über die Verlegung bzw. Standortbestimmung sind – wie bei den übrigen Nebenanlagen nach § 14 Abs. 2 auch – die städtebaulichen Erfordernisse wie Einpassung in die Eigenart der Baugebiete, Vermeidung der Beeinträchtigung des Ortsbildes und der historischen Gegebenheiten zu berücksichtigen.

Satz 2 führt ferner **Anlagen für erneuerbare Energien** an, soweit nicht Abs. 1 Satz 1 Anwendung findet. Hierdurch soll sichergestellt werden, dass **Windenergieanlagen** als Ausnahme zugelassen werden können, wenn sie nur *teilweise* der Versorgung des Baugebiets mit Energie dienen (vgl. dazu BR-Drucks. 354/89 [Beschluss], S. 7).

Windenergieanlagen sind i. A. keine Nebenanlagen i. S. d. § 14 Abs. 2, weil sie nicht »der Versorgung der Baugebiete« dienen und keine **Neben**anlagen der **Haupt**anlagen für die Versorgung sind; dementsprechend sind *private* Windenergieanlagen auch keine *öffentlichen* Versorgungsanlagen i. S. v. § 9 Abs. 1 Nr. 12 BauGB (zur Zulässigkeit nach § 14 Abs. 1 s. Rn 7.1).

§ 14 Abs. 2

11.2 Anders als bei den Nebenanlagen nach Abs. 1 brauchen sich die Nebenanlagen nach Abs. 2 nicht auf bestimmte Grundstücke eines Baugebiets oder auf das Baugebiet selbst zu beziehen (und zu beschränken). **Abs. 2 bezweckt,** Nebenanlagen der dort aufgeführten Versorgung und Abwasserableitung in den Baugebieten generell zu ermöglichen. Zum Teil haben die Anlagen keine Beziehung zu bestimmten Baugebieten, sondern sie haben aus allgemeinen Versorgungs- oder Entsorgungsinteressen nur ihren Standort in dem Baugebiet. Der Unterschied in den funktionalen Beziehungen zeigt sich auch in der verschiedenartigen rechtlichen Ausgestaltung des Abs. 1 (*Rechtsanspruch* bei Vorliegen der Zulässigkeitsvoraussetzungen) und des Abs. 2 (*Ausnahmeregelung* i. S. d. § 31 Abs. 1 BauGB, wobei »Art und Umfang« bereits Bestandteil des Begriffs Nebenanlage i. S. d. Abs. 2 sind). Für die Zulassung der Ausnahmen ist bei der Prüfung ausschlaggebend, ob etwa städtebauliche Gesichtspunkte entgegenstehen (im gleichen Sinne *Bielenberg,* § 14 Rdn. 27).

11.3 § 14 Abs. 2 bildet **keine Grundlage für Enteignungsmaßnahmen** nach den §§ 85 ff. BauGB, worauf *Bielenberg* (§ 14 Rdn. 24) mit Recht hinweist. Wird eine Enteignung zugunsten der Energieversorgung oder Abwasserwirtschaft erforderlich, bedarf es zuvor der Festsetzung der benötigten Flächen im B-Plan. Die generell erteilte Ausnahme nach § 14 Abs. 2 enthebt lediglich die öffentlichen Erschließungsträger und die quasi-öffentlichen Bedarfs- und Erschließungsträger der Daseinsvorsorge, etwa ein privatrechtlich geführtes Wasserwerk der Gemeinde, jeweils des *besonderen Zulässigkeitsnachweises;* im Übrigen sind auch diese Träger an die bauplanungsrechtlichen Vorschriften über die Zulässigkeit von Vorhaben gebunden. **Soweit Träger öffentlicher Belange** wie die Energiewirtschaft **über** ein von den Vorschriften des BauGB **unabhängiges Planfeststellungs- und Enteignungsrecht verfügen,** sind die Träger nicht gehindert, ihre Aufgaben nach diesem Recht zu erfüllen. § 14 **Abs. 2 kann** die **spezielle Vorschrift des § 38 BauGB nicht einschränken.** Die gegenteilige, nicht begründete Auffassung von *Bielenberg* (§ 14 Rdn. 24) ist schon deshalb nicht haltbar, weil eine VO keine gesetzliche Bestimmung verdrängen kann.

11.4 Die Ausnahmevorschrift des Abs. 2 wird mit der Festsetzung eines Baugebiets Bestandteil des B-Plans (§ 1 Abs. 3), ohne dass dazu eine ausdrückliche Aussage i. S. v. § 31 Abs. 1 BauGB erforderlich ist; die Art der Ausnahme ergibt sich schon aus § 14 Abs. 2; ihren *Umfang* regelt § 15. Die Regelung für Nebenanlagen nach Abs. 2 gilt wie für die Nebenanlagen nach Abs. 1 (Rn 1) auch für SO-Gebiete zur Erholung (§ 10) und sonstige SO-Gebiete (§ 11). Sollen die Nebenanlagen nach Abs. 2 ausgeschlossen oder (räumlich) eingeschränkt werden, ist dies nicht über Abs. 1 Satz 3 möglich. Abs. 1 **Satz 3,** der die Einschränkung oder den Ausschluss von Nebenanlagen nach Abs. 1 Satz 1 im B-Plan zulässt, ist auf die Nebenanlagen nach Abs. 2 **nicht** – auch nicht entspr. – **anwendbar.** Ausschluss oder Einschränkung sind jedoch über § 1 Abs. 6, 8 und 9 möglich.

11.5 Zur Frage, ob eine **Mobilfunkstation** eine Nebenanlage i. S. d. § 14 Abs. 2 darstellen könnte: Hier ist zwischen den einzelnen Fassungen der Vorschrift zu unterscheiden. Soweit sich die Frage, ob eine Mobilfunkanlage unter § 14 Abs. 2 fällt, im Einzelfall nach den Fassungen der BauNVO aus 62/68/77 richtet, folgt eine Verneinung daraus, dass dort Nebenanlagen für fernmeldetechnische Zwecke nicht genannt sind und eine erweiternde Auslegung der Regelungen über die Anlagen zur Versorgung des Baugebietes mit Elektrizität in § 14 Abs. 2 S. 1 BauNVO nicht möglich ist.

Aufgrund des dem Abs. 2 angefügten S. 2 durch die ÄndVO 1990 können nunmehr auch fernmeldetechnische Nebenanlagen ausnahmsweise zugelassen werden, auch wenn der B-Plan dies nicht ausdrücklich vorsieht. Voraussetzung ist allerdings auch hier, dass es sich **um eine Nebenanlage** handelt. Hierbei ist zu berücksichtigen, dass der Begriff der Nebenanlage im § 14 Abs. 2 BauNVO 1990 insoweit einer anderen Systematik als in Abs. 1 unterliegt; § 14 Abs. 2 betrifft Infrastruktursysteme, die sich dadurch auszeichnen, dass ihre einzelnen Bestandteile für das Funktionieren des Gesamtsystems unverzichtbar sind. Das Kriterium der funktionalen Über- und Unterordnung zur Hauptnutzung »Gebäude« in Abs. 1 ist auf die Nebenanlage des § 14 Abs. 2 nicht ohne weiteres übertragbar. Die Mobilfunkanlage dient zwar auch der Versorgung der Baugebiete. Dass sie – wie bei Ferngesprächen – die Verbindung zu Fernsprechteilnehmern auch außerhalb des Baugebiets ermöglicht, stellt ihre Funktion als Nebenanlage i. S. d. § 14 Abs. 2 BauNVO 90 nicht in Frage. § 14 Abs. 2 der geltenden Fassung verzichtet aber nicht darauf, dass es sich bei den Anlagen gleichfalls um Nebenanlagen handeln muss. Seit der Rspr. des BVerwG (U. v. 17.12.1976 – 4 C 6.75 –) ist hierbei die **dienende Funktion maßgebend**. Ist dies wegen der maßgeblichen Ausgestaltung der betreffenden Anlage letztlich eine Frage des Einzelfalls, fehlt es größeren, gemeinschaftlichen Zwecken dienenden Anlagen doch regelmäßig an der Unterordnung im Verhältnis zu einer Hauptanlage. Die Abgrenzung von Neben- und Hauptanlagen im Bereich des Mobilfunks muss daher anhand des in Abs. 1 zu berücksichtigenden Kriteriums, der Größe der Anlage erfolgen. Je nach Größe der Mobilfunkstation, handelt es sich demnach um eine Haupt- oder Nebenanlage (vgl. hierzu ausführlich § 4 Rn 9.47).

Anwendung auf konkrete Baugebiete: 11.6
Zentrale Vermittlungsstellen, Basisstationen sowie Richtfunkantennen sind Bestandteile eines gewerblich betriebenen Mobilfunknetzes und bauplanungsrechtlich als gewerbliche Nutzung zu beurteilen.

Handelt es sich bauplanungsrechtlich bei der Anlage um eine Hauptanlage, deren Zulässigkeit sich nach dem Recht der Hauptanlage richtet, ist danach maßgebend, ob sie im jeweiligen Gebietstypus allgemein oder ausnahmsweise zulässig ist.

Mobilfunkhauptstationen sind danach im **besonderen Wohngebiet**, im **Dorfgebiet**, im **Mischgebiet**, im **Kerngebiet**, im **Gewerbegebiet** und im **Industriegebiet** allgemein zulässig. Mobilfunknebenanlagen sind nach § 14 Abs. 2 BauNVO nur ausnahmsweise zulässig. Das gemeindliche Einvernehmen ist hierzu erforderlich, soweit die Gemeinde nicht selbst Baugenehmigungsbehörde ist.

In **allgemeinen Wohngebieten** sind Mobilfunkhauptanlagen ausnahmsweise zulässig, sofern planungsrechtlich nichts abweichendes geregelt ist. Nach § 4 Abs. 3 Nr. 2 BauNVO können sonstige nicht störende Gewerbebetriebe zugelassen werden, ohne dass diese einen spezifischen Gebietsbezug im Hinblick auf den anzudienenden Versorgungsbereich aufweisen müssen. Das trifft auf Mobilfunkstationen zu. Hier ist das gemeindliche Einvernehmen erforderlich (§ 31 Abs. 1 BauGB), soweit die Gemeinde nicht selbst Baugenehmigungsbehörde ist. In den Anwendungsbereich der Regelbebauung des § 4 Abs. 1,

§ 14 Abs. 2 11.7, 11.8

Abs. 2 BauNVO fallen diese jedoch nicht. Nebenanlagen sind ausnahmsweise zulässig. Das gemeindliche Einvernehmen ist auch hier erforderlich, soweit die Gemeinde nicht selbst Baugenehmigungsbehörde ist (ausführlich dazu § 4 Rn 9.47).

In **reinen Wohngebieten** sind Mobilfunkhauptanlagen als zulässige Bebauung nicht vorgesehen. Sie können auch nicht ausnahmsweise zugelassen werden, weil sie keiner der Typisierungen nach § 3 Abs. 3 BauNVO unterfallen. Es handelt sich weder um »nicht störende Handwerksbetriebe, die der Deckung des täglichen Bedarfs für die Bewohner dienen«, noch um »Anlagen für soziale Zwecke« u. dergl. Es fehlt an jeglichem Bezug. Für Nebenanlagen i. S. d. § 14 Abs. 2 BauNVO 1990 gilt hingegen, dass diese ausnahmsweise zugelassen werden können. Dies haben mehrere OVGe in der Zwischenzeit für Basisstationen des UMTS-Netzes in reinen Wohngebieten auch ausgesprochen (OVG NW, B. v. 6.5.2005, aaO., Fundst. § 14 Rn 2.1; B. v. 6.5.2005, aaO., Fundst. § 14 Rn 2.1; Hess.VGH, U. v. 6.12.2004 – 9 UE 2582/03 – BauR 2005, 983 = GewArch. 2005, 218 = ZfBR 2005, 278 u. Nds. OVG, B. v. 6.12.2004 – 1 ME 256/04 – BauR 2005, 978 = ZfBR 2005, 281), teilweise mit unterschiedlicher Begr. Einprägsam sind die **Leits.** des B. des OVG NW v. 6.10.2005 – 10 B 1622/05 – aaO.:

» 1. Eine Mobilfunkstation ist in aller Regel keine Nebenanlage im Sinne von § 14 Abs. 2 S. 1, sondern eine fernmeldetechnische Nebenanlage im Sinne von § 14 Abs. 2 S. 2 BauNVO.
2. Eine Mobilfunkstation kann in einem reinen Wohngebiet (§ 3 BauNVO bzw. § 34 Abs. 2 BauGB i. V. m. § 3 BauNVO) ausnahmsweise zulässig sein.
3. Bei der Ermessensentscheidung über die Erteilung einer Ausnahme ist neben der Wertung des Verordnungsgebers in § 14 Abs. 2 S. 2 BauNVO zu berücksichtigen, dass der Nutzungszweck des reinen Wohngebiets als Regelfall erhalten bleiben und der gewerbliche Nutzungszweck der Mobilfunkstation den Charakter einer Ausnahmeerscheinung in dem betroffenen Gebiet behalten muss.
4. Betroffene Nachbarn können zwar nicht die Beeinträchtigung des Ortsbildes durch eine Mobilfunkstation, ggf. aber die Veränderung des Gebietscharakters durch die – auch optischen – Auswirkungen einer solchen Station geltend machen.«

11.7 Die Zulassung einer **Mobilfunkbasisstation** nach § 14 Abs. 2 S. 2 BauNVO i. V. m. § 30 Abs. 1 BauGB ist ausgeschlossen, wenn die Gemeinde im B-Plan für den vorgesehenen Standort keine der in § 1 Abs. 2 BauNVO vorgesehenen typisierten Baugebiete festgesetzt hat, sondern die zulässige bauliche Nutzung durch Festsetzungen aufgrund einzelner Bestimmungen des § 9 Abs. 1 BauGB bestimmt hat.

Die bei Widerspruch einer baulichen Anlage zu diesen Festsetzungen erforderliche Erteilung einer Befreiung nach § 31 Abs. 2 BauGB kommt unabhängig davon, ob bereits die Grundzüge der Planung berührt werden, jedenfalls dann nicht in Betracht, wenn ein öffentlicher Belang mit erheblichem Gewicht der Verwirklichung des Vorhabens am vorgesehen Standort entgegensteht (Hess. VGH, U. v. 28.9.2006 – 4 UE 1828/05 – NVwZ-RR 2007, 237 nur Leits.).

11.8 In einem B-Plan kann die Zulässigkeit von **Funkantennen für Amateurfunker** ausgeschlossen werden. Der BayVGH hat mit U. v. 11.12.2003 (– 25 N 99.2264 – BRS 67 Nr. 41) eine solche Festsetzung im B-Plan für ein allgemeines Wohngebiet zu Recht bejaht.

6. Weitere Fälle zur (Un-)Zulässigkeit von Nebenanlagen

Abenteuerspielplätze; s. Kinderspielplätze u. § 4 Rn 20.1.

12

Anschlagsäulen in einem Sondergebiet »Läden« sind Nebenanlagen i. S. d. § 14 BauNVO (OVG Hamb., U. v. 3.2.1972 – Bf. II 12/71 – BRS 25 Nr. 34).

Bienenhaltung im WR-Gebiet s. § 3 Rn 26.1.

Bolzplätze; s. § 3 Rn 25.7; § 4 Rn 20.3–20.61.

Brieftauben als Hobby-Tierhaltung s. § 4 Rn 16.5.

Einfriedigungen als Nebenanlagen (OVG Lüneburg, U. v. 10.7.1976 – I A 12/76 – BRS 30, Nr. 13).

Ein über 18 m hoher **Gittermast mit Antenne** ist in einem Wohngebiet mit eingeschossiger Bebauung keine untergeordnete Nebenanlage (VGH BW, U. v. 17.5.1983 – 3 S 670/83 – BRS 40 Nr. 49).

Großflächenwerbetafeln in Mischgebieten; generelles Verbot durch Ortssatzung unzulässig (BVerwG, U. v. 28.4.1972 – IV C 11.69 – DÖV 1972, 828 = DVBl. 1973, 40 = BBauBl. 1973, 117 = MDR 1972, 975).

Der Rechtsbegriff »**Großflächenwerbung**« in einer gemeindlichen Satzung ist unbestimmt und nicht bestimmbar (VGH BW, U. v. 29.4.1981 – 5 S 1909/80 – BRS 38 Nr. 147). **Aus den Gründen:** Die Wortauslegung ergibt keine auch nur einigermaßen bestimmte Antwort auf die Frage, ab welcher Ausmaße die Fläche einer Werbung »groß« ist (wird überzeugend dargelegt).

Heizkraftwerk; im Grundsatz nicht zulassungsfähig, auch wenn es einem WR-Gebiet dient (dazu § 3 Rn 27.2); siehe auch § 14 Rn 5.2.

Hobby-Tierhaltung; s. § 4 Rn 15.1–16.10.

13

Hundezwinger; keine Nebenanlage in WA-Gebieten (§ 4 Rn 16.2).

Kinderspielplätze: zulässig in allen Gebieten, in denen auch das Wohnen zulässig ist (§ 3 Rn 25 ff.).

Eine **Kfz-Reparaturwerkstätte** kann mangels fachlicher Verbundenheit nicht handwerklicher *Nebenbetrieb* eines Tankstellenunternehmers sein (OVG RhPf., U. v. 16.12.1981 – 2 A 1/81 – DÖV 1982, 870; s. auch § 6 Rn 15, 23.1).

Oberirdische Behälter für brennbare Flüssigkeiten gelten i. d. R. *nicht als oberirdische Nebenanlagen* für die örtliche Versorgung (OVG NW, U. v. 16.6.1973 – X A 1093/71 –, BRS 27 Nr. 32).

Plakattafel; s. Werbeanlage, § 14 Rn 9 u. 9.1.

Reitpferd; Einstellen in einem WA-Gebiet (§ 4 Rn 16.6).

Stützmauer; eine Stützmauer von 1 m Höhe im Garten eines Wohnhauses ist eine **untergeordnete Nebenanlage** im bauplanungsrechtlichen und bauordnungsrechtlichen Sinne. Sie kann im Ermessenswege außerhalb der überbaubaren Grundstücksfläche zugelassen werden (VGH BW, U. v. 30.9.1976 – III 780/75 – BRS 30 Nr. 99).

Terrasse: Eine Terrasse, Brüstungsmauer und eine Pergola sind keine Nebenanlagen i. S. d. § 14 BauNVO, da es sich um an das Hauptgebäude angebaute Grundstücksteile handelt (VGH BW, U. v. 14.8.1997 – 5 S 1252/96 – BauR 1998, 517 = BRS 59, 562). Dies gilt auch für eine Sonnenschutzanlage (Markise), die die Terrasse einer Gaststätte überdacht und aus statischen Gründen nicht an einer Hauswand befestigt ist, sondern darüber hinaus von im Erdboden verankerten Pfosten getragen wird. Das OVG Hamburg (U. v. 20.1.2005 – 2 BF 283/03 – BauR 2005, 849 = BRS 69 Nr. 86), bestätigt durch das BVerwG (B. v. 13.6.2005 – 4 B 27.05 – 4 B 27.05 – BauR 2005, 1755 = ZfBR 2005, 698 = BRS 69 Nr. 87) hat die Anlage nicht als Nebenanlage, sondern als Teil der Hauptanlage, eines fünfgeschossigen Eckgebäudes, angesehen.

Toilettenanlage einer Gaststätte: keine Nebenanlage, wenn die Baumaßnahme eine Erweiterung der Hauptanlage darstellt (VGH BW, U. v. 30.4.1975 – III 154/74 – BRS 29 Nr. 22).

Tragluftschwimmhalle; zulässig in WR- und WA-Gebieten (§ 3 Rn 24.1).

Vogelvolieren als Hobby-Tierhaltung (§ 4 Rn 16.7).

§ 15

14 **Werbeanlagen** in WR- und WA-Gebieten (§ 3 Rn 31); zum Begriff der **störenden Häufung** von Werbeanlagen: OVG Berlin, U. v. 13.11.1970 – II B 47.69 – BRS 23 Nr. 122; ferner BayVGH, U. v. 18.2.1970 – Nr. 82 II 69 – BRS 23 Nr. 121;

zur Feststellung der verunstaltenden Wirkung einer Werbeanlage sind i. d. R. die allgemeinen Feststellungen, dass die Werbeanlage der Eigenart des jeweiligen Baugebiets widerspreche, durch *tatsächliche Feststellungen* über die Wirkung der Werbeanlage am Anbringungsort zu ergänzen (BVerwG, B. v. 19.6.1970 – IV B 75.70 – BRS 23 Nr. 120).

Werbeanlage: Eine an einer Hauswand angebrachte großflächige Plakattafel (hier: 2,57 m × 3,70 m) ist eine bauliche Anlage im planungsrechtlichen Sinne gem. § 29 Satz 1 BBauG, auch wenn sie bauordnungsrechtlich keine bauliche Anlage darstellt (VGH BW, U. v. 30.9.1983 – 5 S 640/83 – BRS 40 Nr. 159).

Windenergieanlage für ein Wohnhaus im WR-Gebiet (§ 3 Rn 32; § 14 Rn 7.2; BVerwG, U. v. 18.2.1983 – Fundst. Rn 7.2).

§ 15 Allgemeine Voraussetzungen für die Zulässigkeit baulicher und sonstiger Anlagen

(1) Die in den §§ 2 bis 14 aufgeführten baulichen und sonstigen Anlagen sind im Einzelfall unzulässig, wenn sie nach Anzahl, Lage, Umfang oder Zweckbestimmung der Eigenart des Baugebiets widersprechen. Sie sind auch unzulässig, wenn von ihnen Belästigungen oder Störungen ausgehen können, die nach der Eigenart des Baugebiets im Baugebiet selbst oder in dessen Umgebung unzumutbar sind, oder wenn sie solchen Belästigungen oder Störungen ausgesetzt werden.

(2) Die Anwendung des Absatzes 1 hat nach den städtebaulichen Zielen und Grundsätzen des § 1 Abs. 5 des Baugesetzbuchs zu erfolgen.

(3) Die Zulässigkeit der Anlagen in den Baugebieten ist nicht allein nach den verfahrensrechtlichen Einordnungen des Bundes-Immissionsschutzgesetzes und der auf seiner Grundlage erlassenen Verordnungen zu beurteilen.

BauNVO 1977:

(1) Die in den §§ 2 bis 14 aufgeführten baulichen und sonstigen Anlagen sind im Einzelfall unzulässig, wenn sie nach Anzahl, Lage, Umfang oder Zweckbestimmung der Eigenart des Baugebiets widersprechen. Sie sind auch unzulässig, wenn von ihnen Belästigungen oder Störungen ausgehen können, die nach der Eigenart des Baugebiets im Baugebiet selbst oder in dessen Umgebung unzumutbar sind.

(2) Absatz 1 gilt auch für die Änderung, Nutzungsänderung und Erweiterung baulicher und sonstiger Anlagen innerhalb der festgesetzten Baugebiete.

(3) Bei der Anwendung der Absätze 1 und 2 dürfen nur städtebauliche Gesichtspunkte berücksichtigt werden.

BauNVO 1962 und 1968:

(1) Die in den §§ 2 bis 14 aufgeführten baulichen und sonstigen Anlagen sind im Einzelfall unzulässig, wenn sie nach Anzahl, Lage, Umfang oder Zweckbestimmung der Eigenart des Baugebietes widersprechen. Sie sind insbesondere unzulässig, wenn von ihnen Belästigungen oder Störungen ausgehen können, die für die Umgebung nach der Eigenart des Gebietes unzumutbar sind.

Abs. 2 und 3 wie BauNVO 1977.

§ 15

Erläuterungen

Übersicht   Rn

1. Allgemeines, Sinngehalt der Vorschrift, Änderung aufgrund
   der ÄnderungsVOen 1977 und 1990   1 – 2.2
   a) Allgemeines   1 – 1.14
   b) Änderungen von Regelungen aufgrund der ÄndVOen
      1977 und 1990   2 – 2.2

2. Anwendungsbereich der Vorschrift, nachbarschützender
   Charakter   3 – 7.2
   a) Sachlicher und räumlicher Anwendungsbereich   3 – 5
   b) Zum nachbarschützenden Charakter der Vorschrift;
      zum Rücksichtnahmegebot   6 – 7.2

3. Unzulässigkeit baulicher und sonstiger Anlagen   **Abs. 1**
   sowie Nutzungen im Einzelfall   8 – 10.4   **Satz 1**
   a) Allgemeines, Widerspruch zur Eigenart des Baugebiets   8 – 9.5
   b) Unzulässigkeit nach den einzelnen Tatbestandsmerkmalen   10 – 10.4

4. Unzulässigkeit wegen Belästigungen   **Abs. 1**
   oder Störungen   11 – 24.42 **Satz 2**
   a) Allgemeines zu den Begriffen »Belästigungen« oder
      «Störungen«   11 – 12.21
   b) Allgemeines z. Begriff »Unzumutbarkeit« hinsichtlich
      Belästigungen und Störungen   13 – 14.3
   c) Richtwerte/Grenzwerte zur gebietlichen Abgrenzung von
      Immissionsbeeinträchtigungen; zur VerkehrslärmSchVO
      (16. BImSchV) u. zur SportanlagenlärmSchVO
      (18. BImSchV)   15 – 20.3
   aa) Einige Grundlagen und Fakten zu den Immissionen,
       insbesondere über den Schall   15 – 15.2
   bb) Zur Anwendbarkeit vorhandener Regelungen, Richt-
       linien und Verwaltungsvorschriften   16 – 18.4
   cc) Überlegungen zur Festlegung von Grenzwerten hin-
       sichtlich der (Un-)Zumutbarkeit von Belästigungen
       und Störungen; zur VerkehrslärmSchVO (16. BImSchV)
       u. zur SportanlagenlärmSchVO (18. BImSchV)   19 – 19.83
   dd) Anhaltswerte für die (Un-)Zumutbarkeit von Be-
       lästigungen und Störungen durch Luftverunreini-
       gungen   20 – 20.3
   d) Unzumutbarkeit »nach der Eigenart des Baugebiets im
      Baugebiet selbst oder in dessen Umgebung«   21 – 23.4
   e) Unzulässigkeit von Vorhaben, wenn sie unzumutbaren
      Belästigungen oder Störungen ausgesetzt werden
      (Satz 2, letzter Halbs.)   24 – 24.42

5. Anwendung des Abs. 1 auf die Änderung oder   **Abs. 1**
   Nutzungsänderung von Anlagen und Nutzungen   25 – 30.1
   a) Allgemeines   25
   b) Begriff »Änderung«   26 – 26.1
   c) Begriff »Nutzungsänderung«   27 – 30.1
   aa) Allgemeines zur rechtlichen Eingrenzung   27 – 27.1

§ 15

	bb) Zur verfahrensrechtlichen Handhabung einer Nutzungsänderung (allgemein)	28	– 28.1
	cc) Anwendungs- und Zweifelsfälle der Nutzungsänderung	29	– 30.1
Abs. 2	6. Anwendung nach den Planungsleitsätzen des § 1 Abs. 5 BauGB	31	– 32.1
Abs. 3	7. Beurteilung der Zulässigkeit von Anlagen in den Baugebieten nicht in erster Linie nach den verfahrensrechtlichen Immissionsvorschriften	33	– 33.1
	8. Einzelfälle zur (Un-)Zulässigkeit von Anlagen und zu Nutzungsänderungen	34	– 35.2

Schrifttum

Berkemann	Lärmgrenzwerte im Bereich des Straßen- und Schienenverkehrs, in: Schutz vor Lärm, S. 73 ff.; Schriftenreihe Umweltrecht, Uni Hbg, Bd 1, 1990; Hrsg. Koch
Feldhaus	Zumutbarkeitsgrenzen als Wege zur Konfliktlösung am Beispiel des Immissionsschutzrechts, DVBl. 1979, 301
Fickert	Zur Zumutbarkeit bei Beeinträchtigungen durch Straßenverkehrslärm und ihre rechtliche Behandlung, BauR 1973, 1
Friauf	»Latente Störung«, Rechtswirkungen der Bauerlaubnis und vorbeugende Nachbarklage, DVBl. 1971, 713
Gaentzsch	Der Schutz vor Lärm im geltenden Recht – Anforderungen an genehmigungsbedürftige und nicht genehmigungsbedürftige Anlagen gemäß BImSchG und TA Lärm, in: Schutz vor Lärm, S. 31 ff.; Schriftenreihe Umweltrecht, Uni Hbg, Bd 1, 1990; Hrsg. Koch
Hansmann	Erläuterung, Vergleich und Abgrenzung der für Geräuscheinwirkungen verwendeten Rechtsbegriffe, UPR 1982, 353
–	Rechtsprobleme bei der Bewertung von Lärm, NuR 1997, 53
Hendlmeier	Zwei Jahre Erfahrung mit der Verkehrslärmschutzverordnung (16. BImSchV), NuR 1992, 463
Hölder	Die Verordnung zum Schutz vor Verkehrslärm, in: Schutz vor Lärm, S. 171 ff., Schriftenreihe Umweltrecht, Uni Hbg, Bd 1, 1990; Hrsg. Koch
Jäde	Probleme bei der Anwendung technischer Regelwerke in der Bauleitplanung und im Einzelgenehmigungsverfahren, ZfBR 1992, 107
Jansen, G.	Zur »erheblichen Belästigung« und »Gefährdung« durch Lärm, ZfL 1986, 2
–	Verkehrslärmwirkungen bei besonderen Personengruppen, ZfL 1987, 152
–	Schutz vor Lärm (Zum Stand der Wirkungsforschung), in: Schutz vor Lärm, S. 9 ff.; Schriftenreihe Umweltrecht, Uni Hbg, Bd 1, 1990; Hrsg. Koch
Jansen/Schwarze/ Notbohm	Lärmbedingte Gesundheitsbeeinträchtigungen unter besonderer Berücksichtigung der physiologischen Lärmempfindlichkeit, ZfL 1996, 31
Kersten	Zumutbarkeitsgrenzen bei Straßenverkehrslärm, BayVBl. 1987, 641

Klosterkötter	Kritische Anmerkungen zu einer »Zumutbarkeitsgrenze« für Beeinträchtigungen durch Straßenverkehrslärm, KdL 1974, 29
–	Neuere Erkenntnisse über Lärmwirkungen, KdL 1974, 103
–	Zum Thema »Grenzwerte und Richtwerte für Geräuschimmissionen«, KdL 1976, 1
Koch	Der Erheblichkeitsbegriff in § 3 Abs. 1 BImSchG und seine Konkretisierung durch die TA Lärm, in: Schutz vor Lärm, S. 41 ff., Schriftenreihe Umweltrecht, Uni Hbg, Bd 1, 1990; Hrsg. Koch
Kötz	Zur Berechnung des »maßgeblichen Außenlärmpegels« nach DIN 4109 – Ein klärendes Wort zum »3 dB-Zuschlag«, ZfL 1996, 41
Krell	Lärmgrenzwerte für Straßen, in: Schutz vor Lärm, S. 61 ff., Schriftenreihe Umweltrecht, Uni Hbg, Bd 1, 1990; Hrsg. Koch
Kröger/ Hendlmeier	Bemessung von Schallschutzfenstern – ein Vergleich verschiedener Regelwerke, ZfL 1994, 156
Kürer	Ermittlung und Bewertung von Lärmkenngrößen, in: Schutz vor Lärm, S. 21 ff., Schriftenreihe Umweltrecht, Uni Hbg, Bd 1, 1990; Hrsg. Koch
Kutscheidt	Rechtsprobleme bei der Bewertung von Geräuschimmissionen, NVwZ 1989, 193
Leitmann	Lautstärke in Diskotheken – Eine Abschätzung des Gehörschadensrisikos bei jungen Erwachsenen, ZfL 2003, 140
Meurers	Der wirkungsorientierte Takt-Maximal-Pegel im Alltag des Umweltschutzes und in der Prognose, ZfL 1989, 152
Niesl/Probst	Die Geräuschemission von Tennisanlagen, ZfL 1983, 61
Peine/Smollich	Bauleitplanung und Immissionsschutz, WiVerw. (Vierteljahresbeilage z. GewArch.), 1990, 269
Sarnighausen	Rücksichtnahme und Zumutbarkeit im öffentlichen Bau- und Nachbarrecht: Bundes- oder Landesrecht?, NVwZ 1993, 1054
Schulze-Fielitz	Rechtsfragen der Verkehrslärmschutzverordnung (16. BImSchV), UPR 1994, 1
Sendler	Abschied vom »latenten« Störer?, WuV 1977, 94
–	Wer gefährdet wen: Eigentum und Bestandsschutz den Umweltschutz oder umgekehrt?, UPR 1983, 33–46, 73–76 (auch in: Dokumentation zur 6. wissenschaftlichen Fachtagung der Gesellschaft für Umweltrecht, e. V., Berlin 1983, 29–95)
Silagi	Zu den Grenzen des Verkehrslärmschutzes, UPR 1997, 272
Steinebach	Lärm- und Luftgrenzwerte – Entstehung. Aussagewert. Bedeutung für Bebauungspläne, 1987
Stich	Die rechtliche und fachliche Problematik von Grenzwerten für die zumutbare Belastung durch Verkehrslärm, ZfBR 1990, 10
Strauch	Berücksichtigung von Geräuschimmissionen in der Bauleitplanung, BauR 1989, 418
Ullrich, J.	Lärmschutz unter besonderer Berücksichtigung des Straßenverkehrslärms. Eine technische Einführung, DVBl. 1985, 1159
–	Abschätzung, Beurteilung und Minderung von Luftverunreinigungen an Straßen, in: Speyerer Forschungsberichte, Heft 65, 5 ff.
Vieweg/Röthel	Konvergenz oder Divergenz öffentlich-rechtlichen und privatrechtlichen Immissionsschutzes? – Zur Problematik des Lärmschutzes bei nicht genehmigungsbedürftigen Anlagen i.S. von §§ 22 ff. BImSchG –, DVBl. 1996, 1171

Wiethaup   Lärmstörungen durch den Betrieb von Minigolfplätzen, ZMR 1973, 291

Ziegler   Zum Anlagenbegriff nach dem Bundes-Immissionsschutzgesetz, UPR 1986, 170

(s. auch unter Schrifttum allgemein und zu den §§ 1 u. 3)

1. Allgemeines, Sinngehalt der Vorschrift, Änderungen aufgrund der ÄnderungsVOen 1977 und 1990

1 a) **Allgemeines.** § 15 bildet die *Generalklausel* für die Zulässigkeit bzw. ausnahmsweise Zulassung aller Anlagen und Nutzungen nach den §§ 2–14 **im Einzelfall**. Während die §§ 2–9 und mittelbar auch die §§ 10, 11 hinsichtlich der Zulässigkeit der Anlagen und Nutzungen auf die *allgemeine Zweckbestimmung* (den Gebietscharakter) des jeweiligen Baugebiets (Vorb. §§ 2 ff. Rn 1–1.1) und die §§ 12–14 auf die Vereinbarkeit der Anlagen und Nutzungen mit dem jeweiligen Gebietscharakter des Baugebiets abstellen, verfolgt § 15 den Zweck, sicherzustellen, dass die einzelne Anlage und Nutzung der **besonderen Eigenart** *des Baugebiets* nicht widerspricht (dazu *Roellecke*, aaO., DÖV 1976, 301).

Die **Überschrift** des § 15 **gibt Zweck** und Sinngehalt der Vorschrift **nicht exakt wieder**. Es handelt sich gerade nicht um »allgemeine«, sondern besondere Voraussetzungen, aufgrund derer die nach den §§ 2–14 i. A. zulässigen Anlagen »im Einzelfall« unzulässig sein können. Um den materiellen Gehalt der Vorschrift zu erfassen, müsste die Überschrift lauten: »Unzulässigkeit baulicher Anlagen und Nutzungen im Einzelfall«.

Bei den Tatbeständen des § 15 handelt es sich um allgemein geltende, die Zulässigkeit bzw. Zulassungsfähigkeit von baulichen Anlagen und Nutzungen im Einzelfall *einschränkende* Voraussetzungen. Sie sind, ohne dass es einer ausdrücklichen Festsetzung im B-Plan bedarf, bei der Prüfung der Genehmigungsfähigkeit der jeweiligen Anlagen und Nutzungen zu beachten. Die verschiedenen Tatbestandsmerkmale der Vorschrift des § 15 können aus städtebaulichen Gesichtspunkten (Abs. 2) zur Unzulässigkeit der Anlagen und Nutzungen im Einzelfall führen. Die Versagung einer Anlage aufgrund des § 15 Abs. 1 wirkt sich insoweit für das Grundstück als Sozialbindung des Eigentums aus; die **Schwelle zum enteignenden Eingriff** i. S. v. Art. 14 GG wird durch die Unzulässigkeit **nicht überschritten**. *Bielenberg* weist mit Recht darauf hin, dass niemand einen Anspruch darauf hat, ein Grundstück im Widerspruch zu der im Interesse des gedeihlichen Zusammenlebens der Bewohner des betreffenden Baugebiets erlassenen notwendigen Planungsordnung zu nutzen (§ 15 Rdn. 9, 52. Lfg.).

Da § 15 nicht die Regelung bestimmter, näher bezeichneter baulicher oder sonstiger Anlagen zum Gegenstand hat, sondern die **Voraussetzungen für die Zulässigkeit** der Anlagen reglementiert, war eine Erwähnung in § 1 Abs. 3 nicht erforderlich. *Förster* spricht in diesem Zusammenhang von § 15 als »Ergänzungsvorschrift« (§ 15 Anm. 1). Sie stellt sicher, dass der Gebietseigenart widersprechende oder sie beeinträchtigende Anlagen und Nutzungen verhindert werden können (im gleichen Sinne BVerwG, U. v. 30.1.1970 – IV C 143.65 – BRS 23 Nr. 36 = DVBl. 1970, 832).

Daraus, dass § 1 Abs. 3 Satz 2 den § 15 nicht erwähnt, es mithin an einer Festsetzung i. S. d. § 31 Abs. 2 BauGB fehlt, ergibt sich bereits, dass Befreiungen von § 15 nicht zulässig sind (dazu Rn 3.1). Die **Anwendung des** § 15 kann auch **nicht** durch Festsetzungen im B-Plan nach § 1 Abs. 4 ff. **ausgeschlossen werden** (ebenso *Bielenberg*, Rdn. 10).

Die Vorschrift wendet sich **an die Baugenehmigungsbehörde.** Diese hat im Einzelfall die Anlage oder Nutzung zu versagen, wenn sich andernfalls ein Widerspruch zur Eigenart des Baugebiets ergeben würde oder von den Anlagen unzumutbare Belästigungen oder Störungen ausgehen können. Mit dieser Aufgabe hat die Baugenehmigungsbehörde einen Zuständigkeitsbereich erhalten, der materiell-rechtlich an das Leistungsvermögen besondere Anforderungen stellt. 1.1

Das **Einvernehmen** der Gemeinde, das nach § 36 Abs. 1 Satz 1 BauGB bei der Entscheidung über die Zulässigkeit von Vorhaben in bestimmten Fällen vorgesehen ist, **entfällt** bei Entscheidungen nach § 15. Dadurch entfallen auch mögliche Hinweise, die die (richtige) Entscheidung erleichtern könnten. Das gilt insbes. hinsichtlich der Entscheidung über unzumutbare Belästigungen und Störungen einer Anlage, die i. d. R. differenzierte Kenntnisse über das Umfeld der zu genehmigenden Anlage erfordern. Nach den Erfahrungen der Praxis wird die sorgfältige Entscheidung besonders über die Frage, ob von einer Anlage (Nutzung) Belästigungen oder Störungen ausgehen *können,* vielfach erst durch einen Nachbarwiderspruch erzwungen.

Die Vorschrift ist vom VOgeber als *Generalklausel für die Einzelgenehmigung* ausgekleidet worden. Mithilfe der Unzulässigkeitstatbestände des § 15 können etwa fehlende oder nicht hinreichende Planungsentscheidungen der planenden Stellen und vor allem der Gemeindevertretung bei der Festsetzung der Baugebiete und deren Gestaltung im Einzelnen nicht geheilt und reguliert werden. 1.12

Die grundsätzlichen Aussagen über die Gestaltung eines Baugebiets durch entsprechende Gliederung, Festsetzung des Zulässigkeitskataloges oder den Ausschluss bestimmter Nutzungen (§ 1 Abs. 4–9, Rn 82–137) müssen durch die planenden Stellen i. V. m. den jeweiligen Gemeindeausschüssen und unter der Bürgerbeteiligung nach § 3 BauGB geklärt und vor allem von der Gemeindevertretung entschieden werden. § 15 ist als genereller *Auffangtatbestand* nur begrenzt einsetzbar. Seine – sachgerechte – Handhabung kann – wie die Genehmigungspraxis zeigt – überdies durch zahlreiche Einflussnahmen auf die die Bauanträge genehmigenden Stellen in unterschiedlicher Weise »verfälscht« werden, so dass § 15 häufig nicht die ihm vom VOgeber zugedachte Aufgabe erfüllen kann.

Aus diesem Grunde ist eine **gründliche Planung stets erforderlich.** Fehlende oder unzureichende Planungsentscheidungen können durch § 15 nicht nachgeholt werden. **§ 15 Abs. 1 Satz 1 bietet keine Handhabe** dafür, die Verwirklichung der einem B-Plan zugrunde liegenden Planungsabsicht für den Regelfall zu verhindern (VGH BW, B. v. 15.9.1981 – 8 S 1153/81 – BRS 38 Nr. 59). Ist z. B. ein Verbrauchermarkt nach der BauNVO 1962 im GE-Gebiet zulässig, darf er über § 15 nicht für unzulässig erklärt werden, weil er beispielsweise nach der BauNVO 1977 im GE-Gebiet städtebaulich nicht erwünscht ist (BGH, U. v. 26.3.1981 – III ZR 171/79 – BauR 1981, 456).

Entgegen der wiederholt zum Ausdruck gebrachten Auffassung des BVerwG (vgl. u. a. U. v. 11.3.1988 – 4 C 56.84 –; ausf. dazu u. Fundst. Vorb. §§ 2 ff. Rn 11.2 f. u. B. v. 6.3.1989 – 4 NB 8.89 – Fundst. Vorb. §§ 2 ff. Rn 11.5) ist die Vorschrift des § 15 auf die **strikte Anwendung** der in Abs. 1 geregelten unbestimmten Rechtsbegriffe im Zuge der jeweiligen Festsetzungen des B-Plans verpflichtet. Aus diesem Grunde widerspricht der **Leitsatz,** »*Festsetzungen eines Bebauungsplans können durch § 15 BauNVO nur ergänzt, nicht korri-* 1.13

giert werden« im B. v. 6.3.1989 – 4 NB 8.89 – aaO., dem Rechtsgehalt des § 15.

Das Missverständnis kommt in den **Gründen** des B. v. 6.3.1989 (aaO.) deutlich zum Ausdruck, wenn es dort heißt: »*Je konkreter eine Festsetzung ist, umso geringer ist die Gestaltungsfreiheit für den Betroffenen und damit auch der Spielraum für die Anwendung des § 15 BauNVO. Nur soweit der Bebauungsplan selbst noch keine abschließende planerische Entscheidung enthält, ermöglicht § 15 BauNVO eine* ›Nachsteuerung‹ (Heraushebung dort im Text) *im Baugenehmigungsverfahren*«.

Nach st. Rspr. des BVerwG lassen unbestimmte Rechtsbegriffe, um die es sich in § 15 Abs. 1 handelt, einen Beurteilungs-»Spielraum« nicht zu. Aus diesem Grunde wäre es unzulässig, wenn die Baugenehmigungsbehörde sich die Freiheit nehmen würde, bei ihrer Entscheidung in irgendeiner Weise etwas »nachzusteuern«.

Dass dies in der baurechtlichen Praxis möglich ist, vor allem, wenn die Baugenehmigungsbehörde der Verwaltung der planenden Stadt angehört (was Frido Wagener – Verwaltungshochschule Speyer – seinerzeit in einer bekannten Abhandlung zu dem Hinweis auf die »*horizontale und/oder vertikale Kumpanei*« auf Verwaltungsebene veranlasste), ändert nichts am Rechtscharakter des § 15 (zu einem eklatanten Fall der »Kumpanei« s. § 4 Rn 6.41).

Die Baugenehmigungsbehörde hat sich strikt an die planerischen Entscheidungen (Festsetzungen im jeweiligen B-Plan) der Gemeinde zu halten. Was dort nicht geregelt ist, kann die Baugenehmigungsbehörde nicht etwa »ergänzen«. Die Fehleinschätzung des BVerwG zeigt sich bereits im U. v. 11.3.1988 (Fundst. Vorb. §§ 2 ff. Rn 11.2), wonach die Gemeinde u. a. berücksichtigen darf, »*dass § 15 BauNVO die Lösung von Konflikten im Einzelgenehmigungsverfahren ermöglicht*« (ausf. dazu Vorb. §§ 2 ff. Rn 11.2–11.3). Diese Auffassung heißt, die Baugenehmigungsbehörde zu überfordern, nämlich die bei der Plangebung – aus welchen Gründen auch immer – offengelassenen Konflikte im Baugenehmigungsverfahren lösen zu sollen.

1.14 § 15 gilt für alle B-Pläne als unmittelbar wirksames Recht, und zwar in seiner jeweils geltenden – d. h. neuesten – Fassung. Im Unterschied zu den umsetzungsbedürftigen Regelungen der BauNVO braucht die Ermächtigungsnorm des § 2 Abs. 5 Nr. 2 BauGB in Bezug auf die BauNVO 1990 nicht einschränkend ausgelegt zu werden. Weil insoweit nur die jeder Bauleitplanung innewohnenden Grenzen aufgezeigt werden, wird die Planungshoheit der Gemeinde nicht berührt. Deshalb kann § 15 Abs. 1 u. 2 BauNVO 1990 unbedenklich auf bestehende B-Pläne angewendet werden (ebenso *Lemmel*, in: Festschr. f. *Weyreuther*, aaO.)

2 b) **Änderung von Regelungen aufgrund der ÄndVOen 1977 und 1990. § 15 Abs. 1 Satz 2 ist durch die ÄndVO 1977 geändert worden.** Aufgrund des bis dahin geltenden Wortlauts – ohne Heranziehung des Sinngehalts – wurde überwiegend die Auffassung vertreten, dass Belästigungen und Störungen von Anlagen oder Nutzungen, die sich *außerhalb* des festgesetzten Baugebiets auswirken, für die Anwendung des § 15 unbeachtlich seien (dazu *Bielenberg*, § 15 Rdn. 14, 15 m. w. N.; *Roellecke*, aaO.).

Mit der Änderung wurde eine bestehende Streitfrage geklärt. Unabhängig von der Frage, ob es sich um eine Klarstellung oder um eine materiell-rechtliche Erweiterung handelt, kann die Änderung einer solchen, auf die Bauleitpläne generell abstellenden Norm, die keinen – auch nicht mittelbaren – planungsrechtlichen Einfluss auf den Inhalt der B-Pläne nimmt, auf alle bereits **vorher in Kraft getretenen B-Pläne** und diejenigen Planverfahren Anwendung finden, für die nach dem Überleitungsrecht des § 25a der BauNVO 1977 die *bisherigen* Vorschriften der BauNVO weitergelten (ebenso *Bielenberg*, Rdn. 14). Die **Fassung** des Abs. 1 Satz 2 verpflichtet die Baugenehmigungsbehörde ausdrücklich, bei der Prüfung der Zulässigkeit bzw. Zulassungsfähigkeit auch die **Umgebung des festgesetzten Baugebiets**, mithin benachbarte Bereiche, einzubeziehen (Näheres Rn 21).

Durch die ÄndVO 1990 ist **Abs. 1 Satz 2** ein weiterer Halbs. angefügt worden, nach dem bauliche und sonstige Anlagen auch unzulässig sind, »wenn sie solchen (d.h. unzumutbaren) Belästigungen oder Störungen ausgesetzt werden« (dazu Rn 24). Ferner sind durch die ÄndVO 1990 die Absätze **2 und 3 neu gefasst** worden. Der VOgeber hat den *bisherigen* Abs. 2, der die Vorschriften des Abs. 1 ausdrücklich **für Änderungen, Nutzungsänderungen** u. Erweiterungen baulicher und sonstiger Anlagen für anwendbar erklärt hatte, mit Rücksicht auf die Begriffsbestimmung des Vorhabens in § 29 Satz 1 BauGB *für entbehrlich* angesehen. Nach der Begr. des Reg. Entw. (BR-Drucks. 354/89, S. 59) bedeutet die Aufhebung der Vorschrift keine inhaltliche Änderung der bisherigen Rechtslage.

2.1

Aufgrund der Aufhebung des Abs. 2 ist der **bisherige Abs. 3** unter Änderung des Wortlauts – auf Vorschlag des BR (BR-Drucks. 354/59 [Beschluss], S. 8) – Abs. 2 **geworden**. Nach Meinung des BR kommen in der jetzigen (neuen) Fassung die zu beachtenden Planungsleitsätze des § 1 Abs. 5 BauGB einschließlich der Bodenschutzklausel (Abs. 5 Satz 3, nunmehr § 1a Abs. 1 BauGB) besser zum Ausdruck. Nach der Begr. des BR zum Änderungsvorschlag sind Zweifel angebracht. Damit sollen »*die gegenüber den Vorschriften des BBauG weiterreichenden städtebaulichen Ziele umgesetzt werden; Baugebiete sind als Lebensräume anzusehen, d.h. es handelt sich um Ökosysteme, die nicht allein von den baulichen Anlagen definiert werden können und dürfen*« (aaO., Beschl. Nr. 6). Zum Rechtsgehalt der geänderten Vorschrift s. Rn 31 f.

2.2

§ 15 **Abs. 3** hat einen klarstellenden Hinweis aufgenommen, nach dem über die Zulässigkeit der Anlagen nach den Baugebietsvorschriften (weiterhin) nach **städtebaulichen Gesichtspunkten** der geordneten Entwicklung zu entscheiden ist; die verfahrensrechtliche Einordnung von (baulichen) Anlagen nach dem BImSchG und insbes. nach der 4. BImSchV ist für die Beurteilung nicht allein maßgebend (Näheres Rn 33, 33.1).

2. Anwendungsbereich der Vorschrift, nachbarschützender Charakter

a) **Sachlicher und räumlicher Anwendungsbereich.** § 15 erfasst alle zulässigen u. ausnahmsweise zulassungsfähigen baulichen und sonstigen Anlagen (Einrichtungen) sowie Nutzungen, die in den §§ 2–14 aufgeführt sind. Die Vorschrift gilt ferner nicht nur für die (erstmalige) Errichtung, sondern erstreckt sich (weiterhin, Rn 2.1) auf die Änderung, Nutzungsänderung und Erweiterung der genannten Anlagen und Nutzungen (Rn 25–30.1).

3

Mit der Festsetzung eines Baugebiets, mithin auch der SO-Gebiete nach §§ 10 und 11, **wird § 15 unmittelbar anwendbares Recht.** Es gilt für alle Baugebiete, jedoch mit der Einschränkung, dass **nach Abs. 2 nur städtebauliche Gesichtspunkte** für die Frage der Unzulässigkeit der Anlagen und Nutzungen im Einzelfall maßgebend sein dürfen (Rn 31).

Die BauNVO hat weder über § 1 noch in § 15 selbst Ausnahmen oder Befreiungen von den dort angeführten Voraussetzungen der Zulässigkeit vorgesehen

§ 15   3.1, 3.11

(s. Rn 3.1). **Die Geltung des § 15 kann nicht eingeschränkt** oder durch Festsetzungen im B-Plan nach § 1 Abs. 4 ff. ausgeschlossen werden. Sind Vorhaben nach § 33 BauGB zugelassen, findet auf diese »vorgezogenen« Vorhaben gleichfalls § 15 Anwendung.

3.1 Die **zwingende Natur** führt dazu, dass die Genehmigung eines Vorhabens versagt werden *muss*, wenn eine der die Zulässigkeit einschränkenden Voraussetzungen vorliegt. *Bielenberg* spricht im Zusammenhang mit der Pflicht zur strikten Beachtung (u. Anwendung) des § 15 von einem »Mindestprogramm« zur Sicherung der geordneten städtebaulichen Entwicklung (§ 15 Rdn. 10). **Der Baugenehmigungsbehörde steht ein Ermessen nicht zu.** Das »können« in § 15 Abs. 1 Satz 2 räumt der Behörde *keinen Ermessensspielraum* ein, sondern ist so zu verstehen, dass die Anlage im Einzelfall unzulässig ist, *wenn* mit Belästigungen oder Störungen aufgrund der *Typisierung* oder allgemeiner Erfahrungswerte (Vorb. §§ 2 ff. Rn 9–10.1) zu rechnen ist. Die *möglichen*, nach Erfahrungswerten evtl. zu erwartenden Störungen sind bei der Frage der Zulässigkeit konkret – **vorhabenbezogen** – in die Prüfung des Bauantrags (Bauvoranfrage) einzubeziehen.

Die in § 15 Abs. 1 Satz 1 aufgeführten **Tatbestandsmerkmale** (dazu Rn 8–10.1) **lassen** als unbestimmte Rechtsbegriffe gleichfalls **keinen Beurteilungsspielraum** zu.

Die Pflicht zur strikten Anwendung des § 15, die auch *Bielenberg* (§ 15 Rdn. 10) deutlich z. Ausdruck bringt, darf nicht etwa dadurch gewissermaßen »verwässert« werden, dass infolge der weitgefassten unbestimmten Rechtsbegriffe den Baugenehmigungsbehörden »stillschweigend« doch ein gewisser Beurteilungsspielraum eingeräumt wird. *Bielenberg* hat in seiner überarbeiteten 52. Lfg. (Mai 1995) seine Auffassung zu der Anwendung des § 15 verdeutlicht. Er hat mit Recht ausgeführt, Bedenken gegen die strikte Anwendung des § 15 könnten durch den Hinweis entkräftet werden, dass § 15 Abs. 1 Satz 1 den »Widerspruch« zur Eigenart des Baugebiets voraussetzt und Satz 2 ein normatives städtebauliches »Mindestschutzprogramm« enthält (*Bielenberg*, Rdn. 11). Jeder Eigentümer/Bauherr hat sich entspr. der Lage des Baugrundstücks auf die dadurch bedingte Situation einzustellen.

Es ist richtig, dass die Tatbestandsmerkmale des § 15 Abs. 1 **Satz 1** gerade wegen der *Weitgefasstheit* von den Baugenehmigungsbehörden in der Praxis für die Versagung eines Bauantrags verhältnismäßig selten in Anspruch genommen werden.

Ob ein Widerspruch gegeben ist, wird i. d. R. nicht anders zu beurteilen sein als die Frage, inwieweit ein (Bau-)Vorhaben sich in die Eigenart der näheren Umgebung i. S. v. § 34 Abs. 1 BauGB »*einfügt*«. Die Maßstäbe, die dort zur Vermeidung eines Spannungszustandes unter gleichzeitiger Beachtung des Gebots der gegenseitigen Rücksichtnahme anzulegen sind (s. dazu Vorb. §§ 2 ff. Rn 30), können der Baugenehmigungsbehörde auch als Prüfungskriterien zur Abklärung dienen, ob das (Bau-)Vorhaben der Eigenart des Baugebiets widerspricht.

3.11 Die Tatbestandsmerkmale des § 15 Abs. 1 sind (strikt) zu beachten. **Für eine Befreiung** nach § 31 Abs. 2 BauGB ist kein Raum (dazu Vorb. Rn 7–7.10); dabei bildet die notwendige Beachtung der jeweiligen *Eigenart* des Baugebiets, die möglicherweise durch einschränkende Festsetzungen nach § 1 Abs. 5–9 erfolgt ist, eine zusätzliche Schranke. § 15 trifft selbst **keine Festsetzung,** sondern enthält lediglich *Bedingungen* für die Zulässigkeit im Einzelfall. »*Ist ein Vorhaben nach § 15 BauNVO wegen seines Umfangs und seiner Zweckbestimmung in einem reinen Wohngebiet unzulässig, so beinhaltet dies in der Regel zugleich die Feststellung, dass eine Befreiung aus städtebaulichen Gründen nicht gerechtfertigt ist*« (Leits. des U. des VGH BW v. 29.2.1980 – VIII 1499/79 – BRS 36 Nr. 45). Diese Aussage lässt erkennen, dass es sich bei der erwähnten »Befreiung« (gar) nicht um eine solche von einer dem Vorhaben entgegenstehenden Festsetzung des B-Plans über den Zulässigkeitskatalog eines WR-Gebiets (Art der baulichen Nutzung) handeln kann. Die Festsetzungen des B-Plans selbst werden nicht in Frage gestellt. Die **Festsetzungen des B-Plans** über die Art der baulichen Nutzung bleiben auch in den Fällen, in denen ein beantragtes Vorhaben wegen eines der in § 15 Abs. 1 aufgeführten Tatbestandsmerkmale der *Eigenart* des Baugebiets widerspricht, unberührt, ebenso wie die Nutzungen, die aufgrund des § 1 Abs. 3 (»automatisch«) Bestandteil des B-Plans geworden sind; von der »fiktiven« Festsetzung der Berufsausübung nach § 13 kann aufgrund des Zusammenhangs von § 3 (einschl. § 13) mit den Vorschriften des § 15 nicht befreit werden.

§ 15 als materielle Spezialvorschrift kann auch nicht i. S. einer Gesetzesanalogie mit der Befreiungsvorschrift des § 31 Abs. 2 BauGB dahin ausgelegt werden, dass etwa nach der Alt. 2 »die Abweichung städtebaulich vertretbar ist und die Grundzüge der Planung nicht berührt werden«. Ist eine bauliche Anlage oder Nutzung nach den Tatbestandsmerkmalen des § 15 Abs. 1 unzulässig, kann eine Befreiung nach § 31 Abs. 2 BauGB nicht Platz greifen, weil es an der entscheidenden Voraussetzung, nämlich der *Befreiung von einer Festsetzung*, fehlt (im Ergebnis ebenso *Bielenberg*, § 15 Rn 10; *Knaup/Stange*, § 15 Rdn. 4; *Boeddinghaus*, § 15 Rdn. 2).

3.2

Die Prüfung hat unabhängig davon zu erfolgen, ob das Vorhaben (die Nutzung, der Betrieb) genehmigungspflichtig oder zustimmungsbedürftig i. S. v. § 29 BauGB ist. **Ausschlaggebend** für die Frage der Zulässigkeit ist, ob die bauliche oder sonstige Anlage der Eigenart des Baugebiets, d. h. der *besonderen* Struktur des jeweiligen Baugebiets, (nicht) widerspricht (s. Rn 8–9.4). Die Bestimmung des § 15 Abs. 1 **Satz 1** läuft bei Einzelfallplanungen, d. h. **Beplanung eines** (begrenzten) **Einzelgrundstücks** mittels B-Plan (s. § 1 Rn 12–15), insofern leer, als die »Eigenart« des Gebiets durch die Festsetzung des B-Plans (bereits) bestimmt ist; die **Einzelfallplanung** umfasst die Fläche des Baugrundstücks u. regelt insoweit zugleich den Einzelfall. Das ändert jedoch nichts daran, dass die Genehmigung des Einzelvorhabens auf dem einzelverplanten Grundstück in vollem Umfang den Zulässigkeitsvoraussetzungen des § 15 Abs. 1 Satz 2 unterfällt. Bei der Einzelfallregelung mittels B-Plan darf im Zuge des Baugenehmigungsverfahrens die Prüfung der Zulässigkeit des Vorhabens im Hinblick auf die **Verträglichkeit** mit »dessen Umgebung« (Abs. 1 Satz 2, 2. Halbs.) nicht unterbleiben. Es geht bei der Baugenehmigung aufgrund einer Einzelfallregelung nicht um die gerichtlich vermeintlich nicht mögliche »Einzelfallkorrektur« (vgl. Hess. VGH, B. v. 14.12.1992, Fundst. § 4 Rn 6.42), sondern um die Prüfung, ob u. inwieweit von dem Vorhaben Belästigungen u. Störungen ausgehen können, **die aufgrund der durch** die B-Plan-Einzelfallregelung bekannten **Eigenart des Baugebiets** »in dessen Umgebung unzumutbar sind«. (Es ist in diesem Zusammenhang einzuräumen, dass in der Vorauflage nicht deutlich genug zum Ausdruck gekommen ist, dass bei Einzelfallregelungen im Rahmen des Genehmigungsverfahrens die Zulässigkeitsprüfungen des

4

§ 15 Abs. 1 **Satz 1** nicht Platz greifen können.) Diese Feststellung ändert an der Zulässigkeitsprüfung insgesamt jedoch nichts.

5 Der **räumliche Anwendungsbereich** des § 15 ist im Grundsatz auf festgesetzte Baugebiete beschränkt (zur Bedeutung des § 15 im Rahmen des § 34 BauGB s. die Ausführungen zu § 34 Abs. 1–3 BauGB). Der **Ausschluss des Außenbereichs** ergibt sich bereits aus der eingeschränkten Ermächtigung des § 2 Abs. 5 BauGB; in diesem Sinne auch BVerwG, U. v. 6.12.1967 – IV C 94.66 – BVerwGE 28, 268 = BRS 18 Nr. 57 = DVBl. 1968, 651 zur Ermächtigung des § 2 Abs. 10 BBauG 1960. Wegen der Bedeutung des § 15 zur Gewährleistung des konkreten Gebietsschutzes ist der **Verzicht von Nachbarn** auf die Schutzvorschriften des § 15 **unbeachtlich** (im gleichen Sinne *Bielenberg*, § 15 Rn 10).

6 b) **Zum nachbarschützenden Charakter der Vorschrift, zum Rücksichtnahmegebot.** Infolge des die generelle oder ausnahmsweise Zulässigkeit baulicher oder sonstiger Anlagen nach den §§ 2 bis 14 durch besondere Voraussetzungen *ergänzenden* (und zugleich einschränkenden) Charakters des § 15, kann der Vorschrift aus sich heraus – anders als z. B. einer Baugebietsvorschrift – ein **nachbarschützender Charakter nicht zukommen** (im Ergebnis ebenso *Förster*, § 15 Anm. 1.

A. A. VGH BW, B. v. 25.5.1967 (– II 391/66 – BRS 18 Nr. 128). Der nachbarschützende Charakter, der in dem vom VGH BW entschiedenen Fall weitere Garagen nicht zuließ, ergibt sich aus der *Eigenart* der Wohnbaugebiete (§§ 2–4), deren *Festsetzung* den Bewohnern einen Rechtsanspruch auf Einhaltung der Wohnruhe zusichert und aus *diesem* Grunde i. V. m. § 12 Abs. 2 die allgemeine Zulässigkeit von Garagen einschränkt.

Der Rechtscharakter des § 15 ist nun nicht dahin zu verstehen, dass die Vorschrift des § 15 keinen *nachbarschützenden Inhalt* hätte. § 15 stellt durch die die §§ 2–14 ergänzenden Bestimmungen, die bei der Zulässigkeitsprüfung zu beachten sind, gerade im Interesse der Nachbarn den der jeweiligen Gebietsfunktion entsprechenden Nachbarschutz erst sicher. Die Gewährleistung der strukturellen Eigenart des Baugebiets (s. Rn 8–9.4) und des der jeweiligen Umgebung zukommenden Schutzes vor Störungen wird durch die die gebietliche Eigenart im Einzelnen bestimmenden Ergänzungsvorschriften des § 15 erst erreicht. Dadurch dient die Vorschrift des § 15 *mittelbar* auch dem Nachbarschutz (im Ergebnis ebenso *Roellecke*, aaO.).

7 Die Unzulässigkeit der Anlagen im Einzelfall, wenn sie nach den genannten Voraussetzungen der Eigenart des Baugebiets widersprechen, kann von Nachbarn der Anlage geltend gemacht werden. Das Abwehrrecht gründet dann in den Tatbestandsmerkmalen wie »Lage« und »Umfang« einer Anlage, deren Widerspruch zur Eigenart des Baugebiets – entspr. der Schutzwürdigkeit (und Schutzbedürftigkeit) der jeweiligen Gebietsfestsetzung – von Nachbarn aus dem **Gebot der gegenseitigen Rücksichtnahme** geltend gemacht werden kann (grds. zum öffentlich-rechtlichen Nachbarschutz s. Vorb. §§ 2 ff. Rn 25 ff.).

Das BVerwG hat unter Modifizierung seiner früheren Rspr. zu § 15 BauNVO (vgl. U. v. 14.12.1973 – 4 C 71.71 – BVerwGE 44, 244 = BRS 27 Nr. 157 = DÖV 1974, 381 = BauR 1974, 189 = DVBl. 1974, 358) in zwei Grundsatzentscheidungen (U. v. 5. 8. 83 – 4 C 96.79 – BVerwGE 67, 334 = BRS 40 Nr. 4 = BauR 1983, 543 = NJW 1984, 138 = NVwZ 1984, 102 = DVBl. 1984, 143 = UPR 84, 24 = DÖV 1984, 295 = BayVBl. 1984, 25 u.U. v. 5.8.1983 – 4 C 53.81 – BRS 40 Nr. 198 = BauR 1983, 547 = NJW 1984, 138) bestätigt, dass sich § 15 Abs. 1 u. a. als **Ausprägung des baurechtlichen Rücksichtnahmege-**

bots darstellt. Dem in § 15 Abs. 1 BauNVO verankerten Gebot der Rücksichtnahme kommt danach eine drittschützende Wirkung zu, soweit in qualifizierter und zugleich individualisierter Weise auf schutzwürdige Interessen eines erkennbar abgegrenzten Kreises Dritter Rücksicht zu nehmen ist (BVerwG, U. v. 5.8.1983, aaO.). Die gebotene Rücksichtnahme gilt für diejenigen Fälle, in denen zum einen die tatsächlichen Umstände ergeben, auf wen Rücksicht zu nehmen ist, und zum anderen eine besondere rechtliche Schutzwürdigkeit des Betroffenen anzuerkennen ist. Ein solcher Drittschutz des Rücksichtnahmegebotes wird vor allem dort zum Zuge kommen, wo die Baugenehmigung von den Planfestsetzungen im Wege der Ausnahmeerteilung oder sogar unter Verstoß gegen sie abweicht (BVerwG, aaO.). Das Rücksichtnahmegebot gilt insbes. für festgesetzte Wohngebiete. Es erfasst aber auch den Schutz gegen eine baugebietswidrige Nutzung z.B. von Grundstücken in einem GE-Gebiet (§ 8 Rn 3), wenn sie nach »Lage« oder »Umfang« der Eigenart des GE-Gebiets widerspricht.

Das BVerwG hat in dem U. v. 5.8.1983 (– 4 C 96.79 – Fundst. Rn 7) Bezug genommen auf die in seinem Grundsatzurt. v. 25.2.1977 (– IV C 22.75 – BVerwGE 52, 122 = BauR 1977, 244 = BRS 32 Nr. 155) dargelegten Grundsätze. Danach bedeutet deren Übertragung auf **Fälle nach § 15 Abs. 1,** dass die Schutzwürdigkeit des Betroffenen, die Intensität der Beeinträchtigung, die Interessen des Bauherrn und das, was beiden Seiten billigerweise zumutbar oder unzumutbar ist, dann gegeneinander abzuwägen sind (zum Rücksichtnahmegebot s. auch Vorb. §§ 2 ff. Rn 30 f.). 7.1

Im U. v. 5.8.1983 (– 4 C 96.79 –, aaO.) hat sich das BVerwG eingehend mit dem Umfang der nach § 15 Abs. 1 zu prüfenden Tatbestandsmerkmale auseinander gesetzt u. dargelegt, in welcher Weise sie sich auf das Rücksichtnahmegebot auswirken.

Im entschiedenen Fall ging es um die **Lage des Gebäudes** und »*die durch die Ausnahme von der festgesetzten Bebauungstiefe ermöglichte Bebauung im hinteren Teil des Nachbargrundstücks und damit die Bebauung im inneren Bereich des Baublocks sowie die damit verbundene Folge, dass die an dieser Stelle bisher noch erhaltene Begrünung zerstört wird*« (BVerwG, aaO.). Aufgrund der nachvollzogenen Abwägung hat das BVerwG festgestellt, dass einzelne nachteilige Auswirkungen, jeweils für sich betrachtet, noch nicht das Rücksichtnahmegebot verletzen mögen; »*maßgebend ist jedoch die Gesamtheit der negativen Auswirkungen*« (BVerwG, aaO.).

Das **objektiv-rechtliche Gebot der Rücksichtnahme** kommt in § 15 Abs. 1 Satz 2 zum Ausdruck, wenn es um den Schutz des Nachbarn gegen eine Verschärfung einer bereits vorhandenen Immissionsanlage geht (vgl. VGH BW, U. v. 1.3.1982 – 3 S 2399/81 – BRS 39 Nr. 198), oder wenn Eigentümer in einem reinen Wohngebiet mit villenähnlichem Charakter durch die Errichtung und Ausgestaltung eines Wohnhauses in unmittelbarer Nähe der hinteren Grundstücksgrenze betroffen werden (BVerwG, U. v. 5.8.1983 – 4 C 53.81 – Fundst. Rn 7). 7.2

3. Unzulässigkeit baulicher und sonstiger Anlagen sowie Nutzungen im Einzelfall (Abs. 1 Satz 1)

a) Allgemeines, Widerspruch zur Eigenart des Baugebiets. Nach Abs. 1 Satz 1 sind die in §§ 2–14 aufgeführten zulässigen oder ausnahmsweise zulassungsfähigen Anlagen und Nutzungen im Einzelfall unzulässig, wenn die in Satz 1 genannten einschränkenden Voraussetzungen vorliegen und die Vorhaben dadurch der Eigenart des Baugebiets widersprechen. Die **Tatbestands-** 8

§ 15 Abs. 1   **8.1**

merkmale »Anzahl, Lage, Umfang oder Zweckbestimmung« als verwaltungsgerichtlich überprüfbare *unbestimmte Rechtsbegriffe* brauchen nur *alternativ* erfüllt zu sein, wenngleich sie häufig gleichzeitig (kumulativ) vorliegen werden. Werden die einzelnen Tatbestandsmerkmale jeweils für sich gewürdigt, muss die Unzulässigkeit eindeutig erkennbar sein. Es kann Fälle geben, in denen bei Prüfung einzelner Tatbestandsmerkmale eine Anlage oder Nutzung noch vertretbar erscheint und erst mehrere Merkmale zusammen zur – qualitativen – Unzulässigkeit führen (vgl. BVerwG, U. v. 5.8.1983 – 4 C 96.79 – Fundst. Rn 7).

Die **Eigenart des Baugebiets** ergibt sich zum einen aus der *allgemeinen Zweckbestimmung* des Baugebiets, wie sie jeweils in Abs. 1 der §§ 2–9 positiv zum Ausdruck kommt, in § 10 bereits in der Überschrift enthalten ist und in § 11 Abs. 1 i.V.m. Abs. 2 durch die zwingend vorgeschriebene wesentliche Unterscheidung von den Baugebieten nach den §§ 2–10 i.V.m. der beispielhaften Aufzählung erkennbar ist. **Zum anderen** wird die Eigenart entscheidend geprägt **durch die sonstigen Festsetzungen** im B-Plan, wie durch das Maß der baulichen Nutzung, die Bauweise und die überbaubaren Grundstücksflächen nach den §§ 16, 17 und 22, 23 (im gleichen Sinne *Bielenberg*, § 15 Rdn. 23; *Boeddinghaus*, § 15 Rdn. 6).

Infolge der – quantitativen – Festsetzungen (nach Maß und Zahl) unterscheiden sich die Baugebiete – unabhängig von dem abstrakt vorgegebenen Gebietscharakter der Baugebietstypen nach den §§ 2–11 – voneinander, häufig noch *zusätzlich* unterschieden durch die *konkrete* Entwicklung der einzelnen Baugebiete. Die tatsächlich vorhandene Bausubstanz eines Baugebiets ist für die konkrete Planungssituation, die »Eigenart«, nur insoweit beachtlich, als sie sich im Rahmen der durch die Festsetzungen zum Ausdruck gebrachten städtebaulichen Ordnungsvorstellungen für das Baugebiet hält. Die vorhandene, die Eigenart des Gebiets mitprägende Bebauung oder die sonst erkennbare Besonderheit des Gebiets kann einem Vorhaben unter Würdigung der Tatbestandsmerkmale des Abs. 1 dann nicht entgegengehalten werden, wenn das Baugebiet – wie es in den Fällen des § 4a denkbar ist – hinsichtlich seiner Eigenart verändert werden soll (im gleichen Sinne *Boeddinghaus/Dieckmann*, § 15 Rdn. 7).

Bei der Bestimmung der Eigenart des Baugebiets i.S.v. § 15 Abs. 1 haben die **Festsetzungen über das Maß** der baulichen Nutzung Vorrang gegenüber den durch die bereits *vorhandene* Bebauung geschaffenen Verhältnissen. Hat die bisher in einem Baugebiet vorhandene Bebauung die Festsetzungen des B-Plans über das Maß der baulichen Nutzung nicht voll ausgeschöpft, sondern ist sie dahinter zurückgeblieben, so verstößt ein Bauvorhaben, welches das im B-Plan zugelassene Nutzungsmaß ausnutzt, *nicht* gegen § 15 Abs. 1 (Hess. VGH, B. v. 13.8.1982 – III TG 24/82 – BRS 39 Nr. 53).

8.1   Zur Ergänzung des im B-Plan festgesetzten **Maßes** der baulichen Nutzung kann § 15 BauNVO grundsätzlich nicht dienen (BVerwG, U. v. 16.3.1995 – 4 C 3.94 – BRS 57 Nr. 175). Gegen die Auffassung, dass § 15 Abs. 1 Satz 1 BauNVO grundsätzlich nur für die Art der baulichen Nutzung gilt, spricht nicht, dass nach seinem Wortlaut eine bauliche Anlage der Eigenart des Baugebiets auch nach ihrem Umfang widersprechen kann. Zwar hat auch das BVerwG in früheren Entscheidungen angenommen, dass eine bauliche Anlage wegen ihrer Größe gemäß § 15 Abs. 1 Satz 1 BauNVO unzulässig sein kann (vgl. u.a. BVerwG, B. v. 29.7.1991 – 4 B 40.91 – BRS 52 Nr. 56; ebenso *Bie-*

lenberg, § 15 BauNVO, Rdn. 23, 25, 27a; *Knaup/Stange*, BauNVO, 8. Aufl., § 15, Rdn. 14). Das bedeutet aber nicht, dass § 15 BauNVO auch die Maßfestsetzungen ergänzt. Wenn § 15 Abs. 1 Satz 1 BauNVO bestimmt, dass ein Vorhaben im Einzelfall auch unzulässig ist, wenn es **wegen** seines **Umfangs** der Eigenart eines bestimmten Baugebiets widerspricht, so geht die Vorschrift vielmehr davon aus, dass im Einzelfall Quantität in Qualität umschlagen kann, dass also die Größe einer baulichen Anlage die Art der baulichen Nutzung erfassen kann (BVerwG, U. v. 16.3.1995, aaO.).

Die *Unzulässigkeit einer Anlage oder Nutzung* nach der »Eigenart des Baugebiets« ist sowohl nach Satz 1 als auch nach Satz 2 zu beurteilen. Der Widerspruch zur Eigenart des Baugebiets ist im Rahmen des § 15 Abs. 1 Satz 1 nur nach Anzahl, Lage, Umfang oder Zweckbestimmung beachtlich (ebenso *Förster*, § 15 Anm. 3b). Die Zulässigkeit der **nach den §§ 2–14 allgemein zulässigen** oder ausnahmsweise zugelassenen Anlagen und Nutzungen kann unter den Voraussetzungen des § 15 weder grundsätzlich und generell (wieder) in Frage gestellt werden noch können bestimmte Arten von Nutzungen (i. S. v. § 1 Abs. 5) für unzulässig erklärt und im baurechtlichen Zulassungsverfahren mithin nicht genehmigt werden. Das schließt nicht aus, dass bei der notwendig typisierenden Betrachtungsweise (Vorb. Rn 9–10.13) z. B. bestimmte Gewerbebetriebe aufgrund ihres Störgrades, wenn sie entspr. ihrer betrieblichen Zweckbestimmung funktionsgerecht arbeiten, unzulässig sind, weil sie infolge ihrer Störwirkung der Eigenart des Baugebiets widersprechen.

Die **Eigenart des Baugebiets** wird durch die unterschiedlichen Nutzungsarten mitbestimmt, etwa dort, wo nach dem Zulässigkeitskatalog der Baugebietsvorschriften unterschiedliche Nutzungsarten in größerer Zahl zulässig sind. Die Baugenehmigungsbehörde muss sich davor hüten, etwa von sich aus städtebaurechtliche Ordnungsvorstellungen zu entwickeln. Die allgemeine Zweckbestimmung des Abs. 1 der Baugebietsvorschriften deckt den Katalog der zulässigen oder ausnahmsweise zulassungsfähigen Anlagen und Nutzungen nach den Abs. 2 und 3 nicht immer ganz ab.

Der **Widerspruch zur Eigenart** des jeweiligen *konkreten* Baugebiets kann nur durch eine sorgfältige Würdigung der besonderen Gebietsstruktur ermittelt werden. Die Nichteinfügung der baulichen Anlage oder Nutzung in die Eigenart des Baugebiets muss sich **bei objektiver Betrachtungsweise**, d. h. i. S. eines unvoreingenommenen durchschnittlich vorgebildeten Betrachters – und nicht etwa eines bestimmte städtebauliche Leitbilder vertretenden Beobachters – offensichtlich aufdrängen (im gleichen Sinne *Bielenberg*, § 15 Rn 25). Ein Widerspruch zur Eigenart eines Baugebiets setzt mithin mehr voraus, als dass die bauliche Anlage dem Baugebiet lediglich nicht entspricht (VGH BW, U. v. 19.3.1975 – III 326/74 –, BRS 29 Nr. 25). Z. B. sind nach dem Katalog des Abs. 3 an sich zulassungsfähige Anlagen in einem *allgemeinen* Wohngebiet (§ 4) **in Bezug auf die Eigenart** des Baugebiets unterschiedlich danach zu beurteilen, ob bei zweigeschossiger Bebauungsmöglichkeit eingeschossige Wohngebäude, teils mit Flachdach, teils in sog. anderthalbgeschossiger Bauweise, errichtet worden sind oder das Baugebiet überwiegend zweigeschossige Reihenhäuser aufweist oder für ein allgemeines Wohngebiet vier- bis sechsgeschossige Wohngebäude mit einem Heizkraftwerk und sonstigen Gemeinschaftsanlagen festgesetzt sind.

§ 15 Abs. 1   9.2, 9.3

Für die Unzulässigkeit genügt es nicht, wenn ein Vorhaben die vorhandene Gebietsstruktur nur geringfügig verschlechtert und damit eine gewisse Beeinträchtigung darstellt, sich nicht eindeutig »einfügt« oder nicht »im Einklang steht«. Die bauliche und/oder sonstige **Anlage muss** bei der beabsichtigten Ausführung dem konkreten Gebietscharakter eindeutig **entgegenstehen.** Bei Zweifelsfällen sollte vor dem Hintergrund des Art. 14 Abs. 1 GG und der in ihm wurzelnden Baufreiheit bei der vorzunehmenden Abwägung die Entscheidung zugunsten der i. A. zulässigen Anlage ausfallen.

9.2 Die **Unzulässigkeit einer Anlage** oder Nutzung in Bezug auf die »Eigenart des Baugebiets« lässt sich vielfach nicht nur nach der *vorhandenen Bebauung* eines bestimmten Gebiets, das mit dem Geltungsbereich des B-Plans nicht übereinzustimmen braucht, abklären. Das gilt beispielsweise für alle die Fälle, in denen die Gemeinde zur Durchsetzung bestimmter städtebaulicher Ordnungsvorstellungen den Katalog der zulässigen bzw. der ausnahmsweise zulassungsfähigen Nutzungen durch **modifizierende Regelungen** etwa nach § 1 Abs. 5, 6 Nr. 1 und 9 einschränkt und dabei bestimmte Nutzungen ausschließt (s. § 1 Rn 126 f., § 4a Rn 23.8). Ist aus modifizierenden Festsetzungen oder durch **Gliederung** nach § 1 Abs. 4 erkennbar, dass die Gemeinde durch differenzierte Gestaltung der Festsetzungen im Rahmen ihres Planungsermessens ein bestimmtes Planungsziel erreichen will, kann für die Zulässigkeit eines (Bau-)-Vorhabens auf die *konkreten* baulichen Verhältnisse des Gebiets nur noch beschränkt abgestellt werden. Maßgebend ist dann der **Planungswille der Gemeinde,** soweit er durch die differenzierenden Festsetzungen, ggf. unter Heranziehung der Begründung des B-Plans nach § 9 Abs. 8 BauGB, zu belegen ist. Mit Recht hat das BVerwG in seinem Grundsatzurt. v. 4.5.1988 (– 4 C 34.86 – Fundst. § 6 Rn 1.4) darauf hingewiesen, dass die **Eigenart** des in einem konkreten B-Plan festgesetzten einzelnen Baugebiets i. S. d. § 15 Abs. 1 BauNVO sich nicht allein aus den typisierenden Regelungen der BauNVO ergibt, sondern sich abschließend erst bestimmen lässt, wenn zusätzlich auch die jeweilige örtliche Situation, in die ein Gebiet *»hineingeplant«* worden ist, und der jeweilige Planungswille der Gemeinde berücksichtigt werden (BVerwG, aaO.; im Einzelnen s. § 6 Rn 1.4–1.6; ferner BVerwG, U. v. 25.11.1983 – 4 C 21.83 – BRS 40 Nr. 52 = BauR 1984, 145 = UPR 1984, 200 u. U. v. 3.2.1984 – 4 C 17.82 – BRS 42 Nr. 51 = BauR 1984, 369).

9.3 Die Ausführungen des BVerwG bringen in beachtlicher Weise zum Ausdruck, dass der **planerische Gestaltungswille,** soweit er durch differenzierte Festsetzungen des B-Plans auf eine bestimmte städtebauliche Entwicklung des Gemeindegebiets i. S. v. § 1 Abs. 3 BauGB gerichtet ist, der vorhandenen Bebauung, i. S. d. vorgefundenen (tatsächlichen) Verhältnisse **vorgeht.** Auf diese Weise ist die Gemeinde in der Lage, durch eine *differenzierte* Zweckbestimmung – etwa durch Gliederung eines GE-Gebiets nach bestimmten besonderen Bedürfnissen und Eigenschaften für entspr. Gewerbebetriebe (s. § 1 Rn 91–98), wie Gleisanschluss oder eine sonstige Infrastruktur, oder eines MK- oder MI-Gebiets durch Ausschluss bestimmter Vergnügungsstätten nach § 1 Abs. 5 i. V. m. Abs. 9 – das bisherige Einkaufsniveau zu erhalten oder auch wiederherzustellen (s. § 4a Rn 23.8) und der vorhandenen Bebauung eine **planerische Eigenart vorzugeben.** Hat die Gemeinde von der plangestalterischen Möglichkeit durch modifizierende Festsetzungen nach § 1 Abs. 4–10 keinen Gebrauch gemacht, kann die Baugenehmigungsbehörde zwar bestimmte Vorhaben untersagen, **wenn sie** nach ihrer Anzahl oder nach dem Umfang **der Anlagen der**

(vorhandenen) Eigenart widersprechen. Die Baugenehmigungsbehörde kann dagegen nicht etwa i. S. der unterbliebenen modifizierten (differenzierenden) Festsetzungen – gewissermaßen als »verlängerter Arm« der planenden Gemeinde – Anlagen und Nutzungen untersagen, um dadurch eine bestimmte Eigenart zu erreichen.

Im Grundsatz darf ein B-Plan den zu bewältigenden Konflikten – aus welchen Gründen auch immer – nicht »aus dem Wege gehen« u. dies etwa der Baugenehmigungsbehörde mit deren Entscheidungsmöglichkeiten nach § 15 Abs. 1 überlassen (s. dazu Rn 1.13, Vorb. §§ 2 ff. Rn 11.2–11.5). Diese Auffassung hat *Bielenberg* (§ 15 Rdn. 15) in der überarbeiteten Kommentierung der BauNVO zu § 15 (52. Lfg.) bestätigt.

9.4

Alle Vorschriften der BauNVO zwecks planerischer Gestaltung einschließlich des Instrumentariums der Feinsteuerung (§ 1 Abs. 4–10) richten sich **an die Gemeinde**. Lediglich im Zuge der vorgefundenen Bebauungssituation hat die Baugenehmigungsbehörde über die Zulässigkeit »im Einzelfall« zu entscheiden. Diese Aufgabenstellung ist keine andere als die im nicht beplanten Innenbereich nach § 34 Abs. 1 u. 2 BauGB. Nach dieser Vorschrift hat die Baugenehmigungsbehörde über das planungsrechtlich ordnungsgemäße **Einfügen des Vorhabens** in die Eigenart der näheren Umgebung (anstatt in die Eigenart des Baugebiets nach § 15 Abs. 1 Satz 1) anhand der vorgegebenen unbestimmten **Rechtsbegriffe** zu entscheiden. Dabei steht ihr im Hinblick auf das »Einfügen« weder ein »Spielraum« (s. Rn 1.13) noch eine »Steuerung der geordneten Entwicklung im Einzelfall« zu. Es würde der Planungshoheit der Gemeinde eindeutig widersprechen, wenn für die zahlreichen kreisangehörigen Gemeinden der anderen Flächenländer – außer NW – ohne privilegierte Baugenehmigungsbehörde den **Landkreisen als Baugenehmigungsbehörde** und vielfach zugleich »höhere Verwaltungsbehörde« i. S. v. § 6 BauGB etwa ein Restbereich der Steuerung der geordneten Entwicklung überlassen würde.

9.5

Die »Feinsteuerung« der städtebaulichen Entwicklung durch Differenzierung und Modifizierung aufgrund des flexiblen Instrumentariums des § 1 Abs. 5–9 (s. § 1 Rn 100–137, § 6 Rn 1.3–1.5) darf nicht der Baugenehmigungsbehörde überlassen werden. Etwas anderes kann hinsichtlich des Konfliktlösungsgebots dann gelten, wenn es sich um diffizile **Fragen des Immissionsschutzes** handelt, die möglicherweise durch Festsetzungen auch nach § 9 Abs. 1 Nr. 23 u. 24 BauGB nur begrenzt zu lösen sind; in diesen Fällen kann es angebracht sein, die im Einzelnen zu treffenden erforderlichen Vorkehrungen dem gerade dafür vorgesehenen immissionsschutzrechtlichen Genehmigungsverfahren nach den §§ 4 ff. BImSchG zu überlassen. In *diesem Verfahren* ist der vielfach komplex gelagerte Einzelfall erfahrungsgemäß sachgerechter zu regeln, so dass insoweit eine planerische Zurückhaltung zulässig ist.

b) **Unzulässigkeit nach den einzelnen Tatbestandsmerkmalen.** Die unbestimmten Rechtsbegriffe »**Anzahl**« und »**Lage**« werden insbes. in den Baugebieten als zusätzliche Zulässigkeitsvoraussetzungen Bedeutung gewinnen, in denen ein vorwiegender oder ausschließlicher Nutzungszweck vorgesehen ist (§§ 2–4), seltener dagegen in MI-Gebieten.

10

Die Häufung von Anlagen i. S. einer größeren **Anzahl kann** vor allem für die Beeinträchtigung des Gebietscharakters Bedeutung gewinnen. Die Ablehnung allgemein zulässiger Anlagen mit der Begr., weitere Anlagen würden zu einer Störung der Umgebung führen, setzt allerdings besondere Umstände voraus,

§ 15   Abs. 1   10.1, 10.2

die vielfach nicht gegeben sein dürften. Die Häufung von allgemein zulässigen Anlagen darf jedenfalls nicht zu einer **mittelbaren Bedürfnisprüfung** führen. Die Unzulässigkeit von Anlagen infolge einer Steigerung der Anzahl wird vor allem bei *ausnahmsweise* zuzulassenden Nutzungsarten bedeutsam werden. Dagegen kann eine **größere Anzahl von Stellplätzen und Garagen** in Baugebieten, die in Bezug auf Immissionen besonderen Schutz genießen, zu unzumutbaren Störungen führen. Hierbei ist jedoch zu berücksichtigen, dass im Zuge der weiteren Motorisierung darauf Bedacht genommen werden muss, dass der *ruhende Kfz-Verkehr* auf den Grundstücken untergebracht werden muss. Die unvermeidbaren Geräusche und vielleicht auch bemerkbaren Abgase der ein- und ausfahrenden Kfz müssen auch von Bewohnern in WR-Gebieten hingenommen werden (st. Rspr., u. a. schon OVG NW, U. v. 3.10.1963, DÖV 1964, 788 = HGBR NA Rspr. 2, 73). Eine Nutzung (ein Betrieb) kann nach der **Lage** im Einzelfall insbes. dann unzulässig sein, wenn von ihr Störungen ausgehen, die für die Nachbarschaft nach der Eigenart des Gebiets unzumutbar sind. Das könnte beispielsweise bei einer geplanten Schankwirtschaft *mit Kegelbahn* im WA-Gebiet (§ 4 Abs. 2 Nr. 2) der Fall sein, die auf einem Grundstück neben einer Privatklinik errichtet werden soll.

10.1 Hinsichtlich der Eigenart des Baugebiets kommt in allen Baugebieten **der Lage (dem Standort)** der allgemein zulässigen oder ausnahmsweise zulassungsfähigen Anlagen sowohl **nach Satz 1**, z. B. durch den Widerspruch der baulichen Gestaltung zu der vorhandenen Bebauung, als auch **nach Satz 2** hinsichtlich unzumutbarer Immissionen besondere Bedeutung zu. Der Standort ist vielfach dafür maßgebend, ob die übrigen in Abs. 1 genannten Tatbestandsmerkmale zur Unzulässigkeit des beabsichtigten Vorhabens infolge Widerspruchs zur Eigenart des Baugebiets führen. **Beispiele** dafür lassen sich zahlreich anführen, wenngleich in der Planungspraxis Tankstellen oder störende Handwerksbetriebe inmitten eines *Wohngebiets* oder Betriebe der gewerblichen Wirtschaft, insbes. solche, die der Genehmigung nach den §§ 4 ff. BImSchG unterliegen, in *Mischgebieten* stärker als andere Anlagen geeignet sind, den Widerspruch zur Eigenart des Baugebiets hervorzurufen. Die Beurteilung dahin gehend, ob die geplante Anlage nach dem beabsichtigten Standort der Eigenart des Baugebiets offensichtlich widersprechen würde, verlangt eine **sorgfältige Analyse**, insbes. **der näheren Umgebung** und der vorhandenen baulichen Situation, und ein Hineinversetzen in die durch die Anlage veränderte Situation.

10.2 Nach dem **Umfang** kann eine Anlage der Eigenart des Baugebiets widersprechen, wenn sie im Verhältnis zu den Anlagen *ihrer Umgebung* größenmäßig aus dem Rahmen fällt; z. B. ein großflächigerer Handelsbetrieb soll in einem im Wesentlichen von handwerklichen Betrieben geprägten GE-Gebiet angesiedelt werden. In diesen Fällen muss die **Unangemessenheit augenscheinlich** sein. Der den Widerspruch herbeiführende Umfang kann sowohl in der baulichen Gestaltung und den bautechnischen Dimensionen des Baukörpers selbst begründet sein als auch in den – verkehrlichen – Folgewirkungen, wenn der in der baulichen Anlage beabsichtigte Betrieb z. B. zahlreiche Beschäftigte hat und (gleichzeitig) einen starken Kfz-Verkehr erwarten lässt. So würde die Ansiedlung eines großflächigen Handelsbetriebs aufgrund seines Umfangs in unmittelbarer Nähe eines WR-Gebiets durch den Ziel- u. Quellverkehr der Kunden- u. Lieferantenfahrzeuge zu einer erheblichen Belästigung der Umgebung führen (dazu *Kniep*, aaO., GewArch. 1981, 50).

An diesem Beispiel zeigt sich zugleich, dass das Merkmal des Umfangs sich häufig nicht von dem Tatbestandsmerkmal der **Zweckbestimmung** und der Umgebung (über das Baugebiet hinaus) trennen lässt. Nach der »**Zweckbestimmung**« kann eine Anlage insbes. wegen der von ihr unmittelbar ausgehenden Emissionen infolge der Betriebsausübung oder der mittelbar bewirkten Immissionen, etwa durch den Zu- und Abfahrtsverkehr zum Gewerbebetrieb, der Eigenart des Baugebiets widersprechen (ebenso BVerwG, U. v. 3.2.1984 – 4 C 17.82 – BauR 1984, 369). Nach Umfang und *Zweckbestimmung* kann **beispielsweise eine Großtankstelle** in einem ruhigen Teil eines MI-Gebiets unzulässig sein. Umgekehrt könnte ein *Hotel* in einem GI-Gebiet nach seiner Zweckbestimmung der Eigenart des Baugebiets, in dem meistens ein hoher Störgrad durch Immissionen zu erwarten ist, widersprechen (dazu § 9 Rn 6; in diesem Fall war das Hotel als Gästehaus für die ansässigen Gewerbebetriebe besonders erwünscht). Zur Unzulässigkeit wegen der Zweckbestimmung s. auch § 13 Rn 5–7 hinsichtlich der nicht mehr gegebenen wohnartigen Nutzung durch eine größere Arztpraxis oder ein großes Architekturbüro.

10.3

Die Zahl der Wohnungen und damit die Wohnungsdichte gehört nicht zu denjenigen Festsetzungen, die in einem Bebauungsplan üblicherweise zu erwarten wären und bei deren Fehlen eine Feinsteuerung gem. § 15 Abs. 1 Satz 1 BauNVO zur Lösung von im Bebauungsplan bewusst offengelassenen Fragen und Konflikten geboten wäre (VGH BW, B. v. 28.9.1995 – 8 S 2436/95 – VBlBW 1996, 27).

10.4

4. **Unzulässigkeit wegen Belästigungen oder Störungen (Abs. 1 Satz 2)**

a) **Allgemeines zu den Begriffen »Belästigungen« oder »Störungen«.** Während **Satz 1** verschiedene Tatbestandsmerkmale anführt, die geeignet sind, dass bauliche Anlagen und Nutzungen der Eigenart des Baugebiets widersprechen und dadurch im Einzelfall unzulässig sind, erwähnt Satz 2 als weitere Unzulässigkeitsgründe »*Belästigungen*« oder »*Störungen*«. Danach sind Anlagen und Nutzungen im Einzelfall »auch« unzulässig, wenn von ihnen »Belästigungen« oder »Störungen« ausgehen *können,* die nach der Eigenart des Baugebiets im Baugebiet selbst oder in dessen Umgebung unzumutbar sind. Es handelt sich bei Satz 2 um eine **Ergänzungsvorschrift von besonderer Bedeutung.** Sie kann zum einen bei der Beurteilung der Zulässigkeit einer Anlage oder Nutzung nach Satz 1 den Ausschlag geben, wenn beispielsweise gerade durch die gewählte Lage (den Standort) unzumutbare Störungen der Umgebung erfolgen können; zum anderen bildet die Vorschrift einen **selbständigen Unzulässigkeitstatbestand,** der – über die Einstufung der Anlagen und Nutzungen nach der allgemeinen Zweckbestimmung der Baugebietsvorschriften hinausgehend – die Beurteilung der *einzelnen Anlage* und Nutzung im Hinblick auf die Eigenart, d.h. die besondere Struktur des Baugebiets (Rn 8–9), ermöglicht (im gleichen Sinne *Förster,* § 15 Anm. 3c). Die Vorschrift stellt – wie Satz 1 – nicht auf städtebaulich-funktionale Bezüge ab, die zu erfassen und vor Störungen zu sichern eine typisch planerische Aufgabe ist, sondern auf unmittelbar die **konkrete Nutzung von Grundstücken** betreffende Beeinträchtigungen, die bauaufsichtlich erfasst und verhindert werden können und sollen (BVerwG, U. v. 3.2.1984 – 4 C 17.82 – aaO. Rn 10.3).

11

Die **Begriffe** »**Belästigungen**« und »**Störungen**« werden hinsichtlich ihrer Auswirkungen **nebeneinander** gestellt. Sie sind, gemessen an den Begriffsbestimmungen des Immissionsschutzrechts, wie sie nach § 3 Abs. 1 BImSchG ihre

11.1

§ 15 Abs. 1 12–12.11

Ausformung erhalten haben, ebenso unscharf wie die Begriffe, mit denen der Störungsgrad der verschiedenen Baugebiete (zusätzlich) gekennzeichnet worden ist (Vorb. §§ 2 ff. Rn 8 f., § 8 Rn 6–7.2). Der VOgeber hat die Begriffe, mit denen die (negativen) Einwirkungen von Immissionen auf die Umgebung der emittierenden Anlagen und Nutzungen zum Ausdruck gebracht werden sollen, der Begriffsbezeichnung des BImSchG nicht angeglichen. Demzufolge ist davon auszugehen, dass die Begriffe Belästigungen und Störungen eine **eigenständige städtebaurechtliche Bedeutung** behalten sollen. Für eine sachgerechte Auslegung können die Begriffsinhalte des Immissionsschutzrechts deshalb nur begrenzt fruchtbar gemacht werden. Das geht mittelbar auch aus dem durch die ÄndVO 1990 **neugefassten Abs. 3** hervor (s. Rn 33). Zur Inhaltsbestimmung der Begriffe und zum Verständnis der städtebaulichen Tragweite kann jedoch auf eine Gegenüberstellung mit den entsprechenden Begriffen des BImSchG nicht verzichtet werden.

12 Nach § 3 Abs. 1 BImSchG werden unter schädlichen Umwelteinwirkungen i. S. d. BImSchG Immissionen verstanden, »die nach Art, Ausmaß oder Dauer geeignet sind, Gefahren, erhebliche Nachteile oder erhebliche Belästigungen für die Allgemeinheit oder die Nachbarschaft herbeizuführen«. Wie ersichtlich, wird der Begriff »*Störungen*« nicht verwendet; dafür ist in der Begriffsdefinition von »erheblichen« Belästigungen die Rede (vgl. dazu *Koch*, aaO., S. 41 ff.). Der **Begriff** »**erhebliche Nachteile**« – bis zur ÄndVO 1990 in § 8 Abs. 2 Nr. 1 zur näheren Charakterisierung der (noch) zulässigen Anlagen enthalten – ist wegen der insoweit eindeutigen Bestimmung des zulässigen Störgrads in § 8 Abs. 1 durch die ÄndVO 1990 weggefallen (z. Begr. s. § 8 Rn 4.1, § 8 Rn 6–7.2).

12.1 »**Belästigungen**« sind Beeinträchtigungen des subjektiven Wohlbefindens. Auch nach städtebaurechtlichem Begriffsverständnis kann unter »Belästigungen« nicht jede Lästigkeit verstanden werden, etwa i. S. d. Abgrenzung von »Gesundheit« zu »Krankheit« durch die Weltgesundheitsorganisation (WHO). Nach der Formel der WHO bedingt der Begriff »Gesundheit« nicht nur die Abwesenheit von Krankheiten, sondern schließt das **vollkommene körperliche, psychische und soziale Wohlbefinden** ein. Nach dieser Definition von Gesundheit wäre **jede** Belästigung, nicht etwa »nur« durch Immissionen, sondern durch jedwede psychische und/oder soziale Unlustgefühle hervorrufende Einwirkung Dritter bereits eine nachteilige Beeinflussung der Gesundheit. Dass die **rechtliche Umsetzung** dieser kaum qualifizierbaren Vorstellung der WHO zu keinem Zeitpunkt ernsthaft überlegt worden ist, liegt auf der Hand; dazu gab die Feststellung der WHO auch zu keinem Zeitpunkt Anlass.

Die rechtliche Erfassbarkeit müsste bereits daran scheitern, dass das »vollkommene« psychische und soziale Wohlbefinden nur individuell zu erreichen wäre. Bei der Einwirkung von Lästigkeiten schlechthin (i. S. v. Belästigungen) könnte nicht auf *durchschnittlich* Empfindende u. damit auf Belästigungen durchschnittlich reagierender Personen abgestellt werden (s. dazu Rn 14 f.); die unterschiedliche Beurteilung von erheblichen = unzumutbaren Belästigungen nach der jeweiligen Gebietsverträglichkeit entsprechend der Abstufung der Baugebietseinteilung wäre zudem nicht möglich.

12.11 Hieraus ist ersichtlich, dass der VOgeber der BauNVO das Lästigkeitsempfinden nach der WHO-Formel dem **Begriff** »**Belästigungen**« in § 15 Abs. 1 Satz 2 nicht zugrunde gelegt hat; denn die **Belästigungen** (oder Störungen) **müssen unzumutbar** sein. Diese Feststellung wird deshalb hervorgehoben, weil die unzumutbaren Belästigungen nach § 15 Abs. 1 **Satz 2** *vom Grundsatz her* dem

Begriff der »erheblichen Belästigung« im Zusammenhang mit »schädlichen Umwelteinwirkungen« nach § 3 Abs. 1 BImSchG entsprechen. »*Der Schutz, den das BImSchG vor schädlichen Umwelteinwirkungen*« – und damit auch vor erheblichen Belästigungen – »*gewähren will*«, beschränkt sich nach dem U. des BVerwG v. 22.5.1987 (– 4 C 33–35.83 – BVerwGE 77, 285 = DVBl. 1987, 907 = NJW 1987, 2884 = BayVBl. 1987, 662, »Meersburg«) »*nicht auf die körperliche Unversehrtheit in biologisch-physiologischer Hinsicht, sondern schließt das seelische und soziale Wohlbefinden i. S. einer menschenwürdigen Lebensqualität mit ein*«. Es ist schon kaum verständlich, dass das BVerwG eine rechtlich nicht fassbare Worthülse wie das »*seelische und soziale Wohlbefinden i. S. einer menschenwürdigen Lebensqualität*« in Beziehung bringt zum Schutz vor »erheblichen Belästigungen« i. S. v. § 3 Abs. 1 BImSchG. Dass diese **Auffassung dem Rechtsgehalt** der schädlichen Umwelteinwirkungen, wie er in § 3 Abs. 1 BImSchG definiert ist, und dem Schutzanspruch dagegen **widerspricht**, bedarf hier keiner weitergehenden Ausführungen (Nachweise von Einzelheiten bei *Fickert*, BauR 1976, 1).

Das BVerwG hat in einem weiteren U. v. 20.10.1989 (– 4 C 12.87 – DVBl. 1990, 419), in dem es Ungenauigkeiten hinsichtlich Berechnungs- u. Messverfahren im U. v. 22.5.1987 (aaO.) »klargestellt« hat – in beiden Entscheidungen ging es um Straßenverkehrslärm –, weiterhin darauf abgestellt, dass sich durch die Klarstellungen des Urt. »*die in §§ 41 Abs. 1, 3 Abs. 1 BImSchG zugrunde liegende gesetzgeberische Bewertung nicht geändert*« hat.

Es ist zu keinem Zeitpunkt zweifelhaft gewesen, dass der Schutz vor schädlichen Umwelteinwirkungen (vor erheblichen Belästigungen) i. S. v. § 3 Abs. 1 BImSchG und der Schutz vor unzumutbaren Belästigungen i. S. v. § 15 Abs. 1 **Satz 2** sich etwa nur auf die körperliche Unversehrtheit i. S. v. Art. 2 Abs. 2 GG beschränkt. Es ist lediglich dem Irrtum entgegenzutreten, dass die Beeinträchtigung subjektiven Wohlbefindens durch »*erhebliche*« = »*unzumutbare*« Belästigungen (bereits) dem Gesundheitsbegriff unterfällt. Es soll zugleich deutlich gemacht werden, dass das »seelische« (richtig nach WHO: psychische) und »soziale« Wohlbefinden – was immer unter diesen rechtlich nicht eingrenzbaren Begriffen verstanden werden soll – immissionsschutz**rechtlich** bzw. planungs**rechtlich** nicht bereits durch *allgemeine* Belästigungen beeinträchtigt werden kann – was nach der Auffassung der WHO dann mit Krankheit gleichgestellt werden soll –, sondern erst durch »*erhebliche*« Belästigungen i. S. schädlicher Umwelteinwirkungen nach § 3 Abs. 1 BImSchG bzw. durch »*unzumutbare*« Beeinträchtigungen i. S. v. § 15 Abs. 1 Satz 2 BauNVO. Die unzumutbaren (erheblichen) Belästigungen sind hinsichtlich ihrer Auswirkungen deutlich **im Vorfeld** der Gesundheits*gefährdung* einzuordnen und haben mit einer Gesundheits*beeinträchtigung* nichts gemein.

12.12

Aus sozialmedizinischer Sicht ist man sich seit jeher darin einig, dass das geltende Recht unter »Belästigung« eine Beeinträchtigung des Wohlbefindens versteht, die nicht als Krankheit gewertet werden kann. Das BImSchG beschränkt sich daher ausdrücklich auf die Bekämpfung erheblicher Belästigungen. Daraus ist bereits ersichtlich, dass gewisse Einwirkungen hingenommen werden müssen (vgl. amtl. Begr. zu § 3 Abs. 1 BImSchG). Es ist hinzuzufügen, dass die Vorschrift des § 15 Abs. 1 Satz 2 BauNVO **über** »**unzumutbare**« **Belästigungen** bei der Genehmigung von Vorhaben etliche Jahre vor dem Inkrafttreten des BImSchG (1.4.1974) bereits zu beachten war. Schließlich liegt der Hinweis im U. des BVerwG v. 20.10.1989 (– 4 C 12.87 – Rn 12.11), »*für die Auslegung und Anwendung dieser Bestimmung*« (des § 3 Abs. 1 BImSchG) seien »*auch keine neueren Ergebnisse der Lärmwirkungsforschung bekannt geworden, die zu berücksichtigen wären*«, neben der Sache. In der Fachwelt sind erhebliche bzw. unzumutbare Belästigungen mit einer Gesundheitsgefährdung bzw. -beeinträchtigung nicht dergestalt in Beziehung gebracht worden, dass die Frage zu entscheiden war, ab welcher Lärmpegelhöhe unzumutbare (Lärm-)Beläs-

12.13

§ 15 Abs. 1 12.2–13

tigungen zu einer Gesundheitsbeeinträchtigung führen könnten. Es war in der Lärmwirkungsforschung vor allem umstritten, *ab welcher* Lärmeinwirkung **unzumutbare = erhebliche** Belästigungen anzunehmen sind. Diese Frage ist durch die 16. u. 18. BImSchV inzwischen weitgehend geklärt (s. dazu Rn 19 f.).

12.2 Der **Begriff** »**Störungen**« ist bei der Definition der schädlichen Umwelteinwirkungen nach § 3 BImSchG nicht genannt. Der aus dem Polizei- bzw. Ordnungsrecht stammende Begriff ist dem Immissionsschutzrecht geläufig. **Störungen sind** sowohl i. S. v. die persönliche Lebenssphäre nachteilig berührenden äußeren Einwirkungen zu verstehen als auch als Nachteile anzusehen, die von einer Anlage ausgehen; d. h. wenn durch den Betrieb (die Nutzung) Sachgüter oder Werte des Einzelnen oder der Allgemeinheit verletzt werden (§ 8 Rn 14.3 f. u. die dort aufgeführte Rspr.). Die **Störungen müssen**, um zur Unzulässigkeit der Anlage oder Nutzung zu führen, **gleichfalls unzumutbar** sein (Rn 13–15). Der **städtebaurechtliche** Begriff »Störungen« geht über eine immissionsschutzrechtliche Bedeutung erheblich hinaus. Er ist seit Inkrafttreten der BauNVO in ihrer ursprünglichen Fassung zur Kennzeichnung der Baugebietstypen u. zugleich zu ihrer Unterscheidung (vgl. §§ 5 Abs. 1, 6 Abs. 1, 8 Abs. 1) ein Begriff mit bestimmtem Rechtsgehalt. Desgleichen typisiert der Begriff »Störungen« durch speziellere Hinweisbezeichnungen wie »Störanfälligkeit« und (zulässiger) »Störungsgrad« den Nutzungskatalog des jeweiligen Baugebiets. *Innerhalb* der Baugebiete können bestimmte, mit einer Nutzung verbundene Begleiterscheinungen durch den vieldeutigen Begriff »Störungen« entspr. dem jeweiligen Gebietscharakter zur Unzulässigkeit einer Nutzung führen, etwa ein nicht üblicher Kfz-Zu- und Abgangsverkehr eines Betriebs in einem WA-Gebiet oder das »Drum und Dran« im Zusammenhang mit Vergnügungsstätten in einem MI-Gebiet (s. dazu die grundsätzlichen Ausführungen z. Begriff »Störungen« Vorb. §§ 2 ff. Rn 8 ff.).

12.21 **Belästigungen und Störungen**, die *von* den Anlagen ausgehen – soweit dies immissionsschutzrechtlich von Bedeutung ist –, werden als **Emissionen**, Umwelt*einwirkungen*, die nach Art, Ausmaß und Dauer geeignet sind, unzumutbare (erhebliche) Störungen (Nachteile) oder Belästigungen für die davon Betroffenen herbeizuführen, als **Immissionen** bezeichnet. Darunter sind auf Menschen und Sachgüter einwirkende Luftverunreinigungen (Veränderungen der natürlichen Zusammensetzung der Luft, insbes. durch Rauch, Ruß, Staub, Gase, Aerosole, Dämpfe oder Gerüche), Geräusche (Lärm), Erschütterungen, Licht, Wärme, Strahlen oder ähnliche Einwirkungen zu verstehen.

Die Begriffe »Belästigungen oder Störungen« für sich allein, d. h. ohne ihre Wertung an dem Begriff der Unzumutbarkeit, haben keine hinreichende Aussagekraft, um darauf etwa die Unzulässigkeit einer baulichen Anlage oder Nutzung zu stützen.

Durch persönliche Eigenschaften der Bewohner begründete Gefahren sind städtebauliche Gesichtspunkte, die im Rahmen des § 15 BauNVO oder anderer Vorschriften, die das planungsrechtliche Rücksichtnahmegebot enthalten, bedeutsam sind (Nds. OVG, B. v. 26.2.1993 – 1 M 290/93 – NVwZ 1994, 82).

13 b) **Allgemeines zum Begriff** »**Unzumutbarkeit**« **hinsichtlich Belästigungen und Störungen.** Nach Abs. 1 **Satz 2** sind bauliche Anlagen und Nutzungen **dann unzulässig, wenn** die von ihnen ausgehenden Belästigungen oder Störungen für die im Baugebiet selbst, d. h. der jeweiligen **Gebietsart, oder in dessen Umgebung** Ansässigen **unzumutbar sind.** Für die Ausfüllung des unbestimmten Rechtsbegriffs »*unzumutbar*« hat der VOgeber keine Kriterien aufgestellt. Ganz generell kann für die Beurteilung des Einzelfalles zunächst auf die *allgemeine* Zweckbestimmung der verschiedenen Baugebiete (Vorb. §§ 2 ff. Rn 1–8.9) zurückgegriffen werden. Der (allgemeine) Gebietscharakter enthält bereits eine nach den Baugebietstypen abgestufte Störanfälligkeit, die im jeweiligen Katalog der zulässigen und ausnahmsweise zulassungsfähigen Anlagen und Nutzungen zum Ausdruck kommt. Hieraus ist ersichtlich, dass die Unzumutbarkeit von Belästigungen oder Störungen kein aus sich heraus feststehender »absoluter« Begriff ist, sondern in enger Beziehung zu den unterschiedlichen Baugebietstypen steht, von dort her – im Wesentlichen – seine Inhaltsbestimmung erfährt. **Die Unzumutbarkeit ist** mithin **ein relativer (unbestimmter) Begriff.**

Eine Tankstelle z. B., die in einem WA-Gebiet (§ 4 Abs. 3 Nr. 5) geplant ist, kann wegen unzumutbarer Belästigungen oder Störungen infolge Lage und Betriebsumfang *dort unzulässig* sein, während der Errichtung der gleichen Tankstelle im MI-Gebiet (§ 6 Abs. 2 Nr. 7) oder etwa im MK-Gebiet keine Hinderungsgründe entgegenzustehen brauchen. Im MI-Gebiet könnte der Zulässigkeit der Tankstelle noch die »Eigenart« etwa eines besonders ruhigen Teilgebiets, das vorwiegend mit Wohngebäuden bebaut ist, entgegenstehen.

Der **Begriff der Unzumutbarkeit** ermöglicht es, die Besonderheiten des jeweiligen Gebiets mit den von der einzelnen Anlage ausgehenden Belästigungen oder Störungen nach Intensität, Dauer u. Zeit (morgens, am Tag oder nachts) in Beziehung zu setzen u. die Auswirkung auf die Umgebung zu beurteilen. Die Frage der Unzumutbarkeit ist **nur unter Würdigung des Einzelfalles** nach den näheren Umständen zu bestimmen. Den Bewohnern von Gebieten, die für Industrie- und Gewerbebetriebe bestimmt sind, müssen aus diesen Gründen z. B. weitergehende Beeinträchtigungen zugemutet werden als etwa in Wohngebieten Ansässigen (so schon OVG NW, U. v. 24.10.1966 – XA 676/64 – BRS 17 Nr. 119).

13.1

Bei der Beurteilung, ob Belästigungen oder Störungen *unzumutbar* sind, muss in **örtlicher Beziehung** auf die jeweils betroffene Gebietsart abgestellt werden. Davon gehen – wenn auch nach der *allgemeinen* Baugebietseinteilung, wie sie in der BauNVO vorgenommen worden ist – die Orientierungswerte des Beiblatts der DIN 18 005, Teil 1 (Schallschutz im Städtebau, Anh. 7.1) und die Immissionsrichtwerte nach Nr. 6.1 i. V. m. Nr. 6.3 der TA Lärm 1998 (bisher Nr. 2.321 der TA Lärm 68) sowie nach Nr. 3.3.1 der VDI-Richtlinie 2058 aus (Näheres Rn 17–18.4). Die Unzumutbarkeit kann innerhalb der Baugebiete – **nach** der jeweiligen **Eigenart** – unterschiedlich zu beurteilen sein.

In **persönlicher Hinsicht** richtet sich die Unzumutbarkeit weder nach besonders empfindsamen, nervösen Personen noch nach robusten, z. B. lärmunempfindlichen Naturen, sondern beantwortet sich nach den auf Immissionen **durchschnittlich reagierenden Menschen**. In diesem Sinne sind nicht schon Nachteile und Belästigungen in der Bequemlichkeit und Behaglichkeit unzumutbar, mögen sie auch von erheblicher Art und für nervöse Personen Gegenstand dauernden Ärgernisses sein (so schon Pr. OVGE Bd. 72, 380, 382).

14

Es mag darauf hingewiesen werden, dass die *individuelle* Belastung (Belästigung) der Menschen durch Lärm von zahlreichen ganz unterschiedlich zu bewertenden u. die jeweilige Lärmsituation bestimmenden Faktoren abhängt. Aus diesem Grunde ist es nicht möglich, die *subjektive* Spannweite der Betroffenen nach deren körperlichem und/oder psychischem Befinden (Herz-, Konzentrationsschwäche, nervliche Labilität), der (beruflichen) Tätigkeit, insbes. jedoch der Einstellung zur Lärmquelle durch einen einheitlichen Grenzwert – noch dazu nach unterschiedlichen Berechnungs- oder Messverfahren – zu erfassen; etwa gegenüber *Sportlärm* s. Vorb. §§ 2 ff. Rn 12.7–12.82 u. das in Rn 12.61 angeführte Grundsatzurt. des BVerwG v. 19.1.1989 (– 7 C 77.87 –; der sportliche Motorradfahrer freut sich an seinem »ohrenbetäubenden« Kavaliersstart, dem Rentner auf dem Balkon fällt vor »Lärm-

§ 15 Abs. 1   14.1–14.3

schreck« die Gieskanne aus der Hand). Besondere Bedeutung gewinnen die (individuelle) *Gewöhnung* des Einzelnen an Lärm, die *Frequenzzusammensetzung* (hohe Töne i.d.R. unangenehmer als tiefe Frequenzen), die Lärmart u. ihr *Informationsgehalt* (Gewerbelärm wird i.A. weniger akzeptiert als Verkehrslärm, hier wiederum Schienenverkehrslärm eher als Straßenverkehrslärm; der Diskothekenbesucher hat nichts gegen Lärm von 90 dB[A] und darüber einzuwenden) sowie die *Ortsüblichkeit* (s. Vorb. §§ 2ff. Rn 12.91f.); vgl. dazu im Einzelnen die instruktive u. die Problematik der Geräuschimmissionen umfassend behandelnde Arbeit von *Kutscheidt*, aaO., insbes. S. 197f.

Eine Zusammenfassung der Problematik bezüglich der Zumutbarkeitsgrenze des Straßenverkehrslärms mit verschiedenen »klarstellenden« Ausführungen zur Ergänzung der insoweit nicht hinreichenden Gründe des Urt. v. 22.5.1987 (– 4 C 33–35.83 – BVerwGE 77, 285) befindet sich im U. des BVerwG v. 20.10.1989 (– 4 C 12.87 – DVBl. 1990, 419).

14.1 Belästigungen oder Störungen, insbes. durch Lärm und Luftverunreinigungen gewerblicher Anlagen und Nutzungen sowie des Verkehrs auf Straße und Schiene innerhalb der Baugebiete, führen dann zu einer nicht mehr tragbaren und damit unzumutbaren Einwirkung, wenn sie einen **durchschnittlich empfindlichen Menschen** mit »normaler« Einstellung z.B. zum Informationsgehalt von Geräuschen in einen noch nach der Zeit der Einwirkung andauernden Spannungszustand versetzen und seine Konzentrationsfähigkeit mindern. Dabei ist für die Unzumutbarkeit der Einwirkung nicht etwa allein die Verminderung der Arbeitsfähigkeit maßgebend. Von mindestens gleicher Bedeutung ist die **Störung der Kommunikation** etwa der Sprachverständigung und der Mediennutzung als wichtigste Mittel der Persönlichkeitsentfaltung, worauf die Arbeits- und Sozialmediziner besonders abheben (vgl. u.a. *Klosterkötter*, KdL 1974, 29; *ders.*, Neuere Erkenntnisse über Lärmeinwirkungen, KdL 1974, 103).

14.2 Die Überschreitung der – abgestuften – **Zumutbarkeitsgrenze** durch unzumutbare Belästigungen oder Störungen ist nicht gleichzusetzen mit einem »schweren und unerträglichen Nachteil« i.S.d. Rspr. des BVerwG zum Eigentumsschutz nach Art. 14 GG. Seit dem Grundsatzurt. v. 21.5.1976 (– IV C 80.74 – BVerwGE 51, 15 = DVBl. 1976, 779) gewährt das BVerwG z.B. bei Lärmeinwirkungen durch Straßenverkehrslärm auf benachbarte Grundstücke Schutz für deren Benutzung immer dann, wenn die nachteilige Wirkung »**billigerweise nicht mehr zugemutet werden**« kann (Näheres Vorb. §§ 2ff. Rn 31f.; § 1 Rn 47f.; Einzelheiten z. Entwicklung u. Bestimmung des Begriffs »Unzumutbarkeit« bei Straßenverkehrslärm vgl. *Fickert*, Komm. »Straßenrecht in Nordrhein-Westfalen«, 3. Aufl., § 9 Rn 70ff.). Die Unzulässigkeit von baulichen Anlagen und Nutzungen infolge unzumutbarer Einwirkungen durch Belästigungen oder Störungen in den Baugebieten entsprechend der Störempfindlichkeit und demnach unterschiedlichen Schutzbedürftigkeit hält sich *im Rahmen der Sozialbindung* des Eigentums. Jeder Grundstückseigentümer im Geltungsbereich eines durch B-Plan festgesetzten Baugebiets kennt oder kann jedenfalls feststellen, inwieweit und in welcher Weise seine Baufreiheit als Ausfluss des dem Eigentum innewohnenden Freiheitsraumes durch städtebauliche Rechtsnormen – nämlich den Katalog der zulässigen oder zulassungsfähigen Anlagen und Nutzungen – eingeschränkt ist.

14.3 Soweit der (Bau-)Genehmigung Auflagen oder Bedingungen zur Verringerung der Immissionsträchtigkeit beigefügt werden, um dadurch die Zulässigkeit der Anlage oder Nutzung zu ermöglichen, handelt es sich **nicht um einen enteignenden Eingriff** in das Eigentum i.S.d. Art. 14 GG. Vorbeugende Maßnahmen zur Vermeidung unzumutbarer Beeinträchtigungen der Nachbarn und Dritter durch Belästigungen oder Störungen halten sich deutlich im Vorfeld der Enteignung (BVerwG, U. v. 21.5.1976, aaO.). Die »Grenze«, bei deren Überschreitung Belästigungen oder Störungen unzumutbar sind, ist weder identisch mit der Grenze, bei deren Überschreitung die Sozialbindung des Eigentums etwa infolge eines Sonderopfers durch Unzulässigkeit der Anlage oder Nutzung in eine Enteignung umschlägt, noch kennzeichnet sie die Schwelle, ab der allgemeine Lästigkeitsempfindungen etwa zu **Gesundheitsbeeinträchtigungen** führen (zu den maßgebenden Kriterien z. Bestimmung der [Un-]Zumutbarkeit s. Rn 19 f.).

Die sog. **Enteignungsschwelle**, d. h. die Grenze, bei der die billigerweise nicht mehr zumutbaren Lärmeinwirkungen (im Vorfeld der Enteignung) die *enteignungsrechtliche* Zumutbarkeitsgrenze überschreiten, hat der BGH nach langem Zögern in seinem Grundsatzurt. v. 6.2.1986 (– III ZR 96/84 – BGHZ 97, 114 = BRS 45 E Nr. 116 = DVBl. 1986, 766 mit Anm. v. *Berkemann*) für ein Wohngrundstück in einer ruhigen Wohnlage mit 71/66 dB(A) in Höhe des Obergeschosses und mit 69/64 db(A) in Kopfhöhe angenommen; in dem Urt. v. 10.11.1977 (– III ZR 166/75 – DVBl. 1978, 110 = BRS 34 E Nr. 168 = BauR 1978, 391 = MDR 1978, 296) hat der BGH für ein in einem WA-Gebiet gelegenes Wohngrundstück – wenn auch nur in mittelbarer Weise – die Enteignungsschwelle bei einem Schallpegel von 75/76 dB(A) am Tage u. mindestens 67 dB(A) nachts angenommen. Das ist in Anbetracht der Grenzwerte der VerkLSchVO (s. Rn 19.5) wohl nicht zu beanstanden.

c) Richtwerte/Grenzwerte zur gebietlichen Abgrenzung von Immissionsbeeinträchtigungen; zur Verkehrslärmschutzverordnung und zur Sportanlagenlärmschutzverordnung. – aa) Einige Grundlagen und Fakten zu den Immissionen, insbesondere über den Schall. Unter **Schall** versteht man mechanische Schwingungen, wenn die Anzahl der Schwingungen pro Sekunde (Frequenz) zwischen 16 Hertz (Hz) und etwa 20.000 Hz innerhalb des Wahrnehmungsbereiches des menschlichen Ohres liegt. Wegen der unterschiedlichen Empfindlichkeit des menschlichen Gehörs gegen akustische Einwirkungen ist es nicht möglich, den Begriff »Lärm« physikalisch exakt zu definieren (vgl. u. a. *Kürer*, in: »Schutz vor Lärm«, aaO., S. 21 ff.).

Als **Maßstab für die Lautstärke des Schalls** wird der Schallpegel in dB(A) (Dezibel-A) angegeben. Die Bezeichnung (A) bedeutet, dass die vom menschlichen Ohr unterschiedlich laut empfundenen Frequenzen durch eine Frequenzkorrektur (A-Kurve) bewertet werden.

Die Bewertung ist erforderlich, weil das menschliche Gehör auf unterschiedliche Frequenzen unterschiedlich reagiert; so wird ein Ton mit einer Frequenz von 1.000 Hz und einem Schallpegel von 40 dB ebenso laut empfunden wie ein Ton von 100 Hz und etwa 50 dB. Wesentlich ist, dass die Bestimmung der Lautstärke in dB(A) *logarithmische* Werte ergibt.

3 dB(A) bedeuten eine **Verdopplung (bzw. Halbierung)** der Schall**energie**, nicht zu verwechseln mit der Verdopplung der **Lautheit**; zwei Pegel von 50 dB(A) ergeben nicht zusammen 100 dB(A), sondern nur einen Pegel von 53 dB(A). Die Differenz von 3 dB(A) wird als gut hörbare (merkbare) Erhöhung der Lautheit empfunden.

Bei Differenzen von 15 dB(A) und mehr führt der niedrigere Pegel nicht mehr zu einer fassbaren Erhöhung des höheren Pegels; zusätzliche Lärmquellen, die um 15 dB(A) *leiser* als die Hauptquelle sind, können lärmtechnisch vernachlässigt werden. Der **logarithmische Anstieg der** subjektiv empfundenen Lautheit **wirkt** sich in der Weise aus, dass in den unteren dB(A)-Bereichen der Anstieg der Lästigkeit noch relativ gering ist, während er in den Bereichen über 70 dB(A) steil zunimmt.

Für den **Lärmschutz** sind von *praktischer* Bedeutung – soweit es sich um *Mittelungspegel* handelt – nur die Bereiche zwischen etwa 40 dB(A) bis 70/80 dB(A); Dauergeräusche, die deutlich unter 40 dB(A) liegen, treten kaum auf. Bei deutlich höheren (stärkeren) Dauergeräuschen als 70 dB(A) – dabei reichen bereits wenige dB(A) aus – muss man im Allgemeinen davon ausgehen, dass die **Unzumutbarkeitsschwelle** (»**schwer und unerträglich**«) erreicht ist.

§ 15 Abs. 1   15.1

Schallereignisse lassen sich nur hinsichtlich des Schalldrucks oder der Schalleistung, der Frequenz und der Dauer messen, nicht dagegen hinsichtlich der übrigen Faktoren, die den Grad der Lästigkeit bestimmen.

Jede zahlenmäßige **Darstellung des Lästigkeitswertes** von Schallereignissen beruht auf einer wertenden Umsetzung von Erfahrungen und Abwägung der von den Schallereignissen berührten Gütern.

Zum (besseren) Verständnis der Berechnung der Mittelungspegel aufgrund von Verkehrsprognosen und zum *Phänomen »Lärm« allgemein* mögen einige Erkenntnisse, Daten und Fakten als Anhalt dienen (gute Einf. bei *Ullrich, J,* DVBl. 1985, 1159; s. auch *Fickert,* Planfeststellung, Erl. zu Nr. 10, Tn 44 f.).

Als Lärm werden Geräusche bezeichnet, die durch Art, Ausmaß u. Dauer lästig, störend oder gefährdend wirken. *Kurzformel:* Lärm ist störender Schall.

15.1 Die Lästigkeit eines Geräusches ist physikalisch nicht messbar. Sie ist abhängig von der empfundenen *Lautstärke, der Frequenzzusammensetzung* u. dem *Informationsgehalt* eines Geräusches. Die vom Straßenverkehr emittierten Geräusche mit ständig schwankendem Pegelverlauf u. sich ändernden Frequenzen werden mithilfe des *Mittelungspegels* (früher: Energieäquivalenter Dauerschallpegel) nach DIN 45641 (Mittelungspegel und Beurteilungspegel zeitlich schwankender Schallvorgänge) gekennzeichnet.

- Eine Verdoppelung bzw. **Halbierung der Verkehrsstärke** unter sonst gleichen Bedingungen bewirkt eine Änderung des Mittelungspegels um 3 dB(A). Das Verkehrsaufkommen spielt keine Rolle. Die Zunahme von 15 auf 30 Kfz bewirkt ebenso wie die Zunahme von 15.000 auf 30.000 Kfz eine Pegelerhöhung um 3 dB(A).
- Eine Pegeldifferenz von 3 dB(A) ist vom menschlichen Ohr gerade wahrnehmbar.
- Die Verdoppelung bzw. Halbierung der *Lautstärke* entspricht etwa einer Pegeldifferenz von etwa 10 dB(A).
- Bei freier (ungehinderter) Schallausbreitung verringert sich der Mittelungspegel mit zunehmender Entfernung von der Geräuschquelle. Er nimmt etwa 3 dB(A) je Verdoppelung der Entfernung ab (z. B. 25 m von der Straße 63 dB[A], 50 m = 60 dB[A]).
- Werden zwei Schallquellen mit *gleichem* Charakter u. Lautstärke addiert, erhöht sich der Mittelungspegel um 3 dB(A); z. B. 60 dB(A) = 63 dB(A).
- Der Lärm, der von einem Kfz emittiert wird, ist etwa halb so laut wie der von 10 Kfz.
- Das sog. *Rollgeräusch* ist i. d. R. bereits bei Geschwindigkeiten über 50 km/h größer als das Motorengeräusch.
- Die Lärmbelästigung erhöht sich aus *subjektiver* Sicht i. A., wenn die Geräuschquelle – Kfz auf einer Hauptverkehrsstraße – gesehen werden kann.

Bei Räumen üblicher Größe mit Fenstern üblicher Größe und Konstruktion in massiven Außenwänden können folgende *Unterschiede* zwischen Mittelungspegeln *außen* und *innen* angenommen werden:

Bei geöffnetem Fenster	bis 10 dB(A),
bei spaltbreit geöffnetem Fenster (auf Kippe gestellt)	bis 15 dB(A),
bei geschlossenem Einfachfenster	20–25 dB(A).

Vor den Fenstern auf der von Geräuschquellen abgewandten Seite eines einzelnen Gebäudes kann mit etwa 10 dB(A) niedrigerem Mittelungspegel als auf der der Geräuschquelle zugewandten Seite gerechnet werden.

Einige *Anhaltspunkte* für Schallschutzmaßnahmen an einer Straße mit 2 Fahrstreifen

	Minderung des Mittelungspegels in dB(A), Immissionsort 25 m von der Straßenmitte. Höhe:	
	Erdgeschoss	2. Obergeschoss
Bepflanzung mit 10 m Unterholz	1	0
Dichter Bewuchs (als Riegel ausgeführt)	2	0
Schallschutzwand, 3 m hoch, einseitig Straße niveaugleich	etwa 9	2

Schallschutzwand, 3 m hoch, an beiden Straßenseiten, reflektierend	6	2
Schallschutzwand, 5 m hoch, einseitig, Straße niveaugleich	15	10
Erdwall, 5 m hoch, einseitig (Basisbreite = 16 m)	13	2

Zur Frage der *Zumutbarkeit von Belästigungen* und Störungen mögen als Anhalt einige Lautstärken bekannter Geräusche dienen, die in Lautstärkeskalen häufig angeführt sind.   **15.2**

Geräuschart u. -quelle (Schallereignisse ohne Nebengeräusche)	Lautstärke in dB(A)
Atemgeräusch eines Schlafenden	20–30
Ticken einer leisen Uhr, Blätterrauschen, Flüstern (1 m Entfernung)	etwa 30
Leises (Unterhaltungs-)Sprechen, mittlere Wohngeräusche, leise Musik	40
Übliche Unterhaltungsgespräche (normale Unterhaltung in einem Raum), gemäßigte Radiomusik, laufender Wasserhahn	50
Unterhaltungssprache (normales Gespräch) in 1 m Abstand, lärmarme Schreibmaschine	60
Laute Unterhaltung, Vorbeifahrt eines Pkw in 10 m Abstand	etwa 70
Verkehrsreiche Straße, laute Radiomusik	80
Lärm eines ungedämpften Maschinensaales, Kreissäge, Vorbeifahrt eines schweren Lkw (6 m Entfernung, 80 km/h)	85–90
heutige Diskotheken, Arbeiten mit Presslufthammer bis	110

bb) Zur Anwendbarkeit vorhandener Regelungen, Richtlinien und Verwal-   **16**
tungsvorschriften. Um zu einer gewissen Übereinstimmung in der Behandlung gleichgelagerter Tatbestände bei baulichen Anlagen und Nutzungen zu gelangen, von denen Belästigungen oder Störungen, insbes. durch Geräusche oder Luftverunreinigungen ausgehen können, sollen Richtlinien und Verwaltungsvorschriften eine in etwa gleichförmige Handhabung der Zulässigkeitsvoraussetzungen und den Umfang notwendiger Einschränkungen oder sonstiger Anordnungen (Auflagen und Bedingungen) sicherstellen.

Für die Frage, ab wann z. B. Geräuschemissionen eines gewerblichen Betriebes oder einer Gruppe von Betrieben als belästigend oder störend (wesentlich störend, erheblich belästigend) anzusehen sind, kommt es zunächst auf den **Grundgeräuschpegel** eines Baugebiets an, der sich aus der Summe der im Baugebiet vorhandenen und von außen einwirkenden Geräuschquellen, aufgrund des allgemeinen Verkehrs und der im Baugebiet zulässigen oder zugelassenen Anlagen und Nutzungen ergibt. Der i. A. *übliche* Geräuschpegel ist im **Regelfall auch zumutbar.** Etwas anderes kann infolge der tatsächlichen Struktur des Gebiets, einer besonderen Entwicklung etwa aufgrund von Festsetzungen, durch die Gebietsteile nach § 1 Abs. 4 besonders gegliedert sind, gelten. In derartigen Fällen kann der Grundgeräuschpegel abweichen, so dass Anlagen *wegen der konkreten Verhältnisse* im Baugebiet oder in dessen Umgebung i. S. d. »Eigenart des Baugebiets« im Einzelfall unzulässig sind.

Die auf die *städtebauliche Planung* abstellenden Richtlinien für den Schall-   **17**
schutz im Städtebau (DIN 18 005, Teil 1, Anh. 7.1) können für die Beurtei-

§ 15 Abs. 1   17.1, 18

lung der Zulässigkeit der Anlagen und Nutzungen *im Einzelfall* i. S. v. § 15 nur begrenzt herangezogen werden (ausführlich dazu § 1 Rn 53–61.1). Die *Orientierungswerte* (z. Tabelle § 1 Rn 57) als für die Beplanung der Baugebiete dienende Hilfswerte sind *flächenbezogen* und haben für die Zulassung von Vorhaben daher an sich keine Geltung. Die **nach der Eigenart des Baugebiets** tatsächlich herrschenden Mittelungspegel können von der Planung vielfach abweichen.

Für die **Zulässigkeit von Einzelvorhaben** nach §§ 29 ff. BauGB hinsichtlich der von ihnen zu erwartenden Belästigungen und Störungen kann auf die nach § 48 BImSchG erlassene Sechste Allgemeine Verwaltungsvorschrift **TA Lärm** (Anh. 5) und die **TA Luft** (Anh. 6) zurückgegriffen werden. Die TA Lärm gilt nunmehr – im Unterschied zur TA Lärm 1968 – für Anlagen, die als genehmigungsbedürftige oder nicht genehmigungsbedürftige Anlagen den Anforderungen des Zweiten Teils des BImSchG (§§ 4–31) unterliegen; im Einzelnen s. Anwendungsbezeichnung der TA Lärm, Nr. 1.

17.1 Für die Beurteilung der Anlagen hinsichtlich ihrer Zulassungsfähigkeit ist maßgebend, dass es sich **bei den Regelwerken um Richtwerte** handelt, die nur unter den gegebenen Hinweisen als Entscheidungshilfen herangezogen werden können. Am ehesten kann das noch für die TA Luft i. d. F. v. 24.7.2002, GVBl. 2002, S. 511, vgl. § 1 Rn 51) gelten.

Nach der **VDI-Richtlinie 2058** über die Beurteilung von Arbeitslärm in der Nachbarschaft (Blatt 1) in der redaktionell überarbeiteten Fassung von Sept. 1985 soll nach Nr. 3.3.1 die **Lautstärke** der von einer Anlage verursachten Geräusche, gemessen vor den geöffneten Fenstern des nächsten benachbarten Wohngebäudes oder sonst schutzbedürftigen Gebäudes, u. a. folgende Schallpegel nicht überschreiten:

	tags	nachts
c) für Einwirkungsorte, in deren Umgebung *weder* vorwiegend gewerbliche Anlagen *noch* vorwiegend Wohnungen untergebracht sind (MD-, MI- u. MK-Gebiete nach den §§ 5–7 BauNVO)	60 dB(A)	45 dB(A)
d) für Einwirkungsorte, in deren Umgebung *vorwiegend* Wohnungen untergebracht sind (WS- u. WA-Gebiete nach den §§ 2, 4 BauNVO)	55 dB(A)	40 dB(A)
e) für Einwirkungsorte, in deren Umgebung *ausschließlich* Wohnungen untergebracht sind (WR-Gebiete nach § 3 BauNVO).	50 dB(A)	35 dB(A)

18 Bei der Zuordnung der genannten Werte soll **nicht nur von baurechtlichen** Festsetzungen, **sondern** auch **von den tatsächlichen Verhältnissen** ausgegangen werden, was der »Eigenart« des Baugebiets entspricht und ferner Gebiete i. S. d. § 34 BauGB erfasst.

Die **Immissionsrichtwerte der VDI-Richtlinie 2058** sind als Ergebnis sachverständiger Erfahrungen zwar gerichtlich anerkannt (zur Richtlinie i. d. ursprünglichen Fassung – Juli 1960 – s. BGH, U. v. 29.6.1966, BGHZ 46, 35 = MDR 1966, 827; BGH, U. v. 17.11.1967, DVBl. 1967, 148). Es ist aber darauf hinzuweisen, dass das in der Richtlinie geregelte Mess- und Berechnungsverfahren, nach dem die Einwirkung der zu beurteilenden Gebäude anhand eines *Beurteilungspegels* bewertet werden, mit den neueren Mess- und Berechnungsverfahren der DIN 18 005, Teil 1 (Anh. 7.1; s. ferner § 1 Rn 57) nicht übereinstimmen. Ferner gibt es **für den Pegelunterschied** *von 15 dB(A)* zwischen der Einwirkung tagsüber und nachts **keine** wissenschaftlich abgesicherte **Begr.** (*Fickert*, BauR 1973, 1). Der Pegelunterschied von 15 dB(A) findet sich trotzdem wiederum in der TA Lärm 1998 (Anh. 5).

Da der wissenschaftlich nicht begründete Pegelunterschied vor allem von den für die Verhinderung bzw. Minderung des Lärms zuständigen Stellen gewünscht wurde beibehalten zu werden, sind in dem Beiblatt DIN 18 005, Teil 1 (s. Begr. zu Anh. 7.1) für die Orientierungswerte Pegelunterschiede von tagsüber zu nachts für Gewerbelärm, Freizeitlärm u. dergl. einerseits und Verkehrslärm andererseits in den Baugebieten getrennt aufgeführt (s. auch § 1 Rn 56.1–57).

Für die unter die Genehmigung nach den §§ 4 ff. BImSchG fallenden Anlagen enthält die TA Lärm (Anh. 5) die Regelungen zum Schutz gegen Lärm, die von den zuständigen Behörden beachtet werden sollen. In Nr. 6.1 der TA Lärm sind für verschiedene Gebiete unterschiedlicher Nutzung *Immissionsrichtwerte* angegeben, die im Einzugsbereich der Anlage außerhalb von Gebäuden nicht überschritten werden sollen. Sind im Einwirkungsbereich **Baugebiete nach der BauNVO** festgesetzt, die den in Nr. 6.1 TA Lärm aufgeführten Gebieten entsprechen, so dürfte vom **B-Plan** auszugehen sein. Die neue TA Lärm stellt jedoch nicht mehr darauf ab. Die Ermittlung der Geräuschimmissionen ist gegenüber der TA Lärm 1968 deutlich flexibler geworden; sie lässt u. a. kurzzeitige Geräuschspitzen zu (Nr. 6.1 a. E.), berücksichtigt in stärkerem Maße Verkehrsgeräusche und stellt im Ermittlungsverfahren u. a. auch auf Informations- und Impulshaltigkeit ab. **18.1**

Abgesehen von dem nach neueren Erkenntnissen kaum noch brauchbaren **Pegelunterschied** von 15 dB(A) zwischen den Geräuscheinwirkungen tagsüber und nachts, sind die Immissionsrichtwerte in den ausschließlich dem Wohnen dienenden Gebieten mit Nachtwerten von 35 dB(A) weiterhin **nicht realistisch** (dazu schon *Klosterkötter*, KdL 1976, 1).

Die vorhandenen Regelwerke, wie die TA Lärm, die VDI-Richtlinie 2058 (s. Rn 17.1–18.1) u. gleichfalls die VDI-Richtlinie 2719 (s. Rn 24.1), die von den für den Immissionsschutz zuständigen Stellen erlassen (TA Lärm) oder – wie die VDI-Richtl. 2058 u. 2719 – von ihnen maßgebend beeinflusst worden sind, können **für die Frage der (Un-)Zumutbarkeit von Belästigungen** oder Störungen nach § 15 Abs. 1 Satz 2 bei der Zulässigkeit (Baugenehmigung) der Anlagen und Nutzungen im Einzelfall **nur begrenzt** herangezogen werden; das Beiblatt 1 der DIN 18005, Teil 1 ist für die Einzelgenehmigung nach § 15 nicht einschlägig (s. Rn 17; ferner § 1 Rn 56 f., 60). Der Grund für die lediglich begrenzte Anwendbarkeit der erwähnten Regelwerke liegt in den für die Zulässigkeitspraxis nicht brauchbaren, weil unrealistischen **Immissionsrichtwerten**. Sie führen im Ergebnis dazu, dass die Zulassung von Anlagen so häufig nur unter Erteilung einer *Ausnahme* erfolgen kann, weil zur Berücksichtigung der Lärmeinwirkungen auf Wohnbauvorhaben **nach der TA Lärm** die vorgegebenen **Außengeräuschpegel** der Immissionsrichtwerte nicht eingehalten werden können; die Ausnahmeerteilung muss häufig zur Regel werden (so schon *Klosterkötter*, KdL 1976, 1). **18.2**

Die Einhaltung der Immissionsrichtwerte der TA Lärm in Gebieten, die *ausschließlich* der Wohnnutzung vorbehalten sind, mit nachts 35 dB(A) ist im Regelfall nicht realistisch. **18.3**

Ein **Außenpegel** von 35 dB(A) **nachts** für WR-Gebiete, der nach Nr. 6.1 i. V. m. A.1.3 Buchst. a des Ermittlungsverfahren 0,5 m vor dem geöffneten Fenster des vom Geräusch am stärksten betroffenen schutzbedürftigen Raumes zu messen ist (ähnlich nach der VDI-Richtl. 2058), bedeutet bei voll geöffnetem Fenster, dass in der Mitte des Schlafraums ein **Innengeräuschpegel** von 25 dB(A), bei einem spaltbreit geöffneten Fenster (auf Kippe gestellt) – Differenz zwischen Außen- und Innenpegel etwa 15 dB(A) –, *am Ohr des Schläfers* ein Innengeräuschpegel von etwa 20 dB(A) besteht. Die Lärmwirkungsforschung ist sich darin weitgehend einig, dass Innengeräuschpegel von 30–35 dB(A) *nachts* (am Ohr des Schläfers) im schlafgünstigen Bereich liegen *(Klosterkötter*, KdL 1976, 1, *ders*., Die

§ 15 Abs. 1 18.4, 19

Situation der Lärmbelästigung durch den Verkehr aus medizinischer Sicht – Schlussfolgerungen für die Durchführung des BImSchG, DIfU, Nov. 1976; *Jansen*, ZfL 1983, 159; *ders.*, Schutz vor Lärm – Zum Stand der Wirkungsforschung, in »Schutz vor Lärm«, aaO. S. 9 ff.).

Auf die zahlreichen Abhandlungen über die Ergebnisse der Lärmwirkungsforschung kann hier nicht eingegangen werden; sie werden regelmäßig in der ZfL (vordem KdL) veröffentlicht.

18.4 Dass **Innengeräuschpegel zwischen 30 und 35 dB(A) im schlafgünstigen Bereich** eines durchschnittlich Lärmempfindlichen liegen, wird dann plausibel, wenn andere Geräuscharten und –quellen (Schallereignisse ohne Nebengeräusche) zum Vergleich herangezogen werden. So liegt die **Lautstärke des Tickens einer leisen Uhr**, Blätterrauschen oder Flüstern in 1 m Entfernung (gleichfalls) bei etwa 30 dB(A); s. Rn 15.2.

Die **Einhaltung eines Außengeräuschpegels** von 35 dB(A) nachts für Wohngebäude nach der TA Lärm, mit der Konsequenz eines **Innenpegels von 25** bzw. 20 dB(A) (Rn 18.3), ist aus medizinischer Sicht i. S. d. schlafgünstigen Bereichs nicht erforderlich und aus volkswirtschaftlicher Gesamtsicht nicht vertretbar; sie verlangt dem Bürger, den wirtschaftlichen Unternehmen und vor allem der öffentlichen Hand wegen der dadurch zusätzlichen Schutzmaßnahmen gegen Lärmeinwirkungen unnötige (Mehr-)Kosten ab.

Hinzu kommt, was vielfach nicht in Betracht gezogen wird oder nicht bekannt ist, dass für so niedrige Innengeräuschpegel die vorhandenen **Bauschall-Dämmaße** nicht ausreichen. Um derartige Innenpegel zu erreichen, genügt es vielfach nicht, lediglich (bessere) Schallschutzfenster einzubauen; darüber hinaus kann es erforderlich werden, die Fensterrahmen und Türen zu verstärken und vor allem die Dachhaut durch Auskleidung mit Schallschutzstoffen, ggf. durch Anbringung von Lärmschutzplatten zu verstärken. Bei Leichtbauweise eines Gebäudes kann dies sogar zu statischen Problemen führen.

Bei alledem ist widersprüchlich, dass die **neugefasste DIN 4109 im Hochbau** hinsichtlich der Innengeräusche durch Wasserleitungen, andere sanitäre Einrichtungen, Zwischendecken u. dergl. weiterhin **von 35 dB(A) ausgeht**.

Unter Berücksichtigung aller üblichen Schall-(Lärm)Quellen durch Gewerbe-, Verkehrs- und den stark gewachsenen Freizeitlärm und dem sich daraus bereits ergebenden **Grundgeräuschpegel** (s. Rn 16) muss es sich noch erweisen, ob die neue TA Lärm unserer heutigen Industriegesellschaft gerecht werden kann.

19 cc) Überlegungen zur Festlegung von Grenzwerten hinsichtlich der (Un-) Zumutbarkeit von Belästigungen und Störungen; zur VerkehrslärmschutzVO (16. BImSchV) und SportanlagenlärmSchVO (18. BImSchV). Seit Inkrafttreten des BImSchG (1.194.74) und der in § 43 Abs. 1 BImSchG enthaltenen Ermächtigung der Bundesregierung, durch RechtsVO mit Zustimmung des BR, die erforderlichen Vorschriften zu §§ 41, 42 Abs. 1 und 2 zu erlassen, insbes. über »bestimmte Grenzwerte, die zum Schutz der Nachbarschaft vor schädlichen Umwelteinwirkungen durch Geräusche nicht überschritten werden dürfen«, ist über die zulässige (zumutbare) Höhe der festzulegenden Grenzwerte in bemerkenswerter Intensität gestritten worden. Mit dem **Erlass der Verkehrslärmschutzverordnung** (16. BImSchV – VerkLSchutzVO v. 12.6.1990, BGBl. I S. 1036) dürfte die Auseinandersetzung über die »richtige« bzw. »notwendige« Höhe der Grenzwerte einen gewissen Abschluss gefunden haben (zur »Historie« seit Inkrafttreten des BImSchG über den Entwurf eines VLärmSchG und die Verkehrslärmschutzrichtl. bis zur 16. BImSchV-VerkLSchVO s. § 1 Rn 65–66; ferner *Fickert*, Straßenrecht in NW, § 9 Rn 70 f.).

Es ist in den letzten Jahren kaum noch umstritten gewesen, dass die **Grenzwerte der VerkLSchVO (16. BImSchV)** entsprechend den Baugebietsvorschriften der BauNVO *unterschiedlich hoch* angesetzt werden müssen; der **Streit ging** (und geht) in erster Linie **um die Höhe der Werte**, die als erforderlich angesehen werden, um die schutzbedürftigen Nutzungen, insbes. naturgemäß das **Wohnen** (die angemessene Wohnruhe), **vor unzumutbaren Lärmbeeinträchtigungen** i. S. erheblicher Belästigungen oder Störungen zu bewahren.

In der Fachwelt besteht nach dem Stand der modernen Lärmwirkungsforschung weitgehend Einigkeit darüber, dass sich ein **allgemeingültiger Schwellenwert** für den Übergang **von der erheblichen**, d. h. billigerweise nicht mehr zumutbaren **Belästigung** zur **Gesundheitsgefährdung** durch Lärm nicht aufstellen lässt. Nach den zahlreichen Untersuchungen (vgl. statt vieler *Jansen*, ZfL 1987, 152; *ders.*, Schutz vor Lärm – Zum Stand der Wirkungsforschung, in: Schutz vor Lärm, aaO., S. 9 ff., 17 f.) kann infolge der sehr unterschiedlichen Reaktion des Menschen auf Lärm (s. Rn 14 f.) davon ausgegangen werden, dass Lärm lediglich als **Risikofaktor** für Gesundheitsbeeinträchtigungen angesehen werden muss. Gesichert ist dagegen, dass eine dauernde Schalleinwirkung **von mehr als 85 dB(A)** zu Gehörschädigungen (Lärmschwerhörigkeit) führen kann.

Eine medizinisch anthropologisch zu rechtfertigende Zumutbarkeitsgrenze muss »von den Leitfunktionen Kommunikation im weitesten Sinne und Schlafen ausgehen. Die begründbaren **Grenzwerte für Innengeräuschpegel** lauten hier 45 dB(A) tagsüber, 35 dB(A) nachts (Mittelungspegel)« *(Klosterkötter, Kritische Anmerkungen, aaO., S. 35)*. Für den Wohnbereich ist 100 %ige Satzverständlichkeit bei geschlossenen Fenstern zu fordern. Nach *Klosterkötter* (KdL 1976, 1) liegen **Innengeräuschpegel** von 30–35 dB(A) *nachts am Ohr des Schläfers* im schlafgünstigen Bereich. Mithin ist der **Innengeräuschpegel nachts** von erheblicher Bedeutung (s. Rn 18.3–18.4). In diesem Sinne sind Schutzmaßnahmen erforderlich, wenn die **Innenpegel** der zu schützenden Räume unter Berücksichtigung der vorhandenen Bauschall-Dämmaße 45 dB(A) am Tage bzw. 35 dB(A) bei Nacht übersteigen.

19.1

Die **Festlegung des Außengeräuschpegels** hat sich **nach der Erforderlichkeit des** zumutbaren **Innengeräuschpegels** zu richten.

19.2

Klosterkötter hat seinerzeit als Vorsitzender des Deutschen Arbeitsringes für Lärmbekämpfung (DAL) verständlicherweise maximale Forderungen aufgrund des damaligen Berechnungsverfahrens zum äquivalenten Dauerschallpegel nach der Vornorm DIN 18005 von 1971 erhoben. Er hat jedoch nicht etwa gefordert, dass stets bei einem voll geöffnetem Fenster gewohnt und geschlafen werden kann, abgesehen von der Untunlichkeit infolge von Witterungsverhältnissen und sonstigen Widrigkeiten (vgl. zur Problematik auch *Kersten*, BayVBl. 1987, 641; ferner Rn 19.1).

Das **Verhältnis von Innen- zu Außengeräuschpegel** ist in dem Grundsatzurt. des BVerwG v. 21.5.1976 – 4 C 80.74 – BVerwGE 51, 15 im Zusammenhang mit den »magischen Zahlen« für Außengeräuschpegel von 55/45 dB(A) tagsüber/nachts für durch anderweitige Geräusche nicht vorbelastete Wohngebiete nicht gewürdigt worden. Das U. des BVerwG v. 22.5.1987 (– 4 C 33-35.83 – BVerwGE 77, 285 = DVBl. 1987, 907) hätte sich mit den offen gebliebenen Fragen nach fast zweijähriger Beratung eines VLärmSchG-Entw., eines geänderten zugunsten des Bürgers verbesserten Berechnungsverfahrens und der zahlreichen Abhandlungen der Lärmwirkungsforschung auseinander setzen müssen (vgl. dazu *Kersten*, aaO.; ferner die Hinweise bei *Fickert*, Straßenrecht in NW, § 9 Rn 73–75). Das BVerwG hat in seinem U. v. 20.10.1989 (– 4 C 12.87 – DVBl. 1990, 420, 423) allerdings hinsichtlich der unterschiedlichen Berechnungsverfahren einige Klarstellungen vorgenommen. Inzwischen sind nun die 16. BImSchV (VerkLSchVO) u. die SportanlagenlärmSchVO (18. BImSchV) in Kraft getreten. Beide VOen haben auch unterschiedliche Tag/Nachtwerte festgelegt, z. Verhältnis von Innen- zu Außengeräuschpegel dagegen keine Regelung getroffen. Es wäre daher hilfreich, wenn das BVerwG Gelegenheit nehmen würde, sich zum Verhältnis von Innen- zum Außengeräuschpegel zu äußern; denn die Frage der (Un-)Zumutbarkeit von Belästigungen oder Störungen bleibt bei Nachbarklagen im Rahmen des § 15 Abs. 1 weiterhin von Bedeutung.

19.3

Für den bei Zulässigkeit einer baulichen Anlage oder Nutzung oder den Verkehrslärm hinsichtlich der (Un-)Zumutbarkeit i. A. zu berechnenden **Außengeräuschpegel nachts** ist *von einem Innengeräuschpegel* in Schlafräumen *von*

§ 15   Abs. 1   19.4, 19.5

30–35 dB(A) als Aufweckgrenze auszugehen (a. A. *Berkemann*, Lärmgrenzwerte im Bereich des Straßen- und Schienenverkehrs, in: Schutz vor Lärm, aaO., S. 73 ff., der den Aufweckwert nachts auf *unter* 30 dB(A) festgelegt wissen will, ohne dies im Hinblick auf die abweichende Meinung im Fachschrifttum zu begründen). Der bei einem zum Zwecke der Lüftung spaltbreit geöffneten Fenster (auf Kippe gestellt) um *15 dB(A)* erhöhte Außenpegel (s. Rn 18.3) beträgt als *Mittelungspegel nachts:* 45–50 dB(A); wird die Verbesserung des Berechnungsverfahrens (etwa nach DIN 18005, Teil 1 oder RLS 90) lediglich mit 2 dB(A) angesetzt – sie kann auch mehr betragen – (ebenso *Kersten*, aaO., Rn 19.2), entspricht der Mittelungspegel nachts (30 + 15 + 2 dB(A) = 47 dB[A]) dem **Immissionsgrenzwert** (IGW) zum Schutz von Krankenhäusern, Schulen und dergl. nach § 2 Abs. 1 Nr. 1 VerkLSchVO (16. BImSchV). Bei Annahme eines durchaus noch akzeptablen Innengeräuschpegels von 32 dB(A) wird auch der IGW für Wohngebiete (§ 2 Abs. 1 Nr. 2 VerkLSchVO) erreicht.

19.4   Am Tage kann – auch bei Berücksichtigung einer uneingeschränkten Kommunikation – von einem **Innengeräuschpegel von 45 dB(A)** ausgegangen werden. Dem wird nach der Errechnung 45 + 15 + 2 dB(A) = 62 dB(A) in jeder Hinsicht der **Außengeräuschpegel** (Mittelungspegel) **für den Tag** (6.00 bis 22.00 Uhr) der VerkLSchVO – 16. BImSchV – **mit 59 dB(A)** gerecht. Geht man von einem akzeptablen *Außen*geräuschpegel von 55 dB(A) am Tage aus (s. Rn 19.2), zuzüglich 2 dB(A) infolge des verbesserten Berechnungsverfahrens, entspricht dies dem **IGW für Krankenhäuser** usw. nach § 2 Abs. 1 VerkLSchVO. Der **Außengeräuschpegel** erhält seine Bedeutung insbes. für die *ungestörte Benutzung der Außenwohnanlagen* (Terrasse, Balkon, Garten). Für den Schutz dieses Bereichs ist auf die Gewährleistung der normalen Unterhaltung in 1 m Abstand [60 dB(A)] abzustellen, so dass unter Berücksichtigung des verbesserten Berechnungsverfahrens auch hier der Immissions(grenz)wert den Voraussetzungen der *Zumutbarkeit* entspricht.

Die Frage der (Un-)Zumutbarkeit von Belästigungen oder Störungen ist bei **Betrieben mit Nachtarbeit** (in der Zeit zwischen 22.00 und 6.00 Uhr) besonders zu prüfen. Es ist hierbei von der Erfahrungstatsache auszugehen, dass Geräusche, die tagsüber als übliche und unvermeidliche Ruhestörung noch hingenommen werden können, zur Nachtzeit allgemein als eine spürbare Beeinträchtigung empfunden werden. Sie gehen nicht in der Geräuschkulisse am Tage unter (OVG Berlin, U. v. 28.4.1967 – II B 50.66 – BRS 18 Nr. 17).

19.5   Mit Inkrafttreten der VerkLSchVO am 21.6.1990 im dritten Anlauf (s. dazu Vorb. zu Anh. 7; ferner *Hölder*, »Schutz vor Lärm«, aaO., S. 171 ff.) sind erstmals **durch Rechtsvorschrift** IGW für den Straßen- und Schienenverkehrslärm festgelegt worden. Das **Grenzwertepaar 59/49 dB(A) für Wohngebiete wird** nicht nur für den Straßenverkehrslärm gegenüber Wohngebieten von Bedeutung sein, sondern auch **ganz allgemein** für die Zulässigkeit von Bauvorhaben – soweit Fragen der Zumutbarkeit hinsichtlich Belästigungen oder Störungen anstehen – **Bedeutung gewinnen**. Die **VerkLSchVO – 16. BImSchV –** gilt für den Bau und die wesentliche Änderung **aller öffentlichen Straßen** (§ 41 BImSchG), mithin auch aller Gemeindestraßen bzw. überörtlichen Straßen (Bundes-, Landes- und Kreisstraßen) in der Baulast der Gemeinden. Sie unterscheidet sich von der bisherigen Einzelfallregelung der (höchstrichterlichen) Rspr. (s. Rn 19.2) dadurch, dass **bei der Berechnung des** maßgebenden **Grenzwertes** eine vorhandene *Geräuschvorbelastung* durch anderweitige Lärmquellen *unberücksichtigt* bleibt. Dagegen behält das **Rechtsinstitut der plangegebenen Vorbelastung** (s. Rn 23.2, 23.4) zur Klärung der Kostentragung für die Lärmschutzmaßnahmen weiterhin Bedeutung. Das gilt insbes. für die Fälle, in denen die Gemeinde bei der Erörterung der Planung überörtlicher Straßen auf die künftige Lärmsituation hingewiesen worden ist oder in sonstiger Weise davon Kenntnis erlangt hat und schutzbedürftige Baugebiete oder Nutzungen dennoch in lärmrelevanter Nähe der geplanten Straße festgesetzt hat, davon ausgehend, dass die **Planfeststellungsunterlagen** z. B. nach § 9a FStrG **später** ausgelegt werden **als der B-Plan** Rechtsverbindlichkeit erlangt hat.

Die IGW sind nicht etwa als Konvention zwischen den Belangen des Umweltschutzes und den finanzpolitischen Erwägungen von Bund, Ländern und Gemeinden zu bewerten, sondern können, zusammen mit dem verbesserten Berechnungsverfahren als achtbares Ergebnis eines effektiven Immissionsschutzes angesehen werden, das vor allem in der Praxis durchsetzbar ist. Die kommunalen Spitzenverbände haben sich bereits mehrfach dahingehend geäußert, dass die Berücksichtigung der durch die VerkLSchVO festgesetzten IGW bei der Durchführung von Straßenbaumaßnahmen (zu) hohe Kosten verursacht. Die **IGW nach § 2 Abs. 1 VerkLSchVO** stellen zum Schutz der Nachbarschaft vor schädlichen Umwelteinwirkungen durch Verkehrsgeräusche beim Bau oder der wesentlichen Änderung von öffentlichen Straßen sowie von Schienenwegen der Eisenbahnen und Straßenbahnen sicher, dass der Beurteilungspegel einen der folgenden Immissionsgrenzwerte nicht überschreitet:

19.51

	Tag	Nacht
1. an Krankenhäusern, Schulen, Kurheimen und Altenheimen	57 Dezibel (A)	47 Dezibel (A)
2. in reinen und allgemeinen Wohngebieten und Kleinsiedlungsgebieten	59 Dezibel (A)	49 Dezibel (A)
3. in Kerngebieten, Dorfgebieten und Mischgebieten64 Dezibel (A)	54 Dezibel (A)	
4. in Gewerbegebieten	69 Dezibel (A)	59 Dezibel (A).

Die Art der in § 2 Abs. 1 VerkLSchVO bezeichneten Anlagen u. Gebiete ergibt sich aus den Festsetzungen der B-Pläne (im Übrigen s. Anh. 7).

Auch nach Inkrafttreten der Verkehrslärmschutzverordnung fehlt es an einer *gesetzlichen* Normierung von Grenzwerten zur **Zumutbarkeit von Lärmbelastungen in Wohngebieten**. Welcher Lärm noch zumutbar ist, richtet sich nach den Umständen des Einzelfalles, insbes. nach der durch die Gebietsart und die tatsächlichen Verhältnisse bestimmten Schutzwürdigkeit und Schutzbedürftigkeit. Die Ermittlung eines Grenzwertes kann deshalb nur das Ergebnis einer tatrichterlichen Beurteilung des jeweiligen Einzelfalles sein (**Leits.** des OVG NW, U. v. 25.4.1991 – 11 A 1755/87 – NVwZ-RR 1992, 118; Hervorhebung diess.).

19.52

Außer der VerkLärmSchVO (16. BImSchV) ist als weitere Rechtsvorschrift **zum Schutz vor Lärmeinwirkungen**, die von **Anlagen für sportliche Zwecke** *neben* den verschiedenen Baugebieten u. *innerhalb* der Baugebiete auf schutzbedürftige Anlagen, insbes. naturgemäß Wohngebäude erfolgen, am 18.7.1991 die Sportanlagenlärmschutzverordnung (SportanlagenlärmSchVO – 18. BImSchV) erlassen worden (s. Anh. 7.2). Die **SportanlagenlärmSchVO** ist für § 15 Abs. 1 Satz 2, soweit es sich um **(un-)zumutbare Belästigungen** im Zusammenhang mit Sportanlagen handelt, nunmehr maßgebend. Anla-

19.6

§ 15 Abs. 1 19.7, 19.71

gen für sportliche Zwecke sind in *allen* Baugebieten zulässig bzw. ausnahmsweise zulassungsfähig. Der Behandlung der Sportanlagen kommt im Rahmen einer geordneten städtebaulichen Entwicklung besondere Bedeutung zu. Aus diesem Grunde werden **die** mit **Sportanlagen** u. deren Nutzung zusammenhängenden **Probleme** – besonders in Bezug auf die zu berücksichtigende **Wohnruhe** –, in einem **besonderen Abschnitt** der Vorb. zusammengefasst, behandelt (s. Vorb. §§ 2 ff. Rn 12 ff.); auf die Regelungen der SportanlagenlärmSchVO, insbes. im Hinblick auf die Belästigungen gegenüber schutzbedürftigen Anlagen, ist dabei ausführlich eingegangen worden (s. Vorb. §§ 2 ff. Rn 12.77–12.89).

19.7 Die (Un-)Zumutbarkeit von Belästigungen und Störungen – soweit sie vom **Verkehrslärm** oder dem Betreiben von **Sportanlagen** herrühren – kann bei Einhaltung der Immissionsgrenzwerte (IGW) der VerkLSchVO (16. BImSchV) und bei Beachtung der teilweise als IGW wirkenden Immissionsrichtwerte der SportanlagenlärmSchVO (18. BImSchV) weitgehend verhindert oder jedenfalls auf ein (noch) zumutbares Maß gesenkt werden. Beide Verordnungen enthalten jedoch keine Regelungen, **in welcher Weise** die Einhaltung zu erfolgen hat. In § 2 Abs. 1 VerkLSchVO heißt es lediglich, zum Schutz der Nachbarschaft vor schädlichen Umwelteinwirkungen **ist** bei dem Bau oder der wesentlichen Änderung (von Straßen u. Schienenwegen) **sicherzustellen**, dass die nachfolgend genannten IGW nicht überschritten werden. Ähnlich bestimmt § 2 Abs. 1 der SportanlagenlärmSchVO: Sportanlagen **sind so zu errichten** und zu betreiben, dass die in den Abs. 2–4 genannten Immissionsrichtwerte »nicht überschritten werden«.

19.71 In der Praxis erfolgt die Einhaltung der IGW bzw. Immissionsrichtwerte in erster Linie durch sog. **aktive Lärmschutzmaßnahmen** (Wall oder Wand, evtl. in Kombination) am Verkehrsweg. Bei den Sportanlagen hat sich die Notwendigkeit erst seit Inkrafttreten der SportanlagenlärmSchVO durchgesetzt. Nur durch Errichtung der Schutzmaßnahmen **unmittelbar** am Verkehrsweg bzw. an der Sportanlage und in entsprechender Höhe kann auch für die (Wohn-)-Anlagen *außerhalb* der schutzbedürftigen Gebäude (Balkon, Terrasse, Garten) die Einhaltung der nach der 16. bzw. 18. BImSchV zulässigen IGW bzw. Immissionsrichtwerte erreicht werden.

Die *Unzulänglichkeit* der Sicherstellung liegt darin, dass durch die genannten Schutzmaßnahmen an Verkehrswegen i. A. lediglich die ersten beiden Geschosse eines Gebäudes (einschl. der Außen(wohn-)anlagen) wirksam geschützt werden können. Bei enger Bebauung u. dergl. ist auch das vielfach nicht möglich oder die Kosten der Schutzmaßnahme stehen »**außer Verhältnis** zum angestrebten Schutzzweck« (§ 41 Abs. 2 BImSchG). In diesen Fällen kann lediglich durch sog. **passive Lärmschutzmaßnahmen** an den baulichen Anlagen die Einhaltung der IGW *in* den Gebäuden sichergestellt werden. § 42 BImSchG sieht bei Lärmbeeinträchtigung durch Verkehrswege ausdrücklich die **Erstattung der notwendigen Aufwendungen** durch den Baulastträger vor. Die Einzelheiten über Art und Umfang der notwendigen Schutzmaßnahmen u. dementsprechend der Regelung der Kosten über die zu erstattenden Aufwendungen sind in der nach § 43 Abs. 1 **Nr.** 3 BImSchG erlassenen 24. VO zur Durchführung des BImSchG (Verkehrswege-Schallschutzmaßnahmenverordnung – 24. BImSchV) v. 4.2.1997 (BGBl. I S. 172) geregelt; s. dazu Rn 19.72.

In § 1 (**Anwendungsbereiche**) legt die Verordnung »Art und Umfang der zum Schutz vor schädlichen Umwelteinwirkungen durch Verkehrsgeräusche notwendigen Schallschutzmaßnahmen für schutzbedürftige Räume in baulichen Anlagen fest, 1. soweit durch den Bau oder die wesentliche Änderung öffentlicher Straßen sowie von Schienenwegen der Eisenbahnen und Straßenbahnen die in § 2 der Verkehrslärmschutzverordnung vom 12. Juni 1990 (BGBl. I S. 1036) ... festgelegten Immissionsgrenzwerte überschritten werden.«

§ 2 regelt die **Art der Schallschutzmaßnahmen** und die **Begriffsbestimmungen**, § 3 den **Umfang der Schallschutzmaßnahmen und** § 4 die Zugänglichkeit der Normblätter. In einer **Anlage** zu § 2 Abs. 2 und § 3 Abs. 1, 3 und 4 ist die **Berechnung** der erforderlichen bewerteten Schalldamm-Maße festgelegt. Die Berechnung erfordert infolge der Gleichungen ein deutliches technisches und mathematisches Verständnis.

Die Errichtung u. wesentliche Änderung von Verkehrswegen, insbes. der (aller) Straßen, sind in Bezug auf die (Un-)Zumutbarkeit von Belästigungen oder Störungen aus der Natur der Sache anders zu behandeln als die Anlagen und Nutzungen, die *innerhalb* der jeweiligen Baugebiete geplant werden; zu letzteren Anlagen zählen auch die Sportanlagen. Während letztere Anlagen bei unzumutbaren Belästigungen unzulässig sind, ist gegenüber Verkehrswegen zum einen die Erstattung der Aufwendungen des Grundstückseigentümers für dessen Maßnahmen am Gebäude möglich; zum anderen besteht seitens des Grundstückseigentümers ein geldlicher **Entschädigungsanspruch** gegenüber dem jeweiligen Baulastträger.

Die passiven Lärmschutzmaßnahmen an den baulichen Anlagen sind nach Anwendungsbereich und Umfang der Schallschutzmaßnahmen in der in Rn 19.71, 2. Abs. erwähnten 24. BImSchV (Verkehrswege-SchallschutzmaßnahmenVO) geregelt.

§ 1 enthält den Anwendungsbereich
Die Verordnung legt Art und Umfang der zum Schutz vor schädlichen Umwelteinwirkungen durch Verkehrsgeräusche notwendigen Schallschutzmaßnahmen für schutzbedürftige Räume in baulichen Anlagen fest, soweit durch den Bau oder die wesentliche Änderung öffentlicher Straßen sowie von Schienenwegen der Eisenbahnen und Straßenbahnen die in § 2 der Verkehrslärmschutzverordnung vom 12.6.1990 (BGBl. I S. 1036) festgelegten Immissionsgrenzwerte überschritten werden.

»**§ 2 Art der Schallschutzmaßnahmen, Begriffsbestimmungen**

(1) Schallschutzmaßnahmen im Sinne dieser Verordnung sind bauliche Verbesserungen an Umfassungsbauteilen schutzbedürftiger Räume, die die Einwirkungen durch Verkehrslärm mindern. Zu den Schallschutzmaßnahmen gehört auch der Einbau von Lüftungseinrichtungen in Räumen, die überwiegend zum Schlafen benutzt werden, und in schutzbedürftigen Räumen mit sauerstoffverbrauchender Energiequelle.

(2) Schutzbedürftig sind die in Tabelle 1 Spalte 1 der Anlage zu dieser Verordnung genannten Aufenthaltsräume.

(3) Umfassungsbauteile sind Bauteile, die schutzbedürftige Räume baulicher Anlagen nach außen abschließen, insbesondere Fenster, Türen, Rollladenkästen, Wände, Dächer sowie Decken unter nicht ausgebauten Dachräumen.

(4) Schallschutzmaßnahmen im Sinne dieser Verordnung sind nicht erforderlich, wenn eine bauliche Anlage
1. zum Abbruch bestimmt ist oder dieser bauordnungsrechtlich gefordert wird;
2. bei der Auslegung der Pläne im Planfeststellungsverfahren, bei Bekanntgabe der Plangenehmigung oder der Auslegung des Entwurfs der Bauleitpläne mit ausgewiesener Wegeplanung noch nicht genehmigt war oder sonst nach den baurechtlichen Vorschriften mit dem Bau noch nicht begonnen werden durfte.

§ 3 Umfang der Schallschutzmaßnahmen

(1) Die Schalldämmung von Umfassungsbauteilen ist so zu verbessern, dass die gesamte Außenfläche des Raumes das nach der Gleichung (1) oder (2) der Anlage zu dieser Verordnung bestimmte erforderliche bewertete Schalldämm-Maß nicht unterschreitet. Ist eine Verbesserung notwendig, so soll die Verbesserung beim einzelnen Umfassungsbauteil mindestens 5 Dezibel betragen.

(2) Die vorhandenen bewerteten Schalldämm-Maße der einzelnen Umfassungsbauteile werden nach den Ausführungsbeispielen in dem Beiblatt 1 zu DIN 4109, Ausgabe November 89, bestimmt. Ent-

sprechen sie nicht den Ausführungsbeispielen, werden sie nach der Norm DIN 52 210 Teil 5, Ausgabe Juli 85, ermittelt.

(3) Das erforderliche bewertete Schalldämm-Maß eines einzelnen zu verbessernden Bauteils wird nach Gleichung (3) der Anlage zu dieser Verordnung berechnet.

(4) Das zu verbessernde bewertete Schalldämm-Maß der gesamten Außenfläche eines Raumes wird nach Gleichung (4) der Anlage zu dieser Verordnung berechnet.«

19.8 (Bleibende) Schwierigkeiten bei der Beurteilung, ob und inwieweit (un-)zumutbare Belästigungen und Störungen i. S. v. § 15 Abs. 1 Satz 2 gegeben sind

Durch die VerkehrslärmSchVO (16. BImSchV) u. die SportanlagenlärmSchVO (18. BImSchV) sind die von Straßen und Schienenwegen ausgehenden Geräusche und die bei dem Betreiben von Sportanlagen entstehenden Geräusche im Hinblick auf die davon betroffenen Anlagen u. Nutzungen nach ihrer jeweiligen Schutzbedürftigkeit **rechtsverbindlich geregelt**. Mit den IGW nach der VerkehrslärmSchVO u. den Immissionsrichtwerten nach der SportanlagenlärmSchVO ist *normativ bestimmt*, was den schutzbedürftigen Anlagen, insbes. naturgemäß den zum Wohnen vorgesehenen oder aufgrund anderer schutzwürdiger Nutzung vor Lärm zu schützenden baulichen Anlagen, wie Krankenhäuser, Schulen u. dergl., an Belästigungen (noch) zumutbar ist. Mit der 16. und 18. BImSchV ist gleichzeitig unter Zugrundelegung eines in den VOen geregelten Mess- u. Berechnungsverfahrens bestimmt, ab welcher Lärmpegelhöhe i. S. d. Beurteilungspegels **Belästigungen** anzunehmen sind, die den vom Verkehrslärm oder vom Lärm der Sportanlagen betroffenen Nutzungen i. S. erheblicher Belästigungen **nicht (mehr)** zumutbar sind. Diese Regelungen waren ähnlich **wie beim Schutz vor Gewerbelärm** nach der TA Lärm möglich, weil es sich bei den Lärmquellen (den Emittenten) um i. A. *gut lokalisierbare* Geräuschereignisse von gewisser Dauer handelt.

19.81 Mithilfe des Mess- und Berechnungsverfahrens sind die Immissionen i. S. unzumutbarer Belästigungen nach § 15 Abs. 1 Satz 2 nach der jeweiligen Schutzbedürftigkeit der betroffenen Anlagen (entspr. der baugebietlichen Abstufung nach der BauNVO) feststellbar. Werden z. B. bei dem Betreiben einer Sportanlage *neben* oder *in* einem Wohngebiet unter Berücksichtigung der in der SportanlagenlärmschutzVO aufgeführten lärmverursachenden Tatbestände die für Wohngebiete festgelegten Immissionsrichtwerte überschritten, ist die Sportanlage unzulässig, d. h. nach § 15 Abs. 1 Satz 2 nicht genehmigungsfähig; das gilt insbes. während der nach § 2 Abs. 2 Nr. 3 u. Nr. 4 i. V. mit Abs. 5 festgelegten *Ruhezeiten*.

19.82 Der Verkehrslärm, Gewerbelärm und Sportanlagenlärm haben an den zumutbaren Belästigungen i. S. v. § 15 Abs. 1 Satz 2 zwar einen hohen Anteil. Die vielschichtigen Lebensvorgänge im gesellschaftlichen Zusammenleben können durch die genannten Regelungen aber nur zu einem Teil erfasst werden. Tierlärm (Hähnekrähen, Hundegebell u. dergl.) u. alles, was von *Nebenanlagen* i. S. v. § 14 Abs. 1 an Belästigungen und Störungen ausgehen kann (s. dazu § 3 Rn 23.1 u. § 4 Rn 16 f.) sowie der sog. *Freizeitlärm* sind durch Regelungen, die auf eine gewisse Dauer abstellen müssen, nicht zu erfassen. *Kutscheidt* (aaO.), dessen Abhandlung aufgrund seiner langjährigen Erfahrungen auf dem Gebiete des Immissionsschutzes besonders instruktiv ist, zeigt anhand des Pfauenschreiens während der Balzzeit u. der Schwierigkeit der (richtigen) Bewertung der »*durchdringenden und hochfrequenten Schreie*« sowie der Plötzlichkeit ihres Auftretens (aaO., S. 197), dass zahlreiche Lärmereignisse sich nicht anhand von Richtlinien u. sonstigen Regelungen erfassen lassen. Dazu gehören u.a. der Besucherlärm vor Diskotheken, der dem Diskothekenbetreiber zugerechnet werden muss, der an- und abfahrende Kfz-Verkehr vor Nachtlokalen, diesseits wegen der Vielschichtigkeit mit »Drum und Dran« bezeichnet, der Zu- und Abgangsverkehr von Schwerlastverkehr bei einem Gewerbebetrieb ebenso wie etwa der beabsichtigte Durchgangsverkehr durch eine Wohnstraße, weil das geplante Einkaufszentrum, i.S.v. § 11 Abs. 3 ohne eigene unmittelbare Zuwegung zu einer Straße auf andere Weise nicht erreicht werden kann.

Rechtsverbindliche Regelungen in Bezug auf Grenzwerte zur Bestimmung der Zumutbarkeit von Lärmbelästigungen *in* Wohngebieten gibt es naturgemäß nicht. Es ist schon zweifelhaft, ob *technische Regelwerke* wie die VDI-Richtlinie 2058 (s. Rn 18 f.) oder die TA Lärm überhaupt in der Lage sind, die Besonderheiten kurzfristiger *komplexer* Lärmereignisse in einer die Unzumutbarkeit »ablesbaren« Tabelle festzuhalten. Die Frage der unzumutbaren Belästigungen oder Störungen wird in vielen Fällen nach wie vor das Ergebnis *sorgfältiger* tatrichterlicher Beurteilung des konkreten Einzelfalles bleiben müssen. Das gilt insbes., wenn die zu beurteilende Unzumutbarkeit *bestimmter* Geräuschereignisse im Zusammenhang mit Geräuschen, z.B. der Einwirkung des bereits vorhandenen Verkehrslärms, stehen, somit bereits eine *Geräuschvorbelastung* in die Beurteilung einzubeziehen ist, oder stark informationshaltige lästige Geräusche wie Rufen, Schreien, laute Geräusche laufender Motoren u. Ä. in die Beurteilung einzubeziehen sind. Die Messgeräte können auf den Informationsgehalt nur ungenügend oder gar nicht reagieren (so mit Recht *Kutscheidt* aaO.). Dies ist bei der Einzelbewertung zu berücksichtigen; dazu auch *Hansmann*, NuR 1997, 53).

Eine wesentliche Schwäche der Beurteilung nach der TA Lärm u. der VDI-Richtlinie 2058 ist die dort vorgenommene, auf bestimmte feste Zeiträume bezogene Mittelung der Einzelpegelwerte. Die Mittelung beruht auf der Annahme, dass ein schwankendes Geräusch dieselbe Störwirkung hat wie ein gleich bleibendes Geräusch, dessen Pegel dem Mittelungspegel des zeitlich schwankenden Geräusches gleicht (vgl. *Müller*, Lärmschutz in der Praxis, 1986, S. 29).

Die zu beurteilende Störwirkung, die zur Unzumutbarkeit als eine rechtliche Kategorie führt, lässt sich nicht allgemeingültig mit bestimmten Werten greifen, sondern ist situationsabhängig weit gestreut (so mit Recht OVG NW, U. v. 9.7.1992 – 7 A 158/91 – BRS 54 Nr. 190). Sie wird maßgeblich auch durch Faktoren mitbestimmt, die bei Anwendung der Beurteilungsverfahren nach der TA Lärm u. der VDI-Richtlinie 2058 unberücksichtigt bleiben. Zu diesen Faktoren gehören bestimmte lästige Qualitäten von Geräuschen, die bisher weder messtechnisch noch durch Zuschläge erfasst werden (vgl. *Kürer*, aaO., S. 23). Ferner ist von Bedeutung, ob ein Geräusch als unnötig empfunden wird u. für das Umfeld und die dadurch geprägte Umgebungssituation atypisch ist.

Die zahlreichen durch ein Mess- und Beurteilungsverfahren – bisher jedenfalls – nicht berücksichtigungsfähigen Faktoren können nur – und müssen demzufolge – nach den Umständen des Einzelfalls beurteilt werden. Geht es um die Feststellung, ob die konkret zu würdigenden Immissionen billigerweise (noch) zuzumuten sind, ist nicht allein auf nur quantitativ bestimmte Lärmwerte abzustellen. Die Belastung des Menschen durch Lärm und damit die Zumutbarkeit von Lärmbelästigungen hängt von einem Bündel von Faktoren ab, die

§ 15 Abs. 1   20, 20.1

vielfach nur unvollkommen in einem einheitlichen Messwert aggregierend erfasst werden können (vgl. BVerwG, U. v. 20.10.1989 – 4 C 12.87 – DVBl. 1990, 419 = NJW 1990, 925).

1. Nachteilige klimatische Auswirkungen eines genehmigten Gebäudes verletzen Nachbarn nur dann in ihren Rechten, wenn sie eine Gesundheitsgefährdung begründen oder nach den Maßstäben des Rücksichtnahmegebots unzumutbar sind.
2. Bloße Störungen des körperlichen oder seelischen Wohlbefindens ohne gesundheitsschädliche Relevanz fallen noch nicht unter den durch Art. 2 Abs. 2 Satz 1 GG und § 3 Abs. 1 Satz 1 LBO gewährleisteten Schutz der Gesundheit (**Leits.** des VGH BW, B. v. 9.2.1995 – 3 S 3407/94 – VBlBW 1995, 361).

20 dd) **Anhaltswerte für die (Un-)Zumutbarkeit von Belästigungen und Störungen durch Luftverunreinigungen.** Luftverunreinigungen (Rauch, Staub, Schwebstoffe, Dämpfe, Gase oder Gerüche), **die von einzelnen gewerblichen Betrieben** oder Anlagen ausgehen, kann durch gesetzliche Anforderungen nach den §§ 4 ff. BImSchG i. V. m. der 4. BImSchV (**Anh. 4**) begegnet werden (§ 1 Rn 50–52). Die Anforderungen ergeben sich im Einzelnen aus der TA Luft. Die Immissionswerte der Nr. 2.4 TA Luft, die für die Genehmigung von Kohlekraftwerken, Kokereien u. dergl. von besonderer Bedeutung sind, sind vom BVerwG im »Voerde«-U. v. 17.2.1978 als »*antizipierte Sachverständigen-Gutachten*« als geeignete Grundlage für die Beurteilung unzumutbarer Immissionen angesehen worden (Näheres § 1 Rn 51–52). Die Anforderungen können nicht nur an die Errichtung neuer bzw. Veränderung vorhandener Anlagen (Nutzungsänderung) einschl. wesentlicher Veränderung ihres Betriebes gestellt werden, sondern als *nachträgliche Auflagen* auch gegenüber vorhandenen Anlagen, wenn die Anforderungen nach dem Stand der Technik erfüllbar und für Anlagen der in Betracht kommenden Betriebsart *wirtschaftlich vertretbar* sind (§§ 15, 17 BImSchG). Als **Vorsorgemaßnahme zur Luftreinhaltung** müssen alle Anlagen mit dem jeweiligen Stand der Technik entspr. fortschrittlichen Einrichtungen zur Begrenzung und Verteilung der staub- und gasförmigen Emissionen (Auswürfe) ausgerüstet werden.

20.1 Der Kenntnisstand über die Ausbreitung u. Wirkung von **Luftverunreinigungen durch den Kfz-Verkehr** weist noch Lücken auf, so dass die *Immissionsbelastungen* an Straßen im Unterschied zum Straßenverkehrslärm nur ungenau bestimmt werden können (dazu *Ullrich*, Speyerer Forschungsberichte, Heft 65, 1988, S. 5 ff.). Die medizinische Forschung lässt bisher noch keine eindeutigen Aussagen darüber zu, inwieweit die vom Straßenverkehr emittierten Luftverunreinigungen **zu gesundheitlichen Schädigungen** führen können.

Bei der Beurteilung von Luftverunreinigungen, die sich aus dem Kfz-Verkehr ergeben, ist nunmehr auch die »Verordnung über die Festlegung von Konzentrationswerten« – 23. BImSchV – v. 16.12.1996 (BGBl. I S. 1962) zu beachten.

Die VO legt für bestimmte Straßen oder bestimmte Gebiete, in denen besonders hohe, vom Verkehr verursachte Immissionen zu erwarten sind, Konzentrationswerte für luftverunreinigende Stoffe fest, bei deren Überschreiten Maßnahmen nach § 40 Abs. 2 Satz 1 BImSchG zu prüfen sind.

Auf die Immissionen – aufgrund der bei den Verbrennungsprozessen emittierten Substanzen, insbes. Kohlenmonoxid (CO), Stickoxide (NO), Kohlenwasserstoffe (HC), Schwefeldioxid (SO_2), Staub, Ruß u. Blei – haben meteorologische Bedingungen sowie fotochemische u. physikalisch-chemische Umwandlungsprozesse erheblichen Einfluss. Deshalb müssen hilfsweise Bezugsgrößen aus bestehenden Regelwerken als Beurteilungskriterien herangezogen werden, die nur orientierenden Charakter haben können (*Ullrich, J.*, aaO.). Die **Immissionswerte der TA-Luft** gelten für *gewerbliche* Genehmigungsverfahren. Grundlage ist u.a. eine Beurteilungsfläche von 1 km². »*Die TA-Luft enthält keine unmittelbar anwendbaren Aussagen über Schadstoffgrenzwerte bezüglich Verkehrsanlagen*« (so **Leitsatz 3** des U. des VGH BW v. 30.3.1992 – 8 S 699/91 – NVwZ-RR 1993, 342). In den Gründen geht das Urt. ausführlich auf die bestehenden Regelungsdefizite hinsichtlich von Schadstoffgrenzwerten für Verkehrsanlagen und deren ortsspezifische Bedeutung ein (vgl. dazu auch *Steiner*, Heft 65, 1988, S. 35 ff.). Nach wie vor gibt es kein Regelwerk, nach dem die Gesundheitsschädlichkeit festgestellter oder prognostizierter Schadstoffkonzentrationen im näheren Umfeld von Straßen zuverlässig beurteilt werden kann (so überzeugend *Steiner*, in: Jahrbuch des Umwelt- und Technikrechts 1991, UTR Band 15, S. 117 f.). Die Praxis behilft sich bei der Beurteilung gasförmiger Schadstoffkomponenten u.a. mit den »Maximalen Immissions-Konzentrationswerten (MIK-Werte)« der VDI-Richtlinie 2310.

Rechtliche Maßnahmen zum Schutz vor Luftverunreinigungen in einem räumlich-konkreten Zusammenhang setzen voraus, dass die zur Entscheidung befugten Stellen zuverlässige Kenntnisse über die vorhandene oder zu erwartende Schadstoffbelastung haben. *Besondere Schwierigkeiten* treten z. B. auf, wenn beim Bau oder der wesentlichen Änderung von Straßen die künftige Immissionsbelastung *prognostiziert* werden muss. Aus dieser Erkenntnis hat die Forschungsgesellschaft für Straßen- und Verkehrswesen e. V. (FGSV) das bisherige Prognosemodell MLuS 82 zur Abschätzung von Immissionsbelastungen nach gründlicher Überarbeitung als »**Merkblatt** über Luftverunreinigungen an Straßen; Teil: Straßen ohne oder mit lockerer Randbebauung« – **Ausgabe 1992** – (MLuS-92) herausgegeben.

Wegen der unterschiedlichen Berechnungs- und Messvorschriften ist ein Vergleich der nach dem Merkblatt ermittelten Schadstoffkonzentrationen mit den Immissionsstandards der Richtlinie des Rates über Luftqualitätsnormen für Stickstoffdioxid (85/203/EWG), der VDI-Richtlinie 2310 und der TA Luft nicht tunlich. Erreichen oder überschreiten die nach dem MLuS-92 ermittelten Schadstoffkonzentrationen (Vor- und Zusatzbelastung) die in den erwähnten Vorschriften und Richtlinien enthaltenen Grenz- bzw. Immissionswerte, sind detaillierte Untersuchungen erforderlich.

Bisher hinken die tatsächlichen und rechtlich einzuordnenden Kenntnisse über Verkehrsluftschadstoffe den seit langem gemachten Erkenntnissen mit dem Verkehrslärmschutz noch nach. Während dem Verkehrslärm schon seit Ende der 1960er Jahre bei der Straßenplanung aufgrund der in Planfeststellungsbeschlüssen angeordneten Lärmschutzmaßnahmen eine große Bedeutung zugekommen ist – der erste Lärmschutzwall ist bereits 1967 auf der A 52 in NW angeordnet worden –, ist die Problematik der Luftschadstoffe, die durch den Kfz-Verkehr herbeigeführt werden, erst im Laufe der 80er Jahre zunehmend zur Kenntnis genommen worden. Dies gilt wiederum insbes. im Zusammenhang mit Planfeststellungsverfahren für Straßen. Da der behördlichen Praxis letztlich mit – unterschiedlichen – Einzelgutachten im Zuge von Planfeststellungsverfahren nicht gedient ist, hat die Verwaltung auf die Erarbeitung eines die Erkenntnisse zusammenfassenden Merkblatts hingewirkt (s. Rn 20.2). In der Zwischenzeit ist das UBA zu neuen Erkenntnissen über das Emissionsverhalten von Kraftfahrzeugen gelangt, die gegenüber dem MLuS 1992 zu günstigeren Ergebnissen geführt haben (zitiert nach VGH BW, NK-U. v. 13.6.1997 – 8 S 2799/96 – VBlBW 1998, 64).

Zulässig ist es jedenfalls, die mit einem Straßenbauvorhaben verbundenen Abgas- und Schadstoffbelastungen und die damit möglicherweise verbundenen gesundheitlichen Beeinträchtigungen in Ermangelung normierter Werte prognostisch zu beurteilen (BVerwG, U. v. 26.2.1999 – 4 A 47.96 – NVwZ 2000, 560 = UPR 1999, 271 = NuR 2000, 632). Das BVerwG hat es zu Recht für unbedenklich gehalten, dass ein Vorhabenträger die Konzentrationswerte für

§ 15 Abs. 1   20.22–20.3

Ruß und Benzol, die § 2 der 23. BImSchV festlegt, als »Orientierungswerte« für die Einschätzung verkehrsbedingter Luftverunreinigungen heranzieht (BVerwG, aaO.). Die Konzentrationswerte der 23. BImSchV sind ähnlich der Emissionswerte der TA Luft keine »Grenzwerte«, die zum Schutz vor schädlichen Umwelteinwirkungen eingehalten werden müssen. Bei ihrem Erreichen sind nur Maßnahmen nach § 40 Abs. 2 Satz 1 BImSchG zu prüfen (VGH BW, U. v. 15.12.1995 – 5 S 545/95 – VBlBW 1996, 345). Eine weitergehende »Herabsetzung« der Emissionswerte ist trotz erkannter kanzerogener Wirkungen auch nicht für die Schadstoffe Benzol und Ruß geboten.

20.22 Nach Auffassung des BVerwG ist es derzeit auch rechtlich unbedenklich, wenn die das Straßenbauvorhaben zulassende Behörde sich bei der Abschätzung gesundheitlicher Risiken und der damit verbundenen Toleranzgrenzen u. a. an Werten orientiert, die unterhalb der Konzentrationswerte in § 2 der 23. BImSchV vom 16.12.1996 liegen und den vom LAI entwickelten Beurteilungsmaßstäben für kanzerogene Luftverunreinigungen für Ruß und Benzol entsprechen (BVerwG, U. v. 26.2.1999, aaO.). Normativ festgesetzte Grenz- oder Orientierungswerte für Benzol und Ruß (Dieselruß), die für den Straßenbau gelten könnten, bestehen nicht; derzeit kann keine wissenschaftlich vertretbare Schwellendosis angegeben werden, bei deren Unterschreitung Gesundheitsrisiken ausgeschlossen sind. Erhebungen und Berechnungen zu weiteren Schadstoffen (u. a. Schwefeldioxid, Blei und Schwebestaub) sind nicht erforderlich, da nicht ersichtlich ist, dass diese Schadstoffe – auch mit Rücksicht auf die zukünftige Entwicklung der Kfz-Emissionen – für die notwendige Emissionsprognose ein dem vorgenannten Luftverunreinigungen vergleichbaren Stellenwert zukommt (BVerwG, aaO.).

20.23 Nach Auffassung des VGH BW kann sich die **Planfeststellungsbehörde** auf die Prüfung von Stickstoffdioxid, Benzol und Ruß als Leitschadstoffe **beschränken** (vgl. U. v. 15.12.1995, aaO.; NK-U. v. 22.7.1997 – 5 S 3391/94 – VBlBW 1998, 177 u. U. v. 9.10.2000 – 5 S 1887/99 –). Die Planfeststellungsbehörde bzw. die Gemeinde für ihre Bauleitplanung haben sich an Konzentrationswerten für Luftverunreinigungen an Hand der Luftschadstoffe Stickstoffdioxid, Ruß und Benzol, wie sie in der 23. BImSchV aufgeführt worden sind, zu orientieren (VGH BW, U. v. 15.12.1995 aaO.; U. v. 8.3.1996 – 5 S 1743/95 – VBlBW 1996, 423 u. NK-U. v. 22.7.1997, aaO.). Die Planfeststellungsbehörde ist nicht verpflichtet, niedrigere Emissionswerte für Benzol und Ruß als die in der 23. BImSchV genannten anzusetzen. Insbes. muss sie nicht die vom LAI empfohlenen »Beurteilungsmaßstäbe zur Begründung des Krebsrisikos durch Luftverunreinigungen« als verbindliche Grenzwerte heranziehen, da die dort genannten Werte nicht zu der Frage Stellung nehmen, ab welchem Risiko eine Gesundheitsbeeinträchtigung im Rechtssinne vorliegt (vgl. VGH BW, U. v. 15.12.1995, aaO. u. U. v. 8.3.1996, aaO.). Auch eine Sonderfallprüfung nach Nr. 2.2.1.3 der TA Luft 1986 ist nicht erforderlich. Dies ergibt sich daraus, dass die TA Luft für verkehrsbedingte Luftverunreinigungen nicht einschlägig ist. Sie gilt nur für die nach § 4 BImSchG i. V. m. der 4. BImSchV genehmigungsbedürftigen Anlagen; sie ist also nicht dazu bestimmt, die Zumutbarkeit verkehrsbedingter Luftverunreinigungen zu definieren (VGH BW, U. v. 15.12.1995, aaO., u. U. v. 23.12.1996 – 3 S 356/95 – VBlBW 1996, 423).

20.3 Die **MIK-Werte** – Mittelwert über 24 h – **sind keine Grenzwerte**, bei deren Überschreiten gesundheitliche Nachteile oder gar gesundheitliche Schädigungen eintreten. Die Werte liegen um einen Sicherheitsfaktor niedriger als die Konzentrationen, die nach dem Stand der Erkenntnisse gerade noch zu einer Gesundheitsschädigung führen (VDI-Richtlinie 2310).

Bei den in den MIK-Werten der VDI-Richtlinie 2310 genannten Luftqualitätskriterien für Menschen, Nutztiere u. Pflanzen handelt es sich um rein wirkungsbezogene, wissenschaftlich begründete und aus praktischen Erfahrungen abgeleitete Werte mit medizinischer oder naturwissenschaftlicher Indikation. Sie stellen Idealwerte dar, weil sie nicht die technische Realisierbarkeit zum Gegenstand haben (s. auch *Fickert*, Planfeststellung, Erl. zu Nr. 10, Tn 60).

Bei der Beurteilung von Immissionswerten ist die Verordnung über Immissionswerte – 22. BImSchV – zur Durchführung des BImSchG i.l d. Fassung der Bekanntmachung vom 26. September 2002 (BGBl. I S. 3830) zu beachten. Weitere Einzelheiten sind der 22. BImSchV zu entnehmen.

d) Unzumutbarkeit »nach der Eigenart des Baugebiets im Baugebiet selbst oder in dessen Umgebung«. Nach der BauNVO 1968 waren Belästigungen oder Störungen unzulässig, »die für die Umgebung nach der Eigenart des Gebiets unzumutbar sind«. Umstritten war nach diesem Wortlaut, ob der **Begriff** der Umgebung auf das festgesetzte Baugebiet begrenzt sein sollte (so insbes. *Bielenberg,* § 15 Rdn. 14; *Roellecke*, aaO., Hess. VGH, U. v. 17.7.1968 – IV OG 48/68 – BRS 20 Nr. 19) oder ob »die Umgebung«, über das Baugebiet hinausgehend, soweit reicht, wie sich die Belästigungen und Störungen auswirken (in diesem Sinne *Fickert/Fieseler*, 3. Aufl. Tn 148, *Förster*, § 15 Anm. 3c, *Meyer/Stich/Tittel*, § 3 BauNVO, Rdn. 1).

Der VOgeber hat sich der weitergehenden Auffassung angeschlossen. Nach der Fassung des Halbs. durch die ÄndVO **1977** ist eindeutig, dass die Umgebung nicht an der Grenze des Baugebiets endet. Die **jetzige Fassung verpflichtet die Baugenehmigungsbehörde** bei der Prüfung, ob und inwieweit von einer geplanten Anlage oder Nutzung Belästigungen oder Störungen ausgehen können, der Reichweite der Immissionsauswirkungen nachzugehen, d. h. in welchem Umkreis (im Baugebiet selbst oder in dessen Umgebung) die Immissionen noch (un)zumutbar sind. Der Begriff der Umgebung hat in diesem Sinne den räumlichen Umfang des Gebiets, der in die Prüfung einzubeziehen ist, erweitert. Der jetzige materiell-rechtliche Gehalt der Vorschrift bedeutet lediglich eine **Klarstellung.** Mit Recht weisen *Bielenberg/Dyong* (aaO. Rn 461) darauf hin, dass die Klarstellung auch die nach der BauNVO 1962 und BauNVO 1968 festgesetzten »**Altpläne**« erfasst (§ 25a Rn 4).

Für die Reichweite der Unzumutbarkeit und das gegen unzumutbare Belästigungen oder Störungen evtl. in Anspruch zu nehmende Abwehrrecht kommt es entscheidend **auf den Begriff der Umgebung** an. Als »Umgebung« ist der Umkreis zu verstehen, in dem sich die von Anlagen ausgehenden Belästigungen oder Störungen noch auswirken können (so u.a. OVG Münster, U. v. 23.4.1964 – VII A 1274/63 – DÖV 1964, 785 = BlGBW 1965, 59 = DWW 1964, 394). Die *Umgebung,* wie sie in § 15 Abs. 1 ihren Ausdruck findet, ist insoweit die **Nachbarschaft,** die ihr Abwehrrecht gegen die beabsichtigte Errichtung der störenden baulichen Anlage geltend machen kann (zum Nachbarschutz s. Vorb. §§ 2 ff. Rn 25 f.). Die »Nachbarn«, d.h. Dritte, die von den von einer Anlage ausgehenden Belästigungen oder Störungen *unzumutbar* betroffen sind, haben dann einen Abwehranspruch gegen die rechtswidrig erteilte Genehmigung der störenden Anlage (z. nachbarrechtlichen Wirkung des § 15 s. Rn 6–7).

Der **Begriff des** »**Nachbarn**« i. S. d. Bauplanungsrechts umfasst die Eigentümer der Grundstücke i. d. *Umgebung des Baugrundstücks,* die durch eine von den planungsrechtlichen Festsetzungen abweichende bauliche Anlage auf diesem

§ 15 Abs. 1 22.1, 22.2

Grundstück tatsächlich beeinträchtigt werden (Näheres Vorb. §§ 2 ff. Rn 43 f.).

Der Vermittlung des nachbarrechtlichen Abwehranspruchs durch den Begriff der Umgebung steht nicht entgegen, dass die Anerkennung eines derartigen Anspruches einen eindeutig abgrenzbaren Personenkreis erfordert, wie ihn das BVerwG *bisher* in st. Rspr. für notwendig hielt (u. a. U. v. 25.2.1977, Fundst. Vorb. §§ 2 ff. Rn 28). Der unzumutbar betroffene Personenkreis – »**die Umgebung**« – lässt sich durch Messung oder Berechnung der Emissionen und die danach erfolgende Berechnung der Reichweite aufgrund der Lautstärke, der Frequenzzusammensetzung und der sonst für die Unzumutbarkeit maßgeblichen Faktoren der betreffenden Belästigungen oder Störungen hinreichend genau ermitteln (vgl. die Mess- und Berechnungsverfahren der genannten Richtlinien u. Verwaltungsvorschriften; VGH BW, U. v. 5.11.1969 – II 914/67 – BRS 22 Nr. 116; s. dazu auch Vorb. §§ 2 ff. Rn 28.2–28.3, 30.1–31).

22.1 Mit der auch durch den Wortlaut eindeutig erkennbaren **Erweiterung der festgesetzten Baugebietsgrenzen** durch »die Umgebung« entspricht die bauplanungsrechtliche Zulässigkeitsvorschrift für Einzelvorhaben den *geltenden Bestimmungen des Immissionsschutzrechts* über den Einwirkungsbereich störender Anlagen. Nach Nr. 2.3 der TA Lärm ist maßgeblicher Immissionsort der nach Nr. A 1.3 des Anhangs zu ermittelnde Ort im Einwirkungsbereich der Anlage, an dem eine Überschreitung der Immissionsrichtwerte am ehesten zu erwarten ist. Die immissionsschutzrechtlichen Bestimmungen haben als *Ordnungskriterien* Eingang in die städtebaulichen Ordnungsgrundsätze i. S. v. § 1 Abs. 5 BauGB gefunden. Die hier seit jeher vertretene Auffassung ist durch das Grundsatzurt. des BVerwG v. 16.9.1993 (– 4 C 28.91 – Fundst. Vorb. §§ 2 ff. Rn 22) nunmehr bestätigt worden; im **Leitsatz 2** heißt es: »*Die Festsetzung von Baugebieten durch Bebauungspläne hat kraft Bundesrechts grundsätzlich nachbarschützende Funktion.* **Derselbe Nachbarschutz** *besteht im unbeplanten Innenbereich, wenn die Eigenart* **der näheren Umgebung** (Hervorhebungen diesseits) *einem der Baugebiete der Baunutzungsverordnung entspricht*«.

22.2 Für die sachgerechte Bestimmung des Tatbestandsmerkmals »*Umgebung*« nach § 15 Abs. 1 Satz 2 können die Überlegungen zur Eingrenzung des Tatbestandsmerkmals »**nähere Umgebung**« **in § 34 Abs. 2 BauGB** allerdings nur begrenzt fruchtbar gemacht werden. Bei der Bestimmung der näheren Umgebung nach § 34 BauGB kommt es entscheidend auf die Frage an, ob u. inwieweit die nähere Umgebung als das »Vorhandene« **prägende Wirkung** für das zu genehmigende Vorhaben hat (statt vieler BVerwG, U. v. 29.9.1978 – 4 C 30.76 – BRS 33 Nr. 11 = BauR 1978, 499 = DVBl. 1979, 151 = DÖV 1979, 214 = ZfBR 1978, 84). Bei der »Umgebung« i. S. d. § 15 Abs. 1 kommt es darauf an, ob u. inwieweit die Belästigungen oder Störungen sich (noch) in der »Umgebung«, d. h. u. U. über das Gebiet hinaus unmittelbar *unzumutbar* auswirken. Dabei kann die Unzumutbarkeit noch von Faktoren wie einer **plangegebenen Vorbelastung** oder der **Bildung einer Art von Mittelwert** (Rn 24) abhängen und relativiert sein. Diese Feststellung ändert jedoch nichts daran, dass in § 15 Abs. 1 Satz 2 wie in § 34 Abs. 2 BauGB der **Begriff der Umgebung** zentrale Bedeutung gewinnt, der das BVerwG in langjähriger – nicht immer ganz verständlicher – Rspr. davon abgehalten hat, der – in beiden Vorschriften bestimmbaren – Umgebung infolge des vermeintlich nicht hinreichend eingrenzbaren Personenkreises Nachbarschutz zuzuerkennen (vgl. nunmehr U. des BVerwG v. 16.9.1993, Leits. 2; s. Rn 22).

Die **Ausdehnung der Umgebung** über die festgesetzten Baugebietsgrenzen hinaus, soweit von Anlagen oder Nutzungen Belästigungen oder Störungen ausgehen *können*, deren Unzumutbarkeit sich auch außerhalb des Baugebiets auswirkt, gibt sowohl der städtebaulichen Planung als auch den Fragen des nachbarlichen Schutzes Probleme auf.

Für die städtebauliche Planung bestehen sie darin, dass vermehrte Sorgfalt darauf zu verwenden ist, den Geltungsbereich der Baugebiete nicht mehr oder minder willkürlich gegeneinander abzugrenzen, sondern sich **anbietende Möglichkeiten zur Trennung** schutzbedürftiger Gebiete von solchen Gebieten, in denen sich emittierende Anlagen ansiedeln dürfen, oder von denen aus mit sonstigen Immissionen gerechnet werden muss, mit Bedacht zu wählen.

Durch unzumutbare Belästigungen, etwa durch Überschreiten der nach § 2 Abs. 1 VerkLSchVO (16. BImSchV) festgelegten IGW für ein WA-Gebiet (s. Rn 19.51), werden die nach dem Planungsleitsatz des § 1 Abs. 5 S. 2 Nr. 1 BauGB zu berücksichtigenden »allgemeinen Anforderungen an gesunde Wohn- und Arbeitsverhältnisse« – was immer unter diesem schwer fassbaren Begriff zu verstehen ist – nicht verletzt (so mit Recht BVerwG, U. v. 12.12.1990 – 4 C 40.87 – BRS 50 Nr. 72). Diese Feststellung mindert jedoch nicht die gemeindliche Planungsverpflichtung, Überlegungen anzustellen, in welcher Weise – etwa durch einen anderen räumlichen Zuschnitt – z. B. gebietsübergreifende Immissionsbeeinträchtigungen verhindert oder jedenfalls derart gemindert werden können, dass sie nicht als unzumutbar einzustufen sind.

Seit dem Hagenbeck-U. des BVerwG v. 1.11.1974 (– IV C 38.71 – BVerwGE 47, 144 = DVBl. 1975, 432 = BRS 28 Nr. 6 = DÖV 1975, 101 = BauR 1975, 35 = NJW 1975, 841) hat das Gericht in st. Rspr. darauf hingewiesen, dass Konfliktsituationen, die durch die Beplanung bestimmter Gebiete entstehen, nicht sich selbst überlassen bleiben dürfen, sondern gleichfalls mit den Mitteln der Bauleitplanung gelöst werden müssen. So darf »*ein Bebauungsplan nicht ohne Gewährleistung einer Entschädigung für bestimmte Grundstücke eine Nutzungsweise festsetzen, deren damit zugelassene Emissionen andere Grundstücke derart treffen, dass die dort zulässige Nutzung schwer und unerträglich behindert wird*« (so BVerwG, aaO.). Die gebietsübergreifende Regelung des § 15 Abs. 1 **Satz 2** darf mithin nicht dazu führen, dass Immissionskonflikte mit Mitteln städtebaulicher **Planung** nicht angegangen werden, weil dies bei der Prüfung des Einzelvorhabens nach § 15 (noch) geschehen könne (s. dazu Rn 1.13).

Sind Immissionskonflikte infolge gewachsener Strukturen oder sonstiger gebietlicher Verzahnung nicht vollends zu lösen, treffen mithin Baugebiete von unterschiedlicher Schutzwürdigkeit zusammen, ist die Grundstücksnutzung mit einer gegenseitigen **Pflicht zur Rücksichtnahme** belastet, die u. a. dazu führt, dass der Belästigte Nachteile hinnehmen muss, die er außerhalb eines derartigen Grenzbereichs nicht hinzunehmen brauchte (BVerwG, U. v. 12.12.1975 – IV C 71.73 – BVerwGE 50, 49 = DÖV 1976, 387 = BauR 1976, 100 = BRS 29 Nr. 135 = DVBl. 1976, 241; s. Rn 7 u. Vorb. Rn 28–32). In welcher Weise sich das Gebot der Rücksichtnahme zugunsten der (unzumutbar) belästigenden oder störenden Anlage oder mehr zugunsten der Belästigten auswirkt, hängt entscheidend von den jeweiligen Umständen ab. *Je störanfälliger* die »Umgebung« der Anlage ist, von der die Belästigungen zu erwarten sind, *desto mehr* kann *an Rücksichtnahme* verlangt werden. Je unabweisbarer sich die besondere Situation des Vorhabens zeigt, etwa durch Ortsgebunden-

§ 15 Abs. 1   23.11, 23.12

heit oder andere Situationsbedingtheit, desto höher wird der Schwellenwert für die Unzumutbarkeit anzusetzen sein, d. h. die ohnehin relativierte Unzumutbarkeit greift erst bei einem höheren Belästigungs- oder Störungsgrad ein (zu den Problemen der **Gemengelage** s. § 1 Rn 47–47.10).

23.11   Das **Gebot der (gegenseitigen) Rücksichtnahme** ist durch das BVerwG vor langer Zeit (1977) im »Schweinemäster«-Fall im Außenbereich entwickelt worden (dazu BVerwG, U. v.25.2.1977 – 4 C 22.75 – BVerwGE 52, 122 f. = DVBl. 1977, 722 = BauR 1977, 244). Es hat sich im Laufe der Zeit zu einem unabdingbaren planungsrechtlichen Grundsatz entwickelt, ohne den besonders in immissionsschutzrechtlichen Gemengelagen häufig eine befriedigende Lösung nicht zu erreichen ist. Das Gebot der Rücksichtnahme ist Teil des allgemeinen **Abwägungsgebots**. Ein nachbarschützendes Rücksichtnahmegebot besteht nur, soweit es der Gesetzgeber normiert hat. Das in § 1 Abs. 6 BauGB enthaltene Abwägungsgebot hat drittschützenden Charakter (nur) hinsichtlich solcher privater Belange, die für die Abwägung erheblich sind. Eine ausdrückliche Rechtsgrundlage gibt es nicht. Rspr. und Schrifttum haben den Grundsatz der Rücksichtnahme auf die Belange anderer zum einen in Ausdeutung der »öffentlichen Belange« (z. B. § 35 Abs. 3 S. 1 Nr. 3 BauGB) und zum anderen als einen baurechtlichen Grundsatz der Verhältnismäßigkeit entwickelt. Verfassungsrechtlich könnte man das Gebot der Rücksichtnahme als Ausfluss des Art. 14 Abs. 1 Satz 2 GG bezeichnen, dadurch für einen Ausgleich unterschiedlicher Interessen zu sorgen. Die Rspr. zum Gebot der Rücksichtnahme ist inzwischen »Legion«.

23.12   Welche **Anforderungen** das Gebot der Rücksichtnahme (objektivrechtlich) begründet, hängt wesentlich von den jeweiligen Umständen ab. Je empfindlicher und schutzwürdiger die Stellung derer ist, denen die Rücksichtnahme im gegebenen Zusammenhang zugute kommt, um so mehr kann an Rücksichtnahme verlangt werden. Je verständlicher und unabweisbarer die mit dem Vorhaben verfolgten Interessen sind, um so weniger braucht derjenige, der das Vorhaben verwirklichen will, Rücksicht zu nehmen (BVerwG, U. v. 25.2.1977, aaO.; vgl. auch BVerwGE 52, 122). Es kommt also auf eine Abwägung an, was einerseits dem Rücksichtnahmebegünstigten und andererseits dem Rücksichtnahmeverpflichteten zuzumuten ist. Das Gebot der Rücksichtnahme soll mithin einen angemessenen Interessenausgleich gewährleisten. Die dabei vorzunehmende Abwägung hat sich daran zu orientieren, was dem Rücksichtnahmebegünstigten und dem Rücksichtnahmeverpflichteten jeweils nach Lage der Dinge zuzumuten ist. Je empfindlicher und schutzwürdiger die Stellung des Rücksichtnahmebegünstigten ist, desto mehr kann an Rücksichtnahme verlangt werden. Je verständlicher und unabweisbarer die mit dem Vorhaben verfolgten Interessen sind, umso weniger braucht derjenige, der das Vorhaben verwirklichen will, Rücksicht zu nehmen. Berechtigte Belange muss er nicht zurückstellen, um gleichwertige fremde Belange zu schonen. Sind von dem in Rede stehenden Vorhaben Immissionen zu erwarten, so kann bezüglich der Zumutbarkeit auf Grundsätze und Begriffe des BImSchG zurückgegriffen werden. Immissionen, die das nach § 5 Abs. 1 Nr. 1 BImSchG zulässige Maß nicht überschreiten, begründen auch unter dem Gesichtspunkt des baurechtlichen Rücksichtnahmegebots keine Abwehr- oder Schutzansprüche. Ob Belästigungen i. S. d. Immissionsschutzrechts erheblich sind, richtet sich nach der konkreten Schutzwürdigkeit und Schutzbedürftigkeit der betroffenen Rechtsgüter, die sich ihrerseits nach der bebauungsrechtlichen Prägung der Situation und nach den tatsächlichen oder planerischen Vorbelastungen bestimmen und ggf. die Schutzwürdigkeit der Betroffenen mindern. Die Schutzwürdigkeit der Umgebung hängt wiederum von dem Umfang der bereits gegenwärtig zulässigen Immissionen ab; die daraus folgende Vorbelastung bestimmt das Maß der gebotenen Rücksichtnahme. Führt ein hinzukommendes Vorhaben zu keinen stärkeren Belastungen, so ist es grundsätzlich unbedenklich (BVerwG, U. v. 22.6.1990 – 4 C 6.87 – BRS 50, Nr. 84, u. v. 14.1.1993 – 4 C 19.90 – BRS 55, Nr. 175; st. Rspr. des BVerwG).

In der Rspr. (vgl. statt vieler BVerwG, B. v. 28.9.1993 – 4 B 151.53, BRS 55 Nr. 165 m. w. N.) ist geklärt, dass städtebauliche Konflikte in sog. Gemengelagen, also mit aufeinanderprallenden, unterschiedlichen Nutzungen, u. a. nach dem Grundsatz der gegenseitigen Rücksichtnahme auszugleichen sind. In derartigen Gemengelagen kann eine tatsächliche Vorbelastung die Pflicht zur gegenseitigen Rücksichtnahme verändern und zu einer erhöhten Hinnahme von sonst nicht (mehr) zumutbaren Beeinträchtigungen führen. Das BVerwG hat für Lärmimmissionen als eine »**Art Mittelwert**« bezeichnet, wenn in Gemengelagen ein Wert zuzumuten ist, der zwischen den Richtwerten liegt, welche für die benachbarten Gebiete unterschiedlicher Nutzung und unterschiedlicher Schutzwürdigkeit – bei jeweils isolierter Betrachtung – gegeben sind. Damit sollte zum Ausdruck gebracht werden, dass als konkretes Ergebnis der gegenseitigen Rücksichtnahme sich weder der eine noch der andere Richtwert durchzusetzen vermag. Zugleich sollte der tatrichterlichen Beurteilung ein Hinweis gegeben werden, in welcher Weise die materielle Rechtslage im Falle gegenseitiger Rücksichtnahme konkretisierend umzusetzen sei. Das BVerwG hat darauf hingewiesen, dass dieser »Ansatz« zunächst dahin missverstanden worden sei, dass der Mittelwert der Sache nach das arithmetische Mittel zweier Richtwerte sei. Das sei indes nicht der Fall, denn einer derartigen Annahme stünden bei Lärmimmissionen in aller Regel bereits physikalisch-mathematische Gesetzmäßigkeiten der Lärmausbreitung entgegen. Gemeint sei vielmehr ein zu billigender »Zwischenwert«, ohne dass die Rspr. näher angegeben habe und auch nicht anzugeben vermöge, ob dieser »Zwischenwert« nach mathematischen Gesetzmäßigkeiten zu bilden sei. Es seien unverändert die Ortsüblichkeit und die Umstände des Einzelfalles zu berücksichtigen, um die Zumutbarkeit zu bestimmen. Davon befreie die Vorstellung, es sei ein »Mittelwert« zu bilden, mithin nicht (BVerwG, B. v. 28.9.1993, aaO.).

Bei Luftverunreinigungen durch Geruchsimmissionen, insbes. in Dorfgebieten, können die VDI-Richtlinien 3471 und 3474 häufig eine brauchbare Hilfe bilden.

Bei der Beurteilung der jeweiligen Planungssituation kann die **plangegebene Vorbelastung** von Bedeutung sein (st. Rspr. des BVerwG seit U. v.21.5.1976 – IV C 80.74 – DVBl. 1976, 779; *Fickert,* Planfeststellung für den Straßenbau, Erl. Nr. 10 PlafeR Tn 42–43, 55–56). Sie kann **zugunsten der Anlage**, von der unzumutbare Belästigungen oder Störungen im Hinblick auf die Störanfälligkeit der *Umgebung* ausgehen können, z. B. dann zu berücksichtigen sein, wenn das (Gewerbe-)Gebiet, in dem die emittierende Anlage geplant ist, seit geraumer Zeit festgesetzt ist, das WA-Gebiet dagegen, das als Umgebung gestört würde, erst einige Jahre danach festgesetzt worden ist. Hat die Gemeinde bei der Festsetzung des WA-Gebiets neben einem GE-Gebiet im Hinblick auf mögliche Immissionskonflikte keine besonderen planerischen Erwägungen angestellt, was bei ordnungsgemäßer Handhabung des Planungsermessens aus der Begr. des B-Plans erkennbar sein müsste, kann das zur geringeren Pflichtigkeit der Anlage führen, von der die Belästigungen oder Störungen ausgehen. Die belästigten Grundstücke »*der Umgebung*« können u. U. von der Gemeinde einen angemessenen Immissionsschutz verlangen. Denn i. A. darf der Bürger, der sich in einem WR- oder WA-Gebiet ansiedelt, erwarten, dass die ihm mit der Festsetzung des Gebiets verheißene Wohnruhe dort auch vorhanden ist. Etwas anderes kann dann gelten, wenn die Gemeinde für die Festsetzung eines Wohngebiets neben einem störenden Gebiet keine Alt. hatte und die dadurch eingeschränkte Wohnruhe im B-Planverfahren auch deutlich erkennbar gemacht hat.

23.3 In derartigen Fällen kann die gegenseitige Pflichtigkeit auch zur »**Bildung einer Art von Mittelwert**« führen (U. des BVerwG v. 16.4.1971, Buchholz, 406.11 § 19 BBauG Nr. 26, zit. im U. v. 12.12.1975, aaO.); d. h. die Immissionsrichtwerte hinsichtlich der Störanfälligkeit des die emittierende Anlage umgebenden Gebietes brauchen von der Anlage (der Nutzung) nicht vollends eingehalten zu werden. Auch die Belästigten müssen sich dann Störungen und Belästigungen bis zu einem gewissen Grade zurechnen lassen. Die **Bildung eines** »**Mittelwerts**« ist für die Behandlung bestehender Immissionskonflikte von erheblicher Bedeutung, insbes. *innerhalb* des Geltungsbereichs *eines zu ändernden* B-Plans oder im Verhältnis zweier Planungsgebiete zueinander i. S. d. Störungen »im Baugebiet selbst oder in dessen Umgebung« (§ 15 Abs. 1 Satz 2). Das Problem der grenzüberschreitenden Immissionen zwischen Gebieten mit unterschiedlichem Schutzbedürfnis ist durch einen *Interessenausgleich in Form eines zu bildenden Zwischenwerts* aus den für die beiden aneinander grenzenden Gebiete geltenden Richtwerten unter Berücksichtigung der Gesetze der Schallausbreitung zu lösen (so OVG Lüneburg, U. v. 21.8.1974 – VII A 107/72 – GewArch. 1975, 275). Ein solcher Zwischenwert kann allerdings i. A. nicht nach dem arithmetischen Mittel aus beiden Immissionsrichtwerten gewonnen werden. Eine derart vorgenommene Mittelung von Richtwerten ließe außer Betracht, dass ein Interessenausgleich für Immissionen dem Begriff nach stets nur unterhalb der Grenze denkbar ist, bei der keine ernsthafte Gesundheitsgefährdung der von den Immissionen Betroffenen zu erwarten ist (OVG Lüneburg, aaO.; s. dazu auch BVerwG, B. v. 28.9.1993 – 4 B 151.93 – BRS 55 Nr. 165, § 5 Rn 9.11, u. U. v. 7.2.1986 – 4 C 49.82 – Fundst. § 6 Rn 15.1).

23.4 **Die plangegebene Vorbelastung** ist ein zusätzliches Rechtsinstitut zur differenzierten Beurteilung unterschiedlich störanfälliger Gebiete zueinander. Bei den Anforderungen an das Gebot der Rücksichtnahme kommt es für die sachgerechte Beurteilung des Einzelfalles wesentlich auf die Abwägung zwischen dem an, was einerseits dem Rücksichtnahmebegünstigten und andererseits dem Rücksichtnahmepflichtigen nach den jeweiligen tatsächlichen Gegebenheiten zuzumuten ist (BVerwG, U. v. 25.2.1977 – IV C 22.75 – Fundst. Vorb. §§ 2 ff. Rn 29.1). In diesem Sinne kann § 15 Abs. 1 Satz 2 **als Ausprägung des Gebots der (gegenseitigen) Rücksichtnahme** angesehen werden (ebenso BVerwG, U. v. 5.8.1983, Fundst. Rn 7).

Die »typischen« Fälle, die durch § 15 mit seinem gebietsübergreifenden Rechtsgehalt erfasst werden, sind Anlagen am Rande eines Baugebiets mit geringerer Störanfälligkeit, deren Belästigungen oder Störungen in dem Baugebiet selbst einen Grenzfall hinsichtlich der Zulässigkeit bilden, im benachbarten Baugebiet (der Umgebung) eindeutig unzumutbar sind, wie etwa die beabsichtigte Errichtung einer Schlosserei am Rande eines MI-Gebiets, das an ein WR-Gebiet grenzt.

e) Unzulässigkeit von Vorhaben, wenn sie unzumutbaren Belästigungen oder 24
Störungen ausgesetzt werden (Satz 2, letzter Halbs.). Abs. 1 Satz 2 des § 15 ist durch die ÄndVO 1990 durch einen weiteren Halbs. ergänzt worden (s. Rn 2.1). Danach sollen Vorhaben im Einzelfall auch unzulässig, d.h. nicht genehmigungsfähig sein, wenn sie (unzumutbaren) Belästigungen oder Störungen ausgesetzt werden. In der Begr. des Reg. Entw. (aaO., S. 58) wird zu dieser Ergänzungsvorschrift erwähnt, dies entspreche »*der für die Berücksichtigung von Immissionsschutzbelangen im Genehmigungsverfahren bedeutsamen **Gegenseitigkeit der Rücksichtnahme** als einem allgemeinen Grundsatz des Bauplanungsrechts*« (Hervorhebungen v. Verf.). Diess. wird der Vorschrift mit gewissen Bedenken begegnet. Dabei wird der *theoretische* Ansatz nicht in Zweifel gezogen. Das in der Begründung des Reg. Entw. angeführte Beispiel, nach dem eine *Klinik* im Mischgebiet als besonders schutzwürdige Nutzung im Einwirkungsbereich einer nicht wesentlich störenden Anlage unzulässig sein könnte, kann die diess. Bedenken hinsichtlich einer **Versagung** der Genehmigung nicht entkräften. Die **Gleichwertigkeit von Wohnen und gewerblicher Nutzung** in MI-Gebieten, die durch das Grundsatzurt. des BVerwG v. 4.5.1988 (– 4 C 34.86 – Fundst. § 6 Rn 1.4 u. dort im Einzelnen z. Problematik) in überzeugender Weise erneut bestätigt worden ist, kann bei ordnungsgemäßer Genehmigungspraxis nach § 15 Abs. 1 Satz 2 nicht zu unzumutbaren Belästigungen oder Störungen der Wohnnutzung bzw. ihr gleich gestellter schutzwürdiger Nutzungen führen. Auch wenn der Standort der Klinik (noch) nicht bekannt ist, dürfen gewerbliche Nutzungen in keinem Teil des MI-Gebiets, auch nicht in solchen nach Abs. 2 **Nr. 8**, *unzumutbare* Belästigungen oder Störungen im Hinblick auf anderweitige Nutzungen, insbes. die Wohnnutzung, verursachen.

Die Auff. in der Begr. (aaO., S. 58), »*dass eine an sich im Baugebiet zulässige,* 24.1
schutzwürdige Nutzung« im Einzelfall unzulässig sein soll, »*wenn sie unzumutbaren Belästigungen oder Störungen anderer zulässiger Anlagen ausgesetzt ist*«, enthält nach diess. A. einen deutlichen Widerspruch. Bei »*unzumutbaren*« Belästigungen oder Störungen kann diese Anlage wohl kaum als »*zulässig*« genehmigt worden sein. Einer im Baugebiet »an sich« zulässigen schutzwürdigen Nutzung soll mithin ein ihr nach § 30 BauGB zustehender Anspruch auf die Bebauungsgenehmigung versagt werden können, weil sie sonst unzumutbaren Immissionen einer dadurch »an sich« unzulässigen Anlage ausgesetzt würde. Hier ist ernstlich zu fragen, worin in einem solchen Fall die »Gegenseitigkeit« der Rücksichtnahme liegen soll. Das immissionsschutzrechtliche Verursacherprinzip wird nach diess. A. hierbei ins Gegenteil verkehrt.

Beabsichtigt jemand, eine (Privat-)Klinik – etwa wegen des seinen Vorstellungen entspr. günstigen *Zuschnitts* des Grundstücks oder wegen seiner günstigen *Lage* – im Einwirkungsbereich einer *nicht wesentlich störenden* Anlage im MI-Gebiet zu errichten, hat er einen **Rechtsanspruch auf die Baugenehmigung** i. S. d. **gebundenen Erlaubnis.**

Es ist dann Sache des künftigen Betreibers der Klinik, sein Bauvorhaben etwa mit besseren Schallschutzfenstern u. ggf. integrierten Lüftungseinrichtungen zu versehen, wenn dem Bauherrn (Betreiber) die »normale« Ausstattung (s. dazu Rn 19.1 f.) nicht ausreicht (zur Frage der besonderen Lüftung von Fenstern vgl. die VDI-Richtlinie 2719 »Schalldämmung von Fenstern und deren Zusatzeinrichtungen« vom August 1987). Es ist nicht Aufgabe der Baugenehmigungsbehörde, den Bauherrn der Klinik »vor sich selbst zu schützen«.

§ 15 Abs. 1 24.11–24.3

24.11 Diess. bestehen bereits Bedenken dagegen, dass die Baugenehmigungsbehörde in dem Beispielsfall in einem rechtsverbindlich festgesetzten MI-Gebiet gegenüber dem Bauherrn verbindliche, d. h. mit Verwaltungsmaßnahmen durchsetzbare *Auflagen* beispielsweise hinsichtlich des Einbaus von Schallschutzmaßnahmen u. dergl. anordnen kann.

Eine durch § 15 Abs. 1 Satz 2, letzter Halbs. im Ergebnis sanktionierte Möglichkeit, einen gegebenen Baugenehmigungsanspruch zu versagen oder jedenfalls mit Auflagen zu versehen, wird nach diess. A. dem Verfassungsgrundsatz des Art. 14 Abs. 1 GG nicht gerecht. Nichts anderes würde im Übrigen zu gelten haben, wenn z. B. ein Hotel oder ein anderes schutzwürdiges gewerbliches Unternehmen – aus welchen Gründen auch immer – in einem festgesetzten GE-Gebiet errichtet werden soll. Die von *Bielenberg/Krautzberger/Söfker* (aaO., § 15 Rdn. 66–67) herangezogene Rspr. zu der Problematik ist nach diess. A. nicht geeignet, die Erforderlichkeit der Vorschrift überzeugend darzutun, geschweige denn zu erhärten. Es würde einem nicht mehr zeitgemäßen Denken entsprechen, wenn die Baugenehmigungsbehörde berechtigt sein sollte, einen bauwilligen Bauherrn die Baugenehmigung zu versagen, obwohl die Anforderungen an »gesunde« Wohn- und Arbeitsverhältnisse i. S. v. § 34 Abs. 1 S. 2 BauGB durch den Bauherrn erfüllt werden können.

24.2 Entspricht eine Anlage dem **Zulässigkeitskatalog des Baugebiets**, ist es **Sache des Bauherrn**, sein Bauvorhaben in die bauplanungsrechtlich vorgegebene Gebietssituation einzufügen.

Bei den Entscheidungen der obergerichtlichen und höchstrichterlichen Rspr., in denen das **Gebot der gegenseitigen Rücksichtnahme** auch auf § 15 Abs. 1 für zutreffend erachtet worden ist, hat es sich vorwiegend um Baufälle am *Rande* von Baugebieten mit unterschiedlicher Störanfälligkeit gehandelt. In einer jüngeren Entscheidung v. 7.2.1986 (– 4 C 49.82 – Fundst. § 6 Rn 15.2; Erweiterung einer Tankstelle mit Kfz-Verkauf u. Reparatur in einem MI-Gebiet unmittelbar an der Grenze zu einem WR-Gebiet) hat das BVerwG seine Rspr. zum Gebot der Rücksichtnahme und zu den Gesichtspunkten, die zur Bildung einer »Art von Mittelwert« führen können, nochmals zusammenfassend dargelegt (Einzelheiten bei § 6 Rn 15.1; s. auch § 15 Rn 23 f.). Überträgt man die durch die Rspr. herausgearbeiteten Grundsätze auf Bebauungssituationen, für die § 15 Abs. 1 Satz 2, letzter Halbs. eine rechtliche Handhabe geben soll, bedeutet die spezifische Pflicht zur gegenseitigen Rücksichtnahme in Bereichen, in denen Nutzungen von unterschiedlicher Qualität und unterschiedlicher Schutzwürdigkeit zusammentreffen, dass derjenigen Anlage eine Einschränkungspflicht auferlegt wird, die sich in der Nähe einer Belästigungsquelle ansiedelt (BVerwG, U. v. 7.2.1986, aaO.; s. auch Rn 23.2–23.4 zu Baufällen am Rande von Baugebieten mit unterschiedlicher Störanfälligkeit). Daraus folgt, dass der an sich schutzwürdigen, hinzukommenden Nutzung kein Anspruch auf Berücksichtigung einer etwaigen Störanfälligkeit gegenüber anderen (vorhandenen) *zulässigen* Nutzungen im Baugebiet selbst oder in dessen Umgebung zusteht.

24.3 Die positive (Aus-)Wirkung der Vorschrift des § 15 Abs. 1 Satz 2, **letzter Halbs.** wird diesseits vor allem darin gesehen: Eine schutzwürdige Nutzung, die aufgrund des gewählten Standorts Belästigungen oder Störungen anderer zulässiger Anlagen ausgesetzt werden kann, kann in verbindlicher Weise durch »*Maßgaben*«, die nicht als Auflagen i. S. d. § 36 Abs. 2 Nr. 4 VwVfG anzusehen sind, auf die Situationsvorbelastung hingewiesen werden; ferner darauf, dass ein evtl. zusätzlicher Schutzbedarf durch eigene Maßnahmen und nicht etwa durch öffentliche Stellen, insbes. nicht durch Inanspruchnahme (Antrag) von Gewerbeaufsichtsdienststellen, sicherzustellen ist. Eine derartige Maßgabe würde den anderen zulässigen Anlagen i. d. Umgebung zum einen die Gewähr geben, dass sie mit zusätzlichen Anforderungen öffentlicher (Dienst-)Stellen nicht zu rechnen brauchen und gleichzeitig zum anderen maßgeblich festlegen, dass ein schutzrechtlicher Anspruch der öffentlichen Hand nicht besteht, soweit in diesem Fall die Wohn- und Arbeitsverhältnisse nicht eindeutig als »ungesund« festgestellt werden. Das gilt im Grundsatz auch für das Dorfgebiet, in dem nach der ÄndVO 1990 das Gebot der Rücksichtnahme (einer heranrückenden Bebauung) auf vorhandene landwirtschaftliche Betriebe besonders geregelt worden ist (s. § 5 Rn 2–2.13 f.).

Das BVerwG hat zu § 15 Abs. 1 Satz 2, letzter Halbs. mit U. v. 18.5.1995 (– 4 C 20.94 – BRS 57 Nr. 67 = BauR 1995, 807 = ZfBR 1995, 316 = DVBl. 1996, 40) zur Tragweite des Gebots der gegenseitigen Rücksichtnahme Stellung bezogen, die die diess. Befürchtungen und möglichen Ungereimtheiten bestätigen.

Bei dem entschiedenen Fall ging es um eine **Autolackiererei:** Für sie erteilte das Landratsamt zur Nutzungsänderung einer ursprünglichen Lagerhalle in eine (Auto-)Lackiererei in einem 1970 als *allgemeines Wohngebiet* festgesetzten B-Plan – ohne Auflagen zur Begrenzung der Emissionen – in unzulässiger Weise die baurechtliche Genehmigung unter dem 18.7.1980. Im April 1991 beantragte die Kl., ihr für die Errichtung eines Wohngebäudes mit Garage auf einem in ihrem Eigentum stehenden unbebauten Grundstück einen Vorbescheid zu erteilen; das lehnte das Landratsamt ab. Im Ergebnis ist die Sache in der vom BayVGH zugelassenen Revision wegen zahlreicher prozessualer und sonstiger Mängel vom BVerwG in der insoweit sorgfältigen und gründlichen Entscheidung an den BayVGH zurückverwiesen worden (BVerwG, aaO.). Diesseits geht es um die Ausführungen, die § 15 Abs. 1 Satz 2, **letzter Halbsatz** betreffen.

Die Leitsätze des BVerwG dazu lauten:

»Nach § 15 Abs. 1 Satz 2 letzter Halbsatz BauNVO 1990 ist eine im Baugebiet ›an sich‹ zulässige Nutzung im Einzelfall auch dann unzulässig, wenn sie sich unzumutbaren Belästigungen oder Störungen einer im Baugebiet ›an sich‹ unzulässigen, jedoch bestandskräftig genehmigten Nutzung aussetzen würde.

Bei der Beurteilung, ob Immissionen, denen sich ein Vorhaben aussetzen wird, im Sinne des § 15 Abs. 1 Satz 2 BauNVO unzumutbare Belastungen oder Störungen sind, ist nicht auf die – abstrakte – Schutzwürdigkeit abzustellen, die dem jeweiligen Baugebiet gemäß der den Baugebietsvorschriften der Baunutzungsverordnung zugrunde liegenden typisierenden Betrachtungsweise zukommt.

Eine Baugenehmigung für ein Wohngebäude in einem allgemeinen Wohngebiet ist aufgrund des § 15 Abs. 1 Satz 2 letzter Halbsatz BauNVO zu versagen, wenn die auf das Wohnbaugrundstück einwirkenden Immissionen nicht soweit vermieden oder gemindert werden können, dass ungesunde Wohnverhältnisse nicht entstehen können. Dabei ist davon auszugehen, dass der Betreiber der emittierenden Anlage die ihm nach § 22 Abs. 1 Satz 1 BImSchG obliegenden Grundpflichten uneingeschränkt erfüllt.«

Zu dem U. v. 18.5.1995 (BVerwG, aaO.) hat *Fickert* in einer – etwas kritischen – Anmerkung Stellung genommen (s. DVBl. 1996, 250). Das BVerwG hat sich nämlich ohne eigene kritische Stellungnahme der Begr. des Reg. Entw. (BR-Drucks. 354/89 S. 59) angeschlossen. In der Anmerkung ist u. a. ausgeführt (Hervorhebung v. Verf.):

*»Für die Behandlung nachbarlicher Immissionskonflikte, gerade **innerhalb** des Geltungsbereichs eines zu **ändernden** oder **geänderten** Bebauungsplans, ist das Rücksichtnahmegebot von wesentlicher Bedeutung. Hierbei ist hervorzuheben, dass die Konfliktfälle im Regelfall durch nachbarlichen Streit ausgelöst worden sind. Es gibt zig Fälle, in denen in*

§ 15 Abs. 1   24.42

(später) festgesetzten Wohngebieten oder anderen Baugebieten Betriebe wie etwa eine Schreinerei noch vorhanden sind und naturgemäß Bestandsschutz genießen. Vor Aufnahme des Halbsatzes war es selbstverständlich, dass derjenige, der einen Rechtsanspruch darauf hat, in einem allgemeinen Wohngebiet ein Wohngebäude zu errichten, auch eine Baugenehmigung erhielt. Er hatte selbst dafür Sorge zu tragen, dass die Belästigungen und Störungen für ihn zumutbar blieben. Die Baugenehmigungsbehörde genügte ihrer Sorgfaltspflicht, wenn sie den Bauwilligen auf die Situation hinwies und diesen Hinweis in die Baugenehmigung aufnahm.

Nach Aufnahme des letzten Halbsatzes in § 15 Abs. 1 Satz 2 BauNVO kann die Baugenehmigungsbehörde nunmehr für die Errichtung eines Wohngebäudes oder eines Frisörgeschäfts in einem festgesetzten allgemeinen Wohngebiet die Baugenehmigung versagen, wenn das Vorhaben beispielsweise auf einem Grundstück neben einer Schreinerei oder etwa einer Schlosserei errichtet werden soll und die Baugenehmigungsbehörde der Auffassung ist, dass das (Wohn-)Gebäude unzumutbaren Belästigungen (oder Störungen) ausgesetzt wird, selbst wenn der Bauwillige bereit ist, in Kenntnis der Grundstückssituation sich selbst entsprechend zu schützen.«

24.42 Zu der hier erläuterten Problematik hat das BVerwG in jüngerer Zeit mit dem U. v. 23.9.1999 (– 4 C 6.98 – DVBl. 2000, 192 = BRS 62 Nr. 86 = BVerwGE 109, 314 = BauR 2000, 234) eine Grundsatzentscheidung getroffen, der diesseits weitgehend zugestimmt werden kann. (Zu den Leitsätzen und dem Sachverhalt s. Vorb. §§ 2 ff. Rn 12.87.)

Aus den Gründen geht hervor, dass das BVerwG in dieser Entscheidung nochmals herausstellt, bei § 15 Abs. 1 S. 2, 2. Alt. BauNVO handele es sich um eine besondere Ausprägung des Rücksichtnahmegebots und als eine zulässige Bestimmung des Eigentumsinhalts (Art. 14 Abs. 1 S. 2 GG). »*Diese Vorschrift soll ebenso wie die übrigen Tatbestandsalternativen des § 15 Abs. 1 BauNVO gewährleisten, Nutzungen, die geeignet sind, Spannungen und Störungen hervorzurufen, einander so zuzuordnen, dass Konflikte möglichst vermieden werden. Welche Anforderungen sich hieraus im Einzelnen ergeben, hängt maßgeblich davon ab, was dem Rücksichtnahmebegünstigten einerseits und dem Rücksichtnahmeverpflichteten andererseits nach Lage der Dinge zuzumuten ist*« (wird weiter ausgeführt, BVerwG, aaO.).

»*Für die baurechtliche Genehmigung eines Wohnhauses an der Grenze zu einem Sportplatz hat die 18. BImSchV insofern rechtliche Bedeutung, als zur Bestimmung der Zumutbarkeitsgrenze in Nachbarkonflikten auf die Begriffsbestimmungen und die materiellrechtlichen Maßstäbe des Immissionsschutzrechts zurückzugreifen ist (BVerwG, U. v. 25.2.1977, aaO.)*« (wird weiter ausgeführt, BVerwG, aaO.).

»*Die Immissionsrichtwerte der 18. BImSchV sind gebietsbezogen und insoweit Ausdruck einer typisierenden Betrachtungsweise des VO-Gebers. Sie beruhen auf einer abstraktgenerellen Abwägung der in einem Baugebiet (vgl. §§ 2 bis 11 BauNVO) miteinander konkurrierenden Nutzungsinteressen. Daher bestimmen sie das Maß zumutbarer Lärmimmissionen und damit die Schutzwürdigkeit der Nachbarschaft nach der allgemeinen Zweckbestimmung des Baugebiets, nach dem Gebietscharakter insgesamt. Das in § 15 Abs. 1 S. 2 BauNVO konkretisierte Rücksichtnahmegebot verlangt demgegenüber eine einzelfallbezogene Sichtweise. Es lenkt den Blick auf die konkrete Situation der benachbarten Grundstücke mit dem Ziel, einander abträgliche Nutzungen in rücksichtsvoller Weise einander zuzuordnen sowie Spannungen und Störungen zu verhindern. Dabei kann sich der durch die Immissionsrichtwerte des § 2 Abs. 2 der 18. BImSchV gesetzte Rahmen im Einzelfall als unangemessen erweisen. Hier ermöglicht und gebietet das Rücksichtnahmegebot zusätzliche Differenzierungen (›Feinabstimmung‹) mit der Folge, dass die baugebietsbezogenen Richtwerte, die zudem einzelne Baugebietsarten zu jeweils einer Klasse mit einem einheitlichen Immissionsrichtwert zusammenfassen, je nach Lage des Einzelfalls durch situationsbezogene Zumutbarkeitskriterien zu ergänzen sind.*« (wird weiter ausgeführt, BVerwG, aaO.).

»*Überschreiten die Sportlärmimmissionen die mit Rücksicht auf die Grundstücksvorbelastung ermittelte Zumutbarkeitsschwelle und hat der Bauherr, der mit seinem Wohnbauvorhaben an die Sportanlage heranrückt, seine Obliegenheit zur Minderung der Immissionen erfüllt, kann ihm das Baurecht nicht allein deshalb vorenthalten werden, weil der Betreiber der Sportanlage die ihm nach § 22 Abs. 1 BImSchV i. V. mit § 3 der 18. BImSchV obliegenden Pflichten zur Lärmminderung (vgl. § 3 der 18. BImSchV) tatsächlich nicht erfüllt*« (wird weiter ausgeführt, BVerwG, aaO.).

Den Ausführungen kann diess. voll beigepflichtet werden. Es ist erfreulich, dass die Grundaussage der Entscheidung dahin geht, dass eine Baugenehmigung immer dann erteilt werden sollte, wenn keine ungesunden Wohn- und Arbeitsverhältnisse zu befürchten sind. **Für gesunde Verhältnisse** braucht man jedoch nicht an Immissionswerte in Dorf- und Mischgebiete anzuknüpfen, sondern sollte deutlich machen, dass »gesunde« Wohn- und Arbeitsverhältnisse tagsüber immer dann gegeben sind, wenn in Gebieten auch gewohnt oder – wie bei freien Berufen – wohnartig gearbeitet wird, wie in Gewerbegebieten (vgl. § 8 Abs. 3 Nr. 1 und Nr. 2 i. V. m. § 13 BauNVO).

5. Anwendung des Abs. 1 auf die Änderung oder Nutzungsänderung von Anlagen und Nutzungen

a) Allgemeines. Die die Zulässigkeit von Anlagen und Nutzungen einschränkenden Voraussetzungen des Abs. 1 gelten nicht nur für die **Errichtung** einer baulichen Anlage, sondern gleichfalls für die **Änderung** und (oder) **Nutzungsänderung**. Die »Erweiterung« ist ein Unterfall der Änderung.

Bis zur ÄndVO 1990 hatte Abs. 2 diese Folgerung ausdrücklich normiert (s. Rn 2.1). Die Begriffe »Änderung« u. »Nutzungsänderung« sind ebenso wie die »Errichtung« einer baulichen Anlage *bundesrechtliche* Begriffe (s. Vorb. §§ 2 ff. Rn 17–18), die in der BauNVO denselben Rechtsgehalt wie nach § 29 BauGB haben, da die BauNVO vom BauGB nicht abweichen kann. Die Änderung und/oder Nutzungsänderung zugelassener baulicher Anlagen hat in gleicher Weise auf die Eigenart des Baugebiets (s. Rn 8–9.3) Rücksicht zu nehmen wie die erstmalige Errichtung zulässiger oder ausnahmsweise zugelassener Anlagen. Ohne Einbeziehung auch der Änderungen und Nutzungsänderungen wäre der Schutz des Baugebiets im Hinblick auf die Eigenart des Gebiets vor unzumutbaren Belästigungen oder Störungen nicht gewährleistet.

Für die städtebauliche Zulässigkeit oder Unzulässigkeit kommt es allein auf die planungsrechtliche Erheblichkeit an, d. h. ob die bauliche Anlage (auch) nach ihrer Änderung oder Nutzungsänderung der Eigenart des Baugebiets nicht widerspricht. Ebenso wie für die Errichtung kommt es bei der Änderung oder Nutzungsänderung von Vorhaben als Planungsbegriffe nach Bundesrecht letztlich nicht darauf an, ob die bauliche Anlage oder Nutzung nach den LBOen genehmigungs-, zustimmungs- oder anzeigebedürftig ist oder ob es sich um ein anzeigefreies Vorhaben handelt, wenngleich im Regelfall die bauaufsichtlichen Vorschriften zugleich für die Frage der Zulässigkeit maßgebend sein werden.

Die Eigenart eines Baugebiets soll – solange die bauplanungsrechtlichen Festsetzungen (über Art und Maß der baulichen Nutzung oder Bauweise und überbaubare Grundstücksflächen) nicht geändert werden – erhalten bleiben. Es ist dabei von besonderer Bedeutung, dass die *jeweilige Störanfälligkeit* im Hinblick auf die Eigenart des Gebiets durch die Änderung oder Nutzungsänderung von baulichen Anlagen nicht »unterlaufen« wird. Ohne Einbeziehung auch der Änderungen und Nutzungsänderungen wäre der Schutz des Baugebiets vor unzumutbaren Belästigungen oder Störungen nicht gewährleistet.

b) Begriff »Änderung«. Unter **Änderung als bauplanungsrechtlicher Begriff** fällt jede städtebaulich erhebliche Veränderung des Zustandes einer baulichen Anlage, sofern sie eine äußerlich sichtbare Änderung (wie Änderung der äußeren Gestaltung, Aus-, Umbau oder Erweiterung) zum Gegenstand hat (im gleichen Sinne VGH BW, U. v. 20.7.1972 – VIII 231/71 – BRS 25 Nr. 146; aA. *Bo-*

§ 15 Abs. 1   26.1, 27

eddinghaus/Dieckmann, § 15 Rn 26, wonach auch der Einbau einer Feuerungsanlage oder die Beseitigung von Trennwänden als Änderung im bauplanungsrechtlichen Sinne anzusehen sei). Hier fehlt es an der nach außen erkennbaren **bauplanungsrechtlichen Relevanz**. Diese ist insbes. gegeben bei Änderung der Grundfläche und der dadurch bewirkten Veränderung des Baukörpers oder bei Änderung der Geschosszahl, meistens verbunden mit der Veränderung der Gebäudehöhe. Derartige Änderungen können sich vor allem auf die Gestaltung des *Orts- und Landschaftsbildes* nachhaltig auswirken, aber auch zu Strukturveränderungen führen, wenn beispielsweise in einem MI-Gebiet die Grundstückseigentümer – nicht nur vereinzelt – anstreben, die vorhandene zweigeschossige Bebauung um zwei weitere Geschosse »aufzustocken« i. S. einer Erweiterung.

26.1 Unter Änderung fällt auch die Verkleinerung einer baulichen Anlage – Verminderung des baulichen Umfanges. Zum Begriff des Änderns vgl. VGH BW, U. v. 6.8.1968 – III 468/67 – DWW 71, 92; ferner Hess. VGH, U. v. 28.7.1967 – IV OE 13/67 – BRS 18 Nr. 61. Unter den Begriff »Änderung« fällt **nicht der völlige Abbruch** einer baulichen Anlage. Nach dem Begriffsinhalt der Änderung muss noch etwas bestehen bleiben. Aus diesem Grunde haben § 3 MBO und die danach erlassenen LBOen neben der Errichtung und Änderung ausdrücklich den Abbruch baulicher Anlagen aufgeführt. Die Beseitigung einer baulichen Anlage ist keine Änderung im städtebaulichen Sinne; sie bedarf keiner Genehmigung hinsichtlich der *städtebaulichen* Zulässigkeit.

Wegen der möglichen Störung des Ortsbildes durch Änderung des Baukörpers oder der Fassade sollte der *Planverfasser* für den Bauantrag davon ausgehen, dass eine Genehmigung der baulichen Änderung erforderlich ist. Eine **Änderung im bauplanungsrechtlichen Sinne** ist auch dann **nicht gegeben** – dagegen aus bauordnungsrechtlichen Gründen –, wenn statisch-konstruktive Teile (tragende Bauteile) geändert werden. Das gilt selbst dann, wenn z. B. dadurch die *Voraussetzung* für eine Nutzungsänderung geschaffen werden soll, etwa durch Schaffung eines größeren Raumes zur Errichtung einer Schankwirtschaft. Solange der Raum (weiterhin) als Wohnraum genutzt wird, wäre die Änderung planungsrechtlich nicht erheblich. Erst die **Nutzungsänderung** wirkt sich *städtebaulich* aus.

27 c) Begriff »Nutzungsänderung«. – aa) Allgemeines zur rechtlichen Eingrenzung. Der Begriff »Nutzungsänderung« wird vom BauGB und von der BauNVO nicht definiert (grds. dazu Vorb. §§ 2 ff. Rn 21–21.7; ferner § 4a Rn 23.8 f.). Die Ausdehnung des Anwendungsbereichs des Abs. 1 auf die Nutzungsänderung baulicher und sonstiger Anlagen ist auf Initiative des BR erfolgt.

Nach der Entstehungsgeschichte war für die Überlegungen entscheidend, dass zum Bodenrecht außer der Regelung, welche Art von baulichen Anlagen *zulässig* ist, auch Regelungen gehören, die die *Nutzung* der baulichen Anlagen bestimmen. Die rechtliche Qualität des Grund und Bodens wird maßgebend durch deren Nutzung bestimmt. Dann muss folgerichtig auch die Änderung der Nutzung bestehender Anlagen dahin eingehend überprüft werden können, ob sie der Eigenart des Baugebiets widerspricht und demzufolge unzulässig ist. Die Ermächtigung des § 2 Abs. 5 BauGB steht nach ihrem Wortlaut dieser Auffassung nicht entgegen.

Unter dem Begriff »Nutzungsänderung« ist die *bauplanungsrechtlich* erhebliche Änderung der Nutzung zu verstehen, die mit einer mindestens teilweise neuen Zweckbestimmung der Anlage (des Betriebes) verbunden ist. Dabei muss es sich um **Änderungen der Zweckbestimmung von rechtlicher Erheb-**

lichkeit handeln, soweit z. B. planungsrechtliche Vorschriften bestehen, aus denen eine Konkretisierung des Zweckes erfolgt (ebenso *Evers*, aaO., DVBl. 1967, 249). Eine **Nutzungsänderung** braucht begrifflich nicht notwendig mit der Änderung der vielfach zugleich einem bauaufsichtlichen Genehmigungsverfahren unterliegenden Bausubstanz (Bauteile) verbunden zu sein. So ist **jede Entprivilegierung** einer durch die Baugebietsvorschriften selbst vorgegebenen bestimmten Nutzung, z. B. nach § 7 Abs. 2 Nr. 6 oder nach den §§ 8, 9 Abs. 3 Nr. 1, oder die durch besondere Anordnung im B-Plan festgesetzte Nutzung (§ 4a Abs. 4, § 7 Abs. 4) *eine Nutzungsänderung*, die infolge des mit der nutzungsrechtlichen Einschränkung verfolgten Zweckes im Regelfall einer Genehmigung bedarf.

27.1 Für die Anwendung der §§ 29 ff. BauGB muss die **Nutzungsänderung bodenrechtlich** relevant sein, d. h. die in § 1 Abs. 5 BauGB genannten Belange berühren (VGH BW, U. v. 29.7.1983 – 8 S 2713/82 – BRS 40 Nr. 181). Nicht jede Änderung einer Nutzungsweise erfüllt die Voraussetzungen, die an den Begriff der Nutzungsänderung i. S. d. § 29 BauGB zu stellen sind, mag sie auch nach Vorschriften des Landesbaurechts einer Genehmigungspflicht unterworfen sein. Erforderlich ist, dass die vorgesehene Nutzungsänderung wegen der Möglichkeit der Berührung bodenrechtlicher Belange die Genehmigungsfrage (erneut) aufwirft (BVerwG, U. v. 11.2.1977 – IV C 8.75 – BRS 32 Nr. 140 = BauR 1977, 154 = NJW 1977, 932 = MDR 1977, 607 = JuS 1978, 60 = DWW 1977, 187); in grundsätzlicher Hinsicht zum Begriff »**Nutzungsänderung**« s. Vorb. §§ 2 ff. Rn 21–21.7. Für Vorhaben (§ 29 BauGB), die die Nutzungsänderung von baulichen Anlagen zum Inhalt haben, gelten die §§ 30–37 und insbes. die *Baugebietsvorschriften* nach der BauNVO (Art der baulichen Nutzung) i. A., zur Wahrung der Eigenart des Baugebiets die besonderen (einschränkenden) Voraussetzungen des § 15 Abs. 1.

28 **bb) Zur verfahrensrechtlichen Handhabung einer Nutzungsänderung (allgemein).** Die **verfahrensrechtliche Handhabung** sah sich seit jeher vor die Schwierigkeit gestellt, dass die Genehmigungspflichtigkeit einer Nutzungsänderung **von der** bodenrechtlich relevanten, d. h. bauplanungsrechtlich im weitesten Sinne verstandenen **Vorfrage abhängt, ob** mit der geänderten (neuen) (Be-)Nutzung der baulichen Anlage eine Änderung der Nutzung nach Art und Maß, evtl. (neue, stärkere) schädliche Umwelteinwirkungen i. S. v. § 3 BImSchG und sonstige weitergehende Anforderungen in Bezug auf die städtebaulichen Ordnungsvorstellungen, wie Vorhaltung der erforderlichen Stellplätze für den ruhenden Kfz-Verkehr i. S. d. § 48 MBO, verbunden sind.

28.1 **Im Hinblick auf den Bestandsschutz** ist keine (völlige) Gleichartigkeit zwischen der alten und der neuen Nutzung erforderlich. Sind für die beabsichtigte **Änderung der Nutzung** jedoch andere Vorschriften zu beachten als bisher für die bestandsgeschützte Nutzung, sind z. B. für die geänderte Nutzung andere seitliche Abstandsflächen nach der LBauO vorgeschrieben, entfällt der Bestandsschutz, oder die Nutzungsänderung muss unterbleiben (s. Vorb. §§ 2 ff. Rn 21.7). Ist die geschützte Nutzung im Laufe der Zeit zurückgegangen und wird die bebauungsrechtliche Situation des Bestandsgeschützten in dem Baugebiet oder dessen Umgebung nur noch von der verringerten Nutzung geprägt, so erstreckt sich der durch Art. 14 GG gewährleistete Schutz nur auf den reduzierten Nutzungsumfang (BVerwG, U. v. 11. 2. 77, aaO.).

§ 15 Abs. 1 29–29.2

Eine **Nutzungsunterbrechung** – Beispiel: ein Wohngebäude hat mehr als ein Jahr leergestanden und wird danach wieder bezogen – ist **keine Nutzungsänderung.**

29 cc) Anwendungs- und Zweifelsfälle der Nutzungsänderung: Ist fraglich, ob eine Nutzungsänderung vorliegt, ist bei einer genehmigten baulichen Anlage maßgebend der Wortlaut der Baugenehmigung mit evtl. Auflagen; hilfsweise können die mit dem Genehmigungsvermerk versehenen Bauvorlagen herangezogen werden (im gleichen Sinne *Gelzer/Birk*, Rdn. 509).

Häufig ist seit der Genehmigung der nunmehr aufgegebenen Nutzung eine Umzonung (Umwandlung) des Gebiets erfolgt. Ist etwa ein zzt. der Genehmigung einer *Schreinerei* vorhandenes WS-Gebiet bzw. Mischgebiet in ein WA-Gebiet »umgezont« worden, würde die Benutzung der Schreinerei als *Lagerraum einer Papiergroßhandlung*, die kein Handwerksbetrieb ist, noch unter die Ausnahmebestimmung des § 4 Abs. 3 Nr. 2 fallen, vorausgesetzt, dass in dem B-Plan die Ausnahme nach Art und Umfang ausdrücklich vorgesehen ist (§ 31 Abs. 1 BauGB i. V. m. § 1 Abs. 3–5). Dagegen wäre die umgekehrte Nutzungsänderung des Papierlagerraums in eine Schreinerei planungsrechtlich auch ausnahmsweise nicht zulässig.

Sofern die jetzige B-Planfestsetzung »allgemeines Wohngebiet« die Ausnahmebestimmung nicht enthielte, müsste für den einzurichtenden Papierlagerraum eine Befreiung erteilt werden, die unter die Härtefallbestimmungen des § 31 Abs. 2 BauGB fallen dürfte. Dagegen dürfte eine Befreiung für die Schreinerei kaum möglich sein, weil insoweit nach § 31 Abs. 2 BauGB auch die Würdigung nachbarlicher Interessen in die Entscheidung einbezogen werden müsste und eine Beeinträchtigung nachbarlicher Belange i. d. R. gegeben sein wird. In einem WR-Gebiet wäre die Nutzung von Räumen durch eine Papiergroßhandlung auch nicht ausnahmsweise zulässig.

29.1 **Besondere Schwierigkeiten** bereiten der bauplanungsrechtlichen Genehmigung die Fälle, in denen die »Änderung einer baulichen Anlage« mit einer *Nutzungs*änderung verbunden ist, bei der die bauliche Anlage zwar der *geltenden* Gebietsfestsetzung widerspricht, sich aber im Rahmen der bodenrechtlichen Nutzung hält, die zzt. der Genehmigung der Anlage zulässig war.

Beispiel: Umwandlung eines Schmiedebetriebes in einen Schlossereibetrieb bei gleichzeitigen baulichen Veränderungen; der Betrieb liegt in einem Gebiet, das von einem Kleingewerbegebiet i. S. d. PrEinheitsbauO zu einem WA-Gebiet (§ 4) umgezont worden ist. Hier kann die Genehmigung der baulichen Änderung nicht automatisch zur Folge haben, dass die Nutzung des Grundstücks sich nunmehr nach der geltenden Nutzung des Gebiets (allgemeines Wohngebiet) zu richten hat.

Es handelt sich bei beiden Betrieben zwar um störende Handwerks- bzw. Gewerbebetriebe. Der Schmiedebetrieb wurde jedoch bewusst in eine Schlosserei mit Hebekran und Laufkatze umgewandelt, um durch Modernisierung Arbeitskräfte einzusparen und damit die Existenz zu erhalten. In den meisten dieser Fälle dürfte mit der Modernisierung trotz Beibehaltung des der bauplanerischen Gebietsfestsetzung widersprechenden Gewerbebetriebs gleichzeitig eine Verbesserung durch eine geringere Lärmbeeinträchtigung der Umgebung verbunden sein, so dass eine Befreiung i. d. R. schon aus diesen Gründen gerechtfertigt sein dürfte (OVG Münster, U. v. 28.1.1966 – XA 59/65 – BRS 17 Nr. 114 = Städtetag 1966, 481).

29.2 Nicht weniger schwierig liegen die Fälle, in denen die Änderung einer baulichen Anlage z. B. zur Umgestaltung und Modernisierung der Innenräume eines *Fabrikationsbetriebes* beantragt wird, bei der die bauliche Anlage zwar einer *anderen Nutzung* unterliegt als sie das derzeitige Planungsrecht festgesetzt hat, bei welcher die dem derzeitigen Bauplanungsrecht widersprechende Nutzung aber beibehalten werden soll. **Beispiel:** Ein Gewerbebetrieb liegt im WA-Gebiet, das zzt. **der Genehmigung** planungsrechtlich als MI-Gebiet festgesetzt war. Der Betrieb kann modernisieren, um existenzfähig zu bleiben. Es bedarf hier auch keiner Befreiung für die bisherige und beizubehaltende Nutzung, denn die für den bisherigen Gebietscharakter geltende Verhaltensweise ist im Kern nicht verändert worden. Etwas anderes würde für die Existenzvernichtung durch höhere Gewalt gelten. **Beispiel:** Eine Fabrik im jetzigen WA-Gebiet wird durch Brand zerstört. Dann ist der Wiederaufbau *nur nach den geltenden* bauplanungsrechtlichen Zulässigkeitsbestimmungen möglich.

Der *Lagerraum* einer Papiergroßhandlung soll in eine *Schreinerei* umgewandelt werden; die Nutzungsänderung wäre, soweit es sich um ein GE-Gebiet handelt, in jedem Falle zulässig, unbeschadet weiterer bauordnungsrechtlich zu prüfender Gesichtspunkte, wie feuerpolizeilicher Vorschriften oder der Berücksichtigung gewerbeaufsichtlicher Bestimmungen für die in der Schreinerei Beschäftigten. Handelt es sich dagegen um ein MI-Gebiet, könnte es schon zweifelhaft sein, ob die zu errichtende Schreinerei noch unter »sonstige Gewerbebetriebe« (§ 6 Abs. 2 Nr. 4) fällt. Das hängt u. a. vom Nutzungsumfang und dem Maschinenpark ab. **29.3**

Eine **Nutzungsänderung in bauplanungsrechtlicher Hinsicht** liegt nicht vor, wenn die neue Nutzungsart von der bisherigen Baugenehmigung gedeckt wird; denn die Baugenehmigung umfasst grundsätzlich *auch die Nutzung* der genehmigten baulichen Anlage. So wäre z. B. die Einrichtung einer Bekleidungsboutique in einem bisherigen Lebensmittelladen in einem MI-Gebiet **keine Nutzungsänderung** im bauplanungsrechtlichen Sinne.

Ein besonderes Problem bilden die Fälle, in denen die Nutzung mit einer bestimmten **Funktion oder Privilegierung** verknüpft ist, worauf auch *Evers* hinweist (aaO.). So können im WR-Gebiet ausnahmsweise Läden und nicht störende Handwerksbetriebe zugelassen werden, die zur Deckung des *täglichen Bedarfs* für die Bewohner des Gebiets dienen (§ 3 Abs. 3), wobei angenommen werden soll, dass nach § 1 Abs. 6 diese Anlagen festgesetzt worden sind; eine ähnliche Regelung sieht § 4 Abs. 2 für WA-Gebiete vor (vgl. auch § 7 Abs. 2 Nr. 6). **30**

In einem WR-Gebiet wird **beispiels**weise die bisherige Nutzung eines Ladens als *Milchgeschäft* zugunsten eines *Teppichgeschäfts* aufgegeben; im MK-Gebiet wird eine *Hausmeister*wohnung, die für Aufsichtspersonal genehmigt war, später an »normale« Wohnungssuchende vermietet. In diesen Fällen hängt die Durchsetzung der geordneten städtebaulichen Entwicklung in der Praxis weitgehend davon ab, in welcher Weise die Nutzungsänderung baulicher Anlagen nach den LBOen einem bauaufsichtlichen Verfahren unterworfen werden. Eine umfassende Regelung, z. B. in der BauO NW, wird auch die Umwandlung des Milchladens in ein Teppichgeschäft erfassen und die beabsichtigte Funktionsentfremdung des (nur) »zur Deckung des täglichen Bedarfs für die Bewohner des Gebietes« zugelassenen Milchladens verhindern können. Soweit LBOen die Genehmigungspflicht für die Änderung der Benutzung von Gebäuden und Räumen davon abhängig machen, dass für die neue Benutzung »andere baurechtliche Vorschriften« als für die bisherige Nutzung gelten, sollte die Einhaltung der Festsetzungen im B-Plan als WR- oder WA-Gebiet durch das bauaufsichtliche Verfahren auch sichergestellt werden können. Das Gleiche dürfte für die *Funktionsentfremdung* der Hausmeisterwohnung im MK-Gebiet (§ 7 Abs. 2 Nr. 6) gelten. Eine Nutzungsänderung, die sich über die Funktionsbindung der baulichen Anlage hinwegsetzt, ist eine Veränderung in der Benutzungsart (so zutreffend *Evers*, aaO., DVBl. 1967, 248).

§ 15 Abs. 2 30.1

30.1 Die **Vorschrift über den Grenzabstand** findet *nicht nur auf die Errichtung von* Gebäuden, sondern **auch auf die Nutzungsänderung** solcher Gebäude Anwendung, die gerade wegen ihres besonderen Verwendungszwecks ohne Einhaltung des üblichen Grenzabstandes errichtet werden dürfen, z.B. Grenzgaragen.

Der Einbau einer **Wagenhebeanlage** in eine im Wohngebiet gelegene Garage bedeutet eine Nutzung *zusätzlicher Art,* da der bisher als Garage genutzte Raum nunmehr als Werkstatt Verwendung finden kann und soll (OVG Hamb., U. v. 20.8.1964, BRS 15 Nr. 85), *und* ist keine Nutzungsänderung.

Die Nutzung der Betriebsräume eines Cafés oder einer Gaststätte als »Tanzdiskothek« stellt wegen der damit verbundenen unzumutbaren Belästigungen der Umgebung eine **rechtswidrige Nutzungsänderung** dar (OVG Münster, U. v. 17.11.1972 – XI A 916/71 – BRS 25 Nr. 31 = Eildienst NW 1973 S. 118). Weitere durch die Rspr. entschiedene Fälle zur Nutzungsänderung s. Rn 34.2 ff.

6. Anwendung nach den Planungsleitsätzen des § 1 Abs. 5 BauGB (Abs. 2)

31 Nach dem Wortlaut der Vorschrift dürfen für die Entscheidungen nach Abs. 1 (weiterhin) nur **städtebauliche Gesichtspunkte** i. S. d. Planungsleitsätze des § 1 Abs. 5 BauGB maßgebend sein. Das bedeutet, dass bauordnungsrechtliche (baupolizeiliche) Gründe, insbes. solche der Gefahrenabwehr (z.B. Sicherheitsbestimmungen zur Gewährleistung des Feuerschutzes), **bei der Prüfung der nutzungsrechtlichen Zulässigkeit** auszuscheiden haben. Es handelt sich insoweit hier um eine Prüfung im Rahmen der **Bebauungs**genehmigung (Vorb. §§ 2 ff. Rn 17–20).

Auf den **Begriff der Ordnung** kann das Städtebaurecht dagegen nicht verzichten. Denn unter »Ordnung« ist allgemein der Inbegriff der Normen zu verstehen, die erforderlich sind, um ein gedeihliches Zusammenleben einer bestimmten Anzahl von Personen innerhalb eines Gebiets (Bereiches) zu ermöglichen. In diesem Sinne hat jede städtebauliche Planung die *Ordnung* des Gemeindegebiets zum Ziel, wie sie in § 1 Abs. 3 BauGB zum Ausdruck kommt.

Aus der Grundvorstellung der **Bauleitplanung als Ordnungsfunktion** für die städtebauliche Entwicklung folgt, dass das in ihr zum Ausdruck kommende Ordnungsprinzip ausfüllender und abgrenzender Kriterien bedarf, um z.B. dem planungsrechtlichen Grundsatz des § 1 Abs. 5 BauGB, die Wohnbedürfnisse der Bevölkerung zu berücksichtigen, nachkommen zu können. Die funktionelle Abgrenzung der einzelnen Bedürfnisse hat in der Gebietseinteilung (§§ 2 bis 11) mit dem jeweiligen Zulässigkeitskatalog und den zusätzlichen besonderen Voraussetzungen für die Zulässigkeit der Anlagen im Einzelfall (Rn 1) seinen Niederschlag gefunden.

Innerhalb einer modernen Industriegesellschaft ist insbes. die Befriedigung der Wohnbedürfnisse der Bevölkerung, worin die den Bürgern zustehenden Abwehrrechte **in Form des Nachbarschutzes** gegen unzumutbare Einwirkungen eingebunden sind, **ohne hinreichende Berücksichtigung des Umweltschutzes** nicht möglich. Aus dieser Erkenntnis hat der VOgeber entspr. der Zweckbestimmung der Baugebiete mithilfe von im wesentlichen im Bereich der Gewerbeordnung entwickelten Begriffen eine funktionsgerechte Einstufung der Anlagen durch Unterscheidungsmerkmale wie »nicht störend«, »nicht wesentlich störend« oder »nicht erheblich belästigend« vorgenommen. Hierbei handelt es sich nicht um dem Ordnungs- oder Polizeirecht angehörende Begriffe der Störung der öffentlichen Sicherheit und Ordnung, sondern um **Kriterien zur Be-**

rücksichtigung der unterschiedlich störanfälligen Gebiete i. S. des Städtebaurechts bei der Genehmigung der baulichen und sonstigen Anlagen.

Durch die **Neufassung des Abs. 2** aufgrund des Vorschlags des BR (s. Rn 2.2) hat sich der materiell-rechtliche Gehalt der Vorschrift nicht geändert (ebenso *Bielenberg/Krautzberger/Söfker*, aaO., § 15 Rdn. 68). Auch der *bisherige Abs.* 3 mit dem grundsätzlichen Hinweis, dass bei Prüfung der Anlagen auf ihre Zulässigkeit »nur städtebauliche Gesichtspunkte« berücksichtigt werden dürfen, hatte (selbstverständlich) keinen von den Planungsleitsätzen des § 1 Abs. 5 BauGB (= § 1 Abs. 6 BBauG) abweichenden Rechtsgehalt. Er war nach diess. A. jedoch erfreulich allgemeinverständlich und die maßgebenden städtebaulichen Belange – auch soweit sie einem Wandel unterliegen – in umfassender Weise bezeichnend, formuliert. Die Begr. des BR, dass mit der Änderung (nunmehr) die gegenüber den Vorschriften des BBauG »weiterreichenden Ziele« des BauGB umgesetzt werden sollen, verkennt, dass es sich bei den in § 1 Abs. 5 BauGB aufgeführten Leitsätzen – wie bisher – um eine *nicht abschließende* und letztlich gesellschaftspolitisch auch wandelbare Aufzählung als Vorgabe für die Bauleitplanung handelt. Das ändert jedoch nichts daran, dass die nach § 15 Abs. 1 zu treffenden Entscheidungen den Boden des § 1 Abs. 5 BauGB nicht verlassen dürfen. *Bielenberg/Krautzberger/Söfker* (aaO., Rdn. 68) weisen mit Recht darauf hin, dass § 15 Abs. 2 keinen Ansatz z. B. für naturschutzrechtliche Ausgleichsmaßnahmen bietet. Die Bodenschutzklausel gewinnt ihre Bedeutung nicht bei der Bebauungs*genehmigung* i. S. d. § 15 Abs. 1 sondern bei der Bebauungs*planung;* dadurch sind Baugebiete jedoch nicht als »Ökosysteme« anzusehen, was immer unter der modernen »sozioökologischen« Sprachregelung zu verstehen ist.

31.1

Die **Vorschrift des Abs. 2** ist auch in der Neufassung weiterhin dahin zu verstehen, dass die Zulässigkeitsprüfung baulicher und sonstiger Anlagen und Nutzungen in Bezug auf »Anzahl«, »Lage« und »Umfang« oder im Hinblick auf unzumutbare »Belästigungen oder Störungen« **nur in städtebaulicher Hinsicht** erfolgen darf. Abs. 2 stellt z. B. darauf ab, dass Gesichtspunkte des wirtschaftlichen Wettbewerbs oder der nach Art. 12 GG *unzulässigen Bedürfnisprüfung* (s. § 2 Rn 9.1) in die Zulässigkeitsprüfung nicht einbezogen werden dürfen. Fragen der investiven Wirtschaftslenkung und Wettbewerbsgesichtspunkte dürfen vom Grundsatz her für die Entscheidungsfindung nicht maßgebend sein. Dennoch können Gesichtspunkte wirtschaftlicher Natur im Zuge städtebaulicher Ordnungsvorstellungen nicht unberücksichtigt bleiben. Das zeigt sich exemplarisch an der rechtlichen Ausformung des § 11 Abs. 3. Der als Ausfluss städtebaulicher Ziele nach § 1 Abs. 5 BauGB zu berücksichtigende Belang gerade der mittelständischen Wirtschaft im Interesse einer verbrauchernahen Versorgung der Bevölkerung (§ 1 Abs. 5 Satz 2 Nr. 8 BauGB) darf jedoch nicht dahin missverstanden werden, traditionelle Formen des Handels etwa generell vor bestimmten Großbetriebsformen zu schützen (ebenso *Kniep,* aaO.). Der Eingriff in wirtschaftliche Betätigungen wird weitgehend **von der Eigenart** des Baugebiets abhängen, nicht nur der konkret vorhandenen, **sondern gerade** auch **der durch Differenzierung** und Modifizierung nach § 1 Abs. 4–10 städtebaulich **vorgegebenen Eigenart** (s. Rn 9.2–9.3).

31.2

Die Berücksichtigung der durch die Bebauungsplanung städtebaulich vorgegebenen Ordnungskriterien, etwa des Ausschlusses bestimmter Vergnügungsstätten zwecks Erhaltung mittelständischer Geschäftsstrukturen (s. § 4a

32

§ 15 Abs. 3   32.1, 33

Rn 23.8 f.) oder der Gliederung von Baugebieten u. damit Einflussnahme auf die Betriebsstandorte, kann *mittelbar* auch Wettbewerbsbeeinflussungen *zur Folge* haben. Das gilt insbes. bei dem Tatbestandsmerkmal »Anzahl«, etwa im Zusammenhang mit der Versorgung des Gebiets *dienenden* Läden und Schank- und Speisewirtschaften (§ 4 Abs. 2 Nr. 2). Hier darf lediglich auf die jeweilige *Eigenart des Baugebiets,* nicht dagegen etwa auf Überlegungen zum Versorgungs*bedarf* i. S. d. wirtschaftlichen Bedürfnisse oder wettbewerblicher Gesichtspunkte abgestellt werden. Dagegen ist es **städtebaulich** i. S. d. Leitsätze des § 1 Abs. 5 BauGB gerechtfertigt, die Ansiedlung eines großflächigen Einzelhandelsbetriebes in einem Randgebiet einer Gemeinde zu versagen, wenn in dieser Gemeinde (gleichzeitig) mit öffentlichen Mitteln eine **Stadtkernsanierung** zur *Belebung der Urbanität* betrieben wird. Die »*städtebaulichen Gesichtspunkte*« des § 15 Abs. 2 in ihrem umfassenden Verständnis erhalten zur Bewahrung und Wiederherstellung der Funktionsfähigkeit gemeindlicher zentraler Versorgungsbereiche insbes. der Kerngebiete besondere städtebauliche Bedeutung (dazu *Stober,* WiVerw. 1984, 129).

32.1 Die Zulässigkeitsprüfung hat in **objektiver Weise** entsprechend den Leitsätzen des § 1 Abs. 5 BauGB zu erfolgen, unabhängig davon, dass die Leitsätze auch gewisse (gesellschaftspolitisch geprägte) wandelbare Leit*bilder* enthalten. Die Einbeziehung **subjektiver Gesichtspunkte i. S.** einer Umsetzung der Leitsätze (Leitbilder) in (ideell, ideologisch verbrämter) bewertender Weise, etwa: **Spielhallen** fördern den Spieltrieb, können zur Spielsucht führen und sind mithin potenziell jugendgefährdend (ebenso Lokale mit sexuellen Darbietungen) und *deshalb* nach Möglichkeit zu untersagen, **oder:** ein Bordell ist schon deshalb nicht genehmigungsfähig, weil in ihm einer »sozialunwerten« Betätigung nachgegangen werde (vgl. BVerwG, U. v. 25.11.1983 – 4 C 21.83 – Fundst. § 8 Rn 5.3), **widerspräche** der Anwendung des Abs. 1 nach den in § 1 Abs. 5 BauGB aufgeführten **städtebaulichen Leitsätzen.** In erfreulicher Deutlichkeit hat das BVerwG im B. v. 29.7.1991 (– 4 B 40.91 – BRS 52 Nr. 56 = NVwZ 1991, 1078 = BauR 1991, 714 = UPR 1991, 390 = BayVBl. 1992, 347) festgestellt, dass § 15 Abs. 2 BauNVO der Gemeinde nicht die Möglichkeit eröffnet, bei der Anwendung des § 15 Abs. 1 planerisch tätig zu werden; die Regelung stellt nur klar, »*dass bei der Anwendung dieser Vorschrift – durch die Baugenehmigungsbehörde – die städtebaulichen Ziele und Grundsätze des § 1 Abs. 5 BauGB – und nur diese – maßgeblich sind*« (BVerwG, aaO.).

7. Beurteilung der Zulässigkeit von Anlagen i. d. Baugebieten nicht in erster Linie nach den verfahrensrechtlichen Immissionsvorschriften (Abs. 3)

33 Die dem § 15 **neu** angefügte Vorschrift stellt – nach diess. A. in *klarstellender* Weise – fest, dass die Einordnung immissionsträchtiger Anlagen und Nutzungen im Anh. der 4. BImSchV und in den entspr. unterschiedlichen Genehmigungsverfahren nach dem BImSchG (s. Vorb. §§ 2 ff. Rn 9 ff., 10.2 f., § 6 Rn 8–12.3) **für die städtebaurechtliche Zulässigkeitsprüfung** nach § 15 Abs. 1 **lediglich als** gewichtige **Anhaltspunkte** zu gelten haben. Die Vorschrift gewährleistet – auch für die Gerichtsbarkeit verbindlich –, dass die verfahrensrechtliche Einstufung der im Anh. der 4. BImSchV in unterschiedlicher Weise (Spalte 1, Spalte 2) aufgenommenen Anlagen zu keiner starren schematischen und damit letztverbindlichen Anwendung und Beachtung bei der Beurteilung der Zulässigkeit von Anlagen, insbes. Gewerbebetrieben, zwingt. Eine entspr. Regelung hatte bereits Nr. 4.1.2.2 des Planungserlasses NW vorweggenommen. Die vor allem von der höchstrichterlichen Rspr. entwickelte Typisierungslehre im Hinblick auf bauliche und sonstige Nutzungen (s. Vorb. §§ 2 ff. Rn 9 f.) hat sich im Grundsatz bewährt und wird durch die Vorschrift des Abs. 3 nicht in Zweifel gezogen. Es ist jedoch auf die **unterschiedliche Bedeutung** der Vorschriften des Immissionsschutzrechts und der bauplanungsrechtlichen Zulässigkeitsvorschriften abzustellen. Während erstere Vorschriften zwecks Festlegung des jeweilig anzuwendenden (unterschiedlich zu handhabenden) *Verwaltungs*verfahrens von der **abstrakten** (möglichen) **Gefährdung** des Anlagentypus ausgehen, ist für die städtebaurechtliche Bebauungsgenehmigung nach der BauNVO i. V. m. §§ 29 ff. BauGB die *materiell-rechtliche* Genehmigungsfähigkeit, mithin auch der **konkrete Störgrad** der Anlage, d. h. die nachzuweisende Störintensität der gewerblichen Anlage im Einzelfall, maßgebend.

Die für die Zulässigkeitsprüfung hilfreiche Typisierung, besonders bei Gewerbebetrieben, darf infolge zu starrer Anwendung der Rspr. nicht dahin degenerieren, dass bestimmte gewerbliche Anlagen nur noch bestimmten Baugebieten zugeordnet werden (dürfen) und dass sich die Baugenehmigungsbehörden infolge gerichtlicher Entscheidungen davor scheuen, sich dem Nachweis **atypischer** Produktionsgänge und (technischer) Verfahrensabläufe in der gebotenen Sorgfalt anzunehmen. Die Begr. des Reg. Entw. (BR-Drucks. 354/59, S. 59) hat mit Recht hervorgehoben, dass Abs. 3 zur Vermeidung unnötiger Erschwernisse des Vollzugs geboten, eine inhaltliche Änderung des Zulässigkeitsrechts auch des § 15 Abs. 1 damit jedoch nicht bezweckt sei. Bei der Beurteilung der von den Anlagen und deren Nutzungen ausgehenden (immissionsträchtigen) Belästigungen und Störungen ist im Rahmen der Zulässigkeitsvorschriften des § 15 Abs. 1 – auch unter Berücksichtigung gewisser gebiets- und anlagenbezogener Typisierungen – weiterhin davon auszugehen, dass es **auf die Ausgestaltung der jeweiligen Anlage** nach Art, Umfang und deren Schutzvorkehrungen als Emittent ankommt. Dabei ist stets sicherzustellen, ohne dass es zusätzlicher Überwachung gerade der angebotenen Sicherungsmaßnahmen bedarf (s. Vorb. §§ 2 ff. Rn 10.1 f.), dass eine **dauerhafte Verhinderung** von Emissionen i. S. d. § 3 Abs. 3 BImSchG gewährleistet ist. Bei der Beurteilung von Anlagen nach ihrem Störgrad ist **auf das konkrete Vorhaben** unter Berücksichtigung der baugebietstypischen Schutzwürdigkeit **abzustellen** (in diesem Sinne auch die Begr. des Reg. Entw., aaO.). Bei Gewährleistung besteht ein **Rechtsanspruch** auf die Baugenehmigung, **ohne** dass es der Erteilung einer **Befreiung** bedarf (s. dazu Vorb. §§ 2 ff. Rn 10.4).

33.1

8. Einzelfälle zur (Un-)Zulässigkeit von Anlagen und zu Nutzungsänderungen

(s. auch § 2 Rn 29, § 3 Rn 26.1–32.5, § 4 Rn 21.2–25.3, § 4a Rn 24.1–24.5, § 5 Rn 25.1–25.2, § 6 Rn 20 ff., § 8 Rn 19–21.10)

Eine wesentliche **Änderung der Nutzung** einer baulichen Anlage ist dann anzunehmen, wenn der **Stellplatzbedarf** der geänderten Nutzung den der bisherigen Nutzung nach den Richtzahlen um mehr als 50 % übersteigt (OVG Lüneburg, U. v. 29.6.1979 – IA 37/78 – BRS 35 Nr. 125); Umwandlung der Räume eines Möbelgeschäfts in solche zum Betrieb einer Arztpraxis.

34.2

Für eine **neue Nutzung** gelten schon dann andere baurechtliche Vorschriften als für die bisherige Nutzung, wenn sich aus einer Vorschrift, die sowohl auf die alte als auch auf die neue Nutzung anzuwenden ist, für die neue Nutzung andere, und zwar in irgendeiner Hinsicht *weiter gehende Anforderungen* als für die alte Nutzung ergeben (hier: Nutzungsänderung eines Lichtspieltheaters in ein Tanzlokal).

34.3

§ 15   34.4–35.3

Zur **Feststellung einer Stellplatzpflicht** ist das Vorliegen einer wesentlichen Änderung der Benutzung einer baulichen Anlage zu verneinen, wenn die bisherige und die neue Nutzung ihrer Art nach miteinander vergleichbar sind und wenn – unter Zugrundelegung allgemeiner Erfahrungssätze – für die neue Nutzung **kein höherer Stellplatzbedarf** besteht als für die alte (BayVGH, U. v. 17.11.1978 – Nr. 333 II 73 – BRS 33 Nr. 127).

34.4   In einer Tankstelle bedürfen **Kfz-Reparaturen**, die über den üblichen Pflege- und Kundendienst von Tankstellen hinausgehen, als *Nutzungsänderung* einer zusätzlichen Baugenehmigung, bis zu deren Erteilung sie mit sofortiger Wirkung untersagt werden können (OVG Lüneburg, B. v. 27.10.1978 – IB 78/78 – BRS 33 Nr. 128). **Aus den Gründen:** Kraftfahrzeugreparaturwerkstätten können nicht ohne weiteres zu den nicht störenden Gewerbebetrieben gerechnet werden. Sie haben grundsätzlich übergebietliche Versorgungsfunktionen, zählen daher nicht zu den der Versorgung des Gebietes dienenden nicht störenden Handwerksbetrieben (§ 4 Abs. 2 Nr. 3 BauNVO). (Wird weiter ausgeführt.)

34.5   Bauordnungsrechtliche Vorschriften über die Anordnung von Stellplätzen (hier: § 46 Abs. 1 S. 2 NBauO) können die Anwendung des § 15 Abs. 1 S. 2 BauNVO nicht spezialgesetzlich ausschließen.

Der in § 15 Abs. 1 S. 1 2. BauNVO nach Maßgabe des Rücksichtnahmegebots angelegte Drittschutz des Nachbarn besteht grundsätzlich auch gegenüber Anlagen auf Grundstücken, die mit dem Grundstück des Nachbarn durch eine landesrechtliche Vereinigungsbaulast zusammengeschlossen sind (BVerwG, U. v. 7.12.2000 (– 4 C 3.00 – DVBl. 2001, 645 = BRS 63 Nr. 160.)

34.6   Ein Bordell in Form eines Laufhauses mit 50 vermietbaren Zimmern ist in einem Gewerbegebiet planungsrechtlich unzulässig, weil es unter Berücksichtigung weiterer fünf Bordellbetriebe in einem Bereich von weniger als 100 m nach Anzahl und Umfang der Eigenart des Baugebiets widerspricht. Eine solche Massierung von Bordellbetrieben innerhalb der vorgegebenen Örtlichkeiten ist städtebaulich nicht mehr verträglich und führt zu einem Umkippen des Gewerbegebiets zu einem **Sondergebiet für Bordellbetriebe** (VG München, U. v. 25.4.2005 – M 8 K 04.5392 – u. BayVGH, B. v. 2.5.2006 – 2 BV 05.1739 –).

34.7   § 15 Abs. 1 BauNVO enthält nicht nur das Gebot der Rücksichtnahme, sondern vermittelt auch einen Anspruch auf Aufrechterhaltung der typischen Prägung eines Baugebiets (im Anschluss zu BVerwGE 94, 151/161; BVerwG, B. v. 13.5.2002, Fundst. Rn 20.2 zu § 3 BauNVO).

35   Die bauaufsichtliche Genehmigung für eine Gaststätte mit Saal berechtigt nicht zum **Betrieb einer Diskothek.** Der Diskothekenbetrieb stellt eine genehmigungspflichtige Nutzungsänderung dar (Hess. VGH, B. v. 25.4.1983 – 4 TH 12/83 – BRS 40 Nr. 166).

35.1   Im Geltungsbereich eines qualifizierten Bebauungsplans bietet das bauplanungsrechtliche Gebot der Rücksichtnahme (§ 15 Abs. 1 BauNVO) keine Grundlage zu einer einengenden Ergänzung sämtlicher Festsetzungen des Bebauungsplans. Es bezieht sich insbesondere nicht auf die planerischen Maßfestsetzungen, sondern nur auf die Vereinbarkeit der Art der baulichen Nutzung mit dem festgesetzten Gebietscharakter (OVG NRW, B. v. 21.2.2005 – 10 B 1269/04 – BRS 69 Nr. 89).

35.2   1. Aus § 15 Abs. 1 Alt. 2 BauNVO ergibt sich eine Obliegenheit des Bauherrn, die Lärmbetroffenheit einer geplanten Wohnnutzung durch zumutbare Maßnahmen zu vermindern und insbesondere durch die Gestaltung der Außenwohnbereiche sowie durch die Standortwahl innerhalb des Grundstücks auf die Lärmwirkungen einer benachbarten Anlage Rücksicht zu nehmen (BVerwGE 109, 314 [323] = NVwZ 2000, 1050).
2. Die zeitliche Priorität einer bestehenden lärmemittierenden Anlage begründet eine besondere Pflichtigkeit des später heranrückenden Wohnbauvorhabens; fehlt es an entsprechender Rücksichtnahme, so ist das Vorhaben baurechtlich unzulässig und kann in einem späteren Konfliktfall prinzipiell keinen Schutz beanspruchen (vgl. BVerwGE 109, 314 = NVwZ 2000, 1050). (BayVGH, B. v. 26.11.2004 – 22 ZB 04.2269 – NVwZ 2005, 532).

35.3   § 15 Abs. 1 BauNVO enthält nicht nur das Gebot der Rücksichtnahme, sondern vermittelt auch einen Anspruch auf Aufrechterhaltung der typischen Prägung eines Baugebiets (im Anschluss an BVerwGE 94, 151/161, BVerwG, B. v. 13.5.2002, Fundst. § 3 Rn 20.2.).

Zweiter Abschnitt: **Maß der baulichen Nutzung**

§ 16 Bestimmung des Maßes der baulichen Nutzung

(1) Wird im Flächennutzungsplan das allgemeine Maß der baulichen Nutzung dargestellt, genügt die Angabe der Geschossflächenzahl, der Baumassenzahl oder der Höhe baulicher Anlagen.

(2) Im Bebauungsplan kann das Maß der baulichen Nutzung bestimmt werden durch Festsetzung
1. der Grundflächenzahl oder der Größe der Grundflächen der baulichen Anlagen,
2. der Geschossflächenzahl oder der Größe der Geschossfläche, der Baumassenzahl oder der Baumasse,
3. der Zahl der Vollgeschosse,
4. der Höhe baulicher Anlagen.

(3) Bei Festsetzung des Maßes der baulichen Nutzung im Bebauungsplan ist festzusetzen
1. stets die Grundflächenzahl oder die Größe der Grundflächen der baulichen Anlagen,
2. die Zahl der Vollgeschosse oder die Höhe baulicher Anlagen, wenn ohne ihre Festsetzung öffentliche Belange, insbesondere das Orts- und Landschaftsbild, beeinträchtigt werden können.

(4) Bei Festsetzung des Höchstmaßes für die Geschossflächenzahl oder die Größe der Geschossfläche, für die Zahl der Vollgeschosse und die Höhe baulicher Anlagen im Bebauungsplan kann zugleich ein Mindestmaß festgesetzt werden. Die Zahl der Vollgeschosse und die Höhe baulicher Anlagen können auch als zwingend festgesetzt werden.

(5) Im Bebauungsplan kann das Maß der baulichen Nutzung für Teile des Baugebiets, für einzelne Grundstücke oder Grundstücksteile und für Teile baulicher Anlagen unterschiedlich festgesetzt werden; die Festsetzungen können oberhalb und unterhalb der Geländeoberfläche getroffen werden.

(6) Im Bebauungsplan können nach Art und Umfang bestimmte Ausnahmen von dem festgesetzten Maß der baulichen Nutzung vorgesehen werden.

BauNVO 1977: Allgemeine Vorschriften

(1) Soweit es erforderlich ist, im Flächennutzungsplan das allgemeine Maß der baulichen Nutzung darzustellen, genügt die Angabe der Geschossflächenzahl oder der Baumassenzahl nach Maßgabe des § 17. Im Flächennutzungsplan kann die Begrenzung der Höhe baulicher Anlagen dargestellt werden.

(2) Bei der Festsetzung des Maßes der baulichen Nutzung im Bebauungsplan sind die Vorschriften des § 17 einzuhalten. Das Maß der baulichen Nutzung wird bestimmt durch Festsetzung
1. der Geschossflächenzahl oder der Größe der Geschossfläche, der Baumassenzahl oder der Baumasse,
2. der Grundflächenzahl oder der Größe der Grundflächen der baulichen Anlagen und
3. der Zahl der Vollgeschosse.

Die Geschossfläche kann für jedes Vollgeschoss gesondert festgesetzt werden. Wird nach Nummer 1 die Geschossfläche oder die Baumasse festgesetzt, so sind auch die Grundflächen der baulichen Anlagen festzusetzen.

(3) Im Bebauungsplan kann die Höhe baulicher Anlagen zwingend, als Höchstgrenze oder als Mindestgrenze festgesetzt werden. Wird eine Höchstgrenze festgesetzt, so kann zugleich eine Mindestgrenze festgesetzt werden.

(4) Von einzelnen der in Absatz 2 Satz 2 genannten Festsetzungen kann abgesehen werden, wenn die getroffenen Festsetzungen zur Bestimmung des Maßes der baulichen Nutzung im Rahmen des § 17 ausreichen. Von der Festsetzung der Zahl der Vollgeschosse oder der Höhe baulicher Anlagen darf nicht abgesehen werden, wenn sonst öffentliche Belange, insbesondere die Gestaltung des Orts- und Landschaftsbildes, beeinträchtigt werden können.

(5) Im Bebauungsplan kann das Maß der baulichen Nutzung für Teile des Baugebiets oder für einzelne Grundstücke unterschiedlich festgesetzt werden.

§ 16

BauNVO 1968:

(1) Soweit es erforderlich ist, im Flächennutzungsplan das allgemeine Maß der baulichen Nutzung darzustellen, genügt die Angabe der Geschossflächenzahl oder Baumassenzahl nach Maßgabe des § 17.
(2) wie BauNVO 1977.
(3) Von einzelnen der in Absatz 2 Satz 2 genannten Festsetzungen kann abgesehen werden, wenn die getroffenen Festsetzungen zur Bestimmung des Maßes der baulichen Nutzung im Rahmen des § 17 ausreichen. Auf die Festsetzung der Zahl der Vollgeschosse darf jedoch nicht verzichtet werden, wenn dadurch die Gestaltung des Orts- und Landschaftsbildes beeinträchtigt werden kann.

BauNVO 1962:

(1) Soweit es erforderlich ist, im Flächennutzungsplan das allgemeine Maß der baulichen Nutzung darzustellen, genügt die Angabe der Geschossflächenzahl oder der Baumassenzahl nach Maßgabe des § 17.
(2) Bei der Festsetzung des Maßes der baulichen Nutzung im Bebauungsplan sind die Vorschriften des § 17 einzuhalten. Das Maß der baulichen Nutzung wird bestimmt durch Festsetzung
1. der Geschossflächenzahl oder der Baumassenzahl,
2. der Grundflächenzahl oder der Grundflächen der baulichen Anlagen und
3. der Zahl der Vollgeschosse.

(3) Von einzelnen der in Absatz 2 Satz 2 genannten Festsetzungen kann abgesehen werden, wenn die getroffenen Festsetzungen zur Bestimmung des Maßes der baulichen Nutzung im Rahmen des § 17 ausreichen. Auf die Festsetzung der Zahl der Vollgeschosse darf jedoch nicht verzichtet werden, wenn dadurch die Gestaltung des Orts- und Landschaftsbildes beeinträchtigt werden kann.

Erläuterungen

Übersicht

		Rn		
	1. Allgemeines zur Vorschrift	1	–	5
	a) Parameter für die Darstellung und Festsetzung	1		
	b) Verschiedene Städtebauliche Dichtebegriffe	2		
	c) Die Maßvorschriften der BauNVO	3		
Abs. 1	2. Allgemeines Maß der baulichen Nutzung im Flächennutzungsplan	6	–	15
	a) Zweck der Vorschrift	6	–	7
	b) Art der Darstellungsmöglichkeiten	8		
	c) Die Maßbestimmungsfaktoren	10	–	17
	aa) Die Geschossflächenzahl (GFZ)	10	–	12
	bb) Die Baumassenzahl (BMZ)	13		
	cc) Die Höhe baulicher Anlagen	14	–	15
Abs. 2	3. Maß der baulichen Nutzung im Bebauungsplan	18	–	38
	a) Eindeutige Bestimmung des Maßes durch verschiedene Maßbestimmungsfaktoren	19	–	23
	b) Einzelne Bestimmungsfaktoren und deren Alternativen	24	–	32
	aa) Relative Flächenwerte (Grundflächenzahl, Geschossflächenzahl, Baumassenzahl)	24	–	25
	bb) Absolute Flächenwerte	26	–	28
	cc) Höhenmaße	29	–	32
	c) Das Verhältnis der Festsetzungen zueinander und zu § 17	33	–	38
	aa) Das Verhältnis von GRZ (GR), GFZ (GF) und Z	33	–	34
	bb) Einhaltung der Obergrenzen des § 17 Abs. 1 bei den Maßfestsetzungen im B-Plan	35	–	38

§ 16

4.	Mindestfestsetzungen	41	–	46	**Abs. 3**
a)	Unverzichtbarkeit der Festsetzung der GRZ bzw. Grundfläche	41			**Nr. 1**
b)	Erforderlichkeit der Festsetzung der Z oder der Höhe baulicher Anlagen	42	–	46	**Nr. 2**
5.	Wirkungsweise und Variationsbreite der Festsetzungen	49	–	54	**Abs. 4**
a)	Festsetzung als Höchst- und Mindestmaß	49	–	50	**Satz 1**
b)	Festsetzung der Zahl der Vollgeschosse und der Höhe baulicher Anlagen als zwingend	51	–	54	**Satz 2**
6.	Unterschiedliches Maß der baulichen Nutzung im B-Plan	55	–	61	**Abs. 5**
a)	Allgemeines	55	–	57	
b)	Nachbarschützender Charakter von Festsetzungen des Maßes der baulichen Nutzung	58	–	59.5	
aa)	Nachbarschutz bei einzelnen Bestimmungsfaktoren	58	–	58.2	
bb)	Nachbarschützender Charakter der Zahl der Vollgeschosse und der Höhe baulicher Anlagen	59	–	59.1	
cc)	Konkurrenzverhältnis zwischen Rücksichtnahmegebot und Abstandflächenrecht beim Nachbarschutz	59.2	–	59.5	
c)	Unterschiedliche Festsetzung für Teile von baulichen Anlagen	60			
d)	Festsetzung unterhalb der Geländeoberfläche	61			
7.	Ausnahmen im B-Plan	62	–	68	**Abs. 6**
a)	Allgemeines	62	–	64	
b)	Art und Umfang der Ausnahmen	65	–	66	
c)	Zulassung der Ausnahmen im Einzelfall	67	–	68	

Schrifttum zu den §§ 16–23

Albers	Wohndichte und Geschossfläche, StadtBauwelt 1964, 44
Boeddinghaus	Bestimmung der Zahl der Vollgeschosse im Geltungsbereich alter Bebauungspläne, BauR 1990, 435
–	Bauplanungsrechtliche und bauordnungsrechtliche Bestimmung der Geländeoberfläche zur Bestimmung der Höhe baulicher Anlagen und Zahl der Vollgeschosse, BauR 1991, 4
–	Zum Verhältnis der unterschiedlichen Festsetzungen eines Bebauungsplans zueinander, ZfBR 1990, 168
–	Zur Bestimmung der Zahl der Vollgeschosse, BauR 1991, 4
–	Tagesbelichtung als Umweltbelang im Spannungsfeld zwischen bauordnungsrechtlichen und bauplanungsrechtlichen Regelungen, UPR 1991, 281
–	Einschränkung der gemeindlichen Planungshoheit bei der Festsetzung des Maßes der baulichen Nutzung, BauR 1997, 1
–	Gartenhofhäuser, BauR 1997, 387
–	Einzelhäuser, Doppelhäuser und Hausgruppen, BauR 1998, 15
Bunzel	Die neue Baunutzungsverordnung, DÖV 1990, 230
Dürr	Der baurechtliche Nachbarschutz gegenüber Stellplätzen und Garagen, BauR 1997, 7

§ 16   1, 2

Frommhold	Bauwörterbuch 1967
Grabe	Strukturprinzip planungsrechtlicher Normen, BauR 1989, 256
–	Gebäudearten – Bauplanungsrechtliche Begriffe und Festsetzungsmöglichkeiten nach § 22 Abs. 2 BauNVO, BauR 1991, 530
–	Bauplanungsrechtliche Hausformen im Sinne des § 22 Abs. 2 BauNVO, BauR 1998, 20
Jäde	Planungshoheit contra Dachgeschossausbau?, UPR 1992, 88
Krupinski	Dichteprobleme der Regional- und Stadtplanung in Nordrhein-Westfalen, Stadtbauwelt 1974, 56
Mampel	Nachbarschutz durch das Abstandflächenrecht und das Gebot der Rücksichtnahme – Anmerkungen zu einem scheinbar geklärten Konkurrenzverhältnis –, ZfBR 1997, 227
Sarnighausen	Zum Bauen auf nicht überbaubaren Flächen, UPR 1994, 330
–	Das dynamische Vollgeschoss, BayVBl. 1986, 169
–	Zur Schutzwürdigkeit im Baunachbarrecht, NVwZ 1996, 110
Uechtritz	Bauplanungsrechtliche Konsequenzen der Änderung des Vollgeschossbegriffs in den Bauordnungen der Länder, BauR 1986, 172

(s. auch unter Schrifttum allgemein; zur Geschichte der Maßfestsetzungsart seit 1960 weitere Literaturhinweise in der 9. Aufl.)

1. Allgemeines zur Vorschrift

1 a) **Parameter für die Darstellung und Festsetzung.** Nach § 5 Abs. 2 Nr. 1 BauGB kann im FN-Plan für die Bauflächen und Baugebiete das allgemeine Maß der baulichen Nutzung dargestellt werden. Im B-Plan kann nach § 9 Abs. 1 Nr. 1 BauGB das Maß der baulichen Nutzung festgesetzt werden. Entspr. der Ermächtigung in § 9a Nr. 1 Buchst. b) BauGB enthalten die §§ 16–21a die für die Berechnung und Bemessung des Maßes erforderlichen Parameter und (Grenz-)Werte. § 16 enthält verschiedene Instrumente zur Darstellung und Festsetzung des Maßes in den Bauleitplänen, § 17 die dabei von der Gemeinde einzuhaltenden Obergrenzen, §§ 18–21a enthalten Vorschriften zur Ermittlung des konkreten Maßes der baulichen Nutzung im Einzelfall sowie die dabei anzuwendenden Anrechnungsregeln.

Das **Maß der baulichen Nutzung** ist ein den Städtebau entscheidend prägendes Element. Das für die jeweilige örtliche Situation angemessene bzw. vertretbare Maß der baulichen Nutzung ist unter Berücksichtigung der in § 1 Abs. 6 BauGB aufgeführten Belange zu bestimmen, insbes. der allgemeinen Anforderungen an gesunde Wohn- und Arbeitsverhältnisse, der Erhaltung, Erneuerung und Fortentwicklung vorhandener Ortsteile, der Gestaltung des Orts- und Landschaftsbildes, der Berücksichtigung der erhaltenswerten Ortsteile, Straßen und Plätze von geschichtlicher, künstlerischer oder städtebaulicher Bedeutung sowie des Umweltschutzes, vor allem des Bodenschutzes.

2 b) **Verschiedene Städtebauliche Dichtebegriffe.** Die städtebauliche Entwicklung und Ordnung kann durch verschiedene Dichtebegriffe charakterisiert werden. Es kommt darauf an, welche Funktion dem jeweiligen Begriff zugeordnet wird. Für die großräumige Landes- und Regionalplanung stellt die *Bevölkerungsdichte* (= Zahl der Einwohner/km² Fläche) oder die *allgemeine Siedlungsdichte* (Einwohner/ha Fläche) das entscheidende Kriterium dar. Für kleinere Planungsräume wird durch die *spezielle Siedlungsdichte* (auch als Bruttowohndichte bezeichnet) das Verhältnis von Einwohner/ha Bruttobauland (= Bauland einschl. der zur Erschließung dienenden öffentlichen und privaten Verkehrs- und Grünflächen) angegeben. Wegen des unterschiedlichen Anteils von Verkehrs- und Grünflächen an der Gesamtfläche eignet sich die Bruttowohndichte zur Grobplanung von Siedlungsbereichen ohne spezielle Verkehrs- und Grünflächenplanung; sie ist jedoch kein exakter Maßstab für die qualitative Beurteilung eines Baugebiets. Erst durch die *Nettowohndichte,* die das Verhältnis von Einwohner/ha Nettobauland (in Deutschland = Summe aller Baugrundstücke *ohne* öffentliche Flächenanteile) darstellt, könnte ein Baugebiet oder Gebiet i. S. v. § 34 BauGB charakterisiert werden (*Albers,* Stadtbauwelt 1964, 44; *Liese,* Bundesgesundheitsblatt 1966, 89). Die Ermittlung einer solchen Dichte würde jedoch sehr umfangreiche aufwendige Flächenermittlungen erfordern. Weitere die städtebauliche Entwicklung und Ordnung sowie die Funktion von Gebieten beeinflussende Bestimmungsgrößen sind z. B. die *Arbeitsplatzdichte* in Handel, Gewerbe und Dienstleistungen oder – den großflächigen Einzelhandel betreffend – die *Größe der Verkaufsflächen* oder das *Verhältnis von Verkaufsflächen* zur Zahl der zu versorgenden Bevölkerung.

c) **Die Maßvorschriften der BauNVO.** Gesetz- und VOgeber haben keinen der o. a. Begriffe mit mehr oder weniger dynamischem Inhalt verwendet, sondern in Fortentwicklung des früheren Landesrechts zur Kennzeichnung der städtebaulichen Dichte lediglich exakt zu bestimmende *Maßvorschriften für Gebäude* bzw. *bauliche Anlagen* vorgesehen. Den tatsächlich darin ablaufenden Funktionen werden solche Maßbestimmungen nicht immer gerecht, was z. B. bei den großflächigen Einzelhandelsbetrieben (Verkaufsfläche als wirksame Größe) und dem Wohnungsstandard (Geschossflächenanteil/Einwohner) deutlich wird. Somit beschränkt sich die städtebauliche Kontrollgröße auf das Maß der **baulichen** Nutzung, das im mathematischen Sinn exakt durch die drei Dimensionen Länge × Breite (= Fläche) × Höhe bestimmt wird. Als Produkt der drei Dimensionen ergibt sich ein Raumkörper, die bauliche Anlage, das Gebäude, deren Gesamtsumme bezogen auf die Flächeneinheit die *städtebauliche Dichte* oder *Bebauungsdichte* darstellt. Sie wird durch die Geschossflächenzahl (GFZ) oder die Baumassenzahl (BMZ) gekennzeichnet. Das Maß der baulichen Nutzung muss also stets durch **drei Dimensionen** bestimmt werden; *nur zwei Dimensionen* (z. B. Länge mal Breite = Fläche) reichen dafür nicht aus; diese würden nur ein *Maß der Flächennutzung* ergeben (s. Rn 21, 22). **3**

entf. **4–5**

2. **Allgemeines Maß der baulichen Nutzung im Flächennutzungsplan (Abs. 1)**

a) **Zweck der Vorschrift.** Bereits im FN-Plan kann die Darstellung eines allgemeinen Maßes der baulichen Nutzung im Grundsatz zweckmäßig sein (s. jedoch Rn 7). So können mit der Planung von Bauflächen oder Baugebieten schon frühzeitig grundsätzliche Überlegungen nicht nur über deren Wohn- oder Arbeitsplatzdichte, sondern auch schon über deren Bebauungsdichte angestellt werden. Diese Angaben können z. B. Bedeutung für Art und Umfang der notwendigen Folgeeinrichtungen haben; sie können als Anhalt für Planungen und Maßnahmen der öffentlichen Planungsträger und Träger öffentlicher Belange dienen. In den Ländern, in denen die Ziele der Raumordnung und Landesplanung entsprechende Daten enthalten, können allgemeine Maßanga- **6** ben im FN-Plan u. U. Bedeutung für die Ziele der Raumordnung und Landesplanung haben. Die unmittelbare Umsetzung landesplanerischer Dichteangaben (Zielzahlen) in den FN-Plan ist wegen unterschiedlicher Planungsgegenstände und Maßstäbe sowie fehlender Umrechnungsregeln jedoch nicht möglich und im Hinblick auf die Planungshoheit der Gemeinden auch nicht durchsetzbar; insoweit ist eine *Anpassung* des *allgemeinen Maßes* der baulichen Nutzung im FN-Plan an Ziele der Raumordnung nach § 1 Abs. 4 BauGB 98 bzw. § 4 Abs. 1 ROG 98 nach diess. A. kaum möglich.

7 Die Darstellung des allgemeinen Maßes der baulichen Nutzung im FN-Plan hat im Verhältnis zur Frühzeit der Bauleitplanung in den 1970er Jahren stark an Bedeutung verloren; die ursprüngliche Vorstellung des Gesetz- und VOgebers einer stufenweisen Entwicklung in den Bauleitplänen vom Allgemeinen in ein spezielleres Maß der baulichen Nutzung war nicht realistisch.

Solche Maßangaben haben sich insbes. beim »Entwickeln« von B-Plänen eher als hinderlich denn als nützlich erwiesen und häufig unnötige Erschwernisse zur Folge gehabt. So hat z. B. das OVG Berlin (U. v. 14.1.1994 – 2 A 9.91 – UPR 1994, 319) entschieden, dass eine erheblich über das im FN-Plan dargestellte Maß der baulichen Nutzung hinausgehende Festsetzung von Baukörpern im B-Plan regelmäßig eine Verletzung des Entwicklungsgebots nach § 8 Abs. 2 BauGB ist, wenn die Voraussetzungen für eine Überschreitung der Obergrenzen des § 17 Abs. 1 nicht vorliegen.

Es wäre daher bei der letzten Novellierung 1990 auch zu überlegen gewesen, auf das Instrument des allgemeinen Maßes der baulichen Nutzung im FN-Plan zu verzichten. Mit Rücksicht auf den Bestand an FN-Plänen wurde das Instrument zwar beibehalten, aber so flexibel und unverbindlich gestaltet, dass die Gemeinde davon in beliebiger Form Gebrauch machen kann, *ohne* es anwenden zu *müssen*.

Bei bestimmten Planungszielen kann es im Einzelfall gleichwohl angebracht sein, im FN-Plan für begrenzte Bereiche das allgemeine Maß der baulichen Nutzung darzustellen. So enthält z. B. der Einzelhandelserlass NW die Empfehlung, bei Darstellung eines SO-Gebiets nach § 11 Abs. 3 neben der erforderlichen Zweckbestimmung (z. B. »Sondergebiet – Großflächige Einzelhandelbetriebe«) die Geschossflächenzahl als wichtiges Kriterium anzugeben und, um Auswirkungen der zulässigen Vorhaben besser beurteilen zu können, auch die vorgesehene Gesamtgeschossfläche darzustellen.

8 **b) Art der Darstellungsmöglichkeiten.** Für die Darstellung des allgemeinen Maßes führt § 16 Abs. 1 die zweckmäßigen Parameter beispielhaft, nicht abschließend auf. Das geht aus dem Wort »genügt« hervor. Andere Maßbestimmungsfaktoren wie Zahl der Vollgeschosse (Z) oder die Grundflächenzahl (GRZ) sind damit nicht ausgeschlossen aber unzweckmäßig. Eine Bindung an die Obergrenzen des § 17 besteht nicht.

9 entf.

10 **c) Die Maßbestimmungsfaktoren. – aa) Die Geschossflächenzahl (GFZ).** Der Begriff ist in § 20 Abs. 1 definiert. Der Maßstab für das allgemeine Maß der baulichen Nutzung im FN-Plan ist derselbe wie für das Maß der baulichen Nutzung im B-Plan. Die GFZ im FN-Plan ist aber eine Vorgabe für den B-Plan ohne unmittelbare Rechtswirkung für den Einzelnen.

11 § 8 Abs. 2 BauGB, der vorschreibt, dass der B-Plan aus dem FN-Plan zu entwickeln ist, gilt grds. auch für das Entwickeln des Maßes der baulichen Nutzung aus dem allgemeinen Maß der baulichen Nutzung. Abs. 1 enthält jedoch keinen Hinweis auf den Charakter des allgemeinen Maßes der baulichen Nutzung, z. B. ob es sich dabei um Höchst- bzw. Grenzwerte handelt, die durch die Festsetzungen des B-Plans nicht überschritten werden dürfen, oder ob das allgemeine Maß nur einen Mittelwert darstellt, der von den B-Plänen seiner Bezugsfläche im Rahmen einer Kompensation jeweils unter- bzw. überschritten werden kann. Einen Sinn hat die Darstellung der GFZ im FN-Plan nur als Darstellung von **Mittelwerten** (so auch *Förster*, § 16 Anm. 1a) für die Bebauungsdichte der jeweiligen Bezugsflächen, etwa, um damit bereits in einem frühen Planungsstadium überschlägliche Aussagen zur städtebaulichen Entwicklung zu machen, die im Hinblick auf die Folgemaßnahmen (z. B. Infrastruktureinrichtungen, Verkehrsanlagen, Ver- und Entsorgungsanlagen) nicht nur für die Gemeinde selbst, sondern auch für die Träger öffentlicher Belange von Interesse sind. Die GFZ im FN-Plan lässt Rückschlüsse auf die mit der *baulichen* Nutzung einhergehende *tatsächliche* Nutzung zu. So kann z. B. aus geplanten Einwohner- oder Arbeitsplatzdichten anhand von Erfahrungswerten auf die sich daraus ergebenden Durchschnittswerte für die GFZ geschlossen werden und umgekehrt (Näheres hierzu s. *Fickert/Fieseler*, 5. Aufl. § 16 Rn 7 und 8 m. w. N.). Z. B. kann aus der GFZ abgeleitet werden, ob eine Wohnbaufläche/ein Wohngebiet für eine niedriggeschossige »Landhaus«-Bebauung (GFZ z. B. 0,1) oder für eine hochgeschossige Blockbebauung (GFZ z. B. 1,2) vorgesehen ist.

Die GFZ im FN-Plan ist daher nicht als verbindlicher Höchst- oder Grenzwert für das konkrete Maß der baulichen Nutzung beim Entwickeln des B-Plans aus dem FN-Plan nach § 8 Abs. 2 BauGB geeignet; als Mittelwert kann sie nur einen groben Anhalt für die konkrete B-Planung abgeben. Folgerichtig wurde die früher bestehende Bindung des allgemeinen Maßes der baulichen Nutzung an § 17 durch die ÄndVO 1990 aufgehoben. Keine Bedenken bestehen dagegen, anstelle des *einen* Mittelwertes zur Verdeutlichung eines größeren Planungsspielraumes *zwei* Werte als Ober- und Unterwert darzustellen (z. B. GFZ = 0,6–1,0; vgl. *Förster*, § 16 Anm. 1c), insbes., wenn bei Aufstellung des FN-Plans für einzelne Bereiche noch konkretere B-Planung im Auge gefasst ist. Für die notwendige größere Flexibilität im FN-Plan spricht die Überlegung, dass Bauflächen und insbes. Baugebiete im FN-Plan auch Grünflächen und sonstige unbebaubare Grundstücke umfassen, die im B-Plan nicht Baugrundstücke werden.

bb) Die Baumassenzahl (BMZ): Der Begriff ist in § 21 näher erläutert. Die BMZ kann alternativ anstelle der GFZ oder – falls erforderlich – ggf. auch kumulativ mit der GFZ in gewerblichen oder Sonder-Bauflächen oder in Gewerbe-, Industrie- bzw. Sonder-Gebieten in Betracht kommen. Die Beschränkung auf die o. a. Gebiete usw. geht aus der Tabelle in § 17 Abs. 1 hervor. Die Ausführungen zur GFZ (Rn 10) gelten entspr.

cc) Die Höhe baulicher Anlagen. Sie ist ein selbständiges, gleichwertiges Darstellungselement neben der GFZ und BMZ. Der Begriff ist in § 18 näher geregelt.

Die Darstellung der *Höhe baulicher Anlagen* im FN-Plan kann dazu dienen, in höhenempfindlichen Situationen, insbes. zur Berücksichtigung anderer Belange wie des Umweltschutzes und der Gestaltung des Orts- und Landschaftsbildes, frühzeitig auf eine verträgliche Höhenentwicklung der Bebauung hinzuwirken. Dabei kann sowohl eine obere Grenze der Bebauung (z. B. die Begrenzung der Höhe in Bauschutzbereichen nach dem LuftVG oder zur Freihaltung von Richtfunkstrecken, z. B. »bis zu einer Höhe von 120,00 m über NN«) als auch ein absolutes Höhenmaß (z. B. »bis zu 12,00 m Höhe über der maßgeblichen Geländeoberfläche«) dargestellt werden. Die Darstellung ist – anders als die der GFZ und BMZ – nicht als Mittelwert zu verstehen, sondern hat eine Schutzfunktion i. S. einer Höhenbegrenzung.

Die Darstellung ist nicht auf Gebäude beschränkt; sie kann alle baulichen Anlagen und somit z. B. auch Masten, Antennenträger, Schornsteine, Türme und Reklameeinrichtungen betreffen. Die Darstellung ist – anders als die GFZ und BMZ – nicht nur auf Bauflächen und Baugebiete beschränkt, sondern kann für jeden Bereich des Gemeindegebiets erfolgen, in dem bauliche Anlagen zugelassen werden können, also auch für den Außenbereich. In diesem Fall gilt eine Darstellung der Höhe baulicher Anlagen als öffentlicher Belang nach § 35 Abs. 3 BauGB, der einem »sonstigen« Vorhaben im Außenbereich nach § 35 Abs. 2 entgegengehalten werden kann. Im Übrigen hat eine im FN-Plan dargestellte Höhe baulicher Anlagen **keine unmittelbare Rechtswirkung** gegenüber dem Einzelnen, kann also in den Fällen der §§ 30, 33 und 34 BauGB nicht zur Ablehnung von Baugesuchen herangezogen werden. Die Höhe der baulichen Anlagen im FN-Plan hat nur Signalwirkung gegenüber anderen Verfahren und entfaltet eine Bindungswirkung nur beim Entwickeln der B-Pläne nach § 8 Abs. 2 BauGB.

Die Bezugsfläche, für die die Darstellung gilt, ist eindeutig zu bezeichnen. Zulässig ist auch eine Darstellung der Höhe baulicher Anlagen zusätzlich zur GFZ oder BMZ. Die Gemeinde ist nicht daran gehindert, auch einen anderen Höhenmaßstab anzuwenden, z. B. die **Zahl der Vollgeschosse** (Z; s. § 20 Abs. 1), wenn sie es für erforderlich hält, eine derartige Regelung bereits so frühzeitig zu treffen. Die Darstellung einer **Untergrenze für die Höhe** (bejahend noch *Förster*, § 16 Anm. 1a) dürfte dem Sinn der Vorschrift kaum entsprechen. Die schon nach der BauNVO 1977 mögliche Begrenzung der Höhe baulicher Anlagen wurde in den FN-Plänen schon zur Vermeidung unnötiger Bindungen des B-Plans an den FN-Plan allerdings auch früher kaum angewandt.

16–17 entf.

3. Maß der baulichen Nutzung im Bebauungsplan (Abs. 2)

18 Abs. 2 ist 1990 wesentlich umgestaltet worden und muss im Zusammenhang mit Abs. 3 gesehen werden. Der Unterschied der Neufassung des Abs. 2 gegenüber der BauNVO 1977 besteht vor allem darin, dass Abs. 2 BauNVO 1990 *die Wahl* der erforderlichen Bestimmungsfaktoren *der Gemeinde überlässt*, während Abs. 2 Satz 2 BauNVO 1977 die *Bestimmung des Maßes* durch gemeinsame Festsetzung aller drei Bestimmungsfaktoren *vorschrieb*. Der Einleitungssatz von Abs. 2 der ÄndVO 1990 macht als »Kann-Vorschrift« die Wahlmöglichkeit deutlich. Während nach Abs. 4 der BauNVO 1977 von einzelnen Bestimmungsfaktoren abgesehen werden konnte, wenn die getroffenen Festsetzungen zur Bestimmung des Maßes der baulichen Nutzung ausreichten, schreibt Abs. 3 der ÄndVO 1990 bestimmte Mindestfestsetzungen aus den Bestimmungsfaktoren vor, und zwar stets die GRZ oder die Größe der Grundfläche aus ökologischen Gründen sowie unter bestimmten Voraussetzungen die Zahl der Vollgeschosse oder die Höhe baulicher Anlagen. **Im Ergebnis** hat sich durch diese Umkehrung der Festsetzungsmethode gegenüber der BauNVO 1977 **nichts geändert.**

19 a) **Eindeutige Bestimmung des Maßes durch verschiedene Maßbestimmungsfaktoren.** Dem Satzungscharakter des B-Plans als Ortsrecht entsprechend, muss das Maß der baulichen Nutzung, insbes. bei einer unterschiedlichen Festsetzung nach Abs. 5 (s. Rn 56) **eindeutig bestimmt** sein; denn seine Festsetzungen sind Grundlage z. B. für die Baugenehmigung oder die Ermittlung von Erschließungsbeiträgen (§ 131 Abs. 2 Nr. 1 BauGB).

20 Abs. 2 enthält einen Katalog von 4 jeweils unter einer Nummer aufgeführten **Maßbestimmungsfaktoren,** mit deren Hilfe das Maß der baulichen Nutzung durch Festlegung deren Abmessungen (Dimensionen) bestimmt werden *kann*. Innerhalb einzelner Maßbestimmungsfaktoren sind Alternativen aufgeführt; anstelle der GRZ in Nr. 1 kann die Größe der Grundfläche (GR) oder anstelle der GFZ in Nr. 2 die Größe der Geschossfläche (GF) festgesetzt werden. Die in Nr. 2 zusätzlich aufgeführte BMZ kann durch die Größe der Baumasse ersetzt werden. Dieser Maßbestimmungsfaktor kommt nur für GE- und GI-Gebiete sowie bestimmte sonstige SO-Gebiete in Betracht (s. § 17 Abs. 1, Sp. 4 der Tabelle); erforderlichenfalls kann die BMZ bzw. Größe der Baumasse (BM) in diesen Gebieten zusätzlich zur GFZ/Größe der Geschossfläche festgesetzt werden, insbes., wenn in solchen Baugebieten sowohl Geschossbauten als auch Hallen ohne Geschosseinteilung errichtet werden. Die in Nr. 3 aufgeführte Zahl der Vollgeschosse (Z) und die in Nr. 4 aufgeführte Höhe baulicher Anlagen (H) sind an sich alternative Festsetzungen zur dritten Dimension; sie können jedoch – bei Erfordernis – auch kumulativ festgesetzt werden. Andere als die abschließend aufgeführten Faktoren sind nicht zulässig (so auch *Boeddinghaus/Dieckmann*, § 16 Rdn. 14, 15); sie wären zur Bestimmung des Maßes der *baulichen Nutzung* auch ungeeignet.

So ist z. B. die **Verkaufsfläche** (von Einzelhandelsgroßbetrieben) ein **Maßfaktor**, aber nicht für die *bauliche* Nutzung. Das OVG NW hat im U. v. 17.1.1994 – 11 A 2396/90 – (DÖV 1994, 880 = UPR 1994, 359 = StGR 1994, 187) Festsetzungen der Z mit einem Zusatz »+ *1 DG*«, d. h. »*Zahl der VG sowie ein VG im Dachraum als Höchstgrenze*« sowie »*+ 1 HG*«, d. h. »*Zahl der VG sowie ein Hanggeschoss als Höchstgrenze*« wegen mangelnder Ermächtigungsgrundlage in § 16 Abs. 2 für nichtig erklärt. Auch für eine Festsetzung »*II ~*«, nach der ein zweites Vollgeschoss – wenn es gebaut werden soll – nur im Dachraum eines Gebäudes errichtet werden darf, gibt das Bauplanungsrecht eine Ermächtigung nicht her (OVG NW, B. v. 30.7.1992 – 11 a B 885/92 NE – NVwZ-RR 1993, 126; im gleichen Sinn BVerwG, B. v. 5.7.1991 – 4 NB 22.91 – n. v.). Dagegen hält der VGH BW (U. v. 12.9.1994 – 8 S 1031/94 – BauR 1995, 209) eine Festsetzung der Zahl der Vollgeschosse mit »*I + I DG*« für zulässig, wenn zugleich die Gebäudehöhe festgesetzt werde, weil damit nur eine bestimmte Gebäudehöhe, nicht aber die Zulässigkeit eines zweiten Vollgeschosses nur im Dachgeschoss vorgeschrieben werde. Insoweit unterscheide sich der B-Plan von dem B-Plan, der Gegenstand des B. des OVG NW v. 30. 7. 92 – 11 a B 885/92. NE war. Die im Widerspruch zum OVG NW stehende Entscheidung vermag nicht zu überzeugen. Der VGH BW gibt durch seine Begr. selbst zu erkennen, dass die Festsetzung »+ I DG« in diesem Fall nicht erforderlich war. Abgesehen von der mangelnden Ermächtigung dürfte sie auch deshalb nichtig sein. Die Zahl der Wohnungen und damit die Wohnungsdichte sind keine Elemente des Maßes der baulichen Nutzung (vgl. BVerwG, B. v. 9.3.1993 – 4 B 38.93 – NVwZ 1993, 1100 = BRS 55 Nr. 170; VGH BW, B. v. 28.9.1995 – 8 S 2436/95 – BRS 57 Nr. 63).

Zur *eindeutigen Bestimmung* des Maßes der baulichen Nutzung ist stets eine **dreidimensionale Maßfestsetzung** erforderlich, d. h. es müssen Baukörper bzw. der umbaute Raum durch die Fläche (= 2 Dimensionen) und die Höhe festgesetzt werden. Dafür reichen i. d. R. zwei Bestimmungsfaktoren aus, z. B. **21**

a) GRZ (altern. GR) und Z (altern. H),
b) GRZ (altern. GR) und GFZ (altern. GF).

Die weiteren möglichen Kombinationen von GFZ (altern. GF) und Z (altern. H) sowie BMZ (altern. BM) und H sind nicht zulässig, weil die GRZ (altern. GR) nach Abs. 3 stets festgesetzt werden muss.

Eine nur *zweidimensionale* Festsetzung (z. B. nur der Fläche) reicht zur Bestimmung des Maßes der *baulichen* Nutzung nicht aus, weil damit nur ein Maß der *Flächennutzung* zustande kommen würde. Eine *Überbestimmung* des Maßes der baulichen Nutzung durch gleichzeitige Festsetzung zusätzlicher für die Eindeutigkeit nicht erforderlicher Maßbestimmungsfaktoren ist unschädlich, wenn sich daraus kein Widerspruch ergibt, auch wenn z. B. das mathematische Produkt aus GRZ und Z mit der zusätzlich festgesetzten GFZ nicht übereinstimmt. Dies bedeutet dann nicht etwa eine fehlende Bestimmtheit der Festsetzungen, sondern nur, dass einer der die bauliche Nutzung »umhüllenden« Maßfaktoren nicht voll ausgenutzt werden kann. **22**

Das Maß der baulichen Nutzung kann mittelbar zwar auch durch Festsetzung von Z i. V. m. der *überbaubaren Grundstücksfläche* durch allseitige Baulinien bzw. Baugrenzen eindeutig bestimmt werden; die überbaubare Grundstücksfläche ist aber keine Festsetzung für das *Maß* der baulichen Nutzung. Aus ihr lässt sich die GR, nicht dagegen die GRZ oder die GFZ bzw. die BMZ ableiten. Die Festsetzung der Z allein ohne vorgeschriebene weitere Festsetzung der GRZ oder GR ist keine ausreichende *Maßfestsetzung* im Rahmen des § 17 und daher unwirksam (vgl. OVG NW, U. v. 16.8.1995 – 7a D 154/95. NE – NVwZ 1996, 923). Bei der Festsetzung von Z. i. V. m. der überbaubaren Grundstücksfläche kommt ein qualifizierter B-Plan i. S. d. § 30 BBauG nicht zustande, womit z. B. eine notwendige Voraussetzung für die Umlegung nach § 45 BBauG nicht erfüllt ist. Dadurch kann insbes. bei kleinen Grundstücken oder Veränderungen von Grundstücksgrenzen (Teilungen, Umlegung) eine Überschreitung der zulässigen GRZ- bzw. GFZ-Werte des § 17 eintreten. Eine ausreichende Maßfestsetzung durch die Planzeichnung ist allerdings auch durch die Verbindung der Baulinien/Baugrenzen mit eingeschriebenen Maßen möglich, mit der ausdrücklichen Festsetzung, dass die so festgesetzte Fläche vollständig überbaubar ist. Eine Festsetzung dieser Art ist in Rn 27, Nr. 3 beschrieben.

23 Zur eindeutigen Bestimmung des Maßes der baulichen Nutzung gehört ferner die **Bestimmung des Charakters** der jeweiligen Festsetzung, damit die beabsichtigte Wirkung zweifelsfrei erkennbar wird. I. d. R. werden die in Abs. 2 aufgeführten Bestimmungsfaktoren mit ihrer Festsetzung **Höchstmaße** für die bauliche Nutzung, so dass es dafür einer besonderen Festsetzung nicht bedarf. Dies ergibt sich aus § 19 Abs. 1, § 20 Abs. 2, § 21 Abs. 1 (» ... gibt an, wie viel ... zulässig sind«) und für die Z bzw. die Höhe baulicher Anlagen aus § 16 Abs. 4 sowie aus den entspr. Planzeichen der Anlage zur PlanzV (Anh. 2). Nach **Abs. 4** kann für einzelne Festsetzungen jedoch zugleich auch ein **Mindestmaß** mit der Wirkung eines Spielraumes (von-bis-Werte) festgesetzt werden; die Z bzw. H kann alternativ zum Höchstmaß auch **als zwingend** festgesetzt werden.

24 b) Einzelne Bestimmungsfaktoren und deren Alternativen. – aa) Relative Flächenwerte **Grundflächenzahl** (GRZ) (s. § 19 Abs. 1). Sie dient der Einhaltung einer Mindestfreifläche auf den Baugrundstücken und gibt als relativer Wert das Verhältnis der zulässigen Grundfläche zur jeweiligen Grundstücksfläche an. Sie hat eine regulative Bedeutung in den Baugebieten, insbes. um die Beziehung des Wohnens, aber auch des Arbeitens zu den Flächen außerhalb von baulichen Anlagen auf dem Grundstück sicherzustellen. Unter Berücksichtigung des in § 1 Abs. 6 BauGB enthaltenen Belanges des Umweltschutzes kommt der GRZ auch eine ökologische Bedeutung zu; dies wird an der Unverzichtbarkeit auf die GRZ nach § 16 Abs. 3 Nr. 1 sowie der Änderung des § 19 Abs. 4 durch die ÄndVO 1990 deutlich. Da der B-Plan keine Grundstücksgrenzen festsetzt, hat eine festgesetzte GRZ auch keine unmittelbare Auswirkung auf eine bestimmte Größe der zulässigen Grundfläche im Einzelfall. Diese ergibt sich vielmehr erst aus der konkreten Grundstücksgröße, aus der die zulässige Grundfläche mittels der GRZ errechnet wird. Dies führt zu unterschiedlich großen Grundflächen auf unterschiedlich großen Baugrundstücken. Die nach der GRZ zulässige Grundfläche kann u. U. wegen einer Einengung durch vorgehende Festsetzungen (z. B. nach den §§ 22 und 23) oder andere Vorschriften (z. B. Abstandsregelungen nach Bauordnungsrecht) nicht voll ausgenutzt werden.

25 Die **Geschossflächenzahl** (GFZ) (s. § 19 Abs. 1) oder in GE-, GI-Gebieten bzw. SO-Gebieten auch die **Baumassenzahl** (BMZ) (s. § 20 Abs. 2) ist im B-Plan ebenso wie im FN-Plan (s. Rn 10–12) das entscheidende Kriterium der städtebaulichen Dichte. Gegenüber dem vor dem Erlass der BauNVO 1962 in den BauOen der Länder (vgl. PrBauO) enthaltenen starren Maßsystem ist durch die Freigabe der Zahl der Vollgeschosse, für die es mit Ausnahme der WS- und Wochenendhausgebiete keine Höchstgrenze gibt, eine größere Flexibilität in Anpassung an Forderungen eines neuzeitlichen Städtebaues erzielt worden. Der Einhaltung der GFZ und BMZ kommt dadurch erhöhte Bedeutung zu. Über sie wird außer über die GRZ mittelbar auch ein weiteres für die städtebauliche Hygiene wichtiges Maß, nämlich der **Freiflächenanteil je Einwohner** (FF/E) gesteuert. Dieses Maß ist ein objektiver Maßstab für die Qualität von Wohngebieten und gibt an, wie viel m² unbebauter Grundstücksfläche auf einen Einwohner entfällt. Der FF/E ist abhängig zum einen von der GRZ, jedoch auch von der GFZ, der Geschossfläche je Einwohner (GF/E), die mit steigendem Wohnungsstandard und absinkender Wohnungsbelegungsdichte ansteigt und beim heutigen Zuschnitt der Wohnungen zwischen 25–35 m² GF/E liegt, sowie von der Zahl der Vollgeschosse. Die Geschossflächenzahlen der

BauNVO sind – auch nach der ÄndVO 1990 – so abgestimmt, dass in Wohngebieten trotz steigender Geschosszahlen der FF/E etwa gleich bleibt und einen Mindestwert nicht unterschreitet (so bereits *Albers*, StadtBauwelt 64, 44; *Gerberding-Wiese*, Dissertation, aaO.; *Schöning/Wolff*, § 17 Abs. 1).

Beispiel: Bei einer mittleren Geschossfläche von 30 m² je Einwohner beträgt der Freiflächenanteil je Einwohner nach der Formel

$$FF/E = \frac{Z \cdot GF/E - GF/E}{GFZ}$$
$$Z$$

bei gleich großen Geschossen:

(Z)	6	5	4	3	2	1
GFZ[1]	1,2	1,1	1,1	1,0	0,8	0,5
FFe/E in m²	20,0	21,5	19,7	20,0	22,5	30,0

Bei größerer Wohnungsbelegungsdichte bzw. niedrigerer GF/E fällt, bei niedriger Wohnungsbelegungsdichte bzw. größerer GF/E steigt auch der FF/E.

bb) Absolute Flächenwerte **26**
Größe der Grundflächen der baulichen Anlagen (GR), Größe der Geschossfläche (GF), Baumasse (BM): Mit den als Alternativen zur GRZ, GFZ oder BMZ möglichen Maßbestimmungsfaktoren sind *nicht* die *Abmessungen* der baulichen Anlagen nach Länge, Breite oder Kubus sowie ihre Lokalisierung an bestimmter Stelle des B-Plans i. S. d. »überbaubaren Grundstücksfläche« durch Baulinien oder Baugrenzen wie nach § 23 Abs. 1, sondern nur *absolute Größenwerte* ohne räumlichen Bezug gemeint. Dies ergibt sich aus dem seit 1968 in Nrn. 1 und 2 enthaltenen Wort *Größe*. Für die Baumasse bedurfte es eines solchen Wortzusatzes nicht, weil zu diesem Begriff Missverständnisse ausgeschlossen sind. Mit der Festsetzung der GR bzw. GF oder BM können die sich bei der GRZ, GFZ oder BMZ aus den unterschiedlichen Grundstücksgrößen ergebenden Nachteile (Rn 24) vermieden werden. Damit kann die Gemeinde absolute Werte unabhängig von den unterschiedlichen Grundstücksgrößen bestimmen. In welcher Weise die GR, GF oder die BM im B-Plan festzusetzen ist, ist weder in der BauNVO noch in der PlanzV bestimmt. Naheliegend ist es, die GR und GF in m², die BM in m³ festzusetzen. Hierfür gibt es mehrere Möglichkeiten:

1. Die Größe der GR bzw. GF wird allgemein für die *einzelne bauliche Anlage* einheitlich **27**
festgesetzt. Z.B. kann festgesetzt werden, dass in einem Baugebiet keine bauliche Anlage eine bestimmte GR (z.B. 150 m²) und eine bestimmte GF (z.B. 350 m²) nicht überschreiten darf. Diese Festsetzung ist unabhängig von Grundstücksgrößen und -grenzen, überbaubaren Grundstücksflächen und der Zahl der baulichen Anlagen auf einem Grundstück und setzt keine Detailplanung i. S. eines »Baukörperplanes« voraus. Sie kann in erster Linie als Vorsorgeplanung zur Erzielung einer guten Gestaltung des Orts- oder Landschaftsbildes dienen und verhindern, dass zu große Baukörper, die nicht in das Ortsbild passen, errichtet werden (vgl. die sinngemäße Regelung in § 10 Abs. 3 für die Wochenendhäuser; s. auch Begr. zur ÄndVO 1968, BR-Drucks. 402/68).
2. Die Festsetzungsmöglichkeit kann auch derart verstanden werden, dass die Größe der GR bzw. GF nicht auf die einzelne Anlage, sondern auf die *Summe* aller *baulichen Anlagen* auf *einem* Baugrundstück bezogen wird; d.h., durch die Festsetzung wird all-

---
1 Entspr. den Werten des § 17 Abs. 1 BauNVO 1977.

§ 16 Abs. 2 27.1–29

gemein die Größe des durch die Anlagen überbaubaren Flächenanteils der Baugrundstücke in m² einheitlich bestimmt. Dadurch werden innerhalb dieses Höchstwertes die Anzahl der baulichen Anlagen und deren räumliche Anordnung auf dem Grundstück nicht festgelegt. Trotz unterschiedlich großer Grundstücke darf jeder Bauwillige in diesem Falle nur höchstens die (einheitlich) festgesetzten Quadratmeter GR oder GF je Baugrundstück überbauen bzw. errichten.

3. Eine besondere Festsetzung der Größe der GR und GF für *bestimmte* Baukörper zur Erzielung *bestimmter* städtebaugestalterischer Planungsabsichten ist i. V. m. der Festsetzung der überbaubaren Grundstücksflächen durch Baugrenzen und der Zahl der Vollgeschosse möglich. Sie bildet die weitestgehende Bindung der Grundstückseigentümer durch den B-Plan. Von dieser Festsetzung sollte aber nur bei Vorliegen besonderer städtebaulicher Gründe Gebrauch gemacht werden. Im Allgemeinen kann dem Anliegen der besonderen städtebaulichen Gestaltung bereits durch die Festsetzung der die Gebäude umschließenden Baulinien oder Baugrenzen i. V. m. der Festsetzung der Z entsprochen werden. Tritt als Maßfestsetzung eine GRZ bzw. GFZ hinzu, die mehr Baukubus gewährt, als durch die überbaubaren Grundstücksflächen und die Z zulässig ist, können die GRZ bzw. GFZ nicht ausgenutzt werden. Umgekehrt können bei einer GRZ bzw. GFZ, die einen geringeren Baukubus als die überbaubaren Grundstücksflächen und die Z zulassen, die letzteren nicht voll ausgenutzt werden. Im Idealfall stimmt die Ausnutzung durch beide Festsetzungen überein.

27.1 Der BayVGH hat im U. (13.4.2006 – 1 N 04.3519 – BauR 2006, 2012) einen B-Plan für unwirksam erklärt, u. a. weil die Festsetzung der absoluten Werte für die Grundfläche nur für »Hauptgebäude« gelten sollte und die sonst zulässige Grundfläche damit nicht bestimmt war. Deswegen könne die Anrechnungsregel von § 19. Abs. 4 BauNVO nicht vollzogen werden, was eine Unwirksamkeit der Regelung zur Folge habe.

28 Werden überbaubare Grundstücksflächen durch Grundstücksgrenzen geteilt, kommt es dabei auf den einzelnen, meist verschieden großen Grundstücken mit z. T. unterschiedlich großen überbaubaren Grundstücksflächen (z. B. Hausgruppen s. § 22 Rn 6) zu unterschiedlichen Nutzungsmaßen oder unzweckmäßigen Grundstücksteilungen (vgl. *Boeddinghaus*, § 16 Rdn. 49). Durch Festsetzung individueller, jeweils auf die festgesetzten überbaubaren Grundstücksflächen bezogener, absoluter Größenwerte für die GR bzw. GF können diese Schwierigkeiten vermieden werden.

Dabei kann einmal durch Text festgesetzt werden, dass die GR gleich dem Flächeninhalt der überbaubaren Grundstücksflächen ist, wobei es einer besonderen Angabe der Größe der GR nicht bedarf, diese sich unmittelbar aus der überbaubaren Grundstücksfläche ergibt. Auch bei Teilungen der überbaubaren Grundstücksflächen durch Grundstücksgrenzen oder infolge einer Umlegung wirft diese Festsetzungsart keine besonderen Probleme auf, weil der Umlegungsausschuss nur durch die überbaubaren Flächen, nicht dagegen durch sonstige Bindungen gebunden wird. Die andere Festsetzungsart durch Angabe von Quadratmetern führt zu Schwierigkeiten, weil es kaum möglich erscheint, diese Festsetzung im Hinblick auf noch unbekannte Teilungen oder Grundstücksveränderungen infolge einer Umlegung so zu treffen, dass sie dann mit den geteilten überbaubaren Grundstücksflächen harmoniert. Die sich hier anbietende Lösung, die Quadratmeterfestsetzung als Quotient der überbaubaren Grundstücksflächen anzugeben (z. B. »die zul. Grundfläche beträgt 0,8 der überbaubaren Grundstücksfläche«; vgl. noch *Boeddinghaus/Franßen/Rohde*, § 16 Rdn. 57), bietet zwar den Vorteil, dass auch bei Teilungen in unterschiedlich große Grundstücke sich eine der beabsichtigten städtebaulichen Gestaltung entsprechende sinnvolle Bebauung erreichen lässt; die Formulierung »Größe der« Grundfläche deckt aber diese Auslegung nicht (so auch *Förster*, § 16 Anm. 2b bb, *Bielenberg*, § 16 BauNVO, Rdn. 14). Der frühere nur den Begriff »Grundfläche« enthaltene Wortlaut war jedenfalls umfassender und würde auch diese Auslegung decken. Diese Ausführungen gelten sinngemäß für die Größe der Geschossfläche.

29 cc) **Höhenmaße.** Zahl der Vollgeschosse (Z), Höhe baulicher Anlagen (H) sind alternative Maßbestimmungsfaktoren der dritten Dimension zur Bestimmung der Höhenentwicklung der baulichen Anlagen. Während die Z nur für Gebäude zutrifft, lässt sich mit der H die Höhenentwicklung aller baulichen Anlagen genau bestimmen. Die Anwendung des **Vollgeschosses** als Bestimmungsfaktor für das Maß der baulichen Nutzung hat den Nachteil, dass Vollgeschosse unterschiedlich hoch sein können, der Vollgeschossbegriff zudem (weiterhin) Gegenstand des Landesrechts, d. h. bundesrechtlich nicht geregelt worden ist. Wegen des länderweise z. T. unterschiedlichen Inhalts des Begriffs Vollgeschoss und der unterschiedlichen Regeln für die Anrechnung anderer Geschosse auf die Vollgeschosse ergeben sich auch länderweise unterschiedliche Höhenmaße bei derselben festgesetzten Z. Probleme bei der Anrechnung anderer Geschosse auf die Z ergeben sich insbes. in stark hängigem Gelände mit z. T. mehreren tagesbelichteten Unter- bzw. Kellergeschossen. In § 20 Abs. 1 BauNVO 1990 ist ebenso wie in § 18 BauNVO 1977 zum Vollgeschoss auch nur auf die landesrechtlichen Regelungen verwiesen (zur Problematik der bauordnungsrechtlichen und bauplanungsrechtlichen Bedeutung des Vollgeschossbegriffs s. *Uechtritz*, BauR 1986, 172 und § 20 Rn 2–7).

30 Angesichts dieser Probleme ist bei der ÄndVO 1990 gefordert worden, der Bund solle auf die Z als Maßbestimmungsfaktor verzichten und statt dessen nur die genauere und einfacher zu handhabende **Höhe baulicher Anlagen** für die dritte Dimension belassen. Zusammen mit der Festsetzung der GRZ ergebe sich dadurch ein eindeutig bestimmbares Maß der baulichen Nutzung. Wegen der verbreiteten Anwendung der Z im Städtebaurecht als für die städtebauliche Entwicklung und Ordnung wichtiger Maßbestimmungsfaktor und im Hinblick auf den großen Bestand alter B-Pläne hat der VOgeber trotz und unter Inkaufnahme dieser Bedenken auf die Z jedoch nicht verzichtet. Zur Berücksichtigung der o. a. Bedenken ist die H in Abs. 2 Nr. 4 als selbständiger Bestimmungsfaktor herausgehoben worden. Eine Änderung materiellen Rechts ist damit nicht verbunden. Die H kann selbstverständlich auch kumulativ zur Z festgesetzt werden, wobei die jeweils engere Festsetzung greift (z. B. »Z = 5, höchstens aber H = 15 m«).

31 Die **Höhe der baulichen Anlagen** ist in m über im B-Plan zu bestimmenden Bezugspunkten festzusetzen (s. § 18 Abs. 1). Die Höhenangabe kann sich nach Nr. 2.8 PlanzV 90 auf die Traufhöhe (TH), die Firsthöhe (FH) oder allgemeiner auf die Oberkante (OK) der baulichen Anlagen oder auf Teile der baulichen Anlagen beziehen. Unter **Traufhöhe** ist i. A. die Schnittkante zwischen den Außenflächen des aufgehenden Mauerwerks und der Dachhaut zu verstehen, unabhängig davon, in welcher Höhe sich die eigentliche Traufe (unterster Punkt der ggf. überstehenden Dachhaut) und/oder die Traufrinne befinden (OVG Münster, U. v. 28.8.1975 – XI A 1081/74 – BRS 29 Nr. 103; U. v. 12.2.1975 – X A 352/73 – BRS 29 Nr. 102; U. v. 29.3.1983 – VII A 2583/81 – BRS 40 Nr. 108; OVG RhPf, B. v. 12.1.1983 – 1 A 69/82 – BRS 40 Nr. 109 = BauR 1983, 353). Eine derartige einheitliche Bestimmung der Traufkante ist schon im Hinblick auf die unterschiedliche Baugestaltung der baulichen Anlagen erforderlich. Für Gebäude mit Flachdächern ohne First und »Traufe« wird zweckmäßig die Oberkante (OK) Gebäude oder z. B. Hauptgesims festgesetzt. Da die Festsetzung der Höhe der Gebäude keine nutzungsrechtliche, sondern eine städtebaulich-gestalterische Festsetzung ist, wäre es wenig sinnvoll, etwa die Höhe OK der obersten Geschossdecke festzusetzen, wenn darüber hinaus noch höhere Bauteile vorgesehen sind (z. B. eine »Attika«), die die Gestaltung des Straßenraumes wesentlich bestimmen.

Ist die Traufhöhe festgesetzt, so gilt diese Festsetzung nicht z. B. für einen Mobilfunkmast, ein solcher Mast ist von der Traufhöhenfestsetzung nicht betroffen (OVG RhPf, B. v. 13.1.2004 – 6 B 11939/03.OVG – n. v.).

Die Festsetzung einer höchstzulässigen »Hauptgesimshöhe« ist unbestimmt und daher nichtig, weil sich diesem Begriff ein handhabbarer Normgehalt nicht entnehmen lässt (OVG NW, U. v. 10.2.2006 – www.justiz.nrw.de).

§ 16 Abs. 2

32 Der **untere Bezugspunkt** der Höhe der baulichen Anlagen ist eindeutig zu bestimmen. Nach Nr. 2.8. der Anlage zur PlanzV 90 geschieht dies durch Bezug auf NN (mittlere Höhe des Meeresspiegels) oder auf eine andere Bezugsebene, z. B. den Gehweg. Werden im B-Plan die *Höhenlagen der baulichen Anlagen* (§ 9 Abs. 2 BauGB) z. B. durch Angabe der Höhe der Oberkante des Erdgeschossfußbodens oder die Höhenlage der anbaufähigen *Verkehrsflächen* (§ 9 Abs. 2 BauGB) festgesetzt, kann bei der Höhe der Gebäude hierauf Bezug genommen werden. Bei *steigenden Straßen* kann die Höhe entweder allgemein parallel zur (festgesetzten) Höhenlage der Straßenachse oder besser in Stufen, dann jedoch nur i. V. m. einem Baukörperplan für einzelne Gebäude oder -gruppen festgesetzt werden. Die in der früheren DIN 18003 empfohlene *natürliche Geländehöhe* eignet sich wegen ihrer Unbestimmtheit nicht als Bezugsebene, zumal sie insbes. in GI-Gebieten durch die Außenanlagen meist verändert wird. Statt dessen kann auch die im *Einzelfall festgelegte Geländeoberfläche* (§ 21a Rn 27) als eindeutig bestimmte horizontale oder geneigte Bezugsebene bestimmt werden. In komplizierten Fällen empfiehlt es sich, dem B-Plan Schnittzeichnungen beizugeben, aus denen die Höhenfestsetzungen eindeutig zu entnehmen sind.

33 c) **Das Verhältnis der Festsetzungen zueinander und zu § 17.** – aa) **Das Verhältnis von GRZ (GR), GFZ (GF) und Z:** Nach den Begriffsbestimmungen für die GRZ/GR (§ 19 Abs. 1, 2) und GFZ/GF (§ 20 Abs. 2, 3) ist die Geschossfläche einer baulichen Anlage das Produkt aus deren Grundfläche und Z. Entspr. errechnet sich die auf die Grundstücksfläche bezogene GFZ aus dem Produkt der GRZ und der Z.

Beispiel: Ein Gebäude mit einer Grundfläche von 400 m² und 2 Vollgeschossen hat eine Geschossfläche von 400 × 2 = 800 m². Bei einer Grundstücksgröße von 1.000 m² beträgt die GRZ 400 : 1.000 = 0,4 und die GFZ 800 : 1.000 = 0,8.

Die GRZ, Z und GFZ stehen in einem mathematischen Verhältnis zueinander, das bei der Festsetzung zu berücksichtigen ist. Im Idealfall stimmt eine festgesetzte GFZ mit dem Produkt aus Z und GRZ überein (s. Beispiel oben). In diesem Fall könnte auf die Festsetzung der GFZ verzichtet werden, weil Z und GRZ zur Bestimmung des Maßes ausreichen. Dies kann jedoch zu einer unvertretbar hohen GFZ führen.

34 Der VOgeber hatte deshalb in § 16 Abs. 2 BauNVO 1962, 1968 und 1977 i. d. R. auch eine Festsetzung der GFZ vorgesehen. In der Tabelle des § 17 Abs. 1 waren für die verschiedenen Geschosszahl Höchstwerte für die GFZ angegeben, die – auch wenn sie nicht festgesetzt wurden – nicht überschritten werden durften. Diese Höchstwerte entsprachen jedoch nicht in allen Fällen dem mathematischen Verhältnis, sondern blieben dahinter zurück. Da die GFZ die Bebauungsdichte entspr. einer städtebaulich vertretbaren Nettowohndichte kennzeichnet (s. Rn 6), waren sie aus städtebaulichen Gründen, insbes. der Sicherung gesunder Wohn- und Arbeitsverhältnisse, auf Erfahrungswerte begrenzt worden (*Gerberding-Wiese*, aaO.; *Albers*, aaO.). Bei Festsetzung aller drei Maßbestimmungsfaktoren entspr. den Höchstwerten des § 17 konnten deshalb nicht immer alle Festsetzungen ausgeschöpft werden. Dies hat in der Praxis der Baugenehmigung oft zu Missverständnissen geführt, war jedoch Absicht des VOgebers. Mit diesem Festsetzungssystem konnten bestimmte Gebäudeformen besser berücksichtigt werden, z. B. eine höhere Ausnutzung der unteren Geschosse (z. B. Hügelhäuser, Terrassenhäuser, »Breitfuß«) oder zurückgesetzte Staffelgeschosse.

35 bb) **Einhaltung der Obergrenzen des § 17 Abs. 1 bei den Maßfestsetzungen im B-Plan:** Die oben (Rn 34) dargelegten Probleme waren mit Anlass dafür, dass die Tabelle des § 17 Abs. 1 durch die **ÄndVO 1990** wesentlich vereinfacht wurde und damit auch die Festsetzungen nach § 16 erleichtert wurden. So ist der Bezug der Obergrenzen auf bestimmte Zahlen der Vollgeschosse entfallen; für die einzelnen Baugebietsgruppen sind nur noch einheitliche Werte für die GRZ und die GFZ unabhängig von einer Geschosszahl angegeben. Die Obergrenzen des § 17 Abs. 1 stehen in keinem mathematischen Verhältnis zueinander oder zu irgendwelchen Vollgeschosszahlen, sondern sind lediglich die aus der Sicht des VOgebers zur Gewährleistung der städtebaulichen Entwicklung und Ordnung unter Berücksichtigung der Belange des § 1 Abs. 6 BauGB noch vertretbaren Werte für die Bodenversiegelung und die städtebauliche Dichte. Diese Obergrenzen dürfen nach § 17 Abs. 1 bei der Bestimmung des Maßes der baulichen Nutzung nach § 16, auch wenn eine GFZ oder BMZ nicht festgesetzt ist, nicht überschritten werden.

36 Die **Verpflichtung zur Einhaltung der Obergrenzen des § 17** bei der Festsetzung nach § 16 hat als Adressaten **nur die planende Gemeinde**; sie richtet sich **nicht** – auch nicht mittelbar – **an den Bauherrn** als Antragsteller **im Baugenehmigungsverfahren**. Setzt die Gemeinde z. B. nur Z und GRZ unter Verzicht auf GFZ fest, so muss sie im Aufstellungsverfahren gewährleisten, dass die für das betreffende Baugebiet vorgeschriebenen Obergrenzen durch das Produkt von Z und GRZ nicht überschritten werden. So darf sie z. B. im WA-Gebiet (Obergrenzen GRZ = 0,4, GFZ = 1,2) bei einer GRZ von 0,4 nicht mehr als 3 Vollgeschosse festsetzen, weil durch das Produkt von Z × GRZ = 3 × 0,4 die zulässige Obergrenze für die GFZ von 1,2 bereits erreicht ist. Das ist nur von der Gemeinde im B-Plan-Verfahren zu berücksichtigen. Dabei ist es allerdings nicht üblich, dass ein wie auch immer gearteter Nachweis z. B. in die Begr. zum B-Plan aufgenommen wird; es genügt, wenn durch einfache Rechenoperation die Einhaltung der Obergrenzen ersichtlich wird. Von der Baugenehmigungsbehörde kann bei der Zulassung von Vorhaben jedenfalls kein Nachweis verlangt werden. Enthält z. B. ein B-Plan die Festsetzungen Z = 3 und GRZ = 0,4, jedoch keine GFZ, und erzielt ein Bauherr bei Einhaltung und geschickter Ausnutzung dieser Festsetzungen eine tatsächliche GFZ von 1,3, d. h. eine Überschreitung der zulässigen Obergrenze um 0,1, so ist dies kein Versagungsgrund. Das Vorhaben darf gem. § 30 BauGB nur nicht den Festsetzungen des B-Plans widersprechen. Solchen Maßvorschriften, die nicht im B-Plan festgesetzt worden und damit nicht rechtsverbindlich geworden sind wie hier die GFZ, widerspricht es nicht, auch wenn dabei die Obergrenzen des § 17 überschritten werden.

37 Die Obergrenzen sind unmittelbar nur für die *relativen* Werte GRZ, GFZ und BMZ angegeben; die Begrenzung gilt mittelbar jedoch auch für die entsprechenden *absoluten* Werte GR, GF oder BM, d. h. auch diese Größen müssten bei der Festsetzung so begrenzt werden, dass die sich aus den jeweiligen (ideellen) Grundstücksgrößen ergebenden GRZ, GFZ oder BMZ des § 17 eingehalten werden. Wie dies jedoch bereits bei der Festsetzung gewährleistet werden soll, hat der VOgeber auch durch die ÄndVO 1990 wie schon früher nicht bestimmt (vgl. *Fickert/Fieseler*, 5. Aufl. § 16 Rn 23). Bereits unter den in § 17 Abs. 2 und 3 genannten Voraussetzungen können die Obergrenzen im Rahmen sonstiger Vorschriften (Abstandsvorschriften, überbaubare Grundstücksflächen) überschritten werden. Aus der Tatsache, dass für die absoluten Werte in § 17 weder Obergrenzen noch sonstige Werte enthalten sind, kann geschlossen werden, dass aus § 17 dafür keine unmittelbaren Bindungen erwachsen (so auch *Boeddinghaus*, Planungsrecht, Nr. 81, aaO.; a. A. wohl *Förster*, § 16 Anm. 2a). Für die Bestimmung des Maßes der baulichen Nutzung reicht nach Abs. 3 die Festsetzung der absoluten Werte i. V. m. Z oder H bereits aus, so dass es weiterer Maßfaktoren (GRZ, GFZ, BMZ) nicht bedarf. *Genügt* danach bereits die Festsetzung nur der absoluten Werte, so werden im B-Plan die in § 17 Abs. 1 enthaltenen Obergrenzen nicht überschritten, selbst wenn – bei kleinen Grundstücken – die relativen Obergrenzen nicht eingehalten werden.

Denn der B-Plan setzt keine Grundstücksgrenzen fest; grundstücksbezogene Gegebenheiten können infolgedessen bei der abstrakten Festsetzung absoluter Werte keine Berücksichtigung finden.

38 Infolge des auch bei der ÄndVO 1990 nicht vollends zur Übereinstimmung gebrachten Verhältnisses von § 16 zu § 17 ist die Einhaltung der relativen Werte des § 17 bei Festsetzung der absoluten Werte nicht in allen Fällen gewährleistet (vgl. *Boeddinghaus/Dieckmann*, § 16 Rdn. 27; *Boeddinghaus*, BauR 1997, 1). Diese vom VOgeber wohl nicht gesehene »Lücke« im System der Festsetzungen kann nicht zu Lasten der Gemeinde und der Bauwilligen gehen. Die Einhaltung der Obergrenzen im B-Plan könnte z. B. gewährleistet werden, wenn die entspr. relativen Werte *zusätzlich* festgesetzt würden, so dass nur das kleinere von beiden Nutzungsmaßen voll ausgenutzt werden kann (z. B. »GFZ = 1,2; die zulässige Geschossfläche beträgt höchstens 500 m² je bauliche Anlage«). Diese zweckmäßige Kombination wird nach der Änderung des Abs. 2 in eine »Kann-Vorschrift« durch die ÄndVO 1990 für zulässig erachtet.

Eine weitere Möglichkeit besteht darin, dass z. B. die *Summe aller festgesetzten Grundflächen* eines Baugebiets zur *Gesamtfläche des Gebiets* in Bezug gesetzt wird, woraus sich die durchschnittliche GRZ ergibt, die mit § 17 zu vergleichen ist. Das Gleiche gilt für die Geschossfläche. Eine dritte Möglichkeit ist durch die gleichzeitige Festsetzung der Mindestgröße von Wohnbaugrundstücken nach (§ 9 Abs. 1 Nr. 3 BauGB) gegeben. Wird z. B. in einem WR-Gebiet die Größe der Grundfläche je Baugrundstück auf 150 m² festgesetzt, so müsste zur Einhaltung der in § 17 Abs. 1 angegebenen Obergrenze für die GRZ von 0,4 die Mindestgröße der Baugrundstücke auf 375 m² festgesetzt werden. Für die Festsetzung der Geschossfläche gilt dies entspr., jedoch ist durch die mit der ÄndVO 1990 kräftig angehobenen Geschossflächenzahlen in § 17 Abs. 1 das Problem insbes. in Wohngebieten weitgehend entschärft.

39–40 entf.

4. Mindestfestsetzungen (Abs. 3)

41 a) **Unverzichtbarkeit der Festsetzung der GRZ bzw. Grundfläche (Nr. 1).** Die **GRZ** oder als Alt. die **GR** ist nach Abs. 3 Nr. 1 **stets festzusetzen** (vgl. auch OVG NW, U. v. 16.8.1995 – 7a D 154/94 – NVwZ 1996, 923 = NWVBl. 1997, 265). Diese Verpflichtung entspricht der hervorgehobenen Bedeutung, die diesem Maßbestimmungsfaktor für die geordnete städtebauliche Entwicklung, insbes. unter dem verstärkt zu berücksichtigenden **Belang des Bodenschutzes** zukommt. Die durch die ÄndVO 1990 gegenüber der früheren Fassung engere Regelung soll vor allem die Bodenschutzklausel des § 1a Abs. 2 Satz 2 BauGB konkretisieren, mit der Absicht, die BauNVO stärker als früher an *ökologischen* Gesichtspunkten auszurichten. Auf die Festsetzung der GRZ oder GR darf auch dann nicht verzichtet werden, wenn die überbaubare Grundstücksfläche gem. § 23 BauNVO festgesetzt wird (BVerwG, B. v. 18.12.1995 – 4 NB 36.95 – UPR 1996, 153 = ZfBR 1996, 172 = BauR 1996, 353 = DVBl. 1996, 675 = BBauBl. 1996, 491 = NVwZ 1996, 849 = BRS 57 Nr. 25). Die unterschiedliche Zielsetzung einer Festsetzung nach § 16 Abs. 3 Nr. 1 einerseits und einer Festsetzung der überbaubaren Grundstücksfläche nach § 23 andererseits verpflichtet die Gemeinde, die öffentlichen und privaten Belange jeweils unterschiedlich abzuwägen. Aus diesem Grund kann – mag auch das Ergebnis ähnlich sein – nicht die eine Festsetzung durch die andere substituiert werden.

Die in der Praxis gelegentlich anzutreffende Methode, das Maß der baulichen Nutzung (den Kubus) nur durch die Zahl der Vollgeschosse (oder alternativ die Höhe baulicher Anlagen) und die überbaubare Grundstücksfläche (durch Baulinien bzw. Baugrenzen) festzusetzen, reicht nicht aus und verstößt gegen § 16 Abs. 3 Nr. 1.

So hat auch der BayVGH mit U. v. 29.8.1996 – 26 N 95.2983 – NVwZ 1997, 1016 Festsetzungen in einem B-Plan für nichtig erklärt, durch die die Errichtung eines 25 m hohen *Minaretts* als Zubehör zu einer vorhandenen Moschee einer muslimischen Gemeinde verhindert werden sollte. Die Gemeinde hatte auf dem betreffenden Grundstück die Firsthöhe für das Gebäude mit max. 12 m über Gelände sowie die überbaubare Fläche durch Baugrenzen festgesetzt, die entlang der Außenwände des bestehenden Gebäudes verliefen, so dass kein Minarett angebaut werden konnte. Nicht festgesetzt hatte die Gemeinde jedoch die nach § 16 Abs. 3 Nr. 1 zwingend vorgeschriebene Grundflächenzahl, woran der B-Plan in dem betreffenden Bereich scheiterte. Unzutreffend sind dagegen die Ausführungen des BayVGH, die Begrenzung der Firsthöhe sei unwirksam, weil sie, wenn sie als bauplanungsrechtliche Festsetzung verstanden werde, nicht den Vorgaben des § 9 Abs. 1 Nr. 1 BauGB i. V. m. §§ 16 f. BauNVO entspreche; denn in Nr. 2.8 der Anlage zur PlanzV 90 ist die Firsthöhe als Element des Maßes der baulichen Nutzung ausdrücklich aufgeführt und daher als Festsetzung zulässig.

Das Thür. OVG hat im U. v. 15.12.2004 – 1 N 92/00 – Thür. Blätter 2005, 89 einen B-Plan für nichtig erklärt, der für ein Sondergebiet lediglich die Größe der Geschossfläche und die Gebäudehöhe festgesetzt hatte, eine Grundflächenzahl oder die Größe der Grundfläche waren nicht festgesetzt.

b) Erforderlichkeit der Festsetzung der Z oder der Höhe baulicher Anlagen (Nr. 2). Nr. 2 soll sicherstellen, dass die Z oder alternativ die H festgesetzt wird, wenn ohne ihre Festsetzung öffentliche Belange, insbes. das Orts- und Landschaftsbild, beeinträchtigt werden können.

Ein Verzicht auf die Festsetzung der Z oder der H ist von der Gemeinde in pflichtgemäßer Ausübung ihres Planungsermessens zu prüfen. Dabei kommt es nicht darauf an, ob die fehlende Festsetzung im konkreten Einzelfall zu einer Beeinträchtigung führt, sondern es ist auf die *Möglichkeit* einer Beeinträchtigung abzustellen.

Öffentliche Belange, die beeinträchtigt werden können, sind neben dem beispielhaft aufgeführten Orts- und Landschaftsbild alle durch eine Höhenentwicklung berührten Belange, insbes. die Erhaltung, Erneuerung und Fortentwicklung vorhandener Ortsteile, die Belange des Denkmalschutzes und der Denkmalpflege sowie die erhaltenswerten Ortsteile, Straßen und Plätze von geschichtlicher, künstlerischer oder städtebaulicher Bedeutung (§ 1 Abs. 6 Nr. 4 und 5 BauGB), die Flugsicherheit, die Nachrichtenübermittlung sowie das Stadtklima (§ 1 Abs. 6 Nr. 7 BauGB).

Der Begriff »**Beeinträchtigung des Orts- und Landschaftsbildes**« beinhaltet eine geringere Abweichung von dem allgemein als »normal« oder üblich Empfundenen als die Begriffe »Störung« oder »Verunstaltung« (so auch *Förster*, § 16 Anm. 2 d). Es ist also nicht erforderlich, dass eine Verunstaltung zu befürchten ist, sondern bereits bei einer geringeren Einwirkungsmöglichkeit darf auf die Festsetzung von Z oder H nicht verzichtet werden.

Eine **Beeinträchtigung des Ortsbildes** durch Verzicht auf die Höhenfestsetzung wird insbes. in solchen Gemeinden anzunehmen sein, die ein »Ortsbild« entwickelt haben. Dies trifft nicht nur auf historische Orte zu; auch »neue« Orte und Ortsteile entwickeln häufig ein eigenes prägendes Ortsbild, auf das Rücksicht zu nehmen ist. Maßgebend für die Frage, ob ein Ortsbild durch Verzicht auf die Höhenfestsetzung beeinträchtigt werden kann, ist das Bestehen eines

»intakten« Ortsbildes, das auch von ästhetisch gebildeten Betrachtern als solches empfunden wird. In Gemeinden und Ortsteilen, die kein eigentliches Ortsbild aufweisen oder deren Ortsbild bereits weitgehend und nicht wieder herstellbar zerstört ist, wird eine Beeinträchtigung des Ortsbildes durch Verzicht auf die Höhenfestsetzung kaum noch in Betracht kommen.

Der **Begriff** »**Ortsbild**« ist umfassend und schließt auch das »Stadtbild« oder die »Stadtgestalt« (vgl. § 172 Abs. 3 BauGB) mit ein. Er betrifft nicht nur (kleinere) Orte, sondern Städte und Gemeinden jeder Größe und somit auch die Großstadt im Ballungsgebiet. Das Ortsbild ist nicht nur das äußere Erscheinungsbild – die »Silhouette« – der Stadt oder Gemeinde, sondern beinhaltet auch die äußere Erscheinung eines Stadt- oder Ortsteils, eines Straßenzuges, Platzes, einer zusammenhängenden Gebäudegruppe (»Ensemble«). Dabei muss es sich nicht in jedem Fall um Gebiete handeln, für die die Voraussetzungen zum Erlass einer Erhaltungssatzung (§ 172 BauGB) oder Denkmalbereichssatzung (nach Landesrecht) vorliegen (s. auch § 11 Rn 25.6).

46 Das **Landschaftsbild** ist für eine Beeinträchtigung in Bezug auf die bauliche Höhenentwicklung oft empfindlicher als das Ortsbild. Hierfür kann es schon genügen, dass eine Bebauung in der meist land- und forstwirtschaftlich genutzten Landschaft, insbes. hinsichtlich ihrer Höhenentwicklung als *wesensfremd* empfunden wird. Sie sollte sich i.d.R. dem Landschaftsbild ein- bzw. unterordnen und nicht hervorragen oder dominieren (OVG Münster, U. v. 2.6.1959, DVBl. 1959, 819; BVerwG, U. 30.4.1969 – IV C 63.68 – NJW 1970, 346).

Nicht jede sich nicht ein- oder unterordnende Bebauung muss schon eine Beeinträchtigung des Landschaftsbildes bedeuten. Im Zuge städtebaulicher Planungen kann u.U. eine höhere Bebauung ein (reizloses) Landschaftsbild beleben und es dadurch reizvoller machen. Bei dem nicht vermehrbaren Besitz an freier Landschaft muss dies jedoch die Ausnahme bleiben und bedarf dann gerade einer Festsetzung der Höhenentwicklung zur Erzielung einer bestimmten Wirkung auf die Steigerung der Landschaft. Im Regelfall müssen die der Erholung dienenden landschaftlichen Schönheiten im Interesse eines ungeschmälerten Naturgenusses möglichst unverändert bleiben, wozu bereits die Vorschriften des BNatSchG (als Rahmengesetz) die Grundlage bieten. In einer solch freien Landschaft werden weithin einsehbare Hochhausgruppen an herausgehobener Stelle i.d.R. als eine Beeinträchtigung der Gestaltung des Landschaftsbildes empfunden (s. auch § 11 Rn 25.61).

Für Industriegebiete und Sondergebiete nach § 11 ist die Festsetzung einer Z nicht angebracht. Auf die Festsetzung der *Höhe der baulichen Anlagen* in diesen Baugebieten *darf nicht* verzichtet werden, wenn sonst öffentliche Belange beeinträchtigt werden können. Da gerade GI-Gebiete oftmals eine erhebliche Höhenentwicklung aufweisen, werden bei ihrer Festsetzung i.d.R. öffentliche Belange berührt (so auch *Boeddinghaus*, ZfBR 1990, 168).

Z. B. können Kraftwerks-Kühltürme Höhen von mehr als 100 m erreichen. Die davon ausgehenden Dampfschwaden können eine von der Höhe solcher Anlagen abhängige ständige Verschattung von Nachbargrundstücken und die Veränderung des Kleinklimas bewirken. Großflächige Industriebetriebe (z.B. Raffinerien und chemische Werke) weisen i.A. viele Einzelschallquellen (Ventilatoren, Exhaustoren u.Ä.) auf, die oftmals an den baulichen Anlagen in großer Höhe angebracht werden müssen, so dass Schallschutzmaßnahmen durch Abschirmung unmöglich sind. Auch aus Immissionsschutzgründen kann daher die Kenntnis von der Höhenentwicklung solcher Baugebiete unerlässlich und ein Verzicht auf die Festsetzung der Höhe der baulichen Anlagen unzulässig sein.

entf.

5. Wirkungsweise und Variationsbreite der Festsetzungen (Abs. 4)

a) Festsetzung als Höchst- und Mindestmaß (Satz 1). Ein festgesetztes Höchstmaß für GF bzw. GFZ und Z bzw. H darf unterschritten werden. Es darf nachträglich in einem weiteren Bauabschnitt (z. B. durch Aufstockung) voll ausgenutzt werden, wenn andere festgesetzte Maße nicht überschritten werden (so auch *Förster*, § 17 Anm. 4 b). Der Nachweis, dass eine spätere volle Ausnutzung möglich ist (z. B. durch eine die Aufstockung schon berücksichtigende Fundamentierung) braucht beim ersten Bauabschnitt nicht geführt zu werden. Die Festsetzung als Höchstmaß fügt sich dem System der planungsrechtlichen Vorschriften, die allgemein den einschränkenden Rahmen bestimmen, innerhalb dessen die Baufreiheit gewährleistet ist, ein. Die Höchstmaßvorschrift ist von den Festsetzungsmöglichkeiten die in die Baufreiheit am wenigsten eingreifende Bestimmung und daher die Regel.

Die Festsetzung eines **Mindestmaßes** für die bauliche Nutzung ist – ebenso wie die zwingende Festsetzung nach Satz 2 (s. Rn 51) – ein Eingriff in die Baufreiheit und kann für den Eigentümer eine Härte bedeuten, z. B. wenn er für seine Bauabsicht nur ein geringeres Maß der baulichen Nutzung benötigt und eine tragbare Finanzierung für die Errichtung des (höheren) Mindestmaßes nicht ermöglicht werden kann. Unterschreitet ein Bauantrag ein festgesetztes Mindestmaß, kann er anders als bei einem Höchstmaß nicht genehmigt werden. Im Verhältnis zum Eigentum hat die Festsetzung eines Mindestmaßes eine mit der zwingenden Festsetzung der Z vergleichbare Wirkung, ist jedoch gegenüber dieser die mildere Form des Eingriffs in das Eigentum (*Förster*, § 17 Anm. 4 cc; *Bielenberg*, § 17 Rn 48); denn weil zugleich ein Höchstmaß festgesetzt werden muss, lässt die Festsetzung dem Eigentümer mehr Spielraum für die Gestaltung seiner Bauabsicht. So kann z. B. für die Z nach Nr. 2.7 der Anlage zur *PlanzV* als Zahl der Vollgeschosse III-V festgesetzt werden, d. h. es müssen mindestens 3, dürfen jedoch höchstens 5 Vollgeschosse errichtet werden.

Mit der 1990 neu eingeführten **Mindestgeschossfläche(-nzahl)**, d. h. für die GF/GFZ, soll neben einem Höchstmaß auch ein Mindestmaß, also ein einzuhaltender Rahmen, festgesetzt werden können. Diese Regelung ist aus Gründen des flächensparenden Bauens erforderlich, um eine Mindestausnutzung des vorgesehenen Maßes der baulichen Nutzung zu erreichen. Die Ausnutzung vorhandenen Baulands trägt zur Vermeidung von Neuausweisungen von Bauflächen bei. Diese Regelung berücksichtigt, dass das im B-Plan festgesetzte Maß der baulichen Nutzung in der Praxis oft nicht ausgeschöpft wird. Bei entspr. Festsetzung bleibt dem Bauherrn zwischen dem Höchst- und Mindestmaß eine ausreichende Bandbreite für die Verwirklichung seines Vorhabens erhalten. Im Übrigen ist die Festsetzung einer Mindest-Geschossfläche entbehrlich, wenn der Zweck auch durch andere Festsetzungen (z. B. über die Höchstmaße von Grundstücksgrößen gem. § 9 Abs. 1 Nr. 3 BauGB) erreicht werden kann (vgl. Begr. zur ÄndVO 1990, BR-Drucks. 354/89). Nicht aufgenommen wurde eine entspr. *Mindestmaß-Regelung* für die *Grundfläche(-nzahl)*, weil dafür kein Erfordernis besteht. Dem Anliegen des flächensparenden Bauens kann bereits durch die Festsetzung einer Mindest-Geschossfläche ausreichend Rechnung getragen werden. Im Übrigen würde eine Mindestgrundflächenzahl dem Ziel des Bodenschutzes zuwiderlaufen.

b) Festsetzung der Zahl der Vollgeschosse und der Höhe baulicher Anlagen als zwingend (Satz 2). Satz 2 ermöglicht, die Z und die H auch **als zwingend festzusetzen.** Die Formulierung » ... können *auch* als zwingend festgesetzt werden« bedeutet *nicht*, dass es sich dabei um eine *zusätzliche* Festsetzung neben der Festsetzung von Höchst- bzw. Mindestmaßen handelt; die Festsetzung nach Satz 2 ist nur eine *Alternative* zu Satz 1; denn eine kumulative Festsetzung sowohl eines Höchstmaßes als auch eines zwingenden Maßes wäre ein Widerspruch. Obwohl eine kumulative Festsetzung von Z und H als *Höchstmaß* zulässig ist (z. B. »Z = V, höchstens aber H = 15 m«; s. Rn 30), ist eine kumulative Festsetzung von Z und H *als zwingend* unzulässig, weil damit zugleich eine unzulässige Festsetzung der Geschosshöhe erfolgen würde; eine solche Festsetzung wäre auch im Hinblick auf die grundsätzlich als Alternativen zu verstehenden Maßfaktoren Z und H wenig sinnvoll.

52 Eine **als zwingend festgesetzte** Z oder H darf weder über- noch unterschritten werden. Damit ist diese Festsetzungsart als Gebotsvorschrift ein sehr weitgehender Eingriff in die Baufreiheit, der mit Art. 14 GG in Einklang stehen muss. Die Festsetzung kann für den Bauherrn eine Härte bedeuten, insbes., wenn er die zwingende Z oder H nicht ausnutzen will oder – aus finanziellen Gründen – nicht kann. Solche Bedenken müssen bei der Aufstellung des B-Plans als private Belange in die Abwägung nach § 1 Abs. 6 BauGB eingestellt und mit in die Prüfung einbezogen werden, ob die (aus der Begr. ersichtlichen) öffentlichen Belange einen solchen Eingriff in das Eigentum rechtfertigen. Ein vorsichtiger Gebrauch dieser Vorschrift ist daher anzuraten (*Förster*, § 17 Anm. 4 b). Für eine Höhenfestsetzung als zwingend sind demnach in erster Linie Gründe des Wohls der Allgemeinheit erforderlich.

53 Als solche Gründe kommen z. B. in Betracht die Erhaltung und Gestaltung des Ortsbildes (§ 1 Abs. 5 Satz 2 Nr. 4 BauGB), die Schließung von Baulücken, die Erzielung bestimmter Gestaltungsabsichten bei Neuplanungen, in Denkmalbereichen oder in erhaltenswerten Ortsteilen, Straßen und an Plätzen von geschichtlicher, künstlerischer oder städtebaulicher Bedeutung (§ 1 Abs. 5 Satz 2 Nr. 5 BauGB). Da i. d. R. stadtgestalterische Gesichtspunkte, z. B. die Übernahme von Gebäude- bzw. Gesimshöhen, Anlass für eine Höhenfestsetzung zwingender Art sein werden, sollte in erster Linie auch die *Höhe baulicher Anlagen* und nicht die Z festgesetzt werden. Die Festsetzung der Z wäre hingegen zweckmäßiger, wenn die Festsetzung der H zu nicht befriedigendem Ergebnis führen würde oder nur schwierig wäre, z. B. in Straßen mit starkem Gefälle und abgetreppter Randbebauung.

54 Die **Durchsetzung** einer als **zwingend festgesetzten** Z oder H wirft Probleme auf. Die Zulassung eines die Festsetzung unterschreitenden Vorhabens kann zwar versagt werden, die zur Errichtung beantragten Geschosse bzw. Teilhöhen sind damit materiell-rechtlich aber nicht unzulässig. Ein Vorhaben darf nämlich in mehreren Bauabschnitten errichtet werden. Hierzu können schon private Gründe (z. B. wirtschaftliche oder finanzielle Schwierigkeiten, Eigentumswechsel u. dergl.) zwingen. Wird ein die Z oder H unterschreitendes Vorhaben beantragt, sollte die Baugenehmigungsbehörde zunächst prüfen, ob das Gebäude in seinem *geplanten Endzustand* die zwingende Festsetzung einhält. Hierfür muss nachgewiesen werden, dass das Gebäude einschl. der Konstruktion für eine spätere Anpassung bzw. Aufstockung vorgesehen ist und statisch ausreicht. *Ein die festgesetzte Z oder H im Endzustand unterschreitendes nicht aufstockungsfähiges Vorhaben ist unzulässig.*

Erfordert das öffentliche Interesse die **Errichtung oder Anpassung** eines Gebäudes an eine als zwingend festgesetzte Z oder H **innerhalb einer bestimmten Frist** (z. B. im Rahmen einer städtebaulichen Sanierung), kann die Gemeinde ein **Baugebot** nach § 176 BauGB erlassen. Muss zuvor ein zur Anpassung bzw. Aufstockung nicht geeignetes Gebäude beseitigt werden, ist der Eigentümer dazu nach § 176 Abs. 5 BauGB verpflichtet. Die vorherige Erörterungs- und Beratungspflicht der Gemeinde nach § 175 Abs. 1 BauGB ist zu beachten. Ist eine Anpassung bzw. Aufstockung dem Eigentümer aus wirtschaftlichen Gründen nicht zuzumuten, hat die Gemeinde von dem Baugebot abzusehen (§ 175 Abs. 3 BauGB); ggf. kommt ein Übernahmeverlangen in Betracht (§ 175 Abs. 4 BauGB). Ist ein **Baugebot** angeordnet, dem der Eigentümer trotz wirtschaftlicher Zumutbarkeit nicht nachkommt, kann eine Enteignung verlangt werden (§ 85 Abs. 1 Nr. 5 BauGB). Die für die Zulässigkeit der Enteignung notwendigen Voraussetzungen dürften bei der aus zwingenden städtebaulichen Gründen (§ 88 BauGB) erforderlichen Schließung von Baulücken (§ 85 Abs. 1 Nr. 2 BauGB) vorliegen (zur hinreichenden Bestimmtheit eines Baugebots s. BVerwG, U. v. 15.2.1990 – 4 C 41.87 – ZfBR 3/1990 = DVBl. 1990, 576 m. Anm. von *Köhler*; zur Erforderlichkeit eines Baugebots s. BVerwG, B. v. 3.8.1989 – 4 B 70.89 – ZfBR 1989, 265; zur Durchsetzung eines Baugebots s. BVerwG, U. v. 15.2.1990 – 4 C 45.87 – DVBl. 1990, 583).

6. Unterschiedliches Maß der baulichen Nutzung im B-Plan (Abs. 5)

a) Allgemeines. Die Entwicklung der letzten Zeit hat zu einer immer differenzierteren und individuell gestalteten städtebaulichen Planung geführt, für die das Städtebaurecht auch die notwendigen Planungsinstrumente bereitstellen musste. Das BauGB hat dem bereits weitgehend Rechnung getragen. Die selbständig und ranglos nebeneinander aufgeführten Festsetzungsmöglichkeiten des § 9 BauGB sollen einer flexibleren Bauleitplanung dienen; frühere unnötige Bindungen und Einengungen sind dadurch beseitigt worden. § 9 BauGB lässt für besondere Nutzungszwecke unterschiedliche und individuelle Festsetzungen auf Einzelgrundstücken zu (z.B. in Abs. 1 Nr. 5, 9, 19, 22, 24, 25 sowie in Abs. 2 und 3). Die Änderungen durch das BauGB entsprechen den zwischenzeitlich gewandelten Auffassungen über die erforderliche größere Gestaltungsfreiheit bei der Planung. Dementsprechend musste auch der VOgeber das Instrumentarium flexibler gestalten und insbes. die bereits im BauGB vorgezeichneten Festsetzungsmöglichkeiten konkretisieren.

Das Maß der baulichen Nutzung kann auch **für Grundstücksteile** und **Teile baulicher Anlagen** unterschiedlich festgesetzt werden. Dabei ist klargestellt dass die Festsetzungen oberhalb und unterhalb der Geländeoberfläche getroffen werden können. Diese Regelungen beruhen auf § 9 Abs. 3 BauGB wonach Festsetzungen für übereinander liegende Geschosse und Ebenen und sonstige Teile baulicher Anlagen gesondert getroffen werden können und dies auch gilt, soweit Geschosse, Ebenen und sonstige Teile baulicher Anlagen *unterhalb* der Geländeoberfläche vorgesehen sind.

Die **zeichnerische Festsetzung des unterschiedlichen Maßes** muss eindeutig bestimmt erfolgen. Zur Abgrenzung kommen das Planzeichen 15.14 (»Perlenschnur«) der Anlage zur PlanzV sowie im Bereich der überbaubaren Flächen Baulinien (Planzeichen 3.4) oder Baugrenzen (Planzeichen 3.5) in Betracht (vgl. *Boeddinghaus/Dieckmann*, § 16 Rdn. 43; *Boeddinghaus*, ZfBR 1993, 161). Soweit das OVG NW im U. v. 30.1.1992 (– 11 A 208/89 – n. v.) noch Bedenken gegen die Verwendung von Baulinien und Baugrenzen zur Abgrenzung erhoben hatte, sind diese durch das U. des OVG NW v. 18.2.1993 (– 10 a D 171/91.NE – UPR 1993, 348) ausgeräumt. Auch wenn Baulinien und Baugrenzen keine Festsetzungsinstrumente des Maßes der baulichen Nutzung, sondern der überbaubaren Grundstücksfläche (§ 23) sind, ist es übertrieben, zusätzlich die Festsetzung der »Perlenschnur« zu fordern. Zur Eindeutigkeit der Abgrenzung z.B. der unterschiedlichen Z oder der H innerhalb der überbaubaren Flächen reichen Baulinien oder Baugrenzen völlig aus.

b) Nachbarschützender Charakter von Festsetzungen des Maßes der baulichen Nutzung. – aa) Nachbarschutz bei einzelnen Bestimmungsfaktoren. Nicht jede Norm des materiellen öffentlichen Baurechts ist potenziell nachbarschützend (BVerwG, U. v. 16.8.1983 – 4 B 94.83 – BauR 1983, 560); gegen OVG Münster, U. v. 10.9.1982 – 10 A 2296/79 – BRS 39 Nr. 174 = BauR 1983, 235 = NVwZ 1983, 414, das jeder Norm des materiellen öffentlichen Baurechts potenziell nachbarschützende Wirkung beimessen wollte (zum Nachbarschutz grds. s. Vorb. §§ 2 ff. Rn 22 f., 38). **Festsetzungen zum Maß der baulichen Nutzung** (GFZ und Z) **dienen regelmäßig nur öffentlichen städtebaulichen Belangen** (VGH BW, B. v. 11.1.1995 – 3 S 3096/94 – BauR 1995, 512 = BRS 57 Nr. 210). Anders als die Festsetzung von Baugebieten

§ 16 Abs. 5   58.1, 58.2

(vgl. BVerwG, U. v. 16.9.1993 – 4 C 28.91 – BVerwGE 94, 151 = BRS 55 Nr. 110 = BauR 1994, 223) haben die Vorschriften über das Maß der baulichen Nutzung grds. keine nachbarschützende Funktion (BVerwG, B. v. 23.6.1995 – 4 B 52.95 – DVBl. 1995, 1025 = UPR 1995, 396 = BauR 1995, 823 = VBlBW 1996, 12 = NVwZ 1996, 170 = NJW 1996, 1075 = BRS 57 Nr. 209).

In der Begr. führt das BVerwG dazu aus: »*Die Erwägungen, die den Senat in der Entscheidung vom 16.9.93, aaO., veranlasst haben, den Festsetzungen über die Art der baulichen Nutzung nachbarschützende Funktion unabhängig davon zuzusprechen, ob der Nachbar durch ein baugebietswidriges Vorhaben tatsächlich spürbar beeinträchtigt wird, lassen sich nicht in gleicher Weise auf die Festsetzungen über das Maß der baulichen Nutzung übertragen. Zwar gilt auch insoweit, dass der Nachbarschutz auf dem Gedanken des wechselseitigen Austauschverhältnisses beruht. ...Allerdings werden die Planbetroffenen durch die Maßfestsetzungen nicht in gleicher Weise zu einer ›Schicksalsgemeinschaft‹ verbunden, wie das der Senat für die Festsetzungen der Art der Nutzung angenommen hat. Das gilt vor allem für die Frage, ob der Nachbarschutz eine spürbare Beeinträchtigung im jeweiligen Einzelfall voraussetzt. Das hat der Senat für eine baugebietsfremde Nutzung deshalb grundsätzlich verneint, weil durch das baugebietswidrige Vorhaben, das zwar für sich gesehen noch nicht zu einer tatsächlich spürbaren und nachweisbaren Beeinträchtigung des Nachbarn führen mag, gleichwohl typischerweise eine ›schleichende‹ Verfremdung des Gebiets eingeleitet wird. Eine solche später nur schwer korrigierbare Entwicklung soll der Nachbar, der sich seinerseits an die Art der vorgeschriebenen Nutzung halten muss, rechtzeitig verhindern können. Mit dieser Situation sind Abweichungen von den Festsetzungen über das Maß der baulichen Nutzung nicht vergleichbar. Sie lassen in aller Regel den Gebietscharakter unberührt und haben nur Auswirkungen auf das Baugrundstück und die unmittelbar anschließenden Nachbargrundstücke. Zum Schutz der Nachbarn ist daher das drittschützende Rücksichtnahmegebot des § 31 Abs. 2 BauGB ausreichend, das eine Abwägung der nachbarlichen Interessen ermöglicht und den Nachbarn vor unzumutbaren Beeinträchtigungen schützt. Ein darüber hinausgehender, von einer realen Beeinträchtigung unabhängiger Anspruch des Nachbarn auf Einhaltung der Festsetzungen über das Maß der baulichen Nutzung kann dagegen dem Bundesrecht nicht entnommen werden.*«

Ob Festsetzungen zum Maß der baulichen Nutzung auch darauf gerichtet sind, dem Schutz des Nachbarn zu dienen, hängt vom Willen der Gemeinde als Planungsträger ab (BVerwG, B. v. 19.10.1995 – 4 B 215.95 – BauR 1996, 82 = NVwZ 1996, 888 = BRS 57 Nr. 219 = Mitt NWStGB 1995, 398). Der Wille des Plangebers, sie mit nachbarschützender Wirkung anzureichern, muss sich hinreichend deutlich aus dem B-Plan (Textteil, Begr., sonstige verlautbarte Absichtserklärungen) unter Berücksichtigung der konkreten Situation vor Ort ergeben (VGH BW, B. v. 11.1.1995 – 3 S 3096/94 – aaO.). Im Wesentlichen kommt das nur für die Zahl der Vollgeschosse und die Höhe baulicher Anlagen in Betracht (s. Rn 59–59.5). Die Festsetzungen über die Grundflächenzahl und Geschossflächenzahl sind grundsätzlich nicht nachbarschützend.

58.1   Die mit der Festsetzung der GRZ beabsichtigte Auflockerung des Baugebiets ist nicht dem Interesse des Nachbarn zu dienen bestimmt (*Dyong* in E/Z/B/K, § 31 Rdn. 143). Dem Bauherrn steht es insoweit frei, für die Ausnutzungsmöglichkeit seines Grundstücks diejenigen Teile des Grundstücks zu bestimmen, die ihm hierfür geeignet erscheinen. Etwa unerwünschte Folgen der insoweit zugelassenen Ausnutzung seines Grundstücks werden durch andere Festsetzungen, insbes. über die überbaubaren Grundstücksflächen (Baulinien, Baugrenzen, Bebauungstiefe), die Bauweise und die landesrechtlichen Abstandsflächen abgefangen (vgl. *Gelzer/Birk*, Bauplanungsrecht, Rdn. 996; OVG Bremen, B. v. 1.3.1989 – 1 B 5/89 – BRS 59 Nr. 191; *Schlichter* in Berl. Komm., Vorb. zu §§ 29–38 Rdn. 57 m.w.N.). Dasselbe gilt auch für die Festsetzung der Größe der Grundfläche und Größe der Geschossfläche.

58.2   In vereinzelten Ausnahmefällen ist auch der Festsetzung der **Geschossflächenzahl** nachbarschützende Wirkung beigelegt worden, z.B. in dem bei *Gelzer/Birk*, aaO. Rdn. 998 erwähnten Fall des OVG NW (U. v. 11.10.1977 – VII A 373/75 – BRS 32 Nr. 156 = BauR

1977, 389, bestätigt vom BVerwG, U. v. 13.3.1981 – 4 C 1.78 – BRS 38 Nr. 186 = BauR 1981, 354 = DVBl. 1981, 928 = DÖV 1981, 672), in dem ein Bauherr durch Festsetzung der GFZ (2,4) so gebunden werden sollte, dass er sein Grundstück entweder mit einem hohen Gebäude auf kleiner Grundfläche oder einem niedrigeren Gebäude auf größerer Grundfläche errichten konnte. Dieser Festsetzung lag – zumindest der Stadt unterstellt – die Absicht zugrunde, den benachbarten kleineren Wohnhäusern jedenfalls nicht ein hohes Gebäude mit großer Grundfläche gegenüberzustellen. Dagegen wird einem Nachbarn bei Überschreitung einer festgesetzten GFZ durch ein benachbartes Vorhaben – selbst wenn die Festsetzung nach den B-Plan-Unterlagen im Interesse der Nachbarn erfolgt ist – ein Nachbarschutz gegen die Überschreitung nicht zustehen, es sei denn, er würde durch die Überschreitung der GFZ tatsächlich unzumutbar beeinträchtigt (BVerwG, U. v. 5.8.1983 – 4 C 96.79 – BVerwGE 67, 334; U. v. 30.9.1983 – 4 C 74.78 – BVerwGE 68, 58; B. v. 27.12.1984 – 4 B 278.84 – NVwZ 1985, 652; U. v. 6.10.1989 – 4 C 14.87 – BVerwGE 82, 343; U. v. 27.2.1992 – 4 C 50.89 – UPR 1992, 269). Dies ist jedoch bei der GFZ i. d. R. schon deswegen nicht der Fall, weil schon ihre Einhaltung bei meist unterschiedlich großen Grundstücken zu unterschiedlichen Geschossflächen führt.

bb) **Nachbarschützender Charakter der Zahl der Vollgeschosse und der Höhe baulicher Anlagen. Nachbarschutz allgemein:** Die Frage, ob die **Festsetzung der Z** nachbarschützenden Charakter hat, ist nicht einheitlich zu beurteilen. Sie kann auch nicht allgemein beantwortet, sondern es muss auf den Einzelfall abgestellt werden (vgl. *Sendler,* BauR 7190, 4; *Gelzer/Birk* Rdn. 1.000–1.001; s. auch Vorb. §§ 2 ff. Rn 38). Entscheidend ist, ob der B-Plan die Z *auch* bzw. *gerade im Interesse Dritter,* d. h. von Nachbarn, oder lediglich *im öffentlichen Interesse* festgesetzt hat. Die Festsetzung (auch) zugunsten Dritter kann bzw. sollte bereits aus den Festsetzungen des B-Plans selbst oder aus seiner Begr. ersichtlich sein.

Eine Abweichung von der im B-Plan festgesetzten **Zahl der Vollgeschosse** kann geeignet sein, den Nachbarn in seinen Rechten zu beeinträchtigen (so bereits OVG Münster, B. v. 25.2.1964 – VII B 746/63 – BRS 15 Nr. 24 = DÖV 1964, 789 = NJW 1964, 1738; U. v. 23.4.1964 – VII A 1274/63 – BRS 15 Nr. 100 = NJW 1965, 170; VGH BW, U. v. 20.1.1964 – II 612/63 – BRS 15 Nr. 20 = DÖV 1964, 388; Hess. VGH, U. v. 26.1.1968 – IV OG 117/67 – BRS 20 Nr. 157). »*Ob Festsetzungen über die Zahl der Vollgeschosse nachbarschützenden Charakter haben, ist jedoch eine Frage der Auslegung des jeweiligen B-Plans und daher irreversibel*« (BVerwG, U. v. 2.3.1973 – IV C 35.70 – [Hervorhebungen v. Verf.] im Anschluss an U. v. 28.4.1967 – C 10.65 –, BVerwGE 27, 29 [33] u. v. 17.2.1971 – IV C 2.68 – [Buchholz 406.11 § 31 BBauG Nr. 61]). Zur Frage des nachbarschützenden Charakters der Festsetzung der Z kommt es darauf an, ob und inwieweit die Festsetzung eine vorgegebene Situation nicht nur des eigenen Grundstücks, sondern auch der Umgebung *nachhaltig verändert* und sich (erst) dadurch als Eingriff in fremdes Eigentum auswirkt. Derart mittelbare, d. h. erst durch eine Situationsveränderung vermittelte Auswirkungen müssen grundsätzlich hingenommen werden. Ein gegen sie gerichteter Abwehranspruch ist nur gegeben, wenn als Folge der nachhaltigen Veränderung der Grundstückssituation das **Eigentum** an anderen Grundstücken »*schwer und unerträglich*« getroffen wird (BVerwG, U. v. 13.6.1969 – 4 C 234.65 – BVerwGE 32, 173 [179]; BVerwGE 36, 248 [239 f.]; BVerwG, U. v. 14.12.1973 – 4 C 71.71 – BVerwGE 44, 244 [246 f.] = BRS 27 Nr. 157; BVerwG, U. v. 21.6.1974 – IV C 4.74 – BRS 28 Nr. 138; BVerwG, U. v. 14.4.1978 – 4 C 96 u. 97.76 – DVBl. 1978, 614).

Ein **Abwehrrecht des Nachbarn** gegen eine (auch etwa willkürliche) unterschiedliche Festsetzung der Z oder der Höhe baulicher Anlagen wird also nicht in jedem Fall, sondern nur dann gegeben sein, wenn dadurch eine **unzumutbare Beeinträchtigung** des Nachbarn eintreten kann (vgl. VGH BW, B. v. 22.7.1966, BWVBl. 1967, 27 = DÖV 1967, 280 = StadtBauwelt 1966, 954). Ein »schwerer und unerträglicher« Eingriff in das Eigentum kann jedenfalls erst dann angenommen werden, wenn die Abweichung eine über das *zumutbare* Maß hinausgehende bestimmte *Größenordnung* erreicht (Hess. VGH, B. v. 1.3.1982 – IV T G 95/82 – Hess. VGRspr. 1982, 53). Nachbarrechte werden also nicht stets, sondern erst von einer *nur im Einzelfall bestimmbaren* **Zumutbarkeitsschwelle** an beeinträchtigt (*Sendler,* aaO.).

§ 16 Abs. 5   59.1, 59.2

59.1 So würde z. B. in einem mit 2-geschossigen Altbauten besetzten Baugebiet ein 3- oder auch 4-geschossiges Gebäude, das mit seiner Traufe u. U. nicht über die Altbauten hinausragt, nicht als wesentliche und den Nachbarn in seinen Rechten verletzende Beeinträchtigung empfunden werden. Auch ein 3-geschossiges Wohngebäude beeinträchtigt eine 1- oder 2-geschossige Nachbarbebauung i. A. nicht wesentlich, insbes. wenn auf dem Grundstück noch erhebliche Freiflächen verbleiben, die auch den Nachbarn zugute kommen (Hess. VGH, B. v. 1.3.1982 – IV TG 95/82 – Hess. VG Rspr. 1982, 53). Selbst ein 6-geschossiges Gebäude mit entspr. Grenzabstand und ausreichend großen Freiflächen kann sich noch zumutbar in ein 2-geschossiges Wohngebiet einfügen lassen, wenn städtebauliche Gründe (z. B. Gestaltung des Ortsbildes oder eine notwendige Verdichtung) es rechtfertigen (OVG Lüneburg, B. v. 2.7.1979 – VI B 32/79 – BauR 1980, 145).

Ergibt sich der beabsichtigte nachbarschützende Charakter der Festsetzung der Z jedoch aus den B-Plan-Unterlagen, kann auch bei einer niedrigen Geschosszahl Nachbarschutz gegeben sein.

So wird die Festsetzung der höchstzulässigen Zahl der Vollgeschosse (hier Z = 1) sowie der »Zwei-Wohnungsklausel« (§ 4 Abs. 4 BauNVO 77; hierzu s. § 4 Rn 13–13.2) auch dann als **nachbarschützend** anzusehen sein, wenn die *Begr. des B-Plans*, dessen Festsetzungen sich ausdrücklich an der bereits im Plangebiet vorhandenen (eingeschossigen) Bebauung orientieren, die Feststellung enthält, dass sich die aufgrund des B-Plans neu zu errichtenden Vorhaben nicht nachteilig auf die persönlichen Lebensumstände der im Planbereich bereits wohnenden Menschen im sozialen Bereich auswirken werden. Diese Feststellung sei ein wichtiges Indiz dafür, dass der Plangeber mit den hier in Rede stehenden Festsetzungen – jedenfalls auch – den individuellen Schutz der Nachbarn bezweckt hat (so OVG NW, U. v. 18.4.1991 – 11 A 696/87 – BauR 1992, 60).

59.2 cc) **Konkurrenzverhältnis zwischen Rücksichtnahmegebot und Abstandflächenrecht beim Nachbarschutz.** Anders ist der Fall bei extremen Differenzen der Geschosszahlen zu beurteilen, z. B. wenn neben 2-geschossigen Gebäuden 12-geschossige und höhere Wohnhochhäuser vorgesehen werden, die auch den Gebietscharakter nachhaltig verändern. In verwaltungsgerichtlichen Entscheidungen wird für eine Verletzung des zum Bundesrecht entwickelten Rücksichtnahmegebots aufgrund früherer Rspr. des BVerwG (B. v. 22.11.1984 – 4 B 244.84 – ZfBR 1985, 95 = BRS 42 Nr. 206) allgemein kein Raum gesehen, wenn landesrechtliche Abstandflächenvorschriften eingehalten werden (statt vieler OVG Lüneburg, B. v. 24.6.1986 – 6 B 63/86 – BauR 1987, 296; vgl. *Mampel*, ZfBR 1997, 227 m. w. N.). Dabei wurde vorausgesetzt, dass das Rücksichtnahmegebot keinesfalls logisch vorrangig vor allen anderen rechtlichen Erwägungen angesiedelt sei, sondern es bestehe nur in dem Rahmen, soweit es der Gesetzgeber normiert habe (OVG Lüneburg, B. v. 24.6.1986 aaO. unter Bezugnahme auf BVerwG, B. v. 20.9.1984 – 4B 181.84 – ZfBR 1984, 300 = DVBl. 1985, 122 = BRS 42 Nr. 84). Hinsichtlich Belichtung, Belüftung und Besonnung habe der Landesgesetzgeber entspr. einfach-rechtliche Gebote aufgestellt; diese gewähren nach hM ausreichenden Nachbarschutz (vgl. *Gelzer/Birk*, Rdn. 1002 m. w. N; OVG Berlin, U. v. 22.5.1992 – 2 B 22.90 – BRS 54 Nr. 97; s. auch Vorb. §§ 2 ff. Rn 39). Diese – auch bis heute noch zu beobachtende – Rspr. tat sich leichter, die Fragen des Nachbarschutzes anhand normierter Abstandvorschriften »abzuhaken«, als sich mit dem weitaus schwierigeren Problem der Rücksichtnahme auseinanderzusetzen, wobei jeder Einzelfall anders zu beurteilen ist. In seinem U. v. 23.5.1986 – 4 C 34.85 – (ZfBR 1986, 247 = BauR 1986, 542) bezeichnete es das BVerwG als »Missverständnis«, anzunehmen, eine Verletzung des (...) Rücksichtnahmegebots hänge davon ab, ob die landesrechtlichen Abstandvorschriften eingehalten seien. Es hielt – ebenso wie die Vorinstanz (OVG NW, U. v. 9.5.1985 – 7 A 1395/84 – BauR 1985, 555 = BRS 44 Nr. 167) eine Siloanlage, bestehend aus drei 11,50 m hohen Rundbehältern in 3 m Abstand von der Grenze eines nur 7 m breiten, mit einem Wohnhaus bebauten Nachbargrundstücks, wegen seiner

»erdrückenden« und »erschlagenden« Wirkung für rücksichtslos, obwohl die erforderlichen Abstände zur Nachbargrenze eingehalten waren. Die Silos wirkten wie eine riesige metallische Mauer und vermittelten den Eindruck, als sei das Grundstück in eine Industrieanlage einbezogen und selbst Teil einer solchen. Die Nutzung der zum Garten ausgerichteten Wohnräume sowie des Garten- und Terrassenbereichs werde in einem unzumutbaren Maß beeinträchtigt. Die an das bundesrechtliche Rücksichtnahmegebot zu stellenden Anforderungen würden wesentlich von den konkreten Umständen des Einzelfalls abhängen und die vorzunehmende Interessenabwägung habe sich daran auszurichten, was einerseits dem Rücksichtnahmebegünstigten und andererseits dem Rücksichtnahmepflichtigen nach Lage der Dinge billigerweise zuzumuten ist. Ob die Silos den landesbaurechtlichen geregelten Abstand zur Grundstücksgrenze des Nachbarn einhielten, sei ohne Belang. Das Rücksichtnahmegebot beziehe sich deswegen nicht auf bauordnungsrechtliche Merkmale. Die Verletzung des Rücksichtnahmegebotes hänge nicht davon ab, ob die landesrechtlichen Abstandvorschriften eingehalten seien.

Obwohl das bundesrechtliche Rücksichtnahmegebot und das landesrechtliche Abstandflächenrecht dieselben »Belange« oder »Merkmale« betreffen, können verschiedenartige Regelungsziele es rechtfertigen oder sogar erfordern, gleiche Sachlagen unterschiedlich zu beurteilen. Als »Baupolizeirecht« hat das Bauordnungsrecht die Aufgabe, mit dem Erfordernis freizuhaltender Flächen vor allem Gefahren für jedes einzelne Gebäude vorzubeugen. Demgegenüber stellt das Bauplanungsrecht als raumbezogene Gesamtplanung an Bauvorhaben Anforderungen zur städtebaulichen Ordnung des Baugeschehens. Aus dieser unterschiedlichen Zielsetzung folgt, dass etwa den städtebaulichen Ansprüchen an eine aufgelockerte Bebauung mit hoher Wohnqualität keineswegs genügen muss, was aus Gründen der Gefahrenabwehr an seitlichen Mindestabständen zwischen Gebäuden ausreicht. Umgekehrt können z. B. Gründe der städtebaulichen Ordnung eine Verdichtung der Bebauung ohne Einhaltung seitlicher Grenzabstände nahelegen. Hieraus folgt, dass die bauordnungsrechtlich zur Gefahrenabwehr u. a. durch unzureichende Belichtung, Belüftung und Besonnung vorgeschriebenen Abstandflächen keineswegs »konkretisieren«, was städtebaulich wechselseitig an Rücksicht geboten ist (so zutreffend *Mampel*, ZfBR 1997, 227 m. w. N).

Nachbarschutz bei Einblickmöglichkeit: Grundsätzlich besteht kein Anspruch auf unveränderte Beibehaltung einer gegenwärtigen Situation (vgl. BVerwG, U. v. 14.6.1969 – IV C 13.66 – *Buchholz* 406.42 § 13 RGaO Nr. 7 S. 24/27, im Anschluss an BGHZ 48, 46 [49 f.]; BVerwGE 89, 69 = NVwZ 1992, 977 = BRS 52 Nr. 5; BVerwG, NVwZ 1985, 748 = BRS 49 Nr. 85; VGH BW, BRS 50 Nr. 51; *Sarnighausen*, NVwZ 1996, 110) und deshalb i. d. R. auch keine Abwehrmöglichkeit gegen eine selbst als lästig empfundene Einblickmöglichkeit und die dadurch erfolgende Einschränkung einer ungenierten Wohnnutzung in Haus und Garten. Dem betroffenen Nachbarn ist zuzumuten, sich soweit wie möglich durch Abschirmungen und Anpflanzungen selbst zu schützen (vgl. *Sarnighausen*, NVwZ 1996, 110).

So ist z. B. die Einsichtmöglichkeit von den Obergeschossen eines 3-geschossigen Hotelneubaues, der einen Abstand von mehr als 20 m zur Nachbargrenze einhält, auf die Terrasse des Nachbarn nicht rücksichtslos, zumal sich der Nachbar nicht einem erdrückenden oder erschlagenden Bauvorhaben gegenübersieht. Eine solche **erdrückende Wirkung** – jedoch nicht wegen des Schattenwurfs – ist dagegen anzunehmen z. B. bei einem 12-geschossigen Wohn- und Geschäftshaus in nur 15 m Entfernung von einem 2 1/2-geschossigen Gebäude oder in dem o. g. Fall bei der Errichtung von drei 11,50 m hohen Silos in

59.3

§ 16 Abs. 5 59.4

3 m Entfernung von der Grenze eines nur 7 m breiten mit einem Wohnhaus bebauten Grundstücks (vgl. BVerwG, U. v. 23.5.1986 – 4 C 34.85 – aaO. Rn 59.2; OVG MV, B. v. 31.5.1994 – 3 M 11/94 – NVwZ 1995, 400; BVerwG, U. v. 23.5.1986 – 4 C 34.85 – NVwZ 1987, 128 = BRS 46 Nr. 176; *Sarnighausen*, NVwZ 1996, 110 [Fn 9]). Die Abwehr einer Einsichtmöglichkeit kann bei **Atrium- und Gartenhofhäusern**, wie noch nach 17 Abs. 2 BauNVO 1977 als »mit einer fremden Sicht entzogenem Gartenhof« festsetzt werden konnten, gegeben sein (s. § 17 Rn 5; vgl. BVerwG, B. v. 20.9.1984 – 4 B 202.84 – NVwZ 1985, 748 = BRS 42 Nr. 123; OVG Lüneburg, BRS 42 Nr. 122), jedoch nicht generell (OVG Lüneburg, B. v. 27. 2 92 – 6 M 903/92 –). Dagegen legt das BVerwG in seinem B. v. 5.5.1994 (– 4 NB 16.94 – Buchholz 406.12 § 17 BauNVO Nr. 6) dem § 17 Abs. 2 BauNVO, auch soweit er die Gartenhofbauweise dadurch kennzeichnet, dass der Gartenhof fremder Sicht entzogen ist, keine drittschützende Funktion zu; es bedürfe insoweit der Auslegung der Festsetzungen des B-Plans. Die Vorschrift enthalte für die Gemeinde kein inhaltliches Verbot, für angrenzende Gebiete Festsetzungen zu unterlassen, welche die Einsicht in einen Gartenhof berühren. Nur innerhalb des Gartenhof-Baugebiets würde nämlich die Unterbindung der Einsicht gewährleistet (vgl. BVerwG, B. v. 5.5.1994 – 4 NB 16.94 – aaO.)

Der Auffassung des BVerwG zur Vorschrift des § 17 Abs. 2 BauNVO 1977 kann in dieser pauschalen Aussage nicht zugestimmt werden. Zwar vermag eine Gemeinde neben einer vorhandenen Gartenhausgruppe ein hochgeschossiges Baugebiet zu planen, ob diese Planung aber einer gerechten Abwägung entspricht, ist zu bezweifeln. Ungeachtet der Einhaltung notwendiger Abstandflächen würde dadurch der Wohnfrieden erheblich gestört. Denn entscheidend ist – wie das BVerwG in dem B. selbst ausführt – die Auslegung der Festsetzungen des B-Plans. Dabei kommt es darauf an, ob die fremde Einsicht (z. B. aus 12-geschossigen Hochhäusern von schräg oben in den Gartenhof) rücksichtslos und somit unzumutbar ist. Das hängt wesentlich von der Entfernung und Höhe der einblickenden Nachbarbebauung ab und ist von Fall zu Fall unterschiedlich.

Auch die Auffassung von *Sarnighausen* (NVwZ 1996, 110), eine Abwägung mit dem noch so verständlichen Nachbarinteresse an der Vermeidung fremder Einblicke verbiete sich – abgesehen von dem auch von ihm genannten Ausnahmefall der Gartenhof- und Atriumhäuser – von selbst, weil es gesetzlich nicht geschützt sei, ist zu eng. Denn in § 17 Abs. 2 BauNVO 1977, der für die unter seiner Geltung aufgestellten B-Pläne fortgilt, ist eine solche Regelung ausdrücklich enthalten. Auch private Belange, die nicht besonders gesetzlich geschützt sind, sind nach § 1 Abs. 6 BauGB in die Abwägung einzustellen und gerecht abzuwägen. Im Übrigen stehen Grundstückseigentümer in einem Baugebiet in einem gegenseitigen Abhängigkeitsverhältnis. Die Einschränkung des Nutzungsrechts des Eigentums durch einen B-Plan ist als Sozialbindung nur im Hinblick auf entspr. Einschränkung auch bei den Nachbargrundstücken gerechtfertigt. Daher muss der Nachbar gegen etwas, was nicht mehr durch die Sozialbindung i. S. d. Austauschverhältnisses gedeckt ist, angehen können, insbes., wenn die nachbarliche Einwirkung – hier die Einsichtmöglichkeit – rücksichtslos ist (Grundsätzliches zum Nachbarschutz s. Vorb. §§ 2 ff. Rn 25 f., 38, 39; zur Gartenhofbauweise § 17 Rn 5). Es kommt auch hier wieder auf die speziellen Verhältnisse des Einzelfalls an; eine pauschale Ablehnung des Nachbarschutzes bei Einsichtmöglichkeit wie durch *Sarnighausen* (aaO.) ist nicht gerechtfertigt.

Der nachbarschützende Charakter der Festsetzung der Z wurde bereits bejaht bei nennenswerter Betroffenheit des Nachbarn, z. B. durch Einsichtmöglichkeit (OVG Münster, U. v. 10. 9. 82, aaO. Rn 58) oder wenn z. B »*in einem 2-geschossigen offen zu bebauenden Wohngebiet auf dem angrenzenden Grundstück ein 12-geschossiges Wohnhochhaus durch überbaubare Grundstücksflächen derart festgesetzt wird, dass eine* **Einblickmöglichkeit in die Intimräume** *eröffnet wird, so dass das Wohnklima und der Wohnfrieden, auf die sich der Nachbar in seiner Grundstücksplanung eingerichtet hat, empfindlich gestört werden*« (VGH BW, B. v. 22.7.1966 – I 131/65 – BWVBl. 1967, 27 = DÖV 1967, 280 = StadtBauwelt 1966, 954, Hervorhebungen diess.), insbes., wenn damit gleichzeitig ein Verstoß gegen landesrechtliche Vorschriften über Gebäudeabstände und Abstandflächen erkennbar wird (§ 6 MBO) oder wenn die Bebauung in einem krassen Missverhältnis zur Nachbarbebauung stehen würde (OVG Lüneburg, B. v. 2.7.1979 – VI B 32/79 – BRS 35 Nr. 183 = BauR 1980, 145) oder wenn sie es an der gebotenen Rücksichtnahme fehlen lassen würde (BVerwG, U. v. 13.3.1981 – 4 C 1.78 – BRS 38 Nr. 186 = BauR 1981, 354 = DÖV 1981, 672 = MDR 1981, 785; Hess. VGH, B. v. 1.3.1982 – IV TG 95/82 – Hess. VG Rspr. 1982, 53).

59.4 **Nachbarschutz bei Verschattung:** Auch bei einer Verschattung durch ein Gebäude auf einem Nachbargrundstück ist i. d. R. ein Abwehranspruch nicht gegeben, insbes. nicht, wenn das schattenwerfende Gebäude auf das betroffene Gebäude nur einen schmalen Schatten und diesen nur kurzzeitig wirft. So hat auch das BVerwG entschieden, dass der Nachbar unter dem Blickwinkel ausreichender Belichtung und Besonnung grundsätzlich keine Rücksichtnahme verlangen kann, die über den Schutz des landesrechtlichen Abstandflächenrechts hinausgeht (BVerwG, B. v. 6.12.1996 – 4 B 215.96 – BRS 58 Nr. 164). In der **Begr.** führt das BVerwG unter Bezug auf sein U. v. 16.9.1993 (– 4 C 28.91 – aaO. Rn 58) dazu aus, »*dass Beeinträchtigungen, die ein Vorhaben dadurch verursacht, dass es beim Grenzabstand ein bestimmtes Maß unterschreitet, vom hierdurch betroffenen Nachbarn grundsätzlich dann hingenommen werden müssen, wenn die landesrechtlichen Abstandvorschriften eingehalten sind*«. Dies kann jedoch nur grundsätzlich gelten, begründete Ausnahmen dagegen nicht ausschließen. So hatte das BVerwG im U. v. 23.5.1986 (– 4 C 34.85 – aaO. Rn 59.3) in einem solchen Ausnahmefall entschieden, dass es bei einer »erdrückenden« bzw. »erschlagenden« Wirkung des beeinträchtigenden und somit rücksichtslosen Nachbarbauwerks auf die Einhaltung der landesrechtlichen Abstandvorschriften gerade nicht ankommt. Es müssen also im Einzelfall die besondere örtliche Situation, insbes. die Himmelsrichtung sowie das Ausmaß und die Dauer der Verschattung in Betracht gezogen werden. Dabei ist entscheidend, ob die Verschattung als schwer und unerträglich empfunden wird und damit rücksichtslos bzw. unzumutbar ist.

Dies wurde z. B. vom VGH BW im B. v. 22.7.1966 (– I 131/65 – aaO. Rn 59.3) bei einem 12-geschossigen Hochhaus neben einer 2-geschossigen Wohnbebauung angenommen und dürfte insbesondere der Fall sein, wenn das betroffene Wohngebäude wegen der Länge und Höhe des beschattenden Gebäudes – ggf. auch wegen Unterschreitung der bauordnungsrechtlich erforderlichen Abstandflächen – über den größten Teil des Tages zu jeder Jahreszeit kein Sonnenlicht erhält, weil dann auch die allgemeinen Anforderungen an gesunde Wohnverhältnisse nicht mehr gewahrt sind und insoweit ein städtebaulicher Missstand gegeben ist (vgl. § 136 Abs. 3 Nr. 1 BauGB: »Bei der Beurteilung, ob städtebauliche Missstände vorliegen, sind insbesondere zu berücksichtigen a) die *Belichtung, Besonnung* und Belüftung der Wohnungen und Arbeitsstätten«), selbst wenn die BauOen der Länder besondere Vorschriften über die notwendige Besonnung von Wohnungen nicht enthalten. Auch bei der durch Änderung eines Flachdachs in ein Satteldach erfolgenden Verschattung eines tiefer liegenden Gebäudes ist für ein drittschützendes Gebot der Rücksichtnahme kein Raum, wenn die Verschattung nur an wenigen Tagen des Jahres um den 21. Dezember herum und dies auch nur für eine kurze, sich in der Größenordnung einer Stunde am späten Nachmittag bewegende Zeit eintritt und von einem Dauerschatten nicht die Rede sein kann (vgl. VGH BW, B. v. 13.9.1996 – 8 S 2213/96 – BRS 58 Nr. 174). Zur Beurteilung der ausreichenden Besonnung ist im Einzelfall ggf. ein Gutachten mit Berechnung des zeitabhängigen Schattenwurfs erforderlich.

Nachbarschutz bei Verbauung einer schönen Aussicht: Nicht jede Beeinträchtigung einer vorhandenen **Aussichtsmöglichkeit** durch Zulassung höherer Gebäude auf Nachbargrundstücken stellt schon einen schweren und unerträglichen Eingriff in das Eigentum dar (BVerwG, U. v. 14.4.1978 – 4 C 96.76 – aaO. Rn 59). Denn grds. gehört es »*nicht zum Bestandteil der Rechtsstellung eines Grundstückseigentümers, dass die (...) gegebene Nutzbarkeit der Nachbargrundstücke (...) nicht geändert wird*« (BVerwG, U. v. 14.6.1969 – IV C 13.66 –, *Buchholz* 406.42 § 13 RGaO Nr. 7 S. 24/27, im Anschluss an BGHZ

59.5

§ 16 Abs. 5

48, 46 [49 f.]). Der Schutz einer Aussichtslage erstreckt sich i. A. auch nur auf dasjenige Grundstück, das dem Baugrundstück unmittelbar gegenüber liegt und damit zu ihm in einem gewissen Austauschverhältnis steht, nicht jedoch zugunsten eines schräg versetzten auf der anderen Seite der Straße liegenden Grundstücks (VGH BW, B. v. 3.12.1993 – 8 S 2378/93 – UPR 1994, 396). Insbes., wenn die Nachbargrundstücke in Richtung der Aussicht bereits im FN-Plan als Baufläche dargestellt sind, kann auf den Bestand der Aussicht nicht mehr vertraut werden. Das Vertrauen des Nachbarn auf den Bestand eines unverbauten Blicks ist grundsätzlich nicht schutzwürdig. Eine bestehende ungehinderte Aussicht in die freie Landschaft ist lediglich eine Chance, die jedoch grds. keinen bauplanungsrechtlichen Schutz genießt (Nds. OVG, B. v. 20.8.1991 – 6 M 3098/91 – soweit ersichtlich, n. v.; OVG MV, B. v. 31.5.1994, aaO. Rn 59.3).

So muss auch das Interesse der Eigentümer von Wohngrundstücken, die Aussicht in eine bisher unbebaute Landschaft nicht durch die Errichtung von Gewerbebauten in etwa 300 m Entfernung beeinträchtigt zu bekommen, nicht als schützenswerter privater Belang in die Abwägung eingestellt werden, auch wenn dadurch Auswirkungen auf den Verkehrswert der Grundstücke zu erwarten sind (vgl. BVerwG, B. v. 9.2.1995 – 4 NB 17.94 – NVwZ 1995, 895). Besteht der Ausblick z. B. nur auf eine früher unbebaute Streuobstwiese, so ist eine Beeinträchtigung des Ausblicks darauf durch bis auf 60 m herangerückte Wohnblöcke kein schützenswerter privater Belang (vgl. VGH BW, U. v. 15.12.1995 – 8 S 3028/95 – UPR 1996, 319).

Auf die **Unverbaubarkeit einer Aussicht** muss also **vertraut** werden können. In einem solchen Fall sollte die Absicht des Ortsgesetzgebers, der Festsetzung der Z aus besonderen Gründen der Erhaltung der Aussicht nachbarschützenden Charakter beizumessen, schon aus der *Begr.* zum B-Plan hervorgehen (vgl. OVG NW, U. v. 18.4.1991 aaO., Rn 59.1).

Ein schwerer und unerträglicher Eingriff in das Eigentum dürfte z. B. auch vorliegen, wenn einem Betrieb, der mit der Aussicht »arbeitet«, wie eine Ausflugsgaststätte »Zur schönen Aussicht« oder ein Hotel in hervorragender Lage, die Aussicht, auf deren Bestand vertraut werden durfte, verbaut wird und dadurch den Gästen der Genuss der Aussicht geschmälert wird, sowie ggf. auch Einnahmeverluste zu verzeichnen sind. Die Frage der Berechtigung eines Abwehranspruchs ist daher im Einzelfall jeweils besonders zu prüfen.

Wird z. B. in einem hängigen Gelände die Bebauung der Talseite einer Straße 2-geschossig, die der Hangseite dagegen 3- oder 4-geschossig festgesetzt, um den hangseitigen – insoweit benachbarten – Grundstücken die etwa vorhandene (schöne) Aussicht auf das Tal zu ermöglichen *und* durch die talseitig niedrigere Festsetzung der Z auch zu gewährleisten, so sollte diese Absicht aus der Begründung zum B-Plan zu entnehmen sein. Der Hess. VGH kommt im B. v. 29.4.1977 – IV TG 26/77 – BlGBW 1978, 32 zu der Auffassung, dass die Verbauung einer hervorragenden **Aussichtsmöglichkeit** von einem Hanggrundstück auf eine Altstadt durch ein größeres Gebäude einen Eingriff in das Eigentumsrecht darstellen kann; denn das Grundeigentum ist dann durch die Aussichtsmöglichkeit angereichert, wenn ein wesentlicher Teil der das Hanggrundstück mitprägenden Aussicht nach den tatsächlichen und rechtlichen Voraussetzungen erhalten werden kann, so dass das Grundstück aus der Sicht des Art. 14 Abs. 1 GG *situationsberechtigt* ist. Ein Eingriff in diese Situation ist jedoch ein Eingriff in das Eigentum (BVerwG, U. v. 13.6.1969 – IV C 80.67 u. 234.65 – BRS 22 Nr. 183 u. 181). Ein solcher Eingriff ist auch *unerträglich*, wenn der Nachteil nicht in zumutbarer Weise zu beheben oder auszugleichen ist und nicht etwa nur auf Besonderheiten der baulichen Situation des betroffenen Grundstücks beruht (BVerwG, U. v. 14.12.1973 – IV C 71.71 – BRS 27 Nr. 157).

Sind z. B. die Fenster des Wohnhauses auf einem betroffenen Hanggrundstück über ein darunter liegendes Grundstück hinweg auf eine schöne Aussicht ausgerichtet, so ist dies bei einem situationsberechtigten Grundstück durchaus sinnvoll und wäre nur dann als Fehler der Bauplanung anzusehen, wenn auf die Erhaltung dieser Aussicht nicht vertraut werden durfte (Hess. VGH, B. v. 29.4.1977, aaO.). Auch der BayVGH sieht in der Erhaltung einer außergewöhnlichen, den Wert eines Grundstücks maßgeblich mitbestimmenden Aussicht mit Fernblick auf die Alpen ein schutzwürdiges Interesse, wenn auf den Bestand der Aussicht vertraut werden durfte (BayVGH, U. v. 29.7.1992 – 20 N 91.2692 – BRS 54 Nr. 42). Auch *E/Z/B* (aaO. Rn 58.) lassen – letztlich wie hier – zur Zahl der Vollgeschosse eine Ausnahme in den Fällen gelten, in denen die Festsetzung über die Z überwiegend im Interesse der Nachbarn getroffen ist, z.B. um diesen eine *Aussicht auf ein bevorzugtes Landschaftsbild zu erhalten*, beispielsweise bei einer Hangbebauung an einem See.

c) **Unterschiedliche Festsetzung für Teile von baulichen Anlagen.** Eine unterschiedliche Festsetzung der Art *der baulichen Nutzung* für Teile von baulichen Anlagen ist bereits nach § 1 Abs. 7 zulässig. Es lag nahe, eine entspr. Regelung auch für das *Maß der baulichen Nutzung* einzuführen. Die Notwendigkeit dazu ergibt sich bereits aus § 9 Abs. 3 BauGB sowie daraus, dass der B-Plan keine Grundstücksgrenzen festsetzt und Baugebiets- sowie Nutzungsgrenzen einzelne Grundstücke und bauliche Anlagen durchschneiden können. Nach § 16 Abs. 5 BauNVO 1990 werden alle Maßbestimmungsfaktoren einbezogen. **Teile von baulichen Anlagen** sind sowohl *übereinander liegende* Teile wie Geschosse, Ebenen, Dachflächen als auch *nebeneinander liegende* Teile wie Gebäudeflügel und Anbauten (Näheres s. § 1 Rn 117). **60**

d) **Festsetzungen unterhalb der Geländeoberfläche (Abs. 5 letzter Halbs.).** Die Regelung ist eine vernünftige Ergänzung der Festsetzungsmöglichkeiten. Sie schließt eine bis dahin bestehende Lücke, indem klargestellt wird, dass für das Maß der baulichen Nutzung nicht nur allgemein, sondern auch speziell differenzierte Festsetzungen unterhalb der Geländeoberfläche getroffen werden können. § 9 Abs. 3 BauGB hat die Festsetzung unterhalb der Geländeoberfläche für die in § 9 Abs. 1 aufgeführten Festsetzungen (unter bestimmten Voraussetzungen) allgemein ermöglicht; der VOgeber musste folglich daran anknüpfen. **61**

Eine besondere Bedeutung hat die Vorschrift – wie *Boeddinghaus/Dieckmann* (§ 16 Rdn. 42) zutreffend meinen – zumindest für die **Geschossflächenzahl** nicht, da die in Abs. 2 Nr. 2 und 3 aufgeführten Festsetzungselemente sich nur auf *Vollgeschosse* beziehen, nach den landesrechtlichen Vorschriften jedoch **Geschosse unterhalb der Geländeoberfläche keine Vollgeschosse sind und nicht festgesetzt werden können.** Geschossflächen von Aufenthaltsräumen einschließlich der zu ihnen gehörenden Treppenräume und einschließlich ihrer Umfassungswände *in anderen Geschossen* – so auch Kellergeschossen – werden bei der Ermittlung der Geschossfläche aus der festgesetzten GFZ nur mitgerechnet, soweit der B-Plan dies festsetzt (§ 20 Abs. 3 Satz 2). Eine **Festsetzung der Geschossfläche oder GFZ** für Kellergeschosse ist daher nicht möglich, obwohl dies im Hinblick auf die Regelungen des § 11 Abs. 3 Satz 3 für Verkaufsflächen in den Untergeschossen großflächiger Einzelhandelsbetriebe (z.B. Warenhäuser) städtebaulich sinnvoll sein könnte. Die Festsetzung einer **besonderen Grundfläche für Geschosse unterhalb der Geländeoberfläche** kann z.B. zur Begrenzung einer Hofunterbauung (z.B. für Tiefgaragengeschosse, Verkaufsgeschosse) zweckmäßig sein (zur Frage, ob auf die Grundfläche bzw. GRZ nur die oberirdischen das Grundstück »überdeckenden« oder auch die das Grundstück »unterbauenden« baulichen Anlagen anzurechnen sind, s. § 19 Rn 4.1 f.). Nachdem durch die ÄndVO 1990 die **Höhe baulicher Anlagen** mit besonders festzusetzenden Bezugspunkten (§ 18 Abs. 1) als neues Festsetzungselement eingeführt worden ist, können bauliche Anlagen in besonderen Fällen auch in ihrer **Tiefe** begrenzt werden, z.B. mit Rücksicht auf den Grundwasserschutz oder einen unterirdischen Verkehrsweg. Der Begriff »Geländeoberfläche« steht dem nicht entgegen; somit kann die Höhenentwicklung baulicher Anlagen vom Fundament bis zum oberen Abschluss festgesetzt werden (aA. *Boeddinghaus/Dieckmann*, § 16 Rdn. 42, die den Begriff »Höhe« zu eng auslegen).

7. Ausnahmen im B-Plan (Abs. 6)

62 a) **Allgemeines.** Örtliche Gegebenheiten und besondere Planungsabsichten der Eigentümer können es wünschenswert sein lassen, von den getroffenen Festsetzungen im Einzelfall innerhalb eines bestimmten Rahmens abweichen zu dürfen, wenn öffentliche Belange nicht beeinträchtigt werden und der Nachbarschutz gewährleistet ist. **Absatz 6** gibt der Gemeinde die Möglichkeit, im B-Plan nach Art und Umfang bestimmte Ausnahmen von dem festgesetzten Maß der baulichen Nutzung vorzusehen. Die Vorschrift richtet sich nicht an den Bauwilligen, sondern nur an die *Gemeinde,* die die planungsrechtliche Voraussetzung dafür schaffen kann, dass nach § 31 Abs. 1 BauGB von den Festsetzungen des B-Plans solche Ausnahmen im Einzelfall zugelassen werden können, die nach Art und Umfang im B-Plan ausdrücklich vorgesehen sind. Zur Anwendung des § 31 Abs. 1 BauGB bedarf es also eines ausdrücklichen »Vorsehens« der Ausnahmen im B-Plan, das nach Abs. 6 erfolgen kann. Dieses Vorsehen ist keine Festsetzung nach § 9 BauGB, sondern ermächtigt die Bauaufsichtsbehörde im Einvernehmen mit der Gemeinde (§ 36 Abs. 1 BauGB), über die Zulassung der beantragten Ausnahme bei Vorliegen von Ausnahmegründen in pflichtgemäßem Ermessen zu entscheiden (s. auch Vorb. §§ 2 ff. Rn 6.1–6.8).

63 § 17 Abs. 1 gilt auch für die Ausnahmeregelung des § 16 Abs. 6. Dies bedeutet, dass Ausnahmen zur Überschreitung der festgesetzten GRZ/GR, GFZ/GF oder BMZ/BM nur vorgesehen werden dürfen, wenn nicht bereits die Obergrenzen des § 17 Abs. 1 festgesetzt werden. Auch wenn die GFZ nicht festgesetzt wird, dürfen Ausnahmen von der Z bzw. H oder der GRZ bzw. GR dem Umfang nach nur soweit vorgesehen werden, dass das Produkt aus den Ausnahmewerten die Obergrenze für GRZ nicht überschreitet.

64 Die **räumliche Bezugsfläche** der Ausnahmeregelung muss nicht mit dem Geltungsbereich des B-Plans identisch sein, sondern kann entspr. der auch für Abs. 6 geltenden Regelung des Abs. 5 als »unterschiedliche Maßvorschrift« auch auf Einzelgrundstücke bis hin zu Teilen von baulichen Anlagen begrenzt werden, selbst wenn die Regelung des Abs. 6 streng genommen keine »Festsetzung« ist. Da eine Ausnahme stets nur im Einzelfall gewährt wird, ist eine derart eng begrenzte Anwendungsmöglichkeit nicht abwegig, sondern kann in der Praxis hilfreich sein. Es muss jedoch sichergestellt werden, dass das Vorsehen einer Ausnahme, z. B. nur für ein Grundstück oder eine bauliche Anlage, nicht zu einer unzulässigen Einzelfallregelung wird, d. h. auch die Ausnahmeregelung bedarf einer plausiblen Begründung und sorgfältigen Abwägung.

65 b) **Art und Umfang der Ausnahmen.** Nur solche Ausnahmen können nach Abs. 6 vorgesehen werden, die im B-Plan nach **Art und Umfang bestimmt** sind. Als **Art** ist die **jeweilige Maßfestsetzung** zu bestimmen, von der eine Ausnahme gewährt werden kann. Es können zwar mehrere Maßfestsetzungen bestimmt werden; die sich daraus ergebende Ausnahmegewährung muss aber sinnvoll und städtebaulich vertretbar sein. Dabei ist nämlich zu bedenken: Je mehr Maßfestsetzungen für eine Ausnahmeregelung vorgesehen werden, desto fragwürdiger gestalten sich die Festsetzungen, weil sie möglicherweise wiederholt durchbrochen und u. U. funktionslos werden können.

66 Der **Umfang der Ausnahme** ist durch das Maß der Abweichung von der Festsetzung eindeutig zu bestimmen. Die jeweilige Abweichung muss im B-Plan ausdrücklich derart begrenzt werden, dass die Obergrenzen des § 17 Abs. 1 nicht überschritten werden. Dabei kann eine *relative* Begrenzung (z. B. » ... *ausnahmsweise kann ein zusätzliches Vollgeschoss zugelassen werden, wenn* ...«) oder ein absolutes Höchstmaß festgesetzt werden (z. B. » ... *ausnahmsweise können 2 zusätzliche Vollgeschosse, höchstens jedoch bis zu insgesamt 6 Vollgeschossen zugelassen werden* ...«). Ist neben einem Höchstmaß zugleich ein *Mindestmaß* festgesetzt, kann hiervon eine Abweichung nach unten vorgesehen werden (z. B. » ... *festgesetzte Mindest-GFZ kann bis zu 0,1 unterschritten werden, wenn* ...«). Die Abweichung von einem als *zwingend* festgesetzten Maß (z. B. der Z oder H) ist nach dem Wortlaut zwar nicht ausgeschlossen, verbietet sich aber von selbst, weil beim Vorsehen einer solchen Ausnahme die zwingende Festsetzung ihrer Rechtfertigung entbehrt (so auch *Förster*, § 17 Anm. 4cbb).

Bei dem Vorsehen der Ausnahmen im B-Plan können zugleich die **Voraussetzungen** (Ausnahmegründe) bestimmt werden, unter denen die Ausnahme nur gewährt werden dürfen (z. B. » ... *ausnahmsweise können bis zu 2 zusätzliche Vollgeschosse zugelassen werden, wenn dies zur Anpassung an die Höhe der Nachbargebäude erforderlich ist* ...« oder »*die zulässige Geschossfläche darf ausnahmsweise bis zu 0,1 überschritten werden, wenn auf den nicht überbaubaren Grundstücksflächen keine Garagen, sondern nur nicht überdachte Stellplätze errichtet werden* ...«).

c) **Zulassung der Ausnahme im Einzelfall.** Die Zulassung der Ausnahme im Einzelfall ist *durch die Vorschrift des Abs. 6* an keine besonderen Voraussetzungen gebunden. Ist die Ausnahmemöglichkeit im B-Plan vorgesehen, hat jeder Bauwillige, dessen Grundstück in dem betreffenden Bereich liegt, unter den für die Zulassung von Ausnahmen erforderlichen Voraussetzungen, insbes. bei Vorliegen von Ausnahmegründen, Anspruch auf die Zulassung der Ausnahme (s. Vorb. §§ 2 ff. Rn 6.1–6.8). Sind dagegen im B-Plan besondere Voraussetzungen vorgesehen (Rn 66), müssen diese erfüllt sein. Darüber hinaus dürfen öffentliche Belange und nachbarliche Interessen nicht entgegenstehen. Im Hinblick auf den nachbarschützenden Charakter z. B. der Z kann insbes. bei Ausnahmen von der Z als Höchstmaß u. U. ein schwerer und unerträglicher Eingriff in das Eigentum des betroffenen Nachbarn erfolgen (s. Rn 59–59.5).

In bestimmten Fällen, z. B. bei schlanken Hochhäusern mit ausladenden unteren Geschossen, kann die Inanspruchnahme mehrerer Ausnahmen z. B. von der Z und der GRZ (bzw. GR) notwendig werden. Wenn beide Ausnahmen im B-Plan vorgesehen sind, ist dies zulässig (Begr. zur ÄndVO 1968, BR-Drucks. 402/68). Die Ausnahme von beiden Festsetzungen kann erforderlich werden z. B. bei Festsetzung der Z zugleich als Mindestmaß. Beträgt z. B. Z = II/III (Mindestmaß 2, Höchstmaß 3 Vollgeschosse), GRZ = 0,4, GFZ = 1,0, so ist auf einem 1.000 m² großen Grundstück ein Gebäude mit einer GF von 333 m² und 3 Vollgeschossen zulässig. Bei einem Gebäude von nur 2 Vollgeschossen mit einer Grundfläche von 500 m² (GFZ = 1,0) ist dagegen eine Ausnahme sowohl von der Z (Mindestmaß) als auch von der GRZ erforderlich.

Auch die *absolut festgesetzte* **Größe der Grundfläche (GR), Größe der Geschossfläche (GF)** oder **Baumasse (BM)** kann im Ausnahmewege überschritten werden, wenn dies im B-Plan vorgesehen ist und die GR, die GF oder die BM festgesetzt ist. Im Geltungsbereich von noch nach der BauNVO 1962, 1968 oder 1977 aufgestellten B-Plänen darf dabei die GFZ bzw. BMZ nicht überschritten werden (§ 17 Abs. 5 BauNVO 1977).

Ist z. B. in einem **B-Plan nach der BauNVO 1977** für ein MI-Gebiet Z = IV, GR = 400 m², GF = 1.600 m² festgesetzt, dürfen gebaut werden z. B. 4 Vollgeschosse und 400 m² Grundfläche = 1.600 m² Geschossfläche. *Nach der Ausnahmeregel* dürfen z. B. auf einem Grundstück von 1.000 m² Größe zwar z. B. 600 m² GR und 6 Vollgeschosse errichtet werden,

§ 17

wenn ein solcher Umfang im B-Plan vorgesehen ist, weil die bei Z = IV nach § 17 Abs. 1 BauNVO 1977 zul. GFZ von 1,1 aber nicht überschritten werden darf, dürfen nur 1.100 m² GF errichtet werden, z.B. 600 m² im Erdgeschoss und je 100 m² in 5 Obergeschossen.

In einem *B-Plan nach der BauNVO 1990* ist es *nicht erforderlich*, die in § 17 Abs. 1 vorgeschriebene Obergrenze für die GFZ bzw. BMZ einzuhalten, wenn nicht zugleich die GFZ oder die BMZ festgesetzt ist. Es ist davon auszugehen, dass die Gemeinde bereits bei der Bestimmung von Art und Umfang der Ausnahme eine *sachgerechte Begrenzung der Ausnahmemöglichkeiten* vorzusehen hat.

Wie jede Ausnahme, können auch die Ausnahmen nach Abs. 6 mit **Nebenbestimmungen** verbunden werden; diese dürfen jedoch nicht willkürlich sein, sondern müssen in einem sachlichen Zusammenhang mit der Ausnahme stehen (VGH BW, U. v. 28.6.1964, VerwRspr. 66 Nr. 16). I. d. R. werden dabei *Auflagen* in Betracht kommen. Mit der Zulassung einer Ausnahme von der Z als Höchstmaß kann z.B. die Auflage verbunden werden, dass Traufhöhe und Dachneigung des Nachbargebäudes übernommen werden.

§ 17 Obergrenzen für die Bestimmung des Maßes der baulichen Nutzung

(1) Bei der Bestimmung des Maßes der baulichen Nutzung nach § 16 dürfen, auch wenn eine Geschossflächenzahl oder eine Baumassenzahl nicht dargestellt oder festgesetzt wird, folgende Obergrenzen nicht überschritten werden:

	1	2	3	4
Baugebiet		Grundflächenzahl (GRZ)	Geschossflächenzahl (GFZ)	Baumassenzahl (BMZ)
in Kleinsiedlungsgebieten (WS)		0,2	0,4	–
in reinen Wohngebieten (WR) allgem. Wohngebieten Ferienhausgebieten		0,4	1,2	–
in besonderen Wohngebieten (WB)		0,6	1,6	–
in Dorfgebieten (MD) Mischgebieten (MI)		0,6	1,2	–
in Kerngebieten (MK)		1,0	3,0	–
in Gewerbegebieten (GE) Industriegebieten (GI) sonstigen Sondergebieten		0,8	2,4	10,0
in Wochenendhausgebieten		0,2	0,2	–

(2) Die Obergrenzen des Absatzes 1 können überschritten werden, wenn
1. besondere städtebauliche Gründe dies erfordern,
2. die Überschreitungen durch Umstände ausgeglichen sind oder durch Maßnahmen ausgeglichen werden, durch die sichergestellt ist, dass die allgemeinen Anforderungen an gesunde Wohn- und Arbeitsverhältnisse nicht beeinträchtigt, nachteilige Auswirkungen auf die Umwelt vermieden und die Bedürfnisse des Verkehrs befriedigt werden, und
3. sonstige öffentliche Belange nicht entgegenstehen.

Dies gilt nicht für Wochenendhausgebiete und Ferienhausgebiete.

§ 17

(3) In Gebieten, die am 1. August 1962 überwiegend bebaut waren, können die Obergrenzen des Absatzes 1 überschritten werden, wenn städtebauliche Gründe dies erfordern und sonstige öffentliche Belange nicht entgegenstehen. Absatz 2 Satz 1 Nr. 2 ist entsprechend anzuwenden.

BauNVO 1977: Zulässiges Maß der baulichen Nutzung

(1) Das Maß der baulichen Nutzung darf höchstens betragen

1	2		3	4	5
Baugebiet	Zahl der Vollgeschosse (Z)		Grundflächenzahl (GRZ)	Geschossflächenzahl (GFZ)	Baumassenzahl (BMZ)
In Kleinsiedlungsgebieten (WS)	bei:	1	0,2	0,3	–
		2	0,1	0,4	–
In reinen Wohngebieten (WR) allg. Wohngebieten (WA) Mischgebieten (MI) Ferienhausgebieten	bei:	1	0,4	0,5	–
		2	0,4	0,8	–
		3	0,4	1,0	–
		4 und 5	0,4	1,1	–
		6 und mehr	0,4	1,2	–
In Dorfgebieten (MD)	bei:	1	0,4	0,5	–
		2 und mehr	0,4	0,8	–
In Kerngebieten (MK)	bei:	1	1,0	1,0	–
		2	1,0	1,6	–
		3	1,0	2,0	–
		4 und 5	1,0	2,2	–
		6 und mehr	1,0	2,4	–
In Gewerbegebieten (GE)	bei:	1	0,8	1,0	–
		2	0,8	1,6	–
		3	0,8	2,0	–
		4 und 5	0,8	2,2	–
		6 und mehr	0,8	2,4	–
In Industriegebieten (GI)		–	0,8	–	9,0

(2) In Gebieten, die für eine Bebauung mit eingeschossigen Wohngebäuden mit einem fremder Sicht entzogenen Gartenhof, wie Gartenhof- und Atriumhäuser, vorgesehen sind, können im Bebauungsplan eine Grundflächenzahl und eine Geschossflächenzahl bis 0,6 festgesetzt werden.

(3) In Gebieten, für die keine Baumassenzahl angegeben ist, darf bei Gebäuden, die Geschosse von mehr als 3,50 m Höhe haben, eine Baumassenzahl, die das Dreieinhalbfache der zulässigen Geschossflächenzahl beträgt, nicht überschritten werden. Im Bebauungsplan kann festgesetzt werden, dass eine größere Geschosshöhe als 3,50 m außer Betracht bleibt, soweit diese ausschließlich durch die Unterbringung technischer Anlagen des Gebäudes wie Heizungs-, Lüftungs- und Reinigungsanlagen bedingt ist.

(4) Wird im Bebauungsplan die Zahl der Vollgeschosse festgesetzt, so ist sie entweder als zwingend oder als Höchstgrenze festzusetzen. Wird eine Höchstgrenze festgesetzt, so kann zugleich eine Mindestgrenze festgesetzt werden.

(5) Im Bebauungsplan kann vorgesehen werden, dass im Einzelfall von der Zahl der Vollgeschosse, der Grundflächenzahl oder der Grundfläche Ausnahmen zugelassen werden können, wenn die Geschossflächenzahl oder die Geschossfläche, die Baumassenzahl oder die Baumasse nicht überschritten wird.

(6) Auf Grundstücke, die im Bebauungsplan ausschließlich für Stellplätze, Garagen oder Schutzumbauten festgesetzt sind, sind die Vorschriften über die Grundflächenzahl nicht anzuwenden. Als Ausnahme kann zugelassen werden, dass die nach Absatz 1 zulässige Geschossflächenzahl oder Baumassenzahl überschritten wird.

(7) Für besondere Wohngebiete ist das Maß der baulichen Nutzung entsprechend der besonderen Eigenart und Zweckbestimmung der Gebiete darzustellen und festzusetzen, dabei dürfen jedoch eine

§ 17

Grundflächenzahl von 0,6 und eine Geschossflächenzahl von 1,6 nur überschritten werden, wenn städtebauliche Gründe dies rechtfertigen und sonstige öffentliche Belange nicht entgegenstehen.

(8) Für Sondergebiete mit Ausnahme der Wochenendhausgebiete und der Ferienhausgebiete ist das Maß der baulichen Nutzung entsprechend ihrer Zweckbestimmung darzustellen und festzusetzen. Dabei darf eine Geschossflächenzahl von 2,4 und eine Baumassenzahl von 9,0 nicht überschritten werden. Die Höchstwerte gelten nicht für Hafengebiete.

(9) In Gebieten, die bei Inkrafttreten der Baunutzungsverordnung überwiegend bebaut waren, können in den Bauleitplänen die Höchstwerte des Absatzes 1 Spalte 3 bis 5 und des Absatzes 8 überschritten werden, wenn städtebauliche Gründe dies rechtfertigen und sonstige öffentliche Belange nicht entgegenstehen.

(10) Im Bebauungsplan können höhere Werte, als sie nach Absatz 1 Spalte 3 bis 5 sowie den Absätzen 2 und 8 zulässig sind, festgesetzt oder als Ausnahme vorgesehen werden, wenn
1. besondere städtebauliche Gründe dies rechtfertigen,
2. die Überschreitungen durch Umstände ausgeglichen sind oder durch Maßnahmen ausgeglichen werden, durch die sichergestellt ist, dass die allgemeinen Anforderungen an gesunde Wohn- und Arbeitsverhältnisse nicht beeinträchtigt und die Bedürfnisse des Verkehrs befriedigt werden, und
3. sonstige öffentliche Belange nicht entgegenstehen.

Dies gilt nicht für Kleinsiedlungsgebiete, Dorfgebiete, Wochenendhausgebiete und Ferienhausgebiete.

BauNVO 1968:

(1) Das Maß der baulichen Nutzung darf höchstens betragen

1	2	3	4	5
Baugebiet	Zahl der Vollgeschosse (Z)	Grundflächenzahl (GRZ)	Geschossflächenzahl (GFZ)	Baumassenzahl (BMZ)
In Kleinsiedlungsgebieten (WS) bei:	1 2	0,2 0,2	0,3 0,4	– –
In reinen Wohngebieten (WR) allg. Wohngebieten (WA) Mischgebieten (MI) Ferienhausgebieten bei:	1 2 3 4 und 5 6 und mehr	0,4 0,4 0,4 0,4 0,4	0,5 0,8 1,0 1,1 1,2	– – – – –
In Dorfgebieten (MD) bei:	1 2 und mehr	0,4 0,4	0,5 0,8	– –
In Kerngebieten (MK) bei:	1 2 3 4 und 5 6 und mehr	1,0 1,0 1,0 1,0 1,0	1,0 1,6 2,0 2,2 2,4	– – – – –
In Gewerbegebieten (GE) bei:	1 2 3 4 und 5 6 und mehr	0,8 0,8 0,8 0,8 0,8	1,0 1,6 2,0 2,2 2,4	– – – – –
In Industriegebieten (GI)	–	0,8	–	9,0
In Wochenendhausgebieten (WS)	1	0,2	0,2	–

(2) In Gebieten, die für die Bebauung mit eingeschossigen Wohngebäuden mit einem fremder Sicht entzogenen Gartenhof, wie Gartenhof- und Atriumhäuser, vorgesehen sind, können im Bebauungsplan eine Grundflächenzahl und eine Geschossflächenzahl bis 0,6 festgesetzt werden.

(3) In Gebieten, für die keine Baumassenzahl angegeben ist, darf bei Gebäuden, die Geschosse von mehr als 3,50 m Höhe haben, eine Baumassenzahl, die das Dreieinhalbfache der zulässigen Geschossflächenzahl beträgt, nicht überschritten werden.

§ 17

(4) Wird im Bebauungsplan die Zahl der Vollgeschosse festgesetzt, so ist sie entweder als zwingend oder als Höchstgrenze festzusetzen. Wird eine Höchstgrenze festgesetzt, so kann zugleich eine Mindestgrenze festgesetzt werden.

(5) Im Bebauungsplan kann vorgesehen werden, dass im Einzelfall von der Zahl der Vollgeschosse, der Grundflächenzahl oder der Grundfläche Ausnahmen zugelassen werden können, wenn die Geschossflächenzahl oder die Geschossfläche nicht überschritten wird.

(6) Auf Grundstücke, die im Bebauungsplan ausschließlich für Stellplätze, Garagen oder Schutzraumbauten festgesetzt sind, sind die Vorschriften über die Grundflächenzahl nicht anzuwenden. Als Ausnahme kann zugelassen werden, dass die nach Absatz 1 zulässige Geschossflächenzahl oder Baumassenzahl überschritten wird.

(7) Für Sondergebiete ist das Maß der baulichen Nutzung entsprechend ihrer Zweckbestimmung darzustellen und festzusetzen. Dabei darf eine Geschossflächenzahl von 2,4 und eine Baumassenzahl von 9,0 nicht überschritten werden. Die Höchstwerte gelten nicht für Hafengebiete.

(8) In Gebieten, die bei Inkrafttreten der Baunutzungsverordnung überwiegend bebaut waren, können in den Bauleitplänen die Höchstwerte des Absatzes 1 Spalte 3 bis 5 und des Absatzes 7 überschritten werden, wenn städtebauliche Gründe dies rechtfertigen und sonstige öffentliche Belange nicht entgegenstehen.

(9) Im Bebauungsplan können die Höchstwerte des Absatzes 1 Spalte 3 bis 5 und der Absätze 2 und 7 überschritten werden, wenn
1. besondere städtebauliche Gründe dies rechtfertigen,
2. die Überschreitungen durch Umstände ausgeglichen sind oder durch Maßnahmen ausgeglichen werden, durch die sichergestellt ist, dass die allgemeinen Anforderungen an gesunde Wohn- und Arbeitsverhältnisse nicht beeinträchtigt und die Bedürfnisse des Verkehrs befriedigt werden und
3. sonstige öffentliche Belange nicht entgegenstehen.

Dies gilt nicht für Kleinsiedlungsgebiete, Dorfgebiete und Wochenendhausgebiete.

BauNVO 1962:

(1) Das Maß der baulichen Nutzung darf höchstens betragen

1		2	3	4	5
Baugebiet		Zahl der Vollgeschosse (Z)	Grundflächenzahl (GRZ)	Geschossflächenzahl (GFZ)	Baumassenzahl (BMZ)
In Kleinsiedlungsgebieten (WS)	bei:	1	0,2	0,2	–
		2	0,2	0,3	–
In reinen Wohngebieten (WR) allg. Wohngebieten (WA) Mischgebieten (MI) Ferienhausgebieten	bei:	1	0,4	0,4	–
		2	0,4	0,7	–
		3	0,3	0,9	–
		4 und mehr	0,3	1,0	—
In Dorfgebieten (MD)	bei:	1			
		2 und mehr			
In Kerngebieten (MK) In Gewerbegebieten (GE)	bei:	1	0,8	0,8	–
		2	0,8	1,2	–
		3	0,8	1,6	–
		4 und mehr	0,8	2,0	–
In Industriegebieten (GI) bei Stufe I		–	0,8	–	3,0
bei Stufe II		–	0,8	–	0,6
bei Stufe III		–	0,8	–	9,0
In Wochenendhausgebieten (WS)		1	0,1	0,1	–

(2) In Gebieten, die für eine Bebauung mit eingeschossigen Wohngebäuden mit einem fremder Sicht entzogenen Gartenhof, wie Gartenhof- und Atriumhäuser, vorgesehen sind, können im Bebauungsplan eine Grundflächenzahl und eine Geschossflächenzahl bis 0,6 festgesetzt werden.

(3) In Gebieten für die keine Baumassenzahl angegeben ist, darf bei Gebäuden, die Geschosse von mehr als 3,50 m Höhe haben, eine Baumassenzahl, die das Dreieinhalbfache der zulässigen Geschossflächenzahl beträgt, nicht überschritten werden.

§ 17

(4) Wird im Bebauungsplan die Zahl der Vollgeschosse festgesetzt, so ist sie entweder als zwingend oder als Höchstgrenze festzusetzen.

(5) Im Bebauungsplan kann vorgesehen werden, dass im Einzelfall von der Zahl der Vollgeschosse eine Ausnahme zugelassen werden kann, wenn die Grundflächenzahl und die Geschossflächenzahl nicht überschritten werden.

(6) Auf Grundstücke, die im Bebauungsplan ausschließlich für Stellplätze, Garagen oder Schutzraumbauten festgesetzt sind, sind die Vorschriften über die Grundflächenzahl nicht anzuwenden. Als Ausnahme kann zugelassen werden, dass die nach Absatz 1 zulässige Geschossflächenzahl oder Baumassenzahl überschritten wird.

(7) Für Sondergebiete ist das Maß der baulichen Nutzung entsprechend ihrer besonderen Zweckbestimmung darzustellen und festzusetzen. Dabei dürfen als Höchstwerte eine Grundflächenzahl von 0,8, eine Geschossflächenzahl von 2,0 und eine Baumassenzahl von 9,0 nicht überschritten werden. Die Höchstwerte gelten nicht für geschlossene Hafengebiete.

(8) In überwiegend bebauten Gebieten können im Bebauungsplan die Höchstwerte der Spalten 3 bis 5 des Absatzes 1 und des Absatzes 7 überschritten werden, wenn städtebauliche Gründe dies rechtfertigen und sonstige öffentliche Belange nicht entgegenstehen.

(9) Das Maß der baulichen Nutzung kann in Industriegebieten unterschiedlich entsprechend den Werten der Tabelle nach Absatz 1 festgesetzt werden.

Erläuterungen

Übersicht

			Rn		
	1.	Allgemeines	1	–	7
Abs. 1	2.	Die Obergrenzen	8	–	15
	a)	Grenzwerte für die Bauleitplanung (Einleitungssatz)	8	–	9
	b)	Die Tabellenwerte	10	–	15
Abs. 2	3.	Überschreiten der Obergrenzen unter besonderen Voraussetzungen	17	–	50
	a)	Allgemeines	17	–	22
	b)	Voraussetzungen für die Anwendung von Abs. 2	23	–	50
S. 1 Nr. 1	aa)	Erfordernis des Vorliegens besonderer städtebaulicher Gründe	24	–	28
S. 1 Nr. 2	bb)	Sicherstellung der allgemeinen Anforderungen an gesunde Wohn- und Arbeitsverhältnisse	29	–	35
	cc)	Vermeidung nachteiliger Auswirkungen auf die Umwelt	36	–	40
	dd)	Befriedigung der Bedürfnisse des Verkehrs	41	–	43
	ee)	Ausgleichende Umstände und Maßnahmen	44	–	48
S. 1 Nr. 3	ff)	Sonstige öffentliche Belange dürfen nicht entgegenstehen	49	–	50
Abs. 3	4.	Überschreiten der Obergrenzen in überwiegend bebauten Gebieten	51	–	64
	a)	Allgemeines	51	–	54
Satz 1	b)	Überwiegend bebaute Gebiete	55	–	57
	c)	Erfordernis des Vorliegens städtebaulicher Gründe	58	–	60
	d)	Sonstige öffentliche Belange dürfen nicht entgegenstehen	61		
Satz 2	e)	Entsprechende Anwendung von Abs. 2 Satz 1 Nr. 2	62	–	64

Schrifttum zu den §§ 16–23 s. vor den Erläuterungen zu § 16

1. Allgemeines

§ 17 ist die Kernvorschrift des Maßes der baulichen Nutzung. Sie enthält mit der Tabelle des Abs. 1 die aus der Sicht des VOgebers notwendigen **Grenzwerte** für die in den Bauleitplänen zur Gewährleistung einer geordneten städtebaulichen Entwicklung und sozialgerechten Bodennutzung gem. § 1 BauGB vertretbare städtebauliche **Bebauungsdichte**.

§ 17 ist bei den verschiedenen Novellierungen gegenüber der ursprünglichen Fassung von 1962 durch Anhebung der Höchstwerte des Abs. 1 und ergänzende Vorschriften in den Abs. 2–10 mehrfach geändert und dadurch komplizierter und unübersichtlich geworden. Dies hatte in der Praxis zu Schwierigkeiten und teilweise auch unverständlichen Ergebnissen geführt (vgl. *Heintz*, BauR 1990, 166). Bei der anlässlich der Novellierung 1990 erfolgten *Gesamtüberprüfung der BauNVO* ist daher gefordert worden, die Vorschrift zu vereinfachen und u. a. auf die GFZ zu verzichten, weil die darin ursprünglich liegende Funktionsbestimmung durch die tatsächliche städtebauliche Entwicklung überholt sei. So zeige sich, dass sich der Wohnflächenverbrauch pro Person seit dem Erlass der BauNVO verdoppelt und dementsprechend die Bebauungsdichte halbiert habe. Zur Bestimmung des Maßes der baulichen Nutzung reiche im Übrigen die GRZ/GR und die Höhe baulicher Anlagen aus (Materialien zur BauNVO, aaO., S. 17).

In diesem Zusammenhang ist geprüft worden, ob die Obergrenzen in der BauNVO und damit § 17 insgesamt entfallen sollten, weil sich die von den Gemeinden zu beachtenden Grenzen bereits aus den Grundsätzen des § 1 BauGB (z. B. der Wahrung gesunder Wohn- und Arbeitsverhältnisse und dem Erfordernis des sparsamen und schonenden Umgangs mit Grund und Boden) ergeben würden. Eine bundeseinheitliche Festlegung von Obergrenzen erscheine bei den vielfältigen Fallgestaltungen in der Praxis willkürlich (Materialien zur BauNVO, aaO., B 3.1.4 S. 18, 19). Dies hätte bei aller begrüßenswerten Flexibilität jedoch zu nicht absehbaren Folgen geführt. Die Gemeinden hätten keinen Orientierungsrahmen für die Planung mehr; die Abwehr überzogener Dichtevorstellungen wäre erschwert worden; den Genehmigungs- bzw. Anzeigebehörden würden im Rahmen der von ihnen durchzuführenden Rechtskontrolle zusätzliche und schwierige Prüfungsaufgaben zufallen; der Rechtsbestand der Pläne würde bei gerichtlicher Prüfung mehr in Frage gestellt werden.

Der VOgeber hat mit der ÄndVO 1990 an der Vorgabe von **Obergrenzen** zwecks notwendiger Orientierung der Planung und zur Verhinderung von Missbräuchen zwar grundsätzlich festgehalten; er hat **§ 17 aber neu gefasst** und dabei wesentlich umgestaltet. Es sollte klargestellt werden, dass **Adressat der Obergrenzen nur die Gemeinden** sind. Dies ist bereits durch die neue Überschrift »Obergrenzen für die Bestimmung des Maßes der baulichen Nutzung« verdeutlicht worden; die frühere Überschrift »Zulässiges Maß der baulichen Nutzung« konnte i. S. einer Zulassung von Anlagen im Einzelfall missverstanden werden. Die Obergrenzen sollten nicht i. S. v. Orientierungsgrößen die Einzelheiten der Planung vorwegnehmen, sondern nur den *Rahmen* für die Planung setzen.

Die Differenzierung der Obergrenzen nach Baugebieten in der **Tabelle des Abs. 1** ist zwar beibehalten worden, städtebaulich nicht gerechtfertigte Hemmnisse hat der VOgeber aber durch **Verzicht auf die Differenzierung** der Obergrenzen nach der Z vermeiden wollen. So sind jetzt – anders als in allen früheren Fassungen – keine Zahlen der Vollgeschosse mehr aufgeführt, sondern die Obergrenzen sind jeweils für ein Baugebiet einheitlich festgelegt. Begründet wird dies u. a. damit, dass die Gemeinden bereits nach früherem Recht die Z nach ihren Planungsvorstellungen selbst festsetzen konnten (vgl. Begr. zur ÄndVO 1990, BR-Drucks. 354/89). Durch die Abkoppelung träte keine negative städtebauliche Entwicklung ein (Materialien, aaO., S. 19). Welche GRZ oder GFZ die Gemeinde im konkreten Fall festsetzen darf, liegt nunmehr in ihrem gestaltenden Ermessen (BVerwG, B. v. 16.1.1996 – 4 NB 1.96 – NVwZ-RR 1997, 83). Die in der Tabelle des Abs. 1 angegebenen Obergrenzen entsprechen im Wesentlichen dem früher geltenden Recht; zum Teil wurden sie in Anpassung an die tatsächliche Entwicklung maßvoll angehoben.

4 Die früheren Vorschriften der **Abs. 2 bis 8** sind zum Teil durch die Änderungen in Abs. 1 gegenstandslos geworden bzw. in Abs. 1 aufgegangen, teilweise waren sie in § 17 unsystematisch angeordnet und sind in andere Vorschriften übernommen worden. Sie konnten daher in § 17 entfallen; die Vorschrift wurde wesentlich vereinfacht.

5 Die **besonderen Obergrenzen für Gartenhof- und Atriumhäuser** in **Abs. 2** sind durch den Fortfall der Koppelung der Obergrenzen an die Z in Abs. 1 *entbehrlich* geworden. In Wohngebieten für Gartenhof- und Atriumhäuser (zu den Begriffen s. unten) kann auch nach der BauNVO 1990 eine GFZ von 0,6 festgesetzt werden. Die nach Abs. 1 für Wohngebiete allgemein geltende Obergrenze von 0,4 für die GRZ gilt jetzt auch für Gartenhof- und Atriumhäuser. Dies ist eine vom VOgeber unter dem Gesichtspunkt des Bodenschutzes (s. § 16 Rn 24) beabsichtigte Einschränkung (so auch *Knaup/Stange*, § 17 Rn 8). Sofern sich daraus im Einzelnen Schwierigkeiten ergeben, kann entweder die Gemeinde im B-Plan nach § 17 Abs. 2 unter den dort genannten Voraussetzungen (s. Rn 17f.) die GRZ überschreiten oder nach § 19 Abs. 4 Satz 3 eine abweichende Bestimmung für die Anrechnung auf die zulässige Grundfläche treffen oder die Bauaufsichtsbehörde kann im Einzelfall von der Einhaltung der sich aus § 19 Abs. 4 Satz 2 ergebenden Grenzen absehen, wenn deren Einhaltung zu einer wesentlichen Erschwerung der entsprechenden Grundstücksnutzung führen würde (§ 19 Abs. 4 Satz 4 Nr. 2). Dies kann bei Gartenhof- und Atriumhäusern gegeben sein. Soweit in älteren B-Plänen in den alten Bundesländern Gartenhofhäuser festgesetzt sind, ist der B. des VGH BW v. 30.7.1992 (– 3 S 1199/92 – BWVBl. 1992, 476) zum **Begriff »Gartenhof«** von Bedeutung. Danach ist ein geschützter Gartenhof nach § 17 Abs. 2 BauNVO 77 ein überwiegend gärtnerisch genutzter Grundstücksteil, der an drei oder zwei Seiten vom Baukörper eines Wohnhauses umschlossen ist (sog. U- oder L-Bauweise). Eine durch Aussparung in der Außenecke eines Gebäudes geschaffene Terrasse fällt nicht darunter. Der Einbau eines Fensters im Nachbargebäude, von dem aus Einblick auf eine solche Terrasse genommen werden kann, verstößt regelmäßig nicht gegen das Gebot der Rücksichtnahme. Bei den **Atriumhäusern** ist (nach historischem Vorbild) der Gartenhof *allseitig* von Gebäudeteilen und nicht nur von Bauteilen umschlossen. Gartenhof- und Atriumhäuser sind i.d.R. eingeschossig, können jedoch auch zweigeschossig sein.

Zur Frage des **Drittschutzes bei der Gartenhofbauweise** hat das BVerwG im B. v. 5.5.1994 (– 4 NB 16.94 – Buchholz 406.12 § 17 BauNVO Nr. 6, zum U. des OVG Lüneburg v. 21.1.1994 – 6 K 1537/92 –) unter Hinweis auf die st. Rspr. bestätigt, dass § 17 Abs. 2 BauNVO 1977 selbst, auch soweit er die Gartenhofbauweise dadurch kennzeichnet, dass der Gartenhof fremder Sicht entzogen ist, *keine* drittschützende Funktion hat. Die Vorschrift enthalte kein Verbot, für angrenzende Gebiete Festsetzungen zu unterlassen, welche die Einsicht in einen Gartenhof berühren. Nur innerhalb des Baugebiets, für das Festsetzungen nach § 17 Abs. 2 BauNVO 1977 in Verbindung mit § 22 Abs. 4 BauNVO getroffen wurden, werde nämlich gewährleistet, dass die Einsicht unterbunden wird. Diese Entscheidung ist nicht überzeugend, weil sie den mit der durch den VOgeber eingeführten Gartenhofbauweise verfolgten wohnungspolitischen Zwecken zuwiderläuft. Die in § 17 Abs. 2 a.F. als Planungskriterium genannte »fremde Sicht« endet nicht an der Grenze des Baugebiets. Die Errichtung von 12-geschossigen Hochhäusern unmittelbar neben einer Gartenhofsiedlung ist städtebaulich nicht vertretbar (zum nachbarschützenden Charakter der Z s. § 16 Rn 59.2).

6 Die Umrechnungsregel des **Abs. 3** für die **Einhaltung der BMZ** bei Geschosshöhen über 3,50 m ist nach § 21 als neuer Abs. 4 übernommen worden. **Abs. 4 und 5** sind als Gegenstände der Festsetzung bzw. Bestimmung im B-Plan systemgerecht in § 16 Abs. 4 und 6 aufgegangen. Die Sonderregelung des **Abs. 6** für **Stellplatz-, Garagen- und Schutzraumgrundstücke** konnte entfallen, weil diese Festsetzungen bereits nach § 9 Abs. 1 BauGB unmittelbar getroffen werden können. Die früher in **Abs. 7 und 8** besonders geregelten **Obergrenzen** für **WB-Gebiete** und für **SO-Gebiete** sind in die Tabelle des Abs. 1 eingearbeitet worden.

7 Die früher in **Abs. 9 und 10** enthaltenen **Überschreitungsregelungen** für **Bestandsgebiete** und **Neubaugebiete** sind im Wesentlichen unverändert als Abs. 2 und 3 übernommen worden. Dabei wurde die *umfassendere Regelung* für die *Neubaugebiete* aus systematischen Gründen nach Abs. 2 vorgezogen; Abs. 3 enthält die *Sonderregelung für Bestandsgebiete*. In **Abs. 2** wurde die **Ausgleichspflicht in Neubaugebieten** ausdrücklich auch bei *nachteiligen Umwelteinwirkungen* vorgeschrieben. Für **Bestandsgebiete** wurde die in § 17 Abs. 9

BauNVO 1977 früher nicht vorgeschriebene *Ausgleichspflicht* durch Rückverweisung in **Abs. 3** auf **Abs. 2** Satz 1 Nr. 2 ausdrücklich *eingeführt*.

2. Die Obergrenzen (Abs. 1)

a) **Grenzwerte für die Bauleitplanung (Einleitungssatz).** Der aus § 16 Abs. 2 Satz 1 BauNVO 1977 in die ÄndVO 1990 inhaltlich übernommene Einleitungssatz stellt – ebenso wie bereits die Überschrift – den Charakter und die Adressaten der Obergrenzen klar. Die **Obergrenzen gelten nur für die Bauleitplanung der Gemeinden, nicht dagegen im Baugenehmigungsverfahren**, für das nur die im B-Plan *festgesetzten* Höchstmaße maßgebend sind. Der Planbetroffene hat auch keinen Anspruch darauf, dass die Gemeinde die ihr nach Abs. 1 möglichen Obergrenzen ausschöpft, noch kann er die Festsetzung eines bestimmten, speziell für ihn geeigneten Maßes der baulichen Nutzung beanspruchen (wie hier *E/Z/B/K*, § 17 Rdn. 22; *Knaup/Stange*, § 17 Rdn, 23). Der **Nachbar** kann eine Baugenehmigung nicht wegen einer Überschreitung der in § 17 Abs. 1 enthaltenen Obergrenzen für die GFZ (1,97 anstatt 1,2) anfechten. Im Klageverfahren kann jedoch die Rechtswidrigkeit der mit der Baugenehmigung erteilten Befreiung von der Festsetzung des B-Plans festgestellt werden, wenn die deutliche Überschreitung einer Umstrukturierung des gesamten Wohngebiets Vorschub leistet (vgl. Hess. VGH, B. v. 13.7.1999 – 4 TG 1322/99 – BauR 2000, 1845). Der Hess. VGH hat dabei die Werte des § 17 Abs. 1 sozusagen als »Anhalt« herangezogen. Ihm ist allerdings entgangen, dass es seit 1990 keine (missverständlichen) »Höchstwerte« mehr sind, sondern nur »Obergrenzen« für die Bauleitplanung.

Der Einleitungssatz bezieht den gesamten § 16 ein, d.h. sowohl die Bestimmung des allgemeinen Maßes der baulichen Nutzung im **FN-Plan** nach § 16 Abs. 1 als auch des Maßes der baulichen Nutzung **B-Plan** nach § 16 Abs. 2 bis 6. Darauf weist bereits die Verwendung der Begriffe »darstellen« und »festsetzen« hin. Somit müssen nach § 16 Abs. 6 vorgesehene **Ausnahmen** nach Art und Umfang so bestimmt werden, dass die Obergrenzen durch die Ausnahmen nicht überschritten werden (s. § 16 Rn 66). Die Obergrenzen sind keine Orientierungswerte; die Gemeinde kann vielmehr im Rahmen ihres Planungsermessens die für die jeweilige Planungsaufgabe erforderlichen Maße unter Beachtung der Grundsätze des § 1 bestimmen.

Auch wenn im B-Plan die **GFZ oder BMZ nicht festgesetzt** worden ist, dürfen die Obergrenzen des Abs. 1 durch die übrigen Festsetzungen nicht überschritten werden, es sei denn, eine Überschreitung käme nach Abs. 2 oder 3 in Betracht. Der Nachweis muss zwecks Prüfung im Genehmigungs- bzw. Anzeigeverfahren in der Begr. zum B-Plan dargelegt werden.

Werden z.B. im WR-Gebiet nur die Größe der Grundfläche (GR) mit 150 m² und die Z mit 3 festgesetzt, so würde die tatsächliche GFZ auf einem 300 m² großen Grundstück 1,5 betragen (150 × 3: 300 = 1,5), die Obergrenze von 1,2 somit überschritten. Zur Vermeidung einer solchen unkontrollierbaren Überschreitung der GFZ kann z.B. die Mindestgröße der Grundstücke nach § 9 Abs. 1 Nr. 3 BauGB mit 375 m² (450 m² GR: 1,2 = 375 m²) festgesetzt werden.

b) **Die Tabellenwerte.** Gegenüber früheren Fassungen der BauNVO sind die bereits mehrfach angehobenen Tabellenwerte 1990 nochmals angehoben worden; zugleich wurden strukturelle Verbesserungen vorgenommen. So ist durch den Fortfall der früheren Differenzierung nach der Z und durch die Angabe nur eines Wertes für ein Baugebiet bereits eine allgemeine kräftige Anhebung für niedriggeschossige Baugebiete erfolgt. Gesichtspunkte hierfür waren ins-

§ 17 Abs. 2 11–19

bes. Vereinfachungsgründe, Gewährung eines größeren Planungsspielraumes für die Gemeinden, ein sparsamer und schonender Umgang mit Grund und Boden sowie der gestiegene Wohnraumstandard und die notwendige städtebauliche Verdichtung (im Einzelnen hierzu s. 9. Aufl., § 17 Rn 10 bis 14).

11–14 entf.

15 Der VOgeber ging bei den Anhebungen der Obergrenzen davon aus, dass die Gemeinden im Rahmen ihres Planungsermessens vor allem nach Maßgabe der Grundsätze des § 1 BauGB selbst bestimmen, in welchem Umfang sie den durch § 17 Abs. 1 vorgegebenen Rahmen im B-Plan ausnutzen (vgl. Begr. zu Nr. 15 der ÄndVO 1990, aaO.). **Dies bedeutet, dass keine überzogenen,** sondern nur die im konkreten Fall nach den gegebenen örtlichen Verhältnissen und dem jeweiligen Planungsziel **erforderlichen Nutzungswerte** festzusetzen sind. So werden i.A. bereits die allgemeinen Anforderungen an gesunde Wohn- und Arbeitsverhältnisse, die notwendige Berücksichtigung des fließenden und ruhenden Verkehrs, die notwendige Ver- und Entsorgung, jedoch auch die Belange des Natur- und Landschaftsschutzes sowie die Gestaltung des Orts- und Landschaftsbildes eine maßvolle Begrenzung der Nutzungswerte erfordern.

16 entf.

3. Überschreiten der Obergrenzen unter besonderen Voraussetzungen (Abs. 2)

17 a) **Allgemeines.** Die bereits in früheren Fassungen der BauNVO als Abs. 10 enthaltene Vorschrift ist in der **ÄndVO 1990** im Wesentlichen unverändert als **Abs. 2** übernommen worden. Als allgemeinere Vorschrift wurde sie – anders als in früheren Fassungen – der Überschreitungsregel des **Abs. 3** für überwiegend bebaute Gebiete vorangestellt.

Während die Obergrenzen des Abs. 1 für den Regelfall der »normalen« Neuplanung gelten, lässt Abs. 2 als Ausnahmeregel die Überschreitung der Obergrenzen unter bestimmten Voraussetzungen für städtebaulich besonders begründete Fälle zu (zu den dazu führenden Gesichtspunkten s. 9. Aufl. § 17 Rn 17 Abs. 2).

18 Die *allgemeine* Vorschrift betrifft sowohl den **FN-Plan** als auch den **B-Plan**. Damit sind die früher bestehenden Probleme des Entwickelns des Maßes der baulichen Nutzung aus dem allgemeinen Maß der baulichen Nutzung des FN-Plans ausgeräumt. Sie gilt sowohl für Neubaugebiete als auch für erst nach dem 1.8.1962 überwiegend bebaute Gebiete sowie bei der Überplanung nur geringfügig bebauter Gebiete, und zwar unabhängig davon, ob das Gebiet nicht beplant ist oder ob bereits ein – ggf. übergeleiteter – einfacher oder qualifizierter B-Plan besteht.

19 Die Überschreitung nach **Satz 1 1. Halbs.** ist eine *Festsetzung*. Die früher möglichen Alternativen *Festsetzung* oder *Vorsehen als Ausnahme* sind 1990 entfallen. Das Vorsehen einer Überschreitung von einem festgesetzten Nutzungsmaß als Ausnahme kann bereits nach § 16 Abs. 6 erfolgen und ist nicht Gegenstand des § 17. **In Satz 1 2. Halbs. Nr. 1** ist durch die **ÄndVO 1990** das Wort »rechtfertigen« durch das Wort »erfordern« ersetzt worden. Diese Ersetzung hat eine Verschärfung der Vorschrift zur Folge, d.h. die inhaltlichen Anforderungen für eine Überschreitung der Obergrenzen des Maßes der baulichen Nutzung sind erhöht worden (s. Rn 52, 59).

entf.

In **Nr. 2** ist die **Ausgleichspflicht** entspr. den im BauGB verstärkten Anforderungen des Umweltschutzes ausdrücklich auf **nachteilige Umwelteinwirkungen** erstreckt worden. In **Satz 2** sind **Wochenendhaus-** und **Ferienhausgebiete** wegen ihrer besonderen baulichen Struktur wie früher von der Überschreitungsregel ausgenommen. Für diese Baugebiete dürften die Obergrenzen ausreichen. *Wochenendhausgebiete* sind allein bereits wegen ihrer Eigenart, insbes. der Verbindung mit der Landschaft, zu einer Verdichtung nicht geeignet. Für *Ferienhausgebiete* können bereits die gleichen Obergrenzen wie für Wohngebiete festgesetzt werden; eine weitere Erhöhung dieser Werte wäre mit dem Charakter der Ferienhausgebiete nicht vereinbar. Dagegen wurden **Kleinsiedlungs-** und **Dorfgebiete** abweichend von früheren Fassungen in die Überschreitungsregel einbezogen. Sie sind damit anderen Baugebietsarten, z.B. den Wohngebieten und dem Mischgebiet insoweit gleichgestellt. Die Einbeziehung der WS-Gebiete ist eine Folge der Änderung des § 2 durch Hinzunahme der »Wohngebäude mit entspr. Nutzgärten« (s. § 2 Rn 6–6.2).

Die zulässige **Höhe der Überschreitung** der Obergrenzen kann nicht allgemein (etwa durch einen bestimmten Vomhundertsatz oder bis zu einem absoluten Grenzwert) angegeben werden. Sie liegt vielmehr im Planungsermessen der Gemeinde und richtet sich nach dem Planungsziel, insbes. der konkreten Baukörperplanung sowie den jeweiligen örtlichen Gegebenheiten und hängt von der Erfüllung der in der Vorschrift enthaltenen Voraussetzungen sowie der Berücksichtigung der sonstigen Belange des § 1 Abs. 5 BauGB ab. Ausgeführte Beispiele im Wohnungsbau lassen erkennen, dass bei Einhaltung quantitativer und qualitativer Mindestanforderungen – selbst bei flächensparenden Bauformen – eine maximale Bebauungsdichte von GFZ = 1,5 erreicht werden kann, dass jedoch bei höheren Dichten einzelne Belange nicht mehr ausreichend berücksichtigt werden können.

b) Voraussetzungen für die Anwendung von Abs. 2. Die Überschreitung der Obergrenzen nach Abs. 2 ist an das Vorliegen bzw. die Erfüllung der in Satz 1 Nrn. 1 bis 3 genannten Voraussetzungen gebunden, die insgesamt, also *kumulativ* vorliegen bzw. erfüllt sein müssen. Abs. 2 enthält 5 Voraussetzungen, und zwar

1. **Erfordernis** durch **besondere städtebauliche Gründe** *(zu den besonderen städtebaulichen Gründen s. bei § 1 Rn 114)*,
2. Wahrung der allgemeinen Anforderungen an **gesunde Wohn- und Arbeitsverhältnisse**,
3. Vermeidung **nachteiliger Auswirkungen** auf die **Umwelt**,
4. Befriedigung der **Bedürfnisse des Verkehrs** und
5. Nichtentgegenstehen sonstiger öffentlicher Belange.

Abs. 2 schreibt vor, dass die Überschreitungen der Obergrenzen entweder (bereits) durch Umstände ausgeglichen *sind* oder durch (noch zu treffende) Maßnahmen ausgeglichen *werden*, die die Erfüllung der hier unter Nr. 2 bis 4 genannten Anforderungen sicherstellen (s. Rn 44–48). Die ausgleichenden Umstände und Maßnahmen müssen sich entweder bereits unmittelbar aus den Darstellungen des FN-Plans bzw. den Festsetzungen des B-Plans ergeben und/oder im Erläuterungsbericht bzw. in der Begr. dargelegt werden. Diese zusätzlichen Voraussetzungen schränken die Anwendungsmöglichkeit des Abs. 2

§ 17 Abs. 2 24–26

weiter ein, so dass nur besondere Situationen hierfür in Frage kommen (Begr. zur ÄndVO 1968, BR-Drucks. 402/68).

24 aa) **Erfordernis des Vorliegens besonderer städtebaulicher Gründe (Satz 1 Nr. 1).** Im Reg. Entw. des BauROG war als Artikel 3 noch eine erneute Änderung der Baunutzungsverordnung vorgesehen. Im Rahmen dieser Änderung sollten – korrespondierend zu der Regelung in § 9 Abs. 3 BauGB – auch die in der BauNVO an verschiedenen Stellen – so auch in § 17 Abs. 2 Nr. 1 – aufgeführten »besonderen städtebaulichen Gründe« gestrichen werden. Die Änderung der BauNVO ist jedoch nicht zustande gekommen (vgl. Hinweise in der Einführung, Abschn. 12 und § 1 Rn 115.1), so dass die BauNVO insoweit noch vom BauGB 1998 abweicht. Aufgrund der im BauGB erfolgten Änderung sind die in verschiedenen Vorschriften der BauNVO aufgeführten »besonderen« städtebaulichen Gründe, soweit sie auf § 9 Abs. 3 BauGB gründen, unbeachtlich. Darüber hinaus gilt für die übrigen »besonderen« städtebaulichen Gründe, bei denen kein Bezug auf § 9 Abs. 3 BauGB besteht – so auch hier –, im Hinblick auf die Rspr. des BVerwG (s. Rn 26) gleichermaßen, dass es sich nur um in der konkreten örtlichen Situation liegende spezielle städtebauliche Gründe handeln muss und keine hinsichtlich ihrer Schwere qualifizierten Anforderungen handeln muss. Gleichwohl wird in der Übergangszeit bis zu einer entsprechenden Änderung der BauNVO noch davon auszugehen sein, dass die »besonderen« städtebaulichen Gründe in § 17 Abs. 2 wegen der Vielfalt der in dieser Vorschrift genannten Anforderungen nach wie vor anders zu werten sind als die übrigen in der BauNVO aufgeführten »besonderen« städtebaulichen Gründe. Es bleibt daher im Wesentlichen bei der Kommentierung entspr. der 8. Aufl.

25 Was **besondere städtebauliche Gründe** i. S. d. Abs. 2 sind, hat der VOgeber weder erläutert noch mit Beispielen belegt. Nach allgemeinem Verständnis müssen sich »besondere« städtebauliche Gründe von den »allgemeinen« städtebaulichen Gründen deutlich abheben. Besondere städtebauliche Gründe werden i. d. R. nur aus den Umständen des Einzelfalls und den darauf abgestellten Planungszielen herzuleiten sein. Mehrere städtebauliche Gründe werden sich i. d. R. zu besonderen städtebaulichen Gründen verdichten müssen, d. h. es muss ein solches Maß an öffentlichem Interesse an der Verwirklichung eines bestimmten städtebaulichen Planungszieles bestehen, dass dafür sogar die Abweichung von der Regelfestsetzung in Kauf genommen wird.

26 Das BVerwG hat im U. v. 22.5.1987 – 4 C 77.84 – (BVerwGE 77, 317 = ZfBR 1987, 251 = BRS 47 Nr. 58 = DVBl. 1987, 1004 = NVwZ 1987, 1074) zu der erforderlichen Rechtfertigung durch »**besondere städtebauliche Gründe**« nach § 1 Abs. 9 BauNVO in dem Sinn Stellung genommen, dass damit die Festsetzungen nicht notwendig von *erschwerten* Voraussetzungen abhängig seien *(s. dazu bei § 1 Rn 114)*. Diese nur das Verhältnis von § 1 Abs. 5 zu Abs. 9 betreffende Rspr. ist auf die besonderen städtebaulichen Gründe nach § 17 Abs. 2 nicht ohne weiteres übertragbar. Daraus kann nicht etwa hergeleitet werden, Festsetzungen nach Abs. 2 seien gleichfalls nicht von erschwerten Voraussetzungen abhängig. Gerade die ausgleichenden Umstände und Maßnahmen in Satz 1 Nr. 2 *sind erschwerte Voraussetzungen* gegenüber der »normalen« Planung. Der VOgeber ging davon aus, dass die durch die Überschreitung der Obergrenzen möglichen städtebaulichen Nachteile einerseits durch eine *bevorzugte städtebauliche Situation,* andererseits durch eine *besondere Qualität der Planung* ausgeglichen werden sollen (s. Rn 45–48). Die besonderen städtebaulichen Gründe nach Abs. 2 sind daher – anders als diejenigen nach § 1 Abs. 9 – gewichtiger zu werten (so auch *Knaup/Stange,* § 17 Rdn. 30). Dies kommt auch durch die verschärfende Ersetzung des Wortes »rechtfertigen« durch das Wort »erfordern« durch die ÄndVO 1990 zum Ausdruck. »**Erfordern**« bedeutet, dass die Überschreitung nicht nur städtebaulich vertretbar ist (vgl. die Formulierung in § 31 Abs. 2 Nr. 2 und § 34 Abs. 3

Satz 1 Nr. 2 BauGB), sondern dass die geplante Maßnahme ohne die Überschreitung nicht ermöglicht werden kann (zustimmend *Knaup/Stange*, § 17 Rdn. 31; zum »erfordern« s. auch § 1 Rn 8.1–12.2).

Nicht jeder *städtebauliche* Belang ist bereits ein *besonderer* städtebaulicher Grund. So dürften z.B. der Wunsch nach höherem wirtschaftlichem Ertrag der Grundstücke oder hohe Grundstückskosten allein noch keine *besonderen* städtebaulichen Gründe sein. Die Nachfrage nach Wohnraum und das Vorhandensein bereits erschlossener Bereiche, die im FN-Plan als W-Flächen vorgesehen sind, beschreiben eine städtebauliche Standardsituation, die für sich genommen eine Überschreitung der Obergrenzen des § 17 Abs. 1 BauNVO auch dann nicht rechtfertigt, wenn die angestrebte bauliche Verdichtung eine weitestgehende Ausnutzung der Grundstücke und damit eine möglichst kostengünstige Bebauung ermöglichen soll, um die Eigentumsbildung für junge Familien und sozial schwächere Bevölkerungskreise voranzutreiben (OVG NW, U. v. 5.10.2000 – 7a D 47/99.NE – BauR 2001, 902; die Verkleinerung der Grundstücke und deren zusammengedrängte Bebauung mit Doppelhäusern und Hausgruppen sieht das OVG nicht als besonderen städtebaulichen Grund an). Die Schaffung eines städtebaulichen Blickpunktes kann zwar einen städtebaulichen Belang abgeben, braucht aber kein besonderer städtebaulicher Grund zu sein. Auch Ersatzbaumaßnahmen für die Aufnahme von Planungsverdrängten (z. B. aus Sanierungsgebieten, Abbaugebieten, Schutzzonen, Verkehrs-Trassen u. dergl.) dürften nur allgemeine städtebauliche Gründe sein.

Besondere städtebauliche Gründe dürften insbes. vorliegen bei

- städtebaulichen **Sanierungsmaßnahmen** nach § 136 BauGB,
- städtebaulichen **Entwicklungsmaßnahmen** nach § 165 f. BauGB,
- **Demonstrativvorhaben** des Bundes oder der Länder,
- notwendigen Planungen infolge **kommunaler Gebietsreform**,
- sonstigen aufgrund von Regierungsprogrammen, -plänen oder -richtlinien **öffentlich geförderten Maßnahmen**, z. B. einer Konzentration von Wohnungen und Arbeitsstätten in Stadt- oder Stadtteilzentren an geeigneten Knotenpunkten des ÖPNV,
- Planungen zur Umsetzung besonderer städtebaulicher Ideen, z. B. der Ergebnisse **städtebaulicher Wettbewerbe**,
- Maßnahmen zum sparsamen und schonenden Umgang mit Grund und Boden (§ 1 Abs. 5 Satz 3 BauGB/§ 1a Abs. 1 BauGB 1998), z.B. **flächensparendes** und **ökologisches Bauen**,
- Maßnahmen des Umweltschutzes (§ 1 Abs. 5 Satz 2 Nr. 7 BauGB), z.B. **energieeinsparendes** und **ressourcenschonendes Bauen**,
- Flächen mit einem **besonderen Nutzungszweck**, der durch spezielle städtebauliche Gründe erfordert wird (§ 9 Abs. 1 Nr. 9 BauGB), z.B. für Einrichtungen der städtebaulichen Infrastruktur,
- gesonderten Festsetzungen nach § 9 Abs. 3 BauGB für **übereinander liegende Geschosse, Ebenen und sonstige Teile baulicher Anlagen**, insbes. auch unterhalb der Geländeoberfläche, z.B. bei Über- oder Unterbauungen von Verkehrswegen.

Diese **Aufzählung ist lediglich beispielhaft;** darüber hinaus ist bei weiteren Situationen die Anwendung des Abs. 2 aus besonderen städtebaulichen Gründen denkbar (z.B. die Befriedigung eines dringenden Wohnbedarfs, vgl. VGH BW, U. v. 12.7.1995 – 3 S 3167/94 – DVBl. 1996, 685). Im Erläuterungsbericht des FN-Plans bzw. in der Begr. des B-Plans ist schlüssig darzulegen, welche besonderen städtebaulichen Gründe die Überschreitung erfordern (so auch BVerwG, B. v. 26.1.1994 – 4 NB 42.93 – Buchholz 406.12 § 17 BauNVO Nr. 5, zum B. des VGH BW v. 19.8.1993 – 8 S 2074/92 – OVG Berlin, B. v. 14.1.1994 – 2 A 9.91 –, BRS 56 Nr. 42 = UPR 1994, 320; *Boeddinghaus/Dieckmann*, § 17 Rdn. 16; *Knaup/Stange*, § 17 Rdn. 42). Das BVerwG hält auch die diesseits aufgeführten besonderen, qualifizierten planerischen Lösungen bzw. städtebaulichen Ideen wie den dem BVerwG vorliegenden Fall des *modellhaften Charakters einer flächensparenden Bauform* als besondere städtebauliche Gründe für anerkennenswert. In den Fällen des § 9 Abs. 1 Nr. 9 BauGB (besonderer Nutzungszweck von Flächen) und § 9 Abs. 3 BauGB (Festsetzungen für übereinander liegende Geschosse, Ebenen und Teile baulicher

Anlagen) ergab sich dies bereits aus den genannten Vorschriften; die entspr. Vorschriften des BauGB 1998 enthalten die Voraussetzung nicht mehr (s. Rn 24). Auch Belange der Stadtbildgestaltung und des **Immissionsschutzes** (hier: abschirmende Wirkung eines Baukörpers) können nach Auffassung des VGH BW besondere Gründe i. S. v. § 17 Abs. 2 Satz 1 Nr. 1 darstellen, die eine Überschreitung der Obergrenzen des § 17 Abs. 1 »erfordern«, d. h. vernünftigerweise geboten sein lassen (vgl. VGH BW, NK-B. v. 10.12.1997 – 3 S 2023/ 97 – BauR 1998, 977).

29 bb) **Satz 1 Nr. 2 Sicherstellung der allgemeinen Anforderungen an gesunde Wohn- und Arbeitsverhältnisse.** Diese Voraussetzung entspricht dem in § 1 Abs. 5 Satz 2 Nr. 1 BauGB aufgeführten bei der Bauleitplanung zu berücksichtigenden Planungsleitsatz. Der Planungsleitsatz muss auch bei Anwendung von Abs. 2 beachtet werden, so dass die Wiederholung in Abs. 2 zunächst überflüssig erscheinen könnte. Indessen besteht in der Wirkung beider Vorschriften ein gradueller Unterschied. Während der in § 1 Abs. 5 BauGB aufgeführte Belang als einer unter mehreren Belangen keinen absoluten Vorrang genießt und bei der nach § 1 Abs. 6 BauGB erfolgenden Abwägung auch – zumindest teilweise – zurückgestellt werden kann, wenn andere Belange überwiegen, trifft dies auf die in Abs. 2 Satz 1 Nr. 2 genannten Voraussetzungen nicht zu. Wegen des kumulativen Erfordernisses der unter den Nrn. 1 bis 3 genannten Voraussetzungen scheidet die Anwendung von Abs. 2 bereits aus, wenn schon die allgemeinen Anforderungen an gesunde Wohn- und Arbeitsverhältnisse nicht nur *entgegenstehen,* sondern bereits *beeinträchtigt werden könnten.* »Beeinträchtigen« ist ein geringerer Grad des Berührtseins als »Entgegenstehen«. Während z. B. bei einem B-Plan in einer denkmalwerten Altstadt mit Fachwerkhäusern gesundheitliche Belange (z. B. Belichtung notwendiger Fenster, Mindestabstände) im Interesse des Denkmalschutzes zurückgestellt werden können, darf dies bei Anwendung des Abs. 2 nicht geschehen.

30 Es müssen die *allgemeinen* Anforderungen an gesunde Wohn- und Arbeitsverhältnisse sichergestellt sein. Diese Forderung im B-Plan selbst mit ausreichender Bestimmtheit sicherzustellen, führt zu erheblichen Schwierigkeiten. Denn nach dem abschließenden Katalog des § 9 BauGB können im B-Plan die für die Beurteilung der gesundheitlichen Belange maßgeblichen Festsetzungen kaum ausreichend getroffen werden. Durch die Festsetzungen im B-Plan kann nicht ausgeschlossen werden, dass bei der Verwirklichung später nicht doch gesundheitliche Belange im Einzelfall beeinträchtigt werden. Die allgemeinen Anforderungen an gesunde Wohn- und Arbeitsverhältnisse ergeben sich nämlich aus verschiedenen Rechtsbereichen, insbes. aus dem Bauordnungsrecht, dem Wohnungs-, Miet- und Wohnungsaufsichtsrecht und hinsichtlich der Arbeitsstätten aus dem Arbeitsschutz- und Gewerberecht; darüber hinaus kommen auch die einschlägigen Vorschriften des Immissionsschutzrechts in Betracht, soweit diese der Gefahrenabwehr dienen (vgl. z. B. § 3 Abs. 1 BImSchG). Der in den verschiedenen Gesetzen gleich lautend wiederkehrende Begriff hat in Bezug auf die unterschiedlichen Gegenstände der gesetzlichen Regelungen z. T. verschiedene Begriffsinhalte. Die hierbei anzusetzende Schwelle ist jedenfalls nicht weit unterhalb der Polizeigrenze anzusetzen (BGH, U. v. 2.6.1975 – III ZR 158/72 – BGHZ 75, 366). Im Verhältnis zu Abs. 2 haben sie nur Bedeutung, soweit sie *städtebaulich* relevant sind und sich in Festsetzungen niederschlagen bzw. durch sie beeinflusst werden können.

Anhaltspunkte für allgemeine Anforderungen an gesunde Wohn- und Arbeitsverhältnisse enthält der Katalog des § 136 Abs. 3 Nr. 1 BauGB zur Beurteilung von *städtebaulichen Missständen*, bei deren Vorliegen die Anforderungen nicht erfüllt sind. Missstände können u. a. vorliegen (bzw. eintreten) in Bezug auf 31

- die Belichtung, Besonnung und Belüftung der Wohnungen und Arbeitsstätten,
- die bauliche Beschaffenheit von Gebäuden, Wohnungen und Arbeitsstätten,
- die Zugänglichkeit der Grundstücke,
- die Auswirkungen einer vorhandenen Mischung von Wohn- und Arbeitsstätten,
- die Nutzung von bebauten und unbebauten Flächen nach Art, Maß und Zustand,
- die Einwirkungen durch Lärm, Luftverunreinigungen und Erschütterungen,
- die vorhandene Erschließung.

Weitere *allgemeine* Anforderungen sind in den *bauordnungsrechtlichen Vorschriften* der aufgrund der MBO erlassenen LBOen enthalten, insbes. in den Vorschriften über Abstände und Abstandflächen, über den Wärme-, Schall- und Erschütterungsschutz, die Beheizung, Belichtung, Beleuchtung und Belüftung sowie die Wasch-, Bade- und Aufenthaltsräume.

Städtebauliche Grundsätze für die Berücksichtigung **gesundheitlicher Belange** in Form von Rechtsvorschriften zum BauGB bestehen nicht, sondern sind bisher nur in Verwaltungsvorschriften enthalten, z. B. in der TA Lärm (Anh. 5) und der TA Luft (Anh. 6). Sie haben für die Planung nur empfehlenden und hinweisenden Charakter und enthalten keine verbindlichen gesundheitsbezogenen Grenzwerte, die nur vom Gesetzgeber oder aufgrund einer gesetzlichen Ermächtigung festgesetzt werden können. Eine gesetzliche Regelung besteht zum Fluglärm durch das Gesetz zum Schutz gegen Fluglärm (§ 1 Rn 62) und für den Verkehrslärmschutz durch die VerkLSchVO (§ 1 Rn 65, 66; § 15 Rn 15–19.83). Es bedarf keiner besonderen Ausführungen, dass in Lärmschutzbereichen nach dem FluglärmG die Anwendung des Abs. 2 ausscheidet, obwohl die der Festsetzung der Lärmschutzbereiche zugrunde liegenden äquivalenten Dauerschallpegel noch längst nicht die Grenze der Gesundheitsgefahr erreichen. Das Gleiche gilt entsprechend auch in Bereichen, in denen die Immissionsgrenzwerte nach der VerkehrslärmschutzVO (16. BImSchV) überschritten sind. 32

Die **Einhaltung der bauordnungsrechtlichen Vorschriften** durch bauliche Anlagen ist i. d. R. nicht Gegenstand der B-Plan-Festsetzungen, sondern nachfolgender Verwaltungsakte. Bei der Aufstellung des B-Plans können nur solche Vorschriften berücksichtigt werden, deren Einhaltung im B-Plan unmittelbar überprüfbar ist. 33

Hierzu gehören in erster Linie die landesrechtlichen Vorschriften über Abstandflächen (entspr. § 6 MBO), wenn Baukörper festgesetzt werden (*Boeddinghaus*, Planungsrecht aaO., Nr. 147; § 23 Rn 8), sofern die LBOen nicht Ausnahmeregelungen abweichend von der MBO enthalten. Die Übereinstimmung von Festsetzungen des B-Plans mit den Vorschriften über Abstandflächen kann im B-Plan i. d. R. nicht überprüft werden, weil er keine Grundstücksgrenzen festsetzen kann. Eine Rechtswidrigkeit des B-Plans wegen Nichteinhaltung der Vorschriften über Abstandflächen kann nur bei *erkennbaren* Verstößen angenommen werden. Zu der Prüfung dieser Frage bedarf es u. U. des ergänzenden Nachweises, dass die Entwicklung brauchbarer Geschossgrundrisse innerhalb der festgesetzten Baulinien möglich ist. Es wäre unzulässig, einen die Abstandflächen *offensichtlich* nicht gewährleistenden B-Plan mit der Folge zu genehmigen – soweit er überhaupt der Genehmigung bedarf –, dass seine Festsetzungen im Baugenehmigungsverfahren nicht vollzogen werden können. Ein nicht vollziehbarer B-Plan ist nichtig (BVerwG, U. v. 14.7.1972 – IV C 8.70 – BVerwGE 40, 258). Nicht unmittelbar überprüfbar auf Einhaltung der Abstandvorschriften ist ein B-Plan, der keine Baukörper festsetzt, sondern die Mindestfestsetzung von nur einer vorderen Baulinie (die Zulässigkeit einer solchen Festsetzung bestätigt BVerwG, U. v. 12.1.1968 – IV C 167.65 – BRS 20 Nr. 8 = RuS 1968, 161 = MDR 1968, 611) oder Baugrenze enthält, von der zurückgewichen werden darf.

§ 17 Abs. 2 34–36

34 Der **Berücksichtigung des Immissionsschutzes** bei Anwendung des Abs. 2 kommt zwar besondere Bedeutung zu; denn nur bei erfolgreicher Vermeidung sowohl solcher schädlichen Umwelteinwirkungen, die von Anlagen innerhalb des Gebiets ausgehen, als auch solcher, die von außen auf das Gebiet einwirken, ist eine qualitätsvolle Planung gewährleistet, die erst die Überschreitung der Obergrenzen rechtfertigt (zu den für einen vorbeugenden Immissionsschutz möglichen bzw. erforderlichen Planungsinstrumenten s. § 1 Rn 40–61.2). Die nach dem Immissionsschutzrecht einzuhaltenden Zumutbarkeitsgrenzen liegen jedoch unterhalb der Schwelle der allgemeinen Anforderungen an die *gesunden* Wohn- und Arbeitsverhältnisse und somit unterhalb der Grenze zur Gesundheitsgefährdung (s. § 15 Rn 14.3). Der Immissionsschutz ist als Belang nach § 1 Abs. 5 BauGB ohnehin zu berücksichtigen.

35 Die Feststellung, bei welcher **Bebauungsdichte** (GFZ oder BMZ) gesunde Wohn- und Arbeitsverhältnisse nicht mehr gesichert sind, ist kaum eindeutig zu treffen. Diese Frage hängt entscheidend von der städtebaulichen Qualität der Vorhaben sowie der Belegungsdichte der Wohnungen und Arbeitsstätten ab, auf die die Bauleitplanung keinen Einfluss hat. Wissenschaftlich gesicherte Grenzwerte sind früher nicht bekannt geworden. Lediglich aus § 43 Abs. 4 Nr. 1 BauGB, der ebenfalls von den allgemeinen Anforderungen an gesunde Wohn- und Arbeitsverhältnisse ausgeht, kann im Umkehrschluss geschlossen werden, dass Baugebiete mit hoher Bebauungsdichte in Sanierungsgebieten (meist Slums) diesen allgemeinen Anforderungen nicht entsprechen, wobei meist andere Kriterien noch hinzutreten (§ 136 Abs. 3 Nr. 1 BauGB).

Die Feststellung kann erst recht nicht für einfache B-Pläne (§ 30 Abs. 3 BauGB) ohne Baukörperfestsetzung getroffen werden; denn § 17 Abs. 2 gilt auch für solche B-Pläne. Für vorhabenbezogene B-Pläne nach § 12 BauGB (Vorhaben- und Erschließungspläne) kommt die Vorschrift nicht in Betracht, da in deren Bereich die Gemeinde bei der Bestimmung der Zulässigkeit nicht an die Festsetzungen nach § 9 BauGB und der BauNVO gebunden ist. Die Vorschrift des Abs. 2 hat mehr deklaratorischen Charakter. Sie will eigentlich besagen, dass ein besonders *qualifizierter Städtebau* erforderlich ist (Begr. zur ÄnderungsVO 1968, BR-Drucks. 402/68). Dieser ist jedoch nur bei einem Baukörperplan erreichbar. Zu den allgemeinen Anforderungen an gesunde Wohn- und Arbeitsverhältnisse gehören auch die der Freizeit und Erholung dienenden Anlagen und Außenanlagen auf den Grundstücken, wie die nach den LBOen erforderlichen Kinderspielplätze, die gärtnerische Gestaltung der Freiflächen, Maßnahmen zur störungsfreien Unterbringung des ruhenden Verkehrs auf den Grundstücken (z. B. unterirdische oder überdeckte Stellplätze, Parkpaletten, Vermeidung von Zufahrten und Stellplätzen vor Fenstern von Aufenthaltsräumen).

36 cc) **Satz 1 Nr. 2 Vermeidung nachteiliger Auswirkungen auf die Umwelt.** In die Ausgleichspflicht ist ausdrücklich die *Vermeidung* nachteiliger Auswirkungen auf die Umwelt einbezogen. Dies entspricht der verstärkten Bedeutung des Umweltschutzes, wie sie insbes. durch § 1 Abs. 5 Satz 1 und Satz 2 Nr. 7 BauGB, § 50 BImSchG sowie das UVPG (s. Anh. 10) zum Ausdruck kommt. Diese Ergänzung erscheint – ebenso wie die besonders genannten »Allgemeinen Anforderungen an gesunde Wohn- und Arbeitsverhältnisse« – wegen der im BauGB bereits aufgeführten Belange des Umweltschutzes zunächst überflüssig. Durch die besondere Form der Bedingung (»wenn«) i. V. m. dem Wort »vermieden« in Abs. 2 ist diese Voraussetzung jedoch – anders als die sonstigen Belange in § 1 Abs. 5 Satz 2 BauGB – **nur beschränkt abwägungsfähig** (s. Rn 29).

Während eine Abwägung mit anderen Belangen wegen des Vorranges des Umweltschutzes in Abs. 2 zwar nicht möglich ist, kann sie beim Zusammentreffen verschiedener Umweltbelange durchaus erforderlich sein. Die Vermeidung der Nachteile *eines* Umweltbelanges kann nämlich u. U. zu einem Nachteil bei einem *anderen* Umweltbelang führen. So kann z. B. die Unterbringung der notwendigen Stellplätze in einer Tiefgarage unter der Geländeoberfläche anstatt auf dem Grundstück zwar die Beeinträchtigung der Bewohner durch Lärm verhindern, zugleich ergibt sich durch die damit erfolgende Bodenversiegelung aber ein Nachteil für den Bodenschutz (s. Rn 40). Verschiedene gegenläufige Umweltbelange müssen daher miteinander abgewogen werden.

Der Nachweis der Vermeidung nachteiliger Auswirkungen auf die Umwelt durch die Überschreitung der Obergrenzen ist im Umweltbericht (§ 2a Satz 2 Nr. 2 BauGB) auf der Grundlage der Ergebnisse der Umweltprüfung gem. § 2 Abs. 4 BauGB zu führen. **37**

entf. **38 u. 39**

Bei der Umweltprüfung im Rahmen von Abs. 2 können als Folge einer Überschreitung der Obergrenzen beispielsweise folgende **nachteilige Auswirkungen auf die Umwelt** in Betracht kommen: **40**

GRZ: Versiegelung (»Betonierung«) des Bodens, dadurch mangelnde Belüftung des Bodens, Beeinträchtigung der Bodenfauna und -flora, Unmöglichkeit gärtnerischer Gestaltung, Beeinträchtigung des Kleinklimas, fehlende Versickerung des Oberflächenwassers und somit Beeinträchtigung des Grundwasserreservoirs, zusätzliche oberflächige Ableitung des Niederschlagswassers in die Kanalisation, Überlastung der Kläranlagen und Vorfluter, Überschwemmungs- und Hochwassergefahr, Bodenerosion;

GFZ: durch höhere Verdichtung erhöhtes Verkehrsaufkommen des ruhenden und fließenden Verkehrs, mehr Abgase, mehr Lärm, mehr Verkehrsflächen; durch größere Masse und Höhe der Gebäude (Hochhäuser) weniger Licht- und Sonneneinfall, Verschattung, Veränderung des Kleinklimas, Erhöhung der Windgeschwindigkeit zwischen den Gebäuden; erhöhter Energiebedarf bei Hochhäusern durch mehr Abkühlungsflächen, dadurch mehr Inanspruchnahme umweltbelastender Energieerzeugung;

BMZ: im Wesentlichen wie bei der GFZ; in GE- und GI-Gebieten ggf. Beeinträchtigung menschenwürdiger Arbeitsbedingungen.

dd) Satz 1 Nr. 2 Befriedigung der Bedürfnisse des Verkehrs: Wie die *allgemeinen Anforderungen an gesunde Wohn- und Arbeitsverhältnisse* sowie die *nachteiligen Auswirkungen auf die Umwelt* erscheinen auch die *Bedürfnisse des Verkehrs* in Abs. 2 zunächst als überflüssige Wiederholung der bereits in § 1 Abs. 5 Satz 2 Nr. 8 BauGB genannten Belange des »Verkehrs einschließlich des öffentlichen Personennahverkehrs« (ÖPNV). Hier ist jedoch ein gradueller Unterschied zwischen den Begriffen »berücksichtigen« und »befriedigen« zu beachten. »Befriedigen« geht begrifflich weiter als »berücksichtigen«, d. h. es dürfen hinsichtlich der Bedürfnisse des Verkehrs kaum noch Wünsche offenbleiben. Das heißt nicht, dass die Bedürfnisse des Verkehrs in jedem Fall Vorrang haben und mit anderen Belangen nicht mehr abwägungsfähig wären, zumal der Verkehr ein Sammelbegriff ist, der mehrere teilweise miteinander konkurrierende Verkehrsarten umfasst. Bei gleichzeitiger Befriedigung der Bedürfnisse *des* Verkehrs, d. h. aller Verkehrsarten z. B. des ÖPNV *und* des individuellen Kfz-Verkehrs, müssten häufig schwere städtebauliche Nachteile hingenommen werden. Abs. 2 soll gerade Lösungen ermöglichen, bei denen die Nachteile insbes. des individuellen Kfz-Verkehrs durch ein attraktives Angebot an Einrichtungen des ÖPNV, durch Verkehrsberuhigung und Förderung umweltfreundlicher Verkehrsarten (Fuß- und Radverkehr) vermieden werden sollen, wie dies z. B. die verkehrspolitischen Programme und Ziele von Bund und Ländern vorsehen. Denn der Verkehr hat im Städtebau nur eine *dienende* Funktion. Nicht jedes Verkehrsbedürfnis kann daher uneingeschränkt befriedigt werden. Gerade die einzelnen Verkehrsbedürfnisse müssen nicht nur untereinander, sondern auch mit anderen Belangen, vor allem der Wirtschaft und des Umweltschutzes, abgewogen werden. Dabei kommt der Forderung nach einem sparsamen und schonenden Umgang mit Grund und Boden sowie nach einer Begrenzung der Bodenversiegelung auf das notwendige Maß (§ 1a Abs. 1 **41**

§ 17 Abs. 2   42–45

BauGB) i. S. einer **flächensparenden Verkehrsbedienung** eine besondere Bedeutung zu.

42   Die **Bedürfnisse des Verkehrs** sind nur für den *öffentlichen* Verkehr im planerischen Sinne zu ermitteln. Das ist der Verkehr
- auf *öffentlichen* Verkehrsanlagen und -einrichtungen (Straßen, Wegen und Schienenbahnen),
- auf »privaten« Grundstücken, soweit diese dem allgemeinen Verkehr tatsächlich zur Verfügung stehen wie Klinikgebiete, Flughäfen und dergl. oder mit Geh- oder Fahrrechten (§ 9 Abs. 1 Nr. 21 BauGB) belastet werden,
- im Zusammenhang mit *Stellplätzen* und *Garagen* einschließlich ihrer Einfahrten auf privaten Grundstücken (§ 9 Abs. 1 Nr. 4 und 22 BauGB), weil an ihrer Unterbringung ein besonderes öffentliches Interesse besteht.

Im Zusammenhang mit den Bedürfnissen des Verkehrs im hier verstandenen Sinne ist der **sonstige Verkehr auf privaten Grundstücken** wie der interne Werksverkehr von Industriebetrieben nicht zu berücksichtigen; er ist lediglich von Belang für den Immissionsschutz. Von öffentlichem Interesse wird dieser gewerbliche Verkehr im weitesten Sinne erst dann, wenn er die gewerblichen Grundstücke verlässt und in den öffentlichen Verkehrsraum gelangt.

43   Die **Bedürfnisse des** (öffentlichen) **Verkehrs** ergeben sich aus einer Vielzahl von einschlägigen Rechts- und Verwaltungsvorschriften, Richtlinien, technischen Regelwerken, verkehrspolitischen Programmen und verkehrswissenschaftlichen Ergebnissen. Ein Teil dieser Vorschriften, Richtlinien und Regelwerke betrifft nicht unmittelbar die Bauleitplanung, sondern Verkehrswegeplanungen anderer Planungsträger (z. B. FStrG, AEG, PBefG, LuftVG, Landesstraßengesetze, Landeseisenbahngesetze, Richtlinien der FGSV). Soweit die Gemeinden selbst Planungsträger sind (z. B. für Stadtbahnen, U-Bahnen, Ortsdurchfahrten von Bundes- und Landesstraßen), gelten diese Vorschriften auch für sie.

Im Zusammenhang mit der Anwendung von Abs. 2 kommt den speziell für die Planung *kommunaler Erschließungsanlagen* von der ARGEBAU, den kommunalen Spitzenverbänden, dem BMBau und BMV sowie der FGSV gemeinsam entwickelten »**Empfehlungen für die Anlage von Erschließungsstraßen – EAE 85**« – (aaO.), die die frühere RAST-E abgelöst haben, besondere Bedeutung zu. Die EAE 85 berücksichtigen neben den Bedürfnissen des Erschließungsverkehrs insbes. auch Gesichtspunkte des Städtebaues und des Umweltschutzes. Sie sind von den meisten Ländern durch Erlass zur Anwendung empfohlen worden (weitere technische Regelwerke, Richtlinien und Normen s. Anh. 1 der EAE 85 in der jeweils geltenden Fassung).

44   ee) **Satz 1 Nr. 2 Ausgleichende Umstände und Maßnahmen:** Bei Inanspruchnahme der Überschreitung der Obergrenzen in den Bauleitplänen müssen entweder bereits ausgleichende *Umstände vorliegen* oder, wenn dies noch nicht der Fall ist, ausgleichende Maßnahmen *getroffen* werden. Ausgleichende Umstände oder Maßnahmen können auch außerhalb des Geltungsbereichs des B-Plans gegeben sein bzw. vorgesehen werden.

Ausgeglichen sein oder werden soll die Überschreitung der Obergrenzen. Der Ausgleich darf nicht durch eine Unterschreitung der Obergrenzen an anderer Stelle des Plangebiets etwa zu Lasten Dritter herbeigeführt werden (ebenso *Bielenberg*, § 17 Rdn. 122; a. A. *Simon*, BayVBl. 1969, 151). Eine derartige Kompensation wäre nur aufgrund einer gesetzlichen Regelung zulässig, die das BauGB jedoch nicht enthält. Die durch die Überschreitung möglichen städtebaulichen Nachteile müssen durch eine *bevorzugte Situation* am Standort selbst und/oder durch eine *besondere Qualität der Planung* ausgeglichen werden.

45   Als **ausgleichende Umstände** kommen z. B. in Betracht
- eine topografisch oder landschaftlich besonders **günstige Lage** des Baugebiets/-teils, z. B. an einem Südhang mit stärkerem Sonnen- und Lichteinfall,

- im Baugebiet/-steil selbst oder im unmittelbaren Anschluss daran vorhandene, größere, der Erholung und Freizeitgestaltung dienende **Frei- und Grünflächen**, die öffentlich-rechtlich gesichert und für die Bewohner des Gebiets auch zugänglich sind wie Parkanlagen, Spiel- und Sportplätze, Wasserflächen, Flussauen, Landschaftsschutzgebiete usw.; soweit solche Flächen im Privateigentum stehen, müssen sie gegen eine Bebauung (z. B. nach § 35 BauGB) oder Nutzungsänderung sowie für den freien Zugang zugunsten der Bewohner des Gebiets (z. B. durch eine Festsetzung nach § 9 Abs. 1 Nr. 21 BauGB für ein Gehrecht) öffentlich-rechtlich gesichert werden,
- eine günstige **Zuordnung** von **Wohngebieten** zu **Arbeitsstätten**, durch die sonst notwendige Verkehrsabläufe entfallen,
- eine gute **Verkehrsanbindung** und leistungsfähige **Verkehrsbedienung** vorwiegend durch den ÖPNV (vgl. VGH BW, U. v. 12.7.1995 – 3 S 3167/94 – DVBl. 1996, 685).

Sind solche Umstände nicht bereits vorhanden, müssen die Überschreitungen (bzw. deren Nachteile) durch **geeignete Maßnahmen ausgeglichen** werden. Diese können zwar auch bereits im FN-Plan dargestellt werden, sie werden aber i. d. R. erst im B-Plan in Betracht kommen und in ihm **festzusetzen** oder mit ihm in anderer Form zu verbinden sein. Ein Ausgleich nur durch bauliche Maßnahmen, die erst im Baugenehmigungsverfahren überprüfbar sind, reicht als Voraussetzung für die Überschreitung nicht aus. Zur ausreichenden Bestimmtheit ist i. d. R. die Aufstellung eines B-Plans i. S. von § 30 Abs. 1 BauGB als »Baukörperplan« erforderlich, ggf. auch mit geschossweise unterschiedlichen überbaubaren Grundstücksflächen (§ 23 Abs. 1 Satz 2) oder einer »schichtenweisen« Festsetzung (§ 1 Abs. 7, Rn 111–124).

Als **ausgleichende Maßnahmen** können teilweise bereits im FN-Plan dargestellt, zumindest jedoch im B-Plan festgesetzt bzw. in der Abwägung berücksichtigt werden z. B.:

- Maßnahmen zum Ausgleich von Eingriffen in Natur und Landschaft, ggf. auch an anderer Stelle als am Ort des Eingriffs (§ 1a Abs. 2 Nr. 2 und 4, Abs. 3 BauGB 2001),
- Grünflächen, Parkanlagen, Sport-, Spiel- und Badeplätze, Dauerkleingärten (§ 9 Abs. 1 Nr. 15 BauGB; vgl. VGH BW, U. v. 12.7.1995 – 3 S 3167/94 – DVBl. 1996, 685),
- Flächen für Nebenanlagen wie Spiel-, Freizeit- und Erholungsflächen (§ 9 Abs. 1 Nr. 4 BauGB),
- Stellplätze und Garagen, auch immissionsmäßig günstig unterhalb der Geländeoberfläche (§ 9 Abs. 1 Nr. 4 und Abs. 3 BauGB),
- Flächen für Sport- und Spielanlagen (§ 9 Abs. 1 Nr. 5 BauGB),
- von der Bebauung freizuhaltende Flächen und ihre Nutzung (§ 9 Abs. 1 Nr. 10 BauGB),
- Verkehrsflächen besonderer Zweckbestimmung wie Fußgängerbereiche und Flächen für das Parken von Fahrzeugen (§ 9 Abs. 1 Nr. 11 BauGB), Ausschluss von Garagen und Stellplätzen gem. § 9 Abs. 4 BauGB nach Landesrecht,
- horizontal und vertikal voneinander getrennte Führung verschiedener Verkehrsarten (Schienen-, Kfz-, Fußgängerverkehr) sowie Über- und Unterbauung anderer Nutzungen durch Verkehrseinrichtungen (§ 9 Abs. 3 BauGB),
- Flächen für besondere Anlagen und Vorkehrungen zum Schutz vor schädlichen Umwelteinwirkungen (§ 9 Abs. 1 Nr. 24 BauGB),
- Flächen oder Maßnahmen zum Schutz, zur Pflege und zur Entwicklung von Boden, Natur und Landschaft, soweit nach Landesrecht vorgesehen (§ 9 Abs. 1 Nr. 20 BauGB),
- das Anpflanzen von Bäumen, Sträuchern und sonstigen Bepflanzungen (z. B. Dach- und Fassadenbegrünung, § 9 Abs. 1 Nr. 25a BauGB) sowie die Bindungen für Bepflanzungen und für die Erhaltung von Bäumen, Sträuchern und sonstigen Bepflanzungen sowie von Gewässern (§ 9 Abs. 1 Nr. 25b BauGB).

Soweit ausgleichende Maßnahmen zwar *innerhalb des Plangebiets* vorgesehen, aber *nicht nach BauGB festsetzbar* sind, sollten sie in die Abwägung einbezogen und in der Begr. zum B-Plan dargelegt werden. Es muss sichergestellt sein, dass die Maßnahmen öffentlich-rechtlich gesichert werden (ebenso *Förster*, § 17 Anm. 9 bb), z. B. durch ein anderes Plan- bzw. Planfeststellungsver-

§ 17 Abs. 3   49–51

fahren oder durch Eintragung einer entsprechenden Baulast. Hierfür kommen z. B. in Betracht

- Darstellungen von Landschaftsplänen und sonstigen Plänen, insbes. des Wasser-, Abfall- und Immissionsschutzrechts (§ 1a Abs. 2 Nr. 1 BauGB), dazu gehören auch Grünordnungspläne nach Landesrecht,
- Maßnahmen der Stadtökologie (z. B. Anlage von Biotopen und Feuchtgebieten),
- Maßnahmen des »ökologischen Bauens«,
- Bodenschutzmaßnahmen durch Anordnung wasser- und luftdurchlässiger Bodenbeläge auf den Freiflächen (z. B. Rasenlochsteine),
- Nutzung erneuerbarer Energien im Gebiet (§ 1 Abs. 5 Satz 2 Nr. 7 BauGB), z. B. Solaranlagen; energiesparende Bauart und Einrichtung der Gebäude,
- Planfeststellungsverfahren für Verkehrswege, z. B. die Planung eines unterirdischen Haltepunktes des ÖPNV im Gebiet nach PBefG.

Sind ausgleichende Maßnahmen nicht innerhalb, sondern *außerhalb des Plangebiets* vorgesehen, ist ebenfalls deren Darlegung in der Begr. zum B-Plan erforderlich, ggf. unter Beifügung ergänzender Unterlagen. Die öffentlich-rechtliche Sicherung der Maßnahmen (z. B. die dauernde Erhaltung einer unbebaubaren Freifläche) sollte nachgewiesen werden, z. B. durch ein Planfeststellungsverfahren oder naturschutzrechtliche Festsetzungen; ggf. ist zur Sicherung solcher Flächen ein weiterer B-Plan erforderlich.

49 ff) **Satz 1 Nr. 3 Sonstige öffentliche Belange dürfen nicht entgegenstehen.** Die Überschreitung der Obergrenzen ist auch bei Erfüllung der in Satz 1 Nr. 1 und 2 genannten Voraussetzungen dann unzulässig, wenn sonstige öffentliche Belange entgegenstehen. Die dort genannten Belange sind nur ein Teil der insgesamt in Betracht kommenden vielfältigen öffentlichen Belange; es können jedoch auch andere öffentliche Belange berührt sein, die Abs. 3 pauschal erfasst. Die Belange dürfen nicht nur *beeinträchtigt* sein, sondern müssen *entgegenstehen*. Dies bedeutet, dass die Überschreitung mit den öffentlichen Belangen unvereinbar ist; »entgegenstehen« geht weiter als »beeinträchtigen«, sonst würde zwischen beiden Begriffen kein qualitativer Unterschied bestehen (*Fickert*, Bauvorhaben, aaO. Tz 270). Nach dem »Siebeffekt« genügt bereits ein entgegenstehender Belang für die Unzulässigkeit der Überschreitung. Das »Entgegenstehen« kann auch nicht bei der Abwägung mit anderen die Überschreitung etwa rechtfertigenden Belangen ausgeglichen werden.

50 Zu den **sonstigen öffentlichen Belangen** gehören insbes. die in § 1 Abs. 5 u. § 35 Abs. 3 BauGB aufgeführten und sonstige aufgrund anderer Rechtsvorschriften zu berücksichtigende Belange. Bei Anwendung von Abs. 2 könnten z. B. entgegenstehen

- Ziele der Raumordnung (§ 1 Abs. 4 BauGB), die die Einwohnerzahl bzw. die Aufnahmefähigkeit der Gemeinde begrenzen,
- die notwendige Rücksichtnahme auf die Gestaltung des Orts- und Landschaftsbildes (s. § 16 Rn 44–46) sowie auf Baudenkmäler,
- Lage in einem durch Immissionen belasteten Gebiet,
- Planungen oder Festsetzungen nach anderen Rechtsvorschriften, z. B. Bauschutzbereiche von Flugplätzen (LuftVG), Lärmschutzbereiche von Flugplätzen (FluglärmG), militärische Schutzbereiche (SchBerG), Wasserschutzzonen (§ 19 WHG), Flächen, unter denen der Bergbau umgeht oder die für den Abbau von Mineralien bestimmt sind, sowie Bergschädengebiete (BBergG), Flurbereinigungsgebiete (§ 10 FlurbG), Braunkohlenabbaugebiete (Landesplanungsrecht).

4. Überschreiten der Obergrenzen in überwiegend bebauten Gebieten (Abs. 3)

51 a) **Allgemeines.** Die Vorschrift ermöglicht die Überschreitung der Obergrenzen des Abs. 1 in überwiegend bebauten Gebieten, und zwar sowohl im FN-Plan als auch im B-Plan. Besondere Bedeutung kommt ihr in Innenstadtbereichen mit meist erheblich über den Obergrenzen des Abs. 1 liegenden Bebauungsdichten zu, bei deren Beplanung die vorhandenen früher zustande gekommenen Dichten nicht außer Acht gelassen werden können. Die Einhaltung der Obergrenzen würde in solchen Gebieten nämlich i. d. R. zu einer Änderung der baulichen Nutzung (»Herabzonung«) führen und bei einer dadurch eintretenden nicht nur unwesentlichen Wertminderung der Grundstücke Entschädigungsansprüche nach § 42 BauGB auslösen. Eine beliebig hohe Festsetzung des Maßes der baulichen Nutzung ist jedoch durch die Bindung an bestimmte Voraussetzungen, die eine geordnete städtebauliche Entwicklung sicherstellen sollen, ausgeschlossen. Die Überschreitung muss sich im städtebaulich gerechtfertigten Rahmen halten. Sie sollte sich i. d. R. an dem »Dichtepegel« vorhandener umliegender Gebiete orientieren und einen Durchschnitt der Dichte dieser Gebiete nicht wesentlich übersteigen.

In Angleichung an Abs. 2 müssen **städtebauliche Gründe** die Überschreitung ebenfalls »erfordern« anstatt früher nur »rechtfertigen«; *die Vorschrift ist damit strenger gefasst* (Näheres hierzu s. Rn 59). Für Abs. 3 ist durch eine Verweisung auf Abs. 2 Satz 1 Nr. 2 die **Ausgleichspflicht** zur Sicherstellung der **besonderen Voraussetzungen** in vollem Umfang wie in Abs. 2 vorgeschrieben.

In der Begr. zur ÄndVO 1990 (aaO.) ist die Ergänzung um die Ausgleichspflicht als »Klarstellung« bezeichnet, obwohl die BauNVO 1977 eine derartige Ausgleichspflicht nicht enthielt. Sie ergebe sich – so die Begr. – jedoch aus den Grundsätzen des § 1 BauGB. Ob dies zutrifft und in der Vergangenheit so gesehen wurde, wird bezweifelt. Aus den Grundsätzen des § 1 BauGB/BBauG lässt sich eine Ausgleichspflicht jedenfalls nicht entnehmen; sie ist auch in der Praxis nicht gehandhabt worden. **52**

In ihrem materiellen Regelungsgehalt sind die Abs. 2 und 3 bis auf den einzigen Unterschied zwischen den »städtebaulichen Gründen« für Bestandsgebiete und den »besonderen städtebaulichen Gründen« für alle übrigen Gebiete identisch. Der im Entwurf der ÄndVO 1990 noch enthaltene sinnvolle und den tatsächlichen Verhältnissen Rechnung tragende Halbs. nach Satz 2 »die Verpflichtung zum Ausgleich besteht **im Rahmen des Möglichen**«, ist auf Forderung des BR mit der Begr. gestrichen worden, es sei »*sicherzustellen, dass sich nicht ökologische oder andere Missstände verfestigen oder sogar noch stärker ausprägen können*« (vgl. BR-Drucks. 354/89 [Beschluss] zu § 17 S. 9). **53**

Damit ist die Handhabung der Vorschrift nach diess. A. unnötigerweise erheblich erschwert worden; sie ist bis auf den o.a. Unterschied nunmehr Abs. 2 angeglichen (a. A. *Ziegler*, § 17 BauNVO Rdn. 87, aaO., der hierin inhaltlich keine Verschärfung der Voraussetzungen sieht; er übersieht jedoch, dass der neu angefügte Satz 2 zusätzliche Anforderungen beinhaltet; wie hier: *Knaup/Stange*, aaO. Rn 51). Den Problemen der Bestandsgebiete dürfte damit nicht wirksam begegnet werden können; denn der Ausgleich ist in solchen Gebieten bei strikter Einhaltung der vorgeschriebenen Anforderungen meistens nicht zu erreichen. Nach erfolgreicher Anwendung dieser Vorschrift seit 1962 ist die Erschwerung für Bestandsgebiete ganz unverständlich und zudem widersprüchlich, weil der VOgeber an anderer Stelle – insbes. auf Drängen des BT – mit § 1 Abs. 10 gerade eine besondere Regelung für Bestandsgebiete zur Bewältigung der schwierigen Probleme eingeführt hat (so auch *Knaup/Stange*, § 17 Rdn. 46). Nach dieser die beiden Vorschriften weitgehend angleichenden Änderung wäre es im Interesse der Vereinfachung und zwecks besserer Übersicht sinnvoll gewesen, die Vorschriften der Abs. 2 und 3 auch redaktionell zusammenzufassen. **54**

b) **Überwiegend bebaute Gebiete (Satz 1).** Die Nennung des Datums »1. August 1962« stellt klar, dass das Gebiet bereits beim Inkrafttreten der BauNVO 1962 überwiegend bebaut gewesen sein muss. Mit der Klarstellung soll dem verbreiteten Missbrauch begegnet werden, noch nach 1962 wenig oder locker bebaute Gebiete zunächst nach § 34 BauGB bis zu einer optisch »überwiegenden« Bebauung »vollaufen« zu lassen, um sie dann mit einer überhöhten Dichte beplanen zu können (früher nach Abs. 9 BauNVO 1977). Die Vorschrift gilt gleichfalls für am 1.8.1962 überwiegend bebaut gewesene Sanie- **55** rungsgebiete, deren Bestand im Rahmen einer Flächensanierung vollständig beseitigt wird. Es wäre kaum einzusehen, für einen »abgeräumten« Baublock im Innenbereich – z.B. in einer City – bei der Planung wesentlich höhere Anforderungen an die Neubebauung stellen zu müssen, als sie sich im Hinblick auf die umgebenden, erhalten bleibenden Baublöcke aus § 34 BauGB ergeben. **In den neuen Bundesländern** ist nach § 26a als Zeitpunkt für das Vorliegen der »überwiegenden Bebauung« der 1.7.1990 anzusetzen (s. § 26a Abs. 1).

56 Ein **Gebiet** i.S.d. Abs. 3 ist zwar enger zu fassen als der »im Zusammenhang bebaute Ortsteil« (§ 34 BauGB), aber nicht gleichzusetzen mit dem *Baugebiet*. Es ist ein städtebaulich-räumlich zusammenhängender Bereich, innerhalb dessen Baugebiete nach Abs. 3 festgesetzt werden, deren Grenzen sich mit dem Gebiet jedoch nicht zu decken brauchen (ebenso *Förster*, § 17 Anm. 8 a; *Bielenberg*, § 17 Rdn. 85; *Boeddinghaus/Dieckmann*, § 17 Rdn. 29; *Knaup/Stange*, § 17 Rdn. 48). Ein Planbereich, für den Abs. 3 gelten soll, ist daher unter Berücksichtigung planerischer Notwendigkeiten als räumlich zusammenhängender und zusammengehöriger Bereich zu bestimmen (OVG Bremen, U. v. 15.7.1980 – 1 T 15/79 – BRS 36, Nr. 7). Demgegenüber sind »Gebiete« i.S.d. §§ 33 und 34 BauGB lediglich verfahrensmäßig abgegrenzte Bereiche, in denen es auch nicht überwiegend bebaute Gebiete gibt.

57 Der Begriff »**überwiegend bebaute Gebiete**« ist identisch und inhaltsgleich mit dem dort verwendeten Begriff (s. § 4a Rn 6.1). Bei enger Auslegung des »überwiegend« würde es zwar genügen, wenn bereits 51 % der Baugrundstücke des Gebiets bebaut sind. Eine derartige Auslegung würde dem Anliegen der Vorschrift aber nicht gerecht, was auch aus dem Datum 1.8.1962 zu entnehmen ist. Damit sollten insbes. die Bestandsgebiete der Innenstädte aus der Vorkriegszeit erfasst werden. »Überwiegend« muss daher so verstanden werden, dass dem Betrachter das Übergewicht deutlich erkennbar ist, die überwiegende Bebauung mithin ins Auge fällt. **In den neuen Bundesländern** fallen auch alle bis zum 1.7.1990 überwiegend bebauten Neubaugebiete unter diese Regelung. Ein anderer Zeitpunkt wäre auch deshalb nicht möglich gewesen, weil die BauNVO dort vorher nicht galt.

Der **räumliche Zusammenhang** der überwiegenden Bebauung ist **eng** zu fassen. Es wäre z.B. nicht zulässig, ein größeres unbebautes Grundstück, das neben einem bebauten Gebiet liegt, diesem zuzuschlagen und das gesamte Gebiet als überwiegend bebaut zu betrachten. Im Übrigen hat die Abgrenzung der überwiegend von den nicht überwiegend bebauten Gebieten nach der weitgehenden Angleichung der Abs. 2 und 3 durch die ÄndVO 1990 ohnehin nur noch geringe Bedeutung, nämlich nur noch für die Unterscheidung der *städtebaulichen* (Abs. 3) von den *besonderen städtebaulichen* Gründen (Abs. 2).

58 **c) Erfordernis des Vorliegens städtebaulicher Gründe (Satz 1).** Die Anwendung von Abs. 3 ist bereits möglich, wenn nur (allgemeine) städtebauliche Gründe und nicht erst besondere städtebauliche Gründe wie nach Abs. 2 (hierzu s. Rn 24–28) sie erfordern. Damit liegt die Schwelle der Anwendungsmöglichkeit von Abs. 3 erheblich niedriger als von Abs. 2. Was unter **städtebaulichen Gründen** zu verstehen ist, ist nicht näher ausgeführt (zum Begriff *Ziegler*, ZfBR 1980, 173). Auf jeden Fall gehören dazu die in § 1 Abs. 5 BauGB aufgeführten Belange, darüber hinaus jedoch auch die besonderen städtebaulichen Gründe nach Abs. 2 (s. Rn 28).

Die Ersetzung des früheren Wortes »rechtfertigen« durch den Begriff »erfordern« durch die **ÄndVO 1990** (s. Rn 52) hat eine Verschärfung der Vorschrift zur Folge, d.h. die inhaltlichen Anforderungen für eine Überschreitung der Obergrenzen des Maßes der baulichen Nutzung sind erhöht worden (BVerwG, B. v. 23.1.1997 – 4 NB 7.96 – BauR 1997, 442 = BRS 59 Nr. 72 = ZfBR 1997, 215 = UPR 1997, 368 = NVwZ 1997, 903). Denn »erfordern« bedeutet, dass die Überschreitung der Obergrenzen des Abs. 1 nicht nur städtebaulich vertretbar oder sogar erwünscht oder städtebaulich gerechtfertigt ist, sondern dass die Planung ohne die Überschreitung nicht ermöglicht werden kann (s. auch Rn 26). Begründet wurde diese Änderung damit, es solle *»klargestellt werden, dass es sich bei den Bestimmungen der Absätze 2 und 3 um Ausnahmeregelungen handelt, bei denen aus ökologischen Gründen eine restriktive Handhabung vorzusehen ist«* (vgl. BR-Drucks. 354/89, Beschluss S. 8). Gerade die für die Anwendung des Abs. 3 in Frage kommenden Gebiete weisen i.d.R. **eine erheblich über den Obergrenzen liegende Baudichte** auf, so dass sie ohne Überschreitung der Obergrenzen nicht sinnvoll beplanbar sind. Die Einhaltung der Obergrenzen würde jedoch im Regelfall eine erhebliche Änderung der (nach § 34 BauGB) zulässigen Nutzung zur Folge haben und Entschädigungsansprüche auslösen; ggf. kann der B-Plan sogar wegen Nichtvollziehbarkeit nichtig sein. Eine **vorhandene die Obergrenzen überschreitende Baudichte** – sofern damit keine städtebaulichen Missstände verbunden sind – ist daher i.d.R. ein städtebaulicher Grund, der die **Überschreitung** der Obergrenzen auch im B-Plan **erfordert**. »Erfordern« ist hier – ebenso wie bei dem gleich lautenden Begriff in § 31 Abs. 2 Nr. 1 BauGB – wegen des engen sachlichen Zusammenhangs von BauGB und BauNVO i.S. eines *»vernünftigerweise Gebotenseins«* auszulegen (BVerwG, B. v. 23.1.1997 aaO.). Hat eine Gemeinde bei der Überplanung eines bereits 1962 überwiegend bebauten Gebiets, das bereits stärker als nach § 17 BauNVO 1977 zulässig bebaut ist, übersehen, dass eine Überschreitung der Höchstwerte des § 17 Abs. 1 BauNVO 1977 (das gilt auch für die Obergrenzen des § 17 Abs. 1 BauNVO 1990) zulässig ist, so leidet der B-Plan an einem Abwägungsfehler (so BVerwG, U. v. 6.5.1993 – 4 C 15.91 – BRS 55 Nr. 36 = BauR 1993, 688 = NVwZ 1994, 274 = ZfBR 1994, 28 = DVBl. 1993, 1100).

In der Begr. führt das BVerwG überzeugend aus, die nach Art. 14 Abs. 1 GG gebotene Berücksichtigung des Altbestandes bei Festsetzung des Maßes der baulichen Nutzung habe im B-Plan nach Maßgabe der rechtlichen Möglichkeiten des § 17 BauNVO für eine Bestandssicherung zu erfolgen. Eine Pflicht, das vorhandene Nutzungsmaß festzuschreiben, bestehe nicht; grundsätzlich sei es einer Gemeinde nicht verwehrt, eine »Ausdünnung« der vorhandenen Bebauung zu planen, z.B. bei einer Sanierung. Eine Änderung könne allerdings Entschädigungsansprüche auslösen. Habe der Plangeber das Maß der baulichen Nutzung durch einen fehlerfreien B-Plan reduziert, so könne eine vorhandene Überbauung nur dann eine unbeabsichtigte Härte i.S.v. § 31 Abs. 2 Nr. 3 BauGB darstellen, wenn sie im Einzelfall unbeachtet geblieben sei.

Allerdings könnten ein B-Plan oder einzelne seiner Festsetzungen an einem Abwägungsfehler leiden, wenn von Anfang an feststehe, dass mit ihrer Verwirklichung nicht gerechnet werden kann (BVerwG, U. v. 29.4.1977 – IV C 39.75 – BVerwGE 54, 5 = BRS 32 Nr. 28), etwa weil die festgesetzte Nutzung auf Dauer an ihrer unzureichenden Wirtschaftlichkeit scheitern muss (vgl. BVerwG, U. v. 29.9.1978 – 4 C 30.76 – BVerwGE 56, 283 = BRS 33 Nr. 11).

Es sei insbes. zu prüfen, ob die privaten Belange der von der Planung betroffenen Eigentümer i.S.v. § 1 Abs. 6 BauGB gerecht abgewogen worden sind, weil die Überschreitung der Höchstwerte jedenfalls zulässig gewesen sein könne. Die Spezialregelung des § 17 Abs. 3 diene dem Ausgleich der besonderen Interessen von Eigentümern bereits intensiv bebauter Grundstücke und dem Allgemeininteresse an der Einhaltung der Regelsätze für Bebauungsdichten in den einzelnen Baugebieten. Indem sie eine Überschreitung in besonderen Fällen im Interesse der Eigentümer bebauter Grundstücke zulässt, ermögliche sie eine den

Anforderungen des Art. 14 Abs. 1 Satz 2 GG genügende Bauleitplanung der Gemeinden. Die Verbesserung der wirtschaftlichen Nutzbarkeit eines Grundstücks ist jedenfalls kein städtebaulicher Grund, der eine Überschreitung der Obergrenzen des Maßes der baulichen Nutzung rechtfertigt (VGH BW, U. v. 8.9.1995 – 8 S 850/95 – UPR 1996, 160 = BRS 57 Nr. 82).

Städtebauliche Gründe können sich auch aus der in informellen Planungen konkretisierten Konzeption der Gemeinde ergeben. § 17 Abs. 3 setzt für die Überschreitung der Oberwerte eine **städtebauliche Ausnahmesituation** voraus (vgl. BVerwG, U. v. 25.11.1999 – 4 CN 17.98 – BauR 2000, 690;). Ob eine Überschreitung der Oberwerte des § 17 städtebaulich erforderlich i. S. d. Abs. 3 ist, beurteilt sich nach dem mit der jeweiligen Planung verfolgten städtebaulichen Konzept und danach, ob eine vom städtebaulichen Standard abweichende städtebauliche Aufgabe zu lösen ist (städtebauliche Ausnahmesituation). Eine städtebauliche Erforderlichkeit bei Festsetzung der BMZ eines innerstädtischen GE-Gebiets auf 12,0 sieht das BVerwG auch als gegeben an, wenn nach dem städtebaulichen Konzept der Gemeinde im Einzugsbereich der Haltestellen des ÖPNV besonders arbeitsplatzintensive Nutzungen geschaffen werden sollen und damit ein Anreiz zur langfristigen Änderung der heute teilweise vorhandenen kleinteiligen Struktur gegeben werden soll (vgl. BVerwG, U. v. 31.8.2000 – 4 CN 6.99 – NVwZ 2001, 560 = UPR 2001, 73 = ZfBR 2001, 126 = BauR 2001, 358 = DVBl. 2001, 377). Auch Belange der **Stadtbildgestaltung** und des **Immissionsschutzes** (hier: abschirmende Wirkung eines Baukörpers) können besondere Gründe i. S. von § 17 Abs. 2 Satz 1 Nr. 1 darstellen, die eine Überschreitung der Obergrenzen des § 17 Abs. 1 »erfordern«, d. h. vernünftigerweise geboten sein lassen (vgl. VGH BW, NK-B. v. 10.12.1997 – 3 S 2023/97 – BauR 1998, 977).

60 Als weitere **städtebauliche Gründe** können z. B. in Betracht kommen
- die Anpassung an die historische Entwicklung des Gebiets,
- die Erhaltung einer städtischen Eigenart (»Urbanität«),
- die Rücksichtnahme auf einen erhaltenswerten Baubestand (so auch BVerwG, U. v. 6.5.1993 – 4 C 15.91 – aaO. Rn 59)
- die Aufnahme des Gebiets in eine Erhaltungssatzung nach § 172 BauGB oder Denkmalbereichssatzung nach Landesdenkmalrecht,
- die wirtschaftliche Ausnutzung der vorhandenen Infrastruktur, insbes. der Verkehrseinrichtungen des ÖPNV,
- ausreichend breite und begrünte Erschließungsstraßen,
- eine problemlose Unterbringung des ruhenden Verkehrs,
- die Vermeidung eines zu starken Dichtegefälles im Umgebungsbereich,
- die Hebung der Wirtschaftskraft eines Geschäftsgebiets,
- die Konzentration der Bebauung an dafür geeigneten Standorten (Siedlungsschwerpunkten).

Ob es sich für die Zulässigkeit der Überschreitung der Oberwerte nach Abs. 3 – wie das BVerwG meint (aaO.) – immer nur um eine städtebauliche Ausnahmesituation handeln muss, wird bezweifelt. Wird z. B. in einer hochverdichteten Innenstadt einer Großstadt ein Baublock abgerissen, um dort ein neues Warenhaus zu errichten, so ist dies durchaus keine Ausnahmesituation, sondern die Regel, wenn der B-Plan für das neue Warenhaus dieselben die Werte des § 17 Abs. 1 überschreitenden Obergrenzen festsetzt wie für die umgebenden Baublöcke.

61 d) **Sonstige öffentliche Belange dürfen nicht entgegenstehen (Satz 1).** Abs. 3 enthält die gleichlautende Formulierung wie Abs. 2. Die Erläuterungen zu Abs. 2 (s. Rn 49–50) können entsprechend herangezogen werden.

62 e) **Entspr. Anwendung von Abs. 2 Satz 1 Nr. 2 (Satz 2).** Durch die Verweisung auf Abs. 2 Satz 1 Nr. 2 wird die Überschreitung der Obergrenzen nach Abs. 3 ebenfalls an die Voraussetzung gebunden, dass die Überschreitungen durch Umstände ausgeglichen sind oder durch Maßnahmen ausgeglichen werden, durch die sichergestellt ist, dass die allgemeinen Anforderungen an gesunde Wohn- und Arbeitsverhältnisse nicht beeinträchtigt, nachteilige Auswirkungen auf die Umwelt vermieden und die Bedürfnisse des Verkehrs befriedigt werden. Hierzu wird auf die entsprechenden Erläuterungen zu Abs. 2 (Rn 29–48) Bezug genommen.

Die durch die ÄndVO 1990 erfolgte **Erweiterung** und gleichzeitige **Erschwerung der Voraussetzungen um die Ausgleichspflicht** dürfte die Anwendungsmöglichkeit des Abs. 3 erheblich einengen, weil keine Ausnahmeregelung für den Fall der Unmöglichkeit des Ausgleichs vorgesehen ist (s. Rn 53 f.). Dies wird sich insbes. in den Innenstadtgebieten als Planungshemmnis erweisen. So dürften in vielen Fällen an sich erforderliche B-Pläne – z. B. zur Bewältigung der Vergnügungsstättenproblematik – nicht aufgestellt werden können, weil die o. a. Voraussetzungen nicht vorliegen bzw. nicht zu erfüllen sind, was zur Folge hat, dass etliche überwiegend bebaute Gebiete weiterhin in der Anwendung des § 34 BauGB verbleiben müssen. Die Beplanung dieser Gebiete hat der VOgeber mit der ÄndVO 1990 jedoch ausdrücklich erleichtern wollen. Die vorhergehende Fassung des § 17 Abs. 9 BauNVO 1977 diente diesem Ziel und war dafür in besonderem Maße geeignet. **63**

Eine in allen Fällen befriedigende Lösung für die Beplanung von überwiegend bebauten Gebieten *bei Anwendung von Abs. 3* kann nicht empfohlen werden. Die mögliche Festsetzung von WB- oder MK-Gebieten zur Erzielung höherer Nutzungswerte entspricht oft nicht der vorhandenen Struktur und städtebaulichen Erfordernissen. Der Weg über die *Befreiung* befriedigt ebenfalls nicht, weil diese nur den Einzelfall betrifft und eine allgemeine Regelung nicht ersetzen kann. *Hilfsweise* könnte sich empfehlen, auf die Anwendung von Abs. 3 zu verzichten, indem nur ein einfacher B-Plan mit den sonst erforderlichen Festsetzungen, jedoch ohne **Festsetzungen über das Maß der baulichen Nutzung** aufgestellt wird, so dass § 34 Abs. 1 oder 2 BauGB zur Anwendung kommt. Das Maß der baulichen Nutzung richtet sich dann nach § 34 Abs. 1 BauGB *ausschließlich nach der Eigenart der näheren Umgebung* (s. § 34 BauGB Rn 7, 15). Auf Dauer wird es im Interesse der Erleichterung der Beplanung solcher Gebiete jedoch für notwendig erachtet, dass die vorhergehende Fassung der Vorschrift durch Streichung des Satzes 2 im Wesentlichen wiederhergestellt wird. **64**

§ 18 Höhe baulicher Anlagen

(1) Bei Festsetzung der Höhe baulicher Anlagen sind die erforderlichen Bezugspunkte zu bestimmen.

(2) Ist die Höhe baulicher Anlagen als zwingend festgesetzt (§ 16 Abs. 4 Satz 2), können geringfügige Abweichungen zugelassen werden.

BauNVO 1977: Vollgeschosse

Als Vollgeschosse gelten Geschosse, die nach landesrechtlichen Vorschriften Vollgeschosse sind oder auf ihre Zahl angerechnet werden.

BauNVO 1962 und 1968:

wie BauNVO 1977.

Erläuterungen

Übersicht

		Rn		
1.	Allgemeines zur Vorschrift	1		
2.	Bestimmung der Bezugspunkte	2 – 4		Abs. 1
3.	Geringfügige Abweichungen von der zwingenden Höhe	5 – 7		Abs. 2

§ 18 Abs. 1, 2 1–5

1. Allgemeines zur Vorschrift

1 Vor 1990 enthielt § 18 unter der Überschrift »Vollgeschosse« die jetzt in § 20, Abs. 1 enthaltenen Bestimmungen über die Vollgeschosse. Sie ist jetzt mit Rücksicht auf die Heraushebung der Höhe baulicher Anlagen als eigenständiger Maßbestimmungsfaktor (s. § 16 Rn 30) in § 18 eine allgemeine Regelung über die Höhe baulicher Anlagen.

2. Bestimmung der Bezugspunkte (Abs. 1)

2 Zur eindeutigen Festsetzung der Höhe baulicher Anlagen im B-Plan ist die Bestimmung des unteren und oberen Bezugspunktes unerlässlich. Die Festsetzung der *Höhe baulicher Anlagen* ist nicht zu verwechseln mit der Festsetzung von deren *Höhenlage* nach § 9 Abs. 2 BauGB, z. B. OK Erdgeschossfußboden über der Straßenachse.

3 Die Höhe ist in m festzusetzen. Als **untere Bezugspunkte** kommen z. B. in Betracht die mittlere Höhe des Meeresspiegels (... m über NN), die nach § 9 Abs. 2 BauGB festgesetzte Höhenlage der anbaufähigen Verkehrsflächen (Fahrbahnmitte, eingemessene Kanaldeckel, Gehweg). Bei steigenden Straßen kann die Höhe entweder allgemein parallel zur (festgesetzten) Höhenlage der Straßenachse (Bezugslinie) oder, wenn die Straßenachse keine geometrische Gerade ist, besser in Stufen, dann jedoch nur i. V. m. einem Baukörperplan für einzelne Gebäude oder -gruppen festgesetzt werden. Die *natürliche* Geländeoberfläche eignet sich wegen ihrer Unbestimmtheit nicht als Bezugspunkt; sie kann z. B. durch Außenanlagen verändert werden. Statt dessen kann auch die im Einzelfall nach § 9, Abs. 3 S. 1 BauGB *festgelegte Geländeoberfläche* als eindeutig bestimmte horizontale oder geneigte Bezugsfläche bestimmt werden. In komplizierten Fällen empfiehlt sich die Beifügung von Schnittzeichnungen zum B-Plan. Wird die *Höhenlage* der baulichen Anlage festgesetzt (nach § 9 Abs. 2 BauGB), kann auch sie als unterer Bezugspunkt bestimmt werden.

4 Als **obere Bezugspunkte** kommen die Traufhöhe (TH), die Firsthöhe (FH) oder allgemein die Oberkante (OK) der baulichen Anlagen oder bestimmter Teile der baulichen Anlagen in Betracht (s. Nr. 2.8 der Anl. zur PlanzV 1990). Unter **Traufhöhe** wird i. A. die Schnittkante zwischen der Außenwand und der Dachhaut verstanden, unabhängig davon, in welcher Höhe sich die eigentliche Traufe (unterster Punkt der ggf. überstehenden Dachhaut) und/oder die Traufrinne befinden (OVG Münster, U. v. 28.8.1975 – XI A 1081/74 – BRS 29 Nr. 103; U. v. 12.2.1975 – X A 352/73 – BRS 29 Nr. 102; U. v. 29.3.1983 – VII A 2583/81 – BRS 40 Nr. 108; OVG RhPf, B. v. 12.1.1983 – IA 69/82 – BRS 40 Nr. 109 = BauR 1983, 353); diese Höhe würde allerdings richtiger als **Wandhöhe** bezeichnet. Für Gebäude mit **Flachdächern** wird als oberer Bezugspunkt zweckmäßig die Oberkante (OK) des Gebäudes oder des »Hauptgesimses« festgesetzt. Es wäre wenig sinnvoll, etwa die Höhe der OK der obersten Geschossdecke festzusetzen, weil darüber hinaus noch höhere Bauteile (z. B. eine Brüstung oder »Attika«) möglich sind, die die Gestaltung des Straßenraumes wesentlich bestimmen können, wodurch gegen den gestalterischen Zweck einer Gebäudehöhenfestsetzung verstoßen würde.

Bei Anordnung eines nicht als Vollgeschoss anzurechnenden Staffeldachgeschosses bemisst sich die im B-Plan festgesetzte Traufhöhe nach der oberen Dachhaut des obersten Geschosses (OVG M-V, B. v. 22.8.2006 – 3 M 73/06 – BauR 2007, 513).

3. Geringfügige Abweichungen von der zwingenden Höhe (Abs. 2)

5 Nach Abs. 2 können im Fall der *Festsetzung* der Höhe baulicher Anlagen *als zwingend* geringfügige Abweichungen zugelassen werden. Es handelt sich um die notwendige Bagatellklausel zur Vermeidung von der sonst erforderlichen Befreiung nach § 31 Abs. 2 BauGB. Sie eröffnet dem Bauherrn den erstrebten Spielraum zur Verwirklichung seiner individuellen Planungs- und Gestaltungsvorstellungen.

Die Vorschrift betrifft den *Einzelfall* und wendet sich an die *Baugenehmigungsbehörde*, die im Rahmen ihres pflichtgemäßen Ermessens über die Zulassung einer Abweichung zu entscheiden hat. Das Einvernehmen der Gemeinde ist nicht erforderlich; denn es handelt sich nicht um eine Ausnahme, sondern um eine »Kann-Vorschrift« (vgl. § 23 Rn 13). Ein Rechtsanspruch auf Zulassung der Abweichung besteht nicht. Die Baugenehmigungsbehörde kann sie aus besonderen Gründen ablehnen, z.B. wenn die Rücksichtnahme auf seitlich angrenzende Baudenkmäler die genaue Einhaltung der Höhe erfordert. 6

Die **Abweichung** kann sowohl eine **Über-** als auch **Unterschreitung** der zwingend festgesetzten Höhe sein. Für die **Geringfügigkeit** können keine festen Maße oder ein bestimmter Vom-Hundert-Satz der Höhe angegeben werden; sie richtet sich vielmehr nach den jeweiligen Verhältnissen des Einzelfalles und ist insbes. abhängig von der Größenordnung der festgesetzten Höhe. Bei einem Gebäude von nur 4 m Höhe kann eine Überschreitung von nur 0,40 m bereits nicht mehr als geringfügig angesehen werden, während dasselbe Maß bei einem Hochhaus von 100 m auf jeden Fall geringfügig ist. Die *Geringfügigkeit* ist daher nicht als absoluter, sondern *relativer Begriff* zu verstehen (vgl. § 23 Rn 13). 7

§ 19 Grundflächenzahl, zulässige Grundfläche

(1) Die Grundflächenzahl gibt an, wieviel Quadratmeter Grundfläche je Quadratmeter Grundstücksfläche im Sinne des Absatzes 3 zulässig sind.

(2) Zulässige Grundfläche ist der nach Absatz 1 errechnete Anteil des Baugrundstücks, der von baulichen Anlagen überdeckt werden darf.

(3) Für die Ermittlung der zulässigen Grundfläche ist die Fläche des Baugrundstücks maßgebend, die im Bauland und hinter der im Bebauungsplan festgesetzten Straßenbegrenzungslinie liegt. Ist eine Straßenbegrenzungslinie nicht festgesetzt, so ist die Fläche des Baugrundstücks maßgebend, die hinter der tatsächlichen Straßengrenze liegt oder die im Bebauungsplan als maßgebend für die Ermittlung der zulässigen Grundfläche festgesetzt ist.

(4) Bei der Ermittlung der Grundfläche sind die Grundflächen von
1. Garagen und Stellplätzen mit ihren Zufahrten,
2. Nebenanlagen im Sinne des § 14,
3. baulichen Anlagen unterhalb der Geländeoberfläche, durch die das Baugrundstück lediglich unterbaut wird,

mitzurechnen. Die zulässige Grundfläche darf durch die Grundflächen der in Satz 1 bezeichneten Anlagen bis zu 50 vom Hundert überschritten werden, höchstens jedoch bis zu einer Grundflächenzahl von 0,8; weitere Überschreitungen in geringfügigem Ausmaß können zugelassen werden. Im Bebauungsplan können von Satz 2 abweichende Bestimmungen getroffen werden. Soweit der Bebauungsplan nichts anderes festsetzt, kann im Einzelfall von der Einhaltung der sich aus Satz 2 ergebenden Grenzen abgesehen werden
1. bei Überschreitungen mit geringfügigen Auswirkungen auf die natürlichen Funktionen des Bodens oder
2. wenn die Einhaltung der Grenzen zu einer wesentlichen Erschwerung der zweckentsprechenden Grundstücksnutzung führen würde.

BauNVO 1977 und 1968:

Abs. 1 bis 3 wie BauNVO 1990.

(4) Auf die zulässige Grundfläche werden die Grundflächen von Nebenanlagen im Sinne des § 14 nicht angerechnet. Das Gleiche gilt für Balkone, Loggien, Terrassen sowie für bauliche Anlagen, soweit sie nach Landesrecht im Bauwich oder in den Abstandsflächen zulässig sind oder zugelassen werden können.

§ 19 Abs. 1   1

BauNVO 1962:

Abs. 1 bis 3 wie BauNVO 1990.

(4) Auf die zulässige Grundfläche werden die Grundflächen von Nebenanlagen im Sinne des § 14 nicht angerechnet. Das Gleiche gilt für bauliche Anlagen, soweit sie nach Landesrecht im Bauwich oder in den Abstandsflächen zulässig sind oder zugelassen werden können.

(5) In Kerngebieten, Gewerbegebieten und Industriegebieten können eingeschossige Garagen und überdachte Stellplätze ohne Anrechnung ihrer Grundflächen auf die zulässige Grundfläche zugelassen werden. In den übrigen Baugebieten werden solche Anlagen auf die zulässige Grundfläche nicht angerechnet, soweit sie 0,1 der Fläche des Baugrundstücks nicht überschreiten. Absatz 4 findet keine Anwendung.

Erläuterungen

Übersicht

			Rn		
Abs. 1	1.	Berechnung der Grundfläche	1		
Abs. 2	2.	Begriff des Baugrundstücks	2	–	5.2
Abs. 3	3.	Die für die Ermittlung der Grundfläche maßgebende Fläche	6	–	8
Satz 1		a) Die im Bauland liegende Fläche	6		
		b) Straßenbegrenzungslinie, tatsächliche Straßengrenze	7	–	8
Abs. 4	4.	Anrechnung von Nebenanlagen und sonstigen baulichen Anlagen	9	–	28
		a) Allgemeines und Änderungen durch die ÄndVO 1990	9	–	10
Satz 1		b) Auf die Grundfläche anzurechnende bauliche Anlagen	13	–	16
Satz 1 Nr. 1		aa) Garagen und Stellplätze mit ihren Zufahrten	14		
Satz 1 Nr. 2		bb) Nebenanlagen i. S. d. § 14	15		
Satz 1 Nr. 3		cc) Bauliche Anlagen unterhalb der Geländeoberfläche	16		
Satz 2		c) Überschreitung der zulässigen Grundfläche	17	–	21
Satz 3		d) Abweichende Bestimmungen im Bebauungsplan	22	–	24
Satz 4		e) Zulassung weiterer Überschreitungen im Einzelfall	25	–	28

Schrifttum zu den §§ 16–23 s. vor den Erläuterungen zu § 16

1. Berechnung der Grundfläche (Abs. 1)

1 Die zulässige *Grundfläche* errechnet sich nach der Formel:

Zul. Grundfläche = maßgebende Grundstücksfläche × Grundflächenzahl.

Beispiel:

maßgebende Grundstücksfläche = 1.000 m²
Grundflächenzahl GRZ = 0,4
zulässige Grundfläche = 0,4 × 1 000 m² = 400 m²

Umgekehrt errechnet sich die vorhandene GRZ nach der Formel

$$\text{vorh. GRZ} = \frac{\text{vorh. Grundfläche}}{\text{maßgeb. Grundstücksfläche}} = \frac{400}{1.000} = 0{,}4 \text{ oder } 4/10$$

Die *anrechenbare* bzw. für die Ermittlung der zulässigen Grundfläche *maßgebende* Fläche des Baugrundstücks muss nicht mit der tatsächlichen Grundstücksfläche übereinstimmen, sondern kann abweichen. Nach Abs. 3 kann die maßgebende Fläche des Baugrundstücks *kleiner* als die tatsächliche Grundstücksfläche sein. Nach § 21a Abs. 2 können der tatsächlichen Fläche des Baugrundstücks auch Flächenanteile an außerhalb des Baugrundstücks festgesetzten Gemeinschaftsanlagen i. S. d. § 9 Abs. 1 Nr. 22 BauGB hinzugerechnet werden, wenn der B-Plan dies festsetzt oder als Ausnahme vorsieht. Damit kann die zulässige Grundfläche u. U. größer als das Baugrundstück selbst sein (§ 21a Rn 6–10). Zu beachten ist dabei, dass solche Flächenanteile trotz der Anrechnungsfähigkeit nicht zum Baugrundstück gehören. Nicht zulässig ist i. d. R. die Vergrößerung des Baugrundstücks durch Festsetzung der zur Erschließung erforderlichen Verkehrsflächen durch ein Geh- und Fahrrecht, nur um die Verkehrsfläche bei der Ermittlung des Maßes der baulichen Nutzung berücksichtigen zu können (VGH BW, B. v. 26.7.1983 – 5 S 2322/82 –BauR 1983, 549). Das gewünschte Ergebnis kann man trotzdem erreichen, indem man die zulässige Dichte (z. B. GRZ) entsprechend höher festsetzt. Dabei müssen natürlich die Obergrenzen des § 17, Abs. 1 bzw. die Abweichungsmöglichkeiten des Abs. 2 von § 17 berücksichtigt werden.

2. Begriff des Baugrundstücks (Abs. 2)

Nach § 4 Abs. 1 MBO und entsprechenden Vorschriften der LBOen dürfen Gebäude auf Grundstücken nur errichtet werden, wenn sie in angemessener Breite an einer befahrbaren öffentlichen Verkehrsfläche liegen oder eine entsprechende öffentlich-rechtlich gesicherte Zufahrt haben; bei Wohnwegen kann auf die Befahrbarkeit verzichtet werden, wenn wegen des Brandschutzes Bedenken nicht bestehen.

Ein **Baugrundstück** setzt ein *Grundstück* voraus. Beide Begriffe sind bundesrechtlich nicht definiert, werden jedoch im BauGB und in der BauNVO teilweise in derselben Vorschrift (z. B. § 9 Abs. 1 Nr. 3 und Nr. 4 BauGB) verwendet, wobei die Bedeutung nicht einheitlich ist, sondern sich aus dem jeweiligen Sachzusammenhang ergibt. Von dem Baugrundstück ist das **Grundstück im Rechtssinne** zu unterscheiden, d. h. ein räumlich abgegrenzter Teil der Erdoberfläche, der im Bestandsverzeichnis eines Grundbuchblatts unter *einer* Nummer eingetragen ist, ohne Rücksicht darauf, in welcher Weise es genutzt wird und ob es eine wirtschaftliche Einheit mit anderen Grundstücken bildet *(Buchgrundstück;* statt vieler BVerwG, U. v. 16.4.1971 – IV C 82.69 – BVerwGE 38, 35 = DVBl. 1971, 791; BVerwG, U. v. 1.4.1981 – 8 C 5.81 – Buchholz 406, 11 § 131 BBauG Nr. 37; *David*, BauR 1983, 20). Demgegenüber stellt das *Baugrundstück* im baurechtlichen Sinne eine räumlich – meistens auch wirtschaftlich – zusammenhängende Fläche dar, die baulich *einheitlich* genutzt werden soll und nach öffentlich-rechtlichen Vorschriften mit Gebäuden bebaut werden darf, mit dem Buchgrundstück jedoch nicht übereinzustimmen braucht.

Nach st. Rspr. des BVerwG ist bei der Anwendung des BauGB/BBauG und der BauNVO zwar grds. vom **bürgerlich-rechtlichen Grundstücksbegriff** (Buchgrundstück) auszugehen (vgl. BVerwG, U. v. 26.6.1970 – 4 C 73.68 – Buchholz 406.11 § 34 BBauG Nr. 28), dieser Begriff ist aber in seiner Maßgeblichkeit widerlegbar und für Modifikationen aufgrund baurechtlicher Erwägungen durchaus offen. So kommt es nicht in jedem Zusammenhang allein auf die sich aus dem Grundbuch ergebenden Grundstücksgrenzen an. Ein Abweichen vom (Buch-)Grundstücksbegriff ist durchaus möglich, z. B. im Fall der Beitragspflicht für den Erschließungsaufwand, der Grundstücke nach § 133 Abs. 1 BauGB nur soweit unterliegen, als sie im *Bauland* liegen. Ein Abweichen von diesem Begriff ist jedoch nur gerechtfertigt – dann allerdings auch geboten –, wenn es sonst zu nicht beabsichtigten oder vertretbaren Ergebnissen führen würde (vgl. BVerwG, U. v. 14.12.1973 – 4 C 48.72 – BVerwGE 44, 250 = BRS 27 Nr. 82), z. B. wenn ein sog. Handtuchgrundstück bei der Verteilung des Erschließungsaufwandes völlig unberücksichtigt bleiben muss, obwohl es – mangels hinreichender Größe allein nicht bebaubar – zusammen mit einem anderen

§ 19 Abs. 2   2.2, 3

Grundstück desselben Eigentümers ohne weiteres angemessen genutzt werden darf (statt vieler BVerwG, U. v. 12.12.1986 – 8 C 9.86 – DVBl. 1987, 630 = BauR 87, 432).

2.2 Baugrundstücke können zwar nicht ohne jeden Zusammenhang mit Buchgrundstücken bestimmt werden (vgl. *Schack*, aaO., DVBl. 1970, 40 II, 1; ausführlich dazu *Praml*, DVBl. 1980, 218). Für das Baugrundstück im *planungsrechtlichen* Sinn ist der *Grundstücksbegriff im Rechtssinn* aber nicht geeignet. Auch der bauordnungsrechtliche Begriff trifft nicht vollständig den Inhalt des hier verwendeten Begriffs. Nach dem Bauordnungsrecht behält nämlich ein Grundstück den Charakter eines Baugrundstücks, solange es formell und materiell legal bebaut ist oder Bestandsschutz genießt. Nach dem **Planungsrecht** verliert es diese Eigenschaft jedoch bereits, wenn es nach den Festsetzungen des B-Plans unbebaubar ist (z. B. durch Einbeziehung in eine Verkehrsfläche), selbst wenn es noch auf längere Zeit bebaut ist.

3 Der in § 19 verwendete **Begriff des Baugrundstücks** ist ein eigenständiger zweckgerichteter Begriff **im planungsrechtlichen Sinn** eines *bebauungsfähigen Grundstücks* (§ 59 Abs. 5 Satz 1 BauGB), d. h., dass nach den Festsetzungen eines B-Plans auf einer räumlich genau begrenzten Fläche die Errichtung baulicher Anlagen nach städtebaulichen Grundsätzen zulässig ist. Ein Baugrundstück liegt auch dann vor, wenn es aus mehreren zusammenhängenden Buchgrundstücken oder Teilen von ihnen besteht, auch wenn nur *eins* oder ein Teil von ihnen im Bauland liegt, so dass bauliche Anlagen nur auf diesem Teil errichtet werden können. Dem Ziel der Bauleitplanung würde es nicht entsprechen, wollte man die Festsetzungen des B-Plans formal nur auf Buchgrundstücke beschränken (so auch *Bielenberg*, aaO.). Seit dem ÄndG 1976 zum BBauG sind Festsetzungen nach § 9 folgerichtig nicht mehr für »Baugrundstücke« wie noch nach dem BBauG 1960, sondern nur noch für »Flächen« vorgesehen. Die Größe eines – ggf. mehrerer Buchgrundstücke *desselben* Eigentümers umfassenden – Baugrundstücks ist planungsrechtlich unerheblich. Die Zusammenlegung mehrerer Buchgrundstücke *verschiedener* Eigentümer zu einer »städtebaulichen Einheit« zwecks Ermittlung des durchschnittlichen Maßes der baulichen Nutzung ist dagegen unzulässig.

Häufig soll ein rechtmäßig bebautes Grundstück im Planbereich derart geteilt werden, dass die Bebauung auf den Trennstücken dem im B-Plan festgesetzten Maß der baulichen Nutzung widerspricht. Die von den Eigentümern der Teilgrundstücke angebotene, nach einigen LBOen mögliche »Vereinigungsbaulast« zur Sicherstellung, dass sämtliche Teilgrundstücke auch in Zukunft nur in dem Maße genutzt werden, wie dies bei Annahme eines einheitlichen Baugrundstücks zulässig wäre, kann den bauplanungsrechtlichen Grundstücksbegriff nicht ersetzen. Wenn es auch nach Landesrecht möglich ist, durch eine Vereinigungsbaulast mehrere Grundstücke zu *einem* Baugrundstück zusammenzufassen, so muss deren Anwendungsbereich auf das Landesrecht beschränkt bleiben. Die Bestellung solcher Baulasten kann im Einzelfall die tatsächlichen Voraussetzungen für die Genehmigung einer Grundstücksteilung im Wege der Befreiung nach § 31 Abs. 2 BauGB schaffen, wenn grundstücksbezogene Besonderheiten vorliegen (vgl. BVerwG, U. v. 14.2.1991 – 4 C 51.87 – ZfBR 1991, 173 = BRS 52 Nr. 161 = BauR 1991, 582).

Abs. 2 spricht nicht von »Gebäuden«, sondern von »*baulichen Anlagen*«. Der Begriff »bauliche Anlagen« geht weiter als der des Gebäudes (Rn 5; Vorb. §§ 2 ff. Rn 17). Daraus könnte geschlossen werden, dass ein Baugrundstück schon dann vorliegt, wenn auf einem Grundstück nur eine »bauliche Anlage« errichtet werden kann, z. B. wenn es nur eine Einfriedigung erhält, wenn auf ihm nur *Masten* errichtet oder *Behälter* für flüssige Brennstoffe eingebaut würden. Diese Ausweitung des Begriffs »Baugrundstück« über den bereits durch das Bauordnungsrecht gezogenen Rahmen hinaus würde nicht dem Sinn der BauNVO entsprechen, die die *bauliche* Ausnutzung des Grundstücks gerade *in drei Dimensionen* bestimmen will.

entf.

4

Die von baulichen Anlagen **überdeckte Fläche** ist nach dem Wortlaut diejenige Fläche, die durch die vertikale Grundrissprojektion der *oberirdischen* baulichen Anlagen *bedeckt* wird. In hängigem Gelände ist nicht die abgewickelte (schräge), sondern stets die Vertikalprojektion auf die Waagerechte anzurechnen. Nach dem durch die **ÄndVO 1990 geänderten Abs. 4 Nr.** 3 sind nunmehr – anders als nach der BauNVO 1977 – auch bauliche Anlagen *unterhalb der Geländeoberfläche*, durch die das Baugrundstück lediglich *unterbaut* wird, mitzurechnen (s. Rn 16). Der ursprüngliche Begriff »überdeckt« stimmt mit dem mit dieser Änderung erweiterten Inhalt der Vorschrift nicht mehr überein und muss großzügig auch im Sinn von »unterbaut« ausgelegt werden, d. h. bauliche Anlagen sowohl über als auch unter der Geländeoberfläche sind anzurechnen, somit auch in den Hang einschneidende Gebäude oder -teile.

4.1

Auf die zulässige Grundfläche werden nicht nur Flächen von Gebäuden, sondern auch von sonstigen **baulichen Anlagen** angerechnet, z. B. Silos, Treibstofftanks, freistehende Zapfsäulen, Hebekräne, Kranbahnen, Türme von Windkraftanlagen, freistehende Schornsteine und dergl., im Wesentlichen also Anlagen gewerblicher Art.

Die Fläche, die vom Rotor einer Windkraftanlage überstrichen werden kann, ist bei der Ermittlung der Grundfläche der Anlage nicht mitzurechnen, weil sie, anders als andere dauernd den Boden überdeckende Bauteile (z. B. Vordächer) keine bodenversiegelnde Wirkung entfalten. Etwa planerisch erforderliche Regelungen zur Begrenzung der Fläche, die überstrichen wird, sind über eine Baugrenzenfestsetzung zutreffen (§ 23 Rn 16; BVerwG, U. v. 21.10.2004 – 4 C 3.04 – BauR 2005, 498).

Garagen und Stellplätze mit ihren Zufahrten sowie Nebenanlagen i. S. v. § 14 sind – anders als nach der BauNVO 1977 – nach dem seit 1990 geltenden Abs. 4 mitzurechnen (s. Rn 14).

Allgemein werden als **Außenmaße** die Rohbaumaße zugrunde gelegt; der Außenputz in üblicher Dicke ist dabei nicht mitzurechnen. Wird eine später aufgebrachte Außenhaut jedoch wesentlich dicker als ein normaler Außenputz (z. B. bei Werksteinverkleidungen, vorgehängten Fassaden), muss die Vergrößerung der Rohbaumaße berücksichtigt werden. Eine dadurch etwa erfolgende Überschreitung der zulässigen Grundfläche kann jedoch i. A. durch die Bagatellklausel des Abs. 4 Satz 2 2. Halbs., nach dem weitere Überschreitungen in *geringfügigem* Maße zugelassen werden können, aufgefangen werden (s. Rn 20).

4.2

Bei Gebäuden mit schrägen Umfassungswänden sind nicht die mittleren Durchschnittsmaße, sondern die größten Maße des Grundrisses anzurechnen. In den Luftraum *hineinragende* wesentliche Teile der baulichen Anlagen wie Erker, auskragende Obergeschosse überdecken das Baugrundstück. Untergeordnete Bauteile wie Dachüberstände, Gesimse, ein bis drei nicht unterkellerte, vorgelagerte Stufen, Wandpfeiler, Halbsäulen, Pilaster, Fensterbänke usw. sowie die vom Rotor einer Windkraftanlage überstrichenen Flächen (Rn 4.1) sind nicht anzurechnen. Bei verschieden großen oder verspringenden Geschossen sind die größten horizontalen Abmessungen für die Berechnung der Grundfläche maßgebend. Ragen Gebäudeteile in den Luftraum über öffentliche Flächen (Verkehrs- oder Grünflächen) hinein, so sind diese Flächen nicht anzurechnen, weil sie das Baugrundstück nicht überdecken. Bei der Geschossfläche sind sie dagegen anzurechnen.

Die Grundflächen *baulicher Anlagen,* die keine Gebäude sind, sind mitunter schwierig zu ermitteln, wenn die baulichen Anlagen unregelmäßige Abmessungen oder Formen haben. Maßgebend ist i.d.R. die *Grundrissprojektion.* Hohlräume, z.B. bei Gitterträgern im Industriebau, dürften nicht als Freiflächen, sondern als Teile der baulichen Anlagen anzusehen sein. Bei offenen Kranbahnen ist nicht die gesamte bestrichene Fläche, sondern nur die im Ruhezustand überdeckte Fläche anzurechnen. Ragt der Oberbau einer baulichen Anlage wesentlich weiter aus als deren mit dem Boden unmittelbar verbundene Standfläche und führt dies nur zu einer unwesentlichen Bodenversiegelung, kann als maßgebende Grundfläche von der Standfläche ausgegangen werden.

5 Zum **Begriff** »**bauliche Anlagen**« sind die entspr. Vorschriften der LBOen *heranzuziehen.* Der Begriff ist umfassend zu verstehen. Nach der durch das BauROG erfolgten Änderung des § 29 BauGB durch Entkoppelung des planungsrechtlichen Begriffs der »baulichen Anlagen« von dem bauaufsichtlichen Genehmigungs-, Zustimmungs- oder Anzeigebedürfnis umfasst der Begriff nunmehr alle baulichen Anlagen, soweit sie von städtebaulicher bzw. bodenrechtlicher Bedeutung sind, und zwar auch solche, die nach Landesrecht von einem Prüfverfahren freigestellt worden sind. Maßgebend als »bauliche« Anlage ist ihre künstliche Herstellung aus Baustoffen und dauernde Verbindung mit dem Erdboden. Damit fallen darunter – unabhängig von ihrem Anrechnungsbedürfnis – auch die die Grundstücksfreifläche nicht einschränkenden *untergeordneten* baulichen Anlagen wie Einfriedigungen, Böschungsmauern, ebenerdige Terrassen, Wasserbecken, Freitreppen, befestigte Wege und dergl. Nach der **Änderung des Abs. 4** (s. Rn 16) sowie des **§ 21a** Abs. 3 (s. § 21a Rn 14) durch die **ÄndVO 1990** sind außer allen (und nicht nur notwendigen) Stellplätzen und Garagen mit ihren Einfahrten sowie Nebenanlagen i.S.d. § 14 jetzt auch alle *baulichen Anlagen unterhalb der Geländeoberfläche anzurechnen.*

5.1 Eine so weitgehende Anrechnung hatte der VOgeber der früheren Fassungen der BauNVO offensichtlich nicht beabsichtigt (s. *Fickert/Fieseler,* 5. Aufl., § 19 Rn 5). Die **Einengung der Vorschrift** durch die ÄndVO 1990 bedeutet, dass nur noch solche untergeordneten baulichen Anlagen nicht anzurechnen sind, die nicht bereits unter die Anlagen nach Abs. 4 fallen und nicht von städtebaulicher Bedeutung (einschl. des Bodenschutzes) sind. Dazu dürften außer den o.g. Anlagen z.B. Kanäle, Leitungsmasten, Kellerlichtschächte und dergl. rechnen. Sonstige Erschließungsanlagen auf den Grundstücken, die nicht Zufahrten zu Garagen und Stellplätzen sind, z.B. die Zufahrten zu einer Bebauung im Hinterland der Grundstücke, sind ebenfalls nicht mitzurechnen. Die übrigen Anlagen mit mehr als nur unwesentlicher Bedeutung für den Städtebau fallen unter die Vorschrift des Abs. 2 unabhängig von einer etwaigen Baugenehmigungs-, Zustimmungs- oder Anzeigefreiheit. Denn die Länder waren nach der Rspr. des BVerwG aus Gründen der Bundeskompetenz bereits früher daran gehindert, frei darüber zu befinden, ob für bestimmte bauliche Anlagen auf ein Baugenehmigungsverfahren verzichtet wird und diese dadurch den Regelungen der §§ 30 ff. BauGB entzogen sind (BVerwG, U. v. 19.2.1985 – 4 C 65.82 – ZfBR 1986, 82). Durch die Änderung des § 29 BauGB (s. Rn 5) hat der Gesetzgeber diese Rechtsfolge klargestellt.

5.2 Die Bauministerkonferenz hat 2002 mit der grundlegend novellierten Musterbauordnung (MBO) u.a. auf die Änderungen in § 29 BauGB (1998) und auch in § 19 BauNVO (1990) reagiert (Einführung Abschn. 13).

3. Die für die Ermittlung der Grundfläche maßgebende Fläche (Abs. 3)

6 a) **Die im Bauland liegende Fläche (Satz 1).** Die für die Ermittlung der Grundfläche *maßgebende* Fläche des Baugrundstücks kann von der *tatsächlichen* Fläche des Baugrundstücks abweichen. Die nicht im Bauland liegenden Flächen des Baugrundstücks bleiben bei Ermittlung der zulässigen Grundfläche außer Betracht. Das **Bauland** umfasst die in qualifizierten oder einfachen –

auch übergeleiteten – B-Plänen festgesetzten *Baugebiete,* auch soweit für ein Baugrundstück Festsetzungen nach § 9 Abs. 1 Nr. 25 BauGB getroffen sind (vgl. OVG Lüneburg, B. v. 17.1.1986 – 9 OVG B 37/85 – ZfBR 1986, 184), ferner Flächen mit *besonderem Nutzungszweck* (§ 9 Abs. 1 Nr. 9 BauGB) und die nicht zu den Baugebieten rechnenden Flächen für den *Gemeinbedarf* (§ 9 Abs. 1 Nr. 5 BauGB). Zum Bauland gehören auch die nach den §§ 33 und 34 BauGB als bebaubar zu beurteilenden Flächen. Außerhalb dieser – durch Planzeichnung (Anl. 1 der PlanzV 90) oder Text räumlich festgesetzten oder sonst eindeutig abgrenzbaren – Flächen, z.B. in Verkehrs- oder Grünflächen liegende Grundstücksteile oder Flächen im Außenbereich (auch wenn sie bebaut sind), sind kein Bauland und daher nicht anzurechnen. Die Grenzen des Baulandes sind nicht an Grundstücksgrenzen gebunden; Baugrundstücke können nicht nur über das Bauland, sondern auch den Geltungsbereich eines B-Plans hinausgehen.

So kommt es für das zulässige Maß der baulichen Nutzung bei Vorhaben im unbeplanten Innenbereich auf den Verlauf der Grundstücksgrenzen nicht an (BVerwG, U. v. 26.6.1970 – IV C 73.68 – BRS 23 Nr. 45 = BauR 1970, 224 = DVBl. 1970, 829). Ein am Außenrand eines Dorfes gelegenes 200 m tiefes »Handtuch«grundstück, das als Baulücke zwischen allgemein bis zu 50 m tief bebauten Grundstücken liegt und nach § 34 BBauG zu beurteilen ist, ist z.B. nur bis zu 50 m Tiefe Bauland, im übrigen Außenbereich (OVG Münster U. v. 3.10.1968 – X A 989/67 – BRS 20 Nr. 39 = BBauBl. 1969, 404).

b) **Straßenbegrenzungslinie, tatsächliche Straßengrenze.** Die im B-Plan festgesetzte **Straßenbegrenzungslinie** entspricht z.B. der früheren Fluchtlinie des PrFluchtlG. Heute ist sie die *Grenzlinie* der Straßenverkehrsflächen (§ 9 Abs. 1 Nr. 11 BauGB) zu den angrenzenden Grundstücken und wird nach Nr. 6.2 der Anlage zur PlanzV 90 festgesetzt. Sie bildet die Rechtsgrundlage für die bodenordnenden Maßnahmen, z.B. die Umlegung und die Enteignung. Soweit sie ein Baugrundstück anschneidet, fällt der vor ihr liegende Teil des Baugrundstücks aus dem Bauland bzw. der nach § 19 Abs. 3 für die Berechnung maßgebenden Baugrundstücksfläche heraus, auch wenn er eigentumsmäßig noch zum Baugrundstück gehört. Dies gilt auch für den Fall, dass die Obergeschosse der Gebäude in den Straßenraum auskragen oder im Erdgeschoss Arkaden angeordnet werden.

Die *Straßenbegrenzungslinie* ist nicht in jedem Fall die Grenzlinie der Fahrbahn oder des Gehsteigs der Straße zu den Grundstücken, sondern die vorhandene oder künftige Eigentumsgrenze zwischen dem Baugrundstück und der öffentlichen Verkehrsfläche. Zwischen ihr und dem Rand der Fahrbahn oder des Gehwegs können weitere Flächen, z.B. Straßenböschungen als Bestandteil der Verkehrsfläche, sog.»Verkehrsgrün« oder Flächen für den Anschluss anderer Flächen an die Verkehrsflächen (§ 9 Abs. 1 Nr. 11 BauGB) sowie ggf. Lärmschutzwälle (§ 9 Abs. 1 Nr. 24 BBauG) liegen (zu Straßenböschungen im B-Plan *Ziegler,* BuG 1969, 534 und *Wernerus,* BuG 1969, 192).

Satz 2 regelt den Fall, dass eine Straßenbegrenzungslinie nicht *festgesetzt* ist, es sich also um einen **einfachen B-Plan ohne Straßenbegrenzungslinie**, um einen in Aufstellung befindlichen B-Plan oder um ein Baugrundstück ohne entspr. Festsetzungen handelt. Damit werden die Fälle der übergeleiteten einfachen B-Pläne (§ 173 Abs. 3 BBauG) und des § 33 BauGB sowie des § 35 BauGB erfasst, in denen ein einfacher B-Plan Art und Maß der baulichen Nutzung festsetzt. In diesen Fällen ist für die Ermittlung der GRZ die Fläche des Baugrundstücks oder ein Teil dessen maßgebend, die hinter der *tatsächlichen Straßengrenze* liegt, oder die im B-Plan als maßgebend für die Ermittlung der zulässigen Grundfläche *festgesetzt* ist. Für die Ermittlung bieten sich zwei Möglichkeiten an, wobei die erste der Ermittlung nach der **tatsächlichen Straßengrenze** dann nicht in Frage kommt, wenn die Gemeinde von der zweiten

§ 19 Abs. 4   9, 10

Möglichkeit der Festsetzung der **maßgebenden Fläche** im B-Plan Gebrauch macht. In den Fällen des § 33 BauGB kommt nicht die tatsächliche, sondern die als *künftige Festsetzung vorgesehene* Straßenbegrenzungslinie in Ansatz.

Zur Ermittlung der *tatsächlichen Straßengrenze* ist die amtliche Flurkarte heranzuziehen. Dabei fallen Flächen, die bereits als Verkehrsfläche (Fahrbahn oder Gehweg) angelegt, jedoch eigentumsmäßig noch nicht auf den Träger der Straßenbaulast übertragen worden sind, aus der Berechnung heraus. Diese Flächen liegen vor der tatsächlichen (in der Örtlichkeit vorhandenen) Straßengrenze. Die *Festsetzung* der *maßgebenden* Fläche im B-Plan kann dann von Bedeutung sein, wenn eine Straßenbegrenzungslinie einer älteren Straße grundstücksweise vor- oder zurückspringt, so dass sich für benachbarte gleichartige Grundstücke verschiedene Ermittlungsgrundlagen ergeben könnten. In diesen Fällen könnte die Gemeinde in einem einfachen B-Plan (ohne Festsetzung von Verkehrsflächen) z. B. festsetzen, dass die maßgebende Fläche von einer Linie x–y parallel zur tatsächlichen Straßenachse zu rechnen ist.

4. Anrechnung von Nebenanlagen, Gebäudeteilen und sonstigen baulichen Anlagen (Abs. 4)

9 a) **Allgemeines und Änderungen durch die ÄndVO 1990.** Bei Abs. 4 ist die vormals geltende **Rechtslage** völlig **umgekehrt** worden. Die bis 1990 geltende Fassung bestimmte, dass nur die städtebaulich bedeutsamen Hauptanlagen und *nicht* die damit üblicherweise verbundenen Nebenanlagen i. S. d. § 14, bestimmte Gebäudeteile und in den Abstandsflächen zulässige bauliche Anlagen auf die zulässige Grundfläche *angerechnet* werden mussten. Nach **Abs. 4 der ÄndVO 1990** sind diese Anlagen *grundsätzlich mitzurechnen*.

Die Vorschrift diente damit nicht nur der Vereinfachung der Berechnung und der Vermeidung von Bagatellfällen (z. B. der Berechnung der Grundfläche von Mülltonnenbehältern, Teppichklopfgerüsten, Gartenlauben, Geräteräumen und dergl.). Daneben wurden auch Außenwohnflächen von hohem Wohnwert (Balkone, Loggien, Terrassen) begünstigt. Die früher geltenden Regelungen hatten aber gelegentlich zur Folge, dass Grundstücke mit mehreren z. T. auch größeren Nebenanlagen und sonstigen baulichen Anlagen nicht mehr die städtebaulich erforderlichen Freiflächen aufwiesen und der Boden weitgehend versiegelt wurde.

10 Der VOgeber sah eine Möglichkeit zur Berücksichtigung der Bodenschutzklausel in der BauNVO wegen fehlender Rechtsgrundlage für weiter gehende Freiflächenregelungen und Grünvolumenziffern lediglich in der **Einführung einer** grundsätzlichen **Anrechnungspflicht** für die o. a. Anlagen durch Änderung des § 19 Abs. 4. Die aus Gründen des Bodenschutzes wichtigen Regelungen der zulässigen Grundfläche bzw. GRZ wurde in ihrer Bedeutung erhöht; die Anrechnung soll zur Vermeidung einer unvertretbaren Bodenversiegelung beitragen (vgl. Begr. zur ÄndVO 1990 aaO.). Diese strikte Vorschrift erfasst *alle* baulichen Anlagen, soweit sie nicht bereits Hauptanlagen sind; auch die besonders zu begünstigenden Balkone, Loggien und Terrassen unterliegen – weil nicht besonders aufgeführt – als Teile der Hauptanlagen nunmehr der Anrechnung. Nach der Änderung des § 29 BauGB (s. Rn 5) umfasst der Begriff alle baulichen Anlagen von städtebaulicher bzw. bodenrechtlicher Bedeutung. Im Umkehrschluss kann davon ausgegangen werden, dass die nur bauordnungsrechtlich relevanten – nicht unter die Nebenanlagen nach Nr. 1 fallenden – Anlagen nicht dem Bodenschutz unterliegen und daher nicht mitzurechnen sind. Als Ausgleich darf die zulässige Grundfläche um die Grundflächen der o. a. Anlagen bis zu 50 %, höchstens jedoch bis zu einer »Kappungsgrenze« von GRZ = 0.8 überschritten werden (Satz 2 1. Halbs.). Neben einer Bagatellklausel für weitere geringfügige Überschreitungen (Satz 2 2. Halbs.) ist den Gemeinden das Recht eingeräumt, im B-Plan für besondere Fallgestaltungen eine abweichende Regelung festsetzen zu können (Satz 3). Schließlich kann auch die Baugenehmigungsbehörde unter besonderen Voraussetzungen im Einzelfall Abweichungen zulassen (Satz 4).

entf. **11–12**

b) **Auf die Grundfläche anzurechnende bauliche Anlagen (Satz 1).** Bei diesen **13** Anlagen handelt es sich um solche, die nicht bereits nach Abs. 2 der Hauptanlage zuzurechnen sind und die – wie die von § 14 Abs. 1 erfassten Nebenanlagen – einem Verfahren i. S. d. § 29 Abs. 1 BauGB 1998 unterliegen (s. Rn 5.1– 5.2). Abs. 4 gilt nicht für solche Festsetzungen, die sich nicht auf *Baugebiete*, sondern auf Grundstücke mit speziellen Nutzungen auf der Grundlage des § 9 Abs. 1 BauGB wie Garagengrundstücke beziehen (Begründung zu Nr. 17 der ÄndVO 1990, aaO.). Die Vorschrift gilt nach Änderung des § 29 BauGB somit auch für die nach Landesrecht von der Baugenehmigung, Zustimmung oder Anzeige freigestellten baulichen Anlagen, soweit sie städtebauliche Bedeutung haben (s. Rn 5.1–5.2).

aa) **Garagen und Stellplätze mit ihren Zufahrten (Satz 1 Nr. 1).** Zu den Begrif- **14** fen »Garagen« und »Stellplätze« s. § 12 Rn 5 sowie die bauordnungsrechtlichen Vorschriften (LBOen, GaragenVOen). Es müssen nicht nur notwendige, sondern alle Garagen und Stellplätze einschließlich der Tiefgaragen (s. Rn 16) angerechnet werden. Die *Zufahrten* sind nicht zu verwechseln mit den *Einfahrten* auf die Grundstücke (§ 9 Abs. 1 Nr. 4 BauGB), sondern das sind die gesamten zum Anfahren der (auch rückwärtig gelegenen) Garagen und Stellplätze erforderlichen befestigten Flächen.

bb) **Nebenanlagen i. S. d. § 14 (Satz 1 Nr. 2).** Diese sind untergeordnete ober- **15** irdische und unterirdische (s. Rn 16) Nebenanlagen und Einrichtungen, die dem Nutzungszweck der in dem Baugebiet gelegenen Baugrundstücke oder des Baugebiets selbst dienen (zum Begriff s. § 14 Rn 3–4). Dazu gehören Anlagen vielfältiger Art und Gestalt, auch solche, deren Grundfläche nur sehr schwierig zu berechnen ist. So ist bei der Ermittlung der Grundfläche z. B. einer *Windkraftanlage* fraglich, ob nur der Querschnitt des Mastes am Fußpunkt oder auch die gesamte vom Rotor bestrichene Fläche anzurechnen ist. In sinngemäßer Auslegung (Zweck der Vorschrift »Bodenschutz«) dürfte nur die kleinste Fläche anzurechnen sein (s. Rn 4.1).

cc) **Bauliche Anlagen unterhalb der Geländeoberfläche (Satz 1 Nr. 3).** Nach **16** der Vorschrift handelt es sich um bauliche Anlagen, durch die das Baugrundstück lediglich »unterbaut«, jedoch nicht überbaut bzw. überdeckt wird. Das sind *vollständig* unterhalb der Geländeoberfläche vorgesehene Anlagen; die – auch nur teilweise – über die Geländeoberfläche hinausragenden Anlagen sind bereits nach Abs. 2 anzurechnen. Satz 1 Nr. 3 modifiziert den durch die ÄndVO 1990 nicht geänderten Abs. 2 und stellt klar, dass nunmehr sämtliche baulichen Anlagen unterhalb der Geländeoberfläche anzurechnen sind unabhängig davon, ob sie Teil der Hauptanlage oder eine Nebenanlage sind. Hierbei handelt es sich z. B. um Hof- und Gartenunterkellerungen, Tiefgaragen (Rn 14), Kellertreppenabgänge, Lichtschächte, Flüssigkeitsbehälter, Kleinkläranlagen und dergl. Anlagen, die keiner Baugenehmigung, Zustimmung oder Anzeige bedürfen, fallen ebenfalls darunter, wenn sie städtebauliche Bedeutung haben (Rn 13). In den Fällen der Nr. 3 können sich im Einzelfall geringere Auswirkungen auf die natürlichen Funktionen des Bodens ergeben, so dass in diesen Fällen § 19 Abs. 4 Satz 4 eher Anwendung finden kann als bei einer

§ 19 Abs. 4   17–20

Überdeckung der Grundstücke (so auch *Bielenberg*, § 19 Rdn. 19). Als **Geländeoberfläche** ist i. S. d. § 2 Abs. 4 MBO und entspr. Vorschriften der Länder i. d. R. die *festgelegte Geländeoberfläche* zu verstehen (s. § 21a Rn 26).

17 c) **Überschreitung der zulässigen Grundfläche (Satz 2).** Zum Ausgleich der grundsätzlichen Anrechnungsregel des Satzes 1 gestattet Satz 2 1. Halbs. eine Überschreitung der *zulässigen*, d. h. aufgrund der im B-Plan *festgesetzten* GRZ bzw. GR zulässigen Grundfläche nach Abs. 2 um 50 %, jedoch **nur durch die in Satz 1 bezeichneten baulichen Anlagen,** nicht dagegen durch die Hauptanlagen. Dabei ist eine nicht zu überschreitende **Obergrenze** von **GRZ = 0,8** festgelegt, die in der Begr. zur ÄndVO 1990 (aaO.) als »Kappungsgrenze« bezeichnet ist. Dies hat seinen Grund darin, dass 0,2 der Grundstücksfläche auch durch die in Satz 1 bezeichneten Anlage aus Gründen des Bodenschutzes nicht bebaut werden sollen. Ist im B-Plan eine GRZ gleich oder höher als 0,8 festgesetzt, kommt Abs. 19 Abs. 4 nicht zur Anwendung (vgl. Begr. zur ÄndVO 1990, aaO.). Ist sie niedriger festgesetzt als die entsprechende Obergrenze des § 17 Abs. 1, gilt die *festgesetzte* GRZ. Bei den unterschiedlichen Obergrenzen nach § 17 Abs. 1 für einzelne Baugebiete kann dies zu teilweise fragwürdigen Ergebnissen führen.

18 Beispiele für die zulässige Grundfläche bei einer Grundstücksfläche von 1.000 m²:

1. Festsetzung WR;   GRZ = 0,4
   Hauptanlage   400 m²
   nach Abs. 4 (+ 50 %)   200 m²
   Gesamtgrundfläche   600 m²
   nach der Kappungsgrenze
   GRZ = 0,6 t 0,8;   zulässige
   Grundfläche somit   **600 m²**

2. Festsetzung WB: GRZ = 0,6
   Hauptanlage   600 m²
   nach Abs. 4 (+ 50 %)   300 m²
   Gesamtgrundfläche   900 m²
   nach der Kappungsgrenze
   GRZ = 0,9 § 0,8;   zulässige
   Grundfläche nur   **800 m²**

3. Festsetzung MK;   GRZ = 1,0
   Hauptanlage   1.000 m²
   nach Abs. 4 (+ 50 %)   0 m²
   Gesamtgrundfläche   1.000 m²
   Abs. 4   **nicht anwendbar**

4. Festsetzung MK;   GRZ = 0,6
   Hauptanlage   600 m²
   nach Abs. 4 (+ 50 %)   300 m²
   Gesamtgrundfläche   900 m²
   nach der Kappungsgrenze
   GRZ = 0,9 § 0,8;   zulässige
   Grundfläche nur   **800 m²**

19 Ist für ein **MK-Gebiet** die zulässige GRZ erheblich *niedriger* als die Obergrenze nach § 17 Abs. 1 (1,0) festgesetzt (Beispiel 4), kann die Obergrenze des § 17 wegen der Kappungsgrenze in Abs. 4 im Regelfall nicht ausgeschöpft werden. Ist sie dagegen *höher* als die Kappungsgrenze, z. B. mit 0,9 festgesetzt, hat die Kappungsgrenze von 0,8 keine Bedeutung. Diese Beispiele zeigen, dass die Regelung des Satzes 2 für das MK-Gebiet teilweise nicht greift. Es empfiehlt sich daher, bei der Festsetzung eines MK-Gebiets mit einer GRZ unter 1,0 zur Vermeidung von sich aus § 19 Abs. 4 Satz 2 ergebenden Unklarheiten zugleich die Überschreitungsmöglichkeit nach Satz 3 *besonders zu bestimmen* (s. Rn 22–24).

20 Satz 2 Halbs. 2 ermöglicht als »Bagatellklausel« *ohne besondere Voraussetzungen* die Zulassung weiterer Überschreitungen der 50 %-Grenze oder der Kappungsgrenze **in geringfügigem Ausmaß.** Vergleichbare Regelungen finden sich bereits in § 23 Abs. 2 Satz 2 (s. § 23 Rn 13) sowie zur Höhe der baulichen Anlagen in § 18 Abs. 2 (s. § 18 Rn 5–7). Für den unbestimmten Rechtsbegriff »in geringfügigem Ausmaß« können keine absoluten Größenordnungen oder bestimmte vom-Hundert-Werte der jeweiligen Grenze angegeben werden; die weitere Überschreitung ist vielmehr *relativ* und hängt wesentlich von der Situation des Einzelfalls, der konkreten Planung des Vorhabens und seiner Größenordnung ab (ebenso *Bielenberg*, § 19 Rdn. 22). Es handelt sich nicht um eine Ausnahmevorschrift, sondern um eine Kann-Vorschrift, über deren Anwendung die Bauaufsichtbehörde in pflichtgemäßem Ermessen unter Beachtung sonstiger Rechtsvorschriften (z.B. Abstandsregelungen nach Landesrecht) und nachbarlicher Belange zu entscheiden hat. Eine Überschreitung dieser Grenzen in mehr als *geringfügigem Umfang* kann die Baugenehmigungsbehörde auch nach Satz 4 zulassen, jedoch nur unter den dort angeführten Voraussetzungen (s. Rn 25–27).

Als Folge der Änderung des § 19 Abs. 4 durch die ÄndVO 1990 musste der damit zusammenhängende § 21a Abs. 3 ebenfalls wesentlich geändert werden. Da § 19 Abs. 4 – anders als die BauNVO 1977 – grundsätzlich die Anrechnung der Grundflächen von Nicht-Hauptanlagen auf die zulässige Grundfläche vorschreibt, muss die nach § 21a Abs. 3 zulässige Überschreitung der zulässigen Grundfläche durch *überdachte* Stellplätze und Garagen die bereits nach § 19 Abs. 4 zulässige Überschreitung berücksichtigen, d.h. § 21a Abs. 3 kann nur angewendet werden, wenn die Überschreitung nach § 19 Abs. 4 überhaupt zulässig ist (s. § 21a Rn 15; vgl. auch *Bielenberg*, § 19 Rdn. 5). **21**

d) **Abweichende Bestimmungen im Bebauungsplan (Satz 3).** Abweichende Bestimmungen können im B-Plan ohne besondere Voraussetzungen getroffen werden. Damit kann die Gemeinde die in Satz 2 vorgegebene 50 %-Grenze und die Kappungsgrenze von GRZ = 0,8 nach oben oder unten ändern und somit ihren örtlichen und spezifischen Gegebenheiten sowie besonderen planerischen Absichten Rechnung tragen. Solche Abweichungen können im Einzelfall angezeigt sein, z.B. zur Berücksichtigung bestimmter Bauausführungen, flächensparender Bauweisen, unterschiedlicher Nutzungen und Ansprüche an Baugrundstücke, gesonderter Festsetzungen wie für Garagen (Begr. zur ÄndVO 1990, aaO.). **22**

Die Gemeinde kann damit einerseits *im Ergebnis* praktisch eine weitgehende Nichtanrechnung der Nicht-Hauptanlagen wie in der vorhergehenden Fassung des Abs. 4 erreichen, andererseits jedoch im Interesse eines verstärkten Bodenschutzes auch niedrigere Werte bestimmen. Dabei kann sie nicht nur das Überschreitungsmaß und die Kappungsgrenze selbst bestimmen, sondern wohl auch nach den in Satz 1 aufgeführten verschiedenen Nicht-Hauptanlagen differenzieren, obwohl sich Satz 3 ausdrücklich nur auf Satz 2 bezieht. **23**

Eine solche Differenzierung könnte z.B. darin bestehen, dass bauliche Anlagen unterhalb der Geländeoberfläche (Satz 1 Nr. 3) bis zu einer Kappungsgrenze von GRZ = 0,8 zugelassen werden, während Stellplätze und Garagen (Satz 1 Nr. 1) sowie Nebenanlagen i.S.d. § 14 (Satz 1 Nr. 2) nur bis zu einer Kappungsgrenze von GRZ = 0,6 zugelassen werden. Wenn schon die GRZ nach § 16 Abs. 5 Halbs. 2 oberhalb und unterhalb der Geländeoberfläche (gesondert) festgesetzt werden kann, muss eine derartige Differenzierung selbstverständlich auch nach § 19 Abs. 4 Satz 3 möglich sein. Im Interesse einer sinnvollen Anwendung der Vorschrift darf diese nicht zu eng ausgelegt werden (vgl. auch das U. des BVerwG v. 22.5.1987 – 4 N 4.86 – zum sog. »Nummerndogma«, Fundst. § 1 Rn 101).

Die abweichenden Bestimmungen können in Form einer »Kann-Vorschrift« oder als »Ausnahme« vorgesehen werden. Dabei kann die Gemeinde Art und Maß der Überschreitung sowie ggf. besondere Voraussetzungen festlegen. Die abweichenden Bestimmungen binden die Baugenehmigungsbehörde bei Zulassung von Überschreitungen im Einzelfall nach Satz 4. Dies ergibt sich aus Satz 4 erster Halbsatz, der die Anwendung von Satz 4 nur zulässt, »soweit der

Bebauungsplan nichts anderes festsetzt«. Zur eindeutigen Bestimmtheit des B-Plans ist der Geltungsbereich der abweichenden Bestimmungen festzusetzen.

24 Satz 3 enthält zwar keine **Voraussetzungen** für die abweichenden Bestimmungen im B-Plan, bei seiner Anwendung müssen aber die **Grundsätze des § 1 Abs. 5 und 6 BauGB**, z. B. die allgemeinen Anforderungen an gesunde Wohn- und Arbeitsverhältnisse, die Belange des Umweltschutzes im Allgemeinen sowie die Anforderungen des § 1a Abs. 2 BauGB (Bodenversiegelungen sind auf das notwendige Maß zu begrenzen) im Besonderen, berücksichtigt werden. Dies schließt eine zu weitgehende Abweichung »nach unten« von vornherein aus. Sie müsste – ebenso wie eine Abweichung »nach oben« – städtebaulich begründet werden (§ 9 Abs. 1 Einleitungssatz BauGB; vgl. *Bielenberg*, § 19 Rdn. 21). Eine pauschale Aufhebung der Abweichungsmöglichkeit würde zu einer zu starren Anwendung der Ober- und Kappungsgrenze führen und wegen der damit verbundenen Probleme im Verwaltungsvollzug rechtlich bedenklich sein. Andererseits würde eine pauschale Erweiterung gegen den mit der Vorschrift verfolgten Schutzzweck verstoßen, so dass in der Praxis lediglich eine maßvolle Modifizierung der Ober- und Kappungsgrenze in Betracht kommt (im Ergebnis auch *Bielenberg*, § 19 Rdn. 22).

Die Auffassung in der Begr. zur ÄndVO 1990 (aaO.), hierfür könnten die Grundsätze des § 17 Abs. 2 und 3 herangezogen werden, kann nur als Empfehlung gedeutet werden, denn vorgeschrieben ist dies nicht. Die in § 17 Abs. 2 und 3 geforderten ausgleichenden Umstände oder Maßnahmen bei Überschreitung der Obergrenzen durch Festsetzung im B-Plan beziehen sich nämlich auf ein »Gebiet« und dessen Umfeld, die besonderen Bestimmungen nach Abs. 3 betreffen dagegen das Anrechnungsverfahren bei der Baugenehmigung. Der Grundstückseigentümer kann bei Inanspruchnahme der Überschreitung einen solchen etwa über sein Grundstück hinaus reichenden Ausgleich nicht herbeiführen.

25 e) **Zulassung weiterer Überschreitungen im Einzelfall (Satz 4).** Die Baugenehmigungsbehörde kann im Einzelfall eine Überschreitung von den durch Satz 2 vorgegebenen Grenzen unter zwei Voraussetzungen zulassen. Damit soll besonderen Fallgestaltungen Rechnung getragen werden, die mit dem Zweck der Vorschrift vereinbar sind (Nr. 1) oder zu einer wesentlichen Erschwerung der im B-Plan vorgesehenen Nutzungen und – auch unter Berücksichtigung des Zwecks der Vorschrift – zu einer unzumutbaren Beeinträchtigung führen würden (Nr. 2). Diese Zulassung der Überschreitung ist keine Ausnahme nach § 31 Abs. 1 BauGB, sondern eine Kann-Vorschrift; sie steht im pflichtgemäßen Ermessen der Baugenehmigungsbehörde, das jedoch nur soweit reicht, als von der Gemeinde nach Satz 2 »nichts anderes festgesetzt ist« (s. Rn 22–24).

26 **Geringfügige Auswirkungen auf die natürlichen Funktionen des Bodens (Nr. 1)** haben nur Überschreitungen durch solche baulichen Anlagen, die den Boden nicht versiegeln, sondern das Oberflächenwasser einsickern lassen, den Luftaustausch mit dem Boden gewährleisten sowie die Bodenflora und -fauna nicht wesentlich beeinträchtigen.

Insbes.: Voll betonierte oder asphaltierte Stellplätze mit ihren Zufahrten sowie Gebäudeteile unterhalb der Geländeoberfläche mit nur geringer Bodendeckung erfüllen diese Voraussetzungen nicht. Die natürlichen Funktionen des Bodens sind nicht an jedem Standort gleich zu bewerten; es gibt in ihrer natürlichen Funktion empfindlichere Böden (z. B. wasserdurchlässige Böden, Böden in Wassereinzugsgebieten) und weniger empfindliche Böden (z. B. wasserundurchlässige Böden, Aufschüttungen, Böden mit Altlasten). Nur geringfügige (negative) Auswirkungen dürften anzunehmen sein beispielsweise bei der Herstellung befestigter Fahr- und Gehflächen *aus Rasenlochsteinen, Pflastersteinen im Sandbett, Holzbohlen* (Bahnschwellen) mit Fugen, *Plattenwege im Sandbett* und dergl. sowie bei baulichen Anlagen unterhalb der Geländeoberfläche eine gut *bepflanzbare*

Bodenüberdeckung von angemessener Dicke (mind. 1 m). Zu bedenken ist dabei, dass eine aus Gründen des Bodenschutzes vorgesehene durchlässig befestigte Fläche für Stellplätze und deren Zufahrten nicht nur Oberflächenwasser, sondern auch Öl von den Kfz durchlässt und somit umgekehrt auch nachteilige Auswirkungen auf den Boden und das Grundwasser haben kann. Zur Beurteilung der natürlichen Funktionen des Bodens und seiner Empfindlichkeit sowie der die Überschreitung rechtfertigenden Maßnahmen und Bauausführungen ist die Sachkunde der für Fragen des Bodenschutzes zuständigen Behörde von besonderer Bedeutung.

Auch ohne Berücksichtigung ihrer **Auswirkungen** auf die natürlichen Funktionen des Bodens kann eine Überschreitung zugelassen werden, wenn die Einhaltung der Grenzen zu einer **wesentlichen Erschwerung der zweckentsprechenden Grundstücksnutzung** führen würde (Nr. 2). Diese zweite mit einer Härteregelung ausgestattete Alt. entspricht praktisch einer Befreiung von der Vorschrift. **27**

Daneben kommt die Zulassung der Abweichung z. B. in Betracht, wenn das konkrete Grundstück sonst die zweckentsprechende Nutzung erschweren würde, z. B. wegen eines *schlechten Grundstückszuschnitts* oder *komplizierter Ein- und Zufahrten* sowie zur Unterbringung *notwendiger Stellplätze* in einer *Tiefgarage*.

Für B-Pläne, deren Entwürfe nach § 25c Abs. 1 vor dem 1.1.1990 öffentlich ausgelegt worden sind, gilt § 19 Abs. 4 in der bis zum 31.12.1989 geltenden Fassung der BauNVO 1977. Danach sind im Geltungsbereich dieser B-Pläne die Bestimmungen der BauNVO von vor 1990 anzuwenden, d. h. die Nebenanlagen usw. sind nicht anzurechnen. **28**

§ 20 Vollgeschosse, Geschossflächenzahl, Geschossfläche

(1) Als Vollgeschosse gelten Geschosse, die nach landesrechtlichen Vorschriften Vollgeschosse sind oder auf ihre Zahl angerechnet werden.

(2) Die Geschossflächenzahl gibt an, wieviel Quadratmeter Geschossfläche je Quadratmeter Grundstücksfläche im Sinne des § 19 Abs. 3 zulässig sind.

(3) Die Geschossfläche ist nach den Außenmaßen der Gebäude in allen Vollgeschossen zu ermitteln. Im Bebauungsplan kann festgesetzt werden, dass die Flächen von Aufenthaltsräumen in anderen Geschossen einschließlich der zu ihnen gehörenden Treppenräume und einschließlich ihrer Umfassungswände ganz oder teilweise mitzurechnen oder ausnahmsweise nicht mitzurechnen sind.

(4) Bei der Ermittlung der Geschossfläche bleiben Nebenanlagen im Sinne des § 14, Balkone, Loggien, Terrassen sowie bauliche Anlagen, soweit sie nach Landesrecht in den Abstandsflächen (seitlicher Grenzabstand und sonstige Abstandsflächen) zulässig sind oder zugelassen werden können, unberücksichtigt.

BauNVO 1977 und 1968: Geschossfläche

(1) Die Geschossflächenzahl gibt an, wie viel Quadratmeter Geschossfläche je Quadratmeter Grundstücksfläche im Sinne des § 19 Abs. 3 zulässig sind.

(2) Die Geschossfläche ist nach den Außenmaßen der Gebäude in allen Vollgeschossen zu ermitteln. Die Flächen von Aufenthaltsräumen in anderen Geschossen einschließlich der zu ihnen gehörenden Treppenräume und einschließlich ihrer Umfassungswände sind mitzurechnen.

(3) Bauliche Anlagen und Gebäudeteile im Sinne des § 19 Abs. 4 bleiben bei der Ermittlung der Geschossfläche unberücksichtigt.

BauNVO 1962:

(2) Die Geschossfläche ist nach den Außenmaßen der Gebäude in allen Vollgeschossen zu ermitteln. Werden im Dachraum oder in Kellergeschossen Aufenthaltsräume zugelassen, so sind deren Flä-

§ 20

chen einschließlich der zu ihnen führenden Treppenräume und einschließlich ihrer Umfassungswände mitzurechnen.

(3) Balkone sowie bauliche Anlagen und Gebäudeteile, deren Grundflächen nach § 19 Abs. 4 und 5 nicht angerechnet werden, bleiben bei der Ermittlung der Geschossfläche unberücksichtigt.

Erläuterungen

Übersicht

			Rn	
	1. Änderungen 1990		1	
Abs. 1	2. Vollgeschosse		2	– 17
	a) Der Begriff »Vollgeschoss«		2	– 7
	aa) Verweisung auf das Landesrecht – dynamisch oder statisch?		2	– 6
	bb) Der Vollgeschossbegriff nach Landesrecht		7	
	b) Geschoss		8	– 9
	c) Auf die Zahl der Vollgeschosse anzurechnende Geschosse		10	
	d) Verschiedene Geschosstypen		11	– 17
	aa) Garagengeschosse		11	
	bb) Dachraum – Dachgeschoss		12	– 13
	cc) Staffelgeschoss		14	
	dd) Untergeschoss, Kellergeschoss		15	– 17
Abs. 2	3. Geschossflächenzahl, Geschossfläche		18	
Abs. 3	4. Ermittlung der Geschossfläche		19	– 25
Satz 1	a) Ermittlung in den Vollgeschossen		19	
Satz 2	b) Aufenthaltsräume in anderen Geschossen		20	– 25
	aa) Nichtanrechnung im Regelfall		20	– 22
	bb) Mitrechnung im Geltungsbereich »alter« B-Pläne sowie bei besonderer Festsetzung nach Satz 2		23	– 25
Abs. 4	5. Nicht zu berücksichtigende bauliche Anlagen und Gebäudeteile		26	– 33
	a) Allgemeines		26	
	b) Die nicht zu berücksichtigenden Anlagen		27	– 33
	aa) Nebenanlagen i. S. d. § 14		27	
	bb) Balkone		28	
	cc) Loggien		29	
	dd) Veranden		30	
	ee) Laubengänge		31	
	ff) Terrassen		32	
	gg) Bauliche Anlagen in den Abstandsflächen		33	

1. Änderungen 1990

1 § 20 Abs. 1 seit 1990 jetzt unverändert den § 18 »Vollgeschosse« der früheren Fassung. Damit wurden die mit dem Geschoss zusammenhängenden Vorschriften systematisch zusammengefasst. Die früheren Abs. 1, 2 und 3 haben die **Nrn. 2, 3 und 4** erhalten. Abs. 2 ist unverändert geblieben. **Abs. 3 Satz 2** ist neugefasst und dabei grundlegend geändert worden. Die früher zwingend vorgeschriebene Mitrechnung der Flächen von Aufenthaltsräumen einschließlich der zu ihnen gehörenden Treppenräume und Umfassungswände in anderen als Vollgeschossen bei der GFZ ist entfallen (Dachgeschossausbau). **Abs. 4** ist als Folge der Änderung des § 19 Abs. 4 neugefasst worden, inhaltlich jedoch unverändert geblieben.

2. Vollgeschosse (Abs. 1)

a) Der Begriff »Vollgeschoss«. – aa) **Verweisung auf das Landesrecht – dynamisch oder statisch?** Zur eindeutigen Bestimmung des Maßes der baulichen Nutzung ist die Bestimmung der 3. Dimension unerlässlich. Hierfür enthält die BauNVO neben der erst später als Alternative eingeführten Höhe baulicher Anlagen (§ 18) die **Zahl der Vollgeschosse (Z).** Andere Festsetzungen als die Zahl der *Vollgeschosse* können nicht getroffen werden (s. § 16 Rn 20).

Die Vorschriften über die Höhenentwicklung der baulichen Anlagen können sowohl städtebaurechtlicher als auch bauordnungsrechtlicher Art sein, weil sie einerseits eine Regelung der Bodennutzung betreffen und somit Gegenstand des Bodenrechts sind (vgl. Gutachten des BVerfG v. 16.6.1954, BVerfGE 3, 407), andererseits inhaltlich vorwiegend der Gefahrenabwehr, insbes. zur Sicherung gesunder Wohn- und Arbeitsverhältnisse, dienen und daher dem in die Kompetenz der Länder fallenden Bauordnungsrecht zuzurechnen sind. Demzufolge ist der Begriff »Vollgeschoss« bereits in § 2 MBO und den entspr. z.T. unterschiedlichen Vorschriften der LBOen bestimmt. Anfang der 1980er Jahre wurde allerdings in der MBO und den LBOen die Abstandsflächensystematik umgestellt (statt Bezug auf die Anzahl der Vollgeschosse jetzt Bezug auf die **Wandhöhe**), weshalb der Vollgeschossbegriff im Bauordnungsrecht weiter keine Rolle mehr spielt. Auf eine eigene (bundesrechtliche) Begriffsbestimmung des **Vollgeschosses** hat der VOgeber bisher verzichtet. In der MBO 2002 (s. Einführung Nr. 13) ist jedoch als Konsequenz aus den bauordnungsrechtlichen Veränderungen eine Vollgeschossdefinition nicht mehr vorgesehen, lediglich als »Übergangsvorschrift« (§ 87 Abs. 2 MBO) soll die bisherige Regelung von § 2 MBO noch weitergelten (»solange § 20 Abs. 1 BauNVO zur Begriffsbestimmung des Vollgeschosses auf Landesrecht verweist«). Die Notwendigkeit einer bundesrechtlichen Vollgeschossdefinition steht also an, nachdem auch in der letzten BauGB-Änderung dieses Thema nicht erledigt wurde.

Ein besonderes Problem entsteht bei **Änderung des Vollgeschossbegriffs** in einer LBO *nach* Inkrafttreten eines B-Plans. Die Frage, ob im Geltungsbereich des B-Plans dann automatisch der jeweils geänderte Vollgeschossbegriff gilt, d.h. ob es sich in § 20 Abs. 1 um eine **dynamische Verweisung** handelt, oder ob der zur Zeit des Zustandekommens der Satzung geltende Vollgeschossbegriff i.S. einer **statischen Verweisung** fortgilt, wird in Rspr. und Schrifttum unterschiedlich beurteilt. § 20 Abs. 1 (wie vordem § 18) gibt für die Klärung nichts her; der Bund hat insoweit keine Regelungskompetenz.

Übereinstimmend wird davon ausgegangen, dass der VOgeber generell bemüht war, den Vorschriften der BauNVO im Interesse der Planbeständigkeit grundsätzlich keine Rückwirkung beizulegen. Damit wollte er sicherstellen, dass auf solche Pläne, die *vor* Inkrafttreten einer Rechtsänderung der BauNVO bereits rechtsgültig waren oder deren Aufstellung, Änderung oder Ergänzung *vorher* begonnen wurde, die früheren Vorschriften weiter angewendet werden. Für die Art der *baulichen Nutzung* ist dies unbestritten; es ergibt sich bereits aus § 1 Abs. 3 Satz 2. In anderen Fällen, wo eine ebenso eindeutige Formulierung fehlt, wurde (und wird) dieses Prinzip denn auch immer wieder partiell in Frage gestellt, da auch verständliche Gründe der Praktikabilität solches nahe legen. Im Fall der Frage, ob die Verweisung in Abs. 1 auf das Landesrecht **dynamisch** oder **statisch** gemeint ist, gibt es unterschiedliche Obergerichtsrechtsprechung und Literaturmeinungen. Die unterschiedlichen Positionen sind nachstehend einander gegenübergestellt. *(Weil bei der Sach-*

lage der Zuständigkeit der Länder keine einheitliche Revisionsentscheidung des BVerwG zu erwarten ist, bleibt nichts anderes übrig, als sich in den Ländern, in denen bereits VGH/OVG-Entscheidungen ergangen sind, daran zu halten.)

4–6

dynamisch	statisch
Hess. VGH, B. v. 26.7.1984 – 4 TG 1669/84 – BauR 1985, 293 = BRS 42 Nr. 113; *Uechtritz*, BauR 1986, 172; *Boeddinghaus*, BauR 1990, 435, *dieser Kommentar, 9. Aufl., an dieser Stelle.*	VGH BW, U. v. 15.2.1984 – 3 S 1279/83 – BauR 1985, 289; U. v. 1.10.1985 – 8 S 1658/85 – u. B v. 27.1.1999 – 8 S 19/99 – DVBl. 2000, 201, ZfBR 2000, 60, DÖV 2000, 163, BauR 2000, 1166; **OVG Berlin** u. **OVG Saarlouis;** *Dolde*, NJW 1986, 1021; *Sauter*, LBO, 3. Aufl. § 2 Rn 83.
• Für das Maß der baulichen Nutzung fehle eine dem § 1 Abs. 3 S. 2 entspr. Bestimmung. § 20 Abs. 1 werde deshalb nicht wie die Nutzungsartbestimmungen, Teil des B-Planes. Die Ermächtigung dafür, dass der jeweilige Vollgeschossbegriff des Landesrechts gelten solle, liege bereits in der Formulierung dieser Vorschrift. (»*...gelten Geschosse, die nach **landesrechtlichen** Vorschriften Vollgeschosse sind ...*«). Der B-Plangeber müsse damit rechnen, dass sich die Tragweite des B-Planes durch die Änderung der bauordnungsrechtlichen Begriffsbestimmung ändern könnte.	• Die statische Verweisung ergebe sich aus dem Vergleich von §§ 25 und 25a BauNVO. Der Landesgesetzgeber könne den bei Erlass des B-Planes maßgebenden Willen der Gemeinde nicht verändern. Das BVerwG hat (zu § 25c s. dort Vorbemerkung) ein unmittelbares Hineinwirken des VOgebers in gültige B-Pläne als unzulässig angesehen. Umso weniger dürfe der VOgeber durch eine bloße Verweisung den Landesgesetzgeber zu Eingriffen in geltende B-Pläne ermächtigen.
• Die dynamische Auslegung diene der Vereinfachung: Sonst würden u. U. in einem Baurechtsfall zwei unterschiedliche Vollgeschossbergiffe gelten.	• Der Vorteil der Vereinfachung sei zweischneidig: ... könne durch nachträgliche »Verschärfung« des VG-Begriffs ein vorher legales Gebäude illegal werden. – Außerdem hat der VG-Begriff für das Bauordnungsrecht wenn überhaupt nur noch geringe Bedeutung.

7 **bb) Der Vollgeschossbegriff nach Landesrecht:** Nach § 2 Abs. 4 MBO (*vor 2002, s. unten*) und entsprechenden, z. T. abweichenden Vorschriften der Länder sind Vollgeschosse Geschosse, deren Deckenoberkante mehr als 1,40 m i. M. über die festgelegte Geländeoberfläche hinausragt (zum Begriff »Geländeoberfläche« und »Hinausragen« s. Rn 16, am Hang Rn 17) und die über mindestens 2/3 ihrer Grundfläche eine lichte Höhe von mind. 2,30 m haben.

Die LBOen geben für die Ermittlung der Höhe z. T. unterschiedliche Bezugspunkte bzw. -ebenen an. Die Höhe der Geschosse wird i. A. von Oberkante (OK) Fußboden bis OK Fußboden der darüber liegenden Decke, bei Geschossen mit Dachflächen bis OK Dachhaut gemessen (s. Rn 9 und *Boeddinghaus*, BauR 1990, 435 m. w. N.) – In § 2 Abs. 4 MBO 2002 ist die Vollgeschossdefinition nicht mehr enthalten (*s. Einführung, Nr. 13*), lediglich § 87 Abs. 2 MBO 2002 sichert den Fortbestand der bisherigen Regelung, solange noch keine eigenen, bundesrechtliche Vollgeschossdefinition existiert.

8 **b) Geschoss.** Die Länder haben in den BauOen zwar den Begriff »Vollgeschoss«, nicht aber den Begriff »Geschoss« definiert. Dies ist u. a. bei der Bestimmung der Baumasse überhoher Geschosse und zur Abgrenzung gegenüber baulichen Anlagen ohne Geschosse jedoch bedeutsam (§ 21 Rn 2–4). Nach *Frommhold* (aaO.) umfasst »*ein Geschoss, eine Etage, ein Stockwerk eines Gebäudes alle Räume auf gleicher Ebene einschließlich der darüber liegenden Decke*« (vgl. OVG NW, U. v. 18.4.1991 – 11 A 696/87 – BauR 1992, 60). Das Vorhandensein eines Raumes oder mehrerer Räume mit allseitigen Umfassungsbauteilen ist ein entscheidendes Merkmal für ein Geschoss. Ein freiste-

hendes **Tankstellendach** ist demnach kein Geschoss oder Teil eines solchen, wohl dagegen eine Wagenwaschhalle (ebenso *Müller/Späth*, aaO., BuG 1970, 183). Dem steht nicht entgegen, dass einzelne oder auch alle Umfassungswände u. U. in der gesamten Breite und Höhe abgesehen von den notwendigen Umwehrungen offen sind wie z. B. *Garagengeschosse* (Rn 11) oder *Luftgeschosse* (VGH BW, U. v. 19.9.1988 – 5 S 1544/88 – BauR 1989, 311). Fehlt dagegen der für ein Geschoss typische obere Abschluss (die Geschoss*decke*, die nicht unbedingt eben und horizontal sein muss, sondern auch schrägliegend, gekrümmt oder unregelmäßig geformt sein kann), liegt kein Geschoss vor.

Ein weiteres Merkmal für das Geschoss ist die *Lage der Räume* im Wesentlichen *auf einer Ebene,* wobei geringe Unterschiede von wenigen Ausgleichsstufen oder entsprechende Rampen unerheblich sind. Sind Fußbodenhöhen eines Gebäudes gegeneinander um eine halbe Geschosshöhe versetzt, gehören sie nicht mehr zu einem Geschoss (OVG Lüneburg, U. v. 25.3.1980 – 1 A 29/79 – BRS 36 Nr. 123). Zur Berechnung der Zahl der Vollgeschosse muss das Gebäude in Teile mit einheitlichen Ebenen zerlegt werden (OVG NW, U. v. 18.4.1991 – 11 A 696/87 – aaO.). Bei den nach § 20 auf die Geschossfläche mit anzurechnenden *Treppenräumen* sind die Geschossdecken durchzurechnen. Sind bei zweiläufigen Treppen Räume auch von Zwischenabsätzen zugänglich, handelt es sich um *versetzte Geschosse,* die jeweils gesondert zu betrachten sind. Die verbindenden Treppenräume sind dem jeweils am höchsten bzw. niedrigsten liegenden Geschoss zuzurechnen. Sind Gebäudeteile gegeneinander stark versetzt oder terrassiert, ist die Geschosszahl für jeden Gebäudeteil zu bestimmen (Hess. VGH, B. v. 1.12.1982 – IV TG 81/82 – BRS 39 Nr. 103 u. U. v. 31.1.1986 – IV OE 47/81 – ZfBR 1986, 249).

Eine *höhenmäßige Begrenzung* oder eine *Mindesthöhe* ist mit dem Begriff »Geschoss« nicht verbunden. Dies geht schon aus § 21 Abs. 4 hervor (die Einführung einer fiktiven Geschosshöhe von 3,50 m in dieser Vorschrift dient nur mittelbar der Kontrolle der städtebaulichen Dichte durch Begrenzung der tatsächlichen BMZ als Funktion der GFZ). Deshalb sind z. B. »Gebäude mit nur einem Vollgeschoss« auch Gebäude, die größere lichte Höhen haben wie **Werkshallen, Turnhallen, Theatersäle** und dergl. ohne »Geschossdecken«. Solche Gebäude können auch nicht etwa durch fingierte Zwischendecken »zerlegt« und sodann i. S. d. Planungsrechts als mehrgeschossig angesehen werden. Zur Berechnung der Zahl der Vollgeschosse z. B. bei Trafostationen, wenn eine Geschosszahl »*wegen der Besonderheit des Bauwerks*« nicht feststellbar ist, vgl. BayVGH, U. v. 18.5.1992 – 6 B 87.01614 – ZMR 1993, 87). Dagegen müssen überhohe Räume mit eingezogenen nicht die gesamten Ausmaße des Raumes überdeckenden voll nutzbaren Zwischenebenen wie Galerien, Emporen, Ränge, Balkone und dergl. (z. B. in Theatersälen, Eingangshallen, Lichthöfen) als mehrgeschossig gerechnet werden, insbes., wenn diese Zwischenebenen von daneben liegenden Räumen aus zugänglich sind. Solche häufig auch als *Zwischengeschosse* bezeichneten Vollgeschosse sind jedoch nur, wenn sie i. L. mind. 2,3 m hoch sind. Niedrigere horizontal gegliederte Teile der baulichen Anlagen, die zum vorübergehenden Aufenthalt von Menschen vorgesehen sind wie Garagengeschosse, müssen nicht immer Vollgeschosse sein, sind jedoch Geschosse, während *geschossartige* Einbauten in höheren Räumen wie Arbeitsbühnen, Installations«geschosse« i. A. keine selbständigen Geschosse sind. Gerade bei überhohen Räumen mit Zwischeneinbauten verliert der Begriff »Geschoss« an Eindeutigkeit; die Übergänge sind fließend; vor allem bei Gebäuden differenzierter Form und Gestaltung wie Konzertsälen, Kongresszentren u. Ä. Gebäuden ist eine auf den Einzelfall bezogene, der beabsichtigten Nutzung entsprechende sinnvolle Auslegung erforderlich.

Da sich die Höhe der Gebäude in Geschossbauten durch die festgesetzte Zahl der Vollgeschosse nicht eindeutig bestimmen lässt, kann sich bei gleicher Geschosszahl durch Anordnung überhoher Geschosse eine beträchtliche *unterschiedliche Gebäudehöhe* auf nebeneinander liegenden Grundstücken ergeben. Ist dies aus städtebaulichen Gründen nicht erwünscht, kann eine einheitliche Gebäudehöhe ggf. durch Festsetzung der Höhe baulicher Anlagen nach § 16 Abs. 2 Nr. 4 erreicht werden (§ 16 Rn 29–32). Bei überhohen (mehr als 3,50 m hohen) Geschossen ist § 21 Abs. 4 zu beachten, wodurch sich ggf. entweder eine Reduzierung der nach den sonstigen Festsetzungen zulässigen Gebäudehöhe oder Grundfläche ergeben kann (s. Rn 19 und § 21 Rn 4).

10 c) **Auf die Zahl der Vollgeschosse anzurechnende Geschosse.** Die Vorschrift betrifft »andere Geschosse«, die zwar den Begriff »Geschoss«, nicht aber den des »Vollgeschosses« erfüllen, weil sie nicht weit genug über die Geländeoberfläche hinausragen oder nicht die erforderliche Höhe aufweisen. Voraussetzung für die Geltung solcher Geschosse als Vollgeschosse im städtebaurechtlichen Sinn ist jedoch, dass sie *nach Landesrecht* als solche angerechnet werden. Während ältere LBOen noch eine solche Anrechnung vorsahen, enthalten § 2 MBO und die entspr. Vorschriften der neueren LBOen eine derartige Anrechnung nicht mehr. Die Verweisung in § 20 Abs. 1 auf die »anzurechnenden Geschosse« läuft daher als Anweisung an den B-Plangeber weitgehend leer. Lediglich in den Ländern, in denen die statische Verweisung auf den Vollgeschossbegriff nach Landesrecht anzuwenden ist (Rn 2–6) hat die Vorschrift für die Anwendung alter B-Pläne noch ihre Bedeutung.

11 d) **Verschiedene Geschosstypen. – aa) Garagengeschosse.** Der *Begriff* »Garagengeschoss« ist durch § 12 Abs. 4 erläutert. In ihm sind nur Stellplätze oder Garagen und zugehörige Nebeneinrichtungen zulässig (§ 12 Rn 15). Flachdächer mit Brüstungen, die nur nicht überdachte Stellplätze aufnehmen, sind keine Garagengeschosse, sondern *Parkpaletten*. Garagengeschosse, die die für Aufenthaltsräume erforderliche lichte Höhe (mind. 2,30 m) haben und mind. 1,40 m (NW 1,60 m) über die Geländeoberfläche hinausragen, sind *Vollgeschosse*. Soweit sie diese Maße nicht aufweisen, sind sie keine Vollgeschosse; nach den neueren LBOen werden sie auf die Zahl der Vollgeschosse nicht mehr angerechnet (s. Rn 10). Im Übrigen sind Garagengeschosse nach § 21a Abs. 1 auf die Zahl der Vollgeschosse ohnehin nicht anzurechnen, wenn der B-Plan dies festsetzt oder als Ausnahme zulässt (§ 21a Rn 22–24). Zur Abgrenzung von Garagen und Stellplätzen s. § 12 Rn 5 (vgl. auch OVG Münster, U. v. 20.2.1964 – VIIA 383/63 – BRS 15 Nr. 27).

12 bb) **Dachraum – Dachgeschoss.** Unter dem **Dachraum** ist der ganze vom Dach – bestehend aus Tragwerk und Dachhaut – und der Decke des obersten Geschosses umschlossene Raum und nicht etwa nur der »Spitzboden« zu verstehen (OVG Münster, U. v. 20.11.1979 – XA 995/79 – BauR 1980, 343; OVG Bremen, U. v. 8.9.1981 – 1 BA 17/81 – BRS 38 Nr. 117).

Typisch für den Dachraum sind die von innen sichtbare Dachkonstruktion und die Untersicht unter die Dacheindeckung. Bei Satteldächern mit unterschiedlich breiten Dachhälften beginnt der Dachraum am Schnitt der Außenwand und Dachhaut der tieferliegenden Dachhälfte (VGH BW, U. v. 15.2.1984 – 3 S 1279/83 – BauR 1985, 289). Der offene Dachraum ist kein Geschoss; ein Geschoss erfordert neben einem Fußboden zumindest eine darüber liegende Decke (VGH BW, U. v. 29.1.1969 – III 48/66 – BRS 22 Nr. 124; OVG Münster, B. v. 22.4.1983 – 7 B 117/83 – BRS 40 Nr. 107 = BauR 1983, 351), die auch geneigt sein kann.

13 Ein **Geschoss mit geneigten Dachflächen** (»**Dachgeschoss**«) ist ein *Vollgeschoss*, wenn es die für Aufenthaltsräume notwendige Höhe von 2,30 m (§ 46 Abs. 4 MBO) über i. A. mehr als 2/3 (NW 3/4) seiner Grundfläche aufweist (§ 2 Abs. 4 MBO und entspr. LBOen).

Die Berechnung dieses Anteils richtet sich nach der jeweiligen Länderregelung. Die dafür maßgebende (Fußboden-)grundfläche bemisst sich i. A. nach den Außenmaßen der Gebäudeumfassungswände. Die maßgebende Fläche in Höhe von 2,30 über der Fußbodenoberkante wird durch die Schnittkanten einer gedachten Ebene mit der Oberkante der Dachhaut ermittelt. Die durch diese Ebene geschnittenen Dachaufbauten (Dachgaupen, Zwerggiebel) gehen mit ihren Außenmaßen in die Berechnung ein. Bei extrem steiler Dachneigung oder übergroßer Gebäudetiefe kann die Bemessungsregel dazu führen, dass ein Dachraum mehrere Vollgeschosse aufnehmen kann. Einige LBOen schließen dies aus Gründen des Brandschutzes (schwieriger Rettungsweg über zurückgesetzte Dachgaupen bei traufständiger Gebäudestellung) aus.

cc) Staffelgeschoss. Ein gegenüber den Außenwänden des Gebäudes zurückgesetztes oberstes Geschoss wird als **gestaffeltes Geschoss** oder **Staffelgeschoss** bezeichnet. Vor den zurückgesetzten Außenwänden liegen i. d. R. begehbare Freisitze (Dachterrassen, richtiger »Söller«), die den Wohnwert der Staffelgeschosse erhöhen. Gleichzeitig wird durch den Geschossversatz der Lichteinfallwinkel für gegenüberliegende Gebäude verbessert. Die bauordnungsrechtlichen Vorschriften gewähren für Staffelgeschosse i. A. Erleichterungen.

dd) Untergeschoss, Kellergeschoss. Die Begriffe »Untergeschoss« und »Kellergeschoss« sind im Bauordnungsrecht nicht bestimmt. Nach *Frommhold* (aaO.) ist ein **Keller**geschoss ein Geschoss unter dem ersten Vollgeschoss. Richtiger werden jedoch alle unter dem untersten Vollgeschoss liegenden Geschosse wie Tiefgeschosse, Souterrain, Basement (in Kaufhäusern) als **Untergeschosse** bezeichnet. Es können auch mehrere Untergeschosse untereinanderliegen. Nur solche nicht vollständig über der Geländeoberfläche liegenden Geschosse, deren Deckenoberkante mehr als 1,40 m (NW 1,60 m) i. M. über die (festgelegte) Geländeoberfläche hinausragt, sind Vollgeschosse; im Übrigen sind sie Untergeschosse.

Die **Geländeoberfläche** (Begriff § 21a Rn 30) ist entweder **festgelegt** durch Festsetzung im B-Plan bzw. in der Baugenehmigung oder die **natürliche Geländeoberfläche**, wie sie vor Durchführung des Bauvorhabens beschaffen ist, wobei rechtswidrige Veränderungen der Erdoberfläche außer Betracht zu bleiben haben. Das »Hinausragen« bezieht sich auf die Schnittlinien der Geländeoberfläche mit den Außenwänden des Gebäudes, wobei der Mittelwert arithmetisch zu ermitteln ist. In der Ebene bereitet die Berechnung des »Hinausragens« keine Probleme (s. jedoch zur Hangbebauung Rn 17). In der Baugenehmigung kann eine durch Aufschüttungen oder Abgrabungen zu verändernde abweichende Geländeoberfläche festgelegt werden (VGH BW, U. v. 10.4.1975 – III 750/74 – BRS 29 Nr. 86).
Diese bedarf einer spezifischen Rechtfertigung und setzt ein Bedürfnis voraus (OVG Saarl., B. v. 17.9.1979 – II W 1.2047/79 – BRS 35 Nr. 99 = BauR 1980, 158). Durch die festgelegte Geländeoberfläche wird der tatsächliche Geländeverlauf nicht berührt, sondern nur ein rechnerischer Höhenpunkt festgesetzt (OVG Saarl., U. v. 27.2.1974 – II R 88/73 – BRS 28 Nr. 65). Sollen an den Seiten eines Untergeschosses Abgrabungen vorgenommen werden, um eine Nutzungsuntersagung dieses Geschosses zu Wohnzwecken zu vermeiden, so bedarf diese Abgrabung der Genehmigung und kann untersagt werden, wenn hierdurch ein zusätzliches und dem B-Plan widersprechendes Vollgeschoss entstehen würde (VGH BW, U. v. 10.4.1975, aaO.). Unzulässige Aufschüttungen ändern den Vollgeschosscharakter eines entsprechend herausragenden Kellergeschosses nicht (Hess. VGH, B. v. 28.10.1982 – IVTG 68/82 – BRS 39 Nr. 102 = HessVGRspr. 1983, 43). Auch der Genehmigungsbehörde steht nicht das Recht zu, es einem Bauherrn durch eine entspr. Festlegung der Geländeoberfläche zu ermöglichen, ein das höchstzulässige Maß überschreitendes Vorhaben auszuführen. Denn die Festlegung der Geländeoberfläche durch die Bauaufsichtsbehörde kann nicht den Zweck haben, die für die Geschosszahl maßgeblichen baurechtlichen Bestimmungen zu unterlaufen (OVG Saarl., B. v. 17.9.1979 aaO.). Ist die Festlegung dagegen ermessensfehlerfrei erfolgt, besteht insoweit kein nachbarrechtlicher Abwehranspruch (Hess. VGH, B. v. 17.4.1979 – IV TG 31/79 – BRS 35 Nr. 98 = BauR 1980, 157).

Sollen in einem **Keller-/Untergeschoss**, das wegen seines geringeren »Hinausragens« über die Geländeoberfläche kein Vollgeschoss ist, **Aufenthaltsräume z. B. zum Wohnen** vorgesehen werden, so darf der Fußboden dieser Räume nicht tiefer als 0,80 m unterhalb des Geländes liegen, das an der Außenwand mit notwendigen Fenstern ansteht. Dieses Gelände muss hinsichtlich seiner Oberfläche (Breite und Entfernung vor dem notwendigen Fenster) so gestaltet sein, dass die Aufenthaltsräume ausreichend mit Tageslicht versorgt werden. Diese Forderung kann i. A. bei zugelassenen **Abgrabungen** erfüllt werden, wenn das Gelände 2,0 m vor der Außenwand mit notwendigen Fenstern nicht ansteigt und erst von dort unter einem maximalen Winkel von 45° ansteigt oder wenn das Gelände etwa 4,40 m vor dem notwendigen Fenster eine übliche Geschosshöhe (2,75 m) nicht übersteigt. Eine im Verhältnis zum Gebäude geringfügige Abgrabung verändert die Geländeoberfläche nicht (Nr. 2.4 VV BauO NW). Eine Abgrabung, die sich über die gesamte Gebäudebreite erstreckt und dazu führt, dass alle dort gelegenen Räume belichtet und zu Aufenthaltsräumen werden, ist keine im Verhältnis zum Gebäude geringe Abgrabung (OVG NW, U. v. 18.4.1991 – 11 A 69/87 – aaO. Rn 8).

17 Bei **Gebäuden am Hang** ist für die Bestimmung des »Herausragens« gleichermaßen wie in der Ebene der Geländeanschnitt an den Außenwänden arithmetisch zu mitteln. Der Geländeanschnitt ergibt sich aus der (ggf. im B-Plan) festgelegten oder, wenn nichts festgelegt ist, aus der natürlichen Geländeoberfläche. Bei »einfachen« Geschossen (quadratisch oder rechteckig ohne versetzte Fußböden) wird das arithmetische Mittel aus dem Herausragen der vier Gebäudeecken gebildet. Bei Gebäuden mit einer Vielzahl von Gebäudeecken bietet sich das in der Rspr. herangezogene *Flächen-Vergleichsverfahren* an.

Danach kann die tatsächlich freiliegende (»herausragende«) Fläche sämtlicher Außenwände eines Gebäudes mit einer Fläche verglichen werden, welche sich aus dem Gebäudeumfang × 1,40 m (bzw. 1,60 m in NW) errechnet (Hess. VGH, B. v. 25.2.1983 – 4 TG 4/83 – BRS 40 Nr. 111 u. B. v. 14.6.1982 – III TG 1/82 – BRS 39 Nr. 101). Bei langen, verwinkelten, terrassierten oder verzweigten Baukörpern in starker Hanglage können sich mehrere Untergeschosse ergeben, deren talseitige Außenwände noch voll oberhalb des Geländeanschnitts liegen und die keine Vollgeschosse sind (vgl. auch die Beispiele bei *Boeddinghaus*, BauR 1991, 4 u. *Boeddinghaus/Dieckmann*, § 20 Rdn. 19 f.). Für die Ermittlung des Maßes des Herausragens ist maßgebend die Frage, ob es sich dabei um *ein* Gebäude mit verschiedenen Gebäudeteilen oder bei den aneinandergebauten Baukörpern jeweils um einzelne *selbständig benutzbare Gebäude* i. S. d. Begriffsbestimmungen der LBOen für Gebäude handelt, für die die Ermittlung getrennt durchzuführen ist. Dies kann im Verhältnis zu dem Flächen-Vergleichsverfahren für den gesamten Baukörper zu unterschiedlichen Ergebnissen führen. Sind Gebäudeteile bzw. Geschosse in der Höhe gegeneinander soweit versetzt (gestaffelt), dass nicht mehr von *einem* Geschoss ausgegangen werden kann, ist eine getrennte Ermittlung für jeden Gebäudeteil angebracht. Das gelegentlich auch angewandte *Volumenvergleichsverfahren* oder *Durchdringungsverfahren*, bei dem davon auszugehen ist, dass die Geländeoberfläche das Gebäude durchdringt, ist dann nicht anwendbar, wenn eine Gebäudeseite durch Abgrabung voll über der Geländeoberfläche liegt, weil dies ein verzerrtes Ergebnis liefern würde (vgl. OVG NW, U. v. 18.4.1991 – 11 A 696/87 – aaO. Rn 8).

3. Geschossflächenzahl, Geschossfläche (Abs. 2)

18 Die Geschossflächenzahl (GFZ) ist das Verhältnis der zulässigen Geschossfläche zur anrechenbaren Fläche des Baugrundstücks nach der Formel:

$$\text{GFZ} = \frac{\text{zulässige Geschossfläche}}{\text{anrechenbare Fläche des Baugrundstücks}}$$

Über ihre Anwendung s. § 16 Rn 10–12, 25. Die nach § 19 Abs. 3 *maßgebende* Fläche des Baugrundstücks kann von der *tatsächlichen* Grundstücksfläche abweichen (§ 19 Rn 6). Die tatsächliche Geschossfläche eines Gebäudes ist die Summe der Flächen seiner Vollgeschosse (z. Begriff s. Rn 2–7).

Beispiel: Ein Gebäude von 25 m Länge, 10 m Breite (Bebauungstiefe) und 3 Vollgeschossen hat eine Grundfläche von $25 \times 10 = 250$ m^2 und eine Geschossfläche von $250 \times 3 = 750$ m^2.

4. Ermittlung der Geschossfläche (Abs. 3)

19 a) Ermittlung in den Vollgeschossen (Satz 1). Die Ermittlung der Geschossfläche hat nach den **Außenmaßen** zu erfolgen, weshalb häufig von »Bruttogeschossfläche« gesprochen wird. Da der Begriff aber hier eindeutig definiert ist ohne den Zusatz *Brutto*, ist dieser Zusatz auch überflüssig und verwirrend. Eine »Nettogeschossfläche« gibt es nicht. Es sind ebenso wie bei der Ermittlung der Grundfläche (§ 19 Abs. 3) die Rohbaumaße heranzuziehen. Der Außenputz üblicher Dicke und dünne Wandverkleidungen sind nicht, wesentlich dickere Verkleidungen und Wandkonstruktionen sind jedoch mitzurechnen. Die Geschossfläche ist nur für **Gebäude,** nicht dagegen für sonstige bauliche Anlagen wie Silos, Schornsteine, Kranbahnen und dergl. zu ermitteln (zum Begriff »Gebäude« s. § 2 Abs. 2 MBO).

Die Geschossfläche ist (nur) in allen **Vollgeschossen** zu ermitteln (z. Begriff »Vollgeschoss« s. Rn 2). Daraus folgt, dass die Geschossfläche in anderen (Nicht-Voll-)Geschossen grundsätzlich nicht zu ermitteln ist, soweit nicht nach Satz 2 im B-Plan eine abweichende Regelung getroffen wird (Rn 23).

Die Geschossfläche ist aus der maßgebenden Zahl der Vollgeschosse – unabhängig von deren Höhe, die durch die BauVO nicht begrenzt ist – und der Grundfläche zu ermitteln. Ist ein **Vollgeschoss höher als 3,50 m,** so wirkt sich das auf die Berechnung der zulässigen Geschossfläche auch im Hinblick auf § 21 Abs. 4 bei fehlender Festsetzung der Höhe baulicher Anlagen oder der Baumassenzahl zunächst nicht aus, soweit ein entspr. Ausgleich in anderen Vollgeschossen erreicht werden kann. Erst wenn die nach § 21 Abs. 4 zu ermittelnde zulässige BMZ überschritten wird, kann dies eine Reduzierung der Höhe der baulichen Anlagen, der Z oder der Grundfläche erforderlich machen (s. § 21 Abs. 4, dort Rn 6, 7).

b) **Aufenthaltsräume in anderen Geschossen (Satz 2).** – aa) **Nichtanrechnung im Regelfall.** Satz 2 ist durch die **ÄndVO 1990 grundlegend geändert** und dabei in seiner Rechtswirkung umgekehrt worden. Nach Satz 2 der vorhergehenden Fassungen sind die Flächen von Aufenthaltsräumen einschließlich der zu ihnen gehörenden Treppenräume und Umfassungswände in »anderen« Geschossen, die *nicht Vollgeschosse* (z. Begriff s. Rn 2–7) sind, bei der Ermittlung der Geschossfläche (stets) mitzurechnen. Nach Satz 2 i. d. F. der ÄndVO 1990 sind diese Flächen grundsätzlich *nicht mehr mitzurechnen;* dies ergibt sich aus dem nur die Vollgeschosse betreffenden Satz 1 (s. Rn 19). Die Neuregelung ist zwar nur eine »planergänzende Vorschrift« (s. Rn 5), hat aber keine Rückwirkung auf »alte« B-Pläne, weil sie sonst den festgesetzten **Inhalt** des B-Plans umdeuten und somit in die Planungshoheit der Gemeinde eingreifen würde. Sie gilt daher nur für die aufgrund der BauNVO 1990 aufgestellten B-Pläne. Die in § 25c Abs. 2 ursprünglich vorgesehene Rückwirkung der Vorschrift auf »alte« B-Pläne ist wegen des Fehlens einer hinreichenden Ermächtigungsgrundlage nichtig (BVerfG, U. v. 27.2.1992 – 4 C 43.87 – ZfBR 1992, 177) und 1993 aufgehoben worden. (s. die unterschiedlichen Auffassungen zum Vollgeschossbegriff in Abs. 1 »statisch oder dynamisch«; das hier angeführte BVerwG. U. führt der VGH BW für seine Auffassung der statischen Verweisung an, Rn 4–6) Eine abgewandelte und letztlich erweiterte Ersatzregelung fand sich in § 4 Abs. 1 BauGB-MaßnahmenG von 1993, das Ende 1997 außer Kraft trat, ist jedoch im Rahmen des BauROG nicht in das Dauerrecht des BauGB 1998 übernommen worden (s. Rn 23). Der Gemeinde ist jedoch durch Satz 2 die Möglichkeit eingeräumt, davon abweichend im B-Plan festzusetzen, dass die Flächen von Aufenthaltsräumen und deren Nebenflächen ganz oder teilweise mitzurechnen oder ausnahmsweise nicht mitzurechnen sind (s. Rn 23). Damit kann sie für den einzelnen B-Plan entweder die vor der ÄndVO 1990 geltende Anrechnungsregel wiederherstellen oder entspr. ihren speziellen Bedürfnissen die Mitrechnungsform abwandeln, jedoch nur durch eine aufwendige besondere Festsetzung, während die Mitrechnung nach vorhergehendem Recht allgemein gilt.

§ 20 Abs. 3 21–23

21 Den Vorteilen der Neuregelung stehen gewisse Nachteile gegenüber, weil damit die Geschossflächenzahl ihre bisherige Bedeutung als Kriterium für die städtebauliche Dichte verliert, sofern die Gemeinde nicht eine abweichende Festsetzung nach Satz 2 trifft. Denn nach der Neuregelung hat die Gemeinde keine lückenlose Kontrolle der in den Nicht-Vollgeschossen möglichen und zu erwartenden Aufenthaltsräume bzw. Wohnungen. Dies ist insbes. bei der Bemessung der gemeindlichen Infrastruktureinrichtungen eine gewisse Unsicherheit. Bei der Aufstellung von B-Plänen empfiehlt es sich daher, den möglichen Ausbau von Dachräumen und Untergeschossen zu Wohnungen und die dadurch etwa erforderliche größere Dimensionierung der Infrastrukturmaßnahmen von vornherein zu berücksichtigen. Dies hängt natürlich auch wesentlich von der vorgegebenen oder zulässigen Dachform und –neigung sowie den nach dem Bauordnungsrecht der Länder gegebenen Nutzungsmöglichkeiten der Dachräume und Untergeschosse für Wohnungen ab.

22 Die **Bauaufsichtsbehörde** wird einerseits durch den Wegfall der Anrechnungspflicht bei »neuen« B-Plänen entlastet, andererseits muss sie aber nunmehr mit zweierlei Anrechnungsregeln arbeiten; dies ist besonders kritisch bei B-Plänen, die nach altem Recht aufgestellt worden sind, jedoch – ggf. in Teilbereichen oder punktuell – nach neuem Recht geändert werden.

Es ist anzuraten, möglichst innerhalb eines B-Plans bzw. Baugebiets eine einheitliche Rechtsanwendung herbeizuführen und auf jedem B-Plan zu vermerken, welche Anrechnungsregel – ggf. für welche Teilbereiche – gilt. **Keine Auswirkungen** hat die Rechtsänderung dagegen auf das Verfahren nach § 34, denn die §§ 16 ff. BauNVO sind bei der Zulassung von Vorhaben nach § 34 Abs. 2 oder 1 BauGB nicht anzuwenden (s. § 34 BauGB Rn 15). Auf die Feinheiten der Berechnungsregeln der BauNVO kommt es für das Einfügen nach dem Maß der baulichen Nutzung nach § 34 BauGB nicht an (BVerwG, U. v. 23.3.1994 – 4 C 18.92 – DVBl. 1994, 702).

23 bb) **Mitrechnung im Geltungsbereich »alter« B-Pläne sowie bei besonderer Festsetzung nach Satz 2.** Auf B-Pläne, die vor dem 1.1.1990 öffentlich ausgelegt worden sind, ist die Mitrechnung der Flächen von Aufenthaltsräumen in anderen Geschossen nach § 20 Abs. 2 Satz 2 BauNVO 1977 auch weiterhin erforderlich (§ 25c). Soll diese Mitrechnung im Hinblick auf die Rechtsänderung durch die ÄndVO 1990 *allgemein entfallen,* muss die *Gemeinde* den B-Plan förmlich ändern; dies kann auch im vereinfachten Verfahren nach § 13 BauGB durch textliche Festsetzung erfolgen.

Sowohl bei der Änderung »alter« B-Pläne als auch bei der Aufstellung »neuer« B-Pläne aufgrund der BauNVO 1990 kann die Gemeinde nach Satz 2 festsetzen, dass die Geschossflächen der Aufenthaltsräume ganz oder teilweise mitzurechnen oder ausnahmsweise nicht mitzurechnen sind. Diese mögliche Abwandlung der Mitrechnung ist ebenso wie die Festsetzung nach Satz 2 zwar an keine besonderen Voraussetzungen gebunden, sondern liegt im Ermessen der Gemeinde; sie darf jedoch wie jede Festsetzung nur aus städtebaulichen Gründen erfolgen (§ 9 Abs. 1 Einleitungssatz BauGB 1998); ihre städtebauliche Rechtfertigung (z.B. die Vermeidung der Auswirkungen auf vorhandene oder geplante Wohnfolgeeinrichtungen, die Überlastung städtischer Infrastruktureinrichtungen) sollte daher in der Begr. zum B-Plan dargelegt werden.

Damit kann die Gemeinde einen mitzurechnenden Flächenanteil (z.B. 50 %) der zu ermittelnden Grundfläche bestimmen, z.B. wenn zwar der Dachgeschossausbau gefördert werden soll, aber die Stellplätze nur in begrenztem Umfang geschaffen werden können. Die Mitrechnung kann »teilweise« auch nur in bestimmten anderen Geschossen vorgesehen werden, z.B. nur in Untergeschossen, jedoch nicht in Dachgeschossen. Die Festsetzung der **ausnahmsweisen Nichtmitrechnung** ist erforderlich, wenn zwar allgemein die Mitrechnung festgesetzt wird, in bestimmten Fällen aber Ausnahmen zugelassen werden können, die nach Art und Umfang bestimmt werden können (§ 31 Abs. 1 BauGB). Z. B. könnte festgesetzt werden, dass Aufenthaltsräume mit ihren Nebenflächen für *Wohnzwecke* (Art der Ausnahme) bis zu einer Größe von 40 m² je Wohnung (Umfang der Ausnahme) in Dachgeschossen ausnahmsweise nicht mitgerechnet werden müssen. Damit würde erreicht, dass *gewerbliche* Aufenthaltsräume und die *40 m²* überschreitenden Flächen bei Wohnungen mitzurechnen sind.

Aufenthaltsräume sind nach bauordnungsrechtlichen Vorschriften Räume von einer bestimmten lichten Mindesthöhe (i. d. R. 2,40 m), die zum nicht nur vorübergehenden Aufenthalt von Menschen bestimmt oder geeignet sind und eine für ihre Benutzung ausreichende Grundfläche aufweisen (§ 2 Abs. 5 und § 44 MBO sowie die z. T. davon abweichenden Vorschriften der Länder). Aufenthaltsräume sind unter bestimmten Voraussetzungen in Kellergeschossen und im Dachraum zulässig (§ 47 MBO und entspr. z. T. davon abweichende Vorschriften der Länder). Als Aufenthaltsräume gelten insbes. *nicht* Flure, Treppenräume, Wasch- und Aborträume, Nebenräume wie Speisekammern und andere Vorrats- und Abstellräume, Trockenräume, Wasch- und Futterküchen, Garagen, Heizräume, Kesselräume, Maschinenräume, Lagerräume. Luftschutzräume in Kellergeschossen sind keine Aufenthaltsräume. **24**

Nach § 20 Abs. 2 BauNVO 1977 sind in anderen Geschossen nur Aufenthaltsräume und ihre Umfassungswände sowie die zu ihnen gehörenden Treppenräume und ihre Umfassungswände mitzurechnen, nicht hingegen andere Räume, die nicht Aufenthaltsräume i. S. d. § 47 MBO sind. So sind z. B. Bade- und Aborträume, Speisekammern in Dachräumen, die keine Vollgeschosse sind, weil z. B. nur die Hälfte ihrer Grundfläche die lichte Höhe von 2,30 m hat, nicht mitzurechnen, während solche Nebenräume in Vollgeschossen, die in Dachräumen liegen, voll mitgerechnet werden. Zu den *Treppenräumen* gehören sinngemäß auch *Personen-* und *Lastenaufzüge*, sofern sie die Aufenthaltsräume in den anderen Geschossen bedienen. Ebenso müssen auch die für die Zugänglichkeit der Aufenthaltsräume erforderlichen Flure mitgerechnet werden.

Die **Ermittlung der Geschossfläche bei Aufenthaltsräumen** mit *schräger Wand* oder *Decke* ist in Abs. 2 nicht speziell geregelt. Das BVerwG hat im U v. 21.10.2004 (– 4 C 3.04 – BauR 2005, 428) entschieden, dass bei der Geschossflächenermittlung für solche Räume kein Abschlag für die Teile mit geringerer Höhe, z. B. weniger als 2,30 oder weniger als 2,00 m zu veranschlagen ist. Insbes. sei kein Raum für eine Berechnung analog der 2. BerechnungsVO i. d. F. v. 12.10.1990 (BGBl. S. 2178), mit der Folge, dass Grundflächen von Räumen mit einer Höhe von 1 m bis 2 m nur zur Hälfte und Flächen mit einer Höhe unter 1 m gar nicht anzurechnen wären. Es gelte zu akzeptieren, dass der Verordnungsgeber in der Vorschrift einen teilweise vereinfachenden Berechnungsansatz gewählt hat, der keinen weiteren Differenzierungen zugänglich sei. Dieser Kommentar hat, ebenso wie ein Teil der Rspr. und weitere Autoren, lange Zeit die Auffassung vertreten, dass es nicht gerechtfertigt wäre, den unter der Dachschräge liegenden Raum voll mitzuberechnen, weil er wohnflächenmäßig auch nicht voll nutzbar sei. **25**

Es überrascht eigentlich, dass es so lange gedauert hat, bis das BVerwG die Frage entschieden hat, zumal das Gericht darauf hinweist, dass bereits seit 1969 die von ihm jetzt für rechtswidrig erklärte Auffassung im Schrifttum vertreten werde, und dass, wenn der Verordnungsgeber die Sache mit dem Rückgriff auf die BerechnungsVO hätte regeln wollen, das bei den anschließenden zwei Änderungen (1977 und 1990) hätte geschehen können. Bezeichnenderweise erging das U. nicht in einer Auseinandersetzung über den zulässigen

Umfang der Geschossfläche während eines Baugenehmigungsverfahrens, sondern beim Streit um die Höhe der Befreiungsgebühr nach Landeskostenrecht für per Befreiung zusätzlich zugelassene Geschossfläche.

5. Nicht zu berücksichtigende bauliche Anlagen und Gebäudeteile (Abs. 4)

26 a) **Allgemeines.** Wie bereits § 20 Abs. 3 BauNVO 1977 sieht der 1990 lediglich umformulierte **Abs. 4** vor, dass Nebenanlagen, Balkone, Loggien und Terrassen sowie bauliche Anlagen, soweit sie nach Landesrecht in den Abstandsflächen zulässig sind oder zugelassen werden können, bei der Ermittlung der Geschossfläche unberücksichtigt bleiben. Dies gilt unabhängig davon, ob diese Anlagen nach § 19 Abs. 4 auf die Grundfläche angerechnet werden müssen oder unberücksichtigt bleiben können. Die Änderung des Abs. 4 ist eine Folge der Änderung des § 19 Abs. 4 durch die ÄndVO 1990; anstelle des bisherigen Bezugs auf diese Vorschrift mussten die betreffenden Anlagen in Abs. 4 nunmehr aufgeführt werden. Eine materiell-rechtliche Änderung ist damit nicht erfolgt. Der in § 19 Abs. 4 BauNVO 1977 noch enthaltene Begriff »Bauwich« ist nach Landesbaurecht entfallen und wird vom Begriff »Abstandsflächen« (in den LBOen »Abstandflächen«) umfasst. § 20 Abs. 4 enthält eine entspr. Klarstellung durch den Klammerzusatz »seitlicher Abstand und sonstige Abstandsflächen«. Die aufgeführten Anlagen werden als notwendige untergeordnete Folgeeinrichtungen der Hauptanlagen oder wegen ihres besonderen Wohnwertes begünstigt.

27 b) **Die nicht zu berücksichtigenden Anlagen. – aa) Nebenanlagen** im Sinne des § 14. Dies sind die untergeordneten Nebenanlagen und Einrichtungen, die dem Nutzungszweck der in dem Baugebiet liegenden Grundstücke oder dem Baugebiet selbst dienen, sowie Nebenanlagen für die Kleintierhaltung (§ 14 Abs. 1), ferner ausnahmsweise die der Ver- und Entsorgung des Baugebiets dienenden Nebenanlagen (§ 14 Abs. 2; Näheres s. § 14 Rn 3–11.4).

28 **bb) Balkone.** Balkone sind vor die Fassade vorgekragte Gebäudeteile, und zwar offene von den angrenzenden Räumen aus zugängliche Austritte mit Umwehrungen an den freien Seiten. Sie können auch im Erdgeschoss liegen, sofern sie nur ausgekragt sind. Nach dieser Begriffsbestimmung müssen rechtwinklige Balkone mindestens an zwei aneinanderstoßenden Seiten offen sein, da sie sonst nicht vor die Fassade vorgekragt sind. Bei der Ermittlung der *Geschossfläche* konnten die Balkone bereits nach § 20 Abs. 3 BauNVO 1962 unberücksichtigt bleiben. *Altane* (Söller), nach *Frommhold* (aaO.) begehbare, nicht überdachte Plattformen, obere Abschlüsse von vortretenden Gebäudeteilen (Vorbauten), sind in Anordnung und Wohnwert den Balkonen gleichzusetzen.

29 **cc) Loggien.** Loggien (Hauslauben) sind nach *Frommhold* (aaO.) an Wohnräume anschließende laubenartige Räume, die auf einer Seite nach dem Freien offen sind und als Abschluss eine Brüstung haben. Danach müsste eine (rechtwinklige) Loggia mindestens an drei Seiten von Wänden begrenzt sein. *Wandersleb* (aaO.) bezeichnet die Loggia als eine nach einer oder *mehreren Seiten* offene Halle oder Laube, die bei mehrgeschossigen Wohnhäusern als ein in den Baukörper *einspringender,* nach außen jedoch offener Freisitz angeordnet wird. Das wesentliche Merkmal der Loggia im Gegensatz zum Balkon und zur Veranda (Rn 30) ist die *Einbeziehung* in den Baukörper, während der Balkon vor den Baukörper *vorkragt* und die Veranda ein Vorbau ist. Demnach dürfte ein an zwei angrenzenden Gebäudeseiten liegender offener Freisitz (Eckfreisitz), der in das Gebäude (unter das Dach) einbezogen ist, eine Loggia sein und unter die Vergünstigung der Nichtanrechnung fallen. Die Verbindung der Loggia mit den Wohnräumen muss nicht als zwingend angesehen werden. Eine Loggia liegt auch dann vor, wenn sie an *Nebenräume* einer Wohnung anschließt. Loggien sind vor notwendigen Fenstern, also auch Aufenthaltsräumen, die keine Wohnräume sind, zulässig (§ 44 Abs. 3 MBO). Es ist nicht ersichtlich, warum Loggien vor gewerblich genutzten Aufenthaltsräumen, z.B. Büros, Hotelzimmern, Versammlungsräumen usw. nicht auch der Vergünstigung unterliegen sollten, da solche Loggien zwar keinen Wohnwert, als Austritte aber einen Erholungswert haben.

30 **dd) Veranden.** Im Gegensatz zur Loggia ist die *Veranda* ein laubenartiger *Vorbau* am Erdgeschoss, meist verglast und mit einem Wohnraum sowie über Stufen mit dem Freien ver-

bunden (*Frommhold*, aaO.). Das wesentliche Merkmal der Veranda ist das *Vorspringen* vor die Gebäudeumfassungswand und die *Überdachung*. Auch verglaste Veranden sind vor notwendigen Fenstern bei ausreichender Lüftung und Belichtung mit Tageslicht zulässig (§ 44 Abs. 3 MBO). Veranden sind in Abs. 4 zwar nicht besonders genannt und müssten demnach auf die Geschossfläche angerechnet werden. Diese Auslegung wird dem Wohn- und Nutzungswert der Veranda aber nicht gerecht. Die *offene* nicht dauerbeheizbare *Veranda* ist ihrem Wohnwert nach zwischen dem Balkon und der Loggia einzuordnen und dürfte daher auf die Geschossfläche *nicht* anzurechnen sein. Die *geschlossene* (verglaste) und dauerbeheizbare *Veranda* hingegen ist zum nicht nur vorübergehenden Aufenthalt von Menschen geeignet und damit – ebenso wie eine nach allen Seiten geschlossener **Wintergarten** (§ 44 Abs. 1 Nr. 2 der 2. BerechnungsVO, aaO.) – ein *Aufenthaltsraum* (§ 44 Abs. 2 MBO), dessen Fläche bei der Ermittlung der Geschossfläche anzurechnen ist, soweit diese Anlagen nicht bereits als nach Landesrecht in den Abstandflächen zulässige bauliche Anlagen nicht berücksichtigt werden (s. Rn 33; vgl. *Temme*, DAB 1986, 1027).

ee) **Laubengänge.** Laubengänge (in den Baukörper einbezogene Außengänge) sind weder Balkone noch Loggien. Das Laubenganghaus (richtiger: Außenganghaus) ist nach *Frommhold* (aaO.) ein mehrgeschossiges Gebäude mit Wohnungen (Räumen), die in jedem Geschoss vom Treppenhaus aus über einen offenen, an allen Wohnungen vorbeiführenden Außengang erreichbar sind. Bei langgestreckten Außenganghäusern können die Treppenräume als vorspringende Baukörper vor den Außengängen liegen oder sogar als abgesetzte Treppentürme mit den Außengängen nur durch Verbindungsgänge verbunden sein. Auch solche an einer oder zwei Seiten offenen Verbindungsgänge sind weder Loggien noch Balkone, sondern ebenso wie die einbezogenen Außengänge nur Verbindungs- bzw. Fluchtwege zwischen Aufenthaltsräumen und Treppen ohne Wohn- oder Erholungswert und daher auf die Geschossfläche wie Treppenräume anzurechnen. An einer begünstigenden Nichtanrechnung solcher Gebäudeteile auf die Grundfläche besteht wegen ihres fehlenden Wohnwertes kein öffentliches Interesse. Wenn *Außengänge* nicht laubenartig in den Baukörper einbezogen, sondern frei *ausgekragt* sind, könnten sie zwar als Balkone angesehen werden. Eine so weitgehende Auslegung des Begriffs »Balkon« wird dem *Sinn* der Vorschrift aber nicht gerecht. Wie aus der Begr. zur ÄndVO 1968 (BR-Drucks. 402/68) hervorgeht, erfolgte die Novellierung des Abs. 4 seinerzeit ausschließlich mit dem Ziel einer Begünstigung der Balkone wegen ihres hohen *Wohnwertes*, den Außengänge nicht haben. **31**

ff) **Terrassen.** Terrassen sind i. d. R. nicht überdeckte, *ebenerdige* oder nicht ausgekragte, an mindestens einer Seite offene *Freisitze* (BayVGH, U. v. 4.4.1979 – BayVBl. 1979, 501). Die Frage, ob auch *überdachte Terrassen* unter die Regelung des Abs. 4 fallen, ist vom Wortlaut, aber auch vom Sinne her zu bejahen, da sie nicht ausgeschlossen sind. Die von *Frommhold* (aaO.) für die Terrasse gegebene Begriffsbestimmung eines *nicht überdachten* Sitzplatzes erscheint zu eng. Würde man dieser Auslegung folgen, müsste jede Überdachung eines Sitzplatzes bereits als Veranda oder als Laube (Rn 30) angesehen werden. Auch *Dachterrassen* (in einem Terrassenhaus) fallen – obwohl nicht ebenerdig – unter den Begriff der »Terrasse«. Eine nur auf Stützen stehende Überdachung einer Terrasse ist weder eine Laube (Loggia) noch eine Veranda, sondern ein Terrassendach. Nach der Auffassung des OVG Münster (B. v. 29.12.1977 – X B 2688/77 – Mitt. NWStGB v. 20.4.1978 Nr. 169 = DWW 1978, 102), ist »*eine überdachte, etwa 25 m² große Fläche, welche nach drei Seiten durch etwa 3 Meter hohe bis zum Dach reichende geschlossene Seitenwände begrenzt ist, kein überdachter Freisitz i. S. von § 7 Abs. 4 Satz 2 BauO NW und damit nicht ausnahmsweise im Bauwich zulässig*«. Eine solche Anlage dürfte schon eine Laube sein. Soll eine solche Fläche in Abgrenzung zur Laube noch als Freisitz (Terrasse) gelten, dürften höchstens zwei Seiten der Fläche durch bis an das Dach reichende *geschlossene* Seitenwände begrenzt sein. Für die Nichtanrechnung ist diese Unterscheidung allerdings unerheblich. **32**

gg) **Bauliche Anlagen in den Abstandflächen.** Bei der Ermittlung der Geschossfläche bleiben auch bauliche Anlagen, soweit sie nach Landesrecht in den Abstandflächen zulässig sind oder zugelassen werden können, unberücksichtigt. Durch die vorbehaltlose Verweisung auf das Landesrecht werden – ebenso wie beim Begriff »Vollgeschoss« – unterschiedliche Regelungen in den Ländern in Kauf genommen. Der Begriff »Abstandflächen« ist in der MBO und den entspr. Vorschriften der LBOen geregelt; der noch in § 20 Abs. 3 BauNVO 1977 verwendete Begriff »Bauwich« ist entfallen und wird von der Abstandfläche mit umfasst. Die Nichtanrechnung erfolgt nur, *soweit* die baulichen Anlagen nach Landesrecht in den Abstandflächen zulässig bzw. zulassungsfähig sind. Zu den betreffenden baulichen Anlagen s. § 23 Abs. 5 (§ 23 Rn 21). Nach § 6 Abs. 8 MBO bzw. den entspr. z. T. abweichenden Vorschriften der Länder bleiben bestimmte Vorbauten (z. B. auch Win- **33**

§ 21

tergärten und Erker) nur außer Betracht, wenn sie nicht mehr als 1,50 m vor die Außenwand des Gebäudes vortreten und von der Grundstücksgrenze mind. 2,00 m entfernt bleiben. Mit dem darüber hinausgehenden Maß sind sie bei der Geschossfläche mitzurechnen.

§ 21 Baumassenzahl, Baumasse

(1) Die Baumassenzahl gibt an, wieviel Kubikmeter Baumasse je Quadratmeter Grundstücksfläche im Sinne des § 19 Abs. 3 zulässig sind.

(2) Die Baumasse ist nach den Außenmaßen der Gebäude vom Fußboden des untersten Vollgeschosses bis zur Decke des obersten Vollgeschosses zu ermitteln. Die Baumassen von Aufenthaltsräumen in anderen Geschossen einschließlich der zu ihnen gehörenden Treppenräume und einschließlich ihrer Umfassungswände und Decken sind mitzurechnen. Bei baulichen Anlagen, bei denen eine Berechnung der Baumasse nach Satz 1 nicht möglich ist, ist die tatsächliche Baumasse zu ermitteln.

(3) Bauliche Anlagen und Gebäudeteile im Sinne des § 20 Abs. 4 bleiben bei der Ermittlung der Baumasse unberücksichtigt.

(4) Ist im Bebauungsplan die Höhe baulicher Anlagen oder die Baumassenzahl nicht festgesetzt, darf bei Gebäuden, die Geschosse von mehr als 3,50 m Höhe haben, eine Baumassenzahl, die das Dreieinhalbfache der zulässigen Geschossflächenzahl beträgt, nicht überschritten werden.

BauNVO 1977 und 1968:

Abs. 1 und 2 wie BauNVO 1990.

(3) Bauliche Anlagen und Gebäudeteile im Sinne des § 19 Abs. 4 bleiben bei der Ermittlung der Baumasse unberücksichtigt.

Abs. 4 fehlte.

BauNVO 1962:

(2) Die Baumasse ist nach den Außenmaßen der Gebäude vom Fußboden des untersten Vollgeschosses bis zur Decke des obersten Vollgeschosses zu ermitteln. Aufenthaltsräume, die im Dachraum oder in Kellergeschossen zugelassen werden, sind einschließlich der zu ihnen führenden Treppenräume und einschließlich ihrer Umfassungswände und Decken der Baumasse hinzuzurechnen. Bei baulichen Anlagen, bei denen eine Berechnung der Baumasse nach Satz 1 nicht möglich ist, ist die tatsächliche Baumasse zu ermitteln.

(3) Baumassen über Flächen, die nach § 19 Abs. 4 und 5 auf die zulässige Grundfläche nicht angerechnet werden, bleiben unberücksichtigt.

Abs. 4 fehlte.

Erläuterungen

Übersicht

		Rn	
Abs. 1	1. Zweck und Anwendung der Vorschrift	1	
Abs. 2 S. 1	2. Ermittlung der Baumasse	2	– 2.1
Abs. 2 S. 2	3. Aufenthaltsräume in anderen Geschossen	3	
Abs. 2 S. 3	4. Berechnung der tatsächlichen Baumasse	4	
Abs. 3	5. Nicht zu berücksichtigende bauliche Anlagen und Gebäudeteile	5	
Abs. 4	6. Berücksichtigung der Geschosshöhe bei der Baumassenzahl	6	– 8

1. Zweck und Anwendung der Vorschrift (Abs. 1)

Die Festsetzung der Baumassenzahl (BMZ) und der Baumasse (BM) nach § 16 Abs. 2 Nr. 2 ist nach § 17 Abs. 1 nur für GE-, GI- und sonstige SO-Gebiete vorgesehen. Sie ermöglicht i. V. m. der unverzichtbaren GRZ (GR) die eindeutige Bestimmung des Maßes der baulichen Nutzung für Gebäude auch unabhängig von der Zahl und Höhe ihrer Vollgeschosse sowie für bauliche Anlagen, die keine Vollgeschosse enthalten, auch unabhängig von deren Höhe. Sie eignet sich daher besonders für Gewerbe- und Industriebauten mit differenzierter Form; sie ermöglicht im Rahmen der sonstigen Bindungen (GRZ und ggf. H nach § 16 Abs. 3, notwendige Abstände sowie Bauweise und überbaubare Grundstücksfläche nach §§ 22 und 23) eine beliebige Verteilung der Baumassen auf dem Grundstück. **Die zulässige Baumasse** ist das Produkt aus der BMZ und der nach § 19 Abs. 3 maßgebenden Grundstücksfläche. Die Berechnung ist analog der Berechnung der zulässigen Geschossfläche aus Maßgebender Grundstücksfläche und GRZ vorzunehmen.

Beispiel: Zulässige BMZ = 6,0; maßgebende Grundstücksfläche = 5.000 m²; zulässige Baumasse = 6,0 5.000 = 30.000 m³. Sie entspricht einer gedachten über die maßgebende Grundstücksfläche gleichmäßig verteilten Baumasse von 6,00 m Höhe, die im Rahmen der o. a. Bindungen zu einer beliebigen Baukörperform umgesetzt werden darf.

2. Ermittlung der Baumasse (Abs. 2 Satz 1)

Die **Baumasse der baulichen Anlagen** wird bei Gebäuden *mit* Vollgeschossen nach Satz 1 aus den dreidimensionalen Abmessungen *nur* der Vollgeschosse, bei Gebäuden *ohne* oder mit kompliziert begrenzten Vollgeschossen sowie sonstigen baulichen Anlagen jedoch nach Satz 3 als *tatsächliche* Baumasse ermittelt. Diese unterschiedlichen Berechnungsmethoden sind nicht konsequent und führen zwangsläufig zu einer unterschiedlichen und damit auch ungerechten Handhabung der Maßvorschriften; denn bei Gebäuden mit wenigstens *einem* Vollgeschoss bleiben andere Geschosse außer Betracht, während bei den übrigen baulichen Anlagen mit der »tatsächlichen« Baumasse verhältnismäßig mehr angerechnet werden muss.

Die **Baumasse** von Gebäuden ist das *Produkt* aus Grundfläche und Höhe der einzelnen Gebäudeteile. Die *Grundfläche* ist entspr. der Regelung für die Geschossfläche nach den Außenmaßen der Gebäude zu ermitteln (§ 20 Rn 25). Die Baumasse ist nicht identisch mit dem »umbauten Raum« nach DIN 277 (s. Rn 4 zu Satz 3). Das Wort »Außenmaße« bezieht sich nur auf Gebäude, nicht jedoch auf die nachfolgenden Worte »vom Fußboden des untersten Vollgeschosses bis zur Decke des obersten Vollgeschosses« (§ 20 Abs. 3 Satz 1).

In sinngemäßer Anwendung der DIN 277 (umbauter Raum) und entspr. den Ausführungen zur Höhe der Vollgeschosse (§ 20 Rn 7) ist **die für die Ermittlung der Baumasse maßgebende Höhe** von der Oberkante des *Fußbodens* des untersten bis zur *Oberkante* der Decke des obersten Vollgeschosses zu rechnen. Der Dachraum ist nicht mitzurechnen.

Eine Berechnung der maßgebenden Höhe von Unterkante des Fußbodens des untersten bis zur Oberkante der Decke des obersten Vollgeschosses (so *Förster*, § 21 Anm. 3; *Müller/Weiß*, § 21 Anm. zu Abs. 2; *Bielenberg*, § 21 Rdn. 9) ist unzutreffend. Befinden sich nämlich über dem obersten und unter dem untersten Vollgeschoss noch weitere Geschosse (Kellergeschoss, Dachraum), sind die Unterkante des Fußbodens des untersten und die Oberkante der Decke des obersten Vollgeschosses keine »Außenmaße« des Gebäudes. Im Übrigen kann z. B. bei *nicht unterkellerten* Gebäuden die Dicke des oft aus mehreren Schichten vorgesehenen Fußbodens des untersten Vollgeschosses nicht immer eindeutig bestimmt werden; sie ist auch auf die maßgebende Bebauungsdichte ohne Einfluss. Auch bei den nach Satz 2 mitzurechnenden Treppenräumen sind zwar die Umfassungswände und Decken, nicht aber die Fußböden mitzurechnen. Dies gilt selbstverständlich auch für andere unterste Fußböden (wie hier: *Boeddinghaus*, § 21 Rdn. 4).

2.1 Wesentlich für die Anwendung des Abs. 2 Satz 1 ist das Vorliegen einer Geschoss*decke*. Sind die obersten Räume eines Gebäudes nicht durch eine (meist horizontale, begehbare oder auch anders gestaltete abgehängte) Decke, sondern nur durch ein *Dach* (tragende Dachkonstruktion und Dacheindeckung) abgeschlossen, ist die tatsächliche Baumasse nach Satz 3 zu ermitteln.

Fallen Decke und Dach zusammen und bilden eine Einheit, d.h. erfüllt das Dach einschließlich der Dacheindeckung und inneren Verkleidung zugleich die nach den bauordnungsrechtlichen Vorschriften an Decken zu stellenden Anforderungen, gilt das Dach i.S.d. Vorschrift bei Vorliegen der Voraussetzungen für ein Vollgeschoss (§ 20 Rn 2) als Vollgeschossdecke. Bei Steildächern wird hierbei bis zur Außenkante der Dachkonstruktion (Rohbaumaß) zu messen sein. Bei flachgedeckten Gebäuden mit u.U. höheren aus verschiedenen Schichten bestehenden Dachdeckenkonstruktionen wird die »Oberkante der Geschossdecke« nicht immer eindeutig festzulegen sein. Nicht sachgerecht wäre es, in jedem Fall die gesamte oft erheblich dicke Dachkonstruktion mitzurechnen, die bei einem Steildach *über* einem Vollgeschoss außer Betracht bleibt. Es erscheint daher vertretbar, in solchen Fällen die Baumasse bis zu einer angenommenen Oberkante einer Normalgeschossdecke zu ermitteln. Bei *nicht unterkellerten Geschossbauten* bleibt die Masse unterhalb der Oberkante des Erdgeschoss-Fußbodens unberücksichtigt.

3. Aufenthaltsräume in anderen Geschossen (Abs. 2 Satz 2)

3 Für die Ermittlung der Baumassen von Aufenthaltsräumen und den zu ihnen gehörenden Treppenräumen in anderen Geschossen sind die Ausführungen zu § 20 Abs. 3 Satz 2 (§ 20 Rn 24–25) sinngemäß heranzuziehen. Anders als nach dieser durch die ÄndVO 1990 geänderten Vorschrift, nach der die Flächen von Aufenthaltsräumen und den zu ihnen gehörenden Treppenräumen in anderen Geschossen im Regelfall nicht mehr auf die Geschossfläche angerechnet werden, müssen diese nach § 21 Abs. 2 Satz 2 bei der Ermittlung der Baumasse nach wie vor mitgerechnet werden. Dies ist kein redaktionelles Versehen des VOgebers, sondern bewusst so belassen. Die regelmäßige Nichtanrechnung nach § 20 Abs. 3 Satz 2 ist insbes. mit der Förderungswürdigkeit des Dachgeschossausbaues zu Wohnzwecken begründet. Für GE-, GI- und sonstige SO-Gebiete kommt dies nicht in Betracht.

4. Berechnung der tatsächlichen Baumasse (Abs. 2 Satz 3)

4 Die Ermittlung der Baumasse erfolgt i.d.R. nach Satz 1 und 2. Ist eine bauliche Anlage nicht nach Vollgeschossen gegliedert oder enthält sie kein Vollgeschoss, ist die *tatsächliche* Baumasse zu ermitteln. Auch bei Gebäuden mit Vollgeschossen kann die tatsächliche Baumasse ermittelt werden, wenn die für die Berechnung maßgebenden Fußböden bzw. Geschossdecken so unregelmäßig gestaltet sind (z.B. sphärisch), dass eine Berechnung nach Vollgeschossen zu kompliziert oder wenig sinnvoll wäre. Die Berechnung kommt auch dann in Betracht, wenn die obersten Räume eines Gebäudes nicht durch eine Geschossdecke, sondern unmittelbar durch das Dach abgeschlossen werden (z.B. Werkhalle mit offenen Fachwerkbindern und schrägliegender Dachkonstruktion) sowie bei baulichen Anlagen wie Kranbahnen, Schornsteinen, Wassertürmen und ähnlichen vorwiegend industriellen Anlagen.

Eine Vorschrift zur Ermittlung der *tatsächlichen Baumasse* fehlt. Die Vorschriften über die Ermittlung des umbauten Raumes sind dafür nur bedingt anwendbar. Der umbaute Raum entspr. der Berechnung der DIN 277 dient im Wesentlichen der *Kostenschätzung*. Aus diesem Grunde werden bestimmte Gebäudeteile nicht voll angerechnet (z.B. Dachräume). Die Grundfläche ist auch hierfür wieder nach ihren *Rohbaumaßen* zu ermitteln. Die anzurechnende Höhe wird *nach oben* in sinngemäßer Anwendung der Nr. 1.132 der DIN 277 bis zur *Oberfläche der tragenden Konstruktionsteile*, also bis zu Sparren, Querpfetten usw., aber ohne Berücksichtigung der Dachhaut zu berechnen sein. Der Raum innerhalb höherer Hallenbinderkonstruktionen (beispielsweise bei Scheddächern) ist zu berücksichtigen. Gegenüber der Berechnungsweise bei Bauten mit Geschosseinteilung ist bei baulichen Anlagen nach Abs. 2 Satz 3 der Keller- und Dachraum mit einzubeziehen.

Für die *untere Begrenzung* der tatsächlichen Baumasse können allgemeine Regeln nicht aufgestellt werden. Bei *Gebäuden*, z. B. Werkhallen, dürfte als unterer Bezugspunkt die *Oberfläche* des Fußbodens zu gelten haben. Soweit es sich um bauliche Anlagen handelt, die *keine Gebäude* sind (zum Begriff »Gebäude« § 2 Abs. 2 MBO), ist die Höhe von der angrenzenden festgelegten oder natürlichen Geländeoberfläche aus zu berechnen. Die tatsächliche Baumasse von baulichen Anlagen, die *Hohl-* oder *Zwischenräume* einschließen wie räumliche Gitterragwerke, dürfte stets auf die äußersten einhüllenden Flächen bezogen werden. Ebenso ist bei baulichen Anlagen auf Stützen der unter der baulichen Anlage befindliche Raum bis zur Geländeoberfläche voll auf die tatsächliche Baumasse anzurechnen.

5. Nicht zu berücksichtigende bauliche Anlagen und Gebäudeteile (Abs. 3)

Abs. 3 entspricht sinngemäß der Vorschrift des § 20 Abs. 4 für die Ermittlung der Geschossfläche. Die Ausführungen zu § 20 Abs. 4 (§ 20 Rn 26–33) sind daher sinngemäß heranzuziehen.

6. Berücksichtigung der Geschosshöhe bei der Baumassenzahl (Abs. 4)

Die Vorschrift war früher in § 17 Abs. 3 Satz 1 enthalten und ist wegen des Sachzusammenhangs in § 21 übernommen worden. Sie dient der einheitlichen Bewertung des Nutzungsmaßes, insbes. der Begrenzung der Gebäudehöhe für den Fall, dass eine Maßbestimmung für die Gebäudehöhe weder unmittelbar durch Festsetzung der Höhe noch mittelbar durch Festsetzung der BMZ, sondern lediglich mittelbar durch Festsetzung der Zahl der Vollgeschosse erfolgt ist. Die Höhe der Vollgeschosse ist jedoch der jeweiligen Nutzung entspr. unterschiedlich, so dass sich bei gleicher Zahl der Vollgeschosse erhebliche Unterschiede bei den Gebäudehöhen ergeben können (Beispiel: Wohnhaus im Vergleich zum Kino). Die Bestimmung einer einheitlichen Obergrenze für die Vollgeschosshöhe in der BauNVO würde den unterschiedlichen Nutzungsansprüchen und baulichen Anforderungen nicht entsprechen.

Die für ein Vollgeschoss anzurechnende maßgebende Höhe wird *mittelbar* auf 3,50 m begrenzt, indem je m² zulässige Geschossfläche nur bis zu 3,5 m³ Baumasse errichtet werden dürfen. Wird bei keinem Vollgeschoss die Höhe von 3,50 m überschritten, bedarf es keines Nachweises der Einhaltung der zulässigen BMZ. Wird sie jedoch bei nur einem Geschoss überschritten, auch wenn andere Geschosse das Maß einhalten, ist der Nachweis erforderlich. Die zulässige GFZ ist nicht die in der Tabelle des § 17 Abs. 1 enthaltene Obergrenze, sondern die im B-Plan *festgesetzte* GFZ. Die Vorschrift gilt auch für *Garagengeschosse*, wenn diese das Maß von 3,50 m überschreiten (z. B. Garagengeschosse für Lkw oder Omnibusse), sofern nicht im B-Plan deren Nichtanrechnung auf die zul. Baumasse nach § 21a Abs. 1 besonders festgesetzt oder als Ausnahme vorgesehen ist.

Eine Sonderregelung zur Berücksichtigung haustechnischer Anlagen **gibt es, anders als früher, nicht**, weil der VOgeber die Regelung für entbehrlich hielt; der Zweck der abweichenden Festsetzung könne durch eine Höhenfestsetzung erreicht werden (Begr. zur ÄndVO 1990, Nr. 19 b, BR-Drucks. 354). Dies setzt jedoch voraus, dass die Gemeinden in allen Fällen, in denen haustechnische Anlagen unterhalb oder oberhalb der tragenden Geschossdecke wie Lüftungs- und Klimaanlagen, Heizungsanlagen, Reinigungsanlagen, Fahrtreppen, Sprinkleranlagen und dergl. in Büro- und Geschäftsgebäuden, Instituten, Kliniken und ähnlichen Gebäuden in Betracht kommen können, von vornherein auf die Festsetzung der Z verzichten und nur die Höhe baulicher Anlagen festsetzen. Ist dies versäumt worden, müsste ggf. entweder eine Ausnahme nach § 16 Abs. 6 vorgesehen werden oder von Abs. 4 in Zusammenhang mit der festgesetzten GFZ befreit werden.

§ 21a

§ 21a Stellplätze, Garagen und Gemeinschaftsanlagen

(1) Garagengeschosse oder ihre Baumasse sind in sonst anders genutzten Gebäuden auf die Zahl der zulässigen Vollgeschosse oder auf die zulässige Baumasse nicht anzurechnen, wenn der Bebauungsplan dies festsetzt oder als Ausnahme vorsieht.

(2) Der Grundstücksfläche im Sinne des § 19 Abs. 3 sind Flächenanteile an außerhalb des Baugrundstücks festgesetzten Gemeinschaftsanlagen im Sinne des § 9 Abs. 1 Nr. 22 des Baugesetzbuchs hinzuzurechnen, wenn der Bebauungsplan dies festsetzt oder als Ausnahme vorsieht.

(3) Soweit § 19 Abs. 4 nicht entgegensteht, ist eine Überschreitung der zulässigen Grundfläche durch überdachte Stellplätze und Garagen bis zu 0,1 der Fläche des Baugrundstücks zulässig; eine weitergehende Überschreitung kann ausnahmsweise zugelassen werden
1. in Kerngebieten, Gewerbegebieten und Industriegebieten,
2. in anderen Baugebieten, soweit solche Anlagen nach § 9 Abs. 1 Nr. 4 des Baugesetzbuchs im Bebauungsplan festgesetzt sind.

(4) Bei der Ermittlung der Geschossfläche oder der Baumasse bleiben unberücksichtigt die Flächen oder Baumassen von
1. Garagengeschossen, die nach Absatz 1 nicht angerechnet werden,
2. Stellplätzen und Garagen, deren Grundflächen die zulässige Grundfläche unter den Voraussetzungen des Absatzes 3 überschreiten,
3. Stellplätzen und Garagen in Vollgeschossen, wenn der Bebauungsplan dies festsetzt oder als Ausnahme vorsieht.

(5) Die zulässige Geschossfläche oder die zulässige Baumasse ist um die Flächen oder Baumassen notwendiger Garagen, die unter der Geländeoberfläche hergestellt werden, insoweit zu erhöhen, als der Bebauungsplan dies festsetzt oder als Ausnahme vorsieht.

BauNVO 1977:

(2) Der Grundstücksfläche im Sinne des § 19 Abs. 3 sind Flächenanteile an außerhalb des Baugrundstücks festgesetzten Gemeinschaftsanlagen im Sinne des § 9 Abs. 1 Nr. 22 des Bundesbaugesetzes hinzuzurechnen, wenn der Bebauungsplan dies festsetzt oder als Ausnahme vorsieht.

(3) Auf die zulässige Grundfläche (§ 19 Abs. 2) sind überdachte Stellplätze und Garagen nicht anzurechnen, soweit sie 0,1 der Fläche des Baugrundstücks nicht überschreiten. Darüber hinaus können sie ohne Anrechnung ihrer Grundfläche auf die zulässige Grundfläche zugelassen werden
1. in Kerngebieten, Gewerbegebieten und Industriegebieten,
2. in anderen Baugebieten, soweit solche Anlagen nach § 9 Abs. 1 Nr. 4 des Bundesbaugesetzes im Bebauungsplan festgesetzt sind.

§ 19 Abs. 4 findet keine Anwendung.

(4) Bei der Ermittlung der Geschossfläche (§ 20) oder der Baumasse (§ 21) bleiben unberücksichtigt die Flächen oder Baumassen von
1. Garagengeschossen, die nach Absatz 1 nicht angerechnet werden,
2. Stellplätzen und Garagen, deren Grundflächen nach Absatz 3 nicht angerechnet werden,
3. Stellplätzen und Garagen in Vollgeschossen, wenn der Bebauungsplan dies festsetzt oder als Ausnahme vorsieht.

(5) Die zulässige Geschossfläche (§ 20) oder die zulässige Baumasse (§ 21) ist um die Flächen oder Baumassen notwendiger Garagen, die unter der Geländeoberfläche hergestellt werden, insoweit zu erhöhen, als der Bebauungsplan dies festsetzt oder als Ausnahme vorsieht.

BauNVO 1968:

(2) Der Grundstücksfläche im Sinne des § 19 Abs. 3 sind Flächenanteile an außerhalb des Baugrundstücks festgesetzten Gemeinschaftsanlagen im Sinne des § 9 Abs. 1 Nr. 12 und 13 Bundesbaugesetz hinzuzurechnen, wenn der Bebauungsplan dies festsetzt oder als Ausnahme vorsieht.

(3) Auf die zulässige Grundfläche (§ 19 Abs. 2) sind überdachte Stellplätze und Garagen nicht anzurechnen, soweit sie 0,1 der Fläche des Baugrundstücks nicht überschreiten. Darüber hinaus können sie ohne Anrechnung ihrer Grundfläche auf die zulässige Grundfläche zugelassen werden
1. in Kerngebieten, Gewerbegebieten und Industriegebieten,

2. in anderen Baugebieten, soweit solche Anlagen nach § 9 Abs. 1 Nr. 1 Buchstabe e des Bundesbaugesetzes im Bebauungsplan festgesetzt sind.

§ 19 Abs. 4 findet keine Anwendung.

(4) Bei der Ermittlung der Geschossfläche (§ 20) oder der Baumasse (§ 21) bleiben unberücksichtigt die Flächen oder Baumassen von
1. Garagengeschossen, die nach Absatz 1 nicht angerechnet werden,
2. Stellplätzen und Garagen, deren Grundflächen nach Absatz 3 nicht angerechnet werden,
3. Stellplätzen und Garagen in Vollgeschossen oberhalb der Geländeoberfläche, wenn der Bebauungsplan dies festsetzt oder als Ausnahme vorsieht.

(5) Die zulässige Geschossfläche (§ 20) oder die zulässige Baumasse (§ 21) ist um die Flächen oder Baumassen notwendiger Garagen, die unter der Geländeoberfläche hergestellt werden, insoweit zu erhöhen, als der Bebauungsplan dies festsetzt oder als Ausnahme vorsieht.

BauNVO 1962:

§ 21a fehlte.

Erläuterungen

Übersicht

		Rn			
1.	Allgemeines zur Vorschrift	1			
2.	Nichtanrechnung von Garagengeschossen	2	–	5	Abs. 1
3.	Hinzurechnung von Flächen für Gemeinschaftsanlagen zu den Baugrundstücken	6	–	11	Abs. 2
4.	Überschreitung der zulässigen Grundfläche durch überdachte Stellplätze und Garagen	12	–	21	Abs. 3
5.	Nichtanrechnung von Stellplätzen und Garagen auf die Geschossfläche und Baumasse	22	–	24	Abs. 4
6.	Hinzurechnung von unterirdischen Garagen zur zulässigen Geschossfläche und Baumasse	25	–	31	Abs. 5

1. Allgemeines zur Vorschrift

Der 1968 eingefügte § 21a war eine erste Reaktion auf die Kritik in der Fachwelt an den sehr engen Nutzungsmaßobergrenzen des § 17. Es war als nicht sachgerecht empfunden worden, dass Stellplätze in Tiefgaragen, die äußerlich nicht in Erscheinung treten, im Gegensatz zu offenen ebenerdigen Stellplätzen immer auf das Nutzungsmaß angerechnet werden mussten, oder dass separate Garagengrundstücke für Gemeinschaftsanlagen sozusagen für das Nutzungsmaß des Baublocks »verloren« waren. Im Zusammenhang mit der ebenfalls 1968 begonnenen kontinuierlichen Erhöhung und Aufweichung der Nutzungsmaßobergrenzen und wegen der Kompliziertheit der Anwendung hat diese Vorschrift keine sehr große Bedeutung erlangt. Auch der ursprüngliche Gedanke, einen Anreiz zur Schaffung von Stellplätzen auf den Baugrundstücken zu schaffen trat durch die Festlegung der »notwendigen« Stellplätze in den LBOen in den Hintergrund. So wurde und wird daher vielfach die einfachere und eindeutigere Festsetzung eines höheren Nutzungsmaßes nach § 17 Abs. 2 der komplizierten Regelung des § 21a vorgezogen, obwohl die dort vorausgesetzten Anforderungen nicht immer gegeben sind.

§ 21a ist durch die ÄndVO 1990 materiell-rechtlich nicht geändert worden. Lediglich der Abs. 3 ist als Folge der Änderung des § 19 Abs. 4 neugefasst worden. Dabei ist es grundsätzlich bei der bisherigen Zulässigkeit der Überschreitung der zulässigen Grundfläche durch überdachte Stellplätze und Garagen bis zu 0,1 der Grundstücksfläche geblieben. Voraussetzung ist jedoch die Einhaltung des Rahmens des § 19 Abs. 4. Die Abs. 2, 4 und 5 sind nur redaktionell bzw. als Folge der Neufassung des Abs. 3 geändert worden.

2. Nichtanrechnung von Garagengeschossen (Abs. 1)

2 Garagengeschosse sind nach der in § 12 Abs. 4 gegebenen Begriffsbestimmung Geschosse, die nur Stellplätze oder Garagen und zugehörige Nebeneinrichtungen enthalten (§ 12 Rn 15, § 20 Rn 11). Zu den Begriffen »*Garage*« und »*Stellplatz*« s. § 12 Rn 5, zur Abgrenzung von Garagen zu Stellplätzen vgl. § 2 Abs. 6 MBO. Garagengeschosse können sowohl oberhalb als auch unterhalb der Geländeoberfläche liegen (§ 12 Abs. 1 Satz 2; zur Frage, wann Garagengeschosse Vollgeschosse sind oder auf sie angerechnet werden, § 20 Rn 11). Da Garagengeschosse unterhalb der Geländeoberfläche keine Vollgeschosse sind, findet Abs. 1 auf sie keine Anwendung.

Garagengeschosse können sowohl für Pkw als auch für Lkw oder Kraftomnibusse sowie für Anhänger dieser Kfz vorgesehen werden. Wenn besondere städtebauliche Gründe dies rechtfertigen, kann nach § 12 Abs. 5 festgesetzt werden, dass in Teilen von Geschossen nur Stellplätze und Garagen zulässig sind (§ 12 Rn 16). Solche »Teilgaragengeschosse« müssen jedoch auf die Zahl der Vollgeschosse angerechnet werden, da sie auch noch anders genutzte Räume enthalten. Bei der Ermittlung der Geschossfläche oder Baumasse bleibt der auf die Stellplätze und Garagen entfallende Teil dieser Geschosse nach Abs. 4 Nr. 3 außer Betracht, wenn der B-Plan dies festsetzt oder als Ausnahme vorsieht.

3 Garagengeschosse dürfen nur *zugehörige* **Nebeneinrichtungen** (§ 12 Rn 13), nicht dagegen zu anders – z. B. gewerblich – genutzten Gebäuden oder Räumen gehörende Nebeneinrichtungen enthalten. Bei mehreren Garagengeschossen müssen die Nebeneinrichtungen nicht zu einem *bestimmten* Geschoss gehören, sondern können für alle Garagengeschosse gemeinsam in *einem* Garagengeschoss vorgesehen werden.

In Baugebieten, in denen Tankstellen zulässig sind oder ausnahmsweise zugelassen werden können, dürften auch Treibstoffzapfsäulen, einzelne Wasch- und Pflegehallen sowie Reparaturgruben zu den Nebeneinrichtungen rechnen, sofern sie nur zur Bedienung der die Garagen und Stellplätze benutzenden Kfz und nicht einer anderweitigen gewerblichen Nutzung dienen, z. B. bei einem Zentrallager eines Möbelhauses im GE-Gebiet, das unter den Lagergeschossen ein Garagengeschoss für seine Lieferfahrzeuge mit Aufenthaltsräumen für die Aufsicht, 2 Zapfsäulen, Reparaturgrube, Waschhalle mit Wagenheber, Umkleide- und Abortraum enthält. Im MK-Gebiet sind Tankstellen nach § 7 Abs. 2 Nr. 5 nur im Zusammenhang mit Parkhäusern und *Großgaragen* allgemein zulässig (§ 7 Rn 10). Nach der in den Erläuterungen zu § 12 Rn 15 gegebenen Begriffsbestimmung handelt es sich erst dann um eine Großgarage i. S. d. § 7 Abs. 2 Nr. 5, wenn ihre Nutzfläche, das ist die Summe ihrer Abstell- und Verkehrsflächen, nach Landesrecht i. d. R. über 1.000 m² beträgt. Die Fläche der *Nebeneinrichtungen* darf hierin nicht enthalten sein.

4 Es sind nur Garagengeschosse in **sonst anders genutzten Gebäuden** nicht anzurechnen. Die andere Nutzung ist hier im Gegensatz zu Stellplätzen und Garagen zu sehen, d. h., *Gebäude, die ausschließlich* Garagengeschosse enthalten wie Parkhäuser und Tiefgaragen (Parkbauten), fallen nicht unter die Vergünstigung).

Aus dem Wort »sonst« könnte zwar geschlossen werden, dass die andere Nutzung überwiegen müsse und Garagengeschosse nur für den durch die zugelassene Nutzung verursachten Bedarf nicht anzurechnen seien (§ 12 Abs. 2). Eine Höchstzahl der nicht anzurechnenden Garagengeschosse ist nämlich nicht angegeben, so dass es denkbar wäre, in Baugebieten, die nicht unter § 12 Abs. 2 fallen, z. B. 5 (etwa gewerblich betriebene) Garagengeschosse und 3 anders genutzte darüber liegende Geschosse vorzusehen und die Garagengeschosse nicht anzurechnen. Eine derart weitgehende Ausnutzung des § 21a Abs. 1 ist aber vom VOgeber offensichtlich nicht beabsichtigt. Sie könnte auch durch eine erhebliche Überschreitung der festgesetzten Z zu einer Beeinträchtigung der städtebaulichen Gestaltung führen oder durch zu starke Massierung einer Nutzung für den ruhenden Verkehr der Eigenart des Baugebiets widersprechen.

Abs. 1 ist kein unmittelbar anwendbares Recht, sondern stellt nur eine Ermächtigung an die Gemeinde dar. Wenn der B-Plan festsetzt, kann nur »dies« festgesetzt werden, nämlich, *dass* Garagengeschosse oder ihre Baumasse in sonst anders genutzten Gebäuden auf die Zahl der zulässigen Vollgeschosse oder auf die zulässige Baumasse nicht anzurechnen sind, nicht dagegen die Nichtanrechnung einer *bestimmten* Zahl von Garagengeschossen oder eine *höchste* Zahl der *Geschosse* einschl. der Garagengeschosse, die nicht überschritten werden darf.

Die Festsetzung empfiehlt sich daher in erster Linie für die in § 12 Abs. 2 genannten Baugebiete, in denen die Beschränkung der Stellplätze und Garagen auf den durch die zugelassene Nutzung verursachten Bedarf ohnehin eine maßvolle Anwendung des Abs. 1 gewährleistet. In den übrigen Baugebieten dagegen ist im Hinblick auf die oben geäußerten Bedenken eher das *Vorsehen der Ausnahme* im B-Plan angebracht, wobei nach § 31 Abs. 1 BauGB Art und *Umfang* der Ausnahme im B-Plan ausdrücklich vorgesehen werden können, z. B. durch Festsetzung einer bestimmten Zahl von Garagengeschossen oder einer höchsten Z einschließlich der Garagengeschosse. Darüber hinaus können auch besondere Voraussetzungen für die Gewährung der Ausnahme vorgesehen werden, z. B., dass nur Pkw-Garagengeschosse oder Garagengeschosse nur i. V. m. Geschäftshäusern nicht angerechnet werden. Die Festsetzung oder Ausnahmeregelung kann auch *räumlich* begrenzt (z. B. für bestimmte Teile des Baugebiets oder Straßen) vorgesehen werden.

Alternativ zur Nichtanrechnung der Garagengeschosse auf die Z kann im B-Plan die **Nichtanrechnung der Baumasse** der Garagengeschosse auf die zulässige Baumasse festgesetzt oder als Ausnahme vorgesehen werden. Voraussetzung für die Anwendung der Vorschrift ist die Festsetzung einer *zulässigen* BMZ oder Baumasse im B-Plan.

Dies kommt i. d. R. nur in GE-, GI- und sonstigen SO-Gebieten in Betracht. Auch in diesen Baugebieten kann ein städtebauliches Bedürfnis für eine Vergünstigung des ruhenden Verkehrs gegeben sein. Die darüber hinausgehende Baumasse der Garagengeschosse bleibt bei Anwendung von Satz 1 auch im Fall des § 21 Abs. 4 (vordem § 17 Abs. 3) außer Betracht (*Förster*, § 21a Anm. 2). Sind Garagengeschosse nach Satz 1 nicht auf die Z anzurechnen, so wird ihre Geschossfläche bzw. Baumasse auch nicht auf die *zulässige* Geschossfläche oder Baumasse angerechnet. Dies ergibt sich aus Abs. 4 Nr. 1.

3. Hinzurechnung von Flächen für Gemeinschaftsanlagen zu den Baugrundstücken (Abs. 2)

Der Grundstückseigentümer kann die Stellplatzpflicht auf eigenem Grundstück erfüllen, er kann sich wahlweise aber auch an einer Gemeinschaftsanlage außerhalb seines Baugrundstücks beteiligen. Der Anteil der Gemeinschaftsanlage wird damit faktisch, nicht jedoch rechtlich ein Teil des Baugrundstücks (§ 19 Rn 2–3).

Der Begriff **Gemeinschaftsanlagen** i. S. d. Abs. 2 ist umfassender zu verstehen, als sich aus der Stellung der Vorschrift hinter Satz 1 vermuten lässt. Er ist nicht auf Gemeinschaftsstellplätze und -garagen beschränkt, sondern umfasst nach der Begriffsbestimmung des § 9 Abs. 1 Nr. 22 BauGB auch **andere Anlagen** wie die dort beispielhaft aufgeführten *Kinderspielplätze* und *Freizeiteinrichtungen*. Voraussetzung für die Anwendung des Abs. 2 ist die *Festsetzung* der Gemeinschaftsanlagen im B-Plan für einen bestimmten räumlichen Bereich nach § 9 Abs. 1 Nr. 22 BauGB durch Planzeichen, und zwar für die Gemeinschaftsstellplätze und -garagen nach Nr. 15.3. der Anlage zur PlanzV 1990.

Die **Flächen für Gemeinschaftsstellplätze und Gemeinschaftsgaragen** (§ 9 Abs. 1 Nr. 22 BauGB) umfassen die von mehreren Stellplatzpflichtigen gemeinschaftlich zu nutzenden Flächen. Die Flächen dürfen weder dem ruhenden,

§ 21a **Abs. 2** 8, 9

noch dem fließenden *öffentlichen* Verkehr, sondern nur der Erfüllung der Stellplatzpflicht dienen. Neben den *notwendigen* (§ 48 Abs. 1 MBO) können auch *andere* Stellplätze und Garagen auf diesen Flächen untergebracht werden. Es ist unerheblich, ob die Gemeinschaftsstellplätze und -garagen in einer oder mehreren Ebenen unter oder über der festgelegten Geländeoberfläche, in Parkhäusern oder Tiefgaragen (Parkbauten) hergestellt werden. Die Form der Unterbringung der Stellplätze und Garagen ist lediglich eine Frage der technischen Ausführung, wobei über die öffentliche oder private Nutzung noch nichts ausgesagt ist.

Die einzelnen notwendigen Stellplätze oder Garagen der Anlage müssen den Stellplatzpflichtigen innerhalb eines im B-Plan bestimmten räumlichen Bereichs in zumutbarer Entfernung *zugeordnet* und diese Zuordnung muss öffentlich-rechtlich auf Dauer gesichert sein (z. B. durch das Rechtsinstitut der Baulast, § 79 MBO). Die Sicherung durch Eintragung einer Grunddienstbarkeit dürfte dafür nicht ausreichen, da diese in gegenseitigem Einvernehmen der Beteiligten ohne Einwirkungsmöglichkeit der öffentlichen Hand jederzeit gelöscht werden kann. Eine Zuordnung im B-Plan kann zwar durch einen textlichen Hinweis erfolgen, dieser Hinweis hat aber keinen rechtsetzenden Charakter. Die (eigentumsmäßige) Zuordnung von verschiedenen Grundstücken zueinander ist nämlich nicht Gegenstand der Festsetzungen nach § 9 BauGB. Dies gilt in Bezug auf die Gemeinschaftsstellplätze und -garagen besonders, wenn in ihnen nicht nur *notwendige*, sondern auch *andere* (freiwillige) Stellplätze untergebracht werden. Im Übrigen obliegt die Sicherung der Stellplatzpflicht durch die Schaffung notwendiger Stellplätze ohnehin nicht dem Städtebaurecht, sondern dem Bauordnungsrecht. Der Hinweis allein im B-Plan ist *nicht ausreichend*. Zweckmäßig kann jedoch die eigentumsmäßige Bindung der Nutzungsberechtigten an die Anlage durch Gesamthandseigentum, Miteigentum nach Bruchteilen oder Einzeleigentum sein. Die Baugenehmigungsbehörde kann vor Anwendung des Abs. 2 den Nachweis der eigentumsmäßigen und öffentlich-rechtlichen Sicherung der Nutzungsberechtigung verlangen.

Ist die Vergünstigung nach Abs. 2 angewendet worden und veräußert der Nutzungsberechtigte oder Eigentümer nach Errichtung seines Gebäudes einen nicht ordnungsmäßig öffentlich-rechtlich gesicherten Anteil an der Anlage, erfolgt dadurch eine Überschreitung der zulässigen Grundfläche, die einen Verstoß gegen die Festsetzung des B-Plans bedeuten würde. Gleichzeitig erfolgt damit die Beseitigung von Stellplätzen für Kfz, die nach § 61 Abs. 1 MBO genehmigungspflichtig ist. *Nicht* unter die Gemeinschaftsstellplätze und -garagen fallen *öffentliche* oder *öffentlich genutzte* Parkbauten oder bei gemischter öffentlich/privater Nutzung jedenfalls die öffentlich genutzten Teile der Parkbauten.

8 Als Gemeinschaftsanlagen kommen weiterhin die in § 9 Abs. 1 Nr. 22 BauGB sowie auch im Bauordnungsrecht (§ 8 MBO) beispielhaft genannten **Kinderspielplätze** in Betracht. Dies sind jedoch nicht die nach § 9 Abs. 1 Nr. 5 bzw. 15 BauGB festzusetzenden *öffentlichen* Kinderspielanlagen und -plätze, sondern die aufgrund des Bauordnungsrechts bei der Errichtung von mehr als drei Wohnungen *auf den Baugrundstücken* zu schaffenden Spielplätze vorwiegend für Kleinkinder (§ 8 Abs. 2 MBO), die in Gemeinschaftsanlagen zusammengefasst werden können. Der zugeordnete räumliche Bereich braucht nicht auf das Baugebiet oder einen Teil des Baugebiets, in dem die Anlage liegt, beschränkt zu werden, sondern kann darüber hinaus auch andere Bereiche und Baugebiete erfassen.

9 In § 9 Abs. 1 Nr. 22 BauGB sind auch **Freizeiteinrichtungen** als Beispiele für Gemeinschaftsanlagen aufgeführt. Dafür kommen in Betracht z. B. *Schwimmbecken, Schwimmhallen, Tennisanlagen, Reitplätze, Reithallen*, gemeinschaftliche *Grün- und Parkanlagen*, die einem bestimmten räumlichen Bereich zugeordnet sind, nicht dagegen solche Anlagen, die auch gewerblich oder öffentlich genutzt werden. *Dauerkleingärten* sind zwar auch Freizeiteinrichtungen, aber keine *Gemeinschaftsanlagen*, sondern *Grünflächen* (§ 9 Abs. 1 Nr. 15 BauGB). Sie müssen als solche festgesetzt sein.

Zu den Gemeinschaftsanlagen gehören neben den bereits beispielhaft aufgeführten Anlagen ferner Flächen für *Abfallbehälter* (entspr. Vorschriften der Länder), Anlagen zum *Wäschetrocknen* und *Teppichklopfen* sowie private *Schutzraumbauten* (*Brügelmann*, Anm. 13 zu § 9 BBauG), ferner Gemeinschaftswaschhäuser, Gemeinschafts-Sanitätsstationen (in GE- und GI-Gebieten), gemeinschaftliche Kantinen und dergl. Die Gemeinschaftsanlagen müssen nicht in demselben Baugebiet wie die zugeordneten Anlagen liegen, jedoch innerhalb des bestimmten räumlichen Bereichs den Wohnungen oder Betriebsstätten bzw. Nutzungsberechtigten in zumutbarer Entfernung zur Verfügung stehen.

Die Flächenanteile an außerhalb der Baugrundstücke festgesetzten Gemeinschaftsanlagen sind der **Grundstücksfläche i. S. d. § 19 Abs. 3**, d. h. der *maßgebenden*, im Bauland und hinter der festgesetzten Straßenbegrenzungslinie oder tatsächlichen Straßengrenze liegenden Fläche des Baugrundstücks hinzuzurechnen (zu den Begriffen *Grundstücksfläche* § 19 Rn 1, 6; *Baugrundstück* § 19 Rn 2–3). Die Flächenanteile sind daher nicht unmittelbar der zulässigen Grundfläche zuzuschlagen, sondern sind eine fiktive Vergrößerung der Fläche des Baugrundstücks, von der die zulässige Grundfläche mittels der GRZ erst errechnet werden muss (§ 19 Rn 8). Die Flächenanteile sind Anteile der *maßgebenden Grundstücksfläche* der Gemeinschaftsanlage einschließlich der nicht überbaubaren Grundstücksflächen, nicht dagegen Flächenanteile etwa einzelner Stellplätze oder Garagen (Geschossflächenanteile). **10**

Enthält z. B. ein Gemeinschaftsparkhaus mit 3 Geschossen auf einem Grundstück von 1.000 m² 100 Stellplätze mit zugehörigen Nebeneinrichtungen von privaten Nutzungsberechtigten, dann entfällt auf jeden Stellplatz ein *Grundstücks*flächenanteil von 10 m², obwohl der einzelne Stellplatz mit notwendigem Verkehrsraum (Fahrgasse) eine Fläche von ca. 25 m² erfordert. Insgesamt kann den Grundstücken der Nutzungsberechtigten nicht mehr Anteilfläche hinzugerechnet werden als 100% der Grundstücksfläche der Gemeinschaftsanlage.

Sind im B-Plan für die Baugrundstücke der Nutzungsberechtigten jedoch *absolute* Werte für die Größe der Geschossfläche oder Baumasse und damit auch für die Größe der Grundfläche festgesetzt (§ 16 Abs. 2 Nr. 2), ergibt die Anwendung von § 21a Abs. 2 keine Vergünstigung. Dies ist nur der Fall bei Festsetzung des relativen Wertes GRZ (ebenso *Förster*, § 21a Anm. 3).

Sind in einer Gemeinschaftsanlage zum Teil *öffentliche* oder öffentlich genutzte Parkflächen, zum Teil *private* Stellplätze und Garagen enthalten, können nur die Flächenanteile der den Nutzungsberechtigten zugeordneten *privaten* Stellplätze und Garagen der Fläche des Baugrundstücks hinzugerechnet werden. Enthält z. B. ein Parkhaus mit 100 Plätzen 40 private Stellplätze und 60 öffentlich genutzte Parkstände, können nur 4/10 der zu dem Parkhaus gehörenden Grundstücksfläche den Grundstücken privater Nutzungsberechtigter anteilmäßig zugerechnet werden. Den Flächen der Baugrundstücke werden nicht nur die *notwendigen*, sondern alle anteiligen *privaten* Stellplätze und Garagen einer Gemeinschaftsanlage hinzugerechnet.

Die Gemeinde hat wie auch nach Abs. 1 die *alternative Möglichkeit* der **Festsetzung** oder der **Ausnahmeregelung**. Sie hat damit alle Möglichkeiten der Förderung von Gemeinschaftsanlagen durch Vergünstigung in der Hand. Die Frage, in welchen Fällen eine Festsetzung oder eine Ausnahmeregelung angebracht ist, kann nur anhand des Einzelfalles und des Kreises der Nutzungsberechtigten beantwortet werden. Wird eine Festsetzung getroffen, kann – wie bei Abs. 1 – nur die allgemeine Berechnungsvorschrift festgesetzt werden. Wird hingegen die Ausnahme vorgesehen, kann sie nach Art und Umfang (§ 31 Abs. 1 BauGB) bestimmt werden. **11**

So kann z. B. bestimmt werden, dass nur Flächenanteile *notwendiger* Stellplätze (Art) oder Flächenanteile der Stellplätze nur bis zu 50% oder nur für einen Stellplatz je Baugrundstück (Umfang) hinzugerechnet werden. Weiterhin kann die Zulassung der Ausnahme an Voraussetzungen gebunden werden, z. B. dass die Hinzurechnung der Flächenanteile als Ausnahme erfolgen darf, wenn auf dem Baugrundstück selbst keine Stellplätze oder Garagen errichtet werden dürfen (§ 48 Abs. 5 MBO), soweit dies nicht schon anderweitig ausgeschlossen ist (§ 12 Abs. 6).

4. Überschreitung der zulässigen Grundfläche durch überdachte Stellplätze und Garagen (Abs. 3)

12 Die Vorschrift dient dem städtebaulichen Ziel der Erleichterung der Unterbringung der Stellflächen auf den Grundstücken, andererseits soll die Begrenzung der Nichtanrechnung von *baulich in Erscheinung tretenden* Stellflächen auf 0.1 der Grundstücksfläche den Belangen des Freiraum- und Nachbarschutzes sowie der städtebaulichen Gestaltung Rechnung tragen.

Eine über diese Begrenzung hinausgehende anrechnungsfreie Zulassung der überdachten Stellplätze und Garagen in **MK-, GE- und GI-Gebieten** bis zu einer völligen Überbauung des Baugrundstücks ist durch eine »Kann«-Vorschrift in das pflichtgemäße Ermessen der Baugenehmigungsbehörde gestellt. Gerade in stark verkehrsbelasteten MK-Gebieten ist die Unterbringung von Stellplätzen und Garagen auf den Grundstücken ein besonderes städtebauliches Anliegen: § 17 Abs. 1 lässt für MK-Gebiete ohnehin bereits eine GRZ von 1,0 zu. In den GE- und GI-Gebieten wurde die Freihaltung der Freiflächen gegenüber den Belangen des Straßenverkehrs bisher als weniger wichtig erachtet. In den **übrigen Baugebieten** ist im Hinblick auf das Ruhebedürfnis der Bewohner und die Freiraumsicherung die über 0,1 der Grundstücksfläche hinausgehende Nichtanrechnung der Stellplätze und Garagen jedoch an deren *besondere Festsetzung* im B-Plan gebunden.

13 Abs. 3 ist **1990** als Folge der Änderung des § 19 Abs. 4 **neugefasst** und dabei **materiell-rechtlich geändert** worden. Halbs. 1 soll sicherstellen, dass die nach Abs. 3 mögliche Überschreitung zusätzlich davon abhängt, dass sie nach § 19 Abs. 4 überhaupt zulässig ist. Damit soll den unterschiedlichen Zwecken des § 19 Abs. 4 (Beschränkung der Nebenanlagen aus Gründen des Bodenschutzes) und § 21a Abs. 3 (Gestaltungsfragen, Vermeidung von Nachbarbeeinträchtigungen) Rechnung getragen werden. Auch die Überschreitungsmöglichkeit des neuen Halbs. 2 ist nur innerhalb des gem. § 19 Abs. 4 eröffneten Rahmens gegeben.

14 Die grds. unterschiedliche Zielrichtung der Vorschriften des § 21a Abs. 3 und des § 19 Abs. 4 ist zwar nicht verändert worden; § 21a Abs. 3 betrifft nur die oberhalb der Geländeoberfläche baulich in Erscheinung tretenden überdeckten Stellplätze und Garagen; § 19 Abs. 4 erfasst dagegen alle Nebenanlagen und sonstigen baulichen Anlagen ober- und unterhalb der Geländeoberfläche. Wegen der grundlegenden Änderung des § 19 Abs. 4 musste die **Systematik des § 21a Abs. 3** trotz seiner unveränderter Zielsetzung aber **geändert** werden. Während der bisherige § 19 Abs. 3 nur eine *Anrechnungsregel* war, schafft der neue Abs. 3 einen eigenen *Zulässigkeitstatbestand*. Der dem früheren Satz 1 entspr. Halbs. 1 gilt für *alle Baugebiete* und ist *unmittelbar anwendbares Recht;* er gibt einen Rechtsanspruch auf Zulassung der Überschreitung im Rahmen der Vorschrift. Der nur für *bestimmte Baugebiete* geltende frühere Satz 2 ist eine »Kann-Vorschrift«. Im Unterschied dazu ist der neue Halbs. 2 nunmehr als *Ausnahmeregelung* ausgestaltet, deren Anwendung das Vorliegen besonderer Ausnahmegründe voraussetzt; er ist somit eine (aus Gründen des Bodenschutzes beabsichtigte) Verschärfung gegenüber dem früher geltenden Recht.

15 § 19 Abs. 4 muss **als die maßgebende Regelung des Bodenschutzes grundsätzlich beachtet werden**, d.h. vorab ist zu prüfen, ob und inwieweit diese Vorschrift nicht entgegensteht. *Entgegenstehen* können zwar an sich nur die zwingenden Vorschriften des § 19 Abs. 4; dies sind nur dessen Sätze 1 und 2. Die Sätze 3 und 4 eröffnen der Gemeinde bzw. der Baugenehmigungsbehörde lediglich einen Planungs- bzw. Entscheidungsspielraum; *diese Sätze als solche* *stehen daher nicht entgegen.* Es ist aber denkbar, dass der durch die besondere Festsetzung der Gemeinde nach Satz 3 gezogene Rahmen der Anwendung des § 21a Abs. 3 entgegensteht, z.B. wenn die Gemeinde aus besonderen ökologischen Gründen die Überschreitungsmöglichkeit nach § 19 Abs. 4 Satz 2 überhaupt nicht zulässt, die »Kappungsgrenze« niedriger ansetzt als nach § 19 Abs. 4 Satz 1 oder die der Baugenehmigungsbehörde nach § 19 Abs. 4 Satz 4 zustehende Möglichkeit der Zulassung einer Überschreitung im B-Plan ausschließt (»soweit der B-Plan nichts anderes festsetzt«). Es ist somit vorab zu prüfen, **ob überhaupt und inwieweit eine Überschreitung** der zulässigen Grundfläche entweder nach § 19 Abs. 4 Satz 1 und 2 oder bei besonderer B-Plan-Festsetzung nach Satz 3 und 4 **zulässig ist;** nur innerhalb des sich daraus ergebenden Rahmens darf die zulässige Grundfläche nach Abs. 3 um nicht mehr als 0,1 der Fläche des Baugrundstücks überschritten werden.

16 Beispiele für die mögliche Überschreitung der zulässigen Grundfläche durch überdachte Stellplätze und Garagen (ÜSt + G) nach Halbs. 1 bei einer Grundstücksfläche von 1.000 m²:

1. Festsetzung WR;   GRZ = 0,4
   zul. Grundfläche   = 400 m²
   Überschr. § 19 (4)   = 200 m²
   tats. Grundfläche   = 600 m²
   Kappungsgrenze   = 800 m²
   mögliche Grundfl.   = 600 m²
   einschl. ÜSt + G   = 100 m²

2. Festsetzung   GRZ = 0,6
   zul. Grundfläche   = 600 m²
   Überschr. § 19 (4)   = 300 m²
   tats. Grundfläche   = 900 m²
   Kappungsgrenze   = 800 m²
   mögliche Grundfl.   = 800 m²
   einschl. ÜSt + G   = 100 m²

3. Festsetzung GE;   GRZ = 0,7
   zul. Grundfläche   = 700 m²
   Überschr. § 19 (4)   = 300 m²
   tats. Grundfläche   = 1.000 m²
   Kappungsgrenze   = 800 m²
   mögliche Grundfl.   = 800 m²
   einschl. ÜSt + G   = 100 m²

4. Festsetzung   GRZ = 0,9
   zul. Grundfläche   = 900 m²
   § 19 (4) nicht anwendbar, kann nicht entgegenstehen.
   § 21a (3) direkt anwendbar:
   ÜSt + G **zusätzl.**   = 100 m²
   mögliche Grundfl.   = 1 000 m²

17 Zulässige Grundfläche ist dabei der aus der im B-Plan festgesetzten GRZ nach § 19 Abs. 2 errechnete Anteil des Baugrundstücks, nicht dagegen die sich bei einer durch Überschreitung nach § 19 Abs. 4 um 50 % ergebende tatsächliche Grundfläche. Die Vorschrift beschränkt sich nicht auf *notwendige*, sondern bezieht auch *andere* Stellplätze und Garagen nicht nur für Pkw, sondern auch für Lkw und Kraftomnibusse ein. Auch Gemeinschaftsstellplätze und -garagen (§ 9 Abs. 1 Nr. 22 BauGB; Rn 6, 7) sowie Mittel- und Großgaragen (über 1.000 m² Nutzfläche; Rn 3) sind nicht ausgeschlossen; auch auf *mehrgeschossige* Anlagen findet Abs. 3 Anwendung. Vollständig unter der Geländeoberfläche liegende *Tiefgaragen* sind bereits nach § 19 Abs. 4 Satz 1 Nr. 3 bei der Ermittlung der Grundfläche mitzurechnen; auf sie trifft § 21a Abs. 3 nicht zu, weil davon nur überdachte Stellplätze und Garagen *oberhalb der Geländeoberfläche* erfasst werden. Die *Zufahrten* zu den überdachten Stellplätzen und Garagen bleiben ebenfalls bei Anwendung von § 21a Abs. 3 außer Betracht; sie werden bereits nach § 19 Abs. 4 Satz 1 Nr. 1 mitgerechnet.

18 Nach **Halbs. 2 Nr. 1** kann eine **weiter gehende,** d.h. über 0,1 der Grundstücksfläche hinausgehende **Überschreitung** ausnahmsweise in MK-, GE- und GI-Gebieten **zugelassen werden.** Es handelt sich um eine **Ausnahme,** die nicht erst einer besonderen Festsetzung nach Art und Umfang im B-Plan bedarf (§ 31 Abs. 1 BauGB), sondern über die die Baugenehmigungsbehörde unmittelbar im Einzelfall nach pflichtgemäßem Ermessen zu entscheiden hat.

19 In **MI-, GE- und GI-Gebieten** sind nach Halbs. 2 Nr. 1 besondere Voraussetzungen für die Gewährung der Ausnahme zwar nicht vorgesehen, es müssen dafür aber *plausible Ausnahmegründe* vom Bauwilligen vorgetragen werden, ohne die die Ausnahme nicht gewährt werden darf. Eine Ausnahme ist nicht zu gewähren, wenn dadurch öffentliche Belange – insbes. die in § 1 Abs. 5 BauGB aufgeführten Belange – beeinträchtigt oder Nachbarinteressen unzumutbar berührt werden könnten. Dabei sind z. B. die allgemeinen Anforderungen an gesunde Wohn- und Arbeitsverhältnisse sowie die Belange des Bodenschutzes, des Brandschutzes, des Immissionsschutzes (Lärm, Abgase) und die Bedürfnisse des fließenden Verkehrs zu berücksichtigen. Soweit die Zulässigkeit von Stellplätzen und Garagen nicht bereits im B-Plan nach § 12 Abs. 6 eingeschränkt oder ausgeschlossen worden ist, sind Stellplätze und Garagen nach § 15 Abs. 1 im Einzelfall unzulässig, wenn sie nach Anzahl, Lage, Umfang oder Zweckbestimmung der Eigenart des Baugebiets widersprechen (§ 15 Rn 10).

20 In den **anderen Baugebieten** (mit Ausnahme von MK-, GE- und GI-Gebieten, jedoch einschl. der SO-Gebiete) kann die weiter gehende Überschreitung nach Halbs. 2 Nr. 2 ausnahmsweise nur zugelassen werden, soweit die Stellplätze und Garagen nach § 9 Abs. 1 Nr. 4 BauGB durch Planzeichen nach Nr. 15.3 der Anlage zur PlanzV 1990 festgesetzt sind. Diese Voraussetzung ist vor allem mit Rücksicht auf die Wohnruhe der Bevölkerung in diesen Baugebieten und den Nachbarschutz vorgesehen. Ist die Fläche für Stellplätze und Garagen festgesetzt, so entsteht zwar nach § 30 BauGB ein Rechtsanspruch auf Zulassung der Anlagen, aber kein Rechtsanspruch auf Gewährung der Ausnahme nach Halbs. 2 Nr. 2. Auf die Anwendung dieser Ausnahme hat die Gemeinde keinen Einfluss; sie kann z. B. die Ausnahmemöglichkeit nicht im B-Plan nach § 1 Abs. 6 ausschließen, da sich diese Vorschrift nur auf die in den §§ 2–9 vorgesehenen Ausnahmen bezieht.

21 Bei der **Beurteilung der ausnahmsweisen Zulassung** der weiter gehenden Überschreitung kann es z. B. bei niedrigerer Festsetzung der GRZ als 0,8 geboten sein, die Ausnahme abzulehnen, weil die Kappungsgrenze von 0,8 aus *Bodenschutzgründen* nicht überschritten werden soll. Auch die *Eigenart des Baugebiets* und die *Leistungsfähigkeit des Straßennetzes* sind besonders zu berücksichtigen. Es wäre z. B. planerisch verfehlt, im MK-Gebiet einer Altstadt mit engen Geschäftsstraßen (z. B. bei festgesetzter GRZ = 0,8) Garagen bis zu 1,0 der Grundstücksfläche zuzulassen, weil dadurch ein zusätzlicher das Geschäftsviertel behindernder Verkehr erzeugt wird. U. U. verbieten auch Belange der *Gestaltung des Orts- und Straßenbildes* vor allem bei mehrgeschossigen Garagen die Gewährung der Ausnahme. *Nachbarliche Belange* können z. B. berührt werden beim Aneinandergrenzen verschiedener Nutzungsarten (z. B. Krankenhaus neben Geschäftshaus). Im MK-Gebiet hat die Vorschrift nur Bedeutung, wenn nicht bereits die Obergrenze von GRZ = 1,0 festgesetzt wurde.

5. Nichtanrechnung von Stellplätzen und Garagen auf die Geschossfläche und Baumasse (Abs. 4)

22 Abs. 4 enthält die notwendigen Folgerungen aus Abs. 1 und 3 für die Ermittlung der Geschossfläche und der Baumasse. Darüber hinaus werden nach Nr. 3 Stellplätze und Garagen in sonst anders genutzten Vollgeschossen bei der Ermittlung der Werte nicht berücksichtigt, wenn der B-Plan dies festsetzt oder als Ausnahme zulässt. Zu den Begriffen und der Ermittlung der **Geschossfläche** § 20 Rn 19, der **Baumasse** § 21 Rn 1, 2.

Garagengeschosse sind Geschosse, die nur Stellplätze oder Garagen und zugehörige Nebeneinrichtungen enthalten (§ 12 Rn 15; § 20 Rn 11; § 21a Rn 2). Die Baumasse von Garagengeschossen ist nach den allgemeinen Regeln vorzunehmen (§ 21 Rn 2). Liegen einzelne Garagengeschosse zwischen andersgenutzten Geschossen, ist für die Ermittlung der Baumasse die Höhe von Oberkante Fußboden des Garagengeschosses bis Oberkante Fußboden des darüber liegenden Geschosses zu berechnen. Die Nichtberücksichtigung der Garagengeschosse bei der Ermittlung der Geschossfläche oder der Baumasse setzt voraus, dass ihre Nichtanrechnung auf die Zahl der zulässigen Vollgeschosse oder auf die zulässige Baumasse **nach Abs. 1 im B-Plan** festgesetzt oder als *Ausnahme* vorgesehen ist. Enthält der B-Plan eine solche Regelung nicht, sind Garagengeschosse, die i. M. mehr als 1,40 m (§ 2 Abs. 4 MBO und entspr. z. T. abweichende Vorschriften der Länder) über die festgelegte Geländeoberfläche hinausragen, Vollgeschosse. Wenn der B-Plan die Nichtanrechnung nach Abs. 1 als Ausnahme vorsieht, ist im Baugenehmigungsverfahren über die Anrechnung der Geschossfläche nach Abs. 3 zugleich mit der Anrechnung ihrer Baumasse (wenn keine Z festgesetzt ist) nach *pflichtgemäßem Ermessen* zu entscheiden.

23 Abs. 4 Nr. 2 ist durch die **ÄndVO 1990** zwecks Anpassung an den neugefassten Abs. 3 redaktionell geändert worden; eine materiell-rechtliche Änderung ist damit nicht erfolgt. Somit besteht auf die Nichtanrechnung der Geschossflächen und Baumassen von überdachten Stellplätzen und Garagen ebenso wie nach § 21a Abs. 4 BauNVO 1977 im Rahmen von 0,1 der Fläche des Baugrundstücks ein *Rechtsanspruch,* auf eine Nichtanrechnung der darüber hinausgehenden Geschossflächen und Baumassen jedoch nicht.

Außer den Verweisungen auf Abs. 1 und 3 enthält **Abs. 4 Nr. 3** die Nichtberücksichtigung der Geschossflächen und Garagen in sonst **anders genutzten Vollgeschossen** – z. B. aufgrund einer Festsetzung nach § 12 Abs. 5 –, wenn der B-Plan die *Nichtberücksichtigung* (»dies«) festsetzt oder als Ausnahme vorsieht. Der B-Plan braucht die Flächen für Stellplätze und Garagen – etwa nach § 12 Abs. 5 – nicht festzusetzen. Vollgeschosse, die außer Stellplätzen oder Garagen und zugehörigen Nebeneinrichtungen auch andere Räume enthalten, sind keine Garagengeschosse und fallen daher nicht unter die Vorschrift des Abs. 4 Nr. 1. Soweit sie nicht bereits durch Abs. 4 Nr. 2 i. V. m. Abs. 3 erfasst sind, sollen diese auf die zulässige Grundfläche anzurechnenden Stellplätze und Garagen jedenfalls nicht auf die zulässige Geschossfläche oder Baumasse angerechnet werden, wenn die Gemeinde diese Erleichterung durch eine entsprechende Festsetzung im B-Plan gewähren will. Ein *Rechtsanspruch* auf die Nichtberücksichtigung ist für den Einzelnen nur dann gegeben, wenn die Gemeinde sie *festgesetzt hat.* Es besteht kein Anspruch gegenüber der Gemeinde, die Festsetzung oder Ausnahme im B-Plan zu treffen.

Hat die Gemeinde die **Ausnahme im B-Plan** vorgesehen, liegt die Entscheidung über Zulassung der Ausnahme im pflichtgemäßen Ermessen der Baugenehmigungsbehörde (Rn 18). Zweckmäßig ist es, zur Verhinderung einer zu weit gehenden Ausnutzung die Ausnahme nach Art und Umfang zu bestimmen und an ihre Erteilung bestimmte Voraussetzungen zu knüpfen (Rn 19).

24 Für die **Ermittlung der Geschossfläche oder Baumasse** ergibt sich bei Anwendung des Abs. 4 Nr. 3 gegenüber den Ermittlungsvorschriften der §§ 20 Abs. 2 und 21 Abs. 2 insoweit eine *Abweichung,* als in **sonst anders genutzten Vollgeschossen** die Geschossfläche oder Baumasse nur dann nach den Außenmaßen der Gebäude ermittelt werden kann, wenn die Stellplätze oder Garagen an den Außenwänden liegen. Liegen in einem Vollgeschoss Räume mit Stellplätzen oder Garagen neben andersgenutzten Räumen (z. B. neben Verkaufsräumen in Warenhäusern oder neben Wohnungen »im Bauch« von Hügel- und Terrassenhäusern), so sind die Trennwände nicht den Stellplätzen oder Garagen, sondern den anderen Räumen, die auf die Geschossfläche oder Baumasse angerechnet werden, zuzurechnen. *Nebeneinrichtungen,* die zu Stellplätzen oder Garagen gehören, wie Rampen, Fahrgassen, Aufzüge, Treppenräume, Aufenthaltsräume, Umkleide-, Wasch- und Aborträume für die Aufsicht, fallen mit unter die Vergünstigung. Es wäre sinnwidrig, sie von der Nichtanrechnung auszunehmen. Dienen solche Nebeneinrichtungen gleichzeitig auch Räumen, die auf die Geschossfläche oder Baumasse angerechnet werden, müssen sie ebenfalls angerechnet werden. Liegen z. B. in einem Kaufhaus die Verkaufsräume neben den Garagenräumen und zwischen ihnen als Sicherheitsschleusen Treppenräume, die nicht nur die Verbindung zu den Garagenräumen, sondern gleichzeitig auch notwendige Treppenräume der Verkaufsräume bilden, müssen diese Treppenräume einschließlich ihrer Umfassungswände bei der Ermittlung der Geschossfläche oder Baumasse mitgerechnet werden (§ 20 Rn 19; § 21 Rn 3).

6. Hinzurechnung von unterirdischen Garagen zur zulässigen Geschossfläche und Baumasse (Abs. 5)

25 Nach **Abs. 5** kann im B-Plan allgemein oder als Ausnahme die Hinzurechnung der Flächen oder Baumassen notwendiger unterirdischer Garagen zur zulässigen Geschossfläche oder Baumasse festgesetzt werden. Diese Vergünstigung soll die aus städtebaulichen Gründen wünschenswerte unterirdische Unterbringung der Garagen fördern. (»Tiefgaragenbonus«)

Die Vergünstigung ist zwar für alle Baugebiete möglich, gleichwohl kommt sie für Wochenendhausgebiete, WS-Gebiete sowie für MD-Gebiete in ländlichen Zonen wegen des geringeren Stellplatzbedarfs kaum in Betracht. Sie betrifft in erster Linie die übrigen Baugebiete insbes. in städtischen Verdichtungsgebieten im Hinblick auf den wachsenden Motorisierungsgrad.

26 Die Vorschrift hat nicht uneingeschränkte Zustimmung gefunden, weil sie bei einer zu weit gehenden Ausnutzung zu gewissen Nachteilen für die städtebauliche Ordnung führen kann. Insbes. kann die Höhenentwicklung einzelner Gebäude so stark beeinflusst werden, dass diese möglicherweise städtebaulich nicht mehr vertretbar sind (BVerwG, U. v. 13.3.1981 – 4 C 1.78 – BRS 38 Nr. 186). Eine uneingeschränkte Eröffnung dieser Möglichkeiten könnte insbes. bei »stellplatzintensiven« gewerblichen Betrieben (z.B. Hotels) und Kleinwohnungen (z.B. Appartements) leicht eine Verdoppelung und weitere Erhöhung des Nutzungsmaßes ergeben (*Förster*, § 21a Anm. 4 c; *Meier* aaO., Die Bauverwaltung 1975, 193). Der in der Vorschrift liegende starke Anreiz kann u.U. zu aufwendigen Garagengrundrissen mit großem Flächenanteil je Stellplatz oder einer »Versteinerung« der Freiflächen führen und die Kleinwohnung einseitig fördern. In MK-Gebieten mit schmalen Geschäftsstraßen und Fußgängerbereichen kann die Anlage von unterirdischen Garagen auf den Einzelgrundstücken städtebaulich bedenklich sein, weil der Zufahrtsverkehr zu den Garagen den fließenden Verkehr oder Fußgängerverkehr beeinträchtigen und die wünschenswerte Konzentration von Stellplätzen an wenigen am Rande der City verkehrsgünstig gelegenen Parkbauten erschweren oder verhindern kann.

Die Vergünstigung ist an **zwei Voraussetzungen** gebunden, nämlich daran, dass es sich um **notwendige Garagen** handelt und dass sie nur aufgrund einer **Festsetzung im B-Plan** als Rechtsanspruch oder Ausnahme erfolgt. Die Gemeinde hat es in der Hand, zur Vermeidung von städtebaulichen Nachteilen die Vergünstigung nur in besonders begründeten Fällen und nur in dem *erforderlichen* Umfang (»... insoweit ...«) vorzusehen (§ 1 Rn 8.1–12) und kann dafür auch eine bestimmte Höchstgrenze festsetzen. Zwingend geboten ist eine solche Festsetzung jedoch nicht (BVerwG, U. v. 27.2.1992 – 4 C 43.87 – aaO. Rn 28.1).

27 Die **zulässige Geschossfläche** oder die **zulässige Baumasse** (§ 20 Rn 19; § 21 Rn 1) ergibt sich aus der festgesetzten GFZ oder BMZ (§ 16 Rn 24, 25) oder ist ein im B-Plan festgesetzter absoluter Wert (»Größe der Geschossfläche, Baumasse«; § 16 Rn 26–28). Auf diese Werte werden unter der Geländeoberfläche hergestellte notwendige Garagen nicht nur nicht angerechnet, sondern die Werte werden um die Flächen oder Baumassen solcher Garagen sogar noch *erhöht*, selbst wenn die festgesetzte GFZ oder BMZ bereits eine Obergrenze nach § 17 Abs. 1 ist und diese dadurch überschritten wird. Diese Überschreitung wird umso größer, je mehr notwendige Garagen unter der Geländeoberfläche untergebracht werden können, u.U. auch in mehrgeschossigen

Tiefgaragen. Die zusätzliche Geschossfläche oder Baumasse erzeugt einen weiteren Bedarf an notwendigen Garagen, die – wiederum unterirdisch untergebracht – eine weitere Überschreitung der Werte erlauben. In der Praxis dürften die landesrechtlichen Vorschriften über Abstände und Abstandflächen, die Festsetzung der Zahl der Vollgeschosse oder der Höhe baulicher Anlagen sowie wirtschaftliche Überlegungen jedoch i. d. R. eine zu hohe Überschreitung ausschließen.

Unter die Vergünstigung des Abs. 5 fallen nur **notwendige Garagen** (so auch VGH BW, U. v. 12.7.1995 – 3 S 3167/94 – DVBl. 1996, 685), unabhängig davon, ob es sich um Pkw-, Lkw-, Omnibus-, Klein-, Mittel-, Groß-, Einzel- oder Gemeinschaftsgaragen handelt. **28**

Nach § 48 Abs. 1 MBO bzw. entspr. Vorschriften der Länder sind bei der Errichtung baulicher Anlagen, bei denen ein Zugangs- oder Abgangsverkehr zu erwarten ist, Stellplätze oder Garagen in ausreichender Größe sowie in geeigneter Beschaffenheit herzustellen (**notwendige Stellplätze oder Garagen**). Ihre Zahl und Größe richten sich nach Art und Zahl der vorhandenen und zu erwartenden Kfz. Der Bedarf ist nach Landesrecht in erster Linie auf das genutzte Grundstück zu beziehen. Hierbei sind mindestens die Stellplätze bzw. Garagen zulässig, die nach den o. a. Vorschriften der LBOen und der hierzu herausgegebenen Richtzahlen für den Stellplatzbedarf hergestellt werden müssen (§ 12 Rn 6). Entspr. den Vorschriften über Stellplätze und Garagen in den LBOen kann auch ein Grundstück für ein oder mehrere andere Grundstücke die Stellplatzpflicht miterfüllen, wenn wegen des ungünstigen Grundstückszuschnitts oder anderer Gründe der Bedarf auf den anderen Grundstücken nicht befriedigt werden kann. Die Frage, wie sich das Landesrecht zulässige Unterbringung notwendiger Stellplätze zur Erfüllung der Stellplatzpflicht eines Grundstücks auf einem anderen Grundstück auf die Zurechnung des sog. **Tiefgaragenbonus** auswirkt, d. h. welchem Grundstück die Vergünstigung nach § 21a Abs. 5 zu gewähren ist, war in der Rspr. nicht abschließend geklärt und in der Lit. umstritten.

Das BVerwG hat in dem Revisionsurt. v. 27.2.1992 (– 4 C 43.87 – DVBl. 1992, 727 = UPR 1992, 265 = ZfBR 1992, 177 = BRS 54 Nr. 60 = BauR 1992, 472 = DStT 1992, 467) zu einer Entscheidung des BayVGH entschieden, dass die **Vergünstigung des § 21a Abs. 5 BauNVO bundesrechtlich durch diese Vorschrift auf diejenigen unterirdischen Garagen beschränkt ist, die der Bauherr in Erfüllung der ihm obliegenden Stellplatzpflicht errichtet hat.** **28.1**

»Zwar besteht der allgemeine Zweck des § 21a darin«, so das BVerwG in den Gründen, *»den Bauherren einen Anreiz zu geben, auf ihren Grundstücken Stellplätze und Garagen einzurichten, um die öffentlichen Straßen vom ruhenden Verkehr zu entlasten« ... »Der sog. **Tiefgaragenbonus wird jedoch grundstücksbezogen gewährt.** Indem der VOgeber die nach § 21a Abs. 5 BauNVO mögliche Erhöhung der festgesetzten zulässigen Geschossflächenzahl von vornherein auf die Flächen (oder Baumassen) notwendiger Garagen beschränkt hat, hat er zum Ausdruck gebracht, dass es ihm in dieser Vorschrift nicht um das Ziel geht, Straßen und Flächen vom ruhenden Verkehr zu entlasten, sondern dass der sog. Tiefgaragenbonus dem Bauherrn gerade im Hinblick auf die ihn treffende Stellplatzpflicht gewährt werden soll. Zudem würde eine Erhöhung der zulässigen Geschossfläche auch durch unterirdische notwendige Garagen eines anderen Grundstücks zu einer mit den planerischen Vorstellungen der Gemeinde nicht mehr zu vereinbarenden Änderung des Maßes der baulichen Nutzung auf dem Baugrundstück führen können. Die Konzentrierung der notwendigen Garagen mehrerer Grundstücke auf einem einzigen Grundstück würde auf diesem eine Vervielfachung der zulässigen Geschossfläche bewirken und damit die städtebauliche Konzeption des B-Plans sprengen können. Einer derartigen Fehlentwicklung ist durch eine einschränkende Auslegung des § 21a Abs. 5 zu begegnen.«* (Hervorhebung diess.).

Mit dieser engen Auslegung kann ein »Ausufern« des »Draufsattelns« der Geschossfläche und somit die ursprünglich befürchtete missbräuchliche Anwendung der Vorschrift weitgehend vermieden werden.

Die **Flächen** und **Baumassen** unterirdischer notwendiger Garagen und Stellplätze sind sinngemäß wie die Geschossfläche (§ 20 Rn 19) und die Baumasse **29**

§ 21a   Abs. 5   30

(§ 21 Rn 1) zu ermitteln. **Die Fläche der unterirdischen Garagen** ist zwar nicht identisch mit der Grundfläche, weil die Anlage das Grundstück nicht *überdeckt*, sondern lediglich *unterbaut*. Sie ist auch nicht identisch mit der Geschossfläche, weil diese nur in allen Vollgeschossen zu ermitteln ist (§ 20 Abs. 2). Sie *entspricht* jedoch der Geschossfläche, zumal sie der zulässigen Geschossfläche hinzugerechnet wird. Demnach müssen auch die Berechnungsvorschriften des § 20 Abs. 2 hier Anwendung finden, d. h. die Fläche unterirdischer Garagen ist nach den *Außenmaßen* zu ermitteln (§ 20 Rn 19), sofern die Gemeinde im B-Plan keine andere Berechnungsart (»... insoweit zu erhöhen, als ...«) festsetzt oder als Ausnahme vorsieht, was zulässig ist (Rn 31). I. d. R. müssen also auch den Erddruck abstützende dicke Umfassungswände der unterirdischen Garagen in die Rechnung mit eingehen.

Obwohl nicht besonders genannt, gehören zu den notwendigen unterirdischen Garagen auch deren zugehörige notwendige **Nebeneinrichtungen,** wie Fahrgassen, Räume und Schächte für Lüftungseinrichtung, innenliegende Rampen, Treppenräume, Aufzüge mit Maschinenraum, ferner, wenn zugelassen, ein Raum für die Aufsicht, Umkleide-, Wasch- und Aborträume (Rn 3, 24). Auch die Umfassungswände dieser Nebeneinrichtungen sind i. d. R. mitzurechnen. Die Gemeinde kann bei Festsetzung oder Vorsehen der Ausnahme die Mitberechnung der Nebeneinrichtungen aber auch ausschließen und z. B. nur die Hinzurechnung der Netto-Garagenflächen zulassen (Rn 31). Außenrampen und äußere Zufahrten zu unterirdischen Garagen, die als Nebenanlagen auf die zulässige Geschossfläche nicht angerechnet werden (§ 20 Abs. 4), dürften dementsprechend auch nach Abs. 5 nicht zugerechnet werden.

Für die **Ermittlung der Baumasse** der Unterflurgaragen gelten die Ausführungen zur *Fläche* sowie zu § 21 Abs. 2 sinngemäß. Als Höhe ist dabei nicht die lichte Raumhöhe, sondern die Höhe bis zur Oberkante der die Garagen überdeckenden Geschossdecke anzurechnen. Handelt es sich dabei um eine wesentlich dickere Überdeckung als eine normale Geschossdecke, sollte die fiktive Dicke einer normalen Geschossdecke in Rechnung gesetzt werden.

30 Unter die Vergünstigung fallen nur notwendige Garagen, die **vollständig unter der Geländeoberfläche** hergestellt werden. I. S. d. § 2 Abs. 4 MBO und entspr. Vorschriften der Länder ist darunter i. d. R. die *festgelegte Geländeoberfläche* zu verstehen. *Festgelegt* wird die Geländeoberfläche durch Festsetzung im B-Plan oder im Einzelfall durch die Baugenehmigungsbehörde (vgl. z. B. § 2 Abs. 3 LBO BW; § 2 Abs. 4 BauO NW).

Im B-Plan können die Höhenlage der anbaufähigen Verkehrsflächen (§ 9 Abs. 2 BauGB) und der Anschluss der Grundstücke an die Verkehrsflächen (§ 9 Abs. 1 Nr. 11 BauGB) festgesetzt werden. Dabei kommt es i. d. R. auf die Höhe der an das Grundstück anschließenden Verkehrsfläche (Oberkante Gehweg) an. Die (planungsrechtliche) Festsetzung der Höhenlage unterscheidet sich daher von der (bauordnungsrechtlichen) Festlegung der Geländeoberfläche (OVG Saarl., B. v. 17.9.1979 – II W 1.2047/79 – BRS 35 Nr. 99 = BauR 1980, 158). Sofern die Geländeoberfläche mit ebenerdigen baulichen Anlagen (Stellplätzen, Zufahrten, aus Baustoffen hergestellten befestigten Flächen) zusammenfällt, kann sie auch durch Festsetzung der Höhenlage *dieser* baulichen Anlagen (§ 9 Abs. 2 BauGB) im B-Plan festgelegt werden. Da Tiefgaragen bauliche Anlagen sind, kann deren obere Abschlussdecke stets gleichzeitig als Geländeoberfläche festgesetzt werden. Für die übrigen Grundstücksflächen, die keine baulichen Anlagen sind, oder sofern eine Festsetzung nicht getroffen ist, kann die Baugenehmigungsbehörde bei der Errichtung oder Änderung baulicher Anlagen verlangen, dass die Oberfläche des Grundstücks zur Vermeidung oder Beseitigung einer Störung des Straßen-, Orts- oder Landschaftsbildes erhalten oder in ihrer Höhenlage verändert wird (§ 9 Abs. 3 MBO sowie entspr. Vorschriften der Länder). Fehlt es an einer *Festsetzung* im B-Plan und trifft auch die Baugenehmigungsbehörde im Einzelfall keine *Festlegung* der Höhenlage der Geländeoberfläche, ist die *natürliche Geländeoberfläche* als maßgebend zu betrachten. Ist keine Änderung der natürlichen Höhenlage im Bauantrag vorgesehen und wird keine Änderung durch die Baugenehmigungsbehörde verlangt, darf die natürliche Geländeoberfläche nicht ohne weiteres verändert werden (zum Begriff »festgelegte Geländeoberfläche« Hess. VGH, B. v. 17.4.1979 – IV TG 31/79 – BRS 35 Nr. 98 = BauR 1980, 157).

Nicht unter die Vergünstigungen fallen alle Garagen, die *nicht vollständig* unter der Geländeoberfläche hergestellt werden, selbst wenn sie nur in geringfügigem Maße, z. B. 0,50 m, oder nur zum Teil, z. B. auf 1/4 ihrer Länge, über die Geländeoberfläche hinausragen.

So fallen z. B. Garagen im »Bauch« von Hügel- und Terrassenhäusern oberhalb des Kellergeschosses nicht unter die Vergünstigung, weil sie nicht unter der Geländeoberfläche liegen. Sie sind auch keine Garagengeschosse nach Abs. 1, sondern gemischtgenutzt. Ihre Nichtanrechnung auf die Geschossfläche ist nur nach Abs. 4 Nr. 3 möglich. Hinzugerechnet werden hingegen auch Garagen in *Kellergeschossen*, die vollständig unter der Geländeoberfläche liegen. Der Begriff »Geländeoberfläche« ist nur als Höhenangabe, nicht jedoch als Angabe über die Anordnung der baulichen Anlagen auf dem Grundstück zu verstehen.

Voraussetzung für die Inanspruchnahme der Vergünstigung nach Abs. 5 ist eine **Festsetzung** oder das **Vorsehen der Ausnahme** im B-Plan. Im Fall der Festsetzung besteht für den einzelnen ein *Rechtsanspruch*, im Fall der Ausnahmeregelung hat die Baugenehmigungsbehörde nach pflichtgemäßem Ermessen zu entscheiden, ob, in welchem Umfang und unter welchen Bedingungen die Ausnahme gewährt wird (Rn 14). **31**

Auch die Festsetzung der Ausnahmeregelung steht – wie jede Festsetzung im B-Plan – unter dem Vorbehalt der *Erforderlichkeit* (§ 1 Rn 8.1–12), d. h. die Gemeinde ist verpflichtet, sie nur vorzusehen, wenn es aus städtebaulichen Gründen, insbes. des Verkehrs und des Lärmschutzes, *erforderlich* ist. Im Gegensatz zu den in den Abs. 1, 2, 3 und 4 Nr. 3 enthaltenen Regelungen (»... wenn der Bebauungsplan dies festsetzt ...«) können mit der nach Abs. 5 zulässigen Festsetzung (»... insoweit..., als der Bebauungsplan dies festsetzt ...«) *Nebenbestimmungen* über *Art* und *Umfang* der Vergünstigung ebenso wie mit der Ausnahmeregelung verbunden werden, z. B. in welchen Fällen, unter welchen Voraussetzungen, in welchen räumlich abgegrenzten Teilgebieten und in welchem Umfang die Erhöhung der zulässigen Geschossfläche oder Baumasse allgemein zulässig ist oder ausnahmsweise zugelassen werden kann. Dabei kann die Gemeinde die Berechnungsweise für die Fläche oder Baumasse der Anlagen und ihrer Nebeneinrichtungen festlegen und z. B. bestimmen, dass nur die Netto-Stellplatzflächen einschließlich der notwendigen Fahrgassen anrechnungsfähig sind. Da der Flächenbedarf und die Höhe für den einzelnen notwendigen Stellplatz und den zugehörigen Verkehrsraum nicht normiert sind, empfiehlt es sich, Höchstwerte für die Anrechnung der Fläche der notwendigen Garagen einschl. Verkehrsraum und ihrer Höhe festzusetzen, z. B. je Pkw-Stellplatz bis zu 25 m^2 Fläche und 2,20 m lichte Höhe. Eine Festsetzung von Höchstwerten ist zulässig, jedoch nicht zwingend (BVerwG, U. v. 27.2.1992 – 4 C 43.87 – aaO. Rn 28.1). Es kann auch bestimmt werden, dass nur ein bestimmter Vomhundertsatz der Fläche oder der Baumasse der Garagen oder nur absolute Werte (in m^2 oder in m^3) hinzurechnungsfähig sind.

Im B-Plan können die *räumlichen Teile* eines Baugebiets bezeichnet werden, für die die Regelung gelten soll. Dabei können z. B. verkehrsreiche Straßen, in denen Einfahrten zu den Grundstücken unerwünscht sind, ausgeschlossen werden. Die Inanspruchnahme der Vergünstigung kann davon abhängig gemacht werden, dass die Grundstücke eine Mindestgröße oder Mindestbreite haben und dass ihre Einfahrten eine bestimmte Lage, Anordnung oder Größe erfüllen, dass z. B. Rampen erst 5 m hinter der Straßenbegrenzungslinie beginnen dürfen oder nicht in Vorgärten angelegt werden sollen (§ 48 Abs. 9 MBO).

Bei Aufnahme der Regelung des Abs. 5 in den B-Plan ist zu berücksichtigen, dass nicht alle Grundstückseigentümer nach Größe und Beschaffenheit ihres Grundstücks sowie ihrer Bauplanung willens oder in der Lage sind, die notwendigen Garagen unterirdisch herzustellen, so dass sich daraus u. U. eine recht unterschiedliche Ausnutzung nebeneinander liegender Grundstücke ergeben kann. Es empfiehlt sich daher, *vor* einer solchen Regelung die möglichen Auswirkungen zu prüfen, damit sich nicht durch eine zu ungleichmäßige Ausnutzung dieser Möglichkeit etwa städtebaulich-gestalterische oder sonstige Nachteile ergeben.

§ 22

Eine *zwingende* Festsetzung von nur unterirdischen Garagen bei gleichzeitigem Ausschluss oberirdischer Stellplätze ist auf der Grundlage von § 21a Abs. 5 nicht zulässig, weil dadurch dem Bauherrn die Wahlmöglichkeit zwischen der Anlage unter- und oberirdischer Stellplätze genommen wird. Eine solche Festsetzung gibt § 21a Abs. 5 nicht her. Denn danach kann nur »dies« festgesetzt oder als Ausnahme vorgesehen werden. »Dies« ist jedoch nicht die Festsetzung von Garagen schlechthin, sondern nur die Vergünstigung der Erhöhung der Geschossfläche, wenn Garagen unterirdisch hergestellt werden, was nach § 21a Abs. 5 dem Bauherrn überlassen bleibt. Garagen unter der Geländeoberfläche mit gleichzeitigem Ausschluss oberirdischer Stellplätze oder Garagen können nur nach § 9 Abs. 1 Nr. 4 BauGB festgesetzt werden. Dann kann jedoch die Vergünstigung des § 21a Abs. 5 nicht in Anspruch genommen werden. Eine höhere Geschossfläche kann dann nur in dem Rahmen zugelassen werden, wie die Gemeinde nach § 17 Abs. 2 oder 3 eine Überschreitung der Werte des § 17 Abs. 1 festgesetzt hat (vgl. VGH BW, U. v. 12.7.1995 – 3 S 3167/94 – DVBl. 1996, 685). Die dort genannten Voraussetzungen für die Überschreitung der Obergrenzen des § 17 Abs. 1 hat der VGH im genannten U. als erfüllt angesehen.

Dritter Abschnitt: **Bauweise, überbaubare Grundstücksfläche**

§ 22   Bauweise

(1) Im Bebauungsplan kann die Bauweise als offene oder geschlossene Bauweise festgesetzt werden.

(2) In der offenen Bauweise werden die Gebäude mit seitlichem Grenzabstand als Einzelhäuser, Doppelhäuser oder Hausgruppen errichtet. Die Länge der in Satz 1 bezeichneten Hausformen darf höchstens 50 m betragen. Im Bebauungsplan können Flächen festgesetzt werden, auf denen nur Einzelhäuser, nur Doppelhäuser, nur Hausgruppen oder nur zwei dieser Hausformen zulässig sind.

(3) In der geschlossenen Bauweise werden die Gebäude ohne seitlichen Grenzabstand errichtet, es sei denn, dass die vorhandene Bebauung eine Abweichung erfordert.

(4) Im Bebauungsplan kann eine von Absatz 1 abweichende Bauweise festgesetzt werden. Dabei kann auch festgesetzt werden, inwieweit an die vorderen, rückwärtigen und seitlichen Grundstücksgrenzen herangebaut werden darf oder muss.

BauNVO 1977 und 1968:

(1) Im Bebauungsplan ist, soweit es erforderlich ist, die Bauweise als offene oder geschlossene Bauweise festzusetzen.

(2) In der offenen Bauweise werden die Gebäude mit seitlichem Grenzabstand (Bauwich) als Einzelhäuser, Doppelhäuser oder als Hausgruppen mit einer Länge von höchstens 50 m errichtet. Im Bebauungsplan können Flächen festgesetzt werden, auf denen nur Einzelhäuser, nur Doppelhäuser, nur Hausgruppen oder nur zwei dieser Hausformen zulässig sind.

(3) *unverändert wie BauNVO 1990.*

(4) *wie BauNVO 1990 Satz 1.*

BauNVO 1962:

(1) Im Bebauungsplan ist, soweit es erforderlich ist, die Bauweise als offene oder geschlossene Bauweise festzusetzen. Ist die Bauweise nicht festgesetzt, so sind die Vorschriften über die offene Bauweise anzuwenden.

(2) In der offenen Bauweise werden die Gebäude mit seitlichem Grenzabstand (Bauwich), als Einzelhäuser, Doppelhäuser oder als Hausgruppen mit einer Länge von höchstens 50 m errichtet. Im Bebauungsplan können Flächen festgesetzt werden, auf denen nur Einzelhäuser und Doppelhäuser oder nur Hausgruppen zulässig sind.

(3) *unverändert wie BauNVO 1990.*

(4) *wie BauNVO 1990 Satz 1.*

Erläuterungen

Übersicht

		Rn		
1.	Festsetzung der Bauweise	1	– 3	**Abs. 1**
a)	Begriff und Zweckbestimmung	1		
b)	»Bauweise«	2	– 3	
2.	Offene Bauweise	4	– 8.2	**Abs. 2**
a)	Seitlicher Grenzabstand	4	– 5	**Satz 1**
b)	Zulässige Hausformen	6	– 6.4	
aa)	Einzelhäuser	6.2	– 6.22	
bb)	Doppelhäuser	6.3	– 6.33	
cc)	Hausgruppen	6.4		
c)	Länge der Hausformen	6.5		**Satz 2**
d)	Festsetzung von Flächen für bestimmte Hausformen	7		**Satz 3**
e)	Nachbarschutz in der offenen Bauweise	8	– 8.2	
aa)	Allgemeines	8		
bb)	Rechtsprechung zur Grenzbebauung	8.1		
cc)	Grenzgaragen	8.2		
3.	Geschlossene Bauweise	9	– 9.2	**Abs. 3**
4.	Abweichende Bauweise	10	– 11	**Abs. 4**
a)	Formen der abweichenden Bauweise	10	– 10.1	**Satz 1**
b)	Heranrücken an die Grundstücksgrenzen	11		**Satz 2**

1. Festsetzung der Bauweise (Abs. 1)

a) Begriff und Zweckbestimmung. Der Begriff **Bauweise** (nicht zu verwechseln mit der »Bauart« der Gebäude) entstammt dem früheren vor dem BBauG geltenden Landesbaurecht, das i. A. nur die *offene* und *geschlossene* Bauweise kannte. Durch sie wurde die größte Zahl der Baufälle im herkömmlichen Sinn erfasst. Das wesentliche Merkmal der Bauweise ist der **seitliche Grenzabstand** der Gebäude. Die Bauweise ist demnach die Art und Weise, in der die Gebäude in Bezug auf die seitlichen Nachbargrenzen auf den Baugrundstücken angeordnet werden. Sie ist ein wesentliches Element des Städtebaues. Die Festsetzung einer bestimmten Bauweise kann unterschiedlichen Zwecken dienen, z. B. der Gestaltung des Orts- und Straßenbildes, den Wohnbedürfnissen, einer beabsichtigten Verdichtung oder Auflockerung der Bebauung, dem Immissionsschutz oder Nachbarschutz. Die planungsrechtlichen Vorschriften des Bundes allein reichen zur Regelung der Bauweise nicht aus; sie bedürfen der Ergänzung durch die *bauordnungsrechtlichen* Vorschriften der Länder. Die LBOen enthalten entsprechend §§ 6, 7 MBO im Wesentlichen Vorschriften, in denen die *Sicherheit* und *Gesundheit* sowie der *Nachbarschutz* im Vordergrund stehen; sie bestimmen die im Einzelnen erforderlichen Abstandmaße.

b) «Bauweise». Die Bauweise ist nicht Teil des *Maßes der baulichen Nutzung*, sondern eine besondere Bestimmung für die *Anordnung der Gebäude* im Verhältnis zu den Nachbargrundstücken; ihre Festsetzung erfolgt nach § 9 Abs. 1 Nr. 2 BauGB i. V. m. der aufgrund der Ermächtigung in § 9 a Nr. 1 Buchst. c BauGB in § 22 enthaltenen Regelung. Art und Maß der baulichen Nutzung werden durch die Bauweise nicht berührt. § 22 betrifft nur Gebäude, nicht dagegen sonstige bauliche Anlagen (OVG Münster, U. v. 12.7.1982 – 7 A 2798/80 – BRS 39 Nr. 111), und auch nur **Gebäude der Hauptnutzung**; die Zuläs-

§ 22 Abs. 1 2

sigkeit von Nebenanlagen im seitlichen Grenzabstand richtet sich grds. nach den landesrechtlichen Abstandsflächenvorschriften (vgl. VGH BW, U. v. 29.1.1999 – 3 S 2662/98 – VBlBW 1999, 310 u. B. v. 9.5.2006 – 3 S 905/06 –).

Die Kann-Vorschrift des Abs. 1 lässt zu, von der Festsetzung der Bauweise *keinen* Gebrauch zu machen, obwohl ein Baugebiet festgesetzt wird. Art und Maß der baulichen Nutzung werden dadurch nicht berührt. Auf die Festsetzung der Bauweise kann z. B. verzichtet werden, wenn die Anordnung der Baukörper auf den Grundstücken bereits durch Festsetzung der überbaubaren Grundstücksflächen durch Baulinien oder Baugrenzen (§ 23 Abs. 2) geregelt wird. Dabei können die überbaubaren Grundstücksflächen mit beliebigem oder ohne seitlichen Grenzabstand festgesetzt werden, die landesrechtlichen Vorschriften über Abstände und Abstandflächen (§§ 6, 7 MBO, Rn 3) gehen dann i. d. R. vor, so dass die B-Plan-Festsetzungen u. U. nicht voll ausgenutzt werden können. Dies ergibt sich aus dem Unberührtbleiben bauordnungsrechtlicher Vorschriften nach § 29 Abs. 2 BauGB, es sei denn, das Bauordnungsrecht räumt den Festsetzungen des B-Plans Vorrang ein, wie durch § 6 (§ 8 alt) Abs. 1 MBO (OVG RhPf, U. v. 6.3.1980 – 1 A 167/78 – BRS 36 Nr. 42).

Nach der durch die ÄndVO 1968 **weggefallenen Vorschrift** des **Abs. 1 Satz 2** der BauNVO 1962 waren die Vorschriften über die offene Bauweise anzuwenden, wenn die Bauweise nicht festgesetzt worden war. Diese Vorschrift war durch die Ermächtigungsnorm des § 2 Abs. 10 BBauG 1960 nicht gedeckt und hat daher auch für die unter der Geltung der BauNVO 1962 zustande gekommenen B-Pläne keine Bedeutung mehr (BVerwG, U. v. 23.4.1969 – IV C 12.67 – BVerwGE 32, 31 = BRS 22 Nr. 42). Soweit solche »**alten**« **B-Pläne Festsetzungen über die Bauweise nicht enthalten**, ist im Baugenehmigungsverfahren zu prüfen, welche Bauweise aufgrund der jeweiligen Landesbauordnung zulässig ist. Die Streichung des Satzes 2 durch die Novelle 1968 hat jedenfalls nicht die – gelegentlich vermutete – Bedeutung, dass landesrechtliche Abstandsvorschriften nicht maßgeblich sein sollen (vgl. BVerwG, B. v. 9.10.1990 – 4 B 119.90 – ZfBR 1991, 35 = BRS 54 Nr. 62); denn nach § 29 Abs. 2 BauGB bleiben bauordnungsrechtliche Vorschriften unberührt. Das Landesrecht enthält jedoch keine die Lücke schließende Ersatzvorschrift; denn die Vorschriften über Abstandflächen (§ 6 MBO und entspr. Vorschriften der LBOen) schreiben eine Freihaltung der seitlichen Grundstücksgrenzen nur vor, soweit nach *planungsrechtlichen* Vorschriften an diese gebaut werden muss oder darf, und verweisen somit wiederum auf planungsrechtliche Festsetzungen der Gemeinde. Ist eine bestimmte Bauweise auch nicht mittelbar durch seitliche Baulinien oder Baugrenzen festgesetzt, kann im Rahmen des Landesrechts somit beliebig gebaut werden. Dasselbe gilt auch für die nach der BauNVO 1968, 1977 oder 1990 aufgestellten B-Pläne.

Die Bauweise kann für das Bauland, muss jedoch nicht für *ein* Baugebiet einheitlich festgesetzt werden. Die Möglichkeit der **unterschiedlichen Festsetzung** für Teile des Baugebiets und Einzelgrundstücke wie für das Maß der baulichen Nutzung nach § 16 Abs. 5 gilt sinngemäß auch für die Festsetzung der Bauweise (ebenso *Förster*, § 22 Anm. 1; vgl. BVerwG, B. v. 16.8.1993 – 4 NB 29.93 – ZfBR 1994, 101). Im Übrigen ergibt sich dies auch aus der »Kann-Vorschrift« des Abs. 1 und aus Abs. 4.

Ist die *Festsetzung* der Bauweise nicht erforderlich, kann sie unterbleiben, z. B. wenn sie hinderlich oder unzweckmäßig ist wie in GI-Gebieten oder SO-Gebieten für Kraftwerke oder für großflächigen Einzelhandel, in denen häufig Gebäude über 50 m Länge mit Grenzabstand errichtet werden, so dass weder die offene noch die geschlossene Bauweise zutrifft und sich wegen der unterschiedlichen Bauformen eine eindeutig »abweichende« Bauweise (Abs. 4) nicht festsetzen lässt. *Da die Bauweise in § 30 Abs. 1 BauGB nicht als Mindestvoraussetzung für das Zustandekommen eines »qualifizierten« B-Plans aufgeführt ist*, ist deren Festsetzung für die Qualifikation eines B-Plans i. S. d.

§ 30 Abs. 1 BauGB nicht erforderlich. Die Anwendung der Abstandvorschriften der LBOen setzt jedoch – insbes. in den übrigen Baugebieten – voraus, dass die planungsrechtliche Frage der Bauweise entschieden ist (vgl. OVG NW, B. v. 28.2.1991 – 11 B 2967/90 – NVwZ-RR 1992, 11).

Die Frage, ob der Träger der Bauleitplanung im B-Plan **Ausnahmen von der festgesetzten offenen** oder **geschlossenen Bauweise** nach Maßgabe des § 31 Abs. 1 BauGB vorsehen darf, um bei notwendigen Abweichungen das härtere Mittel der Befreiung zu vermeiden (so sinngemäß *Müller/Weiß*, 5. Aufl., § 22 Bem. zu Abs. 2 und 3), ist zu verneinen. Im Gegensatz zu anderen Vorschriften der BauNVO, die das Vorsehen von Ausnahmen ausdrücklich zulassen, fehlt in § 22 eine entspr. Ermächtigung (*Bielenberg*, § 22 Rdn. 34; *Förster*, § 22 Anm. 2). Auch der Hinweis von *Böhm* (aaO., BlGBW 1974, 8), die Ermächtigung der Festsetzung der Bauweise gehe nicht auf die BauNVO, sondern auf § 9 Abs. 1 Nr. 1b BBauG 1960 zurück, ist unzutreffend, weil die Ermächtigung zum Erlass von Rechtsvorschriften über die Bauweise in § 2 Abs. 5 Nr. 1c BauGB enthalten ist. Das Anliegen, notwendige Abweichungen über *Ausnahmen* regeln zu können, mag in einzelnen Fällen zwar durchaus berechtigt sein, lässt sich aber bei der derzeitigen Fassung des § 22 nicht verwirklichen. Im Übrigen ist für die geschlossene Bauweise eine Abweichungsmöglichkeit bei vorhandener Bebauung bereits vorgesehen; für die offene Bauweise ist eine Abweichung – hier kommt sie für die Überschreitung der Gebäudelänge von 50 m und von nach Abs. 2 Satz 2 etwa festgesetzten Hausformen in Betracht – aus städtebaulichen Gründen bewusst nicht vorgesehen worden. Die Festsetzung von Flächen für besondere Hausformen setzt stets besondere Planungsabsichten der Gemeinde voraus, die mit einer Ausnahmegewährung nicht zu vereinbaren sind. Ggf. sollte diese Festsetzung nicht vorgesehen werden, um die Eigentümer nicht zu weit zu binden.

Bei der Festsetzung einer **abweichenden Bauweise** (Abs. 4) kann die Gemeinde dagegen die Bauweise – ähnlich wie bei Festsetzung eines SO-Gebiets die Art der Nutzung – selbst bestimmen und u. U. auch grundstücksweise festsetzen. Es ist unbedenklich, damit zugleich auch eine Ausnahmeregelung vorzusehen. Eine vermeintlich fehlende Ermächtigungsnorm steht dem nicht entgegen. Der VOgeber hat der Gemeinde für die Festsetzung nach Abs. 4 freie Hand gelassen; dies schließt auch eine nach Art und Umfang bestimmte Ausnahmeregelung mit ein.

2. Offene Bauweise (Abs. 2)

a) **Seitlicher Grenzabstand (Satz 1).** Die offene Bauweise ist durch den seitlichen Grenzabstand gekennzeichnet, der in der früheren Fassung mit dem Klammerzusatz »Bauwich« erläutert war. Durch die ÄndVO 1990 ist der Klammerzusatz entfallen; die Bezeichnung »Bauwich« gibt es im Landesrecht nicht mehr. § 22 regelt nur, *dass* ein Grenzabstand einzuhalten ist. Die näheren Bestimmungen über seine *Größe* enthalten die landesrechtlichen Vorschriften (§ 6 MBO; § 6 BauO NW; BVerwG, B. v. 12.5.1995 – 4 NB 5.95 – BRS 57 Nr. 7).

Die »seitliche« Grenze ist im Zusammenhang mit der »vorderen« und »rückwärtigen« Grenze zu sehen. Nach allgemeinem Verständnis liegt die *vordere* Grundstücksgrenze an der Straßenbegrenzungslinie. Von ihr aus verlaufen die seitlichen Grenzen nach hinten zur rückwärtigen Grenze. Bei polygonal geschnittenen oder von Kurven begrenzten Grundstücken könnte man entsprechend der Bestimmung, die frühere BauOen enthielten, als seitwärtige die Nachbargrenzen bezeichnen, die mit der Durchschnittsrichtung der Straßenbegrenzungslinie einen Winkel von mehr als 45° bilden, und als rückwärtige, die mit der Straßenbegrenzungslinie einen Winkel bis zu 45° bilden (OVG Münster, U. v. 5.3.1963 – VII A 1294/62 – BRS 14 Nr. 5). Die MBO und LBOen unterscheiden nicht mehr nach seitlichen und rückwärtigen Grenzen, so dass auch bei rechtwinkligen Eckgrundstücken an beiden Nachbargrenzen dieselben Abstandsvorschriften gelten. Soll an einer Nachbargrenze ein größerer (»rückwärtiger«) Grenzabstand eingehalten werden, kann dies durch die Festsetzung einer entsprechenden Baugrenze erfolgen (§ 23 Abs. 3).

Der **seitliche Grenzabstand** ist in der landesrechtlich vorgeschriebenen Breite über die gesamte Tiefe des Grundstücks einzuhalten, soweit nicht nach Landesrecht bauliche Anlagen in den Abstandflächen zulässig sind oder zugelassen werden können (§ 23 Rn 19–21). Grenznahe Bebauung, die auch bei Einhaltung des Grenzabstandes auf dem Nachbargrundstück noch nicht zu einem ausreichenden Gebäudeabstand führt, stellt geschlossene Bauweise dar (OVG Lüneburg, U. v. 25.1.1978 – I A 103/76 – BRS 33 Nr. 53 = BauR

§ 22 Abs. 2   6, 6.1

1978, 460). Nicht jedes geringfügige Abrücken von der Grenze (z. B. schmale Traufgassen und Durchgänge bis 1,0 m Breite, s. Rn 9) führt schon zur offenen Bauweise.

Selbstverständlich ist die **Festsetzung der offenen Bauweise** grundsätzlich in allen Baugebieten zulässig; eine Einschränkung auf bestimmte Baugebiete gibt es in § 22 nicht. Eine andere Frage ist es, ob die offene Bauweise auch in Kern-, Gewerbe- und Industriegebieten gerechtfertigt bzw. aus städtebaulichen Gründen erforderlich ist. Sollen dort z. B. Verwaltungsgebäude, Kaufhäuser oder Fabriken zugelassen werden, so verbietet sich die offene Bauweise schon deshalb, weil diese Gebäudetypen regelmäßig eine größere Länge als 50 m haben. Wenn eine Gemeinde trotzdem für ihr Kerngebiet offene Bauweise festsetzt, muss sie die dafür sprechenden städtebaulichen Gründe darlegen. Dies könnte z. B. in Frage kommen für ein Kerngebiet in einem dem Fremdenverkehr dienenden Kurort mit historisch überkommener aufgelockerter Bauweise, die beibehalten werden soll, so dass auch Verwaltungsgebäude, Banken, Kaufhäuser nicht länger als 50 m sein dürfen. In GE- und GI-Gebieten bietet sich ggf. eine abweichende Bauweise (Abs. 4) an.

6   b) **Zulässige Hausformen (Satz 1).** Die bereits in der BauNVO 1962 enthaltene und aus früherem Landesrecht übernommene Festsetzungsmöglichkeit der unterschiedlichen Hausformen **Einzelhaus, Doppelhaus** und **Hausgruppe** orientierte sich ursprünglich an herkömmlichen und nur auf den Wohnungsbau bezogenen städtebaulichen Vorstellungen, dass ein Einzelhaus stets ein freistehendes i. d. R. ein- bzw. zweigeschossiges Ein- oder Zweifamilienhaus, ein Doppelhaus stets aus zwei an einer Grundstücksgrenze aneinandergebauten Wohnhäusern und eine Hausgruppe stets aus mehreren an beiden Grundstücksgrenzen aneinandergebauten Wohnhäusern (»Reihenhäuser«) bestehen müsse. Die Begriffe gaben nach früherem Verständnis keine Probleme auf (vgl. entspr. Hinweise bei *Boeddinghaus*, BauR 1998, 15). Erst das Entstehen neuzeitlicher von der Überlieferung völlig abweichender Haustypen und Wohngroßbauformen verursachte Begriffs- und Abgrenzungsschwierigkeiten, insbes. für den Fall der Festsetzung von Flächen »nur Einzelhäuser«, »nur Doppelhäuser«, »nur Hausgruppen« oder »nur zwei dieser Hausformen« nach Satz 3, wenn diese von der Gemeinde mit einer bestimmten Planungsabsicht – etwa zur Erhaltung und Fortentwicklung einer vorhandenen lockeren Baustruktur – getroffen wurde (s. Rn 7). So werden gelegentlich als »Einzelhäuser« auch Häuser beantragt, die nach ihrer äußeren Erscheinung zwar wie Einzelhäuser (d. h. Einfamilienhäuser im herkömmlichen Sinn) wirken, tatsächlich jedoch aus zwei oder mehreren aneinandergebauten funktionsmäßig selbständigen Wohn»scheiben« bestehen. Baugenehmigungsbehörden sehen darin oft eine Umgehung der Festsetzung »nur Einzelhäuser« und lehnen solche Vorhaben ab.

6.1   Eine **eindeutige Abgrenzung der Hausformen** voneinander begegnet der Schwierigkeit, dass der auch in Verbindung mit anderen Anlagentypen wie Kauf*haus*, Waren*haus* verwendete Begriff »Haus« weder in der BauNVO noch im Bauordnungsrecht bestimmt ist. Bereits die frühere Rspr. hatte daher statt des städtebaulichen Begriffs »Haus« den bauordnungsrechtlichen Begriff »Gebäude« herangezogen, der jedoch mit dem Begriff »Haus« nicht identisch ist, denn *ein* Doppelhaus besteht bereits aus *zwei* selbständigen Gebäuden (»Doppelhaushälften«), vgl. auch *Boeddinghaus*, § 22 Rdn. 10.

Der **bauordnungsrechtliche Begriff des Gebäudes** ist in § 2 Abs. 2 MBO (und entspr. Vorschriften der Länder) bestimmt. Danach sind Gebäude *selbständig benutzbare* bauliche Anlagen. Selbständig benutzbar sind bauliche Anlagen nur dann, wenn sie für sich geeignet sind, den Verwendungszweck zu erfüllen. Der Verwendungszweck bedingt i. d. R. auch einen Abschluss durch Umfassungswände. Merkmal der selbständigen Benutzbarkeit ist der eigene Zu- und Ausgang sowie bei mehrgeschossigen Gebäuden der eigene Treppenraum. Ein Gebäude kann sich aus mehreren Gebäudeteilen mit eigenen Zu- und Ausgängen zusammensetzen, wenn zwischen diesen Gebäudeteilen ein untrennbarer funktionaler und räumlicher Zusammenhang besteht (so zutreffend *Gädtke/Böckenförde/Temme*, BauO NW, 8. Aufl. § 2 Rdn. 41).

Maßgebend für den Begriff des **Gebäudes im bauordnungsrechtlichen Sinn** ist die funktionale Selbständigkeit; auf die rechtliche Selbständigkeit und die Art ggf. gemeinschaftlicher Konstruktionen oder unbedeutender Bau- oder Gebäudeteile kommt es nicht unbedingt an (vgl. *Koch/Molodowsky*, Komm. zur BayBO, 9. Aufl., Art. 2 Anm. 3.1). Die Frage, ob aneinandergebaute selbständig benutzbare Gebäude im bauordnungsrechtlichen Sinn stets auch **im städtebaurechtlichen Sinn** Doppelhäuser bzw. Hausgruppen sind, ist zu verneinen. Die lange streitige Frage ist durch die obergerichtliche Rspr. und das maßgebende U. des BVerwG v. 24.2.2000 – 4 C – 12.98 (Rn 6.33) entschieden. Für die bauplanungsrechtliche Zuordnung von Gebäuden zu den in § 22 BauNVO aufgeführten drei Hausformen sind bauordnungsrechtliche Zuordnungen unerheblich (vgl. Hess. VGH, U. v. 25.11.1999 – 4 UE 2222/92 – BRS 62 Nr. 184).

aa) **Einzelhäuser.** Diese sind – im Gegensatz zu Doppel- oder Reihenhäusern (Hausgruppen) – allseits freistehende Gebäude von höchstens 50 m Länge mit städtebaulich gefordertem Abstand zu den seitlichen und rückwärtigen Nachbargrenzen, dessen Tiefe (Abstandflächen) sich nach Landesrecht bemisst (vgl. BVerwG, B. v. 31.1.1995 – 4 NB 48.93 – ZfBR 1995, 143 = DVBl. 1995, 520 = BauR 1995, 351 = UPR 1995, 233 = NVwZ 1995, 696 = BRS 57 Nr. 23). Auf die Anzahl der Vollgeschosse und der in ihnen enthaltenen Eigentumseinheiten bzw. Mietwohnungen kommt es nach hM nicht an (vgl. *Bielenberg*, § 22 Rdn. 30; *Müller/Weiß*, BauNVO S. 198; *Boeddinghaus*, § 22 Rdn. 12). Ein Einzelhaus ist somit ein Baukörper mit seitlichem Grenzabstand, der aus mehreren selbständig benutzbaren baulichen Anlagen (Gebäuden) bestehen kann (vgl. Nds. OVG, U. v. 8.12.1995 – 1 L 3209/94 – BauR 1996, 684 = NVwZ-RR 1997, 277 = DVBl. 1996, 286 = BRS 57 Nr. 83). Die Festsetzung »Einzelhäuser« betrifft die Bauweise, nicht die Zahl auf einem Grundstück zulässiger Gebäude. Ob zwei auf einem Grundstück aneinander gebaute Häuser, die seitlich Grenzabstände zu Nachbargrundstücken einhalten, bauordnungsrechtlich selbständige Gebäude und nach allgemeinem Sprachgebrauch ein Doppelhaus sind, ist bauplanungsrechtlich unerheblich (Hess. VGH, U. v. 25.11.1999 – 4 UE 2222/92 – aaO.). Sofern sie die erforderlichen seitlichen Grenzabstände einhalten, dürfen auf einem Baugrundstück auch mehrere Einzelhäuser stehen (BVerwG, B. v. 31.1.1995 – 4 NB 48.93 – aaO.). Zu den Einzelhäusern rechnen somit auch einzeln stehende mehrgeschossige Wohnblocks und Hochhäuser (so auch OVG RhPf, U. v. 23.1.1986 – 1 A 124/84 – BauR 1986, 322 = BRS 46 Nr. 99), unabhängig davon, in welcher Rechtsform (als Miethäuser, Ferienhäuser oder in der Form des Wohnungseigentums) sie genutzt werden. Auch ein Hochhaus ist immerhin ein hohes »Haus«. Auf einem großen Baugrundstück können als »Einzelhäuser« auch mehrere Hochhäuser von einer Länge bis zu je 50 m stehen, von denen jedes für sich die notwendigen Abstandflächen einhält (in diesem Sinne auch BVerwG, B. v. 31.1.1995 – 4 NB 48.93 – aaO.).

Werden z. B. in einem Baukörper von nicht mehr als 50 m Länge drei Eigentumswohnungen anstatt in einer Schichtung übereinander als drei zusammenhängende »Wohnscheiben« nebeneinander gebaut, so bleiben die *städtebaulichen Anforderungen* an ein Einzelhaus unverändert, wenn die Abstände zu den Nachbargrenzen eingehalten werden und die Anzahl der Wohnungen sowie notwendigen Stellplätze sich nicht ändert. Dass der Baukörper nunmehr drei selbständig benutzbare Gebäude mit jeweils eigenen Eingängen enthält, kann *städtebaulich* keine Bedeutung haben; denn bauordnungsrechtliche Fragen wie die Zahl der Hauseingänge, die erforderlichen Gebäudetrennwände, eine etwa gemeinsam betriebene Heizungsanlage oder andere gemeinschaftlich genutzte untergeordnete Bauteile (wie Windfang, Waschküche, Fahrradraum usw.) sind für die planungsrechtliche Beurteilung (völlig) uninteressant. Ein solches oft heute noch als Hausgruppe angesehenes Gebäude ist nichts anderes als ein Einzelhaus i. S. d. städtebaulichen Begriffsbestimmung; d. h. der Begriff des Einzelhauses hat keinen rechtlich relevanten Zusammenhang zur Gebäudehöhe oder Gebäudelänge (soweit diese unter 50 m liegt).

Der Begriff »**Einzelhaus**« hat heute, wie Schrifttum und Rspr. zeigen, im Gegensatz zu seiner Bedeutung in der Vergangenheit nichts mehr mit der städtebaulich wirkenden Größe oder dem Erscheinungsbild eines Gebäudes zu tun; die Übertragung des bauordnungsrechtlichen Begriffs der »selbständigen Benutzbarkeit« bzw. der »funktionalen Selbständigkeit« für ein Gebäude führt nicht zu einer städtebaulich-bauplanungsrechtlich plausiblen Begriffserklärung der Hausformen i. S. v. § 22 Abs. 2 (so überzeugend *Grabe*, BauR 1991, 530 [532]).

Gegen den Begriff des »Einzelhauses« in § 22 hatte auch *Grabe* (aaO. Rn 6.2) grundlegende Bedenken erhoben. Der Bau von »Hausgruppen« – zu denen im historischen Baurecht auch das »Doppelhaus« gehörte – ist seinerzeit unter wohnungspolitischen Gesichtspunkten als »*durchaus erstrebenswerter Bau von Kleinbauten*« gefördert worden (s. Nachw. bei *Grabe* aaO. Fn 20 und 21); er entsprach damit bereits dem auch heute noch geltenden städtebaulichen Ziel der »Eigentumsbildung weiter Kreise der Bevölkerung« i. S. v. § 1 Abs. 5 Satz 2 Nr. 2 BauGB. Die hinter diesem Ziel stehenden wohnungspolitischen Absichten entsprechen in besonderem Maß öffentlichen Interessen und damit einem eigentumsrechtlichen Schutzzweck i. S. v. Art. 14 Abs. 1 Satz 2 GG. Demgegenüber war das

§ 22 Abs. 2   6.3

Einzelwohnhaus (= Ein- oder Zweifamilienhaus) seinerzeit Ausdruck des Wohnbedürfnisses der »wohlhabenden Klasse«. Auch heute kommt ihm trotz gewandelter gesellschaftspolitischer Auffassungen im Hinblick auf Belange des Umweltschutzes, insbes. des sparsamen und schonenden Umgangs mit dem Boden (§ 1 Abs. 5 Satz 3 BauGB/§ 1a Abs. 1 BauGB 1998) sowie der Vermeidung einseitiger Bevölkerungsstrukturen (§ 1 Abs. 5 Satz 2 BauGB) kein besonderer Schutzzweck zu. Schon deshalb ist eine Festsetzung »nur Einzelhäuser« unter dem planerischen Gesichtspunkt der Zulassung von nur Ein- oder Zweifamilienhäusern eine unter dem Gesichtspunkt einer sozialgerechten Bodennutzung (§ 1 Abs. 5 Satz 1 BauGB) bedenkliche Einschränkung des Eigentums.

Die herkömmliche Auffassung vom Einzel»haus« ist damit heute zu eng. Der VOgeber der BauNVO hat jedoch darauf – etwa durch entspr. Anpassung des § 22 – bisher nicht reagiert. Der **Begriff** »**Einzelhäuser**« sollte bei einer erneuten Novellierung der BauNVO überprüft und ggf. geändert werden. Solange dies nicht erfolgt ist, darf der städtebauliche Begriff »Einzelhaus« nicht zu eng, insbes. nicht unter Heranziehung bauordnungsrechtlicher Begriffsbestimmungen für selbständige Gebäude, ausgelegt werden, so dass auch für die von der herkömmlichen Auffassung abweichenden Großbauformen die Regelungen des § 22 über die offene Bauweise uneingeschränkt Anwendung finden. Dem Begriff fehlt auch die aus heutiger städtebaulicher Sicht erforderliche Normenbestimmtheit. Gemessen an dem Grundsatz der Verhältnismäßigkeit ist der Begriff »Einzelhaus« nicht geeignet, *städtebauliche Ziele* dem Betroffenen gegenüber eindeutig und klar zu definieren. Den insoweit überzeugenden Ausführungen von *Grabe* (aaO.) wird zugestimmt.

Soll ausschließlich das herkömmliche »Ein- oder Zweifamilienhaus« zugelassen werden, so kann dieses Ziel nur mit anderen Planungsinstrumenten (z.B. durch Festsetzung der Größe der Häuser durch die zulässige Grundfläche, durch Baulinien oder Baugrenzen) erreicht werden. Die planerische Absicht, nur Einfamilienhäuser zuzulassen, kann nämlich durch eine Festsetzung über die Bauweise als »Einzelhaus« nicht verwirklicht werden (vgl. OVG RhPf, U. v 23.1.1986 – 1 A 124/84 – aaO. Rn 6.2). Auch das planerische Ziel, auf einem Baugrundstück von mindestens 1.000 m² nur ein einziges Wohngebäude mit höchstens zwei Wohnungen zuzulassen, kann durch eine Festsetzung über die Bauweise als »Einzelhaus« in Kombination mit der Zwei-Wohnungsklausel (9 Abs. 1 Nr. 6 BauGB) und einer entspr. Grundstücksmindestgröße (§ 9 Abs. 1 Nr. 3 BauGB) nicht erreicht werden (vgl. BVerwG, B. v. 31.1.1995 aaO. Rn 6.2). Die Zulassung nur eines einzigen Wohngebäudes mit höchstens zwei Wohnungen auf einem Baugrundstück wäre über eine Festsetzung der Zwei-Wohnungsklausel nur möglich, wenn entweder bei kleineren Grundstücken oder gleichzeitiger Festsetzung der Höchstgröße der Grundstücke (§ 9 Abs. 1 Nr. 3 BauGB) nur *ein* Wohngebäude auf dem Grundstück errichtet werden könnte (vgl. *Boeddinghaus/Dieckmann*, § 22 Rdn. 12).

6.3   **bb) Doppelhäuser.** Dies sind zwei an einer (seitlichen) Nachbargrenze aneinandergebaute, im Übrigen jedoch freistehende (Wohn-) Häuser. Das ursprüngliche historische städtebauliche Ziel war es, in der offenen Bauweise die Entstehung von »freistehenden Brandgiebeln« an der Grundstücksgrenze zu verhindern (Art. 4 § 3 Preuß. Wohnungsbaugesetz v. 28.3.1918, PrGS S. 23). War diese Bedingung erfüllt, bestand in der offenen Bauweise schon immer ein Genehmigungsanspruch auch für Doppelhäuser und Hausgruppen. Die Verhinderung der Entstehung oder Belassung freistehender Brandgiebel ist eindeutig auch ein städtebaulich-gestalterisches Ziel (vgl. *Grabe*, aaO. Rn 6.21) und bezog sich nur auf die Giebelwand an der Nachbargrenze. Daran hat sich bis heute nichts geändert.

Bereits nach Auffassung des OVG RhPf (U. v. 23.1.1986, aaO. Rn 6.2) ergibt § 22 Abs. 2 nur einen Sinn, wenn das Doppelhaus auf *zwei verschiedenen* Grundstücken und die Hausgruppe auf *mehreren* Reihenhausgrundstücken errichtet werden. Die Vorschrift des § 22 regelt eindeutig die Stellung der Gebäude in Bezug auf die Grundstücksgrenzen. § 22 Abs. 2 stellt entscheidend darauf ab, dass die genannten Haustypen »mit seitlichem Grenzabstand« errichtet werden. Denn bereits herkömmlich werden Doppelhäuser nur auf verschiedenen Grundstücken errichtet. Es ist deshalb nicht anzunehmen, dass der VOgeber diese Bauweise verbieten wollte. Auch das OVG NW geht im U. v. 9.4.1992 – 7 A 152/90 – NVwZ-RR 1993, 397) davon aus, dass die Festsetzung der Doppelhausbauweise eine Grenzbebauung an einer Seite verlangt, jedoch nur soweit als dies erforderlich ist, um ein Doppelhaus zu verwirklichen. Zum Begriff des Doppelhauses gehört es jedoch nicht, dass sämtliche Bauteile – auch rückwärtige Anbauten – grenzständig errichtet werden müssen. Es gibt auch Doppelhäuser, bei denen die Hauptbaukörper gemeinsam an die Grenze gebaut werden, während nach hinten vortretende Anbauten oder Bauteile einen – dann jedoch landesrechtlich erforderlichen – Grenzabstand einhalten (vgl. OVG NW, U. v. 9.4.1992 – 7 A 1521/90 – aaO.). Maßgebend ist die jeweilige Festsetzung im B-Plan, z. B. bis zu welcher Bebauungstiefe die einseitige Grenzbebauung zwingend ist und ab welcher Bautiefe die offene Bauweise wiederauflebt (s. auch Rn 9).

6.31 Der Begriff »Doppelhaus« wurde mangels einer fehlenden eindeutigen Begriffsbestimmung jedoch unterschiedlich ausgelegt. So wurden auch zwei auf *einem* Grundstück aneinandergebaute Wohnhäuser mit im Übrigen seitlichem Grenzabstand in der Verwaltungspraxis und selbst in der Rspr. oft als »Doppelhäuser« bezeichnet, wenn es sich um 2 selbständige Gebäude mit 2 Hauseingängen handelt. Nach ihrem Erscheinungsbild lässt sich in der Örtlichkeit oft nicht unterscheiden, ob die Doppelhaushälften auf *einem* oder *zwei* Grundstücken stehen. Nach dem allgemeinen (und baufachlichen bzw. architektonischen) Verständnis sowie nach bisher unterschiedlicher Rspr. wurden beide Typen als »Doppelhäuser«, bezeichnet, und diese konnten auf einem oder zwei Grundstücken stehen (vgl. die Rspr. dazu in der 9. Aufl., § 17 Rn 6.31). Auch der VGH BW (B. v. 26.9.1991 – 3 S 1413/91 – aaO.) hatte ebenfalls entschieden, dass, wenn an der Nachbargrenze bereits eine Doppelhaushälfte vorhanden ist, dem Eigentümer keine andere Wahl bleibt, als an der Grenze anzubauen, so dass das genehmigte Vorhaben zusammen mit dem benachbarten Wohnhaus ein Doppelhaus bildet.

Zwei auf einem Grundstück aneinandergebaute Häuser sind somit aus *planungsrechtlicher* Sicht kein Doppel-, sondern ein Einzelhaus (z. Begriff »Einzelhaus« s. Rn 6.2). Wird das Grundstück entlang der Haustrennwand geteilt, entsteht aus dem Einzelhaus im planungsrechtlichen Sinn jedoch ein Doppelhaus. Auch der BayVGH vertritt die Auffassung, dass bei einem Doppelhaus die beiden Hälften jeweils auf einem eigenen Grundstück stehen müssen (BayVGH, B. v. 21.7.2000 – 26 CS 00.1348 – BRS 63 Nr. 96). Die gemeinsame Grenzwand muss nicht deckungsgleich sein (so bereits OVG NW, B. v. 5.10.1995 – 10 B 2445/95 – BauR 1996, 83 = BRS 57 Nr. 136); soweit sich die Doppelhaushälften innerhalb der überbaubaren Grundstücksflächen halten, können sie eine unterschiedliche Bautiefe aufweisen und auch gegeneinander versetzt (gestaffelt) sein (VGH BW, B. v. 26.9.1991 – 3 S 1413/91 –), wenn nur ein Aneinandergrenzen in einem angemessenen Maß noch gegeben ist (vgl. *Knaup/Stange*, § 22 Rdn. 25).

6.32 Die unterschiedlichen Meinungen über den nicht eindeutigen Begriff »Doppelhaus« hatten in der Vergangenheit häufig dazu geführt, dass Baugenehmigungsbehörden solche auf einem Grundstück beantragten »Doppelhäuser« bei einer Festsetzung im B-Plan »nur Einzelhäuser zulässig« wegen eines vermeintlichen Verstoßes gegen diese Festsetzung nicht genehmigten. Bei Anwendung des § 22 Abs. 2 Satz 3 ist jedoch unabhängig davon, wie immer man den historisch entwickelten Begriff »Doppelhaus« auch auslegt – ob auf einem oder zwei Grundstücken, in welcher Bau- oder Konstruktionsart –, entscheidend, welchen *städtebaulichen Sinn* die Vorschrift dem Begriff beilegt. Erwähnt ist dieser Haustyp in § 22 – aus historischen Gründen –, wenn er denn vorliegt, nur deshalb, weil er in der Lage sein soll, den seitlichen Grenzabstand an der gemeinsamen Grundstücksgrenze zu überwinden (OVG NW, B. v. 14.8.1997 – 10 B 1869/97 – BauR 1998, 93).

Will eine Gemeinde in der offenen Bauweise »Doppelhäuser« auf nur einem Grundstück verhindern, so ist dies mit der Festsetzung »nur Einzelhäuser« nicht möglich, weil zwei auf einem Grundstück aneinandergebaute »Doppelhaus«-hälften mit zusammen nicht mehr als 50 m Länge im planungsrechtlichen Sinn ein Einzelhaus sind (Rn 6.2). § 22 Abs. 2 Satz 3 BauNVO gibt keine Ermächtigung, Doppelhäuser schlechthin (also auch solche auf nur einem Grundstück) auszuschließen. Doppelhäuser kann eine Gemeinde nur insoweit ausschließen, als sie an der gemeinsamen Grundstücksgrenze aneinandergebaut werden. Offene und geschlossene Bauweise lassen sich **nur durch ihren Bezug zur Nachbargrenze definieren** (so bereits zutreffend OVG NW, B. v. 14.8.97 – 10 B 1869/97 –, aaO.; B. v. 2.9.1993 – 10a NE 60/88 – BRS 55 Nr. 39). Will die Gemeinde etwas anderes, muss sie zu den Festsetzungsmitteln des Maßes der baulichen Nutzung oder der überbaubaren Grund-

§ 22 Abs. 2   6.33

stücksflächen greifen (OVG NW, B. v. 14.8.1997, aaO., BVerwG, B. v. 31.1.1995, aaO. Rn 6.2).

6.33 Die Auslegungsprobleme **zum bauplanungsrechtlichen Begriff des Doppelhauses** hat das BVerwG durch das überzeugende klarstellende U. v. 24.2.2000 abschließend gelöst. Es enthält folgende Leitsätze:

»*1. Ein Doppelhaus im Sinne des § 22 Abs. 2 BauNVO ist eine bauliche Anlage, die dadurch entsteht, dass zwei Gebäude auf benachbarten Grundstücken durch Aneinanderbauen an der gemeinsamen Grundstücksgrenze zu einer Einheit zusammengefügt werden.*
2. Das Erfordernis der baulichen Einheit ist nur erfüllt, wenn die beiden Gebäude in wechselseitig verträglicher und abgestimmter Weise aneinander gebaut werden. Insoweit ist die planerische Festsetzung von Doppelhäusern in der offenen Bauweise nachbarschützend.
3. Kein Doppelhaus entsteht, wenn ein Gebäude gegen das andere so stark versetzt wird, dass es den Rahmen einer wechselseitigen Grenzbebauung überschreitet, den Eindruck eines einseitigen Grenzanbaus vermittelt und dadurch einen neuen Bodennutzungskonflikt auslöst.«

Die Leits. sind durch Orientierungssätze näher erläutert:

»*1. (Zu LS 1) Nicht erforderlich ist, dass die Doppelhaushälften gleichzeitig oder deckungsgleich (spiegelbildlich) errichtet werden. Das Erfordernis einer baulichen Einheit im Sinne eines Gesamtbaukörpers schließt auch nicht aus, dass die ein Doppelhaus bildenden Gebäude an der gemeinsamen Grundstücksgrenze zueinander versetzt oder gestaffelt aneinandergebaut werden.*
2. (Zu LS 3) In welchem Umfang die beiden ein Doppelhaus bildenden Haushälften an der Grenze zusammengebaut sein müssen, lässt sich weder abstrakt-generell noch mathematisch-prozentual festlegen. Maßgeblich sind die Umstände des Einzelfalls.
3. (Zu LS 3) Ein zur Genehmigung gestelltes Bauvorhaben hält den in der offenen Bauweise vorgeschriebenen seitlichen Grenzabstand zum Grundstück des Nachbarn nicht ein, wenn der zu genehmigende Baukörper über eine Länge von 5 m an das Wohnhaus des Nachbarn angebaut werden soll, dahinter jedoch um weitere 8 m in den rückwärtigen Gartenbereich hinein verspringt. Dieser Versprung ist in diesem Ausmaß durch den die Doppelhaus-Festsetzung kennzeichnenden wechselseitigen Verzicht auf seitliche Grenzabstände an der gemeinsamen Grundstücksgrenze nicht mehr gedeckt. Er riegelt die Freifläche hinter dem Wohnhaus der Beigeladenen wandartig vom Grundstück des Klägers ab und vermittelt damit den Eindruck eines massiven einseitigen Grenzanbaus.«

In der **Begr.** hat das BVerwG u. a. ausgeführt:

»*In dem System der offenen Bauweise, das durch seitliche Grenzabstände zu den benachbarten Grundstücken gekennzeichnet ist, ordnet sich ein aus zwei Gebäuden zusammengefügter Baukörper nur ein und kann somit als Doppelhaus gelten, wenn das Abstandsgebot an der gemeinsamen Grundstückgrenze auf der Grundlage der Gegenseitigkeit überwunden wird. Ein einseitiger Grenzanbau ist in der offenen Bauweise unzulässig. Die Zulässigkeit einer Bebauung als Doppelhaus setzt daher in Gebieten der offenen Bauweise den wechselseitigen Verzicht auf seitliche Grenzabstände an der gemeinsamen Grundstücksgrenze voraus. Dieser Verzicht bindet die benachbarten Grundeigentümer bauplanungsrechtlich in ein Verhältnis des gegenseitigen Interessenausgleichs ein: Ihre Baufreiheit wird zugleich erweitert und beschränkt. Durch die Möglichkeit des Grenzanbaus wird die bauliche Nutzbarkeit der (häufig schmalen) Grundstücke erhöht. Das wird durch den Verlust seitlicher Grenzabstände an der gemeinsamen Grenze, die Freiflächen schaffen und dem Wohnfrieden dienen, ›erkauft‹. Diese enge Wechselbeziehung, die jeden Grundeigentümer zugleich begünstigt und belastet, ist Ausdruck einer planungsrechtlichen Konzeption. Sie ist aus städtebaulichen Gründen (Steuerung der Bebauungsdichte, Gestaltung des Orts- oder Stadtbildes) gewollt und begründet ein nachbarliches Austauschverhältnis, das nicht einseitig aufgehoben oder aus dem Gleichgewicht gebracht werden darf.*« (BVerwG, U. v. 24.2.2000 – 4 C-12.98 – ZfBR 2000, 415 = BauR 2000, 1168 = BRS 63 Nr. 185; zustimmend BayVGH, B. v. 10.11.2000 – 26 CS 99.2102 – BauR 2001, 372, der einen rückwärtigen eingeschossigen Anbau von 1,28 m Tiefe und 2,9 m Höhe mit Terrasse an eine Doppelhaushälfte noch für zulässig hält).

cc) **Hausgruppen.** Dies sind mindestens drei auf mehreren Reihenhausgrundstücken ohne Grenzabstand aneinandergebaute Häuser von höchstens 50 m Gesamtlänge (s. Satz 2), deren äußere Kopfhäuser einen einseitigen Grenzabstand einhalten müssen. Die einzelnen Häuser können auch gegeneinander versetzt – gestaffelt oder in anderer Form – errichtet werden, ohne dass der Hausgruppencharakter entfällt. Dabei sind jedoch die in dem U. des BVerwG v. 24.2.2000 (– 4 C 12.98 – aaO. Rn 6.33) für das Zustandekommen eines Doppelhauses aufgezeigten Grenzen der Versetzung bzw. Staffelung der Haushälften sinngemäß zu beachten. Die früher abweichende Auffassung, nach der Hausgruppen auch auf *einem* Grundstück errichtet werden könnten (vgl. frühere Lit. u. Rspr., s. 9. Aufl. § 17 Rn 6.4) ist damit unzutreffend; im Übrigen z. den Begriffen »Einzelhaus« s. Rn 6.2 und »Doppelhaus« Rn 6.3–6.33p).

6.4

Die herkömmliche Vorstellung der Anordnung von Reihenhäusern bzw. einer Hausgruppe mit einer Gesamtlänge von 50 m parallel zur Straße ist nicht zwingend. Hausgruppen können auch anders, z. B. senkrecht zur Straße als Gebäudezeile an einem eigenen Wohnweg oder in lockerer, tiefgestaffelter Gruppierung angeordnet werden. Jedenfalls muss auch dabei jedes einzelne Haus auf einem eigenen Grundstück und beidseitig an der Grundstücksgrenze errichtet werden. In weiter Auslegung des Begriffs »Länge« könnte eine innerhalb eines Quadrates von 50 m Seitenlänge entwickelte Hausgruppe noch als offene Bauweise angesehen werden. An eine so weitgehende Auslegung hat der VOgeber offensichtlich nicht gedacht. Wird eine abgewinkelte Hausgruppe an einer Straßenecke errichtet, kann von offener Bauweise nur ausgegangen werden, wenn ein Schenkel höchstens 50 m, der andere Schenkel jedoch nur eine »normale« Haustiefe lang ist. Die Längenbegrenzung ist i. d. R. auf die Vorderseite der Baukörper zu beziehen (wie hier *Knaup/Stange*, § 22 Rdn. 30; *Boeddinghaus/Dieckmann*, § 22 Rdn. 3 und 13; Hess. VGH, B. v. 22.1.1996 – 4 TG 1675/95 – BRS 58 Nr. 37). Welche Seite bei Eckgrundstücken die »Vorderseite« ist, muss nach der örtlichen Situation oder dem städtebaulichen Ziel entspr. sinnvoll ausgelegt werden. Sind geplante größere freistehende Hausgruppen (z. B. Gartenhofhäuser, »Teppichbebauung« und dergl.) nicht mehr in der offenen Bauweise zu verwirklichen, muss ggf. eine abweichende Bauweise (Abs. 4) festgesetzt werden.

c) **Satz 2 Länge der Hausformen.** Der durch die **ÄndVO 1990** eingefügte Satz 2 stellt klar, was immer schon galt, nämlich dass die Länge **aller in Satz 1 bezeichneten Hausformen** höchstens 50 m betragen darf (so bereits *Fickert/Fieseler*, 5. Aufl., § 22 Rn 6). Der frühere Wortlaut ist verschiedentlich falsch in dem Sinne ausgelegt worden, die Länge von 50 m beziehe sich nur auf die Hausgruppen, nicht dagegen auf die Einzel- und Doppelhäuser. Eine solche Auslegung würde dem Zweck der offenen Bauweise widersprechen. Die **Klarstellung hat Rückwirkung** auf alle B-Pläne, die aufgrund einer früheren Fassung der BauNVO aufgestellt worden sind.

6.5

d) **Satz 3 Festsetzung von Flächen für bestimmte Hausformen.** Während Abs. 1 Satz 1 für die offene Bauweise die Errichtung von Einzelhäusern, Doppelhäusern oder Hausgruppen ohne weitere Voraussetzungen zulässt, gibt **Satz 2** der Gemeinde die Möglichkeit, *im B-Plan* die Gebiete der offenen Bauweise nach den einzelnen Gebäudeformen zu **gliedern**. Es sind für die Festsetzung der Flächen sechs Möglichkeiten zulässig:

7

- Einzelhäuser
- Doppelhäuser
- Hausgruppen
- Einzel- und Doppelhäuser
- Doppelhäuser und Hausgruppen
- Einzelhäuser und Hausgruppen

Damit ist eine größere Variationsbreite im Städtebau ermöglicht. Entspr. *Planzeichen* enthält Nr. 3 der Anl. zur PlanzV 1990. Im Hinblick auf die gegen eine Festsetzung von »nur

§ 22 Abs. 2   8, 8.1

Einzelhäusern« bestehenden erheblichen Bedenken ist von einer derartigen Festsetzung abzuraten. Aufgrund einer solchen Festsetzung können z. B. »Doppelhäuser« oder »Hausgruppen« bis zu 50 m Länge, die mit seitlichem Grenzabstand auf nur *einem* Grundstück stehen (s. hierzu die diess. Bedenken zu den Begriffen, Rn 6.32) nicht ausgeschlossen werden (OVG NW, B. v. 14.8.1997 – 10 B 1869/97 – BauR 1998, 93 = BRS 59 Nr. 73). Falls eine solche Einschränkung der offenen Bauweise und damit Beschränkung der Nutzungsmöglichkeiten des Eigentums aus städtebaulichen Gründen Planungsziel der Gemeinde ist, wird empfohlen, dafür besser andere Festsetzungselemente (z. B. Baulinien oder Baugrenzen gem. § 23, s. dort) einzusetzen (vgl. auch Rn 6.22). Soll jedoch eine Festsetzung nach Satz 2 getroffen werden, ist sie sorgfältig *städtebaulich zu begründen* (vgl. § 9 Abs. 1 Einleitungssatz BauGB).

8 e) **Nachbarschutz in der offenen Bauweise.** – aa) **Allgemeines.** § 22 regelt nur, *dass* in der offenen Bauweise die Gebäude mit seitlichem Grenzabstand errichtet werden. Welcher Grenzabstand im Einzelnen einzuhalten ist, richtet sich nach den jeweiligen landesrechtlichen Abstandvorschriften entspr. § 6 MBO. Die LBOen bestimmen die Tiefe der Abstandflächen i. A. nach einem vom-Hundert-Satz der maßgebenden Wandhöhe H (z. B. allgemein 0,8 H, in MK-Gebieten 0,5 H, in GE- und GI-Gebieten vor überwiegend der Produktion oder Lagerung dienenden Gebäuden 0,25 H; vgl. z. B. § 6 Abs. 4 und 5 BauO NW). Die Tiefe der Abstandflächen muss i. A. mindestens 3 m betragen. Die LBOen regeln, welche untergeordneten, vor die Außenwand vortretenden Gebäudeteile bei der Bemessung außer Betracht bleiben, wenn sie nicht mehr als 1,50 m vortreten. Darüber hinaus sind bestimmte Gebäude und bauliche Anlagen in den Abstandflächen zulässig (»privilegiert«). Zu ihnen gehören Stellplätze und Garagen bis zu einer Länge von 9 m (in einigen Ländern noch 8 m) sowie ggf. Gebäude mit Abstellräumen und Gewächshäuser mit einer bestimmten Grundfläche (z. B. 7,5 m²). Die mittlere Wandhöhe an der Grenze darf i. A. nicht mehr als 3 m über der Geländeoberfläche betragen.

Ist die offene Bauweise im B-Plan festgesetzt, so hat diese Festsetzung i. V. m. der ausfüllenden landesrechtlichen Vorschrift über Abstände bzw. Abstandflächen (§ 6 MBO; § 6 BauO NW) für unmittelbar angrenzenden Grundstückseigentümer – aber nur dieser – gegenüber **nachbarschützenden Charakter.** Anders als die Festsetzung der Z bedeutet die Unterschreitung der Abstandfläche – also nicht erst von einer größenmäßig abhängigen Unzumutbarkeitsgrenze an – eine Beeinträchtigung des Nachbarn; denn bereits der (frühere) Bauwich nach den landesrechtlichen Vorschriften war ein Mindestabstand (*Sendler* aaO., BauR 70, 11; § 23 Rn 6). Bei einer infolge einer Teilung erfolgenden Unterschreitung der seitlichen Abstandfläche muss die Genehmigung der Teilung daher untersagt werden, sofern die Gemeinde durch Satzung bestimmt hat, dass die Teilung eines Grundstücks zu ihrer Wirksamkeit der Genehmigung bedarf (§ 19 Abs. 1 BauGB). Ist auf dem Nachbargrundstück bereits ein Gebäude an der Grundstücksgrenze vorhanden, kann nach Landesrecht gestattet oder verlangt werden, dass angebaut wird (§ 6 MBO). Bei **Doppelhäusern** ist das Erfordernis der baulichen Einheit nur erfüllt, wenn die beiden Gebäude in wechselseitig verträglicher und abgestimmter Weise aneinander gebaut werden. Insoweit ist die planerische **Festsetzung von Doppelhäusern** in der offenen Bauweise **nachbarschützend** (BVerwG, U. v. 24.2.2000 – 4 C-12.98 – aaO. Rn 6.33)

8.1 bb) **Rechtsprechung zur Grenzbebauung.** Gebäude mit Grenzabstand sind nur Gebäude der **Hauptnutzung,** welche die offene Bauweise prägen, nicht aber Gebäude, welche auch in der offenen Bauweise an der Grenze zulässig sind (OVG NW, U. v. 5.2.1996 – 10 A 3624/92 – BRS 58 Nr. 113 = UPR 1996, 276). Ein Verzicht des Nachbarn auf die **Einhaltung der notwendigen Abstandflächen** führt lediglich zum Verlust des nachbarlichen Abwehrrechts, er kann jedoch das Bauvorhaben nicht von der Einhaltung der Abstandvorschriften freistellen, da diese (ungeachtet ihres auch) nachbarschützenden Charakters nicht zur Disposition des Einzelnen stehen (OVG NW, U. v. 15.5.1997 – 11 A 7224/95 – BauR 1997, 996).

8.2   **Abs. 2**   **§ 22**

Bei der Genehmigung einer **Nutzungsänderung** eines die Abstandflächen nicht einhaltenden Gebäudes ist die Einhaltung der Abstandflächen neu zu prüfen (OVG NW, U. v. 15.5.1997 – 11 A 7224/95 – BauR 1997, 996). Die einseitige **Aufstockung um ein Dachgeschoss auf einem Doppelhaus**, das eingeschossig im Gebiet eines festgesetzten zweigeschossigen Wohngebiets auf zwei nebeneinander liegenden Grundstücken errichtet ist, wirft die Frage nach der Abstandfläche zur gemeinsamen Grundstücksgrenze nicht neu auf und bedarf nicht der Zustimmung des anderen Doppelhauspartner (Hamb. OVG, B. v. 8.8.1996 – Bs II 158/96 – BauR 1997, 95). **Grenzanbau** an **vorhandenes Bauwerk** ist nur in Tiefe der rückwärtigen Baugrenze ermessensfehlerfrei (OVG Münster, B. v. 10.3.1983 – 7 B 1736/82 – BRS 40 Nr. 118). Ein als »Abstellraum« deklariertes, auch als **Aufenthaltsraum geeignetes Nebengebäude** an der Nachbargrenze ist unzulässig, selbst wenn es an der Grenzgarage des Nachbarn angebaut wird (Nds. OVG, U. v. 26.4.1993 – 6 L 169/90 – MDR 1993, 759). Ein Freisitz im Bauwich nur auf natürlichem Geländeniveau ist zulässig (OVG Münster, U. v. 19.5.1983 – 11 A 1128/82 – BRS 40 Nr. 122). Eine aus dem Hauptgebäude abgeschleppte 3,20 m bis 5,00 m hohe Überdachung im Bauwich ist zu hoch (OVG Münster, U. v. 24.11.1983 – 11 A 1920/82 – BRS 40 Nr. 135). Zum »**Scheuklappeneffekt**« bei rückwärtigen Anbauten an Reihenhäuser (OVG Lüneburg, B. v. 14.6.1982 – 1 B 32/82 – NVwZ 1983, 228; Hess. VGH, B. v. 13.9.1995 – 4 TG 2358/95 – BRS 57 Nr. 220 = NVwZ-RR 1996, 309).

cc) **Grenzgaragen.** Alle LBOen enthalten eine Vorschrift, wonach **Garagen** bis zu einer **bestimmten Größe** (i. d. R. 3 m Höhe und 8 m bzw. 9 m Länge) unmittelbar **an die Grenze** gebaut werden dürfen. Diese Vorschrift ist nachbarschützend, da sie ein Abweichen von der allgemein als nachbarschützend angesehenen bauordnungsrechtlichen Regelung über Abstandflächen zulässt (vgl. *Dürr,* BauR 1997, 7; *Ziegler,* aaO., BlGBW 1977, 107 m. w. N.; Rspr.-Übers. § 12 Rn 23–25). 8.2

Für die zulässige **Länge einer Grenzgarage** kommt es nur auf das Gebäude selbst an. Dachüberstände (VGH BW, B. v. 30.11.1992 – 8 S 1688//92 – BRS 54 Nr. 104) und Zufahrtsrampen (*Dürr,* BauR 1997, 7) bleiben unberücksichtigt. Für die Einhaltung der **Höhenbegrenzung** von 3 m kommt es auf das Geländeniveau des Garagengrundstücks an, nicht etwa auf das Niveau des Nachbargrundstücks (Hess. VHG, B. v. 16.2.1984 – III OE 119/82 – BRS 42 Nr. 117); zur Traufhöhe einer Bauwichgarage bei hängigem Gelände: OVG Münster, U. v. 7. 4. 83 – 11 A 244/81 –, BRS 40 Nr. 134. Ein an der Grenze errichtetes Gebäude ist **keine zulässige Grenzgarage** i. S. v. § 6 Abs. 11 Nr. 1 BauO NW, wenn der Garagenraum **voll unterkellert** ist und der Keller teilweise die Geländeoberfläche an der Grenze überragt (OVG NW, U. v. 22.1.1996 – 10 A 1464/92 – BRS 58 Nr. 115). Ein Gebäude ist (nach beinahe allen LBOen) nur dann als **Grenzgarage** privilegiert, wenn es zumindest **überwiegend zum Abstellen von Fahrzeugen** dient. Nebenräume von Grenzgaragen bzw. sonstige Abstellräume in der Garage müssen daher untergeordnet und deutlich kleiner sein als die für das Abstellen eines Pkw benötigte Fläche (vgl. VGH BW, U. v. 26.1.1993 – 8 S 2139/92 – BauR 1993, 452 = BRS 55 Nr. 125; B. v 9.2.1994 – 8 S 2988/93 –OVG Saarl., B. v. 7.8.1991 – 2 W 10/91 – BRS 52 Nr. 105). Soweit nach der jeweiligen LBauO nur **Garagen einschl. Abstellräumen privilegiert** sind, führt das Hinzufügen einer **weiteren Nutzung** dazu, dass das Gebäude insgesamt seine Privilegierung verliert und in vollem Umfang unzulässig wird (VGH BW, U. v. 1.3.1995 – 3 S 1121/94 – BauR 1996, 90; OVG NW, U. v. 14.3.1990 – 10 A 1895/88 – BauR 1990, 457). Grenzabstandvorschriften sind auch auf **Nutzungsänderungen** eines als Bauwichgarage zugelassenen Gebäudes anwendbar (VGH BW, U. v. 20.9.1973 – III 293/72 – BRS 27 Nr. 107). Unzulässigkeit einer **Grenzgarage,** deren Nebenräume (Keller und Dachraum) der Garagennutzung nicht hinreichend funktional zugeordnet sind (Bay VGH, B. v. 4.3.1996 – 2 CS 95.2580 – BRS 58 Nr. 116). Eine Garage an der Grundstücksgrenze ist unzulässig, wenn auf dem Nachbargrundstück bereits eine Garage mit nur geringem Grenzabstand vorhanden ist (VGH BW, B. v. 19.9.1969 – II-249/68 – BRS 22 Nr. 120) bzw. wenn wegen eines in Grenznähe stehenden Nachbargebäudes ein »**Schmutzwinkel**« entstehen würde (VGH BW, U. v. 7.9.1972 – III 1066/71 – BRS 25, 195). Wird eine zunächst bauordnungsrechtlich zulässige **Grenzgarage** – außer für einen untergeordneten Abstellraum – über die Nutzung als Garage hinaus **zu anderen Zwecken genutzt** und ist für diese zusätzliche Nutzung das Garagengebäude bautechnische Grundlage, so verliert die Garage insgesamt ihre Eigenschaft als im Grenzbereich zulässiges Vorhaben. Sie ist damit zugleich nicht mehr in die Maßgrenzen des § 6 Abs. 11 Nr. 1 BauO NW (1984) einzubeziehen (OVG NW, U. v. 30.10.1995 – 10 A 3096/91 – BauR 1996, 369). Eine auf einer grenzständigen **Garage** errichtete »**Dachterrasse**« ist baugenehmigungsbedürftig. Eine Garage mit »Dachterrasse« ist **keine Grenzgarage** i. S. d. Bauordnungsrechts (OVG NW, B. v. 14.3.90 – 10 A 1895/88 – BauR 1990, 457). Eine auf der **Grundstücksgrenze** geplante **Garage** (hier Doppelgarage), auf deren Dach teilweise eine **Terrasse** angelegt werden soll, ist insgesamt **nicht** nach § 7 Abs. 1 Satz 1 Nr. 1 LBO **privilegiert**, auch wenn die Terrasse die nach § 6 LBO erforderliche Abstandflächentiefe gegenüber dem Nachbargrundstück einhält (VGH BW, U. v. 1.3.1995 – 3 S 1121/94 – BauR 1996, 90). Ist nach Landesrecht die Errichtung nur **einer Garage an der Grenze** erlaubt, hindert es den Nachbarn, der selbst eine den Privilegierungsanforderungen genügende Garage an die Grenze des Baugrundstücks gebaut hat, nicht daran, sich gegen den Anbau einer deckungsgleichen Garage zur Wehr zu setzen, wenn der Bauherr seinerseits die **Begünstigung** durch Errichtung **einer Garage an einer anderen Nachbargrenze** bereits verbraucht hat (OVG Saarl., B. v. 10.7.1996 – 2 W 19/69 – BSR 58 Nr. 117).

Dagegen wurden als zulässig erachtet: Die Errichtung einer **Dachterrasse**, die die Hausflucht des Hauptgebäudes nicht überschreitet und sich somit als Verlängerung des Hauptgebäudes parallel zur Grundstücksgrenze darstellt sowie die nach § 6 LBO erforderliche Abstandflächentiefe einhält, ist auch dann **auf einer Grenzgarage** zulässig, wenn diese im Übrigen bis an die Grenze heranreicht und insoweit das Privileg des § 7 Abs. 1 Nr. 1 LBO in Anspruch nimmt (VGH BW, U. v. 4.5.1995 – 8 S 369/95 – BauR 1996, 89). **Nebenräume** von Grenzgaragen dürfen bei entspr. Geländeverlauf (Hanglagen) auch unterhalb der Garage liegen (VGH BW, U. v. 26.1.1993 – 8 S 2139/92 – BauR 1993, 452 = BRS 55 Nr. 125; VGH BW, B. v. 9.2.1994 – 8 S 2988/93 – BRS 56 Nr. 125). Nachbareinwendungen gegen ein **Schwimmbad** im Sockel **unter einer Grenzgarage** sind erfolglos (OVG Münster, B. v. 13.3.1978 – X B 154/78 – BauR 1979, 221).

3. Geschlossene Bauweise (Abs. 3)

9 In der geschlossenen Bauweise werden die **Gebäude mit Brandwänden auf den seitlichen Nachbargrenzen** errichtet. Das Nähere bestimmen landesrechtliche Vorschriften. Die Festsetzung der geschlossenen Bauweise betrifft grundsätzlich alle Geschosse. Ist geschlossene Bauweise festgesetzt, muss nach planungsrechtlichen Vorschriften regelmäßig in allen Geschossen an die Grundstücksgrenze gebaut werden, sofern die vorhandene Bebauung oder landesrechtliche Vorschriften nicht eine Abweichung erfordern (Hess.VGH, B. v. 31.10.1979 – IV TG 56/79 – BRS 35 Nr. 94). Welche Grundstücksgrenzen bei nicht an eine öffentliche Verkehrsfläche angrenzenden und ganz im Blockinneren gelegenen Grundstücken »seitlich« sind, ist im Einzelfall zu entscheiden. Nach Auff. des OVG Bremen (B. v. 1.3.1989 – 1 B 5/89 – BRS 49 Nr. 191) ist darauf abzustellen, von welcher Straße die Erschließung vorgesehen ist. Dies habe zur Folge, dass die Bebauung parallel zu dieser Straße zu erfolgen hat und die rechtwinklig zu dieser Straße liegenden Grundstücksgrenzen die seitlichen sind, an die angebaut werden müsse, es sei denn, eine vorhandene Bebauung erfordere nach § 22 Abs. 3 eine Abweichung.

Setzt ein B-Plan die geschlossene Bauweise fest, muss die Reichweite dieser Festsetzung nicht auf die durch Baugrenzen oder Baulinien bestimmte überbaubare Grundstücksfläche beschränkt sein. Diese Auffassung vertritt das OVG NW im B. v. 27.3.2003 – 7 B 2212/02 – NVwZ-RR 2003, 10, 721) und nimmt damit Stellung zu der einem »Meinungsstreit« in der Kommentarliteratur zugrunde liegenden abstrakten Frage nach der Reichweite der Festsetzung der geschlossenen Bebauung, der allerdings im entschiedenen Falle keiner abschließenden Beantwortung bedürfe. Diess. wurde in der 10. Aufl. unter Verweis auf ältere Rspr. (OVG Berlin, B. v. 28.1.1981 – 2 S 194.80 – BRS 38 Nr. 119) die Auff. vertreten, dass hinter einer festgesetzten geschlossenen Bauweise die offene Bauweise wieder auflebe (*Stelkens*, UPR 1982, 287; vgl. OVG NW, U. v. 9.4.1992 – 7 A 152/90 – NVwZ-RR 1993, 397). Zum ähnlichen Ergebnis kommen auch die BauGB-Kommentare von *Brügelmann* (§ 22 Rdn 20, 23, 25) und *E/Z/B/K* (§ 22 Rdn 31).

Gegenteiliger Auff. sind dagegen *Knaup/Stange*, § 22 Rdn. 35 und König/Roeser/Stock (§ 22 Rdn 19). Die aufgrund der B-Planfestsetzung einer Ausnahmemöglichkeit gem. Abs. 3 Satz 3 gewährte Ausnahme hat nach Auff. des Gerichts zur Folge, dass sich die überbaubare Grundstücksfläche auf die Fläche der Baugrenzüberschreitung erweitert und damit alles gilt, was für sie festgesetzt ist, also auch die geschlossene Bauweise.

Eine isolierte Werbeanlage war auf einem Grundstück mit der Festsetzung »geschlossene Bauweise« abgelehnt worden, weil die Bauweise nicht einhaltbar war. Der BayVGH hat die Baugenehmigungsbehörde zur positiven Entscheidung verpflichtet, denn die Festsetzung der geschlossenen Bauweise in einem B-Plan beträfe nur Gebäude und Gebäudeteile, nicht jedoch andere bauliche Anlagen (hier: Werbeanlagen). Die Rspr. des BVerwG zu § 23 BauNVO (BVerwG v. 7.6.2001, NVwZ 2002, 90 = BauR 2001, 1698), wonach in Fällen, in denen im B-Plan eine Baugrenze festgesetzt ist, nicht nur Gebäude und Gebäudeteile, sondern auch alle anderen baulichen Anlagen diese grds. nicht überschreiten dürfen, lässt sich nicht auf § 22 Abs. 3 BauNVO übertragen (U. v. 29.6.2005 – 14 B 03.3161 – n. v.).

Ein nur geringfügiger Grenzabstand führt nicht bereits zur offenen Bauweise. So stellen z. B. Traufgassen und Durchgänge von 0,3–1,0 m zwischen Fachwerkhäusern bei historisch gewachsener Bebauung geschlossene Bauweise dar (Hess. VGH, B. v. 23.12.1980 – IV TG 99/80 – BRS 36 Nr. 126; Stelkens, aaO.).

Abs. 3 schreibt nur die Errichtung der Gebäude ohne seitlichen Grenzabstand vor, schließt dem *Wortlaut nach* jedoch nicht aus, dass bei einem breiten Grundstück zwar an die seitlichen Grundstücksgrenzen je ein Gebäude angebaut wird, zwischen diesen aber eine Baulücke (»innerer Abstand«) verbleibt, die landesrechtlichen Vorschriften über Abstände und Abstandflächen entsprechen muss. Auf diese Weise können auch bei geschlossener Bauweise offen bleibende Baulücken entstehen, wenngleich dies dem *Sinn der Vorschrift nicht entspricht*. Dieser Auff. von der Zulässigkeit eines »innerer Abstands« wird entgegengehalten, die städtebauliche Zielsetzung der geschlossenen Bauweise setze eine durchgehende Bebauung von der einen seitlichen Grundstücksgrenze zusammenhängend bis zu der anderen voraus, wie dies landesrechtliche Vorgängervorschriften teilweise deutlicher zum Ausdruck gebracht hätten (vgl. *Ziegler*, in: Brügelmann § 22 Rn 85; *Bielenberg*, BauNVO § 22 Rn 31; *König* aaO. Rn 19; *Müller/Weiß* § 22 zu Abs. 3, aaO.). Diese Meinung mag zwar dem Sinn der Vorschrift nach zutreffen; dieser hätte aber deutlicher formuliert werden müssen. Immerhin kann es Fälle geben, in denen ein solcher »innerer Abstand« zu rechtfertigen wäre, ohne dass in jedem Einzelfall erst eine abweichende Bauweise festgesetzt werden müsste. So kann es z. B. angebracht sein, in der geschlossenen Bauweise bei einem rechteckigen von vier Straßen umgebenen Baublock die Eckgrundstücke nur an einer von beiden Straßen in normaler Bebauungstiefe zu bebauen, um eine bessere Belüftung des Baublocks und eine zweckmäßigere Nutzung der Eckgrundstücke zu ermöglichen. Überschreiten die entspr. Hausgruppen die Länge von 50 m, liegt geschlossene Bauweise vor.

Der 2. Halbs. sieht die Möglichkeit vor, **von der geschlossenen Bauweise abzuweichen,** sofern die vorhandene Bebauung es *erfordert*. Die Vorschrift regelt nur, *wann* ein Gebäude bei festgesetzter geschlossener Bauweise (ausnahmsweise) nicht ohne seitlichen Grenzabstand zu errichten ist. **Welcher Abstand** in einem solchen Fall einzuhalten ist, richtet sich allein nach den **landesrechtlichen Vorschriften**. So ist z. B. die Frage, ob eine Bebauung unter Freilassung von »Traufgassen« zur »Bebauung ohne Grenzabstand« i. S. d. LBO gehört, der revisionsgerichtlichen Überprüfung entzogen, weil sie das irreversible Landesrecht betrifft (BVerwG, B. v. 22.10.1992 – 4 B 210.92 – DVBl. 1993, 194 = UPR 1993, 60 = DÖV 1993, 260 = NVwZ-RR 1993, 176 = BauR 1993, 304 = BRS 54 Nr. 62).

Die vorhandene Bebauung muss es *erfordern* und nicht etwa nur *zulassen* oder *rechtfertigen*. Es müssen somit unabweisbare Gründe für die Abweichung vorliegen, die i. d. R. ordnungsrechtlicher Art sind, wie der Sicherheit (z. B. Brandschutz), der Belichtung und Belüftung, der Gestaltung, der Denkmalpflege oder das Vorhandensein eines Bauwichs bzw. Grenzabstandes auf dem Nachbargrundstück (§ 6 Abs. 1 MBO; § 6 Abs. 1 BauO NW;

§ 22 Abs. 3   9.2

Förster, § 22 Anm. 3). Dies zeigt, dass die Vorschriften über die Abstandflächen (früher »Bauwich«) sowohl bauordnungsrechtlicher als auch planungsrechtlicher Natur sind.

Das OVG NW lässt im B. v. 28.2.1991 (– 11 B 2967/90 –) offen, ob die Vorschrift so zu verstehen ist, dass eine Abweichung erlaubt wird, wenn diese »vernünftigerweise geboten« ist oder ob unabweisbare Gründe vorliegen müssen. Eine Entscheidung darüber, ob trotz planungsrechtlich vorgeschriebener Grenzabstände die Einhaltung einer Abstandfläche gestattet oder verlangt werde, setze voraus, dass die planungsrechtliche Frage der Bauweise unter Anwendung von § 22 BauNVO geklärt ist. Angesichts dessen sei kein Raum, bauordnungsrechtliche Ermessensspielräume in § 22 Abs. 3 zu transponieren. Soweit nicht bereits bauordnungsrechtliche Vorschriften – zur Gefahrenabwehr – die Abweichung von der geschlossenen Bauweise *erzwingen*, könnten deshalb naturgemäß nur *städtebauliche Gründe* es »vernünftigerweise« gebieten, mit Rücksicht auf die vorhandene Bauweise von der geschlossenen Bauweise abzuweichen.

9.2 In seinem B. v. 12.1.1995 (– 4 B 197.94 – ZfBR 1995, 158 = DVBl. 1995, 517 = BauR 1995, 365 = NVwZ-RR 1995, 310 = UPR 1995, 263 = BRS 57 Nr. 131) bestätigt das BVerwG seine frühere Auff., dass, »*wenn in der geschlossenen Bauweise nach planungsrechtlichen Vorschriften ein Gebäude an sich ohne seitlichen Grenzabstand errichtet werden muss, nach Landesrecht hiervon abweichend eine Abstandfläche wegen eines auf dem Nachbargrundstück vorhandenen Gebäudes nur insoweit verlangt oder gestattet werden kann, als hierfür eine planungsrechtliche Rechtfertigung besteht. Das ist insbesondere der Fall, wenn die Abweichung nach § 22 Abs. 3, 2. Halbsatz wegen des nachbarschützenden Rücksichtnahmegebots erforderlich ist. Liegen diese Voraussetzungen vor, so besteht kraft Bundesplanungsrechts weder eine Pflicht noch ein Recht zum Verzicht auf einen seitlichen Grenzabstand. … Ein Abweichen von der geschlossenen Bauweise kann geboten sein, wenn die Seitenwand des Nachbargebäudes mehrere notwendige Fenster aufweist, die aufgrund der Besonderheiten der Bebauung nicht durch Fenster in der Vorder- oder Rückseite ersetzbar sind, so dass hier eine Grenzbebauung dem Ziel, gesunde Wohnverhältnisse zu schaffen, diametral entgegenlaufen würde; es kam noch hinzu, dass die Klägerin wegen eines rückwärtigen Gebäudes nicht in der Lage war, ihrerseits in Anwendung des B-Plans durch einen Anbau an die Seitengrenze die Wohnverhältnisse zu verbessern. … Welcher Abstand in diesem Fall einzuhalten ist, und ob der Behörde bei der Festlegung des dann einzuhaltenden Abstandes ein Ermessen zusteht, richtet sich nach dem jeweiligen irreversiblen Bauordnungsrecht*« (so auch bereits BVerwG, B. v. 22.10.1992 – 4 B 210.92 – aaO. Rn 9.1).

Ist auf einem Grundstück also ein geringer Abstand – z. B. eine schmale Traufgasse – vorhanden, so ist bei einem Neubau auf dem seitlichen Nachbargrundstück wegen des Rücksichtnahmegebots bundesrechtlich ebenfalls ein Grenzabstand *erforderlich*. Der Baugenehmigungsbehörde bleibt es dann überlassen, in Ausübung ihres Ermessens geringere (Traufgassen-)Abstände zuzulassen, wenn bei einer geeigneten baulichen Ausführung des Vorhabens Bedenken im Hinblick auf landesrechtliche Vorschriften z. B. der Gefahrenabwehr (Brandschutz), Gesundheit oder Belichtung nicht bestehen.

Nicht erforderlich ist nach Auff. des VGH BW die **Abweichung** jedoch, wenn im Erdgeschoss der Grenzwand zwei baurechtlich genehmigte (Rundbogen-)Fenster wegen der zulässigen Grenzbebauung zugemauert werden müssen, weil es sich nicht um notwendige Fester handelt und diese für die Belichtung einer Gaststätte nicht erforderlich sind, so dass keine unzumutbaren Nachteile entstehen (VGH BW, B. v. 20.1.1997 – 5 S 3088/96 – BauR 1998, 91 = BRS 59 Nr. 74). Auch der BayVGH hält das Zumauern von genehmigten seitlichen Fenstern eines seit langer Zeit an der Grundstücksgrenze stehenden Gebäudes für hinnehmbar, wenn dem Kl. zumutbar sei, weil er nicht von seinen Nachbarn verlangen könne, dass dieser einen Grenzabstand einhalte, weil er selbst sein Gebäude bis zum Äußersten ausgenutzt habe. Immerhin sei es zumutbar gewesen, den Innengrundriss des bestehenden Gebäudes so umzugestalten, dass die Aufenthaltsräume durch Fenster in der Straßenfront und der rückwärtigen Außenwand ausreichend belüftet und belichtet werden können (BayVGH, U. v. 20.5.1985 – Nr. 14 B 84 A.593 – BauR 1986, 193 = BRS 44 Nr. 104).

4. Abweichende Bauweise (Abs. 4)

a) Formen der abweichenden Bauweise (Satz 1). Während Abs. 1 die Regelfestsetzung der offenen oder geschlossenen Bauweise betrifft, lässt **Abs. 4** die Festsetzung *abweichender Bauweisen* zu. Sie kommt dann in Betracht, wenn offene oder geschlossene Bauweisen nicht zutreffen. Nach Nr. 3.3 der Anlage zur PlanzV 1990 ist die von der offenen oder geschlossenen Bauweise abweichende Bauweise im B-Plan näher zu bestimmen. Dies kann durch textliche Festsetzungen erfolgen, wenn die abweichende Bauweise dadurch eindeutig bestimmt werden kann, sonst muss die Bestimmung in der Planzeichnung erfolgen. Dabei kann die Gemeinde auch beliebige Kombinationen und Varianten der offenen und geschlossenen Bauweise schaffen und die Abweichung auch durch die Festsetzung der überbaubaren Grundstücksfläche unter Verwendung von Baulinien und Baugrenzen bestimmen; § 22 steht einer solchen Festsetzungsmethode nicht von vornherein entgegen (vgl. BVerwG, B. v. 29.12.1995 – 4 NB 40/95 – ZfBR 1996, 224 = NVwZ-RR 1996, 629).

Die abweichende Bauweise kommt in Betracht für besondere Bauformen wie Gartenhof- und Atriumhäuser (§ 17 Abs. 2 BauNVO 1977; zum Drittschutz gegen die Einsichtmöglichkeit in den Gartenhof s. § 17 Rn 5), Einzelhäuser, Doppelhäuser und Hausgruppen mit einer Länge von mehr als 50 m, Einzelhäuser mit Abstand nur an einer Seite *(halboffene Bauweise)*, Kettenbauweise (EG kein Grenzabstand, OG Grenzabstand) und Zeilenbauweise mit Zeilen über 50 m Länge (vgl. *Förster*, § 22 Anm. 4; *Boeddinghaus*, § 22 Rdn. 30). Auch die sog. Winkelbauweise (L-Typen), die bei verhältnismäßig geringer Grundstücksgröße und Grenzbebauung (ohne Fenster) eine gewisse Abschirmung zu den Nachbargebäuden ermöglicht und erlaubt, im Südwestbereich eine mindest teilweise abgetrennte Garten- oder Grünfläche zu schaffen, kann nach § 22 Abs. 4 als halboffene Bauweise festgesetzt werden. Die halboffene Bauweise ist allerdings u. U. für zusätzliche Grenzbauten »anfällig«. Das ergibt sich aus der Bestimmung der MBO und entspr. Vorschriften der LBOen, wonach gestattet oder verlangt werden kann, dass an ein vorhandenes Grenzgebäude auf dem Nachbargrundstück angebaut wird (OVG Saarl., U. v. 22.10.1976 – II R 29/76 – BRS 30 Nr. 18). Setzt ein B-Plan z. B. halboffene Bauweise fest, lässt aber im Wege der Ausnahme gem. § 31 Abs. 1 BauGB auch offene Bauweise zu, so liegt gleichwohl die Voraussetzung von § 6 Abs. 1 Satz 2 LBO vor, dass nach planungsrechtlichen Vorschriften (ein- oder beidseitig) an der Grenze gebaut werden muss (VGH BW, B. v. 1.6.1994 – 5 S 1280/94 – BauR 1995, 223). Bei Festsetzung der halboffenen Bauweise muss diese ggf. unerwünschte Auswirkung durch eine geeignete textliche Festsetzung ausgeschlossen werden.

Ist bei abweichender Bauweise eine Bebauung ohne Grenzabstand (z. B. Kettenbauweise) zwingend festgesetzt, so ist – anders als in der geschlossenen Bauweise nach Abs. 3 – ein auf dem Nachbargrundstück mit Grenzabstand vorhandenes Gebäude nur zu berücksichtigen, wenn der Nachbar durch Zulassung eines Grenzbaues in seinem Eigentumsrecht, d. h. schwer und unerträglich betroffen ist (VGH BW, U. v. 7.2.1979 – III 933/78 – BauR 1980, 253).

Es sind auch andere Formen der abweichenden Bauweise denkbar. Insbes. im Industriebau lässt sich oftmals weder die offene noch die geschlossene Bauweise festsetzen (Rn 2). Die Gebäude sind vielfach länger als 50 m, ein Grenzabstand ist jedoch meist angebracht oder ergibt sich zwingend aus der Gebäude- und Grundstücksfunktion.

So ist z. B. für ein GI-Gebiet eine Festsetzung »g zul« mit dem erläuternden Text »Es ist geschlossene Bauweise zugelassen, d. h. dass an die seitliche Grenze angebaut werden darf, aber nicht muss. Im Übrigen gelten die Abstandvorschriften der LBO« vom BVerwG mit B. v. 6.5.1993 (– 4 NB 32.92 – ZfBR 1993, 297) für zulässig erachtet worden.

Im Gegensatz zum vorstehend geschilderten Fall ist es wegen Verletzung des Gebotes der Bestimmtheit eine B-Plan-Festsetzung unzulässig, nach der an der seitlichen Grenze innerhalb der Baugrenzen angebaut bzw. der Grenzabstand beliebig vermindert werden kann (BVerwG, B. v. 18.5.2005 – 4 BN 21.05 – BRS 69 Nr. 469 – Ablehnung der Revision gegen ein NK-U. des BayVGH).

§ 23

Wenn es nicht möglich oder erwünscht ist, eine bestimmte abweichende Bauweise festzusetzen, um der Industrie die Freizügigkeit der zweckmäßigen Baukörperanordnung zu belassen, sollte keine Bauweise festgesetzt werden (Rn 2). Dadurch wird der B-Plan nicht zu einem einfachen B-Plan, weil die Bauweise in § 30 Abs. 1 BauGB nicht als Mindestfestsetzung aufgeführt ist. Wenn eine Gemeinde in der ansonsten offenen Bauweise die Längenbegrenzung von 50 m aufhebt, muss sie dieses Planungsziel plausibel städtebaulich begründen; es könnten Belange der Gestaltung des Ortsbildes dagegen stehen.

11 b) **Heranrücken an die Grundstücksgrenzen (Satz 2).** Die *abweichende Bauweise* muss im B-Plan durch Text oder Zeichnung festgesetzt und inhaltlich genau bestimmt sein. Eine Beschreibung lediglich in der Begr. genügt nicht. Der durch die **ÄndVO 1990 angefügte Satz 2** ermöglicht der Gemeinde ausdrücklich, festzusetzen, inwieweit an die vorderen, rückwärtigen und seitlichen Grundstücksgrenzen herangebaut werden darf oder muss. Dieser Satz ist eine redaktionelle Folgerung des VOgebers aus der Gleichbehandlung der seitlichen und rückwärtigen Grenzabstände im Landesrecht; er verdeutlicht lediglich, was die Gemeinde auch bereits nach bisherigem Recht festsetzen durfte. Es ist auch zulässig, die abweichende Bauweise – etwa bei »Teppichhäusern«, Atriumhäusern, Kettenhäusern u. Ä. – durch die Festsetzung der überbaubaren Grundstücksfläche unter Verwendung von Baulinien oder Baugrenzen zu bestimmen. Zur Frage der Einhaltung von Abstandflächen bei der *halboffenen* Bauweise BayVGH, U. v. 14.2.1969 – Nr. 126 I 68 – BRS 20 Nr. 109. Die Vorschrift, wonach Abstandflächen nicht eingehalten zu werden brauchen, wenn an die Grenze gebaut werden darf, gilt nur für die geschlossene, nicht dagegen für die halboffene Bauweise.

§ 23 Überbaubare Grundstücksfläche

(1) Die überbaubaren Grundstücksflächen können durch die Festsetzung von Baulinien, Baugrenzen oder Bebauungstiefen bestimmt werden. § 16 Abs. 5 ist entsprechend anzuwenden.

(2) Ist eine Baulinie festgesetzt, so muss auf dieser Linie gebaut werden. Ein Vor- oder Zurücktreten von Gebäudeteilen in geringfügigem Ausmaß kann zugelassen werden. Im Bebauungsplan können weitere nach Art und Umfang bestimmte Ausnahmen vorgesehen werden.

(3) Ist eine Baugrenze festgesetzt, so dürfen Gebäude und Gebäudeteile diese nicht überschreiten. Ein Vortreten von Gebäudeteilen in geringfügigem Ausmaß kann zugelassen werden. Absatz 2 Satz 3 gilt entsprechend.

(4) Ist eine Bebauungstiefe festgesetzt, so gilt Absatz 3 entsprechend. Die Bebauungstiefe ist von der tatsächlichen Straßengrenze ab zu ermitteln, sofern im Bebauungsplan nichts anderes festgesetzt ist.

(5) Wenn im Bebauungsplan nichts anderes festgesetzt ist, können auf den nicht überbaubaren Grundstücksflächen Nebenanlagen im Sinne des § 14 zugelassen werden. Das Gleiche gilt für bauliche Anlagen, soweit sie nach Landesrecht in den Abstandsflächen zulässig sind oder zugelassen werden können.

BauNVO 1977 und 1968:

(1) Die überbaubaren Grundstücksflächen können durch die Festsetzung von Baulinien, Baugrenzen oder Bebauungstiefen bestimmt werden. Die Festsetzungen können geschossweise unterschiedlich getroffen werden.

Abs. 2 bis 4 unverändert.

(5) Wenn im Bebauungsplan nichts anderes festgesetzt ist, können auf den nicht überbaubaren Grundstücksflächen Nebenanlagen im Sinne des § 14 zugelassen werden. Das Gleiche gilt für bauliche Anlagen, soweit sie nach Landesrecht im Bauwich oder in den Abstandsflächen zulässig sind oder zugelassen werden können.

BauNVO 1962:

(1) Die überbaubaren Grundstücksflächen können durch die Festsetzung von Baulinien, Baugrenzen oder Bebauungstiefen bestimmt werden.

(2) Ist eine Baulinie festgesetzt, so muss auf dieser Linie gebaut werden. Ein Vor- oder Zurücktreten von Gebäudeteilen in geringfügigem Ausmaß kann zugelassen werden.

(3) Ist eine Baugrenze festgesetzt, so dürfen Gebäude und Gebäudeteile diese nicht überschreiten. Ein Vortreten von Gebäudeteilen in geringfügigem Ausmaß kann zugelassen werden.

Abs. 4 unverändert.

Abs. 5 wie BauNVO 1977.

Erläuterungen

Übersicht

		Rn		
1.	Festsetzung überbaubarer Grundstücksflächen	1 – 8.2		**Abs. 1**
a)	Allgemeines; zum Begriff »überbaubare Grundstücksflächen«	1 – 2		
b)	Festsetzungsmöglichkeiten	3 – 3.1		
c)	Enteignende Wirkung von Festsetzungen	4 – 5		
d)	Zur Frage des Nachbarschutzes	6 – 7.3		
e)	Verhältnis der Festsetzung überbaubarer Grundstücksflächen zu den bauordnungsrechtlichen Vorschriften	8 – 8.2		
2.	Der Begriff »Baulinie«	9 – 15		**Abs. 2**
a)	Allgemeines zu den Festsetzungsmöglichkeiten	9 – 12.2		
b)	Vor- oder Zurücktreten von Gebäudeteilen	13 – 15		**S. 2, 3**
3.	Der Begriff »Baugrenze«	16		**Abs. 3**
4.	Der Begriff »Bebauungstiefe«; zu Einzelfällen nach der Rspr.	17 – 18		**Abs. 4**
5.	Nicht überbaubare Grundstücksflächen	19 – 23		**Abs. 5**
a)	Zulassungsfähige Anlagen	19 – 21.1		
b)	Ausschluss bestimmter Anlagen durch »andere« Festsetzung	22 – 23		**S. 1, 1. Hs.**

1. Festsetzung überbaubarer Grundstücksflächen (Abs. 1)

a) Allgemeines; zum Begriff »überbaubare Grundstücksflächen«. Für die Vorschriften über die *überbaubaren* Grundstücksflächen liegt die Ermächtigung in § 9a Nr. 1 Buchst. c BauGB; die Ermächtigung, besondere Vorschriften auch über die *nicht überbaubaren* Grundstücksflächen zu erlassen, hat der VOgeber nicht ausgeschöpft. Aus der Gegenüberstellung der überbaubaren und nicht überbaubaren Grundstücksflächen in § 9 Abs. 1 Nr. 2 BauGB ergibt sich jedoch, dass die *außerhalb* der Baulinien, Baugrenzen und Bebauungstiefen liegenden Grundstücksflächen – abgesehen von den Fällen der Anwendung des Abs. 2 Sätze 2 und 3, des Abs. 3 Sätze 2 und 3 und des Abs. 5 – nicht überbaubar sind; die Nennung der »nicht überbaubaren Grundstücksflächen« in Abs. 5 sowie in § 9 Abs. 1 Nr. 2 BauGB bestätigt dies (vgl. Bay VGH, U. v. 12.2.1996 – 14 B 93.3033 – BRS 58 Nr. 38, bestät. durch BVerwG, B. v. 30.5.1996 – 4 B 69.96 –). Ebenso wie die Bauweise regelt die Festsetzung überbaubarer Grundstücksflächen nicht das *Maß*, sondern die *Verteilung* der baulichen Nutzung auf dem Grundstück. *Über*baubare Grundstücksfläche ist als Begriffsbezeichnung im Unterschied zu den »nicht« überbaubaren Grundstücksflächen (§ 23 Abs. 5) zu verstehen und nicht etwa dahin misszuverstehen, dass »über«baubar einen Gegensatz zum Bauen unterhalb der Oberfläche des Grundstücks bildet.

1

§ 23 Abs. 1   1.1, 1.2

Solange eine Festsetzung nach Abs. 1 im gesamten B-Plangeltungsbereich nicht erfolgt ist, gilt der gesamte im Bauland liegende Teil der Baugrundstücke im Rahmen des § 17 und der landesrechtlichen Vorschriften über Abstandflächen als überbaubar. Es handelt sich dann allerdings nicht um einen qualifizierten B-Plan, weil eine der in § 30 Abs. 1 BauGB genannten Mindestfestsetzungen fehlt. Gebäude können in diesem Falle im Rahmen der genannten Einschränkungen an jeder Stelle des Grundstücks errichtet werden. Der VGH BW hat (im U. v. 15.12.1999 – 3S 2580 –) entschieden, dass bei durch Baugrenzen festgesetzten überbaubaren Grundstücksflächen auf allen Grundstücken des Geltungsbereiches außer einem Grundstück dieses Grundstück ohne Baugrenzen nicht bebaubar ist. Das gelte auch dann, wenn sich die Festsetzungen über das Maß der baulichen Nutzung auf alle Grundstücke beziehen. Die Festsetzungen des Maßes der baulichen Nutzung und diejenigen nach § 23 stehen selbständig nebeneinander, sie dienen auch unterschiedlichen Zwecken, jede Festsetzung ist für sich anzuwenden und auch nur im Rahmen der anderen ausnutzbar (so auch BVerwG B. v. 29.7.1999 – 4 BN 24.99 – ZfBR 1999, 353).

1.1 Es ist zulässig, die gesamte Grundstücksfläche als überbaubar festzusetzen; das geschieht zweckmäßig durch Überlagerung der Straßenbegrenzungslinien bzw. Grundstücksgrenzen mit Baugrenzen. Die **überbaubare Grundstücksfläche ist nicht identisch mit der zulässigen Grundfläche** (§ 19 Abs. 2). Während diese nur einen *rechnerischen Anteil* der Grundstücksfläche bezeichnet, wird durch Festsetzung einer überbaubaren Grundstücksfläche ein *räumlicher Teil* der Grundstücksfläche abgegrenzt. Beide Flächengrößen können übereinstimmen. Ist die zulässige Grundfläche größer als die überbaubare Grundstücksfläche, kann sie nicht voll ausgenutzt werden; ist sie kleiner, kann die überbaubare Grundstücksfläche nicht voll in Anspruch genommen werden. Letzterer Fall ist dann bedenklich, wenn nur *Baulinien* festgesetzt sind. Denn an sich *müsste* die überbaubare Grundstücksfläche ausgefüllt werden; sie darf wegen des Verstoßes gegen die festgesetzte zulässige Grundfläche jedoch nicht ausgenutzt werden. In solch einem Falle müsste von einer der beiden Festsetzungen befreit werden; es ist daher grundsätzlich anzustreben, derartige »Zwangsbefreiungen«, die durch fehlerhafte Festsetzung erforderlich werden, von vornherein durch elastische Festsetzungen (Baugrenzen) zu vermeiden (VGH BW, U. v. 27.1.1972 – II 217/70 – BRS 25 Nr. 18).

1.2 Die verschiedenen Festsetzungsmöglichkeiten im Zusammenhang mit *»überbaubaren Grundstücksflächen«*, insbes. zur Bestimmung des Maßes der baulichen Nutzung, können noch in anderer Kombination zu Kollisionen derart führen, dass eines der Festsetzungselemente die ihm zugedachte städtebaulich-gestalterische Aufgabe nicht erfüllen kann (von *Bielenberg* als *»Überbestimmung«* der höchstzulässigen baulichen Nutzung bezeichnet, § 23 Rdn. 21). Derartige Kollisionen können sich insbes. aus der Festsetzung von *Baulinien* u. der gleichfalls *zwingenden* Festsetzung der Z ergeben. Setzen Baulinien die überbaubare Grundstücksfläche (zwingend) fest, kann das gleichfalls höchstzulässige Maß der baulichen Nutzung nicht ausreichen, die Festsetzungen einzuhalten. Auch der umgekehrte Fall ist denkbar, dass die Z als *zwingend* festgesetzt worden ist, aus der festgesetzten überbaubaren Grundstücksfläche sich jedoch ergibt, dass eine Bebauung i. S. städtebaulich plausibler Gestaltung nicht möglich ist.

In derartigen Kollisionsfällen handelt es sich i. d. R. um eine nicht hinreichende Beachtung der erforderlichen Planungsflexibilität und somit um einen Planungsfehler, der zur Ungültigkeit des Plans oder jedenfalls im Teilbereich führen kann. Baulandumlegung oder Grenzregelung könnten wohl in machen Fällen die Flächen so verteilen, dass die vorgegeben Festsetzungen auf allen Grundstücken ausnutzbar wären sie sind aber nicht die Rechtsinstitute, um derartige Planungsfehler zu heilen.

Die Auff. von *Bielenberg* (aaO. Rdn. 23), in den Fällen, in denen ein Planungsfehler führt, mit einer Befreiung i. S. v. § 31 Abs. 2 BauGB abzuhelfen, wird nicht geteilt.

Im Grundsatz sollte von vornherein angestrebt werden, der nachfolgenden Einzelplanung einen **hinreichenden Spielraum** zu belassen (s. Rn 9). Zur Beseitigung derartiger einengender Planungsfehler eignet sich – auch hinsichtlich des geringeren Aufwandes – am ehesten eine **vereinfachte Änderung des B-Plans nach § 13 BauGB.**

In § 9 Abs. 1 BauGB sind die Festsetzungen der Nrn. 1–26 gleichrangig nebeneinander aufgeführt. Somit können Festsetzungen über die überbaubaren Grundstücksflächen auch außerhalb von Baugebieten getroffen und mit anderen der in § 9 Abs. 1 Nr. 2–26 BauGB aufgeführten Festsetzungen verbunden werden, soweit es erforderlich ist. Dies kommt insbes. in Betracht für Flächen, auf denen bauliche Anlagen errichtet werden sollen, z. B. für

- Flächen für Nebenanlagen sowie die Flächen für Stellplätze und Garagen (Nr. 4),
- Flächen für den Gemeinbedarf (Nr. 5),
- Versorgungsflächen (Nr. 12; z. B. Baukörper einer Transformatorenstation),
- Flächen für die Beseitigung fester Abfallstoffe (Nr. 14; z. B. Müllverbrennungsanlage),
- öffentliche und private Grünflächen (Nr. 15; z. B. Restaurant in einem Park, Lauben in Dauerkleingärten, Friedhofskapelle, Umkleide- und Toilettengebäude auf Sportplätzen und in Freibädern, Tribünen u. dergl.).

b) **Festsetzungsmöglichkeiten.** Die überbaubaren Grundstücksflächen *können* durch **Baulinien, Baugrenzen** oder **Bebauungstiefen** festgesetzt werden. Die Anwendung der Vorschrift ist in das *Planungsermessen* der Gemeinde gestellt; andere Festsetzungsarten als die genannten drei sind nicht zulässig und auch nicht erforderlich. Von den drei Möglichkeiten kann wahlweise die eine oder andere vorgesehen werden; es können bei der Festsetzung für ein Gebäude die drei Möglichkeiten auch miteinander kombiniert werden (z. B. vordere Baulinie, seitliche Baugrenze, rückwärtige Bebauungstiefe). Die Festsetzung kann *zeichnerisch* entspr. den Planzeichen unter Nr. 3.4 und 3.5 der PlanzV 1990 (Baulinie, Baugrenze) oder aber durch Text (Bebauungstiefe) erfolgen. Zulässig ist auch die textliche Festsetzung von Baulinien und Baugrenzen (vgl. § 9 Abs. 1 BauGB); da die genaue Lage dieser Linien eindeutig sein muss (§ 1 Abs. 1 Satz 2 PlanzV), muss sie entspr. textlich beschrieben werden können. Dazu ist die Angabe eines Abstandsmaßes von einer Bezugslinie aus (tatsächliche Straßengrenze, Straßenbegrenzungslinie) erforderlich. Wegen der Schwierigkeiten der textlichen Beschreibung insbes. bei gekrümmtem Straßenverlauf, ist hiervon abzuraten. Baulinien, Baugrenzen und Bebauungstiefen können auch *gekrümmt* sein.

Mit einer Baugrenze können auch innerhalb einer überbaubaren Grundstücksfläche Flächen gegeneinander abgegrenzt werden, für die die Zahl der Vollgeschosse unterschiedlich festgesetzt werden soll (OVG NW, U. v. 22.5.2000 – 10a D 197/98 NE –).

Durch Festsetzungen nach § 23 kann auch die Verteilung der Nutzung auf **Flächen für den Gemeinbedarf** (§ 9 Abs. 1 Nr. 5 BauGB) vorgenommen werden.

§ 23 Abs. 1   3.1–5

3.1 Die in **Abs. 1 Satz 1** genannten Festsetzungselemente konnten und können nach **Satz 2** geschossweise gesondert und unterschiedlich getroffen werden. Seit **1990** ist die Festsetzungsmöglichkeit des Satzes 2 durch Verweisung auf § 16 Abs. 5 ausdrücklich dahingehend erweitert, dass die Festsetzungen oberhalb und (auch) unterhalb der Geländeoberfläche getroffen werden können.

Das war allerdings auch bereits vor 1990 so geregelt. Hatte die Gemeinde nicht ausdrücklich die Festsetzung einer Baulinie oder Baugrenze unterhalb der Geländeoberfläche getroffen, ist davon auszugehen, dass sich die Festsetzung nach § 23 auch in die Tiefe erstreckt, ohne dass es einer entspr. Regelung unterhalb der Geländeoberfläche bedurfte (zu den Möglichkeiten der Festsetzungen unterhalb der Geländeoberfläche s. Rn 12). Von Bedeutung ist, dass für die geschossweise (unterschiedlichen) Festsetzungsmöglichkeiten und ihre Kombinationen (Rn 3) gleichfalls die nach den Abs. 2–4 des § 23 vorgesehenen Abweichungen oder die sich nach Art und Umfang aus dem B-Plan ergebenden Ausnahmen (§ 23 Abs. 2 Satz 3) gelten. Auf die Erstreckung der Wirkung unterhalb der Erdoberfläche findet auch § 23 Abs. 5 Anwendung.

4 c) **Enteignende Wirkung von Festsetzungen.** Festsetzungen überbaubarer Grundstücksflächen sind eine weitgehende Bindung des Eigentums und bedürfen wie jede planerische Regelung ihrer Rechtfertigung i. S. v. § 1 Abs. 3 BauGB. Sind sie zu rechtfertigen, ist nicht ernstlich in Zweifel zu ziehen, dass sie als Bestimmung von Inhalt und Schranken des Eigentums (Art. 14 Abs. 1 Satz 2 GG) verfassungsrechtlich bedenkenfrei sind und allenfalls nur insoweit eine enteignende Wirkung haben können, als sie eine bisher zulässige bauliche Nutzung (§ 42 BauGB) aufheben (vgl. BVerwG, B. v. 4.3.1964 – I CB 25.64 – BBauBl. 1970, 467).

5 Zur Frage der **enteignenden Wirkung** von Festsetzungen überbaubarer Grundstücksflächen hat das BVerwG im U. v. 30.4.1969 (– IV C 6.68 – BauR 1970, 35 = BRS 22 Nr. 3 = DVBl. 1969, 697 = NJW 1969, 1868 = DÖV 1970, 64 = BBauBl. 1970, 229) herausgestellt, dass die Enteignungsgrundsätze – so u. a., dass eine Enteignung nur als letztes Mittel zulässig ist – auf die der förmlichen Enteignung vorangehenden und diese präjudizierenden Planungen – z. B. die **Baulinienfestsetzung** im B-Plan – *nicht anwendbar* sind.

Gleichwohl kann eine *unterschiedliche Abstandflächenregelung* benachbarter Grundstücke durch (seitliche) Baulinien u. U. einen enteignenden Eingriff darstellen, wenn durch eine übermäßig breite Abstandflächenfestsetzung die noch verbleibende überbaubare Grundstücksfläche zur Bebauung mit einem grundrissmäßig normal geplanten Gebäude nicht ausreicht und die Bebauung nutzungsmäßig oder wirtschaftlich nicht mehr zumutbar, eine dann erforderlich werdende Umlegung jedoch nicht vorgesehen ist. Auf die Frage, ob eine enteignende Wirkung von einer solchen Abstandsregelung ausgehen kann, die dem Grundstückseigentümer den Bau auf der Grenze gestattet, seinem Nachbarn aber gleichzeitig einen übermäßig großen seitlichen Abstand auferlegt, kommt es nicht an, wenn sich der Nachbar lediglich gegen den Grenzbau des Grundstückseigentümers wendet, er selbst aber noch keine Baugenehmigung für einen Bau unter Einhaltung einer normalen (nicht erweiterten) Abstandfläche beantragt, ihm eine solche Baugenehmigung also auch noch nicht abgelehnt worden ist (BVerwG, U. v. 25.9.1968 – IV 4/68 – BRS 20 Nr. 100). Erst wenn ihm die Baugenehmigung versagt ist, er an die ihn beschränkende Festsetzung also gebunden ist, tritt die enteignende Wirkung ein. Mit der Frage, unter welchen Voraussetzungen die Änderung von Vorschriften über seitliche Abstandflächen (früher: Bauwich) enteignende Wirkung haben kann, hat sich das BVerwG im U. v. 14.6.1968 – IV C 13.66 – BRS 20 Nr. 9 = DÖV 1969, 144 befasst.

Das BVerwG teilt zwar die vom BGH im U. v. 22.5.1967 (– III ZR 124/66 – BGHZ 48, 46 = BRS 19 Nr. 3) vertretene Auff., dass seitliche Abstandsregelungen nicht zum verfassungskräftig geschützten Inhalt des Eigentums werden, misst aber Vorschriften, die die Abstandflächen einschränken und damit grundsätzlich die Baufreiheit der Grundeigentümer erweitern, jedenfalls dann enteignende Wirkung bei, wenn sich der Eigentümer durch bauliche Ausgestaltung seines Grundstücks auf die Beibehaltung eines bestehenden Zustandes mit dem Vorhandensein eines Grenzabstandes in der Weise eingerichtet hat, dass er selbst von der Neuregelung keinen Vorteil mehr haben kann, und wenn ihm weiter dadurch, dass der Nachbar die Vorteile der Neuregelung ausnutzt, *schwer wiegende* und *unzumutbare* Nachteile entstehen. Die Aufhebung bereits festgesetzter Baulinien, ohne dass im öffentlichen Interesse liegende Gründe dies erfordern mit der Folge der Nichtüberbaubarkeit der entsprechenden Grundstücksflächen, ist ein Abwägungsfehler (VGH BW, B. v. 12.3.1983 – 8 S 91/83 – BauR 1984, 154 = BRS 40 Nr. 1).

d) **Zur Frage des Nachbarschutzes.** Die Frage, ob Festsetzungen über die überbaubaren Grundstücksflächen durch Baulinien, Baugrenzen und Bebauungstiefen neben ihrer städtebaulichen Ordnungsfunktion nachbarschützend sind, lässt sich – anders als bei den Vorschriften über die Art der baulichen Nutzung – nicht ohne weiteres bejahen oder verneinen noch i. S. eines in der einen oder anderen Weise ausgerichteten Regel-Ausnahme-Verhältnisses beantworten, sondern ist in jedem Einzelfall im Wege der Auslegung zu ermitteln (OVG NW, B. v. 24.5.1996 – 11 B 970/96 – BauR 1997, 82 = BRS 58 Nr. 171 = NWVBl. 1997, 64). In der Rspr. der OVG sind dazu z. T. widersprüchliche Auffassungen – sogar aus verschiedenen Bausenaten eines OVG – vertreten worden, die nur aus der Besonderheit der jeweils behandelten konkreten Fälle zu erklären sind. Dabei spielen auch unterschiedliche örtliche Situationen und regionale Gegebenheiten sowie Bautraditionen eine wesentliche Rolle. Ob und inwieweit eine Norm des Bauplanungsrechts einem betroffenen Nachbarn Abwehrrechte einräumt, ist **grds. durch Auslegung** zu ermitteln. Dies gilt auch für Festsetzungen eines B-Plans (BVerwG, U. v. 19.9.1986 – 4 C 8.84 – BRS 46 Nr. 173 = BauR 1987, 70 = DVBl. 1987, 476 = NVwZ 1987, 409 = ZfBR 1987, 47). Dem Ortsgesetzgeber steht es – mit Ausnahme der Festsetzung von Baugebieten – grds. frei, eine **Festsetzung auch zum Schutz Dritter oder aber ausschließlich aus städtebaulichen Gründen zu treffen. Auch die Festsetzung von Baugrenzen kann je nach Einzelfall nachbarschützend oder nicht nachbarschützend sein** (so überzeugend OVG Hamburg, B. v. 3.5.1994 – Bs II 18/94 – BauR 1995, 213 = BRS 56 Nr. 155). Eine abschließende allgemeinverbindliche Feststellung positiver oder negativer Art über den Nachbarschutzcharakter von Baugrenzen kommt daher auch der Rspr. nicht zu (vgl. OVG NW, B. v. 24.5.1996 aaO.). Es lassen sich dazu lediglich gewisse Grundsätze entwickeln. So stellt das OVG Hamburg (aaO.) zu Recht heraus, dass sich für die Festsetzung von Baugrenzen nicht schon aus ihrer Zweckbestimmung heraus verallgemeinern lässt, dass sie regelmäßig als nachbarschützend angesehen werden. Ebensowenig rechtfertigt der Zweck von Baugrenzen es jedoch, regelmäßig ihren Nachbarschutz zu verneinen, wie dies für Festsetzungen über das Maß baulicher Nutzung, insbes. für Grundflächen-, Geschossflächen- und Baumassenzahlen zutrifft (VGH BW, B. v. 12.3.1983 – 8 S 91/83 – BauR 1984, 154 = BRS 40 Nr. 1). Entscheidend kommt es vielmehr auf die **Zweckbestimmung der Baugrenzenfestsetzung** im Regelzusammenhang des jeweiligen B-Plans an, wie er sich aus der Planbegründung und der Entstehung des Plans ergibt.

entf.

Der **vorderen (straßenseitigen) Baugrenze** oder Baulinie kommt regelmäßig **keine nachbarschützende Wirkung** zu. Denn diese wird regelmäßig aus *städte-*

§ 23 Abs. 1 7

baulichen Gründen festgesetzt, wie sich bereits aus § 1 Abs. 3 BauGB ergibt, wonach die Gemeinden Bauleitpläne aufzustellen haben, sobald und soweit es für die städtebauliche Entwicklung und Ordnung erforderlich ist. Vordere Baugrenzen und Baulinien dienen regelmäßig öffentlichen Belangen (Regelung der Anordnung der Gebäude zur Straße usw.), und es bedarf schon besonderer Anhaltspunkte dafür, dass über die städtebaulichen Gesichtspunkte hinaus Rechte der Nachbarn durch die Festsetzung von vorderen Baulinien oder Baugrenzen geschützt werden sollen (so auch VGH BW, U. v. 10.11.1992 – 5 S 1475/92 – BRS 54 Nr. 199 = NVwZ-RR 1993, 347; B. v. 9.3.1995 – 3 S 3321/94 – BauR 1995, 514 = BRS 57 Nr. 211; vgl. auch Nds. OVG, B. v. 6.5.1993 – 6 M 1887/93 –).

Auch die Festsetzung der **hinteren Baugrenze**, die i. A. aus *städtebaulichen* Gründen erfolgt – ist regelmäßig **nicht nachbarschützend**, wenn nicht angenommen werden kann, sie diene auch dem Schutz planbetroffener Dritter, weil etwa ein solcher Wille des Plangebers aus Inhalt und Rechtsnatur der Festsetzung selbst bzw. aus ihrem Zusammenhang mit anderen Festsetzungen folgt bzw. weil ein solcher Wille hinreichend deutlich aus der Planbegründung oder aus anderen Unterlagen und Vorgängen im Zusammenhang mit dem Erlass des B-Plan folgt (OVG NW, B. v. 21.7.1994 – 10 B 10/94 – BauR 1995, 211 = BRS 56 Nr. 44).

Dagegen kann der vom 8. Senat des VGH BW im B. v. 23.7.1991 (– 8 S 1606/91 – NJW 1992, 1060 = BauR 1992, 65 = BRS 52 Nr. 177 = NVwZ 1992, 496) vertretenen Auff., auch **hinteren Baugrenzen** in einem WR- oder WA-Gebiet käme *regelmäßig* nachbarschützende Wirkung zugunsten des an derselben Grundstücksseite liegenden Nachbarn zu, in dieser allgemeinen Formulierung nicht gefolgt werden. Die vom VGH geübte Kritik an der diess. in der 6. Aufl. § 23 Rn 9 – wie oben – vertretenen Auff. geht fehl, denn diess. sind gerade Beispiele für die nachbarschützende Wirkung der hinteren Baugrenze *in besonderen Fällen* genannt worden (s. Rn 7–7.1 der 6. und 7. Aufl.).

7   Anders liegt der Fall bei Festsetzungen, durch die die Nachbarn i. S. d. Rspr. des BVerwG (U. v. 17.2.1971 – IV C 2.68 – BRS 24, 168) und der »Austauschtheorie« nach *Sendler* (aaO., BauR 1970, 4), der auch das OVG Münster (U. v. 16.11.1973 – X A 306, 71 – BRS 27 Nr. 177) und *Gelzer/Birk*, (Rdn. 977 und 1.003 f.) gefolgt sind, rechtlich derart verbunden sind, dass sie zu gegenseitiger Rücksichtnahme verpflichtet sind oder eine Schicksalsgemeinschaft bilden, aus der keiner der maßgeblichen Nachbarn einseitig »ausbrechen« kann. Diese **Pflicht zur gegenseitigen Rücksichtnahme** ist immer, aber auch nur dann gegeben, wenn die Absicht einer nachbarschützenden Festsetzung erkennbar ist. Fehlt das nachbarliche Austauschverhältnis, was sich nur den konkreten Festsetzungen des B-Plans und den örtlichen Gegebenheiten entnehmen lässt, ist eine nachbarschützende Funktion der Festsetzung von Baugrenzen zu verneinen (so bereits VGH BW, U. v. 7.2.1979 – III 1261/78 – BRS 35 Nr. 178; OVG Münster, U. v. 16.11.1973 – X A 306/71 – Rn 7; OVG NW, B. v. 24.5.1996 – 11 B 970/96 – BRS 58 Nr. 171).

Der VGH BW vertritt jedoch – unter Aufgabe seiner früheren Rechtsauffassung, nach der die Frage der nachbarschützenden Funktion der rückwärtigen Baugrenze nur aufgrund einer Auslegung des B-Plans im Einzelfall beantwortet werden kann (vgl. z. B. B. v. 22.3.1991 – 3 S 1081/90 –) – nunmehr die zu enge Auff., dass den **seitlichen und hinteren Baugrenzen** in einem WR- oder WA-Gebiet **regelmäßig nachbarschützende Wirkung** zugunsten des an derselben Grundstücksseite liegenden Nachbarn zukommt (B. v. 20.1.1992 – 3 S 2677/91 – BRS 52 Nr. 177; U. v. 12.6.1991 –5 S 2433/90 – B. v. 12.6.1991 – 5 S 2433/90 – B. v. 23.7.1991 – 8 S 1606/91 – BauR 1992, 65; U. v. 10.11.1992

– 5 S 1475/92 – aaO. Rn 6.2; U. v. 11.2.1993 – 5 S 2313/92 – BRS 55 Nr. 71).
Dem sind andere Gerichte bisher nicht gefolgt (z. B. Hess. VGH, UPR 1992, 197; UPR 1990, 318; BayVGH, BayVBl. 1991, 755; OVG Lüneburg, U. v. 24.5.1993 – 6 L 3204/91 – u. v. 26.10.1988 – 6 A 88/86 – OVG NW, B. v. 21.7.1994 – 10 B 10/94 – aaO. Rn 6.2; OVG Hamburg, B. v. 3.5.1994 – Bs II 18/94 – aaO. Rn 6). Mit dem BVerwG (U. v. 19. 9. 86 – 4 C 8.84 –, aaO. Rn 6) ist daher weiter davon auszugehen, dass **für solche Festsetzungen im Wege der Auslegung jeweils zu ermitteln ist, ob und inwieweit sie Drittschutz vermitteln wollen** (vgl. *Sarnighausen*, UPR 1994, 330 [333]).

So kann z. B. ein **Ausbrechen aus der vorderen Baugrenze** (z. B. Anbau im Vorgarten) im Wege der Zulassung einer Befreiung nach § 31 Abs. 2 BauGB den Nachbarschutz verletzen, wenn dadurch Nachbarn in Bezug auf Besonnung und Einblickmöglichkeiten unzumutbar beeinträchtigt werden, es sei denn, städtebauliche Gründe würden das Vorziehen erfordern oder auch nur vernünftigerweise geboten sein lassen (vgl. VGH BW, B. v. 20.1.1992 – 3 S 2677/91 – aaO. Rn 7; BVerwG, U. v. 9.6.1978, BVerwGE 56, 71 = BRS 33 Nr. 150). So verstößt z. b. in einer paarweise gestaffelten Reihenhausgruppe die einseitige erhebliche Erweiterung eines Reihenhauses über die gesamte Hausbreite in den Vorgarten hinein gegen das Gebot der Rücksichtnahme, denn dadurch tritt in der bisher homogenen Reihenhauszeile eine Umstrukturierung ein, die die Wohnqualität der benachbarten Grundstücke gravierend verändern würde. Insbes. würde die maßstabbildende Wirkung einer solchen Bebauung auf dem Baugrundstück zum sog. »Scheuklappeneffekt« für denjenigen führen, der sich einer Verlängerung der Häuser durch den Nachbarn nicht anschließt (vgl. Hess. VGH, B. v. 13.9.1995 – 4 TG 2358/95 – BRS 57 Nr. 220).

Die Überschreitung einer (einheitlich gestaffelten) **hinteren Baulinie** einer im Wesentlichen nach Süden ausgerichteten Eigenheim-Hausgruppe kann den Nachbarschutz verletzen, wenn durch das Ausbrechen des einen den anderen Nachbarn die Freisitzbesonnung, auf die er sein Bauvorhaben ausgerichtet hat, erheblich verkürzt wird (OVG Münster, U. v. 14.11.1974 – XI A 319/74 – BRS 28 Nr. 129). Einer für alle Grundstücke einer Reihenhausgruppe einheitlich festgesetzten **hinteren Baugrenze** kann drittschützende Wirkung zukommen (im entschiedenen Fall bejaht; OVG Saarl., U. v. 24.9.1996 – 2 R 5/96 – BRS 58 Nr. 172). Aus den Gründen: »*Schaffen die planerischen Festsetzungen danach die Möglichkeit, die recht schmalen Grundstücke überhaupt oder zumindest sinnvoll baulich zu nutzen, indem sie eine Reihenhausbebauung vorsehen, so entsprechen diesen Vorteilen für die Eigentümer auf der anderen Seite auch gewisse ›Lasten‹. Denn gerade Reihenhäuser, die wie hier auf echt schmalen Grundstücken als beidseitige (Innengebäude) oder zumindest einseitige (Kopfgebäude) Grenzbebauung realisiert werden, sind zur Gewährleistung einer ausreichenden Belichtung, Besonnung und Belüftung (und auch zur Wahrung des Wohnfriedens) auf ausreichende Freiflächen an den Vorder- und vor allem an den Rückseiten angewiesen, da die Gebäude trennende seitliche Grenzabstände fehlen, die regelmäßig diese Funktionen erfüllen. Dem entspricht es typischerweise, dass auf sämtlichen Reihenhausgrundstücken einer Hausgruppe gewissermaßen als ›Ausgleich‹ für den Vorteil, die schmalen Grundstücke bis zu den seitlichen Grenzen bebauen und überhaupt oder sinnvoll nutzen zu können, die an die Gebäude anschließenden rückseitigen Freiflächen von Bebauung freizuhalten sind, um auf diese Weise die erforderliche Belichtung, Besonnung und Belüftung sicherzustellen.«*

Maßgebend für die drittschützende Funktion der hinteren Baugrenze kann auch eine geringe Breite der Reihenhausgrundstücke von 4,5 m sein, die eine besondere nachbarliche Nähe schafft und damit der Befriedungsfunktion der Baugrenze eine besondere Bedeutung verleiht. Sind die Bauzonen für die Reihenhauszeilen in der Umgebung z.B. nur 10 m tief, würde ein Anbau zur Wohnflächenerweiterung einen Berufungsfall für die übrigen Eigentümer im Gebiet schaffen (vgl. OVG Bremen, U. v. 20.2.1996 – 1 BA 53/95 – BRS 58 Nr. 173). Ist bei geschlossener Bauweise im Innern eines großen Baublocks eine **hintere Baugrenze** festgesetzt, die nicht nur aus städtebaulichen Gründen erfolgt ist, sondern auch der Erhaltung der rückwärtigen Ruhezonen gegenüber einer durch Festsetzung zugelassenen zusätzlichen Bebauung im Blockinnern dient, so verletzt die Zulassung einer Bebauung auf der dazwischen liegenden nicht überbaubaren Grundstücksfläche im Wege der Befreiung die Interessen der gegenüberliegenden Nachbarn (OVG Hamburg, B. v. 3.5.1994 – Bs II 18/94 – aaO. Rn 6). Die **Überschreitung der rückwärtigen Gebäudegrenzen** einer Reihenhaussiedlung durch die rückwärtige Erweiterung eines einzelnen Reihenhauses ist zulässig, soweit die planungsrechtlich **zulässige Bebauungstiefe** damit ausge-

§ 23 Abs. 1   7.2, 7.3

schöpft wird, ohne dass alle anderen oder auch nur einige (benachbarte) Eigentümer Gleiches tun müssten. Auch eine Gesamtkonzeption eines Bauträgers schließt die rückwärtige Erweiterung eines einzelnen Reihenhauses nicht aus, wenn die nach dem B-Plan überbaubare Grundstücksfläche noch nicht ausgenutzt und die Erweiterung auch nicht durch Übernahme einer Baulast ausgeschlossen ist (VGH BW, B. v. 21.11.1991 – 3 S 2795/91 –).

Der VGH BW hat im B. v. 2.6.2003 – 8 S 1098/03 – VBlBW 2003, 470 eine Befreiung von hinteren und rückwärtigen Baugrenzen bestätigt, weil in diesem Fall der B-Plan auf dem Grundstück des Bauherrn, der die Befreiung (für Stellplätze) erhalten hatte, die überbaubaren Flächen wesentlich weiter von der Grenze entfernt festgesetzt hatte, als auf dem Grundstück des klagenden Nachbarn. Aus der Begr. ergab sich zudem noch, dass die Gemeinde diese Differenzierung ausdrücklich mit dem Ziel für den B-Plan begründet hatte. So kam der VGH in diesem Fall zu dem Schluss, dass die in Rede stehenden Baugrenzen nicht nachbarschützend seien.

7.2 Die **Erweiterung der rückwärtigen Baugrenzen bei kleinen Doppelhäusern** zum Zweck der Schaffung zusätzlichen Wohnraums ist nicht allein deswegen abwägungsfehlerhaft, weil einzelne Grundstückseigentümer eine solche Erweiterung nicht wünschen. Findet sich im Plangebiet eine überwiegende Zahl von Eigentümern, die sich für die Erweiterung zur Befriedigung heutiger Wohnbedürfnisse aussprechen und sind diese Wohnbedürfnisse objektiv begründet, dürfen die Interessen der nicht anbauwilligen Eigentümer hintangestellt werden. Im anderen Fall könnten ein oder wenige Eigentümer die von einer größeren Zahl von Eigentümern gewünschte und objektiv berechtigte Weiterentwicklung und Anpassung der Gebäude an moderne Wohnverhältnisse blockieren. Die besondere Pflicht zur gegenseitigen Rücksichtnahme bei Doppelhäusern darf nicht zu einer Art »Vetorecht« eines Einzelnen oder einer Minderheit werden (vgl. VGH BW, B. v. 10.1.1990 – 8 S 1831/89 – BauR 1990, 338). Auch für **vorhandene Reihenhäuser** kann eine **rückwärtige Verschiebung der Baugrenze** geplant werden, um dem gestiegenen Wohnraumbedarf Rechnung zu tragen, ohne dass vorher alle Eigentümer zu befragen wären (OVG Lüneburg, B. v. 14.6.1982 – 1 B 32/82 – BRS 39 Nr. 54 = NVwZ 1983, 228). Ein an ein **Reihenhaus rückwärtig angebauter Wintergarten** von 3 m Tiefe und EG-Höhe verstößt nicht zu Lasten des angrenzenden Reihenhausnachbarn gegen das Rücksichtnahmegebot (VGH BW, B. v. 21.11.1991 – 3 S 2795/91 – aaO. Rn 7.1). Die Frage, ob beispielsweise der **hinteren Baulinie einer Reihenhauszeile** nachbarschützender Charakter zukommt, beurteilt sich somit nach dem mit der Linie verfolgten und aus den Umständen des Einzelfalls zu schließenden Planungsziel (so bereits OVG Bremen, U. v. 21.4.1976 – I BA 26 – 27/76 – BRS 30 Nr. 155 = BauR 1976, 350; BVerwG, U. v. 19.9.1986 – 4 C 8.84 – aaO. Rn 6). Auch ein **Balkonanbau** auf der Rückseite einer in geschlossener Bauweise errichteten Häuserzeile, durch den eine unvermittelte **Einsicht in die danebenliegenden Wohn- und Schlafräume** des Nachbarhauses geschaffen wird, kann gegen das Gebot der Rücksichtnahme verstoßen (vgl. Thür. OVG, B. v. 11.5.1995 – 1 EO 486/94 – BRS 57 Nr. 221). Das Interesse des Grundstückseigentümers, von einer Einsicht aus Nachbargebäuden verschont zu bleiben, ist jedoch ausnahmsweise nur dann geschützt, wenn besondere Festsetzungen im B-Plan einen entspr. Schutz vermitteln (OVG NW, B. v. 24.5.1996 – 11 B 970/96 – BauR 1997, 82 = BRS 58 Nr. 171; zur Einsichtmöglichkeit s. auch § 16 Rn 59.3).

7.3 Bei **Festsetzungen, die zugleich der Einhaltung eines bauordnungsrechtlich vorgeschriebenen Grenzabstands dienen**, wird zwischen den jeweiligen Nachbarn ein gegenseitiges Verhältnis der Belastung und Begünstigung begründet. Das Abstandflächengebot hat grundsätzlich nachbarschützenden Charakter (*Kübler/Speidel*, Handbuch des Baunachbarrechts 1969, S. 97, 206). Nach hM umfasst die Schutzfunktion die Gewährleistung insbes. einer ausreichenden Belichtung und Belüftung, die Vorbeugung gegen Brandübertragung, die Ermöglichung ungestörten Wohnens oder eines freien Ausblicks (OVG Münster, U. v. 14.11.1974 – XI A 319/74 – BRS 28 Nr. 129). Deshalb ist die Festsetzung einer **seitlichen Baugrenze oder Baulinie, die in Bezug auf den Nachbarn einzuhalten ist, nachbarschützender Art** (vgl. auch VGH BW, B. v. 20.1.1992 – 3 S 2677/91 – u. weitere Urt. d. VGH BW, aaO. Rn 7). Setzt eine seitliche Baugrenze dagegen einen wesentlich **breiteren als den landesrechtlich vorgeschriebenen Abstand fest,** verletzt deren Überschreitung (etwa durch Vortreten von Gebäudeteilen, vgl. Abs. 2 Satz 2, Abs. 3 Satz 2) *bis zur Grenze der landes-*

rechtlich erforderlichen Abstandfläche (§ 6 MBO) den Nachbarn nicht in seinen Rechten; denn die Festsetzung ist aus *städtebaulichen* und nicht aus Gründen des Nachbarschutzes erfolgt.

e) **Verhältnis der Festsetzung überbaubarer Grundstücksflächen zu den bauordnungsrechtlichen Vorschriften.** Die Einhaltung von Abständen der baulichen Anlagen zu Gebäuden und Grundstücksgrenzen ist durch landesrechtliche Vorschriften (§ 6 MBO) vor allem aus Gründen der Sicherheit und Gesundheit vorgeschrieben. Die Einhaltung von Grenzabständen kann mit demselben Ergebnis auch durch Festsetzung von Baulinien und Baugrenzen vorgeschrieben werden. B-Pläne beruhen zwar auf Bundesrecht, stehen als Ortsrecht im Rang aber *unter dem Landesrecht* mit der Folge, dass, wenn übergeordnete landesrechtliche Vorschriften im Einzelfall entgegenstehen, die **städtebaurechtlichen Festsetzungen insoweit nicht ausgenutzt werden können** (BVerwG, U. v. 5.10.1965 – IV C 3.65 – BRS 16 Nr. 97 = DVBl. 1966, 269 = BVerwGE 22, 129; OVG RhPf, U. v. 7.11.1968 – 1 A 48/67 – BRS 20 Nr. 111). Diese Folge ergibt sich bereits aus § 29 Abs. 2 BauGB, nach dem die Vorschriften des Bauordnungsrechts und andere öffentlich-rechtliche Vorschriften (bei der Zulassung von Vorhaben) unberührt bleiben, d. h. weiter zu beachten sind. Halten sich die B-Plan-Festsetzungen im Rahmen bauordnungsrechtlicher Vorschriften, besteht keine Kollision. Werden deren Mindestmaße durch die B-Plan-Festsetzungen jedoch *unterschritten* – etwa in einer engen Straße einer Altstadt –, können diese Festsetzungen nicht ausgenutzt werden, es sei denn, das Landesrecht *ermächtigt* ausdrücklich dazu, dass »planungsrechtliche Vorschriften« eine bestimmte (anderweitige) Regelung treffen können.

8

Hierbei handelt es sich nicht etwa um »Ausnahmen«, die von bestimmten Voraussetzungen abhängen. Die landesrechtlichen Vorschriften des Bauordnungsrechts, die aufgrund der Normenhierarchie im Grundsatz dem *städtebaulichen Satzungsrecht* vorgehen, haben insoweit dem städtebaulichen Planungsrecht die Möglichkeit eingeräumt, zwecks Durchsetzung einer geordneten städtebaulichen Entwicklung (§ 1 Abs. 3 BauGB) **planungsrechtliche Vorschriften**, d. h. Nutzungsregelungen zu erlassen, die **dem Bauordnungsrecht** des Landes dann **vorgehen**. Fast alle LBOen enthalten entspr. Regelungen (vgl. auch OVG Hamb., B. v. 21.11.1995 – Bs II 307/95 – BRS 57 Nr. 134).

8.1

So ist z. B. »eine Abstandfläche nicht erforderlich vor Außenwänden, die an Nachbargrenzen errichtet werden, wenn nach planungsrechtlichen Vorschriften das Gebäude an der Grenze gebaut werden muss« (§ 6 Abs. 1 Satz 2 MBO). Das gilt nicht nur für die geschlossene Bauweise (§ 22 BauNVO), sondern ist auch zulässig, wenn ein B-Plan z. B. die Lage der überdachten Stellplätze und Garagen in der seitlichen Abstandfläche festsetzt, um die rückwärtigen Flächen der Grundstücke grundsätzlich von Garagen, Nebenanlagen u. dergl. zur Vermeidung weiterer Versiegelung freizuhalten.

I. S. d. Vorrangs bauplanungsrechtlicher Vorschriften bestimmt das Landesbaurecht ausdrücklich, dass, wenn **zwingende Festsetzungen** eines B-Plans geringere Tiefen der Abstandflächen ergeben, diese Tiefen gelten (§ 6 Abs. 13 MBO; vgl. dazu *Gädtke/Böckenförde/Temme*, Komm. zur BauO NW; 8. Aufl. § 6 Rn 127 f.). Für eine solche (abweichende) Festsetzung bedarf es zwar nicht ausdrücklich (besonderer) städtebaulicher Gründe; wie jede planerische Entscheidung bedürfen aber auch solche Festsetzungen der Rechtfertigung (Rn 4).

8.11

§ 23 Abs. 2   8.12–9

Bei Durchführung des B-Planverfahrens dürfte es selbstverständlich sein, die Bauaufsichtsbehörden im Rahmen der Beteiligung der Träger öffentlicher Belange über die Gründe der abweichenden Festsetzungen zu unterrichten. Das gilt insbes. in den Fällen, in denen die Bauaufsichtsbehörde nicht Teil der Verwaltung der planenden Gemeinde ist.

8.12 Handelt es sich nicht um städtebauliche Regelungen, die im Rahmen der durch die Landesbauordnungen eingeräumten Ermächtigungen festgesetzt werden, **gehen die bauordnungsrechtlichen Vorschriften vor**; dann muss der B-Plan eine Elastizität aufweisen, die es ermöglicht, z. b. durch Zurückweichen von *Baugrenzen* die Abstandsvorschriften einhalten zu können. Rechtswidrig wäre ein Plan, der diese Elastizität nicht aufweist und durch Festsetzung von Baulinien zum Bauen auf dieser Linie und einem gleichzeitigen Verstoß gegen das Landesrecht zwingt (in diesem Sinne auch VGH BW, B. v. 27.1.1972 – II 217/70 – BRS 25 Nr. 18; ferner Hess. VGH, B. v. 16.2.1973 – IV IG 2–73 – zit. bei *Bielenberg*).

8.2 Setzt sich ein B-Plan über entgegenstehende landesrechtliche Abstandsvorschriften hinweg, ohne dass den ortsrechtlichen Vorschriften eine entspr. Ermächtigung zur Seite steht, ist der B-Plan mit einem wesentlichen zur Nichtigkeit führenden Mangel behaftet.

Der landesrechtlichen Regelung liegt gerade auch im Hinblick auf die Bauleitplanung eine *gesetzgeberische Abwägung* zugrunde, so dass bei einer (unzulässigen) Abweichung von Normen die für eine Befreiung vorauszusetzende *Atypik* (s. Vorb. §§ 2 ff. Rn 7.6) *nicht gegeben* ist. Die Rspr. vertritt hinsichtlich der Nichtigkeit des B-Plans, wenn die betreffende (zwingende) Festsetzung gegen Landesrecht verstößt, keine unterschiedlichen Auffassungen, wie im Einzelnen den Gründen des B. des OVG RhPf v. 9.12.1977 (– 1 B 80/77 – BRS 32 Nr. 96) und noch eindeutiger dem U. des OVG RhPf v. 6.3.1980 (– 1 A 167/78 – BRS 36 Nr. 42) zu entnehmen ist.

Der B. des OVG Lüneburg v. 6.5.1982 (– 6 B 21/82 – BRS 39 Nr. 105) geht in seinen Gründen ausführlich auf die bauplanungsrechtliche Festsetzung nach § 22 Abs. 3 BauNVO u. die erforderliche Abweichung aufgrund der bauordnungsrechtlichen Vorschriften ein.

Als Ergebnis ist festzuhalten, dass die Befreiung von Festsetzungen von entgegenstehenden landesrechtlichen Vorschriften nur in seltenen, nicht vorhersehbaren und atypischen Tatbeständen in Betracht kommt. Aus der Beteiligung der Bauaufsichtsbehörden im B-Planverfahren nach § 4 BauGB kann nicht gefolgert werden, dass die Verletzung landesrechtlicher Vorschriften gebilligt wird.

2. Der Begriff »Baulinie« (Abs. 2)

9 a) **Allgemeines zu den Festsetzungsmöglichkeiten.** Die Baulinie kann als *vordere, seitliche* oder *hintere* Baulinie festgesetzt werden. Satz 2 bzw. der entspr. Abs. 3 Satz 2 sind nicht dahingehend auszulegen, dass es seitliche Baulinien nicht geben könnte, wenngleich eine gewisse sprachliche Ungenauigkeit nicht zu verkennen ist. Die Zulässigkeit seitlicher Baulinien bestätigt VGH BW, B. v. 8.9.1970 (– III 701/70 –, BRS 23, 266). Damit können der zulässige Umriss und die Lage des Gebäudes auf dem Baugrundstück genau bestimmt werden. Da auf der Baulinie gebaut werden *muss*, gibt es im Falle der allseitigen Festsetzung durch Baulinien keinen Spielraum für die Lage und Horizontalabmessung des Gebäudes. Die durch Baulinien umfahrene Fläche muss mit dem Gebäude ausgefüllt werden. Diese Art der Baulinienfestsetzung ist daher nur geeignet, wenn die Abmessungen des festzusetzenden Gebäudes vorher festliegen (z. B. wenn eine größere Fläche in der Hand eines Bauträgers ist und dieser seine Typenplanung mit der Gemeinde abstimmt) oder, wenn städtebauliche Gründe die Einhaltung bestimmter Gebäudeabmessungen *zwingend erfordern*.

Werden Baulinien allseitig festgesetzt, müssen vorher Überlegungen angestellt werden, ob auf den gegebenen Abmessungen eine vernünftige Grundrisslösung möglich ist, andernfalls die Gemeinde Gefahr läuft, ihre Planung wegen Undurchführbarkeit oder Unzweckmäßigkeit der möglichen Grundrisse ändern zu müssen. Es dürfte sich daher empfehlen, in die Planung von vornherein einen Bewegungsraum einzuplanen, um berechtigten Wünschen der Bauherren und Architekten, vor allem in *individuell* zu gestaltenden Baugebieten, Spielraum zu lassen. Bei einer allseitigen Festsetzung empfiehlt es sich, zwei aneinandergrenzende Seiten der überbaubaren Fläche durch Bau*linien*, die übrigen Seiten durch Bau*grenzen* festzusetzen. Ist somit die max. überbaubare Fläche festgelegt, kann der Bauherr sein Gebäude in Breite und Länge unterschiedlich gestalten und muss die »Baufucht« trotzdem einhalten.

Die **Baulinienfestsetzung** ist zwar *unabhängig* von den *Grundstücksgrenzen*, die im B-Plan ohnehin nicht festgesetzt werden. Werden Grundstücksgrenzen aber von allseitig festgesetzten Baulinien so geschnitten, dass die auf den Einzelgrundstücken festgesetzten Gebäude(-teile) nicht ausführbar sind oder ihre Ausführung gegen bauordnungsrechtliche Vorschriften verstoßen würde, sind *bodenordnende* Maßnahmen (Umlegung, Grenzregelung) erforderlich. Die bodenordnenden Maßnahmen sind in der Begründung zum B-Plan darzulegen. Dasselbe hat zu gelten, wenn Baulinien die Grundstücksgrenzen zwar nicht schneiden, aber so nahe an sie heranrücken, dass bauordnungsrechtlich vorgeschriebene Grenzabstände und ggf. Abstandflächen nicht eingehalten werden können, andernfalls der B-Plan undurchführbar wäre, es sei denn, die Abstandflächen würden nach Landesrecht (§ 7 MBO) auf Nachbargrundstücke übernommen.

Im Unterschied zur allseitigen Festsetzung kann die **vordere Baulinie** allein auch als durchgehende zusammenhängende oder unterbrochene Baulinie zur seitlichen Begrenzung des *Straßenraumes* festgesetzt werden. Sie entspricht dann etwa der *Baufluchtlinie* nach dem PrFluchtlG. Ihre Rechtswirkung geht jedoch weiter als die der Baufluchtlinie, die nur Baugrenze war. Die vordere durchlaufende Baulinie kann sowohl in geschlossener als auch in offener Bauweise mit der Straßenbegrenzungslinie zusammenfallen, z. B. bei Fußgängerbereichen in Geschäftsstraßen oder hinter sie zurücktreten. Die zwischen Straßenbegrenzungslinie und Baulinie verbleibende Fläche ist nicht überbaubare Grundstücksfläche, die z. B. als *Vorgarten* oder für Stellflächen genutzt oder durch Belastung mit einem Geh-, Fahr- oder Leitungsrecht für die Allgemeinheit, einen Erschließungsträger oder beschränkten Personenkreis nutzbar gemacht werden kann. Die Baulinie kann entspr. den städtebaulichen Erfordernissen und der beabsichtigten Gestaltung des Straßenbildes unterschiedlich festgesetzt werden; dabei ist jedoch eine offensichtliche ungerechte Bevorzugung oder Benachteiligung einzelner Grundstücke zur Vermeidung einer nachbarrechtlichen Beeinträchtigung i. S. d. Austauschverhältnisses (nach *Sendler*) zu vermeiden (Rn 6–7.1).

Die Festsetzung nur *einer* (vorderen) Baulinie oder Baugrenze enthält eine für die Anwendbarkeit des § 30 Abs. 1 BauGB **ausreichende Festsetzung »über die überbaubaren Grundstücksflächen«**, wenn anzunehmen ist, dass nach dem Willen des Planungsträgers die derart beschränkte Festsetzung mit der Wirkung des § 30 Abs. 1 BauGB als eine erschöpfende gewollt ist. § 30 Abs. 1

§ 23 Abs. 2   11, 12

BauGB verlangt nämlich keine Festsetzung *der* überbaubaren Grundstücksflächen, sondern nur eine Festsetzung *über* die überbaubaren Grundstücksflächen. Das Gesetz macht demnach das Vorliegen eines qualifizierten B-Plans i. S. v. § 30 Abs. 1 BauGB nicht davon abhängig, dass die überbaubaren Grundstücksflächen nach allen vier Seiten durch Baulinien oder Baugrenzen bestimmt werden (BVerwG, U. v. 12.1.1968 – IV C 167/65 – MDR 1968, 611 = BRS 20 Nr. 8). Hat eine Gemeinde dagegen Baulinien bzw. Baugrenzen nach allen vier Seiten festgesetzt und widerspricht z. B. eine seitliche Baugrenze dem Abwägungsgebot, so kann der B-Plan insoweit teilnichtig und nicht mehr qualifiziert sein, so dass insoweit § 34 oder 35 BauGB anzuwenden ist (OVG Lüneburg, U. v. 30.4.1980 – 1 A 175/79 – ZfBR 1980, 204).

11 In der *offenen* Bauweise tritt scheinbar eine Kollision zwischen einer durchgehenden vorderen Baulinie und den Vorschriften über die seitlichen Grenzabstände ein. Auf der Baulinie in ihrer gesamten Länge *muss* an sich gebaut werden. Wegen des einzuhaltenden seitlichen Grenzabstandes darf in den Abstandflächen im Grundsatz nicht gebaut werden. Denn bauordnungsrechtliche Vorschriften, die nach § 29 letzter Satz BauGB von der Vorschrift des § 30 BauGB unberührt bleiben, sind einzuhalten. Die zusammenhängend durchgehende vordere Baulinie darf daher nur soweit beachtet werden, als die Abstandflächen mit den nach Landesrecht dort zugelassenen baulichen Anlagen (Abs. 5 Satz 2), z. B. Garagen (§ 6 Abs. 8 MBO; § 6 Abs. 11 BauO NW) oder Nebenanlagen (§ 14) bebaut werden dürfen. Garagen u. a. Anlagen nach Bauordnungsrecht sowie Nebenanlagen nach § 14 sind (auch) auf den *nicht überbaubaren* Grundstücksflächen, d. h. *außerhalb* der überbaubaren Grundstücksflächen i. S. d. § 9 Abs. 1 Nr. 2 BauGB zulässig, wenn der B-Plan nichts anderes festsetzt. (Nur) die *überbaubaren* Grundstücksflächen werden durch Baulinien und/oder Baugrenzen von den nicht überbaubaren Flächen abgegrenzt. Demzufolge müssen (nur) die Anlagen *innerhalb* der überbaubaren Grundstücksflächen die Begrenzungen durch Baulinien oder Baugrenzen einhalten. Eine Garage oder Nebenanlagen i. S. d. § 14 brauchen eine Baulinie auch dann nicht einzuhalten, wenn sie – etwa weil die Größe des Grundstücks es zulässt – auf den überbaubaren Grundstücksflächen errichtet werden sollen.

Sollen in seitlichen Abstandflächen die nach Abs. 5 zulässigen Nebenanlagen und nach Landesrecht zulässigen bzw. zuzulassenden baulichen Anlagen ausgeschlossen werden oder sind die Grundstücksgrenzen wegen fehlender Parzellierung noch unbekannt, empfiehlt es sich, eine vordere und ggf. rückwärtige *Baugrenze* festzusetzen.

12 Die Baulinie ist **in allen Geschossen** einzuhalten. Ein Vor- oder Zurücktreten ist weder ebenerdig, noch **unterirdisch** oder im Luftraum zulässig (BayVGH, U. v. 30.11.1979 – Nr. 26 II 78 – BRS 36 Nr. 129; *Förster*, § 23 Anm. 2 b). Baulinien können für *jedes Geschoss gesondert* und unterschiedlich festgesetzt werden (s. Rn 3.1). Damit können Staffelgeschosse, Terrassenhäuser, Wohnhügel, gleichfalls Arkaden, erdgeschossige Durchfahrten und Durchgänge, Fußgängerpassagen und Eckausklinkungen für die Verkehrsübersicht festgesetzt werden. Die Baulinie gilt uneingeschränkt auch für genehmigungsbedürftige unterirdische bauliche Anlagen (BayVGH, U. v. 30.11.1979, BRS 36 Nr. 129; U. v. 20.6.1989 – 2 B 86.01281 – BRS 49 Nr. 172 = BayVGHE 42, 161 [162]; VGH BW, U. v. 23.9.1981 – 3 S 966.81 – OVG Berlin, B. v. 20.12.1991 – 2 S 21.91 – BRS 52 Nr. 166) und somit auch für Kellergeschosse und Garagengeschosse unterhalb der Geländeoberfläche (§ 12 Abs. 4 Satz 2).

Dies ergibt sich auch aus dem Hinweis in Abs. 1 Satz 2, dass § 16 Abs. 5 (Zulässigkeit der Festsetzungen auch unterhalb der Geländeoberfläche) entspr. anzuwenden ist. Unterirdische Baulinien können z.b. im Hinblick auf Fragen etwa der Bodenversiegelung oder des Grundwasserabflusses bodenrechtlich relevant sein (BayVGH, U. v. 20.6.1989, aaO.).

Kellergeschosse außerhalb der Baulinien (z.B. Hofunterkellerungen, Garagen unter der festgelegten Geländeoberfläche) sind unzulässig (aA. *Boeddinghaus* § 23 Rdn. 12, die den Begriff »überbaubar« zu eng auslegen). Für sie müssen bzw. können besondere unterirdische Baulinien festgesetzt werden. Für die unterirdischen Baulinien müssten gem. § 2 Abs. 2 PlanzV 1990 Planzeichen besonders entwickelt werden (z.B. gestrichelte rote Linie). Die Zulässigkeit der *unterirdischen Baulinie* ist vom BVerwG im U. v. 14.1.1966 (BBauBl. 1966, 412) im Grundsatz anerkannt worden, wenn sie aus öffentlichen Gründen, z.B. des Verkehrs, *erforderlich* ist. Sowohl ein Einrücken der Baulinie im Kellergeschoss als auch eine senkrecht zur Straßenbegrenzungslinie verlaufende Baulinie ist rechtmäßig. **12.1**

Während die *Überschreitung* der Baulinie sowohl durch das ganze Gebäude als auch einzelne Geschosse ausgeschlossen ist, ist die *Unterschreitung* der Baulinie durch einzelne Geschosse zulässig. So dürften beispielsweise der Bau eines »Luftgeschosses« bei einem Hochhaus oder die Unterschreitung der Baulinie im Kellergeschoss öffentliche Belange i. A. nicht berühren. Auch die Freihaltung des Erdraumes unter einer festgesetzten Arkade oder die Zurücksetzung des Erdgeschosses eines Gebäudes ist mit einer festgesetzten Baulinie vereinbar. Denn dieser Teil des Erdraumes, der im Privateigentum verbleibt, kann ohnehin keine öffentlichen Einrichtungen (z.B. Leitungen) aufnehmen. Die Gemeinde ist verpflichtet, bei der Planung von Entsorgungsleitungen auf festgesetzte Baulinien und Baugrenzen Rücksicht zu nehmen (BGH, U. v. 13.3.1980 – III ZR 156/78 – BauR 1981, 59).

Die Beispiele zeigen, dass die **Festsetzung einer Baulinie** an sich **nur dort gerechtfertigt** ist, wo das öffentliche Interesse die Lage der Gebäudewandflächen in einer bestimmten Ebene aus *städtebaulichen Gründen zwingend* erfordert. Eine festgesetzte Baulinie muss in absehbarer Zeit vollziehbar sein. So ist z.B. die Festsetzung einer Baulinie in einem 1878 erlassenen (übergeleiteten) Ortsbauplan obsolet und damit unwirksam geworden, wenn die Baulinie über 100 Jahre lang nicht verwirklicht worden ist (VGH BW, B. v. 29.8.1989 – 5 S 2897/88 – BRS 49 Nr. 4). Die Baulinien entfalten eine Wirkung nur gegenüber *Gebäuden* oder *Gebäudeteilen*, nicht dagegen gegenüber sonstigen baulichen Anlagen, wie sich aus Abs. 2 ergibt. *Außerhalb* der Baulinien sind Einfriedigungen, Mauern, Masten und dergl. daher zulässig. **12.2**

b) Vor- oder Zurücktreten von Gebäudeteilen (Abs. 2 Satz 2 und 3). Abs. 2 Satz 2 lässt als *Kann*-Bestimmung ein **Abweichen** von der Baulinie in *geringfügigem* Ausmaß zu. Die Vorschrift ist unmittelbar anwendbares Recht und keine »Ausnahme« i. S. d. § 31 Abs. 1 BauGB. Eine besondere Festsetzung im B-Plan ist daher nicht erforderlich. Die Möglichkeit zum Abweichen bezieht sich auf alle das Gebäude eingrenzenden und nicht etwa nur die vorderen oder seitlichen Baulinien (so auch *Knaup/Stange*, § 22 Rdn. 23). Die Vorschrift betrifft jedoch nicht nur *Bau*teile, wie sie bereits in § 6 der aufgrund der PrEinheitsBauO aufgestellten BauOen beispielhaft aufgezählt waren (Wandpfeiler, Fensterbänke, Erker, Schaukästen, Anzeigeschilder, Antrittsstufen, Abfallrohre, Kellerschächte, Radabweiser, Stufen an Kellereingängen, Rutschen, Kohleneinwürfe, Fensterflügel und -läden, Fenstergitter, Beleuchtungskörper, Gegenstände geschäftlicher Werbung) und wie sie auch in den bauordnungsrechtlichen Abstandflächenregelungen (s. § 6 Abs. 8 MBO, vgl. § 6 Abs. 7 BauO NW) aufgeführt sind (Gesimse, Dachvorsprünge, Blumenfenster, Hauseingangstreppen und deren Überdachungen), sondern darüber hinaus auch sonstige Gebäudeteile und Vorbauten wie Erker und Balkone. Die Art des Vor- oder Zurücktretens der Gebäudeteile wird durch den Begriff *in geringfügigem* **13**

§ 23 Abs. 2   14

Ausmaß gekennzeichnet. Das kann nur angenommen werden, wenn es sich um *untergeordnete* Gebäudeteile, wie sie in den bauordnungsrechtlichen Abstandregelungen (s. o.) genannt sind, handelt (vgl. OVG NW, B. v. 6.2.1996 – 11 B 3046/95 – BRS 58 Nr. 170 u. B. v. 24.5.1996 – 11 B 970/96 – BRS 58 Nr. 171, auch zum Begriff des »Erkers«).

Der unbestimmte Rechtsbegriff »in *geringfügigem* Ausmaß« ist nur unter Berücksichtigung der vorgenannten untergeordneten Gebäudeteile hinreichend genau auszufüllen. Dabei hängt die Maßbestimmung von der Größenordnung des Gebäudes ab; sie ist mithin *relativ*. Bei einem Sport- oder Industriebau von 200 × 300 m Grundfläche kann eine Pfeilervorlage von 2,00 m als von geringfügigem Ausmaß gelten, während bei einem Wohnhaus von 9 × 12 m Grundfläche ein um 0,60 m vorstehender Außenkamin bereits als *beträchtliche* Abweichung angesehen werden muss. Landesrechtliche Vorschriften (§ 6 Abs. 8 MBO) lassen für solche Bauteile ein Vorspringen bis 1,50 m zu.

Ein **Gebäude- bzw. Bauteil oder Vorbau ist dann untergeordnet,** wenn er seiner Art und seinem Umfang nach und auch in seinen Einwirkungen dem Gesamtbauvorhaben gegenüber nicht nennenswert ins Gewicht fällt und wenn er namentlich von der Baumasse her unbedeutend erscheint (vgl. Hess. VGH, B. v. 12.10.1995 – 4 TG 2941/95 – BRS 57 Nr. 139 = NVwZ-RR 1996, 307).

So ist z. B. ein Kamin von 1,18 × 1,18 m Grundfläche an der Außenwand eines Backhauses von 3,40 × 8,90 m Grundfläche nicht untergeordnet (BayVGH, U. v. 27.11.1974 – Nr. 54 I 73 – BRS 29 Nr. 90). Vorbauten dürfen ihrer Funktion und ihrem Zweck nach nicht dazu dienen, z. B. weitere Wohnfläche zu gewinnen oder sonst den Baukörper auszudehnen. **Ein Erker ist nicht nur durch seine Anordnung an der Wand, sondern auch durch seine Funktion für Ausblick, Belichtung und Fassadengestaltung gekennzeichnet. Treten diese Funktionen hinter der Absicht der Vergrößerung der Wohnfläche zurück, kann der Erker nicht mehr als untergeordnet angesehen werden.** Mehrere, für sich genommen jeweils kleinere Vorbauten können einen »Summeneffekt« begründen, bei dem man nicht mehr von geringfügig sprechen kann. **Balkone,** die etwa ein Drittel der Gebäudefront überschreiten, oder umlaufende Balkone können i. d. R. nicht mehr als untergeordnet zum Gesamtbauwerk gesehen werden (vgl. Hess. VGH, B. v. 12.10.1995 – 4 TG 2941/95 – aaO.).

Ein Zurücktreten von Gebäudeteilen wird in erster Linie für senkrechte architektonische Fassadengliederungen, Einsprünge, Schlitze und dergl. in Betracht kommen. Die Ausführungen zum Vortreten gelten entspr.

Im Übrigen liegt es im Ermessen der Behörde (kann), ob sie bei Bejahung des geringfügigen Ausmaßes ein Vor- oder Zurücktreten zulassen will. Ihr Ermessen ist durch die Koppelung mit dem unbestimmten Rechtsbegriff »in geringfügigem Ausmaß« nur insoweit gebunden, als diese Voraussetzung für die Ermessensentscheidung vorliegen muss. Sollten *andere* Gründe gegen ein Vor- oder Zurücktreten sprechen, braucht sie nicht i. S. d. Bauwilligen zu entscheiden.

14 Durch den durch die **ÄndVO 1968 angefügten Satz 3** ist die Abweichungsmöglichkeit von der Baulinie erweitert worden. In der Praxis hatte sich nämlich die notwendig enge Auslegung des Satzes 2 für bestimmte Bauformen als hinderlich erwiesen. Die Änderung ist vom BR damit begründet worden, dass es in einzelnen Fällen städtebaulich erwünscht sei, auch mit Gebäude*teilen* von nicht nur geringfügigem Ausmaß (z. B. Treppentürmen) vor die Baulinie bzw. die Baugrenze zu treten.

Es darf sich nur um Gebäude*teile,* nicht dagegen das *Gebäude* selbst handeln. Der Unterschied zwischen »Gebäude« und »Gebäudeteil« ist mit einer Differenzierung zwischen *wesentlichen* und *unwesentlichen* Gebäudeteilen dahin zu beantworten, dass beim Vortreten eines unwesentlichen Gebäudeteiles lediglich dieser Gebäudeteil, beim Vortreten eines wesentlichen Gebäudeteiles dagegen zugleich das Gebäude selbst die Baulinie überschreitet (BVerwG, U. v. 20.6.1975 – IV C 5.74 – BRS 29 Nr. 126 = DVBl. 1975, 895 = BayVBl. 1975, 679; so auch OVG NW, B. v. 6.2.1996, aaO. Rn 13 u. B. v. 24.5.1996 – 11 B 970/96 – aaO. Rn 13; im gleichen Sinne *Bielenberg*, § 23 Rdn. 47; *Förster*, § 23 Anm. 4 b; *Müller/Weiß*, 5. Aufl. § 23 Bem. zu Abs. 2; a. A. *Boeddinghaus*, § 23 Rdn. 24, die gegen die hier vertretene Auff. meinen, aus dem Wortlaut sei nicht zwingend abzuleiten, dass sich die Vorschrift nur auf Bau*teile* [falsch zitiert! Richtig: *Gebäude*teile] beziehe; namentlich in der offenen Bauweise könnten sich die Möglichkeiten auch auf Gebäude als Ganze beziehen). Sie übersehen dabei, dass es nach der Begründung zur ÄndVO 1968 ausdrückliche Absicht des VOgebers war, gerade Gebäude*teile* von nicht nur geringfügigem Maß (wie Treppentürme) vortreten zu lassen. Aus der Stellung von Satz 3 hinter Satz 2 ergibt sich, dass die Regelung des Satzes 3 an das Wort »geringfügig« in Satz 2 anknüpft. Im Übrigen würde auch der Zweck der Festsetzung einer *zwingenden* Baulinie und somit deren Erforderlichkeit durch die Möglichkeit des Vor- oder Zurücktretens von ganzen Gebäuden in Frage gestellt.

Unwesentliche Gebäudeteile sind z. B. Treppenhäuser, abgesetzte Treppentürme, Vordächer, Erker, Balkone, Veranden, Wintergärten, Windfänge, angebaute erdgeschossige Kleingaragen und Carports bzw. überdachte Stellplätze (soweit diese nach landesrechtlicher Einordnung Gebäude sind, vgl. BVerwG, B. v. 23.6.1992 – 4 B 110.92 –), überdachte Passagen u. dergl.

Tritt dagegen eine Außenwand des Gebäudes insgesamt über die Baulinie bzw. Baugrenze, z. B. die Seitenwand einer Garage über die seitliche Baugrenze (BverwG, U. v. 20.6.1975, aaO.) oder das Mittelhaus einer geschlossen gebauten Gebäudegruppe, so betrifft dies einen wesentlichen Gebäudeteil; das Gebäude selbst überschreitet in diesen Fällen die Baulinie bzw. Baugrenze. Umgekehrt dürfen auch wesentliche Gebäudeteile nicht hinter der Baulinie zurückbleiben. Werden beispielsweise nur die vorgezogenen seitlichen Flügel eines U-förmigen Gebäudes auf der Baulinie errichtet, der Mitteltrakt dagegen zurückgesetzt, so bleibt ein wesentlicher Gebäudeteil und somit das ganze Gebäude hinter der Baulinie zurück.

Die Ausnahmen müssen im B-Plan *vorgesehen* und nach Art und Umfang bestimmt werden (§ 31 Abs. 1 BauGB). Es genügt nicht nur die (textliche) Festsetzung, dass das Vortreten (bzw. Zurücktreten) von Gebäudeteilen ausnahmsweise zugelassen werden kann. Als »Art« der Ausnahme sind vielmehr die (unwesentlichen) Gebäudeteile zu bezeichnen, deren Vortreten ausnahmsweise zugelassen werden kann. Als »Umfang« sind ggf. die Anzahl der Gebäudeteile, die vorderen und seitlichen Maße, die Höchstmaße nach Länge, Breite, Fläche, Höhe oder die Zahl der Vollgeschosse zu bestimmen. Außerdem können bestimmte Voraussetzungen für das Vortreten der Gebäudeteile verlangt werden, z. B. die Einhaltung einer bestimmten GFZ. Das Vorsehen der Ausnahme im B-Plan wird i. d. R. durch Text erfolgen.

Satz 3 ist dem Wortlaut nach insofern ungenau, als er von »weiteren« Ausnahmen spricht. Bei **Satz 2** handelt es sich um keine Ausnahme (Rn 13), so dass dort Ausnahmegründe *nicht* erforderlich sind (a. A. wohl *Förster* ohne nähere Begr., § 23 Anm. 4 e; *Müller/Weiß*, 5. Aufl., § 23 Anm. zu Abs. 2); zur Frage der Zulassung von Ausnahmen Vorb. §§ 2 ff. Rn 6–6.8; über die **Zulassung der Ausnahme** gem. § 31 Abs. 1 BauGB entscheidet die Baugenehmigungsbehörde nach pflichtgemäßem Ermessen.

3. Der Begriff »Baugrenze« (Abs. 3)

16 Durch die Festsetzung von **Baugrenzen** wird eine äußerste Linie gesetzt. Ein Vortreten des Gebäudes ist unzulässig, ein Zurücktreten dagegen erlaubt. Im Übrigen gelten die Ausführungen zum Begriff »Baulinie« (Rn 9–12) sinngemäß. Die Baugrenze kann im selben Geschoss nur anstelle, nicht zusammen mit der Baulinie für dieselbe Gebäudeseite festgesetzt werden. Für verschiedene Gebäudeseiten ist jedoch die Kombination mit der Baulinie möglich; z. B. können eine vordere **Baulinie** und **seitliche** sowie **rückwärtige Baugrenzen** festgesetzt werden; d. h., das Gebäude muss vorne an der Baulinie gebaut werden, darf jedoch innerhalb der Baugrenzen im Rahmen der zulässigen Grundflächenzahl seitlich und hinten beliebige Grundstücksflächen überdecken. Für Satz 2 gelten die Ausführungen zu Rn 13 entspr.

Satz 3 bringt die notwendige Anpassung des Abs. 3 an den durch die ÄndVO 1968 angefügten Abs. 2 Satz 3. Die Ausführungen zu Abs. 2 Satz 3 (Rn 14–15) gelten sinngemäß.

Weichen festgesetzte Baugrenzen von landesrechtlichen Abstandbestimmungen ab, muss die jeweils strengere Regelung – der weitere Grenzabstand – eingehalten werden, da bauordnungsrechtliche Bauvorschriften grundsätzlich unberührt bleiben (§ 29 Abs. 2 BauGB), es sei denn, dass die Landesbauordnung ausdrücklich etwas anderes bestimmt wie § 6 Abs. 15 BauO NW bei *zwingenden* Vorschriften. Zur Frage, ob entspr. dem Wortlaut von Abs. 3, Satz 1 nur Gebäude oder Gebäudeteile ausgeschlossen sind, s. Rn 21.1.

Von einem Vortreten oder Zurücktreten von Gebäudeteilen in geringfügigem Ausmaß i. S. v. § 23 Abs. 3 Satz 2 BauNVO kann ausgegangen werden, wenn die Errichtung des Gebäudeteils nach Landesrecht (hier nach § 5 Abs. 6 Nr. 2 LBO) in den Abstandsflächen zulässig wäre (VGH BW, B. v. 20.1.2005 – 8S3003/04 – VBlBW 2005, 312).

Die Überschreitung der rückwärtigen Baugrenze eines Reihenmittelhauses über die ganze Breite von 4,75 mit einem Balkon in einer Tiefe von 1,00 m ist bei einer Tiefe des Baufeldes des Reihenhauses von 13 m **nicht** geringfügig i. S. v. § 23 Abs. 3 (OVG NW, U. v. 22.8.2005 – 10 A 3611/03 – BauR 2002, 342).

Einen Sonderfall einer Baugrenzfestsetzung hat das BVerwG im U. v. 21.10.2004 – 4 C 3.04 – ZfBR 2005, 191 für den Fall der Regelung der zulässigen Fläche, die vom Rotor einer Windkraftanlage überstrichen werden darf, entschieden. Die Entscheidung ist auch bei § 19 Rn 4.1 zitiert, da auch die Festsetzung der Grundfläche zu berücksichtigen war. Nach der Entscheidung ist es möglich, nicht nur für Fundament und Turm von Windkraftanlagen, sondern auch für die vom Rotor zu überstreichende Fläche Baugrenzen festzusetzen. Letzteres ist jedoch nicht unbedingt erforderlich, da im Prinzip diese Fläche auch durch den Standort des Turmes bestimmbar ist.

4. Der Begriff »Bebauungstiefe«; zu Einzelfällen nach der Rspr. (Abs. 4)

17 Die **Bebauungstiefe** steht, wie aus dem Hinweis auf Abs. 3 hervorgeht, in der Wirkungsweise der *Baugrenze* gleich. Im Unterschied zur Baugrenze kann sie *nur* die rückwärtige Begrenzung der überbaubaren Grundstücksflächen regeln, die damit einen mit der öffentlichen Verkehrsfläche etwa parallel laufenden Streifen bildet. Eine zeichnerische Darstellung der Bebauungstiefe ist nach der PlanzV 1990 zwar nicht vorgesehen aber nicht ausgeschlossen. I. d. R. wird sie jedoch textlich durch einen bestimmten Abstand von einer vorderen Bezugslinie festzusetzen sein; gem. § 2 Abs. 2 PlanzV 1990 kann ein besonderes Planzeichen entwickelt werden (eine Linie), durch das sich aus textlichen Festsetzungen etwa ergebende Zweifel und Ungenauigkeiten vermeiden lassen. Eine seitliche Begrenzung geht von der Bebauungstiefe nicht aus. Ist diese beispielsweise in der offenen Bauweise – über die seitliche Abstandfläche hinaus – erforderlich, können seitliche Baulinien oder Baugrenzen festgesetzt werden.

Als *Bezugslinie* für die Ermittlung der Bebauungstiefe ist die *tatsächliche Straßengrenze* nur geeignet, wenn sie gleichmäßig verläuft, keine Sprünge aufweist und eigentumsmäßig sowie in der Örtlichkeit genau bestimmbar ist. Solange der B-Plan die Ermittlung von einer anderen Bezugslinie aus nicht festsetzt, ist von ihr auszugehen. Weist die tatsächliche Straßengrenze Vorsprünge oder Unregelmäßigkeiten auf, ändert die Straße ihr Profil, oder soll die tatsächliche Straßengrenze verändert, die Straße verbreitert, verschmälert, begradigt oder verlegt werden, ist die Ermittlung von anderen Bezugslinien schon aus Gleichheitsgründen zweckmäßig. Hierfür können die festgesetzte Straßenbegrenzungslinie, die vordere durchgehende Baulinie oder Baugrenze oder eine geometrisch eindeutig zu bestimmende Hilfslinie in Frage kommen. Es ist dabei erforderlich, dass der B-Plan durch Text besonders festsetzt, von welcher Bezugslinie aus zu ermitteln ist, da bei Fehlen einer derartigen anderen Festsetzung trotz festgesetzter Straßenbegrenzungslinien, Baulinien oder Baugrenzen von der tatsächlichen Straßengrenze zu ermitteln sind.

Bei *Eckgrundstücken* kommen u. U. mehrere Straßengrenzen in Frage. Bei einem Grundstück z. B., das an einer Straße, im Übrigen aber lediglich an Fußwege angrenzt, ist für die Bestimmung der tatsächlichen Straßengrenze i. S. v. Abs. 4 Satz 2 die *Straße* maßgebend, von der das Grundstück erschlossen und der es seiner Bezeichnung nach zugeordnet ist (OVG Münster, U. v. 31.7.1969 – X A 232/68 – BRS 22 Nr. 106 = HGBR E-3 Nr. 89). Nach dieser Entscheidung hat die Bebauungstiefe zwar keine seitliche Begrenzung der überbaubaren Fläche. Ihre Festsetzung berührt jedoch die Festsetzung der Bauweise nicht, für die es auf die seitlichen Grundstücksgrenzen ankommt. Zu deren Bestimmung muss bei Eckgrundstücken, um zu einem eindeutigen Ergebnis zu gelangen, gleichfalls von einer bestimmten Bezugslinie ausgegangen werden. Damit sich die Festsetzung der überbaubaren Grundstücksfläche und die Vorschrift über die offene Bauweise nicht widersprechen, muss in beiden Fällen von *derselben* Bezugslinie ausgegangen werden.

Eine *unterschiedlich* festgesetzte *Bebauungstiefe* verletzt nicht den Gleichheitsgrundsatz, wenn sie durch die tatsächlichen Gegebenheiten bei der Planaufstellung, etwa eine vorhandene Bebauung, gerechtfertigt ist (BVerwG, B. v. 30.8.1965 – IV B 81.65 – BRS 16 Nr. 5 = BBauBl. 1965, 597; Revisionsbeschl. zu OVG Münster, U. v. 30.10.1964 – VII A 980/63 – HGBR Rspr. II, 173 = DÖV 1965, 536). Wird eine festgesetzte Bebauungstiefe in langandauernder Übung immer wieder überschritten, so entsteht dadurch ein der Festsetzung entgegenstehendes Gewohnheitsrecht, das schließlich zur Funktionslosigkeit der Festsetzung durch die von ihr abweichende Entwicklung führt. Eine solche »*Festsetzung tritt wegen Funktionslosigkeit außer Kraft, wenn und soweit die Verhältnisse, auf die sie sich bezieht, in der tatsächlichen Entwicklung einen Zustand erreicht haben, der eine Verwirklichung der Festsetzung auf unabsehbare Zeit ausschließt und die Erkennbarkeit dieser Tatsache einen Grad erreicht hat, der einem etwa dennoch in die Fortgeltung der Festsetzung gesetzten Vertrauen die Schutzwürdigkeit nimmt*« (BVerwG, U. v. 29.4.1977 – IV C 39/75 – BRS 32 Nr. 28 = NJW 1977, 2325).

Ist eine Bebauungstiefe nicht *festgesetzt*, so darf – sofern sonstige Vorschriften nicht entgegenstehen und hintere Baulinien oder Baugrenzen nicht festgesetzt sind – *beliebig* tief gebaut werden. Während frühere LBOen für einzelne Baugebiete bestimmte *Bautiefen* vorsahen, die in den B-Plänen (BauPolVOen, Baustufen-, BauzonenOen) einzuhalten waren, enthält die BauNVO keine derartige Begrenzung.

§ 23 Abs. 5 19, 20

5. Nicht überbaubare Grundstücksflächen (Abs. 5)

19 a) *Zulassungsfähige Anlagen.* Auf den »nicht überbaubaren Grundstücksflächen« können nach Abs. 5 ohne besondere Festsetzung im B-Plan **Nebenanlagen** und **bestimmte bauliche Anlagen**, die nicht schon innerhalb der überbaubaren Grundstücksflächen untergebracht werden, im *Baugenehmigungsverfahren* zugelassen werden. Die Entscheidung steht im pflichtgemäßen Ermessen der Behörde. Dabei trifft Abs. 5 *keine* die Anwendung des § 31 Abs. 1 BauGB gestattende *Ausnahmeregelung*, sondern erweist sich als echte »Kann«-Vorschrift, die der Behörde einen dem Zweck der Ermächtigung entsprechenden Ermessensspielraum einräumt (OVG Münster, U. v. 7.9.1967 – VII A 445/66 – DVBl. 1968, 48 = DWW 1968, 147; VGH BW, B. v. 25.1.1995 – 3 S 3125/94 – BRS 57 Nr. 86). Die Gewährung einer Ausnahme ist nicht vorgesehen, besondere Ausnahmegründe brauchen daher nicht vorzuliegen. Bei der Entscheidung sind etwa entgegenstehende öffentliche Belange und nachbarliche Interessen mit den Belangen des Bauherrn abzuwägen; ein Rechtsanspruch auf Zulassung der Anlage, auch wenn öffentliche Belange nicht entgegenstehen, besteht jedoch nicht (OVG Münster, U. v. 7.9.1967, aaO. u. v. 12.11.1974 – X A 303/73 – BRS 28 Nr. 20 = BauR 1975, 110), es sei denn, dass das Ermessen »auf Null« schrumpft, weil öffentliche Belange unter keinem Gesichtspunkt beeinträchtigt werden.

Die Zulassung der Anlagen ist insbes. unter Berücksichtigung der in § 15 Abs. 1 Satz 1 aufgeführten Voraussetzungen zu prüfen. Z. B. können Garagen in einer bestimmten Anzahl *auf dem Grundstück* auch nach § 15 Abs. 1 Satz 1 zulässig sein (z. B. innerhalb des Vordergebäudes, in einem Garagengeschoss), ihre Zulassung auf den nicht überbaubaren Grundstücksflächen muss dagegen u. U. nach § 15 Abs. 1 Satz 1 versagt werden, weil sie nach der beabsichtigten Anzahl, Lage (weit im Hinterland des Grundstücks) und ihrem Umfang (Abmessungen) der Eigenart des Baugebiets (z. B. eines WR Gebiets) widersprechen. Bei der Ermessensentscheidung nach § 23 Abs. 5 kommen nur *städtebauliche* Gesichtspunkte in Betracht.

20 Die nach Abs. 5 zulassungsfähigen Anlagen sind **nicht Bestandteile der** nur innerhalb der *überbaubaren* Grundstücksflächen zulässigen **Hauptanlagen**; sie können jedoch an diese *angebaut* oder *freistehend* errichtet bzw. *unterhalb der Geländeoberfläche* (z. B. als Tiefgaragen) vorgesehen werden. Soweit **Nebenanlagen** in das Hauptgebäude baulich einbezogen werden, kommt die Anwendung von Satz 1 nicht in Betracht. Nebenanlagen i. S. v. § 23 Abs. 5 Satz 1 können nur Anlagen sein, die nicht Bestandteil des (Haupt-)Gebäudes sind. Mit der Regelung über die (nur) in geringfügigem Ausmaß mögliche Überschreitung nach Abs. 2 Sätze 2 und 3, Abs. 3 Sätze 2 und 3 wäre es unvereinbar, zum (Haupt-)Gebäude gehörende Bauteile auch in einem mehr als geringfügigen Ausmaß in die nicht überbaubaren Flächen hineinragen zu lassen (BVerwG, B. v. 14.2.1994 – 4 B 18.94 – ZfBR 1994, 193 = DÖV 1994, 565 = UPR 1994, 263 = NVwZ-RR 1994, 428). Eine Überschreitung der überbaubaren Grundstücksflächen durch Gebäude*teile* (auch etwa nur unterhalb der Geländeoberfläche, z. B. durch eine Kellerbar unter dem Freisitz) ist nur nach Abs. 2 Sätze 2 und 3 oder Abs. 3 Sätze 2 und 3 möglich.

So sind etwa privat genutzte *Schwimmhallen* im WR-Gebiet, die hinsichtlich ihrer Abmessungen geeignet und dazu bestimmt sind, den im Wohnen bestehenden Nutzungszweck eines Grundstücks maßgeblich und unmittelbar zu fördern und die sich der Hauptnutzung auch räumlich-gegenständlich unterordnen, als Nebenanlagen i. S. d. § 14 anzusehen, die nach Abs. 5 zugelassen werden können (OVG Münster, U. v. 12.11.1974, aaO. Rn 19).

Als Sonnen- und Wetterschutz für eine zur Gästebewirtung bestimmte Terrassenfläche einer Gaststätte kann ein Sonnenschutzdach (das aus einer Metallrahmenkonstruktion und darin geführten beweglichen Bahnen ans Markisenstoff besteht und das einerseits an der Gebäudewand befestigt ist und andererseits von ca. 5 in vor dem Gebäude einbetonierten Metallpfosten getragen wird) nicht auf der Grundlage von § 23 Abs. 5 BauNVO außerhalb einer Baugrenze zugelassen werden. Ein solches Dach ist Teil des Hauptgebäudes und keine Nebenanlage (Hamb. OVG U. v. 20.1.2005 – 2 Bf 283/03 – BRS 69, 442; bestätigt vom BVerwG B. v. 13.6.2005 – 4 B 27.05 – BRS 69, 446).

Zu den nach Abs. 5 Satz 1 ohne besondere Festsetzung zulassungsfähigen **Nebenanlagen** (§ 14 Rn 6–7) gehören nach dem Wortlaut auch solche für die *Kleintierhaltung*, nicht dagegen solche für die *Tierhaltung* einschließlich der Großtierhaltung, gewerblichen Tierhaltung oder Pensionstierhaltung (OVG Lüneburg, U. v. 27.2.1981 – 1 A 146/79 – BauR 1981, 460). Der durch die ÄndVO 1977 in § 14 eingefügte Satz 2 hat dies klargestellt.

Da Nebenanlagen i. S. d. § 14 der Hauptanlage stets untergeordnet sein müssen, kommen nach Abs. 5 in erster Linie Anlagen für die *Hobby*tierhaltung und private Tierzucht in Betracht wie Vogelvolieren, Geflügel- und Kaninchenställe, Hundezwinger und dergl. (§ 14 Rn 5–8). Ein Stall für das (private) Reitpferd, das zu den »Großtieren« rechnet, wäre demnach dem Wortlaut nach unzulässig; dies kann jedoch wohl kaum der Sinn der Regelung sein; denn ein solcher Fall kann in einem Wohngebiet durchaus als Nebenanlage in Betracht kommen (*Förster*, § 14 Anm. 2c) und konnte dies nach der BauNVO 1968 auch schon. Eine *gewerbliche* Pelztierzucht (auch wenn es Kleintiere sind) ist nach Abs. 5 dagegen ohne besondere Festsetzung auf den nicht überbaubaren Grundstücksflächen nicht zulässig.

Die in den Baugebieten als Ausnahmen nach § 14 Abs. 2 zugelassenen *Nebenanlagen* für die Versorgung der Baugebiete mit Elektrizität, Gas, Wärme und Wasser sowie zur Ableitung von Abwasser können ebenfalls auf den nicht überbaubaren Grundstücksflächen zugelassen werden, auch soweit für sie keine besonderen Flächen festgesetzt sind (§ 14 Abs. 2 2. Halbs.).

Zu den **baulichen Anlagen**, die nach z. T. unterschiedlichem **Landesrecht** in den **Abstandsflächen** (im Bauwich) zulässig sind oder zugelassen werden können (Satz 2), gehören z. B. Stellplätze und Garagen sowie Terrassen, Pergolen, Überdachungen von Freisitzen, Einfriedigungen, Stützmauern, Masten, Schornsteine (§ 6 Abs. 8 MBO), ggf. bis zu einer bestimmten Höhe oder Länge an der Nachbargrenze je nach Landesrecht. Vor die Außenwand vortretende **Bauteile** wie Gesimse, Dachvorsprünge, Blumenfenster, Hauseingangstreppen und deren Überdachungen (vgl. OVG RhPf, B. v. 21.5.1996 – 8 B 11166/96 – BRS 58 Nr. 196: 1 m breite offene Hauseingangstreppe in der Abstandfläche zur Erschließung einer Dachgeschosswohnung zulässig) sowie **Vorbauten** wie Erker und Balkone bleiben bei der Bemessung der Abstandfläche außer Betracht, wenn sie nicht mehr als 1,50 m vortreten und von der Nachbargrenze mind. 2,00 m entfernt bleiben (§ 6 Abs. 8 MBO). **Unterirdische bauliche Anlagen** sind in den Abstandflächen (im Bauwich) allgemein zulässig, weil die Abstandflächen nach Landesrecht nur von *oberirdischen* baulichen Anlagen freizuhalten sind (§ 6 Abs. 1 MBO). Die Verweisung auf das jeweilige Landesrecht ist als dynamische und nicht als statische Verweisung zu verstehen. Maßgebend ist daher die im Zeitpunkt der Erteilung der Baugenehmigung maßgebende Fassung der entspr. landesrechtlichen Vorschriften (VGH BW, B. v. 6.9.1995 – 8 S 2388/95 – BauR 1996, 222 = NVwZ-RR 1996, 140 = UPR 1996, 38 = BRS 57 Nr. 84).

Somit sind auch über die Geländeoberfläche nicht hinausragende Schwimmbecken und Freisitze zulässig. Da Abstandflächen nach Landesrecht auch die Vorgärten umfassen, gelten die Regelungen entsprechend, insbes. für Stellplätze (zur Zulässigkeit von Stellplätzen im Vorgarten bereits VGH BW, U. v. 29.11.1978 – III 1988/78 – BauR 1979, 219;

BVerwG, U. v. 27.11.1981 – 4 C 36 u. 37.78 – BRS 38 Nr. 155; OVG Hamb., U. v. 10.12.1981 – Bf II 33/81 – BRS 39 Nr. 110). Schwimmbecken kommen in Vorgärten schon wegen deren meist geringer Tiefe kaum in Betracht. Zu den baulichen Anlagen zählen alle Nebenanlagen i. S. v. § 14 wie Geräteschuppen, Mülltonnenschränke, *Wintergärten*, soweit sie angelegt sind, um Tomaten u. dergl. zu ziehen (s. Abgrenzung gegenüber Wintergärten als Erweiterung des Wohnraums s. § 14 Rn 10.3).

Wichtig ist die richtige Beurteilung der Frage, ob ein Grundstück oder Grundstücksteil überhaupt zum Bauland gehört (und damit eine *nicht überbaubare Fläche* sein kann). Der VGH BW hat entschieden, dass auf einem Grundstück, für das der Bebauungsplan eine private Grünfläche (Gartenfläche) festsetzt, ein Stellplatzvorhaben oder Garagenvorhaben auch nicht aufgrund § 23 Abs. 5 BauNVO zugelassen werden kann (U. v. 22.5.2003 – 2 S 446/02 – VBlBW 2003, 440). Die Gemeinde hatte das fragliche Grundstück zum Erschließungsbeitrag heranziehen wollen mit der Begr., dass nach § 23 Abs. 5 BauNVO Stellplätze und Garagen auf der Fläche zulässig seien.

Eine Befreiung zur Verbindung von zwei – auf (durch eine nichtüberbaubare Fläche getrennten) Baufenstern – Hauptbaukörpern mit einem Wohnflächenverbindungstrakt auf der nichtüberbaubaren Fläche ist auch mit dem Hinweis unzulässig, dass optisch durch die nach § 23 Abs. 5 zulässigen Garagen der gleiche Eindruck entstehen würde. (In der B-Plan-Begr. war ausdrücklich auf den Zweck der getrennten Baufenster eingegangen worden.) (VGH BW U. v. 9.12.2005 – 5 S 274/05 – *www.justizportal-bw.de*).

Die Zulassungsmöglichkeit von Garagen an der Nachbargrenze kann durch Festsetzung im B-Plan ausgeschlossen werden (BVerwG, U. v. 5.10.1965 – IV C 3.65 – DVBl. 1966, 269 = BVerwGE 22, 129; § 12 Rn 25, 27).

21.1 Ist im B-Plan eine Baugrenze festgesetzt, so dürfen nicht nur Gebäude und Gebäudeteile, sondern auch alle anderen baulichen Anlagen (hier: Werbeanlagen) diese grundsätzlich nicht überschreiten. (BVerwG, U. v. 7.6.2001 – 4 C 1.01 – NVwZ 2002, 1). Das BVerwG hatte den Fall einer eigenständigen Werbeanlage vor der Baugrenze zu behandeln. Im Wortlaut von § 23 Abs. 3 sind zwar nur Gebäude und Gebäudeteile genannt. Daraus könne man jedoch im Umkehrschluss nicht herleiten, dass dann alles andere vor der Baugrenze zulässig sei. Das Ziel der Vorschrift – städtebauliche Gestaltung durch Freihaltung von Flächen durch die Bestimmungen des B-Planes – würde unterlaufen, wenn eine bauliche Anlage, die weder Gebäude noch Nebenanlage ist, als Hauptnutzung vor der Baugrenze zulässig wäre. Auch als Nebenanlage ist die Werbeanlage nicht gem. § 23 Abs. 5 zulässig, weil es keine eigenständige Hauptnutzung dazu gibt.

22 **b) Ausschluss bestimmter Anlagen durch »andere« Festsetzung (Satz 1, 1. Halbs.).** Abweichend von der Regelfestsetzung kann die Gemeinde im Rahmen ihres Planungsermessens im **B-Plan besonders festsetzen**, dass *alle* oder *bestimmte* der in Abs. 5 aufgeführten Anlagen auf den nicht überbaubaren Grundstücksflächen *nicht zulässig* sind oder nur *ausnahmsweise zugelassen* werden können. Sie kann somit die Überbaubarkeit dieser Flächen ausschließen oder einschränken. Die Festsetzung kann sich auf das gesamte Baugebiet oder eindeutig bestimmte Teile des Gebiets sowie einzelne Grundstücke beziehen (§ 16 Abs. 5); sie kann jedoch auch nur für Teile von Grundstücken (beispielsweise hinter einer im B-Plan festzusetzenden Linie) getroffen werden. Die Ermächtigung zu einer derart differenzierten Festsetzungsmöglichkeit liegt darin, dass die Gemeinde etwas »anderes«, d. h. Beliebiges festsetzen darf. Dabei ist jedoch der Gleichbehandlungsgrundsatz zu beachten. Eine besondere Voraussetzung für die Festsetzung oder deren *Rechtfertigung* ist in der Vorschrift nicht genannt. Die Festsetzung ist damit zwar weitgehend in das planerische Ermessen der Gemeinde gestellt und demzufolge nur einer beschränkten Nachprüfung durch die Verwaltungsgerichte zugänglich. Sie darf aber nur aus städtebaulichen Gründen erfolgen (§ 9 Abs. 1 Einleitungssatz BauGB 1998). Auch im Hinblick auf die notwendige Gleichbehandlung vergleichbarer Fälle und zur Vermeidung einer Willkürplanung (§ 16 Rn 57) sollten erkennbare Gründe der – ggf. differenzierten – Festsetzung zugrunde liegen, deren Nachweis in der Begründung zum B-Plan sich zwecks größerer Transparenz der Planung für den Bürger empfiehlt.

Der Ausschluss oder die Einschränkung von **Nebenanlagen nach Satz 1** oder **baulichen Anlagen nach Satz 2** muss ausdrücklich durch Text mit oder ohne zeichnerische Ergänzung festgesetzt werden. Die einzelnen nicht zulässigen oder nur ausnahmsweise zulassungsfähigen Anlagen sind zu bezeichnen. Wird eine Ausnahme vorgesehen, sind Art und Umfang der Ausnahme im B-Plan festzulegen (Beispiel: »auf den ... Flächen sind Nebenanlagen i.S.d. § 14 BauNVO unzulässig. Ausnahmsweise können offene Schwimmbecken bis zu einer Größe von 5,00 × 8,00 m zugelassen werden«). Auf den von der Festsetzung nicht betroffenen überbaubaren und (übrigen) nicht überbaubaren Grundstücksflächen bleibt die allgemeine Zulässigkeit oder (ausnahmsweise) Zulassungsfähigkeit der Anlagen nach Abs. 5 unberührt (vgl. OVG Bremen, U. v. 14.2.1989 – 1 BA 64/88 – BRS 49 Nr. 136).

Der Ausschluss oder die Einschränkung der Anlagen nach Abs. 5 geht den landesrechtlichen Vorschriften über die Zulässigkeit oder Zulassungsfähigkeit von Anlagen in den Abstandflächen (§ 6 MBO, Rn 21) als speziellere Vorschrift vor; die bauordnungsrechtlichen Vorschriften können dann nicht bzw. nur insoweit ausgenutzt werden, als die Festsetzung dies zulässt (BVerwG, U. v. 5.10.1965 aaO. Rn 21; OVG RhPf, U. v. 7.11.1968 – 1 A 48/67 – BRS 20 Nr. 111).

Die anderweitige Festsetzung zur Ausschließung der Anlagen nach Abs. 5 ist vor allem geboten, um Baugebiete in ihrer vorhandenen oder beabsichtigten *Eigenart* zu erhalten und von störenden Nebenanlagen sowie sonstigen baulichen Anlagen freizuhalten. Die Ausschließung von Nebenanlagen wie *Gartenlauben* kann im WR-Gebiet zwecks einheitlicher gärtnerischer Gestaltung angebracht sein. Sofern *Schwimmhallen* wegen ihrer Größe den Rahmen eines Wohngebiets sprengen würden, könnten sie auf den Grundstücken ausgeschlossen werden. Offene Schwimmbecken (nach Landesrecht ohnehin schon in der seitlichen Abstandfläche zulässig) werden in WR-Gebieten kaum noch als störend empfunden und daher nur bei Überschreitung einer angemessenen Größe auszuschließen sein. § 23 Abs. 5 gilt jetzt für alle Vorhaben mit städtebaulicher Bedeutung, unabhängig davon, ob sie einer bauaufsichtlichen Genehmigung oder Zustimmung oder der Anzeige bedürfen (vgl. § 29 Abs. 1 BauGB 1998).

Ein weiterer Anwendungsfall ist der **Ausschluss** oder die **Einschränkung von Stellplätzen und Garagen**, die nach dem durch die ÄndVO 1977 neu eingefügten Abs. 6 des § 12 nicht nur für Baugebiete, sondern auch für bestimmte Teile der Baugebiete festgesetzt werden können, soweit landesrechtliche Vorschriften nicht entgegenstehen. So können z.B. Einzelstellplätze und -garagen auf den nicht überbaubaren Flächen der Einzelgrundstücke (nach § 23 Abs. 5) und darüber hinaus auch innerhalb der überbaubaren Grundstücksflächen (nach § 12 Abs. 6) ausgeschlossen oder eingeschränkt werden, wenn Gemeinschaftsgaragen und -stellplätze nach § 9 Abs. 1 Nr. 22 BauGB auf bestimmten Grundstücken festgesetzt werden und das Landesrecht für diesen Fall die Einzelgaragen auf den der Gemeinschaftsanlage zuzurechnenden Grundstücken vorsieht

§§ 24, 25

(§ 11 Abs. 1 MBO; vgl. auch VGH BW, U. v. 9.4.1992 – 5 S 1233/90 – BRS 54 Nr. 107 = NVwZ-RR 1993, 68 im Anschluss an das U. v. 11.5.1989 – 5 S 3379/88 –).

Erst durch die Festsetzung von insgesamt unüberbaubaren Grundstücksflächen kann die Übernahme von Grenzabständen, Abstandflächen und Abständen auf *Nachbargrundstücke* (§ 7 Abs. 1 MBO; § 7 Abs. 1 BauO NW) im B-Plan öffentlich-rechtlich einwandfrei gesichert werden.

Vierter Abschnitt

§ 24

weggefallen. Eine entsprechende Regelung ist in § 34 Abs. 2 BauGB enthalten (s. dort).

Fünfter Abschnitt: Überleitungs- und Schlussvorschriften

§ 25 Fortführung eingeleiteter Verfahren

Für Bauleitpläne, deren Aufstellung oder Änderung bereits eingeleitet ist, sind die dieser Verordnung entsprechenden bisherigen Vorschriften weiterhin anzuwenden, wenn die Pläne bei dem Inkrafttreten dieser Verordnung bereits ausgelegt sind.

Erläuterungen

1. Allgemeines (Grundsätzliches) zu den Überleitungsvorschriften

1 Die **Überleitungsvorschriften,** die sich im Wesentlichen an die (planende) Gemeinde richten, wenngleich sie auch für die (einzelne) Objektplanung bedeutsam sein können, gewinnen bei jeder weiteren ÄndVO zur BauNVO zunehmend an Bedeutung. Je häufiger die BauNVO geändert wird, desto unübersichtlicher werden die Übergangsvorschriften und desto schwieriger beantwortet sich die Frage, für welchen Zeitraum die BauNVO in der jeweiligen Fassung Geltung hat. Die zeitliche Geltung der verschiedenen BauNVOen ist wiederum dafür maßgebend, welche Rechtsvorschriften auf welche FN-Pläne und B-Pläne anzuwenden sind.

Für die Geltung bzw. Fortgeltung von Bauleitplänen ist nach Inkrafttreten der BauNVO 1990 (27.1.1990) **fünferlei Recht** zu unterscheiden. Für B-Pläne können jeweils nach dem Zeitpunkt des Inkrafttretens (der Rechtsverbindlichkeit) oder dem Beginn der Auslegung **fünf** verschiedene Rechtsvorschriften gelten (s. dazu Rn 4).

§ 25 hat lediglich **Bedeutung** für die Bauleitpläne, die bei **Inkrafttreten der BauNVO 1962** (i. d. ursprünglichen Fassung) am 1.8.1962 bereits ausgelegt waren bzw. bestanden (dazu Rn 4). Die der BauNVO (1962) »entsprechenden bisherigen Vorschriften«, die weiterhin anzuwenden sind, sind (bzw. waren) nach § 173 Abs. 5 BBauG »die entsprechenden landesrechtlichen Vorschriften«. Das schloss nicht aus, dass die Gemeinde die vor dem 1. 8. 1962 ausgelegten bzw. sonst zustandegekommenen (nach § 173 Abs. 3 BBauG übergeleiteten) Baupläne (dazu Rn 4) auf die BauNVO 1962, 1968 oder 1977 umstellen konnte bzw. auf die BauNVO 1990 (entspr. der 4. ÄndVO, s. § 25c) umstellen kann.

Für die **BauNVO 1968** ergeben sich die Übergangsvorschriften **nicht aus § 25, sondern aus Art. 2 der VO** zur Änderung der Baunutzungsverordnung vom 26. 11. 1968 (BGBl. I S. 1233). Danach gilt »für Bauleitpläne, deren Aufstellung oder Änderung bereits eingeleitet ist«, »die Verordnung in der bisherigen Fassung« (d.h. die BauNVO 1962), wenn die Pläne bei Inkrafttreten dieser Verordnung (d.h. der BauNVO 1968) »bereits nach § 2 Abs. 6 BBauG ausgelegt« sind. **1.1**

Um die **Übergangsvorschriften** der ÄndVO 1977 transparenter zu machen, ist der VOgeber der Empfehlung des BR gefolgt und hat die Überleitungsvorschrift in die BauNVO als § 25a übernommen (Näheres bei § 25a). Daraus geht im Grundsatz hervor, dass eine »**automatische« Rückwirkung** andersartiger (abweichender) Regelungen in späteren Fassungen der BauNVO auf die B-Pläne, die unter der Rechtsgeltung einer früheren Fassung ausgelegt worden sind, **ausgeschlossen ist.**

Ist ein Bauleitplan, der vor dem 1.8.1962 bzw. dem Inkrafttreten der BauNVO 1968, 1977 und 1990 ausgelegt wurde, aufgrund von Bedenken und Anregungen geändert worden und ist eine nochmalige Auslegung erforderlich, ist für die Frage, welches Recht anzuwenden ist, die **erste Auslegung** maßgebend (in diesem Sinne VGH BW, B. v. 22.1.1965, ESVGH 15, 185; BVerwG, B. v. 24.1.1995 – 4 NB 3.95 – ZfBR 1995, 232 = NVwZ-RR 1995, 311 = BauR 1995, 622). Nach dem Zweck der Überleitungsvorschriften soll vermieden werden, dass Bauleitpläne, deren Aufstellung bereits bis zur Auslegung gediehen war, aufgrund geänderter Rechtsvorschriften umgestellt werden müssen. Unberührt bleibt die *Möglichkeit der Gemeinde*, durch Änderungsbeschluss das Bauleitplanverfahren auf das neue Recht umzustellen.

Die **BauNVO 1990 findet – rückwirkend –** auf B-Pläne, die unter der Herrschaft der BauNVO 1962, 1968 oder 1977 ausgelegt oder rechtsverbindlich geworden sind, **keine Anwendung** (zu ursprünglich beabsichtigten Abweichungen s. Vorb. zu § 25c). Das schließt nicht aus, dass B-Pläne, deren Entwürfe während der Geltungsdauer der BauNVO 1962, 1968 oder 1977 ausgelegt worden oder rechtsverbindlich geworden sind, nunmehr auf das Recht der BauNVO **1990** übergeleitet (»umgestellt«) werden können. Das gilt auch für die Aufstellung oder Änderung der B-Pläne, die unter der Rechtsgeltung der BauNVO 1962 oder 1968 ausgelegt und später auf das Recht der BauNVO 1977 übergeleitet worden sind. Sie können *erneut* auf das **Recht der BauNVO 1990** übergeleitet (umgestellt) werden. Die *Umstellung* auf das Recht der BauNVO 1990 *empfiehlt sich* aus Gründen der Rechtsklarheit insbes. dann, wenn für bestehende FN-Pläne und B-Pläne *Teil*änderungen erfolgen sollen (vgl. auch *Stich*, aaO., DÖV 1978, 537, Abschn. IV). Für die Überleitung von B-Plänen, die unter der Rechtsgeltung der BauNVO 1962, 1968 oder 1977 bzw. unter der Herrschaft baurechtlicher Vorschriften **vor Inkrafttreten der BauNVO 1962** zustandegekommen sind (Rn 3), bedarf es in jedem Falle jedoch eines förmlichen B-Planänderungsverfahrens nach § 2 Abs. 4 BauGB. **2**

Zur Rechtsklarheit und Rechtssicherheit empfiehlt es sich, auf den Bauleitplänen zu vermerken, welche Fassung der BauNVO dem Plan zugrunde liegt. Bei teilweisen Änderungen von Bauleitplänen sollten auch die Änderungen eindeutig kenntlich gemacht werden.

§ 25   2.1–4.1

2.1 Werden Bauleitpläne in räumlichen oder sachlichen Teilen geändert, gilt für die *nicht geänderten* räumlichen und sachlichen Teile das bisher gültige Recht fort. Damit ist es möglich, dass z. B. in einem B-Plan für verschiedene Grundstücke desselben Baugebiets oder Baublocks »altes« und »neues« Kerngebiet nebeneinander festgesetzt sein können. Es ist auch zulässig, z. B. nur das Maß, nicht dagegen die Art der baulichen Nutzung eines Baugebiets zu ändern. Vielfach wird der Wunsch bestehen, für bestimmte Baugebiete die **erhöhte GRZ** oder **GFZ** nach § 17 Abs. 1 BauNVO 1977 oder 1990 im Wege der Änderung des B-Plans festzusetzen, ohne dass gleichzeitig auch die Art der Nutzung (der Katalog der im Baugebiet zulässigen oder ausnahmsweise zulassungsfähigen Anlagen) geändert werden soll.

Soweit in einem *Ratsbeschluss* die **geänderten Teile** aufgeführt werden, muss die Bezeichnung *so bestimmt* erfolgen, dass jedermann daraus ersehen kann, ob und in welchem Umfang er von der Änderung betroffen wird.

2. **Das für die Geltung bzw. Fortgeltung von Bauleitplänen maßgebende Recht**

3 Nach Inkrafttreten der BauNVO 1990 wird sich mehr noch als bisher die Frage stellen, inwieweit es Bauwilligen, Planverfassern und der Verwaltung zugemutet werden kann, zunächst zu prüfen, nach welchen Rechtsvorschriften der B-Plan, in dessen Geltungsbereich das Bauvorhaben geplant ist, beurteilt werden muss. Denn nach den jeweils maßgebenden Rechtsvorschriften können die Bebauungsmöglichkeiten recht unterschiedlich ausfallen. Z. B. liegt die GRZ oder GFZ nach § 17 Abs. 1 **BauNVO 1968** und – gleichgeblieben – nach der **BauNVO 1977** *gegenüber* dem Maß der baulichen Nutzung nach der **BauNVO 1962** etwa um 20 % höher. Nach der BauNVO 1990 ist die GRZ in MD- und MI-Gebieten von bisher (nach der BauNVO 1977) 0,4 auf 0,6 erhöht worden. Für MK-Gebiete ist die GFZ von bisher 2,4 auf 3,0 angehoben worden. In GE-Gebieten, in denen das Maß der baulichen Nutzung bisher lediglich nach GRZ (0,8) und GFZ (2,4) festgesetzt werden konnte, besteht nach der BauNVO 1990 die Möglichkeit, das Nutzungsmaß auch nach der von 9,0 auf 10,0 erhöhten BMZ zu bestimmen.

4 a) aa) Auf *vorbereitende* Pläne, wie Wirtschaftspläne oder Leitpläne nach den Aufbaugesetzen der Länder, und *verbindliche* (festgesetzte) städtebauliche Pläne und baurechtliche Vorschriften wie die Durchführungspläne nach den Aufbaugesetzen, die Fluchtlinienpläne, z. B. nach dem preuß. Fluchtliniengesetz von 1875 o. a. Pläne und Bauvorschriften mit bauplanungsrechtlichem Gehalt, die **nach § 173 Abs. 2 und 3 BBauG 1960** als *übergeleitete* FN-Pläne bzw. B-Pläne weitergelten, sind die entspr. **bisherigen Vorschriften** – vor Inkrafttreten des BBauG – (s. Rn 1) weiterhin anzuwenden (vgl. BVerwG, U. v. 27.1.1967 – IV C 12.65 – BVerwGE 26, 103 = BRS 18 Nr. 84 = NJW 1967, 840; ferner U. v. 23.8.1968 – IV C 103.66 – BRS 20 Nr. 17 = BayVBl. 1969, 26), *bis* die Pläne oder Vorschriften geändert bzw. aufgehoben werden oder durch Fristablauf außer Kraft treten (BVerwG, U. v. 12.1.1968 – IV C 175.65 – BRS 20 Nr. 16 = RuS 1968, 161; ferner OVG Münster, U. v. 16.5.1966 – X A 269/64 – BRS 17 Nr. 14 = BBauBl. 1967, 73).

4.1 Vorschriften, die **vor dem Inkrafttreten des BBauG** einer sowohl planungs- als auch bauordnungsrechtlichen Zielsetzung dienten, sind durch § 173 Abs. 3 Satz 1 BBauG 1960 jedenfalls dann nicht übergeleitet worden, wenn die *bauordnungsrechtliche Zielsetzung* eindeutig überwog (BVerwG, U. v. 23.8.1968, aaO.). Die Nichtgeltung rechtfertigt sich allein deshalb, weil die Heranziehung der BauNVO, wenn sie in diesem Zusammenhang praktische Bedeutung haben soll, zu Ergebnissen führen muss, die sich aus den übergeleiteten Plänen selbst nicht rechtfertigen lassen (BVerwG, aaO.).

Die BauNVO hat auf übergeleitete Bauleitpläne auch in den Fällen keinen Einfluss, in denen diese nur Begriffsbezeichnungen des alten Rechts verwenden (so *Förster*, Vorb. Anm. 3–b aa; aA *Schroer*, DVBl. 1963, 618).

bb) Für Bauleitpläne, die **nach Inkrafttreten des BBauG** (29.6.1961), jedoch **vor Inkrafttreten** der BauNVO i. d. F. v. 26.6.1962 (s. Rn 1) erlassen worden sind, **gelten die bisherigen Vorschriften** (§ 173 Abs. 5 BBauG), die der BauNVO entsprechen, gleichfalls **weiter** (BVerwG, U. v. 6.10.1967 – IV C 96.65 – BRS 18 Nr. 11). **4.2**

b) Für Bauleitpläne – FN-Pläne und B-Pläne –, deren Entwürfe **zwischen dem 1.8.1962 und dem 31.12.1968** nach § 2 Abs. 6 BBauG ausgelegt worden sind, gelten die **Rechtsvorschriften der BauNVO 1962**. **5**

c) Für Bauleitpläne – FN-Pläne und B-Pläne –, deren Entwürfe **zwischen dem 2.1.1969 und dem 30.9.1977** nach § 2 Abs. 6 BBauG 1960 oder nach § 2a Abs. 6 BBauG 1976 ausgelegt worden sind, **gelten die Rechtsvorschriften der BauNVO 1968** (s. auch § 25a Abs. 1, Rn 1).

d) Für Bauleitpläne – FN-Pläne und B-Pläne – deren Entwürfe zwischen dem 1.10.1977 und dem 26.1.1990 nach § 2a Abs. 6 BBauG 1976 oder nach § 3 Abs. 2 BauGB ausgelegt worden sind, **gelten die Rechtsvorschriften der BauNVO 1977** (s. auch § 25c Abs. 1); es sei denn, dass der B-Plan eine Festsetzung nach § 11 Abs. 3 Satz 3 enthielt. In diesen Fällen gilt für **nach dem 1.1.1987** ausgelegte Entwürfe die Überleitungsvorschrift des § 25b Abs. 1 (Herabsetzung der Geschossfläche auf 1 200 m²; s. Erl. zu § 25b).

e) Für Bauleitpläne, deren Entwürfe seit dem 27.1.1990 nach § 3 Abs. 2 BauGB ausgelegt worden sind, **gelten die Rechtsvorschriften der BauNVO 1990**.

Die Geltung bzw. Fortgeltung der Bauleitpläne nach Buchst. a) bis e) setzt voraus, dass die Gemeinde die Aufstellung des Bauleitplans nicht erneut nach dem jeweils danach geltenden Recht eingeleitet oder den rechtsverbindlichen B-Plan auf das neue Recht umgestellt hat.

3. **Zur Frage, ob und inwieweit geänderte Vorschriften einer neugefassten BauNVO sich rückwirkende Geltung gegenüber B-Plänen, die aufgrund von Vorschriften einer früher erlassenen BauNVO festgesetzt worden sind, beilegen können**

Die Beantwortung der Frage hängt zum einen in grundsätzlicher Hinsicht von der Vereinbarkeit mit der Verordnungsermächtigung des BauGB und zum anderen von dem (unterschiedlichen) Rechtsgehalt der Vorschriften ab, d. h. was mit der Änderung der jeweiligen Vorschrift bezweckt worden ist bzw. werden soll (grundsätzlich zur Problematik *Pietzcker*, aaO.; s. Schrifttum zu § 25c). § 2 Abs. 5 Nr. 1 BauGB geht dem Wortlaut nach davon aus, dass sich die Vorschriften der BauNVO **an die planende Gemeinde** richten, die diese dann in der Bauleitplanung umzusetzen hat; eine **Änderung** der die Bürger bindenden B-Pläne durch Verordnung ist davon **nicht gedeckt** (hM von Rspr. u. Schrifttum; statt vieler *Lemmel*, aaO.; s. Schrifttum zu § 25c). *Stich* (aaO., DÖV 1978, 537 ff., 543) weist darauf hin, dass zwischen »*Planungsvorschriften*« und »*Planergänzungsvorschriften*« zu unterscheiden ist. Bei den *Planungsvorschriften* handelt es sich um (unmittelbar) bodenrelevante Nutzungsregelungen, um dadurch die im BauGB bezeichneten verschiedenartigen Darstellungen und Festsetzungen (vgl. § 5 Abs. 2 Nr. 1, § 9 Abs. 1 Nrn. 1 und 2, Abs. 3) auszugestalten. Dazu gehören insbes. die Vorschriften der BauNVO (§§ 1 bis 11, 16, 17, 22 und 23 BauNVO), die u. a. Voraussetzung eines »*qualifizier-* **6** *ten«* B-Plans (§ 30 BauGB) sind. Ist aufgrund dieser Vorschriften in ihrer jeweiligen Ausformung in einer der BauNVOen 1962, 1968, 1977 oder nunmehr 1990 ein *bestimmter* Planinhalt dargestellt oder festgesetzt worden, kann einer späteren **sachlichen Änderung** der Vorschrift, die andere (geänderte oder ergänzende) Darstellungen und Festsetzungen ermöglichen, eine **Rückwirkung nicht** beigelegt werden (ebenso *Stich*, aaO.).

Hiervon kommen **Ausnahmen** lediglich insofern in Betracht, als die Änderung des Wortlauts eindeutig eine **Klarstellung** bewirkt hat, d. h. eine durch Schrifttum und/oder Rspr. unterschiedliche Auslegung *»klarzustellen«*.

Hierunter fällt z. B. die Vorbehaltsklausel des § 15 Abs. 1 Satz 2, durch die im Einzelfall die Verträglichkeit der baulichen Anlage oder Nutzung hinsichtlich der von ihr ausgehenden Belästigungen oder Störungen (§ 15 Rn 21–34) mit dem Baugebiet oder »dessen Umgebung« zu prüfen ist. Durch die Änderung des Wortlauts des Satzes 2, **letzter Halbs.** durch die ÄndVO 1977 ist klargestellt worden, dass der Begriff der »Umgebung« (auch) schon nach dem bisherigen Sinngehalt der Vorschrift nicht auf das Baugebiet, in dem die emittierende Anlage oder Nutzung geplant ist, beschränkt ist (§ 15 Rn 21; ebenso *Stich*, aaO., S. 544; *Bielenberg/Dyong*, aaO., Rdn. 461 haben [gleichfalls] keine Bedenken, die Änderung des Wortlauts als klarstellend anzusehen; vgl. auch OVG Münster, U. v. 7.7.1976 – VII A 1904/75 – zit. bei *Stich*, aaO.).

7 Die **ÄndVO 1990** hat gleichfalls den Wortlaut verschiedener Vorschriften gegenüber der BauNVO 1977 lediglich *klarstellend* geändert. So ist u. a. in § 4a Abs. 1 durch die Ersetzung von »im wesentlichen« durch »überwiegend« eine klarstellende Anpassung an den in der Verordnung gebräuchlichen Begriff der überwiegend bebauten Gebiete erfolgt (vgl. Begr. des Reg. Entw., S. 47). Die Zweckbestimmung der MK-Gebiete (§ 7 Abs. 1) ist klarstellend um die zentralen Einrichtungen der Kultur erweitert worden und in § 7 Abs. 2 Nr. 3 ist der zulässige Störgrad von Gewerbebetrieben mit »nicht wesentlich störend« demjenigen der anderen Mischgebiete ohne Änderung der zulässigen Immissionsbelastungen geändert worden (s. auch § 7 Rn 2).

Durch die Änderungen des Wortlauts der Vorschriften werden rückwirkend Zweifel am sachlichen Gehalt und teils damit an der Rechtmäßigkeit entsprechender Festsetzungen in B-Plänen, die aufgrund der vorangegangenen BauNVOen erlassen worden sind, beseitigt.

Bei **Klarstellungen** darf es sich um keine konstitutiven Änderungen handeln. Die Auffassung von *Pietzcker* (aaO., S. 603), dass unter *»Klarstellung nur die Verdeutlichung einer klaren, d. h. nicht bestrittenen Rechtslage verstanden wird«*, wird diesseits allerdings für zu eng gehalten, weil es im (öffentlichen) Recht kaum eine Rechtsfrage gibt, die in Rechtswissenschaft und (höchstrichterlicher) Rspr. »unzweifelhaft« ist. Deshalb wird die Ansicht von *Pietzcker* nicht geteilt, dass *»wohl nur die Übernahme des Ergebnisses einer gefestigten höchstrichterlichen Rechtsprechung in den Normtext als ganz zweifelsfreie Klarstellung anzusehen«* sei. Bei der nicht seltenen Aufgabe einer höchstrichterlichen Rspr. – was im Ergebnis nur für die Einsichtsfähigkeit der Richter spricht –, muss auch die Reaktion des Normgebers auf (noch) nicht gänzlich abgeklärte Auffassungen durch »Klarstellung« in die bestandsträchtigen Rückwirkungsregelungen einbezogen werden.

8 Bei den »**Planergänzungsvorschriften**« handelt es sich um Bestimmungen, die nach § 1 Abs. 3 Satz 2 BauNVO von selbst Bestandteil jedes B-Plans werden und durch die Bauleitplanung nicht abdingbar sind (im gleichen Sinne *Stich*, aaO., DÖV 1978, 537 ff., 543).

Ist ein Baugebiet festgesetzt und sind die entspr. Regelungen über das Maß der baulichen Nutzung und die überbaubare Grundstücksfläche getroffen, treten die Bestimmungen über Stellplätze und Garagen (§ 12) Räume und Gebäude für freie Berufe (§ 13), Nebenanlagen (§ 14) und über die Vorbehaltsvorschrift

(§ 15) selbsttätig (kraft der BauNVO) hinzu; das Gleiche gilt hinsichtlich der Berechnungsvorschriften über das Nutzungsmaß (§§ 19–21a). Die Planergänzungsvorschriften enthalten teilweise allerdings auch Elemente der »Planungsvorschriften« wie § 12 Abs. 4–6 oder § 21a.

Diese die Planungsvorschriften *ergänzenden* Bestimmungen wirken sich nicht prägend auf die städtebauliche Ordnung und Entwicklung aus. Spätere Änderungen können daher eher als Verdeutlichung des Gewollten oder zur Beseitigung von Auslegungszweifeln angesehen werden (so *Stich*, aaO.), so dass bei ihnen eine Rückwirkung auf die Anwendung der entspr. Vorschriften der BauNVO 1962, 1968 und 1977 und auf die darauf beruhenden B-Pläne keinen Bedenken begegnet.

Stich (aaO.) weist als Änderung einer planergänzenden Vorschrift auf die »Anhänger« von Kfz (§ 12 Abs. 3) hin, die nach dem Sinngehalt der eingeschränkten Nutzung durch Kfz in besonders schutzbedürftigen Gebieten nur als Klarstellung der bisher geltenden Regelung anzusehen ist. Gleiches gilt für § 14 Abs. 1 bezüglich der Kleintierhaltung (§ 14 Rn 2). Dagegen dürfte die **Erweiterung des** § **13** durch »Gebäude« eine großzügigere Handhabung der Nutzung in den B-Plänen, die nach den BauNVOen 1962 und 1968 rechtsverbindlich geworden sind, schon aus Gründen des Nachbarschutzes nicht erlauben (ebenso *Stich*, aaO.), abgesehen davon, dass die Vorschrift des § 13 insgesamt erheblichen Bedenken begegnet (§ 13 Rn 10–11).

Bei den *Planergänzungsvorschriften* wie Anrechnungsregeln ist eine sorgfältige Abklärung des (geänderten) Begriffsinhalts und seiner Auswirkung auf die Festsetzungen der rechtsverbindlichen B-Pläne geboten. Es kommt für die Rückwirkungszulässigkeit nicht darauf an, ob die *unmittelbar geltenden* Vorschriften nur an die planende Gemeinde gerichtet sind (so wohl *Pietzcker*, aaO., S. 602 unter Bezugnahme u. a. auf § 17 Abs. 1). Seine Ansicht, § 17 Abs. 1 »*schließlich kann seinem Inhalt nach nicht Bestandteil des Bebauungsplans werden*«, verkennt, dass auch Anrechnungsregeln und die Mehrzahl der Begriffsinhalte nicht »unmittelbar gelten«, sondern erst im Zusammenhang mit dem jeweiligen B-Plan Geltung erlangen; etwa durch die ÄndVO 1990 angehobene GFZ für MK-Gebiete von bisher 2,4 auf 3,0 wird erst durch die Festsetzung eines MK-Gebiets nach der BauNVO 1990 relevant, *wenn* die Gemeinde die dadurch zu erreichende Verdichtung beabsichtigt und nicht eine geringere GFZ festsetzt, was in ihrem Planungsermessen steht. Die nach § 17 Abs. 1 geänderten Maßfaktoren z. B. erlangen *erst* Geltung, wenn der jeweilige B-Plan festgesetzt worden ist. Will die Gemeinde die geänderten (im Regelfall: angehobenen) Maßfaktoren, Anrechnungsregeln u. dergl. für die bestehenden B-Pläne aufgrund der Bauvorschriften *vor* 1962 u. der BauNVOen 1962, 1968 und 1977 (s. § 25 Rn 4–5) Geltung verschaffen, bedarf es dazu eines ausdrücklichen Satzungsbeschlusses nach Durchführung eines entspr. B-Planverfahrens, der uno actu für alle vorangegangenen B-Pläne ergehen kann.

Bei den **Planergänzungsvorschriften** kommt es darauf an, ob diese **bei einer Rückwirkung** auf den in den bestehenden B-Plänen der »früheren Generationen« zum Ausdruck gebrachten städtebaulichen Gestaltungswillen *und* die darauf beruhenden Einzelvorhaben deutlich geänderte Auswirkungen gegenüber den Festsetzungen bzw. dem Rechtsgehalt bei Inkrafttreten der Pläne haben. Ist das nicht der Fall, bedürfen die Vorschriften – wie bei den *Klarstellungen* – zur rückwirkenden Geltung auf bestehende B-Pläne nicht (erst) der Umsetzung durch einen die Übernahme zum Ausdruck bringenden Satzungsbeschluss der Gemeinde.

§ 25a Überleitungsvorschriften aus Anlass der zweiten Änderungsverordnung

(1) Für Bauleitpläne, deren Aufstellung oder Änderung bereits eingeleitet ist, gilt diese Verordnung in ihrer bis zum Inkrafttreten der Zweiten Verordnung zur Änderung dieser Verordnung vom 15. September 1977 (BGBl. I S. 1757) gültigen Fassung, wenn die Pläne bei Inkrafttreten der zweiten Änderungsverordnung nach § 2a Abs. 6 des Bundesbaugesetzes oder § 2 Abs. 6 des Bundesbaugesetzes in der bis zum 1. Januar 1977 geltenden Fassung ausgelegt sind.

(2) Von der Geltung der Vorschriften der zweiten Änderungsverordnung über gesonderte Festsetzungen für übereinanderliegende Geschosse und Ebenen sowie sonstige Teile baulicher Anlagen sind solche Bebauungspläne ausgenommen, auf die § 9 Abs. 3 des Bundesbaugesetzes in der ab 1. Januar 1977 geltenden Fassung nach Maßgabe des Artikels 3 § 1 Abs. 3 des Gesetzes zur Änderung des Bundesbaugesetzes vom 18. August 1976 (BGBl. I S. 2221) keine Anwendung findet. Auf diese Bebauungspläne finden die Vorschriften dieser Verordnung über gesonderte Festsetzungen für übereinanderliegende Geschosse und Ebenen und sonstige Teile baulicher Anlagen in der bis zum Inkrafttreten der zweiten Änderungsverordnung gültigen Fassung weiterhin Anwendung.

Erläuterungen

1. Allgemeines zur Vorschrift

1 § 25a enthält (nur) die Überleitungsvorschriften im Zusammenhang mit der ÄndVO 1977; für FN-Pläne und B-Pläne, die bereits nach früherem Recht erlassen oder verfahrensrechtlich zu beurteilen sind, vgl. § 25.

Die Vorschriften der BauNVO 1977 finden erst Anwendung auf Bauleitpläne, für die der Beginn der Auslegung nach dem 1.10.1977 datiert, mag die *ortsübliche Bekanntmachung* der Auslegung *auch vor* dem 1.10.1977 erfolgt sein. Sind Bauleitpläne **vor** dem 1.10.1977 bereits ausgelegt worden, hinderte dies die Gemeinde nicht daran, das Bauleitplanverfahren erneut einzuleiten, um dadurch den Entwurf auf die BauNVO 1977 umzustellen.

2. Besonderheiten des Abs. 2

2 § 25a Abs. 2 enthält Besonderheiten hinsichtlich der Überleitung, die sich aus der Übernahme der Vorschrift des § 9 Abs. 3 BBauG 1976 über die gesonderte Festsetzungsmöglichkeit für übereinander liegende Geschosse und Ebenen und sonstige Teile baulicher Anlagen (§ 1 Rn 111–124) in die BauNVO 1977 (§ 1 Abs. 7, § 4a Abs. 4, § 7 Abs. 4, § 12 Abs. 4) ergeben.

§ 9 Abs. 3 **BBauG 1976** findet nach Maßgabe des Art. 3 § 1 Abs. 3 ÄndGBBauG 1976 auf Bauleitpläne keine Anwendung, deren Entwürfe **vor dem Inkrafttreten des BBauG i. d. F. des Änderungsgesetzes 1976**, nämlich am 1.1.1977 ausgelegt worden waren.

Soweit die **1. Alt.** erfüllt ist (Auslegung der Bauleitpläne vor dem 1.1.1977), greift bereits die Regelung des Abs. 1 ein. **Abs. 2** beschränkt sich mithin lediglich auf diejenigen Bauleitplanverfahren, bei denen im Zuge der Aufstellung (Änderung oder Ergänzung) mit der *Beteiligung der Träger öffentlicher Belange* (§ 2 Abs. 5 BBauG) **vor** dem 1.1.1977 begonnen worden ist, die Auslegung der Entwürfe jedoch erst **nach** dem 1. 10. 1977 vorgenommen wurde. *In diesen Fällen* sind die §§ 1 Abs. 7, 4a Abs. 4, 7 Abs. 4, 12 Abs. 4 (noch) nicht anzuwenden, sondern es sind weiterhin die Vorschriften der BauNVO 1968 über besondere Festsetzungsmöglichkeiten für bestimmte Geschosse, Ebenen und sonstige Teile baulicher Anlagen (§§ 4 Abs. 5, 6 Abs. 4, 7 Abs. 4, 12 Abs. 4 BauNVO 1968) maßgebend.

§ 25b Überleitungsvorschrift aus Anlass der dritten Änderungsverordnung

(1) Ist der Entwurf eines Bebauungsplans vor dem Inkrafttreten der dritten Änderungsverordnung nach § 2a Abs. 6 des Bundesbaugesetzes öffentlich ausgelegt worden, ist auf ihn § 11 Abs. 3 Satz 3 in der bis zum Inkrafttreten der dritten Änderungsverordnung geltenden Fassung anzuwenden. Das Recht der Gemeinde, das Verfahren zur Aufstellung des Bebauungsplans erneut einzuleiten, bleibt unberührt.

(2) Auf Bebauungspläne, auf die § 11 Abs. 3 in der Fassung der Bekanntmachung vom 15. September 1977 Anwendung findet, ist § 11 Abs. 3 Satz 4 entsprechend anzuwenden.

Erläuterungen

§ 25b enthält **nur die** sich eng an § 25a Abs. 1 anlehnende Überleitungsvorschrift im Zusammenhang mit der (Dritten) ÄnderungsVO 1966; sie setzte im Vorgriff auf die seinerzeit bereits anstehende Novellierung der BauNVO (durch ÄndVO 1990) lediglich in § 11 Abs. 3 Satz 3 die **Geschossfläche** von bisher 1.500 m² auf 1.200 m² herab und fügte hinsichtlich der Regelvermutung für Auswirkungen i.S.d. § 11 Abs. 3 Satz 2 einen erläuternden **Satz 4** an. Entspr. § 25a Abs. 1 galten die Vorschriften der BauNVO 1977 für FN-Pläne u. B-Pläne weiter, deren Auslegungsbeginn (§ 2a Abs. 6 BBauG) **vor Inkrafttreten** der 3. ÄndVO 1986 (nach Art. 3 der ÄndVO 1986: **1.1.1987**) liegt.

§ 25b Abs. 2 enthält gewissermaßen als klarstellenden Hinweis (s. § 25a Rn 3), dass § 11 Abs. 3 **Satz 4** auch auf B-Pläne Anwendung findet, die Regelungen bezüglich § 11 Abs. 3 BauNVO 1977 (d.h. Geschossflächenmaß: 1.500 m²) enthalten.

§ 25c Überleitungsvorschrift aus Anlass der vierten Änderungsverordnung

Ist der Entwurf eines Bauleitplans vor dem 27. Januar 1990 nach § 3 Abs. 2 des Baugesetzbuchs öffentlich ausgelegt worden, ist auf ihn diese Verordnung in der bis zum 26. Januar 1990 geltenden Fassung anzuwenden. Das Recht der Gemeinde, das Verfahren zur Aufstellung des Bauleitplans erneut einzuleiten, bleibt unberührt.

Schrifttum zu § 25c

Ellenrieder	»Isolierter« Ausschluss von Vergnügungsstätten nach § 25c Abs. 3 Satz 2 BauNVO 1990?, DVBl. 1990, 463
Lemmel	Änderungen der Baunutzungsverordnung 1990 und ihre Bedeutung für die Anwendung bestehender Bebauungspläne, in: Festschr. f. Weyreuther 1993, 273 ff.
Pietzcker	Änderung bestehender Bebauungspläne durch Änderung der Baunutzungsverordnung?, NVwZ 1989, 601
–	Zulässigkeit der Änderung bestehender Bebauungspläne durch Änderung der Baunutzungsverordnung, Schriftenreihe »Forschung« des BMBau, Heft Nr. 473, 1989
Schmaltz	Die Übernahme des § 25c Abs. 2 und 3 BauNVO in das BauGB-MaßnahmenG, DVBl. 1993, 814

§ 25c 1, 2

Vorbemerkung

§ 25c in der ursprünglichen Fassung (Bekanntmachung der Neufassung v. 23. 1.1990) enthielt drei Abs. Außer dem jetzigen § 25c, der ursprünglich Abs. 1 war, enthielt § 25c **Abs. 2** Regelungen über einen (nachträglichen) Dachgeschossausbau und **Abs. 3** Bestimmungen über die Zulässigkeit von Vergnügungsstätten im nicht beplanten Innenbereich nach § 34 Abs. 1 BauGB und einer nachträglichen Festsetzungsmöglichkeit in früher erlassenen B-Plänen.

Das BVerwG hat die Vorschriften des Abs. 2 und Abs. 3 wegen fehlender Ermächtigungsgrundlage für nichtig angesehen (vgl. zu **Abs. 2** BVerwG, U. v. 27.2.1992 – 4 C 43.87 – BVerwGE 90, 57 = BRS 54 Nr. 137 = BauR 1993, 52). Beide Vorschriften sind dementsprechend durch Art. 3 Investitionserl.- u. WohnbaulandG aufgehoben worden. Anstelle der aufgehobenen Vorschriften hat § 4 Abs. 1 BauGB-MaßnahmenG eine § 25c Abs. 2 *ähnliche* Regelung getroffen. § 25c Abs. 3 Satz 1 ist ersatzlos weggefallen. Anstatt § 25c Abs. 3 **Satz 2** hat § 2a BauGB-MaßnahmenG eine dem Wortlaut des § 25c Abs. 3 entspr. Vorschrift aufgenommen. Sie wird in § 4a Rn 23.86 ff. behandelt.

Erläuterungen zu § 25c

1 Überleitungsvorschrift für Bauleitplan-Entwürfe (Abs. 1)

Die Überleitungsvorschrift des **Abs. 1** aus Anlass der ÄndVO 1990 entspricht den Vorschriften nach § 25a Abs. 1 (z. ÄndVO 1977) und § 25b Abs. 1 (z. ÄndVO 1986). Danach gelten die Vorschriften der BauNVO 1977 für FN- und B-Pläne weiter, deren Auslegungsbeginn **vor Inkrafttreten der ÄndVO 1990** (27.1.1990) liegt (z. Prinzip u. zu Rechtsgrundsätzen s. § 25 Rn 1.1– 2.1). Enthält der B-Plan eine Festsetzung nach § 11 Abs. 3 Satz 3, kommt die Überleitung nach § 25b zum Zuge (s. dazu § 25 Rn 5 Buchst. d und zu § 25b).

2 Das BVerwG hat mit B. v. 14.12.1995 (– 4 N 2.95 – BRS 57 Nr. 57) zu der Frage Stellung genommen, ob es mit Bundesrecht vereinbar ist, den durch textliche Änderung eines B-Plans eingefügten Ausschluss einer Ausnahme (§ 1 Abs. 6 BauNVO 1990) als Bestimmung der Unzulässigkeit einer allgemein zulässigen Nutzung (§ 1 Abs. 5 BauNVO 1990) zu deuten, wenn erkennbar ist, dass der Plangeber diese Nutzungsart vollständig verbieten wollte, aber hierzu wegen der später in der Rspr. erkannten Nichtigkeit einer RechtsVO des Bundes (§ 25c Abs. 3 Satz 1 Halbs. 1 BauNVO 1990) nur scheinbar das richtige Mittel gewählt hat.

Das Ergebnis der Überprüfung ist in nachfolgendem **Leits.** festgehalten: »*Hat eine Gemeinde unter Zugrundelegung von § 25c Abs. 3 Satz 1 BauNVO 1990 für ein Gewerbegebiet die Festsetzung nach § 1 Abs. 6 BauNVO 1990 getroffen, dass die nach § 8 Abs. 3 Nr. 3 BauNVO 1990 ausnahmsweise zulässigen Vergnügungsstätten nicht zulässig sind, so steht Bundesrecht nicht entgegen, diese Festsetzung nach Aufhebung von § 25c Abs. 3 Satz 1 BauNVO 1990 so auszulegen, dass damit die nach § 8 Abs. 2 Nr. 1 BauNVO 1968 allgemein zulässigen Vergnügungsstätten nach § 1 Abs. 5 BauNVO 1990 ausgeschlossen sind*« (BVerwG, aaO.).

§ 26 Berlin-Klausel

Gegenstandslos durch das 6. Überleitungsgesetz vom 25.9.1990 (BGBl. I S. 2106).

§ 26a Überleitungsregelungen aus Anlass der Herstellung der Einheit Deutschlands

(1) In dem in Artikel 3 des Einigungsvertrages genannten Gebiet ist § 17 Abs. 3 auf Gebiete anzuwenden, die am 1. Juli 1990 überwiegend bebaut waren.

(2) Soweit in dieser Verordnung auf Vorschriften verwiesen wird, die in dem in Artikel 3 des Einigungsvertrages genannten Gebiet keine Anwendung finden, sind die entsprechenden Vorschriften der Deutschen Demokratischen Republik anzuwenden. Bestehen solche Vorschriften nicht oder würde ihre Anwendung dem Sinn der Verweisung widersprechen, gelten die Vorschriften, auf die verwiesen wird, entsprechend.

Erläuterungen

1. Allgemeines

Nach Artikel 8 des Einigungsvertrages vom 31.8.1990 (BGBl. I S. 885) ist mit Wirkung vom 3.10.1990 für das Gebiet der ehem. DDR das Bundesrecht der Bundesrepublik in Kraft getreten, soweit der Einigungsvertrag und seine Anlagen keine Sonderregelungen enthalten. Für das Städtebaurecht ist neben dem BauGB, der WertermittlungsV und der PlanzV – jeweils mit besonderen Maßgaben – auch die **Baunutzungsverordnung** i. d. F. v. 23.1.1990 (BGBl. I S. 132), geändert durch Anlage 1 Kapitel XIV Abschnitt II Nr. 2 des Einigungsvertrages (BGBl. 1990 II S. 885, 1124) in Kraft getreten. Die Änderung betrifft die Einführung des § 26a in die BauNVO.

2. Abweichender Zeitpunkt für die neuen Länder (Abs. 1)

§ 17 Abs. 3 betrifft die unter bestimmten Voraussetzungen zugelassene Überschreitung der Obergrenzen des § 17 Abs. 1 im B-Plan für »Gebiete, die am 1. August 1962 überwiegend bebaut waren«. Die weite, zur Klarstellung des vom VOgeber Gewollten erfolgte Zurückverlegung des Zeitpunktes bis zum *Inkrafttreten der ersten Fassung der BauNVO* soll die Vergünstigung der Vorschrift nur den »echten« vor Inkrafttreten der BauNVO überwiegend bebauten Altbaugebieten zugute kommen lassen und die in den alten Bundesländern vielfach übliche missbräuchliche Anwendung auf bereits unter der Geltung der BauNVO zustande gekommene Neubaugebiete, die erst später »überwiegend bebaut« waren, ausschließen.

Absatz 1 gilt *nur* für die im Einigungsvertrag genannten Gebiete, das sind die Länder Brandenburg, Mecklenburg-Vorpommern, Sachsen, Sachsen-Anhalt und Thüringen sowie Berlin (Ost), die »neuen Länder«. In diesen Gebieten ist für das Vorliegen einer »überwiegenden Bebauung« eines Gebiets der in Art. 8 des Einigungsvertrages genannte Zeitpunkt am 1. 7. 1990 maßgebend.

3. Verweisung in der BauNVO auf andere Rechtsvorschriften (Abs. 2)

Abs. 2 ist eine Auffangklausel für Verweisungen in der BauNVO auf andere in den neuen Ländern nicht geltende Rechtsvorschriften. Die BauNVO enthält lediglich zwei Verweisungen auf andere Rechtsvorschriften, und zwar

§ 27

- in § 11 Abs. 3 Satz 2 auf § 3 des BImSchG,
- in § 15 Abs. 3 auf das BImSchG und die auf seiner Grundlage erlassenen Verordnungen (bedeutsam ist hier die 4. BImSchV, Anh. 4).

Nach Art. I des Umweltmaßnahmen-Gesetzes der ehemaligen DDR galten das Bundes-Immissionsschutzgesetz (BImSchG) i.d.F. v. 14.5.1990 und seine Durchführungsverordnungen seit dem 1.9.1990 auch in der DDR. Sie gelten somit seit dem 3.10.1990 auch in den neuen Ländern.

§ 27 (Inkrafttreten)

Die BauNVO **1962** (in der ursprünglichen Fassung v. 26.6.1962 – BGBl. I S. 429 –, ist am **1.8.1962** in Kraft getreten.

Die BauNVO **1968** (i.d.F. v. 26.11.1968 – BGBl. I S. 1237, ber. BGBl. I 1969 S. 11 –, ist nach Art. 5 der ÄndVO 1968 (BGBl. I S. 1233) am **1.1.1969** in Kraft getreten.

Die BauNVO **1977** (i.d.F. v. 15.9.1977 – BGBl. I S. 1763 –) ist nach Art. 4 der ÄndVO 1977 (BGBl. I S. 1757) am **1.10.1977** in Kraft getreten.

Die BauNVO **1990** (i.d.F. v. 23.1.1990 – BGBl. I S. 132 –) ist nach Art. 4 der ÄndVO 1990 (BGBl. I S. 127) am **27.1.1990** in Kraft getreten.

In den **neuen Ländern** gilt die BauNVO 1990 mit Ergänzung durch § 26a gem. Art. 8 des Einigungsvertrages vom 31. August 1990 (BGBl. I S. 885) und Kapitel XIV Abschnitt II Nr. 2 der Anlage 1 zum Einigungsvertrag (BGBl. I S. 1124) seit dem **3.10.1990**.

§ 34 BauGB

Kurzerläuterung des Baugesetzbuchs
(§ 34 BauGB 2006 – Auszug)

§ 34 **Zulässigkeit von Vorhaben innerhalb der im Zusammenhang bebauten Ortsteile**

(1) Innerhalb der im Zusammenhang bebauten Ortsteile ist ein Vorhaben zulässig, wenn es sich nach Art und Maß der baulichen Nutzung, der Bauweise und der Grundstücksfläche, die überbaut werden soll, in die Eigenart der näheren Umgebung einfügt und die Erschließung gesichert ist. Die Anforderungen an gesunde Wohn- und Arbeitsverhältnisse müssen gewahrt bleiben; das Ortsbild darf nicht beeinträchtigt werden.

(2) Entspricht die Eigenart der näheren Umgebung einem der Baugebiete, die in der aufgrund des § 9a erlassenen Verordnung bezeichnet sind, beurteilt sich die Zulässigkeit des Vorhabens nach seiner Art allein danach, ob es nach der Verordnung in dem Baugebiet allgemein zulässig wäre; auf die nach der Verordnung ausnahmsweise zulässigen Vorhaben ist § 31 Abs. 1, im Übrigen ist § 31 Abs. 2 entsprechend anzuwenden.

(3) Von Vorhaben nach Absatz 1 oder 2 dürfen keine schädlichen Auswirkungen auf zentrale Versorgungsbereiche in der Gemeinde oder in anderen Gemeinden zu erwarten sein.

(3a) Vom Erfordernis des Einfügens in die Eigenart der näheren Umgebung nach Absatz 1 Satz 1 kann im Einzelfall abgewichen werden, wenn die Abweichung
1. der Erweiterung, Änderung, Nutzungsänderung oder Erneuerung eines zulässigerweise errichteten Gewerbe- oder Handwerksbetriebs oder der Erweiterung, Änderung oder Erneuerung einer zulässigerweise errichteten baulichen Anlage zu Wohnzwecken dient,
2. städtebaulich vertretbar ist und
3. auch unter Würdigung nachbarlicher Interessen mit den öffentlichen Belangen vereinbar ist.

Satz 1 findet keine Anwendung auf Einzelhandelsbetriebe, die die verbrauchernahe Versorgung der Bevölkerung beeinträchtigen oder schädliche Auswirkungen auf zentrale Versorgungsbereiche in der Gemeinde oder in anderen Gemeinden haben können.

(Abs. 4, 5 und 6 nicht abgedruckt, Abs. 3a in der Fassung vom 9.11.2006)

Durch das Gesetz zur Erleichterung von Planungsvorhaben für die Innenentwicklung der Städte vom 21.12.2006 (»BauGB-Novelle 2006«, BGBl. I. S. 3316, in Kraft getreten am 1. Januar 2007) ist in § 9 BauGB nach Abs. 2 der nachfolgend abgedruckte **neue Abs. 2a** eingefügt worden, der die Vorschriften über die Zulässigkeit von Vorhaben innerhalb der im Zusammenhang bebauten Ortsteile gem. § 34 BauGB (»nicht beplanter Innenbereich«) ergänzt und in den Erläuterungen mitbehandelt wird.

§ 9 **Inhalt des Bebauungsplans** (Auszug aus dem BauGB, s. auch Anh. 1)

...

(2a) Für im Zusammenhang bebaute Ortsteile (§ 34) kann zur Erhaltung oder Entwicklung zentraler Versorgungsbereiche, auch im Interesse einer verbrauchernahen Versorgung der Bevölkerung und der Innenentwicklung der Gemeinden, in einem Bebauungsplan festgesetzt werden, dass nur bestimmte Arten der nach § 34 Abs. 1 und 2 zulässigen baulichen Nutzungen zulässig oder nicht zulässig sind oder nur ausnahmsweise zugelassen werden können; die Festsetzungen können für Teile des räumlichen Geltungsbereichs des Bebauungs-

§ 34 BauGB

plans unterschiedlich getroffen werden. Dabei ist insbesondere ein hierauf bezogenes städtebauliches Entwicklungskonzept im Sinne des § 1 Abs. 6 Nr. 11 zu berücksichtigen, das Aussagen über die zu erhaltenden oder zu entwickelnden zentralen Versorgungsbereiche der Gemeinde oder eines Gemeindeteils enthält. In den zu erhaltenden oder zu entwickelnden zentralen Versorgungsbereichen sollen die planungsrechtlichen Voraussetzungen für Vorhaben, die diesen Versorgungsbereichen dienen, nach den §§ 30 oder 34 vorhanden oder durch einen Bebauungsplan, dessen Aufstellung förmlich eingeleitet ist, vorgesehen sein.

Kurzerläuterungen

	Übersicht	Rn	
	1. Allgemeines	1	– 2.1
	a) Baulandqualität der Grundstücke im Innenbereich	1	
	b) Im Zusammenhang bebaute Ortsteile	2	– 2.1
	2. Voraussetzungen für die Anwendung der Abs. 1 und 2	3	
Abs. 1	3. Vorhaben in uneinheitlich strukturierten Gebieten	4	– 11.2
	a) Allgemeine Kriterien für das »Einfügen«	5	
	b) Einfügen nach der Art der baulichen Nutzung	6	– 6.2
	c) (Sonder-)Regelung für großflächige Einzelhandelsbetriebe	6.3	
	d) Einfügen nach dem Maß der baulichen Nutzung	7	– 8.1
	e) Einfügen nach der Bauweise	9	
	f) Einfügen nach der Grundfläche, die überbaut werden soll	10	– 10.1
	g) Sonstige Zulässigkeitsvoraussetzungen	11	– 11.2
Abs. 2	4. Zulässigkeit in einer einem Baugebiet der BauNVO entsprechenden näheren Umgebung	12	– 21
	a) Die nähere Umgebung zur Abgrenzung des »fiktiven« Baugebiets	13	
	b) Die Anwendung der BauNVO nach der Art der baulichen Nutzung	14	– 14.1
	c) Sonderregelung für großflächige Einzelhandelsbetriebe	14.2	– 14.5
	d) Die Nichtanwendung der BauNVO im Übrigen	15	
	e) Ausnahmen und Befreiungen – entsprechende Anwendung von § 31 Abs. 1 und 2 BauGB (Abs. 2)	16	– 21
	aa) Frühere Regelung (ehemaliger Abs. 3 bis 1997)	16	
	bb) Voraussetzung für die Erteilung einer »Befreiung« nach Abs. 2 zweiter Satzteil (entsprechend § 31 Abs. 2 BauGB)	17	
Nr. 1	cc) Erforderlichkeit aus Gründen des allgemeinen Wohls	18	
Nr. 2	dd) Städtebauliche Vertretbarkeit	19	
Nr. 3	ee) Nicht beabsichtigte Härte	20	
2. Halbs.	ff) Würdigung nachbarlicher Interessen und Vereinbarkeit mit öffentlichen Interessen	21	
Abs. 3	5. Vorhaben mit schädlichen Auswirkungen auf zentrale Versorgungsbereiche	22	– 24.2
	a) Zweck der Vorschrift	22	
	b) Schädliche Auswirkungen	23	
	c) Zentrale Versorgungsbereiche in der Gemeinde	24	– 24.2

§ 34 BauGB

6. Zulässigkeit im Geltungsbereich eines einfachen Bebauungsplans	25		
7. Abweichungen vom Erfordernis des Einfügens nach Abs. 1 Satz 1	26	–	28
a) Regelung des Abs. 3a	26		
b) Für ein Abweichen infrage kommende Nutzungen	26.1		
c) Städtebauliche Vertretbarkeit, Würdigung nachbarlicher Interessen und Vereinbarkeit mit öffentlichen Belangen	27		
d) Keine Anwendung der Abweichensregel auf bestimmte Einzelhandelsbetriebe	28		
8. Ausschluss oder Einschränkung zulässiger Nutzungen durch (einfachen) B-Plan (§ 9 Abs. 2a BauGB 2006)	29	–	33
a) Zweck der Vorschrift	29	–	30
b) Infrage kommende Nutzungen	31		
c) Städtebauliches Entwicklungskonzept	32		
d) Zentrale Versorgungsbereiche	33		

Abs. 3a

Schrifttum

S. die einschlägigen [Groß-]Kommentare zu § 34 BBauG sowie

Berkemann/ Halama	Erstkommentierungen zum BauGB 2004, § 34 BauGB
Bischopink	Die Umsetzung von Einzelhandels- und Zentrenkonzepten mit den Mitteln der Bauleitplanung, BauR 2007, 825
Borges	Gibt es faktische sonstige Sondergebiete? – Zur Anwendbarkeit des § 11 BauNVO im Rahmen des § 34 II BauGB, DVBl. 1998, 626
Gatawis	Die Neuregelungen des § 34 Abs. 3 Baugesetzbuch (BauGB), NVwZ 2006, 272
Gronemeyer	Änderungen des BauGB und der VwGO durch das Gesetz zur Erleichterung von Planungsvorhaben für die Innenentwicklung der Städte, BauR 2007, 815
Hoppe	Blockinnenbebauung im nicht beplanten Innenbereich (§ 34 Abs. 1, Abs. 2 BauGB), BauR 2004, 607
Janning	Der Ausschluss des zentrenschädlichen Einzelhandels im unbeplanten Innenbereich, BauR 2005, 1723
Krautzberger/ Stüer	BauGB 2007: Stärkung der Innenentwicklung, DVBl. 2007, 160
Rauber	Zur verfassungskonformen Anwendung von § 34 Abs. 3 BauGB i.d.F. des EAG Bau 2004, VR 2005, 379
Reichelt	Praxisprobleme der Neufassung des § 34 Abs. 3 BauGB: Geplante zentrale Versorgungsbereiche als Schutzgut? Kumulierte Auswirkungen mehrerer geplanter Vorhaben als Zulassungshindernis?, BauR 2006, 38
Reidt	Die Genehmigung von großflächigen Einzelhandelsvorhaben – die rechtliche Bedeutung des neuen § 34 Abs. 3 BauGB, UPR 2005, 241
Rinke	Ist Ortsteil i.S. des § 34 Abs. 1 BauGB nur der Gebäudebestand der jeweiligen Gemeinde?, BauR 2005, 1406

Schidlowski/Baluch	Die erweiterte Zulassungsmöglichkeit eines Gewerbe- und Handwerksbetriebes im unbeplanten Innenbereich – § 34 Abs. 3a BauGB, BauR 2006, 784
Schlichter/ Hofherr	Berliner Kommentar, 2. Aufl. § 34 BauGB
Seibel	Zur Gemeindebezogenheit der »im Zusammenhang bebauten Ortsteile« nach § 34 Abs. 1 BauGB, BauR 2006, 1242
Söfker	Neuregelung im Bereich der planungsrechtlichen Zulässigkeit von Vorhaben in: *Spannowski/Krämer*, BauGB-Novelle 2004, S. 87, 89
Uechtritz	Neuregelungen im EAG Bau zur »standortgerechten Steuerung des Einzelhandels«, NVwZ 2004, 1026
–	Die Neuregelungen zur standortgerechten Steuerung des Einzelhandels, DVBl. 2006, 799, 802

1. Allgemeines

1 a) **Baulandqualität der Grundstücke im Innenbereich.** Der Gesetzgeber ist davon ausgegangen, dass in Auswirkung des Grundrechts auf Baufreiheit (Art. 14 GG) für die innerhalb der im Zusammenhang bebauten Ortsteile liegenden Grundstücke **grundsätzlich Baulandqualität** besteht, deren Ausformung im Einzelnen durch die Regelung der – baulichen – Nutzung erfolgt, und zwar i. d. R. durch Festsetzungen des B-Plans. Da nicht für alle Grundstücke des Innenbereichs B-Pläne aufgestellt werden können und sie auch nicht immer erforderlich sind, ist mit § 34 BBauG/BauGB für den unbeplanten Innenbereich eine Ersatzregelung geschaffen worden. Nach ihr kann über die Zulässigkeit von Vorhaben auch ohne Vorliegen eines qualifizierten B-Plans entschieden werden. Die im Innenbereich bestehende grundsätzliche Baulandqualität ist nicht geringer zu bewerten als die Baulandqualität in durch B-Pläne festgesetzten Baugebieten (im »Planbereich«); bei Vorliegen der Voraussetzungen des § 34 BBauG/BauGB besteht ein Rechtsanspruch auf Bebauung. Der Gesetzgeber hat mit § 34 BBauG/BauGB gewissermaßen generell geplant; § 34 BBauG/BauGB ist daher als Planersatz anzusehen (BVerwG, U. v. 3.4.1981 – 4 C 61.78 – BVerwGE 62, 151 = BRS 38 Nr. 69 = DVBl. 1982, 84 = BauR 1981, 351 = NJW 1981, 2770 = DÖV 1981, 874 = ZfBR 1981, 187 = BBauBl. 1981, 659). Mit der Zuordnung eines Grundstücks zum nicht beplanten Innenbereich ist die Frage nach seiner Bebaubarkeit überhaupt beantwortet (BVerwG, U. v. 23.5.1980 – 4 C 79.77 – BRS 36 Nr. 64 = BauR 1980, 449 = BBauBl. 1980, 675 = AgrarR 1980, 310 = DÖV 1980, 690 = NJW 1981, 474 = ZfBR 1980, 199).

2 b) **Im Zusammenhang bebaute Ortsteile.** Ein Bebauungszusammenhang i. S. v. § 34 BBauG/BauGB reicht so weit, wie die aufeinanderfolgende Bebauung trotz vorhandener Baulücken den Eindruck der **Geschlossenheit** (Zusammengehörigkeit) vermittelt (BVerwG, B. 12.2.1968 – IV B 47.67 – BRS 20 Nr. 33 = BayVBl. 1968, 432; *Gelzer/Birk*, Rdn. 1087). Für den Bebauungszusammenhang ist auf die **tatsächlich vorhandene Bebauung** abzustellen. Den Maßstab für die Zulassung weiterer Bebauung bilden ausschließlich die äußerlich erkennbaren, mit dem Auge wahrnehmbaren Gegebenheiten. Ein nach seinem Erscheinungsbild tatsächlich unbebauter Bereich weist nicht allein deshalb, weil er im FN-Plan oder Landschaftsplan als Baugebiet dargestellt ist, die Merkmale eines Bebauungszusammenhangs auf (BVerwG, B. v. 8.11.1999 – 4 B 85.99 – BauR 2000, 1171). Ob eine durch **Baulücken** unterbrochene Bebauung noch den Eindruck der Geschlossenheit aufweist, ist nur im Einzelfall zu entscheiden und hängt wesentlich von der Art der vorhandenen Bebauung, der Bauweise und der Bebauungsdichte (Enge der Bebauung) ab. Ein an einen Bebauungszusammenhang angrenzendes bebautes Grundstück ist im Regelfall als Teil des Bebauungszusammenhangs anzusehen; für die Annahme einer aufeinanderfolgenden Bebauung ausschlaggebend ist jedoch, inwieweit die Bebauung den Eindruck der Geschlossenheit und Zusammengehörigkeit vermittelt (BVerwG, B. v. 9.11.2005 – 4 B 67.05 – BauR 2006, 492). Ein **Sportplatz** stellt keinen Bebauungszusammenhang her, auch wenn auf ihm einzelne untergeordnete bauliche **Nebenanlagen** wie Kassenhäuschen, Flutlichtanlagen vorhanden sind. Zur maßstabsbildenden »vorhandenen Bebauung« kann auch ein qualifiziert beplantes Gebiet gehören. Darin noch unbebaute Grundstücke sind jedoch nicht wie eine vorhandene Bebauung zu behandeln. Auf die »Möglichkeit« einer Bebauung kommt es nicht an (vgl. BVerwG, B. v. 2.8.2001 – 4 B 26.01 – NVwZ 2001, 70 = UPR 2000, 463 = BauR 2000, 1851 = ZfBR 2001, 59).

Zur **Bebauung** gehören i.d.R. nur bauliche Anlagen, die geeignet sind, dem Gebiet ein bestimmtes städtebauliches Gepräge zu verleihen (BVerwG, B. v. 2.3.2000 – 4 B 15.00 – ZfBR 2000, 428). Hierzu gehören befestigte **Stell- oder Tennisplätze** nicht, da ihnen die maßstabsbildende Kraft fehlt (BVerwG, B. v. 8.11.1999 – 4 B 85.99 – aaO.). »**Bebauung**« sind nur Flächen und Anlagen, die dem **ständigen Aufenthalt von Menschen** dienen sollen (BVerwG, U. v. 14.9.1992 – 4 C 15.90 – BauR 1993, 300, = BRS 54 Nr. 65 = DVBl. 1993, 111 = UPR 1993, 56 = ZfBR 1993, 86; U. v. 6.3.1992 – 4 B 35.92 – BauR 1993, 303 = BRS 54 Nr. 64), nicht dagegen Baulichkeiten, die nur dem **vorübergehenden Aufenthalt** von Menschen (wie Ställe und Gartenhäuser, BVerwG, B. v. 2.8.2001 – 4 B 26.01 – BauR 2002, 277) oder landwirtschaftlichen oder Freizeitzwecken dienen (wie Scheunen, Ställe, Wochenendhäuser, Gartenhäuser, BVerwG, B. v. 2.3.2000 – 4 B 15.00 – BauR 2000, 1310). Eine **widerruflich oder befristet** genehmigte Bebauung ... ist bei Anwendung des § 34 BauGB nicht als vorhandene Bebauung zu berücksichtigen (BVerwG, B. v. 23.11.1998 – 4 B 29.98 – BauR 1999, 233).

Auch signifikante **Unterschiede in der Baustruktur** unterbrechen einen **Bebauungszusammenhang** nicht (BayVGH, U. v. 27.9.1991 – 1 B 91.738 – NVwZ-RR 1992, 341; BVerwG, U. v. 19.9.1986 – 4 C 15.84 – BVerwGE 75, 34 = BRS 46 Nr. 62 = BauR 1987, 52 = DVBl. 1987, 478 = NVwZ 1987, 406). **Öffentliche Grünflächen** innerhalb des Ortsteils oder ein **Felsen an einer bebauten Uferstraße** (BVerwG, B. v. 27.5.1988 – 4 B 71.88 – BauR 1988, 444) unterbrechen den Zusammenhang i.d.R. nicht. Größere parkartige Grundstücke können u.U. »**Außenbereich im Innenbereich**« sein (BVerwG, U. v. 1.12.1972 – IV C 6.71 – BVerwGE 41, 227 = BRS 25 Nr. 36 = BauR 1973, 99 u. v. 26.11.1976 – IV C 69.74 – BRS 30 Nr. 34 = BauR 1977, 104). Für die Begrenzung des Bebauungszusammenhangs kommt es **nicht auf Grundstücksgrenzen** an (BVerwG, B. v. 11.6.1992 – 4 B 88.92 – Buchholz 406.11 § 34 BauGB Nr. 151; B. v. 22.7.1993 – 4 B 78.93 – JURIS), die **Abgrenzung** kann nur anhand von mit dem Auge **wahrnehmbaren Umständen** (örtliche Gegebenheiten, topografische Verhältnisse, Erhebungen, Einschnitte, Dämme, Böschungen, Flüsse u. dergl.) erfolgen (BVerwG, U. v. 12.12.1990 – 4 C 40.87 – ZfBR 1991, 126 = BauR 1991, 308 = UPR 1991, 272 = DVBl. 1991, 810 = NVwZ 1991, 897 = BRS 50 Nr. 72; BVerwG, B. v. 4.1.1995 – 4 B 273.94 – BRS 57 Nr. 93). Der von einer Straße ausgehende Verkehrslärm kann für sich allein einen nach optisch wahrnehmbaren Merkmalen gegebenen Bebauungszusammenhang nicht aufheben (BVerwG, U. v. 12.12.1990 – 4 C 40.87 – aaO.). Mit nur einer Seite an bebaute Grundstücke grenzende Grundstücke gehören i.d.R. zum Außenbereich. Ein an einem zusammenhängend bebauten Ortsteil angrenzendes unbebautes Grundstück gehört nicht schon deshalb zu diesem Bebauungszusammenhang, weil es mit seiner anderen Seite an eine Gemeindegrenze reicht (BVerwG, B. v. 15.5.1997 – 4 B 74.97 – UPR 1997, 463). Eine einseitige bandartige Bebauung an einer Straße kann sich nicht fortbilden (*Sendler*, BBauBl. 1968, 67), eine Bebauung in zweiter Reihe nicht begonnen werden (BVerwG, U. v. 6.12.1967 – IV C 94.66 – BVerwGE 28, 268 = BRS 18 Nr. 57 = DVBl. 1968, 651 = DÖV 1968, 322; zu Einzelfragen der Abgrenzung des Innenbereichs s. *Gelzer/Birk*, Rdn. 1086–1096).

2.1 Ortsteil ist der Bebauungskomplex einer Gemeinde, der nach der Zahl der vorhandenen Bauten ein **gewisses Gewicht** besitzt und im Regelfall **Ausdruck einer organischen Siedlungsstruktur** ist (BVerwG, U. v. 6.11.1968 – IV C 31.66 – BVerwGE 31, 22 = BRS 20 Nr. 36 = DVBl. 1970, 72).

Ein Bebauungskomplex mit 12 Wohngebäuden kann ein Ortsteil i. S. d. § 34 Abs. 1 BBauG sein (VGH BW, U. v. 8.7.1986 – 8 S 2815/85 – BauR 1987, 59), auch mit 6 Gebäuden (BVerwG, U. v. 30.4.1969 – IV C 38.67 – BRS 22 Nr. 76, jedoch zu großzügig), oder sogar nur mit 5 Wohnhäusern und 5 landwirtschaftlichen Nebengebäuden (VGH BW, U. v. 26.3.1984 – 8 S 189/83 – BRS 42 Nr. 63 = BauR 1984, 496, reichlich großzügig), jedoch nicht mehr mit nur 4 Wohngebäuden (BVerwG, B. v. 19.4.1994 – 4 B 77.94 – BauR 1994, 494). Letztlich kann auch diese Frage nicht unter Anwendung geografisch-mathematischer Maßstäbe allgemein bestimmt, sondern nur nach dem konkreten Einzelfall in der Örtlichkeit und nach der (konkreten) Örtlichkeit entschieden werden (vgl. BVerwG, B. v. 1.4.1997 – 4 B 11.97 – NVwZ 1997, 899 = UPR 1997, 372). Für die Beurteilung der Frage, ob eine zusammenhängende Bebauung ein Ortsteil i. S. v. § 34 BauGB ist, ist nach wie vor nur auf die **Bebauung im jeweiligen Gemeindegebiet** abzustellen (BVerwG, U. v. 3.12.1998 – 4 C 7.98 – BauR 1999, 232; so auch *Seibel*, BauR 2006, 1242, der auf verschiedene davon abweichende Auffassungen verweist, u.a. *Rinke*, BauR 2005, 1406; BayVGH, NUR 1999, 48; Nds. OVG, BauR 1995, 824 u. U. v. 31.3.1995 – 1 L 4063/93 – BRS 57 Nr. 92 = NVwZ-RR 1996, 132, wonach ein im Zusammenhang bebauter Ortsteil sich auch über die Gemeindegrenze erstrecken kann). Ob eine Bebauung eine Splittersiedlung und damit Teil des Außenbereichs oder Ortsteil (§ 34 Abs. 1 Satz 1 BauGB) und damit bebauungsrechtlicher Innenbereich ist, beurteilt sich nach der **Siedlungsstruktur** im Gebiet der jeweiligen Gemeinde (BVerwG, B. v. 19.9.2000 – 4 B 49.00 – NVwZ-RR 2001, 83 = ZfBR 2001, 64 = BauR 2001, 79 = UPR 2001, 107; im Anschluss an U. v. 3.12.1998 – 4 C 7.98 – aaO.). Bei Beantwortung der Frage, ob eine **Ansammlung von Gebäuden** einen im Zusammenhang bebauten Ortsteil oder eine Splittersiedlung darstellt, kommt es stets nur auf das **Vorhandene** an (st. Rspr. des BVerwG). Selbst die **Ausweitung eines Ortsteils** über den Bebauungszusammenhang hinaus in den Außenbereich beeinträchtigt als Vorgang einer siedlungsstrukturell zu missbilligenden Entwicklung öffentliche Belange (U. v. 25.1.1985 – 4 C 29.81 – BauR 1985, 427 = BRS 44 Nr. 87). Dies gilt erst recht für ein Vorhaben, durch das unter **Auffüllung von Freiflächen** zwischen Splittersiedlungen erst ein im Zusammenhang bebauter Ortsteil entstehen oder ein im Zusammenhang bebauter Ortsteil durch Bebauung eines Zwischenraums zu einer vorhandenen Splittersiedlung erweitert würde (BVerwG, B. v. 11.10.1999 – 4 B 77.99 – ZfBR 2000, 425 = BauR 2000, 1175). Die **Grenzen des Ortsteils** kann die Gemeinde nach § 34 Abs. 4 BauGB durch Satzung festlegen. Die **Grenze eines Bebauungszusammenhangs** kann durch Geländehindernisse, Erhebungen oder Einschnitte (Dämme, Böschungen, Flüsse u. dergl.) beeinflusst werden, etwa wenn einem **Steilhang im Grenzbereich** eine trennende Funktion zukommt (BVerwG, B. v. 20.8.1998 – 4 B 79.98 – BauR 1999, 32 m. w. N. der Rspr. des BVerwG).

2. Voraussetzungen für die Anwendung der Abs. 1 und 2

3 Die Zulässigkeit von **Vorhaben** im nicht beplanten Innenbereich ist je nach der Eigenart der näheren Umgebung des Vorhabens unterschiedlich zu beurteilen, und zwar

- bei einer näheren Umgebung, die uneinheitlich (diffus) strukturiert und keinem Baugebiet der BauNVO vergleichbar ist, **nur nach Abs. 1,**
- bei einer näheren Umgebung, die einem Baugebiet der BauNVO entspricht, hinsichtlich der **Art** der baulichen Nutzung **nur nach Abs. 2**, hinsichtlich des **Maßes** der baulichen Nutzung, der **Bauweise** und der **überbaubaren Grundstücksfläche nur nach Abs. 1**,
- bei Vorliegen eines **einfachen B-Plans** (§ 30 Abs. 2 BauGB) vorweg nach **dessen Festsetzungen**, soweit er für das Vorhaben bedeutsame Festsetzungen enthält, **im Übrigen**, d.h. soweit er keine Festsetzungen enthält, nach **Abs. 1 oder 2**. Die Festsetzungen eines einfachen B-Plans gehen der Beurteilung nach § 34 BauGB daher vor; insoweit kommt es auf das »Einfügen in die Eigenart der näheren Umgebung« oder die Übereinstimmung mit einem der BauNVO »entsprechenden Gebiet« nicht an. § 34 Abs. 1 oder 2 BauGB hat nur eine die Festsetzungen des B-Plans ergänzende Funktion.

In einem ersten Schritt ist also zu prüfen, unter welche der vorgenannten Fallgestaltungen das Vorhaben fällt. Dabei geht es zunächst um das »Einfügen« in die Eigenart der näheren Umgebung (Anwendung des Abs. 1) oder die »Übereinstimmung« mit einem Baugebiet der BauNVO (Anwendung des Abs. 2). Ob von Vorhaben über die nähere Umgebung hinausgehende »schädliche Auswirkungen« zu erwarten sind, ist **darüber hinaus zu prüfen** (Sperrwirkung des Abs. 3).

Erfüllt die Errichtung, Änderung oder Nutzungsänderung einer baulichen Anlage den Vorhabenbegriff des § 29 BauGB, so ist die Zulässigkeit nur gegeben, wenn alle tatbestandlichen Voraussetzungen des § 34 Abs. 1, 2 oder 3 BauGB erfüllt sind. Für eine – erleichterte – Zulassung des Vorhabens unter dem Gesichtspunkt des Bestandsschutzes ist kein Raum (vgl. BVerwG, U. v. 27.8.1998 – 4 C 5.98 – BauR 1999, 152).

3. Vorhaben in uneinheitlich strukturierten Gebieten (Abs. 1)

Nach § 34 Abs. 1 BauGB (in einem diffus strukturierten Gebiet) ist ein Vorhaben zulässig, wenn es sich nach Art und Maß der baulichen Nutzung, der Bauweise und der Grundstücksfläche, die überbaut werden soll, in die Eigenart der näheren Umgebung *einfügt* und die Erschließung gesichert ist. Die Anforderungen an gesunde Wohn- und Arbeitsverhältnisse müssen gewahrt bleiben, das Ortsbild darf nicht beeinträchtigt werden. **4**

a) **Allgemeine Kriterien für das »Einfügen«.** Das BVerwG hat sich in st. Rspr., insbes. im Grundsatzurt. v. 26.5.1978 (– 4 C 9.77 – BVerwGE 55, 370 = BRS 33 Nr. 6 = BauR 1978, 276 = NJW 1978, 2564 = DVBl. 1978, 815, sog. »Harmonie-Urt.«), U. v. 15.2.1990 (– 4 C 23.86 – BauR 1990, 328) u.U. v. 17.6.1993 (– 4 C 17.91 – BauR 1994, 81 = ZfBR 1994, 37 = NVwZ 1994, 294) zum **Begriff des »Einfügens«** nach der Eigenart der näheren Umgebung und zu den »Fernwirkungen« von Vorhaben (z. B. von großflächigen Einzelhandelsbetrieben) im U. v. 3.2.1984 (– 4 C 8.80 – BVerwGE 68, 360 = BRS 42 Nr. 52 = BauR 1984, 373) grundlegend geäußert. Daraus lassen sich folgende Grundsätze herleiten: **5**

- Ein Vorhaben fügt sich ein, wenn es sich *in jeder Hinsicht* innerhalb des aus seiner näheren Umgebung hervorgehenden **Rahmens** hält.
- Die **maßgebende nähere Umgebung** reicht soweit, wie einerseits die Umgebung den bodenrechtlichen Charakter des Baugrundstücks prägt oder doch beeinflusst und andererseits sich die Ausführung des Vorhabens auf die Umgebung auswirken kann. Angrenzende **Verkehrsflächen** gehören grundsätzlich nicht zur näheren Umgebung, denn eine Verkehrsfläche besitzt keine gerade die Art der Bebauung »prägende« Bedeutung (BVerwG, B. v. 11.2.2000 – 4 B 1.00 – Buchholz 406.11 § 34 BauGB Nr. 197). **Die maßgebende nähere Umgebung** reicht **nicht soweit**, wie »**Fernwirkungen**« von Vorhaben (z. B. die in § 11 Abs. 3 bezeichneten städtebaulichen Auswirkungen von Einzelhandelsgroßbetrieben, s. § 11 Rn 30) reichen können. Solche Fernwirkungen sind für die Beurteilung des Einfügens nicht von Bedeutung; die Sicht muss bei § 34 Abs. 1 auf die nähere Umgebung beschränkt bleiben (s. jedoch die über die nähere Umgebung hinausgehenden schädlichen Auswirkungen i. S. d. Abs. 3; an der Bestimmung der näheren Umgebung hat sich dadurch nichts geändert).
- Bei der Ermittlung der **Eigenart** der näheren Umgebung sind **singuläre Anlagen**, die in einem **auffälligen Kontrast** zu der sie umgebenden im Wesentlichen homogenen Bebauung stehen, regelmäßig **als Fremdkörper unbeachtlich**, soweit sie nicht ausnahmsweise ihre Umgebung beherrschen oder mit ihr eine Einheit bilden.
- Der aus der näheren Umgebung abzuleitende **Rahmen** wird durch Art und Maß der baulichen Nutzung, Bauweise und überbaubare Grundstücksfläche bestimmt. Das »Einfügen« eines bestimmten Gewerbebetriebes setzt nicht unbedingt ein Vorbild des Vorhabens, wohl dagegen eine in prägender Weise den Rahmen bildende gewerbliche Bebauung voraus.
- Trotz des Überschreitens des Rahmens kann sich ein Vorhaben einfügen, soweit es – auch infolge seiner Vorbildwirkung – keine **bodenrechtlich beachtlichen Spannungen**

begründet oder vorhandene Spannungen erhöht und in diesem Sinne »harmonisch« wäre.
- Ein sich innerhalb des Rahmens haltendes Vorhaben mag sich zwar einfügen, es kann gleichwohl unzulässig sein, wenn es an der **gebotenen Rücksichtnahme** auf die vorhandene Bebauung fehlen lässt.
- Ein Vorhaben ist unzulässig, wenn ihm einer der beispielhaft aufgeführten oder sonstigen **öffentlichen Belange** entgegensteht; ein Ausgleich von entgegenstehenden Belangen mit positiven Auswirkungen ist im Rahmen des Baugenehmigungsverfahren nicht zulässig; eine solche »Abwägung« kommt nur der Gemeinde bei der förmlichen Planung zu.

Das **Erfordernis des Einfügens** schließt nicht schlechthin ein Vorhaben aus, für das es in seiner näheren Umgebung noch kein Vorbild gibt. Auch ein **beseitigter Altbestand** im Innenbereich hat noch eine für die Eigenart der näheren Umgebung mitprägende Wirkung (BVerwG, U. v. 19.9.1986 – 4 C 15.84 – BauR 1987, 52). Ein hinzukommendes Vorhaben ist auch dann noch zulässig, wenn es im Verhältnis zu seiner näheren Umgebung – auch infolge seiner eigenen Vorbildwirkung – weder bewältigungsbedürftige Spannungen auslöst noch vorhandene Spannungen verstärkt.

Spannungen solcher Art können z.B. durch eine deutliche Verstärkung des Zu- und Abgangsverkehrs eines Gewerbebetriebs und damit durch eine erheblich höhere Belastung von benachbarter Wohnbebauung mit Verkehrsimmissionen gegeben sein (BVerwG, U. v. 3.2.1984 – 4 C 25.82 – BauR 1984, 373 = ZfBR 1984, 139), insbes., wenn von den in größerer Bebauungstiefe angeordneten Kundenstellplätzen Immissionen auf die rückwärtigen Bereiche der Nachbargrundstücke einwirken (OVG Lüneburg, B. v. 13.6.1986 – 6 B 54/86 – UPR 1987, 76 = ZfBR 1986, 294). Dabei kommt es auf die Frage der Zumutbarkeit des erhöhten Verkehrslärms i.S.d. § 5 Nr. 1 BImSchG nicht an (BVerwG, U. v. 22.5.1987 – 4 C 6 u. 7.85 –Fundst. Rn 6.3). Spannungen können auch etwa im Hinblick auf die Gestaltung des Stadtbildes und der Siedlungsstruktur der näheren Umgebung verursacht werden, z.B. durch eine übergroße Baumasse im Verhältnis zur umliegenden kleinteiligen Bebauung. Ob eine Überschreitung des Maßes der in der näheren Umgebung vorhandenen Bebauung den für die Frage des Einfügens (§ 34 Abs. 1 BauGB) erheblichen Rahmen sprengt, kann nicht allgemein anhand eines prozentualen Maßstabs bestimmt werden (BVerwG, B. v. 29.4.1997 – 4 B 67/97 – NVwZ-RR 1998, 94 = ZfBR 1997, 268).

6 b) **Einfügen nach der Art der baulichen Nutzung.** Für die zulässige Art der baulichen Nutzung ist der aus der näheren Umgebung hervorgehende **Rahmen** maßgebend (Rn 5). Sind in diesem z.B. Wohngebäude, Gewerbebetriebe ohne erhebliche Nachteile für die Umgebung, zugleich aber auch Gewerbebetriebe von stärker emittierender Art vorhanden, so reicht der Rahmen von MI-Gebiet bis zu GI-Gebiet, d.h. alle in diesen und den immissionsmäßig dazwischen liegenden Baugebieten der BauNVO zulässigen bzw. ausnahmsweise zulassungsfähigen Nutzungen sind zulässig bzw. ausnahmsweise zulassungsfähig (so BVerwG, U. v. 26.5.1978 – 4 C 9.77 – aaO., Rn 7.1).

Diese allgemeine Aussage hat das BVerwG später ergänzt. Danach ist die **BauNVO** zwar eine **sachverständige Konkretisierung der Planungsgrundsätze des BBauG/BauGB**, ihre generell-schematische Anwendung in Ergänzung des § 34 Abs. 1 BauGB kommt nicht in Betracht (vgl. Hoppe, BauR 2004, 607). Bei der Bestimmung des maßgeblichen Rahmens hinsichtlich der Art der baulichen Nutzung ist grds. auf die in der BauNVO ausdrücklich genannten Nutzungsarten, seien sie abschließend geregelt oder nur als »bestimmte Nutzungsarten« i.S.v. § 1 Abs. 5 BauNVO erwähnt, abzustellen (BVerwG, U. v. 15.12.1994 – 4 C 13.93 – BauR 1995, 361). Die **Typisierung der Nutzungsarten**, wie sie in der BauNVO zur Abgrenzung der **Baugebiete** vorgenommen wird, ist grds. auch dafür maßgebend, ob sich ein Vorhaben in die Eigenart der näheren Umgebung einfügt (vgl. OVG NW, B. v. 25.9.1995 – 11 B 2195/95 – BauR 1996, 222 = BRS 57 Nr. 94 = NVwZ-RR 1996, 493). Der Begriff »Art der baulichen Nutzung« in § 34 Abs. 1 Satz 1 BauGB ist nicht identisch mit demjenigen der in § 1 Abs. 2 BauNVO aufgeführten Baugebiete. Entspricht deshalb die Eigenart der näheren Umgebung nach der vorhandenen Bebauung nicht einem dieser Baugebiete, sondern weist sie Merkmale mehrerer Baugebiete auf, so sind *nicht etwa alle Arten* von baulichen Nutzungen zulässig, die in den nach der

6.1, 6.2   **Abs. 1**   **§ 34 BauGB**

Eigenart der näheren Umgebung jeweils in Betracht kommenden Baugebieten nach der BauNVO zulässig wären. Vielmehr wird der für die Beurteilung des Sich-Einfügens maßgebliche Rahmen innerhalb des Spektrums der nach den angesprochenen Gebietstypen zulässigen Nutzungsarten von den in der näheren Umgebung auch *tatsächlich vorhandenen Nutzungen* begrenzt. Sind indessen in der näheren Umgebung solche den Begriffsbestimmungen der BauNVO entsprechende Nutzungsarten vorhanden, so hält ein Vorhaben, das die Merkmale einer solchen Nutzungsart aufweist, ohne weiteres den Rahmen ein. Eine weitere Differenzierung innerhalb der typisierten Nutzungsart ist nicht angezeigt, da – gewissermaßen – über diese Typik hinaus gebotene Feinkorrekturen im Detail über das **Gebot der Rücksichtnahme** erfolgen können (BVerwG, U. v. 3.4.1987 – 4 C 41.84 – BauR 1987, 538 = UPR 1987, 380 = BRS 47 Nr. 63 = NVwZ 1987, 884 = DVBl. 1987, 903). Die Nutzungsarten der BauNVO sind keine statischen Größen, sondern können im Rahmen von Novellierungen der BauNVO weiterentwickelt, neugebildet oder einer anderweitigen Regelung zugeführt werden, wie die Begriffe der großflächigen Einzelhandelsbetriebe und der Vergnügungsstätten zeigen.

Der **baurechtliche Nachbarschutz** im nicht beplanten Innenbereich muss bei Anwendung von Abs. 1 nicht denselben Grundsätzen folgen wie im Geltungsbereich eines B-Plans. Dies verstößt nicht gegen den Gleichheitssatz. Die Ungleichbehandlung beruht auf Sachgesetzlichkeiten. Im Geltungsbereich eines B-Plans richtet sich die Zulässigkeit eines Vorhabens nach den konkreten Festsetzungen. Diese Anknüpfung versagt im nicht beplanten Innenbereich. § 34 Abs. 1 BauGB dient insoweit als Planersatz. Er enthält einen eigenständigen Zulässigkeitsmaßstab, der notwendigerweise weniger scharf ist, da er sich an der Umgebungsbebauung zu orientieren hat. Dies hat zur Folge, dass Vorhaben zulässig sein können, deren Verwirklichung auf der Grundlage der Festsetzungen eines B-Plans ausgeschlossen werden könnte. Dem ist beim Nachbarschutz entspr. Rechnung zu tragen (vgl. BVerwG, B. v. 19.10.1995 – 4 B 215.95 – BauR 1996, 82 = BRS 57 Nr. 219 = ZfBR 1996, 104 = NVwZ 1996, 888).   **6.1**

Nach st. Rspr. des BVerwG kann ein Vorhaben, welches sich nicht einfügt, zugleich »**rücksichtslos**« sein und einen Abwehranspruch eines konkret und in unzumutbarer Weise betroffenen Nachbarn begründen (vgl. BVerwG, B. v. 20.1.1989 – 4 B 116.88 – ZfBR 1989, 229 m. w. N.). Zwar wirkt das Erfordernis des Einfügens nicht generell drittschützend (vgl. BVerwG, U. v. 13.6.1969 – 4 C 234.65 – BVerwGE 32, 173 = NJW 1969, 1787 u. BVerwG, U. v. 23.5.1986 – 4 C 34.85 – NVwZ 1987, 128 = BauR 1986, 542), indes ist darin das objektrechtliche Gebot enthalten, auf schutzwürdige Nachbarinteressen Rücksicht zu nehmen (vgl. BVerwG, U. v. 19.9.1986 – 4 C 8.84 – NVwZ 1987, 409 = BauR 1987, 70). Welche Anforderungen an das **Rücksichtnahmegebot** zu stellen sind, hängt wesentlich von den Umständen ab. Je empfindlicher und schutzwürdiger die Stellung desjenigen ist, dem die Rücksichtnahme im gegebenen Zusammenhang zukommt, umso mehr kann er an Rücksicht verlangen (BVerwG, U. v. 28.10.1993 – 4 C 5.93 – NVwZ 1994, 687 = ZfBR 1994, 142 = UPR 1994, 148). Je verständlicher und unabweisbarer die mit dem Vorhaben verfolgten Interessen sind, umso weniger braucht derjenige, der das Vorhaben verwirklichen will, Rücksicht zu nehmen. Berechtigte Belange muss er nicht zurückstellen, um gleichwertige fremde Belange zu schonen. Dagegen muss er es hinnehmen, dass Beeinträchtigungen, die von einem legal genutzten Bestand ausgehen, bei der Interessenabwägung als Vorbelastung berücksichtigt werden, die seine Schutzwürdigkeit mindern (U. v. 14.1.1993 – 4 C 19.90 – NVwZ 1993, 1184 = BauR 1993, 445; vgl. BVerwGE 52, 122 = NJW 1978, 62). Dabei spielen persönliche Verhältnisse einzelner, z. B. besondere Empfindlichkeiten, bei der Zumutbarkeitsbewertung von Belästigungen oder Störungen keine Rolle, vielmehr ist auf eine durchschnittliche Empfindlichkeit abzuheben (BVerwG, B. v. 14.2.1994 – 152.93 – GewArch. 1994, 250).

Das **Rücksichtnahmegebot** des § 34 Abs. 1 BauGB kann auch dann verletzt sein, wenn die landesrechtlichen Abstands(flächen)vorschriften eingehalten sind. Eine Verletzung des Rücksichtnahmegebots ist jedoch ausgeschlossen, wenn sich ein Vorhaben nach seiner Art und seinem Maß der baulichen Nutzung, nach seiner Bauweise und nach seiner überbauten Grundstücksfläche in die Eigenart seiner näheren Umgebung einfügt (BVerwG, B. v. 11.1.1999 – 4 B 128.98 – NVwZ 1999, 879 = UPR 1999, 191 = DVBl. 1999, 786 = BauR 1999, 615 = ZfBR 1999, 169). Ob einem **Baukörper erdrückende Wirkung** zukommt und   **6.2**

1173

§ 34 BauGB   Abs. 1   6.3, 7

er deswegen rücksichtslos ist, ist danach zu beurteilen, welche optischen Auswirkungen er auf das Nachbargrundstück in dessen schützenswerten Bereichen hat und inwieweit die Bausubstanz vom Grundstück des Nachbarn aus überhaupt erkennbar ist (vgl. OVG NW, B. v. 13.9.1999 – 7 B 1457/99 – BauR 2001, 917).

6.3 c) **(Sonder-)Regelung für großflächige Einzelhandelsbetriebe.** Das BVerwG sah in einer Umgebung, in der bisher ein großflächiger Einzelhandelsbetrieb nicht vorhanden ist, den Rahmen durch ein entspr. Vorhaben bereits als überschritten an (BVerwG, U. v. 22.5.1987 – 4 C 6 u. 7.85 – BauR 1987, 531 = ZfBR 1987, 257 = NVwZ 1987, 1078). Der vorgefundene Rahmen war jedoch nach diess. A. nicht schon dann gesprengt, wenn in der näheren Umgebung zwar keine vergleichbaren Anlagen, wohl aber sonstige Gewerbebetriebe zu finden waren. Der nicht zu leugnende Gewerbecharakter der Einzelhandelsgroßbetriebe gebietet es nämlich, deren Zulässigkeit auch anhand vorgefundener etwa gleich großer sonstiger Geschäfts- und Gewerbebetriebe zu untersuchen. Das Fehlen eines vergleichbaren Einzelhandelsgroßbetriebes allein schloss die Vereinbarkeit eines solchen Betriebs mit der übrigen Bebauung in der näheren Umgebung nicht schlechthin aus (vgl. *Hüttenbrink*, BauR 1982, 412).

Das BVerwG selbst hatte in dem U. v. 22.5.1987 – 4 C 6 u. 7.85 – aaO. seine damals zu Recht vertretene Auff. bestätigt, dass die in § 11 Abs. 3 Satz 1 Nr. 2 und Satz 2 BauNVO 1977 bezeichneten, über die nähere Umgebung hinausreichenden städtebaulichen Auswirkungen (»Fernwirkungen«, z. B. auf die Versorgung der Bevölkerung und die Entwicklung zentraler Versorgungsbereiche) für die Beurteilung des »Einfügens« nach § 34 Abs. 1 BBauG nicht maßgebend seien. Auch das Fehlen des großflächigen Einzelhandels als besonderer vom sonstigen Einzelhandel zu unterscheidender »Anlagentyp« in der näheren Umgebung könne nicht unbedingt eine Sprengung des Rahmens bedeuten.

Für die Frage, ob sich ein großflächiger Einzelhandelsbetrieb in die Eigenart der näheren Umgebung einfügt, kam es also (früher) nicht auf die in § 11 Abs. 3 BauNVO bezeichneten etwaigen negativen städtebaulichen Auswirkungen an; § 34 Abs. 1 BauGB stellte beim *Erfordernis des Einfügens* allein auf Art und Maß der baulichen Nutzung, Bauweise und Grundstücksüberbauung ab (so noch BVerwG, B. v. 20.4.2000 – 4 B 25.00 – BauR 2001, 212).

Nach dem durch das **EAG Bau** eingefügten **Abs. 3** dürfen von Vorhaben nach Abs. 1 oder 2 jedoch **keine schädlichen Auswirkungen** auf zentrale Versorgungsbereiche in der Gemeinde oder in anderen Gemeinden zu erwarten sein. Zwar sind *schädliche Auswirkungen* kein Merkmal der *Art der baulichen Nutzung*. Die überlagernde Vorschrift des Abs. 3 schränkt aber u. U. die Zulässigkeit nach Abs. 1 ein. Zu erwartende schädliche Auswirkungen können daher zur Unzulässigkeit eines Vorhabens führen, obwohl es sich nach der *Art der baulichen Nutzung* einfügt und insoweit an sich zulässig wäre (Näheres zu Abs. 3 s. Rn 22–24.2).

7 d) **Einfügen nach dem Maß der baulichen Nutzung.** Seit dem grundlegenden U. v. 26.5.1978 (aaO. Rn 3) ist es st. Rspr. des BVerwG, dass ein Vorhaben sich nur dann in die Eigenart der näheren Umgebung einfügt, wenn es sich »in jeder Hinsicht« in dem sich aus der näheren Umgebung ergebenden **Rahmen** hält. In Bezug auf das Maß der baulichen Nutzung bedeutet dies, dass die dafür städtebaulich bedeutsamen Kriterien Grundfläche, Geschossfläche oder Baumasse, Zahl der Vollgeschosse oder Höhe der baulichen Anlagen vorrangig heranzuziehen sind (vgl. BVerwG, U. v. 23.3.1994 – 4 C 18.92 – BVerwGE 95, 277 = ZfBR 1994, 190 = NVwZ 1994, 1006 = DVBl. 1994, 702 = UPR 1994, 268 = BauR 1994, 481 = BRS 56 Nr. 63). **Eine unmittelbare Anwendung der Maßbestimmungsfaktoren** der §§ 16–21a BauNVO **ist ausgeschlos-**

sen. Gleichwohl kann auf die in der BauNVO verwendeten *Begriffsmerkmale* zurückgegriffen werden. Das bedeutet aber nicht, dass die Maßbestimmungsfaktoren des § 16 Abs. 2 BauNVO – unterschiedslos und möglicherweise gar **mit allen Berechnungsregeln** der BauNVO – wie Festsetzungen eines B-Plans rechtssatzartig heranzuziehen wären. Nach st. Rspr. des BVerwG können die **Vorschriften der BauNVO im unbeplanten Innenbereich** bei Anwendung von Abs. 1 nämlich **lediglich als Auslegungshilfe** berücksichtigt werden (vgl. z. B. BVerwG, U. v. 23.4.1969 – 4 C 12.67 – BVerwGE 32, 31 [35 f.]; U. v. 13.6.1969 – 4 C 234.65 – aaO. Rn 6.1). Maßgeblich bleibt die konkrete, am tatsächlich Vorhandenen ausgerichtete Betrachtung. Die vorhandene Bebauung kann eine planerische Festsetzung als Maßstab fast nie ersetzen (BVerwG, U. v. 23.3.1994 – 4 C 18.92 – aaO.).

7.1 Insbes. fehlen im unbeplanten Innenbereich konkrete Maßfestsetzungen, an denen das jeweilige Vorhaben gemessen werden könnte. Der aus der vorhandenen Bebauung zu gewinnende Maßstab ist notwendig grob. Zudem sprechen Gründe einer praktisch handhabbaren Rechtsanwendung dafür, in erster Linie auf solche Maße abzustellen, die nach außen wahrnehmbar in Erscheinung treten und anhand derer sich die vorhandenen Gebäude in der näheren Umgebung leicht in Beziehung zueinander setzen lassen. Ihre **absolute Größe nach Grundfläche, Geschosszahl und Höhe**, bei offener Bebauung zusätzlich auch ihr Verhältnis zur umgebenden Freifläche, prägen das Bild der maßgeblichen Umgebung und bieten sich deshalb vorrangig als Bezugsgrößen zur Ermittlung des zulässigen Maßes der baulichen Nutzung an. Damit ist eine Berücksichtigung anderer Maßfaktoren zwar nicht ausgeschlossen. Soweit sie eine prägende Wirkung auf das Baugrundstück haben, sind auch sie zur Beurteilung der Frage, ob sich das Vorhaben einfügt, heranzuziehen. Die **relativen Maßstäbe – die Grundflächen- und Geschossflächenzahl** – werden allerdings vielfach nur eine untergeordnete Bedeutung oder, je nach den Umständen des Einzelfalls, auch gar keine Bedeutung für die Frage des Einfügens haben, weil sie in der Örtlichkeit häufig nur schwer ablesbar sind, vielmehr erst errechnet werden müssen (BVerwG, U. v. 23.3.1994 – 4 C 18.92 – aaO. Rn 7).

So darf eine **Baulücke** zwischen zahlreichen bebauten schmalen Grundstücken nicht deshalb mit einer im Vergleich zur vorhandenen Bebauung größeren Grundfläche bebaut werden, weil dieses Grundstück weitaus tiefer als die anderen Grundstücke ist (BVerwG, B. v. 21.11.1980 – 4 B 142.80 – Buchholz 406.11 § 34 BBauGB Nr. 78). Die relativen Ausnutzungszahlen GRZ und GFZ dürfen für die Beurteilung des Einfügens daher nur bei etwa gleichgroßen Grundstücken und dann auch nur unterstützend herangezogen werden (BVerwG, U. v. 23.3.1994 – 4 C 18.92 – aaO. Rn 7). Auf die Grundstücksgrenzen kommt es nämlich für die Ermittlung des nach § 34 Abs. 1 zulässigen Maßes der baulichen Nutzung nicht an (BVerwG, B. v. 28.9.1988 – 4 B 175.88 – BauR 1989, 60 = ZfBR 1989, 39 = NVwZ 89, 354; U. v. 26.6.1970 – 4 C 73.68 – DVBl. 1970, 829). Auch die **Zahl der** in einem Gebäude vorhandenen **Wohnungen** ist kein Kriterium des Maßes der baulichen Nutzung. Diesem Merkmal kommt jedenfalls i. d. R. des § 34 BauGB auch nicht aus einem anderen Blickwinkel bodenrechtliche Relevanz zu (BVerwG, U. v. 13.6.1980 – 4 C 98.77 – DVBl. 1981, 97 = BRS 36 Nr. 58; BVerwG, B. v. 24.4.1989 – 4 B 72.89 – NVwZ 1989, 1060 = BRS 49 Nr. 85). Ändert sich allerdings die vorhandene Geschossfläche durch eine weitere massieve Wohnnutzung zu einer Größenordnung, für die es in der näheren Umgebung bislang kein annähernd vergleichbares Beispiel gibt, so ist dies geeignet, auch infolge seiner Vorbildwirkung bodenrechtlich beachtliche und erst noch ausgleichsbedürftige Spannungen zu erhöhen (vgl. Nds. OVG, U. v. 3.9.1996 – 1 L 4375/95 – BRS 58 Nr. 80; BVerwG, U. v. 26.5.1978 – 4 C 9.77 – DVBl. 1978, 815 = BRS 33 Nr. 36). Bei **baulichen Anlagen**, die **keine Gebäude** sind, wie der Fremdwerbung dienende Anlagen der **Außenwerbung**, und für die deshalb die Maßkategorien des § 16 Abs. 2 BauNVO überwiegend nicht passen, muss außer auf die Höhe auch allgemein auf eine (Flächen-)Größe abgestellt werden. Sie fügen sich z. B. dann ein, wenn ihre Flächengröße sich im Rahmen der Flächengröße von in der näheren Umgebung vorhandenen Bauteilen anderer baulicher Anlagen hält (vgl. BVerwG, U. v. 15.12.1994 – 4 C 19.93 – BauR 1995, 506).

8 Die **nur für die Planung der Gemeinde geltenden Obergrenzen des § 17 Abs. 1** sind weder unmittelbar noch entspr. anwendbar. Auch die Zahl der Vollgeschosse bzw. die Höhe baulicher Anlagen richtet sich allein **nach der vorhan-**

§ 34 BauGB   Abs. 1   8.1

denen Bebauung. Bei einer Überschreitung des in der nächsten Umgebung vorgegebenen Maßes der baulichen Nutzung ist zu prüfen, ob die Überschreitung konkrete nachteilige Auswirkungen auf das jeweilige Nachbargrundstück hat. Derartige Auswirkungen können darin liegen, dass die Anforderungen an gesunde Wohn- und Arbeitsverhältnisse infolge des erhöhten Nutzungsmaßes nicht mehr gewahrt sind oder der Gebietscharakter zu Lasten des Nachbargrundstücks deutlich verändert wird oder Unruhe in die Erholungsflächen des Nachbargrundstücks hineingetragen wird (Hess. VGH, B. v. 11.5.1988 – 4 TG 3492/87 – BauR 1989, 66). Auch ein Vorhaben, das den durch seine Umgebung gesetzten Rahmen hinsichtlich des Maßes der baulichen Nutzung überschreitet, kann ausnahmsweise noch in eine harmonische Beziehung zur vorhandenen Bebauung treten und sich einfügen (BVerwG, B. v. 4.2.1986 – 4 B 7-9.86 –, Buchholz 406.11 § 34 BBauG Nr. 110; U. v. 17.6.1993 – 4 C 17.91 – ZfBR 1994, 37).

Die **Vorschriften der §§ 19–21a** über die Ermittlung der Nutzungszahlen **und deren An- oder Nichtanrechnung** auf die zulässigen Maße der baulichen Nutzung sind zur Beurteilung der Zulässigkeit nach Abs. 1 ebenfalls **nicht anzuwenden**. Insbes. die durch die ÄndVO 1990 geänderten Vorschriften der § 19 Abs. 4, § 20 Abs. 3 und 4, § 21a Abs. 3 können nicht angewendet werden, weil sie eine Festsetzung im B-Plan voraussetzen, die im Fall des § 34 Abs. 1 fehlt. Lediglich die (arithmetischen) Berechnungsverfahren zur Ermittlung der Grundfläche (§ 19 Abs. 2 und 3), der Geschossfläche (§ 20 Abs. 2 und Abs. 3 Satz 1) und der Baumasse (§ 21 Abs. 2) können hilfsweise herangezogen werden, *nicht dagegen § 20 Abs. 3.*

8.1 Damit **kommt es** bei einem **Dachgeschossausbau** für das Einfügen nach dem Maß der baulichen Nutzung **nicht auf die Feinheiten der Berechnungsregeln der BauNVO für die Geschossfläche an**; entscheidend ist allein, ob sich ein Gebäude als solches in die Eigenart der näheren Umgebung einfügt. Beim Ausbau eines Dachgeschosses ohne wesentliche (äußere) Veränderungen fügt sich ein Vorhaben hinsichtlich seines Nutzungsmaßes nach dem Ausbau ebenso ein wie vor dem Ausbau (BVerwG, U. v. 23.3.1994 – 4 C 18.92 – aaO. Rn 7).

Auch die Frage, ob ein für **Wohnzwecke auszubauender Dachraum** nach Landesrecht ein Vollgeschoss ist oder nicht, ohne dass dieses als solches von außen wahrnehmbar ist, ist im Hinblick auf das »Einfügen« nach § 34 damit ohne Bedeutung (vgl. BVerwG, B. v. 21.6.1996 – 4 B 84.96 – BauR 1996, 823 = BRS 58 Nr. 83 = ZfBR 1997, 52 = UPR 1996, 457). Die Urteile des BayVGH v. 7.1.1992 – 2 B 90.1394 – (BRS 54 Nr. 63 = ZfBR 1992, 91) und des OVG NW v. 6.11.1990 – 11 A 190/87 – (BRS 52 Nr. 66), die für das Einfügen noch auf die Ermittlung der Geschossflächenzahlen nach § 20 BauNVO abstellen, gehen an der Sache vorbei. Trotzdem kann sich bei großer Grundfläche eines Hauses der Dachgeschossausbau u. U. nicht einfügen, z. B. wenn das Gebäude nach den Maßstäben der absoluten Grundfläche, der Dachgeschoss mitumfassenden Geschosszahl und der Höhe des Gebäudes nach dem Maß der baulichen Nutzung in der näheren Umgebung »Spitzenreiter« ist und somit aus dem Rahmen fällt (vgl. OVG SchlH, U. v. 19.6.1996 – 1 ÖL 262/95 – BRS 58 Nr. 42). Auch wenn bei einem Dachgeschossausbau die Ausbaumaßnahmen **nach außen wesentlich in Erscheinung** treten (z. B. durch ein zusätzliches Vollgeschoss), fügt sich ein Vorhaben nicht ein, insbes. wenn es dadurch bodenrechtliche Spannungen erzeugt, weil wegen seiner **Vorbildwirkung** der gegebene städtebauliche Zustand in negativer Hinsicht in Bewegung und damit in Unordnung gebracht wird (VGH BW, U. v. 14.7.2000 – 5 S 418/00 – BauR 2001, 750; BVerwG, U. v. 15.12.1994 – 4 C 13.93 – BRS 56 Nr. 61 = BauR 1995, 361 = NVwZ 1995, 698). Wird z. B. der **Dachfirstabschnitt** eines **Mittelreihenhauses** zur Vergrößerung des Dachgeschosses um 1,60 m angehoben, so ist das Vorhaben mit der insoweit einheitlichen Reihenhauszeile nicht verträglich und fügt sich nicht ein. Das Rücksichtnahmegebot des § 34 BauGB kann den übrigen Reihenhauseigentümern Nachbarschutz gegen eine sich nicht einfügende Veränderung vermitteln, auch wenn deren Auswirkungen zwar nicht die Wohnqualität beeinträchtigen, aber Vorgaben für Veränderungen der übrigen Reihenhäuser zur Folge haben (vgl. OVG Hamb., B. v. 29.5.2000 – 2 Bs 98/01 – BauR 2001, 1959).

e) **Einfügen nach der Bauweise.** Maßgebend ist die in der näheren Umgebung *tatsächlich vorhandene* Bauweise. Hierzu können für die Klärung der Frage, um welche Bauweise es sich handelt, die Begriffsbestimmungen des § 22 hilfsweise herangezogen werden. Sind z. B. Einzelhäuser, Doppelhäuser und Hausgruppen vorhanden, handelt es sich um offene Bauweise. Sind nur Einzelhäuser vorhanden, liegt ebenfalls offene Bauweise vor. Eine Hausgruppe von 50 m Länge fällt noch unter den Begriff der offenen Bauweise und würde sich demnach einfügen, obwohl kein Vorbild vorhanden ist. Hier wäre zu prüfen, ob ein solches Vorhaben »Spannungen« erzeugt oder »rücksichtslos« ist, so dass es von daher sich nicht einfügen würde. Dies kann nur im Einzelfall entschieden werden. Würde das Einfügen eines solchen Vorhabens den Vorstellungen der Gemeinde widersprechen, müsste sie die beabsichtigte Bauweise im B-Plan festsetzen. Wenn **keine eindeutige Bauweise** festzustellen ist, so dass sich praktisch jede Bauweise einfügen würde, sind zwar planungsrechtlich beide Bauweisen zulässig, es kommt aber wesentlich auf die Grenzbebauung oder -abstände der unmittelbar angrenzenden Nachbargrundstücke und die diesbezüglichen Vorschriften der LBO an. In diesem Fall darf z. B. ein Gebäude nicht nach Art. 6 Satz 2 BayBO an der Grundstücksgrenze errichtet werden (vgl. BayVGH, U. v. 21.7.1997 – 14 B 96.3086 – BayVBl. 1998, 532). Darf innerhalb eines im Zusammenhang bebauten Ortsteils ein Grundstück gem. § 34 Abs. 1 BauGB jedoch nur in geschlossener Bauweise bebaut werden, so darf nach Landesbauordnungsrecht nicht die Einhaltung von seitlichen Abständen verlangt werden (BVerwG, B. v. 11.3.1994 – 4 B 53.94 – BauR 1994, 494 = ZfBR 1994, 192 = NVwZ 1994, 1008).

f) **Einfügen nach der Grundstücksfläche, die überbaut werden soll.** Mit dem Begriff der »Grundstücksfläche, die überbaut werden soll«, sind die konkrete von baulichen Anlagen überdeckte Fläche und ihre räumliche Lage auf dem Grundstück sowie innerhalb der vorhandenen Bebauung zu verstehen, nicht dagegen »die Größe der Grundfläche« i. S. einer absoluten Zahl entspr. § 16 Abs. 2 Nr. 1 BauNVO (so jedoch BVerwG, B. v. 17.9.1985 – 4 B 167.85 – Buchholz 406.11 § 34 BauGB Nr. 107 u. VGH BW, U. v. 22.10.1993 – 8 S 343/93 –). Es geht also um den **Standort des Vorhabens** i. S. v. § 23 BauNVO (BVerwG, B. v. 21.11.1980 – 4 B 142.80 –; vgl. auch U. v. 21.11.1980 – 4 C 30.78 – ZfBR 1981, 36 = DVBl. 1981, 100), nicht zu verwechseln mit dem Maß der baulichen Nutzung. Ob sich ein Vorhaben im Hinblick auf seinen Standort einfügt, hängt ebenfalls nicht von den Grenzen des Baugrundstücks ab (BVerwG, B. v. 28.9.1988 – 4 B 175.88 – BauR 1989, 60).

Voraussetzung für das Einfügen eines Vorhabens ist die Einhaltung des **Rahmens** auch hinsichtlich des Zulässigkeitsmerkmals »**überbaubare Grundstücksfläche**«, insbes., wenn das Vorhaben wegen seiner Größe den Maßstab der vorhandenen Bebauung sprengen kann. Dabei kommt es auch auf die räumliche Lage des Vorhabens innerhalb der vorhandenen Bebauung an. Auch eine in der näheren Umgebung vorherrschende **Lage oder Richtung der Gebäude** (z. B. Nord-Süd-Richtung) kann sich grds. rahmenbildend i. S. v. § 34 Abs. 1 BBauG/BauGB auswirken (vgl. BVerwG, B. v. 15.4.1987 – 4 B 60/87 – BauR 1987, 533). Ein auf einem Innenbereichsgrundstück, das an die freie Feldmark angrenzt, geplantes Wohnhaus fügt sich nicht in die Umgebung ein, wenn es deutlich hinter einer *faktischen* **rückwärtigen Baugrenze** errichtet werden soll und ein städtebaulich relevantes Interesse an seiner Nichtausführung besteht (OVG Saarl., U. v. 27.5.1988 – 2 R 513/85 – BauR 1989, 56). Ergibt sich aus der vorhandenen Bebauung eine faktische **vordere Baulinie**, so kann das dazu führen, dass eine dahinter zurückspringende Bebauung sich i. S. d. § 34 Abs. 1 BauGB nach der überbaubaren Grundstücksfläche nicht in die Eigenart der näheren Umgebung einfügt (BVerwG, B. v. 23.11.1998 – 4 B 29.98 – BauR 1999, 233). Wenn ein Vorhaben eine faktisch vorhandene Baulinie nur geringfügig überschreitet (vgl. § 23 Abs. 2 Satz 2 BauNVO), dürfte es sich noch einfügen.

§ 34 BauGB   Abs. 1   10.1–11.1

10.1   Bei der Beurteilung der sog. **Hinterlandbebauung** (»Bebauung in der zweiten Reihe«, sog. »Pfeifenkopfgrundstücke«) hat das BVerwG festgestellt, dass es keinen allgemeinen Grundsatz gibt, dass eine Hinterlandbebauung städtebaulich unerwünscht ist (vgl. BVerwG, U. v. 29.11.1974 – IV C 10.73 – BauR 1975, 106 = BRS 28 Nr. 28). Hat der vorgesehene Standort im rückwärtigen Grundstücksbereich kein »Vorbild« oder keine »Entsprechung« und überschreitet das Vorhaben den Rahmen, so kann es gleichwohl zulässig sein, wenn es keine bodenrechtlich beachtlichen Spannungen begründet oder vorhandene erhöht (BVerwG, B. v. 23.7.1993 – 4 B 59.93 – JURIS; vgl. Rn 5). Ob von einem den Umgebungsrahmen überschreitenden Vorhaben (Hinterlandbebauung) eine Vorbildwirkung für Nachbargrundstücke ausgehen kann, ist eine Frage des jeweiligen Einzelfalls (BVerwG, B. v. 4.10.1995 – 4 B 68.95 – BRS 57 Nr. 95 = NVwZ-RR 1996, 375). Ist bereits eine Hinterlandbebauung vorhanden und fügt sich ein Vorhaben ein, kann es nicht mit Hinweis auf die unerwünschte Verdichtung untersagt werden (BVerwG, U. v. 5.3.1990 – 4 B 192.89 – NVwZ-RR 1990, 394 = BRS 50 Nr. 105). Für das Einfügen kommt es darauf an, ob bereits vorhandene Bebauung nach ihrer Lage auf dem Baugrundstück tatsächlich im Hinterland errichtet ist; unerheblich ist hingegen, dass vorhandene (straßenseitig errichtete) Gebäude aus einem bestimmten Blickwinkel den optischen Eindruck einer Bebauung in zweiter Reihe erwecken könnten (vgl. BVerwG, B. v. 28.11.1989 – 4 B 43 u. 44.89 – NVwZ-RR 1990, 294 = BRS 49 Nr. 83; s. auch OVG NW, U. v. 22.5.1992 – 11 A 1709/89 – NVwZ-RR 1993, 400 = BRS 54 Nr. 83 – BauR 1993, 49). In einem durch Hausgärten und Obstbaumwiesen in den hinteren Grundstücksteilen geprägten **dörflichen Mischgebiet** fügt sich ein Wohngebäude, das in zweiter Reihe auf dieser Freifläche errichtet werden soll, nach Lage der zu überbauenden Grundstücksfläche nicht ein (vgl. VGH BW, U. v. 21.6.1994 – 5 S 1366/93 – UPR 1995, 111). Eine nur im Wege der Planung auffangbare Beeinträchtigung kommt in Betracht, wenn bei einer Hinterlandbebauung eine **vorhandene Ruhelage gestört** wird. Wann insoweit die bauplanungsrechtliche Relevanzschwelle im Einzelnen erreicht ist, hängt von den jeweiligen konkreten Gegebenheiten ab (BVerwG, B. v. 25.3.1999 – 4 B 15.99 – BauR 2000, 245; U. v. 21.11.1980 – 4 C 30.78 – BRS 36 Nr. 56 = BauR 1981, 170).

Von der Hinterlandbebauung ist die **Blockinnenbebauung** zu unterscheiden, die konfliktträchtiger ist und eher zu bodenrechtlich relevanten Spannungen und Interessendivergenzen neigt. Das Harmoniepotential ist geringer, die Bandbreite der Einfügungsfähigkeit ist enger, das Potential von Interessengegensätzen ist höher als bei einer einfachen Hinterlandbebauung (*Hoppe*, BauR 2004, 607).

11   g) **Sonstige Zulässigkeitsvoraussetzungen.** Wie bei Vorhaben im Planbereich, ist auch im nicht beplanten Innenbereich die **gesicherte Erschließung** eine unabdingbare Zulässigkeitsvoraussetzung. Für die Frage, ob die verkehrliche Erschließung eines Vorhabens gesichert ist, kommt es – im Unterschied zu dem im Rahmen des § 34 Abs. 1 zu prüfenden Rücksichtnahmegebot – nicht auf Störungen an, die von dem durch das Vorhaben ausgelösten Verkehr (z. B. eines großflächigen Einzelhandelsbetriebs) in der näheren Umgebung ausgelöst werden, sondern darauf, ob die der Erschließung des Vorhabens dienenden Verkehrseinrichtungen in der Lage sind, die durch das Vorhaben ausgelösten Verkehrsvorgänge ordnungsgemäß abzuwickeln (vgl. BVerwG, B. v. 3.4.1996 – 4 B 253.95 – NVwZ 1997, 389 = UPR 96, 316). Können diese z.B. an einer über 500 m entfernten Einmündung, mit der die das Vorhaben erschließende Straße an das übrige Verkehrsnetz angeschlossen ist, nicht abgewickelt werden, so ist die Erschließung des Vorhabens nicht gesichert (OVG NW, U. v. 15.1.1992 – 7 A 81/89 – NWVBl. 1993, 25).

11.1   Von den »**öffentlichen Belangen**« sind beispielhaft nur die allgemeinen Anforderungen an gesunde Wohn- und Arbeitsverhältnisse (s. § 17 Rn 29) sowie die **Beeinträchtigung des Ortsbildes** besonders aufgeführt. Das bedeutet nicht, dass andere öffentliche Belange etwa nicht zu berücksichtigen sind.

Beeinträchtigen ist eine empfindlichere nachteilige Auswirkung als nur *Entgegenstehen* (zum graduellen Unterschied der beiden Begriffe BVerwG, U. v. 25.10.1967 – IV C 86.66 – BVerwGE 28, 148; U. v. 14.3.1975 – IV C 41.73 – BRS 29 Nr. 53 = BauR 1975, 261). Mit § 34 Abs. 1 können nur solche Auswirkungen eines Vorhabens auf das Ortsbild abgewehrt

11.2 Abs. 1 § 34 BauGB

werden, die von bodenrechtlicher Relevanz sind, es können jedoch keine baugestalterischen Gesichtspunkte durchgesetzt werden (vgl. VGH BW, U. v. 12.10.1983 – 8 S 2738/88 – BRS 49 Nr. 87). Durch § 34 BauGB wird das Ortsbild nur in dem Umfang vor Beeinträchtigungen geschützt, wie dies im Geltungsbereich eines B-Plans durch Festsetzungen nach § 9 Abs. 1 BauGB und den ergänzenden Vorschriften der BauNVO möglich wäre (BVerwG, U. v. 11.5.2000 – 4 C 14.98 – NVwZ 00, 1169 = BauR 2000, 1848 = DVBl. 2000, 1851 = ZfBR 2001, 58).

Ein Vorhaben, das sich in die Eigenart der näheren Umgebung einfügt, kann gleichwohl das Ortsbild beeinträchtigen. Das ergibt sich schon aus dem systematischen Verhältnis von Abs. 1 Satz 1 und Satz 2. Satz 2 wäre überflüssig, wenn er ausschließlich auf den sich aus der vorhandenen Bebauung ergebenden Maßstab abstellen würde. Sein Sinn besteht vielmehr darin, zusätzliche Beeinträchtigungen des Ortsbildes auch dann zu verhindern, wenn die Umgebung schon in vergleichbarer Weise im Widerspruch zu den Planungsgrundsätzen des § 1 Abs. 5 BauGB geprägt ist. Die das Ortsbild schützende Vorschrift des § 34 Abs. 1 BauGB stellt also auf einen **größeren maßstabbildenden Bereich** als auf die für das Einfügensgebot maßgebliche nähere Umgebung ab (BVerwG, B. v. 16.7.1990 – 4 B 106.90 – BRS 50 Nr. 76 = ZfBR 1990, 306 = NuR 1993, 76). Eine andere Frage ist, ob ein hinzukommendes Vorhaben das Ortsbild überhaupt beeinträchtigt. Das Ortsbild muss, um schützenswert zu sein und die Bau(gestaltungs-)freiheit des Eigentümers einschränken zu können, eine gewisse Wertigkeit für die Allgemeinheit haben. Dies ist nicht das Ortsbild, wie es überall anzutreffen sein könnte. Es muss einen besonderen Charakter, eine gewisse Eigenheit haben, die dem Ort oder Ortsteil ein vom Üblichen herausragende Prägung verleiht (vgl. BVerwG, U. v. 11.5.2000 – 4 C 14.98 – aaO.). Es liegt auf der Hand, dass etwa das Ortsbild einer mittelalterlichen Stadt in anderer Weise – und stärker – schutzwürdig ist als ein durch Industriebauten geprägtes Ortsbild (BVerwG, B. v. 16.7.1990 – 4 B 106.90 – aaO.). So kann z. B. auch ein den Maßstab sprengender Einzelhandelsgroßbetrieb u. U. – vor allem in kleineren Orten oder Ortsteilen – das durch kleinteilige Bebauung geprägte Ortsbild beeinträchtigen.

Eine **Verunstaltung des Ortsbildes** erfordert jedoch mehr als nur das Fehlen einer harmonischen Beziehung des Vorhabens zur vorhandenen Bebauung, wie sie in § 34 Abs. 1 BauGB vorausgesetzt ist (vgl. BVerwG, B. v. 4.2.1986 – 4 B 7-9.86 – NVwZ 1986, 750). Sie liegt nur vor, wenn das Vorhaben dem Ortsbild in ästhetischer Hinsicht **grob unangemessen** ist und auch von einem für ästhetische Eindrücke offenen Betrachter als belastend empfunden wird (vgl. BVerwG, U. v. 22.6.1990 – 4 C 6.87 –, ZfBR 1990, 293; s. auch § 16 Rn 45; OVG NW, U. v. 6.11.1990 – 11 A 190/87 – BRS 52 Nr. 66; BayVGH, U. v. 11.12.1991 – 14 B 91.167 – BRS 52 Nr. 120; *Manssen*, NVwBl. 1992, 381).

Aus der **Belastung** eines Baugrundstücks **durch Verkehrslärm**, der die nach § 41 Abs. 1 BImSchG i. V. m. den Bestimmungen der VerkehrslärmSchVO (16. BImSchV) festgelegte Zumutbarkeitsschwelle überschreitet, folgt nicht notwendig, dass die **Anforderungen an gesunde Wohnverhältnisse** i. S. d. § 34 Abs. 1 Satz 2 BauGB nicht mehr gewahrt sind (BVerwG, U. v. 12.12.1990 – 4 C 40.87 – aaO. Rn 2).

Im Übrigen werden die **öffentlichen Belange** vom Begriff des »Einfügens« mit umfasst. Bereits ein entgegenstehender öffentlicher Belang führt zur Unzulässigkeit des Vorhabens; eine »Abwägung« unter den verschiedenen öffentlichen Belangen findet im Baugenehmigungsverfahren nicht statt. Über die nähere Umgebung hinausgehende »*Fernwirkungen*« von Vorhaben bleiben zwar beim Einfügen nach der Art der baulichen Nutzung (Abs. 1) außer Betracht (BVerwG, U. v. 3.2.1984 – 4 C 8.80 – aaO.), sind aber nach Abs. 3 (schädliche Auswirkungen) zu berücksichtigen. Ein *Planerfordernis*, z. B. wegen der Größe eines Vorhabens oder seiner Auswirkungen nach § 11 Abs. 3, kann allein einem Vorhaben nicht als entgegenstehender öffentlicher Belang entgegengehalten werden (BVerwG, U. v. 3.2.1984 – 4 C 8.80 – aaO. u. – 4 C 25.82 – Fundst. Rn 5). Auch **Ziele der Raumordnung und Landesplanung** (BGH, U. v. 30.6.1983 – III ZR 73/82 – BauR 1984, 49 = ZfBR 1984, 42 = UPR 1984, 58) sowie die **Darstellungen des FN-Plans** (BVerwG, U. v. 3.4.1981 – 4 C 61.78 –, ZfBR 1981, 187 = BauR 1981, 351 = NJW 1981, 2771) konnten einem Vorhaben als »sonstige öffentliche Belange« nicht entgegengehalten werden. Auch durch das BauROG hatte sich an dieser Rechtslage nichts geändert; § 34 Abs. 1 und 2 BauGB waren bis zum Inkrafttreten des Europarechtsanpassungsgesetzes Bau – EAG Bau am 24.6.2004 unverändert.

Soweit sonstige *öffentlich-rechtliche Vorschriften* oder aufgrund solcher Vorschriften erlassene Normen, Satzungen oder rechtsgestaltende VAe die Zulässigkeit einschränken, bleiben diese nach § 29 Abs. 2 BauGB unberührt; die

11.2

Zulässigkeit kann insoweit nicht ausgenutzt werden. Dies hat ggf. eine Entschädigungspflicht nach dem jeweiligen Fachplanungsgesetz zur Folge. Zur Frage des **Drittschutzes** im nicht beplanten Innenbereich s. Vorb. §§ 2 ff. Rn 29–32.

Nach § 246 Abs. 7 BauGB konnten die Länder bestimmen, dass § 34 Abs. 1 Satz 1 BauGB bis zum 31.12.2004 nicht für Einkaufszentren, großflächige Einzelhandelsbetriebe und sonstige großflächige Handelsbetriebe i. S. v. § 11 Abs. 3 BauNVO anzuwenden war. Soweit die Länder solche Bestimmungen getroffen hatten, fügten sich solche Betriebe nach § 34 Abs. 1 BauGB grundsätzlich nicht ein und waren insoweit unzulässig. Diese Vorschrift ist inzwischen durch Zeitablauf und § 34 Abs. 3 BauGB erledigt.

4. Zulässigkeit in einer einem Baugebiet der BauNVO entsprechenden näheren Umgebung (Abs. 2)

12 Entspricht die Eigenart der näheren Umgebung einem Baugebiet der BauNVO in der jeweils geltenden Fassung (zzt. i. d. F. 1990), beurteilt sich nach § 34 **Abs. 2 BauGB** die Zulässigkeit eines Vorhabens **nach seiner Art** allein danach, ob es nach der BauNVO in dem Baugebiet allgemein zulässig wäre; auf die nach der BauNVO ausnahmsweise zulassungsfähigen Vorhaben ist § 31 Abs. 1, im Übrigen ist § 31 Abs. 2 BauGB entspr. anzuwenden.

Der Gesetzgeber ist davon ausgegangen, dass die der Baugebietseinteilung der BauNVO zugrunde liegende Ordnung allgemeinen Grundsätzen des Städtebaues entspricht. Er wollte sicherstellen, dass diese Ordnung in solchen bebauten Gebieten beibehalten werden kann, in denen sie **tatsächlich** gegeben ist, ohne dass es dazu der Aufstellung eines B-Plans bedarf (BVerwG, U. v. 25.11.1983 – 4 C 64.79 – BRS 40 Nr. 45 = BauR 1984, 142 = ZfBR 1984, 93 = DVBl. 1984, 340; U. v. 3.2.1984 – 4 C 54.80 – BauR 1984, 380 = ZfBR 1984, 135). Ist demnach die nähere Umgebung einem Baugebiet der BauNVO vergleichbar, so ist dieses Gebiet planungsrechtlich wie ein Baugebiet nach der BauNVO anzusehen und die Zulässigkeit eines Vorhabens danach zu beurteilen. Maßgebend ist die BauNVO in der jeweils geltenden Fassung, zzt. also die BauNVO 1990. Das BVerwG hat die dynamische Verweisung in § 34 Abs. 2 auf die jeweils geltende BauNVO nicht für bedenklich gehalten (BVerwG, U. v. 25.11.1983 – 4 C 64.79 – aaO.; U. v. 3.2.1984 – 4 C 54.80 – aaO.). Bei Anwendung des § 34 Abs. 2 ist hinsichtlich der Art der Nutzung ein Rückgriff auf § 34 Abs. 1 BauGB – anders als früher im Verhältnis von § 34 Abs. 3 und 1 BBauG – ausgeschlossen (BVerwG, B. v. 12.2.1990 – 4 B 240.89 – ZfBR 1990, 157 = BRS 50 Nr. 79 = BauR 1990, 326 = NVwZ 1990, 557).

13 a) Die nähere Umgebung zur Abgrenzung des »fiktiven« Baugebiets. Zur Feststellung, ob Abs. 2 zur Anwendung kommt, ist zunächst die **Eigenart der näheren Umgebung** des Vorhabens zu ermitteln. Grundsätzlich gelten für die Abgrenzung der maßgebenden näheren Umgebung dieselben Gesichtspunkte wie bei Anwendung von Abs. 1 (Rn 10). Die Größe dieses »Umkreises« richtet sich nach der Art und Größe des Vorhabens und reicht i. A. so weit, wie das Vorhaben wahrzunehmen sein wird, z. B. bei einem emittierenden Gewerbebetrieb etwa i. S. d. Einwirkungsbereichs nach Nr. 2.2 TA Lärm 1998 (früher Nr. 2.322 TA Lärm 1968). Ist die gesamte nähere Umgebung mit einem Baugebiet der BauNVO 1990 vergleichbar, bestimmt dieses die Zulässigkeit. Liegt das Vorhaben auf der Grenze zweier unterschiedlicher fiktiver Baugebiete, ist die Anwendung von Abs. 2 ausgeschlossen. § 34 Abs. 2 ist nur anwendbar, wenn die Eigenart der näheren Umgebung *einem* der in der BauNVO bezeichneten Baugebieten entspricht (BVerwG, B. v. 2.7.1991 – 4 B 1.91 – UPR 1991, 10). Die von *Gelzer/Birk* (Rdn. 1130) und diess. (7. Aufl., § 34 BauGB Rn 13) vertretene Auff., dass, wenn die maßgebende nähere Umgebung zwar einheitlich strukturiert ist, nach ihrer Eigenart aber *zwei* fiktive Baugebiete in Betracht kommen, das für den Antragsteller günstigere fiktive Baugebiet angenommen werden sollte, lässt sich nicht aufrechterhalten. Wenn das hinzukommende Vorhaben seiner Art nach hingegen in beiden Baugebieten zulässig wäre, so fügt es sich auch nach § 34 Abs. 1 BauGB ein (vgl. z. B. BVerwG, U. v. 27.2.1992 – 4 C 50.89 – ZfBR 1992, 184 = NJW 1992, 2170); denn was in einem B-Plan festgesetzt werden könnte, kann keine städtebaulichen Spannungen begründen oder erhöhen. Die Frage, ob die Eigenart der näheren Umgebung *einem* Baugebiet der BauNVO entspricht, ist bei Anwendung von Abs. 2 nur auf der Tatsachenseite von Bedeutung. Ist ein fiktives Baugebiet einmal festgestellt, können die daran zu knüpfenden Rechtsfolgen – etwa nach § 11 Abs. 3 BauNVO zu berücksichtigende »Fernwirkungen« – über die maßgebende nähere Bebauung des Vorhabens erheblich hinausgehen. Solche Fernwirkungen haben jedoch keinen Einfluss auf die Abgrenzung der maßgebenden näheren Umgebung (BVerwG, U. v. 3.2.1984 – 4 C 54.80 – aaO. Rn 5). Der Umstand, dass großflächige Einzelhandelsbetriebe nach § 11 Abs. 3 außer in MK-Gebieten nur in für sie festgesetzten SO-Gebieten zulässig sind, rechtfertigt nicht, sie im unbeplanten Innenbereich immer dann nach § 34 Abs. 2 BauGB zu beurteilen, wenn die nähere Umgebung jedenfalls nicht den Merkmalen eines MK-Gebiets oder eines SO-Gebiets für großflächige Einzelhandelsbetriebe entspricht, sich im Übrigen aber keinem der sonstigen Baugebiete eindeutig zuordnen lässt (BVerwG, B. v. 2.7.1991 – 4 B 1.91 – aaO.).

b) Die Anwendung der BauNVO nach der Art der baulichen Nutzung. Satz 1 lässt als fiktive Baugebiete nur die in der BauNVO bezeichneten Baugebiete heranziehen, d. h. nur die statischen Katalog-Baugebiete der §§ 2–11 sowie die dazu gehörenden Ergänzungen der §§ 12–14. Damit sind nicht nur die in den Abs. 2 zulässigen, sondern *auch die* in den Abs. 3 *ausnahmsweise* zulassungsfähigen Nutzungen in die Zulässigkeitsprüfung einzubeziehen. Der in das BauGB aufgenommene Halbs. 2 stellt dies durch Hinweis auf die Anwendung von § 31 Abs. 1 BauGB ausdrücklich klar. Die in § 1 Abs. 4–10 enthaltenen **Feinsteuerungsinstrumente** kommen nicht zur Anwendung, weil sie in jedem Fall eine Festsetzung voraussetzen (vgl. BVerwG, B. v. 12.2.1990 – 4 B 249.89 – BauR 1990, 326 = ZfBR 1990, 157). Nach ihrem *Maß der baulichen Nutzung*, ihrer *Bauweise* und der *zu überbauenden Grundstücksfläche* müssen sich die Vorhaben nach § 34 Abs. 1 BauGB in die Eigenart der näheren Umgebung einfügen. Das bedeutet, dass nach § 34 Abs. 2 BauGB die Vorschriften der **§§ 2–4 und 5–15 BauNVO** – wie im Geltungsbereich eines B-Plans, in dem ein entspr. Baugebiet festgesetzt ist – **unmittelbar Anwendung finden,** während die **§§ 16–23 BauNVO keine Anwendung finden,** auch nicht die Vorschriften über die Anrechnung oder Nichtanrechnung von baulichen Anlagen oder deren Teile auf die GRZ oder GFZ im Baugenehmigungsverfahren.

Weicht die Eigenart der näheren Umgebung von den Regel-Katalog-Baugebieten ab, kommt Abs. 1 zur Anwendung. Weicht das Vorhaben von dem Katalog-Baugebiet einschließlich der Ausnahmen ab, kann bei Vorliegen der Voraussetzungen des § 31 Abs. 2 BauGB – ebenso wie im Planbereich – von dem fiktiven Katalog-Baugebiet (nur von der Art der baulichen Nutzung) befreit werden. Dies hatte das BVerwG bereits mit U. v. 15.1.1982 (– 4 C 58.79 – BRS 39 Nr. 67 = ZfBR 1982, 90 = BauR 1982, 242) zu § 34 Abs. 3 BBauG bestätigt; der in das BauGB in Halbs. 2 aufgenommene Hinweis auf die entspr. Anwendung des § 31 Abs. 2 BauGB hat dies klargestellt. Die allgemeinen Voraussetzungen für die Zulässigkeit baulicher und sonstiger Anlagen nach § 15 BauNVO gelten auch bei Anwendung von Abs. 2 (ebenso *Dyong* in *Ernst/Zinkahn/Bielenberg,* § 34 BauGB Rdn. 48). Bereits die Festsetzung von Baugebieten im B-Plan hat kraft Bundesrecht grundsätzlich nachbarschützende Funktion; **derselbe Nachbarschutz besteht auch im nicht beplanten Innenbereich**

§ 34 BauGB   Abs. 2   14.1–14.4

bei Anwendung des Abs. 2 (BVerwG, U. v. 16.9.1993 – 4 C 28.91 – UPR 1994, 284 = ZfBR 1994, 97 = DÖV 1994, 263 = BauR 1994, 223 = StädteT 1994, 235 = MDR 1994, 379 = NJW 1994, 1546 = NVwZ 1994, 783; B. v. 11.4.1996 – 4 B 51.96 – BRS 58 Nr. 82).

14.1 Das *dynamische* WB-Gebiet (§ 4a) scheidet bei der Ermittlung des tatsächlichen Gebietscharakters nach Abs. 2 aus. Das WB-Gebiet enthält in seiner Zweckbestimmung (§ 4a Abs. 1) eine **Entwicklungstendenz**, die nur zum Zuge kommen kann, wenn ein solches Baugebiet festgesetzt und mit der Festsetzung zugleich auch von den besonderen Festsetzungselementen des § 4a Abs. 4 Gebrauch gemacht wird (§ 4a Rn 15; ebenso *Zoubek/Menke*, aaO., UPR 1984, 249). Die Zulässigkeit nach § 34 BauGB richtet sich jedoch **ausschließlich** nach der vorhandenen Bebauung. Planerische Absichten der Gemeinde i. S. v. § 4a Abs. 1 BauNVO sind einer Wahrnehmung regelmäßig nicht zugänglich, deren Aufgabe es ist, den tatsächlichen Gebietscharakter zu dem Zeitpunkt zu ermitteln, in dem über die Zulässigkeit eines Bauvorhabens zu befinden ist (BVerwG, B. v. 11.12.1992 – 4 B 209.92 – UPR 1993, 146 = DVBl. 1993, 449 = ZfBR 1993, 144 = DÖV 1993, 621; VGH BW, U. v. 20.8.1991 – 3 S 2881/90 – NVwZ-RR 1992, 465).

14.2 c) **Sonderregelung für großflächige Einzelhandelsbetriebe.** Gegen die **Anwendung der sonstigen Sondergebiete** nach § 11 Abs. 2 BauNVO im Rahmen des § 34 Abs. 2 BauGB führt *Borges* mit guten Gründen an, es sei fraglich, ob § 34 Abs. 2 BauGB überhaupt auf § 11 BauNVO verweist. Der Verweis auf die detaillierten Vorgaben der BauNVO in den Baugebiets-Katalogen soll für die Baugenehmigungsbehörden größere Klarheit schaffen, als sie der Begriff des »Einfügens« ermöglicht. Diese Erwägung trifft für die meisten Baugebiete der BauNVO zu, nicht dagegen für § 11. Denn die in § 11 Abs. 2 aufgeführten SO-Gebiete mit der beispielhaften Benennung von »Gebieten für Einkaufszentren und großflächige Handelsbetriebe« sind – ebenso wie das WB-Gebiet – keine statischen Baugebiete mit einer bestimmten Zweckbestimmung und einem festen Katalog der zulässigen und ausnahmsweise zulassungsfähigen Nutzungen. Sie bedürfen vielmehr in jedem Einzelfall erst der Festsetzung der Zweckbestimmung und der Art der Nutzung (§ 11 Abs. 1 Satz 1 BauNVO). Gerade die Berücksichtigung der Ziele der Raumordnung und Landesplanung über § 11 Abs. 3 BauNVO ist keine Aufgabe der Verwaltung, sondern der Gemeinde unter Beteiligung der Öffentlichkeit im Planfestsetzungsverfahren (vgl. *Borges*, DVBl. 1998, 626). Dies bedeutet, dass Anträge für Vorhaben in faktischen SO-Gebieten für großflächige Handelsbetriebe – auch wegen der großen Variationsbreite der dort möglichen Nutzungen – nicht über § 34 Abs. 2 BauGB, sondern über das Einfügen« nach § 34 Abs. 1 BauGB entschieden werden müssten (vgl. Rn 6.3).

14.3 Selbst wenn ein großflächiger Einzelhandelsbetrieb eindeutig einem faktischen SO-Gebiet für großflächige Handelsbetriebe zugeordnet werden könnte und die Anwendung des Abs. 2 in Frage käme, wäre der Rückgriff auf § 11 Abs. 2 und 3 BauNVO wegen der neuen überlagernden **Vorschrift des Abs. 3** nicht erforderlich. Nach dem durch das EAG Bau eingefügten Abs. 3 dürfen von Vorhaben nach Abs. 1 oder 2 **keine schädlichen Auswirkungen** auf zentrale Versorgungsbereiche in der Gemeinde oder in anderen Gemeinden zu erwarten sein. Die überlagernde Vorschrift des Abs. 3 schränkt die nach Abs. 2 etwa gegebene Zulässigkeit eines Vorhabens ein. Zu erwartende schädliche Auswirkungen können daher zur Unzulässigkeit eines Vorhabens führen, obwohl es nach dem der BauNVO entspr. (fiktiven) Baugebiet allgemein zulässig wäre (Näheres zu Abs. 3 s. Rn 22–24).

14.4 Ist somit ein Gebiet einem **MK- oder SO-Gebiet** für großflächigen Einzelhandel vergleichbar, so sind gem. § 34 **Abs. 2 BauGB** dort großflächige Einzelhandelsbetriebe in Bezug auf die *Art der baulichen Nutzung* zwar im Grundsatz zulässig, der Genehmigung eines solchen Betriebs steht aber im Einzelfall die jüngere überlagernde Vorschrift des § 34 **Abs. 3 BauGB** entgegen, wenn von diesem Betrieb schädliche Auswirkungen auf zentrale Versorgungsbereiche in der Gemeinde oder in anderen Gemeinden zu erwarten sind (vgl. *Uechtritz*,

DVBl. 2006, 799). Nach Einführung der Festsetzungsmöglichkeit eines **einfachen B-Plans** zur Erhaltung oder Entwicklung zentraler Versorgungsbereiche durch den **neuen § 9 Abs. 2a BauGB 2006** kann jedoch jetzt auch für Gebiete nach § 34 Abs. 2 BauGB eine den Feinsteuerungselementen vergleichbare Regelung getroffen werden (vgl. Rn 29–33).

Ist ein Gebiet dagegen einem GI-, GE-, MI-, MD-, oder WA-Gebiet vergleichbar, so ist ein Vorhaben nach § 11 Abs. 3 BauNVO auf jeden Fall unzulässig, es sei denn, die rechtliche Vermutung des § 11 Abs. 3 Satz 3 und 4 könnte widerlegt werden. Dabei sind auch Auswirkungen i. S. v. § 11 Abs. 3 zu berücksichtigen, die über das jeweilige Gebiet weit hinausgehen können (sog. »Fernwirkungen«). Dies wird zusätzlich durch den neuen Abs. 3 des § 34 BauGB 2004 verdeutlicht, nach dem von Vorhaben nach *Abs. 1 oder 2* keine schädlichen Auswirkungen auf zentrale Versorgungsbereiche in der Gemeinde oder in anderen Gemeinden zu erwarten sein dürfen. **14.5**

d) **Nichtanwendung der BauNVO im Übrigen.** § 34 Abs. 2 schränkt die Anwendung der BauNVO auf die **Art der baulichen Nutzung** ein. Somit sind Vorhaben, die nach Abs. 2 zu beurteilen sind, hinsichtlich des Maßes der baulichen Nutzung, der Bauweise und der Grundstücksfläche, die überbaut werden soll, *stets* nach Abs. 1 zu beurteilen. **15**

e) **Ausnahmen und Befreiungen – entsprechende Anwendung von § 31 Abs. 1 und 2 BauGB (Abs. 2).** – aa) **Frühere Regelung (ehemaliger Abs. 3 bis 1997).** § 34 BauGB enthielt bis zum 31.12.1997 im ehemaligen Abs. 3 noch eine Regelung, nach der nach Abs. 1 und 2 unzulässige Veränderungen an zulässigerweise errichteten baulichen Anlagen unter bestimmten Voraussetzungen zugelassen werden konnten. Diese »Abweichensregelung« war in das BauGB als »Gemengelagenvorschrift« zur Bewältigung der Gemengenlagenprobleme, insb. zur Betriebsstandortsicherung, eingefügt worden. Diese einer Befreiungsmöglichkeit entspr. Regelung wurde bei der Änderung des BauGB im Rahmen des BauROG ab 1.1.1997 ersatzlos gestrichen, obwohl sie sich bewährt hatte. Die Streichung wurde mit der Erweiterung der Befreiungsmöglichkeiten in § 31 BauGB, die auch auf § 34 teilweise »entsprechend anzuwenden« ist, und mit der rechtssystematisch zweifelhaften Weise der Zulassung unzulässiger Erweiterungsmöglichkeiten begründet. Außerdem wurde auf die Möglichkeit der punktuellen Überplanung durch einen Vorhaben- und Erschließungsplan nach § 12 BauGB verwiesen (zur historischen Entwicklung s. im Einzelnen z. B. *Schidlowski/Baluch*, BauR 2005, 784). Die Fälle, wie sie früher nach Abs. 3 behandelt wurden, werden nunmehr entweder im Wege eines Vorhaben- und Erschließungsplans (§ 12 BauGB) gelöst, oder es ist eine »entsprechende Befreiung« möglich. **16**

bb) **Voraussetzungen für die Erteilung einer »Befreiung« nach Abs. 2 zweiter Satzteil (entsprechend § 31 Abs. 2 BauGB).** Soweit bei Vorhaben, auch solchen i. S. v. § 11 Abs. 3 BauNVO, ein **Abweichen von § 34 Abs. 2 BauGB** beantragt wird, kann die Abweichung ggf. durch die *entspr.* Anwendung der »normalen« Befreiungsvorschrift des § 31 Abs. 2 BauGB ermöglicht werden. In diesem Fall sind Vorhaben i. S. v. § 11 Abs. 3 BauNVO von deren Anwendung zwar nicht grds. ausgeschlossen, müssen aber *städtebaulich vertretbar* sein, d. h. auch für sie gilt vorweg § 34 Abs. 3 BauGB, dass von ihnen keine schädlichen Auswirkungen auf zentrale Versorgungsbereiche zu erwarten sein dürfen. Dies wird eine Befreiung im Regelfall ausschließen (Näheres s. Rn 22 f.). **17**

Da normale Befreiungen nur von Festsetzungen eines B-Plans möglich sind, im nicht beplanten Innenbereich jedoch keine Festsetzungen getroffen sind, kann § 31 Abs. 2 BauGB nur »entsprechend« angewendet werden. Da die »Befreiungsvorschrift« des § 34 nur bei Vorliegen der Voraussetzungen des Abs. 2 anwendbar ist, kann auch nur von den Vorschriften über die Art der Nutzung (d. h. von den fiktiven Katalog-Baugebieten), nicht dagegen vom Maß der baulichen Nutzung »befreit« werden, das nach § 34 Abs. 1 zu beurteilen ist. § 31 Abs. 2 BauGB hat folgenden Wortlaut:

»(2) Von den Festsetzungen des Bebauungsplans kann befreit werden, wenn die Grundzüge der Planung nicht berührt werden und
1. Gründe des Wohls der Allgemeinheit die Befreiung erfordern oder
2. die Abweichung städtebaulich vertretbar ist oder
3. die Durchführung des Bebauungsplans zu einer offenbar nicht beabsichtigten Härte führen würde
und wenn die Abweichung auch unter Würdigung nachbarlicher Interessen mit den öffentlichen Belangen vereinbar ist.«

Die Befreiung ist nicht (mehr) auf Einzelfälle beschränkt. Das »Nicht-berührt-werden der Grundzüge der Planung« ist in § 31 Abs. 2 zwar zusätzlich aufgeführt, hat aber für die Anwendung einer »Befreiung« nach § 34 Abs. 2 keine Bedeutung, weil es gerade keine den B-Plan-Festsetzungen entsprechende Planung gibt. Es ist deswegen insoweit auf die tatsächliche städtebauliche Situation abzustellen. Dabei kommt es darauf an, ob durch das Vorhaben der Gebietscharakter berührt wird (vgl. *Schlichter/Hofherr* in: Berliner Kommentar, 2. Aufl. § 34 Rdn. 70; *Dyong*, in: E/Z/B/K, § 34 Rdn. 25). Auch großflächige Einzelhandelsbetriebe dürften die »Befreiung« entspr. § 31 Abs. 2 BauGB 1998 von den Bestimmungen des § 11 Abs. 3 BauNVO zwar beantragen, im Hinblick auf die einschränkende Vorschrift des Abs. 3 ist eine Gewährung einer Befreiung für sie aber kaum denkbar.

Die in § 31 Abs. 2 Nrn. 1, 2 und 3 BauGB enthaltenen Voraussetzungen sind *alternativ* anzuwenden (»oder«), d.h. wenn nur eine der drei Voraussetzungen zutrifft, zusätzlich die »Grundzüge der Planung nicht berührt werden« (d.h. der Gebietscharakter nicht berührt wird; s oben) und die »Abweichung auch unter Würdigung nachbarlicher Interessen mit den öffentlichen Belangen vereinbar« ist, kann die Befreiung erteilt werden. Die Erteilung der Befreiung steht im Ermessen der Baugenehmigungsbehörde und erfordert das Einvernehmen der Gemeinde. Zur verfahrensmäßigen Behandlung entspr. Befreiungsfälle s. die einschlägigen (Groß-)Kommentare zu § 31 BauGB (s. Schrifttum). Zu den materiellen Voraussetzungen seien nachfolgend einige Hinweise gegeben; auch hierzu wird die Heranziehung des o.a. Schrifttums empfohlen.

18 cc) **Erforderlichkeit aus Gründen des allgemeinen Wohls (Nr. 1).** Gründe des Wohls der Allgemeinheit beschränken sich nicht auf spezifisch bodenrechtliche Belange, sondern erfassen alles, was gemeinhin unter öffentlichen Interessen bzw. Belangen zu verstehen ist, z.B. Anlagen und Einrichtungen sozialer, kultureller, sportlicher, gesundheitlicher Art und solche der Freizeitgestaltung, Sicherheit, des Umweltschutzes, des Verkehrs, der öffentlichen Ver- und Entsorgung und ähnliche Einrichtungen. Erst ein gesteigertes sachlich-objektives öffentliches Interesse kann dem Wohl der Allgemeinheit entsprechen (so seinerzeit BVerwG, U. v. 29.1.1956, DÖV 1957, 185). Demgegenüber werden die Anforderungen heute differenzierter gesehen. Gründe des Wohls der Allgemeinheit »erfordern« eine Befreiung nicht erst dann, wenn den Belangen der Allgemeinheit »auf keine andere Weise als durch eine Befreiung entsprochen werden könnte«, sondern – nach Sinn und Zweck der Vorschrift – schon dann, wenn es zur Wahrnehmung des jeweiligen öffentlichen Interesses vernünftigerweise geboten ist, mithilfe der Befreiung das Vorhaben an der vorgesehenen Stelle zu verwirklichen; mit anderen Worten: Die Verwirklichung des öffentlichen Interesses muss also nicht mit der Erteilung der Befreiung »stehen und fallen« (vgl. *Schlichter*, in: Berl. Komm., 2. Aufl., § 31 Rdn. 21). Dass die Befreiung dem Vorhaben nur irgendwie nützlich oder dienlich ist, reicht allerdings nicht aus (BVerwG, B. v. 19.2.1982 – 4 B 21.82 – Buchholz 406.11 § 31 Nr. 20; vgl. z. B. auch *Fickert*, Bauvorhaben Tz 152–155). Dringender Wohnbedarf, auch zur vorübergehenden Unterbringung und zum vorübergehenden Wohnen, der nach § 4 Abs. 1a BauGB-MaßnahmenG 1993 ebenfalls zu den Gründen des Wohls der Allgemeinheit gerechnet wurde, gehört nach Aufhebung des BauGB-MaßnahmenG im Rahmen des BauROG nicht mehr dazu.

dd) Städtebauliche Vertretbarkeit (Nr. 2). Ein Vorhaben ist städtebaulich vertretbar, wenn es mit § 1 Abs. 5, 6 BauGB (a. F.) vereinbar ist, also am konkreten Standort auch durch Bauleitplanung zugelassen werden könnte (vgl. BT-Drucks. 19/4630; BVerwG, U. v. 15.2.1990 – 4 C 23.86 – BVerwGE 84, 322 = DVBl. 1990, 572 = ZfBR 1990, 198 = NVwZ 1990, 755 = JZ 1991, 138 = BRS 50 Nr. 75 = BauR 1990, 328). In der Begr. des noch zu § 34 Abs. 3 BauGB (a. F.) ergangenen U. führt das BVerwG zutreffend aus: **19**

»Eine solche Vereinbarkeit kann gegeben sein, wenn die mit der Erweiterung eines Betriebs verbundenen Spannungen zugleich gemindert oder wenigstens ausgeglichen werden. Das Tatbestandsmerkmal der städtebaulichen Vertretbarkeit ermöglicht, Vor- und Nachteile des Vorhabens in einer – dem Baugenehmigungsverfahren sonst fremden (vgl. BVerwGE 55, 369 [383]) – kompensatorische Weise planerisch gegeneinander abzuwägen (vgl. BT-Drucks. 10/5111, S. 6). Damit wird ein planerisches Element in die Entscheidung über ein einzelnes Vorhaben einbezogen. Die Zulassung eines Vorhabens nach § 34 Abs. 3 setzt somit voraus, dass die Planungsleitsätze des § 1 Abs. 5 und das Abwägungsgebot des § 1 Abs. 6 BauGB beachtet werden. Das bedeutet, dass es möglich sein muss, die Weiterentwicklung des konkreten Betriebs auch in einem Bebauungsplan festzusetzen (so Dyong, in: Ernst/Zinkahn/Bielenberg, § 34 Rdn. 33; Krautzberger, NVwZ 1987, 449 [453]; ders. in Battis/Krautzberger/Löhr, BBauG, § 34 Rdn. 64). Was nicht in einem Bebauungsplan geplant werden könnte, ist auch nicht städtebaulich vertretbar. Zu berücksichtigen ist dabei allerdings die jeweilige konkrete Situation des Baugebiets. Es ist gerade das Ziel des Gesetzes, gewerblichen Betrieben in gewachsenen Gemengelagen einen besonderen Bestands- und Weiterentwicklungsschutz zu gewähren. Deshalb können Gemengelagen, die in ihrer zufälligen Zusammensetzung städtebaulichen Ordnungsvorstellungen an sich widersprechen, gleichwohl städtebaulich vertretbar sein. Ob darüber hinaus in dem Begriff der städtebaulichen Vertretbarkeit ein Verschlechterungsverbot (so Krautzberger, aaO.; Schlichter in Berliner Komm. zum BauGB, § 34 Rdnr. 55; Lenz, BauR 1987, 1; aA. Dürr, VBlBW 1987, 201 [209]; wohl auch Jürgen Müller, UPR 1989, 248 [255]) oder gar ein Verbesserungsgebot (Söfker, BauGB Leitfaden, Rdn. 184) enthalten ist, lässt sich dagegen nicht allgemein beantworten. Im Regelfall wird es jedenfalls darauf ankommen, ob die bestehenden und die durch die Betriebserweiterung möglicherweise verstärkten bodenrechtlichen Spannungen durch städtebauliche Maßnahmen – bei Einhaltung absoluter Grenzen (hier: allgemeine Anforderungen an gesunde Wohn- und Arbeitsverhältnisse) – gemindert oder wenigstens ausgeglichen werden können. Denn regelmäßig würde nur ein B-Plan mit entsprechenden Festsetzungen dem Abwägungsgebot genügen können.«

ee) Nicht beabsichtigte Härte (Nr. 3). Auch diese Voraussetzung trifft bei der Anwendung des § 34 BauGB nicht unmittelbar zu, weil keine Festsetzungen eines B-Plans bestehen. Sie muss daher »entsprechend« so ausgelegt werden, dass die Härte nur in der Art der Nutzung, d. h. in den Nutzungsvorschriften des nach § 34 Abs. 2 »entsprechenden«, also faktischen Katalog-Baugebiets zu sehen ist. Dies dürfte jedoch selten der Fall sein; denn i. d. R. kommt die Anwendung der Voraussetzung nur in Betracht in Bezug auf das Maß der baulichen Nutzung, die Bauweise und die überbaubaren Grundstücksflächen, z. B. bei atypischen Grundstückszuschnitten, atypischen Lagen an der Ecke zwischen zwei spitzwinklig ineinander mündenden Straßen, so dass eine sinnvolle Bebauung des Grundstücks unmöglich oder erschwert ist. In der Person des Antragstellers liegende Gründe können eine Befreiung nicht rechtfertigen, da das Bauplanungsrecht nicht personen-, sondern bodenbezogen ist. Allein wirt- **20**

schaftliche Nachteile des Grundeigentümers reichen zur Rechtfertigung einer
Befreiung nicht aus (vgl. *Schlichter,* in: *Berl. Komm.,* 2. Aufl., § 31 Rdn. 34).

21 ff) **Würdigung nachbarlicher Interessen und Vereinbarkeit mit öffentlichen Interessen** (2. Halbs.). Hierzu wird auf die Ausführungen zum öffentlich-rechtlichen Nachbarschutz bei der Zulässigkeit von Vorhaben und zum Gebot der gegenseitigen Rücksichtnahme in den Vorb. zu §§ 2 ff. hingewiesen.

5. Vorhaben mit schädlichen Auswirkungen auf zentrale Versorgungsbereiche (Abs. 3)

22 a) **Zweck der Vorschrift.** Für die Zulassung von Vorhaben im nicht beplanten Innenbereich ist in dem neuen Abs. 3 des § 34 BauGB 2004 bestimmt, dass von Vorhaben nach Abs. 1 oder 2 **keine schädlichen Auswirkungen** auf zentrale Versorgungsbereiche in der Gemeinde oder in anderen Gemeinden zu erwarten sein dürfen. Damit soll sichergestellt werden, dass die von (großflächigen) Einzelhandelsbetrieben ggf. zu erwartenden sog. »Fernwirkungen« auch bei der Beurteilung nach § 34 BauGB zu berücksichtigen sind und ggf. zu einer Versagung der Genehmigung führen müssen, selbst wenn sich das Vorhaben im Übrigen nach § 34 BauGB Abs. 1 einfügt oder nach. Abs. 2 in einem fiktiven Baugebiet der BauNVO zulässig ist. Damit soll eine bekannte Schwachstelle geschlossen werden; die langjährige z. T. kontroverse Diskussion über diese Frage ist erledigt; die zum »Einfügen« nur auf die nähere Umgebung hinsichtlich der »Fernwirkungen« bezogene ältere Rspr. insbes. des BVerwG (s. Rn 6.3) ist damit nicht mehr aktuell. Damit soll die Neuregelung auch andere Vorhaben als großflächige Einzelhandelsbetriebe erfassen, sich mithin nicht auf den Anwendungsbereich des § 11 Abs. 3 BauNVO beschränken (vgl. Amtl. Begr. zum RegE des EAG Bau, BT-Drucks. 15/2250, S. 54). Immerhin nennt die Vorschrift nur »Vorhaben«, nicht dagegen großflächige Einzelhandelsbetriebe. Eine Ansammlung von z. B kleinen Läden oder Handwerksbetrieben in einem GE-Gebiet kann in kleineren Orten ebenfalls schädliche Auswirkungen erwarten lassen. Ob damit die bekannten Probleme endgültig zu lösen sind, bleibt zu bezweifeln.

23 b) **Schädliche Auswirkungen.** Zur Beurteilung der **schädlichen Auswirkungen** nach § 34 Abs. 3 BauGB wird vereinzelt vorgeschlagen, auf die Vermutungsregel des § 11 Abs. 3 Satz 2 BauNVO zurückzugreifen (vgl. *Reidt*, UPR 2005, 241, 244 f.). Diese Auffassung verkennt den Unterschied zwischen beiden Regelungen. Während ein Vorhaben nach § 34 Abs. 3 BauGB nur unzulässig ist, wenn es *schädliche* Auswirkungen hat, ist es nach § 11 Abs. 3 Satz 1 BauNVO außerhalb eines MK- oder SO-Gebiets schon unzulässig, wenn es (nicht im Einzelnen zu benennende) *Auswirkungen* der in § 11 Abs. 3 BauNVO bezeichneten Art haben kann. Das durch § 11 Abs. 3 BauNVO statuierte Genehmigungshindernis für großflächige Einzelhandelsbetriebe in beplanten Bereichen setzt auf einer niedrigeren Schwelle (*Auswirkungen*) an als § 34 Abs. 3 BauGB, der nur *schädliche Auswirkungen* verlangt (*Uechtritz*, DVBl. 2006, 799 m. w. N.). Rspr. und Schrifttum stellen zu Auswirkungen auf Nachbargemeinden überwiegend auf den Umfang des Kaufkraftabflusses ab, der bezogen auf innenstadtrelevante Sortimente ab einer Größe von 10 % von der negativ betroffenen Gemeinde als belastend und somit als schädlich angesehen wird. Würde man die Schädlichkeit erst bei *unzumutbaren* Auswirkungen auf Nachbargemeinden annehmen, d. h. wenn das Vorhaben am Standort im Hinblick auf den Zentrenschutz (der Nachbargemeinde) abwägungsfehlerfrei nicht planbar wäre, liefe die Neuregelung weitgehend leer. Schädliche Auswirkungen i. S. v. § 34 Abs. 3 BauGB sollten daher bereits angenommen werden, wenn von dem Vorhaben *unmittelbare* Auswirkungen *gewichtiger* Art auf eine Nachbargemeinde in Betracht kommen (vgl. *Uechtritz*, DVBl. 2006, 799, 809; *ders.*, NVwZ 2004, 1024, 1031; ebenso *Hofherr*, § 34 Rdn. 71b u. *Vietmeier*, BauR 2005, 480, 486). Die Auswirkungen müssen, um schädlich sein zu können, auf den betreffenden Versorgungsbereich negativ einwirken. Dies ist namentlich dann der Fall, wenn sie seine Funktionsfähigkeit beachtlich beeinträchtigen können (vgl. *Söfker* in: *E/Z/B/K*, Komm. z. BauGB März 2006, § 34 Rn 86; OVG NW, U. v. 11.12.2006 – 7 A 964/05 –, BauR 2007,

845). Eine Beeinträchtigung ist jedenfalls zu erwarten, wenn das Vorhaben außerhalb eines zentralen Versorgungsbereichs angesiedelt werden soll, sein Warenangebot gerade (auch) solche Sortimente umfasst, die zu den für die gegebene Versorgungsfunktion des betreffenden zentralen Versorgungsbereichs typischen Sortimenten gehören, und wenn nach der konkreten Lage des Vorhabens zu erwarten ist, dass die Funktionsfähigkeit des betroffenen zentralen Versorgungsbereichs insbes. durch zu erwartende Kaufkraftabflüsse in beachtlichem Ausmaß beeinträchtigt und damit gestört wird. Dabei kommt es nicht maßgeblich auf zu erwartende (prognostizierte) Umsatzumverteilungen an, vielmehr ist – wie bei Anwendung des § 11 Abs. 3 BauNVO – auf planungsrechtlich relevante Vorhabenmerkmale abzustellen, die durch die Baugenehmigung auch gesteuert werden können, wie die vorgesehenen Sortimente und die Größe der Verkaufsfläche (vgl. BVerwG, U. v. 24.11.2005 – 4 C 10.04 – BauR 2006, 39 = NVwZ 2006, 452; OVG NW, U. v. 11.12.2006 – 7 A 964/05 – aaO.). Schädliche Auswirkungen liegen z.B. vor, wenn das Vorhaben zu Ladenleerständen und darüber zu einer Verminderung der Vielfalt und der Dichte des Warenangebots sowie zu abnehmender Kundenfrequenz und zur Niveauabsenkung (»Trading down«) führt (vgl. *Janning*, BauR 2005, 1723, S. 1725). Nach § 34 Abs. 3 BauGB ist somit ein Vorhaben unzulässig, das wegen gewichtiger (schädlicher) Auswirkungen auf zentrale Versorgungsbereiche ein Planungsbedürfnis begründet. § 34 Abs. 3 BauGB schränkt die Zulässigkeit eines »an sich« nach § 34 Abs. 1 bzw. Abs. 2 BauGB genehmigungsfähigen Vorhabens ein. Es obliegt der Baugenehmigungsbehörde, die schädlichen Auswirkungen zu ermitteln, wenn die Genehmigung versagt werden soll (vgl. *Uechtritz*, DVBl. 2006, 799, 809). Die Baugenehmigungsbehörde muss demnach i.d.R. nur die Vereinbarkeit eines Vorhabens mit dem gemeindlichen Zentrenkonzept prüfen und im Fall der Nichtvereinbarkeit keinen konkreten »Zentrenschädlichkeitsnachweis« für das jeweilige Vorhaben führen (*Janning*, BauR 2005, 1723). Da die »Zentrenverträglichkeit« eine anspruchsbegründende Tatsache ist, dürfte wohl der Antragsteller des Vorhabens mithilfe eines Zentrenverträglichkeitsgutachtens darlegen müssen, dass von seinem Vorhaben keine zentrenschädigenden Auswirkungen zu erwarten sind (NW-Einführungserlass zum EAG Bau v. 31.1.2005, Abschn. 4.2.1; *Janning*, BauR 2005 aaO.).

c) **Zentrale Versorgungsbereiche in der Gemeinde.** Der Begriff »zentrale Versorgungsbereiche« ist bereits bei der gemeindenachbarlichen Abstimmungspflicht gem. § 2 Abs. 2 BauGB aufgeführt. Danach können Gemeinden sich nach dem durch die **BauGB-Novelle 2004** eingefügten Satz 2 auch auf die ihnen durch Ziele der Raumordnung zugewiesenen Funktionen sowie auf Auswirkungen auf ihre zentralen Versorgungsbereiche berufen. Dies soll zur Stärkung der Innenentwicklung und der Urbanität der Städte besonders auch zur **Sicherstellung einer wohnungsnahen Versorgung** beitragen, die angesichts der demografischen Entwicklung eines besonderen Schutzes bedarf, namentlich auch wegen der geringeren Mobilität älterer Menschen.

Zentrale Versorgungsbereiche sind *vorhandene* räumlich abgrenzbare Bereiche einer Gemeinde, denen aufgrund *vorhandener* Einzelhandelsnutzungen – häufig ergänzt durch diverse Dienstleistungen und gastronomische Angebote – eine bestimmte Versorgungsfunktion für die Bürger einer Gemeinde – oder auch nur eines Teils des Gemeindegebiets – zukommt. Dabei kann offenbleiben, ob ein zentraler Versorgungsbereich nur dann zu bejahen ist, wenn ihm aufgrund *tatsächlich vorhandener* Nutzungen eine bestimmte – ggf. durch gemeindliche Planungen gestützte – Versorgungsfunktion zukommt oder ob ein solcher Versorgungsbereich schon dann vorliegt, wenn nach den planerischen Zielvorstellungen der Gemeinde dort Einzelhandelsnutzungen (verstärkt) angesiedelt werden sollen. »Zentral« sind Versorgungsbereiche nicht nur dann, wenn sie nach Lage, Art und Zweckbestimmung der gemeindeweiten bzw. übergemeindlichen Versorgung dienen (vgl. *Uechtritz*, DVBl. 2006, 799, 802; *Gatawis*, NVwZ 2006, 272, 274). Vielmehr können auch Bereiche für die Grund- oder Nahversorgung zentrale Versorgungsbereiche i.S.v. § 34 Abs. 3 BauGB sein (vgl. OVG NW, U. v. 11.12.2006 – 7 A 964/05 – Fundst. Rn 23).

»Zentral« ist nicht rein geografisch zu verstehen, sondern hat eine funktionale Bedeutung. Eine bloße Agglomeration von Einzelhandelsnutzungen in einem räumlich abgrenzbaren Bereich macht diesen noch nicht zu einem »zentralen« Versorgungsbereich. Vielmehr muss die Gesamtheit der auf die Versorgung der Bevölkerung ausgerichteten baulichen Nutzungen in dem betreffenden Bereich aufgrund der Zuordnung dieser Nutzungen und aufgrund ihrer verkehrsmäßigen Erschließung und Anbindung die **Funktion eines Zentrums** mit einem bestimmten Einzugsgebiet haben, nämlich die Versorgung des gesamten Gemeinde-

§ 34 BauGB Abs. 3 24.1, 24.2

gebiets oder eines Teilbereichs mit einem abgestimmten Spektrum an Waren des kurz-, mittel- oder langfristigen Bedarfs funktionsgerecht sicherzustellen (vgl. *Söfker*, in: E/Z/B/ K, Komm. z. BauGB 2006, § 34 Rn. 85). Dabei kommen unterschiedliche Typen in Betracht, z. B.

- Innenstadtzentren,
- Nebenzentren, die meist bestimmte Bezirke größerer Städte versorgen,
- Grund- und Nahversorgungszentren, die kleinere Einzugsbereiche (bestimmte Stadtquartiere) bzw. gesamte kleinere Orte versorgen

(vgl. *Söfker* aaO.; *Janning*, BauR 2005, 1723; BT-Drucks. 15/2250 zu § 2 Abs. 2 BauGB 2004, S. 41; so auch Amtl. Begr. zum RegE des Gesetzes zur Erleichterung von Planungsvorhaben für die Innenentwicklung der Städte, BT-Drucks. 16/2496, S. 11). Die zentralen Versorgungsbereiche müssen nicht den Charakter von Kerngebieten i. S. v. § 7 BauNVO haben. In kleineren Gemeinden oder auch in Stadtteilen wird in zentralen Versorgungsbereichen auch in so großem Umfang gewohnt, dass dieser Bereich als Mischgebiet einzustufen ist (so *Janning*, aaO.). Fehlt es an einem zentralen Versorgungsbereich, so kann einem Vorhaben § 34 Abs. 3 BauGB nicht entgegengehalten werden (vgl. *Uechtritz*, DVBl. 2006, 799, 807).

24.1 Ob § 34 Abs. 3 BauGB jedoch auch solche erst noch zu entwickelnden zentralen Versorgungsbereiche schützen kann, die sich nicht aus verbindlichen Festsetzungen und Festlegungen, sondern aus sonstigen planungsrechtlich nicht verbindlichen raumordnerischen oder städtebaulichen Konzeptionen ergeben – wie in der Amtl. Begr. z. BauGB 2004, BT-Drucks. 15/2250, S. 54 ausgeführt –, erscheint nicht bedenkenfrei. Insbes. erscheint fragwürdig, ob im Hinblick auf die im Anwendungsbereich des § 34 BauGB gegebene unmittelbar eigentumsgestaltende Wirkung ein lediglich durch eine bloße informelle gemeindliche Planung – etwa im Rahmen eines Einzelhandelskonzepts – festgelegtes Versorgungszentrum durch § 34 Abs. 3 BauGB geschützt werden kann (vgl. dazu kritisch: *Berkemann/ Halama* § 34 Abs. 3 BauGB Rn. 16 f.; *Rauber*, VR 2005, 379; *Reidt*, UPR 2005, 241; *Uechtritz*, DVBl. 2006, 799; OVG NW, U. v. 11.12.2006 – 7 A 964/05 – aaO.). Dies käme einer informellen Veränderungssperre gleich, die schon verfassungsrechtlich nicht ausreicht, um die ansonsten nach § 34 Abs. 1 BauGB bestehenden Baurechte zu ändern. Es bedarf insoweit eines manifestierten Planungswillens mit Außenwirksamkeit, also der außenwirksamen Einleitung der formalen Planungsschritte (vgl. *Reichelt*, BauR 2006, 38 m. w. N.) und einer zumindest potentiellen Eignung des betreffenden Bereichs (*Uechtritz*, NVwZ 2004, 1025, 1030). Für die Bewertung der Zentrenschädlichkeit ist daher ein räumlich-funktionales Einzelhandels- und Zentrenkonzept als eine vom Rat beschlossene städtebauliche Entwicklungskonzeption der zentrale Maßstab (*Janning*, BauR 2005, 1723).

Die Baugenehmigung für ein sich ansonsten einfügendes großflächiges Einzelhandels-Vorhaben kann nach § 34 Abs. 3 nur bei Nachweis schädlicher Auswirkungen auf zentrale Versorgungsbereiche durch das Vorhaben selbst versagt werden. Andere vorhandene oder geplante Vorhaben mit kumulierten schädlichen Auswirkungen auf die Versorgungsstruktur können dem beantragten Vorhaben nicht als Vorhabenhindernis zugerechnet werden. In einem solchen Fall des Zusammenwirkens der Auswirkungen kann die Gemeinde einem bestehenden Rechtsanspruch auf Erteilung der Baugenehmigung nur entgehen, wenn sie von sich aus eine Planungspflicht annimmt und ein Bauleitplanverfahren einleitet (zur Erstplanungspflicht der Gemeinde BVerwG, U. v. 17.9.2003 – 4 C 14.01 – BauR 2004, 443). Die in diesem Fall bestehende Planungspflicht wird in der Praxis dann regelmäßig von der Kommunalaufsicht eingefordert werden (vgl. *Reichelt*, BauR 2006, 38 m. w. N. der Rspr. und Lit.).

24.2 Zentrale Versorgungsbereiche in anderen Gemeinden

Mit eigenen Zentrenkonzepten lassen sich nicht Auswirkungen eines Vorhabens auf das Zentrengefüge von Nachbargemeinden bewerten, es sei denn, die Zentrenkonzepte sind aufeinander abgestimmt oder es liegt – was die Ausnahme ist – ein regionales Einzelhandels- und Zentrenkonzept vor. Hier bietet sich ein Bezug zum interkommunalen Abstimmungsgebot des § 2 Abs. 2 BauGB zur Bauleitplanung an. Dazu hat das BVerwG in der »Krabbenkamp«-Entscheidung (BVerwG, U. v. 8.9.1972 – IV 17.71 – BVerwGE 40, 323) seinerzeit die Aussage von den »unmittelbaren Auswirkungen gewichtiger Art auf die städtebauliche Ordnung und Entwicklung« geprägt, die in der Folge zur Kennzeichnung des »qualifizierten« Abstimmungsbedarfs bei der Bauleitplanung der Standortgemeinde prägend ist (BVerwG, U. v. 1.8.2002 – 4 C 5.01 – UPR 2003, 35 = BauR 2003, 55 zum

FOC Zweibrücken; *Janning*, BauR 2005, 1723, 1730 m. w. N.). Für Baugenehmigungsbehörden und Nachbargemeinden wäre die verfahrensmäßige Handhabung einfacher, wenn auch bei Vorhaben mit schädlichen Auswirkungen auf die o. a. Rspr. des BVerwG zur Unzulässigkeit von Einzelhandelsgroßprojekten im Außenbereich zurückgegriffen werden könnte. Denn im Außenbereich geht das BVerwG von einem qualifizierten Abstimmungsbedarf und damit von einem Planungsbedürfnis als entgegenstehender öffentlicher Belang aus, wenn das jeweilige Vorhaben die in § 11 Abs. 3 Satz 1 BauNVO bezeichneten Merkmale aufweist (*Janning*, aaO.). Bis zur gerichtlichen Klärung dieser Frage sollte die Baugenehmigungsbehörde bei Anhaltspunkten für schädliche Auswirkungen ihre konkrete Zentrenverträglichkeitsprüfung auch auf Auswirkungen des Vorhabens auf gemeindenachbarliche Zentren ausrichten.

6. Zulässigkeit im Geltungsbereich eines einfachen Bebauungsplans

Liegt für einen Bereich nach § 34 Abs. 1 oder 2 BauGB ein **einfacher B-Plan** i. S. d. § 30 Abs. 2 BauGB vor, so richtet sich die Zulässigkeit von Vorhaben vorweg nach dessen Festsetzungen, soweit er das Vorhaben betreffende Festsetzungen enthält, »im Übrigen«, d. h. soweit er keine das Vorhaben betreffenden Festsetzungen enthält, nach § 34 BauGB. Die Festsetzungen eines einfachen B-Plans über die *Art der baulichen Nutzung (Baugebiet)* gehen der Beurteilung nach § 34 BauGB vor; insoweit kommt es auf das »Einfügen in die Eigenart der näheren Umgebung« oder die Übereinstimmung mit einem der BauNVO »entsprechenden Gebiet« nicht an. § 34 Abs. 1 oder 2 BauGB haben nur eine die Festsetzungen des B-Plans ergänzende Funktion.

Setzt z. B. ein einfacher B-Plan MK-Gebiet, Z und GRZ, jedoch keine Bauweise, keine überbaubaren Grundstücksflächen und keine Verkehrsflächen fest, entspricht die Eigenart der näheren Umgebung dagegen einem MI-Gebiet, so ist ein Einzelhandelsgroßbetrieb nach der im B-Plan festgesetzten Art der baulichen Nutzung (MK) unabhängig von einer abweichenden Beurteilung nach § 34 Abs. 2 BauGB zwar dort zulässig. Die allgemeine Zulässigkeit kann aber trotzdem im Einzelfall eingeschränkt sein, wenn von dem Vorhaben nach § 34 Abs. 3 BauGB schädliche Auswirkungen auf zentrale Versorgungsbereiche zu erwarten sind, was zusätzlich zu prüfen ist (s. Rn 22–24.2). Die Anwendung des § 34 Abs. 3 BauGB auch auf solche Fälle eines einfachen B-Plans ergibt sich aus dem Sinnzusammenhang mit § 34 Abs. 1 und 2 BauGB und der Absicht des Gesetzgebers. Lediglich das Maß der baulichen Nutzung, die Bauweise und die überbaubare Grundstücksfläche sind nach § 34 Abs. 1 BauGB zu beurteilen. Das Gleiche gilt auch bei einer diffus strukturierten näheren Umgebung i. S. d. § 34 Abs. 1 BauGB, bei der das Vorhaben den Rahmen sprengen würde; auch hier hat die Festsetzung des einfachen B-Plans (MK-Gebiet) auch hinsichtlich des festgesetzten Maßes der baulichen Nutzung Vorrang gegenüber § 34 Abs. 1 BauGB.

7. Abweichen vom Erfordernis des Einfügens nach Abs. 1 Satz 1 (Abs. 3a)

a) **Regelung des Abs. 3a.** § 34 BauGB enthielt bis zum 31.12.1997 im ehemaligen Absatz 3 noch eine Regelung, nach der nach den Abs. 1, 2 unzulässige Veränderungen an zulässigerweise errichteten baulichen Anlagen unter bestimmten Voraussetzungen zugelassen werden konnten (Einzelheiten und historische Entwicklung s. Rn 16).

Bereits durch die BauGB-Novelle 2004 ist auf Vorschlag des BR in § 34 BauGB durch einen neuen Abs. 3a eine Abweichensregelung vom Einfügen ähnlich wie die entspr. Befreiungsvorschrift des § 31 Abs. 2 BauGB von Festsetzungen eines fiktiven Baugebiets (Einzelheiten s. Rn 16 f.) eingefügt worden. Der Regelungsgegenstand wurde zunächst (2004) nur auf vorhandene Handwerks- und Gewerbebetriebe beschränkt. Dadurch sollte die Gemeinde von der stets möglichen Bauleitplanung entlastet werden. Durch die BauGB-Novelle 2006 wurde die Regelung in einem Punkt, einer baulichen Anlage, die zu Wohnzwecken dient, ergänzt. Die Abweichensmöglichkeit gilt nur für *zulässigerweise* errichtete Nutzungen und nur für das **Einfügen nach Abs. 1** hinsichtlich Art und Maß der baulichen Nutzung, der Bauweise und der überbaubaren Grundstücksfläche. Was unter Erweiterung, Änderung, Nutzungsänderung oder Erneuerung zu verstehen ist, ergibt sich aus den vergleichsweise heranzuziehenden Erläuterungen zu § 1 Abs. 10 BauNVO, dort Rn 142.

Nicht abgewichen werden kann von der notwendigen Sicherung der Erschließung, den Anforderungen an gesunde Wohn- und Arbeitsverhältnisse sowie der Nichtbeeinträchtigung des Ortsbildes. Die in der ähnlichen Regelung des § 31 Abs. 2 BauGB für die Befreiung enthaltenen Zulassungsgründe Nr. 1 »aus Gründen des Wohls der Allgemeinheit« und Nr. 3 »nicht beabsichtigte Härte« sind in Abs. 3a nicht aufgenommen worden; denn im Bereich des § 34 BauGB gibt es keine Festsetzungen eines B-Plans.

Mit der Abweichungsmöglichkeit sollen insbes. vertretbare Problemlösungen in Gemengelagen und vergleichbaren Konfliktsituationen erleichtert werden, um den Gewerbe- und Handwerksbetrieben Entwicklungsmöglichkeiten zu gewähren, ohne dass der Zulassung solcher Vorhaben stets die schützenswerte angrenzende Wohnnutzung entgegengehalten werden könnte. Damit soll nach Auff. des Gesetzgebers die Benachteiligung aufgehoben werden, die insbes. kleinere Handwerksbetriebe durch den Wegfall des ehemaligen § 34 Abs. 3 BauGB a. F. erfahren haben (BT-Drucks. 15/2250, S. 80 f.). Zu Einzelheiten der Vorschrift ausführlich *Schidlowski/Baluch*, BauR 2006, 784.

26.1 **b) Für ein Abweichen infrage kommende Nutzungen. Gewerbebetriebe** sind gekennzeichnet durch die selbständig ausgeübte gewerbliche Tätigkeit, die auf gewisse Dauer angelegt ist und mit der Absicht auf Gewinnerzielung als Hauptzweck ausgeübt wird; darauf, ob Gewinne tatsächlich erzielt werden, kommt es nicht an. Nicht unter den Begriff Gewerbebetriebe fallen *Betriebe der öffentlichen Hand* (z. B. Versorgungs- und Verkehrsbetriebe) sowie *Betriebe der Urproduktion* (Land- und Forstwirtschaft). Dazu, welche Nutzungen im Einzelnen zu den Gewerbebetrieben zählen, s. § 2 Rn 24 f.

Auch **Handwerksbetriebe** fallen unter den Oberbegriff Gewerbebetrieb. Der Begriff »Handwerksbetrieb« ist jedoch in einzelnen Baugebietskatalogen der BauNVO meist i. V. m. der Einschränkung »nicht störend« als *besondere Nutzungsart* aufgeführt. In diesem Fall verdrängt der speziellere Begriff Handwerk den allgemeineren Begriff Gewerbe (Näheres s. § 2 Rn 15 f.).

Bauliche Anlagen, die **zu Wohnzwecken** dienen, können vielfältiger Art sein. Der Begriff »**Wohnen**« ist durch eine auf Dauer angelegte Häuslichkeit, Eigengestaltung der Haushaltsführung und des häuslichen Wirkungskreises sowie Freiwilligkeit des Aufenthalts gekennzeichnet (so bereits BVerwG, B. v. 25.3.1996 – 4 B 302.95 – [LS], BauR 1996, 676 = BRS 58 Nr. 56 = ZfBR 1996, 228 = DÖV 1996, 746). Welche Anlagen im Einzelnen unter diesen Begriff fallen und für eine Abweichung in Betracht kommen, ist aus den Erläuterungen zu § 3 Rn 1 f. zu entnehmen.

27 **c) Städtebauliche Vertretbarkeit, Würdigung nachbarlicher Interessen, Vereinbarkeit mit den öffentlichen Belangen.** Zur Vermeidung von Wiederholungen wird auf die Ausführungen in den Rn 19, 21 verwiesen. Wichtig ist, dass bei einer Abweichung vom Einfügen keine Reduzierung umweltschutz- und immissionsschutzrechtlicher Standards erfolgen darf. Wenn auch hier der Grundsatz gegenseitiger Rücksichtnahme besteht, ist durch Nebenbestimmungen zur Baugenehmigung sicherzustellen, dass die Zumutbarkeitsgrenzen für Immissionen nicht überschritten werden. Auch für den nicht beplanten Innenbereich gilt ein allgemeines Verbesserungsgebot und zugleich Verschlechterungsverbot. Würde eine beantragte Abweichung zu erheblichen Nachteilen für die Öffentlichkeit oder Nachbarn führen, würde sich ein Planungserfordernis ergeben.

28 **d) Keine Anwendung der Abweichensregel auf bestimmte Einzelhandelsbetriebe (Satz 2).** Satz 2 des § 34 Abs. 3a BauGB bestimmt, dass die Abweichensregelung des Satzes 1 **keine Anwendung auf Einzelhandelsbetriebe** findet, die die verbrauchernahe Versorgung der Bevölkerung beeinträchtigen oder schädliche Auswirkungen auf zentrale Versorgungsbereiche in der Gemeinde oder in anderen Gemeinden haben können. Bei der Prüfung der Zulassung von Einzelhandelsbetrieben sind in Gebieten nach § 34 Abs. 1 BauGB entgegen der früheren Rspr. jetzt auch die über die nähere Umgebung hinausgehenden »**Fernwirkungen**«, z. B. auf zentrale Versorgungsbereiche der Gemeinde oder von Nachbargemeinden (vgl. § 11 Rn 11.21 f.), zu berücksichtigen. Damit sind Gebiete nach § 34 Abs. 1 BauGB in Bezug auf die Zulässigkeit von Einzelhandelsbetrieben den in B-Plänen festgesetzten Baugebieten gleichgestellt.

8. **Ausschluss oder Einschränkung zulässiger Nutzungen durch (einfachen) B-Plan (§ 9 Abs. 2a BauGB)**

a) **Zweck der Vorschrift.** In dem am 1.1.2007 in Kraft getretenen Gesetz zur Erleichterung von Planungsvorhaben für die Innenentwicklung der Städte v. 21.12.2006 – **BauGB-Novelle 2006** – (BGBl. I S. 3316) ist mit dem neuen § 9 Abs. 2 BauGB ein weiteres Festsetzungsinstrument für die Erhaltung und Entwicklung zentraler Versorgungsbereiche eingefügt worden (s. Text § 9 Abs. 2a nach § 34 BauGB) Danach kann **für Gebiete nach § 34 BauGB** – auch unterschiedlich für Teilbereiche – in einem einfachen B-Plan zur Erhaltung oder Entwicklung zentraler Versorgungsbereiche, auch im Interesse einer **verbrauchernahen Versorgung** der Bevölkerung und der Innenentwicklung der Gemeinden, festgesetzt werden, dass **nur bestimmte Arten** der nach § 34 Abs. 1 und 2 zulässigen baulichen Nutzungen **zulässig** oder **nicht zulässig** sind oder nur **ausnahmsweise zugelassen** werden können. Dabei ist insbes. ein hierauf bezogenes städtebauliches Entwicklungskonzept zu berücksichtigen, das Aussagen über die zu *erhaltenden* oder zu *entwickelnden* zentralen Versorgungsbereiche der Gemeinde oder eines Gemeindeteils enthält. In den zu erhaltenden oder zu entwickelnden zentralen Versorgungsbereichen sollen die planungsrechtlichen Voraussetzungen für Vorhaben, die diesen Versorgungsbereichen dienen, nach den §§ 30, 34 vorhanden oder durch einen B-Plan, dessen Aufstellung förmlich eingeleitet ist, vorgesehen sein.

Damit ist endlich eine Lücke im Planungssystem geschlossen worden; denn gerade in den Gebieten nach § 34 BauGB war die Abwehr großflächiger Einzelhandelsbetriebe mit nachteiligen Auswirkungen besonders schwierig. Der Gesetzgeber hat damit auf die Erkenntnis reagiert, dass der durch die BauGB-Novelle 2004 eingeführte § 34 Abs. 3 BauGB in der praktischen Anwendung dadurch eingeschränkt ist, dass die Ablehnung eines konkreten Vorhabens wegen zu erwartender schädlicher Auswirkungen auf zentrale Versorgungsbereiche einer detaillierten Begr. bedarf, die innerhalb der im Genehmigungsverfahren zu beachtenden kurzen Fristen offenbar nur unter großen Schwierigkeiten geleistet werden kann (vgl. *Gronemeyer*, BauR 2007, 815, 819). Danach kann jetzt für im Zusammenhang bebaute Ortsteile (§ 34 BauGB) in einem einfachen B-Plan – ohne Festsetzung von Baugebieten – i. S. einer **planerischen Feinsteuerung** Einzelhandel (insbes. großflächiger) ausgeschlossen oder eingeschränkt werden, wenn er zentrale Versorgungsbereiche innerhalb oder außerhalb der Gemeinde beeinträchtigt. Auf diese Weise können die in einem Einzelhandelskonzept enthaltenen Zielsetzungen auch außerhalb von in B-Plänen festgesetzten Baugebieten verbindlich gemacht werden (vgl. Begr. in BT-Drucks. 16/2496). In der Zielsetzung geht § 9 Abs. 2a BauGB über die Möglichkeiten nach § 34 Abs. 3 BauGB hinaus. Während Schutzobjekt des § 34 Abs. 3 BauGB nur ein bereits *vorhandener* zentraler Versorgungsbereich sein kann, bietet § 9 Abs. 2a BauGB die Möglichkeit, auch erst noch zu entwickelnde zentrale Versorgungsbereiche zu schützen (vgl. *Berkemann/Halama*, Erstkommentierung zum BauGB 2004, S. 360 Rn 16). Dafür müssen jedoch die planungsrechtlichen Voraussetzungen vorgesehen sein (Satz 3; Beschlüsse der Gemeinde!). Da die Aufstellung von B-Plänen einschließlich der erforderlichen Verfahrensschritte eine längerfristige Angelegenheit ist, sollte die Gemeinde einen solchen Plan bereits im Vorfeld der

Untersuchung des Gemeindegebiets und nicht erst als Reaktion auf eine ungewollte Einzelhandelsansiedlung aufstellen (vgl. *Gronemeyer*, BauR 2007, 815).

31 b) **Infrage kommende Nutzungen.** Für die Festsetzungen kann eine den Vorschriften der BauNVO vergleichbare Regelung getroffen werden. Zwar ist bei der Ergänzung des § 34 BauGB um die neuen Planungsinstrumente in § 9 Abs. 2a BauGB kein Bezug auf die Vorschriften der BauNVO genommen worden, deren entspr. Anwendung ergibt sich aber durch die Verweisung in § 34 Abs. 2 BauGB auf die Baugebiete der BauNVO und die Rspr. des BVerwG zu § 34 Abs. 1 BauGB (vgl. Rn 6). Für die Festsetzung der Zulässigkeit bzw. Nichtzulässigkeit oder ausnahmsweisen Zulassungsfähigkeit bestimmter **Arten der baulichen Nutzungen** (z. B. Einzelhandelsbetriebe) kommt eine mit § 1 Abs. 5 BauNVO (§ 1 Rn 100–103) vergleichbare Regelung, für eine weiter gehende Bestimmung der Zulässigkeit bestimmter **Arten** der **baulichen Anlagen** (z. B. großflächiger Einzelhandel, Nachbarschaftsladen) kommt eine vergleichbare Regelung wie § 1 Abs. 9 (Rn 126–129.1) in Betracht. Zwar enthält der Text von § 9 Abs. 2a BauGB nur die Formulierung »Arten der baulichen Nutzungen«. Eine Einschränkung der Anwendung nur auf Nutzungen würde dem gesetzgeberischen Ziel aber nicht gerecht. In der Begr. zu § 9 Abs. 2a ist jedoch eine vom Gesetzestext abweichende Formulierung enthalten, dass ...nur bestimmte Arten der baulichen und sonstigen *Anlagen* zulässig oder nicht zulässig sind oder ausnahmsweise zugelassen werden können (vgl. BT-Drucks. 16/2496, S. 10). Damit ist klargestellt, dass auch § 1 Abs. 9 BauNVO vergleichbar angewendet werden kann. Somit können auch Bestimmungen z. B. für bestimmte Betriebstypen, Branchen, Fachmärkte, Geschoßflächenbzw. Verkaufsflächengrößen, Warensortimente und deren Aufgliederung (z. B. 80% Food-/20% Nonfood-Anteil) getroffen werden. Da die Vorschrift großflächige Einzelhandelsbetriebe nicht besonders aufführt, können auch andere Nutzungen bzw. Anlagen, z. B. Handwerksbetriebe oder kleinflächige Einzelhandelsbetriebe, in die Regelung einbezogen werden, wenn sie die in § 9 Abs. 2a BauGB genannten städtebaulichen Ziele beeinträchtigen oder gefährden können, z. B. bei einer Ballung von kleinen Einzelhandelsbetrieben in den mit GE-Gebieten vergleichbaren Gebieten. Denn auch bei kleineren Betrieben lassen sich nachteilige städtebauliche Wirkungen, je nach örtlichen Gegebenheiten, nicht ausschließen (BVerwG, B. v. 8.11.2004 – 4 BN 39.04 – BauR 2005, 513 = NVwZ 2005, 324 = UPR 2005, 148 = ZfBR 2005, 185). Dies ist jedoch besonders nachzuweisen. Dabei ist zu beachten, dass eine vergleichbare Anwendung des § 1 Abs. 9 Regelungen möglich nur für **objektiv bestimmbare Anlagentypen** getroffen werden (vgl. Rspr. des BVerwG, § 1 Rn 128 f.). So hat das BVerwG im B. v. 8.11.2004 – 4 BN 39.04 – (aaO.) entschieden, dass ein Einzelhandelsbetrieb mit einer Nutzfläche (*Verkaufsfläche + Nebenflächen, d. Verf.*) von höchstens 400 m² als »Nachbarschaftsladen« oder »Convenience-Store« ein festsetzungsfähiger Anlagentyp i. S. v. § 1 Abs. 9 BauNVO sein kann. Da die Festsetzungen auch für Teilbereiche unterschiedlich getroffen werden können, kommen auch Regelungen ähnlich wie eine horizontale Gliederung nach § 1 Abs. 4 und 8 BauNVO (§ 1 Rn 82 ff., 125) zur Anwendung. Wenn § 9 Abs. 2a BauGB auch keinen Bezug zur BauNVO und insbes. zu § 1 Abs. 4–9 herstellt, so sollten im Interesse der Normenklarheit Festsetzungen möglichst für *Anlagentypen* getroffen werden, die unter Berücksichtigung der in der Gemeinde vorkommenden Nutzungen und Anlagen genau bestimmbar sind.

32 c) **Städtebauliches Entwicklungskonzept.** Voraussetzung für einen derartigen B-Plan ist die Erforderlichkeit (§ 1 Abs. 3 BauGB) bzw. die städtebauliche Begründung (§ 9 Abs. 1 BauGB). Diese ergeben sich insbes. aus dem in der Vorschrift zitierten, von der Gemeinde beschlossenen **städtebaulichen Entwicklungskonzept** i. S. d. § 1 Abs. 6 Nr. 11 BauGB, das Aussagen über die zu erhaltenden oder zu entwickelnden zentralen Versorgungsbereiche der Gemeinde oder eines Gemeindeteils enthalten soll.

Die geforderte Berücksichtigung eines **hierauf bezogenen städtebaulichen Entwicklungskonzepts** i. S. d. § 1 Abs. 6 Nr. 11 BauGB setzt voraus, dass die Gemeinde über ein solches von ihr beschlossenes Entwicklungskonzept verfügt. Der Bezug auf »hierauf« knüpft an die in Satz 1 aufgeführten Ziele an. Das Entwicklungskonzept muss Aussagen über die zu erhaltenden oder zu entwickelnden zentralen Versorgungsbereiche enthalten. Liegt ein solches nicht zwingend gefordertes städtebauliches Entwicklungskonzept mit den o. a. Voraussetzungen nicht vor, fehlt es an der notwendigen städtebaulichen Begr., so dass der B-Plan nicht aufgestellt werden kann. Ggf. muss die städtebauliche Begr. für den B-Plan nach § 9 Abs. 2a BauGB anderweitig schlüssig dargelegt werden. Dies wird u. U. schwierig sein, so dass es günstiger ist, zumindest ein *Einzelhandelskonzept* als Teilbereich des

Gesamtentwicklungskonzepts erstellen zu lassen und zu beschließen. Anstelle des städtebaulichen Entwicklungskonzepts reicht allerdings auch eine sonstige von der Gemeinde beschlossene Planung, worauf das Wort »insbesondere« hinweist; sie muss jedoch entspr. bzw. für das angestrebte Ziel ausreichende Festlegungen enthalten. Zwingend erforderlich ist es, dass der Rat der Gemeinde auch die sonstigen den Einzelhandel betreffenden städtebaulichen Planungen beschließt; lediglich eine Zitierung eines nicht beschlossenen Gutachtens in der B-Plan-Begr. reicht nicht aus (vgl. OVG NW, U. v. 30.1.2006 – 7 D 8/04.NE – JURIS; *Bischopink*, BauR 2007, 825 Fn 11). Diese beschlossenen Konzepte und Planungen binden die Gemeinde auch für weitere Planungs- oder Genehmigungsentscheidungen. Davon abweichende einzelne Entscheidungen müssen die Konzepte oder Planungen nicht generell in Frage stellen; erst wenn sie in ihrer Summe den Eindruck erwecken, dass die Gemeinde ihre eigenen Vorgaben in Wahrheit nicht mehr verfolgt, muss die Planung überprüft werden (vgl. OVG Nds., U. v. 14.6.2006 – 1 KN 155/06 – BauR 2006, 1945).

d) **Zentrale Versorgungsbereiche.** Zum Begriff »zentrale Versorgungsbereiche« s. Näheres in Rn 24. Der Begriff umfasst, worauf die Begr. des RegE (BT-Drucks. 16/2496) ausdrücklich hinweist, Versorgungsbereiche unterschiedlicher Stufen, also insbes. Innenstadtzentren vor allem in Städten mit größerem Einzugsbereich, Nebenzentren in Stadtteilen sowie Grund- und Nahversorgungszentren in Stadt- und Ortsteilen und nichtstädtischen Gemeinden. In den zu *erhaltenden* oder zu *entwickelnden* zentralen Versorgungsbereichen sollen die planungsrechtlichen Voraussetzungen für Vorhaben, die diesen Versorgungsbereichen dienen, nach den §§ 30 oder 34 BauGB vorhanden oder durch einen B-Plan, dessen Aufstellung förmlich eingeleitet ist, vorgesehen sein. Nicht erforderlich ist jedoch, dass die bauplanungsrechtlichen Grundlagen für alle nur denkbaren Vorhaben, die in den zentralen Versorgungsbereichen errichtet werden könnten, bereits bestehen oder geschaffen werden (vgl. *Niemeyer*, Deutscher Städtetag, Rdschr. v. 19.12.2006 – 61.05.00 D –). Die zu *erhaltenden* Versorgungsbereiche sind tatsächlich vorhanden und können in dem Konzept eindeutig festgelegt werden. Für sie sind die planungsrechtlichen Voraussetzungen (qualifizierter oder einfacher B-Plan – zumindest mit Festsetzung der Art und des Maßes der baulichen Nutzung – oder § 34 BauGB) i. A. gegeben. Zu *entwickelnde*, also künftige Versorgungsbereiche bedürfen erst einer sorgfältigen gutachterlich begründeten Gesamtplanung der Gemeinde; für sie müssen Bauleitpläne aufgestellt und diese ggf. erst noch an die Ziele der Raumordnung angepasst werden. Ob dieser Aufwand die Beschränkung der Gebiete nach § 34 BauGB lohnt, mag dahin gestellt bleiben.

Baugesetzbuch (BauGB)

In der Fassung der Bekanntmachung vom 23.9.2004 (BGBl. S. 2414), zuletzt geändert durch Artikel 1 des Gesetzes zur Erleichterung von Planungsvorhaben für die Innenentwicklung der Sädte vom 21.12.2006 (BGBl. I 2006 S. 3316)

Vorbemerkung:

Das BauGB ist seit der grundlegenden Novellierung vom 27.8.1997 (BGBl. I S. 2141) in einem für einen Zeitraum von nur 10 Jahren ungekannten Ausmaß geändert worden; (in der nachstehenden Aufzählung sind – **nicht fett** gedruckt – allerdings der Vollständigkeit halber auch die Änderungen ohne substantiellen Inhalt bezüglich der Planungstätigkeit, wie Umbenennung des Bundesgrenzschutzes usw., aufgeführt):

Gesetz	*vom*	*BGBl. I S.*
Art. 12 des Gesetzes zur Umsetzung der UVP-Änderungsrichtlinie, der IVU-Richtlinie und weiterer EG-Richtlinien zum Umweltschutz	27.7.2001	1950
Gesetz zur Reform des Wohnungsbaurechts	13.9.2001	2376
Siebente Zuständigkeitsanpassungsverordnung	29.10.2001	2785
Europarechtsanpassungsgesetz Bau – EAG Bau –	24.8.2004	1359
Neubekanntmachung BauGB	23.9.2004	2414
Art. 2 des Gesetzes zur Verbesserung des vorbeugenden Hochwasserschutzes	3.5.2005	1224
Art. 21 des Gesetzes zur Umbenennung des Bundesgrenzschutzes in Bundespolizei	21.6.2005	1818
Art. 3 des Föderalismusreform-Begleitgesetzes	5.9.2006	2098
Art. 19 Jahressteuergesetz 2007	13.12.2006.	2878
Gesetz zur Erleichterung von Planungsvorhaben für die Innenentwicklung der Städte	21.12.2006	3316

Die Geschwindigkeit der »Anpassung« des Planungsrechts an die (*vielleicht auch nur vermeintlichen*) Notwendigkeiten der Entwicklung wird besonders deutlich am Beispiel von § 5 Abs. 1 BauGB (Flächennutzungsplan), wo 2004 der Satz 3 (*Überprüfungspflicht des FN-Plans nach 15 Jahren*) neu eingefügt und bereits nach zwei Jahren in 2006 wieder gestrichen wurde.

– Auszug –

§ 1 Aufgabe, Begriff und Grundsätze der Bauleitplanung

(1) Aufgabe der Bauleitplanung ist es, die bauliche und sonstige Nutzung der Grundstücke in der Gemeinde nach Maßgabe dieses Gesetzbuchs vorzubereiten und zu leiten.

(2) Bauleitpläne sind der Flächennutzungsplan (vorbereitender Bauleitplan) und der Bebauungsplan (verbindlicher Bauleitplan).

(3) Die Gemeinden haben die Bauleitpläne aufzustellen, sobald und soweit es für die städtebauliche Entwicklung und Ordnung erforderlich ist. Auf die Aufstellung von Bauleitplänen und städtebaulichen Satzungen besteht kein Anspruch; ein Anspruch kann auch nicht durch Vertrag begründet werden.

(4) Die Bauleitpläne sind den Zielen der Raumordnung anzupassen.

(5) Die Bauleitpläne sollen eine nachhaltige städtebauliche Entwicklung, die die sozialen, wirtschaftlichen und umweltschützenden Anforderungen auch in Verantwortung gegenüber künftigen Generationen miteinander in Einklang bringt, und eine dem Wohl der Allgemeinheit dienende sozialgerechte Bodennutzung gewährleisten. Sie sollen dazu beitragen, eine menschenwürdige Umwelt zu sichern und die natürlichen Lebensgrundlagen zu schützen und zu entwickeln, auch in Verantwortung für den allgemeinen Klimaschutz, sowie die städtebauliche Gestalt und das Orts- und Landschaftsbild baukulturell zu erhalten und zu entwickeln.

(6) Bei der Aufstellung der Bauleitpläne sind insbesondere zu berücksichtigen:
1. die allgemeinen Anforderungen an gesunde Wohn- und Arbeitsverhältnisse und die Sicherheit der Wohn- und Arbeitsbevölkerung,
2. die Wohnbedürfnisse der Bevölkerung, die Schaffung und Erhaltung sozial stabiler Bewohnerstrukturen, die Eigentumsbildung weiter Kreise der Bevölkerung und die Anforderungen Kosten sparenden Bauens sowie die Bevölkerungsentwicklung,
3. die sozialen und kulturellen Bedürfnisse der Bevölkerung, insbesondere die Bedürfnisse der Familien, der jungen, alten und behinderten Menschen, unterschiedliche Auswirkungen auf Frauen und Männer sowie die Belange des Bildungswesens und von Sport, Freizeit und Erholung,
4. die Erhaltung, Erneuerung, Fortentwicklung, Anpassung und der Umbau vorhandener Ortsteile sowie die Erhaltung und Entwicklung zentraler Versorgungsbereiche,
5. die Belange der Baukultur, des Denkmalschutzes und der Denkmalpflege, die erhaltenswerten Ortsteile, Straßen und Plätze von geschichtlicher, künstlerischer oder städtebaulicher Bedeutung und die Gestaltung des Orts- und Landschaftsbildes,
6. die von den Kirchen und Religionsgesellschaften des öffentlichen Rechts festgestellten Erfordernisse für Gottesdienst und Seelsorge,
7. die Belange des Umweltschutzes, einschließlich des Naturschutzes und der Landschaftspflege, insbesondere
    a) die Auswirkungen auf Tiere, Pflanzen, Boden, Wasser, Luft, Klima und das Wirkungsgefüge zwischen ihnen sowie die Landschaft und die biologische Vielfalt,
    b) die Erhaltungsziele und der Schutzzweck der Gebiete von gemeinschaftlicher Bedeutung und der Europäischen Vogelschutzgebiete im Sinne des Bundesnaturschutzgesetzes,
    c) umweltbezogene Auswirkungen auf den Menschen und seine Gesundheit sowie die Bevölkerung insgesamt,
    d) umweltbezogene Auswirkungen auf Kulturgüter und sonstige Sachgüter,
    e) die Vermeidung von Emissionen sowie der sachgerechte Umgang mit Abfällen und Abwässern,
    f) die Nutzung erneuerbarer Energien sowie die sparsame und effiziente Nutzung von Energie,
    g) die Darstellungen von Landschaftsplänen sowie von sonstigen Plänen, insbesondere des Wasser-, Abfall- und Immissionsschutzrechts,
    h) die Erhaltung der bestmöglichen Luftqualität in Gebieten, in denen die durch Rechtsverordnung zur Erfüllung von bindenden Beschlüssen der Europäischen Gemeinschaften festgelegten Immissionsgrenzwerte nicht überschritten werden,
    i) die Wechselwirkungen zwischen den einzelnen Belangen des Umweltschutzes nach den Buchstaben a, c und d,
8. die Belange
    a) der Wirtschaft, auch ihrer mittelständischen Struktur im Interesse einer verbrauchernahen Versorgung der Bevölkerung,

b) der Land- und Forstwirtschaft,
c) der Erhaltung, Sicherung und Schaffung von Arbeitsplätzen,
d) des Post- und Telekommunikationswesens,
e) der Versorgung, insbesondere mit Energie und Wasser,
f) der Sicherung von Rohstoffvorkommen,
9. die Belange des Personen- und Güterverkehrs und der Mobilität der Bevölkerung, einschließlich des öffentlichen Personennahverkehrs und des nicht motorisierten Verkehrs, unter besonderer Berücksichtigung einer auf Vermeidung und Verringerung von Verkehr ausgerichteten städtebaulichen Entwicklung,
10. die Belange der Verteidigung und des Zivilschutzes sowie der zivilen Anschlussnutzung von Militärliegenschaften,
11. die Ergebnisse eines von der Gemeinde beschlossenen städtebaulichen Entwicklungskonzeptes oder einer von ihr beschlossenen sonstigen städtebaulichen Planung,
12. die Belange des Hochwasserschutzes.

(7) Bei der Aufstellung der Bauleitpläne sind die öffentlichen und privaten Belange gegeneinander und untereinander gerecht abzuwägen.

(8) Die Vorschriften dieses Gesetzbuchs über die Aufstellung von Bauleitplänen gelten auch für ihre Änderung, Ergänzung und Aufhebung.

§ 1a Ergänzende Vorschriften zum Umweltschutz

(1) Bei der Aufstellung der Bauleitpläne sind die nachfolgenden Vorschriften zum Umweltschutz anzuwenden.

(2) Mit Grund und Boden soll sparsam und schonend umgegangen werden; dabei sind zur Verringerung der zusätzlichen Inanspruchnahme von Flächen für bauliche Nutzungen die Möglichkeiten der Entwicklung der Gemeinde insbesondere durch Wiedernutzbarmachung von Flächen, Nachverdichtung und andere Maßnahmen zur Innenentwicklung zu nutzen sowie Bodenversiegelungen auf das notwendige Maß zu begrenzen. Landwirtschaftlich, als Wald oder für Wohnzwecke genutzte Flächen sollen nur im notwendigen Umfang umgenutzt werden. Die Grundsätze nach den Sätzen 1 und 2 sind nach § 1 Abs. 7 in der Abwägung zu berücksichtigen.

(3) Die Vermeidung und der Ausgleich voraussichtlich erheblicher Beeinträchtigungen des Landschaftsbildes sowie der Leistungs- und Funktionsfähigkeit des Naturhaushalts in seinen in § 1 Abs. 6 Nr. 7 Buchstabe a bezeichneten Bestandteilen (Eingriffsregelung nach dem Bundesnaturschutzgesetz) sind in der Abwägung nach § 1 Abs. 7 zu berücksichtigen. Der Ausgleich erfolgt durch geeignete Darstellungen und Festsetzungen nach den §§ 5 und 9 als Flächen oder Maßnahmen zum Ausgleich. Soweit dies mit einer nachhaltigen städtebaulichen Entwicklung und den Zielen der Raumordnung sowie des Naturschutzes und der Landschaftspflege vereinbar ist, können die Darstellungen und Festsetzungen auch an anderer Stelle als am Ort des Eingriffs erfolgen. Anstelle von Darstellungen und Festsetzungen können auch vertragliche Vereinbarungen nach § 11 oder sonstige geeignete Maßnahmen zum Ausgleich auf von der Gemeinde bereitgestellten Flächen getroffen werden. Ein Ausgleich ist nicht erforderlich, soweit die Eingriffe bereits vor der planerischen Entscheidung erfolgt sind oder zulässig waren.

(4) Soweit ein Gebiet im Sinne des § 1 Abs. 6 Nr. 7 Buchstabe b in seinen für die Erhaltungsziele oder den Schutzzweck maßgeblichen Bestandteilen erheblich beeinträchtigt werden kann, sind die Vorschriften des Bundesnaturschutzgesetzes über die Zulässigkeit und Durchführung von derartigen Eingriffen einschließlich der Einholung der Stellungnahme der Kommission anzuwenden.

§ 2 Aufstellung der Bauleitpläne

(1) Die Bauleitpläne sind von der Gemeinde in eigener Verantwortung aufzustellen. Der Beschluss, einen Bauleitplan aufzustellen, ist ortsüblich bekannt zu machen.

(2) Die Bauleitpläne benachbarter Gemeinden sind aufeinander abzustimmen. Dabei können sich Gemeinden auch auf die ihnen durch Ziele der Raumordnung zugewiesenen Funktionen sowie auf Auswirkungen auf ihre zentralen Versorgungsbereiche berufen.

(3) Bei der Aufstellung der Bauleitpläne sind die Belange, die für die Abwägung von Bedeutung sind (Abwägungsmaterial), zu ermitteln und zu bewerten.

(4) Für die Belange des Umweltschutzes nach § 1 Abs. 6 Nr. 7 und § 1a wird eine Umweltprüfung durchgeführt, in der die voraussichtlichen erheblichen Umweltauswirkungen ermittelt werden und in einem Umweltbericht beschrieben und bewertet werden; die Anlage 1 zu diesem Gesetzbuch ist anzuwenden. Die Gemeinde legt dazu für jeden Bauleitplan fest, in welchem Umfang und Detaillierungsgrad die Ermittlung der Belange für die Abwägung erforderlich ist. Die Umweltprüfung bezieht sich auf das, was nach gegenwärtigem Wissensstand und allgemein anerkannten Prüfmethoden sowie nach Inhalt und Detaillierungsgrad des Bauleitplans angemessenerweise verlangt werden kann. Das Ergebnis der Umweltprüfung ist in der Abwägung zu berücksichtigen. Wird eine Umweltprüfung für das Plangebiet oder für Teile davon in einem Raumordnungs-, Flächennutzungs- oder Bebauungsplanverfahren durchgeführt, soll die Umweltprüfung in einem zeitlich nachfolgend oder gleichzeitig durchgeführten Bauleitplanverfahren auf zusätzliche oder andere erhebliche Umweltauswirkungen beschränkt werden. Liegen Landschaftspläne oder sonstige Pläne nach § 1 Abs. 6 Nr. 7 Buchstabe g vor, sind deren Bestandsaufnahmen und Bewertungen in der Umweltprüfung heranzuziehen.

§ 2a Begründung zum Bauleitplanentwurf, Umweltbericht

Die Gemeinde hat im Aufstellungsverfahren dem Entwurf des Bauleitplans eine Begründung beizufügen. In ihr sind entsprechend dem Stand des Verfahrens
1. die Ziele, Zwecke und wesentlichen Auswirkungen des Bauleitplans und
2. in dem Umweltbericht nach der Anlage 1 zu diesem Gesetzbuch die aufgrund der Umweltprüfung nach § 2 Abs. 4 ermittelten und bewerteten Belange des Umweltschutzes

darzulegen. Der Umweltbericht bildet einen gesonderten Teil der Begründung.

§ 3 Beteiligung der Öffentlichkeit

(1) Die Öffentlichkeit ist möglichst frühzeitig über die allgemeinen Ziele und Zwecke der Planung, sich wesentlich unterscheidende Lösungen, die für die Neugestaltung oder Entwicklung eines Gebiets in Betracht kommen, und die voraussichtlichen Auswirkungen der Planung öffentlich zu unterrichten; ihr ist Gelegenheit zur Äußerung und Erörterung zu geben. Von der Unterrichtung und Erörterung kann abgesehen werden, wenn
1. ein Bebauungsplan aufgestellt oder aufgehoben wird und sich dies auf das Plangebiet und die Nachbargebiete nicht oder nur unwesentlich auswirkt oder
2. die Unterrichtung und Erörterung bereits zuvor auf anderer Grundlage erfolgt sind.

An die Unterrichtung und Erörterung schließt sich das Verfahren nach Absatz 2 auch an, wenn die Erörterung zu einer Änderung der Planung führt.

(2) Die Entwürfe der Bauleitpläne sind mit der Begründung und den nach Einschätzung der Gemeinde wesentlichen, bereits vorliegenden umweltbezogenen Stellungnahmen für die Dauer eines Monats öffentlich auszulegen. Ort und Dauer der Auslegung sowie Angaben dazu, welche Arten umweltbezogener Informationen verfügbar sind, sind mindestens eine Woche vorher ortsüblich bekannt zu machen; dabei ist darauf hinzuweisen, dass Stellungnahmen während der Auslegungsfrist abgegeben werden können, dass nicht fristgerecht abgegebene Stellungnahmen bei der Beschlussfassung über den Bauleitplan unberücksichtigt bleiben können und, bei Aufstellung eines Bebauungsplans, dass ein Antrag nach § 47 der Verwaltungsgerichtsordnung unzulässig ist, soweit mit ihm Einwendungen geltend gemacht werden, die vom Antragsteller im Rahmen der Auslegung nicht oder verspätet geltend gemacht

wurden, aber hätten geltend gemacht werden können. Die nach § 4 Abs. 2 Beteiligten sollen von der Auslegung benachrichtigt werden. Die fristgemäß abgegebenen Stellungnahmen sind zu prüfen; das Ergebnis ist mitzuteilen. Haben mehr als 50 Personen Stellungnahmen mit im Wesentlichen gleichem Inhalt abgegeben, kann die Mitteilung dadurch ersetzt werden, dass diesen Personen die Einsicht in das Ergebnis ermöglicht wird; die Stelle, bei der das Ergebnis der Prüfung während der Dienststunden eingesehen werden kann, ist ortsüblich bekannt zu machen. Bei der Vorlage der Bauleitpläne nach § 6 oder § 10 Abs. 2 sind die nicht berücksichtigten Stellungnahmen mit einer Stellungnahme der Gemeinde beizufügen.

§ 4 Beteiligung der Behörden

(1) Die Behörden und sonstigen Träger öffentlicher Belange, deren Aufgabenbereich durch die Planung berührt werden kann, sind entsprechend § 3 Abs. 1 Satz 1 Halbsatz 1 zu unterrichten und zur Äußerung auch im Hinblick auf den erforderlichen Umfang und Detaillierungsgrad der Umweltprüfung nach § 2 Abs. 4 aufzufordern. Hieran schließt sich das Verfahren nach Absatz 2 auch an, wenn die Äußerung zu einer Änderung der Planung führt.

(2) Die Gemeinde holt die Stellungnahmen der Behörden und sonstigen Träger öffentlicher Belange, deren Aufgabenbereich durch die Planung berührt werden kann, zum Planentwurf und der Begründung ein. Sie haben ihre Stellungnahmen innerhalb eines Monats abzugeben; die Gemeinde soll diese Frist bei Vorliegen eines wichtigen Grundes angemessen verlängern. In den Stellungnahmen sollen sich die Behörden und sonstigen Träger öffentlicher Belange auf ihren Aufgabenbereich beschränken; sie haben auch Aufschluss über von ihnen beabsichtigte oder bereits eingeleitete Planungen und sonstige Maßnahmen sowie deren zeitliche Abwicklung zu geben, die für die städtebauliche Entwicklung und Ordnung des Gebiets bedeutsam sein können. Verfügen sie über Informationen, die für die Ermittlung und Bewertung des Abwägungsmaterials zweckdienlich sind, haben sie diese Informationen der Gemeinde zur Verfügung zu stellen.

(3) Nach Abschluss des Verfahrens zur Aufstellung des Bauleitplans unterrichten die Behörden die Gemeinde, sofern nach den ihnen vorliegenden Erkenntnissen die Durchführung des Bauleitplans erhebliche, insbesondere unvorhergesehene nachteilige Auswirkungen auf die Umwelt hat.

§ 4a Gemeinsame Vorschriften zur Beteiligung

(1) Die Vorschriften über die Öffentlichkeits- und Behördenbeteiligung dienen insbesondere der vollständigen Ermittlung und zutreffenden Bewertung der von der Planung berührten Belange.

(2) Die Unterrichtung nach § 3 Abs. 1 kann gleichzeitig mit der Unterrichtung nach § 4 Abs. 1, die Auslegung nach § 3 Abs. 2 kann gleichzeitig mit der Einholung der Stellungnahme nach § 4 Abs. 2 durchgeführt werden.

(3) Wird der Entwurf des Bauleitplans nach dem Verfahren nach § 3 Abs. 2 oder § 4 Abs. 2 geändert oder ergänzt, ist er erneut auszulegen und sind die Stellungnahmen erneut einzuholen. Dabei kann bestimmt werden, dass Stellungnahmen nur zu den geänderten oder ergänzten Teilen abgegeben werden können; hierauf ist in der erneuten Bekanntmachung nach § 3 Abs. 2 Satz 2 hinzuweisen. Die Dauer der Auslegung und die Frist zur Stellungnahme kann angemessen verkürzt werden. Werden durch die Änderung oder Ergänzung des Entwurfs des Bauleitplans die Grundzüge der Planung nicht berührt, kann die Einholung der Stellungnahmen auf die von der Änderung oder Ergänzung betroffene Öffentlichkeit sowie die berührten Behörden und sonstigen Träger öffentlicher Belange beschränkt werden.

(4) Bei der Öffentlichkeits- und Behördenbeteiligung können ergänzend elektronische Informationstechnologien genutzt werden. Soweit die Gemeinde den Entwurf des Bauleitplans und die Begründung in das Internet einstellt, können die Stellungnahmen der Behörden und sonstigen Träger öffentlicher Belange durch Mitteilung von

Ort und Dauer der öffentlichen Auslegung nach § 3 Abs. 2 und der Internetadresse eingeholt werden; die Mitteilung kann im Wege der elektronischen Kommunikation erfolgen, soweit der Empfänger hierfür einen Zugang eröffnet hat. Die Gemeinde hat bei Anwendung von Satz 2 Halbsatz 1 der Behörde oder dem sonstigen Träger öffentlicher Belange auf dessen Verlangen einen Entwurf des Bauleitplans und der Begründung zu übermitteln; § 4 Abs. 2 Satz 2 bleibt unberührt.

(5) Bei Bauleitplänen, die erhebliche Auswirkungen auf Nachbarstaaten haben können, sind die Gemeinden und Behörden des Nachbarstaates nach den Grundsätzen der Gegenseitigkeit und Gleichwertigkeit zu unterrichten. Abweichend von Satz 1 ist bei Bauleitplänen, die erhebliche Umweltauswirkungen auf einen anderen Staat haben können, dieser nach den Vorschriften des Gesetzes über die Umweltverträglichkeitsprüfung zu beteiligen; für die Stellungnahmen der Öffentlichkeit und Behörden des anderen Staates, einschließlich der Rechtsfolgen nicht rechtzeitig abgegebener Stellungnahmen, sind abweichend von den Vorschriften des Gesetzes über die Umweltverträglichkeitsprüfung die Vorschriften dieses Gesetzbuchs entsprechend anzuwenden. Ist bei Bauleitplänen eine grenzüberschreitende Beteiligung nach Satz 2 erforderlich, ist hierauf bei der Bekanntmachung nach § 3 Abs. 2 Satz 2 hinzuweisen.

(6) Stellungnahmen, die im Verfahren der Öffentlichkeits- und Behördenbeteiligung nicht rechtzeitig abgegeben worden sind, können bei der Beschlussfassung über den Bauleitplan unberücksichtigt bleiben, sofern die Gemeinde deren Inhalt nicht kannte und nicht hätte kennen müssen und deren Inhalt für die Rechtmäßigkeit des Bauleitplans nicht von Bedeutung ist. Satz 1 gilt für in der Öffentlichkeitsbeteiligung abgegebene Stellungnahmen nur, wenn darauf in der Bekanntmachung nach § 3 Abs. 2 Satz 2 zur Öffentlichkeitsbeteiligung hingewiesen worden ist.

§ 4b Einschaltung eines Dritten

Die Gemeinde kann insbesondere zur Beschleunigung des Bauleitplanverfahrens die Vorbereitung und Durchführung von Verfahrensschritten nach den §§ 2a bis 4a einem Dritten übertragen.

§ 4c Überwachung

Die Gemeinden überwachen die erheblichen Umweltauswirkungen, die aufgrund der Durchführung der Bauleitpläne eintreten, um insbesondere unvorhergesehene nachteilige Auswirkungen frühzeitig zu ermitteln und in der Lage zu sein, geeignete Maßnahmen zur Abhilfe zu ergreifen. Sie nutzen dabei die im Umweltbericht nach Nummer 3 Buchstabe b der Anlage 1 zu diesem Gesetzbuch angegebenen Überwachungsmaßnahmen und die Informationen der Behörden nach § 4 Abs. 3.

§ 5 Inhalt des Flächennutzungsplans

(1) Im Flächennutzungsplan ist für das ganze Gemeindegebiet die sich aus der beabsichtigten städtebaulichen Entwicklung ergebende Art der Bodennutzung nach den voraussehbaren Bedürfnissen der Gemeinde in den Grundzügen darzustellen. Aus dem Flächennutzungsplan können Flächen und sonstige Darstellungen ausgenommen werden, wenn dadurch die nach Satz 1 darzustellenden Grundzüge nicht berührt werden und die Gemeinde beabsichtigt, die Darstellung zu einem späteren Zeitpunkt vorzunehmen; in der Begründung sind die Gründe hierfür darzulegen.

(2) Im Flächennutzungsplan können insbesondere dargestellt werden:
1. die für die Bebauung vorgesehenen Flächen nach der allgemeinen Art ihrer baulichen Nutzung (Bauflächen), nach der besonderen Art ihrer baulichen Nutzung (Baugebiete) sowie nach dem allgemeinen Maß der baulichen Nutzung; Bauflächen, für die eine zentrale Abwasserbeseitigung nicht vorgesehen ist, sind zu kennzeichnen;
2. die Ausstattung des Gemeindegebiets mit Einrichtungen und Anlagen zur Versorgung mit Gütern und Dienstleistungen des öffentlichen und privaten Bereichs, ins-

besondere mit den der Allgemeinheit dienenden baulichen Anlagen und Einrichtungen des Gemeinbedarfs, wie mit Schulen und Kirchen sowie mit sonstigen kirchlichen und mit sozialen, gesundheitlichen und kulturellen Zwecken dienenden Gebäuden und Einrichtungen, sowie die Flächen für Sport- und Spielanlagen;
3. die Flächen für den überörtlichen Verkehr und für die örtlichen Hauptverkehrszüge;
4. die Flächen für Versorgungsanlagen, für die Abfallentsorgung und Abwasserbeseitigung, für Ablagerungen sowie für Hauptversorgungs- und Hauptabwasserleitungen;
5. die Grünflächen, wie Parkanlagen, Dauerkleingärten, Sport-, Spiel-, Zelt- und Badeplätze, Friedhöfe;
6. die Flächen für Nutzungsbeschränkungen oder für Vorkehrungen zum Schutz gegen schädliche Umwelteinwirkungen im Sinne des Bundes-Immissionsschutzgesetzes;
7. die Wasserflächen, Häfen und die für die Wasserwirtschaft vorgesehenen Flächen sowie die Flächen, die im Interesse des Hochwasserschutzes und der Regelung des Wasserabflusses freizuhalten sind;
8. die Flächen für Aufschüttungen, Abgrabungen oder für die Gewinnung von Steinen, Erden und anderen Bodenschätzen;
9. a) die Flächen für die Landwirtschaft und
   b) Wald;
10. die Flächen für Maßnahmen zum Schutz, zur Pflege und zur Entwicklung von Boden, Natur und Landschaft.

(2a) Flächen zum Ausgleich im Sinne des § 1a Abs. 3 im Geltungsbereich des Flächennutzungsplans können den Flächen, auf denen Eingriffe in Natur und Landschaft zu erwarten sind, ganz oder teilweise zugeordnet werden.

(2b) Für Darstellungen des Flächennutzungsplans mit den Rechtswirkungen des § 35 Abs. 3 Satz 3 können sachliche Teilflächennutzungspläne aufgestellt werden.

(3) Im Flächennutzungsplan sollen gekennzeichnet werden:
1. Flächen, bei deren Bebauung besondere bauliche Vorkehrungen gegen äußere Einwirkungen oder bei denen besondere bauliche Sicherungsmaßnahmen gegen Naturgewalten erforderlich sind;
2. Flächen, unter denen der Bergbau umgeht oder die für den Abbau von Mineralien bestimmt sind;
3. für bauliche Nutzungen vorgesehene Flächen, deren Böden erheblich mit umweltgefährdenden Stoffen belastet sind.

(4) Planungen und sonstige Nutzungsregelungen, die nach anderen gesetzlichen Vorschriften festgesetzt sind, sowie nach Landesrecht denkmalgeschützte Mehrheiten von baulichen Anlagen sollen nachrichtlich übernommen werden. Sind derartige Festsetzungen in Aussicht genommen, sollen sie im Flächennutzungsplan vermerkt werden.

(4a) Festgesetzte Überschwemmungsgebiete im Sinne des § 31b Abs. 2 Satz 3 und 4 des Wasserhaushaltsgesetzes sollen nachrichtlich übernommen werden. Noch nicht festgesetzte Überschwemmungsgebiete im Sinne des § 31b Abs. 5 sowie überschwemmungsgefährdete Gebiete im Sinne des § 31c des Wasserhaushaltsgesetzes sollen im Flächennutzungsplan vermerkt werden.

(5) Dem Flächennutzungsplan ist eine Begründung mit den Angaben nach § 2a beizufügen.

§ 6 Genehmigung des Flächennutzungsplans

(1) Der Flächennutzungsplan bedarf der Genehmigung der höheren Verwaltungsbehörde.

(2) Die Genehmigung darf nur versagt werden, wenn der Flächennutzungsplan nicht ordnungsgemäß zu Stande gekommen ist oder diesem Gesetzbuch, den aufgrund dieses Gesetzbuchs erlassenen oder sonstigen Rechtsvorschriften widerspricht.

(3) Können Versagungsgründe nicht ausgeräumt werden, kann die höhere Verwaltungsbehörde räumliche oder sachliche Teile des Flächennutzungsplans von der Genehmigung ausnehmen.

(4) Über die Genehmigung ist binnen drei Monaten zu entscheiden; die höhere Verwaltungsbehörde kann räumliche und sachliche Teile des Flächennutzungsplans vorweg genehmigen. Aus wichtigen Gründen kann die Frist auf Antrag der Genehmigungsbehörde von der zuständigen übergeordneten Behörde verlängert werden, in der Regel jedoch nur bis zu drei Monaten. Die Gemeinde ist von der Fristverlängerung in Kenntnis zu setzen. Die Genehmigung gilt als erteilt, wenn sie nicht innerhalb der Frist unter Angabe von Gründen abgelehnt wird.

(5) Die Erteilung der Genehmigung ist ortsüblich bekannt zu machen. Mit der Bekanntmachung wird der Flächennutzungsplan wirksam. Ihm ist eine zusammenfassende Erklärung beizufügen über die Art und Weise, wie die Umweltbelange und die Ergebnisse der Öffentlichkeits- und Behördenbeteiligung in dem Flächennutzungsplan berücksichtigt wurden, und aus welchen Gründen der Plan nach Abwägung mit den geprüften, in Betracht kommenden anderweitigen Planungsmöglichkeiten gewählt wurde. Jedermann kann den Flächennutzungsplan, die Begründung und die zusammenfassende Erklärung einsehen und über deren Inhalt Auskunft verlangen.

(6) Mit dem Beschluss über eine Änderung oder Ergänzung des Flächennutzungsplans kann die Gemeinde auch bestimmen, dass der Flächennutzungsplan in der Fassung, die er durch die Änderung oder Ergänzung erfahren hat, neu bekannt zu machen ist.

§ 7 Anpassung an den Flächennutzungsplan

Öffentliche Planungsträger, die nach § 4 oder § 13 beteiligt worden sind, haben ihre Planungen dem Flächennutzungsplan insoweit anzupassen, als sie diesem Plan nicht widersprochen haben. Der Widerspruch ist bis zum Beschluss der Gemeinde einzulegen. Macht eine Veränderung der Sachlage eine abweichende Planung erforderlich, haben sie sich unverzüglich mit der Gemeinde ins Benehmen zu setzen. Kann ein Einvernehmen zwischen der Gemeinde und dem öffentlichen Planungsträger nicht erreicht werden, kann der öffentliche Planungsträger nachträglich widersprechen. Der Widerspruch ist nur zulässig, wenn die für die abweichende Planung geltend gemachten Belange die sich aus dem Flächennutzungsplan ergebenden städtebaulichen Belange nicht nur unwesentlich überwiegen. Im Fall einer abweichenden Planung ist § 37 Abs. 3 auf die durch die Änderung oder Ergänzung des Flächennutzungsplans oder eines Bebauungsplans, der aus dem Flächennutzungsplan entwickelt worden ist und geändert, ergänzt oder aufgehoben werden musste, entstehenden Aufwendungen und Kosten entsprechend anzuwenden; § 38 Satz 3 bleibt unberührt.

§ 8 Zweck des Bebauungsplans

(1) Der Bebauungsplan enthält die rechtsverbindlichen Festsetzungen für die städtebauliche Ordnung. Er bildet die Grundlage für weitere zum Vollzug dieses Gesetzbuchs erforderliche Maßnahmen.

(2) Bebauungspläne sind aus dem Flächennutzungsplan zu entwickeln. Ein Flächennutzungsplan ist nicht erforderlich, wenn der Bebauungsplan ausreicht, um die städtebauliche Entwicklung zu ordnen.

(3) Mit der Aufstellung, Änderung, Ergänzung oder Aufhebung eines Bebauungsplans kann gleichzeitig auch der Flächennutzungsplan aufgestellt, geändert oder ergänzt werden (Parallelverfahren). Der Bebauungsplan kann vor dem Flächennutzungsplan bekannt gemacht werden, wenn nach dem Stand der Planungsarbeiten anzunehmen ist, dass der Bebauungsplan aus den künftigen Darstellungen des Flächennutzungsplans entwickelt sein wird.

(4) Ein Bebauungsplan kann aufgestellt, geändert, ergänzt oder aufgehoben werden, bevor der Flächennutzungsplan aufgestellt ist, wenn dringende Gründe es erfordern und wenn der Bebauungsplan der beabsichtigten städtebaulichen Entwicklung des

Gemeindegebiets nicht entgegenstehen wird (vorzeitiger Bebauungsplan). Gilt bei Gebiets- oder Bestandsänderungen von Gemeinden oder anderen Veränderungen der Zuständigkeit für die Aufstellung von Flächennutzungsplänen ein Flächennutzungsplan fort, kann ein vorzeitiger Bebauungsplan auch aufgestellt werden, bevor der Flächennutzungsplan ergänzt oder geändert ist.

§ 9 Inhalt des Bebauungsplans

(1) Im Bebauungsplan können aus städtebaulichen Gründen festgesetzt werden:
1. die Art und das Maß der baulichen Nutzung;
2. die Bauweise, die überbaubaren und die nicht überbaubaren Grundstücksflächen sowie die Stellung der baulichen Anlagen;
2a. vom Bauordnungsrecht abweichende Maße der Tiefe der Abstandsflächen;
3. für die Größe, Breite und Tiefe der Baugrundstücke Mindestmaße und aus Gründen des sparsamen und schonenden Umgangs mit Grund und Boden für Wohnbaugrundstücke auch Höchstmaße;
4. die Flächen für Nebenanlagen, die aufgrund anderer Vorschriften für die Nutzung von Grundstücken erforderlich sind, wie Spiel-, Freizeit- und Erholungsflächen sowie die Flächen für Stellplätze und Garagen mit ihren Einfahrten;
5. die Flächen für den Gemeinbedarf sowie für Sport- und Spielanlagen;
6. die höchstzulässige Zahl der Wohnungen in Wohngebäuden;
7. die Flächen, auf denen ganz oder teilweise nur Wohngebäude, die mit Mitteln der sozialen Wohnraumförderung gefördert werden könnten, errichtet werden dürfen;
8. einzelne Flächen, auf denen ganz oder teilweise nur Wohngebäude errichtet werden dürfen, die für Personengruppen mit besonderem Wohnbedarf bestimmt sind;
9. der besondere Nutzungszweck von Flächen;
10. die Flächen, die von der Bebauung freizuhalten sind, und ihre Nutzung;
11. die Verkehrsflächen sowie Verkehrsflächen besonderer Zweckbestimmung, wie Fußgängerbereiche, Flächen für das Parken von Fahrzeugen, Flächen für das Abstellen von Fahrrädern sowie den Anschluss anderer Flächen an die Verkehrsflächen; die Flächen können auch als öffentliche oder private Flächen festgesetzt werden;
12. die Versorgungsflächen;
13. die Führung von oberirdischen oder unterirdischen Versorgungsanlagen und -leitungen;
14. die Flächen für die Abfall- und Abwasserbeseitigung, einschließlich der Rückhaltung und Versickerung von Niederschlagswasser, sowie für Ablagerungen;
15. die öffentlichen und privaten Grünflächen, wie Parkanlagen, Dauerkleingärten, Sport-, Spiel-, Zelt- und Badeplätze, Friedhöfe;
16. die Wasserflächen sowie die Flächen für die Wasserwirtschaft, für Hochwasserschutzanlagen und für die Regelung des Wasserabflusses;
17. die Flächen für Aufschüttungen, Abgrabungen oder für die Gewinnung von Steinen, Erden und anderen Bodenschätzen;
18. a) die Flächen für die Landwirtschaft und
    b) Wald;
19. die Flächen für die Errichtung von Anlagen für die Kleintierhaltung wie Ausstellungs- und Zuchtanlagen, Zwinger, Koppeln und dergleichen;
20. die Flächen oder Maßnahmen zum Schutz, zur Pflege und zur Entwicklung von Boden, Natur und Landschaft;
21. die mit Geh-, Fahr- und Leitungsrechten zugunsten der Allgemeinheit, eines Erschließungsträgers oder eines beschränkten Personenkreises zu belastenden Flächen;
22. die Flächen für Gemeinschaftsanlagen für bestimmte räumliche Bereiche wie Kinderspielplätze, Freizeiteinrichtungen, Stellplätze und Garagen;
23. Gebiete, in denen
    a) zum Schutz vor schädlichen Umwelteinwirkungen im Sinne des Bundes-Immissionsschutzgesetzes bestimmte luftverunreinigende Stoffe nicht oder nur beschränkt verwendet werden dürfen,

b) bei der Errichtung von Gebäuden bestimmte bauliche Maßnahmen für den Einsatz erneuerbarer Energien wie insbesondere Solarenergie getroffen werden müssen;
24. die von der Bebauung freizuhaltenden Schutzflächen und ihre Nutzung, die Flächen für besondere Anlagen und Vorkehrungen zum Schutz vor schädlichen Umwelteinwirkungen und sonstigen Gefahren im Sinne des Bundes-Immissionsschutzgesetzes sowie die zum Schutz vor solchen Einwirkungen oder zur Vermeidung oder Minderung solcher Einwirkungen zu treffenden baulichen und sonstigen technischen Vorkehrungen;
25. für einzelne Flächen oder für ein Bebauungsplangebiet oder Teile davon sowie für Teile baulicher Anlagen mit Ausnahme der für landwirtschaftliche Nutzungen oder Wald festgesetzten Flächen
    a) das Anpflanzen von Bäumen, Sträuchern und sonstigen Bepflanzungen,
    b) Bindungen für Bepflanzungen und für die Erhaltung von Bäumen, Sträuchern und sonstigen Bepflanzungen sowie von Gewässern;
26. die Flächen für Aufschüttungen, Abgrabungen und Stützmauern, soweit sie zur Herstellung des Straßenkörpers erforderlich sind.

(1a) Flächen oder Maßnahmen zum Ausgleich im Sinne des § 1a Abs. 3 können auf den Grundstücken, auf denen Eingriffe in Natur und Landschaft zu erwarten sind, oder an anderer Stelle sowohl im sonstigen Geltungsbereich des Bebauungsplans als auch in einem anderen Bebauungsplan festgesetzt werden. Die Flächen oder Maßnahmen zum Ausgleich an anderer Stelle können den Grundstücken, auf denen Eingriffe zu erwarten sind, ganz oder teilweise zugeordnet werden; dies gilt auch für Maßnahmen auf von der Gemeinde bereitgestellten Flächen.

(2) Im Bebauungsplan kann in besonderen Fällen festgesetzt werden, dass bestimmte der in ihm festgesetzten baulichen und sonstigen Nutzungen und Anlagen nur
1. für einen bestimmten Zeitraum zulässig oder
2. bis zum Eintritt bestimmter Umstände zulässig oder unzulässig
sind. Die Folgenutzung soll festgesetzt werden.

(2a) Für im Zusammenhang bebaute Ortsteile (§ 34) kann zur Erhaltung oder Entwicklung zentraler Versorgungsbereiche, auch im Interesse einer verbrauchernahen Versorgung der Bevölkerung und der Innenentwicklung der Gemeinden, in einem Bebauungsplan festgesetzt werden, dass nur bestimmte Arten der nach § 34 Abs. 1 und 2 zulässigen baulichen Nutzungen zulässig oder nicht zulässig sind oder nur ausnahmsweise zugelassen werden können; die Festsetzungen können für Teile des räumlichen Geltungsbereichs des Bebauungsplans unterschiedlich getroffen werden. Dabei ist insbesondere ein hierauf bezogenes städtebauliches Entwicklungskonzept im Sinne des § 1 Abs. 6 Nr. 11 zu berücksichtigen, das Aussagen über die zu erhaltenden oder zu entwickelnden zentralen Versorgungsbereiche der Gemeinde oder eines Gemeindeteils enthält. In den zu erhaltenden oder zu entwickelnden zentralen Versorgungsbereichen sollen die planungsrechtlichen Voraussetzungen für Vorhaben, die diesen Versorgungsbereichen dienen, nach den §§ 30 oder 34 vorhanden oder durch einen Bebauungsplan, dessen Aufstellung förmlich eingeleitet ist, vorgesehen sein.

(3) Bei Festsetzungen nach Absatz 1 kann auch die Höhenlage festgesetzt werden. Festsetzungen nach Absatz 1 für übereinander liegende Geschosse und Ebenen und sonstige Teile baulicher Anlagen können gesondert getroffen werden; dies gilt auch, soweit Geschosse, Ebenen und sonstige Teile baulicher Anlagen unterhalb der Geländeoberfläche vorgesehen sind.

(4) Die Länder können durch Rechtsvorschriften bestimmen, dass auf Landesrecht beruhende Regelungen in den Bebauungsplan als Festsetzungen aufgenommen werden können und inwieweit auf diese Festsetzungen die Vorschriften dieses Gesetzbuchs Anwendung finden.

(5) Im Bebauungsplan sollen gekennzeichnet werden:
1. Flächen, bei deren Bebauung besondere bauliche Vorkehrungen gegen äußere Einwirkungen oder bei denen besondere bauliche Sicherungsmaßnahmen gegen Naturgewalten erforderlich sind;

2. Flächen, unter denen der Bergbau umgeht oder die für den Abbau von Mineralien bestimmt sind;
3. Flächen, deren Böden erheblich mit umweltgefährdenden Stoffen belastet sind.

(6) Nach anderen gesetzlichen Vorschriften getroffene Festsetzungen sowie Denkmäler nach Landesrecht sollen in den Bebauungsplan nachrichtlich übernommen werden, soweit sie zu seinem Verständnis oder für die städtebauliche Beurteilung von Baugesuchen notwendig oder zweckmäßig sind.

(6a) Festgesetzte Überschwemmungsgebiete im Sinne des § 31b Abs. 2 Satz 3 und 4 des Wasserhaushaltsgesetzes sollen nachrichtlich übernommen werden. Noch nicht festgesetzte Überschwemmungsgebiete im Sinne des § 31b Abs. 5 sowie überschwemmungsgefährdete Gebiete im Sinne des § 31c des Wasserhaushaltsgesetzes sollen im Bebauungsplan vermerkt werden.

(7) Der Bebauungsplan setzt die Grenzen seines räumlichen Geltungsbereichs fest.

(8) Dem Bebauungsplan ist eine Begründung mit den Angaben nach § 2a beizufügen.

§ 9a Verordnungsermächtigung

Das Bundesministerium für Verkehr, Bau und Stadtentwicklung wird ermächtigt, mit Zustimmung des Bundesrates durch Rechtsverordnung Vorschriften zu erlassen über
1. Darstellungen und Festsetzungen in den Bauleitplänen über
   a) die Art der baulichen Nutzung,
   b) das Maß der baulichen Nutzung und seine Berechnung,
   c) die Bauweise sowie die überbaubaren und die nicht überbaubaren Grundstücksflächen;
2. die in den Baugebieten zulässigen baulichen und sonstigen Anlagen;
3. die Zulässigkeit der Festsetzung nach Maßgabe des § 9 Abs. 3 über verschiedenartige Baugebiete oderverschiedenartige in den Baugebieten zulässige bauliche und sonstige Anlagen;
4. die Ausarbeitung der Bauleitpläne einschließlich der dazugehörigen Unterlagen sowie über die Darstellung des Planinhalts, insbesondere über die dabei zu verwendenden Planzeichen und ihre Bedeutung.

§ 10 Beschluss, Genehmigung und Inkrafttreten des Bebauungsplans

(1) Die Gemeinde beschließt den Bebauungsplan als Satzung.

(2) Bebauungspläne nach § 8 Abs. 2 Satz 2, Abs. 3 Satz 2 und Abs. 4 bedürfen der Genehmigung der höheren Verwaltungsbehörde. § 6 Abs. 2 und 4 ist entsprechend anzuwenden.

(3) Die Erteilung der Genehmigung oder, soweit eine Genehmigung nicht erforderlich ist, der Beschluss des Bebauungsplans durch die Gemeinde ist ortsüblich bekannt zu machen. Der Bebauungsplan ist mit der Begründung und der zusammenfassenden Erklärung nach Absatz 4 zu jedermanns Einsicht bereitzuhalten; über den Inhalt ist auf Verlangen Auskunft zu geben. In der Bekanntmachung ist darauf hinzuweisen, wo der Bebauungsplan eingesehen werden kann. Mit der Bekanntmachung tritt der Bebauungsplan in Kraft. Die Bekanntmachung tritt an die Stelle der sonst für Satzungen vorgeschriebenen Veröffentlichung.

(4) Dem Bebauungsplan ist eine zusammenfassende Erklärung beizufügen über die Art und Weise, wie die Umweltbelange und die Ergebnisse der Öffentlichkeits- und Behördenbeteiligung in dem Bebauungsplan berücksichtigt wurden, und aus welchen Gründen der Plan nach Abwägung mit den geprüften, in Betracht kommenden anderweitigen Planungsmöglichkeiten gewählt wurde.

BauGB   §§ 11, 12   Anh. 1

§ 11   Städtebaulicher Vertrag

(1) Die Gemeinde kann städtebauliche Verträge schließen. Gegenstände eines städtebaulichen Vertrags können insbesondere sein:
1. die Vorbereitung oder Durchführung städtebaulicher Maßnahmen durch den Vertragspartner auf eigene Kosten; dazu gehören auch die Neuordnung der Grundstücksverhältnisse, die Bodensanierung und sonstige vorbereitende Maßnahmen, die Ausarbeitung der städtebaulichen Planungen sowie erforderlichenfalls des Umweltberichts; die Verantwortung der Gemeinde für das gesetzlich vorgesehene Planaufstellungsverfahren bleibt unberührt;
2. die Förderung und Sicherung der mit der Bauleitplanung verfolgten Ziele, insbesondere die Grundstücksnutzung, auch hinsichtlich einer Befristung oder einer Bedingung, die Durchführung des Ausgleichs im Sinne des § 1a Abs. 3, die Deckung des Wohnbedarfs von Bevölkerungsgruppen mit besonderen Wohnraumversorgungsproblemen sowie des Wohnbedarfs der ortsansässigen Bevölkerung;
3. die Übernahme von Kosten oder sonstigen Aufwendungen, die der Gemeinde für städtebauliche Maßnahmen entstehen oder entstanden sind und die Voraussetzung oder Folge des geplanten Vorhabens sind; dazu gehört auch die Bereitstellung von Grundstücken;
4. entsprechend den mit den städtebaulichen Planungen und Maßnahmen verfolgten Zielen und Zwecken die Nutzung von Netzen und Anlagen der Kraft-Wärme-Kopplung sowie von Solaranlagen für die Wärme-, Kälte- und Elektrizitätsversorgung.

(2) Die vereinbarten Leistungen müssen den gesamten Umständen nach angemessen sein. Die Vereinbarung einer vom Vertragspartner zu erbringenden Leistung ist unzulässig, wenn er auch ohne sie einen Anspruch auf die Gegenleistung hätte.

(3) Ein städtebaulicher Vertrag bedarf der Schriftform, soweit nicht durch Rechtsvorschriften eine andere Form vorgeschrieben ist.

(4) Die Zulässigkeit anderer städtebaulicher Verträge bleibt unberührt.

§ 12   Vorhaben- und Erschließungsplan

(1) Die Gemeinde kann durch einen vorhabenbezogenen Bebauungsplan die Zulässigkeit von Vorhaben bestimmen, wenn der Vorhabenträger auf der Grundlage eines mit der Gemeinde abgestimmten Plans zur Durchführung der Vorhaben und der Erschließungsmaßnahmen (Vorhaben- und Erschließungsplan) bereit und in der Lage ist und sich zur Durchführung innerhalb einer bestimmten Frist und zur Tragung der Planungs- und Erschließungskosten ganz oder teilweise vor dem Beschluss nach § 10 Abs. 1 verpflichtet (Durchführungsvertrag). Die Begründung des Planentwurfs hat die nach § 2a erforderlichen Angaben zu enthalten. Für die grenzüberschreitende Beteiligung ist eine Übersetzung der Angaben vorzulegen, soweit dies nach den Vorschriften des Gesetzes über die Umweltverträglichkeitsprüfung notwendig ist. Für den vorhabenbezogenen Bebauungsplan nach Satz 1 gelten ergänzend die Absätze 2 bis 6.

(2) Die Gemeinde hat auf Antrag des Vorhabenträgers über die Einleitung des Bebauungsplanverfahrens nach pflichtgemäßem Ermessen zu entscheiden. Auf Antrag des Vorhabenträgers oder sofern die Gemeinde es nach Einleitung des Bebauungsplanverfahrens für erforderlich hält, informiert die Gemeinde diesen über den voraussichtlich erforderlichen Untersuchungsrahmen der Umweltprüfung nach § 2 Abs. 4 unter Beteiligung der Behörden nach § 4 Abs. 1.

(3) Der Vorhaben- und Erschließungsplan wird Bestandteil des vorhabenbezogenen Bebauungsplans. Im Bereich des Vorhaben- und Erschließungsplans ist die Gemeinde bei der Bestimmung der Zulässigkeit der Vorhaben nicht an die Festsetzungen nach § 9 und nach der aufgrund von § 9a erlassenen Verordnung gebunden; die §§ 14 bis 18, 22 bis 28, 39 bis 79, 127 bis 135c sind nicht anzuwenden. Soweit der vorhabenbezogene Bebauungsplan auch im Bereich des Vorhaben- und Erschließungsplans Festsetzungen nach § 9 für öffentliche Zwecke trifft, kann gemäß § 85 Abs. 1 Nr. 1 enteignet werden.

(3a) Wird in einem vorhabenbezogenen Bebauungsplan für den Bereich des Vorhaben- und Erschließungsplans durch Festsetzung eines Baugebiets aufgrund der Baunutzungsverordnung oder auf sonstige Weise eine bauliche oder sonstige Nutzung allgemein festgesetzt, ist unter entsprechender Anwendung des § 9 Abs. 2 festzusetzen, dass im Rahmen der festgesetzten Nutzungen nur solche Vorhaben zulässig sind, zu deren Durchführung sich der Vorhabenträger im Durchführungsvertrag verpflichtet. Änderungen des Durchführungsvertrags oder der Abschluss eines neuen Durchführungsvertrags sind zulässig.

(4) Einzelne Flächen außerhalb des Bereichs des Vorhaben- und Erschließungsplans können in den vorhabenbezogenen Bebauungsplan einbezogen werden.

(5) Ein Wechsel des Vorhabenträgers bedarf der Zustimmung der Gemeinde. Die Zustimmung darf nur dann verweigert werden, wenn Tatsachen die Annahme rechtfertigen, dass die Durchführung des Vorhaben- und Erschließungsplans innerhalb der Frist nach Absatz 1 gefährdet ist.

(6) Wird der Vorhaben- und Erschließungsplan nicht innerhalb der Frist nach Absatz 1 durchgeführt, soll die Gemeinde den Bebauungsplan aufheben. Aus der Aufhebung können Ansprüche des Vorhabenträgers gegen die Gemeinde nicht geltend gemacht werden. Bei der Aufhebung kann das vereinfachte Verfahren nach § 13 angewendet werden.

§ 13 Vereinfachtes Verfahren

(1) Werden durch die Änderung oder Ergänzung eines Bauleitplans die Grundzüge der Planung nicht berührt oder wird durch die Aufstellung eines Bebauungsplans in einem Gebiet nach § 34 der sich aus der vorhandenen Eigenart der näheren Umgebung ergebende Zulässigkeitsmaßstab nicht wesentlich verändert oder enthält er lediglich Festsetzungen nach § 9 Abs. 2a, kann die Gemeinde das vereinfachte Verfahren anwenden, wenn
1. die Zulässigkeit von Vorhaben, die einer Pflicht zur Durchführung einer Umweltverträglichkeitsprüfung nach Anlage 1 zum Gesetz über die Umweltverträglichkeitsprüfung oder nach Landesrecht unterliegen, nicht vorbereitet oder begründet wird und
2. keine Anhaltspunkte für eine Beeinträchtigung der in § 1 Abs. 6 Nr. 7 Buchstabe b genannten Schutzgüter bestehen.

(2) Im vereinfachten Verfahren kann
1. von der frühzeitigen Unterrichtung und Erörterung nach § 3 Abs. 1 und § 4 Abs. 1 abgesehen werden,
2. der betroffenen Öffentlichkeit Gelegenheit zur Stellungnahme innerhalb angemessener Frist gegeben oder wahlweise die Auslegung nach § 3 Abs. 2 durchgeführt werden,
3. den berührten Behörden und sonstigen Trägern öffentlicher Belange Gelegenheit zur Stellungnahme innerhalb angemessener Frist gegeben oder wahlweise die Beteiligung nach § 4 Abs. 2 durchgeführt werden.

Wird nach Satz 1 Nr. 2 die betroffene Öffentlichkeit beteiligt, gilt die Hinweispflicht des § 3 Abs. 2 Satz 2 Halbsatz 2 entsprechend.

(3) Im vereinfachten Verfahren wird von der Umweltprüfung nach § 2 Abs. 4, von dem Umweltbericht nach § 2a, von der Angabe nach § 3 Abs. 2 Satz 2, welche Arten umweltbezogener Informationen verfügbar sind, sowie von der zusammenfassenden Erklärung nach § 6 Abs. 5 Satz 3 und § 10 Abs. 4 abgesehen; § 4c ist nicht anzuwenden. Bei der Beteiligung nach Absatz 2 Nr. 2 ist darauf hinzuweisen, dass von einer Umweltprüfung abgesehen wird.

(...)

§ 29 Begriff des Vorhabens; Geltung von Rechtsvorschriften

(1) Für Vorhaben, die die Errichtung, Änderung oder Nutzungsänderung von baulichen Anlagen zum Inhalt haben, und für Aufschüttungen und Abgrabungen größeren

Umfangs sowie für Ausschachtungen, Ablagerungen einschließlich Lagerstätten gelten die §§ 30 bis 37.

(2) Die Vorschriften des Bauordnungsrechts und andere öffentlich-rechtliche Vorschriften bleiben unberührt.

§ 30 Zulässigkeit von Vorhaben im Geltungsbereich eines Bebauungsplans

(1) Im Geltungsbereich eines Bebauungsplans, der allein oder gemeinsam mit sonstigen baurechtlichen Vorschriften mindestens Festsetzungen über die Art und das Maß der baulichen Nutzung, die überbaubaren Grundstücksflächen und die örtlichen Verkehrsflächen enthält, ist ein Vorhaben zulässig, wenn es diesen Festsetzungen nicht widerspricht und die Erschließung gesichert ist.

(2) Im Geltungsbereich eines vorhabenbezogenen Bebauungsplans nach § 12 ist ein Vorhaben zulässig, wenn es dem Bebauungsplan nicht widerspricht und die Erschließung gesichert ist.

(3) Im Geltungsbereich eines Bebauungsplans, der die Voraussetzungen des Absatzes 1 nicht erfüllt (einfacher Bebauungsplan), richtet sich die Zulässigkeit von Vorhaben im Übrigen nach § 34 oder § 35.

§ 31 Ausnahmen und Befreiungen

(1) Von den Festsetzungen des Bebauungsplans können solche Ausnahmen zugelassen werden, die in dem Bebauungsplan nach Art und Umfang ausdrücklich vorgesehen sind.

(2) Von den Festsetzungen des Bebauungsplans kann befreit werden, wenn die Grundzüge der Planung nicht berührt werden und
1. Gründe des Wohls der Allgemeinheit die Befreiung erfordern oder
2. die Abweichung städtebaulich vertretbar ist oder
3. die Durchführung des Bebauungsplans zu einer offenbar nicht beabsichtigten Härte führen würde

und wenn die Abweichung auch unter Würdigung nachbarlicher Interessen mit den öffentlichen Belangen vereinbar ist.

(...)

§ 33 Zulässigkeit von Vorhaben während der Planaufstellung

(1) In Gebieten, für die ein Beschluss über die Aufstellung eines Bebauungsplans gefasst ist, ist ein Vorhaben zulässig, wenn
1. die Öffentlichkeits- und Behördenbeteiligung nach § 3 Abs. 2, § 4 Abs. 2 und § 4a Abs. 2 bis 5 durchgeführt worden ist,
2. anzunehmen ist, dass das Vorhaben den künftigen Festsetzungen des Bebauungsplans nicht entgegensteht,
3. der Antragsteller diese Festsetzungen für sich und seine Rechtsnachfolger schriftlich anerkennt und
4. die Erschließung gesichert ist.

(2) In Fällen des § 4a Abs. 3 Satz 1 kann vor der erneuten Öffentlichkeits- und Behördenbeteiligung ein Vorhaben zugelassen werden, wenn sich die vorgenommene Änderung oder Ergänzung des Bebauungsplanentwurfs nicht auf das Vorhaben auswirkt und die in Absatz 1 Nr. 2 bis 4 bezeichneten Voraussetzungen erfüllt sind.

(3) Wird ein Verfahren nach § 13 oder § 13a durchgeführt, kann ein Vorhaben vor Durchführung der Öffentlichkeits- und Behördenbeteiligung zugelassen werden, wenn die in Absatz 1 Nr. 2 bis 4 bezeichneten Voraussetzungen erfüllt sind. Der betroffenen Öffentlichkeit und den berührten Behörden und sonstigen Trägern öffentlicher Belange ist vor Erteilung der Genehmigung Gelegenheit zur Stellungnahme innerhalb angemessener Frist zu geben, soweit sie dazu nicht bereits zuvor Gelegenheit hatten.

§ 34 Zulässigkeit von Vorhaben innerhalb der im Zusammenhang bebauten Ortsteile

(1) Innerhalb der im Zusammenhang bebauten Ortsteile ist ein Vorhaben zulässig, wenn es sich nach Art und Maß der baulichen Nutzung, der Bauweise und der Grundstücksfläche, die überbaut werden soll, in die Eigenart der näheren Umgebung einfügt und die Erschließung gesichert ist. Die Anforderungen an gesunde Wohn- und Arbeitsverhältnisse müssen gewahrt bleiben; das Ortsbild darf nicht beeinträchtigt werden.

(2) Entspricht die Eigenart der näheren Umgebung einem der Baugebiete, die in der aufgrund des § 9a erlassenen Verordnung bezeichnet sind, beurteilt sich die Zulässigkeit des Vorhabens nach seiner Art allein danach, ob es nach der Verordnung in dem Baugebiet allgemein zulässig wäre; auf die nach der Verordnung ausnahmsweise zulässigen Vorhaben ist § 31 Abs. 1, im Übrigen ist § 31 Abs. 2 entsprechend anzuwenden.

(3) Von Vorhaben nach Absatz 1 oder 2 dürfen keine schädlichen Auswirkungen auf zentrale Versorgungsbereiche in der Gemeinde oder in anderen Gemeinden zu erwarten sein.

(3a) Vom Erfordernis des Einfügens in die Eigenart der näheren Umgebung nach Absatz 1 Satz 1 kann im Einzelfall abgewichen werden, wenn die Abweichung
1. der Erweiterung, Änderung, Nutzungsänderung oder Erneuerung eines zulässigerweise errichteten Gewerbe- oder Handwerksbetriebs oder der Erweiterung, Änderung oder Erneuerung einer zulässigerweise errichteten baulichen Anlage zu Wohnzwecken dient,
2. städtebaulich vertretbar ist und
3. auch unter Würdigung nachbarlicher Interessen mit den öffentlichen Belangen vereinbar ist.
Satz 1 findet keine Anwendung auf Einzelhandelsbetriebe, die die verbrauchernahe Versorgung der Bevölkerung beeinträchtigen oder schädliche Auswirkungen auf zentrale Versorgungsbereiche in der Gemeinde oder in anderen Gemeinden haben können.

(4) Die Gemeinde kann durch Satzung
1. die Grenzen für im Zusammenhang bebaute Ortsteile festlegen,
2. bebaute Bereiche im Außenbereich als im Zusammenhang bebaute Ortsteile festlegen, wenn die Flächen im Flächennutzungsplan als Baufläche dargestellt sind,
3. einzelne Außenbereichsflächen in die im Zusammenhang bebauten Ortsteile einbeziehen, wenn die einbezogenen Flächen durch die bauliche Nutzung des angrenzenden Bereichs entsprechend geprägt sind.
Die Satzungen können miteinander verbunden werden.

(5) Voraussetzung für die Aufstellung von Satzungen nach Absatz 4 Satz 1 Nr. 2 und 3 ist, dass
1. sie mit einer geordneten städtebaulichen Entwicklung vereinbar sind,
2. die Zulässigkeit von Vorhaben, die einer Pflicht zur Durchführung einer Umweltverträglichkeitsprüfung nach Anlage 1 zum Gesetz über die Umweltverträglichkeitsprüfung oder nach Landesrecht unterliegen, nicht begründet wird und
3. keine Anhaltspunkte für eine Beeinträchtigung der in § 1 Abs. 6 Nr. 7 Buchstabe b genannten Schutzgüter bestehen.
In den Satzungen nach Absatz 4 Satz 1 Nr. 2 und 3 können einzelne Festsetzungen nach § 9 Abs. 1 und 3 Satz 1 sowie Abs. 4 getroffen werden. § 9 Abs. 6 ist entsprechend anzuwenden. Auf die Satzung nach Absatz 4 Satz 1 Nr. 3 sind ergänzend § 1a Abs. 2 und 3 und § 9 Abs. 1a entsprechend anzuwenden; ihr ist eine Begründung mit den Angaben entsprechend § 2a Satz 2 Nr. 1 beizufügen.

(6) Bei der Aufstellung der Satzungen nach Absatz 4 Satz 1 Nr. 2 und 3 sind die Vorschriften über die Öffentlichkeits- und Behördenbeteiligung nach § 13 Abs. 2 Satz 1 Nr. 2 und 3 sowie Satz 2 entsprechend anzuwenden. Auf die Satzungen nach Absatz 4 Satz 1 Nr. 1 bis 3 ist § 10 Abs. 3 entsprechend anzuwenden.

(...)

§ 36 Beteiligung der Gemeinde und der höheren Verwaltungsbehörde

(1) Über die Zulässigkeit von Vorhaben nach den §§ 31, 33 bis 35 wird im bauaufsichtlichen Verfahren von der Baugenehmigungsbehörde im Einvernehmen mit der Gemeinde entschieden. Das Einvernehmen der Gemeinde ist auch erforderlich, wenn in einem anderen Verfahren über die Zulässigkeit nach den in Satz 1 bezeichneten Vorschriften entschieden wird; dies gilt nicht für Vorhaben der in § 29 Abs. 1 bezeichneten Art, die der Bergaufsicht unterliegen. Richtet sich die Zulässigkeit von Vorhaben nach § 30 Abs. 1, stellen die Länder sicher, dass die Gemeinde rechtzeitig vor Ausführung des Vorhabens über Maßnahmen zur Sicherung der Bauleitplanung nach den §§ 14 und 15 entscheiden kann. In den Fällen des § 35 Abs. 2 und 4 kann die Landesregierung durch Rechtsverordnung allgemein oder für bestimmte Fälle festlegen, dass die Zustimmung der höheren Verwaltungsbehörde erforderlich ist.

(2) Das Einvernehmen der Gemeinde und die Zustimmung der höheren Verwaltungsbehörde dürfen nur aus den sich aus den §§ 31, 33, 34 und 35 ergebenden Gründen versagt werden. Das Einvernehmen der Gemeinde und die Zustimmung der höheren Verwaltungsbehörde gelten als erteilt, wenn sie nicht binnen zwei Monaten nach Eingang des Ersuchens der Genehmigungsbehörde verweigert werden; dem Ersuchen gegenüber der Gemeinde steht die Einreichung des Antrags bei der Gemeinde gleich, wenn sie nach Landesrecht vorgeschrieben ist. Die nach Landesrecht zuständige Behörde kann ein rechtswidrig versagtes Einvernehmen der Gemeinde ersetzen.

(...)

§ 201 Begriff der Landwirtschaft

Landwirtschaft im Sinne dieses Gesetzbuchs ist insbesondere der Ackerbau, die Wiesen- und Weidewirtschaft einschließlich Tierhaltung, soweit das Futter überwiegend auf den zum landwirtschaftlichen Betrieb gehörenden, landwirtschaftlich genutzten Flächen erzeugt werden kann, die gartenbauliche Erzeugung, der Erwerbsobstbau, der Weinbau, die berufsmäßige Imkerei und die berufsmäßige Binnenfischerei.

(...)

§ 214 Beachtlichkeit der Verletzung von Vorschriften über die Aufstellung des Flächennutzungsplans und der Satzungen; ergänzendes Verfahren

(1) Eine Verletzung von Verfahrens- und Formvorschriften dieses Gesetzbuchs ist für die Rechtswirksamkeit des Flächennutzungsplans und der Satzungen nach diesem Gesetzbuch nur beachtlich, wenn
1. entgegen § 2 Abs. 3 die von der Planung berührten Belange, die der Gemeinde bekannt waren oder hätten bekannt sein müssen, in wesentlichen Punkten nicht zutreffend ermittelt oder bewertet worden sind und wenn der Mangel offensichtlich und auf das Ergebnis des Verfahrens von Einfluss gewesen ist;
2. die Vorschriften über die Öffentlichkeits- und Behördenbeteiligung nach § 3 Abs. 2, § 4 Abs. 2, § 4a Abs. 3 und 5 Satz 2, § 13 Abs. 2 Satz 1 Nr. 2 und 3 (auch in Verbindung mit 13a Abs. 2 Nr. 1), § 22 Abs. 9 Satz 2, § 34 Abs. 6 Satz 1 sowie § 35 Abs. 6 Satz 5 verletzt worden sind; dabei ist unbeachtlich, wenn bei Anwendung der Vorschriften einzelne Personen, Behörden oder sonstige Träger öffentlicher Belange nicht beteiligt worden sind, die entsprechenden Belange jedoch unerheblich waren oder in der Entscheidung berücksichtigt worden sind, oder einzelne Angaben dazu, welche Arten umweltbezogener Informationen verfügbar sind, gefehlt haben, oder der Hinweis nach § 3 Abs. 2 Satz 2 Halbsatz 2 (auch in Verbindung mit § 13 Abs. 2 Satz 2 und § 13a Abs. 2 Nr. 1) gefehlt hat, oder bei Anwendung des § 13 Abs. 3 Satz 2 die Angabe darüber, dass von einer Umweltprüfung abgesehen wird, unterlassen wurde, oder bei Anwendung des § 4a Abs. 3 Satz 4 oder des § 13 (auch in Verbindung mit § 13a Abs. 2 Nr. 1) die Voraussetzungen für die Durchführung der Beteiligung nach diesen Vorschriften verkannt worden sind;

3. die Vorschriften über die Begründung des Flächennutzungsplans und der Satzungen sowie ihrer Entwürfe nach §§ 2a, 3 Abs. 2, § 5 Abs. 1 Satz 2 Halbsatz 2 und Abs. 5, § 9 Abs. 8 und § 22 Abs. 10 verletzt worden sind; dabei ist unbeachtlich, wenn die Begründung des Flächennutzungsplans oder der Satzung oder ihr Entwurf unvollständig ist; abweichend von Halbsatz 2 ist eine Verletzung von Vorschriften in Bezug auf den Umweltbericht unbeachtlich, wenn die Begründung hierzu nur in unwesentlichen Punkten unvollständig ist;
4. ein Beschluss der Gemeinde über den Flächennutzungsplan oder die Satzung nicht gefasst, eine Genehmigung nicht erteilt oder der mit der Bekanntmachung des Flächennutzungsplans oder der Satzung verfolgte Hinweiszweck nicht erreicht worden ist.

Soweit in den Fällen des Satzes 1 Nr. 3 die Begründung in wesentlichen Punkten unvollständig ist, hat die Gemeinde auf Verlangen Auskunft zu erteilen, wenn ein berechtigtes Interesse dargelegt wird.

(2) Für die Rechtswirksamkeit der Bauleitpläne ist auch unbeachtlich, wenn
1. die Anforderungen an die Aufstellung eines selbständigen Bebauungsplans (§ 8 Abs. 2 Satz 2) oder an die in § 8 Abs. 4 bezeichneten dringenden Gründe für die Aufstellung eines vorzeitigen Bebauungsplans nicht richtig beurteilt worden sind;
2. § 8 Abs. 2 Satz 1 hinsichtlich des Entwickelns des Bebauungsplans aus dem Flächennutzungsplan verletzt worden ist, ohne dass hierbei die sich aus dem Flächennutzungsplan ergebende geordnete städtebauliche Entwicklung beeinträchtigt worden ist;
3. der Bebauungsplan aus einem Flächennutzungsplan entwickelt worden ist, dessen Unwirksamkeit sich wegen Verletzung von Verfahrens- oder Formvorschriften einschließlich des § 6 nach Bekanntmachung des Bebauungsplans herausstellt;
4. im Parallelverfahren gegen § 8 Abs. 3 verstoßen worden ist, ohne dass die geordnete städtebauliche Entwicklung beeinträchtigt worden ist.

(2a) Für Bebauungspläne, die im beschleunigten Verfahren nach § 13a aufgestellt worden sind, gilt ergänzend zu den Absätzen 1 und 2 Folgendes:
1. Eine Verletzung von Verfahrens- und Formvorschriften und der Vorschriften über das Verhältnis des Bebauungsplans zum Flächennutzungsplan ist für die Rechtswirksamkeit des Bebauungsplans auch unbeachtlich, wenn sie darauf beruht, dass die Voraussetzung nach § 13a Abs. 1 Satz 1 unzutreffend beurteilt worden ist.
2. Das Unterbleiben der Hinweise nach § 13a Abs. 3 ist für die Rechtswirksamkeit des Bebauungsplans unbeachtlich.
3. Beruht die Feststellung, dass eine Umweltprüfung unterbleiben soll, auf einer Vorprüfung des Einzelfalls nach § 13a Abs. 1 Satz 2 Nr. 2, gilt die Vorprüfung als ordnungsgemäß durchgeführt, wenn sie entsprechend den Vorgaben von § 13a Abs. 1 Satz 2 Nr. 2 durchgeführt worden ist und ihr Ergebnis nachvollziehbar ist; dabei ist unbeachtlich, wenn einzelne Behörden oder sonstige Träger öffentlicher Belange nicht beteiligt worden sind; andernfalls besteht ein für die Rechtswirksamkeit des Bebauungsplans beachtlicher Mangel.
4. Die Beurteilung, dass der Ausschlussgrund nach § 13a Abs. 1 Satz 4 nicht vorliegt, gilt als zutreffend, wenn das Ergebnis nachvollziehbar ist und durch den Bebauungsplan nicht die Zulässigkeit von Vorhaben nach Spalte 1 der Anlage 1 zum Gesetz über die Umweltverträglichkeitsprüfung begründet wird; andernfalls besteht ein für die Rechtswirksamkeit des Bebauungsplans beachtlicher Mangel.

(3) Für die Abwägung ist die Sach- und Rechtslage im Zeitpunkt der Beschlussfassung über den Flächennutzungsplan oder die Satzung maßgebend. Mängel, die Gegenstand der Regelung in Absatz 1 Satz 1 Nr. 1 sind, können nicht als Mängel der Abwägung geltend gemacht werden; im Übrigen sind Mängel im Abwägungsvorgang nur erheblich, wenn sie offensichtlich und auf das Abwägungsergebnis von Einfluss gewesen sind.

(4) Der Flächennutzungsplan oder die Satzung können durch ein ergänzendes Verfahren zur Behebung von Fehlern auch rückwirkend in Kraft gesetzt werden.

Verordnung über die Ausarbeitung der Bauleitpläne und die Darstellung des Planinhalts (Planzeichenverordnung 1990 – PlanzV 90)

Vom 18. Dezember 1990 (BGBl. I 1991 S. 58)

Die in den Vorauflagen abgedruckte PlanzV 90 gilt weiterhin unverändert und wird aus Platzgründen hier nicht mehr abgedruckt.

Gesetz zum Schutz vor schädlichen Umwelteinwirkungen durch Luftverunreinigungen, Geräusche, Erschütterungen und ähnliche Vorgänge (Bundes-Immissionsschutzgesetz – BImSchG)

vom 26. September 2002 (BGBl. I S. 3830), zuletzt geändert durch Artikel 1 des Gesetzes vom 23. Oktober 2007 (BGBl. I, Nr. 53, S. 2470), in Kraft getreten am 30. Oktober 2007

– Auszug –

§ 1 Zweck des Gesetzes

(1) Zweck dieses Gesetzes ist es, Menschen, Tiere und Pflanzen, den Boden, das Wasser, die Atmosphäre sowie Kultur- und sonstige Sachgüter vor schädlichen Umwelteinwirkungen zu schützen und dem Entstehen schädlicher Umwelteinwirkungen vorzubeugen.

(2) Soweit es sich um genehmigungsbedürftige Anlagen handelt, dient dieses Gesetz auch
- der integrierten Vermeidung und Verminderung schädlicher Umwelteinwirkungen durch Emissionen in Luft, Wasser und Boden unter Einbeziehung der Abfallwirtschaft, um ein hohes Schutzniveau für die Umwelt insgesamt zu erreichen, sowie
- dem Schutz und der Vorsorge gegen Gefahren, erhebliche Nachteile und erhebliche Belästigungen, die auf andere Weise herbeigeführt werden.

§ 2 Geltungsbereich

(1) Die Vorschriften dieses Gesetzes gelten für
1. die Errichtung und den Betrieb von Anlagen,
2. das Herstellen, Inverkehrbringen und Einführen von Anlagen, Brennstoffen und Treibstoffen, Stoffen und Erzeugnissen aus Stoffen nach Maßgabe der §§ 32 bis 37,
3. die Beschaffenheit, die Ausrüstung, den Betrieb und die Prüfung von Kraftfahrzeugen und ihren Anhängern und von Schienen-, Luft- und Wasserfahrzeugen sowie von Schwimmkörpern und schwimmenden Anlagen nach Maßgabe der §§ 38 bis 40 und
4. den Bau öffentlicher Straßen sowie von Eisenbahnen, Magnetschwebebahnen und Straßenbahnen nach Maßgabe der §§ 41 bis 43.

(2) Die Vorschriften dieses Gesetzes gelten nicht für Flugplätze, soweit nicht der Sechste Teil betroffen ist, und für Anlagen, Geräte, Vorrichtungen sowie Kernbrennstoffe und sonstige radioaktive Stoffe, die den Vorschriften des Atomgesetzes oder einer hiernach erlassenen Rechtsverordnung unterliegen, soweit es sich um den Schutz vor den Gefahren der Kernenergie und der schädlichen Wirkung ionisierender Strahlen handelt. Sie gelten ferner nicht, soweit sich aus wasserrechtlichen Vorschriften des Bundes und der Länder zum Schutz der Gewässer oder aus Vorschriften des Düngemittel- und Pflanzenschutzrechts etwas anderes ergibt.

§ 3 Begriffsbestimmungen

(1) Schädliche Umwelteinwirkungen im Sinne dieses Gesetzes sind Immissionen, die nach Art, Ausmaß oder Dauer geeignet sind, Gefahren, erhebliche Nachteile oder erhebliche Belästigungen für die Allgemeinheit oder die Nachbarschaft herbeizuführen.

(2) Immissionen im Sinne dieses Gesetzes sind auf Menschen, Tiere und Pflanzen, den Boden, das Wasser, die Atmosphäre sowie Kultur- und sonstige Sachgüter einwirkende Luftverunreinigungen, Geräusche, Erschütterungen, Licht, Wärme, Strahlen und ähnliche Umwelteinwirkungen.

BImSchG § 4 **Anh. 3**

(3) Emissionen im Sinne dieses Gesetzes sind die von einer Anlage ausgehenden Luftverunreinigungen, Geräusche, Erschütterungen, Licht, Wärme, Strahlen und ähnlichen Erscheinungen.

(4) Luftverunreinigungen im Sinne dieses Gesetzes sind Veränderungen der natürlichen Zusammensetzung der Luft, insbesondere durch Rauch, Ruß, Staub, Gase, Aerosole, Dämpfe oder Geruchsstoffe.

(5) Anlagen im Sinne dieses Gesetzes sind
1. Betriebsstätten und sonstige ortsfeste Einrichtungen,
2. Maschinen, Geräte und sonstige ortsveränderliche technische Einrichtungen sowie Fahrzeuge, soweit sie nicht der Vorschrift des § 38 unterliegen, und
3. Grundstücke, auf denen Stoffe gelagert oder abgelagert oder Arbeiten durchgeführt werden, die Emissionen verursachen können, ausgenommen öffentliche Verkehrswege.

(5a) Ein Betriebsbereich ist der gesamte unter der Aufsicht eines Betreibers stehende Bereich, in dem gefährliche Stoffe im Sinne des Artikels 3 Nr. 4 der Richtlinie 96/82/ EG des Rates vom 9. Dezember 1996 zur Beherrschung der Gefahren bei schweren Unfällen mit gefährlichen Stoffen (ABl. EG 1997 Nr. L 10 S. 13), geändert durch die Richtlinie 2003/105/EG des Europäischen Parlaments und des Rates vom 16. Dezember 2003 (ABl. EU Nr. L 345 S. 97), in einer oder mehreren Anlagen einschließlich gemeinsamer oder verbundener Infrastrukturen und Tätigkeiten einschließlich Lagerung im Sinne des Artikels 3 Nr. 8 der Richtlinie in den in Artikel 2 der Richtlinie bezeichneten Mengen tatsächlich vorhanden oder vorgesehen sind oder vorhanden sein werden, soweit davon auszugehen ist, dass die genannten gefährlichen Stoffe bei einem außer Kontrolle geratenen industriellen chemischen Verfahren anfallen; ausgenommen sind die in Artikel 4 der Richtlinie 96/82/EG angeführten Einrichtungen, Gefahren und Tätigkeiten.

(6) Stand der Technik im Sinne dieses Gesetzes ist der Entwicklungsstand fortschrittlicher Verfahren, Einrichtungen oder Betriebsweisen, der die praktische Eignung einer Maßnahme zur Begrenzung von Emissionen in Luft, Wasser und Boden, zur Gewährleistung der Anlagensicherheit, zur Gewährleistung einer umweltverträglichen Abfallentsorgung oder sonst zur Vermeidung oder Verminderung von Auswirkungen auf die Umwelt zur Erreichung eines allgemein hohen Schutzniveaus für die Umwelt insgesamt gesichert erscheinen lässt. Bei der Bestimmung des Standes der Technik sind insbesondere die im Anhang aufgeführten Kriterien zu berücksichtigen.

(7) Dem Herstellen im Sinne dieses Gesetzes steht das Verarbeiten, Bearbeiten oder sonstige Behandeln, dem Einführen im Sinne dieses Gesetzes das sonstige Verbringen in den Geltungsbereich dieses Gesetzes gleich.

§ 4 Genehmigung

(1) Die Errichtung und der Betrieb von Anlagen, die aufgrund ihrer Beschaffenheit oder ihres Betriebs in besonderem Maße geeignet sind, schädliche Umwelteinwirkungen hervorzurufen oder in anderer Weise die Allgemeinheit oder die Nachbarschaft zu gefährden, erheblich zu benachteiligen oder erheblich zu belästigen, sowie von ortsfesten Abfallentsorgungsanlagen zur Lagerung oder Behandlung von Abfällen bedürfen einer Genehmigung. Mit Ausnahme von Abfallentsorgungsanlagen bedürfen Anlagen, die nicht gewerblichen Zwecken dienen und nicht im Rahmen wirtschaftlicher Unternehmungen Verwendung finden, der Genehmigung nur, wenn sie in besonderem Maße geeignet sind, schädliche Umwelteinwirkungen durch Luftverunreinigungen oder Geräusche hervorzurufen. Die Bundesregierung bestimmt nach Anhörung der beteiligten Kreise (§ 51) durch Rechtsverordnung mit Zustimmung des Bundesrates die Anlagen, die einer Genehmigung bedürfen (genehmigungsbedürftige Anlagen); in der Rechtsverordnung kann auch vorgesehen werden, dass eine Genehmigung nicht erforderlich ist, wenn eine Anlage insgesamt oder in ihren in der Rechtsverordnung bezeichneten wesentlichen Teilen der Bauart nach zugelassen ist und in Übereinstimmung mit der Bauartzulassung errichtet und betrieben wird.

(2) Anlagen des Bergwesens oder Teile dieser Anlagen bedürfen der Genehmigung nach Absatz 1 nur, soweit sie über Tage errichtet und betrieben werden. Keiner Genehmigung nach Absatz 1 bedürfen Tagebaue und die zum Betrieb eines Tagebaus erforderlichen sowie die zur Wetterführung unerlässlichen Anlagen.

§ 5 Pflichten der Betreiber genehmigungsbedürftiger Anlagen

(1) Genehmigungsbedürftige Anlagen sind so zu errichten und zu betreiben, dass zur Gewährleistung eines hohen Schutzniveaus für die Umwelt insgesamt
1. schädliche Umwelteinwirkungen und sonstige Gefahren, erhebliche Nachteile und erhebliche Belästigungen für die Allgemeinheit und die Nachbarschaft nicht hervorgerufen werden können;
2. Vorsorge gegen schädliche Umwelteinwirkungen und sonstige Gefahren, erhebliche Nachteile und erhebliche Belästigungen getroffen wird, insbesondere durch die dem Stand der Technik entsprechenden Maßnahmen;
3. Abfälle vermieden, nicht zu vermeidende Abfälle verwertet und nicht zu verwertende Abfälle ohne Beeinträchtigung des Wohls der Allgemeinheit beseitigt werden; Abfälle sind nicht zu vermeiden, soweit die Vermeidung technisch nicht möglich oder nicht zumutbar ist; die Vermeidung ist unzulässig, soweit sie zu nachteiligeren Umweltauswirkungen führt als die Verwertung; die Verwertung und Beseitigung von Abfällen erfolgt nach den Vorschriften des Kreislaufwirtschafts- und Abfallgesetzes und den sonstigen für die Abfälle geltenden Vorschriften;
4. Energie sparsam und effizient verwendet wird.

Zur Erfüllung der Vorsorgepflicht nach Satz 1 Nr. 2 sind bei genehmigungsbedürftigen Anlagen, die dem Anwendungsbereich des Treibhausgas-Emissionshandelsgesetzes unterliegen, die Anforderungen der §§ 5 und 6 Abs. 1 des Treibhausgas-Emissionshandelsgesetzes einzuhalten. Bei diesen Anlagen sind Anforderungen zur Begrenzung von Treibhausgasemissionen nur zulässig, um zur Erfüllung der Pflichten nach § 5 Abs. 1 Nr. 1 sicherzustellen, dass im Einwirkungsbereich der Anlage keine schädlichen Umwelteinwirkungen entstehen. Bei diesen Anlagen dürfen zur Erfüllung der Pflicht zur effizienten Verwendung von Energie in Bezug auf die Emissionen von Kohlendioxid, die auf Verbrennungs- oder anderen Prozessen der Anlage beruhen, keine Anforderungen gestellt werden, die über die Pflichten hinausgehen, welche das Treibhausgas-Emissionshandelsgesetz begründet.

(2) (weggefallen)

(3) Genehmigungsbedürftige Anlagen sind so zu errichten, zu betreiben und stillzulegen, dass auch nach einer Betriebseinstellung
1. von der Anlage oder dem Anlagengrundstück keine schädlichen Umwelteinwirkungen und sonstige Gefahren, erhebliche Nachteile und erhebliche Belästigungen für die Allgemeinheit und die Nachbarschaft hervorgerufen werden können,
2. vorhandene Abfälle ordnungsgemäß und schadlos verwertet oder ohne Beeinträchtigung des Wohls der Allgemeinheit beseitigt werden und
3. die Wiederherstellung eines ordnungsgemäßen Zustandes des Betriebsgeländes gewährleistet ist.

§ 6 Genehmigungsvoraussetzungen

(1) Die Genehmigung ist zu erteilen, wenn
1. sichergestellt ist, dass die sich aus § 5 und einer aufgrund des § 7 erlassenen Rechtsverordnung ergebenden Pflichten erfüllt werden, und
2. andere öffentlich-rechtliche Vorschriften und Belange des Arbeitsschutzes der Errichtung und dem Betrieb der Anlage nicht entgegenstehen.

(2) Bei Anlagen, die unterschiedlichen Betriebsweisen dienen oder in denen unterschiedliche Stoffe eingesetzt werden (Mehrzweck- oder Vielstoffanlagen), ist die Genehmigung auf Antrag auf die unterschiedlichen Betriebsweisen und Stoffe zu erstrecken, wenn die Voraussetzungen nach Absatz 1 für alle erfassten Betriebsweisen und Stoffe erfüllt sind.

BImSchG § 7 Anh. 3

§ 7 Rechtsverordnungen über Anforderungen an genehmigungsbedürftige Anlagen

(1) Die Bundesregierung wird ermächtigt, nach Anhörung der beteiligten Kreise (§ 51) durch Rechtsverordnung mit Zustimmung des Bundesrates vorzuschreiben, dass die Errichtung, die Beschaffenheit, der Betrieb, der Zustand nach Betriebseinstellung und die betreibereigene Überwachung genehmigungsbedürftiger Anlagen zur Erfüllung der sich aus § 5 ergebenden Pflichten bestimmten Anforderungen genügen müssen, insbesondere, dass
1. die Anlagen bestimmten technischen Anforderungen entsprechen müssen,
2. die von Anlagen ausgehenden Emissionen bestimmte Grenzwerte nicht überschreiten dürfen,
2a. der Einsatz von Energie bestimmten Anforderungen entsprechen muss,
3. die Betreiber von Anlagen Messungen von Emissionen und Immissionen nach in der Rechtsverordnung näher zu bestimmenden Verfahren vorzunehmen haben oder vornehmen lassen müssen und
4. die Betreiber von Anlagen bestimmte sicherheitstechnische Prüfungen sowie bestimmte Prüfungen von sicherheitstechnischen Unterlagen nach in der Rechtsverordnung näher zu bestimmenden Verfahren durch einen Sachverständigen nach § 29a
    a) während der Errichtung oder sonst vor der Inbetriebnahme der Anlage,
    b) nach deren Inbetriebnahme oder einer Änderung im Sinne des § 15 oder des § 16,
    c) in regelmäßigen Abständen oder
    d) bei oder nach einer Betriebseinstellung
vornehmen lassen müssen, soweit solche Prüfungen nicht in Rechtsverordnungen nach § 14 des Geräte- und Produktsicherheitsgesetzes vorgeschrieben sind. Bei der Festlegung der Anforderungen sind insbesondere mögliche Verlagerungen von nachteiligen Auswirkungen von einem Schutzgut auf ein anderes zu berücksichtigen; ein hohes Schutzniveau für die Umwelt insgesamt ist zu gewährleisten.

(2) In der Rechtsverordnung kann bestimmt werden, inwieweit die nach Absatz 1 zur Vorsorge gegen schädliche Umwelteinwirkungen festgelegten Anforderungen nach Ablauf bestimmter Übergangsfristen erfüllt werden müssen, soweit zum Zeitpunkt des Inkrafttretens der Rechtsverordnung in einem Vorbescheid oder einer Genehmigung geringere Anforderungen gestellt worden sind. Bei der Bestimmung der Dauer der Übergangsfristen und der einzuhaltenden Anforderungen sind insbesondere Art, Menge und Gefährlichkeit der von den Anlagen ausgehenden Emissionen sowie die Nutzungsdauer und technische Besonderheiten der Anlagen zu berücksichtigen. Die Sätze 1 und 2 gelten entsprechend für Anlagen, die nach § 67 Abs. 2 oder § 67a Abs. 1 anzuzeigen sind oder vor Inkrafttreten dieses Gesetzes nach § 16 Abs. 4 der Gewerbeordnung anzuzeigen waren.

(3) Soweit die Rechtsverordnung Anforderungen nach § 5 Abs. 1 Nr. 2 festgelegt hat, kann in ihr bestimmt werden, dass bei in Absatz 2 genannten Anlagen von den aufgrund der Absätze 1 und 2 festgelegten Anforderungen zur Vorsorge gegen schädliche Umwelteinwirkungen abgewichen werden darf. Dies gilt nur, wenn durch technische Maßnahmen an Anlagen des Betreibers oder Dritter insgesamt eine weitergehende Minderung von Emissionen derselben oder in ihrer Wirkung auf die Umwelt vergleichbaren Stoffen erreicht wird als bei Beachtung der aufgrund der Absätze 1 und 2 festgelegten Anforderungen und hierdurch der in § 1 genannte Zweck gefördert wird. In der Rechtsverordnung kann weiterhin bestimmt werden, inwieweit zur Erfüllung von zwischenstaatlichen Vereinbarungen mit Nachbarstaaten der Bundesrepublik Deutschland Satz 2 auch für die Durchführung technischer Maßnahmen an Anlagen gilt, die in den Nachbarstaaten gelegen sind.

(4) Zur Erfüllung von bindenden Beschlüssen der Europäischen Gemeinschaften kann die Bundesregierung zu dem in § 1 genannten Zweck mit Zustimmung des Bundesrates durch Rechtsverordnung Anforderungen an die Errichtung, die Beschaffenheit und den Betrieb, die Betriebseinstellung und betreibereigene Überwachung genehmigungsbedürftiger Anlagen vorschreiben. Für genehmigungsbedürftige Anlagen,

die vom Anwendungsbereich der Richtlinie 1999/31/EG des Rates vom 26. April 1999 über Abfalldeponien (ABl. EG Nr. L 182 S. 1) erfasst werden, kann die Bundesregierung durch Rechtsverordnung mit Zustimmung des Bundesrates dieselben Anforderungen festlegen wie für Deponien im Sinne des § 3 Abs. 10 des Kreislaufwirtschafts- und Abfallgesetzes, insbesondere Anforderungen an die Erbringung einer Sicherheitsleistung, an die Stilllegung und die Sach- und Fachkunde des Betreibers.

(5) Wegen der Anforderungen nach Absatz 1 Nr. 1 bis 4, auch in Verbindung mit Absatz 4, kann auf jedermann zugängliche Bekanntmachungen sachverständiger Stellen verwiesen werden; hierbei ist
1. in der Rechtsverordnung das Datum der Bekanntmachung anzugeben und die Bezugsquelle genau zu bezeichnen,
2. die Bekanntmachung bei dem Deutschen Patentamt archivmäßig gesichert niederzulegen und in der Rechtsverordnung darauf hinzuweisen.

(...)

§ 10 Genehmigungsverfahren

(1) Das Genehmigungsverfahren setzt einen schriftlichen Antrag voraus. Dem Antrag sind die zur Prüfung nach § 6 erforderlichen Zeichnungen, Erläuterungen und sonstigen Unterlagen beizufügen. Reichen die Unterlagen für die Prüfung nicht aus, so hat sie der Antragsteller auf Verlangen der zuständigen Behörde innerhalb einer angemessenen Frist zu ergänzen. Erfolgt die Antragstellung in elektronischer Form, kann die zuständige Behörde Mehrfertigungen sowie die Übermittlung der dem Antrag beizufügenden Unterlagen auch in schriftlicher Form verlangen.

(2) Soweit Unterlagen Geschäfts- oder Betriebsgeheimnisse enthalten, sind die Unterlagen zu kennzeichnen und getrennt vorzulegen. Ihr Inhalt muss, soweit es ohne Preisgabe des Geheimnisses geschehen kann, so ausführlich dargestellt sein, dass es Dritten möglich ist, zu beurteilen, ob und in welchem Umfang sie von den Auswirkungen der Anlage betroffen werden können.

(3) Sind die Unterlagen des Antragstellers vollständig, so hat die zuständige Behörde das Vorhaben in ihrem amtlichen Veröffentlichungsblatt und außerdem entweder im Internet oder in örtlichen Tageszeitungen, die im Bereich des Standortes der Anlage verbreitet sind, öffentlich bekannt zu machen. Der Antrag und die vom Antragsteller vorgelegten Unterlagen, mit Ausnahme der Unterlagen nach Absatz 2 Satz 1, sowie die entscheidungserheblichen Berichte und Empfehlungen, die der Behörde im Zeitpunkt der Bekanntmachung vorliegen, sind nach der Bekanntmachung einen Monat zur Einsicht auszulegen. Weitere Informationen, die für die Entscheidung über die Zulässigkeit des Vorhabens von Bedeutung sein können und die der zuständigen Behörde erst nach Beginn der Auslegung vorliegen, sind der Öffentlichkeit nach den Bestimmungen über den Zugang zu Umweltinformationen zugänglich zu machen. Bis zwei Wochen nach Ablauf der Auslegungsfrist kann die Öffentlichkeit gegenüber der zuständigen Behörde schriftlich Einwendungen erheben. Mit Ablauf der Einwendungsfrist sind alle Einwendungen ausgeschlossen, die nicht auf besonderen privatrechtlichen Titeln beruhen. Einwendungen, die auf besonderen privatrechtlichen Titeln beruhen, sind auf den Rechtsweg vor den ordentlichen Gerichten zu verweisen.

(4) In der Bekanntmachung nach Absatz 3 Satz 1 ist
1. darauf hinzuweisen, wo und wann der Antrag auf Erteilung der Genehmigung und die Unterlagen zur Einsicht ausgelegt sind;
2. dazu aufzufordern, etwaige Einwendungen bei einer in der Bekanntmachung zu bezeichnenden Stelle innerhalb der Einwendungsfrist vorzubringen; dabei ist auf die Rechtsfolgen nach Absatz 3 Satz 3 hinzuweisen;
3. ein Erörterungstermin zu bestimmen und darauf hinzuweisen, dass er aufgrund einer Ermessensentscheidung der Genehmigungsbehörde nach Absatz 6 durchgeführt wird und dass dann die formgerecht erhobenen Einwendungen auch bei Ausbleiben des Antragstellers oder von Personen, die Einwendungen erhoben haben, erörtert werden;
4. darauf hinzuweisen, dass die Zustellung der Entscheidung über die Einwendungen durch öffentliche Bekanntmachung ersetzt werden kann.

5. (weggefallen)

(5) Die für die Erteilung der Genehmigung zuständige Behörde (Genehmigungsbehörde) holt die Stellungnahmen der Behörden ein, deren Aufgabenbereich durch das Vorhaben berührt wird. Soweit für das Vorhaben selbst oder für weitere damit unmittelbar in einem räumlichen oder betrieblichen Zusammenhang stehende Vorhaben, die Auswirkungen auf die Umwelt haben können und die für die Genehmigung Bedeutung haben, eine Zulassung nach anderen Gesetzen vorgeschrieben ist, hat die Genehmigungsbehörde eine vollständige Koordinierung der Zulassungsverfahren sowie der Inhalts- und Nebenbestimmungen sicherzustellen.

(6) Nach Ablauf der Einwendungsfrist kann die Genehmigungsbehörde die rechtzeitig gegen das Vorhaben erhobenen Einwendungen mit dem Antragsteller und denjenigen, die Einwendungen erhoben haben, erörtern.

(6a) Über den Genehmigungsantrag ist nach Eingang des Antrags und der nach Absatz 1 Satz 2 einzureichenden Unterlagen innerhalb einer Frist von sieben Monaten, in vereinfachten Verfahren innerhalb einer Frist von drei Monaten, zu entscheiden. Die zuständige Behörde kann die Frist um jeweils drei Monate verlängern, wenn dies wegen der Schwierigkeit der Prüfung oder aus Gründen, die dem Antragsteller zuzurechnen sind, erforderlich ist. Die Fristverlängerung soll gegenüber dem Antragsteller begründet werden.

(7) Der Genehmigungsbescheid ist schriftlich zu erlassen, schriftlich zu begründen und dem Antragsteller und den Personen, die Einwendungen erhoben haben, zuzustellen sowie im Übrigen unbeschadet der Anforderungen nach Absatz 8 öffentlich bekannt zu machen. Er ist, soweit die Zustellung nicht nach Absatz 8 erfolgt, öffentlich bekannt zu machen. Die öffentliche Bekanntmachung erfolgt nach Maßgabe des Absatzes 8.

(8) Die Zustellung des Genehmigungsbescheids an die Personen, die Einwendungen erhoben haben, kann durch öffentliche Bekanntmachung ersetzt werden. Die öffentliche Bekanntmachung wird dadurch bewirkt, dass der verfügende Teil des Bescheides und die Rechtsbehelfsbelehrung in entsprechender Anwendung des Absatzes 3 Satz 1 bekannt gemacht werden; auf Auflagen ist hinzuweisen. In diesem Fall ist eine Ausfertigung des gesamten Bescheides vom Tage nach der Bekanntmachung an zwei Wochen zur Einsicht auszulegen. In der öffentlichen Bekanntmachung ist anzugeben, wo der Bescheid und seine Begründung eingesehen und nach Satz 6 angefordert werden können. Mit dem Ende der Auslegungsfrist gilt der Bescheid auch gegenüber Dritten, die keine Einwendung erhoben haben, als zugestellt; darauf ist in der Bekanntmachung hinzuweisen. Nach der öffentlichen Bekanntmachung können der Bescheid und seine Begründung bis zum Ablauf der Widerspruchsfrist von den Personen, die Einwendungen erhoben haben, schriftlich angefordert werden.

(9) Die Absätze 1 bis 8 gelten entsprechend für die Erteilung eines Vorbescheides.

(10) Die Bundesregierung wird ermächtigt, durch Rechtsverordnung mit Zustimmung des Bundesrates das Genehmigungsverfahren zu regeln; in der Rechtsverordnung kann auch das Verfahren bei Erteilung einer Genehmigung im vereinfachten Verfahren (§ 19) sowie bei der Erteilung eines Vorbescheides (§ 9), einer Teilgenehmigung (§ 8) und einer Zulassung vorzeitigen Beginns (§ 8a) geregelt werden. In der Verordnung ist auch näher zu bestimmen, welchen Anforderungen das Genehmigungsverfahren für Anlagen genügen muss, für die nach dem Gesetz über die Umweltverträglichkeitsprüfung eine Umweltverträglichkeitsprüfung durchzuführen ist.

(11) Das Bundesministerium der Verteidigung wird ermächtigt, im Einvernehmen mit dem Bundesministerium für Umwelt, Naturschutz und Reaktorsicherheit durch Rechtsverordnung mit Zustimmung des Bundesrates das Genehmigungsverfahren für Anlagen, die der Landesverteidigung dienen, abweichend von den Absätzen 1 bis 9 zu regeln.

(...)

Anh. 3 §§ 13, 15, 16 BImSchG

§ 13 Genehmigung und andere behördliche Entscheidungen

Die Genehmigung schließt andere die Anlage betreffende behördliche Entscheidungen ein, insbesondere öffentlich-rechtliche Genehmigungen, Zulassungen, Verleihungen, Erlaubnisse und Bewilligungen mit Ausnahme von Planfeststellungen, Zulassungen bergrechtlicher Betriebspläne, behördlichen Entscheidungen aufgrund atomrechtlicher Vorschriften und wasserrechtlichen Erlaubnissen und Bewilligungen nach den §§ 7 und 8 des Wasserhaushaltsgesetzes.

(...)

§ 15 Änderung genehmigungsbedürftiger Anlagen

(1) Die Änderung der Lage, der Beschaffenheit oder des Betriebs einer genehmigungsbedürftigen Anlage ist, sofern eine Genehmigung nicht beantragt wird, der zuständigen Behörde mindestens einen Monat, bevor mit der Änderung begonnen werden soll, schriftlich anzuzeigen, wenn sich die Änderung auf in § 1 genannte Schutzgüter auswirken kann. Der Anzeige sind Unterlagen im Sinne des § 10 Abs. 1 Satz 2 beizufügen, soweit diese für die Prüfung erforderlich sein können, ob das Vorhaben genehmigungsbedürftig ist. Die zuständige Behörde hat dem Träger des Vorhabens den Eingang der Anzeige und der beigefügten Unterlagen unverzüglich schriftlich zu bestätigen. Sie teilt dem Träger des Vorhabens nach Eingang der Anzeige unverzüglich mit, welche zusätzlichen Unterlagen sie zur Beurteilung der Voraussetzungen des § 16 Abs. 1 benötigt. Die Sätze 1 bis 4 gelten entsprechend für eine Anlage, die nach § 67 Abs. 2 oder § 67a Abs. 1 anzuzeigen ist oder vor Inkrafttreten dieses Gesetzes nach § 16 Abs. 4 der Gewerbeordnung anzuzeigen war.

(2) Die zuständige Behörde hat unverzüglich, spätestens innerhalb eines Monats nach Eingang der Anzeige und der nach Absatz 1 Satz 2 erforderlichen Unterlagen, zu prüfen, ob die Änderung einer Genehmigung bedarf. Der Träger des Vorhabens darf die Änderung vornehmen, sobald die zuständige Behörde ihm mitteilt, dass die Änderung keiner Genehmigung bedarf, oder sich innerhalb der in Satz 1 bestimmten Frist nicht geäußert hat. Absatz 1 Satz 3 gilt für nachgereichte Unterlagen entsprechend.

(3) Beabsichtigt der Betreiber, den Betrieb einer genehmigungsbedürftigen Anlage einzustellen, so hat er dies unter Angabe des Zeitpunktes der Einstellung der zuständigen Behörde unverzüglich anzuzeigen. Der Anzeige sind Unterlagen über die vom Betreiber vorgesehenen Maßnahmen zur Erfüllung der sich aus § 5 Abs. 3 ergebenden Pflichten beizufügen. Die Sätze 1 und 2 gelten für die in Absatz 1 Satz 5 bezeichneten Anlagen entsprechend.

(4) In der Rechtsverordnung nach § 10 Abs. 10 können die näheren Einzelheiten für das Verfahren nach den Absätzen 1 bis 3 geregelt werden.

§ 16 Wesentliche Änderung genehmigungsbedürftiger Anlagen

(1) Die Änderung der Lage, der Beschaffenheit oder des Betriebs einer genehmigungsbedürftigen Anlage bedarf der Genehmigung, wenn durch die Änderung nachteilige Auswirkungen hervorgerufen werden können und diese für die Prüfung nach § 6 Abs. 1 Nr. 1 erheblich sein können (wesentliche Änderung); eine Genehmigung ist stets erforderlich, wenn die Änderung oder Erweiterung des Betriebs einer genehmigungsbedürftigen Anlage für sich genommen die Leistungsgrenzen oder Anlagengrößen des Anhangs zur Verordnung über genehmigungsbedürftige Anlagen erreichen. Eine Genehmigung ist nicht erforderlich, wenn durch die Änderung hervorgerufene nachteilige Auswirkungen offensichtlich gering sind und die Erfüllung der sich aus § 6 Abs. 1 Nr. 1 ergebenden Anforderungen sichergestellt ist.

(2) Die zuständige Behörde soll von der öffentlichen Bekanntmachung des Vorhabens sowie der Auslegung des Antrags und der Unterlagen absehen, wenn der Träger des Vorhabens dies beantragt und erhebliche nachteilige Auswirkungen auf in § 1 genannte Schutzgüter nicht zu besorgen sind. Dies ist insbesondere dann der Fall, wenn erkennbar ist, dass die Auswirkungen durch die getroffenen oder vom Träger des Vor-

habens vorgesehenen Maßnahmen ausgeschlossen werden oder die Nachteile im Verhältnis zu den jeweils vergleichbaren Vorteilen gering sind. Betrifft die wesentliche Änderung eine in einem vereinfachten Verfahren zu genehmigende Anlage, ist auch die wesentliche Änderung im vereinfachten Verfahren zu genehmigen. § 19 Abs. 3 gilt entsprechend.

(3) Über den Genehmigungsantrag ist innerhalb einer Frist von sechs Monaten, im Falle des Absatzes 2 in drei Monaten zu entscheiden. Im Übrigen gilt § 10 Abs. 6a Satz 2 und 3 entsprechend.

(4) Für nach § 15 Abs. 1 anzeigebedürftige Änderungen kann der Träger des Vorhabens eine Genehmigung beantragen. Diese ist im vereinfachten Verfahren zu erteilen; Absatz 3 und § 19 Abs. 3 gelten entsprechend.

(5) Einer Genehmigung bedarf es nicht, wenn eine genehmigte Anlage oder Teile einer genehmigten Anlage im Rahmen der erteilten Genehmigung ersetzt oder ausgetauscht werden sollen.

§ 17 Nachträgliche Anordnungen

(1) Zur Erfüllung der sich aus diesem Gesetz und der aufgrund dieses Gesetzes erlassenen Rechtsverordnungen ergebenden Pflichten können nach Erteilung der Genehmigung sowie nach einer nach § 15 Abs. 1 angezeigten Änderung Anordnungen getroffen werden. Wird nach Erteilung der Genehmigung sowie nach einer nach § 15 Abs. 1 angezeigten Änderung festgestellt, dass die Allgemeinheit oder die Nachbarschaft nicht ausreichend vor schädlichen Umwelteinwirkungen oder sonstigen Gefahren, erheblichen Nachteilen oder erheblichen Belästigungen geschützt ist, soll die zuständige Behörde nachträgliche Anordnungen treffen.

(1a) Bei Anlagen, die in Spalte 1 des Anhangs der Verordnung über genehmigungsbedürftige Anlagen genannt sind, ist vor dem Erlass einer nachträglichen Anordnung nach Absatz 1 Satz 2, durch welche Grenzwerte für Emissionen neu festgelegt werden sollen, der Entwurf der Anordnung öffentlich bekannt zu machen. § 10 Abs. 3 und 4 Nr. 1 und 2 gilt für die Bekanntmachung entsprechend. Einwendungsbefugt sind Personen, deren Belange durch die nachträgliche Anordnung berührt werden, sowie Vereinigungen, welche die Anforderungen von § 3 Abs. 1 oder § 2 Abs. 2 des Umwelt-Rechtsbehelfsgesetzes erfüllen. Für die Entscheidung über den Erlass der nachträglichen Anordnung gilt § 10 Abs. 7 und 8 entsprechend.

(2) Die zuständige Behörde darf eine nachträgliche Anordnung nicht treffen, wenn sie unverhältnismäßig ist, vor allem wenn der mit der Erfüllung der Anordnung verbundene Aufwand außer Verhältnis zu dem mit der Anordnung angestrebten Erfolg steht; dabei sind insbesondere Art, Menge und Gefährlichkeit der von der Anlage ausgehenden Emissionen und der von ihr verursachten Immissionen sowie die Nutzungsdauer und technische Besonderheiten der Anlage zu berücksichtigen. Darf eine nachträgliche Anordnung wegen Unverhältnismäßigkeit nicht getroffen werden, soll die zuständige Behörde die Genehmigung unter den Voraussetzungen des § 21 Abs. 1 Nr. 3 bis 5 ganz oder teilweise widerrufen; § 21 Abs. 3 bis 6 sind anzuwenden.

(3) Soweit durch Rechtsverordnung die Anforderungen nach § 5 Abs. 1 Nr. 2 abschließend festgelegt sind, dürfen durch nachträgliche Anordnungen weitergehende Anforderungen zur Vorsorge gegen schädliche Umwelteinwirkungen nicht gestellt werden.

(3a) Die zuständige Behörde soll von nachträglichen Anordnungen absehen, soweit in einem vom Betreiber vorgelegten Plan technische Maßnahmen an dessen Anlagen oder an Anlagen Dritter vorgesehen sind, die zu einer weitergehenden Verringerung der Emissionsfrachten führen als die Summe der Minderungen, die durch den Erlass nachträglicher Anordnungen zur Erfüllung der sich aus diesem Gesetz oder den aufgrund dieses Gesetzes erlassenen Rechtsverordnungen ergebenden Pflichten bei den beteiligten Anlagen erreichbar wäre und hierdurch der in § 1 genannte Zweck gefördert wird. Dies gilt nicht, soweit der Betreiber bereits zur Emissionsminderung aufgrund einer nachträglichen Anordnung nach Absatz 1 oder einer Auflage nach § 12 Abs. 1 verpflichtet ist oder eine nachträgliche Anordnung nach Absatz 1 Satz 2 getroffen werden soll. Der Ausgleich ist nur zwischen denselben oder in der Wirkung auf die

Umwelt vergleichbaren Stoffen zulässig. Die Sätze 1 bis 3 gelten auch für nicht betriebsbereite Anlagen, für die die Genehmigung zur Errichtung und zum Betrieb erteilt ist oder für die in einem Vorbescheid oder einer Teilgenehmigung Anforderungen nach § 5 Abs. 1 Nr. 2 festgelegt sind. Die Durchführung der Maßnahmen des Plans ist durch Anordnung sicherzustellen.

(4) Ist es zur Erfüllung der Anordnung erforderlich, die Lage, die Beschaffenheit oder den Betrieb der Anlage wesentlich zu ändern und ist in der Anordnung nicht abschließend bestimmt, in welcher Weise sie zu erfüllen ist, so bedarf die Änderung der Genehmigung nach § 16.

(4a) Zur Erfüllung der Pflichten nach § 5 Abs. 3 kann bei Abfallentsorgungsanlagen im Sinne des § 4 Abs. 1 Satz 1 auch eine Sicherheitsleistung angeordnet werden. Nach der Einstellung des gesamten Betriebs können Anordnungen zur Erfüllung der sich aus § 5 Abs. 3 ergebenden Pflichten nur noch während eines Zeitraums von einem Jahr getroffen werden.

(5) Die Absätze 1 bis 4a gelten entsprechend für Anlagen, die nach § 67 Abs. 2 anzuzeigen sind oder vor Inkrafttreten dieses Gesetzes nach § 16 Abs. 4 der Gewerbeordnung anzuzeigen waren.

(...)

§ 19 Vereinfachtes Verfahren

(1) Durch Rechtsverordnung nach § 4 Abs. 1 Satz 3 kann vorgeschrieben werden, dass die Genehmigung von Anlagen bestimmter Art oder bestimmten Umfangs in einem vereinfachten Verfahren erteilt wird, sofern dies nach Art, Ausmaß und Dauer der von diesen Anlagen hervorgerufenen schädlichen Umwelteinwirkungen und sonstigen Gefahren, erheblichen Nachteilen und erheblichen Belästigungen mit dem Schutz der Allgemeinheit und der Nachbarschaft vereinbar ist. Satz 1 gilt für Abfallentsorgungsanlagen entsprechend.

(2) In dem vereinfachten Verfahren sind § 10 Abs. 2, 3, 4, 6, 7 Satz 2 und 3, Abs. 8 und 9 sowie die §§ 11 und 14 nicht anzuwenden.

(3) Die Genehmigung ist auf Antrag des Trägers des Vorhabens abweichend von den Absätzen 1 und 2 nicht in einem vereinfachten Verfahren zu erteilen.

§ 20 Untersagung, Stilllegung und Beseitigung

(1) Kommt der Betreiber einer genehmigungsbedürftigen Anlage einer Auflage, einer vollziehbaren nachträglichen Anordnung oder einer abschließend bestimmten Pflicht aus einer Rechtsverordnung nach § 7 nicht nach und betreffen die Auflage, die Anordnung oder die Pflicht die Beschaffenheit oder den Betrieb der Anlage, so kann die zuständige Behörde den Betrieb ganz oder teilweise bis zur Erfüllung der Auflage, der Anordnung oder der Pflichten aus der Rechtsverordnung nach § 7 untersagen.

(1a) Die zuständige Behörde hat die Inbetriebnahme oder Weiterführung einer genehmigungsbedürftigen Anlage, die Betriebsbereich oder Teil eines Betriebsbereichs ist und gewerblichen Zwecken dient oder im Rahmen wirtschaftlicher Unternehmungen Verwendung findet, ganz oder teilweise zu untersagen, solange und soweit die von dem Betreiber getroffenen Maßnahmen zur Verhütung schwerer Unfälle im Sinne des Artikels 3 Nr. 5 der Richtlinie 96/82/EG oder zur Begrenzung der Auswirkungen derartiger Unfälle eindeutig unzureichend sind. Die zuständige Behörde kann die Inbetriebnahme oder Weiterführung einer Anlage im Sinne des Satzes 1 ganz oder teilweise untersagen, wenn der Betreiber die in einer zur Umsetzung der Richtlinie 96/82/EG erlassenen Rechtsverordnung vorgeschriebenen Mitteilungen, Berichte oder sonstigen Informationen nicht fristgerecht übermittelt.

(2) Die zuständige Behörde soll anordnen, dass eine Anlage, die ohne die erforderliche Genehmigung errichtet, betrieben oder wesentlich geändert wird, stillzulegen oder zu beseitigen ist. Sie hat die Beseitigung anzuordnen, wenn die Allgemeinheit oder die Nachbarschaft nicht auf andere Weise ausreichend geschützt werden kann.

(3) Die zuständige Behörde kann den weiteren Betrieb einer genehmigungsbedürftigen Anlage durch den Betreiber oder einen mit der Leitung des Betriebs Beauftragten untersagen, wenn Tatsachen vorliegen, welche die Unzuverlässigkeit dieser Personen in Bezug auf die Einhaltung von Rechtsvorschriften zum Schutz vor schädlichen Umwelteinwirkungen dartun, und die Untersagung zum Wohl der Allgemeinheit geboten ist. Dem Betreiber der Anlage kann auf Antrag die Erlaubnis erteilt werden, die Anlage durch eine Person betreiben zu lassen, die die Gewähr für den ordnungsgemäßen Betrieb der Anlage bietet. Die Erlaubnis kann mit Auflagen verbunden werden.

(...)

§ 22 Pflichten der Betreiber nicht genehmigungsbedürftiger Anlagen

(1) Nicht genehmigungsbedürftige Anlagen sind so zu errichten und zu betreiben, dass
1. schädliche Umwelteinwirkungen verhindert werden, die nach dem Stand der Technik vermeidbar sind,
2. nach dem Stand der Technik unvermeidbare schädliche Umwelteinwirkungen auf ein Mindestmaß beschränkt werden und
3. die beim Betrieb der Anlagen entstehenden Abfälle ordnungsgemäß beseitigt werden können.

Die Bundesregierung wird ermächtigt, nach Anhörung der beteiligten Kreise (§ 51) durch Rechtsverordnung mit Zustimmung des Bundesrates aufgrund der Art oder Menge aller oder einzelner anfallender Abfälle die Anlagen zu bestimmen, für die die Anforderungen des § 5 Abs. 1 Nr. 3 entsprechend gelten. Für Anlagen, die nicht gewerblichen Zwecken dienen und nicht im Rahmen wirtschaftlicher Unternehmungen Verwendung finden, gilt die Verpflichtung des Satzes 1 nur, soweit sie auf die Verhinderung oder Beschränkung von schädlichen Umwelteinwirkungen durch Luftverunreinigungen oder Geräusche gerichtet ist.

(2) Weitergehende öffentlich-rechtliche Vorschriften bleiben unberührt.

§ 23 Anforderungen an die Errichtung, die Beschaffenheit und den Betrieb nicht genehmigungsbedürftiger Anlagen

(1) Die Bundesregierung wird ermächtigt, nach Anhörung der beteiligten Kreise (§ 51) durch Rechtsverordnung mit Zustimmung des Bundesrates vorzuschreiben, dass die Errichtung, die Beschaffenheit und der Betrieb nicht genehmigungsbedürftiger Anlagen bestimmten Anforderungen zum Schutz der Allgemeinheit und der Nachbarschaft vor schädlichen Umwelteinwirkungen und, soweit diese Anlagen gewerblichen Zwecken dienen oder im Rahmen wirtschaftlicher Unternehmungen Verwendung finden und Betriebsbereiche oder Bestandteile von Betriebsbereichen sind, vor sonstigen Gefahren zur Verhütung schwerer Unfälle im Sinne des Artikels 3 Nr. 5 der Richtlinie 96/82/EG und zur Begrenzung der Auswirkungen derartiger Unfälle für Mensch und Umwelt sowie zur Vorsorge gegen schädliche Umwelteinwirkungen genügen müssen, insbesondere dass
1. die Anlagen bestimmten technischen Anforderungen entsprechen müssen,
2. die von Anlagen ausgehenden Emissionen bestimmte Grenzwerte nicht überschreiten dürfen,
3. die Betreiber von Anlagen Messungen von Emissionen und Immissionen nach in der Rechtsverordnung näher zu bestimmenden Verfahren vorzunehmen haben oder von einer in der Rechtsverordnung zu bestimmenden Stelle vornehmen lassen müssen,
4. die Betreiber bestimmter Anlagen der zuständigen Behörde unverzüglich die Inbetriebnahme oder eine Änderung einer Anlage, die für die Erfüllung von in der Rechtsverordnung vorgeschriebenen Pflichten von Bedeutung sein kann, anzuzeigen haben,
4a. die Betreiber von Anlagen, die Betriebsbereiche oder Bestandteile von Betriebsbereichen sind, innerhalb einer angemessenen Frist vor Errichtung, vor Inbetriebnahme oder vor einer Änderung dieser Anlagen, die für die Erfüllung von in der

Rechtsverordnung vorgeschriebenen Pflichten von Bedeutung sein kann, dies der zuständigen Behörde anzuzeigen haben und

5. bestimmte Anlagen nur betrieben werden dürfen, nachdem die Bescheinigung eines von der nach Landesrecht zuständigen Behörde bekannt gegebenen Sachverständigen vorgelegt worden ist, dass die Anlage den Anforderungen der Rechtsverordnung oder einer Bauartzulassung nach § 33 entspricht.

In der Rechtsverordnung nach Satz 1 können auch die Anforderungen bestimmt werden, denen Sachverständige hinsichtlich ihrer Fachkunde, Zuverlässigkeit und gerätetechnischen Ausstattung genügen müssen. Wegen der Anforderungen nach Satz 1 Nr. 1 bis 3 gilt § 7 Abs. 5 entsprechend.

(1a) Für bestimmte nicht genehmigungsbedürftige Anlagen kann durch Rechtsverordnung nach Absatz 1 vorgeschrieben werden, dass auf Antrag des Trägers des Vorhabens ein Verfahren zur Erteilung einer Genehmigung nach § 4 Abs. 1 Satz 1 in Verbindung mit § 6 durchzuführen ist. Im Falle eines Antrags nach Satz 1 sind für die betroffene Anlage an Stelle der für nicht genehmigungsbedürftige Anlagen geltenden Vorschriften die Vorschriften über genehmigungsbedürftige Anlagen anzuwenden. Für das Verfahren gilt § 19 Abs. 2 und 3 entsprechend.

(2) Soweit die Bundesregierung von der Ermächtigung keinen Gebrauch macht, sind die Landesregierungen ermächtigt, durch Rechtsverordnung Vorschriften im Sinne des Absatzes 1 zu erlassen. Die Landesregierungen können die Ermächtigung auf eine oder mehrere oberste Landesbehörden übertragen.

§ 24 Anordnungen im Einzelfall

Die zuständige Behörde kann im Einzelfall die zur Durchführung des § 22 und der auf dieses Gesetz gestützten Rechtsverordnungen erforderlichen Anordnungen treffen. Kann das Ziel der Anordnung auch durch eine Maßnahme zum Zwecke des Arbeitsschutzes erreicht werden, soll diese angeordnet werden.

(...)

§ 41 Straßen und Schienenwege

(1) Bei dem Bau oder der wesentlichen Änderung öffentlicher Straßen sowie von Eisenbahnen, Magnetschwebebahnen und Straßenbahnen ist unbeschadet des § 50 sicherzustellen, dass durch diese keine schädlichen Umwelteinwirkungen durch Verkehrsgeräusche hervorgerufen werden können, die nach dem Stand der Technik vermeidbar sind.

(2) Absatz 1 gilt nicht, soweit die Kosten der Schutzmaßnahme außer Verhältnis zu dem angestrebten Schutzzweck stehen würden.

§ 42 Entschädigung für Schallschutzmaßnahmen

(1) Werden im Falle des § 41 die in der Rechtsverordnung nach § 43 Abs. 1 Satz 1 Nr. 1 festgelegten Immissionsgrenzwerte überschritten, hat der Eigentümer einer betroffenen baulichen Anlage gegen den Träger der Baulast einen Anspruch auf angemessene Entschädigung in Geld, es sei denn, dass die Beeinträchtigung wegen der besonderen Benutzung der Anlage zumutbar ist. Dies gilt auch bei baulichen Anlagen, die bei Auslegung der Pläne im Planfeststellungsverfahren oder bei Auslegung des Entwurfs der Bauleitpläne mit ausgewiesener Wegeplanung bauaufsichtlich genehmigt waren.

(2) Die Entschädigung ist zu leisten für Schallschutzmaßnahmen an den baulichen Anlagen in Höhe der erbrachten notwendigen Aufwendungen, soweit sich diese im Rahmen der Rechtsverordnung nach § 43 Abs. 1 Satz 1 Nr. 3 halten. Vorschriften, die weitergehende Entschädigungen gewähren, bleiben unberührt.

(3) Kommt zwischen dem Träger der Baulast und dem Betroffenen keine Einigung über die Entschädigung zustande, setzt die nach Landesrecht zuständige Behörde

auf Antrag eines der Beteiligten die Entschädigung durch schriftlichen Bescheid fest. Im Übrigen gelten für das Verfahren die Enteignungsgesetze der Länder entsprechend.

§ 43 Rechtsverordnung der Bundesregierung

(1) Die Bundesregierung wird ermächtigt, nach Anhörung der beteiligten Kreise (§ 51) durch Rechtsverordnung mit Zustimmung des Bundesrates die zur Durchführung des § 41 und des § 42 Abs. 1 und 2 erforderlichen Vorschriften zu erlassen, insbesondere über
1. bestimmte Grenzwerte, die zum Schutz der Nachbarschaft vor schädlichen Umwelteinwirkungen durch Geräusche nicht überschritten werden dürfen, sowie über das Verfahren zur Ermittlung der Emissionen oder Immissionen,
2. bestimmte technische Anforderungen an den Bau von Straßen, Eisenbahnen, Magnetschwebebahnen und Straßenbahnen zur Vermeidung von schädlichen Umwelteinwirkungen durch Geräusche und
3. Art und Umfang der zum Schutz vor schädlichen Umwelteinwirkungen durch Geräusche notwendigen Schallschutzmaßnahmen an baulichen Anlagen.

In den Rechtsverordnungen nach Satz 1 ist den Besonderheiten des Schienenverkehrs Rechnung zu tragen.

(2) Wegen der Anforderungen nach Absatz 1 gilt § 7 Abs. 5 entsprechend.

(...)

§ 50 Planung

Bei raumbedeutsamen Planungen und Maßnahmen sind die für eine bestimmte Nutzung vorgesehenen Flächen einander so zuzuordnen, dass schädliche Umwelteinwirkungen und von schweren Unfällen im Sinne des Artikels 3 Nr. 5 der Richtlinie 96/82/EG in Betriebsbereichen hervorgerufene Auswirkungen auf die ausschließlich oder überwiegend dem Wohnen dienenden Gebiete sowie auf sonstige schutzbedürftige Gebiete, insbesondere öffentlich genutzte Gebiete, wichtige Verkehrswege, Freizeitgebiete und unter dem Gesichtspunkt des Naturschutzes besonders wertvolle oder besonders empfindliche Gebiete und öffentlich genutzte Gebäude, so weit wie möglich vermieden werden. Bei raumbedeutsamen Planungen und Maßnahmen in Gebieten, in denen die in Rechtsverordnungen nach § 48a Abs. 1 festgelegten Immissionsgrenzwerte nicht überschritten werden, ist bei der Abwägung der betroffenen Belange die Erhaltung der bestmöglichen Luftqualität als Belang zu berücksichtigen.

Anh. 4 § 1 4. BImSchV

Vierte Verordnung zur Durchführung des Bundes-Immissionsschutzgesetzes (Verordnung über genehmigungsbedürftige Anlagen – 4. BImSchV)

Vom 14. März 1997 (BGBl. I S. 504)
zuletzt geändert durch Artikel 3 des Gesetzes vom 23. Oktober 2007 (BGBl. I, Nr. 53, S. 2470)
in Kraft getreten am 30. Oktober 2007

§ 1 Genehmigungsbedürftige Anlagen

(1) Die Errichtung und der Betrieb der im Anhang genannten Anlagen bedürfen einer Genehmigung, soweit den Umständen nach zu erwarten ist, dass sie länger als während der zwölf Monate, die auf die Inbetriebnahme folgen, an demselben Ort betrieben werden. Für die in Nummer 8 des Anhangs genannten Anlagen, ausgenommen Anlagen zur Behandlung am Entstehungsort, gilt Satz 1 auch, soweit sie weniger als während der zwölf Monate, die auf die Inbetriebnahme folgen, an demselben Ort betrieben werden sollen. Für die in den Nummern 2.10 Spalte 2, 7.4, 7.5, 7.25, 7.28, 9.1, 9.3 bis 9.8 und 9.11 bis 9.35 des Anhangs genannten Anlagen gilt Satz 1 nur, soweit sie gewerblichen Zwecken dienen oder im Rahmen wirtschaftlicher Unternehmungen verwendet werden. Hängt die Genehmigungsbedürftigkeit der im Anhang genannten Anlagen vom Erreichen oder Überschreiten einer bestimmten Leistungsgrenze oder Anlagengröße ab, ist jeweils auf den rechtlich und tatsächlich möglichen Betriebsumfang der durch denselben Betreiber betriebenen Anlage abzustellen.

(2) Das Genehmigungserfordernis erstreckt sich auf alle vorgesehenen
1. Anlagenteile und Verfahrensschritte, die zum Betrieb notwendig sind, und
2. Nebeneinrichtungen, die mit den Anlagenteilen und Verfahrensschritten nach Nummer 1 in einem räumlichen und betriebstechnischen Zusammenhang stehen und die für
   a) das Entstehen schädlicher Umwelteinwirkungen,
   b) die Vorsorge gegen schädliche Umwelteinwirkungen oder
   c) das Entstehen sonstiger Gefahren, erheblicher Nachteile oder erheblicher Belästigungen
von Bedeutung sein können.

(3) Die im Anhang bestimmten Voraussetzungen liegen auch vor, wenn mehrere Anlagen derselben Art in einem engen räumlichen und betrieblichen Zusammenhang stehen (gemeinsame Anlage) und zusammen die maßgebenden Leistungsgrenzen oder Anlagengrößen erreichen oder überschreiten werden. Ein enger räumlicher und betrieblicher Zusammenhang ist gegeben, wenn die Anlagen
1. auf demselben Betriebsgelände liegen,
2. mit gemeinsamen Betriebseinrichtungen verbunden sind und
3. einem vergleichbaren technischen Zweck dienen.

(4) Gehören zu einer Anlage Teile oder Nebeneinrichtungen, die je gesondert genehmigungsbedürftig wären, so bedarf es lediglich einer Genehmigung.

(5) Soll die für die Genehmigungsbedürftigkeit maßgebende Leistungsgrenze oder Anlagengröße durch die Erweiterung einer bestehenden Anlage erstmals überschritten werden, bedarf die gesamte Anlage der Genehmigung.

(6) Keiner Genehmigung bedürfen Anlagen, soweit sie der Forschung, Entwicklung oder Erprobung neuer Einsatzstoffe, Brennstoffe, Erzeugnisse oder Verfahren im Labor- oder Technikumsmaßstab dienen; hierunter fallen auch solche Anlagen im Labor- oder Technikumsmaßstab, in denen neue Erzeugnisse in der für die Erprobung ihrer Eigenschaften durch Dritte erforderlichen Menge vor der Markteinführung hergestellt werden, soweit die neuen Erzeugnisse noch weiter erforscht oder entwickelt werden.

§ 2 Zuordnung zu den Verfahrensarten

(1) Das Genehmigungsverfahren wird durchgeführt nach
1. § 10 des Bundes-Immissionsschutzgesetzes für
   a) Anlagen, die in Spalte 1 des Anhangs genannt sind,
   b) Anlagen, die sich aus in Spalte 1 und in Spalte 2 des Anhangs genannten Anlagen zusammensetzen,
   c) Anlagen, die in Spalte 2 des Anhangs genannt sind und zu deren Genehmigung nach dem Gesetz über die Umweltverträglichkeitsprüfung ein Verfahren mit Umweltverträglichkeitsprüfung durchzuführen ist,
2. § 19 des Bundes-Immissionsschutzgesetzes im vereinfachten Verfahren für in Spalte 2 des Anhangs genannte Anlagen.

Soweit die Zuordnung zu den Spalten von der Leistungsgrenze oder Anlagengröße abhängt, gilt § 1 Abs. 1 Satz 3 entsprechend.

(2) Kann eine Anlage vollständig verschiedenen Anlagenbezeichnungen im Anhang zugeordnet werden, so ist die speziellere Anlagenbezeichnung maßgebend.

(3) Für in Spalte 1 des Anhangs genannte Anlagen, die ausschließlich oder überwiegend der Entwicklung und Erprobung neuer Verfahren, Einsatzstoffe, Brennstoffe oder Erzeugnisse dienen (Versuchsanlagen), wird das vereinfachte Verfahren durchgeführt, wenn die Genehmigung für einen Zeitraum von höchstens drei Jahren nach Inbetriebnahme der Anlage erteilt werden soll; dieser Zeitraum kann auf Antrag bis zu einem weiteren Jahr verlängert werden. Satz 1 findet auf Anlagen der Anlage 1 (Liste »UVP-pflichtige Vorhaben«) zum Gesetz über die Umweltverträglichkeitsprüfung nur Anwendung, soweit nach den Vorschriften dieses Gesetzes eine Umweltverträglichkeitsprüfung nicht durchzuführen ist. Soll die Lage, die Beschaffenheit oder der Betrieb einer nach Satz 1 genehmigten Anlage für einen anderen Entwicklungs- oder Erprobungszweck geändert werden, ist ein Verfahren nach Satz 1 durchzuführen.

(4) Wird die für die Zuordnung zu den Spalten 1 oder 2 des Anhangs maßgebende Leistungsgrenze oder Anlagengröße durch die Errichtung und den Betrieb einer weiteren Teilanlage oder durch eine sonstige Erweiterung der Anlage erreicht oder überschritten, wird die Genehmigung für die Änderung in dem Verfahren erteilt, dem die Anlage nach der Summe ihrer Leistung oder Größe entspricht.

§§ 3 und 4 (Aufhebung anderer Vorschriften)

§ 5 *(weggefallen)*

Anhang

Nr.	Spalte 1	Spalte 2
1.	**Wärmeerzeugung, Bergbau, Energie**	–
1.1	Anlagen zur Erzeugung von Strom, Dampf, Warmwasser, Prozesswärme oder erhitztem Abgas durch den Einsatz von Brennstoffen in einer Verbrennungseinrichtung (wie Kraftwerk, Heizkraftwerk, Heizwerk Gasturbinenanlage, Verbrennungsmotoranlage, sonstige Feuerungsanlage), einschließlich zugehöriger Dampfkessel, mit einer Feuerungswärmeleistung von 50 Megawatt oder mehr	
1.2	–	Anlagen zur Erzeugung von Strom, Dampf, Warmwasser, Prozesswärme oder erhitztem Abgas durch den Einsatz von a) Kohle, Koks einschließlich Petrolkoks, Kohlebriketts, Torfbriketts, Brenntorf, naturbelassenem Holz, emulgiertem

Anh. 4   4. BImSchV

Nr.	Spalte 1	Spalte 2
1.2	–	Naturbitumen, Heizölen, ausgenommen Heizöl EL, mit einer Feuerungswärmeleistung von 1 Megawatt bis weniger als 50 Megawatt,
		b) gasförmigen Brennstoffen (insbesondere Koksofengas, Grubengas, Stahlgas, Raffineriegas, Synthesegas, Erdölgas aus der Tertiärförderung von Erdöl, Klärgas, Biogas), ausgenommen naturbelassenem Erdgas, Flüssiggas, Gasen der öffentlichen Gasversorgung oder Wasserstoff, mit einer Feuerungswärmeleistung von 10 Megawatt bis weniger als 50 Megawatt oder
		c) Heizöl EL, Methanol, Ethanol, naturbelassenen Pflanzenölen oder Pflanzenölmethylestern, naturbelassenem Erdgas, Flüssiggas, Gasen der öffentlichen Gasversorgung oder Wasserstoff, mit einer Feuerungswärmeleistung von 20 Megawatt bis weniger als 50 Megawatt
		in einer Verbrennungseinrichtung (wie Kraftwerk, Heizkraftwerk, Heizwerk, Gasturbinenanlage, Verbrennungsmotoranlage, sonstige Feuerungsanlage), einschließlich zugehöriger Dampfkessel, ausgenommen Verbrennungsmotoranlagen für Bohranlagen und Notstromaggregate
1.3	(weggefallen)	Anlagen zur Erzeugung von Strom, Dampf, Warmwasser, Prozesswärme oder erhitztem Abgas durch den Einsatz anderer als in Nummer 1.2 genannter fester oder flüssiger Brennstoffe in einer Verbrennungseinrichtung (wie Kraftwerk, Heizkraftwerk, Heizwerk, Gasturbinenanlage, Verbrennungsmotoranlagen, sonstige Feuerungsanlage), einschließlich zugehöriger Dampfkessel, mit einer Feuerungswärmeleistung von 100 Kilowatt bis weniger als 50 Megawatt.
1.4	Verbrennungsmotoranlagen zum Antrieb von Arbeitsmaschinen für den Einsatz von Heizöl EL Dieselkraftstoff, Methanol, Ethanol, naturbelassenen Pflanzenölen, Pflanzenöl- methylestern oder gasförmigen Brennstoffen (insbesondere Koksofengas, Grubengas, Stahlgas, Raffineriegas, Synthesegas Erdölgas aus der Tertiärförderung von Erdöl, Klärgas, Biogas, naturbelassenem Erdgas, Flüssiggas, Gasen der öffentlichen Gasversorgung, Wasserstoff) mit einer Feuerungswärmeleistung von 50 Megawatt oder mehr.	a) Verbrennungsmotoranlagen zum Antrieb von Arbeitsmaschinen für den Einsatz von Heizöl EL Dieselkraftstoff, Methanol, Ethanol, naturbelassenen Pflanzenölen, Pflanzenöl- methylestern oder gasförmigen Brennstoffen (insbesondere Koksofengas, Grubengas, Stahlgas, Raffineriegas, Synthesegas Erdölgas aus der Tertiärförderung von Erdöl, Klärgas, Biogas, naturbelassenem Erdgas, Flüssiggas, Gasen der öffentlichen Gasversorgung, Wasserstoff) mit einer Feuerungswärmeleistung von 1 Megawatt bis weniger als 50 Megawatt, ausgenommen Verbrennungsmotoranlagen für Bohranlagen
		b) Verbrennungsmotoranlagen zur Erzeugung von Strom, Dampf, Warmwasser, Prozesswärme oder erhitztem Abgas für den Einsatz von

Nr.	Spalte 1	Spalte 2
		aa) gasförmigen Brennstoffen (insbesondere Koksofengas, Grubengas, Stahlgas, Raffineriegas, Synthesegas, Erdölgas aus der Tertiärförderung von Erdöl, Klärgas, Biogas), ausgenommen naturbelassenem Erdgas, Flüssiggas, Gasen der öffentlichen Gasversorgung oder Wasserstoff, mit einer Feuerungswärmeleistung von 1 Megawatt bis weniger als 10 Megawatt oder
		bb) Heizöl EL, Dieselkraftstoff, Methanol, Ethanol, naturbelassenen Pflanzenölen oder Pflanzenölmethylestern, naturbelassenem Erdgas, Flüssiggas, Gasen der öffentlichen Gasversorgung oder Wasserstoff mit einer Feuerungswärmeleistung von 1 Megawatt bis weniger als 20 Megawatt,
		ausgenommen Verbrennungsmotoranlagen für Boranlagen und Notstromaggregate
1.5	Gasturbinenanlagen zum Antrieb von Arbeitsmaschinen für den Einsatz von Heizöl EL, Dieselkraftstoff, Methanol, Ethanol, naturbelassenen Pflanzenölen, Pflanzenölmethylestern oder gasförmigen Brennstoffen (insbesondere Koksofengas, Grubengas, Stahlgas, Raffineriegas, Synthesegas, Erdölgas aus der Tertiärförderung von Erdöl, Klargas, Biogas, naturbelassenem Erdgas, Flüssiggas, Gasen der öffentlichen Gasversorgung, Wasserstoff) mit einer Feuerungswärmeleistung von 50 Megawatt oder mehr	a) Gasturbinenanlagen zum Antrieb von Arbeitsmaschinen für den Einsatz von Heizöl EL, Dieselkraftstoff, Methanol, Ethanol, naturbelassenen Pflanzenölen, Pflanzenölmethylestern oder gasförmigen Brennstoffen (insbesondere Koksofengas, Grubengas, Stahlgas, Raffineriegas, Synthesegas, Erdölgas aus der Tertiärförderung von Erdöl, Klärgas, Biogas, naturbelassenem Erdgas, Flüssiggas, Gasen der öffentlichen Gasversorgung, Wasserstoff) mit einer Feuerungswärmeleistung von 1 Megawatt bis weniger als 50 Megawatt, ausgenommen Anlagen mit geschlossenem Kreislauf
		b) Gasturbinenanlagen zur Erzeugung von Strom, Dampf, Warmwasser, Prozesswärme oder erhitztem Abgas für den Einsatz von
		aa) gasförmigen Brennstoffen (insbesondere Koksofengas, Grubengas, Stahlgas, Raffineriegas, Synthesegas, Erdölgas aus der Tertiärförderung von Erdöl, Klärgas, Biogas) mit einer Feuerungswärmeleistung von 1 Megawatt bis weniger als 10 Megawatt,
		bb) Heizöl EL, Dieselkraftstoff, Methanol, Ethanol, naturbelassenen Pflanzenölen oder Pflanzenölmethylestern, naturbelassenem Erdgas, Flüssiggas, Gasen der öffentlichen Gasversorgung oder Wasserstoff mit einer Feuerungswärmeleistung von 1 Megawatt bis weniger als 20 Megawatt, ausgenommen Anlagen mit geschlossenem Kreislauf

Anh. 4   4. BImSchV

Nr.	Spalte 1	Spalte 2
1.6	–	Windkraftanlagen mit einer Gesamthöhe von mehr als 50 Metern
1.7	(aufgehoben)	–
1.8	–	Elektroumspannanlagen mit einer Oberspannung von 220 Kilovolt oder mehr einschließlich der Schaltfelder, ausgenommen eingehauste Elektroumspannanlagen
1.9	–	Anlagen zum Mahlen oder Trocknen von Kohle mit einer Leistung von 1 Tonne oder mehr je Stunde
1.10	Anlagen zum Brikettieren von Braun- oder Steinkohle	–
1.11	Anlagen zur Trockendestillation, insbesondere von Steinkohle, Braunkohle, Holz, Torf oder Pech (z. B. Kokereien, Gaswerke und Schwelereien), ausgenommen Holzkohlemeiler	–
1.12	Anlagen zur Destillation oder Weiterverarbeitung von Teer oder Teererzeugnissen oder von Teer- oder Gaswasser	–
1.13	–	Anlagen zur Erzeugung von Generator- oder Wassergas aus festen Brennstoffen, die eine Gasmenge mit einem Energieäquivalent von 1 MW oder mehr erzeugen können
1.14.	Anlagen zur Vergasung oder Verflüssigung von Kohle oder bituminösem Schiefer	–
1.15	(weggefallen)	
1.16	(weggefallen)	
2.	**Steine und Erden, Glas, Keramik, Baustoffe**	
2.1	Steinbrüche mit einer Abbaufläche von 10 Hektar oder mehr	Steinbrüche mit einer Abbaufläche von weniger als 10 Hektar, soweit Sprengstoffe verwendet werden
2.2	–	Anlagen zum Brechen, Mahlen oder Klassieren von natürlichem oder künstlichem Gestein, ausgenommen Klassieranlagen für Sand oder Kies und ausgenommen Anlagen, die nicht mehr als zehn Tage im Kalenderjahr betrieben werden
2.3	Anlagen zur Herstellung von Zementklinker oder Zementen mit einer Produktionsleistung von 500 Tonnen oder mehr je Tag	Anlagen zum Herstellen von Zementklinker oder Zementen mit einer Produktionsleistung von weniger als 500 Tonnen je Tag
2.4	Anlagen zum Brennen von Kalkstein mit einer Produktionsleistung von 50 Tonnen Branntkalk oder mehr je Tag	a) Anlagen zum Brennen von Kalkstein mit einer Produktionsleistung von weniger als 50 Tonnen Branntkalk je Tag b) Anlagen zum Brennen von Bauxit, Dolomit, Gips, Kieselgur, Magnesit, Quarzit oder Ton zu Schamotte
2.5	(weggefallen)	
2.6	Anlagen zur Gewinnung, Bearbeitung oder Verarbeitung von Asbest oder Asbesterzeugnissen	–
2.7	–	Anlagen zum Blähen von Perlite, Schiefer oder Ton

Nr.	Spalte 1	Spalte 2
2.8	Anlagen zur Herstellung von Glas, auch soweit es aus Altglas hergestellt wird, einschließlich Anlagen zur Herstellung von Glasfasern, mit einer Schmelzleistung von 20 Tonnen oder mehr je Tag	Anlagen zur Herstellung von Glas, auch soweit es aus Altglas hergestellt wird, einschließlich Anlagen zur Herstellung von Glasfasern, die nicht für medizinische oder fernmeldetechnische Zwecke bestimmt sind, mit einer Schmelzleistung von 100 Kilogramm bis weniger als 20 Tonnen je Tag
2.9	(weggefallen)	
2.10	Anlagen zum Brennen keramischer Erzeugnisse mit einer Produktionskapazität von über 75 Tonnen pro Tag oder soweit der Rauminhalt der Brennanlage 4 Kubikmeter oder mehr und die Besatzdichte 300 Kilogramm oder mehr je Kubikmeter Rauminhalt der Brennanlage beträgt	Anlagen zum Brennen keramischer Erzeugnisse, soweit der Rauminhalt der Brennanlage 4 Kubikmeter oder mehr oder die Besatzdichte mehr als 100 Kilogramm und weniger als 300 Kilogramm je Kubikmeter Rauminhalt der Brennanlage beträgt, ausgenommen elektrisch beheizte Brennöfen, die diskontinuierlich und ohne Abluftführung betrieben werden
2.11	Anlagen zum Schmelzen mineralischer Stoffe einschließlich Anlagen zur Herstellung von Mineralfasern mit einer Produktion von 20 Tonnen oder mehr je Tag	Anlagen zum Schmelzen mineralischer Stoffe einschließlich Anlagen zur Herstellung von Mineralfasern mit einer Produktion von weniger als 20 Tonnen je Tag
2.13	(weggefallen)	
2.14	–	Anlagen zur Herstellung von Formstücken unter Verwendung von Zement oder anderen Bindemitteln durch Stampfen, Schocken, Rütteln oder Vibrieren mit einer Produktionsleistung von einer Tonne oder mehr je Stunde
2.15	(weggefallen)	Anlagen zur Herstellung oder zum Schmelzen von Mischungen aus Bitumen oder Teer mit Mineralstoffen, ausgenommen Anlagen, die Mischungen in Kaltbauweise herstellen einschließlich Aufbereitungsanlagen für bituminöse Straßenbaustoffe und Teersplittanlagen
3.	**Stahl, Eisen und sonstige Metalle einschließlich Verarbeitung**	
3.1	Anlagen zum Rösten (Erhitzen unter Luftzufuhr zur Überführung in Oxide), Schmelzen oder Sintern (Stückigmachen von feinkörnigen Stoffen durch Erhitzen) von Erzen	–
3.2	a) Integrierte Hüttenwerke (Anlagen zur Gewinnung von Roheisen und zur Weiterverarbeitung zu Rohstahl, bei denen sich Gewinnungs- und Weiterverarbeitungseinheiten nebeneinander befinden und in funktioneller Hinsicht miteinander verbunden sind) b) Anlagen zur Herstellung oder zum Erschmelzen von Roheisen oder Stahl einschließlich Stranggießen, auch soweit Konzentrate oder sekundäre Rohstoffe eingesetzt werden, mit einer Schmelzleistung von 2,5 Tonnen oder mehr je Stunde	Anlagen zum Erschmelzen von Stahl mit einer Schmelzleistung von weniger als 2,5 Tonnen je Stunde
3.3	Anlagen zur Herstellung von Nichteisenrohmetallen aus Erzen, Konzentraten oder sekundären Rohstoffen durch metallurgische, chemische oder elektrolytische Verfahren	–

Anh. 4   4. BImSchV

Nr.	Spalte 1	Spalte 2
3.4	Anlagen zum Schmelzen, zum Legieren oder zur Raffination von Nichteisenmetallen mit einer Schmelzleistung von 4 Tonnen oder mehr je Tag bei Blei und Cadmium oder von 20 Tonnen oder mehr je Tag bei sonstigen Nichteisenmetallen	Anlagen zum Schmelzen, zum Legieren oder zur Raffination von Nichteisenmetallen mit einer Schmelzleistung von 0,5 Tonnen bis weniger als 4 Tonnen je Tag bei Blei und Cadmium oder von 2 Tonnen bis weniger als 20 Tonnen je Tag bei sonstigen Nichteisenmetallen, ausgenommen **Vakuum-Schmelzanlagen,** – Schmelzanlagen für Gusslegierungen aus Zinn und Wismut oder aus Feinzink und Aluminium in Verbindung mit Kupfer oder Magnesium, – Schmelzanlagen, die Bestandteil von Druck oder Kokillengießmaschinen sind oder die ausschließlich im Zusammenhang mit einzelnen Druck- oder Kokillengießmaschinen gießfertige Nichteisenmetalle oder gießfertige Legierungen niederschmelzen, – Schmelzanlagen für Edelmetalle oder für Legierungen, die nur aus Edelmetallen oder aus Edelmetallen und Kupfer bestehen, – Schwalllötbäder und – Heißluftverzinnungsanlagen
3.5	–	Anlagen zum Abziehen der Oberflächen von Stahl, insbesondere von Blöcken, Brammen, Knüppeln, Platinen oder Blechen, durch Flämmen

3.6	Anlagen zum Warmwalzen von Stahl mit einer Leistung von 20 Tonnen und mehr Stahl je Stunde	a) Umformung von Stahl
		   aa) Anlagen zum Warmwalzen von Stahl mit einer Leistung von weniger als 20 Tonnen Stahl je Stunde
		   bb) Anlagen zum Kaltwalzen von Stahl mit einer Bandbreite ab 650 Millimeter
		b) Umformung von Nichteisenmetallen
		   aa) Anlagen zum Walzen von Schwermetallen mit einer Leistung von 1 Tonne oder mehr je Stunde
		   bb) Anlagen zum Walzen von Leichtmetallen mit einer Leistung von 0,5 Tonnen oder mehr je Stunde

3.7	Eisen-, Temper- oder Stahlgießereien mit einer Produktionsleistung von 20 Tonnen Gussteile oder mehr je Tag	Eisen-, Temper- oder Stahlgießereien mit einer Produktionsleistung von 2 Tonnen bis weniger als 20 Tonnen Gussteile je Tag
3.8	Gießereien für Nichteisenmetalle, soweit 4 Tonnen oder mehr je Tag bei Blei und Cadmium oder 20 Tonnen oder mehr je Tag bei sonstigen Nichteisenmetallen abgegossen werden	Gießereien für Nichteisenmetalle, soweit 0,5 Tonnen bis weniger als 4 Tonnen je Tag bei Blei und Cadmium oder 2 Tonnen bis weniger als 20 Tonnen je Tag bei sonstigen Nichteisenmetallen abgegossen werden, ausgenommen – Gießereien für Glocken- oder Kunstguss,

4. BImSchV — Anh. 4

Nr.	Spalte 1	Spalte 2
		– Gießereien, in denen in metallische Formen abgegossen wird, und
		– Gießereien, in denen das Material in ortsbeweglichen Tiegeln niedergeschmolzen wird
3.9	Anlagen zum Aufbringen von metallischen Schutzschichten auf Metalloberflächen mithilfe von schmelzflüssigen Bädern mit einer Verarbeitungsleistung von 2 Tonnen Rohgut oder mehr je Stunde	Anlagen zum Aufbringen von metallischen Schutzschichten a) auf Metalloberflächen mithilfe von schmelzflüssigen Bädern mit einer Verarbeitungsleistung von 500 Kilogramm bis weniger als 2 Tonnen Rohgut je Stunde, ausgenommen Anlagen zum kontinuierlichen Verzinken nach dem Sendzimirverfahren, oder b) auf Metall- oder Kunststoffoberflächen durch Flamm-, Plasma- oder Lichtbogenspritzen mit einem Durchsatz an Blei, Zinn, Zink, Nickel, Kobalt oder ihren Legierungen von 2 Kilogramm oder mehr je Stunde
3.10	Anlagen zur Oberflächenbehandlung von Metallen oder Kunststoffen durch ein elektrolytisches oder chemisches Verfahren mit einem Volumen der Wirkbäder von 30 Kubikmeter oder mehr	Anlagen zur Oberflächenbehandlung von Metallen durch Beizen oder Brennen unter Verwendung von Fluss- oder Salpetersäure mit einem Volumen der Wirkbäder von 1 Kubikmeter bis weniger als 30 Kubikmeter
3.11	Anlagen, die aus einem oder mehreren maschinell angetriebenen Hämmern bestehen, wenn die Schlagenergie eines Hammers 20 Kilojoule oder mehr beträgt; den Hämmern stehen Fallwerke gleich	Anlagen, die aus einem oder mehreren maschinell angetriebenen Hämmern bestehen, wenn die Schlagenergie eines Hammers 1 Kilojoule bis weniger als 20 Kilojoule beträgt; den Hämmern stehen Fallwerke gleich
3.13	(weggefallen)	Anlagen zur Sprengverformung oder zum Plattieren mit Sprengstoffen bei einem Einsatz von 10 Kilogramm Sprengstoff oder mehr je Schuss
3.15	(weggefallen)	
3.16	Anlagen zur Herstellung von warmgefertigten nahtlosen oder geschweißten Rohren aus Stahl	–
3.18	Anlagen zur Herstellung oder Reparatur von Schiffskörpern oder -sektionen aus Metall mit einer Länge von 20 Metern oder mehr	–
3.19	Anlagen zum Bau von Schienenfahrzeugen mit einer Produktionsleistung von 600 Schienenfahrzeugeinheiten oder mehr je Jahr; 1 Schienenfahrzeugeinheit entspricht 0,5 Lokomotiven, 1 Straßenbahn, 1 Wagen eines Triebzuges, 1 Triebkopf, 1 Personenwagen, 3 Güterwagen	–
3.20	–	Anlagen zur Oberflächenbehandlung von Gegenständen aus Stahl, Blech oder Guss mit festen Strahlmitteln, die außerhalb geschlossener Räume betrieben werden, ausgenommen nicht begehbare Handstrahlkabinen sowie Anlagen mit einem Luftdurchsatz von weniger als 300 cbm/h

Nr.	Spalte 1	Spalte 2
3.21	–	Anlagen zur Herstellung von Bleiakkumulatoren
3.22	(weggefallen)	
3.23	–	Anlagen zur Herstellung von Aluminium-, Eisen oder Magnesiumpulver oder -pasten oder von blei- oder nickelhaltigen Pulvern oder Pasten sowie von sonstigen Metallpulvern oder -pasten nach einem anderen als dem in Nummer 3.22 genannten Verfahren, ausgenommen Anlagen zur Herstellung von Edelmetallpulver
3.24	Anlagen für den Bau und die Montage von Kraftfahrzeugen oder Anlagen für den Bau von Kraftfahrzeugmotoren mit einer Leistung von jeweils 100 000 Stück oder mehr je Jahr	–
3.25	Anlagen für den Bau und die Instandsetzung von Luftfahrzeugen, soweit je Jahr mehr als 50 Luftfahrzeuge hergestellt oder mehr als 100 Luftfahrzeuge repariert werden können, ausgenommen Wartungsarbeiten	–
4.	**Chemische Erzeugnisse, Arzneimittel, Mineralölraffination und Weiterverarbeitung**	
4.1	Anlagen zur Herstellung von Stoffen oder Stoffgruppen durch chemische Umwandlung in industriellem Umfang, insbesondere	–
	a) zur Herstellung von Kohlenwasserstoffen (lineare oder ringförmige, gesättigte oder ungesättigte, aliphatische oder aromatische),	
	b) zur Herstellung von sauerstoffhaltigen Kohlenwasserstoffen wie Alkohole, Aldehyde, Ketone, Carbonsäuren, Ester, Acetate, Ether, Peroxide, Epoxide,	
	c) zur Herstellung von schwefelhaltigen Kohlenwasserstoffen,	
	d) zur Herstellung von stickstoffhaltigen Kohlenwasserstoffen wie Amine, Amide, Nitroso-, Nitro- oder Nitratverbindungen, Nitrile, Cyanate, Isocyanate,	
	e) zur Herstellung von phosphorhaltigen Kohlenwasserstoffen,	
	f) zur Herstellung von halogenhaltigen Kohlenwasserstoffen,	
	g) zur Herstellung von metallorganischen Verbindungen,	
	h) zur Herstellung von Basiskunststoffen (Kunstharzen, Polymeren, Chemiefasern, Fasern auf Zellstoffbasis),	
	i) zur Herstellung von synthetischen Kautschuken,	
	j) zur Herstellung von Farbstoffen und Pigmenten sowie von Ausgangsstoffen für Farben und Anstrichmittel,	
	k) zur Herstellung von Tensiden,	

4. BImSchV

Anh. 4

Nr.	Spalte 1	Spalte 2
	l) zur Herstellung von Gasen wie Ammoniak, Chlor und Chlorwasserstoff, Fluor und Fluorwasserstoff, Kohlenstoffoxiden, Schwefelverbindungen, Stickstoffoxiden, Wasserstoff, Schwefeldioxid, Phosgen,	
	m) zur Herstellung von Säuren wie Chromsäure, Flusssäure, Phosphorsäure, Salpetersäure, Salzsäure, Schwefelsäure, Oleum, schwefelige Säuren,	
	n) zur Herstellung von Basen wie Ammoniumhydroxid, Kaliumhydroxid, Natriumhydroxid,	
	o) zur Herstellung von Salzen wie Ammoniumchlorid, Kaliumchlorat, Kaliumkarbonat, Natriumkarbonat, Perborat, Silbernitrat,	
	p) zur Herstellung von Nichtmetallen, Metalloxiden oder sonstigen anorganischen Verbindungen wie Kalziumkarbid, Silizium, Siliziumkarbid, anorganische Peroxide, Schwefel,	
	q) zur Herstellung von phosphor-, stickstoff- oder kaliumhaltigen Düngemitteln (Einnährstoff- oder Mehrnährstoffdünger),	
	r) zur Herstellung von Ausgangsstoffen für Pflanzenschutzmittel und von Bioziden,	
	s) zur Herstellung von Grundarzneimitteln (Wirkstoffen für Arzneimittel),	
	t) zur Herstellung von Explosivstoffen; hierzu gehören nicht Anlagen zur Erzeugung oder Spaltung von Kernbrennstoffen oder zur Aufarbeitung bestrahlter Kernbrennstoffe	
4.2	–	Anlagen, in denen Pflanzenschutz- oder Schädlingsbekämpfungsmittel oder ihre Wirkstoffe gemahlen oder maschinell gemischt, abgepackt oder umgefüllt werden, soweit diese Stoffe in einer Menge von 5 Tonnen je Tag oder mehr gehandhabt werden
4.3	Anlagen zur Herstellung von Grundarzneimitteln (Wirkstoffen für Arzneimittel) unter Verwendung eines biologischen Verfahrens im industriellen Umfang	Anlagen zur Herstellung von Arzneimitteln oder Arzneimittelzwischenprodukten im industriellen Umfang, soweit a) Pflanzen, Pflanzenteile oder Pflanzenbestandteile extrahiert, destilliert oder auf ähnliche Weise behandelt werden, ausgenommen Extraktionsanlagen mit Ethanol ohne Erwärmen, oder b) Tierkörper, auch lebender Tiere, sowie Körperteile, Körperbestandteile und Stoffwechselprodukte von Tieren eingesetzt werden nach einem anderen als dem in Nummer 4.3 Spalte 1 genannten Verfahren,

Anh. 4 4. BImSchV

Nr.	Spalte 1	Spalte 2
		ausgenommen Anlagen, die ausschließlich der Herstellung der Darreichungsform dienen
4.4	Anlagen zur Destillation oder Raffination oder sonstigen Weiterverarbeitung von Erdöl oder Erdölerzeugnissen in Mineralöl-, Altöl- oder Schmierstoffraffinerien, in petrochemischen Werken oder bei der Gewinnung von Paraffin sowie Gasraffinerien	–
4.5	–	Anlagen zur Herstellung von Schmierstoffen, wie Schmieröle, Schmierfette, Metallbearbeitungsöle
4.6	Anlagen zur Herstellung von Ruß	–
4.7	Anlagen zur Herstellung von Kohlenstoff (Hartbrandkohle) oder Elektrographit durch Brennen oder Graphitieren, zum Beispiel für Elektroden, Stromabnehmer oder Apparateteile	–
4.8	–	Anlagen zum Destillieren von flüchtigen organischen Verbindungen, die bei einer Temperatur von 293,15 Kelvin einen Dampfdruck von mindestens 0,01 Kilopascal haben, mit einer Durchsatzleistung von 1 Tonne oder mehr je Stunde
4.9	–	Anlagen zum Erschmelzen von Naturharzen oder Kunstharzen mit einer Leistung von 1 Tonne oder mehr je Tag
4.10	Anlagen zur Herstellung von Anstrich- oder Beschichtungsstoffen (Lasuren, Firnis, Lacke, Dispersionsfarben) oder Druckfarben unter Einsatz von 25 Tonnen oder mehr je Tag an flüchtigen organischen Verbindungen, die bei einer Temperatur von 293,15 Kelvin einen Dampfdruck von mindestens 0,01 Kilopascal haben	–

5. Oberflächenbehandlung mit organischen Stoffen, Herstellung von bahnenförmigen Materialien aus Kunststoffen, sonstige Verarbeitung von Harzen und Kunststoffen

5.1	Anlagen zur Behandlung von Oberflächen von Stoffen, Gegenständen oder Erzeugnissen einschließlich der dazugehörigen Trocknungsanlagen unter Verwendung von organischen Lösungsmitteln, insbesondere zum Appretieren, Bedrucken, Beschichten, Entfetten, Imprägnieren, Kaschieren, Kleben, Lackieren, Reinigen oder Tränken mit einem Verbrauch an organischen Lösungsmitteln von 150 Kilogramm oder mehr je Stunde oder von 200 Tonnen oder mehr je Jahr	a) Anlagen zur Behandlung von Oberflächen von Stoffen, Gegenständen oder Erzeugnissen einschließlich der zugehörigen Trocknungsanlagen unter Verwendung von organischen Lösungsmitteln, insbesondere zum Appretieren, Beschichten, Entfetten, Imprägnieren, Kaschieren, Kleben, Lackieren, Reinigen oder Tränken mit einem Verbrauch an organischen Lösungsmitteln von 25 Kilogramm bis weniger als 150 Kilogramm je Stunde oder 15 Tonnen bis weniger als 200 Tonnen je Jahr
		b) Anlagen zum Bedrucken von bahnen- oder tafelförmigen Materialien mit Rotationsdruckmaschinen einschließlich der zugehörigen Trocknungsanlagen, soweit die Farben oder Lacke

Nr.	Spalte 1	Spalte 2
		– organische Lösungsmittel mit einem Anteil von mehr als 50 Gew.-% an Ethanol enthalten und in der Anlage insgesamt 50 Kilogramm bis weniger als 150 Kilogramm je Stunde oder 30 Tonnen bis weniger als 200 Tonnen je Jahr an organischen Lösungsmitteln verbraucht werden oder
		– sonstige organische Lösungsmittel enthalten und in der Anlage insgesamt 25 Kilogramm bis weniger als 150 Kilogramm organische Lösungsmittel je Stunde oder 15 Tonnen bis weniger als 200 Tonnen je Jahr an organischen Lösungsmitteln verbraucht werden,
		c) Anlagen zum Isolieren von Drähten unter Verwendung von phenol- oder kresolhaltigen Drahtlacken mit einem Verbrauch an organischen Lösungsmitteln von weniger als 150 Kilogramm je Stunde oder von weniger als 200 Tonnen je Jahr
		ausgenommen Anlagen, soweit die Farben oder Lacke ausschließlich hochsiedende Öle (mit einem Dampfdruck von weniger als 0,01 Kilopascal bei einer Temperatur von 293,15 Kelvin) als organische Lösungsmittel enthalten
5.2	Anlagen zum Beschichten, Imprägnieren, Kaschieren, Lackieren oder Tränken von Gegenständen, Glas- oder Mineralfasern oder bahnen oder tafelförmigen Materialien einschließlich der zugehörigen Trocknungsanlagen mit Kunstharzen, die unter weitgehender Selbstvernetzung ausreagieren (Reaktionsharze), wie Melamin-, Harnstoff-, Phenol-, Epoxid-, Furan-, Kresol-, Resorcin- oder Polyesterharzen, soweit die Menge dieser Harze 25 Kilogramm oder mehr je Stunde beträgt, ausgenommen Anlagen für den Einsatz von Pulverbeschichtungsstoffen	Anlagen zum Beschichten, Imprägnieren, Kaschieren, Lackieren oder Tränken von Gegenständen, Glas- oder Mineralfasern oder bahnen oder tafelförmigen Materialien einschließlich der zugehörigen Trocknungsanlagen mit Kunstharzen, die unter weitgehender Selbstvernetzung ausreagieren (Reaktionsharze), wie Melamin-, Harnstoff-, Phenol-, Epoxid-, Furan-, Kresol-, Resorcin- oder Polyesterharzen, soweit die Menge dieser Harze 10 Kilogramm bis weniger als 25 Kilogramm je Stunde beträgt, ausgenommen Anlagen für den Einsatz von Pulverbeschichtungsstoffen
5.4	–	Anlagen zum Tränken oder Überziehen von Stoffen oder Gegenständen mit Teer, Teeröl oder heißem Bitumen, soweit die Menge dieser Kohlenwasserstoffe 25 Kilogramm oder mehr je Stunde beträgt, ausgenommen Anlagen zum Tränken oder Überziehen von Kabeln mit heißem Bitumen
5.5	(weggefallen)	
5.6	–	Anlagen zur Herstellung von bahnenförmigen Materialien auf Streichmaschinen einschließlich der zugehörigen Trocknungsanlagen unter Verwendung von Gemischen aus Kunststoffen und Weichmachern oder von Gemischen aus sonstigen Stoffen und oxidiertem Leinöl

Anh. 4   4. BImSchV

Nr.	Spalte 1	Spalte 2
5.7	–	Anlagen zur Verarbeitung von flüssigen ungesättigten Polyesterharzen mit Styrol-Zusatz oder flüssigen Epoxidharzen mit Aminen zu a) Formmassen (zum Beispiel Harzmatten oder Faserformmassen) oder b) Formteilen oder Fertigerzeugnissen, soweit keine geschlossenen Werkzeuge (Formen) verwendet werden, für einen Harzverbrauch von 500 Kilogramm oder mehr je Woche
5.8	–	Anlagen zur Herstellung von Gegenständen unter Verwendung von Amino- oder Phenoplasten, wie Furan-, Harnstoff-, Phenol-, Resorcin- oder Xylolharzen mittels Wärmebehandlung, soweit die Menge der Ausgangsstoffe 10 Kilogramm oder mehr je Stunde beträgt
5.9	–	Anlagen zur Herstellung von Reibbelägen unter Verwendung von 10 Kilogramm oder mehr je Stunde an Phenoplasten oder sonstigen Kunstharzbindemitteln, soweit kein Asbest eingesetzt wird
5.10	–	Anlagen zur Herstellung von künstlichen schleifscheiben, -körpern, -papieren oder -geweben unter Verwendung organischer Binde- oder Lösungsmittel, ausgenommen Anlagen, die von Nummer 5.1 erfasst werden
5.11	–	Anlagen zur Herstellung von Polyurethanformteilen, Bauteilen unter Verwendung von Polyurethan, Polyurethanblöcken in Kastenformen oder zum Ausschäumen von Hohlräumen mit Polyurethan, soweit die Menge der Polyurethan- Ausgangsstoffe 200 Kilogramm oder mehr je Stunde beträgt, ausgenommen Anlagen zum Einsatz von thermoplastischem Polyurethangranulat
6.	**Holz, Zellstoff**	
6.1	Anlagen zur Gewinnung von Zellstoff aus Holz, Stroh oder ähnlichen Faserstoffen	–
6.2	Anlagen zur Herstellung von Papier, Karton oder Pappe mit einer Produktionsleistung von 20 Tonnen oder mehr je Tag	Anlagen zur Herstellung von Papier, Karton oder Pappe mit einer Produktionsleistung von weniger als 20 Tonnen je Tag, ausgenommen Anlagen, die aus einer oder mehreren Maschinen zur Herstellung von Papier, Karton oder Pappe bestehen, soweit die Bahnlänge des Papiers, des Kartons oder der Pappe bei allen Maschinen weniger als 75 Meter beträgt
6.3	Anlagen zur Herstellung von Holzspanplatten	Anlagen zur Herstellung von Holzfaserplatten oder Holzfasermatten
6.4	–	(aufgehoben)

4. BImSchV　　　　　　　　　　　　　　　　　　　　　Anh. 4

Nr.	Spalte 1	Spalte 2
7.	**Nahrungs-, Genuss- und Futtermittel, landwirtschaftliche Erzeugnisse**	
7.1	Anlagen zum Halten oder zur Aufzucht von Geflügel oder Pelztieren oder zum Halten oder zur getrennten Aufzucht von Rindern oder Schweinen mit a) 40 000 Hennenplätzen, b) 40 000 Junghennenplätzen, c) 40 000 Mastgeflügelplätzen, d) 20 000 Truthühnermastplätzen, e) – Rinderplätzen, f) – Kälberplätzen, g) 2 000 Mastschweineplätzen (Schweine von 30 Kilogramm oder mehr Lebendgewicht), h) 750 Sauenplätzen einschließlich dazugehörender Ferkelaufzuchtplätze (Ferkel bis weniger als 30 Kilogramm Lebendgewicht), i) 6 000 Ferkelplätzen für die getrennte Aufzucht (Ferkel von 10 bis weniger als 30 Kilogramm Lebendgewicht) oder j) 1 000 Pelztierplätzen oder mehr, bei gemischten Beständen werden die Vom-Hundert-Anteile, bis zu denen die vorgenannten Platzzahlen jeweils ausgeschöpft werden, addiert; erreicht die Summe der Vom-Hundert-Anteile einen Wert von 100, ist ein Genehmigungsverfahren durchzuführen	a) 15 000 bis weniger als 40 000 Hennenplätzen, b) 30 000 bis weniger als 40 000 Junghennenplätzen, c) 30 000 bis weniger als 40 000 Mastgeflügelplätzen, d) 15 000 bis weniger als 40 000 Truthühnermastplätzen e) 600 oder mehr Rinderplätzen (ausgenommen Plätze für Mutterkuhhaltung mit mehr als sechs Monaten Weidehaltung je Kalenderjahr), f) 500 oder mehr Kälberplätzen, g) 1 500 bis weniger als 2 000 Mastschweineplätzen (Schweine von 30 Kilogramm oder mehr Lebendgewicht), h) 560 bis weniger als 750 Sauenplätzen einschließlich dazugehörender Ferkelaufzuchtplätze (Ferkel bis weniger als 30 Kilogramm Lebendgewicht), i) 4 500 bis weniger als 6 000 Ferkelplätzen für die getrennte Aufzucht (Ferkel von 10 bis weniger als 30 Kilogramm Lebendgewicht) oder j) 750 bis weniger als 1 000 Pelztierplätzen; bei gemischten Beständen werden die Vom-Hundert-Anteile, bis zu denen die vorgenannten Platzzahlen jeweils ausgeschöpft werden, addiert; erreicht die Summe der Vom-Hundert-Anteile einen Wert von 100, ist ein Genehmigungsverfahren durchzuführen
7.2	Anlagen zum Schlachten von Tieren mit einer Leistung von 50 Tonnen Lebendgewicht oder mehr je Tag	Anlagen zum Schlachten von Tieren mit einer Leistung von a) 0,5 Tonnen bis weniger als 50 Tonnen Lebendgewicht Geflügel je Tag oder b) 4 Tonnen bis weniger als 50 Tonnen Lebendgewicht sonstige Tiere je Tag
7.3	a) Anlagen zur Erzeugung von Speisefetten aus tierischen Rohstoffen, ausgenommen von Milch, mit einer Produktionsleistung von 75 Tonnen Fertigerzeugnissen oder mehr je Tag	a) Anlagen zur Erzeugung von Speisefetten aus tierischen Rohstoffen, ausgenommen von Milch, mit einer Produktionsleistung von weniger als 75 Tonnen Fertigerzeugnissen, ausgenommen Anlagen zur Erzeugung von Speisefetten aus selbstgewonnenen tierischen Fetten in Fleischereien mit einer Leistung bis zu 200 Kilogramm Speisefett je Woche

Anh. 4　　　　　　　　　　　　　　　　　　　　　　　　　　　　4. BImSchV

Nr.	Spalte 1	Spalte 2
	b) Anlagen zum Schmelzen von tierischen Fetten mit einer Produktionsleistung von 75 Tonnen Fertigerzeugnissen oder mehr je Tag	b) Anlagen zum Schmelzen von tierischen Fetten mit einer Produktionsleistung von weniger als 75 Tonnen Fertigerzeugnissen je Tag, ausgenommen Anlagen zur Verarbeitung von selbst gewonnenen tierischen Fetten zu Speisefetten in Fleischereien mit einer Leistung bis zu 200 Kilogramm Speisefett je Woche
7.4	a) Anlagen zur Herstellung von Fleisch- oder Gemüsekonserven aus	a) Anlagen zur Herstellung von Fleisch- oder Gemüsekonserven aus
	aa) tierischen Rohstoffen mit einer Produktionsleistung von 75 Tonnen Konserven oder mehr je Tag oder	aa) tierischen Rohstoffen mit einer Produktionsleistung von 1 Tonne bis weniger als 75 Tonnen Konserven je Tag oder
	bb) pflanzlichen Rohstoffen mit einer Produktionsleistung von 300 Tonnen Konserven oder mehr je Tag als Vierteljahresdurchschnittswert	bb) pflanzlichen Rohstoffen mit einer Produktionsleistung von 10 Tonnen bis weniger als 300 Tonnen Konserven je Tag als Vierteljahresdurchschnittswert,
	b) Anlagen zur fabrikmäßigen Herstellung von Tierfutter durch Erwärmen der Bestandteile tierischer Herkunft	ausgenommen Anlagen zum Sterilisieren oder Pasteurisieren dieser Nahrungsmittel in geschlossenen Behältnissen
7.5	Anlagen zum Räuchern von Fleisch- oder Fischwaren mit einer Produktionsleistung von 75 Tonnen geräucherten Waren oder mehr je Tag	Anlagen zum Räuchern von Fleisch- oder Fischwaren mit einer Produktionsleistung von weniger als 75 Tonnen geräucherten Waren je Tag, ausgenommen **Anlagen in Gaststätten,**
		– Räuchereien mit einer Räucherleistung von weniger als 1 Tonne Fleisch- oder Fischwaren je Woche und
		– Anlagen, bei denen mindestens 90 vom Hundert der Abgase konstruktionsbedingt der Anlage wieder zugeführt werden
7.6	(weggefallen)	
7.7	(weggefallen)	
7.8	Anlagen zur Herstellung von Gelatine mit einer Produktionsleistung von 75 Tonnen Fertigerzeugnissen oder mehr je Tag	Anlagen zur Herstellung von Gelatine mit einer Produktionsleistung von weniger als 75 Tonnen Fertigerzeugnissen je Tag sowie Anlagen zur Herstellung von Hautleim, Lederleim oder Knochenleim
7.9	Anlagen zur Herstellung von Futter- oder Düngemitteln oder technischen Fetten aus den Schlachtnebenprodukten Knochen, Tierhaare, Federn, Hörner, Klauen oder Blut	–
7.10	(weggefallen)	
7.11	(weggefallen)	Anlagen zum Lagern unbehandelter Knochen, ausgenommen Anlagen für selbst gewonnene Knochen in
		– Fleischereien, in denen je Woche weniger als 4 000 Kilogramm Fleisch verarbeitet werden, und
		– Anlagen, die nicht durch Nummer 7.2 erfasst werden

4. BImSchV — Anh. 4

Nr.	Spalte 1	Spalte 2
7.12	Anlagen zur Beseitigung oder Verwertung von Tierkörpern oder tierischen Abfällen sowie Anlagen, in denen Tierkörper, Tierkörperteile oder Abfälle tierischer Herkunft zum Einsatz in diesen Anlagen gesammelt oder gelagert werden	–
7.13	–	Anlagen zum Trocknen, Einsalzen oder Lagern ungegerbter Tierhäute oder Tierfelle, ausgenommen Anlagen, in denen weniger Tierhäute oder Tierfelle je Tag behandelt werden als beim Schlachten von weniger als 4 Tonnen sonstiger Tiere nach Nummer 7.2 Spalte 2 Buchstabe b anfallen
7.14	Anlagen zum Gerben einschließlich Nachgerben von Tierhäuten oder Tierfellen mit einer Verarbeitungsleistung von 12 Tonnen Fertigerzeugnissen oder mehr je Tag	Anlagen zum Gerben einschließlich Nachgerben von Tierhäuten oder Tierfellen mit einer Verarbeitungsleistung von weniger als 12 Tonnen Fertigerzeugnissen je Tag, ausgenommen Anlagen, in denen weniger Tierhäute oder Tierfelle behandelt werden als beim Schlachten von weniger als 4 Tonnen sonstiger Tiere nach Nummer 7.2 Spalte 2 Buchstabe b anfallen
7.15	(weggefallen)	Kottrocknungsanlagen
7.16	Anlagen zur Herstellung von Fischmehl oder Fischöl	–
7.17	Anlagen zur Aufbereitung oder ungefassten Lagerung von Fischmehl	Anlagen zum Umschlag oder zur Verarbeitung von ungefasstem Fischmehl, soweit 200 Tonnen oder mehr je Tag bewegt oder verarbeitet werden können
7.18	(weggefallen)	
7.19	Anlagen zur Herstellung von Sauerkraut mit einer Produktionsleistung von 300 Tonnen Sauerkraut oder mehr je Tag als Vierteljahresdurchschnittswert	Anlagen zur Herstellung von Sauerkraut mit einer Produktionsleistung von 10 Tonnen bis weniger als 300 Tonnen Sauerkraut je Tag als Vierteljahresdurchschnittswert
7.20	Anlagen zur Herstellung von Braumalz (Mälzereien) mit einer Produktionsleistung von 300 Tonnen Darrmalz oder mehr je Tag als Vierteljahresdurchschnittswert	Anlagen zum Trocknen von Braumalz (Malzdarren) mit einer Produktionsleistung von weniger als 300 Tonnen Darrmalz je Tag als Vierteljahresdurchschnittswert
7.21	Mühlen für Nahrungs- oder Futtermittel mit einer Produktionsleistung von 300 Tonnen Fertigerzeugnissen oder mehr je Tag als Vierteljahresdurchschnittswert	–
7.22	Anlagen zur Herstellung von Hefe oder Stärkemehlen mit einer Produktionsleistung von 300 Tonnen oder mehr Hefe oder Stärkemehlen je Tag als Vierteljahresdurchschnittswert	Anlagen zur Herstellung von Hefe oder Stärkemehlen mit einer Produktionsleistung von1 Tonne bis weniger als 300 Tonnen Hefe oder Stärkemehlen je Tag als Vierteljahresdurchschnittswert
7.23	Anlagen zur Erzeugung von Ölen oder Fetten aus pflanzlichen Rohstoffen mit einer Produktionsleistung von 300 Tonnen Fertigerzeugnissen oder mehr je Tag als Vierteljahresdurchschnittswert	Anlagen zur Erzeugung von Ölen oder Fetten aus pflanzlichen Rohstoffen mithilfe von Extraktionsmitteln, soweit die Menge des eingesetzten Extraktionsmittels 1 Tonne oder mehr beträgt und weniger als 300 Tonnen Fertigerzeugnisse je Tag als Vierteljahresdurchschnittswert gewonnen werden
7.24	Anlagen zur Herstellung oder Raffination von Zucker unter Verwendung von Zuckerrüben oder Rohzucker	–

Anh. 4 4. BImSchV

Nr.	Spalte 1	Spalte 2
7.25	–	Anlagen zur Trocknung von Grünfutter, ausgenommen Anlagen zur Trocknung von selbst gewonnenem Grünfutter im landwirtschaftlichen Betrieb
7.26	(weggefallen)	
7.27	Brauereien mit einem Ausstoß von 3000 Hektoliter Bier oder mehr je Tag als Vierteljahresdurchschnittswert	a) Brauereien mit einem Ausstoß von 200 bis weniger als 3000 Hektoliter Bier je Tag als Vierteljahresdurchschnittswert b) Anlagen zur Trocknung von Biertreber c) Melassebrennereien
7.28	Anlagen zur Herstellung von Speisewürzen aus a) tierischen Rohstoffen mit einer Produktionsleistung von 75 Tonnen Speisewürzen oder mehr je Tag oder b) pflanzlichen Rohstoffen mit einer Produktionsleistung von 300 Tonnen Speisewürzen oder mehr je Tag als Vierteljahresdurchschnittswert	Anlagen zur Herstellung von Speisewürzen aus a) tierischen Rohstoffen mit einer Produktionsleistung von weniger als 75 Tonnen Speisewürzen je Tag oder b) pflanzlichen Rohstoffen mit einer Produktionsleistung von weniger als 300 Tonnen Speisewürzen je Tag als Vierteljahresdurchschnittswert und unter Verwendung von Säuren
7.29	Anlagen zum Rösten oder Mahlen von Kaffee oder Abpacken von gemahlenem Kaffee mit einer Produktionsleistung von 300 Tonnen geröstetem Kaffee oder mehr je Tag als Vierteljahresdurchschnittswert	Anlagen zum Rösten oder Mahlen von Kaffee oder Abpacken von gemahlenem Kaffee mit einer Produktionsleistung von 0,5 Tonnen bis weniger als 300 Tonnen geröstetem Kaffee je Tag als Vierteljahresdurchschnittswert
7.30	Anlagen zum Rösten von Kaffee-Ersatzprodukten, Getreide, Kakaobohnen oder Nüssen mit einer Produktionsleistung von 300 Tonnen gerösteten Erzeugnissen oder mehr je Tag als Vierteljahresdurchschnittswert	Anlagen zum Rösten von Kaffee-Ersatzprodukten, Getreide, Kakaobohnen oder Nüssen mit einer Produktionsleistung von 1 Tonne bis weniger als 300 Tonnen gerösteten Erzeugnissen je Tag als Vierteljahresdurchschnittswert
7.31	Anlagen zur Herstellung von Süßwaren oder Sirup aus a) tierischen Rohstoffen, ausgenommen von Milch, mit einer Produktionsleistung von 75 Tonnen oder mehr Süßwaren oder Sirup je Tag oder b) pflanzlichen Rohstoffen mit einer Produktionsleistung von 300 Tonnen oder mehr Süßwaren oder Sirup je Tag als Vierteljahresdurchschnittswert	Anlagen zur a) Herstellung von Lakritz mit einer Produktionsleistung von 50 Kilogramm bis weniger als 75 Tonnen je Tag bei der Verwendung tierischer Rohstoffe und von weniger als 300 Tonnen je Tag bei der Verwendung pflanzlicher Rohstoffe als Vierteljahresdurchschnittswert oder b) Herstellung von Kakaomasse aus Rohkakao oder thermischen Veredelung von Kakao oder Schokoladenmasse mit einer Produktionsleistung von 50 Kilogramm bis weniger als 75 Tonnen je Tag bei der Verwendung tierischer Rohstoffe und von weniger als 300 Tonnen je Tag bei der Verwendung pflanzlicher Rohstoffe als Vierteljahresdurchschnittswert
7.32	Anlagen zur Behandlung oder Verarbeitung von Milch mit einem Einsatz von 200 Tonnen Milch oder mehr je Tag als Jahresdurchschnittswert	Anlagen mit Sprühtrocknern zum Trocknen von Milch, Erzeugnissen aus Milch oder von Milchbestandteilen, soweit 5 Tonnen bis weniger als 200 Tonnen Milch je Tag als Jahresdurchschnittswert eingesetzt werden
7.33	(weggefallen)	

4. BImSchV

Anh. 4

Nr.	Spalte 1	Spalte 2
7.34	Anlagen zur Herstellung von sonstigen Nahrungsmittelerzeugnissen aus a) tierischen Rohstoffen, ausgenommen von Milch, mit einer Produktionsleistung von 75 Tonnen Fertigerzeugnissen oder mehr je Tag oder b) pflanzlichen Rohstoffen mit einer Produktionsleistung von 300 Tonnen Fertigerzeugnissen oder mehr je Tag als Vierteljahresdurchschnittswert	–
7.35		Offene oder unvollständig geschlossene Anlagen zur Erfassung von Getreide, Ölsaaten oder Hülsenfrüchten, soweit 400 Tonnen oder mehr je Tag bewegt werden können und 25 000 Tonnen oder mehr je Kalenderjahr umgeschlagen werden
8.	**Verwertung und Beseitigung von Abfällen und sonstigen Stoffen**	
8.1	a) Anlagen zur Beseitigung oder Verwertung fester, flüssiger oder in Behältern gefasster gasförmiger Abfälle oder Deponiegas mit brennbaren Bestandteilen durch thermische Verfahren, insbesondere Entgasung, Plasmaverfahren, Pyrolyse, Vergasung, Verbrennung oder eine Kombination dieser Verfahren b) Anlagen zur Beseitigung oder Verwertung fester, flüssiger oder in Behältern gefasster gasförmiger, nicht gefährlicher Abfälle oder Deponiegas mit brennbaren Bestandteilen durch thermische Verfahren, insbesondere Entgasung, Plasmaverfahren, Pyrolyse, Vergasung, Verbrennung oder eine Kombination dieser Verfahren mit einem Abfalleinsatz von über 3 Tonnen pro Stunde oder einem Verbrauch an Deponiegas von mehr als 1 000 Kubikmetern pro Stunde; c) Verbrennungsmotoranlagen für den Einsatz von Altöl oder Deponiegas mit einer Feuerungswärmeleistung von 1 Megawatt oder mehr	a) Anlagen zur Beseitigung oder Verwertung fester flüssiger oder in Behältern gefasster gasförmiger, nicht gefährlicher Abfälle oder Deponiegas mit brennbaren Bestandteilen durch thermische Verfahren, insbesondere Entgasung, Plasmaverfahren, Pyrolyse, Vergasung, Verbrennung oder eine Kombination dieser Verfahren mit einem Abfalleinsatz von bis zu 3 Tonnen pro Stunde oder einem Verbrauch an Deponiegas von bis zu 1 000 Kubikmetern pro Stunde; b) Anlage zum Abfackeln von Deponiegas oder anderen gasförmigen Stoffen, ausgenommen Notfackeln, die für den nicht bestimmungsgemäßen Betrieb erforderlich sind; c) Verbrennungsmotoranlagen für den Einsatz von Altöl oder Deponiegas mit einer Feuerungswärmeleistung bis weniger als 50 Megawatt
8.2	Anlagen zur Erzeugung von Strom, Dampf, Warmwasser, Prozesswärme oder erhitztem Abgas durch den Einsatz von a) gestrichenem, lackiertem oder beschichtetem Holz sowie daraus anfallenden Resten, soweit keine Holzschutzmittel aufgetragen oder infolge einer Behandlung enthalten sind oder Beschichtungen keine halogenorganischen Verbindungen oder Schwermetalle enthalten, mit einer Feuerungswärmeleistung von 50 Megawatt oder mehr, oder	Anlagen zur Erzeugung von Strom, Dampf, Warmwasser, Prozesswärme oder erhitztem Abgas durch den Einsatz von a) gestrichenem, lackiertem oder beschichtetem Holz sowie daraus anfallenden Resten, soweit keine Holzschutzmittel aufgetragen oder infolge einer Behandlung enthalten sind oder Beschichtungen keine halogenorganischen Verbindungen oder Schwermetalle enthalten, mit einer Feuerungswärmeleistung von 1 Megawatt bis weniger als 50 Megawatt, oder

Anh. 4 4. BImSchV

Nr.	Spalte 1	Spalte 2
	b) Sperrholz, Spanplatten, Faserplatten oder sonst verleimtem Holz sowie daraus anfallenden Resten, soweit keine Holzschutzmittel aufgetragen oder infolge einer Behandlung enthalten sind oder Beschichtungen nicht aus halogenorganischen Verbindungen bestehen, mit einer Feuerungswärmeleistung von 50 Megawatt oder mehr	b) Sperrholz, Spanplatten, Faserplatten oder sonst verleimtem Holz sowie daraus anfallenden Resten, soweit keine Holzschutzmittel aufgetragen oder infolge einer Behandlung enthalten sind oder Beschichtungen nicht aus halogenorganischen Verbindungen bestehen, mit einer Feuerungswärmeleistung von 1 Megawatt bis weniger als 50 Megawatt
	in einer Verbrennungseinrichtung (wie Kraftwerk, Heizkraftwerk, Heizwerk, sonstige Feuerungsanlage), einschließlich zugehöriger Dampfkessel	in einer Verbrennungseinrichtung (wie Kraftwerk, Heizkraftwerk, Heizwerk, sonstige Feuerungsanlage), einschließlich zugehöriger Dampfkessel
8.3	Anlagen zur thermischen Aufbereitung von Stahlwerksstäuben für die Gewinnung von Metallen oder Metallverbindungen im Drehrohr oder in einer Wirbelschicht	Anlagen zur Behandlung a) edelmetallhaltiger Abfälle einschließlich der Präparation, soweit die Menge der Einsatzstoffe 10 Kilogramm oder mehr je Tag beträgt, oder b) von mit organischen Verbindungen verunreinigten Metallen, Metallspänen oder Walzzunder zum Zweck der Rückgewinnung von Metallen oder Metallverbindungen durch thermische Verfahren, insbesondere Pyrolyse, Verbrennung oder eine Kombination dieser Verfahren, sofern diese Abfälle nicht gefährlich sind, auf die die Vorschriften des Kreislaufwirtschafts- und Abfallgesetzes Anwendung finden
8.4	–	Anlagen, in denen Stoffe aus in Haushaltungen anfallenden oder aus hausmüllähnlichen Abfällen, auf die die Vorschriften des Kreislaufwirtschafts- und Abfallgesetzes Anwendung finden, durch Sortieren für den Wirtschaftskreislauf zurückgewonnen werden, mit einer Durchsatzleistung von 10 Tonnen Einsatzstoffen oder mehr je Tag
8.5	Anlagen zur Erzeugung von Kompost aus organischen Abfällen, auf die die Vorschriften des Kreislaufwirtschafts- und Abfallgesetzes Anwendung finden, mit einer Durchsatzleistung von 30 000 Tonnen Einsatzstoffen oder mehr je Jahr (Kompostwerke)	Anlagen zur Erzeugung von Kompost aus organischen Abfällen, auf die die Vorschriften des Kreislaufwirtschafts- und Abfallgesetzes Anwendung finden, mit einer Durchsatzleistung von 3 000 Tonnen bis weniger als 30 000 Tonnen Einsatzstoffen je Jahr
8.6	Anlagen zur biologischen Behandlung von a) gefährlichen Abfällen, auf die die Vorschriften des Kreislaufwirtschafts- und Abfallgesetzes Anwendung finden, mit einer Durchsatzleistung von 10 Tonnen Abfällen oder mehr je Tag oder b) nicht gefährlichen Abfällen, auf die die Vorschriften des Kreislaufwirtschafts- und Abfallgesetzes Anwendung finden, mit einer Durchsatzleistung von 50 Tonnen Abfällen oder mehr je Tag, ausgenommen Anlagen, die durch Nummer 8.5 oder 8.7 erfasst werden	Anlagen zur biologischen Behandlung von a) gefährlichen Abfällen, auf die die Vorschriften des Kreislaufwirtschafts- und Abfallgesetzes Anwendung finden, mit einer Durchsatzleistung von 1 Tonne bis weniger als 10 Tonnen Abfällen je Tag oder b) nicht gefährlichen Abfällen, auf die die Vorschriften des Kreislaufwirtschafts- und Abfallgesetzes Anwendung finden, mit einer Durchsatzleistung von 10 Tonnen bis weniger als 50 Tonnen Abfällen je Tag, ausgenommen Anlagen, die durch Nummer 8.5 oder 8.7 erfasst werden

4. BImSchV — Anh. 4

Nr.	Spalte 1	Spalte 2
8.7	Anlagen zur Behandlung von verunreinigtem Boden, auf den die Vorschriften des Kreislaufwirtschafts- und Abfallgesetzes Anwendung finden, durch biologische Verfahren, Entgasen, Strippen oder Waschen mit einem Einsatz von 10 Tonnen verunreinigtem Boden oder mehr je Tag	Anlagen zur Behandlung von verunreinigtem Boden, auf den die Vorschriften des Kreislaufwirtschafts- und Abfallgesetzes Anwendung finden, durch biologische Verfahren, Entgasen, Strippen oder Waschen mit einem Einsatz von 1 Tonne bis weniger als 10 Tonnen verunreinigtem Boden je Tag
8.8	Anlagen zur chemischen Behandlung, insbesondere zur chemischen Emulsionsspaltung, Fällung, Flockung, Neutralisation oder Oxidation, von a) gefährlichen Abfällen, auf die die Vorschriften des Kreislaufwirtschafts- und Abfallgesetzes Anwendung finden, oder b) nicht gefährlichen Abfällen, auf die die Vorschriften des Kreislaufwirtschafts- und Abfallgesetzes Anwendung finden, mit einer Durchsatzleistung von 50 Tonnen Einsatzstoffen oder mehr je Tag	Anlagen zur chemischen Behandlung, insbesondere zur chemischen Emulsionsspaltung, Fällung, Flockung, Neutralisation oder Oxidation, von nicht gefährlichen Abfällen, auf die die Vorschriften des Kreislaufwirtschafts- und Abfallgesetzes Anwendung finden, mit einer Durchsatzleistung von 10 Tonnen bis weniger als 50 Tonnen Einsatzstoffen je Tag
8.9	a) Anlagen zum Zerkleinern von Schrott durch Rotormühlen mit einer Nennleistung des Rotorantriebes von 500 Kilowatt oder mehr b) Anlagen zur zeitweiligen Lagerung von Eisen oder Nichteisenschrotten, einschließlich Autowracks, mit einer Gesamtlagerfläche von 15 000 Quadratmeter oder mehr oder einer Gesamtlagerkapazität von 1 500 Tonnen Eisen- oder Nichteisenschrotten oder mehr, ausgenommen die zeitweilige Lagerung bis zum Einsammeln auf dem Gelände der Entstehung der Abfälle und Anlagen, die durch Nummer 8.15 erfasst werden	a) Anlagen zum Zerkleinern von Schrott durch Rotormühlen mit einer Nennleistung des Rotorantriebes von 100 Kilowatt bis weniger als 500 Kilowatt b) Anlagen zur zeitweiligen Lagerung von Eisen- oder Nichteisenschrotten, einschließlich Autowracks, mit einer Gesamtlagerfläche von 1 000 Quadratmeter bis weniger als 15 000 Quadratmeter oder einer Gesamtlagerkapazität von 100 Tonnen bis weniger als 1 500 Tonnen Eisen- oder Nichteisenschrotten, ausgenommen die zeitweilige Lagerung bis zum Einsammeln auf dem Gelände der Entstehung der Abfälle und Anlagen, die durch Nummer 8.13 erfasst werden c) Anlagen zur Behandlung von Altautos mit einer Durchsatzleistung von 5 Altautos oder mehr je Woche
8.10	Anlagen zur physikalisch-chemischen Behandlung, insbesondere zum Destillieren, Kalzinieren, Trocknen oder Verdampfen, von a) gefährlichen Abfällen, auf die die Vorschriften des Kreislaufwirtschafts- und Abfallgesetzes Anwendung finden, mit einer Durchsatzleistung von 10 Tonnen Einsatzstoffen oder mehr je Tag oder b) nicht gefährlichen Abfällen, auf die die Vorschriften des Kreislaufwirtschafts- und Abfallgesetzes Anwendung finden, mit einer Durchsatzleistung von 50 Tonnen Einsatzstoffen oder mehr je Tag	Anlagen zur physikalisch-chemischen Behandlung, insbesondere zum Destillieren, Kalzinieren, Trocknen oder Verdampfen, von a) gefährlichen Abfällen, auf die die Vorschriften des Kreislaufwirtschafts- und Abfallgesetzes Anwendung finden, mit einer Durchsatzleistung von 1 Tonne bis weniger als 10 Tonnen Einsatzstoffen je Tag oder b) nicht gefährlichen Abfällen, auf die die Vorschriften des Kreislaufwirtschafts- und Abfallgesetzes Anwendung finden, mit einer Durchsatzleistung von 10 Tonnen bis weniger als 50 Tonnen Einsatzstoffen je Tag

Nr.	Spalte 1	Spalte 2
8.11	Anlagen zur Behandlung von gefährlichen Abfällen, auf die die Vorschriften des Kreislaufwirtschafts- und Abfallgesetzes Anwendung finden,	a) Anlagen zur Behandlung von gefährlichen Abfällen, auf die die Vorschriften des Kreislaufwirtschafts- und Abfallgesetzes Anwendung finden,
	aa) durch Vermengung oder Vermischung sowie durch Konditionierung,	aa) durch Vermengung oder Vermischung sowie durch Konditionierung,
	bb) zum Zweck der Hauptverwendung als Brennstoff oder der Energieerzeugung durch andere Mittel,	bb) zum Zweck der Hauptverwendung als Brennstoff oder der Energieerzeugung durch andere Mittel,
	cc) zum Zweck der Ölraffination oder anderer Wiederverwendungsmöglichkeiten von Öl,	cc) zum Zweck der Ölraffination oder anderer Wiederverwendungsmöglichkeiten von Öl,
	dd) zum Zweck der Regenerierung von Basen oder Säuren,	dd) zum Zweck der Regenerierung von Basen oder Säuren,
	ee) zum Zweck der Rückgewinnung oder Regenerierung von organischen Lösungsmitteln oder	ee) zum Zweck der Rückgewinnung oder Regenerierung von organischen Lösungsmitteln oder
	ff) zum Zweck der Wiedergewinnung von Bestandteilen, die der Bekämpfung von Verunreinigungen dienen	ff) zum Zweck der Wiedergewinnung von Bestandteilen, die der Bekämpfung von Verunreinigungen dienen
	mit einer Durchsatzleistung von 10 Tonnen Einsatzstoffen oder mehr je Tag, ausgenommen Anlagen, die durch Nummer 8.1 und 8.8 erfasst werden	mit einer Durchsatzleistung von 1 Tonne bis weniger als 10 Tonnen Einsatzstoffen je Tag, ausgenommen Anlagen, die durch Nummer 8.1 und 8.8 erfasst werden
		b) Anlagen zur sonstigen Behandlung von
		aa) gefährlichen Abfällen, auf die die Vorschriften des Kreislaufwirtschafts- und Abfallgesetzes Anwendung finden, mit einer Durchsatzleistung von 1 Tonne oder mehr je Tag oder
		bb) nicht gefährlichen Abfällen, auf die die Vorschriften des Kreislaufwirtschaftsund Abfallgesetzes Anwendung finden, mit einer Durchsatzleistung von 10 Tonnen oder mehr je Tag, ausgenommen Anlagen, die durch Nummer 8.1 bis 8.10 erfasst werden
8.12	Anlagen zur zeitweiligen Lagerung von gefährlichen Abfällen, auf die die Vorschriften des Kreislaufwirtschafts- und Abfallgesetzes Anwendung finden, mit einer Aufnahmekapazität von 10 Tonnen oder mehr je Tag oder einer Gesamtlagerkapazität von 150 Tonnen oder mehr, ausgenommen die zeitweilige Lagerung bis zum Einsammeln auf dem Gelände der Entstehung der Abfälle und Anlagen, die von Nummer 8.14 erfasst werden	a) Anlagen zur zeitweiligen Lagerung von gefährlichen Abfällen, auf die die Vorschriften des Kreislaufwirtschafts- und Abfallgesetzes Anwendung finden, mit einer Aufnahmekapazität von 1 Tonne bis weniger als 10 Tonnen je Tag oder einer Gesamtlagerkapazität von 30 Tonnen bis weniger als 150 Tonnen, ausgenommen die zeitweilige Lagerung bis zum Einsammeln auf dem Gelände der Entstehung der Abfälle und Anlagen, die von Nummer 8.14 erfasst werden

4. BImSchV   Anh. 4

Nr.	Spalte 1	Spalte 2
		b) Anlagen zur zeitweiligen Lagerung von nicht gefährlichen Abfällen, auf die die Vorschriften des Kreislaufwirtschafts- und Abfallgesetzes Anwendung finden, mit einer Gesamtlagerkapazität von 100 Tonnen oder mehr, ausgenommen die zeitweilige Lagerung – bis zum Einsammeln – auf dem Gelände der Entstehung der Abfälle
8.13	Anlagen zur zeitweiligen Lagerung von gefährlichen Schlämmen, auf die die Vorschriften des Kreislaufwirtschafts- und Abfallgesetzes Anwendung finden, mit einer Aufnahmekapazität von 10 Tonnen oder mehr je Tag oder einer Gesamtlagerkapazität von 150 Tonnen oder mehr	Anlagen zur zeitweiligen Lagerung von nicht gefährlichen Schlämmen, auf die die Vorschriften des Kreislaufwirtschafts- und Abfallgesetzes Anwendung finden, mit einer Aufnahmekapazität von 10 Tonnen oder mehr je Tag oder einer Gesamtlagerkapazität von 150 Tonnen oder mehr, ausgenommen die zeitweilige Lagerung bis zum Einsammeln auf dem Gelände der Entstehung der Abfälle
8.14	a) Anlagen zum Lagern von gefährlichen Abfällen, auf die die Vorschriften des Kreislaufwirtschafts- und Abfallgesetzes Anwendung finden und soweit in diesen Anlagen Abfälle vor deren Beseitigung oder Verwertung jeweils über einen Zeitraum von mehr als einem Jahr gelagert werden b) Anlagen zum Lagern von nicht gefährlichen Abfällen, auf die die Vorschriften des Kreislaufwirtschafts- und Abfallgesetzes Anwendung finden und soweit in diesen Anlagen Abfälle vor deren Beseitigung oder Verwertung jeweils über einen Zeitraum von mehr als einem Jahr gelagert werden, mit einer Aufnahmekapazität von 10 Tonnen oder mehr je Tag oder einer Gesamtlagerkapazität von 150 Tonnen oder mehr	Anlagen zum Lagern von nicht gefährlichen Abfällen, auf die die Vorschriften des Kreislaufwirtschafts- und Abfallgesetzes Anwendung finden und soweit in diesen Anlagen Abfälle vor deren Beseitigung oder Verwertung jeweils über einen Zeitraum von mehr als einem Jahr gelagert werden, mit einer Aufnahmekapazität von weniger als 10 Tonnen je Tag oder einer Gesamtlagerkapazität von weniger als 150 Tonnen
8.15	Anlagen zum Umschlagen von gefährlichen Abfällen, auf die die Vorschriften des Kreislaufwirtschafts- und Abfallgesetzes Anwendung finden, mit einer Leistung von 10 Tonnen oder mehr je Tag, ausgenommen Anlagen zum Umschlagen von Erdaushub oder von Gestein, das bei der Gewinnung oder Aufbereitung von Bodenschätzen anfällt	Anlagen zum Umschlagen von a) gefährlichen Abfällen, auf die die Vorschriften des Kreislaufwirtschafts- und Abfallgesetzes Anwendung finden, mit einer Leistung von 1 Tonne bis weniger als 10 Tonnen je Tag b) nicht gefährlichen Abfällen, auf die die Vorschriften des Kreislaufwirtschafts- und Abfallgesetzes Anwendung finden, mit einer Leistung von 100 Tonnen oder mehr je Tag, ausgenommen Anlagen zum Umschlagen von Erdaushub oder von Gestein, das bei der Gewinnung oder Aufbereitung von Bodenschätzen anfällt

Anh. 4　　　　　　　　　　　　　　　　　　　　　　　　　　4. BImSchV

Nr.	Spalte 1	Spalte 2
9.	**Lagerung, Be- und Entladen von Stoffen und Zubereitungen**	
9.1	Anlagen, die der Lagerung von brennbaren Gasen in Behältern mit einem Fassungsvermögen von 30 Tonnen oder mehr dienen, ausgenommen Erdgasröhrenspeicher sowie Anlagen zum Lagern von brennbaren Gasen oder Erzeugnissen, die brennbare Gase z. B. als Treibmittel oder Brenngas enthalten, soweit es sich um Einzelbehältnisse mit einem Volumen von jeweils nicht mehr als 1 000 Kubikzentimeter handelt	a) Anlagen zur Lagerung von brennbaren Gasen oder Erzeugnissen, die brennbare Gase z. B. als Treibmittel oder Brenngas enthalten, soweit es sich um Einzelbehältnisse mit einem Volumen von jeweils nicht mehr als 1 000 Kubikzentimeter handelt, mit einer Lagermenge von insgesamt 30 Tonnen brennbarer Gase oder mehr b) sonstige Anlagen zur Lagerung von brennbaren Gasen in Behältern mit einem Fassungsvermögen von 3 Tonnen bis weniger als 30 Tonnen ausgenommen Erdgasröhrenspeicher
9.2	Anlagen, die der Lagerung von brennbaren Flüssigkeiten in Behältern mit einem Fassungsvermögen von 50 000 Tonnen oder mehr dienen	Anlagen, die der Lagerung von a) 5 000 Tonnen bis weniger als 50 000 Tonnen brennbarer Flüssigkeiten, die einen Flammpunkt unter 294,15 Kelvin haben und deren Siedepunkt bei Normaldruck (101,3 Kilopascal) über 293,15 Kelvin liegt oder b) 10 000 Tonnen bis weniger als 50 000 Tonnen sonstiger brennbarer Flüssigkeiten in Behältern dienen
9.3	Anlagen, die der Lagerung von 200 Tonnen oder mehr Acrylnitril dienen	Anlagen, die der Lagerung von 20 Tonnen bis weniger als 200 Tonnen Acrylnitril dienen
9.4	Anlagen, die der Lagerung von 75 Tonnen oder mehr Chlor dienen	Anlagen, die der Lagerung von 10 Tonnen bis weniger als 75 Tonnen Chlor dienen
9.5	Anlagen, die der Lagerung von 250 Tonnen oder mehr Schwefeldioxid dienen	Anlagen, die der Lagerung von 20 Tonnen bis weniger als 250 Tonnen Schwefeldioxid dienen
9.6	Anlagen, die der Lagerung von 2 000 Tonnen oder mehr Sauerstoffs dienen	Anlagen, die der Lagerung von 200 Tonnen bis weniger als 2 000 Tonnen Sauerstoffs dienen
9.7	Anlagen, die der Lagerung von 500 Tonnen oder mehr Ammoniumnitrat oder ammoniumnitrathaltiger Zubereitungen der Gruppe A nach Anhang III Nr. 6 der Gefahrstoffverordnung dienen	Anlagen, die der Lagerung von 25 Tonnen bis weniger als 500 Tonnen Ammoniumnitrat oder ammoniumnitrathaltiger Zubereitungen der Gruppe A nach Anhang III Nr. 6 der Gefahrstoffverordnung dienen
9.8	Anlagen, die der Lagerung von 100 Tonnen oder mehr Alkalichlorat dienen	Anlagen, die der Lagerung von 5 Tonnen bis weniger als 100 Tonnen Alkalichlorat dienen
9.9	(weggefallen)	
9.11	–	Offene oder unvollständig geschlossene Anlagen zum Be- oder Entladen von Schüttgütern, die im trockenen Zustand stauben können, durch Kippen von Wagen oder Behältern oder unter Verwendung von Baggern, Schaufelladegeräten, Greifern, Saughebern oder ähnlichen Einrichtungen, soweit 400 Tonnen Schüttgüter oder mehr je Tag bewegt werden können, ausgenommen Anlagen zum Be- oder Entladen von Erdaushub oder von Gestein, das bei der Gewinnung oder Aufbereitung von Bodenschätzen anfällt sowie Anlagen zur Erfas-

4. BImSchV   Anh. 4

Nr.	Spalte 1	Spalte 2
		sung von Getreide, Ölsaaten oder Hülsenfrüchten gemäß Nummer 7.35
9.12	Anlagen, die der Lagerung von 100 Tonnen oder mehr Schwefeltrioxid dienen	Anlagen, die der Lagerung von 15 Tonnen bis weniger als 100 Tonnen Schwefeltrioxid dienen
9.13	Anlagen, die der Lagerung von 2 500 Tonnen oder mehr ammoniumnitrathaltiger Zubereitungen der Gruppe B nach Anhang III Nr. 6 der Gefahrstoffverordnung dienen	Anlagen, die der Lagerung von 100 Tonnen bis weniger als 2500 Tonnen ammoniumnitrathaltiger Zubereitungen der Gruppe B nach Anhang III Nr. 6 der Gefahrstoffverordnung dienen
9.14	Anlagen, die der Lagerung von 30 Tonnen oder mehr Ammoniak dienen	Anlagen, die der Lagerung von 3 Tonnen bis weniger als 30 Tonnen Ammoniak dienen
9.15	Anlagen, die der Lagerung von 0,75 Tonnen oder mehr Tonnen Phosgen dienen	Anlagen, die der Lagerung von 0,075 Tonnen bis weniger als 0,75 Tonnen Phosgen dienen
9.16	Anlagen, die der Lagerung von 50 Tonnen oder mehr Schwefelwasserstoff dienen	Anlagen, die der Lagerung von 5 Tonnen bis weniger als 50 Tonnen Schwefelwasserstoff dienen
9.17	Anlagen, die der Lagerung von 50 Tonnen oder mehr Fluorwasserstoff dienen	Anlagen, die der Lagerung von 5 Tonnen bis weniger als 50 Tonnen Fluorwasserstoff dienen
9.18	Anlagen, die der Lagerung von 20 Tonnen oder mehr Cyanwasserstoff dienen	Anlagen, die der Lagerung von 5 Tonnen bis weniger als 20 Tonnen Cyanwasserstoff dienen
9.19	Anlagen, die der Lagerung von 200 Tonnen oder mehr Schwefelkohlenstoff dienen	Anlagen, die der Lagerung von 20 Tonnen bis weniger als 200 Tonnen Schwefelkohlenstoffdienen
9.20	Anlagen, die der Lagerung von 200 Tonnen oder mehr Brom dienen	Anlagen, die der Lagerung von 20 Tonnen bis weniger als 200 Tonnen Brom dienen
9.21	Anlagen, die der Lagerung von 50 Tonnen oder mehr Acetylen (Ethin) dienen	Anlagen, die der Lagerung von 5 Tonnen bis weniger als 50 Tonnen Acetylen (Ethin) dienen
9.22	Anlagen, die der Lagerung von 30 Tonnen oder mehr Wasserstoff dienen	Anlagen, die der Lagerung von 3 Tonnen bis weniger als 30 Tonnen Wasserstoff dienen
9.23	Anlagen, die der Lagerung von 50 Tonnen oder mehr Ethylenoxid dienen	Anlagen, die der Lagerung von 5 Tonnen bis weniger als 50 Tonnen Ethylenoxid dienen
9.24	Anlagen, die der Lagerung von 50 Tonnen oder mehr Propylenoxid dienen	Anlagen, die der Lagerung von 5 Tonnen bis weniger als 50 Tonnen Propylenoxid dienen
9.25	Anlagen, die der Lagerung von 200 Tonnen oder mehr Acrolein dienen	Anlagen, die der Lagerung von 20 Tonnen bis weniger als 200 Tonnen Acrolein dienen
9.26	Anlagen, die der Lagerung von 50 Tonnen oder mehr Formaldehyd oder Paraformaldehyd (Konzentration ≥ 90%) dienen	Anlagen, die der Lagerung von 5 Tonnen bis weniger als 50 Tonnen Formaldehyd oder Paraformaldehyd (Konzentration ≥ 90%) dienen
9.27	Anlagen, die der Lagerung von 200 Tonnen oder mehr Brommethan dienen	Anlagen, die der Lagerung von 20 Tonnen bis weniger als 200 Tonnen Brommethan dienen
9.28	Anlagen, die der Lagerung von 0,15 Tonnen oder mehr Methylisocyanat dienen	Anlagen, die der Lagerung von 0,015 Tonnen bis weniger als 0,15 Tonnen Methylisocyanat dienen
9.29	Anlagen, die der Lagerung von 50 Tonnen oder mehr Tetraethylblei oder Tetramethylblei dienen	Anlagen, die der Lagerung von 5 Tonnen bis weniger als 50 Tonnen Tetraethylblei oder Tetramethylbleidienen

Anh. 4   4. BImSchV

Nr.	Spalte 1	Spalte 2
9.30	Anlagen, die der Lagerung von 50 Tonnen oder mehr 1,2-Dibromethan dienen	Anlagen, die der Lagerung von 5 Tonnen bis weniger als 50 Tonnen 1,2-Dibromethan dienen
9.31	Anlagen, die der Lagerung von 200 Tonnen oder mehr Chlorwasserstoff (verflüssigtes Gas) dienen	Anlagen, die der Lagerung von 20 Tonnen bis weniger als 200 Tonnen Chlorwasserstoff (verflüssigtes Gas) dienen
9.32	Anlagen, die der Lagerung von 200 Tonnen oder mehr Diphenylmethandiisocyanat (MDI) dienen	Anlagen, die der Lagerung von 20 Tonnen bis weniger als 200 Tonnen Diphenylmethandiisocyanat (MDI) dienen
9.33	Anlagen, die der Lagerung von 100 Tonnen oder mehr Toluylendiisocyanat (TDI) dienen	Anlagen, die der Lagerung von 10 Tonnen bis weniger als 100 Tonnen Toluylendiisocyanat (TDI) dienen
9.34	Anlagen, die der Lagerung von 20 Tonnen oder mehr sehr giftiger Stoffe und Zubereitungen dienen	Anlagen, die der Lagerung von 2 Tonnen bis weniger als 20 Tonnen sehr giftiger Stoffe und Zubereitungen dienen
9.35	Anlagen, die der Lagerung von 200 Tonnen oder mehr von sehr giftigen, giftigen, brandfördernden oder explosionsgefährlichen Stoffen oder Zubereitungen dienen	Anlagen, die der Lagerung von 10 Tonnen bis weniger als 200 Tonnen von sehr giftigen, giftigen, brandfördernden oder explosionsgefährlichen Stoffen oder Zubereitungen dienen
9.36	–	Anlagen zur Lagerung von Gülle mit einem Fassungsvermögen von 6 500 Kubikmetern oder mehr
9.37	Anlagen, die der Lagerung von chemischen Erzeugnissen von 25 000 Tonnen oder mehr dienen	–
10.	**Sonstiges**	
10.1	a) Anlagen zur Herstellung, Bearbeitung oder Verarbeitung von explosionsgefährlichen oder explosionsfähigen Stoffen im Sinne des Sprengstoffgesetzes, die zur Verwendung als Sprengstoffe, Zündstoffe, Treibstoffe, pyrotechnische Sätze oder zur Herstellung dieser Stoffe bestimmt sind; hierzu gehören auch die Anlagen zum Laden, Entladen oder Delaborieren von Munition oder sonstigen Sprengkörpern, ausgenommen Anlagen im handwerklichen Umfang und zur Herstellung von Zündhölzern sowie ortsbewegliche Mischladegeräte b) Anlagen zur Wiedergewinnung oder Vernichtung von explosionsgefährlichen oder explosionsfähigen Stoffen im Sinne des Sprengstoffgesetzes mit einer Leistung von 10 Tonnen Einsatzmaterialien oder mehr je Jahr	Anlagen zur Wiedergewinnung oder Vernichtung von explosionsgefährlichen oder explosionsfähigen Stoffen im Sinne des Sprengstoffgesetzes mit einer Leistung von weniger als 10 Tonnen Einsatzmaterialien je Jahr
10.2	(weggefallen)	
10.3	(weggefallen)	
10.4	(weggefallen)	
10.5	(weggefallen)	
10.6	(weggefallen)	

4. BImSchV — Anh. 4

Nr.	Spalte 1	Spalte 2
10.7	Anlagen zum Vulkanisieren von Natur- oder Synthesekautschuk unter Verwendung von Schwefel oder Schwefelverbindungen mit einem Einsatz von 25 Tonnen Kautschuk oder mehr je Stunde	Anlagen zum Vulkanisieren von Natur- oder Synthesekautschuk unter Verwendung von Schwefel oder Schwefelverbindungen mit einem Einsatz von weniger als 25 Tonnen Kautschuk je Stunde, ausgenommen Anlagen, in denen – weniger als 50 Kilogramm Kautschuk je Stunde verarbeitet werden oder – ausschließlich vorvulkanisierter Kautschuk eingesetzt wird
10.8	–	Anlagen zur Herstellung von Bautenschutz-, Reinigungs- oder Holzschutzmitteln, soweit diese Produkte organische Lösungsmittel enthalten und von diesen 20 Tonnen oder mehr je Tag eingesetzt werden; Anlagen zur Herstellung von Klebemitteln mit einer Leistung von 1 Tonne oder mehr je Tag, ausgenommen Anlagen, in denen diese Mittel ausschließlich unter Verwendung von Wasser als Verdünnungsmittel hergestellt werden
10.9	–	Anlagen zur Herstellung von Holzschutzmitteln unter Verwendung von halogenierten aromatischen Kohlenwasserstoffen
10.10	Anlagen zur Vorbehandlung (Waschen, Bleichen, Mercerisieren) oder zum Färben von Fasern oder Textilien mit einer Verarbeitungsleistung von 10 Tonnen oder mehr Fasern oder Textilien je Tag	a) Anlagen zum Bleichen von Fasern oder Textilien unter Verwendung von Chlor oder Chlorverbindungen mit einer Bleichleistung von weniger als 10 Tonnen Fasern oder Textilien je Tag b) Anlagen zum Färben von Fasern oder Textilien unter Verwendung von Färbebeschleunigern einschließlich der Spannrahmenanlagen mit einer Färbeleistung von 2 Tonnen bis weniger als 10 Tonnen Fasern oder Textilien je Tag, ausgenommen Anlagen, die unter erhöhtem Druck betrieben werden
10.11	(aufgehoben)	
10.15	Prüfstände für oder mit a) Verbrennungsmotoren mit einer Feuerungswärmeleistung von insgesamt 10 Megawatt oder mehr, ausgenommen Rollenprüfstände, oder b) Gasturbinen oder Triebwerken mit einer Feuerungswärmeleistung von insgesamt 100 Megawatt oder mehr	Prüfstände für oder mit a) Verbrennungsmotoren mit einer Feuerungswärmeleistung von insgesamt 300 Kilowatt bis weniger als 10 Megawatt, ausgenommen – Rollenprüfstände, die in geschlossenen Räumen betrieben werden, und – Anlagen, in denen mit Katalysator oder Dieselrußfilter ausgerüstete Serienmotoren geprüft werden b) Gasturbinen oder Triebwerken mit einer Feuerungswärmeleistung von insgesamt weniger als 100 Megawatt
10.16	–	Prüfstände für oder mit Luftschrauben

Anh. 4　　　　　　　　　　　　　　　　　　　　　　　　　　　4. BImSchV

Nr.	Spalte 1	Spalte 2
10.17	Ständige Renn- oder Teststrecken für Kraftfahrzeuge	Anlagen, die an fünf Tagen oder mehr je Jahr der Übung oder Ausübung des Motorsports dienen, ausgenommen Anlagen mit Elektromotorfahrzeugen und Anlagen in geschlossenen Hallen sowie Modellsportanlagen
10.18	–	Schießstände für Handfeuerwaffen, ausgenommen solche in geschlossenen Räumen, und Schießplätze
10.19	–	(aufgehoben)
10.20	–	Anlagen zur Reinigung von Werkzeugen, Vorrichtungen oder sonstigen metallischen Gegenständen durch thermische Verfahren, soweit der Rauminhalt des Ofens 1 Kubikmeter oder mehr beträgt
10.21	–	Anlagen zur Innenreinigung von Eisenbahnkesselwagen, Straßentankfahrzeugen, Tankschiffen oder Tankcontainern sowie Anlagen zur automatischen Reinigung von Fässern einschließlich zugehöriger Aufarbeitungsanlagen, soweit die Behälter von organischen Stoffen gereinigt werden, ausgenommen Anlagen, in denen Behälter ausschließlich von Nahrungs-, Genuss- oder Futtermitteln gereinigt werden
10.22	–	Begasungs- und Sterilisationsanlagen, soweit der Rauminhalt der Begasungs- oder Sterilisationskammer 1 Kubikmeter oder mehr beträgt und sehr giftige oder giftige Stoffe oder Zubereitungen eingesetzt werden
10.23	–	Anlagen zur Textilveredlung durch Sengen, Thermofixieren, Thermosolieren, Beschichten, Imprägnieren oder Appretieren, einschließlich der zugehörigen Trocknungsanlagen, ausgenommen Anlagen, in denen weniger als 500 Quadratmeter Textilien je Stunde behandelt werden
10.25	–	Kälteanlagen mit einem Gesamtinhalt an Kältemittel von 3 Tonnen Ammoniak oder mehr

Sechste Allgemeine Verwaltungsvorschrift zum Bundes-Immissionsschutzgesetz

(Technische Anleitung zum Schutz gegen Lärm – TA Lärm)

Vom 26. August 1998 (GemMBl. S. 503)

Nach § 48 des Bundes-Immissionsschutzgesetzes (BImSchG) vom 15. März 1974 (BGBl. I S. 721) in der Fassung der Bekanntmachung vom 14. Mai 1990 (BGBl. I S. 880) wird nach Anhörung der beteiligten Kreise folgende Allgemeine Verwaltungsvorschrift erlassen:

Inhaltsübersicht

1. Anwendungsbereich

2. Begriffsbestimmungen
2.1 Schädliche Umwelteinwirkungen durch Geräusche
2.2 Einwirkungsbereich einer Anlage
2.3 Maßgeblicher Immissionsort
2.4 Vor-, Zusatz- und Gesamtbelastung; Fremdgeräusche
2.5 Stand der Technik zur Lärmminderung
2.6 Schalldruckpegel $L_{AF}(t)$
2.7 Mittelungspegel L_{Aeq}
2.8 Kurzzeitige Geräuschspitzen
2.9 Taktmaximalpegel $L_{AFT}(t)$, Taktmaximal-Mittelungspegel L_{AFTeq}
2.10 Beurteilungspegel L_r

3. Allgemeine Grundsätze für genehmigungsbedürftige Anlagen
3.1 Grundpflichten des Betreibers
3.2 Prüfung der Einhaltung der Schutzpflicht
3.2.1 Prüfung im Regelfall
3.2.2 Ergänzende Prüfung im Sonderfall
3.3 Prüfung der Einhaltung der Vorsorgepflicht

4. Allgemeine Grundsätze für die Prüfung nicht genehmigungsbedürftiger Anlagen
4.1 Grundpflichten des Betreibers
4.2 Vereinfachte Regelfallprüfung
4.3 Anforderungen bei unvermeidbaren schädlichen Umwelteinwirkungen

5. Anforderungen an bestehende Anlagen
5.1 Nachträgliche Anordnungen bei genehmigungsbedürftigen Anlagen
5.2 Anordnungen im Einzelfall bei nicht genehmigungsbedürftigen Anlagen
5.3 Mehrere zu einer schädlichen Umwelteinwirkung beitragende Anlagen unterschiedlicher Betreiber

6. Immissionsrichtwerte
6.1 Immissionsrichtwerte für Immissionsorte außerhalb von Gebäuden
6.2 Immissionsrichtwerte für Immissionsorte innerhalb von Gebäuden
6.3 Immissionsrichtwerte für seltene Ereignisse
6.4 Beurteilungszeiten
6.5 Zuschlag für Tageszeiten mit erhöhter Empfindlichkeit
6.6 Zuordnung des Immissionsortes
6.7 Gemengelagen
6.8 Ermittlung der Geräuschimmissionen
6.9 Messabschlag bei Überwachungsmessungen

7. Besondere Regelungen
7.1 Ausnahmeregelung für Notsituationen
7.2 Bestimmungen für seltene Ereignisse

Anh. 5   **TA Lärm**

7.3   Berücksichtigung tieffrequenter Geräusche
7.4   Berücksichtigung von Verkehrsgeräuschen

8.   Zugänglichkeit der Norm- und Richtlinienblätter

9.   Aufhebung von Vorschriften

10.   Inkrafttreten

Anhang   Ermittlung der Geräuschimmissionen

1.   Anwendungsbereich

Diese Technische Anleitung dient dem Schutz der Allgemeinheit und der Nachbarschaft vor schädlichen Umwelteinwirkungen durch Geräusche sowie der Vorsorge gegen schädliche Umwelteinwirkungen durch Geräusche.

Sie gilt für Anlagen, die als genehmigungsbedürftige oder nicht genehmigungsbedürftige Anlagen den Anforderungen des Zweiten Teils des Bundes-Immissionsschutzgesetzes (BImSchG) unterliegen, mit Ausnahme folgender Anlagen:
a) Sportanlagen, die der Sportanlagenlärmschutzverordnung (18. BImSchV) unterliegen,
b) sonstige nicht genehmigungsbedürftige Freizeitanlagen sowie Freiluftgaststätten,
c) nicht genehmigungsbedürftige landwirtschaftliche Anlagen,
d) Schießplätze, auf denen mit Waffen ab Kaliber 20 mm geschossen wird,
e) Tagebaue und die zum Betrieb eines Tagebaus erforderlichen Anlagen,
f) Baustellen,
g) Seehafenumschlagsanlagen,
h) Anlagen für soziale Zwecke.

Die Vorschriften dieser Technischen Anleitung sind zu beachten
a) für genehmigungsbedürftige Anlagen bei
   aa) der Prüfung der Anträge auf Erteilung einer Genehmigung zur Errichtung und zum Betrieb einer Anlage (§ 6 Abs. 1 BImSchG) sowie zur Änderung der Lage, der Beschaffenheit oder des Betriebs einer Anlage (§ 16 Abs. 1, auch in Verbindung mit Abs. 4 BImSchG),
   bb) der Prüfung der Anträge auf Erteilung einer Teilgenehmigung oder eines Vorbescheids (§§ 8 und 9 BImSchG),
   cc) der Entscheidung über nachträgliche Anordnungen (§ 17 BImSchG) und
   dd) der Entscheidung über die Anordnung erstmaliger oder wiederkehrender Messungen (§ 28 BImSchG);
b) für nicht genehmigungsbedürftige Anlagen bei
   aa) der Prüfung der Einhaltung des § 22 BImSchG im Rahmen der Prüfung von Anträgen auf öffentlich-rechtliche Zulassungen nach anderen Vorschriften, insbesondere von Anträgen in Baugenehmigungsverfahren,
   bb) Entscheidungen über Anordnungen und Untersagungen im Einzelfall (§§ 24 und 25 BImSchG);
c) für genehmigungsbedürftige und nicht genehmigungsbedürftige Anlagen bei der Entscheidung über Anordnungen zur Ermittlung von Art und Ausmaß der von einer Anlage ausgehenden Emissionen sowie der Immissionen im Einwirkungsbereich der Anlage (§ 26 BImSchG).

Ist für eine nicht genehmigungsbedürftige Anlage aufgrund einer Rechtsverordnung nach § 23 Abs. 1a BImSchG antragsgemäß ein Verfahren zur Erteilung einer Genehmigung nach § 4 Abs. 1 Satz 1 in Verbindung mit § 6 BImSchG durchzuführen, so sind die Vorschriften dieser Technischen Anleitung für genehmigungsbedürftige Anlagen anzuwenden.

TA Lärm Anh. 5

2. Begriffsbestimmungen

2.1 Schädliche Umwelteinwirkungen durch Geräusche

Schädliche Umwelteinwirkungen im Sinne dieser Technischen Anleitung sind Geräuschimmissionen, die nach Art, Ausmaß oder Dauer geeignet sind, Gefahren, erhebliche Nachteile oder erhebliche Belästigungen für die Allgemeinheit oder die Nachbarschaft herbeizuführen.

2.2 Einwirkungsbereich einer Anlage

Einwirkungsbereich einer Anlage sind die Flächen, in denen die von der Anlage ausgehenden Geräusche
a) einen Beurteilungspegel verursachen, der weniger als 10 dB(A) unter dem für diese Fläche maßgebenden Immissionsrichtwert liegt, oder
b) Geräuschspitzen verursachen, die den für deren Beurteilung maßgebenden Immissionsrichtwert erreichen.

2.3 Maßgeblicher Immissionsort

Maßgeblicher Immissionsort ist der nach Nummer A.1.3 des Anhangs zu ermittelnde Ort im Einwirkungsbereich der Anlage, an dem eine Überschreitung der Immissionsrichtwerte am ehesten zu erwarten ist. Es ist derjenige Ort, für den die Geräuschbeurteilung nach dieser Technischen Anleitung vorgenommen wird.
Wenn im Einwirkungsbereich der Anlage aufgrund der Vorbelastung zu erwarten ist, dass die Immissionsrichtwerte nach Nummer 6 an einem anderen Ort durch die Zusatzbelastung überschritten werden, so ist auch der Ort, an dem die Gesamtbelastung den maßgebenden Immissionsrichtwert nach Nummer 6 am höchsten übersteigt, als zusätzlicher maßgeblicher Immissionsort festzulegen.

2.4 Vor-, Zusatz- und Gesamtbelastung; Fremdgeräusche

Vorbelastung ist die Belastung eines Ortes mit Geräuschimmissionen von allen Anlagen, für die diese Technische Anleitung gilt, ohne den Immissionsbeitrag der zu beurteilenden Anlage.
Zusatzbelastung ist der Immissionsbeitrag, der an einem Immissionsort durch die zu beurteilende Anlage voraussichtlich (bei geplanten Anlagen) oder tatsächlich (bei bestehenden Anlagen) hervorgerufen wird.
Gesamtbelastung im Sinne dieser Technischen Anleitung ist die Belastung eines Immissionsortes, die von allen Anlagen hervorgerufen wird, für die diese Technische Anleitung gilt.
Fremdgeräusche sind alle Geräusche, die nicht von der zu beurteilenden Anlage ausgehen.

2.5 Stand der Technik zur Lärmminderung

Stand der Technik zur Lärmminderung im Sinne dieser Technischen Anleitung ist der auf die Lärmminderung bezogene Stand der Technik nach § 3 Abs. 6 BImSchG. Er schließt sowohl Maßnahmen an der Schallquelle als auch solche auf dem Ausbreitungsweg ein, soweit diese in engem räumlichen und betrieblichen Zusammenhang mit der Schallquelle stehen. Seine Anwendung dient dem Zweck, Geräuschimmissionen zu mindern.

2.6 Schalldruckpegel $L_{AF}(t)$

Der Schalldruckpegel $L_{AF}(t)$ ist der mit der Frequenzbewertung A und der Zeitbewertung F nach DIN EN 60651, Ausgabe Mai 1994, gebildete momentane Wert des

Schalldruckpegels. Er ist die wesentliche Grundgröße für die Pegelbestimmungen nach dieser Technischen Anleitung.

2.7 Mittelungspegel L_{Aeq}

Der Mittelungspegel L_{Aeq} ist der nach DIN 45641, Ausgabe Juni 1990, aus dem zeitlichen Verlauf des Schalldruckpegels oder mithilfe von Schallpegelmessern nach DIN EN 60804, Ausgabe Mai 1994, gebildete zeitliche Mittelwert des Schalldruckpegels.

2.8 Kurzzeitige Geräuschspitzen

Kurzzeitige Geräuschspitzen im Sinne dieser Technischen Anleitung sind durch Einzelereignisse hervorgerufene Maximalwerte des Schalldruckpegels, die im bestimmungsgemäßen Betriebsablauf auftreten. Kurzzeitige Geräuschspitzen werden durch den Maximalpegel L_{AFmax} des Schalldruckpegels $L_{AF}(t)$ beschrieben.

2.9 Taktmaximalpegel $L_{AFT}(t)$, Taktmaximal-Mittelungspegel L_{AFTeq}

Der Taktmaximalpegel $L_{AFT}(t)$ ist der Maximalwert des Schalldruckpegels $L_{AF}(t)$ während der zugehörigen Taktzeit T; die Taktzeit beträgt 5 Sekunden.
Der Taktmaximal-Mittelungspegel L_{AFTeq} ist der nach DIN 45641, Ausgabe Juni 1990, aus den Taktmaximalpegeln gebildete Mittelungspegel. Er wird zur Beurteilung impulshaltiger Geräusche verwendet. Zu diesem Zweck wird die Differenz $L_{AFTeq} - L_{Aeq}$ als Zuschlag für Impulshaltigkeit definiert.

2.10 Beurteilungspegel L_r

Der Beurteilungspegel L_r ist der aus dem Mittelungspegel L_{Aeq} des zu beurteilenden Geräusches und ggf. aus Zuschlägen gemäß dem Anhang für Ton- und Informationshaltigkeit, Impulshaltigkeit und für Tageszeiten mit erhöhter Empfindlichkeit gebildete Wert zur Kennzeichnung der mittleren Geräuschbelastung während jeder Beurteilungszeit. Der Beurteilungspegel L_r ist diejenige Größe, auf die sich die Immissionsrichtwerte nach Nummer 6 beziehen.

3. Allgemeine Grundsätze für genehmigungsbedürftige Anlagen

3.1 Grundpflichten des Betreibers

Eine Genehmigung zur Errichtung und zum Betrieb einer genehmigungsbedürftigen Anlage ist nach § 6 Abs. 1 Nr. 1 in Verbindung mit § 5 Abs. 1 Nr. 1 und 2 BImSchG nur zu erteilen, wenn sichergestellt ist, dass
a) die von der Anlage ausgehenden Geräusche keine schädlichen Umwelteinwirkungen hervorrufen können und
b) Vorsorge gegen schädliche Umwelteinwirkungen durch Geräusche getroffen wird, insbesondere durch die dem Stand der Technik zur Lärmminderung entsprechenden Maßnahmen zur Emissionsbegrenzung.

3.2 Prüfung der Einhaltung der Schutzpflicht

3.2.1 Prüfung im Regelfall

Der Schutz vor schädlichen Umwelteinwirkungen durch Geräusche (§ 5 Abs. 1 Nr. 1 BImSchG) ist vorbehaltlich der Regelungen in den Absätzen 2 bis 5 sichergestellt, wenn die Gesamtbelastung am maßgeblichen Immissionsort die Immissionsrichtwerte nach Nummer 6 nicht überschreitet.
Die Genehmigung für die zu beurteilende Anlage darf auch bei einer Überschreitung der Immissionsrichtwerte aufgrund der Vorbelastung aus Gründen des Lärmschutzes

nicht versagt werden, wenn der von der Anlage verursachte Immissionsbeitrag im Hinblick auf den Gesetzeszweck als nicht relevant anzusehen ist. Das ist in der Regel der Fall, wenn die von der zu beurteilenden Anlage ausgehende Zusatzbelastung die Immissionsrichtwerte nach Nummer 6 am maßgeblichen Immissionsort um mindestens 6 dB(A) unterschreitet.

Unbeschadet der Regelung in Absatz 2 soll für die zu beurteilende Anlage die Genehmigung wegen einer Überschreitung der Immissionsrichtwerte nach Nummer 6 aufgrund der Vorbelastung auch dann nicht versagt werden, wenn dauerhaft sichergestellt ist, dass diese Überschreitung nicht mehr als 1 dB(A) beträgt. Dies kann auch durch einen öffentlich-rechtlichen Vertrag der beteiligten Anlagenbetreiber mit der Überwachungsbehörde erreicht werden.

Unbeschadet der Regelungen in den Absätzen 2 und 3 soll die Genehmigung für die zu beurteilende Anlage wegen einer Überschreitung der Immissionsrichtwerte nach Nummer 6 aufgrund der Vorbelastung auch dann nicht versagt werden, wenn durch eine Auflage sichergestellt ist, dass in der Regel spätestens drei Jahre nach Inbetriebnahme der Anlage Sanierungsmaßnahmen (Stilllegung, Beseitigung oder Änderung) an bestehenden Anlagen des Antragstellers durchgeführt sind, welche die Einhaltung der Immissionsrichtwerte nach Nummer 6 gewährleisten.

Die Genehmigung darf wegen einer Überschreitung der Immissionsrichtwerte nicht versagt werden, wenn infolge ständig vorherrschender Fremdgeräusche keine zusätzlichen schädlichen Umwelteinwirkungen durch die zu beurteilende Anlage zu befürchten sind. Dies ist insbesondere dann der Fall, wenn für die Beurteilung der Geräuschimmissionen der Anlage weder Zuschläge gemäß dem Anhang für Ton- und Informationshaltigkeit oder Impulshaltigkeit noch eine Berücksichtigung tieffrequenter Geräusche nach Nummer 7.3 erforderlich sind und der Schalldruckpegel $L_{AF}(t)$ der Fremdgeräusche in mehr als 95 % der Betriebszeit der Anlage in der jeweiligen Beurteilungszeit nach Nummer 6.4 höher als der Mittelungspegel L_{Aeq} der Anlage ist. Durch Nebenbestimmungen zum Genehmigungsbescheid oder durch nachträgliche Anordnung ist sicherzustellen, dass die zu beurteilende Anlage im Falle einer späteren Verminderung der Fremdgeräusche nicht relevant zu schädlichen Umwelteinwirkungen beiträgt.

Die Prüfung der Genehmigungsvoraussetzungen setzt in der Regel eine Prognose der Geräuschimmissionen der zu beurteilenden Anlage und – sofern im Einwirkungsbereich der Anlage andere Anlagengeräusche auftreten – die Bestimmung der Vorbelastung sowie der Gesamtbelastung nach Nummer A.1.2 des Anhangs voraus. Die Bestimmung der Vorbelastung kann im Hinblick auf Absatz 2 entfallen, wenn die Geräuschimmissionen der Anlage die Immissionsrichtwerte nach Nummer 6 um mindestens 6 dB(A) unterschreiten.

3.2.2 Ergänzende Prüfung im Sonderfall

Liegen im Einzelfall besondere Umstände vor, die bei der Regelfallprüfung keine Berücksichtigung finden, nach Art und Gewicht jedoch wesentlichen Einfluss auf die Beurteilung haben können, ob die Anlage zum Entstehen schädlicher Umwelteinwirkungen relevant beiträgt, so ist ergänzend zu prüfen, ob sich unter Berücksichtigung dieser Umstände des Einzelfalls eine vom Ergebnis der Regelfallprüfung abweichende Beurteilung ergibt. Als Umstände, die eine Sonderfallprüfung erforderlich machen können, kommen insbesondere in Betracht

a) Umstände, z. B. besondere unterschiedliche Geräuschcharakteristiken verschiedener gemeinsam einwirkender Anlagen, die eine Summenpegelbildung zur Ermittlung der Gesamtbelastung nicht sinnvoll erscheinen lassen,
b) Umstände, z. B. besondere betriebstechnische Erfordernisse, Einschränkungen der zeitlichen Nutzung oder eine besondere Standortbindung der zu beurteilenden Anlage, die sich auf die Akzeptanz einer Geräuschimmission auswirken können,
c) sicher absehbare Verbesserungen der Emissions- oder Immissionssituation durch andere als die in Nummer 3.2.1. Abs. 4 genannten Maßnahmen,
d) besondere Gesichtspunkte der Herkömmlichkeit und der sozialen Adäquanz der Geräuschimmission.

3.3 Prüfung der Einhaltung der Vorsorgepflicht

Das Maß der Vorsorgepflicht gegen schädliche Umwelteinwirkungen durch Geräusche bestimmt sich einzelfallbezogen unter Berücksichtigung der Verhältnismäßigkeit von Aufwand und erreichbarer Lärmminderung nach der zu erwartenden Immissionssituation des Einwirkungsbereichs insbesondere unter Berücksichtigung der Bauleitplanung. Die Geräuschemissionen der Anlage müssen so niedrig sein, wie dies zur Erfüllung der Vorsorgepflicht nach Satz 1 nötig und nach dem Stand der Technik zur Lärmminderung möglich ist.

4. Allgemeine Grundsätze für die Prüfung nicht genehmigungsbedürftiger Anlagen

4.1 Grundpflichten des Betreibers

Nicht genehmigungsbedürftige Anlagen sind nach § 22 Abs. 1 Nr. 1 und 2 BImSchG so zu errichten und zu betreiben, dass
a) schädliche Umwelteinwirkungen durch Geräusche verhindert werden, die nach dem Stand der Technik zur Lärmminderung vermeidbar sind, und
b) nach dem Stand der Technik zur Lärmminderung unvermeidbare schädliche Umwelteinwirkungen durch Geräusche auf ein Mindestmaß beschränkt werden.

4.2 Vereinfachte Regelfallprüfung

Bei der immissionsschutzrechtlichen Prüfung im Rahmen der öffentlich-rechtlichen Zulassung einer nicht genehmigungsbedürftigen Anlage ist folgendes vereinfachtes Beurteilungsverfahren anzuwenden:
a) Vorbehaltlich der Regelungen in Nummer 4.3 ist sicherzustellen, dass die Geräuschimmissionen der zu beurteilenden Anlage die Immissionsrichtwerte nach Nummer 6 nicht überschreiten; gegebenenfalls sind entsprechende Auflagen zu erteilen.
b) Eine Prognose der Geräuschimmissionen der zu beurteilenden Anlage nach Nummer A.2 des Anhangs ist erforderlich, soweit nicht aufgrund von Erfahrungswerten an vergleichbaren Anlagen zu erwarten ist, dass der Schutz vor schädlichen Umwelteinwirkungen durch Geräusche der zu beurteilenden Anlage sichergestellt ist. Dabei sind insbesondere zu berücksichtigen:
   – emissionsrelevante Konstruktionsmerkmale,
   – Schallleistungspegel,
   – Betriebszeiten,
   – Abschirmung,
   – Abstand zum Immissionsort und Gebietsart.
c) Eine Berücksichtigung der Vorbelastung ist nur erforderlich, wenn aufgrund konkreter Anhaltspunkte absehbar ist, dass die zu beurteilende Anlage im Falle ihrer Inbetriebnahme relevant im Sinne von Nummer 3.2.1 Abs. 3 zu einer Überschreitung der Immissionsrichtwerte nach Nummer 6 beitragen wird und Abhilfemaßnahmen nach Nummer 5 bei den anderen zur Gesamtbelastung beitragenden Anlagen aus tatsächlichen oder rechtlichen Gründen offensichtlich nicht in Betracht kommen.

4.3 Anforderungen bei unvermeidbaren schädlichen Umwelteinwirkungen

Anforderungen nach Nummer 4.1 Buchstabe a bestehen für nicht genehmigungsbedürftige Anlagen nur insoweit, als sie mit Maßnahmen nach dem Stand der Technik zur Lärmminderung eingehalten werden können. Danach unvermeidbare schädliche Umwelteinwirkungen sind auf ein Mindestmaß zu beschränken. Als Maßnahmen kommen hierfür insbesondere in Betracht:
– organisatorische Maßnahmen im Betriebsablauf (z.B. keine lauten Arbeiten in den Tageszeiten mit erhöhter Empfindlichkeit),

- zeitliche Beschränkungen des Betriebs, etwa zur Sicherung der Erholungsruhe am Abend und in der Nacht,
- Einhaltung ausreichender Schutzabstände zu benachbarten Wohnhäusern oder anderen schutzbedürftigen Einrichtungen,
- Ausnutzen natürlicher oder künstlicher Hindernisse zur Lärmminderung,
- Wahl des Aufstellungsortes von Maschinen oder Anlagenteilen.

§ 25 Abs. 2 BImSchG ist zu beachten.

5. Anforderungen an bestehende Anlagen

5.1 Nachträgliche Anordnungen bei genehmigungsbedürftigen Anlagen

Bei der Prüfung der Verhältnismäßigkeit nach § 17 BImSchG hat die zuständige Behörde von den geeigneten Maßnahmen diejenige zu wählen, die den Betreiber am wenigsten belastet. Die zu erwartenden positiven und negativen Auswirkungen für den Anlagenbetreiber, für die Nachbarschaft und die Allgemeinheit sowie das öffentliche Interesse an der Durchführung der Maßnahme oder ihrem Unterbleiben sind zu ermitteln und zu bewerten.

Dabei sind insbesondere zu berücksichtigen:
- Ausmaß der von der Anlage ausgehenden Emissionen und Immissionen,
- vorhandene Fremdgeräusche,
- Ausmaß der Überschreitungen der Immissionsrichtwerte durch die zu beurteilende Anlage,
- Ausmaß der Überschreitungen der Immissionsrichtwerte durch die Gesamtbelastung,
- Gebot zur gegenseitigen Rücksichtnahme,
- Anzahl der betroffenen Personen,
- Auffälligkeit der Geräusche,
- Stand der Technik zur Lärmminderung,
- Aufwand im Verhältnis zur Verbesserung der Immissionssituation im Einwirkungsbereich der Anlage,
- Betriebsdauer der Anlage seit der Neu- oder Änderungsgenehmigung der Anlage,
- technische Besonderheiten der Anlage,
- Platzverhältnisse am Standort.

Eine nachträgliche Anordnung darf nicht getroffen werden, wenn sich eine Überschreitung der Immissionsrichtwerte nach Nummer 6 aus einer Erhöhung oder erstmaligen Berücksichtigung der Vorbelastung ergibt, die Zusatzbelastung weniger als 3 dB(A) beträgt und die Immissionsrichtwerte um nicht mehr als 5 dB(A) überschritten sind.

5.2 Anordnungen im Einzelfall bei nicht genehmigungsbedürftigen Anlagen

Bei der Ermessensausübung im Rahmen der Anwendung des § 24 BImSchG können die unter 5.1 genannten Grundsätze mit Ausnahme der in Nummer 5.1 Abs. 3 getroffenen Regelung, die der Berücksichtigung der Vorbelastung im Genehmigungsverfahren Rechnung trägt, unter Beachtung der Unterschiede der maßgeblichen Grundpflichten nach den Nummern 3.1 und 4.1 entsprechend herangezogen werden.

Die Prüfung einer Anordnung im Einzelfall kommt insbesondere in Betracht, wenn
a) bereits eine Beurteilung nach den Nummern 4.2 und 4.3 ergibt, dass der Anlagenbetreiber die Grundpflichten nach Nummer 4.1 nicht erfüllt oder
b) konkrete Anhaltspunkte dafür vorliegen, dass vermeidbare Geräuschemissionen der Anlage einen relevanten Beitrag zu einer durch die Geräusche mehrerer Anlagen hervorgerufenen schädlichen Umwelteinwirkung leisten.

Kommen im Falle des Satzes 1 Buchstabe b Abhilfemaßnahmen auch gegenüber anderen Anlagenbetreibern in Betracht, ist zusätzlich Nummer 5.3 zu beachten.

5.3 Mehrere zu einer schädlichen Umwelteinwirkung beitragende Anlagen unterschiedlicher Betreiber

Tragen mehrere Anlagen unterschiedlicher Betreiber relevant zum Entstehen schädlicher Umwelteinwirkungen bei, so hat die Behörde die Entscheidung über die Auswahl der zu ergreifenden Abhilfemaßnahmen und der Adressaten entsprechender Anordnungen nach den Nummern 5.1 oder 5.2 nach pflichtgemäßem Ermessen unter Beachtung des Verhältnismäßigkeitsgrundsatzes zu treffen.
Als dabei zu berücksichtigende Gesichtspunkte kommen insbesondere in Betracht
a) der Inhalt eines bestehenden oder speziell zur Lösung der Konfliktsituation erstellten Lärmminderungsplans nach § 47a BImSchG,
b) die Wirksamkeit der Minderungsmaßnahmen,
c) der für die jeweilige Minderungsmaßnahme notwendige Aufwand,
d) die Höhe der Verursachungsbeiträge,
e) Vorliegen und Grad eines etwaigen Verschuldens.
Ist mit der alsbaldigen Fertigstellung eines Lärmminderungsplans nach § 47a BImSchG zu rechnen, der für die Entscheidung nach Absatz 1 von maßgebender Bedeutung sein könnte, und erfordern Art und Umfang der schädlichen Umwelteinwirkungen nicht sofortige Abhilfemaßnahmen, so kann die Behörde die Entscheidung nach Absatz 1 im Hinblick auf die Erstellung des Lärmminderungsplans für eine angemessene Zeit aussetzen.

6. Immissionsrichtwerte

6.1 Immissionsrichtwerte für Immissionsorte außerhalb von Gebäuden

Die Immissionsrichtwerte für den Beurteilungspegel betragen für Immissionsorte außerhalb von Gebäuden
a) in Industriegebieten   70 dB(A)
b) in Gewerbegebieten
    tags   65 dB(A)
    nachts   50 dB(A)
c) in Kerngebieten, Dorfgebieten und Mischgebieten
    tags   60 dB(A)
    nachts   45 dB(A)
d) in allgemeinen Wohngebieten und Kleinsiedlungsgebieten
    tags   55 dB(A)
    nachts   40 dB(A)
e) in reinen Wohngebieten
    tags   50 dB(A)
    nachts   35 dB(A)
f) in Kurgebieten, für Krankenhäuser und Pflegeanstalten
    tags   45 dB(A)
    nachts   35 dB(A).

Einzelne kurzzeitige Geräuschspitzen dürfen die Immissionsrichtwerte am Tage um nicht mehr als 30 dB(A) und in der Nacht um nicht mehr als 20 dB(A) überschreiten.

6.2 Immissionsrichtwerte für Immissionsorte innerhalb von Gebäuden

Bei Geräuschübertragungen innerhalb von Gebäuden oder bei Körperschallübertragung betragen die Immissionsrichtwerte für den Beurteilungspegel für betriebsfremde schutzbedürftige Räume nach DIN 4109, Ausgabe November 1989, unabhängig von der Lage des Gebäudes in einem der in Nummer 6.1 unter Buchstaben a bis f genannten Gebiete
    tags   35 dB(A)
    nachts   25 dB(A).

Einzelne kurzzeitige Geräuschspitzen dürfen die Immissionsrichtwerte um nicht mehr als 10 dB(A) überschreiten.
Weitergehende baurechtliche Anforderungen bleiben unberührt.

TA Lärm Anh. 5

6.3 Immissionsrichtwerte für seltene Ereignisse

Bei seltenen Ereignissen nach Nummer 7.2 betragen die Immissionsrichtwerte für den Beurteilungspegel für Immissionsorte außerhalb von Gebäuden in Gebieten nach Nummer 6.1 Buchstaben b bis f

    tags   70 dB(A),
    nachts   55 dB(A).

Einzelne kurzzeitige Geräuschspitzen dürfen diese Werte
- in Gebieten nach Nummer 6.1 Buchstabe b am Tag um nicht mehr als 25 dB(A) und in der Nacht um nicht mehr als 15 dB(A),
- in Gebieten nach Nummer 6.1 Buchstaben c bis f am Tag um nicht mehr als 20 dB(A) und in der Nacht um nicht mehr als 10 dB(A)

überschreiten.

6.4 Beurteilungszeiten

Die Immissionsrichtwerte nach den Nummern 6.1 bis 6.3 beziehen sich auf folgende Zeiten:
1. tags   06.00 – 22.00 Uhr
2. nachts   22.00 – 06.00 Uhr

Die Nachtzeit kann bis zu einer Stunde hinausgeschoben oder vorverlegt werden, soweit dies wegen der besonderen örtlichen oder wegen zwingender betrieblicher Verhältnisse unter Berücksichtigung des Schutzes vor schädlichen Umwelteinwirkungen erforderlich ist. Eine achtstündige Nachtruhe der Nachbarschaft im Einwirkungsbereich der Anlage ist sicherzustellen.

Die Immissionsrichtwerte nach den Nummern 6.1 bis 6.3 gelten während des Tages für eine Beurteilungszeit von 16 Stunden. Maßgebend für die Beurteilung der Nacht ist die volle Nachtstunde (z.B. 1.00 bis 2.00 Uhr) mit dem höchsten Beurteilungspegel, zu dem die zu beurteilende Anlage relevant beiträgt.

6.5 Zuschlag für Tageszeiten mit erhöhter Empfindlichkeit

Für folgende Zeiten ist in Gebieten nach Nummer 6.1 Buchstaben d bis f bei der Ermittlung des Beurteilungspegels die erhöhte Störwirkung von Geräuschen durch einen Zuschlag zu berücksichtigen:

1. an Werktagen   06.00 – 07.00 Uhr,
                                         20.00 – 22.00 Uhr
2. an Sonn- und Feiertagen   06.00 – 09.00 Uhr,
                                         13.00 – 15.00 Uhr,
                                         20.00 – 22.00 Uhr.

Der Zuschlag beträgt 6 dB.
Von der Berücksichtigung des Zuschlags kann abgesehen werden, soweit dies wegen der besonderen örtlichen Verhältnisse unter Berücksichtigung des Schutzes vor schädlichen Umwelteinwirkungen erforderlich ist.

6.6 Zuordnung des Immissionsortes

Die Art der in Nummer 6.1 bezeichneten Gebiete und Einrichtungen ergibt sich aus den Festlegungen in den Bebauungsplänen. Sonstige in Bebauungsplänen festgesetzte Flächen für Gebiete und Einrichtungen sowie Gebiete und Einrichtungen, für die keine Festsetzungen bestehen, sind nach Nummer 6.1 entsprechend der Schutzbedürftigkeit zu beurteilen.

6.7 Gemengelagen

Wenn gewerblich, industriell oder hinsichtlich ihrer Geräuschauswirkungen vergleichbar genutzte und zum Wohnen dienende Gebiete aneinandergrenzen (Gemengelage), können die für die zum Wohnen dienenden Gebiete geltenden Immissionsrichtwerte auf einen geeigneten Zwischenwert der für die aneinandergrenzenden Gebietskategorien geltenden Werte erhöht werden, soweit dies nach der gegenseitigen Pflicht zur Rücksichtnahme erforderlich ist. Die Immissionsrichtwerte für Kern-, Dorf- und Mischgebiete sollen dabei nicht überschritten werden. Es ist vorauszusetzen, dass der Stand der Lärmminderungstechnik eingehalten wird.

Für die Höhe des Zwischenwertes nach Absatz 1 ist die konkrete Schutzwürdigkeit des betroffenen Gebietes maßgeblich. Wesentliche Kriterien sind die Prägung des Einwirkungsgebiets durch den Umfang der Wohnbebauung einerseits und durch Gewerbe- und Industriebetriebe andererseits, die Ortsüblichkeit eines Geräusches und die Frage, welche der unverträglichen Nutzungen zuerst verwirklicht wurde. Liegt ein Gebiet mit erhöhter Schutzwürdigkeit nur in einer Richtung zur Anlage, so ist dem durch die Anordnung der Anlage auf dem Betriebsgrundstück und die Nutzung von Abschirmungsmöglichkeiten Rechnung zu tragen.

6.8 Ermittlung der Geräuschimmissionen

Die Ermittlung der Geräuschimmissionen erfolgt nach den Vorschriften des Anhangs.

6.9 Messabschlag bei Überwachungsmessungen

Wird bei der Überwachung der Einhaltung der maßgeblichen Immissionsrichtwerte der Beurteilungspegel durch Messung nach den Nummern A.1.6 oder A.3 des Anhangs ermittelt, so ist zum Vergleich mit den Immissionsrichtwerten nach Nummer 6 ein um 3 dB(A) verminderter Beurteilungspegel heranzuziehen.

7. Besondere Regelungen

7.1 Ausnahmeregelung für Notsituationen

Soweit es zur Abwehr von Gefahren für die öffentliche Sicherheit und Ordnung oder zur Abwehr eines betrieblichen Notstandes erforderlich ist, dürfen die Immissionsrichtwerte nach Nummer 6 überschritten werden. Ein betrieblicher Notstand ist ein ungewöhnliches, nicht voraussehbares, vom Willen des Betreibers unabhängiges und plötzlich eintretendes Ereignis, das die Gefahr eines unverhältnismäßigen Schadens mit sich bringt.

7.2 Bestimmungen für seltene Ereignisse

Ist wegen voraussehbarer Besonderheiten beim Betrieb einer Anlage zu erwarten, dass in seltenen Fällen oder über eine begrenzte Zeitdauer, aber an nicht mehr als zehn Tagen oder Nächten eines Kalenderjahres und nicht an mehr als an jeweils zwei aufeinander folgenden Wochenenden, die Immissionsrichtwerte nach den Nummern 6.1 und 6.2 auch bei Einhaltung des Standes der Technik zur Lärmminderung nicht eingehalten werden können, kann eine Überschreitung im Rahmen des Genehmigungsverfahrens für genehmigungsbedürftige Anlagen zugelassen werden. Bei bestehenden genehmigungsbedürftigen oder nicht genehmigungsbedürftigen Anlagen kann unter den genannten Voraussetzungen von einer Anordnung abgesehen werden.

Dabei ist im Einzelfall unter Berücksichtigung der Dauer und der Zeiten der Überschreitungen, der Häufigkeit der Überschreitungen durch verschiedene Betreiber insgesamt sowie von Minderungsmöglichkeiten durch organisatorische und betriebliche Maßnahmen zu prüfen, ob und in welchem Umfang der Nachbarschaft eine höhere als die nach den Nummern 6.1 und 6.2 zulässige Belastung zugemutet werden kann. Die in Nummer 6.3 genannten Werte dürfen nicht überschritten werden. In der Regel sind jedoch unzumutbare Geräuschbelästigungen anzunehmen, wenn auch durch seltene Ereignisse bei anderen Anlagen Überschreitungen der Immissionsrichtwerte nach den Nummern 6.1 und 6.2 verursacht werden können und am selben Einwir-

TA Lärm Anh. 5

kungsort Überschreitungen an insgesamt mehr als 14 Kalendertagen eines Jahres auftreten.
Nummer 4.3 bleibt unberührt.

7.3 Berücksichtigung tieffrequenter Geräusche

Für Geräusche, die vorherrschende Energieanteile im Frequenzbereich unter 90 Hz besitzen (tieffrequente Geräusche), ist die Frage, ob von ihnen schädliche Umwelteinwirkungen ausgehen, im Einzelfall nach den örtlichen Verhältnissen zu beurteilen. Schädliche Umwelteinwirkungen können insbesondere auftreten, wenn bei deutlich wahrnehmbaren tieffrequenten Geräuschen in schutzbedürftigen Räumen bei geschlossenen Fenstern die nach Nummer A.1.5 des Anhangs ermittelte Differenz $L_{Ceq} - L_{Aeq}$ den Wert 20 dB überschreitet. Hinweise zur Ermittlung und Bewertung tieffrequenter Geräusche enthält Nummer A.1.5 des Anhangs.
Wenn unter Berücksichtigung von Nummer A.1.5 des Anhangs schädliche Umwelteinwirkungen durch tieffrequente Geräusche zu erwarten sind, so sind geeignete Minderungsmaßnahmen zu prüfen. Ihre Durchführung soll ausgesetzt werden, wenn nach Inbetriebnahme der Anlage auch ohne die Realisierung der Minderungsmaßnahmen keine tieffrequenten Geräusche auftreten.

7.4 Berücksichtigung von Verkehrsgeräuschen

Fahrzeuggeräusche auf dem Betriebsgrundstück sowie bei der Ein- und Ausfahrt, die in Zusammenhang mit dem Betrieb der Anlage entstehen, sind der zu beurteilenden Anlage zuzurechnen und zusammen mit den übrigen zu berücksichtigenden Anlagengeräuschen bei der Ermittlung der Zusatzbelastung zu erfassen und zu beurteilen. Sonstige Fahrzeuggeräusche auf dem Betriebsgrundstück sind bei der Ermittlung der Vorbelastung zu erfassen und zu beurteilen. Für Verkehrsgeräusche auf öffentlichen Verkehrsflächen gelten die Absätze 2 bis 4.
Geräusche des An- und Abfahrtverkehrs auf öffentlichen Verkehrsflächen in einem Abstand von bis zu 500 Metern von dem Betriebsgrundstück in Gebieten nach Nummer 6.1 Buchstaben c bis f sollen durch Maßnahmen organisatorischer Art soweit wie möglich vermindert werden, soweit
- sie den Beurteilungspegel der Verkehrsgeräusche für den Tag oder die Nacht rechnerisch um mindestens 3 dB(A) erhöhen,
- keine Vermischung mit dem übrigen Verkehr erfolgt ist und
- die Immissionsgrenzwerte der Verkehrslärmschutzverordnung (16. BImSchV) erstmals oder weitergehend überschritten werden.

Der Beurteilungspegel für den Straßenverkehr auf öffentlichen Verkehrsflächen ist zu berechnen nach den Richtlinien für den Lärmschutz an Straßen – Ausgabe 1990 – RLS-90, bekannt gemacht im Verkehrsblatt, Amtsblatt des Bundesministeriums für Verkehr der Bundesrepublik Deutschland (VkBl.) Nr. 7 vom 14. April 1990 unter lfd. Nr. 79. Die Richtlinien sind zu beziehen von der Forschungsgesellschaft für Straßen- und Verkehrswesen, Alfred-Schütte-Allee 10, 50679 Köln.
Der Beurteilungspegel für Schienenwege ist zu ermitteln nach der Richtlinie zur Berechnung der Schallimmissionen von Schienenwegen – Ausgabe 1990 – Schall 03, bekannt gemacht im Amtsblatt der Deutschen Bundesbahn Nr. 14 vom 04. April 1990 unter lfd. Nr. 133. Die Richtlinie ist zu beziehen von der Deutschen Bahn AG, Drucksachenzentrale, Stuttgarter Straße 61a, 76137 Karlsruhe.

8. Zugänglichkeit der Norm- und Richtlinienblätter

Die in dieser Technischen Anleitung genannten DIN-Normblätter, ISO-Normen und VDI-Richtlinien sind bei der Beuth Verlag GmbH, 10772 Berlin, zu beziehen. Die genannten Normen und Richtlinien sind bei dem Deutschen Patentamt archivmäßig gesichert niedergelegt.

Anh. 5 **TA Lärm**

9. Aufhebung von Vorschriften

Die Technische Anleitung zum Schutz gegen Lärm vom 16. Juli 1968 (Beilage zum BAnz. Nr. 137 vom 26. Juli 1968) wird mit Inkrafttreten dieser Allgemeinen Verwaltungsvorschrift aufgehoben.

10. Inkrafttreten

Diese Allgemeine Verwaltungsvorschrift tritt am ersten Tage des dritten auf die Veröffentlichung folgenden Kalendermonats in Kraft.

Anhang: Ermittlung der Geräuschimmissionen[*]

Inhaltsübersicht

A.1   **Allgemeine Vorschriften für die Ermittlung der Geräuschimmissionen**
A.1.1   Begriffsbestimmungen und Erläuterungen
A.1.1.1   Mittlerer Schalleistungspegel
A.1.1.2   Immissionswirksamer Schalleistungspegel
A.1.1.3   Einwirkzeit T_E
A.1.1.4   Körperschallübertragung
A.1.2   Ermittlung der Vor-, Zusatz- und Gesamtbelastung
A.1.3   Maßgeblicher Immissionsort
A.1.4   Beurteilungspegel L_r
A.1.5   Hinweise zur Berücksichtigung tieffrequenter Geräusche
A.1.6   Ermittlung von Schießgeräuschimmissionen

A.2   **Ermittlung der Geräuschimmissionen durch Prognose**
A.2.1   Prognoseverfahren
A.2.2   Grundsätze
A.2.3   Detaillierte Prognose
A.2.3.1   Allgemeines
A.2.3.2   Eingangsdaten für die Berechnung
A.2.3.3   Von Teilflächen der Außenhaut eines Gebäudes abgestrahlte Schalleistungen
A.2.3.4   Schallausbreitungsrechnung
A.2.3.5   Berechnung der Pegel kurzzeitiger Geräuschspitzen
A.2.4   Überschlägige Prognose
A.2.4.1   Allgemeines
A.2.4.2   Von Teilflächen der Außenhaut eines Gebäudes abgestrahlte Schalleistungen
A.2.4.3   Überschlägige Schallausbreitungsrechnung
A.2.4.4   Berechnung der Pegel kurzzeitiger Geräuschspitzen
A.2.5   Berechnung des Beurteilungspegels
A.2.5.1   Berechnung des Mittelungspegels der Anlage in den Teilzeiten
A.2.5.2   Zuschlag für Ton- und Informationshaltigkeit K_T
A.2.5.3   Zuschlag für Impulshaltigkeit K_I
A.2.6   Darstellung der Ergebnisse

A.3   **Ermittlung der Geräuschimmissionen durch Messung**
A.3.1   Grundsätze
A.3.2   Messgeräte
A.3.3   Messverfahren und Auswertung
A.3.3.1   Messwertarten
A.3.3.2   Messorte
A.3.3.3   Durchführung der Messungen
A.3.3.4   Bestimmung des Beurteilungspegels

---

[*] Der Text des Anhangs der TA Lärm 98 ist aus Platzgründen nicht abgedruckt.

A.3.3.5 Zuschlag für Ton- und Informationshaltigkeit
A.3.3.6 Zuschlag für Impulshaltigkeit
A.3.3.7 Maßgeblicher Wert des Beurteilungspegels
A.3.4 Ersatzmessungen
A.3.4.1 Allgemeines
A.3.4.2 Vorgehensweise bei Messungen an Ersatzimmissionsorten
A.3.4.3 Vorgehensweise bei der Rundum-Messung
A.3.4.4 Vorgehensweise bei Schalleistungsmessungen
A.3.5 Messbericht

Technische Anleitung zur Reinhaltung der Luft (TA Luft)

Anmerkung

Die Bundesregierung hat gem. § 48 BImSchG nach Anhörung der beteiligten Kreise (§ 51 BImSchG) und mit Zustimmung des Bundesrates die **Erste Allgemeine Verwaltungsvorschrift zum Bundes-Immissionsschutzgesetz** (Technische Anleitung zur Reinhaltung der Luft – TA Luft) erstmalig am 28.8.1974 erlassen und 1983 sowie 1986 novelliert. Eine Neufassung der TA Luft vom 24.7.2002 (GMBl. S. 511) ist am 1.10.2002 in Kraft getreten.

Die TA Luft dient dem Schutz der Allgemeinheit und der Nachbarschaft vor schädlichen Umwelteinwirkungen durch Luftverunreinigungen sowie der Vorsorge gegen schädliche Umwelteinwirkungen durch Luftverunreinigungen. Sie gilt für die nach § 4 BImSchG i. V. m. der 4. BImSchV (Anh. 4) genehmigungsbedürftigen Anlagen. Sie enthält Vorschriften zur Reinhaltung der Luft, die zu beachten sind bei
a) der Prüfung der Anträge auf Erteilung einer Genehmigung zur Errichtung und zum Betrieb einer Anlage (§ 6 Abs. 1 BImSchG) sowie zur Änderung der Lage, der Beschaffenheit oder des Betriebs einer bestehenden Anlage (§ 16 Abs. 1, auch in Verbindung mit Abs. 4 BImSchG),
b) der Prüfung der Anträge auf Erteilung einer Teilgenehmigung, eines Vorbescheides oder der Zulassung eines vorzeitigen Beginns (§§ 8, 8a und 9 BImSchG),
c) Prüfung der Genehmigungsbedürftigkeit einer Änderung (15 Abs. 2 BImSchG),
d) Entscheidung über nachträgliche Anordnungen (§ 17 BImSchG) und
e) Entscheidung zu Anordnungen über die Ermittlung von Art und Ausmaß der von einer Anlage ausgehenden Emissionen sowie der Immissionen im Einwirkungsbereich der Anlage (§ 26, auch i. V. m. § 28 BImSchG).

Die TA Luft konkretisiert mit ihren Immissionsvorschriften die Grenze schädlicher Umwelteinwirkungen und mit ihren Emissionsvorschriften das Maß der nach § 5 Abs. 1 Nr. 2 BImSchG entspr. dem Stand der Technik gebotenen Vorsorge.

Die Neufassung der TA Luft nach über 15 Jahren war einmal erforderlich, weil sie teilweise nicht mehr dem aktuellen Kenntnisstand entsprach. Das hat im Hinblick auf die praktische Anwendung zunehmend die nachteilige Folge, dass die TA Luft im Falle ihrer unveränderten weiteren Geltung, wie 1986 erlassen, ihren ihr von den Gerichten zuerkannten bindenden Charakter sukzessive wegen des wachsenden Erkenntnisstandes in Wissenschaft und Technik verlieren würde. Zum anderen ist mit der 22. BImSchV, mit der die EG-Richtlinie 96/62 (Luftqualitätsrahmenrichtlinie) umgesetzt wurde, ein Nebeneinander von unterschiedlichen Immissionswerten für dieselben Stoffe entstanden, weil in der neuen 22. BImSchV deutlich anspruchsvollere EG-weit gültige neue Immissionswerte zum Schutz der menschlichen Gesundheit und der Umwelt enthalten sind, als in der bisherigen TA Luft.

Wie bisher hat auch die neue TA Luft einen Immissions- und einen Emissionsteil. Der Immissionsteil enthält Vorschriften zum Schutz der Nachbarn vor unvertretbar hohen Schadstoffbelastungen aus Industrieanlagen. Der Emissionsteil enthält Grenzwerte zur Vorsorge gegen schädliche Umwelteinwirkungen und legt entspr. Emissionswerte für alle relevanten Luftschadstoffe fest. Dabei werden nicht nur neue Industrieanlagen erfasst, sondern auch Anforderungen an Altanlagen formuliert. Diese müssen nach angemessen Übergangsfristen grundsätzlich an den Stand der Technik und damit an das Emissionsniveau von Neuanlagen herangeführt werden. Obwohl die TA Luft weiterhin eine Vorschrift zur Luftreinhaltung ist, wurden die Emissionswerte auch unter integrativer Betrachtung aller Umweltbereiche (Luft, Wasser, Boden) sowie unter gleichzeitiger Berücksichtigung der Anlagensicherheit, der Energieeffizienz u. a. betroffener Bereiche festgelegt. Damit wird sichergestellt, dass die Anforderungen der TA Luft einen wesentlichen Beitrag zum Erreichen eines hohen Schutzniveaus für die Umwelt insgesamt leisten (Näheres zur TA Luft s. Umwelt 3/02, 214).

Obwohl allgemeine Verwaltungsvorschrift, war die geltende TA Luft nach bisheriger Auff. des BVerwG (U. v. 17.2.1978 – IC 102.76 – BVerwGE 55) für den Regelfall als »antizipiertes Sachverständigengutachten« geeignet. Nach der neueren Rspr. des BverwG ist die Bindungswirkung stärker. Danach enthält die TA Luft als normenkonkretisierende Verwaltungsvorschrift grundsätzlich verbindliche Regelungen, Festlegungen und Vorgaben für die mit Genehmigungen, nachträglichen Anordnungen und Ermittlungsanordnungen befassten Verwaltungsbehörden (BVerwG, B. v. 10.1.1995 – 7 B 112.94 – DVBl. 1995, 516 = NVwZ 1995, 994; B. v. 21.3.1996 – 7 B 164.95 – GewArch. 1996, 497 = UPR 1996, 306; U. v. 20.12.1999 – 7 C 15.98 – NVwZ 2000, 440 = UPR 2000, 309 = BVerwGE 110, 216 u. U. v. 21.6.2001 – 7 C 21.00 – NVwZ 2001, 1165). Zugleich konkretisiert sie unbestimmte Rechtsbegriffe des Gesetzes durch generelle, dem gleichmäßigen und berechenbaren Gesetzesvollzug dienende Standards, die entspr. der Art ihres Zustandekommens in hohem Maße wissenschaftlich-technischen Sachverstand und allgemeine Folgenbewertungen verkörpern. ... Dass die Emissionswerte der TA Luft mit dieser Funktion auch im gerichtlichen Verfahren beachtlich sind, versteht sich von selbst ... (vgl. B. v. 10.1.1995, aaO.). Dabei kann es sein, dass ein Gericht zu der Auff. gelangt, dass durch Erkenntnisfortschritte in Wissenschaft und Technik die in der TA Luft enthaltenen Emissionswerte überholt seien. Die Feststellung, ob Regelungen der TA Luft überholt sind, setzt einen Vergleich des Erkenntnisstandes bei Erlass der Verwaltungsvorschrift mit dem derzeitigen Stand der Technik voraus, der nicht nur die technische Machbarkeit emissionsbegrenzender Maßnahmen, sondern auch den dafür notwendigen wirtschaftlichen Aufwand erfasst (vgl. BVerwG, U. v. 21.6.2001, aaO.).

Dies wird im gleichen Sinn auch für die neue TA Luft gelten. Versuche, die TA Luft bzw. einzelne Teile von ihr in den Gesetzesrang zu erheben, sind bisher nicht zustandegekommen und werden wohl auch künftig keinen Erfolg haben, so dass es bei einer allgemeinen Verwaltungsvorschrift verbleiben wird.

Auf den an sich wünschenswerten Abdruck der TA Luft muss in der vorliegenden Auflage aus Platzgründen verzichtet werden. Bei Bedarf sollte auf den Text der Vorschrift und die einschlägige Lit. zurückgegriffen werden.

Anh. 7   **16. BImSchV**

Sechzehnte Verordnung zur Durchführung des Bundes-Immissionsschutzgesetzes (Verkehrslärmschutzverordnung – 16. BImSchV)[*]

vom 12.6.1990 (BGBl. I S. 1036), zuletzt geändert durch Artikel 3 des Gesetzes vom 19.9.2006 (BGBl. I, Nr. 44, S. 2146)

Vorbemerkung[**]

§ 43 Abs. 1 Nr. 1 BImSchG ermächtigt die Bundesregierung, nach Anhörung der beteiligten Kreise (§ 51 BImSchG) durch Rechtsverordnung mit Zustimmung des Bundesrates zur Durchführung der §§ 41 und 42 Abs. 1 und 2 BImSchG Grenzwerte (Immissionsgrenzwerte – IGW), die zum Schutz der Nachbarschaft vor schädlichen Umwelteinwirkungen durch Geräusche bei dem Neubau und der wesentlichen Änderung von öffentlichen Straßen und Schienenwegen nicht überschritten werden dürfen, zu bestimmen sowie das Verfahren zur Ermittlung der Immissionen zu regeln.

Der Bundesminister für Verkehr erstellte 1974 den Entwurf einer Verordnung und hörte dazu die beteiligten Kreise an. Von Anfang an zeigte sich, dass die Bestimmung der IGW schwierig und umstritten war. Die umweltpolitische Diskussion führte dazu, dass die Bundesregierung von einer Verordnungsregelung Abstand nahm und den Entwurf eines Gesetzes zum Schutz gegen Verkehrslärm an Straßen und Schienenwegen vorlegte (BT-Drucks. 8/1671). Der Gesetzentwurf enthielt Regelungen, insbesondere IGW für den Lärmschutz bei dem Neubau und der wesentlichen Änderung von Straßen und Schienenwegen und, insoweit über § 41 BImSchG hinausgehend, auch für den Lärmschutz an bestehenden Straßen.

Dieser Gesetzentwurf wurde von 1978 bis 1980 eingehend in den zuständigen Ausschüssen von Bundestag und Bundesrat beraten und im März 1980 vom Deutschen Bundestag zusammen mit einer Entschließung über die Lärmsanierung an Schienenwegen beschlossen (vgl. BT-Drucks. 8/3720). Der Bundesrat stimmte den vom Deutschen Bundestag beschlossenen IGW für die Lärmvorsorge zu. Keine Übereinstimmung konnte jedoch über die IGW für die Lärmsanierung erzielt werden; hieran scheiterte der Gesetzentwurf im Juli 1980.

Um eine einheitliche Handhabung des Lärmschutzes zu erreichen, setzte der Bundesminister für Verkehr 1983 nach Abstimmung mit den obersten Straßenbaubehörden der Länder die in dem Gesetzgebungsverfahren gewonnenen Erkenntnisse um in Richtlinien für den Verkehrslärmschutz an Bundesfernstraßen in der Baulast des Bundes (VkBl. 1983, S. 307 ff.); mit demselben Ziel legte die Deutsche Bundesbahn für den Lärmschutz den gescheiterten Gesetzentwurf zugrunde. Länder und Gemeinden verfuhren in ähnlicher Weise. Diese Praxis bewährte sich, der hiernach gewährte Lärmschutz wurde in aller Regel von den Betroffenen akzeptiert und von den Gerichten anerkannt.

Erneute Überlegungen zu einer normativen Festsetzung der Grenzwerte wurden daher zunächst zurückgestellt. Die Bundesregierung sah es als zweckmäßig an, mit den Richtlinien von 1983 Erfahrungen zu sammeln, um dann, aus-

---

[*] Auf den Abdruck der Anlage 2 der Verordnung wurde aus Platzgründen verzichtet.
[**] Aus der Begründung der Verordnung.

gehend von einer gesicherten Praxis, umweltpolitisch und finanziell angemessene IGW normativ zu bestimmen.

In der Entscheidung vom 22.5.1987 (BVerwGE 77, 295) führte das BVerwG aus: »*Normative Festlegungen gebietsbezogener Grenzwerte können nur im Wege demokratisch legitimierter Rechtssetzung getroffen werden*« und betonte: »*Solange derartige Bestimmungen fehlen, ist die nach § 41 BImSchG zu beachtende Grenze des Zumutbaren von den Behörden und den Gerichten stets anhand einer umfassenden Würdigung aller Umstände des Einzelfalles ... zu bestimmen*«.

Zwischenzeitlich hatte das BVerfG im Zusammenhang mit einem Beschwerdeverfahren zum Lärmschutz (1 BvR 1301/84) die Frage aufgeworfen, ob eine normative Festsetzung der IGW verfassungsrechtlich geboten sei. Die Bundesregierung stellte daher die Entscheidung über eine normative Festlegung durch Verordnung bis zur Entscheidung des BVerfG zurück; diese ist am 30.11.1988 ergangen. Das BVerfG hält eine normative Festlegung der IGW verfassungsrechtlich nicht für geboten. Es hat aber eindeutig zum Ausdruck gebracht, dass der Gesetzgeber mit § 43 BImSchG den Verordnungsgeber nicht nur ermächtigt, sondern beauftragt hat, die in dieser Vorschrift vorgesehenen Regelungen für die Durchführung des Lärmschutzes im Verordnungswege zu treffen. Die Erfahrungen mit dem in den vergangenen Jahren praktizierten Lärmschutz geben eine ausreichende Grundlage, um nunmehr eine umweltpolitisch angemessene und finanzpolitisch vertretbare Entscheidung über die Höhe der künftig anzuwendenden IGW zu treffen.

Die vorliegende Verordnung setzt die IGW fest, definiert die wesentliche Änderung und regelt das Verfahren für die Berechnung des Beurteilungspegels.

Aufgrund des § 43 Abs. 1 Satz 1 Nr 1 des Bundes-Immissionsschutzgesetzes vom 15. März 1974 (BGBl. I S. 721, 1193) verordnet die Bundesregierung nach Anhörung der beteiligten Kreise:

§ 1 Anwendungsbereich

(1) Die Verordnung gilt für den Bau oder die wesentliche Änderung von öffentlichen Straßen sowie von Schienenwegen der Eisenbahnen und Straßenbahnen (Straßen und Schienenwege).

(2) Die Änderung ist wesentlich, wenn
1. eine Straße um einen oder mehrere durchgehende Fahrstreifen für den Kraftfahrzeugverkehr oder ein Schienenweg um ein oder mehrere durchgehende Gleise baulich erweitert wird oder
2. durch einen erheblichen baulichen Eingriff der Beurteilungspegel des von dem zu ändernden Verkehrsweg ausgehenden Verkehrlärms um mindestens 3 Dezibel (A) oder auf mindestens 70 Dezibel (A) am Tag oder mindestens 60 Dezibel (A) in der Nacht erhöht wird.

Eine Änderung ist auch wesentlich, wenn der Beurteilungspegel des von dem zu ändernden Verkehrsweg ausgehenden Verkehrslärms von mindestens 70 Dezibel (A) am Tage oder 60 Dezibel (A) in der Nacht durch einen erheblichen baulichen Eingriff erhöht wird; dies gilt nicht in Gewerbegebieten.

§ 2 Immissionsgrenzwerte

(1) Zum Schutz der Nachbarschaft vor schädlichen Umwelteinwirkungen durch Verkehrsgeräusche ist bei dem Bau oder der wesentlichen Änderung sicherzustellen, dass der Beurteilungspegel einen der folgenden Immissionsgrenzwerte nicht überschreitet:

	Tag	Nacht
1.	an Krankenhäusern, Schulen, Kurheimen und Altenheimen 57 Dezibel (A)	47 Dezibel (A)
2.	in reinen und allgemeinen Wohngebieten und Kleinsiedlungsgebieten 59 Dezibel (A)	49 Dezibel (A)
3.	in Kerngebieten, Dorfgebieten und Mischgebieten 64 Dezibel (A)	54 Dezibel (A)
4.	in Gewerbegebieten und Industriegebieten 69 Dezibel	59 Dezibel (A)

(2) Die Art der in Absatz 1 bezeichneten Anlagen und Gebiete ergibt sich aus den Festsetzungen in den Bebauungsplänen. Sonstige in Bebauungsplänen festgesetzte Flächen für Anlagen und Gebiete sowie Anlagen und Gebiete, für die keine Festsetzungen bestehen, sind nach Absatz 1, bauliche Anlagen im Außenbereich nach Absatz 1 Nr. 1, 3 und 4 entsprechend der Schutzbedürftigkeit zu beurteilen.

(3) Wird die zu schützende Nutzung nur am Tag oder nur in der Nacht ausgeübt, so ist nur der Immissionsgrenzwert für diesen Zeitraum anzuwenden.

§ 3 Berechnung des Beurteilungspegels

Der Beurteilungspegel ist für Straßen nach Anlage 1 und für Schienenwege nach Anlage 2 zu dieser Verordnung zu berechnen. Der in Anlage 2 zur Berücksichtigung der Besonderheiten des Schienenverkehrs vorgesehene Abschlag in Höhe von 5 Dezibel (A) gilt nicht für Schienenwege, auf denen in erheblichem Umfang Güterzüge gebildet oder zerlegt werden.

§ 4 Berlin-Klausel

(aufgehoben)

§ 5 Inkrafttreten

Diese Verordnung tritt am Tage nach der Verkündung in Kraft.**

Anlage 1 (zu § 3)

Berechnung der Beurteilungspegel an Straßen

Der Beurteilungspegel $L_{r,T}$ in Dezibel (A) [dB (A)] für den Tag (6.00 bis 22.00 Uhr) und der Beurteilungspegel $L_{r,N}$ in dB (A) für die Nacht (22.00 bis 6.00 Uhr) werden für einen Fahrstreifen nach folgenden Gleichungen berechnet:

$$L_{r,T} = L_{m,T}^{(25)} + D_v + D_{StrO} + D_{Stg} + D_{s\perp} + D_{BM} + D_B + K \qquad (1)$$

$$L_{r,N} = L_{m,N}^{(25)} + D_v + D_{StrO} + D_{Stg} + D_{s\perp} + D_{BM} + D_B + K \qquad (2)$$

Es bedeuten:

$L_{m,T}^{(25)}$ ... Mittelungspegel in dB (A) für den Tag (6.00 bis 22.00 Uhr) nach Diagramm I.

$L_{m,N}^{(25)}$ ... Mittelungspegel in dB (A) für die Nacht (22.00 bis 6.00 Uhr) nach Diagramm I.
Die maßgebende stündliche Verkehrsstärke M und der maßgebende Lkw-Anteil p werden mithilfe der der Planung zugrunde liegenden, prognostizierten durchschnittlichen täglichen Verkehrsstärke (DTV) nach Tabelle A berechnet, sofern keine geeigneten projektbezogenen Untersuchungser-

---

* In Kraft getreten am 21.6.1990.

gebnisse vorliegen, die unter Berücksichtigung der Verkehrsentwicklung im Prognosezeitraum zur Ermittlung
a) der maßgebenden stündlichen Verkehrsstärke M (in Kfz/h)
b) des maßgebenden Lkw-Anteils p (über 2,8 t zulässiges Gesamtgewicht) in % am Gesamtverkehr

für den Zeitraum zwischen 22.00 und 6.00 Uhr als Mittelwert über alle Tage des Jahres herangezogen werden können. Das Verkehrsaufkommen einer Straße ist den beiden äußeren Fahrstreifen jeweils zur Hälfte zuzuordnen. Die Emissionswerte sind in 0,5 m Höhe über der Mitte dieser Fahrstreifen anzunehmen.

D_V ... Korrektur für unterschiedliche zulässige Höchstgeschwindigkeiten in Abhängigkeit vom Lkw-Anteil p nach Diagramm II.

D_{StrO} ... Korrektur für unterschiedliche Straßenoberflächen nach Tabelle B.

D_{Stg} ... Korrektur für Steigungen und Gefälle nach Tabelle C.

$D_{s\perp}$ ... Pegeländerung durch unterschiedliche Abstände $s_\perp$ zwischen dem Emissionsort (0,5 m über der Mitte des betrachteten Fahrstreifens) und dem maßgebenden Immissionsort ohne Boden- und Meteorologiedämpfung nach Diagramm III. Der maßgebende Immissionsort richtet sich nach den Umständen im Einzelfall; vor Gebäuden liegt er in Höhe der Geschossdecke (0,2 m über der Fensteroberkante) des zu schützenden Raumes; bei Außenwohnbereichen liegt der Immissionsort 2 m über der Mitte der als Außenwohnbereich genutzten Fläche.

D_{BM} ... Pegeländerung durch Boden- und Meteorologiedämpfung in Abhängigkeit von der mittleren Höhe h_m, nach Diagramm IV. Die mittlere Höhe h_m ist der mittlere Abstand zwischen dem Grund und der Verbindungslinie zwischen Emissions- und Immissionsort. In ebenem Gelände ergibt sich h_m als arithmetischer Mittelwert der Höhen des Emissionsortes und des Immissionsortes über Grund.

D_B ... Pegeländerung durch topografische Gegebenheiten, bauliche Maßnahmen und Reflexionen. Je nach den örtlichen Gegebenheiten sind dies insbesondere Lärmschutzwälle und -wände, Einschnitte, Bodenerhebungen und Abschirmung durch bauliche Anlagen. Die Pegeländerung D_B ist zu ermitteln nach den Richtlinien für den Lärmschutz an Straßen – Ausgabe 1990 – RLS-90, Kapitel 4.0, bekannt gemacht im Verkehrsblatt, Amtsblatt des Bundesministers für Verkehr der Bundesrepublik Deutschland (VkBl.) Nr. 7 vom 14. April 1990 unter lfd. Nr. 79. Die Richtlinien sind zu beziehen von der Forschungsgesellschaft für Straßen- und Verkehrswesen, Alfred-Schütte-Allee 10, 50679 Köln.

K ... Zuschlag für erhöhte Störwirkung von lichtzeichengeregelten Kreuzungen und Einmündungen nach Tabelle D.

Mithilfe der Gleichungen (1) und (2) werden die Beurteilungspegel für lange, gerade Fahrstreifen berechnet, die auf ihrer gesamten Länge konstante Emissionen und unveränderte Ausbreitungsbedingungen aufweisen.

Falls eine dieser Voraussetzungen nicht zutrifft, müssen die Fahrstreifen in einzelne Abschnitte unterteilt werden, deren einzelne Beurteilungspegel zu ermitteln sind nach den Richtlinien für den Lärmschutz an Straßen – Ausgabe 1990 – RLS-90, Kapitel 4.0, bekanntgemacht im Verkehrsblatt, Amtsblatt des Bundesministers für Verkehr der Bundesrepublik Deutschland (VkBl.) Nr. 7 vom 14. April 1990 unter lfd. Nr. 79.

Die Beurteilungspegel der beiden äußeren Fahrstreifen sind nach Diagramm V zum Gesamtbeurteilungspegel für die Straße zusammenzufassen.

Die Gesamtbeurteilungspegel $L_{r,T}$ und $L_{r,N}$ sind auf ganze dB (A) aufzurunden. Im Falle des § 1 Abs. 2 Nr. 2 ist erst die Differenz des Beurteilungspegels aufzurunden.

Anh. 7 16. BImSchV

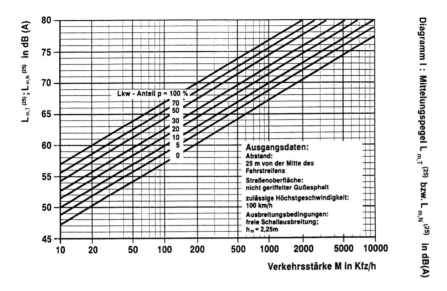

$$L_{m,T}^{(25)} \text{ bzw. } L_{m,N}^{(25)} = 37{,}3 + 10 \cdot \lg [M(1 + 0{,}082 \cdot p)] \text{ dB (A)}$$

Tabelle A: Maßgebende Verkehrsstärke M in Kfz/h und maßgebende Lkw-Anteile p (über 2,8 t zul. Gesamtgewicht in %)

	Straßengattung	tags (6 bis 22 Uhr)		nachts (22 bis 6 Uhr)	
		m Kfz/h	p %	m Kfz/h	p %
	1	2	3	4	5
1	Bundesautobahnen	0,06 DTV	25	0,014 DTV	45
2	Bundesstraßen	0,06 DTV	20	0,011 DTV	20
3	Landes-, Kreisstraßen, Gemeindeverbindungsstraßen	0,06 DTV	20	0,008 DTV	10
4	Gemeindestraßen	0,06 DTV	10	0,011 DTV	3

Tabelle B: Korrektur D_{StrO} in dB(A) für unterschiedliche Straßenoberflächen bei zulässigen Höchstgeschwindigkeiten $\geq$ 50 km/h

	Straßenoberfläche	D_{StrO}*) in dB(A)
	1	2
1	nicht geriffelte Gußasphalte, Asphaltbetone oder Splittmastixasphalte	0
2	Beton oder geriffelte Gußasphalte	2
3	Pflaster mit ebener Oberfläche	3
4	Pflaster	6

*) Für lärmmindernde Straßenoberflächen, bei denen aufgrund neuer bautechnischer Entwicklungen eine dauerhafte Lärmminderung nachgewiesen ist, können auch andere Korrekturwerte D_{StrO} berücksichtigt werden, z.B. für offenporige Asphalte bei zulässigen Höchstgeschwindigkeiten > 60 km/h minus 3 dB(A).

16. BImSchV — Anh. 7

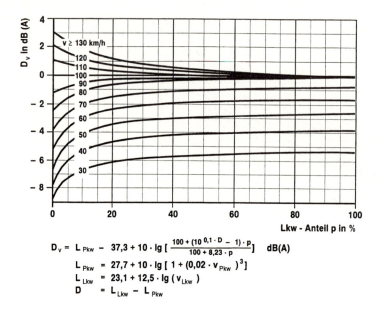

Diagramm II: Korrektur D_v in dB(A) für unterschiedliche zulässige Höchstgeschwindigkeiten in Abhängigkeit vom Lkw-Anteil p

$$D_v = L_{Pkw} - 37{,}3 + 10 \cdot \lg \left[\frac{100 + (10^{0{,}1 \cdot D} - 1) \cdot p}{100 + 8{,}23 \cdot p} \right] \text{ dB(A)}$$

$$L_{Pkw} = 27{,}7 + 10 \cdot \lg [\, 1 + (0{,}02 \cdot v_{Pkw})^3 \,]$$

$$L_{Lkw} = 23{,}1 + 12{,}5 \cdot \lg (v_{Lkw})$$

$$D = L_{Lkw} - L_{Pkw}$$

Tabelle C: Korrektur D_{Stg} in dB(A) für Steigungen und Gefälle

	Steigung/Gefälle in %	D_{Stg} in dB(A)
	1	2
1	≤ 5	0
2	6	0,6
3	7	1,2
4	8	1,8
5	9	2,4
6	10	3,0
7	für jedes zusätzliche Prozent	0,6
	Zwischenwerte sind linear zu interpolieren	

Tabelle D: Zuschlag K in dB(A) für erhöhte Störwirkung von lichtzeichengeregelten Kreuzungen und Einmündungen

	Abstand des Immissionsortes vom nächsten Schnittpunkt der Achsen von sich kreuzenden oder zusammentreffenden Fahrstreifen	K in dB(A)
	1	2
1	bis 40 m	3
2	über 40 bis 70 m	2
3	über 70 bis 100 m	1

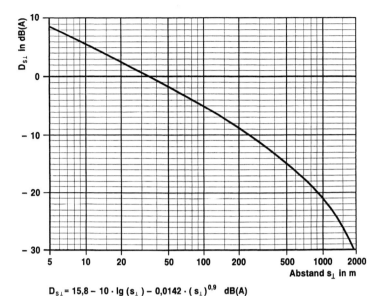

Diagramm III: Pegeländerung $D_{s_\perp}$ in dB(A) durch unterschiedliche Abstände $s_\perp$ zwischen dem Emissionsort (0,5 m über der Mitte des betrachteten Fahrstreifens) und dem maßgebenden Immissionsort

$D_{s_\perp} = 15{,}8 - 10 \cdot \lg(s_\perp) - 0{,}0142 \cdot (s_\perp)^{0,9}$ dB(A)

16. BImSchV   Anh. 7

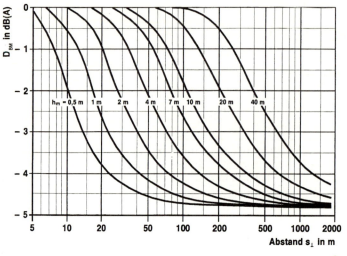

Diagramm IV: Pegeländerung D_{BM} in dB(A) durch Boden- und Meteorologiedämpfung in Abhängigkeit von der mittleren Höhe h_m

$$D_{BM} = -4{,}8 \cdot \exp\left[-\left(\frac{h_m}{s_\perp} \cdot \left(8{,}5 + \frac{100}{s_\perp}\right)\right)^{1{,}3}\right] \; dB(A)$$

Diagramm V: Gesamtbeurteilungspegel $L_{r,ges}$ aus zwei Beurteilungspegeln $L_{r,1}$ und $L_{r,2}$

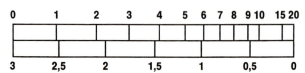

dB (A) zum größeren Pegel addieren

$$L_{r,ges} = 10 \lg \left(10^{0{,}1 \cdot L_{r,1}} + 10^{0{,}1 \cdot L_{r,2}}\right)$$

Schallschutz im Städtebau

DIN 18005 Teil 1 – Mustererlass der ARGEBAU

Vorbemerkung

Ausreichender Schallschutz ist eine Voraussetzung für gesunde Lebens- und Wohnverhältnisse. Die Berücksichtigung des Schallschutzes im Städtebau erfordert eine vorausschauende und vorbeugende Planung mit einer schallschutzgerechten Zuordnung der verschiedenen Nutzungen, damit schutzwürdige Nutzungen vor Schallimmissionen ausreichend geschützt werden können. Folgerichtig fordert § 1 Abs. 5 BauGB die Berücksichtigung des Umweltschutzes – und somit auch des Schallschutzes als Teilbereich des Immissions- bzw. Umweltschutzes – bei der Bauleitplanung. Eine nähere Konkretisierung fehlt im Städtebaurecht; sie erfolgt durch die auch für die Bauleitplanung geltende Vorschrift des § 50 BImSchG (s. Anh. 3). Zu deren Konkretisierung bedarf es besonderer Richtlinien bzw. Verwaltungsvorschriften.

Bereits im Mai 1971 hatte der Normenausschuss Bauwesen (NABau) im DIN Deutschen Institut für Normung e.V. Vorarbeiten zur Entwicklung einer Norm »Schallschutz im Städtebau« aufgenommen. Im Mai 1987 ist die Norm DIN 18005 Teil 1 »Schallschutz im Städtebau – Berechnungsverfahren –« (Weißdruck) erschienen, die seitdem in der Praxis und bei der Rechtsprechung allgemein Anwendung gefunden hat. Im Juli 2002 hat der NABau eine aktualisierte Neufassung der DIN 18005-1 »Grundlagen und Hinweise für die Planung« herausgegeben, die die Norm vom Mai 1987 ersetzt.

Die aktualisierte Fassung (7/2002) der Norm ist gegenüber der ursprünglichen Norm völlig überarbeitet. Das Grundkonzept und die Systematik sind allerdings unverändert. Die früheren Rechenverfahren wurden durch Verweise auf andere Regelwerke ersetzt. Nur für Geräusche von Verkehrsanlagen werden im Anhang einfache Schätzverfahren mit Diagrammen angegeben (Einzelheiten s. § 1 Rn 55 f.)

Immissionswerte (früher »Planungsrichtpegel«) für Baugebiete zur Beurteilung der Verträglichkeit der Schallbelastung sind nach wie vor in der aktualisierten Norm nicht enthalten. Um der Planung jedoch gutachterliche Anhaltspunkte für die Verträglichkeit der Schallbelastung an die Hand zu geben, hatte der NABau im Mai 1987 in einem an der Verbindlichkeit der Norm nicht teilhabenden Beiblatt 1 »Schalltechnische Orientierungswerte für die städtebauliche Planung« für die verschiedenen Arten der Nutzung, insbes. Baugebiete nach der BauNVO, herausgegeben. Diese Orientierungswerte unterliegen auch nach der Rspr. voll der gemeindlichen Abwägung; auf ihre Anwendung ist in dem Beiblatt besonders hingewiesen (vgl. § 1 Rn 56).

Aus Platzgründen ist auf den Abdruck der Norm selbst verzichtet worden; es wird empfohlen, sie bei Bedarf heranzuziehen (Beuth Verlag GmbH, 10772 Berlin).

Auf die Norm DIN 18005 Teil 1 Ausgabe Mai 1987 ist seinerzeit von den meisten Ländern durch Erlass bzw. Bekanntmachung – entspr. einem damaligen Mustererlass der ARGEBAU – hingewiesen worden; dabei ist insbes. auf die Bedeutung und Anwendung der Orientierungswerte verwiesen worden (Näheres hierzu s. § 1 Rn 56 f.). Darüber hinaus enthielt der Mustererlass ein

Schallschutz   Anh. 7.1

von der ARGEBAU entwickeltes vereinfachtes Ermittlungsverfahren für Lärm-Immissionen, das für Planungen in einem frühzeitigen Stadium geeignet ist, während die Anwendung der Norm immer schon detailliertere Eingangsdaten bzw. die Planung von Baugebieten und nicht nur Bauflächen im FN-Plan voraussetzt. Anstelle des Mustererlasses der ARGEBAU ist hier der gleich lautende noch gültige Erlass von Nordrhein-Westfalen wiedergegeben. Zu der aktualisierten DIN 18 005 – 1 – Ausgabe Juli 2002 sind – soweit ersichtlich – neuere Bekanntmachungen der Länder bisher nicht erfolgt.

Schallschutzerlass Nordrhein-Westfalen

Berücksichtigung des Schallschutzes im Städtebau – DIN 18005 Teil I – Ausgabe Mai 1987 –[*]

I.

Nach § 1 Abs. 5 BauGB sind bei der Bauleitplanung u. a. die Belange des Umweltschutzes, d. h. auch der Immissionsschutz und damit der Schallschutz zu berücksichtigen. Nach § 50 BImSchG sind die für eine bestimmte Nutzung vorgesehenen Flächen einander so zuzuordnen, dass schädliche Umwelteinwirkungen auf die ausschließlich oder überwiegend dem Wohnen dienenden Gebiete sowie auf sonstige schutzbedürftige Gebiete soweit wie möglich vermieden werden. Nach diesen gesetzlichen Anforderungen ist es geboten, den Schallschutz soweit wie möglich zu berücksichtigen. Sie räumen ihm gegenüber anderen Belangen einen hohen Rang, jedoch keinen Vorrang ein.

Bei allen Neuplanungen einschließlich der »heranrückenden Bebauung« sowie bei Überplanungen von Gebieten ohne wesentliche Vorbelastungen ist ein vorbeugender Schallschutz anzustreben. Bei Überplanungen von Gebieten mit Vorbelastungen gilt es, die vorhandene Situation zu verbessern und bestehende schädliche Schalleinwirkungen soweit wie möglich zu verringern bzw. zusätzliche nicht entstehen zu lassen. Erste Stufe einer sachgerechten Schallschutzplanung ist die schalltechnische Bestandsaufnahme bzw. Prognose. Hierfür gibt es verschiedene Verfahren mit unterschiedlichen Richtlinien für verschiedene Anwendungsbereiche. Bei der städtebaulichen Planung kann für den Schallschutz die DIN 18005 »Schallschutz im Städtebau« Teil 1 – Ausgabe Mai 1987 – (Anhang 2)[**] nach Maßgabe dieses Erlasses angewendet werden. Die in der Norm enthaltenen Belastungsannahmen und Beurteilungsverfahren sind mit anderen Normen und Richtlinien – beispielsweise des Straßenbaues – abgestimmt.

Die Norm berücksichtigt in geeigneter Weise viele lärmrelevante Einflüsse für ein fortgeschrittenes Stadium einer detaillierten Planung, in dem die Art der Nutzung und des Verkehrs sowie die baulichen Gegebenheiten bereits festliegen. Bei der vorbereitenden Bauleitplanung und bei frühzeitigen Planungen wird in der Regel eine Abschätzung der Lärmbelastung ausreichend sein. Für diese Fälle werden die im Anhang 1 angegebenen Schätzverfahren zur Anwendung empfohlen. Dies gilt je nach Problemlage auch für Bebauungspläne.

Überschreiten die nach dem Schätzverfahren ermittelten Werte die Orientierungswerte nach dem Beiblatt 1 zu DIN 18005 Teil 1 – Ausgabe Mai 1987 – (Anhang 3)[***] oder weichen die tatsächlichen Eingangsdaten von den dem Schätzverfahren zugrunde liegenden Standardeingangsdaten wesentlich ab, empfiehlt es sich, zur weite-

---

[*] RdErl. d. Min. für Stadtentwicklung, Wohnen und Verkehr NW v. 21.7.1988 (MBl. NW S. 1238/SMBl. NW. 2311), entsprechend dem Mustererlass der ARGEBAU vom 5.2.1987 (n. v.)

[**] Der Anhang 2 des Erlasses – die Norm DIN 18005 Teil 1 – ist hier nicht abgedruckt.

[***] Der Anhang 3 des Erlasses – das Beiblatt 1 zur DIN 18005 – ist nachfolgend abgedruckt.

Anh. 7.1 Schallschutz

ren Klärung bei Vorliegen der erforderlichen Eingangsdaten die detaillierte Ermittlung nach der Norm durchzuführen. Dabei werden sich in der Regel niedrigere Beurteilungspegel ergeben.

Die Orientierungswerte sind aus der Sicht des Schallschutzes im Städtebau erwünschte Zielwerte, jedoch keine Grenzwerte. Sie sind in ein Beiblatt aufgenommen worden und deshalb nicht Bestandteil der Norm.

Die Orientierungswerte gelten für die städtebauliche Planung, nicht jedoch für die Beurteilung der Zulässigkeit von Einzelvorhaben. Der Belang des Schallschutzes ist bei der in der städtebaulichen Planung erforderlichen Abwägung der Belange gemäß § 1 Abs. 6 BauGB als ein wichtiger Planungsgrundsatz neben anderen Belangen – z.B. dem Gesichtspunkt der Erhaltung vorhandener Ortsteile – zu verstehen. Die Abwägung kann in bestimmten Fällen bei Überwiegen anderer Belange – insbesondere in bebauten Gebieten – zu einer entsprechenden Zurückstellung des Schallschutzes führen. Dies bedeutet, dass die Orientierungswerte lediglich als Anhalt dienen und dass von ihnen sowohl nach oben als auch nach unten abgewichen werden kann.

Über die Erfahrungen mit der Anwendung der DIN 18005 Teil 1 und der Orientierungswerte nach dem Beiblatt 1 zu DIN 18005 Teil 1 sowie dem vereinfachten Ermittlungsverfahren bitte ich mir bis zum 31.12.1989 zu berichten.

II. und III.[*]

Anhang 1

Vereinfachtes Ermittlungsverfahren für Lärm-Immissionen

1 Vorbemerkungen

Das vereinfachte Ermittlungsverfahren ist für die Fälle der Planung anwendbar, in denen die Daten zur Verfügung stehen, die als Eingangsparameter für die nachfolgenden Kompaktdiagramme zur Abschätzung der Lärmbelastung unerlässlich sind. Dies könnte beispielsweise für ein sehr frühes Planungsstadium zutreffen.

Das Verfahren ist insbesondere nicht anwendbar für die Dimensionierung von Lärmschutzeinrichtungen sowie für kompliziertere Planungsfälle.

Bezüglich des Zusammenwirkens mehrerer Schallquellen wird auf die Abschnitte 5.3 und 7.2 der DIN 18005 verwiesen.

Sobald die ermittelten Schätzwerte die Orientierungswerte nach dem Beiblatt der DIN 18005 überschreiten, wird die genauere Berechnung nach der DIN 18005 empfohlen. Dabei können sich ggf. niedrigere Werte ergeben.

2 Diagramme zur Abschätzung der Immissionen

Das Anwendungsprinzip ist für alle Diagramme gleich. Über die auf der Abszisse abgetragenen Größen der Emittenten (Verkehrsbelastung bzw. Zugänge bzw. Fläche) und die durch unterschiedliche Graphen dargestellten Entfernungen (s bzw. S) der Immissionsorte von den Schallquellen kann auf den für unterschiedliche Einflüsse (Straßenklasse bzw. Geschwindigkeit bzw. Nutzung) maßgeblichen Ordinaten der entsprechende Mittelungspegel abgelesen werden.

In diesen Diagrammen bedeuten:
d	– Tag = 24 Stunden
DTV	– durchschnittliche tägliche Verkehrsstärke in Kfz/d
h	– Stunde
Kfz	– Kraftfahrzeug
M_T	– mittlere Tagesstundenbelastung in Kfz/h
M_N	– mittlere Nachtstundenbelastung in Kfz/h
$P_{T/N}$	– Schwerverkehrsanteil (tags/nachts)

---

[*] Nicht abgedruckt (Aufhebung und Änderung von Vorschriften, Verfahrensfragen).

Schallschutz Anh. 7.1

S	– Entfernung eines Immissionsortes vom Schwerpunkt einer GI- bzw. GE-Fläche
$S_\perp$	– Abstand eines Immissionsortes von der Mitte des nächstgelegenen Fahrsteifens bzw. Gleises
S_{min}-Kreis	– kleinste für eine GI- bzw. GE-Fläche mögliche Entfernung bei kreisförmigen Gebieten
S_{min}-Quadrat	– kleinste für eine GI- bzw. GE-Fläche mögliche Entfernung bei quadratischen Gebieten
S_{min}-Rechteck	– kleinste für eine GI- bzw. GE-Fläche mögliche Entfernung bei rechteckigen Gebieten mit einem maximalen Seitenverhältnis von 3:1
V	– tatsächlich gefahrene Geschwindigkeit
$V_{zul.}$	– zulässige Höchstgeschwindigkeit
Z_r	– maßgebliche Zuggattungslänge in m/h
$Z_{r,T}$	– maßgebliche Zuggattungslänge in m/h für den Tageszeitraum
$Z_{r,N}$	– maßgebliche Zuggattungslänge in m/h für den Nachtzeitraum

2.1 Straßenverkehrsimmissionen

Für die Emittentengruppe »Straßenverkehr« gibt es je ein Diagramm für den Tages- (6–22 Uhr) und den Nachtzeitraum (22–6 Uhr).
Die Diagramme stellen die grafische Umsetzung des Abschnittes 6.1 der DIN 18005 Teil 1 (Rechenverfahren für lange, gerade Straßen mit homogener Emission bei ausschließlich freier Schallausbreitung) dar.
Wirken mehrere Straßen auf einen Immissionsort, so sind ihre Mittelungspegel getrennt zu bestimmen und nach Abschnitt 5.3 der DIN 18005 Teil 1 zu addieren.
Auf den Abszissen ist die durchschnittliche tägliche Verkehrsstärke DTV als Verkehrsbelastung in 1 000 Kfz/d abgetragen. Die Graphen stehen für unterschiedliche Abstände $s_\perp$ in m eines Immissionsortes von der Mitte des ihm nächstgelegenen Fahrstreifens. Die aus Verkehrsbelastung und Abstand resultierenden Mittelungspegel lassen sich getrennt nach Straßenklassen auf den entsprechenden Ordinaten ablesen.

Für die Ableitung der Diagramme wurden folgende Standardeingangsdaten benutzt:

Straßenklasse	M_T	M_N	$p_{T/N}$	$v_{zul.}$
	Kfz/h	Kfz/h	%	km/h
Bundesautobahnen	0,06 DTV	0,014 DTV	25/45	120
Bundesstraßen (außerorts)	0,06 DTV	0,011 DTV	20/20	100
Landes-, Kreis-, Gemeindeverbindungsstraßen (außerorts)	0,06 DTV	0,008 DTV	20/10	100
Gemeinde-(Stadt-) straßen (innerorts)	0,06 DTV	0,011 DTV	10/3	60

Ferner wurde von Steigungen von weniger als 5 % sowie einer ungeriffelten Gussasphaltdeckschicht ausgegangen.
Die mithilfe der Diagramme ermittelten Werte sind in folgenden Fällen mit Zuschlägen zu versehen:

+3 dB(A)... wenn der Immissionsort an einer Straße liegt, die beidseitig geschlossene Bebauung aufweist

+2 dB(A)... wenn die Straße eine Längsneigung von mehr als 5 % hat

+2 dB(A)... wenn der Immissionsort in einer Entfernung von bis zu 100 m zur nächsten lichtsignalanlagengeregelten Einmündung oder Kreuzung liegt

+3 dB(A)... wenn die Straße eine Pflasterdecke hat

Anh. 7.1 **Schallschutz**

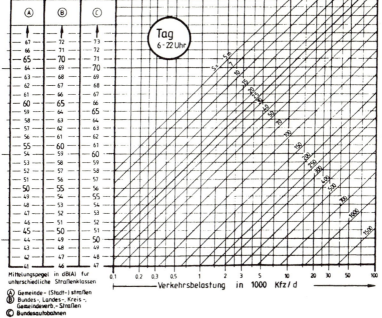

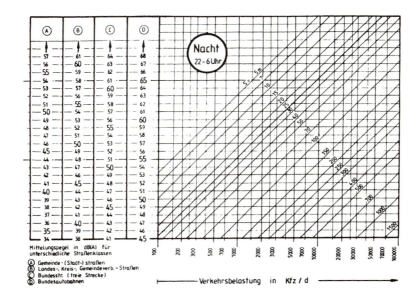

2.2 Schienenverkehrsimmissionen

Für die Emittentengruppe »Schienenverkehr« gibt es je ein Diagramm zur Ermittlung der Immissionen von
- IC-Zügen,
- Güter-, D-, Eil- und Nahverkehrszügen,

Schallschutz Anh. 7.1

- U- und S-Bahnzügen sowie
- Straßenbahnen.

Wird ein Immissionsort durch mehrere unterschiedliche Zuggattungen belastet, werden die Mittelungspegel nach Zuggattungen getrennt errechnet und nach Abschnitt 5.3 der DIN 18005 Teil 1 addiert.

Die Diagramme stellen die grafische Umsetzung des Abschnittes 6.1 der DIN 18005 Teil 1 (Rechenverfahren für lange, gerade Verkehrswege mit homogener Emission bei ausschließlich freier Schallausbreitung) dar.

Auf den Abszissen ist die maßgebliche Zuggattungslänge z_r in m/h abgetragen. z_r errechnet sich wie folgt:

Tag (6–22 Uhr):

$$z_{r,T} = \frac{\text{mittl Zugänge} \cdot \text{Anzahl der Züge in beiden Richtungen}}{16}$$

Nacht (22–6 Uhr):

$$z_{r,N} = \frac{\text{mittl Zugänge} \cdot \text{Anzahl der Züge in beiden Richtungen}}{8^*}$$

Die Graphen stehen für unterschiedliche Abstände $s_\perp$, in m eines Immissionsorts von der Mitte des ihm nächstgelegenen Gleises. Die aus Zuggattungslängen und Abständen resultierenden Mittelungspegel lassen sich für unterschiedliche Geschwindigkeiten v in km/h auf den Ordinaten ablesen. Geschwindigkeitszwischenwerte lassen sich linear interpolieren.

Für die Ableitung der Diagramme wurden folgende Standardeingangsdaten benutzt:[**]

Zuggattung	mittlerer Anteil für scheibengebremste Einheiten
IC-Züge	93%
Güterzüge	0%
D-Züge	25%
Eil- und Nahverkehrszüge	20%
U- und S-Bahnen	100%
Straßenbahnen	0%

Der durchschnittliche gegenüber dem optimalen Gleiszustand ist mit einem Sicherheitszuschlag von +3 dB(A) berücksichtigt.

Die mithilfe der Diagramme ermittelten Werte sind in folgenden Fällen mit Zuschlägen bzw. Abzügen zu versehen:

bis zu +15 dB(A) ... wenn die Gleise auf Stahlkonstruktionen ohne Schotterbett verlaufen

−5 dB(A) ... wenn der Schienenverkehr außerhalb von Bahnhöfen auf besonderen, unabhängigen Bahnkörpern verläuft

---

[*] Der Nenner ist um die Dauer der nächtlichen Betriebsruhe, z.B. bei Straßen-, U- und S-Bahnen zu verringern.

[**] Angaben des Bundesbahnzentralamtes, München (hiermit sind mindestens 80% der verkehrenden Züge abgedeckt).

Anh. 7.1 Schallschutz

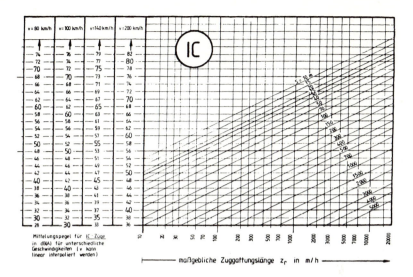

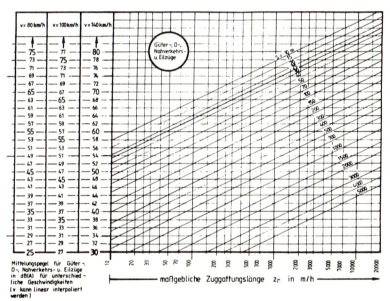

Schallschutz Anh. 7.1

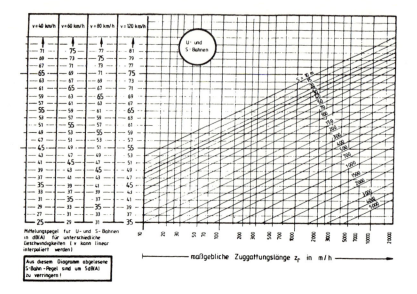

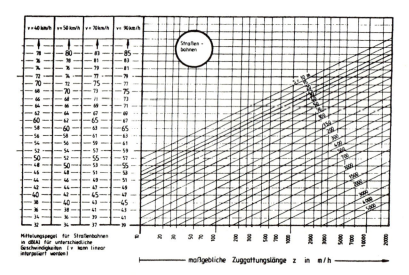

2.3 Industrie- und Gewerbeimmissionen

Das Diagramm zur Ermittlung der Immissionen aus Industrie und Gewerbe stellt die exakte grafische Umsetzung des Abschnittes 4.5 der DIN 18005 Teil 1 (bei ausschließlich freier Schallausbreitung) dar.

Bei Anwendung des Diagramms wird vorausgesetzt, dass die Schallemission gleichmäßig über die gesamte Fläche des Industrie- oder Gewerbegebietes verteilt ist und die resultierende Schallleistung im Mittelpunkt des Gebietes liegt.

Anh. 7.1 Schallschutz

Für die Ableitung des Diagramms wurden folgende Standardeingangsdaten benutzt:
- für GI-Gebiete: $L_w = 65$ dB(A)/m²
- für GE-Gebiete: $L_w = 60$ dB(A)/m²

  (L_{w} = Schalleistungspegel)

Dieses Verfahren eignet sich im wesentlichen für die Planung von Gebieten, wenn die Standorte konkreter Anlagen noch nicht bekannt sind und/oder, wenn der Abstand des Immissionsortes vom Mittelpunkt des emittierenden Gebietes größer als das 1,4fache der Diagonale des Gebietes ist.*

Die aus Gebietsgröße und Entfernung resultierenden Mittelungspegel lassen sich getrennt für industrielle und gewerbliche Immissionen auf den Ordinaten ablesen.

Wird ein Immissionsort durch mehrere Industrie- oder Gewerbeflächen beschallt, sind ihre Immissionen getrennt zu ermitteln und nach Abschnitt 5.3 der DIN 18 005 Teil 1 zu addieren. Das gleiche gilt, wenn eine emittierende Fläche aufgrund der Diagonale-Entfernung-Bedingung in Teilflächen zu zerlegen ist.

Die mithilfe der Diagramme ermittelten Werte sind mit einem Zuschlag von
+3 dB(A) ... zu versehen, wenn sichergestellt werden soll, dass eine Schallquelle mit der gesamten resultierenden Schalleistung die Orientierungswerte auch dann nicht überschreitet, wenn sie am Rande des Baugebietes liegt.

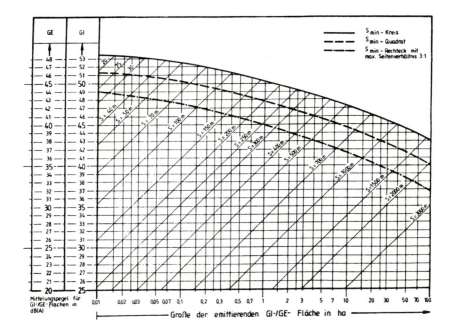

---

* Ist die Entfernung des Immissionsortes vom Mittelpunkt der emittierenden Fläche kleiner als das 1,4fache der Diagonale dieser Fläche, wird die Fläche so weit unterteilt, dass die Teilflächendiagonalen kleiner als das 1,4fache der Entfernung des Immissionsortes vom Teilflächenmittelpunkt sind. Diese Bedingungen sind für unterschiedliche Flächentypen (Kreis, Quadrat, Rechteck) bei allen Entfernungen eingehalten, die unter den entsprechenden s_{min}-Kurven dargestellt sind.

Schallschutz Anh. 7.1

DK 711.4-122:628.517.001.24 Mai 1987

	Schallschutz im Städtebau Berechnungsverfahren Schalltechnische Orientierungswerte für die städtebauliche Planung	Beiblatt 1 zu DIN 18 005 Teil 1

Noise abatement in town planning; calculation methods, acoustic orientation values in town planning
Protection contre le bruit dans l'urbanisme; méthodes de calcul, valeurs acoustiques d'orientation dans l'urbanisme

> Dieses Beiblatt enthält Informationen zu DIN 18 005 Teil 1,
> jedoch keine zusätzlichen genormten Festlegungen.

Ausreichender Schallschutz ist eine der Voraussetzungen für gesunde Lebensverhältnisse der Bevölkerung. In erster Linie sollte der Schall bereits bei der Entstehung (z. B. an Kraftfahrzeugen) verringert werden. Dies ist häufig nicht in ausreichendem Maß möglich. Lärmvorsorge und Lärmminderung müssen deshalb auch durch städtebauliche Maßnahmen bewirkt werden. Voraussetzung dafür ist die Beachtung allgemeiner schalltechnischer Grundregeln bei der Planung und deren rechtzeitige Berücksichtigung in den Verfahren zur Aufstellung der Bauleitpläne (Flächennutzungsplan, Bebauungsplan) sowie bei anderen raumbezogenen Fachplanungen [1]. Nachträglich lassen sich wirksame Schallschutzmaßnahmen vielfach nicht oder nur mit Schwierigkeiten und erheblichen Kosten durchführen.

Dieses Beiblatt enthält Orientierungswerte für die angemessene Berücksichtigung des Schallschutzes in der städtebaulichen Planung; sie sind eine sachverständige Konkretisierung für in der Planung zu berücksichtigende Ziele des Schallschutzes [2] [3]; sie sind keine Grenzwerte.

Die Orientierungswerte haben vorrangig Bedeutung für die Planung von Neubaugebieten mit schutzbedürftigen Nutzungen und für die Neuplanung von Flächen, von denen Schallemissionen ausgehen und auf vorhandene oder geplante schutzbedürftige Nutzungen einwirken können. Da die Orientierungswerte allgemein sowohl für Großstädte als auch für ländliche Gemeinden gelten, können örtliche Gegebenheiten in bestimmten Fällen ein Abweichen von den Orientierungswerten nach oben oder unten erfordern.

Sie gelten für die städtebauliche Planung, nicht dagegen für die Zulassung von Einzelvorhaben oder den Schutz einzelner Objekte. Die Orientierungswerte unterscheiden sich nach Zweck und Inhalt von immissionsschutzrechtlich festgelegten Werten wie etwa den Immissionsrichtwerten der TALärm [4]; sie weichen zum Teil von diesen Werten ab.

---

[1] Vergleiche z. B. § 2 Abs. 1 Nr 7 Raumordnungsgesetz und § 50 Bundes-Immissionsschutzgesetz (BImSchG)
[2] § 50 BImSchG
[3] § 1 Abs. 5 Baugesetzbuch (BauGB)
[4] Technische Anleitung zum Schutz gegen Lärm (TALärm)

Normenausschuß Bauwesen (NABau) im DIN Deutsches Institut für Normung e.V.
Normenausschuß Akustik und Schwingungstechnik (FANAK) im DIN

Beiblatt 1 zu DIN 18 005 Teil 1

1 Schalltechnische Orientierungswerte für die städtebauliche Planung

1.1 Orientierungswerte

Bei der Bauleitplanung nach dem Baugesetzbuch und der Baunutzungsverodnung (BauNVO) sind in der Regel den verschiedenen schutzbedürftigen Nutzungen (z. B. Bauflächen, Baugebieten, sonstigen Flächen) folgende Orientierungswerte für den Beurteilungspegel zuzuordnen. Ihre Einhaltung oder Unterschreitung ist wünschenswert, um die mit der Eigenart des betreffenden Baugebietes oder der betreffenden Baufläche verbundene Erwartung auf angemessenen Schutz vor Lärmbelastungen zu erfüllen:

a) Bei reinen Wohngebieten (WR), Wochenendhausgebieten, Ferienhausgebieten
   tags   50 dB
   nachts   40 dB bzw. 35 dB.
b) Bei allgemeinen Wohngebieten (WA), Kleinsiedlungsgebieten (WS) und Campingplatzgebieten
   tags   55 dB
   nachts   45 dB bzw. 40 dB.
c) Bei Friedhöfen, Kleingartenanlagen und Parkanlagen
   tags und nachts   55 dB.
d) Bei besonderen Wohngebieten (WB)
   tags   60 dB
   nachts   45 dB bzw. 40 dB.
e) Bei Dorfgebieten (MD) und Mischgebieten (MI)
   tags   60 dB
   nachts   50 dB bzw. 45 dB.
f) Bei Kerngebieten (MK) und Gewerbegebieten (GE)
   tags   65 dB
   nachts   55 dB bzw. 50 dB.
g) Bei sonstigen Sondergebieten, soweit sie schutzbedürftig sind, je nach Nutzungsart
   tags   45 dB bis 65 dB
   nachts   35 dB bis 55 dB.
h) Bei Industriegebieten (GI) [5]

Bei zwei angegebenen Nachtwerten soll der niedrigere für Industrie-, Gewerbe- und Freizeitlärm sowie für Geräusche von vergleichbaren öffentlichen Betrieben gelten.

Die Orientierungswerte sollten bereits auf dem Rand der Bauflächen oder der überbaubaren Grundstücksflächen in den jeweiligen Baugebieten oder der Flächen sonstiger Nutzung bezogen werden.

Anmerkung: Bei Beurteilungspegeln über 45 dB ist selbst bei nur teilweise geöffnetem Fenster ungestörter Schlaf häufig nicht mehr möglich.

1.2 Hinweise für die Anwendung der Orientierungswerte

Die in Abschnitt 1.1 genannten Orientierungswerte sind als eine sachverständige Konkretisierung der Anforderungen an den Schallschutz im Städtebau aufzufassen.

Der Belang des Schallschutzes ist bei der in der städtebaulichen Planung erforderlichen Abwägung der Belange als ein wichtiger Planungsgrundsatz neben anderen Belangen – z. B. dem Gesichtspunkt der Erhaltung überkommener Stadtstrukturen – zu verstehen. Die Abwägung kann in bestimmten Fällen bei Überwiegen anderer Belange – insbesondere in bebauten Gebieten – zu einer entsprechenden Zurückstellung des Schallschutzes führen.

Die Beurteilungspegel der Geräusche verschiedener Arten von Schallquellen (Verkehr, Industrie und Gewerbe, Freizeitlärm) sollen wegen der unterschiedlichen Einstellung der Betroffenen zu verschiedenen Arten von Geräuschquellen jeweils für sich allein mit den Orientierungswerten verglichen und nicht addiert werden.

Für die Beurteilung ist in der Regel tags der Zeitraum von 6.00 bis 22.00 Uhr und nachts der Zeitraum von 22.00 bis 6.00 Uhr zugrunde zu legen. Falls nach örtlichen Verhältnissen andere Regelungen gelten, soll eine mindestens achtstündige Nachtruhe sichergestellt sein.

Die Bauflächen, Baugebiete, Sondergebiete und sonstigen Flächen nach Abschnitt 1.1 entsprechen dem Baugesetzbuch und der Baunutzungsverordnung.

Soweit bei vorhandener Bebauung der Baunutzungsverordnung entsprechende Baugebiete nicht festgesetzt sind, sind die Orientierungswerte nach Abschnitt 1.1 den Gebieten der Eigenart der vorhandenen Bebauung entsprechend zuzuordnen.

Eine Unterschreitung der Orientierungswerte kann sich beispielsweise empfehlen

– zum Schutz besonders schutzbedürftiger Nutzungen,
– zur Erhaltung oder Schaffung besonders ruhiger Wohnlagen.

In vorbelasteten Bereichen, insbesondere bei vorhandener Bebauung, bestehenden Verkehrswegen und in Gemengelagen, lassen sich die Orientierungswerte oft nicht einhalten. Wo im Rahmen der Abwägung mit plausibler Begründung von den Orientierungswerten abgewichen werden soll, weil andere Belange überwiegen, sollte möglichst ein Ausgleich durch andere geeignete Maßnahmen (z. B. geeignete Gebäudeanordnung und Grundrißgestaltung, bauliche Schallschutzmaßnahmen – insbesondere für Schlafräume) vorgesehen und planungsrechtlich abgesichert werden.

Überschreitungen der Orientierungswerte nach Abschnitt 1.1 und entsprechende Maßnahmen zum Erreichen ausreichenden Schallschutzes (siehe hierzu z. B. VDI 2718 (z. Z. Entwurf)) sollen im Erläuterungsbericht zum Flächennutzungsplan oder in der Begründung zum Bebauungsplan beschrieben und gegebenenfalls in den Plänen gekennzeichnet werden.

Werden zwischen schutzbedürftigen Gebieten und gewerblich genutzten Gebieten die nach DIN 18 005 Teil 1/05.87, Abschnitt 4.5, in Verbindung mit Abschnitt 1.1 berechneten Schutzabstände eingehalten, so kann davon ausgegangen werden, daß diese Gebiete ohne zusätzliche planungsrechtliche Schallschutzmaßnahmen ihrer Bestimmung entsprechend genutzt werden können.

---

[5] Für Industriegebiete kann – soweit keine Gliederung nach § 1 Abs. 4 und 9 BauNVO erfolgt – kein Orientierungswert angegeben werden. Die Schallemission der Industriegebiete ist nach DIN 18 005 Teil 1/05.87, Abschnitt 4.5, zu bestimmen.

Achtzehnte Verordnung zur Durchführung des Bundes-Immissionsschutzgesetzes (Sportanlagenlärmschutzverordnung – 18. BImSchV)

Vom 18. Juli 1991 (BGBl. I S. 1588, berichtigt BGBl. I S. 1790) zuletzt geändert durch Art. 1 der Verordnung vom 9. Februar 2006 (BGBl I Nr. 7, S. 324)

Aufgrund des § 23 Abs. 1 des Bundes-Immissionsschutzgesetzes in der Fassung der Bekanntmachung vom 14. Mai 1990 (BGBl. I S. 880) verordnet die Bundesregierung nach Anhörung der beteiligten Kreise:

§ 1 Anwendungsbereich

(1) Diese Verordnung gilt für die Errichtung, die Beschaffenheit und den Betrieb von Sportanlagen, soweit sie zum Zwecke der Sportausübung betrieben werden und einer Genehmigung nach § 4 des Bundes-Immissionsschutzgesetzes nicht bedürfen.

(2) Sportanlagen sind ortsfeste Einrichtungen im Sinne des § 3 Abs. 5 Nr. 1 des Bundes-Immissionsschutzgesetzes, die zur Sportausübung bestimmt sind.

(3) Zur Sportanlage zählen auch Einrichtungen, die mit der Sportanlage in einem engen räumlichen und betrieblichen Zusammenhang stehen. Zur Nutzungsdauer der Sportanlage gehören auch die Zeiten des An- und Abfahrverkehrs sowie des Zu- und Abgangs.

§ 2 Immissionsrichtwerte

(1) Sportanlagen sind so zu errichten und zu betreiben, dass die in den Absätzen 2 bis 4 genannten Immissionsrichtwerte unter Einrechnung der Geräuschimmissionen anderer Sportanlagen nicht überschritten werden.

(2) Die Immissionsrichtwerte betragen für Immissionsorte außerhalb von Gebäuden
1. in Gewerbegebieten
    tags außerhalb der Ruhezeiten   65 dB(A),
    tags innerhalb der Ruhezeiten   60 dB(A),
    nachts   50 dB(A),
2. in Kerngebieten, Dorfgebieten und Mischgebieten
    tags außerhalb der Ruhezeiten   60 dB(A),
    tags innerhalb der Ruhezeiten   55 dB(A),
    nachts   45 dB(A),
3. in allgemeinen Wohngebieten und Kleinsiedlungsgebieten
    tags außerhalb der Ruhezeiten   55 dB(A),
    tags innerhalb der Ruhezeiten   50 dB(A),
    nachts   40 dB(A),
4. in reinen Wohngebieten
    tags außerhalb der Ruhezeiten   50 dB(A),
    tags innerhalb der Ruhezeiten   45 dB(A),
    nachts   35 dB(A),
5. in Kurgebieten, für Krankenhäuser und Pflegeanstalten
    tags außerhalb der Ruhezeiten   45 dB(A),
    tags innerhalb der Ruhezeiten   45 dB(A),
    nachts   35 dB(A).

(3) Werden bei Geräuschübertragung innerhalb von Gebäuden in Aufenthaltsräumen von Wohnungen, die baulich aber nicht betrieblich mit der Sportanlage verbunden sind, von der Sportanlage verursachte Geräuschimmissionen mit einem Beurteilungspegel von mehr als 35 dB(A) tags oder 25 dB(A) nachts festgestellt, hat der Betreiber der Sportanlage Maßnahmen zu treffen, welche die Einhaltung der genannten Immissionsrichtwerte sicherstellen; dies gilt unabhängig von der Lage der Wohnung in einem der in Absatz 2 genannten Gebiete.

(4) Einzelne kurzzeitige Geräuschspitzen sollen die Immissionsrichtwerte nach Absatz 2 tags um nicht mehr als 30 dB(A) sowie nachts um nicht mehr als 20 dB(A) überschreiten; ferner sollen einzelne kurzzeitige Geräuschspitzen die Immissionsrichtwerte nach Absatz 3 um nicht mehr als 10 dB(A) überschreiten.

(5) Die Immissionsrichtwerte beziehen sich auf folgende Zeiten:
1. tags   an Werktagen   6.00 bis 22.00 Uhr,
               an Sonn- und Feiertagen   7.00 bis 22.00 Uhr,
2. nachts   an Werktagen   0.00 bis 6.00 Uhr,
               und   22.00 bis 24.00 Uhr
               an Sonn- und Feiertagen   0.00 bis 7.00 Uhr,
               und   22.00 bis 24.00 Uhr,
3. Ruhezeit   an Werktagen   6.00 bis 8.00 Uhr
               und   20.00 bis 22.00 Uhr,
               an Sonn- und Feiertagen   7.00 bis 9.00 Uhr,
                                           13.00 bis 15.00 Uhr,
               und   20.00 bis 22.00 Uhr.

Die Ruhezeit von 13.00 bis 15.00 Uhr an Sonn- und Feiertagen ist nur zu berücksichtigen, wenn die Nutzungsdauer der Sportanlage oder der Sportanlagen an Sonn- und Feiertagen in der Zeit von 9.00 bis 20.00 Uhr 4 Stunden oder mehr beträgt.

(6) Die Art der in Absatz 2 bezeichneten Gebiete und Anlagen ergibt sich aus den Festsetzungen in den Bebauungsplänen. Sonstige in Bebauungsplänen festgesetzte Flächen für Gebiete und Anlagen sowie Gebiete und Anlagen, für die keine Festsetzungen bestehen, sind nach Absatz 2 entsprechend der Schutzbedürftigkeit zu beurteilen. Weicht die tatsächliche bauliche Nutzung im Einwirkungsbereich der Anlage erheblich von der im Bebauungsplan festgesetzten baulichen Nutzung ab, ist von der tatsächlichen baulichen Nutzung unter Berücksichtigung der vorgesehenen baulichen Entwicklung des Gebietes auszugehen.

(7) Die von der Sportanlage oder den Sportanlagen verursachten Geräuschimmissionen sind nach dem Anhang zu dieser Verordnung zu ermitteln und zu beurteilen.

§ 3 Maßnahmen

Zur Erfüllung der Pflichten nach § 2 Abs. 1 hat der Betreiber insbesondere
1. an Lautsprecheranlagen und ähnlichen Einrichtungen technische Maßnahmen, wie dezentrale Aufstellung von Lautsprechern und Einbau von Schallpegelbegrenzern, zu treffen,
2. technische und bauliche Schallschutzmaßnahmen, wie die Verwendung lärmgeminderter oder lärmmindernder Ballfangzäune, Bodenbeläge, Schallschutzwände und -wälle, zu treffen,
3. Vorkehrungen zu treffen, dass Zuschauer keine übermäßig lärmerzeugenden Instrumente wie pyrotechnische Gegenstände oder druckgasbetriebene Lärmfanfaren verwenden, und
4. An- und Abfahrtswege und Parkplätze durch Maßnahmen betrieblicher und organisatorischer Art so zu gestalten, dass schädliche Umwelteinwirkungen durch Geräusche auf ein Mindestmaß beschränkt werden.

§ 4 Weitergehende Vorschriften

Weitergehende Vorschriften, vor allem zum Schutz der Sonn- und Feiertags-, Mittags- und Nachtruhe oder zum Schutz besonders empfindlicher Gebiete, bleiben unberührt.

§ 5 Nebenbestimmungen und Anordnungen im Einzelfall

(1) Die zuständige Behörde soll von Nebenbestimmungen zu erforderlichen Zulassungsentscheidungen und Anordnungen zur Durchführung dieser Verordnung absehen, wenn die von der Sportanlage ausgehenden Geräusche durch ständig vorherrschende Fremdgeräusche nach Nummer 1.4 des Anhangs überlagert werden.

(2) Die zuständige Behörde kann zur Erfüllung der Pflichten nach § 2 Abs. 1 außer der Festsetzung von Nebenbestimmungen zu erforderlichen Zulassungsentscheidungen oder der Anordnung von Maßnahmen nach § 3 für Sportanlagen Betriebszeiten (ausgenommen für Freibäder von 7.00 Uhr bis 22.00 Uhr) festsetzen; hierbei sind der Schutz der Nachbarschaft und der Allgemeinheit sowie die Gewährleistung einer sinnvollen Sportausübung auf der Anlage gegeneinander abzuwägen.

(3) Die zuständige Behörde soll von einer Festsetzung von Betriebszeiten absehen, soweit der Betrieb einer Sportanlage dem Schulsport oder der Durchführung von Sportstudiengängen an Hochschulen dient. Dient die Anlage auch der allgemeinen Sportausübung, sind bei der Ermittlung der Geräuschimmissionen die dem Schulsport oder der Durchführung von Sportstudiengängen an Hochschulen zuzurechnenden Teilzeiten nach Nummer 1.3.2.3 des Anhangs außer Betracht zu lassen; die Beurteilungszeit wird um die dem Schulsport oder der Durchführung von Sportstudiengängen an Hochschulen tatsächlich zuzurechnenden Teilzeiten verringert. Die Sätze 1 und 2 gelten entsprechend für Sportanlagen, die der Sportausbildung im Rahmen der Landesverteidigung dienen.

(4) Bei Sportanlagen, die vor Inkrafttreten dieser Verordnung baurechtlich genehmigt oder – soweit eine Baugenehmigung nicht erforderlich war – errichtet waren, soll die zuständige Behörde von einer Festsetzung von Betriebszeiten absehen, wenn die Immissionsrichtwerte an den in § 2 Abs. 2 genannten Immissionsorten jeweils um weniger als 5 dB(A) überschritten werden; dies gilt nicht an den in § 2 Abs. 2 Nr. 5 genannten Immissionsorten.

(5) Die zuständige Behörde soll von einer Festsetzung von Betriebszeiten absehen, wenn infolge des Betriebs einer oder mehrerer Sportanlagen bei seltenen Ereignissen nach Nummer 1.5 des Anhangs Überschreitungen der Immissionsrichtwerte nach § 2 Abs. 2
1. die Geräuschimmissionen außerhalb von Gebäuden die Immissionsrichtwerte nach § 2 Abs. 2 um nicht mehr als 10 dB(A), keinesfalls aber die folgenden Höchstwerte überschreiten:

tags außerhalb der Ruhezeiten 70 dB(A),
tags innerhalb der Ruhezeiten 65 dB(A),
nachts 55 dB(A)
und
2. einzelne kurzzeitige Geräuschspitzen die nach Nummer 1 für seltene Ereignisse geltenden Immissionsrichtwerte tags um nicht mehr als 20 dB(A) und nachts um nicht mehr als 10 dB(A) überschreiten.

(6) In dem in Artikel 3 des Einigungsvertrages genannten Gebiet soll die zuständige Behörde für die Durchführung angeordneter Maßnahmen nach § 3 Nr. 1 und 2 eine Frist setzen, die bis zu zehn Jahre betragen kann.

(7) Im übrigen Geltungsbereich dieser Verordnung soll die zuständige Behörde bei Sportanlagen, die vor Inkrafttreten der Verordnung baurechtlich genehmigt oder – soweit eine Baugenehmigung nicht erforderlich war – errichtet waren, für die Durchführung angeordneter Maßnahmen nach § 3 Nr. 1 und 2 eine angemessene Frist gewähren.

§ 6 Zulassung von Ausnahmen

Die zuständige Behörde kann für internationale oder nationale Sportveranstaltungen von herausragender Bedeutung im öffentlichen Interesse Ausnahmen von den Bestimmungen des § 5 Abs. 5, einschließlich einer Überschreitung der Anzahl der seltenen Ereignisse nach Nummer 1.5 des Anhangs, zulassen. Satz 1 gilt entsprechend auch für Verkehrsgeräusche auf öffentlichen Verkehrsflächen außerhalb der Sportanlage durch das der Anlage zuzurechnende Verkehrsaufkommen nach Nummer 1.1 Satz 2 des Anhangs einschließlich der durch den Zu- und Abgang der Zuschauer verursachten Geräusche.

§ 7 Zugänglichkeit der Norm- und Richtlinienblätter

Die in den Nummern 2.1, 2.3, 3.1 und 3.2 des Anhangs genannten DIN-Normblätter und VDI-Richtlinien sind bei der Beuth Verlag GmbH, Berlin, zu beziehen. Die genannten Normen und Richtlinien sind bei dem Deutschen Patentamt archivmäßig gesichert niedergelegt.

§ 8 Inkrafttreten

Diese Verordnung tritt drei Monate nach der Verkündung in Kraft.

Anhang

Ermittlungs- und Beurteilungsverfahren

1. Allgemeines

1.1. Zuzurechnende Geräusche

Den Sportanlagen sind folgende bei bestimmungsgemäßer Nutzung auftretende Geräusche zuzurechnen:
a) Geräusche durch technische Einrichtungen und Geräte,
b) Geräusche durch die Sporttreibenden,
c) Geräusche durch die Zuschauer und sonstigen Nutzer,
d) Geräusche, die von Parkplätzen auf dem Anlagengelände ausgehen.

Verkehrsgeräusche einschließlich der durch den Zu- und Abgang der Zuschauer verursachten Geräusche auf öffentlichen Verkehrsflächen außerhalb der Sportanlage durch das der Anlage zuzuordnende Verkehrsaufkommen sind bei der Beurteilung gesondert von den anderen Anlagengeräuschen zu betrachten und nur zu berücksichtigen, sofern sie nicht im Zusammenhang mit seltenen Ereignissen (Nummer 1.5) auftreten und im Zusammenhang mit der Nutzung der Sportanlage den vorhandenen Pegel der Verkehrsgeräusche rechnerisch um mindestens 3 dB(A) erhöhen. Hierbei ist das Berechnungs- und Beurteilungsverfahren der Verkehrslärmschutzverordnung vom 12. Juni 1990 (BGBl. I S. 1036) sinngemäß anzuwenden. Lediglich die Berechnung der durch den Zu- und Abgang der Zuschauer verursachten Geräusche erfolgt nach diesem Anhang.

1.2 Maßgeblicher Immissionsort

Der für die Beurteilung maßgebliche Immissionsort liegt
a) bei bebauten Flächen 0,5 m außerhalb, etwa vor der Mitte des geöffneten, vom Geräusch am stärksten betroffenen Fensters eines zum dauernden Aufenthalt von Menschen bestimmten Raumes einer Wohnung, eines Krankenhauses, einer Pflegeanstalt oder einer anderen ähnlich schutzbedürftigen Einrichtung;
b) bei unbebauten Flächen, die aber mit zum Aufenthalt von Menschen bestimmten Gebäuden bebaut werden dürfen, an dem am stärksten betroffenen Rand der Fläche, wo nach dem Bau- und Planungsrecht Gebäude mit zu schützenden Räumen erstellt werden dürfen;
c) bei mit der Anlage baulich aber nicht betrieblich verbundenen Wohnungen in dem am stärksten betroffenen, nicht nur dem vorübergehenden Aufenthalt dienenden Raum.

Einzelheiten hierzu sind in Nr. 3.2.2.1 geregelt.

1.3 Ermittlung der Geräuschimmission

1.3.1. Beurteilungspegel, einzelne kurzzeitige Geräuschspitzen

Der Beurteilungspegel L_r kennzeichnet die Geräuschimmission während der Beurteilungszeit nach Nr. 1.3.2. Er wird gemäß Nr. 1.6 mit den Immissionsrichtwerten verglichen.

Der Beurteilungspegel wird gebildet aus dem für die jeweilige Beurteilungszeit ermittelten Mittelungspegel L_{Am} und gegebenenfalls den Zuschlägen K_I für Impulshaltigkeit

18. BImSchV   **Anh. 7.2**

und/oder auffällige Pegeländerungen nach Nr. 1.3.3 und KT für Ton- und Informationshaltigkeit nach Nr. 1.3.4.
Für die Beurteilung einzelner kurzzeitiger Geräuschspitzen wird deren Maximalpegel L_{AFmax} herangezogen.
Für die Beurteilung von Geräuschen bei neu zu errichtenden Sportanlagen sind die Geräuschimmissionen nach dem in Nr. 2 beschriebenen Prognoseverfahren, bei bestehenden Sportanlagen in der Regel nach Nr. 3 durch Messung zu bestimmen.

1.3.2 Beurteilungszeiten T_r

1.3.2.1 Werktags

An Werktagen gilt für Geräuscheinwirkungen
tags außerhalb der Ruhezeiten (8 bis 20 Uhr) eine Beurteilungszeit von 12 Stunden,
tags während der Ruhezeiten (6 bis 8 Uhr und 20 bis 22 Uhr) jeweils eine Beurteilungszeit von 2 Stunden,
nachts (22 bis 6 Uhr) eine Beurteilungszeit von 1 Stunde (ungünstigste volle Stunde).

1.3.2.2 Sonn- und feiertags

An Sonn- und Feiertagen gilt für Geräuscheinwirkungen
tags außerhalb der Ruhezeiten (9 bis 13 Uhr und 15 bis 20 Uhr) eine Beurteilungszeit von 9 Stunden,
tags während der Ruhezeiten (7 bis 9 Uhr, 13 bis 15 Uhr und 20 bis 22 Uhr) jeweils eine Beurteilungszeit von 2 Stunden,
nachts (0 bis 7 Uhr und 22 bis 24 Uhr) eine Beurteilungszeit von 1 Stunde (ungünstigste volle Stunde).
Beträgt die gesamte Nutzungszeit der Sportanlage oder Sportanlagen zusammenhängend weniger als 4 Stunden und fallen mehr als 30 Minuten der Nutzungszeit in die Zeit von 13 bis 15 Uhr, gilt als Beurteilungszeit ein Zeitabschnitt von 4 Stunden, der die volle Nutzungszeit umfasst.

1.3.2.3 Teilzeiten T_i

Treten während einer Beurteilungszeit unterschiedliche Emissionen, jeweils unter Einschluss der Impulshaltigkeit, auffälliger Pegeländerungen, der Ton- und Informationshaltigkeit sowie kurzzeitiger Geräuschspitzen, auf, ist zur Ermittlung der Geräuschimmission während der gesamten Beurteilungszeit diese in geeigneter Weise in Teilzeiten T_i aufzuteilen, in denen die Emissionen im Wesentlichen gleichartig sind. Eine solche Unterteilung ist z. B. bei zeitlich abgrenzbarem unterschiedlichem Betrieb der Sportanlage erforderlich.

1.3.3 Zuschlag $K_{I,i}$ für Impulshaltigkeit und/oder auffällige Pegeländerungen

Enthält das zu beurteilende Geräusch während einer Teilzeit T_i der Beurteilungszeit nach Nr. 1.3.2 Impulse und/oder auffällige Pegeländerungen, wie z. B. Aufprallgeräusche von Bällen, Geräusche von Startpistolen, Trillerpfeifen oder Signalgebern, ist für diese Teilzeit ein Zuschlag $K_{I,i}$ zum Mittelungspegel $L_{Am,i}$ zu berücksichtigen.
Bei Geräuschen durch die menschliche Stimme ist, soweit sie nicht technisch verstärkt sind, kein Zuschlag $K_{I,i}$ anzuwenden.
Treten die Impulse und/oder auffälligen Pegeländerungen in der Teilzeit T_i im Mittel höchstens einmal pro Minute auf, sind neben dem Mittelungspegel $L_{Am,i}$ der mittlere Maximalpegel $L_{AFmax,i}$ (energetischer Mittelwert) und die mittlere Anzahl n pro Minute der Impulse und/oder auffälligen Pegeländerungen zu bestimmen. Der Zuschlag $K_{I,i}$ beträgt dann:

$$K_{I,i} = 10 \lg (1 + n/12 \cdot 10^{0,1(L_{AFmax,i} - L_{Am,i})}) \; dB(A) \tag{1}$$

Sofern Impulse und/oder auffällige Pegeländerungen in der Teilzeit T_i mehr als einmal pro Minute auftreten, ist der Wirkpegel $L_{AFTm,i}$ nach dem Taktmaximalverfahren mit einer Taktzeit von 5 Sekunden zu bestimmen.
Dieser beinhaltet bereits den Zuschlag $K_{L,i}$ für Impulshaltigkeit und/oder auffällige Pegeländerungen ($L_{Am,i} + K_{I,i} = L_{AFTm,i}$). Bei Anlagen, die Geräuschimmissionen mit Impulsen und/oder auffälligen Pegeländerungen in der Teilzeit T_i mehr als einmal pro Mi-

nute hervorrufen und vor Inkrafttreten dieser Verordnung baurechtlich genehmigt oder – soweit eine Baugenehmigung nicht erforderlich war – errichtet waren, ist für die betreffende Teilzeit ein Abschlag von 3 dB(A) zu berücksichtigen.

1.3.4. Zuschlag $K_{T,i}$ für Ton- und Informationshaltigkeit

Wegen der erhöhten Belästigung beim Mithören ungewünschter Informationen ist je nach Auffälligkeit in den entsprechenden Teilzeiten T_i ein Informationszuschlag $K_{Inf,i}$ von 3 dB oder 6 dB zum Mittelungspegel $L_{Am,i}$ zu addieren. $K_{Inf,i}$ ist in der Regel nur bei Lautsprecherdurchsagen oder bei Musikwiedergaben anzuwenden. Ein Zuschlag von 6 dB ist zu wählen, wenn Lautsprecherdurchsagen gut verständlich oder Musikwiedergaben deutlich hörbar sind. Heben sich aus dem Geräusch von Sportanlagen Einzeltöne heraus, ist ein Tonzuschlag $K_{Ton,i}$ von 3 dB oder 6 dB zum Mittelungspegel $L_{Am,i}$ für die Teilzeiten hinzuzurechnen, in denen die Töne auftreten. Der Zuschlag von 6 dB gilt nur bei besonderer Auffälligkeit der Töne. In der Regel kommen tonhaltige Geräusche bei Sportanlagen nicht vor. Die hier genannten Zuschläge sind so zusammenzufassen, dass der Gesamtzuschlag auf maximal 6 dB begrenzt bleibt:

$$K_{T,i} = K_{inf,i} + K_{Ton,i} \leq 6 \text{ dB(A)} \tag{2}$$

1.3.5   Bestimmung der Beurteilungspegel

Die Beurteilungspegel werden für die Beurteilungszeit T_r unter Berücksichtigung der Zuschläge $K_{I,i}$ für Impulshaltigkeit und/oder auffällige Pegeländerungen und $K_{T,i}$ für Ton- und Informationshaltigkeit nach Gleichung (3) ermittelt:

$$L_r = 10 \lg \left[\frac{1}{T_r} \sum_i T_i \cdot 10^{0,1 \, (L_{AM,i} + K_{I,i} + K_{T,i})} \right] \tag{3}$$

mit

a) für den Tag außerhalb der Ruhezeiten
   an Werktagen $\qquad T_r = \sum_i T_i = 12 \text{ h},$

   an Sonn- und Feiertagen $\qquad T_r = \sum_i T_i = 9 \text{ h},$

b) für den Tag innerhalb der Ruhezeiten $\qquad T_r = \sum_i T_i = 2 \text{ h},$

c) für die Nacht $\qquad T_r = \sum_i T_i = 1 \text{ h}$

und $L_{Am,i}$, $K_{I,i}$ und $K_{T,i}$ die Mittelungspegel und Zuschläge für Impulshaltigkeit und/oder auffällige Pegeländerungen oder der Abschlag nach Nr. 1.3.3 sowie der Zuschlag für Ton- und Informationshaltigkeit nach Nr. 1.3.4 während der zugehörigen Teilzeiten T_i. Im Falle von Nr. 1.3.2.2 Satz 2 beträgt $T_r = 4$ Stunden.
Zur Bestimmung der Beurteilungszeit T_r im Falle von § 5 Abs. 3 sind die Beurteilungszeiten nach Buchstaben a, b oder c um die außer Betracht zu lassenden Teilzeiten T_i nach Nr. 1.3.2.3 (tatsächliche Nutzungszeit) zu kürzen.

1.4   Ständig vorherrschende Fremdgeräusche

Fremdgeräusche sind Geräusche am Immissionsort, die unabhängig von dem Geräusch der zu beurteilenden Anlage oder Anlagen auftreten.
Sie sind dann als ständig vorherrschend anzusehen, wenn der Mittelungspegel des Anlagengeräusches gegebenenfalls zuzüglich der Zuschläge für Impulshaltigkeit und/oder auffällige Pegeländerungen in mehr als 95 % der Nutzungszeit vom Fremdgeräusch übertroffen wird.

1.5   Seltene Ereignisse

Überschreitungen der Immissionsrichtwerte durch besondere Ereignisse und Veranstaltungen gelten als selten, wenn sie an höchstens 18 Kalendertagen eines Jahres in einer Beurteilungszeit oder mehreren Beurteilungszeiten auftreten. Dies gilt unabhängig von der Zahl der einwirkenden Sportanlagen.

18. BImSchV   Anh. 7.2

1.6 Vergleich des Beurteilungspegels mit dem Immissionsrichtwert

Der durch Prognose nach Nr. 2 ermittelte Beurteilungspegel nach Nr. 1.3.5 ist direkt mit den Immissionsrichtwerten nach § 2 der Verordnung zu vergleichen. Wird der Beurteilungspegel durch Messung nach Nr. 3 ermittelt, ist zum Vergleich mit den Immissionsrichtwerten nach § 2 der Verordnung der um 3 dB(A) verminderte Beurteilungspegel nach Nr. 1.3.5 heranzuziehen.

2. Ermittlung der Geräuschimmission durch Prognose

2.1 Grundlagen

Der Mittelungspegel L_{Am} ist in Anlehnung an VDI-Richtlinie 2714 »Schallausbreitung im Freien« (Januar 1988) und Entwurf VDI-Richtlinie 2720/1 »Schallschutz durch Abschirmung im Freien« (November 1987) zu berechnen.

Für die Berechnung der Mittelungspegel werden für alle Schallquellen die mittleren Schalleistungspegel L_{WAm}, die Einwirkzeiten, die Raumwinkelmaße, gegebenenfalls die Richtwirkungsmaße, die Koordinaten der Schallquellen und der Immissionsorte, die Lage und Abmessungen von Hindernissen und außerdem für schallabstrahlende Außenbauteile von Gebäuden die Flächen S und die bewerteten Bauschalldämm-Maße R'_w benötigt.

Als Eingangsdaten für die Berechnung können Meßwerte oder Erfahrungswerte, soweit sie auf den Messvorschriften dieses Anhangs beruhen, verwendet werden. Wenn aufgrund besonderer Vorkehrungen eine im Vergleich zu den Erfahrungswerten weitergehende dauerhafte Lärmminderung nachgewiesen ist, können die der Lärmminderung entsprechenden Korrekturwerte bei den Eingangsdaten berücksichtigt werden.

Der Mittelungspegel der Geräusche, die von den der Anlage zuzurechnenden Parkflächen ausgehen, ist zu berechnen nach den Richtlinien für den Lärmschutz an Straßen – Ausgabe 1990 – RLS-90, bekannt gemacht im Verkehrsblatt, Amtsblatt des Bundesministers für Verkehr der Bundesrepublik Deutschland (VkBl.) Nr. 7 vom 14. April 1990 unter lfd. Nr. 79. Bei der Bestimmung der Anzahl der Fahrzeugbewegungen je Stellplatz und Stunde ist, sofern keine genaueren Zahlen vorliegen, von bei vergleichbaren Anlagen gewonnenen Erfahrungswerten auszugehen. Die Richtlinien sind zu beziehen von der Forschungsgesellschaft für Straßen- und Verkehrswesen, Alfred-Schütte-Allee 10, 5000 Köln 21.

Der Beurteilungspegel für den Verkehr auf öffentlichen Verkehrsflächen ist zu berechnen nach den Richtlinien für den Lärmschutz an Straßen – Ausgabe 1990 – RLS-90, bekannt gemacht im Verkehrsblatt, Amtsblatt des Bundesministers für Verkehr der Bundesrepublik Deutschland (VkBl.) Nr. 7 vom 14. April 1990 unter lfd. Nr. 79.

Die Richtlinien sind zu beziehen von der Forschungsgesellschaft für Straßen- und Verkehrswesen, Alfred-Schütte-Allee 10, 5000 Köln 21.

2.2 Von Teilflächen der Außenhaut eines Gebäudes abgestrahlte Schalleistungen

Wenn sich Schallquellen in einem Gebäude befinden, ist jedes Außenhautelement des Gebäudes als eine Schallquelle zu betrachten. Der durch ein Außenhautelement ins Freie abgestrahlte Schalleistungspegel L_{WAm} ist aus dem mittleren Innenpegel $L_{m,innen}$ im Raum, den es nach außen abschließt, in ca. 1 m Abstand von dem Element, aus seiner Fläche S (in m²) und aus seinem bewerteten Bauschalldämm-Maß R'_w nach der Gleichung

$$L_{WAm} = L_{m,innen} + 10 \lg(S) - R'_w - dB \qquad (4)$$

zu berechnen. Für den mittleren Innenpegel kann von Meß- oder Erfahrungswerten ausgegangen werden. Er kann für einen Raum aus dem Schalleistungspegel $L_{WAm,innen}$ aller Schallquellen im Raum zusammen nach der Gleichung

$$L_{m,innen} = L_{WAm,innen} + 10 \lg(T/V) + 14\ dB = L_{WAm,innen} - 10 \lg(A/4) \qquad (5)$$

berechnet werden, worin T die Nachhallzeit (in s) bei mittleren Frequenzen, V das Volumen (in cbm) und A die äquivalente Absorptionsfläche des Raumes (in qm) bei mittleren Frequenzen ist.

Für Öffnungen ist das bewertete Bauschalldämm-Maß mit Null anzusetzen.

Anh. 7.2   18. BImSchV

2.3 Schallausbreitungsrechnung

Die Rechnung ist für jede Schallquelle entsprechend VDI-Richtlinie 2714, Abschnitt 3 bis 7, und Entwurf VDI-Richtlinie 2720/1, Abschnitt 3, durchzuführen. Bei den frequenzabhängigen Einflüssen ist von einer Frequenz von 500 Hz auszugehen.
Werden bei der Schallausbreitungsrechnung Abschirmungen berücksichtigt, ist nach Entwurf VDI-Richtlinie 2720/1, Abschnitt 3.1, gegebenenfalls eine feinere Zerlegung in Einzelschallquellen als nach VDI-Richtlinie 2714, Abschnitte 3.3 und 3.4 erforderlich.
Reflexionen, die nicht bereits im Raumwinkelmaß enthalten sind, sind nach VDI-Richtlinie 2714, Abschnitt 7.1, durch die Annahme von Spiegelschallquellen zu berücksichtigen.
Der Mittelungspegel L_{Am} (S_m) von einer Schallquelle an einem Immissionsort im Abstand S_m von ihrem Mittelpunkt ist nach Gleichung (6) zu berechnen:

$$L_{Am}(S_m) = L_{WAm} + DI + K_o - D_s - D_L - D_{BM} - D_e \qquad (6).$$

Die Bedeutung der einzelnen Glieder in Gleichung (6) ist Tabelle 1 zu entnehmen. Die Eigenabschirmung von Gebäuden ist in Anlehnung an VDI-Richtlinie 2714, Abschnitt 5.1, durch das Richtwirkungsmaß zu berücksichtigen. Mit $DI \leq -10$ dB für die dem Immissionsort abgewandte Seite darf jedoch nur gerechnet werden, wenn sich ihr gegenüber keine reflektierenden Flächen (z.B. Wände von Gebäuden) befinden.
Das Boden- und Meteorologie- Dämpfungsmaß D_{BM} ist nach VDI-Richtlinie 2714, Abschnitt 6.3, Gleichung (7), anzusetzen.
Die Einfügungsdämpfungsmaße D_e von Abschirmungen sind nach Entwurf VDI-Richtlinie 2720/1, Abschnitt 3, zu berechnen. Dabei ist in Gleichung (5) dieser Richtlinie $C_2 = 20$ zu setzen. Der Korrekturfaktor für Witterungseinflüsse ist für alle Anlagen nach Abschnitt 3.4.3, Gleichung (7a), zu berechnen.

Tabelle 1: Bedeutung der Glieder in Gleichung (6)

Größe	Bedeutung	Fundstelle
L_{WAm}	mittlerer Schallleistungspegel	VDI-Richtlinie 2714
DI	Richtwirkungsmaß	Abschnitt 5.1
K_o	Raumwinkelmaß	Abschnitt 5.2, Gleichung (3) oder Tabelle 2
D_s	Abstandsmaß	Abschnitt 6.1, Gleichung (4)
D_L	Luftabsorptionsmaß	Abschnitt 6.2, Gleichung (5) in Verbindung mit Tabelle 3
D_{BM}	Boden- und Meteorologiedämpfungsmaß	Abschnitt 6.3, Gleichung (7) VDI-Richtlinie 2720/1
D_e	Einfügungsdämpfungsmaß von Schallschirmen	Abschnitt 3

2.4 Bestimmung des Mittelungspegels $L_{Am,i}$ sowie der Zuschläge $K_{I,i}$ und $K_{T,i}$ in der Teilzeit T_i

Zur Bestimmung des Mittelungspegels $L_{Am,i}$ in der Teilzeit T_i sind die nach Gleichung (6) bestimmten Mittelungspegel aller einwirkenden Schallquellen energetisch zu addieren. Die Zuschläge $K_{I,i}$ für Impulshaltigkeit und/oder auffällige Pegeländerungen und $K_{T,i}$ für Ton- und Informationshaltigkeit sind entsprechend Nr. 1.3.3 und Nr. 1.3.4 nach Erfahrungswerten zu bestimmen.

2.5 Berechnung der Pegel kurzzeitiger Geräuschspitzen

Wenn einzelne kurzzeitige Geräuschspitzen zu erwarten sind, ist die Berechnung nach Nr. 2.3 statt mit den mittleren Schallleistungspegeln aller Schallquellen mit den maximalen Schallleistungspegeln L_{WAmax} der Schallquellen mit kurzzeitigen Geräuschspitzen zu wiederholen.

18. BImSchV   Anh. 7.2

3. Ermittlung der Geräuschimmission durch Messung

3.1 Messgeräte

Bei Messungen dürfen Schallpegelmesser der Klasse 1 nach DIN IEC 651, Ausgabe Dezember 1981, oder DIN IEC 804, Ausgabe Januar 1987, verwendet werden, die zusätzlich die Anforderungen des Entwurfes DIN 45657, Ausgabe Juli 1989, erfüllen. Schallpegelmesser müssen den eichrechtlichen Vorschriften entsprechen.

3.2 Messverfahren und Auswertung

3.2.1 Messwertarten

Messgröße ist der A-bewertete mit der Zeitwertung F ermittelte Schalldruckpegel $L_{AF}(t)$ nach DIN IEC 651, Ausgabe Dezember 1981. Der Mittelungspegel L_{Am} wird nach DIN 45641, Ausgabe Juni 1990, aus dem zeitlichen Verlauf des Schalldruckpegels oder mithilfe von Schallpegelmessern nach DIN IEC 804, Ausgabe Januar 1987, gebildet.
Im Falle von Nr. 1.3.3 sind neben dem Mittelungspegel L_{Am} die Maximalpegel L_{AFmax} der Impulse und/oder auffälligen Pegeländerungen oder aus den im 5-s-Takt ermittelten Taktmaximalpegeln $L_{AFT,5}$ nach DIN 45641, Ausgabe Juni 1990, der Wirkpegel L_{AFTm} zu bestimmen.
Für die Beurteilung einzelner, kurzzeitiger Geräuschspitzen ist der Maximalpegel L_{AFmax} heranzuziehen.

3.2.2 Ort und Zeit der Messungen

Es ist an den in Nr. 3.2.2.1 genannten Orten und zu den in Nr. 3.2.2.2 genannten Zeiten zu messen.

3.2.2.1 Ort der Messungen

Der Ort der Messungen ist entsprechend Nr. 1.2 zu wählen. Ergänzend gilt:
a) Bei bebauten Flächen kann abweichend von den Bestimmungen in Nr. 1.2 Buchstabe a das Mikrofon an einem geeigneten Ersatzmeßpunkt (z. B. in einer Baulücke neben dem betroffenen Gebäude) möglichst in Höhe des am stärksten betroffenen Fensters aufgestellt werden, insbesondere wenn der Bewohner nicht informiert oder nicht gestört werden soll.
b) Bei unbebauten Flächen ist in mindestens 3 m Höhe über dem Erdboden zu messen. Besondere Gründe bei der nach Nr. 1.2 erforderlichen Auswahl des am stärksten betroffenen Randes der Fläche (z. B. Abschattung durch Mauern, Hanglage, geplante hohe Wohngebäude) sind im Messprotokoll anzugeben.
c) Sind Messungen in Wohnungen durchzuführen, die mit der zu beurteilenden Anlage baulich aber nicht betrieblich verbunden sind, ist in den Räumen bei geschlossenen Türen und Fenstern und bei üblicher Raumausstattung mindestens 0,4 m von den Begrenzungsflächen entfernt zu messen. Die Messung ist an mehreren Stellen im Raum, in der Regel an den bevorzugten Aufenthaltsplätzen, durchzuführen, und die gemessenen Mittelungspegel sind entsprechend Gleichung (7) in Nr. 3.2.2.2 energetisch zu mitteln.

3.2.2.2 Zeit und Dauer der Messungen

Zeit und Dauer der Messungen haben sich an den für die zu beurteilende Anlage kennzeichnenden Nutzungen unter Berücksichtigung aller nach Nr. 1.1 zuzurechnenden Geräusche zu orientieren. Dabei sollen die bei bestimmungsgemäßer Nutzung der Anlage auftretenden Emissionen, gegebenenfalls getrennt für Teilzeiten T_i mit unterschiedlichen Emissionen, erfasst werden.
Die Messdauer ist nach der Regelmäßigkeit des Pegelverlaufs zu bestimmen. Bei Nutzungszyklen soll sich die Messdauer für eine Messung mindestens über einen typischen Geräuschzyklus erstrecken.
Treten am Messort Fremdgeräusche auf, ist grundsätzlich nur dann zu messen, wenn erwartet werden kann, dass der Mittelungspegel des Fremdgeräusches während der Messdauer um mindestens 6 dB(A) unter dem Mittelungspegels des Anlagengeräu-

sches liegt. Ist das Fremdgeräusch unterbrochen und ist in diesen Zeiten das Anlagengeräusch pegelbestimmend, ist in den Pausenzeiten zu messen.

Bei Abständen zwischen Quelle und Immissionsort ab 200 m sind die Messungen in der Regel bei Mitwind durchzuführen. Die Mitwindbedingung ist erfüllt, wenn der Wind von der Anlage in Richtung Meßort in einem Sektor bis zu ± 60 Grad C weht und wenn die Windgeschwindigkeit im Bereich weitgehend ungestörter Windströmungen (z.B. auf freiem Feld) in ca. 5 m Höhe etwa zwischen 1 m/s und 3 m/s liegt. Im Verlauf der Messungen ist darauf zu achten, dass die am Mikrofon auftretenden Windgeräusche die Messergebnisse nicht beeinflussen.

Bei außergewöhnlichen Wetterbedingungen sollen keine Schallpegelmessungen vorgenommen werden. Außergewöhnliche Wetterbedingungen können beispielsweise stärkerer Regen, Schneefall, größere Windgeschwindigkeit, gefrorener oder schneebedeckter Boden sein.

In der Regel sind an jedem Messort drei unabhängige Messungen durchzuführen und die Mittelungspegel $L_{Am,k}$ aus diesen Messungen nach Gleichung (7) zu mitteln (energetische Mittelung):

$$L_{Am} = 10 \lg \left[\frac{1}{3} \sum_{k=1}^{3} 10^{0,1 \, (L_{AM,k})} \right] \, dB(A) \qquad (7)$$

Sofern aus vorliegenden Erkenntnissen bekannt ist, dass der Schwankungsbereich der Mittelungspegel der zu beurteilenden Geräuschimmissionen in der Beurteilungszeit kleiner ist als 3 dB(A), genügt eine einmalige Messung. Dies gilt auch, wenn der aus dem Messwert für die Geräuschimmission bestimmte Beurteilungspegel um mehr als 6 dB(A) unter oder über dem geltenden Immissionsrichtwert liegt.

Wenn bei regulärer Nutzung der Anlage innerhalb der Beurteilungszeit der Schwankungsbereich der Mittelungspegel $L_{Am,k}$ aus den drei Einzelmessungen größer ist als 6 dB(A), ist zu prüfen, ob durch getrennte Erfassung von Teilzeiten der Schwankungsbereich auf weniger als 6 dB(A) verringert werden kann. In diesem Fall erfolgt die Bestimmung des Mittelungspegels für jede einzeln erfasste Teilzeit nach Gleichung (7) aus drei Einzelmessungen.

Andernfalls sind an fünf verschiedenen Meßterminen die Mittelungspegel $L_{Am,k}$ zu bestimmen und nach Gleichung (8) energetisch zu mitteln:

$$L_{Am} = 10 \lg \left[\frac{1}{5} \sum_{k=1}^{5} 10^{0,1 \, (L_{AM,k})} \right] \, dB(A) \qquad (8)$$

Im Falle von Nr. 1.3.3 Abs. 4 gelten Gleichung (7) und (8) für L_{AFTm} entsprechend.

3.3 Messprotokoll

Die Messwerte sind in einem Protokoll festzuhalten. Das Protokoll muss eine eindeutige Bezeichnung der Messorte (Lageplan) und die erforderlichen Angaben über Nutzungsarten und -dauern, Messzeit und Messdauer, Wetterlage, Geräuschquellen, Einzeltöne, Informationshaltigkeit, Impulshaltigkeit, auffällige Pegeländerungen, Fremdgeräusche und verwendete Messgeräte oder Messketten sowie gegebenenfalls über Maßnahmen zur Sicherstellung einer ausreichenden Messsicherheit bei Verwendung von Messketten enthalten.

»Einzelhandelserlasse« der Länder

Anmerkung

Die schwierige Auslegung der Vorschriften des mehrfach geänderten § 11 Abs. 3 BauNVO hat die Länder veranlasst, zur Ansiedlung von Einzelhandelsgroßbetrieben entsprechende Verwaltungsvorschriften herauszugeben. Als Beispiel wird der von NW herausgegebene Gem. RdErl. vom 7. 5. 1996 »Ansiedlung von Einzelhandelsgroßbetrieben; Bauleitplanung und Genehmigung von Vorhaben (Einzelhandelserlass)«, veröffentlicht im MBl. NW. 1996 S. 922/SMBl. NW. 2311 (zu beziehen im A. Bagel Verlag, Grafenberger Allee 100, 40237 Düsseldorf oder im Internet unter »www.wirtschaft.nrw.de/600/200/500/625_einzelhandelserlass.pdf«) genannt. Dieser Erlass hat auch über NW hinaus großes Interesse gefunden (vgl. z. B. OVG Rh-Pf, U. v. 24.8.2000 – 1 C 11457/99 – BauR 2001, 907, Fn 32). Inzwischen haben die meisten Länder ähnliche zum Teil voneinander abweichenden Erlasse veröffentlicht. Außerdem hat die Rspr. mit vielen Entscheidungen weitgehend zur Klärung bislang offener Fragen beigetragen. Angesichts dieser Entwicklung halten es die Verfasser für nicht erforderlich, weiterhin wie in früheren Auflagen einen Einzelhandelserlass eines Landes (früher NW) – auch nicht auszugsweise – abzudrucken. Soweit in Einzelhandelserlassen der Länder besondere Gesichtspunkte enthalten sind, die zur Auslegung der Materie für die gesamte Bundesrepublik von Interesse sind, wird in der Kommentierung darauf eingegangen. Im Übrigen wird empfohlen, bei besonderen Fragen den jeweiligen Einzelhandelserlass des betreffenden Landes beizuziehen.

Abstände zwischen Industrie- bzw. Gewerbegebieten und Wohngebieten im Rahmen der Bauleitplanung und sonstige für den Immissionsschutz bedeutsame Abstände (Abstandserlass Nordrhein-Westfalen 1998)

Erläuterung

Um den bei der Bauleitplanung beteiligten Gewerbeaufsichtsbehörden im Hinblick auf die sich aus § 50 BImSchG ergebenden notwendigen Schutzabstände zwischen emittierenden Gebieten und Wohngebieten eine Grundlage für einheitliche Stellungnahmen zu geben, hat der Minister für Umwelt, Raumordnung und Landwirtschaft des Landes NW durch den sog. »Abstandserlass« und die diesem beigefügte »Abstandsliste« für die immissionsrelevanten Industrie- und Gewerbearten Schutzabstände zwischen diesen Anlagen und Wohngebieten bekannt gemacht. Bei Einhaltung dieser Abstände ist im Allgemeinen ein ausreichender Schutz der Wohnbevölkerung vor Immissionen sichergestellt, wenn die aufgeführten Anlagen dem Stand der Technik entsprechen.

Der »Abstandserlass« stellt in seiner ursprünglichen Zweckbestimmung eine verwaltungsinterne Weisung der obersten Landesbehörde an die *(früheren)* Gewerbeaufsichtsbehörden (jetzt *staatl. Umweltämter bzw. Immissionsschutzbehörden*) dar. Es hat sich aber bewährt, die Regeln auch für die Bauleitplanung zu verwenden. Er ist jedoch für die Träger der Bauleitplanung *nicht verbindlich*. Der Immissionsschutz genießt unter den bei der Bauleitplanung zu berücksichtigenden Belangen keinen Vorrang. Die Gemeinden können daher bei der Abwägung der verschiedenen Belange nach § 1 Abs. 7 BauGB beim Überwiegen anderer Belange den Immissionsschutz in gewissem Maße zurückstellen und die Abstände verringern, soweit deren Einhaltung nicht möglich ist (vgl. § 50 BImSchG). Der Abstandserlass selbst lässt bereits unter bestimmten Voraussetzungen eine Unterschreitung der angegebenen Schutzabstände zu. Die Gemeinde muss jedoch bedenken, dass bei einer Unterschreitung der Abstände des Abstandserlasses sich u. U. Rechtsfolgen ergeben, auf die im Abstandserlass im Einzelnen hingewiesen ist.

Die dem Abstandserlass beigefügte Abstandsliste gilt für die bauplanungsrechtliche Darstellung bzw. Festsetzung von Industrie- und Gewerbegebieten in ihren Abständen von reinen und allgemeinen Wohngebieten sowie Kleinsiedlungsgebieten, mit gewissen Maßgaben auch von Mischgebieten, Dorfgebieten, Kerngebieten und besonderen Wohngebieten. Sie ist auf bestehende Immissionssituationen (»Gemengelagen«) und im Baugenehmigungsverfahren nicht anwendbar.

Der Abstandserlass NW wurde erstmalig am 25.7.1974 herausgegeben und hat nach mehreren Novellierungen inzwischen die Fassung vom 2.4.1998 erhalten. Dabei ist insbes. die Abstandsliste überarbeitet worden.

Der Abstandserlass hat über NW hinaus großes Interesse gefunden, da – soweit ersichtlich – seinerzeit vergleichbare Regelungen in anderen Ländern nicht bestanden. Inzwischen haben einige Länder – auch neue Länder – dem Abstandserlass NW entspr. oder ähnliche (teilweise auch nur nicht veröffentlichte) Regelungen erlassen. Damit die Abstandserlasse entspr. ihrer Zweckbestimmung richtig angewendet werden, ist es wichtig, die Ausführungen der Er-

Abstandserlass **Anh. 9**

lasse zu beachten; eine etwa nur schematische Anwendung lediglich der Abstandsliste im Bauleitplanverfahren ist nicht vertretbar. Auf die Wiedergabe der noch in der 8. Auflage enthaltenen umfangreichen Abstandsliste und des Abstandserlasses NW wurde in der vorliegenden Auflage aus Platzgründen verzichtet. Im Bedarfsfall ist der Abstandserlass in der neuesten Fassung einschließlich der Abstandsliste des jeweiligen Landes heranzuziehen.

In den Ländern, in denen es einen solchen Erlass nicht gibt, hat es sich bewährt, z.B. bei der Festsetzung von Industriegebieten im B-Plan, die Abstandsliste aus dem Abstandserlass von NW heranzuziehen. Das Ministerialblatt NW 1988 S. 744 mit dem zzt. aktuellen Erlass ist zu beziehen im A. Bagel Verlag, Grafenberger Allee 100, 40237 Düsseldorf oder aus dem Internet zu entnehmen (www2.geographie.uni-halle.de/raum_umw//lehre/einf/abstand.htm.).

Der Einbau in den B-Plan geschieht sinnvollerweise dadurch, dass die Teile der Abstandsliste mit den Anlagen, die im B-Plan ausgeschlossen werden sollen (z.B. wegen der Nähe zur Wohnnutzung), in den Text des B-Plans (z.B. als Anlage) übernommen werden.

Gesetz über die Umweltverträglichkeitsprüfung (UVPG)

Das UVPG braucht bei der Bauleitplanung einschließlich der in der Anlage 1 zum Gesetz beigefügten Liste nach den Änderungen durch das EAG Bau von 2004 nicht mehr als Text herangezogen zu werden. Das ergibt sich aus dem nachfolgend abgedruckten § 17 UVPG. Bereits in den früheren Fassungen des Gesetzes wurde seit 1990 die Verknüpfung zwischen Umweltverträglichkeitsprüfung und Bauleitplanung durch § 17 in der jeweiligen Fassung hergestellt.

Nur an einer Stelle nimmt das BauGB jetzt noch direkt Bezug auf das UVPG (bzw. dessen Anl. 1): In § 13 BauGB wird in Abs. 1 Nr. 1 das »Vereinfachte Verfahren« ausgeschlossen für Fälle, in denen die Zulässigkeit von Vorhaben, die gem. Anl. 1 zum UVPG einer Pflicht zur Durchführung der UVP unterliegen, vorbereitet oder begründet werden soll. Bei solchen Vorhaben handelt es sich jedoch i. d. R. um so große Projekte, dass von vornherein die vereinfachte Änderung nach § 13 eher weniger in Frage kommen dürfte.

Im Anhang 10 zur 10. Auflage ist die Liste, aus der die UVP-pflichtigen Vorhaben hervorgehen, abgedruckt.

Auszug aus dem UVPG in der Fassung vom 5. September 2001 mehrfach geändert u.a. und in wesentlichen Teilen durch das EAG Bau v. 24.8.2004 (BGBl. I S. 1359), durch das Gesetz zur Einführung der Strategischen Umweltprüfung und zur Umsetzung der Richtlinie 2001/42/EG (SUPG) v. 25.6.2005 (BGBl. I S. 1746) und zuletzt durch das Gesetz zur Reduzierung und Beschleunigung von immissionsschutzrechtlichen Genehmigungsverfahren vom 23.10.2007 (BGBl. I 2007, 2470).

»§ 17 Aufstellung von Bauleitplänen

(1) Werden Bebauungspläne im Sinne des § 2 Abs. 3 Nr. 3, insbesondere bei Vorhaben nach den Nummern 18.1 bis 18.9 der Anlage 1, aufgestellt, geändert oder ergänzt, wird die Umweltverträglichkeitsprüfung einschließlich der Vorprüfung des Einzelfalls nach § 2 Abs. 1 Satz 1 bis 3 sowie die §§ 3 bis 3f im Aufstellungsverfahren als Umweltprüfung nach den Vorschriften des Baugesetzbuchs durchgeführt. Abweichend von Satz 1 entfällt eine nach diesem Gesetz vorgeschriebene Vorprüfung des Einzelfalls, wenn für den aufzustellenden Bebauungsplan eine Umweltprüfung nach den Vorschriften des Baugesetzbuchs, die zugleich den Anforderungen einer Umweltverträglichkeitsprüfung entspricht, durchgeführt wird.

(2) Besteht für die Aufstellung, Änderung oder Ergänzung eines Bauleitplans nach diesem Gesetz eine Verpflichtung zur Durchführung einer Strategischen Umweltprüfung, wird hierfür eine Umweltprüfung einschließlich der Überwachung nach den Vorschriften des Baugesetzbuchs durchgeführt.

(3) Wird die Umweltverträglichkeitsprüfung in einem Aufstellungsverfahren für einen Bebauungsplan und in einem nachfolgenden Zulassungsverfahren durchgeführt, soll die Umweltverträglichkeitsprüfung im nachfolgenden Zulassungsverfahren auf zusätzliche oder andere erhebliche Umweltauswirkungen des Vorhabens beschränkt werden.«

Diese Fassung des § 17 stammt bereits aus der Änderung von 2004 (EAG Bau). § 17 wurde, anders als andere Paragraphen, mit dem Gesetz von 2005 (SUPG) nicht geändert. Die Erwähnung der »Strategischen Umweltprüfung« (besonderes Verfahren nach der EG-Richtlinie 2001/42) in Abs. 2 stand zunächst isoliert im Gesetz, da nirgends im UVPG sonst etwas über dieses Verfahren ausgesagt war. Erst mit dem SUPG wurde 2005 die Strategische Umweltprüfung in das UVGP eingeführt, wobei in § 14b Abs. 1 Nr. 1 i. V. m. der Anlage 3 Nr. 1.8 UVPG auch für FN- und B-Pläne, also für den überwiegenden Teil der Bauleitplanung überhaupt, die »Strategische Umweltplanung« zur Pflicht gemacht wurde. Gleichzeitig wurde jedoch der oben zitierte Abs. 2 des § 17 UVPG nicht geändert, so dass sich durch die Regelung in § 14b UVPG gar nichts geändert hat.

Stichwortverzeichnis

Die halbfetten Zahlen verweisen auf die Paragraphen, die mageren Zahlen nach dem Komma auf die Randnummern (Rn) der Erläuterungen.

Beispiel: **3**, 11 = § 3 Rn 11,
34, 2 = § 34 BauGB Rn 2

A

»**Boarding**«-Haus **6**, 6.41; **8**, 11.1
»**Vertikale**« Gliederung **1**, 76, 111
–, Grenze der -n **1**, 112
Abenteuerspielplatz 3, 25.1, 25.6; **4**, 20.1
Abfallbehälter **14**, 6; **21a**, 9
– beseitigungsanlagen **6**, 12.3
– rohre **23**, 13
Abgrenzung des Baugebiets **1**, 84
Abhängigkeitsverhältnis der Grundstückseigentümer **Vorb.** 26
Abholmarkt im GIGebiet **9**, 7
Ablösung der Stellplatzverpflichtung **12**, 2
Abluftreinigungsanlagen, Einbau von – **5**, 8.62
Abortraum 21a, 3
Abschirmung 1, 60
Abstand 1, 46.1
– serlass **1**, 46.1, 46.2, 97; **Anh.** 9
– sermittlung durch Tierbestände **5**, 9.11
– sflächen **20**, 26, 33; **23**, 21
– sliste **1**, 48.2; **Anh.** 9
– sklassen **1**, 46.1; **Anh.** 9
– sregelungen als Instrument zur Konfliktbewältigung **1**, 52.4
– nach Abstandserlass **1**, 46.2, 97
–, bauliche Anlagen in – **20**, 26
Abstellplätze f. die Kfz. der Post **6**, 13
– raum im Grenzabstand **22**, 8.2
– und Waschplatz für LKW, gewerblich **4**, 14
Abstimmung, gemeindenachbarliche **1**, 20.1; **11**, 11.21, 18.14
Abwägungsgebot **1**, 14, 15
– vorgang, Mangel im – **1**, 16
Abwehransprüche, Verzicht auf – **1**, 46.7
– berechtigter Nachbar, wer? **Vorb.** 43
– von Nachteilen **1**, 21
Abweichen
– von der geschlossenen Bauweise **22**, 9.1
– vom Erfordernis des Einfügens **34**, 26
–, keine Anwendung auf Einzelhandelsbetriebe **34**, 28
Aerobic 4, 6.2

Agglomeration von Einzelhandelsbetrieben **11**, 16.8, 32, 32.1
Allgemeine Art der baulichen Nutzung **1**, 22
– s **Wohl**, Begriff **Vorb.** 7.4; **34**, 18
– s **Wohngebiet**, Diskotheken **4**, 21
–, Eigenverbrauchertankanlage **4**, 21
–, Kegelanlage **4**, 22
–, Lagergebäude **4**, 22
–, LKWGaragen **4**, 23
–, Minigolfplätze **4**, 23
–, Steinmetzwerkstätte **4**, 24
Allgemeines Wohngebiet, Störanfälligkeit **4**, 2
–, Tischlerwerkstatt **4**, 25.4
–, Warenautomat **4**, 26.2
Altane 19, 28
Altbestand, beseitigter – im Innenbereich **34**, 5
Altenheime **3**, 11.1,
– pflegeheime **Vorb.** 15; **3**, 20; **4**, 6.3
–, Begriff **3**, 11.3, 11.5
Altentagesstätten **3**, 19.4
– wohnanlagen **3**, 11.1
– wohngemeinschaft **3**, 11.5
– wohnheime **3**, 11.1
Amateurfunker 3, 24.5
Ambulante Einrichtung der Drogenhilfe **7**, 9.1-9.21
Änderung, bauplanungsrechtlicher Begriff **15**, 26
– Begriff **15**, 16
– von Anlagen **15**, 25
Andienungsverkehr 2, 20
Anforderungen an gesunde Wohn- und Arbeitsverhältnisse **8**, 14.1; **15**, 23
Anhänger zum Befördern von Hobby-Tieren **12**, 11
Anlageberater 13, 4.1
Anlagen 1, 81, 88
– an der Stätte der Leistung **14**, 9
–, Begriff **1**,81
– bezogene Planung **1**, 45, 47.5, 47.6, 47.11, 47.12, 47.13
– bezogener Bebauungsplan **1**, 133; **9**, 5.2; **11**, 3
– der Außenwerbung **14**, 9; **34**, 7
– Festsetzungen **1**, 47.11
– für Gemeindebedarfszwecke **6**, 14; **Vorb.** 11.6
– erneuerbare Energien **14**, 11.11

1301

Stichwortverzeichnis

- gesundheitliche Zwecke Vorb. 15; 2, 22; 4, 6.2; 6, 13
- –, Begriff Vorb. 15
Anlagen für kirchliche Zwecke Vorb. 13; 2, 22; 4, 6.11; 6, 13
- –, Grundsatz Vorb. 13
Anlagen für kulturelle Zwecke Vorb. 13; 2, 22; 6, 13
Anlagen für soziale Zwecke Vorb. 14; 6, 13; 8, 15.2
- –, Begriff Vorb.14; 3, 19.6, 19.62
- –, Gebietsverträglichkeit 4, 6.61
Anlagen für sportliche Zwecke Vorb. 12, 12.92, 15; 2, 22; 3, 19.81, 19.82, 19.91; 4, 7.4, 11; 6, 13; 7, 7.91; 8, 13
- als Nebenanlage Vorb. 12.2
- –, Begriff Vorb. 12 f.
- –, Gebietsverträglichkeit Vorb. 12.100; 4, 7.1
- –, Lärmschutz Vorb. 12.96
- –, Planung Vorb. 12.72
- –, Reichweite des Nachbarschutzes Vorb. 12.18
- –, Sonderstellung Vorb. 12.12
- –, städtebaulicher Begriff Vorb. 12
Anlagen für Verwaltungen 4, 11; 6, 13
- –, Begriff 4, 11
- örtliche Verwaltungen 5, 20
Anlagen, haustechnische 21, 8
- mit zentraler Bedeutung 4a, 21
- –, sonstige 1, 127
- und Betriebe, Typisierung Vorb. 9
- zum Braten, Dämpfen oder Kochen von Kartoffeln 5, 14
- zum Teppichklopfen 21a, 9
- zum Wäschetrocknen 21a, 9
Annahmestellen für Reinigungen 2, 11
Anpassung bestehender B-Pläne 11, 28
Ansammlung von nur wenigen Läden 11, 18.4
Anschluss- und Benutzungszwang (z. B. von Erdgas) 1, 51.7
Anspruch auf Erlass eines Bauleitplans durch Vertrag 1, 19
- –, kein – auf Aufstellung von Bauleitplänen 1, 18
Anstreicher 2, 20
Antennenanlage als Nebenanlage 3, 24.5
- gittermast, Errichtung eines –es 4, 18
Antragsbefugnis der Gemeinde 11, 11.2
Antrittsstufen 23, 13
Anwendungsbereich, kein Beurteilungsspielraum 15, 3.1
Anzahl und Lage, Zulässigkeitsvoraussetzungen nach – 15, 10
Anzeigeschilder 23, 13
Apotheken 2, 12
Arbeitersiedlungen 1, 61
- erwohnheim 3, 16.32

- samt **4a, 21**
- sbühne **20,** 9
- splatzdichte **16**, 6
Architekten 13, 4
Architekturbüro 3, 22
Arkaden 7, 17.1; **23**, 12
Art der baulichen Nutzung, nachbarschützend Vorb. 37.1
Art der Nutzung von Sondergebieten **10**, 7
Arten der baulichen Anlagen **1,** 126
- Nutzung **1,** 31, 79
Arten von Nutzungen, Begriff **1,** 79
Arzt f. Allgemeinmedizin **2**, 27
Ärzte 4a, 19
Ärztliche Gemeinschaftspraxis, Größe der - **13,** 7.2
Asphaltmischanlage 9, 7.14
Asylbewerber, Begriff **3**, 16.43
- –, Unterbringung von –n **3**, 16.4; **4**, 6.5
- –, Unterkünfte **3**, 16.4, 16.45; **9,** 9.2; **11,** 4.1
Atelier eines Malers 13, 4
Atriumhaus 16, 59.3; **17,** 5; **20**, 8; **22,** 10
- –, Begriff **17**, 5
Attraktivität, Verbesserung der – der Innenstädte **11**, 18.15
Atypische Betriebsweise Vorb. 10.2
- Fallgestaltung **11,** 27.1, 34.12
- gewerbliche Anlagen Vorb. 10.2
- r Betrieb, Zulassung als – Vorb. 10.13
- s Bauvorhaben Vorb. 10.1
Aufenthalt, dem ständigen – dienende Anlagen **34,** 2
- –, dem vorübergehenden – dienende Anlagen **34,** 2
Aufenthaltsraum 20, 24
- –, Dachgeschoss **20,** 13
- in anderen Geschossen **20,** 20
- in Kellergeschossen **20,** 15
Auffüllen von Baulücken **1,** 48.1
Aufsichts- und **Bereitschaftspersonen 8,** 14
Aufstellplatz, Begriff **10,** 31.1
Aufzüge 21a, 24; **23,** 21
Auktionator 13, 4
Ausdehnung der Umgebung **15,** 23
Ausflugsgaststätte 16, 59.5
Ausgleichende Maßnahmen **17,** 44, 47
- Umstände **17**, 44, 45, 51, 52
Auslandsvertretungen 4, 12
Ausnahmen, Ausschluss von – **1,** 107, 122
- –, Begriff **1,** 105
- –, Umwandlung von – **1,** 108, 123
- –, Zulassung von Vorb. 6.5
- von den Maßfestsetzungen **16,** 63
Ausnahmesituation, städtebauliche – **17,** 59

Stichwortverzeichnis

Ausnahmsweise Zulassung von Anlagen, funktionelle Zuordnung **2**, 25.25
Ausprägung des Rücksichtnahmegebots **15**, 7,23.4
Ausschluss von Ausnahmen **1**, 107
– Betrieben der Lebensmittelbranche **11**, 34.11
– Einzelhandel in Gewerbe- und Industriegebieten **11**, 34.10
– Nutzungen **1**, 100, 101; **11**, 34.8
– zentrumsrelevanten Sortimenten im Gewerbegebiet **11**, 34.6, 34.7, 34.9
Außenganghaus **20**, 31
– **geräuschpegel**, Bedeutung **15**, 19.4
–, Berechnung **15**, 19.3
–, Einhaltung eines -s **15**, 18.4
Außenpegel 15, 18.3
Außenwerbung, Anlagen der – **14**, 9; **34**, 7
Aussicht 16, 59.5
–, schöne **16**, 59, 59.5
– smöglichkeit **16**, 59.5
–, Unverbaubarkeit **16**, 59.5
Aussiedler 3, 16.4
–, Begriff **3**, 16.43
– -heim im MD **5**, 20.11
–, Kennzeichnung **3**, 16.46
Ausstellungs- und Lagergebäude mit Büro im WA-Gebiet **4**, 9.42
Ausstellungsräume 4a, 19
Austauschverhältnis der Grundstückseigentümer **Vorb.** 26
Austrittsöffnung f. d. Abluft **5**, 9
Auswirkungen auf die natürliche Funktion des Bodens **19**, 26
– von Handelsbetrieben **11**, 25.1
–, schädliche – auf zentrale Versorgungsbereiche **34**, 6.3, 14.3, 23
Autobahnüberbauungen **1**, 115
– -lackiererei, Zulässigkeit **15**, 24.4
– maten am Vorgartenzaun **3**, 24.61
– matische (Auto-)Waschanlage **2**, 23; **6**, 15
– matische Autowaschstraße **6**, 9.2
– salon **11**, 19.8
– verwertungsanlage **Vorb.** 10.56
– waschanlage (Tankstelle) **4**, 10.12
– waschhalle **2**, 23

B

Bäcker 2, 20
– -ei im MD **5**, 19.2
– -ei **2**, 11; **3**, 18.1
–, Backwarenumsatz durch Verkaufswagen **4**, 4.61
Bademeister 13, 4
Bahnhofsverkaufsstellen 2, 10.1
Balettschule 3, 19.92

– Zulässigkeit einer – **4**, 9.2
Balkon 20, 28; **23**, 13, 14
Bank(en), Sparkassen **4a**, 19
Bar, Begriff **6**, 6
Basement 20, 15
Basketballplatz **3**, 19.84
Bau- oder Robinsonplätze 3, 25.6
Bau- und betriebstechnische Auflagen **5**, 8,51
Bau- und Raumordnungsgesetz Einf., 2a)
Baubeschränkungen im Lärmschutzbereich **1**, 62
Bauflächen 1, 1, 3, 24
– **gebiete 1**, 1, 3
– svorschriften, nachbarschützender Charakter der – **Vorb.** 37
–, sgrenzen **1**, 38
–, Begriff **1**, 31
–, Darstellung von -en **1**, 26, 29
–, Größe des -s **1**, 32
–, Teile des -s **1**, 125
–, Wirkung der Festsetzung von -en **1**, 72
Baugebot 16, 54
Baugenehmigung, modifizierte – **15**, 29
Baugrenze 23, 16
–, **Nachbarschutz von** -n **23**, 6, 6.2
–, vorderen -n **23**, 7.1
–, seitlichen -n **23**, 7.3
–, rückwärtigen -n **23**, 7.2
Baugrundstück, Begriff **19**, 2
– land **19**, 6
Baulast, Erschwerung der Zulassungsfähigkeit **8**, 14.11
–, möglicher Inhalt einer – **8**, 14.24
–, Sicherstellung der Beibehaltung **8**, 14.2
–, Vereinigungs – **19**, 3
–, Zuordnung einer – zum Betrieb **8**, 14.23
Bauliche Anlage, Begriff **Vorb.** 17; **1**, 127
–, bundesrechtlicher Begriff **Vorb.** 17
–, ebenerdige – **19**, 5
–, freigestellte -n **17**, 5; **19**, 3
–, Höhe der -n – **16**, 14, 30
–, Höhenlage **18**, 2, 4
–, im Grenzabstand **22**, 8.1, 8.2
–, in Abstandflächen **20**, 33; **23**, 21
–, planungsrechtlicher Begriff **Vorb.** 17
–, unterirdische – **16**, 61; **19**, 16; **21a**, 30; **23**, 21
Bauliche Nutzung, Änderung der -n – **17**, 51
– r Schallschutz bei Fluglärm **1**, 62
– r Wärmeschutz an Gebäuden **1**, 67.5
– Abweichung von der – **23**, 13
–, Begriff **23**, 9
– gestaffelte – **23**, 12
– in Obergeschossen **23**, 12

1303

Stichwortverzeichnis

–, Nachbarschutz bei -n **23**, 6, 6.2
–, seitliche – **23**, 11
–, unterirdische – **23**, 12
–, vordere **23**, 10
Baulücken in geschlossener Bauweise **22**, 9; **23**, 9
– im nicht beplanten Innenbereich **34**, 2, 7.1
Baumarkt 11, 10.1, 11.2, 11.22, 27.2
Baumasse 21, 1
–, Ermittlung der – **21**, 2; **21a**, 25
–, Festsetzung der – **16**, 26
–, tatsächliche – **21**, 4
Baumschulen **2**, 8.1
Baunachbarrecht, privates **Vorb.** 24
Bauplanungsrechtlicher Nachbarschutz, Austauschverhältnis **Vorb.** 26.2
Baurechtliche Nachbarklage **Vorb.** 22
Bauschall-Dämmaße **15**, 18.4
Bauschreinerei (Möbel) **3**, 26.1
– stellenschilder, Werbeanlagen **14**, 10.1
– teil, untergeordneter – **23**, 13
– u. Möbelschreinerei **3**, 26.1
– verbote in Lärmschutzbereichen **1**, 62
– voranfrage **Vorb.** 20
Bauschuttrecyclinganlage 8, 6.11
Baustofflagerplatz, Zulässigkeit eines -s **4**, 9.41
Baustoffsortier- und -aufbereitungsanlage 8, 6.16
Bauweise, abweichende – **22**, 10
–, Abweichen von der geschlossenen – **22**, 9.1
– Atrium- oder Gartenhofhaus **22**, 10
Bauweise, Baulücken in offener – **22**, 9
–, Begriff **22**, 1
–, Festsetzung der – **22**, 2
–, geschlossene – **22**, 9
–, halboffene – **22**, 10
–, Ketten – **22**, 10
–, Nachbarschutz in -r **22**, 8
–, offene – **22**, 4
–, Teppich – **22**, 10
–, Winkel – **22**, 10
–, Zeilen – **22**, 4, 6, 10
Bebauung, grenznahe – **22**, 5
– **s**dichte **16**, 2, 3, 25
– Mindest – **16**, 48
Bebauungsgenehmigung 15, 31
–, Begriff **Vorb.** 19
–, Verfahren bei der – **Vorb.** 20
Bebauungsplan, anlagen-(vorhaben-)bezogener – **1**, 10, 47.5; **11**, 3
Bebauungsrechtliches Planerfordernis 1, 12
Bebauungstiefe **23**, 17, 18
–, überwiegende – **17**, 55

– szusammenhang im Innenbereich **34**, 2
– Grenze des -s **34**, 2.1
Bedarf, durch die zugelassene Nutzung verursachter – **12**, 9
Bedürfnisprüfung Vorb. 5; **2**, 9, **15**, 10
–, kein Raum für – **11**, 14.1
Beeinträchtigung des Orts- und Landschaftsbildes, Begriff **16**, 45, 46
Befreiung von Vorschriften **Vorb.** 10.4, 10.5
–, Funktion der – **Vorb.** 7.2
–, Grundsatz **Vorb.** 7
–, entsprechende Anwendung im Innenbereich **34**, 17, 18
–, planungsrechtliche – **Vorb.** 7
Begehbare Verkehrsflächen **7**, 17.1
– Sammelanlagen, Nebenanlagen **14**, 7.1
Begriff des Nachbarn **15**, 22
Begründung zum Bebauungsplan 1, 10
Behandlung nachbarlicher Immissionen, **15**, 24.42
Behandlungsinstitute, medizinische **Vorb.** 1, 15
Beherbergungsbetriebe, kleine **3**, 18
–, keine **3**, 19.5
–, unterschiedliche Nutzung **9**, 7.1
Beherbergungsgewerbe, bauplanungsrechtlicher Begriff **3**, 19
Behindertenheim 3, 19.6
Bekleidungsgewerbe **6**, 9
Belange 1, 14
–, gesundheitliche – **17**, 30
–, öffentliche – **17**, 49, 50
–, private – **1**, 17
–, sonstige öffentliche – **17**, 49
Belästigungen 15, 11
–, Begriff **15**, 11.1
–, erhebliche – **1**, 44
Belastungsgebiete 1, 45.1
– nach BImSchG **9**, 2.1
Beleuchtungskörper 23, 13
Belichtung 7, 31
Belüftung 17, 31
Benzinzapfstelle, private **14**, 12
Beratender Beruf 4a, 19
Beratungsstellen, konfessionelle **Vorb.** 13
Berücksichtigung unterschiedlich störanfälliger Gebiete **15**, 3
Berufe, beratende **4a**, 19
Berufsausübung, freiberufliche (§ 13) – **2**, 27
–, wohnartige – **13**, 5, 6
Beschriftungen 14, 9
Beseitigung von Trennwänden 15, 26
Besondere Eigenart, Begriff **4a**, 7
– städtebauliche Gründe **1**, 114; **17**, 25, 53

Stichwortverzeichnis

- Struktur des Baugebiets **15**, 4
Besonderheiten, betriebliche – **11**, 27.2
Besonnung 17, 31
Bestandsgebiete 1, 47, **17**, 7
Bestandsnutzungsschutz Vorb. 21.7
Bestandsschutz 1, 49
–, aktiver – **Vorb.** 10.63
–, Begriff **Vorb.** 10.62
–, erweiterter – **1**, 132
–, qualifizierter – **5**, 2.1
–, Rechtsinstitut des -es **Vorb.** 10.6
–, Reichweite des -es **Vorb.** 10.6; **15**, 28.1
–, überwirkender – **Vorb.** 10.9; **15**, 28.2
–, Umfang des -es **15**, 28.2
–, wirkender – **Vorb.** 10.64
Bestattungsinstitut Vorb. 13.1; **4**, 21.1
Bestimmtheit von Festsetzungen **1**, 72
– von Sortimentsfestsetzungen **11**, 34.13
Bestimmung der Eigenart des Baugebiets **15**, 8
Betonbereitungsanlage, Aufstellung einer – **6**, 20.1
Betrachtungsweise, typisierende **Vorb.** 10; **4**, 9.57; **15**, 9
–, summierende – **11**, 32.1
Betreiber einer Internetagentur **13**, 4.12
Betrieb, Begriff **1**, 80
– e zur Verarbeitung u. Sammlung land- u. forstwirtschafflicher Erzeugnisse **5**, 12
– des Beherbergungsgewerbes **3**, 19; **4**, 8; **4a**, 16.2; **5**, 17.2; **6**, 6; **7**, 7.2
– sbezogene Wohnungen **8**, 14; **9**, 9
– sform **1**, 80
– sgrundstück, Teilung eines -es **8**, 14.13
Betriebliche Besonderheiten **11**, 27.2
Betriebserweiterung, Interesse an - **5**,2.11
– größe, Differenzierung nach – **11**, 33.3
– höfe **8**, 10.1
– kindergarten **8**, 17.2
– sportanlagen **8**, 17.2
– **wohnungen 7**, 11; **8**, 14.1
–, Zulassung von – **8**, 14.1
Betriebszweige 1, 80
Betroffenheit, personenbezogene (Nachbar) **Vorb.** 45
Betsaal, islamischer **4**, 6.13
Beurteilung von Immissionswerten **15**, 20.3, 24.4
Beurteilungspegel 1, 44.3, 55, 56; **15**, 18
Bevölkerungsdichte 16, 2
Bezirksverwaltung einer Großstadt **4a**, 21
Bienenhaltung 3, 26.2
Bierbar, Nutzungsänderung **15**, 34.1

Biergartenbetrieb als Schank- u. Speisewirtschaft **4**, 4.26; **6**, 6.2
Bierlokale 2, 13
Bildung eines Mittelwerts **5**, 8.5, **15**, 23.3
Billardcafé **4a**, 23.61
– tische in Schank- u. Speisewirtschaft **4**, 4.24
– **spielen 4**, 26
–, Einstufung **4a**, 23.61
–, Snooker- – -salon **1**, 128.4
Biogasanlage 5, 3.43, 18.6
Blockrandbebauung, mehrgeschossige **4a**, 2
– heizkraftwerke **6**, 9.5
Blumenfenster **19**, 15
– läden **2**, 12
Boden, sparsamer und schonender Umgang mit Grund und – **1**, 46.1, 67.2
– veränderungen, schädliche – **2**, 69.21
Bodenertragsnutzung, unmittelbare – **5**, 6, 7.31
–, natürliche Funktionen des -s **19**, 26
Bolzplätze 4, 20.2
–, Begriff **3**, 19.85
– in Innenhöfen **4a**, 20
– in reinen Wohngebieten **3**, 19.87
–, Nachbarklage gegen – **3**, 19.96
–, Zulässigkeit **4**, 20.4; **6**, 14.3
–, zur Zumutbarkeit **4**, 20.61
Bordellartige Prostitution **4**, 9.53
–, Einstufung der – **4a**, 23.74
– r Betrieb **6**, 2.1
Bordelle Einstufung **4a**, 23.7
–, keine Vergnügungsstätten **4a**, 23.71; **7**, 7.4
– und Dirnenunterkünfte **8**, 5.3–5.5, 18.4; **9**, 8.12
Bowlingcenter **4a**, 22.6
Branchen 11, 21.2, 23.3, 33.5, 33.7
– mix **11**, 18.15
Brauereien 1, 141; **4a**, 17; **5**, 12
Bräunungsstudio 3, 19.81, 26.3
Brennereien 5, 12.1
Brennstoffhandlungen 2, 12; **5**, 15.1
Brieftauben 4, 15.1
–, Halten von – **3**, 23.1
– zucht **3**, 23.1
Bruttowohndichte 16, 2
Bücherhallen **11**, 18
– revisor **13**, 4
Bungalow 6, 4
Bürgergemeinschaftseinrichtungen **11**, 18.2
– kriegsflüchtlinge **3**, 16.46
Büro für Schiffs- und Versicherungsmakler **13**, 1
– gebäude **8**, 12
– – und Praxisräume **4a**, 19

Stichwortverzeichnis

C

Cafés 2, 13
Camping, Begriff **10**, 39
– und Zeltplatz **10**, 47
–, Errichtung **10**, 46.1
Campingplatz, bauliche Anlage **10**, 41
–, Begriffsinhalt **10**, 42
–, Anforderungen an – **10**, 43
Campingplatzgebiet, Erschließung **10**, 46
–, Mobilheime **10**, 47
–, Rechtsnatur **10**, 41
–, Standortwah1 **10**, 45
–, Störanfälligkeit **10**, 5
–, zulässige oder zulassungsfähige Anlagen **10**, 48
–, zulässige Freizeitunkünfte **10**, 47
–, Zweckbestimmung **10**, 45
Campingwesen 10, 3
Caravans 10, 32.1, 47; **12**, 11
Carport 12, 5.1, 22.1
Cash- und Carry-Lager 7, 8; **11**, 10.1, 14, 20.2
Container 12, 11
–, Begiff **10**, 32.1
Convenience-Store (Nachbarschaftsladen) **11**, 33.2

D

Dachboden als Taubenschlag 15, 34.7
Dachdecker **2**, 20
– konstruktion, Baumasse von – **21**, 2
– **geschoss 20**, 13
– ausbau im Innenbereich **34**, 8.1
– **raum 20**, 12
–, Aufenthaltsraum im – **20**, 24, 25
Dachorganisationen von Berufsverbänden **7**, 6
– schrägen **20**, 25
– terrassen **20**, 32; **22**, 8.2
– überstände **19**, 4.2
– vorsprünge **23**, 21
Dämpfe (Luftverunreinigung) **15**, 20
– n von Kartoffeln **5**, 14
Darstellung von Bauflächen 1, 22
Daseinsvorsorge, Begriff **Vorb.** 7.4
Dauerkleingarten 21a, 9
– gebiet, Einordnung von -en **10**, 3.2
–, Lauben **10**, 3.3
Dauerschallpegel **15**, 15.1
– wohnrecht, Inhaber eines -s **Vorb.** 43
Deckung des täglichen Bedarfs, Begriffsinhalt **3**, 18
Der Versorgung dienend, Begriff **4**, 4
Dichte, landesplanerische -angaben **16**, 6
–, Begriff **16**, 2
–, Wohnbelegung **16**, 25

Dienen, Begriffsmerkmal **2**, 9
Dienstleistungsbetriebe **2**, 11; **4a**, 18
– stellen **4a**, 21
Dieselkraftstoffbehälter mit Zapfstelle im WR-Gebiet **3**, 26.5
Dirnenunterkünfte 3, 16.34; **4a**, 23.7
Diskont-Geschäft(e) 4, 5.1; **5**, 16
Diskothek(en) 4a, 22.2; **11**, 18.2
–, Begriff **4a**, 22.3
– im Dorfgebiet **5**, 22.1
Doggenzucht 4, 16
Dolmetscher 13, 4
Doppelfestsetzung **1**, 39, 39.1
– häuser **22**, 6.3, 7
Doppelhaus, bauplanungsrechtlicher Begriff **22**, 6.33
Dorfgasthof **5**, 17.2
– **gaststätte,** Umwandlung in Diskothek **15**, 34.6
–, Nutzungsänderung **5**, 22.1
Dorfgebiet, Begriff **5**, 2.2
– sabstand bei Viehhaltung **5**, 9.21
– scharakter **5**, 8.4
– stypische Emissionen **5**, Abs. 2
–, Störanfälligkeit **5**, 4
– Umwandlung **5**, 1.4
Dörfliche Strukturen **5**, 1.53
Dorfmischgebiet **5**, 3.2
Drempelwand 20, 25
Drogenabhängige, Unterbringung von Obdachlosen -n **4**, 6.6
Drogerien 2, 12
– in WA-Geblet **4**, 5
Druckereien 4a, 17
– gewerbe **6**, 9
Dunggruben **14**, 6
– stätten **5**, 10
Durch zugelassene Nutzung verursachter Bedarf (freiberuflich Tätige) **12**, 7
Durchgänge 22, 9

E

Eckausklinkungen **23**, 12
– grundstücke **22**, 4; **23**, 17
Eiersammel- und Verwertungsstellen 5, 12
Eigenart der näheren Umgebung **34**, 5
– des Baugebiets **1**, 108; **15**, 1, 8
–, Widerspruch zur – **15**, 8, 9
Eigengewicht, Begriff **12**, 11
Eigenverbrauchertankanlage 4, 21.3
Einblickmöglichkeit 16, 59.3
Einbunkerung der Lärmquellen **Vorb.** 10.13
Einfacher Bebauungsplan 34, 3
Einfamilienhaus 3, 10.1
Einfriedigungen 23, 21
Einfügen (Innenbereich) **34**, 5, 6, 9

Stichwortverzeichnis

Eingangshalle **20,** 9
Eingerichteter u. ausgeübter Gewerbebetrieb Vorb. 10.8
Eingeschränktes Dorfgebiet **5,** 1.52
– Gewerbegebiet **8,** 1.4, 3.4, 18.2
– Industriegebiet **9,** 1.13
Einkapselung von Lärmquellen **Vorb.** 10.13
Einkaufsstraße **1,** 115
– erlebnis **11,** 18.15
– zentrum **11,** 12, 18.8
–, Begriff **11,** 18
Einkaufszentrum im Innenbereich **34,** 14.2
Einliegerwohnung, Begriff **2,** 5.1
Ein-Mann-Tischlereien im MD **5,** 19.3
Einrichtungen 14, 5
–, nichtbauliche Anlagen **14,** 4
– shaus **11,** 11.21, 11.31, 27.2
Einsprünge 23, 13
Einstellplatz – siehe Stellplatz **12,** 5
Einvernehmen der Gemeinde, Entfallen **15,** 1.1
Einwirkungsbereich der Anlage 15, 22.1
Einzelfall 1, 12, 34, 35
– planung **1,** 35
Einzelgrundstücke **1,** 36; **16,** 57
– häuser **22,** 6.2, 7
– handel **5,** 15.1
–, Abgrenzung zum Großhandel **5,** 16.1
– skonzept **34,** 32
–, Begriff **5,** 15
–, großflächige **8,** 8; **11,** 19
–, zentrumstypische **11,** 33.7
Einzelhandelsgroßbetrieb **6,** 5
Einzelhaus, bauplanungsrechtlicher Begriff **22,** 6.2
Einzelne Ausnahmen **1,** 106
– Grundstücke, Festsetzung für – **1,** 125; **16,** 57
– Nutzung **1,** 79, 79.2
Einzelplanung 1, 35
Einzugsbereich, Versorgung der Bevölkerung im – **11,** 25.4
Eisdielen **2,** 13; **6,** 6
– laufhallen **2,** 22
– verkaufs-Box **7,** 4.2
Elektrogroßhandlung **7,** 6
– installateure **2,** 20
Emissionen **1,** 93
– sverhalten von Betrieben und Anlagen **1,** 93, 94, 95
– swerte Festlegung von -(n) **1,** 94.1, 94.2
Empore 20, 9
Energieeinsparung **1,** 67.3, 67.5
– kennzahlen, Festsetzung von – **1,** 67.6
– sparverordnung **1,** 67.5
Energieeinsparung 1, 67.3

Entprivilegierung 15, 27
Entschädigung 1, 49; **11,** 29
Entsiegelung von Boden. **19,** 26
Entsorgungsbetrieb 4, 2.5
Entsorgungsleitungen und Baulinien **23,** 12
Entwickeln 1, 28, 70. 1
– aus dem FN-Plan **1,** 70.1
– des WB-Gebiets aus dem FN-Plan **4a,** 14
– von Sondergebieten aus dem FN-Plan **10,** 8
Entwicklungsmöglichkeit der Tierhaltung **5,** 3.21
- en, Vorrang der - **5,** 1
Entwicklungsplanung **1,** 5
– zentraler Versorgungsbereiche **11,** 25.5
Erbbauberechtigte Vorb. 43.1
Erdrückende Wirkung eines Baukörpers **34,** 6.2
Erforderlichkeit der Planung 1, 8.1
Erfordernis, bebauungsrechtliches – von Planung **1,** 12, 12.1
Erhebliche Belästigungen, Zumutbarkeitsschwelle **1,** 44
– **Nachteile,** Begriff **8,** 7.1; **15,** 12
– oder Belästigungen für die Umgebung **8,** 7.1
Erholung, Begriff **10,** 3
– sgebiete, Erschließung **10,** 17
– sgelegenheiten **10,** 3.1
– sheime **3,** 15
Erholungssondergebiete 10, 17, 19
–, äußere Erschließung **10,** 18
–, ausreichende Erschließung **10,** 19
Erker 15; 23, 13, 14, 21
Erneuerbare Energien, Einsatz –r – **1,** 67.7
Eros-Center 8, 16
Errichtung eines Wohnhauses im MD 5, 3.44
Errichtung von baulichen Anlagen 15, 25
Erschließung, gesicherte – **11,** 25.3
–, Umfang von – **10,** 19
Erschließungsbegriff für Erholungssondergebiete **10,** 18
– beiträge **10,** 18
Erweiterung der Baugebietsgrenzen 15, 22.1
Erweiterung, Begriff 15, 25
Erwerbsgartengebiet **11,** 5
– garten-Intensivbaugebiet **11,** 5
– obstbau **2,** 8
Erzeugnisse der Landwirtschaft **5,** 12
Etikettenschwindel 1, 47.4
Europarechtsanpassungsgesetz Bau – EAG Bau 1, 50.31
Express-Schuhbar 2, 16

Stichwortverzeichnis

F

Fabrikbetrieb (Abgrenzung z. Handwerk) **2**, 15.1
Fabrik-Verkaufszentren 11, 18.9
Fachmarkt **11**, 19.91, 27.2, 32.3
– verbände **4a**, 19
– werkbinder **21**, 4
Factory-Outlet-Center 11, 18.9, 19.91
Fahrradschuppen **14**, 7
Fahrschulraum nicht freiberuflich **4**, 14.21
Fakten z. d. Immissionen 15, 15
Faltanhänger, Begriff **10**, 47
Familienheim 3, 20.5
Federballplätze 14, 6
Fellsalzerei 6, 21.2
Fensterbänke **19**, 4.2; **23**, 13
– flügel **23**, 13
– gitter **23**, 13
Ferienappartements 3, 19
–, Vermietung von – **8**, 11.3
Feriencamping **10**, 39
– gebiete **10**, 34.1
– **häuser 3**, 19
–, Grundfläche **10**, 36
Ferienhausgebiete, Festsetzung von -n **10**, 14
–, Begriff **10**, 34
–, Beispiel zur Festsetzung von -n **10**, 37.1, 38
, Formen der – **10**, 35
–,
10, 35.1, 36
–, Lärmbelastung von -n **10**, 35.12
–, Störanfälligkeit **10**, 4
–, Variationsbreite **10**, 36.1
–, zulässige Anlagen **10**, 38
–, Zweckbestimmung **10**, 34
Feriensiedlungen **10**, 34
– **wohnungen 10**, 34
–, Ausstattung **10**, 37
Fernheizwerke 8, 10.1
Fernmeldeamt **6**, 13
– technische Hauptanlagen **14**, 11.11
Fernwärmeversorgung 1, 67.1
Fernwirkungen von Einzelhandelsbetrieben **11**, 32.13, 34.3; **34**, 5
Fertigungshalle für landwirtschaftliche Maschinen **8**, 8.2
Festhalle 4, 6.44; **9**, 7.23
Festmist bzw. Gülle aus Rinderhaltung 5, 3.43
Festmistverfahren 5, 9.11
Festsetzung
–, unterschiedliche – für einzelne Grundstücke **1**, 125; **16**, 57
–, Verzicht auf einzelne – en **16**, 42
– **von** Beurteilungspegeln **1**, 95.1
– Emissionsbeschränkungen **1**, 51.22, 94.1
– Immissionsrichtwerten nach TA Lärm **1**, 96
– Orientierungswerten **1**, 95.2
– zulässiger Lärmemissionen **1**, 95
Feuermeldeanlagen **14**, 7
– wache **4**, 12
– wehrdepot(s) **4a**, 19; **6**, 13
– wehrhaus **5**, 20
– ungsanlagen **14**, 6.1
Firsthöhe 16, 31
Fitnessstudio, Führung eines -s **13**, 4.1
Flächen für Abfallbehälter **21a**, 9
– den Gemeinbedarf **1**, 39
– Gemeinschaftsanlagen **21a**, 7
Flächenbezogener Schallleistungspegel **1**, 95.2
– hafte Emissionsbeschränkung **1**, 61.1
Flächennutzungsplan 1, 22
Flachglasfall 1, 41.2
Fleisch- und Wurstwarengeschäfte 2, 11
Fleischwarenfabrik 6, 9.4
Fleischer 2, 20
Flickschneider **2**, 17.2
– schuster **2**, 17.2
Fluglärm **1**, 62
– plätze **1**, 62
–, Bauschutzbereiche der – **16**, 14
Flüssigkeitsbehälter 19, 16
Flüssigmistaufstallung 5, 8.55
Frauenhäuser 4, 6.31
–, Begiff **3**, 19.71
Freiberuflich Tätige (§ 13) **13**, 1
–, städtebauliche Typisierung **13**, 4
– **e Tätigkeit 3**, 22; **13**, 4
–, Abgrenzungskriterien **13**, 4
–, Nachbarschutz **13**, 1
–, wohnartige Beschäftigung **13**, 5
Freie Berufe, Begriff **13**, 4
Freigängerhaus 3, 16.33; **4**, 6.5
Freisitz 23, 7.1, 20, 29
– im Grenzabstand **22**, 8.1
–, überdachter **– 20**, 32
Freistehende Waschküchen 14, 6
Freitreppen **19**, 5
Freizeitcenter **10**, 3.1
– einrichtungen **21a**, 9
– heime **3**, 15
– lärm **15**, 19.82
– wohnmöglichkeiten im MD-Gebiet **5**, 11.1
– **wohngebiet 10**, 3.1
–, Nachbarschutz **10**, 6
Freizeitwohngelegenheiten, Begriff **10**, 3
Fremdenpension **8**, 11.3
– verkehrswesen **10**, 3
–, gewerblicher – einer Kurgemeinde **11**, 5.2
Fremdkörper im Baugebiet **1**, 132

Stichwortverzeichnis

Frequenzzusammensetzung 15, 14
Friseure 2, 20
Fuhrpark **4a**, 21
Fünf-Schacht-Automat (für Zigaretten) **4**, 26.2
Funktion, zentralörtliche – **11**, 11.22
Funktions
– einheit (Agglomeration) mehrerer kleiner Betriebe **11**, 32.1
Funktionsentfremdung **15**, 30
– losigkeit der bauplanerischen Festsetzung **1**, 12.2
Funktionsgerechte Nutzung **5**, 9.1
Fußballplatz **2, 22**
Fußballstadion Vorb. 4.9
Fußgänger-Einkaufsstraße, **1**, 115
– passagen **2**, 10; **23**, 12
– zone **1**, 115
Fußpfleger **13**, 4
Futtersilos 5, 6

G

Galerien 20, 9
Garagen 19, 14
– an der Nachbargrenze **22**, 8.2, 23, 21
– anlagen, gewerbliche **8**, 5; **12**, 3.1
–, Ausschluss von – **23**, 23
– bau in Vorgartenfläche **12**, 22.4
–, Begriff **12**, 5
–, dach, Blumentröge **12**, 27.3
–, Fahrgassen **12**, 15
– für freiberuflich Tätige **12**, 7.1
–, Gemeinschafts – **23**, 23
– höhe, Bemessung **12**, 27
–, Tief- **21a**, 4, 17
Garagengeschosse 20, 11; **21a**, 2, 3, 4
– als Großgarage (über 1000 m2) **21a**, 3, 17
–, Anrechnung auf die Geschossfläche und Baumasse **21a**, 2
–, Aufsichts- und Wartungspersonal **12**, 15
–, Begriffsdefinition **12**, 13
–, Festsetzung von -n **12**, 12
– für Lkws **21a**, 2, 17
–, Nebeneinrichtungen **12**, 15; **21a**, 3
–, Reparaturgruben in -n **21a**, 3
–, unterirdische -se **21a**, 21
Garagengrundstücke 19, 13
Gärfutterbehälter **5**, 10.1; **14**, 6.1
– silo **5**, 10.1
– trocknungsanlage **14**, 6.1
Garni-Betriebe 3, 19
Gartenbaubetriebe 2, 8; **6**, 16.22
–, Begriff **2**, 8
–, Umfang **2**, 8.1
Gartenbauliche Erzeugung, Begriff **5**, 6.2

Garten-Center **2**, 8.11; **11**, 19.91
– häuser im Sondergebiet **11**, 4.1
Gartenhof 17, 5
– haus **16**, 59.3; **22**, 10
Gartenlauben **2**, 28; **14**, 6; **19**, 9; **23**, 23
– unterkellerungen **19**, 16
Gärtnereien 2, 8
Gase (Luftverunreinigung) **15**, 20
Gästehaus für Firmengäste **9**, 7
Gastronomiebetrieb für größere Gesellschaften **6**, 1
Gaststätte mit Fremdenzimmern **3**, 27.1
– nlärm **2**, 13; **4**, 2
Gastwirtschaft (Unterschied z. Schankwirtschaft) **2**, 13
Gebäudeabstände **16**, 59.3
– als Ärztehaus **8**, 17.1
– bauordnungsrechtlicher Begriff **22**, 6.1
– reinigungsfirma **3**, 22.2
– **teil**, unwesentlicher **23**, 14
–, wesentlicher **23**, 14
Gebiete, im wesentlichen bebaute – **4a**, 6
– e, überwiegend bebaute – **17**, 55, 56
– scharakter **15**, 1
– sgemeinschaft **3**, 5.1
– süberschreitender Nachbarschutz **Vorb.** 37.1
– sübergreifende Regelung **15**, 23
Gebietsverträglichkeit Vorb. 9.2
–, abgestufte – **Vorb.** 12.63
–, Gebot der – **Vorb.** 12.62
–, **Vorb.** 7.2, 22, 26.2, 27, 37.1, 46; **4**, 6.5, 14.4; **8**, 3.12, 3.14, 15.1; **14**, 2.2
Gebot der Rücksichtnahme **1**, 48; **15**, 7.2, 23.11
– im Innenbereich **34**, 6.1
– **der gegenseitigen Rücksichtnahme 1**, 48; **Vorb.** 29.1; **8**, 3; **9**, 4.2; **15**, 7
– in Gemengelagen **1**, 48
– der planerischen Konfliktbewältigung **1**, 8.4
Gefahrengrenze 1, 43.3
Gegenseitige Rücksichtnahme **5**, 9.3
Gegenseitigkeit der Rücksichtnahme **15**, 24
Geh- und Fahrrecht für Verkehrsflächen **19**, 1
Geländeoberfläche, bauliche Anlagen unterhalb der – **19**, 16
–, festgelegte – **20**, 16; **21a**, 30
–, Festsetzungen unterhalb der – **16**, 61
–, Garagen unter der – **21a**, 25
–, natürliche **20**, 16
Gemeinbedarf 1, 39
–, Baugrundstücke für den – **23**, 2
– **sanlagen 4a**, 20; **14**, 7
–, Festsetzung von – **Vorb.** 11

Stichwortverzeichnis

Gemeindekirchenamt **4**, 12
- nachbarliche Abstimmung **11**, 11.21, 11.22

Gemeindliches Begegnungszentrum 4, 6.1

Gemeinschaftsanlagen **21a**, 6, 7
-, Flächen für -anlagen **21a**, 1, 8
-, Flächenanteile von -anlagen **21a**, 9
- garagen **12**, 3, 15; **21a**, 6, 7
- häuser **21a**, 9
- stellplätze **12**, 3, 15; **21a**, 6, 7
- unterkünfte, Standortwahl **3**, 16.47
- waschanlagen **14**, 6

Gemeinwohl, Begriff **Vorb**. 7.4

Gemengelagen Ausgleich des Konflikts **15**, 23.13
- problematik **1**, 47, 130; **34**, 16, 19, 26

Gemischtwarengeschäft(e), Begriff **5**, 16

Gemüsebaubetriebe **2**, 8
- geschäfte **2**, 12

Geräteräume **14**, 6; **19**, 9
- schuppen **23**, 21

Geräuscheinwirkungen von Lkw 8, 19.4

Geräuschkontingentierung 1, 61.2

Gerichte 4a, 21

Gerüche (Luftverunreinigung) **1**, 52; **15**, 20

Geruchs- u. Lärmimmissionen landwirtschaftlicher **5**, 1.53

Geruchsabstand zwischen Rinderhaltung und Wohnnutzung **5**, 9.3
- beeinträchtigungen **5**, 3.41
- –durch Schweinemastbetriebe **5**, 8.3
- belastungen aus Geflügelhaltung **5**, 8.51
- beeinträchtigungen durch landwirtschaftliche Stallungen **5**, 2
- belastungen durch Rinderhaltung **5**, 9.4
- belästigungen durch Schweinehaltung **5**, 7.4
- immissionsrichtlinie (GIRL) **1**, 51.1, 52, 52.2, **5**, 9.31,9.5, 9.6
- schwellenwert bei Stallgeruch **5**, 8.62
- verschluss (z.B. Siphon) **5**, 8.55
- wahrnehmung als erhebliche Belästigung **5**, 3.42

Geruchsäquivalenzfaktoren 5, 8.52

Geruchsimmissionen, Schutz vor - **5**, 8.4; **9**.12
-, zumutbarer Umfang **5**, 8.4

Geruchsschwellenabstand 5, 8.54; **9**.21
- auswirkungen, Unterschiede der - **5**, 9.32
- belastungen **5**, 9.32

Geruchsschwellenentfernung 5, 9.11
- werte **5**, 9.11

Geschäftsfläche **11**, 19.1, 19.3
- gebäude **8**, 12
- häuser, Begriff **4a**, 18
- u. Bürogebäude (Verwaltungsgebäude) **8**, 12; **9**, 8
-, Begriff **4a**, 18

Geschlossene Bauweise **22**, 9

Geschoss 20, 8
-, Begriff **20**, 9

Geschoss, Garagen – **20**, 11; **21a**, 2, 3, 4
-, Keller – **20**, 15
-, Luft – **20**, 8
-, Staffel – **20**, 14
-, Tief – **20**, 15
-, Unter – **20**, 15
-, **zahl 16**, 34
-, Verzicht auf die Festsetzung – **16**, 42

Geschoss, Zwischen – **20**, 9

Geschossfläche 11, 26, 27; **16**, 25; **20**, 19
-, Ermittlung der – **20**, 19
-, geschossweise gesonderte Festsetzung der – **1**, 117; **16**, 60
-, Größe der – **4a**, 34; **16**, 26
- nzahl **16**, 24; **20**, 18

Gesetzliche Ausnahme 1, 73

Gesicherte Erschließung, Grundsätze **10**, 17

Gesimse 19, 4.2; **23**, 13, 21

Gestaltung des Landschaftsbildes **16**, 46
- Ortsbildes **16**, 45
- Orts- und Landschaftsbildes **17**, 50

Gesunde Wohn- u. Arbeitsverhältnisse, Anforderungen an – **15**, 23
- heitliche Belange **17**, 30

Gesundheitsamt **Vorb**. 15; **4a**, 21
- beeinträchtigung **15**, 20.23

Getränkemarkt 3, 18.1

Getreidesilo **5**, 6
- speicher **5**, 12.1

Gewachsene städtebauliche Strukturen **1**, 47

Gewächshäuser **14**, 6
- u. Treibhäuser **2**, 8

Gewährleistung der Wohnnutzung **7**, 15

Gewerbe, Verzeichnis der –, die als Handwerk betrieben **2**, 18
- die handwerksähnlich betrieben werden **2**, 19

Gewerbebetrieb 1, 80
-, Begriff **2**, 24; **8**, 5
- e aller Art, Begriff **8**, 5; **9**, 6
- e sui generis **8**, 5.2
-, Dirnenunterkunft **8**, 5.1, 5.2
-, Typisierung der – e **6**, 9
-, unzulässig **6**, 12

Gewerbegebiete, eingeschränkte – **8**, 3.4, 18.2
-, **Gliederung** von – en **1**, 90

Stichwortverzeichnis

- smöglichkeit **8**, 18
Gewerbegebiete, Nachbarschutz **8**, 3
-, Störanfälligkeit **8**, 2
-, Speditionsbetrieb **8**, 19.3
-, Teilgliederung **8**, 18.11
Gewerbliche Bauten in Abstandflächen **20**, 33
- Hühnerhaltung, Geruchseinwirkung **1**, 52.4
- Nutzungen, Mischgebiet **6**, 16.22
Gitterträger 19, 4.2
Glasveranda 14, 10.2
Gliederung der Baugebiete im B-Plan **1**, 82
- **nach** dem Emissionsverhalten **1**, 94
- **den besonderen** Bedürfnissen **1**, 91
- Eigenschaften **1**, 92
Gliederung nach der Art der zulässigen Nutzung **1**, 86, 87
- Anlagen **1**, 90
- Betriebe **1**, 89
- Betriebe und Anlagen **1**, 88
Gliederung nach Schutzbedürftigkeit **1**, 98
- smöglichkeiten **8**, 18
- von Gebieten zueinander **1**, 99
-, zentralörtliche – **11**, 18.10, 22.1, 22.11, 22.2, 23.1
Golfclubhaus 5, 20.2
Grenzabstand, Abstellraum im – **22**, 8.2
-, bauliche Anlage im – **22**, 8.1, 21
- bebauung, Rechtsprechung zu – **22**, 8.1
-, Garage im – **22**, 8.2
-, seitlicher **22**, 4, 5
Grenze, seitliche **22**, 4, 5
- e, rückwärtige **22**, 4
- werte für Lärm **15**, 15
Größe der Geschossfläche 4a, 32
Großflächenwerbetafeln 14, 12
Großflächige Einzelhandelsbetriebe **8**, 8.1
-, Begriff **11**, 19
- Handelsbetriebe, (Un-)Zulässigkeit **8**, 19; **11**, 21
- im Innenbereich **34**, 14.2
Großflächigkeit, Differenzierung nach der Betriebsgröße (Verkaufsfläche) **11**, 33.3
- von Handelsbetrieben **11**, 19.4, 19.8
Großgaragen 7, 10; **12**, 15.1
Großhandel, Begriff **11**, 20
- sbetriebe **11**, 20
Großhandwerk 2, 15.1
Großraumdiskothek 8, 16; **11**, 4
Großsportanlagen Vorb. 15
Großtierhaltung 23, 20
Großvieheinheit 5, 9.11
- geruchsrelevante **5**, 9.11
- Umrechnungsfaktor **5**, 9.31

Gründe, besondere städtebauliche – **1**, 114; **4a**, 30; **17**, 25
-, städtebauliche – **1**, 115; **17**, 25, 58, 60
Grundfläche, Abweichungen von der zulässigen – **19**, 22
-, Ausnahmen von der – nzahl **16**, 63
-, Festsetzung der – **16**, 24
-, Größe der –, **16**, 26
- nzahl **16**, 24; **19**, 1
-, zulässige **19**, 1
Grundgeräuschpegel 15, 16
-, Begriff **4**, 7.11
Grundsatz
- der planerischen Zurückhaltung **1**, 47.6
- der räumlichen Trennung **1**, 41.2
- der Vermeidung von Immissionen **1**, 41.2
Grundstück, Begriff **19**, 2
- **sfläche 23**, 1, 3
-, nicht überbaubare **23**, 1, 3
-, Nutzung ausschließlich als Garagengrundstück **4**, 14
-, überbaubare **23**, 1, 3
Grünfuttertrocknungsanlagen **5**, 12; **14**, 6
Gülleabfüllung 5, 8.54

H

Hafengebiet 11, 3, 9.33
Haftanstalt 6, 13
Hahnengeschrei 3, 23.3; **4**, 16.8
Halboffene Bauweise **22**, 10
- säulen **19**, 4.2
Halle als Bestandteil eines Straßenreinigungsbetriebes **8**, 19.2
- für einen Speditionsbetrieb **8**, 19.3
Hallenbäder **3**, 19.83
Halten von Brieftauben **4**, 16.5
Handelsbetriebe, Auswirkung von -n **11**, 21
-, großflächige – **6**, 5
- in Kerngebieten **11**, 28.2
-, sonstige großflächige – **11**, 20
Handelschemiker **13**, 4
- kammer **4**, 12
- **vertreter 4a**, 19
- ohne Auslieferungslager **13**, 4.11
Handhabung einer Nutzungsänderung **15**, 28
Handwerksähnliche Betriebe **2**, 17.3
- **betrieb**, Begriff **2**, 15
-, abgrenzende Merkmale **2**, 15.1
-, Abgrenzung eines – es **2**, 17
-, e, die der Versorgung der Bewohner des Gebiets dienen **5**, 18
- e im Dorfgebiet **5**, 19
-, ladenmäßig **2**, 11

Stichwortverzeichnis

–, nicht störender **2**, 20
–, störender **2**, 20.1
Handwerkseigenschaft, Verlust der – **2**, 17.1
Hangbebauung 20, 17
Hanggrundstück **16**, 59.5
– lagen **16**, 59.5
Hängiges Gelände 16, 29
Harmonieurteil zu § 34 BBauG **34**, 5
Hauptgesimshöhe **16**, 31
– sammler **14**, 11.1
– nutzung, Gebäude der – **22**, 2
– nutzungen im Dorfgebiet **5**, 3.4
– verwaltungen von Industrieunternehmen **7**, 6
Hauseingangstreppen **23**, 21
– gruppen **22**, 6.4, 7
– lauben **20**, 31
– meisterwohnung **7**, 11; **15**, 30
– nutzgarten **5**, 6
– wirtschaftliche Dienstleistungsbetriebe **2**, 11
Hausformen 22, 6.1
–, Länge der – **22**, 6.5
–, Festsetzung von Flächen für bestimmte – **22**, 7
Häuslichkeit, Begriff **3**, 1.2
–, eigengestaltete – **3**, 16.2
Hebamme 13, 4
Heilberufe **13**, 3
– praktiker **13**, 4
– u. Pflegeanstalten **Vorb**. 15; **2**, 22
Heime für Jugendliche **5**, 20.1
Heißmangelbetriebe 2, 11
Heizer(wohnung) **7**, 11
Heizkraftwerk (WR-Gebiet) **3**, 27.2
– als Nebenanlage **14**, 5.2
–, dezentrale **6**, 20.3
Heizölbehälter, unterirdischer **23**, 21
Heizstoffe, Verwendungsverbot für – **1**, 51.3
–, beschränkung **1**, 51.3
Hennenplätze, Genehmigungsbedürftigkeit **6**, 12.1
Herabzonung 17, 51
Heranrücken an die Grundstücksgrenzen **22**, 11
Heranrückende Wohnbebauung **1**, 46.3, 46.4, 46.7
– gewerbliche Bebauung **1**, 46.8
Heroinambulanz 6, 14
Hersteller-Direktverkaufs-Zentren 11, 18.9
Herstellung von Kosmetika **6**, 9
– feinmechanischer Erzeugnisse **6**, 9
Himmelstrahler 14, 4.12
Hineinbauen in Lärm **1**, 46.5
Hinterlandbebauung 34, 10, 10.1
Hobby-Kleintierhaltung **2**, 5.4
– Pferdehaltung **6**, 18

– Tierhaltung **2**, 28; **3**, 23; **4**, 15.1; **4a**, 28; **23**, 20
Hochhaus auf Nachbargrundstück **16**, 59.2, 59.3, 59.4
Hochschulgebiet als SO-Gebiet **11**, 2
Höchstmaß 16, 49
Hofbefestigungen **19**, 5
– durchfahrten **23**, 12
– stelle, bäuerliche – **5**, 6
– Unterkellerung **19**, 16
Höhe baulicher Anlagen, Festsetzung der – **16**, 30
– im FN-Plan **16**, 14
–, Verzicht auf die – **16**, 42
Höhenlage baulicher Anlagen **16**, 2, 4
Höhere Verwaltungsbehörde, Rechtskontrolle durch – **1**, 13
Hohlräume, Baumasse von -n **21**, 4
Holzbohlen 19, 26
Holzgewerbe 2, 18
Holzlege 14, 6.2
Holzverarbeitende Betriebe **6**, 12
– ungsbetrieb **5**, 12.1; **6**, 22.1
Horizontale Gliederung eines GE-Gebiets **8**, 18.21
Hospize 3, 19.72, 73
Hotel 4, 8; **16**, 59.5
– garni **3**, 19; **8**, 11.3
– in GE-Gebieten **8**, 11.1
– in GI-Gebieten **9**, 6.1
– in hervorragender Lage **16**, 59.5
–, Restaurant **4**, 8.1
– s, kleine **3**, 19.3
Hügelhäuser 16, 34; **21a**, 24, 30
Hundehaltung 4, 16.1; **6**, 18.2
– zwinger **2**, 2; **4**, 15.1

I

Imbissraum **4**, 25
– stuben **2**, 13; **6**, 6
Immissionen, Begriff **1**, 43,
– sgrenzwerte **1**, 65, 66; **15**, 19
– skonflikte **15**, 23
– skonzentration – Dauerwert **15**, 20.1
– schutzrecht, dynamisch angelegt **5**, 3.44
– schutzrechtliche Genehmigung **5**, 3.43
– sschutz **1**, 40, 41, 46, 47
– srichtwerte (TA Lärm) **Vorb**. 12.81; **1**, 44.3, 96; **8**, 18.12; **15**, 18.2, **15**, 24.42
–, Begriff **1**, 56.1
– für Ruhezeiten **Vorb**. 12.77
Immissionswerte 1, 50.2, 50.6, 50.7, 52.36, 95.2
–, Unzulässigkeit der Festsetzung von –n **1**, 47.9, 95.2
Importeure 11, 20

Stichwortverzeichnis

Industrieansiedlung und Luftreinhaltung **1**, 52
Industrielle Betriebsweise **2**, 17
– **gebiete**, Abstände **1**, 46.1
–, Gebietscharakter **9**, 6
–, Gliederung von -n **1**, 90; **9**, 11
–, Nachbarschutz **9**, 4
–, Teilgliederung **8**, 18
–, zulässiger Störungsgrad **9**, 2
Industrieunternehmen, Hauptverwaltung **4a**, 21
– u. Handelskammer **4a**, 21
Informationsgehalt von Lärm **15**, 15.1
Infrastrukturelle Ausstattung 11, 25.2
Innenbereich, nicht beplanter **34**, 1
–, Baulandqualität im – **34**, 1
Innengeräuschpegel 15, 18.4
–, Richtwerte **15**, 19
Innenstadtentwicklung, Anforderungen für – **11**, 27.22
Installationsbetriebe **4a**, 17
– geschosse **20**, 9
Instrumentarium der Feinsteuerung 15, 9.5
Intensivhühnerhaltung **4**, 16.6; **5**, 8.51
Interkommunale Abstimmung mit Nachbargemeinden **11**, 11.21, 11. 22, 18.14
Internet-Café 4a, 23.6

J

Jahrmärkte 4a, 22.7
Jauchegruben 5, 10
Jazz-Gymnastik **4**, 6.2
Jugendbildungszentrum 4, 7.1
Jugendfreizeitheime **4**, 6.4
– heim(e) **3**, 19.5
– amt **4**, 12
– herberge(n) **2**, 22; **3**, 15, 19.5

K

Kabaretts, zeitkritische – **4a**, 22.5
Kaffeerösterei, alteingesessene – **4a**, 17
Kanäle 19, 5.1
Karosseriebetrieb im MI-Bereich **6**, 22.2
Kartoffeldämpfanlage **5**, 12.1
– schälbetriebe **5**, 12.1
Kartrennbahn 2, 2.3
Käsereien 5, 12.1
Kasernengebiete 11, 6
Kaufhaus 2, 12; **5**, 16; **7**, 7; **11**, 19.1, 21.2
–, Begriff **5**, 16
Kaufkraftabfluss **11**, 11.22, 18.8, 23.2, **34**, 23

– abschöpfung **11**, 23.2
– bindung **11**, 22.2, 25.4
Kegelanlage **4**, 22. 1
– n im Zusammenhang mit Schank- u. Speisewirtschaft **4**, 4.32
– **bahnen 4**, 4.26
– als Mehrzweckinstitut **4**, 4.32
–, bauplanungsrechtlich **2**, 14, 14.2
–, Begriff **4**, 25
–, Merkmale **2**, 14.1
Kegelsportanlagen **4**, 4.31
Keine Nebenanlagen 14, 4.1
Kellerbar **23**, 20
– eingänge **23**, 13
– geschoss **20**, 15
–, Aufenthaltsraum im – **20**, 24
Kellerlichtschächte **19**, 16; **23**, 21
– rampen **23**, 21
– rutschen **23**, 13
– schächte **23**, 13
– treppenabgänge **19**, 16; **23**, 21
Keltereien 5, 12.1
Kerngebiet, Betriebe des Großhandels **7**, 6
–, horizontale Gliederung **7**, 17
–, Nachbarschutz im – **7**, 4
–, Störanfälligkeit **7**, 2
– stypische Vergnügungstätten **7**, 7.3; **8**, 16
–, Zulassung von Wohnungen **7**, 14
Kernsortimente 11, 27.2
Kettenbauweise 22, 10
Kfz-Geräusche, wohngebietsübliche Vorb. 8.8
– Reparaturbetrieb **4a**, 13.4
– **Reparaturwerkstätten 2**, 26; **4**, 3; **4a**, 17; **6**, 15
–, nicht Nebenbetrieb **4**, 10.1
Kfz-Zulassungsstellen **4a**, 21
– Sachverständige **13**, 4
– Wasch- und Pflegehallen **11**, 18.2
Kindergarten Vorb. 7.7; **3**, 19.6; **4**, 6.7
Kinderheim(e) **3**, 15.1
– lärm **3**, 2
– **spielplätze 3**, 19.87, 25.41; **4**, 20
–, Begriff **3**, 25.2
– herkömmlicher Art **3**, 25.2
–, öffentliche **3**, 25; **4**, 20; **21a**, 8
–, Verpflichtung zur gegenseitigen Rücksichtnahme **4**, 20.2
Kindermodengeschäft **4**, 9.2
– tageseinrichtungen **3**, 19.7
– tagesheim(e) **3**, 15.1, 19.61
– stätten **3**, 15.1, 28.11
Kino 4a, 22.5
Kioske 2, 10.1
Kirchengebäude 7, 9
Klarstellungsvorschriften, Begriff **25**, 6f.
Kleine Brauerei 4a, 17
Kleinfeldsportplatz **4**, 7.1

Stichwortverzeichnis

- garagen **12**, 15.1
- garagen im Bauwich **22**, 5
- kläranlagen **19**, 16
- kunstbühnen **4a**, 22.5
- **schwimmhalle 3**, 23; **14**, 6
-, luftgetragene – **3**, 23

Kleinschwimmhalle **3**, 24.1; **14**, 8
- **wochenendhäuser 10**, 31.2
-, Anforderungen an – **10**, 32
-, Begriff **10**, 32.1

Kleinsiedlungen 2, 1; **5**, 11
-, angemessene Landzulage **2**, 5
-, Begriff **2**, 5
- Begriffsdefinitionen **2**, 5.2
-, Einliegerwohnung **2**, 5.1
-, Mindestgrundstücksgröße **2**, 5.2
-, städtebaurechtlicher Begriff **2**, 4
-, Wirtschaftsteil **2**, 5
-, Zubehör zu – **2**, 5.4
- **sgebiet**, Charakterisierung **2**, 25.15
-, Störanfälligkeit **2**, 2
-, Zweckbestimmung **2**, 1

Kleintierarztpraxis **3**, 22.3
- **haltung 2**, 1.1; **23**, 20
-, Begriff **14**, 7

Klempner 2, 20

Klima, der Einfluss des -s auf den Städtebau **1**, 67.1
- der Einfluss des Städtebaues auf das Schutzgut – **1**, 67.3
- schutz **1**, 51.31, 67
- verbesserung **1**, 67.1

Klinikgebiet **11**, 3, 5
Kneipe(n) **2**, 13; **6**, 6
Kniestock 20, 25
Kohlekraftwerk 15, 20
- e im GI-Gebiet **9**, 2.1

Kohleneinwürfe **23**, 16
- monoxid **15**, 20
- -und Baustoffhandlung **8**, 8.2

Kokerei 15, 20
Kollonaden 7, 17.1
Kombi-Fahrzeuge 12, 11
-, Zulässigkeit **3**, 21
Kompostanlagen, gemauerte – **14**, 6
Konditoreien 2, 13
Konfliktbewältigung, Gebot der planerischen – **1**, 8.4, **1**, 47.5
-, umfassende – **Vorb.** 12.74
Kongresszentrum **20**, 9
Kongruenzgebot 11, 22.11
Konkurrenzschutz 11, 32.13
-, kein – durch Bauplanungsrecht **11**, 32.13
Konservenfabriken 5, 12.1, 13.2
Konsulate 4, 12, **8**, 3.15
Kontrolle der Bauleitpläne, verwaltungsgerichtliche – **1**, 13
Konzentrationswerte für Schadstoffe **15**, 20.21
Konzertsaal 7, 9; **20**, 9

-, größerer – **4**, 6
Koppelungsverbot 1, 19
Koranschule, Einrichtung einer – **4**, 6.11
Kraftfahrerschnellgaststätte 2, 13.1
Kraftfahrzeug, Begriff **12**, 11
- arten, Abgrenzung der – **12**, 11
- parks **8**, 10.1
- reparaturwerkstätt(en) **Vorb.** 10.11; **2**, 20.1, 23; **6**, 23.1

Kraftomnibusse **12**, 11
- räder **12**, 11

Kranbahnen 19, 4.2; **21**, 4
Krankengymnasten **13**, 4
- **kasse(n) 4a**, 19
-, Nebenstellen von – **5**, 20

Krankenschwester **13**, 4
Kreisverwaltung 4, 11
Krematorium Vorb. 13.1; **8**, 15.1; **9**, 9.1
Kriegsflüchtlinge 3, 16.43
Küchenbaubetrieb 6, 2.3
Kühlhaus 6, 9.1
Kulturelle Einrichtungen, zentrale – **Vorb.** 13; **6**, 14
Kunden- u. Andienungsverkehr 2, 20
Kunstausstellungshalle, Sondergebiet für – **11**, 9.34
Kunsthallen 7, 9
Kunststopfer 2, 17.3
Kurgebiet(e) **10**, 3.1; **11**, 3
- gebiet als städtebaulicher Begriff **11**, 9.1
- haus **Vorb.** 49.6
- hotel **8**, 11.3
- oder Erholungsort **1**, 110

Kurzbezeichnungen für Bauflächen und Baugebiete **1**, 6

L

Laden 3, 17; **4**, 5; **4a**, 16.1; **5**, 15.1
- als städtebaulicher Anlagenbegriff **2**, 11
-, Begriff **Vorb.** 3.1; **2**, 10
- gebiet **11**, 4
- passage **11**, 4
- typ **2**, 12
- verkaufsfläche **4**, 5
- verkaufsraumfläche **4**, 5

Lage der Anlagen 15, 7, 10
Lagergebäude im WA-Gebiet **4**, 22.2
- halle, unselbständige **8**, 9.4
- haltung **7**, 6
- haus **6**, 9.1; **8**, 9.1 u. 9.5
- **platz 8**, 9.1 u. 9.5
-, Begriff **8**, 9
-, öffentlicher **6**, 13
- für Straßenbaustoffe **6**, 12.2
-, unselbständige Anlage **8**, 9

Landesplanung, Dichteangaben der – **16**, 6

Stichwortverzeichnis

- hausgebiet **16**, 7
- maschinenreparaturwerkstätten **5**, 18
- **oder forstwirtschaftlicher Betrieb 1** 80
- vorrangige Rücksichtnahme auf – **5**, 1

Landschaftliche Gegebenheiten, Begriff **10**, 28
- sbild, Beeinträchtigung des -es **11**, 25.61; **16**, 46

Landschulheim 3, 15
Landwirtschaflicher Betrieb, Tierintensivhaltung **5**, 8
–, Begriff **5**, 12.1
Landwirtschaft, Begriff **5**, 6.2
Landwirtschaftliche Absatzgenossenschaften **5**, 12.1
- Betrieb, Abgrenzungskriterien **5**, 8
- Erzeugnisse, Be- und Verarbeitung **5**, 13.1
–, Ferkelproduktion **5**, 7.5
- Genossenschaften **5**, 20
- **Nebenerwerbsstelle(n) 5**, 11
–, Begriff (Voraussetzungen) **2**, 7
–, Stall für Großvieh **2**, 7
–, Viehhaltung **2**, 7

Landwirtschaftliches Aussiedlungsgebiet **11**, 5.1
Landwirtschaftstypische Gerüche **5**, 3.4
Langzeit-Krankenhäuser 3, 20.2
Lärmbeeinträchtigungen durch nächtl. Kfz-Verkehr im WA-Gebiet **4**, 4
- belastungen, Zumutbarkeit **15**, 19.52
Lärmeinwirkungen durch Verkehrsgeräusche **Vorb.** 32
–, Beurteilung von – **15**, 20.3
–, Schutz vor – **15**, 19.6
Lärmereignisse, schwer erfassbare - **15**, 19.82
Lärmimmissionen 15, 15.1, **15**, 23.13
Lärmsanierungsansprüche **1**, 66
- **schutz**bereiche von Flugplätzen **1**, 62
–, Mittelungspegel **15**, 15
- **maßnahmen**, aktive **15**, 19.7
- –, passive **15**, 19.7
Lärmschutzwall **1**, 46.4, 47.10, 49.1
–, Zumutbarkeit von – **4**, 21
Lästigkeitsempfinden nach der WHO **15**, 12.11
Lastkraftwagen im Wohngebiet **3**, 28.3
–, Begriff **12**, 11
–, Garagen für – **3**, 21
Latenter Störer, Rechtsfigur **5**, 2.11
Laternengaragen **12**, 10.1
Lauben 20, 29
- ganghaus **20**, 31
Lautstärkeempfinden **15**, 15
- des Schalls, Maßstab für – **15**, 15

Lebensmittelgeschäfte **2**, 12; **3**, 18.1; **4**, 5
- SB-Markt **11**, 16.7, 19.8
- verkaufsstellen **6**, 20.5
Lehrlingsausbildungsstätte **8**, 17.2
- wohnheim **3**, 14; **8**, 17.2
Leitschadstoffe 15, 20.23
Leuchtreklame siehe **Lichtwerbung 14**, 9
Lichthof **20**, 9
- schächte **19**, 16, 51
- spieltheater **4a**, 22.5
- spieltheater, Nutzungsänderung **15**, 34.4
- werbungen **14**, 9
Lisenen 21, 2
Litfasssäule 14, 9
Loggien 20, 29
Lohnsteuerhilfeverein, keine freiberufliche Tätigkeit **4**, 14.1
Lotsen 13, 4
Luft (Klima) **1**, 67
- geschoss **20**, 8; **23**, 12
- reinhaltepläne **1**, 50.5; **9**, 2
- **verunreinigungen 1**, 50.4, 51, 51.2; **9**, 2; **15**, 20
–, Belästigungen durch – **15**, 20
–, Wirkung von – **15**, 20.1
–, Schutz vor – **15**, 20.2
–, an Straßen **15**, 20.2
Luft, TA – **Anh.** 6
- qualitätsgrenzwerte **1**, 50.2
- qualitätsrahmenrichtlinie der EU **1**, 50.2
Luftqualitätskriterien 15, 20.3
Luftschadstoffe 15, 20.23
Luftverunreinigende Stoffe
–, Ausschluss oder Beschränkung **1**, 51.3
- aus Tierhaltung **5**, 9.11

M

Makler 4a, 19
Markscheider 13, 4
Marktforscher **13**, 4.1
Maschinenreparaturwerkstätte(n) 2, 20.1
Maß der baulichen Nutzung, nachbarschützender Charakter **16**, 58
–, nicht nachbarschützend **Vorb.** 38
–, allgemeines – **16**, 6.8
–, Bestimmnung des -es – **16**, 19
–, im B-Plan **16**, 21
- unterschiedliches – **16**, 55
Massageclubs **4**, 2, 23.7
- institute **Vorb.** 15
- praxis **4**, 6.2
- salons **3**, 16.34; **4**, 9.69

1315

Stichwortverzeichnis

- –, bordellartig betrieben **4a**, 23.7; **8**, 16
- **Massagen und medizinische Bäder 4**, 6.2
- **Massentierhaltung 5**, 8.1, 18.2
- **Masseur 13**, 4
- **Maßnahmen**, ausgleichende – **17**, 44, 47
- **Maßstab für die Lautstärke 15**, 15
- **Masten 16**, 15; **23**, 21
- – für Flutlichtanlagen **6**, 14.2
- –, Leitungs- **19**, 5.1
- **Medizinische Behandlungsinstitute Vorb**. 15
- **Mehrzweckhallen 4**, 20.7; **4a**, 20.1
- **Mehrzweck-Sporthalle 7**, 9.1
- **Metallgewerbe 2**, 18
- **Metzger** (Läden) **2**, 20; **3**, 18
- **Miet**-Hochhaus **6**, 4
- **MIK-Werte 15**, 20.1, 20.3
- **Milchbar 6**, 6
- – geschäft(e) **2**, 12, 15, 30
- – läden **3**, 18
- – stuben **2**, 13
- – verarbeitende Betriebe **5**, 12
- **Minarett 16**, 41
- **Minderhandwerk 2**, 17.1
- **Mindest**abstand nach VDI-Richtlinie 3471 **5**, 8.55
- – abstände nach Punkten **5**, 9
- – anforderungen an Erschließungen **10**, 19
- – bebauungsdichte **16**, 3
- – maß **16**, 50
- – verkaufsfläche **4**, 5
- **Minigolf**plätze **4**, 23.2
- **Mischgebiet**, Aufstellen einer Betonbereitungsanlage **6**, 20.1
- –, Diskothek **6**, 21.1
- –, eingeschränktes – **6**, 1.6
- –, Holzverarbeitungsbetrieb **6**, 22. 1
- –, Karosseriebetrieb **6**, 22.2
- –, Kraftfahrzeugreparaturwerkstätte **6**, 23.1
- –, Störanfälligkeit **6**, 2
- **Missbräuchliche Nutzung** von kommunalen Einrichtungen, insbesondere von Bolzplätzen **3**, 19.88 – 19.92
- **Mittagstische 2**, 13
- **Mittel**garagen **12**, 15.1
- – ungspegel **1**, 44.3; **15**, 15.1
- – **wert**, Bildung einer Art von – **15**, 22.2
- – **wert** in Gemengelagen **5**, 8.5
- – theorie **Vorb**. 12.73
- – zentrum **11**, 11.22
- **Möbelmarkt 11**, 19.8, 19.91, 27.2
- – schreinerei **3**, 26
- **Mobile Unterkünfte 10**, 3
- **Mobilfunksendeanlagen 4**, 9.41–9.49; **14**, 11.5–11.7
- – im MD **5**, 18.7

- **Mobilheime 12**, 11
- –, Begriff **10**, 32.1
- **Modellbaubetrieb**, eigenständiges Handwerk **4**, 4.6
- **Modellschreinerei 4**, 4.6
- **Modifizierende** Regelungen **15**, 9.2
- **Molkerei**en **5**, 12
- – betrieb (Auslieferungslager) **8**, 20.1
- **Montage**grube **3**, 21.1
- **Moschee 16**, 41
- **Mostereien 5**, 12.1
- **Motor**boote **12**, 11
- – caravans **10**, 47
- **Mühlen** für Getreide u. Öl **5**, 12
- **Müll**gefäße, Standplätze für – **23**, 21
- – sammelstelle **8**, 10.1
- – **tonnen 14**, 6
- – behälter **19**, 9; **23**, 21
- – schränke **3**, 23
- **Müllverbrennungsanlage** (n) **1**, 51.5; **8**, 10.1
- – in Krankenhäusern **6**, 12.3
- **Multiplex-Kino 4**, 9.43; **7**, 77–81; **11**, 3.1
- **Musterbauordnung(MBO) Einführung** Abschn. 11

N

- **Nachbar**, Abwehrrecht des -n **15**, 22; **16**, 35
- –, Begriff des -n **Vorb**. 43
- – rechtsschutz im Anzeige- u. Freistellungsverfahren **Vorb**. 47.3
- –, Reichweite der Abwehrberechtigung des -n **Vorb**. 46.1
- – schaft **15**, 22
- – schaftsladen **1**, 127; **4**, 5; **8**, 8.2, **11**, 19.7
- – schaftliches Gemeinschaftsverhältnis **Vorb**. 27
- –, Verschattung des -n **16**, 59.4
- **Nachbargemeinde**, interkommunale Abstimmung mit – **11**, 18.14
- –, Abwehrrecht der – **11**, 18.14
- **Nachbarschaft** eines Schweinezuchtbetriebs **5**, 8.52
- – liches Rücksichtnahmegebot, Grenzen des -s **5**, 8.55
- **Nachbarschutz**, baurechtlicher – **15**, 6
- – bei Einblickmöglichkeit **16**, 59.3
- – bei Festsetzung von Baugebieten **1**, 31
- – bei Verschattung **16**, 59.4
- – charakter der Zahl der Vollgeschosse **16**, 59
- – des Maßes der baulichen Nutzung **16**, 58
- –, gebietsüberschreitender – **Vorb**. 37.1

Stichwortverzeichnis

– gegen Immissionsschutz-Genehmigung **5**, 3.43
– im Gewerbegebiet **8**, 3
– im nicht beplanten Innenbereich **34**, 14
– im Wohngebiet **3**, 5; **4**, 2
– in der offenen Bauweise **22**, 8
– klage **Vorb.** 33 f.
–, öffentlich-rechtlicher – **Vorb.** 23
–, Unbeachtiichkeit des -es **Vorb.** 42
– von Baulinien, Baugrenzen **23**, 7, 7.1
– von überbaubaren Grundstücksflächen **23**, 6
Nachrichtenagenturen 4a, 19
Nachteil für Gemeinden **11**, 11.22
–, e, erhebliche – **8**, 7.1; **15**, 12
– oder Belästigungen für die Umgebung, Begriff **8**, 7.2
Nachtlokale 4a, 23.3
–, Begriffstypus **4a**, 22.21
Nachtportiers **7**, 11
– wächter (Wohnung) **7**, 11
Nahversorgungszentrum 3, 4.1
Näh- und Flickstube 2, 11
Nähe von Fernverkehrsstraßen (z. Wohngebiet) **3**, 7
Nähere Umgebung im nicht beplanten Innenbereich **11**, 30.1; **34**, 5
Nahrungsmittelgewerbe 2, 18
Naturhaushalt, Auswirkungen auf – **11**, 25.7
Nebenanlagen 3, 23; **4**, 15; **4a**, 28; **23**, 19
–, Anrechnung von – auf die Grundfläche **19**, 9
–, Ausschluss von – **14**, 8; **23**, 22
–, bauliche Anlage **14**, 4
–, dienende Funktion **14**, 3
– für die Versorgung **14**, 11
–, Grundflächen von – **19**, 15
–, untergeordnete – **4a**, 28; **23**, 20
–, Verstärkerkästen **14**, 11
–, Zulässigkeit nach Nutzungszweck **14**, 6
–, Zulässigkeitsvoraussetzungen **14**, 2
Nebeneinrichtungen zu Garagengeschossen **21a**, 3
– stellen von Krankenkassen, Sparkassen u. dergl. **5**, 20
Nettowohndichte 16, 2
Nicht beabsichtigte Härte 34, 20
Nicht kerngebietstypische Vergnügungsstätten 4a, 23; **5**, 22; **6**, 16.1
–, ausnahmsweise zulassungsfähige – **6**, 17
Nicht störende Gewerbebetriebe, Begriff **2**, 24; **4a**, 17
–, Zulassungsfähigkeit **2**, 25.11
Nicht störende Handwerksbetriebe Vorb. 4; **2**, 15; **3**, 17; **4**, 3, 4
Nießbraucher Vorb. 43.1

Nobel-Restaurant 2, 13.1
Nonstop-Sexkinos 4a, 22.21
Normenkontrollverfahren 1, 20
Normkonkretisierende Verwaltungsvorschriften **5**, 8.55
notwendige Stellplätze oder Garagen für Wochenendhausgrundstücke **12**, 3.1
Nummerndogma 1, 78, 101
Nutzung
– Ausschluss oder Einschränkung zulässiger –en **34**, 29
– **sbeschränkungen**–,Flächen für – **1**, 51.21
Nutzung, Begriff **1**, 79
– Ausschluss von – en **1**, 127
– in Teilen baulicher Anlagen **1**, 118
Nutzungsänderung Vorb. 21; **2**, 25.26; **11**, 20.2
–, Anwendungsfälle **15**, 29
–, bauplanungsrechtliche **Vorb.** 21.3
–, Begriff **Vorb.** 21; **15**, 27
– einer baulichen Anlage **15**, 25
– einer Wohnung **15**, 34.2
–, Genehmigungsverfahren **15**, 28
–, Grundsätzliches zur – **Vorb.** 21
– in bauplanungsrechtlicher Hinsicht **15**, 29.3
–, materielle Zulässigkeitsprüfung **Vorb.** 21.5
–, Umfang des Bestandsschutzes **15**, 28.2
–, Veränderung des Einzelhandelsanteils **11**, 20.2
–, verfahrensrechtliche Handhabung **15**, 28
Nutzungsart **1**, 79
– unterbrechung **15**, 28.21
–, Reichweite des Bestandsschutzes **Vorb.** 10, 92
–, Zeitproblem **Vorb.** 10.94

O

Obdachlosenasyle **2**, 22; **3**, 16.21
– unterkünfte, Begriff **3**, 16.21, 19.5
Oberirdische Behälter für brennbare Flüssigkeit **14**, 13
Obst- und Gemüsegeschäfte **2**, 12
– gut **5**, 6
Offene Bauweise **22**, 4
Öffentliche Belange 1, 14; **16**, 43; **17**, 49, 61
–, sonstige **17**, 49; **34**, 2
Öffentliche Betriebe, Begriff **8**, 10
– Dienstleistungsbetriebe **8**, 10.1
– Lagerplätze **6**, 13
– r Parkplatz **3**, 28.4
Öltanks (Flüssigkeitsbehälter) **19**, 16
Omnibusunternehmen 6, 12.1

1317

Stichwortverzeichnis

Optische Werkstätten 4a, 17
Ordnung, Begriff der – **15**, 31
Organische Siedlungsstruktur 34, 2.1
Orientierungswerte (Lärm) **1**, 54, 56, 57, 58, 60
Örtliche Verwaltungen **5**, 20
Ortsbild, Beeinträchtigung des – es **11**, 25.6; **16**, 45, **34**, 11.1
–, Begriff **16**, 45
–, Verunstaltung des – es **34**, 11.1
Ortsteil im Zusammenhang bebauter – **4a**, 15; **34**, 2
– und Landschaftsbild **11**, 25.6; **16**, 44

P

Paketpostdienststelle **4a**, 21
– einrichtungen **6**, 13
Papageienhaltung 4, 16.9
Papiergroßhandlung 15, 29
Parabolantennen, Anbringung von – **4**, 18.2
Parkbauten 7, 10; **21**, 4, 7
Parkhäuser 7, 7; **12**, 15; **21a**, 4, 10
–, Begriff **7**, 10
Parkpalette **20**, 11
Passage, überdachte – **7**, 17.1; **23**, 14
Peep-Shows 4a, 24.3; **7**, 7.5, 7.6
Pegelunterschied 15, 18
Pensionstierhaltung **5**, 7; **23**, 20
Pergolen 23, 21
Personen zur Sicherung u. Wartung von Betriebseinrichtungen (Wohnungen) **7**, 11
Pfegeheime, echte 3, 20.2
Pfeifenkopfgrundstücke 34, 10
Pfeilervorlagen 21, 2
Pferdehaltung 4, 16.6
– zucht **5**, 8.1
– unterstand **6**, 18
Pflastersteine 19, 26
Pflicht zur gegeseitigen Rücksichtnahme 1, 48, **15**, 23.1
Pförtner (Wohnungen) **7**, 11
Pharmazeutische Industrie **6**, 9
Pilaster 19, 4.2
Pilzzüchtereien 2, 8
Pizza-Heimservice 6, 12.51
Planerfordernis, bebauungsrechtliches **1**, 12
– ergänzungsvorschriften **25**, 6f.
– erische Konfliktbewältigung, Gebot der – **1**, 8.4, 47.5
– erische Zurückhaltung, Grundsatz der –n – **1**, 47.6
– **gegebene Vorbelastung 15**, 22.2, 23.4
–, Anwendungsfall **15**, 23.2
–, Rechtsinstitut **15**, 19.5
Planklarheit 1, 72

Planung, anlagenbezogene **Vorb.** 10.9
– salternativen **1**, 10
– sermessen, **1**, 8.2
– srichtpegel **1**, 61
Plattenwege 19, 26
Polizeiposten **4**, 12; **5**, 20
– revier **4**, 12
Polstereien 6, 9
Ponystall 4, 16.6
Pornokino 4a, 22.21
Portalwaschanlage 4, 10.12; **6**, 9.2
Post 11, 18.2
– amt (kleines) **4**, 12
– stelle **5**, 20
Primärrechtsschutz, Prinzip des -es **Vorb.** 24. 1
Privatklinik(en) **3**, 22
– e Benzinzapfstelle **3**, 28.5
– **e Windkraftanlagen**, Zulässigkeit **14**, 7.2
Privilegierte Wohnungen im GE-Gebiet **8**, 14
Prostitution als freiberufliche Tätigkeit **13**, 4.32
Prostitution, bordellartig ausgeübt **4**, 9.61 f.; **4a**, 23.7
Prostitutionseinrichtung 3, 16.74
Pudelsalon 3, 28.6
Pufferzone, Funktion einer – **6**, 1.6
Pumazwinger 3, 23
Qualifizierter Bestandsschutz **5**, 3
Qualitäten von Geräuschen, lästige - **15**, 19.83

R

Radabweiser 23, 13
Randsortimente 11, 27.2
Rang im Theater 20, 9
Rasenlochsteine 19, 26
Rasenmähen 3, 1.1
Rassegeflügel 4, 15.1
Rathaus 7, 6
Räume für freie Berufe **2**, 27; **3**, 22; **11**, 9
– Gartengeräte **3**, 23
Räumliche Trennung, Grundsatz der – **1**, 41.2
– r Anwendungsbereich **15**, 5
Rechtsanwälte 4a, 19
Rechtsschutz gegen Rechtsetzungsmaßnahmen **1**, 21
–, gemeindenachbarlicher – **11**, 11.22
Rechtsverletzung, die Antragsbefugnis der Gemeinde begründende – **11**, 11.22
Regierungsviertel (in Hauptstädten) als SO-Gebiet **11**, 6
Reichweite des Bestandsschutzes **15**, 28.2
– der Unzumutbarkeit **15**, 22

Stichwortverzeichnis

Reihenhäuser 22, 6.4
Reines Wohngebiet, Architekturbüro **3**, 22
–, Bürobetrieb **3**, 26.4
–, Gebietsgemeinschaft **3**, 5.1
–, Heizkraftwerke **3**, 27.2
–, Kegelbahn **3**, 28.1
–, Planungsgrundsatz **3**, 6
–, Störanfälligkeit **3**, 4
Reinigungen **11**, 18.2
– sgewerbe **2**, 18
Reiseagenturen **4a**, 19
– büros **2**, 25.25; **11**, 18.2
– mobile **10**, 47
Reiterhof 2, 25.26
Reiterkasino **5**, 18.4; **8**, 13.1
– pension **11**, 3
Reithalle **2**, 25.26; **5**, 18.3; **8**, 13.1; **21a**, 9
– pferd, Einstellen eines – es **4**, 16.6
Reitplätze **21a**, 9
– schule **2**, 25.26
–, Umfang **5**, 18.4
Reitsport, Standort für – **5**, 20.2
– anlage **11**, 4
Reserve-Bauflächen 1, 22
Restaurant(s) **2**, 13
Richtfunkstrecke **16**, 14
– linien f. d. Verkehrslärmschutz **15**, 19
– linien zum Lärmschutz **15**, 16-19
– werte (für Lautstärke) **15**, 15
– wert in Gemengelagen **5**, 8.5
– zahlen für den Stellplatzbedarf **12**, 6
Rinderhaltung 1, 52.4, 52.5
– , Geruchsimmissionen **5**, 8.6
Rinderstallgeräusche, Erheblichkeitsschwelle **5**, 9.4
Ringtennisanlage **3**, 28.7
Rockkonzerte **4a**, 22.7
Rohrpostleitungen **14**, 7.1
Rotkreuzhaus mit Rettungswache **4**, 6.31
Rücksichtnahme, Grundsatz **5**, 9.3; **15**,6
–, vorrangig einseitige - **5**, 3.11
Rücksichtnahmegebot Vorb. 30.1; **1**, 46.5
– im Innenbereich **34**, 6.1
Rückwirkung von BauNVO-Vorschriften **25**, 6f.; **25 c**
Ruhelage, Störung einer vorh. – durch Hinterlandbebauung **34**, 10.1

S

Sachverständigengutachten, antizipiertes – **1**, 51; **15**, 20
Sägewerk(e) **5**, 12.1
Samenzuchtbetriebe 2, 8
Sammelgaragen 12, 3.1

Sammelstelle f. landwirtschaftliche Erzeugnisse **5**, 13.1
Sandkästen (auf Kinderspielplätzen) **3**, 25.1
Sanierung, Flächen- **17**, 55
– sgebiet **1**, 45.1, 47, 47.4
– smaßnahmen **1**, 115
–, städtebauliche – **17**, 28
Sauerkrautfabriken 5, 14
Sauna 3, 24.21; **11**, 18.2; **14**, 6
– **anlage 6**, 14
–, öffentlich zugängliche **4**, 6.2
–, kommunale **4**, 23.3
SB-Autowaschanlage **6**, 9.2
– **Groß**handel **11**, 20.1, 20.2
– märkte **11**, 20.1, 20.2
Schädliche Auswirkungen auf zentrale Versorgungsbereiche **34**, 6.3, 14.3, 23
Schädliche Umwelteinwirkungen 1, 43, 43.1, 50.5; **5**, 8.54, **11**, 25.1
–, Auswirkungen auf die städtebauliche Entwicklung und Ordnung **11**, 25.1
–, Begriff **1**, 43
Schadstoffkonzentrationen **15**, 20.2
Schall, Begriff **15**, 15
– bewertung **1**, 55
– emission **1**, 61.1, 94
– energie **15**, 15.1
– ermittlung **1**, 55
–, Grundlage und Fakten **15**, 15
– hindernisse **1**, 60
–, Lautstärke des -s **15**, 15
– leistungspegel, flächenbezogener – **1**, 61.1, 95
– pegel (i. d. Räumen) **15**, 15
– minderung **1**, 60.1
Schallquelle(n) **15**, 15,
– **schutz**, Allgemeines **1**, 53
– gerechte Bauleitplanung **1**, 60
– im Städtebau **1**, 53, 54; **15**, 17, **Anh**. 7.1
– maßnahmen, **15**, 15.2, **15**, 24.11
Schankwirtschaft, Begriff **2**, 13
– **und Speisewirtschaft(en) 2**, 13; **3**, 19.4; **4**, 2; **4a**, 16.2; **5**, 17; **6**, 5; **7**, 7
–, Begriff **2**, 13
–, städtebaulicher Begriff **2**, 13.1
–, Typik **4**, 22
–, unterschiedliche Bezeichnung **6**, 6
–, zum Versorgungsbedarf **4**, 4.23
–, zur funktionalen Zuordnung **4**, 4.23
Schaukästen **14**, 9; **23**, 13
Scheuklappeneffekt 23, 7.1
Scheunen 5, 6
Schlachter **2**, 20
– haus **3**, 29.1; **5**, 12.1
– erladen **3**, 18
Schlafstätte 3, 16
Schlichtwohnungen 3, 16.3
Schlitz 21, 2; **23**, 13

Stichwortverzeichnis

Schlosserbetrieb **15**, 29
– eien **2**, 20.1; **4**, 3
Schmiede(n) **5**, 18, 21; **15**, 29
– betrieb, Umwandlung eines – es **15**, 29
Schmutzwinkel an Nachbargrenze **22**, 8.2
Schneider 2, 20
Schnellgaststätte **2**, 13.2
Schöne Aussicht 16, 59, 59.4
Schornsteine 16, 15; **21**, 4; **23**, 21
–, hohe **1**, 51.2
Schreinerei 6, 23.3; **15**, 29
Schuh-Expressbar **2**, 20
– reparaturbetriebe **2**, 20
Schuhmacher 2, 20
Schuhmarkt 11, 27.2, 34.17, 34.18
Schülerwohnheime 3, 14
Schullandheim 3, 15; **10**, 37
Schulsportanlage **4**, 7.1
– platz **4**, 7.1
Schulungsheime von Betrieben u. Verbänden **3**, 15
Schutzabstände zu Wohngebieten 1, 46, 46.1, 51.26, 56, 60, 97; **Anh.** 9
Schutzbedürftige Einrichtungen (Fluglärm) **1**, 62
– keit gegenüber Immissionen **1**, 44.3, 48,
– gegenüber Naturgewalten **1**, 91
Schutzmaßnahmen 1, 44.4, 45, 45.1, 46.4, 46.6, 46.8, 47.7, 47.8, 49
– passive – **1**, 47.8
– normtheorie **Vorb.** 35
– raumbauten **21a**, 9
– raumgrundstücke **17**, 6
– vor schädlichen Umwelteinwirkungen **1**, 45.1, 51.22, 51.3
– – Verkehrslärm **1**, 43, 44.2, 44.3, 65, 66; **Anh.** 7
Schweinehaltung **1**, 52.4; **5**, 9
– mast **5**, 7.4
– mastbetrieb **5**, 8.2
Schwesternwohnheim Vorb. 15; **3**, 12.1
Schwimmbäder **2**, 22
– becken (nicht überdacht) **2**, 28; **3**, 23; **14**, 6; **21a**, 9; **23**, 21, 22
– halle **3**, 5.1, 19.83, 24.1; **14**, 6; **21a**, 9; **23**, 20, 23
– schule, gewerblich betrieben **3**, 24.2
Sehr seltenes Ereignis 4a, 20.3
Selbstbedienungsläden 2, 12; **3**, 18.1; **4**, 5, 5.1
–, Mindestverkaufsfläche **4**, 5
Selbstbedienungsladengeschäft **4**, 5.1
Seltenes Ereignis i. S. der 18. BImSchV **Vorb.** 12.88
Seniorenheime 3, 11.1, 20.3; **15**, 34.7
Seniorenpflegeheim 8, 15.3
Seveso II-Richtlinie 1, 46.2

Sex-Kino **7**, 7.5
– -Shops **4a**, 22.3; **7**, 7.4
– **film**-Lichtspieltheater **6**, 8
– -Life-Shows **4a**, 22.21
Sex-Shops mit Vidoekabinen 4a, 23.82; **7**, 7.4 u. 7.5
Sheddächer 21, 4
Shredderanlage **8**, 6
Siedlerstelle 2, 5
Siedlungsdichte **16**, 2
– schwerpunkte, Zuordnung zu -n **11**, 23
Silos 14, 6; **16**, 59.2
Situation, verallgemeinerungsfähige - **5**, 9
Situationsbelastung 15, 24.3
Sitzplatz 20, 32
–, überdachter **20**, 32
Skateboard-Anlage **3**, 19.88; **6**, 14.1
Smogverordnung 1, 50.5
Software-Herstellungsbetrieb **4**, 9.4
Söller 20, 28
Solo-Stripteasekabinen **4a**, 22.21
– logen **4a**, 22.21
Sondergebiet für Campingplätze, Standortwahl **10**, 14
–, Störanfälligkeit **11**, 2
Sonnenbank 3, 24
Sonstige Anlage 1, 127
–, Begriff **1**, 81
Sonstige Erholungsgelegenheiten **10**, 3.1
– **Gewerbebetriebe 4a**, 17; **6**, 7
–, Oberbegriff **Vorb.** 3.1
Sonstige großflächige Handelsbetriebe **11**, 20
– nicht störende Gewerbebetriebe **Vorb.** 4; **5**, 18; **7**, 8
Sonstige Sondergebiete 11, 1
– für Büro und Verwaltungsgebäude **11**, 5.3
– für Stellplätze **11**, 5.1
–, Gartenbaubereiche **11**, 5
–, Störanfälligkeit **11**, 2
–, Störungsgrad **11**, 2
–, wesentliche Unterscheidung von anderen Baugebieten **11**, 4
Sonstiges Wohnen **5**, 5
– Teile baulicher Anlagen **1**, 116
– **Wohngebäude 5**, 11.1
–, Begriff **2**, 21
– mit nicht mehr als zwei Wohnungen **2**, 21
– Wohnungen **7**, 12; **8**, 14.2
Sortiment
– sfestsetzungen, Bestimmtheit von – **11**, 34.13
Sortiment 11, 10.3, 21.2, 21.3, 23.1, 27.2
– e, zentrenrelevante – **11**, 27.21, 27.22

Stichwortverzeichnis

- Kern – **11**, 11.2, 23.1, 27.2
- Rand – **11**, 11.2, 27.2
- sänderung **11**, 20.2
- sbestimmung durch Landesplanung **11**, 23.1
- slisten **11**, 11.2

Souterrain 20, 15
Sozialeinrichtungen **11**, 18.2
–, Begriff **3**, 19.62
Spannungen 34, 5
–, Verstärkung vorhandener – **11**, 34.8
Sparkasse(n) **4a**, 19; **11**, 18.2
–, Nebenstellen von – **5**, 20
Spätaussiedler 3, 16.43
Speditionsunternehmen 8, 6.2
Spezialanhänger 12, 11
Spielgeräte (auf Kinderspielplätzen) **3**, 25
- **hallen 4**, 22.23; **11**, 18.2
–, allgemein **4a**, 23.4
–, Aufsichtsbereich vor – **6**, 16.21
–, Ausschluss von – **7**, 7.6
–, Begriff **4a**, 23.5
–, im WA-Gebiet **4**, 24.1
–, kerngebietstypische **4a**, 23.4
–, nicht kerngebietstypische **4a**, 23.4

Spielkasino 4a, 23.1
Spielothek **6**, 16.81
- u. Automatenhallen **4a**, 22.2
- u. Sportflächen, Festsetzung von – **3**, 25.1

Spirituosengeschäfte 3, 18
Splittersiedlung 1, 37
Sport- u. Freizeitanlagen im MD **5**, 20.21
Sportanlagen, Begiff **Vorb.** 12.92
–, Gebietsverträglichkeit **Vorb.** 12.101
- lärm **15**, 19.82
- lärmschutzverordnung, Grundsätze **Vorb.** 12.77, 12.78
–, Nachbarschutz **Vorb.** 12.9
–, Planung von – **1**, 68.2
–, Standortfrage der – **Vorb.** 12.77
–, zivilrechtlicher Nachbarschutz **Vorb.** 12.9

Sportanlagenlärmschutzverordnung Vorb. 12.78 ff., 12.881
Sportlärmimmissionen 15, 24.42
Sportplatz, kein Bebauungszusammenhang **34**, 2
- platz um die Ecke **Vorb.** 12.72; **4**, 7.2
- plätze im FN-Plan **1**, 68
- stätten **11**, 18.2
- u. Spielplätze **1**, 68.1
- und Umwelt **Vorb.** 12.7
- zentren (Olympiagelände) **11**, 6

Squash-Hallen **4a**, 22.6
Stadtbildgestaltung 17, 28, 59
Stadtbücherei **Vorb.** 13
- marketing **11**, 18.15
Städtebau, Schallschutz im – **1**, 53

- **liche** Stukturen, gewachsene – **1**, 47
- **Gründe 1,** 114; **17**, 25, 58, 60
–, besondere – **1**, 115, 115.1, 129; **4a**, 30; **17**, 25

Städtebauliche
- Vertretbarkeit **34**, 19, 27
- s Entwicklungskonzept **34**, 32

Städtebauliche Ausnahmesituation **17**, 59
- Situation, abweichende – **11**, 27.23
- Besonderheiten der -n – **11**, 27.23
- Vertretbarkeit **34**, 19

Städtebauliche Zulässigkeitsprüfung **15**, 33
Städtischer Bauhof **8**, 10.1
Stadtkernsanierung 15, 32
Staffelgeschoss 20, 14
Stallbewertung, System **5**, 9.1
Ställe zur Kleintierhaltung 2, 5.4
Stallgeruch, Wahrnehmung des –s **5**, 9.11
Stallhaltung, Merkmale der - **5**, 9.11
Standortsicherung von Gewerbebetrieben **1**, 136
- **wahl** von Sondergebieten **10**, 14
- von Erholungssondergebieten **10**, 15

Standplatz, Begriff **10**, 42
Stationäre Unterkünfte 10, 3
Staub- (Luftverunreinigung) **15**, 20
Steinmetzwerkstätte 4, 9.45, 24.2
Stellplatzbedarf, Änderung der Nutzung **15**, 34.3
–, Richtzahlen für den – **12**, 6
Stellplätze 12, 5
–, Ausschluss von -n **23**, 23
–, befestigte – kein Bebauungszusammenhang **34**, 2
–, Begriff **12**, 5
–, Gemeinschafts – **21a**, 6, 7
– – in Gebäuden (Parkhäusern) **12**, 5
–, notwendige **21a**, 17, 28
–, Sondergebiete für – **11**, 5.1
–, überdachte **21a**, 12, 16
–, **u. Garagen 2**, 26; **4a**, 26
–, Begriff **12**, 5
–, der durch die zugelassene Nutzung verursachte Bedarf **12**, 7.1
–, Umfang der Zulässigkeit **12**, 6
–, unterirdische – **21a,** 2
–, Unzulässigkeit für bestimmte Kfz **12**, 9
–, zahlenmäßige Beschränkung **12**, 7
–, zumutbare Entfernung **12**, 18.1
Stellplatzpflicht, Unberührtbleiben landesrechtlicher – **12**, 20
– verpflichtung **2**, 27
Sterbehäuser, Begriff **3**, 19.72
Steuerbevollmächtigte 13, 4
Störanfälligkeit des WB-Gebiets **4a**, 13
Störbegriff nach der BauNVO **Vorb.** 8.3
–, relativer – **Vorb.** 8.7

Stichwortverzeichnis

Stören, Begriff **Vorb.** 8
Störende Handwerksbetriebe 2, 20. 1
Störfallverordnung 1, 46.2
Störintensität des Betriebs **Vorb.** 10.2
Störungen 15, 11
–, Begriff **2**, 20; **15**, 11.1, 12.2
Störungsgrad Vorb. 8
–, zulässiger – **Vorb.** 8.3
Störwirkung, situationsabhängig **15**, 19.83
Straßenbegrenzungslinie **19**, 7, 8; **23**, 17
–, erhaltenswerte – und Plätze **16**, 43
– grenze, tatsächliche – **19**, 7, 8; **23**, 17
– planung, Richtlinien zur – **17**, 43
– zug, äußere Erscheinung eines – es **16**, 45
Straußwirtschaft 5, 24.4
Strickereien 6, 9
Strikte Anwendung des § 15 **15**, 1.13
Striptease-Bar 4a, 23.1
– lokale **4a**, 22.21
– shows **7**, 7.6
Strukturen, gewachsene städtebauliche – **1**, 47, 47.7
Stubenhandel **5**, 15
– läden **2**, 10; **5**, 15
Studentenappartements **3**, 20.5
– wohnheim **3**, 13, 29.2; **6**, 4
Stützmauern 23, 21
Subjektives Wohlbefinden **15**, 12.1
Suggestiv- und Erinnerungswerbung **14**, 5.1, 9.3
– werbung **14**, 9.3
Summierende Betrachtungsweise mehrerer Einzelhandelsbetriebe **11**, 32.1
Supermarkt 2, 12; **4**, 5.1; **5**, 16; **11**, 19.91
–, Begriff **5**, 16
Swinger-Club **4**, 9.5, 22.22, 23.84; **4a**, 20.21; **6**, 17.2; **8**, 18.5
Systematik der BauNVO Vorb. 1.1

T

TA Lärm 8, 7.37.62; **15**, 17; **Anh.** 5
TA Luft 1, 51, 52; **15**, 17; **Anh.** 6
Tabakfabriken 5, 12
– warengeschäfte **3**, 18.1
– läden **2**, 12
Table-Dance-Veranstaltung 4a, 23.3
Tagescafé 3, 19.4
Täglicher Bedarf, Begriff **3**, 17
Tankanlage für Eigenbedarf **3**, 30.1; **14**, 13
Tanklager Vorb. 47.2
Tankstellen 2, 23; **3**, 30.2; **4a**, 25; **6**, 15; **7**, 13; **8**, 12.1; **11**, 18.2

–, ausnahmweise Zulassung von – **2**, 23.1
– dach **20**, 8
– für den Eigenbedarf **3**, 30.1
– im Mischgebiet **6**, 13
–, Reparaturbetrieb (Erweiterung) **6**, 15.2
–, städtebaurechtlicher Begriff **2**, 23
–, Werkstatträume **4a**, 25
–, Treibstoffzapfsäule **2**, 23
Tante-Emma-Läden 11, 14
Tanzbar 4a, 23.2
– mit Striptease-Veranstaltungen **Vorb.** 4.5
Tanzdiskothek(en) **4a**, 24.1
–, Begiff **4a**, 22.3
Tanzveranstaltung, Eingrenzung **5**, 17.1
–, Begriff **6**, 16.6
Tatbestandsmerkmale, strikte Beachtung **15**, 3.11
– Umfang **15**, 10.3
– Unzulässigkeit nach –n **15**, 10
tatsächliche öffentliche Verkehrsfläche 7, 17. 1
tatsächliche Straßengrenze 19, 7, 8; **23**, 17
Taubenhaus **3**, 23.1; **4**, 25. 1
– schläge **4**, 15.1
Taxen- u. Mietwagenunternehmen 4, 25.2
Technische Anforderungen an Heizungsanlagen, Festsetzung von -n – **1**, 51.5
Technologien, neue **Vorb.** 10.13
Teile der baulichen Anlagen, Ebenen **1**, 117
Teilgaragengeschosse 12, 16
Teilgliederung von Gewerbe- u. Industriegebieten **8**, 18.11
Telefonisten der Geschäfts-, Verwaltungsgebäude **7**, 11
Tennisanlage 3, 31.1-31.3; **21a**, 9
–, hoteleigene **Vorb.** 12.2
Tennisclubhaus **5**, 20.2
– hallen **2**, 22; **3**, 19.83; **4a**, 22.6; **6**, 16.22
– plätze **3**, 24.3
– **platzanlage 4**, 17
– als Nebenanlage **3**, 24.3
Tennisplatz, befestigter – kein Bebauungszusammenhang **34**, 2
– privater **3**, 24.31
– übungswand **4**, 25.3
Teppichklopfen 3, 1.1
– en, Anlagen zum – **21a**, 9
– geräte **3**, 23
– gerüste **14**, 6; **19**, 9
Teppichmarkt 11, 19.91, 27.8
Terrassen 14, 13; **19**, 9, 28; **20**, 32; **23**, 21

Stichwortverzeichnis

– haus **16**, 34; **20**, 14; **21a**, 24, 30; **23**, 12
–, nicht unterkellerte **20**, 32
–, überdachte **20**, 32
Textilmarkt 11, 19.91, 27.2, 34.30
Theater 7, 9
– saal **20**, 9
Tiefgaragen 7, 7, 10; **12**, 15.1; **19**, 14; **21a**, 4, 17, 27, 30
–, bonus **21a**, 28, 28.1
Tiefgeschoss 20, 15
Tierärzte **2**, 27; **13**, 4
– haltung **23**, 20
– heim (Tierasyl), Einstufung des -s **4**, 6.64
– **intensivhaltung 5**, 7, 8, 18.2
Tierintensivhaltungen 5, 8.3
- sbetriebe **5**, 8.5
Tierlärm, besonderer **15**, 19.82
- lebendmasse **5**, 8.55
Tischlereien 1, 141; **4**, 3; **5**, 19.1
– werkstätten **4**, 25.4
Tischtennisplatte **3**, 25.1
Tochterrichtlinien der EU **1**, 50.2
Touristikcamping 10, 39
– plätze **10**, 5
Trading-down-Effekt **1**, 115
Tragluftschwimmhalle 3, 24.1; **14**, 6
Transformatorenhäuschen **14**, 11
– portfahrzeuge für Container **12**, 11
– gestelle **12**, 11
Traufhöhe, Begriff **12**, 27.1; **16**, 31
– gassen **22**, 9.1
Treibhäuser 2, 8.1
Treibstofft zapfsäulen **2**, 23
Trennung, Grundsatz der räumlichen – **1**, 41.2
Treppenräume, Baumasse von -n **21**, 3
–, Geschossfläche von -n **20**, 24, 31; **21a**, 29
Treppenturm 20, 31; **23**, 14
Trinkhallen 2, 13
Trockenbetriebe 1, 98
Trödelmarkt 11, 19.91
Türme 16, 15
Turnhalle(n) **2**, 22; **20**, 9
Typen von Anlagen 1, 128
Typische Gemengelage **5**, 8.6
Typisierende Betrachtungsweise Vorb. 9, 10
– bestimmter Gewerbebetriebe **6**, 9
– eingeschränkte – **6**, 12
Typisierung
– von (Unter-)Artenvon Einzelhandelsbetrieben **11**, 33.7
Typisierung, Begriff **Vorb**. 9
– der Anlagen **Vorb**. 9
– der Betriebe **6**, 9
–, slehre, Einschränkung der – **Vorb**. 10.5, 10.51

U

Übergemeindliche Versorgung **11**, 12, 13, 32.12
– leitungsvorschriften **25**, 1 f.
– maßverbot **1**, 8.2
Überschreitung der absoluten Werte **16**, 68
– der Baulinie **23**, 12
– der Höchstmaße **16**, 49
– der Mindestmaße **16**, 50
– der Obergrenze **16**, 63; **17**, 8, 9, 51
– der zulässigen Geschossfläche **20**, 25.1
– **der zulässigen Grundfläche 19**, 17, 25
– – durch überdachte Stellplätze und Garagen **21a**, 12
–, weitere – in geringfügigem Ausmaß **19**, 20
Übersetzer **13**, 4
– wiegend bebaute Gebiete **17**, 55
– – Begriff **4a**, 6; **17**, 57
– e Bebauung **17**, 55
– wirkender Bestandsschutz **6**, 11; **8**, 6.1
Umfang einer Anlage **15**, 10.2
– eines Handelsbetriebs **11**, 21.3
Umfang, Tatbestandsmerkmal **15**, 10.2
Umfassende Problembewältigung, Grundsatz der -n – **4**, 7.61
Umgebung, Ausdehnung **15**, 23
–, Begriff der – **15**, 22
–, Reichweite **15**, 22
–, Tatbestandsmerkmal **15**, 22.2
Umkleideraum 21a, 3
Umrechnung der Großvieheinheit **5**, 9.3
Umsatzpotentialgrenzen **11**, 23.2
(um)verteilung **11**, 11.22, 21.2
Umsatzumverteilung 34, 23
Umspannwerke 14, 11.1
Umstände, ausgleichende – **17**, 45, 62
Umwandlung in Ausnahmen **1**, 101
– von Ausnahmen **1**, 108, 109
– von Wohnungen **15**, 35.2
Umweltbericht **1**, 10
– einwirkungen **15**, 12, 17.21
– schutz, Berücksichtigung des – es **1**, 40
– verbesserung bei Fremdkörperfestsetzung **1**, 146
– **verträglichkeit** von Betrieben **1**, 93
– **sprüfung** (UVP) **9**, 55.7; **10**, 36.236.4; **11**, 11.4; **17**, 37
sprüfung (UVP-Gesetz) **Anh. 10**
– bei großflächigen Einzelhandelsbetrieben **11**, 25.71
Unterarten von Nutzungen **1**, 126
Unterbringung, Begriff **3**, 16
–, vorübergehende – **3**, 16.47
Untergeordnete Nebenanlagen **2**, 28

1323

Stichwortverzeichnis

- –, Begriff **14**, 3
- – r Bauteil **23**, 13
- – r Gebäudeteil **23**, 14
- – r Vorbau **23**, 13
- **Untergeschoss 20**, 15
- **Unterirdische Garagen**, zwingende Festsetzung von -n – **21a**, 31
- **Unterkünfte** für Asoziale **3**, 16
- –, Unterbringung **3**, 16
- **Unternehmen** der Daseinsvor- u. -fürsorge **4a**, 19
- – s-Mittelpunkt **9**, 8.1
- unterschiedliche –sflächenregelung **23**, 5
- **Unterstellräume** für Maschinen **5**, 6
- **Untersuchungshaftanstalt 6**, 13
- **Unzulässige Gewerbebetriebe** im MI-Gebiet **6**, 12
- **Unzulässigkeit** baulicher Anlagen **15**, 8
- **Unzumutbare** Belästigungen **15**, 12.12
- – keit **1**, 44
- –, Begriff **15**, 13.1
- –, persönliche Merkmale **15**, 14
- –, Reichweite der – **15**, 22
- –, sachliche Kriterien **15**, 13

V

- **Variationsbreite** der Nutzung **Vorb.** 21.2
- **VDI 3471,** Emissionsminderung Tierhaltung – Schweine **5**, 8.52
- Mindestabstände **5**, 9.22
- Regelabstände, Fragen der - **5**, 21
- **VDI-Richtlinie 3471,** Regelungen **5**, 9.1
- –, Anwendung der – **5**, 9.5
- **VDI-Richtlinie 3474 S**, 3.42
- –, Emissionsminderung Tierhaltung Geruchsstoffe, Entw. **5**, 9
- **Veranda 20**, 30; **23**, 14
- **Veranlasserprinzip 1**, 46.4, 49
- **Verarbeitungs**stätte für Hochseefischereierzeugnisse **5**, 12
- **Verbesserung**sgebot in Gemengelagen **1**, 47
- – bestehender Konfliktsituationen (Gemengelagen) **1**, 47
- **Verbrauchermärkte 4**, 5.1; **5**, 15, 16; **11**, 11.24, 12, 13, 19.1, 19.2, 19.91, 25.6, 32.12
- –, Abholmärkte **9**, 7
- –, Begriff **6**, 5.1; **11**, 19.4
- – im Mischgebiet **6**, 5
- **Verbrauchernahe** Versorgung **11**, 14.1
- **Verein**barkeitsprüfung, konkret in WB-Gebieten **4a**, 12.4
- – igungsbaulast **19**, 3
- **Vergnügungsstätten Vorb.** 4.4; **7**, 7.5; **11**, 18.2
- –, Abgrenzung **4a**, 22.5

- –, Begriff **4a**, 22
- – Begriffstypus **4a**, 22.2
- – im GE-Gebiet **8**, 16.3
- –, im nicht beplanten Innenbereich **4a**, 23.88
- – in Wohngebieten **Vorb.** 4.4; **4**, 10.2
- –, kerngebietstypische **4a**, 23.1; **8**, 16
- –, nicht kerngebietstypische **4a**, 22; **5**, 22; **6**, 17
- –, Nutzungsänderung **4a**, 23.82; **6**, 16.3
- –, Nutzungsbegriff **4a**, 22.1
- –, städtebaulicher Begriff **4a**, 22
- –, Stellplatzverpflichtung **4a**, 23.83
- –, Zulassung von – **Vorb.** 4.4
- **Vergnügungsviertel 11**, 4
- **Verhältnismäßigkeit**, Grundsatz der – **1**, 45, 47.10, 47.3, 69.33
- **Verkaufs**fläche **11**, 11.1, 16.2, 19.1, 19.2, 19.3, 19.9
- – Begriff **11**, 19.3
- – raumfläche **4**, 5
- – räume, Umwandlung von -n **15**, 35.2
- – stände **2**, 10.1
- **Verkaufsstelle**(n) **2**, 10.1; **5**, 15.1
- – Oberbegriff **2**, 10
- **Verkehr 11**, 25.3
- –, Bedürfnisse des -s **17**, 41, 43
- –, Begriff **17**, 42
- – slärm auf dem Betriebsgelände **8**, 5
- – slärmschutzverordnung, Grenzwerte **15**, 19
- – wege, fußläufige **7**, 17.1
- –, Werks – **17**, 42
- **Verkleidungen 20**, 19
- **Vermessungsingenieure 13**, 4
- **Vermutung**, widerlegliche **11**, 16.6, 26
- **Versandhandel**, Begriff **5**, 15.1
- **Verschattung** eines Grundstücks **16**, 59.4
- **Versicherungsunternehmen 1**, 141; **4a**, 19
- **Versorgung** der Bevölkerung **11**, 23, 25.4
- – der Bewohner des Gebiets **5**, 18
- – des Gebiets dienend, Begriff **2**, 9
- **Versorgungsbereich 34**, 24
- **Versorgungsbereiche**, Erhaltung und Entwicklung zentraler – **11**, 17
- –, Auswirkungen auf die Entwicklung zentraler – **11**, 25.5
- **Verteilerkasten 14**, 11
- **Vertrag**, Anspruch auf Erlass eines Bauleitplans durch – **1**, 19
- –, öffentlich-rechtlicher – **1**, 47.2, 67.7
- **Vertrauensschaden 11**, 29
- **Vertreter** größerer Auslandsfirmen **7**, 6
- **Verursacherprinzip**, immissionsschutzrechtliches – **1**, 46.4, 49
- **Verwaltung**, städtebaurechtlicher Begriff **4**, 11

Stichwortverzeichnis

–, Begriff **4**, 11.1
–, sdienststellen f. d. gemeindliche Verwaltung **5**, 20
– **sgebäude 6**, 13
–, Begriff **7**, 6
Verwendungsverbot von Heizstoffen **1**, 51.3
– beschränkung **1**, 51.3
Verzicht auf Abwehransprüche **1**, 46.7
Video-Filmverleih **4**, 9.1, 26.1
– Life-Kontakt-Peep-Show **4a**, 22.21
– Peep-Show **4a**, 22.21
– Telefon-Peep-Show **4a**, 22.21
– thek **4**, 9.1
Vogelhaus als Nebenanlage **6**, 18.1
Vogelvolieren 4, 15.1
Vollgeschosse, Ausnahme von der Zahl der – **16**, 67
–, Begriff **20**, 2-7
–, **Festsetzung der Zahl der** – **16**, 29, 42
– als Höchstmaß **16**, 49
–, Mindestmaß **16**, 50
–, zwingend **16**, 51, 52, 54
Vollgeschosse, Festsetzung der Zahl der Garagen in -n **21a**, 23
Vollgeschosse, maßgebende Geschosshöhe **21**, 7
– im Dachraum **20**, 12
Voraussetzung der Gliederungsmöglichkeit 1, 83
Vorbau, untergeordneter **23**, 13
Vorbelastung, plangegebene **15**, 23.4
–, Berücksichtigung der – im Bebauungsplan **1**, 48, 48.1, 48.3, 51.31, 61, 66
Vorbescheid Vorb. 19, 20
– bildwirkung der Hinterlandbebauung **34**, 10.1
– dächer **23**, 13, 14
– dergebäude **1**, 116
– garten (Stellplätze) **2**, 27.1
– gärten **23**, 21
– **haben**bezogener Bebauungsplan **1**, 47.5, 10; **11**, 3
Vorhaben mit schädlichen Auswirkungen auf zentrale Versorgungsbereiche **34**, 22
Vorhaben- und Erschließungsplan 1, 10.36, 20; **11**, 3
– f. SB-Lebensmittelmarkt im WA-Gebiet **4**, 5.1
Vorkehrungen, bauliche und sonstige technische – **1**, 45.1, 47.7, 51.21, 51.22, 61.1
Vorstadtkino 4a, 22.5
Vorwegnahme der Entscheidung 1, 15.2
Vorzeitiger Bebauungsplan 1, 70

W

Wagenhebeanlage 3, 31.4; **14**, 6.1; **15**, 30.1
–, Einbau einer – **15**, 30.1
Wagenpflegedienst einschl. automatischer Autowaschanlage **6**, 15
– wasch halle **21a**, 3
– straße **2**, 23; **6**, 9.2
Wandpfeiler 19, 4.2; **23**, 13
Warenangebot 11, 11.11, 27.2
Warenautomat(en) **3**, 24.61, 32.1; **4**, 26.2; **14**, 10
– als Nebenanlage **14**, 10.1
–, Begriffsdefinition **14**, 10
Warenhaus 4a, 18.1; **5**, 15; **7**, 7; **11**, 19.91
– im Mischgebiet **6**, 5
Warenspielgeräte **4a**, 23.41
Wärmeschutz, baulicher – an Gebäuden **1**, 67.5
– durchgangskoeffizient, Festsetzung des – en **1**, 67.5
Wäscherei(en) **2**, 11
– **trocken**einrichtung(en) **3**, 23
– nen, Anlagen zum – **21a**, 9
Wasserbecken **19**, 5
– sportgebiet, Störanfälligkeit **10**, 5
– schutzgebiete, Gewerbebetriebe in - n **1**, 98
– türme **21**, 4
WB-Gebiet, Störanfälligkeit **4a**, 12
Weihnachtsmärkte **4a**, 22.7
Weingut **5**, 6
– haus **6**, 6
– stuben **2**, 13
Werbeagenturen **4a**, 19
– **anlagen 3**, 24.6, 32.21; **6**, 12.4; **14**, 9
–, als eigenständige Hauptnutzung **4**, 9.3
– als Nebenanlagen **14**, 9.1
– als sonstige Gewerbebetriebe **7**, 8
–, Begriff **14**, 9
– Beschränkung von – **8**, 21
– **tafel 14**, 9
–, Genehmigungsfähigkeit im MK-Gebiet **7**, 8
– mit wechselndem Plakatanschlag **6**, 12.5
Werkshallen 20, 9
–, Warmasse von – **21**, 4
Werkstatträume 2, 23
Werksverkauf 11, 19.91
Wertminderung des Grundstücks 11, 29
Wertstoffcontainer 4, 19.1, 19.2
Wertstoffhof 3, 24.51
Wettbewerb 11, 18.14, 23.2, 32, 32.1, 33.1
–, Eingriff in den – **11**, 11.2
– sneutralität **11**, 11.2, 21.1, 23.3

1325

Stichwortverzeichnis

- sverzerrungen **11**, 23.1
Wettbüro 4a, 23.69
Windenergieanlagen, s. Windkraftanlagen
Windenergieparks 11, 1.1
Windfang **23**, 14
- kraftanlagen **3**, 32.4; **4**, 18; **11**, 1.1; 14, 7.11, 7.31 f.
-, private **3**, 24.5; **14**, 7.11
Wintergarten 14, 10.2; **20**, 33; **23**, 21
- als Nebenanlage **14**, 10.2
Winzerbetrieb im MD **5**, 8.55
Wirkereien u. Stickereien **6**, 9
Wirkung, erdrückende – eines Baukörpers **34**, 6.2
Wirtschaftsgebäude **5**, 6
- **prüfer 13**, 4
-, und Steuerberaterpraxis **13**, 9.11
Wirtschaftsstelle, Begriff **5**, 6
-, Sammelbegriff **5**, 6.1
- n land- u. forstwirtschaftlicher Betriebe **5**, 6
- landwirtschaftlicher Betriebe, Abgrenzung gegenüber gewerblichen Betrieben **5**, 8
Wochenendcamping **10**, 39
- erholungstandorte **10**, 14
Wochenendhaus, Begriff **10**, 22
-, **Abwasserbeseitigung 10**, 22
-, Grundrissgröße **10**, 25
-, Nutzungsänderung **10**, 23
 zur Dauornutzung **10**, 23
- **gebiete**, Dauernutzung von -n **10**, 23
- Festsetzungsbeispiele **10**, 29
-, Gebietscharakter **10**, 21.1
-, Störanfälligkeit **10**, 21.2
-, Zweckbestimmung **10**, 21
Wochenendhäuser, Bauweisen **10**, 24
-, Begrenzung der Grundstücke **10**, 26
-, besondere Eigenart des Gebiets **10**, 27
-, Festsetzung der Grundfläche **10**, 26
-, zulässige Grundfläche **10**, 25
Wochenendplatz als Hauptnutzungsart **10**, 31.2
-, Anforderungen an – **10**, 31.3
-, Begriff **10**, 31.1
-, Rechtsnatur **10**, 31
- und Aufstellplatz, Begriffe **10**, 31.1
-, Baugenehmigung **10**, 31
- **gebiet 10**, 3
-, Begriff **10**, 30
-, Festsetzungsbeispiele **10**, 33
-, Störanfälligkeit **10**, 4
-, zulässige Anlagen **10**, 33
Wochenendwesen **10**, 3
Wohl der Allgemeinheit, Begriff **Vorb.** 7.4; **34**, 18
Wohnartige Berufsausübung **3**, 22.1
- keit **13**, 5

Wohnbaracken **3**, 16.32
- **boot 10**, 42.1, 47
-, bauliche Anlage **10**, 42.1
Wohncontainer f. Asylbewerber, Einstufung **4**, 6.63
- dichte **3**, 20.7, 20.8; **16**, 2
Wohnen, Begriff **3**, 1
-, Inbegriff des -s **3**, 1.2
-, städtebaulicher Begriff **3**, 2.1
Wohnfrieden 16, 59.3
Wohngebäude mit Nutzgarten (Kleinsiedlung) **2**, 6
-, Abgrenzungsmerkmale **3**, 11
-, Begriff **3**, 10.1
Wohnheime 3, 11
-, Begriff **3**, 12
- für geistig Behinderte **4**, 6.36.30
Wohnhochhäuser 16, 59.2, 59.66
- klima **3**, 20.8, 25.1; **22**, 59.3
- mobile **10**, 47
Wohnnahe Sportanlagen **4**, 7.2
Wohnnutzung, ausgeübte **4a**, 7
-, Begriff **4a**, 7
-, besondere **3**, 20; **4**, 13
-, besondere Festsetzungsmöglichkeiten **7**, 15
- Erhaltung der – **4a**, 10
- Fortentwicklung der – **4a**, 10, 11.1
Wohnruhe, Bedeutung **Vorb.** 12.100
- Gewährleistung der – **4**, 7.6
- ist Schutzgut **3**, 25.5
-, Teppichklopfen **3**, 1.1
Wohnstätte, Begriff **3**, 11, 16
- stift **3**, 11.1
- **u. Arbeitsverhältnisse 17**, 31
-, Anforderungen an gesunde – **17**, 29
Wohnumfeld, Verbesserung des – es **Vorb.** 4. 11
Wohnung(en), Festsetzung eines Anteils für – **4a**, 32
- im Lärmschutzbereich **1**, 62
-, betriebsbezogene – im GI-Gebiet **9**, 9
- für Betriebsinhaber u. Betriebsleiter **7**, 11; **8**, 21.11
- für einen besonderen Personenkreis **7**, 11; **8**, 14
- in bestimmten Geschossen **4a**, 31
-, Nutzungsänderung einer – **15**, 34.2
-, Nutzungsgebot für – **4a**, 34
-, privilegierte – **7**, 11
- sprostitution **3**, 16.34; **4**, 9.59.59; **6**, 2.2; **8**, 5.1
- sprostitution, gewerbliche Tätigkeit **4**, 9.54
-, selbständiger Anlagenbegriff **7**, 11
-, Zahl der – im Innenbereich **34**, 7
Wohnungsprostitution **13**, 4.32
Wohnverträglichkeit **4a**, 20
- **wagen 10**, 47; **12**, 11
- im Mischgebiet **6**, 14

Stichwortverzeichnis

–, Vorlauben **10**, 47
Wurstfabrik 5, 12.1

Z

Zahl der Vollgeschosse, nachbarschützend **Vorb**. 38; **16**, 59
Zapfsäulen 21a, 3
–, Tankstellen **6**, 15.1
Zaunwerte (Lärm) **1**, 61.1, 73, 95.1
Zeitungsauslieferungslager **6**, 24
Zelte 10, 47
– lagerplätze **10**, 41
– plätze **10**, 41.1
Zentrale Einrichtungen der Verwaltung, Begriff **4a**, 21
Zentrale Versorgungsbereiche
–, Auswirkungen auf die Entwicklung –r – **11**, 25.5
–, Begriff **34**, 24, 33
–, Erhaltung und Entwicklung –r – **11**, 17
Zentralörtliche Funktion **11**, 11.21
– Gliederung **11**, 22.1, 22.2
Zentrenrelevanz von Sortimenten **11**, 27.21, 27.22
Zentrenverträglichkeit 34, 23
Zettelanschläge 14, 9
Ziegenstall 4, 16.10
Ziele der Raumordnung und Landesplanung 11, 22; **34**, 11
Zigarettenautomat 3, 24.61, 24.63
Zimmerei 1, 146; **4**, 6.15
– betriebe **4**, 3
Zirkusveranstaltung(en) **4a**, 22.7
Zubehörwaren 2, 23
Zucht von Ziervögeln **4**, 16.7
Zuckerfabrik 5, 14
Zulässige Geschossfläche, Anteil der -n **4a**, 33
Zulässigkeitsprüfung, hilfreiche Typisierung **15**, 33.1
 - in objektiver Weise **15**, 32.1
Zulässigkeitsvoraussetzungen der Vorschrift **15**, 4
Zulassung eines Seniorenpflegeheims **15**, 34.7
Zumutbare Beeinträchtigungen **15**, 23.13
Zumutbarkeit von Belästigungen, Lautstärken **15**, 15.2
– sgrenze von Immissionen **1**, 44, 44.1, 44.2
– sgrenze, abgestufte – **15**, 14.2
– sschwelle **1**, 44
Zumutbarkeitsgrenze, abgestufte 15, 14.2
Zuordnung von Orientierungswerten **1**, 58, 59

Zurückstellung des Immissionsschutzes **1**, 42, 43, 44.4, 46.1, 48.3
Zustellstützpunkt 4, 12.1
Zweckbestimmung einer Anlage **15**, 10.3
– von Sondergebieten **10**, 2
Zweithaus **3**, 1.2
– wohnung **3**, 1.2
– wohnsitz **3**, 1.2
– – u. Ferienwohnungen **3**, 10.1
Zwei-Wohnungsklausel 3, 20.91; **16**, 59.1; **22**, 6.22
Zwischengeschoss **20**, 9
– räume, Baumasse von -n **21**, 4
– zonen **1**, 60, 60.1
Zwischenwert 5, 8.5

2007. XXXIII, 434 Seiten. Kart.
€ 57,–
ISBN 978-3-17-018969-0
Handbuch

Haag/Menzel/Katz

Städtebauliche Sanierungs- und Entwicklungsmaßnahmen
Ein Handbuch für die Praxis mit zahlreichen Mustern, Beispielen, Schemata und Übersichten

Das Werk bietet eine **praxisnahe Hilfestellung** bei Vorbereitung und Durchführung städtebaulicher Sanierungs- und Entwicklungsmaßnahmen. Es zeigt **Lösungsmöglichkeiten** für die unterschiedlichen Aufgabenstellungen auf und hilft, typische **Fehlerquellen** zu vermeiden. Das Handbuch macht den rechtlichen Rahmen für die praktische Umsetzung der Instrumente handhabbar und gibt daneben einen bundesweiten Überblick über die **städtebauliche Förderung** einschließlich der Programme zum **Stadtumbau** und der **Sozialen Stadt**. Ca. 100 Beispiele, Muster, Schaubilder, Tabellen sowie **farbige Original-Bilder und -Pläne aus der Sanierungspraxis** veranschaulichen plastisch die Konzeption und Realisierung der Maßnahmen. Wichtige Richtlinien und Verwaltungsvorschriften werden in einem Anhang abgedruckt.

„[...] dass das vorliegende Handbuch eine wichtige Lücke für das Handlungsfeld des bestandsorientierten Städtebaus schließt. Das Werk eignet sich auch ausgezeichnet als Nachschlagewerk [...]. Die Veröffentlichung kann als Standardwerk zunächst denjenigen uneingeschränkt empfohlen werden, die mit der Projektsteuerung und Durchführung von Sanierungs- und Entwicklungsmaßnahmen [...] befasst sind. Darüber hinaus sollte es indessen auch zur Pflichtlektüre der Planer, Ingenieure, Juristen und Ökonomen gehören, die in derartige Maßnahmen involviert sind. Zugleich eignet sich das Werk gerade wegen seiner zahlreichen Praxisbeispiele auch für die Ausbildung an den Hochschulen".

(Prof. Dr.-Ing. T. Kötter, in: FuB)

W. Kohlhammer GmbH · 70549 Stuttgart
Tel. 0711/7863 - 7280 · Fax 0711/7863 - 8430 · www.kohlhammer.de

*Loseblattausgabe
Gesamtwerk
Ca. 10.000 Seiten
inkl. 6 Ordner. € 238,–
ISBN 978-3-17-018040-6
Kommentar*

Brügelmann
Baugesetzbuch
Eine der umfassendsten Kommentierungen zum öffentlichen Baurecht!

Der sechsbändige Großkommentar bietet in bewährter Form

- eine ausführliche Kommentierung des Baugesetzbuchs (BauGB) und der Baunutzungsverordnung (BauNVO);
- den Text sämtlicher einschlägiger Nebenvorschriften und Verordnungen;
- stets aktuelle Gesetzestexte, Kommentierungen und Rechtsprechungshinweise durch jährlich 3-4 Ergänzungslieferungen;
- Erläuterungen aus der Sicht aller mit dem öffentlichen Baurecht befassten Berufsgruppen;
- eine erschöpfende und kritische Darstellung der höchstrichterlichen Rechtsprechung und des Schrifttums;
- eingehende Erörterungen von Entstehungsgeschichte, Systematik und Entwicklung der Regelungen.

Übersichtlich und kompakt

- Randnummern und Gliederungsübersichten vor jeder Norm erleichtern die Benutzerfreundlichkeit des Kommentars.
- Querverweise innerhalb des Werks garantieren seine Einheitlichkeit.
- Hinweise zur weiterführenden Literatur bieten die Möglichkeit, sich vertiefend mit entlegeneren Sachverhalten und Problemen zu beschäftigen.

W. Kohlhammer GmbH · 70549 Stuttgart
Tel. 0711/7863 - 7280 · Fax 0711/7863 - 8430 · www.kohlhammer.de